행 정 법

[제 2 판]

홍 준 형 저

法 文 社

제2판 머리말

　행정법은 정부, 특히 행정과 시민 관계를 규율하는 법 중 단연 으뜸가는 법이다. 지난 30년간 정부와 국민 관계를 규율하는 기본법으로 헌법이 뿌리를 내렸지만, 행정법은 여전히 가장 일반적으로 그리고 일상적·현실적으로 사람들의 생활에 영향을 미치는 현대 한국법의 메이저리그이다.

　이 책은 이제 양적 성장을 넘어 질적 성숙을 심화하고 있는 한국행정법을 학설과 판례를 통해 서술함으로써 2017년 7월까지 정부·행정과 시민의 관계, 상호작용이 어떻게 규범적으로 실현되고 있고 그 과정에서 나타난 문제점과 해결책은 무엇인지에 대한 고민과 토론을 담고 있다. 아직도 행정소송법처럼 시대착오적 낙후성을 면치 못하는 분야도 있지만, 그 동안 눈부신 성장을 거듭한 한국행정법은 한국 민주주의와 국가성의 구현이자 문명의 인증이다. 행정법을 통해 우리는 이제까지 대한민국이 어떠한 질서와 논리에 따라 정책과 행정, 국민의 권익보호의 틀을 만들어 왔고 또 적용해 왔는지를 알 수 있다. 그런 의미에서 행정법은 단순히 수험법학의 교재나 행정법령의 현황에 대한 참고자료로서뿐만 아니라 한국사회의 발전수준을 가늠케 하는 역사적 증거로서 의미를 가진다.

　이 책은 2017년 7월 말까지의 입법과 판례, 학설을 고려하였다. 한 권에 행정법 전체를 모두 다 다루다 보니 특히 특별행정법 분야 중 일부가 제외된 점(환경행정법과 방송정보통신행정법 등), 군데군데 상세한 논의를 생략한 점에 대해 아쉬움이 남는다. 이 책을 읽으실 분들께도 양해를 부탁드린다.

　행정법을 연구하고 가르치는 일은 30년이 지난 지금까지도 늘 흥미진진한 도전이다. 누구와도 진지한 토론을 피하지 않겠다는 생각, 그런 의지 하나를 굳게 견지해 왔다. 그 과정에서 스승과 선배동학들의 귀중한 가르침과 질정이 있었음을 잊지 않고 다시금 감사드린다. 책을 내는 과정에서 교정 등 궂은 일을 마다하지 않고 도와 준 저자의 서울대학교 행정대학원 연구실 송유경, 문소영 조교에게 감사드린다. 아울러 이 책의 출간을 가능케 해 주신 법문사에게, 편집과 교열의 모범을 보여 주신 김용석 선생님께도 깊이 감사드린다.

2017년 성하의 봇들마을에서
홍 준 형

우리나라는 법 분야에서도 세계적으로 주목할 만한 발전을 이루어냈다. 가장 대표적인 예가 바로 행정법이다. 행정법이 현대 행정국가에 대한 법치주의의 처방이라면 한국행정법은 한국의 현실이 낳은 한국적 처방이자 한국의 길이다. 이제 한국행정법은 양적 성장을 넘어 질적 성숙의 단계로 접어들고 있다. 민주화과정 그리고 그 이후 행정법의 입법, 사법, 행정 각 부문에서 이루어진 역동적인 변화와 발전이 그 점을 여실히 보여준다. 무엇보다도 입법 분야에서 괄목할 만한 발전이 있었다. 행정소송법처럼 시대착오적 낙후성을 탈피하지 못한 경우도 없지 않지만, 행정절차법, 정보공개법, 전자정부법 등 행정법 분야 입법의 발전은 눈부신 것이었다. 입법의 행진이 양적 성장이었다면 질적 성장은 행정법 판례 형성을 통해 이루어졌다. 입법 발전 못지않게 대법원과 헌법재판소, 행정법원 등의 활발한 법형성을 통해 행정법판례가 축적되었고 그만큼 한국행정법의 내적 충실성이 심화되었다. 이처럼 양적 성장이 질적 성숙으로 이어지는 선순환 상호작용을 통해 한국행정법이 개화하기 시작한 것이다. 이 역사적인 시점에 이 책을 냄으로써 행정법 학자로서 기본적 과제를 뒤늦게나마 이행할 수 있게 되었다. 안도와 기쁨, 감사의 마음이 교차한다.

이 책은 통상 행정법 총론과 각론 두 권으로 나눠 간행하던 방식을 지양하여 한 권에 행정법 전체를 다 포함하여 다루고 있다. 그러나 행정법 전체를 모두 다루고자 했음에도 불구하고 사정이 여의치 않아 더러 다루지 못한 부분들이 생긴 점 독자들께 양해를 구하고자 한다. 먼저 환경행정법은 초고에는 포함되어 있었으나 환경법이 변호사시험 선택과목이 되었고 2011년 하반기 별도의 단행본으로 환경법(제3판)을 출간할 예정이므로 특별행정법에서 다루지 않기로 하였다. 둘째, 당초 집필계획에 포함되어 있었고 또 상당 부분 집필이 이루어진 정보통신행정법 역시 분량의 제약 때문에 그리고 이 또한 별도의 단행본으로 출간하는 것이 바람직하다는 판단에서 제외하였다. 셋째, 행정구제법에 관한 논의도 분량의 제약으로 인하여 대폭 줄일 수밖에 없었다. 끝으로 행정법 전체를 다루었다고는 하지만, 그 내용은 실은 행정법총론, 행정작용법 일반이론, 행정구제법, 행정조직법, 공무원법, 지방자치법 등과 특별행정(작용)법의 개설을 넘지 못했다. 특히 특별행정법은 각 분야에 대해 별도의 단행본으로 저술하는 것이 마땅하다고 생각한다. 이 책은 2011년 1월 현재까지의 입법과 판례, 학설을 고려하였다. 혹 누락되거나 충실히 다뤄지지 못한 부분은 전적으로 저자의 불찰이다.

 돌이켜 보니 행정법을 전공으로 공부하고 가르치기 시작한 지 벌써 30년이 넘었다. 산 높고 물 깊은, 변화무쌍한 산맥과 밀림을 탐사하는 흥미진진한 도전의 연속이었다. 그 여정은 순탄치만은 않았지만 가치 있었고 보람 또한 적지 않았다. 스승님과 선배동학들의 가르침과 질정에 감사드린다. 책을 내는 과정에서 교정 등 궂은 일을 마다하지 않은 저자의 서울대학교 행정대학원 연구실 조교들께 감사드린다. 아울러 책을 내기까지 오랜 시간을 기다려 주신 법문사의 김영훈 부장님, 편집과 교열의 모범을 보여 주신 김용석씨께 깊이 감사드린다.

 이 책을 작년 1월 3일 세상을 떠나신 어머니의 영전에 바친다.

2011년 눈덮인 분당의 들녘

홍 준 형

제 1 편

행정법총론

제 2 편

행정구제법

제 1 부　행정구제법총론

제 2 부 행정상 손해전보

제 **4** 편

지방자치법

제 5 편

특별행정법

간추린 참고문헌

* 국내에서 발표된 참고문헌 중 단행본이 아닌 것은 본문에서 표기하는 것을 원칙으로 한다.

【국내문헌】

강구철, 강의행정법 I, II, 학연사, 1993, 1994.

강신택, 재무행정, 박영사, 1993.

국회도서관, 헌법제정회의록(제헌의회) 헌정사자료 제1집, 1967.

권영성, 헌법학원론, 법문사, 1992.

김남진, 행정법 I, II, 법문사, 2000, 2002.

_____, 행정법의 기본문제, 1992.

김남진 · 김연태, 행정법 I, II, 법문사, 2007.

김남진 외, 한국법학의 회고와 전망, 법문사, 1991.

김대인, 행정계약에 관한 연구, 서울대학교 박사학위청구논문, 2006.

김도창, 일반행정법론(상/하), 청운사, 1993.

김도창 외, 행정절차법연구, 한국행정과학연구소 편, 1980.

김동희, 행정법 I, II, 박영사, 2008, 2000, 1999.

김석준 · 강경근 · 홍준형, 열린 사회, 열린 정보, 비봉출판사, 1993.

김유성, 한국사회보장법론, 제4판, 법문사, 2000.

김중권, 행정자동절차에 관한 법적 고찰, 고려대학교 박사학위논문, 1993.

_____, 행정법기본연구 I, 법문사, 2008.

_____, 행정법기본연구 II, 법문사, 2009.

김중양 · 김명식, 「공무원법」, 박영사, 2000.

김철수, 헌법학개론, 박영사, 1991.

_____, 헌법학신론, 박영사, 2008.

김철용, 행정법 I, II, 박영사, 2010.

_____, 국가배상법 제2조에 관한 연구, 건국대학교 박사학위논문, 1975.

김철용(편), 행정절차와 행정소송, 피앤씨미디어, 2017.

김철용 · 최광율(편), 주석행정소송법, 박영사, 2004.

류명건, 실무행정소송법, 박영사, 1998.

류지태, 행정법신론, 신영사, 1996, 2005.

류지태·박종수, 행정법신론, 박영사, 2009.

박균성, 행정법강의, 박영사, 제3판, 2006.

박균성, 행정법론(상), 박영사, 제15판, 2016.

박송규, 행정심판법, 한국법제연구원, 1998.

박윤흔, 행정법강의(상/하), 박영사, 2000.

_____, 최신행정법강의(상/하), 국민서관, 1993, 2004.

박정훈, 행정법의 체계와 방법론(행정법연구 1), 박영사, 2005.

_____, 행정소송의 구조와 기능(행정법연구 2), 박영사, 2006.

백윤기, 미국 행정소송상 엄격심사원리에 관한 연구 - 한국판례와의 비교분석을 중심으로 -, 1995
    년 2월 서울대학교 법학박사학위논문, 1995.

변재옥, 행정법강의 I, 박영사, 1990.

서울행정법원, 행정법원의 좌표와 진로, 1999.

서원우, 현대행정법론(상), 박영사, 1987.

_____, 전환기의 행정법이론, 박영사, 1997.

석종현, 일반행정법(상/하), 삼영사, 1993.

오석홍, 인사행정론, 제6판, 박영사, 2009.

오준근, 행정절차법, 삼지원, 1998.

유진오, 헌법해의, 명세당판, 단기4282.

윤세창, 행정법론(상), 박영사, 1983.

이기우·하승수, 지방자치법, 대영문화사, 2007.

이상규, 신행정법론(상/하), 법문사, 1991.

_____, 신행정쟁송법, 법문사, 1988.

이시윤, 민사소송법, 박영사, 1990.

_____, 소송물에 관한 연구, 1977.

이영준, 민법총칙, 박영사, 1987.

이주희, 지방자치법 이론과 운영사례, 기문당, 2005.

이태로, 조세법개론, 조세통람사, 1992.

장태주, 행정법개론, 법문사, 2010.

정동윤, 민사소송법, 법문사, 1990.

정하중, 행정법개론, 제7판, 법문사, 2013.

조석준·임도빈, 한국행정조직론, 법문사, 2010.

조연홍, 한국행정법원론(상), 형설출판사, 2000.

최봉석, 지방자치의 기본법리, 한국법제연구원, 2007.

최선웅, 행정소송의 원리, 진원사, 2007.

최송화, 공익론, 서울대학교출판부, 2002.

_____, 법치행정과 공익, 박영사, 2002.

최영규, 영업규제의 법제와 그 수단에 관한 연구, 서울대학교 박사학위논문, 1993.

_____, 경찰행정법, 법영사, 2007.

최정일, 행정법의 정석 II, 박영사, 2009.

한국법제연구원, 현행공용침해법제의 현황과 개선방향, 1992.

허 영, 한국헌법론, 박영사, 1995, 2008.

홍정선, 행정법원론(상/하), 박영사, 2000, 2005, 2009/2008.

_____, 행정법특강, 제5판, 박영사, 2006.

_____, 헌법과 정치, 법문사, 1986.

홍준형, 행정법, 법문사, 2011.

_____, 행정구제법, 도서출판 오래, 2012.

_____, 행정구제법(제4판), 한울아카데미, 2001.

_____, 행정법총론(제4판), 한울아카데미, 2001.

_____, 환경행정법, 한울아카데미, 1993.

_____, 판례행정법, 두성사, 1999.

_____, 환경법, 박영사, 2005.

_____, 행정과정의 법적 통제, 서울대학교출판문화원, 2010.

_____, 환경법특강, 박영사, 2013, 2017.

_____, 법정책의 이론과 실제, 법문사, 2008.

_____, 선진법치국가, 국가운영시스템, 과제와 전략(공저), 나남, 2008.

_____, 행정과정의 법적 통제, 서울대학교출판문화원, 2010.

홍준형·김성수·김유환, 행정절차법제정연구, 법문사, 1996.

【외국어문헌】

阿部泰隆, 國家賠償訴訟における違法と抗告訴訟における違法, 行政法の爭点(新版), ジュリスト, 176.

_____, 國家補償法, 有斐閣, 1988.

荏原明則, 公物の成立と消滅, 現代行政法大系(9), 1984.

宇賀克也, 行政手續法の解說, 學陽書房, 1994.

遠藤博也, 行政法II(各論), 靑林書院新社, 1977.

園部逸夫, 注解行政事件訴訟法, 有斐閣, 1989.

金澤良雄, 經濟法·獨占禁止法, 有斐閣, 1969.

菊井康郎, "基本法の法制上のっけ", 「法律時報」 1973/6.

小高剛, 行政法各論, 有斐閣, 1984.

小早川光郎, 行政政策過程と"基本法", 國際化時代の行政と法」(成田賴明先生橫浜国立大学退官記念),
  2000.

古崎慶長, 營造物の管理の瑕疵の意義, 行政法の爭点(新版), ジュリスト 增刊.

佐藤英善(編), 行政手續法, 三省堂, 1994.

塩野 宏, 行政法 I, II, 有斐閣, 1992.

_____, 日本行政法論(徐元宇·吳世卓共譯), 法文社, 1996.

_____, オットー·マイヤー行政法學の構造, 1962.

芝池義一, 行政法總論講義, 第2版, 有斐閣, 1996.

_____, 行政救濟法講義, 有斐閣, 1996.

_____, 『行政手續法』の檢討, 公法研究 56號.

植村榮治, 米國公務員の不法行爲責任, 有斐閣, 1991.

_____, 行政法 I, 1986.

鈴木庸夫, 當事者訴訟, 現代行政法大系 5(行政爭訟 II), 1984.

杉村敏正, 行政救濟法 1, 1990, 有斐閣.

高木 光, 公法上の當事者訴訟, ジュリスト 增刊 行政法の爭點.

田中二郎, 新版行政法, 上, 中, 下, 弘文堂, 1969-1987.

阿部泰隆, 義務つ"け訴訟論, 田中古稀『公法の理論下 II』, 有斐閣, 1977.

行政判例百選 II, 別册ジュリスト 62號.

藤田宙靖, 新版行政法 I(總論), 1986.

南博方編, 注釋行政事件訴訟法, 有斐閣, 1972.

南 博方, 條解行政事件訴訟法, 弘文堂, 1987.

尹龍澤, 韓國行政審判制度の研究, 創價大學アジア研究所, 1996.

Aman, Jr. & Mayton, Administrative Law, West Publishing, 1993.

Axer, Peter, Die Widmung als Schlüsselbegriff des Rechts der öffentlichen Sachen. Zur Identität des Rechts der öffentlichen Sachen als Rechtsgebiet, Schriften zum Öffentlichen Recht 651, Duncker & Humblot, Berlin, 1994.

Bachof, Otto, Die verwaltungsgerichtliche Klage auf Vornahme einer Amtshandlung, Tübingen, 1951.

_____, Die Dogmatik des Verwaltungsrechts vor den Gegenwartsaufgaben der Verwaltung, in: VVDStRL 30(1972).

Badura, P., Das Verwaltungsverfahren, in: Erichsen/Martens, Allgemeines Verwaltungsrecht, 10.Aufl., 1995.

Bärbel Dorbeck-Jung/Eric Helder, Kodifizierung des niederländischen Verwaltungsrechts, DÖV 1994.

Barbey, Günther, Bemerkung zum Streitgegenstand im Verwaltungsprozeß, in: FS für C.F.Menger, 1985.

Bauer, H., Geschichtliche Grundlage der Lehre von subjektiven öffentlichen Recht, 1986, Augusburger Dissertation.

_____, Schutznormtheorie im Wandel, Gegenwartsfragen des Öffentlichen Rechts, 1988.

_____, Informelles Verwaltungshandeln im öffentlichen Wirtschaftsrecht, VerwArch. Bd.78.

Baumgärtel, G., Zur Lehre vom Streitgegenstand, JuS 1974.

Becker, Florian, Kooperative und konsensuale Strukturen in der Normsetzung, Jus Publicum 129, 2005, Mohr Siebeck.

Becker, Jürgen, Öffentliche Unternehmen als Gegenstand des Wirtschaftsverwaltungsrechts, DÖV 1984.

_____, Informales Verwaltungshandeln zur Steuerung wirtschaftlicher Prozesse im Zeichen der Deregulierung, DÖV 1985.

Bettermann, K. A., Staatsbürger und Staatsgewalt, Bd.II.

_____, Über Klage- und Urteilsarten, in: Staatsrecht-Verfahrensrecht Zivilrecht-Schriften aus vier Jahrzehnten(hrsg.v.D.Merten; H.-J.Papier; K.Schmidt; A.Zeuner), 1988.

Birke/Brechtken(Hrsg.), Kommunale Selbstverwaltung/Local Self-Government, 1996.

Böhm, F., Freiheit und Ordnung in der Marktwirtschaft, 1980.

Boujong, K.-H., Staatshaftung für legislatives und normatives Unrecht in den neueren Rechtsprechung des Bundesgerichtshofes, in: FS für Willi Geiger t. 80.Geb..

Braun, Die präjudizielle Wirkung bestandskräftiger Verwaltungsakte, 1982.

Breuer, Rüdiger, "Selbstbindung des Gesetzgebers durch Programm und Plangesetz", DVBl. 1970.

Breyer, Stephen, Regulation and Its Reform, 1982.

Bruff, Presidential Management of Agency-Rulemaking, 57Geo.Wash.L.Rev.533, 1989.

Bryce, James, *Modern Democracies,* vol. 1, 1923.

Bühler, Ottmar, Die subjektiven öffentlichen Rechte und ihr Schutz in der deutschen Verwaltungsrechtsprechung, 1914.

_____, Altes und neues über Begriff und Bedeutung der subjektiven öffentlichen Rechte, in: GS W.Jellinek, 1955.

Burgi, Martin, Verwaltungsorganisationsrecht, in: Allgemeines Verwaltungsrecht 12.Aufl., 2002, De Gruyter Recht.

Detterbeck, S., Salvatorische Entschädigungsklauseln vor dem Hintergrund der Eigentumsdogmatik des Bundesverfassungsgerichts, DÖV 1994.

Dicey, A.V., Introduction to the Study of the Constitution.

Drews/Wacke/Vogel/Martens, Gefahrenabwehr, 9.Aufl., 1986.

Efstration, Pavlos-Michael, Die Bestandskraft des öffentlich-rechtlichen Vertrages, 1988.

Ehlers, D., Rechtsstaatliche und prozessuale Probleme des Verwaltungsprivatrechts, DVBl 1983.

Eifert, Umweltinformation als Regelungsinstrment, DÖV 1994.

Ely, John Hart, Democracy and Distrust-A Theory of Judicial Review, Harvard University Press, 1980.

Erichsen(Hrsg.), Allgemeines Verwaltungsrecht, 12.Aufl., 2002, Walter de Gruyter Recht.

Erichsen, Das Bundesverwaltungsgericht und die Verwaltungsrechtswissenschaft, DVBl 1978.

_____, Der Innenrechtsstreit, in: Festschrift für C.-F.Menger zum 70.Geb., 1985.

Eucken, W., Grundsätze der Wirtschaftspolitik, 5.Aufl., 1975.

Eyermann/Fröhler(EF), Verwaltungsgerichtsordnung, 10.Aufl., 1998.

Fleiner, Institutionen des Deutschen Verwaltungsrechts, 8.Aufl., 1928.

Forsthoff, Ernst, Lehrbuch des Verwaltungsrechts, Allgemeiner Teil, 10.Aufl., 1973.

Friauf, K.H., Polizei- und Ordnungsrecht in: E. Schmidt-Aßmann(Hrsg.), Besonderes Verwaltungsrecht. 10.Aufl., 1995.

Fromont, M., Staatshaftungsrecht in Frankreich, DÖV 1982.

Gellhorn, Byse, and Strauss, Administrative Law: Cases and Comments, 7th.ed.(Meniola, NY: Foundation Press, 1979).

George, Philipe, Droit Public, 1982, 4e éd.

Götz, Volkmar, Allgemeines Polizei- und Ordnungsrecht, 14. Aufl., Vandenhoeck & Ruprecht, 2008.

_____, Allgemeines Verwaltungsrecht, 4.Aufl., 1997, C.H. Beck.

Götz/Starck(Hrsg), Die öffentliche Verwaltung zwischen Gesetzgebung und richterlicher Kontrolle, 1985.

Goldstein, Leslie Friedman, "From Democracy to Juristocracy", 38 Law and Society Review 3 (September 2004).

Grunewald, Mark H., Administrative Mechanisms for Resolving Freedom of Information Act Disputes, Final Report submitted to the Administrative Conference of the United States, 1986.

Grunsky, W., in: Münchener Kommentar zum BGB, Vorb. vor § 249 Rn.36-46.

Hänni, P., Die Klage auf Vornahme einer Verwaltungshandlung, 1988.

Hahn, Rudolf von Gneist 1816-1895, 1995.

Heinzerling, Lisa/Tushnet, Mark V., The Regulatory and Administrative State, Oxford University Press, 2006.

Hill, H., Normkonkretisierende Verwaltungsvorschriften, NVwZ 1989.

Hofmann-Riem, AK-GG. Art.5 I Rn.91.

Hoffmann-Riem/Schmidt-Aßmann/Voßkuhle(Hrsg.), Grundlagen des Verwaltungsrechts Bd.

I-Methoden-Maßsäbe-Aufgaben-Organization(GVwR I). Verlag C.H.Beck, 2006.

Hong, Joon Hyung, Die Klage zur Durchsetzung von Vornahmepflichten der Verwaltung, Schriften zum Prozessrecht Bd.108, 1992, Duncker & Humblot, Berlin.

_____, Administrative Law in the Institutionalized Administrative State, Recent Transformations of Korean Law and Society, 2000, Seoul National University Press.

_____, Law, Policy and Institutions for Alternative Dispute Resolution in Korea, in: Comparative Studies in Public Conflict Resolution, 2005, KDI School of Public Policy and Management.

Hoppe, in: Festschrift für BVerfG 1976.

_____, in: Isensee/Kirchhof, HdbStR, Bd.III.

Huber, P.-M., Konkurrenzschutz im Verwaltungsrecht, J.C.B.Mohr(Paul Siebeck), 1991.

Hufen, F., Zur Systematik der Folgen von Verfahrensfehlern-eine Bestandsaufnahme nach zehn Jahren VwVfG, DVBl 1988.

_____, Verwaltungsprozeßrecht, 6.Aufl., 2005, C.H.Beck.

Ipsen, H.P., Öffentliche Subventionierung Privater, 1956.

_____, Subvention, in: Handbuch des Staatsrechts(HdStR) IV, § 92 Rn.60.

Ipsen, H.P./Zacher, H.F., Verwaltung durch Subventionen, in: VVDStRL 25, 1967.

Isenmann, Die deutsche Stadt im Mittelalter, 1988.

Jaffe, L., Judicial Control of Administrative Action. Boston: Little, Brown, 1965.

Jakob/Blankenburg/Kritzer/Provine/Sanders, Courts, Law & Politics in Comparative Perspective, Yale University Press, 1996.

Jauernig, Zivilprozeßrecht, 22.Aufl., 1988.

Jellinek, Georg, Allgemeine Staatslehre, Das Recht des modernen Staates, Erster Band. Zwelte durchgesehene und vermehrte Auflage. Verlag von 0. Hiring. Berlin, 1905.

Jellinek, W., Verwaltungsrecht, 3.Aufl., 1948.

Kaiser, J. H., Planung III, 1968.

Klein, F.(Hrsg.), Lehrbuch des öffentlichen Finanzrechts, 1987.

Köckerbauer, H.P., Rechtsgrundlagen und Haftungsumfang des Folgenbeseitigungsanspruchs, JuS 1988.

Koller, H., Der öffentliche Haushalt als Instrument der Staats- und Wirtschaftslenkung, 1983.

Kopp, F., Beteiligung, Rechts- und Rechtsschutzpositionen im Verwaltungsverfahren, in: FS BVerwG.

_____, Kommentar zum VwVfG, 9.Aufl., 2005, C.H.Beck.

_____, Kommentar zum VwGO, 11.Aufl., 1998, C.H.Beck.

_____, Der für die Beurteilung der Sach- und Rechtslage maßgebliche Zeitpunkt bei verwaltungsgerichtlichen Anfechtungs- und Verpflichtungsklage, in: FS für Menger, 1985.

Kopp/Ramsauer, Verwaltungsverfahrensgesetz, Kommentar, 9.Aufl., 2005.

Ladeur, P., Die Schutznormtheorie-Hindernis auf dem Weg zu einer modernen Dogmatik der plnaerischen Abwägung?, Umwelt- und Planungsrecht(UPR) 1984(Heft 1).

Larenz, K., Methodenlehre der Rechtswissenschaft.

Laubinger, H.-W., Der Verwaltungsakt mit Doppelwirkung, 1967.

_____, Grundrechtsschutz durch Gestaltung des Verwaltungsverfahrens, VerwArch. Bd.73, 1982.

Lorenz, Der Rechtsschutz des Bürgers und die Rechtsweggarantie, 1973.

Lüke, G., Streitgegenstand im Verwaltungsprozeß, JuS 1967, 3.

Luhmann, N., Legitimation durch Verfahren, 1969.

MacCormick, D.N., Der Rechtsstaat und die rule of law, Juristenzeitung 1984.

Mann, Thomas/Püttner, Günter(Hrsg.), Handbuch der kommunalen Wissenschaft und Praxis, 3. Auf. Band 1 Grundlagen und Kommunalverfassung, 2007.

Martens, J., Die Praxis des Verwaltungsprozesses, 1975.

Mashaw, Jerry L. Explaining Administrative Process: Normative, Positive, and Critical Stories of Legal Development, Journal of Law, Economics, & Organization(Oxford University Press) Vol. 6, Special Issue: [Papers from the Organization of Political Institutions Conference, April 1990], 1990.

Maurer, H., Das Vertrauensschutzprinzip bei Rücknahme und Widerruf von Verwaltungsakten, in: Festschrift für Richard Boorberg Verlag, 1977.

_____, Allgemeines Verwaltungsrecht, 17.Aufl., 2009, C.H. Beck, München.

Maurer, Hartmut, Vefassungsrechtliche Grundlagen der kommunalen Selbstverwaltung. DVBl. 1995.

Mayer, Otto, Deutsches Verwaltungsrecht, 3.Aufl., 1924(unveränderter Nachdruck 1969).

_____, Zur Lehre vom öffentlich-rechtlichen Vertrage, AöR Bd.3, 1888.

Menger, C.F., System des verwaltungsgerichtlichen Rechtsschutzes, Eine verwaltungsrechtliche und prozeßvergleichende Studie, 1954.

Olson, Walter K., The Rule of Lawyers, Truman Talley Book-St. Martin Press, 2003.

Ossenbühl, F., Verwaltungsverfahren zwischen Verwaltungseffizienz und Rechtsschutzauftrag, NVwZ 1982.

_____, Informelles Hoheitshandeln im Gesundheits- und Umweltschutz, Jahrbuch des Umwelt- und Technikrechts(UTR) 1987.

_____, Staathaftungsrecht, 4.Aufl., 1991.

_____, Gutachten B zum 50. DJT.

Papier, J., Recht der öffentlichen Sachen, 1977.

Passvant, O., Mittlerunterstützte Kooperation in komplexen Verwaltungshandelns, DÖV 1987.

Peine, Franz-Joseph, Allgemeines Verwaltungsrecht, 11.Aufl., 2014, C.F.Müller.

Pietzcker, J., Der Anspruch auf ermessensfehlerfreie Entscheidung, JuS 1982.

Pietzner/Ronellenfitsch, Das Assessorexamen im Öffentlichen Recht, Widerspruchsverfahren und Verwaltungsprozeß, 8.Aufl., 1993.

_____, Das Assessorexamen im Öffentlichen Recht, Widerspruchsverfahren und Verwaltungsprozeß, 9.Aufl., 1996.

Püttner, Günter, Wirtschaftsverwaltungsrecht, Boorberg, 1989.

Ramsauer, Ulrich, Die Assessorprüfung im Öffentlichen Recht, 1995, C.H.Beck.

Redeker/v.Oertzen, Verwaltungsgerichtsordnung, 12.Aufl., 1997.

Ress, G., Die Entscheidungsbefugnis in der Verwaltungsgerichtsbarkeit-eine rechtsvergleichende Studie zum österreichischen und deutschen Recht, 1968, Forschungen aus Staat und Recht, Bd.4, Springer Verlag.

Richter/Schuppert, Casebook Verwaltungsrecht, 1991.

Rinck/Schwark, Wirtschaftsrecht, 6.Aufl., 1986.

Rivero, Jean, Droit administratif, 13e éd., 1990, Dalloz.

Rivero, Jean/Waline, Jean, Droit administratif, 15e édition, 1994, Dalloz.

Rosenberg/Schwab, Zivilprozeßrecht, 14.Aufl., 1986.

Rosenbloom, David H., Evolution of Administrative State, Transformations of Administrative Law, in: Handbook of Regulation and Administrative Law, Marcel Dekker, 1994.

_____, Building a Legislative-Centered Public Administration: Congress and the Administrative State, 1946-1999, Tuscaloosa, AL: University of Alabama Press, 2000.

Rosenbloom, David/Carroll James/Carroll, Jonathan, Constitutional Competence for Public Managers Itasca, IL: F. E. Peacock, 2000.

Rosenbloom, David H./O'Leary, Rosemary, Public Administration and Law, 2nd. ed. Marcel Dekker, Inc., 1997.

Rösslein, T., Der Folgenbeseitigungsanspruch, 1968.

Rossi, Matthias, Informationsfreiheitsgesetz, Handkommnentar, Nomos, Berlin, 2006.

Rotenberg, Marc, The Privacy Law Sourcebook 2002, United States Law, International Law, and Recent Developments, Electronic Privacy Information Center.

Rupp, H.H., Bemerkungen zum verfahrensfehlerhaften Verwaltungsakt, in: FS für O. Bachof, 1984.

_____, Grundfragen der heutigen Verwaltungsrechtslehre, 1965.

Saupin, Le pouvoir urbain dans l'Europe atlantique du XVIe au XVIIIe siècle, 2002.

Scharpf, F., Die politischen Kosten des Rechtsstaates, 1970.

Schenke, W.-R., Verwaltungsprozessrecht, 12. Aufl., 2009.

_____, Probleme der modernen Leistungsverwaltung, DÖV 1989.

Schmalz, D., Allgemeines Verwaltungsrecht und Verwaltungsrechtsschutz, 1985.

Schmidt am Busch, Birgit, Die Beleihung: Ein Rechtsinstitut im Wandel. In: DÖV. 60. Jg., Bd. 2, H. 13.

Schmidt-Aßmann/Krebs, Städtebauliche Verträge, 1988.

Schmidt-Aßmann, Eberhard, Institute gestufter Verwaltungsverfahren: Vorbescheid und Teilgenehmigung, in: Verwaltungsrecht zwischen Freiheit, Teilhabe und Bindung, FS aus Anlaß des 25jährlichen Bestehens des BVerwG, 1978.

_____, Kommunalrecht, in: Ingo von Münch, Bes. VerwR, 8.Aufl., 1988.

_____, Kommunalrecht. in: Besonderes Verwaltungsrecht, 14.Aufl., 2008.

Schmidt-Jortzig, E., HdbStR § 141 Rn.31.

Schmidt, Reiner, Öffentliches Wirtschaftsrecht, in: Achterberg/Püttner, Besonderes Verwaltungsrecht, 1992.

Schmitt, Carl, Verfassungslehre, Berlin, 1954(Neudruck).

Schmitt Glaeser, Walter Verwaltungsprozeßrecht, 14.Aufl., 1997, Boorberg.

Schoch/Schmidt-Aßmann/Pietzner, Verwaltungsgerichtsordnung, 2000, C.H. Beck.

Schoch, F., Polizei- und Ordnungsrecht in: E. Schmidt-Aßmann/F. Schoch(Hrsg.), Besonderes Verwaltungsrecht, 14.Aufl., 2008.

Scholz, G., Die Kontrolle des Verwaltungshandelns, 2.Aufl., 1978.

Schultze-Fielitz, Helmuth, Grundmodi der Aufgabenwahrnehmung, in: Hoffmann- Riem/ Schmidt-Aßmann/Voßkuhle(Hrsg.), GVwR I, 2006.

Schulze, J., Die fiktive Widmung durch Verkehrsübergabe, 1994, Europäische Hochschulschriften, Reihe 2: Rechtswissenschaft Vol. 1509, Peter Lang Frankfurt.

Schwab-Gottwald, Verfassung und Zivilprozeß, 1984.

Schwartz, Paul, Privacy and Participation: Personal Information and Public Sector Regulation in the United States, 80 Iowa L. Rev. 553, 1995.

Schwarze, Der funktionale Zusammenhang von Verwaltungsverfahrensrecht und verwaltungsge- richtlichen Rechtsschutzes, 1974.

Selznick, Philip/Nonet, Philip, Law and Society in Transition: Toward Responsive Law, 1978, Harper & Row.

Sieber, Informationsrecht und Recht der Informationstechnik, NJW 1989.

Skouris, Wassilios, Verletztenklagen und Interessenklagen im Verwaltungsprozeß, Hamburger Habilitation, 1978.

Soria, José Martínez, § 36 Kommunale Selbstverwaltung im europäischen Vergleich, in: Thomas Mann und Günter Püttner(Hrsg.), Handbuch der kommunalen Wissenschaft und Praxis, 3. Auf. Band 1 Grundlagen und Kommunalverfassung, 2007.

Spiros Simitis, Reviewing Privacy in an Information Society, 135 U. Pa. L. Rev. 707, 1987.

Steiner, U., Die allgemeine Leistungsklage im Verwaltungsprozeß, JuS 1984.

Stelkens, Paul, Verwaltungsverfahren, C.H.Beck. 1991.

Stelkens/Bonk/Leonhardt, VwVfG Kommentar, 5.Aufl., 1998.

Stern, K., Verwaltungsprozessuale Probleme in der öffentlichrechtlichen Arbeit, 7.Aufl., 1995.

Stern, K./Münch, P./Hansmeyer, K.-H., Gesetz zur Förderung der Stabilität und des Wachstums der Wirtschaft, 2.Aufl., 1972.

Sunstein, Cass R./Schkade, David/Ellman, Lisa M./Sawicki, Andres, Are Judges Political?, An Empirical Analysis of the Federal Judiciary, Brooking Institution Press, 2006.

Tamanaha, Brian Z., On the Rule of Law: History, Politics, Theory, Cambridge University Press, 2004.

_____, "The Tension Between Legal Instrumentalism and the Rule of Law," 33 Syracuse J. of Int. L. & Commerce 131, 2005.

_____, Law as a Means to an End-Threats to the Rule of Law, Law in Context, Cambridge University Press, 2006.

Thomas, H./Putzo, H., Zivilprozeßordnung mit Gerichtsverfassungsgesetz, 16.Aufl., 1990.

Thomuschat, Christian, Gerichtlicher Rechtsschutz des Einzelnen gegen die Untätigkeit der vollziehenden Gewalt, in: Gerichtsschutz gegen die Exekutive, 1971, Bd.III.

Trägårdh, Lars and Carpini, Michael X. Delli, The Juridification of Politics in the United States and Europe: Historical Roots, Contemporary Debates and Future Prospects(http://www.law.fsu.edu/faculty/2005workshops/tragardh.pdf), 2005.

Turiaux, Das neue Umweltinformationsgesetz, NJW 1994.

Ule, C.H., Zur Anwendung unbestimmter Rechtsbegriffe im Verwaltungsrecht, Gedächtnisschrift für W. Jellinek, 1955.

_____, VVDStRL 15, 1957.

_____, Verwaltungsreform als Verfassungsvollzug, in: Recht im Wandel, 1965.

_____, Rechtsstaat und Verwaltung, VerwArch, Bd.76, 1985.

_____, Verwaltungsprozeßrecht, 9.Aufl., 1987.

Ule/Laubinger, Verwaltungsverfahrensrecht, 1986.

Unger, R.M., Law in Modern Society: Toward a Criticism of Social Theory, Free Press, 1976.

Vaughn, Robert, Public Information Law & Policy, Spring, 1995.

Vogel, K., Verwaltungsrechtsfall, 8.Aufl., 1980.

Wacks, Raymond. Personal Information, Clarendon Press, 1989.

Wade, E.C.S./Bradley, A.W., Constitutional and Administrative Law(10th. ed.), Longman, 1985.

Wahl, R., Verwaltungsverfahren zwischen Verwaltungseffizienz und Rechtsschutzauftrag, VVDStRL 41, 1983.

Walter, Ch., Neuere Entwicklungen im französischen Staatshaftungsrecht-verschuldensunabhängige Haftung öffentlicher Krankenhäuser, ZaöRV Bd.54, 1994.

Weber, Max, Rechtssoziologie, Luchterhand, 1967.

Weides, Peter, Verwaltungsverfahren und Widerspruchsverfahren, 3.Aufl., 1993.

Westin, Alan, Privacy and Freedom, 1967.

Weyreuther, F., Die Rechtswidrigkeit eines Verwaltungsakts und die ≫dadurch≪ bewirkte Verletzung ≫in ⋯ Rechten≪, in: FS Menger, 1985.

_____, "Empfiehlt es sich, die Folgen rechtswidrigen hoheitlichen Verwaltungshandelns gesetzlich zu regeln", Gutachten B zum 47. DJT, 1968.

Whittington, Keith E./Kelemen, R. Daniel/Caldeira, Gregory A.(ed). The Oxford Handbook of Law and Politics, Oxford Handbooks of Political Science 2008.

Wieslander, Bengt, The Parliamentarz Ombudsman in Sweden, 1994, The Bank of Sweden Tercentenary Foundation & Gidlunds Bokförlag.

Willoweit, Deutsche Verfassungsgeschichte, 5. Aufl., 2005, § 14 I 5.

Wise, Charles R., Regulatory Takings, Handbook of Regulation and Administrative Law(ed. D.H.Rosenbloom/R.D.Schwartz), 1994.

Wolff, H. J./Bachof, O./Stober, R./Kluth,W., Verwaltungsrecht, Bd. 1, 12. Aufl., 2007.

_____, Bd. 2, 6. Aufl., 2000.

_____, Bd. 3, 5. Aufl., 2004.

Wolff, W., Allgemeines Verwaltungsrecht, 4. Aufl., 2004.

Wollmann, H. Comparing Local Government Reforms in England, Sweden, France and Germany, 2008.

Ziemske, Burkhardt, Öffentlicher Dienst zwischen Bewahrung und Umbruch, DÖV, 1997.

행정법총론

제 1 장

서론 – 행정법의 기본개념

제 1 절 | 행정과 행정법

Ⅰ. 행정과 행정작용

1. 행정의 개념 – 행정개념의 다의성

행정법에서 「행정」이란 오로지 '공행정'($\substack{\text{öffentliche Verwaltung,} \\ \text{public administration}}$) 또는 '지방행정 등을 포함한 넓은 의미의 국가행정'($\substack{\text{Verwaltung des Staates} \\ \text{im weiteren Sinne}}$)만을 말한다. 이러한 의미의 행정은 다른 국가기능과 구별되는 조직적, 기능적 그리고 법적 통일성을 지닌다.[1]

행정의 개념은 그것이 사용되는 관계 또는 문맥에 따라 다양하게 파악될 수 있다. 행정은 조직적 의미에서는 '국가나 지방자치단체 등의 행정조직'을, 실질적 의미로는 '행정작용, 즉 행정업무를 처리하기 위한 국가행정활동'을, 그리고 형식적 의미에서는 '행정관청이 행하는 모든 작용'을 뜻하는 개념으로 사용될 수 있다. 조직적 의미의 행정과 형식적 의미의 행정은 각각 행정조직이란 외형적 기준에 의해 비교적 명확히 식별해 낼 수 있다. 반면 실질적 의미의 행정개념을 정의하는 데에는 논란의 여지가 있다. 여기에는 기본적으로 두 가지 상이한 방향이 있다. 첫째, 적극적 정의를 포기하고 「국가작용 중에서 입법과 사법을 제외한 나머지」를 행정이라고 보는 입장이 있는데 이를 소극설 또는 공제설($\substack{\text{控除說:} \\ \text{Substraktionstheorie}}$)이라고 부른다. 둘째, 소극설처럼 「행정이 아닌 것」만을 이야기할 것이 아니라 행정관념의 적극적 해명을 구하지 않으면 안 된다는 견지에서 가령 '개별적인 사안에 있어 국가목적의 실현'(^{Peters}), '법에 의거하여 법률의 범위 내에서 행해지는 사회형성'(^{Forsthoff}), '기존의 정치적 결정을 계획적, 목

---

1) H. Maurer, Allgemeines Verwaltungsrecht, 7.Aufl.(1990), § 1 Rn.1.

적지향적으로 집행하는 작용'(^{Thieme}), '구속적 결정의 산출'(^{Luhmann}), '역무의 수행'(^{Ellwein}) 등의 표지에 의해 행정개념을 정의하려는 입장이 있는데 이를 적극설이라고 부른다.2) 양설은 각각 문제점들을 가지고 있고 또 어느 입장에 서더라도 행정관념의 완전한 정의를 기대하기는 곤란하다.3) 한편 행정의 관념을 이해함에 있어 중요한 것은 무엇보다도 행정개념에 내재되어 있는 권력분립이란 역사적, 사실적 계기를 인식하는 일이다. 이는 연혁적으로 행정은 군주의 통치권으로부터 입법권과 사법권이 떨어져 나온 결과 그 나머지의 기능들을 총칭하는 개념이었다는 사실에 의해 뒷받침된다. 이 같은 행정개념의 역사적 구속성은 현대국가에서 특징적으로 나타나는 행정권의 확대강화현상을 통해서도 여실히 증명된다. 따라서 현대행정의 복잡다기한 속성을 감안할 때, 우리는 행정을 「정의」하기보다는 오히려 행정의 특징적 속성을 파악하는 데 주력할 필요가 있다는 결론에 이른다. 이러한 관점에서 우리는 포르스토프(^{Forsthoff})가 "행정은 정의될 수 없고 다만 기술될 수 있을 뿐"($^{daß\ sie\ sich\ zwar\ beschreiben,}_{aber\ nicht\ definieren\ läßt}$)4)이라고 실토한 배경을 이해할 수 있다. 행정관념의 주요한 징표를 살펴보면 다음과 같다.

(1) 행정은 사회적 형성작용이다. 행정의 대상은 사회적 공동생활이다.
(2) 행정은 공익($^{öffentliche}_{Interessen}$)의 실현을 지향한다.
(3) 행정은 능동적·미래지향적인 형성작용이다. 이 점에서 본질상 수동적·과거지향적 반작용이자 법선언 작용인 司法과 구별된다.
(4) 행정은 개별적인 사안의 규율과 특정한 계획의 실현을 위한 구체적 조치를 취하는 작용이다. 이 점에서 행정은 立法과 구별된다. 행정은 계획행정($^{planende}_{Verwaltung}$)을 포함한다. 「처분법률」(^{Maßnahmegesetz})은 행정과 입법의 한계를 이룬다.5)

2. 통치행위의 문제

일반적으로 행정의 관념은 「통치행위」와 구별되는 것으로 이해되고 있다. 과거에는 전술한 실질적 의미 또는 협의의 행정과 통치행위가 광의의 행정을 이루는 것으로 이해되었기 때문에 행정관념을 파악하기 위해 양자 간 명확한 한계를 그을 필요가 있었다. 가령 독일의 오토 마이어($^{O.\ Mayer}$)는 프랑스의 'acte de gouvernment'(통치행위)에 상응하는 'Regierungsakt'의 관념을 실질적 의미의 행정과 대립시켜 설명하면서, 이를 입법·행정·사법과 구별되는 국가작용의 제4의 영역으로 국가원수의 헌법적 보조작용($^{verfassungsrechtliche\ Hilfstätigkeit}_{des\ Staatsberhauptes}$)이라고 설명한 바

2) 국내의 교과서들에서는 적극설의 예로 Otto Mayer의 목적실현설, 양태설(Forsthoff, 田中二郎)을 드는 한편 이와는 별도로 H. Kelsen, A. Merkl 등의 순수법이론에 입각한 기관양태설을 소개하고 있다. 김도창, 일반행정법론(상), 청운사, 1993, 60이하를 참조.
3) 학설은 이 여러 가지 견해들을 결합하여 정의해 보려는 입장이 점점 우세해지고 있다고 한다. Maurer, Rn.7.
4) E. Forsthoff, Lehrbuch des Verwaltungsrechts, 10.Aufl., 1973, S.1.
5) 이러한 설명은 Maurer, § 1 Rn.9-12의 견해를 따른 것이다.

있다.[6] 그러나 오늘날 양자 간 어떤 본질적인 차이가 있다고는 할 수 없고 따라서 그 같은 개념적 구별도 절대적으로 요구되는 것은 아니다.[7] 다만 이를 통하여 행정 관념의 윤곽을 다소 명확히 할 수 있고, 사법심사의 한계문제와의 관련을 감안하여 통치행위 문제를 별도로 고찰할 실익이 있다.

(1) 개 념

통치행위란 일반적으로 「고도의 정치적 성격을 지닌 국가최고기관의 행위」 또는 「고도의 정치성을 띠어 사법심사로부터 제외되는 국가행위」를 말한다. 통치행위의 개념은 두 가지 측면을 갖는다. 그것은 첫째, 행위의 고도의 정치성(실체적 개념), 둘째, 사법심사의 배제(형식적·절차적 개념)이다. 물론 양자는 상호 밀접히 연관되어 있다. 즉 통치행위는 입법의 하위에 위치한 단순한 법집행행위가 아니라 고도의 정치성을 띤 고차원의 국가작용이므로 사법부에 의한 심사의 대상이 될 수 없다. 그러나 오늘날 행위의 정치성이란 계기가 더 이상 통치행위의 특권을 정당화하는 근거로 인정되지 않으며, 또 행정법학에서는 일반적으로 후자 즉 절차적 개념으로서 통치행위가 문제되고 있음에 유의할 필요가 있다.

(2) 인정여부 및 근거

헌법상 법치주의의 전면적 관철, 사법심사의 개괄주의 등을 근거로 통치행위 관념 자체를 부정하는 견해(부인설)가 없지 않으나, 대다수 문헌들은 통치행위의 관념을 인정하되 그 사법심사배제의 논거를 달리 하고 있을 뿐이다. 가령 권력분립의 원리에 따른 사법내재적인 한계(권력분립설), 통치행위의 자유재량행위로서의 성격(재량행위설), 사법의 정치화를 막기 위한 정치문제($^{political}_{question}$)에 대한 사법부자제에의 요청(사법자제설), 그리고 고도의 정치성을 지닌 최상위의 국가행위로서 통치행위의 독자적 성격(통치행위독자성설) 등이 그것이다.

(3) 통치행위의 내용

통치행위를 긍정하는 입장에 설 때 통치행위로 고려될 수 있는 행위로는 우선 대통령이 국가원수로서 행하는 외교행위, 선전포고 및 전쟁수행행위, 사면·영전의 수여, 행정부의 수반으로서 행하는 국무총리등의 임명행위, 법률안거부, 국가중요정책의 국민투표부의, 긴급명령의 발포 등을 들 수 있고, 국회에 의한 것으로는 국무총리등 해임건의, 국회의원징계, 국

---

6) O. Mayer, Deutsches Verwaltungsrecht, 3.Aufl., 1924(unveränderter Nachdruck 1969), S.7-13(S.12 Fußnote 18).

7) 통치행위의 문제는 결국 사법심사의 배제 여하에 초점을 두는 것이므로 행정법서론에서 다루기엔 그리 적합하지 않다. 하지만 이를 행정법 서두에서 행정관념과 결부시켜 다루는 것이 국내교과서의 일반적 태도이다. 한편, 통치행위에 관하여 보다 상세한 것은 김선화, "통치행위의 인정여부와 판단기준 소고", 공법연구 제33집 제1호(2004.11), 한국공법학회; 정연주, "통치행위에 대한 사법심사: 관련 헌법재판소 판례를 중심으로", 저스티스 95호(2006.12), 한국법학원; 고문현, "통치행위에 관한 소고", 헌법학연구 제10권 제3호(2004.9), 사단법인 한국헌법학회 등을 참조.

회조직 및 의사행위 등을 들 수 있을 것이다. 그러나 이들이 모두 통치행위이기 때문에 사법심사로부터 배제되는 것인지에 대하여는 논란의 여지가 없지 않다.

⑷ 통치행위의 한계

현대민주국가에서 통치행위의 관념은 점점 더 축소되거나 제한되고 있다. 또 어떤 행위가 통치행위로 간주되어 법원의 심사의 대상에서 제외되었다고 해서 어떤 방법으로도 그에 대한 책임을 물을 수 없는 것은 아니다. 통치행위 역시 헌법의 구속을 피할 수 없으며, 특히 그 헌법적 수권규정에 의한 제약(특히 목적·요건·절차상의 제약)을 벗어날 수 없다. 이렇게 볼 때 특히 정치적 성질을 띤 법적 분쟁(politischer Rechtsstreit)은, 적어도 그것이 법적 해결가능성을 지니고 있는 한, 법적 통제를 받아야 한다는 결론에 이르지 않을 수 없다. 요컨대 법의 지배를 받지 않는 선 법치국가적 개념범주로서 통치행위란 존재하지 않는다.

대법원은 1972년 헌법 제53조에 의한 「대통령의 긴급조치는 헌법적 효력이 있는 고도의 통치행위이므로 사법적 심사의 대상이 되지 않는다」[8]라고 판시하였고, 또 「대통령의 비상계엄선포행위는 고도의 군사적 성격을 띠므로 그 선포의 당·부당을 판단할 권한은 국회만이 갖고 있고 그 선포가 당연무효라면 몰라도 사법기관인 법원이 계엄선포요건의 구비여부나 선포의 당·부당을 심사하는 것은 사법권에 내재하는 본질적 한계를 넘어서는 것」[9]이라고 판시하였다. 헌법재판소 역시 2004년 4월 29일 일반사병 이라크파병 위헌확인을 구하는 헌법소원심판에서 외국에의 국군의 파견결정과 같이 성격상 외교 및 국방에 관련된 고도의 정치적 결단이 요구되는 사안에 대한 국민의 대의기관의 결정은 존중되어야 하며 헌법재판소가 사법적 기준만으로 이를 심판하는 것은 자제되어야 한다고 판시하면서, '대통령이 2003.10.18. 국군(일반사병)을 이라크에 파견하기로 한 결정'이 헌법에 위반되는지 여부에 대한 판단을 회피하였다.[10]

그러나 대법원은 남북정상회담 개최과정에서 북한측에 사업권의 대가 명목으로 송금한 행위가 사법심사의 대상이 되는지 여부가 문제된 사건에서 통치행위의 개념과 그에 대한 사법심사의 가능성을 시인하고 그 범위와 한계를 밝혔다.

[1] 입헌적 법치주의국가의 기본원칙은 어떠한 국가행위나 국가작용도 헌법과 법률에 근거하여 그 테두리 안에서 합헌적·합법적으로 행하여질 것을 요구하며, 이러한 합헌성과 합법성의 판단은 본질적으로 사법의 권능에 속하는 것이고, 다만 국가행위 중에는 고도의 정치성을 띤 것이 있고, 그러한 고도의 정치행위에 대하여 정치적 책임을 지지 않는 법원이 정치의 합목적성이나 정당성을 도외시한 채 합법성의 심사를 감행함으로써 정책결정이 좌우되는 일은 결코 바람직한 일이 아니며, 법원이 정치문제에 개입되어

---

8) 대법원 1978.5.23. 선고 78도813 판결.
9) 대법원 1981.9.22. 선고 81도1833 판결.
10) 헌법재판소 2004.4.29. 선고 2003헌마814 전원재판부 결정.

그 중립성과 독립성을 침해당할 위험성도 부인할 수 없으므로, **고도의 정치성을 띤 국가행위에 대하여는 이른바 통치행위라 하여 법원 스스로 사법심사권의 행사를 억제하여 그 심사대상에서 제외하는 영역이 있으나, 이와같이 통치행위의 개념을 인정한다고 하더라도 과도한 사법심사의 자제가 기본권을 보장하고 법치주의 이념을 구현하여야 할 법원의 책무를 태만히 하거나 포기하는 것이 되지 않도록 그 인정을 지극히 신중하게 하여야 하며, 그 판단은 오로지 사법부만에 의하여 이루어져야 한다.**

[2] **남북정상회담의 개최는 고도의 정치적 성격을 지니고 있는 행위라 할 것이므로 특별한 사정이 없는 한 그 당부를 심판하는 것은 사법권의 내재적·본질적 한계를 넘어서는 것이 되어 적절하지 못하지만,** 남북정상회담의 개최과정에서 재정경제부장관에게 신고하지 아니하거나 통일부장관의 협력사업 승인을 얻지 아니한 채 북한측에 사업권의 대가 명목으로 송금한 행위 자체는 헌법상 법치국가의 원리와 법 앞에 평등원칙 등에 비추어 볼 때 사법심사의 대상이 된다.[11]

Ⅱ. 행정작용의 분류

행정작용은 여러 가지 기준에 따라 분류된다. 가령 그 주체, 대상, 임무, 법형식, 국민에 대한 법적 효과, 그리고 법적 구속의 정도 등 다양한 기준에 따라 분류될 수 있는데, 이러한 사실 자체가 바로 행정현상의 복잡다양성을 다시금 분명히 드러내 준다. 행정을 분류하는 방법은 관점에 따라 매우 다양하다. 언어경제를 고려하여 도표를 통하여 간단히 살펴보기로 한다.

〈행정작용의 분류〉[12]

구 별 기 준	행정작용의 내용 분류
주 체	(직접/간접적) 국가행정, 자치행정 등
대 상	건축행정, 학교행정, 영업·경제행정, 사회행정, 재무행정, 군사행정 등
임 무	질서행정, 급부행정, 지도행정, 공과행정, 조달행정
법 형 식	고권행정, 사법적 행위형식에 의한 행정
법 적 효 과	침해행정, 급부행정
법 적 구 속	기속행정, 재량행정, 법률로부터 자유로운 행정?

위의 표에서 특히 일반행정법론의 관점에서 주목을 요하는 분류범주는 마지막 세 가지 기준에 따른 분류이다. 이에 관하여는 관계되는 곳에서 자세히 설명하기로 한다.

---

11) 대법원 2004.3.26. 선고 2003도7878 판결.

12) 이 표는 주로 Maurer, § 1 Rn.13-26의 분류방식을 따른 것이다. 행정의 임무에 따른 분류 중 급부행정은 질서행정과 대립되는 실질적인 개념으로서 사회보장행정, 자금지원행정, 공급행정 등을 포함하는 개념이다(Maurer, § 1 Rn.15ff.). 이러한 의미의 급부행정은 행정의 상대방에 대한 법적 효과에 따라 침해행정과 대립되는 도구적 의미에서 파악된 개념인 급부행정과 혼동되어서는 아니 된다. 한편, 오늘날 침해행정과 급부행정의 구별은 광범위하게 의문시되고 있다고 한다(Maurer, § 1 Rn.21).

제 1 편 제 2 편 제 3 편 제 4 편 제 5 편 행정법총론

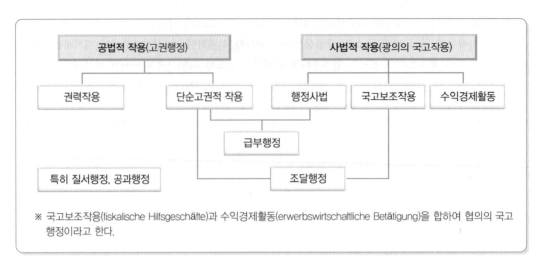

[행정작용의 법적 분류]

Ⅲ. 행 정 법

1. 행정법의 개념규정

일반적으로 행정법은 「행정에 관한 국내공법」이라고 정의되고 있다. 이러한 정의는 행정법을 내용 면에서는 헌법·입법법·사법법[13]으로부터, 법체계 면에서는 사법과 국제공법으로부터 구별시키려는 인식론적 관심에 의해 뒷받침되고 있다. 이 정의에는 '행정에 관한 법'의 전부가 아니라 「행정에 고유한 법」만이 행정법이라는 뜻이 내포되어 있다. 따라서 행정법의 공법으로서의 독자성이 설명되어야 한다.

2. 공법으로서 행정법

행정법에 대한 위 정의는 공법과 사법의 구별을 전제로 한다.[14] 다시 말해 행정법을 행정에 관한 공법에 한정시키기 위해서는 먼저 공법이 사법으로부터 명확히 구별되어야 한다.

---

13) 입법법과 사법법이란 각각 입법과 사법의 조직·작용에 관한 법을 총칭하기 위하여 편의적으로 사용되는 말이다. 따라서 이들이 「헌법」이나 「행정법」처럼 각자 독립적인 법영역을 이루고 있는 것은 아니라는 점에 주의를 요한다. 굳이 범위를 그어 보자면 입법법은 헌법의 일부로서 국회 및 입법관계법령을, 사법법은 헌법상 법원관계법령과 민법·상법·형법 등의 실체법과 민사소송법·형사소송법 등의 절차법을 포함하는 것으로 볼 수 있을 것이다.
14) 반면 켈젠(H. Kelsen)이나 메르클(A.J. Merkl)과 같은 빈학파(Wiener Schule) 법실증주의(Rechtspositivismus)에 의한다면, 법형식이나 구조면에서 공법과 사법을 구별하는 것은 방법론상으로는 가능할지라도, 양자는 본질적인 차이를 지닌 것이 아니므로 서로 구별할 필요가 없다고 하게 된다.

2.1. 공법 · 사법 구별의 필요성

공법과 사법의 구별문제[15]는 비단 행정법에서뿐만 아니라 법의 일반이론, 나아가서는 민법과 같은 사법에서도 제기되는, 아직도 완전히 해결되지 않은 법이론적 미궁이다. 그러면 왜 이러한 공·사법구별론이 현실적으로 필요할까. 공·사법구별의 필요성은 크게 보아 다음 두 가지로 나눠 설명할 수 있다.

첫째, 무엇보다도 양자의 구별은 어떤 구체적 사안이 어떤 법규범, 어느 법영역에서 해결되어야 하는지를 판단하기 위하여 필요하다. 다시 말해서 **구체적 사안에 적용할 법규나 법원칙을 결정하기 위해** 공·사법의 구별이 필요하다. 그 까닭은 우리 현행법체계가 대륙법적 전통에 바탕을 두어 공법관계인가 사법관계인가에 따라 그 적용법규와 법원칙을 달리하기 때문이다.

가령 조세과오납의 경우 민법상 부당이득반환청구를 할 것인지 아니면 그와 다른 별도의 법원칙을 적용하여 그 반환을 구할 것인지는 조세납부관계의 성질에 따라 달리 판단되며, 그것은 결국 그 기초가 된 법규의 성질여하에 의존한다. 따라서 공·사법의 구별이 필요하다. 그 밖에도 공·사법의 구별은 행정강제 및 소멸시효 등의 적용과 관련하여 간과할 수 없는 법적 의미를 지닌다. 즉 행정상 의무위반에 대하여 행정청은 대집행·행정상 강제징수 등의 수단에 의하여 당사자인 자신이 직접 그 의무이행을 확보할 수 있는 데 비해, 사법관계에서의 의무위반에 대하여는 제3자인 법원의 재판을 통하지 않고 당사자가 직접 의무이행을 확보할 수는 없다. 소멸시효의 경우 국가·지방자치단체가 당사자인 공법상 금전채권의 소멸시효는 사법상의 채권과는 달리 단기로 되어 있다. 가령 다른 법률에 특별한 규정이 없는 한 5년 단기소멸시효를 정한 국가재정법($^{§\,96}$)이나 지방재정법($^{§\,82}$)의 규정은 공법상 금전채권에 한해 적용된다는 것이 통설이다.

둘째, 공·사법의 구별은 제도적으로 어떤 구체적인 분쟁이 공법상의 분쟁인지 또는 사법상의 분쟁인지 여부에 따라 이를 해결하기 위한 쟁송수단이 다르게 되어 있기 때문에, **현행법상 쟁송절차를 결정하기 위하여** 필요하다. 즉 절차법적 차원에서 분쟁해결을 위한 쟁송수단의 결정을 위하여 양자의 구별이 필요한 것이다. 그것은 현행법상 행정소송에 대해서는 민사소송의 경우와 달리 여러 가지 면에서 특례가 인정되고 있기 때문이다.[16]

행정소송법은 행정소송에 대하여 민사소송과 다른 특칙을 두고 있어 다툼있는 법률관계가 공법관계인지 사법관계인지에 따라 그 적용여하가 달라진다. 문제된 법률관계가 공법관계라면 권리구제 형태는 원칙

---

15) 공법과 사법의 구별은 본래 대륙법의 법체계에 고유한 특징이었으며 특히 프랑스에 있어서 행정법의 성립배경이 되었던 "행정제도"(régime administratif)의 형성을 통해 문제되었던 것이다.

16) 그 밖에도 국가배상법의 적용 여부라든가 행정상 강제집행방법의 적용 등을 결정하는 문제가 있다.

적으로 행정소송 등 공법소송이 되기 때문이다. 이 점은 행정소송법이 처분 등을 원인으로 하는 법률관계에 관한 소송과 아울러 '그 밖에 공법상의 법률관계에 관한 소송'으로서 그 법률관계의 한 쪽 당사자를 피고로 하는 소송을 공법상 당사자소송으로 규정하고 있는 것을 통해서도 잘 엿볼 수 있다.[17)]

2.2. 공법 · 사법의 구별기준

그렇다면 양자의 구체적 구별기준을 어디서 찾을 것인가. 이에 관해 학설은 아직까지도 종국적인 해결을 보지 못하고 있다. 이에 관한 견해대립을 이해하기 전에 알아두어야 할 것은 공·사법의 구별 문제는 결코 선험적으로 해결가능한 문제가 아니라는 점이다. 다시 말해 그것은 역사적·제도적 발전의 결과를 이론적으로 해명하는 차원에서 논의되고 또 이해되어야 한다.

2.2.1. 학 설

(1) 주체설(구주체설: Subjektstheorie)

국가 또는 지방자치단체가 법관계의 당사자가 되는 경우를 규율하는 법이 공법이고 그 밖의 경우가 사법이라는 견해이지만 더 이상 거의 주장되지 않는다.

(2) 복종설(Subjektions- oder Subordinationstheorie)

당사자간의 법률관계가 상하관계이냐 대등관계이냐에 따라 공법과 사법을 구별하지만 급부행정영역같이 비권력적 행위형식이 늘어난 행정법현실에 더 이상 맞지 않는다는 문제가 있다.

(3) 이익설(Interessentheorie)

법의 보호목적에 따라 공법과 사법을 구별하는 견해로서 많은 법규들이 공익과 아울러 사익을 보호하고 있는 점, 공익과 사익의 구별이 반드시 명확하지 않다는 점에서 비판되고 있다.

(4) 귀속설(신주체설: Zuordnungstheorie)

독일에서 볼프($^{Hans J.}_{Wolff}$)에 의해 발전된 이론으로서 권리의무의 귀속주체를 오로지 공권력담지자($^{Träger\ hoheitlicher}_{Gewalt}$)에 국한시키는 법규의 총체가 공법이고 만인에게($^{für}_{jedermann}$) 타당한 법규가 사법이라는 견해이다. 따라서 공법은 국가의 특별법(^{Sonderrecht})인 반면, 사법은 만인의 법으로 국가 또한 이 「만인」(^{jedermann})에 속할 수 있다고 함으로써 종래의 주체설의 단점을 보완하려고 한다.[18)] 이 견해는 형식적이기는 하지만 그 때문에 오히려 명료하고 구별기준으로 적절하다는

---

17) 물론 공법상 당사자소송과 민사소송 간에 어떤 본질적인 소송상의 차이가 있는지는 문제될 수 있다. 이에 관하여는 홍준형, 행정구제법, 한울아카데미, 372이하를 참조.

평을 받고 있다. 그러나 이 견해 역시 아무런 내용적인 기준을 제시해 주지 못한다는 점에서 비판을 받고 있다. 그 밖에 이 견해에 대해서는 입법권자는 공권력담지자에 대한 특별사법(Sonderprivatrecht für die Träger des öffentlichen Rechts)을 제정할 수 있는 권한을 가진다는 점, 신의성실의 원칙처럼 공법과 사법 양자에 공통된 법원리가 존재한다는 점, 교통법규처럼 만인을 수범자로 하면서도 공법의 성질을 지닌 법규정이 없지 않다는 점 등에서도 다양한 반론이 제기되고 있다.[19]

볼프가 제창한 귀속설은 그동안 다양한 학문적 토론을 통해 시련과 수정을 겪었다. 특기할 만한 수정설로는 '형식적 주체설'이라 불린 귀속설에 대한 대안으로 나온 '실질적 귀속설'(materielle Subjektstheorie)을 들 수 있다.[20] 이것은 역시 귀속주체에 따른 구분에 입각하면서 어떤 법이 공법인지 여부를 결정함에 있어 고권담지자(Hoheitsträger)가 수범자(Normadressat)인지의 여부에 착안점을 두고 있으나, 결정적인 것은 그 고권담당자만이 배타적으로(ausschließlich) 권리의무를 지니게 되느냐가 아니라 그 자체로서(als solcher), 즉 그 고권담지자로서 고유의 속성으로서 권리의무를 지게 되느냐에 있다고 주장한다.[21]

(5) 복수기준설

위 어느 견해도 완벽한 구별기준을 제공하지 못했다는 비판을 토대로 이제까지 제시된 여러 기준, 예컨대 귀속설을 주로 하고 이익설을 보조기준으로 하여 공법과 사법을 구별한다든지 하여 복수의 기준을 적용하려는 견해이다. 이 역시 각 견해에 대한 비판을 모두 받게 되지만, 각 견해가 지닌 타당한 측면을 종합적으로 고려할 수 있다는 점에서는 장점을 지닌다. 따라서 公益, 지배권의 보유, 국가적 관련 등이 공법여부를 결정하는 기준으로 원용될 수 있다.[22]

2.2.2. 공·사법구별의 실제적 의의와 구체적 적용문제

공·사법 구별기준에 관한 학설들의 실제적 가치는, 마우러(Maurer)가 독일행정법에 관하여 지적하고 있는 바와 같이, 사실상 근소한 것이라 할 수 있다. 어떤 법규범이 공법에 속하는가 사법에 속하는가는 일반적으로 거의 문제가 되지 않으며, 가령 권리구제방법을 결정함에 있어서도 문제는 관계법규의 법적 성격이 불분명해서가 아니라 오히려 구체적인 사안이 어떤 법규범이나 법영역에 귀속되어야 하는가가 의심스럽기 때문에 생기는 경우가 대부분이라는 지적[23]은 우리 행정법에 대해서도 타당하다. 공·사법의 구별은 실제로는 법적 성질결정

---

18) 이 점에서 이를 특별법설 또는 수정주체설(modifizierte Subjekttheorie)이라고 한다.
19) 이에 관하여는 Erichsen/Martens, Allgemeines Verwaltungsrecht, 9.Aufl., 1992, § 2 Rn.17ff.(S.20ff.)를 참조.
20) 가령 Ehlers, Die Verwaltung(DV) 20(1987), 373, 379.
21) Bettermann, NJW 1977, 715f.; Bachof, Festgabe für das BVerwGE, S.9ff.; Maurer, § 3 Rn.18.
22) Maurer, § 3 Rn.19.
23) Maurer, § 3 Rn.20.

의 문제($\begin{smallmatrix}\text{Qualifikations-}\\\text{problem}\end{smallmatrix}$)가 아니라 귀속의 문제($\begin{smallmatrix}\text{Zuordnungs-}\\\text{problem}\end{smallmatrix}$)이다. 일반적으로 이들 학설 중 어느 하나만을 취하지 않고 문제된 사안들을 다양한 관점에서 파악하여 분류하려고 시도하는 독일행정법상 판례의 태도 역시 — 종종 부동적이라거나 일관성이 없다고 지적되지만 — 이러한 견지에서 볼 때 문제 본연의 성격에 부응하는 것이라고 이해될 수 있다. 그렇다면 이러한 학설상의 기준들에 관한 논의는 일반적으로 불필요하며, 이 이론들이 원용되어야 할 경우란 고작 관계법규정이 공법에 속하는지 사법에 속하는지 의심스러운 소수의 경우에 불과하다는 이야기가 된다. 문제가 생기는 것은 구체적인 사안에 대하여 적용할 아무런 법규가 없거나 두 개의 서로 배척하는 공·사법상의 법규정이 있을 경우이다. 이 경우 무엇보다도 그 구체적인 사안이 처해 있는 전체적인 맥락·관련성과 당해 행정작용의 목적·목표에 착안하여 귀속의 문제를 밝혀야 할 것이다. 이러한 견지에서 구체적으로 문제되는 경우를 검토해 보면 다음과 같다.

(1) 사실행위

법적 근거 없이 행해지는 사실행위의 경우 이를 공법행위로 볼 것인지 여부가 문제된다. 가령 공무원이 직무상 자동차를 운행하였을 경우, 자동차운행 자체만 가지고는 이를 공법적 행위라고도 사법적 행위라고도 할 수 없고, 그 행위가 수행된 전체적 맥락과 그 행위가 달성하려던 목표에 따라 그 성질을 판단하여야 할 것이다. 이러한 견지에 선다면 자동차운행이 가령 공무원이 업무협의차 타행정관서를 방문하는 경우처럼 공적 임무수행을 위한 것일 때에는 공법행위로, 그렇지 않고 공무원이 공공시설부지의 매입계약을 체결하는 경우처럼 국고·재정적 업무를 수행하기 위하여 행해진 것일 때에는 사법행위로 보아야 할 것이다.[24] 그러나 단순한 대중교통에의 참가로서의 직무상 운행은 원칙적으로 사법적 성질을 띠며, 예외적으로 경찰의 출동이나 소방경찰의 출동 등과 같이 예외적인 경우에만 공법적 성질을 띤다고 보아야 할 것이다. 공무원의 특정한 견해표명으로 피해를 입은 당사자가 이의 철회 및 중지를 구하는 경우에도 비슷한 문제가 생긴다. 이 경우 공법과 사법 양자가 철회청구권($\begin{smallmatrix}\text{Widerrufs-}\\\text{anspruch}\end{smallmatrix}$)을 성립시킬 수 있다. 여기서 사법상 또는 공법상 철회청구권 중 어느 것이 성립될 것이냐 하는 물음은 그 공무원의 견해표명을 어떤 법적 성질을 띠는 것으로 보느냐에 달려 있으며, 이는 다시금 그 견해표명이 이루어진 전체적 맥락을 파악함으로써만 밝혀질 수 있다. 따라서 어떠한 기능수행의 일환으로 당해 공무원이 문제의 견해를 표명했는지가 관건이 된다.

가령 감사원소속 공무원 甲이 특정 기업 乙이 공공사업을 수주함에 있어 불공정한 거래를 통하여 특혜를 받았다는 사실을 발표한 경우, 이 발표를 철회시키기 위하여 乙이 사용할 수 있는 방법으로는 다음

---

24) 독일의 경우 이것이 확립된 판례라고 한다(BGHZ 29,38; Maurer, § 3, 22).

세 가지가 고려될 수 있다: ① 甲이 이러한 사실을 사인의 자격으로 가령 사적 모임에서 표명한 것이라면, 乙은 단지 甲 개인에게 이의 철회를 구하는 사법상 청구권을 가질 뿐이다. ② 반면 甲이 사법상 업무수행과정에서(가령 사업발주에 관한 협상과정에서) 공무원으로서 이러한 사실을 표명하였다면 乙은 그 공무원의 행위의 책임이 귀속되는 국가를 상대로 한 사법상 청구권을 가지게 된다. ③ 만일 甲이 공무원으로서 공적 임무를 수행하는 과정에서(가령 폐기물처리시설의 입지결정 등을 위하여 주민의 의견을 듣는 과정에서) 이러한 사실발표를 한 것이라면 乙은 甲의 행위에 대한 책임이 귀속되는 국가를 상대로 그 발표의 철회를 구하는 공법상 청구권을 갖게 된다.

(2) 법규범에 의거한 법적 행위

법규범에 의거하여 행해지는 법적 행위의 경우에는 별반 어려움 없이 그 근거법에 의하여 그 법적 성질을 파악할 수 있는 것이 보통이다. 가령 행정행위는 전형적인 고권적(공법적) 행위로 개념상 의당 공법에 귀속된다. 다만 간혹 행정청의 명령이나 지시를 행정행위로 볼지 의심되는 경우가 있다. 가령 청사출입금지(Hausverbot)의 경우, 행정기관의 장이 청사를 출입하며 질서위반행위를 범한 방문자에 대해 출입을 금하는 경우라든가 또는 부당행위를 하다 적발된 여권업자의 여권과 출입을 금하는 결정을 하는 경우 그 법적 성질결정이 문제될 수 있다. 출입금지조치는 민법상 점유 및 소유권의 권능에 따른 것으로 또는 공법상 물권적 지배권에 따른 것으로도 볼 수 있고, 그에 상응하여 각각 공법적, 사법적 행위로 판정할 수 있을 것이다.

출입금지의 성격을 금지대상인 방문의 목적에 따라 판단한다면 가령 건축허가신청서의 제출과 같이 공법적 사무를 수행하기 위한 경우에는 공법적 행위로, 반대로 사무용품판매, 사진촬영업 등을 위한 경우에는 사법적 행위로 볼 수 있을 것이다. 반면 독일에서의 압도적인 다수설처럼 방문목적이 아니라 출입금지의 목적에 따라 이를 판단해야 한다고 보면, 가령 그 출입금지조치가 행정관서의 청사에 있어 공적 임무수행을 확보하려는 목적에서 발해진 것이라면 어떤 이유로 청사를 방문한 것이든 불문하고 이를 공법적으로 보아야 한다.[25] 나아가 공법적 성질을 띤 출입금지조치가 행정행위인지 여부, 따라서 이를 위하여 법률의 수권이 필요한지 여부가 논란될 수 있다. 출입금지 역시 구체적 사실에 대한 고권적 규율로서 외부효를 갖는 것인 이상 이를 행정행위로 보아야 하지만, 이미 공법에 의해 모든 행정청이 일반적으로 보유하는 가택권적 질서유지권한에 의하여 뒷받침되고 있으므로 별도의 법률상의 근거가 요구되는 것은 아니라고 할 것이다.[26]

(3) 계 약

행정과 개인 간의 계약은 그것이 공법적 규범에 따라 체결되는 때에는 공법적 성질을 가

---

25) 가령 Knemayer, DÖV 1970, 596ff.; ders., VBlBW 1982, 249ff.; Ronellenfitsch, VerwArch. Bd.73(1982) S.469ff. 등.
26) Maurer, § 3 Rn.24.

진다. 그러나 계약 자체만 따로 떼어 놓고 볼 때 이를 정확히 판정할 수 없는 경우가 빈번히 생긴다. 그 경우 계약의 성질은 객관적으로 계약을 통해 성립된 의무의 목적과 계약의 전체적 성격(^{Gesamtcharakter})에 따라 판단해야 할 것이다.

⑷ 공공영조물 · 공공시설의 이용

지방자치단체가 운영하는 운수업, 전기 · 수도공급사업, 교육시설, 문화시설 등과 같은 공공영조물 또는 공공시설의 이용관계는 공법관계일 수도 또는 사법관계일 수도 있다. 이러한 경우에는 개개의 구체적 행위의 귀속만이 아니라 이용관계 전체의 법적 귀속을 문제삼아야 할 것이다. 판단의 기준이 되는 것은 「선택의 자유」(^{Wahlfreiheit}) 원칙에 따라 각각의 구체적 사정, 특히 이용규칙($^{Benutzungs-}_{ordnung}$)으로부터 추지할 수 있는 관할행정주체의 의지이다. 여기서 이용규칙의 종별(자치법규인가 아니면 보통거래약관인가), 각각 사용된 법형식(그 관계의 종료는 철회에 의하는가 아니면 해제에 의한 것인가), 이용규칙의 규율내용(공급강제나 이용강제를 규정하고 있는가), 이용대가의 성질(공법상의 수수료인가 아니면 단순한 사법상의 이용료인가), 쟁송수단(행정심판법상 불복고지의 적용유무) 등이 그 구체적 표지가 될 것이다. 공법적 근거에 의하여 사용허가청구권($^{Zulassungs-}_{anspruch}$)이 존재하는 경우(가령 지방자치단체의 자치규약에 따라 당해 자치단체의 공공시설사용을 허용해달라고 신청하는 경우) 각각 그 허용여부(^{Zulassung})는 공법적으로, 시설사용에 따른 처리($^{청산:}_{Abwicklung}$)는 사법적으로 판단해야 할 경우도 없지 않지만($^{이단계설:}_{Zweistufentheorie}$), 일반적으로는 양자 모두가 동일한 이용규칙에 의하여 규율되고 있는 경우가 보통이므로, 이러한 공공시설이용관계는 원칙적으로 공법관계로 파악함이 옳다. 반면 지방자치단체가 전부 또는 지배적 지분을 가진 사법상 법인이 공공시설 운영주체인 경우 그 회사와 이용자 간 관계는 사인 상호간 관계, 즉 사법관계에 속한다. 만일 부당하게 시설이용이 거부되면 그 신청인은 지자체에게 사법상 법인에게 회사법상 가능한 감독권 등을 행사하여 시설이용 기회를 제공하도록 요구할 수 있을 것이다.

⑸ 기타 전통 등에 의한 공 · 사법구별

그 밖에 전통적 이유로 또는 결정주의적(^{dezisionistisch}) 관행상 공법 또는 사법 어느 한 쪽으로 판단되기도 하고, 법적 성질여하가 논란되거나 일관성 없이 판단되는 경우도 있다.

> 공용차량의 운행의 경우 이를 국가배상법 제2조 제1항의 '직무행위'로 볼지 문제되는데, 대법원은 가령 공무출장 후 귀대, 상관의 명에 의한 이삿짐운반, 그 학교 교수 장례식참석차 학군단소속차량의 운행 등에 대하여는 이를 긍정했으나 결혼식참석을 위한 군용차운행에 관하여는 부정하여 일관되지 않은 입장을 보였다.[27] 반면 어떤 행위가 국가배상법상 직무행위에 해당하는지 여부는 대법원 판례에 따르면, 그

---

27) 이에 관하여는 홍준형, 행정구제법, 도서출판 오래, 2012, 36을 참조.

법률이나 그 법에 따른 사건의 공법적 성질과는 별개의 문제이다. 그러나 이 점은 국가배상법을 사법으로 보고 국가배상사건을 민사사건으로 취급해 온 대법원 판례가 어떤 이론적 근거에 따른 것이라기보다는 전통 내지 관행에 의한 것이라는 점을 말해주는 측면이다.

(3) 공법과 사법의 상호연관

공법과 사법은 반드시 상호 유리되어 적용되는 것은 아니며 서로 일정한 관련을 맺는 경우가 적지 않다. 가령 혼인신고처럼 사법행위에도 공법행위가 요구되는 경우, 토지수용처럼 공법행위의 결과 사법상 권리변동이 발생하는 경우, 조건부 허가처럼 사법행위의 효과가 또는 도로법상의 사권제한처럼 공법에 의하여 사권이 제한되는 경우 건축법에 의해 민법상 상린관계에 관한 규율이 보완되는 것처럼 공법의 관계규정이 사법을 보충하는 경우 등이 그 예이다.

2.2.3. 「행정에 고유한」 법으로서 행정법

행정법은 모든 공법이 아니라 오로지 「행정에 고유한」 법, 즉 행정의 조직, 행정절차, 행정작용에 관한 법만을 말한다. 이러한 의미의 행정법이 행정기관만이 아니라 행정과 국민의 관계를 규율한다는 것은 말할 나위가 없다.

제 2 절 | 헌법과 행정법

I. 헌법과 행정법의 관계 – 구체화된 헌법으로서의 행정법

행정과 행정법은, 프릿츠 베르너($^{Fritz}_{Werner}$)의 유명한 공식 「구체화된 헌법으로서 행정법」$\binom{\text{Verwaltungsrecht als konkretisiertes}}{\text{Verfassungsrecht}}$[1]에서 드러나듯, 각 시대의 헌법의 제약을 받는다. 물론 행정이 오로지 헌법의 한 구성요소에 불과하다거나 행정법이 곧장 헌법에서 전사(傳寫)될 수 있다는 것은 아니다. 행정과 행정법은 다시 헌법에 영향을 미친다. 헌법의 변동과 신헌법의 제정이 행정에 영향을 미친다는 것은 자명한 사실이다. 그러나 이 영향은 즉발적으로 나타나기보다는 헌법변동이 자체적으로 소화되고 이어서 행정에 영향을 미치는 시간적 지체를 거쳐 발생하게 된다. 「헌법에 행정법을 정향(定向)시키는 것」$\binom{\text{Ausrichtung des Verwaltungsrechts}}{\text{am Verfassungsrecht}}$은 따라서 입법, 사법 및 법학이 동등하게 참여하는 점진적인 과정이다.

이와 관련 독일행정법학의 태두인 오토 마이어($^{Otto}_{Mayer}$)가 말한 "헌법은 사라지지만 행정법은 존속한다"($^{\text{'Verfassungsrecht vergeht, Verwaltungsrecht}}_{\text{besteht': 그의 행정법교과서 제3판의 서문}}$)는 명제를 생각해 볼 필요가 있다. 이것은 종종 행정의 고유한 항상성(^{Konstanz})을 말해주는 표어로 통용되고 있으나, 왕권 몰락과 1919년 바이마르헌법에 의한 의회민주주의 도입을 통해 이루어진 헌법 변화가 행쟁법에 아무 영향을 미치지 못했다는 역사적 사실을 반영한다. 그러나 1895/6년에 출간된 오토 마이어의 행정법교과서가 당시의 자유주의적 법치국가에 사상적 신세를 지고 있었다는 점에서 오히려 행정법의 헌법의존성을 보여준 사례이기도 했다. 오쎈뷜($^{Fritz}_{Ossenbühl}$)에 따르면, 변화된 헌법에 대한 독일행정법의 저항은 기본법발효 이후에도 한참 동안 관찰될 수 있었지만, 오늘날에는 오히려 행정법의 헌법의존성이 지나칠 정도로 강조되거나 과장되었다고 한다.[2] 따라서 베르너($^{F.}_{Werner}$)의 「구체화된 헌법으로서 행정법」이란 명제가 법적용과정에서 헌법의 직접원용에 대한 지향을 강화시킴으로써 이제 헌법은 더 이상 (단순)법률의 정신적인 상부구조($^{geistiger}_{Überbau}$)에 불과한 것으로 간주되는 것이 아니라 법적용자의 일상작업에서 직접 효력을 발휘하고 있다는 것이다.[3]

---

1) F. Werner, DVBl 1959, 527. 한편 마우러(Maurer, § 2 Rn.1)에 따르면 이러한 명제는, 적어도 그 본질적인 내용에 있어서는 이미 이전에 타당한 것이었다고 한다. 즉 헌법에 표현된 국가, 국가의 임무 및 권한에 관한 결정들은 그것이 현실이 되기 위해서는 행정에 반영되지 않으면 안 된다. 그런 한도에서 행정은 "활동하는 헌법"(tätig werdende Verfassung: Lorenz von Stein, Handbuch der Verwaltungslehre, 3.Aufl., 1888, Bd.1, S.6)이다. 헌법사의 모든 단계에는 각기 고유한 행정유형이 존재하고 있었다.

2) Ossenbühl, in: H.-U.Erichsen und W.Martens (Hrsg.), Allgemeines Verwaltungsrecht, S.72(§ 7 I).

3) 같은 곳. 한편 이 점은 헌법이 지니는 행정법의 법원으로서의 결정적 중요성을 상기시킨다.

Ⅱ. 헌법에서 도출되는 행정법의 지도원리

1. 개   설

일반적으로 헌법에서 도출되는 행정법의 기본원리로 민주행정의 원리, 법치행정의 원리 그리고 복리행정의 원리가 열거되고 있다.[4] 이 원리들은 내용상 서로 연관될 뿐 아니라 보는 각도에 따라 상대적인 비중을 가질 수도 있다. 여기서는 다만 법치행정의 원리만을 설명한다.[5]

2. 법치행정의 원리

법치행정의 원리란 헌법상의 원칙인 법치주의의 행정법적 표현으로서 그 핵심만을 정의한다면, 문자 그대로 행정이 헌법과 법률을 포함하는 의미에서의 「법」에 의해 이루어져야 한다는 원리이다($^{Rechtsmäßigkeits-}_{prinzip}$). 여기에는 그 목적으로서 기본권보장, 그 조직원리로서 권력분립의 원리가 전제되고 있으며,[6] 그 절차적 보장으로서 법원에 의한 권리구제제도, 특히 행정재판제도의 확립이 요구된다. 법치행정의 원리, 다시 말해서 법률에 의한 행정의 원리[7]는 일반적으로 법률의 우위($^{Vorrang\ des}_{Gesetzes}$)와 법률의 유보($^{Vorbehalt\ des}_{Gesetzes}$)란 두 가지 요소로 구성된다고 설명되고 있다.[8]

법치주의의 역사적 발전 ●● 사람이 아닌 법에 의한 통치란 의미에 있어 법치주의란 본래 행정법이 그러하듯이 본래 구미에서의 근대시민혁명을 통해 이루어진 법적 발전의 소산이다. 그것은 대륙에 있어서는 법치국가의 전개로 나타났고 영미에 있어서는 「법의 지배」($^{Rule\ of}_{Law}$)[9]의 원리로 출현했다. 이 법치주의

---

4) 김남진교수(행정법 I, 법문사, 2000, 32이하, 46-47)는 민주주의, 법치국가원리 및 사회국가원리를 들고 있다.

5) 상세한 것은 김남진, 앞의 책, 32이하를 참조.

6) Maurer, § 2 Rn.8(S.17f.).

7) 법치행정의 원리는 종종 그 독일에서의 연혁과 관련하여 "법률에 의한 행정의 원리"라고도 불리고 있다. 여기서 법률이 이른바 형식적 법치주의에서의 그것을 의미하는 것이 아니라 "합헌적 법률"로서 이해되는 한, 이러한 용어법 역시 부당한 것은 아닐 뿐더러 법치행정의 원리의 학설사적 배경을 밝히는 데 유용한 측면이 있으므로 양자의 구별을 두지 않기로 한다.

8) 오토 마이어(Otto Mayer)는 일찍이 행정의 법률적합성의 원칙을 ① 법률의 법규창조력(rechtssatzschaffende Kraft des Gesetzes), ② 법률의 우위(Vorrang des Gesetzes), ③ 법률의 유보(Vorbehalt des Gesetzes)라는 세 가지 요소로 정식화했다(O. Mayer, aaO., S.64f.). 이 중 '법률의 법규창조력'이란 국민의 대표기관인 의회만이 국민을 구속하는 규범인 법규를 만들 수 있다는 것, 즉, '법률'이란 명칭을 가진 국가의사만이 국민을 구속한다는 것을 의미하는 명제로서, 이러한 법률의 법규창조력은 오늘날에도 원칙적으로 인정된다. 그러나 오늘날 법률만이 법규창조력을 갖는 것은 아니므로(가령 행정관습법, 예외적인 법률동위의 명령이 성립할 여지가 있다), 이를 법치행정의 원리의 요소로 이해해야 할 필연성은 없다.

9) 영국에 있어서 법의 지배원리를 체계화한 A.V. Dicey에 따르면 영국에서 법의 지배원칙은 「영국 헌법하에서 개인의 권리에 부여된 보장」으로서, 1) 자의적 권력의 지배에 대한 정규법(regular law)의 절대적 우위, 2) 법 앞의

의 두 가지 현상형태들은 그 사상적 핵심, 즉 국민주권에 입각한 권력제한의 원리를 제외하고는 여러 가지 면에서, 특히 그 제도적 형성의 측면에서 서로 판이하게 구별된다. 학자들이 대륙에 있어 자유주의적 법치국가원리를 형식적 법치주의로 규정하면서 영미의 법의 지배원리를 즐겨 실질적 법치주의라고 부르는 것은 바로 이러한 양 원리의 내용적·구조적 이질성을 염두에 둔 것이라 할 수 있다. 물론 오늘날에 이 양 원리가 특히 전후 대륙법의 실질적 법치주의에로의 전환을 통해 상호접근하고 있음이 일반적으로 관측되고 있다. 그러나 이 같은 법치주의의 상이한 현상형태에 대한 상호비교의 문제를 이곳에서 다루는 것은 적절치 않으므로 여기서는 주로 독일을 위시한 유럽대륙에서 이루어진 법치주의의 역사적 발전만을 문제 삼기로 한다. 먼저 대륙에 있어 19세기 자유주의적 법치국가의 발전은 전제왕권에 대항한 시민계급의 투쟁과 승리를 통해 주어졌다. 이들은 국가적 행정활동을 공공의 안녕과 질서유지를 위한 위험의 방지($\text{Abwehr von Gefahren}$)로 감축시킬 것과 이러한 법영역 역시 법률의 기속하에 둘 것을 요구했다. 사적, 사회적, 경제적 영역은 자기들 자체의 그리고 자율적인 자유경쟁을 지향하는 조정메커니즘에 맡겨져야 한다는 것이 이들의 주장이었다($\text{laissez faire, laissez aller}$). 이 주장은 이후 역사적 과정을 통해 광범위하게 관철되었고 왕권과 시민계급의 타협을 의미했던 19세기에 제정된 헌법들을 통해 반영되었다. 이로써 종래 무제한적이었던 군주의 권력은 기본권과 입법에 있어 국민대표의 동참권에 의해 제한되었다. 군주는 여전히 행정권을 장악하고 있었으나, 행정에 의한 자유와 재산권의 침해–다시 말해 시민사회의 영역에 대한 침해–는 국민대표에 의해 승인된 법률이 수권하는 경우에만 허용되었다(기본권, 법률의 유보). 이에 따라 자유주의적 법치국가에 전형적인 법률개념, 즉 일반적 국가–시민의 관계에 있어 자유와 재산권에 대한 침해에 관한 법률개념이 확립되었다. 급부행정($\text{Leistungsverwaltung}$)에 해당하는 영역이나 행정조직, 그리고 국가내부의 문제로 간주되었던 특별권력관계는 여전히 군주에 의해, 법률의 제약을 받지 않고 규율되고 있었다.[10] '법률에 의한 행정'에 대한 오토 마이어(Otto Mayer)의 공식은 바로 자유주의적 법치국가의 발전을 배경으로 하고 있었다.

오늘날 법률에 의한 행정의 원리 역시 헌법상의 실질적 법치주의가 행정법을 통해 직접 구체화된 결과로서 이해되고 있다. 다시 말해서 법률에 의한 행정의 원리는 형식적 법치주의로 표현되었던 자유주의적 법치국가원리를 넘어서 실질적 정의를 지향하는 실질적 법치행정의 원리를 의미하고 있다. 따라서 법률에 의한 행정의 원리의 내용을 검토하기 위해서는 이러한 법치주의의 현대적 변용을 고려하여야 한다.

현행헌법에는 법치주의에 관한 직접적인 명문규정은 없다. 그러나 헌법전문, 평등원칙을 규정한 제11조, 인신의 자유를 규정한 제12조 제1항, 경제질서의 기본원칙을 규정한 제119조 제1항, 적정한 소득분배를 규정한 제119조 제2항, 인간다운 생활을 할 권리를 규정한 제34조 제1항, 권력분립주의에 관한 제40조, 66조 제4항, 제101조 제1항, 포괄적 위임입법의 금지를 규정한 제75조, 위헌법률심사제를 규정한 제107조 제1항 그리고 명령·규칙의 사법

평등, 3) 인권에 관한 헌법원칙의 판례법적 소산을 내용으로 한다고 한다(Introduction to the Study of the Constitution, 202-205). 이 원리와 그 이후의 발전에 관해서는 김도창, 행정법(상), 1989, 121이하를 참조.

10) Maurer, § 2 Rn.5(S.16)에 따르면 이러한 자유주의적 법치국가원리의 절정을 1869년에 제정된 독일의 영업법(Gewerberordnung)에서 엿볼 수 있는데 여기서는 영업의 자유(Gewerberfreiheit)에 입각하여 위험방지의 목적을 지닌 극히 소수의 제한과 침해만이 허용되고 있었다고 한다.

심사를 규정한 제107조 제2항 등, 여러 헌법조항에서 실질적 법치주의의 본질적 구성요소와 구현방법들이 규정되고 있다. 이 중 특히 제107조 제2항은 법치행정을 법원에 의한 사법심사에 의해 보장하려는 것으로 법치행정의 원리에 관한 가장 직접적인 헌법적 근거로 간주된다.

"**법치국가적 절차에 따르지 않는 공권력의 발동개입은 그것이 위정자의 정치적·정책적 결단이나 국가의 금융정책과 관계된다는 이유로 합헌적인 조치가 될 수는 없으며,** 이 경우는 관치경제이고 관치금융 밖에 될 수 없는 것이다. 더 나아가 이는 관(官)의 이상비대화 내지 정경유착의 고리형성의 요인이 될 수 있다. …… 공권력이 아무리 명분이 좋아도 국민의 권리를 제한하고 의무를 부과하는 일은 예측가능한 법률에 근거를 두어야 할 것이고, 이것은 기업의 경영권에 개입하고 제한할 때에도 마찬가지임은 이미 보았거니와, 이 점에서 **법률상 근거없는 이 사건 공권력의 행사는 법치국가적 절차를 어긴 것**이며, 또 법률상 무권한의 자의적 공권력의 행사였다는 점에서 **헌법 제11조 소정의 평등의 원칙의 파생원칙인 자의금지의 원칙도 위반**한 것이다. 나아가 이 사건 과정에서 공권력에 의한 전격적인 전면해체 조치로 인하여 위에서 본 바 주거래은행이 바로 전에 자율적으로 세워놓은 자구노력식 지원계획은 제대로 시행해 볼 겨를없이 백지화되게 됨으로써 은행측의 경제의 자율권이 저해된 것은 차치하고, 법률적 근거없이 사영기업의 경영권에 개입하여 그 힘으로 이를 제3자에게 이전시키기 위한 공권력의 행사였다는 점에서 **헌법 제119조 제1항·제126조 소정의 개인기업의 자유와 경영권불간섭의 원칙을 직접적으로 위반**한 것이다. 이에 청구인으로서는 법률상 무권한의 공권력의 행사로 인하여 자의적이고 차별적인 대우를 받지 않을 권리인 평등권 그리고 기업활동의 자유를 침해당하게 된 것이다. 생각건대 부실기업을 그대로 방치할 때 국가 사회적 파급효과가 크다 하더라도 법의 테두리에서 문제를 해결하도록 시도하는 것이 법치행정의 원칙의 준수며, 만일 법이 없으면 공권력개입의 객관적 기준을 세운 법안을 발안한 다음 새 입법을 기다려 그에 의거하여야 할 것이지, 그와 같은 절차가 번거롭다하여 이를 생략한 채 목적이 좋다는 것만 내세워 초법적 수단에 의거하여 마치 국·공영기업의 경영자를 발령하여 바꾸듯이 사영기업의 사실상의 지배주주를 갈고 경영권자를 바꾸는 식의 공권력행사는 시장경제적 법치질서를 파탄시키는 것 밖에 되지 못한다."[11]

2.1. 법률의 우위

「법률의 우위」란 행정이 법률에 위반되는 행위를 해서는 아니 된다는 것을 말한다. 법률우위의 원칙은 모든 행정 분야에 대하여 무제한·무조건의 효력을 갖는다. 그것은 먼저 합헌적 법률의 우위를 의미한다. 즉 법률 역시 최고법규인 헌법에 위반되어서는 안 된다는 규범논리가 여기에 전제되어 있다. 아울러 헌법이 직접 행정을 구속한다는 것이 또한 법률의 우위의 요구이다. 둘째, 법률의 우위는 모든 파생적 하위법원에 대한 형식적 법률의 우월성을 표현하며, 또한 이로써 행정이 법률을 적용해야 한다는 것($\text{Anwendungs-}\atop\text{gebot}$), 법률을 회피하거나 위반해서도 안 된다는 것($\text{Abweichungs-}\atop\text{und Verstoßverbot}$)을 요구한다.[12]

---

11) 헌법재판소 1993.7.29. 선고 89헌마31 결정.
12) Erichsen/Martens, § 5 II, S.61.

2.2. 법률의 유보

「법률의 유보」란 행정이 법률에 의한 수권을 받은 때에만 행동할 수 있다는 원칙을 말한다. 이 원칙은 따라서 법률우위보다 더 많은 것을 요구한다. 법률의 우위가 기존법률에 대한 위반을 금하는 데 비하여(소극적) 이것은 행정활동에 대한 법률상의 근거를 요구한다(적극적). 따라서 특정법률의 부존재가 행정의 활동을 배제시키는 것은 법률의 우위가 법률의 유보에 의한 것이라는 점을 유념할 필요가 있다.

반면 법률의 유보는 행정법 전 분야에 대해 적용되는 법률의 우위와는 달리 그 적용 또는 효력범위($^{Reich-}_{weite}$)에 있어 무제한적인 것은 아니다. 그 적용범위를 둘러싸고 학설이 대립한다. 이에 관하여 국내 문헌에서 소개하는 (주로 독일에서 전개된) 학설들을 살펴보기로 한다.

(1) 침해유보설

이것은 전통적인 견해로서 국민의 자유와 권리를 침해·제한하는 경우에만 법률의 수권이 요구된다고 보는 입장이다. 따라서 급부행정 분야나 특별권력관계 내부에서의 행위는 법률유보의 범위에서 제외된다. 이 견해는 19세기 입헌주의의 헌법적 도구로 발전된 법률의 유보가 당시 군주와 의회의 대립 관계에서 수행한 정치적 안전장치($^{politische}_{Stoßrichtung}$)로서 기능을 수행했다는 역사적 사실을 배경으로 한다. 즉, 자유주의 헌법운동의 정치적 목표에 따라 오직 시민의 개인적 영역, 다시 말해 그 자유와 재산권을 침해하는 명령들만이 법률에 의한 규율에 "유보되어"(^{vorbehalten}) 있었던 것이다.[13] 그러나 오늘날 이 같은 침해유보설은 더 이상 현실에 맞지 않는 이론이 되고 말았다. 의회제 민주주의의 발전, 급부행정의 비중확대 그리고 기본법에 의한 국가 전 영역으로의 헌법의 침투로 법률유보의 확대가 요구되었기 때문이다.[14]

(2) 전부유보설

이것은 「모든 행정은 법률의 근거 하에서만 수행된다」고 규정하는 오스트리아 연방헌법 제18조 제1항 및 스위스의 학설과 연관하여 모든 행정활동에 법률의 근거를 요구하는 입장이다. 그러나 실제 이러한 극단적인 형태의 전부유보, 즉 철두철미 전면적인 행정의 법률에의 의존성을 주장하는 경우는 없다.[15] 다만 민주주의의 요청이나(^{Jesch}) 법치국가원칙에 입각하여(^{Rupp}), 직접 시민에게 향해진 행정작용 전부에 대하여 법률의 유보를 요구하는, 사회유보설과 관련되어 주장되었던 견해이다. 전부유보설에서는 군주권력의 몰락으로 일찍이 왕권

---

13) Ossenbühl, aaO.
14) Maurer, aaO., § 6 Rn.10(S.86f.).
15) Ossenbühl은 이러한 의미에서의 전부유보설은 현실적 필요성과 가능성의 견지에서 볼 때 순전한 유토피아에 불과하다고 한다(§ 5 Ⅱ, S.63).

에 대한 제한적 요소에 불과했던 의회가 국가 최고기관의 지위에 올랐다는 사실이 강조되고 있다. 그러나 그러한 의회의 지위로부터 의회의 의사행위의 행정권에 대한 우월성이 도출될 수는 있을지 몰라도 전면적인 법률의 유보를 위한 근거는 나오지 않는다는 비판(^{Ossenbühl})이 있다.

(3) 사회(급부행정)유보설

사회유보설은 자유개념의 내용적 변질을 출발점으로 삼아 법률유보의 적용영역을 침해행정을 넘어서서 급부행정에 확대시킨다. 즉, 자유주의시대에 있어 자유란 법률에 의해서만 침투할 수 있는 개인의 고유영역을 말하는 것이었으나 오늘날에는 자유의 자율적 영역, 즉 자기에 의해 지배된 또는 지배 가능한 것으로 생각된 생활공간 대신에 개인의 국가에 대한 전면적인 사회적 의존성이 대체되었다는 것이다. 이제 자유 관념은 이전과 다른 목표를 지향하게 되었다. 즉, 자유는 「국가에 의한 침해의 부존재」($^{Abwesenheit\ staatlicher}_{Eingriffe}$)뿐만 아니라 또한 「국가적 급부에의 지분 또는 참여」($^{Teilhabe\ an\ der}_{staatlichen\ Leistung}$)를 의미한다. 따라서 법률의 유보는 침해유보를 넘어서 급부행정 전 영역에 확대되어야 한다는 것이다. 시민에게 변화된 생존조건하에서 적극적 사회적 지위($^{status\ positivus}_{socialis}$)를 확보해 주려는 노력은 정당하며 또한 사회국가원칙을 감안할 때 헌법적으로 요구되는 바이기도 하다. 그러나 법률의 유보를 확대한다고 그 목표가 효과적으로 달성될 수 있는 것은 아니라는 비판이 있다.

(4) 본질성설

이것은 독일 연방헌법재판소가 이른바 사례별 접근방식(^{Kasuistik})에 의해 발전시킨 이론으로서, 국내문헌에서는 대체로 본질성설 또는 중요사항유보설($^{Wesentlich-}_{keitstheorie}$)이라고 불리고 있다. 이에 따르면 모든 중요한 결정은 의회에 유보되어 있다고 한다($^{소위\ 의회유보:}_{Parlamentsvorbehalt}$). 여기서 본질성의 기준은 간혹 일반적으로 추측되듯이 사물의 본질($^{Natur\ der}_{Sache}$)이 아니라 하나의 규율이 일반공중이나 시민에게 얼마나 중요하고 기본적인가, 결정적인가에 두어지고 있다. 즉 본질성이란 하나의 확정적인 개념이 아니라 오히려 일종의 '유동적 공식'(^{Gleitformel})이다. 예컨대 사안이 일반공중 및/또는 시민에게 중요할수록 입법자에 대한 요구는 더욱 더 높아지며, 규율의 밀도($^{Regelungs-}_{dichte}$)에 관해서도 개별시민의 기본권들이 결정적으로 침해되거나 위협받을수록, 그 일반공중에 대한 효과가 큰 비중을 가지면 가질수록 또한 하나의 문제복합체가 공중들간에 논란되면 될수록, 법률의 규율 또한 더욱 정확하고 상세해져야만 한다는 것이다. 이 이론은 특히 기본권관련성이란 중요한 계기를 강조했다는 점에서 일단 그 현실적 타당성을 인정받을 수 있다. 그러나 그 본질성의 구체적 윤곽을 명백히 해야 한다는 문제점을 지닌 것으로 비판되고 있다.

제1편 제2편 제3편 제4편 제5편 행정법총론

국내의 문헌들은 그 밖에도 신침해유보설이나 권력행정유보설을 소개하고 있다. 전자는 기본적으로 침해유보설의 입장에 서면서도 특별권력관계에 있어 법률의 유보를 요구하는 견해($\substack{\text{Ossenbühl} \\ \text{의 견해}}$)로서 이를 침해유보설과 구별하기 위하여 편의상 신침해유보설이라 명명한 것이며,16) 후자는 법률유보의 범위와 강도에 관해 입법부의 개별적 판단이 허용되어야 한다는 견지에서 권력행정에 대해서는 엄격한 법률유보원칙의 적용을 인정하고 비권력행정에 대해서는 법률유보의 적용을 개별화하는 입장이지만,17) 양자는 결국 부분적인 차이를 제외하면 침해유보설에 근접하는 견해들이라 할 수 있다.

(5) 결 론

이제까지 주로 독일에서 유래된, 그러나 우리 학설로도 소개되는 이론들을 간략히 검토했다. 법률유보의 적용범위에 관한 독일에서의 이론전개를 살펴보는 것은 유용한 시사점을 제공받을 수 있다는 점에서 전혀 무의미하지는 않지만, 다양한 이론들이 주장된 배경이나 헌법구조를 고려하지 않고 피상적인 결론만을 가지고 논의하는 것은 올바른 태도는 아니다. 독일의 경우 "입법은 헌법에 합치되는 질서에, 집행권과 사법은 법률과 법에 구속된다"고 규정한 기본법 제20조 제3항과 관련하여 이 조항이 법률 유보의 범위에 관해 아무런 직접적 기준을 제시해 주지 못하고 있다는 점, 기본법 제80조 제1항 제2문에 따라 법률과 법규명령의 구별에 관한 구체적 위임의 원칙($\substack{\text{Bestimmtheits-} \\ \text{grundsatz}}$)이 확립되어 있다는 점을 고려해야 하는 데 비해, 우리의 경우에는 헌법상 법률 유보의 근거 내지 연결점을 어디서 찾아야 하는지 먼저 밝혀야 한다.

우리 헌법 제37조 제2항은 「국민의 모든 권리와 자유는 국가안전보장·질서유지 또는 공공복리를 위하여 필요한 경우에 한하여 법률로써 제한할 수 있으며...」라고 규정하고 또 제1항에서는 「국민의 자유와 권리는 헌법에 열거되지 아니한 이유로 경시되지 않는다」고 규정하고 있다. 이 조항은 물론 법률유보의 적용범위에 관한 직접적인 규정이라고는 할 수 없다. 그러나 이 조항은 이 문제에 관해 중요한 규범적 기준을 시사해준다. 즉, 「국민의 모든 권리와 자유」에 대한 제한은, 그것이 행정작용에 의해 이루어지든 기본권을 제한하는 법률에 의해 직접 이루어지든, 위 조항에 따라 제정된 법률에 의하지 않으면 안 된다는 것이다. 따라서 이 조항은 기본권제한에 관한 법률유보를 규정한 동시에 법치주의의 내용으로서 법률의 유보에 대한 헌법적 하한선($\substack{\text{Verfassungs-} \\ \text{minimum}}$)을 그은 것이라고 볼 수 있다.18) 헌법상 사회적 기본권이나 환경권과 같은 권리들에 대한 제한 역시, 그 직접적 권리성이 인정된다면, 이러한 관계에서 법률 유보에 의한 보호를 받는다. 특히 이들 권리에 있어 법률유보의 성격이 권리제한

---

16) 김남진, 행정법 I, 42.
17) 김도창, 일반행정법론(상), 127.
18) 한편 고영훈, 법률유보원칙의 이론과 실제(하), 판례월보 제273호, 47은 이를 「법치국가의 원리에 근거한 기존의 (불문의) 일반원칙으로서의 침해보의 원칙을 명문화한 것」이라고 보고 있다.

적인 것이라기보다는 오히려 권리형성적인 것이라고 볼 때, 사회적 기본권의 국가적 보호 또는 구체화 역시 반드시 법률에 의해야 한다는 결론에 이르게 된다. 나아가 헌법 제75조는 독일기본법 제80조 제1항과 같이 구체적 위임, 즉 특정적 수권의 필요성을 규정하고 있다는 점에서 법률의 유보의 원칙을 표현하는 것으로, 다시 말해 법률유보의 적용범위에 관한 제 이론과 관련시켜 해석해야 할 조항으로 볼 수 있다. 생각건대 법률유보의 효력범위에 관한 한 먼저 어떠한 특허처방(^{Patentrezept})도 존재하지 않는다는 슈테른($^{\text{K.}}_{\text{Stern}}$)의 지적은 정당하다.

이러한 견지에서 본다면, 첫째, **침해유보설이 아니라 침해유보가 논의의 출발점이 되어야 한다.** 그것은 최소한의 법률의 유보영역이라 할 수 있으며, 여기서는 침해유보설이 오늘날 더 이상 타당성을 갖지 못한다는 인식이 전제되어 있다. 둘째, **급부행정에 관하여는 그 기본권관련성이 가장 우선적으로 고려되어야 한다.** 헌법상의 기본권규정을 방침규정으로 해석할 어떠한 헌법적 근거도 발견되지 않는다는 헌법해석학적 입장이 여기에 요구된다. 다만 법적 규율($^{\text{Verrechtli-}}_{\text{chung}}$)이 진전되지 않았거나 성질상 어렵다고 판단되는 경우가 있을 수 있다는 것을 도외시할 수는 없을 것이다. 그런 뜻에서 독일 연방헌법재판소가 취한 **사례별 개별화론은 나름대로 타당성이 있다. 문제는 그 본질성의 기준을 어떻게 구체화시켜 나갈 것인가에 있다.**

"법률이 공법적 단체 등의 정관에 자치법적 사항을 위임한 경우에는 헌법 제75조가 정하는 포괄적인 위임입법의 금지는 원칙적으로 적용되지 않는다고 봄이 상당하고, 그렇다 하더라도 **그 사항이 국민의 권리 · 의무에 관련되는 것일 경우에는 적어도 국민의 권리 · 의무에 관한 기본적이고 본질적인 사항은 국회가 정하여야 한다.**"[19)]

"법률이 자치적인 사항을 정관에 위임할 경우 원칙적으로 헌법상의 포괄위임입법금지원칙이 적용되지 않는다 하더라도, 그 사항이 국민의 권리 · 의무에 관련되는 것일 경우에는, **적어도 국민의 권리와 의무의 형성에 관한 사항을 비롯하여 국가의 통치조직과 작용에 관한 기본적이고 본질적인 사항은 반드시 국회가 정하여야 할 것인바,** 각 국가유공자 단체의 대의원의 선출에 관한 사항은 각 단체의 구성과 운영에 관한 것으로서, 국민의 권리와 의무의 형성에 관한 사항이나 국가의 통치조직과 작용에 관한 기본적이고 본질적인 사항이라고 볼 수 없으므로, **법률유보 내지 의회유보의 원칙이 지켜져야 할 영역이라고 할 수 없다.** 따라서 각 단체의 대의원의 정수 및 선임방법 등은 정관으로 정하도록 규정하고 있는 국가유공자등 단체설립에관한법률 제11조가 법률유보 혹은 의회유보의 원칙에 위배되어 청구인의 기본권을 침해한다고 할 수 없다."[20)]

"농업기반공사및농지관리기금법 부칙 제6조 단서는 농업기반공사의 자치적 입법사항을 정관에 위임한 것으로서 이를 행정부의 법규명령에 위임한 것과 같이 볼 수 없어, 헌법상 포괄위임입법금지 원칙이 적용되지 않으며, **이미 조합장 등의 기존 임기가 종료된 것을 전제로 종전의 기득권 보호차원에서 필요한 예우를 규정한 것이므로 직업선택의 자유의 기본적이거나 본질적인 사항이라고 볼 수 없어 반드시 국회가**

---

19) 대법원 2007.10.12. 선고 2006두14476 판결.
20) 헌법재판소 2006.3.30. 선고 2005헌바31 전원재판부 결정.

스스로 정할 사항은 아니므로 **법률유보의 원칙에 위배되지 않고,** 달리 청구인들의 직업선택의 자유를 침해한 것이라 볼만한 사정이 없다.”[21]

(6) 구체적 적용

① 행정조직

헌법이 명문으로 행정조직의 기본적 사항을 법률로 정하도록 하고 있어($\binom{\text{행정조직법정주}}{\text{의: §§ 96, 100}}$) 행정조직이 더 이상 '법률로부터 자유로운 행정'($\binom{\text{gesetzesfreie}}{\text{Verwaltung}}$)[22]의 영역에 속하지 않는다는 것은 의문의 여지가 없다.

② 특별행정법관계

특별권력관계의 이론은 더 이상 종래 특별권력관계로 파악되었던 행정법적 관계들을 법률의 유보로부터 제외시켜 주는 근거가 될 수 없다. 특별권력관계의 이론이 법률의 유보를 조각시킬 수 있다면 그것은 오로지 보다 고차적인 법적 근거에 의하는 경우에만 정당화될 수 있다. 사실 종래 특별권력관계로 파악되었던 행정법적 관계들의 대부분은 현재 법적 규율을 받고 있다.

③ 헌법상 긴급명령

헌법상 긴급재정·경제명령과 긴급명령($^{§ 76}$)은 일정한 헌법적 조건 아래 발해지는 대통령의 독립명령이지만, 긴급상황에 대한 헌법정책적 대안으로서 반드시 법률 유보의 예외는 아니다.

④ 문제점

법률의 유보에 관한 법치행정의 원칙도 현실적으로는 제대로 관철되지 못하고 있는 사례가 없지 않았다. 그 대표적인 것이 대학입시제도와 구 사법시험령에 의한 과거의 사법시험제도의 경우였다. 대학입시제도의 경우 종래 대학입학에 관한 선발방법을 대통령령에 의해 정하도록 위임하고 있었던 구 교육법 제111조의2는 법률의 유보와 관련하여 중요사항유보설에 의하거나 또는 포괄적 위임입법의 금지원칙에 비추어 위헌 혐의를 받았다. 현행 고등교육법은 제34조에서 대학($\binom{\text{산업대학·교육대학·전문대학 및 원격}}{\text{대학을 포함하며, 대학원대학은 제외한다}}$)의 장은 제33조 제1항에 따른 자격이 있는 사람

---

21) 헌법재판소 2001.4.26. 선고 2000헌마122 전원재판부 결정.

22) 이것은 독일에 있어 종래 침해유보적 통설이 침해행정 이외의 분야를 일괄적으로 법률의 유보의 적용범위에서 제외된다고 보아 이를 '법률로부터 자유로운 행정'이라고 불렸던 용어법이 오늘날까지 계승된 것이다. 그러나 법치행정의 원칙의 전면적 관철이 구가되고 있는 오늘날 이처럼 법률로부터 자유로운 행정이란 관념은, 행정의 법적 구속의 정도에 관한 표현이라면 몰라도, '법률로부터 행정의 자유'를 의미하는 것으로서는 더 이상 유지될 수 없다. '법률로부터 자유로운 영역'에서 행정은 자기의 이니셔티브 및 정책적 판단에 따라 행동할 수 있지만 그럼에도 불구하고 행정법의 일반원칙(조리), 헌법상 기본권규범, 조직법상의 권한규범 등 법적 구속을 받기 때문이다. 또한 과거에 법률로부터 자유로운 영역으로 간주되었던 행정영역, 특히 특별권력관계, 자유재량행위, 통치행위 등에도 법률의 유보가 확대되어 오고 있는 것이 사실이다.

중에서 일반전형이나 특별전형에 의하여 입학을 허가할 학생을 선발하되($\S^{34}_①$), 일반전형 또는 특별전형의 방법, 학생선발일정 및 그 운영에 관하여 필요한 사항은 대통령령으로 정하며 ($\S^조_①$), 교육부장관은 입학전형자료로 활용하기 위하여 대통령령이 정하는 시험을 시행할 수 있다고 규정하여($\S^조_③$), 그 위임의 범위를 다소 한정하고 있으나, 여전히 논란의 여지를 남기고 있다.

또 과거 대통령령으로 제정되어 시행되던 사법시험령 역시 모법의 근거가 없이 사법시험 제도의 형성을 일체 대통령에게 위임하고 있다는 점에서 법률의 유보에 관한 법치행정의 원리를 위배하고 있다는 비판을 받았다.[23] 이후 이 문제는 2001년 3월 28일 법률 제6436호로 사법시험법이 제정, 시행됨으로써 입법적으로 해소되었다.

---

23) 이에 관하여는 고영훈, 판례월보 제273호, 52이하를 참조.

제 3 절 │ 행정법의 법원

Ⅰ. 법원의 개념과 성문법주의

1. 법원의 개념

행정법은 무수한, 그리고 다양한 법규범들로 이루어져 있다. 이들 법규범을 분류하여 질서를 부여하는 것이 법원론의 과제이다. 그러나 법원의 개념은 논란되고 있고 다양한 차원을 지닌 것이 사실이다. 일면 행정법은 형식적 법률, 법규명령, 조례, 관습법 및 관례(^{Observanz}), 행정법의 일반원리(조리), 그리고 심지어는 판례법(^{Richterrecht}) 등과 같은 「다양한 법형식들로서 존재한다」. 타면 그 자체로서는 아직도 관념적인 데 불과한 법/행정법을 「인식하기 위하여」 우리는 일정한 유형적 매개물을 필요로 하며 이를 위해 앞에서 본 바와 같은 다양한 법형식들이 그 인식을 위한 매개체로서 등장한다. 여기서 "법이 법으로서 타당한 근거"라는 의미에서의 법철학적 법원 논의에 들어가지 않지만, 법원의 개념을 둘러싼 논란은 이러한 행정법의 객관적 존재와 주관적 인식 어느 차원에 착안하느냐에 관한 것이라는 점이 분명히 드러난다.

이러한 논란은 무용하다. 법원의 개념을 "법의 존재형식"으로 또는 "존재형식 내지 인식근거"로 파악하는 일반적 견해에 반대하며 법원의 개념을 오로지 "법의 인식근거"로 파악하는 것이 타당하다는 입장(^{김남진})은 그 결과 "… 헌법을 행정법의 법원의 일종으로 열거하는 경우 행정법이 헌법의 형식으로 존재하는 것이 아니라, 헌법을 근거로 하여 행정법을 인식하게 되는 것"이라고 논증하고 있다.[1] 이러한 기술에는 일면 존재「형식」의 개념과 타면 '행정법이 이를 통해 존재하는 것이 아닌' 헌법의 「형식」이란 개념이 혼동되고 있다. 법원을 법의 존재형식이라고 할 때 그 형식은 바로 인식을 위한 형식, 다시 말해서 이때의 형식은 인식의 매개물이란 의미에서의 그것이지 우리가 형식적 개념으로서의 헌법과 행정법을 구별할 때의 그것은 아니다. 마우러($^{H. Maurer}$)가 알프 로쓰($^{Alf Ross}$)의 개념, 즉 "그 무엇을 법으로서 인식하기 위한 근거($^{Erkenntnisgrund}_{für etwas als Recht}$)"로서의 법원개념을 받아들이면서도 법원과 법의 생성 및 형식과의 개념적 밀접성을 인정하고 따라서 그것을 법규범이 생성되고 나타나는 형식($^{die Form, in der die Rechtsnormen zur}_{Entstehung gelangen und in Erscheinung treten}$)이라고 정의하고 있는 것[2]은 바로 그러한 이유에서 이해될 수 있다. 법원을 법의 존재형식이라고 하여도 그것은 법을 인식하는 데 요구되는 법의 현상형식이란 의미이므로 실제 법원론의 본래적 목적, 즉 행정법을 구성하는 다양한 법규범들을 질서화시킴에 있어서 양자간에 아무런 차이가 없는 것은 당연하다. 헌법은 (곧 행정법은 아니지만)

---

1) 김남진, 같은 책, 58.
2) Maurer, § 4 Rn.2(S.44). 그는 또한 내용과 형식은 관념적으로만 구별될 수 있을 뿐 서로 결부되어 있으며 실제로 서로를 구속하는 통일체를 이루고 있다고 지적한다(S.45).

행정법의 인식근거로서 그리고 그 존재형식으로서 행정법의 법원에서 빠질 수 없는 요소가 되는 것이다.

법원의 개념을 독일에서의 다수설과 같이 법의 인식근거로 보는 데 물론 문제는 없다. 문제는 이렇게 얻어진 법원의 개념을 법규범$^{(\text{Rechtsnorm})}$, 법규$^{(\text{Rechtssatz})}$ 등의 개념과 구별하는 것이 그리 용이하지 않다는 데 있다. 이 문제는 뒤에서 보는 바와 같이 행정규칙의 법원성에 관한 논쟁과 불가분의 관계에 있다. 법원의 개념이 앞에서 본 바와 같은 「형식」의 개념과 밀접한 관련이 있는 데 반해, 법규범은 법원을 통해 표현되는 「내용」을 지칭하는 것이다. 법규란 반면 고권적·일반추상적 규정$\binom{\text{hoheitliche generell-}}{\text{abstrakte Regelung}}$에 해당된다. 이러한 의미에서의 법규는 국가-시민 간의 관계는 물론 국가내부의 영역에도 존재한다. 법원과 법규범의 개념은 외부법$^{(\text{Außenrecht})}$, 즉 국가-시민 간의 관계에 관한 법에 관계한다. 법규범은 따라서 이러한 의미에서 외부법의 법규들이다. 법규범을 정의하자면 시민 또는 기타의 법적 주체의 권리와 의무를 발생·변경·소멸시키는 일반추상적인 규정, 요컨대 일반적-구속적인 규정이라 할 수 있다. 그것은 실질적 의미의 법률개념과 일치한다.[3)]

2. 행정법의 성문법주의와 불문법원

행정법의 법원은 성문법원과 불문법원으로 나뉜다. 행정법의 법원을 탐구함에 있어 우선 행정법의 성문법주의와 그 불문법원에 의한 보완을 고려하여야 한다. 행정법의 성문법주의란 행정의 예측가능성과 법적 안정성을 기하고 행정작용의 공정성 및 국가적 급부활동의 계속성을 확보할 뿐만 아니라 권리구제절차를 명확하게 함으로써 국민의 권익보호를 용이하게 한다는 점을 근거로 하여 통상 채용되고 있는 입법주의이다. 그러나 행정법이 성문법주의를 택하고 있다고 해서 제정법이 완비되어 있다고 가정할 수는 없고, 오히려 행정현실의 역동성·변화가능성과 제정법의 고정성으로 인한 법의 흠결가능성이 전제되고 있다고 보아야 한다. 이것은 법에 의한 행정의 구속을 요구하는 법치행정의 원리하에서도 불가피한 현상이다. 따라서 이를 보완하는 불문법원, 특히 법관에 의한 판례법의 형성이 중요성을 띠게 된다. 특히 불문법원은 행정법의 일반법전이 존재하지 않기 때문에 단순한 보충적 법원으로만 머물지는 않는다. 행정법의 일반원리가 행정법 전 체계에서 갖는 의미는 이 점을 여실히 보여주고 있다.

---

3) 참고로 독일연방헌법재판소 역시 규범을 "불특정다수의 사안에 대하여 효력을 지니는 일반적 법규로서, 규범요건이 추상적으로 규정되어 있어 그것이 얼마나 많은 수의 그리고 어떠한 사안에 적용될 것인지를 정확히 예측할 수 없는 것"을 말한다고 정의하고 있다(BVerfGE 25,396; 64,77,87; 16,87,91; 14,202,205). 또한 '법규정'(Rechtsvorschriften)이나 '법규'(Rechtssatz) 등의 용어가 동일한 의미로 사용되는 경우도 빈번히 나타난다.

Ⅱ. 행정법의 성문법원

1. 헌　법

헌법은 최우선적인 행정법의 법원이다. 헌법은 그 최고규범성에 따라 행정활동이 넘어설 수 없는 규범적 한계와 행정이 준수해야 할 최고규범적 기준을 설정하며, 효력상 최고위 법원으로서 지위를 가진다. 행정법의 법원으로서 헌법이 갖는 중요성은 행정법을 「구체화된 헌법」으로 실현시키는 보루가 된다는 데 있다. 헌법은 비례원칙이나 평등원칙, 신뢰보호원칙 같은 행정법 일반원리의 도출근거가 된다는 점에서 더할 나위 없이 중요한 법원으로서 가치를 지닌다.

2. 법　률

법률은 행정법의 가장 일반적인 법원이다. 이 점은 법치행정 원리의 역사적 형성과정에서도 분명히 드러나며, 행정법의 성문법주의·국회입법의 원칙·법치주의의 당연한 귀결이다. 여기서 법률이란 형식적 의미의 법률을 말한다. 즉, 국회가 소정의 입법절차에 따라 '법률'로서 제정한 것을 뜻한다. 법률 수준에서 행정법의 일반법전이 존재하지 않는다는 사실은 1996년 제정된 행정절차법이 행정절차에 관하여 부분적으로나마 사실상 일반법 역할을 수행함에 따라 어느 정도 완화되고 있다.

특별법우선의 원칙과 신법우선의 원칙 간의 관계 ●● 1949월 11월 7일 제정된 변호사법 제5조는 금고 이상의 형의 선고를 받고 형법 제81조의 규정에 의한 형의 실효의 선고를 받지 아니한 자는 변호사가 될 수 없다고 규정하고 있었고, 1953년에 제정된 형법 제43조는 "법률로 요건을 정한 업무에 관한 자격"은 유기징역 또는 유기금고형의 판결을 받고 그 형의 집행이 종료하거나 면제될 때까지만 자격이 정지된다고 규정하고 있었다. 변호사였던 원고는 징역형의 선고를 받고 집행이 완료되어, 변호사개업을 하기 위하여 변호사등록을 법무부장관에게 신청하였으나, 법무부장관은 변호사법 제5조를 들어 등록을 불허하였다. 이에 대하여 대법원은 다음과 같이 판시함으로써 **특별법우선의 원칙이 신법우선의 원칙에 우선한다**는 점을 분명히 밝혔다: "가사 소론과 같이 형법 제43조 제2항의 규정과 변호사법 제5조의 규정이 신법 구법의 관계에 있다고 가정하고, 변호사의 자격이 형법 제43조 제2항 제3호에 해당한다고 가정하더라도 변호사법 제5조의 규정은 특별한 사정에 의하여 특별히 규정한 특별법이므로 그와 같은 특별한 사정의 변경이 없는 한, 원심이 다른 특별한 사정이 없는 본건에 있어서 피고가 변호사법 제5조의 규정에 의하여 본건 변호사등록청구를 불허하였음에 위법이 없다고 판단하였음에 잘못이 있다 할 수 없다."[4]

---

4) 대법원 1969.7.22. 선고 69누33 판결. 평석: 김성환, 「공무상의 재해」의 의의(하), 법학(판례회고) 3호, 31; 법률신문 (상)1089호(1974.12), (하)1090(1975.1); 판례연구 2집, 133.

3. 명 령

명령이란 헌법과 법률에 근거하여 국가행정권이 정립하는 명령, 즉, 법규명령을 말한다. 국회입법의 원칙하에서도 행정권에 의한 법규명령제정의 필요성은 행정의 전문·기술성, 행정현실의 신축적 규율의 요청 등으로 말미암아 불가피한 것으로 받아들여지고 있다. 오히려 양적인 면에서 법규명령의 비중은 법률을 능가하는 실정이다. 현행헌법상 법규명령은 원칙적으로 법률종속적 명령인 위임명령과 집행명령(헌법§95), 그 발령권자에 따라 대통령령(헌법§75)·총리령·부령(헌법§95) 등의 형태를 띠지만, 헌법 제76조에 의해 법률과 동등한 효력을 갖는 긴급명령·긴급재정경제명령의 형태로도 제정될 수 있다.

4. 국제법규

헌법 제6조가 조약과 일반적으로 승인된 국제법규의 국내법적 효력과 국내법과의 효력상의 동위성을 인정하고 있으므로 그 한도 내에서 행정법의 법원이 될 수 있다.

5. 자치법규

자치법규란 지방자치단체가 자치입법권에 의하여 법령의 범위 안에서 제정하는 자치에 관한 법규로서(헌법§117①), 지방의회가 제정하는 조례와 지방자치단체의 장이 제정하는 규칙이 있다. 조례는 자치사무와 단체위임사무에 관하여 제정될 수 있고, 규칙은 기관위임사무에 관하여도 제정될 수 있는데 그 한도 내에서 행정법의 법원이 될 수 있음은 물론이다.

청주시행정정보공개조례(안)재의결취소: "지방자치법 제15조에 의하면, 지방자치단체는 법령의 범위안에서 그 사무에 관하여 조례를 제정할 수 있되 주민의 권리제한 또는 의무의 부과에 관한 사항이나 벌칙을 정할 때에는 법률의 위임이 있어야 한다고 규정하고 있으므로 **지방자치단체는 그 내용이 주민의 권리의 제한 또는 의무의 부과에 관한 사항이거나 벌칙에 관한 사항이 아닌 한 법률의 위임이 없더라도 조례를 제정할 수 있다** 할 것인데(대법원 1970.2.10. 선고 69다2121 판결 참조), 이 사건 정보공개조례안은 앞에서 본 바와 같이 행정에 대한 주민의 알 권리의 실현을 그 근본내용으로 하면서도 이로 인한 개인의 권익침해가능성을 배제하고 있으므로 이를 들어 주민의 권리를 제한하거나 의무를 부과하는 조례라고는 단정할 수 없고 따라서 그 제정에 있어서 반드시 **법률의 개별적 위임**이 따로 필요한 것은 아니라 할 것이다."[5]

체납수도료의 승계에 의한 급수사용료부과처분취소: "지방자치법 제15조에 의하면, 지방자치단체는 법령의 범위안에서 그 사무에 관하여 조례를 제정할 수 있다. 다만, 주민의 권리제한 또는 의무부과에 관한

---

5) 대법원 1992.6.23. 선고 92추17 판결.

사항이나 벌칙을 정할 때에는 법률의 위임이 있어야 한다고 규정하고 있으며, 수도법 제17조에 의하면, 수도사업자는 장관이 정하는 바에 의하여 물의 요율, 급수장치에 관한 공사의 비용, 기타 물의 공급에 관하여 필요한 사항을 정하여 장관의 인가를 받아야 한다. 수도사업자가 지방자치단체인 경우에는 당해 지방자치단체의 조례로 정한다고 규정하고 있고, 지방자치법 제131조 제1항에 의하면, 사용료, 수수료 또는 분담금은 공평한 방법으로 부과 또는 징수하여야 한다고 규정하고 있으며, 서울특별시 급수조례 제5조에 의하면, 급수장치는 그 설치된 건물 또는 토지의 처분에 부수하며 취득자는 위 조례에 의하여 그 취득전에 발생된 의무에 대하여도 이를 승계한다고 규정하고 있는 바, 급수장치가 설치된 건물 또는 토지의 취득자에게 그 취득이전에 발생된 의무를 승계하도록 규정하고 있는 **서울특별시 급수조례 제5조는 주민의 의무부과에 관한 사항을 규정하는 것으로서 수도법 제17조나 지방자치법 제131조 제1항은 그에 대한 법률상의 위임규정이라 볼 수 없고 달리 법률상의 근거가 없으므로 지방자치법 제15조 단서에 반하여 무효**라 할 것이다."[6])

III. 행정법의 불문법원

행정법의 불문법원으로는 행정관습법과 판례법, 그리고 조리 내지 법의 일반원칙이 있다.

1. 행정관습법

1.1. 의의·성립요건

행정법의 법원으로서 고려되는 관습법이란 행정에 관해 오랜 기간에 걸쳐 동일한 관행이 반복되고, 이러한 관행이 일반국민의 법적 확신을 얻어 법규범으로서 구속력을 가진 것으로 승인된 것을 말한다(법적 확신설). 행정관습법이 성립하기 위하여 이러한 법적 확신 외에 별도의 국가적 승인절차가 필요한가에 관해서 학설의 대립이 있으나 지배적인 견해는 사실상 관행의 성립(객관적 요건)과 법적 확신(주관적 요건)만으로 행정관습법이 성립된다고 본다.

1.2. 행정관습법의 법원성

행정관습법의 법원성은, 행정의 합법성원칙을 근거로 성문법규가 명문으로 관습법을 허용하는 경우나 제한된 범위에서 공통된 이해관계를 지닌 자들간의 내부관계에서만 예외적으로 인정될 수 있다는 소극설이 있으나, 앞서 본 바와 같은 성문법의 불완전성과 행정현실의 역동성·가변성을 고려할 때 인정되는 것으로 보는 데 별반 문제가 없다. 다만 행정관습법의

---

6) 서울고법 1992.10.8. 선고 92구5920 판결. 한편 체납요금의 승계여하에 관하여, 신수용가가 구수용가의 체납전기요금을 승계하도록 규정되어 있는 한국전력공사의 전기공급규정은 공사내부의 업무처리지침에 불과한 것으로 신수용가가 위 규정에 동의하여 계약을 맺은 경우가 아니면 효력이 없다는 판례(대법원 1992.12.24. 선고 92다16669 판결)가 있다.

법원으로서의 효력을 성문법과의 관계에서 어떻게 볼 것이냐는 문제이다. 즉, 보충적 효력만을 인정할 것이냐 아니면 성문법을 개폐하는 효력까지도 인정할 것이냐가 문제된다. 국가승인설에 입장에서는 보충적 효력만을 인정하지만, 관습법이 이미 일반의 법적 확신을 통해 법규범으로서의 구속력을 획득한 것이라고 본다면 성문법과 동등한 효력을 인정할 수 있을 것이다. 물론 이러한 관습법과 성문법의 충돌문제는 실제상 발생빈도가 극히 적다고 볼 수 있다.

가. 관습법이란 사회의 거듭된 관행으로 생성한 사회생활규범이 사회의 법적 확신과 인식에 의하여 법적 규범으로 승인 강행되기에 이르른 것을 말하고 사실인 관습은 사회의 관행에 의하여 발생한 사회생활규범인 점에서는 관습법과 같으나 다만 **사실인 관습은 사회의 법적 확신이나 인식에 의하여 법적 규범으로서 승인될 정도에 이르지 않은 것을 말하여 관습법은 바로 법원으로서 법령과 같은 효력을 갖는 관습으로서 법령에 저촉되지 않는 한 법칙으로서의 효력이 있는 것이며 이에 반하여 사실인 관습은 법령으로서의 효력이 없는 단순한 관행으로서 법률행위의 당사자의 의사를 보충함에 그치는 것이다.**

나. 일반적으로 볼 때 법령과 같은 효력을 갖는 관습법은 당사자의 주장·입증을 기다림이 없이 법원이 직권으로 이를 확정하여야 하나 이와 같은 효력이 없는 사실인 관습은 그 존재를 당사자가 주장 입증하여야 한다고 파악할 것이나 그러나 사실상 관습의 존부자체도 명확하지 않을 뿐만 아니라 그 관습이 사회의 법적 확신이나 법적 인식에 의하여 법적 규범으로까지 승인된 것이냐 또는 그에 이르지 않은 것이냐를 가리기는 더욱 어려운 일이므로 법원이 이를 알 수 없을 경우 결국은 당사자가 이를 주장·입증할 필요에 이르게 될 것이다.

다. 가정의례준칙 제13조의 규정이 있으므로 원심인정의 관습이 관습법이라는 취지라면 **관습법의 제정법에 대한 열후적 보충적 성격**에 비추어 그와 같은 관습법의 효력을 인정하는 것은 관습법의 법원으로서의 효력을 정한 위 민법 제1조의 취지에 어긋나는 것이라고 할 것이고 이를 사실인 관습의 성격과 효력에 비추어 이 관습이 사법자치가 인정되는 임의규정에 관한 것이어야만 비로소 이를 재판의 자료로 할 수 있을 따름이다.[7]

1.3. 행정관습법의 종류

행정관습법의 종류로는 행정청의 선례가 오랜 기간 동안 반복됨으로써 규범적 구속력을 획득했다고 볼 수 있는 경우, 예컨대 상급행정청의 훈령·예규 등이 발해진 후 그에 따른 사무처리관행이 반복되는 경우와 같은 행정선례법과 민중 사이에서 행정법관계에 관한 관행으로서 성립되는 민중적 관습법, 예컨대 입어권(수산업법 §40), 관습상의 유수사용권 등과 같은 경우로 나뉜다.

행정선례: "행정선례라 함은 행정기관에 있어서 실제로 처리한 사건이 선례로서 존중되어 법규로서의 효력을 가지게 된 것으로, 재판례의 경우와 동일하게 처리되는 것이 통설"로서 "상공부의 고령토광업출원처분의 결론"은 행정법규인 행정선례이다."[8]

---

7) 대법원 1983.6.14. 선고 80다3231 판결. 원심: 광주고법 1980.11.26. 선고 78나610 판결.

민중적 관습법: "수산업법 제40조 소정 입어(入漁)의 관행이라 함은 어떤 어업장에 대한 공동어업권 설정 이전부터, 어업의 면허 없이, 당해 어업장에서 오랫동안 계속 수산동식물을 채포(採捕) 또는 채취함으로써, 그것이 대다수사람들에게 일반적으로 시인될 정도에 이르는 것이라 할 것이고, 부락 대표자간의 약정에 의하여 관행에 의한 입어권(入漁權)이 생기는 성질의 것은 아니라 할 것이다."9)

⠿ 종래 매립지 등 관할 결정의 준칙으로 적용되어 온 지형도상 해상경계선 기준의 관습법적 효력

"지방자치법 제4조 제3항, 제5항, 제6항, 제7항, 제8항, 제9항 등 관계 법령의 내용, 형식, 취지 및 개정 경과 등에 비추어 보면, 2009.4.1. 법률 제9577호로 지방자치법이 개정되기 전까지 **종래 매립지 등 관할 결정의 준칙으로 적용되어 온 지형도상 해상경계선 기준이 가지던 관습법적 효력은 위 지방자치법의 개정에 의하여 변경 내지 제한되었다고 보는 것이 타당하고,** 안전행정부장관은 매립지가 속할 지방자치단체를 정할 때에 상당한 형성의 자유를 가지게 되었다. 다만 그 **관할 결정은 계획재량적 성격을 지니는 점에 비추어 위와 같은 형성의 자유는 무제한의 재량이 허용되는 것이 아니라 여러 가지 공익과 사익 및 관련 지방자치단체의 이익을 종합적으로 고려하여 비교·교량해야 하는 제한이 있다.** 따라서 안전행정부장관이 위와 같은 이익형량을 전혀 행하지 않거나 이익형량의 고려 대상에 마땅히 포함시켜야 할 사항을 누락한 경우 또는 이익형량을 하였으나 정당성·객관성이 결여된 경우에는 그 매립지가 속할 지방자치단체 결정은 재량권을 일탈·남용한 것으로서 위법하다고 보아야 한다."10)

한편 국세기본법 제18조 제3항은 "세법의 해석 또는 국세행정의 관행이 일반적으로 납세자에게 받아들여진 후에는 그 해석 또는 관행에 의한 행위 또는 계산은 정당한 것으로 보며, 새로운 해석 또는 관행에 의하여 소급하여 과세하지 아니 한다"고 규정함으로써 세무행정에 있어 행정관습법의 성립가능성을 수용하고 있고,11) 이에 따라 가령 "(보세운송)면허세를 부과할 수 있는 정(情)을 알면서도 피고가 수출확대라는 공익상 필요에서 한 건도 이를 부과한 일이 없었다면 원고는 그것을 믿을 수밖에 없고 그로써 비과세의 관행이 이루어졌다고 보아야 한다"는 것이 대법원의 확립된 판례로 유지되고 있다.12)

2. 행정판례법

행정판례법이란 행정에 관한 사법부에 의한 개별적 법적용(판결)이 반복되어 또는 그 합리적 법논리의 설득력에 따라 하나의 선례로서 법적 기준성을 획득한 것을 말한다. 판례법의 법원성은 기본적으로 영미법과 대륙법의 법체계에 따라 상이하게 다루어지고 있다. 기본적으

---

8) 대법원 1954.6.19. 선고 4285行上20 판결.
9) 대법원 1969.3.31. 선고 69다173 판결.
10) 대법원 2013.11.14. 선고 2010추73 판결.
11) 한편 이 규정은 대법원에 의하여 「같은 법 제15조 신의성실의 원칙과 같은 법 제19조 세무공무원의 재량의 한계에 관한 것과 함께, 이른바 징세권력에 대항하는 납세자의 권리를 보장하고 과세관청의 언동을 믿은 일반납세자의 신뢰이익을 보호하는데 그 목적이 있는 것」이라고 판시된 바 있다(대법원 1980.6.10. 선고 80누6 판결).
12) 대법원 1980.6.10. 선고 80누6 판결.

로 선례구속의 원칙($^{\text{stare}}_{\text{decisis}}$)이 타당한 영미법계에서는 판례법의 법원성이 의문시되지 않는 반면, 성문법주의를 취하는 독일 등 대륙법계국가에서는 사정이 다르다. 물론 대륙법계 중에도 판례법 체계 기반의 프랑스행정법처럼 판례법의 법원성이 의문시되지 않는 경우도 있다.

우리나라의 경우 판례법의 법원성은 적어도 실정법질서 전체의 구조상으로는 인정되지 않는다. 법원조직법 제8조에서 상급법원의 재판상 판단이 당해사건에 관하여 하급심을 구속하며, 동법 제7조 제1항 제3호는 판례의 변경을 대법원전원합의체에서 판결하도록 규정하고 있을 뿐이다.[13] 전자의 규정은 엄밀히 말해 판례의 문제가 아니며,[14] 후자 역시 대법원판례의 계속성과 통일성을 고려한 규정일 뿐 판례법의 법원성을 직접 인정한 것은 아니다. 그러나 판례법의 법원성을 사실상 구속력의 측면에서는 완전히 부인할 수 없을 것이다. 판례, 특히 대법원의 판례는 일반추상적인 법규범의 구체화로서 심급제를 통해 하급심에 대하여 사실상 구속력을 발휘하기 때문이다. 또한 헌법재판소의 위헌결정은 적어도 위헌으로 결정된 법률이나 법률조항에 관해서는 법원이 된다는 데 의문이 없다. 이것은 사법적 결정이지만 법률의 효력을 일반적으로 박탈하는 법형성적 의미(위헌결정의 일반적 효력)를 갖기 때문이다.

3. 조리 · 법의 일반원칙

3.1. 개 설

오늘날 조리 또는 법의 일반원칙($^{\text{Allgemeine}}_{\text{Rechtsgrundsätze}}$)이 법원으로서 효력을 가진다는 것은 학설이나 판례상, 특히 행정법의 특징적 불완비성과 헌법의 행정 구속이란 측면에서 볼 때 의문의 여지가 없는 사실로 받아들여지고 있다. 문제는 조리나 법의 일반원칙과 같은 불문의 법원리가 법원이 될 수 있느냐 하는 일반적·법이론적 고찰보다는, 오히려 어떤 법원칙이 행정법의 법원으로 타당할지, 또 이를 도출해낼 법적 근거는 무엇인지를 밝히는 데 있다.[15]

3.2. 법적 성질

행정법 일반원칙의 법적 성질은 일률적으로 판단할 수 없다. 헌법 차원을 획득한 원칙들이 있는가 하면, 법률과 동위의, 또는 그 이하의 위계를 지닌 법원리들도 있을 수 있기 때문이다. 행정법의 일반원칙은 사실 독자적인 법원의 범주라기보다는 오히려 여러 가지-대부분 불문의-법규범들을 내용으로 한 일종의 집합개념(^{Sammelbegriff})이다. 즉 그것은 통상 불문법원으로서 관습법이나 판례법($^{\text{Richterrecht:}}_{\text{법관법}}$)의 형태를 취할 수도 있고 경우에 따라 법률 등 성문법

---

13) 또한 소액사건심판법 제3조 제2호는 판례위반을 상고 또는 재항고사유로 규정하고 있다.
14) 김동희, 행정법 I, 2000, 50.
15) 이에 관한 상세한 설명은 홍정선, 행정법원론(상), 141이하를 참조.

형태를 통해 표현될 수도 있다.

이와같이 다양한 형태로 구현될 수 있는 행정법의 일반원칙 중 중요한 것으로는 평등의 원칙 · 행정의 자기구속의 원칙, 비례원칙, 신뢰보호의 원칙 등을 들 수 있다. 비례원칙은 무엇보다도 기본권제한에 관한 헌법 제37조 제2항을 통하여 구현되고 있고, 평등의 원칙 역시 헌법 제11조에서 명문으로 승인되고 있다. 신뢰보호의 원칙은 헌법으로부터 도출되는 법치국가원칙 외에도 국세기본법 제18조 제3항을 통해 또는 그 밖의 판례를 통해 구체화되고 있다. 반면 위법한 침익적 행정행위의 취소 자유의 원칙($^{\text{Grundsatz der freien Rücknahme}}_{\text{rechtswidriger, belastender Verwaltungsakte}}$) 같이 일종의 관습법적 기초를 지닌 것도 있다.

"당구장영업허가를 받아 그 영업을 함에 있어 동 영업행위가 강행법규인 사행행위단속법에 위반하는 것이어서 법질서유지상 그에 대한 허가를 존속시킬 수 없게 된 이상 허가관청은 행정법의 일반원칙에 의하여 그 허가를 철회할 수 있다고 할 것이다."[16]

행정법의 일반원칙을 생성시키는 가장 주된 원동력은 역시 판례법이라 할 수 있다.[17] 이처럼 주로 판례법으로 구체화되어 온 행정법의 일반원칙은 대부분 헌법상 기본원리로부터 구체화된 것이거나 또는 사법상 법원리의 유추적용(^{Analogie})을 통하여 형성된 것이다.

3.3. 평등의 원칙 · 행정의 자기구속

헌법 차원으로 고양되어 있는 법원칙으로서 평등원칙이 행정작용에 대하여 적용되는 것은 자명한 결과이다. 평등원칙의 내용은 자의의 금지(^{Willkürverbot}), 바꿔 말하면 합리적 근거가 없는 (따라서 불합리한) 차별은 허용되지 않는다는 데 있다. 따라서 행정청은 행정작용에 있어 특별한 합리적 사유가 없는 한 행정의 상대방인 국민을 차별해서는 아니 되며, 불합리한 차별은 평등원칙을 위반한 것으로 위헌 · 위법이란 법적 평가와 제재를 면치 못한다. 평등원칙은 또한 행정규칙에 의하여 구체화됨으로써 예외적 · 부분적으로나마 행정규칙의 대외적 효력(법규적 효력)을 뒷받침해 주는 근거가 되기도 한다. 행정규칙은 상당기간 계속 적용됨으로써 하나의 균일한 행정실무 관행을 성립시키며 이에 따라 행정청은 특별한 실질적 근거 없이 유사한 사안들을 차별할 수 없게 되는 구속을 받는다($^{\text{행정의 자기구속: Selbstbindung}}_{\text{der Verwaltung}}$). 만일 행정청이 아무런 정당화사유 없이 개개의 사안에 있어 종전 행정규칙에 의하여 성립되어 지속되어 온 실무관행을 벗어난 결정을 내린다면, 그것은 평등원칙을 위반하는 것으로 평가되고, 그로 인해 불평등한 처우를 받은 사람은 (행정규칙의 법규성 여하를 불문하고) 행정소송 등을 통하

---

16) 대법원 1964.5.5. 선고 63누96 판결.

17) Erichsen/Martens, § 89ff., S.162f.

여 권리구제를 받을 수 있다. 그 경우 정작 행정규칙 위반 자체를 근거로 삼을 수는 없을지라도, 행정청이 헌법상 평등원칙을 위반했다는 이유로 행정소송을 제기할 수 있다.[18]

"[1] 구 '부당한 공동행위 자진신고자 등에 대한 시정조치 등 감면제도 운영고시'(2009.5.19. 공정거래위원회 고시 제2009-9호로 개정되기 전의 것) 제16조 제1항, 제2항은 그 형식 및 내용에 비추어 재량권 행사의 기준으로 마련된 행정청 내부의 사무처리준칙 즉 재량준칙이라 할 것이고, 구 '독점규제 및 공정거래에 관한 법률 시행령'(2009.5.13. 대통령령 제21492호로 개정되기 전의 것, 이하 '시행령'이라 한다) 제35조 제1항 제4호에 의한 추가감면 신청 시 그에 필요한 기준을 정하는 것은 행정청의 재량에 속하므로 그 기준이 객관적으로 보아 합리적이 아니라든가 타당하지 아니 하여 재량권을 남용한 것이라고 인정되지 않는 이상 행정청의 의사는 가능한 한 존중되어야 한다. 이러한 **재량준칙은 일반적으로 행정조직 내부에서만 효력을 가질 뿐 대외적인 구속력을 갖는 것은 아니므로 행정처분이 이를 위반하였다고 하여 그러한 사정만으로 곧바로 위법하게 되는 것은 아니고, 다만 그 재량준칙이 정한 바에 따라 되풀이 시행되어 행정관행이 이루어지게 되면 평등의 원칙이나 신뢰보호의 원칙에 따라 행정기관은 상대방에 대한 관계에서 그 규칙에 따라야 할 자기구속을 받게 되므로,** 이러한 경우에는 특별한 사정이 없는 한 그에 반하는 처분은 평등의 원칙이나 신뢰보호의 원칙에 어긋나 재량권을 일탈·남용한 위법한 처분이 된다.

[2] 구 독점규제 및 공정거래에 관한 법률 시행령(2009.5.13. 대통령령 제21492호로 개정되기 전의 것) 제35조 제1항 제4호를 근거로 한 추가감면 신청에서 당해 공동행위와 다른 공동행위가 모두 여럿인 경우 감경률 등을 어떻게 정할 것인지에 관하여 구체적인 규정이 없는 상태에서 공정거래위원회가 과징금 부과처분을 하면서 적용한 기준이 과징금제도와 추가감면제도의 입법 취지에 반하지 않고 불합리하거나 자의적이지 않으며, 나아가 그러한 기준을 적용한 과징금 부과처분에 과징금 부과의 기초가 되는 사실을 오인하였거나 비례·평등의 원칙에 위배되는 등의 사유가 없다면, 그 과징금 부과처분에 재량권을 일탈·남용한 위법이 있다고 보기 어렵다."[19]

헌법재판소 판례에 따르면, 평등권 침해 여부에 대한 심사는 그 심사기준에 따라 자의금지원칙에 의한 심사와 비례의 원칙에 의한 심사로 구분된다.[20] **자의심사**의 경우에는 차별을 정당화하는 합리적 이유가 있는지만 심사하기 때문에 그에 해당하는 비교대상간 사실상 차이나 입법목적(차별목적)의 발견·확인에 그치는 반면, **비례심사**의 경우에는 단순히 합리적인 이유의 존부가 아니라 차별을 정당화하는 이유와 차별 간 상관관계에 대한 심사, 즉 비교대상간 사실상 차이의 성질과 비중 또는 입법목적(차별목적)의 비중과 차별의 정도에 적정한 균형관계가 이루어져 있는지를 심사하게 된다.

---

18) Maurer, § 24 Rn.21.
19) 대법원 2013.11.14. 선고 2011두28783 판결.
20) 이것은 독일연방헌법재판소의 판례태도와 일맥상통한다(BVerfG, 1 BvR 2337/00 vom 3.7.2001, Absatz-Nr. 1-48). 이에 따르면 일반적 평등원칙은 입법권자에게 규율의 대상 및 차별기준에 따라 단순한 자의금지(Willkürverbot)에서 비례성요건(Verhältnismäßigkeitserfordernisse)에 의한 엄격한 구속에 이르는 각기 상이한 한계를 부과하는데, 특정 부류의 개인들을 차별대우하는 경우 입법권자는 원칙적으로 엄격한 비례원칙의 구속을 받게 된다. 또 특정한 사실관계에 대한 차별대우가 간접적으로 특정 부류의 개인들을 차별하는 효과를 가져오는 경우에도 마찬가지인데, 그 경우 연방헌법재판소는 개별적으로 그 같은 차별의 법적 효과를 정당화할 수 있을 만큼 그 종류와 중요성에서 차별사유가 있는지 여부를 심사한다(vgl. BVerfGE 101,54 등).

　　그동안 헌법재판소는 평등심사에서 원칙적으로 자의금지원칙을 기준으로 하여 심사해 왔고, 이따금 비례의 원칙을 기준으로 심사한 것으로 보이는 경우에도 비례심사의 본질에 해당하는 '법익의 균형성(협의의 비례성)'에 대한 본격적인 심사를 하는 경우는 찾아보기 힘들었다. 그러나 헌법재판소는 1999.12.23. 선고 98헌마363 결정에서 평등위반심사를 함에 있어 '법익의 균형성' 심사에까지 이르는 본격적인 비례심사를 한 바 있고, 이후에도 이러한 판례를 재확인해 오고 있다.[21)]

　　평등위반 여부를 심사함에 있어 엄격한 심사척도에 의할 것인지, 완화된 심사척도에 의할 것인지는 입법자에게 인정되는 입법형성권의 정도에 따라 다르지만, **헌법에서 특별히 평등을 요구하고 있는 경우와 차별적 취급으로 인하여 관련 기본권에 대한 중대한 제한을 초래하게 될 경우**에는 **입법형성권은 축소되어 보다 엄격한 심사척도가 적용되어야 한다**는 것이 헌법재판소의 판례이다.[22)]

　　헌법재판소는 위 98헌마363 결정에서 제대군인가산점제도는 위 두 경우에 모두 해당한다고 보아 비례심사를 한 바 있다. 그 이유는, 헌법 제32조 제4항은 "여자의 근로는 특별히 보호를 받으며, 고용·임금 및 근로조건에 있어서 부당한 차별을 받지 아니 한다"고 규정하여 근로 내지 고용의 영역에 있어서 특별히 남녀평등을 요구하고 있는데, 제대군인가산점제도는 바로 이 영역에서 남성과 여성을 달리 취급하는 제도이기 때문이고, 또한 헌법 제25조에 의하여 보장된 공무담임권 또는 직업선택의 자유라는 기본권의 행사에 중대한 제약을 초래하는 것이기 때문이라고 설시하였다.[23)]

　　한편, 헌법재판소 2001.2.22. 선고 2000헌마25 결정(국가유공자등예우및지원에관한법률 제34조 제1항 위헌확인, 헌공 제54호)에서는 '평등권의 침해 여부에 대한 심사는 그 심사기준에 따라 자의금지원칙에 의한 심사와 비례의 원칙에 의한 심사로 크게 나누어 볼 수 있는데, 국가유공자등예우및지원에관한법률 제34조 제1항 중 같은 법률 제30조 제1항 소정의 "국가기관"에 관한 부분의 규정에 따라 국가유공자와 그 유족 등 취업보호대상자가 국가기관이 실시하는 채용시험에 응시하는 경우에 10%의 가점을 주도록 하고 있는 이 사건의 경우는 비교집단이 일정한 생활영역에서 경쟁관계에 있는 경우로서 **국가유공자와 그 유족 등에게 가산점의 혜택을 부여하는 것은 그 이외의 자들에게는 공무담임권 또는 직업선택의 자유에 대한 중대한 침해를 의미하게 되므로**, 헌법재판소가 1999.12.23. 선고한 98헌마363 사건의 결정에서 비례의 원칙에 따른 심사를 하여야 할 경우의 하나로 들고 있는 차별적 취급으로 인하여 관련 기본권에 대한 중대한 제한을 초래하게 되는 경우에 해당하여 원칙적으로 비례심사를 하여야 할 것이나, 구체적인 비례심사의 과정

---

21) 헌법재판소 2001.2.22. 선고 2000헌마25 전원재판부 결정; 헌법재판소 2001.6.28. 선고 2001헌마132 결정.
22) 헌법재판소 1999.12.23. 선고 98헌마363 결정.
23) 헌법재판소 1999.12.23. 선고 98헌마363 결정.

에서는 **헌법 제32조 제6항이 근로의 기회에 있어 국가유공자 등을 우대할 것을 명령하고 있는 점을 고려하여** 보다 완화된 기준을 적용하여야 할 것'이라고 판시하여 **헌법상 우대명령의 의미를 지닌 특별한 규정이 있는 경우에는 비례심사에서도 그 심사기준을 완화할 수 있다**고 판시한 바 있다.

3.4. 비례원칙

3.4.1. 개 념

비례의 원칙($\binom{\text{Verhältnismäßig-}}{\text{keitsprinzip}}$)이란, 협의로는 공익상 필요와 권익의 침해 사이에 적정한 비례관계($\binom{\text{Angemes-}}{\text{senheit}}$)가 유지되어야 한다는 원칙($\binom{\text{Verhältnismäßigkeitsgrundsatz}}{\text{im engeren Sinne}}$)을 말한다. 광의로는 행정청에 의하여 사용된 수단이 위험방지와 같은 행정목적의 달성에 적합한 것이어야 한다는 **적합성**(^{Geeignetheit})의 원칙, 적합한 복수의 조치들 중에서 상대방 개인과 일반공중에 대하여 최소한의 침해를 가져오는 조치를 취해야 한다는 필요성($\binom{\text{Erforder-}}{\text{lichkeit}}$)의 원칙 또는 **최소침해의 원칙**($\binom{\text{Grundsatz}}{\text{des}}$ $\binom{\text{geringsten}}{\text{Eingriffen}}$), 그리고 그 조치들이 의도된 목표달성에 비추어 명백히 비례되지 않는 침해를 초래해서는 안 된다는 **협의의 비례원칙**을 포함한다.

최소침해의 원칙과 협의의 비례의 원칙은 개인의 권리를 침해함에 있어 사용된 수단이 그 조치의 목적이 정당화하는 강도와 범위를 초과해서는 아니 된다는 **과잉금지**($\binom{\text{Übermaß-}}{\text{verbot}}$)의 원칙이란 상위개념에 의하여 통합되는 것으로 파악되고 있다(^{Lerche}).

"택지개발 예정지구 지정처분은 건설교통부장관이 법령의 범위 내에서 도시지역의 시급한 주택난 해소를 위한 택지를 개발·공급할 목적으로 주택정책상의 전문적·기술적 판단에 기초하여 행하는 일종의 행정계획으로서 재량행위라고 할 것이므로 그 재량권의 일탈·남용이 없는 이상 그 처분을 위법하다고 할 수 없다($\binom{\text{대법원 1993.10.8. 선고}}{\text{93누10569 판결 참조}}$). 그런데 행정주체가 이 사건 처분과 같은 행정계획을 입안·결정하는 데에는 비록 광범위한 계획재량을 갖고 있지만 행정계획에 관련된 자들의 이익을 공익과 사익 사이에서는 물론, 공익 상호간과 사익 상호간에도 정당하게 비교·교량하여야 하고 그 비교·교량은 비례의 원칙에 적합하도록 하여야 하는 것이므로, 만약 이익형량을 전혀 하지 아니하였거나 이익형량의 고려대상에 포함시켜야 할 중요한 사항을 누락한 경우 또는 이익형량을 하기는 하였으나 그것이 **비례의 원칙에 어긋나게 된 경우에는 그 행정계획은 재량권을 일탈·남용한 위법한 처분**이라 할 것이다($\binom{\text{대법원 1996.11.29. 선}}{\text{고 96누8567 판결 참조}}$). 또 여기서 **비례의 원칙(과잉금지의 원칙)이란 어떤 행정목적을 달성하기 위한 수단은 그 목적달성에 유효·적절하고 또한 가능한 한 최소침해를 가져오는 것이어야 하며 아울러 그 수단의 도입으로 인한 침해가 의도하는 공익을 능가하여서는 아니 된다는 헌법상의 원칙**을 말하는 것인데, 어떠한 지역의 토지들을 토지구획정리사업법에 의한 구획정리의 방식이나 택지개발촉진법에 의한 택지개발의 방식 또는 도시계획법에 의한 일단의 주택지조성의 방식 중 어느 방식으로 개발할 것인지의 여부는 각 방식의 특성, 당해 토지들의 입지조건이나 개발당시의 사회·경제적 여건, 사업의 목표 등 각각의 특성에 따라 결정하여야 할 것이다

$\left(\substack{\text{대법원 1993.7.16. 선고}\\\text{92누-12148 판결 참조}}\right)$. "24)

"공용수용은 공익사업을 위하여 타인의 특정한 재산권을 법률의 힘에 의하여 강제적으로 취득하는 것이 므로 수용할 목적물의 범위는 원칙적으로 사업을 위하여 필요한 최소한도에 그쳐야 함은 소론과 같다."25)

적합성의 원칙, 필요성의 원칙 및 협의의 비례원칙은 일정한 순서에 따라 적용된다. 이 순서는 가령 위험방지의 임무를 수행하여야 할 행정청에게 부과된 법적 한계가 단계적으로 점점 좁혀지는 과정을 표현해 주는 것으로, 가령 ① 먼저 적합한 여러 수단들을 검토한 후, ② 이들 중에서 최소침해를 가져오는 수단들을 선정하고, ③ 다시 남아있는 허용되는 수단 중 추구된 목적에 비추어 명백히 비례되지 않는 침해를 초래하는 조치들을 배제하는 과정이 그것이다.26)

3.4.2. 근 거

비례원칙은 원래 경찰 및 질서행정법에서 생성·발전된 것이다. 경찰관직무집행법 제1조 제2항은 "이 법에 규정된 경찰관의 직권은 그 직무수행에 필요한 최소한도 내에서 행사되어야 하며 이를 남용하여서는 아니 된다"고 규정하는데 이는 법률이 경찰권행사의 한계요인으로서 비례원칙을 명문화한 예인 동시에 간접적으로 비례원칙의 경찰법적 배경을 보여주는 일례이기도 하다. 그러나 비례원칙은 비단 이러한 경찰·질서행정법상 관계규정의 유무에 구애됨이 없이 기본권제한을 통하여 표현되고 있는 헌법상의 법치국가원칙($\substack{\S\,37\\ ②}$)에 법적 근거를 둔 헌법의 기본원리이자 행정법의 일반원칙이라 할 수 있다.

"국가작용, 특히 입법작용에 있어서의 과잉입법금지의 원칙이라 함은 국가가 국민의 기본권을 제한하는 내용의 입법활동을 함에 있어서 준수하여야 할 기본원칙 내지 입법활동의 한계를 의미하는 것으로서, 국민의 기본권을 제한하려는 입법의 목적이 헌법 및 법률의 체제상 그 정당성이 인정되어야 하고(**목적의 정당성**), 그 목적의 달성을 위하여 그 방법이 효과적이고 적절하여야 하며(**방법의 적절성**), 입법권자가 선택한 기본권제한의 조치가 입법목적 달성을 위하여 설사 적절하다 할지라도 가능한 한 보다 완화된 형태나 방법을 모색함으로써 기본권의 제한은 필요한 최소한도에 그치도록 하여야 하며(**피해의 최소성**), 그 입법에 의하여 보호하려는 공익과 침해되는 사익을 비교교량할 때 보호되는 공익이 더 커야 한다(**법익의 균형성**)는 법치국가의 원리에서 당연히 파생되는 헌법상의 기본원리의 하나인 비례의 원칙을 말하는 것이고, 우리 **헌법은 제37조 제2항에서 입법권의 한계로서 과잉입법금지의 원칙을 명문으로 인정**하고 있다."27)

---

24) 대법원 1997.9.26. 선고 96누10096 판결.
25) 대법원 1987.9.8. 선고 87누395 판결.
26) Götz, allgemeines Polzei- und Ordnungsrecht, 10.Aufl., 1991, Rn.249, S.129.
27) 헌법재판소 1992.12.24. 선고 92헌가8 결정.

3.4.3. 적용분야

비례원칙은 경찰 및 질서행정법에서 생성·발전된 것이지만 오늘날 비단 이 분야에 머무르지 않고 행정행위의 부관의 한계, 행정행위의 취소 및 철회권의 제한사유, 행정강제처분의 경우 강제수단의 선택과 실현과정에 대한 제한, 특히 경찰권행사의 한계 등의 영역에서 구체화되어 적용되고 있고, 급부행정에 있어서도 과잉급부금지의 원칙을 통하여 나타나고 있다.

3.4.4. 효 력

비례원칙 역시 행정법의 법원으로서 헌법적 수준으로 고양된 법원칙인 이상, 그 위반은 당연히 위법사유를 구성한다.

3.5. 신뢰보호의 원칙

3.5.1. 의 의

신뢰보호의 원칙($^{Vertrauens-}_{schutzprinzip}$)이란 행정기관이 한 언동의 정당성 또는 존속성에 대한 개인의 신뢰가 보호되어야 한다는 원칙으로서 신의칙 내지 금반언(^{estoppel})의 법리로부터 도출되는 법치국가의 요청이다. 가령 과세관청의 명시적 또는 묵시적 언동에 의하여 납세자가 조세를 부과 받지 않으리라고 신뢰하기에 충분한 객관적 여건이 존재하였고 그가 실제로 이를 자신의 귀책사유 없이 신뢰하였음에도 불구하고, 과세관청이 그와 같은 납세자의 (보호가치 있는) 신뢰에 배반하는 조치를 취함으로써 그의 권익을 침해한 경우, 그러한 조치는 형식적으로는 합법적일지라도 실질적으로는 법의 근저를 이루는 정의의 이념에 부합되지 않는다고 보는 것이다. 이 경우 형식적 합법성의 원칙을 희생하여서라도 납세자의 신뢰를 보호하는 것이 실질적 법치주의 내지 법치국가원칙에 부합한다. 신뢰보호의 원칙은 정의의 이념이 법치국가원칙을 통하여 실질화·구체화된 것이라고 할 수 있다.

■ 비과세의 관행과 신뢰보호의 원칙

대법원은 "국세기본법 제18조 제2항($^{현행 제18조}_{제3항: 인용자}$)에 의하면 국세행정의 관행이 일반적으로 납세자에게 받아들여진 후에는, 그것에 위반하여 과세할 수 없게 되어 있는 바, 이 규정은 같은 법 제15조 신의성실의 원칙과 같은 법 제19조 세무공무원의 재량의 한계에 관한 것과 함께, 이른바 징세권력에 대항하는 납세자의 권리를 보장하고 과세관청의 언동을 믿은 일반납세자의 신뢰이익을 보호하는데 그 목적이 있는 것"($^{대법원 1980.6.10.}_{선고 80누6 판결}$)이라고 판시하였다. 이것은 우리나라 세법상 신뢰보호원칙을 일반적으로 선언한 분수령적 판결로 주목을 받았다. 이 사건[28]에서 대법원 다수의견은 면허세를 부과할 수 있는 정(情)을 알면서도 피고

---

28) 이것은 관세법령에 의한 보세품운송면허를 받아 1973년 11월부터 약 4년간 보세품운송을 해 온 원고 주식회사에 대하여 피고 용산구청장이 수출확대라는 공익상 필요에서 그동안 면허세를 부과하지 않다가, 1978년 말 처음으로

가 수출확대라는 공익상 필요에서 한 건도 이를 부과한 일이 없었다면 원고는 그것을 믿을 수밖에 없고 그로써 비과세의 관행이 이루어졌다고 보아야 한다며 근거법규가 폐지된 후 1년 3개월이나 지난 뒤에 이미 지나간 4년 동안의 면허세를 일시에 부과처분한다는 것은 세법상 신의성실이나 납세자가 받아들인 국세행정의 관행을 무시한 위법한 처분이라고 판단한 데 반하여, 소수의견은 「조세권자는 강행규정인 조세법규가 정한 대로 집행해야 한다는 것이 합법성의 원칙이며, 이러한 합법성의 원칙은 납세자의 신뢰보호라는 법적 안정성의 원칙에 우월하는 것」이라는 견해를 표명하였다.

신뢰보호의 원칙은 단순히 행정의 합법성원칙을 배제하는 것이 아니라, 형식적 합법성의 원칙을 희생하여서라도 납세자의 신뢰를 보호하는 것이 실질적 법치주의 내지 법치국가원칙에 부합한다는 견지에서 인정되는 것이므로 오히려 보다 고차적인 법목적에 봉사한다. 대법원의 이후 판례 역시 같은 입장에 서 있다. 행정의 법률적합성의 요청을 법적 안정성 및 그로부터 도출되는 신뢰보호의 요청보다 우선시키는 견해나 위 판결의 소수의견은 타당하지 않다.[29]

"신의칙이나 국세기본법 제18조 제3항 소정의 조세관행존중의 원칙은 **합법성의 원칙을 희생하여서라도 납세자의 신뢰를 보호함이 정의에 부합하는 것으로 인정되는 특별한 사정이 있을 경우에 한하여 적용된다고 할 것**"[30]

3.5.2. 법적 근거

(1) 신뢰보호원칙의 헌법적 근거

신뢰보호의 원칙의 법적 근거에 관해서는 몇 가지 학설이 있다. 사법원리일 뿐만 아니라 공법에도 일반적으로 적용되는 법의 일반원칙인 신의성실의 원칙에서 찾는 입장(신의칙설), 국가작용에 의하여 창설된 법적 관계의 존속·안정에 대한 법치국가적 요청, 즉 법적 안정성의 요청에서 도출하려는 견해(법적 안정성설), 그 밖에 사회국가원칙($^{Sozialstaats-}_{prinzip}$), 그리고 기본권에서 근거를 찾으려는 견해 등이 그것이다. 이 중 **법치국가원칙에 내포된 법적 안정성**에 대한 요청에서 신뢰보호원칙의 헌법적 근거를 찾으려는 견해가 다수설이다.[31]

대법원은 법령의 존속에 대한 신뢰 보호 문제가 다투어진 사건에서 '신뢰를 적절하게 보

위 면허세합계액을 일시에 부과하자, 이에 불복하여 위 면허세부과처분의 취소를 구하는 행정소송을 제기한 사건이다. 이에 관하여 상세한 것은 김도창, 일반행정법론(상), 165 判14를 참조.

29) 이와같이 실질적 정의 내지 구체적 타당성을 기하기 위하여 형식적 합법성의 요청을 후퇴시켜야 하는 경우는 죄형법정주의에 따라 보다 엄격한 합법성의 요구가 관철되고 있는 형법에서도 가령 정당행위라든지 위법성조각사유 등과 같은 형태로 시인되고 있음을 볼 수 있다. 따라서 유독 행정법에서만 합법성의 형식논리에 사로잡혀 국민의 보호가치있는 신뢰를 희생시켜야 한다는 주장은 타당성을 지닐 수 없다고 본다.

30) 대법원 1992.9.8. 선고 91누13670 판결. 동지 대법원 1992.9.28. 선고 91누9848 판결; 대법원 1992.3.31. 선고 91누9824 판결; 대법원 1987.8.18. 선고 86누537 판결 등.

31) 김도창, 일반행정법론(상), 161; 김남진, 행정법 I, 52; 홍정선, 행정법원론(상), 148.

호함으로써 법적 안정성을 도모하는 것은 법치주의가 요청하는 바'라고 판시한 바 있다.

"기존 법질서에 대하여 국민의 합리적이고 정당한 신뢰가 형성되어 있는 경우 이를 적절한 범위에서 보호하여야 한다는 이른바 신뢰보호의 원칙 역시 같은 이유에서 우리 헌법의 기본원리인 법치주의 원리에 속하는 것이라고 할 것이다. 즉, 어떤 법령이 장래에도 그대로 존속할 것이라는 합리적이고 정당한 신뢰를 바탕으로 국민이 그 법령에 상응하는 구체적 행위로 나아가 일정한 법적 지위나 생활관계를 형성하여 왔음에도 국가가 이를 전혀 보호하지 않는다면, 법질서에 대한 국민의 신뢰는 무너지고 현재의 행위에 대한 장래의 법적 효과를 예견할 수 없게 되어 법적 안정성이 크게 저해된다 할 것이므로, **입법자는 법령을 개정함에 있어서 이와 같은 신뢰를 적절하게 보호하는 조치를 취함으로써 법적 안정성을 도모하여야 한다는 것이 법치주의 원리가 요청하는 바**이라 할 것이다. 물론 이러한 신뢰보호는 절대적이거나 어느 생활영역에서나 균일한 것은 아니고 개개의 사안마다 관련된 자유나 권리, 이익 등에 따라 보호의 정도와 방법이 다를 수 있으며, 새로운 법령을 통하여 실현하고자 하는 공익적 목적이 우월한 때에는 이를 고려하여 제한될 수 있다."[32]

(2) 신뢰보호원칙의 실정법적 표현

신뢰보호의 원칙이 행정법의 일반원칙으로 관심을 받게 된 결정적인 계기는 그것이 종래 단지 법률규정이나 판례를 통한 법령해석의 한계에 대한 동기(^{Motiv})의 차원에 머무르지 않고, 직접 적용가능한 법원칙($^{unmittelbar\ anwendbarer}_{Rechtsgrundsatz}$)으로 발전하여 독자적인 재판기준으로 적용되기 시작했다는 데 있다. 신뢰보호의 원칙은, 독일에서는 일찍이 1976년의 행정절차법에서 실정화되었고, 우리나라에서는 전술한 바와 같은 헌법적 근거에도 불구하고 국세기본법 제18조 제3항과 같은 개별법이 이에 관한 명문규정을 둔 것을 제외하고는 여전히 판례에 의해 주로 취소·철회의 제한사유로서만 고려되어 왔다. 신뢰보호의 원칙은 1996년 12월 31일 행정절차법이 제정됨으로써 마침내 일반적인 입법적 근거를 확보하였다. 행정절차법은 제4조에서 신의성실의 원칙과 함께 신뢰보호의 원칙을 명문으로 선언하고 있다.

행정절차법 제4조 (신의성실 및 신뢰보호) ① 행정청은 직무를 수행할 때 신의(信義)에 따라 성실히 하여야 한다.
② 행정청은 법령등의 해석 또는 행정청의 관행이 일반적으로 국민들에게 받아들여졌을 때에는 공익 또는 제3자의 정당한 이익을 현저히 해칠 우려가 있는 경우를 제외하고는 새로운 해석 또는 관행에 따라 소급하여 불리하게 처리하여서는 아니 된다.

3.5.3. 신뢰보호의 요건

구체적으로 어떤 경우, 즉 어떤 요건 하에 신뢰보호가 인정될 수 있는지에 관한 일반규정

---

32) 대법원 2006.11.16. 선고 2003두12899 판결.

은 없다. 다만 행정절차법 제4조와 기존의 학설 및 판례에 비추어 볼 때, 신뢰보호의 원칙의 적용요건으로 적어도 다음과 같은 다섯 가지를 추려낼 수 있을 것이다.

　　그것은 첫째, 신뢰의 원인·대상이 되는 행정기관의 선행조치가 있었을 것, 둘째, 관계인이 선행조치의 적법성이나 존속을 신뢰했을 것, 셋째, 관계인의 신뢰는 보호가치 있는 것일 것, 넷째, 관계인이 신뢰에 기해 일정한 「처분」(Disposition)을 했을 것, 다섯째, 선행조치에 반하는 행정청의 처분이 있을 것 등이 그것이다. 판례 역시 이와 같은 요건을 대체로 시인하고 있다.

　　"행정상 법률관계에서 신뢰보호의 원칙이 적용되기 위해서는, 첫째, 행정청이 개인에 대하여 신뢰의 대상이 되는 공적인 견해를 표명하여야 하고, 둘째, 행정청의 견해표명이 정당하다고 신뢰한 데 대하여 개인에게 귀책사유가 없어 그 신뢰가 보호가치 있는 것이어야 하며, 셋째, 개인이 견해표명을 신뢰하고 이에 따라 어떠한 행위를 하였어야 하고, 넷째, 행정청이 견해표명에 반하는 처분을 함으로써 견해표명을 신뢰한 개인의 이익이 침해되는 결과가 초래되어야 하는 것이다."[33]

　　가령 이러한 요건들을 조세관계에 적용하면, ① 과세관청이 납세자에게 신뢰의 대상이 되는 공적인 견해표명을 하였을 것, ② 과세관청의 견해표명이 정당하다고 신뢰한 데 대하여 납세자에게 귀책사유가 없을 것, ③ 납세자가 그 견해표명을 신뢰하고, 그에 따라 행위를 하였을 것, ④ 과세관청이 위 견해에 반하는 처분을 함으로써 납세자의 이익이 침해되는 결과가 초래되었을 것 등의 요건이 충족되어야만 신뢰보호의 원칙이 효과를 발할 수 있다는 것이 될 것이다.[34] 각각의 요건들을 나누어 살펴보기로 한다.

⑴ 신뢰의 원인·대상이 되는 행정기관의 선행조치가 있었을 것

　　선행조치에는 법령·처분·확언·행정지도 등 국가·공공단체의 모든 행정작용들이 해당하며, 반드시 명시적·적극적인 언동일 것을 요하지 않는다.[35] 그러나 추상적 질의에 대한 일반론적 견해표명에 불과한 경우에는 신뢰보호의 원인이 되는 공적 견해표명이 있었다고 볼 수 없고 적어도 신뢰를 가지게 된 근거가 되었다고 볼 수 있을 만큼 일정한 내용의 의사가 대외적으로 명시 또는 묵시적으로 표시되어야 한다. 대법원도 조세법률관계에 있어 그 점을 시인하고 있다.

---

33) 대법원 1997.9.26. 선고 96누10096 판결. 동지 대법원 1993.9.10. 선고 93누5741 판결; 대법원 1992.5.26. 선고 91누10091 판결; 대법원 1992.5.12. 선고 91누11018 판결; 대법원 1985.4.23. 선고 84누593 판결; 대법원 1987.5.26. 선고 96누92 판결; 대법원 1988.9.13. 선고 86누101 판결 등을 참조.
34) 대법원 1992.9.8. 선고 91누13670 판결.
35) 대표적으로 김남진, 행정법 I, 53; 박윤흔, 행정법강의(상), 2000, 83 참조.

"일반적으로 조세법률관계에서 과세관청의 행위에 대하여 신의성실의 원칙이 적용되기 위하여는 과세관청이 납세자에게 신뢰의 대상이 되는 공적인 견해 표명을 하여야 하고, 또한 국세기본법 제18조 제3항에서 말하는 비과세 관행이 성립하려면 상당한 기간에 걸쳐 과세를 하지 아니한 객관적 사실이 존재할 뿐만 아니라 과세관청 자신이 그 사항에 관하여 과세할 수 있음을 알면서도 어떤 특별한 사정 때문에 과세하지 않는다는 의사가 있어야 하며 위와 같은 **공적 견해나 의사는 명시적 또는 묵시적으로 표시되어야 하지만 묵시적 표시가 있다고 하기 위하여는 단순한 과세 누락과는 달리 과세관청이 상당기간의 불과세상태에 대하여 과세하지 않겠다는 의사표시를 한 것으로 볼 수 있는 사정이 있어야 하고, 이 경우 특히 과세관청의 의사표시가 일반론적인 견해표명에 불과한 경우에는 위 원칙의 적용을 부정하여야 할 것이다.**"36)

"국세기본법 15조, 18조 3항의 규정이 정하는 신의칙 내지 비과세관행이 성립되었다고 하려면 장기간에 걸쳐 어떤 사항에 대하여 과세하지 아니하였다는 객관적 사실이 존재할 뿐만 아니라 과세관청이 자신이 그 사항에 대하여 과세할 수 있음을 알면서도 어떤 특별한 사정에 의하여 과세하지 않는다는 의사가 있고 이와 같은 의사가 대외적으로 명시적 또는 묵시적으로 표시될 것임을 요한다고 해석되며, 특히 그 의사표시가 납세자의 추상적인 질의에 대한 일반론적인 견해 표명에 불과한 경우에는 위 원칙의 적용을 부정하여야 한다."37)

공적인 견해표명은 원칙적으로 행정기관, 특히 일정한 책임 있는 지위에 있는 관련분야 공무원에 의하여 이루어져야 한다. 이와 관련, 헌법재판소의 위헌결정은 행정청이 개인에 대하여 신뢰의 대상이 되는 공적인 견해를 표명한 것이라고 할 수 없으므로 그 결정에 관련한 개인의 행위에 대하여는 신뢰보호의 원칙이 적용되지 아니한다는 것이 대법원의 판례이다.38)

공적 견해표명이 있었는지의 여부를 판단하는 데 있어서는 반드시 행정조직상의 형식적인 권한분장에 구애될 것은 아니고 담당자의 조직상의 지위와 임무, 당해 언동을 하게 된 구체적인 경위 및 그에 대한 국민/주민의 신뢰가능성에 비추어 실질에 의하여 판단하여야 한다.

▦ 공적 견해표명 여부 판단

가. 일반적으로 조세법률관계에서 과세관청의 행위에 대하여 신의성실의 원칙이 적용되기 위하여는, 첫째 과세관청이 납세자에게 신뢰의 대상이 되는 공적인 견해를 표명하여야 하고, 둘째 납세자가 과세관청의 견해표명이 정당하다고 신뢰한 데 대하여 납세자에게 귀책사유가 없어야 하며, 셋째 납세자가 그 견해표명을 신뢰하고 이에 따라 무엇인가 행위를 하여야 하고, 넷째 과세관청이 위 견해표명에 반하는 처분을 함으로써 납세자의 이익이 침해되는 결과가 초래되어야 하고, 과세관청의 공적인 견해표명은 원칙적으로 일정한 책임 있는 지위에 있는 세무공무원에 의하여 이루어짐을 요한다.

나. 신의성실의 원칙 내지 금반언의 원칙은 합법성을 희생하여서라도 납세자의 신뢰를 보호함이 정의·형평에 부합하는 것으로 인정되는 특별한 사정이 있는 경우에 적용되는 것으로서 납세자의 신뢰보호

---

36) 대법원 1995.11.14. 선고 95누10181 판결.
37) 대법원 1993.7.27. 선고 90누10384 판결. 동지 대법원 1990.10.10. 선고 89누3816 판결; 대법원 1985.5.14. 선고 84누59 판결 등을 참조.
38) 대법원 2003.6.27. 선고 2002두6965 판결.

라는 점에 그 법리의 핵심적 요소가 있는 것이므로, '가항의 요건의 하나인 **과세관청의 공적 견해표명이 있었는지의 여부를 판단하는 데 있어 반드시 행정조직상의 형식적인 권한분장에 구애될 것은 아니고 담당자의 조직상의 지위와 임무, 당해 언동을 하게 된 구체적인 경위 및 그에 대한 납세자의 신뢰가능성에 비추어 실질에 의하여 판단**하여야 한다."[39]

공적 견해표명 여부가 문제된 사례

그 밖에 신뢰보호 원칙의 적용례를 보면 다음과 같다:

대법원은 보건사회부장관의 "의료취약지 병원설립운영자 신청공고"를 통한 국세 및 지방세 비과세 견해표명은 신뢰보호의 요건인 공적 견해 표명에 해당한다고 보았고,[40] '행정청이 대외적으로 공신력 있는 주민등록표상 국적이탈을 이유로 원고의 주민등록을 말소한 행위는 원고에게 간접적으로 국적이탈이 법령에 따라 이미 처리되었다는 견해를 표명한 것이라고 보아야 한다'고 보았다.[41]

반면, 개발이익환수에 관한 법률에 정한 개발사업 시행 전, 행정청이 토지 지상에 예식장 등을 건축하는 것이 관계 법령상 가능한지 여부를 질의하는 민원예비심사에 대하여 관련부서 의견으로 개발이익환수에 관한 법률에 '저촉사항 없음'이라고 기재한 경우, 신뢰의 대상이 되는 공적인 견해표명을 한 것이라고는 보기 어렵다고 판시하였고,[42] 폐기물처리업 사업계획에 대한 적정통보만으로 그 사업부지 토지에 대한 국토이용계획변경신청을 승인하여 주겠다는 취지의 공적인 견해표명을 한 것으로 볼 수 없다고 판시한 바 있다.[43] 또 '일반적으로 폐기물처리업 사업계획에 대한 적정통보에 당해 토지에 대한 형질변경허가신청을 허가하는 취지의 공적 견해표명이 있는 것으로는 볼 수 없고' 더구나 토지의 지목변경 등을 조건으로 그 토지상 폐기물처리업 사업계획에 대한 조건부적정통보에는 토지형질변경허가의 공적 견해표명이 포함되어 있었다고 볼 수 없다'고 판시하였다.[44]

확약 또는 공적인 의사표명의 실효

"행정청이 상대방에게 장차 어떤 처분을 하겠다고 확약 또는 공적인 의사표명을 하였다고 하더라도, 그 자체에서 상대방으로 하여금 언제까지 처분의 발령을 신청을 하도록 유효기간을 두었는데도 그 기간 내에 상대방의 신청이 없었다거나 확약 또는 공적인 의사표명이 있은 후에 사실적·법률적 상태가 변경되었다면, 그와 같은 확약 또는 공적인 의사표명은 행정청의 별다른 의사표시를 기다리지 않고 실효된다."[45]

---

39) 대법원 1995.6.16. 선고 94누12159 판결. 이것은 구청장의 지시에 따라 그 소속직원이 적극적으로 나서서 대체 부동산 취득에 대한 취득세 면제를 제의함에 따라 그 약속을 그대로 믿고 구에 대하여 그 소유 부동산에 대한 매각의사를 결정하게 된 경우, 구청장은 지방세법 제4조 및 서울특별시세조례 제6조 제1항의 규정에 의하여 서울특별시세인 취득세에 대한 부과징수권을 위임받아 처리하는 과세관청의 지위에 있으므로 부동산 매매계약을 체결함에 있어 표명된 취득세 면제약속은 과세관청의 지위에서 이루어진 것이라고 볼 여지가 충분하고, 또한 위 직원이 비록 총무과에 소속되어 있다고 하더라도 그가 한 언동은 구청장의 지시에 의한 것으로 이 역시 과세관청의 견해표명으로 못 볼 바도 아니라는 이유로, 신의칙 위반주장을 배척한 원심판결을 파기한 사례이다. 동지 대법원 1997.9.12. 선고 96누18380 판결.

40) 대법원 1996.1.23. 선고 95누13746 판결.

41) 대법원 2008.1.17. 선고 2006두10931 판결.

42) 대법원 2006.6.9. 선고 2004두46 판결.

43) 대법원 2005.4.28. 선고 2004두8828 판결.

44) 대법원 1998.9.25. 선고 98두6494 판결.

45) 대법원 1996.8.20. 선고 95누10877 판결.

(2) 관계인이 선행조치의 적법성이나 존속을 신뢰했을 것

관계인이 선행조치의 적법성 또는 유효성을 사실상 신뢰했을 것이 필요하다. 관계인이 그 선행조치를 아직 인식하지 못했거나 행정행위가 사후변경의 유보 하에 발급된 경우에는 이 요건을 결여하게 될 것이다.

(3) 관계인의 신뢰는 보호가치있는 것일 것

관계인의 신뢰는 보호가치 있는 것이어야 한다. 보호가치의 유무는 법익형량, 즉 행정의 법률적합성에 대한 공익적 요청과 선행조치 존속에 대한 관계인의 사익을 비교형량하여 판단하며 관계인의 신뢰이익이 적법성 회복에 대한 공익의 요청보다 큰 경우에 인정될 수 있다.[46] 그러나 법익형량의 문제는 신뢰의 보호가치 유무에 대한 판단보다는 신뢰보호의 한계로서 행정의 법률적합성과의 관계에서 다룰 수 있고 또 그것이 문헌과 판례의 태도이기도 하다.[47]

신뢰의 보호가치 유무는 이를 적극적으로 따지기보다는 소극적 사유, 즉 신뢰의 보호가치를 박탈 또는 상실시키는 사유를 통해 판단하는 것이 일반적 경향이다.

신뢰의 보호가치 유무는 다음과 같이 판단된다. 먼저, 행정청의 견해표명이 정당하다고 신뢰한 데 대하여 귀책사유가 없어야 하며, 그렇지 않으면 신뢰의 보호가치는 인정되지 않는다. 신뢰의 보호가치($^{Schutzwür-}_{digkeit}$)는 ⓐ 수익자가 부정한 수단으로 행정행위를 발급받았거나, ⓑ 그가 위법성을 알았거나 알아야 했을 때, 또는 ⓒ 그 위법성이 자기의 책임영역($^{Verantwor-}_{tungsbereich}$)에 속할 경우에는 부정된다. 선행조치인 급부결정($^{Leistungs-}_{bescheid}$)이 그 수익자의 허위신고로 발급된 경우 또는 기타 사유로 그 책임영역에 귀속되는 경우, 즉 관계인에 귀책사유가 있는 경우에는 신뢰의 보호가치는 인정될 수 없다.

▦ 귀책사유가 인정된 사례

"행정처분에 하자가 있음을 이유로 처분청이 이를 취소하는 경우에도 그 처분이 국민에게 권리나 이익을 부여하는 이른바 수익적 행정행위인 때에는 그 처분을 취소하여야 할 공익상 필요와 그 취소로 인하여 당사자가 입게 될 기득권과 신뢰보호 및 법률생활안정의 침해 등 불이익을 비교·교량한 후 공익상 필요가 당사자가 입을 불이익을 정당화할 만큼 강한 경우에 한하여 취소할 수 있으나, 그 **처분의 하자가 당사자의 사실은폐나 기타 사위(詐僞)의 방법에 의한 신청행위에 기인한 것이라면 당사자는 그 처분에 의한 이익이 위법하게 취득되었음을 알아 그 취소가능성도 예상하고 있었다고 할 것이므로 그 자신이 위 처분에 관한 신뢰의 이익을 원용할 수 없음**은 물론 행정청이 이를 고려하지 아니하였다고 하여도 재량권의 남용이 되지 않는다."[48]

---

46) Erichsen in Erichsen/Ehlers, AllgVerwR, 12.A., § 29.
47) 가령 김남진/김연태, 행정법 I, 제12판, 2002, 49이하 참조.
48) 대법원 1991.4.12. 선고 90누9520 판결. 동지 대법원 1990.2.27. 선고 89누2189 판결.

제1편 제2편 제3편 제4편 제5편 행정법총론

"[1] 일반적으로 행정상의 법률관계에 있어서 행정청의 행위에 대하여 신뢰보호의 원칙이 적용되기 위하여는, 첫째 행정청이 개인에 대하여 신뢰의 대상이 되는 공적인 견해표명을 하여야 하고, 둘째 행정청의 견해표명이 정당하다고 신뢰한 데에 대하여 그 개인에게 귀책사유가 없어야 하며, 셋째 그 개인이 그 견해표명을 신뢰하고 이에 상응하는 어떠한 행위를 하였어야 하고, 넷째 행정청이 그 견해표명에 반하는 처분을 함으로써 그 견해표명을 신뢰한 개인의 이익이 침해되는 결과가 초래되어야 하며, 마지막으로 위 견해표명에 따른 행정처분을 할 경우 이로 인하여 공익 또는 제3자의 정당한 이익을 현저히 해할 우려가 있는 경우가 아니어야 하는바, 둘째 요건에서 말하는 **귀책사유라 함은 행정청의 견해표명의 하자가 상대방 등 관계자의 사실은폐나 기타 사위의 방법에 의한 신청행위 등 부정행위에 기인한 것이거나 그러한 부정행위가 없다고 하더라도 하자가 있음을 알았거나 중대한 과실로 알지 못한 경우 등을 의미한다고 해석함이 상당하고, 귀책사유의 유무는 상대방과 그로부터 신청행위를 위임받은 수임인 등 관계자 모두를 기준으로 판단하여야 한다.**

[2] 건축주와 그로부터 건축설계를 위임받은 건축사가 상세계획지침에 의한 건축한계선의 제한이 있다는 사실을 간과한 채 건축설계를 하고 이를 토대로 건축물의 신축 및 증축허가를 받은 경우, 그 신축 및 증축허가가 정당하다고 신뢰한 데에 귀책사유가 있다고 한 사례.

[3] 건축주가 건축허가 내용대로 공사를 상당한 정도로 진행하였는데, 나중에 건축법이나 도시계획법에 위반되는 하자가 발견되었다는 이유로 그 일부분의 철거를 명할 수 있기 위하여는 그 건축허가를 기초로 하여 형성된 사실관계 및 법률관계를 고려하여 건축주가 입게 될 불이익과 건축행정이나 도시계획행정상의 공익, 제3자의 이익, 건축법이나 도시계획법 위반의 정도를 비교·교량하여 건축주의 이익을 희생시켜도 부득이하다고 인정되는 경우라야 한다."[49]

"원고가 지정업체의 해당 분야에 종사하지 않고 있음에도 이를 숨기고 서울지방병무청 소속 공무원의 복무실태 조사에 응함으로써, 피고가 위와 같은 사정을 인식하지 못한 채 이 사건 복무만료처분을 하게 되었다는 것인바, 피고의 **복무만료처분이 위와 같은 원고의 해당 분야 미종사 사실의 은폐행위에 기인한 것이라면, 원고는 그 처분에 의한 이익이 위법하게 취득되었음을 알아 그 취소가능성도 예상할 수 있었다고 할 것이므로, 그 자신이 위 처분에 관한 신뢰이익을 원용할 수 없음은 물론,** 피고가 이를 고려하지 아니하고 원고에 대한 복무만료처분 및 산업기능요원편입처분을 취소한 후 현역병입영처분을 하였다고 하여 그것이 과잉금지의 원칙에 위배된다고 볼 수 없다."[50]

▚▚▚ 귀책사유가 부정된 사례

"행정청이 대외적으로 공신력 있는 주민등록표상 국적이탈을 이유로 원고의 주민등록을 말소한 행위는 원고에게 간접적으로 국적이탈이 법령에 따라 이미 처리되었다는 견해를 표명한 것이라고 보아야 하고, 나아가 행정청의 주민등록말소는 주민등록등·초본에 공시되어 대내·외적으로 행정행위의 적법한 존재를 추단하는 중요한 근거가 되는 점에 비추어 **원고가 위와 같은 주민등록말소를 통하여 자신의 국적이탈이 적법하게 처리된 것으로 신뢰한 것에 대하여 귀책사유가 있다고 할 수 없는바,** 따라서 원고는 위와 같은 신뢰를 바탕으로 만 18세가 되기까지 별도로 국적이탈신고 절차를 취하지 아니하였던 것이므로, 피고가 원고의 이러한 신뢰에 반하여 원고의 국적이탈신고를 반려한 이 사건 처분은 신뢰보호의 원칙에

---

49) 대법원 2002.11.8. 선고 2001두1512 판결.
50) 대법원 2008.8.21. 선고 2008두5414 판결.

반하여 원고가 만 18세 이전에 국적이탈신고를 할 수 있었던 기회를 박탈한 것으로서 위법하다."[51]

⑷ 관계인이 신뢰에 기해 일정한 「처분」을 했을 것

관계인이 신뢰행위($^{Vertrauens-}_{betätigung}$), 즉 선행조치를 신뢰하여 그에 따라 어떠한 행위를 하였어야한다. 신뢰보호를 통하여 보호되는 것은 국민의 행정에 대한 신뢰 그 자체는 아니기 때문이다. 따라서 관계인이 그 신뢰에 의하여 자기의 이해관계에 영향을 미치는 일정한 처분($^{Disposition: \,투자,}_{건축개시\,등}$)을 했어야 한다.

⑸ 선행조치에 반하는 행정청의 처분이 있을 것

행정청이 위 선행조치에 반하는 처분을 하여야 하며, 이로써 그것을 신뢰한 개인의 이익이 침해되는 결과가 초래되어야 한다.

3.5.4. 신뢰보호의 내용ㆍ한계

⑴ 존속보호 및 보상보호

신뢰보호의 원칙의 내용에 관해서는 존속보호를 통한 신뢰보호($^{Vertrauensschutz \, durch}_{Bestandsschutz}$)인가 아니면 보상을 통한 신뢰보호($^{Vertrauensschutz \, durch}_{Entschädigung}$)인가가 문제된다. 존속보호를 원칙으로 하는 재산권보장의 경우와 마찬가지로 보호가치있는 신뢰의 대상인 기성법상태의 존속보호가 원칙이라 하겠으나, 보충적으로 보상을 통한 신뢰보호도 가능하다고 보아야 할 것이다.

존속보호와 보상보호 ●● 독일의 경우 연방행정법원의 판례를 실정화한 행정절차법 제48조는 제2항에서 일시적 또는 계속적 금전급부나 가분적 현물급여를 부여하거나 그 전제조건이 되는 위법한 침익적 행정행위는 그로부터 수익을 받은 자가 그 존속을 신뢰하였고 또 그 신뢰가 취소에 관한 공익과 비교형량하여 보호가치있는 것이라고 인정될 경우에는 취소될 수 없다고 규정하고(존속보호를 통한 신뢰보호), 제3항에서 그 밖의 위법한 수익적 행정행위는 취소될 수는 있으나 그에 대한 수익자 상대방의 신뢰가 보호가치있는 것일 때에는 수익자는 보상을 청구할 수 있다고 규정하고 있다(보상을 통한 신뢰보호). 행정절차법이 특히 후자, 즉 보상부 취소의 가능성을 열어놓았다는 것은 종래의 판례에 비추어 새로운 규율로 평가되고 있다. 끝으로 행정절차법은 제49조 제2항에서 일정한 조건하에 적법한 수익적 행정행위의 철회가능성을 인정하면서 동 제5항에서 당해 행정행위의 존속을 신뢰한 관계인의 신뢰가 보호가치있다고 판단되는 경우 보상청구권을 부여하고 있다. 이러한 행정절차법의 규율은 취소ㆍ철회제한에 있어 가능한 모든 신뢰보호의 유형을 망라한 것으로 평가되고 있는데,[52] 이 경우 존속보호와 보상보호, 그리고 양자

---

51) 대법원 2008.1.17. 선고 2006두10931 판결: 동사무소가 주민등록에 관한 사무를 처리함에 있어 국적이탈을 한 것으로 착각하여 원고의 주민등록을 말소하였다가 후에 위 주민등록말소가 행정상 착오에 의한 것임을 알고 이를 정정하여 직권재등록하고, 이를 토대로 징병검사통지를 받은 후, 이에 국적이탈신고를 하였으나 반려처분을 받고 그 취소를 청구한 사건.

52) Maurer, Festschrift für Richard Boorberg Verlag, S.226.

의 절충이 모두 가능한 신뢰보호의 내용이 되고 있음을 알 수 있다.

(2) 신뢰보호의 한계
① 이익형량 및 법률적합성원칙과의 관계

한편 신뢰보호의 원칙은 행정의 합법성원칙과 충돌을 전제로 한다는 점에서 근본적인 한계가 있을 수밖에 없다. 신뢰보호의 과잉은 자칫 그것이 보호하고자 하는 더 고차원적인 법익, 즉 법치주의를 손상시키는 결과를 가져올 수 있기 때문이다. 따라서 앞서 본 신뢰보호의 요건이 충족된 경우에도 공익 또는 제3자의 정당한 이익을 해할 우려가 있는 경우, 또는 법익형량의 결과 행정의 합법성 원칙을 당사자의 신뢰보호보다 우선 시켜야 할 정도로 공익의 요청이 우세한 경우에는 신뢰보호를 주장할 수 없다고 보는 것이 일반적이다. 학설상 법률적합성우위설과 동위설이 대립하지만, 두 가지 법원칙 중 어느 하나를 우선하기보다는 이익형량을 통해 양자간 실천적 조화를 기하는 것이 온당하다고 본다. 대법원 역시 그러한 입장에 서 있다.

"[1] 일반적으로 행정상의 법률관계에 있어서 행정청의 행위에 대하여 신뢰보호의 원칙이 적용되기 위하여는, 첫째 행정청이 개인에 대하여 신뢰의 대상이 되는 공적인 견해표명을 하여야 하고, 둘째 행정청의 견해표명이 정당하다고 신뢰한 데에 대하여 그 개인에게 귀책사유가 없어야 하며, 셋째 그 개인이 그 견해표명을 신뢰하고 이에 기해 어떠한 행위를 하였어야 하고, 넷째 행정청이 위 견해표명에 반하는 처분을 함으로써 그 견해표명을 신뢰한 개인의 이익이 침해되는 결과가 초래되는 등의 요건을 필요로 하고, 어떠한 행정처분이 이러한 요건을 충족할 때에는, 공익 또는 제3자의 정당한 이익을 해할 우려가 있는 경우가 아닌 한, 신뢰보호의 원칙에 반하는 행위로서 위법하게 된다고 할 것이므로, **행정처분이 이러한 요건을 충족하는 경우라고 하더라도 행정청이 앞서 표명한 공적인 견해에 반하는 행정처분을 함으로써 달성하려는 공익이 행정청의 공적 견해표명을 신뢰한 개인이 그 행정처분으로 인하여 입게 되는 이익의 침해를 정당화할 수 있을 정도로 강한 경우에는 신뢰보호의 원칙을 들어 그 행정처분이 위법하다고는 할 수 없다**(대법원 1998.11.13. 선고 98두7343 판결 참조).

[2] 무분별한 유흥업소 및 숙박시설 등 청소년유해업소의 난립이나 주택가로의 유입 및 이에 따른 향락문화의 확산과 범죄의 증가 등 날로 심각해지고 있는 교육환경과 주거환경의 저하를 막고 주민 대다수가 보다 쾌적한 환경에서 생활할 수 있게 하는 것은, 국가나 지방자치단체의 의무인 동시에 모든 국민의 당연한 권리이자 의무로서 이와 같은 사회적 환경의 보호는 자연환경의 보호 못지않게 중요한 가치이며, 일단 대규모 숙박업소가 집단적으로 형성되어 향락단지화된다면 그 허가를 함부로 취소할 수도 없고 인근의 다른 숙박업소의 허가신청도 거부하기 어려워 그 영업이 장기간 계속될 것이 예상되므로, 이로 인한 교육환경과 주거환경의 침해는 인근 주민과 학생들의 수인한도를 넘게 될 것으로 보일 뿐 아니라 일단 침해된 사회적 환경은 그 회복이 사실상 불가능하다는 점 등에 비추어 보면, 이 사건 처분에 의하여 피고가 달성하려는 학생들의 교육환경과 인근 주민들의 주거환경 보호라는 공익은 이 사건 처분으로 인하여 원고들이 입게 되는 불이익을 정당화할 만큼 강한 경우에 해당한다고 할 것이므로, 같은 취지에서 원고들

의 각 숙박시설 건축허가신청을 반려한 이 사건 처분은 신뢰보호의 원칙에 위배되지 않는다."[53]

② 소급입법 금지와 신뢰보호의 한계

신뢰보호원칙은 헌법상 소급입법의 금지와 연관되어 문제되기도 한다. 즉, 헌법 제13조 제2항은 "모든 국민은 소급입법에 의하여……재산권을 박탈당하지 아니 한다"고 규정하고 있으므로 새로운 입법으로 과거에 소급하여 과세하거나 또는 납세의무가 존재하는 경우에도 소급하여 중과세하도록 하는 것은 위 헌법조항에 위반된다.[54] 여기서 소급효는 새로운 입법이 효력이 이미 종료된 사실관계 또는 법률관계에 미치는 경우인 진정소급효($\begin{smallmatrix}\text{echte}\\\text{Rückwirkung}\end{smallmatrix}$)와 현재 진행중인 사실관계 또는 법률관계에 미치는 경우인 부진정소급효($\begin{smallmatrix}\text{unechte}\\\text{Rückwirkung}\end{smallmatrix}$)로 구분된다. 양자는 오로지 시간적 기준, 즉 이미 종료된, 과거의 사실 또는 법률관계에 관한 것인지에 따라 구분되는데, 그 허용여부에 대한 판단은 신뢰보호원칙에 따라 이루어진다.[55]

진정소급효의 경우, 신뢰보호의 원칙이 강하게 작동하여 원칙적으로 금지된다.

반면, **부진정소급효**의 경우에는 소급효를 요구하는 공익과 신뢰보호의 요청 사이의 **이익형량**을 통해 신뢰보호의 관점이 입법자의 형성권에 제한을 가하는 정도가 상대적으로 완화된다.

그러나 진정소급입법도 다음 판례에서 보는 바와 같이, 일반적으로 국민이 소급입법을 예상할 수 있었거나 법적 상태가 불확실하고 혼란스러워 보호할 만한 신뢰이익이 적은 경우, 소급입법에 의한 당사자의 손실이 없거나 아주 경미한 경우 그리고 신뢰보호의 요청에 우선하는 심히 중대한 공익상의 사유가 소급입법을 정당화하는 경우 등에는 예외적으로 허용되므로 그 한도 내에서 신뢰보호가 한계에 부딪히게 된다.

"넓은 의미의 소급입법은, **신법이 이미 종료된 사실관계에 작용하는지** 아니면 현재 진행중인 사실관계에 작용하는지에 따라 일응 진정소급입법과 부진정소급입법으로 구분되고, 전자는 헌법적으로 허용되지 않는 것이 원칙이며 특단의 사정이 있는 경우에만 예외적으로 허용될 수 있는 반면, 후자는 원칙적으로 허용되지만 소급효를 요구하는 공익상의 사유와 신뢰보호의 요청 사이의 교량과정에서 신뢰보호의 관점이 입법자의 형성권에 제한을 가하게 된다"($\begin{smallmatrix}\text{헌재 1995.10.26. 94헌바12, 판례집 7-2, 447;}\\\text{1996.2.16. 96헌가2등, 판례집 8-1, 51, 84-88)}\end{smallmatrix}$).[56]

"소급입법은 새로운 입법으로 이미 종료된 사실관계 또는 법률관계에 작용케 하는 진정소급입법과 현재 진행중인 사실관계 또는 법률관계에 작용케 하는 부진정소급입법으로 나눌 수 있는바, 부진정소급입법

---

53) 대법원 2005.11.25. 선고 2004두6822,6839,6846 판결. 한편 이 사건 판결에서 대법원은 원심과는 달리, 행정청이 지구단위계획을 수립하면서 그 권장용도를 판매·위락·숙박시설로 결정하여 고시한 행위를 당해 지구 내에서는 공익과 무관하게 언제든지 숙박시설에 대한 건축허가가 가능하리라는 공적 견해를 표명한 것이라고 평가할 수는 없다고 판시하였다.
54) 헌법재판소 1995.3.23. 선고 93헌바18등 결정; 헌법재판소 1998.11.26. 선고 97헌바58 전원재판부 결정.
55) Maurer, Allgemeines Verwaltungsrecht, 17.Aufl., 2009, § 16 Rn.30.
56) 헌법재판소 1998.11.26. 선고 97헌바58 전원재판부 결정.

은 원칙적으로 허용되지만 소급효를 요구하는 공익상의 사유와 신뢰보호의 요청 사이의 교량과정에서 신뢰보호의 관점이 입법자의 형성권에 제한을 가하게 되는데 반하여, 기존의 법에 의하여 형성되어 이미 굳어진 개인의 법적 지위를 사후입법을 통하여 박탈하는 것 등을 내용으로 하는 진정소급입법은 개인의 신뢰보호와 법적 안정성을 내용으로 하는 법치국가원리에 의하여 특단의 사정이 없는 한 헌법적으로 허용되지 아니하는 것이 원칙이고, **다만 일반적으로 국민이 소급입법을 예상할 수 있었거나 법적 상태가 불확실하고 혼란스러워 보호할 만한 신뢰이익이 적은 경우와 소급입법에 의한 당사자의 손실이 없거나 아주 경미한 경우 그리고 신뢰보호의 요청에 우선하는 심히 중대한 공익상의 사유가 소급입법을 정당화하는 경우 등에는 예외적으로 진정소급입법이 허용된다.**"[57]

"[1] 행정처분은 그 근거 법령이 개정된 경우에도 경과규정에서 달리 정함이 없는 한 처분 당시 시행되는 개정 법령과 그에 정한 기준에 의하는 것이 원칙이고, 그 개정 법령이 기존의 사실 또는 법률관계를 적용대상으로 하면서 국민의 재산권과 관련하여 종전보다 불리한 법률효과를 규정하고 있는 경우에도 그러한 사실 또는 법률관계가 개정법령이 시행되기 이전에 이미 완성 또는 종결된 것이 아니라면 이를 헌법상 금지되는 소급입법에 의한 재산권 침해라고 할 수는 없으며, 그러한 개정 법령의 적용과 관련하여서는 개정 전 법령의 존속에 대한 국민의 신뢰가 개정 법령의 적용에 관한 공익상의 요구보다 더 보호가치가 있다고 인정되는 경우에 그러한 국민의 신뢰를 보호하기 위하여 그 적용이 제한될 수 있는 여지가 있을 따름이다(^{대법원 1995.11.21. 선고 94누10887 판결, 대}_{법원 2000.3.10. 선고 97누13818 판결 등 참조}). 그리고 이러한 **신뢰보호의 원칙 위배 여부를 판단하기 위해서는 한편으로는 침해받은 이익의 보호가치, 침해의 중한 정도, 신뢰가 손상된 정도, 신뢰침해의 방법 등과 다른 한편으로는 개정 법령을 통해 실현하고자 하는 공익적 목적을 종합적으로 비교·형량하여야 한다**(^{대법원 2006.11.16. 선고 2003})_{두12899 전원합의체 판결 참조}).

[2] 정책적·잠정적·일시적 조세우대조치라 할 한시적 법인세액 감면제도를 시행하다가 구 조세특례제한법 제2조 제3항을 신설하면서 법인세액 감면 대상이 되지 아니하는 업종으로 변경된 기업에 대하여 아무런 경과규정을 두지 아니하였다고 하여, 구 조세특례제한법 제2조 제3항이 헌법상의 평등의 원칙, 재산권의 보장, 과잉금지의 원칙, 신뢰보호의 원칙 등에 위반된다고 할 수 없다(^{헌법재판소 1995.3.23. 선고 93헌바18, 31 결정, 헌법}_{재판소 2006.12.28. 선고 2005헌바59 결정 등 참조})."[58]

한편 신뢰보호원칙에 의거한 소급입법금지의 법리는 계획변경이나 계획보장 등 계획과 관련한 사례상황에 대해서도 적용될 수 있다. 다만, 계획의 경우 그 성질상 미래지향적인 내용을 가지는 경우가 일반적이기 때문에 진정소급효의 문제는 현실적으로 거의 발생하지 않는 반면, 부진정소급효의 경우에는 가령 계획변경이 기성의 보호가치 있는 신뢰를 해치고 그것이 계획변경을 통해 달성하려는 공익보다 우월한 경우에는 신뢰보호의 문제가 생길 수 있다.[59]

---

57) 헌법재판소 1999.7.22. 선고 97헌바76, 98헌바50·51·52·54·55(병합) 전원재판부 결정. 독일연방헌법재판소의 판례 또한 이와 대동소이하다. BVerfGE 97,67,78ff.; 101,239,262ff. 또한 Maurer, Staatsrecht, § 17 Rn.105ff.에 제시된 문헌들을 참조.

58) 대법원 2009.9.10. 선고 2008두9324 판결. 동지 대법원 2009.4.23. 선고 2008두8918 판결; 대법원 2001.10.12. 선고 2001두274 판결.

59) Maurer, Allgemeines Verwaltungsrecht, 17.Aufl., 2009, § 16 Rn.30.

③ 위법행위에 대한 신뢰보호 문제

합법성원칙에 의한 신뢰보호의 한계는 특히 위법한 행위에 대한 신뢰의 경우에 문제된다.

"신의칙이나 국세기본법 제18조 제3항 소정의 조세관행존중의 원칙은 합법성의 원칙을 희생하여서라도 납세자의 신뢰를 보호함이 정의에 부합하는 것으로 인정되는 특별한 사정이 있을 경우에 한하여 적용된다고 할 것이다."[60]

나아가 개인이 위법한 행정규칙이나 행정관행을 신뢰한 경우, 신뢰보호의 원칙에 의하여 그 위법한 행정규칙·관행들의 준수를 요구할 수 있느냐 하는 문제가 제기될 수 있으나 (이른바 'Gleichheit im Unrecht': 「불법의 평등」 문제) 원칙적으로 이를 부정하는 것이 타당할 것이다.[61] **헌법재판소는 헌법상 평등은 불법의 평등까지 보장하는 것은 아니라고 판시**한 바 있다.[62]

3.5.5. 구체적 적용례

(1) 취소 및 철회의 제한

신뢰보호원칙의 구체적 적용례로 가장 대표적인 것은 역시 수익적 처분, 특히 금전·현물을 급부하거나 그 전제조건이 되는 처분(예: 보조금지급결정)의 취소 및 철회를 제한하는 경우라 할 수 있다. 또한 침익적 처분의 취소·철회 역시 일정한 요건하에서는 신뢰보호의 견지에서 제한될 수 있다. 그와 같은 견지에서 1987년의 행정절차법안 제31조, 제32조는 행정처분의 취소에 있어 신뢰보호의 원칙을 고려하여야 함을 명문으로 규정한 바 있었다. 한편 취소기간에 관해서도 물론 개별법령상의 규정에 의하여 제한될 수 있겠지만, 신뢰보호의 원칙을 적용하는 과정에서 해석상 제한될 수 있을 것이다.[63]

(2) 조세법상 적용

국세기본법 제18조 제3항은, 국세행정의 관행이 일반적으로 납세자에게 받아들여진 후에는, 그것에 위반하여 과세할 수 없다고 규정하고 있다. 이 조항은 같은 법 제15조 신의성실의 원칙과 제19조 세무공무원 재량의 한계에 관한 것과 함께, 징세권력에 대항하는 납세자의 권리를 보장하고 과세관청의 언동을 믿은 일반납세자의 신뢰이익을 보호하는 데 목적이 있는 것이라는 것이 대법원의 판례[64]이며, 신뢰보호의 원칙을 실정화한 것이라는 데 의문이

---

60) 대법원 1992.9.8. 선고 91누13670 판결. 동지 대법원 1992.9.28. 선고 91누9848 판결; 대법원 1992.3.31. 선고 91누9824 판결; 대법원 1987.8.18. 선고 86누537 판결 등.
61) Randelzhofer, JZ 1973, 536ff.; 홍정선, 행정법원론(상), 103.
62) 부가가치세법 제35조 제2항 제2호 등 위헌소원 등(헌법재판소 2016.7.28. 선고 2014헌바372, 2016헌바29(병합) 결정).
63) 1987년의 행정절차법안 제31조 제2항 본문은 「위법한 수익처분이 있음을 안 날로부터 1년, 처분이 있은 날로부터 2년을 경과하면 이를 취소할 수 없다」고 규정하고 있었다.
64) 대법원 1980.6.10. 선고 80누6 판결.

없다.

⑶ 확 약

확약(^{Zusicherung})이란 행정청이 국민에게 장차 일정한 행정행위를 하겠다 또는 아니 하겠다고 하는 약속의 의사표시를 말한다. 1987년 행정절차법안 제25조 제1항은 확약을 「행정청이 어떠한 행정처분을 하거나 하지 아니할 것을 약속하는 행위」로 규정하고 있었다. 독일 연방 행정절차법 제38조는, 종래 행정판례에서 인정해 왔던, '행정청의 공적 확언은 당해 행정청에 대하여 행정의 자기구속의 효력이 있다'는 법리를 수용하여 확약(^{Zusicherung})이란 행정 활동 형식으로 제도화하고 있다. 확약의 구속력 역시 헌법 차원에서 확립된 행정법의 일반원리인 신뢰보호의 원칙에 의해 인정된다.

⑷ 계획변경

사인이 행정계획의 존속을 신뢰하였음에도 행정청이 사후에 그 계획을 변경 또는 폐지할 경우, 사인의 신뢰가 보호되어야 하는가 하는 문제가 제기된다. 이것은 계획보장청구권($^{Plangewährleis-}_{tungsanspruch}$)의 문제로서 신뢰보호의 원칙이 적용될 수 있는 중요한 사례상황이다.[65] 이 또한 1987년의 행정절차법안 제58조에 명문의 규정이 있었다.

"종전 국토이용관리법에 의하여 국토이용계획의 입안내용을 공고한 경우 당해 계획의 수립 및 이의신청에 관하여는 위 법률에 의하도록 한 국토의 계획 및 이용에 관한 법률 부칙(2002.2.4.) 제12조 제3항은 국토이용계획의 입안권자가 대외적으로 국토이용계획을 수립하고자 하는 의사를 공표한 경우에는 일반인이 그러한 계획이 수립될 것이라는 신뢰를 갖게 되어 그러한 공표에 기초하여 법률관계를 형성할 수도 있는 것을 감안하여, 그러한 일반인의 신뢰를 보호하기 위하여 종전 국토이용관리법을 적용하도록 한 취지이고, 이에 반하여 그러한 공표가 행하여지지 않은 경우에는 일반인에게 무슨 신뢰를 형성하게 한 것이 아니기 때문에 신법인 국토의 계획 및 이용에 관한 법률에 의하도록 한 것으로서, 그와 같은 구별에 합리적인 이유가 있으므로 위 규정이 헌법상의 평등권을 위배한 것이라고 할 수 없다."[66]

⑸ 실 권

실권(^{Verwirkung})의 법리란 행정기관이 위법상태를 장기간 묵인 또는 방치하다가 나중에 그 위법성을 주장함으로써 당해 법상태의 존속을 신뢰한 개인에게 피해를 줄 경우 행정기관에게 그 위법성을 주장할 수 없도록 하는 것을 말한다(취소권의 소멸). 실권의 법리 역시 신뢰보호원칙의 적용례이다. 1987년의 행정절차법안 제31조 제2항은 실권의 법리를 명문화한 바 있다.

---

65) 이에 관해서는 이 책의 행정계획 부분을 참조.
66) 대법원 2006.8.25. 선고 2004두2974 판결.

"**실권 또는 실효의 법리는 법의 일반원리인 신의성실의 원칙에 바탕을 둔 파행원칙**인 것이므로 공법 관계 가운데 **관리관계는 물론이고 권력관계에도 적용되어야 함**을 배제할 수는 없다 하겠으나, 그것은 본래 권리행사의 기회가 있음에도 불구하고 권리자가 장기간에 걸쳐 그의 권리를 행사하지 아니하였기 때문에 의무자인 상대방은 이미 그의 권리를 행사하지 아니할 것으로 믿을 만한 정당한 사유가 있게 되거나 행사하지 아니할 것으로 추인케 할 경우에 새삼스럽게 그 권리를 행사하는 것이 신의성실의 원칙에 반하는 결과가 될 때 그 권리행사를 허용하지 않는 것을 의미하는 것."[67]

(6) 공법상 계약

공법상 계약이 체결된 후 법령이 개폐되어 그 효력을 더 이상 유지시키기 곤란한 경우에도, 귀책사유 없는 사인은 신뢰보호의 원칙에 따라 보호를 받아야 한다. 이 경우에는 존속보호가 아니라 보상보호가 부여되어야 할 것이다.

3.5.6. 위반의 효과

신뢰보호의 원칙은 행정법의 일반원칙으로서 효력을 가지므로 그 위반은 당연히 위법사유를 구성한다. 행정처분이 신뢰보호의 원칙에 반하여 행해지는 경우에는 원칙적으로 취소사유가 되겠지만, 경우에 따라 무효사유가 될 수도 있을 것이다.

3.6. 기타 행정법의 일반원칙

그 밖의 행정법의 일반원칙으로는 신의성실($\begin{smallmatrix}\text{Treu und}\\\text{Glauben}\end{smallmatrix}$)의 원칙, 부당결부금지($\begin{smallmatrix}\text{Koppelungs-}\\\text{verbot}\end{smallmatrix}$)의 원칙, 수인기대가능성($\begin{smallmatrix}\text{Zumut-}\\\text{barkeit}\end{smallmatrix}$)의 원칙 등을 들 수 있다.

3.6.1. 신의성실의 원칙

(1) 의 미

신의성실의 원칙 또는 신의칙이란 모든 사람이 사회공동생활의 일원으로서 상대방의 신뢰에 반하지 않도록 성실하게 행동할 것을 요구하는 법원칙이다. 로마법에서 기원하여 프랑스 민법에서 근대 사법상 최초로 규정되었고 스위스 민법에서 민법 전체의 최고원리로 발전한 민법뿐만 아니라 공법 분야에서도 적용되는 법원리이다. 신의칙의 파생원칙으로는 권리남용금지의 원칙, 사정변경의 원칙, 모순행동금지(금반언)의 원칙, 실효의 원칙 등을 들 수 있다.

(2) 법적 근거 및 적용범위

행정절차법 제4조는 신뢰보호의 원칙과 함께 신의성실의 원칙을 명시적으로 천명하고 있다. 이에 따르면, 행정청은 직무를 수행함에 있어서 신의에 따라 성실히 하여야 한다(§①).

---

67) 대법원 1988.4.27. 선고 87누915 판결.

아울러 국세기본법 제15조는 '납세자가 그 의무를 이행할 때에는 신의에 따라 성실하게 하여야 한다. 세무공무원이 직무를 수행할 때에도 또한 같다'고 규정하고 있다. 이들 규정은 바로 신의성실의 원칙을 공법관계의 대원칙으로 수용한 결과라고 볼 수 있다.

대법원은 종종 신의성실의 원칙(신의칙)과 신뢰보호의 원칙을 혼용하는 듯한 뉘앙스를 보이고 있으나, 신의성실의 원칙을 공법관계에도 적용되는 법의 일반원리로 보는 것은 일관된 입장으로 보인다. 대법원은 그러한 맥락에서 실권 또는 실효의 법리는 법의 일반원리인 신의성실의 원칙에 바탕을 둔 파행원칙이므로 공법관계 가운데 관리관계는 물론이고 권력관계에도 적용함을 배제할 수 없다고 판시한 바 있다.[68]

(3) 법적 효력

민법상 신의칙은 법적 특별결합관계에 있는 당사자들 사이의 권리 및 의무의 내용을 구체적으로 확정함으로써 계약 내용을 보충하는 기능(보충기능), 법적인 권리와 지위가 가지는 내적 한계를 설정함으로써 형식논리의 관철에 따른 부당한 결과의 도출을 막는 기능(한정기능), 형식적인 법적 지위의 수정을 통해 정의로운 법률관계의 도출을 꾀하는 기능(수정기능), 그리고 법관에 의한 법형성에 기준이 되는 기능(수권기능)을 하는 것으로 이해되고 있다.

공법관계에서 신의칙이 가지는 가장 두드러진 기능은 합법성의 원칙을 희생해서 납세자의 신뢰를 보호하는 결과를 가져온다는 데서 찾아 볼 수 있다. 즉, 그 한도 내에서는 성문법을 수정하는 기능을 수행한다고 볼 수 있다. 대법원이 신의성실의 원칙은 '합법성의 원칙을 희생하여서라도 납세자의 신뢰를 보호함이 정의에 부합하는 것으로 인정되는 특별한 사정이 있을 경우에 한하여 적용된다'고 판시한 것도 바로 그 같은 성문법 수정기능 때문이라고 이해된다.

"신의성실의 원칙은 법률관계의 당사자는 상대방의 이익을 배려하여 형평에 어긋나거나 신뢰를 저버리는 내용 또는 방법으로 권리를 행사하거나 의무를 이행하여서는 아니된다는 추상적 규범을 말하는 것으로서, 신의성실의 원칙에 위배된다는 이유로 그 권리의 행사를 부정하기 위하여는 상대방에게 신의를 주었다거나 객관적으로 보아 상대방이 그러한 신의를 가짐이 정당한 상태에 이르러야 하고, 이와 같은 상대방의 신의에 반하여 권리를 행사하는 것이 정의 관념에 비추어 용인될 수 없는 정도의 상태에 이르러야 하고, **일반 행정법률관계에서 관청의 행위에 대하여 신의칙이 적용되기 위해서는 합법성의 원칙을 희생하여서라도 처분의 상대방의 신뢰를 보호함이 정의의 관념에 부합하는 것으로 인정되는 특별한 사정이 있을 경우에 한하여 예외적으로 적용된다."[69]

---

68) 대법원 1988.4.27. 선고 87누915 판결.
69) 대법원 2004.7.22. 선고 2002두11233 판결. 동지 대법원 1992.9.8. 선고 91누13670 판결; 대법원 1992.9.28. 선고 91누9848 판결; 대법원 1992.3.31. 선고 91누9824 판결; 대법원 1987.8.18. 선고 86누537 판결 등.

그 밖에도 대법원은 다음과 같은 일련의 사례를 통해 신의성실의 원칙의 법적 효력을 분명히 인정하고 있다.

대법원은 근로복지공단의 요양불승인처분에 대한 취소소송을 제기하여 승소확정판결을 받은 근로자가 요양으로 인하여 취업하지 못한 기간의 휴업급여를 청구한 경우, 그 휴업급여청구권이 시효완성으로 소멸하였다는 근로복지공단의 항변은 신의성실의 원칙에 반하여 허용될 수 없다고 판시한 바 있다.

"채무자의 소멸시효에 기한 항변권의 행사도 우리 민법의 대원칙인 신의성실의 원칙과 권리남용금지의 원칙의 지배를 받으므로, 채무자가 시효완성 전에 채권자의 권리행사나 시효중단을 불가능 또는 현저히 곤란하게 하였거나 그러한 조치가 불필요하다고 믿게 하는 행동을 하였거나, 객관적으로 채권자가 권리를 행사할 수 없는 사실상의 장애사유가 있었거나, 일단 시효완성 후에 채무자가 시효를 원용하지 아니할 것 같은 태도를 보여 채권자로 하여금 그와 같이 신뢰하게 하였거나, 채권자를 보호할 필요성이 크고 같은 조건의 그 채권자들 중 일부가 이미 채무의 변제를 수령하는 등 채무이행의 거절을 인정함이 현저히 부당하거나 불공평하게 되는 등의 특별한 사정이 있는 경우에는, 채무자가 소멸시효의 완성을 주장하는 것이 신의성실의 원칙에 반하여 권리남용으로서 허용될 수 없다."[70]

나아가 대법원은 재판청구권의 행사도 상대방의 보호 및 사법기능의 확보를 위하여 신의성실의 원칙에 의하여 제한될 수 있다고 전제하고 이미 사법적으로 적법 판단이 내려진 사유로 제기된 선거소송을 소권 남용으로 판시한 바 있다.[71]

한편, 신의성실 원칙의 효력은 일반적인 법률개폐의 효력에까지 미치는 것은 아니라고 보아야 할 것이다. 그리고 신의칙에 반하는 행정처분이라도 외관상은 적법한 행위로서 그 하자가 중대·명백한 것이라고 볼 수는 없다는 것이 판례의 태도이다.[72]

3.6.2. 부당결부금지의 원칙

(1) 의 미

부당결부금지의 원칙이란 행정주체가 행정작용을 함에 있어 상대방에게 그와 실질적인 관련이 없는 의무를 부과하거나 그 이행을 강제하여서는 아니 된다는 원칙을 말한다. 일반적으로 행정작용에 어떤 반대급부를 결부시키기 위해서는 원인과 목적 양면에서 관련성이 있어야 된다고 볼 수 있다.[73] 이에 반하여 행정행위의 발급여부를 이를 규율하는 관계법의 목

---

70) 대법원 2008.9.18. 선고 2007두2173 전원합의체 판결. 이 판결에는 "신의칙의 직접 적용에 의해 실정법의 운용을 사실상 수정하는 기능은, 비록 그 목적이 성문법의 무차별적이고 기계적인 적용에 의하여 발생하는 불합리한 결과를 방지하기 위한 것이라 하여도 형평의 원칙상 신의칙의 적용이 불가피하고 법의 정신이나 입법자의 결단과 모순되지 않는 범위 안에서만 허용되어야 한다"는 대법관 양승태의 반대의견이 붙어 있다.

71) 대법원 2016.11.24. 선고 2016수64 판결.

72) 대법원 2002.4.26. 선고 2002두1465 판결; 대법원 1991.1.29. 선고 90누7449 판결 등.

73) 정하중, 행정법개론, 법문사, 제4판, 2010, 55. 여기서는 원인적 관련성과 목적적 관련성을 부당결부금지 원칙의

적을 넘어서는 내용을 지닌 상대방의 반대급부에 결부시켜서는 안 된다. 가령 개인이 허가등과 같은 행정행위를 출원한 경우 그 행위의 공법적 목적을 넘어서는 내용의 경제적 반대급부를 조건으로 허가를 내주어서는 안 된다는 것이다.[74] 또 공법상 계약에서도 행정주체의 급부에 그와 실질적 관련성이 없는 반대급부를 결부시키는 부당결부에 해당되어 허용될 수 없다는 것이다.

(2) 법적 효력

법치국가원칙과 자의 금지에서 유출되는 원칙으로서 헌법적 지위를 가진다고 인정된다.[75]

(3) 적용례

우리나라의 경우 행정의 실효성 확보를 위해 새로운 제재수단을 강구한다는 취지에서 도입된 공급거부 같은 조치의 허용여부를 둘러싸고 부당결부금지원칙이 논의되기 시작했다. 가령 건축법상의 의무이행 확보를 위해 수도나 전기의 공급을 중단하는 것이 이 부당결부금지원칙에 반하여 위법(위헌)인가 하는 문제가 대두되었다. 이 문제는 이후 관계법률의 개정 $\binom{구\ 건축법 \S 69\ ②,\ 구\ 수}{질환경보전법 \S 21\ ②\ 등}$으로 공급거부 조항이 삭제되어 어느 정도 해소되었다. 그러나 국세징수법 제7조 소정 '관허사업의 제한'처럼 여전히 부당결부금지원칙 위배여부가 의문시되는 조치들이 남아 있다.

> **국세징수법** 제7조 (관허사업의 제한) ① 세무서장은 납세자가 대통령령이 정하는 사유없이 국세를 체납한 때에는 허가·인가·면허 및 등록과 그 갱신(이하 "허가등"이라 한다)을 요하는 사업의 주무관서에 당해납세자에 대하여 그 허가등을 하지 아니할 것을 요구할 수 있다.
> ② 세무서장은 제1항의 허가등을 받아 사업을 경영하는 자가 국세를 3회이상 체납한 경우로서 그 체납액이 500만원 이상인 때에는 대통령령이 정하는 경우를 제외하고 그 주무관서에 사업의 정지 또는 허가등의 취소를 요구할 수 있다.
> ③ 세무서장은 제1항 또는 제2항의 요구를 한 후 당해 국세를 징수하였을 때에는 지체 없이 그 요구를 철회하여야 한다.
> ④ 제1항 또는 제2항의 규정에 의한 세무서장의 요구가 있을 때에는 당해주무관서는 정당한 사유가 없는 한 이에 응하여야 한다.

부당결부금지의 원칙은 다음 판례를 통해 볼 수 있는 바와 같이 부관, 공법상 계약 등과 관련하여 활용가치가 높다.

요건이라고 서술하고 있다.
74) Erichsen/Martens, Allgemeines Verwaltungsrecht, § 10, 19.
75) 예컨대 정하중, 앞의 책, 55 참조.

"[1] 수익적 행정행위에 있어서는 법령에 특별한 근거규정이 없다고 하더라도 그 부관으로서 부담을 붙일 수 있으나, 그러한 **부담은 비례의 원칙, 부당결부금지의 원칙에 위반되지 않아야만 적법**하다.

[2] 지방자치단체장이 사업자에게 주택사업계획승인을 하면서 그 주택사업과는 아무런 관련이 없는 토지를 기부채납하도록 하는 부관을 주택사업계획승인에 붙인 경우, 그 부관은 부당결부금지의 원칙에 위반되어 위법하지만, 지방자치단체장이 승인한 사업자의 주택사업계획은 상당히 큰 규모의 사업임에 반하여, 사업자가 기부채납한 토지 가액은 그 100분의 1 상당의 금액에 불과한데다가, 사업자가 그동안 그 부관에 대하여 아무런 이의를 제기하지 아니하다가 지방자치단체장이 업무착오로 기부채납한 토지에 대하여 보상협조요청서를 보내자 그 때서야 비로소 부관의 하자를 들고 나온 사정에 비추어 볼 때 부관의 하자가 중대하고 명백하여 당연무효라고는 볼 수 없다."76)

[1] **부당결부금지의 원칙이란 행정주체가 행정작용을 함에 있어서 상대방에게 이와 실질적인 관련이 없는 의무를 부과하거나 그 이행을 강제하여서는 아니 된다는 원칙을 말한다.**

[2] 고속국도 관리청이 고속도로 부지와 접도구역에 송유관 매설을 허가하면서 상대방과 체결한 협약에 따라 송유관 시설을 이전하게 될 경우 그 비용을 상대방에게 부담하도록 하였고, 그 후 도로법 시행규칙이 개정되어 접도구역에는 관리청의 허가 없이도 송유관을 매설할 수 있게 된 사안에서, 위 협약이 효력을 상실하지 않을 뿐만 아니라 위 협약에 포함된 부관이 부당결부금지의 원칙에도 반하지 않는다.77)

(3) 수인기대가능성의 원칙

수인기대가능성(Zumutbarkeit)의 원칙은 공행정작용이나 입법작용은 그 결과를 사인이 수인하리라고 기대할 수 있는 때에만 정당화될 수 있다는 원칙이다. 가령 납세자의 담세능력을 초과하는 세법규정이나 과도한 개인의 희생을 강요하는 직무명령은 그 합헌·합법성이 부정되어야 하는 것과 같다. 그 근거는 기본권, 비례원칙 등 다양하게 제시되고 있으나 역시 헌법적 지위를 갖는 행정법의 일반원칙의 하나로 볼 수 있다.

---

76) 대법원 1997.3.11. 선고 96다49650 판결.
77) 대법원 2009.2.12. 선고 2005다65500 판결.

제 4 절 │ 공법관계에 대한 사법규정의 적용

I. 문제의 소재

행정법상 행정과 사법의 관계는 대체로 두 가지 측면을 가진다. 첫째, 행정은 직접 사법영역에 진입하여 행동함으로써 일정한 행정임무를 사법형식을 통하여 수행할 수 있다.

> 가령 지방자치단체는 자기가 스스로 경제주체로 나서 주민에게 일정한 재화·서비스를 제공하거나, 별도로 사법상 조직형식 즉 사기업의 형태(가령 주식회사)로 회사를 설립하여 이를 공급하게 할 수 있다. 후자의 경우 주민과 회사(사법적 조직형식) 간의 급부제공관계는 순수한 사법적 성질을 갖는다. 반면 전자의 경우 행정주체가 그 급부관계를 사법적으로 형성할 경우 이와같이 공법상의 조직형태와 사법적 급부관계의 결합에 의하여 행정작용이 이루어지는 결과가 된다. 사법형식에 의한 공행정의 임무수행으로서 행정사법적 활동에 대하여는 원칙적으로 사법규정이 적용되지만, 헌법상 기본권의 구속과 기타 공법적 제한(권한배분이나 행정작용의 일반원리)이 부가된다.[1] 이 점에서 행정사법의 문제는 여기서 논의될 문제와는 문제제기의 방향을 달리하는 것이라 할 수 있다. 한편, 어디까지나 사법형식에 의하여 공행정임무를 수행하는 것인 행정사법적 활동과는 달리, 행정주체가 국고, 즉 사법상 재산권의 주체로서 등장하는 국고관계(행정상 사법관계: 예 국가·지방자치단체의 물품구매계약, 청사·도로·교량 등의 건설도급계약, 국유재산의 매각 등)에는 당연히 사법이 적용되는 것이므로 여기서 논의될 행정법관계(공법관계)에 대한 사법규정의 적용문제와는 직접 관련이 없다.

둘째, 행정은 행정법을 적용함에 있어 이를 보완·보충하기 위하여 사법 규정을 활용할 수도 있다. 그러나 이는 행정이 사법의 차원에서 행동하는 것이 아니라 어디까지나 공법의 영역에 머무르면서, 사법에서 정립된 법규정들 또는 사법에서 형성된 법관념들을 공법으로서 사용하는 경우이다. 이와같이 법률관계가 동질적일 때에 행해지는 "사법에서의 대출"($_{Privatrecht}^{Ausleihe\ beim}$)[2]은 행정법관계에 있어 이에 적용되는 통칙적 규정이 없을 뿐만 아니라 적용할 법규나 법원칙이 결여되어 있는 경우가 적지 않다는 점에서 불가피하다. 공법의 경우, 민법·상법 기타 민사관계법규가 오랜 기간 동안 잘 발달되어 왔고 또 사법규정의 흠결을 보충할 사법이론이나 법원리가 충분히 축적되어 있는 사법의 경우에 비하여 그때그때 다양한 행정목적(가령 전기나 수도 등 급부의 제공)에 적합한 법형식을 충분히 갖추고 있지 못하는 경우가 적지 않기

---

1) 앞서 본 바와 같이 이 경우 행정에게 허용된 것은 사법적 행위형식일 뿐, 사적자치(Privatautonomie)에 의한 자유나 가능성이 허용된 것은 아니기 때문이다.
2) Maurer, § 3 Rn.28.

때문이다. 가령 공법상 부당이득의 처리(예: 공무원봉급이 과오지급된 경우)에 대하여는 개개의 법령에 특별한 규정이 있는 경우(국세기본법 §§ 51-54, 관세법 §§ 24-25, 지방세법 §§ 45-47, 공무원연금법 § 81 ①, 보조금관리법 §§ 31-33, 우편법 § 25 등)를 제외하고는 통칙적 규정이 없다. 그러한 법규정이 없더라도 부당이득의 문제로 인한 불공정을 시정해야 할 필요성은 상존하며, 따라서 민법상 부당이득에 관한 규정을 여기에 적용해야 할 필요성이 생기는 것이다. 이러한 까닭에 행정법관계에 적용할 법규가 흠결된 경우에, 사법규정 또는 사법원리의 적용이 인정될 수 있는지가 문제된다.

> 이와 관련하여 가령 공법상 급부관계에 민법의 채권법규정을 적용할 것인가 하는 문제뿐만 아니라 신의성실의 원칙($\substack{\text{Grundsatz von}\\\text{Treu und Glauben}}$), 민법상 기간계산에 관한 규정, 의사표시의 취소에 관한 규정, 채무불이행에 관한 규정, 부당이득, 사무관리에 관한 규정, 임치, 하자담보책임, 현상광고(가령 자금지원대상자를 모집하는 경우) 등에 관한 민법규정들을 공법상 급부관계에 적용할 것인가, 또 어떻게 적용할 것인가 하는 문제들이 제기된다. 한편 공법상 계약의 경우 이에 관한 법규정의 미비를 민법상 관계규정을 준용한다는 조항을 둠으로써 보완하는 경우가 많다.

이 문제는 어디까지나 법령이 법의 흠결에 관하여 명시적인 규정을 두지 않은 경우에만 제기되는 문제이다. 법이 스스로 사법규정의 적용을 명시한 경우(국가배상법 § 8; 국가재정법 § 96 ③; § 국세기본법 §§ 4, 54 ②)에는 이에 따르면 될 것이므로 학설대립의 여지는 없다.[3]

공법규정의 흠결이 있을 경우 곧바로 사법규정의 적용여부를 판단할 것이 아니라 관계 공법규정의 적용여부를 먼저 검토해야 한다.[4] 여기서는 헌법상 인정된 행정법의 일반원리(신뢰보호·법적 안정성·법적 명확성·기본권보호 등)를 포함한 헌법규정, 기타 공법규정의 유추적용이 가능한지 여부를 우선적으로 고려하여야 한다.

Ⅱ. 사법규정의 적용가능성과 적용방식·범위에 관한 학설

일반적으로 공법관계에 사법규정을 적용할 수 있는지는 주로 독일에서 전개되었던 복잡한 학설대립을 배경으로 하여 논의된다. 그러나 이미 오래전 포르스토프($\substack{\text{E.}\\\text{Forsthoff}}$)가 서술했듯이, 오토 마이어($\substack{\text{O.}\\\text{Mayer}}$)를 필두로 공·사법준별론에 의거하여 사법규정의 적용을 부인한 부정설은 타당성이나 추종자를 상실한 지 오래이며,[5] 오늘날 이를 긍정하는 것이 일반적이다. 다만 어떤 범위에서 어떤 기준으로 사법규정을 적용할 것인지에 관하여 학설이 대립한다. 학설

---

3) 동지 김남진, 행정법 I, 130. 한편 공법상 계약의 경우 이에 관한 법규정의 미비를 민법상 관계규정을 준용한다는 조항을 둠으로써 보완하는 경우가 많다.
4) 김남진, 행정법 I, 76이하 및 129 각주 1; 홍정선, 행정법원론(상), 165.
5) Forsthoff, Lehrbuch des Verwaltungsrechts, Allgemeiner Teil(1973), § 9, S.168.

제1편 제2편 제3편 제4편 제5편 행정법총론

은 대체로 다음과 같은 두 가지 점에 수렴한다.[6]

첫째 사법에 국한되지 않고 **법의 일반원리를 내용으로 하는 규정은 직접** (또는 각 개별법에 의하여 분식되어 있는 경우에는 그 공통적 내용을 추출하여) **행정법관계에 적용될 수 있다.** 가령 이 경우 어떤 민법규정이 적용된다면 그것은 이미 공법에서도 타당한 일반법원리의 내용을 분명히 한 규범적 거점으로서의 의미를 가질 뿐이다.[7]

둘째, **일정한 사법규정들은 공법관계에 유추적용**(Analogie)**될 수 있다.** 일정한 사법규정은 유추의 원칙에 따라 그 기초가 된 법적 이치가 공법에서도 타당성을 지니고 또 당해 사법규정이 해결책을 제공해주는 때에는 바로 그런 이유에서 공법관계에도 적용될 수 있다.[8]

문헌에서 소개되고 있는 이에 관한 학설의 내용을 개관하면 다음과 같다.[9]

1. 부 정 설

공·사법의 이질성·준별을 근거로 사법규정의 적용을 일체 부정하는 견해이다. 과거 국가우월적 행정법이론의 산물로서 오늘날 거의 추종자가 없고 또 있더라도 이렇듯 절대적인 내용으로 주장되지는 않는다.

2. 긍 정 설

2.1. 직접적용설

법의 일반원리를 내용으로 하는 사법규정의 직접 적용을 인정하는 견해이다.

2.2. 유추적용설

공법과 사법의 대립, 각각의 특수성을 감안하여 사법규정의 직접적용을 인정하지 않고 공법의 특수성을 고려하여 유추적용할 것을 주장하는 오늘날 지배적인 견해이다. 이것은 다시 공법과 사법을 통일적 전체법질서의 부분질서로 파악함으로써 특별한 규정이 없는 한 일반적으로 유추적용을 인정하는 ① 일반적 유추적용설과, 재산관계에 한하여 또는 공법이 직접 사법규정의 적용을 규정하거나 간접적으로 사법적 개념을 사용하는 등 일정한 조건하에서만 유추적용을 인정하는 ② 한정적 유추적용설로 나뉘는데, ③ 종래의 통설적 견해는 행정상

---

6) 이 점은 이미 포르스토프(Forsthoff, aaO., § 9, S.168-176)에서도 확인될 수 있다.

7) Maurer, § 3 Rn.29.

8) 한편 공법상 유추적용의 허용여부에 대하여는 공법과 사법의 구조적 이질성을 근거로 이를 허용되지 않는 것으로 보는 견해도 없지 않으나, 일정한 조건하에 이를 인정하는 것이 지배적이다(Gern, Analogie im öffentlichen Recht, DÖV 1985, 558; Erichsen/Martens, § 7 Rn.94, S.164).

9) 가령 박윤흔, 행정법강의(상), 173-175를 참조.

법률관계를 권력관계·관리관계·행정상 사법관계로 구별하는 행정삼분설에 입각하여 ⓐ 사법규정 자체의 성질에 착안하여 일반법원리적 규정(신의성실의 원칙, 권리남용의 금지)과 법기술적 약속을 내용으로 하는 규정(주소, 기간계산 등)의 직접적용을 인정하고, ⓑ 공법관계의 종별에 따라 권력관계에 있어서는 앞의 일반원리적 규정을 제외하고는 원칙적으로 사법규정의 적용을 부인하고 관리관계에 있어서는 특별한 규정이나 공법적 특수사정이 없는 한 사법규정의 일반적 적용을 인정하는 입장을 취한다.

3. 법일원설(특별사법설)

공·사법 구별을 부인하고 공법을 사법의 특별법으로 보는 견해로 이에 따르면 공법에 특별한 규정이 없는 한 당연히 일반법인 사법이 적용된다고 하나 공·사법일원론 자체에 문제가 있다.

생각건대, 일반법원리적 규정의 직접적용을 주장하는 견해와 유추적용을 주장하는 견해는 서로 배척하는 것은 아니며 오히려 상호보완적인 관계에 선다고 할 수 있다. 전자에는 가령 신의성실의 원칙과 기타 계약법상의 규정들이 해당할 것이고, 그 밖에 대부분의 사법규정들은 후자, 즉 유추적용을 통하여 적용될 것이다. 물론 두 가지 견해가 각기 다른 근거를 제시하고 있는 데에도 나름대로 충분한 일리가 있다. 예컨대 일반법원리는, 물론 현실적으로 드물기는 하지만, 행정의 권한을 성립시키는 근거가 될 수 있는 데 반하여, 사법적 성질을 지닌 법규범 또는 법제도들을 유추적용함으로써 법률에 의하여 확정된 권한을 확대하는 것은 허용되지 않는다.[10] 한편 종래의 통설이 공법관계를 권력관계와 관리관계로 양분하여 사법규정의 적용상 차등을 두는 데 반대하면서 개개의 법률관계의 내용·성질을 판단하여 사법규정의 적용여부를 결정하여야 한다는 이른바 개별적 구별설이 주장되고 있는데,[11] 이것은 유추적용의 경우에는 오히려 당연히 요구되는 바이다.[12] 왜냐하면 유추적용의 전제조건 충족여부를 판단하려면 결국 개별사안에서 문제된 법률관계의 내용·성질을 판단하는 문제로 되돌아가게 되기 때문이다.

다만 이 경우 권력관계의 일반적 특징으로 나타나는 행정주체의 의사의 우월성이 이러한 유추적용을 방해하는지의 여부를 판단하는 것이 문제될 것이다. 그러나 이 역시 권력관계라 하여 일괄적으로 유추적용의 가능성을 부정할 것이 아니라, 개개의 구체적인 권력관계의 성질에 반하지 않는 한, 사인간의 법률관

---

10) 마우러(Maurer)에 의하면, 유추적용의 결과는 원칙적으로 법률효과 면에서만 인정되지 법률요건 면에서는 나타나지 않는다고 한다. 가령 공법상 유추적용될 수 있는 사무관리는 침해권한의 확대를 가져오는 법적 근거가 될 수 없다.

11) 서원우, 현대행정법론(상), 155이하.

12) 박윤흔, 행정법강의(상), 175는 개별적 구별설을 '종래의 견해를 구체화한 것'에 불과하다고 평한다.

계와 구별하여 취급하여야 할 상당한 이유가 없을 때에는, 법의 일반원리적 규정뿐만 아니라 기타 사법규정도 적용될 수 있음을 인정하여야 할 것이다.[13)]

Ⅲ. 현행법상 공법관계에 대한 사법규정의 적용

현행법상 어떤 사법규정들이 어떤 범위에서 공법관계에 적용될 수 있는가가 문제된다. 이에 관해서는 앞서 본 바와 같은 관점에서 첫째, 직접적용되는 일반법원리적 규정, 둘째, 유추적용될 수 있는 기타 일정한 범위의 사법규정들을 각각 기준으로 삼아야 할 것이다.

1. 일반법원리적 규정

사법규정 중에는 공·사법에 공통적으로 적용될 수 있는 일반법원리적 규정들이 순수한 형태로 때로는 어느 정도 사법적 분식이 가해진 형태로 존재한다. 이들 규정은 특정한 법률을 통해 표현되었을지라도 전체법질서에 대하여 효력을 가진다고 볼 수 있기 때문에 공법관계에 직접 적용된다. 현행법상 공법관계에 적용되는 일반법원리적 사법규정의 예로는 신의성실의 원칙·권리남용의 금지($^{민법}_{§2}$),[14)] 자연인에 관한 것으로 신분 및 주소의 개념, 능력에 관련된 각종개념 , 법인에 관한 것으로 사법인의 대표권, 법인의 주소·능력, 등기·청산 등에 관한 규정, 물건의 관념·기타 물건에 관한 총칙적 규정, 법률행위·의사표시·대리·무효·취소·부관 등에 관한 규정, 부당이득, 사무관리·불법행위 등에 관한 규정들을 들 수 있다.

이와같이 공법관계에 직접 적용되는 일반법원리적 규정이라 하기 위해서는 그 일반적 내용 및 현저성(^{Sinnfälligkeit}) 때문에 그 자체로서 명백하다고 인정할 수 있는 것이어야 한다.[15)] 만일 법리의 형성이 어떤 법률의 특수한 입법목적에 따라 변형되어 이러한 명백성을 결여한다면, 이를 일반법원리적 규정이라고 볼 수 없다. 가령 공법의 경우 여러 가지 법률들이 기간에 관한 규정을 두면서 그 계산에 관한 세부사항에 관하여는 규정하지 않는 경우가 많은데, 이 경우 민법상 기간계산에 관한 규정들이 원칙적으로 공법관계에도 타당한 것으로 볼 수 있다는 데에는 의문이 없다(다수설[16)]·판례[17)]). 그러나 이러한 기간계산에 관한 규정은 법적

---

13) 서원우, 앞의 책, 156.

14) 이와 관련하여 법의 일반원리인 신의성실의 원칙의 파생원칙으로서 실권의 법리는 공법관계 중 관리관계는 물론이고 권력관계에도 적용되어야 한다는 판례가 있다(대법원 1988.4.27. 선고 87누915 판결).

15) Forsthoff, aaO., S.173.

16) 박윤흔, 행정법강의(상), 176; 김남진, 행정법 I, 132; 김동희, 행정법 I, 103 등.

17) 가령 대법원 1959.12.30. 선고 4293行上216 판결(기간의 계산에 있어 특별한 규정이 없으면 민법의 규정에 따를 것); 대법원 1967.5.23. 선고 67누50 판결(국세심사청구법상 기간의 계산은 민법의 규정에 따라 계산); 대법원 1972.

거래의 목적에 맞게 정해진 법기술적 규정으로서 일단 일반법원리적 규정과는 구별되어야 할 것이며, 이것이 타당한 것은 직접 적용되는 것이라기보다는 유추적용되는 것이라고 보아야 할 것이다.[18] 민법상 시효에 관한 규정도 이와 마찬가지로 법기술적 규정이지 일반법원리를 구현한 것이라고는 볼 수 없을 것이다. 따라서 이를 직접 적용할 것이 아니라 그 법기술적 합리성이 동일하게 관철되는지 여부에 따라 유추적용의 대상으로 고려해야 할 것이다. 다만 판례와 다수의 학설은 이들 기간계산이나 시효에 관한 민법의 규정이 법기술적 약속을 내용으로 하는 것으로서 공법관계에도 직접 적용된다고 보고 있다.[19]

2. 기타 사법규정의 유추적용

그 밖의 사법규정은 각각 그 규정의 성질과 문제되고 있는 개별적 법률관계의 성질·유형을 상관적으로 고려하여 유추적용의 원칙에 따라 공법관계에의 적용여하가 결정되어야 할 것이다. 법기술적 약속규정은 비교적 광범위하게 유추적용될 여지가 있을 것이다. 한편 이 경우 문제된 공법관계가 권력관계인지 관리관계인지의 문제는 사법규정의 유추적용을 판단하는 결정적 기준을 제공하지 못한다. 종래의 통설이 취하는 바와 같이 공법관계의 종별(이른바 3분론)에 따라 권력관계에 대하여는 일반원리적 규정을 제외하고 원칙적으로 사법규정의 적용을 부인하고 관리관계에 대하여는 특별한 규정이나 공법적 특수사정이 없는 한 사법규정의 일반적 적용을 인정하는 개괄적인 유형론은 어떤 논리적 필연성을 갖는 것이라기보다는 단지 시사적·설명적 의의를 가지는 데 불과하다. 일반적으로 사법규정의 유추적용 여부를 판단하기 위해서는 개개의 법률관계의 성질을 우선적으로 문제 삼아야 할 것이다. 이러한 관점에서 특히 관건이 되는 것은 유추의 전제조건, 즉 행정법상 관계법규정이 결여되어 있고 다른 공법규정에 의해서도 그 흠결을 메울 수 없으며 또 법적·평가적 측면에서 사안의 유사성이 있어야 한다는 요건이 충족되어야 한다는 것이다.

> 마우러(Maurer)는 이 경우 두 가지 점이 분명히 검토되어야 한다고 한다. 즉 사법적 법규가 도대체 문제의 행정법상 법률관계에 수용될 있는가?(유추적용의 가능성) 수용될 수 있다면 어떤 범위에서 그 법

12.12. 선고 71누149 판결(민법 제157조의 초일불산입규정을 징계의결기간의 계산에 적용); 대법원 1969.3.25. 선고 69누2 판결(공휴일과 기간만료점 규정을 행정소송기간계산에 적용); 대법원 1982.2.23. 선고 81누204 판결(기간의 초일이 공휴일이라도 기간은 초일부터 기산).

18) Forsthoff, aaO., S.174. 가령 바이에른 주 행정법원은 '민법상 기간계산에 관한 규정들이 당해 법령에 그와 다른 규정이 없는 한 공법 전체에 대하여도 적용될 수 있으며, 또 이들 규정들을 적용에서 배제하는 것은 해석규정 (Auslegungsvorschriften)으로서 관계법상 특별한 법률의 규정이 있는 경우에 한한다'고 판시한 바 있는데(Urt.v. 30.9.1925, Jahrb. Bd.46, S.61), 이는 직접적용이 아니라 유추적용이라는 것이다.

19) 한편 김도창교수(상, 251)는 상위개념으로서 「일반규율적 사법규정」 중에서 일반법원리적 규정을 제외하고 법기술적 약속규정은 사법적으로 화장된 형태로 사법에 규정되어 있는 경우가 대부분이므로 이 경우에는 그 사법적 요소를 제거하고 본래적인 일반규율로 환원시켜 유추적용하여야 할 것」이라고 하고 있다.

규정의 개개의 규율내용이 유추적용될 수 있는가?(유추적용의 범위·한계)[20]

요컨대 이와 같은 유추적용의 요건이 충족되면 문제된 법률관계가 권력관계라 하더라도 이에 구애됨이 없이 개개의 구체적인 법률관계의 성질에 반하지 않는 한, 그리고 이를 사인 간의 법률관계와 구별하여 취급하여야 할 상당한 이유가 없을 때에는, 법의 일반원리적 규정 이외의 기타 사법규정이 여기에 유추적용될 수 있다고 보아야 한다.

Ⅳ. 관련문제: 사법규정의 적용과 행정사법의 문제

사법형식에 의한 공행정임무의 수행, 즉 행정사법적 활동은 무엇보다도 행정임무수행에 적합한 공법규정이 결여되어 있고 따라서 그 법적 규율의 내용을 사법에 의존할 수밖에 없다는 점에 의하여 일반적으로 정당화되고 있다. 그러나 앞에서 본 바와 같이 사법규정의 원용(유추적용)이 행정법상 가능하고 또 허용된다면 과연 이러한 설명이 여전히 타당하다고 볼 수 있을까? 이러한 질문은 행정사법의 관념이 생성되어 일반적 승인을 얻은 독일행정법에서 뿐만 아니라,[21] 우리나라에서도 마찬가지로 제기될 수 있다. 생각건대 공법관계에 대한 사법규정의 적용이 인정되고 확대되면 될수록 행정사법의 입지도 좁아지게 될 것이다. 가령 공법적인 공공시설의 이용관계의 경우 이에 대하여 민법상 임대차에 관한 규정을 준용할 수 있는 이상, 군이 허용여부(Zulassung)·이용자의 이용청구권 등은 공법적으로, 시설사용에 따른 청산(Abwicklung)은 사법적으로, 각각 2단계로 나누어 설정해야 할 필요도 없게 될 것이기 때문이다. 또 자금지원으로서 자금대여의 지급을 민법상 채무관계에 관한 규정들을 원용함으로써 지급결정과 마찬가지로 통일적으로 공법관계로 구성하는 것도 충분히 가능하다. 다른 한편으로는 이와 같은 공법관계의 통일적 파악을 통하여, 일반적으로 그리고 특히 2단계적 법률관계에 있어, 행정사법이라는 공법과 사법이 혼화되어 출현한 법현상으로부터 발생하는 여러 문제들(쟁송절차, 책임 등)을 회피할 수 있게 된다. 마우러에 따르면 과연 "행정사법"이 아직까지도 필요하고 또 정당화될 수 있는지 또 얼마나 그러한지는 이에 관한 법적·사실적 결산을 통하여 밝혀져야 할 것이라고 한다.[22]

---

20) Maurer, § 3 Rn.29.
21) Maurer, § 3 Rn.31.
22) Maurer, aaO.

제 5 절 | 행정법상 법률요건과 법률사실

Ⅰ. 개 설

1. 행정법상 법률요건과 법률사실

행정법상 법률요건이란 행정법관계의 변동, 즉 그 발생·변경·소멸의 법률효과를 발생시키는 사실을 말한다. 법률요건을 이루는 개개의 사실을 행정법상 법률사실이라 한다. 이들은 사법상 법률요건·법률사실의 유추개념이다.

2. 행정법상 법률사실의 종류

행정법상 법률사실은 사법의 경우와 마찬가지로 사람의 정신작용을 요소로 하는지의 여부에 의하여 공법상 용태와 공법상 사건으로 나누어진다.

2.1. 공법상 사건

사람의 정신작용을 요소로 하지 않는 법률사실을 말한다. 사람의 생사, 시간 경과, 일정 연령 도달, 물건 소유·점유, 일정장소에서의 거주, 목적물 멸실, 부당이득 발생 등이 이에 해당한다.

2.2. 공법상의 용태

사람의 정신작용을 요소로 하는 법률사실이며, 다시 외부적 용태(행위)와 내부적 용태(내심)로 나뉜다.

⑴ 외부적 용태(행위)

사람의 정신작용이 외부적 거동을 통하여 발현된 것으로 일정한 법적 효과를 발생하는 것을 말한다. 외부적 용태에는 공법행위가 대종을 이루지만 사법상 매매·증여로 납세의무가 발생하는 경우와 같이 사법행위일 수도 있다.

⑵ 내부적 용태(내심)

외부에 표시되지 않는 내면적 정신상태로 일정한 법적 효과를 발생하는 것을 말한다. 예컨대, 선의·악의, 고의·과실 등이 이에 해당한다.

제1편 제2편 제3편 제4편 제5편 행정법총론

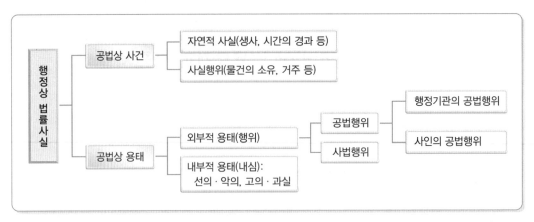

[행정상 법률사실]

Ⅱ. 공법상 사건

1. 시간의 경과

1.1. 기 간

기간($^{\text{term,}}_{\text{Frist}}$)이란 한 시점에서 다른 시점에 이르는 시간적 간격을 말한다. 이 점에서 기일, 시기 및 기한과 구별된다. 기간의 계산방법은 법기술적인 고려에 따라 결정될 문제이다. 행정법규 중에는 기간의 계산에 관한 규정을 둔 것도 있지만($^{\text{국회법 § 162,}}_{\text{특허법 § 16 등}}$), 대부분은 아무런 규정을 두고 있지 아니하다. 기간의 계산에 관한 민법규정의 기초를 이룬 법기술적 합리성이 공법관계에서도 그대로 타당한 이상 이와 다른 특수한 규율을 해야 할 필연성은 없을 것이다. 따라서 법령에 특별한 규정이 없는 한, 민법상 기간의 계산에 관한 규정을 적용한다고 규정해도 무방하다고 볼 수 있을 것이다.[1] 이렇게 본다면 ① 기간을 시·분·초로 정한 경우에는 즉시부터 기산하며, 일·주·월·년으로 정한 경우에는 초일은 불산입한다. 즉 초일불산입의 원칙은 다른 특별한 규정이 없는 한 공법관계에도 적용된다(예외: 연령계산, 기간이 오전 0시부터 시작되는 경우 등).[2] ② 기간의 말일이 종료됨으로써 기간이 만료되나, 말일이 공휴일일 때에는 그 익일에 기간이 만료된다. ③ 기간을 역산할 경우 가령 법령에 '선거일 7일 전'이라고 규정한다면 이때에는 선거일은 빼고 기간을 계산하여야 한다. 한편 '선거일 전 7일에'의 경우에는 역시 선거일 전일부터 계산하여 7일이 되는 날을 말한다고 보아야 한다.

---

1) 박윤흔교수(상, 220)는 이러한 이유에서 민법의 기간계산에 관한 규정을 일반법원리적 성격을 가진 것이라고 한다.
2) 가령 「가족관계의 등록 등에 관한 법률」 제37조 제1항은 '신고기간은 신고사건 발생일부터 기산한다'고 규정하고 있다.

행정절차법은 제16조에서 기간 및 기한의 특례를 규정하고 있다. 이에 따르면 천재지변 기타 당사자 등의 책임없는 사유로 기간 및 기한을 지킬 수 없는 경우에는 그 사유가 끝나는 날까지 기간의 진행이 정지되며($\S 16 \atop \textcircled{1}$), 외국에 거주 또는 체류하는 자에 대한 기간 및 기한은 행정청이 그 우편이나 통신에 소요되는 일수를 감안하여 정하여야 한다($\S 16 \atop \textcircled{2}$).

1.2. 시 효

1.2.1. 의 의

시효란 일정한 사실상태가 오랫동안 계속된 경우에 그 사실상태가 진실한 법률관계에 합치되는지의 여부에 관계없이 그 상태를 그대로 존중함으로써, 이를 진실한 법률관계로 인정하는 제도이다. 따라서 행정기관이 장기간에 걸친 하자있는 행정행위를 방치함으로써 취소권을 상실하는 경우인 실권(^{Verwirkung})의 법리와 다르다. 시효제도는 법적 안정성과 채증곤란의 구제를 위해 인정된 것이므로 그 취지상 원칙적으로 공법관계에도 적용된다고 보아 무방하다.[3]

1.2.2. 금전채권의 소멸시효

(1) 소멸시효의 기간

행정법상 금전채권, 즉 국가나 지방자치단체를 당사자로 하는 금전채권의 소멸시효기간은 다른 법률에 특별한 규정($^{\text{예: 관세법}}_{\S 22}$)이 없는 경우에는 5년이다($^{\text{국가재정법 } \S 96,}_{\text{지방재정법 } \S 82}$).

(2) 시효의 중단 · 정지

다른 법률에 특별한 규정이 없는 한 민법규정을 준용한다. 다만, 법령이 특별한 규정에 의하여 국가가 행하는 납입고지에 시효중단의 효력을 인정하는 경우가 있다($^{\text{예산회계법 } \S\S 97, 98, \text{ 지방재}}_{\text{정법 } \S\S 70, 71, \text{ 국세기본법 } \S}$ $^{28, \text{ 지방세}}_{\text{법 } \S 50 \text{ 등}}$).

(3) 시효의 효력

민법은 소멸시효의 효과에 관하여 단지 「소멸시효가 완성한다」고만 규정할 뿐($^{\S\S 162 \sim}_{164}$) 구체적으로 그 완성의 효과가 무엇인가에 관하여는 아무런 규정을 두지 않고 있다. 그리하여 시효기간의 경과는 권리 그 자체의 소멸이 아닌 항변권의 발생을 가져올 뿐이며 이 항변권의 행사여부는 시효의 이익을 받은 자의 의사에 맡겨져 있다는 상대적 소멸설과 시효기간의 경과는 권리의 절대적 소멸원인이며 당사자의 원용이 필요없다는 절대적 소멸설(다수설[4])이 대립하고 있다.

---

3) 가령 국세의 부과권 · 징수권은 특별한 다른 규정이 없는 한 소멸시효의 대상이 된다는 대법원 1984.12.26. 선고 84누572 판결 참조.
4) 민법학과 행정법학의 다수설이다(김도창, 일반행정법론(상), 262; 박윤흔, 행정법강의(상), 201).

생각건대 소멸시효의 완성은 권리의 절대적 소멸을 가져온다고 하는 것이 법률관계의 명확성이나 거래의 안전을 고려할 때 타당한 결론이라고 본다. 시효기간의 경과는 권리의 절대적 소멸원인이며, 당사자의 원용을 필요로 하지 않는다.5) 가령 지방세법 제48조 제1항은 지방세의 징수권은 「그 권리를 행사할 수 있을 때로부터 5년간 행사하지 아니할 때에는 시효로 인하여 소멸한다」고 규정함으로써 원용이 불필요하다는 전제 위에 서 있다. 가령 소멸시효가 완성된 조세의 부과처분은 납세의무 없는 자에 대한 과세처분으로서 당연무효이며 설령 납부하더라도 행정측의 부당이득을 구성한다.6)

판례는 소멸시효의 완성으로 인한 권리의 소멸을 인정하면서도, 변론주의를 근거로 당사자의 항변을 필요로 한다는 입장에 서 있다.7) 즉 「소멸시효의 이익을 받는 자가 그것을 포기하지 않고 실제 소송에 있어 권리를 주장하는 자에 대항하여 그 소멸시효의 이익을 받겠다는 뜻으로 항변하지 않는 이상 그 의사에 반하여 재판할 수 없음은 변론주의의 원칙상 당연한 것이라 함이 본원의 판례(대법원 1964.9.15. 선고 64다488 판결 참조)이고, 이는 국가에 대한 공법상의 금전급부청구에 있어서도 결론을 달리할 수 없다.」(대법원 1969.8.30. 선고 68다1089 판결)고 하였고, 또 「소멸시효에 있어서 그 시효기간이 만료되면 권리는 당연히 소멸하는 것이지만 그 시효의 이익을 받는 자가 소송에서 소멸시효의 주장을 하지 아니하면 그 의사에 반하여 재판할 수 없다.」(대법원 1991.7.26. 선고 91다5631 판결)고 판시하고 있다. 또한 대법원은 「조세에 관한 소멸시효가 완성되면 국가의 조세부과권과 납세의무자의 납세의무는 당연히 소멸한다 할 것이므로, 소멸시효완성 후에 부과된 부과처분은 납세의무없는 자에 대하여 부과처분을 한 것으로서 그와 같은 하자는 중대하고 명백하여 그 처분의 효력은 당연무효」(대법원 1985.5.14. 선고 83누655 판결)라고 판시한 바 있다.

1.2.3. 공물의 시효취득

사물은 원칙적으로 부동산은 20년간, 동산은 10년간 소유의 의사로서 평온·공연하게 점유를 계속하면 소유권을 취득하는데(민법 §§ 245 ①, 246), 공물도 시효취득의 대상이 될 수 있는지에 대하여 종래 ① 부정설, ② 제한적 시효취득설, ③ 완전시효취득설 등이 대립되어 왔다. 그러나 현행 국유재산법은 국유재산을 시효취득의 대상에서 제외시키고 있고(§5 ②), 지방재정법(§74 ②)은 공유재산에 대하여 시효취득을 배제하고 있으며, 판례도 공용폐지가 없는 한 공물의 시효취득을 부정하고 있다.8)

---

5) 민의원법사위의 민법안심의소위의 민법심의록 103면은 우리 민법의 입법자가 명백히 절대적 소멸설을 취했음을 보여주고 있다. 그러나 절대적 소멸설은 원용을 요하지 아니하고 권리가 절대적으로 소멸한다고 하나 후술하는 판례에서 보는 바와 같이, 역시 시효의 이익을 받기 위하여는 소송상 이를 항변하여야 한다고 하므로, 절대적 소멸설과 상대적 소멸설의 어느 것을 취하느냐에 따라 그 결과에 근본적인 차이는 없는 것이며, 이로써 우리 민법상의 소멸시효제도는 원용제도를 소송법상의 항변으로 대체한 보기 드문 입법례가 된 것을 유의하면 족한 것이라고 한다(이영준, 민법총칙, 1987, 774-775).

6) 박윤흔, 행정법강의(상), 201.

7) 이영준, 773-774는 대법원의 판례가 절대적 소멸설을 취한 것으로 이해한다.

8) "행정목적을 위해 공용되는 행정재산은 공용폐지가 되지 않는 한 사법상 거래의 대상이 될 수 없으므로 취득시

한편 헌법재판소는 공물은 아니지만 국유재산 중 잡종재산에 대하여 국유재산법 제5조 제2항을 적용하는 것은 헌법 제11조 제1항, 제23조 제1항 및 제37조 제2항에 위반한 것이라고 판시한 바 있다.[9]

1.3. 제척기간

제척기간(Ausschlußfrist)이란 일정한 권리에 대하여 법률이 정한 존속기간을 말한다. 제척기간은 법률관계의 불안정상태를 신속히 확정시키기 위한 제도이며, 영속적인 사실상태를 권리관계로 인정하려는 제도인 시효제도와는 성질을 달리한다. 제척기간은 ① 기간이 소멸시효보다 짧고, ② 중단·정지의 제도가 없으며, ③ 소송에서 이를 원용하여야 할 필요가 없다. 제척기간의 경과는 직권조사사항이다. 제척기간의 예로는 행정심판·행정소송 등의 제기기간, 토지수용에 관한 사업인정의 효력소멸기간 등을 들 수 있다.

1.4. 실 권

공법상 권리도 장기간 이를 행사하지 않고 방치하면 더 이상 그 행사를 용인하지 않는 것이 신의성실의 견지에서 바람직하다고 판단되는 경우가 있다. 가령 행정기관이 장기간에 걸친 하자있는 행정행위를 방치하면 취소권이 상실되는 경우와 같다. 이를 실권(Verwirkung)의 법리라고 부르며, 신의성실의 원칙의 한 적용결과이다.[10]

실권 또는 실효의 법리는 법의 일반원리인 신의성실의 원칙에 바탕을 둔 파생원칙인 것이므로 공법관계 가운데 관리관계는 물론이고 권력관계에도 적용되어야 함을 배제할 수는 없다 하겠으나 그것은 본래 권리행사의 기회가 있음에도 불구하고 권리자가 장기간에 걸쳐 그의 권리를 행사하지 아니하였기 때문에 의무자인 상대방은 이미 그의 권리를 행사하지 아니할 것으로 믿을 만한 정당한 사유가 있게 되거나 행사하지 아니할 것으로 추인케 할 경우에 새삼스럽게 그 권리를 행사하는 것이 신의성실의 원칙에 반하는 결과가 될 때 그 권리행사를 허용하지 않는 것을 의미한다.[11]

2. 주소·거소

2.1. 주 소

민법은 생활의 근거지를 주소로 하고 있으나(객관설), 공법상 자연인의 주소는, 다른 법률에 특별한 규정이 없는 한, 주민등록법에 의하여 주민등록지를 주소로 한다(주민등록법 §23).[12] 주민

의 대상도 될 수 없다"(대판 1983.6.14. 선고 83다카181 판결).
9) 헌법재판소 1991.5.13. 선고 89헌가97 결정. 그리하여 국·공유의 사물은 시효취득의 대상이 되게 되었다(헌법재판소 1992.10.1. 선고 92헌가6,7 결정).
10) 이것은 독일연방행정절차법 제48조 제4항에 명문으로 제도화되어 있다.
11) 대법원 1988.4.27. 선고 87누915 판결.

등록은 ① 30일 이상 거주할 목적으로(의사), ② 일정한 곳에 주소나 거소(거주지)를 가진 자(주민)를 대상으로 시장·군수 또는 구청장이 하도록 되어 있다($^{주민등록법}_{§6①}$). 다만, 외국인은 예외로 하며($^{같은}_{같은서}$ 항), 영내에 기거하는 군인은 그가 속한 세대의 거주지에서 본인이나 세대주의 신고에 따라 등록하여야 한다($^{같은 조}$). 「해외이주법」 제2조에 따른 해외이주자는 대통령령으로 정하는 바에 따라 해외이주를 포기한 후가 아니면 등록할 수 없다($^{같은 조}_{③}$).

주민등록법은 제8조에서 등록의 신고주의 원칙을 채택하고 있다. 즉, 주민의 등록 또는 그 등록사항의 정정, 말소 또는 거주불명 등록은 주민의 신고에 따라 하되, 다만 이 법에 특별한 규정이 있으면 예외로 한다. 주민등록법은 이중등록을 금하므로 공법관계에서 주소의 수는 원칙적으로 1개소에 한한다($^{주민등록법}_{§10②}$). 누구든지 신고를 이중으로 할 수 없다.

2.2. 거 소

거소란 사람이 다소의 기간 동안 계속하여 거주하는 곳이지만, 그 장소와의 관계의 밀접도가 주소만 못한 곳을 말하며, 공법상에 특별한 규정이 없으면 민법의 예에 의한다. 행정법규 중에는 거소를 기준으로 법률관계를 규율하는 경우가 있다($^{국세징수법}_{§14①, 16①}$).

Ⅲ. 공법상 사무관리와 부당이득

1. 공법상 사무관리

사무관리란 법률상 의무 없이 타인을 위하여 그 사무를 관리함을 말하며($^{민법}_{§734}$), 공법의 분야에서도 볼 수 있다. ① 국가의 특별감독 하에 있는 사업을 이에 대한 감독권에 기하여 강제적으로 관리하는 강제관리, ② 수난구호, 행려병사자의 관리와 같이 요보호자의 보호를 위한 보호관리가 그러한 예이다. 공법분야에서 행해지는 사무관리적 행위는 공법상 의무에 의한 것이기 때문에 사무관리라고 볼 수 없다는 견해도 없지 않으나, 여기서의 의무는 국가에 대한 의무이지 피관리자에 대한 의무는 아니라 할 것이므로 이를 사무관리라고 보는 것이 지배적인 견해이다. 공법상 사무관리에 대하여는 관계법에 특별한 규정이 없는 한 민법규정을 준용하여 사무관리 기간의 통지의무, 비용상환 기타 이해조절에 관한 규율이 행해져야 할 것이다.[13]

---

12) 주민등록법 제23조 (주민등록자의 지위 등) ① 다른 법률에 특별한 규정이 없으면 이 법에 따른 주민등록지를 공법(公法) 관계에서의 주소로 한다.
② 제1항에 따라 주민등록지를 공법 관계에서의 주소로 하는 경우에 신고의무자가 신거주지에 전입신고를 하면 신거주지에서의 주민등록이 전입신고일에 된 것으로 본다.
13) 이에 관하여는 홍준형, 행정구제법, 137 참조.

2. 공법상 부당이득

공법상 부당이득($\substack{\text{ungerechtfertigte}\\\text{Bereicherung}}$)이란 법률상의 원인 없이 타인의 재산 또는 노무로 인하여 이득을 얻고 이로 인하여 타인에게 손해를 끼치는 것을 말한다. 가령 조세의 과오납, 봉급의 과다수령, 착오로 인한 사유지의 국공유지 편입 등이 그것이다. 부당이득은 반환되어야 한다. 공법상 부당이득반환청구권($\substack{\text{öffentlich-rechtlicher}\\\text{Erstattungsanspruch}}$)은 사법상 부당이득반환청구권에 상응하는[14] 일반행정법상의 법제도이면서 동시에 공법상 급부청구권($\substack{\text{Leistungs-}\\\text{anspruch}}$)의 이면(裏面)(^{Kehrseite})에 해당하는 청구권이다. 공법상 부당이득반환청구권에서 결정적인 징표는 공권력에 의한 침해에 있는 것이 아니라 단지 법적으로 정당화될 수 있는 원인 없이($\substack{\text{ohne rechtfertigenden}\\\text{Grund}}$) 발생했고 또 반환을 통해 회복되어야 할 재산적 상태($\substack{\text{Vermögens-}\\\text{zustand}}$)에 있다고 할 수 있다.

공법상 부당이득반환청구권의 법적 성질이 공권인가 아니면 사권인가에 관하여는 견해의 대립이 있으나, 다수설인 공권설과는 달리 판례는 사권설을 취한다. 공법상 부당이득에 관하여는 개별법령에 특별한 규정($\substack{\text{예: 국세기본법}\\\S\S\ 51-54}$)이 없는 한 민법의 규정($\substack{\S\S\ 741-\\749}$)의 유추적용을 인정할 수 있다. 부당이득의 반환범위에 관하여는 법령상 특별한 규정이 있으면 그에 따르겠지만, 행정주체의 선의·악의를 불문하고 전액반환을 정하는 경우가 많다. 법령상 특별한 규정이 없을지라도 공권력에 의한 사인의 손해의 결과로 발생한 부당이득은 전부 반환되어야 한다고 보아야 할 것이다. 공법상 부당이득반환청구권은 특별한 규정이 있거나($\substack{\text{관세법}\ \S\ 25\ ③,\ 공}\\\text{무원연금법}\ \S\ 81\ ②}$), 제척기간을 정한 경우를 제외하고는, 5년의 소멸시효가 완성됨으로써 소멸된다($\substack{\text{국가재정법}\ \S\ 96,\\\text{지방재정법}\ \S\ 82}$). 부당이득은 행정기관의 부당이득뿐만 아니라 사인의 부당이득으로도 발생할 수 있다.[15]

Ⅳ. 공법행위

1. 의   의

공법행위란 사법행위에 대한 관념이다. 이것은 공법관계에서 행정주체와 사인 간의 행위로서 공법적 효과를 발생시키는 모든 행위형식들을 총칭하는 개념으로서, 실정법상 용어가 아니라 강학상 개념이다. 행정법상 공법행위는 행정법관계에서의 행위만을 말하는 좁은 의미로 사용되고 있다.

14) Ossenbühl, F., Staathaftungsrecht, § 38, S.210.
15) 그 밖에 부당이득에 관하여 보다 상세한 것은 홍준형, 행정구제법, 138이하 참조.

2. 공법행위의 종류

공법행위는 여러 기준에 의하여 분류될 수 있다.

(1) 먼저 행위주체에 따라 행정주체의 공법행위와 사인의 공법행위로 나눌 수 있으며, 전자는 다시 행위의 성질을 기준으로 입법행위의 성질을 갖는 행정상 입법, 행정권이 법 아래서 행하는 개별·구체적인 법집행행위로서 행정행위, 공법상 계약 등으로 나뉠 수 있고, 후자는 사인이 국가기관으로서의 지위에서 또는 행정권의 상대방으로서의 지위에서 하는 행위로서 가령 투표행위, 각종 신청행위, 동의, 신고 등이 예이다.

(2) 공법행위는 권력성의 유무에 따라 권력행위, 즉 행정주체가 우월한 지위에서 상대방에게 명령·강제하는 행위(예: 행정입법, 행정행위, 행정벌, 행정강제 등)와 비권력행위, 즉 행정주체가 상대방과 대등한 지위에서 행하는 행위(예: 행정계약, 공법상 합동행위, 행정지도, 비구속적 행정계획 등)로 나뉜다.

(3) 공법행위는 또한 당사자를 기준으로 일방당사자의 의사표시만으로 성립하여 법률효과가 발생하는 단독행위(예: 의사·약사의 개업신고)와 쌍방당사자의 의사합치에 의하여 성립하고 법률효과가 발생하는 쌍방적 행위(토지수용 협의)로 나뉜다. 단독행위 중 행정행위는 다시 상대방의 협력을 필요로 하는지의 여부에 따라 독립적 행정행위(예: 하명)와 쌍방적 행정행위(신청, 동의 등 상대방의 협력을 요하는 행위(예: 허가, 특허 등))로 나뉘며, 쌍방행위는 다수당사자간에 서로 반대방향의 의사의 합치로 성립하는 공법상 계약(예: 지원입대)과 다수당사자의 같은 방향의 의사의 합치에 의하여 하나의 법률효과를 발생하는 공법상 합동행위(예: 시군조합의 설립)로 나뉜다.

(4) 의사표시의 수에 따라 공법행위는 1인의 의사표시에 의하여 성립하는 단순행위(예: 신고)와 다수인의 공동의 의사표시가 하나의 의사를 구성하는 경우로서 단일한 의사를 구성하는 과정에 다수인의 공동관계가 있게 되는 합성행위(예: 선거, 합의제기관의 의결 등)로 나뉜다.

(5) 끝으로 의사표시를 요소로 하는지 여부에 따라 공법행위는 의사표시행위(예: 퇴직원의 제출)와 통지행위(예: 출생신고)로도 나눌 수 있다.

제 2 장

행정상의 법률관계

I. 행정상 법률관계의 의의

법률관계란 구체적 생활관계로부터 하나의 법규범을 기초로 하여 성립되는 최소한 두 사람 이상의 법적 주체간의 법적 관계를 말한다. 그 법적 관계가 행정법적인 종류이면 이때 행정법관계가 존재한다고 할 수 있다. 한편 우리나라에서는 일반적으로 행정상 법률관계라는 개념을 행정상의 공법관계와 행정상의 사법관계를 포괄하는 하나의 상위개념으로 보고 전자를 행정법관계라고 일컫고 있다.[1]

국민과 국가 간의 일반적 관계는 법적으로 규율되는 것이기는 하지만 그것이 법률관계가 되기 위해 요구되는 구체화가 결여되어 있다는 점에서 아직은 법률관계라고 할 수 없다. 예컨대 자기의 토지위에 건축법의 규정에 따라 건축을 할 수 있는 권리를 가지고 있다고 해서 벌써 건축허가관청과 일정한 법률관계가 성립하는 것은 아니다. 법률관계는 건축주 甲이 특정의 토지에 대한 건축허가를 신청할 때에야 비로소 발생하는 것이다.

법률관계는 원칙적으로 법적 주체 상호 간에 대립하는 권리·의무의 관계라고 할 수 있는데 이는 행정상 법률관계에 대해서도 마찬가지이다. 특히 행정법관계는 공법관계로서 행정소송과 관련하여 실제적인 의미를 지닌다. 행정소송법 제3조 제2호는 당사자소송을 정의하

---

1) 김남진, 행정법 I, 87이하. 또는 행정상 법률관계는 통상적 의미에서는 국가·공공단체와 같은 행정주체와 상대편인 국민 간의 법률관계 즉 행정작용법적 관계를 의미한다고 하고 이 행정작용법적 관계에는 행정법관계(공법관계)와 국고관계가 포함된다고 하고 있으나(김도창, 일반행정법론(상), 189) 「행정상의 법률관계」란 개념을 「행정법관계」의 상위개념으로 이해하는 데에는 차이가 없다.

여 "행정청의 처분등을 원인으로 하는 법률관계에 관한 소송 그 밖에 공법상의 법률관계에 관한 소송으로서 그 법률관계의 한 쪽 당사자를 피고로 하는 소송"이라고 하고 있다. 여기서 행정청의 처분등을 원인으로 한 법률관계나 그 밖에 공법상의 법률관계는 바로 행정법관계를 의미하며, 이 경우 당사자 한 쪽을 피고로 하여 제기하는 소송은 공법소송인 당사자소송이라는 뜻을 분명히 한 것이다. 가령 공공필요에 의한 재산권의 수용·사용·제한으로 인한 손실보상청구권은 그 공법적 성질상 이러한 당사자소송에 의해 행사되어야 한다는 것이다.

> 그러나 판례는 손실보상청구소송을 민사소송으로 취급해 오고 있다. "토지를 수용당한 사람의 보상을 받을 권리가 공법상의 권리에 속해도 국가 또는 공공단체가 보상을 거부할 때에는 그 보상금청구를 민사소송으로 청구할 수 있다"고 하고 있다.[2]

행정상 법률관계에 관해서는 행정상 법률관계의 당사자, 종류, 그중 공법관계인 「행정법관계」에 관해 행정법관계의 특질, 내용―주관적 공권과 공의무, 행정법관계의 특수한 발현형태인 특별행정법관계, 그리고 행정상 법률관계의 발생과 소멸을 가져오는 행정법상의 법률요건과 법률사실의 문제를 논의하여야 할 것이다. 그러나 행정상 법률관계에 관한 일반적 설명에 앞서 전통적으로 행정행위를 중심개념으로 하여 발전되어 온 행정법체계에 있어서 원칙적으로 당사자간의 대등한 관계를 전제로 성립하는 행정법관계의 개념이 어떠한 의의를 지니고 있는가를 먼저 검토해 볼 필요가 있다.

Ⅱ. 행정상 법률관계의 종류

행정에 관한 법률관계를 총칭하는 행정상 법률관계는 행정조직법 관계와 행정작용법 관계를 포함하고, 행정작용법 관계는 행정상 공법관계와 사법관계로 나뉘며, 행정상 법률관계에서 사법관계인 국고관계를 제외한 공법관계인 행정법관계는 다시 권력관계와 관리관계로 나뉜다.[3]

1. 행정조직법적 관계

행정조직법적 관계는 다시 행정조직 내부관계와 행정주체 상호간의 관계로 나뉜다. 전자는 행정주체 내부에서 행정기관($\text{Verwaltungs-organe}$) 간 관계로 그것이 상하관계(예컨대 장관과 소속기관장의 관계)인가 대등관계(각부 장관 간 관계)인가에 따라 각각 감독, 협력, 존중의 내용을 가

---

2) 대법원 1969.5.19. 선고 67다2038 판결.
3) 김도창, 일반행정법론(상), 189.

진다. 후자는 국가와 자치단체의 관계, 자치단체 상호 관계를 포함하는 것으로 행정주체 간 관계에 따라 각각 감독(국가의 지방자치단체에 대한 허·인가 등), 직무원조, 상호협력 등이 문제된다.

2. 행정작용법적 관계

(1) 권력관계

권력관계는 본래적 의미의 행정법관계라고도 부르며 행정주체가 상대방에 대해 우월한 의사주체로서 등장하는 관계라고 할 수 있다. 권력관계에서는 대등한 사인 상호간 이해관계에 관한 사법관계와는 기본적으로 구별되므로 원칙적으로 사법이 적용되지 않고 그에 관한 분쟁은 항고소송으로 해결되며, 행정주체의 행위에 공정력·확정력·강제력 등 우월한 효력이 인정된다.

(2) 관리관계

관리관계란 행정주체가 공권력의 주체로서가 아니라 공물이나 공기업 등의 관리주체로서 등장하는 관계를 말한다. 이것은 본질적으로 사법관계와 다른 것은 아니고 그 법률관계의 내용이 공공의 이익과 밀접한 관련이 있기 때문에 공법적 규율이 가해지는 관계라는 점에서 전래적 또는 파생적 공법관계($\binom{\text{abgeleitete öffentliche}}{\text{Rechtsverhältnisse}}$)라고 불려왔지만 오늘날에는 주로 단순고권행정적 관계($\binom{\text{schlichthoheitliche}}{\text{Verwaltungsverhältnisse}}$)로 호칭되고 있다.

(3) 국고관계

국고관계(또는 행정상 사법관계)란 행정주체가 국고, 즉 사법상 재산권의 주체로서 등장하는 법률관계를 말한다. 예컨대 국가나 지방자치단체가 물품구매계약을 체결하거나 청사·도로·교량 등의 건설도급계약을 체결하고, 국유재산(잡종재산)을 매각하는 등의 관계이다. 국고관계는 사법관계로서 사법의 규율을 받는다. 물론 국고작용이라 할지라도 국가재정법이나 국유재산법, 「공유재산 및 물품 관리법」처럼 공정성담보의 견지에서 규제와 제한을 가하고 있는 것은 사실이지만, 그렇다고 국고작용이 공법적 성질을 띠게 되는 것은 아니다. 이것은 사법상 행위에 대해서도 공법적 규제가 행해지는 것(계약자유원칙의 수정)과 본질적으로 다름이 없다.

제 2 절 | 행정법관계의 내용

행정법관계의 내용은 당사자가 문제와 그 법률관계의 가장 중요한 내용을 이루는 공권과 공의무, 그리고 특수한 행정법관계로서의 특별권력관계를 고찰함으로써 밝혀질 수 있다.

Ⅰ. 행정법관계의 당사자

행정법관계는 행정조직법적 관계, 즉, 행정조직 내부관계와 행정주체 상호간의 관계 외에는 원칙적으로 행정주체와 행정의 상대방을 당사자로 하여 성립한다.

1. 행정주체

행정주체란 공법에 의해 행정임무를 수행할 수 있는 권한과 의무가 부여된 공행정의 권리·의무의 주체($\substack{\text{Rechtsträger der} \\ \text{öffentichen Verwaltung}}$)를 말한다. 즉, 행정주체는 행정권의 담당자($\substack{\text{Verwaltungs-} \\ \text{träger}}$)를 말한다. 행정주체의 종류로는 국가·공공단체와 행정사무의 처리를 위임받은 사인($\substack{\text{공무수탁사인:} \\ \text{Beliehene}}$)을 들 수 있다. 국가는 가장 시원적인 행정주체이다. 국가행정은 대통령을 정점으로 하는 국가행정조직에 의해 수행되지만, 법기술상 법인격을 지닌 국가가 행정주체로서 나타나게 된다. 공공단체는 지방자치단체·공공조합(공법상 사단법인, 예: 농업협동조합, 수산업협동조합, 중소기업협동조합, 의료보험조합, 상공회의소, 변호사회, 재향군인회, 도시재개발조합)·영조물법인(예: 한국도로공사, 한국토지주택공사, 서울대학교병원, 한국은행, 서울특별시지하철공사 등)·공공재단(예: 한국연구재단, 인천문화재단 등) 등을 포함한다. 이 중 지방자치단체는 전래적인 행정주체로서 국가로부터 위임된 권한을 행사한다. 지방자치법 제3조 제1항은 지방자치단체를 법인으로 한다고 규정하고 있으며 제159조에서는 지방자치단체조합을 설립할 수 있도록 하고 있다.

한편 공무수탁사인이란 경찰사무 및 호적사무를 처리하는 선장($\substack{\text{「사법경찰관리의 직무를 수행할 자와 그 직무범위} \\ \text{에 관한 법률」§7, 「가족관계의 등록 등에 관한}}$ 법률」 §§ 49, 91), 공증사무를 수행하는 공증인, 입학·졸업결정, 학위수여를 하는 사립학교($\substack{\text{고등교육} \\ \text{법 §35}}$) 등, 법령에 따라 일정범위 내에서 자기의 이름으로 독자적으로 공권력을 행사할 수 있는 자로, 그 한도 내에서 행정주체의 지위를 가진다.

행정주체의 종류를 그림으로 설명하면 다음과 같다.

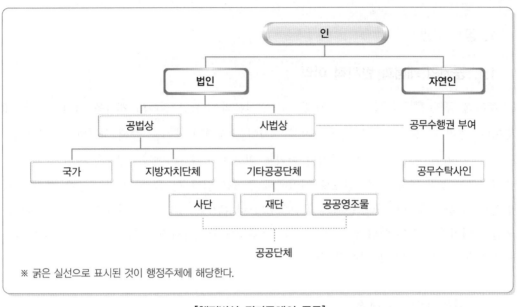

[행정법상 권리주체의 종류]

2. 행정의 상대방

행정의 상대방이란 행정법관계의 당사자($^{Subjekte\ des\ Verwaltungs-}_{rechtsverhältnisses}$)가 되는 권리의무의 주체로서 행정주체의 공권력행사의 상대방이 되는 자를 말한다. 행정의 상대방은 자연인으로서 국민과 사법인인 경우가 보통이지만, 지방자치단체나 공법인이 상대방 지위에 놓일 수도 있다.

> 종래 일반적으로 국민을 행정권발동의 대상으로 보아 행정객체라고 불러왔다. 지금도 행정객체란 용어를 행정주체의 상대방이란 의미에서 사용하는 예를 빈번히 볼 수 있는데, 오늘날의 법치국가적 체계하에서 국민을 행정의 객체(^{Objekt})라고 부르는 것은 적절치 못할 뿐 아니라, 이 용어법 자체도, 그 주관적 의미가 무엇이든 간에, 합당한 것이라고는 보이지 않는다. 모든 국민이 공사법관계를 불문하고 하나의 인격으로서 법적 주체성을 갖는다는 사실을 왜곡시킬 수 있기 때문이다.[1]

Ⅱ. 공권과 공의무

행정법관계도 법률관계, 즉 권리의무관계이므로 공권과 공의무를 기본요소로 한다. 공권은 국가적 공권과 개인적 공권으로 나뉘는데, 개인적 공권으로서 공권만 살펴보기로 한다.

---

1) 동지 홍정선, 행정법원론(상), 173.

1. 공   권

1.1. 공권의 개념과 반사적 이익

주관적 공권($^{\text{subjektive öffentliche Rechte:}}_{\text{이하 '공권'이라 한다}}$)2)이란 일반법이론의 소산인 권리의 개념을 전제로 하는 개념이다. 권리가 의사력(^{Willensmacht})과 이익(^{Interesse})이란 양면적 계기를 통해 성립하는「법적 힘」(^{Rechtsmacht})이라면, 공권은 일단「자기의 이익을 위하여 국가 등 행정주체에게 작위·부작위·수인·급부 등을 요구할 수 있도록 개인에게 주어진 법적 힘」을 말한다. 공권은 그러나 개인뿐만 아니라 국가나 기타 단체의 공권으로도 나타날 수 있다는 점에서 반드시 개인적 공권만을 의미하는 것은 아니다. 공권의 개념은 무엇보다도 반사적 이익 또는 사실상 이익과의 구별을 통해 더 명확하게 밝혀질 수 있다.

공중목욕탕사건 – 사례 A

乙이 최근 영업허가를 받아 운영하고 있는 공중목욕탕으로 인해 영업상 손실을 보던 기존업자 甲은 乙에 대한 신규영업허가가 공중목욕장업법 시행세칙 제4조에 기한 도지사의 거리제한 지시에 위반했다는 이유로 그 영업허가의 취소청구소송을 제기했다. 대법원은「원고에게 대한 공중목욕장업경영허가는 경찰금지의 해제로 인한 영업자유의 회복이라고 볼 것이므로 이 영업의 자유는 법률이 직접 공중목욕장업 피허가자의 이익을 보호함을 목적으로 한 경우에 해당되는 것이 아니고, 법률이 공중위생이라는 공공의 복리를 보호하는 결과로서 영업의 자유가 제한됨으로 인하여 간접적으로 관계자인 영업자유의 제한이 해제된 피허가자에게 이익을 부여하게 되는 경우에 해당되는 것이고, 거리의 제한과 같은 위의 시행세칙이나 도지사의 지시가 모두 무효인 이상 원고가 이 사건 허가처분에 의하여 목욕장업에 의한 이익이 사실상 감소된다 하여도 이 불이익은 본건 허가처분의 단순한 사실상의 반사적 결과에 불과하고 이로 말미암아 원고의 권리를 침해하는 것이라고는 할 수 없으므로 원고는 피고의 피고보조참가인에 대한 이 사건 목욕장업허가처분에 대하여 그 취소를 소구할 수 있는 법률상 이익이 없다 할 것」이라고 판시했다.3)

이 사건에서 문제된 법적 관계의 구조는 다음과 같다. 대법원이 판단해야 했던 것은 새로 목욕장을 개설한 乙에 대한 신규허가가 구 공중목욕장업법 시행세칙 제4조의「분포의 적정」에 관한 규정을 근거로 발급된 도지사의「공중목욕장 상호간의 거리제한에 관한 지시」에 위

---

2) 주관적 공권과 개인적 공권의 개념은 문헌에 따라 전자를 주로 개인적 공권의 의미로 사용하는 언어관용이 없지 않고 또 이론적으로도「개인의 주관적 공권」이 주로 문제되는 것이어서 자칫 혼동되기 쉽지만, 이를 엄밀히 구별할 필요가 있다. 독일어의 'subjektives öffentliches Recht'의 번역인 주관적 공권은 객관적 법(objektives Recht) 내지 법질서(Rechtsordnung)에 대응하는 개념인데 비해, 개인적 공권은 이 주관적 공권을 그 권리주체에 따라 국가와 개인으로 나눌 때 성립되는 개념이다. 따라서 주관적 공권의 개념이 상위개념이라 할 수 있다.「주관적」공권의 개념은「Recht」란 주관적으로는 권리, 객관적으로는 법을 의미한다는 독일어 특유의 언어논리에 바탕을 둔 것이므로 우리의 경우 단순히「공권」의 개념을 대응시키는 것도 가능하다.
3) 대법원 1963.8.13. 선고 63누101 판결.

반하여 기존업자인 원고 甲의 권리를 침해한 것이므로 이를 취소해 달라는 원고의 청구였다.

[사례 A에 있어 법적 관계의 구조]

이 사건 판결에서 대법원이 「거리의 제한과 같은 위의 시행세칙이나 도지사의 지시가 모두 무효인 이상」[4]이라고 하여 위 거리제한에 위배된 乙에 대한 허가처분의 위법성을 부인하는 듯한 논지를 편 것을 제외하고 본다면, 판결의 취지는 다음과 같이 요약된다.

첫째, 원고 甲이 자신에 대한 기존의 허가(①)로 인하여 받는 이익은 법률이 직접 피허가자의 이익을 보호함을 목적으로 한 경우에 해당되는 것이 아니고, 법률이 공중위생이라는 공공의 복리를 보호하는 결과로서 영업의 자유가 제한됨으로 인하여 간접적으로 관계자인 영업자유의 제한이 해제된 피허가자에게 이익을 부여하게 되는 경우에 해당되는 것이다. 둘째, 제3자인 乙에 대한 허가로 甲의 목욕장업에 의한 이익이 사실상 감소된다 하여도 이 불이익은 본건 허가처분의 단순한 사실상의 반사적 결과에 불과하고 따라서 그로 말미암아 甲의 권리가 침해되는 것은 아니라는 것이다.

대법원은, 명확하지는 않지만 그 논리전개로 보아, 甲이 허가로 인해 받는 이익, 즉, 영업자유의 공공복리에 의한 제한의 해제로 받는 간접적 이익과 甲이 乙에 대한 신규허가에 의해 침해되었다고 주장하는 이익을 구별하고 있는 것으로 판단된다. 양자는 동일하지 않으며, 기존의 피허가자 甲이, 설사 거리제한규정이 적법하다고 할지라도, 이에 위반한 신규허가가 발급되지 않는 데 대해 가지는 이익은, 자기에 대한 허가로 인해 받는 이익에 포함되지 않는다. 甲이 자기에 대한 허가에 의해 받는 이익은 분명히 일반적 금지의 해제에 관한 이익이지 (거리제한에 의한) 제3자에 대한 배타적 이익이라고는 볼 수 없기 때문이다. 그러나 우선, 기존허가를 통해 영업자유의 제한이 해제됨으로써 甲이 받는 이익을 간접적 이익이라고 하는 것 자체가, 일반적 금지의 해제로 인한 영업의 자유의 회복이라는 허가의 법적 성질에 반한다는 점을 지적하지 않을 수 없다. 회복된 영업의 자유는 바로 기본권으로서의 그것이기

---

4) 모법에 규정되지 아니한 「분포의 적정」을 사유로 헌법상 영업의 자유를 제한하는 시행세칙은 위헌이므로.

때문이다. 그러나 여기서 중요한 것은 제3자인 乙에 대한 신규허가로 침해되는 것이, 甲의 회복된 영업의 자유가 아니라(甲의 영업의 자유가 乙에 대한 신규허가에 의해 침해될 수는 없는 것이다), 어디까지나 신규영업과의 경쟁으로 인한 甲의 영업상 이익이라고 보았다는 점이다. 대법원은 바로 이 甲이 받은 영업상 불이익을 권리침해가 아니라 반사적 또는 사실상 이익의 침해라고 본 것이다.

> 그 밖에도 대법원은 국내산업의 보호육성도 그 목적의 하나로 하고 있는 무역거래법상의 수입제한이나 금지조치로 국내산업체가 받는 이익,[5] 양곡가공업허가를 받는 이익을 반사적 이익으로 보았다.[6]

그러나 이후 대법원은, 또 다른 사건에서, 제3자에 대한 허가처분의 위법성이 다투어진 사안이라는 점에서 이와 유사한 사례구조를 지녔음에도, 다음에 보는 바와 같이 사실상 이익과 권리 사이의 구분선을 변경시켰다.

⠿ 연탄공장사건 – 사례 B

주거지역에서 甲이 설치허가를 받아 운영하고 있는 연탄공장으로부터 날아드는 분진, 소음 등으로 피해를 보고 있는 인근지역주민들은 같은 지역주민인 乙을 대표로 선임하여 그 연탄공장 설치허가의 취소청구소송을 제기했다. 이에 대해 원심인 관할고등법원은 「원고가 주거지역에서 건축법상 건축물에 대한 제한규정이 있음으로 말미암아 현실적으로 어떤 이익을 받고 있다 하더라도, 이는 그 지역거주의 개개인에게 보호되는 개인적 이익이 아니고, 다만 공공복리를 위한 건축법상의 제약의 결과로서 생기는 반사적 이익에 불과한 것」이라고 하여 원고의 소를 각하했다. 그러나 대법원은 「주거지역내에서의 일정한 건축을 금지하고 또한 제한하고 있는 것은 …… 공공복리의 증진을 도모하는데 그 목적이 있는 동시에 주거지역 내에 거주하는 사람의 주거의 안녕과 생활환경을 보호하고자 하는 데도 그 목적이 있다고 해석된다. 따라서 주거지역내에 거주하는 사람이 받는 이익은 단순한 반사적 이익이나 사실상의 이익이 아니라, 법률에 의하여 보호되는 이익」이라고 판시하여 원고의 주장을 인용했다.[7]

이 사건을 통해 우리는 첫째, 종래 같았으면 단순한 반사적 이익이나 사실상 이익으로 간주되었을, 제3자인 이웃주민이 관계법에 의한 건축금지에 관해 갖는 이익이 「법률에 의해 보호되는 이익」으로 인정되었고, 둘째, 그것은 관계법규정(건축법)의 목적에 대한 해석을 통해 인정되었다는 점을 간파할 수 있다. 이러한 사실은 후술하는 바와 같이 우리나라에서도 관측되고 있는 행정소송에 있어서 원고적격의 확대현상을 이해하는 데 중요한 의미를 지니고 있다. 이해를 돕기 위해 사례 B의 구조를 도해하면 다음과 같다.

---

5) 대법원 1971.6.29. 선고 69누91 판결.
6) 대법원 1981.1.27. 선고 79누433 판결.
7) 대법원 1975.5.13. 선고 73누96,97 판결. 또한 주거지역에서의 위법한 자동차 LPG충전소설치허가에 대한 인근주민의 취소소송을 인용한 대법원 1982.7.12. 선고 83누59 판결을 참조.

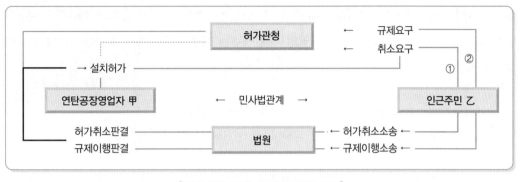

[사례 B에 있어 법적 관계의 구조]

이 사건에서 대법원은 당초 연탄공장의 설치허가에 대한 관계에서는 제3자였던 이웃주민 乙의 허가취소소송을 인용했다. 허가가 취소됨으로써 적어도 甲은 적법하게는 조업을 할 수 없다는 결과가 된다. 이런 결과는 오직 甲이 발급받은 허가 자체가 위법한 것이었을 때에만 달성될 수 있다. 그러나 가령, 그 허가 자체가 위법한 것이 아니라 다만 甲의 기존건축물이 건축법상의 의무를 위반하였기 때문에 관계행정청이 건축법(현행 건축법) 제79조에 의한 기존건축물에 대한 시정명령을 취할 수 있게 된 경우를 가정한다면, 허가처분취소소송은 문제될 여지가 없고 대신 乙에게 행정청을 상대로 건축법 제79조에 의한 시정명령을 요구할 권리가 인정되느냐가 문제될 뿐이다. 건축법 제79조 제1항은 다만 「허가권자는 대지나 건축물이 이 법 또는 이 법에 따른 명령이나 처분에 위반되면 이 법에 따른 허가 또는 승인을 취소하거나 그 건축물의 건축주·공사시공자·현장관리인·소유자·관리자 또는 점유자(이하 "건축주등"이라 한다)에게 공사의 중지를 명하거나 상당한 기간을 정하여 그 건축물의 철거·개축·증축·수선·용도변경·사용금지·사용제한, 그 밖에 필요한 조치를 명할 수 있다」고만 규정한다. 즉, 제79조 제1항은 건축행정청에게 재량을 부여한 규정이다. 乙은 이러한 시정명령청구소송을 제기할 수 있는가? 이 물음에 대한 답은 먼저 실체법상 이와 같은 乙의 청구권을 인정할 수 있는가 여부에 의해 주어지며 이것이 긍정될 경우 다시 이와 관련하여 행정소송법상 이러한 유형의 소송이 허용되는가에 대한 물음이 제기된다. 먼저 공권의 성립요건을 알아보기로 한다.

1.2. 공권의 성립요건: 보호규범설(Schutznormtheorie)?

공권의 성립요건으로는 일반적으로 첫째, 공법상 법규가 국가 또는 그 밖의 행정주체, 즉 구체적으로는 행정청에게 일정한 의무를 부과하는 강행법규일 것(강행규범성), 둘째, 이 강행법규는 공익뿐만 아니라 적어도 사익을 아울러 보호하는 것일 것(사익보호규범성) 등 두 가지가 요구된다. 법적 힘($\substack{法力:\\ \text{Rechtsmacht}}$),[8] 즉 소구가능성($\substack{\text{gerichtliche}\\ \text{Durchsetzbarkeit}}$)이 소송법적 문제로서 제외된 점을 제외하면, 기본적으로 뷜러($\underset{\text{Bühler}}{\text{O.}}$)에 의해 최초로 정식화된 주관적 공권의 이론9)이 여전히 답습되고 있는 셈이다. 이에 따라 공권의 성립여부는 다음의 두 가지 요건을 검토함으로써 결정된다.

① 행정청에게 일정한 법적 의무를 부과하는 법규범이 존재하는가?
② 그 법규범은 적어도 사익도 아울러 보호하려는 목적을 지니는가?

후자, 즉, 이익보호의 방향은 일단 관계법규의 해석에 따라 주어진다. 공권의 성립여부를 관계법규의 보호목적($\underset{}{\text{Schutzzweck}}$)에 따라 결정하는 독일행정법의 지배적 입장은 보호규범이론($\underset{\text{theorie}}{\text{Schutznorm-}}$)이라고 불리고 있다.

물론 공권은 단순법률뿐만 아니라 헌법, 행정행위, 공법상 계약, 심지어는 관습법에 의해서도 성립될 수 있다. 다만 헌법에 의해 공권이 성립하는 경우 기본권의 공권성을 인정하는 것이 헌법학계의 통설임에도 불구하고, 사회적 기본권이나 헌법상 알 권리에 입각한 정보공개청구권의 구체적 권리성 여하에 관한 논쟁에서 보듯이 학설상 논란이 있음을 유의해야 한다.10)

공권과 「법적으로 보호되는 이익」(법적 보호이익) ● ● 공권의 성립요건과 관련지어 볼 때 종래의 공권은 「법적으로 보호되는 이익」으로 변했다고 할 수 있다. 왜냐하면 공권의 성립은 각각의 법규가 시민 개개인의 이익보호에 봉사하느냐에 따라 결정되며 따라서 양자를 달리 볼 근거가 없기 때문이다. 그러나 바우어($\underset{}{\text{Bauer}}$)11)에 따르면, 독일에서의 종래의 통설이 이러한 주관적 공권의 의미변화를 명시적으로 승인하고 있지는 않았고, 심지어 오랫동안 주관적 공권의 법적 보호이익에로의 수렴에 반대되는 입장을 취하기도 했다고 한다. 바우어는, 그럼에도 불구하고 법실제적 관점에서 볼 때 양자의 수렴은 오래전부터 이미 현실이 되어 있다고 지적한다. 법적용의 실제에 있어서 주관적 공권에 관한 논의는 주로 행정법원법이 규정하는 "권리"($\underset{}{\text{Rechte}}$)의 해석과 연결되어 있는 바, 이 경우 통설은 행정법원법 제42조 제2항, 제113조 제1,5항에서의 "권리"란 주관적 공권과 법적으로 보호되는 이익이라고 설명함으로써 양자를 동일시하지 않는 듯한 입장을 견지하고 있으나, 주관적 공권의 문제가 법적용의 실제상 문제되는 경우에서는 양자의 구별이 더 이상 의미가 없어지게 되었고 오히려 문제의 초점은 이른바 "보호규범이론"($\underset{\text{theorie}}{\text{Schutznorm-}}$)으로 옮아가게 된 것이 오늘날의 실정이라는 것이다. 독일의 동향은 우리나라에서 양자의 구별에 관한

---

8) 이것은 물론 권리의 개념에 관한 권리력설에 있어서 "법적 힘"을 말하는 것이 아니다. 이에 관해서는 H. Bauer, Geschichtliche Grundlage der Lehre vom subjektiven öffentlichen Recht, 1986, S.138 Fn.63 참조.

9) Ottmar Bühler, Die subjektiven öffentlichen Rechte und ihr Schutz in der deutschen Verwaltungsrechtsprechung, 1914. 뷜러는 이후 자신의 이론을 재확인했다. O. Bühler, Altes und neues über Begriff und Bedeutung der subjektiven öffentlichen Rechte, in: GS W.Jellinek, 1955, S.269ff.(274, 285f.).

10) 가령 헌법재판소의 1989년 9월 4일 결정(88헌마22)과 대법원의 1989년 10월 24일 판결(88누9312)은 학계에 적지 않은 논란을 일으켰다(가령 김도창, 고시계 1991/8 대담; 김남진, 행정절차상의 문서열람권, 고시계 1991/8, 85이하; 월간고시 1991/8, 89; 기록등사신청에 대한 헌법소원, 판례월보 1991/12(255호), 36; 동, 행정법 I, 477-478 등, 그리고 그 이후에 나온 헌법재판소 1991년 5월 13일 결정(90헌마133) 판례월보 252호, 60이하 참조).

11) H. Bauer, Geschichtliche Grundlagen der Lehre von subjektiven öffentlichen Recht, 1986, S.138.

논의가 무익하다는 점을 보여주는 예로 참고할 수 있다.

핵심은 '법률상 이익'의 개념을 통해 종래 공권에 속하지 않는 것으로 인정되어 왔던 보호이익들이 법적 보호이익이란 개념을 매개로 광의의 공권에 포함됨으로써 권리보호의 범위가 확장되고 있으며 또 확장되어야 할 수요가 계속 발생할 것이라는 데 있다. 전술한 원고적격에 관한 대법원판례의 변천은, 보호범위의 확대라는 내용적 측면에 관한 한, 긍정적 평가를 받을 만하다. 보호규범이론에 따를 때, 공권의 문제는 관계법규정의 해석문제$\binom{\text{Auslegungs-}}{\text{problem}}$로 귀착된다.[12] 이것은 위 공중목욕탕사건에서 연탄공장사건에 이르는 판례변천이 결국 관계법규정의 해석을 통해 이루어졌다는 점에서 우리의 경우에도 그대로 타당하다.

1.3. 공권의 종류와 특성

1.3.1. 공권의 종류

일반적으로 공권은 국가적 공권과 개인적 공권으로 나뉘지만 개인적 공권만을 살펴보기로 한다. 종래 국내 문헌들은 대부분 독일의 옐리네크$\binom{\text{G.}}{\text{Jellinek}}$ 이래의 고전적 분류를 답습하여 국가에 대한 개인의 지위에 따라 개인적 공권을 자유권·수익권·참정권으로 나누어 설명해 왔다.[13] 가령 자유권은 소극적 공권으로서 공권력에 의하여 개인의 권리·자유가 침해받지 않는다는 방어권으로, 수익권은 개인이 적극적으로 국가·공공단체 등에 대하여 작위·급부 등을 청구할 수 있는 권리로(사회권적 기본권, 기본권보장을 위한 기본권, 행정행위발급청구권 등), 참정권은 국민이 정치적 의사형성과정에 참여하는 것을 내용으로 하는 능동적 공권(선거권·국민투표권·공무담임권 등)으로 각각 파악되었고 여기에 수동적 지위에 상응하는 공의무가 대립되었던 것이다. 그러나 이러한 옐리네크식의 분류방법이 오늘날 더 이상 타당하지 않다는 것은 환경권, 인격권 등과 같이 총합적·포괄적 성질을 띤 기본권이 존재한다는 점이라든지 자유권 역시 방해배제청구의 측면에서는 적극적 성격을 띨 수 있다는 점만을 보아도 명백하다. 나아가 개인적 공권의 성립여부를 앞서 본 바와 같은 보호규범설 또는 근거법규 해석을 통하여 판단하는 이상 그 내용이나 유형적 특질 역시 보호규범에 따라 달라질 수 있다는 점을 고려하여야 한다.

한편 개인이 갖는 공권을 「자기의 이익을 위하여 국가 등 행정주체에게 작위·부작위·수인·급부 등을 요구할 수 있도록 개인에게 주어진 법적 힘」이라고 본다면, 이를 크게 적극적 이행청구권$\binom{\text{Leistungsansprüche:}}{\text{작위·급부청구권}}$, 소극적 방어청구권$\binom{\text{Abwehransprüche: 부작위·}}{\text{금지·방해배제청구권}}$으로 나누는 것도 가능하

12) Bauer, Geschichtliche Grundlagen, 1986, S.140.

13) Georg Jellinek, Allgemeine Staatslehre, Das Recht des modernen Staates, Erster Band. Zwelte durchgesehene und vermehrte Auflage. Verlag von O. Hiring. Berlin, 1905, S.406-413.

고 의미있는 일일 것이다.

1.3.2. 공권의 특수성

종래 개인적 공권은 사권과는 달리 불융통성·비대체성·권리보호의 특수성 등 일정한 특질을 지니며 여기에 공권과 사권을 구별하는 실익이 있는 것이라고 파악되어 왔다. 즉 공권은 단순히 개인적 이익만을 위하여 인정된 것이 아니라, 이를 개인에게 향유시키는 것이 국가적·공익적 견지에서 필요하기 때문에 일신전속성을 지니며 따라서 이전성·포기가능성이 제한되고 타인이 대행하지 못하는 특수성을 지니며 그 권리구제도 일반민사소송과는 다른 공법소송(공법상 당사자소송)에 의해야 하는 등 특수성을 지닌다는 것이다.

(1) 불융통성
① 이전성의 제한

공권은 양도·상속 등 이전성이 부인되는 경우(예: 국가배상법 § 4에 의한 배상받을 권리의 양도금지, 공무원연금법 § 32에 의한 연금청구권의 양도금지, 생활보호법 § 31에 의한 생활보호청구권의 양도금지 등), 또는 압류가 제한되거나(예: 민사소송법 § 579 iii에 의한 공무원봉급청구권압류제한) 금지되는 경우(국가배상법 § 4, 공무원연금법 § 32, 민사소송법 § 579 ii)가 빈번하다. 다만 공권 중에도 경제적 가치를 내용으로 하고 인격이나 신분에 전속된 것이 아니므로 하천골재 채취권 등과 같이 이전성이 인정되는 경우도 있다.[14]

② 포기의 제한

선거권과 같이 권리이자 의무의 성질을 겸유하는 공권이나 소권과 같이 공익적 성격이 강한 공권들은 이를 임의로 포기하는 것이 허용되지 않는다. 그러나 공권의 포기와 불행사는 구별되어야 한다. 가령 선거의 기권은 선거권의 포기가 아니라 불행사이다.

(2) 비대체성

공권은 원칙적으로 일신전속적 성격을 띠어 위임 또는 대리가 허용되지 않는 속성이 있다.

(3) 권리구제의 특수성

공권을 보호하기 위한 권리구제절차는 사권을 보호하기 위한 민사소송과는 다른 공법소송, 특히 공법상의 당사자소송의 형태로 주어진다. 그러나 학설상 공권으로 판단되는 권리들이 판례상 사권으로 파악되어 일반 민사소송에 의해 다루어지는 경우가 적지 않다.

(4) 공권특수성론 또는 공권속성론의 비판

위에서 살펴본 공권의 특수성에 관한 종래의 통설은 오늘날 공법과 사법을 준별하는 전통적 행정법의 이론 틀이 동요됨에 따라 근본적인 비판과 의문에 직면하고 있다.

---

14) 전화가입권: 대법원 1956.7.5. 선고 4289民上147 판결; 어업권: 대법원 1969.12.23. 선고 67다1664 판결.

이러한 비판은 특히 일본행정법학계에서 유력하게 제기된 바 있는데, 이러한 공권·사권의 구별부인론은 첫째, 공권의 불융통성·비대체성은 참정권이나 자유권에서 보듯 공권의 본질적 속성이라기보다는 국민의 신분에 내재하는 기능의 결과이며, 신분과 무관한 봉급권·하천점용권 같은 재산적 권리의 융통성여하는 각각의 근거법의 해석문제라는 점, 둘째, 공법상의 당사자소송도 일반 민사소송과 절차상 차이가 크지 않다는 점, 셋째, 공법상 금전채권의 5년 단기소멸시효를 정한 국가재정법($^{§\,96}$)이나 지방재정법($^{§\,82}$)의 규정들도 국가·지방자치단체에 대한 채권 중 시효에 관해 달리 적용할 법조가 없는 때에 한하여 적용되는 보충적 규정일 뿐 공권의 본질에 연유하는 것은 아니라는 점 등을 주된 논거로 삼고 있다.[15]

생각건대 위에서 본 공권의 특수성을 일반적·선험적으로 공권의 본질에서 유래된 것으로 보는 데에는 적잖은 무리가 따른다. 공권을 그 근거법인 공법에 의하여 인정되는 권리, 즉 공법상의 권리로 파악하는 이상, 공권과 사권의 구별 역시 공·사법 구별론이 안고 있는 문제점을 그대로 승계 받지 않을 수 없는 것이다. 따라서 공권과 사권을 절대적·선험적으로 구별되는 범주로 간주하는 태도는 옳지 않다. 그러나 실제상 공권과 사권의 구별이 문제되는 경우란, 대개 그 근거법이 존재하는 이상 그 공법 내지 사법으로서의 성격이 문제되지 않으므로, 그렇게 많지는 않다고 할 수 있다. 만일 실정법이 공권에 대하여 일정한 특수성을 인정하고 있는 때에는 이에 따르면 될 것이다. 문제는 실정법상 아무런 적용법조가 없는 경우인데 이때에도 어떤 권리가 공권에 해당하는지 여부만을 판단함으로써 곧바로 이전성의 제한 등과 같은 특수성을 인정할 것이 아니라 당해 권리의 속성 자체를 탐구하여 그것이 일신전속적 성격을 갖는지, 또는 관계이익과의 연관 하에서 공익성을 띠는 것인지 등의 여부를 판단하여야 할 것이다.[16]

2. 공 의 무

2.1. 의의와 종류

공의무란 공권에 대응하는 관념으로 타인의 이익을 위하여 의무자의 의사에 가해진 공법상 구속이라 할 수 있다. 공의무는 공권에 대응하는 것이므로 그 주체에 따라 개인적 공의무와 국가적 공의무로 나뉘며, 내용에 따라 작위(건축허가 발급의무)·부작위(사생활불개입의무)·급부(납세의무)·수인의무(전염병예방접종을 받을 의무)로, 분야에 따라 경찰행정상 의무, 공용부담의무, 교육의무, 재정상 의무, 국방의무, 각종 규제행정상 의무 등으로 각각 분류될 수 있다.

---

15) 이에 관하여 상세한 것은 김도창, 일반행정법론(상), 236이하 참조.
16) 鹽野 宏, 行政法 I, 30.

2.2. 특수성

공의무는 비록 일률적으로는 말할 수 없을지라도 주관적 공권과 유사하게 일신전속성으로 인한 이전성의 제한, 의무불이행시의 강제방법상의 특수성 등 일정한 특수성을 지닐 수 있다. 가령 공법상의 금전급부의무에 관하여는 국세체납처분의 예에 의한 강제징수방법에 의하여 이행강제가 부과된다든지 일정한 벌칙(행정벌)이 부과된다든지 하는 예가 적지 않다.

국가에 대한 가집행선고 •• 한편 행정소송법은, 개인적 공의무의 이행을 확보하기 위한 경우와는 달리, 국가적 공의무의 이행을 확보하기 위한 임시구제방법으로서 행정소송상 가집행선고는 허용되지 않는다는 명문의 규정을 두고 있다. 즉 행정소송법 제43조는 "국가를 상대로 하는 당사자소송의 경우에는 가집행선고를 할 수 없다"고 규정하고 있다. 그러나 민사소송에 관하여 같은 내용의 규정을 둔 소송촉진등에 관한 특례법 제6조 제1항 단서가 위헌으로 결정되었으므로,[17] 이 조항 역시 위헌의 소지가 농후하다고 할 수 있다. 실제로 이 점은 대법원이 광주민주화운동관련자보상법사건 판결(대법원 1992.12.24.
선고 92누3335 판결)에서 행정소송법 제43조의 적용을 의도적으로 회피함으로써 국가에 대하여 가집행선고를 붙인 원심판결(광주고법 1992.2.13.
선고 91구161 판결)의 판시내용이 유지된 결과 간접적으로 시인되었다고도 볼 수 있다. 따라서 이러한 명문의 규정에도 불구하고 **공의무의 이행확보를 위한 공법상 당사자소송에서도 가처분 내지 가집행선고가 허용된다고 보아야 할 것이다.** 실제로 대법원은 "행정소송법 제8조 제2항에 의하면 행정소송에도 민사소송법의 규정이 일반적으로 준용되므로 법원으로서는 **공법상 당사자소송에서 재산권의 청구를 인용하는 판결을 하는 경우 가집행선고를 할 수 있다**"고 판시한 바 있다.[18]

III. 행정에 대한 사인의 법적 지위

1. 행정에 대한 사인의 지위 강화

행정에 대한 의존성이 증대되면 될수록 행정에 대한 사인의 지위 또한 더욱 강화될 수밖에 없다. 행정에 대한 국민의 참여 확대와 개인의 법주체화 및 법적 지위 강화는 오늘날 거스를 수 없는 대세이다. 현대 행정법의 역사는 행정주체 및 행정청에 대한 사인의 실체법적 · 절차법적 지위의 확보와 강화, 행정과정에서 국민 · 주민 참여 확대를 향한 역사라고 해도 과언이 아니다. 행정절차법, 정보공개법, 주민투표법, 주민소송법 등 비교적 최근까지 진행된 입법적 변화가 그러한 발전방향, 향후에도 지속적으로 강화되어 나갈 추세를 뚜렷이 보여준다. 무엇보다도 사인이 행정에 대해 법적 영향력을 행사할 수 있는 가능성을 확보하고

---

17) 헌법재판소 1989.1.25. 선고 88헌가7 결정: 헌법재판소는 이 규정이 재산권과 신속한 재판을 받을 권리의 보장에 있어서 합리적 이유없이 소송당사자를 차별하여 국가를 우대하고 있는 것이므로 헌법 제11조 제1항에 위반된다고 판시함으로써, **국가가 민사소송의 당사자인 경우 가집행선고를 할 수 있음을** 명백히 했다.
18) 대법원 2000.11.28. 선고 99두3416 판결.

행정절차, 정보공개, 주민투표, 주민소송 등과 같은 법제도적인 수단들을 통해 행정과정에 참가하고 영향력을 행사할 수 있게 되기 때문이다. 한편, 그러한 입법의 행진보다 더 이른 시기에 전통적인 행정법 영역에서 진행된 법리적 발전 또한 사인의 법적 지위 강화 및 참여 확대라는 거대한 흐름에서 빼놓을 수 없다. 특히 주목해야 할 것은 공법관계에서 사인의 법적 주체성을 확립시켜 준 공권 법리의 발전, 특히 공권 개념의 성립과 확대, 개인의 지위를 행정실체법적 차원에서 강화시키는 데 기여한 무하자재량행사청구권과 행정개입청구권 등 강화된 공권 유형의 등장, 그리고 사인의 공법행위 등이다. 행정과정에의 주민참가나 행정절차, 정보공개 등에 관한 것은 각각 관계되는 곳에서 다루고 여기서는 공권의 확대, 사인의 공법행위로 나누어 고찰해 보기로 한다.

2. 공권의 확대와 강화

2.1. 원고적격의 확대

이미 지적했듯이 공권이라는 개념이 성립하여 승인을 받았다는 사실 자체가 사인의 법적 주체성이 확립되고 강화되기 시작했다는 것을 의미하지만, 공권은 특히 행정소송법의 맥락에 반영되어 원고적격의 법리를 통해 확대되기 시작했다. 앞서 보았듯이 공권 또는 법률에 의해 보호되는 이익의 범위, 특히 원고적격의 확대경향은 우리나라에서도 마찬가지로 관철되어 왔다. 김도창교수가 적절히 지적했듯이, 경업자에 의한 신규 인허가처분 취소청구, 또는 주거지역에서의 연탄공장이나 자동차 LPG충전소의 건축으로 거주상의 불이익(소음·진동·공기오염·폭발화재 위험·주택가격 하락 등)을 받는 인근주민에 의한 동 건축허가의 취소청구를 인용한 판례를 비롯하여, 반사적 이익의 보호이익화의 추세가 뚜렷이 나타났다.[19]

행정심판법($\S$ 9)과 행정소송법($\S\S$ 12, 35, 36)은 청구인적격 또는 원고적격이 인정되는 범위를 '법률상 이익이 있는 자'로 규정함으로써, 소송법적 차원에서 이러한 공권의 확대를 제도화하고 있다.[20]

2.2. 행정법관계에 있어 사인의 지위 강화: 무하자재량행사청구권과 행정개입청구권

2.2.1. 무하자재량행사청구권

(1) 의 의

법을 적용·집행하는 행정청에게 재량이 인정되어 있는 경우에도 행정청은 하자 없는 재

---

19) 김도창, 일반행정법론(상), 240-241.
20) 김도창, 같은 곳.

량행사에 대한 법적 의무를 진다. 행정청은 재량행사에 있어서 재량권의 한계를 넘거나 법이 재량권을 부여한 목적에 위배되는 행위(남용)를 해서는 아니 된다. 이러한 재량한계론은 오늘날 더 이상 의문시되지 않는 행정법의 원칙으로 확립되어 있고, 행정소송법 제27조가 "행정청의 재량에 속하는 처분이라도 재량권의 한계를 넘거나 그 남용이 있는 때에는 법원은 이를 취소할 수 있다"고 규정하는 것은 이를 입법적으로 확인한 것이라 할 수 있다. 만일 어떤 법규정이 행정청에게 재량권을 부여하고 있을 경우, 행정청은 재량의 범위 내에서 선택의 자유를 갖지만 동시에 하자 없는 재량행사의 법적 의무를 진다. 그렇다면 이 경우, 그 객관적 법적 의무에 행정청의 하자 없는 재량행사를 요구할 개인의 권리가 대응하지 않는가 하는 의문이 제기된다. 앞서 살펴 본 공권의 성립요건과 관련시켜 볼 때, 관건은 재량을 수권하는 그 규정이 개인의 이익도 아울러 보호하려는 것인가에 있다. 이 점이 긍정된다면 개인은 행정청에 하자 없는 재량행사를 요구할 권리를 가진다고 말할 수 있다. 이것이 무하자재량행사청구권($^{\text{Anspruch auf fehlerfreie}}_{\text{Ermessensausübung}}$)의 법리이다.

주관적 공권으로서 무하자재량행사청구권은 독일행정법의 산물로서 이미 뷜러(^{Bühler})에 의해서도 인정되었다.[21] 또한 옐리네크($^{\text{W. Jellinek}}$)에 있어서도 자의의 금지, 주의 깊은 심사에의 의무, 법적 오류가 있는 고려에 의해 영향받아서는 안 된다는 요구 등은 어떤 종류의 자유재량행위에 대해서도 우선하며 이 한도 내에서는 주관적 공권이 효력을 미친다고 지적되고 있다.[22] 즉 이들에 있어 기본적인 생각은 재량의 자유는 자의를 의미하지 않으며 따라서 재량의 하자는 허용되지 않는다는 점이었다. 그러나 전후 독일행정법의 발전을 통해 이 청구권이 각광을 받게 된 것은 그것을 재량권수축($^{\text{Ermessenss-}}_{\text{chrumpfung}}$)의 이론과 결부되었다는 데서 비롯된다. 행정청이 재량의 자유를 갖는 것과 대응하여 이해관계를 지닌 개인은 적어도 형식적 권리로서 하자 없는 재량결정에 대한 청구권을 갖는다는 것이 인정되었고, 이 때 행정청의 재량은 그에게 재량권을 부여하는 법규 외에도 다른 다수의 법규에 의해 제한될 수 있으며, 사정에 따라 어떤 신청을 거부하는 것이 개념상 필연적으로 재량의 하자를 구성할 경우에는 결과적으로 구체적 내용을 갖는 실체적 권리가 성립할 수 있다는 점에서 다시 한 번 제한을 받는다는 것이 인정되게 된 것이다.[23]

(2) 인정여부

무하자재량행사청구권은 극소수의 반론[24]을 제외하고는 국내의 학설에 의해서도 일반적인 승인을 얻고 있다. 대법원 또한 최근의 판결에서 이를 인정하는 듯한 태도를 드러낸 바 있다.

---

21) Ottmar Bühler, Die subjektiven öffentlichen Rechte und ihr Schutz in der deutschen Verwaltungsrechtsprechung, 1914, S.162.
22) W. Jellinek, Verwaltungsrecht, 3.Aufl., 1948, S.211; AöR Bd.32, S.580ff.(593f.)
23) O. Bachof, Die verwaltungsgerichtliche Klage auf Vornahme einer Amtshandlung, S.93. 한편 독일행정법에서 발전된 무하자재량행사청구권의 법리는 김남진교수와 서원우교수 등에 의해 국내에 소개되는 과정에서 집중적인 관심의 대상이 되었다.
24) 예컨대 이상규, 신행정법론(상), 180.

"검사의 임용에 있어서 임용권자가 임용여부에 관하여 어떠한 내용의 응답을 할 것인지는 임용권자의 자유재량에 속하므로 일단 임용거부라는 응답을 한 이상 설사 그 응답내용이 부당하다고 하여도 사법심사의 대상으로 삼을 수 없는 것이 원칙이나, **적어도 재량권의 한계일탈이나 남용이 없는 위법하지 않은 응답을 할 의무가 임용권자에게 있고 이에 대응하여 임용신청자로서도 재량권의 한계일탈이나 남용이 없는 적법한 응답을 요구할 권리가 있다**고 할 것이며, 이러한 응답신청권에 기하여 재량권남용의 위법한 거부처분에 대하여는 항고소송으로서 그 취소를 구할 수 있다고 보아야 하므로 임용신청자가 임용거부처분이 재량권을 남용한 위법한 처분이라고 주장하면서 그 취소를 구하는 경우에는 법원은 재량권남용여부를 심리하여 본안에 관한 판단으로서 청구의 인용여부를 가려야 한다."[25]

⑶ 특성과 내용

무하자재량행사청구권에 관해서는 무엇보다도 다음 세 가지 점을 명백히 해 둘 필요가 있다:

① 일반적인 무하자재량행사청구권은 존재하지 않으며 또한 일괄적인(^{schematische}) 재량권수축 역시 인정되지 않는다.[26] 문제는 오로지 특정한 관계법규정의 해석과 사실판단에 의해 해결될 수 있을 뿐이다.

② 무하자재량행사청구권은 특정내용의 재량행사를 요구하는 것이 아니라 단지 '하자없는' 재량행사를 요구할 수 있는 권리라는 점에서 '형식적 권리'($^{formeller}_{Anspruch}$)라고 할 수 있으나, 이를 절차법적 의미에서 '형식적'이라고 하는 것은 옳지 않다. 그것은 절차가 아니라 결정의 내용을 대상으로 하는 것이기 때문이다.[27]

③ 전술한 바와 같이 무하자재량행사청구권은 재량권수축의 경우, 다시 말해서 사안의 성질상 일정한 결정 이외의 여하한 결정도 하자있는 것으로 판단될 수 있을 경우에는 특정한 내용의 처분을 요구할 청구권으로 나타날 수 있다. 바로 여기에 무하자재량행사청구권의 법리가 행정개입청구권 성립의 기초를 제공하게 되는 연결점이 있다. 이를 확인시켜 준 것이 1960년 독일연방행정법원이 내린 '띠톱판결'($^{Bandsäge-Urteil,}_{BVerwGE~11,95}$)이다.

⑷ 쟁송수단

현행법상 무하자재량행사청구권을 관철시키기 위한 행정쟁송수단으로는 취소소송, 의무이행심판, 부작위위법확인소송을 들 수 있다.

① 취소소송

무하자재량행사청구권을 행사했으나 행정청이 이를 거부한 경우 그 상대방이 이 거부처분에 대한 취소소송을 제기할 수 있음은 당연하다. 취소소송을 인용하는 취소판결이 확정되

---

25) 대법원 1991.2.12. 선고 90누5825 판결.
26) Maurer, § 8 Rn.15, S.151.
27) Pietzcker, J., Der Anspruch auf ermessensfehlerfreie Entscheidung, JuS 1982, S.108.

면 피고 행정청은, 원칙적으로 판결의 취지에 따라 위법사유가 된 재량하자를 시정하여 다시 처분을 하여야 한다($_{§30②,③}^{행정소송법}$). 이 경우 행정청은 여전히 재량권을 지니고 있으므로, 그 위법 사유가 된 재량하자를 반복하지 않는 한, 재차 동일한 내용의 처분을 할 수도 있다. 반면 재 량권이 영으로 수축되는 경우, 다시 말해서 상대방이 신청하였던 특정한 처분 이외의 어떠한 처분도 적법한 재량행사라고 인정될 수 없는 경우에는 당해 처분을 하지 않은 것이 위법사 유가 되므로, 행정청은 바로 상대방이 신청한 바와 같은 처분을 하여야 한다.

② 의무이행심판

관계인의 신청이 거부되거나 부작위에 의하여 방치되고 있을 때 제기되는 의무이행심판 이 무하자재량행사청구권에 기한 것일 경우, 그 심판청구가 인용되면 재결청은 신청에 따른 처분을 하거나 처분청에게 이를 할 것을 명하여야 한다($_{§32⑤}^{행정심판법}$). 여기서 신청에 따른 처분이 란, 행정청이 재량권을 부여받고 있음을 감안할 때, 신청에 대한 하자 없는 재량행사로서의 처분을 의미하는 것이 원칙이며, 재량권이 수축되었다고 인정되는 경우에만 신청한 대로의 특정한 처분을 뜻하게 될 것이다.

③ 부작위위법확인소송

무하자재량행사청구권은 행정청의 하자 없는 재량행사의무를 전제로 하는 것이므로, 상대 방의 신청을 부작위로 방치하는 것은 위법한 것이 되며, 이 경우 부작위위법확인소송을 제기 하여 그 부작위가 위법임을 확인받을 수 있음은 물론이다. 확정판결에 의하여 부작위의 위법 성이 확인되면, 행정청은 판결의 취지에 따라 상대방의 신청에 대하여 처분을 하여야 한다 ($_{§§38②,30}^{행정소송법}$). 그러나 부작위위법확인소송은, 판례와 다수설에 의할 때, 단순히 부작위, 즉 무응 답상태의 위법성을 확인하는 데 그치는 소송일 뿐 적극적으로 특정한 처분의무를 확인하는 것은 아니므로, 재량권이 영으로 수축된 경우에는 소송을 통하여 단순한 무응답상태의 위법 성을 확인하는 것만으로 무하자재량행사청구권의 실현수단으로는 불충분하다고 하게 된다.[28] 그러나 재량권수축의 경우 부작위위법확인소송의 인용판결에 의하여 확인되는 부작위의 위 법성은 바로 특정한 처분의무의 불이행이 위법하다는 것이므로($_{§2①ⅱ}^{행정소송법}$) 판결의 취지에 따른 처분이란 결국 신청된 특정처분을 의미하게 될 것이다. 그 밖에 재량권수축이 일어나는 경우 이외에는 확정된 인용판결은 행정청에게 하자 없는 재량행사의무만을 부담시킬 뿐이다.

2.2.2. 행정개입청구권

행정개입청구권($_{Einschreiten}^{Anspruch\ auf}$)은 무하자재량행사청구권의 법리를 기초로 하여 독일연방행정법 원의 판례를 통해 확립된 권리로서 행정청의 개입, 즉 처분등에 의한 공권력 발동을 요구할

---

28) 김동희, 행정법 I, 98.

수 있는 권리를 말한다. 법규상 행정청에게 일정한 공권력발동권이 부여되어 있는 경우(수권규정), 행정청은 공권력발동에 관한 재량을 갖지만, 반면 행정청의 개입에 대해 이해관계를 갖는 개인에게는 무하자재량행사청구권이 인정되며, 사안의 상황에 따라 재량권이 수축되었다고 볼 수 있는 경우에는 그 개인에게 공권력의 발동 내지 행정규제를 요구할 권리가 인정된다는 것이다.

행정개입청구권의 성립: 띠톱사건 ● ● 행정개입청구권은 전후 독일행정법에서 가장 많이 논의되었던 테마의 하나로 경찰 및 질서행정법 분야에서 이룩된 판례법의 금자탑적 소산이다. 행정개입청구권에 관한 기본판례($_{case}^{leading}$)인 연방행정법원의 이른바 "띠톱판결"($_{-Urteil}^{"Bandsäge"}$)에서 문제된 것은, 주거지역에 설치된 참가인의 석탄제조 및 하역업소가 사용하는 띠톱에서 나오는 먼지와 소음으로 인한 피해를 입고 있던, 인근주민인 원고가 관할건축관청에 대하여 건축경찰상의 금지처분을 취해 줄 것을 청구한 사안이었다. 원고가, 피고의 영업은 주거지역에서는 허용될 수 없으며 그로 인한 먼지와 소음은 수인가능한도를 넘는(^{unzumutbar}) 것이라고 주장한 데 대하여, 관할행정청은 이 업소의 조업을 건축법규에 위반되지 않는 것으로 보아 원고의 주장을 배척했고, 이에 불복하여 제기된 의무이행소송을 인용한 제1심판결은 베를린고등행정법원에 의해 원고에게는 행정청의 특정행위를 요구할 청구권이 없다는 이유로 파기되었다. 건축법상 건축경찰은 건축법의 규정에 합당한 상태를 산출할 권한을 지닐 뿐 의무를 지는 것은 아니라는 것이었다: 행정개입은 행정청의 재량에 속한다고 본 것이다. 여기서 문제는 다음과 같은 논리구조를 지니고 있었다. **첫째, 건축감독관청은 피고의 조업을 금지할 권한이 있는가?** 조업금지는 금지처분으로서 법률의 근거를 요하는데 그것은 일차적으로는 주의 건축법에서, 만일 그러한 규정이 없다면 경찰상 일반수권에서 찾을 일이었다. 여기서 고려된 모든 관계법령에 따를 때, 문제는 피고가 자신의 토지를 당시의 건축계획법(연방건축법, 건축이용에 관한 시행령 등)에 위반하여 이용함으로써 공공질서를 침해하고 있느냐 하는 것이었다. 이 문제가 긍정되는 경우에야 비로소 **둘째의 문제, 즉 원고가 건축감독청에 대하여 참가인에게 금지처분을 취해 달라고 요구할 권리를 갖는가?** 하는 것이 제기될 수 있었다. 반대로 첫째 문제가 부정된다면 둘째의 문제는 아예 제기될 수조차 없는 것이었다. 다만 이 사건을 맡은 고등행정법원이 이러한 문제제기의 논리적 순서를 따르지 않고 - 건축법위반을 판단하지 않고 - 건축법위반의 경우에도 원고의 행정개입청구권이 부정된다고 했기 때문에, 아이러니컬하게도 이 사건에 관한 연방행정법원의 판결이 경찰 및 질서행정법상 행정개입청구권에 관한 'leading case'가 될 수 있었다고 괴츠(^{Götz})는 지적한다.[29] 심리절차가 진행되는 동안 참가인의 조업은 건축법에 위배되지 않는다는 사실이 드러났고 그 결과 원고의 청구는 이 이유 하나만으로도 기각될 수 있었을 것이기 때문이다.

아무튼 연방행정법원은 이 사건에서 경찰법상의 일반수권조항의 해석에 있어 헌법의 규범적 효력을 관철시키기 위한 이론적 기초로서 무하자재량행사청구권($_{Ermessensausübung}^{Anspruch auf fehlerfreie}$), '재량수축'($_{auf Null}^{Ermessensreduzierung}$)의 법리를 도출해 냄으로써 개인의 주체적 지위를 근본적으로 강화시키는 결정적 전기를 제공했다. 그때까지의 판례와 학설은 시민이 경찰에 대하여 갖는 질서교란적 행위와 상태에 대한 규제조치를 취해 달라는 이행청구권을 부정해 왔다. 가령 경찰의 개입에서 생겨나는 개인의 혜택은, 경찰의 개입을 수권하는 규범들이 오로지 공익을 위해 정립된 것이기 때문에, 단순한 사실상의 수익으로서 객관적 법의 반사($_{objektiven}^{Reflexe des}$

---

29) Götz, Allgemeines Polizei- und Ordnungsrecht, 10.Aufl., 1991, Vandenhoeck & Ruprecht, Rn.89(S.51f.).

^(Rechts))에 불과하다는 것이 그 이유였다. 이 사건에서 원고에게 행정청에 대해 제3자에 대한 규제처분을 요구할 권리가 인정되었다는 것은 따라서 무엇보다도 주체적 지위에서 개인이 갖는 행정에 대한 권리가 이른바 3면적 관계에까지 확대되었다는 사실을 뜻한다. 여기서 이 판결이 의의는, 그것이 지니고 있는 이론구성상의 문제점들(^(dogmatische)_(Schwäche))에 관한 논의를 생략한다면, 다음과 같이 요약될 수 있다. 첫째, 그것은 경찰개입청구권이 경찰의 재량자유(^(Ermessensfreiheit)_(der Polizei))에 의해 좌절되지 않는다는 점을 분명히 했다. 이를 가능케 한 이론적 근거가 이른바 재량수축의 논리였다. 둘째, 그것은 전통적인 이웃관계(隣人關係)에 관한 문제영역의 새로운 양상, 즉 보호청구권(^(Schutzanspruch))의 측면을 추가시켰다. 이 판결에서 문제된 법적 관계의 구조적 특징은, 청구권자의 입장에서 볼 때 형식적으로는 행정청의 (자기에 대한) 수익적 행위를 적극적으로 청구하는 것이나, 질서교란자(^(Störer)) 또는 요구된 행정조치의 상대방인 제3자의 입장을 고려할 때는 실질적으로 그 제3자에 대한 침해행정적 처분의무의 이행이 요구되고 있다는 데 있었다. 이러한 보호청구권의 관점이 이 Bandsäge 판결을 통하여 행정법적 수준에서 특히 경찰상의 일반수권조항의 원용 및 재해석을 통해 관철되었다는 사실은 우리나라 행정법에 대하여 의미심장한 함축을 지니고 있다.

행정개입청구권은 건축경찰법분야에서 무하자재량행사청구권과 재량권수축의 법리가 적용된 결과 인정된 개인의 공권이다. 따라서 앞서 본 무하자재량행사청구권과 불가분의 관련을 맺고 있다. 행정개입청구권이 공권으로서 성립될 수 있느냐 하는 것은 따라서 개개의 공권력 발동을 위한 수권조항을 해석함에 있어서 행정청의 개입에 대한 법적 의무(즉 결정재량 및 선택재량의 수축)가 인정될 수 있느냐 하는 문제와 그 수권규정이 사익을 아울러 보호하려는 것으로 볼 수 있느냐에 달려 있다.

독일행정법에 있어, 재량권의 수축을 인정하기 위해 **당초 요구되었던 침해될 위험이 있는 법익의 중대성이 오늘날 더 이상 요구되지 않게 됨**에 따라 행정개입청구권은 경찰법영역 내에서는 물론, 여타의 법영역, 예컨대 환경오염방지법과 같은 환경보호법이나 원자력법, 공중접객업소법과 같은 영업관계법 등의 분야에서 계속 확충되어 나갈 수 있었다. 가령 경찰법영역에서 판례는 부분적으로는 어떠한 종류의 법익침해로도 충분하다고 하고, 부분적으로는 비둘기사육으로 인한 불편초래, 과도한 교통소음, 참기 곤란한 교회종소리, 교통방해(예컨대 개인의 차고 앞에 불법주차된 차량의 제거: BVerwGE 37,112) 등에 대하여 재량권의 수축 및 그 결과 행정개입청구권을 인정한 바 있다. 한편 경찰법영역에서는 주로 경찰상의 일반수권조항이 행정개입청구권의 준거규범이 되었던 반면, 그 이외의 법영역에 있어서는 각각의 특별수권조항들이 준거규범으로 원용되고 있음을 볼 수 있다.

행정개입청구권을 둘러싼 법적 관계의 구조는 앞서 제시된 연탄공장사건(사례 B)과 매우 흡사하다. 다만 연탄공장사건에서는 허가처분의 취소가 다투어졌던 데 비해, 여기서는 행정규제권의 발동이 요구되고 있다는 점이 다르다.

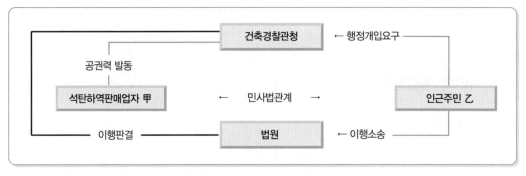

[행정개입청구권에 관한 법적 관계의 구조]

행정개입청구권에 관해서는 다음과 같은 점을 유의할 필요가 있다.

① 행정개입청구권은 무하자재량행사청구권의 한 적용례라는 점에서 기본적으로 성질상 공통점이 있다. 즉, 일반적 행정개입청구권은 존재하지 않는다. 행정개입청구권은 오로지 관계법상 개개의 수권규정으로부터 도출되어야 할 권리이며, 절차적 권리가 아니라 실체법적 권리이다. 다만, 이 청구권은 재량권수축을 전제로 성립한다는 점에서 무하자재량행사청구권이 형식적 권리라고 불리는 것과는 다르다.

② 행정개입청구권은 적어도 독일행정법상 성립배경을 고려할 때, 재량권이 부여된 경우에 발생하는 문제이다. 물론 논리적으로는 기속행위의 경우에도 타당한 보다 넓은 의미의 행정개입청구권이 논의될 여지도 있겠지만, 독일의 경우, 그것은 공권 일반론의 문제로서[30] 행정청의 의무이행을 관철시키기 위한 행정상 이행소송에 의해 해결될 전형적인 사례일 뿐, 별다른 문제를 제기하지 아니한다. 이렇게 볼 때, 우리나라의 경우 기속행위에 대한 관계에서 성립하는 행정개입청구권의 문제는 ─ 일반적으로 ─ 그 소송법적 관철이 문제되기는 하지만 별반 논의의 실익이 없다고 할 것이다. 특히 행정개입청구권을 일부문헌들처럼 광의로 파악하는 경우[31] 제3자에 대한 불이익처분을 구하는 행정개입청구와 사인간에 허용되어 있는 사법상의 권리보호방법 간의 경합(경찰개입의 한계로서 보충성원칙: Subsidiaritätsprinzip)이라는 행정개입청구권의 본래적 문제상황이 경시될 가능성이 있다는 점이 고려되어야 한다.

③ 행정개입청구권은 실체법적 이행청구권의 문제이다. 물론 이 경우에도 그 행정소송에 의한 관철이 당연히 문제되며, 행정청의 공권력발동에 대한 법률상 이익의 유무가 행정소송상 원고적격을 판단함에 있어 결정적인 의미를 지닌다. 따라서 우리나라의 경우 의무이행소송이나 일반이행소송과 같은 행정상 이행소송의 허용여부에 관한 문제와 관련을 맺지 않을 수 없다. 그러나 행정개입청구권의 문제를 오로지 행정소송법적 관점에서 논하거나 소송의

---

30) 김동희, 행정법 I, 99.
31) 박윤흔, 행정법강의(상), 162이하; 석종현, 일반행정법(상), 135이하 등.

허용성에 의해 부정하는 것은 옳지 않다. 행정개입청구권은 실체법상 이행청구권의 문제이기 때문이다.

3. 사인의 공법행위

3.1. 의 의

오늘날 민주행정의 요청은 무엇보다도 행정에 대한 국민의 참여의 확대와 개인의 법적 주체성 확립 및 법적 지위 강화를 통하여 관철된다. 사인은 더 이상 단순한 행정의 객체가 아니라 행정과정에 협력 또는 함께 참여하는 또 하나의 주체로서 지위를 차지하게 된다. 이같이 변화된 상황에서는 행정과정에 대한 사인의 이니셔티브 및 참여기회의 제도화가 모색되며 그 구체적인 표현이 바로 공법관계에 있어 사인의 공법행위 문제이다. 사인의 공법행위란 공법관계에서 사인이 행하는 행위로서 공법적 효과를 발생하는 행위를 총칭하는 개념이다. 사인의 행위에는 명칭·내용·효과 등을 달리하는 각양각색의 행위가 포함되기는 하나, 행정주체의 우월한 의사의 발동인 행정행위와 다르고, 또 순전히 평등원리에 의하여 지배되는 사법행위와도 다르다.

3.2. 사인의 공법행위의 종류

사인의 공법행위 역시 공법행위 일반과 마찬가지로 다양하게 분류될 수 있다. 그것은 가령 의사표시의 수(단순행위·합성행위), 구성요소(의사표시행위·통지행위) 등에 따라 분류될 수도 있지만, 여기서는 주로 사인의 지위, 행위의 성질과 효과에 따른 분류만을 소개한다.

3.2.1. 사인의 지위에 따른 분류

(1) 행정주체의 기관구성원의 지위에서 하는 행위

사인의 행위이기는 하지만 국가나 공공단체의 기관구성원의 지위에서 하는 행위로서 가령 선거인의 투표행위처럼 국가의 통치작용에 능동적으로 참가하는 행위가 이에 해당한다.

(2) 행정의 상대방의 지위에서 하는 행위

사인은 행정주체 상대방의 지위에서 국가나 공공단체에 대하여 이익이나 혜택을 받기 위하여 어떤 행정결정을 요구하거나 스스로 법령상 의무를 이행하기 위한 어떤 행위를 할 수 있다. 이 중에는 그 자체로는 법적 효과가 완성되지 않고 행정주체의 결정(공법행위)의 전제가 되는 행위인 경우가 대다수이다(예: 각종 신고·신청, 동의·승낙, 협의, 의견서제출, 쟁송제기 등).

3.2.2. 행위의 성질에 따른 분류

사인의 공법행위는 그 성질상 ① 의사표시를 요소로 포함하고 있느냐에 따라 의사표시행위(예: 이혼신고)와 관념 또는 사실의 통지행위(예: 출생신고)로 나뉘고, ② 공법행위를 구성하는 의사표시의 수에 의하여 단순행위와 합성행위로 나뉘며, ③ 의사표시의 방향에 따라 일방적 의사표시로 구성된 단독행위(예: 허가신청, 쟁송제기 등)와 의사표시의 합치로 이루어지는 쌍방적 행위로 나뉜다. 쌍방적 행위는 다시 복수당사자간에 서로 반대방향의 의사표시의 합치로 이루어지는 공법상 계약(예: 「공익사업을 위한 토지 등의 취득 및 보상에 관한 법률」 §§ 16, 17, 26 등에서의 협의 성립에 따른 계약)과 복수당사자의 동일방향의 의사표시로 행해지는 사인간의 공법상 합동행위(예: 주택재개발조합 등 공공조합의 설립행위)로 구분된다. 사인 상호간의 공법상 합동행위의 경우에는 공익적·감독적 견지에서 그 효력의 완성을 행정청의 인가(보충행위)에 의존시키거나 행정주체의 지위를 부여하는 설권적 처분을 하기도 한다(예: 주택재개발조합의 설립인가).

"구 '도시 및 주거환경 정비법'(2007.12.21. 법률 제8785호로 개정되기 전의 것. 이하 '구 도시정비법'이라 한다)상 **주택재개발정비사업조합**(이하 '재개발조합'이라 한다)**은** 재개발**사업의 사업시행자로서 조합원에 대한 법률관계에서 특수한 존립목적을 부여받은 행정주체로서의 지위를 가지게 되고,** 이러한 행정주체의 지위에서 정비구역 안에 있는 토지 등을 수용하거나(같은 법 제38조), 관리처분계획(같은 법 제48조), 경비부과처분(같은 법 제61조) 등과 같은 **행정처분을 할 수 있는 권한을 부여받는다. 따라서 재개발조합 설립인가신청에 대한 행정청의 조합설립인가처분은 단순히 사인(私人)들의 조합설립행위에 대한 보충행위로서의 성질을 가지는 것이 아니라 법령상 일정한 요건을 갖추는 경우 행정주체(공법인)의 지위를 부여하는 일종의 설권적 처분의 성질을 가진다고 봄이** 상당하다.

그러므로 도시정비법상 재개발조합설립인가신청에 대하여 행정청의 조합설립인가처분이 있은 이후에는, **조합설립동의에 하자가 있음을 이유로 재개발조합 설립의 효력을 부정하려면 항고소송으로 조합설립인가처분의 효력을 다투어야 한다**(대법원 2009.9.24. 자 2009마168 결정 등 참조)."[32]

3.2.3. 행위의 효과에 따른 분류

사인의 공법행위는 그 효과에 따라 ① 그 행위만으로 법률효과를 완결하는 자기완결적 공법행위(예: 선거 투표행위, 자기완결적 신고, 공법상 합동행위 등)와 ② 행정주체의 공법행위의 동기나 요건이 되거나 공법상 계약의 일방당사자의 의사표시가 되는 데 그치고 그 자체로는 법률효과를 완성하지 못하는 행위요건적 공법행위(예: 신청, 동의, 승인, 협의 등)로 나뉜다.

---

32) 대법원 2010.1.28. 선고 2009두4845 판결.

3.3. 사인의 공법행위의 특색

3.3.1. 행정행위에 대한 특색

사인의 공법행위는 공법적 효과 발생을 목적으로 하는 점에서 행정행위와 동일하다. 그러나 공정력 등 공권력의 발동으로서 행정행위에 인정되는 특수한 효력들은 발생하지 않는다.

3.3.2. 사법행위에 대한 특색

사인의 공법행위는 권력적 계기를 결여하고 있다는 점에서는 사법행위와 하등 본질적인 차이가 없다. 그러나 사인의 공법행위는 공법적 효과발생을 목적으로 한다는 점에서 사적 이해관계의 조절을 목적으로 하는 사법행위와는 다르며 그런 까닭에 적용법규도 달라지게 된다.

대법원은 영업허가의 명의변경신고에서 영업재개업의사의 유무를 판단함에 있어 사인의 공법행위는 민법의 법률행위에 관한 규정의 규율 밖에 있으므로 이를 민법상 의사표시에 관한 규정으로 규율할 수 없다고 판시한 바 있다. 즉 「민법의 법률행위에 관한 규정은 대등한 당사자간의 거래를 대상으로 하여 서로의 이해를 조정함을 목적으로 하는 규정이므로, 형식적 획일성을 중히 여기며 행위의 격식화를 특색으로 하는 공법행위에 당연히 적용된다고 말할 수 없으며, **사인의 공법행위인 재개업신고는 민법의 법률행위에 관한 규정의 규율범위 밖에 있다**」고 판시한 것이다.[33] 이러한 판례의 논리는 공무원의 사직의 의사표시에 대해서도 마찬가지로 관철되고 있다. 즉 대법원은 공무원이 사직의 의사표시를 하여 의원면직된 경우, 그 사직의 의사표시에 대하여는 민법 제107조가 준용되지 않는다고 판시하였다:

[1] 공무원이 사직의 의사표시를 하여 의원면직처분을 하는 경우 그 사직의 의사표시는 그 법률관계의 특수성에 비추어 외부적·객관적으로 표시된 바를 존중하여야 할 것이므로, 비록 사직원제출자의 내심의 의사가 사직할 뜻이 아니었다고 하더라도 **진의 아닌 의사표시에 관한 민법 제107조는 그 성질상 사직의 의사표시와 같은 사인의 공법행위에는 준용되지 아니하므로 그 의사가 외부에 표시된 이상 그 의사는 표시된 대로 효력을 발한다.**

[2] 사직서의 제출이 감사기관이나 상급관청 등의 강박에 의한 경우에는 그 정도가 의사결정의 자유를 박탈할 정도에 이른 것이라면 그 의사표시가 무효로 될 것이고 그렇지 않고 의사결정의 자유를 제한하는 정도에 그친 경우라면 그 성질에 반하지 아니하는 한 의사표시에 관한 민법 제110조의 규정을 준용하여 그 효력을 따져보아야 할 것이나, 감사담당 직원이 당해 공무원에 대한 비리를 조사하는 과정에서 사직하지 아니하면 징계파면이 될 것이고 또한 그렇게 되면 퇴직금 지급상의 불이익을 당하게 될 것이라는 등의 강경한 태도를 취하였다고 할지라도 그 취지가 단지 비리에 따른 객관적 상황을 고지하면서 사직을 권고·종용한 것에 지나지 않고 위 공무원이 그 비리로 인하여 징계파면이 될 경우 퇴직금 지급상의 불이익을 당하게 될 것 등 여러 사정을 고려하여 사직서를 제출한 경우라면 그 의사결정이 의원면직처분의 효력에 영향을 미칠 하자가 있었다고는 볼 수 없다.[34]

---

33) 대법원 1978.7.25. 선고 76누276 판결.
34) 대법원 1997.12.12. 선고 97누13962 판결. 원심: 광주고법 1997.7.31. 선고 95구3304 판결. 참조: [1][2] 대법원

3.4. 사인의 공법행위에 대한 적용법규

사인의 공법행위에 대하여 어떠한 법규정을 적용할 것인가에 대하여는 각각의 단행법이 개별적 규정을 두고 있는 경우를 제외하고는 일반법, 즉 통칙적 규정이 없다. 다만 행정절차법이 제4조에서 신고에 관한 규정을 두고 있을 뿐이다. 따라서 이러한 경우 특히 민법의 규정 또는 법원리가 유추적용될 수 있는지가 문제된다. 이 문제는 이미 공법관계에 대한 사법규정의 적용문제를 다룰 때 살펴 본 바 있으므로 특히 문제되는 것만을 검토해 본다.

3.4.1. 의사능력 · 행위능력

의사능력이 없는 자의 행위는 그 공법행위로서의 성질을 불문하고 절대무효이지만, 행위능력에 관하여는 민법의 규정을 그대로 적용할 수 없는 경우가 많다(예: 무능력자의 행위에 관한 의제: 우편법 § 10 등). 반면 사인의 공법행위 중에서 재산관계행위에 대해서는 원칙적으로 민법규정이 유추적용된다고 보는 것이 일반적 견해이다.

3.4.2. 대 리

사인의 공법행위에 대해서는 대리가 허용되지 않는다는 명문의 규정이 있는 경우가 많다(예: 병역법 §§ 88 ②, 89 등). 이러한 규정이 없는 때에는 행위의 성질상 일신전속적인 것(예: 수험, 귀화신청, 사직원제출 등)이 아니라면 대리가 인정된다고 봄이 옳을 것이다.

3.4.3. 효력발생시기

사인의 공법행위의 경우 그 효력발생시기에 관하여는 행위의 존재를 명백히 하고 형식적인 확실성을 기하기 위하여 도달주의가 원칙이다.

행정절차법 제15조는 송달의 효력발생에 관하여 다른 법령등에 특별한 규정이 있는 경우를 제외하고는 송달받을 자에게 도달됨으로써 그 효력이 발생한다고 규정하여 도달주의원칙을 분명히 하고 있다. 국세기본법(법률 제9911호, 2010.1.1. 일부개정) 또한 제12조에서 송달의 효력 발생에 관하여 '제8조에 따라 송달하는 서류는 송달받아야 할 자에게 도달한 때부터 효력이 발생한다. 다만, 전자송달의 경우에는 송달받을 자가 지정한 전자우편주소에 입력된 때(국세정보통신망에 저장하는 경우에는 저장된 때)에 그 송달을 받아야 할 자에게 도달한 것으로 본다'고 규정하고 있다.

1990.11.27. 선고 90누257 판결. [1] 대법원 1986.7.22. 선고 86누43 판결; 대법원 1992.8.14. 선고 92누909 판결. [2] 대법원 1992.6.9. 선고 92누558 판결; 대법원 1995.12.5. 선고 95누12033 판결.

3.4.4. 의사표시 · 결정의 하자

사인의 공법행위에 있어 그 의사표시에 흠결이 있거나 의사결정에 하자가 있는 경우 행위의 효력에 관하여도 일반적 규정이 없으므로, 특별한 규정이 없는 한, 민법의 규정($^{\text{민법 \S\S}}_{107\text{-}110}$)에 의한다고 해야 할 것이다.

3.4.5. 부 관

사인의 공법행위의 효과는 행정법관계의 변동을 가져오기 때문에 명확성과 신속확정을 위해 부관을 붙일 수 없음이 원칙이다.

3.4.6. 철회 · 보정

사인의 공법행위는 그에 의거한 행정행위가 발급될 때까지 자유로이 철회·보정할 수 있는 것이 원칙이다. 다만 법률상(예: 소장의 수정) 또는 성질상(예: 투표, 수험) 그 자유가 제한되는 경우도 있다.

3.5. 사인의 공법행위의 효과

3.5.1. 자기완결적 행위의 효과

법령등에서 행정청에 대하여 일정한 사항을 통지함으로써 의무가 끝나는 신고, 즉 자기완결적 신고에 관해서는 행정절차법이 명시적인 규정을 두고 있다. 이에 따르면, 신고를 관장하는 행정청은 신고에 필요한 구비서류와 접수기관 기타 법령등에 의한 신고에 필요한 사항을 게시하거나 이에 대한 편람을 비치하여 누구나 열람할 수 있도록 하여야 하며($^{\S\,40}_{①}$), 신고서의 기재사항에 하자가 없고, 필요한 구비서류가 첨부되어 있으며, 기타 법령등에 규정된 형식상의 요건에 적합한 신고서가 접수기관에 도달한 때에는 신고의무가 이행된 것으로 본다($^{\S\,40}_{②}$). 이는 종종 신고가 부당하게 반려되거나 방치되고 또 신고제가 사실상 허가제처럼 운영되었던 행정실무상의 경험을 고려하여 규제완화의 견지에서 적법한 신고서가 접수되면 그 수리여부와 관계없이 신고의무가 이행된 것으로 간주하도록 한 것으로서 일본의 행정수속법 제37조와 거의 같은 내용이기는 하지만, 타당한 입법이라고 할 수 있다.

행정청은 제2항 각 호의 요건을 갖추지 못한 신고서가 제출된 경우 지체 없이 상당한 기간을 정하여 신고인에게 보완을 요구하여야 하며($^{\S\,40}_{③}$), 신고인이 그 기간 내에 보완을 하지 아니한 때에는 그 이유를 명시하여 당해 신고서를 되돌려 보내야 한다($^{\S\,40}_{④}$).

건축법상 건축신고의 경우, 신고를 한 이상 건축주는 행정청의 수리처분이라는 별도의 조치를 기다리거나 허가처분을 받지 않고서도 건축을 할 수 있기 때문에[35] 행정쟁송의 여지는 없다고 볼 수 있지만, 행정청이 건축신고를 반려하거나 수리를 거부한 경우에는 문제가 다르다. 이에 관하여 대법원은 종래 건축신고의 반려행위 또는 수리거부행위가 항고소송의 대상이 아니어서 그 취소를 구하는 소는 부적법하다고 보았으나,[36] 2010년 11월 18일 대법원은 종전의 판례를 변경하여 건축신고 반려행위는 항고소송의 대상이 된다고 판시하면서, 건축신고로써 건축허가가 의제되는 건축물의 경우에도 그 신고 없이 건축이 개시될 경우 행정청은 건축주 등에 대하여 시정명령, 이행강제금, 벌금을 부과하거나 당해 건축물을 사용하여 행할 행위에 대한 불허가 요청을 할 수 있고, 건축주 등 역시 그러한 조치를 받을 불안정한 지위에 놓이게 되며, 따라서 건축신고 반려행위가 이루어진 단계에서 당사자로 하여금 반려행위의 적법성을 다투어 그 법적 불안을 해소한 다음 건축행위에 나아가도록 함으로써 장차 있을지도 모르는 위험에서 미리 벗어날 수 있도록 길을 열어 주고, 위법한 건축물의 양산과 그 철거를 둘러싼 분쟁을 조기에 근본적으로 해결할 수 있게 하는 것이 법치행정의 원리에 부합한다는 것을 그 이유로 들었다.[37]

3.5.2. 행정청의 조치가 필요한 행위의 효과

(1) 행정청의 수리의무

행정청은 신고·신청 등 일정한 처분을 구하는 사인의 공법행위가 적법·유효한 것인지를 판단 이를 수리할 의무를 진다. 신청행위에 흠이 있더라도 곧바로 이를 배척할 것이 아니라 그 흠이 보완될 수 있으면 보완기회를 부여한 후에 신청에 대한 처리방향을 결정하는 것이 당연하다.[38] 행정절차법은 제17조에서 '행정청은 신청이 있는 때에는 다른 법령등에 특별한 규정이 있는 경우를 제외하고는 그 접수를 보류 또는 거부하거나 부당하게 되돌려 보내서는 아니 되며, 신청을 접수한 경우에는 신청인에게 접수증을 주어야 한다'고 규정하는 한편($\frac{§17}{④}$), 신청에 구비서류의 미비 등 흠이 있는 경우에는 보완에 필요한 상당한 기간을 정하여 지체 없이 신청인에게 보완을 요구하여야 하고($\frac{§17}{⑤}$), 신청인이 그 기간 내에 보완을 하지 아니한 때에는 그 이유를 명시하여 접수된 신청을 되돌려 보낼 수 있도록 하고 있다($\frac{§17}{⑥}$).

(2) 행정청의 심사·처리의무

행정청은 적법한 절차를 거쳐 또는 그 재량권을 적정하게 행사하여 사인의 공법행위에 대하여 응분의 법적 처리를 하여야 할 의무가 있다. 행정절차법은 제19조에서 행정청에게

35) 대법원 1999.4.27. 선고 97누6780 판결; 대법원 1967.9.19. 선고 67누71 판결 등.
36) 대법원 1967.9.19. 선고 67누71 판결; 대법원 1995.3.14. 선고 94누9962 판결; 대법원 1997.4.25. 선고 97누3187 판결; 대법원 1998.9.22. 선고 98두10189 판결; 대법원 1999.10.22. 선고 98두18435 판결; 대법원 2000.9.5. 선고 99두8800 판결 등.
37) 대법원 2010.11.18. 선고 2008두167 전원합의체 판결. 이로써 위의 대법원 1967.9.19. 선고 67누71 판결, 대법원 1995.3.14. 선고 94누9962 판결, 대법원 1997.4.25. 선고 97누3187 판결, 대법원 1998.9.22. 선고 98두10189 판결, 대법원 1999.10.22. 선고 98두18435 판결, 대법원 2000.9.5. 선고 99두8800 판결 등을 비롯한 같은 취지의 판결들은 이 판결의 견해와 저촉되는 범위에서 모두 변경되었다.
38) 대법원 1985.4.19. 선고 84누378 판결.

처리기간을 설정·공표할 의무를 부과하고 있다. 즉, 행정청은 신청인의 편의를 위하여 처분의 처리기간을 종류별로 미리 정하여 공표하여야 하며($^{\S 19}_{①}$), 부득이한 사유로 해당 처리기간 내에 처리하기 곤란한 경우에는 당해 처분의 처리기간의 범위 내에서 1회에 한하여 그 기간을 연장할 수 있다($^{\S 19}_{②}$). 만일 행정청이 정당한 처리기간 내에 처리하지 아니한 경우에는 신청인은 당해 행정청 또는 그 감독행정청에 대하여 신속한 처리를 요청할 수 있다($^{\S 19}_{④}$). 법령이 당사자의 신청을 소정의 처리기간 내에 처리하지 않으면 거부처분이 있는 것으로 보게 한 경우($^{거부간주: 「공공기관의 정보}_{공개에 관한 법률」 \S 11 ⑤}$)도 있다. 법령상 규정된 상당한 기간 내에 신청을 처리하지 아니 하면 이를 위법한 부작위·거부처분으로 보아 부작위위법확인소송·거부처분취소청구소송을 제기하여 다툴 수 있다.

> **민원사무처리에 관한 법률 제18조**
> ① 민원사항에 대한 행정기관의 장의 거부처분에 대하여 불복이 있는 민원인은 그 거부처분을 받은 날부터 90일 이내에 그 행정기관의 장에게 문서로 이의신청을 할 수 있다.
> ② 행정기관의 장은 이의신청을 받은 날부터 10일 이내에 그 이의신청에 대하여 결정하고 그 결과를 민원인에게 지체 없이 문서로 통지하여야 한다. 다만, 부득이한 사유로 정해진 기간 이내에 결정할 수 없는 때에는 그 기간의 만료일 다음 날부터 기산하여 10일 이내의 범위에서 연장할 수 있으며, 연장사유를 민원인에게 통지하여야 한다.
> ③ 민원인은 제1항의 규정에 의한 이의신청 여부와 관계없이 「행정심판법」에 의한 행정심판 또는 「행정소송법」에 의한 행정소송을 제기할 수 있다.

사인의 공법행위에 대하여 행정청이 인가권을 행사하는 경우, 인가는 사인의 공법행위의 효력을 완성시켜 주는 보충행위이므로 당사자의 동의 또는 법률의 특별한 규정이 없는 한 행정청이 수정인가를 하는 것은 허용되지 않는다고 보아야 할 것이다(다수설).

한편, 사인의 행위 중 이익이 되는 행정행위를 신청하는 경우에는 한번 신청이 거부되더라도 사정이 변경되어 다시 신청할 필요가 생길 수 있다. 선행 신청에 대한 거부처분 자체가 불가쟁력이 생기더라도 사정변경을 이유로 재신청하는 것까지 차단하는 효력은 가지지 못하고 또 그런 경우 재신청을 불허할 이유도 없으므로, 관계법령에 특별한 규정이 없는 한, 재신청할 수 있다고 보아야 할 것이다.[39]

3.6. 사인의 공법행위의 흠과 후속행정행위의 효력

사인의 공법행위에 흠이 있는 경우 그에 따른 행정행위에 어떠한 영향이 미칠 것인지가

---

39) 김철용, 행정법 I, 제13판, 2010, 137은 선행거부처분에 불가쟁력이 발생하였더라도 행정행위에는 일반적으로 일사부재리의 효력이 없으므로, 당해 이익 행정행위의 성질에 반하지 아니 하는 한, 사정변경을 이유로 재신청할 수 있다고 본다.

문제된다. 이에 관하여는 자기완결적 행위에 흠이 있는 경우와 행정청의 조치가 필요한 행위에 흠이 있는 경우로 나누어 보아야 할 것이다.

(1) 자기완결적 행위에 흠이 있는 경우, 형식적 요건에 흠이 있는 경우에는 행정절차법 제40조 제3항 및 제4항에 따라 처리하게 되겠지만, 그 내용에 흠이 있는 경우에 관한 한, 행정절차법에 아무런 규정이 없으므로, 그 흠의 효과에 관해서는 관계법령의 해석에 따라 판단할 수밖에 없다.

(2) 사인의 공법행위에 행정청의 후속조치(행정행위)가 필요한 경우, 그 공법행위에 흠이 있는 때에는 그 행위가 후속조치의 단순한 동기나 배경을 이루는 경우와 법적 요건을 이루는 경우로 나누어 판단할 문제이다. 전자의 경우에는, 특별한 사정이 없는 한, 공법행위의 흠이 후속조치의 효력에 직접 영향을 미치지 않는다. 반면, 후자의 경우에는 사인의 공법행위의 흠이 단순위법인 때에는 후속 행정행위는 유효하고, 무효이거나 적법하게 철회된 때에는 그에 대한 후속 행정행위도 전제조건을 결하게 되어 무효가 된다고 보는 것이 통설이다. 다만 무효행위의 전환에 의해 이를 유효한 (새로운) 행위로 볼 수 있는 경우도 있을 수 있다. 한편 행정요건적 행위에 흠이 있는 경우 그에 대한 후속조치로 행해진 행정행위는 취소할 수 있는 것이 원칙이고, 개별법률에서 사인의 공법행위를 효력요건으로 규정하고 있는 경우에만 예외로 후속조치가 무효로 된다고 보는 견해가 있다.[40]

3.7. 특수문제: 사인의 공법행위로서 신고

3.7.1. 신고의 개념

사인의 공법행위로서 신고란 '사인의 공법적 효과의 발생을 목적으로 행정청에게 일정한 사실을 알리는 행위로서 행정청에 의한 실질적 심사가 요구되지 아니하는 행위'를 말한다.

3.7.2. 사인의 공법행위로서 신고의 종류

사인의 공법행위를 그 효과에 따라 구분하는 것은 특히 사인의 공법행위로서 신고와 관련하여 중요한 의미를 가진다. 즉, 사인의 공법행위로서 신고는 자기완결적 신고와 행정요건적 신고로 나뉜다.

(1) 자기완결적 신고

신고서가 행정청에 도달되어 행정청에 대하여 일정한 사항을 통지한 때에 법적 효과가 발생하는 신고를 말한다. '수리를 요하지 아니하는 신고'라고 부르기도 한다. 수리가 있었다

---

40) 김남진/김연태, 행정법 I, 131.

하더라도 이는 단지 행정청의 편의를 위한 것일 뿐 사인의 지위에는 아무런 변동이 없다.

(2) 행정요건적 신고

사인이 행정청에 대하여 일정한 사항을 통지하고 행정청이 수리함으로써 법적 효과가 발생하는 신고를 말한다. 여기서 수리란 사인이 알려온 일정한 사항을 행정청이 유효한 것으로서 받아들이는 행위를 말하며, 행정요건적 공법행위로서 신고는 이를 '수리를 요하는 신고'라고 부르기도 한다.[41] 영업자 지위 승계의 경우처럼 종래 허가제였던 것이 신고제로 변경되면서 여전히 수리를 요하는 경우가 이에 해당한다. 이러한 경우를 '완화된 허가제'라고도 부르며, 이러한 행정요건적 공법행위로서 신고는 실정법상으로는 신고, 등록 등 여러 가지 용어로 표현되고 있다. 수리를 요하는 신고의 경우 형식적 심사만을 거치지만, 허가의 경우에는 실질적 심사를 거친다는 점에서 양자는 차이가 있다.[42]

대법원 판례에서 '수리를 요하는 신고'로 인정된 예로는 주민등록법에 따른 주민등록전입신고,[43] 체육시설의 회원을 모집하고자 하는 자가 관할 시·도지사 등에게 한 회원모집계획서 제출,[44] 수산업법 제44조 소정의 어업신고,[45] 건축법 제14조 제2항에 의한 인·허가의제 효과를 수반하는 건축신고[46] 등이 있다.

(3) 양자의 구별기준

양자의 구별은 종종 분명하지 않은 경우가 많다. 신고요건에 따라 형식적 요건만으로 되어 있으면 자기완결적 신고로, 실질적 요건이 규정되어 있으면 행정요건적 신고로 보기도 하고, 관련법률의 취지와 목적에 따라 판단하되 규제완화라는 신고제의 취지를 고려하여 가능한 한 자기완결적 신고로 보는 것이 바람직하다는 견해가 있다.[47] 또한 개별법령의 등록과의 차이도 반드시 이론적으로 명료한 것은 아니다. 개별법령이 신고와 등록을 구분하여 규정하고 있는 경우에는 신고를 자기완결적신고로, 등록을 행정요건적 신고로 보기도 한다.[48]

생각건대, 신고의 자기완결적 효과를 인정할 수 있는지 여부, 그리고 행정요건적 연관성 여하는 결국 관계법률의 규율에 따라 판단할 수밖에 없다. 즉, 외국환거래법 제18조(자본거래의 신고 등), 산지관리법 제15조(산지전용신고)처럼 해당 법령에 신고 수리 필요 여부에 관한 명문의 규정이 있거나 관련 규정의 해석상 신고에 대한 실질적 심사가 허용되는 경우 등에

---

41) 홍정선, "사인의 공법행위로서 신고의 법리 재검토", 중범김동희교수정년기념논문집, 박영사, 2005.6, 144-162, 151.
42) 홍정선, 앞의 글, 152.
43) 대법원 2009.6.18. 선고 2008두10997 전원합의체 판결.
44) 대법원 2009.2.26. 선고 2006두16243 판결.
45) 대법원 2000.5.26. 선고 99다37382 판결.
46) 대법원 2011.1.20. 선고 2010두14954 전원합의체 판결.
47) 정하중, 행정법개론, 제5판, 2011, 115 등.
48) 정하중, 같은 곳.

한하여 수리를 요하는 신고로 보는 것이 종래 판례의 입장이었음을 고려할 필요가 있을 것이다.[49]

3.7.3. 신고의 법적 효과

(1) 자기완결적 신고

자기완결적 신고의 경우 행정절차법에 따라 신고를 관장하는 행정청은 신고서의 기재사항에 하자가 없고, 필요한 구비서류가 첨부되어 있으며, 기타 법령등에 규정된 형식상의 요건에 적합한 신고서가 접수기관에 도달한 때에는 신고의무가 이행된 것으로 본다($\S_{②}^{40}$).

일반적인 건축신고의 경우, 신고를 한 이상 건축주는 행정청의 수리처분이라는 별도의 조치를 기다리거나 허가처분을 받지 않고서도 건축을 할 수 있다고 보는 것이 원칙이다.[50] 대법원 2011.1.20. 선고 2010두14954 전원합의체 판결도 다음에 보는 바와 같이 이 점을 분명히 확인하고 있다.

"건축법은 제11조 제1항에서 건축물을 건축하거나 대수선하려는 자는 특별자치도지사 또는 시장·군수·구청장의 허가를 받아야 한다고 규정하고, 제14조 제1항에서 제11조에 해당하는 허가 대상 건축물이라 하더라도 일정 규모 이내의 건축물에 대하여는 미리 특별자치도지사 또는 시장·군수·구청장에게 신고하면 건축허가를 받은 것으로 본다고 규정하고 있다.

이와같이 건축법이 건축물의 건축 또는 대수선에 관하여 원칙적으로 허가제로 규율하면서도 일정 규모 이내의 건축물에 관하여는 신고제를 채택한 것은, 건축행위에 대한 규제를 완화하여 국민의 자유의 영역을 넓히는 한편, 행정목적상 필요한 정보를 파악·관리하기 위하여 국민으로 하여금 행정청에 미리 일정한 사항을 알리도록 하는 최소한의 규제를 가하고자 하는 데 그 취지가 있다. 따라서 건축법 제14조 제1항의 건축신고 대상 건축물에 관하여는 원칙적으로 건축 또는 대수선을 하고자 하는 자가 **적법한 요건을 갖춘 신고를 하면 행정청의 수리 등 별도의 조처를 기다릴 필요 없이 건축행위를 할 수 있다고 보아야 한다.**"

그러나 건축법 제14조 제2항에서 같은 조 제1항에 따른 건축신고에 대해서도 건축허가의 경우 인·허가 의제조항인 같은 법 제11조 제5항[51]을 준용하고 있고, 대법원 2011.1.20. 선고 2010두14954 전원합의체 판결이 **인·허가의제 효과를 수반하는 건축신고**는 일반적인 건축신고와는 달리, 특별한 사정이 없는 한 행정청이 그 실체적 요건에 관한 심사를 한 후 수리하여야 하는 이른바 '수리를 요하는 신고'라고 판시하였기 때문에 이와 같은 자기완결적 건

---

49) 대법원 2011.1.20. 선고 2010두14954 전원합의체 판결에서 대법관 박시환, 대법관 이홍훈의 반대의견을 참조.
50) 이것이 종래 판례의 태도이기도 했다(대법원 1999.4.27. 선고 97누6780 판결; 대법원 1967.9.19. 선고 67누71 판결 등).
51) 건축법 제11조 제5항에서는 제1항에 따른 건축허가를 받으면 각 호에서 정한 허가 등을 받거나 신고를 한 것으로 본다. 「국토의 계획 및 이용에 관한 법률」 제56조의 규정에 의한 개발행위허가가 그 대표적인 예이다.

축신고를 운위할 실익이 사실상 소실되고 말았다. 가령 위 2010두14954 판결에서 지적한 바와 같이 건축신고가, 연면적 합계 100㎡ 이하인 건축물의 신축에 관한 것으로서 건축법 제14조 제2항, 제11조 제5항 제3호에 의하여 국토계획법 제56조 제1항 제1호에 따른 개발행위허가를 받은 것으로 의제되므로, 위와 같은 법리상 수리를 요하는 신고로 보게 된다. 따라서 건축법 제14조에 의한 건축신고는 그와 같은 (건축허가에 관한) 인·허가의제조항($\frac{건축법}{§11 \text{ ⑤}}$)의 적용범위 이외의 경우에만 '일반적인 건축신고'라 할 수 있게 된 셈이다.52)

한편 건축신고의 반려행위가 항고소송의 대상이 되는 처분에 해당하는지 여부가 문제된다. 일반적인 건축신고, 즉 후술하는 대법원 2011.1.20. 선고 2010두14954 전원합의체 판결에서 설시하는 인·허가의제 효과를 수반하지 아니 하는 건축신고의 경우, 신고만으로 건축법상 의무가 이행된 것으로 되어 소정의 법적 효과가 발생하게 되며 따라서 별도의 행정조치가 없어도 쟁송의 여지는 없다. 하지만, 행정청이 건축신고를 반려하거나 수리를 거부한 경우에는 문제가 다르다. 이에 관하여 대법원은 종래 건축신고의 반려행위 또는 수리거부행위가 항고소송의 대상이 아니어서 그 취소를 구하는 소는 부적법하다고 보았으나,53) 2010년 11월 18일 대법원은 종전의 판례를 변경하여 건축신고 반려행위는 항고소송의 대상이 된다고 판시하였다.54)

"[1] 행정청의 어떤 행위가 항고소송의 대상이 될 수 있는지의 문제는 추상적·일반적으로 결정할 수 없고, 구체적인 경우 행정처분은 행정청이 공권력의 주체로서 행하는 구체적 사실에 관한 법집행으로서 국민의 권리의무에 직접적으로 영향을 미치는 행위라는 점을 염두에 두고, 관련 법령의 내용과 취지, 그 행위의 주체·내용·형식·절차, 그 행위와 상대방 등 이해관계인이 입는 불이익과의 실질적 견련성, 그리고 법치행정의 원리와 당해 행위에 관련한 행정청 및 이해관계인의 태도 등을 참작하여 개별적으로 결정하여야 한다.

[2] 구 건축법($\frac{2008.3.21. \text{ 법률 제8974호}}{\text{로 전부 개정되기 전의 것}}$) 관련 규정의 내용 및 취지에 의하면, 행정청은 건축신고로써 건축허가가 의제되는 건축물의 경우에도 그 신고 없이 건축이 개시될 경우 건축주 등에 대하여 공사 중지·철거·사용금지 등의 시정명령을 할 수 있고($\frac{§69}{①}$), 그 시정명령을 받고 이행하지 않은 건축물에 대하여는 당해 건축물을 사용하여 행할 다른 법령에 의한 영업 기타 행위의 허가를 하지 않도록 요청할 수 있으며($\frac{§69}{②}$), 그 요청을 받은 자는 특별한 이유가 없는 한 이에 응하여야 하고($\frac{§69}{③}$), 나아가 행정청은 그 시정명령의 이행을 하지 아니한 건축주 등에 대하여는 이행강제금을 부과할 수 있으며($\frac{§69의2}{①ⅰ}$), 또한 건축신고를

---

52) 입법론이기는 하지만, 박시환, 이홍훈 대법관이 반대의견에서 별론으로 제시한 바와 같이, '여러 기본적인 법원칙의 근간 및 신고제의 본질과 취지를 훼손하지 아니하는 한도 내에서 건축법 제14조 제2항에 의하여 인·허가가 의제되는 건축신고의 범위 등을 합리적인 내용으로 개정하는 입법적 해결책을 통하여 현행 건축법에 규정된 건축신고 제도의 문제점 및 부작용을 해소하게 된다면' 일반적 건축신고의 성립여지가 확보될 수는 있을 것이다.

53) 대법원 1967.9.19. 선고 67누71 판결; 대법원 1995.3.14. 선고 94누9962 판결; 대법원 1997.4.25. 선고 97누3187 판결; 대법원 1998.9.22. 선고 98두10189 판결; 대법원 1999.10.22. 선고 98두18435 판결; 대법원 2000.9.5. 선고 99두8800 판결 등.

54) 대법원 2010.11.18. 선고 2008두167 전원합의체 판결.

하지 않은 자는 200만 원 이하의 벌금에 처해질 수 있다($\frac{\S 80 \, \text{i}}{\S 9}$). 이와같이 **건축주 등은 신고제하에서도 건축신고가 반려될 경우 당해 건축물의 건축을 개시하면 시정명령, 이행강제금, 벌금의 대상이 되거나 당해 건축물을 사용하여 행할 행위의 허가가 거부될 우려가 있어 불안정한 지위에 놓이게 된다. 따라서 건축신고 반려행위가 이루어진 단계에서 당사자로 하여금 반려행위의 적법성을 다투어 그 법적 불안을 해소한 다음 건축행위에 나아가도록 함으로써 장차 있을지도 모르는 위험에서 미리 벗어날 수 있도록 길을 열어 주고, 위법한 건축물의 양산과 그 철거를 둘러싼 분쟁을 조기에 근본적으로 해결할 수 있게 하는 것이 법치행정의 원리에 부합한다. 그러므로 건축신고 반려행위는 항고소송의 대상이 된다고 보는 것이 옳다.**"

(2) 행정요건적 신고

수리를 요하는 신고에 있어 수리는 앞서 살펴 본 사인의 공법행위의 수리, 즉 단순한 접수라는 의미에서의 수리와는 다른 법적 의미를 가진다. 수리를 요하는 신고의 경우, 수리는 법적 효과 발생의 요건이 된다. 즉, 신고가 있더라도 행정청이 이를 수리하지 않으면 소정의 법적 효과가 발생하지 아니 한다. 가령 수리의무가 성립하여 수리를 반려 또는 거부한 것이 위법으로 판명되는 경우에도 적법한 수리가 없는 이상 그에 따른 법적 효과는 발생하지 아니 한다. 이와 관련 대법원은 수산업법 제44조 소정의 어업신고의 법적 성질을 '수리를 요하는 신고'로 보고, 어업신고를 수리하면서 공유수면매립구역을 조업구역에서 제외한 것이 위법하더라도 적법한 수리가 없었기 때문에 적법한 어업신고가 있는 것으로 볼 수 없다고 판시한 바 있다.

"어업의 신고에 관하여 유효기간을 설정하면서 그 기산점을 '수리한 날'로 규정하고, 나아가 필요한 경우에는 그 유효기간을 단축할 수 있도록까지 하고 있는 수산업법 제44조 제2항의 규정 취지 및 어업의 신고를 한 자가 공익상 필요에 의하여 한 행정청의 조치에 위반한 경우에 어업의 신고를 수리한 때에 교부한 어업신고필증을 회수하도록 하고 있는 구 수산업법시행령($^{1996.12.31. \, 대통령령 제15241}_{호로 \, 개정되기 \, 전의 \, 것}$) 제33조 제1항의 규정 취지에 비추어 보면, **수산업법 제44조 소정의 어업의 신고는 행정청의 수리에 의하여 비로소 그 효과가 발생하는 이른바 '수리를 요하는 신고'라고 할 것이고, 따라서 설사 관할관청이 어업신고를 수리하면서 공유수면매립구역을 조업구역에서 제외한 것이 위법하다고 하더라도, 그 제외된 구역에 관하여 관할관청의 적법한 수리가 없었던 것이 분명한 이상 그 구역에 관하여는 같은 법 제44조 소정의 적법한 어업신고가 있는 것으로 볼 수 없다.**"[55]

수리를 요하는 신고의 반려 또는 불수리행위에 대해서는 취소소송 등 행정소송을 제기할 수 있다. 즉, 수리를 요하는 신고의 반려 또는 불수리행위는 취소소송의 대상으로서 처분에 해당하며 또 그 취소를 구할 법률상 이익이 있는 자에게 원고적격이 인정된다. 이와 관련하

---

55) 대법원 2000.5.26. 선고 99다37382 판결.

여 대법원은 체육시설의 회원을 모집하고자 하는 자의 회원모집계획서 제출 및 이에 대한 시·도지사 등의 검토결과 통보의 법적 성격을 수리를 요하는 신고에 대한 수리행위로서 행정처분에 해당한다고 보고, 이른바 예탁금회원제 골프장의 기존회원에게, 체육시설업자 등이 제출한 회원모집계획서에 대한 시·도지사의 검토결과 통보의 취소를 구할 법률상의 이익을 가진다고 판시하여 원고적격을 인정한 한 바 있다.

"[1] 구 체육시설의 설치·이용에 관한 법률(2005.3.31. 법률 제7428)제19조 제1항, 구 체육시설의 설치·이용에 관한 법률 시행령(2006.9.22. 대통령령 제19686)제18조 제2항 제1호 (가)목, 제18조의2 제1항 등의 규정에 의하면, 위 법 제19조의 규정에 의하여 체육시설의 회원을 모집하고자 하는 자는 시·도지사 등으로부터 회원모집계획서에 대한 검토결과 통보를 받은 후에 회원을 모집할 수 있다고 보아야 하고, 따라서 체육시설의 회원을 모집하고자 하는 자의 **시·도지사 등에 대한 회원모집계획서 제출은 수리를 요하는 신고에서의 신고에 해당하며, 시·도지사 등의 검토결과 통보는 수리행위로서 행정처분에 해당한다.**
[2] 행정처분으로서의 통보에 대하여는 그 직접 상대방이 아닌 제3자라도 그 취소를 구할 법률상의 이익이 있는 경우에는 원고적격이 인정되는바, 회사가 정하는 자격기준에 준하는 자로서 입회승인을 받은 회원은 일정한 입회금을 납부하고 회사가 지정한 시설을 이용할 때에는 회사가 정한 요금을 지불하여야 하며 회사는 회원의 입회금을 상환하도록 정해져 있는 이른바 예탁금회원제 골프장에 있어서, 체육시설업자 또는 그 사업계획의 승인을 얻은 자가 회원모집계획서를 제출하면서 허위의 사업시설 설치공정확인서를 첨부하거나 사업계획의 승인을 받을 때 정한 예정인원을 초과하여 회원을 모집하는 내용의 회원모집계획서를 제출하여 그에 대한 시·도지사 등의 검토결과 통보를 받는다면 이는 기존회원의 골프장에 대한 법률상의 지위에 영향을 미치게 되므로, 이러한 경우 기존회원은 위와 같은 회원모집계획서에 대한 시·도지사의 검토결과 통보의 취소를 구할 법률상의 이익이 있다고 보아야 한다."56)

수리를 요하는 신고의 경우, 행정청이 반드시 위와 같은 법적 효과발생의 요건으로서 수리를 해주어야 할 의무가 성립하는 것은 아니다. 물론 행정청이 이를 수리하지 않으면 소정의 법적 효과가 발생하지 않기 때문에, 행정청의 수리 여부에 대한 심사권이 제한되거나 경우에 따라서는 관할행정청의 수리의무가 성립할 수 있다. 일례로 대법원은 관할행정청이 무허가 건축물을 실제 생활의 근거지로 삼아 10년 이상 거주해 온 사람의 주민등록전입신고를 거부한 사안에서, 투기나 이주대책 요구 등을 방지할 목적으로 주민등록전입신고를 거부하는 것은 주민등록법의 입법 목적과 취지 등에 비추어 허용될 수 없다고 판시한 바 있다.

"주민들의 거주지 이동에 따른 **주민등록전입신고에 대하여 행정청이 이를 심사하여 그 수리를 거부할 수는 있다고 하더라도,** 그러한 행위는 자칫 헌법상 보장된 국민의 거주·이전의 자유를 침해하는 결과를 가져올 수도 있으므로, 시장·군수 또는 구청장의 주민등록전입신고 수리 여부에 대한 심사는 주민등록

---

56) 대법원 2009.2.26. 선고 2006두16243 판결.

법의 입법 목적의 범위 내에서 제한적으로 이루어져야 한다. 한편, 주민등록법의 입법 목적에 관한 제1조 및 주민등록 대상자에 관한 제6조의 규정을 고려해 보면, 전입신고를 받은 시장·군수 또는 구청장의 심사 대상은 전입신고자가 30일 이상 생활의 근거로 거주할 목적으로 거주지를 옮기는지 여부만으로 제한된다고 보아야 한다. 따라서 전입신고자가 거주의 목적 이외에 다른 이해관계에 관한 의도를 가지고 있는지 여부, 무허가 건축물의 관리, 전입신고를 수리함으로써 당해 지방자치단체에 미치는 영향 등과 같은 사유는 주민등록법이 아닌 다른 법률에 의하여 규율되어야 하고, 주민등록전입신고의 수리 여부를 심사하는 단계에서는 고려 대상이 될 수 없다."[57)]

수리를 요하는 신고라 하여 행정청이 항상 이를 수리해야 할 의무, 즉 수리하여 소정의 법적 효과를 발생시켜야 하는 기속을 받는 것은 아니다. 대법원은 건축법 제14조 제2항에 의한 인·허가의제 효과를 수반하는 건축신고를 행정청이 그 실체적 요건에 관한 심사를 한 후 수리하여야 하는 이른바 '수리를 요하는 신고'로 보면서, 「국토의 계획 및 이용에 관한 법률」상의 개발행위허가로 의제되는 건축신고가 개발행위허가의 기준을 갖추지 못한 경우, 행정청이 수리를 거부할 수 있다고 판시한 바 있다.

"[1] [다수의견] 건축법에서 인·허가의제 제도를 둔 취지는, 인·허가의제사항과 관련하여 건축허가 또는 건축신고의 관할 행정청으로 그 창구를 단일화하고 절차를 간소화하며 비용과 시간을 절감함으로써 국민의 권익을 보호하려는 것이지, 인·허가의제사항 관련 법률에 따른 각각의 인·허가 요건에 관한 일체의 심사를 배제하려는 것으로 보기는 어렵다. 왜냐하면, 건축법과 인·허가의제사항 관련 법률은 각기 고유한 목적이 있고, 건축신고와 인·허가의제사항도 각각 별개의 제도적 취지가 있으며 그 요건 또한 달리하기 때문이다. 나아가 인·허가의제사항 관련 법률에 규정된 요건 중 상당수는 공익에 관한 것으로서 행정청의 전문적이고 종합적인 심사가 요구되는데, 만약 건축신고만으로 인·허가의제사항에 관한 일체의 요건 심사가 배제된다고 한다면, 중대한 공익상의 침해나 이해관계인의 피해를 야기하고 관련 법률에서 인·허가 제도를 통하여 사인의 행위를 사전에 감독하고자 하는 규율체계 전반을 무너뜨릴 우려가 있다. 또한 무엇보다도 건축신고를 하려는 자는 인·허가의제사항 관련 법령에서 제출하도록 의무화하고 있는 신청서와 구비서류를 제출하여야 하는데, 이는 건축신고를 수리하는 행정청으로 하여금 인·허가의제사항 관련 법률에 규정된 요건에 관하여도 심사를 하도록 하기 위한 것으로 볼 수밖에 없다. 따라서 **인·허가의제 효과를 수반하는 건축신고는 일반적인 건축신고와는 달리, 특별한 사정이 없는 한 행정청이 그 실체적 요건에 관한 심사를 한 후 수리하여야 하는 이른바 '수리를 요하는 신고'로 보는 것이 옳다.**

[대법관 박시환, 대법관 이홍훈의 반대의견] 다수의견과 같은 해석론을 택할 경우 헌법상 기본권 중 하나인 국민의 자유권 보장에 문제는 없는지, 구체적으로 어떠한 경우에 수리가 있어야만 적법한 신고가 되는지 여부에 관한 예측 가능성 등이 충분히 담보될 수 있는지, 형사처벌의 대상이 불필요하게 확대됨에 따른 죄형법정주의 등의 훼손 가능성은 없는지, 국민의 자유와 권리를 제한하거나 의무를 부과하려고 하는 때에는 법률에 의하여야 한다는 법치행정의 원칙에 비추어 그 원칙이 손상되는 문제는 없는지, 신고제

---

57) 대법원 2009.6.18. 선고 2008두10997 전원합의체 판결. 이 판결에 대한 평석으로는 김중권, 행정법기본연구 Ⅲ, 2010, 법문사, 79-95 참조.

의 본질과 취지에 어긋나는 해석론을 통하여 여러 개별법에 산재한 각종 신고 제도에 관한 행정법 이론 구성에 난맥상을 초래할 우려는 없는지의 측면 등에서 심도 있는 검토가 필요한 문제로 보인다. 그런데 다수의견의 입장을 따르기에는 그와 관련하여 해소하기 어려운 여러 근본적인 의문이 제기된다. 여러 기본적인 법원칙의 근간 및 신고제의 본질과 취지를 훼손하지 아니하는 한도 내에서 건축법 제14조 제2항에 의하여 인·허가가 의제되는 건축신고의 범위 등을 합리적인 내용으로 개정하는 입법적 해결책을 통하여 현행 건축법에 규정된 건축신고 제도의 문제점 및 부작용을 해소하는 것은 별론으로 하더라도, '건축법상 신고사항에 관하여 건축을 하고자 하는 자가 적법한 요건을 갖춘 신고만 하면 건축을 할 수 있고, 행정청의 수리 등 별단의 조처를 기다릴 필요는 없다'는 대법원의 종래 견해(대법원 1968.4.30. 선고 68누12 판결, 대법원 1990. 6.12. 선고 90누2468 판결, 대법원 1999.4.27. 선고 97누6780 판결, 대법원 2004.9.3. 선고 2004도3908 판결 등 참조)를 인·허가가 의제되는 건축신고의 경우에도 그대로 유지하는 편이 보다 합리적인 선택이라고 여겨진다.

[2] [다수의견] 일정한 건축물에 관한 건축신고는 건축법 제14조 제2항, 제11조 제5항 제3호에 의하여 국토의 계획 및 이용에 관한 법률 제56조에 따른 개발행위허가를 받은 것으로 의제되는데, 국토의 계획 및 이용에 관한 법률 제58조 제1항 제4호에서는 개발행위허가의 기준으로 주변 지역의 토지이용실태 또는 토지이용계획, 건축물의 높이, 토지의 경사도, 수목의 상태, 물의 배수, 하천·호소·습지의 배수 등 주변 환경이나 경관과 조화를 이룰 것을 규정하고 있으므로, 국토의 계획 및 이용에 관한 법률상의 개발행위허가로 의제되는 건축신고가 위와 같은 기준을 갖추지 못한 경우 행정청으로서는 이를 이유로 그 수리를 거부할 수 있다고 보아야 한다.

[대법관 박시환, 대법관 이홍훈의 반대의견] 수리란 타인의 행위를 유효한 행위로 받아들이는 수동적 의사행위를 말하는 것이고, 이는 허가와 명확히 구별되는 것이다. 그런데 다수의견에 의하면, 행정청이 인·허가의제조항에 따른 국토의 계획 및 이용에 관한 법률상 개발행위허가 요건 등을 갖추었는지 여부에 관하여 심사를 한 다음, 그 허가 요건을 갖추지 못하였음을 이유로 들어 형식상으로만 수리거부를 하는 것이 되고, 사실상으로는 허가와 아무런 차이가 없게 된다는 비판을 피할 수 없다. 이러한 결과에 따르면 인·허가의제조항을 특별히 규정하고 있는 입법 취지가 몰각됨은 물론, 신고와 허가의 본질에 기초하여 건축신고와 건축허가 제도를 따로 규정하고 있는 제도적 의미 및 신고제와 허가제 전반에 관한 이론적 틀이 형해화 될 가능성이 있다."58)

---

58) 대법원 2011.1.20. 선고 2010두14954 전원합의체 판결. 이 판결에 대해서는 논란이 있다. 비판론으로는 가령 김중권, Quo vadis-申告制? 법률신문 2011.3.7. 제3916호; 동, 행정법기본연구 Ⅲ, 2010, 법문사, 329이하 등 참조.

제 3 절 │ 특별권력관계

Ⅰ. 특별권력관계론

1. 특별권력관계의 개념과 유래

특별권력관계란 모든 국민이 국가 또는 지방자치단체의 통치권에 복종하는 지위에 서게 되는 일반권력관계와 구별되는 개념으로서, 학교, 교정시설 기타 공공시설에의 이용·수용관계, 공무원관계, 병역관계 등 일정한 행정분야에서 공법상의 특별원인(임의적이든 강제적이든)에 의해 성립하는 국가와 시민 간의 특수한 권력관계를 말한다. 이것은 19세기 말 입헌군주 정하에서 전개되었던 독일의 국가학 및 행정학에서 생성된 특별권력관계의 이론에 따른 개념이다.

특별권력관계는 종래 행정내부의 영역, 따라서 법으로부터 자유로운 영역에 속하는 것으로 간주되었다. 물론 강제적으로 성립되는 특별권력관계의 경우에는 법률의 근거를 필요로 했지만, 이로써 특별권력관계에 속하는 특수한 관계들은 기본권, 법률의 유보 및 사법심사로부터 제외된다는 결과가 달성되었던 것이다. 행정은 자기 고유의 권리로 특별권력관계의 구체적 내용형성에 필요하다고 생각되는 규율들을 정립할 수 있었을 뿐만 아니라 이 경우 법률의 수권 없이 침해적 처분도 내릴 수 있었다. 이러한 규율들이 바로 당시의 견해에 따라 (외부)법적 성격을 갖지 않는 것으로 파악된, 행정규칙이었다.

2. 특별권력관계론의 해체

행정에게 법치국가적 자유공간을 확보해 준 특별권력관계의 이론은 독일에서는 늦어도 모든 국가적 영역에 법치국가의 침투를 요구한 기본법 제정 이후에는 의문시되기에 이르렀고 이러한 추세는 시차를 달리하여 우리 행정법에서도 기본적으로 관철되었다.[1]

그럼에도 불구하고 독일의 경우, 특별권력관계는 전통적인 특별권력관계가 그 전형적인 제한들과 함께 관습법적으로 계속 존재하는 것이라고 하거나, 또는 그것이 헌법적으로 규율 내지 전제되고 있다고 주장

[1] 이러한 배경에서 '특별권력관계'라는 용어 대신 '특별행정법관계'라는 용어를 사용하는 경우가 많고 저자도 마찬가지였다. 그러나 이 용어법에 대한 비판(김철용, 행정법 I, 2010, 106 각주 2)을 받아들여 '특별권력관계'라는 용어를 그대로 사용하기로 한다.

하는 견해, 나아가 특별권력관계 성립에 대한 임의적인 동의의 계기를 강조한, 다양한 정당화시도들과 함께 훨씬 오래 존속했다고 지적되고 있다. 그러나 시간이 갈수록 특별권력관계는 가령 행정내부적 규율 역시 법적 성격을 가진다는 사실이라든지(이로써 그 가장 결정적인 이론적 장애물이 극복되었다), 기본권 역시 그 특별한 목적에 따른 제한이 요구되는 경우가 아닌 한, 특별권력관계에서도 적용된다는 점, 나아가 권리보호를 위한 사법심사가 적어도 특별권력관계의 기본관계에 관한 처분들에 대하여는 허용된다고 보아야 한다는 점(예컨대 울레(Ule)의 기본관계 – 업무수행관계구별론[2])이 승인됨에 따라 본래의 궤도를 이탈하는 또는 부분적인 해체의 길을 걷는 운명에 처하게 되었다. 즉, 독일에 있어 특별권력관계이론의 현상은 극히 비관적이다. 마우러(Maurer)가 적절히 지적하듯이 판례와 압도적인 다수의 견해는 기본권, 법률의 유보 그리고 사법심사에 의한 권리보호가 종래 전통적으로 특별권력관계로 불려왔던 국가 – 시민간의 관계에서도 마찬가지로 관철된다는 입장에 서 있다.[3]

3. 특별권력관계의 인정여하에 관한 학설

특별권력관계의 인정여부에 관해서는 다음과 같은 학설이 대립한다.

3.1. 부정설

3.1.1. 전면적 · 형식적 부정설

민주주의 · 법치주의가 지배하고 기본권보장에 입각한 현대적 헌법체제하에 있어서 공권력의 발동은 반드시 법률의 근거를 요하는 것이므로 헌법 · 법률의 근거가 없는 한 특별권력관계라는 개념을 인정할 수 없다고 하는 견해이다.

3.1.2. 개별적 · 실질적 부정설

종래 일괄적으로 특별권력관계로 파악되었던 관계들을 개별적으로 파악하여 그 실질에 따라 판단하려는 견해로 예컨대 공무원 근무관계, 국공립학교 재학관계, 국공립병원 이용관계와 같은 것들은 권력관계가 아니라 계약관계이며, 따라서 법치주의가 전면적으로 적용된다고 본다.

3.1.3. 기능적 재구성설(특수기능적 법률관계론)

특별권력관계를 부정하는 입장에 서면서도 종래 특별권력관계로 파악되어 왔던 제관계들의 부분사회로서의 특수성을 인정하고 그에 따른 고유한 법이론을 재구성해내려는 입장이다.[4]

---

2) Ule, VVDStRL 15, 1957, S.133ff.
3) Maurer, Allgemeines Verwaltungsrecht, 2009, 17.Aufl., § 8 Rn.29.
4) 주로 室井 力, 園部逸夫, 和田英夫 등 일본학자들의 견해이다. 김도창, 일반행정법론(상), 246 참조.

3.2. 특별권력관계의 수정이론 또는 제한적 긍정설

특별권력관계이론을 변화된 헌법상황에 맞게 수정하려는 시도로서 독일에서 전개된 견해이다. 일반권력관계와 특별권력관계의 본질적 차이를 부정하면서도 특별권력관계에 있어 특수한 행정목적 달성을 위해 법치주의의 완화 여지를 긍정하는 입장이다. 이를테면 군복무관계에 있어 개괄조항에 의한 포괄적 규율권을 인정하는 입법상 결정이 가능하다고 보는 것이다. 울레($^{\text{C.H.}}_{\text{Ule}}$)는 이른바, 기본관계($^{\text{Grund-}}_{\text{verhältnis}}$)와 업무수행관계($^{\text{Betriebs-}}_{\text{verhältnis}}$)를 구별하여 전자는 특별권력관계의 발생·변경·종료 등과 같은 개인의 법적 주체로서의 지위에 영향을 미치는 법관계로서 법치주의와 사법심사가 일반권력관계와 다름없이 적용되어야 하는 데 반하여, 후자에 관한 행위는 독립된 법적 주체로서의 개인의 지위에 영향을 미치지 아니 하므로 사법심사의 대상에서 제외된다고 한다. 그러나 이에 대해서는 이 기본관계와 업무수행관계의 구별이 반드시 용이하지는 않다는 점, 모든 업무수행관계에서의 행위(^{Betriebsakt})를 일괄적으로 사법심사에서 제외시킬 수 있느냐 하는 점 등의 비판이 있다.

이른바 부분사회론 ●● 김남진교수의 '부분사회론'에 따르면 특별권력관계도 법률이 지배하는 관계인 점에서는 이른바 일반권력관계와 다름이 없고 따라서 기본권이나 법치주의가 일반적으로 타당하다고 한다. 그의 견해는 그러나 다른 한편으로 국가와 공무원, 학교와 학생과의 관계 등과 같이 일반권력관계와는 그 목적이나 기능을 달리하는 부분사회가 존재하며, 일반권력관계와는 다른 특수한 법적 규율을 받는 특별권력(신분)관계가 존재함도 부인할 수 없다고 하면서 구성원의 인권보장과 부분사회의 특수한 기능이 실천적 조화($^{\text{praktische}}_{\text{Konkordanz}}$)를 기할 수 있게 함이 그 곳에서의 과제가 된다고 함으로써 일반권력관계와 구별되는 특별권력관계 내지 특별신분관계($^{\text{Sonderstatus-}}_{\text{verhältnisse}}$)를 인정하고 있다.[5]

3.3. 결 론

결론적으로 오늘날 특별권력관계론은 그 전통적 원형이나 수정된 형태 어느 경우에도 더 이상 타당하지 않다. 물론 그렇다고 해서 특별권력관계의 예로 통용되는 관계들 중 일부가 일반적인 행정법관계와 구별되는 특수성을 지니고 있고 또 특수한 법적 규율을 필요로 한다는 점을 부인하는 것은 아니다. 그러나 그러한 규율은 법치행정의 원리에 따라 법률에 의하여 또는 법률의 수권에 기하여 행해져야 하며 또한 헌법의 기본권규정에도 합치되어야 한다. 이른바 "일반권력관계"라는 것도 결코 통일적이고 포괄적인 법률관계가 아니라 사실 다양한 법관계를 대상으로 하는 집합개념에 불과하다는 사실, 따라서 엄밀히 말하면 모두가 특별지위관계($^{\text{Sonderrechts-}}_{\text{verhältnisse}}$)라고 할 수 있다는 점이 여기서 고려되어야 할 것이다. 또한 종래 특별권력

---

5) 김남진, 행정법 I, 125.

관계로 이해되어 왔던 많은 법적 관계들이 사실상 법적 규율하에 놓이게 되었다는 현실변화(^Verrechtlichung^)도 고려되어야 할 것임은 물론이다. 다만 문제는 이들 중 사실상 법적 규율이 이루어지고 있지 않은 법적 관계에 대해 어떤 법적 평가를 내리느냐에 있다.

이와 관련하여, 사립고등학교가 특정 종교의 교리를 전파하는 종교행사에 불참하는 학생들에게 불이익을 줌으로써 신앙을 갖지 아니한 학생에게 참석을 사실상 강제하였고, 학생으로부터 수차례 이의제기가 있었음에도 별다른 조치 없이 계속하여 여러 종교행사를 오랜 기간 동안 반복하여 실시한 데 대하여 학생의 기본권(종교에 관한 인격적 법익) 침해, 종립학교에서 허용되는 종교교육의 한계를 넘은 것이므로 위법한 행위라고 보아 원심을 파기한 대법원 2010년 4월 22일 선고 2008다38288 전원합의체 판결이 주목을 끈다. 이 판결은 비록 특별권력관계를 직접 다룬 경우는 아니지만, 특히 대법원이, 강제배정에 따른 학교선택권이나 학생 선발권에 대한 제한이 불가피하다는 점을 뒷받침하기 위한 것이었을지라도, 우리 헌법이 교육제도의 근간으로 삼고 있는 공교육제도 하에서 관련 법률이 사립학교에 대하여 국·공립학교와 구분 없는 규율을 하며 재정지원을 하는 등으로 사립학교가 공교육체계에 편입되어 있다는 점을 확인한 것은 향후 국공립학교재학관계 역시 사립학교재학관계와 마찬가지로 특별권력관계에 따른 법적 특수성을 인정하든지 아니면 더 이상 특별권력관계가 아니라고 보든지 간에, 법적 판단의 변화가 생길 수 있는 여지를 남겼다는 점에서 의미가 있다고 평가된다.[6]

II. 특별권력관계의 성립, 종류, 내용

1. 특별권력관계의 성립

특별권력관계는 모든 국민 또는 주민과의 관계에서 당연히 성립하는 일반 행정법관계와는 달리, 공법상 특별한 법률원인이 있는 경우에만 성립한다. 이 특별한 법률원인은 직접 법률의 규정에 의하는 경우와 상대방의 동의에 의하는 경우로 나누어 볼 수 있다.

1.1. 법률의 규정(강제가입)

직접 법률의 규정에 의하여 특별권력관계를 성립시키는 원인의 예로는 수형자의 교도소 수용(「형의 집행 및 수용자의 처우에 관한 법률」, §§ 1, 11), 제1군전염병환자등의 강제입원(전염병예방법 § 29) 등을 들 수 있다.

1.2. 상대방의 동의

그 밖에도 특별권력관계는 당사자의 합의, 즉 상대방의 동의에 의해서도 성립될 수 있다.

---

6) 대법원 2010.4.22. 선고 2008다38288 전원합의체 판결. 이 판결이 사회적 관심을 끈 것은 사립미션스쿨에서도 종교교육의 한계를 넘어서는 아니 되며 학생의 기본권을 존중해야 한다고 판시하여 학생에 대한 기본권제한의 한계에 관한 지침을 제시했기 때문이지만, 종래 특별권력관계의 하나로 간주되어 온 국공립학교 재학관계에서의 기본권제한의 한계에 관해서도 좋은 시사점을 제시한 것으로 평가할 수 있다.

이때 상대방의 동의는 법률이 동의의무를 부과하는 결과 행해지는 동의(의무적 동의)와 임의적 동의로 나뉜다. 가령 학령아동의 취학과 같은 경우는 의무적 동의의 예이며, 공무원관계, 국공립학교 입학, 도서관 이용 등은 임의적 동의가 행해지는 경우라고 할 수 있다.

2. 특별권력관계의 종류

일반적으로 공법상 근무관계·공법상 영조물이용관계·공법상 특별감독관계·공법상 사단관계로 구분되어 왔으나 오늘날 이들 관계의 법적 성질은 전술한 특별권력관계이론의 동요로 인하여 다양한 각도에서 논란이 일고 있다.

2.1. 공법상 근무관계

공무원법에 의한 공무원근무관계, 병역법에 의한 군복무관계 등이 공법상 근무관계에 속한다.

지방자치단체와 소속 지방소방공무원 사이의 관계

"지방자치단체와 그 소속 경력직 공무원인 지방소방공무원 사이의 관계, 즉 **지방소방공무원의 근무관계는 사법상의 근로계약관계가 아닌 공법상의 근무관계에 해당하고, 그 근무관계의 주요한 내용 중 하나인 지방소방공무원의 보수에 관한 법률관계는 공법상의 법률관계**라고 보아야 한다. 나아가 지방공무원법 제44조 제4항, 제45조 제1항이 지방공무원의 보수에 관하여 이른바 근무조건 법정주의를 채택하고 있고, 지방공무원 수당 등에 관한 규정 제15조 내지 제17조가 초과근무수당의 지급 대상, 시간당 지급 액수, 근무시간의 한도, 근무시간의 산정 방식에 관하여 구체적이고 직접적인 규정을 두고 있는 등 관계 법령의 내용, 형식 및 체제 등을 종합하여 보면, 지방소방공무원의 초과근무수당 지급청구권은 법령의 규정에 의하여 직접 그 존부나 범위가 정하여지고 법령에 규정된 수당의 지급요건에 해당하는 경우에는 곧바로 발생한다고 할 것이므로, **지방소방공무원이 자신이 소속된 지방자치단체를 상대로 초과근무수당의 지급을 구하는 청구에 관한 소송은 행정소송법 제3조 제2호에 규정된 당사자소송의 절차에 따라야 한다.**"[7]

농지개량조합과 직원과의 관계

"농지개량조합과 그 직원과의 관계는 사법상의 근로계약관계가 아닌 공법상의 특별권력관계이고, 그 조합의 직원에 대한 징계처분의 취소를 구하는 소송은 행정소송사항에 속한다."[8]

2.2. 공법상 영조물이용관계

국공립대학 재학관계,[9] 국공립병원 입원관계, 교도소 재소관계 등이다.

---

7) 대법원 2013.3.28. 선고 2012다102629 판결.
8) 대법원 1995.6.9. 선고 94누10870 판결; 대법원 1977.7.26. 선고 76다3022 판결; 헌법재판소 2000.11.30. 선고 99헌마190 결정.

2.3. 공법상 특별감독관계

공공단체, 공공조합, 국가사무를 위임받은 행정사무수임자 등에 대한 국가 또는 지방자치단체의 감독관계를 말한다. 종래 국가로부터 특허나 보호를 받는 특허기업·보호회사와 국가와의 관계도 이를 공법상 특별권력관계의 하나로 보았으나, 오늘날은 그러하지 아니 하다.[10)]

2.4. 공법상 사단관계

과거 농지개량조합이나 산림조합 등 공공조합과 조합원과의 관계를 공법상 사단관계로 보았다. 농지개량조합[11)]과 그 조합원과의 관계에 대하여 판례는, 반드시 분명치는 않지만, 공법상 사단관계로 파악하고 있는 것으로 보인다.

"농지개량조합과 그 직원과의 관계는 공법상의 특별권력관계로서 징계처분을 받은 직원은 행정소송으로 이를 다투어야 하는 점 등을 비롯하여, 농지개량조합의 주요사업인 농업생산기반시설의 정비·유지·관리는 농업생산성의 향상 등 그 조합원들의 권익을 위한 것만이 아니고 수해의 방지 및 수자원의 적정한 관리 등 일반국민들에게도 그 영향을 직접 미치는 고도의 공익성을 띠고 있는 것이고, 나아가 농지개량조합 재산의 운용과 농지개량조합의 사업 및 활동은 조합원들이 선출한 조합장과 조합원으로 구성된 총회의 의결 및 정관에 따라 자주적으로 수행되는 것이라고 하더라도, 이는 어디까지나 농지개량조합 본연의 공적 책무인 목적을 위하여 필요한 범위 내에서만 수행될 수 있는 것이지 조합원들의 사익을 추구하기 위한 것이 아니라는 점 등 농지개량조합의 존립목적, 조직과 재산의 형성 및 그 활동전반에 나타나는 매우 짙은 공적인 성격을 고려하건대, 이를 공익적 목적을 위하여 설립되어 활동하는 공법인이라고 봄이 상당하다 할 것이다."[12)]

3. 특별권력관계의 내용

종래 특별권력관계에 있어서 특별권력의 내용은 포괄적인 명령권과 징계권을 포함하는 것으로 이해되어 왔다. 그러나 만일 특별권력관계를 부정하는 입장에 선다면, 특별권력관계의 내용으로 명령권과 징계권 역시 법적 근거를 전제로만 인정될 수 있게 된다. 아무튼 종래 특별권력관계로 파악되었던 관계들 중, 그 목적에 따라 행정주체에게 일반적인 수권이 인정되는 경우가 불가피하게 존재할 수 있음은 물론이다. 특별권력관계의 내용은 대체로 그 종

---

9) 헌법재판소는 서울대학교 1994학년도신입생선발입시안에 대한 헌법소원에서 서울대학교와 학생과의 관계를 공법상 영조물이용관계로 보았다. 헌재 1992.10.1. 선고 92헌마68·76(병합) 결정.

10) 박윤흔, 행정법강의(상), 186.

11) 농지개량조합은 2000년 1월 1일부터 「농업기반공사 및 농지관리기금법」(법률 제5759호, 1999.2.5, 제정) 부칙 제8조에 의해 해산되어 농업기반공사로 흡수합병되었다.

12) 헌법재판소 2000.11.30. 선고 99헌마190 결정. 동지 헌법재판소 1991.3.11. 선고 90헌마28 결정; 헌법재판소 1999.8.25. 선고 99헌마454 결정; 대법원 1999.12.28. 선고 99다8834 판결 등.

류에 따라 직무상 권력, 영조물권력, 감독권력, 사단권력 등으로 나누어진다고 설명된다.

특별명령 ●● 독일행정법의 일부이론은, 종래 행정규칙으로 파악되었던, 특별권력관계에서 집행권이 발하는 명령을 일반행정규칙과 구별되는 독자적인 법형식으로 보아 이를 특별명령($\mathrm{^{Sonderver-}_{ordnung}}$)이라고 부르고 있다(예: 영조물관리자에 의해 발해진 영조물이용규칙). 법규범에서 정해진 법형식이 아니라는 점에서 특별명령이 법규범으로서의 효력을 갖는가에 관해서는 논란되고 있으나 이 역시 법률의 근거가 있어야 한다고 해야 할 것이다. 참고로 독일의 지배적인 견해와 판례는 '행정 고유의 입법권'론에 입각한 개념인 특별명령을 인정하고 있지 않다. 이에 대해 특별명령이란 개념 자체가 불필요하다는 입장에 서 있는 마우러(Maurer)에 따르면, 이를 행정규칙으로 보는 견해 역시 이미 설득력을 상실하였고 시민과의 관계를 규율하는 영조물규정 및 이용규정은 각각의 법적 요건을 고려하여 자치법규, 법규명령 또는 일반처분으로 보아야 한다고 한다.[13]

Ⅲ. 특별권력관계와 기본권, 법치주의 및 사법심사

법치주의와 기본권의 효력은 특별권력관계에서도 관철되어야 한다. 따라서 기본권을 제한하기 위해서는 헌법 제37조 제2항의 일반적 법률유보에 따라 법률의 근거가 필요하다. 또 그 경우에도 헌법 제37조 제2항의 기본권제한의 한계(본질적 내용의 침해금지)가 준수되어야 한다. 반면, 종래 특별권력관계의 일종으로 인정된 공무원관계처럼 헌법 스스로 근로삼권을 부정 또는 제한하는 규정($\S 33$)을 두고 있고 또 이를 법률에서 구체화시킨 경우($\mathrm{^{국가공무원}_{법\ \S 66}}$)도 있다.

특별권력관계에서의 행위에 관한 사법심사의 가능성에 관해서는 종래 전면적 부정설(절대적 구별설의 입장)과 제한적 긍정설(상대적 구별설 또는 수정설의 입장)이 주장된 바 있으나, 특별권력관계에서의 행위도 행정쟁송법상 처분성이 인정되는 경우에는 사법심사의 대상이 된다는 데 의문이 있을 수 없다.

한편, 특별권력관계에서의 행위에 대한 사법심사의 범위나 내용에 관한 한, 판례의 태도는 여전히 전통적인 시각을 크게 벗어나지 않는다. 일례로 대법원은 장교 2명이 그들을 포함한 장교 5명 명의로 명예선언이란 의식행사를 가지고 기자회견을 한 행위가 군인복무규율 제38조가 금지하고 있는 "군무 외의 집단행위"에 해당한다고 보고 다음과 같이 판시하였다.[14]

"군인의 "군무 외의 집단행위"를 금지한 군인복무규율 제38조는 헌법 제39조, 국군조직법 제6조, 제10조 제2항, 군인사법 제47조, 제47조의2의 각 규정에 근거하여, 그리고 군인의 대외발표사항이 군사기밀에 저촉되는 사항, 적을 이롭게 하는 사항, 군의 위신을 손상시키는 사항 등인지 여부에 관한 지휘관이나 참모총장에 의한 검열, 승인 등을 규정하고 있는 육군보도업무규정 제3조 제10호, 제14조, 제18조, 제20

---

13) Maurer, §§ 8 Rn.31, 24 Rn.14.
14) 대법원 1991.4.23. 선고 90누4839 판결.

조의 각 규정은 위 헌법, 국군조직법, 군인사법의 각 규정 및 군인복무규율 제182조 제1항에 근거하여 군인의 기본권을 제한하고 있는 규정으로 보아야 할 것이며 이는 **특수한 신분관계에 있는 군인에 대하여 국방목적수행상 필요한 군복무에 관한 군율**로서 그 규제가 합리성을 결여하였다거나 기본권의 본질적인 내용을 침해하고 있다고 볼 수도 없으므로 위 각 규정을 위헌 또는 무효의 규정이라고 볼 수 없다. 따라서 원심이 위 각 규정이 위헌이라 볼 수 없다고 한 판단은 결국 정당하고 거기에 소론과 같이 기본권제한이나 **특별권력관계에 관한 법리**를 오해한 위법이 있다고 할 수 없다."

특별권력관계의 법적 규율과 재량의 문제 ● ● 이미 앞에서 본 바와 같이 종래 특별권력관계로 통용되었던 관계들은 오늘날 대부분 법적 규율($\substack{\text{Verrecht-}\\ \text{lichung}}$)을 받고 있다. 따라서 그 한도 내에서 법치주의의 불침투성은 더 이상 문제되지 않는다고 볼 수 있다. 그러나 실제상 종래 특별권력의 포괄적 지배권의 당연한 귀결이라고 정당화되었던 일반적 명령이나 징계조치들을 오늘날 재량개념에 의해 뒷받침하려는 경향을 볼 수 있다. 이러한 현상은 물론 특별권력관계의 목적을 달성하기 위해 또는 그 특성을 고려할 때 불가피한 것이라고 볼 여지도 없지 않으나 법이론적으로는 많은 문제가 있다. 특별권력관계에서의 일정한 행위가 재량행위인지 여부는 특별권력관계의 특수성이 아니라, 후술하는 재량과 불확정개념에 관한 일반원칙으로 해결해야 할 문제이다.

제3장
행정의 활동형식

제1절 │ 개 설

I. 행위형식론의 행정법적 의의

행정은 다양한 활동형식을 통해 수행된다. 즉 행정은 단순한 사실작용에서 행정에 의한 법정립에 이르는 다양한 법형식들을 그 목적 달성을 위한 수단으로 사용하고 있다. 이들 다양한 활동형식에 대해 구조와 체계를 부여하는 작업이 '행위형식론'($\binom{\text{Handlungs-}}{\text{formenlehre}}$)의 과제이다. 행정의 행위형식론은 주로 독일행정법의 영향하에서 「행정행위」($\binom{\text{Verwal-}}{\text{tungsakt}}$)를 중심개념으로 하여 전개되어 왔다. 종래 행정소송법상 열기주의($\binom{\text{Enumera-}}{\text{tivprinzip}}$)하에서 행정행위가 권리보호의 길을 열어 주는 임무($\binom{\text{rechtsschutzeröffnende}}{\text{Aufgaben}}$)를 띠면서 행위형식론의 중심을 차지했고 따라서 재판상 권리보호의 문제도 이를 준거로 논의될 수밖에 없었다. 이 점은 독일행정법의 특징적 성격을 말해 주는 측면으로, 프랑스행정법이 이익의 계기를 전면에 내세워 '공역무'($\binom{\text{service}}{\text{public}}$)의 관념을 중심으로 발전했던 것과 의미 있는 대조를 이룬다. 행정행위를 중심개념으로 했다는 것은 권력행정, 즉 행정이 우월적 의사주체로서 국민에 대하여 명령하고 강제하는 권력적 계기를 중심으로 행정작용의 내용을 검토해 왔다는 것을 의미한다. 물론 이러한 사정은 오늘날 이미 극복되었다.[1] 가령 독일연방행정절차법(^{VwVfG}) 제9조가 행정계약($\binom{\text{verwaltungsrechtlicher}}{\text{Vertrag}}$)을 행정행위와 함께 동등한 위치에 놓고 규율하고 있는 것은 이미 학설·판례에 의해 승인된 결과[2]를 입법적으로

---

[1] Schmidt-Aßmann, Rechtsformen des Verwaltungshandelns, DVBl 1989, 533ff.(535); O. Bachof, Die Dogmatik des Verwaltungsrechts vor den Gegenwartsaufgaben der Verwaltung, in: VVDStRL 30(1972), S.193-244, 특히 발제요지 23-25 참조.

[2] 이에 관해서는 Efstration, Die Bestandskraft des öffentlich-rechtlichen Vertrages, 1988, S.82ff.; Schmidt-Aßmann/Krebs, Städtebauliche Verträge, 1988을 참조. 이것은 또한 소송법적으로도 확인되고 있는데 특히 확인

비준한 결과라 할 수 있다. 그럼에도 불구하고 행정행위가 행위형식론에서 차지하는 중심적 지위는 변함이 없고 이 점은 프랑스행정법에서도 마찬가지이다.[3] 행위형식론의 변천, 즉 행위형식의 다양화 및 중점변화가 현대행정법의 추세임은 부정할 수 없다. 그러나 다른 한편, 이 같은 행위형식의 변화가 우리 행정법 논의에 충분히 반영되지 못하고 있는 것도 사실이다. 가령 행정법관계의 특질을 주로 행정행위의 특질에 대입시켜 고찰하는 문헌 대다수가 답습해온 서술방식이 일례인데 이런 사고방식은 오늘날 날로 다양화되는 행정의 활동형식을 고려할 때 더 이상 타당할 수 없다.

행위형식론은 형식의 관념(^{Formenidee})과 체계의 관념(^{Systemidee})의 결합에 입각하고 있다.[4] 즉, 그것은 행정활동의 복잡한 현실로부터 각각의 행위요소들을 추출하여 그 의미를 행위와의 관련 하에 분석하고(^{Formung}), 다시 이를 유형화된 행위형식의 체계(^{Systemfolgen})에 위치 지운다. 행정활동의 법형식들은 따라서 각각 특별한 법적 규율을 받는 유형화된 행위의 단편들($^{vertype}_{Handlungsausschnitte}$)이라 할 수 있다. 행위형식론은 이와 같은 법적 효과의 형식에 의한 통제를 통해 비로소 그 행정법상의 효용을 발휘하게 된다. 행정의 행위형식론은, 무엇보다도 법실무적 측면에서, 첫째, 구체적으로 각각의 행위에 어떠한 법적 요건과 효과, 쟁송수단 등을 결부시킬 것인가 하는 문제를 해결하는 데 기여할 뿐만 아니라, 둘째, 어떤 행위형식이 특정행위유형에 해당하지 않을 경우 일종의 유추에 의해 가장 근사한 정형적 행위형식에 대한 법적 규율을 발견하여 그것에 적용할 수 있도록 해 준다(기준제공의 기능). 특히 후자의 기능은 행정활동형식의 다양화라는 현대행정의 추세에 따라 이른바 비정식적 행정활동($^{informales}_{Verwaltungshandeln}$)이 행정목적달성의 수단으로 점점 더 빈번히 활용되고 있다는 점을 감안할 때, 결코 포기할 수 없는 실제적 가치를 지닌다.

Ⅱ. 행정의 활동형식의 분류

행정활동의 종류와 형태는 행정의 그것과 마찬가지로 매우 다양하다. 또한 새로운 행위유형이 계속 대두되고 있을 뿐만 아니라 기존의 행위유형 역시 복잡다양화하는 경향을 보이고 있으므로 이를 통일적인 체계에 의해 분류, 포착하기란 대단히 어렵다. 그러나 대체로 행정의 활동형식은 다음과 같은 기준에 의해 체계적으로 유형화시킬 수 있다. 즉, 행정활동은 귀속되는 법영역을 기준으로 공법행위와 사법행위로 나누고, 전자를 법적 효과의 발생여하 및 양태에 따라 법적 행위와 사실행위로 나누며, 법적 행위를 다시 행정외부관계(대국민관계)에 대한 것이

소송에 대한 관심이 현저히 커진 것 그 예이다(Schmidt-Aßmann, DVBl 1989, 535).

3) J. Rivero, Droit Administratif, 13e éd.(1990), Dalloz, n° 91, 114.

4) Schmidt-Aßmann, DVBl 1989, S.533.

냐 행정내부관계에 관한 것이냐에 따라 나눠 각각의 활동형식을 유형화하여 귀속시킬 수 있다.

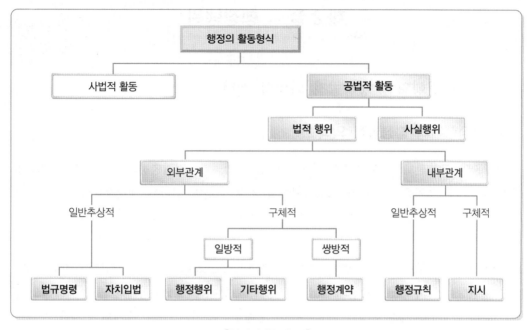

[행정의 활동형식]

가장 전형적인 행위형식은 법적 행위이며 특히 외부관계에서 구체적 법적 효과를 발생하는 법적 행위들이 중심이 된다. 외부적·구체적 법적 행위들은 다시 형태구조($^{formation}_{de\ l'acte}$)에 따라 일방적 행위($^{acte}_{unilatéral}$)와 쌍방적 또는 다면적 행위($^{acte\ bi\ ou}_{plurilatéral}$)로 나뉘며, 전자에는 단독행위인 행정행위, 기타 단독적 의사표시행위, 합성행위(예: 합의제기관의 의결)가, 후자에는 두 개 또는 복수의 의사의 합치에 의하여 성립하는 행정계약과 공법상 합동행위가 각각 해당한다.

공법상 합동행위 ● ●

1. 의 의

공법상 합동행위란 공법적 효과의 발생을 목적으로 하는 복수당사자의 동일방향의 의사표시의 합치에 의하여 성립하는 공법행위를 말한다. 가령 지방자치단체조합의 설립행위($^{지방자치법}_{§\ 159이하}$), 사업조합, 협동조합연합회 등의 설립행위($^{중소기업협동조합법\ 제3}_{4장,\ 산림조합법\ 제3장}$) 등이 그 예이다.

2. 공법상 합동행위의 특색

(1) **행위의 구조**: 각 당사자의 의사표시의 방향이 동일하고 효과도 각 당사자에게 동일하다.

(2) **구속력**: 공법상 합동행위가 유효하게 성립하면 당사자뿐만 아니라 뒤에 그에 관여한 모든 자를 구속한다. 따라서 제3자가 알 수 있도록 공고하는 것을 원칙으로 하며, 일단 성립된 뒤에는 개개의 당사자의 무능력이나 착오 등을 이유로 그 효력을 다툴 수 없다.

제 2 절 | 행정행위

Ⅰ. 행정행위의 행정법적 의의와 개념

1. 행정행위의 행정법적 의의

경찰관의 교통신호, 조세부과처분, 건축허가, 영업허가, 징집영장의 교부, 토지수용처분 등과 같은 행정조치들은 우리가 일상생활에서 가장 빈번히 접하는 행정작용의 유형들이다. 그러나 이처럼 광범위한 분야에서 행해지는 다양한 종류의 행위들은 자세히 살펴보면 모두가 공통적인 성질을 띠고 있어 공통의 법적 규율 아래에 놓여 있음을 알 수 있다. 이 다양한 행정조치들을 묶어 주는 개념이 바로 행정행위($^{\text{Verwaltungsakt,}}_{\text{décision exécutoire}}$)이다. 행위형식론에서 행정행위란 행위형식이 차지했던 중심적 지위는 행정법의 현대적 변용과정에서 많이 약화되고 변질되었지만, 적어도 기준 설정의 측면에서는, 오늘날에도 기본적으로 유지되고 있다.

행정행위 개념의 역사 •• 행정행위의 개념은 독일에 있어서는 19세기 행정법이론의 산물이다. 오토 마이어($^{\text{Otto}}_{\text{Mayer}}$)는 그것을 "신민(臣民)에 대하여 개별적인 사례에 있어 무엇이 법인가를 정하는 행정의 권한에 속하는 관헌적 의사표시"($^{\text{"ein der Verwaltung zugehöriger Ausspruch, der dem Unterthanen}}_{\text{gegenüber im Einzelfall bestimmt, was für ihn Rechtens sein soll"}}$)[1]라고 정의함으로써 그 본질에 있어 오늘날까지도 타당성을 갖는 개념형상을 제시했고 이러한 그의 정의는 학계과 실무에 의하여 광범위하게 받아들여졌다. 그러나 행정행위에 대한 실정법적 개념규정은 이차대전 후 모든 "행정행위"에 대한 권리보호의 절차를 열어 놓았던 행정재판소법들, 특히 영국점령지역의 군정명령 165호($^{\text{MRVO}}_{\text{Nr.165}}$) § 25 I에 의하여 최초의 법률적 정의가 이루어졌으며, 이는 그 고유의 효력범위를 넘어 이후의 입법을 위한 모범적 사례로 작용했다. 행정행위의 법률적 정의는 1977년 1월 1일부터 발효된 행정절차법(^{VwVfG}) 제35조 제1문에 의하여 주어지고 있는바, 이에 따르면 행정행위란 "행정청이 공법의 영역에서 개별사례의 규율을 위하여, 그리고 외부에 대해 직접 효력을 미칠 것을 목적으로 행하는 모든 처분, 결정 또는 그 밖의 다른 고권적 조치"를 말한다.

행정행위는, 일면 사적자치(^{Privatautonomie})의 구현수단으로서 사법상 법률행위와, 타면 기타의 법형식을 취하는 행정작용들과 구별되는 특성을 가진다. 따라서 행정작용의 가장 표준적인 행위형식으로서 행정행위의 개념을 분명히 할 필요가 있다. 특히 행정행위의 개념은 그 효력 및 쟁송방법상의 특수성과 관련하여 행정법상 행위형식론의 중심적 고찰대상을 이룬다.

---

1) Otto Mayer, Deutsches Verwaltungsrecht, Bd.I, 1.Aufl., 1895, S.95.

2. 행정행위의 개념

2.1. 행정행위의 개념요소

행정행위는 실정법상의 개념이기보다는 강학상 개념이다. 그것은 처분, 결정, 허가, 면제 등과 같은 실정법상 사용되는 개념들을 공통적으로 인식하고 그에 대한 법적 규율을 탐구할 수 있도록 해 주는 이론적 목표에 봉사한다. 행정행위의 개념은 통상 그 포괄하는 범위에 따라 최광의·광의·협의·최협의의 네 가지로 나뉘어 설명된다. 그러나 오늘날 앞의 세 가지의 개념들이 문제되는 경우는 거의 드물기 때문에 이를 반복하지 않으며,[2] 오로지 가장 좁은 의미의 행정행위개념만을 살펴본다. 그런 의미에서 행정행위란 「행정청이 법 아래서 구체적 사실에 대한 법집행으로서 행하는 권력적 단독행위인 공법행위」라 할 수 있다.

형식적 행정행위/쟁송법적 처분개념 •• 형식적 행정행위란 실체법적 행정행위의 개념과는 별도로 행정쟁송법에 타당한 새로운 행정행위개념을 정립하려는 시도에 의해 구성된 개념으로서, '최근 일본 행정법학계의 다수설이 되어 가고 있고 또 판례상으로도 지지경향이 나타나고 있는' 개념이라고 한다.[3] 즉, 행위 자체는 공권력행사라는 실체를 가지고 있지 않고, 따라서 공정력이나 불가쟁력 등의 효력도 없으며, 항고쟁송의 배타적 관할에 속하지 않는 것일지라도 국민생활을 "일방적으로 규율하는 행위"이거나(原田尙彦), 개인의 법익에 대하여 '계속적으로 사실상의 지배력을 미치는 경우'(兼子 仁)에는 항고소송의 대상이 되는 처분성을 인정하여야 한다는 것이다. 따라서 여기에는 실체법상 행정행위에 해당하는 행위 외에 행정상 입법·행정규칙·사실행위, 그리고 행정지도와 같은 행위들이 포함된다고 한다.[4] 그러나 이러한 의미에서 형식적 행정행위의 개념은, "전통적 행정행위(실체적 행정행위) 개념에 대한 하나의 항의적 개념이기는 하지만, 아직은 그 자체가 대안적 개념이라고 할 정도로 성숙된 것은 아닌 것"[5]으로 이해되고 있을 뿐 아니라, "오로지 권리구제에만 초점을 두어 내용상의 실질이 상이한 여러 행정의 행위형식들을 묶어 하나의 새로운 개념으로 구성하는 것이 타당하다고는 보기 힘들다"는 점,[6] '결과적으로 비권력적 법률관계에 공정력, 불가쟁력 등 권력적 요소를 도입하는 것이 되어 국민의 권리구제의 면에 있어서는 오히려 제한적 의미를 갖게 된다'는 점에서 비판되고 있는 것이 사실이다.[7] 또 처분이기 위하여 "공권력행사"일 것을 요구하는 현행법의 태도에 비추어 볼 때, 형식적 행정행위론에서 주장하는 바와 같이

---

2) 이에 관하여 상세한 것은 김도창, 일반행정법론(상), 1992, 359이하를 참조하기 바란다.

3) 이에 관하여는 서원우, 현대행정법론(상), 366이하; 김도창, 일반행정법론(상), 359, 752이하; 김창조, 취소소송의 소의 이익, 공법연구 제22집 제3호(1994), 399이하의 설명을 참조. 형식적 행정처분론은 雄川一郎, 山田幸男 교수의 문제지적을 단서로 하여 原田尙彦, 兼子 仁 교수에 의해 학설로 전개되었다고 한다(室井 力, 形式的行政處分について, 田中二郎先生古稀記念, 公法の原理(下) I, 1977, 62).

4) 김도창, 일반행정법론(상), 752.

5) 김도창, 일반행정법론(상), 360.

6) 홍정선, 274; 석종현, 일반행정법(상), 256; 김남진, 행정법 I, 208이하; 동, 기본문제, 508이하 및 월간고시 1985/2, 266.

7) 김창조, 앞의 글, 402; 室井 力, 形式的行政處分について, 田中二郎先生古稀記念, 公法の原理(下) I, 1977, 17-42.

「행위 자체는 공권력행사라는 실체를 가지고 있지 않고, 따라서 이른바 공정력이나 불가쟁력 등의 효력도 없는 행위」에 처분성을 인정할 수 있는지 극히 의심스러울 뿐만 아니라, 다음에 보는 바와 같은 행정행위의 효력상 특수성을 전제로 한 소송법적 규율들(예컨대, 출소기간의 제한, 집행정지원칙, 선결문제 처리 등)을 어떻게 취급할 것이냐 역시 문제가 아닐 수 없다.

행정행위의 개념을 규명하기 위해, 다른 행위형식들과의 차이를 분명히 하기 위해서는 행정행위개념의 구성요소들을 분석할 필요가 있다. 아래의 도식을 통해 보는 바와 같이 그 개념요소들은 ① 행정청의 행위일 것, ② 공법행위일 것, ③ 법적 규율을 내용으로 하는 법적 행위(외부적 행위·직접적 법적 효과·의사표시), ④ 권력적 단독행위일 것 등으로 나뉜다.

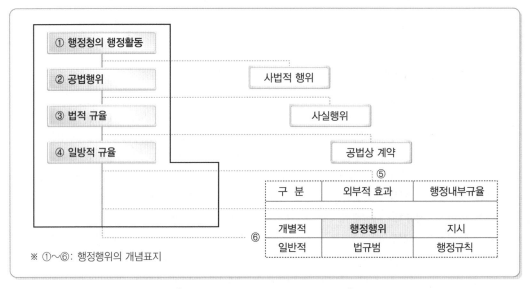

[행정행위의 개념요소와 체계상 위치]

2.1.1. 행정청의 행위

행정행위는 「행정청」이 행하는 행위이다. 행정청의 개념은 일반적으로 행정주체의 의사를 결정하여 외부적으로 표시할 수 있는 권한을 가진 기관을 말한다.[8] 여기에는 국가·지방자치단체의 기관 외에도 공무수탁사인(Beliehene)이 포함된다. 입법기관이나 사법기관도 그 소속공무원을 임명하는 등의 행정적 기능을 수행하는 한도 내에서는 이에 해당됨은 물론이다.

---

8) 이 경우 행정상 권리·의무의 귀속주체와 행위주체의 구별이 전제되고 있는 셈이다. 국가기관의 경우 이를 행정관청, 지방자치단체의 경우를 행정청, 양자를 합하여 행정청이라고 부르는 것이 일반적이다(김남진, 행정법 II, 법문사, 2000, 11).

2.1.2. 공법상 행위

이 점에서 사법행위(가령 국고작용)와 구별된다. 행정행위가 공법행위라는 것은 그 법률적 효과에 관한 것이 아니라 행위의 근거에 관한 것이다.

2.1.3. 법적 규율을 내용으로 하는 법적 행위

행정행위는 법적 규율(^{Regelung})을 내용으로 하는 법적 행위라는 점에서 사실행위(^{Schlichte} $_{Realakte}^{Verwaltungshandeln;}$)와 구별된다. 사실행위는 첫째, 정신작용을 요소로 하지 않고 외계적 사실(사건)을 요소로 하고 있는 점, 둘째, 행위 자체에 법적 효력이 인정되지 않는다는 점에서 행정행위와 구별된다.[9] 사실 행정작용은 가령 도로·하천공사, 장부·서류의 정리, 임검검사, 수거, 무허가건물철거의 대집행, 익사자를 위한 원조강제 등과 같이 오히려 사실행위인 경우가 대부분이라고 해도 과언은 아니며,[10] 이에 대한 권익구제의 필요성이 행정행위에 대한 구제에 못지않게 절실하고 중요하다는 점은 중언을 요하지 않는다. 그러나 이러한 사실행위의 실제적 중요성에도 불구하고 그 법적 역할은 2차적이다. 왜냐하면 이들 사실행위는 실은 그 대부분이 행정결정을 준비하거나 선행하는 행정결정을 집행하고 또는 행정서비스를 수행하는 등 일정한 행정결정을 실행하는 행위이기 때문이다.[11] 물론 사실행위에서는 어떤 법적 효과도 발생하지 않는 경우가 일반적이지만, 일정한 법률효과가 결부되는 경우도 있다. 예를 들면 경찰관의 순찰이 단순한 사실행위일지라도 공무집행방해죄에 의해 보호되고, 압수된 마약의 폐기처분으로 소유권이 소멸되거나, 도로공사 등 공토목공사에 의해 국민의 권리를 침해하면 손해배상의 문제를 발생시키는 것과 같다. 그러나 이와 같은 사실행위의 법적 효과는 어디까지나 간접적으로($_{indirecte}^{de\ manière}$) 발생하는 효과일 뿐이다. 그것은 행정행위에 있어 법이 행정청의 의사결정 및 표시에 법적 효과를 부여하게 되는 계기, 즉 의사결정 및 표시를 통한 법적 규율로서의 계기를 결여하므로 이 점에서 행정행위의 법적 효과와는 동일시할 수 없다.[12] 행정행위가 갖추어야 할 법적 규율의 내용은 다음과 같은 요인들을 통해 밝혀진다.

9) 김도창, 일반행정법론(상), 356.
10) 이 점은 김도창교수(상, 356 각주 13)가 옳게 지적하는 바와 같다.
11) Rivero, Droit Administratif, 113, n°90. 리베로는 이를 'opérations administratives'라고 하여 행정결정(décision)과 구별한다.
12) 한편 김도창교수(같은 책, 359)는 Eyermann/Fröhler, Verwaltungsgerichtsordnung(§ 42 Rn.60)과 Stelkens/Bonk/Leonhardt, VwVfG Kommentar(§ 35 Rn.40)을 인용하면서 「독일 연방행정재판소법의 해석에 있어서도 처분개념 속에 사실행위가 포함되는 것으로 이해되고 있다」고 지적하고 있다. 그러나 이는 옳지 않다. 인용된 문헌에서는 「사실행위에 동시에 수인하명(Duldungsbefehl)이 들어 있을 경우에는 행정행위로 볼 것」(Stelkens 외, 같은 곳)이라거나, 「순수히 사실적인 행위들 중에도 행정행위라고 볼 수 있는 경우가 있을 수 있다는 것」(예컨대 수색, 체포, 예방접종, 동물시체의 제거), 그리고 「이 경우에도 법적 효과가 발생하며 그 법적 효과는 바로 그러한 사실행위들과 결부된 수인하명에서 찾을 수 있다는 것」이 지적되고 있을 뿐이다(Eyermann/Fröhler, 같은 곳).

제1편 제2편 제3편 제4편 제5편 행정법총론

(1) 외부적 행위

행정행위는 행정조직 내부에서의 행위가 아니라 외부 관계, 즉, 대국민 관계에서 상대방인 개인에 대해 권리·의무의 변동을 가져오는 행위이다. 따라서 행정조직 내부에서 행해지는 상급관청의 지시나 상관의 명령 등은 행정행위가 아니며 행정규칙 역시 행정행위에서 제외된다.

대법원은 감사원의 시정요구($^{구\ 감사원법}_{§\ 33\ ①}$)는 이해관계인의 권리관계에 영향을 미치지 아니하고 행정청 사이의 내부적인 의사결정의 경로로 지나지 않아 행정처분을 하게 된 연유에 불과하다는 판시하였다.[13] 이후 2009년 1월 30일 감사원법 개정법률은 제33조 제2항에서 종래 '소속장관·감독기관의 장 또는 당해 기관의 장은 감사원이 정한 기한 내에 이를 이행하여야 한다'고 규정하였던 것을 고쳐 '감사원이 정한 날까지 이를 이행하여야 한다'고 규정하였다. 그러나 대법원은 최근 감사원법 제32조에 따른 징계요구와 그에 대한 재심의결정은 항고소송의 대상이 될 수 없다고 판시하였다: "징계요구를 받은 기관의 장이 요구받은 내용대로 처분하지 않더라도 불이익을 받는 규정도 없고, 징계요구 내용대로 효과가 발생하는 것도 아니며, 징계요구에 의하여 행정청이 일정한 행정처분을 하였을 때 비로소 이해관계인의 권리관계에 영향을 미칠 뿐, 징계요구 그 자체만으로는 징계요구 대상 공무원의 권리·의무에 직접적인 변동을 초래하지도 아니하므로, 행정청 사이의 내부적인 의사결정의 경로로서($^{대법원\ 1978.11.4.\ 선고}_{78누320\ 판결\ 참조}$), '징계요구, 징계절차 회부, 징계'로 이어지는 과정에서의 중간처분에 불과하여, 항고소송의 대상이 되는 행정처분이라고 할 수 없고, 징계요구 자체의 취소를 구할 실익도 없다."[14]

(2) 직접적·법적 효과

행정행위는 직접 법적 효과를 발생하는, 다시 말해서 권리·의무의 발생·변경·소멸 등의 권리변동을 가져오는 행위여야 하므로, 법적 효과를 발생시킬 수 있는 단순한 추상적 가능성만을 지닌 행위나 그러한 법적 효과를 지니지 않는 행정지도나 도로청소 등과 같은 행위들은 행정행위에 속하지 않는다. 그러나 최근 대두되고 있는 환경문제나 소비자보호문제 등과 관련하여 이러한 요건이 완화될 수 있는 여지가 있다. 사실행위도 그것이 수인의무($^{Duldungs-}_{pflicht}$)를 수반하는 경우(예: 수색·체포, 전염병환자의 강제격리 등)에는 행정행위라고 할 수 있다.[15]

---

13) 대법원 1977.6.28. 선고 76누294 판결.

14) 대법원 2016.12.27. 선고 2014두5637 판결(징계요구취소(타) 상고기각: 서울특별시장이 감사원의 징계요구에 대한 재심의결정에 대하여 취소를 구한 사안): 이 사건에서 대법원은 "감사원의 재심의 판결에 대하여는 감사원을 당사자로 하여 행정소송을 제기할 수 있다"고 규정하는 감사원법 제40조 제2항 규정은, 감사원법 제31조에 따른 변상판정, 제32조, 제33조, 제34조에 따른 처분요구에 대한 재심의 결과에 대하여, 일반적인 소송요건이 갖추어지는 것을 전제로, 재심의의 대상이 되었던 변상판정 등에 대하여는 변상판정 등을 대상으로 하는 것이 아니라 그에 대한 '재심의 판결'에 대하여 '감사원'을 당사자로 하여 행정소송을 제기할 수 있다는 규정이라고 볼 것이지, 위 규정만으로 당사자능력, 소의 이익, 항고소송에서의 대상적격 등 일반적인 소송요건과 무관하게 무조건 행정소송을 제기할 수 있다는 규정으로 해석할 것은 아니다"라고 판시하였다.

▦ **지가공시제도에 의한 개별토지가격결정의 처분성**

"시장, 군수 또는 구청장의 개별토지가격결정은 관계법령에 의한 토지초과이득세, 택지초과소유부담금 또는 개발부담금 산정의 기준이 되어 국민의 권리나 의무 또는 법률상 이익에 직접적으로 관계되는 것으로서 행정소송법 제2조 제1항 제1호 소정의 행정청이 행하는 구체적 사실에 관한 법집행으로서 공권력행사이므로 항고소송의 대상이 되는 행정처분에 해당한다."[16]

(3) 의사의 표시

행정행위는 원칙적으로 의사의 표시를 요소로 하며, 여기에 일정한 법적 효과가 주어지는 법적 행위라는 것이 통설적 설명이다. 물론 행정행위는 행정청의 의사(심리)표시만으로 법적 효과가 발생하기도 하고, 의사표시와 다른 요소(예컨대 상대방의 참여나 신청, 부관, 감독관청의 인가)가 결합하여 법적 효과를 발생하는 경우가 있다.

행정행위개념에 있어 의사표시 ● ● 행정행위개념에 있어 의사표시의 계기는 종종 정확히 인식되지 못하고 있다. 행정행위가 의사표시를 요소로 하며 법이 이에 대하여 일정한 법적 효과를 결부시킨다고 할 때, 그것은 사법상 법률행위에 있어서 의사가 지니는 사적자치의 구현으로서의 역할과는 구별되어야 한다. 후자에 있어 의사란 일정한 법률효과의 발생에 지향된 의사로서 법이 특별한 사정(예컨대 민법 제103조에 의한 반사회질서 사유)이 없는 한, 그대로, 즉 사인이 의욕한 대로 법률효과의 발생을 시인하고 이를 보호하는 것인 데 비하여, 행정행위의 경우에는 의사표시에 결부된 법적 효과란, 법적 수권에 의해서 또 오로지 그 범위 내에서만, 공익목적실현을 위하여 인정되는 것일 뿐, 이로써 행위자의 의사의 자치를 인정한 것은 아니다. 따라서 행정행위의 요소로서의 의사표시란 바로 법적 규율의 의사결정과 표시, 즉 상대방에게 법적 효과를 미치는 결정이란 의미로 이해되어야 한다. 후술하는 법률행위적 행정행위와 준법률행위적 행정행위의 구별 역시 이러한 관점에서 재검토되지 않으면 안 된다.[17]

(4) 구체적 사실에 대한 법집행

행정행위는 구체적 사실에 대한 법집행이다. 이 요건은 무엇보다도 행정행위가 입법행위(법정립)가 아니라는 점을 밝히는 색출적 의미($^{heuristische}_{Bedeutung}$)를 지닌다. 법적 규율은 아래의 표에서 보는 바와 같이 그 수범자(^{Adressat})의 특정여부에 따라 일반성/개별성과, 그 규율대상인 사안의 내용($^{Regelungs-}_{gehalt}$)에 따라 구체성/추상성의 표지에 따라 구분된다.

이 경우 개별적·구체적 규율이 가장 전형적인 행정행위에 해당되는 반면, 일반적·추상

---

15) 홍정선, 행정법원론(상), 276.
16) 대법원 1993.6.11. 선고 92누16706 판결(판례월보 278, 221이하).
17) 이에 관해서는 김남진, 준법률행위적 행정행위의 문제점-그의 해체를 주장하며-, 고시연구 1992/5, 38이하; 김동희, 행정법 I, 224-225 각주 1; 김도창, 일반행정법론(상), 1992, 365 등 참조. 그러나 그렇다고 하여 행정행위에 있어 의사표시의 요소를 전적으로 부인하는 것이 아니라, 오히려 행정행위의 의사표시가 사법상 법률행위에 비하여 어떠한 특수성을 지니는가를 탐구해야 할 것이다(이에 관하여는 김남진, 행정법상의 의사표시, 월간고시 1992/6, 83이하, 특히 85, 각주 8 참조).

<행정행위에 있어 법적 규율의 유형>

구별기준		사안의 특정여부	
		구체적	추상적
수범자	개별적	① 행정행위	③ 행정행위*
	일반적	② 일반처분*	｜법 규 범｜

적 규율이 법규범에 해당된다는 점에 관해서는 의문의 여지가 없다. 그리고 표에서 ②에 해당되는 일반처분($^{Allgemeine-}_{verfügung}$) 역시 행정행위의 개념에 속한다는 데 의문이 없다. 즉, 불특정인에 대한 특정사안의 규율로서, 예컨대 경부고속도로 서울 – 수원 하행선구간에 대하여 무기한으로 판교 방면으로 차량진출을 금지하는 고시와 같은 경우, 또는 모년 모일 일정장소에서의 집회를 금지하는 경우이다. 그러나 ③의 경우 극히 드물기는 하지만, 예컨대 도로가 결빙하려고 하면 이를 방지하라고 하는 지시,[18] 또는 댐의 물이 위험수위를 넘으면 수문을 열라는 지시[19] 등을 생각할 수 있으며, 이 같은 경우들은 「구체적 사실에 대한 법집행」에 해당된다고 할 수 없다. 그러나 이러한 규율들도 자세히 살펴보면 어느 정도 반복적인 효과를 지니기는 하지만, 결국 일정한 사정의 발생을 조건으로 구체적인 행위의무를 부과한 것이므로, 예컨대, 안면방해를 이유로 22시 이후에는 음악을 연주하지 말라는 금지와 그 본질적인 차이를 갖는 것은 아니라고 할 수 있다.[20] 이렇게 본다면, 개별적·구체적인 규율뿐만 아니라 일반적·구체적 규율(일반처분), 그리고 사안의 성질에 따라 개별적·추상적 규율로 볼 수 있는 경우 또한 「구체적 사실에 대한 법집행」으로서 행정행위에 해당한다. 행정심판법($^{§\,2}_{②\,i}$)과 행정소송법($^{§\,2}_{②\,i}$)의 "처분"개념 역시 「구체적 사실에 대한 법집행」을 구성요소로 삼고 있다.

일반처분의 종류와 적용례 ● ●

(1) 일반처분의 종류

일반처분은 마우러(^{Maurer})가 옳게 지적하는 바와 같이,[21] 일반적 표지에 의해 특정할 수 있는 수범자에 관한 것($^{adressatenbezogene}_{Allgemeinverfügung}$), 사물의 속성에 관한 것($^{sachbezogene}_{Allgemeinverfügung}$) 그리고 이용규율($^{Benutzungs-}_{regelung}$), 즉, 사물의 이용에 관해 불특정다수인이란 의미에서의 일반인($^{Allgemeinheit\ i.S.\ einer}_{unbestimmten\ Zahl\ von\ Personen}$)에 대한 처분으로 나누어질 수 있으나 사물의 속성에 관한 일반처분 역시, 그 수범자가 사물이라고 할지라도, 궁극적인 권리의무의 귀속주체는 결국 사람이 되지 않을 수 없으며, 이용규율 또한 그 수범자의 범위가 일반적 표지에 의해 확정된 것으로

---

18) OVG Münster OVGE 16, 289.
19) Wolff/Bachof, VerwR I § 46 VI a 4.
20) 이 같은 규율도 행정행위의 성질을 지닌다고 보는 것이 독일의 통설이며 이것은 어쨌든 결과적으로 행정행위에 속한다고 할 수 있다(Erichsen/Martens, § 11 II 6.a.).
21) Maurer, § 9 Rn.32-34.

서 이용자가 누구인지 처분발급시에는 알 수 없으므로 그 결여된 구체성을 사물에의 연관으로써 보완한 것이다.

(2) 구체적 적용례

수범자가 아직 확정되지 않은 경우에 있어서 규율의 구체성($^{Konkretheit}_{der\,Regelung}$)을 판단하기란 사실 곤란한 경우가 많다. 이를 잘 나타내 주는 사례가 독일에서 많이 논란되었던 꽃상추사건($^{Endiviensalat-Fall,}_{BVerwGE\,12,87}$)이다. 꽃상추의 식용이 원인으로 판명된 다수의 티푸스감염사건에 대해 바덴 · 뷔르템베르크 내무장관은 즉각 무기한으로 모든 티푸스발생지역에 대 · 소상을 막론하고 꽃상추판매를 금지시켰다. 연방행정법원은 이를 행정행위(일반처분)으로 보았다. 그러나 학계의 반응은 양분되었다. 착안점을 티푸스감염이라는 구체적 사례에 두느냐 아니면 장차 예상되는 다수의 꽃상추판매에 두느냐에 따라서 그 규율(판매금지)은 구체적인 것이 될 수도 있었고 또 추상적인 것이라고 할 수도 있었던 것이다. 수범자 범위의 개방성(^{Offenheit})은 불가피하게 장래적인 규율로 귀결되며 따라서 아직 확정되지 않은 다수의 예상사례들에 대한 것으로, 즉 추상적인 것으로 되기 때문에, 도대체 인식론상 구체적 · 일반적 규율이 존재할 수 있는가 하는 것이 의문시된다고 할 수 있다. 그 판매금지는, 어떻게 규율의 대상이 확정되느냐를 중시하는 통설적 견해에 따르자면, 일반적−구체적인 규율이라고 보아야 할 것이다. 한편, 행정청의 법적 규율의 성질을 결정함에 있어 어떠한 기준에 의할 것인지에 관하여, 상대적으로 다수의 견해가 그 확정의 용이성을 이유로 수범자의 개별성($^{Individualität\,der}_{Adressaten}$)을 기준으로 삼고 있는 데 비해, 독일 행정절차법 제35조는 규율의 구체성($^{Konkretheit}_{der\,Regelung}$)을 기준으로 삼고 있다고 한다.[22] 독일 행정절차법 제35조 제2문 같이 일반처분에 관한 규정은 없지만, 우리나라 행정심판법 제2조 제1항 제1호 및 행정소송법 제2조 제1항 제1호에 따른 "처분"개념의 해석상 수범자의 개별성은 요구되지 않으므로, 일반처분 역시 이 조항들이 요구하는 「구체적 사실에 관한 법집행」인 이상 처분으로 보는 데 문제가 없다.

오늘날 일반처분의 예는 도로통행금지, 입산금지, 도로의 공용개시 및 공용폐지, 민방위경보 등에서 보는 바와 같이, 증가일로에 있다. 문제는 개개의 사안에 대한 규율($^{Einzelfall-}_{regelung}$)로서의 행정행위와 일반적 규율로서의 법규범 간의 전통적인 구별에 잘 들어맞지 않는 내용을 지닌 다양한 법적 행위들−예컨대 구속적 행정계획, 교통표지판이나 교통신호등, 자동차형식승인($^{자동차관리}_{법 §\,30}$) 등과 같은 유형의 행위들의 법적 성질을 어떻게 볼 것인지를 판정하기가 쉽지 않다는 데 있다. 이 문제는 특히 이들 유형의 행위들의 법적 성질 여하에 따라 법적 규율이나 권리구제방법이 달라질 수 있기 때문에 중요하다. 먼저 구속적 행정계획의 경우 판례와 학설은 이를 행정처분에 해당하는 것으로 보고 있다.[23]

대법원은 "도시계획법 제12조 소정의 도시계획결정이 고시되면 도시구역 안의 토지나 건물소유자의 토지형질변경, 건축물의 신축 · 개축 또는 증축 등 권리행사가 제한을 받게 되는 바, 이런 점에서 볼 때 고시된 행정계획결정은 특정개인의 권리 내지 법률상의 이익을 개별적 · 구체적으로 규제하는 효과를 가

---

22) Maurer, § 9 Rn.18.
23) 김동희, 행정법 I, 172-173.

져 오게 하는 행정청의 처분이라 할 것이고, 이는 행정소송의 대상이 된다"고 하였다.[24]

한편 교통표지판이나 교통신호등의 경우 판례는 아직 없지만 대체로 독일행정법에서 이해하듯,[25] 이를 일반처분으로 보는 데 문제가 없을 것이다.[26] 반면 자동차관리법 제30조에 의한 자동차형식승인은 그것이 특정인, 즉, 제작자에 대한 관계에서 발급되는 것이므로, 설령 이에 따른 제품의 대량생산이 예상된다 할지라도, 개별처분, 즉, 행정행위에 해당되는 것으로 본다.

2.1.4. 권력적 단독행위

행정행위는 권력적 단독행위, 즉 일방적 규율$\binom{\text{einseitige}}{\text{Regelung}}$로서, 일면 비권력적 작용과, 타면 공법상 계약이나 공법상 합동행위와 구별된다. 일방적인 행위인 한, 상대방의 협력이나 동의, 또는 타행정청의 승인등이 요구되는 경우에도 행정행위임에는 변함이 없다. 공무원임명 같이 상대방의 동의가 요구되는 행위는 통상 雙方的 행정행위라고 불리기도 하는데 이 경우 雙方的이란 말은 계약을 연상시키므로 「협력을 요하는 행정행위」$\binom{\text{mitwirkungsbedürftiger}}{\text{Verwaltungsakt}}$란 개념을 사용하는 것이 나을 것이다.[27]

2.2. 행정쟁송법 및 행정절차법상 처분의 개념

행정심판법$\binom{\S\,2}{②\,i}$과 행정소송법$\binom{\S\,2}{②\,i}$은 처분을 "행정청이 행하는 구체적 사실에 관한 법집행으로서의 공권력의 행사 또는 그 거부와 그 밖에 이에 준하는 행정작용"으로 정의하고 있다. 이것은 종래의 판례에 의한 처분개념을 국민의 권리구제의 폭을 넓히기 위하여 확대한 것으로 이해되고 있으며 특히 "공권력의 행사 또는 그 거부"뿐만 아니라, "그 밖에 이에 준하는 행정작용"을 포함시키고 있음이 주목되고 있다.[28] 행정절차법도 이와 동일한 처분개념을 사용하고 있다. 즉 행정절차법 제2조 제2호는 "처분"을 "행정청이 행하는 구체적 사실에 관한 법집행으로서의 공권력의 행사 또는 그 거부와 기타 이에 준하는 행정작용"으로 정의한다.

처분 개념에는 행정소송법 제1조가 규정하는 협의의 "처분", 즉 전통적인 행정행위[29]와, 광의의 처분, 즉 공권력의 행사·거부에 해당하는 권력적 사실행위(예: 쓰레기하치장의 설치, 전염병환자의 강제격리, 토지출입조사, 불량식품검사를 위한 수거, 대집행의 실행 등)뿐만 아니라

---

24) 대법원 1982.3.9. 선고 80누105 판결.
25) 예컨대 Maurer, S.158 § 9 Rn.21.
26) 이상규, 신행정법론(상), 296; 홍정선, 행정법원론(상), 278 등.
27) 홍정선, 행정법원론(상), 282; Scholz, Bd.II, 30.
28) 김도창, 일반행정법론(상), 688.
29) 이와 관련하여 행정심판법(§ 1)과 행정소송법(§ 1)은 행정쟁송의 대상을, 「…처분 그 밖에 공권력의 행사·불행사」라고 규정하고 있는데 이 중 "처분"이란 실체적 행정행위를 의미한다고 한다(김도창, 일반행정법론(상), 756).

"그 밖에 이에 준하는 행정작용"이란 규정을 통해 "앞으로의 시대적 수요에 따라 학설·판례를 통하여, … 이른바 형식적 행정처분의 개념 아래 거론되는 행정작용들이 이 범주에서 논의될 수 있을 것"으로 기대되고 있다.[30] 이렇게 본다면, 위의 법규정에 따른 처분의 개념은 해석론상 당연히 강학상의 행정행위의 개념보다는 넓은 것이 될 수밖에 없으며,[31] 구체적으로 "그 밖에 이에 준하는 행정작용"이 무엇인가는 결국 학설발전과 판례형성을 통하여 밝혀지기를 기대하는 수밖에 없다고 할 것이다. 그러나 이 "처분"개념을 해석하는 문제와 이를 바탕으로 새로이 형식적 행정행위개념을 정립하는 문제는 기본적으로 별개의 문제이다. 문제는 무엇을 기준으로 위의 협의의 처분과의 동가치성을 인정할 것인가에 있으며 이에 따라 다음에 논의하는 바와 같은 행정행위의 효력상 특수성의 인정여부 및 인정범위여하가 결정되기 때문이다. 특히 문제가 되는 것은 사실행위 중 행정쟁송법에 의한 권리구제가 필요하다고 인정되는 경우일진대, 상대방의 수인의무를 발생시키는 권력적 사실행위의 경우에는 전술한 바와 같이 처분의 개념에 해당하는 것으로 볼 것이며, 그 밖의 경우에는 처분성을 인정할 것이 아니라 적합한 소송형태를 해석론상 또는 입법론상 확충시켜 나감으로써 해결을 모색하는 것이 정도일 것이다.

권력적 사실행위의 처분성 ●● 권력적 사실행위를 행정쟁송법상 처분에 포함되는 것으로 볼 것이냐에 관해서는 행정쟁송법상의 처분에 관한 쟁송법적 개념설(이원론)과 실체법적 개념설(일원론)의 대립이 있다.[32] 전자는 긍정하며 후자는 부정한다. 양설은 나름대로 일리가 있으나, 문제해결의 관건은 현행 행정소송법규정의 해석에 있다. 현행 행정소송법의 해석상 처분의 개념은 ① 행정청이 행하는 구체적 사실에 관한 법집행으로서 공권력의 행사, ② 행정청이 행하는 구체적 사실에 관한 법집행으로서 공권력의 행사의 거부, ③ 그 밖에 이에 준하는 행정작용의 세 가지로 나누어 볼 수 있다. 여기서 첫째와 둘째의 개념과 행정행위(최협의)의 개념이 동일한 것인가가 문제된다. 먼저 둘째의 개념에 관하여 본다면, 거부처분 역시 소극적 처분인 이상, 첫째의 개념과 구별하여 특별히 취급해야 할 필요는 없다(이는 간주거부에 대해서도 마찬가지로 타당하다). 다음 「행정청이 행하는 구체적 사실에 관한 법집행으로서 공권력의 행사」의 개념이 실체적 행정행위의 그것에 비추어 문제되어야 한다. 실체적 행정행위의 개념은 일반적으로 「행정청이 법 아래서 구체적 사실에 대한 법집행으로서 행하는 권력적 단독행위인 공법행위」라고 파악되고 있다. 양자가 동일한 것인지 여부는 「공권력의 행사」와 「권력적 단독행위인 공법행위」란 행정행위의 개념적 징표의 비교에 귀착되는데, 특히 권력적 사실행위, 즉 특정한 행정목적을 위하여 행정청의 일방적 의사결정에 의하여 국민의 신체·재산 등에 실력으로 행정상 필요한 상태를 실현하는 권력적 행

---

30) 김도창, 일반행정법론(상), 756.
31) 만일 「행정청이 행하는 구체적 사실에 관한 법집행으로서 공권력의 행사와 그 거부」에 권력적 사실행위가 포함된다고 해석하여 이에 처분성을 인정한다면, 적어도 그 한도에서는 행정소송법상 처분개념이 실체적 행정행위개념보다는 넓은 것이라는 결과가 된다. 그러나 이것은 어디까지나 행정소송법 제2조 제1항 제1호의 해석에 관한 개별적 문제이지, 행정행위의 개념을 사실행위 일반에까지 확대하는 문제와 직접적인 관련은 없다.
32) 김남진교수는 종래 일원론을 취했으나 사실행위 중 처분에 포함시켜 항고쟁송으로 다툴 수 있게 할 필요가 있는 것(경고, 특정상품의 추천 등)이 있다는 점, 그리고 행정심판법·행정소송법, 행정절차법이 명문화한 처분 개념의 해석상 처분개념이 넓게 이해되지 않을 수 없는 점을 이유로 이원론으로 학설을 변경하였다(행정법 I, 208, 777).

정작용이 행정소송법상 「공권력의 행사」에 포함되는지가 문제된다.[33] 생각건대, 이원론이 주장하는 바와 같이 권력적 사실행위를 「공권력의 행사」에 해당한다고 볼 것인지는 별개의 문제이다. 그러한 결론은, 행정소송법의 문언상 적어도 「법적 행위 또는 규율」(Rechtsakt, Regelung)이라는 요소가 나타나고 있지 않은 이상, 해석론상 결코 불가능한 것은 아니다. 이것은 형식적 행정행위가 어떻든 기본적 요소로 삼고 있는 실체적 행정행위의 개념에 관한 문제로서, 형식적 행정행위론의 당부에 대한 평가 이전의 문제이다. 그렇다면 「구체적 사실에 대한 법집행」이란 단순한 집행행위까지를 포함하는 개념인가 아니면 구체적 사안에 대한 규율이란 법적 행위의 요소를 의미하는가. 생각건대, 행정소송법상의 문언만으로 본다면 그 처분의 개념에는 「행정청이 행하는 구체적 사실에 관한 법집행으로서의」 권력적 사실행위가 포함된다는 결론이 가능하다.[34] 이와 관련하여 헌법재판소의 판례 중에는 "수형자의 서신을 교도소장이 검열하는 행위는 이른바 권력적 사실행위로서 행정심판이나 행정소송의 대상이 되는 행정처분으로 볼 수 있으나, 위 검열행위가 이미 완료되어 행정심판이나 행정소송을 제기하더라도 소의 이익이 부정될 수밖에 없으므로 헌법소원심판을 청구하는 외에 다른 효과적인 구제방법이 있다고 보기 어렵기 때문에 보충성의 원칙에 대한 예외에 해당한다"고 판시한 것[35]이 있다. 다만, 권력적 사실행위를 행정소송법상 공권력행사에 포함되는 것으로 해석할 경우, 이에 대한 취소소송이 과연 가능한가가 문제되지 않을 수 없다. 일설은 취소소송에 있어 취소의 대상은 법적 행위라고 하거나,[36] 취소소송은 기존의 법적 효과를 소멸시키는 것을 목적으로 하는 것이라는 점 등을 이유로 이를 부정하는 데 반하여,[37] 권력적 사실행위의 취소는 위에서 본 바와 같은 권력적 사실행위에 결부된 법적 효과인 수인의무의 해제로서 의미를 갖는다고 보는 입장이 유력하게 제기되고 있다.[38] 권력적 사실행위에 대한 권익구제방법에 관한 한, 양설은 나름대로 일리를 지니고 있다. 또한 취소소송의 형성소송으로서의 본질이나 국민의 권익구제제도로서 행정소송의 확충 및 활용문제를 감안할 때 전자의 견해가 보다 타당하다고 할 수 있다. 그러나 해석론상 후설이 지니는 타당성을 부인할 수는 없다. 따라서 국민의 입장에서는 권력적 사실행위에 대한 취소소송과 이를 원인으로 하는 공법상 당사자소송을 선택적으로 또는 병합하여 제기하는 것이 바람직하며 또한 가능하다고 본다.

---

33) 당초 행정소송법 개정시안은 처분을 「공권력의 행사 또는 그 거부와 그 밖에 이에 준하는 행정작용」으로 정의하고 있었으나, 이에 대한 논란을 거치는 과정에서 「행정청이 행하는 구체적 사실에 관한 법집행으로서의」라는 문구가 들어가게 되었다고 한다. 그리하여 김남진교수(기본문제, 515)는 이로써 「최소한 행정청의 일반·추상적 규율로서의 명령 및 사실행위(준법률적 행위) 같은 것은 처분에 해당되지 않음이 명백해진 것」이며 따라서 종래 주장되던 쟁송법적 처분개념의 핵심부분이 입법을 통해 부인되었다고 해석하였다. 반면, 김도창교수(상, 756)는 행정소송법 제2조 제1호의 규정 중에서 「행정청이 행하는 구체적 사실에 관한 법집행으로서의」라는 구절과는 상관없이, 광의의 처분개념을 실체적 행정행위와 법 제2조 제1호가 규정하는 그 밖의 「공권력의 행사 또는 그 거부와 그 밖에 이에 준하는 행정작용」을 포함하는 것으로 새기고 있다. 즉, 행정소송법상 처분개념에는 행정소송법 제1조가 규정하는 「협의의 처분」, 즉 전통적인 행정행위 외에 공권력의 행사·거부에 해당하는 권력적 사실행위가 포함되는 것으로 해석하고 있는 것이다(동지 김동희, 행정법 I, 644).
34) 이러한 의미에서 위의 첫째와 둘째 개념을 실체적 행정행위개념과 동일시하는 것(홍정선, 행정법원론(상), 691)은 옳지 않다.
35) 헌법재판소 1998.8.27. 선고 96헌마398 결정.
36) 홍정선, 행정법원론(상), 277.
37) 이러한 입장에서는 「사실행위의 취소」보다는 행정상의 일반이행소송의 인정을 전제로 한 「사실행위의 중지 또는 제거청구」가 더 올바른 문제해결임을 인식할 필요가 있다고 한다(김남진, 행정법 I, 776; 홍정선, 277).
38) 김동희, 행정법 I, 644-645.

3. 행정행위의 법적 특성과 기능

3.1. 행정행위의 법적 특성

행정행위는 앞서 본 바와 같이 공권력행사로서 권력적 단독행위의 성질을 가지므로 일반적으로 사법상 법률행위와 구별되는 다음과 같은 특수성을 갖는다. 그것은 ① 행정행위의 법적합성, ② 공정력 또는 예선적 유효성(예선적 효력), ③ 강제력, ④ 확정력(존속력), ⑤ 권리구제상의 특수성 등이다.

3.1.1. 행정행위의 법적합성

행정행위의 법적합성이란 바로 법치행정의 원리에 따라 요구되는 것이다. 행정행위의 내용이 법에 적합해야 한다는 의미에서의 「법률의 우위」원칙 자체는 민사상의 법률행위에도 역시 타당한 합법성의 요청과 근본적으로 구별되는 것은 아니라 할 수 있다. 물론 행정행위의 위법성은 민사상 법률행위의 위법성과는 달리 항고소송에 의해 법적 제재가 예정되어 있다는 점에서 특수한 법적 규율하에 놓이게 됨을 유의할 필요가 있다. 그러나 「법률의 유보」원칙은 행정행위의 권력적 단독행위로서의 성질에 대응하여 이른바 수권의 문제를 발생시킨다는 점에서 민사상의 법률행위와는 결정적으로 구별되는 행정행위의 특수성을 뒷받침해 주고 있다.

3.1.2. 공정력

행정행위는 그 효력요건상의 흠(하자)이 있어도 그것이 중대·명백하여 무효로 인정되는 경우를 제외하고는 권한있는 기관에 의해 취소되기 전까지는 상대방은 물론 행정청과 제3자를 아울러 구속하는 잠정적인 통용력 내지 유효성($^{vorläufige}_{Wirksamkeit}$)을 갖는다. 이를 공정력, 또는 프랑스의 경우 예선적 효력($^{privilège~du}_{préalable}$)이라고 부른다.

> 김남진교수는 공정력을 「행정행위가 무효가 아닌 한, 행정행위(처분)로 인하여 법률상 이익을 침해받은 자는 행정쟁송을 통해서만 그의 효력을 부인할 수 있게 하는 구속력」으로 정의하면서, 이를 독일법상의 구성요건적 효력($^{Tatbestands-}_{wirkung}$)과 구별하고 있다.[39] 독일행정법에서는 우리나라나 일본에서의 용어법상 「공정력」에 해당하는 개념을 「하자에 불구하고 인정되는 법적 유효성」($^{fehlerunabhängige}_{Rechtswirksamkeit}$)[40]과 이른바 행정행위의 존속효($^{Bestandskraft:}_{확정력}$)에 구속을 받는 당사자 이외의 모든 국가기관에 그 유효성의 통용력을 확장하는 것을 내용으로 하는 구성요건적 효력 또는 요건사실적 효력으로 구분하여 이해한다.

---

39) 김남진, 행정법 I, 242; 동지 홍정선, 행정법원론(상), 321.
40) Maurer, § 9 Rn.39, S.174.

3.1.3. 강제력

행정행위가 일정한 의무의 부과를 내용으로 하는 경우, 상대방이 이 의무를 이행하지 않는 때에는 행정법상의 제재를 가하거나(제재력: 예컨대 행정벌의 부과), 일정한 요건하에 자력으로 그 이행을 강제할 수 있는 가능성(집행력)이 부여되는데 이를 강제력이라고 한다.

> 가령 폐기물관리법은 제68조에서 일정한 의무위반자에 대하여 과태료를 부과할 수 있음을 규정하고 이와 아울러 제49조에서는 '환경부장관, 시·도지사 또는 시장·군수·구청장은 제48조 제1항 또는 제2항에 따른 조치명령을 받은 자가 그 조치명령을 이행하지 아니하면 「행정대집행법」에 따라 대집행을 하고 그 비용을 조치명령을 받은 자로부터 징수할 수 있다'고 규정한다. 한편 행정심판법 제21조와 행정소송법 제23조 및 국세기본법 제57조에 규정되어 있는 집행부정지의 원칙 역시 이러한 자력집행력을 전제로 한 것이라 볼 수 있다.

3.1.4. 확정력(존속력)

행정행위는 그것이 무효인 경우를 제외하고는 일정한 기간(출소기간)이 경과하거나 기타의 사유로 말미암아 상대방이 행정행위의 효력을 더 이상 다툴 수 없게 되는 힘($\substack{\text{불가쟁력:}\\ \text{Unanfechtbarkeit}}$)이 인정되며 또한 일정한 부류의 행정행위에 있어서는 이를 발한 행정청 자신도 임의로 취소·변경·철회할 수 없는 구속($\substack{\text{불가변력:}\\ \text{Unabänderlichkeit}}$)을 받게 된다. 이를 일반적으로 소송법적 개념의 유추에 의해 확정력 또는 존속력($\substack{\text{Bestands-}\\ \text{kraft}}$)이라고 부른다.

3.1.5. 권리구제상의 특수성

행정행위에 대해서는 권리구제방법상 특수성이 인정되고 있다. 그것은 행정쟁송상 특수규율과 행정상 손해전보의 특칙으로 나뉜다.

3.2. 행정행위의 기능

행정행위는 일면 대량의 현대적 행정수요를 처리하는 데 적합하고 또 불가결하다고도 할 수 있는, 용이하고도 합리적인 규율수단을 제공한다는 점에서 행정의 효율($\substack{\text{Effektivität der}\\ \text{Verwaltung}}$)에 봉사하며, 타면, 국민에 대하여 무엇이 권리·의무인가를 명확히 결정하고 한정해 줌으로써 가령 위법한 행정행위에 대해 소송제기등과 같은 차후의 대응방안을 고려할 수 있게 해 주는 안정적 기초를 제공해 준다는 점에서 국민의 이익에도 기여한다고도 할 수 있다. 전체적으로 볼 때, 행정행위는, 독일의 마우러(^{Maurer}), 뤼프너(^{Rüfner}), 포겔(^{Vogel}) 등이 적절히 지적하듯,[41]

---

41) Rüfner, VVDStRL 28, 205; Vogel, VVDStRL 28, 269; Drews/Wacke/Vogel/Martens, Gefahrenabwehr, 9.Aufl., 1986, S.344.

국가와 국민 간에 명확하고 안정적인 관계를 설정해 주며$\binom{\text{Klarstellungs- und}}{\text{Stabilisierungsfunktion}}$, 이로써 법적 안정성의 원칙에서 그 정당성의 기초를 발견한다.

행정행위의 실체법적 기능 ● ● 독일에 있어 행정행위의 이러한 실체법적 기능은 종종 간과되고 있다.[42] 그리하여 법규범과 행정행위의 구별이 이미 내용적으로 한물간 것으로 평가되고 또는 행정행위의 실체법적 기능이 일부 학자들[43]에 의하여 기본법하의 법치국가에 있어 더 이상 자리를 차지할 수 없는 관헌국가$\binom{\text{Obrigkeits-}}{\text{staat}}$, 입헌군주제 또는 절대군주제의 유물로까지 간주되고 있는 것이다. 그러나 이러한 견해는 타당하지 않다. 물론 구시대의 문헌에서 행정행위의 법적 규율을 위하여 주어졌던 근거에 관한 한, 관헌국가적이라 할 수 있겠지만, 법률관계를 확정하고, 법적 안정성을 보장하는 법제도로서 행정행위가 수행하는 기능은 자유민주주의적 공동체에서도 충분한 존재이유를 가진다고 할 수 있다.[44]

Ⅱ. 행정행위의 종류와 내용

1. 행정행위의 분류

행정행위는 발령권자·내용·재량의 인정여하·법적 효과·상대방의 협력요부·대상·형식요건 등에 따라 다양하게 분류될 수 있다. 분류기준들은 행정행위의 내용이나 효과에 따른 규율 차이를 분석할 수 있게 해주는 설명 도구의 의미를 가진다.

1.1. 행정행위의 내용적 분류

가장 전통적인 분류의 하나로 민법상 법률행위의 분류방식을 유추하여 행정행위가 의사표시를 요소로 하는가 또는 의사표시 이외의 정신작용(인식·판단 등)을 내용으로 하는가에 착안한다. 이에 따르면, 행정행위는 크게 법률행위적 행정행위와 준법률행위적 행정행위로 분화되며, 법률행위적 행정행위는 다시 명령적 행위와 형성적 행위로 구분된다. 명령적 행위란 일정한 의무를 부과하거나 해제하는 행위로 작위·부작위·수인·급부 등의 의무를 부과하는 하명, 일반적/상대적 금지를 해제하는 허가,[45] 특정한 경우에 한하여 작위·수인·급부 등의 의무를 해제해 주는 면제 등이 해당된다. 명령적 행위는 개인이 원래 향유하고 있는 자유를 제한하거나 회복시키는 효과를 지닐 뿐만 아니라 이에 위반할 경우에는 강제집행이나 행정벌이 부과되는 효과를 지닌다는 점에서 일반적으로 기속행위로 평가되어, 요건·효과 면에서 엄격한 법적 제한을 받게 된다. 반면 형성적 행위란 기존의 자유를 제한·회복시

---

42) Drews/Wacke/Vogel/Martens, Gefahrenabwehr, S.344.

43) 가령 Rupp, DVBl 1963, 577ff.; ders., Grundfragen der heutigen Verwaltungsrechtslehre, 1965, S.9; Renck, JuS 1965, 129ff., 132.

44) Drews/Wacke/Vogel/Martens(Gefahrenabwehr, S.344; Maurer, § 9 Rn.41, S.186.

45) 허가가 명령적 행위에 해당되는가는 후술하는 바와 같이 논란의 여지가 있다.

키는 명령적 행위와는 달리, 새로운 권리나 능력 등의 법적 지위를 설정·변경·박탈하는 행위, 즉, 상대방의 이행을 기다리지 않고 직접 법률관계의 변동을 초래하는 행위를 말한다. 설권행위로서의 특허, 포괄적 법률관계설정행위로서 공무원임명·귀화허가, 변경행위로서 광업법상 광구변경, 탈권행위로서 광업허가취소를 위시하여 타인 간 법률행위의 효력을 완성시켜 주는 보충행위로서 인가, 타인을 대신해 행위를 하고 그 효과를 본인에게 귀속시키는 공법상 대리가 전형적 예이다. 종래 이들 행위는 상대방에게 이익을 주는 것이라는 이유에서 재량행위로 보았으나, 관계법규정의 성질을 고려하여 개별적으로 판단할 문제라고 본다. 준법률행위적 행정행위에는 확인·공증·통지·수리 등이 해당한다.

행정행위의 분류에 있어 법률행위적 행정행위와 준법률행위적 행정행위의 구분은 특히 후자의 경우 의사표시의 계기, 다시 말해서 행정청의 의사에 따라 법률효과가 발생하는 것이 아니라는 것을 근거로 재량의 여지가 없으며 따라서 부관을 붙일 수 없다는 법적 결과와 결부되어 있다. 그러나 의사표시를 기준으로 법률행위적 행정행위와 준법률행위적 법률행위를 구별하는 전통적 입장46)은 오늘날 다각적으로 재검토되고 있다.47) 또한 행정행위의 내용적 분류방법 역시, 특히 경제행정법과 관련하여 종래 명령적 행위로만 파악되었던 영업허가의 형성적 행위로서의 성질이 인정되어야 한다는 주장 또는 허가와 특허의 상대화론48)이 대두되는 와중에서 점차 의문시되고 있다. 그러나 이러한 분류법을 바탕으로 각기 상이한 법적 결과를 결부시키는 전통적 견해가 여전히 통설적 지위를 차지하고 또 그런 분류방식이 행정행위의 내용상 분류의 기초가 되고 있는 점을 전혀 도외시할 수는 없을 것이다.

1.2. 기속행위와 재량행위

1.2.1. 개 설

행정행위를 법에 의한 기속 여하에 따라 기속행위와 재량행위로 나누는 것 또한 전통적인 분류방식이다. 그러나 재량의 문제는 '행정행위의 한 종류로서' 재량행위의 틀로 다룰 것이 아니라 재량과 불확정법개념에 관한 행정법의 기본개념의 문제로서 오히려 법치행정의 원리와 연관지어 논의하는 것이 올바른 접근방식이다. 이 점은 법규 해석과 구체적 사실 확정 및 포섭(Subsumtion)을 통해 법적 효과 산출에 이르는 법적용의 논리구조를 볼 때 분명히 드러난다.

---

46) 이 견해는 일찍이 독일에서 코르만(E. Kormann)의 주장("System der rechtsgeschäftlihcen Staatsakte, 1910")을 일본 학자들(특히 美濃部, 田中二郎 등)이 받아들여 통설화한 것이다. 그러나 독일에서는 이미 오래전에 옐리네크(W. Jellinek, Verwaltungsrecht, 3. Aufl., 1931, Neudruck 1966, S.259)로부터 비판을 받았다.

47) 김남진, 준법률행위적 행정행위의 문제점, 고시연구 1992/5, 38이하; 석종현, 일반행정법(상), 323-324; 鹽野 宏, 行政法 I, 91-92 등을 참조. 반면 준법률행위적 행정행위에 대하여 부관의 가능성을 인정하면서도 법률행위적 행정행위와 준법률행위적 행정행위의 분류를 인정하는 견해도 있다(박윤흔, 행정법강의(상), 300).

48) 가령 최영규, 영업규제의 법제와 그 수단에 관한 연구, 155이하 참조.

법규의 해석상 어떤 법규정이 행정청에게 행위 여부나 행위 내용에 관한 넓은 의미에서 선택의 여지를 부여하고 있다고 판단되는 경우, 행정청은 재량권 또는 재량의 여지를 가진다고 말할 수 있다(재량의 수권문제).

결정재량과 선택재량 ●● 예컨대 「집회 및 시위에 관한 법률」 제20조 제1항 제2호에 따라 신고되지 않은 집회나 시위는 관할경찰서장에 의해 해산될 수 있다. 관할경찰서장은 이에 따라 해산을 명할 권한을 갖지만 그렇게 해야 할 의무를 지는 것은 아니다. 다시 말해서 그는 해산명령을 할 것인가 또는 하지 않을 것인가라는 두 가지 가능성 사이에서 선택권을 가지고 있는 것이다. 또한 수수료에 관한 법령이 예컨대 3만원에서 5만원 사이의 수수료를 징수할 수 있도록 정하고 있는 경우, 행정청은 그 범위 내에서 수수료를 스스로 정할 수 있다. 전자의 경우 행정청이 갖는 재량을 결정재량($^{Entschließungs-}_{ermessen}$), 후자의 경우 선택재량($^{Auswahl-}_{ermessen}$)이라고 부른다.

반면 기속행위란 법이 일정한 요건이 충족되면 그 효과로서 일정한 행정행위를 해야 한다고 규정하고 있을 때 행해지는, 즉, 법이 행정청에게 결정이나 선택의 여지를 주지 않았다는 의미에서, 「기속된」 행정행위를 말한다. 따라서 기속행위와 재량행위의 구분은 행정행위 자체의 본질 또는 성질의 차이로부터 나오는 것이 아니라, 법이 행정청에게 재량권을 수권하고 있느냐 아니면 법적 기속을 가하고 있느냐에 따라 판단해야 할 문제이다.

재량행위란 개념범주는 「행정행위의 하위개념」이 아니다. 일반적으로 법령이 「필요한 조치를 취할 수 있다」고 규정하는 경우 그 필요한 조치는 비단 행정행위에 한정되지 않는다. 즉, 재량은 사실행위에서도 인정될 수 있는 개념이다. 국내 문헌들이 재량행위와 기속행위 문제를 행정행위분류 차원에서 다루는 것은, 행정행위 중 행정청 재량에 속하는 행위와 그렇지 못한 행위가 있는 이상, 의미가 없진 않지만, 자칫 양자의 개념과 구별이 단지 행정행위에 관해서만 성립될 수 있다는 것인양 오해를 불러일으킬 소지가 있다. 재량행위 문제는 곧 재량권 문제이고, 재량권행사에 의한 행위가 반드시 행정행위일 것을 전제로 하는 것은 아니기 때문이다(이러한 관점에서, 재량과 불확정개념 문제는 행정법의 기본개념으로 논의하는 것이 마땅하지만, 다만 본서는 독자의 혼란을 피하기 위해 일반적인 서술방식에 따를 뿐이다). 한편, 우리나라 문헌과 판례는 재량을 자유재량(공익재량)과 기속재량(법규재량)으로 구분하고 「무엇인 법인가를 판단하는 재량이 기속재량이고 무엇이 공익목적 내지 행정목적에 보다 적합한 것인지를 판단하는 재량이 자유재량」이라고 설명한다. 그러나 자유재량과 기속재량의 구별은 불필요하다. 재량이란 선택의 자유를 의미하므로 선택의 자유가 인정되지 않는 경우는 모두 기속행위라고 부르는 것이 옳다. 재량행위 역시 법적 한계를 지닌다는 점을 감안할 때, 김남진교수가 적절히 지적하는 바와 같이 「결국 자유재량 아닌 재량이 없고, 기속재량 아닌 재량이 없는 것」[49]이고, 또한 「무엇인 법인가를 판단하는 것」은 오히려 사법의 권한이지 행정의 재량에 맡겨질 수 없기 때문이다. 학자에 따라서는 기속재량이란 용어를 판단여지($^{Beurteilungs-}_{spielraum}$)를 지칭하는 것으로 새기기도 한다.[50] 그러나 양자가 구별되어야 할 뿐만 아니라 판단여지 자체의 인정여하가 논

---

49) 김남진, 행정법 Ⅰ, 227.

란되는 것이므로 그런 뜻으로 기속재량이란 말을 사용하는 것이라면, 그런 용어법은 피하는 것이 옳다. 요
컨대 기속재량행위의 개념은 기속행위 개념에 통합시키는 것이 옳다.

한편 행정법규가 사용하고 있는 법개념 중에는 불확정적인 것이 있을 수 있는데(「필요한
경우」, 「상당한 이유」, 「공익에 대한 위해를 제거하거나 경감하기 위하여 필요한 경우」(도로교통법 § 75
iii, 하천법 § 68
①
iii), 「공안 또는 풍속을 해할」(관세법 § 146), 「적당한 장소에 일정한 기간」(전염병예방 법 § 37) 등과 같은 규범적 개념
들),51) 이러한 법개념의 불확정성은 사실상 불가피한 측면이 있을 뿐만 아니라 법목적에 따
라서는 일정한 유용성을 지닐 수 있다는 점 또한 부인할 수 없다. 이러한 경우 행정청이 그
개념의 판단여지를 갖느냐, 그렇다면 그것은 재량권을 가진다는 것을 의미하느냐가 문제되는
데, 이를 불확정개념 또는 엄밀히 말해 불확정법개념($^{unbestimmte}_{Rechtsbegriffe}$)의 문제라고 부른다. 이 문제
는 따라서 재량의 문제와 밀접하게 연관되어 있다. 이와같이 재량행위와 기속행위의 문제는
행정의 행정행위와 그 법적 근거규정의 관계, 그리고 행정과 사법의 관계하에서 본 행정의
구속과 자유의 문제인 것이다.52) 다만 본서에서는 논의의 편의상 행정행위 분류의 일환으로
기속행위와 재량행위의 구별문제를 불확정법개념의 적용과 함께 다루기로 한다.

1.2.2. 기속행위와 재량행위의 구별

(1) 구별의 필요성

일반적으로 기속행위와 재량행위를 구별하는 실익은 다음과 같은 사정에 연유한다.

① 행정소송과의 관계

기속행위의 흠은 원칙적으로 위법성의 문제인 반면, 재량을 그르치면 부당의 문제가 된
다. 법률이 행정청의 '위법'처분에 대하여 개괄적으로 행정소송을 제기하도록 허용하는 경우,
재량행위는 통상 위법성의 문제가 생기지 않기 때문에, 원칙적으로 행정소송의 대상이 될 수
없다고 여길 수도 있다.53) 그러나 현행법에 재량사항이 사법심사에서 제외된다는 명문의 규
정은 없다. 오히려 행정소송법은 제27조에서 「행정청의 재량에 속하는 처분이라도 재량권의
한계를 넘거나 그 남용이 있는 때에는 법원은 이를 취소할 수 있다」고 규정하여 재량사항
역시 법이 인정하는 범위 내에서만 허용됨을 분명히 하고 있다. 게다가 어떤 행위가 재량행

---

50) 김남진, 기본문제, 162.
51) 종래 불확정개념을 「주간」, 「야간」, 「일몰후」와 같이 지각할 수 있고 따라서 객관적으로 확정할 수 있는 경험적
개념(Empirische Begriffe) 또는 사실적·기술적 개념(faktische·deskriptive Begriffe)과 주관적 평가의 여지를
수반하는 규범적 개념(Normative Begriffe) 또는 가치관련적 개념(wertbezogene Begriffe: K.Engisch)으로 나누
고 후자를 재량이 부여된 경우로 보거나 사법심사가능성을 부정하는 입장이 있었으나 경험개념과 가치개념의 구
별 자체가 불명확하다는 점에서 오늘날 더 이상 주장되지 않는다.
52) C.H. Ule, Zur Anwendung unbestimmter Rechtsbegriffe im Verwaltungsrecht, Gedächtnisschrift für W.
Jellinek, S.314.
53) 김도창, 일반행정법론(상), 380.

위인지 기속행위인지는 본안심리를 통해서만 밝혀질 수 있는 것이지, 소송요건심사과정에서 선취될 수 있는 성질의 문제는 아니라는 것이 통설과 판례이다(청구기각설).[54] 그렇다면 양자의 구별 실익은 행정소송의 대상성 여부가 아니라, 단지 행정청이 일정한 행정행위를 위해 부여된 재량권의 내적·외적 한계를 넘지 않는 한, 설령 재량행사가 타당하지 못하더라도 위법의 문제가 발생하지 않을 뿐이라는 법적 효과의 차이에 있다.

"재량권의 남용이나 재량권의 일탈의 경우에는 그 재량권이 기속재량이거나 자유재량이거나를 막론하고 사법심사의 대상이 된다."[55]

기속행위와 재량행위에 대한 사법심사 방식

"행정행위를 기속행위와 재량행위로 구분하는 경우 양자에 대한 사법심사는, 전자의 경우 그 **법규에 대한 원칙적인 기속성으로 인하여 법원이 사실인정과 관련 법규의 해석·적용을 통하여 일정한 결론을 도출한 후 그 결론에 비추어 행정청이 한 판단의 적법 여부를 독자의 입장에서 판정하는 방식에 의하게** 되나, 후자의 경우 행정청의 재량에 기한 공익판단의 여지를 감안하여 법원은 독자의 결론을 도출함이 없이 당해 행위에 재량권의 일탈·남용이 있는지 여부만을 심사하게 되고 이러한 **재량권의 일탈·남용 여부에 대한 심사는 사실오인, 비례·평등의 원칙 위배 등을 그 판단 대상으로 한다**(대법원 2001.2.9. 선고 98두17593 판결, 대법원 2005.7.14. 선고 2004두6181 판결 등 참조)."[56]

② 부관의 허용여부

기속행위와 재량행위의 구별은 부관의 허용여부에 관하여 중요한 차이를 가져온다. 행정행위의 부관은 재량행위에만 붙일 수 있다고 보는 것이 다수설이자 판례이기 때문이다. 반면 기속행위라고 하여 부관을 붙일 수 없는 것은 아니며, 재량행위도 언제나 부관을 붙일 수 있는 것은 아니라는 비판이 제기된다.[57] 이 견해에 따르면 양자의 구별로 부관의 허용여부가 좌우되는 것은 아니라고 한다. 그러나 이 견해 역시 기속행위에 대하여 일반적으로 부관을 붙일 수 있다고 주장하는 것이 아니라, 법률요건의 충족을 확보할 필요가 있다고 판단되는 때 등 일정한 경우에 한하여 기속행위에 대해서도 부관을 붙일 수 있다고 보기 때문에 그 한도 내에서 양자의 구별이 여전히 의미를 지닌다는 점은 부인할 수 없을 것이다.

"일반적으로 기속행위나 기속적 재량행위에는 부관을 붙일 수 없고, 가사 부관을 붙였다 하더라도 이는 무효의 것이다. 따라서 감독관청이 사립학교법인의 이사회소집 승인을 하면서 소집일시·장소를 지정한 것은 기속재량행위에 붙인 부관으로 무효이다."[58]

---

54) 김도창, 일반행정법론(상), 391 각주 16.
55) 대법원 1984.1.31. 선고 83누451 판결.
56) 대법원 2007.5.31. 선고 2005두1329 판결. 또한 대법원 2005.7.14. 선고 2004두6181 판결.
57) 김남진, 행정법 I, 282이하.

"광업권자는 광업법 소정의 채굴제한 등 특별한 사유가 없는 한 인가된 채광계획구역에서 등록된 광물을 채굴하여 자유롭게 처분할 수 있고 또한 동일광상 중에 부존하는 다른 광물이나 골재를 부수적으로 채굴·채취할 수 있다 할 것이고, 한편 주무관청이 광업권자의 채광계획을 불인가하는 경우에는 정당한 사유가 제시되어야 하고 자의적으로 불인가를 하여서는 아니 될 것이므로 **채광계획인가는 기속재량행위에 속하는 것으로 보아야 하며, 일반적으로 기속재량행위에는 부관을 붙일 수 없고 가사 부관을 붙였다 하더라도 이는 무효**이므로, 주무관청이 채광계획의 인가를 함에 있어 '규사광물 이외의 채취금지 및 규사의 목적외 사용금지'를 조건으로 붙인 것은 광업법 등에 의하여 보호되는 광업권자의 광업권을 침해하는 내용으로서 무효이다."[59]

③ 기타의 견해

그 밖에도 재량행위와 기속행위의 구별필요성을, 재량행위에는 확정력(불가변력)이 인정되지 않는다는 점에서 찾는 견해가 있으나, 재량행위도 취소·변경이 자유로운 것은 아니라는 비판을 받는다. 그 구별필요성을 공권의 성립가능성과 연관시키는 견해가 있으나, 기속행위의 근거법에서 공권을 도출하는 문제는 기속행위와 재량행위의 구별과는 전혀 별개의 문제이다.

④ 결론

법이 행정청에게 재량을 부여한 것은 행정목적수행의 탄력성과 융통성을 고려한 것으로서 유용한 것일 뿐만 아니라 복잡다양하고 변화무쌍한 행정수요의 성격상 불가피한 것이라고도 할 수 있다. 그러나 재량이란 어디까지나 법이 의식적으로 행정의 적법성과 합목적성 사이의 조화를 꾀하기 위해 부여한 것이라는 점을 유념할 필요가 있다. 재량의 문제가 행정의 법적용과정에서 법치행정의 원리와 마주치는 문제로서 다루어져야 할 이유가 바로 거기에 있다. 그런 관점에서 위에서 본 바 법적 규율의 차이들을 고려하여야 할 것이다.

(2) 학설상황

재량행위와 기속행위의 구별기준에 관한 학설로는 다음과 같은 견해들이 주장되고 있다.

① 요건재량설

재량은 행정행위의 요건사실의 인정, 즉, 요건사실해당성에 관한 판단에 있다는 견해로, 행정법규가 처분을 할 수 있다는 수권규정만 두고 처분의 요건에 관해서는 아무런 규정을 두지 않은 경우(**공백규정**)와 「공익상 필요」만을 요구하는 경우(**종국목적**)에는 공익재량(**자유재량**)에 속하고, 개개의 행정활동에 특유한 중간적인 직접목적을 처분의 요건으로 규정하고 있을 때(**중간목적**)에는 **기속재량**이 성립한다고 한다. 공익목적은 모든 행정활동에 공통된 종국

---

58) 대법원 1988.4.27. 선고 87누1107 판결.
59) 대법원 1997.6.13. 선고 96누12269 판결. 참조: 대법원 1988.4.27. 선고 87누1106 판결; 대법원 1993.5.27. 선고 92누19477 판결; 대법원 1993.7.27. 선고 92누13998 판결; 대법원 1995.6.13. 선고 94다56883 판결.

목적일 뿐, 개개의 행정활동은 그것에 특유한 중간적인 직접목적을 통해서만 이 종국목적을 실현할 수 있는 것이므로, 공백규정의 경우나 법이 종국목적만 규정하는 경우에는 행정청이 스스로 그 직접목적을 정할 수 있음을 의미하는 반면, 법이 중간목적을 직접 규정하는 경우에는 당해 행정활동의 기준이 일의적으로 확정되어 행정청이 이에 기속을 받는 것(**기속재량**)이라고 한다.

그러나 이 견해에 대해서는 첫째, 행정행위의 종국목적과 중간목적의 구분 자체가 불분명하고, 둘째, 법규정에 지나치게 편중함으로써 결과적으로 행정의 자유영역을 확대했을 뿐 아니라, 법률문제인 요건인정을 재량문제로 오인하고 있다는 등의 비판이 있다.

② 효과재량설

재량은 행정행위의 요건이 아니라 법률효과의 선택(작위·부작위, 복수행위 간의 선택)에 있다는 견해로, 기속재량과 공익재량의 구별은 법률효과의 선택의 여지가 인정되느냐의 여부에 따라 결정되는 것이라고 한다. **법에 특별한 규정이 있는 경우를 제외하고는 행정행위의 성질, 즉, 수익적 행위인가 부담적 행위인가에 따라 기속/재량행위 여부를 결정할 수 있다고** 보는 이 견해는 일본과 우리나라에서 오랜 동안 지배적인 이론으로 통했다.[60] 이에 따르면 개인의 자유나 권리를 제한·침해하거나 의무를 부과하는 **침익적 행위는 기속행위**이고 개인에 새로운 권리를 설정하거나 이익을 부여하는 **수익적 행위**는, 법이 특히 개인에게 그 권리·이익을 요구할 수 있는 권리를 인정하는 경우 외에는, 원칙적으로 자유재량행위이며, 또한 **개인의 권리·의무에 영향을 미치지 않는 행위**는 법이 특별한 제한을 두고 있지 않는 이상, **자유재량행위**라고 본다.[61]

이 견해는 재량개념을 축소하여 사법심사의 영역을 확대한 공적을 무시할 수 없지만,[62] 첫째, 급부행정의 영역에서 수익적 행위 역시 그 요건이 일의적으로 규정되어 기속행위로 볼 수 있는 경우가 적지 않으며, 둘째, 정책재량이나 전문기술적 지식을 요하는 기술재량(예컨대 학위수여거부나 학생징계 등)에 속하는 사항은 불이익처분일지라도 사법심사의 대상으로 하기 어렵다는 점에서 비판되고 있다.

이른바 '판단여지설' ●● 일부의 학자들은 불확정개념의 사법심사에 관해 주장된 독일의 이론, 특히 바호프(Bachof)나 울레(Ule)의 견해를 판단여지설이란 이름하에 재량행위와 기속행위의 구별을 위한 학설의 하나로 소개하고 있으나 이는 타당하지 않다. 이러한 학설상의 혼동은, 예컨대 「불확정개념에 의하여 행위의 요건이 정하여져 있는 때에도 재량행위가 있음을 인정하는 견해」($^{이상규, 신행정}_{법론(상), 282}$)라고 하거나, 또는 판단

---

60) 김남진교수(I, 230)는 이를 행위의 성질을 기준으로 삼는다는 점에서 성질설이라고 한다.
61) 김동희, 행정법 I, 241.
62) 藤田宙靖, 行政法 I, 1986, 82.

여지설을 요건재량설과 구별하면서도, 위의 학설들과 동일한 차원에서 고려하는 서술방식(김도창, 상, 386이하)에서 나타나고 있다. 재량과 불확정법개념이 서로 구별되는 것임은 우리나라에서도 대체로 인정되고 있으며 (김남진, 행정법 I, 225~226), 그것이 또한 독일의 확고한 판례와 통설이다. 이 점을 감안한다면, 판단여지설은 후술하는 불확정개념의 적용과 사법심사에 관한 문제에서 다루는 것이 옳다.

③ 평가

요건재량설과 효과재량설이 각기 문제점을 지니고 있음은 이미 앞에서 본 바와 같다. 대부분의 학자들이 재량행위의 판단기준을 개개의 행정법규의 문언상의 표현뿐만 아니라 그 취지나 목적, 행위의 성질을 합리적으로 고려해서 결정하려는 절충적인 경향을 보이는 것도 바로 그 때문이다. 기본적으로 이러한 입장은 옳다. 그러나 재량행위와 기속행위의 구별이 행위 자체의 성질로부터 처음부터 규정되는 것이 아님을 인식할 필요가 있다. 문제는 일정한 행정행위가 행정청의 재량에 속하는가의 여부를 판단하는 데 있기 때문이다. 그것은 일차적으로 **관계법규정의 해석문제**이다. 여기서는 먼저 **법규정의 문언으로부터 출발**해야 할 것이다. 만일 수권법규가 문언상 "할 수 있다"라는 표현으로 규정하는 경우(가능규정: Kann-Vorschrift)에는 기본적으로 재량권을 부여하는 것으로, 반대로 "하여야 한다", "할 수 없다", "하여서는 아니 된다", 또는 "한다"라고 되어 있으면 기속행위가 성립하는 것으로 이해할 수 있다.

법령이 문언상 기속행위와 재량행위를 구분하고 있는 예는 많다. 예컨대 도로교통법 제93조 제1항은 '지방경찰청장은 운전면허(연습운전면허를 제외한다. 이하 이 조에서 같다)를 받은 사람이 다음 각 호의 어느 하나에 해당하는 때에는 행정안전부령이 정하는 기준에 의하여 운전면허를 취소하거나 1년 이내의 범위에서 운전면허의 효력을 정지시킬 수 있다. 다만, 제2호·제3호, 제6호 내지 제8호(정기적성검사기간이 경과된 때를 제외한다), 제11호, 제13호, 제15호, 제16호 또는 제17호에 해당하는 때에는 운전면허를 취소하여야 한다'고 규정하고 있는데, 이 규정 본문에 따라 지방경찰청장은 예컨대 운전중 고의 또는 과실로 사고를 일으킨 자(동 X)에 대하여 이러한 처분을 할 것인지(결정재량)와 면허정지나 취소 중 어떤 처분을 할 것인지(선택재량)에 관하여 재량을 갖는다고 볼 수 있다. 반면 동조 단서에 따르면, 가령 허위 또는 부정한 수단으로 운전면허를 받은 자(동 VIII)에 대해서는 반드시 운전면허를 취소해야 하므로 이 경우는 기속행위가 성립한다.

그러나 **법규정 문언상 표현은 일응의 추정을 가능케 하는 단서일 뿐, 절대적인 기준은 아니다.** 가령 법령의 목적이나 사안의 성질상, 법령이 가능규정의 형식을 취하면서도 실질적으로는 이를 합리적인 정당화사유에 의하여 뒷받침될 때에만 수권한다는 취지로 해석되는 경우에는, 이를 법령의 문언에도 불구하고 행정청의 독자적인 판단의 여지를 제한하는 기속규정으로 보아야 할 경우가 충분히 있을 수 있다.

가령 구 사무관리규정(^{1991.6.19. 공포,}_{대통령령 13390호})은 제33조 제2항에서 공문서를 보존하고 있는 행정기관은 행정기관이 아닌 자가 문서의 열람 또는 복사를 요청하는 때에는 비밀 또는 대외비로 분류된 문서이거나 특별한 사유가 있는 경우를 제외하고는 이를 허가할 수 있다고 규정하고 있었다.[63] 그러나 사무관리규정 제33조 제2항이 "할 수 있다"라는 문언형식을 취했을지라도 이것은 규정 취지상 재량권을 부여한 것이 아니라 오히려 기속규정으로 보아야 한다는 것이 대법원의 판례였다. 대법원은 「사무관리규정 제33조 제2항에 의한 행정기관의 정보공개 허가여부는 기밀에 관한 사항 등 특별한 사유가 없는 한 반드시 정보공개청구에 응하여야 하는 기속행위로서 행정기관에 대하여 정보공개에 대한 재량권을 부여하고 있다고 해석할 수 없는 것」[64]이라고 판시했고, 1992년 6월 23일 청주시정보공개조례의 재의결취소사건에서 이를 재확인함으로써, 구 사무관리규정 제33조 제2항이 문언형식으로 보아 행정기관에게 재량권을 부여하고 있다는 것을 전제로 청주시정보공개조례상의 정보공개의무조항이 같은 규정의 공개여부에 관한 행정기관의 재량적 판단권한을 박탈한 것으로서 위법하다고 주장한 청주시장의 주장을 배척하였다.[65]

그 밖에 공백규정이나 법문의 표현이 불분명할 경우에는 문제된 행위의 실질을 종합적으로 평가함으로써 법이 의식적으로 행정청의 재량의 자유(^{Ermessens-}_{freiheit})를 부여한 것으로 볼 수 있는가를 판단해야 할 것이다. 그 경우 **법적 효과**도 고려해야 함은 물론이다. 다만, 수익적 행위 역시 기속행위로 판단될 수 있는 경우도 있을 수 있다. 둘째, **요건재량은 한계적 사례에서 예외적으로 인정될 수 있는 판단여지를 제외하고는 부정된다**고 보아야 할 것이다. 재량의 수권으로 표현된 입법자의 의사와 불확정개념을 통해 표출된 입법기술상의 한계를 동일시할 수는 없기 때문이다. 불확정개념은 사실 불확정적이기는 하지만 의연 「법개념」(^{Rechts-}_{begriff})이라는 점을 유의할 필요가 있다. 그 최종적인 해석권한은 행정청이 아니라 법원이 가지는 것이다. 따라서 판단여지가 인정된다고 할 경우에도 그것이 인정되는 범위는 행정청이 아니라 법원이 정해야 하는 것이므로, 이는 재량과는 구별하여야 한다.

(3) 판 례

종래 판례 중에는 불이익처분을 기속재량행위로 보거나 특정인에게 권리를 설정하는 행위는 행정청의 재량에 속한다는 취지로 판시한 것들이 적지 않았다. 그런 판례들은 효과재량설에 가까운 것으로 이해된다.

---

63) 이것은 1997.10.21 법개정으로 삭제되었고, 이후 1999.12.7 법개정으로 이 조항 자체가 삭제되었다.
64) 대법원 1989.10.24. 선고 88누9312 판결.
65) 반면 대법원은 1984년 1월 31일의 판결에서 "행정행위가 기속행위인지 재량행위인지 나아가 재량행위라고 할지라도 기속재량인지 또는 자유재량에 속하는 것인지의 여부가 우선 객관적으로 명백하지 않고 또 행정행위의 전제가 되는 사실의 존부 확정과 그 상당성 및 적법성의 인정은 전혀 당해 행정청의 기능에 속하는 것으로 상대적으로 행정청의 재량권도 확대된다고 할 것이므로 어떤 행정처분의 기준을 정한 준칙 등을 그 규정의 형식이나 체제 또는 문언에 따라 이를 일률적으로 기속행위라고 규정지울 수는 없다"고 판시한 바 있었다(대법원 1984.1.31. 선고 83누451 판결).

그러한 예로 '자동차운수사업법에 의한 자동차운수사업의 면허는 특정인에게 권리를 설정하는 행위로서 법령에 특별히 규정된 바가 없으면 행정청의 재량에 속하는 것'이라고 판시한 대법원 1990.7.13. 선고 90누2918 판결, '공유수면매립면허는 설권행위인 특허의 성질을 갖는 것이므로 원칙적으로 행정청의 자유재량에 속하는 것'이라고 판시한 대법원 1989.9.12. 선고 88누9206 판결, '예외적인 개발행위의 허가는 상대방에게 수익적인 것이 틀림이 없으므로 그 법률적 성질은 재량행위 내지 자유재량행위에 속한다'고 판시한 대법원 2004.3.25. 선고 2003두12837 판결(개발제한구역내행위허가(기간연장)신청불허가처분취소), 구 여객자동차 운수사업법에 의한 개인택시운송사업면허는 특정인에게 권리나 이익을 부여하는 이른바 수익적 행정행위로서 법령에 특별한 규정이 없는 한 재량행위라고 판시한 대법원 2007.3.15. 선고 2006두15783 판결(개인택시운송사업면허신청반려처분취소) 등이 있다.

최근에도 대법원은 '특정인에게 권리나 이익을 부여하는 이른바 수익적 행정처분은 법령에 특별한 규정이 없는 한 재량행위'라고 판시한 바 있다.[66]

그러나 대법원은 "어느 행정행위가 기속행위인지 재량행위인지 나아가 재량행위라고 할지라도 기속재량행위인지 또는 자유재량에 속하는 것인지의 여부는 이를 일률적으로 규정지을 수는 없는 것이고, 당해 처분의 근거가 된 규정의 형식이나 체제 또는 문언에 따라 개별적으로 판단하여야 한다"고 판시하였고,[67] 이후에도 동일한 판지를 재확인해 오고 있다.[68]

"어느 행정행위가 기속행위인지 재량행위인지 여부는 이를 일률적으로 규정지을 수는 없는 것이고, 당해 처분의 근거가 된 규정의 형식이나 체재 또는 문언에 따라 개별적으로 판단하여야 한다(대법원 2001.2.9. 선고 98두17593 판결, 대법원 2011.7.14. 선고 2011두5490 판결 등 참조). 또한 침익적 행정행위의 근거가 되는 행정법규는 엄격하게 해석·적용하여야 하고 그 행정행위의 상대방에게 불리한 방향으로 지나치게 확장해석하거나 유추해석하여서는 안 되며, 그 입법취지와 목적 등을 고려한 목적론적 해석이 전적으로 배제되는 것은 아니라 하더라도 그 해석이 문언의 통상적인 의미를 벗어나서는 아니 된다(대법원 2008.2.28. 선고 2007 두13791,13807 판결 등 참조)."[69]

이렇게 볼 때, 대법원의 판례는 개별화론을 기본으로 삼고 부분적으로 효과재량의 요소 등을 고려 또는 반영하는 입장을 취하고 있다고 판단된다.

물론 대법원의 판례 가운데 앞서 본 바와 같이 효과재량설의 입장을 취한 것으로 판단되는 것들이 있고, 또한 "토지의 형질변경허가는 그 허가기준 및 금지요건이 불확정개념으로

---

66) 대법원 2014.5.16. 선고 2014두274 판결.
67) 대법원 1995.12.12. 선고 94누12302 판결.
68) 대법원 1998.4.28. 선고 97누21086 판결; 대법원 1997.12.9. 선고 97누4999 판결; 대법원 1997.12.26. 선고 97누15418 판결 등.
69) 대법원 2013.12.12. 선고 2011두3388 판결(유가보조금반환명령 재량행위 판단): 구 여객자동차 운수사업법(2012. 2.1. 법률 제11295호로 개정되기 전의 것) 제51조 제3항에 따라 국토해양부장관 또는 시·도지사는 여객자동차 운수사업자가 "거짓이나 부정한 방법으로 지급받은 보조금"에 대하여 이를 반환할 것을 명하여야 하고 위 규정을 "정상적으로 지급받은 보조금"까지 반환할 것을 명할 수 있는 것으로 해석하는 것은 그 문언의 범위를 넘어서는 것이며, 위 규정의 형식이나 체재 등에 비추어 이 사건 환수처분은 국토해양부장관 또는 시·도지사가 그 지급받은 보조금을 반환할 것을 명하여야 하는 기속행위라고 한 원심의 판단을 유지한 사례.

규정된 부분이 많아 그 요건에 해당하는지 여부를 판단함에 있어서는 행정청에 재량권이 부여되어 있다 할 것"이라고 판시하여,[70] 이른바 불확정법개념에 대한 판단에 있어 일종의 요건재량을 인정하는 듯한 뉘앙스를 보이는 판례들이 있기 때문에 이를 단일한 관점으로 집약하기는 어렵다. 그렇지만 대법원이 위에서 본 바와 같은 개별화론의 입장을 취하는 것은 분명하며 다만 그 개별적 판단과정에서 부분적으로 효과재량의 요소와 불확정법개념에 대한 판단상 재량의 여지를 고려, 수용하는 입장을 취하고 있는 것으로 이해하는 것이 온당할 것이다.

1.2.3. 기속재량의 개념

기속재량이란 개념은 원래 재량행위를 공익재량(자유재량)과 기속재량으로 구분하여 후자에 대해서는 기속행위와 마찬가지로 재판통제가 미치도록 하려는 목적에서 안출된 개념이었다.[71] 그러나 오늘날 재량행위 역시 재판통제의 대상이 되고 있기 때문에 그러한 개념적 구별은 실익을 상실하고 말았다. 재량행위에 대한 법적 통제가 일반적으로 인정되는 이상, 양자의 구분에는 이론적 근거도 없고 실익도 없다는 지적이 나오고 있는 것도 바로 그 때문이다:[72] '자유재량 아닌 재량 없고 기속재량 아닌 재량 없다!'[73] 그러나 판례는 학계의 비판에도 아랑곳없이 줄곧 '기속재량'이란 개념을 사용하면서 **기속재량행위를 재량행위에 가까운 것으로 이해하려는 태도**를 유지해왔다. 그 결과 학설은 재량행위에 대한 통제를 넓히기 위하여 기속행위와 가까운 개념으로 기속재량을 거론하는 데 비해, 판례는 재량권의 일탈, 남용 심사를 가능케 하기 위하여 기속재량을 재량행위와 가까운 개념으로 본다는 점에서 개념적 혼란이 있다.[74]

판례는 관계법규에 비추어 어떤 처분을 기속행위로 보아야 한다는 당사자(행정청 또는 처분의 상대방)의 주장을 배척하고 처분의 성질을 기속재량행위라고 판시해오고 있는데 그 유형은 대체로 다음 세 가지이다.

(1) **수익처분에 있어 기속과 같은 효과:** 수익적 처분을 하기 위한 일정한 요건을 갖춘 경우 공익상 특별한 제한이 없는 한 수익적 처분을 하여야 하는 것으로 인정된다고 한 경우

> 대법원 1974.11.26. 선고 74누110 판결(주유소설치 및 위치변경허가)
> 대법원 1985.12.10. 선고 85누674 판결(의약품제조업변경허가신청등반려처분)
> 대법원 1987.2.24. 선고 86누376 판결(의약품제조업허가사항변경신청반려처분)

---

70) 대법원 2012.12.13. 선고 2011두29205 판결. 그 밖에도 대법원 2005.7.14. 선고 2004두6181 판결 등을 참조.
71) 南 博方·原田尚彦·田村悦一, 行政法, 1988, 166 등.
72) 김동희, 행정법 I, 237-239 등.
73) 김남진, 행정법 I, 제6판, 1997, 227.
74) 백윤기, 미국 행정소송상 엄격심사원리에 관한 연구-한국판례와의 비교분석을 중심으로-, 1995년 2월 서울대학교 법학박사학위논문, 284.

대법원 1989.10.27. 선고 89누4604 판결(주택개량권부여거부처분)

(2) **수익처분에 있어 기속의 회피**: 수익적 처분을 하기 위한 일정한 요건을 갖춘 경우(거부를 위한 별도의 근거가 없는 경우 포함)에도 반드시 수익적 처분을 하여야 하는 것이 아니라 관계법규의 해석상 공익상의 제한이 인정된다고 한 경우

대법원 1992.4.10. 선고 91누7767 판결(토석채취허가신청반려처분)

(3) **침익처분에 있어 재량과 같은 효과**: 침해적 처분을 하기 위한 일정한 요건을 갖춘 경우에도 바로 침해적 처분을 할 수 있는 것이 아니라 관계법규의 해석상 공익상의 제한이 인정된다고 한 경우

대법원 1975.3.11. 선고 74누138 판결(주류제조면허취소)
대법원 1984.1.31. 선고 83누451 판결(운전면허취소)
대법원 1990.6.26. 선고 89누5713 판결(개인택시운송사업면허취소처분)

한편 대법원은 채광계획인가의 법적 성질을 기속재량행위라고 보았으나, 채광계획인가로 공유수면 점용허가가 의제되는 이상, 공유수면 점용허가의 법적 성질이 자유재량행위이므로 공유수면 점용불허사유로써 채광계획을 인가하지 아니할 수 있다고 판시함으로써, 기속재량을 일종의 '원칙적 기속 – 제한된 재량'의 의미로 파악하면서도 공유수면 점용허가 의제규정을 매개로 마치 기속재량행위인 채광계획인가를 거부할 수 있는 재량이 인정된 것과 같은 결과를 도출한 바 있다:

"채광계획이 중대한 공익에 배치된다고 할 때에는 인가를 거부할 수 있고, 채광계획을 불인가 하는 경우에는 정당한 사유가 제시되어야 하며 자의적으로 불인가를 하여서는 아니 될 것이므로 **채광계획인가는 기속재량행위**에 속하는 것으로 보아야 할 것이나, 구 광업법(1999.2.8. 법률 제5893호로 개정되기 전의 것) 제47조의2 제5호에 의하여 채광계획인가를 받으면 공유수면 점용허가를 받은 것으로 의제되고, 이 공유수면 점용허가는 공유수면 관리청이 공공 위해의 예방 경감과 공공 복리의 증진에 기여함에 적당하다고 인정하는 경우에 그 자유재량에 의하여 허가의 여부를 결정하여야 할 것이므로, **공유수면 점용허가를 필요로 하는 채광계획 인가신청에 대하여도, 공유수면 관리청이 재량적 판단에 의하여 공유수면 점용을 허가 여부를 결정할 수 있고**, 그 결과 공유수면 점용을 허용하지 않기로 결정하였다면, 채광계획 인가관청은 이를 사유로 하여 채광계획을 인가하지 아니할 수 있는 것이다."[75]

판례가 기속재량의 관념을 인정하게 된 가장 주된 이유는 관계법규의 규정형식만 가지고 보면 재량행위와 기속행위의 한계선 상에 있어 기속행위인 것처럼 볼 여지도 있지만, 기속행

---

75) 대법원 2002.10.11. 선고 2001두151 판결.

위로 인정하게 되면 공익상 중대한 문제가 생기거나 사익이 부당하게 침해될 것으로 여겨지는 경우 법원이 공익과 사익을 비교형량하여 당해 처분의 적법여부를 판단할 수 있게 하려는 데 있는 것으로 이해되고 있다. 관계법규에 규정된 불확정개념의 해석·적용에 관한 판단여지의 문제를 재량권의 남용·일탈이라는 시각에서 접근하여 심사권을 행사해 온 판례의 태도 역시 그와 같은 맥락에서 이해될 수 있다.[76]

그러나 위와 같은 대법원의 판례취지와는 달리 "기속행위나 기속적 재량행위에는 부관을 붙일 수 없고 가사 부관을 붙였다 하더라도 무효"라고 판시하면서 **기속재량행위의 개념을 기속행위에 준하는 것으로 본 듯한 판례들**[77]이 나오고 있어 논리적 일관성이 의문시되는 측면도 없지 않다.

이렇게 볼 때, 판례에서 인정된 기속재량행위는 재량인정의 정도가 약하여 기속행위와 가까운 것이라고도 볼 수 있으나, 굳이 구분하자면 재량행위의 일종으로 성질상 자유재량행위와 절대적으로 구분되지는 않지만, 기속행위에 가까운 특정 분야의 행위에 대하여 재량권의 남용·일탈 여부를 심사할 수 있게 하기 위한 도구개념이라 할 수 있다.[78] 판례상 인정되어 온 '제한된 재량행위'라는 의미의 기속재량행위와 기속행위의 일종으로 간주되는 학설상 기속재량행위와는 개념상 뉘앙스가 있음을 알 수 있다.

이 같은 대법원의 판례는 구체적 타당성의 측면에서는 수긍할 부분이 없지 않다. 그러나 기속재량행위를 인정하는 논리적 근거나 범위가 애매하며, 그 개념을 반드시 인정해야만 할 것인지 의문이 있다는 점에서 굳이 기속재량의 관념을 따로 인정할 필요가 없다는 비판이 제기된다.[79] 물론 전체적으로 볼 때 판례상 기속재량행위로 인정된 사례는 재량행위로 인정된 사례에 비해 극히 적지만, 대법원이 기속재량의 개념을 고수함으로써 기속행위와 재량행위 사이에 지나치게 외연이 넓은 기속재량의 영역을 설정하고 또 그러면서도 설득력 있는 논리적 근거를 제시하지 못하고 있어 개념상 혼란이 초래되고 있기 때문이다.

법적 기속의 결과를 회피하려는 취지에서 이를 기속재량이라는 개념으로 완화시키려고 시도한 대법원의 판례는 기속행위를 '반드시 하여야 하는 행위'로 이해하는 데서 비롯된 것이라고 이해된다. 그러나 '반드시 하여야 하는 행위'가 기속행위에 해당되는 것은 물론이지만, 그것은 어디까지나 기속행위의 한 유형일 뿐이다. '해서는 아니 되는 행위', '할 수는 있지만 일정한 요건이 충족되어야 할 수 있는 행위' '일정한 요건이 충족될 경우 하지 않을 수 없는, 또는 거부할 수 없는 행위' 역시 기속행위에 속한다. 기속행위란 법령의 규정에 의하여 기속된 행위를 말하는 것이지 '모든 경우에 반드시 하여야 하는 행위'만을 뜻하는 것은 아니다.

---

76) 백윤기, 앞의 글.
77) 대법원 1995.6.13. 선고 94다56883 판결.
78) 서원우, 앞의 글 참조.
79) 백윤기, 앞의 글, 284.

만일 기속행위의 개념을 이처럼 좁게, 경직적으로 파악하지 않는다면 굳이 기속재량의 개념을 쓰지 않고서도 동일한 결과를 얻을 수 있다. 즉 대법원이 기속재량행위로 본 행위는 기속행위이기는 하지만 부분적으로 재량권이 부여된 행위, 엄밀히 말해 그 근거법령의 규정이 행정청에게 일정한 행위를 하여야 한다는 취지로 법적 기속을 가하고는 있지만 부분적으로 재량의 여지를 부여하고 있는 경우 그에 따라 행해지는 행위인 것이다. 그러한 행위의 성질을 판단함에 있어 반드시 전체적으로 기속행위 또는 재량행위라고 판단할 수 없기 때문에 기속재량행위라는 개념을 사용할 수밖에 없었을 것이다. 그러나 반드시 기속재량이라는 개념을 사용하는 것이 불가피했는지는 의문이다. 어떤 처분의 성질을 판단할 때 그 근거법규정상 어느 부분에서는 기속되어 있지만 다른 부분에서는 재량권이 부여되어 있다고 해석하면 될 것이기 때문이다. 그렇다면 기속재량의 문제는 단지 용어법 문제에 지나지 않는 것인가? 그렇지만은 않다.

재량에도 법적 한계가 있으며, 완전하고 순수한 의미에서의 기속행위와 재량행위는 관념적으로만 존재할 뿐 현실적으로는 존재하지 않는다는 것은 오늘날 누구도 의심치 않는 공리에 속한다. '자유재량 아닌 재량이 없고 기속재량 아닌 재량이 없다'는 지적도 바로 그러한 사실을 단적으로 보여준다. 기속행위 역시 행정청의 선택의 여지가 전혀 없는, 이를테면 '100% 기속'에 해당하는 경우는 법적으로 자동기계적 결정이 요구되는 경우를 제외하고는 현실적으로 존재하지 않는다. 또한 완전한 기속행위의 경우에도 적어도 처분시점의 선택에 대한 (법적으로 제한된) 재량이 부여되고 있다. 그럼에도 불구하고 기속재량의 개념은 이러한 사실을 모호하게 만들고, 실은 관계법규정의 기속과 수권의 배합에 관한 다양한 유형들에 대한 분석의 필요성을 무시하는 결과를 가져온다. 대법원의 판례에서 나타난 기속재량의 의미가 혼동을 가져오는 것도 바로 그 때문이다. 그러므로 대법원은 종래 기속재량행위라고 보아 온 처분의 성질을 판단함에 있어 이를 무차별적으로 기속재량행위라고 할 것이 아니라 기속행위이지만 어느 부분에 있어서는 행정청의 재량의 여지가 인정된다거나(가령 기속행위이지만 인·허가 거부재량을 인정할 필요가 있다고 판단하는 경우), 재량행위이지만 어느 부분에서는 재량의 여지가 없고 일정한 기속을 받는다(가령 기속재량행위에는 부관을 붙일 수 없다고 판단하는 경우)는 식으로 법적 기속과 재량의 경우를 분명히 구분하여 관계법규정의 해석상 행정청이 어디까지 기속되고 어떤 범위에서 재량의 여지를 가지는지, 그 결과 부관의 허용성 등과 같은 부수적인 법적 문제들이 어떻게 판단되는 것인지를 명확히 밝혀 판단을 내려야 할 것이다.

1.2.4. 재량하자와 사법심사

(1) 재량의 한계

재량에도 한계가 있다는 것은 오늘날 이론과 실무 양면에서 더 이상 의문시되지 않는 명제이다. 그것은 또한 행정소송법 제27조에 입법적으로 관철되어 있다. 우리 행정소송법은 재량의 한계를 넘어선 경우와 재량권을 남용한 경우를 위법사유, 즉, 재량하자로 명시하고 있으나, 그 외에도 일반적으로 재량권의 일탈 또는 유월($^{Ermessensüber-}_{schreitung}$), 재량권의 남용($^{Ermessens-}_{mißbrauch}$), 재량권의 불행사($^{Ermessensnicht-}_{gebrauch}$), 재량행위에 의한 기본권 및 행정법의 일반원리에 대한 침해($^{Verstoß}_{gegen}$ $^{Grundrechte\ und\ allgemeine}_{Verwaltungsgrundsätze}$) 등이 재량행위의 위법성을 구성하는 사유로 열거되고 있다.[80] 이러한 재량하자의 존재는 단순히 당·부당의 문제가 아니라 적법·위법의 문제가 되므로 당연히 사법심사의 대상이 되며, 이를 명문화한 것이 행정소송법 제27조이다.

  예컨대 식품위생법 제75조 제1항 및 같은 항 제1호는 식품의약품안전청장 또는 특별자치도지사·시장·군수·구청장은 영업자가 제4조부터 제6조까지 등을 위반한 경우에는 영업허가를 취소하거나 6개월 이내의 기간을 정하여 그 영업의 전부 또는 일부를 정지하거나 영업소 폐쇄($^{제37조\ 제4항에\ 따라\ 신고한\ 영업}_{만\ 해당한다.\ 이하\ 이\ 조에서\ 같다}$)를 명할 수 있다고 규정하고 있는데, 영업정지처분사유에 해당하는 甲의 유해식품판매행위에 대하여 영업정지처분을 내리면서 정지기간을 1년으로 하였다면, 이는 그러한 영업정지처분이 재량행위라고 하더라도 법이 설정한 한도를 넘는 것이므로 위법한 것이 된다. 이 경우 재량권의 유월이 성립한다. 반면, 가령 A시의 시장이 평소의 사원(私怨)으로 또는 동종영업을 경영하는 자기부인의 업체를 유리하게 할 목적으로 甲의 경미한 위반행위를 이유로 영업소폐쇄처분을 내렸다면 이것은 식품위생법규정의 법취지를 위배한 것일 뿐만 아니라(목적위배), 위반사유와 행정제재 간의 적정한 비례를 잃은 처분이므로(비례원칙위반) 위법한 처분이 될 것이며(재량권의 남용), 만일 시장이 자기의 재량에 속하는 甲의 유해식품판매행위에 대한 행정제재의 권한이 없는 것으로 잘못 판단하여 수수방관하거나, 행정제재를 부과할 것인지를 고려조차 하지 않는 경우에는, 재량권의 위법한 불행사가 될 것이다. 또한 시장이 행정제재에 대한 재량을 행사함에 있어서 甲의 종교를 이유로 동종의 위법행위를 한 다른 업자에 비해 불평등한 내용의 처분을 내렸다면 이는 헌법상 평등원칙을 위반한, 따라서 위법한 재량행위라고 할 수 있다.

  그러나 과연 구체적으로 어떠한 경우가 위에서 제시된 개개의 재량하자에 해당하는가가 불분명하거나 또 재량권의 남용과 일탈이 중첩되는 경우가 있을 뿐만 아니라, 우리의 판례와 이론이 재량권의 남용이나 일탈을 혼동하는 경우도 적지 않다. 이 점을 고려할 때, 예시적 의미 이외에 재량하자의 유형을 엄밀히 구별하는 것이 실익을 가지는지는 의문이다. 여기서는 다만 재량행위의 위법사유 또는 재량의 한계 위반 정도로 이해하는 것으로 족하다고 본다.[81]

  "구 독점규제 및 공정거래에 관한 법률($^{1999.2.5.\ 법률\ 제5813}_{호로\ 개정되기\ 전의\ 것}$) 제55조의3 제1항은 공정거래위원회가 과징금을 부과함에 있어서는 위반행위의 내용 및 정도, 위반행위의 기간 및 횟수, 위반행위로 인해 취득한 이익의 규모 등을 참작하도록 하고 있는바, 공정거래위원회가 부당한 공동행위에 대하여 위반행위의 기간 및 그동안의 이익 규모 등을 참작하여 과징금을 정함에 있어 위반행위기간이 아닌 기간을 포함시켜 매출액을

---

80) Maurer, § 7 Rn.11ff.
81) 김동희, 행정법 I, 250이하; 홍정선, 행정법원론(상), 298.

산정하고 그것을 과징금 부과기준 매출액으로 삼은 경우, 이는 과징금 부과 재량행사의 기초가 되는 사실인정에 오류가 있다고 할 것이므로 과징금납부명령이 재량권을 일탈·남용한 것으로서 위법하게 된다."[82]

"[1] 공무원인 피징계자에게 징계사유가 있어서 징계처분을 하는 경우 어떠한 처분을 할 것인가는 징계권자의 재량에 맡겨진 것이므로, 그 징계처분이 위법하다고 하기 위해서는 징계권자가 재량권의 행사로서 한 징계처분이 사회통념상 현저하게 타당성을 잃어 징계권자에게 맡겨진 재량권을 남용한 것이라고 인정되는 경우에 한한다. 그리고 공무원에 대한 징계처분이 사회통념상 현저하게 타당성을 잃었는지 여부는 구체적인 사례에 따라 직무의 특성, 징계의 원인이 된 비위사실의 내용과 성질, 징계에 의하여 달성하려고 하는 행정목적, 징계 양정의 기준 등 여러 요소를 종합하여 판단하여야 하고, 특히 금품수수의 경우는 수수액수, 수수경위, 수수시기, 수수 이후 직무에 영향을 미쳤는지 여부 등이 고려되어야 한다.

[2] 경찰공무원이 그 단속의 대상이 되는 신호위반자에게 먼저 적극적으로 돈을 요구하고 다른 사람이 볼 수 없도록 돈을 접어 건네주도록 전달방법을 구체적으로 알려주었으며 동승자에게 신고시 범칙금처분을 받게 된다는 등 비위신고를 막기 위한 말까지 하고 금품을 수수한 경우, 비록 그 받은 돈이 1만원에 불과하더라도 위 금품수수행위를 징계사유로 하여 당해 경찰공무원을 해임처분한 것은 징계재량권의 일탈·남용이 아니다."[83]

(2) 재량행위에 대한 사법심사

재량행위의 하자가 위법사유를 구성할 수 있다는 한도에서 당연히 사법심사의 가능성이 긍정된다(행정소송법§27). 물론 종래 재량행위의 사법심사를 아예 처음부터 부정하는 입장도 없지 않았으나(각하설), 어떤 행위가 재량행위인지 여부는 본안심리를 통해서만 밝혀질 수 있는 문제이므로 본안심리를 통해 일정행위가 행정청의 재량에 속하고, 재량이 그 법적 한계 내에서 행사되었음이 판명될 때 비로소 청구기각을 해야 할 것이라는 입장이 관철되고 있다(기각설). 재량하자의 입증책임은 그러나 그 재량에 의한 행정처분의 효력을 다투는 자가 주장해야 한다는 것이 판례의 태도이다.[84]

재량행위에 대한 사법심사에 있어 법원은 행정청의 재량에 기한 공익판단의 여지를 감안하여 독자의 결론을 도출함이 없이 당해 행위에 재량권의 일탈·남용이 있는지 여부만을 심사하고, 이러한 재량권의 일탈·남용 여부에 대한 심사는 사실오인, 비례·평등의 원칙 위배 등을 그 판단 대상으로 한다는 것이 대법원의 판례이다.[85]

(3) 재량통제

행정재량론은 법치행정의 원리를 전제로 하여 행정청의 결정의 자유와 구속의 긴장이 응

---

82) 대법원 2006.9.22. 선고 2004두7184 판결.
83) 대법원 2006.12.21. 선고 2006두16274 판결.
84) 대법원 1987.12.8. 선고 87누861 판결.
85) 대법원 2013.10.31. 선고 2013두9625 판결; 대법원 2012.12.13. 선고 2011두29205 판결; 대법원 2010.2.25. 선고 2009두19960 판결; 대법원 2005.7.14. 선고 2004두6181 판결; 대법원 2001.2.9. 선고 98두17593 판결.

축된 문제영역이므로, 적절한 재량통제방법이 강구되어야 한다. 첫째, 입법적 통제로서 법치
주의에 입각하여 법률이 일정한 요건이나 목적, 범위를 명시함으로써 재량통제가능성을 열
수 있다. 둘째, 행정적 통제로서 행정상의 직무감독권에 의한 통제, 행정절차를 통한 통제,
행정심판에 의한 통제 등을 생각할 수 있다. 셋째, 사법적 통제로서 앞서 설명한 재판적 통
제가능성이 주어져 있을 뿐 아니라 헌법재판소에 의한 통제 역시 고려될 수 있다. 끝으로
정치적 통제로서 국정조사·감사, 대정부질문, 청원 등과 같은 방법이 재량통제수단으로 원
용될 수 있다.

1.2.5. 재량과 불확정개념 · 판단여지

(1) 재량과 불확정개념

재량과 불확정개념(엄밀히 말하면 불확정법률개념: unbestimmte Gesetzesbegriffe)의 관계 또는 그 구별에 관한 문제는 아직도 완전히
해결된 문제라고 할 수 없을 정도로 계속적인 논란의 대상이 되고 있다. 그 중요한 점만을
설명해 보면 다음과 같다.[86]

① 양자의 비교

법률에서 사용되고 있는 불확정개념을 법개념으로 이해하는 것은 당연한 논리적 귀결로
서, 행정의 행위여지(Handlungs-spielräume)에 강한 제한을 가하는 결과가 된다. 즉, 종래의 견해에 따르면,
소위 요건재량(Tatbestands-ermessen)으로 이해될 수 있었을 문제[87]가 이제는, 일찍이 뷜러(Bühler)나 19세기
말의 일부 독일행정법원들의 판례로 확인된 바와 같이, 원칙적으로 재량개념에 속하지 않게
된 것이다. 여기서 강조할 점은, 법에 의해 인정된 재량은 법률효과 면에 존재하는 데 반해
(행위 또는 효과재량: Handlungs-ermessen, Rechtsfolgenermessen), 불확정법개념은 주로 법률에 의해 구속적으로 규정된, 법률요건 면에
존재한다는 것이다. 재량과 불확정개념의 비교를 도표로 요약하면 다음과 같다.

〈재량과 불확정법개념의 비교〉

	규범단계	결정의 여지	전형적 규정형식
불확정법개념	법률요건 예외적으로 법률효과	오직 하나의 결정만 가능	공익·중대한사유·공공질서· 현저한 곤란, 공공의 필요 등
재량	법률효과	복수의 적법한 결정	'할 수 있다', '~을 고려하여 ~ 가정한다'

---

86) 홍준형, Die Klage zur Durchsetzung von Vornahmepflichten der Verwaltung, Schriften zum Prozessrecht
   Bd.108, 1992, Duncker & Humblot, S.166f. 참조.
87) 실제 오버마이어(Obermayer) 같은 학자는 생전에 "행정법동향에 관한 보고"(Verwaltungsrecht im Wandel, NJW
   1987, 2642ff.(2644))에서 여전히, 불확정개념의 제한적 심사가능성에 관한 울레의 개념을 종래의 재량개념에 따
   라 "요건재량"으로 불렀다.

② 연결규정의 문제

연결규정($\text{Koppelungs-}\atop\text{vorschriften}$) 또는 혼합규정($\text{Misch-}\atop\text{tatbestände}$)이란 법률요건 면에서는 불확정법개념을, 법률효과 면에서는 재량수권을 각각 포함하는 법규범들을 말한다. 실제 법규정들은 이러한 연결규정의 형태를 띠는 경우가 많다. 그러나 이들은 각각 해당되는 원리에 따라 판단될 수 있는 것이므로 그 자체로는 아무런 특수성을 갖지 않는다. 그렇지만 다음과 같은 경우 한 쪽이 다른 한 쪽에 영향을 미칠 수 있다.

ⓐ 불확정법개념의 적용을 통하여 이미 모든 재량행사에 적용되는 관점들이 고려된 경우, 재량의 소멸($\text{Ermessens-}\atop\text{schwund}$)이 성립한다. 재량을 행사할 것이 더 이상 남아있지 않게 되기 때문이다. 그 결과 법률요건이 충족되면 허용되는 결정을 하여야 한다는 의미에서, 가능규정($\text{Kann-}\atop\text{Vorschrift}$)이 사실상 필연규정($\text{Muß-}\atop\text{Vorschrift}$)의 의미를 가지게 된다.

공문서를 보존하고 있는 행정기관은 행정기관이 아닌 자가 문서의 열람 또는 복사를 요청하는 때에는 비밀 또는 대외비로 분류된 문서이거나 특별한 사유가 있는 경우를 제외하고는 이를 허가할 수 있다고 규정한(가능규정) 구 사무관리규정($\text{1991.6.19. 공포,}\atop\text{대통령령 제13390호}$) 제33조 제2항과 관련하여, 대법원은 "사무관리규정 제33조 제2항에 의한 행정기관의 정보공개 허가여부는 기밀에 관한 사항등 특별한 사유가 없는 한 반드시 정보공개청구에 응하여야 하는 기속행위로서 행정기관에 대하여 정보공개에 대한 재량권을 부여하고 있다고 해석할 수 없는 것"[88]이라고 판시한 바 있다. 이 경우 요건심사과정(포섭과정)에서 특별한 사유의 부존재가 판단된 이상, 정보공개를 허가하여야 한다는 결과가 나온다면, 재량의 소멸이 있는 것으로 볼 수 있을 것이다.

ⓑ 한편 일정한 법규범에 있어 법률요건 면에서 나타난 불확정법개념은 재량의 범위와 내용을 확정하는 것이어서 이를 재량에 해당한다고 보아야 할 경우가 있다. 그 경우 불확정법개념은 재량에 흡수되고 만다.

③ 불확정법개념과 재량수권의 교환가능성

많은 경우에 있어 불확정법개념과 재량권개념은 일정한 입법적 목표의 달성을 위하여 서로 교환적으로 사용될 수 있다. 만일 입법권자가 공무원의 부업을 이로 인한 직무상 이해관계의 지장을 방지하기 위하여 승인을 요하는 행위로 하여 규율하고자 한다면 두 가지 방법을 생각할 수 있다. 즉 입법자가 '직무상의 이해관계에 지장이 있을 경우에만 승인을 거부할 수 있다'고 규정한다면 이는 「직무상의 이해관계」란 불확정개념을 사용하여 그것이 지장을 받을 경우 외에는 승인을 거부하지 못하도록 하는 결과가 되는 데 비하여, '부업의 승인을 거부할 수 있다'고 한다면 이는 재량을 수권한 것이 되어 하자 없는 재량행사의 경우 오

---

88) 대법원 1989.10.24. 선고 88누9312 판결.

로지 직무상의 이해관계만을 이유로 해서도 승인을 거부할 수 있다는 결과가 될 것이다.

④ 양자의 상호접근경향

독일의 경우 불확정법개념과 효과재량의 구별은 일면 양자를 포함하는 포괄적·통일적 재량개념에 의하여 부정되거나, 타면 양자를 구별하면서도 그 결과 면에서 상호접근을 인정하는 입장에 의하여 상대화되고 있다. 이러한 방향은 가령 판단여지설의 입장에서 다의적인 법률요건규정의 개념을 법개념으로 인정하면서도 다시 종래의 재량이론으로 되돌아가서 불확정법개념이 존재하면 이로부터 구조적으로 보아 대체로 재량여지($\genfrac{}{}{0pt}{}{Ermessens-}{spielraum}$)에 상당하는 결정여지($\genfrac{}{}{0pt}{}{Entscheidungs-}{spielraum}$)를 인정하는 입장, 또는 재량이론에 서면서도 재량을 법적으로 규율하여 원칙적으로 모든 재량결정에 사법심사를 전면적으로 인정하려는 일부의 주장에 의해 추구되고 있다. 이에 관하여 여기서 상론할 수는 없으나, 어쨌든 불확정법개념은 그 해석·적용에 있어 원칙적으로 전면적인 사법심사의 대상이 되고, 불확정법개념이 곧 재량의 수권을 의미하는 것은 아니다. 다만 예외적인 한계사례에서만, 판단의 여지가 인정될 수 있을 뿐이다.[89]

⑤ 계획재량의 문제

계획재량($\genfrac{}{}{0pt}{}{Planungs-}{ermessen}$)의 경우 양자의 구별이 사실상 불가능한 측면이 있다. 계획재량이란 판단여지처럼 규범의 요건규정 면에 존재하는 것이 아니고, 통상적인 재량처럼 규범의 효과규정 면에 존재하는 것도 아니다. 조건명제($\genfrac{}{}{0pt}{}{Konditionalprogramme:}{Wenn-Dann-\ Schema}$)가 아니라 목적명제($\genfrac{}{}{0pt}{}{Finalprogramme:}{Ziel-Mittel-\ Schema}$), 즉 목적설정과 형량원칙으로 구성된 계획규범에서는 불확정개념법개념과 재량수권의 구별이 본래 의의를 상실한다. 계획재량은 일면 재량과, 타면 불확정법개념의 판단여지와 구별되는 문제로 보아야 한다.

(2) 판단여지설

① 학설의 내용

판단여지설이란 일반적으로 전후 독일의 바호프(^{Bachof})와 울레(^{Ule}) 등에 의하여 주장된 불확정법개념의 적용에 대한 제한된 사법심사가능성을 주장하는 견해들을 총칭하는 표현[90]이다. 바호프의 견해에 따르면, 행정법규가 불확정법개념을 사용하여 행정청에게 판단여지

---

89) 상세한 것은 H. Maurer, Allgemeines Verwaltungsrecht, 14.Aufl., 2002, § 7 Rn.55ff. 참조.
90) 독일의 경우 "판단여지"(Beurteilungsspielraum)란 그 의미내용에 비추어 볼 때 반드시 적절한 표현이라고는 볼 수 없다고 지적되고 있다. 사실 평가 또는 판정에 있어 문제가 되는 것은 그 "여지"(Spielraum)라기보다는 전문적으로 타당성있는 평가를 내릴 수 있는 권한이기 때문이다. 따라서 판단여지란 표현보다는 오히려 "평가 또는 판정수권"(Beurteilungsermächtigung), "평가특권"(Einschätzungsprärogative)이란 표현이 더 적확한 것이라 할 수 있다. 반면 2인의 채점관이 시험답안을 점수제로 평가하되 그 결과가 불일치하면 양자의 평균점수를 채택하도록 하는 시험규정의 경우를 생각한다면 "여지"란 개념도 일리가 없는 것은 아니다. 이로써 시험성적의 평가규정이 진정한 "평가여지"(Bewertungs-Spielraum)에 입각하고 있음을 분명히 알 수 있다(V. Götz, Allgemeines Verwaltungsrecht, 3.Aufl., S.91f.).

$\binom{\text{Beurteilungs-}}{\text{spielraum}}$, 즉 법원에 의하여 심사될 수 없는 독자적인 평가・결정의 영역을 확보해 준 경우 법원은 이러한 영역 내에서 행해진 행정결정을 받아들이지 않으면 안 되며, 다만 그 영역의 한계가 준수되었는지만을 심사할 수 있을 뿐이라고 한다. 울레 역시 이와 유사한 결과에 도달하여 다음과 같이 주장한 바 있다. "행정법원은 의심스러울 경우, 행정청의 견해가 확인된 사실관계에 비추어 볼 때 상당한 근거를 지닌다(^{vertretbar})고 판단될 때에는, 이를 따라야 한다. 일정한 사실관계를 평가함에 있어서, 예컨대 여러 가지－동가치적인－감정평가의견이 나올 경우 특히 부각될 수 있는 바와 같이, 여러 가지 결론에 도달할 수 있다면, 이 모든 평가는 불확정법개념의 범위 내에 머무르는 것이고 또 적법한 것이다. 행정법원은 따라서 이와 같은 한계적 사례들에 있어 행정청의 판단 대신에 자기 자신의 판단을 대치해서는 안 된다."91) 또 볼프(^{Wolff}) 역시 소극적이기는 하지만 동일한 방향에서 행정청은 일종의 평가특권 $\binom{\text{Einschätzungs-}}{\text{prärogative}}$을 갖는다고 주장하면서, 어떤 불확정법개념이 특히 미래의 발전과 관련하여 법원에 의해 검증되거나 심사될 수 없는 "평가"(^{Einschätzung})를 요구하는 경우, 법원은 이러한 행정청의 평가를 기초로 삼지 않으면 안 된다고 하였다.92) 이들 견해는 ① 입법권자는 불확정법개념을 사용함으로써 행정으로 하여금 자기책임적인, 제한된 사법심사가능성을 지닌 결정권을 수권한 것이라는 점, ② 불확정법개념은 상이한 평가를 허용한다는 점, ③ 행정은 더 많은 전문지식과 경험을 보유하며 구체적인 행정문제에 대하여 근접성(^{Sachnahe})을 지닌다는 점 등에서 공통점을 지니고 있다.

불확정개념에 관한 울레(Ule)의 '대체가능성설'(?) •• 일부의 문헌들은 불확정개념에 관한 울레(^{Ule})의 견해($^{\text{Vertretbarkeits-}}_{\text{theorie}}$)를 「대체가능성설」로 번역하고 있다. 그러나 울레의 이론을 「대체가능성」이 있을 때에 한하여 행정청의 판단이 존중되어야 한다는 의미에서 '대체가능성설'이라고 옮기는 것은 타당치 못하다. 울레는 "행정법원은 의심스러울 경우, 행정청의 견해가 확인된 사실관계에 비추어 상당한 근거를 지닌다(^{vertretbar})고 판단될 때에는, 이를 따라야 한다. …… 행정법원은 따라서 이와 같은 한계적 사례(^{Grenzfälle})들에 있어서 행정청의 판단 대신에 자기 자신의 판단을 대치시켜서는 안 된다"93)고 서술한다. 여기서 울레의 이론에 있어 대체가능성이란 행정청의 판단과 법원의 판단 상호간의 관계에서 존재하는 것임을 알 수 있다.94) 따라서 울레의 'Vertretbarkeitstheorie'는 이를 「대체가능성설」로 옮길 것이 아니라 "상대적 타당성의 이론 또는 신빙성이론" 정도로 번역함이 옳다. 바로 여기에 이 이론과 미국법상의 증거법칙의 하나인 「실질적 증거법칙」($^{\text{rule of substantial}}_{\text{evidence}}$)과의 유사성이 있다.95)

---

91) Ule, 326: in GS W. Jellinek.
92) Wolff/Bachof, VerwR § 31 Ic, S.188ff.
93) C.H. Ule, 326: in GS W. Jellinek.
94) 이 역시 「대치한다」는 뜻의 'an die Stelle zu setzen' 또는 'ersetzen'의 의미이지 'vertreten'(주장한다, 대표한다)의 의미는 아니다.
95) 김도창, 같은 책, 388 주 12.

판단여지설의 이해를 돕기 위하여 독일에서 평가수권이 인정된 가장 전형적인 사례인 시험성적의 평가문제를 간단히 살펴보면 다음과 같다(이해의 편의상 우리의 경우 국공립대학교에서 치러지는 주관식 졸업시험을 연상하기 바란다). 졸업시험위원회는 각 단과대학 또는 전공학과에서 결정한 시험규정에 의하여 시험성적에 관한 결정을 내린다. 이때 그러한 결정의 기초가 되는 시험성적에 대한 적정한 판정과 평가는 그것이 합목적성의 관점에서 행해질 수 있는 것은 아니며 따라서 재량결정이 아니다. 그 결정은 전문적·학술적 또는 (고교시험이나 대학입시의 경우) 교육적 평가에 입각하고 있으며, 이러한 시험위원회와 시험관의 결정은 일단 이론상으로는 '우수', '양호' 등과 같은 평가구분에서 사용된 불확정법개념의 적용으로서 전면적인 사법심사의 대상이 된다고 할 것이다. 그러나 이와같이 법적 통제를 확장하는 것은 사실관계를 확정함에 있어 막대한 곤란을 초래함으로써 법원에 과중한 부담을 지우는 결과가 될 것이다(가령 독일에서 범용되고 있는 구술시험의 성적평가문제를 생각하면 더욱 더 그러하다). 판정(채점)과 평가도 곤란한 문제이다. 법관은 다양한 종류의 시험에서 요구되는 전문지식을 갖고 있지 못하며 오히려 이에 관한 전문가의 감정에 의존하고 있기 때문이다. 바로 여기에 행정의 사법적 통제의 현실적인 한계가 있음이 분명히 드러나는 것이다. 시험에 관한 결정 $\binom{\text{Prüfungsent-}}{\text{scheidungen}}$의 사법적 통제는 이같이 시험규정상 주어진 판정·평가개념을 불확정법개념으로 이해할 경우, 더 이상 가능하지 않게 될 것이다. 그런 까닭에 이러한 법률개념들은 재량에도 불확정법개념에도 속하지 않는 제3의 카테고리, 즉 법률이 행정에게 판단의 여지를 부여한 경우에 해당한다고 이해되고 있다. 시험성적의 채점과 평가는 이 같은 소위 판단여지의 효력에 의하여 시험관이나 시험감독청의 종국적인 결정에 맡겨져 있다는 것이다. 이들 기관은 이에 관하여 학술적·전문적 판단기준(초·중등학교시험의 경우 교육적 기준)에 따라 판정을 내린다. 반면 법원에 의한 법적 통제는 연방행정법원의 확립된 판례에 따르면, ① 시험관이 사실오인에 기초하여 결정하지 않았는가, ② 시험절차에 관한 규정들이 준수되었는가, ③ 일반적인 평가원칙이 준수되었는가, ④ 시험관이 사안과 무관한 고려에 의하여 판정을 내리지 않았는가라는 네 가지 기준에 국한된다.[96] 시험에 관한 결정은 그 밖에도 평등처우의 원칙(기회균등의 원칙)과 비례의 원칙의 준수여부에 관하여 사법심사의 대상이 된다.[97]

② 판단여지의 인정범위

판단여지설은 사실 전후 독일행정법에서 지배적인 지위를 차지해 왔고 또한 일부 판례에 의해 지지되기도 하였다. 그러나 불확정법개념에 대한 판단여지가 불확정개념의 "본질로부터" 범주적으로 인정된 것이라기보다는 개개의 법규정의 해석을 통해 도출되어 왔기 때문에

---

96) BVerwGE 38,105,110f.; DVBl 1966, 861.
97) 이상 Götz, allgemeines Verwaltungsrecht, Fall 41, S.90~92 참조.

제1편 제2편 제3편 제4편 제5편 행정법총론

당초 기대했던 것과는 달리 그 인정사례가 극히 제한될 수밖에 없었다.[98] 이 점은, 독일연방행정법원이 여전히 불확정법개념의 전면적 심사가능성을 기본 입장으로 하고 있다는 점과 아울러, 독일행정법의 이론을 배경으로 판단여지설을 소개한 국내문헌들이 제대로 이해하지 못했던 측면이라고 할 수 있다. 이렇게 볼 때 판단여지설의 무분별한 범주적 원용은 온당하지 못하다. 독일에서 '판단여지'($^{판단수권 \cdot 평가특권: \ Beurteilungs-}_{ermächtigung \cdot Einschätzungsprärogative}$)가 인정된 경우는, 특히 학교교육분야나 공무원관계에서의 시험성적의 평가 및 시험과 유사한 평가결정, 전문적인 독립행정위원회에 의한 가치평가적 결정, 개별적이며 불확정법개념에 관련된, 특히 행정정책적 성격을 띤 요인들에 관한 결정(공무원인사를 위한 인력수급계획의 결정), 그리고 미래예측결정($^{Prognosen-}_{entscheidung}$)과 환경법 및 경제법분야에서의 위험평가 등에 머무르고 있다. 이상의 논의를 바탕으로 하여 재량, 불확정개념, 판단여지의 수권이 인정된 경우 등을 체계적 위치에 따라 도해하면 다음의 그림과 같다.

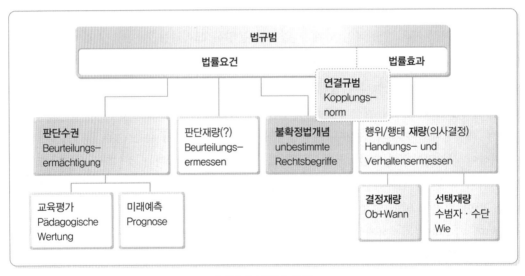

[재량과 불확정개념]

③ 판단여지설에 대한 비판

그동안 대다수 문헌이 판단여지설에 동조해 온 것은 사실이지만 점차 불확정법개념의 존재만으로는 불충분하며, 전면적 사법심사가 불가능하다는 의미에서 판단여지란 오히려 당해 법률이 행정청에게 종국적인 결정권을 수권한 경우 또 그 한도 내에서만 인정될 수 있다는 주장($^{이른바 규범적 수권이론: \ normative}_{Ermächtigungslehre}$)이 제기되어 왔다. 그러나 이와같이 논거를 보다 법이론적 또는 실

---

98) Götz, Diskussionsbeitrag, in: Die öffentliche Verwaltung zwischen Gesetzgebung und richterlicher Kontrolle, 1985, S.178. 또 판단여지 또는 평가수권이 인정되는 경우를 '한계적 사례'(Grenzfälle)라고 부르는 데서도(Ule) 그 배경을 엿볼 수 있다.

무지향적인 것에서 규범적인 것으로 바꾸었다고 해서 그 결론이 달라지는 것은 아니다. 법률상의 수권은 반드시 명시적으로 주어져야만 하는 것이 아니라 개개의 법규정의 해석을 통해서도 인정될 수 있기 때문이다. 따라서 다시금 과연 불확정법개념이 사용되고 있는지, 그리고 어떤 관계에서 사용되고 있는지가 특히 문제되게 되며 다만 이 경우 그 규범적 맥락이 더욱 강하게 고려되어야 할 뿐이다. 나아가 판단여지설을 지지하는 다수의 문헌들은 다음과 같은 이유에서 보다 근본적인 문제점을 지니고 있다고 비판되었다. 즉 이들 문헌은 판단여지설의 당초 주장이 판단여지를 예외적인 경우에 한하여 인정하는 데 있었다는 점을 충분히 고려하지 못했던 것이다. 또한 이들 중 일부의 학설은 판단여지를 포섭(^{Subsumtion}), 즉 개별적 사례에서의 법적용을 넘어서 (추상적인) 불확정법개념의 해석에까지 확장하려고 시도하였다는 점에서 비판되고 있다.[99] 파피어($^{J. Papier}$)는, 이러한 판단여지의 확장은, 일반추상적인 법규범의 해석, 그리고 거기에 포함된 불확정(법률)개념의 해석은 사법권의 본원적 기능이므로, 옳지 않다고 비판한다.

그 밖에도 판단여지설은, 일면 종래의 요건재량이론($^{Theorie\ zum}_{Tatbestandsermessen}$)에 의거하여 불확정법개념의 사용은 행정청에게 재량에 관한 일반적 법리에 의한 재량의 여지를 인정한 것으로 보아야 한다는 견해[100]에 의하여, 타면 보다 원리적인 고찰을 통하여 또는 행정작용의 전면적 사법심사를 요구하는 기본법 제19조 제4항을 근거로 제한적 사법심사가능성을 지닌 판단여지의 존재를 부정하는 입장에 의하여 각각 비판되고 있다. 가령 굇츠(^{Götz})[101]는 후자의 입장에서 어떤 일반조항이 불확정법개념의 적정한 적용에 관한 법원의 전면적 심사권을 의문에 처하게 한다면 이는 권리보호를 보장한 헌법원칙($^{기본법}_{§\ 19\ ④}$)에 명백히 위반되는 것이라고 주장한다. 그 같은 규정의 위헌성은 "불확정"개념과 "확정"개념을 명확히 구별할 수 없다는 점뿐만 아니라,[102] 오로지 침해의 요건에 관한 법관의 결정이 가능한 경우에만, 행정이 불확정법개념에 의한 기준을 통해 침해할 수 있는 주관적 권리들이 실효적인 보호를 받을 수 있다는 점에서 불가피하게 주어진다는 것이다.

④ 우리나라에서의 적용문제

국내문헌 중 일부는 판단여지설을 기속행위와 재량행위의 구별기준에 관한 학설로 소개한다. 재량과 불확정법개념이 서로 구별되는 이상 그런 관점이 옳지 않음은 이미 지적한 바와 같다.

---

99) Maurer, § 7 Rn.33, S.120.
100) H. Meyer, in: Meyer/Borgs, VwVfG, § 40 Rn.13, 17ff.; Scholz, VVDStRL 34(1976), 145, 166f.; J. Martens, JuS 1987, 103, 105, 107f. 재량과 판단여지를 상대화하는 견해로는 Schuppert, DVBl 1988, 1191, 1198ff. 등 참조.
101) Götz, aaO., S.255.
102) Bachof, Diskussionsbeitrag, in: Die öffentliche Verwaltung zwischen Gesetzgebung und richterlicher Kontrolle, 1985, S.228.

그러나 대법원은 재량과 불확정법개념을 구별하지 않고 모두 재량의 문제로 파악하는 태도를 견지하고 있다. 대법원은 '토지형질변경허가의 금지요건이 불확정개념으로 규정되어 있어 그 금지요건 해당 여부의 판단에 행정청에게 재량권이 부여되어 있다'고 판시한 바 있다.[103]

> "「국토의 계획 및 이용에 관한 법률」에 의한 **토지의 형질변경허가는 그 허가기준 및 금지요건이 불확정개념으로 규정된 부분이 많아 그 요건에 해당하는지 여부를 판단함에 있어서는 행정청에 재량권이 부여되어 있다** 할 것이다. 그리고 국토계획법에 따라 지정된 도시지역 안에 있는 토지에 대한 형질변경행위를 수반하는 건축허가는 건축법에 의한 건축허가와 국토계획법에 의한 토지 형질변경허가의 성질을 아울러 갖는 것으로 보아야 할 것이므로 그러한 건축허가는 재량행위에 속한다고 할 것이다."[104]

또한 대법원은 불확정법개념이나 판단여지의 문제를 명시적으로 거론하지는 않았지만 다음 사례에서 불확정법개념인 청소년 관람불가 등급분류기준으로서 '영상표현의 선정성' 판단을 사법심사의 대상으로 삼았다. 대법원은 원심이 선정성에 관한 청소년 관람불가의 등급분류기준은 청소년의 성적 욕구를 자극하는 경우에만 충족된다고 전제한 것은 선정성에 관한 청소년 관람불가의 등급분류기준에서 청소년에게 성적 불쾌감·혐오감 등을 유발하는 경우를 누락한 것이어서 그 이유 설시에 적절하지 않은 부분이 있으나, 사회의 일반적인 통념에 따라 객관적이고 규범적으로 이 사건 영화를 평가하여 보더라도 그 영상표현이 청소년에게 성적 욕구를 자극하거나 성적 불쾌감·혐오감 등을 유발할 정도로 지나치게 구체적이고 직접적이며 노골적이라고 볼 수 없으므로, 원심이 이 사건 영화가 선정성에 관한 청소년 관람불가의 등급분류기준에 해당하지 아니한다고 판단한 것은 그 결론에 있어 정당하여 수긍할 수 있다고 판시하여 영상표현의 선정성 또는 등급분류기준에 관한 법리오해 등의 위법이 있다는 상고이유 주장을 배척하였다. 이 사건에서 대법원은 원심과 함께, 특별히 재량이나 판단여지를 문제 삼지 않은 채, 전문가들로 구성된 합의제행정기관인 영상물등급위원회가 내린 청소년관람불가등급분류결정이 위법하다고 판시하였다. 결국 등급분류에 관한 재량도 인정하지 않았지만 결과적으로 판단여지도 부정한 것 같은 뉘앙스를 풍긴다.

> "영상표현의 선정성 측면에서 청소년 관람불가의 등급분류기준을 충족하는지 여부는 **해당 영화를 전체적으로 관찰하여 신체 노출 및 성적 행위의 표현 정도뿐만 아니라 그 영상의 구성 및 음향의 전달방식, 영화주제와의 관련성, 영화 전체에서 성적 표현이 차지하는 비중 및 그 영화의 예술적·교육적 가치 등을 종합적으로 고려하되, 제작자의 주관적인 의도가 아니라 사회의 일반적인 통념에 따라 객관적이고 규범적으로 평가하여야 한다.**"[105]

---

103) 대법원 2005.7.14. 선고 2004두6181 판결.
104) 대법원 2012.12.13. 선고 2011두29205 판결. 동지 대법원 2013.10.31. 선고 2013두9625 판결.
105) 대법원 2013.11.14. 선고 2011두11266 판결.

또한 대법원은 독일에서 판단여지가 인정된 전형적 사례라 할 수 있는 시험성적의 판정·평가에 관한 권한 문제도 시종일관 재량권의 각도에서 파악해 왔다. 판례가 이들 사례에 있어 재량의 성립을 인정한 것은 물론 그 결과면에서는 행정의 판단여지 또는 평가수권을 인정한 것과 다르지 않다고도 볼 수 있으나, 이론상으로는 앞서 본 이유에서 타당하다고 할 수 없다. 왜냐하면 경쟁시험의 결정에 대하여 법이 행정청의 독자적 판단권, 즉 재량권을 부여한 것이라고는 볼 수 없기 때문이다. 시험에 관한 결정에 있어 전문적·학술적 판단이 요구되는 경우 그 결정의 종국성은 예외적인 경우에 한하여 판단여지나 평가수권에 의하여 뒷받침될 수 있을 뿐이다.

▦ 시험에 관한 결정에 관한 판례

대법원은 다음과 같은 사안에 대하여 재량권의 존재를 인정해 왔다.

고등고시답안의 채점기준(대법원 1962.1.18. 선고 4294行上92 판결)
중학교입학시험문제정답인정(대법원 1962.8.30. 선고 62누42 판결)
의사국가시험채점기준(대법원 1964.6.30. 선고 62누194 판결)
중학교입학시험동점자선발기준(대법원 1968.7.16. 선고 68누53·54·55 판결)
공개경쟁채용시험의 면접시험 또는 실기시험에 의한 전문지식의 유무 내지 적격성의 판단(대법원 1972.11.28. 선고 72누164 판결)
학위수여여부에 관한 의결(대법원 1976.6.8. 선고 76누63 판결)106)

반면 대법원은 입학정원이 미달된 경우 입학사정기준 미달자에 대한 입학거부의 가부에 관하여 「대학은 학생의 입학을 전형함에 있어 법령과 학칙에 정하여진 범위 내에서 대학의 목적과 그 대학의 특수사정을 고려하여 자유로이 수학능력의 기준을 정할 수 있다고 할 것이며 따라서 대학은 입학지원자가 모집정원에 미달한 경우에라도 그가 정한 입학사정기준에 미달되는 자에 대하여는 입학을 거부할 수 있다」(대법원 1982.7.27. 선고 81누398 판결)고 판시한 바 있다. 그리하여 이 판결을 판단여지설의 각도에서 평가한 경우도 있었으나(김남진, 법률신문 1458호, 6면), 대법원은 「피고 대학의 법정계열 입학에 있어 총점의 60퍼센트인 291.42점을 하한선으로 하여 수학능력의 기준으로 삼은 것이 법령이나 학칙에 위배된다고 볼 자료가 없으니 그 수학능력에 미달하는 점수를 득한 원고들을 불합격으로 한다는 피고의 처분이 재량권의 범위를 일탈한 것으로는 볼 수 없다」고 함으로써 여전히 재량권법리에 입각하고 있음을 보여주고 있다.

한편 「자유재량에 있어서도 그 범위의 넓고 좁은 차이는 있더라도 법령의 규정뿐만 아니라 관습법 또는 일반적 조리에 의한 일정한 한계가 있는 것으로서 위 한계를 벗어난 재량권의 행사는 위법하다고 하지

---

106) 또한 「대학원위원회라 할지라도 다른 특별한 사정의 존재함을 지적함이 없이 만연 박사학위수여 부결의결을 한다는 것은 자유재량의 한계를 넘은 위법의 것」이라는 판결(대법원 1971.10.12. 선고 71누49 판결), 「학위수여규정에 의한 2종의 외국어고시에 합격하고 교육법시행령과 위 규정에 의한 박사학위논문 심사통과자에게 정당한 이유 없이 학위수여를 부결한 행정처분은 재량권의 한계를 벗어난 위법이 있다」는 판결(대법원 1976.6.8. 선고 76누63 판결)이 있다.

제1편 제2편 제3편 제4편 제5편 행정법총론

않을 수 없으므로, 대학교 총장인 피고가 해외근무자들의 자녀를 대상으로 한 교육법 시행령 제71조의2 제4항 소정의 특별전형에서 외교관, 공무원의 자녀에 대하여만 획일적으로 과목별 실제 취득점수에 20%의 가산점을 부여하여 합격사정을 함으로써 실제 취득점수에 의하면 충분히 합격할 수 있는 원고들에 대하여 불합격처분을 하였다면 위법하다」(대법원 1990.8.28. 선고 89누8255)는 대법원의 판결은 불평등한 가산점부여에 의한 합격사정을 재량권의 남용으로 다루고 있으나, 오히려 이를 판단여지설의 관점에서 평등처우, 즉 기회균등의 원칙(Grundsatz der Chancengleichheit)에 반하여 위법이라고 보아야 했을 것이다.

반면, 대법원은 최근에도 전염병예방법상 장애인정, 의료법 등 관계 법령에 따른 신의료기술의 안전성·유효성 평가가 문제된 사례에서, 여전히 재량개념에 입각하면서도, 판단여지설에서의 고려사항을 반영하여 판시함으로써 주목을 끌고 있다.

"특정인에게 권리나 이익을 부여하는 이른바 **수익적 행정처분은 법령에 특별한 규정이 없는 한 재량행위**이고, 구 전염병예방법(2009.12.29. 법률 제9847호 감염병의 예방 및 관리에 관한 법률로 전부 개정되기 전의 것, 이하 '구 전염병예방법'이라 한다) 제54조의2 제2항에 의하여 **보건복지가족부장관에게 예방접종으로 인한 질병, 장애 또는 사망**(이하 '장애 등'이라 한다)**의 인정 권한을 부여한 것은, 예방접종과 장애 등 사이에 인과관계가 있는지를 판단하는 것은 고도의 전문적 의학 지식이나 기술이 필요한 점과 전국적으로 일관되고 통일적인 해석이 필요한 점을 감안한 것으로 역시 보건복지가족부장관의 재량에 속하는 것이므로, 인정에 관한 보건복지가족부장관의 결정은 가능한 한 존중되어야 한다.**
다만 **인정 여부의 결정이 재량권의 행사에 해당**하더라도 재량권을 일탈하거나 남용해서는 안 되고, 특히 구 전염병예방법에 의한 피해보상제도가 수익적 행정처분의 형식을 취하고는 있지만, 구 전염병예방법의 취지와 입법 경위 등을 고려하면 실질은 피해자의 특별한 희생에 대한 보상에 가까우므로, 보건복지가족부장관은 위와 같은 사정 등을 두루 고려하여 **객관적으로 합리적인 재량권의 범위 내에서 타당한 결정을 해야 하고, 그렇지 않을 경우 인정 여부의 결정은 주어진 재량권을 남용한 것으로서 위법하게 된다**"[107]

"[1] 의료법 제53조 제1항, 제2항, 제59조 제1항의 문언과 체제, 형식, 모든 국민이 수준 높은 의료혜택을 받을 수 있도록 국민의료에 필요한 사항을 규정함으로써 국민의 건강을 보호하고 증진하려는 의료법의 목적 등을 종합하면, **불확정개념으로 규정되어 있는 의료법 제59조 제1항에서 정한 지도와 명령의 요건에 해당하는지, 나아가 요건에 해당하는 경우 행정청이 어떠한 종류와 내용의 지도나 명령을 할 것인지의 판단에 관해서는 행정청에 재량권이 부여되어 있다.**
[2] 신의료기술의 안전성·유효성 평가나 신의료기술의 시술로 국민보건에 중대한 위해가 발생하거나 발생할 우려가 있는지에 관한 판단은 **고도의 의료·보건상의 전문성을 요하므로, 행정청이 국민의 건강을 보호하고 증진하려는 목적에서 의료법 등 관계 법령이 정하는 바에 따라 이에 대하여 전문적인 판단을 하였다면, 판단의 기초가 된 사실인정에 중대한 오류가 있거나 판단이 객관적으로 불합리하거나 부당하다는 등의 특별한 사정이 없는 한 존중되어야 한다. 또한 행정청이 전문적인 판단에 기초하여 재량권의 행사로서 한 처분은 비례의 원칙을 위반하거나 사회통념상 현저하게 타당성을 잃는 등 재량권을 일탈하거나 남용한 것이 아닌 이상 위법하다고 볼 수 없다.**"[108]

---

107) 대법원 2014.5.16. 선고 2014두274 판결.

1.3. 수익적 행정행위와 침해적 행정행위

행정행위는 그것이 상대방에게 미치는 효과에 따라 수익적 행위와 침해적 행정행위, 그리고 복효적 행정행위($^{VA\ mit}_{Doppelwirkung}$)로 분류할 수 있다. 다만 그 효과는 법적으로 의미 있는 것이어야 할 것이다.[109]

(1) 수익적 행위

수익적 행정행위($^{begünsti-}_{gender\ VA}$)란 권리를 설정하고 이익을 부여하는 행위를 말한다. 예컨대, 건축허가의 발급, 행정상 의무의 면제, 부과적 행위의 철회 등이 그것이다.

(2) 침해적 행위

침해적 행정행위($^{belas-}_{tender\ VA}$)란 권리를 침해하거나 수익적 행위를 거부하는 등, 상대방에 불이익을 주는 행위로, 하명이나 금지, 공무원해임, 허가거부처분 등이 그 예이다.

〈수익적 행정행위와 침해적 행정행위의 비교〉

	수익적 행정행위	침해적 행정행위
법률의 유보	행위의 성질·학설에 따라 상이, 허가와 특허·사회적 유보설	엄격히 관철됨
절차요건	비교적 엄격하지 않다	엄격한 절차적 규제
재량성	효과재량설에 의할 경우 재량행위	효과재량설에 의해 기속행위
신청의 필요성	신청을 전제로 함이 원칙	일방적 행위로 신청을 전제로 하지 않음
부관의 허용성	통설에 의할 경우 긍정	통설과 효과재량설에 의할 경우 부정
취소·철회	원칙적으로 제한됨	원칙적으로 가능
강제성	직접 관련이 없음	불이행시 강제수반

동일한 상대방에게 수익적 효과와 함께 침해적 효과를 미치는 행정행위도 있을 수 있다. 그런 행정행위는 국가적 급부가 수익자의 일정한 의무와 결부되어 주어지는 경우뿐만 아니라(복효적 행정행위), 청구된 급부가 일부만 인용되는 경우에서도 볼 수 있다. 가령, 장애인복지법 제36조에 따른 의료비를 지급받을 수 있는 장애인이 월 20만원의 의료비를 신청했으나 10만원밖에 인정되지 않았다면 사실 나머지 10만원에 해당하는 부분은 거부된 셈이다. 행정행위는 권리설정적 기능과 아울러 권리한정적 기능을 수행한다. 그 결과 침해적 행정행위는

---

108) 대법원 2016.1.28. 선고 2013두21120 판결.
109) 참고로 독일연방행정절차법 제48조 제1항 2호는 아예 입법적으로 권리 또는 법적으로 현저한 이익의 설정이나 확인을 수익적 행정행위(begünstigender Verwaltungsakt)의 요건으로 정의하고 있다("Ein Verwaltungsakt, der ein Recht oder einen rechtlich erheblichen Vorteil begründet oder bestätigt hat").

상대방의 의무내용을 한정하는 한도 내에서 또한 수익적 성질을 갖는다고도 할 수 있다. 예컨대, 토지소유자가 200만원의 개발부담금의 지불명령을 받은 경우, 이로써 그는 200만원만 지불하면 되고 그 이상을 지불할 필요가 없다는 의미에서 사실상 지불의무의 한정을 받는 것이다.

(3) 복효적 행정행위

복효적 행정행위 또는 이중효과적 행정행위($^{VA\ mit}_{Doppelwirkung}$)란 일반적으로 수익적 효과와 아울러 침해적 효과를 지니는 양면적 내용을 지니는 행위를 말한다. 만일 그 이중효과가 동일인에게 귀속될 경우(예: 도로점용시 점용료납부의무 부담으로 허가하는 경우)를 혼효적 행위($^{VA\ mit}_{Mischwirkung}$)라 할 수 있다.[110] 반면 이중효과가 상이한 자들 사이에 분리되어 미치는 경우(예: 주택밀집지역에서의 LPG충전소설치허가)를 제3자효행정행위($^{VA\ mit}_{Drittwirkung}$)라고 부르기도 한다. 특히 후자는 제3자 권익보호를 위한 규율의 필요성을 수반하며, 이러한 취지에서 행정심판법과 행정소송법은 제3자에게도 청구인적격·원고적격을 인정할 여지를 열어놓는 한편, 소송참가 및 판결효력의 확장, 재심청구 등에 관한 규정들을 두고 있다.

1.4. 기타 행정행위의 분류

행정행위는 그 밖에도 발령권자·상대방의 협력요부·대상·형식요건 등에 따라 분류될 수 있다.

〈그 밖의 행정행위의 분류〉

분류기준	분류내용
발령권자	국가의 행위/지방자치단체·기타 공공단체의 행위
협력 요부	일방적 행위: 경찰처분·과세처분 협력을 요하는 행위: 공무원임명(동의)·허/인가·특허
대상	대인적 행위: 운전면허·의사면허·인간문화재지정 대물적 행위: 자동차검사증교부·자연공원지정 혼합적 행위: 주유소허가
형식요건	요식행위/불요식행위
계속효 유무	일회적 행위: 건축허가·납세고지서발부 계속적 행위: 공용지정·교통표지판

---

110) 홍정선, 행정법원론(상), 280.

2. 행정행위의 내용

　종래 전통적인 분류방법에 따라, 행정행위의 내용을 의사표시란 요소를 기준으로 법률행위적 행정행위와 준법률행위적 행정행위로 나누고 전자를 다시 명령적 행위와 형성적 행위로 구분하는 것이 일반적이었다. 그러나 여기서는 행정행위를 직접 그 내용에 따라 명령적 행위와 형성적 행위, 확인적 행위, 그리고 기타행위로 나누어 살펴보기로 한다. 주의할 점은 앞으로 보게 될 행정행위의 명칭들은 모두 학문상 명칭일 뿐 실제상 사용되고 있는 다양한 용어들과 반드시 일치하는 것은 아니라는 점이다. 예컨대 실정법이 '면허'란 명칭을 사용할 경우, 그것이 앞으로 보게 될 허가에 해당하는지 또는 특허에 해당하는지는 그 행위의 성질을 실질적으로 검토하여 판단하여야 한다. 통설적 설명에 따라 행정행위의 내용을 요약해 보면 다음과 같다.

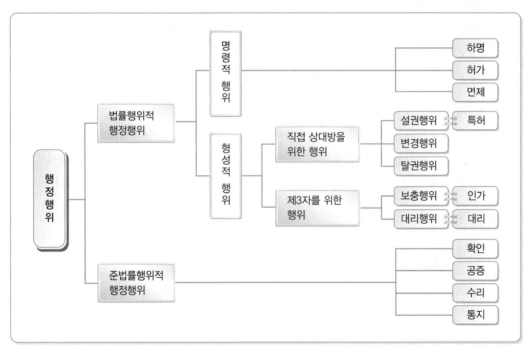

[행정행위의 내용적 분류]

2.1. 명령적 행위

　명령적 행위($^{\text{befehlender}}_{\text{VA}}$)란 일정한 의무를 부과하거나 해제하는 행위로서 일반적으로 하명 또는 명령(^{Befehl}), 허가(^{Erlaubnis}), 면제(^{Dispens}) 등이 이에 해당된다.

2.1.1. 하 명

(1) 개 념

하명이란 작위(시설개수명령)·부작위(야간영업금지)·수인(강제접종결정)·급부(납세고지) 등을 명하는 행정행위를 말한다(이 중 부작위를 내용으로 하는 하명을 특히 금지(^{Verbot})라고 한다). 법규가 이와 같은 의무를 직접 부과하고 있는 경우, 이를 법규하명이라고 부르기도 하지만 여기서 말하는 행정행위인 하명과 구별하는 것이 일반이다.

(2) 종 류

하명은 그 부과되는 의무의 내용에 따라 작위하명·부작위하명·수인하명·급부하명 등으로 나누어지며, 적용분야에 따라 질서하명·재정하명·급부행정적 하명·조직하명·군정하명 등으로 나눈다.

(3) 대상·상대방

하명의 대상이 되는 행위는 일반적으로 사실행위일 것이나(소득, 교통방해의 제거), 법률행위일 경우도 있다(불량만화판매금지). 하명의 상대방은 특정인인 경우가 일반이나 불특정다수인을 상대방으로 하는 일반처분도 있을 수 있음은 물론이다(도로통행금지).

(4) 효과·법적 근거·법적 기속여하

하명은 의무부과라는 효과를 지닐 뿐만 아니라 의무를 어기면 강제집행이나 행정벌에 의한 집행보장을 받는다는 점에서 법률의 근거를 요하며, 특별한 규정이 없는 한 기속행위임이 원칙이다. 하명에 위반한 사법상 행위는 특별한 사정이 없는 한 반드시 무효는 아니다.[111]

2.1.2. 허 가

(1) 개 념

허가란 법령에 따른 일반적·상대적 금지를, 특정한 경우에 해제하여, 적법하게 행위를 할 수 있게 해 주는 행정행위를 말한다. 허가는 자연적 자유를 회복시켜 준다는 점에서 금지의 해제이다. 이 경우 「금지」란 「상대적 금지」, 즉 「허가유보부 금지」($^{Verbot\ mit}_{Erlaubnisvorbehalt}$)이다.

> 허가는 이를테면, 건널목에 내려져 있는 차단기 앞에서 검문을 한 결과, 별다른 이상이 없으면 차단기를 올려 통과시키는 것($^{Maurer의}_{비유}$)과 같다. 여기서 허가의 개념을 분명히 하기 위해서는 그것이 전제하고 있는 일반적·상대적 금지의 취지를 반추할 필요가 있다. 즉, 입법자가 일정한 행위(예컨대 건축)를 금하는 것은 그것이 일반적으로 금지되어야 하기 때문이 아니라(건축자체는 반사회적 행위가 아니다), 개개의 구

---

111) 대법원 1954.3.30. 선고 4282民上80 판결.

체적인 경우(건축에 관한 예정계획)에 있어 사전에 관계법규정(건축법등)의 위반여부가 허가관청에 의해 심사되어야 할 필요가 있기 때문이다. 그 심사결과가 긍정적으로 나오면, 그 (건축)허가신청은 적법한 것이 되며 따라서 허가관청은 (건축)허가를 내주지 않으면 안 된다. 건축허가에 있어서 논의의 출발점은 건축의 자유(^{Baufreiheit})에 있다. 즉, 건축주는, 타인의 권리를 침해하지 않는 한, 본래 자기의 토지 위에 자유로이 건축을 할 수 있는 권리를 가진다. 건축법 제5조는 이 법의 적용이 곤란하다고 인정되는 대지 또는 건축물에 대하여는 이 법의 기준을 완화하여 적용할 수 있다는 점을 규정하고, 제9조는 제8조의 규정에 해당하는 허가대상 건축물이라 하더라도 일정한 규모이하의 소규모건축물이나 소규모용도변경 등과 같은 경우에는 해당 건축관청에게 신고함으로써 건축허가를 받은 것으로 본다고 규정하고 있는데, 이는 바로 이러한 건축의 자유를 전제로 한 규정이라고 할 수 있다. 이러한 건축의 자유는 질서유지 또는 공공복리를 이유로 한 일반적 제한을 받고 있다(헌법 제37조 제2항의 기본권적 법률유보). 그러나 이러한 건축의 자유에 대한 제한은 절대적 금지가 아니라 상대적 금지, 즉 허가유보부금지인 것이며 허가관청은 건축주가 법이 정한 허가요건을 충족하면 그 건축의 자유를 회복시키지 않으면 안 된다. 그 결과 건축주는 건축허가 요건의 충족을 조건으로 한 건축의 자유를 가질 뿐만 아니라 건축허가발급청구권(^{Rechtsanspruch auf}_{Baugenehmigung})을 가진다. 다음에 보는 허가의 성질에 관한 논란은 허가의 이와 같은 자유권적 기초를 철저히 고려하지 못한 데서 연유하는 것으로 판단된다.

학문상 허가에 해당하는 행위를 법령이 허가라는 말 이외에 면허·인허·특허·인가·승인·등록·취소·지정 등과 같은 용어로 표현하는 경우가 있다는 점, 반면 허가라는 용어를 쓰면서도 실질은 특허나 인가에 해당하는 행위를 지칭하는 경우가 있다는 점에 유의할 필요가 있다.

⑵ 성 질

허가의 성질에 관해서는 그것이 재량행위이냐 또는 기속행위이냐 하는 점과 명령적 행위이냐 아니면 형성적 행위이냐 하는 점이 다투어지고 있다.

① 명령적 행위인가 형성적 행위인가

종래 허가의 성질을 명령적 행위로 파악해 온 데 대하여 '허가는 단순한 자연적 자유의 회복에 그치는 것이 아니라, 제한을 해제하여 적법한 권리행사를 가능케 해주는 행위이므로 형성적 행위의 성질을 가지며, 그 점에서 허가와 특허의 구분은 상대화되고 있다'는 반론이 제기된다.

예컨대 김도창교수(^{상,} ^{401~}₄₀₂)는 "원래 허가는, 국민의 자연적 자유 내지 헌법상 자유를 전제로 하는 자유주의적 개념인데 대하여, 특허는 역사적으로 군주의 특권으로 간주되는 국가의 독점권을 개인에게 부여함을 의미하였다는 점에서 군권적 개념으로서의 색채가 농후하였기 때문에, 양자의 구별의 역사적 의의가 있었다. 그러나 오늘날의 헌법 아래서는, 양자 모두 직업선택의 자유의 보장과 관련이 있는 것으로, 특허도 국민의 본래의 자유의 회복이라는 면이 있는가 하면, 허가도 단순한 자유회복(^{Dürfen}) 이상으로 적법하게 어떤 이익을 향유할 수 있는 지위의 설정(^{Können})으로 보려는 경향이 늘고 있다. 따라서 양자의 구별은 상대화되어 가고, 그 법적 성질이 융합되는 경향(허가의 특허화, 특허의 허가화)마저 볼 수 있다"고 지적한다. 참고로 독일에서의 지배적인 경향도 허가를 형성적 행위로 보고 있는 것으로 보인다.[112]

생각건대 허가는 그 개념의 전제인 일반적·상대적 금지란 측면에서는 명령적 행위로서 성질을 가진다. 그러나 허가에 따른 금지의 해제란 실질적으로 사인에게 적법한 권리행사를 할 수 있는 법적 지위를 설정해 주는 효과, 즉, 형성적 효과라 할 수 있다. 따라서 허가는 형성적 행위의 성질을 아울러 가진다고 보아야 할 것이다.

헌법재판소는 1989년 12월 22일 토지거래허가제와 허가를 받지 아니 한 토지거래행위를 처벌할 것을 규정하고 있는 구 국토이용관리법 제21조의3 제1항과 제31조의2의 위헌심판청구에 관한 결정($^{88헌가}_{13}$)에서 합헌결정을 내린 바 있다. 이 사건에서 직접 언급되지는 않았으나 국토이용관리법 제21조의3 제1항에 의한 「허가」의 법적 성질이 문제된다. 이 규정에 의한 허가가 과연 「강학상의 허가」에 해당하느냐 아니면 「인가」에 해당하느냐, 또는 양자의 합체행위로서의 「인허」에 해당하느냐가 다투어질 수 있는데, 김남진교수는 이를 인가로 보는데 반하여,[113] 양승두교수는 이를 허가와 인가의 성질을 모두 가지고 있는 '인허'라고 보고 있다.[114] 이와 관련하여 일본의 농지법 제3조의 허가를 통상 허가와 인가의 합체행위 또는 명령적 행위와 형성적 행위의 합체행위로 보는 藤田宙靖의 견해[115]가 소개되고 있다. 이것은 허가의 법적 성질이 특허에 대한 관계에서뿐만 아니라 인가에 대한 관계에서 다양화될 수 있다는 점을 말해 주는 일례라 할 수 있을 것이다.

② 기속행위인가 재량행위인가

종래의 통설인 효과재량설의 관점에서는, 허가는 금지의 해제로서 상대방에게 이익을 주는 행위이므로 재량행위라고 보았다. 그러나 허가는 특별히 권리를 설정해 주는 행위가 아니라 공익을 위해 제한되었던 자유를 회복시켜 주는 것이므로 허가관청은 허가요건이 충족되는 한 반드시 허가를 내주어야 할 기속을 받으며 따라서 허가는 기속행위(기속재량행위)라고 보는 것이 통설적 견해이다.

"구 건축법($^{1991.5.31. 법률 제4381호}_{로 전문개정되기 전의 것}$) 제5조 제1항 소정의 건축허가권자는 건축하고자 하는 건축물이 같은 법, 도시계획법 등의 관계법규에서 정하는 어떠한 제한에도 배치되지 않는 이상 당연히 건축허가를 하여야 하고 관계법규에서 정하는 제한사유 이외의 사유를 들어 허가신청을 거부할 수 없다."[116]

---

112) Maurer, § 9 Rn.45, S.178; Wolff/Bachof, S.391 u.a.
113) 김남진, 행정법 Ⅱ, 1989, 387 각주 4.
114) '행정행위의 내용상 분류에 관한 한 고찰', 서원우교수화갑기념논문집, 1991, 369-379 소수, 376, 379; 동지 서원우, 수정판 부동산공법, 1985, 62.
115) 藤田宙靖, 新版行政法 Ⅰ(總論), 1986, 145-146, 注 10.
116) 대법원 1992.11.24. 선고 92누12865 판결.

"식품위생법상 대중음식점영업허가는 성질상 일반적 금지에 대한 해제에 불과하므로 허가권자는 허가신청이 법에서 정한 요건을 구비한 때에는 허가하여야 하고 관계법규에서 정하는 제한사유 이외의 사유를 들어 허가신청을 거부할 수 없다."117)

이에 대해서는 허가에는 기속행위와 재량행위가 모두 있을 수 있다는 반론이 제기된다.118)

생각건대, 허가는 형식적으로 볼 때에는 수익적 행위이나 실질적으로 볼 때에는 이미 헌법상 국민에게 인정되어 있는 일반적 행동자유권(allgemeine Handlungsfreiheit)을 회복시키는 데 불과하다는 점에서 국가의 급부를 인정함으로써 시민의 권리영역을 확장시키는 수익적 행위의 본래적 유형과는 구별된다. 마찬가지로 허가의 거부는 형식적으로는 수익적 행정행위의 거부지만 실질적으로는 자연적 자유와 권리의 침해를 의미하게 되는 것이다. 따라서 허가는, 적어도 허가의 개념을 위와 같이 이해하는 한, 성질상 기속행위라고 보아야 할 것이다.

김남진 교수는(기본문제· 162) 허가가 재량행위일 수 있는 경우의 예로, 개인택시사업면허의 경우 많은 유자격 출원자 가운데 누구에게 또는 어느 수만큼 면허를 줄 것인가 하는 것은 관계행정청의 재량(결정재량 및 선택재량)에 맡겨져 있다고 한다. 그러나 개인택시사업면허를 허가로 볼 것인가에 대하여는 의문이 없지 않고, 또한 이를 허가라고 보는 경우에도 그것이 재량성을 띠는 것은 허가로서의 성질 때문이라기보다는 동사업의 수요공급상 여건 제약으로 인한 정원제한(Kontingentierung)에 기인하는 것이며 따라서 이는 극히 예외적 현상으로 보아야 할 것이다. 참고로 구 자동차운수사업법(여객자동차운수사업법의 전신)에 의한 자동차운수사업면허는 특정인에게 특정한 권리를 설정하는 행위로서 법령에 특별한 규정이 없으면 행정청의 재량에 속한다는 것이 확립된 판례이다.119) 한편 허가의 성질에 관하여 대법원의 판례는 일관되어 있지 않다. 즉, 대법원은 「유기장영업허가는 유기장영업권을 설정하는 설권행위가 아니고 일반적 금지를 해제하는 영업자유의 회복이라 할 것이므로 그 영업상의 이익은 반사적 이익에 불과하고, 행정행위의 본질상 금지의 해제나 그 해제를 다시 철회하는 것은 공익성과 합목적성에 따른 당해 행정청의 재량행위라 할 것」이라고 판시했고,120) 또한 「프로판가스충전업허가는 행정법상의 이른바 허가로서 일반적 금지를 특정한 경우에 해제하는 것이고, 그 행정행위의 본질상 금지의 해제나 그 해제를 다시 철회하는 것은 공익성과 합목적성에 따른 당해 행정청의 재량행위라 할 것」이라고 판시한 바 있으나,121) 약사법상의 허가사항의 변경허가에 있어서는 「소관행정청은 그 신청이 위 법조의 요건에 합치되는 때에는 특별한 사정이 없는 한 이를 허가하여야 하고 공익상 필요가 없음에도 불구하고 허가를 거부할 수 없다는 의미에서 그 허가여부는 기속재량에 속한다」고 판시한 바 있다.122)

---

117) 대법원 1993.5.27. 선고 93누2216 판결(판례월보 278호, 211이하).
118) 김남진, 행정법 I, 252.
119) 대법원 1984.5.29. 선고 83누692 판결; 대법원 1991.11.12. 선고 91누704 판결; 대법원 1991.11.26. 선고 91누2113 판결; 대법원 1992.7.10. 선고 91누10541 판결; 대법원 1993.5.27. 선고 92누19033 판결.
120) 대법원 1985.2.28. 선고 84누369 판결.
121) 대법원 1987.11.10. 선고 87누462 판결.
122) 대법원 1987.2.24. 선고 86누376 판결.

한편 대법원은 1999.8.19. 선고 98두1857 전원합의체 판결(건축허가신청서반려처분취소)에서 준농림지역 내 숙박시설 설치 등 토지이용행위제한에 관한 조례에 따라 구체적인 건축제한지역 지정·고시가 행하여지지 아니하였다 하더라도, 조례에서 정한 기준에 맞는 지역에 해당하는 경우에는 건축허가를 거부할 수 있다고 판시함으로써 허가의 법적 성질에 관한 기존 견해를 변경한 것이 아닌가 하는 의문을 불러 일으켰다. 그러나 관계법령의 해석을 통해 허가거부의 재량을 도출한 것일 뿐 허가의 법적 성질을 정면으로 판단한 것은 아니어서 이를 판례변경으로 보는 문제가 있었다.[123] 이 판결 다수의견의 관심사는 건축허가를 거부할 수 있는 재량, 즉 거부재량을 도출하는 데 있었다. 그런 관심은 이후에도 계속되었고, 결국 다음에서 보듯 '토지의 형질변경행위를 수반하는 건축허가는 결국 재량행위에 속한다'는 판례로 이어지고 있다.

"국토의계획및이용에관한법률에서 정한 도시지역 안에서 토지의 형질변경행위를 수반하는 건축허가는 건축법 제8조 제1항의 규정에 의한 건축허가와 국토의계획및이용에관한법률 제56조 제1항 제2호의 규정에 의한 토지의 형질변경허가의 성질을 아울러 갖는 것으로 보아야 할 것이고, 같은 법 제58조 제1항 제4호, 제3항, 같은법시행령 제56조 제1항 [별표 1] 제1호 (가)목 (3), (라)목 (1), (마)목 (1)의 각 규정을 종합하면, 같은 법 제56조 제1항 제2호의 규정에 의한 **토지의 형질변경허가는 그 금지요건이 불확정개념으로 규정되어 있어 그 금지요건에 해당하는지 여부를 판단함에 있어서 행정청에게 재량권이 부여되어 있다고 할 것이므로, 같은 법에 의하여 지정된 도시지역 안에서 토지의 형질변경행위를 수반하는 건축허가는 결국 재량행위에 속한다.**"[124]

그렇다고 해서 대법원이 건축허가를 기속행위라고 보는 입장을 포기하거나 변경한 것은 아니다. 토지의 형질변경행위를 수반하는 건축허가는 결국 재량행위에 속한다고 판시하면서도 다음과 같이 판단하고 있기 때문이다.

"건축허가권자는 건축허가신청이 건축법 등 관계 법규에서 정하는 어떠한 제한에 배치되지 않는 이상 당연히 같은 법조에서 정하는 **건축허가를 하여야 하고, 중대한 공익상의 필요가 없는데도 관계 법령에서 정하는 제한사유 이외의 사유를 들어 요건을 갖춘 자에 대한 허가를 거부할 수는 없다**(대법원 2003.4.25. 선고 2002두3201 판결, 대법원 2009.9.24. 선고 2009두8946 판결 등 참조)."[125]

---

123) 이에 관하여는 김동희, 건축허가처분과 재량, 행정판례연구 V, 한국행정판례연구회 편, 서울대학교출판부, 2000, 17-32 참조. 김동희교수는 여기서 이 판례는 형식적 관점에서는 종래의 판례를 변경한 것은 아니지만, 이 사건의 경우 관계법령의 형식적 또는 문법적 해석에 따르면 당해 건축행위는 허용된다고 볼 수 없는 것임에도 불구하고, 그 목적론적 해석에 따라 당해 건축행위는 허용되지 아니하는 것이라고 하고 있고 보면, 그것은 내용적으로는 종래 판례의 실질적 변경이라고 할 수 있을 것이라고 지적한다(같은 글, 30).

124) 대법원 2005.7.14. 선고 2004두6181 판결. 동지 대법원 2013.10.31. 선고 2013두9625 판결; 대법원 2010.2.25. 선고 2009두19960 판결.

125) 대법원 2010.2.25. 선고 2009두19960 판결.

그러나 위 대법원의 판례에는 유의할 문제가 있다. 대법원은 위 사건에서 문제된 건축허가가 기속행위에 해당하고, '피고행정청으로서는 중대한 공익상의 필요를 들지 못하는 이상 건축허가처분을 할 의무가 있다 할 것'이라고 판시하고 있으나, **'기속행위를 거부할 만한 중대한 공익상 필요'가 있으면 건축허가를 거부할 수 있음을 암시하고 있기 때문이다.**[126] 여기서 건축허가를 기속행위로 보면서도 '중대한 공익상 필요가 있는 경우에는 건축허가를 거부할 수 있다'고 전제한 데 대하여 어떠한 근거로 그 같은 예외를 도출했는지 이론상 의문이 남는다.[127]

> 종래 대법원은 "건축허가권자는 건축물이 건축법, 도시계획법 등의 관계법규에서 정하는 어떠한 제한에도 배치되지 않는 이상 당연히 같은 법 소정의 건축허가를 하여야 하고 위 관계법규에서 정하는 제한사유 이외의 사유를 들어 바로 그 허가신청을 거부할 수 없다"고 판시해 왔다.[128] 그러나 대법원은 1992. 12.11. 선고 92누3038 판결(건축허가신청서반려처분취소)에 이르러 "공익상 필요가 없음에도 불구하고 요건을 갖춘 자에 대한 허가를 관계법령에서 정하는 제한사유 이외의 사유를 들어 거부할 수는 없다"고 판시하여 기존의 판례와는 사뭇 다른 뉘앙스를 보이기 시작했다. 대법원이 92누3038 판결에서 인용한 대법원 1989.6.27. 선고 88누7767 판결과 1992.6.9. 선고 91누11766 판결에는 "공익상 필요가 없음에도 불구하고"란 표현은 나오지 않는다.

(3) 종 류

일반적으로 강학상 허가는 그 문제되는 영역에 따라 경찰허가·재정허가·군정허가 등으로 구별되며 허가의 대상에 따라 대인적 허가(운전면허)·대물적 허가(차량검사합격처분)·혼합적 허가(주유소영업허가)로 나누어진다. 특히 후자의 구분은 그 이전성의 유무를 판단함에 있어 의미가 있는데 대인적 허가의 이전이나 양도는 금지되며, 이전성은 원칙적으로 대물적 허가에 관해서만 인정된다. 혼합적 허가는 보통 허가대상의 물적 기준과 아울러 허가출원자의 인적 결격사유가 규정되어 있는 경우로서, 이 경우에는 원칙적으로 이전성이 인정되지 않는다. 관계법에 따라서는 영업의 양도가능성을 인정하되 행정청에 대한 신고의무가 부과되는 경우가 있다.

예컨대 식품위생법은 제38조 제1항에서 영업허가를 받을 수 없는 사유(결격사유)를 규정하고 있는데, 같은 법 제39조 제1항에서는 영업자가 영업을 양도하거나 사망한 경우 또는

---

126) 이러한 전제 위에서 대법원은 "피고는 원고 4의 건축허가신청을 거부한 이 사건 처분의 사유로 '국회단지' 일대에서 난개발 및 도시슬럼화를 방지하기 위한 계획적인 개발이 검토되고 있음을 들고 있으나, 위와 같은 사유는 기속행위를 거부할 만한 중대한 공익상 필요에 해당하지 않는다"고 판시하고 있다(대법원 2010.2.25. 선고 2009두19960 판결).

127) 대법원은 이전에도 위 판례와 동일한 태도를 취했고(대법원 1992.12.11. 선고 92누3038 판결, 대법원 2009.9.24. 선고 2009두8946 판결 등), 이후 대법원 2012.11.22. 선고 2010두19270 전원합의체 판결을 통해서도 동일한 입장을 유지한 바 있다.

128) 대법원 1992.6.9. 선고 91누11766 판결; 대법원 1989.3.28. 선고 88누10541 판결 등을 참조.

법인이 합병한 경우에는 그 양수인·상속인 또는 합병 후 존속하는 법인이나 합병에 따라 설립되는 법인은 그 영업자의 지위를 승계하며, 다만, 영업자의 지위를 승계한 자는 보건복지부령으로 정하는 바에 따라 1개월 이내에 그 사실을 관할관청(식품의약품안전청장 또는 특별자치도지사·시장·군수·구청장)에게 신고하도록 하고 있다.

반면, 이와는 달리 같은 법 제39조 제2항은 같은 법 제29조 제2항 각 호, 즉「민사집행법」에 따른 경매,「채무자 회생 및 파산에 관한 법률」에 따른 환가,「국세징수법」,「관세법」또는「지방세법」에 따른 압류재산의 매각, 그 밖에 이들에 준하는 절차 중 어느 한 절차에 따라 영업 시설의 전부를 인수한 자는 그 영업자의 지위를 승계하며, 그 경우 종전의 영업자에 대한 영업허가 또는 그가 한 신고는 그 효력을 잃는다고 규정하고 있다.

여기서 후자의 경우, 영업허가의 이전성을 부정하는 데 대해서는 의문이 없으나, 전자의 경우 영업자 지위의 승계가 그 영업허가의 승계까지도 포함하는지 여부가 문제된다. 생각건대, 영업허가와 허가의 객관적 대상이 된 영업 자체는 서로 구별되어야 하지만,[129] 같은 법 제39조 제2항의 반대해석상 특별한 사정이 없는 한 영업허가도 이전된다고 보아야 할 것이다.

한편 대법원은 "석유판매업(주유소)허가는 소위 대물적 허가의 성질을 갖는 것이어서 그 사업의 양도도 가능하고, 이 경우 양수인은 양도인의 지위를 승계하게 됨에 따라 양도인의 위 허가에 따른 권리의무가 양수인에게 이전되는 것이므로 만약 양도인에게 그 허가를 취소할 위법사유가 있다면 허가관청은 이를 이유로 양수인에게 응분의 제재조치를 취할 수 있다 할 것이고, 양수인이 그 양수 후 허가관청으로부터 석유판매업허가를 다시 받았다 하더라도 이는 석유판매업의 양수도를 전제로 한 것이어서 이로써 양도인의 지위승계가 부정되는 것은 아니라 할 것이다"라고 판시한 바 있다.[130] 그러나 이러한 대법원 판결의 타당성은 의심스럽다. 원심이 적절히 지적한 바와 같이 석유사업법 제12조 제3항, 제5조에서 인적 결격사유가 규정되고 있는 점(대인적 허가)과 동법 제12조 제2항, 동법시행령에 따른 물적 시설기준이 요구되고 있는 점(대물적 허가)을 고려할 때 '석유판매업허가는 혼합적 허가의 성질을 갖는 것이고, 이러한 경우 대물적 허가사항의 효과는 물적 사항에 변경이 없는 한 이전성이 인정되나 대인적 허가사항의 효과는 일신전속적인 것으로 포괄승계의 경우를 제외하고는 원칙적으로 그 이전성이 인정되지 아니 한다'고 봄이 옳다.[131]

대법원은 양도인에 대한 사유로 양수인에 대하여 영업정지처분을 할 수 있는지 여부에 대하여 "공중위생관리법 제11조 제5항에서 영업소 폐쇄명령을 받은 후 6개월이 지나지 아니한 경우에는 동일한 장소에서는 그 폐쇄명령을 받은 영업과 같은 종류의 영업을 할 수 없다고 규정하고 있는 점 등을 고려하여 볼 때 **영업정지나 영업장 폐쇄명령은 모두 대물적 처분으로 보아야 할 것이므로, 양수인이 그 양수 후 행정청에 새로운 영업소 개설 통보를 하였다 하더라도, 그로 인하여 영업양도·양수로 영업소에 관한 권리·의무가 양수인에게 이전하는 법률효과까지 부정되는 것은 아니므로, 만일 어떠한 공중위생 영업에 대하여 그 영업을 정지할 위법사유가 있다면, 관할 행정청은 그 영업이 양도·양수되었다**

---

129) 홍정선, 행정법원론(상), 303.
130) 대법원 1986.7.22. 선고 68누273 판결; 대법원 1979.10.30. 선고 79누190 판결.
131) 동지 김남진, 기본문제, 856이하.

하더라도 그 업소의 양수인에 대하여 영업정지처분을 할 수 있다"고 판시함으로써 **영업장 폐쇄명령의 대물적 처분성을 근거로 그 이전가능성을 시인**한 바 있다.[132] 이 판결은 행정제재적 처분을 받은 후 영업장을 양도하는 방법으로 행정처분의 효력을 면탈하여 행정처분을 받은 영업장에 대한 이권을 환수하거나 영업을 계속하는 관행을 근절시키기 위한 배경에서 나온 것으로서, 공중위생영업에 대한 행정처분을 대물적 처분으로 보고 그 이전성을 인정한 것이다. 한편 이 같은 배경에서 공중위생관리법은 2002년 8월 26일의 개정법에서 제11조의3을 신설하여 **행정제재처분효과의 승계를 명문화**하기에 이른다. 이에 따라, ① 공중위생영업자가 그 영업을 양도하거나 사망한 때 또는 법인의 합병이 있는 때에는 종전의 영업자에 대하여 법 제11조 제1항의 위반을 사유로 행한 행정제재처분의 효과는 그 처분기간이 만료된 날부터 1년간 양수인·상속인 또는 합병후 존속하는 법인에 승계되고, ② 공중위생영업자가 그 영업을 양도하거나 사망한 때 또는 법인의 합병이 있는 때에는 법 제11조 제1항의 위반을 사유로 하여 종전의 영업자에 대하여 진행중인 행정제재처분 절차를 양수인·상속인 또는 합병 후 존속하는 법인에 대하여 속행할 수 있게 되었다.

(4) 허가의 요건

허가는 출원에 의해 발급되는 것이 보통이다. 출원이 허가의 필요요건인지, 또 출원과 다른 내용으로 허가가 발급될 수 있는지(수정허가)에 관해서는 논란이 있으나 허가는 원칙적으로 출원을 요한다고 보지만, 출원이 예컨대 소제기에 의해 소송의 개시여부 및 대상이 확정되는 효과가 발생하는 것과 같이 허가발급을 위한 심사여부 및 심사범위를 결정하는 구속력을 갖는 것은 아니라는 점에서 절대적 요건으로 요구되는 것은 아니라고 이해하는 것이 타당하다. 출원이 없는 허가나 수정허가는 그 효력이 일정기간 부동상태에 있다가 상대방의 동의가 있음으로써 그 효력이 완성된다고 볼 수 있다.[133] 판례 또한 출원과 다른 내용의 허가가 당연무효는 아니라는 입장을 취하고 있다.[134] 한편, 허가는 보통 특정인에게 발급되지만 불특정다수인에 대한 일반처분으로서 발급될 수도 있다(다수설). 허가는 원칙적으로 불요식 행위이다. 그 밖에 허가의 요건에 관해서는 각각 관계법의 규정에 따라 다양하게 규정되고 있으므로 일률적으로 논할 수 없다. 다만 허가의 요건을 규정하고 있는 법령의 규정들은, 경우에 따라 가령 영업허가의 경우 그 전제가 된 상대적 금지가 곧 직업선택의 자유의 내용이 되는 영업의 자유를 제한한다는 점에서 헌법 제37조 제2항의 기본권제한에 관한 법률유보를 위반할 수 있다는 점을 유의할 필요가 있다. 법률상 근거 없이 공중목욕탕의 분포의 적정을 규정한 공중목욕장업법 시행세칙은 직업선택의 자유를 제한하는 것으로서 위헌무효라는 대법원판례가 있다.[135]

---

132) 대법원 2001.11.9. 선고 2001두5064 판결.
133) 김남진, 행정법 I, 253.
134) 대법원 1985.11.26. 선고 85누382 판결.
135) 대법원 1963.8.22. 선고 63누97 판결. 이와 유사한 판례로는 시의 예규에 의한 양곡가공시설물 설치장소에 대한 거리제한의 위법을 선언한 대법원 1981.1.27. 선고 79누433 판결이 있다. 반면 이와는 달리 주유소위치변경신청

제1편 제2편 제3편 제4편 제5편 행정법총론

⑸ 허가의 효과

허가의 효과는 일반적 금지를 해제하는 데 있다. 이로써 허가를 받은 자는 적법하게 허가된 행위를 할 수 있다. 그러나 이미 앞에서 설명한 바와 같이 이러한 행위는 허가로 회복된 자연적 자유에 의한 것이지 허가로 어떤 권리가 새로이 설정된 것에 기하는 것은 아니다.

"건축허가는 행정관청이 건축행정상 목적을 수행하기 위하여 수허가자에게 **일반적으로 행정관청의 허가 없이는 건축행위를 하여서는 안 된다는 상대적 금지를 관계 법규에 적합한 일정한 경우에 해제하여 줌으로써 일정한 건축행위를 하여도 좋다는 자유를 회복시켜 주는 행정처분일 뿐** 수허가자에게 어떤 새로운 권리나 능력을 부여하는 것이 아니고, 건축허가서는 허가된 건물에 관한 실체적 권리의 득실변경의 공시방법이 아니며 추정력도 없으므로 건축허가서에 건축주로 기재된 자가 건물의 소유권을 취득하는 것은 아니므로, 자기 비용과 노력으로 건물을 신축한 자는 그 건축허가가 타인의 명의로 된 여부에 관계없이 그 소유권을 원시취득한다."[136]

반면 피허가자가 동종영업을 하는 제3자와의 경쟁관계에 있어 자신에 대한 허가로써 일반적 금지가 해제된 결과 받는 독점적 이익은, 허가 자체로 인한 이익이 회복된 자연적 자유로서 권리인 것과는 달리, 반사적 이익인 경우도 있을 수 있다. 그러나 그것이 과연 단순한 반사적 이익에 불과한지 또는 법이 보호하는 이익에 해당하는지는 관계법규정의 해석에 따라 결정될 문제이다. 이에 관한 판례변천은 이미 주관적 공권을 설명하면서 살펴본 바 있다.

무허가행위의 경우 행정상 강제집행이나 행정벌이 부과되는 것과 별도로, 행위 자체의 효력은 부인되지 않는 것이 일반적이다. 특히 이것은 허가를 받지 않고 행한 사법상의 거래행위와 관련하여 의미가 있다. 예외적으로 법령이 무허가행위의 무효를 규정하는 경우도 있다.

2.1.3. 면 제

특정한 경우에 한하여 작위·수인·급부 등 의무를 해제해 주는 행위를 면제(Dispens)라고 한다. 의무해제라는 점에서 면제는 허가와 비교되나, 허가의 경우 금지 해제인 점에서 구별된다.

독일에서는 종래 그리고 지금도 면제(Dispens oder Befreiung)라고 불려 온 행위를 이른바 **예외적 승인**(Ausnahme-bewilligung)이란 개념으로 파악하고 입법이 일정한 행위를 사회적으로 유해한 것 또는 바람직하지 않은 것으로 금지하면서 단지 특별한 경우에 한하여 예외적으로 이러한 금지를 해제해 주는 것이라고 이해하고 있다. 그것은 허가의 전제가 된 일반적 금지가 허가유보부 (예방적)금지(präventives Verbot mit Erlaubnisvorbehalt)인 데 비해, 면제유보부 (억제적)금지(repressives Verbot mit Befreiungsvorbehalt)에 해당한다. 예외적 승인 또는 면제는 본래 구체적 사건에 대한 적용을 염두에 두지

불허가처분사건에서 주유소거리제한은 적법하다고 판시한 바 있다(대법원 1974.11.26. 선고 74누110 판결).
136) 대법원 2002.4.26. 선고 2000다16350 판결.

않고 정립되는 법률규정의 일반추상성에서 연유하는 곤란성과 불합리를 해결하려는 취지를 지닌 제도로 이해되고 있다.[137]

면제는 허가가 예방적 통제의 목적 하에 잠정적으로 제한되었던 자유를 회복시키는 것인데 비해, 행위 자체의 유해성 등을 이유로 법률상 금지된 행위를 허용함으로써 시민의 권리영역을 확장한다는 점에서 형식·실질 양면에서 수익적 행정행위라고 할 수 있다.

2.2. 형성적 행위

형성적 행위($^{gestaltender}_{VA}$)란 새로운 권리나 능력 등의 법적 지위를 설정·변경·박탈하는 행위, 즉, 상대방의 이행을 기다리지 않고 직접 법률관계의 변동을 초래하는 행위를 말하며, 좁은 의미의 설권행위로서 특허, 포괄적 법률관계설정행위로서 공무원임명·귀화허가, 변경행위로서 광업법상 광구변경, 탈권행위로서 광업허가취소를 위시하여 타자의 법률행위의 효력을 완성시켜 주는 보충행위로서 인가, 제3자를 대신하여 일정한 행위를 하고 그 효과를 그에게 귀속시키는 공법상 대리 등이 이에 해당한다.

2.2.1. 특 허

(1) 개 념

여기서 말하는 특허(^{Konzession})란 좁은 의미의 특허로서 권리설정행위를 말한다. 이 역시 실정법상 면허·허가 등으로 표현되기도 한다. 특허에는 공기업특허, 공물사용권특허와 같이 특허된 권리의 내용이 공권의 성질을 지닌 것과 광업권이나 어업권같이 사권(물권)의 성질을 띠는 경우가 있다($^{광업법 § 10,}_{수산업법 § 16}$). 그 밖에 판례상 특허로 인정된 것으로는 보세구역의 설영특허, 공유수면매립, 여객자동차운수사업면허 등이 있다.

(2) 특허의 성질

종래 특허는 상대방에게 이익을 주는 것이라는 이유에서 재량행위로 보았으나, 그것은 관계법규정의 성질을 고려하여 개별적으로 판단해야 할 문제이다. 특허와 허가는 전자가 설권행위라는 점에서 구별되는 것이지만, 양자의 구별이 상대화되어 가고, 그 법적 성질이 융합되는 경향(허가의 특허화, 특허의 허가화)마저 볼 수 있다.

(3) 출원의 필요성

특허는 상대방의 출원을 필요로 한다는 것이 다수의 견해이다. 다만, 공법인의 설립과 같은 경우 상대방의 출원을 기다릴 여지가 없다는 점에서 출원이 불필요하다는 견해가 있으나

---

137) Maurer, § 9 Rn.55, S.183.

이는 법률에 의한 특허(광의)로서 행정행위로서의 특허와는 구별하여야 마땅하다.

(4) 특허의 형식요건

특허는 일반적으로 특허처분의 형식으로 행해지며, 특정인에 대해서만 발급될 뿐 일반처분에 의하여 불특정다수인에게 행해질 수 없다. 특허 역시 원칙적으로 불요식행위이다.

(5) 특허의 효과

특허의 효과는 제3자에게 대항할 수 있는 새로운 법률상의 힘을 부여하는 데 있다. 특허의 종류에 따른 효과, 특히 이전성 문제는 허가에 관하여 설명한 것과 같다.

(6) 특허와 허가의 구별

이에 관하여는 다음의 표로 대신한다.

〈영업허가와 공기업특허의 비교〉

	영업허가	공기업특허
목 적	주로 경찰목적	주로 복리목적
법적 기속	기속행위	재량행위
유형적 특성	명령적 행위(이설있음)	형성적 행위
향수이익의 법적 성질	반사적 이익설/법적 보호이익설(?)	권리
국가적 감독	소극적	적극적

2.2.2. 인 가

(1) 개 념

인가란 행정청이 타인의 법률행위를 동의로써 보충하여 그 행위의 효력을 완성시켜 주는 행정행위를 말한다. 이를 보충행위라고도 한다. 예컨대 여객자동차운송사업 양도·양수에 대한 국토해양부장관 또는 시·도지사의 인가(여객자동차운송사업법 §15 ②), 공공조합의 설립인가, 사립학교의 설립인가(고등교육법 §4 ②), 학교법인의 합병에 대한 교육과학기술부장관의 인가(사립학교법 §36 ②) 등을 들 수 있다.

(2) 대 상

인가의 대상은 제3자의 행위로서, 허가 등의 경우와는 달리 반드시 법률행위이어야 하며 법률행위인 한 공법행위든 사법행위든 무방하다.[138]

(3) 인가와 출원

인가는 그 대상이 되는 법률행위를 한 당사자의 신청이 있는 경우에만 행해진다. 따라서

---

138) 가령 김동희, 행정법 I, 2001, 267; 홍정선, 행정법원론(상), 2001, 308 등.

수정인가도 불가능하다.

(4) 인가의 형식요건

인가는 반드시 구체적인 처분으로 행해지며, 원칙적으로 불요식행위이다.

(5) 인가의 효과

인가가 이루어지면 제3자간의 법률적 행위의 효과가 완성된다. 인가는 법률행위를 대상으로 하는 것이므로 그 효과는 당해 법률행위에 한하여 발생하고 따라서 이전성이 없다. 무인가행위의 효력은 당연히 무효로 돌아가며 강제집행이나 처벌의 문제를 발생시키지 않는다.[139]

(6) 인가와 기본행위

인가와 기본행위의 관계여하는 특히 하자의 문제와 관련되어 문제된다. 이를 유형별로 나누어 살펴보면, ⓐ 양자가 모두 적법하거나, 위법한 경우 각각 완전한 유효와 무효의 결과가 됨은 당연하다. ⓑ 기본행위가 부존재 또는 무효인 경우 인가는 설령 그것이 적법하더라도 그 대상을 결여하므로 무효이다.[140] 이것은 기본행위가 사후에 효력을 상실하는 경우에도 마찬가지이다. ⓒ 기본행위는 적법하나 인가만 무효인 경우에는 무인가행위가 된다고 볼 것이다. 따라서 법률행위의 효력이 완성되지 않는다. ⓓ 기본행위가 취소할 수 있는 행위인 경우에는 적법한 인가가 있더라도 취소될 수 있다. ⓔ 기본행위에 하자가 있는 경우에는 기본행위를 쟁송의 대상으로 삼을 것이지 인가를 다툴 것은 아니라는 것이 확립된 판례이다.

"재건축주택조합의 조합장 명의변경에 대한 시장, 군수 또는 자치구 구청장의 인가처분은 종전의 조합장이 그 지위에서 물러나고 새로운 조합장이 그 지위에 취임함을 내용으로 하는 재건축주택조합의 조합장 명의변경 행위를 보충하여 그 법률상의 효력을 완성시키는 보충적 행정행위로서, 그 기본행위인 조합장 명의변경에 하자가 있을 때에는 그에 대한 인가가 있다 하더라도 조합장 명의변경이 유효한 것으로 될 수 없는 것이므로, 기본행위인 조합장 명의변경이 적법·유효하고 보충행위인 인가처분 자체에만 하자가 있다면 그 인가처분의 취소를 구할 수 있는 것이지만, **기본행위에 하자가 있다고 하더라도 인가처분 자체에 하자가 없다면 따로 그 기본행위의 하자를 다투는 것은 별론으로 하고 기본행위의 하자를 내세워 바로 그에 대한 행정청의 인가처분의 취소를 구할 수는 없다.**"[141]

2.3. 확인적 행위

확인적 행위($^{feststellender}_{VA}$)란 상대방의 권리나 법적 중요성을 띤 속성의 유무나 적부를 판단하여 확인하는 행위를 말한다. 여기에는 당선인결정, 선거인명부작성, 국가시험합격자결정, 도

---

139) 김철용, 행정법 I, 제13판, 2010, 204.
140) 대법원 1980.5.27. 선고 79누196 판결.
141) 대법원 2005.10.14. 선고 2005두1046 판결; 대법원 1995.12.12. 선고 95누7338 판결; 대법원 2004.10.28. 선고 2002두10766 판결; 대법원 1991.6.14. 선고 90누1557 판결 등 참조.

로구역결정, 발명권특허, 교과서검인정, 금전지급청구권확인, 소득금액결정, 행정심판재결 등이 해당한다. 확인적 행정행위에는 대체로 준법률행위적 행정행위 중 확인이 해당한다. 확인적 행정행위는 기존의 권리나 사실의 존재나 적부를 확인하는 데 그치는 것이지만 이를 구속적으로 확인한다는 점에서는 법적 규율로서의 성질을 가지며 따라서 행정행위임에 다른 종류의 행정행위와 다름이 없다. 뿐만 아니라 확인적 행정행위는, 가령 행정처분으로 법률이 규정하는 일정한 급부의무가 확정될 경우, 그 확정된 급부는 그 법적 근거인 행정처분이 존속하는 한, 거절 또는 환급청구될 수 없게 된다는 점에서, 또한 이러한 한도 내에서, 사실상 권리형성적 효과를 지닌다고도 할 수 있으며, 이러한 효과는 특히 행정청이 재량의 여지를 갖고 있을 때에 더욱 뚜렷이 나타난다. 그러나 그럼에도 불구하고 확인적 행정행위는 실체법적 법률관계의 변동을 가져오는 것은 아니라는 점에서 형성적 행정행위와는 구별된다.

2.4. 기타의 행정행위유형

그 밖에 유형으로 공증(^{Beurkundung})과 통지(^{Mitteilung}), 수리(^{Annahme}) 등이 거론된다.

2.4.1. 공 증

(1) 개 념

공증이란 특정사실 또는 법률관계의 존재를 공적으로 증명하는 행위를 말한다. 예컨대 각종 등기·등록·증명서의 발급이 이에 속한다. 공증행위는 효과의사나 어떠한 사항에 대한 확정적 판단의 표시가 아니라 단지 일정사실이나 법률관계에 관한 인식의 표시일 뿐이다. 공증은 의문이나 분쟁이 없는 것을 전제로 한다는 점에서, 확인적 행위가 의문이나 분쟁을 전제로 하는 것과 다르다. 공증에 의해 증명된 사실은 따라서 반증에 의해 전복될 수도 있다.

(2) 성질 및 효과

공증은 원칙적으로 기속행위이며 성질상 요식행위임을 원칙으로 한다. 공증의 효과는 공증된 사항에 대하여 공적 증거력을 부여하는 데 있다. 그러나 반증이 있으면 행정기관이나 법원은 공증의 취소 없이 그 증거가치를 부정(전복)할 수 있다는 점에서 공정력이 부인될 수 있다. 이런 이유로 공증행위의 행정행위성을 부인하는 견해가 있다.[142] 그 밖에 권리행사의 요건(선거인명부등록), 권리의 제3자대항요건(부동산등기) 또는 권리발생의 요건(광업원부에의 등록) 등의 효과가 공증에 인정되는 것은 각각 관련법규의 내용에 따른 결과라 할 수 있다.

---

142) 김남진, 행정법 I, 264; 동, "준법률행위적 행정행위의 문제점", 고시연구 1992/5, 47. 한편 일본의 판례는 공증행위를 행정행위로 보지 않고 있다고 하며, 우리 판례 중에도 토지대장에의 등재·등재변경의 처분성을 부인한 것(대법원 1991.8.27. 선고 91누2199 판결), 하천대장에의 토지등재의 처분성을 부인한 것(대법원 1991.10.22. 선고 90누9896 판결)이 있다.

2.4.2. 통 지

통지란 특정인이나 불특정다수인에게 특정한 사항을 알리는 행위를 말한다. 예컨대 토지수용의 경우 사업인정의 고시·특허출원공고·귀화고시가 이에 해당한다. 다만 행정행위의 효력발생을 위한 한 요건으로서 통지나 고시는 독립된 행정행위가 아니며 따라서 여기서 말하는 통지와는 구별된다. 통지는 그 내용상 대집행 계고와 같이 작위하명의 성질을 가질 수 있으며, 납세독촉은 급부하명, 사업인정의 고시는 특허의 성질을 가진다.

2.4.3. 수 리

수리(^{Annahme})란 타인의 행정청에 대한 행위를 유효한 것으로 받아들이는 행위를 말한다. 사직원의 수리, 혼인신고 수리, 행정심판청구서의 수리, 주민등록 전입신고의 수리 등이 그 예이다. 수리는 행정청이 타인의 행위를 유효한 것으로 수령하는 의사작용이라는 점에서 사실상 접수나 도달, 전화상담을 받는 행위 등과는 다르다. 그러나 수리나 수리 거부가 이러한 의미의 사실행위에 불과한 것으로 판단된 예가 많음에 유의할 필요가 있다.[143] 소정의 요건을 갖춘 신고는 법에 특별한 이유가 없는 한 수리되어야 한다는 점에서 기속행위라고 볼 수 있다. 수리는 각각 그 신청의 내용에 따라 결정·재결의무의 발생(이의신청·행정심판청구), 공무원관계의 소멸(사직원수리) 등과 같은 효과와 기타 사법상 효과(혼인신고)를 발생한다.

> **액화석유가스충전사업의 지위승계신고 수리행위의 처분성**
>
> "액화석유가스의안전및사업관리법 제7조 제2항에 의한 사업양수에 의한 지위승계신고를 수리하는 허가관청의 행위는 단순히 양도, 양수자 사이에 발생한 사법상의 사업양도의 법률효과에 의하여 양수자가 사업을 승계하였다는 사실의 신고를 접수하는 행위에 그치는 것이 아니라 **실질에 있어서 양도자의 사업허가를 취소함과 아울러 양수자에게 적법히 사업을 할 수 있는 법규상 권리를 설정하여 주는 행위로서 사업허가자의 변경이라는 법률효과를 발생시키는 행위**이므로 허가관청이 법 제7조 제2항에 의한 사업양수에 의한 지위승계신고를 수리하는 행위는 행정처분에 해당한다."[144]
>
> "사업양도·양수에 따른 허가관청의 지위승계신고의 수리는 적법한 사업의 양도·양수가 있었음을 전제로 하는 것이므로 그 **수리대상인 사업양도·양수가 존재하지 아니하거나 무효인 때에는** 수리를 하였다 하더라도 그 **수리는 유효한 대상이 없는 것으로서 당연히 무효**라 할 것이고, 사업의 양도행위가 무효라고 주장하는 양도자는 민사쟁송으로 양도·양수행위의 무효를 구함이 없이 곧바로 허가관청을 상대로 하여 행정소송으로 위 신고수리처분의 무효확인을 구할 법률상 이익이 있다고 할 것이다."[145]

---

143) 김남진, 고시연구 1992/5, 47.
144) 대법원 1993.6.8. 선고 91누11544 판결.
145) 대법원 2005.12.23. 선고 2005두3554 판결; 대법원 1990.10.30. 선고 90누1649 판결; 대법원 1993.6.8. 선고 91누 11544 판결 등 참조.

3. 한계적 문제 - 확약 · 예비결정 · 가행정행위 · 일부허가 · 교시

3.1. 행정법상 확약

3.1.1. 개 념

확약(^{Zusicherung})이란 행정청이 국민에 대하여 장차 일정한 행정행위를 하겠다든가 또는 안 하겠다는 약속의 의사표시를 말한다. 1987년 입법예고된 행정절차법안은 제25조 제1항에서 확약을 「행정청이 어떠한 행정처분을 하거나 하지 아니할 것을 약속하는 행위」로 규정하고 있었다. 독일의 연방행정절차법 제38조는, 종래 행정판례에 의해 인정되어 왔던, '행정청의 공적 확언은 당해 행정청에 대하여 행정의 자기구속의 효력이 있다'는 법리를 수용하여 확약(^{Zusicherung})이란 행정의 활동형식으로 제도화하고 있다. 우리 행정법상 확약이란 독일행정법의 제도를 받아들인 것이다.

> 본래 독일의 행정법에 있어서 학설과 판례에 의해 인정되어 왔던 것은 행정절차법 제38조의 확약(^{Zusicherung})보다 넓은 확언(^{Zusage})의 법리였다. 확언이란 특정한 행정조치를 하거나 하지 않겠다는 소관행정청의 구속적 약속($^{Verbindliches}_{Versprechen}$)으로 행정청의 자기구속의 의지(^{Bindungswille})가 결정적인 개념적 징표를 이룬다. 연방행정법원은 확언을 "장차의 행위나 불행위에 대한 자기구속의 의지를 수반한 고권적 의무부담" ($^{hoheitliche\ Selbstverpflichtung\ mit\ Bindungswille}_{zu\ einem\ späteren\ Tun\ oder\ Unterlassen}$)이라 지칭했다($^{BVerwGE}_{26,31,36}$). 여기서 확언은 약속의 대상을 행정행위에 한정하지 않는 개념임을 알 수 있다. 다시 말해, 확약은 확언의 한 유형으로 행정행위의 발급 또는 불발급에 대한 확언에 해당한다. 연방행정절차법 제38조가 행정행위의 발급 또는 불발급에 대한 확언만을 확약으로 인정하고 또 서면의 형식을 요하는 것으로 규정한 데 대해 많은 비판이 있었다. 그럼에도 불구하고 확약과 함께 확언도 실제 행정의 활동형식으로서 중요한 역할을 수행한다고 한다(개발조치 수행이나 서류 제공, 선거벽보부착시설의 설치 등 사실행위나 행정계획의 실시 및 존속보장 등에 관한 확언).[146] 이러한 사실은 행정처분에 국한된 우리나라 행정법상 확약이란 활동형식의 성격을 규명하는 데 참고가 된다.

행정법상 확약은, 비록 행정절차법에 제도화되지는 못했지만, 학계에서는 비교적 일찍부터 행정의 신뢰보호원칙에 근거를 둔 활동형식으로서 일반적 승인을 얻고 있다. 즉, 우리나라에서도 법규 또는 행정관습에 의하여, 종래 '내인가' · '내허가' · '일차인가' · '일차면허' 등의 이름으로 확약의 법리가 실제로 관철되어 왔다고 지적되고 있다.[147] 가령 재무부장관이 금융통화위원회를 통하여 노동은행설립건을 의결하고 시중은행으로서 이를 내인가한 경우가

---

146) Maurer, § 9 Rn.59, S.186.
147) 김도창, 일반행정법론(상), 429. 한편 김남진교수(기본문제, 285-286)는 다수의 학자들이 위의 내인가나 내허가, 1차면허 등으로 불리어 온 행위유형들을 획일적으로 확약으로만 파악하는 데 대하여 반대하고 있다. 즉, 이들 중에는 확약과 구별되는 예비결정 또는 부분인허에 해당하는 경우가 많다는 것이다. 아무튼 이 문제는 결국 문제된 개개행위의 법적 효과를 구체적으로 검토함으로써만 해결될 수 있을 것이다.

그 예이다.[148]

동방유량은 1992년 6월 16일 홍콩의 페레그린(Peregrine)사와의 합작증권회사설립을 위한 내인가신청서를 재무부에 제출했다. 선경측의 태평양증권인수에 이어 동방유량측이 지난해 12월 국내 처음으로 외국과의 합작증권회사설립을 위한 계약을 체결 발표하고 나서자 대통령 집안과 인척관계에 있는 두 기업의 잇따른 증권업진출로 주목을 끌었다. 문제의 페레그린사는 1990년 7월에 설립된 무역 및 금융업을 하는 회사로 알려져 재무부가 합작증권사설립을 위한 요건으로 정한「당해국가에서 10년이상 증권업영위」조항에 위배된다는 시비가 일었다. 그러자 동방측은 지난 4월 페레그린사가 74년부터 증권업을 전문으로 해온 PASL을 흡수합병토록 했는데 이 PASL은 페레그린사가 100% 지분을 갖고 있던 자회사였으므로, 모회사인 페레그린사는 상법상 흡수합병에 의해 모든 권리의무를 승계하므로「10년이상 증권업영위」규정을 충족케 되었다고 주장했다. 반면 재무부당국이 정한 증권업영위조항은「바로 그 회사가」실제로 증권업을 해오고 있음을 말하는 것으로 해석되고 있어 귀추가 주목되었지만(1992년 6월 17일자 중앙일보 제6면에서 발췌) 결국 내인가를 거쳐 증권회사가 설립될 수 있었다. 여기서 재무부당국이 발급한 내인가는 합작증권사설립인가에 대한 확약의 성질을 가진다고 볼 수 있다.

3.1.2. 법적 성질

(1) 확약은 행정행위인가

확약이 행정행위의 성질을 가지는지에 관해서는 논란이 있다. 확약을 행정행위의 일종으로 보는 견해가 다수설[149]이라 할 수 있으나, 확약이 종국적 규율의 성질을 갖지 않는다는 점에서 독자적인 행위형식으로 보는 견해[150]도 표명되고 있다.

확언의 법적 성질 ●● 확언의 법적 성질은 독일에서도 마찬가지로 논란되고 있다. 일설은 확언의 의무부담적 성격에 착안하여 이를 행정행위의 개념적 징표에 속하는 규율로 보는 데 비하여 다른 입장에서는 확언은 아직은 아무런 규율을 포함하지 않으며 다만 그러한 규율을 기대할 수 있게끔 하는 데 불과한 것이라고 본다. 이와같이 확언의 법적 성질을 규명하는 것은 법해석론적 이유에서뿐만 아니라 실제적인 까닭에서 중요한데, 왜냐하면 그 행정행위여하에 따라 행정행위에 관한 규정들의 적용여부가 판단될 것이며 나아가 그것이 공정력($^{fehlerunabhängige}_{Bindungswirkung}$)을 발생하는가도 결정될 수 있기 때문이다. 그러나 이러한 문제는 가장 중요한 확언의 유형, 즉 확약(Zusicherung)이 연방행정절차법 제38조에 의해 실정법으로 제도화됨으로써 그 한도에서 의미를 상실했다고 한다. 이에 따라 행정행위에 관한 일련의 법규정들이 확약에 준용되게 되었고($^{§38}_{II}$) 나아가 확약은 그 행위기초가 된 사실 및 법적 상황이 동일한 경우에만 구속력을 가지는 것으로 규정되고 있기 때문이다($^{§38}_{III}$).

---

148) 중앙일보 1992년 3월 20일자 기사를 참조.
149) 김도창, 일반행정법론(상), 429; 박윤흔, 행정법강의(상), 394; 이상규, 신행정법론(상), 330 등.
150) 김남진, 행정법 I, 370; 변재옥, 행정법강의 I, 313. 김남진교수 역시, 비록 행정행위설을 부정한다는 뜻을 분명히 밝히고 있기는 하지만, 실정법이 확약에 행정행위에 관한 일부조항을 준용시키는 경우, 확약을 행정행위에 준하는 것으로 보는 것은 무방하다고 한다(동, 기본문제, 288).

생각건대 확약에 관해서는 일단 그것이 자기구속적 의지에 의해 처분의 의무를 부담하는 것이라는 점에서 행정행위의 개념적 징표인 법적 규율로서의 성질을 지니고 있다고 볼 수 있다. 그러나 이 법적 규율의 내용은 일반 행정행위의 그것과는 달리 특수성을 띠고 있다. 확약의 행위기초가 되었던 사실적·법적 상황이 변경되면 이른바 사정변경의 원칙의 직접적 적용의 결과로 확약의 구속성은 상실되고 말기 때문이다. 우리 행정절차법안 제25조 제4항 이 「행정청은 불가항력 기타 사유로 확약의 내용을 이행할 수 없을 정도로 사실상태 또는 법률상태가 변경된 경우를 제외하고는 그 확약에 기속된다」고 하고, 또 독일연방행정절차법 제38조 제3항이 「확약의 전제가 되었던 사실 및 법적 상황이 변경되어 행정청이 사후에 발생한 사실을 알았더라면 확약을 하지 않았으리라고 인정될 경우 또는 법적 이유에서 확약을 할 수 없었으리라고 인정될 경우에는 그 행정청은 더 이상 자기가 행한 확약에 구속되지 아니한다」고 규정하는 것도 바로 확약의 그러한 성질을 염두에 둔 것이라 할 수 있다. 만일 행정행위에 관해 이 같은 행위기초 및 법적 변동이 있을 경우 그 구속력을 박탈하기 위해서는 별도로 사정변경의 원칙에 따른 행정행위의 철회가 요구된다는 점에서 볼 때,[151] 확약은 행정행위와는 다른 특질을 지니는 것이라고 할 수 있다. 아무튼, 확약이 행정행위의 성질을 갖느냐에 관한 논의의 실익은 전술한 바와 같이 주로 행정행위에 관한 규율을 확약에 적용할 것인가를 결정하는 데 있다. 따라서 확약의 독자성을 인정하면서도 그에 관하여 그 성질이 허용하는 한 행정행위에 관한 규율을 준용하는 입장을 취하는 것이 타당하다고 본다. 대법원의 판례 역시 같은 입장에 서 있다.

대법원은 "자동차운송사업양도양수계약에 기한 양도양수인가신청에 대하여 피고 시장이 내인가를 한 후 위 내인가에 기한 본인가신청이 있었으나 자동차운송사업양도양수인가신청서가 합의에 의한 정당한 신청서라고 할 수 없다는 이유로 위 내인가를 취소한 경우, 위 **내인가의 법적 성질이 행정행위의 일종으로 볼 수 있든 아니든** 그것이 행정청의 상대방에 대한 의사표시임이 분명하고 피고가 위 내인가를 취소함으로써 다시 본인가에 대하여 따로이 인가 여부의 처분을 한다는 사정이 보이지 않는다면 위 내인가취소를 인가신청을 거부하는 처분으로 보아야 할 것"[152]이라고 판시하여 내인가의 행정행위 여부에 대한 판단을 회피하였다. 다만 본처분을 하지 않은 상태에서 내인가를 취소하면 이로써 본처분으로서 인가거부처분이 있는 것이라고 보아 **내인가취소의 종국성과 법적 효과를 시인**하고 있다. 그러나 이후 대법원은 "어업권면허에 선행하는 우선순위결정은 행정청이 우선권자로 결정된 자의 신청이 있으면 어업권면허처분을 하겠다는 것을 약속하는 행위로서 **강학상 확약에 불과하고 행정처분은 아니므로**", 우선순위결정에 공정력이나 불가쟁력과 같은 효력은 인정되지 아니한다고 판시함으로써 확약이 행정처분이 아니라는 점을 분명히 하였다.[153]

---

151) 대법원 1984.11.13. 선고 84누269 판결.
152) 대법원 1991.6.28. 선고 90누4402 판결.
153) 대법원 1995.1.20. 선고 94누6529 판결.

(2) 재량행위인가

일정한 행정행위의 발급에 대해 확약을 할 것인가의 여부는 행정청의 의무에 합당한 재량에 속한다.[154) 물론 그 대상이 재량에 속하는 행위인가 기속행위인가는 별개의 문제이다.

(3) 확약과 교시 · 예비결정 · 일부허가와의 비교

확약은 자기구속의 의지를 내용으로 한다는 점에서 비구속적인 법률적 견해 표명인 교시(Auskunft: 고지)와 구별되며 또 장래의 규율을 약속하는 것이라는 점에서 제한된 사항에 관한 것이지만, 종국적 규율을 내용으로 하는 예비결정(Vorbescheid) · 일부허가(Teilgenehmi- gung)와도 구별된다.[155) 쌍방행위인 공법상 계약에서 표명된 급부의 약속과 비교할 때 확약은 일방적 행위의 성질을 가진다는 점에서 구별되지만, 급부 약속인 이상 확약이든 공법상 계약이든 실질적으로 동일한 성질을 가진다고도 볼 수 있다.[156)

3.1.3. 확약의 가능성과 요건

(1) 확약의 가능성

확약의 허용여부에 관한 일반법적 근거는 존재하지 않는다. 다만 예외적으로 개별법규정이 이를 규정하는 경우가 있을 뿐이다(예컨대, 학교설립인가 사무처리규칙 § 3). 따라서 현행법상 확약이란 행위형식이 허용되는지에 관해 의문이 있을 수 있다. 확약의 허용성을 부정하는 견해는 현재 주장되고 있지 않으며 다만 확약이 허용되는 근거에 관해서는, 신의칙 또는 신뢰보호의 원칙에서 근거를 찾는 견해(과거 독일의 판례), 확약의 대상인 행정행위의 처분권한은 그에 대한 확약의 권한을 포함한다는 견해, 그리고 확약에 의해 본행정행위에 대한 예견가능성이 부여되는 것을 헌법의 요청으로 보는 견해 등이 있다. 확약은 국민에게 행정행위에 대한 법적 불안정을 제거하여 예견가능성을 보장해 준다는 점에서 유용성을 가질 뿐만 아니라, 법령에 반하지 않는 한, 행정은 원칙적으로 행위형식의 선택의 자유를 가지며 그 결과 확약의 권한은 본 행정행위를 행할 권한에 포함된다고 보아야 할 것이므로, 확약은 가능하며 확약의 구속력은 헌법수준으로 고양된 행정법의 일반원리인 신뢰보호의 원칙에 따라 인정된다고 본다.

(2) 확약의 요건

확약은 그 대상이 된 행정행위(예컨대 공무원임용, 조세감면조치, 외국과의 합작증권회사 설립 인가 등)이 당해 행정청의 권한의 범위에 속하는 적법한 것이어야 한다. 또한 확약의 대상이 가능하고 확정적이어야 함은 물론이다. 확약은 재량행위뿐만 아니라 기속행위에 관해서

154) 홍정선, 행정법원론(상), 376.
155) 신보성, 다단계 행정과정의 법적 고찰, 고시연구 1992/5, 63이하 참조.
156) 이에 관한 독일의 사례로는 BVerwGE 49,359,362 참조.

도 가능하다. 기속행위에 관해서는 이설이 없지 않으나, 기속행위에 관해서도 법적 불안정을 제거할 필요성(예지이익, 대처이익)은 있는 것이므로 가능하다고 보아야 할 것이다(다수설).157) 요건사실(예컨대 과세요건사실)이 완성된 이후에도 개인의 이익보호의 견지에서 확약은 가능하다고 보는 것이 다수의 견해이다.158)

확약의 절차나 형식에 관한 한 아무런 일반적 규정이 없으므로 원칙적으로 불요식행위라고 볼 것이나 개별법령이 특별한 절차(관계자의 청문이나 관계기관의 협력 등)나 형식(문서등)을 요구하는 경우가 있을 수 있다.

3.1.4. 효 과

(1) 구속력

확약의 효과는 행정청이 상대방에 대하여 확약된 대로의 행정행위를 해야 할 의무를 부담한다는 데 있다. 이러한 구속력(^{Verbindlichkeit})은 신뢰보호의 원칙에 의해 인정되는 것이며 따라서 상대방은 당해행정청에 대하여 그 확약에 따를 것을 요구할 수 있으며 나아가 그 이행을 청구할 수 있다. 다만 현행법상 의무이행소송은 허용되지 않으므로 의무이행심판, 거부처분취소소송 또는 부작위위법확인소송을 제기할 수 있을 것이다.

"공유수면매립에 있어서 1차매립준공인가를 할 때의 조건으로 국가에 귀속시키기로 정한 특정토지부분이 아닌 다른 매립지를, 2차매립준공인가를 하면서 임의로 국가에 귀속시킨 조치는 매립면허에 근거가 없어 위법한 것이다."159)

(2) 사정변경에 의한 구속력의 상실

확약의 행위기초가 되었던 사실적·법적 상황이 변경되면 이른바 사정변경의 원칙에 따라 확약의 구속성은 상실된다. 우리 행정절차법안 제25조 제4항이 「행정청은 불가항력 기타 사유로 확약의 내용을 이행할 수 없을 정도로 사실상태 또는 법률상태가 변경된 경우를 제외하고는 그 확약에 기속된다」고 했고, 또 독일연방행정절차법 제38조 제3항이 「확약의 전제가 되었던 사실 및 법적 상황이 변경되어 행정청이 사후에 발생한 사실을 알았더라면 확약을 하지 않았으리라고 인정될 경우 또는 법적 이유에서 확약을 할 수 없었으리라고 인정될 경우에는 그 행정청은 더 이상 자기가 행한 확약에 구속되지 아니 한다」고 규정하고 있다. 확약의 기초가 되었던 사실 및 법상태가 사후적으로 변경되면 확약은 별도의 의사표시 없이도 효력을 상실한다. 이 점에서 확약의 구속력은 행정행위의 구속력보다 약하고 불안정

---

157) 김남진, 행정법 I, 372; 박윤흔, 행정법강의(상), 396; 홍정선, 행정법원론(상), 377.
158) 박윤흔, 행정법강의(상), 396 참조.
159) 대법원 1987.4.14. 선고 86누233 판결.

적이다.

이와 관련하여 주택건설촉진법상 사전결정제도가 신설되기 전에 주택건설사업 승인신청을 하기에 앞서 구 건축법상의 사전결정을 받은 경우, 행정청이 그 건축법상의 사전결정에 기속되어 주택건설촉진법상의 주택건설사업계획을 반드시 승인하여야 하는 것은 아니고, 주택건설사업승인 거부처분이 구 건축법상의 사전결정에 배치된다는 이유만으로 위법하게 되는 것은 아니라고 판시한 바 있다:

"행정청이 상대방에게 장차 어떤 처분을 하겠다고 확약 또는 공적인 의사표명을 하였다고 하더라도 그 자체에서 상대방으로 하여금 언제까지 처분의 발령을 신청을 하도록 유효기간을 두었는데도 그 기간 내에 상대방의 신청이 없었다거나 **확약 또는 공적인 의사표명이 있은 후에 사실적 · 법률적 상태가 변경되었다면 그와 같은 확약 또는 공적인 의사표명은 행정청의 별다른 의사표시를 기다리지 않고 실효된다**고 할 것인바, 건축법상의 사전결정은 앞서 본 바와 같이 피고가 장차 건축법상의 건축허가처분을 하겠다는 의사표시일 뿐이지 장차 촉진법상의 주택건설사업계획승인처분을 하겠다는 내용의 확약 또는 공적인 의사표명이라고는 할 수 없고, 또한 앞서 본 주택건설사업계획 입지심의와 건축물건축계획 심의가 대전직할시장이 장차 주택건설사업계획승인처분을 하겠다는 내용의 확약 또는 공적인 의사표명이라고 하더라도 그 유효기간 1년 이내에 원고가 그 승인신청을 하지 아니함으로써 실효되었다고 할 것이므로, 피고가 위 건축법상의 사전결정과 주택건설사업계획 입지심의 및 건축물건축계획 심의와는 달리 원고의 승인신청을 거부하는 내용의 이 사건 거부처분을 하였더라도 그것이 위법하다고는 할 수 없다 할 것이다."[160]

"어업권면허에 선행하는 우선순위결정은 행정청이 우선권자로 결정된 자의 신청이 있으면 어업권면허처분을 하겠다는 것을 약속하는 행위로서 **강학상 확약에 불과하고 행정처분은 아니므로, 우선순위결정에 공정력이나 불가쟁력과 같은 효력은 인정되지 아니하며,** 따라서 우선순위결정이 잘못되었다는 이유로 종전의 어업권면허처분이 취소되면 행정청은 종전의 우선순위결정을 무시하고 다시 우선순위를 결정한 다음 새로운 우선순위결정에 기하여 새로운 어업권면허를 할 수 있다."[161]

물론 확약의 구속력도 확약이 행정행위의 경우와 마찬가지의 사유에 의해 취소 · 철회됨으로써 상실될 수 있다. 대법원은 행정청이 당초의 증여액을 근거로 비과세통지를 한 후 이에 반하여 새롭게 조사결정된 증여액을 근거로 과세한 경우 행정청의 내부규정에 의한 비과세통지는 이 과세처분에 의해 철회 · 취소된 것이라고 본 바 있다.[162]

3.2. 예비결정

독일행정법에서는 예비결정(^{Vorbescheid})이란 행위형식이 인정되고 있다. 예비결정이란, 건축허가가 건축계획안의 전체에 관하여 모든 허가요건이 충족되었을 때에 종국적으로 발급되는

---

160) 대법원 1996.8.20. 선고 95누10877 판결. 원심: 대전고법 1995.6.23. 선고 94구321 판결.
161) 대법원 1995.1.20. 선고 94누6529 판결.
162) 대법원 1982.10.26. 선고 81누69 판결.

것인 데 비하여, 사전에 문제된 개개의 허가요건의 존부를 구속적으로 확정하는 행정행위를 말한다.[163] 이것은 예컨대 건축계획안의 건축계획법적 허용성과 같이 의문시된 개개의 허가요건에 대한 사전적 심사를 통해, 그 요건 적합성이 부정될 경우 그 한도 내에서 의무이행소송의 제기를 가능케 하고 또한 패소하는 경우 적어도 그 건축계획안을 완성하는 데 들이는 비용과 노력을 절약할 수 있게 해 준다는 점에서 유용성을 가진다. 건축계획법상 허용여부에 국한된 예비결정은 선취된 건축허가의 일부($^{\text{"ein vorweggenommener}}_{\text{Teil der Baugenehmigung"}}$)[164]에 해당한다고 볼 수 있고 이러한 행위유형은 건축법 외에도 핵발전소 및 기타 환경법상 시설설치허가에 대해서도 채용되고 있다.[165] 예비결정은 그 기초가 된 사실 및 법상태의 변경에도 불구하고 계속 효력을 유지하며, 또 확약과 달리 건축법상 변경차단효($^{\text{Veränderungs-}}_{\text{sperre}}$)에 대한 관계에서도 구속력을 발하는 것으로 이해되고 있다.[166]

우리나라의 경우 주택건설촉진법 제32조의4 소정의 사업계획의 사전결정은 독일행정법상 예비결정(^{Vorbescheid})과 대단히 유사한 행위유형이다. 그러나 주택건설촉진법 제32조의4 소정의 사업계획의 사전결정은 개개의 허가요건에 국한된 것이 아니라, 「이 법 또는 다른 법률의 규정에 의하여 허용되는지 여부에 대한」 결정이라는 점에서, 내용상 앞서 소개된 독일행정법상의 예비결정보다 범위에 있어 더 포괄적인 행위형식이지만, 그 구속력이 시간적으로 제한되어 있다는 점에 관해서는 예비결정의 경우와 다르지 않고 따라서 양자는 대체로 동질성을 지닌다고 할 수 있다. 군이 양자를 비교하자면 주택건설촉진법 제32조의4 소정의 사업계획 사전결정은 예비결정의 일종이라고 볼 수 있다.

구 건축법($^{\text{1995.1.5. 법률 제4723}}_{\text{호로 개정되기 전의 것}}$)도 제7조에서 사전결정을 규정하고 있었다. 이 규정은 1995년 1월 5일의 건축법개정법률에 의하여 폐지되었다. 구 건축법상 사전결정이란 건축허가와 관련하여 허가신청 이전에 준비단계에서 발급되는 결정을 말한다. 구 건축법 제7조 제1항은 「대통령령이 정하는 용도 및 규모의 건축물을 건축하고자 하는 자는 제8조 제1항의 규정에 의한 건축허가신청전에 시장·군수·구청장에게 당해 건축물을 해당 대지에 건축하는 것이 이 법 또는 다른 법률의 규정에 의하여 허용되는지의 여부에 대한 사전결정을 신청할 수 있다」고 규정하고 있었다. 이것은 건축주로 하여금 건축허가요건의 사전적 심사기회를 갖도록 함으로써, 본격적으로 건축준비 등 건축허가신청을 하기 전에 미리 건축의 적법성여부 또는 허가요구비여부에 대한 의문의 여지와 법적 불안을 제거하기 위한 절차로서 그 자체로서 이미 확정적인 행정행위의 성질을 갖는다는 점에서 확약과 구별되며 또한 잠정적 규율의 성격을 지닌 가행정행위와, 그리고 구속적 결정이라는 점에서 단순한 교시와도 구별된다. 사전결정의 구속력에 관하여 구 건축법 제8조 제3항은 사전결정이 있는 경우 건축관청은 건축허가를 함에 있어서 그 결정내용에 따라야 하며, 다만 건

---

163) Maurer, § 9 Rn.63, S.188.
164) BVerwGE, NJW 1969, 73.
165) Breuer, Umweltsschutzrecht, in: Besonderes VerwR, S.598.
166) Maurer, aaO.

축주가 허가신청시의 「건축에 관한 계획을 현저히 변경하거나」, 사전결정의 「통지를 받은 날부터 1년 이내에 정당한 이유없이 건축허가를 신청하지 않은 경우」에는 그러하지 않다고 규정하고 있었다. 한편 구 건축법 제7조 제3항은, 이 사전결정을 받으면 도시계획법에 의한 토지의 형질변경허가($^{§ 4}$) 및 도시계획사업시행허가($^{§ 24}$), 산림법($^{§ 90}$)에 의한 산림훼손허가, 사도법($^{§ 4}$), 도로법($^{§ 40}$) 및 하천법($^{§ 25}$)에 의한 사도개설허가, 도로점용허가 및 하천점용허가 등 각종허가를 받은 것으로 본다고 규정함으로써, 건축허가의 사전결정에 이른바 집중효($^{Konzentrations-}_{wirkung}$)를 결부시키고 있었다.

3.3. 가(잠정적)행정행위

가행정행위($^{vorläufiger}_{Verwaltungsakt}$)란 독일행정법에서, 특히 최근에 비공식적 행정작용의 한 유형으로 관심의 대상이 되어 온 행위로 종국적인 행정행위의 발급 이전에 행해지는 잠정적인 규율을 말한다. 우리나라에서 이러한 행위유형이 비교적 최근에야 학술적 관심의 대상이 되었던 것과는 무관하게, 그것은 이미 부가가치세법, 특별소비세법이나 법인세법 등과 같은 조세법영역에서 일찍이 관용되어 왔던 행위유형이다. 예컨대, 납세신고에 의해 일단 과세처분의 효과를 발생케 한 다음에, 과세행정청의 경정결정 등에 의해 세액을 확정짓는 경우 또는 물품수입에 일단 잠정세율을 적용했다가 나중에 세율을 확정짓는 경우($^{관세법 § 38 이하,}_{§ 49 이하}$)에서 이러한 잠정적 행정행위가 행해지는 것을 볼 수 있다.

　　독일에서 이러한 가행정행위가 일반의 관심을 받게 된 것은 연방행정법원이 내린 1983년 4월 14일의 결정($^{BVerwGE}_{67, 99}$)을 통해서였다고 한다. 이 사건에서 우유생산업체인 원고에게 발급된, 탈지우유사용에 대한 보조금지급결정은 이 지급조건의 불이행시 보조금반환의무를 유보하고 있었는데, 후일 관계행정청의 심사결과 원고가 그 지급조건을 위배하였음이 입증됨에 따라 연방정부는 보조금의 일부반환을 명했다. 이에 대해 제기된 소송에서 법원은 아무런 법률적 근거 없이 조업실적에 대한 사후심사를 조건으로 행해진 보조금승인결정을 잠정적 행정행위의 성질을 지닌 것으로 파악했다. 이 잠정적 행정행위 또는 유보부 행정행위($^{VA \, unter}_{Vorbehalt}$)는 급부의 근거를 이루지만, 그것은 종국적인 급부결정이 발해질 때 까지 잠정적으로만 효력을 갖는다. 당초의 내용과 다른 종국결정을 통해 가행정행위는 철회되는 것이 아니라, 상반되는 종국적 행정행위로 대체되어 종료되어 버린다는 데 가행정행위의 본질이 있으므로, 여기에 신뢰보호의 관점에서 철회를 제한하는 연방행정절차법 제43조 제2항은 적용이 없다는 것이 연방행정법원의 결론이었다. 사실 이러한 철회조항의 배제야말로 "잠정적 급부결정"($^{vorläufiger}_{Leistungsbescheid}$)의 발전을 가져온 근본동기였다고 한다. 아무튼 이 잠정적 급부결정의 수혜자는 사실 및 법상황에 관한 종국적인 해명이 있을 때까지 보조금을 지급받을 뿐만 아니라, 이를 번복하는 종국결정이 어쨌든 그 유보조건에서 명시된 근거(조업실적심사)에 의해서만 행해질 수 있다는 점에서 어느 정도의 법적 지위를 확보받고 있음을 볼 수 있다. 그러나 이러한 잠정적 급부결정에 관한 논의는 아직도 한창 진행중에 있으며 가행정행위의 법이론적 구조, 법적 허용성 및 그 한계, 그리고 그 실제적 필요성에 관한 문제도 아직 완전히 규명되고 있지 않다고 한다. 또한 가행정행위란 용어 자체가 자기모순이라는 지적도 있는데, 그것은 「행정행위」란 그 기능상 구체적 사실에 대한 종국적인 법적 결정을 목적으로 하기 때문이라고 한다.[167] 그렇지만 가행정행위의 잠정성(^{Vorläufigkeit})은, 그 내용이 확정적(^{definitiv})인 경우 또 확정적이기 때문에, 반드시 규율로서의 성격이 배제되는 것은 아니라고 한다. 이에 대해서는 행정소송절차에 있어 행정법원법($^{§ 123}$)상의 가명령($^{einstweilige}_{Anordnung}$)에 관한 규율이 어느 정도까지는 준용지침으로 참조될 수 있다고 한다.[168]

가행정행위의 성질에 관해서는 행정행위와 구별되는 독자적 행위형식으로 보는 견해도 있으나 행정행위의 특수한 형태로 보는 입장이 타당할 것이다.[169] 다만 그 효력의 잠정성은 그 행정행위로서의 성질에 반하지 않는 한도에서 민사소송법상의 가처분개념을 유추하여 파악해야 할 것이다(물론 다른 한편으로는 후술하게 될 행정소송에 대한 민사소송법상의 가처분제도의 준용가능성을 고려하여야 할 것이다). 가행정행위는 특히 행정법상 신뢰보호의 원칙에 의한 철회의 제한을 배제하는 행위유형으로서 주목할 만한 가치가 있다.

3.4. 일부허가

일부허가 또는 부분허가($^{Teilgenehmi-}_{gung}$)는 예비결정과 달리 하나의 종국적 결정으로서 다만 전체 허가신청의 일부에 국한된 것이라는 점에서 통상의 허가와 구별된다. 예컨대 다세대주택의 건축허가가 신청된 경우, 행정청이 건축계획안의 가분적 일부에 관해 허가요건의 충족여부가 아직 확인되지 않아 신청 전체에 대한 허가를 내줄 수는 없을지라도 나머지 부분에 관한 한 허가요건을 구비하고 있음이 분명하므로 그 부분에 한해 허가를 발급한다면, 건축주는 일단 그 부분에 국한되어 회복된 건축의 자유를 근거로 건축에 착수할 수 있을 것이다. 물론 현행법상 이에 관한 명문의 규정은 없으나 해석상 인정될 수 있는 허가의 유형이라 할 것이다.

3.5. 교 시

교시(^{Auskunft})란 행정청이 단순히 사실상의 사정이나 법률적 관계에 관한 정보를 제공하는 통지행위를 말한다. 확약이나 확언과는 달리 교시는 행정청의 자기구속의 의사를 결여하므로, 법적 행위가 아니라 단순한 통지행위의 성질을 지니는 사실행위인 데 불과하다. 다시 말해서 그것은 행정청을 구속하지 않으므로 이행청구권의 문제를 발생시키지 아니하며 다만 교시의 위법성이 인정될 경우 손해배상의 문제를 발생시킬 수 있을 뿐이다.

---

167) Maurer, § 9 Rn.63b, S.191.
168) Maurer, aaO.
169) 김남진, 행정법 I, 246.

Ⅲ. 행정행위의 부관

1. 부관의 개념

행정행위의 부관($^{Nebenbestimmung\ zu}_{Verwaltungsakten}$)이란 행정행위의 효과를 제한 또는 보충하기 위한 부가적 규율을 말한다. 행정행위의 부관은 직접 법규의 규정에 의해 행정행위의 효과를 제한·보충하는 법정부관과는 다르다. 가령 광업법에서 광업허가의 효과를 등록을 조건으로 발생하도록 규정한 경우($^{§\ 28}$), 그 조건은 주된 행정행위의 효과를 제한하는 것이기는 하지만 행정청의 부가적 규율의 소산이 아니라 법령에 의하여 직접 규정된 결과이므로 행정행위의 부관과는 구별되어야 한다. 행정행위의 부관은 가령 건축허가나 영업허가를 발급하면서 허가관청이 일정한 조건이나 의무를 부가하는 경우에 볼 수 있는 바와 같이, 주된 행정행위의 규율을 수정·변경하는 효과를 지니므로 그 주된 행정행위에 대하여 종된 규율이라고 부를 수 있다. 법령상의 표현으로는 예컨대 "조건"이란 용어가 사용되기도 한다.

한편, 위와 같은 정의는 다수설이 행정행위의 부관을 「행정행위의 효과를 제한하기 위하여 주된 의사표시에 부가된 종된 의사표시」로 정의하고 있는 것과 다르다. 다수설이 이러한 의사표시라는 계기를 부관의 개념규정 차원에서 중시하고 있는 이유는 이미 앞에서 본 바와 같이 법률행위적 행정행위와 준법률행위적 행정행위를 구별하고 후자에는 부관을 붙일 수 없다는 입장을 취하고 있다는 데서 찾을 수 있다. 그러나 이러한 법률행위적 행정행위와 준법률행위적 행정행위의 구별이 반드시 타당할 것인가에 의문이 있다는 점, 그리고 준법률행위적 행정행위에 대해서도 부관을 붙일 수 있는 경우가 있다는 점을 고려할 때, 부관을 종된 「의사표시」라고 정의하는 데에는 문제가 있다고 할 수 있다.[170] 행정행위의 개념에 있어 보다 결정적인 것은 전술한 바와 같이 그 「법적 규율」로서의 계기이므로, 여기서는 부관 역시 행정행위의 「주된 규율」($^{Haupt-}_{regelung}$)에 부가된 부대적 규율($^{zusätzliche}_{Regelung}$)로서 이해함이 마땅하다. 다시 말해서 행정행위가 포함하고 있는 규율은 부가적 규율, 곧 부관에 의해 보충되거나 제한될 수 있다고 해야 할 것이다.[171] 이렇게 보면 부관의 부종성(^{Abhängigkeit})은 행정행위와 그에 대한 부관의 관계를 통해 그 개념을 설명해 주는 불가결한 요소라 할 수 있다. 물론, 부관의 종류 중 부담은 그 부관으로서의 성질여하가 그 독립적 쟁송가능성과 함께 논란되고 있으나, 비록

---

170) 박윤흔교수(상, 378)는 준법률행위적 행정행위에 의사표시의 효과를 제한하는 부관은 붙일 수 없을지라도 「특별한 의무의 부과」(부담)와 「요건을 보충」하기 위한 부관은 붙일 수 있는 것이므로 부관을 「주된 행위에 붙여진 종된 규율」로 정의하면서도, 그렇다고 행정행위를 법률행위적 행정행위와 준법률행위적 행정행위로 분류하는 것을 부인하는 것은 아니라고 한다.
171) Maurer, § 12 Rn.1.

부담이 독립된 행정행위일지라도, 주된 행정행위와 관련을 맺고 있고 또한 주행정행위의 효력에 그 존속여부를 의존하므로 부관으로서 부종성을 인정하는 데에는 아무런 지장이 없다.

부관은 행정실무상 특히 영업허가나 건축허가의 발급과 관련하여 중요한 역할을 수행하고 있다. 그것은 허가를 아무런 제한 없이 발급하는 데 지장을 주는 법적·사실적 장애를 제거하기 위한 목적으로 이용되고 있다. 즉, 행정청이, 완전한 허가를 내주기에는 다소 문제가 있더라도 허가신청을 단순히 거부할 것이 아니라, 일정한 의무이행을 조건으로 인·허가를 발급하는 것이 더 법목적에 합당한 결과가 될 수 있기 때문이다. 행정행위에 부관이 필요한 경우는, 마우러의 비유에 따르면, 엄격한 거절($^{"Nein"}$) 대신에 유보부 승락($^{"Ja,}_{aber"}$)이 더 나은 경우를 말한다.[172] 이로써 탄력성 있는 행정을 가능케 하고 또 국민의 이해관계에 부응할 수 있다. 그러나 부관의 무분별한 남용이나 허용은 과도한 규제와 후견의 위험성을 지니고 있음은 물론이다.

2. 부관의 종류

행정행위의 부관의 종류로는 대체로 기한·조건·철회권유보, 부담 및 사후부담의 유보를 드는 것이 일반이다. 이 중 특히 조건과 기한은 법기술적으로 볼 때 행정행위의 법적 효력의 발생과 소멸을 일정시점 또는 일정한 사실발생에 의존시킨다는 점에서, 전형적인 행정법적 제도가 아니라 여타의 법영역, 예컨대 민법에서도 찾아볼 수 있는 일반적 부관이라고 할 수 있다.

2.1. 기 한

기한(^{Befristung})이란 행정행위의 침익적 또는 수익적 효과, 행정행위의 규율을 일정한 시점에 의해 발생 또는 종료시키거나 그 규율을 일정한 기간에 국한하는 경우를 말한다. 조건과 마찬가지로 그것은 시기(정지적 기한), 종기(해제적 기한)로 나누어지며, 만일 효력기간이 부가된 경우에는 시기와 종기가 동시에 정해진 것이 된다. 예컨대, 몇년 몇일부터 허가한다거나 몇년 몇일까지, 또는 몇년 몇일부터 몇년 몇일까지 허가하는 경우가 각각 그러한 경우에 해당한다. 후술하는 바와 같이 기한은 조건과 흡사하나 기한에 있어서는 확정기한이든 불확정기한이든 그 도래가 확실하다는 점에서 조건과 구별된다.

"…종기인 기한에 관하여는 일률적으로 기한이 왔다고 하여 당연히 그 행정행위의 효력이 상실된다고 할 것이 아니고, 그 기한이 허가 또는 특허된 사업의 성질상 부당하게 짧은 기한을 정한 경우에 있어서는

---

172) Maurer, aaO., Rn.2.

그 기한은 그 허가 또는 특허의 조건의 존속기간을 정한 것이며, 그 기한이 옴으로써 그 조건의 갱신을 고려한다는 뜻으로 해석하여야 한다."[173]

"일반적으로 행정처분에 효력기간이 정하여져 있는 경우에는 그 기간의 경과로 그 행정처분의 효력은 상실되고, 다만 허가에 붙은 기한이 그 허가된 사업의 성질상 부당하게 짧은 경우에는 이를 그 허가 자체의 존속기간이 아니라 그 허가조건의 존속기간으로 보아 그 기한이 도래함으로써 그 조건의 개정을 고려한다는 뜻으로 해석할 수는 있지만(대법원 1995.11.10. 선고 94누11866 판결, 대법원 2004.11.25. 선고 2004두7023 판결 등 참조), 그와 같은 경우라 하더라도 그 허가기간이 연장되기 위하여는 특별한 사정이 없는 한, 그 종기가 도래하기 전에 그 허가기간의 연장에 관한 신청이 있어야 하며, 만일 그러한 연장신청이 없는 상태에서 허가기간이 만료하였다면 그 허가의 효력은 상실된다고 보아야 한다."[174]

"당초에 붙은 기한을 허가 자체의 존속기간이 아니라 허가조건의 존속기간으로 보더라도 그 후 당초의 기한이 상당 기간 연장되어 연장된 기간을 포함한 존속기간 전체를 기준으로 볼 경우 더 이상 허가된 사업의 성질상 부당하게 짧은 경우에 해당하지 않게 된 때에는 관계 법령의 규정에 따라 허가 여부의 재량권을 가진 행정청으로서는 그 때에도 허가조건의 개정만을 고려하여야 하는 것은 아니고 재량권의 행사로서 더 이상의 기간연장을 불허가할 수도 있는 것이며, 이로써 허가의 효력은 상실된다."[175]

2.2. 조 건

조건(Bedingung)이란 행정행위의 효과발생 또는 소멸을 장래의 불확실한 사실(사건)에 의존시키는 것을 말한다. 이 중, 효력의 발생여부에 관한 조건을 정지조건(aufschiebende Bedingung), 효력의 소멸에 관한 조건을 해제조건(auflösende Bedingung)이라고 하는데, 예컨대 전자에는 주차장설치를 조건으로 한 건축허가가, 후자에는 면허일로부터 "3개월 내에 공사에 착수할 것"을 조건으로 하는 공유수면매립허가가 각각 해당한다. 조건에 있어 장래발생사실의 불확실성은 그 사실의 발생시기뿐만 아니라 발생여부에 관해서도 존재할 수 있다. 이와같이 조건은 전술한 기한과 매우 흡사한 내용을 지닌 부관이라 할 수 있으나, 양자는, 조건의 경우 행정행위의 법적 효력이 시간적으로 일의적으로 확정되어 있지 않고 다만 불확실한 사실발생에 의존한다는 점에서(시간적 계기의 결여) 구별된다.

2.3. 철회권유보

철회권유보(Widerrufsvorbehalt)란 해제조건의 한 특별한 경우라 볼 여지도 없지 않지만, 행정행위의 효력소멸을 초래하는 사실발생이 행정청에 의한 철회권의 행사에 의해 이루어진다는 점에 특징을 지닌다. 이것은 수명자에게 사후적인 철회가능성을 예고하며 이로써 보호가치

---

173) 대법원 1962.2.22. 선고 4293行上42 판결.
174) 대법원 2007.10.11. 선고 2005두12404 판결.
175) 대법원 2004.3.25. 선고 2003두12837 판결.

있는 신뢰의 발생을 차단하는 효과가 있다. 허가·특허 등 수익적 행정행위의 경우 일정한 철회사유를 사전에 예정함으로써 철회할 수 있다는 형태로 부과되는 경우가 일반이지만,176) 철회사유의 한정 없이 다만 철회할 수 있다는 식으로도 행해질 수 있는데 후자의 경우에는 철회권제한의 문제가 발생한다.

취소권의 유보와 조리상 제한

"취소권을 유보한 경우에 있어서도 무조건적으로 취소권을 행사할 수 있는 것이 아니고 취소를 필요로 할 만한 공익상의 필요가 있는 경우에 한하여 취소권을 행사할 수 있다."177)

2.4. 부 담

부담(^{Auflage})이란 수익적 행정행위에 작위·부작위·수인 등의 의무를 결부시킨 부관을 말한다. 주로 허가·특허 같은 경우, 예컨대 영업허가를 부여하면서 일정 시설의무를 부과하거나 요식업허가시 각종의 행위제한을 가하는 형태로 행해진다. 부담은 조건이나 기한과 달리 행정행위의 일부분이 아니라 추가적으로 부과된 의무이므로 독립된 행정행위이다. 그러나 주된 행정행위와 관련을 맺고 있고 또한 주행정행위의 효력에 그 존속여부를 의존하기 때문에 부관으로 볼 수 있다.

부담의 법적 특성은 조건과의 구별을 통해 보다 분명히 밝혀진다. 가령 공중접객업소 영업허가를 발급하면서 일정한 시설 설치의무를 추가적으로 부과하는 경우, 이를 정지조건으로 혹은 부담으로 볼 수 있는 여지가 있다. 부담부 행정행위에서 주행정행위는 즉시 효력을 발생한다. 부담의 이행여부는 주행정행위의 효력요건이 아니기 때문이다. 반면 정지조건부 행정행위는 정지조건이 충족되었을 때 비로소 효력이 발생한다. 따라서 시설설치의무를 무엇으로 보느냐에 따라 뚜렷한 효과 차이가 생긴다. 부담으로 보면 피허가자는 적법하게 영업을 할 수 있는 데 반해, 정지조건으로 보면 그 시설 설치시까지 적법하게 영업을 할 수 없는 결과가 된다.

조건·철회권유보·부담의 구별 •• 사실 조건과 철회권유보 그리고 부담의 구별은 대단히 유동적이고 또 상대적이라고 할 수 있다. 즉, 마우러에 따르면, 부담의 불이행은 일반적으로 주행정행위(예컨대 영업허가)의 철회사유($^{§ 49 \ II \ Nr.2}_{VwVfG}$)를 구성할 수 있다는 점에서 부담부 행정행위가 동시에 법률의 규정에 의하여 해제조건부 행정행위($^{ein \ auflösend \ bedingter}_{Verwaltungsakt \ kraft \ Gesetzes}$)가 된다고 볼 수도 있다고 한다.178) 우리의 경우 식품위생

---

176) 일례로 행정청이 종교단체에 대하여 기본재산전환 인가를 함에 있어 인가조건을 부가하고 그 불이행시 인가를 취소할 수 있도록 한 경우, 그 인가조건의 의미는 철회권을 유보한 것이라고 본 판례가 있다(대법원 2003.5.30. 선고 2003다6422 판결).
177) 대법원 1962.2.22. 선고 4293行上42 판결.
178) Maurer, § 12 Rn.11, S.285.

법은, 영업허가를 하는 때에는 필요한 조건을 붙일 수 있으며($\S 37 \atop ②$), 허가를 받은 자가 제37조 제2항에 의한 조건을 위반한 경우에는 '대통령령으로 정하는 바에 따라 영업허가를 취소하거나 6개월 이내의 기간을 정하여 그 영업의 전부 또는 일부를 정지하거나 영업소 폐쇄를 명할 수 있다'고 규정하고 있다($\S 75 ① \atop 같은 항 및 vii$). 여기서 제37조 제2항에 의한 조건부 허가의 경우, 허가를 내주되 일정한 조건을 부과하여 그 조건 위반시 허가를 취소할 수 있다는 형태로 발급될 수 있다. 그 경우 행정행위의 부관인 해제조건을 붙인 허가인지 여부가 문제될 수 있는데, 그 조건 위반의 효과가 별도로 같은 법 제75조 제1항에 따라 '허가를 취소할 수 있다'는 것이어서 해제조건이 그 조건성취로 당연히, 즉, 자동적으로 주된 행정행위의 효력을 소멸시키는 것을 내용으로 하는 것과는 다르다. 그렇다면 그 같은 형태의 조건부 허가는 해제조건부 허가가 아니라 오히려 조건불이행의 경우 허가취소가 유보된 허가로서 철회(취소)권유보의 한 유형으로 볼 수도 있을 것이다.

또한, 같은 법 제37조 제2항에서 말하는 '조건'이란 그 문언에도 불구하고 실은 주된 행정행위 즉, 허가와는 별도의 독립된 규율의 가능성을 열어 놓은 것이라고 보아야 할 것이다. 그것은 바로 여기서 말하는 부담이며 그 부담의 불이행에 법($\S 75 ① 및 \atop 같은 항 vii$)이 허가취소란 법적 효과를 결부시킬 수 있도록 한 것이다.

한편 같은 법 제37조 제2항에서 말하는 '조건'이란 부관의 한 형태로서의 조건을 의미하는 것이 아니라 부관 일반을 뜻하는 것으로 새겨야 할 것이다. 따라서 위 조항이 영업허가에 조건을 붙일 수 있도록 한 것은 경우에 따라서는 철회권유보나 부담 등 각종 부관을 붙일 수 있도록 한 것이라고 이해된다.[179]

부담은 추가로 의무를 부과하는 것이므로 독립하여 강제집행의 대상이 된다. 반면 정지조건은 그 자체로 의무를 부과하는 것이 아니며 강제집행의 대상이 되지 않는다. 정지조건은 단지 주행정행위의 효력발생만을 자동으로 저지할 뿐, 독자적으로 의무를 부과하는 것은 아니다.

> 조건과 부담의 차이가 독일에서는 일찍이 사비니($von \atop Savigny$)의 고전적 공식을 통해 표현되었다고 한다. 즉, **"조건은 … 정지시키지만 강제하지는 않는다; 부담($Modus= \atop Auflage$)은 강제하나 정지시키지는 않는다"**는 것이 그것이다.[180]

2.5. 사후부담의 유보

사후부담의 유보($Auflagenvor- \atop behalt$)란 행정행위에 결부된, 행정청이 사후에 부담을 부과할 수 있다는 (또는 기존부담을 보충 또는 변경할 수 있다는) 내용의 의사표시를 말한다. 이것은 주로 독일행정법상 논란되어 오던 중 행정절차법($\S 26 ② \atop Nr.5$)에 의해 실정화된 개념을 우리나라 학자들이 받아들여 인정하고 있는 부관이지만 그 법적 특성에 관해서는 아직도 논란이 많다. 특히 이

---

179) 일정한 조건이 충족되었을 때 비로소 영업을 개시할 수 있다는 취지로 조건을 붙일 수 있는지, 그리고 그 경우 정지조건부 영업허가라고 볼 여지가 있는지도 검토해 볼 필요가 있으나, 식품위생법 제37조 제2항이 그와 같은 형태의 영업허가를 예상한 것인지는 의문스럽다. 정지조건으로 볼 경우, 그 조건이 불이행된다면 당초의 영업허가는 효력을 발생하지 못하는데, 새삼 조건 위반을 이유로 허가를 취소할 여지가 없을 것이기 때문이다.
180) Savigny, System des heutigen Römischen Rechts, Bd.Ⅲ, 1840, S.231.

를 철회권유보의 한 형태로 보아 독자적 가치를 부정하는 견해가 있다.[181] 생각건대, 일부 학자들이 적절히 지적하는 바와 같이, 이러한 유형의 행위는 급변하는 행정환경의 현실에 탄력적으로 적응할 수 있는 수단을 제공한다는 점에서 쉽사리 부인할 수 없는 유용성을 가지고 있으므로 부관 본래의 기능에 부합하는 것이라고 할 수 있다. 이 사후부담의 유보는 일면 행정행위의 존속력을 그 수익자에게 불리하게 약화시키는 것이라는 점에서 법적 규율의 성질을 띠고 있고, 타면, 부담 그 자체와 마찬가지로 행정행위의 일부가 아니므로, 독자적인 행정행위의 성질을 갖는 것으로 보아야 할 것이다(마우러는 이를 부종적 행정행위: Nebenverwaltungsakt라고 부른다).

2.6. 법률효과의 일부배제

이것은 행정행위의 효과의 일부를 배제하는 내용의 부관으로서 예컨대 택시의 영업허가를 부여하면서 동시에 격일제운행을 요구하는 것이 그 예이다. 이와 관련하여 관광객수송용에 국한된 조건부면세수입차는 다른 용도에 사용할 수 없다는 판례[182]가 있다. 이와 같은 법률효과의 일부배제를 부관의 일종으로 설명하는 것이 일반적이나, 다만 그것은 부관이 아니라 행정행위의 효과의 내용적 제한으로 보아야 한다는 견해도 있다.[183] 법률효과의 일부배제에 관해서는 문자 그대로 법률이 부여한 효과를 배제하는 것이므로 법률의 근거가 필요하다는 것이 지배적인 입장이다. 참고로 행정행위의 부관을 그림을 통해 알아보면 다음과 같다.

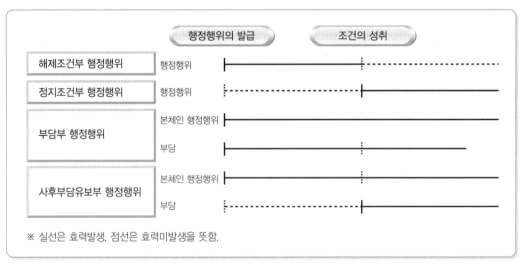

[행정행위 부관의 비교]

---

181) 이상규, 신행정법론(상), 322; 김철용, 고시계 1977/12, 81.
182) 대법원 1972.5.31. 선고 72누94 판결.
183) 서원우, 고시계 1985/11, 50.

이른바 수정부담의 문제 •• 독일에서 판례를 통해 발전된 개념으로서 그 부관으로서의 성질여하가 논란되었던 개념으로서 수정부담($\substack{\text{modifizierende}\\\text{Auflage}}$)이 문제된다. 국내에서는 주행정행위에 추가적으로 일정한 의무를 부과하는 부담과는 달리 행정행위의 내용을, 다시 말해서 본래 신청된 허가를 질적으로 변경하는, 즉, 수정하는 경우를 말한다. 통상적인 의미의 부관이 "Ja, aber"라면, 이 수정부담은 일단 거부하면서도 그 내용수정을 조건으로 행정행위를 발급하는 경우로 "Nein, aber"라고 할 수 있다. 예컨대, 3층 건물 건축허가 신청에 대하여 4층을 건축할 것을 조건으로 허가하는 경우나 허가신청에 포함된 것과 다른 지붕형태를 만들 것을 유보하여 허가하는 경우(표준적 사례).[184] 또는 제한초과규모 화물차량이 오전 6시에서 9시 사이에 X 도로로 통행할 수 있게 해달라는 허가신청에 대하여 교통소통이 덜 번잡한 9시에서 12시 사이에 통행이 뜸한 Y 도로를 통행할 수 있다는 허가를 내주는 경우[185] 등을 말한다. 독일에서 문제되었던 이들 사례는, 자세히 보면, 실은 부담이 아니라 신청에 대하여 내용적으로 제한이 가해진 또는 변경된 행정행위를 발급하는 경우이고 그 경우 신청인은 자신이 신청한 행정행위를 얻지 못한 것에 불과하다는 비판이 가해지고 있다. 따라서 이것은 수정 부담이 아니라 수정허가($\substack{\text{modifizierende}\\\text{Genehmigung}}$)라 보아야 한다는 것이다.[186]

3. 부관의 한계

3.1. 부관의 허용성(가능성)

어떤 경우에 부관을 붙일 수 있느냐 하는 문제에 관하여, 부관은 ① **법률행위적 행정행위에 한하여,** ② **재량행위에만 붙일 수 있다**는 것이 주류적 견해이자 판례의 태도이다. 대법원은 부관은 **재량행위** 또는 수익적 행정처분에 붙일 수 있으며, "**기속행위나 기속재량행위에는 부관을 붙일 수 없고 붙였다 하더라도 이는 무효**"라는 입장을 견지해 오고 있다.[187]

대법원은 일찍이 1975.8.29. 선고 75누23 판결에서 "매립준공인가는 매립면허에 대한 단순한 확인행위에 불과한 것이 아니라 당사자의 법률적 행위를 보충하여 그 법률상 효력을 완성시키는 행정주체의 보충적 의사표시로서의 법률행위적 행정행위인 이상 부관을 붙일 수 있다"고 판시하였고, "주택재건축사업시행의 인가는 상대방에게 권리나 이익을 부여하는 효과를 가진 이른바 수익적 행정처분으로서 법령에 행정처분의 요건에 관하여 일의적으로 규정되어 있지 아니한 이상 행정청의 재량행위에 속하므로, 처분청으로서는 법령상의 제한에 근거한 것이 아니라 하더라도 공익상 필요 등에 의하여 필요한 범위 내에서 여러 조건(부담)을 부과할 수 있다"고 판시한 바 있다.[188] 또한 이후에도 대법원은 "수익적 행정처분에 있어서는 법령에 특별한 근거규정이 없다고 하더라도 그 부관으로서 부담을 붙일 수 있고, 그와 같은 부담은 행정청이 행정처분을 하면서 일방적으로 부가할 수도 있지만 부담을 부가하기 이전에 상대방과 협의하여 부담의 내용을 협약의 형식으로 미리 정한 다음 행정처분을 하면서 이를 부가할 수도 있다"고 판

---

184) Wolff/Bachof, VerwR I § 49 If.
185) Hessischer VGH, DÖV 1978, 137.
186) Maurer, § 12 Rn.16, S.291.
187) 대법원 1988.4.27. 선고 87누1106 판결.
188) 대법원 2007.7.12. 선고 2007두6663 판결.

시하여 종래의 입장을 재확인한 바 있다.[189]

한편, 대법원은 채광계획인가를 기속재량행위로 보면서 채광계획인가에 '규사광물 이외의 채취금지 및 규사의 목적외 사용금지'를 내용으로 한 부관을 붙인 것은 무효라고 판시했다: "광업권자는 광업법 소정의 채굴제한 등 특별한 사유가 없는 한 인가된 채광계획구역에서 등록된 광물을 채굴하여 자유롭게 처분할 수 있고 또한 동일광상 중에 부존하는 다른 광물이나 골재를 부수적으로 채굴·채취할 수 있다 할 것이고, 한편 주무관청이 광업권자의 채광계획을 불인가하는 경우에는 정당한 사유가 제시되어야 하고 자의적으로 불인가를 하여서는 아니 될 것이므로 채광계획인가는 기속재량행위에 속하는 것으로 보아야 하며, 일반적으로 기속재량행위에는 부관을 붙일 수 없고 가사 부관을 붙였다 하더라도 이는 무효이므로, 주무관청이 채광계획의 인가를 함에 있어 '규사광물 이외의 채취금지 및 규사의 목적외 사용금지'를 조건으로 붙인 것은 광업법 등에 의하여 보호되는 광업권자의 광업권을 침해하는 내용으로서 무효이다."[190]

이와 같은 견해와 판례에 대해서는 다음과 같은 비판이 있다. 첫째, 법률행위적 행정행위와 준법률행위적 행정행위의 구별이 반드시 타당할 것인가에 의문이 있고, 준법률행위적 행정행위에 대해서도 부관을 붙일 수 있는 경우가 있고(예: 귀화허가는 부관과 친하지 않다는 점, 공증의 성질을 갖는 여권에 유효기간을 붙일 수 있다는 점[191]), 둘째, 부관의 허용성을 재량행위에만 절대적으로 국한시킬 것은 아니다: 법률규정에 의하여 기속행위에도 부관을 붙일 수 있는 경우가 인정될 수 있다는 것이다.

첫 번째 문제에 관해서는 이미 앞에서 지적한 바 있어 재론하지 않는다. 둘째 문제에 관해서는 다수설처럼 재량행위에 부관을 붙일 수 있다는 데 대해서는 의문의 여지가 없다. 다수설과 판례가 기속행위에 관해서는 전적으로 부관을 붙일 수 없다고 주장하는 것은 옳지 않지만, 반면 소수설[192]이 아무런 제한 없이 독일 행정절차법 제36조 제1항을 들어 기속행위에 대해서도 부관을 붙일 수 있다고 주장하는 것도 수긍이 가지 않는다. 독일 행정절차법 제36조 제1항은 「행정행위에 대해 청구권이 성립하는 경우, 그 행정행위에는, 법규에 의해 허용되어 있거나 행정행위의 법률상의 요건충족을 확보하기 위한 경우에 한하여 부관을 붙일 수 있다」고 규정하는데, 여기서 청구권의 대상이 되는 행정행위란 곧 기속행위를 말하는 것이므로 이 규정의 본래 취지는 부관은 원칙적으로 재량행위에만 붙일 수 있다는 것으로

---

189) 대법원 2009.2.12. 선고 2005다65500 판결.
190) 대법원 1997.6.13. 선고 96누12269 판결. 참조: 대법원 1993.5.27. 선고 92누19477 판결; 대법원 1993.7.27. 선고 92누13998 판결; 대법원 1995.6.13. 선고 94다56883 판결. 그러나 대법원은 "채광계획인가를 받으면 광업법 제47조의2에 의하여 산림법 제90조의 규정에 의한 산림훼손허가를 받은 것으로 볼 것이지만 그렇다고 하여 **채광계획인가시 산림훼손에 관하여 조건을 붙일 수 없다고 할 수는 없으므로**, 지방자치단체장이 인가 신청인에게 채광계획인가를 함에 있어 산림훼손기간을 정하여 이를 조건으로 인가한 이상 그 기간이 만료되면 신청인은 산림훼손기간의 연장 또는 새로운 산림훼손허가를 받아야 한다"고 판시한 바 있다(대법원 1997.8.29. 선고 96누15213 판결).
191) 변재옥, 행정법강의 I, 308은 이를 준법률행위에 기한을 붙인 것이 아니라 여행허가처분상 여행기간을 공적으로 증명한 것에 불과하다고 본다. 그러나 여권 없이 사실상 해외여행을 할 수 없는 제약을 받을지라도, 여권발급에 해외여행의 권리에 대한 일반적 금지가 전제되어 있다고는 볼 수 없으므로, 이를 여행허가처분으로 볼 수는 없을 것이다. 동지 김남진, 기본문제, 219.
192) 김남진, 행정법 I, 283.

해석된다. 다만, 예외적으로 법률에 특별한 규정이 있거나 행정행위의 법률적 요건충족을 확보하기 위한 경우에만 부관이 허용될 뿐이라는 것이다.[193]

이렇게 본다면 기속행위에는 원칙적으로 부관을 붙일 수 없는 반면, 재량행위에 대해서는 원칙적으로 부관을 붙일 수 있다고 할 것이다.

> 앞에서 식품위생법상 영업허가를 기속행위로 보았다. 이 경우 허용되는 부관(조건)은 기속행위에도 부관을 붙일 수 있다는 사실을 뒷받침하는 예라기보다는 오히려 부관을 붙일 수 없는 기속행위인 허가에 법률이 특별한 규정을 두어(^{식품위생법} §37②) 부관의 가능성을 열어놓은 결과라고 보아야 할 것이다.

3.2. 부관의 내용상의 한계(자유성 · 실체적 적법요건)

부관이 법령에 위배되지 않아야 한다는 것은 당연하다. 또 부관의 내용이 가능한 것이어야 한다는 것이나 재량의 한계에 관한 일반적 규율(비례의 원칙, 평등의 원칙, 이익형량의 원칙 등)이 이에 타당하다는 점 역시 재론을 요하지 않는다. 그 밖에 부관의 내용상의 한계에 있어서 중요한 것은, 부관은 주된 행정행위의 목적에 위배되어서는 안 된다는 점이다.[194] 이는 부당결부 금지($^{Koppelungs-}_{verbot}$)의 원칙에 의해서도 정당화될 수 있을 것이다.

> "수산업법 제15조에 의하여 어업의 면허 또는 허가에 붙이는 **부관은 그 성질상 허가된 어업의 본질적 효력을 해하지 않는 한도의 것이어야 하고** 허가된 어업의 내용 또는 효력 등에 대하여는 행정청이 임의로 제한 또는 조건을 붙일 수 없다."[195]

> "수익적 행정행위에 있어서는 법령에 특별한 근거규정이 없다고 하더라도 그 부관으로서 부담을 붙일 수 있으나, 그러한 **부담은 비례의 원칙, 부당결부금지의 원칙에 위반되지 않아야만 적법하다**고 할 것이다. 기록에 의하면, 원고의 이 사건 토지중 2,791㎡는 자동차전용도로로 도시계획시설결정이 된 광1류6호선에 편입된 토지이므로, 그 위에 도로개설을 하기 위하여는 소유자인 원고에게 보상금을 지급하고 소유권을 취득하여야 할 것임에도 불구하고, 소외 인천시장은 원고에게 주택사업계획승인을 하게 됨을 기화로 그 주택사업과는 아무런 관련이 없는 토지인 위 2,791㎡를 기부채납하도록 하는 부관을 위 주택사업계획승인에 붙인 사실이 인정되므로, 위 부관은 **부당결부금지의 원칙에 위반되어 위법**하다고 할 것이다."[196]

> "재량행위에 있어서는 관계 법령에 명시적인 금지규정이 없는 한 행정목적을 달성하기 위하여 조건이나 기한, 부담 등의 부관을 붙일 수 있고, 그 부관의 내용이 이행 가능하고 비례의 원칙 및 평등의 원칙에 적합하며 행정처분의 본질적 효력을 저해하지 아니하는 이상 위법하다고 할 수 없다(^{대법원 1992.4.28. 선고 91누}_{4300 판결, 대법원 2004.3.25.} _{선고 2003두12837} 판결 등 참조)."[197]

---

193) Maurer, § 12 Rn.19, S.292f.
194) 독일 행정절차법 제36조 제3항은 이를 명문으로 규정하고 있다.
195) 대법원 1990.4.27. 선고 89누6808 판결.
196) 대법원 1997.3.11. 선고 96다49650 판결.

관리처분계획 인가에 기부채납 부담을 붙일 수 있는지 여부

"관리처분계획 및 그에 대한 인가처분의 의의와 성질, 그 근거가 되는 도시정비법과 그 시행령상의 위와 같은 규정들에 비추어 보면, 행정청이 **관리처분계획에 대한 인가** 여부를 결정할 때에는 그 관리처분계획에 도시정비법 제48조 및 그 시행령 제50조에 규정된 사항이 포함되어 있는지, 그 계획의 내용이 도시정비법 제48조 제2항의 기준에 부합하는지 여부 등을 심사·확인하여 그 인가 여부를 결정할 수 있을 뿐 **기부채납과 같은 다른 조건을 붙일 수는 없다**고 할 것이다."[198]

처분과 실제적 관련성이 없어 부관으로 붙일 수 없는 부담을 사법상 계약 형식으로 붙인 경우

"[1] 공무원이 인·허가 등 수익적 행정처분을 하면서 상대방에게 그 처분과 관련하여 이른바 부관으로서 부담을 붙일 수 있다 하더라도, 그러한 부담은 법치주의와 사유재산 존중, 조세법률주의 등 헌법의 기본원리에 비추어 비례의 원칙이나 부당결부의 원칙에 위반되지 않아야만 적법한 것인바, **행정처분과 부관 사이에 실제적 관련성이 있다고 볼 수 없는 경우 공무원이 위와 같은 공법상의 제한을 회피할 목적으로 행정처분의 상대방과 사이에 사법상 계약을 체결하는 형식을 취하였다면 이는 법치행정의 원리에 반하는 것으로서 위법하다.**

[2] 지방자치단체가 골프장사업계획승인과 관련하여 사업자로부터 기부금을 지급받기로 한 증여계약은 공무수행과 결부된 금전적 대가로서 그 **조건이나 동기가 사회질서에 반하므로 민법 제103조에 의해 무효**"라고 본 사례.[199]

3.3. 부관의 사후부가의 허용성(시간적 한계)

행정행위를 발한 후 사후에 부관을 붙일 수 있는지에 관해서는 부정하는 견해와 부담에 한해서만 가능하다고 보는 입장, 그리고 법규나 행정행위 자체가 예상했거나 상대방의 동의가 있을 때에는 가능하다고 보는 입장이 대립한다. 생각건대, 이 문제는 부관의 허용성에 관한 것이라기보다는 행정행위의 부분적 변경가능성에 관한 것으로 이해해야 할 것이다. 만일 부관의 사후부가가 행정행위의 부분적 폐지를 의미할 경우에는 당연히 행정행위의 폐지(취소·철회)에 관한 법리가 적용되어야 할 것이다.

부관의 사후 부가

"본체인 행정처분에 이미 부담이 부가되어 있는 상태에서 그 의무의 범위 또는 내용 등을 변경하는 부관의 사후변경은, 법률에 명문의 규정이 있거나 그 변경이 미리 유보되어 있는 경우 또는 상대방의 동의가 있는 경우에 한하여 허용되는 것이 원칙이지만, 사정변경으로 인하여 당초에 부담을 부가한 목적을 달성할 수 없게 된 경우에도 그 목적 달성에 필요한 범위 내에서 예외적으로 허용된다고 볼 것이다."[200]

197) 대법원 2009.10.29. 선고 2008두9829 판결.
198) 대법원 2012.8.30. 선고 2010두24951 판결.
199) 대법원 2009.12.10. 선고 2007다63966 판결.
200) 대법원 1997.5.30. 선고 97누2627 판결. 동지 대법원 2006.9.22. 선고 2004두13325 판결, 대법원 2007.12.28. 선고 2005다72300 판결 등 참조.

"여객자동차 운수사업법(이하 '여객자동차법'이라 한다) 제85조 제1항 제38호에 의하면, 운송사업자에 대한 면허에 붙인 조건을 위반한 경우 감차 등이 따르는 사업계획변경명령(이하 '감차명령'이라 한다)을 할 수 있는데, 감차명령의 사유가 되는 '면허에 붙인 조건을 위반한 경우'에서 '조건'에는 운송사업자가 준수할 일정한 의무를 정하고 이를 위반할 경우 감차명령을 할 수 있다는 내용의 '부관'도 포함된다. 그리고 **부관은 면허 발급 당시에 붙이는 것뿐만 아니라 면허 발급 이후에 붙이는 것도 법률에 명문의 규정이 있거나 변경이 미리 유보되어 있는 경우 또는 상대방의 동의가 있는 경우 등에는 특별한 사정이 없는 한 허용된다.** 따라서 관할 행정청은 면허 발급 이후에도 운송사업자의 동의하에 여객자동차운송사업의 질서 확립을 위하여 운송사업자가 준수할 의무를 정하고 이를 위반할 경우 감차명령을 할 수 있다는 내용의 면허 조건을 붙일 수 있고, 운송사업자가 조건을 위반하였다면 여객자동차법 제85조 제1항 제38호에 따라 감차명령을 할 수 있으며, 감차명령은 행정소송법 제2조 제1항 제1호가 정한 처분으로서 항고소송의 대상이 된다."[201)

4. 부관의 흠(하자)과 쟁송가능성

4.1. 흠있는 부관과 주행정행위의 효력

이는 하자에 관한 일반이론에 의해 해결할 문제이다. 즉, 부관의 흠이 중대하고 명백한 때에는 무효의 법적 효과가 따르고 그렇지 않은 경우에는 단순위법이란 법적 효과가 인정된다. 부관이 무효인 경우에는 부관만 무효라는 설, 전체가 무효가 된다는 설 등이 있었으나 현재의 통설은 무효인 부관이 본체인 행정행위의 중요요소 또는 본질적 요소를 이루는 때에 한하여 본체인 행정행위를 무효로 만든다고 본다.[202) 문제는 무엇을 기준으로 중요요소여하를 판단하느냐에 있는데, 우선 행정행위와 부관의 내용과 그 관련성을 객관적으로 고려해야 하겠지만, 결국 행정청이 무효인 그 부관이 없이도 동일한 주행정행위를 하려고 했을 것으로 인정할 수 있느냐 하는 데 귀결된다고 할 수 있다. 이 점이 부정된다면 따라서 부관부행정행위 전체가 무효가 되게 되며, 긍정될 경우에는 그것은 부관이 붙지 않은 행정행위가 될 것이다.

한편 부관이 단순위법인 경우에는 부관은 설령 위법할지라도 취소되지 않는 한 유효하고, 또 부관이 본체인 행정행위의 본질적 구성부분을 이루는 경우가 아니면 부관의 위법성은 본체인 행정행위 효력에 영향을 미치지 않는다. 그러나 부관이 본체인 행정행위의 본질적 구성부분을 이룰 경우 부관의 위법성은 본체인 행정행위, 나아가 전체 행정행위를 위법하게 만든다.[203)

부관이 단순위법한 것이고 또 본체인 행정행위의 본질적 구성부분을 이룬다고 볼 수 없

---

201) 대법원 2016.11.24. 선고 2016두45028 판결.
202) 대법원 1985.7.9. 선고 84누604 판결.
203) 이에 관하여 대법원은 "도로점용허가의 점용기간은 행정행위의 본질적인 요소에 해당한다고 볼 것이어서 부관인 점용기간을 정함에 있어서 위법사유가 있다면 이로써 도로점용허가처분 전부가 위법하게 된다"(대법원 1985.7.9. 선고 84누604 판결)는 입장을 보인 바 있다.

는 경우에는 결국 위법성을 다툴 수 없다는 결과가 된다. 가령 독립된 행정행위의 성질을 갖지 않는 조건이나 기한 같은 부관의 경우, 독립적 쟁송가능성 면에 장애가 있기 때문이다. 물론 무효인 부관의 경우에도 무효등확인소송을 제기할 필요가 있을 때에는 마찬가지 문제가 생긴다.

4.2. 부관에 대한 독립적 쟁송가능성

흠있는 부관이 붙은 행정행위에 있어 그 부관만을 따로 떼어 독립된 쟁송의 대상으로 할 수 있는지 문제된다. 통설과 판례는 부관은 본래 주된 행정행위와 합하여 하나의 행정행위를 이루는 것이므로 이를 원칙적으로 부정하며, 다만 부담의 경우만은 예외적으로 독립적 쟁송의 가능성을 시인한다. 즉, 부담은 주행정행위의 일부를 구성하는 것이 아니라 독립된 규율로서 주행정행위의 존재를 전제로 할 뿐이므로 부담은 독립된 행정쟁송의 대상이 될 수 있다는 것이다.

대법원은 "행정행위의 부관은 행정행위의 일반적인 효력이나 효과를 제한하기 위하여 의사표시의 주된 내용에 부가하는 종된 의사표시이지 그 자체로서 직접 법적효과를 발생하는 독립된 처분이 아니므로 **현행 행정쟁송제도 아래서는 부관 그 자체만을 독립된 소송의 대상으로 삼을 수 없는 것이 원칙이나** (당원 1985.6.25. 선고 84누579 판결 참조), 행정행위의 부관 중에서도 행정행위에 부수하여 그 행정행위의 상대방에게 일정한 의무를 과하는 행정청의 의사표시인 **부담의 경우에는 다른 부관과는 달리 행정행위의 불가분적 요소가 아니고 그 존속이 본체인 행정행위의 존재를 전제로 하는 것일 뿐이므로 그 자체로서 행정쟁송의 대상이 될 수 있다**"고 판시한 바 있다.[204]

통설과 판례의 태도에 대해서는 부관에 하자가 있는 경우 주된 행위와 부관을 포함하여 전체로서 부관부행정행위를 다투되 일부취소의 판결('부진정일부취소소송')을 구해야 한다는 견해,[205] 「소의 이익이 있는 한 모든 부관에 대해 독립하여 행정소송을 제기하는 것이 가능하다」는 등 반론이 제기되고 있다. 이 중 후설은 「부관의 본체인 행정행위와의 불가분성(Untrennbarkeit)은 쟁송을 이유있게 하는 것과 관계되는 것이지, 쟁송의 허용성과 관계되는 것은 아니기 때문」이라는 것을 근거로 제시하고 있다.[206] 그러나 독립적 쟁송가능성이란 어디까지나 부관만을 소송대상으로 삼는 경우에 문제되는 것인데 그 독립된 행정행위로서의 성질, 즉, 처분성이 인정되지 않는 경우까지를 독립적 쟁송의 대상으로 포함시키는 데는 무리가 있

---

204) 대법원 1992.1.21. 선고 91누1264 판결. 그러나 이 사건판결에서는, 그 명백한 설시에도 불구하고, 문제된 수토대부과의 처분성이 부정됨으로써 결국 공유수면매립면허조건상 수토대납부의무를 정한 것을 부관으로 볼 수 없게 하는 결과가 되었다. 그 밖에 다수의 판례 중 "면허의 유효기간은 그 면허처분에 붙인 부관이며, 이러한 부관에 대하여는 독립한 행정소송을 제기할 수 없다"는 판례(대법원 1986.8.19. 선고 86누202 판결)가 있다.
205) 김도창, 일반행정법론(상), 375; 이상규, 신행정법론(상), 328; 김동희, 행정법 I, 278이하.
206) 김남진, 행정법 I, 288-289.

다.207) 다만, 문제는 그 독립적 쟁송가능성에 의문이 없는 부담의 경우, 부담 자체가 취소소
송의 대상으로 취소될 수 있다고 할지라도, 그 결과 본체인 행정행위가 부담 없는 행정행위
로 남을 것인지 아니면 그 본질적 관련여하에 따라 위법한 행정행위가 될 것인지에 있으며,
통설과 판례의 입장은 당연히 전자의 결과를 인정하는 것으로 생각된다. 이 입장이 행정의
상대방에게 보다 유리한 해결책으로서(조건의 경우보다도 유리하다) 타당한 것임은 물론이다.

그러나 여전히 의문이 있다. 가령 행정청이 취소된 부담이 없이도 동일한 주행정행위를 하려고 했으리
라고 인정할 수 없는 경우에도 '부담 없는 행정행위'라는 의도되지 않은 법적 결과를 행정청에게 강제하는
결과가 되는 것이 아니냐 하는 의문이 제기되기 때문이다.208)

4.3. 부관의 무효와 그 이행으로 한 사법상 법률행위의 효력

부관의 무효가 부관의 이행으로 한 매매 등 사법상 법률행위에 대해 어떤 영향을 미치는
지에 대하여, 대법원은 '취소사유가 될 수 있음은 별론으로 하고 그 법률행위 자체를 당연히
무효화하는 것은 아니며' 부관이 불가쟁력을 얻더라도 그 이행으로 한 법률행위의 효력은 별
도로 다툴 수 있다고 판시하여 행정행위의 부관과 그 이행으로 한 사법상 법률행위의 효력
을 별개로 다루고 있다.

"행정처분에 부담인 부관을 붙인 경우 그 부관의 무효화에 의하여 본체인 행정처분 자체의 효력에도
영향이 있게 될 수는 있지만, 그 처분을 받은 사람이 그 부담의 이행으로서 사법상 매매 등의 법률행위를
한 경우에는 그 부관은 특별한 사정이 없는 한 그 법률행위를 하게 된 동기 내지 연유로 작용하였을 뿐
이므로 이는 그 법률행위의 취소사유가 될 수 있음은 별론으로 하고 그 법률행위 자체를 당연히 무효화
하는 것은 아니며(대법원 1995.6.13. 선고 94다56883 판결, 대
법원 1998.12.22. 선고 98다51305 판결 참조), 행정처분에 붙은 부담인 부관이 제소기간의 도과로 확정되어
이미 불가쟁력이 생겼다면 그 하자가 중대하고 명백하여 당연 무효로 보아야 할 경우 이외에는 누구나
그 효력을 부인할 수 없을 것이지만, 그 부담의 이행으로서 하게 된 사법상 매매 등의 법률행위는 그 부
담을 붙인 행정처분과는 어디까지나 별개의 법률행위이므로 그 부담의 불가쟁력의 문제와는 별도로 그
법률행위가 사회질서 위반이나 강행규정에 위반되는지 여부 등을 따져보아 그 법률행위의 유효 여부를
판단하여야 한다."209)

---

207) 김남진교수는 이 '부관만의 취소'를 누구나 인정하는 처분의 일부취소에 해당한다는 점을 환기시키고 있다(행정법
   I, 289 각주 53).
208) 이에 관하여 보다 상세한 것은 Maurer, § 12 Rn.13을 참조.
209) 대법원 2009.6.25. 선고 2006다18174 판결.

Ⅳ. 행정행위의 성립과 효력발생

1. 행정행위의 성립요건과 효력발생요건

1.1. 행정행위의 성립요건과 효력발생요건의 구별필요성

행정행위는, 우선 행정행위로 성립하고 이를 전제로 그 효력발생에 필요한 조건들을 충족해야만 본래의 효력을 완전히 발휘할 수 있다. 다시 말해서 행정행위는 일정한 성립 및 효력발생요건을 구비할 때에만 그 존재를 가지고 또 효력을 발생할 수 있다. 그러나 이러한 순차적인 논리적 조건충족단계가 실제 행정행위의 발급과정에서 엄밀히 구별될 수 있는 것은 아니다. 오히려 행정행위는 주체·내용·절차·형식 등에 관한 조건을 구비한 일정한 규율 또는 의사표시가 이루어짐으로써 일거에 성립하고 동시에 효력을 발생하게 되는 것이 보통이다.[210] 그렇지만 행정행위 성립요건의 문제는 행정행위의 존재와 부존재를 구별하기 위한 전제조건으로서 논의될 가치가 있고, 다른 한편에서는 적법하게 성립한 행정행위가 어떤 조건하에서, 언제부터, 효력을 발생하는지를 판단하는 문제가 남게 되므로 효력발생요건의 개념을 사용할 필요가 있다.

> 통설은 행정행위의 부존재를 흠있는 행정행위의 효과의 한 유형으로서 다루고 있으며, 반면 행정행위의 상대방에의 도달여부를 효력발생요건으로서 다루고 있음을 유의할 필요가 있다.

어떠한 요건을 갖추어야만 행정행위가 성립했다고 볼 수 있는지, 그리고 어떠한 요건이 효력발생의 요건인지에 관한 일반법적 규정(예컨대 행정절차법)이 없을 뿐만 아니라, 모든 종류의 행정행위에 대해 일반적으로 타당한 요건을 도출해내는 것은 불가능하다고도 할 수 있다.[211] 물론 개개의 준거법이 특정행정행위의 요건과 효과에 관한 규정을 두고 있는 경우가 있으나 이때에도 그 규정이 반드시 완결적인 규율인지에 관하여 의문이 있을 수 있다. 일반적으로 국내학자들은 행정행위의 성립과 효력발생을 개념적으로 구별하고 있다. 즉, 성립요건을 내부적 성립요건과 외부적 성립요건으로 나누어 각각 주체·내용·절차·형식에 관한 요건과 외부에 대한 표시를 귀속시키고, 발효요건으로 통지·도달을 문제삼는 입장(주류적 경향)이나, 이와 달리 단순히 성립요건과 효력요건을 구분하는 입장을 취하고 있다. 반면 최근 행정행위의 성립·발효요건을 구별하지 않고 이른바 적법요건이란 개념하에 그 형식적 적법요건과 실체적 적법요건을 고려하는 새로운 관점이 제시되고 있다.[212] 이는 주로 행정행

---

210) 김도창, 일반행정법론(상), 432.
211) 특히 적법요건에 관하여는 Erichsen/Martens, § 15 Ⅰ, S.215 참조.

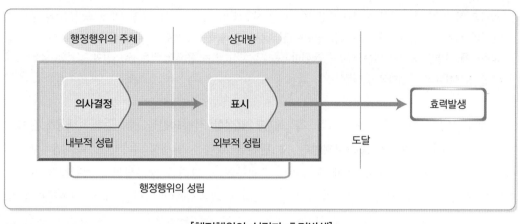

[행정행위의 성립과 효력발생]

위의 법적 요건으로서 행정행위의 허용성($_{des\ VA}^{Zulässigkeit}$)과 형식적 적법성($_{Rechtmäßigkeit}^{formelle}$) 및 실질적 적법성($_{Rechtmäßigkeit}^{materielle}$)을 고찰하는 독일행정법의 주류적 경향213)과도 일치한다. 생각건대 행정행위의 성립과 효력발생을 개념적으로 구별하는 것이 앞의 그림에서 볼 수 있듯이 반드시 불가능하지는 않을 뿐더러 행정행위의 성립과정을 탐구하는 관점에서 유용할 수도 있다.

1.2. 행정행위의 성립요건 · 적법요건 · 유효요건

행정행위의 성립($_{men}^{Zustandekom-}$)이란 행정행위의 존재(^{Existenz})를 산출하는 과정이며, 그 성립요건이란 다름 아니라 행정행위를 그 부존재($_{existenz}^{Nicht-}$), 즉, 전혀 행정행위로서의 존재를 갖지 못한 상태(^{Nichtakte})로부터 구별하기 위한 기준일 뿐이다. 따라서 행정행위의 성립요건을 갖추었느냐 하는 것은 앞에서 본 행정행위의 개념적 구성요소를 갖추었느냐 하는 데 귀결하는 것이라 할 수 있다. 행정행위의 법적 존재는 그것이 우선 내부적으로 성립한 후 외부적으로 표시됨으로써 달성된다(행정행위의 성립).

행정절차법은 처분을 원칙적으로 문서로 하도록 하고 있다. 즉 행정청이 처분을 하는 때에는 다른 법령등에 특별한 규정이 있는 경우를 제외하고는 문서로 한다. 다만, 신속을 요하거나 사안이 경미한 경우에는 구술 기타 방법으로 할 수 있으며 이 경우 당사자의 요청이 있는 때에는 지체 없이 처분에 관한 문서를 교부하여야 한다($_{①}^{§\ 24}$). 한편 문서는 당해 문서에 대한 서명(전자문서서명·전자이미지서명 및 행정전자서명을 포함한다)에 의한 결재가 있음으로써 성립한다($_{§\ 8\ ①}^{사무관리규정}$). 여기서 말하는 문서에 대한 결재란 의문의 여지없이 행정행위의 내부적 성립을 의미하며, '외부에 대한 표시'를 행정행위의 외부적 성립요건으로 보는 것이 통설이다.214) 행정행위가 국민에 대한 규율인 이상, 내부적 결재를 거친 것만 가지고서 「성립」

---

212) 홍정선, 행정법원론(상), 316.
213) 예컨대 Maurer, § 10 Rn.2ff.

했다고 볼 수는 없는 만큼 통설이 타당하다. 한편 사무관리규정은 '문서는 수신자에게 도달(전자문서는 수신자의 컴퓨터 화일에 기록되는 것을 말한다)됨으로써 그 효력을 발생한다. 다만, 공고문서의 경우에는 공고문서에 특별한 규정이 있는 경우를 제외하고는 그 고시 또는 공고가 있은 후 5일이 경과한 날부터 효력을 발생한다'고 규정하고 있다($\S^8_②$).

이렇게 성립된 행정행위는 논리적으로 볼 때 일정한 적법요건들, 즉, 주체·내용·절차·형식 등에 관한 요건들을 충족시켜야만 그 완전한 효력을 발생할 수 있다. 즉, 법치행정의 원리는 행정행위의 적법성에 대한 요청으로 구체화된다. 그러나 행정행위의 적법성의 요청으로부터 행정행위의 유효성을 적법요건의 충족여하에 의존시켜야 한다는 것이 필연적으로 도출되는 것은 아니다. 사법상 법률행위와 달리 행정행위에 관해서는, 그 적법요건에 관한 흠이 있더라도, 그것이 중대·명백한 경우가 아닌 한, 권한있는 기관이 그것을 취소할 때까지는 「유효한 행정행위로서 통용된다」는 의미에서 「흠(하자)에 구애받지 않는 법적 유효성」($\substack{\text{fehlerunabhängige}\\\text{Rechtswirksamkeit}}$)이 인정되고 있는데, 이것이 반드시 행정행위의 적법성의 요청에 어긋나는 것이라고는 볼 수 없기 때문이다. 여기서 행정행위의 유효성은 그것의 적법성을 전제로 하지 않는다는 것을 확인할 수 있다. 환언하면 행정행위의 적법성은 그 유효성의 충분조건이지 필요조건은 아니다. 이렇게 볼 때, 행정행위가 유효하기 위한 요건(유효요건)은 행정행위의 적법성이 아니라, 상대방에 대한 통지($^\text{Bekanntgabe}$)와 그 적법요건에 관한 중대·명백한 흠의 부존재($\substack{\text{Fehlen offenkundiger und}\\\text{gravierender Rechtsmängel}}$)라고 할 수 있다.[215] 따라서 행정행위의 적법요건과 유효요건은 서로 일치하지 않음이 판명된다. 그렇다고 해서 행정행위의 적법요건이 행정행위의 성립요건에 포함되는 것은 아니라는 점을 분명히 인식할 필요가 있다.

행정행위가 그 적법요건의 어느 하나를 충족시키지 못하면 그것은 곧바로 무효가 되는 것이 아니라 「흠이 있는 행정행위」가 될 뿐이며 거기에 어떠한 법적 효과를 결부시킬지는 아직은 알 수가 없다. 만일 그 행정행위의 흠이 그 정도에 있어 중대하고 객관적으로도 명백한 경우에는 행정행위는 유효요건을 결여한 것으로서 당연무효가 된다. 그렇다면 행정행위는 그 성립을 전제로 하여 효력발생요건을 충족시킴으로써 효력을 발생하지만 그 효력이 종국적으로 유지될 수 있느냐는 오히려 그 적법요건 충족여부와 이에 대한 상대방의 공격결과에 의해 좌우되는 것이라 할 수 있다. 이 중 행정행위의 적법요건충족여부에 관한 문제는 행정행위의 흠 이론, 즉, 행정행위의 흠과 그 법적 효과에 관한 문제와 불가분의 관계를 맺고 있다. 행정행위의 성립요건, 적법요건과 유효요건(효력발생요건)의 개념적 관계를 요약하면 다음과 같다.

---

214) 김도창, 일반행정법론(상), 432 각주 5. 김남진교수도 종래의 견해를 수정하여 이러한 입장에 동조하고 있다(행정법 I, 291 각주 2).
215) Maurer, § 10 Rn.21.

〈행정행위의 성립요건, 적법요건과 효력발생요건의 개념적 관계〉

법률요건	결여시 법률효과	실체법적 결과
성립요건	행정행위의 불성립	행정행위의 부존재
적법요건	행정행위의 부적법	행정행위의 흠: 무효·취소사유
유효요건	행정행위의 불발효	행정행위의 무효

2. 행정행위의 성립요건

행정행위의 성립요건은 일반적으로 주체·내용·절차·형식에 관한 것으로 나뉘어 설명되고 있으나 그 내용 대개가 후술하는 적법요건에 해당하는 것들이라는 데 문제가 있음은 전술한 바와 같다. 행정행위의 성립요건으로서는 일단 행정행위로서의 성립 자체를 위한 조건들만을 따져야지 그 법적 유효성여하의 문제는 그 이후에 검토되는 적법요건의 문제로서 취급해야 할 것이다. 이러한 견지에서 볼 때, 행정행위가 성립했다고 하기 위해서는 최소한 일정한 주체에 의해 일정한 규율(의사표시)이 외부에 대하여 표시되어야 한다고 할 수 있으며 이러한 요건의 하나를 결여하면 행정행위의 부존재라고 해야 할 것이다.

2.1. 주 체

행정행위가 성립하기 위해서는 무엇보다도 먼저 행정에 관한 의사결정능력을 가진 행정기관의 행위라는 것이 전제되어야 한다. 가령 전혀 아무런 권한이 없는 자에 의한, 행정에게 귀속시킬 수 없는 행위는 행정행위가 아니며 이 경우 행정행위와 같은 외관이 있을지라도 행정행위가 존재한다고 볼 수 없다. 즉, 이러한 경우에는 행정행위의 부존재를 말할 수 있을 뿐이다.

에릭센과 마르텐스는 1906년 독일 베를린-쾨페닉($^{Berlin-}_{Köpenick}$)에서 병사들을 거느리고 자신을 대위로 사칭한 구두장이 포읻트(^{Voigt})가 은행금고로부터 돈을 사취한 사건을 예로 들고 있다($^{Hauptmann\ von}_{Köpenick,\ Köpenickiade}$).[216] 이러한 경우, 행정 스스로가 그 적법한 행정행위의 외관이 성립된 데 대하여 책임이 있는 경우가 아닌 한, 행정행위는 존재하지 않는다는 것이다.

2.2. 규 율

행정기관의 행위가 행정행위로 성립하기 위해서는 그것을 행정권발동으로 볼 수 있게 하는 일정한 행위, 즉 규율을 담아야 한다. 법률행위적 행정행위가 문제되는 경우 그것은 일정

---

216) Erichsen/Martens, § 11 Ⅱ 2c, Rn.15.

한 의사표시를 포함해야 한다는 것이 될 것이다. 가령 권유나 주의, 희망의 표시는 행정행위의 성립요건으로서 규율이 될 수 없고 비행정행위 내지 행정행위의 부존재가 문제될 뿐이다.

2.3. 표시행위

행정기관에 의한 법적 규율이 행정행위로 성립되었다고 하기 위해서는 그것이 외부에 대하여 표시되지 않으면 안 된다(외부적 성립). 따라서 행정기관내부의 의사결정이 있었을 뿐이고(예컨대 의결 또는 영업허가서의 작성) 그것이 외부에 표시되지 아니한 경우에는 행정행위가 성립되었다고 말할 수 없다.

2.4. 행정행위의 부존재

행정행위의 부존재란 이미 충분히 설명한 바와 같이 행정행위의 성립요건이 결여된 법적 상태를 말한다. 하지만 행정행위의 부존재에 관한 통일된 정의가 없어 논란이 있다.

종래의 통설은, 일반적으로 행정행위의 부존재란 앞서 본 바와 같이 행정행위가 '법이 정하는 행정행위의 성립요건의 중요한 요소를 완전히 결여함으로써, 외관상으로도 행정행위라고 할 만한 행위가 존재하지 아니하는 경우'라고 설명하고, 그 예로서 ① 명백히 행정기관이 아닌 사인의 행위, ② 행정기관의 행위일지라도 행정권발동으로 볼 수 없는 행위, ③ 행정기관의 내부적 의사결정만 있었을 뿐 외부로 표시되지 아니하여 행정행위로서 성립하지 못한 행위, ④ 해제조건의 성취, 기한의 도래, 취소·철회 등에 의해 실효된 경우 등을 제시하여 왔다.[217] 이에 따라 행정행위의 부존재란 개념을 인정할 실익은, 특히 무효와의 구별에 두어졌었다. 즉, 종래 부존재의 경우에는 행정소송의 대상인 행위자체가 존재하지 않는 경우이므로, 무효확인의 가능한 것과는 달리, 쟁송을 제기해도 각하될 수밖에 없다고 보았던 것이다. 그러나, 이 견해에 따르면, 현행행정소송법이 무효확인소송과 함께 부존재확인소송도 명시함으로써 부존재인 행정행위 역시 항고소송의 대상으로 할 수 있게 되어, 양자의 구별실익은 없다고 할 수 있다.

이와 같은 다수설에 대하여는, ①·②는 비행정행위, 그리고 ③·④는 협의의 행정행위의 부존재에 해당하는 것으로 보고, 보통 부존재는 이 협의의 부존재만을 의미하는 것으로 보는 견해,[218] 또는 ①·②는 행정행위의 하자의 효과 이전의 문제로서 행정쟁송법상 처분관념에 해당되지 않으므로(비행정행위) ③·④만을 부존재로 보지만, ④의 경우는 실효의 일반법리에 따라 해결될 문제이고 또 현행법상 무효등확인소송에는 실효확인소송도 포함되는 것으로 보고 있으므로 이를 부존재라고 구성할 필요는 없다고 보는 견해[219]가 대립되어 있

---

217) 김도창, 일반행정법론(상), 434 등.
218) 박윤흔, 행정법강의(상), 406이하.

다. 특히 후자의 견해에 따르면, 현행행정소송법상 '무효등확인소송은 '행정청의 처분등의 효력의 유무 또는 존재 여부'를 확인하는 소송으로 규정되고 있으므로(동법 $\frac{54}{41}$), 부존재확인소송의 제기에 있어서도, 당해행위가 동법상 '처분등'에 해당하여야 하는 것'이라고 하면서 ①·②의 경우와 같은 '비행정행위를 대상으로 한 부존재확인소송을 제기하여도 그것은 부적법한 소로서 각하될 수밖에 없을 것'이라고 한다. 요컨대, 행정행위의 부존재는, 현행 행정심판법·행정소송법과 관련 하에서는 '처분' 또는 행정행위의 외관이 있는 경우에만 인정되며 또한 행정행위의 실효와는 구별되어야 한다는 것이다. 이러한 관점에서 볼 때 행정행위의 부존재도 행정행위의 하자의 한 유형으로서, 내용적으로는 그 위법성의 정도가 무효인 경우보다 더 중대한 예외적인 경우에 인정될 수 있는 관념이며 그 한도에서 무효와 부존재를 구별할 실익은 없다고 한다.[220]

생각건대, 소수설이 다수설의 부존재 관념의 정의 자체를 의문시하는 것은 극히 정당하다고 본다. 행정행위의 무효는, 일단 성립한 행정행위의 흠의 효과의 문제인 데 대하여 부존재, 특히 이른바 비행정행위의 경우는 처음부터 전혀 행정행위에 해당하지 아니하는 경우로서 흠의 효과 이전의 문제이기 때문이다.[221] 그러나 개념상 행정행위의 부존재란, 소수설이 주장하는 바와는 달리, 오히려 '처분등'에 해당되어서는 안 된다고 보아야 할 것이다. 행정소송법($\frac{54}{11}$)과 행정심판법($\frac{54}{11}$)이 규정하는 「처분 또는 처분등의 부존재」란 바로 같은 법들이 입각하고 있는 「처분」 또는 「처분등」이 존재하지 않는다고 볼 경우를 말하는 것이라고 볼 수밖에 없다. 처분의 「존재」가 아니라 「부존재」를 확인받아야 하는데 그 「처분의 존재」를 전제조건으로 요구한다는 것은 논리적으로 모순이기 때문이다. 부존재확인소송이 제거해야 될 처분처럼 보이는 「외형적 존재 또는 외관」이 위 법들이 규정하는 개념요소를 갖춘 「처분의 존재」일 수는 없다(그것은 단순히 실질과 다른 외견적 존재일 뿐이다!). 물론 실효확인소송이 무효등확인소송에 포함되는지 아니면 부존재확인소송에 포함되어야 할 것인지는 별개의 문제이며 논의될 실익도 별반 크지 않은 것으로 보인다. 문제는 행정행위의 부존재를 그 개념에 맞게 재인식해야 한다는 데 있는 것이다. 부존재란 행정행위의 불성립을 전제로 하는, 흠이전의 단계에 깃들어야 할 개념이기 때문이다. 이렇게 본다면 부존재확인소송 역시 무효확인소송과 동일법조에 의해 인정되는 것이므로, 강학상 또는 개념구성상 명확성을 기한다는 점을 제외하면, 적어도 소송형태에 관한 한, 양자의 구별실익은 감소되었다고 할 수 있다. 다만 무효의 경우 「무효선언을 구하는 취소소송」이 허용되는 데 반하여 부존재의 경우, 그러한 소송형태가 허용되지 않는다는 점에서 양자를 구별할 실익이 있다는 견해[222]는 경청할

219) 김동희, 행정법 I, 301.
220) 김동희, 같은 책, 300.
221) 김동희, 같은 책, 300.
222) 변재옥, 행정법강의 I, 340.

제1편 제2편 제3편 제4편 제5편 행정작용법

만한 가치가 있다. 부존재확인소송은 그 부존재개념과 더불어 우리 행정법상 아직 완전히 파악된 제도라고는 볼 수 없기 때문이다.

3. 행정행위의 적법요건

3.1. 주체에 관한 요건

행정행위는 정당한 권한을 가진 자에 의하여, 그 권한에 속하는 사항에 관하여 정상적인 의사에 기하여 행해져야 한다. 권한(관할)은 사항적·지역적·대인적 권한으로 구분되는데 이에 관해서는 해당 조직법의 규율에 따른다. 행정행위의 의사적 요소의 결여나 흠이 있을 경우 행정행위가 완전한 효력을 발생할 수 없음은 물론이다.

3.2. 내용에 관한 요건

행정행위는 그 내용이 실현가능하고 명확한 것이어야 하며 법에 적합한 것이어야 한다. 여기서 법이란 실정법질서 전체를 의미한다.

독일연방행정절차법 제37조 제1항에서 "행정행위는 내용적으로 충분히 확정적이어야 한다"고 규정하는 한편, 제44조에서는 절대적 무효사유로서 "사실상 이유로 인해 누구도 실현시킬 수 없는 행위"$\binom{\text{②}}{\text{iv}}$와 "선량한 풍속$\binom{\text{gute}}{\text{Sitten}}$에 반하는 행위"$^{(\text{vi})}$를 들고 있는 것은 참고할 만한 가치가 있다.

3.3. 절차에 관한 요건

행정행위를 행함에 있어 법령상 일정한 절차를 거칠 것이 요구되는 경우 그 절차를 밟아야 함은 물론이다. 절차는 주로 상대방의 이익보호, 절차의 공정성 확보 등을 위해 부과되며 협력을 요하는 행정행위에 있어 상대방의 신청이나 동의, 이해조정을 위한 사전적 행정절차, 행정의 신중·공정을 도모하기 위한 행정조직내부에서의 협의·심의·자문·동의 등이 있다. 절차위배의 효과는 각각의 절차가 갖는 중요도에 따라 개별적으로 판단할 문제이나 원칙적으로는 취소사유가 되고 다만 그 절차하자의 중대·명백성이 인정될 경우에는 무효사유가 될 것이다.

"시장 또는 군수가 건축법에 의한 건축허가를 취소하려면 위 법조 단서에 규정된 청문절차를 거치지 않아도 될 예외적인 경우 이외에는, 반드시 미리 청문절차를 거쳐야 하는 것이고, 시장 또는 군수가 미리 청문절차를 거치지 아니한 채 건축허가를 취소한 처분은 위의 예외적인 경우가 아닌 한 위법한 것이라고 볼 수밖에 없다."[223]

3.4. 형식에 관한 요건

원칙적으로 행정행위에는 특별한 형식이 요구되는 것은 아니나 법령상 문서 기타 형식이 요구될 때에는 이를 준수하여야 완전한 효력을 발생하게 됨은 물론이다. 행정절차법은 제24조 제1항에서 "행정청이 처분을 하는 때에는 다른 법령등에 특별한 규정이 있는 경우를 제외하고는 문서로 하여야 한다"고 규정하여 처분은 문서에 의하여야 함이 원칙임을 분명히 하고 있다. 처분을 하는 문서에는 그 처분행정청 및 담당자의 소속·성명과 전화번호를 기재하여야 한다고 규정하고 있다(^{행정절차법}_{§ 24 ②}). 다만, 신속을 요하거나 사안이 경미한 경우에는 구술 기타 방법으로 할 수 있도록 예외가 인정된다. 물론 그 경우에도 당사자의 요청이 있는 때에는 지체 없이 처분에 관한 문서를 교부하여야 한다(^{행정절차법}_{§ 24 ① 단서}).

4. 행정행위의 효력의 발생과 소멸

4.1. 행정행위의 효력발생

4.1.1. 행정행위의 효력발생요건

행정행위가 효력을 발생하기 위해서는 그것이 상대방에게 통지되었을 것, 그리고 행정행위의 적법요건에 관한 중대·명백한 흠이 없을 것이란 두 가지 조건이 충족되어야 한다. 행정행위가 적법요건을 갖추면, 법규나 부관(정지조건·시기)에 의한 특별한 제한이 있는 경우를 제외하고는, 본래의 효력을 발생하지만,[224] 적법요건의 완전한 충족이 행정행위의 유효요건으로 요구되는 것은 아니다. 설사 부적법한 행정행위라도 중대·명백한 흠을 지닌 경우가 아니라면, 권한 있는 기관에 의해 취소되기 전까지는 유효한 것으로 통용되기 때문이다.

4.1.2. 행정행위의 효력발생시점

행정행위는 전술한 바와 같이 중대·명백한 흠이 없는 한 상대방에게 통지됨으로써 효력을 발생하는 것이 원칙이다. 상대방에게 고지(통지)를 요하는 행정행위는 외부적 표시 외에 행정행위를 상대방이 알 수 있는 상태에 둠으로써 비로소 효력을 발생하게 된다(도달주의). 고지는 수령을 요하는 행정행위의 경우 송달(인편·우송·모사전송)의 방법에 의하고 상대방이 불특정다수인인 경우에는 고시 또는 공고의 방법에 의한다. 사무관리규정 제8조 제2항은 "문서는 수신자에게 도달(_{전자문서는 수신자의 컴퓨터 화일에 기록되는 것을 말한다})됨으로써 효력을 발생한다. 다만 공고문서의 경우에는 공고문서에 특별한 규정이 있는 경우를 제외하고는 그 고시 또는 공고가 있은 후 5일

---

223) 대법원 1990.1.25. 선고 89누5607 판결.
224) 이 경우 전술한 바와 같이 행정행위의 성립요건으로서 외부적 표시가 전제된다(홍정선, 행정법원론(상), 318).

이 경과한 날부터 효력을 발생한다"고 규정하고 있다.

그러나 행정절차법은 송달 및 기간·기한의 특례에 관한 제4절에서 이를 일반법적으로 규율하고 있다. 법은 제15조 제1항에서 '송달은 다른 법령등에 특별한 규정이 있는 경우를 제외하고는 송달받을 자에게 도달됨으로써 그 효력이 발생한다'고 규정하여 도달주의원칙을 분명히 하고 있다.

▦ 처분의 효력발생요건으로서 '도달' 및 행정소송 제소기간 기산점 '처분 등이 있음을 안 날'의 의미

"[1] 행정처분의 효력발생요건으로서의 도달이란 처분상대방이 처분서의 내용을 현실적으로 알았을 필요까지는 없고 처분상대방이 알 수 있는 상태에 놓임으로써 충분하며, 처분서가 처분상대방의 주민등록상 주소지로 송달되어 처분상대방의 사무원 등 또는 그 밖에 우편물 수령권한을 위임받은 사람이 수령하면 처분상대방이 알 수 있는 상태가 되었다고 할 것이다.

[2] 행정소송법 제20조 제1항이 정한 제소기간의 기산점인 '처분 등이 있음을 안 날'이란 통지, 공고 기타의 방법에 의하여 당해 처분 등이 있었다는 사실을 현실적으로 안 날을 의미하므로, 행정처분이 상대방에게 고지되어 상대방이 이러한 사실을 인식함으로써 행정처분이 있다는 사실을 현실적으로 알았을 때 행정소송법 제20조 제1항이 정한 제소기간이 진행한다고 보아야 하고, 처분서가 처분상대방의 주소지에 송달되는 등 사회통념상 처분이 있음을 처분상대방이 알 수 있는 상태에 놓인 때에는 반증이 없는 한 처분상대방이 처분이 있음을 알았다고 추정할 수 있다. 또한 우편물이 등기취급의 방법으로 발송된 경우 그것이 도중에 유실되었거나 반송되었다는 등의 특별한 사정에 대한 반증이 없는 한 그 무렵 수취인에게 배달되었다고 추정할 수 있다."[225]

행정절차법은 같은 조 제3항에서 '공고에 의한 송달의 경우에는 다른 법령등에 특별한 규정이 있는 경우를 제외하고는 공고일부터 14일이 경과한 때에 그 효력이 발생하며, 다만, 긴급히 시행하여야 할 특별한 사유가 있어 공고하는 때에 효력발생시기를 달리 정하여 공고한 경우에는 그에 의한다'고 규정하고 있다. 따라서 행정행위의 효력발생시기도 행정절차법에 따라 정해지게 된다.[226]

> 이와 관련하여 고시 또는 공고에 의하여 행정처분을 하는 경우, 그에 대한 취소소송 제소기간의 기산일은 고시 또는 공고의 효력발생일이며, 인터넷 웹사이트에 대하여 구 청소년보호법에 따른 청소년유해매체물 결정·고시처분을 한 사안에서, 위 결정은 이해관계인이 고시가 있었음을 알았는지 여부에 관계없이 관보에 고시됨으로써 효력이 발생하고, 그가 위 결정을 통지받지 못하였다는 것이 제소기간을 준수하지 못한 것에 대한 정당한 사유가 될 수 없다고 한 판례가 있다.[227]
>
> 또한 우편송달의 경우, 통상우편의 방법에 의하여 발송된 문서가 반송되지 않았다 하여도 이 사실만 가지고 발송일로부터 일정한 기간 내에 배달되었다고 추정되지는 않는다는 판례가 있다.[228]

---

225) 대법원 2017.3.9. 선고 2016두60577 판결(이행강제금부과처분취소).
226) 행정절차법은 그 밖에도 송달의 방법에 관한 제14조에서 송달에 관한 규정을 두고 있다.
227) 대법원 2007.6.14. 선고 2004두619 판결.

4.1.3. 행정행위의 효력정지 · 효력발생의 연기

앞에서 본 행정행위의 효력발생은 행정심판법 제21조 제2항 및 행정소송법 제23조 제2항에 따라 정지될 수 있으며(효력정지), 또 경우에 따라서 조건(정지조건)이나 기한 등의 행정행위의 부관에 의해 효력발생이 연기될 수 있다.

4.2. 행정행위의 효력소멸

행정행위의 효력은 그 본래의 목적을 달성하거나, 조건(해제조건)의 성취나 기한의 도래를 통하여, 또는 행정청이 그 행정행위를 취소 · 철회하거나 그 내용에 상반되는 새로운 행정행위를 발급함으로써 소멸된다. 기존의 행정행위의 효력을 소멸시키는 행정행위 역시 유권적인 국가적 결정권의 행사로서 효력을 발생하고 또 효력의 소멸을 겪을 수 있다.

V. 행정행위의 효력

1. 개 관

적법하게 성립된 행정행위는 효력발생요건을 충족시킴으로써 그 규율에 따른 법률적 효력을 발생하게 된다. 물론 그 법률적 효력의 내용은 물론 행정행위의 종류에 따라 일정하지 않다. 그러나 일반적으로 행정행위는 적어도 구속력 · 공정력 · 존속력 · 강제력 등을 발생한다.

2. 구 속 력

적법 · 유효한 행정행위는 그 내용에 따라 당사자를 구속하는 법적 효과를 발생하는데 이를 구속력(내용상의 구속력) 또는 기속력이라고 부른다. 구속력은 행정행위가 법적 규율로서 발생시키는 가장 본래적인 효력으로서 통상 행정행위의 성립 · 발효시부터 그 취소나 철회가 있을 때까지 지속적으로 당사자, 즉, 처분청과 그 상대방을 구속하는 힘이다. 이러한 의미에서 행정행위는 일방적 규율로서의 성질에도 불구하고 쌍방적 구속력을 갖는다.

구속력은 모든 행정행위에 당연히 인정되는 실체법적 효력으로서 그 구체적인 내용은 행정행위의 규율내용에 따른다. 예컨대 하명의 경우에는 일정한 의무의 이행을 부과하는 것이 되고 형성적 행위의 경우에는 권리 · 의무의 형성이 이루어지는 효력이 발생된다. 법령 또는 부관에 의한 특별한 제한이 없는 한, 행정행위는 성립 · 발효와 동시에 구속력을 발한다.

---

228) 대법원 1977.2.22. 선고 76누265 판결.

3. 공 정 력

3.1. 공정력의 개념

행정행위의 공정력이란, 통설적인 설명에 따르면, 행정행위가 그 적법요건에 흠이 있을지라도 그것이 중대·명백하여 당연무효로 인정되는 경우를 제외하고는 권한 있는 기관에 의해 취소되기 전까지는 상대방은 물론 행정청과 제3자(모든 국가기관을 포함)를 아울러 구속하는 잠정적인 통용력 내지 유효성(^{Wirksamkeit})을 말한다. 이러한 공정력은 행정행위가 실체법적으로 적법하다는 것을 추정시키는 것이 아니라, 단지 잠정적으로 행정행위의 구속력을 통용시키는 절차법적 효력이라고도 설명되고 있다.[229]

대법원은 "행정처분이 아무리 위법하다고 하여도 그 하자가 중대하고 명백하여 당연무효라고 보아야 할 사유가 있는 경우를 제외하고는 아무도 그 하자를 이유로 무단히 그 효과를 부정하지 못하는 것으로, 이러한 행정행위의 공정력은 판결의 기판력과 같은 효력은 아니지만 그 공정력의 객관적 범위에 속하는 행정행위의 하자가 취소사유에 불과한 때에는 그 처분이 취소되지 않는 한 처분의 효력을 부정하여 그로 인한 이득을 법률상 원인 없는 이득이라고 말할 수 없는 것($^{\text{대법원 1994.11.11. 선고}}_{\text{94다28000 판결 등 참조}}$)"이라고 판시한 바 있다.[230]

이러한 전통적인 공정력개념에 대해서는 유력한 반론이 있다. 공정력에 대한 통설의 설명을 비판하는 이 견해는, 첫째, 행정행위의 직접 상대방(또는 이해관계인)에 대한 구속력과 제3의 국가기관(처분청 이외의 행정기관 및 처분취소소송의 수소법원 이외의 법원)에 대한 구속력은 그의 근거와 내용을 달리 하므로 양자를 각각 분리하여 고찰함이 타당하며, 둘째, 공정력 또는 예선적 효력의 본체는 다만 행정행위의 상대방 등이 취소소송의 방법을 통해서 흠이 있다고 여기는 행정행위의 효력을 부정하게 만들어 놓은 행정쟁송제도의 반사적 결과에 지나지 않으므로 이것을 진정한 의미의 행정행위의 구속력의 일종으로 볼 수 없다는 점을 근거로 들고 있다.[231] 이 견해에 따르면, 공정력이란 「행정행위가 무효가 아닌 한, 행정행위(처분)로 인하여 법률상 이익을 침해받은 자는 행정쟁송을 통해서만 그의 효력을 부인할 수 있게 하는 구속력」[232]으로, 행정행위의 존속효($^{\text{Bestandskraft:}}_{\text{확정력}}$)를 넘어서 그 구속을 받는 당사자 이외 모든 국가기관에 그 유효성의 통용력을 확장하는 것을 내용으로 하는 구성요건적 효력 또는

---

229) 가령 김철용, 행정법 I, 제13판, 2010, 258-259 참조. 최근에는 공정력을 행정행위의 상대방과 이해관계인에 대해서만 미치는 효력으로 보는 견해(김남진/김연태, 행정법 I, 법문사, 2007, 251이하; 홍정선, 행정법원론(상), 박영사, 2009, 363; 류지태, 행정법신론, 신영사, 2005, 180; 박균성, 행정법(상), 박영사, 2009, 114 등)도 나오고 있다.

230) 대법원 2007.3.16. 선고 2006다83802 판결.

231) 김남진, 행정법 I, 300-301.

232) 김남진, 행정법 I, 301.

요건사실적 효력($\substack{\text{Tatbestands-}\\\text{wirkung}}$)과는 구별된다고 보게 된다.[233] 이 견해는 독일행정법상 「하자에 구애받지 않는 법적 유효성」($\substack{\text{fehlerunabhängige}\\\text{Rechtswirksamkeit}}$)과 「유효한 행정행위는 모든 국가기관에 의해 존중되어야 하여 "주어진 요건사실로서"($\substack{\text{als gegebener}\\\text{Tatbestand}}$) 그들의 결정의 기초가 되어야 한다」는 구성요건적 효력 내지는 요건사실적 효력을 별개의 것으로 파악하는 경향과 일본에서 종전의 공정력이론에 대한 반성을 토대로 공정력을 취소소송 등의 실정법제도의 반사적 결과로 파악하려는 경향[234]들을 배경으로 하고 있다.

> 이에 대해 김도창교수는 「양자는 흠 있는 행정행위의 구속력 자체가 아니라 구속력의 통용을 의미하는 점에서 본질적으로 차이가 없으며,[235] 또한 "공정력은 (하자있는) 행정행위의 상대방에 대한 구속력인데 대하여, 구성요건적 효력은 처분청 이외의 행정기관, 법원 등 국가적 기관에 대한 구속력으로서 이해"하는데,[236] 대상의 차이에 따라 양자를 구별하는 것은 찬성하기 어렵다」고 반박한 바 있다.

생각건대 우리나라 행정법상 공정력의 개념을 「취소소송 등 실정법제도의 반사적 결과」 또는 「하자에 구애받지 않는 법적 유효성」($\substack{\text{fehlerunabhängige}\\\text{Rechtswirksamkeit}}$)으로 파악하는 것은 행정우월적 사고의 소산인 공정력개념을 오늘날의 법치행정의 원리를 통해 비판적으로 감축 또는 순화시키는 의미가 있으며 또한 이론상으로도 별반 무리가 없는 것으로 보인다. 이러한 의미에서 행정행위의 유효성이란 엄밀히 말하면, 예선적 유효성($\substack{\text{vorläufige}\\\text{Wirksamkeit}}$)이며 그것은 출소기간의 도과나 쟁송취소의 실패에 의해, 다시 말해서 형식적 존속력의 발생에 의해 비로소 종국적인 존속력으로 전환된다.[237] 그러나 그렇다고 하여 곧바로 행정행위에 특유한 효력에 구성요건적 효력을 추가시켜야 할 논리필연적인 이유는 없다.

구성요건적 효력이 특별히 문제되는 경우는 주로 종래 선결문제라는 이름아래 다루어져 왔던 문제영역인데, 이것은 공정력의 내용인 유효성의 통용범위의 문제로서 다루어져 왔기 때문이다. 구성요건적 효력이란 바로 구속력($\substack{\text{Bindungs-}\\\text{wirkung}}$)의 주관적 범위를 확장하는 문제이다. 독일에서 구성요건적 효력을 '유효한 행정행위($\substack{\text{rechtswirk-}\\\text{samer VA}}$)가 존재하는 한 모든 행정기관과 법원 등 국가기관이 이를 존중하고 또 그들의 결정의 전제요건(Tatbestand)으로 삼아야 한다는 효력'으로 정의하고 있는 것은 이미 유효한 행정행위, 즉 그 '예선적 유효성'을 전제로 하고 있음을 보여준다. 그 예선적 유효성이란 바로 공정력을 의미하는 것인데, 그렇다면 구성요건적 효력이란 결국, 우리의 용어법으로 표현하자면 공정력의 효과 또는 그 확장이지 그것이 공정

---

233) 홍정선, 행정법원론(상), 321.
234) 이에 관해서는 김도창, 일반행정법론(상), 438(그리고 각주 5, 6)을 참조.
235) 김도창, 일반행정법론(상), 438 각주 4.
236) 김남진, '행정행위이론의 변천과 과제', 한국법학의 회고와 전망, 1991, 217.
237) Maurer, § 9 Rn.39.

력 자체라고는 볼 수 없을 것이다.

그런데 취소소송의 수소법원 이외의 법원이 선결문제가 된 행정행위의 위법성에 대한 판단권을 가지는가는 논란되고 있다. 이를 공정력의 범위문제로 다루느냐 아니면 그것과는 별도로 구성요건적 효력의 내용으로 다루느냐에 따라 결론이 달라지는 것은 없다. 이렇게 본다면 통설의 입장에서도 적어도 공정력의 법치국가적 순화가 있는 이상 부당하다고 보기는 어렵다.[238]

3.2. 공정력의 근거

3.2.1. 이론적 근거

공정력의 이론적 근거에 관하여는 종래 행정행위와 판결의 동질성 또는 유사성을 전제로 행정청이 권한 내에서 행한 행정행위는 그 유효성도 확인된 것이므로, 당해 행정청이 그 스스로의 확인을 유지하는 한 상대방 등을 구속하는 힘을 갖는다는 자기확인설($^{Otto}_{Mayer}$), 행정행위는 행정청이 우월적 지위에서 행하는 것이므로 그 효력은 국가적 권위에서 나오는 것이라는 국가권위설(^{Forsthoff}), 공정력의 근거를 프랑스에서 통용되고 있는 예선적 특권($^{le\ privilège\ du\ préalable}_{de\ l'administration}$)의 이론에서 찾는 예선적 특권설 등이 소개되고 있으나 그들 나름대로의 비교법적 의의를 제외하고는 오늘날 더 이상 주장될 여지가 없다.

한편 프랑스행정법에서는 예선적 효력($^{le\ privilège}_{du\ préalable}$)을 일반적으로 행정행위가 그 권한있는 기관의 취소 전까지 누리는 적법성의 추정($^{présomption\ de}_{conformité\ au\ droit}$)으로 이해하고 입증책임의 전환을 인정한다.[239] 즉, 개인은 법원에서 통상 월권소송에 의해, 경우에 따라서는 위법성항변에 의해 행정결정의 부적법성을 입증함으로써($^{en\ faisant\ la\ preuve\ de\ la\ non-}_{conformité\ de\ la\ décision\ au\ droit}$) 적법성의 추정을 제거할 수 있다는 것이다.[240] 따라서 공정력을 이른바 「예선적 효력」으로 파악하면서 이를 「적법성의 추정을 부정하는 절차법적 관점」과 결부시키는 것도 반드시 타당하다고는 할 수 없다.

공정력의 이론적 근거는 오늘날 의문의 여지없이 법적 안정성의 논리에 있는 것으로 이해되고 있다. 즉, 공정력은 행정행위의 적법성에 대한 의심이 있을 경우 누구나 그 효력을 부인할 수 있다고 한다면 행정목적의 달성을 저해함은 물론 행정법관계의 안정성을 유지할 수 없을 것이라는 이유에서 행정의 실효성 및 상대방의 신뢰보호 등을 보장하기 위해 인정된 것이며 취소소송제도는 바로 이러한 취지에서 비롯된 것이라고 보는 것이다.

---

238) 김철용, 행정법 I, 제13판, 2010, 265 각주 4.
239) J. Rivero, Droit administratif, 1990, 13.éd., n°97, 130; Philipe George, droit public, 1982, 4e éd., 289.
240) Rivero, 131.

공정력을 취소소송제도의 반사적 결과로 인정된 것으로 보는 견해[241]에 대하여, 김동희교수는 현재 상당히 유력한 학설로 등장하고 있는 견해로서 공정력이 행정행위의 내재적 효력이 아님을 밝히려고 하는 점에서는 일단 긍정적이지만, 오히려 「취소소송은 행정행위에 인정된 공정력을 배제하기 위한 쟁송제도라고 하는 것이 논리적이라고 보는 관점에서는, 역전된 논리로서 찬성할 수 없다」고 비판하고 있다.[242] 전자는 과연 왜 실정법상 취소소송제도가 그러한 반사적 결과를 시인하고 있는지를 밝혀주고 있지 못하다는 점에서 후자의 입장이 타당한 것으로 생각된다.

3.2.2. 실정법적 근거

행정행위의 공정력을 명시적으로 인정하는 실정법상의 근거는 없다. 다만 행정행위의 직권취소를 규정하고 있는 개별법적 규정들이나 항고쟁송제도(취소심판·취소소송) 및 그 제기기간을 한정하고 있는 행정심판법, 행정소송법 및 기타 단행법규정들은 이러한 공정력의 승인을 전제로 하고 있는 실정법적 규정들이라고 할 수 있다.

공정력의 근거를 행정상의 자력집행제도(행정대집행법·국세징수법 등)에서 찾는 견해[243]도 있으나 이들 규정은 행정행위의 집행력의 근거로 보아야 할 것이다. 또한 행정쟁송법상 원칙으로 채택되고 있는 집행부정지원칙도 공정력을 간접으로 인정한 것으로 보거나 그것을 전제로 하는 것으로 보는 견해[244]가 있으나 이는 옳지 않다. 행정심판이나 행정소송의 제기에 집행정지효를 부여할 것인가는 입법정책의 문제로서 공정력의 인정 여부와 직접적인 관련은 없기 때문이다. 우리와는 반대로 집행정지원칙을 취하는 독일행정쟁송법에 있어서도 이른바 「하자에 구애받지 않는 법적 유효성」$\binom{\text{fehlerunabhängige}}{\text{Rechtswirksamkeit}}$이 인정되고 있음을 유의할 필요가 있다.

공정력은 실정법을 바탕으로 인정되는 행정행위의 효력이다. 이와 같은 실정법을 바탕으로 하지 않는 초법적·선험적인 공정력이 있을 수 없음은 물론이다. 판례는 위에 적은 통설적 입장에서 공정력을 행정행위의 효력으로 인정한다.

"행정행위는 공정력과 불가쟁력의 효력이 있어 설혹 행정행위에 하자가 있는 경우에도 그 하자가 중대하고 명백하여 당연무효로 보아야 할 사유가 있는 경우 이외에는 그 행정행위가 행정소송이나 다른 행정행위에 의하여 적법히 취소될 때까지는 단순히 취소할 수 있는 사유가 있는 것만으로는 누구나 그 효력을 부인할 수는 없고 법령에 의한 불복기간이 경과한 경우에는 당사자는 그 행정처분의 효력을 다툴 수 없다."[245]

---

241) 김남진, 행정법 I, 300-301.
242) 김동희, 행정법 I, 287.
243) 이상규, 신행정법론(상), 355 각주 18; 변재옥, 행정법강의 I, 325.
244) 김도창, 일반행정법론(상), 440; 김남진, 행정법 I, 302; 김동희, 행정법 I, 288.
245) 대법원 1991.4.23. 선고 90누8756 판결; 부산고법 2002.8.16. 선고 2001누4207 판결 등.

"행정처분이 아무리 위법하다고 하여도 그 하자가 중대하고 명백하여 당연무효라고 보아야 할 사유가 있는 경우를 제외하고는 아무도 그 하자를 이유로 무단히 그 효과를 부정하지 못하는 것으로, 이러한 **행 정행위의 공정력은 판결의 기판력과 같은 효력은 아니지만 그 공정력의 객관적 범위에 속하는 행정행위 의 하자가 취소사유에 불과한 때에는 그 처분이 취소되지 않는 한 처분의 효력을 부정하여 그로 인한 이득을 법률상 원인 없는 이득이라고 말할 수 없는 것**이고(대법원 1994.11.11. 선고 94다28000 판결 등 참조), 또한 하자 있는 행정처분이 당연무효가 되기 위해서는 그 하자가 법규의 중요한 부분을 위반한 중대한 것으로서 객관적으로 명백한 것이어야 하며, 하자가 중대하고 명백한지 여부를 판별함에 있어서는 그 법규의 목적, 의미, 기능 등을 목적론적으로 고찰함과 동시에 구체적 사안 자체의 특수성에 관하여도 합리적으로 고찰함을 요하는바, 행 정청이 어느 법률관계나 사실관계에 대하여 어느 법률의 규정을 적용하여 행정처분을 한 경우에 그 법률 관계나 사실관계에 대하여는 그 법률의 규정을 적용할 수 없다는 법리가 명백히 밝혀져 그 해석에 다툼 의 여지가 없음에도 불구하고 행정청이 위 규정을 적용하여 처분을 한 때에는 그 하자가 중대하고도 명 백하다고 할 것이나, 그 법률관계나 사실관계에 대하여 그 법률의 규정을 적용할 수 없다는 법리가 명백 히 밝혀지지 아니하여 그 해석에 다툼의 여지가 있는 때에는 행정관청이 이를 잘못 해석하여 행정처분을 하였더라도 이는 그 처분 요건사실을 오인한 것에 불과하여 그 하자가 명백하다고 할 수 없는 것이고, 행 정처분의 대상이 되지 아니하는 어떤 법률관계나 사실관계에 대하여 이를 처분의 대상이 되는 것으로 오 인할 만한 객관적인 사정이 있는 경우로서 그것이 처분대상이 되는지의 여부가 그 사실관계를 정확히 조 사하여야 비로소 밝혀질 수 있는 때에는 비록 이를 오인한 하자가 중대하다고 할지라도 외관상 명백하다 고 할 수 없는 것이다(대법원 2004.10.15. 선고 2002다68485 판결, 대법원 2006.10.26. 선고 2005다31439 판결 등 참조)."[246]

3.3. 공정력이 미치는 범위와 한계

3.3.1. 무효인 행정행위

공정력은 무효인 행정행위에 대해서는 인정되지 않는다. 행정행위의 흠이 중대·명백한 경우까지 그 유효성의 통용력을 인정하는 것은 법적 안정성이란 공정력이 인정된 본래취지 에 어긋나기 때문이다. 다만 이에 관해서는 무효와 취소의 상대화론, 또는 이론상 무효사유 와 취소사유를 절대적으로 구별할 수 있는가에 대한 의문이 제기되고 있다는 점을 고려할 필요가 있다.

3.3.2. 공정력과 입증책임

공정력이 취소소송에 있어서 입증책임의 영향을 미치는가가 문제된다. 이에 관해서는 공 정력을 적법성의 추정이 아니라 유효성의 통용력으로 파악하는 통설이나 취소소송제도의 반 사적 효과에 불과한 것으로 보는 소수설의 입장, 어느 쪽에 의하든지 간에 공정력은 입증책 임의 소재와는 무관하다고 보게 된다. 따라서 취소소송의 경우에도 일반 민사소송상의 입증 책임분배원칙(법률요건분류설)에 따라, 권리발생의 요건사실(처분의 적법요건충족사실)에 관해

---

246) 대법원 2007.3.16. 선고 2006다83802 판결.

서는 행정청이, 권리장애의 요건사실(처분의 위법성)에 대해서는 원고측이 입증책임을 지게 된다.

3.3.3. 공정력과 선결문제판단권

(1) 문제의 소재

민사소송, 형사소송 등에서 본안판단의 전제로서 제기되는 행정행위의 위법성 또는 유효 여부에 관한 문제를 선결문제(^{Vorfrage})라고 한다. 우리나라에서는 이러한 선결문제의 심판권의 문제를 공정력과 관련시켜 설명하는 것이 다수설과 판례의 태도이다.

> 소수설이 주장하는 것처럼 구성요건적 효력과 공정력을 준별한다면 선결문제는 공정력과 무관하며 (타 법원에 대한) 구성요건적 효력($^{Tatbestands-}_{wirkung}$)과 관련시켜 논하지 않을 수 없게 됨은 전술한 바와 같다. 한편, 사법법원과 행정법원의 엄격한 분리원칙(권력분립원칙)에 입각한 프랑스행정법에 있어서 선결문제는 양대 법원의 관할배분에 관한 문제로서 통일관할주의를 취하고 있는 우리나라에서보다 훨씬 복잡한 양상을 띠고 있다. 먼저 우리의 선결문제에 해당하는 프랑스행정법의 준거개념은 부수적 문제($^{question}_{accessoires}$)란 개념으로서 이 중 수소법원이 직접 판단할 수 있는 부수적 문제를 'question préalable', 다른 재판권의 관할에 귀속해야 하는 부수적 문제를 'question préjudicielle'(선결문제)라고 각각 부르고 있다. 프랑스행정법상 행정법원에 있어서 사법법원의 관할에 속하는 부수적 문제는 언제나 사법법원의 판단을 기다려서 결정해야 하는 선결문제($^{question}_{préjudicielle}$)인 데 비하여, 사법법원에 있어 행정법사항에 관한 부수적 문제는, 본안이 민사소송이냐 형사소송이냐, 법규명령이냐 개별적 처분이냐, 그리고 행정행위의 해석이 문제되느냐 아니면 그 적법성이 문제되느냐에 따라 각각 해결을 달리 한다고 한다($^{J.Rivero,}_{p.229s.}$). 우리의 경우 선결문제는 오로지 후자의 경우에만 문제되는 것임은 물론이다. 그러나 어느 경우든 프랑스행정법상 선결문제심판권의 문제가 예선적 특권과는 무관하게 관할권배분의 문제로서 다루어지고 있음을 주목할 필요가 있다.

행정소송법은 제11조 제1항에서 「처분등의 효력 유무 또는 존재 여부가 민사소송의 선결문제로 되어 당해 민사소송의 수소법원이 이를 심리·판단하는 경우에는」 행정소송의 소송참가($^{§ 17}$), 행정심판기록의 제출명령($^{§ 25}$), 직권심리($^{§ 26}$) 및 소송비용에 관한 재판의 효력($^{§ 33}$)에 관한 규정들을 준용할 것을, 동 제2항에서는 수소법원이 그 처분등을 행한 행정청에게 그 선결문제로 된 사실을 통지하여야 한다고 규정하고 있다. 그런데 이 조항은 종래의 학설과 판례에 의해 의견의 일치를 본 사항에 관해서만 명문의 규정을 둔 것일 뿐, 선결문제에 관하여 이렇다 할 입법적 해결책을 제시한 것은 아니라고 보는 데 별다른 이견이 없다. 따라서 선결문제심판권의 소재에 관한 문제는 여전히 학설과 판례에 맡겨져 있다고 할 수 있다.

(2) 민사사건의 경우

민사사건의 경우, 예컨대 철거명령으로 집을 철거당한 사람이 그 철거명령을 근거로 국가배상을 청구한 경우(판례는 이 같은 경우 국가배상청구소송을, 논란)이 있으나, 일관하여 민사소송으로 다루고 있다), 민사소송의 수소법원이 그 철거명령의 위법성을 스스로 심사할 수 있느냐에 관하여 부정설과 긍정설이 대립하고 있다.

부정설[247])은 행정행위(철거명령)가 당연무효가 아닌 한 민사소송의 수소법원은 이를 심리·판단할 수 없다는 견해로 ① 공정력의 효과, ② 취소소송의 배타적 관할권, ③ 취소소송의 민사소송에 대한 특수성, 또는 ④ 현행 행정소송법 제11조가 「처분의 효력 유무 또는 존재여부」가 민사소송의 선결문제로 된 경우에 관해서만 규정하고 있다는 점을 근거로 드는 데 반하여, 긍정설[248])은 공정력은 절차적 효력에 불과하므로 그 행위를 실질적으로 적법한 것으로 만드는 것은 아니며 따라서 행정행위의 효력을 부정(취소)하지 않는 한도에서 그 위법성을 판단하는 것은 무방하다고 한다. 판례는, 행정행위의 효력 유무에 대한 판단과 위법여부에 대한 판단을 구분하여, 전자에 관해서는 행정행위가 당연무효가 아닌 한 민사법원이 행정행위의 효력유무를 판단할 수 없다고 보며, 후자의 경우에는 선결문제로서 행정행위의 위법성여부를 판단할 수 있다는 입장을 취하고 있다.

▒ 행정행위의 효력유무에 대한 선결문제판단권을 부인한 판례

"국세 등의 부과 및 징수처분 등과 같은 행정처분이 당연무효임을 전제로 하여 민사소송을 제기한 때에는 그 행정처분의 당연무효인지의 여부가 선결문제이므로, 법원은 이를 심사하여 그 행정처분의 하자가 중대하고 명백하여 당연무효라고 인정될 경우에는 이를 전제로 하여 판단할 수 있으나 그 하자가 단순한 취소사유에 그칠 때에는 법원은 그 효력을 부인할 수 없다 할 것이다."[249])

"조세의 과오납이 부당이득이 되기 위하여는 납세 또는 조세의 징수가 실체법적으로나 절차법적으로 전혀 법률상의 근거가 없거나 과세처분의 하자가 중대하고 명백하여 당연무효이어야 하고, 과세처분의 하자가 단지 취소할 수 있는 정도에 불과할 때에는 과세관청이 이를 스스로 취소하거나 항고소송절차에 의하여 취소되지 않는 한 그로 인한 조세의 납부가 부당이득이 된다고 할 수 없다(대법원 1987.7.7. 선고 87다카54 판결 참조). **원래 행정처분이 아무리 위법하다고 하여도 그 하자가 중대하고 명백하여 당연무효라고 보아야 할 사유가 있는 경우를 제외하고는 아무도 그 하자를 이유로 무단히 그 효과를 부정하지 못하는 것으로, 이러한 행정행위의 공정력은 판결의 기판력과 같은 효력은 아니지만 그 공정력의 객관적 범위에 속하는 행정행위의 하자가 취소사유에 불과한 때에는 그 처분이 취소되지 않는 한 처분의 효력을 부정하여 그로 인한 이득을 법률상 원인 없는 이득이라고 말할 수 없게 하는 것이다.**"[250])

---

247) 이상규, 신행정법론(상), 358; 김철용, 국가배상법 제2조에서 정한 배상책임의 요건, 한태연박사화갑기념논문집, 543; 이재성, 사법행정 1974.8.
248) 박윤흔, 행정법강의(상), 134; 변재옥, 행정법강의 I, 329; 김동희, 행정법 I, 289-290; 강구철, 행정법 I, 425; 김남진, 행정법 I, 307.
249) 대법원 1973.7.10. 선고 70다1439 판결.
250) 대법원 1994.11.11. 선고 94다28000 판결.

▨ 행정행위의 위법성에 관한 선결문제판단권을 인정한 판례

"계고처분이 위법임을 이유로 배상을 청구하는 취지로 인정될 수 있는 사건에 있어, 미리 그 행정처분의 취소판결이 있어야만 그 위법임을 이유로 피고에게 배상을 청구할 수 있는 것은 아니다."251)

"재개발사업 시행자가 분양신청을 하지 아니한 토지의 소유자에 대하여 대지 및 건축시설을 분양하지도 아니하고 청산금도 지급하지 아니하기로 하는 **분양처분고시는 행정처분의 성질을 지닌 것이므로 그것이 적법한 행정소송의 절차에 의하여 취소되지 아니하는 한 법원도 그 처분에 기속되어 그 행정처분의 내용과 달리 청산금을 지급하라고 명할 수는 없지만,** 그와 같이 대지 및 건축시설도 분양하지 아니하고 청산금도 지급하지 아니한 채 분양처분고시를 하여 재개발구역 내에 다른 사람이 소유하고 있던 토지의 소유권을 상실시켰다면 재개발사업 시행자는 그 한도에서 재개발사업을 위법하게 시행하였으므로 그 토지의 소유자에 대하여 불법행위의 책임을 지고, 이는 도시재개발사업 시행자가 서울특별시 도시재개발사업 조례 제2조 제1호 소정의 '기존 무허가건축물'에 해당하는 건축물에 대하여 그 일부 면적만을 인정하여 그에 상응한 분양을 하고 그 차액부분에 대하여 청산금을 지급하지 아니한 채 분양처분고시를 한 경우에도 마찬가지이다."252)

선결문제로 된 행정행위의 효력이 당연무효에 해당하거나 행정행위의 부존재가 인정될 경우에는 긍정설이나 부정설 모두 민사소송의 수소법원의 선결문제심판권을 인정하는 데 다툼이 없는 것으로 보인다. 그렇다면 문제는 오로지 행정행위의 단순위법여하가 선결문제로 될 경우라 할 것인데, 이 경우 행정행위에 인정되는 잠정적 유효성으로서의 공정력이 영향을 미칠 것인가가 문제된다. 전통적인 공정력이론에 입각한 통설이나 판례의 입장에서 볼 때, 물론 이론이 있으나, 선결문제로 된 행정행위의 위법성을 판단하는 것은 그 효력을 부인하는 것이 아니므로 가능하다고 볼 수 있을 것이다.253) 선결문제에 관한 판단권 소재에 관하여 공정력이 아니라 구성요건적 효력이 상관성을 지닌다고 보는 입장에서도 민사법원이 선결문제 심리를 통해 문제된 행정행위의 효력을 소멸시키는 것은 아니기 때문에 그 한도에서 행정행위의 위법성을 판단할 수 있으며 이는 구성요건적 효력에 모순되는 것은 아니라고 보는 것이 일반적이다.254) 요컨대, 선결문제판단권의 소재를 공정력의 문제로 보든 구성요건적 효력의 문제로 보든 ① 민사수소법원이 선결문제로 된 행정행위의 위법성을 판단할 수 있으며, ② 당연무효가 아닌 한 행정행위의 효력을 부정하는 것은 불가능하다는 것을 인정하는 점에서는 차이가 없다.

---

251) 대법원 1972.4.28. 선고 72다337 판결.
252) 대법원 2007.6.29. 선고 2006다60441 판결. 동지 대법원 1975.4.22. 선고 74다1548 전원합의체 판결; 대법원 1975.5.27. 선고 74다347 판결; 대법원 1990.6.12. 선고 89다카9552 전원합의체 판결; 대법원 2002.10.11. 선고 2002다33502 판결.
253) 박윤흔, 행정법강의(상), 134; 변재옥, 행정법강의 I, 329; 김동희, 행정법 I, 290.
254) 김남진, 행정법 I, 307; 홍정선, 행정법원론(상), 326-327.

단순위법의 경우 홍정선교수는 「구성요건효 때문에」 그 효력을 부정할 수 없다고 설명한다.255) 사실 프랑스행정법상 선결문제($\substack{\text{question} \\ \text{préjudicielle}}$)는 재판관할권의 문제로 다루어지고 있으며, 그리고 구성요건적 효력 역시 국가기관간의 권한분배규정(헌법상의 권력분립규정, 정부조직법 등)에 실정법적 근거를 두고 있는 것으로 볼 때,256) 이러한 설명상의 뉘앙스도 충분히 이해될 수 있다. 다만 문제는 그것이 「행정행위에 내재한 공정력 또는 구성요건적 효력」 때문이 아니라 오히려 재판관할에 관한 실정법제도의 결과라는 점을 인식하는 데 있다. 「구성요건적 효력」은 이 선결문제란 문제영역에서 분명히 드러나는 바와 같이 '논란'되고 있으며, 오히려 단순위법의 경우 민사수소법원이 행정행위의 효력을 부정할 수 없다면 그 한도에서 구성요건적 효력이 인정된다고 볼 수 있을 것이기 때문이다.

그러나 적어도 단순위법의 경우 선결문제로 된 행정행위의 위법성을 판단할 수 있는 권한을 인정하는 입장에 서는 한, 그것이 구성요건적 효력에 기인하는 것인지 또는 공정력에 기인하는 것인지를 따질 실익은 이론구성상 흥미 외에는 그다지 크지 않다고 생각된다. 관건은 선결문제판단권의 소재에 관한 문제가 재판관할의 문제라는 점을 분명히 인식하는 데 있다. 즉, 헌법상($\substack{\S 107 \\ ②}$) 행정소송에 관한 이른바 통일관할주의와 행정소송법상 행정법원에 취소소송 제1심 관할이 주어지고 있는 점을 어떻게 조화시켜 해석할 것이냐가 문제된다. 헌법 제107조 제2항이 「명령·규칙 또는 처분이 헌법이나 법률에 위반되는 여부가 재판의 전제가 된 경우에는 대법원은 이를 최종적으로 심사할 권한을 가진다」고 규정하고 있는 이상, 원칙적으로 각급법원이 처분의 위법성을 심사할 권한을 가지며,257) 여기에는 선결문제로서의 처분의 위법성도 당연히 「재판의 전제가 된 경우」로서 포함된다고 볼 것이다. 다만 출소기간 제한이나 취소소송의 제1심을 피고 소재지관할 행정법원으로 한 행정소송법상의 재판관할상 특칙은 헌법상($\substack{\S 102 \\ ③}$) 각급법원의 종류와 심급제에 관한 법률유보에 의한 것이므로 독자적인 헌법적 정당성을 가진다는 점을 고려할 때, 민사소송의 수소법원이 단순위법의 경우에까지 선결문제판단권을 근거로 행정행위의 효력을 부정할 수 있도록 하는 것은 이러한 재판관할상 제약을 무의미하게 하는 것으로서 허용될 수 없다고 보는 것이 옳을 것이다.

이러한 견지에서 볼 때, 행정소송법 제38조가 취소소송에 관한 제9조를 준용함으로써 무효등 확인소송의 제1심관할법원을 피고의 소재지를 관할하는 행정법원으로 하고 있는데, 당연무효의 경우 민사법원의 선결문제판단권을 인정하는 판례와 다수설이 이러한 관할규정을 회피하는 결과를 초래할 수 있다는 점도 검토해 볼 필요가 있다.

---

255) 홍정선, 행정법원론(상), 326.
256) 신보성, 행정행위의 구속력, 서원우교수화갑기념논문집, 386.
257) 대법원 1966.12.6. 선고 66누100 판결.

(3) 형사사건의 경우

형사사건에서 일정한 범죄구성요건의 충족여부를 판단함에 있어서 행정행위의 위법여부가 선결문제로 제기되는 경우, 수소법원이 당해 행정행위의 위법여부를 스스로 심사할 수 있는가 하는 문제가 제기되는데, 이에 관해서도 부정설[258]과 긍정설[259]의 대립이 있다.

학설 중에는 공정력의 근거가 되는 행정의 실효성 확보와 피고인의 인권보장을 위한 형사법 특유의 원칙이 조화되는 접점에서 해결책을 찾아야 한다는 견해가 있다. 이에 따르면 처벌규정을 두고 있는 법률의 취지, 당해 행정행위의 종류, 당해 행정행위의 실효성이 요구되는 강도, 당해 행정행위의 위법성 자체를 사인이 별도로 다툴 가능성과 한계 등을 고려하여 개별적·구체적으로 판단되어야 한다고 한다.[260] 그러나 피고인의 인권보장이라는 형사법의 요청을 형사재판에 있어 수소법원의 선결문제심판권 인정여부의 기준으로 삼을 수 있는지에 대해서는 의문이 없지 않다. 형사재판에 있어서도 행정행위의 효력 (박탈) 유무에 관한 한, 단순위법의 경우에는 선결문제판단권을 부인하되, 당연무효인 경우와 단순위법시 그 위법성 판단권은 인정하는 민사재판에서의 논리를 달리 적용할 이유는 없지 않을까 생각된다.

판례는 분명하지는 않지만, 몇 가지 유형으로 나누어 볼 수 있다.

먼저, 형사재판에서 수소법원의 선결문제판단권을 인정한 판례로, 구 도시계획법상 도시계획위반죄의 전제가 된 원상복구 시정명령의 위법성을 직접 판단한 것이 있다.

대법원은 이 사건에서 '구 도시계획법 제92조 제4호($^{1991.12.14.법률 제4427}_{호로 개정되기 전의 것}$)에 의하면 같은법 제78조의 규정에 의한 행정청의 처분 또는 조치명령에 위반한 자에 대하여 6월 이하의 징역 또는 300,000원 이하의 벌금에 처하도록 규정되어 있는데, 도시계획구역 안에서 허가없이 토지의 형질을 변경한 경우 행정청은 그 토지의 형질을 변경한 자에 대하여서만 같은법 제78조 제1항에 의하여 처분이나 원상회복 등의 조치명령을 할 수 있다고 해석되고, 같은 조항에 정한 처분이나 조치명령을 받은 자가 이에 위반한 경우 이로 인하여 같은법 제92조에 정한 처벌을 받기 위하여는 그 처분이나 조치명령이 적법한 것이라야 한다'는 이유를 들어, 그 형질을 변경한 자도 아닌 피고인에 대하여 발해진 원상복구의 시정명령은 위법하며, 따라서 위법한 위 시정명령을 따르지 않았다고 하여 피고인을 같은 법 제92조 제4호에 정한 조치명령등 위반죄로 처벌할 수는 없으며, 위 **시정명령을 당연무효로 볼 수 없다 하더라도 그것이 위법한 처분으로 인정되는 한, 이 사건 도시계획위반죄가 성립될 수 없다**고 판시하였다.[261]

또 그리 선명하지는 않지만, 구 온천법상 시설개선명령의 적법여부가 형사재판의 선결문제가 된 사건에서 시설개선명령의 적법성을 적극적으로 판단한 사례가 있다.

---

258) 이상규, 신행정법론(상), 359.
259) 김남진, 행정법 I, 309; 서원우, 행정처분의 공정력과 형사재판의 관계, 월간고시 1979/9, 129; 홍정선, 행정법원론(상), 327.
260) 김철용, 행정법 I, 제13판, 2010, 263.
261) 대법원 1992.8.18. 선고 90도1709 판결.

"동래구청장의 시설개선명령은 온천수의 효율적인 수급으로 온천의 적절한 보호를 도모하기 위한 조치로서, 위 온천법 제15조가 정하는 온천의 이용증진을 위하여 특히 필요한 명령이라 할 것이니 이를 이행하지 아니하여 이에 위반한 피고인 등의 행위는 온천법 제26조 제1호, 제15조의 구성요건을 충족하였다고 할 것이다."[262]

반면 대법원 판례 중에는 다음에 보는 바와 같이 일견 형사재판에서 행정행위의 위법여하에 관하여 수소법원의 선결문제판단권을 부정하는 듯한 뉘앙스를 지닌 판례도 있다.

"사위(詐僞)의 방법으로 연령을 속여 발급받은 운전면허는 비록 위법하다고 하더라도, 도로교통법 제65조 제3호의 허위 기타 부정한 수단으로 운전면허를 받은 경우에 해당함에 불과하여 취소되지 않는 한 그 효력이 있는 것이라 할 것이므로 그러한 운전면허에 의한 운전행위는 무면허운전이라 할 수 없다."[263]

김남진교수는 이 판결을 부정설을 지지하는 판례로서 인용하는 일부학자의 견해[264]에 반대하면서, 이 판례는 행정행위의 위법성여부에 관한 것이 아니라 행정행위의 존재를 부정할 것인가에 관한 것이라고 보고 있다.[265] 생각건대, 이 경우는 면허의 존재여부가 선결문제로 되어 그와 같은 사위에 의한 면허발급처분의 유효성이 인정된 사례라고 보아야 할 것이다. 따라서 위 판례에서 '취소되지 않는 한 그 효력이 있는 것'이라고 한 것은 '취소되지 않는 한 유효한 것'이라는 취지로 이해되며 그러한 의미에서 공정력을 승인한 것으로 보는 것이 타당하다. 무면허운전이란 구성요건의 충족여부를 판정함에 있어서 선결문제로 된 「취소되지 않은, 사위에 의한 면허의 유효성」을 받아들인 것이기 때문이다.

이는 프랑스행정법상 형사재판에서 범죄성립요건충족을 판단함에 있어 행정행위의 적법성(합법성의 심사, 그 해석에 관한 부수적 문제 등)이 문제될 경우 특별한 규정이 없는 한 어느 쪽이든 스스로 판단을 내리지 않고 행정법원의 판단에 유보하는 것과 대조된다. 이와 관련하여 음미되어야 할 것은, 선결문제심판권이란 적법이든 부적법이든, 또는 유효·무효, 존재·부존재 어느 쪽이든 수소법원의 판단권이 있느냐는 문제가 아닌가 하는 점이다. 만일 위의 사례에서 행정행위인 면허발급처분의 유효성을 인정했다면, 부정과 긍정 중 긍정적 결론이 난 것일 뿐, 실은 오히려 선결문제심판권을 행사한 것으로 보아야 하지 않을까 하는 의문이 있음을 부기해 둔다.

---

262) 대법원 1986.1.28. 선고 85도2489 판결.
263) 대법원 1982.6.8. 선고 80도2646 판결.
264) 이상규, 신행정법론(상), 359; 김동희, 행정법 I, 291-292.
265) 김남진, 행정법 I, 297, 각주 34.

3.3.4. 구성요건적 효력 – 또는 요건사실적 효력

구성요건적 효력 또는 요건사실적 효력$\binom{\text{Tatbestands-}}{\text{wirkung}}$이란 유효한 행정행위$\binom{\text{rechtswirk-}}{\text{samer VA}}$가 존재하는 한 모든 행정기관과 법원 등 국가기관을 구속하는 힘을 말한다. 즉, 다른 행정기관이나 법원은 유효한 행정행위의 존재를 승인하고 이를 자신의 결정의 기초로 삼아야 한다는 것이다$\binom{\text{Maurer,}}{\S\,11\ \text{Rn.8}}$. 이 개념은 본래 독일행정소송법상 형성판결의 효력의 하나로 인정된 구성요건적 효력 내지 형성판결의 구속력에서 유래된 것이다.

예컨대 울레(^{Ule})는 다음과 같이 적고 있다: 「동일한 또는 다른 재판권에 속하는 동일법원 또는 타법원이 다른 당사자간에 다투어진 소송에서 그 판결에 구속되느냐 하는 것은 실질적 확정력의 문제가 아니라 법원간의 상호구속($^{\text{gegenseitige}}_{\text{Bindung}}$)의 문제이다. 이러한 구속은 오직 구성요건적 효력($^{\text{Tatbestands-}}_{\text{wirkung}}$)을 행사할 수 있는 형성판결에만 존재한다. 법원이 확정판결을 통해 취소소송에 의해 다투어진 행정행위를 취소했다면 모든 다른 법원과 행정청은 이 판결의 구성요건적 효력에 의해 그 행정행위의 취소사실을 자기의 결정이나 처분의 기초로 삼아야 할 구속을 받는다. 만일 반대로 법원이 계쟁행정행위가 적법하다는 이유에서 취소소송을 기각했다면 이 동일한 법원이나 다른 법원은 다른 당사자간에 다투어진 소송에 있어서, 어쨌든 그 행정행위를 무효라고 볼 수 있는 이상, 이러한 견해에 구속되지 아니한다. 구성요건적 효력은 형성판결 뿐만 아니라 형성적 행정행위,266) 가령 공무원임명, 공무원관계의 해지, 귀화허가 또는 국적이탈의 허가, 영업허가의 발급이나 취소 등과 같은 행위에 대해서도 인정된다. 이러한 행위들은 모든 사람에 의해 존중되어야 하며 오직 행정절차법 제44조의 사유에 의해서 무효로 되는 경우에만 구속력을 갖지 않는다.」267) 한편 독일행정법에 있어서 국가적 행위로서 행정행위가 다른 행정기관이나 법원 등 국가기관에 대한 관계에 갖는 구속력은 보다 일반적으로 국가기관간의 적정한 권한배분을 규정하고 있는 법령이나 헌법상의 권력분립원리 또는 불문의 법원리에 의해 정당화된다고 하는 것이 지적되고 있다.268) 이러한 구속력은 반면 구성요건적 효력, 확인적 효력 및 기타 구속력으로부터 직접 주어지는 것이 아니라고 한다. 이들 효력들은 그와 같은 법령 및 법원리로부터 주어지는 한도에서 구속력이 인정되는 사례들(^{Bindungsfälle})을 서술하고 분류하는 개념들이라는 것이다. 이 점에 관해 독일의 판례나 문헌은, 극히 다양한 용어법상의 차이에도 불구하고, 광범위한 의견일치를 보고 있다고 한다.269)

구성요건적 효력이란 한 행정청 또는 법원의 행위가 다른 행정청 또는 법원이 일정한 규율을 행했거나 또는 행하지 않았거나 하는 사실에 의존할 경우 성립하는 개념이라고 할 수 있다. 타기관의 규율은 당해 행정청이나 법원이 결정을 내림에 있어서 해석해야 할 법률요건의 구성부분($^{\text{Bestandteil des}}_{\text{Tatbestandes}}$)이 되는 것이다. 이 경우 당해 행정청이나 법원은 타기관이 내린 결정

---

266) Ule-Laubinger, Verwaltungsverfahrensrecht, § 48 Ⅱ S.238 참조.
267) C.H. Ule, Verwaltungsprozeßrecht, S.304.
268) Schmalz, D., Allgemeines Verwaltungsrecht und Verwaltungsrechtsschutz, 1985, Rn.872; Erischsen/Martens, S.210.
269) Schmalz, aaO.

의 유효여부, 즉, 무효인지만을 심사할 수 있을 뿐, 그 적법성여부를 심사하여 그 효력을 부정해서는 아니 된다. 왜냐하면 행정행위의 위법성의 효과는 단지 그 취소가능성일 것인데, 행정행위의 취소권은 오로지 그 처분청 또는 그것이 계속된 관할법원만이 갖고 있기 때문이다. 예컨대 앞서 든 판결에서 문제된 무면허운전에 관하여, 형사법원은 피고가 현재에는 면허를 가지고 있지 않지만 종전에 갖고 있던 자기의 운전면허가 위법하게 박탈되었다고 주장할지라도, 그 면허취소의 적법여부를 심사할 수 없고 따라서 그의 무면허운전사실을 인정하지 않을 수 없다. 반면 법원이, 피고가 사위에 의한 방법으로 면허를 취득했다는 사실에 정당한 의심을 갖고 있을지라도, 그가 일단 면허를 보유하고 있는 이상(면허취소는 관할 행정청의 권한이므로) 무면허운전으로 처벌해서는 아니 된다. 이러한 예에서 도출되는 결론을 우리는 일단 구성요건적 효력의 결과라 볼 수 있다. 그러나 이 경우, 특히 후자의 사례를 통해 볼 때, 구성요건적 효력이란 오로지 관계법률이 「무면허운전」이란 구성요건규정을 통해 유효한 면허보유여부를 전제조건으로 삼았기 때문에 인정될 수 있는 것이다. 이 경우 관계법은 면허의 적법성이 아니라 유효성을 전제로 하고 있기 때문에 법원은 적법성에 의심이 있을지라도 당연무효가 아닌 한 면허의 법적 존재를 시인할 수밖에 없다. 이렇듯 어떤 행정행위가 구성요건적 효력을 발생할지 여부는 행위 자체의 효력에서가 아니라, 관계법규정의 규정내용에 따라 결정되는 것이지 일반적으로 모든 행정행위에 대하여 구성요건적 효력을 인정할 수 있는 것은 아니다.

4. 강 제 력

행정행위가 일정한 의무의 부과를 내용으로 하는 경우, 상대방이 이 의무를 이행하지 않는 때에는 행정법상의 제재를 가하거나(제재력: 예컨대 행정벌의 부과), 일정한 요건하에 자력으로 그 이행을 강제할 수 있는 가능성(집행력)이 부여되는데 이를 강제력이라고 한다.

> 예컨대 폐기물관리법은 제63조에서 일정한 의무위반자에 대하여 과태료를 부과할 수 있음을 규정하고 이와 아울러 제46조에서는 환경처장관 또는 시·도지사는 폐기물의 처리를 한 자 또는 그 처리를 위탁한 자가 제45조 제1항에 의한 조치명령을 이행하지 아니할 때에는 행정대집행법이 정하는 바에 따라 대집행을 하고 그 비용을 징수할 수 있다고 규정한다. 한편 행정심판법 제21조와 행정소송법 제23조 및 국세기본법 제57조에 규정되어 있는 집행부정지의 원칙 역시 이 자력집행력을 전제로 한 것이라 볼 수 있다.

강제력은, 종래 행정행위에 내재하는 당연한 속성으로 파악되었던 것과는 달리 오늘날 행정목적의 달성을 위해 특별히 법적으로 인정되는 효력으로 이해되고 있다(통설). 행정행위의 집행력에 관한 일반적인 실정법적 근거로는 행정대집행법과 국세징수법을 드는 것이 보통이다.

5. 확정력(존속력)

5.1. 개 념

행정행위는 그것이 무효인 경우를 제외하고는 일정 기간(출소기간)이 경과하거나 기타 사유로 상대방이 행정행위의 효력을 더 이상 다툴 수 없게 되는 힘($^{불가쟁력:}_{Unanfechtbarkeit}$)이 인정되며 또한 일정 부류의 행정행위의 경우 이를 발한 행정청 자신도 임의로 취소·변경·철회할 수 없는 구속($^{불가변력:}_{Unabänderlichkeit}$)을 받게 된다. 이를 일반적으로 소송법 개념의 유추에 의해 확정력(^{Rechtskraft}) 또는 존속력(^{Bestandskraft})이라고 부른다.

독일행정법상의 존속력의 개념 ●● 존속력(^{Bestandskraft})이란 문헌과 판례에 빈번히 등장하고 또 확립된 법제도인 것처럼 보이지만 다의적이고 논란의 여지가 많은 개념으로서 이를 제43조 이하의 표제로 규정한 행정절차법 역시 문제해결에 기여한 것은 아니라고 한다. 그러나 존속력의 관념적 지주는 일반적으로 승인되고 있으며, 그것은 행정행위는 고권적 규율로서 구속적이어야 하며 또한 법적 존재로서 지속성($^{Rechts-}_{beständigkeit}$)을 확보해야 한다는 데 있다. 그것은 이미 행정행위의 법적 규율로서의 성격에서 주어지는 것인 바, 법적 규율이 임의적 처분에 놓이게 된다면 그 본래의미에 반할 뿐 아니라 무가치할 것이기 때문이라는 것이다. 이는 행정행위에 특유한, 법적 안정성에 근거를 두는 법률관계의 명확화 및 안정화기능($^{Klarstellungs- und}_{Stabilisierungsfunktion}$)에서 유래된다고 한다. 아무튼 행정행위의 존속력은 형식적 존속력(불가쟁력)과 실질적 존속력을 내용으로 하는데 특히 후자는 구속력($^{Bindungs-}_{wirkung}$), 제한된 취소가능성($^{beschränkte Aufheb-}_{barkeit: 불가변력}$)을 포함한다고 설명되고 있다.

존속력의 내용은 소송법적 개념인 확정력이 형식적 확정력과 실질적 확정력으로 나뉘는 것과 같이 형식적 존속력과 실질적 존속력으로 나누어 파악하는 것이 일반적이다. 그러나 존속력이란 용어는 이러한 소송법적 유추에 한계가 있음을 염두에 두고 성립된 개념이다. 그것은 행정행위와 판결의 차이를 전제로 하고 있다: 즉, 첫째, 행정행위의 경우 행정청은 법원과 달리 독립된 제3자가 아니라 직접적 당사자로서 결정을 내리는 것이므로 출발점이 다르고, 둘째, 행정행위는 판결과 같은 수준의 적법성 보장을 수반하지 않을 뿐 아니라 미래지향적 형성수단으로서 변화된 상황에 적용해야 하므로 법원의 판결과 같이 확고한 존속가능성을 갖지 못한다는 데 양자의 차이가 있다. 통상 전자를 불가쟁력으로, 후자를 불가변력으로 부른다.

▦ 행정행위의 확정력

"일반적으로 행정처분이나 행정심판재결이 불복기간의 경과로 인하여 확정될 경우 그 확정력은, 그 처분으로 인하여 법률상 이익을 침해받은 자가 당해 처분이나 재결의 효력을 더 이상 다툴 수 없다는 의미일 뿐, 더 나아가 판결에 있어서와 같은 기판력이 인정되는 것은 아니어서 그 처분의 기초가 된 사실관계나 법률적 판단이 확정되고 당사자들이나 법원이 이에 기속되어 모순되는 주장이나 판단을 할 수 없게 되는 것은 아니다. 따라서 종전의 산업재해요양보상급여취소처분이 불복기간의 경과로 인하여 확정되었더라도 요양급여청구권이 없다는 내용의 법률관계까지 확정된 것은 아니며 원고로서는 소멸시효에 걸리지 아니한 이상 다시 요양급여를 청구할 수 있고 그것이 거부된 경우 이는 새로운 거부처분으로서 그 위법 여부를 소구할 수 있다."[270]

5.2. 불가쟁력

행정행위는 무효인 경우를 제외하고는 출소기간이 지나거나 당사자가 쟁송의 제기를 포기하는 등 사유로 인하여 상대방이 통상의 쟁송절차로는 더 이상 다툴 수 없게 되는 상태에 이르게 된다. 이 경우 행정행위가 불가쟁력($^{\text{Unanfecht-}}_{\text{barkeit}}$)이 발생했다고 한다. 이는 소송법상 형식적 확정력에 상응하는 개념이다.

▦ 제소기간 도과로 불가쟁력이 생긴 행정처분의 변경을 요구할 신청권 유무

"제소기간이 이미 도과하여 불가쟁력이 생긴 행정처분에 대하여는 개별 법규에서 그 변경을 요구할 신청권을 규정하고 있거나 관계 법령의 해석상 그러한 신청권이 인정될 수 있는 등 특별한 사정이 없는 한 국민에게 그 행정처분의 변경을 구할 신청권이 있다 할 수 없다."[271]

5.3. 불가변력

5.3.1. 개 념

행정행위가 위법하거나 공익에 적합하지 않은 경우 행정청은 이를 취소 또는 철회할 수 있다. 그러나 일정 부류의 행정행위는 이를 발한 행정청 자신도 임의로 취소·변경·철회할 수 없는 구속을 받게 된다. 이를 실질적 존속력($^{\text{materielle}}_{\text{Bestandskraft}}$) 또는 불가변력($^{\text{Unabänder-}}_{\text{lichkeit}}$)이라고 부른다.[272]

"국민의 권리와 이익을 옹호하고 법적 안정을 도모하기 위하여 특정한 행위에 대하여는 행정청이라 하여도 이것을 자유로이 취소·변경·철회할 수 없다는 행정행위의 불가변력은 당해 행정행위에 대해서만 인정되는 것."[273]

---

270) 대법원 1993.4.13. 선고 92누17181 판결; 대법원 1994.11.8. 선고 93누21927 판결.
271) 대법원 2007.4.26. 선고 2005두11104 판결.
272) 불가변력에 대한 이론적 고찰로는 홍준형, 불가변력, 신뢰보호, 그리고 행정상 이중위험의 금지, 행정판례연구 V, 한국행정판례연구회 편, 서울대학교출판부, 2000, 33-67 참조.
273) 대법원 1974.12.10. 선고 73누129 판결.

판결이 상소기간의 도과 또는 상소권포기 등으로 인해 형식적으로 확정되면 실질적 확정력이 발생하는 데 비하여, 행정행위 역시 제소기간의 도과, 행정쟁송의 포기 등으로 실질적 존속력이 발생한다. 그러나 이러한 소송법적 유추는 형식적 존속력(불가쟁력)의 경우와는 달리 실질적 존속력(불가변력)과는 직접적인 상관성이 없다. 행정행위의 유효성, 정확히 말해서, 예선적 유효성($^{vorläufige}_{Wirksamkeit}$)은 출소기간의 도과나 쟁송취소의 실패에 의해 발생되는 형식적 존속력에 의해 종국적인 존속력으로 바뀜으로써 행정행위의 존재와 유효성이 법적으로 확보된다.[274] 그러나 이러한 불가쟁력이 발생한 행정행위도 처분청에 대한 관계에서는 사후적인 사유에 의해 취소·철회됨으로써 그 존속력이 제거될 수 있으며, 다만 일정한 부류의 행정행위에 한하여 처분청에게 취소·변경을 금지하는 불가변력이 발생할 때에만 그 존속력이 확보될 수 있을 뿐이다. 이렇듯 실질적 존속력은, 소송법상 실질적 확정력과는 달리, 특별한 경우에 한하여 인정되는, 「제한된 취소가능성」, 즉, 불가변력으로 이해된다는 점에서 차이가 있다.

> 소송법상 실질적 확정력(기판력)이란 지배적인 소송법적 확정력이론에 따르면 동일한 소송물에 관한 동일당사자(또는 권리승계인)간의 후소에서 법원은 형식적으로 확정된 판결에 구속된다는 효력($^{규준력:}_{Maßgeblichkeit}$)을 말한다. 실질적 확정력과 형식적 확정력은, 후자가 전자의 전제조건이 된다는 점, 그리고 전자는 형식적으로 확정된 판결을 내용적으로 확보해 준다는 점에서 상호보완적인 관계를 맺고 있다. 만일 실질적 존속력을 구속력($^{Bindungs-}_{wirkung}$)으로 파악하면 이 소송법상의 실질적 확정력에 상당하는 개념이 될 것이지만, 이를 「제한된 취소가능성」($^{beschränkte}_{Aufhebbarkeit}$)으로 파악하는 것이 지배적인 견해이자 판례의 태도이다.[275] 이렇게 보면 실질적 존속력은 오히려 법원이 자기의 판결에 구속된다는 자박력($^{Selbstbindungs-}_{wirkung}$)에 상응하는 것이 될 것이다.

한편 이러한 의미의 불가변력의 효과로서가 아니라, 예컨대 수익적 행정행위와 같은 일정한 내용의 행정행위에 관하여 그 성질상 취소·철회의 자유가 제한되는 경우가 있는데 이를 또한 불가변력의 한 내용으로 파악하는 견해가 있다. 이를테면 불가변력을 광의로 파악하는 입장이라고 할 수 있는데, 이를 실질적 존속력의 문제가 아니라 취소·철회권제한의 문제로 보아야 한다는 반론이 유력하게 제기되고 있다.

5.3.2. 불가변력이 인정되는 행위

불가변력은 모든 행정행위에 공통된 효력이 아니라 다음의 특별한 경우에만 인정된다고 보는 것이 지배적인 견해이다.

---

274) Maurer, § 9 Rn.39.
275) 이에 반대하는 견해에 관해서는 김남진, 기본문제, 251이하 참조.

① 준사법적·분쟁해결적 행정행위: 행정심판의 재결
② 취소권이 제한되는 경우: 수익적 행정행위(이에 대해 이론이 있음은 기술하였다).
③ 법령상 특별한 규정이 있을 경우: 예컨대 「공익사업을 위한 토지 등의 취득 및 보상에 관한 법률」 제86조 제1항에 의하여 토지수용위원회의 재결이 「민사소송법」상 확정판결이 있은 것으로 보며, 그 재결서 정본이 집행력있는 판결의 정본과 동일한 효력을 가진 것으로 인정되는 것은 행정행위의 불가변력에 의한 것이라기보다는 법령의 규정에 의한 것이라고 보아야 할 것이다.
④ 기타 공공복리의 요청에 의해 불가변력을 인정하는 견해[276]가 있다.

그러나 무효인 행위는 존속력이 발생할 여지가 없으므로 불가변력도 문제될 여지가 없다.

5.4. 형식적 존속력과 실질적 존속력의 관계

형식적 존속력(불가쟁력)은 행위의 상대방이나 기타 이해관계자에 대한 구속을 내용으로 함에 비해 실질적 존속력(불가변력)은 처분청 등 행정기관에 대한 구속을 내용으로 한다는 점에서 구별된다. 그 밖에도 불가쟁력이 발생한 행위도 불가변력이 없는 경우에는 행정청이 이를 취소·변경할 수 있으며, 불가변력이 있는 행위라 하더라도 쟁송제기기간이 경과하기 전에는 그 상대방이나 이해관계자가 쟁송을 제기하여 이를 다툴 수 있다는 점에서 양자는 그 목적과 관심의 방향을 달리함을 볼 수 있다.

Ⅵ. 행정행위의 흠(하자)과 그 효과

1. 개   설

1.1. 행정행위의 흠(하자): 무효·취소의 구별

성립요건을 갖춘 행정행위는 보통 그 유효요건을 갖춤으로써 효력이 발생한다. 그러나 그 행정행위가 적법한 행위로 효력을 가지려면 적법요건들을 충족해야만 한다. 행정행위가 이 요건들을 충족하지 못한 경우에는 흠(하자)있는 행정행위로 된다. 요컨대 행정행위는 적법요건을 갖추어야 완전한 효력을 발휘할 수 있다.

성립요건을 결여한 경우에는 행정행위의 불성립을 말할 수 있을 뿐이어서 「행정행위의 흠」이란 오로지 그 적법요건의 결여를 근거로 해서만 성립될 수 있는 개념이다. 하지만 대다수 문헌들이 실은 일단 성립된 행정행위의 적법요건으로 보아야 할 요소들을 이른바 「행정행위의 성립요건」으로 다루고 있기 때문에 그에 따르자면 행정행위의 흠도 「행정행위의 성립요건·적법요건을 완전히 충족하지 못한 것」 정도로 정의할 수밖에 없을 것이다. 이러한 설명이 부당함은 이미 충분히 지적한 바 있다. 반면, 단순한 오기나

---

276) 이상규, 신행정법론(상), 362.

계산착오 같은 명백한 잘못들은 당사자의 신청이나 직권으로 정정하면 될 성질의 것으로 행정행위 흠의 문제가 아니라는 데 이견이 없다.

행정행위의 흠에 관한 일반법은 없다. 이에 관한 법적 규율은 특별한 법령의 규정이 없는 한, 주로 판례와 학설의 형성에 맡겨져 있다. 따라서 행정행위의 흠과 그 법적 효과에 관한 논의 역시 주로 학설과 판례를 중심으로 이루어지지 않을 수 없다.

흠있는 행정행위는 일반적으로 흠의 정도나 존재양태에 따라 취소할 수 있는 것과 무효인 것으로 나뉜다(중대·명백설). 그런데 취소할 수 있는 행정행위는 흠이 있음에도 불구하고 권한있는 기관이 그것을 취소할 때까지는 유효한 행정행위로서 통용된다는 의미에서 「흠에 구애받지 않는 법적 유효성」($\frac{\text{fehlerunabhängige}}{\text{Rechtswirksamkeit}}$)을 가진다. 따라서 흠의 유무는 행정행위의 적법성과 부적법성(위법성)을 가름하는 기준이 되지만 반드시 그 유효여부를 결정하는 기준은 아니다.

적법성과 유효성 •• 행정행위의 흠과 법적 효과의 관계를 분명히 하기 위하여 우리는 마우러의 예에 따라 먼저 두 가지 개념범주를 구별할 수 있다:[277]

① 적법(rechtmäßig) – 부적법(rechtswidrig: 위법)
② 법적 유효(rechtswirksam) – 법적 무효(rechtsunwirksam)

여기서 ①은 행정행위의 실정법과의 적합성여하에 관한 것인 데 비하여 ②는 행정행위에 인정될 법적 효과에 관한 것이다. 행정행위가 유효하다는 것은 그것이 그 내용에 따라 의도된 법적 효과들을 발생시킬 때, 다시 말해서 그것을 통해 표현된 명령, 금지, 권리형성 또는 확인 등과 같은 규율이 효과를 발생할 때를 말한다. 흠이론의 범위 내에서 ①의 범주는 법률요건을, ②의 범주는 법률효과를 각각 성립시키는 기능을 가진다. 만일 법질서가 어떤 법적 행위에 일정한 법적 요건들을 부과하고 있다면, 이를 충족시키지 않는 법적 행위는 일단, 의문의 여지가 있지만, 유효하게 되어서는 아니 된다는 취지라고 이해할 수 있다. 따라서 어떤 법적 행위가 그러한 요건을 충족시키기 때문에 법적으로 유효하다거나 그렇지 않으면 위법한 행위로서 무효가 된다는 것이 정상적인 경우라 할 수 있다. 그렇기에 위법한 법규범(예컨대 법규명령)과 위법한 계약은 원칙적으로 무효인 것이다.[278] 그러나 입법권자는 이와 다른 법적 결과를 정할 수 있으며, 특히 위법한 행정행위도 우선은 법적으로 유효하고 다만 그 위법성이 유권적으로 확정될 때에야

---

277) Maurer, § 10 Rn.20.
278) 법규명령에 흠이 있는 경우에는 무효(nichtig)가 된다. 법규명령의 경우에는 행정행위에 있어서와 같은 유효와 무효의 중간단계, 즉 취소성(Aufhebbarkeit)이라는 것이 없는데, 이는 현행법에 법규명령의 취소소송이 인정되어 있지 않기 때문이다(김남진, 기본문제, 166). 그러나 행정행위에 있어서와 같이 '흠의 정도'에 따라 그 효력을 구분하는 것이 다수설인 것으로 보인다. 즉, 흠이 중대·명백한 경우의 명령은 무효이며, 중대·명백한 정도에 이르지 않는 경우에는 취소할 수 있는 명령이 된다는 것이다. 참고로 초기 판례 중에는 "원래 대통령령은 법령의 효력을 가진 것으로서 행정소송법상 행정처분이라고 할 수 없다고 해석함이 타당할 것이지만, 법령의 효력을 가진 명령이라도 그 효력이 다른 행정행위를 기다릴 것 없이 직접적이고 현실적으로 그 자체로서 국민의 권리훼손 기타 이익침해의 효과를 발생케 되는 성질의 것이라면 행정소송법상 처분이라고 보아야 할 것이요 따라서 그에 관한 이해관계자는 그 구체적 관계사실과 이유를 주장하여 그 명령의 취소를 법원에 구할 수 있을 것"(대법원 1954.8.19. 선고 4286行上37 판결)이라고 한 것이 있는데, 예외적으로 처분적 명령의 처분성을 인정한 판례이다.

비로소 법적으로 무효가 된다고 규정할 수 있다. 이 경우 다시금 어떠한 조건하에서, 어떤 시간적 한계 내에서 그리고 어떠한 기관에 의해 그러한 확인이 이루어질 수 있으며 또 이루어져야 하는지가 문제된다. 이렇게 볼 때 우리는 앞에서 제시한 ① 적법($^{recht-}_{mäßig}$) - 부적법($^{rechtswidrig:}_{위법}$)과 ② 유효($^{rechts-}_{wirksam}$) - 무효($^{rechts-}_{unwirksam}$)란 개념범주들이 반드시 확정적인 관계에 놓이는 것이 아니라 각각 다양한 결합관계를 맺을 수 있다는 사실을 알 수 있으며 이를 잘 보여 주는 것이 바로 행정행위인 것이다.

1.2. 행정행위의 흠의 법적 효과 개관

행정행위의 흠(하자)의 법적 효과에 관한 한, 획일적으로 「행정행위의 흠＝행정행위의 부적법＝법적 효력부정(무효)」이라는 도식은 성립하지 않는다. 행정행위의 흠이 가져오는 법적 효과는 흠의 종류와 법침해의 정도에 따라 취소가능성 또는 무효로 나뉜다. 흠이 중대하고 명백한 경우에는 행정행위를 무효로 만들지만, 그에 이르지 않는 단순위법의 경우 행정행위는 상대방이나 이해관계자의 쟁송을 통하여 또는 직권으로 취소할 수 있을 뿐이다. 무효와 취소를 행정행위의 흠이 가져오는 법적 효과로서 구별하는 문제는, 양자의 구별이 바로 행정행위의 흠의 종류와 정도에 따라 도출된 것이므로, 결국 무효사유와 취소사유의 구별에 귀착된다.[279)]

행정행위의 흠에 관한 고찰은 첫째, 어디에 무효와 취소를 구별할 필요가 있는가 하는 문제, 둘째, 무효사유와 취소사유를 구별하는 기준은 무엇이냐 하는 문제를 대상으로 한다. 다만, 서술방식상 흠있는 행정행위를 취소하는 경우, 직권취소에 관해서는 다음 장에서 행정행위의 철회와 함께 설명하고, 쟁송취소에 관해서는 각각 관련되는 행정쟁송법에 대한 논의에 미룬다. 여기서는 일반행정법 차원에서 위 두 가지 문제와 아울러 행정행위의 무효사유만을 구체적으로 검토한다. 그 밖에 행정행위의 흠이 제기하는 법적 문제들은, 행정행위의 흠의 승계문제, 흠있는 행정행위의 치유와 전환에 관한 문제들이다.

2. 법적 효과로서 무효와 취소의 구별

2.1. 무효와 취소의 구별필요성

행정행위 흠의 법적 효과가 무효와 취소로 나뉜다면, 과연 양자를 구별할 필요성이 있는지 문제된다. 흠있는 행정행위를 일률적으로 무효로 간주하지 않고, 비록 흠이 있어 위법할지라도 권한있는 기관이 취소할 때까지는 통용되는 잠정적 유효성($^{vorläufige}_{Rechtswirksamkeit}$) 또는 「흠(하자)에 구애받지 않는 법적 유효성」($^{fehlerunabhängige}_{Rechtswirksamkeit}$)을 가지도록 한 것은 주로 행정법상 법적 안

---

279) 그리하여 김도창교수는, 「이 두 문제는 하나의 문제의 양면에 불과하다」고 지적하고 있다(상, 455). 그리고 이 두 문제가 특히 논의되는 이유는 「그에 관하여 실정행정법규에서 명문으로 해결하고 있지 아니하기 때문」이라고 한다(같은 곳).

정성에 대한 고려와 행정행위에 대한 상대방의 신뢰보호에 의해 정당화된다는 데 별반 이견이 없다.[280] 그렇다면 문제는 무효와 취소를 구별할 필요성이 어디에 있느냐에 있다. 이에 관해서는 이론적으로 양자의 구별필요성을 규명하려고 하는 접근방식이 있으나 학설사적 의의를 제외하고는 특별히 논의할 실익이 없으므로, 여기서는 다만 실제적 구별필요성에 관해서만 논급하기로 한다.

2.1.1. 행정쟁송법상 규율의 차이

무효와 취소를 구별해야 할 필요성은 무엇보다도 행정심판법과 행정소송법이 행정행위의 무효와 취소의 주장방법을 달리 규정하고 있다는 데 있다. 즉, 쟁송의 방법(취소쟁송·무효확인쟁송), 행정소송 제기요건상 차이(출소기간 제한 여부 등), 사정재결 및 사정판결의 적용여부(논란 있음), 선결문제로서 주장될 경우 수소법원의 판단권 여하 등에서 양자는 달리 취급되고 있다. 다만 종래 판례[281]상 인정되어 왔던 「무효선언을 구하는 취소소송」이 현행 행정소송법에서도 인정되는 한, 그 한도에서 소송형태상 차이가 완화될 수 있다. 또 이 「무효선언을 구하는 취소소송」에 출소기간 제한 같은 절차적 제한이 적용되는지 여부에 관한, 종래 크게 논란되었던 문제에 관하여, 판례가 이를 긍정하는 한, 그 점에 있어서도 양자의 차이가 완화된다.[282]

2.1.2. 행정행위의 효력: 공정력·강제력·불가쟁력

무효인 행정행위에 대하여는 행정행위의 효력이 발생할 여지가 없다. 예컨대 공정력이나 불가쟁력이 인정될 여지가 없다. 특히 무효인 행정행위에 대하여는, 취소할 수 있는 행정행위의 경우와는 달리, 상대방인 사인이 그 효력을 부인할 수 있고, 만약 행정청이 무효인 행정행위를 강제적으로 집행할 경우에는 이에 대항할 수 있으며 그것은 공무집행방해죄를 구성하지 않는다는 점에서 양자를 구별할 필요성이 실제적으로 뒷받침된다.

2.1.3. 기 타

흠(하자)의 치유는 취소할 수 있는 행정행위에 대해서만, 전환은 오로지 무효인 행정행위에 대해서만 인정될 수 있다는 것이 통설인 이상, 이 역시 양자를 구별할 또 하나의 이유가 된다.

---

280) 이 문제는 이미 공정력에 관한 부분에서 설명된 바 있다. 한편, 행정행위의 흠의 효과로서 무효와 취소의 2종을 인정할 것인가, 인정해야 한다면 그 근거 내지 필요성은 어디에 있는가에 관한 이론적 설명에 관해서는 김도창, 일반행정법론(상), 456이하의 상세한 설명을 참조하기 바란다.

281) 대법원 1953.6.23. 선고 4285行上2 판결 등.

282) 구 행정소송법 제2조의 소원전치주의의 적용을 인정한 판례: 대법원 1976.2.24. 선고 75누128 전원합의체 판결. 동법 제5조 제소기간의 적용을 인정한 판례: 대법원 1982.6.22. 선고 81누424 판결.

3. 행정행위의 흠(하자): 무효사유와 취소사유

3.1. 구별기준에 관한 학설

행정행위의 흠이 가져오는 법적 효과로서 무효와 취소를 구별하는 문제가, 전술한 바와 같이 결국 무효사유와 취소사유의 구별에 귀착되는 것이라면 그 구별기준여하가 문제된다. 이에 관해서는 크게 두 가지 방향의 학설이 전개되어 왔다. 먼저, 흠의 구별기준을 흠 자체의 성질에서 구하는 지배적인 경향으로, 특히 어떠한 기준으로 무효사유인 흠을 판정할 것이냐에 따라 중대설, 중대명백설($\substack{\text{Evidenz-}\\\text{theorie}}$)283)로 구분되나 현재에는 주로 후자만이 주장된다. 이에 반해 흠의 효과를 개별화함으로써 나아가서는 무효와 취소의 상대화를 주장하는 견해($\substack{\text{Gaston Jèze의 이론과 v.}\\\text{Hippel, Forsthoff의 이론}}$)가 주장된 바 있다.284) 그 밖에도 중대명백설에서 출발하면서도 법적 안정성의 요청을 고려할 필요가 없는 경우에는 그 흠의 존재가 명백하지 않더라도 행정행위의 무효를 인정하는 명백성보충요건설,285) 중대 또는 명백설286)이 있다.

사실 중대명백설을 일률적으로 적용할 경우 구체적 타당성을 기할 수 없는 경우가 존재한다. 거기서 생기는 문제를 해결하기 위하여는 우선 중대명백설의 입장에서 그 법익형량적 측면을 재발견함으로써 이를 실질적 정의와 법적 안정성의 함수로 재구성할 필요가 있다. 경우에 따라 법적 안정성의 요청을 고려할 필요가 없는 경우에는 그 흠의 존재가 명백하지 않더라도 행정행위의 무효를 인정하는 이론적 수정이 필요하다. 그러나 그렇다고 하여 중대명백설의 법리를 탈피할 필요는 없으며, 반드시 당연무효가 인정되는 범위를 넓혀야 하는 것도 아니다.287) 이러한 논리는 다음에 보는 바와 같이 대법원 1995.7.11. 선고 94누4615 판결의 소수의견을 통해 수용되었다.

"가. [다수의견] 하자있는 행정처분이 당연무효가 되기 위하여는 그 **하자가 법규의 중요한 부분을 위반한 중대한 것으로서 객관적으로 명백한 것이어야 하며** 하자가 중대하고 명백한 것인지 여부를 판별함에 있어서는 그 법규의 목적, 의미, 기능 등을 목적론적으로 고찰함과 동시에 구체적 사안 자체의 특수성에 관하여도 합리적으로 고찰함을 요한다.

[반대의견] 행정행위의 무효사유를 판단하는 기준으로서의 명백성은 행정처분의 법적 안정성 확보를

---

283) 독일에서 연방행정절차법 제44조 제1항을 통해 입법적으로 수용되었다. 이 학설이 '명백설'(Evidenztheorie)이란 이름으로 불리는 것은 일종의 생략에 의한 것이나 정확한 용어는 아니라고 한다. 왜냐하면 그것은 예전이나 지금이나 객관적 명백성(Offenkundigkeit)뿐만 아니라 흠의 중대성(Schwere)을 기준으로 삼는 이론이기 때문이다 (Maurer, § 10 Rn.31, S.219).

284) 이에 관해서는 김도창, 일반행정법론(상), 464이하 참조.

285) 김동희, 행정법 I, 1997, 284-287; 김남진, 행정법 I, 1997, 325.

286) 김성수, 행정법 I, 법문사, 1998, 270-272; 동, 권한없는 자의 행정행위(법률신문 1995.9.11.) 참조.

287) 이에 관해서는 홍준형, "행정행위 무효이론의 재검토", 행정논총 36권 1호, 서울대학교 행정대학원, 1998, 187-209 참조.

통하여 행정의 원활한 수행을 도모하는 한편 그 행정처분을 유효한 것으로 믿은 제3자나 공공의 신뢰를 보호하여야 할 필요가 있는 경우에 보충적으로 요구되는 것으로서, 그와 같은 필요가 없거나 하자가 워낙 중대하여 그와 같은 필요에 비하여 처분 상대방의 권익을 구제하고 위법한 결과를 시정할 필요가 훨씬 더 큰 경우라면 그 하자가 명백하지 않더라도 그와 같이 중대한 하자를 가진 행정처분은 당연무효라고 보아야 한다.

　나. [다수의견] 조례제정권의 범위를 벗어나 국가사무를 대상으로 한 무효인 서울특별시행정권한위임조례의 규정에 근거하여 구청장이 건설업영업정지처분을 한 경우, 그 처분은 결과적으로 **적법한 위임없이 권한 없는 자에 의하여 행하여진 것과 마찬가지가 되어 그 하자가 중대하나**, 지방자치단체의 사무에 관한 조례와 규칙은 조례가 보다 상위규범이라고 할 수 있고, 또한 헌법 제107조 제2항의 "규칙"에는 지방자치단체의 조례와 규칙이 모두 포함되는 등 이른바 규칙의 개념이 경우에 따라 상이하게 해석되는 점 등에 비추어 보면 위 **처분의 위임과정의 하자가 객관적으로 명백한 것이라고 할 수 없으므로 이로 인한 하자는 결국 당연무효사유는 아니라고 봄이 상당하다.**

　[반대의견] 구청장의 건설업영업정지처분은 그 상대방으로 하여금 적극적으로 어떠한 행위를 할 수 있도록 금지를 해제하거나 권능을 부여하는 것이 아니라 소극적으로 허가된 행위를 할 수 없도록 금지 내지 정지함에 그치고 있어 그 처분의 존재를 신뢰하는 제3자의 보호나 행정법 질서에 대한 공공의 신뢰를 고려할 필요가 크지 않다는 점, 처분권한의 위임에 관한 조례가 무효이어서 결국 처분청에게 권한이 없다는 것은 극히 중대한 하자에 해당하는 것으로 보아야 할 것이라는 점, 그리고 다수의견에 의하면 위 영업정지처분과 유사하게 규칙으로 정하여야 할 것을 조례로 정하였거나 상위규범에 위반하여 무효인 법령에 기하여 행정처분이 행하여진 경우에 그 처분이 무효로 판단될 가능성은 거의 없게 되는데, 지방자치의 전면적인 실시와 행정권한의 하향분산화 추세에 따라 앞으로 위와 같은 성격의 하자를 가지는 행정처분이 늘어날 것으로 예상되는 상황에서 이에 대한 법원의 태도를 엄정하게 유지함으로써 행정의 법적합성과 국민의 권리구제실현을 도모하여야 할 현실적인 필요성도 적지 않다는 점 등을 종합적으로 고려할 때, 위 **영업정지처분은 그 처분의 성질이나 하자의 중대성에 비추어 그 하자가 외관상 명백하지 않더라도 당연무효라고 보아야 한다.**"[288)]

　반면 헌법재판소는 1994.6.30. 선고 92헌바23 결정에서 이러한 논리를 정면에서 수용하였다. 즉, '일반적으로는 행정처분의 근거가 되는 법규범이 상위 법규범에 위반되어 무효인가 하는 점은 그것이 헌법재판소 또는 대법원에 의하여 유권적으로 확정되기 전에는 어느 누구에게도 명백한 것이라고 할 수 없으므로 원칙적으로 행정처분의 당연무효사유에는 해당할 수 없다'고 하면서도, "행정처분 자체의 효력이 쟁송기간 경과 후에도 존속 중인 경우, 특히 그 처분이 위헌법률에 근거하여 내려진 것이고 그 행정처분의 목적달성을 위하여서는 후행 행정처분이 필요한데 후행 행정처분은 아직 이루어지지 않은 경우, 그 **행정처분을 무효로 하더라도 법적 안정성을 크게 해치지 않는 반면에 그 하자가 중대하여 그 구제가 필요한**

---

288) 대법원 1995.7.11. 선고 94누4615 판결. 이에 대한 평석으로는 오진환, 조례의 무효와 그 조례에 근거한 행정처분의 당연무효 여부, 인권과 정의, 대한변호사협회, 231호(1995.11), 153이하; 232호(1995.12), 129이하; 233호(1996.1), 138이하; 동, 조례의 무효와 그 조례에 근거한 행정처분의 당연무효 여부, 특별법연구 제5권, 1997, 136-183 참조.

경우에 대하여는 예외를 인정하여 이를 당연무효사유로 보아서 쟁송기간 경과 후에라도 무효확인을 구할 수 있는 것이라고 보아야 한다"고 판시한 바 있다.[289]

한편 대법원은 비록 사인의 공법행위인 취득세 신고행위라는 예외적인 경우에 관한 것이기는 하지만 명백성보충요건설의 입장을 수용하는 방향으로 선회하는 모습을 보였다.

"취득세 신고행위는 납세의무자와 과세관청 사이에 이루어지는 것으로서 취득세 신고행위의 존재를 신뢰하는 제3자의 보호가 특별히 문제되지 않아 그 **신고행위를 당연무효로 보더라도 법적 안정성이 크게 저해되지 않는 반면, 과세요건 등에 관한 중대한 하자가 있고 그 법적 구제수단이 국세에 비하여 상대적으로 미비함에도 위법한 결과를 시정하지 않고 납세의무자에게 그 신고행위로 인한 불이익을 감수시키는 것이 과세행정의 안정과 그 원활한 운영의 요청을 참작하더라도 납세의무자의 권익구제 등의 측면에서 현저하게 부당하다고 볼 만한 특별한 사정이 있는 때에는 예외적으로 이와 같은 하자 있는 신고행위가 당연무효라고 함이 타당하다.**"[290]

지극히 타당한 판결이지만, 향후 대법원의 이러한 판단이 처분의 무효에 관해서까지 확장될 수 있을지는 좀 더 귀추를 주목해 보아야 할 것이다.

여기서는 독일, 일본, 우리나라에서 통설과 판례의 태도라고 볼 수 있는 중대명백설에 따라 그 구별기준을 설명해 보기로 한다.

"위법한 행정처분 중에는 그 행위에 내재하는 하자가 중대한 법규위반이 있어 그 하자가 중대하고 명백한 경우에는, 비록 그 행정행위가 외형적으로 존재하고 행정청이 그 유효임을 주장할지라도, 그 행정처분은 당초부터 효력을 인정할 수 없는 행정처분이라 할 것이고, 이에 반하여 행정처분의 하자가 중대하고 명백한 것이 아닐 때에는 그 행정처분은 당연무효가 아니고 취소 또는 변경 청구의 대상이 된다."[291]

3.2. 중대명백설에 의한 무효사유와 취소사유의 구별기준

법적 안정성의 원칙은 행정행위의 (우선 잠정적인, 그러나 쟁송제기기간 경과 후에는 종국적인) 존재를, 있을 수 있는 법적 흠에도 불구하고 유지시키는 근거가 된다. 그러나 법적 안정성의 원칙은, 행정행위가 중대하고 명백한 흠을 띠고 있는 경우에는 더 이상 타당할 수 없고 이때에는 오히려 실질적 정의의 원칙이 우선되어야 한다는 것이 중대명백설의 근거이다. 그리하여, 중대명백설은 흠이 중대하고 동시에 그것이 명백할 경우 행정행위는 무효가 되며 그중 어느 한 요소라도 결여하면 단순위법으로 취소사유를 구성하는 데 불과하다고 한다. 여기서 중대성이란 행정행위의 발령근거가 된 법규가 중대한 것이 아니라 당해 행정행위가 그

---

289) 헌재 1994.6.30. 선고 92헌바23 결정 다수의견.
290) 대법원 2009.2.12. 선고 2008두11716 판결. 또한 대법원 2009.4.23. 선고 2009다5001 판결 참조.
291) 대법원 1961.12.21. 선고 4294行上6 판결.

제 2 절 행정행위 **231**

적법요건을 충족시키지 못함으로써 지니게 되는 흠이 중대하다는 의미이다. 일부 학설은 능력규정인가 명령규정인가, 강행규정인가 임의규정인가에 따라 판단해야 한다고 하나, 법규의 실제상 그 성질의 구별이 용이하지 않기 때문에 이에 대해 의문을 표시하는 견해도 표명되고 있다.292) 요컨대, 흠의 중대성이란 어디까지나 법침해의 심각성이므로 이를 판단하기 위해서는 위반된 행정법규의 종류, 목적, 성질, 기능 등과 함께 그 위반의 정도도 아울러 고려되어야 한다.293) 판례 역시 "하자가 중대하고 명백하여 당연무효로 되는 것인가 또는 취소할 수 있음에 불과한 것인가는 그 법률의 목적·의미·기능 등을 목적론적으로 고찰함과 동시에 그 구체적 사안 자체의 특수성에 관하여도 합리적으로 고찰함을 요한다"고 하여 보다 광범위한 고려의 필요성을 강조하고 있다.294) 다음의 판례에서 그러한 대법원의 태도가 분명히 드러나고 있다.

▦ 하자 중대 명백 판단

"하자 있는 행정처분이 당연무효가 되기 위해서는 그 하자가 법규의 중요한 부분을 위반한 중대한 것으로서 객관적으로 명백한 것이어야 하며, 하자가 중대하고 명백한지 여부를 판별할 때에는 그 법규의 목적, 의미, 기능 등을 목적론적으로 고찰함과 동시에 구체적 사안 자체의 특수성에 관하여도 합리적으로 고찰함을 요한다. 행정청이 어느 법률관계나 사실관계에 대하여 어느 법률의 규정을 적용하여 행정처분을 한 경우에 그 법률관계나 사실관계에 대하여는 그 법률의 규정을 적용할 수 없다는 법리가 명백히 밝혀져 그 해석에 다툼의 여지가 없음에도 행정청이 위 규정을 적용하여 처분을 한 때에는 그 하자가 중대하고도 명백하다고 할 것이나, 그 **법률관계나 사실관계에 대하여 그 법률의 규정을 적용할 수 없다는 법리가 명백히 밝혀지지 아니하여 그 해석에 다툼의 여지가 있는 때에는 행정관청이 이를 잘못 해석하여 행정처분을 하였더라도 이는 그 처분 요건사실을 오인한 것에 불과하여 그 하자가 명백하다고 할 수 없다**(대법원 2009.9.24. 선고 2009두2825 판결 참조)."295)

"[1] 하자 있는 행정처분이 당연무효로 되려면 그 하자가 법규의 중요한 부분을 위반한 중대한 것이어야 할 뿐 아니라 객관적으로 명백한 것이어야 하고, 하자가 중대하고 명백한 것인지 여부를 판별함에 있어서는 그 법규의 목적·의미·기능 등을 목적론적으로 고찰함과 동시에 구체적 사안 자체의 특수성에 관하여도 합리적으로 고찰함을 요한다.

[2] 위법·무효인 시행령이나 시행규칙의 규정을 적용한 하자 있는 행정처분이 당연무효로 되려면 그 규정이 행정처분의 중요한 부분에 관한 것이어서 결과적으로 그에 따른 행정처분의 중요한 부분에 하자가 있는 것으로 귀착되고 또한 그 규정의 위법성이 객관적으로 명백하여 그에 따른 행정처분의 하자가 객관적으로 명백한 것으로 귀착되어야 한다.

[3] 구 개발이익환수에관한법률시행령(1991.9.13. 대통령령 제13465호로 개정되기 전의 것) 제9조 제5항 및 제8조 제1항 제2호의 규정은

---

292) 석종현, 일반행정법(상), 372; 홍정선, 행정법원론(상), 337.
293) 김동희, 행정법 I, 303-304.
294) 대법원 1965.10.19. 선고 65누83 판결; 대법원 1985.9.24. 선고 85다326 판결; 대법원 2005.6.24. 선고 2004두10968 판결 등.
295) 대법원 2012.11.29. 선고 2012두3743 판결.

구 개발이익환수에관한법률$\binom{\text{1993.6.11. 법률 제4563호로 개정}}{\text{되기 전의 것, 이하 '구법'이라 한다}}$ 제10조 제3항 단서 및 제9조 제3항 제2호의 규정에 위반되어 무효이고, 그 구법시행령의 규정들을 적용한 **개발부담금 부과처분은** 사안의 특수성을 고려하여 볼 때 그 중요한 부분에 하자가 있는 것으로 귀착되어 그 하자가 중대하지만, 개발부담금 부과처분 당시$\binom{\text{1991.}}{\text{4.30.}}$에는 아직 그 구법시행령의 규정들이 위법·무효라고 선언한 대법원의 판결들이 선고되지 아니하였고 또한 그 구법시행령의 규정들이 그 구법의 규정들에 위반되는 것인지 여부가 해석상 다툼의 여지가 없을 정도로 객관적으로 명백하였다고 보여지지는 아니하는 경우, 그 구법시행령의 규정들에 따른 개발부담금 부과처분의 하자가 객관적으로 명백하다고 볼 수는 없으므로 그 개발부담금 부과처분은 그 하자가 중대·명백한 당연무효의 처분이라고 할 수 없다."[296]

대법원은 이후 위헌·위법한 시행령이라 할지라도 그 시행령의 무효를 선언한 대법원판결이 없는 상태에서 그에 근거하여 이루어진 처분은, 그 시행령 규정의 위헌 내지 위법 여부가 해석상 다툼의 여지가 없을 정도로 명백하였다고 인정되지 아니하는 이상 객관적으로 명백한 것이라 할 수 없으므로, 당연무효라 할 수 없다는 기존의 판례를 재확인하면서, 다음과 같이 판시한 바 있다:

"구 청소년보호법$\binom{\text{2001.5.24. 법률 제6479}}{\text{호로 개정되기 전의 것}}$ 제10조 제3항의 위임에 따라 같은 법 시행령$\binom{\text{2001.8.25. 대통령령 제17344}}{\text{호로 개정되기 전의 것}}$ 제7조와 [별표 1]의 제2호 (다)목은 '동성애를 조장하는 것'을 청소년유해매체물 개별 심의기준의 하나로 규정하고 있는바, 현재까지 위 시행령 규정에 관하여 이를 위헌이거나 위법하여 무효라고 선언한 대법원의 판결이 선고된 바는 없는 점, 한편 동성애에 관하여는 이를 이성애와 같은 정상적인 성적 지향의 하나로 보아야 한다는 주장이 있는 반면 이성간의 성적 결합과 이를 기초로 한 혼인 및 가족생활을 정상적인 것으로 간주하는 전통적인 성에 대한 관념 및 시각에 비추어 이를 사회통념상 허용되지 않는 것으로 보는 견해도 있는 점, 동성애를 유해한 것으로 취급하여 그에 관한 정보의 생산과 유포를 규제하는 경우 성적 소수자인 동성애자들의 인격권·행복추구권에 속하는 성적 자기결정권 및 알 권리, 표현의 자유, 평등권 등 헌법상 기본권을 제한할 우려가 있다는 견해도 있으나, 또한 동성애자가 아닌 다수의 청소년들에 있어서는 동성애에 관한 정보의 제공이 성적 자기정체성에 대한 진지한 성찰의 계기를 제공하는 것이 아니라 성적 상상이나 호기심을 불필요하게 부추기거나 조장하는 부작용을 야기하여 인격형성에 지장을 초래할 우려 역시 부정할 수 없다 할 것인 점 등에 비추어 보면, 이 사건 **청소년유해매체물 결정 및 고시처분** 당시 위 시행령의 규정이 헌법이나 모법에 위반되는 것인지 여부가 해석상 다툼의 여지가 없을 정도로 객관적으로 명백하였다고 단정할 수 없고, 따라서 위 시행령의 규정에 따른 위 처분의 하자가 객관적으로 명백하다고 볼 수 없다."[297]

"행정처분이 당연무효라고 하기 위하여는 처분에 위법사유가 있다는 것만으로는 부족하고 그 하자가 법규의 중요한 부분을 위반한 중대한 것으로서 객관적으로 명백한 것이어야 하며 하자가 중대하고 명백한 것인지 여부를 판별함에 있어서는 그 법규의 목적, 의미, 기능 등을 목적론적으로 고찰함과 동시에 구체적 사안 자체의 특수성에 관하여도 합리적으로 고찰함을 요하고, 한편 징계사유로 문제된 동일한 사실

---

296) 대법원 1997.5.28. 선고 95다15735 판결.
297) 대법원 2007.6.14. 선고 2004두619 판결.

로 기소되어 1심법원에서 유죄판결까지 선고받았다면, 비록 그 후 그 사실에 관하여 무죄판결이 확정됨으로써 위 징계처분이 결과적으로 증거 없이 이루어진 셈이 되었다고 하더라도 이는 결국 증거판단을 잘못하여 사실을 오인한 경우에 불과하고 이러한 위법사유는 취소사유에는 해당될지언정 당연무효사유로는 되지 않으며, 징계권자가 징계처분을 함에 있어서 사실관계를 오인한 하자가 있는 경우에 그 하자가 중대하더라도 외형상 객관적으로 명백하지 않다면 그 징계처분은 취소할 수 있음에 불과하고 당연무효라고 볼 수 없는바, **징계원인 사실관계의 오인이 잘못된 징계자료에 기인한 경우에 그 징계자료가 외형상 상태성을 결여하고 객관적으로 그 성립이나 내용의 진정을 인정할 수없는 것임이 명백한 경우가 아닌 한 그 징계자료에 기인한 사실관계의 오인을 외형상 객관적으로 명백한 하자라고 보기는 어려울 것이다.**"298)

흠의 명백성은, 흠의 존재가 당사자의 주관적 판단이나 법률전문가의 인식능력이 아니라 통상적인 주의력과 이해력을 갖춘 일반인의 판단에 따를 때 누구의 의심도 허용하지 않을 만큼 객관적으로 확실한가에 따라 결정된다. 그럼에도 불구하고 「명백성」은 반드시 명백하다고 볼 수 없는 경우도 있다. 구체적인 사안에서 어떤 행정행위가 중대하고 명백한 흠(위법)을 지니고 있는지 여부에 관해 의문이 있을 수 있다. 바로 그런 이유에서 독일 행정절차법은 제44조 제2항에서 언제나 행정행위를 무효로 만드는 절대적 무효사유와 제3항에서 결코 행정행위의 무효를 가져오지 않는 몇 가지 법침해를 열거하고 있다. 이는 향후 우리 행정절차법 개정에 유용한 참고가 될 것이다. 다만, 그러한 입법적 해결을 보지 못한 현행법에서는 결국 판례와 학설을 통해 밝혀진 무효사유를 유형화함으로써 법적 불확실성을 제거해 나갈 수밖에 없을 것이다.

대법원은 흠의 명백성과 관련하여, "하자가 명백하다고 하기 위하여는 그 사실관계 오인의 근거가 된 자료가 외형상 상태성을 결여하거나 또는 객관적으로 그 성립이나 내용의 진정을 인정할 수 없는 것임이 명백한 경우라야 할 것이고 사실관계의 자료를 정확히 조사하여야 비로소 그 하자 유무가 밝혀질 수 있는 경우라면 이러한 하자는 외관상 명백하다고 할 수는 없다"고 판시한 바 있다.299)

같은 맥락에서 대법원은 행정청이 사전환경성검토협의를 거쳐야 할 대상사업에 관하여 법의 해석을 잘못한 나머지 세부용도지역이 지정되지 않은 개발사업 부지에 대하여 사전환경성검토협의를 할지 여부를 결정하는 절차를 생략한 채 승인 등의 처분을 한 사안에서, 하자가 객관적으로 명백하다고 할 수 없다고 판시하였다.300)

이들 판례가 흠의 명백성 판단을 위한 일응의 기준이 될 수 있을 것이다.

---

298) 대법원 2003.6.13. 선고 2003두1042 판결.
299) 대법원 2004.4.16. 선고 2003두7019 판결.
300) 대법원 2009.9.24. 선고 2009두2825 판결.

3.3. 행정행위의 흠의 구체적 유형

대법원 판례[301]와 학설을 토대로 행정행위 흠의 구체적 유형들을 검토해 보면 다음과 같다.

3.3.1. 주체에 관한 흠

행정행위는 정당한 권한을 가진 자에 의하여, 그 권한에 속하는 사항에 관하여 정상적인 의사에 기하여 행해져야 한다. 그렇지 아니하면 무효 내지 취소의 대상이 된다.

⑴ 정당한 권한을 가진 행정기관구성원이 아닌 자의 행위

공무원 아닌 것이 명백한 사인이 공무원자격을 사칭하여 한 행위는 무효인 행정행위이기 이전에 그 부존재에 해당된다는 것은 이미 지적한 바 있다. 그 밖에 행정기관구성원의 자격 등에 관한 흠의 유형들로서 판례에 의해 확인된 것들을 알아보면 다음과 같다.

① 행정기관구성원자격에 결함이 있는 자의 행위

결격사유로 인해 공무원으로서의 선임행위가 무효 또는 취소된 자가 공무원으로서 행한 행위, 또는 면직·임기만료 후에 공무원으로서 행한 행위는 원칙적으로 무효이다. 다만 선의의 상대방의 신뢰를 보호하기 위해 이러한 행위를 유효로 인정하지 않으면 안 될 경우가 있을 수 있다(이른바 사실상의 공무원 이론: de facto Beamten).

② 대리권 없는 자의 행위

행정기관의 대리권 없는 자가 행한 행위는 원칙적으로 무효이다. 다만 행위자가 대리권이 있는 것으로 상대방이 믿을 만 한 상당한 이유가 있는 경우 표현대리가 성립될 여지가 있다. 예컨대 수납기관 아닌 군(郡)직원의 양곡대금수납[302]이나 세입징수관 보조원의 수납행위[303]에 대하여 표현대리가 인정된 바 있다.

③ 적법하게 구성되지 않은 합의기관의 행위

적법한 소집이 없었거나, 정족수 미달, 결격자가 참여한 경우처럼 구성에 중대한 흠이 있는 합의기관의 행위는 원칙적으로 무효이다. 예컨대, 정족수 미달 상태에서 의장단을 선출한 서울특별시의회의 의결행위를 무효라고 한 판례[304]가 있다. 절차상 필요한 공개를 하지 않고 행한 의결에 관해서는 무효라는 입장과 취소라는 입장이 대립되나 무효라고 봄이 옳을 것이다.[305]

---

301) 이에 관해서는 주로 김도창, 일반행정법론(상), 468이하에 소개된 판례들에 의거하여 설명한다.
302) 대법원 1963.12.5. 선고 63다519 판결.
303) 대법원 1969.5.13. 선고 69다356 판결.
304) 서울고법 1958.9.20. 자 4291行申60 결정.
305) 김도창, 일반행정법론(상), 469.

④ 다른 기관의 필요적 협력을 결여한 행위

법령상 다른 기관의 의결·인가·협의 등의 협력이 요구되는 경우, 이를 받지 않고 행한 행정행위는 원칙적으로 무효라 할 것이다. 예컨대, 대법원은 농지위원회의 의결을 거치지 않은 농지분배처분,306) 교육위원회의 의결 없이 한 유치원설립인가307)를 무효라고 보았다. 다만 일정한 행위를 함에 있어서 다른 행정청이나 자문기관 등의 자문이 요구되는 경우 이를 거치지 않은 행위는 논의의 여지가 있으나 그 자문을 요구하는 취지가 당사자의 권리·이익을 보호하려는 데 있는 경우에는 무효사유로 보아야 할 것이다.308)

(2) 무권한의 행위

행정기관의 권한에는 사항적·지역적·대인적 한계가 있다. 권한에 속하지 않는 사항에 관한 행위, 즉, 무권한행위는 원칙적으로 무효이다. 무권한행위는 권한초과행위와는 구별된다.309)

대법원은 단속경찰관 명의로 작성, 교부된 운전면허정지처분의 효력을 당연무효라고 판시한 바 있다.

"[1] 운전면허정지처분의 경우 면허관청으로 하여금 일정한 서식의 통지서에 의하여 처분집행일 7일 전까지 발송하도록 한 도로교통법시행규칙 제53조 제2항의 규정은 단순한 훈시규정이 아니라 법규적 효력을 가지는 규정인바, 적법하게 성립한 운전면허정지처분이 위 규정에 위반되는 방식으로 통지 또는 송달되었다고 하더라도 그 자체로 당연히 무효로 되는 것이 아니라, 면허정지사실을 구두로 알리는 것과 같이 그 하자가 중대하고 객관적으로 명백한 경우에는 그 효력이 없으나, 여타의 경우에는 법규의 목적·의미·기능 등을 구체적 사안 자체의 특수성과 함께 합리적으로 고찰하여 하자의 중대 명백 여부를 판단하고 그에 따라 효력 유무를 결정하여야 한다.

[2] 운전면허에 대한 정지처분권한은 경찰청장으로부터 경찰서장에게 권한위임된 것이므로 음주운전자를 적발한 단속경찰관으로서는 관할 경찰서장의 명의로 운전면허정지처분을 대행처리할 수 있을지는 몰라도 자신의 명의로 이를 할 수는 없다 할 것이므로, 단속 경찰관이 자신의 명의로 운전면허행정처분통지서를 작성 교부하여 행한 운전면허정지처분은 비록 그 처분의 내용·사유·근거 등이 기재된 서면을 교부하는 방식으로 행하여졌다고 하더라도 권한 없는 자에 의하여 행하여진 점에서 무효의 처분에 해당한다."310)

"폐기물처리시설 설치계획에 대한 승인권자는 구 폐기물처리시설설치촉진및주변지역지원등에관한법률 ^{1997.8.28. 법률 제5396} _(호로 개정되기 전의 것) 제10조 제2항의 규정에 의하여 환경부장관이며, 이러한 설치승인권한을 환경관리청장에게 위임할 수 있는 근거도 없으므로, 환경관리청장의 폐기물처리시설 설치승인처분은 권한 없는 기관에 의한 행정처분으로서 그 하자가 중대하고 명백하여 당연무효이다."311)

---

306) 대법원 1965.10.26. 선고 65다1505 판결.
307) 대법원 1969.6.24. 선고 68누209 판결.
308) 김도창, 같은 책, 470.
309) 김도창, 같은 곳.
310) 대법원 1997.5.16. 선고 97누2313 판결.
311) 대법원 2004.7.22. 선고 2002두10704 판결.

그 밖의 무권한의 예를 들어보면 다음과 같다.

① 사항적 무권한

교육위원회의 위임 없이 한 교육감의 유치원설립인가,[312] 재무부장관의 국내법인의 관리인임명행위,[313] 시장의 위임 없이 한 동장의 유기장영업허가[314]

② 대인적 무권한

비조합원에 대한 토지개량조합비 부과처분[315]

③ 대물적 무권한

세무서장의 귀속임야 매각처분,[316] 구청장이 한 건축물사용금지명령[317]

다만 무권한행위라도 다른 흠있는 행정행위와 마찬가지로 공평·신뢰보호·법적 안정성 등의 견지에서 유효로 볼 경우가 있다는 견해[318]가 있으나 이를 정당화할 법적 근거가 필요하다.

(3) 행정기관의 의사에 결함이 있는 행위

행정기관의 의사에 결함이 있는 경우, 그 기관구성원이 전혀 의사무능력 상태에서 한 행위나 물리적 강제에 의한 행위는 무효지만, 행위무능력자의 행위는 그것이 퇴직·정직 사유가 되는 것과는 무관하게, 사법에서와 달리 신뢰보호의 견지에서 효력에 영향이 없다는 것이 통설이다.

한편, 의사표시상의 흠으로 착오와 사기·강박·증수뢰에 의한 행위가 문제된다. 먼저 착오로 인한 행위의 경우 착오를 독립된 취소원인으로 보지 아니하는 것이 통설(표시설)이다. 즉, i) 법규에 특별한 규정이 없는 한,[319] 그것만으로 무효나 취소 원인이 되지 않고 다만 의사와 표시의 불일치가 객관적으로 명백한 경우 당해 행정청에게 정정권이, 상대방에게 정정요구권이 있으며, 행위는 정정되면 정정된 진의에 따라 효력을 발생하고, 그렇지 않으면 표시된 대로 효력을 발생할 것이다. ii) 다만, 착오의 결과 그로 인한 행정행위의 내용이 위법 또는 부당하게 된 때에는 그 위법 또는 부당을 이유로 무효 또는 취소가 가능하게 될 뿐이라고 한다. 그러나 착오로 인한 행위 역시 사기 등에 의한 것과 마찬가지로 독립된 무효

---

312) 대법원 1969.3.4. 선고 68누210 판결.
313) 대법원 1969.1.21. 선고 64누54 판결.
314) 대법원 1976.2.24. 선고 76누1 판결.
315) 대법원 1965.2.9. 선고 64누112 판결.
316) 대법원 1970.4.28. 선고 70다262 판결.
317) 대법원 1968.8.23. 선고 68누18 판결.
318) 김도창, 같은 책, 471.
319) 예: 구 수산업법은 "착오에 의하여 어업의 면허 또는 허가를 하거나 이에 관한 처분을 하였을 때에는 행정관청은 이를 취소한다"는 조항을 두고 있었다(§ 21 ③ 신설 1975.12.31).

또는 취소의 원인으로 보는 견해(의사설)가 대립하며, 판례 역시 같은 입장을 취하고 있는 것으로 보인다.

① 착오로 인한 행정처분이 무효라고 한 사례

착오에 의한 관재국장의 행정재산(불용통물)매각처분,[320] 착오로 인한 비자경자에 대한 농지분배처분,[321] 양도사실 없는 경우 착오에 의한 양도소득세부과처분[322]

② 착오로 인한 행정처분을 취소할 수 있는 것으로 본 사례

착오에 의한 국유임야의 임대 및 불하처분,[323] 과세대상을 오인한 과세처분,[324] 매매를 증여로 오인한 과세처분[325]

사기·강박·증수뢰에 의한 행위에 대해서는 다른 원인에 의해 무효가 되는 경우를 제외하고는, 당연히 무효가 되는 것이 아니고 취소할 수 있는 행위가 될 뿐이라는 것이 다수설이다.

예: 부정한 방법으로 유발한 착오로 인한 귀속재산의 이중매매,[326] 응시자격의 결정을 사위(詐僞)의 방법으로 받아서 얻은 한지의사(限地醫師) 면허처분[327]

3.3.2. 내용에 관한 흠

행정행위는 그 내용이 실현가능하고 명확한 것이어야 하며 법 및 공익에 적합한 것이어야 한다. 여기서 법이란 실정법질서 전체를 의미한다. 사자에 대한 면허나 대상이 불분명한 토지수용재결처럼 내용이 사실상 또는 법률상 실현불능이거나 불명확한 행위는 무효이며, 단순한 위법행위는 취소의 대상이 된다.

(1) 내용이 불능인 행위

내용이 불능인 행위는 사실상 불능과 법률상 불능의 경우로 나뉘며, 후자는 다시 행위의 상대방, 목적, 법률관계에 대한 불능의 경우로 나뉜다.

① 사실상 실현불능의 경우

막대한 공사비가 소요되고 유지관리가 곤란한 매립과 수리시설을 내용으로 하는 공유수

---

320) 대법원 1967.6.27. 선고 67다806 판결.
321) 대법원 1962.2.14. 선고 62다733 판결.
322) 대법원 1983.8.23. 선고 83누179 판결.
323) 대법원 1965.4.27. 선고 64누171 판결.
324) 대법원 1962.9.27. 선고 62누29 판결.
325) 대법원 1982.11.23. 선고 81누21 판결.
326) 대법원 1970.2.24. 선고 69누83 판결.
327) 대법원 1975.12.9. 선고 75누123 판결.

면매립면허

② 법률상 실현불능의 경우

법적 근거가 없거나 법령상 용인되지 않는 내용의 행위,328) 비영리법인에 대한 사업소득세 부과·징수처분,329) 법원의 행정처분 집행정지결정에 위배한 처분330)

ⓐ 상대방에 대한 불능

사자(死者)에 대한 귀속재산 불하처분의 취소처분,331) 사자(死者)에 대한 농지소재지관서의 증명,332) 비농가에 대한 농지분배,333) 비영업자에 대한 사업소득세 부과처분334)

ⓑ 물건에 대한 불능

국유하천에 대한 부동산투기억제세부과처분,335) 제3자의 재산 공매처분336)

ⓒ 법률관계에 대한 불능

판매되지 않은 물품에 대한 물품세부과처분,337) 확정판결이전 사실에 의해 한 확정판결에 저촉되는 행정처분338)

(2) 내용이 불명확한 행위

내용이 불명확한 행위, 즉, 사회통념상 행위의 내용을 인식할 수 없을 정도로 불명확·불특정한 행위는 당연무효이다.

목적물의 불특정으로 인한 무효,339) 범위가 불확정된 계고처분의 무효,340) 과세대상과 납세의무자확정이 잘못된 과세처분,341) 목적물 특정 안 된 건물철거 계고처분342)

한편 대법원은 "대규모소매업체의 납품업자들에 대한 각종 비용부담행위, 반품행위 및 서면계약서 미교부행위와 관련된 공정거래위원회의 시정명령이 그 대상이 되는 행위들의 내용

328) 대법원 1983.4.26. 선고 82누540 판결.
329) 대법원 1969.11.11. 선고 69누122 판결.
330) 대법원 1961.11.23. 선고 4294行上3 판결.
331) 대법원 1969.1.21. 선고 68누190 판결.
332) 대법원 1964.6.24. 선고 64다142 판결.
333) 대법원 1962.1.25. 선고 4294民上330 판결. 다만 대법원 1962.6.7. 선고 62다152 판결은 이를 취소사유로 보았다.
334) 대법원 1969.11.11. 선고 69누83 판결.
335) 대법원 1975.1.28. 선고 74누300 판결.
336) 대법원 1977.4.26. 선고 76다2972 판결.
337) 대법원 1966.12.20. 선고 65다43 판결.
338) 대법원 1962.10.11. 선고 4294民上1282 판결.
339) 대법원 1961.3.13. 선고 4292行上92 판결.
340) 대법원 1979.8.21. 선고 79누1 판결.
341) 대법원 1971.5.31. 선고 71도742 판결.
342) 대법원 1977.7.26. 선고 74누267 판결.

이 구체적으로 명확하게 특정되었다고 할 수 없어 위법하다"고 판시하면서 이를 단순위법으로 보았다.[343]

3.3.3. 절차에 관한 흠

행정행위를 할 때 법령상 일정한 절차를 거칠 것이 요구되는 경우 그 절차를 밟지 않으면 일단 절차상 흠이 있다고 볼 수 있다. 주로 상대방의 권익보호, 절차의 공정성 확보 등을 위해 부과되는 그러한 절차로는 협력을 요하는 행정행위에서 상대방의 신청이나 동의, 이해조정을 위한 사전적 행정절차, 행정의 신중·공정을 도모하기 위한 행정조직 내부에서의 협의·심의·자문·동의 등의 절차들이 있다. 절차위배의 효과는 절차의 중요도에 따라 개별적으로 판단할 문제이나 원칙적으로는 취소사유이고 다만 절차하자가 중대·명백하면 무효사유가 될 것이다.

(1) 법률상 필요한 상대방의 신청 또는 동의를 결여한 행위

협력을 요하는 행정행위(쌍방적 행정행위)에 있어 상대방의 협력, 예컨대 출원이나 신청(광업권허가·귀화허가), 또는 상대방의 동의(공무원임명)가 없이 행해진 행정행위는 무효이다. 분배신청을 하지 아니한 자에 대한 농지분배처분은 당연무효라는 판례[344]가 있다.

(2) 필요한 공고 또는 통지를 결여한 행위

특허출원공고를 거치지 않은 발명특허나 통지 없이 한 토지수용 재결, 독촉절차를 거치지 않은 조세체납처분 같이 이해관계인들의 이익보호를 위한 의견제출 기회를 주지 않고 행한 행위는 무효이다. 가령 토지소유자에 대한 조사·통지를 결여한 특별환지예정지결정,[345] 공고통지절차 없이 한 토지구획정리사업[346]은 무효라는 판례가 있다. 다만, 적법한 공매통지 없이 시행한 체납처분은 당연무효가 아니라 취소할 수 있는 데 불과하며,[347] 또 공고나 통지 그 자체를 결여한 것이 아니라 그 절차에 단순한 흠이 있을 뿐일 때, 예컨대 하자있는 고시를 기초로 진행된 환지예정지지정처분은 당연무효가 아니라 취소할 수 있는 처분이라는 판례[348]도 있다. 다만, 법정절차 아닌 행정청 내부 절차를 결여한 행위, 예컨대 유휴광업권정리요강에 따른 사전통고 없이 한 유휴광업권취소는 당연무효 내지 위법한 처분이 아니라고 한다.[349]

343) 대법원 2007.1.12. 선고 2004두7146 판결.
344) 대법원 1970.10.23. 선고 70다1750 판결.
345) 대법원 1970.10.23. 선고 70누96 판결.
346) 대법원 1972.1.19. 선고 71나1901 판결.
347) 대법원 1964.9.8. 선고 63누156 판결.
348) 대법원 1970.2.10. 선고 69다2121 판결.
349) 대법원 1967.10.23. 선고 67누126 판결.

(3) 필요한 이해관계인의 참여 또는 협의를 결여한 행위

원칙적으로 무효라는 것이 종래의 통설이다. 판례는 당연무효라고 본 것[350]도 있으나, 토지소유자와 관계인의 참여 없이 한 수용재결을 당연무효가 아니라고 본 것,[351] 건설부장관이 관계 중앙행정기관의 장과 협의를 거치지 아니한 택지개발예정지구 지정처분은 당연무효가 아니라고 본 것[352] 등으로 갈린다.

(4) 필요한 청문 또는 변명의 기회를 주지 아니 한 행위

필요한 의견청취를 결여한 행위는 무효라는 판례[353]가 있는 반면, 도시계획결정이나 도시계획사업시행인가가 구도시계획법 제16조의2 소정의 공청회 개최 없이 행해진 경우는 절차상 위법으로 취소사유에 불과하다고 본 판례[354]와 진술기회를 주지 않은 징계처분도 취소사유에 불과하다는 판례[355]가 있다.

(5) 이유기재의무 위반

주로 재결·결정·불허가처분·허가취소 등에서 볼 수 있는 바와 같이(예: 국가공무원법 제75조에 의한 처분사유설명서의 교부의무), 법률이 특히 문서에 의한 행정행위에 이유의 기재를 요구하고 있는 경우, 이를 결여한 행위는 원칙적으로 무효이다. 이유기재의무 위반을 종래에는 형식하자로 다루기도 했으나, 행정절차법이 제23조에서 처분이유제시의무를 규정한 이상, 이를 절차하자로 보는 것이 맞다.[356]

(6) 과세전적부심사청구나 그에 대한 결정이 있기 전에 과세처분을 한 경우

사전구제절차로서 과세전적부심사 제도가 가지는 기능과 이를 통해 권리구제가 가능한 범위, 이러한 제도가 도입된 경위와 취지, 납세자의 절차적 권리 침해를 효율적으로 방지하기 위한 통제방법과 더불어, 헌법 제12조 제1항에서 규정하고 있는 적법절차의 원칙은 형사소송절차에 국한되지 아니하고, 세무공무원이 과세권을 행사하는 경우에도 마찬가지로 준수하여야 하는 점(대법원 2016.4.15. 선고 2015두52326 판결 등 참조) 등을 고려하여 보면, 국세기본법 및 국세기본법 시행령이 과세전적부심사를 거치지 않고 곧바로 과세처분을 할 수 있거나 과세전적부심사에 대한 결정이 있기 전이라도 과세처분을 할 수 있는 예외사유로 정하고 있다는 등의 특별한 사정이

---

350) 대법원 1964.12.29. 선고 64누103 판결.

351) 대법원 1971.5.24. 선고 70다1459 판결.

352) 대법원 2000.10.13. 선고 99두653 판결: 건설부장관이 택지개발예정지구를 지정함에 있어 미리 관계중앙행정기관의 장과 협의를 하라고 한 법규정의 의미는 그의 자문을 구하라는 것이지 그 의견을 따라 처분을 하라는 의미는 아니므로 협의를 거치지 아니하였다고 하더라도 이는 위 지정처분을 취소할 수 있는 원인이 되는 하자 정도에 불과하다고 본 사례.

353) 대법원 1969.3.31. 선고 68누179 판결.

354) 대법원 1990.1.23. 선고 87누947 판결.

355) 대법원 1977.8.23. 선고 77누26 판결; 대법원 1977.6.28. 선고 77누96 판결.

356) 김철용, 행정법 I, 제13판, 2010, 255.

없는 한, 과세예고 통지 후 과세전적부심사 청구나 그에 대한 결정이 있기도 전에 과세처분을 하는 것은 원칙적으로 과세전적부심사 이후에 이루어져야 하는 과세처분을 그보다 앞서 함으로써 과세전적부심사 제도 자체를 형해화시킬 뿐만 아니라 과세전적부심사 결정과 과세처분 사이의 관계 및 그 불복절차를 불분명하게 할 우려가 있으므로, 그 같은 과세처분은 납세자의 절차적 권리를 침해하는 것으로서 그 절차상 하자가 중대하고도 명백하여 무효라고 할 것이다.[357]

3.3.4. 형식에 관한 흠

행정절차법 제24조는 행정청이 처분을 하는 때에는 다른 법령 등에 특별한 규정이 있는 경우를 제외하고는 문서로 하되, 다만, 신속을 요하거나 사안이 경미한 경우에는 구술 기타 방법으로 할 수 있으나 당사자의 요청이 있으면 지체 없이 처분에 관한 문서를 교부하여야 한다고 규정한다. 법은 또한 처분문서에는 그 처분행정청 및 담당자의 소속·성명과 전화번호를 기재하도록 하고 있다. 이러한 요건에 따르지 않거나 그 밖에 법령에 의하여 요구되는 형식을 따르지 않으면 무효 또는 취소사유가 된다. 형식요건이 유효요건인지 여부를 판단하기는 간단하지 않다. 그러나 일반적으로 형식의 결여가 법령이 형식을 요구하는 취지(예컨대 법률생활의 안정)를 완전히 저해하는 것일 경우에는 그 형식은 유효요건이며, 그 밖의 경우에는 적법요건 또는 행위의 효력에 영향을 주지 않는다고 보는 견해가 있다.[358]

(1) 법령상 필요한 형식인 문서에 의하지 아니한 행위

재결서에 의하지 않은 행정심판의 재결, 독촉장에 의하지 않은 납세독촉 등과 같이 소정의 문서형식을 갖추지 않은 행위는 무효이다.[359] 단순한 기재상의 결함이 당연무효사유가 되지 않음은 물론이다.

(2) 행정청의 서명(기명)날인을 결여한 행위

법률이, 행정행위가 권한있는 기관에 의한 것임을 확실히 하기 위하여 서명날인을 요구하는 경우 이를 결여하면(예컨대 선거관리위원들의 서명·날인 없는 선거록) 무효사유가 된다.

3.3.5. 효력발생요건에 관한 흠

통지나 공고의 결여 등 효력발생요건에 흠이 있는 경우에는 그 행정행위는 원칙적으로 무효이다. 법령에 따른 적법한 통지나 공고가 없으면 그 효력을 발생할 수 없다는 판례가 있다.[360]

---

357) 대법원 2016.12.27. 선고 2016두49228 판결.
358) 김도창, 같은 책, 480.
359) 대법원 1970.3.24. 선고 69누724 판결.

4. 행정행위의 흠의 승계

4.1. 문제상황

건물철거명령이 있은 후 그것을 전제로 대집행이 이루어지는 경우 같이 두 개 이상의 행정행위가 연속적으로 행해지는 경우 선행행위의 하자가 후행행위에 승계되는가, 다시 말해서 선행행위의 흠을 이유로 후행행위를 다툴 수 있느냐는 것이 행정행위의 흠의 승계 문제이다. 예컨대, 흠이 있는 조세의 부과처분(선행행위)을 전제로 하여 행해진 체납처분(후행행위)의 위법성을 다투는 경우, 만일 선행행위인 과세처분에 대해 쟁송을 제기할 수 있는 기간이 지나지 않은 이상, 이를 다툴 수 있을 것이고 또 만일 과세처분의 흠이 중대·명백하여 당연무효라면 언제나 이를 주장할 수 있으므로 당연히 체납처분의 원인무효를 주장할 수 있을 것이다. 그러나 만일 과세처분의 흠이 단순위법에 불과하고 이에 대한 쟁송제기기간이 지나 당해처분이 불가쟁력을 발생한 경우에는, 적어도 선행행위 자체에 대해서는 더 이상 그 위법성을 다툴 수 없으므로, 후행행위의 효력을 다투기 위하여 선행행위의 흠(위법성)의 승계여부가 문제되는 것이다. 여기서 행정행위의 흠의 승계문제는 선행행위가 무효인 경우와 선행행위가 아직 불가쟁력을 발생하지 않은 경우에는 문제될 여지가 없음을 알 수 있다.

4.2. 문제의 해결

4.2.1. 전통적 견해: '하자승계론'

종래 이에 대한 통설은, ① 위의 예에서와 같이 두 개 이상의 행정행위가 연속적으로 행해지기는 하지만 서로 독립하여 각각 별개의 효과를 지니는 경우에는, 선행행위가 당연무효가 아닌 한 그 흠이 후행행위에 승계되지 않으며, ② 다만, 선행행위와 후행행위가 일련의 절차를 구성하면서 하나의 효과를 목적으로 하는 경우(예, 체납처분절차상 압류와 매각, 대집행에서 계고와 대집행영장에 의한 통지·대집행실행·비용징수)에는 예외적으로 선행행정행위의 흠이 후행행위에 승계된다고 한다.[361] 판례 역시 이러한 입장을 따르고 있다.

"조세의 부과처분과 압류 등의 체납처분은 별개의 행정처분으로서 독립성을 가지므로 부과처분에 하자가 있더라도 그 부과처분이 취소되지 아니하는 한, 그 부과처분에 의한 체납처분은 위법이라고 할 수는 없지만, 체납처분은 부과처분의 집행을 위한 절차에 불과하므로 그 **부과처분에 중대하고도 명백한 하자가 있어 무효인 경우에는 그 부과처분의 집행을 위한 체납처분도 무효**라 할 것이다."[362]

---

360) 대법원 1998.9.8. 선고 98두9653 판결.
361) 김도창, 일반행정법론(상), 481; 이상규, 신행정법론(상), 377-378; 김동희, 행정법 I, 307이하 등.
362) 대법원 1988.6.28. 선고 87누1009 판결.

"도시계획수립에 있어 도시계획법 제16조의2 소정의 공청회를 열지 아니 하고 공공용지의 취득 및 손실보상에 관한 특례법 제8조 소정의 입주대책을 수립하지 아니하였다 하더라도 이는 절차상 위법으로서 취소사유에 불과하고 그 하자가 도시계획결정 또는 도시계획사업시행인가가 무효라고 할 수 있을 정도로 중대하고 명백하다고는 할 수 없으므로 이러한 위법을 선행처분인 도시계획결정이나 사업시행인가 단계에서 다투지 아니하였다면 그 **쟁송기간이 이미 도과한 후인 수용재결단계에 있어서는 위 도시계획수립행위의 위와 같은 위법을 들어 재결처분의 취소를 구할 수는 없다**고 할 것이다."[363)]

"액화석유가스판매사업허가처분에 하자가 있다고 하더라도 위 하자는 그 처분 자체를 무효라고 볼 정도로 중대하고 명백한 하자라고 볼 수 없으므로 그와 같은 하자가 취소사유가 되는 위법한 것이라도 그 처분이 취소될 때까지는 누구도 그 효력을 부인할 수 없을 뿐 아니라, 이는 **선행처분인 액화석유가스판매사업허가 단계에서 다투었어야 할 것이고 그 쟁송기간이 이미 경과한 후인 사업개시신고 단계에 있어서는 그 효력을 다툴 수 없고, 또 선행처분인 사업허가처분에 위와 같은 하자가 있다고 하여 후행처분인 사업개시신고반려처분도 당연히 위법한 것은 아니다.**"[364)]

"대집행의 계고·대집행영장에 의한 통지·대집행의 실행·대집행에 요한 비용의 납부명령 등은 타인이 대신하여 행할 수 있는 행정의무의 이행을 의무자의 비용부담하에 확보하고자 하는, **동일목적을 위하여 단계적인 일련의 절차로 연속하여 행하여지는 것으로서, 서로 결합하여 하나의 법률효과를 발생시키는 것이므로,** 선행처분인 계고처분이 하자가 있는 위법한 처분이라면, 비록 그 하자가 중대하고도 명백한 것이 아니어서 당연무효의 처분이라고 볼 수 없고 대집행의 실행이 이미 사실행위로서 완료되어 그 계고처분의 취소를 구할 법률상의 이익이 없게 되었으며 또 대집행비용납부명령 자체에는 아무런 하자가 없다고 하더라도, **후행처분인 대집행비용납부명령의 취소를 청구하는 소송에서 청구원인으로 선행처분인 계고처분이 위법한 것이기 때문에 그 계고처분을 전제로 행하여진 대집행비용납부명령도 위법하다는 주장을 할 수 있다**고 보아야 할 것이다."[365)]

"**동일한 행정목적을 달성하기 위하여 단계적인 일련의 절차로 연속하여 행하여지는 선행처분과 후행처분이 서로 결합하여 하나의 법률효과를 발생시키는 경우,** 선행처분이 하자가 있는 위법한 처분이라면, 비록 하자가 중대하고도 명백한 것이 아니어서 선행처분을 당연무효의 처분이라고 볼 수 없고 행정쟁송으로 효력이 다투어지지도 아니하여 이미 불가쟁력이 생겼으며 후행처분 자체에는 아무런 하자가 없다고 하더라도, **선행처분을 전제로 하여 행하여진 후행처분도 선행처분과 같은 하자가 있는 위법한 처분으로 보아 항고소송으로 취소를 청구할 수 있다.**"[366)]

4.2.2. 규준력이론

이에 대하여 행정행위의 흠의 승계문제를 선행행위의 후행행위에 대한 구속력 문제로서 파악하여 이론을 구성해야 한다는 견해가 대립한다. 이는 "하자의 승계"의 문제를 행정행위의 효력 또는 구속력(또는 규준력: Maßgeblichkeit, 기결력: präjudizielle Wirkung)의 한계의 문제로 파악하는 견해로서 둘 이상의 행정

363) 대법원 1990.1.23. 선고 87누947 판결.
364) 대법원 1991.4.23. 선고 90누8756 판결.
365) 대법원 1993.11.9. 선고 93누14271 판결; 대법원 1993.2.9. 선고 92누4567 판결.
366) 대법원 1993.2.9. 선고 92누4567 판결.

행위가 동일한 효과를 추구하는 경우 선행행위는 후행행위에 대하여 일정한 범위에서 구속력을 가지며 그 구속력이 미치는 범위 내에서 후행행위에 대하여 선행행위의 효과(내용적 구속력)와 다른 주장을 할 수 없게 된다고 한다.[367)]

그리고 규준력이 미치는 한계를 소송법상의 기판력의 그것과 유사하게 다음과 같이 설명한다.[368)] 즉, ① 사물적 한계: 양자가 동일한 목적을 추구하며 법적 효과가 궁극적으로 일치되어야 하고, ② 대인적 한계: 후행행위에 대하여 법적 이해관계 있는 자 및 후행행위와 법적 관련을 맺는 모든 국가기관(처분청·행정심판기관·수소법원)에 구속력이 미치며, ③ 시간적 한계: 선행행위의 사실 및 법상태가 유지되는 한도 안에서 구속력이 미치고, ④ 추가적 요건으로서 예측성과 수인가능성: 상기 한계 내에서 구속력이 인정되어도 그 결과가 개인에게 지나치게 가혹한 결과를 초래하지 않는 범위에서 구속력이 미친다고 한다.

4.2.3. 평가와 결론

생각건대, 우선 「어떤 행정행위의 하자가 다른 행정행위에 승계」되는가의 여부에 관한 종래의 문제제기방식 자체에 의문이 제기될 수 있다. 즉, 일정한 행정행위의 흠은 오로지 그 행위의 흠일 뿐이므로, 문제는 흠 내지 위법성의 「승계여부로서」가 아니라, 오히려 선행행위의 흠 또는 위법성을 그 불가쟁상태에서 후행행위의 효력을 다투는 근거로서 주장할 수 있느냐 하는 문제로서 제기되지 않으면 안 된다. 그러나 그렇다고 해서 위의 새로운 견해에서 지적하는 바와 같이 「"하자의 승계"론을 통해서는 선행행정행위의 후행행정행위에 대한 구속력의 문제가 충분히 해명되지 않은 것」으로 볼 것인가는 전혀 별개의 문제이다. 물론 독일에서는 「하자의 승계여부」가 아니라 「불가쟁력을 발생한 행정행위의 실질적 존속력이 어떤 범위에서 동일당사자 사이에서 이루어지는 후속행정절차상 효력을 미치는가」가 문제되고 있으며 존속력을 발한 행정행위의 기결력($\substack{\text{präjudizielle}\\\text{Wirkung}}$)이란 용어가 나타나고 있는 것은 사실이다.

그러나 이 문제는 독일행정법에서도 아직 충분히 해결되었다고는 할 수 없다. 예컨대, 연방행정법원의 판결($\substack{\text{BVerwGE}\\48,271}$)에서 문제된 사안은, 도시계획외곽지역에 건축허가 없이 통나무 오두막집을 지은 원고가 사후에 이에 대한 건축허가를 신청했으나 거부되었고 이 거부처분이 불가쟁력이 발생한 후, 당해 건축관청이 철거명령을 발하여 이를 철거하는 처분을 함으로써 원고가 이에 대한 취소소송을 제기한 것이었다. 이 경우 그 철거처분의 적법성은 그 오두막집이 건축법에 내용적으로 위반된다는 것을 전제로 하고 있다. 이 사안에 있어 불가쟁력이 발생한 거부처분의 실질적 존속력이 어떤 범위에서 동일당사자 사이에서 이루어지는 후속행정절차상 효력을 미치는가에 관하여 학설은 다음과 같이 대립되었다. ① 불가쟁력을 발한 건축허가거부처분에 입각하여 그 오두막집이 건축법에 내용적으로 위배됨이 확정된 것이므로 그 선행처분(거부처분)의 재심사는 허용되지 않는다는 견해[369)]에 반하여, ② 연방행정법원은 존속력이 이 경우 후속

절차에 효력을 미치지 않는다고 판시했다.[370] 즉, 행정의 불필요한 사무반복에 대한 우려를 과소평가할 수는 없지만, 결정적인 것은 오히려, 존속력을 가지게 된 선행처분이 후행처분을 구속하지 않는다고 보아야만 후행처분 역시 포괄적인 재판적 통제의 압력 하에 놓이게 된다는 점이며, 이것이 재산권에 대한 가능한 한 효과적인 권리보호의 요청에 부합된다는 것이다. ③ 이에 비하여 절충적 견해는 존속력은 동일한 절차의 대상에 관해서만 효력을 미친다고 한다. 즉, 건축허가절차와 건축물의 철거에 관한 절차는 절차의 목적을 달리한다. 따라서 연방행정법원의 판결에 결과적으로 동조하게 된다는 것이다.[371] 한편 실질적 존속력은, 행정행위의 규율이 처분청과 상대방을 구속하지만, 그 구속력은 판결과는 달리 판결의 실질적 확정력에 상당하는 것은 아니라는 것이 독일에서의 일반적인 지적이다.[372] 즉, 그것은 특별한 경우에 한하여 인정되는, 구속력(Bindungs-wirkung)과 「제한된 취소가능성」($\text{beschränkte Aufhebbarkeit}$), 즉, 불가변력과의 관련 하에서 파악되는 개념으로 이해되고 있으며[373] 통상 실질적 존속력이 문제되는 것은 이와같이 제한된 취소가능성이란 의미에서라고 한다.[374]

그렇다면, 구속력 이론의 주장처럼 「하자의 승계」 문제를 실질적 존속력의 효력범위 및 한계문제로 파악해야 한다는 것은 수긍하기 어렵다. 물론 종래 「하자 승계」로 다루어져 온 문제영역을 규준력(구속력)의 범위와 관련하여 논하는 것도 무의미하지는 않을 것이다. 그러나 실질적 존속력과 규준력은 획일적으로 확정될 수 있는 것이 아니라, 그 내용적 효력범위는 궁극적으로 각각의 실체법규정에 의존하는 것이라는 사실을 인식하는 것이 중요하다.[375]

행정행위의 예선적 유효성($\text{vorläufige Wirksamkeit}$)이 출소기간의 도과나 쟁송취소의 실패에 의해 발생되는 불가쟁력(형식적 존속력)에 의해 종국적인 존속력으로 바뀜으로써 행정행위의 존재와 유효성이 법적으로 확보되지만,[376] 이로써 위법한 행정행위가 적법하게 되는 것은 아니다. 행정행위는 불가쟁력의 발생을 통해 「강화된 존속력」($\text{gesteigerte Bestandkraft}$)을 지닐 뿐, 불가쟁력이 발생한 행정행위도 처분청에 대한 관계에서는 사후적인 사유에 의해 취소·철회됨으로써 그 존속력이

---

369) Kopp, VwVfG Vorb 35, 27; DVBl 1983, 397; Merten, NJW 1983, 1996.

370) BVerwGE 48,274. 동지 BGHZ 90,22/3.

371) Krebs, VerwArch 1976, 411; Stelkens/Bonk/Leonhardt, VwVfG Kommentar, 3.Aufl., 1983, 43, 7. 반대로 외국인추방처분이 불가쟁력을 발한 경우 그 외국인이 추방처분의 사후적 기한설정을 신청한 경우, 절차의 목적이 동일하므로 선행추방처분의 적법성을 다시 심사할 필요는 없다고 한다(BVerwGE, DÖV 1979, 829,830; 나아가 Erichsen/Knoke, NVwZ 1983, 191; Braun, Die präjudizielle Wirkung bestandskräftiger Verwaltungsakte, 1982; Rez, DVBl 1983, 476을 참조).

372) Stelkens, Verwaltungsverfahren, 1991, Rn.482, S.172.

373) 굳이 소송법적 개념과 비교하자면, 실질적 존속력을 구속력(Bindungswirkung)으로 파악하면 이 소송법상의 실질적 확정력에 상당하는 개념이 될 것이고, 이를 「제한된 취소가능성」(beschränkte Aufhebbarkeit)으로 파악하면 법원이 자기의 판결에 구속된다는 자박력(Selbstbindungswirkung)에 상응하는 것이 될 것이지만 이러한 비교는 이 개념들이 각기 고유한 규율에 따르게 되었으므로 더 이상 유용하지 않다고 한다(Maurer, 17.Aufl., § 11 Rn.7, S.282).

374) Maurer, § 11 Rn.5ff.

375) Stelkens, aaO., Rn.482, S.172; Badura, in Erichsen, AllgVerwR, 10.A. § 38 Rn.46. 이와 관련하여 앞에서 소개한 BVerwGE 48,271이 행정행위의 존속력의 효력범위(Tragweite)는 모든 법영역이나 모든 종류의 행정행위에 관해 판단될 수 있는 것은 아니라고 판시한 것을 참고할 필요가 있다.

376) Maurer, § 9 Rn.39.

제거될 수 있으며, 다만 일정한 부류의 행정행위에 한하여 처분청에게 취소·변경을 금지하는 불가변력이 발생할 때에만 그 존속력이 확보될 수 있는 것이다. 이렇게 본다면 예컨대, 흠이 있는 조세의 부과처분(선행행위)을 전제로 하여 행해진 체납처분(후행행위)의 위법성을 다투는 경우, 만일 선행행위인 과세처분을 더 이상 다툴 수 없게 되었다 할지라도 이로써 당연히 선행과세처분이 적법해지는 것은 아니다. 문제는 만일 이 경우 후행체납처분의 원인무효를 주장할 수 있게끔 한다면 이로 인해 행정행위의 불가쟁력을 인정한 법제도적인 취지(행정행위효력의 조속확정을 통한 법적 안정성의 확보)가 몰각될 것인가의 여부에 있다. 이것은 결국 선행처분과 후행처분의 실질적 관계를 고려함으로써만 대답될 수 있는 문제이다. 물론 그와 같은 경우 후행처분인 체납처분은 단지 선행처분을 집행하기 위한 것에 불과하며, 과세처분이 있음으로써 그러한 집행가능성이 이미 예고되었다고 할 수 있다. 따라서 이 경우 먼저 과세처분의 위법성을, 쟁송제기가 가능했던 기간 내에, 다투었어야 했다고 결론지을 수 있을 것이다. 그러나 이 결론을 선행처분의 흠이 단순위법에 불과하다는 것만을 이유로 일반화시키는 것은 옳지 않다. 만일 이들 후행처분과 선행처분이 동일한 목적을 달성하기 위한 일련의 절차적 연속과정에서 행해진 것이라면, 그 상대방인 국민의 입장에서는 선행처분이 불가쟁상태에 들어갔다 하더라도 후행처분의 위법성을 다투는 과정에서 선행처분의 위법성을 주장할 수 있어야 한다. 따라서 통설의 입장에 근본적 잘못이 있다고는 볼 수 없다.

대법원은 위법한 개별공시지가결정과 이를 기초로 한 과세처분에 관한 사건에서 하자의 승계에 관한 종래의 입장을 고수하면서도 '선행처분의 후행처분에 대한 구속력'의 인정여부를 판단함으로써 주목을 끌었다. 대법원의 판결요지는 다음과 같다:

"가. 두 개 이상의 행정처분이 연속적으로 행하여지는 경우 선행처분과 후행처분이 서로 결합하여 1개의 법률효과를 완성하는 때에는 선행처분에 하자가 있으면 그 하자는 후행처분에 승계되므로 선행처분에 불가쟁력이 생겨 그 효력을 다툴 수 없게 된 경우에도 선행처분의 하자를 이유로 후행처분의 효력을 다툴 수 있는 반면 선행처분과 후행처분이 서로 독립하여 별개의 법률효과를 목적으로 하는 때에는 선행처분에 불가쟁력이 생겨 그 효력을 다툴 수 없게 된 경우에는 선행처분의 하자가 중대하고 명백하여 당연무효인 경우를 제외하고는 선행처분의 하자를 이유로 후행처분의 효력을 다툴 수 없는 것이 원칙이나 선행처분과 후행처분이 서로 독립하여 별개의 효과를 목적으로 하는 경우에도 선행처분의 불가쟁력이나 구속력이 그로 인하여 불이익을 입게 되는 자에게 수인한도를 넘는 가혹함을 가져오며, 그 결과가 당사자에게 예측가능한 것이 아닌 경우에는 국민의 재판받을 권리를 보장하고 있는 헌법의 이념에 비추어 선행처분의 후행처분에 대한 구속력은 인정될 수 없다.

나. 개별공시지가결정은 이를 기초로 한 과세처분과는 별개의 독립된 처분으로서 서로 독립하여 별개의 법률효과를 목적으로 하는 것이나, 개별공시지가는 이를 토지소유자나 이해관계인에게 개별적으로 고지하도록 되어 있는 것이 아니어서 토지소유자 등이 개별공시지가결정 내용을 알고 있었다고 전제하기도 곤란할 뿐만 아니라 결정된 개별공시지가가 자신에게 유리하게 작용될 것인지 또는 불이익하게 작용될

것인지 여부를 쉽사리 예견할 수 있는 것도 아니며, 더욱이 장차 어떠한 과세처분 등 구체적인 불이익이 현실적으로 나타나게 되었을 경우에 비로소 권리구제의 길을 찾는 것이 우리 국민의 권리의식임을 감안하여 볼 때 토지소유자 등으로 하여금 결정된 개별공시지가를 기초로 하여 장차 과세처분이 이루어질 것에 대비하여 항상 토지의 가격을 주시하고 개별공시지가결정이 잘못된 경우 정해진 시정절차를 통하여 이를 시정하도록 요구하는 것은 부당하게 높은 주의의무를 지우는 것이라고 아니할 수 없고, 위법한 개별공시지가결정에 대하여 그 정해진 시정절차를 통하여 시정하도록 요구하지 아니하였다는 이유로 위법한 개별공시지가를 기초로 한 과세처분 등 후행 행정처분에서 개별공시지가결정의 위법을 주장할 수 없도록 하는 것은 수인한도를 넘는 불이익을 강요하는 것으로서 국민의 재산권과 재판받을 권리를 보장한 헌법의 이념에도 부합하는 것이 아니라고 할 것이므로, 개별공시지가결정에 위법이 있는 경우에는 그 자체를 행정처분으로 보아 그 위법여부를 다툴 수 있음은 물론 이를 기초로 한 과세처분 등 행정처분의 취소를 구하는 행정소송에서도 선행처분인 개별공시지가결정의 위법을 독립된 위법사유로 주장할 수 있다고 해석함이 타당하다."[377]

대법원은 이후에도 표준지공시지가결정과 이를 토대로 한 수용재결과 관련, 수용보상금 증액 청구 소송에서도 선행처분으로서 그 수용대상 토지 가격 산정의 기초가 된 비교표준지 공시지가결정의 위법을 독립한 사유로 주장할 수 있다고 판시함으로써 위 판례를 반복하고 있다:

"표준지공시지가결정은 이를 기초로 한 수용재결 등과는 별개의 독립된 처분으로서 서로 독립하여 별개의 법률효과를 목적으로 하지만, 표준지공시지가는 이를 인근 토지의 소유자나 기타 이해관계인에게 개별적으로 고지하도록 되어 있는 것이 아니어서 인근 토지의 소유자 등이 표준지공시지가결정 내용을 알고 있었다고 전제하기가 곤란할 뿐만 아니라, 결정된 표준지공시지가가 공시될 당시 보상금 산정의 기준이 되는 표준지의 인근 토지를 함께 공시하는 것이 아니어서 인근 토지 소유자는 보상금 산정의 기준이 되는 표준지가 어느 토지인지를 알 수 없으므로, 인근 토지 소유자가 표준지의 공시지가가 확정되기 전에 이를 다투는 것은 불가능하다. 더욱이 장차 어떠한 수용재결 등 구체적인 불이익이 현실적으로 나타나게 되었을 경우에 비로소 권리구제의 길을 찾는 것이 우리 국민의 권리의식임을 감안하여 볼 때, 인근 토지 소유자 등으로 하여금 결정된 표준지공시지가를 기초로 하여 장차 토지보상 등이 이루어질 것에 대비하여 항상 토지의 가격을 주시하고 표준지공시지가결정이 잘못된 경우 정해진 시정절차를 통하여 이를 시정하도록 요구하는 것은 부당하게 높은 주의의무를 지우는 것이고, **위법한 표준지공시지가결정에 대하여 그 정해진 시정절차를 통하여 시정하도록 요구하지 않았다는 이유로 위법한 표준지공시지가를 기초로 한 수용재결 등 후행 행정처분에서 표준지공시지가결정의 위법을 주장할 수 없도록 하는 것은 수인한도를 넘는 불이익을 강요하는** 것으로서 국민의 재산권과 재판받을 권리를 보장한 헌법의 이념에도 부합하는 것이 아니다. 따라서 **표준지공시지가결정이 위법한 경우에는** 그 자체를 행정소송의 대상이 되는 행정처분으로 보아 그 위법 여부를 다툴 수 있음은 물론, **수용보상금의 증액을 구하는 소송에서도 선행처분으로서 그 수용대상 토지 가격 산정의 기초가 된 비교표준지공시지가결정의 위법을 독립한 사유로 주장할**

---

377) 대법원 1994.1.25. 선고 93누8542 판결.

수 있다."[378]

대법원의 이 일련의 판례들은 종래의 통설과 판례의 입장을 변경했다기보다는 오히려 그 것을 전제로 하되[379] 위 새로운 이론의 일부를 수용함으로써 구체적 타당성을 기하고자 한 결과라고 볼 수 있다. 이는 하자승계여부에 관해 종래 대법원이 의거해 왔던 기준의 개괄성, 모호성과 그것이 초래할 수 있는 부당한 결과를 시정하려는 시도로서 이러한 이론적 지향이 바람직한 것임은 두말 할 나위도 없다.

대법원은 이후에도 전통적 견해에 따른 종래의 판례를 재확인해 오고 있다:

"선행행위와 후행행위가 서로 독립하여 각각 별개의 법률효과를 목적으로 하는 때에는 선행행위의 하 자가 중대하고 명백하여 당연무효인 경우를 제외하고는 선행행위의 하자를 이유로 후행행위의 효력을 다 툴 수 없다."[380]

"보충역편입처분 등의 병역처분은 구체적인 병역의무부과를 위한 전제로서 징병검사 결과 신체등위와 학력·연령 등 자질을 감안하여 역종을 부과하는 처분임에 반하여, 공익근무요원소집처분은 보충역편입처 분을 받은 공익근무요원소집대상자에게 기초적 군사훈련과 구체적인 복무기관 및 복무분야를 정한 공익근 무요원으로서의 복무를 명하는 구체적인 행정처분이므로, 위 두 처분은 후자의 처분이 전자의 처분을 전 제로 하는 것이기는 하나 각각 단계적으로 별개의 법률효과를 발생하는 독립된 행정처분이라고 할 것이 므로, 따라서 보충역편입처분의 기초가 되는 신체등위 판정에 잘못이 있다는 이유로 이를 다투기 위하여 는 신체등위 판정을 기초로 한 보충역편입처분에 대하여 쟁송을 제기하여야 할 것이며, 그 처분을 다투지 아니하여 이미 불가쟁력이 생겨 그 효력을 다툴 수 없게 된 경우에는, 병역처분변경신청에 의하는 경우는 별론으로 하고, 보충역편입처분에 하자가 있다고 할지라도 그것이 당연무효라고 볼만한 특단의 사정이 없 는 한 그 위법을 이유로 공익근무요원소집처분의 효력을 다툴 수 없다."[381]

헌법재판소 역시 대법원 판례의 연장선상에서 다음과 같이 판시한 바 있다.

"이미 취소소송의 제기기간을 경과하여 확정력이 발생한 행정처분의 경우에는 위헌결정의 소급효가 미치지 않는다고 보아야 할 것이고, 일반적으로 법률이 헌법에 위반된다는 사정이 헌법재판소의 위헌결정 이 있기 전에는 객관적으로 명백한 것이라고 할 수는 없으므로 특별한 사정이 없는 한 이러한 하자는 행 정처분의 취소사유에 해당할 뿐 당연무효 사유는 아니다. 따라서 설령 이 사건 각 부과처분의 근거법률이 위헌이라고 하더라도 그 위헌성이 명백하다는 등 특별한 사정이 있다고 볼 자료가 없는 한 각 부과처분 에는 취소할 수 있는 하자가 있음에 불과하고 각 부과처분에 불가쟁력이 발생하여 더 이상 다툴 수 없는 이상 각 부과처분의 하자가 각 압류처분의 효력에 아무런 영향을 미칠 수 없으므로, 각 부과처분의 근거

---

378) 대법원 2008.8.21. 선고 2007두13845 판결.
379) 이 점은 위 판결 '가'의 앞부분에서 명백히 드러난다.
380) 대법원 2000.9.5. 선고 99두9889 판결.
381) 대법원 2002.12.10. 선고 2001두5422 판결.

법률의 위헌 여부에 의하여 당해사건인 압류처분취소의 소의 주문이 달라지거나 재판의 내용과 효력에 관한 법률적 의미가 달라지는 경우로 볼 수 없다."382)

5. 흠있는 행정행위의 치유와 전환

5.1. 개 설

흠있는 행정행위에는 흠의 종류와 정도에 따라 무효 또는 취소가능성이란 법적 효과가 결부되어야 법치행정의 원리에 합당하지만, 경우에 따라서는 행정행위에 흠이 있더라도 이를 유지시키거나 다른 행위로 전환하는 것이 법적 생활의 안정·신뢰보호에 더 적합한 결과를 낳을 수도 있다. 이러한 견지에서 민법처럼 명문의 규정(취소할 수 있는 행위의 추인에 관한 민법 제143조 내지 제146조, 무효인 법률행위의 전환에 관한 제138조)이 없는 행정법에서도 흠있는 행정행위의 치유(Heilung)와 전환(Umdeutung)이 학설과 판례를 통해 인정되고 있다. 그러나 실제 흠의 치유나 전환은 행정청이 그 처분의 효력 유지를 위하여 주장하는 것이 대부분이므로 그 요건을 명확히 하고 해석도 엄격히 해야 할 필요가 있다.383)

5.2. 흠있는 행정행위의 치유

5.2.1. 개 념

행정행위의 흠 또는 하자의 치유란, 성립 당시에는 적법요건에 하자가 있었으나 그 하자의 원인이 되었던 법적 요건을 사후에 보완하거나 그 하자가 행정행위의 취소원인이 될 만한 가치를 상실하게 됨으로써 행정행위의 효력을 유지하도록 하는 것을 말한다. 일반적으로 하자의 치유를 인정하는 이유는 신뢰보호·법적 안정성·공공복리·행정행위의 불필요한 반복의 가능성을 원천적으로 회피하려는 데 있다고 설명된다.384)

법치주의 또는 법치행정의 원리에 비추어 볼 때 하자있는 행정행위가 하자의 치유를 통해 적법하게 되는 결과가 허용되어서는 아니 된다는 것이 원칙이다. 그러나 행정행위의 하자를 보완하거나 사후에 일정한 사정변경이 있어 하자있는 행정행위의 법적 효과를 인정하더라도 국민의 권리와 이익을 침해할 우려가 없다고 인정되는 경우에는 그 하자가 치유되었다고 보는 것이 불필요한 행정행위를 반복하지 않고 행정의 효율성을 기할 수 있는 방법이라 할 수 있다.

"하자 있는 행정행위에 있어서 하자의 치유는 행정행위의 성질이나 법치주의의 관점에서 원칙적으로 허용될 수 없고, 행정행위의 무용한 반복을 피하고 당사자의 법적 안정성을 보호하기 위하여 국민의 권익

---

382) 헌법재판소 2004.1.29. 선고 2002헌바73 결정.
383) 김동희, 행정법 I, 311-312.
384) 김도창, 일반행정법론(상), 1993, 청운사, 484.

을 침해하지 아니하는 범위 내에서 예외적으로만 허용된다."385)

따라서 하자의 치유를 인정하는 경우에도 그 인정범위와 요건은 법치행정의 원칙에 비추어 엄격히 제한되어야 할 것이다. 그러나 그동안 하자의 치유를 허용할 것인지, 허용하는 경우 어느 범위에서 어떠한 요건하에 허용할 것인지 하는 문제에 대하여는 아무런 법적 규율이 이루어지지 않았고, 행정절차법 역시 이에 관한 명시적 규정을 두지 않았다. 그 결과 그 효과 면에서 결코 경시할 수 없는 중요성을 지닌 이 문제의 해결은 판례와 학설에 맡겨져 있었다. 이러한 상황에서 하자의 치유에 관한 법리의 내용은 무엇이며 또 거기에 문제점은 없는지를 규명하는 것은 향후 이에 대한 행정절차법상의 규율이 이루어질 경우 이에 대한 필수적인 준비작업이 될 것으로 기대된다. 이러한 관점에서 행정행위 하자 치유의 허용성·한계, 하자 치유의 사유와 효과 등에 관한 법적 문제를 검토해 보고자 한다.

5.2.2. 행정행위 하자 치유의 허용성 및 한계

(1) 행정행위 하자 치유의 허용성

행정행위의 적법여부는 처분시를 기준으로 판단해야 한다는 것이 통설과 판례의 태도이다. 이에 따르면 하자있는 행정행위는 그 처분시에 위법한 행정행위로 판단되는 것이지 이후에 추완행위나 그 밖의 사정에 의해 보완되어 적법하게 된다는 것은 법치주의의 원리에 비추어 원칙적으로 인정될 수 없다는 결과가 된다.

"행정처분의 적법 여부는 특별한 사정이 없는 한 그 처분 당시를 기준으로 하여 판단하여야 하고, 처분청이 처분 이후에 추가한 새로운 사유를 보태어 처분 당시의 흠을 치유시킬 수는 없다 할 것이다 (대법원 1987.8.18. 선고 87누235 판결 참조). 따라서 피고의 1994.5.12.자 원고에 대한 이 사건 징병검사명령은 그 병역의무 부과의 전제가 되는 국외여행허가가 취소되어 원고에게 고지되지 않은 상태에서 발하여진 것이므로 위법하다 할 것이고, **비록 위 징병검사명령 후에 위 국외여행허가 취소처분의 통지가 원고에게 적법하게 고지되었다 하더라도 이미 위법하게 된 이 사건 징병검사명령이 적법하게 되는 것은 아니라 할 것**이어서, 원심이 피고의 원고에 대한 이 사건 징병검사명령을 취소한 조치는 옳다고 여겨지고, 거기에 상고이유의 주장과 같은 위법이 있다고 할 수 없다."386)

그러나 하자의 치유는 행정행위의 성질이나 법치주의의 관점에서 볼 때 원칙적으로는 허용될 수 없을지라도, 예외적으로 행정행위의 무용한 반복을 피하고 당사자의 법적 생활안정을 기한다는 취지에서는 허용될 수 있다고 보는 것이 대법원의 입장이다. 다만, 그런 경우에도 국민의 권리와 이익을 침해하지 않는 범위에서 구체적으로 사정에 따라 합목적적으로 판

---

385) 대법원 2001.6.26. 선고 99두11592 판결.
386) 대법원 1996.12.20. 선고 96누9799 판결.

단하여 그 허용여부를 결정해야 한다고 한다.

　"행정행위가 이루어진 당초에 그 행정행위의 위법사유가 되는 하자가 사후의 추완행위 또는 어떤 사정에 의하여 보완되었을 경우에는 행정행위의 무용한 반복을 피하고 당사자의 법적 생활안정을 기한다는 입장에서는 이 하자는 치유되고 당초의 위법한 행정행위가 적법·유효한 행정행위로 전환될 수 있다고 할 것이나 행정행위의 성질이나 법치주의의 관점에서 볼 때 하자있는 행정행위의 치유는 원칙적으로 허용될 수 없는 것일 뿐만 아니라 이를 허용하는 경우에도 국민의 권리와 이익을 침해하지 않는 범위에서 구체적 사정에　따라 합목적적으로 가려야 한다고 할 것이다."387)

　"행정소송에서 행정처분의 위법 여부는 행정처분이 있을 때의 법령과 사실상태를 기준으로 하여 판단하여야 하고, 처분 후 법령의 개폐나 사실상태의 변동에 의하여 영향을 받지는 않는다고 할 것이고, 하자있는 행정행위의 치유는 행정행위의 성질이나 법치주의의 관점에서 볼 때 원칙적으로 허용될 수 없는 것이고, 예외적으로 행정행위의 무용한 반복을 피하고 당사자의 법적 안정성을 위해 이를 허용하는 때에도 국민의 권리나 이익을 침해하지 않는 범위에서 구체적 사정에 따라 합목적적으로 인정하여야 한다."388)

　"선행처분인 개별공시지가결정이 위법하여 그에 기초한 개발부담금 부과처분도 위법하게 된 경우 그 하자의 치유를 인정하면 개발부담금 납부의무자로서는 위법한 처분에 대한 가산금 납부의무를 부담하게 되는 등 불이익이 있을 수 있으므로, 그 후 적법한 절차를 거쳐 공시된 개별공시지가결정이 종전의 위법한 공시지가결정과 그 내용이 동일하다는 사정만으로는 위법한 개별공시지가결정에 기초한 개발부담금 부과처분이 적법하게 된다고 볼 수 없다."389)

　한편, 대법원은 납세고지서의 필요적 기재사항을 누락한 하자에 관한 한, 국세징수법, 법인세법, 소득세법, 지방세법 등의 당해 근거규정들은 단순한 세무행정상의 편의를 위한 훈시규정이 아니라 헌법과 국세기본법에 규정된 조세법률주의의 원칙에 따라 과세관청의 자의를 배제하고 신중하고도 합리적인 과세처분을 하게 함으로써 조세행정의 공정을 기함과 아울러 납세의무자에게 부과처분의 내용을 자세히 알려주어 이에 대한 불복 여부의 결정과 불복신청의 편의를 주려는 데 그 근본취지가 있으므로 강행규정으로 보아야 하며,390) 따라서 납세

---

387) 대법원 1983.7.26. 선고 82누420 판결; 대법원 1991.5.28. 선고 90누1359 판결; 대법원 1998.10.27. 선고 98두4535 판결.
388) 대법원 2002.7.9. 선고 2001두10684 판결.
389) 대법원 2001.6.26. 선고 99두11592 판결.
390) 과거 국세징수법 등에서 납세고지서 기재사항을 규정한 것을 징수행정에 적용할 준칙으로서 훈시적 규정에 불과하다고 보고 납세고지서에 세목과 세액 등만을 간략하게 기재하여 납세의무자에게 통지하던 것이 세무행정의 관행이었던 시절이 있었다. 조세법규를 조세행정의 공익성 확보라는 법익을 납세자의 권리구제라는 사익보호에 우선시킨 과거의 통치권우월적 사고방식에서 유래한(오진환, 납세고지서의 기재사항과 송달, 재판자료 60집(1993.10), 조세사건에 관한 제문제(상), 155-219, 182, 1993) 이러한 판례는 이후 지방세에 관련한 대법원 1982.5.11. 선고 81누319 판결을 필두로 하여 법인세에 관한 1983.3.23. 선고 81누139 판결, 1994.6.14. 선고 93누11944 판결 등을 통해 시정되었다. 납세고지서의 기재사항에 관한 규정은 강행규정으로서 그 법정의 기재사항이 누락된 경우에는 위법하여 취소대상이 된다는 것은 대법원의 확립된 판례가 되었다(소순무, 납세고지서 기재사항 하자의 치유, 대법원판례해설 제24호, 법원도서관, 1995.9.26).

제1편 제2편 제3편 제4편 제5편 행정법총론

고지서에 세액산출근거 등의 기재사항이 누락되었거나 과세표준과 세액의 계산명세서가 첨부되지 않았다면 적법한 납세의 고지라고 볼 수 없고 그러한 납세고지의 하자는 납세의무자가 그 나름대로 산출근거를 알고 있다거나 사실상 이를 알고서 쟁송에 이르렀다 하더라도 치유되지 않는다고 판시함으로써 하자 치유의 허용성을 엄격히 제한한 바 있다.391)

"납세고지서에 과세연도, 세목, 세액 및 그 산출근거, 납부기한과 납부장소 등의 명시를 요구한 국세징수법 제9조나 과세표준과 세액계산명세서의 첨부를 명한 구 법인세법(1993.12.31. 법률 제4664호로 개정되기 전의 것) 제37조, 제59조의 5, 구 법인세법시행령(1993.12.31. 대통령령 제14080호로 개정되기 전의 것) 제99조 등의 규정이 단순한 세무행정상의 편의를 위한 훈시규정이 아니라, 헌법과 국세기본법에 규정된 조세법률주의의 원칙에 따라 과세관청의 자의를 배제하고 신중하고도 합리적인 과세처분을 하게 함으로써 조세행정의 공정을 기함과 아울러 납세의무자에게 부과처분의 내용을 자세히 알려주어 이에 대한 불복 여부의 결정과 불복신청의 편의를 주려는데 그 근본취지가 있으므로, 이 규정들은 강행규정으로 보아야 하고, 따라서 납세고지서에 세액산출근거 등의 기재사항이 누락되었거나 과세표준과 세액의 계산명세서가 첨부되지 않았다면 적법한 납세의 고지라고 볼 수 없으며, 위와 같은 납세고지의 하자는 납세의무자가 그 나름대로 산출근거를 알고 있다거나 사실상 이를 알고서 쟁송에 이르렀다 하더라도 치유되지 않는다."392)

또한 대법원은 위와 유사한 판단을 전제로 누락된 하자를 치유하여 부과할 세액이 당해 하자 있는 과세처분의 세액을 초과하는 경우에도 자산합산대상소득에 대한 기재를 누락한 납세고지서에 의하여 한 과세처분의 하자는 치유되지 아니 한다고 판시한 바 있다.

"구 소득세법시행령(1994.12.31. 대통령령 제14467호로 전문 개정되기 전의 것) 제183조 제4항은 자산합산대상가족의 자산소득을 주된 소득자의 종합소득에 합산하여 결정한 과세표준과 세액을 통지하는 때에는 하나의 납세고지서에 의하되 그 자산합산대상가족별 자산소득의 내용을 부기하여야 한다고 규정하고 있고, 이는 자산소득합산과세의 부과절차를 명시한 강행규정이므로, 자산합산대상가족별 자산소득의 내용, 자산합산대상가족이 주된 소득자와 연대하여 납부할 세액 등 자산합산대상소득에 대한 기재가 누락된 납세고지서에 의하여 과세처분이 이루어졌다면 그 과세처분은 자산합산대상가족에 대한 관계에서 뿐만 아니라 주된 소득자에 대한 관계에서도 위법한 처분이 되어 취소의 대상이 되며, 한편 처분 당시 자산합산대상소득이 아닌 다른 소득금액을 증액하는 것이 가능하고 또 자산합산대상소득을 제외하고 당초에 증액할 수 있었던 다른 소득금액을 합산하여 산출한 종합소득과세표준에 따른 세액이 당해 과세처분의 세액을 초과한다고 하더라도 이로써 당해 과세처분에 대한 납세고지의 하자가 치유되지 아니한다."393)

---

391) 물론 납세고지서의 기재사항의 누락 또는 미비라고 하여 모두 취소사유가 되는 것은 아니다. 그 하자의 유형이 다양하기 때문에 그 효과도 납세고지의 하자의 유형에 따라 달라진다. 일정한 경우에는 그 하자가 경미하여 부과처분의 효력에 영향을 미치지 아니하는 경우가 있다(오진환, 앞의 논문, 175-182).

392) 대법원 2002.11.13. 선고 2001두1543 판결. 동지 대법원 1984.2.14. 선고 83누602 판결; 대법원 1985.2.26. 선고 83누629 판결; 대법원 1987.5.12. 선고 85누56 판결; 대법원 1988.2.9. 선고 83누404 판결; 대법원 1989.11.10. 선고 88누7996 판결 등. 이들 판례에 대한 평석으로는 오진환, 앞의 논문; 소순무, 앞의 논문; 김백영, 과세처분의 형식상의 하자와 그 치유, 사법행정 347호(1989.11.) 등을 참조.

(2) 행정행위 하자 치유의 한계

하자의 치유가 인정되는 경우에도 그 하자를 치유하기 위한 추완행위가 무한정으로 허용된다고는 볼 수는 없을 것이다. 앞서 본 바와 같이 하자의 치유는 법치주의의 원칙에 비추어 예외적으로만 인정되며, 그것이 인정되는 경우에도 어디까지나 국민의 권리와 이익을 침해하지 않는 범위에서만 허용된다고 보아야 하고, 또 그 허용여부를 판단함에 있어서도 국민의 권리와 이익을 침해하지 않는 범위에서 구체적 사정에 따라 합목적적으로 가려야 한다는 것이 판례의 입장이었다. 이러한 판례의 입장이 타당하다면, 하자의 치유에는 내용적으로나 시간적으로 일정한 한계가 있다고 보아야 할 것이다. 마찬가지의 견지에서 대부분의 문헌 또한 일반적으로 행정행위 하자의 치유에 일정한 한계가 있음을 인정하고 있다.

① 무효인 행정행위와 하자의 치유가부

먼저, 행정행위의 하자의 치유(^{Heilung})를 취소할 수 있는 행정행위 외에 당연무효인 행위의 경우에도 인정할 것인지 여부가 문제된다. 이에 대하여 하자의 치유는 취소사유에 한하여 인정되며 당연무효의 경우에는 허용되지 아니한다는 것이 지배적인 학설이자 확립된 판례의 태도이다.[394] 주요한 판례들을 열거해 보면 다음과 같다.

"토지등급결정내용의 개별통지가 있다고 볼 수 없어 토지등급결정이 무효인 이상, 토지소유자가 그 결정 이전이나 이후에 토지등급결정내용을 알았다거나 또는 그 결정 이후 매년 정기 등급수정의 결과가 토지소유자 등의 열람에 공하여졌다 하더라도 이 사건 개별통지의 하자가 치유되는 것은 아니다(당원 1988.3.22. 선고 87누986 판결 참조)."[395]

"원고가 국가공무원으로 임용된 뒤 명예퇴직하였으나 임용전에 당시 국가공무원법상의 임용결격사유가 있었으면 국가가 과실에 의하여 이를 밝혀내지 못하였다고 하더라도 그 임용행위는 당연무효이고 그 하자가 치유되는 것은 아니어서 퇴직급여청구신청을 반려하는 처분은 적법하다."[396]

"무효인 행정행위는 그 하자가 내용적으로 중대하고, 하자 있음이 객관적으로 명백한 경우로서 처음부터 당연히 어떠한 효력도 갖지 못하는 것인데 그러한 무효행위의 하자의 치유를 인정하는 것은 오히려 관계인의 신뢰 및 법적 생활의 안정을 해치는 결과가 될 우려가 있으므로 그것이 새로운 다른 행정행위로 전환(원고도 행정행위의 전환이라는 표현을 쓰고 있으나 이는 임용행위로서는 무효이나 다른 행위로는 유효하다는 의미에서의 전환을 가리키는 것이 아니라 무효인 임용행위가 유효한 행위로 바뀐다는 뜻으로서 치유와 같은 의미로 쓰고 있다)됨은 별론으로 하고 일정한 사유가 있더라도 본래의 행정행위로서는 효력을 발생할 수 없다(이 점에서 취소사유에 불과한 하자 있는 행정행위가 하자의 치유로써 유효한 행

---

393) 대법원 2002.7.23. 선고 2000두6237 판결. 동지 대법원 1987.5.26. 선고 86누96 판결; 대법원 1987.5.26. 선고 86누136 판결; 대법원 1998.10.27. 선고 97누7233 판결 등 참조.
394) 이에 관하여 상세한 것은 이강국, 행정행위의 하자의 치유, 행정판례연구 Ⅲ(한국행정판례연구회, 1996), 91-119, 110-111 참조.
395) 대법원 1997.5.28. 선고 96누5308 판결.
396) 대법원 1996.4.12. 선고 95누18857 판결.

정행위로 될 수 있는 것과 구별된다) 할 것인바, (가) 일반사면령이나 형의실효등에관한법률의 규정에 의한 형의 실효는, 사면 또는 시간의 경과에 의하여 형의 선고의 효력을 장래에 향하여 상실케 하여 전과사실을 말소시키고, 자격을 회복시키는 것으로서 이로 인하여 형의 선고에 의한 기존효과가 변경되는 것은 아니므로 사면 또는 형의 실효로 인하여 당연무효인 임용행위의 하자가 치유되어 유효인 행위로 된다고 할 수 없고, (나) 공무원임용 당시 구 국가공무원법 제33조 제1항 제3호 소정의 형의 집행 종료 또는 집행 면제 후 3년의 기간이 경과되지 아니하였으면 그 임용행위는 당연무효로 되는 것이고, 그 임용 이후에 형집행의 종료 또는 면제의 시점으로부터 3년의 기간이 경과하게 되었다 하여 당연무효인 임용행위의 하자가 치유되어 유효인 행위로 된다고도 할 수 없으며, (다) 국가도 공무원임용결격사유가 있는 자는 공무원으로 임용할 수 없는 것이므로, 비록 원고가 공무원으로 임용되어 근무하던 중 정기신원조사에서 전과사실이 문제되었으나 당시 임용권자가 원고를 임용결격자가 아니라고 보아 그 이래로 퇴직할 때까지 임용행위를 취소하거나 당연퇴직결정을 함이 없이 경찰공무원으로서 공무를 수행하도록 하였다 하더라도 당초부터 무효인 공무원임용행위가 유효한 행위로 될 수도 없는 것이므로 원고의 이 부분 각 주장도 이유 없다."397)

생각건대, 무효인 행정행위에 있어 치유를 인정할 수 없다는 것은, 취소할 수 있는 행정행위의 경우와 달리, 중대명백한 하자를 이유로 행정행위에 결부되는 당연무효라는 법적 효과의 종국성을 고려할 때 타당한 결론이라고 생각되며, 이에 대하여는 학설상 거의 반론이 제기되지 않고 있다.398)

독일행정절차법 제45조 제1항은 절차 및 형식의 하자에 한하여 하자의 추완 및 치유가 허용되는 경우를 명시적으로 규정하고 있는데, 이에 따르면 무효인 행정행위의 경우 아예 치유가 문제되지 않는다.

② 행정행위 내용의 하자와 그 치유가능성

하자의 치유가 비단 절차상의 하자뿐만 아니라 행정행위의 하자 일반에 대하여 허용된다고 볼 수 있을지가 문제된다.

독일에서는 행정절차법상 하자의 사후보완(Nachholung)에 의한 치유(Heilung)는 오로지 절차 및 형식의 하자에 관해서만 인정된다(§ 45). 하자의 치유를 행정행위의 하자 일반에 대해 인정하는 인상을 주는 우리나라에서의 논의경향과는 대단히 흥미로운 대조점이다. 독일 행정절차법 제45조 제1항은 「제44조에 의해 행정행위를 무효로 만들지 않는 소정의 절차 및 형식요건의 침해는, 행정행위발급에 필요한 신청이 사후에 제출된 경우, 필요한 이유제시가 사후에

---

397) 서울고법 1995.6.1. 선고 94구32940 제2특별부 판결. 또한 이 사건 상고심판결 대법원 1996.2.27. 선고 95누9617 판결 참조.

398) 다만 무효·취소의 상대화를 전제로 무효에도 치유를 인정하는 견해(김철용, 고시연구 1975/10, 29)도 있다. 그러나 무효·취소의 상대화의 문제는 하자치유의 문제와는 일단 별개의 문제로서 양자간의 상대화경향에도 불구하고 당연무효라고 볼 수 있는 행정행위의 경우 하자의 치유를 인정할 것인지는 별도로 고찰되어야 할 것이다.

이루어진 경우, 필요한 관계인의 청문이 사후에 실시된 경우, 협력을 요하는 행정행위에 있어서 그 발급에 요구되는 위원회의 의결이 사후에 행해진 경우, 다른 행정청의 필요적 협력이 사후보완된 경우에는 행위의 효력에 영향을 미치지 아니한다(^{unbeachtlich})」고 규정하여 하자의 치유는 절차상 하자, 그것도 신청요건의 하자, 처분이유 제시의무 불이행, 청문절차 하자, 위원회 기타 행정기관 등 필요적 협력이 결여된 경우에 한하여 인정될 수 있음을 분명히 한다.

우리나라의 경우 행정절차법이나 관계법령에 명시적인 규정은 없으나, 판례를 통하여 적어도 처분의 내용에 관한 하자의 치유는 허용하지 않는 방향으로 나가는 것이 바람직하지 않을까 생각된다. 이와 관련하여 하자가 행정처분의 내용에 관한 것이라는 사정을 고려하여 하자의 치유를 인정치 않은 원심의 판단을 정당하다고 본 판례가 있어 주목을 끈다.

"이 사건이 원심법원에 계속 중이던 1989.11.16.에 피고가 참가인회사에 대하여 기점 대구, 경유지 서대구 인터체인지, 고속도로, 신평, 고속도로, 종점 부산으로 된 노선면허를 함으로써 노선 흠결의 하자가 치유되었다는 주장에 대하여 원심은, 행정처분의 적법여부는 그 처분 당시의 사정을 기준으로 판단하여야 하고 하자있는 행정처분에 대한 사후적 치유를 인정하는 것은 행정행위의 성질이나 법치주의의 관점에서 허용될 수 없다는 이유로 이를 배척하였다.

행정행위의 성질이나 법치주의의 관점에서 볼 때 하자있는 행정행위의 치유는 원칙적으로 허용될 수 없을 뿐만 아니라 이를 허용하는 경우에도 국민의 권리와 이익을 침해하지 않는 범위에서 구체적 사정에 따라 합목적적으로 가려야 할 것인바(^{당원 1983.7.26. 선고}_{82누420 판결 참조}), **이 사건 처분에 관한 하자가 행정처분의 내용에 관한 것이고** 새로운 노선면허가 이 사건 소제기 이후에 이루어진 사정 등에 비추어 하자의 치유를 인정치 않은 원심의 판단은 정당하고, 거기에 소론이 지적하는 바와 같은 법리오해의 위법이 있다 할 수 없다."[399]

③ 하자치유의 시간적 한계

특히 문제가 되는 것은 하자의 치유가 허용되는 경우에도 일정한 시간적 한계에 의해 제한을 받는다고 볼 것인지 여부이다. 이에 대하여 대법원은 일찍이 '하자의 치유를 허용하려면 늦어도 과세처분에 대한 불복여부의 결정 및 불복신청에 편의를 줄 수 있는 상당한 기간 내에 추완행위를 하여야 한다'는 입장을 취해왔다. 따라서 당해 처분에 대한 행정소송이 제기되어 계속 중인 때에는 그 사이에 납세고지서의 송달이나 오랜 기간(4년)의 경과 등 하자를 보완하는 사실이 발생하더라도 하자의 치유를 인정할 수 없다는 것이다.

"법인세법 등이 과세처분에 과세표준과 세액의 계산명세서 등을 첨부하여 고지하도록 규정한 취의는 단순한 세무행정상의 편의에 기한 훈시규정이 아니라 헌법과 국세기본법이 규정하는 조세법률주의의 원칙에 따라 처분청으로 하여금 자의를 배제하고 신중하고도 합리적인 처분을 행하게 함으로써 조세행정의

---

399) 대법원 1991.5.28. 선고 90누1359 제1부 판결.

공정성을 기함과 동시에 납세의무자에게 부과처분의 내용을 상세히 알려서 불복여부의 결정 및 그 불복신청에 편의를 주려는 취지에서 나온 것이라고 해석되어 이와 같은 여러 규정은 강행규정으로서 납세고지서에 그와 같은 기재가 누락되면 그 과세처분 자체가 위법하게 되고 하자있는 처분으로서 취소대상이 되는 것이므로(당원 1982.3.23. 선고 81누139 판결 참조) 과세관서의 이 사건의 경우와 같은 추완행위는 그것이 세액을 확정고지하는 일련의 절차로서 무용한 부과처분의 반복을 피한다는 뜻에서는 일단 이에 의하여 이 하자는 치유될 수 있다고 할 것이나 위 설시와 같이 과세처분에 과세표준과 세액의 계산명세서 등을 첨부하여 고지하도록 한 것은 납세의무자에게 부과처분의 내용을 상세히 알려서 불복여부의 결정 및 불복신청에 편의를 주려는 데에도 그 취지가 있으므로 이 치유를 허용하려면 늦어도 과세처분에 대한 불복여부의 결정 및 불복신청에 편의를 줄 수 있는 상당한 기간 내에 하여야 한다고 할 것인바 원심이 이와 같은 취지에서 피고의 원심 확정사실과 같은 뒤늦은 납세고지서의 송달로서는 이 과세처분의 하자가 치유되었다고 보기 어렵다고 판시한 조치는 정당하여 아무 위법이 없다."[400]

대법원은 하자의 치유로 인하여 처분에 대한 불복 여부의 결정 및 불복신청에 지장을 주어서는 아니 된다는 견지에서 당초 결여된 법적 요건을 사후에 보완하는 행위로 인해 처분에 대한 불복 여부의 결정, 불복신청에 지장이 초래되었는지 여부에 주목하고 있다.

"택지초과소유부담금의 납부고지서에 납부금액 및 산출근거, 납부기한과 납부장소 등의 필요적 기재사항의 일부가 누락되었다면 그 부과처분은 위법하다고 할 것이나, 부과관청이 부과처분에 앞서 법시행령 제31조 제1항에 따라 납부의무자에게 교부한 부담금예정통지서에 납부고지서의 필요적 기재사항이 제대로 기재되어 있었다면 **납부의무자로서는 부과처분에 대한 불복 여부의 결정 및 불복신청에 전혀 지장을 받지 않았음이 명백하므로, 이로써 납부고지서의 흠결이 보완되거나 하자가 치유될 수 있는 것이다**(대법원 1994.3.25. 선고 93누19542 판결, 1995.7.11. 선고 94누9696 판결, 1995.9.26. 선고 95누665 판결 등 참조). 기록에 의하면, 피고는 이 사건 처분을 함에 있어서 그 납부고지서에 부과대상 토지의 소재지, 면적, 개별지가, 지가변동율, 초과소유기간, 부과율 등 부담금의 산출근거를 기재하지 않았으나, 이 사건 부과처분에 앞선 부담금예정통지서 및 이에 붙은 부담금결정조서(위 예정통지서와 결정조서는 건설교통부 훈령인 택지초과소유부담금부과·징수업무처리규정 제39조 소정의 서식에 따른 것이다)에는 부과기간별로 위와 같은 부담금의 산출근거를 모두 기재하였음을 알 수 있으므로, 피고의 이 사건 부과처분시에 존재한 납부고지서의 산출근거기재의 흠결이라는 하자는 위와 같은 부담금예정통지서의 교부에 의하여 보완된 것으로 봄이 상당하다 할 것이다."[401]

"과세관청이 과세처분에 앞서 납세의무자에게 보낸 과세예고통지서 등에 의하여 **납세의무자가 그 처분에 대한 불복 여부의 결정 및 불복신청에 전혀 지장을 받지 않았음이 명백하다면, 이로써 납세고지서의 흠결이 보완되거나 하자가 치유된다고 보아야 하나,** 이와같이 납세고지서의 하자를 사전에 보완할 수 있는 서면은 법령 등에 의하여 납세고지에 앞서 납세의무자에게 교부하도록 되어 있어 납세고지서와 일체를 이룰 수 있는 것에 한정되는 것은 물론, 납세고지서의 필요적 기재사항이 제대로 기재되어 있어야

---

400) 대법원 1983.7.26. 선고 82누420 판결.
401) 대법원 1997.12.26. 선고 97누9390 판결. 참조: 대법원 1994.3.25. 선고 93누19542 판결; 대법원 1995.7.11. 선고 94누9696 전원합의체 판결; 대법원 1995.9.26. 선고 95누665 판결.

한다."402)

하자의 치유는 이를 인정하는 경우에도 시간적으로 일정한 한계 내에서만 허용된다고 보는 판례와 통설의 태도는 그 법치주의와의 관계 면에서 볼 때 기본적으로 타당하다. 따라서 하자 치유를 위한 추완은 그 처분에 대한 불복여부 결정 및 불복신청에 편의를 줄 수 있는 상당한 기간 내에, 늦어도 당해 처분에 대한 소 제기 이전에 해야 한다는 결론에 이른다.403)

"하자의 치유를 허용하려면 늦어도 과세처분에 대한 불복여부의 결정 및 불복신청에 편의를 줄 수 있는 상당한 기간 내에 하여야 한다고 할 것이므로 위 과세처분에 대한 전심절차가 모두 끝나고 이 사건 소송이 계류 중인 1982.11.13. 세액산출근거의 통지가 있었다고 하여 이로써 위 과세처분의 하자가 치유되었다고는 볼 수 없다고 할 것이다(당원 1983.7.26. 선고 82누420 판결 참조)."404)

"피고가 이 사건 소송계속중인 1982.6.22. 이 사건 납세고지서의 세액산출근거를 밝히는 보정통지를 한 흔적을 찾아볼 수 있으나 이것을 종전에 위법한 부과처분을 스스로 취소하고 새로운 부과처분을 한 것으로 볼 수 없는 이상 이미 항고소송이 계속 중인 단계에서 위와 같은 보정통지를 하였다 하여 그 위법성이 이로써 치유된다 할 수도 없는 것이다(당원 1983.7.26. 선고 82누420 판결)."405)

"원심은, 피고는 1979.8.14. 자 같은 해 10.11. 자 이건 각 종합소득세 및 동 방위세의 납세고지서에 소득세법 제128조, 같은 법 시행령 제183조, 국세기본법 제22조, 국세징수법 제9조의 규정된 세액산출근거 등을 기재하지 않은 채, 이를 고지하였다가 이 사건 소송 계속 중인 1982.6.2.에야 비로소 그 세액산출근거를 보정하는 통지를 하였던 사실을 확정하고, 위와 같은 법규정은 조세행정의 공정성을 기함과 동시에 납세의무자에게 불복신청의 편의를 제공하려는 취지에서 나온 강행규정이므로 위와 같이 세액의 산출근거 등을 명시하지 아니한 고지서로서 한 이 사건 부과처분은 위법한 것이고 위 과세처분에 대한 불복여부의 결정 및 불복신청에 편의를 줄 수 있는 상당한 기간이 지난 뒤에 한 위 보정으로는 그 위법이 치유되었다 할 수 없으므로(당원 1983.7.26. 선고 82누420 판결 참조) 위 과세처분은 위법하여 취소를 면치 못한다고 판단하고 있는바 원심의 위와 같은 판단조치는 본원의 판례에 따른 적법한 것"406)

그러나 하자의 치유에 있어 시간적 한계를 그와 같이 일률적으로 정할 수는 있을지는 의문이다. 물론 그렇게 봄으로써 그 법치주의의 예외로서의 성격을 고려하고 권리구제에 만전을 기할 수 있다는 주장도 일리가 없는 것은 아니다. 그러나 특히 처분의 성질이나 내용에 따라 하자의 치유를 인정할 것인지에 대한 판단이 달라질 수 있을 뿐만 아니라 행정소송의

402) 대법원 1998.6.26. 선고 96누12634 판결. 참조: 대법원 1996.3.8. 선고 93누21408 판결; 대법원 1996.10.15. 선고 96누7878 판결.
403) 앞에서 본 대법원 1991.5.28. 선고 90누1359 판결에서도 하자의 치유사유가 된 새로운 노선면허가 소제기 이후에 이루어진 사정을 고려하여 하자의 치유를 부정한 원심판결을 유지한 바 있다.
404) 대법원 1984.4.10. 선고 83누393 판결.
405) 대법원 1988.2.9. 선고 83누404 판결.
406) 대법원 1985.1.22. 선고 84누333 판결.

제기 이후 하자의 치유를 인정해도 처분의 상대방에게 권리구제의 장애를 초래하지 않는 경우도 있을 수 있기 때문이다. 판례에서 제시된 바와 같이 하자의 치유는 행정행위의 성질이나 법치주의의 관점에서 볼 때 원칙적으로 허용될 수 없다는 점과 예외적으로 하자의 치유를 인정함으로써 행정행위의 무용한 반복을 피하고 당사자의 법적 생활의 안정을 기한다는 점을 비교형량하여 하자의 치유에 대한 시간적 한계를 판단하는 법익형량적 태도가 바람직하지 않을까 생각된다.

참고로 독일의 경우 종래 연방행정절차법 제45조 제2항은 제2호 내지 제5호의 사유, 즉, 처분이유 제시의무의 불이행, 청문절차의 하자, 위원회 기타 행정기관 등의 필요적 협력 결여의 경우에는 전심절차(^{Vorverfahren})의 종료이전까지, 전심절차를 거치지 않는 경우에는 행정소송의 제기이전까지 추완(^{nachholen})될 수 있다고 규정하고 있었다. 그러나 1996년의 법개정에 따라 동 조항($^{§ 45\ II\ VwVfG}_{i.d.F.\ von\ 1996}$)은 제1항의 규정에 의한 행위들은 이를 행정소송절차의 종료시까지($^{bis\ zum\ Abschluß\ des}_{verwaltungsgerichtlichen\ Verfahrens}$) 추완할 수 있는 것으로 개정되었다. 이로써 종래 행정의 영역에 머물러 있는 동안에만 가능했던 하자의 추완이 취소소송의 계속 중에도 이루어질 수 있게 된 것이다.

아울러 행정절차법 제45조는 제6차 행정법원법 개정법률($^{6.\ VwGOÄndG}$)에 의하여 소송적 관점에서 보완되었다. 이를 통하여 행정소송이 진행 중인 동안에 하자의 추완이 용이하게 되었다. 즉, 개정된 행정법원법 제87조 제1항 제2문 제7호의 규정에 따라 재판장 또는 보고관($^{Berichts-}_{erstatter}$)은 준비절차가 진행되는 동안 법 쟁송의 종결이 지연되는 결과가 생기지 않는 경우에는 행정청에게 3월 이내의 기간을 정하여 절차 및 형식의 하자를 치유할 수 있는 기회를 부여할 수 있게 되었다. 나아가 같은 법 제94조 제2문의 규정에 따라 행정법원은 신청에 의하여 절차 및 형식의 하자에 대한 변론을 정지시킬 수 있게 되었다.

그리고 1996년의 개정법률에 의해 신설된 행정법원법 제114조 제2문의 규정은 이른바 재량의 보충($^{Ermessens-}_{ergänzung}$)을 허용하였다. 이에 따라 행정청은 재량행위의 경우에도 그 재량의 형량을 행정소송의 절차에서 보완할 수 있게 되었다.

이처럼 행정법원법 제87조 제1항 제7호에 의하여 행정소송의 절차준비과정에서 행정청에게 절차하자를 추완할 수 있는 기회를 부여할 수 있는 가능성, 그리고 제94조 제2문의 규정에 의하여 당사자(^{Beteiligte})의 신청에 따라 그러한 목적으로 소송절차를 정지할 수 있는 가능성을 인정한 것은 소송절차 촉진에 대한 법원의 의무에 부합하는 것이라고 볼 수 있다. 그러나 그렇다고 거기에 전혀 문제가 없는 것은 아니다. 국민의 입장에서 볼 때 자칫 법원과 행정청이 상호협력관계를 맺는 것과 같은 인상을 가지기 쉽기 때문이다.407) 한편 절차하자가 소송계속 중 치유되어 승소의 가능성이 상실되는 경우 소송을 제기한 원고는 행정법원법 제161조 제2항의 규정에 따라 소송절차의 종료($^{Erledigung\ des}_{Verfahrens}$)를 선언하고 소송비용을 행정청에게 부담시키는 판결을 신청할 수 있다.

---

407) Maurer, Allgemeines Verwaltungsrecht, 13.Aufl., 2000, § 10 Rn.39.

5.2.3. 행정행위 하자 치유의 사유

치유의 사유로는 일반적으로 ① 흠결된 요건의 사후보완(예컨대 무권대리인의 추인, 허가나 등록요건의 사후충족, 요식행위의 형식 추완 등), ② 장기간 방치로 인한 법률관계의 확정(하자 있는 행정행위의 내용실현), ③ 취소를 불허하는 공익상의 요구의 발생(하자있는 토지수용에 의한 댐건설), ④ 사실상공무원·표현대리 등이 예시되고 있다.[408] 그러나 이에 대해서는 ②와 ③은 행정행위 취소권의 제한으로 보아야 하며 ①만이 치유사유라는 견해[409]가 유력하게 주장되고 있다. 아울러 ①의 요건은 대체로 형식과 절차상의 요건을 의미하는 것으로 보고자 하는 견해[410]도 있다. 생각건대 하자있는 행정행위가 장기간 방치됨으로써 법률관계의 확정되는 경우는 대부분 그 행정행위가 더 이상 취소될 수 없는 불가쟁상태에 돌입한 경우라고 보아야 할 것이고, 취소를 불허하는 공익상의 요구가 발생하여 취소가 불가능해진 경우라 하더라도 그것은 어디까지나 그 공익상의 요구에 따라 취소를 불허할 것인지의 문제로 파악해야 할 것이다. 이렇게 볼 때 ②와 ③은 하자치유의 사유에 해당하지 않는다고 보는 것이 타당하다고 생각한다. ④의 경우 역시 하자의 치유 문제라기보다는 신뢰보호의 견지에서 인정되는 예외적 법적 효과로서 논의될 성질의 문제라고 보아야 할 것이다.

"원심은 피고의 이 사건 과세처분의 하자가 치유되었다는 주장에 대하여 행정행위의 취소원인인 하자의 보완, 관계 행정청의 추인, 행정처분을 장기간 방치함으로 인한 행정목적의 달성, 또는 법률관계의 확정 등으로 행정처분의 하자가 치유되는 것이 보통이지만 위 세율, 과세표준, 산출근거 등을 아울러 고지하도록 규정한 취지가 조세행정의 공정성의 확보와 납세의무자에게 그 부과처분에 대한 불복여부의 결정과 그 불복신청에 편의를 주려는데 있다고 봐야 하므로 그렇다면 피고 주장과 같은 위 뒤늦은 납세고지서의 송달이나 오랜 기간(4년)의 경과로 위 각 과세처분의 하자가 치유되었다고 보기 어렵다고 판시하였는바 이와 같은 원심조치에 소론 이유 불비의 위법이 있다고 할 수 없으므로 상고논지 또한 그 이유 없음이 명백하다."[411]

5.2.4. 행정행위 하자 치유의 효과

하자 치유의 효과는 행정행위가 소급하여 그 법적 효력을 유지하는 데 있다. 즉 당해 행정행위는 처음부터 하자가 없었던 것과 마찬가지로 적법한 행정행위로 효력을 발생하게 된다.

"결손처분의 취소처분은 결손처분된 당해 국세의 부과제척기간과는 관계없이 국세징수권의 소멸시효 기간 내에 이루어지면 되는 것이고, 또 구 국세징수법(1999.12.28. 법률 제6053 호로 개정되기 전의 것) 제86조 제2항이 정하는 바에 따라

---

408) 김도창, 일반행정법론(상), 484.
409) 김남진, 행정법 I, 2002, 291; 김동희, 행정법 I, 2002, 318; 김철용, 행정법 I, 박영사, 1999, 190.
410) 홍정선, 행정법원론(상), 박영사, 2003, 338.
411) 대법원 1983.7.26. 선고 82누420 판결.

과세관청이 체납자에게 은닉된 재산이 있음을 발견하고 지체 없이 결손처분을 취소함과 동시에 압류처분을 하고 그 압류통지서와 결손처분취소통지서를 바로 체납자에게 송달하였으나 체납자의 주소 변경 등으로 송달이 지연된 경우에는 비록 압류처분 당시에는 결손처분 취소의 효력이 발생하지 않았다고 하더라도 사후에 취소통지서가 송달되어 결손처분 취소의 효력이 발생함으로써 압류처분의 하자가 치유되는 것으로 보아야 할 것이고, 이와같이 결손처분이 적법하게 취소되면 취소의 소급효에 의하여 결손처분은 당초부터 없었던 것으로 되어 결손처분된 국세는 소급하여 소멸하지 않는 것으로 보게 된다(대법원 1994.9.30. 선고 94다8457 판결 참조)."412)

5.2.5. 입법론

행정행위 하자 치유의 법리를 판례와 학설을 중심으로 분석·검토해 보았다. 법치행정의 원리 하에서도 행정행위 하자의 치유를 예외적으로 허용하지 않을 수 없다면 그 허용범위와 한계, 요건 및 효과를 분명히 해주는 것이 급선무이다. 그동안 이에 대한 판례형성이 이루어 짐으로써 최소한의 규율수요를 충족시킬 수 있었던 것은 사실이지만, 앞으로도 계속 이 문제를 판례와 학설에 맡길 것인지를 재고해 볼 필요가 있다. 행정법분야에서 법적 명확성과 예측가능성을 확보하는 것만큼 중요한 요구는 없다. 법치주의 또는 법치행정의 원리가 제대로 작동하고 이 작동하는 법원리를 행정과 국민이 살아있는 법으로서 공유할 수 있도록 하기 위하여 그동안 판례와 학설을 통해 축적되어 온 행정행위 하자의 치유에 대한 법리를 행정절차법에 반영할 필요가 있다. 하자의 치유라는 행정법의 주요문제에 대한 이론과 실무의 축적을 입법적으로 가시화할 때가 된 것이다.

5.3. 흠있는 행정행위의 전환

5.3.1. 개 념

흠있는 행정행위의 전환이란 통설적 정의에 따르면 행정행위가 원래의 행정행위로서는 무효이지만 이를 다른 행정행위로 보면 그 요건충족을 인정할 수 있다면 그것에 다른 행정행위로서의 효력을 인정하는 것을 말한다. 그러나 반드시 무효인 행정행위에 대해서만 전환을 인정할 것은 아니라는 반론이 제기되고 있으므로, 이를 흠있는 행정행위를 다른 행정행위로 유지시키는 것으로 정의하는 것이 타당하리라고 본다.413)

독일행정절차법 제47조 제1항이 「흠있는 행정행위는 그와 다른 행정행위로 전환될 수 있는 바, 이러한 흠있는 행정행위의 전환은, 그 행위가 원래의 행위와 동일한 목적을 달성하기 위한 것이고 그 처분청이 당초의 행정행위와 같은 절차방식 및 형식에 따라 발급할 수 있었으리라고 판단되는 경우, 그리고 당해행정행위의 발급에 요구되는 요건을 충족한 경우에 허용된다」고 규정하고 있다. 이를 원용하여 「행정행

---

412) 대법원 2004.7.22. 선고 2003두11117 판결.
413) 홍정선, 행정법원론(상), 347.

위가 원래 행정청이 생각했던 행정행위로서는 흠이 있는 것이 사실이지만, 그것을 다른 종류의 행정행위로 치고 본다면 그 요건을 갖추고 있다고 판단되는 경우에, 행정청의 의도에 반하지 않는 한, 그 유효한 다른 행위로서 승인되는 것」이라고 정의하고 있는 것도 참고가 될 수 있다.[414]

예컨대, 과오납세액을 다른 조세채무에 충당한 행위가 무효인 경우에 환급행위로 전환 처리하고, 사자(死者)에 대한 광업권허가나 조세부과를 그 상속인에 대한 것으로 처리하는 것이 그것이다. 치유는 흠있는 행정행위가 본래의 행정행위로서 적법한 행위로 취급되는 것인데 대하여, 전환은 본래의 행정행위가 아닌 다른 행정행위로 유효한 것이 되는 점에서 구별된다.

5.3.2. 허용성

종래의 통설과 판례는 행정행위의 흠의 전환(Umdeutung)은 무효인 행정행위에 한하여 인정되는 것으로 보았다. 그러나 무효인 행정행위뿐만 아니라 취소할 수 있는 행정행위의 경우에 있어서도 전환을 인정하는 것이 그 제도적 취지에 부합되는 것이라는 반론이 제기되고 있다.[415] 독일의 연방행정절차법이 제47조에서 「무효인 행정행위」뿐만 아니라 「흠이 있는 행정행위」의 전환을 인정하고 있는 것이 여기에 참조될 수 있다고 한다. 한편, 행정행위의 전환이 예외적인 제도라는 점을 들어 한정적으로 인정해야 하고, 그렇지 않으면 행정의 자의와 편의주의를 허용하는 결과가 된다는 지적을 소개하면서도, 수익적 행정행위의 경우에는 반드시 그렇게 엄격히 생각할 것은 아니라고 보는 절충적 입장도 표명되고 있다.[416]

5.3.3. 전환의 사유

참고로 독일행정절차법 제47조 제1항이 「흠있는 행정행위의 전환」은, ① 다른 행위가 원래의 행위와 동일한 목적을 달성하기 위한 것이고 ② 처분청이 그 전환되는 다른 행위를 당초의 행정행위와 같은 절차방식 및 형식에 따라 발급했으리라고 판단되는 경우, 그리고 ③ 그 다른 행정행위의 발급에 요구되는 요건을 충족한 경우에 허용된다고 규정한다. 이에 관한 대표적인 학설은 ① 양 행위 사이에 요건·목적·효과에 있어서 실질적 공통성이 있어야 하고, ② 다른 행정행위의 성립·발효요건을 갖추고 있어야 하며, ③ 흠있는 행정행위를 한 행정청의 의도에 반하는 것이 아니어야 하는 동시에, ④ 당사자가 그 전환을 의욕하는 것으로 인정되며, ⑤ 제3자의 이익을 침해하지 아니하는 경우라야 전환이 인정될 수 있다고 한다.[417]

414) 김도창, 일반행정법론(상), 485.
415) 김남진, 행정법 I, 339; 홍정선, 행정법원론(상), 346.
416) 김도창, 일반행정법론(상), 483.
417) 김도창, 일반행정법론(상), 485-486.

5.3.4. 제 한

흠있는 행정행위의 전환은 독일행정절차법상의 규율($\S^{47}_{②}$)을 원용하여 ① 전환이 행정청의 의도에 명확히 반하는 경우, ② 관계인에게 당초 의도된 행정행위보다 더 불이익으로 되는 경우, ③ 흠있는 행정행위의 취소가 허용되지 않는 경우에는 허용되지 않으며, 또 ④ 기속행위의 재량행위로의 전환은 금지된다고 한다.[418]

5.3.5. 효 과

흠있는 행정행위의 전환은 새로운 행정행위를 가져오므로 그 자체를 독립된 행위로 볼 수 있고 따라서 전환에 관한 불복을 행정소송으로 다툴 수 있게 될 것이다.[419]

Ⅶ. 행정행위의 취소와 철회

1. 행정행위의 폐지와 그 체계적 관계

행정행위의 폐지(^{Aufhebung})란 행정청 또는 법원의 특별한 결정에 의하여 행정행위의 유효성($^{Rechtswirk-}_{samkeit}$)을 제거하는 것을 말한다. 행정행위의 구속력은 그 행위에 흠이 있는 경우 직권취소 또는 쟁송취소에 의하여 제거될 수 있다. 한편, 행정행위가 아무런 흠 없이 적법하게 성립한 경우라도, 사후에 그 효력을 더 이상 존속시킬 수 없는 새로운 사정이 발생하면 장래에 향하여 그 효력의 전부 또는 일부를 상실시킬 수 있다(행정행위의 철회). 행정행위의 유효성을

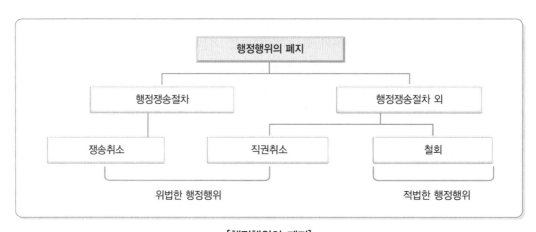

[행정행위의 폐지]

---

418) 독일 연방행정절차법(VwVfG) § 47 ③: 김남진, 행정법 Ⅰ, 340.
419) 김남진, 같은 곳; 홍정선, 행정법원론(상), 348.

제거할 수 있는 방법으로는 기본적으로 직권취소, 쟁송취소 및 철회(^{Widerruf})가 있다. 이를 총칭하여 행정행위의 폐지(^{Aufhebung})라고 한다.[420]

종래 직권취소든 쟁송취소든 (본래) 흠 있는 행정행위에 관한 것이라는 점에서 (본래) 흠이 없는 적법한 행정행위의 철회와 준별하는 경향이 지배적이었으나, 오늘날에 와서는 취소와 철회의 차이보다는 철회와 직권취소의 성질상의 유사성이 오히려 강조되는 경향이다.[421]

취소와 철회의 차이 •• 그럼에도 불구하고 취소와 철회는 여전히 성질상 차이가 있다. 전자는 위법한 행정행위에 관한 것으로 행정행위의 흠의 교정에 봉사하며 따라서 체계상 행정행위의 위법성의 법적 효과와 연관되는 제도인 데 비하여, 후자는 원래 적법한 행정행위의 효력을 그 기초가 된 사실 및 법관계의 변화 또는 단순히 그것을 존속시킬 필요성이 상실됨으로 인하여 제거하는 것이기 때문이다. 다만, 철회가 적법한 행정행위를 기본대상으로 하는 것은 사실이지만, 반드시 그 적법성을 전제로 하는 것은 아니고 철회사유가 있는 한, 위법한 행위라도 철회할 수 있다는 점, 그리고 직권취소의 경우에도 일반적으로 위법한 행정행위뿐만 아니라 부당한 행정행위 역시 직권취소의 대상이 된다는 점에 대한 상응한 고려가 요구될 뿐이다.

아무튼, 그런 경향을 고려한다면 취소와 철회의 차이보다는 직권취소와 쟁송취소의 차이를 구별하는 것이 더 비중 있는 문제가 될 것이다. 따라서 직권취소에 관해서는 다음 장에서 행정행위의 철회와 함께 설명하고, 쟁송취소에 관해서는 각각 관련되는 행정쟁송법에 대한 논의에 미루기로 한다. 참고로 직권취소와 쟁송취소의 차이점을 요약하면 다음의 표와 같다.

〈직권취소와 쟁송취소의 비교〉

비교항목	직권취소	쟁송취소
주목적	행정목적실현(합목적성)우선	권리구제(적법성)우선
취소권자	행정청(처분청·감독청)	행정청(처분청·재결청)·법원
대상	수익적 행위·침익적 행위	침익적 행위(복효적 행위도 포함)
사유	공익침해	권익침해
절차	일반법 없어 개별규정에 의거	행정심판법·행정소송법에 의거
절차 정도	절차가 덜 엄격	엄격한 분쟁해결절차에 의거
절차개시	행정청의 독자적 판단	상대방의 쟁송제기에 따름
기간제한	기간제한규정 없음	쟁송제기기간의 제한 있음
취소범위	적극적 변경도 가능	소극적 변경만 가능
효과	불소급, 예외적 소급; 특별한 경우에만 불가변력발생	소급이 원칙, 불가변력발생

---

420) 물론 일반적으로는 폐지를 직권취소와 철회의 상위개념으로 보고 있고, 또 학자에 따라서는 철회를 '폐지'라고 부르는 경우도 있으나 여기서는 이러한 취소(협의)와 철회의 상위개념으로 파악한다.

421) 김도창, 일반행정법론(상), 503; 서원우, 현대행정법론(상), 485; 박윤흔, 행정법강의(상), 439; 김남진, 행정법 I, 348 등.

2. 행정행위의 직권취소

2.1. 개 설

행정행위의 직권취소(^{Rücknahme})란 유효한 행정행위를 그 행위에 위법 또는 부당한 흠이 있음을 이유로 직권으로 효력을 소멸시키는 것을 말한다. 이러한 의미에서의 취소는 종래 최협의의 취소에 해당하는 것으로서,[422] 유효한 행위의 효력을 소멸시킨다는 점에서 처음부터 효력이 없는 무효선언과 구별되며, 흠이 있는 행위의 효력을 소멸시키는 것인 점에서 적법한 행위의 효력을 사후에 새로운 사정에 기해 소멸시키는 철회와도 구별된다.

2.2. 취소권자와 취소권의 근거

2.2.1. 처분청

처분청이 행정행위를 할 수 있는 권한 중에는 취소권이 포함된다는 것이 통설과 판례의 태도이다. 행정행위 수권규정 외에 별도로 취소에 법적 근거를 요하지 않는다고 본다(다수설).

"행정처분에 하자가 있는 경우에는 법령에 특별히 취소사유를 규정하고 있지 아니하여도 행정청은 그가 행한 위법한 행정처분을 취소할 수 있다."[423]

2.2.2. 감독청

법령상 명문의 규정이 있는 경우($^{정부조직법 \S\S 11, 16;}_{지방자치법 \S 169 등}$)에는 의문이 없으나, 그렇지 않은 경우 감독청이 하위행정청(처분청)의 행위를 취소할 수 있는 권한을 가지는지에 관해 견해가 대립하고 있다.

(1) 소극설

감독청은 처분청에 대해 취소를 명할 수 있을 뿐 스스로 취소할 수는 없다는 견해로[424] 지휘명령권과 취소권은 별개의 개념이라고 하거나 감독청에 의한 취소는 처분청의 권한을 침해하는 결과를 가져오기 때문이라고 한다.[425]

---

422) 직권취소와 쟁송취소를 합해서 '협의의 취소', 여기에 다시 무효선언과 철회를 더하여 '광의의 취소'라고 부르는 경우도 있고(김도창, 일반행정법론(상), 487이하), 철회를 취소라고 부를 때도 있으나, 개념상 혼동을 초래할 여지가 있으므로 여기서는 취소를 직권취소의 의미로 한정하여 사용한다.

423) 대법원 1982.7.27. 선고 81누271 판결.

424) 김철용, 행정행위의 취소, 고시계 1977.5, 24; 동, 행정법 I, 2000, 207(김철용교수는 여기서 소극설이 다수의 견해라고 한다); 박윤흔, 행정법강의(상), 440-441; 변재옥, 행정법강의 I, 372 등.

425) 김남진교수도 종래에는 소극설에 동조하고 있었으나 감독청의 감독권에는 취소·정지권도 포함되어 있다고 봄이 타당하며 감독청의 취소권을 명문화한 규정(정부조직법 10조, 15조, 지방자치법 157조 등)이 많은 것도 바로 그

(2) 적극설

감독청에 의한 취소는 교정적·사후적 통제수단이므로 감독의 목적달성을 위해서는 감독청이 당연히 취소권을 가진다고 한다.[426]

(3) 결 론

행정청의 권한이란 각 행정기관의 소관사무의 한계를 의미하는 것으로 배분의 원리에 의해 인정되는 것이다. 상급감독관청의 감독권이라 하여도 스스로 하급관청의 처분권한을 직접 행사할 수 있는 권한까지 포함하는 것은 아니다. 마찬가지로 처분의 취소권도 그 감독권에 포함되는 것은 아니라고 하는 것이 옳다.

> 행정청의 권한은 일면 행정측의 입장에서 사무중복, 권한행사의 마찰이나 애로를 방지하고 각 행정기관간의 업무영역을 조정함으로써 행정의 통일성을 기하기 위하여, 타면 국민으로 하여금 소관행정청을 명확히 알 수 있도록 하기 위하여 객관적으로 명확하게 규정되어야 할 필요가 있다.[427] 이를 배경으로 하여 독일행정법에서는 상급관청은, 법률에 다른 특별한 규정이 없는 한, 하급관청의 권한에 속하는 사무에 관하여 스스로 결정할 권한(직접개입권: Selbsteintrittsrecht der höheren Behörde)이 없다는 것이 일반적으로 관철되고 있다.[428]

상급감독청의 직접개입(Selbsteintritt) 또는 권한의 대위를 의미하는 감독청의 취소권이 인정되기 위해서는 별도의 특별한 정당화근거가 필요하다. 정부조직법($\S\S$ 11, 16)이나 지방자치법($\S$ 159)이 이에 대한 명문의 규정을 두고 있는 것은 바로 그런 이유에서이다. 행정심판에서 행정심판위원회가 직접 취소권을 갖는 것은 바로 행정심판법이 이심효(Devolutiveffekt)[429]를 인정하고 있기 때문이며, 이 점 직권취소에 관해서도 참고가 될 수 있다. 따라서 특별한 법령상의 근거가 없는 한 감독청은 직접 처분청의 처분을 취소할 수 없고 다만 그 감독권에 기하여 취소를 명할

런 맥락에서 이해되지만, 그 취소권의 행사에 있어서는 먼저 처분청에 대해 취소를 명한 다음, 처분청이 불응하는 경우 감독청이 직접 취소함이 바람직하다고 한다(김남진, 행정법 I, 351).

426) 이상규, 신행정법론(상), 396; 김동희, 행정법 I, 318; 홍정선, 행정법원론(상), 351. 홍정선교수는 이 문제를 논의하면서 권한없는 기관이 한 당연무효인 행정처분을 취소할 수 있는 권한은 적법한 권한기관이 아니라 현실로 처분을 한 처분청에 귀속된다는 대법원의 1984년 10월 10일 선고 84누463 판결을 소개하고 있는데, 이 경우는 여기서 문제되는 「유효한 행정행위의 직권취소」와는 무관한 것이므로 상관성을 결여한다.

427) Maurer, § 21 Rn.46, S.455.

428) Maurer, § 21 Rn.49, S.456; Pietzner/Ronellenfitsch, Das Assessorexamen im Öffentlichen Recht, 7.Aufl., 1991, § 27 Rn.11f., S.277.

429) 이심효(Devolutiveffekt)란 본래 소송법적 개념으로서 상소(Rechtsmittel)의 제기로 인해 법률적 쟁송이 상급심으로 이송된다는 소송법상 상소제도의 특수한 효과를 말한다. 준사법적 절차인 행정심판제도에 있어서도 행정심판의 제기에 대하여 이와 유사한 내용의 이심효가 인정된다. 행정심판이 제기됨으로써 심판청구된 사건이 재결청의 심리대상이 되고 또 이에 대해 재결청의 취소 또는 의무이행재결 등이 행해질 수 있게 되는 법적 효과가 발생하기 때문이다. 물론 행정심판에 있어서의 이심효는 재결청의 관할을 성립시키기는 하지만 처분청의 관할을 종료시키지는 못한다는 점에서 하급심의 관할을 종료시키고 상급심의 관할을 성립시키는 상소의 경우와는 다르다 (Pietzner/Ronellenfitsch, aaO., § 3 Rn.3(S.22); § 25 Rn.2ff., S.259; § 27 Rn.11ff.).

수 있을 뿐이라고 봄이 타당할 것이다.

참고로 이 문제에 대한 독일행정법의 규율을 보기로 한다. 먼저 행정심판절차($\substack{\text{또는 불복신청:}\\\text{Widerspruch}}$) 바깥에서 행정행위의 취소권을 갖는 것은 행정절차법 제3조에 의해 행정행위를 취소할 시점에 그 발동권한을 지니고 있었던 소관 행정청이다. 행정행위가 불가쟁력을 발생한 후에는 동법 제48조 제5항(철회에 관해서는 제49조 제4항)에 따라 그 행정청이 실제로 취소되는 당해 행정행위를 발했는지 여부를 불문하고 그 행정청이 취소권을 갖는다(이는 행정심판에 의한 사전구제결정($\substack{\text{Abhilfe}}$)이 행정법원법 제72조에 따라 언제나 처분청인 것과 구별된다). 특히 주목되는 것은, 직근상급행정청($\substack{\text{nächsthöhere}\\\text{Behörde}}$)은 오로지 전심절차의 범위 내에서 행정심판의 이심효($\substack{\text{Devolutiv-}\\\text{effekt}}$)에 의해서만, 처분청이 발급한 행정행위를 취소 또는 변경할 수 있는 권한을 가질 수 있다는 점이다. 물론 그 경우에도 그 행정심판은 적법하고 이유있는 것이어야 한다. 그 밖의 경우, 직근상급행정청은 —감독청($\substack{\text{Aufsichts-}\\\text{behörde}}$)의 경우와 마찬가지로— 그 감독수단[430]을 행사할 수 있는 데 그친다. 그는 처분청에 대하여 그 행정행위를 취소하라고 명할 수는 있으나 적법하게 스스로 그것을 취소·변경할 수는 없다.[431] 다만 개별적인 경우 재결청이 그 쟁송심판기관으로서 권한과 일차적 처분권한을 아울러 가지는 경우에 한해—행정심판의 적법 여부나 이유 유무를 막론하고—문제된 행정행위를 취소·변경할 수 있을 뿐이다.[432]

2.3. 취소사유

법령상 명문으로 취소사유가 규정되어 있을 때에는 그에 따르면 되므로 문제가 없으나 그렇지 않은 경우 취소사유를 밝힐 필요가 있다. 통설적 설명에 의할 때, 쟁송취소에서와는 달리 단순위법한 행정행위뿐만 아니라 부당한 행정행위까지도 직권취소의 대상이 된다는 점에 주의를 요한다. 단순위법인 행위란 이미 본 바와 같이 무효사유에 이르지 않는 흠을 지닌 행정행위이지만, 부당한 행위란 위법에도 이르지 않는 공익위반 또는 합목적성의 결여를 말하므로,[433] 여기서 다시금 직권취소와 철회의 개념적 차이가 완화될 수 있음을 엿볼 수 있다.

▶ **수익처분의 취소와 취소필요성에 대한 증명책임의 소재**

"일정한 행정처분으로 국민이 일정한 이익과 권리를 취득하였을 경우에 종전 행정처분을 취소하는 행정처분은 이미 취득한 국민의 기존 이익과 권리를 박탈하는 별개의 행정처분으로 취소될 행정처분에 하자 또는 취소해야 할 공공의 필요가 있어야 하고, 나아가 행정처분에 하자 등이 있다고 하더라도 취소해야 할 공익상 필요와 취소로 당사자가 입게 될 기득권과 신뢰보호 및 법률생활안정의 침해 등 불이익을 비교·교량한 후 공익상 필요가 당사자가 입을 불이익을 정당화할 만큼 강한 경우에 한하여 취소할 수

---

430) 여기서 감독수단 또는 감독조치(Aufsichtsmittel)란 주로 교시(Information), 이의제기(Beanstandung), 지시(Anordnung) 등을 포함한다.

431) 여기서 이러한 설명이 직권취소뿐만 아니라 철회에도 해당되고 있음에 유의할 필요가 있다.

432) Pietzner/Ronellenfitsch, aaO., 7.Aufl., 1991, § 27 Rn.11ff., S.277.

433) 이에 관해서는 김남진, 행정법 I, 352(여기서 공서양속의 위반, 경미한 절차나 형식을 결여한 경우도 포함되고 있다)를 참조.

있는 것이며, **하자나 취소해야 할 필요성에 관한 증명책임은 기존 이익과 권리를 침해하는 처분을 한 행정청에 있다.**"[434]

2.4. 취소권의 제한

일반적으로 직권취소에 관해서는 「취소의 자유」($^{\text{freie Rück-}}_{\text{nehmbarkeit}}$)가 이야기된다. 그러나 여기서 자유란 어디까지나 직권취소의 재량을 전제로 하는 것이며 따라서 재량의 한계 내에서의 자유일 뿐이다. 나아가 수익적 행정행위의 직권취소는 이른바 신뢰보호의 원칙에 의해 강력한 제한을 받게 되어 있으므로,[435] 「취소의 자유」란 보편적으로 사용될 수 없는 개념은 아니다. 과거에는 행정의 자유로운 취소를 원칙으로 보았고 따라서 행정청은 행정행위에 흠이 있으면 언제든지 이를 취소할 수 있다고 하는 것이 지배적인 경향이었다. 그러나 취소의 자유보다는 「취소권 제한」이 더 현실적 상관성을 가진다는 점은 의문의 여지가 없다.[436]

따라서 문제는 직권취소는 어떤 범위에서 허용되는가라는 물음을 통해 제기되어야 마땅하다. 이에 관한 한, 쟁송취소의 경우에는 이른바 사정재결($^{행심}_{§\,33}$) 및 사정판결($^{행소}_{§\,28}$)이란 예외적 제도를 제외하면 별반 논의될 실익이 없다. 반면 직권취소의 경우에는 일면 행정의 적법성원칙과 타면 법적 안정성의 요청 및 신뢰보호의 원칙과 관련하여 중요한 쟁점들이 제기되고 있다. 즉, 위법한 행정행위의 직권취소에 관해서는 이들 제이익을 비교형량하여 당해 행정행위를 취소함으로써 얻는 가치가 취소하지 않음으로써 얻게 될 가치보다 큰 경우에 한하여 취소할 수 있다는 이익형량의 문제가 전면에 등장한다.

1987년의 행정절차법안은 제31조 제1항에서 「행정청은 위법한 행정처분을 취소하고자 할 때에는 취소에 의해 달성하고자 하는 공익상 필요와 상대방이 이미 취득한 권익의 보호, 제3자의 신뢰보호 및 법률생활안정 등의 요청을 비교형량하여 결정하여야 한다」고 규정하고 있는데 이는 이러한 통설과 판례[437]의 입장을 반영한 결과라 할 수 있다.

---

434) 대법원 2012.3.29. 선고 2011두23375 판결: 초등학교 서무책임자로 근무하던 중 갑자기 쓰러져 '좌측 대뇌출혈에 의한 우측 편마비' 진단을 받은 甲에 대하여 지방보훈지청장이 공상공무원으로 국가유공자에 해당한다는 결정을 하였는데, 감사원의 감사결과를 통보받은 보훈심사위원회가 재심의를 통하여 '甲이 근무시간 전에 운동하던 중 쓰러진 것으로 판단된다'는 취지로 의결함에 따라 다시 공상공무원 비해당결정을 한 사안에서, 여러 사실관계에 비추어 보면 운동장 평탄화 작업 중에 졸도하였다는 취지로 작성한 교육장의 상병경위서 내용을 甲이 부인하는 사정만으로 곧바로 甲의 상이가 공무로 인한 것이 아니라고 단정할 수는 없다는 이유에서, 이와 달리 위 상이가 공무로 인한 것으로 볼 수 없다고 본 원심판결에 행정처분 취소사유의 증명책임에 관한 법리를 오해한 위법이 있다고 한 사례.
435) 우리나라의 통설이다. 참고로 독일의 경우 이것은 행정절차법 제48조 제2항 및 동 제3항에 의해 입법적으로 명문화되어 있다.
436) 김도창, 일반행정법론(상), 492; 김남진, 행정법 I, 353.
437) 예컨대 대법원 1960.9.12. 선고 4291行上30 판결.

직권취소의 허용여하는 특히 직권취소의 대상이 되는 행정행위의 효과에 따라 결과가 달라진다. 따라서 침익적 행위의 취소와 수익적 행위의 취소로 경우를 나누어 고찰할 필요가 있다.

2.4.1. 침익적 행위의 취소

(1) 재량취소의 원칙

위법한 침익적 행위의 취소에 있어서도 위법한 행정행위의 제거를 요구하는 행정의 적법성원칙과 기존의 또한 불가쟁력을 발생한 행정행위의 유지를 요구하는 법적 안정성의 원칙이 대립하고 있다는 점에서 다음에 설명하는 수익적 행위의 취소와 근본적인 차이는 없는 것이지만, 그 경우와는 반대로 여기서는 행정의 적법성원칙이 행정행위의 상대방의 이익으로 작용한다는 데 그 특징이 있다. 다시 말해서 이 경우 행정행위의 취소는 상대방의 이익으로 적법성의 회복을 가져온다는 것이다. 이러한 이유에서 흠 있는 침익적 행위는 불가쟁력의 발생여부를 불문하고 처분청의 재량에 의해 취소될 수 있는 것이 원칙이다.438)

(2) 직권취소에 있어 재량권의 한계

재량에 의한 직권취소의 경우에도 재량권의 한계에 의하여 취소가 제한될 수 있다. 물론 행정측의 입장에서 볼 때는, 비록 신뢰보호의 원칙을 원용하는 것이 실제상 곤란한 경우가 많겠지만, 법적 안정성을 근거로 행정행위를 존속시켜야 한다고 주장하는 것도 충분히 있을 수 있는 일이다. 뿐만 아니라 재량취소의 원칙 역시 재량권의 한계에 관한 일반법리에 따라 제한되는 것은 당연하다. 따라서 행정청은 침익적 행정행위를 취소할 경우, 행정의 적법성원칙과 법적 안정성의 원칙을 그 비중에 따라 비교형량하여 그 결과를 그 재량행사의 지침으로 삼지 않으면 안 된다. 이와 같은 '취소재량'의 한계는 일면 취소불가능이란 법적 결과를 가져올 수 있으나, 반면, 경우에 따라서는(흠의 중대성, 관계자에 대한 부담의 정도, 일반공중에 대한 효과 등) 재량권수축의 법리에 의해 취소의 의무화라는 결과를 초래할 수도 있다.

2.4.2. 수익적 행위의 취소

(1) 취소권제한의 원칙

위법한 수익적 행위는 행정의 법률적합성의 원칙에 따라 원칙적으로 언제나 취소할 수 있다는 것이 특히 1950년대 중반까지 독일에서 지배적이었던 견해였다. 그러나 이러한 견해는 오늘날 더 이상 타당하지 않고, 그에 대신하여 수익적 행위의 취소는 헌법상 법치주의로부터 도출되는 신뢰보호의 원칙에 의해 근본적 제한을 받는다는 견해가 일반적으로 수용되

---

438) 참고로 독일행정절차법 제48조 제1항 제1문은 「위법한 행정행위는 불가쟁상태에 들어 간 후에도 전부나 일부에 관해 장래에 향하여 또는 소급적으로 취소될 수 있다」고 규정하고 있다.

고 있다.

(2) 취소권제한의 근거

수익적인 행위의 직권취소의 문제는 두 개의 상충하는 행정법의 기본원칙에 의해 지배되고 있다. 즉, 적법한 상태의 회복을 요구하는, 따라서 위법한 행위의 취소를 요구하는 행정의 적법성원칙과 수익적 행위로 이익을 받은 자가 행정행위의 존속에 대해 가지는 신뢰의 보호를 요구하는, 따라서 위법한 행정행위의 유지를 요구하는 신뢰보호의 원칙이 서로 대립하게 되는 것이다. 이때, 위법한 수익적 행위의 취소는 단지 행정의 적법성원칙에 의해서뿐만 아니라, 신뢰보호의 원칙에 따라 판단되지 않으면 안 된다. 그러나 이 두 개의 행정법원리가 상호 충돌하게 되므로 행정청은 구체적인 사례에 있어서 어떤 원리가 보다 큰 비중을 갖게 되는가를 비교형량함으로써 그에 따라 행정행위의 취소여부를 결정해야 한다.

독일의 경우 수익적 행위에 대한 취소권제한의 근거가 되는 신뢰보호의 원칙은 역시 예선적 유효성 및 존속력을 뒷받침해 주는 법적 안정성의 원칙에서 도출되는 것으로 이해되고 있다. 신뢰보호에 의한 취소권제한에 대한 독일연방행정법원의 판례이론은 학설상 압도적인 지지를 받았으나, 포르스토프$\binom{\text{Forsthoff}}{}$처럼$\binom{\text{VerwR}}{\text{S.262f.}}$ 행정의 적법성원칙의 무조건적 존중을 전제로 신뢰보호를 '법에 반하는'$\binom{\text{contra}}{\text{legem}}$ 것으로서 거부하는 견해439)도 있었다. 물론 이러한 견해는 신뢰보호는 법에 반하는 것이 아니라 헌법적인 근거와 요구에 따른 것이라고 반박되었다. 연방행정법원의 판례는 바로 행정법의 일반원리가 헌법에 연관되어 발전하고 실현되는 과정에 대한 하나의 표준적 사례라는 것이다$\binom{\text{Maurer,}}{\S 11 \text{ Rn.25}}$. 행정절차법 제48조의 규정은 이와 같은 판례와 학설발전을 입법적으로 반영한 것이며 다만 부분적으로는 보상부 취소의 가능성을 열어 놓은 점에서 새로운 규율을 담고 있다고 볼 수 있다. 독일에서의 발전은 우리나라에도 영향을 미쳐 1987년 행정절차법안 제31조의 취소권제한 조항에서 부분적으로 반영되기도 하였다.

(3) 신뢰보호원칙의 적용기준

그렇다면 구체적으로 어떠한 경우에, 즉 어떠한 요건 하에서 수익처분의 취소가 제한된다고 해야 하는지(수익자의 신뢰가 보호될 수 있는지)가 문제된다. 이에 관한 일반규정은 없다. 다만 행정절차법에 채택되지 못한 1987년의 행정절차법안 제31조를 일단 참고할 수 있겠지만, 거기에도 구체적인 규정은 들어있지 않다. 한편, 이에 관하여 수익처분의 직권취소에 적용될 법원칙을 탐구하기 위한 학자들의 노력을 바탕으로 다양한 내용의 기준 내지 원칙들이 제시되고 있는데,440) 이는 주로 독일에서의 이론 및 입법발전에 많은 영향을 받은 결과라 할 수 있다.441) 참고로 독일연방행정법원의 판례이론에 따르면, 신뢰보호는 ① 수익자가 행정행

439) Forsthoff, Lehrbuch des Verwaltungsrechts, S.262f.
440) 예컨대 김남진, 행정법 I, 354이하.
441) 김남진, 행정법 I, 354 각주 14.

위의 존속을 신뢰했을 것, ② 그의 신뢰는 보호가치있는 것일 것, ③ 그의 신뢰이익이 적법성의 회복에 대한 공익상의 요청보다 크다고 판단될 것이란 요건 하에 인정되는 것이라 할 수 있다. 우리나라 판례 역시 이러한 신뢰보호의 원칙을 이익형량을 통해 시인하고 있다.

"소위 수익적 행정처분을 취소하거나 중지시키는 경우에는 이미 부여된 그 국민의 기득권을 침해하는 것이 되므로, 비록 취소 등의 사유가 있다고 하더라도 그 취소권 등의 행사는 기득권의 침해를 정당화할 만한 중대한 공익상의 필요 또는 제3자의 이익보호의 필요가 있는 때에 한하여 상대방이 입는 불이익과 비교·교량하여 결정하여야 하고, 그 처분으로 인하여 공익상의 필요보다 상대방이 받게 되는 불이익 등이 막대한 경우에는 재량권의 한계를 일탈한 것으로서 그 자체가 위법임을 면치 못한다."442)

신뢰의 보호가치는 ⓐ 수익자가 부정한 수단으로 행정행위를 발급받았거나, ⓑ 그가 위법성을 알았거나 또는 알아야 했을 때, 또는 ⓒ 그 위법성이 자기의 책임영역에 속할 경우에는 부정된다고 한다.443) 이 역시 다음과 같은 대법원의 판례를 통해 확인되고 있다.

"행정처분에 하자가 있음을 이유로 처분청이 이를 취소하는 경우에도 그 처분이 국민에게 권리나 이익을 부여하는 이른바 수익적 행정행위인 때에는 그 처분을 취소하여야 할 공익상 필요와 그 취소로 인하여 당사자가 입게 될 기득권과 신뢰보호 및 법률생활안정의 침해 등 불이익을 비교·교량한 후 공익상 필요가 당사자가 입을 불이익을 정당화할 만큼 강한 경우에 한하여 취소할 수 있으나, 그 **처분의 하자가 당사자의 사실은폐나 기타 사위(詐僞)의 방법에 의한 신청행위에 기인한 것이라면 당사자는 그 처분에 의한 이익이 위법하게 취득되었음을 알아 그 취소가능성도 예상하고 있었다고 할 것이므로** 그 자신이 위 처분에 관한 신뢰의 이익을 원용할 수 없음은 물론 행정청이 이를 고려하지 아니하였다고 하여도 재량권의 남용이 되지 않는다."444)

(4) 구체적 적용례

판례와 학설을 통해 나타난 취소권제한의 구체적인 적용례를 살펴보면, 실질적 존속력(불가변력)을 갖는 준사법적 행위 또는 합의제행정청의 행위,445) 확인적 행위(당선인결정, 국가시험합격자결정), 하자의 치유나 다른 행위로 전환이 인정되는 행위에 대해서는 직권취소가 제한된다고 볼 수 있다. 한편 사정재결이나 사정판결이 인정되는 행위의 경우 취소가 제한된다는 견해446)가 있으나, 어떤 행위의 취소여부가 사정재결 내지 사정판결의 대상이 되는지는 오로지 쟁송절차에 따라 권한 있는 기관에 의해 결정될 문제이며, 일단 소정의 쟁송절차에 의해 재결 또는 판결이 내려진 이후에는 그 기속력에 의해 직권취소의 문제는 더 이상 생기

---

442) 대법원 1990.10.10. 선고 86누6433 판결; 대법원 1991.5.14. 선고 90누9780 판결.
443) Maurer, aaO.
444) 대법원 1991.4.12. 선고 90누9520 판결; 대법원 1990.2.27. 선고 89누2189 판결.
445) 예: 심계원의 판정의 취소가능성을 부정한 대법원 1963.7.25. 선고 63누65 판결.
446) 홍정선, 행정법원론(상), 353.

지 않는다는 점에서 적절한 지적이라고 볼 수 없다. 그 밖에 금전급부나 가분적 현물급여를 내용으로 하는 행정행위의 경우 상대방이 당해 행위의 존속을 믿었고 이러한 신뢰가 보호가치 있는 것인 때에도 취소가 제한되며, 취소가 개인의 법생활의 안정에 중대한 장해를 가져오는 경우, 예컨대 포괄적 신분관계의 설정인 귀화허가나 공무원임명, 또는 인가 등과 같은 사인의 법률행위의 효력을 완성시켜 주는 행위에 대해서도 취소가 제한된다고 한다.[447]

▦ 행정에 있어 이중처분의 금지

행정청이 일단 행정처분을 한 경우에는 행정처분을 한 행정청이라도 법령에 규정이 있는 때, 행정처분에 하자가 있는 때, 행정처분의 존속이 공익에 위반되는 때, 또는 상대방의 동의가 있는 때 등의 특별한 사유가 있는 경우를 제외하고는 행정처분을 자의로 취소(철회의 의미를 포함한다. 아래에서도 같다)할 수 없다고 할 것인바($^{대법원\ 1990.2.23.\ 선고}_{89누7061\ 판결\ 참조}$), 선행처분인 여수경찰서장의 면허정지처분은 비록 그와 같은 처분이 도로교통법시행규칙 제53조 제1항 [별표 16]에서 정한 행정처분기준에 위배하여 이루어진 것이라 하더라도 그와 같은 사실만으로 곧바로 당해 처분이 위법하게 되는 것은 아닐 뿐더러, 원고로서는 그 면허정지처분이 효력을 발생함으로써 그 처분의 존속에 대한 신뢰가 이미 형성되었다 할 것이고 또한 그와 같은 처분의 존속이 현저히 공익에 반한다고는 보이지 아니하므로, 동일한 사유에 관하여 보다 무거운 면허취소처분을 하기 위하여 이미 행하여진 가벼운 면허정지처분을 취소하는 것은 선행처분에 대한 당사자의 신뢰 및 법적 안정성을 크게 저해하는 것이 되어 허용될 수 없다 할 것이다.

원심이 그 이유는 다소 다르나 선행처분인 여수경찰서장의 운전면허정지처분의 취소가 허용되지 않는다고 보아 그 후에 이루어진 이 사건 운전면허취소처분은 동일한 사유에 관한 이중처분으로서 위법하다고 본 결론에 있어서는 정당하다.[448]

한편, 취소기간에 관해서는 개별법령상 규정을 제외하면 현행법상 제한이 없으나, 신뢰보호의 원칙을 적용하는 과정에서 해석상 기간 제한이 부과될 수도 있다.

2.5. 취소의 절차

직권취소에 관하여 법령의 특별한 규정이 없는 한 특별한 절차를 요하지 않음이 원칙이나 인·허가 등과 같은 수익적 행정행위의 취소에 있어서는 법령이 상대방의 이익을 보호하고 취소의 공정성·신중성 확보를 위해 청문 등 절차를 규정하고 있는 경우가 적지 않다($^{하천법}_{§\ 91}$).

---

447) 김동희, 행정법 I, 320.
448) 대법원 2000.2.25. 선고 99두10520 판결. 대법원의 이 사건 판결은 종래의 신뢰보호의 요건과는 상당한 뉘앙스를 풍기면서 선행 면허정지처분보다 무거운 후행 면허취소처분을 동일한 사유에 관한 이중처분으로서 위법하다고 판시했다는 점에서 행정상 이중위험(Double Jeopardy) 금지의 법리를 천명한 것으로 생각된다. 이 판결에 대한 평석으로는 홍준형, 불가변력, 신뢰보호, 그리고 행정상 이중위험의 금지, 행정판례연구 V, 한국행정판례연구회 편, 서울대학교출판부, 2000, 33-67 참조.

2.6. 취소의 성질 및 효과

직권취소는 행정행위로서의 법적 성질을 가진다는 점에서 여느 행정행위와 마찬가지의 법적 규율 하에 놓이게 된다. 따라서 행정행위 일반에 대하여 요구되는 제 요건을 충족해야 하며, 또한 취소행위의 흠이 단순위법에 불과한 경우에도 유효성의 통용력을 갖게 된다. 이러한 유효성이 잠정적인 성질을 띠는 것임은 이미 앞에서 설명한 바와 같다.

직권취소의 효과는 소급하는 것이 원칙일 것이나, 다른 한편 취소에 의해 기성의 법률관계나 이에 대한 당사자의 신뢰를 침해하는 결과가 될 수 있다는 점에서 반드시 소급해야 하는 것은 아니다. 그러므로 독일 행정절차법이 장래효($^{ex}_{nunc}$)와 소급효($^{ex}_{tunc}$)의 두 가지 가능성을 모두 인정하고 있는 것처럼 소급적일 수도, 장래에 향하여 효력을 갖는 것일 수도 있다고 해야 할 것이다. 취소의 효과는 구체적 가치판단에 따라 합리적으로 해결해야 한다는 견해($^{흠의\ 효과의\ 개별화:}_{v.\ Hippel;\ Herrnritt}$)를 원용하는 입장[449]도 같은 취지인 것으로 보인다.

"행정처분의 취소의 효과는 행정처분이 있었던 때에 소급하는 것이나 취소되기까지의 기득권을 침해할 수 없는 것이 원칙이다."[450]

2.7. 취소의 흠과 법적 효과

직권취소 역시 행정행위인 한, 그 흠의 법적 효과에 관해서는 앞에서 설명한 일반원리가 타당함은 물론이다. 무효사유인 흠이 있는 취소처분의 경우 이 점은 의문이 없다. 그러나 직권취소에 취소사유인 흠이 있는 경우 이를 다시 직권으로 취소할 수 있는지에 대해서는 견해의 대립이 있다. 예컨대 기존의 영업허가처분(원처분)에 대한 취소처분을 다시 취소할 수 있는가가 문제된다. 이에 대해서는 법령에 명문의 규정이 없는 한, 취소에 의하여 이미 소멸한 행정행위의 효력을 다시 소생시킬 수는 없으므로 취소처분을 취소하여 원처분을 소생시키려면 원처분과 같은 내용의 행위를 다시 행할 수밖에 없다는 견해(소극설)와 직권취소 역시 행정행위의 일종이므로 그에 하자가 있으면 행정행위의 취소에 관한 일반원칙에 따라 취소할 수 있다는 견해(적극설)가 대립되고 있으나, 후자가 통설이나 판례의 태도는 일정치 않다.[451]

---

449) 김도창, 일반행정법론(상), 498.
450) 대법원 1962.3.8. 선고 4294民上1263 판결.
451) 김도창교수(상, 500 각주 判7)는 적극설을 주류적 판례 태도라고 하며, 홍정선교수(상, 356)는 대법원 1979.5.8. 선고 77누61 판결을 근거로 판례의 입장을 소극설로 간주하고 있다. 그러나 대체로 판례의 입장은 취소처분의 재취소를 인정하는 것으로 보인다(김도창, 같은 곳을 참조).

"위 목포세무서장은 처분청으로서 위 취소처분을 취소나 철회할 수 있는 것이라 할 것이고, 권한있는 행정청에 의하여 행정행위의 취소가 다시 취소되었다면, 그것이 당연무효가 아닌 이상 민사소송절차에서 법원은 그 효력을 부인할 수 없는 것이다."[452]

"행정행위를 일단 취소한 후에는 그 취소처분의 위법이 중대하고 명백한 경우, 무효선언으로서의 취소와 법률이 명문으로 규정한 소원(행정심판) 또는 행정소송의 절차에 의한 경우를 제외하고는 그 취소처분 자체의 위법을 이유로 다시 그 취소처분을 취소함으로써 시초의 행정행위의 효력을 회복시킬 수는 없다."[453]

3. 행정행위의 철회

3.1. 개 설

행정행위의 철회(^{Widerruf})란 적법 유효한 행정행위에 대해 사후적으로 그 효력의 전부 또는 일부를 장래에 향해 소멸시키는 것을 말한다. 이러한 의미에서 철회(실정법상 취소라고 불리는 경우도 있다)는 적법한 행위의 효력을 사후에 새로운 사정에 기해 소멸시키는 행위라는 점에서 처음부터 효력이 없는 행위에 대한 무효선언과, 위법 또는 부당한 흠이 있음을 이유로 직권으로 효력을 소멸시키는 취소와도 구별되며, 의사표시가 아니라 일정한 사실의 발생으로 인해 행정행위의 효력이 소멸되는 행정행위의 실효와도 다르다.

"[1] 행정행위의 취소는 일단 유효하게 성립한 행정행위를 그 행위에 위법 또는 부당한 하자가 있음을 이유로 소급하여 그 효력을 소멸시키는 별도의 행정처분이고, 행정행위의 철회는 적법요건을 구비하여 완전히 효력을 발하고 있는 행정행위를 사후적으로 그 행위의 효력의 전부 또는 일부를 장래에 향해 소멸시키는 행정처분이므로, **행정행위의 취소사유는 행정행위의 성립 당시에 존재하였던 하자를 말하고, 철회사유는 행정행위가 성립된 이후에 새로이 발생한 것으로서 행정행위의 효력을 존속시킬 수 없는 사유를 말한다.**
[2] 관할청이 사립학교법인에 대하여 한 기존의 자금차입허가의 취소사유가 사립학교법인이 허가에 따라 차입한 자금을 법인회계에 수입조치하지 아니하고 본래의 허가 용도가 아닌 다른 용도에 사용하였다는 것으로서, 이는 허가처분의 효력이 발생하여 자금차입행위가 유효하게 이루어진 이후에 비로소 이행할 수 있는 것들이고 허가처분 당시에 그 처분에 위와 같은 흠이 존재하였던 것은 아니므로, **위와 같은 취소처분은 그 명칭에 불구하고 행정행위의 철회에 해당하는 것으로서 위 자금차입허가의 효력은 장래에 향하여 소멸한다.**"[454]

직권취소와 철회는 원인·효과·권한기관에서 차이가 있기는 하지만, 양자간 본질적 차이가 있다고 볼 수는 없다. 그런 이유에서 양자간 구별의 상대성을 지적하는 것은 타당하

---

452) 대법원 1969.9.23. 선고 69다1217 판결.
453) 대법원 1979.5.8. 선고 77누61 판결.
454) 대법원 2006.5.11. 선고 2003다37969 판결.

다.455)

3.2. 철회권자와 철회권의 근거

3.2.1. 철회권자

(1) 처분청

처분청이 철회권을 행사할 수 있다는 데에는 의문이 없다.

(2) 감독청

법령상 명문의 규정이 있는 경우 외에 감독청은 하위행정청(처분청)의 행위를 철회할 수 있는 권한을 가지지 못한다. 이것은 직권취소에 관한 설명과 마찬가지 고려에 의해 뒷받침된다.

3.2.2. 철회권의 근거

명문의 규정이 없어도 처분청이 행정행위를 할 수 있는 권한 중에 철회권이 포함된다고 보는 것이 통설과 판례의 태도이다. 따라서 행정행위에 대한 수권규정 외에 별도로 철회에 대한 법적 근거를 요하지 않는다고 본다(철회자유설: 근거불요설). 이에 대해서는 법치행정의 원리와 기본권보장의 견지에서, 법령의 근거없이 단순히 공익상의 필요만으로 행정행위를 할 수 없듯이 새로운 행정행위인 철회행위도 법률의 근거가 필요하다는 반론이 있다(철회제한설).456)

"행정행위를 한 행정청은 그 취소(철회)사유가 법령에 규정되어 있는 경우뿐만 아니라 의무위반이 있는 사정변경이 있는 경우, 좁은 의미의 취소(철회)권이 유보된 경우, 또는 중대한 공익상의 필요가 발생한 경우 등에도 그 행정처분을 취소(철회)할 수 있는 것이다."457)

생각건대, 직권취소와 철회의 상대화경향이 특히 그 취소 및 철회권 제한의 측면에서 진전되어 온 것은 사실이지만, 그렇다고 이를 연역적으로 전제함으로써 양자의 본질상의 차이를 전적으로 부정하는 것은 타당하지 않다. 철회는 우선 개념상 행정행위의 위법성을 주된 근거로 하고 있지 않다는 점, 다시 말해서 적법한 행위의 효력을 사후적으로 박탈시킨다는 점에서 직권취소와 구별되는 것이다. 이렇게 볼 때, 철회에 법적 근거가 필요한가 하는 문제는 일률적으로 판단될 문제가 아니라, 철회의 원인이 되는 사유, 신뢰보호의 요청 및 철회의 구체적 효과와 밀접한 관련을 갖는 문제라고 할 수 있다. 이 점은 후에 보는 바와 같이 침익적 행정행위의 철회의 경우보다는 수익적 행정행위의 철회에서 보다 철저하게 확인될 수 있을

---

455) 석종현, 일반행정법(상), 407.
456) 김남진, 행정법 I, 361-362.
457) 대법원 1984.11.13. 선고 84누269 판결.

것이다. 이러한 관점에서 일단, 수익적 행정행위를 철회하기 위해서는, 철회가 법령상 규정되어 있는 경우, 상대방의 귀책사유에 기인하는 경우 또는 처음부터 철회권이 유보되었다고 볼 수 있는 경우를 제외하고는, 법적 근거가 필요하다는 원칙에서 출발해야 할 것이다.[458]

3.3. 철회사유

학설과 판례를 통해 나타난, 철회사유로는 ① 법령에 철회사유가 규정되어 있는 경우, ② 의무위반이 있는 사정변경이 있는 경우, ③ 부관에 의하여 철회권이 유보된 경우, 또는 부담의 불이행, ④ 중대한 공익상의 필요가 발생한 경우 등으로 나누어 볼 수 있다.

3.3.1. 법령에 철회사유가 규정되어 있는 경우

현행법령에는 처분의 상대방이 법령이나 행정청의 하명에 위반한 경우, 기타 법령상 의무를 이행하지 않는 경우 등 수익처분을 철회(취소)할 수 있음을 규정하고 있는 경우가 적지 않다. 가령 국유재산법은 제36조 제1항에서 행정재산의 사용허가 취소 또는 철회 사유를 규정하고 있고, 식품위생법도 철회조항을 두고 있다([§ 75]). 법령에 규정된 사유가 발생한 경우 처분청이 철회권을 행사할 수 있음은 물론이나 그 경우에도 비례원칙 등과 같은 재량한계 원칙들에 위배하여서는 아니 된다.

3.3.2. 의무위반 등 사정변경이 있는 경우

수익적 행정행위가 행해진 후, 상대방의 의무위반 등 새로운 사실이 발생하여 공익상 그 처분을 철회하지 않을 수 없는 경우가 생길 수 있다. 물론 단순한 새로운 사실의 발생만으로는 철회사유가 되지 않는다고 보아야 할 것이다.

"하자없는 건축허가도 사정의 변경으로 건축허가의 존속이 공익에 적합하지 않게 되었을 때에는 이를 철회할 수 있다."[459]

"원고가 건평 97.65㎡의 주택 건축허가를 받고서도 처음부터 건평 102.17㎡의 사찰형건물의 건축공사에 착수하였고 감독관청의 시정지시에도 불구하고 계속 공사를 강행해 온 이상, 건축허가를 취소(철회)당함으로써 입는 손해가 비록 크다 하더라도 이는 스스로 자초한 것이어서 감수하여야 하므로 건축허가취소처분은 적법하다."[460]

458) 김동희교수(행정법 I, 324-325)는 이와 유사한 견지에서 「철회가 상대방의 귀책사유에 기인하는 경우를 제외하고는 당해행위의 존속에 대한 상대방의 신뢰보호의 요청은 매우 큰 것이므로 철회사유는 제한적으로 인정되어야 할 것」이라고 하나, "법률의 규정이 없는 경우에도 … 「행정행위의 효력을 더 이상 존속시킬 수 없는 사유」가 발생한 경우에는 원칙적으로 철회가 가능하다"고 함으로써 소극설에 가담하는 것으로 보인다.
459) 대법원 1989.10.24. 선고 89누2431 판결.
460) 대법원 1986.1.21. 선고 85누612 판결.

"행정처분을 한 처분청은 비록 처분 당시에 별다른 하자가 없었고, 또 그 처분 후에 이를 취소할 별도의 법적 근거가 없다 하더라도 원래의 처분을 존속시킬 필요가 없게 된 사정변경이 생겼거나 또는 중대한 공익상의 필요가 발생한 경우에는 그 효력을 상실케 하는 별개의 행정행위로 이를 취소할 수 있다 할 것인 바, 병역법시행령 제96조 제7항에 제6항의 규정에 의하여 병역면제의 처분을 받은 자가 영주할 목적으로 귀국하거나 1년 이상 국내에서 취업 또는 체류하고 있는 경우에는 병역면제의 처분과 국외여행 허가를 취소하고 병역의무를 부과할 수 있다고 규정한 것은 위와 같이 법리상 당연히 인정되는 병역면제 처분의 취소(철회)사유를 예시적으로 규정한 것이라고 봄이 상당하므로 위 병역법시행령의 규정을 모법의 위임이 없거나 그에 반하는 무효의 규정이라고 볼 수는 없다."461)

3.3.3. 부관에 의하여 철회권이 유보된 경우 또는 부담의 불이행

행정행위를 하면서 부관으로서 일정한 사실발생을 조건으로 철회권을 유보한 경우, 행정청은 이 사실이 발생하면 당연히 철회권을 행사할 수 있다. 그러나 이 경우에도 부관은 적법한 것이어야 하며, 또한 철회권 행사에 있어 공익과 사익 간 이익형량이 행해져야 함은 물론이다.

"시설사용승인을 얻지 못할 경우에는 허가사항을 취소할 것이라는 부관이 고지되지 않았을 경우, 허가 후 장기간 그 영업시설을 하지 못하였다고 하여, 구축산물가공처리법 제10조 소정의 허가취소사유인 공익을 해한 것에 해당된다고 단정할 수 없다."462)

부담부행위에 있어 수익자가 부담을 불이행한 경우에도 그 수익처분의 철회가 가능하다.

"부담부 행정행위에 있어서 처분의 상대방이 부담을 이행하지 아니한 경우에 처분행정청으로서는 이를 들어 당해 처분을 취소(철회)할 수 있는 것이다."463)

3.3.4. 중대한 공익상의 필요가 발생한 경우

관계된 사익보다도 우월한 중대한 공익상의 필요가 발생한 경우에도 철회가 가능하다고 보는 것이 통설과 판례의 태도이다. 그러나 이 경우에는 전술한 바와 같이 특별한 법률상의 근거가 필요하다고 할 것이다. 도로법 제84조 제4호에서 「공익사업을 위한 토지 등의 취득 및 보상에 관한 법률」 제4조에 따른 공익사업 등 공공의 이익이 될 사업을 위하여 특히 필요한 경우에는 그 법률에 의한 허가나 승인을 취소(철회)할 수 있다고 규정하고 있는 것이 그 예이다.

---

461) 대법원 1995.5.26. 선고 94누8266 판결.
462) 대법원 1971.6.30. 선고 70누142 판결.
463) 대법원 1989.10.24. 선고 86누2431 판결.

3.3.5. 기타사유

그 밖에 법령의 개정, 권리불행사 등이 철회사유로 제시되고 있다.

3.4. 철회권의 제한

3.4.1. 침익적 행위의 철회

침익적 또는 부담적 행정행위의 철회는 원칙적으로 처분청의 재량에 속한다. 이 점은 기본적으로 침익적 행정행위에 관하여 설명한 것과 큰 차이가 없다. 이 경우, 원래의 행정행위의 기초가 되었던 법률관계나 사실관계가 사후에 변경되었고 그 결과 그 행정행위가 더 이상 행해져서는 안 되게 되었다면 행정청은 철회의 의무를 진다고 해야 할 것이다. 이것은 무엇보다도 행정행위가 기본권의 제한을 초래하는 내용을 지니고 이러한 법 및 사실관계의 변경에 의해 기본권제한의 전제조건들이 더 이상 존재하지 않게 될 경우에 의미가 있다. 행정의 적법성원칙은 기본권이 관련된 경우 합헌성원칙으로 고양되어 그와 같이 "위법하게 된" 행정행위의 폐지를 요구하게 된다. 법적 안정성의 원칙은 이를 방해하지 않는다. 존속력이란 행정행위 발급시를 기준으로 효력을 지니는 것이므로, 그 이후 발생한 사정은 이에 구애받지 않기 때문이다.

3.4.2. 수익적 행위의 철회

(1) 철회제한의 원칙

수익적 행정행위의 철회의 경우에는 본래 적법한 행위의 효력을 제거하는 것일 뿐만 아니라 침익적 결과를 가져온다는 점에서 훨씬 더 강력한 신뢰보호의 요청이 제기된다. 수익처분의 철회에 있어 신뢰보호의 원칙은 직권취소의 경우보다 훨씬 더 전면에 등장한다. 여기서 신뢰보호의 원칙은 더 이상 행정의 적법성원칙과 충돌되지 않으며 오히려 그와 연합하고 그것에 의해 지지되는 양상을 보인다. 그러나 이러한 결과는 법 및 사실관계에 변함이 없는 경우에만 타당하며, 수익처분의 기초가 되었던 법 및 사실관계가 변경되어 본래 적법했던 처분이 더 이상 실정법에 부합하지 않게 된 경우에는 다시금 법적 안정성의 원칙과 행정의 적법성의 원칙 간의 긴장관계가 나타나게 된다. 그러나 이 경우는 행정청의 흠있는 결정을 통해서가 아니라 행위기초로서 법 및 사실관계의 변화에 의한 것이라는 점에서 수익처분의 직권취소의 경우와 다르다.

(2) 이익형량

철회권의 제한의 경우 직권취소의 경우보다 당해 수익처분의 존속에 대한 상대방의 신뢰보호의 요청이 훨씬 더 크다면, 그것은 이익형량에 대해서도 직접 반영되어야 마땅하다. 이

제1편

제2편

제3편

제4편

제5편

행정법총론

것은 특히 신뢰보호의 요청이 행정청의 흠 있는 결정을 통해서가 아니라 행위기초로서 법 및 사실관계의 변화에 의해 매개된다는 점에서 뒷받침된다. 따라서 철회사유는 신뢰보호원칙을 보다 비중 있게 고려함으로써 제한적으로 인정되어야 한다. 특히 철회사유가 있는 경우라 하더라도 철회에 의하는 것보다 경미한 침해를 가져오는 다른 방법이 있을 경우에는 철회의 보충성이 인정되어야 하며, 일부철회가 가능한 경우에는 전부철회를 할 것이 아니라 일부철회를 해야 한다. 그 밖의 점에 관해서는 이미 직권취소의 제한에 관하여 설명한 것이 그대로 타당하다.

"주류제조업면허는 제조장 단위의 이전성이 인정되는 소위 대물적 허가로서 허가받은 자의 인격변동이 당연히 허가취소사유에 해당한다고 볼 수 없다 할 것이고, 면허의 취소는 행정청의 기속재량에 속할 뿐 아니라 가사 행정청이 그 유보된 취소권을 행사하는 경우에도 이를 정당화할 만한 중대한 공익상의 필요 또는 제3자의 이익을 보호할 필요가 있을 때에 한하여 그 취소가 가능하다고 할 것이다."[464)]

3.5. 철회의 절차

철회에 관하여 법령의 특별한 규정이 없는 한 특별한 절차를 요하지 않음이 원칙이나 인·허가 등과 같은 수익적 행정행위의 철회에 있어서는 법령이 상대방의 이익을 보호하고 철회의 공정성·신중성을 확보하기 위해 청문 등의 절차를 규정하고 있는 경우가 있다.

3.6. 철회의 성질 및 효과

3.6.1. 철회의 성질

철회는 그 자체가 행정행위로서 법적 성질을 갖는다는 점에서 여느 행정행위와 마찬가지의 법적 규율 하에 놓이게 된다. 따라서 행정행위 일반에 대하여 요구되는 제 요건을 충족해야 하며, 또한 철회행위의 흠이 단순위법에 불과한 경우에도 유효성의 통용력을 갖게 된다. 이러한 유효성이 잠정적인 성질을 띠는 것임은 이미 앞에서 설명한 바와 같다.

3.6.2. 장래효

철회의 효과는 장래에 향하여 발생한다. 직권취소와 달리 철회는 소급효를 갖지 않는다. 이것은 철회가 원래 적법한 행위의 효력을 제거하는 행위라는 데서 나오는 결과이다. 철회는 주로 계속적 효과를 지닌 행정행위에서 문제된다.

---

464) 대법원 1975.3.11. 선고 74누138 판결.

"행정행위의 취소는 일단 유효하게 성립한 행정행위를 그 행위에 위법 또는 부당한 하자가 있음을 이유로 소급하여 그 효력을 소멸시키는 별도의 행정처분이고, **행정행위의 철회는 적법요건을 구비하여 완전히 효력을 발하고 있는 행정행위를 사후적으로 그 행위의 효력의 전부 또는 일부를 장래에 향해 소멸시키는 행정처분이므로**, 행정행위의 취소사유는 행정행위의 성립 당시에 존재하였던 하자를 말하고, 철회사유는 행정행위가 성립된 이후에 새로이 발생한 것으로서 행정행위의 효력을 존속시킬 수 없는 사유를 말한다."465)

3.6.3. 손실보상 · 원상회복 등

수익적 행정행위의 철회는 상대방의 귀책사유가 없는 한 손실보상의 문제를 남긴다. 1987년의 행정절차법안은 직권취소에 관한 제31조를 준용하여 이 경우 「당사자 등이 행정처분의 존속을 신뢰함으로 인하여 받은 재산상 손실에 대하여 원상회복, 손실보상 기타 필요한 조치를 하여야 한다」는 결과를 예정하고 있었다. 그러나 현행법상 이에 관한 일반법조항은 없고, 다만 더러 개별법에 관련 규정들이 있을 뿐이다. 가령 국유재산법은 제36조 제2항에서 '관리청은 사용허가한 행정재산을 국가나 지방자치단체가 직접 공용이나 공공용으로 사용하기 위하여 필요하게 된 경우에는 그 허가를 철회할 수 있다'고 규정하고 이어서 제3항에서 '그 철회로 인하여 해당 사용허가를 받은 자에게 손실이 발생하면 그 재산을 사용할 기관은 대통령령으로 정하는 바에 따라 보상한다'고 규정하고 있다($\substack{\text{국유재산법}\\ \S 36\ ③}$). 그 밖에 도로법($\S 93$), 하천법($\S 77$), 공유수면관리법($\S 18$), 수산업법($\S 81$) 등이 그러한 예이다. 철회의 부수적 효과로서 원상회복 · 시설개수명령이 행해질 수 있으나 법적 근거를 요한다. 그 밖에 철회의 효과로는, 행정청이 철회되는 행정행위와 관련된 문서나 물건의 반환을 요구할 수 있다는 것을 들 수 있다($\substack{\text{독일행정절}\\ \text{차법} \S 52}$).

3.7. 철회의 흠과 법적 효과

철회 역시 행정행위인 한, 그 흠의 법적 효과에 관해서는 앞에서 설명한 일반원리가 타당함은 물론이다. 무효사유인 흠이 있는 철회처분의 경우 이 점은 의문이 없다. 그러나 철회에 취소사유인 흠이 있는 경우 이를 다시 직권으로 철회할 수 있는지에 관해서는 직권취소에 준하여 해결하는 것이 일반적이다. 이에 관해서는 직권취소에 관한 설명을 참조하기 바란다.

아래의 표는 직권취소와 철회, 그리고 쟁송취소의 내용을 개관할 수 있도록 요약한 것이다.

---

465) 대법원 2003.5.30. 선고 2003다6422 판결. 행정청이 종교단체에 대하여 기본재산전환인가를 함에 있어 인가조건을 부가하고 그 불이행시 인가를 취소할 수 있도록 한 경우, 인가조건의 의미는 철회권을 유보한 것이라고 본 사례. 이에 대한 비판으로는 김중권, "사권형성적 행정행위와 그 폐지의 문제점에 관한 소고", 행정판례연구 XI, 한국행정판례연구회, 151이하 참조.

〈직권취소, 철회, 쟁송취소의 비교〉

	수익적 행정행위	침익적 행정행위
직권취소	– 공익상 필요·기득권·신뢰보호 및 법률생활안정의 침해 등 불이익을 비교형량하여 공익상 필요가 당사자가 입을 불이익을 정당화할 만큼 강한 경우에 한하여 취소 – 손실보상 필요	– 재량에 의한 취소 – 재량권의 한계에 의한 제한(재량권수축) – 손실보상 불필요
철회	– 당사자에게 귀책사유가 있거나 철회권 유보 등 특별한 사정이 없는 한, 법적 근거 필요(통설은 반대) – 신뢰보호원칙상 엄격한 제한 – 손실보상 필요	– 재량에 의한 취소 – 재량권의 한계에 의한 제한 – 손실보상 불필요
쟁송취소	– 제3자효 행위를 제외하고는 문제되지 않음	– 이유 있을 경우 의무적 취소

Ⅷ. 행정행위의 실효

1. 개   념

행정행위의 실효 또는 종료(Erledigung)이란 행정행위의 부관의 성취, 행위의 목적달성 또는 목적달성불능, 상대방의 사망 기타 시간의 경과 등으로 인해 행정행위의 효력이 행정청의 의사와 관계없이 소멸되는 경우를 말한다. 참고로 독일행정절차법 제43조 제2항 후단은 행정행위가 유효성을 상실하는 사유의 하나로 기간경과 또는 다른 이유에 의한 행정행위의 종료를 들고 있다. 실정법상의 예로는 「국토의 계획 및 이용에 관한 법률」에 의한 도시관리계획결정의 실효를 들 수 있다. 「국토의 계획 및 이용에 관한 법률」은 제33조 제1항에서 '도시관리계획 결정의 고시일부터 2년이 되는 날까지 제32조 제4항에 따른 지형도면의 고시가 없는 경우에는 그 2년이 되는 날의 다음날에 그 도시관리계획 결정은 효력을 잃는다'고 규정하고 있다. 그 밖에도 도시계획시설결정의 실효($\S$ 48), 지구단위계획구역의 지정에 관한 도시관리계획 결정의 실효($\S$ 53) 등이 그러한 예들이다.

행정행위의 실효는 일단 발생한 행위의 효력을 소멸시킨다는 점에서 행정행위의 무효와 구별되고, 효력의 소멸이 적법요건에 관한 흠과 무관하고 또 행정청의 의사와 무관하다는 점에서 행정행위의 직권취소와 구별되며, 행정청의 의사에 기한 행위가 아니라는 점에서 행정행위의 철회와도 구별된다.

2. 실효의 사유

실효의 사유는 모든 행정행위에 동일하지 않고, 행정행위의 종류나 그 구체적 내용에 따라 상이하다. 그중 중요한 것으로는 ① 대상의 소멸, ② 폐업과 철거, ③ 부관의 성취, ④ 목적이 달성되었거나 목적달성이 불가능하게 되었을 때, ⑤ 새로운 법령의 제정 또는 개정 등과 같은 사유를 들 수 있다.

제 1 편

제 2 편

제 3 편

제 4 편

제 5 편

행정법총론

제 3 절 │ 그 밖의 행정활동의 형식

제 1 관 개 설

행정은 행정목적 달성을 위하여 행정행위 외에 다양한 법형식을 활용하고 있다. 법규명령·자치법규 등 법규범의 정립, 행정규칙,[1] 행정계획, 그리고 비권력행정의 주요 행위형식으로 공법상 계약, 공법상 합동행위, 행정지도, 행정사법적 활동 및 기타 행정상 사실행위 등이 그 예들이다. 통상 행정입법·구속적 행정계획·행정행위·행정강제 등과 같은 권력행정의 행위형식에 대하여, 비권력행정의 행위형식으로 형식적 행정행위, 공법상계약, 공법상 합동행위, 행정사법 등 법적 행위형식과 비구속적 행정계획, 행정지도 등 사실행위가 대비된다.[2] 현대국가에서 행정 영역의 확대에 따라 행정수단이 다양화되는 상황에서 비권력적 행정형식의 비중이 날로 증대되고 있다.

---

1) 행정규칙은 행정「입법」의 일종이 아니다. 그런 뜻에서 법규명령과 행정규칙을 통틀어 「행정입법」이란 개념으로 부르는 일반적인 용어법은, 영미식의 '규칙제정'(rulemaking)이라고 한다면 몰라도, 옳지 않다.
2) 비권력적 행정의 보편적 행위형식은 존재하지 않으나, 공권력의 계기를 수반하지 않는다는 점에서 개괄적인 공통점을 지니고 있다.

제 2 관   법규범정립에 의한 행정

Ⅰ. 법규명령

1. 행정의 활동형식으로서 법규명령

법규명령이란 일반적으로 행정권이 정립하는 법규범을 말한다. 즉 법규명령은 일반·추상적인 규정으로서 법규적 효력, 즉 행정권 자신뿐만 아니라 국민을 「법」으로서 구속하는 힘 (대외적 구속력)을 가지는 규범으로 정의할 수 있다. 헌법상 국회입법의 원칙($^{헌법}_{§\,40}$) 아래에서도 행정의 전문·기술성, 행정현실의 탄력적 규율 요청 등으로 말미암아 행정권에 의한 위임입법은 불가피하다고 인정되고 있다. 또한 양적인 면에서도 법규명령이 행정법의 법원으로서 가지는 비중은 법률 못지않은 수준이다. 한편 법규명령은 동시에 행정의 수단, 즉 행위형식이기도 하다. 이 점에서 법규명령은 이중적 성격($^{ambivalenter}_{Charakter}$)을 지닌다.[3] 법규명령의 행정수단으로서의 성격은 그 발령기관이 행정조직상 위계질서의 정점에서 멀수록, 따라서 직접적인 집행임무를 처리해야 할 필요성이 강할수록 더욱 더 현저하게 부각된다. 법규명령은 행정이 형식적 법률을 집행하고 적용할 경우 개개의 사안뿐만 아니라 광범위한 불특정다수의 유사한 사안들을 통일적으로 규율하는 효과를 지닌 행정수단이라 할 수 있다.

요컨대, 법규명령은 광범위한 효력범위를 갖고 다수의 국민을 상대방으로 하는 그리고 장기간에 걸친 행정의 규율 및 형성을 위한 수단이다.[4] 이 같은 법규명령의 이중적 성격은 법치행정의 원리와 관련하여 두 가지 상이한 수준에서 반영된다. 먼저 법규명령은 법규범으로서 그 상위법인 헌법·법률과의 관계에서 수권의 문제, 내용상 한계의 문제를 발생시키며 이는 곧 위임입법의 한계(백지위임·포괄적 위임의 금지, 골격입법의 문제), 규범통제($^{Normen-}_{kontrolle}$)의 문제 등으로 귀결된다. 이는 법치행정의 원리의 내용으로서 이미 논의된 바 있다. 반면 법규명령은 그 자체가 일종의 행정수단으로서 행정의 합법성원칙의 구속을 받는 행정작용이기도 하므로 이에 대한 법률의 구속의 문제를 발생시킨다. 「행정의 법률에 의한 구속」 역시 법치행정의 원리의 결과이다. 법규명령은 법치행정의 원리가 중첩적으로 관철되어야 할 문제영역이다.

---

3) 이 점은 후술하는 자치법규인 조례도 마찬가지이다(물론 그 주된 비중은 지방자치단체의 법규범으로서의 성격에 있다고 할 수 있다).

4) Maurer, aaO., § 13 Rn.2. 이러한 의미에서 슐레스비히-홀슈타인 주행정법률이 법규명령에 관한 규정들(§§ 53ff.)의 표제를 "명령을 통한 행정작용"(Verwaltungshandeln durch Verordnung)이라고 붙인 것도 지당한 것이라고 한다.

법규명령은 헌법·법률·국제법규 등 행정법의 다른 성문법원들과 제정권자·수권의 근거 등에서 구별되며, 기타의 행정활동형식들과도 구별된다. 가령 그것은 일반추상적 법규범이라는 점에서 원칙적으로 개별구체적 규율의 성질을 갖는 행정행위와 다르고, 대외적 구속력을 갖는 규범이라는 점에서 원칙적으로 행정 내부에서만 효력을 갖는 행정규칙과도 다르다.

2. 법규명령의 종류

2.1. 수권의 범위·근거에 따른 분류

2.1.1. 비상명령

비상명령($\text{Ausnahme-}\atop\text{verordnung}$)이란 비상사태를 수습하기 위한 목적에서 행정권이 발하는 헌법적 효력을 지닌 독립명령으로서, 바이마르헌법 제48조에 의한 비상조치, 프랑스 제5공화국헌법 제16조에 기한 비상조치, 한국헌법에 있어서는 1972년 헌법상 긴급조치, 1980년 헌법상의 비상조치가 이에 해당한다. 이와 같은 비상명령은 현행헌법에서는 허용되지 않는다.

2.1.2. 법률대위명령

법률대위명령($\text{gesetzesvertretende}\atop\text{Verordnung}$)이란 헌법적 수권에 의거하여 법률적 효력을 갖는 명령으로서, 가령 헌법 제76조의 긴급명령, 긴급재정·경제명령이 이에 해당한다. 법률대위명령은 헌법에서 직접 수권을 받아 발하는 독립명령이다.

2.1.3. 법률종속명령

법률종속명령($\text{gesetzesabhängige}\atop\text{Verordnung}$)이란 가장 전형적인 법규명령의 형태로 법률보다 하위의 효력을 가지는 명령이다. 이것은 다시 위임명령과 집행명령으로 나뉜다. 물론 이들 두 가지 명령은 실제로는 하나의 명령에 혼합되어 발령되는 것이 보통이다(예: 도로교통법시행령 중에는 위임명령인 규정과 집행명령인 규정이 혼재한다).

(1) 위임명령

위임명령은 상위법령에서 위임받은 사항을 정하는 일종의 법률보충적 명령이라 할 수 있다. 위임을 받은 범위 내에서는 새로운 입법사항을 정할 수 있다.

(2) 집행명령

집행명령은 말 그대로 법률의 범위 내에서 이를 시행하기 위하여 필요한 세부적·기술적 사항을 정하기 위하여 발하는 명령이다. 헌법 제75조는 "대통령은 법률에서 구체적으로 범위를 정하여 위임받은 사항과 법률을 집행하기 위하여 필요한 사항에 관하여 대통령령을 발할 수 있다"고 규정하고 있는데 이에 따라 법률을 집행하기 위하여 필요한 사항에 관하여 발한 대통령령이 집행명령이라 할 수 있다. 한편 제95조는 "국무총리 또는 행정각부의 장은 소관사무에 관하여 법률이나 대통령령의 위임 또는 직권으로 총리령 또는 부령을 발할 수 있다"고 규정하고 있는데 이에 따라 국무총리 또는 행정각부의 장이 소관사무에 관하여 직권으로 발한 총리령 또는 부령, 즉 직권명령은 법률종속명령으로서 집행명령에 해당한다고 보는 것이 통설적 견해이다.[5] 집행명령은 위임명령과 달리 새로운 입법사항을 정할 수 없으나, 별도로 법률의 명문의 수권이 없더라도 행정에 고유한 법집행권에 기하여 발령될 수 있다.

2.2. 발령권의 소재에 따른 분류

법규명령은 발령권자에 따라 대통령령·총리령·부령, 중앙선거관리위원회규칙, 감사원규칙 등으로 나뉜다. 이들 법규명령 간 위계는 발령권자 위계에 따름이 원칙이다.

2.3. 현행법상 법규명령의 종류

현행헌법상 법규명령은 원칙적으로 법률종속 명령인 위임명령과 집행명령($\substack{헌법\\§75}$), 발령권자에 따라서는 대통령령($\substack{헌법\\§75}$)·총리령·부령($\substack{헌법\\§95}$) 등의 형태로 제정된다. 헌법 제107조 제2항의 명령이란 이 같은 법규명령을 말한다. 예외적으로 법규명령은 헌법 제76조에 따라 법률과 동등한 효력을 갖는 긴급명령, 긴급재정·경제명령 형태로 제정될 수 있다.

2.4. 관련문제

2.4.1. 국무총리직속기관의 법규명령

국무위원으로 보하는 국무총리직속기관(기획예산처)의 장도 부령 또는 부령과 동등한 법규명령을 발할 수 있는지가 문제되는데 행정각부가 아니므로 부령은 발할 수 없고 이들 업무를 법규명령으로 규율해야 할 필요가 있는 경우에는 총리령에 의하는 수밖에 없다.

2.4.2. 총리령과 부령의 효력상 우열관계

총리령과 부령의 효력상 우열이 문제된다. 총리령은 국무총리의 행정각부에 대한 통할사무에 관하여 발하게 되므로 실질적으로 총리령이 우월한 효력을 가진다는 견해(총리령우위설: 다수설)[6]와 헌법상 총리령에 대한 부령의 종속성에 관한 규정이 없고 총리령은 국무총리가 행정각부의 장과 동등한 지위에서 소관사무(국무총리직속기관의 사무)에 관하여 발하는 것이

---

5) 김철용, 행정법 I, 제13판, 147.
6) 김도창, 일반행정법론(상), 312; 김남진, 행정법 I, 163; 김동희, 행정법 I, 133; 석종현, 일반행정법(상), 427; 변재옥, 행정법강의 I, 200; 강구철, 행정법 I, 256.

기 때문에 동위의 형식적 효력을 가진다는 견해(동위설)[7]가 대립한다. 헌법상 총리령과 부령의 우열관계에 관한 명문의 규정은 없다.[8] 총리령과 부령의 수권근거인 헌법 제95조는 「국무총리 또는 행정각부의 장은 소관사무에 관하여 법률이나 대통령령의 위임 또는 직권으로 총리령 또는 부령을 발할 수 있다」고 규정하여 문언상 양자의 효력상 차별을 염두에 둔 것으로 보이지는 않는다. 총리령과 부령의 형식적 효력을 동등한 것으로 이해할 소지도 없지는 않다.

생각건대 헌법상 이에 관한 명문의 규정이 없는 이상, 발령권자를 달리하는 법규명령 상호간의 효력의 우열문제는 결국 발령권자의 위상에 따라 판단되어야 할 문제이다. 따라서 관건은 행정각부의 장에 대한 국무총리의 법적 지위 여하 또는 그 소관사무의 성격 여하에 있다. 헌법상 대통령 외에 국무총리에게 행정각부의 장에 대하여 직접 명령·감독권을 행사할 수 있는 지위가 부여된 것이라고는 볼 수 없고, 국무총리는 다만 '행정에 관하여 대통령의 명을 받아 행정각부를 통할'하는 지위($\frac{헌법 \S 86}{② 후단}$)를 가질 뿐이다. 그러나 어쨌든 국무총리가 행정각부의 통할권을 가지는 점을 감안할 때 부령이 총리령에 저촉될 경우에는 총리령의 우위를 인정하지 않을 수 없을 것이다.[9]

2.4.3. 감사원규칙

감사원법 제52조는 「감사원은 감사에 관한 절차, 감사원의 내부규율과 감사사무처리에 관하여 필요한 규칙을 정할 수 있다」고 규정하고 있다. 이에 따라 제정된 감사원규칙을 법규명령으로 볼 것인지 아니면 행정규칙으로 볼 것인지 논란이 있다. 헌법상 행정입법의 법형식이 한정된 것은 아니라고 보고 법률의 위임에 의하여 또는 법률의 시행을 위하여 실질적으로 법규 내용을 지닌 법규범을 정립하는 것은 국회입법의 원칙에 어긋나지 않는다는 것을 논거로 이를 법규명령으로 보는 견해(다수설)[10]와 국회입법 원칙에 대한 예외적인 입법형식은 헌법 스스로 명문으로 인정하는 경우에 한하며, 법률은 입법형식 그 자체를 창설하지 못한다는 점을 논거로 이를 행정규칙으로 보는 견해[11]가 대립되고 있다.

생각건대 국회입법의 원칙이 점점 더 상대화되는 추세임을 부정할 수 없을지라도 그 원칙의 예외는 어디까지나 헌법적 근거에 의해 뒷받침되어야지 단순한 법률에 의하여 창설적으로 인정될 수는 없다. 헌법이 대통령령, 총리령·부령 등을 명시적으로 수권하고 있는 취지도 바로 거기에 있는 것이다. 한편 감사원법 제52조에 따른 감사원규칙의 법적 성질은 동

---

7) 이상규, 신행정법론(상), 239; 서원우, 현대행정법론(상), 337; 박윤흔, 행정법강의(상), 220.
8) 김철수, 헌법학개론, 1991, 799.
9) 총리령의 실질적 우위는 일부 동위설에 가담하는 입장에 의해서도 시인되고 있다(권영성, 헌법학원론, 870).
10) 김남진, 행정법 I, 164; 김동희, 행정법 I, 132; 박윤흔, 행정법강의(상), 220; 석종현, 일반행정법(상), 482; 홍정선, 행정법원론(상), 240.
11) 김도창, 일반행정법론(상), 311.

조항 자체의 해석을 통해 규명되어야 한다. 그러나 그 조항의 해석을 통해서도 일률적으로 해답이 주어지지 않는다는 데 문제가 있다. 가령 감사원법 제52조를 놓고 볼 때 「감사원의 내부규율」에 관한 규칙은 다분히 행정규칙적 성질을 띠는 것으로 볼 수 있는 반면, 감사원규칙이 「감사에 관한 절차, 감사사무처리에 관하여」 필요한 사항을 정하면서 법규적 사항을 규정할 수 있는 여지가 있기 때문이다. 결국 문제는 감사원법 제52조에 따라 제정되는 감사원규칙이 구체적으로 어떠한 내용을 가지느냐에 있다. 만일 감사원법 제52조가 규정하는 바와 같이 감사원규칙이 「감사원의 내부규율」에 관한 사항만을 규율하고 있는 경우에는 감사원장이 감사원의 내부규율을 위한 행정규칙을 정하는 것은 법률의 명시적 수권이 없어도 그 권한범위 내에서 일반적으로 허용되는 것이므로 위헌의 문제가 발생하지는 않으며 이 경우 감사원규칙은 의당 행정규칙의 성질을 띠게 될 것이다.[12] 반면 감사원규칙이 감사에 관한 절차, 감사사무처리에 관하여 필요한 규칙의 내용으로 법규적 규정을 포함한 경우, 즉 대외적 구속력이 있는 규정을 둔 경우에는 국회입법의 원칙에 대한 예외로서 헌법적 정당성여하가 문제된다. 감사원규칙이 단순한 내부규율을 넘어서서 법규사항을 규정하였다면 이는 헌법적 근거 없이 법률($^{감사원법}_{§\,52}$)이 독자적으로 새로운 법형식적 범주를 창설한 것이 되어 위헌이라는 평가를 면할 수 없고 그 한도 내에서는 감사원법 제52조와 그에 따라 제정된 감사원규칙 또한 위헌이라는 평가를 받을 수밖에 없다. 요컨대 감사원규칙은 그것이 내부규율에 관한 것이라면 기본적으로 행정규칙의 성질을 갖지만, 그 규율내용이 입법사항 또는 법규적 사항을 포함하는 한도에서는 설령 법규명령으로 본다 할지라도 그것은 헌법적 근거 없이 국회입법의 원칙의 예외를 창설한 법률($^{감사원법}_{§\,52}$)에 의하여 발해진 것이므로 위헌적인 법규명령이라고 보아야 할 것이다.

3. 법규명령의 근거와 한계

법규명령은 헌법과 법률, 또는 상위명령의 근거가 있는 경우에만 제정될 수 있으며 각각 그 수권근거에 따라 일정한 한계가 주어지고 있다.

3.1. 헌법상 긴급재정 · 경제명령, 긴급명령의 근거와 한계

긴급명령, 긴급재정 · 경제명령은 헌법에 의하여 직접 수권되어 있다. 먼저 긴급재정 · 경제명령은 ① 내우 · 외환 · 천재 · 지변 또는 중대한 재정 · 경제상 위기에 있어(상황적 한계), ② 국가의 안전보장 또는 공공의 안녕질서를 유지하기 위하여(목적상의 한계), ③ 긴급한 조

---

12) 물론 이 경우에도 왜 감사원법이 그와같이 당연한 사항을 둔 것인가 하는 의문은 남는다. 동법 제52조를 감사원장의 행정규칙제정권을 단순히 확인하는 주의적 규정으로 볼 수도 있겠으나 그러한 규정이 필요한 것이냐는 여전히 문제로 남는다.

치가 필요하고(긴급성), ④ 국회의 소집을 기다릴 여유가 없을 때(보충성) 발할 수 있으며
($\frac{헌법 §}{76 ①}$), 긴급명령은 ① 국가의 안위에 관계되는 중대한 교전상태에 있어(상황적 한계), ② 국
가를 보위하기 위하여(목적상 한계), ③ 긴급한 조치가 필요하고(긴급성), ④ 국회의 집회가
불가능한 때에 한하여(보충성) 발할 수 있다($\frac{헌법 §}{76 ②}$).

3.2. 위임명령의 근거와 한계

3.2.1. 헌법상 위임입법의 규율: 법률의 유보와 포괄적 위임의 금지

위임명령의 근거와 한계를 규율하는 법원리는 헌법상 위임입법에 관한 규율, 특히 법률의
유보와 포괄적 위임의 금지를 통하여 표현된다. 즉, 위임명령은 (집행명령과 달리) 법률의 개
별적·명시적 수권에 의해서만 발할 수 있다(법률의 유보). 위임명령이 발해질 수 있기 위해
서는 단순히 이를 수권하는 법률이 존재한다는 것만으로는 부족하고 법률이 구체적으로 그
법규명령의 제정에 관하여 내용, 목적 그리고 적용기준·범위 등을 명확히 규정하고 제한하
여 수권하여야 한다(특별수권의 원칙: Prinzip der Spezialermächtigung): 포괄적 위임은 금지된다(포괄적 위임의 금지원칙). 입법
권을 위임하는 것이므로 수권법률에서는 당연히 입법의 위임임을 명확히 하고 수임기관을
특정하여야 한다.13)

입법권비위임 또는 위임금지의 원칙(delgata potesta non potest delegari: non-delegation principle) 또는 백지위임 금지 등과 같이
종래 주로 입법권에게 부과되어 왔던 위임입법의 한계원리는 고도로 복잡다양하고 급속히
변화하는 행정환경하에서 더 이상 그 엄격성을 유지할 수 없게 되었다. 전문기술적 사항에
관한 규율을 법률하위명령 제정권의 위임을 통하여 행정부에 맡겨야 한다는 것은 오늘날 입
법현실에서는 보편적으로 관측되는 현상이다. 이것은 경제정책의 영역, 그 밖의 분야에서
"수권 – 법률"(Ermächtigungs- Gesetze)의 형태로 관철되고 있다. 법규명령의 제정은 법률에 의거하여, 그러
나 행정권 고유의 규범적 재량권(selbständige Vollmacht normativen Ermessens)에 따라 행해지는 법정립작용으로서 신속하
고 탄력적인, 분야별 전문가에 의한 행정작용을 가능케 한다. 특히 경제행정이나 개발행정,
사회행정 등 다양한 분야에서 광범위한 위임명령 수권이 이루어지고 있다.

현행법상 그러한 예를 들자면, 가령 가장 전형적인 영업허가의 준거법이라 할 수 있는 식품위생법은
식품 또는 식품첨가물의 제조업, 가공업, 운반업, 판매업 및 보존업, 기구 또는 용기·포장의 제조업, 식
품접객업의 시설기준을 보건복지부령에 위임하고($\frac{§36}{①}$), 이 중 '대통령령으로 정하는 영업을 하려는 자는 대
통령령으로 정하는 바에 따라 …… 허가를 받아야 한다'고 규정하여($\frac{§37}{①}$), 허가의 대상과 동법 제38조에

---

13) 박윤흔, 행정법강의(상), 225. 법령에서 장관이 정하도록 위임하고 어떠한 형식으로 할 것인지 규정하지 않았다
하여 이를 훈령으로 정할 수 있는 것은 아니고 그 위임의 취지는 문교부령으로 정하라는 데 있다고 해석한 사례
(대법원 1969.2.25. 선고 68다2196 판결)가 있다.

의한 영업허가 등의 제한 등을 제외하고 매우 광범위한 요건 및 절차를 하위법령에 위임하고 있다. 이것은 비단 식품위생법에만 특유한 현상은 아니고 공중위생영업의 신고(공중위생관리법 §3 ①③), 사행행위 영업허가(「사행행위 등 규제 및 처벌특례법」 §§3, 4 ①) 등, 정도의 차이는 있으나 대부분의 영업허가에 공통된 현상이다.[14] 한편 대법원은 일찍이 양곡관리법 제17조의 대통령령에 대한 포괄적 위임규정의 위헌여부가 문제된 사건 판결에서 다음과 같이 판시한 바 있다: "동조가 대통령령에 위임하는 사항과 범위에 관하여 아무런 규정을 두고 있지 않은 것이라고는 할 수 없을 뿐만 아니라, 그 내용을 검토하여 보아도 위 법 제17조가 헌법 제74조에 정한 위임입법의 한계를 넘은 것으로 단정할 수 없다."[15]

그러나 헌법상 국회입법의 원칙에 따라 입법권자는 특히 법률의 유보가 적용되는 범위 안에서는 배타적인 결정권자로 등장하며, 따라서 입법권 위임에는 일정한 법적 한계가 따르지 않을 수 없다. 이러한 맥락에서 포괄적 위임의 금지, 즉 행정권에 대한 입법사항에 관한 규율의 수권은 법률에서 구체적으로 범위를 정하여 위임하는 경우에 한하여 허용된다는 원칙이 헌법으로부터 도출된다(헌법 §75). 이것은 입법권자에 대한 헌법적 제약이며, 위임명령 모법의 헌법적합성 요건이다.

이 경우 위임입법의 한계는 **단순히 법률이 수권하였을 뿐만 아니라 '구체적으로 범위를 정하여' 위임한 경우에 한하여 또 그 범위 내에서만 입법사항을 정할 수 있다**는 것이다.

문제는 단지 법률의 유보의 적용분야에 국한되지 않고 법률 유보의 적용을 전제로 하여 입법권자가 어느 정도까지 입법권을 스스로 행사하여야 하는지, 이에 대한 헌법적 결정의 기준을 찾아내는 것이다. 위임입법의 한계 문제는 법률의 유보의 예외에 관한 문제가 아니라 오히려 법률의 유보를 전제로 하여 제기되는 문제이다.

〈헌법상 위임입법의 일반적 한계원리〉

기 준	기준의 성질	제한의 대상	관련문제
법률수권의 원칙	수권의 형식	규율의 근거	헌법직접적 위임 수권·모법이 없는 법규명령
수권법률의 한계	수권법률의 한계	수권법률자체	상위법우선의 원칙 의회유보와의 관계 법률사항과의 관계
위임범위의 한정성	수평적(횡적)·양적 한계	규율의 범위	일반적 위임·백지위임의 금지, 재위임
위임의 구체성	수직적(종적)·질적 한계	규율의 밀도	포괄적 위임의 금지, 재위임

규율밀도와 위임입법의 한계 •• 법률이 입법사항을 어느 정도까지 직접 규율해야만 하는가, 또 어떠한 선부터 그 나머지 규율을 위임할 수 있는가 하는 문제는 위임입법의 실질적 한계의 문제로서, 그 형식적 한계원리인 「포괄적 위임입법의 금지」 원칙에 의해서는 해결되지 않는다. 법률의 유보의 적용분야에 관하여 앞에서 본 바 있는 본질성이론($^{Wesentlichkeits-}_{theorie}$)이란 바로 그 「의회유보」의 영역 또는 기준, 즉 의회가 이행해야 할 입법상의 규율밀도($^{Regelungs-}_{dichte}$)를 그 규율효과(관계법익의 중대성)와 관련시켜 도출하려는 시도라고 할 수 있다.[16] 의회유보의 이론에 따르면 의회 스스로가 입법해야 할 사항에 관하여 입법권의 위임은 허용되지 않는다. 가령 후술하는 바와 같이 헌법이 명문으로 법률로 정하도록 유보한 사항은 법률이 직접 규율하지 않으면 안 되며,[17] 그러한 헌법상 명시적 법률유보사항이 아니더라도, 의회유보의 이론은 기본권과 관련된 사항이나 침익적 사항 등과 같이 일정한 사항(본질적 사항)에 관하여는 위임입법이 허용되지 않는다는 것이 의회유보의 이론의 귀결이다. 그렇다면 입법권을 위임할 수 없는 사항에 관하여는 위임명령도 규율할 수 없다: 이것은 당연히 위임명령의 한계를 구성한다.

"어떠한 사항을 법규로 규율할 것인가의 여부는 특단의 사정이 없는 한 입법자의 정치적, 경제적, 사회적 각종 고려 하에서 정하여지는 입법정책의 문제이므로, 국민이 국회에 대하여 일정한 입법을 해달라는 청원을 함은 별론으로 하고, 법률의 제정을 소구하는 헌법소원은 **헌법상 기본권보장을 위하여 명시적인 입법위임이 있었음에도 입법자가 이를 방치하고 있거나 헌법해석상 특정인에게 구체적인 기본권이 생겨 이를 보장하기 위한 국가의 행위 내지 보호의무가 발생하였음에도 불구하고 국가가 아무런 입법조치를 취하지 않고 있는 경우**가 아니면 원칙적으로 인정될 수 없다 할 것이다."[18]

3.2.2. 위임명령의 규율사항에 관한 한계

위임의 일반적 요건으로부터 도출되는 위임명령의 한계는 무엇보다도 위임명령은 법률이 구체적 범위를 정하여 위임한 사항 외에 입법사항에 관하여 새로이 규정하는 것은 허용되지 않는다는 데서 주어진다. 즉 모법상 아무런 규정이 없는 입법사항에 관해 하위명령이 규정을 두는 것은 위임입법의 법적 한계를 위배하는 것이다.

▦ 법률에서 하위 법령에 위임을 한 경우 하위 법령의 위임 한계 준수 여부의 판단 기준

"특정 사안과 관련하여 법률에서 하위 법령에 위임을 한 경우 하위 법령이 위임의 한계를 준수하고 있는지 여부를 판단할 때는 당해 법률 규정의 입법 목적과 규정 내용, 규정의 체계, 다른 규정과의 관계 등을 종합적으로 살펴야 하는바, 위임 규정 자체에서 그 의미 내용을 정확하게 알 수 있는 용어를 사용하여 위임의 한계를 분명히 하고 있는데도 그 문언적 의미의 한계를 벗어났는지 여부나, 수권 규정에서 사용하고 있는 용어의 의미를 넘어 그 범위를 확장하거나 축소하여서 위임 내용을 구체화하는 단계를 벗어

---

16) Maurer, § 6 Rn.11.

17) 최영규, 앞의 글, 48 각주 96은 이러한 국회전속적 법률사항의 경우는 오히려 의회유보의 이론의 범위 밖에 있다고 할 수 있다고 한다. 그러한 명문규정이 없는 경우에도 법규명령에 위임할 수 없는 법률사항이 있다는 데 의회유보 이론의 참뜻이 있는 것으로 생각되기 때문이라고 한다.

18) 헌법재판소 1992.12.24. 선고 90헌마174 결정; 헌법재판소 1989.3.17. 선고 88헌마1 결정; 헌법재판소 1989.9.29. 선고 89헌마13 결정.

나 새로운 입법을 하였는지 여부 등도 고려되어야 한다."[19]

⠿ 당구장출입제한

헌법재판소는 1993년 5월 13일 체육시설설치이용에 관한 법률 시행규칙 제5조에 대한 헌법소원에서 '당구장출입문에 18살 미만자 출입금지표시를 달도록 한 이 규칙조항은 다른 체육시설 업자와 달리 당구장업자에게만 차별을 두는 것'이라며 위헌결정을 내렸다. 재판부는 '죄형법정주의는 형벌불소급의 원칙과 함께 형사법에 관한 헌법의 2대 원칙'이라고 전제한 뒤 다음과 같은 취지의 결정이유를 들었다: "따라서 **형사법은 원칙적으로 형식적 의미의 법률의 형태로 제정되어야 하고 다만 부득이 예외적으로 행정부에서 법규명령의 형태로 제정하는 경우라 하더라도 그 법규명령에는 반드시 구체적이고 명확한 법률상의 위임 근거규정이 있어야 비로소 가능한 것**이라 할 것이다. 즉 형벌법규라고 하더라도 일정사항의 위임이 불가능하지는 않지만 죄형법정주의의 원칙에 비추어 보건대 **최소한도 범죄의 구성요건의 윤곽만큼은 수권규정 자체에서 예측될 수 있어야 한다.** 「체육시설의 설치·이용에 관한 법률」 제22조 제3항에 의하면 동법 제5조의 시설, 설비 중 안전 또는 위생기준에 미달하여 시정명령을 받고 이를 위반한 자에 대하여 6개월 이하의 징역 또는 200만원 이하의 벌금에 처하도록 규정되어 있는 바, 그렇다면 이 사건 심판대상규정 (동법 시행 규칙 §5)은 위 각 처벌조항의 구성요건에 해당된다고 할 것이므로 비록 처벌의 전제절차로서 "시정명령"이 구성요건의 일부로 제한 규정되어 있기는 하지만 죄형법정주의의 존재이유에 비추어 그것이 모법의 규정에서 전혀 예측할 수 없는 내용이라면 허용될 수 없는 것이다. 그러한 의미에서도 심판대상규정이 모법의 위임의 범위내의 규정이라고 인정하기는 어려울 것이다."[20]

⠿ 「공무원보수규정」의 근속가봉 제한조항의 위임한계 위반 여부

"[다수의견]   정년 또는 최고호봉을 초과하여 근무한 군인의 근속가봉에 관한 보수를 정한 구 군인보수법 (2008.1.17. 법률 제8843 호로 개정되기 전의 것) 제10조는 보수수급권자에 관한 재산권인 보수청구권을 형성하는 법률이고, 군인의 근속가봉을 일정한 횟수 내로 제한하고 있는 공무원보수규정 제30조의2 제3항은 구 군인보수법 제10조에 의하여 형성된 보수청구권의 내용을 불리하게 제한하는 것으로서 법에서 구체적인 범위를 정하여 위임하고 있어야 하지만, 구 군인보수법은 제23조에서 '법 시행에 필요한 사항에 관하여 대통령령으로 정한다'고 규정하였을 뿐 제10조에 관한 위임 규정을 별도로 두고 있지 않다. 그러므로 **구 군인보수법 제10조가 형성한 재산권인 군인의 근속가봉에 관한 보수청구권의 내용을 제한한 공무원보수규정 제30조의2 제3항은 모법의 위임 없이 제정되었고 모법이 허용하고 있는 규율 범위를 벗어난 것으로서 무효이다.**

[대법관 박일환의 반대의견]   구 군인보수법 제10조는 국가비상시에 적용되는 규정이고, 국가비상시가

---

19) 대법원 2010.4.29. 선고 2009두17797 판결: 구 기반시설부담금에 관한 법률 시행령(2008.9.25. 대통령령 제21038 호로 개정되기 전의 것) 제5조에서 기반시설부담금의 면제대상으로 철거되는 건축물과 신축되는 건축물이 모두 건축법 제2조 제2항 각 호에 따른 용도가 같을 것을 요구하면서, 건축법 제2조 제2항 제1호의 단독주택과 제2호의 공동주택을 동일용도의 건축물로 보는 입법을 한 것은 위임의 한계 내이고, 동일용도의 범위를 정하면서 건축물별로 기반시설 유발 정도를 고려하지 않았다고 하여 그 같은 사정만으로 위임의 한계를 벗어난 것으로 보기 어렵다고 한 사례.

20) 헌법재판소 1993.5.13. 선고 92헌마80 결정. 또한 헌법재판소는 같은 결정에서 「체육시설의설치·이용에관한 법률」과 동시행령이 당구장을 포함한 골프장, 탁구장, 볼링장 등 19가지 체육시설에 대해 미성년자의 출입을 제한하는 아무런 규정을 두지 않았음에도 불구하고 "문화체육부장관이 이 법 시행규칙을 제정하면서 당구장에 대해서만 18살 미만자 출입금지표시를 달도록 한 것은 아무런 법률적 근거 없이 당구장업자에게만 불이익을 주는 것으로 헌법상 평등권에 위배된다"고 판시했다.

아닌 평시에 가봉을 인정할지, 가봉을 인정할 경우 그 횟수를 어떻게 할지 등은 봉급을 지급해야 할 지급 주체가 그 재정의 여력 등을 감안하여 그 재량에 따라 정할 수 있는 것이므로, 그러한 재량에 따라 규정된 공무원보수규정 제30조의2 제3항은 모법에 위임이 없다거나 모법의 규율 범위를 벗어났다고 할 수 없다."[21]

법률의 시행령은 그 법률의 위임이 없으면 개인의 권리·의무에 관한 내용을 변경·보충하거나 법률에 규정되지 아니한 새로운 내용을 정할 수는 없다. 그러나 시행령의 내용이 모법의 입법 취지와 관련 조항 전체를 유기적·체계적으로 살펴보아 모법 해석상 가능한 것을 명시한 데 불과하거나 모법 조항의 취지에 근거하여 이를 구체화하기 위한 것인 경우에는 모법의 규율 범위를 벗어난 것으로 볼 수 없으므로, 따라서 모법에 직접 위임하는 규정을 두지 않았다고 하더라도 무효로 볼 수 없다는 것이 대법원의 판례이다.[22]

위임명령의 한계는 그 밖에도 입법권의 일반적 한계로부터 주어진다. 가령 위임명령은 **헌법·법률 등 상위법령의 내용을 위배할 수 없다**(법률의 우위). **또한 헌법상 국민주권주의, 기본권존중주의, 권력분립의 원리 등의 한계, 국제법상의 한계, 사실상의 한계 등**이 입법권의 한계요인으로 작용한다.

가령 헌법 제37조 제2항에서 입법권의 한계로서 규정된 과잉입법금지 또는 비례의 원칙이 위임명령에 적용되는 것은 당연하다. 헌법재판소는 "국가작용, 특히 입법작용에 있어서의 과잉입법금지의 원칙이라 함은 국가가 국민의 기본권을 제한하는 내용의 입법활동을 함에 있어서 준수하여야 할 기본원칙 내지 입법활동의 한계를 의미하는 것으로서, 국민의 기본권을 제한하려는 입법의 목적이 헌법 및 법률의 체제상 그 정당성이 인정되어야 하고(목적의 정당성), 그 목적의 달성을 위하여 그 방법이 효과적이고 적절하여야 하며(방법의 적절성), 입법권자가 선택한 기본권제한의 조치가 입법목적 달성을 위하여 설사 적절하다 할지라도 가능한 한 보다 완화된 형태나 방법을 모색함으로써 기본권의 제한은 필요한 최소한도에 그치도록 하여야 하며(피해의 최소성), 그 입법에 의하여 보호하려는 공익과 침해되는 사익을 비교교량할 때 보호되는 공익이 더 커야 한다(법익의 균형성)는 법치국가의 원리에서 당연히 파생되는 헌법상의 기본원리의 하나인 비례의 원칙을 말하는 것이고, 우리 헌법은 제37조 제2항에서 입법권의 한계로서 과잉입법금지의 원칙을 명문으로 인정하고 있다"고 판시한 바 있다.[23]

3.2.3. 헌법상 법률사항

헌법에서 명문으로 '법률로써' 정하도록 정한 사항, 즉 **전속적 법률사항**(국적취득요건 § 2 ①, 재산권의 내용·한계 § 23 ①, 공용침해의 요건·보상 § 23 ③, 조세의 종목·세율 § 59, 죄형법정주의 § 12 등)을 **법규명령에 위임할 수 없다**는 것은, 의회유보이론에 의하지 않더라도, 헌법상 당연한 일이다.

---

21) 대법원 2009.5.21. 선고 2005두1237 전원합의체 판결.
22) 대법원 2016.12.1. 선고 2014두8650 판결; 대법원 2009.6.11. 선고 2008두13637 판결 등 참조.
23) 헌법재판소 1992.12.24. 선고 92헌가8 결정.

한편 이들 사항에 관하여 적어도 그 기본적 내용은 법률로 규정되어야 하지만, 전적으로 법률로 규율되어야 하는 것은 아니고 일정한 범위에서의 행정입법에 대한 위임은 허용된다는 견해[24]가 피력되고 있다. 그러나 전속적 법률주의사항이라고 하면서 이를 다시 일정한 범위에서 행정입법에 위임할 수 있다고 하는 것은 과연 무엇을 의미하는지 이해하기 어렵다. 문제는 당해 헌법규정이 무엇까지를 법률로써 정하도록 하고 있느냐를 밝히는 데 있다. 만일 헌법상 법률사항의 객관적 범위가 밝혀진다면 이에 관하여는 반드시 법률로 정해야 한다는 것이 헌법의 결정이지 다시 「일정한 범위에서 행정입법에의 위임」을 인정할 여지는 없는 것이다. 이 점을 무시하고 다시 행정입법에 위임이 가능하다고 서술하는 것은, 혹 세법상 위임입법의 한계가 준수되지 않는 경우가 비일비재한 현실을 염두에 둔 것이 아닌가 추측되기도 하지만, 이러한 태도는 적어도 해석론상으로는 받아들일 수 없다.[25] 가령 헌법 제59조의 해석상 「조세의 종목과 세율」이라고 되어 있으나 해석상 납세의무자·과세물건·과세시기·과세방법 등도 법률로 정하여야 하는 것이라고 이해되고 있는데, 이들 사항에 관하여는 반드시 법률로 정해야만 헌법 제59조에 합치되는 것이다. 물론 이 밖의 사항에 관하여 법규명령에 위임하는 것은 무방하다. 반면 **조세의 종목·세율에 관하여는 어디까지나 법률로 정해야지 이를 일정한 범위내에서 행정입법에 위임한다면 이는 바로 헌법이 금하는 바인 것이다.**

3.2.4. 처벌규정의 위임 문제

처벌규정의 위임이 가능한지가 문제된다. 일반적으로 헌법상 죄형법정주의의 원칙상 처벌규정의 위임은 허용되지 않는다. 논란이 없진 않으나 대체로 처벌대상인 행위의 규정, 즉 구성요건 부분과 처벌규정을 나누어, 전자에 관해서는 ① 구성요건의 구체적 기준을 정하고 다만 그 범위 내에서 세부 사항을 정하도록 한 경우, 후자의 경우에는 ② 형의 최고·최소 한도를 정하고 그 범위 내에서 구체적 사항을 위임하는 것은 허용된다는 것이 판례·통설의 입장이다.

3.2.5. 재위임의 문제

법률에 의하여 위임된 입법권의 전부 또는 일부를 다시 위임하는 것(재위임: Subdelegation, Weitererermächtigung)이 허용되는가가 문제된다. 이에 관하여 헌법에 명문의 규정은 없으나 전면적 재위임은 입법권을 위임한 법률 그 자체의 내용을 권한 없이 변경하는 결과를 가져오므로 허용되지 않으며, 세부적 사항의 보충을 위임하는 것은 가능하다고 보는 것이 일반적 견해이다. 헌법 제95조는 바로 이러한 의미에서 총리령·부령의 수권근거의 하나로 '대통령령의 위임'을 들고 있는 것이다.[26] 이와 관련하여 수권법률이 명문의 규정을 두어 원수임자(primäre Delegatare)에게 재위임을 허용하는 경우에는 재위임이 허용되지만, 그 재위임 또한 법규명령으로써 해야 한다고 규정한 독

---

24) 박윤흔, 행정법강의(상), 227; 김남진, 행정법 I, 173; 김동희, 행정법 I, 135; 홍정선, 행정법원론(상), 241.
25) 한편 지방세의 부과·징수에 관한 조례에의 위임(지방자치법 § 126, 지방세법 § 2), 관세의 경우, 또는 긴급재정·경제명령의 경우와 같은 조세법률주의의 예외는 별개의 문제이다.
26) 박윤흔, 행정법강의(상), 229; 김동희, 행정법 I, 136.

일 기본법($\S~80~①_{제4문}$)을 참고할 필요가 있다.

▦ 재위임의 허용여부

"법률에서 위임받은 사항을 전혀 규정하지 않고 모두 재위임하는 것은 '위임받은 권한을 그대로 다시 위임할 수 없다'는 복위임금지의 법리에 반할 뿐 아니라 수권법의 내용변경을 초래하는 것이 되고, 대통령령 이외의 법규명령의 제정·개정절차가 대통령령에 비하여 보다 용이한 점을 고려할 때 하위의 법규명령에 대한 재위임의 경우에도 대통령령에의 위임에 가하여지는 헌법상의 제한이 마땅히 적용되어야 할 것이다. 따라서 법률에서 위임받은 사항을 전혀 규정하지 아니하고 **그대로 하위의 법규명령에 재위임하는 것은 허용되지 않으며 위임받은 사항에 관하여 대강(大綱)을 정하고 그중의 특정사항을 범위를 정하여 하위의 법규명령에 다시 위임하는 경우에만 재위임이 허용된다**($^{헌재\ 1996.2.29.\ 94헌마13,}_{판례집,\ 8-1,\ 126,163}$)."[27]

▦ '청소년유해매체물의 표시방법'에 관한 정보통신부고시에 대한 재위임

구 「정보통신망 이용촉진 및 정보보호등에 관한 법률」($^{2001.1.16.\ 법}_{률\ 제6360호}$) 제42조는 '청소년유해매체물의 표시방법'을 시행령에 위임하고 있고, 동 시행령($^{2001.8.25.\ 대통}_{령령\ 제17344호}$) 제21조 제3항은 전자적 표시방법의 구체적인 내용을 다시 정보통신부장관이 고시하도록 위임하고 있다. 이러한 재위임이 헌법상 허용되는지 여부에 대하여 헌법재판소는 다음과 같이 판시하고 있다:

"일반적으로 법률에서 위임받은 사항을 전혀 규정하지 않고 재위임하는 것은 위임금지의 법리에 반할 뿐 아니라 수권법의 내용변경을 초래하는 것이 되고, 부령의 제정·개정절차가 대통령령에 비하여 보다 용이한 점을 고려할 때 재위임에 의한 부령의 경우에도 위임에 의한 대통령령에 가해지는 헌법상의 제한이 당연히 적용되어야 할 것이므로 **법률에서 위임받은 사항을 전혀 규정하지 아니하고 그대로 재위임하는 것은 허용되지 않으며 위임받은 사항에 관하여 대강을 정하고 그중의 특정사항을 범위를 정하여 하위법령에 다시 위임하는 경우에만 재위임이 허용된다**($^{헌재\ 1996.2.29.\ 94헌마213,\ 판례집\ 8-1,\ 147,163;}_{헌재\ 2002.7.18.\ 2001헌마605,\ 판례집\ 14-2,\ 84,101}$). 이러한 판시는 대통령령이 '부령'에 재위임한 것에 관한 것이지만, 시행령 제21조 제3항이 '정보통신부장관의 고시'에 재위임한 경우도 같은 법리가 적용된다고 볼 것이다($^{위\ 2001헌마605}_{결정\ 참조}$).

시행령 제21조 제1항은 '음성·문자 또는 영상에 의한 표시'를 규정하고 제2항은 인터넷상의 청소년유해물에 대해서는 이에 추가하여 '전자적 표시'를 할 것을 규정하고 있다. 그렇다면 시행령 제21조 제3항에서 위임한 '전자적 표시'의 내용은 인터넷 매체를 통한 청소년유해 정보가 청소년에게 이용되지 않도록 하기 위한 전자적, 기술적 표시방법을 지칭한다고 볼 것이므로, 그 **대강을 정하고 보다 구체적인 특정사항을 다시 범위를 정하여 정보통신부장관고시에 다시 위임한 것으로 볼 수 있다. 따라서 시행령 제21조 제3항이 재위임의 헌법적 한계를 벗어났다고 할 수 없다**."[28]

3.3. 집행명령의 근거와 한계

위임명령과 달리 집행명령은 새로운 입법사항을 규율하는 것이 아니므로 법률의 명시적 수권이 없이도 발령될 수 있다. 다만 집행명령은 법률 또는 상위명령을 집행하기 위하여 필

---

27) 헌법재판소 2002.10.31. 선고 2001헌라1 전원재판부 결정.
28) 헌법재판소 2004.1.29. 선고 2001헌마894 전원재판부 결정.

요한 사항만을 규정할 수 있다. 만일 상위법령을 집행하기 위하여 필요한 구체적인 형식·절차 이외에 새로이 입법사항을 규정하면 집행명령은 위법한 명령이 될 것이다. 그러나 실제 위임명령과 집행명령이 동일한 명령에 혼재해 있기 때문에 그 한계가 불분명해지는 경우가 종종 있다.

4. 법규명령의 적법요건

법규명령이 적법하게 성립하여 효력을 발생하기 위하여는 다음의 요건을 갖추어야 한다.

4.1. 주 체

대통령·국무총리·행정각부의 장 등 정당한 권한을 가진 기관이 이를 제정하여야 한다.

4.2. 근거·내용

법규명령은 상위법령에 수권을 근거로 제정된 것이어야 하며 그 내용이 상위법령에 저촉되지 않고 명확하며 또 실현가능한 것이어야 한다.

4.3. 절 차

법규명령의 제·개정은 소정의 절차에 따라 이루어지도록 되어 있다. 대통령령은 법제처의 심사($_{§24 ①}^{정부조직법}$)와 국무회의의 심의($_{89 iii}^{헌법 §}$)를 거쳐야 하며, 총리령·부령은 법제처의 심사($_{§24 ①}^{정부조직법}$)를 거쳐야 한다.

행정절차법 제41조는 국민의 권리·의무 또는 일상생활과 밀접한 관련이 있는 법령등을 제정·개정 또는 폐지하고자 할 때에는 당해 입법안을 마련한 행정청은 이를 예고하여야 한다고 규정하고 있다($_{§41 ①}^{행정절차법}$). 다만, 입법이 긴급을 요하는 경우, 입법내용의 성질 또는 기타 사유로 예고의 필요가 없거나 곤란하다고 판단되는 경우, 상위법령등의 단순한 집행을 위한 경우, 예고함이 공익에 현저히 불리한 영향을 미치는 경우에는 입법예고를 아니할 수 있다($_{§41 ②}^{같은 법}$). 법제처장은 입법예고를 하지 아니한 법령안의 심사요청을 받은 경우에 입법예고를 함이 적당하다고 판단될 때에는 당해 행정청에 대하여 입법예고를 권고하거나 직접 예고할 수 있다($_{§41 ③}^{같은 법}$). 입법예고의 기준·절차등에 관하여 필요한 사항은 같은 조 제4항의 규정에 따라 대통령령으로 정하도록 위임되어 있으며, 이에 따라 법제업무운영규정은 제4장($_{수렴: §§ 14-19}^{국민의 입법의견}$)에서 법령안 입법예고에 관한 사항을 규율하고 있다.

행정절차법은 모든 국민이 예고된 입법안에 대하여 자유롭게 의견을 제출할 수 있도록 하고 있으며, 행정청으로 하여금 이를 존중하여 처리하도록 하고 있다($_{① ③}^{§ 44}$). 법제업무운영규정은 이를 좀 더 구체화하여 법령안 주관기관의 장으로 하여금 입법예고결과 제출된 의견을 검토하여 법령안에의 반영여부를 결정하고 그 처리결과 및 처리이유 등을 지체 없이 의견제출자에게 통지하고($\frac{\text{동 규정}}{\S 18\,①}$), 입법예고결과 제출된 의견 중 중요한 사항에 대하여는 그 처리결과를 법률안 또는 대통령령안의 경우에는 국무회의 상정안에 첨부하고, 총리령안 또는 부령안의 경우에는 법제처장에게 제출하도록 의무화하고 있다($\frac{\text{같은}}{\text{조}\,②}$).

4.4. 형 식

법규명령은 문서로 제정하되 조문형식을 취한다($\frac{\text{사무관리규정}}{\text{시행규칙}\,\S 3\,\text{i}}$).

4.5. 공 포

법규명령은 대외적 구속력을 지닌 법이므로 공포되어야 한다. 법규명령의 공포절차는 관보에 게재하는 방법에 의한다($\frac{\ulcorner\text{법령 등 공포에 관}}{\text{한 법률」}\,\S 11\,①}$). 공포일은 관보 발행일이다.

4.6. 효력 발생

적법하게 공포된 법규명령, 즉 대통령령, 총리령 및 부령은 이를 시행함으로써 구속력을 발한다. 시행일은 당해 명령에서 특별히 규정하는 것이 보통이나, 특별한 규정이 없으면 공포한 날부터 20일이 경과함으로써 효력을 발생한다($\frac{\ulcorner\text{법령 등 공포에}}{\text{관한 법률」}\,\S 13}$). 다만 국민의 권리 제한 또는 의무 부과와 직접 관련되는 법률, 대통령령, 총리령 및 부령은 긴급히 시행하여야 할 특별한 사유가 있는 경우를 제외하고는 공포일부터 적어도 30일이 경과한 날부터 시행되도록 하여야 한다($\frac{\ulcorner\text{법령 등 공포에 관}}{\text{한 법률」}\,\S 13의2}$).

5. 법규명령의 흠과 그 효과

적법요건에 흠이 있으면 그 법규명령은 위법한 법규명령이 된다. 가령 법규명령이 형식적 요건을 충족시키지 못했거나, 충분한 수권근거를 갖추지 못하였거나 또는 내용상 상위법령을 위반한 경우를 생각할 수 있다. 위법한 법규명령은 무효(^{nichtig})이다. 법규명령의 경우에는 행정행위와 달리 유효와 무효의 중간단계, 즉 취소가능성($^{\text{Aufheb-}}_{\text{barkeit}}$)이란 상태가 존재하지 않는다.[29] 그러나 행정행위에서와 같이 '흠의 정도'에 따라 그 효력을 구분하는 것이 다수의 견해인 것으로 보인다. 즉, 흠이 중대·명백한 경우의 명령은 무효이며, 중대·명백한 정도에 이르지 않는 경우에는 취소할 수 있는 명령이 된다는 것이다.

---

29) 김남진, 행정법 I, 175; 홍정선, 행정법원론(상), 244; Maurer, § 13 Rn.15. 김남진교수는 이를 현행법상 법규명령의 취소소송이 인정되어 있지 않기 때문이라고 한다(김남진, 기본문제, 166; 동, 행정법 I, 195).

참고로 초기 판례 중 "원래 대통령령은 법령의 효력을 가진 것으로서 행정소송법상 행정처분이라고 할 수 없다고 해석함이 타당할 것이지만, 법령의 효력을 가진 명령이라도 그 효력이 다른 행정행위를 기다릴 것 없이 직접적이고 현실적으로 그 자체로서 국민의 권리훼손 기타 이익침해의 효과를 발생케 되는 성질의 것이라면 행정소송법상 처분이라고 보아야 할 것이요 따라서 그에 관한 이해관계자는 그 구체적 관계사실과 이유를 주장하여 그 명령의 취소를 법원에 구할 수 있을 것"이라고 판시한 것[30]이 있다. 그러나 이 판례는 예외적으로 **처분적 법규명령의 처분성**을 인정한 판례이므로 일반화할 수는 없다. 오히려 판례는, 이 문제를 특별히 밝혀 판단하고 있지는 않지만, 법규명령의 흠의 효과로서 무효와 취소를 구별하지 않고, 줄곧 하자있는 법규명령이 무효임을 인정하는 입장에 서 있는 것으로 보인다.[31]

한편, 하위법령 규정의 상위법령 저촉여부가 명백하지 아니한 경우, **하위법령의 의미를 상위법령에 합치되는 것으로 해석하는 것도 가능하다면 하위법령이 상위법령에 위반된다는 이유로 쉽게 무효를 선언할 것은 아니라는 것**이 대법원의 판례이다. 이는 **합헌적 법률해석** $\binom{\text{verfassungskonforme}}{\text{Auslegung des Gesetzes}}$의 원칙처럼 '**합법적 법령해석**'$\binom{\text{rechtskonforme Auslegung}}{\text{der Rechtsverordnungen}}$의 원칙을 천명한 것으로 이해된다.

"국가의 법체계는 그 자체로 통일체를 이루고 있으므로 상·하규범 사이의 충돌은 최대한 배제되어야 하며 또한 규범이 무효라고 선언될 경우에 생길 수 있는 법적 혼란과 불안정 및 새로운 규범이 제정될 때까지의 법적 공백 등으로 인한 폐해를 회피할 필요성이 있음에 비추어 보면, 하위법령의 규정이 상위법령의 규정에 저촉되는지가 명백하지 아니한 경우에, **관련 법령의 내용과 입법 취지 및 연혁 등을 종합적으로 살펴 하위법령의 의미를 상위법령에 합치되는 것으로 해석하는 것도 가능한 경우라면, 하위법령이 상위법령에 위반된다는 이유로 쉽게 무효를 선언할 것은 아니다.**"[32]

6. 법규명령의 소멸

법규명령은 그 효력을 장래에 향하여 소멸시키려는 행정권의 명시적·직접적 의사표시, 즉 폐지로써 소멸된다. 법규명령의 폐지는 그 대상인 명령과 동위 또는 상위의 법령에 의해서만 가능하다. 법규명령은 또한 그와 내용상 충돌되는 동위 또는 상위의 법령의 제정(간접적 폐지), 법정부관(예: 한시법의 경우 종기의 도래, 일몰규제$\binom{\text{sunset}}{\text{regulation}}$시 규제기한의 도래)의 성취 또는 근거법령의 소멸 등으로 인하여 실효됨으로써 소멸될 수도 있다.

30) 대법원 1954.8.19. 선고 4286行上37 판결.
31) 김남진, 행정법 I, 175-176. 동지 대법원 1988.5.24. 선고 88누1073 판결; 대법원 1985.3.26. 선고 84누384 판결; 대법원 1979.2.27. 선고 77누86 판결; 대법원 1962.1.25. 선고 4294民上9 판결.
32) 대법원 2016.12.15. 선고 2014두44502 판결.

7. 법규명령의 통제

현대행정국가에 있어 위임입법의 확대는 이미 거역할 수 없는 대세지만 법규명령의 비중이 증대되면 될수록 그에 대한 통제의 필요성도 커지지 않을 수 없다. 법규명령의 통제는 이러한 상황에서 의회제적 민주주의와 법치국가원칙으로부터 파생된 국회입법의 원칙을 관철시키기 위한 제어방법으로서 의미를 가진다. 법규명령의 통제는 그 주체에 따라 국회와 국민에 의한 정치적 통제와 사법적 통제, 행정적 통제로 분류될 수 있는데 여기서는 이를 개관해 본다.

7.1. 정치적 통제

법규명령은 의회와 민중에 의하여 정치적으로 통제될 수 있다. 가령 의회는 정부불신임, 탄핵, 예산심의 등을 통한 간접적 통제방법에 의하거나 법규명령에 대한 직접적인 동의·승인권을 유보함으로써 직접적으로 법규명령을 통제할 수도 있다. 이 중 후자의 예로는 가령 독일의 동의권유보(Zustimmungs- und Mitwirkungsvorbehalt), 영국의 의회제출절차(laying process), 미국의 입법적 거부권(legislative veto) 등을 들 수 있다. 우리나라의 경우 그와 같은 제도는 도입되어 있지 않다. 다만, 국회법은 제98조의2에서 "중앙행정기관의 장은 법률에서 위임한 사항이나 법률을 집행하기 위하여 필요한 사항을 규정한 대통령령·총리령·부령·훈령·예규·고시등이 제정·개정 또는 폐지된 때에는 10일 이내에 이를 국회 소관상임위원회에 제출하여야 한다. 다만, 대통령령의 경우에는 입법예고를 하는 때(입법예고를 생략하는 경우에는 법제처장에게 심사를 요청하는 때를 말한다)에도 그 입법예고안을 10일 이내에 제출하여야 한다"고 규정하여 대통령령등 법규명령 등의 국회제출제를 도입하였다. 이는 일종의 의회제출절차를 제도화한 셈이지만, 국회법은 이들 법규명령들의 국회 (소관 상임위) 제출만을 의무화하는 데 그치고 있어 제출의무 불이행시 제재등 법적 효과나 후속조치에 관하여는 침묵하고 있기 때문에 실효성이 있을지 의문이 제기되고 있다.

국회법은 2005년 7월 28일의 개정법에서 이 제도의 실효성을 확보하기 위한 다소 강화된 수단들을 도입하였다. 즉, 기간 내에 제출하지 못한 경우에는 그 이유를 소관상임위원회에 통지하도록 하고(§98의2②), 상임위원회가 위원회 또는 상설소위원회를 정기적으로 개회하여 그 소관중앙행정기관이 제출한 대통령령·총리령 및 부령(이하 이 조에서 "대통령령등"이라 한다)에 대하여 법률에의 위반여부등을 검토하여 당해대통령령등이 법률의 취지 또는 내용에 합치되지 아니하다고 판단되는 경우에는 소관중앙행정기관의 장에게 그 내용을 통보할 수 있도록 하는 한편, 그 경우 중앙행정기관의 장은 통보받은 내용에 대한 처리 계획과 그 결과를 지체 없이 소관상임위원회에 보고하여야 한다고 규정하였다(§98의2③). 또한 전문위원은 제3항의 규정에 의한 대통령령등을 검토하여 그 결과를 당해위원회 위원에게 제공하도록 하였다(§98의2④).

법규명령에 대한 정치적 통제는 국회의 국정조사 및 감사를 통하여 이루어질 수 있다.

한편 민중적 통제방법으로는 법규명령제정과정에 대한 참가제도라든지 입법청원, 법령안의 입법예고 등을 생각할 수 있는데 현행법상 청원과 입법예고제가 실시되고 있다.

7.2. 사법적 통제

사법에 의한 통제는 곧 재판적 통제이다. 재판적 통제방법으로는 통상의 행정재판 외에 추상적·구체적 규범통제제도, 헌법소원 등이 채용될 수 있으나, 우리나라의 경우 추상적 규범통제제도는 채택되지 않고 있고, 법규명령의 위헌·위법성을 그것이 재판의 전제가 된 때에 한하여 부수적으로 통제하는 구체적 규범통제방법과 헌법소원이 주된 통제수단이 될 것이다. 물론 법규명령이 직접 국민의 법적 지위에 영향을 미치는 처분적 성격을 띨 때에는 예외적으로 취소소송의 대상이 될 수 있으며, 헌법재판소가 시사한 바 있듯이 일정한 조건하에 법률의 제정을 소구하는 헌법소원이 인정된다면,[33] 마찬가지로 법률의 명시적 위임이 있었음에도 수임자가 이를 방치하고 있을 때에는 법규명령의 제정을 소구하는 헌법소원도 가능하다고 보아야 할 것이다. 실제로 헌법재판소는 구 군법무관임용법 제5조 제3항 및 군법무관임용등에관한법률 제6조가 군법무관의 봉급과 그 밖의 보수를 법관 및 검사의 예에 준하여 지급하도록 하는 대통령령을 제정할 것을 규정하였는데, 대통령이 지금까지 해당 대통령령을 제정하지 않는 것이 청구인들(군법무관들)의 기본권을 침해한 것이라고 판시한 바 있다.[34]

"1. 우리 헌법은 국가권력의 남용으로부터 국민의 자유와 권리를 보호하려는 법치국가의 실현을 기본이념으로 하고 있고, 자유민주주의 헌법의 원리에 따라 국가의 기능을 입법·행정·사법으로 분립하여 견제와 균형을 이루게 하는 권력분립제도를 채택하고 있어, 행정과 사법은 법률에 기속되므로, **국회가 특정한 사항에 대하여 행정부에 위임하였음에도 불구하고 행정부가 정당한 이유 없이 이를 이행하지 않는다면 권력분립의 원칙과 법치국가의 원칙에 위배**되는 것이다.

2. 가. 구 군법무관임용법 제5조 제3항은 1967.3.3. 제정되어 2000.12.26. 폐지되었고, 군법무관임용등에관한법률 제6조는 2000.12.26. 제정되었다. 그러나 해당 시행령은 지금까지 제정된바 없다. 위 구법조항과 현행법 조항은 자구 내용만 일부 달라졌을 뿐 기본적으로 내용이 동일하다. 그렇다면 위 구법조항 시행시부터 약 37년간 해당 시행령에 관한 입법부작위 상태가 지속되고 있다.

나. 행정부가 위임입법에 따른 시행명령을 제정하지 않거나 개정하지 않은 것에 정당한 이유가 있었다면 그런 경우에는 헌법재판소가 위헌확인을 할 수는 없다. 그러한 정당한 이유가 인정되기 위해서는 그 위임입법 자체가 헌법에 위반된다는 것이 명백하거나, 행정입법 의무의 이행이 오히려 헌법질서를 파괴하는 결과를 가져옴이 명백할 정도는 되어야 할 것이다.

---

33) 헌법재판소 1992.12.24. 선고 90헌마174 결정.
34) 헌법재판소 2004.2.26. 선고 2001헌마718 결정.

다. 위 조항들은 군법무관의 보수 수준에 관한 것으로서 위헌임이 명백할 만큼 자의적이라고 할 수 없고, 군법무관 직무의 특수성을 고려할 때 위 규정이 입법자의 입법형성의 헌법적 한계를 벗어난 것이라고도 볼 수 없다.

라. 이 사건 입법부작위의 정당한 이유로써 거론된 '타 병과 장교와의 형평성 문제'는 시행령 제정의 근거가 되는 법률의 개정을 추구할 사유는 될 수 있어도, 해당 법률에 따른 시행령 제정을 거부하는 사유는 될 수 없다. 또한 '예산상의 제약'이 있다는 논거도 예산의 심의·확정권을 국회가 지니고 있는 한 이 사건에서 입법부작위에 대한 정당한 사유라고 하기 어렵다.

마. 한편 법률이 군법무관의 보수를 판사, 검사의 예에 의하도록 규정하면서 그 구체적 내용을 시행령에 위임하고 있다면, 이는 군법무관의 보수의 내용을 법률로써 일차적으로 형성한 것이고, 따라서 상당한 수준의 보수청구권이 인정되는 것이라 해석함이 상당하다. 그러므로 이 사건에서 **대통령이 법률의 명시적 위임에도 불구하고 지금까지 해당 시행령을 제정하지 않아 그러한 보수청구권이 보장되지 않고 있다면 그러한 입법부작위는 정당한 이유 없이 청구인들의 재산권을 침해하는 것으로써 헌법에 위반된다.**"

이후 대법원도 동일한 견지에서 행정입법 부작위로 인한 보수청구권 침해를 불법행위라고 판시하였다.

"입법부가 법률로써 행정부에게 특정한 사항을 위임했음에도 불구하고 행정부가 정당한 이유 없이 이를 이행하지 않는다면 권력분립의 원칙과 법치국가 내지 법치행정의 원칙에 위배되는 것으로서 위법함과 동시에 위헌적인 것이 되는바, 구 군법무관임용법(1967.3.3. 법률 제1904호로 개정되어 2000.12. 26. 법률 제6291호로 전문 개정되기 전의 것) 제5조 제3항과 군법무관임용 등에 관한 법률(2000.12.26. 법률 제6291호로 개정된 것) 제6조가 군법무관의 보수를 법관 및 검사의 예에 준하도록 규정하면서 그 구체적 내용을 시행령에 위임하고 있는 이상, 위 법률의 규정들은 군법무관의 보수의 내용을 법률로써 일차적으로 형성한 것이고, 위 법률들에 의해 상당한 수준의 보수청구권이 인정되는 것이므로, 위 **보수청구권은 단순한 기대이익을 넘어서는 것으로서 법률의 규정에 의해 인정된 재산권의 한 내용이 되는 것으로 봄이 상당하고, 따라서 행정부가 정당한 이유 없이 시행령을 제정하지 않은 것은 위 보수청구권을 침해하는 불법행위에 해당한다.**"[35]

7.3. 행정적 통제

법규명령은 행정권내부에서 상급행정기관의 감독, 국가의 지방자치단체에 대한 감독 등을 통하여 또는 법규명령의 제정절차를 통하여 통제될 수 있으며, 나아가 행정기관·공무원의 법령심사권[36]을 통해서도 통제될 수 있다.

---

35) 대법원 2007.11.29. 선고 2006다3561 판결.
36) 김남진, 월간고시 1991/1, 48. 다만 법령의 적용배제권은 인정되지 않는다고 한다.

Ⅱ. 자치법규

자치법규란 지방자치단체가 자치입법권에 의하여 법령의 범위 안에서 제정하는 자치에 관한 법규로서($\frac{\text{헌법 §}}{117 \text{ ①}}$), 대표적 유형으로 지방의회가 제정하는 조례와 지방자치단체의 장이 제정하는 규칙이 있다. 지방자치단체 역시 행정주체로서 법령의 범위 내에서 자치법규에 의하여 행정임무를 수행하고 있다. 조례는 자치사무와 단체위임사무에 관하여 제정될 수 있고, 규칙은 기관위임사무에 관하여도 제정될 수 있으며 그 한도 내에서 법규범으로서 행정법의 법원이 될 뿐만 아니라 그 자체 독자적인 지방자치행정의 법형식으로서 기능을 수행할 수 있다.

제 3 관   행정규칙

Ⅰ. 개   념

행정규칙($^{Verwaltungs-}_{vorschriften:\ VV}$)이란, 상급행정청 또는 상급자가 하급행정청 또는 하급직원에 대하여 행정조직 내부에서 행정조직의 운영, 행정사무의 처리(법률집행·재량행사·행정절차 등)를 규율하기 위하여 발하는 일반추상적 규정을 말한다.[37] 행정조직의 위계상 상급자는 하급자에 대해 소관사무에 관한 직무상 명령권($^{Weisungs-}_{kompetenz}$)을 가지는데 이 명령권은 개별적 지시나 일반적 지시 또는 일반추상적인 규범의 형태로 행사된다.

> 가령 구청장은 부하직원에게 출장명령을 발하거나 관할구역 내의 모든 불법건축물의 철거를 지시하거나 구청소속 각부서장의 부재시 상호적 권한대리에 관한 규정을 발할 수 있는데, 이 중 일반추상적인 규범의 형태로 발해지는 것이 바로 행정규칙[38]이다.

법적 성질, 효력, 발령근거의 필요여부 등 논란이 있지만, 행정규칙은 일정한 예외를 제외하고는, 행정의 내부법(^{Innenrecht})으로서 법규가 아니므로 외부적 구속력이 없고 따라서 법률의 근거 없이도 집행권의 고유권한으로서 발할 수 있다는 것이 통설이다. 따라서 행정규칙을 행정상 '입법'의 일종이라고 하거나 또는 '행정입법'의 형태를 띤 행위형식이라고 말하는 것은 문제가 있다. 행정규칙은 다음과 같은 문제영역과 관계를 맺고 있다:

① 법원론: 행정규칙의 성질과 관련하여 그 법원성 여하가 문제된다.
② 법률의 유보: 법률 또는 법규명령에 의하여 규율되어야 할 사항은 행정규칙으로 규율할 수 없다.
③ 재량·판단여지의 법리: 법률로 규율된 영역에서 행정규칙은 재량 또는 판단여지가 인정되는 범위 내에서만 발해질 수 있다.
④ 행위형식론: 행정규칙 또한 그 자체로서 특수한 종류의 행위형식이다.
⑤ 행정조직: 행정규칙은 행정의 위계구조를 전제조건으로 하는 제도이다.

행정규칙은 오히려 그 자체로서 특수한 종류의 행정작용의 법형식이다.[39] 이것은 행정조

---

37) 이에 관하여는 김동희, 행정법 I, 143; Ossenbühl, in: Erichsen/Martens, allgemeines Verwaltungsrecht, Rn.31; Maurer, aaO., § 24 Rn.1 등을 참조.
38) 행정규칙에 관한 용어예는 일정치 않으며 행정규칙 외에도 예규·운영지침·통첩·규정·행정명령 등 다양한 용어가 사용되고 있으나 이를 총칭하는 개념으로 「행정규칙」이 통용되고 있다.
39) 독일에서 행정규칙을 행정조직의 위계구조를 전제로 하는 제도라고 보아 행정조직법의 차원에서 다루고 있음은 유의할 만한 점이다(Maurer, § 24 Rn.6).

직상 상급기관이 그 지휘·감독권에 의거하여 하급기관의 권한행사를 지휘할 수 있도록 함으로써 행정이 전체로서 통일성을 기할 수 있도록 해 준다. 또 행정규칙은 제한적인 범위에서 국민에게 중대한 법적 영향을 미칠 수 있다. 특히 고도과학기술 행정 등 분야에 따라서는 법률의 유보에 입각한 법적 규율(^{Verrechtlichung})이 극히 미흡한 수준에 머무르는 경우가 많기 때문에 행정규칙이 중요한 역할을 수행하고 있다($^{\text{가령 자금지원 교부지침:}}_{\text{Subventionsrichtlinie}}$). 여기에 법적 성질을 둘러싼 아직도 진행 중인 논란에도 불구하고, 행정규칙을 행정상 행위형식의 일종으로 고찰해야 하는 이유가 있다.[40]

Ⅱ. 행정규칙의 유형

행정규칙은 넓은 뜻에서 특별권력관계와 행정조직 내부에서 정립되는 일반추상적 규정으로 보아 조직규칙(예: 사무분장규정), 근무규칙(예: 훈령), 영조물규칙(예: 국립대학교 학칙)으로 분류할 수 있다. 여기서는 행정규칙을 그 내용과 형식에 따라 분류해 살펴보기로 한다.

1. 내용에 따른 분류

1.1. 조직 및 근무규칙

조직 및 근무규칙($^{\text{Organisations- und}}_{\text{Dienstvorschriften}}$)이란 행정기관이 보조기관 또는 소속관서의 설치·조직·권한배분·사무처리절차 등을 정하기 위하여 또는 상급기관이 하급기관의 직무수행을 계속적으로 규율하기 위하여 발하는 행정규칙을 말한다. 관청 내부의 사무분장규정, 사무처리규정 등과 같은 조직규칙[41]과 훈령·지시·예규·일일명령 같은 근무규칙이 포함된다.

1.2. 해석규칙

해석규칙($^{\text{norminterpretierende VV,}}_{\text{Auslegungsrichtlinie}}$)이란 법규, 특히 불확정 개념의 통일적 적용을 가능케 하기 위하여 해석지침을 정하는 행정규칙을 말한다. 이것은 하급기관에게 법의 해석적용의 일관된 준거를 제공해 줌으로써 법의 통일적 적용을 보장하는 기능을 한다.

1.3. 재량준칙

재량준칙($^{\text{ermessenslenkende VV,}}_{\text{Ermessensrichtlinie}}$)이란 상급기관이 하급기관에게 재량행사의 일반적 기준을 정해주

---

40) 김남진, 국가의 경제에의 참여와 개입, 공법연구 제16집, 1988, 107 및 거기 인용된 Jürgen Becker, Öffentliche Unternehmen als Gegenstand des Wirtschaftsverwaltungsrechts, DÖV 1984, 317 등 참조.
41) 조직규칙의 규율범위는 행정조직법정주의로 인하여 제한되어 있다.

기 위하여 발하는 행정규칙을 말한다. 이것은 행정청의 통일적이고 균일한 재량행사를 확보해 주는 기능을 한다.

간소화지침 ●● 이것은 독일에 있어 대량적 행정처분에 대해 그 통일적 처분기준을 설정하기 위하여 발하는 행정규칙을 말한다. 간소화지침($^{Vereinfachungs-}_{anweisungen}$)은 특히 세법상 합산과세, 조세감면의 기준설정, 평가지침 등에 의한 조세부과과정을 단순화하는 데 봉사한다.[42]

1.4. 법률대체적 또는 법률보충적 행정규칙

적용할 법률이 존재하지 아니하거나 개괄적으로만 규정되어 있어 구체화가 필요한 경우 이를 대체 또는 보충하기 위하여 발하는 행정규칙이 법률대체적 또는 법률보충적 행정규칙($^{gesetzesvertretende\ oder}_{normkonkretisierende\ VV}$)[43]이다.

2. 실정법상 형식에 따른 분류

행정규칙은 실정법상 형식에 따라 고시와 훈령으로 나뉘며, 훈령은 다시 좁은 의미의 훈령·지시·예규·일일명령으로 세분된다.

2.1. 고 시

고시란 행정기관이 법령이 정하는 바에 따라 일정한 사항을 불특정다수의 일반인에게 공표하는 행정규칙을 말한다. 그러나 고시라는 이름으로 발해지는 행정의 행위형식은 행정규칙 말고도 다양한 법적 성질을 띤 경우가 적지 않다.

고시의 유형 ●● 일반적으로 고시의 법적 성질은 일률적으로 판단될 것이 아니라 고시에 담겨진 내용에 따라 구체적인 경우마다 달리 결정된다. 즉, **고시가 일반·추상적 성격을 가질 때에는 법규명령 또는 행정규칙에 해당하지만, 고시가 구체적인 규율의 성격을 가진다면 행정처분에 해당한다**는 것이 헌법재판소의 판례이다.[44] 고시는 「국토의 계획 및 이용에 관한 법률」에 의한 도시관리계획결정의 고시, 용도지역·용도지구·용도구역의 지정·고시, 도로법에 의한 도로구역결정의 고시 등처럼 불특정다수인의 권리의무를 권력적으로 규율하는 **일반처분**에 해당할 수 있고, **준법률행위적 행정행위(통지)**의 성질을 띠는 경우도 있다. 가령 토지보상법에 따른 **사업인정의 고시**는 기업자에게 사업인정이 주어졌다는 객관적 **사실의 통지**로서 **공고**에 해당한다. 고시는 정부가 결정된 유류정책의 내용을 공표하는 경우와 같이 **단순**

42) Erichsen/Martens, § 7 Rn.37.
43) 독일에서는 그 예로 자금지원 교부지침(Subventionsrichtlinie), 대기환경기준(TA Luft), 상수원보호구역지침(Richtlinien für Trinkwasserschutzgebiete), 공업규격기준(DIN: Deutsches Institut für Normung e.V.) 등이 거론된다.
44) 헌법재판소 1998.4.30. 선고 97헌마141 결정; 헌법재판소 2004.1.29. 2001헌마894 전원재판부 결정.

한 **사실행위**로 행해질 수도 있다.

2.2. 훈 령(광의)

사무관리규정 제7조는 '공문서'를 법규문서·지시문서·공고문서·비치문서·민원문서 및 일반문서로 나누고, 그중 법규문서는 헌법·법률·대통령령·총리령·부령·조례 및 규칙 등에 관한 문서를($^{§\,7}_\mathrm{i}$), 지시문서는 훈령·지시·예규 및 일일명령 등 행정기관이 그 하급기관 또는 소속공무원에 대하여 일정한 사항을 지시하는 문서를 말한다고 정의한다($^{§\,7}_\mathrm{ii}$). 여기서 행정규칙은 법규문서와 구별되는 지시문서, 즉 그 문서들에 담긴 지시를 말한다. 사무관리규정시행규칙($^{§\,3}_\mathrm{ii}$)은 지시문서(넓은 의미의 훈령, 근무규칙)를 다음 네 가지로 구분하고 있다.

2.2.1. 훈 령

상급기관이 하급기관에 대하여 장기간에 걸쳐 그 권한의 행사를 일반적으로 지시(지휘·감독)하기 위하여 발하는 명령이다. 이것은 특정 공무원 개인에 대한 명령으로서 그 개인의 직무에 대하여 구속력을 지닌 직무명령과는 구별된다. 공무원 교체시 직무명령은 상대방이 바뀌어 무의미해지지만 훈령은 공무원 개인이 교체되더라도 구속력을 갖는다. 이것은 조문형식 또는 사무관리규정시행규칙 별지 제1호의2 서식의 시행문형식($^{이하\,"시행문형}_{식"이라\,한다}$)에 의하여 작성하고, 누년 일련번호를 사용한다.

2.2.2. 지 시

상급기관이 직권 또는 하급기관의 문의에 의하여 개별적·구체적으로 발하는 명령이다. 엄밀히 볼 때, 이것은 일반추상적 규율이 아니므로 행정규칙에 해당한다고 보기 어렵다.[45] 이것은 시행문형식에 의하여 작성하고, 연도표시 일련번호를 사용한다.

2.2.3. 예 규

행정사무의 통일을 기하기 위하여 반복적 행정사무의 처리기준을 제시하는 법규문서 외의 문서로서 조문형식 또는 시행문형식에 의하여 작성하고, 누년 일련번호를 사용한다.

2.2.4. 일일명령

당직·출장·시간외근무·휴가 등 일일업무에 관한 명령으로서 시행문형식 또는 별지 제2호 서식의 회보형식 등에 의하여 작성하고, 연도별 일련번호를 사용한다.

---

45) 김남진, 행정법 I, 195.

Ⅲ. 법적 성질

행정규칙의 법원성과 법규성은 크게 논란되고 있다. 이에 관해 간단히 살펴보면 다음과 같다. 행정규칙의 법원성에 관한 논의는 우선 그 용어법에서부터 혼선을 빚고 있는 실정이다. 즉 법원(^{Rechtsquelle})의 개념을 외부법($^{Außenrecht:\ 우리나}_{라에서의\ 「법규」개념}$)에 국한시킨다면 「행정규칙은 외부, 즉 대국민적인 구속력을 갖지 않는다」는 전통적 견해에 따르면 행정규칙의 법원성은 의당 부인될 수밖에 없다. 그러나 반면 법원의 개념을 「모든 법적 규정들」($^{alle}_{Rechtssätze}$) 또는 「행정사무처리의 기준」으로 파악한다면 행정규칙의 법원성은 인정될 수 있을 것이고, 다만 단지 법원 중 외부법과 내부법을 구별할 필요가 생길 뿐이다. 반면 행정규칙의 외부적 효력을 인정한다면 당연히 그 법원성이 인정될 것임은 물론이다. 한편 행정규칙의 법규성에 관하여는 행정규칙의 법규성이란 이름 아래 그 대외적 효력($^{Außen-}_{wirkung}$)의 유무, 즉 그 대국민적 구속력 여부가 다투어지고 있으므로, 혼란을 회피하기 위해서라도 법규성이란 개념 대신 대외적 효력이란 말을 사용하여 문제를 다루는 것이 바람직할 것이다. 우리나라에서는 이러한 의미에서 행정규칙의 법규성 문제가 논의되고 있다.

Ⅳ. 행정규칙의 효력

1. 행정내부적 효력

행정규칙은 행정조직 내부에서 그 권한행사를 지휘·감독하기 위하여 발하는 명령이므로, 그 대외적 효력 여하와는 별도로 행정내부적 효력을 지닌다. 행정규칙의 수범자로 된 행정청이나 공무원은 그 직무상 복종의무($^{dienstrechtliche}_{Gehorsamspflicht}$)에 따라 행정규칙을 준수하고 적용하여야 한다. 반면 행정규칙은 일방적·편면적 구속력을 지니므로 행정의 자기구속이 성립되는 경우 외에는 이를 발한 행정청 자신을 구속하지 않는다. 그 효력이 미치는 범위(^{Reichweite})는 행정조직법상 지휘·감독권 또는 소관사무의 범위와 일치한다. 따라서 가령 재무부장관이 발한 행정규칙은 내무부 소속기관이나 공무원에 대하여는 구속력을 갖지 않는다. 또한 행정규칙의 효력은 한 행정주체 내부에 국한되는 것이므로,[46] 가령 어느 한 지방자치단체에서 발해진 행정규칙이 다른 지방자치단체에서 구속력을 발할 수 없음은 물론이다. 다만 지방자치단체가 수행하는 단체위임사무처럼 국가가 법적 통제뿐만 아니라 전문통제(^{Fachaufsicht})의 권한을 가지

---

46) Maurer, § 24 Rn.18, S.553.

는 경우에는 예외적으로 국가가 이에 관해 발령한 행정규칙은 지방자치단체의 기관에 대해서도 구속력을 갖게 된다. 행정규칙의 구속력은 공무원법상 징계책임에 의하여 뒷받침되기도 한다.

2. 대외적 효력

행정규칙은 그 수권의 기초나 규율범위 면에서 볼 때 행정조직 내부에서의 명령 내지 규범정립작용에 불과한 것이므로 원칙적으로 대외적 구속력이 없다. 물론 행정규칙도 행정내부적 구속력이 있기 때문에 사실상 대외적 구속력을 발휘하는 경우가 빈번한 것은 사실이다. 그렇지만 이것은 어디까지나 법이 직접 의도하지 않은 사실상의 결과일 뿐이고, 이러한 사실상의 외부효에 기하여 법적 통제 문제가 제기되는 것도 당연하지만, 그렇다고 이를 행정규칙의 외부효와 동일시할 수는 없다.

2.1. 원칙: 행정규칙은 대외적 구속력을 갖지 않는다

행정규칙은 원칙적으로 대외적 구속력이 없다.

구체적 적용례

"보건사회부장관의 훈령 제236호 식품등의위생관리사무처리규정은 법규의 성질을 가지는 것이 아니라 행정조직내부에서의 명령에 지나지 않으므로 상위법인 식품위생법 제25조 규정에 의하여 보장된 행정청의 재량권을 기속하는 것이 아니며, 법원도 그 훈령의 기속을 받는 것이 아니다."[47]

"훈령이란 행정조직 내부에 있어서 그 권한의 행사를 지휘 감독하기 위하여 발하는 행정명령으로서 훈령·예규·통첩·지시·고시·각서 등 그 사용명칭여하에 불구하고 공법상의 법률관계 내부에서 준거할 준칙 등을 정하는데 그치고 대외적으로는 아무런 구속력을 가지는 것이 아니다."[48]

"국세청의 기본통칙은 과세관청 내부에 있어서 세법의 해석기준 및 집행기준을 시달한 행정규칙에 불과하고, 법원이나 국민을 기속하는 효력이 있는 법규가 아니므로^(대법원 1992.12.22. 선고 92누7580 판결,
2004.10.15. 선고 2003두7064 판결 등), 기본통칙 그 자체가 과세처분의 적법한 근거가 될 수 없음은 조세법률주의의 원칙상 당연하다."[49]

2.2. 예외: 행정규칙이 대외적 구속력을 가지는 경우

행정규칙은 예외적으로 일정한 경우, 즉 법령에서 행정규칙으로 행정관청에 법령의 구체적 내용을 보충할 권한을 부여한 경우 또는 평등의 원칙이나 신뢰보호의 원칙에 따라 행정

---

47) 대법원 1979.7.10. 선고 79누99 판결.
48) 대법원 1983.6.14. 선고 83누54 판결. 원심: 대구고법 1983.1.11. 선고 82구106 판결.
49) 대법원 2007.2.8. 선고 2005두5611 판결.

기관이 규칙에 따라야 할 자기구속을 당하는 경우에는 대외적 구속력을 가진다는 견해가 지배적이다.

이 점은 헌법재판소에 의해서도 명시적으로 확인된 바 있다. 즉 헌법재판소는 "이른바 **행정규칙은 일반적으로는 대외적 구속력을 갖는 것이 아니며, 다만 행정규칙이 행정관청에 법령의 구체적 내용을 보충할 권한을 부여한 경우 또는 평등의 원칙이나 신뢰보호의 원칙에 따라 행정기관이 규칙에 따라야 할 자기구속을 당하는 경우에는 대외적 구속력을 갖게 되나,** 교육위원회의 인사관리규칙은 행정조직내부의 사무지침에 불과하고 그 변경으로 말미암아 인사 대상자의 기본적 권리나 법적 이익이 침해받는다고 할 수 없으므로 위 인사관리규칙은 헌법소원 심판청구의 대상이 될 수 없다"고 판시하였다.[50)]

2.2.1. 평등원칙에 의하여

평등원칙은 또한 행정규칙을 통해 구체화됨으로써 예외적·부분적으로나마 행정규칙에 대외적 효력(법규적 효력)을 부여해 주는 근거가 되기도 한다. 즉 행정규칙은 상당기간 계속 적용됨으로써 하나의 일관성 있는 행정실무상 관행을 성립시키며, 이에 따라 행정청은 특별한 실질적 근거 없이 유사한 사례를 차별적으로 취급할 수 없다는 구속을 받는다($\binom{\text{행정의 자기구속:}}{\text{Selbstbindung der}}$ $_{\text{Verwaltung}}$). 이 경우 평등원칙은 행정규칙을 대외적 효력을 갖는 법규로 전환시키는 전환규범($\binom{\text{Umschalt-}}{\text{norm}}$)으로 기능한다.[51)] 만일 행정청이 아무런 정당화사유 없이 개개의 사안에서 종전 행정규칙에 따라 지속된 실무관행을 벗어난 결정을 내린다면, 평등원칙 위반으로 평가되고, 따라서 이로 인해 불평등한 처우를 받은 국민은 (행정규칙의 법규성 여하를 불문하고) 행정소송 등을 통하여 권리구제를 받을 수 있다. 그러한 경우 국민은 정작 「행정규칙의 위반」 자체를 근거로 삼을 수는 없을지라도, 행정청이 이를 통하여 헌법상 평등원칙을 위반했다는 것을 이유로 행정소송을 제기할 수 있다.[52)]

2.2.2. 신뢰보호의 원칙을 통하여

행정규칙은 또한 신뢰보호의 원칙에 따라 개인이 행정기관에 대하여 그가 제정·공포한 행정규칙을 준수할 것을 요구할 권리를 가진다고 인정되는 때에도 대외적 구속력을 가질 수 있다.[53)] 그러나 엄밀히 따져 볼 때 과연 신뢰보호의 원칙을 근거로 곧바로 행정규칙의 대외적 구속력을 인정할 수 있을 것인지에 대해서는 의문의 여지가 있다. 왜냐하면 행정규칙은 행정내부에서 행정청이나 공무원을 수범자로 하여 발급되는 것이고 또 이들에게 의무를 부과하는 것이므로, 행정규칙만으로는 신뢰보호의 요건, 즉 행정의 의사표명이나 기타의 언동

---

50) 헌법재판소 1990.9.3. 선고 90헌마13 결정.
51) 이것은 독일 연방행정법원의 판례이기도 하다(BVerwGE 58,45,49).
52) Maurer, § 24 Rn.21.
53) 헌법재판소 1990.9.3. 선고 90헌마13 결정; Klein, Festgabe für Forsthoff, S.179ff.

으로 말미암아 행정규칙이 행정청뿐만 아니라 자기에 대해서도 법적 효력을 가질 것($\substack{\text{rechts-}\\\text{erheblich}}$)이라는 개인의 기대가 성립하였다고 볼 수 있어야 한다는 요건을 충족시킬 수 없는 경우가 일반적일 것이다. 행정규칙이 공고되었다 하여도 사정이 달라지는 것은 아니다. 왜냐하면 행정규칙은 어디까지나 행정청이나 그 소속 공무원에 대해 발해지는 것이지 국민을 상대방으로 하여 발령되는 것은 아니기 때문이다. 이렇게 본다면 행정규칙이 신뢰보호의 원칙에 의하여 대외적 구속력을 갖기 위해서는 단순히 행정규칙이 제정·공포되었다는 것만으로는 부족하고 신뢰보호를 위한 그 밖의 요건들을 충족시켜야 한다고 해야 할 것이다. 가령 행정규칙이 구체적인 상황과 관련하여 특정인에 대한 일종의 확약의 의미를 갖는 것으로 인정될 수 있는 경우에는 신뢰보호의 원칙에 따라 그 대외적 효력을 가진다고 볼 수 있을 것이다.[54]

2.2.3. 이른바 규범구체화적 행정규칙의 경우

행정규칙이 외부적 구속력을 갖는 또 하나의 예외는 앞서 소개한 헌법재판소의 결정이 적시한 바와 같이 법령이 행정규칙으로 행정관청에 법령의 구체적 내용을 보충할 권한을 부여한 경우에 성립한다. 이와같이 법령이 행정규칙으로 행정관청에 법령의 구체적 내용을 보충할 권한을 부여한 경우 행정규칙이 외부적 구속력을 가진다고 하는 것은 독일 연방행정법원의 '뷜' 판결($\substack{\text{Whyl-}\\\text{Urteil}}$)을 계기로 전개되어 국내 일부 문헌에서 수용된, 이른바 '규범구체화적 행정규칙'의 법리와 무관하지 않다.

'뷜' 판결과 규범구체화 행정규칙의 법리 ●● 이 법리는 1985년 12월 19일 연방행정법원(제7부)은 "배출공기 또는 지표수를 통한 방사능유출량에 대한 일반적 산출기준은 **규범구체화적 지침**($\substack{\text{normkonkretisierende}\\\text{Richtlinie}}$)으로서 또한 행정법원들을 구속한다"고 판시함으로써 대두된 것이다($\substack{\text{BVerwGE}\\\text{72,300,301}}$).[55] '뷜' 판결($\substack{\text{Whyl-}\\\text{Urteil}}$)로 명명된 연방행정법원의 판례에 따르면, **그 지침이란 단지 규범해석적 행정규칙**($\substack{\text{norminterpretierende}\\\text{Verwaltungsvorschrift}}$)**과는 달리 규범상 설정된 한계 내에서 행정법원을 구속한다.** 법원은 오로지 이 지침이 자의적인 조사에 근거한 것인지 여부와, 허가관청이 이러한 산출기준을 적용함에 있어, 그러한 방식으로 정해진 방사선피폭량(노출기준치)을 토대로, 개개의 변수에 관해 현존하는 불확정성에도 불구하고 충분히 수용가능한 평가를 내릴 수 있다고 볼 수 있는지 여부에 관해서만 심사할 수 있다는 것이다. 이 판결을 계기로 규범구체화적 행정규칙이란 개념이 탄생되었지만 그 법적 실체의 근거나 적용한계가 확립된 것은 아니었다. 이후 연방행정법원은 1986년의 대기오염기준에 관한 행정규칙인 'TA-Luft'를 법률의 근거에 의해 발해진, 연방이미씨온보호법 제1조, 제3조 및 제5조의 요건들을 구체화하기 위한 행정규칙에 해당한다고 보았지만, 그 밖의 다른 주장에 대해서는 확연히 후퇴하는 태도를 보였다.[56] 이 판결을 둘러싸고 과연 규범구체화적 행정규칙

---

54) Maurer, § 24 Rn.24, S.557.
55) 이 판결의 내용에 관하여 상세한 것은 최정일, 법규범구체화행정규칙의 법적 성질 및 효력, 판례월보 264호, 34이하; 동, 독일에서의 행정규칙의 법적 성질 및 효력-특히 규범구체화행정규칙을 중심으로-, 서울대학교 법학박사 학위논문, 1995, 193이하 참조.
56) BVerwGE, NVwZ 1988, 824, 825.

과 같은 법적 실체가 독일의 법원체계에서 인정될 수 있는지, 그리고 그것에 어떠한 법적 효과가 결부될 수 있는지에 관해서 법해석론상 완전히 규명된 것은 아니라는 관측이 나왔다.[57] 물론 무엇보다도 연방행정법원의 '뷜' 판결이 법원의 통제를 행정의 증대된 책임과 최종결정권을 위하여 후퇴시켜 왔던 연방최고법원들의 새로운 일반적 경향에 부합되는 것은 사실이지만, 이후 연방헌법재판소는 원자력법상 허가를 행정규칙의 법적 성질에 판단과 관련하여 특수한 사례(^{Sonderfall})로 지칭한 바 있다.[58]

연방행정법원은 대기환경기준($^{TA}_{Luft}$), 상수원보호구역지침($^{Richtlinien\ für}_{Trinkwasserschutzgebiete}$) 주로 환경법과 기술법 분야에서만 "일반적으로 인정된 기술기준"이나 "과학기술 수준" 등과 같은 불확정법개념을 구체화하는 수단으로 규범구체화행정규칙을 인정해 왔고 2004년에는 사회법 분야에서 '청구권구체화적 행정규칙'($^{anspruchskonkretisierende}_{Verwaltungsvorschrift}$)을 인정하면서 기본법상 법치국가원칙과 효과적인 권리보호 보장($^{Garantie\ des\ effektiven}_{Rechtsschutzes:\ Art.\ 19\ Abs.\ 4\ GG}$)으로부터 제3자에 직접적인 외부효를 미치는 행정규칙은 이해관계자들에게 전면적으로 공지되어야 한다는 요구를 도출하면서 이러한 종류의 행정규칙들은 공고되지 아니하면 효력을 가질 수 없다고 판시했다.[59]

한편 유럽재판소(^{EuGH})는 일련의 판례를 통해 TA Luft 등 대외적 구속력을 결여한 행정규칙은 유럽연합 지침(^{Richtlinie})의 전환조치로 적절치 않으며, 독일 국내법원들이 TA Luft 등을 규범구체화행정규칙으로 보아 외부효력을 인정해 왔다는 독일정부의 주장을 일축함으로써, 독일 공법학계에 충격을 주기도 하였다.[60]

한편 대법원의 판례 중에는 법률보충적인 행정규칙이 성립할 수 있음을 시인하여 그러한 행정규칙, 규정이 당해법령의 위임한계를 벗어나지 아니하는 한 이들과 결합하여 대외적인 구속력이 있는 법규명령으로서 효력을 가질 수 있음을 인정한 것이 있다.

"소득세법시행령 제170조 제4항 제2호에 의하여 투기거래를 규정한 재산제세조사사무처리규정($^{국세청훈령}_{제980호}$)은 그 형식은 행정규칙으로 되어 있으나 위 시행령의 규정을 보완하는 기능을 가지면서 그와 결합하여 법규명령과 같은 효력(대외적인 구속력)을 가지는 것"[61]

이 판결에 대하여 이를 규범구체화적 행정규칙의 개념을 받아들인 것이라고 보려는 견해

---

57) Hill, Normkonkretisierende Verwaltungsvorschriften, NVwZ 1989, 402.

58) BVerfG, DVBl 1989, 94.

59) BVerwGE, Urteil des fünften Senats vom 25. November 2004, Az. 5 CN 1.03,

60) 지하수유럽지침 판결(EuGH, Urt. v. 28.2.1991-Rs C-131/88); 아황산가스유럽지침 판결(EuGH, Urt. v. 30.5. 1991-Rs C-361/88) 등. 이에 관해서는 송동수, "규범구체화 행정규칙과 법규범체계의 재정비-독일 행정규칙이론과 유럽재판소 판결을 중심으로-", 토지공법연구 제39집, 2008.2, 289-304, Hoppe/Otting, Verwaltungsvorschriften als ausreichende Umsetzung von rechtlichen und technischen Vorgaben der Europäischen Union?, NuR 1998, 64 등을 참조. 이후 유럽재판소의 판례를 존중하여 독일은 유럽지침의 전환을 법규명령으로 대체하는 등 입법적 변화를 단행했다.

61) 대법원 1989.11.14. 선고 89누5676 판결. 참고로 소득세법은 원칙으로 기준시가에 의해 산정된 양도차익을 기준으로 과세할 수 있게 하면서 실지거래가에 의한 법정과세요건은 대통령령에 위임, 이에 기해 제정된 시행령이 과세요건의 일부만을 규정하고, 지역에 따라 정하는 일정규모 이상의 거래 또는 국세청장이 지정하는 실체법상 과세요건을 다시 국세청장에게 위임함으로써 국세청장이 훈령으로 재산제세조사사무처리규정을 정할 수 있도록 하고 있다.

가 있으나,[62] 여기서 문제된 국세청훈령이 시행령과 결합하여 대외적 구속력을 가진다고 한 것은, 대법원의 종전 판례에 비추어 볼 때, 당해 훈령이 실질적으로는 위임명령에 해당한다는 것을 전제로 한 것임을 간과한 것이라는 취지의 반론[63]이 제기되고 있다.

이 점은 같은 국세청훈령 제980호에 관한 종전의 판결에서 이미 분명히 나타나고 있다고 한다. "상급 행정기관이 하급행정기관에 대하여 업무처리지침이나 법령의 해석적용에 관한 기준을 정하여서 발하는 이른바 행정규칙은 일반적으로 행정조직내부에서만 효력을 가질 뿐 대외적인 구속력을 갖는 것은 아니지만, 법령의 규정이 특정행정기관에게 그 법규명령의 구체적 사항을 정할 수 있는 권한을 부여하면서 그 권한 행사의 절차나 방법을 특정하고 있지 아니 한 관계로 수임행정기관이 행정규칙의 형식으로 그 법령의 내용이 될 사항을 구체적으로 정하고 있다면 **그와 같은 행정규칙, 규정은 행정규칙이 갖는 일반적 효력으로서가 아니라, 행정기관에 법령의 내용을 보충할 권한을 부여한 법령규정의 효력에 의하여 그 내용을 보충하는 기능을 갖게 된다 할 것이므로 이와 같은 행정규칙, 규정은 당해 법령의 위임한계를 벗어나지 아니 하는 한 그것들과 결합하여 대외적인 구속력이 있는 법규명령으로서의 효력을 갖게 된다.**"[64]

"'청소년유해매체물의 표시방법'에 관한 정보통신부고시는 청소년유해매체물을 제공하려는 자가 하여야 할 전자적 표시의 내용을 정하고 있는데, 이는 특정인에 대한 개별적·구체적인 처분의 성격을 지닌 것이라기보다는 청소년유해매체물의 전자적 표시 일반에 관한 일반적·추상적인 규정의 성격을 지닌 것이라 봄이 상당하다. 나아가 이 사건 **고시는 법 제42조 및 시행령 제21조 제2항, 제3항의 위임규정에 의하여 제정된 것으로서 국민의 기본권을 제한하는 내용을 담고 있으므로 상위법령과 결합하여 대외적 구속력을 갖는 법규명령으로 기능하고 있는 것이라 볼 수 있으므로 헌법소원의 대상이 된다**(헌재 1992.6.26. 91헌마25,
판례집 4, 444,449 참조)."[65]

"[1] 법령의 규정이 특정 행정기관에 그 법령 내용의 구체적 사항을 정할 수 있는 권한을 부여하면서 그 권한 행사의 절차나 방법을 특정하고 있지 않아 수임행정기관이 행정규칙인 고시의 형식으로 그 법령의 내용이 될 사항을 구체적으로 정하고 있는 경우, 그 고시가 당해 법령의 위임 한계를 벗어나지 않는 한, 그와 결합하여 대외적으로 구속력이 있는 법규명령으로서 효력을 가진다.

[2] 산지관리법 제18조 제1항, 제4항, 같은 법 시행령 제20조 제4항에 따라 산림청장이 정한 '산지전용허가기준의 세부검토기준에 관한 규정'(2003.11.20. 산림청
고시 제2003-71호) 제2조 [별표 3] (바)목 가.의 규정은 **법령의 내용이 될 사항을 구체적으로 정한 것으로서 당해 법령의 위임 한계를 벗어나지 않으므로, 그와 결합하여 대외**

62) 김남진, 기본문제, 847이하.

63) 김동희, 행정법 I, 164-165; 박윤흔, 행정법강의(상), 248-249, 260. 한편 이와 관련하여 최정일, 앞의 글, 46이하는 ① 독일의 경우 규범구체화행정규칙은 기술법·환경법 분야에 국한해 보는 것이 일반적이라고, ② 설령 세법에서 규범구체화행정규칙을 인정한다고 하더라도 동규정은 전문적 사실이해, 민주적·정치적 정당성의 절차적 전제조건이 미흡하여 규범구체화의 수권이 있다고 보기 어려우며, ③ 규범구체화행정규칙을 지지하는 오쎈뷜(Ossenbühl)도 세법분야에 대하여 "사실조사에 관한 행정규칙" 중 "간소화규칙"(Vereinfachungsanweisungen)과 "세법상의 평가준칙"(steuerliche Bewertungsrichtlinie)으로 분류하고 있는 점을 고려할 때 위 대법원판례가 동규정을 규범구체화행정규칙으로 인정한 것은 아니라고 하면서도, 그렇다고 이를 법규명령으로 볼 수는 없으며 법형식 그대로 행정규칙으로 보아야 한다고 한다.

64) 대법원 1987.9.29. 선고 86누484 판결. 동지 대법원 1988.3.22. 선고 86누249 판결.

65) 헌법재판소 2004.1.29. 2001헌마894 전원재판부 결정.

적으로 구속력이 있는 법규명령으로서 효력을 가진다.

[3] 법령상의 어떤 용어가 별도의 법률상의 의미를 가지지 않으면서 일반적으로 통용되는 의미를 가지고 있다면, 상위규범에 그 용어의 의미에 관한 별도의 정의규정을 두고 있지 않고 권한을 위임받은 하위규범에서 그 용어의 사용기준을 정하고 있다 하더라도 하위규범이 상위규범에서 위임한 한계를 벗어났다고 볼 수 없으며, 행정규칙에서 사용하는 개념이 달리 해석할 여지가 있다 하더라도 행정청이 수권의 범위 내에서 법령이 위임한 취지 및 형평과 비례의 원칙에 기초하여 합목적적으로 기준을 설정하여 그 개념을 해석·적용하고 있다면, 개념이 달리 해석할 여지가 있다는 것만으로 이를 사용한 행정규칙이 법령의 위임 한계를 벗어났다고는 할 수 없다."66)

한편 헌법 제117조 제1항에서 규정하고 있는 '법령'에 법률 이외에 헌법 제75조 및 제95조 등에 의거한 '대통령령', '총리령' 및 '부령'과 같은 법규명령이 포함되는 것은 물론이지만, 헌법재판소의 **"법령의 직접적인 위임에 따라 수임행정기관이 그 법령을 시행하는데 필요한 구체적 사항을 정한 것이면, 그 제정형식은 비록 법규명령이 아닌 고시, 훈령, 예규 등과 같은 행정규칙이더라도, 그것이 상위법령의 위임한계를 벗어나지 아니하는 한, 상위법령과 결합하여 대외적인 구속력을 갖는 법규명령으로서 기능하게 된다고 보아야 한다"**고 판시한 바에 따라(헌재 1992.6.26. 91헌마25, 판례집 4, 444,449), 헌법 제117조 제1항에서 규정하는 '법령'에는 법규명령으로서 기능하는 행정규칙이 포함된다고 해석하게 된다.67)

V. 특수문제: 행정규칙에 있어 형식과 내용의 불일치

1. 법규명령의 형식을 띤 행정규칙

1.1. 학 설

행정규칙은 보통 고시·훈령·예규 등의 형식을 취하지만, 종종 법규명령의 형식을 띠는 경우도 있다. 이처럼 행정규칙 사항을 법규명령 형식으로 정한 경우, 즉 「형식의 과잉」에 의한 규정을 행정규칙으로 볼 것인지 아니면 법규명령으로 볼 것인지에 관해 적극설과 소극설이 대립한다.

행정규칙으로만 정해야 할 행정규칙 고유의 규율사항이 무엇인지가 반드시 분명하지 않을 뿐만 아니라, 행정권으로서는 위임의 근거가 존재하는 한 동일한 사항을 행정규칙으로 규율하지 않고 법규명령으로 규율할 수 있으므로 적극설, 이를 법규명령으로 보는 것이 타당하다.

---

66) 대법원 2008.4.10. 선고 2007두4841 판결.
67) 헌법재판소 2002.10.31. 2001헌라1 전원재판부 결정.

1.2. 판 례

판례는 종래 소극설 입장에 서 있었으나, 적극설로 선회하는 경향을 띠기도 하고 다시 소극설로 기우는 듯한 태도를 보이는 등 다소 일관성이 없는 모습을 보이고 있다.

1.2.1. 과거의 판례

종래 부령인 시행규칙 또는 지방자치단체의 규칙으로 정한 행정처분의 기준의 법적 성질에 관하여 대법원은 이를 부령이라는 형식에도 불구하고 행정규칙으로 보았다.

"자동차운수사업법 제31조 제2항의 규정에 따라 제정된 자동차운수사업법 제31조등에 의한 사업면허취소처분등의 처분에 관한 규칙($^{1989.4.20.\ 교통}_{부령\ 제905호}$)이 형식은 부령으로 되어 있으나 그 규정의 성질과 내용이 자동차운수사업면허의 취소처분 등에 관한 사무처리 기준과 처분절차 등 행정청내의 사무처리준칙을 규정한 것에 불과한 것이어서 이는 교통부장관이 관계행정기관 및 직원에 대하여 그 직무권한의 지침으로 발한 행정조직 내부에 있어서의 행정명령의 성질을 가지는 것이고 따라서 위 규칙은 행정조직 내부에서 관계 행정기관이나 직원을 구속함에 그치고 대외적으로는 국민이나 법원을 구속할 수 없다."[68]

이후에도 대법원은 대법원 1995.10.17. 선고 94누14148 전원합의체 판결에서 "규정형식상 부령인 시행규칙 또는 지방자치단체의 규칙으로 정한 행정처분의 기준은 행정처분 등에 관한 사무처리기준과 처분절차 등 행정청 내의 사무처리준칙을 규정한 것에 불과하므로 행정조직 내부에 있어서의 행정명령의 성격을 지닐 뿐 대외적으로 국민이나 법원을 구속하는 힘이 없고, 그 처분이 위 규칙에 위배되는 것이라 하더라도 위법의 문제는 생기지 아니하고, 또 위 규칙에서 정한 기준에 적합하다 하여 바로 그 처분이 적법한 것이라고도 할 수 없으며, 그 처분의 적법 여부는 위 규칙에 적합한지의 여부에 따라 판단할 것이 아니고 관계 법령의 규정 및 그 취지에 적합한 것인지 여부에 따라 개별적·구체적으로 판단하여야 한다"고 판시함으로써 기존의 판례를 유지하였고, 그 다수의견에서, 행정처분에 효력기간이 정해져 있고 그 기간이 경과한 후에는 행정명령에 불과한 각종 규칙상 행정처분 기준에 관한 규정에서 위반 횟수에 따라 가중처분하게 되어 있다 하여 법률상의 이익이 있는 것으로 볼 수는 없다고 판시하였다.[69]

---

68) 대법원 1991.11.8. 선고 91누4973 판결. 이 판례에서 문제된 시행규칙은 종래 훈령으로 정해졌던 것을 법원이 그 법규성을 부인했던 것(대법원 1983.9.13. 선고 82누285 판결)에 대응하여 교통부가 같은 내용의 것을 법률개정을 통하여 교통부령으로 제정한 것이었다. 동지 대법원 1984.2.28. 선고 83누551 판결; 대법원 1990.1.25. 선고 89누3564 판결; 대법원 1992.3.31. 선고 91누4928 판결; 대법원 1992.4.14. 선고 91누9954 판결; 대법원 1992.4.28. 선고 91누11940 판결; 대법원 1992.5.12. 선고 91누11247 판결; 대법원 1992.6.23. 선고 92누2851 판결 등.
69) 자동차운행정지가처분취소등.

1.2.2. 적극설을 취한 경우

대법원은 시외버스운송사업의 사업계획변경 기준 등에 관한 구 여객자동차 운수사업법시행규칙 제31조 제2항 제1호, 제2호, 제6호의 법적 성질을 법규명령으로 보았다.

"구 여객자동차 운수사업법 시행규칙(2000.8.23. 건설교통부령 제259호로 개정되기 전의 것) 제31조 제2항 제1호, 제2호, 제6호는 구 여객자동차 운수사업법(2000.1.28. 법률 제6240호로 개정되기 전의 것) 제11조 제4항의 위임에 따라 시외버스운송사업의 사업계획변경에 관한 절차, 인가기준 등을 구체적으로 규정한 것으로서, 대외적인 구속력이 있는 법규명령이라고 할 것이고, 그것을 행정청 내부의 사무처리준칙을 규정한 행정규칙에 불과하다고 할 수는 없다."[70]

또한 대법원은 2006.6.22. 선고 2003두1684 전원합의체 판결[71]에서, 제재적 처분이 그 처분에서 정한 제재기간의 경과로 인하여 효과가 소멸되었으나, 부령인 시행규칙 또는 지방자치단체의 규칙의 형식으로 정한 처분기준에서 제재적 행정처분을 받은 것을 가중사유나 전제요건으로 삼아 장래의 제재적 행정처분을 하도록 정하고 있는 경우, 부령으로 정한 처분기준의 법적 성질(법규명령인지 여부)에 대한 판단은 유보하였으나 그 규칙의 구속력을 인정하였다.

"제재적 행정처분의 가중사유나 전제요건에 관한 규정이 법령이 아니라 규칙의 형식으로 되어 있다고 하더라도, 그러한 규칙이 법령에 근거를 두고 있는 이상 그 법적 성질이 대외적·일반적 구속력을 갖는 법규명령인지 여부와는 상관없이, 관할 행정청이나 담당공무원은 이를 준수할 의무가 있으므로 이들이 그 규칙에 정해진 바에 따라 행정작용을 할 것이 당연히 예견되고, 그 결과 행정작용의 상대방인 국민으로서는 그 규칙의 영향을 받을 수밖에 없다."

1.2.3. 소극설을 취한 경우

대법원은 2007.9.20. 선고 2007두6946 판결에서 다음과 같이 판시함으로써 다시 종래의 판례를 확인함으로써 과거의 소극설로 회귀한 것이 아닌가 하는 추측을 낳았다.

"[1] 제재적 행정처분의 기준이 부령의 형식으로 규정되어 있더라도 그것은 행정청 내부의 사무처리준칙을 정한 것에 지나지 아니하여 대외적으로 국민이나 법원을 기속하는 효력이 없고, 당해 처분의 적법 여부는 위 처분기준만이 아니라 관계 법령의 규정 내용과 취지에 따라 판단되어야 하므로, 위 처분기준에 적합하다 하여 곧바로 당해 처분이 적법한 것이라고 할 수는 없지만, 위 처분기준이 그 자체로 헌법 또는 법률에 합치되지 아니하거나 위 처분기준에 따른 제재적 행정처분이 그 처분사유가 된 위반행위

---

70) 대법원 2006.6.27. 선고 2003두4355 판결.
71) 영업정지처분취소.

의 내용 및 관계 법령의 규정 내용과 취지에 비추어 현저히 부당하다고 인정할 만한 합리적인 이유가 없는 한 섣불리 그 처분이 재량권의 범위를 일탈하였거나 재량권을 남용한 것이라고 판단해서는 안 된다.

　　[2] 약사의 의약품 개봉판매행위에 대하여 구 약사법(2007.4.11. 법률 제8365호로 전문 개정되기 전의 것) 제69조 제1항 제3호, 제3항, 같은 법 시행규칙(2005.10.7. 보건복지부령 제332호로 개정되기 전의 것) 제89조 [별표 6] '행정처분의 기준'에 따라 업무정지 15일의 처분을 사전통지하였다가, 그 후 같은 법 제71조의3 제1항, 제2항, 같은 법 시행령(2007.6.28. 대통령령 제20130호로 개정되기 전의 것) 제29조 [별표 1의2] '과징금 산정기준'에 따라 업무정지 15일에 갈음하는 과징금 부과처분을 한 것이 재량권의 범위를 일탈하거나 재량권을 남용한 것으로 보기 어렵다."[72]

　　이후에도 대법원은 직접 언급은 하지 않았지만, 유사한 입장을 시사한 바 있다.

　　"식품위생법 제58조 제1항에 의한 영업정지 등 행정처분의 적법 여부는 같은 법 시행규칙(2008.6.20. 보건복지가족부령 제22호로 개정되기 전의 것) 제53조 [별표 15]의 행정처분기준에 적합한 것인가의 여부에 따라 판단할 것이 아니라 법의 규정 및 그 취지에 적합한 것인가의 여부에 따라 판단하여야 하는 것이고, 행정처분으로 인하여 달성하려는 공익상의 필요와 이로 인하여 상대방이 받는 불이익을 비교·형량하여 그 처분으로 인하여 공익상 필요보다 상대방이 받게 되는 불이익 등이 막대한 경우에는 재량권의 한계를 일탈한 것으로서 위법하다(대법원 1997.11. 28. 선고 97누12952 판결)."[73]

　　한편, 대법원은 최근 공공기관의 운영에 관한 법률 제39조 제3항의 위임에 따라 제정된 기획재정부령인 '공기업·준정부기관 계약사무규칙' 제15조 제1항의 법적 성격이 문제된 사건에서 '법령에서 행정처분의 요건 중 일부 사항을 부령으로 정할 것을 위임한 데 따라 시행규칙 등 부령에서 이를 정한 경우에 그 부령의 규정은 국민에 대해서도 구속력이 있는 법규명령에 해당한다'고 전제하면서도, '법령의 위임이 없음에도 법령에 규정된 처분 요건에 해당하는 사항을 부령에서 변경하여 규정한 경우'에는 그 부령의 규정은 '행정청 내부의 사무처리 기준 등을 정한 것으로서 행정조직 내에서 적용되는 행정명령의 성격을 지닐 뿐 국민에 대한 대외적 구속력은 없다'고 판시하여 미묘한 뉘앙스를 보였다. 법령의 위임이 있고 그 위임의 범위를 넘지 않으면 법규명령에 해당한다고 함으로써 그 한도 내에서는 적극설의 방향으로 어느 정도 절충 또는 선회한 것처럼 볼 수도 있겠지만, 위임 범위를 넘어 (위임 근거 없이) 발령된 부령 규정은 행정규칙에 불과하다고 판시함으로써 소극설의 연장선상에 선 것으로 볼 여지를 남기고 있다.

　　"[1] 법령에서 행정처분의 요건 중 일부 사항을 부령으로 정할 것을 위임한 데 따라 시행규칙 등 부령에서 이를 정한 경우에 그 부령의 규정은 국민에 대해서도 구속력이 있는 법규명령에 해당한다고 할

---

72) 대법원 2007.9.20. 선고 2007두6946 판결.
73) 대법원 2010.4.8. 선고 2009두22997 판결.

것이지만, 법령의 위임이 없음에도 법령에 규정된 처분 요건에 해당하는 사항을 부령에서 변경하여 규정한 경우에는 그 부령의 규정은 행정청 내부의 사무처리 기준 등을 정한 것으로서 행정조직 내에서 적용되는 행정명령의 성격을 지닐 뿐 국민에 대한 대외적 구속력은 없다고 보아야 한다. 따라서 어떤 행정처분이 그와 같이 법규성이 없는 시행규칙 등의 규정에 위배된다고 하더라도 그 이유만으로 처분이 위법하게 되는 것은 아니라 할 것이고, 또 그 규칙 등에서 정한 요건에 부합한다고 하여 반드시 그 처분이 적법한 것이라고 할 수도 없다. 이 경우 처분의 적법 여부는 그러한 규칙 등에서 정한 요건에 합치하는지 여부가 아니라 일반 국민에 대하여 구속력을 가지는 법률 등 법규성이 있는 관계 법령의 규정을 기준으로 판단하여야 한다.

[2] 공공기관법 제39조 제3항에서 부령에 위임한 것은 '입찰참가자격의 제한기준 등에 관하여 필요한 사항'일 뿐이고, 이는 그 규정의 문언상 입찰참가자격을 제한하면서 그 기간의 정도와 가중·감경 등에 관한 사항을 의미하는 것이지 처분의 요건까지를 위임한 것이라고 볼 수는 없다. 따라서 **이 사건 규칙 조항에서 위와 같이 처분의 요건을 완화하여 정한 것은 상위법령의 위임 없이 규정한 것이므로 이는 행정기관 내부의 사무처리준칙을 정한 것에 지나지 않는다.**"[74]

1.2.4. 대통령령의 경우

대법원은 제정형식이 대통령령인 경우에는 그 내용이 제재적 처분기준임에도 법규명령으로서 효력을 부인하지 않는다. 다음에 보는 판례에서 적극설적 입장이 분명히 드러난다.

"당해 처분의 기준이 된 주택건설촉진법시행령 제10조의3 제1항 [별표 1]은 **주택건설촉진법 제7조 제2항**의 위임규정에 터잡은 규정형식상 대통령령이므로 그 성질이 부령인 시행규칙이나 또는 지방자치단체의 규칙과 같이 통상적으로 행정조직 내부에 있어서의 행정명령에 지나지 않는 것이 아니라 대외적으로 국민이나 법원을 구속하는 힘이 있는 법규명령에 해당한다"고 판시하였고,[75] "구 청소년보호법($^{1999.2.5.\ 법률}_{제5817호로\ 개정되기\ 전의\ 것}$) 제49조 제1항, 제2항에 따른 같은법시행령($^{1999.6.30.\ 대통령령\ 제16461}_{호로\ 개정되기\ 전의\ 것}$) 제40조 [별표 6]의 위반행위의종별에 따른과징금처분기준은 **법규명령이기는 하나** 모법의 위임규정의 내용과 취지 및 헌법상의 과잉금지의 원칙과 평등의 원칙 등에 비추어 같은 유형의 위반행위라 하더라도 그 규모나 기간·사회적 비난 정도·위반행위로 인하여 다른 법률에 의하여 처벌받은 다른 사정·행위자의 개인적 사정 및 위반행위로 얻은 불법이익의 규모 등 여러 요소를 종합적으로 고려하여 사안에 따라 적정한 과징금의 액수를 정하여야 할 것이므로 그 수액은 정액이 아니라 최고한도액이다."[76]

"국민건강보험법 제85조 제1항, 제2항에 따른 같은 법 시행령($^{2001.12.31.\ 대통령령\ 제17476}_{호로\ 개정되기\ 전의\ 것}$) 제61조 제1항 [별표 5]의 **업무정지처분 및 과징금부과의 기준은 법규명령이기는 하나** 모법의 위임규정의 내용과 취지 및 헌법상의 과잉금지의 원칙과 평등의 원칙 등에 비추어 같은 유형의 위반행위라 하더라도 그 규모나 기간·사회적 비난 정도·위반행위로 인하여 다른 법률에 의하여 처벌받은 다른 사정·행위자의 개인적 사정 및 위반행위로 얻은 불법이익의 규모 등 여러 요소를 종합적으로 고려하여 사안에 따라 적정한 업무정지

---

74) 대법원 2013.9.12. 선고 2011두10584 판결.
75) 대법원 1997.12.26. 선고 97누15418 판결.
76) 대법원 2001.3.9. 선고 99두5207 판결.

의 기간 및 과징금의 금액을 정하여야 할 것이므로 **그 기간 내지 금액은 확정적인 것이 아니라 최고한도**라고 할 것".[77]

대법원의 이러한 판례들은, 재량권을 전제로 한 모법의 위임에 따른 처분기준이 법규명령의 성질을 가진다고 할 때 생기는 재량행사의 경직성을 회피하려는 취지에서 나온 것이라고 이해된다. 앞서 소개한 구 식품위생법시행규칙 제53조 [별표 15]의 행정처분기준과 관련한 대법원 2010.4.8. 선고 2009두22997 판결의 판시태도 역시 그러한 맥락에서 이해될 수 있다.

2. 행정규칙의 형식을 띤 법규명령

반면 고시·훈령 등 행정규칙의 형식으로 제정되었으나 법률보충적인 규율내용을 포함한 규정, 즉 「형식의 부족」에 의한 규정[78]을 법규명령으로 볼 것인지 아니면 행정규칙으로 볼 것인지에 관하여 적극설과 소극설이 대립되어 있다. 생각건대, 이러한 규정은 내용상 법률 또는 상위법령의 구체적 위임에 기하여 제정되는 것이므로 실질적으로 법규보충적 의의를 지닌다고 보아야 할 것이다. 그러므로 이를 법규명령으로 보아야 할 것이며 판례의 입장 또한 같다.[79]

▦ 국세청훈령인 재산제세조사사무처리규정의 대외적 구속성을 인정한 판례

피고 마포세무서장은, 세칭 대지(大地)사건으로 세인 이목을 끌었던 원고 이모씨가 사회적 물의를 일으킨 부동산투기업자로 판명되었다 하여 그가 자기소유토지를 양도한 뒤 제출한 양도소득세 예정신고내용을 인정하지 않고 대지의 실지거래에 의한 양도차익에 의거, 기납부세액을 차감한 세액을 부과했다. 원고는 이에 불복, 마포세무서장을 상대로 양도소득세부과처분취소청구소송을 제기하였고 이에 대해 원심(서울고법 1986.6.11)은, 소득세법의 규정에 따라 국세청장이 훈령으로 정한 재산제세조사사무처리규정은, 비록 국세청장, 지방국세청장 및 세무서장의 부동산거래특별조사나 관계기관의 조사로 투기로 판명된 거래 등의 과세요건을 구체적으로 열거하고 있을지라도, 대외적, 일반적 구속력을 가지지 못하므로 피고가 이에 의거하여 과세처분을 한 것은 법령에 근거가 없는 부적법한 처분이라고 판시했다. 그러나 대법원은 국세청훈령의 대외적 구속성을 인정함으로써 원고의 주장을 받아들였다.[80]

▦ 석유판매업허가기준 고시의 대외적 구속성을 인정한 판례

"석유사업법 제12조 제1항, 제2항, 같은법시행령 제9조 제1항 [별표1]의 규정에 따라 주유소 상호간의 거리기준을 시·읍 지역은 500m 이상, 면 지역은 1,000m 이상이라고 규정하고 있는 석유판매업(주유

---

77) 대법원 2006.2.9. 선고 2005두11982 판결.
78) 가령 「물가안정에 관한 법률」 제2조에 의하여 긴요물품등의 가격 또는 최고가액을 고시하는 경우 또는 대외무역법 제19조에 의한 지식경제부장관의 전략물자고시 등이 그러한 예들이다.
79) 박윤흔, 행정법강의(상), 248-249.
80) 대법원 1987.9.29. 선고 86누484 판결.

소)허가기준고시($\frac{경상북도~고시}{제1992-362호}$)는 석유사업법 및 같은법시행령의 규정이 도지사에게 그 법령 내용의 구체적인 사항을 정할 수 있는 권한을 부여하면서 그 권한 행사의 절차나 방법을 정하지 아니하고 있는 관계로 도지사가 규칙의 형식으로 그 법령의 내용이 될 사항을 구체적으로 규정한 것으로서, 이는 당해 석유사업법 및 같은 법시행령의 위임한계를 벗어나지 아니하는 한 그 법령의 규정과 결합하여 대외적인 구속력이 있는 법규명령으로서의 효력을 갖게 된다."[81]

░ 생수판매 제한 식품제조영업허가기준 고시의 대외적 구속성을 인정하면서도 위헌무효로 본 판례

"가. 식품제조영업허가기준이라는 고시는 공익상의 이유로 허가를 할 수 없는 영업의 종류를 지정할 권한을 부여한 구 식품위생법 제23조의3 제4호에 따라 보건사회부장관이 발한 것으로서, 실질적으로 법의 규정내용을 보충하는 기능을 지니면서 그것과 결합하여 대외적으로 구속력이 있는 법규명령의 성질을 가진 것이다.

나. 위 "가"항의 고시가 헌법상 보장된 기본권을 침해하는 것으로서 헌법에 위반될 때에는 위 고시는 효력이 없는 것으로 볼 수밖에 없으므로, 원고들이 위 고시에 따라서 지게 되는 의무를 이행하지 아니하였다는 이유로 원고들에 대하여 과징금을 부과하는 제재적 행정처분을 하는 것은 위법하다 할 것이고, 국민의 모든 자유와 권리는 국가안전보장 질서유지 또는 공공복리를 위하여 필요한 경우에 한하여 법률로써 제한할 수 있으며, 제한하는 경우에도 자유와 권리의 본질적인 내용을 침해할 수 없음은 헌법 제37조 제2항($\frac{위~고시가~시행될~당시~시행~중이}{던~구~헌법~제35조~제2항도~같다}$)이 규정하고 있는 바인데, 위 고시는 공익을 위하여 필요한 경우에는 영업 등의 허가를 제한할 수 있다는 구 식품위생법의 관계규정에 따라 발하여진 것이므로, 보존음료수제조업의 허가를 제한할 수 있는 법률상의 근거는 있다고 할 것이지만, 위 고시가 국민의 기본권을 제한하는 것으로서 국가 안전보장 질서유지 또는 공공복리를 위하여 필요한 것이 아니거나, 또는 필요한 것이라고 하더라도 국민의 자유와 권리를 덜 제한하는 다른 방법으로 그와 같은 목적을 달성할 수 있다든지, 위와 같은 제한으로 인하여 국민이 입게 되는 불이익이 그와 같은 제한에 의하여 달성할 수 있는 공익보다 클 경우에는 이와 같은 제한은 비록 자유와 권리의 본질적인 내용을 침해하는 것이 아니더라도 헌법에 위반되는 것이다."[82]

---

81) 대법원 1995.3.10. 선고 94누8556 판결. 이 사건에서 대법원은 위 고시를 행정청 내부의 사무처리준칙으로 보고 그 고시에 정하여진 거리기준에 불과 50m 정도 못 미치는 주유소허가신청을 반려한 처분을 재량권 남용, 일탈로 본 원심판결을 파기하였다.

82) 대법원 1994.3.8. 선고 92누1728 판결. 참조: [가] 대법원 1987.9.29. 선고 86누484 판결; 대법원 1988.5.10. 선고 87누1028 판결. [다] 대법원 1990.5.8. 선고 89누8149 판결. 원심: 서울고법 1991.12.12. 선고 90구20611 판결. 이 판례에 대하여 김성수, 생수판매제한 고시의 성격, 법률신문 1994.6.13. 2318호, 15면은 헌법이나 기본권과의 관련성만을 중시, 영업제한을 규정한 고시의 법적 성격이나 위임근거등 행정법적인 논점을 간과한 것은 잘못이라고 평석한 바 있다. 이에 대하여는 윤진수, 보존음료수의 판매제한조치의 위헌여부, 인권과 정의(대한변호사협회 편), 제221호(1995/1), 94; 동, 보존음료수의 판매제한과 헌법, 특별법연구 제5권(특별소송실무연구회 편), 1007, 1-33, 6의 각주 1 참조. 윤진수교수는 이 판결은 어디까지나 법률이 직접 보건사회부장관의 고시에 위임하고 있는 경우 위 고시가 법률과 결합하여 대외적 구속력을 가진다고 본 것이라고 한다. 그는 위 고시 자체를 법규명령의 일종으로 보는 것이라면 이에 대하여는 비판의 소지가 있을 수 있으나, 대법원 1993.11.23. 선고 93도662 판결이 설시하고 있는 것처럼 위와 같은 고시 자체가 법령은 아니라고 본다면 큰 문제는 없다고 할 것이며(이는 곧 규범구체화 행정규칙의 이론과 일치하는 것이라고 한다), 이 판결이 전원합의체 아닌 소부에서 위 고시의 무효를 선언하고 있는 점에 비추어보면 이 판결도 위 고시 자체를 법규명령으로 본 것은 아니라고 지적하고 있다.

Ⅵ. 행정규칙의 적법요건·흠과 그 효과

1. 행정규칙의 적법요건

행정규칙이 적법하게 성립하여 효력을 발생하기 위하여는 정당한 권한을 가진 기관(주체)이 상위법령에 저촉되지 않고 명확하며 또 실현가능한 내용으로 소정의 절차와 형식을 갖추어 제정되어야 한다. 그러나 행정규칙은 원칙적으로 대외적 구속력을 갖지 않으므로 공포를 필요로 하지는 않는다. 행정규칙은 적당한 방법으로 통보되고 도달하면 효력이 발생한다.

"구 소득세법시행령(1989.8.1. 대통령령 제12767호로 개정되기 전의 것) 제170조 제4항 제2호에 의하여 국세청장이 지정하는 거래(이하 투기거래라고 한다)를 규정한 재산제세조사사무처리규정(국세청훈령 제980호) 제72조 제3항은 그 형식은 행정규칙으로 되어 있으나, 위 소득세법시행령의 규정을 보충하는 기능을 가지면서 그와 결합하여 법규명령과 같은 효력(대외적 효력)을 가지는 것으로서 법령의 위임한계를 벗어났다는 등 특별한 사정이 없는 한 양도소득세의 실지거래가액에 의한 과세의 법령상의 근거가 되는 것이나, 위와 같은 국세청장의 투기거래의 지정은 법령 그 자체는 아닌 것이므로 이를 국세청장으로 하여금 지정하게 하였다고 하여도 이것만 가지고 위 소득세법시행령의 규정이 헌법에 위배된다고 할 수 없고, 재산제세조사사무처리규정 제72조 제3항 제5호는 "부동산을 취득하여 1년 이내에 양도한 때"라고 되어 있어 그 규정내용이 명확하므로 조세법률주의에 어긋나는 무효의 규정이라고 할 수도 없다. 전항의 **국세청훈령은 국세청장이 구 소득세법시행령 제170조 제4항 제2호에 해당할 거래를 행정규칙의 형식으로 지정한 것에 지나지 아니하므로 적당한 방법으로 이를 표시, 또는 통보하면 되는 것이지, 공포하거나 고시하지 아니하였다는 이유만으로 그 효력을 부인할 수 없다.**"[83]

그러나 행정규칙의 원칙적 내부법(Innenrecht)적 특성을 이유로 공고가 불필요하다고 일반화하는 것은 문제가 있다. 행정규칙이 예외적으로 외부적 구속력을 가진다고 인정된다면 그에 상응하여 공고 등 이해관계인이 알 수 있도록 하는 절차를 거치도록 해야 하지 않을까. 독일의 경우 2004년 11월 25일 연방행정법원판결에서 판시한 바와 같이, 제3자에 직접적인 외부효를 미치는 행정규칙은 이를 이해관계자들 모두가 알 수 있게끔 공고할 필요가 있고, 공고되지 아니하면 효력을 가질 수 없다고 보아야 할 것이다.[84]

한편, 행정 각부의 장이 정하는 고시가 비록 법령에 근거를 둔 것이라고 하더라도 그 규정 내용이 근거 법령의 위임 범위를 벗어난 경우, 법규명령으로서 대외적 구속력을 인정할 여지가 없다고 하여, 농림부고시인 농산물원산지 표시요령 제4조 제2항의 규정 내용이 근거

---

83) 대법원 1990.5.22. 선고 90누639 판결. 참조: 대법원 1988.3.22. 선고 87누654 판결; 대법원 1990.5.22. 선고 90누387 판결; 대법원 1990.2.9. 선고 89누3731 판결.
84) BVerwGE, Urteil des fünften Senats vom 25. November 2004, Az. 5 CN 1.03,

법령인 구 농수산물품질관리법 시행규칙에 따라 고시로써 정하도록 위임된 사항에 해당한다고 할 수 없어 법규명령으로서 대외적 구속력을 가질 수 없다고 한 판례가 있다.[85]

2. 행정규칙의 흠과 그 효과

앞에서 본 적법요건에 흠이 있으면 그 행정규칙은 위법한 행정규칙이 된다. 가령 행정규칙이 내용상 상위법령을 위반한 경우를 생각할 수 있다. 위법한 행정규칙은 무효(^{nichtig})이다. 이는 행정행위와는 다르고 법규명령과는 같은 점이다: 행정규칙의 흠의 효과로서 유효와 무효의 중간단계, 즉 취소가능성(^{Aufhebbarkeit})이란 상태는 존재하지 않는다.

Ⅶ. 행정규칙의 통제

행정규칙을 행정의 내부법이라고 해서 그 현실적 영향력을 도외시한 채, 법치국가적 통제 범위 밖에 방치하는 것은 결코 바람직하지 않다. 현행 행정절차법은 고시 등 행정규칙의 제·개정에 관한 절차규정을 두지 않고 있다. 의견수렴 등 사전심사, 공포 등 절차를 거치지 않고도 효력을 발생하게 되어 있어 행정규칙에 대한 사전적 통제수단이 전무한 상태이다. 특히 규범구체화적 행정규칙이나 규범보충적 행정규칙의 입안시 입법예고를 의무화할 필요가 있다.[86]

행정규칙의 통제는 그 주체에 따라 국회와 국민에 의한 정치적 통제와 사법적 통제, 행정적 통제로 분류될 수 있다. 이 중 가장 주된 통제는 행정규칙의 성질을 감안할 때 역시 행정내부적 통제라고 할 수 있다.

1. 행정내부적 통제

법규명령의 경우와 유사하게 행정규칙도 행정감독권, 행정규칙제정절차 그리고 공무원·행정청의 행정규칙심사권을 통하여 통제될 수 있다.

2. 정치적 통제

행정규칙에 대하여 법규명령의 경우처럼 정부불신임, 탄핵, 예산심의 등을 통한 간접적 통제방법이나 행정규칙에 대한 동의·승인권의 유보를 통한 직접적 통제방법은 인정되고 있지 않다.

---

85) 대법원 2006.4.28. 자 2003마715 결정.
86) 같은 맥락에서 송동수, 앞의 글(301-302) 참조.

다만, 1997년 1월 13일 신설된 국회법 제98조의2에 따른 대통령령등의 국회제출제도를 통해 어느 정도 입법적 통제가 이루어질 수 있다. 국회법 제98조의2는 "중앙행정기관의 장은 법률에서 위임한 사항이나 법률을 집행하기 위하여 필요한 사항을 규정한 대통령령·총리령·부령·훈령·예규·고시등이 제정·개정 또는 폐지된 때에는 10일 이내에 이를 국회 소관상임위원회에 제출하여야 한다. 다만, 대통령령의 경우에는 입법예고를 하는 때(입법예고를 생략하는 경우에는 법제처장에게 심사를 요청하는 때를 말한다)에도 그 입법예고안을 10일 이내에 제출하여야 한다"고 규정하고 있어 행정규칙에 대해서도 일종의 국회제출제도가 적용된다. 그러나 행정규칙의 국회(소관 상임위) 제출만을 의무화하는 데 그쳐 실효성이 있을지 의문이다.

국회의 국정조사 및 감사를 통한 입법적 통제, 그 밖에 청원, 국민여론, 압력단체의 활동에 의한 통제도 가능하다.

3. 사법적 통제

전통적인 학설과 판례는 행정규칙의 처분성과 재판기준성을 부정해 왔다. 따라서 행정규칙에 대한 사법적 통제는 불가능하다는 판단이다. 다만 앞서 본 바와 같이 예외적으로 행정규칙의 대외적 구속력이 인정된다면, 법원은 이를 재판기준으로 삼게 되고, 따라서 그에 대한 규범통제도 가능하다고 볼 여지가 생긴다. 행정소송 외에 헌법소원 등을 행정규칙에 대한 구제수단으로 이용할 수 있으나, 실제로 얼마나 효과적일지는 의문시되고 있다.

제1편

제2편

제3편

제4편

제5편

행정법총론

제 4 관 행정계획

I. 행정계획의 의의와 성립배경

1. 행정계획의 의의

행정계획의 개념은 일반적으로 행정주체가 일정한 행정 목표를 설정하고, 서로 관련되는 행정수단의 종합, 조정을 통하여 목표로 제시된 장래 일정한 시점에 일정한 질서를 실현하기 위한 구상 또는 활동기준의 설정행위를 말한다.[87]

동적 과정으로서의 계획과 그 산물로서 계획 •• 동적 과정(Process)으로서 계획활동(Planung)과 그 산물로서 정적·구체적인 계획을 개념상 구별하는 것이 타당하다. 이러한 견지에서 일부의 문헌이 계획(Plan)과 기획(Planung)을 구별하여 각각 기획은 계획을 수립하는 행위를 의미하는 것으로, 계획은 기획의 산물로 파악하는 것[88]도 일리가 있다.

행정작용은 크게 집행활동과 계획활동으로 나뉜다. 전자는 법률의 규정이나 행정부가 발한 지침을 실현시키는 작용인 데 비하여, 후자는 입법부나 행정부에 의하여 미리 결정된 목표와 범위 내에서 스스로 목표를 확정하고 그 목적달성을 위하여 사용하여야 할 수단을 결정하는 작용, 즉 그 한도에서 자기 스스로를 목적지향적으로 프로그램하는 작용이다. 현대행정은 극히 역동적이고 복합적인 행정수요를 충족시켜야 할 때가 많다. 아무리 좋은 내용의 정책결정이라도 각개의 결정들이 실기하거나 상호간 조정이나 연계를 결여한 채 추진되어 의외의 부작용을 초래하거나 문제를 더욱 악화시키고 마는 예를 우리는 드물지 않게 경험하고 있다. 이렇듯 행정의 과제는 그 성질상 개개의 명령, 금지 및 인허가 등과 같은 개별적 결정만으로는 달성될 수 없는 경우가 많다. 따라서 각종 정책을 장기적 전망에 따라 종합적·장기적 계획을 수립하여 추진해 나가야 할 필요가 생기기 마련이다. 행정계획은 정책적

---

87) 계획의 개념은 법적인 의미내용을 지닌 개념으로서보다는 법사실적 맥락에서 형성·사용되는 것이 일반이며, 또 계획주체, 상대방, 내용, 효력범위, 기간, 효과 및 법적 구속력 등에 따라 다양하게 분화되는 계획의 특성, 즉 잡종성(Heterogenität)으로 말미암아 하나의 통일적·포용적 개념을 형성하기가 곤란한 것도 사실이다. 그렇기 때문에 계획을 행정법상 독자적인 행위형식이라고도 할 수 없으며, 계획이란 오히려 각각의 특징 및 준거법에 따라 각양각색의 성질을 띤, 극히 이질적인 현상들에 대한 하나의 집합개념(Sammelbezeichnung)이라고 해야 할 것이다(Maurer, § 16 Rn.13; Erichsen/Martens, § 22 Rn.1ff.).

88) Maurer, § 16 Rn.14; Erichsen/Martens, § 21 Rn.1; 김남진, 행정법 I, 377; 김도창, 일반행정법론(상), 336; 홍정선, 행정계획의 개념과 기능, 고시연구 1992/5, 51. 한편 'Plan'과 'Planung'을 동일한 의미의 개념으로 파악하는 견해에 관해서는 Hoppe, in: Isensee/Kirchhof, HdbStR, Bd.Ⅲ, § 71 Rn.3을 참조.

목표들을 달성시킬 수 있는 수단의 모색이다. 계획의 결과는 미래지향적이고 역동적이며, 가변적이다. 행정계획의 개념적 특징은 목표의 설정・행정수단의 종합화・행정과 국민 간의 매개로 요약될 수 있다.

2. 행정계획의 성립배경

현대는 계획의 시대이다. 물론 국가의 계획 수립($^{staatliche}_{Planung}$)은 어제오늘의 일은 아니며 '위기의 딸'($^{Tochter}_{der\ Krise}$)[89]로서 이미 오래전에 출현한 현상이다. 그러나 행정계획이 현대행정의 총아로 등장한 것은 제2차 세계대전 이후부터이다.[90] 즉, 행정의 중점이 장기성・종합성을 요하는 사회국가적 복리행정으로 전환되면서 계획의 행정수단으로서의 중요성이 새로이 부각되었고 또 양적으로도 확대되기에 이르렀다(사회국가의 진전). 이러한 배경에서 행정수요에 계획적・능동적으로 대응할 새로운 행정의 활동형식으로서 계획행정이 필요했고(변화된 행정수요의 충족) 아울러 인간의 예측능력, 즉 사회의 발전방향에 관한 조사・분석 및 장래예측의 기술적 조건들이 진전됨에 따라 계획의 수립・책정을 가능케 하는 여건이 조성될 수 있었다(기술조건의 진보).[91] 계획작용의 범위와 강도는 일반적으로 국가작용의 활성화정도에 의해 결정된다. 위험방지에 주임무를 둔 질서국가였던 19세기의 자유주의적 법치국가에서 계획작용은 소극적이었고, 국가는 이니셔티브를 행사하는 것이 아니라 주로 공공의 안녕과 질서의 교란행위에 대하여 반응하는 데 불과했다. 반면 위험방지뿐만 아니라 급부행정 및 사회형성에 임무를 지닌 현대 사회적 법치국가에서 계획은 국가작용의 주요수단으로 각광을 받고 있다.

Ⅱ. 정치적 계획과 행정계획

국가에 의한 계획활동은 크게 계획의 거시적인 적용영역 내지 분야에 따라 '정치적 계획'($^{politische\ Planung,}_{Regierungsplanung}$)과 '행정계획'($^{Verwaltungs-}_{planung}$)으로 나뉠 수 있다. 물론 다양한 수준에서 각종 계획들이 서로 밀접히 연관되어 있는 경우가 많기 때문에 양자를 엄밀히 구별하는 것은 사실상 불가능하다. 그러나 그 적용영역 또는 차원의 상위를 고려함으로써 개별・구체적인 경우 계획의 수립주체, 효과 및 통제방법 등을 구별할 수 있으므로 양자의 구별은 필요하다. 만일 국가에 의한 계획이 그 중점을 행정이 아니라 입법 및 집행의 영역에 둘 경우 이것은 행정계획의 행정법적 차원을 넘어서는 헌법적 차원에서의 정치적 계획을 의미한다. 정치적 계획은 실질

---

89) J.H. Kaiser, Planung Ⅲ, 1968, S.7.
90) Erichsen/Martens, § 21 Rn.1.
91) 김도창, 일반행정법론(상), 336; Erichsen/Martens, § 21 Rn.2; Weichmann, in: J.H. Kaiser, Planung Ⅲ, S.39f.; Forsthoff, S.303.

적 의미의 통치작용(집행)으로서 행정작용에 선행하고 미래의 정치적 형성방향을 제시하는 국가지도적 계획으로서 행정부와 의회에 의해 수립된다.[92]

우리 헌법이 제120조 제2항에서 국토 및 자원의 이용·개발을 위한 계획을, 제123조 제1항에서 농어촌종합개발을 위한 계획을, 그리고 제119조 제2항에서 일반적인 행정계획의 가능성을 각각 예정하고 있는데, 이 경우 계획이란 바로 이러한 의미의 정치적 계획을 말하며, 또 국토종합계획이나 경제와 사회발전을 위한 5개년계획도 이러한 의미의 정치적 계획에 해당하는 것이라 할 수 있다.[93]

행정계획은 법률이나 정치적 계획(국가지도 계획)을 기초로 또 목표 - 수단 관계에서 이루어지는 행정수단의 종합화·조직화이다. 정치적 계획과 행정계획의 구별은 집행 또는 통치와 행정의 구별을 전제로 하고 있다.

Ⅲ. 행정계획의 종류

1. 계획기간에 따른 분류

행정계획은 그 계획기간에 따라 장기계획·중기계획·연도별 계획으로 구분될 수 있다. 통상 장기계획은 6년 이상, 중기계획은 2년 이상 5년 이하의 기간을 갖는 계획을 말한다.

장기종합계획의 예 ●● 환경정책기본법($\S^{12}_{①}$)은 환경부장관으로 하여금 관계중앙행정기관의 장과 협의하여 환경보전위원회의 심의를 거쳐 20년마다 정부의 환경보전을 위한 장기종합계획(장기계획)을 수립하도록 하고 있다. 관계 중앙행정기관 장은 장기계획 시행을 위하여 필요한 조치를 하여야 한다($\S^{14}_{②}$). 이것은 종합적 환경보전계획 모델에 따른 것으로 장기계획은 대국민적 관계에 구속력을 미치지 못하는 행정구속적 계획이다.

2. 계획의 구속력을 기준으로 한 분류

2.1. 구속적 계획·비구속적 계획

행정계획은 법적 구속력의 유무에 따라 구속적 계획과 비구속적 계획으로 나눌 수 있다.

92) 홍정선, 고시연구 1992/5, 53. 홍정선교수는 이를 「미래의 발전을 위해 개별적인 국가활동을 조정하고 통합하여 전체로서의 국가의 지도를 목표로 하는 개괄적인, 그리고 정부와 (또는) 국회에 의해 이루어지는 합리적인 정치적 결단 또는 정치적 결단을 준비하는 방법론적 도구로서 비교적 장기적인 계획」이라 정의한다(헌법과정치, 47).
93) 홍정선, 고시연구 1992/5, 53. 독일의 경우 재정계획(Finanzplanung, Art.109 Ⅲ), 연방과 란트의 공통적 임무에 대한 대강계획(Rahmenplanung, Art.91a Ⅲ), 교육계획(Bildungsplanung, Art.91b), 예산(Haushaltsplan, Art.110 Ⅱ) 등이 정치적 계획의 예로 열거되고 있다(Maurer, § 16 Rn.11).

이것은 계획의 법적 구속력과 결부된 실제상 가장 의미 있는 범주이다. 구속적 계획(광의)에는 공행정의 영역에서만 구속력을 지닌 것(행정구속적 계획: 다른 지방자치단체, 행정기관에 대하여 구속력을 지닌 것을 포함한다)과 국민에 대하여 구속력을 지닌 것이 있다(대국민구속적 계획). 한편 행정조직 내부에서는 물론이고 국민에 대해서도 구속력을 갖는 것만을 구속적 계획이라고 볼 수도 있다(협의). 행정조직법 관계에서라면 몰라도 행정작용법·행정구제법 장면에서 볼 때 협의 개념에 입각하는 것이 합목적적이라고 보지만, 대행정적 구속력만 있고 대국민적 구속력을 결여한 계획도 구속적 계획에 해당한다고 보는 것이 일반적이다.

구속적 행정계획의 예: 건축법상 도시설계

"건축물에 대한 규제는 '건축물로 인한 위험발생방지목적'의 건축법상의 규제와 '건축물과 도시기능의 유기적 관련 및 합리적인 토지이용관계의 확보에 그 목적'이 있는 도시계획법상의 규제로 나눌 수 있는데, 도시설계의 법적 근거와 그 목적 등이 건축법에 규정되어 있다고 하더라도, 도시설계의 목적은 도시의 기능과 미관을 증진하는 것에 있다고 할 것이므로 도시설계에 의한 건축물에 대한 규제는 도시계획법상의 건축물에 대한 규제로서의 성격을 갖는다고 할 것이다. 따라서, 이러한 도시설계에 의한 건축물규제의 성격과 도시설계와 관련한 건축법규정에 비추어 보면, **도시설계는 도시계획구역의 일부분을 그 대상으로 하여 토지의 이용을 합리화하고, 도시의 기능 및 미관을 증진시키며 양호한 도시환경을 확보하기 위하여 수립하는 도시계획의 한 종류로서 도시설계지구 내의 모든 건축물에 대하여 구속력을 가지는 구속적 행정계획의 법적 성격을 갖는다고 할 것이다.**"[94]

도시기본계획의 비구속성

"구 도시계획법(2002.2.4. 법률 제6655호 국토의 계획 및 이용에 관한 법률 부칙 제2조로 폐지) 제19조 제1항 및 도시계획시설결정 당시의 지방자치단체의 도시계획조례에서는, 도시계획이 도시기본계획에 부합되어야 한다고 규정하고 있으나, **도시기본계획은 도시의 장기적 개발방향과 미래상을 제시하는 도시계획 입안의 지침이 되는 장기적·종합적인 개발계획으로서 행정청에 대한 직접적인 구속력은 없다.**"[95]

관리처분계획의 구속성

"재건축조합이 행정주체의 지위에서 도시정비법 제48조에 따라 수립하는 **관리처분계획은 정비사업의 시행 결과 조성되는 대지 또는 건축물의 권리귀속에 관한 사항과 조합원의 비용 부담에 관한 사항 등을 정함으로써 조합원의 재산상 권리·의무 등에 구체적이고 직접적인 영향을 미치게 되는 구속적 행정계획으로서 조합이 행하는 독립된 행정처분에 해당한다**(대법원 2009.9.17. 선고 2007다2428 전원합의체 판결; 2009.10.15. 선고 2009다10638, 10645 판결 등 참조)."[96]

---

94) 헌법재판소 2003.6.26. 선고 2002헌마402 결정.
95) 대법원 2007.4.12. 선고 2005두1893 판결.
96) 대법원 2012.8.30. 선고 2010두24951 판결.

2.2. 명령적 계획 · 유도적 계획 · 홍보적 계획

행정계획은 구속력의 차이 또는 내용에 따른 구분으로 이를 통하여 행정계획이 발휘할 수 있는 다양한 효과를 엿볼 수 있다.

2.2.1. 명령적 계획(imperative Pläne)

상대방(수범자)에 대하여 법적 구속력을 갖는 계획으로 다시 공행정영역 내에서만 구속력을 가지는 것과 공행정은 물론이고 사인에 대하여도 구속력을 발생하는 것으로 나뉜다. 후자만을 명령적 계획으로 보는 견해도 성립할 수 있음은 이미 지적한 바와 같다.

2.2.2. 홍보적 계획(정보제공적 계획: indikative, informative Pläne)

국가기관이나 사인에게 경제 현황이나 장래예측에 관한 정보를 제공하여 그 결정 · 처분의 자료로 삼게 하려는 목적을 지닌 계획으로서 주로 정보데이터, 추계 등을 내용으로 한다.

2.2.3. 유도적 계획(influzierende Pläne)

전술한 명령적 계획과 홍보적 계획의 중간에 위치하는 계획유형으로 이 역시 계획상 목표에 따라 일정한 행위를 유발시키는 데 목적을 두지만, 실현방법을 명령 · 강제에 의존하지 않고 계획목적에 부응하는 행위에 보조금, 조세감면, 하부구조 개선 등 일정한 혜택을 결부시키거나 거꾸로 계획목적에 반하는 행위에 가령 중과세 같은 불이익을 결부시키는 유인책을 사용하는 특징을 띤다. 사인의 경제활동에 대한 영향력의 강도는 매우 다양하게 나타나고, 경제사정에 따라 달라질 수 있으나, 단순한 '용의표명'$\binom{\text{Absichts-}}{\text{erklärung}}$에서 이미 법률에 따라 규정된 보조금이나 조세감면에 이르는 다양한 유인에 따라 좌우될 수 있다.

> 유도적 계획은 사회적 법치국가에 적합한 형성수단이다. 그것은 사적 부문에 대한 사회형성적 영향력 행사를 강요하는 것은 아니고 반대로 그 영향력행사를 포기하는 것도 아니지만, 경제의 전체적 향도$\binom{\text{Global-}}{\text{steuerung}}$를 통해 사인들의 이니셔티브와 자기책임성을 활성화하고자 시도하는 계획이다.[97]

3. 대상범위에 따른 구별

3.1. 대상지역에 따른 구분

대상지역에 따른 구분으로 행정계획은 전국계획, 지방계획 및 지역계획으로 나뉜다. 가령 국토기본법상 국토계획은 국토종합계획 · 도종합계획 · 시군종합계획 · 지역계획 및 부문별계획

---

97) Maurer, § 16 Rn.17.

들로 구분된다. 수도권정비계획법은 지역계획에 해당하는 수도권정비계획을 규정하고 있다.

3.2. 대상범위에 따른 구분

계획은 대상 범위에 따라 종합계획(^{masterplan}) 또는 전체계획($^{Gesamt-}_{planung}$)과 부문계획으로 나뉜다. 계획의 대상이 종합적·전반적 사무·사업에 관한 것인가, 특정의 사무·업무에 관한 것인가에 따른 구분이다. 국토종합계획, 장기경제계획·경제개발계획 등은 전자의 예이고, 수출진흥계획, 석유수급계획·과학기술기본법에 의한 과학기술기본계획, 「국토의 계획 및 이용에 관한 법률」("국토계획법")에 의한 도시계획(도시·군기본계획과 도시·군관리계획 등), 산림계획, 하천정비기본계획 등은 후자의 예지만, 그 구별은 상대적이다. 보는 관점에 따라서는 가령 과학기술기본법 제7조에 따른 과학기술기본계획처럼 과학기술 부문계획인 동시에 지방과학기술진흥종합계획($^{과학기술기}_{본법§8}$)에 대한 관계에서는 종합계획의 성질을 겸할 수도 있다. 또 하천법 제23조에 따라 수자원의 안정적인 확보와 하천의 효율적인 이용·개발 및 보전을 위한 20년 단위 수자원장기종합계획도 부문계획인 동시에 종합계획의 속성을 함께 가지는 예이다.

종합계획과 전문계획의 예 •• 종합계획의 예로는 국토기본법에 의한 국토종합계획을 들 수 있다. 이것은 국토전역을 대상으로 하여 국토의 장기적인 발전방향을 제시하는 종합계획으로 수립되는 전체공간계획($^{raumbezogene}_{Gesamtplanung}$)의 일종이다($^{국토기본법}_{§6 ② i}$). 국토종합계획은 행정구속적 계획이지만 국민에 대하여는 아무런 법적 구속력을 미치지 않는다는 점에서, 행정조직 내부에서의 목표설정 및 대국민적 방향제시로서의 의미를 가질 뿐이다.

한편 국토계획법상 도시·군기본계획은 '특별시·광역시·시 또는 군의 관할구역에 대하여 기본적인 공간구조와 장기발전방향을 제시하는 종합계획으로서 도시·군관리계획 수립의 지침이 되는 계획'을 말하는데($^{국토계획법}_{§2 iii}$), 이것은 국토종합계획에 대하여는 부문계획의 지위를 가지지만, 그 자체로서 또는 도시·군관리계획에 대한 관계에서는 종합계획에 해당한다고 볼 수 있다. 이것은 행정에 대한 구속력만 가지고 대외적 구속력은 가지지 아니 한다.[98]

한편 전문계획 또는 부문계획의 대표적인 예로는 하천법상 하천기본계획(^{§25})이나 폐기물관리법상 폐기물처리기본계획(^{§9}) 등을 들 수 있다.

---

98) 참고로 구 도시계획법 제10조의2 소정의 도시기본계획은 도시의 기본적인 공간구조와 장기발전방향을 제시하는 종합계획으로서 그 계획에는 토지이용계획, 환경계획, 공원녹지계획 등 장래의 도시개발의 일반적인 방향이 제시되지만, 그 계획은 도시계획입안의 지침이 되는 것에 불과하여 일반 국민에 대한 직접적인 구속력은 없다고 판시한 판례가 있다(대법원 2002.10.11. 선고 2000두8226 판결).

4. 기타의 분류

4.1. 기본계획 · 시행계획

행정계획은 그 계획의 구체화정도에 따라 기본계획과 시행계획으로 나눌 수 있다. 기본계획은 시행계획의 기준이 되는 것이며, 시행계획은 기본계획의 내용을 구체화하는 계획이라고 할 수 있다. 과학기술기본법에 따른 과학기술기본계획과 시행계획이 그러한 예이다.

4.2. 국토계획 · 경제계획 · 사회계획

행정계획은 그 내용에 따라 국민생활의 공간적 조건의 형성에 관한 국토계획(^{Raumplanung}), 국민경제의 발전을 위한 경제계획($^{economic}_{planning}$), 국민의 사회적 생활조건의 형성에 관한 사회계획($^{social}_{planning}$)으로 나뉜다.

전체공간계획과 경제계획 •• 전체공간계획은 국토종합계획처럼 국토전역을 대상으로 하여 국토의 장기적인 발전방향을 제시하는 종합계획을 말한다. 전체공간계획으로서 국토종합계획은 행정구속적인 계획이기는 하지만 국민에 대하여는 아무런 법적 효과도 미치지 않는다는 점에서, 행정조직내부에서 목표설정 및 대국민적 방향제시로서의 의미를 가질 뿐이다. 한편 경제계획($^{Wirtschaftsplanung,}_{economic\ planning}$)이란 곧 경제정책적 목적을 달성하기 위하여 투입되는 고권적 · 목표지향적 행위들의 총체($^{Gesamtheit\ hoheitlicher,}_{zielverbundener\ Handlungen}$)를 말한다.[99] 여기서 말하는 경제계획이란 오로지 공공부문에서 수립되는 국가경제계획($^{National\ Economic}_{Planning}$)에 국한된다.[100] 그것은 국민경제생활의 수준을 일정한 기준이상으로 끌어올리기 위한 포괄적인 행정목표를 책정하고, 이 목표를 달성하기 위한 각종 계획 · 사업 · 활동을 조정 · 유도 · 규제하는 데 기본적 지침이 되는 계획이다.[101] 우리나라에서도 60년대 초부터 경제개발 5개년계획이 시작되어 제6차 경제 · 사회 5개년계획($^{1986-}_{1991}$)에 이르기까지 비교적 일찍부터 계획이 경제영역에 있어 국가정책목표 달성을 위한 행정수단으로 활용되었다.

---

99) Rinck/Schwark, Rn.802, S.264. 개념정의상의 문제점에 관하여는 Ossenbühl, Gutachten B z. 50.DJT, S.49ff.; Hoppe, FS BVerfG 1976, S.666 등을 참조. 우리나라 경제계획의 전개와 실제에 관하여는 이영선, 경제계획론, 1989, 395이하를 참조.

100) 국가경제계획이란 「한 국가의 일정한 목표를 달성하기 위해 자원에 대한 국가의 소유권의 유무를 불문하고 국가당국의 승인 혹은 지원을 받아 직접적 혹은 간접적인 수단을 사용하여 자원을 합리적으로 활용하려고 만들어진 일정기간 동안의 조직적이고 종합화된 행위에 대한 프로그램」이라고 정의된다. Qayum, A.(1975), Techniques of National Economic Planning(Bloomington Indiana Univ. Press), 4(이영선, 앞의 책, 24에서 전재).

101) 김도창, 일반행정법론(상), 344.

Ⅳ. 행정계획의 법형식적 특성·성질 및 법적 근거

1. 법형식적 특성

행정계획 역시 계획 일반의 경우와 다름없는 법형식적 속성을 지닌다. 즉 행정행위등의 근거규범(수권규범)이 「요건 - 효과」의 구조를 취하는 가정명제($\text{Wenn-}\atop\text{Dann Schema}$) 또는 조건프로그램인 것과는 달리, 계획의 근거규범은 「목적 - 수단」($\text{Zweck-}\atop\text{Mittel Schema}$)의 구조를 취하는 목적프로그램이란 점에 그 공통적 특색이 있다. 그러나 그 법형식적 특징은 각각의 계획의 수준이나 대상분야에 따라 다양하게 나타난다. 가령 경제사회개발 5개년계획처럼 정치적 계획은 국가지도적 목표계획으로서 발전을 일정한 방향으로 유도하는 유도계획이자 종합적 계획의 특징을 지니며 따라서 그 효력도 주로 행정에 대한 구속력에 국한되는 것이 일반인 데 반하여, 행정계획은 구체적인 대상을 가지며 또 행정에 대해서뿐만 아니라 대국민적 구속력을 지니는 경우가 많을 것이다.

2. 행정계획의 법적 성질

행정계획의 법적 성질에 대하여는 견해가 대립되고 있다.[102] ① 입법행위설은 행정계획이 국민의 자유·권리에 관계되는 법규범을 정립하는 행위로서 일반적 구속력을 가질 수 있다고 하며, ② 행정행위설은 행정계획 중에는 법관계의 변동이라는 효과를 가져오는 행정행위의 성질을 갖는 것이 있다고 하며, ③ 복수성질설은 행정계획 중에는 법규명령적인 것도 있고 행정행위적인 것도 있을 수 있다고 하고, ④ 독자성설 또는 계획행위설은 행정계획은 법규범도 아니고 행정행위도 아닌 특수한 성질의 것 또는 이물($\text{異物:}\atop\text{aliud}$)이지만 구속력을 가지는 것이라고 한다. 생각건대, 행정계획의 법적 성질은 그 구체적인 법형식에 따라 개별적으로 판단되어야 할 것이다. 다양한 각종 유형의 계획들을 단일한 국법행위형식에 포괄하는 것은 불가능할 뿐만 아니라, 계획은 법령, 자치법규(조례) 또는 일반처분(가령 고시)의 형식 외에 행정규칙이나 직접 아무런 법적 구속력을 갖지 않는 비구속적 지침, 예측계획·전망의 형식으로도 수립될 수 있기 때문이다.[103] 다만 행정계획의 법적 성질을 그 기본적 유형별로 살펴본다면, 대체로 홍보적 계획은 일종의 정보제공 또는 안내행위로서 사실행위의 성질을 띠는 데 비하여, 유도적 계획은 주로 행정계획의 공표를 통하여 구속력발생의 의사($^\text{Bindungswille}$)가 표명되었다고 볼 수 있는지의 여부에 따라 각각 법적 행위로서 구속적 계획과 사실행위로서 비

---

102) 이에 관하여는 강의중, 행정계획의 법적 형식, 고시연구 1989/5, 182이하 참조.
103) Maurer, § 16 Rn.18, S.381; 강의중, 앞의 글, 85.

구속적 계획으로 판단해야 할 것이다. 다만 후자의 경우에도 신뢰보호의 요건이 충족될 경우에는 그 구속성을 시인해야 할 것이다. 반면 명령적 계획의 경우에는 대부분 입법권자가 그 법형식을 명시적으로 예정하고 있어서 그 형식적 효력에 관한 한 별 문제가 없으나, 실질적 구속력에 관하여는 개별구체적인 사례에 따라 판단해야 할 것이다. 만일 법령상 명문의 규정이 없을 때에는 다시금 그 계획주체, 내용 및 구속력에 따라 그 법적 성질이 판단되어야 할 것이다.104)

3. 행정계획의 법적 근거

행정청이 그 소관사무에 관하여 행정계획을 수립하기 위하여 법적 근거 또는 수권이 있어야 하는지가 문제된다. 행정계획 중에는 행정기관의 구상 또는 행정의 지침에 불과하여 대내외적으로 이렇다 할 법적 효과를 발생하지 않는 계획도 적지 않다. 비구속적 계획의 경우에는 조직법상 개괄적 수권 이외에 별도의 법적 근거나 수권이 요구되지는 않는다고 할 수 있다. 즉 비구속적 계획으로서 단순히 행정지침의 구실을 하는 데 그치는 계획은 원칙적으로 특별한 (작용)법적 근거를 요하지 않는다.

그러나 국토계획법에 따른 도시・군관리계획105)처럼 용도지역 또는 개발제한구역 안에서 일정한 행위를 제한하는 등 국민에게 직접 법적 효과를 미치는 대국민 구속력을 지니는 행정계획은 법률의 근거를 요한다.

또한 대국민적 구속력 없이 행정만 구속하는 행정구속적 계획이라 하더라도 다른 행정청의 권한행사에 관계되는 행정계획이나 법정 행정절차에 변동을 가져오는 행정계획은 법적 수권을 요한다. 특히 각종 계획들 상호간에 규범적 상하관계 또는 구속관계가 인정되는 경우가 그런 예이다. 가령 국토기본법에 따른 국토종합계획・도종합계획・시군종합계획・지역계획 및 부문별계획들 상호간에는 일정한 상하관계가 존재한다. 즉, 국토종합계획은 도종합계획 및 시군종합계획의 기본이 되며, 부문별계획과 지역계획은 국토종합계획과 조화를 이루어야 하고(국토기본법 §7 ①), 도종합계획은 당해 도의 관할구역 안에서 수립되는 시군종합계획의 기본이 되며(§7 ②), 국토종합계획은 20년을 단위로 하여 수립하되, 도종합계획・시군종합계획・지역계

---

104) Maurer, § 16 Rn.23.
105) 도시・군관리계획이란 특별시・광역시・시 또는 군의 개발・정비 및 보전을 위하여 수립하는 토지이용・교통・환경・경관・안전・산업・정보통신・보건・후생・안보・문화 등에 관한 다음과 같은 계획을 말한다(「국토의 계획 및 이용에 관한 법률」 제2조 제4호):
　　가. 용도지역・용도지구의 지정 또는 변경에 관한 계획
　　나. 개발제한구역・도시자연공원구역・시가화조정구역・수산자원보호구역의 지정 또는 변경에 관한 계획
　　다. 기반시설의 설치・정비 또는 개량에 관한 계획
　　라. 도시개발사업 또는 정비사업에 관한 계획
　　마. 지구단위계획구역의 지정 또는 변경에 관한 계획과 지구단위계획

획 및 부문별계획의 수립권자는 국토종합계획의 수립주기를 감안하여 그 수립주기를 정하도록 의무화되어 있다($\S 7$ ③). 아울러, 국토기본법에 의한 국토종합계획은, 군사에 관한 계획을 제외하고는, 다른 법령에 의하여 수립되는 국토에 관한 계획에 우선하며 그 기본이 된다($\S 8$).

V. 행정계획의 절차

1. 행정계획수립절차의 일반적 모델

행정계획의 수립에 관한 일반 행정절차법이나 통칙 규정은 없으나, 일반적으로 행정계획은 입안, 의견조정, 결정 및 공고 과정을 통하여 수립된다. 행정계획은 직·간접으로 국민생활에 중대한 영향을 주기 때문에 이를 수립·확정할 경우 전문지식의 도입·활용, 계획의 정당성·합리성 확보 및 계획 상호간 조정, 관계인의 이해조절, 민주적 통제의 확보 등 여러 요인이 빠짐없이 충실히 고려되어야 한다.

1.1. 조사·심의·상급행정기관의 승인 등

행정계획은 그 전문성·신중성을 확보하기 위하여 각종 전문분야별 심의기구의 자문·조사를 거치는 것이 보통이다(예: 국토기본법 제26조의 규정에 의한 국토정책위원회의 국토종합계획 심의(국토기본 법 § 7)). 또한 행정계획이란 다양한 행정수단의 조정·종합화를 의미하는 것이므로 그 전체적 통일성과 조화를 기하기 위하여 사전에 관계기관과 협의를 거치도록 하는 것이 일반적이다(국토계획법 제18조 제3항). 특히 행정계획들 가운데에는 상급행정기관이나 관할행정기관의 승인을 받도록 되어 있는 것들이 적지 않다.

1.2. 이해관계인의 참여

행정계획은 직접·간접으로 관계인의 권리·이익에 지대한 영향을 미치게 되므로 관계법이 이해관계인에게 의견진술이나 자기권리의 주장을 위한 기회를 보장하는 것이 일반적이다. 가령 국토교통부장관, 시·도지사, 시장 또는 군수가 도시·군관리계획을 입안하는 경우 주민의 의견을 듣고, 그 의견이 타당하다고 인정되는 때에는 이를 도시·군관리계획안에 반영하도록 하는 등 주민 및 지방의회의 의견청취를 의무화한 경우(국토계획 법 § 28), 특별시장·광역시장·도지사·특별자치도지사와 국토교통부장관이 도시개발구역을 지정하고자 할 때에는 당해 도시개발구역에 대한 도시개발사업의 계획을 수립하도록 하면서($\S 4$ ①), 국토교통부장관, 시·도지사 또는 대도시 시장이 도시개발구역을 지정(대도시 시장이 아닌 시장·군수 또는 구청 장의 요청에 의하여 지정하는 경우를 제외)하고자 하거나 대도시 시장이 아닌 시장·군수 또는 구청장이 도시개발구역의 지정을 요청하려고 하는 경우에는 공람이나 공청회를 통하여 주민이나 관계 전문가 등으로부터 의견을 들어야 하며, 공람이나 공청회에서 제시된 의견이 타당하다고 인정되면 이를 반영하도록 의무화한 것이 그 대표적인 예이다($\S_{①}^{7}$).

이와 관련, '묘지공원과 화장장의 후보지를 선정하는 과정에서 서울특별시, 비영리법인, 일반 기업 등이 공동발족한 협의체인 추모공원건립추진협의회가 후보지 주민들의 의견을 청취하기 위하여 그 명의로 개최한 공청회는 행정청인 피고가 이 사건 도시계획시설결정이라는 처분을 함에 있어 당해 처분의 영향이 광범위하여 널리 의견을 수렴할 필요가 있다고 스스로 인정하여 개최한 공청회가 아니므로, 그 공청회를 개최함에 있어 행정절차법에서 정한 절차를 준수하여야 하는 것은 아니라 할 것'이라는 판례가 있다.106)

1.3. 지방자치단체의 참가

행정계획이 지방자치단체와 밀접한 관련을 맺는 경우에는 당해 지방자치단체와의 협의 또는 그 의견청취를 위한 절차가 마련되는 것이 일반적이다.

1.4. 공 고

행정계획의 내용을 일반공중에게 주지시켜 불측의 손해가 없도록 함으로써 예측가능성과 관계인의 협력을 기하기 위한 절차로서 행정계획을 공고하도록 하는 것이 일반적이다. 가령, 도시개발구역 지정권자에게 도시개발구역을 지정하거나 개발계획을 수립한 때에는 대통령령이 정하는 바에 따라 관보 또는 공보에 고시하고 그 도시개발구역을 관할하는 시장·군수 또는 구청장에게 관계서류 사본을 송부하여야 하며, 관계서류를 송부 받은 시장·군수 또는 구청장은 이를 일반에게 공람시켜야 한다고 규정한 경우가 대표적인 예이다($^{도시개발법}_{\S 9 ①}$).

> ▓ **구 도시계획법상 공고의무의 정도**
>
> "도시계획법 제16조의2 제2항, 같은법시행령 제14조의2 제6항 각 규정의 내용과 취지에 비추어 보면, 도시계획안의 내용을 일간신문에 공고함에 있어서는 도시계획의 기본적인 사항만을 밝히고 구체적인 사항은 공람절차에서 이를 보충하면 족하다."107)

2. 문 제 점

현재 행정계획 절차에 관한 규율은 일반법이 없고 각 단행법에 산재한 규정들에 맡겨져 있다. 그러나 이들 단행법률상의 계획확정 절차는 극히 미흡하고, 통일성을 결여하고 있으며

---

106) 대법원 2007.4.12. 선고 2005두1893 판결.
107) 대법원 1996.11.29. 선고 96누8567 판결.

그나마 다른 행정주체나 행정기관과의 정책조정을 위한 절차일 뿐, 이해관계인의 권익보호나 주민참여를 위한 절차는 크게 미흡한 실정이다.[108] 따라서 행정계획 수립·확정과정에 이해관계인·주민 참여의 기회를 확보하고 계획에 대한 절차적 통제를 보장할 필요가 있다.

> 구 폐기물관리법은 폐기물처리시설설치계획의 수립·시행을 규율하고 또 이에 대한 환경영향평가를 통해 주민의 의사와 환경보전의 측면을 반영할 수 있도록 하고 있었다. 그러나 이러한 폐기물관리법상의 계획확정절차는 그에 대한 주민의 참여 및 영향력행사를 위한 법적 가능성을 충분히 보장하고 있지 못하다는 점에서 비판을 받았다.

VI. 행정계획의 법적 통제와 행정구제

1. 행정계획의 법적 통제

1.1. 개 설

행정계획 역시 직접·간접으로 국민생활에 중대한 영향을 주는 것이므로 이를 적절히 통제함으로써 국민의 권익을 보호하는 문제가 중요한 과제로 대두된다. 행정계획의 통제방법으로는 상급행정청의 감독권행사나 협의·승인 등을 통한 절차상 통제, 행정심판 등과 같은 행정내부적 통제, 국회의 예산심의, 국정조사 및 감사, 해임건의 등을 통한 입법부에 의한 통제, 법원에 의한 사법심사 및 헌법재판소에 의한 통제(재판적 통제), 그리고 계획과정에 대한 주민의 참여, 청원 등 국민에 의한 통제 등을 생각할 수 있다. 여기서는 이들 통제방법에 관한 상세한 논의는 생략하고, 행정계획의 사법적 통제에서 특히 문제되는 계획재량의 문제, 행정계획의 절차적 통제, 그리고 행정계획에 관한 행정구제의 문제를 중심으로 간략히 살펴보기로 한다.

1.2. 계획재량과 사법심사

1.2.1. 계획재량

계획재량이란 계획의 수립·변경 등에 관하여 행정에 부여된 계획상 형성의 자유를 말한다. 계획의 근거규범은 조건명제($\binom{Konditional-}{programme}$)가 아니라 목적의 설정과 형량의 원칙($\binom{Abwägungs-}{grundsätze}$)으로 구성된 목적명제($\binom{Final-}{programme}$)의 성질을 띤다. 이러한 목적명제에는 전자의 경우에 발생하는 포섭의 과정이 예정되고 있지 않다. 이러한 계획 – 규범에서는 법률요건과 법률효과 간의 구별이 말소되며 나아가 불확정법개념과 재량의 수권 사이의 구별도 본래적 의의를 잃게 된다. 계획

---

108) 있다고 해도 일부의 법률에 극히 간략한 절차가 규정되어 있을 뿐이라고 한다(박윤흔, 행정법강의(상), 282).

재량은 바로 이러한 이유에서 일면 통상의 재량과, 타면 불확정법개념의 판단여지와 구별되는 개념이다. 계획재량이란 판단여지($^{\text{Beurteilungs-}}_{\text{spielraum}}$)나 평가특권($^{\text{Einschätzungs-}}_{\text{prärogativ}}$)처럼 규범의 요건규정 면에 존재하는 것이 아니며, 또 통상적인 재량처럼 규범의 효과규정 면에 존재하는 것도 아니기 때문이다. 이러한 이유에서 '계획재량'이란 표현보다 '계획상 형성의 자유'($^{\text{planerische}}_{\text{Gestaltungsfreiheit}}$)란 표현이 선호된다. 계획 - 법률은 통상 계획이 추구해야 할 목적과 그에 의하여 촉진 또는 보호되어야 할 이익만을 규정하는 데 그치며, 계획의 요건·효과 등에 관하여는 규정하지 아니하고 공백규정으로 하고 있는 경우가 많다. 행정은 이러한 법률에 의하여 부여된 임무의 범위 내에서는 독자적인 판단에 따라 행동할 형성의 자유를 갖는다. 다만 행정은 법령에 따라 관계 제이익을 형량하여야 한다.

형량의 과정은 단순한 법적용과는 구별되는 과정이며 법원은 계획심사에 있어 이러한 계획기관의 형량을 자기 자신의 형량으로 대체하여서는 아니 된다. 형량은 계획기관에게 부과된 절차로서 이를 기초로 계획재량의 행사가 이루어진다. 그러나 그 경우에도 행정은 그 법률상 구속과 한계를 준수해야 하며, 그 준수여부는 사법심사의 대상이 된다(계획재량의 남용금지).

계획재량의 이론은 본래 독일에서 연방건설법전(^{BauGB}) 제1조에 의한 건설기본계획($^{\text{Bauleit-}}_{\text{planung}}$)의 결정 또는 기타 공간관련부문계획의 수립에 있어 행정이 가지는 계획고권의 행사와 관련하여 재량통제를 가능하게 하기 위한 이론으로 성립·발전되어 온 것이다. 이에 따르면 계획의 결정에 있어서는 모든 중요사정과 관계 제이익, 가령 공장의 유치, 취업의 확대와 환경조건의 유지 등과 같은 법익들간의 조정·형량이 요구된다($^{\text{형량원칙:}}_{\text{Abwägungsgebot}}$). 즉, 계획재량이 인정되어 있는 경우에도 관계 제이익의 정당한 형량여부가 그 계획규범 적용의 적법여부의 기준이 된다. 이러한 형량원칙이 침해되었다고 볼 수 있는 경우로는 가령 계획수립기관이 ① 요구된 조사·형량을 하지 않은 경우($^{\text{형량의 결여:}}_{\text{Abwägungsausfall}}$), ② 형량에 있어 고려하여야 할 이해관계를 고려하지 않은 경우($^{\text{형량의 결함:}}_{\text{Abwägungsdefizit}}$), 또는 ③ 명백한 형량의 과오나 불평등 등을 들 수 있다.[109]

1.2.2. 계획재량의 사법심사

계획재량에 대한 사법심사는 통상 그 계획주체에게 광범위한 계획상 형성의 자유가 인정된다는 점에서, 다음 판례를 통해 확인할 수 있듯이, 현실적으로 매우 제한되는 경향을 보인다.

"**개발제한구역지정처분**은 건설부장관이 법령의 범위 내에서 도시의 무질서한 확산 방지 등을 목적으로 도시정책상의 전문적·기술적 판단에 기초하여 행하는 **일종의 행정계획으로서 그 입안·결정에 관하여 광범위한 형성의 자유를 가지는 계획재량처분이므로**, 그 지정에 관련된 공익과 사익을 전혀 비교교량

---

109) Götz, Allgemeines Verwaltungsrecht, S.30.

하지 아니하였거나 비교교량을 하였더라도 그 정당성과 객관성이 결여되어 비례의 원칙에 위반되었다고 볼 만한 사정이 없는 이상, 그 개발제한구역지정처분이 재량권을 일탈·남용한 위법한 것이라고 할 수 없을 것인데, 이 사건 개발제한구역지정의 경위 및 필요성, 개발제한구역의 지정에도 불구하고 토지구획정리사업이 계속 시행되어 완료된 점, 도시화되어 가는 주변 지역의 상황 및 이 사건 토지의 지역적 위치 등 여러 사정에 비추어 보면, 비록 위 토지구획정리사업이 시행되던 토지들 중 일부에 대하여만 이 사건 개발제한구역지정처분을 하였다고 하더라도 그 처분이 재량권을 현저히 일탈·남용한 것으로 볼 수 없다."110)

대법원은 대학시설 유치를 하기 위한 울산광역시의 도시계획시설결정에 대해 지역의 교육여건 개선 등의 공익과 지역 내의 토지나 건물 소유자들이 입게 되는 권리행사 제한 등의 사익의 이익형량에 정당성과 객관성을 결여한 하자가 있어 위법하다고 판시한 바 있다.111)

"행정계획이라 함은 행정에 관한 전문적·기술적 판단을 기초로 하여 도시의 건설·정비·개량 등과 같은 특정한 행정목표를 달성하기 위하여 서로 관련되는 행정수단을 종합·조정함으로써 장래의 일정한 시점에 있어서 일정한 질서를 실현하기 위한 활동기준으로 설정된 것으로서, 구 도시계획법(2000.1.28. 법률 제6243호)(로 전문 개정되기 전의 것) 등 관계 법령에는 추상적인 행정목표와 절차만이 규정되어 있을 뿐 행정계획의 내용에 관하여는 별다른 규정을 두고 있지 아니하므로 행정주체는 구체적인 행정계획을 입안·결정함에 있어서 비교적 광범위한 형성의 자유를 가지는 것이지만, 행정주체가 가지는 이와 같은 형성의 자유는 무제한적인 것이 아니라 그 행정계획에 관련되는 자들의 이익을 공익과 사익 사이에서는 물론이고 공익 상호간과 사익 상호간에도 정당하게 비교교량하여야 한다는 제한이 있으므로, 행정주체가 행정계획을 입안·결정함에 있어서 이익형량을 전혀 행하지 아니하거나 이익형량의 고려 대상에 마땅히 포함시켜야 할 사항을 누락한 경우 또는 이익형량을 하였으나 정당성과 객관성이 결여된 경우에는 위법하다."112)

기피시설 입지갈등 사례로 오랫동안 주목을 끌었던 '원지동 추모공원 사건'에서도 대법원은 기존의 판례를 재확인하면서, '원고들이 이 사건 추모공원 규모의 적정성과 환경·교통상의 문제에 관하여 제기하는 사유만으로는 피고가 행정계획의 일환으로 이 사건 도시계획시설결정을 함에 있어 이익형량을 전혀 행하지 아니하거나 이익형량의 고려 대상에 마땅히 포함시켜야 할 사항을 누락한 경우 또는 이익형량을 하였으나 정당성과 객관성이 결여되었다고 볼 수 없다'고 한 원심의 판단은 정당하다고 판시하였다.

"행정계획이라 함은 행정에 관한 전문적·기술적 판단을 기초로 하여 도시의 건설·정비·개량 등과 같은 특정한 행정목표를 달성하기 위하여 서로 관련되는 행정수단을 종합·조정함으로써 장래의 일정한 시점에 있어서 일정한 질서를 실현하기 위한 활동기준으로 설정된 것으로서, 도시계획법 등 관계 법령에

---

110) 대법원 1997.6.24. 선고 96누1313 판결.
111) 대법원 2006.9.8. 선고 2003두5426 판결.
112) 대법원 2006.9.8. 선고 2003두5426 판결.

는 추상적인 행정목표와 절차만이 규정되어 있을 뿐 행정계획의 내용에 관하여는 별다른 규정을 두고 있지 아니하므로 **행정주체는 구체적인 행정계획을 입안·결정함에 있어서 비교적 광범위한 형성의 자유를 가지는 것이지만, 행정주체가 가지는 이와 같은 형성의 자유는 무제한적인 것이 아니라 그 행정계획에 관련되는 자들의 이익을 공익과 사익 사이에서는 물론이고 공익 상호간과 사익 상호간에도 정당하게 비교교량하여야 한다는 제한이 있으므로, 행정주체가 행정계획을 입안·결정함에 있어서 이익형량을 전혀 행하지 아니하거나 이익형량의 고려 대상에 마땅히 포함시켜야 할 사항을 누락한 경우 또는 이익형량을 하였으나 정당성과 객관성이 결여된 경우에는 그 행정계획결정은 형량에 하자가 있어 위법하게 된다.**"113)

"종래 매립지 등 관할 결정의 준칙으로 적용되어 온 지형도상 해상경계선 기준이 가지던 관습법적 효력은 위 지방자치법의 개정에 의하여 변경 내지 제한되었다고 보는 것이 타당하고, 안전행정부장관은 매립지가 속할 지방자치단체를 정할 때에 상당한 형성의 자유를 가지게 되었다. 다만 그 관할 결정은 계획재량적 성격을 지니는 점에 비추어 위와 같은 형성의 자유는 무제한의 재량이 허용되는 것이 아니라 여러 가지 공익과 사익 및 관련 지방자치단체의 이익을 종합적으로 고려하여 비교·교량해야 하는 제한이 있다. 따라서 안전행정부장관이 위와 같은 이익형량을 전혀 행하지 않거나 이익형량의 고려 대상에 마땅히 포함시켜야 할 사항을 누락한 경우 또는 이익형량을 하였으나 정당성·객관성이 결여된 경우에는 그 매립지가 속할 지방자치단체 결정은 재량권을 일탈·남용한 것으로서 위법하다고 보아야 한다.""114)

1.2.3. 계획변경신청권과 계획변경청구권의 인정여부

(1) 학 설

계획변경청구권, 즉 행정계획의 변경 또는 폐지를 청구할 권리가 인정되는지 여부에 대하여 학설은 적극설과 소극설로 나뉘고 있으나 대체로 부정적인 경향을 띠고 있다. 적극설은 주로 당사자의 권리구제를 위해 도시계획변경신청권을 인정할 필요가 있다는 점을 강조한다.115) 특히 판례상 거부처분의 처분성 인정 요건인 도시계획변경에 대한 법규상 또는 조리상 신청권을 도출하는 데 초점을 맞추고 있다. 즉, 도시계획변경에 관한 신청권을 부인하게 되면 도시계획변경거부의 처분성을 인정할 수 없어 취소소송의 제기가 불가능하게 되므로, 도시계획변경 거부결정의 위법성 여부에 대한 재판청구권을 보장할 필요가 있다고 하거나,116) 「국토의 계획 및 이용에 관한 법률」 제26조 소정의 도시계획입안제안권을 근거로, 도시계획변경에 대한 법규상 또는 조리상 신청권이 인정된다고 하고,117) 또 도시계획변경신청 거부에 의해 제3자의 기본권이 침해받게 되는 경우 예외적으로 도시계획변경거부의 처분성

---

113) 대법원 2007.4.12. 선고 2005두1893 판결. 또한 대법원 2012.1.12. 선고 2010두5806 판결; 대법원 2011.2.24. 선고 2010두21464 판결; 대법원 2006.9.8. 선고 2003두5426 판결; 대법원 2005.3.10. 선고 2002두5474 판결; 대법원 1996.11.29. 선고 96누8567 판결 등을 참조.
114) 대법원 2013.11.14. 선고 2010추73 판결.
115) 정남철, "계획변경청구권의 법적 문제－도시계획변경신청권의 예외적 인정에 대한 비판적 고찰－", 토지공법연구(한국토지공법학회) 제48집, 2010.2, 49-67, 56.
116) 김정중, "도시계획변경 거부의 처분성", 행정재판실무연구집 재판자료(법원도서관) 제108집(2005.12), 59-92, 90-91.
117) 김종보, 건축법의 이해, 박영사, 2008, 564; 이선희, "도시계획입안 신청에 대한 도시계획 입안권자의 거부행위가 항고소송의 대상이 되는 행정처분에 해당하는지 여부", 대법원판례해설 제50호, 156.

을 인정할 수 있다고 한다.[118] 한편 장기미집행 도시계획시설의 경우에 대해 계획변경신청권을 인정할 수 있다는 견해[119]도 있다.

　반면, 소극설은 도시계획 수립 및 변경에 있어 일반적으로 계획행정청에 광범위한 형성의 자유가 보장되어 있으므로, 계획수립청구권 및 계획변경신청권은 허용되지 않는다는 입장이다. 소극설이 다수설이다.[120]

(2) 계획변경신청권과 계획변경청구권에 대한 판례

　계획변경청구권의 인정여부에 대해 우리나라 대법원의 판례는 비교적 일찍부터 다분히 부정적 경향을 띠며 형성되기 시작했다.

　과거 대법원은 도시계획변경신청을 불허한 처분에 대한 취소소송에 대하여 행정계획이 일단 확정된 후에는 어떤 사정변동이 있다고 하여 지역주민에게 일일이 그 계획의 변경 또는 폐지를 청구할 권리를 인정해 줄 수 없다고 판시한 바 있다.

　"도시계획법 제12조 제1항에 의하면 도시계획 및 그 변경은 건설부장관(…)이 직권 또는 같은 법 제11조의 규정에 의한 도시계획입안자(시장, 군수)의 신청에 의하여 소정절차를 거쳐 결정하도록 규정되어 있을 뿐, **도시계획법상 주민이 도시계획 및 그 변경에 대하여 어떤 신청을 할 수 있음에 관한 규정이 없을 뿐만 아니라 도시계획과 같이 장기성·종합성이 요구되는 행정계획에 있어서는 그 계획이 일단 확정된 후에 어떤 사정의 변동이 있다고 하여 지역주민에게 일일이 그 계획의 변경을 청구할 권리를 인정해 줄 수도 없는 이치이므로** 피고가 원고의 도시계획 변경신청을 불허한 행위는 항고소송의 대상이 되는 행정처분이라고 볼 수 없다."[121]

　대법원은 또한 행정청이 용도지역을 자연녹지지역으로 지정결정하였다가 그보다 규제가 엄한 보전녹지지역으로 지정결정하는 내용으로 도시계획을 변경한 경우, 신뢰보호의 원칙이 적용되지 않는다고 판시함으로써 신뢰보호의 원칙에 의한 계획존속의 보장이라는 의미에서의 도시계획변경결정취소청구는 받아들일 수 없다는 입장을 분명히 한 바 있다.

　"행정청이 용도지역을 자연녹지지역으로 지정결정하였다가 그보다 규제가 엄한 보전녹지지역으로 지정결정하는 내용으로 도시계획을 변경한 경우, 행정청이 용도지역을 자연녹지지역으로 결정한 것만으로는 그 결정 후 그 토지의 소유권을 취득한 자에게 용도지역을 종래와 같이 자연녹지지역으로 유지하거나 보전녹지지역으로 변경하지 않겠다는 취지의 공적인 견해표명을 한 것이라고 볼 수 없고, 토지소유자가 당해 토지 지상에 물류창고를 건축하기 위한 준비행위를 하였더라도 그와 같은 사정만으로는 용도지역을 자연녹지지역에서 보전녹지지역으로 변경하는 내용의 도시계획변경결정이 행정청의 공적인 견해표명에 반

---

118) 김해룡, "도시계획변경청구권의 성립요건", 행정판례연구 제4집, 1999.8, 105-116.
119) 김종보, 앞의 책, 564-569.
120) 정남철, 앞의 글, 57; 유해웅, 토지공법론, 제4판, 삼영사, 2004, 300 등을 참조.
121) 대법원 1984.10.23. 선고 84누227 판결. 또한 대법원 1989.10.24. 선고 89누725 판결 등을 참조.

하는 처분을 함으로써 그 견해표명을 신뢰한 개인의 이익이 침해되는 결과가 초래된 것이라고도 볼 수 없다는 등의 이유로, 신뢰보호의 원칙이 적용되지 않는다."[122]

판례의 입장은 이후에도 많은 따름판례를 통해서도 재확인되었다.[123] 그러나 대법원의 판례 가운데 다음에 보는 바와 같이 몇 가지 특수한 사례상황을 전제로 계획변경신청권 또는 계획변경청구권을 인정하는 듯한 뉘앙스를 지닌 판례들이 나오고 있어 주목을 끌었다. 학계에서는 논란이 없지 않았으나 대체로 대법원이 예외적으로 계획변경신청권 또는 계획변경청구권을 인정한 것으로 받아들이는 분위기인 것처럼 보였다. 그러한 예외적인 경우로는 **첫째, 계획변경의 거부가 실질적으로 다른 처분 신청권을 거부하는 결과가 되는 경우, 둘째, 도시계획 입안 제안권이 인정되는 경우, 셋째, 장기미집행 도시계획시설의 변경을 구하는 경우, 넷째, 재산권행사의 제한 등의 이유로 용도구역 지정 해제 등 계획변경을 요구한 경우**가 있다.

실제로 대법원은 후술하듯 **'자신의 토지를 완충녹지에서 해제해 달라는 원고들의 신청을 거부한 처분은 원고들의 재산권 행사를 과도하게 제한한 것으로서, 행정계획을 입안·결정함에 있어 이익형량을 전혀 행하지 아니하였거나 이익형량의 정당성·객관성이 결여된 경우에 해당한다'**고 판단한 원심의 판단을 받아들이면서, 그 밖에 계획변경 신청의 거부를 거부처분으로 볼 수 있는 경우로서 행정주체가 구 국토의 계획 및 이용에 관한 법률 제26조에 의한 **주민의 도시관리계획 입안 제안에 대하여 이를 받아들여 도시관리계획결정을 할 것인지 여부를 결정하는 경우와 도시계획시설구역 내 토지 등을 소유하고 있는 주민이 장기간 집행되지 아니한 도시계획시설의 결정권자에 대하여 도시계획시설의 변경을 신청하여 이에 대한 수용여부를 결정하는 경우**를 예시한 바 있다.[124]

그렇다면 이들 사례에서 과연 판례상 계획변경신청권 또는 계획변경청구권이 인정된 것으로 볼 수 있는지를 검토해 보기로 한다.

① 계획변경의 거부가 실질적으로 다른 처분신청권을 거부하는 결과가 되는 경우

대법원은 국토이용계획 변경신청을 거부하는 것이 장래 일정한 기간 내에 관계 법령이 규정하는 시설 등을 갖추어 일정한 행정처분을 구하는 신청을 할 수 있는 법률상 지위에 있는 자에게 실질적으로 당해 행정처분 자체를 거부하는 결과가 되는 경우, 예외적으로 그 신

---

122) 대법원 2005.3.10. 선고 2002두5474 판결.
123) 가령 대법원 1990.9.28. 선고 89누8101 판결; 대법원 1993.5.25. 선고 92누2394 판결; 대법원 1994.1.28. 선고 93누22029 판결; 대법원 1994.12.9. 선고 94누8433 판결; 대법원 1995.4.28. 선고 95누627 판결; 대법원 2002.11.26. 선고 2001두1192 판결; 대법원 2003.9.23. 선고 2001두10936 판결; 대법원 2003.9.26. 선고 2003두5075 판결 등.
124) 대법원 2012.1.12. 선고 2010두5806 판결: 원고 소유의 토지를 도시계획시설인 완충녹지로 유지해야 할 공익상의 필요성이 소멸하였다고 볼 수 있으므로 이 토지를 완충녹지에서 해제하여 달라는 원고들의 신청을 거부한 처분은 원고들의 재산권 행사를 과도하게 제한한 것으로서, 행정계획을 입안·결정함에 있어 이익형량을 전혀 행하지 아니하였거나 이익형량의 정당성·객관성이 결여된 경우에 해당한다고 판단한 원심의 판단이 정당하다고 본 사례.

청인에게 계획변경을 신청할 권리가 인정된다고 판시하였다.[125]

대법원은 원칙적으로 국토이용계획의 변경을 신청할 권리를 인정할 수 없다고 전제하면서,[126] 다음과 같이 판시하고 있다.

"구 폐기물관리법(1999.2.8. 법률 제5865호로 개정되기 전의 것, 이하 '폐기물관리법'이라 한다) 제26조, 같은 법 시행규칙(1999.1.5. 환경부령 제56호로 개정되기 전의 것) 제17조 등에 의하면 폐기물처리사업계획의 적정통보를 받은 자는 장래 일정한 기간 내에 관계 법령이 규정하는 시설 등을 갖추어 폐기물처리업허가신청을 할 수 있는 법률상 지위에 있다고 할 것인바, 피고로부터 폐기물처리사업계획의 적정통보를 받은 원고가 폐기물처리업허가를 받기 위하여는 이 사건 부동산에 대한 용도지역을 '농림지역 또는 준농림지역'에서 '준도시지역(시설용지지구)'으로 변경하는 국토이용계획변경이 선행되어야 하고, 원고의 위 계획변경신청을 피고가 거부한다면 이는 실질적으로 원고에 대한 폐기물처리업허가신청을 불허하는 결과가 되므로, **원고는 위 국토이용계획변경의 입안 및 결정권자인 피고에 대하여 그 계획변경을 신청할 법규상 또는 조리상 권리를 가진다**고 할 것이다."[127]

그럼에도 불구하고, 원심이 국토이용계획변경을 신청할 법규상 또는 조리상 권리가 인정되지 아니하므로 행정청이 한 계획변경신청 거부 행위가 항고소송의 대상이 되는 행정처분에 해당하지 않는다는 이유로 소를 각하한 것은 잘못이라고 본 것이다.[128]

위 판결에서 대법원은 예외적으로 계획변경신청권을 인정하였으나, 이는 어디까지나 '계획변경의 거부가 실질적으로 다른 처분을 신청할 권리를 거부하는 결과'가 된다'는 사안의 특수성을 고려한 결과일 뿐, 계획변경신청권을 일반적으로 인정한 것으로 보기는 어렵다. 오히려 행정계획이 일단 확정된 후 어떤 사정 변동이 있는 경우, 지역주민 등에게 그 계획변경을 신청할 권리를 인정할 수 없다는 것이 대법원의 기본입장임을 주목할 필요가 있다. 실

125) 대법원 2003.9.23. 선고 2001두10936 판결. 김남진교수는 이 판결에 대해, 이 사건에서 피고(진안군수)는 원고의 국토이용계획변경신청을 받아 들여 1998.4.24. 이 사건 부동산 일대의 토지에 대한 용도지역을 준도시지역(시설용지지구)으로 변경한다는 내용의 공고를 한 후, 주민들이 폐기물처리시설의 설치를 반대하는 집단민원을 계속적으로 제기하자 1999.7.6. 주민들의 집단민원이 해소되기까지는 국토이용계획변경신청을 승인할 수 없다고 '통보'하였다. 그렇다면 이 '통보'는 이미 행해진 피고에 의한 '용도지역변경공고의 철회'를 뜻한다고 하겠으며, 그 '철회'가 이 사건 취소소송의 대상이 되었어야 함에도, 대법원이 이 사건을 거부처분(계획변경신청에 대한 거부처분)에 대한 취소소송으로서 심리하였음은 이해할 수 없는 일이라고 비판한 바 있다(김남진, "국토이용계획변경승인신청과 법적 문제", 법률신문 3237호(2004.1), 15; https://www.lawtimes.co.kr/LawPnnn/Pnnpp/PnnppContent.aspx?serial=665).
126) 대법원은 그 이유를 '국토이용관리법상 주민이 국토이용계획의 변경에 대하여 신청을 할 수 있다는 규정이 없을 뿐만 아니라, 국토건설종합계획의 효율적인 추진과 국토이용질서를 확립하기 위한 국토이용계획은 장기성, 종합성이 요구되는 행정계획이어서 원칙적으로는 그 계획이 일단 확정된 후에 어떤 사정의 변동이 있다고 하여 그러한 사유만으로는 지역주민이나 일반 이해관계인에게 일일이 그 계획의 변경을 신청할 권리를 인정하여 줄 수는 없을 것'(대법원 1995.4.28. 선고 95누627 판결 참조)이라고 설시하고 있다.
127) 대법원 2003.9.23. 선고 2001두10936 판결. 이 판결에 관해서는 김중권, "국토이용계획변경신청권의 예외적 인정의 문제점에 관한 소고", 행정판례연구 10집(2005.6), 21-60; 이선희, "국토이용계획변경승인신청거부행위의 처분성 인정여부", 대법원판례해설 47호(2003 하반기), 법원도서관, 2004.7, 550-582; 정하중, "한국 행정판례의 성과와 과제", 행정판례연구 11집(2006.6), 3-49 등을 참조.
128) 그러나 이 사건에서 대법원은 본안인 폐기물처리업허가신청반려처분의 취소청구에 대해서는 이를 배척한 원심의 사실인정과 판단을 받아들여 원고의 상고를 기각했다.

례로 대법원은 위 판결이 선고된 지 직후(3일 후) 나온 또 하나의 판결을 통해 이 점을 재확인함과 아울러 신뢰보호원칙에 기한 조리상 국토이용계획변경신청권을 인정할 수 없다는 점을 분명히 하였다.

> "국토이용관리법상 주민이 국토이용계획의 변경에 대하여 신청을 할 수 있다는 규정이 없을 뿐만 아니라, 국토건설종합계획의 효율적인 추진과 국토이용질서를 확립하기 위한 **국토이용계획은 장기성, 종합성이 요구되는 행정계획이어서 그 계획이 일단 확정된 후에 어떤 사정의 변동이 있다고 하여 지역주민이나 일반 이해관계인에게 일일이 그 계획의 변경을 신청할 권리를 인정하여 줄 수 없고**(대법원 1995.4.28. 선고 95누627 판결 참조), 원심이 확정한 사실관계를 기록에 비추어 보면, 이 사건에서 **원고의 국토이용계획변경신청과 관련하여 피고 시장 등이 보여 준 일련의 행위가 위 계획변경승인에 대한 공적 견해를 표명한 것이라고 볼 수 없으며, 그럼에도 불구하고 원고가 위 변경승인을 받을 것으로 신뢰하였다면 원고에게 귀책사유가 있으므로 신뢰보호의 원칙은 적용되지 않는다**고 할 것이니, 원고에게 **신뢰보호원칙에 기한 조리상 국토이용계획변경신청권을 인정할 수도 없다**."[129]

② 도시계획입안제안권이 인정되는 경우

대법원은 관계법령상 도시계획 입안을 제안할 수 있도록 되어 있는 경우, 즉 도시계획입안제안권[130]을 근거로 계획변경신청권을 인정하고 있다. 대표적인 사례로 대법원 2004.4.28. 선고 2003두1806 판결을 들 수 있다. 건축금지구역의 토지 일부를 낙찰 받은 원고가 해당 부분이 포함된 도시계획시설 변경 입안을 제안하였으나 피고 행정청이 그 변경입안이 불가하다는 취지로 이를 거부하자 그 취소를 구한 사건에서, 제1심과 항소심은, 이 사건 거부처분은 위 입안제안신청을 도시계획입안에 반영할지 여부를 결정함에 있어 이익형량을 전혀 하지 아니하였거나 이익형량의 고려대상에 포함시켜야 할 사항을 누락한 경우에 해당하여 재량권을 남용하였거나 그 범위를 일탈한 위법한 처분이라고 판단하였다. 그러나 대법원은 "도시계획구역 내 토지 등을 소유하고 있는 주민으로서는 입안권자에게 도시계획입안을 요구할 수 있는 법규상 또는 조리상 신청권이 있다고 할 것이고, 이러한 신청에 대한 거부행위는 항고소송의 대상이 되는 행정처분에 해당한다"고 판시하였다.

> "구 도시계획법(2002.2.4. 법률 제6655호 국토의 계획 및 이용에 관한 법률 부칙 제2조로 폐지)은 도시계획의 수립 및 집행에 관하여 필요한 사항을 규정함으로써 공공의 안녕질서를 보장하고 공공복리를 증진하며 주민의 삶의 질을 향상하게 함을 목적으로 하면

---

129) 대법원 2003.9.26. 선고 2003두5075 판결.

130) 2000년 도시계획법 전문개정을 통해 최초로 지구단위계획과 도시계획시설계획에 대한 주민의 입안제안권제도가 도입되었고 이 제도가 그대로 2003년 국토계획법에 이어진 것이라고 한다(김종보, "도시계획변경거부의 처분성", 특별법연구(특별소송실무연구회 편), 제8권, 2006, 박영사, 3-36, 25). 이 제도 도입의 입법의도는 선명하게 설명되지 않았고 판례이론과 어떠한 관계로 해석되어야 할 것인지도 충분히 논의되지 않았다고 한다. 정태용, 도시계획법, 2001, 한국법제연구원, 96; 입법취지를 부분적으로 밝히고 있는 논문으로는 박무익, 개정 도시계획법 해설, 도시문제, 2000.3, 89 등을 참조.

서도 도시계획시설결정으로 인한 개인의 재산권행사의 제한을 줄이기 위하여, 도시계획시설부지의 매수청구권, 도시계획시설결정의 실효에 관한 규정과 아울러 도시계획 입안권자인 특별시장 · 광역시장 · 시장 또는 군수로 하여금 5년마다 관할 도시계획구역 안의 도시계획에 대하여 그 타당성 여부를 전반적으로 재검토하여 정비하여야 할 의무를 지우고, 도시계획입안제안과 관련하여서는 주민이 입안권자에게 '1. 도시계획시설의 설치 · 정비 또는 개량에 관한 사항 2. 지구단위계획구역의 지정 및 변경과 지구단위계획의 수립 및 변경에 관한 사항'에 관하여 '도시계획도서와 계획설명서를 첨부'하여 도시계획의 입안을 제안할 수 있고, 위 입안제안을 받은 입안권자는 그 처리결과를 제안자에게 통보하도록 규정하고 있는 점 등과 헌법상 개인의 재산권 보장의 취지에 비추어 보면, **도시계획구역 내 토지 등을 소유하고 있는 주민으로서는 입안권자에게 도시계획입안을 요구할 수 있는 법규상 또는 조리상의 신청권이 있다고 할 것이고, 이러한 신청에 대한 거부행위는 항고소송의 대상이 되는 행정처분에 해당한다.**"[131]

이로써 관계법령상 도시계획 입안을 제안할 권리가 부여된 경우 이를 근거로 계획변경신청권이 인정된다는 점이 분명해졌다고 볼 수 있다. 또한 위 판례에서 그 근거가 되었던 구 도시계획법상 입안제안 관련조항들이 「국토의 계획 및 이용에 관한 법률」 제26조에 승계되었으므로[132] 향후에도 동일한 판례태도가 유지될 것이라는 전망도 가능하다. 하지만 위 조항에 의거하여 '법규상 신청권'이 있다는 이유에서 도시계획시설 변경 입안 제안 거부에 대한 처분성을 인정한 것이 위 제26조에 대한 단순한 해석 또는 동어반복 이상의 법적 의미가 있는지는 의문이다. 아무튼 대법원은 이 사건 판결에서 도시계획구역 내 토지 등을 소유한 주민에게 도시계획입안을 요구할 법규상 또는 조리상 신청권을 인정하여 그 신청에 대한 거부행위가 항고소송의 대상이 되는 행정처분에 해당한다고 판시하였지만, 본안판단에서는 문제의 도시계획시설은 관계법령상 지역 · 지구 안에서의 건축물의 건축금지 및 제한에 관한 규정이 적용되지 아니하는 경우, 즉 일반주거지역 내에서도 건축이 가능한 경우에 해당하므로 해당지역에 자동차 및 중기운전학원을 설치하도록 한 도시계획시설결정은 적법하며, 따라서 이와 달리

---

131) 대법원 2004.4.28. 선고 2003두1806 판결.
132) 참고로 구 「국토의 계획 및 이용에 관한 법률」(2009.2.6. 법률 제9442호로 개정되기 전의 것) 제26조 제1항에 따르면, 주민(이해관계자를 포함한다. 이하 같다)은 다음 각 호의 사항에 대하여 제24조의 규정에 의하여 도시관리계획을 입안할 수 있는 자에게 도시관리계획의 입안을 제안할 수 있다. 이 경우 제안서에는 도시관리계획도서와 계획설명서를 첨부하여야 한다.
   1. 기반시설의 설치 · 정비 또는 개량에 관한 사항
   2. 지구단위계획구역의 지정 및 변경과 지구단위계획의 수립 및 변경에 관한 사항
   그 밖에도 같은 조 제2항 및 제3항은 도시관리계획의 입안을 제안받은 자는 그 처리결과를 제안자에게 통보하여야 하며, 제안자와 협의하여 제안된 도시관리계획의 입안 및 결정에 필요한 비용의 전부 또는 일부를 제안자에게 부담시킬 수 있다고 규정하고 있다.
   한편 같은 법 시행령(대통령령 제21488호, 2009.5.13. 일부개정되기 전의 것) 제20조는 제안서의 처리절차를 규정하면서, 법 제26조 제1항의 규정에 의하여 도시관리계획입안의 제안을 받은 국토해양부장관, 시 · 도지사, 시장 또는 군수는 제안일부터 60일 이내에 도시관리계획입안에의 반영여부를 제안자에게 통보하여야 하며, 다만, 부득이한 사정이 있는 경우에는 1회에 한하여 30일을 연장할 수 있도록 하고(제1항), 그러한 제안을 도시관리계획입안에 반영할 것인지 여부를 결정함에 있어 필요한 경우에는 중앙도시계획위원회 또는 당해 지방자치단체에 설치된 지방도시계획위원회의 자문을 거칠 수 있도록 하였다(제2항).

제1편 제2편 제3편 제4편 제5편 행정법총론

당초의 도시계획시설결정이 위법함을 전제로 이 사건 처분에 재량을 일탈·남용한 위법이 있다고 한 원심판결을 파기하고 사건을 원심법원에 환송하였다. 대법원은 이와 관련, '이 사건 처분이 이익형량에 있어 정당성·객관성의 결여로 재량을 일탈·남용한 경우에 해당한다고 볼 여지도 있다는 점'에 주의를 환기하면서, 환송 후 원심이 그 점을 판단하도록 주문하였다.

　"다만, 기록에 의하면 당초의 도시계획시설결정이 적법하다는 점을 감안하더라도 원심이 인정한 나머지 사정과 이 사건 시설부지 13,619.5㎡ 중 12,005.9㎡에만 위 도시계획시설이 설치된 채 잔여지 1,613.6㎡는 방치되어 있었던 점 등에 비추어 보면, 이 사건 처분이 이익형량에 있어서 정당성·객관성의 결여로 재량을 일탈·남용한 경우에 해당한다고 볼 여지도 있으므로, 환송 후 원심으로서는 당초의 도시계획시설결정 후 일부 시설부지를 배제한 채 도시계획시설이 설치된 경위, 원고가 낙찰받은 토지 중 당초부터 도시계획시설이 설치되지 아니한 부분과 같은 동 190의 3 토지의 이용용도 등에 대하여 좀 더 심리하여 이 사건 신청의 내용을 도시계획입안에 반영하지 아니하기로 한 이 사건 처분에 재량의 일탈·남용이 있는지 여부에 대하여 판단하여야 할 것임을 덧붙여 둔다."

　이렇게 볼 때, 위 대법원의 판례에 따르면, **관계법령상 주민이 도시계획 입안을 제안할 수 있는 권리를 가지는 경우 이를 근거로 계획변경신청권은 인정되지만, 이는 어디까지나 행정청으로 하여금 계획변경신청 자체를 접수하여 그 반영여부를 판단함에 있어 형량의무를 이행하도록 하는 데 그칠 뿐, 그 이상으로 계획을 신청한 내용대로 변경할 것을 요구할 수 있는 권리를 의미하는 것은 아니다.** 행정청은 계획변경 여부를 결정함에 있어 여전히 형량의 원칙과 형량하자의 법리에 따라 판단해야 할 문제라고 보는 것이다.

　한편, 이 같은 대법원의 판례는 2012.1.12. 선고 2010두5806 판결에서도 계속 유지되고 있다. 대법원은 앞서 본 바와 같은 형량원칙과 형량하자의 법리를 재확인하면서 '이러한 법리는 행정주체가 구 「국토의 계획 및 이용에 관한 법률」(2009.2.6. 법률 제9442호로 개정되기 전의 것. 이하 "국토계획법"이라 한다) 제26조에 의한 주민의 도시관리계획 입안 제안을 받아들여 도시관리계획결정을 할 것인지를 결정할 때에도 마찬가지'라고 판시하였다.[133] 그러나 2010두5806 판결에서 주민의 도시관리계획 입안 제안 거부의 처분성 자체는 다투어지지 않았던 반면, 당해 신청의 내용을 그 계획 입안에 반영하지 아니하기로 한 처분에 재량의 일탈·남용 여부를 판단하고 있으므로 이에 대해서는 넷째 경우, 즉, 재산권행사의 제한 등의 이유로 용도구역 지정 해제 등 계획변경을 요구한 경우의 하나로 보아 후술하기로 한다.

③ 장기미집행 도시계획시설의 변경을 구하는 경우

　대법원은 2010두5806 판결에서 앞서 본 바와 같은 형량원칙과 형량하자의 법리를 행정

---

133) 대법원 2012.1.12. 선고 2010두5806 판결. 아울러 대법원 2010.2.11. 선고 2009두16978 판결; 대법원 2010.3.25. 선고 2009두21499 판결 등을 참조.

주체가 구 국토계획법 제26조에 의한 주민의 도시관리계획 입안 제안을 받아들여 도시관리계획결정을 할 것인지를 결정할 때뿐만 아니라, '도시계획시설구역 내 토지 등을 소유하고 있는 주민이 장기간 집행되지 아니한 도시계획시설의 결정권자에게 도시계획시설의 변경을 신청하고, 결정권자가 이러한 신청을 받아들여 도시계획시설을 변경할 것인지를 결정하는 경우'에도 동일하게 적용된다고 판시한 바 있다.[134] 이러한 대법원의 판시에 따른다면, 장기미집행 도시계획시설의 변경을 구하는 경우에도 계획변경청구권의 성립여지가 있다고 볼 수 있다. 여기서 장기미집행 도시계획시설이란 도시계획시설결정이 내려지고 그 다음단계의 시설설치행위(구체적으로는 실시계획의 인가절차 이후)가 뒤따르지 않는 것을 가리킨다.[135] 일반적으로 **장기미집행 도시계획시설의 경우 재산권 제한의 장기화로 인해 계획변경을 요구할 법적 지위를 인정해야 할 현실적 필요성이 상대적으로 크다고 볼 여지가 있다.**

이러한 배경에서 헌법재판소는 "토지재산권의 강화된 사회적 의무와 도시계획의 필요성이란 공익에 비추어 일정한 기간까지는 토지소유자가 도시계획시설결정의 집행지연으로 인한 재산권의 제한을 수인해야 하지만, 일정 기간이 지난 뒤에는 입법자가 보상규정의 제정을 통하여 과도한 부담에 대한 보상을 하도록 함으로써 도시계획시설결정에 관한 집행계획은 비로소 헌법상의 재산권 보장과 조화될 수 있다"고 전제하면서 "입법자는 토지재산권의 제한에 관한 전반적인 법체계, 외국의 입법례 등과 기타 현실적인 요소들을 종합적으로 참작하여 국민의 재산권과 도시계획사업을 통하여 달성하려는 공익 모두를 실현하기에 적정하다고 판단되는 기간을 정해야 한다. 그러나 어떠한 경우라도 토지의 사적 이용권이 배제된 상태에서 토지소유자로 하여금 10년 이상을 아무런 보상없이 수인하도록 하는 것은 공익실현의 관점에서도 정당화될 수 없는 과도한 제한으로서 헌법상의 재산권보장에 위배된다고 보아야 한다"고 판시한 바 있다.[136] 헌법재판소는, '최초의 도시계획시설의 결정이 이루어진 때로부터 20, 30년이 넘게 일부 토지소유자에 대한 가혹한 부담이 아무런 보상 없이 그대로 방치되어 온 과거의 상황과 위헌적인 법규정이 잠정적으로 계속 적용된다는 점을 감안한다면, 입법자는 되도록 빠른 시일 내에, 늦어도 2001.12.31까지 보상입법을 마련함으로써 이 사건 법률조항의 위헌적 상태를 제거하여야 할 것'이고, '이 사건의 경우 입법자가 과거에 발생한 모든 재산적 손실을 소급하여 보상할 필요는 없다고 하더라도, 입법개선 이후의 도시계획시설결정으로 인한 재산권 침해에 대하여 보상규정을 두는 것만으로는 불충분하고, 과거의 도시계획시설결정으로 말미암아 재산권의 침해를 입은 토지소유자도 (장래를 향한) 금전보상, 도시계획시설결정의 해제, 토지매수청구권 또는 수용신청권 등 개정법률의 혜택을 받을 수 있도록

---

134) 대법원 2012.1.12. 선고 2010두5806 판결.
135) 김종보, 앞의 글, 27.
136) 헌법재판소 1999.10.21. 선고 97헌바26 전원재판부 결정.

입법적 배려를 하여야 할 것'이라고 설시하였다.

헌법재판소의 이 결정에 따라 전문개정된 도시계획법(2000년)은 일정한 기간을 10년으로 설정하였고, 국토계획법 또한 도시계획시설 결정 후 10년이 지난 경우 토지소유자에게 매수청구권을 인정하고($\overset{\S 47}{\textcircled{1}}$) 매수청구가 받아들여지지 않는 경우 대통령령이 정하는 건축물 등을 건축할 수 있도록 하는 한편($\overset{\text{동조}}{\textcircled{7}}$), 도시계획시설이 20년 동안 집행되지 않는 경우 그 결정 자체가 실효되도록 하는 조항을 마련하였다($\overset{\text{국토계획}}{\text{법 } \S 48}$).

그러나 위 대법원 판례에서 시사하는 바, 장기미집행 도시계획시설의 변경을 구하는 경우 계획변경에 관한 형량원칙과 형량하자의 법리가 그대로 적용된다고는 하지만, 정작 그런 경우에 대한 대법원의 판단이 어떻게 나타날지는, 아직까지 특별한 선례가 없어, 그다지 분명하지 않다. 우선, 장기미집행 도시계획시설의 변경을 구하는 경우 계획변경신청권을 인정할 것인지 아니면 더 나아가 계획변경청구권을 인정할 수 있을지가 분명치 않으며, '장기미집행 도시계획시설'이란 범주를 일반화할 수 있는지, 그 기간이나 종별, 내용에 따라 계획변경을 요구할 법적 지위를 차등화해야 할지도 확실하지 않다.

그러나 2010두5806 판결에서 문제된 사실관계에 비추어 볼 때, 위와 같은 형량원칙과 형량하자의 법리를 도시계획시설구역 내 토지 등을 소유하고 있는 주민이 장기간 집행되지 아니한 도시계획시설의 결정권자에게 도시계획시설의 변경을 신청하고, 결정권자가 이러한 신청을 받아들여 도시계획시설을 변경할 것인지를 결정하는 경우에도 동일하게 적용된다고 본 판결취지를[137] 음미한다면, 이 경우가 바로 장기미집행도시계획시설의 경우에 해당하는 사례임을 확인할 수 있다. 제1심 판결에서 인정한 사실 가운데 ① 이 사건 토지를 포함한 완충녹지로 지정된 부분은 고물상, 할인마트, 자동차정비소 부지에 편입되어 있고, 도시계획시설 결정일로부터 약 20년이 경과한 현재까지 실제 완충녹지 용도로 사용되지 않고 있는 점, ② 피고 스스로 2008.2. 고양시 도시계획위원회에 이 사건 토지 등 도시계획시설이 장기간 집행되지 않은 토지를 완충녹지에서 해제할 것을 심의요구한 점[138]만 보더라도 그 점을 수긍할 수 있을 것이다.

도시계획시설구역 내 토지 등을 소유하고 있는 주민이 장기미집행도시계획시설의 변경을 신청할 조리상 신청권을 인정하는 것이 위 2010두5806 판결에 깔려 있는 최소한의 전제적 판단이 아닐까 추정된다. 반면, '이러한 신청을 받아들여 도시계획시설을 변경할 것인지를 결정하는 경우'에는 형량원칙 및 형량하자의 법리에 따라 결정해야 한다는 것이 대법원의 태도일 것이라고 짐작해 볼 수 있을 것이다.

---

137) 대법원 2012.1.12. 선고 2010두5806 판결.
138) 의정부지방법원 2009.5.26. 선고 2008구합3406 판결.

④ 재산권행사의 제한 등의 이유로 용도구역 지정 해제 등 계획변경을 요구하는 경우

계획변경청구권 문제에 대한 대법원의 입장은 재산권행사의 제한 등의 이유로 용도구역이나 문화재보호구역의 지정해제 등 계획변경을 요구한 몇몇 사례들을 통해서도 표명되었다. 대표적인 경우로 다음 두 가지 판례를 검토해 보기로 한다.

먼저, 대법원 2012.1.12. 선고 2010두5806 판결은 자신들의 토지를 도시계획시설인 완충녹지에서 해제하여 달라는 원고들의 신청에 대하여 피고 시장이 '도시계획위원회 심의결과 해당시설을 주변 주거지역의 소음저감을 위한 완충시설로 계속하여 존치하도록 결정하였으므로 원고들의 신청은 불가하다'는 취지의 민원회신을 통해 거부하자 원고들이 제기한 거부처분 취소소송에 대한 것이었다. 제1심 법원은 원심은 위 토지를 완충녹지로 유지해야 할 공익상 필요성이 소멸되었다고 볼 수 있으므로 피고 시장의 처분은 그 토지소유자의 재산권행사를 과도하게 제한한 것으로서 행정계획을 입안·결정하면서 이익형량을 전혀 하지 않았거나 이익형량의 정당성·객관성이 결여된 경우에 해당한다고 판시했다.[139] 항소심 역시 그 판결을 받아들였고, 대법원 또한 위와 같은 논거를 들어 원심 판단을 그대로 수용하였다.

이 사건 판결에서 대법원이 구 「국토의 계획 및 이용에 관한 법률」 제26조를 인용하여 그로부터 주민에게 도시관리계획 입안을 제안할 수 있는 권리를 도출하면서도 그 입안 신청의 거부의 처분성 문제를 거론하지 않은 것은 주목해 볼 만한 부분이다. 앞서 살펴 본 대법원 2004.4.28. 선고 2003두1806 판결에서 대법원은 그동안 일관되게 견지해 온 거부처분의 처분성 인정 요건, 즉 '어떤 신청의 거부가 항고소송의 대상인 처분이 되기 위해서는 법규상 또는 조리상 신청권이 있어야 한다'는 법리[140]에 따라 '원고는 국토이용계획변경의 입안 및 결정권자인 피고에 대하여 그 계획변경을 신청할 법규상 또는 조리상 권리를 가지므로' 그 신청의 거부는 항고소송의 대상이 되는 처분에 해당한다고 판시하였다.[141] 그러나 이 사건 판결에서는 그와 같은 법적 판단의 흔적은 찾아 볼 수 없다. 이 사건의 제1심 판결(의정부지방법원 2009.5.26. 선고 2008구합3406 판결)과 항소심 판결(서울고등법원 2010.2.10. 선고 2009누18631 판결)에서도 그 신청 거부의 처분성 문제가 제기되지 않았다.

만일 이 사건에서 원고의 완충녹지지정 해제신청에 대한 피고의 거부행위의 처분성 문제가 제기되었더라면 필경 구 국토계획법 제26조에 따라 주민은 도시관리계획 변경에 대한 입

---

139) 의정부지방법원 2009.5.26. 선고 2008구합3406 판결.

140) 일반적으로 거부처분의 요건이라 승인되는 신청권의 문제는 도시계획의 영역에서 비로소 시작된 것이라고 한다 (김종보, 앞의 글, 22). 대법원 1984.10.23. 선고 84누227 판결 등. 이에 대한 평석으로 이홍훈, 도시계획과 행정 거부처분, 행정판례연구 1집, 115 이하를 참조.

141) 여기서 대법원은 대법원 1998.7.10. 선고 96누14036 판결을 인용하면서 '국민의 적극적 신청행위에 대하여 행정청이 그 신청에 따른 행위를 하지 않겠다고 거부한 행위가 항고소송의 대상이 되는 행정처분에 해당하는 것이라고 하려면, 그 신청한 행위가 공권력의 행사 또는 이에 준하는 행정작용이어야 하고, 그 거부행위가 신청인의 법률관계에 어떤 변동을 일으키는 것이어야 하며, 그 국민에게 그 행위발동을 요구할 법규상 또는 조리상의 신청권이 있어야만 한다'고 전제하였다.

안 신청권을 가지므로 그 신청을 거부한 것은 항고소송의 대상이 되는 처분에 해당한다고 보았을 터이고 또 그러한 판단에 아무런 문제가 없었겠지만, 그와 같은 구 국토계획법 제26조에 대한 단순한 해석 또는 동어반복에 불과한 법적 판단은 불필요했고 또 피고의 입장에서도 본안전 항변으로 처분성 결여를 주장할 여지가 없다고 판단했을 것이다.

중요한 것은 이 사건에서 제1심과 원심이 문제의 토지를 완충녹지로 유지해야 할 공익상 필요성이 소멸되었으므로 관할 시장의 처분은 토지소유자의 재산권 행사를 과도하게 제한한 것으로서 행정계획을 입안·결정하면서 이익형량을 전혀 하지 않았거나 이익형량의 정당성·객관성이 결여된 경우에 해당한다고 판시했다는 점이다. 이는 **단순한 계획변경신청권을 인정하는 데 그치지 아니 하고 법원이 피고 시장이 보낸 '원고들의 신청은 불가하다'는 취지의 민원회신의 형량하자를 심사하여 사실상 계획변경, 즉 원고들이 요구한 완충녹지 지정해제의 필요성에 대한 실체적 판단을 내렸다는 점에서 사뭇 계획변경청구권의 법리를 적극적으로 수용한 판례**라고 볼 수 있기 때문이다. 다만, 문제의 토지를 완충녹지로 유지해야 할 '공익상 필요성이 소멸되었으므로 관할 시장의 계획변경 거부처분은 토지소유자의 재산권 행사를 과도하게 제한한 것'으로서 행정계획의 입안·결정과정에서 '이익형량을 전혀 하지 않았거나 이익형량의 정당성·객관성이 결여된 경우'에 해당한다고 보았기는 했지만, 그것만으로 곧바로 형량하자가 있다고 판단할 수 있는지, 따라서 **특히 거부처분 취소판결의 기속력에 따른 재처분의무와 관련하여 어떠한 내용의 계획변경이 필요한지** 그리고 그 경우 과연 어떠한 기준으로 계획을 변경해야 형량원칙에 부합하는 결과가 되는지에 대해서는 여전히 의문이 남는다.

또 다른 판례로 문화재보호 구역 내에 있는 토지소유자 등에게 재산권 행사의 제한 등의 이유에서 보호구역 지정해제를 요구할 법규상 또는 조리상 신청권을 인정한 대법원 2004.4.27. 선고 2003두8821 판결이 주목된다.

이 판결에서 사안은 문화재보호구역 내에 위치한 토지들을 소유한 원고들이 재산권 행사의 제한 등을 이유로 도지사에게 문화재보호구역 지정을 해제해 달라는 신청을 하였으나, 해당 지역은 안산읍성 내에 포함되는 지역으로 역사적·문화적으로 보존가치가 있을 뿐만 아니라 안산읍성 보호를 위하여 문화재보호구역 지정해제가 불가하다는 이유로 신청을 거부하는 '회신'을 받고 문화재보호구역지정해제 거부처분의 취소를 구하는 행정소송을 제기한 데 대한 것이다. 원심은 "보호구역지정으로 인하여 재산권 행사의 제한을 받게 된 원고들은 보호구역지정처분 당시에 이를 다툴 수 있었을 것이고, 설령 그 처분이 확정된 후에 별도의 보호구역 지정해제 신청권을 인정한다고 하더라도 지정 이후에 특별한 사정변경이 있었다는 등의 경우에 한정하여야 할 것이지, 당초부터 지정의 필요성이 없었다는 등의 사유로도 해제 신청권을 인정한다면 최초의 지정처분에 대하여 제소기간의 제한 없이 이를 다툴 수 있다는 것이 되어 행정법 관계의 안정을 해치게 될 것인바, 원고들은 위 보호구역지정 후 안산읍성이 문화재로서의 가치를 상실하였다는 등 특별한 사정변경이 있다는 것이 아니라 단지 당초부터 그다지 보호가치가 없는 안산읍성을 문화재로 지정하였고 또 지나치게 넓은 면적을 보호구역으로 지정하는 바람에 원고들 소유의 토지가 그 구역안에 포함되어 위법하다는 것이므로, 어느 모로 보나 원고들이 주장하는 신청권을 인정할 것이 아니다"라고 판시하여, 원고들의 신청권을 부인하였다.

이에 대해 대법원은 "원고들의 문화재보호구역 지정해제 신청권을 인정할 수 없다는 이유로, 그 신청을 거부하는 이 사건 회신이 항고소송의 대상이 되는 행정처분에 해당하지 아니한다거나, 가정적 판단으로서 원고들이 주장하는 사유가 위 보호구역 지정 후 안산읍성이 문화재로서의 가치를 상실하였다는 등의 특별한 사정변경이 있는 경우에 해당하지 아니한다는 이유로 원고들이 주장하는 신청권을 인정할 것은 아니라고 한 원심판결에는 법과 헌법상 재산권 보장에 관한 규정의 해석을 그르쳐 문화재보호구역 지정처분의 해제를 구할 법규상 또는 조리상 신청권에 관한 법리를 오해한 위법이 있다"고 판시하였다. 대법원의 논거는 다음과 같았다.

"문화재보호법은 문화재를 보존하여 이를 활용함으로써 국민의 문화적 생활의 향상을 도모함과 아울러 인류문화의 발전에 기여함을 목적으로 하면서도, 문화재보호구역의 지정에 따른 재산권행사의 제한을 줄이기 위하여, 행정청에게 보호구역을 지정한 경우에 일정한 기간마다 적정성 여부를 검토할 의무를 부과하고, 그 검토사항 등에 관한 사항은 문화관광부령으로 정하도록 위임하였으며, 검토 결과 보호구역의 지정이 적정하지 아니하거나 기타 특별한 사유가 있는 때에는 보호구역의 지정을 해제하거나 그 범위를 조정하여야 한다고 규정하고 있는 점, 같은 법 제8조 제3항의 위임에 의한 같은법시행규칙 제3조의2 제1항은 그 적정성 여부의 검토에 있어서 당해 문화재의 보존 가치 외에도 보호구역의 지정이 재산권 행사에 미치는 영향 등을 고려하도록 규정하고 있는 점 등과 헌법상 개인의 재산권 보장의 취지에 비추어 보면, **문화재보호구역 내에 있는 토지소유자 등으로서는 위 보호구역의 지정해제를 요구할 수 있는 법규상 또는 조리상의 신청권이 있다**고 할 것이고, 이러한 신청에 대한 거부행위는 항고소송의 대상이 되는 행정처분에 해당한다."[142]

그러나 위 2003두8821 판결을 일반화하여 문화재보호구역 안에 거주하는 주민에게 재산권 제한 등의 이유로 보호구역 지정해제 신청권이 인정되는지, 나아가 이를 한층 더 일반화하여 행정계획상 행위제한을 수반하는 용도지구·용도구역 지정과 관련하여 일정한 용도지구·용도구역 안에 거주하는 주민에게 그 용도지구·용도구역 지정해제 신청권이 인정될 수 있다는 의미로 볼 수 있는지 여부는 의문스럽다.

---

142) 대법원 2004.4.27. 선고 2003두8821 판결. 이 판결에 대해서는 송동수, "계획변경청구권과 취소소송의 소송요건: 문화재보호구역 지정해제신청에 따른 거부처분취소소송", 헌법판례연구 6(2004.11), 359-382 등을 참조

(3) 소 결

앞에서 검토한 대법원의 판례들을 둘러싸고 학설상 논란이 있음은 이미 소개한 바와 같다. 특히 대법원이 당사자의 권리구제를 위해 몇 가지 예외적인 경우에 '사인의 도시계획변경신청권을 허용한 데' 대하여 '이는 행정계획의 본질 및 특성 등 법리적으로 타당하지 않다'는 비판이 제기되었다.[143] 그러나 엄밀히 따져 보면 대법원이 계획변경신청권을 인정한 것은 관계법령의 규정 내용에 비추어 비교적 분명한 경우에 제한되고 있을 뿐 아니라 그것도 주로 당사자의 권리구제를 가능케 하려는 취지에서 처분성을 인정한 것이라고 볼 수 있으므로 그 점을 탓할 바는 아니라고 생각한다. 아울러 후술하듯이 계획변경청구권의 인정여부에 대한 우리나라 법원의 태도는 대체로 매우 소극적이라고 보아야 하며, 위에서 검토한 다소 진일보한 접근을 보인 몇 가지 판례들의 경우에도 장기미집행시설의 경우처럼 과도한 재산권 행사의 제한을 해소하려는 고육지책에 따른 결과라고 볼 수 있는 부분이 없지 않다.

일반적으로 계획변경결정을 둘러싼 재량통제과정은 형량원칙에 따른 이익형량의무가 성립하며 이로부터 법규상 또는 조리상 신청권으로서 계획변경신청권이 도출되고 이를 거부할 경우 그 거부행위의 처분성이 인정되어 쟁송이 개시됨으로써 시작된다. 다른 한편으로는 형량원칙으로부터 도출되는 이익형량의무를 다하지 아니 할 경우 형량의 하자가 성립하는데, 그 경우 법규상 또는 조리상 신청권으로서 계획변경신청권이 인정되는데도 계획변경신청을 반려 또는 거부함으로써 이익형량의무를 전혀 이행하지 아니 한 경우는 물론, 그 밖에 계획행정청이 행정계획의 입안·결정, 특히 변경여부를 결정함에 있어 (계획변경신청을 받아들이고도) 이익형량을 전혀 행하지 아니하거나 이익형량의 고려 대상에 마땅히 포함시켜야 할 사항을 누락한 경우 또는 이익형량을 하였으나 정당성과 객관성이 결여된 경우에는 그 계획결정은 형량에 하자가 있어 위법하게 된다. 아울러 형량의 하자, 즉, 재량의 일탈·남용의 법리는 계획변경결정시 하자없는 재량행사를 요구할 수 있는 권리를 성립시키는 법적 토대가 되며, 경우에 따라 계획변경결정시 재량의 수축, 즉 특정한 계획변경청구를 인용하는 것만이 계획재량에 합당한 유일한 대안으로 남게 되는 경우에는 용도구역 지정해제 같이 특정한 내용의 계획변경을 요구할 수 있는 법적 청구권이 성립하게 된다.

계획형량의 법리와 관련하여, 먼저, 계획변경신청권(Antragsrecht auf Planänderungs- verfahren)과 계획변경청구권(Planänder- ungsanspruch)을 개념적으로 구별할 필요가 있다. 계획변경신청권과 계획변경청구권은 동일하지 않다. 전자는 계획변경 신청을 거부한 행정청의 행위에 처분성을 인정하는 법규상 또는 조리상 근거로 작용하는 데 그치는 반면, 후자는 처분성을 넘어서 형량하자의 법리에 의거하여

---

143) 정남철, 앞의 논문, 65. 계획변경의 신청이라는 우회적 방법보다 도시계획결정 그 자체를 다투는 것이 바람직하며, 만약 도시계획결정의 위법성을 다툴 쟁송제기기한을 도과하여 불가쟁력이 발생하면, 손해보전수단에 의해 권리구제를 도모할 수도 있다고 한다.

일정한 내용으로 계획변경을 요구할 실체적 청구권의 문제로 전개된다는 점에서 차이가 있다. 전자는 계획행정청에 대하여 계획의 변경여하에 대한 심사 및 결정 절차의 개시를 신청할 수 있는 법적 지위에 지나지 아니 하고 후자처럼 계획변경을 요구할 수 있는 실체적 청구권은 아니다. 계획변경청구권은 그에 상응하는 해당 계획행정청의 계획변경의무로 연결된다. 물론 그 경우에도 계획행정청은 계획변경의 내용 결정에 관한 한, 예외적으로 계획재량의 수축이 인정되는 경우 외에는, 광범위한 계획형성의 자유, 즉 계획재량을 가진다. 그러나 그렇더라도 계획변경청구권이 인정된다면 그것은 계획의 변경 자체와 적법한 계획재량 행사에 따른 합당한 변경에 대한 실체적 청구권이 되는 것이지 단순히 계획변경여부에 대한 이익형량의 개시를 구할 절차적·형식적 권리만을 의미하는 것은 아니다.

그 소송상 행사의 결과를 보면 전자의 경우에는 계획변경신청권이 인정되지 아니하면 소각하판결로 이어지는 데 비하여, 후자의 경우 계획변경청구권이 받아들여지지 아니 하면 기각판결이 나가게 된다. 그리고 후자의 경우 인용판결은 통상 하자 없는 적법한 재량행사명령으로 귀결되고 계획재량의 축소로 특정한 내용의 계획변경만이 유일한 대안으로 등장하게 되는 특별한 사정이 있는 경우에 한하여 특정한 내용의 계획변경 명령으로 귀결되게 된다 (의무이행소송이 허용되지 않는 현행법상황에서는 거부처분 취소판결의 기속력에 따른 재처분의무의 형태, 의무이행소송이 허용될 경우엔 특정한 계획변경을 명하는 판결$\left(\substack{\text{Verurteilung zur Vornahme} \\ \text{einer bestimmten Planänderung}}\right)$의 형태로).

앞에서 검토한 대법원 판례들 가운데 ① 계획변경의 거부가 실질적으로 다른 처분신청권을 거부하는 결과가 되는 경우, ② 도시계획입안제안권이 인정되는 경우, 그리고 ④ 재산권행사의 제한 등의 이유로 용도구역 지정 해제 등 계획변경을 요구하는 경우 중 두 번째 판례, 즉 대법원 2004.4.27. 선고 2003두8821 판결은 주로 계획변경신청권 문제를 항고소송 처분성에 관한 문제로 보아, 계획변경 신청을 거부한 행정청의 행위가 항고소송의 대상이 되는 처분인지 여부를 판단하기 위하여 법규상 또는 조리상 신청권이 있다고 볼 수 있는지를 판단한 것들인 반면, ③ **장기미집행 도시계획시설의 변경을 구하는 경우**와 ④ **재산권행사의 제한 등의 이유로 용도구역 지정 해제 등 계획변경을 요구하는 경우 중 첫 번째 판례, 즉 대법원 2012.1.12. 선고 2010두5806 판결은 계획변경신청권을 넘어서 형량하자를 근거로 계획변경청구권을 인정하는 데까지 나아간 경우**에 해당한다는 점에서 대조된다. 그리고 **대법원 2012.1.12. 선고 2010두5806 판결은 위 ③ 장기미집행 도시계획시설의 변경을 구하는 경우와 ④ 재산권행사의 제한 등의 이유로 용도구역 지정 해제 등 계획변경을 요구하는 경우가 결합된 케이스이다.**

그런 이유에서 계획변경청구권의 인정여부를 논하면서 이를 위에서 확인한 바와 같은 대법원의 판례에 따른 거부처분의 처분성 인정을 위한 요건으로서 계획변경신청권의 인정여부와 동일시하고 또 그 비교법적 준거로 독일의 계획보장청구권 법리를 참조하는 것은 타당하

다고 보기 어렵다. 독일 행정법상 계획보장청구권의 일환으로 계획변경청구권을 인정할 것인
가 하는 문제는 우리 판례상 거부처분의 처분성 인정을 위한 전제조건으로서 계획변경신청
권을 인정할 것인가 하는 문제와는 경우가 다르다. 판례가 앞서 본 바와 같은 예외적인 경
우, 계획변경신청권을 인정함으로써 계획변경 신청 거부를 거부처분으로 인정한 것은, 계획
변경청구권의 인정여부와 상관없이, 극히 타당하며, 종종 행정소송을 통한 권리구제의 사각
지대에 놓이곤 하는 계획과정에 대한 최소한의 접근권 또는 진입구를 열어놓은 것으로 환영
해 마땅하다.

물론, 이 문제에 대한 대법원의 판례도 전혀 문제가 없는 것은 아니다. **첫째, 대법원 판
례가 계획변경청구권의 법리와 거부처분의 처분성 인정을 위한 요건으로서 계획변경신청권
의 법리를 혼동시키는 빌미를 준 점**은 비판받아 마땅할 것이다.

둘째, 앞서 검토한 대법원 2004.4.28. 선고 2003두1806 판결의 경우, 관계법령에 비추어
도시계획구역 내 토지를 소유한 주민에게 도시계획입안을 요구할 수 있는 법규상 또는 조리
상의 신청권을 인정하는 데 어려움이 없었지만, 그와같이 관계법령에 특별한 규정이 없는 경
우, **조리상 계획변경입안제안권이 성립할 수 있는지, 또 어떤 조건하에 그러한 조리상 권리
가 성립할 수 있다고 볼 것인지는 여전히 미지수**로 남아 있다. 이와 관련하여 이미 앞에서
살펴보았던 대법원 2003.9.26. 선고 2003두5075 판결처럼 신뢰보호원칙에 기한 조리상 국토
이용계획변경신청권을 인정할 수 없다고 한 판례가 상존하고 있는 반면, 조리상 신청권을 인
정할 수 있는 가능성을 타진하는 시도[144]도 여전히 진행중이다. 이것은 앞으로 이 분야 학설
과 판례의 발전을 통해 해명해 나가야 할 과제이다.

**셋째, 계획변경청구권의 인정 여하는 실정법상 계획이 취하는 법형식을 떠나 판단할 수
없다**는 점이다. 계획은 경우에 따라 법령의 법형식을 취할 수도 있고 계획처분과 같이 행정
처분의 형식을 취할 수도 있는데, 이에 따라 계획변경청구권의 법적 차원과 허용 여부가 달
라질 수밖에 없기 때문이다. 그리고 특히 계획이 법령의 형식을 취할 경우에는 계획변경신청
권이나 계획변경청구권이 성립할 여지가 상대적으로 협소하게 되거나 그 소송상 행사방법
면에서 법원에 의한 행정소송보다 헌법재판소의 위헌법률심사, 법률하위명령에 대한 헌법소
원이 전면에 등장하는 양상으로 이어질 수 있을 것이다.

1.3. 절차적 통제

계획수립에 관하여 광범위한 형성의 자유 또는 계획재량이 인정되므로, 계획결정의 실질

---

144) 참고로 조리상 신청권인정이 가능한 범위로 이미 영업법의 포괄적인 판단에 의해 당해지역의 개발가능성이 결정
된 경우(예컨대 위에서 본 국토이용계획변경에 대한 토지소유자의 신청권을 인정한 대법원 2003.9.23. 선고 2001
두10936 판결) 또는 도시계획시설로 결정된 후 상당 기간이 경과한 지역으로서 토지소유권이 아직 수용되지 않고
존속하는 경우 등을 생각해 볼 수 있다는 김종보, 앞의 글, 24이하를 참조.

적·내용적 타당성을 통제할 수 있는 경우란 실제상 극히 기대하기 어렵다. 그리하여 형량과정의 통제를 가능케 할 계획수립과정을 절차적으로 규율할 필요가 생기게 된다. 따라서 그 실체적 통제의 곤란을 보완할 수 있는 방법으로 계획과정의 절차적 통제에 주목하지 않을 수 없다. 다만 이에 관한 일반법으로서 행정절차법 규정이나 그 밖의 통칙적 규정이 마련되어 있지 않아, 행정계획의 수립과정에 대한 법적 통제를 가능케 할 계획확정절차의 제도화가 시급히 요구된다. 특히 계획의 수립과정에 대한 이해관계인·주민의 참여기회의 보장, 전문적 심의기구의 설치, 계획의 공표에 관한 절차적 보장 등이 우선적으로 요구된다.

2. 행정계획과 행정구제

행정계획의 결정 또는 변경 등으로 인하여 권익을 침해받은 경우 어떤 방법으로 이를 구제받을 것인가가 문제된다. 가령 계획에 의하여 행위제한 등 직접 법률상의 이익을 침해받은 경우, 또는 공단조성계획이나 중소기업육성계획을 믿고 투자하였다가 그 계획이 변경되거나 취소됨으로 인하여 손해를 받은 경우 등을 상정할 수 있다. 다만 행정계획 중에는 비구속적 성질을 지닌 것도 적지 않으므로 이 경우 그로 인하여 사실상 손해를 입었다고 하더라도 그것은 행정계획의 직접적인 효과가 아니라 반사적 효과에 불과하여 행정구제의 여지가 없는 경우가 많을 것이다. 그러므로 행정계획을 둘러싼 행정구제는 주로 구속적 행정계획, 그중에서도 특히 대국민적 구속력을 지닌 계획과 관련하여 문제되는 것이라 할 수 있다. 이에 관하여는 크게 행정쟁송과 손해전보의 문제로 나누어 특히 중요한 문제들을 살펴보기로 한다.

2.1. 행정쟁송

2.1.1. 행정심판

행정심판법($\S\frac{3}{①}$)은 '행정청의 처분과 부작위에 대하여 다른 법률에 특별한 규정이 있는 경우를 제외하고는 이 법에 의하여 행정심판을 제기할 수 있다'고 규정하고 있다. 따라서 행정계획에 관한 한 행정심판법에 의한 행정심판은 행정계획의 처분성이 인정될 경우에 한하여 또 다른 법률에 특별한 규정이 없을 경우에 한하여 문제될 수 있을 뿐이다. 그러나 행정계획의 처분성은 후술하는 바와 같이 논란되고 있을 뿐만 아니라, 비구속적 행정계획이나 단지 행정청만을 구속하는 행정계획(단순 행정구속적 계획)의 경우에는 부정되고 있고, 나아가 각종의 행정계획 근거법상 행정심판에 갈음하는 특별한 절차가 규정될 수 있으므로, 그 한도에서 행정심판법의 적용은 제한되게 된다.

2.1.2. 계획의 처분성문제

행정계획의 처분성에 관하여는 가령 구 도시계획법상 도시계획결정의 처분성을 둘러싸고 종래 소극설과 적극설이 대립하였으나, 대국민적 구속력을 지닌 구속적 계획의 경우, 그 구체적 사안에 대한 구속적 규율로서의 효력이 인정되는 이상 처분성을 인정하는 것이 타당할 것이며 판례 역시 그러한 입장을 명백히 밝힌 바 있다.

도시계획결정의 처분성을 인정한 판례

"도시계획법 제12조 소정의 도시계획결정이 고시되면 도시계획구역 안의 토지나 건물소유자의 토지형질변경, 건축물의 신축·개축 또는 증축 등 권리행사가 일정한 제한을 받게 되는 바, 이런 점에서 볼 때 고시된 도시계획결정은 특정개인의 권리 내지 법률상의 이익을 개별적이고 구체적으로 규제하는 효과를 가져 오게 하는 행정청의 처분이라 할 것이고 이는 행정소송의 대상이 되는 것이라 할 것"145)

"구 도시 및 주거환경정비법(2007.12.21. 법률 제8785호로 개정되기 전의 것)에 따른 **주택재건축정비사업조합은 관할 행정청의 감독 아래 위 법상 주택재건축사업을 시행하는 공법인으로서, 그 목적 범위 내에서 법령이 정하는 바에 따라 일정한 행정작용을 행하는 행정주체의 지위를 가진다 할 것인데, 재건축정비사업조합이 이러한 행정주체의 지위에서 위 법에 기초하여 수립한 사업시행계획은 인가·고시를 통해 확정되면 이해관계인에 대한 구속적 행정계획으로서 독립된 행정처분에 해당하고,** 이와 같은 사업시행계획안에 대한 조합 총회결의는 그 행정처분에 이르는 절차적 요건 중 하나에 불과한 것으로서, 그 계획이 확정된 후에는 항고소송의 방법으로 계획의 취소 또는 무효확인을 구할 수 있을 뿐, 절차적 요건에 불과한 총회결의 부분만을 대상으로 그 효력 유무를 다투는 확인의 소를 제기하는 것은 허용되지 아니하고, 한편 이러한 항고소송의 대상이 되는 행정처분의 효력이나 집행 혹은 절차속행 등의 정지를 구하는 신청은 행정소송법상 집행정지신청의 방법으로서만 가능할 뿐 민사소송법상 가처분의 방법으로는 허용될 수 없다."146)

반면 행정계획은 단순히 성문법규의 저촉 여부라는 관점에서만이 아니라 형량의 하자, 절차의 공정성 여부 등의 관점에서도 이를 심사하여야 한다는 것이 강조되고 있다.147)

"학교재산의 매도 또는 담보제공을 금하는 사립학교법 제28조 제2항의 규정이 있다고 하여 학교재산에 대한 도시계획시설결정이 언제나 당연무효가 되는 것은 아니며, 그 위법 여부는 현재 그 학교재산이 제공되고 있는 용도, 위치 등 구체적 시설의 공익성과 도시계획시설결정의 공익성과의 대소경중을 종합적으로 비교형량하여 가려야 하고, 또 가사 도시계획시설결정이 위법하다고 하더라도 그 위법이 반드시 중대·명백한 것이어서 언제나 당연무효사유가 된다고도 볼 수 없다."148)

---

145) 대법원 1982.3.9. 선고 80누105 판결.
146) 대법원 2009.11.2. 자 2009마596 결정. 또한 대법원 2009.9.17. 선고 2007다2428 전원합의체 판결 참조.
147) 김남진, 행정법 I, 388.
148) 대법원 1984.9.25. 선고 83누500 판결.

2.1.3. 사실행위인 행정계획과 당사자소송

행정계획 중에는 처분성을 인정할 수 없는 것이 많다. 그렇다고 이에 대한 행정쟁송, 특히 행정소송의 가능성을 아예 범주적으로 부인해서는 아니 된다. 이러한 맥락에서 비처분적 행정계획에 관한 분쟁을 행정소송을 통하여 해결할 수 있는가, 그렇다면 어떤 종류의 행정소송에 의할 것인가가 문제된다. 생각건대 이것은 문제된 행정계획의 법적 성질에 따라 달리 판단해야 할 문제이다. 요컨대 행정계획 중에서 가령 홍보적 계획처럼 사실행위의 성질을 띠거나, 유도적 계획의 경우에도 계획의 공표를 통하여 구속력발생의 의사(^{Bindungswille})가 표명되었다고 볼 수 없어 사실행위로 볼 수밖에 없는 행정계획에 대하여는 관계법규정의 해석을 통하여 공법상 당사자소송이 권리보호의 형태로 활용될 수 있을 것이다.

2.2. 손해전보

행정계획으로 말미암아 손실이 발생해도 재산권에 대한 사회적 제약 또는 지역적 구속성을 이유로 보상이 배제되는 경우가 적지 않으나, 그 손실에 '특별한 희생'으로서의 성질이 인정되는 이상 보상이 주어져야 할 것이다. 또 행정계획이 실체적으로 또는 절차적으로 위법하여 국민에게 손해를 끼쳤을 때 국가배상의 문제가 제기될 수 있음은 물론이다.

도시·군관리계획과 개발제한구역 •• 국토계획법상 도시·군관리계획은 행정청은 물론 국민에 대해서도 구속력을 갖는 구속적 계획으로서 구 도시계획법 제23조 이하에 따른 도시계획결정의 처분성이 인정되었던 점을 고려할 때, 행정쟁송을 통하여 다툴 수 있고 그 계획수립시 공무원의 직무상 불법행위가 있는 경우에는 국가배상의 문제를 발생시킬 수도 있다. 구 도시계획법 제21조에 따른 개발제한구역의 지정으로 말미암아 현실적인 피해를 입고 있었음에도 권리구제의 공백이 방치된 사례가 그 예이다.

2.3. 계획의 변경과 신뢰보호: 계획보장의 문제

행정계획에서도 공익적 견지에서 계획의 변경이나 폐지가 요구되는 경우가 생긴다. 그러나 객관적으로 필요한 한계를 넘은 자의적인 계획의 변경·폐지는 계획의 존속을 신뢰한 사인의 이해관계에 중대한 영향을 미치게 된다. 이와같이 행정계획은 그 본질상 안정성과 신축성 간의 긴장관계($^{Spannungsverhältnis\ von}_{Stabilität\ und\ Flexibilität}$)에 서 있다.[149] 행정계획은 한편으로는 그 수범자들, 특히 경제분야에서 활동하는 시민들에 대하여 일정한 행위, 처분 및 투자에의 유인을 제공하는 것을 본래적 취지와 목적으로 한다. 그러나 이것은 시민들이 계획의 존속을 신뢰할 수 있다는 것을 전제로 한다(신뢰보호의 문제). 다른 한편으로 행정계획은 일정한 정치·경제·사회적

---

149) Maurer, § 16 Rn.26.

분야에서의 사정을 출발점으로 삼는 동시에 그것을 조종·향도하고자 한다. 그 사정들이 변경되거나 또는 처음부터 잘못 판단되었을 경우에는 그 계획들은 그에 따라 본래목적에 맞게 시정되지 않으면 안 된다(계획변경의 문제). 이러한 긴장관계에서 제기되는 것이 바로 계획보장($^{Plangewährl-}_{eistung}$)의 문제이다. 여기서 관건은 계획의 취소·변경 또는 부준수에 있어 계획의 주체와 그 상대방 사이에 위험을 배분하는 데 있다. 이러한 견지에서 행정계획의 변경·폐지 등으로 인한 권익침해에 대해 적절한 구제방법을 강구해야 할 필요가 생긴다. 구제방법으로는 원상회복이나 손실보상, 그리고 신뢰보호의 견지에서 행정계획의 존속을 요구할 수 있는 계획집행청구권 또는 계획보장청구권을 사인에게 인정하는 방법 등이 고려될 수 있다.

독일의 계획보장청구권 ●● 독일의 경우, '계획보장청구권'($^{Plangewährleis-}_{tungsanspruch}$)의 문제는 계획의 존속에 대한 신뢰의 문제($^{Problem\ der}_{Vertrauensschutzes}$)와 현실적인 계획변경의 필요성($^{Problem\ der}_{Planänderung}$) 사이의 긴장관계에서 제기되는, 계획수립자(^{Plangeber})와 계획수범자(^{Planadressaten}) 간에 계획의 폐지, 변경 또는 부준수에 따른 리스크를 어떻게 배분할 것인가 하는 문제로 다루어진다.[150] 여기서 문제는 국민이 손상된 신뢰로 인한 손배배상 또는 손실보상 청구권을 가지느냐 하는 문제만이 아니라 계획의 존속, 집행, 그리고 계획 변경의 경우 계획의 수정·보완 또는 경과조치 등을 요구할 수 있는 청구권을 인정할 수 있느냐 하는 데 있다. 그러나 계획보장청구권은 아직은 확립된 법제도가 아니라 다양한 청구유형($^{verschiedene}_{Anspruchsvariante}$)에 따라 차별적으로 다루어지는 문제이며, 특히 그 인정 여부 역시 문제된 계획의 유형이나 개개의 청구권 내용에 따라 통일적으로 판단하기 어려운 문제라는 점을 인식할 필요가 있다.[151] 실례로 명령적 계획($^{imperative}_{Pläne}$)의 경우, 연방건축법전 제39조 이하에서와 같이 건축상세계획의 변경시 손실보상청구권을 인정하는 등 종종 법률 자체에서 리스크 배분에 관한 규정을 두기도 하지만, 홍보, 즉 정보제공적 계획($^{indikative}_{Pläne}$)의 경우에는 잘못된 정보로 인한 손해배상청구권이 성립하는 경우와 같은 예외를 제외하고는 원칙적으로 그와 같은 손실보상을 인정할 여지가 없고, 반면 유도적 계획($^{influzierende}_{Pläne}$)의 경우 보조금, 조세감면, 사회간접자본 조성 등을 통해 경제와 사회에 영향을 미칠 수 있기 때문에 계획의 존속 또는 변경을 둘러싼 리스크 배분문제가 첨예하게 대두될 수 있어 계획보장청구권의 문제가 심각한 양상을 띨 수 있다. 독일의 경우, 계획보장청구권의 인정 여부에 대해서는 일반적인 형태의 계획보장청구권은 원칙적으로 인정되지 않으며, 개개의 경우에도 관계법령, 계획의 유형 등 개별적 사례상황에 따라 달리 판단해야 할 문제이기는 하지만, 대체로 부정적으로 보는 것이 지배적이라 해도 무방할 것이다.[152]

독일의 학설상황을 살펴보면, 첫째, 계획존속청구권의 경우, 일반적인 계획존속청구권($^{Planfortbestands-}_{anspruch}$)은 부인되고 있다. 다만 예외적으로 계획의 법형식에 따라 개별적 계획존속청구권이 성립할 여지가 있다. 즉 계획이 행정행위의 형식으로 정립된 경우에는 행정행위의 철회, 취소에 관한 법리에 따라 그 인정여하가 판단된다. 반면 계획이 법률의 형식으로 정립된 경우에는 진정소급효($^{echte}_{Rückwirkung}$)를 지닌 계획변경은 허용되지 않으며(그러나 이런 진정소급효를 지닌 계획변경은 계획이 그 본질상 미래지향적이기 때문에 극히

---

150) Maurer, Allgemeines Verwaltungsrecht, 2009, 17. Aufl., § 16 Rn. 26.
151) Maurer, 앞의 책, Rn. 27.
152) Maurer, 앞의 책, § 16 Rn. 28ff. 참조.

드물다), 부진정소급효($_{\text{Rückwirkung}}^{\text{unechte}}$)의 경우, 즉 계획변경이 현재의 아직 종료되지 않은 사안 및 법률관계에 대해서도 적용되지만 장래효만을 갖는 경우에는 신뢰보호의 요청이 계획변경에 대한 공익에 비해 월등한 경우에 한해서 계획존속청구권이 인정될 수 있다. 둘째, 계획이행청구권($_{\text{Planbefolgung}}^{\text{Anspruch auf}}$)에 관해서는 물론 구속적 계획의 경우 행정청의 계획준수의무도 인정되지만, 역시 일반적인 계획집행청구권($_{\text{anspruch}}^{\text{Planvollzugs-}}$)은, 일반적 법률집행청구권이 인정될 수 없는 것과 마찬가지로 부인된다. 다만 개별사안에 있어 행정청의 계획집행 의무가 인정되고 그것이 특정인의 이익도 아울러 보호하려는 것이라고 해석될 경우에는 계획집행청구권이 인정될 수 있다. 셋째, 계획변경시 경과조치 및 적응지원조치를 구하는 청구권 역시 일반적인 형태로는 성립하지 않는다. 다만 입법론적으로는 구체적인 상황에 따라 가령 소구가능한 청구권을 부여하는 등 다양한 방법이 고려될 수 있다. 넷째, 손실보상에 관한 한, 일반적으로 계획보장청구권에 기한 손실보상을 인정하는 법적 근거는 특수한 경우를 제외하고는 존재하지 않는다. 가령 드물기는 하지만, 건축법전 제42조(건축계획의 변경), 연방이미씨온방지법(^{BImSchG}) 제21조 제4항(설치허가의 철회) 등이 손실보상의 법적 근거로 고려될 수 있을 뿐이라고 한다.[153] 따라서 이 문제는 행정상 손해전보에 관한 일반법적 규율에 따라 해결될 수밖에 없다. 판례와 압도적인 다수설은 이를 전통적인 손실보상법의 틀 안에서 해결하려는 태도를 보여 왔다. 마우러의 설명에 따르면, 국가배상책임은 과실요건이 충족될 수 없으므로 원칙적으로 적용이 없다고 한다.[154] 반면 공용수용으로 인한 보상은 직접 재산권으로 보호되는 재산적 지위가 침해되었을 것을 전제로 하는데, 계획의 지속 및 실현에 대한 기대를 수용대상이 될 만한 법적 지위로 강화시키는 신뢰보호의 요건사실($_{\text{tatbestand}}^{\text{Vertrauens-}}$)이 존재하는 경우에만 예외적으로 인정될 수 있을 뿐이다. 게다가 침해의 직접성($_{\text{des Eingriffs}}^{\text{Unmittelbarkeit}}$)이 성립될 것인지에 관해서도 의문이 남아 있다. 독일의 판례는 오랫동안 구체적 사안에 있어 손실보상을 부정하는 태도를 보여 왔다.[155] 반면 일부 문헌에서 신뢰보호의 원칙, 비례의 원칙, 과잉금지의 원칙, 사회국가원칙, 위험배분의 사고 및 계약유사적 방안 등의 논거를 동원하여 계획손실에 대한 독자적인 청구권기초($_{\text{grundlage}}^{\text{Anspruchs-}}$)를 발전시키고 개별사안에 따라 차별화된 기준을 적용함으로써 구체적 타당성을 기하려는 시도가 이루어지고 있다.[156]

계획보장청구권($_{\text{tungsanspruch}}^{\text{Plangewährleis-}}$)이란 무엇보다도 국가적 계획들의 준수 및 지속성 보장에 대한 개인의 실체법상의 권리로서, 일반적인 계획의 존속($_{\text{bestand}}^{\text{Planfort-}}$), 계획의 이행($_{\text{Planbefolgung}}^{\text{준수 및 집행:}}$) 또는 계획변경시 경과조치 및 적응을 위한 지원조치($_{\text{und Anpassungshilfe}}^{\text{Übergangsregelung}}$), 손실보상(^{Entschädigung}) 등을 목적으로 한다. 가령 신도시조성계획에 따라 조성된 아파트단지에 당초 도시계획상 아파트지구 앞에 녹지지구나 단독주택지구가 들어설 것을 신뢰하고 입주한 주민들이, 입주 후 도시계획의 변경·폐지 또는 도시계획에 반하는 관계행정청의 결정으로 인해 녹지나 단독주택 대신 고층아파트가 들어서게 된 경우, 당초 계획의 존속 및 이에 따른 고층아파트건설의 중지 또는 기성건축물의 철거 등을 청구할 수 있는가 하는 것이 문제된다. 또한 보충적으로 계획변경이

---

153) Maurer, § 28 Rn.35.
154) Maurer, § 28 Rn.35.
155) BVerfGE 30,392(Berlin-Hilfe); BGHZ 45,83(Knäckerbrot-Fall: 보호관세 폐지).
156) Maurer, § 28 Rn.37.

나 중도폐지로 인해 재산상 손실이 발생한 경우 계획보장청구권에 의거하여 손실보상을 청구할 수 있는지가 문제된다.

과거 대법원은 도시계획변경신청을 불허한 처분에 대한 취소소송에 대하여 "도시계획법 제12조 제1항에 의하면 도시계획 및 그 변경은 건설부장관(…)이 직권 또는 같은 법 제11조의 규정에 의한 도시계획입안자(시장, 군수)의 신청에 의하여 소정절차를 거쳐 결정하도록 규정되어 있을 뿐, 도시계획법상 주민이 도시계획 및 그 변경에 대하여 어떤 신청을 할 수 있음에 관한 규정이 없을 뿐만 아니라 도시계획과 같이 장기성·종합성이 요구되는 행정계획에 있어서는 그 계획이 일단 확정된 후에 어떤 사정의 변동이 있다고 하여 지역주민에게 일일이 그 계획의 변경을 청구할 권리를 인정해 줄 수도 없는 이치이므로 피고가 원고의 도시계획 변경신청을 불허한 행위는 항고소송의 대상이 되는 행정처분이라고 볼 수 없다"고 판시한 바 있다.[157] 대법원은 또한 행정청이 용도지역을 자연녹지지역으로 지정결정하였다가 그보다 규제가 엄한 보전녹지지역으로 지정결정하는 내용으로 도시계획을 변경한 경우, 신뢰보호의 원칙이 적용되지 않는다고 판시함으로써 신뢰보호의 원칙에 의한 계획존속의 보장이라는 의미에서의 도시계획변경결정취소청구는 받아들일 수 없다는 입장을 분명히 한 바 있다.

"행정청이 용도지역을 자연녹지지역으로 지정결정하였다가 그보다 규제가 엄한 보전녹지지역으로 지정결정하는 내용으로 도시계획을 변경한 경우, 행정청이 용도지역을 자연녹지지역으로 결정한 것만으로는 그 결정 후 그 토지의 소유권을 취득한 자에게 용도지역을 종래와 같이 자연녹지지역으로 유지하거나 보전녹지지역으로 변경하지 않겠다는 취지의 공적인 견해표명을 한 것이라고 볼 수 없고, 토지소유자가 당해 토지 지상에 물류창고를 건축하기 위한 준비행위를 하였더라도 그와 같은 사정만으로는 용도지역을 자연녹지지역에서 보전녹지지역으로 변경하는 내용의 도시계획변경결정이 행정청의 공적인 견해표명에 반하는 처분을 함으로써 그 견해표명을 신뢰한 개인의 이익이 침해되는 결과가 초래된 것이라고도 볼 수 없다는 등의 이유로, 신뢰보호의 원칙이 적용되지 않는다."[158]

고권적 계획작용에 결부된 위험의 배분을 규율하기 위한 법적 수단으로서 계획보장은 확정적인 윤곽을 가진 법제도라기보다는 다양한 유형의 청구권들과 관련된 문제영역이라 할 수 있다. 그 개개의 청구권의 인정여하는 일괄적으로 판단될 수 없고, 각각의 문제된 계획의 법형식과 내용에 따라 달라질 수밖에 없는 문제이다. 여기서는 개괄적으로 다음과 같은 점을 지적하는 데 그친다: 계획보장은 이미 앞에서 살펴 본 바와 같은 각종 행정계획 중 특히 향도적 또는 조성적 계획의 경우에 현실적인 중요성을 갖는다. 지시적 또는 홍보적 계획의 경우에는 그 자체로서 국가적 보장이 배제될 수 있는 반면, 명령적 또는 규범적 계획의 경우 계획의 변경에 대해서는 원칙적으로 법률에 의한 손실보상이 인정되도록 하는 입법적 해결책이 요망된다.

---

157) 대법원 1984.10.23. 선고 84누227 판결.
158) 대법원 2005.3.10. 선고 2002두5474 판결.

제 5 관   공법상 계약

Ⅰ. 개   설

1. 공법상 계약의 개념

'공법상 계약'($^{öffentlich-}_{rechtlicher\ Vertrag}$)이란 공법적 효과의 발생을 목적으로 하는 복수당사자 사이의 반대방향 의사표시의 합치로 성립하는 공법행위를 말한다.[159) 공법상 계약은 행정행위와 마찬가지로 실정법상 개념이 아니라, 일정한 유형의 공법행위의 성질에 착안하여 구성된 학문상 개념이다. 이것은 특히 공법과 사법의 이원적 구분 및 독립된 행정재판제도를 가진 독일에서 성립된 개념으로서, 같은 행정제도국가인 프랑스에서 독일보다 훨씬 일찍부터 생성하여 통용되어 온 '행정계약'($^{contrat}_{administratif}$)이나 사법적 바탕 위에서 형성된 영미의 '정부계약'($^{government}_{contract}$)과는 구별되는 것으로 파악되고 있다.[160)

한편 문헌상으로는 공법상 계약과 달리 「행정계약」이란 개념이 일반적으로 사용되고 있어 그 개념적 차이를 분명히 할 필요가 있다. 여기서 '행정계약'이란 「행정주체와 국민 사이 또는 행정주체 상호간에 직접 또는 간접으로 행정목적을 수행하기 위하여 이루어지는 합의」를 말한다. 이러한 의미의 행정계약은 행정주체가 일방 당사자인 모든 계약, 즉 공법상 계약과 사법상 계약을 모두 포함하는 개념이다.[161) 행정계약을 이러한 의미로 파악하는 것은 공·사법이원론을 부인 또는 완화하는 입장에서 행정계약을 하나의 독자적인 행정형식으로 구성하려는 노력이라고 할 수 있다(이를 이른바 「행정계약론」이라고 한다[162)). 최근 우리나라 행정법학계에서도 공법상 계약보다는 '행정계약'의 개념을 사용하려는 경향이 나타나고 있다.[163)

그러나 우리 실정법질서가 공·사법 이원적 구별을 제도적으로 유지하고 있고, 공법상 계약과 사법상 계약은 그 적용법규나 법원리에 차이가 있으며, 양자에 각각 적용된다고 할 수 있는 당사자소송과 민사소송도 그 재판관할, 소의 변경 등 여러 면에서 차이가 있기 때문에 ($^{행정소송법}_{§§\ 40-44}$), 그러한 행정계약의 관념(행정계약론)을 취하는 데에는 무리가 따른다.[164)

---

159) 참고로 독일연방행정절차법 제54조 제1문은 일반적인 계약개념에 따라 그 대상에 착안하여 공법적 영역에서 법률관계를 발생시키고 변경 또는 소멸시키는 계약을 공법상 계약이라고 정의하고 있다.
160) 이에 관하여는 김도창, 일반행정법론(상), 513을 참조.
161) 김도창, 일반행정법론(상), 511; 김동희, 행정법 I, 203 등.
162) 今村成和, 行政法入門, 119; 室井 力, 行政法の爭点, 30.
163) 이에 관해서는 김대인, "행정계약에 관한 연구", 2006, 서울대학교 박사학위청구논문 등을 참조.
164) 박윤흔, 행정법강의(상), 534이하.

반면 독일의 경우 「행정계약」($^{verwaltungsrechtlicher\ Vertrag,}_{Verwaltungsvertrag}$)이란 개념은 오히려 공법상 계약의 일종(^{Unterfall}) 즉 하위개념으로 사법상 계약에 대립하는 것이라고 이해되고 있다. 즉 행정계약이란 행정법상의 권리·의무를 발생, 변경, 소멸시키는 행정법상 법률관계를 목적으로 하는 계약이라는 것이다.[165] 이러한 견지에서 오쎈빌(^{Ossenbühl})은 연방행정절차법상의 행정계약에 관한 규정은 공법상 계약에 관한 완성된 자기완결적 법리나 수정을 의미하는 것이 아니라 단지 행위형식으로서 공법상 계약이 남용되는 것을 방지하기 위하여 일련의 규정들을 산발적으로 모아놓은 것이라고 한다.[166] 한편 프랑스행정법에 있어서도 '행정계약'($^{contrat}_{administratif}$)은 부대등한 당사자간에 체결되는 계약으로서, 사적자치가 인정되지 않으며 공통법의 적용배제조항($^{clause}_{exorbitante}$)을 둔다는 점에서 사법상 계약과 구별되는 공법상 계약으로 파악되고 있다.[167] 결국 국내의 일부문헌에서 통용되어 온 「행정계약」의 개념은 계약당사자 일방이 행정주체임에 착안한 것인 데 반하여, 독일의 행정계약개념은 그 공법적 성질을 전제로 한 것임을 알 수 있는데, 이 점을 구별하지 않은 채, 행정계약을 공법상 계약의 상위개념으로 간주하는 것은 문제가 있다. 이와 관련하여 「공법상 계약」이란 용어는 지나치게 넓은 내포를 지니거나(국제법상의 계약, 소송법상의 계약 등) 부당하게 축소된 의미를 지닐 수 있는 것(행정사법적 관계에서 체결되는 계약이 배제됨)이라는 이유에서 「행정법상 계약」 또는 약하여 「행정계약」이란 용어를 사용하는 것이 바람직하다는 주장도 제기되고 있다.[168] 기본적으로 이러한 견해는 타당하다. 그러나 「공법상 계약은 공법적 효과의 발생만을 목적으로 하므로 사법적 효과를 발생하는 행정사법관계에서의 계약은 제외될 수밖에 없으므로 공법상 계약의 개념을 가지고서는 행정법에서 그 통일적 취급을 하기 곤란하다」고 지적하는 점은 타당하지 않다. 행정사법적 활동의 법형식으로 계약이 체결될 경우는 사법상 계약이 체결된 것이며 그 법적 규율도 원칙적으로 사법의 계약법에 의할 것이지 이를 통일적으로 계약이란 법형식에 의하여 파악해야만 할 필연성은 없기 때문이다(행정행위와 사법상 법률행위 중 단독행위를 통일적으로 파악할 필요가 있을까?). 여기서는 공법상 계약이란 용어가 이미 우리 행정법상 통용된 개념임을 감안하여 이를 그대로 사용하기로 하되 독일법에서의 행정계약에 해당하는 의미로 파악하기로 한다.

2. 다른 행위형식과의 구별

2.1. 사법상 계약과의 구별

공법상 계약은 복수당사자 사이의 의사의 합치에 의하여 일정한 법률효과를 발생하는 점에서는 사법상 계약과 같으나, 공법적 효과의 발생을 목적으로 하고 공익실현을 위한 것이라는 점에서 사법상 계약과 다르다.

가령 프랑스행정법에 있어 '행정계약'($^{contrat}_{administratif}$)은 부대등한 당사자간에 체결된다는 점, 사적자치가 원칙적으로 적용되지 않는다는 점, 공통법의 적용배제조항($^{clause}_{exorbitante}$)이 채용된다는 점 등에서 사법상 계약과

---

165) Maurer, Der Verwaltungsvertrag-Probleme und Möglichkeiten, DVBl. 1989, 798; ders., Allgemeines Verwaltungsrecht, § 14 Rn.7f., S.320-321; Erichsen, in: Allgemeines Verwaltungsrecht, § 24 Rn.1, S.358.
166) Ossenbühl, Die Handlungsformen der Verwaltung, JuS 1979, 684.
167) Rivero, 147ff.
168) 박규하, 행정계약이론과 공법상 계약이론, 고시연구 1993/4, 62.

구별되고 있으며,169) 독일행정법에서는 계약당사자의 의사에 구애됨이 없이 객관적으로 계약의 대상면에서 계약에 의하여 부담된 의무 또는 계약에 의하여 이행된 처분이 공법적 성격을 갖는다는 점에서 사법상 계약과 구별되고 있다. 이에 따라 계약이 공법적 법규범의 집행을 목적으로 하거나, 계약이 행정행위의 또는 기타 고권적 직무행위를 할 의무(예: 건축허가의 발급)를 발생시키는 경우, 또는 계약이 가령 건축법상의 주차시설설치나 도로청소의무 등과 같이 공법상 권한·의무에 관한 조항을 포함하는 경우에는 공법상 계약이 성립하는 것으로 파악되고 있다.170)

2.2. 행정행위와의 구별

공법상 계약은 공법적 효과를 발생한다는 점에서는 행정행위와 같으나 복수당사자 사이의 의사의 합치로써 이루어진다는 점에서 행정주체의 우월한 일방적 의사결정에 의한 단독행위인 행정행위와 구별되며, 특히 협력을 요하는 행정행위(쌍방적 행정행위)와 구별된다.

　[1] 행정청이 자신과 상대방 사이의 법률관계를 일방적인 의사표시로 종료시켰다고 하더라도 곧바로 의사표시가 행정청으로서 공권력을 행사하여 행하는 행정처분이라고 단정할 수는 없고, 관계 법령이 상대방의 법률관계에 관하여 구체적으로 어떻게 규정하고 있는지에 따라 의사표시가 항고소송의 대상이 되는 행정처분에 해당하는지 아니면 **공법상 계약관계의 일방 당사자로서 대등한 지위에서 행하는 의사표시인지를 개별적으로 판단하여야 한다**(대법원 1996.5.31. 선고 95누10617 판결, 대법원 2014.4.24. 선고 2013두6244 판결 등 참조).

　[2] 중소기업기술정보진흥원장이 甲 주식회사와 중소기업 정보화지원사업 지원대상인 사업의 지원에 관한 협약을 체결하였는데, 협약이 甲 회사에 책임이 있는 사업실패로 해지되었다는 이유로 협약에서 정한 대로 지급받은 정부지원금을 반환할 것을 통보한 사안에서, **중소기업 정보화지원사업에 따른 지원금 출연을 위하여 중소기업청장이 체결하는 협약은 공법상 대등한 당사자 사이의 의사표시의 합치로 성립하는 공법상 계약에 해당**하는 점, 구 중소기업 기술혁신 촉진법(2010.3.31. 법률 제10220호로 개정되기 전의 것) 제32조 제1항은 제10조가 정한 기술혁신사업과 제11조가 정한 산학협력 지원사업에 관하여 출연한 사업비의 환수에 적용될 수 있을 뿐 이와 근거 규정을 달리하는 중소기업 정보화지원사업에 관하여 출연한 지원금에 대하여는 적용될 수 없고 달리 지원금 환수에 관한 구체적인 법령상 근거가 없는 점 등을 종합하면, **협약의 해지 및 그에 따른 환수통보는 공법상 계약에 따라 행정청이 대등한 당사자의 지위에서 하는 의사표시로 보아야 하고**, 이를 행정청이 우월한 지위에서 행하는 공권력의 행사로서 행정처분에 해당한다고 볼 수는 없다.171)

2.3. 공법상 합동행위와의 구별

공법상 계약과 공법상 합동행위는 양자는 복수당사자의 의사의 합치로 성립한다는 점에서는 서로 같으나 공법상 계약이 서로 반대방향의 의사 합치에 의하여 성립하며 원칙적으로 양당사자에게 상반되는 법률효과(일방이 권리를 가지면 상대방은 의무를 지는 것과 같이)를 발

---

169) Rivero, n°109ff., 147f.
170) Maurer, § 14 Rn.11.
171) 대법원 2015.8.27. 선고 2015두41449 판결. 참조: 대법원 2014.4.24. 선고 2013두6244 판결.

생하는 데 비하여, 공법상 합동행위는 당사자의 동일방향의 의사의 합치이며, 그 법률효과도 당사자 쌍방에 대하여 동일한 의미를 지닌 점에서 서로 다르다.

II. 행정의 행위형식으로서 공법상 계약

1. 비권력적 행위형식으로서 공법상 계약

비권력적 행위형식으로서 공법상 계약이 각광을 받게 된 것은 현대행정이 사회국가적 이념에 의하여 세례를 받음으로써 가능했다. 행정이 현대적 급부행정의 임무를 수행하기 위하여는 행정행위를 중심으로 한 권력적 행위형식만으로는 불충분하며 이보다 더 탄력적으로 그리고 효과적으로 활용될 수 있는 새로운 행정의 활동수단이 필요했다. 이에 따라 행정행위의 중심적 지위는 점차 감퇴할 수밖에 없었던 반면 공법상 계약은 행정행위를 보충하는 행위형식으로서 주목을 받았던 것이다.[172] 오늘날 공법상 계약은 행정행위에 의해 규율되던 영역을 넘어서 새로운 적용분야(가령 행정의 우월적 지위가 인정되지 않아 일방적으로 규율될 수 없는 분야)를 개척해 나가면서 종래처럼 단지 행정행위를 보충하는 행위형식에 머물지 않고 그 자체 독자적인 행위형식으로서 지속적으로 영역을 확대해 나가고 있다.

2. 공법상 계약의 유용성

행정의 새로운 행위형식으로서 부각된 공법상 계약은 특히 경제행정, 특히 급부행정·경제촉진 및 조성행정의 수단으로서 활용가치를 지닌다. 그것은 무엇보다도 시민을 단순한 신민(^{Untertan})이 아니라 독자적인 법적 주체이면서 행정의 파트너로 인정함으로써 가능한 한 행정현실에 대한 공동책임을 지도록 한다는 현대의 법치행정·민주행정의 이념에 부합되는 행위형식이다.[173] 사실 현대국가의 기능변천에 수반하여 급부행정의 분야에서 사법상 계약과 행정행위의 중간형태인 공법상 계약에 의한 행정이 증가하였고, 공법상 당사자소송과 같은 권리보호방법을 통하여 그 권리구제상의 장애가 제거되면서 공법상 계약의 유용성이 인식되기에 이른 것이다. 공법상 계약은 ① 특히 경제행정에서 특징적으로 요구되는 개별·구체적 사정에 즉응한 탄력적인 행정목적 달성을 가능케 하며, ② 합의에 의한 행정을 실현할 수 있고, ③ 사실·법률관계가 불명확할 때 문제 해결을 용이하게 해 줄 수 있으며 ④ 법률지식이 없는 자에 대해서도 교섭을 통하여 문제를 이해시킴으로써 합의에 이를 수 있고, ⑤ 사회정책의 추진수단으로 활용 가능하다는 점 등 비권력적 행정의 주된 행위형식으로 부정

---

172) W.-R. Schenke, Probleme der modernen Leistungsverwaltung, DÖV 1989, 370.
173) Maurer, § 14 Rn.24, S.335.

할 수 없는 가치를 가진다.[174]

Ⅲ. 공법상 계약의 종류

1. 주체에 따른 분류

1.1. 행정주체 상호간의 계약

공법상 계약은 행정주체 상호간, 가령 국가와 공공단체 또는 공공단체 상호간에서도 성립할 수 있다. 이러한 경우 당사자 중 어느 일방에 대하여 우월적 지위를 인정할 수 없고 따라서 어느 한편의 일방적 규율에 맡기는 것이 적절치 못하기 때문에 공법상 계약이 활용될 수 있다. 공공단체 상호간 사무위탁, 도로 또는 하천 경비분담 협의, 도로관리에 관한 협의, 법률의 규정에 의한 동일한 과세물건에 대한 과세협정, 기타 공무수행에 관한 협정 등이 그 예이다.

1.2. 행정주체와 사인 간 계약

공법상 계약의 또 다른 형태로는 행정주체, 즉 국가 또는 공공단체와 사인 사이에 성립하는 계약을 들 수 있다. 이것이 가장 전형적인 공법상 계약의 형태이다. 특별권력관계 설정합의(예: 지원입대, 전문직공무원 채용계약, 영조물이용관계 설정), 임의적 공용부담(예: 문화재, 학교용대지·도로용지 기증, 청원경찰 비용부담), 공법상 보조계약(예: 장학금지급계약), 행정사무위임(예: 사인 신청 별정우편국 지정, 교육행정사무위임 위한 협의) 등이 그 예이다.

실례로 부산시 서면의 지하도건설과 관련하여 부산시와 건설업자 간에 계약이 체결되었는데 그 내용은 업자의 부담으로 지하도를 건설하되, 건설비와 지하도점용료의 액수가 일치되는 기간까지 지하도 및 부설상가부지의 점용허가를 부여한다는 것이었다. 이러한 계약은 행정주체와 사인 간에 체결된 공법상 계약의 성질을 지닌다고 할 수 있다.[175] 또한 보조금교부 역시 종래에는 이른바 이단계설(^{Zweistufentheorie})에 의하여 행정행위인 교부결정($^{승인:}_{Bewilligung}$)과 사법상 계약인 대부계약($^{이행:}_{Abwicklung}$)이 결합된 것으로 보는 견해가 지배적이었으나 오늘날에는 이를 공법상 계약으로 보는 견해가 우세하다.[176]

1.3. 사인 상호 간의 계약

공법상 계약은 사인들 간에서도 일정한 공법상 법률관계의 형성을 목적으로 체결될 수

---

174) 김남진, 행정법 I, 392.
175) 김남진, 공법연구 제18집, 1988, 110.
176) Maurer, § 17 Rn.11ff., S.397ff., Rn.25, S.402.

있다. 그러나 공법상 계약은 공법상 법률관계의 형성(발생·소멸·변동)을 목적으로 하는 합의로써 성립하는 것이므로 사인 상호간의 공법상 계약은 오로지 이들이 그 공법상 권리·의무의 귀속을 결정할 수 있는 처분권($^{\text{Dispositions-}}_{\text{befugnis}}$)을 가지는 경우에만 체결할 수 있다.[177] 「공익사업을 위한 토지 등의 취득 및 보상에 관한 법률」 제26조에 따른 공익사업을 위한 토지의 취득을 위한 사업시행자와 토지소유자 간 협의의 경우가 그 예이다. 사인인 기업자와 토지소유자 간 토지수용협의에 관하여 종래 사법상 계약설과 공법상 계약설이 대립하고 있었고, 후설이 통설적 입장이었지만, 판례는 이를 사법상 계약으로 보았다.[178]

2. 성질에 따른 분류

2.1. 대등계약

대등계약($^{\text{koordinationsrecht-}}_{\text{licher Vertrag}}$)이란 원칙적으로 대등한 지위의 계약당사자간에 체결되는 공법상 계약으로 행정주체 상호간(국가와 공공단체 또는 공공단체 상호간)에 성립하는 계약이 그 예이다. 대등계약은 행정행위로는 규율할 수 없는 법률관계에 관한 것이다.

2.2. 종속계약

종속계약($^{\text{subordinationsrecht-}}_{\text{licher Vertrag}}$)이란 상하관계에 놓인 당사자, 가령 행정주체와 사인 간에 성립하는 계약으로, 행정행위 발급의무를 정하는 경우($^{\text{처분-준비행위: Verwaltungsakt-}}_{\text{Vorbereitungsgeschäft}}$), 행정행위 대체 계약($^{\text{처분-대체행위: Verwaltungsakt-}}_{\text{Ersatzgeschäft}}$), 행정행위와 아무런 직접적 관계가 없는 경우로 나뉜다.

Ⅳ. 공법상 계약의 법적 근거와 한계

1. 공법상 계약의 가능성·자유성

국가의사의 우월성을 전제로 공법상 계약의 성립가능성을 부인하는 견해($^{\text{Otto}}_{\text{Mayer}}$)도 없지 않았으나, 법령이 행정주체에게 그 상대방에 대하여 우월한 의사력을 부여하지 않은 경우에는 당사자간의 의사의 합치를 부정할 아무런 합리적인 이유도 없으며, 더구나 급부행정의 발달에 따라 그 유용성이 널리 인정되고 있는 이상 하등 공법상 계약의 허용성을 부인할 이유가 없다는 것이 오늘날 지배적인 견해이다.[179]

---

177) Erichsen/Martens, § 25 Rn.9.
178) 대법원 1992.10.27. 선고 91누3871 판결.
179) 주지하는 바와 같이 독일의 경우 그 허용성은 연방행정절차법 제54조에 의하여 입법적으로 해결되었다.

공법상 계약의 성립가능성을 인정하는 경우에도 법치행정의 원리와의 관계에서 법률의 근거 없이도 공법상 계약이 가능한지의 여부에 관하여는 견해가 대립한다. 먼저 부정설은 공법상 계약을 인정한다고 하더라도, 법령이 특히 허용하고 있는 경우에 한하여 성립할 수 있는 것으로 보는 견해이다. 공법상 계약을 엄격한 법규적 기속을 받는 행정행위의 일종으로 보거나 전부유보적 관점에서 파악하는 결과이다. 반면 긍정설은 공법상 계약은 공권력 발동으로 이루어지는 행정행위와는 다른 행위형식의 유형으로, 비권력관계에서 당사자간 의사합치에 의하여 성립하는 것이므로, 사법상 계약과 마찬가지로 반드시 명시적인 법적 근거 없이도 성립할 수 있다고 본다. 생각건대, 행정에게 행위형식 선택의 자유가 인정되는 이상, 비권력적 작용으로서 공법상 계약의 법적 효력은 의사의 합치로부터 기인하는 것이므로($\binom{pacta\ sunt}{servanda!}$) 공법상 계약의 자유성은 인정되어야 할 것이다. 그러나 행정의 행위형식으로서 공법상 계약이 남용되면 법치행정의 원리와의 충돌이나 공행정의 상업화를 가져올 우려가 있다는 점도 간과할 수 없다. 따라서 법률의 우위 원칙에서 오는 공법상 계약의 한계가 인정되지 않을 수 없다.

2. 공법상 계약의 한계

공법상 계약의 자유성이 인정된다 하여도 법치행정의 원리와 관련하여 그 내용이 실정법에 위반해서는 안 된다는 제약이 가해진다. 또한 행정의 행위형식으로서 공법상 계약이 남용되는 것도 허용될 수 없다. 가령 기속행위의 경우 그 행위형식에 관하여 공법상 계약이 금지되어 있지 않은 이상 행정주체는 행정행위 대신에 공법상 계약을 체결할 수 있으나, 법률이 이미 규정한 것을 합의할 수밖에 없는 제약을 받는다. 이러한 규범집행계약($\binom{Normenvoll-}{zugsverträge}$)은 별반 현실적인 의미가 없다고도 할 수 있겠으나, 가령 복잡한 사안이나 급부관계 및 공급관계에서 발생하는 쌍무적 권리의무를 규율함에 있어서는 합목적적인 행위형식이 될 수도 있다. 공법상 계약은 원칙적으로 법률의 강행규정에 위반하여서는 아니 된다. 공법상 계약의 본래적인 적용분야는 행정청에게 재량권이 부여된 경우이다. 이러한 재량권을 통해 부여된 차등적 행위에 대한 권한은 바로 시민과의 합의를 통해서도 실현될 수 있는 것이다. 그러나 이 경우에도 재량권의 법적 한계가 준수되어야 한다. 가령 행정청의 재량에 속하는 특정 영업의 허가처분을 하는 대신 행정청이 허가를 발급하되 허가기간 종료 후에는 영업시설 일체를 무상으로 국가에 제공토록 하는 공법상 계약을 체결하는 것은 원칙적으로 허용되지 않는다고 보아야 한다. 이와 관련하여 종종 실무상 활용되고 있는 기부체납의 허용여부가 문제시되어야 할 것이다. 또한 독일의 연방행정절차법 제58조 제1항이 명시적으로 규정하는 바와 같이 제3자의 권리나 법률상 이익을 침해하는 계약은 그 제3자의 동의를 필요로 한다. 제3

자의 동의없이 계약당사자 이외에 제3자의 비용부담을 전제로 하는 공법상 계약 역시 허용되지 않는다고 보아야 한다. 요컨대 ① 강행법규에 저촉되지 아니하는 범위 안에서, ② 규범집행계약이 인정되는 경우를 제외하고는 원칙적으로 비권력행정의 분야에서 인정되는 것으로 보아야 할 것이다.

V. 공법상 계약의 특색

공법상 계약은 당사자간 의사 합치를 요소로 한다는 점에서 사법상 계약과 본질적으로 다름이 없으나, 공법적 효과 발생을 목적으로 한다는 점에서 사법상 계약과 다른 특색을 띤다.

1. 실체법적 특색

1.1. 법적합성

공법상 계약은 행정작용의 일환으로 채용되는 방식이므로 법에 적합해야 하는 것은 당연하다. 다만 공법상 계약의 성립에 관하여는 통칙적인 규정이 없기 때문에 특별한 규정이 없으면 계약에 관한 민법의 일반적 법리가 준용된다고 보아야 할 것이다.

1.2. 계약의 형식·절차

공법상 계약은 달리 규정된 경우를 제외하고는 문서의 형식으로 함이 원칙이다. 공법상 계약의 성립을 위하여 감독청 또는 관계행정청의 인가 또는 확인을 받게 하는 경우가 있다.

1.3. 계약의 변경·해지

당사자의 합의에 의한 계약의 변경, 해지·해제가 가능함은 물론이나, 그 계약성립상 행정청의 인가나 보고를 필요로 하는 것인 경우에는 그 변경, 해지·해제를 위해서도 동일한 절차를 거쳐야 한다고 본다. 다만 사정변경 또는 상대방의 의무불이행에 따르는 계약의 변경이나 해지는 공법상의 계약이 지니는 공공성으로 말미암아 많은 제약을 받는 것이 일반적이다. 공공복리를 사유로 계약이 해지 또는 해제되는 경우 자기의 책임 없이 그로 인하여 손실을 입은 상대방은 신뢰보호의 원칙에 기하여 손실보상청구권을 가진다.

2. 절차법적 특색

2.1. 강제절차

공법상 계약의 당사자는 대등한 의사력을 가지나, 상대방의 의무불이행에 대하여 행정주체가 예외적으로 자력강제권을 가지는 경우가 있다(예: 「공익사업을 위한 토지 등의 취득 및 보상에 관한 법률」 § 90, 「보조금의 예산 및 관리에 관한 법률」 § 33 등).

2.2. 쟁송절차

공법상 계약에 관한 소송은 '공법상의 법률관계에 관한 소송' 즉 공법상 당사자소송에 의한다.[180] 이에 대하여는 행정소송법이 적용되며 민사소송과 다른 특칙이 인정되기 때문에 이 점에서도 민사소송의 적용을 받는 사법상 계약과 구별된다.

"현행 실정법이 전문직공무원인 공중보건의사의 채용계약 해지의 의사표시는 일반공무원에 대한 징계처분과는 달라서 항고소송의 대상이 되는 처분 등의 성격을 가진 것으로 인정되지 아니하고, 일정한 사유가 있을 때에 관할 도지사가 채용계약 관계의 한 쪽 당사자로서 대등한 지위에서 행하는 의사표시로 취급하고 있는 것으로 이해되므로, 공중보건의사 채용계약 해지의 의사표시에 대하여는 대등한 당사자간의 소송형식인 공법상의 당사자소송으로 그 의사표시의 무효확인을 청구할 수 있는 것이지, 이를 항고소송의 대상이 되는 행정처분이라는 전제하에서 그 취소를 구하는 항고소송을 제기할 수는 없다."[181]

---

180) 대법원 1993.9.14. 선고 92누4611 판결; 대법원 1995.12.22. 선고 95누4636 판결; 대법원 2001.12.11. 선고 2001두7794 판결; 대법원 2002.11.26. 선고 2002두5948 판결 등을 참조.
181) 대법원 1996.5.31. 선고 95누10617 판결.

제 6 관   행정상 사실행위

제 1 항   사실행위일반론

I. 행정의 행위형식으로서 사실행위

행정행위나 공법상 계약 등 법적 행위뿐만 아니라 행정상 사실행위($\substack{\text{Verwaltungs-}\\\text{Realakt}}$)도 행정목적 달성을 위해 빈번히 투입되는 행정수단이다. 행정상 사실행위는 사실상 결과 발생을 목적으로 하는 행정의 행위형식을 말한다. 사실행위는 법적 효과($\substack{\text{Rechts-}\\\text{erfolg}}$)의 발생을 목적으로 하는 것이 아니라는 점에서 일정한 법적 효과의 발생을 위한 의사표시를 요소로 하는 행정행위나 공법상 계약 같은 법적 행위들($\substack{\text{Rechts-}\\\text{akte}}$)과 구별된다. 그러나 사실행위란 실은 극히 다양하고 이질적 내용을 지닌 행위유형들을 총칭하는 일종의 집합개념($\substack{\text{Sammel-}\\\text{begriff}}$)이다. 따라서 그 법적 성질이나 요건·효과도 이를 일률적으로 말할 수 없다.[182] 여기서는 사실행위를 최소한의 공통점을 중심으로 하여 설명하기로 한다.

행정작용의 대부분은 오히려 사실행위라 할 수 있다.[183] 이에 대한 권익구제의 필요성이 행정행위에 대한 구제 못지않게 절실하고 중요함은 말할 나위도 없다.

II. 행정상 사실행위의 범주: 행정지도와 비공식적 행정작용

행정상 사실행위 중 행정의 행위형식으로서 특별한 중요성을 지닌 범주들이 바로 행정지도와 기타 비공식적 행정작용이다. 실제로 적극행정의 상당부분은 행정행위나 공법상 계약 등 전형적인 공식적인 행위형식 외에 행정지도와 경고·권고·정보제공·상담·협상 등 이른바 비공식적 행정작용에 의하여 수행되고 있다. 가령 대규모 물류시설이나 폐기물처리시설 등의 설치를 둘러싸고 관계행정청과 주민들 간에 협상이 이루어지는 것을 생각할 수 있다. 오늘날 그때그때 상황에 맞는 임기응변, 탄력적 대응이 요구되는 행정 분야에서 행정행위나 공법상 계약 등과 같은 정형적 행위형식 대신에 이들 비전형적, 비공식적 행위형식들을 채용하는 경우가 늘어나는 것은 불가피한 일이다.

일반적으로 행정지도는 비권력적 사실행위의 성질을 가진다고 이해되고 있다. 또한 비공

---

182) Maurer, H., Allgemeines Verwaltungsrecht, § 15 Rn.6, S.365.
183) 이 점은 김도창교수(일반행정법론(상), 356 각주 13)께서 옳게 지적하는 바와 같다. 예컨대 도로·하천공사, 장부·서류의 정리, 임검검사, 수거, 무허가건물철거의 대집행, 익사자를 위한 원조강제 등을 들 수 있다.

식적 행위형식도 비구속적, 단순고권적 행정작용($\binom{\text{nicht-imperatives, schlicht-}}{\text{hoheitliches Verwaltungshandeln}}$)으로서 비권력적 사실행위의 형식을 취한다는 점에서 행정지도와 공통점을 지니고 있다.

Ⅲ. 행정상 사실행위의 종류와 법적 성질

1. 행정상 사실행위의 종류

사실행위는 다양하게 분류된다. 사실행위를 권력적 · 비권력적 사실행위, 집행적 · 독립적 사실행위, 정신작용적 · 물리적 사실행위, 공법적 · 사법적 사실행위 등으로 분류하는 것이 한 예이다.[184] 이러한 분류법들이 사실행위의 다양한 현상형태를 인식할 수 있는 질서와 준거를 제공해 주는 것은 사실이지만, 그 이상 법적 결과를 가져오는 것은 아니다. 다만 권력적 사실행위와 비권력적 사실행위의 구별은 행정쟁송법상 처분성 인정여부와 관련하여 중요한 의미를 갖는다.

2. 법적 성질

사실행위의 법적 성질은 두 가지 기준에서 두드러진다. 첫째, 그것은 직접 법적 효과의 발생을 목적으로 하지 않는다는 점에서 법적 행위와 구별된다. 둘째, 사실행위는 그 행위의 기초를 행정법에 두고 있는 행정상 행위형식의 일종이므로, 사법이나 형사법 등에서의 사실행위와는 구별되어야 한다. 한편 사실행위가 행정쟁송법상 '처분'에 해당하는지는 논란되고 있다.

Ⅳ. 행정상 사실행위의 요건과 효과

1. 요 건

사실행위는 법적 효과의 발생을 목적으로 하지 않는 행위이다. 사실행위가 언제나 일체의 법적 관련이 없는 것은 아니고, 경우에 따라 일정한 법률효과가 결부될 수도 있으나, 행정행위처럼 법이 행정청의 의사결정 및 표시에 법적 효과를 부여하게 되는 계기, 즉 의사결정 및 표시를 통한 법적 규율이란 요소가 결여되어 있다는 점에서 행정행위와는 개념적으로 구별된다.

사실행위에 별도의 법적 근거가 요구되는가에 관해서는 논의의 여지가 있다. 사실행위는

---

184) 박윤흔, 행정법강의(상), 564이하.

대부분 '법률로부터 자유로운 영역'($\text{gesetzesfreier} \atop \text{Raum}$)에서 행해지므로 사실상 법적 구속을 받지 않거나 법적 기속이 대폭 완화되는 경우가 많다. 가령 이미 행해진 행정처분을 전제로 이를 또는 그 결과를 사실상 집행하는 경우(가령 대집행의 실행) 별도의 수권이 요구되지 않는 경우와 같다. 그러나 사실행위 역시 실정법상의 법적 요건에 합치해야 한다는 것은 법적 행위의 경우와 하등 다를 바가 없다. 따라서 모든 행정작용이 그러하듯이 사실행위를 위해서도 조직법상의 근거는 필요하다(통설). 다시 말해 사실행위라 하더라도 행정청의 권한의 범위 안에서만 행해질 수 있으며, 만일 권한 없는 행정청에 의한 사실행위나 법률상 근거 없이 개인의 재산권을 침해하는 사실행위는 위법임을 면치 못할 것이다. 또한 법률의 유보의 원칙에 따라 (그 적용범위에 관한 어느 학설을 취하든지 간에) 쓰레기하치장의 설치, 전염병환자의 강제격리, 토지출입조사, 불량식품검사를 위한 수거 등과 같은 권력적 사실행위에 법률의 근거가 필요하다는 데 대하여는 의문이 있을 수 없다. 이와같이 사실행위가 구체적인 작용법적 근거 없이 조직법상 근거에 의하여 일반적으로 허용된다고 보더라도 공행정 일반에 인정되는 일정한 법규·조리상 한계가 존재한다는 데 대하여는 의문이 있을 수 없다. 즉 사실행위 역시 ① 법령에 위반할 수 없으며, ② 특히 조직법상의 목적·임무·소관사무·권한의 범위를 넘을 수 없고, ③ 비례원칙·평등의 원칙·신뢰보호의 원칙 등과 같은 행정법의 일반원칙에 구속을 받는다.

2. 효   과

사실행위는 법적 효과의 발생을 목적으로 하는 것은 아니다. 그러나 사실행위에 일정한 법률효과가 결부될 수 있다는 것은 이미 앞서 지적한 바와 같다. 예컨대, 경찰관의 순찰이 단순한 사실행위일지라도 공무집행방해죄에 의해 보호되고, 압수된 마약의 폐기처분으로 소유권이 소멸되거나, 도로공사에 의해 국민의 권리를 침해하면 손해배상의 문제를 발생시키는 것과 같다. 그러나 이 같은 법적 효과는 의사표시(또는 규율)란 정신작용의 유무나 내용과는 상관없이 객관적으로 행위가 행하여진 사실 또는 결과에 대해 결부된 것이라는 점에서, 행정행위의 그것에 비하여 간접적이며 또 부수적인 것에 불과하다.

Ⅴ. 행정상 사실행위와 권리구제

1. 국가배상·손실보상

위법한 사실행위로 인하여 손해를 입은 경우에는 손해배상청구권이 발생할 수 있다. 사실행위는 국가배상법 제2조의 공무원의 직무행위에 해당한다는 데 이론이 없다. 논란이 없지 않으나 '공무원의 직무집행'에 행정지도도 포함된다고 할 수 있으므로 그 한도 내에서는 국가배상의 성립을 부정할 수 없다(대법원)[185]. 그러나 행정지도는 상대방의 임의적 동의 내지 협력을 전제로 하여 행해지는 것이므로 '동의는 불법행위의 성립을 조각한다'는 법언에 따라 손해배상청구권의 성립을 인정하기 곤란한 경우가 많을 것이다. 한편 행정청의 적법한 사실행위로 말미암아 개인에게 손실이 발생한 경우 그것이 권력적 사실행위이고 또 특별희생의 요건이 충족될 경우 관계법에 따라 (헌법직접적으로 또는 법률에 의하여) 손실보상청구권이 발생할 수 있을 것이다. 그러나 가령 사실행위의 대표적 형태라 할 수 있는 행정지도로 인해 손실이 발생한 경우에는 설령 그것이 특별희생의 요건을 충족시킬지라도 그 원인행위인 행정지도가 (개념상) 비권력적 사실행위이기 때문에 법령에 특별한 규정이 있다면 몰라도 손실보상청구권이 인정되지 않는 것이 원칙이다. 가령 조업단축권고에 의하여 예상수익을 상실한 업주나 통일벼의 재배를 장려하는 농촌진흥청의 행정지도에 따랐다가 기후조건의 악화·병충해 등으로 인한 수확량감소로 손해를 입은 농민의 경우 행정지도는 비권력적 행위이므로, 적법한 공권력행사로 인한 손실보상은 인정되지 않는다. 그러나 행정지도를 신뢰하였다가 불측의 손실을 입은 피해자에게는 신뢰보호의 원칙에 따라 적정한 보상을 인정하는 것이 법치국가의 요청에 부합하는 결과일 것이다.[186] 해결방안은 결국 입법적 차원으로 넘어간다. 반면 사실행위에 대한 행정소송은 사실행위 자체가 직접 법적 효과를 발생하지 않는다는 점에서 중대한 제약을 받는다.

2. 행정상 사실행위에 대한 행정쟁송

2.1. 문제의 소재

사실행위는 법적 행위가 아니다. 따라서 법적 행위인 (학문상) 행정행위에 해당하지 않는다. 이는 사실행위의 개념정의 자체로부터 나오는 당연한 결과이다. 그러나 사실행위에 대한 권리보호수단으로서 어떠한 종류의 행정쟁송이 제기될 수 있는가 하는 문제는 그리 간단하지 않다. 그것은 사실행위가 행정소송법상 '처분'에 해당하느냐에 관하여 학설의 대립이 있기 때문이다. 즉 행정쟁송법상 처분의 개념에 관하여 실체법적 개념설(일원론)과 쟁송법적 개념설(이원론)이 대립되고 있어 사실행위가 행정행위가 아니라는 것만 가지고는 허용되는 행정쟁송의 종류를 결정할 수 없다. 그러나 여기서 학설대립을 상세히 논할 겨를은 없고,[187] 문제를 해결함에 있어 반드시 고려되어야 할 두 가지 측면만을 밝히는 데 그친다. 첫째 행정

---

185) 대법원 1969.4.22. 선고 68다2225 판결.
186) 서원우, 현대행정법론(상), 542.
187) 이에 관하여 상세한 것은 홍준형, 행정구제법, 1993, 250이하; 박윤흔, 취소소송의 대상, 사법행정 1990, 7; 김남진, 취소소송의 대상, 사법행정 1991, 7 등을 참조.

제1편   제2편   제3편   제4편   제5편   행정작용론

소송법상 처분개념은 궁극적으로 행정소송법상 관계규정($\S^2_{\textcircled{1}i}$)의 해석을 통해 밝혀질 문제이다. 둘째 사실행위가 행정소송법상 처분에 해당하는지 여부는 일반적·일률적으로 판단할 것이 아니라 문제된 사실행위의 구체적 성질과 내용을 파악하여 논의하여야 한다. 행정상 사실행위란 실은 일종의 집합개념($^{Sammel-}_{bezeichnung}$)에 불과한 것이라는 점을 여기서 고려할 필요가 있다. 이러한 관점에서 사실행위의 처분성 여하, 그리고 사실행위가 항고소송의 대상인지 아니면 당사자소송의 대상인지 파악해 보기로 한다. 사실행위의 다양한 유형들을 여기서 모두 다룰 수 없으므로 비권력적 행위와 권력적 행위로 나누어 살펴보기로 한다. 그리고 사실행위에 대한 행정심판의 허용여부는 그 처분성 인정여부에 의존하므로 행정소송을 중심으로 논의한다.

2.2. 행정소송법상 사실행위에 대한 소송유형

행정소송법은 처분등 또는 부작위에 대하여는 항고소송, 그 밖의 공법상 법률관계에 관하여는 당사자소송의 가능성을 열어주는 일종의 소송유형별 분업체계를 취하고 있다.[188] 따라서 사실행위에 대하여 어떠한 종류의 행정소송이 제기될 수 있는가 하는 것은 사실행위가 행정소송법상 '처분'에 해당하는가에 달려있다. 반면 사실행위의 처분성이 부정되는 경우에도 무조건 공법상 당사자소송이 허용된다고는 볼 수 없다. 왜냐하면 우리나라 행정소송법상 당사자소송이 허용되기 위해서는 사실행위에 대한 소송상 청구가 행정청의 처분등을 원인으로 하는 법률관계와 그 밖에 공법상 법률관계에 관한 것이어야 하기 때문이다. 이는 물론 구체적으로 그 청구취지와 원인을 종합하여 판단해야 할 것이다. 그러나 사실행위가 그 행위의 기초를 행정법에 두는 것인 이상, 결국 관건은 사실행위의 처분성 여부에 있다. 즉 사실행위의 처분성이 인정되면 항고소송이, 그렇지 않으면 당사자소송이 각각 권리보호형태로서 고려되는 결과가 된다.

2.2.1. 비권력적 사실행위

비권력적 사실행위는 법적 효과의 발생을 목적으로 하지 않을 뿐 아니라 공권력행사로서의 계기를 결여하므로 행정소송법상 처분에 해당하지 않는다. 이것은 실체적 행정행위에 해당하지 않는 단순한 사실행위는 행정소송법상 처분성을 결여한다는 판례에 의해 뒷받침될 수 있다.

대법원은 특별한 사정이 없는 한, 행정권 내부에서의 행위라든가, 알선·권유·사실상의 통지 등과 같이 상대방 또는 기타 관계자들의 법률상 지위에 직접적으로 법률적 변동을 일으키지 않는 행위 등은 항

---

188) 이와 관련하여 당사자소송의 포괄소송(Auffangklage)으로서의 성격 및 보충성에 관하여는 홍준형, 공법상 당사자소송, 고시계 1993, 69-71을 참조.

고소송의 대상이 될 수 없으며($\substack{\text{대법원 1967.6.27.} \\ \text{선고 67누44 판결}}$), 감사원의 시정요구($\substack{\text{감사원법} \\ \text{§ 33 ①}}$)는 이해관계인의 권리관계에 영향을 미치지 아니하고 행정청 사이의 내부적인 의사결정의 경로에 지나지 않아 행정처분을 하게 된 연유에 불과하다고 보았다($\substack{\text{대법원 1977.6.28.} \\ \text{선고 76누294 판결}}$).189)

　반면 쟁송법적 개념설은 사실행위의 처분성을 적극적으로 본다. 이 견해는 행위 자체는 공권력행사라는 실체를 가지고 있지 않고, 따라서 공정력이나 불가쟁력 등의 효력도 없으며, 항고쟁송의 배타적 관할에 속하지 않는 것일지라도 국민생활을 "일방적으로 규율하는 행위"이거나($\substack{\text{原田} \\ \text{尙彦}}$), 개인의 법익에 대하여 '계속적으로 사실상의 지배력을 미치는 경우'($\substack{\text{兼子} \\ \text{仁}}$)에는 항고소송의 대상이 되는 처분성을 인정해야 한다는 형식적 행정행위의 개념을 수용하여 실체법상 행정행위에 해당하는 행위 외에 행정상 입법·행정규칙·사실행위, 그리고 행정지도와 같은 행위들이 처분개념에 포함될 수 있을 것으로 보고 있다.190) 그러나 이러한 의미에서 형식적 행정행위의 개념은, "전통적 행정행위(실체적 행정행위) 개념에 대한 하나의 항의적 개념이기는 하지만, 아직은 그 자체가 대안적 개념이라고 할 정도로 성숙된 것은 아닌 것"으로 받아들여지고 있을 뿐 아니라,191) "오로지 권리구제에만 초점을 두어 내용상의 실질이 상이한 여러 행정의 행위형식들을 묶어 하나의 새로운 개념으로 구성하는 것이 타당하다고는 보기 힘들다"는 점에서 비판에 직면하고 있다.192) 생각건대, 이 역시 문제된 '비권력적' 사실행위의 구체적 내용과 성질에 비추어 판단될 문제이기는 하지만, 무엇보다도 처분이기 위해서는 "공권력행사"일 것을 요구하는 현행행정소송법의 태도에 비추어 볼 때, 형식적 행정행위론에서 주장하는 바와 같이 「행위 자체는 공권력행사라는 실체를 가지고 있지 않고, 따라서 이른바 공정력이나 불가쟁력 등의 효력도 없는 행위」에 처분성을 인정할 수 있는지 극히 의심스럽다. 그뿐만 아니라, 행정행위 효력의 특수성을 전제로 한 소송법적 규율들(예컨대, 출소기간의 제한, 집행정지원칙, 선결문제처리 등)을 어떻게 취급할 것이냐도 문제가 아닐 수 없다.

　문제해결의 또 하나의 관건은 행정소송법 제2조 제1항 제2호가 규정하는 "그 밖에 이에 준하는 행정작용"이란 무엇을 뜻하는가 하는 데 있다. 이에 관해서는 이 규정을 통해 "앞으로의 시대적 수요에 따라 학설·판례를 통하여, … 이른바 형식적 행정처분의 개념 아래 거론되는 행정작용들이 이 범주에서 논의될 수 있을 것"이라고 하는 반면,193) 순수사실행위는 취소소송의 대상이 아니라 이행소송의 대상이 될 뿐이라는 견해가 대립된다. 구체적으로 "그 밖에 이에 준하는 행정작용"이 무엇인가는 결국 학설발전과 판례형성을 통하여 밝혀질 수밖

---

189) 그 밖에도 대법원 1989.1.24. 선고 88누3116 판결; 대법원 1979.7.24. 선고 79누173 판결 등을 참조.
190) 김도창, 일반행정법론(상), 752; 김동희, I, 221.
191) 김도창, 일반행정법론(상), 360.
192) 홍정선, 행정법원론(상), 274; 석종현, 일반행정법(상), 256; 김남진, 기본문제, 508이하 및 월간고시 1985/2, 266.
193) 김도창, 일반행정법론(상), 756.

에 없을 것이다. 그러나 아무튼 행정소송법상 처분의 개념이 이 규정을 통해 실체적 행정행위의 개념보다 더욱 넓은 것이 될 수밖에 없다는 것은 분명하다. 문제는 과연 무엇을 기준으로 행정소송법 제2조 제1항 제2호의 규정에 의한 협의의 처분, 즉 '구체적 사실에 대한 법집행으로서의 공권력행사'와의 동가치성을 인정할 것인가에 있으며, 이에 따라 비권력적 사실행위를 행정소송법상 취소소송의 대상으로 삼을 것인가 아니면 당사자소송의 대상으로 고려할 것인가가 결정되는 것이다. 앞에서 지적한 바와 같이 '비권력적' 사실행위와 "공권력행사"의 동가치성을 인정할 수는 없을 것이다. 비권력적 사실행위의 경우에는 해석론적 개괄주의에 의해 그 처분성을 인정할 것이 아니라 그에 적합한 소송형태를 해석론상 또는 입법론상 확충시켜 나가는 방식에 의해 해결책을 모색하는 것이 정도이며 당사자소송은 바로 비권력적 사실행위에 대한 소송형태이다.

2.2.2. 권력적 사실행위

권력적 사실행위, 즉 특정한 행정목적을 위하여 행정청의 일방적 의사결정에 의하여 국민의 신체·재산 등에 실력으로 행정상 필요한 상태를 실현하는 권력적 행정작용을 행정소송법상 처분으로 볼 것이냐에 대해서도 앞에서 소개한 바와 같은 기본적인 입장의 대립이 작용하고 있음은 물론이다. 그러나 이 경우 약간의 뉘앙스가 있다. 쟁송법적 개념설(이원론)이 권력적 사실행위의 처분성을 긍정하는 것은 당연한 이론적 귀결이다. 반면 실체법적 개념설(일원론)은 권력적 사실행위는 수인하명(처분)과 비법적 사실행위(물리적 행위)가 결합된 것(합성처분)이므로 전자가 취소소송의 대상이 된다고 한다. 권력적 사실행위에 있어 그 권력성의 계기는 수인하명으로 표출된다는 점을 고려할 때, 권력적 사실행위에 대한 취소소송이 열려 있음을 시인하는 점에서 양설에 결과상 차이는 없다. 다만 실체법적 개념설은 합성행위로서 권력적 사실행위가 내포하는 수인하명 부분의 처분성만을 긍정하고 물리적 행위에 관해서는 비처분성을 견지하고 있다.[194] 이러한 학설의 대립은 특히 행정상 즉시강제와 관련하여 나타난다.

문제해결의 관건은 단순한 이론적 논증보다는 현행 행정소송법규정의 해석으로부터 도출되어야 한다. 현행 행정소송법상 처분의 개념은 ① 행정청이 행하는 구체적 사실에 관한 법집행으로서 공권력의 행사, ② 행정청이 행하는 구체적 사실에 관한 법집행으로서 공권력의 행사의 거부, ③ 그 밖에 이에 준하는 행정작용의 세 가지로 나누어 볼 수 있다. 권력적 사실행위는 그 밖의 사실행위와 마찬가지로 첫째, 정신작용을 요소로 하지 않고 외계적 사실(사건)을 요소로 한다는 점, 둘째, 행위 자체에 법적 효력이 인정되지 않는다는 점에서 실체

---

194) 홍정선교수는 수인의무(Duldungspflicht)를 수반하는 사실행위(예컨대 수색·체포, 전염병환자의 강제격리 등)를 행정행위로 본다(홍정선, 행정법원론(상), 276).

적 행정행위와 구별되지만,[195] 공권력행사로서의 계기를 가지므로 행정소송법상 「공권력의 행사」의 요건을 충족시킨다.[196] 그렇다면 「구체적 사실에 대한 법집행」이란 단순한 집행행위까지를 포함하는 개념인가 아니면 구체적 사안에 대한 법적 규율, 즉 법적 행위의 요소를 의미하는가가 문제된다. 행정행위의 개념적 징표의 하나로서 「구체적 사실에 관한 법집행」의 의미가 행정행위를 입법 내지 법규명령·행정규칙으로부터 구별하는 데 있다면 권력적 사실행위 역시 구체적 사실에 대한 법집행이 아니라고는 볼 수 없다. 따라서 행정소송법상 처분의 개념에 「행정청이 행하는 구체적 사실에 관한 법집행으로서의」 권력적 사실행위가 포함된다는 결론이 나온다.[197] 권력적 사실행위에 대한 취소소송의 가능성을 인정하기 위하여 수인하명의 존재를 매개로 삼아야 할 필요는 없다. 이러한 결론은 행정소송법문언상 적어도 「법적 행위 또는 규율」($^{Rechtsakt,}_{Regelung}$)이라는 요소가 명시되어 있지 않은 이상 해석론상 충분히 가능하기 때문이다.[198] 다만 권력적 사실행위를 행정소송법상 공권력행사에 포함되는 것으로, 즉 처분성을 갖는 것으로 해석할 경우, 취소소송이 과연 가능한지 여부가 문제된다.

2.3. 구체적 적용

2.3.1. 행정지도

행정지도는 비권력적 사실행위로서 원칙적으로 행정쟁송의 대상이 되지 않는다. 다만, 행정지도에 불응하였다는 이유로 일정한 불이익처분(침익적 행정행위)이 가해진 경우나 경고등 행정지도를 전제로 하여 다음의 처분이 행하여진 경우에는 행정지도의 흠을 이유로 하여 후속처분의 효력을 다툴 수 있다고 보아야 할 것이다. 반면 규제적 행정지도[199]나 조정적 행정지도[200]는 강제성과 계속성을 띠고 있으므로 이를 권력적 사실행위로 보아 처분성을 인정하려는 것이 지배적인 학설의 태도이다. 이것은 실질적으로 타당하다. 그러나 이러한 결론은 비권력적 사실행위의 처분성을 뒷받침하는 것이라기보다는 오히려 행정지도가 이미 그 '비권력적 사실행위'라는 개념적 기속을 벗어나고 있다는 사실을 말해주는 것으로 이해되어야 한다. 오늘날 행정지도의 다양한 현상형태에 비추어 볼 때 이를 여전히 '상대방의 임의적 협력을 기대하여 행하는 비권력적 사실행위'라는 개념틀로 파악하는 것은 시대착오적인 태도가

---

195) 김도창, 일반행정법론(상), 1992, 356.
196) 이 점은 "권력적 사실행위는 행정소송법안의 기초과정에서 「행정청의 공권력행사」에 처분적 행위와 함께 포함되는 것으로 이해되었다"는 김원주교수의 진술("행정상 사실행위와 행정소송"(시론), 고시계 1994/4, 17)에 의해서도 뒷받침될 수 있다(다만 여기서 '처분적 행위'란 아마도 강학상의 행정행위에 해당하는 것이 아닐까 생각된다).
197) 따라서 공권력행사의 거부도 실체적 행정행위의 거부 또는 권력적 사실행위의 거부로서 거부처분을 의미하게 된다.
198) 이러한 이유에서 위의 첫째와 둘째 개념을 실체적 행정행위개념과 동일시하는 것(홍정선, 행정법원론(상), 691)은 옳지 않다.
199) 가령 자연환경보호를 위한 오물투기방지를 위한 지도, 물가상승의 억제를 위한 행정지도.
200) 가령 합리화업종의 지정(공업발전법 § 5), 기업간 계열화촉진 지도(중소기업의사업영역보호및기업간협력증진에관한법률 § 12), 특정상품 수출업자·수출량의 지정, 노사간의 쟁의지도.

아닐까?

2.3.2. 행정상 즉시강제

위법한 즉시강제에 대하여 행정소송을 제기하여 그 취소를 구할 수 있는지에 관하여 즉시강제가 사실행위라는 점을 근거로 이를 부인하는 입장도 없지 않으며 특히 취소소송에 있어 취소의 대상은 법적 행위라고 하거나 취소소송은 기존의 법적 효과를 소멸시키는 것을 목적으로 하는 것이므로 권력적 사실행위가 취소되는 경우에도 사실행위 자체가 취소되는 것은 아니라고 보는 견해가 주장되고 있다.201) 이에 반하여 권력적 사실행위의 취소는 단순한 위법선언뿐만 아니라 권력적 사실행위에 결부된 법적 효과인 수인의무의 해제로서 의미를 갖는다고 보는 입장이 유력하게 제기되고 있다.202) 권력적 사실행위에 대한 권익구제방법에 관한 한, 양설은 나름대로 일리를 지니고 있다. 취소소송의 형성소송으로서의 본질이나 국민의 권익구제제도로서 행정소송의 확충 및 활용의 필요성 문제를 감안할 때 전자의 견해에도 일리가 있으나, 즉시강제는 일반적으로 단순사실행위가 아니라 권력적 사실행위의 성질을 띠므로 이미 앞에서 내린 결론에 따라 그 처분성을 인정할 수 있고 따라서 이에 대한 소송형식도 당사자소송이 아니라 취소소송이라고 해야 할 것이다. 즉시강제를 수인하명과 그 집행행위가 결합된 합성행위로 보는 입장에서는 권력적 사실행위에서 수인하명 부분만이 취소될 수 있을 뿐이라고 하지만, 이미 살펴 본 바와 같이 행정소송법 해석상 권력적 사실행위의 처분성이 인정된다면, 독일의 경우라면 몰라도, 그와 같은 이론구성이 필요할지는 의문이다. 독일에서 성립된 이른바 합성행위설은 무엇보다도 과거 행정소송의 허용성($\substack{\text{Zulässigkeit des}\\ \text{Verwaltungsrechtswegs}}$)이 실체적 행정행위개념에 의존했던 상황에서 즉시강제($\substack{\text{sofortiger}\\ \text{Vollzug}}$)에 행정행위의 계기를 결합시킴으로써 이를 행정소송의 대상으로 삼으려는 취지에서 비롯된 것이므로,203) 즉시강제를 처분에 해당하는 것으로 보는 것이 훨씬 명쾌한 해결책이라고 할 수 있다.

　　독일의 경우 우리의 즉시강제에 해당하는 '직접시행'($\substack{\text{unmittelbare}\\ \text{Ausführung}}$)은 집행되어야 할 행정행위, 강제수단의 계고 및 결정과 강제수단의 실행이 합체된 것으로서 그 자체 하나의 행정행위에 해당한다고 보는 견해(합성행위설)가 오늘날까지도 일부 주장되고 있는 것은 사실이다. 이와같이 직접시행에 관념적으로 명령 또는 금지의 행정행위의 존재를 의제하는 입장에 대해서는 직접시행의 상대방이 아직 알려지지 않은 경우에는 '상대방 없는 행정행위'($\substack{\text{adressatloser}\\ \text{Verwaltungsakt}}$)라는 개념을 인정할 수밖에 없는데 이는 행정행위의 효력이 상대방에 대한 통지를 요건으로 하여 발생하게 되어 있는 것($\substack{\text{§ 43 I}\\ \text{VwVfG}}$)과 상충된다는 점에서 비판되고 있다. 그리하여

---

201) 이러한 입장에서는 「사실행위의 취소」보다는 행정상의 일반이행소송의 인정을 전제로 한 「사실행위의 중지 또는 제거청구」가 더 올바른 문제해결임을 인식할 필요가 있다고 한다(홍정선, 행정법원론(상), 277).

202) 김동희, 행정법 I, 645.

203) Maurer, aaO., § 20 Rn.26, S.454f.

과거 행정행위의 존재를 의제함으로써 재판적 통제를 달성하려던 취지가 오늘날 근거를 상실한(gegen-standslos) 이상, 직접시행을 솔직히 사실행위로 보아 이에 대해 일반이행소송(그로 인해 발생한 결과의 원상회복을 구하는)이나 확인소송을 제기할 수 있다고 보는 것이 올바른 해결책이지 이를 하나의 행정행위로 귀착된다고 하는 것은 법이론상 문제가 있다고 지적되고 있다.204)

즉시강제는, 강제수용 등과 같이 비교적 장기간에 걸쳐 계속성을 지니는 경우를 제외하고는, 행위의 신속한 종료를 특징으로 하는 것이어서 행정심판법 제9조 제1항 단서 및 행정소송법 제12조 단서에 의한 경우를 제외하고는 권리보호의 이익을 상실해 버리는 경우가 많다. 이 경우에는 손해배상 또는 결과제거·원상회복을 구하는 길밖에 없을 것이고 반면 즉시강제와 손해의 발생 사이에 인과관계를 인정하기 곤란한 경우도 적지 않을 것이다.

이와 관련하여 「행정상 즉시강제 또는 행정대집행과 같은 사실행위는 그 실행이 완료된 이후에 있어서는 그 행위의 위법을 이유로 하는 손해배상 또는 원상회복의 청구를 하는 것은 몰라도 그 사실행위의 취소를 구하는 것은 권리보호의 이익이 없다」는 판례205)가 있다.

2.4. 사실행위에 대한 당사자소송

2.4.1. 소송형태

일반적으로 당사자소송은 주로 이행소송이나 확인소송 또는 이들의 병합소송의 형태를 띠게 된다. 다만 앞에서 본 바와 같이 권력적 사실행위의 처분성이 인정되는 이상, 사실행위에 대한 당사자소송은 (권력적 사실행위를 포함한 의미에서의) 처분등을 원인으로 하는 법률관계나 비권력적 사실행위에 관한 공법상 법률관계에 관하여 일정한 급부 또는 행위를 구하는 이행소송, 법률관계의 확인을 구하는 확인소송의 형태로 구체화되게 될 것이다. 다만 가령 행정지도와 같은 사실행위는 그 취소를 구할 여지가 없고, 또 선박사고원인의 발표 등과 같은 행위의 취소를 구한다고 해도 그것은 발표내용의 철회나 변경을 구하는 이행청구의 의미를 띠게 될 뿐이다. 사실행위에 대한 당사자소송이 확인소송의 형태를 띨 경우, 확인의 대상으로 된, 사실행위로 인한 법률관계가 공법상의 법률관계에 해당하는지 여부와 확인의 이익의 유무가 관건이 된다. 반면 사실행위에 대한 당사자소송이 이행소송의 형태를 띠는 경우에는 금전의 지급이라든지 제해시설의 설치와 같은 비권력적 사실행위, 공법상 결과제거청구권의 내용으로서 원상회복 등이 당사자소송을 통하여 추구될 수 있을 것이나, 이 경우에도 그러한 비권력적 사실행위를 요구할 수 있는 청구권이 존재하는지 여부가 결정적인 문제가 된

---

204) Maurer, aaO.
205) 대법원 1965.5.31. 선고 65누25 판결.

다. 가령 행정지도와 같은 비권력적 사실행위 자체를 구하는 이행소송은 그 법적 효과의 결여, 비권력성으로 인해 그 청구의 기초($^{\text{Anspruchs-}}_{\text{grundlage}}$)가 결여되는 경우도 적지 않을 것이다.

2.4.2. 당사자소송의 내용

사실행위에 대한 당사자소송의 현상형태를 내용적으로 예상해 보면 일반적으로 종래 무명항고소송으로 검토되었던 예방적 소송의 경우를 비롯하여 행정지도를 다투는 경우, 금전 내지 행정서비스의 급부를 구하는 경우, 정보공개청구소송, 공부상의 등재, 등재사항변경·삭제 등을 구하는 소송, 공공기관에 의한 명예·신용의 훼손의 회복을 구하는 경우, 공공사업의 중지를 구하는 경우, 공공기관의 실력행사를 다투는 경우, 계획의 수립·시행을 다투는 경우, 처분이외의 행정상 의무이행을 법원의 재판을 통하여 확보하고자 하는 경우 등을 들수 있을 것이다.

2.4.3. 공법상 결과제거청구권의 문제

사실행위에 대한 당사자소송의 발현형태로서 특히 주목할 것은 공법상 결과제거청구권($^{\text{Folgenbeseiti-}}_{\text{gungsanspruch}}$)에 기하여 당사자소송을 제기하는 경우이다.206) 즉 행정청의 위법한 처분이나 사실행위로 인해 발생한 위법상태로 권리를 침해당한 개인이 행정청에 대하여 그 위법상태를 제거하여 원상회복시켜 달라고 요구할 수 있는 결과제거청구권을 행사하는 경우이다. 공법상 결과제거청구권의 법리에 의하면, 가령 경찰이 위법하게 압수해 간 물건을 돌려받을 수 있는 소유자의 반환청구권이나 행정청이 비행기·선박사고원인을 조사, 발표하면서 관계인에 대한 명예나 신용을 훼손한 경우 그 철회나 수정을 요구할 수 있는 피해자의 권리가 성립한다. 결과제거청구권을 공법상 권리로 인정하는 다수설에 따르면 행정소송법 제3조 제2호에 따라 그 소송상 행사는 당사자소송에 의해야 한다.207) 그러나 행정소송법 제10조의 '당해 처분 등과 관련되는 손해배상·부당이득반환·원상회복 등 청구소송'을 행정소송과 병합할 수 있다는 규정을 들어 손해배상청구와 같이 실체법적 근거 하에 민사소송절차에 의하여 이를 행사할 수 있으며, 다만 결과제거청구의 원인이 된 일정한 행정처분이 당연무효가 아닌 때에는 먼저 그 처분등의 취소를 구해야 하므로 취소소송에 병합할 수 있다는 견해가 있다.208)

2.4.4. 부작위청구소송의 경우

부작위청구소송 또는 부작위소송, 금지소송이란 처분이나 그 밖의 행위를 하지 말 것을

---

206) 공법상 결과제거청구권에 관하여는 홍준형, 공법상 결과제거청구권의 법리, 아주사회과학논총 제6호, 1993, 1-26을 참조.
207) 김도창, 일반행정법론(상), 649; 김남진, 행정법 I, 644; 석종현, 일반행정법(상), 706.
208) 이상규, 신행정법론(상), 562.

요구하는 행정소송을 말하는데 여기서는 사실행위의 부작위, 중지 또는 예방적 부작위를 구하는 소송이 문제된다. 이것은 소극적 형태의 이행소송이라 할 수 있는데 이에 대해 대법원은 이행소송불허론의 연장선상에서 부작위청구소송이 허용되지 않음을 분명히 한 바 있다.209) 부작위청구소송은 특히 예방적 부작위소송으로서 가령 환경에 악영향을 줄 우려가 있는 공사나 개발행위 등을 사전에 방지하기 위하여 또는 급박한 법익침해를 가져올 사실행위의 금지를 구하기 위하여 실제적인 유용성을 지닌 현대적 소송유형이라 할 수 있다. 이러한 소송유형은 이행소송의 형태를 띤 당사자소송으로 제기될 수 있다. 부작위청구소송의 문제는 행정소송법 제4조를 예시규정으로 보아 무명행정소송의 일종으로 인정하는 것이 바람직하지만, 특히 현행법상 부작위위법확인소송에 상응하여 부작위의무확인소송(예방적 확인소송)이 당사자소송의 형태로 인정될 여지도 있다. 다만 이 경우 그 허용요건을 어떻게 한정할 것인지가 문제될 것이다.210)

3. 여 론

사실행위에 관해서는 아직 이론적으로 충분히 해명되지 않은 부분이 남아 있다. 사실행위의 개별구체적 행위유형에 대한 법적 평가나 법적 규율, 권리구제방법, 당사자소송의 구체적인 현상형태나 소송법적 규율 등 현저한 이론적 불확실성이 이들 문제 주위를 감돌고 있다. 이것은 우리나라 행정법학이 아직도 많은 발전의 수요를 안고 있다는 사실의 일단을 보여주는 예이다. 오늘날 행정의 실제에서 법적 행위 못지않게 사실행위가 수행하는 역할의 중요성이 날로 증대되고 있는 점을 감안할 때 이들 문제에 대한 해석론적·입법론적 접근, 그리고 이를 튼튼한 현실의 토대 위에 올려놓을 법사실적 연구가 시급하다고 본다. 끝으로 부언해 두어야 할 것은 취소소송에 있어 처분성이 부정되면 곧바로 소송을 각하시키는 태도를 보여왔던 이제까지 판례의 태도는 국민의 권리보호기회를 충실히 보장해 주어야 한다는 관점에서 반성되어야 한다는 점이다. 처분이나 권력적 또는 비권력적 사실행위로 피해를 입은 당사자로서는 취소소송을 제기할지 당사자소송을 제기할지 양자택일 상황에서, 소송과정에서 법원의 충분한 석명을 통해 소송종류 선택의 잘못이 시정되기 어렵다면, 불안으로부터 자유로울 수 없다.

---

209) "신축건물의 준공처분을 하여서는 아니 된다는 내용의 부작위를 구하는 원고의 예비적 청구는 행정소송에서 허용되지 아니하는 것이므로 부적법하다"(대법원 1987.3.24. 선고 86누1182 판결).

210) 이에 관하여는 가령 김남진, 행정법 I, 742 참조.

제 2 항 행정지도

I. 행정지도의 의의

1. 개   념

행정지도란 일반적으로 「행정기관이 일정한 행정목적의 달성을 위하여 상대방의 임의적 협력을 기대하여 행하는 비권력적 사실행위」라고 정의되는 행정작용의 형식이다. 원래 「행정지도」란 실정법상의 용어가 아니라 행정실무상 지도, 권고, 요망, 권장, 장려, 조언 등으로 표현되는 행정작용의 범주였다. 그러나 1996년 제정된 행정절차법은 행정지도의 개념을 "행정기관이 그 소관사무의 범위 안에서 일정한 행정목적을 실현하기 위하여 특정인에게 일정한 행위를 하거나 하지 아니하도록 지도·권고·조언 등을 하는 행정작용"을 말한다고 실정화하고 있다($_{iii}^{§\,2}$). 이에 따르면 행정지도는 ① 행정기관이 그 소관사무의 범위 안에서, ② 일정한 행정목적 실현을 위하여, ③ 특정인에게 일정한 행위를 하거나 하지 아니하도록 지도·권고·조언 등을 하는 행정작용이라는 세 가지 개념요소로 파악된다. 이 중 ③의 요소는 비권력적 사실행위를 가리키는 것이고, ①은 행정지도의 권한상 한계를 밝힌 것이며, ②는 행정지도의 목적을 한정한 것이므로, 강학상 행정지도 개념과 대체로 일치하는 개념이다.

> 행정지도는 중앙정부와 지방자치단체를 막론하고 빈번히 활용되는 수단이다. 특히 지방자치단체는 행정지도의 기준으로 요강, 지침 등을 제정하고 이에 따라 건축행위, 택지개발, 백화점진출 등이 초래하는 지역적 혼란과 분쟁을 조정하기 위하여 조직적으로 행정지도를 전개하고 있다고 한다. 그리하여 「지침행정」, 행정지도에 의한 행정이 전국 각지의 지방자치단체에 의하여 선호되는 가장 강력하고 실효성 있는 행정수단의 하나로 등장하고 있음이 지적되고 있다.211)

행정지도는 상대방의 임의적 협력을 기대하여 행하는 비권력적 사실행위라는 점에서, 물론 법적 근거에 의하여 행해지는 경우도 있으나, 별도의 실정법적 근거 없이도 행해질 수 있다고 보는 것이 일반적이다. 그러나 비권력적인 것이라 하지만, 행정지도는 사실상 상대방에게 거역하기 곤란한 심각한 영향력을 갖는 경우가 많다. 가령 정부가 권장하는 종자를 심으면 금융지원이나 우선수매 등과 같은 인센티브를 준다고 할 때, 이 「권장사항」에 따르지 않는 것은 그 같은 혜택으로부터 배제되는 결과를 가져오는 것이므로 적극적 불이익처분 못지않은 제재적 효과를 지닌다. 또한 일정한 행정지도사항에 따르지 않을 경우 직접적·법적

---

211) 천병태, 행정지도, 고시연구 1992/7, 93.

제재는 아닐지라도 세무조사와 같은 간접적 제재를 받게 되기 때문에 그 상대방의 입장에서 볼 때 행정지도는 권력적 행정작용 못지않은 사실상의 구속력을 발휘하는 경우가 비일비재하다. 그리하여 행정지도는 법령상 근거가 없거나 이를 행할 구체적인 기준이 정해져 있지 않은 경우에도 사용될 수 있다는 점에서 행정기관에 의하여 선호되는 행정수단이 되고 있으며, 나아가 지침이란 형식을 띤 행정지도가 범용됨에 따라 법에 의한 행정이 아니라 「지침에 의한 행정」 또는 「행정지도에 의한 행정」이 될 우려가 생긴다. 행정지도의 사실상 구속력을 고려할 때 행정지도의 법적 통제를 통하여 법치국가원칙이 형식화·공동화되는 것을 방지하는 것이 관건으로 등장하게 된다.

2. 다른 행정작용형식과의 구별

2.1. 행정행위와의 구별

법적 행위가 아니라 사실행위라는 점에서 직접 법적 효과의 발생을 목적으로 하는 행정행위와 구별된다.

2.2. 권력적 행위와의 구별

비권력적 행위라는 점에서 법적 구속력을 가진 행정행위, 행정강제 등과 구별된다.

2.3. 단순사실행위와의 구별

행정지도는 상대방의 임의적 협력을 요청하는 행위라는 점에서 같은 비강제적 사실행위라도 상대방의 협력을 필요로 하지 않고 행정기관 스스로의 활동에 의해 완성되는 도로공사의 실행, 통계작성 등과 같은 단순사실행위와도 구별된다.

Ⅱ. 행정지도의 존재이유 및 문제점

1. 행정지도의 존재이유

1.1. 행정기능의 확대에 따른 법령의 보완

행정지도는 무엇보다도 행정기능의 확대와 이에 따른 행정책임의 증대에 그 존재이유를 두고 생성·전개된 행위형식이다. 급부행정의 대두는 이로 인한 행정기능의 확대를 단적으로 보여주는 예라 할 수 있다. 행정의 대상이나 수요가 계속적으로 확대·다양화하고 변화됨에 따라 모든 행정분야에 걸쳐 필요한 법령을 완비하는 것은 입법기술상 현실적으로 불가능하며, 설령 이를 완비하였다 하더라도 나중에 가서 결국 기존법령의 적용이 부적당한 경우가 생기기 마련이다. 입법이 불비되었거나 행정환경이 변화된 경우 행정기관은 그때그때 공익상 필요한 조치를 취해야 하는데 행정지도는 이를 위하여 매우 유용한 행위형식이 된다.

1.2. 규제의 효율성 · 편의성

법령이 공권력의 발동을 허용하고 있는 경우에도 그 절차가 까다롭다는 점 또는 상대방의 저항을 받을 가능성이나 필요이상으로 상대방의 명예나 신용을 해할 우려가 있다는 점을 고려하여, 상대방의 협력을 바탕으로 한 비권력적 · 임의적 수단에 의하는 것이 오히려 불필요한 마찰이나 저항을 회피하고 소기의 행정목적을 효율적으로 달성하는 방법이 될 수 있다. 또한 현대행정의 수요 중에는 획일적인 법적 규제에 적합하지 않은 것이 적지 않다. 그 경우 임기응변적이고 신축적인 행정의 대응을 가능케 하는 수단으로 행정지도가 활용될 수 있다.

1.3. 산업 · 기술 · 정보 등의 제공

행정지도는 특히 경제분야에 있어 최신의 과학 · 기술 · 정보를 제공해 주는 수단이 된다. 최근 눈부신 과학기술의 발전에 따른 정보사회의 도래, 급변하는 경제정세에 적절히 대처하기 위하여는 그 책임을 국민 개개인에게 맡기기보다는 행정주체가 필요한 지식, 신기술 및 정보를 국민에게 제공하고 일정한 방향으로 국민을 유도하기 위한 방법으로서 행정지도가 필요하다.

1.4. 행정의 권력성완화와 동의의 도출

행정지도는 법치국가원칙의 틀 안에서 잘만 활용된다면 권력성을 완화함으로써 상대방의 납득과 합의 아래 원활한 행정목적의 달성을 가능케 한다. 즉 행정지도는 권력행정에 대한 국민의 저항을 비권력행정을 통한 국민의 협조로 대체할 수 있다는 장점을 지닌다.

2. 행정지도의 문제점

앞서 살펴본 존재이유나 활용가치는 어디까지나 행정지도 본연의 취지가 십분 발휘될 경우에만 기대될 수 있다. 오히려 행정지도의 실태를 보면 적지 않은 문제점들이 드러나고 있다.

2.1. 사실상의 강제성

행정지도는 본래 상대방의 임의적 협력 또는 동의를 바탕으로 행해지는 것인데, 실제로는 행정주체가 우월적 지위에서 행정지도를 하면서 그 실효를 기하기 위하여 사실상 구속력을

갖는 조치를 취함으로써 사실상 강제가 되기 쉽고 따라서 법치주의를 공동화시킬 우려가 있다.[212]

2.2. 한계의 불명확

행정지도는 반드시 법령의 근거에 의하여 이루어지는 것이 아니기 때문에 그 기준이 명확하지 않고 책임소재도 불명확한 경우가 많다. 그리하여 행정지도가 필요한 한계를 넘어 행해질 우려가 있다.

2.3. 행정구제수단의 불완전

행정지도는 상대방의 동의 또는 임의적 협력을 전제로 하는 비권력적 사실행위이기 때문에 행정쟁송사항에서 제외되고 있을 뿐만 아니라, 행정상 손해배상과 관련해서도 그 직무집행으로서의 성질이 인정된다 하여도, 위법성이나 인과관계 인정에 어려움이 따르게 된다. 그런 까닭에 행정지도로 현실적인 권익침해를 받더라도 만족할 만한 행정구제를 기대하기 어렵다.

2.4. 행정지도의 실태

행정지도의 실태를 보면, 긍정적인 측면보다는 부정적인 측면이 훨씬 많이 나타나고 있음을 알 수 있다. 행정지도라는 미명 아래 법이 무시되거나 법령의 규정을 위반하는 행정지도가 행해지는 경우가 적지 않다. 행정지도라는 이름으로 적법한 신청을 거부하거나 유보시키는 경우, 등록제가 행정지도에 의하여 사실상 허가제처럼 운영된다든지 하는 경우가 그것이다.

실제로 이러한 현상은 건축법의 허가조건을 충족한 오피스텔건축허가신청을 정부의 오피스텔 신축억제정책에 위배된다는 등의 이유로 반려한 사례,[213] 인근주민의 집단민원을 이유로 자동차정비업허가신청을 반려한 사례,[214] 기존에 유사한 단체가 있음을 이유로 사회단체등록을 거부한 사례[215] 등을 통해 드러나고 있다.

행정지도가 수행하는 역할과 기능의 중대성에 비추어 행정절차법, 행정소송법의 개정 등을 통하여 법적 규율을 강화함으로써 단점을 최소화할 수 있는 입법적 개선이 필요하다.

---

212) 서원우, 행정지도의 공과와 평가(상), (하), 고시연구 1983/6-7.
213) 서울고법 1990.10.18. 선고 90구4794 판결.
214) 서울고법 1989.9.3. 선고 89구14627 판결.
215) 대법원 1989.12.26. 선고 87누308 판결.

제 1 편 제 2 편 제 3 편 제 4 편 제 5 편 행정작용법

Ⅲ. 행정지도의 종류

1. 법령의 근거에 따른 분류

1.1. 법령의 직접적 근거에 의한 행정지도

행정지도는 반드시 법령의 근거를 필요로 하는 것은 아니지만, 법령이 직접 이에 대한 규정을 두고 있는 경우도 적지 않다. 이 중 대종을 이루는 것이 바로 경제관계법령이다.

예컨대 농림수산식품부장관의 기르는어업과 관련된 기술의 개발·보급($\frac{수산업법}{§ 54}$), 농림수산식품부장관의 우수실용기술의 발굴·보급($\frac{농림수산식품과학}{기술 육성법 § 13}$), 기술·경영지도($\frac{국민기초생활}{보장법 § 15}$), 중소기업의 계열화촉진지도($\frac{중소기업기본}{법 § 10}$), 농어촌관광휴양지사업자나 농어촌민박사업자의 지도($\frac{농어촌정비}{법 § 88}$) 등이 그 예라 할 수 있다.

1.2. 법령의 간접적 근거에 의한 행정지도

법령이 행정지도에 관하여 직접 규정을 두지는 않았으나, 행정행위를 발할 수 있는 권한, 즉 처분권을 배경으로 일차적으로 행정지도가 행해지는 경우도 적지 않다.

::: **사립학교법에 따른 관할청의 학교법인에 대한 시정요구 변경통보의 법적 성질**

"관할청이 학교법인에 대하여 부동산 매각과 관련된 당초의 시정요구사항을 이행하지 아니할 경우 사립학교법 제20조의2의 규정에 따라 임원취임승인을 취소하겠다고 계고한 바에 따라서 임원취임승인을 취소함과 동시에 임시이사를 선임하고 당초의 시정요구사항을 변경하는 통보를 한 경우, 관할청이 한 당초의 사립학교법상의 시정요구는 임원취임승인취소처분이 행하여짐으로써 같은 법 제20조의2 제2항 소정의 목적을 달성하여 실효되었다고 할 것이고, 한편 그 상태에서 발하여진 **관할청의 시정요구 변경통보는 관할청이 가지는 같은 법 제4조 소정의 일반적인 지도·감독권에 기한 것으로서 임시이사들로 임원진이 개편된 학교법인에 대한 행정지도의 성격을 지니는 새로운 조치**라고 할 것인바, 그렇다면 당초의 시정요구는 관할청의 시정요구 변경통보에 의하여 소급하여 취소되었다고 볼 수 없으므로 위 임원취임승인취소처분에 같은 법 제20조의2 제2항 소정의 시정요구를 결여한 하자가 있다고 할 수 없고, 또한 위 시정요구 변경통보를 같은 법 제20조의2 제2항에 근거를 둔 시정요구로 볼 수 없으므로 시정요구 변경통보에 시정기간을 두지 아니하였다고 하여 임원취임승인취소처분에 시정기간을 두지 아니한 하자가 있다고 할 수도 없다."[216)]

1.3. 전혀 법령에 근거 없는 행정지도

법령에 직접 또는 간접의 근거 없이 행정주체가 그 소관사무에 관하여 일반적 권한에 의

---

216) 대법원 2002.2.5. 선고 2001두7138 판결.

거하여 행정지도를 하는 경우가 이에 해당된다.

2. 기능에 의한 분류

2.1. 규제적 행정지도

규제적 행정지도는 행정목적 달성이나 공익에 장애가 될 행위를 예방, 억제하기 위한 지도이다. 자연환경보호를 위한 오물투기방지 지도, 물가상승 억제를 위한 행정지도 등이 그 예이다.

2.2. 조정적 행정지도

조정적 행정지도는 이해대립이나 과당경쟁을 조정하기 위한 행정지도로서, 중소기업계열화의 촉진($_{법 § 10}^{중소기업기본}$), 중소기업청장의 사업조정에 관한 권고($_{촉진에 관한 법률 § 33}^{대·중소기업 상생협력}$), 노사간 쟁의지도 등이 그 예이다.

2.3. 조성적 행정지도

조성적 행정지도란 생활지도, 장학지도, 직업지도 또는 기술지도 등과 같이 일정한 질서의 형성을 촉진하기 위하여 관계자에게 기술, 지식을 제공하거나 조언을 하는 행정지도를 말한다.

Ⅳ. 행정지도의 절차

행정절차법은 행정지도의 방식, 의견제출, 다수인을 대상으로 하는 행정지도에 관한 규정을 두고 있다. 이에 따르면 행정지도를 행하는 자는 그 상대방에게 당해 행정지도의 취지·내용 및 신분을 밝혀야 하며($_{①}^{§ 49}$), 행정지도가 구술로 이루어지는 경우 상대방이 그러한 사항을 기재한 서면의 교부를 요구하는 때에는 직무수행에 특별한 지장이 없는 한 이를 교부하여야 한다($_{②}^{§ 49}$). 법은 그 밖에도 행정지도의 상대방에게 당해 행정지도의 방식·내용 등에 관하여 행정기관에 의견제출을 할 수 있는 권리를 부여하고 있다($^{§ 50}$). 또한 다수인을 대상으로 하는 행정지도의 절차에 관하여 법은 행정기관이 같은 행정목적을 실현하기 위하여 많은 상대방에게 행정지도를 하고자 하는 때에는 특별한 사정이 없는 한 행정지도에 공통적인 내용이 되는 사항을 공표하도록 의무화하고 있다($^{§ 51}$).

V. 행정지도의 실효성 확보

행정지도는 상대방의 임의적 협력을 기대하여 행하는 비권력적 사실행위이므로 원칙적으로 직접 법적 구속력을 발생하지 않는다. 다만 행정지도가 비권력적인 것이라 하여 전혀 사실상의 구속력을 결여하는 것은 아니며, 행정지도는 사실상 상대방에게 거역하기 곤란한 심각한 영향력을 갖는 경우가 많다는 점은 이미 본 바와 같다. 반면 행정지도 역시 행정목적의 달성을 위한 수단이므로 어떻게 그 실효성을 확보할 것인가 하는 문제를 안고 있다. 일반적으로 행정지도의 실효성은 행정기관의 정책결정이나 의지를 존중하는 경제계나 국민의 의식, 홍보(행정광보), 언론의 태도, 여론 등과 같은 사실적 요인에 의해서도 확보될 수 있으나 행정법적 관점에서는 크게 다음과 같은 억제적 조치와 장려적 조치들이 관심의 대상이 된다.

1. 억제적 조치

일정한 행정지도에 따르지 않을 경우 직접적·법적 제재는 아닐지라도 경고나 공표 등과 같은 간접적 제재를 가함으로써 그 실효성을 확보하는 방법이 빈번히 사용되고 있다. 예를 들면 연말연시 체불임금을 해소하기 위한 행정지도라든지 부동산투기억제를 위한 행정지도를 하고 이에 따르지 않으면 체불임금업체나 부동산투기자의 명단을 공표한다든지, 세무조사를 실시하는 등 상대방에게 사실상 불이익을 주는 경우가 그 예이다. 이러한 방법이 실제상 정식의 법적 규제보다 오히려 더 효과적일 수 있다는 점은 물론이다. 그러나 상대방에 대하여 세무사찰 등 행정지도와 직접 관련이 없는 법적 규제를 강화하는 방법을 사용하는 것은 특별한 법령의 근거가 없는 한, 법치행정의 원리, 비례의 원칙에 비추어 허용되지 않는다고 하여야 할 것이다.

2. 장려적 조치

가령 정부가 권장하는 종자를 심으면 금융지원이나 우선수매 등과 같은 인센티브를 준다든지, 중소기업계열화촉진을 위한 지도를 하고 그에 따르는 모범업체를 시범기업체로 선정하여 필요한 지원을 하는 등 행정지도에 순응하는 상대방에게 일정한 이익이나 혜택을 제공하는 방법이다. 그 밖에도 행정지도에 따르는 자에게 보조금, 저리융자, 원자재구입의 알선, 기술지도, 관급공사나 구매에 있어 우선발주 등 각종 편의를 제공하는 경우를 상정해 볼 수 있다. 이러한 방법은 주로 조성적 행정지도와 결부되는 것이 보통이다. 그러나 이 같은 장려적 조치는 그 「권장사항」에 불응하면 그 같은 혜택으로부터 배제되는 결과가 되므로 적극적 불이익처분 못지않은 제재적 효과를 지니는 것이라고 할 수 있으며, 또 경우에 따라서는 그러한 수익을 받지 못한 경쟁자(경업자)와의 관계에서 경쟁의 자유를 침해하는 결과를 초래할 수 있다.

Ⅵ. 행정지도의 법적 근거와 한계

1. 행정지도의 법적 근거

행정지도에도 법률의 유보가 적용되는지 문제된다. 일반적으로 행정지도는 비권력적 사실행위의 성질을 지니므로, 전부유보설의 입장에 서지 않는 한, 특별한 법률의 근거 없이도 일반적 조직법상 권한에 의하여 행해질 수 있다고 한다. 행정지도는 상대방의 임의적 협력을 전제로 하는 것으로서 그 자체로는 아무런 법적 효과도 발생하지 않는 사실행위이며 따라서 법률의 유보에 관한 어느 학설을 따르든 간에 행정지도를 위하여 법령상 일반적 권한 외에 개별·구체적인 법률의 근거까지 요구된다고 하지 않는 것이 일반적이며 또 타당하다.[217] 다만 행정지도 중에서도 억제적 조치가 결부된 경우 법률의 근거를 요한다고 보아야 한다.[218]

한편 조성적 행정지도에는 법률의 근거가 불필요하지만 규제적 행정지도는 법률의 근거를 요한다는 견해[219]가 있는 반면, 이에 대해 법적 규율의 실질적 의의가 별로 없다는 반론[220]도 있다.

2. 행정지도의 법적 한계

행정지도는 구체적인 작용법적 근거 없이 조직법상 근거에 의하여 허용된다고 하더라도 공행정 일반에 인정되는 법규·조리상 한계가 존재한다. 행정지도는 ① 법규에 위반할 수 없고, ② 특히 조직법상 목적·임무·소관사무·권한의 범위를 넘을 수 없다는 제한을 받으며, ③ 그 밖에 비례원칙·평등의 원칙·신뢰보호의 원칙 등 행정법의 일반원칙에 구속을 받는다.

1996년 제정된 행정절차법은 행정지도절차에 대한 4개 조항을 두면서 제48조에서 행정지도의 원칙을 명시하고 있다. 이에 따르면 행정지도는 그 목적달성에 필요한 최소한도에 그쳐야 하며, 지도받는 자의 의사에 반하여 부당하게 강요하여서는 아니 되며($^{§48}_①$) 상대방이 행정

217) 물론 행정지도에 대하여 법률이 직접 근거규정을 두는 경우가 증가하고 있으나, 이는 법적 권위의 부여 또는 행정청의 책임 등을 분명히 하려는 입법정책적 고려에 따른 것인 데 불과하다.
218) 행정지도의 법적 규제의 필요성에 관하여는 박윤흔, 행정법강의(상), 559-560을 참조.
219) 김원주, 고시연구 1977/10, 47; 변재옥, 행정법강의 I, 422.
220) 김동희, 행정법 I, 190-191.

지도에 따르지 않는다는 이유로 불이익한 취급을 할 수 없다($_{②}^{§ 48}$). 따라서 이러한 원칙 역시 행정지도의 일반법적 한계를 구성한다.

VII. 행정지도와 행정구제

1. 행정쟁송에 의한 구제

행정지도는 자체로는 아무런 법적 효과를 발생하지 않는 비권력적 사실행위이기 때문에 원칙적으로 행정쟁송의 대상이 되지 않는다. 다만, 행정지도 불응을 이유로 일정한 불이익처분(침익적 행정행위)을 한 경우나 경고 등 행정지도를 전제로 후속처분이 행하여진 경우에는 행정지도의 흠을 이유로 후속처분의 효력을 다툴 수 있다. 특히 규제적 행정지도나 조정적 행정지도는 강제성과 계속성을 띠고 있어 처분성을 인정하는 견해가 있음은 앞서 지적한 바 있다.

"항고소송의 대상이 되는 행정처분은 행정청의 공법상의 행위로서 상대방 또는 기타 관계자들의 법률상 지위에 직접적인 법률적 변동을 일으키는 행위를 말하는 것이므로 **세무당국이 소외회사에 대하여 특정인과 주류거래를 일정한 기간 중지해 줄 것을 요청한 행위는 권고 내지 협조를 요청하는 권고적 성격의 행위**로서 소외회사나 특정인의 법률상의 지위에 법률상의 변동을 가져오는 행정처분이라고 볼 수 없는 것이므로 항고소송의 대상이 될 수 없다."[221]

"**교육인적자원부장관의 대학총장들에 대한 이 사건 학칙시정요구**는 고등교육법 제6조 제2항, 동법시행령 제4조 제3항에 따른 것으로서 그 법적 성격은 대학총장의 임의적인 협력을 통하여 사실상의 효과를 발생시키는 **행정지도의 일종이지만, 그에 따르지 않을 경우 일정한 불이익조치를 예정하고 있어 사실상 상대방에게 그에 따를 의무를 부과하는 것과 다를 바 없으므로 단순한 행정지도로서의 한계를 넘어 규제적·구속적 성격을 상당히 강하게 갖는 것으로서 헌법소원의 대상이 되는 공권력의 행사라고 볼 수 있다.**"[222]

2. 행정상 손해전보에 의한 구제

'공무원의 직무집행'에 행정지도도 포함된다고 할 수 있으므로 그 한도 내에서는 국가배상의 성립을 부정할 수 없다($_{판례}^{통설 \cdot}$).[223] 그러나 행정지도는 상대방의 임의적 동의 내지 협력을 전제로 하여 행해지는 것이므로 '동의는 불법행위의 성립을 조각한다'는 법언에 따라 손해배상청구권의 성립을 인정하기 곤란한 경우가 많을 것이다. 또한 행정지도와 손해의 발생 사이

---

221) 대법원 1980.10.27. 선고 80누395 판결.
222) 헌법재판소 2003.6.26. 선고 2002헌마337 결정.
223) 대법원 1969.4.22. 선고 68다2225 판결.

에 인과관계를 인정하기 곤란한 경우도 적지 않을 것이다.[224]

대법원은 강제성을 띠어 그 한계를 일탈한 행정지도는 위법한 행정지도에 해당하여 불법행위를 구성하며 따라서 행정지도를 한 지방자치단체는 그로 인한 손해배상책임을 지는 반면, 행정지도가 강제성을 띠지 않은 비권력적 작용으로서 행정지도의 한계를 일탈하지 아니하였다면, 그로 인하여 상대방에게 어떤 손해가 발생하였다 하더라도 지방자치단체는 그에 대한 손해배상책임이 없다고 한다. 즉, 대법원은 피고가 1995.1.3. 이전에 원고에 대하여 행한 행정지도는 원고의 임의적 협력을 얻어 행정목적을 달성하려고 하는 비권력적 작용으로서 강제성을 띤 것이 아니지만, **1995.1.3. 행한 행정지도는 그에 따를 의사가 없는 원고에게 이를 부당하게 강요하는 것으로서 행정지도의 한계를 일탈한 위법한 행정지도에 해당하여 불법행위를 구성하므로**, 피고는 1995.1.3.부터 원고가 피고로부터 "원고의 어업권은 유효하고 향후 어장시설공사를 재개할 수 있으나 어업권 및 시설에 대한 보상은 할 수 없다"는 취지의 통보를 받은 1998.4.30.까지 **원고가 실질적으로 어업권을 행사할 수 없게 됨에 따라 입은 손해를 배상할 책임이 있고**, 나아가 피고는 원고의 어업면허를 취소하거나 어업면허를 제한하는 등의 처분을 하지 아니한 채 원고에게 양식장시설공사를 중단하도록 하여 어업을 하지 못하도록 함으로써 실질적으로는 어업권이 정지된 것과 같은 결과를 초래하였으므로, 결국 어업권이 정지된 경우의 보상액 관련 규정을 유추 적용하여 손해배상액을 산정하여야 하며, 1995.1.3. 이전의 피고의 **행정지도가 강제성을 띠지 않은 비권력적 작용으로서 행정지도의 한계를 일탈하지 아니하였다면, 그로 인하여 상대방에게 어떤 손해가 발생하였다 하더라도 행정기관은 그에 대한 손해배상책임이 없다고** 판시하고 있다.[225]

한편 적법한 행정지도로 인하여 발생한 특별한 희생·손실에 대하여는 법령에 특별한 규정이 없는 한 손실보상청구권이 성립되지 않는다. 가령 조업단축권고에 의하여 예상수익을 상실한 업주나 농촌진흥청의 통일벼재배장려에 따랐다가 기후조건의 악화·병충해 등으로 인한 수확량감소로 손해를 입은 농민의 경우, 행정지도는 비권력작용이므로, '적법한 공권력행사로 인한 손실보상'은 인정하기 어렵다. 그러나 행정지도를 신뢰하였다가 불측의 손실을 입은 피해자에게 신뢰보호의 원칙에 따라 적정한 보상을 인정하지 않는다면 이는 법치국가의 요청에 부합하지 않는 결과가 될 것이다.[226] 물론 해결방안은 입법론적 차원에서 모색되어야 할 것이다.

---

224) 하급심판결 중에 "법령의 근거도 없이 '판매금지종용'을 하였다면 이는 불법행위를 구성할 뿐만 아니라 원고들이 위 책자들을 시판불능으로 입은 손해의 인과관계가 있다"고 판시한 것이 있다. 서울민사지법 1989.9.26. 선고 88가합4039 판결.
225) 대법원 2008.9.25. 선고 2006다18228 판결.
226) 서원우, 현대행정법론(상), 542.

제3항 비공식적 행정작용

I. 의 의

행정의 행위형식으로서 행정지도 외에도 행정목적을 달성하기 위하여 이른바 비정형적·비공식적 행정수단이 동원될 수 있다. 비공식적 행정작용(informales Verwaltungshandeln oder informelles Hoheitshandeln)이란 국민의 계몽·홍보, 상담 및 설득 등을 위하여 행해지는 비구속적, 단순고권적인 행정활동(nicht-imperatives, schlicht-hoheitliches Verwaltungs-handeln)을 말한다. 문자 그대로 비정형적인 행위형식이어서 그 구체적인 현상형태도 극히 다양하겠으나, 대체로 행정상 사실행위(Verwaltungs-Realakt)의 형식을 띤 각종행위 즉, 경고(Warnung)·권고(Empfehlung)·정보제공(Auskünfte)·상담(협의: Beratung)·협정(협상: Absprache)·조정(Ermittlung) 등과 같은 것들이 이에 해당한다.

> 오쎈뷜(Ossenbühl)에 따르면 비공식적 행정작용에 대한 개념적 윤곽이 아직은 분명히 드러나지 않고 있지만 넓게 보아 전통적으로 법에 의하여 공식화되어 온 행위형식에 속하지 않는 모든 행정작용이 이에 해당한다. 따라서 비단 협정과 이와 유사한 국가·국민간의 협동뿐만 아니라 일방적인 고권작용, 즉 행정상 경고, 권고, 정보제공 등은 물론이고, 심지어는 헌법상 규정된 입법절차 밖에서 행해지는 그러나 실제상 법률·법규명령 등 전통적인 법원에 못지 않는 중요성을 지닌 행정상 규칙제정 및 규범정립까지도 여기에 포함된다고 한다.227)

비공식적 행정행위의 법적 성질이나 요건, 효과에 관하여는 그것이 행정행위나 행정계약, 행정입법 등 이미 정형적 규율을 받고 있는 정식행정작용(formales Verwaltungshandeln)과는 달리 아직 충분히 구명되지 않은 상태에 머물러 있으므로 일률적으로 말할 수 없다.228) 그러나 이러한 행위형식들이 특히 행정의 특성상 행정의 능률과 탄력성을 제고할 수 있는 행정수단으로서 각광을 받고 있는 현실을 결코 부인할 수는 없다. 가령 유해식품제조·판매를 금지하기 위하여는 제조·판매한 자에 대하여 식품위생법상의 정식 행정처분(제재)을 발하는 것보다도 경고를 하고 그 명단을 언론에 공표하는 등의 방법이 훨씬 효과적임은 종종 경험하는 바이며, 그런 이유에서 비공식적 행정작용은 행정법학적 관심의 대상으로 떠오르고 있다.

> 독일의 경우 비공식행정은 결코 예외적 현상이 아니라 행정의 일상에 있어 정상적 현상(Normalität des Verwaltungsalltags)

---

227) Ossenbühl, F., Informelles Hoheitshandeln im Gesundheits- und Umweltschutz, Jahrbuch des Umwelt- und Technikrechts(UTR) 1987, S.29f.
228) Maurer, § 15 Rn.15, S.371.

이 되어가고 있다고 한다.[229] 한편 법률의 홍수$^{(Gesetzesflut)}$로 인하여 공식적인 행정의 법적 행위형식이 한계에 부딪쳐 실효성을 상실하고$^{(집행부진: \atop Vollzugsdefizit)}$, 사법심사의 확대로 인하여 권력분립의 원칙이 위협받고 있는 현실하에서 대두되어 온 규제완화$^{(Deregulierung)}$의 견지에서 경제과정을 조향해 나가기 위하여 비공식적 행정형식이 보다 절실히 요구되고 있는 실정이다.[230]

Ⅱ. 비공식적 행정작용의 존재이유

비공식적 행정작용의 예로는, 시설개선명령 같은 규제명령에 앞서 그 원인사유의 시정을 권고한다든가 폐기물관리법 제55조에 따라 환경부장관 또는 시·도지사가 법 제4조 제2항 또는 제4항에 따라 지방자치단체 간 폐기물 처리사업을 조정하는 경우를 들 수 있다.[231] 비공식적 행정작용은 특히 대규모 프로젝트에서 요구되는 행정청과 사기업 간 협의 형태로 활용되는 경우가 빈번하다. 가령 대규모위락시설을 조성·운영하고자 하는 자가 그 시설의 설치허가 신청 전에 미리 관할 건축관청과 사전협의를 통하여 자신의 건축예정계획에 대한 건축관청의 반대사유나 조건, 자신의 희망사항 등 모든 중요한 문제점을 충분히 검토한 뒤 그 건축예정계획의 일부를 변경하고 관할 건축관청은 건축허가를 발급해 주기로 합의하였다면 이러한 합의는 건축법 제10조에 따라 건축허가 신청 전에 허가권자에게 그 건축물을 해당 대지에 건축하는 것이 이 법이나 다른 법령에서 허용되는지에 대한 사전결정을 신청하는 경우[232]와는 다른 일종의 비공식적 협정$^{(Absprache)}$이라 할 수 있다. 이 경우 행정청은 프로젝트에 대한 평가 및 유보조건을 전달해 줄 수 있는 기회를 가질 수 있는 반면 허가출원자는 그 장애사유를 반박하거나 대안을 제시하고 또는 행정청의 시인을 받아내는 기회를 가질 수 있다. 비공식적 행정작용의 이점은 상호간 대립되는 입장과 가능성을 해명할 기회를 활용하여 상호 양해와 협의를 통하여 그렇지 않았더라면 거쳐야 했을 행정절차의 부담을 경감하고 시간과 경비를 절감할 수 있다는 데 있다. 그 밖에도 사후에 부관을 통하여 부과되었을 많은 문

---

229) Bauer, Informelles Verwaltungshandeln im öffentlichen Wirtschaftsrecht, VerwArch. Bd.78, S.246.

230) Becker, J., Informales Verwaltungshandeln zur Steuerung wirtschaftlicher Prozesse im Zeichen der Deregulierung, DÖV 1985, 1003.

231) 이때 폐기물매립시설 등 폐기물처리시설을 공동으로 사용할 필요가 있으면 공동으로 사용하게 하고, 그 시설이 설치된 지역의 생활환경 보전과 개선을 위하여 필요한 지원대책을 마련하도록 관련 지방자치단체에 요구할 수 있다. 이 경우 관련 지방자치단체는 특별한 사유가 없으면 그 요구에 따라야 한다.

232) 건축법 제10조 제4항에 따른 사전결정 통지를 받은 경우에는 다음 각 호의 허가를 받거나 신고 또는 협의를 한 것으로 본다(건축법 § 10 ⑥).
  1.「국토의 계획 및 이용에 관한 법률」제56조에 따른 개발행위허가
  2.「산지관리법」제14조와 제15조에 따른 산지전용허가와 산지전용신고. 다만, 보전산지인 경우에는 도시지역만 해당된다.
  3.「농지법」제34조, 제35조 및 제43조에 따른 농지전용허가·신고 및 협의
  4.「하천법」제33조에 따른 하천점용허가
    사전결정을 받은 자는 사전결정을 통지받은 날부터 2년 이내에 제11조에 따른 건축허가를 신청하여야 하며, 이 기간에 건축허가를 신청하지 아니하면 사전결정의 효력이 상실된다(§ 10 ⑧).

제1편 제2편 제3편 제4편 제5편 행정법총론

제들이 사전에 초기단계에서 해명됨으로써 법적 불안을 제거할 수 있다는 등 적지 않은 이점이 있다.233)

그러나 이러한 활동방식은 법치행정의 원리와의 관계에서 결코 가벼이 볼 수 없는 갈등과 긴장을 초래한다는 점에서 부정적인 측면도 있다. "고권과 절차법의 떨이팔기"(Ausverkauf von Hoheits-und Verfahrensrecht)란 비판이 나오는 것도 그런 까닭에서이다.234) 그런 이유에서 비공식적 행위형식에 대한 적절한 행위형식론적 분석과 법적 평가가 요구된다. 행정법학의 미해결의 문제로 남아 있고 또 앞으로도 계속 연구가 필요한 분야이다.

Ⅲ. 비공식적 행정작용의 허용성·성질·효과·한계

1. 허 용 성

행정의 행위형식에 정원(numerus clausus) 개념은 없다. 비공식적 행정작용은 원칙적으로 허용되며 고전적 침해행정의 영역 밖에서 법률의 구속을 받지 않고 행해지는 것이 일반적이다.

2. 성질 · 효과

비공식적 행위형식은 비구속적, 단순고권적인 행정작용으로 비권력적 사실행위의 형식을 취하므로 법적 구속력이 없고 또 처분성도 부정되는 것이 원칙이다. 이것은 비공식적 행정작용의 특성에 기인하며, 판례 역시 행정내부의 행위·알선·권유·사실상의 통지 등의 처분성을 부정한다.

> ▦ **행정내부에서의 행위 · 알선 · 권유 · 사실상의 통지 등의 법적 성질**
> "항고소송의 대상이 되는 행정처분이라 함은 행정청의 공법상의 행위로서 특정사항에 대하여 법규에 의한 권리의 설정 또는 의무의 부담을 명하여 기타 법률상의 효과를 발생케 하는 등 국민의 구체적인 권리의무에 직접적인 변동을 초래하는 행위를 말하는 것이고 **행정권 내부에서의 행위나 알선, 권유 사실상의 통지** 등과 같이 상대방 또는 기타 관계자들의 법률상 지위에 직접적인 법률적 변동을 일으키지 아니하는 행위는 항고소송의 대상이 될 수 없다고 해석하여야 한다."235)

만일 행정청이 비공식적 행정작용을 하고 그로부터 구속력 있는 결과가 생기기를 원한다면 공법상 계약, 예비결정 또는 확언의 형식을 취해야 할 것이다. 가령 신뢰보호의 원칙이나

---

233) 서원우, 행정지도와 법치주의원칙(상), 월간고시 1992/8, 109-110; 김남진, 기본문제, 296이하.
234) Passvant, O., Mittlerunterstützte Kooperation in komplexen Verwaltungshandelns, DÖV 1987, 523.
235) 대법원 1993.10.26. 선고 93누6331 판결.

신의성실의 원칙, 행정의 자기구속을 내세워 뒷문으로 그 구속성을 부여하는 것도 허용되지 않는다. 따라서 행정청은 법령 또는 사실상의 사정변경뿐만 아니라 자신의 평가의견의 변경이 있을 경우에도 협정에 반하는 결정을 내릴 수 있으며 그렇다고 하여 협정이행청구권이나 그 불이행을 이유로 한 손해배상청구권이 성립하는 것은 아니다. 고작 행정청의 결정과정에도 제한적이나마 준용될 수 있는 계약체결상의 과실($^{culpa\ in}_{contrahende}$)의 법리에 따른 책임이 발생할 수 있을 것이다. 또한 비공식적 행정작용이 사실상 구속력을 갖는 경우가 있을 수 있다.

3. 한 계

비공식적 행정작용이 일반적으로 허용된다 하여도 일정한 한계를 가짐은 물론이다. 법적 구속력을 갖지 않는다고 하여 그것이 무제한적으로 허용된다고는 말할 수 없기 때문이다. 비공식적 행정작용은 법치국가원칙으로부터 도출되는 법령 및 법원칙상의 한계와 아울러 그것이 사실상 구속력 및 강제효과를 지닌다는 점에서 오는 한계를 갖는다. 나아가 비공식적 행정작용은 실체법상으로도 한계를 지닌다. 즉 행정은 법령에 위반하여 양보나 합의를 해서는 안 된다. 이와 관련하여 비공식적 행정작용을 통하여 초래될 수 있는 국민의 권익침해에 대한 적절한 대응책이 모색되어야 할 것이다. 즉, 이러한 행위형식들은 경우에 따라서는 생산, 시장 및 경쟁관계에 대한 사실상 침해적인 영향이라든지 또는 「사실상의 기본권침해」($^{faktischer\ und\ mittelbarer}_{Grundrechtseingriffe}$)를 초래할 수 있다는 점이 그 권리구제와 관련하여 고려되지 않으면 안 된다. 가령 환경오염물질배출업소의 명단공개나 불법적으로 제조·판매되는 유해식품의 명단을 공표하는 등 관계법상의 특별규정 또는 경찰상의 개괄수권조항에서 근거를 찾을 수 있는 행정상의 공표와는 달리 적법한 제품이나 행위에 관하여 단순한 사실통보를 넘어서서 행정상 특정한 관점에 의한 개별구체적 평가와 호소를 내용으로 하는 행정상 경고나 권고는 헌법상 영업의 자유와 재산권보장과 관련하여 침해적 효과를 지닌 행위이므로 반드시 법률의 근거를 필요로 한다고 보아야 할 것이다. 나아가 비공식적 행정작용은 청문이나 참여권과 같은 절차적 기본권에 대한 헌법적 보장을 회피하는 수단이 되어서는 아니 된다.

제 7 관 사법형식에 의한 행정

I. 개 설

행정은 위에서 살펴 본 공법적 행위형식뿐만 아니라 사법적 법형식을 광범위하게 활용하고 있다. 사법형식에 의한 행정은 크게 행정사법, 국고보조 작용 및 행정의 영리적 경제활동(수익사업) 세 가지로 나뉜다. 사법형식에 의한 행정에 관하여는 두 가지 측면에 주목하여야 한다. 먼저 행정목적을 달성하기 위하여 행정이 사법형식으로 활동할 경우 행정주체 역시 다른 경제주체와 대등한 지위를 가지는 것이 원칙이다. 가령 행정 업무수행에 필요한 문방구·차량·대지 및 건물을 조달하는 경우 행정주체는 일반 사인·사기업과 하등 다름없는 법적 지위를 가진다. 그러나 사법형식에 의한 행정활동을 허용할 경우 자칫 행정이 「사법으로 도피」($^{\text{Flucht ins}}_{\text{Privatrecht}}$)[236]하는 폐단을 초래할 우려가 있다는 점도 고려하여야 한다. 따라서 사법형식에 의한 행정작용에 대하여 그 종류·성질·내용에 상응한 적절한 공법적 규율을 가할 필요가 있다.

II. 행정사법적 활동

1. 행정사법의 의의

행정은 행정사법($^{\text{Verwaltungs-}}_{\text{privatrecht}}$), 엄밀히 말하면 행정사법적 활동에 의하여 수행되는 경우도 적지 않다. 여기서 행정사법적 활동이란 수도공급, 폐기물처리, 융자의 제공 등과 같이 주로 급부행정 및 경제유도행정의 분야에서, 행정목적을 수행하기 위하여 사법적 형식에 의하여 수행되는 행정활동으로서 일정한 공법적 규율을 받는 것을 말한다. 이것은 사회국가적 이념에 따라 현대행정의 기능이 확대됨으로써 초래된 행위형식 다양화의 산물이라 할 수 있다.

행정사법의 유래와 쟁점 •• 행정사법이란 독일행정법상 행정의 행위형식에 대한 「선택의 자유」(^{Wahlfreiheit})를 전제로 하여 사법형식에 의한 행정임무의 수행을 지칭하기 위하여 안출된 개념이다. 즉, 강제수단에 의존하는 질서행정이나 공과행정은 공법상의 고권적 권한에 의해 수행되며 이러한 강제를 요하지 않는 급부행정 역시 공법적 규율 하에 이루어지는 것이 원칙이다. 행정사법적 활동은 어디까지나 사

---

236) 이 표현은 플라이너(F. Fleiner, Institutionen des Verwaltungsrechts, 8.Aufl., 1928, S.326)로부터 유래된 것으로서 곧 통용되었다고 한다(Ehlers, D., Rechtsstaatliche und prozessuale Probleme des Verwaltungsprivatrechts, DVBl 1983, 422 Fn.2).

법형식에 의하여 공행정임무를 수행하는 것이라는 점에서 행정주체가 국고, 즉 사법상 재산권의 주체로서 등장하는 국고관계(행정상 사법관계: 예 국가·지방자치단체의 물품구매계약, 청사·도로·교량 등의 건설도급계약, 국유재산(잡종재산)의 매각 등)와 혼동해서는 안 된다. 행위형식 선택의 자유는 그 자체로서 문제가 없는 것은 아니지만, 급부제공($\begin{smallmatrix}\text{Leistungs-}\\\text{vergabe}\end{smallmatrix}$)에 관한 한 공법적 규율이 결여되어 있는 경우가 적지 않다는 점에서 나름대로 정당화될 수 있다는 것이다. 아무튼 행정사법적 활동에 관해서는 사법형식의 선택에 의해 기존의 공법적 구속을 벗어날 수 없다는 계기가 중요하다. 사법형식에 의한 것이지만 그 내용이 공행정작용이라는 점에서 공법적 규율이 필요하다. 특히 기본권의 구속이 적용되어야 하며 또 그 밖의 공법적 제한(권한배분이나 행정작용의 일반원리)이 적용된다. 그 경우 행정에게 허용된 것은 단지 사법적 행위형식일 뿐, 사적자치($\begin{smallmatrix}\text{Privat-}\\\text{autonomie}\end{smallmatrix}$)에 의한 자유나 가능성이 허용된 것은 아니라는 점에서 볼프($^{\text{H.J. Wolff}}$)는 이를 행정사법이라고 부른 것이다. 그것은 행정임무의 수행을 위한 「공법적으로 제약되고 구속을 받는 사법」($\begin{smallmatrix}\text{das öffentlich-rechtlich überlagerte}\\\text{und gebundene Privatrecht}\end{smallmatrix}$)이다.[237]

행정에 행위형식 선택의 자유가 인정되어야 할 필요성은 특히 신축적·역동적인 상황대처가 요구되는 행정 분야에서는 더욱 더 크다 할 수 있다. 그리하여 행정사법적 수단들은 특히 경제행정, 공급행정 등 복리행정분야에서 보다 광범위하게 활용되고 있다.

2. 행정사법적 활동의 현상형태

행정사법적 활동은 주로 경제유도행정의 분야에서 주로 행해진다. 투융자·보조금·지불보증 등의 자금지원수단에 의한 경제유도작용이 그 예라 할 수 있다. 또한 토지대책, 경기대책, 고용대책, 수출 진흥 등의 목적을 위하여 행정주체가 직접(예: 매수개입) 또는 간접으로 (예: 보상보험) 사법적 형식을 빌려 경제과정에 개입하는 경우도 행정사법에 의한 행정의 예라 할 수 있다. 그 밖에 행정사법에 의한 행정은 생존배려($\begin{smallmatrix}\text{Dasein-}\\\text{vorsorge}\end{smallmatrix}$)를 위한 급부행정의 분야에서 행정목적의 달성을 위하여 사법적 형식에 의존하는 경우, 가령 운수사업(화물여객운송·시영버스 등), 공급사업(전기, 수도, 가스), 우편전신사업, 오물수거사업(하수도, 오물·쓰레기 등), 공영주택임대 등과 같은 형태로 행해지고 있다.

3. 행정사법에 대한 공법적 구속

전술한 바와 같이 행정사법적 활동의 허용근거인 행위형식 선택의 자유는 공법이 이들 행정목적의 달성을 위하여 투입될 수 있는 적합한 행위형식을 마련하고 있지 않은 경우가 많다는 현실적 사유에 의하여 정당화되고 있다. 그러나 선택의 자유가 있다고 하여 행정이 이러한 사법적 행위형식을 선택함으로써 기존의 공법적 구속으로부터 벗어날 수 있다는 결

---

237) Maurer, § 3 Rn.26, Rn.9,

과가 시인될 수는 없다. 행위형식의 선택에 있어 행정에 허용되는 것은 사법적 행위형식일 뿐, '사적자치'에 의한 자유나 가능성은 아니다. 그러므로 행정사법적 활동에 대하여는 비록 그것이 사법형식에 의한 것일지라도 그 내용이 공행정작용인 이상, 공법적 규율이 가해져야 한다는 결론에 이른다.

행정사법적 활동에 대한 공법적 구속의 내용으로는 특히 기본권의 구속, 기타 공법적 제한들(권한배분에 관한 규정이나 행정작용의 일반원리)을 들 수 있다. 즉 행정사법적 활동은 ① 재산권의 보장, 신뢰보호의 원칙, 평등원칙, 비례원칙 등과 같은 헌법원칙의 기속을 받는다. ② 공기업분야에서는 의사표시에 대한 사법적 규율이 제한·수정되어 적용된다. 가령 개별적인 계약행위나 행위능력이 없이도, 또는 착오에 의해서도 쌍무적인 계약관계가 성립할 수 있다. ③ 그 밖에 '계약강제'($\begin{smallmatrix} \text{Kontrahierungs-} \\ \text{zwang} \end{smallmatrix}$), 해약의 제한, 계속적 경영·급부의무, 계약내용의 법정 등과 같은 형태로 공법적 기속을 받는다. 한편 행정주체가 행정사법적 활동을 수행함에 있어 그에 대한 공법적 구속을 위반하면, ① 특별법적 규제의 위반의 경우에는 당해 법률이 정하는 효과를 발생할 것이고, ② 그러한 특별규정이 없는 경우에도 그것이 공법원칙에 위반한 경우에는 무효 또는 일부무효의 문제가 생기게 될 것이다.

4. 행정사법적 계약에 대한 법적 규율

행정사법적 활동의 가장 표준적인 행위형식이 되는 것은 사법에서와 같이 계약이다. 일방적인 단독행위인 상계, 해제 등도 빈번히 사용되고 있다. 경제행정의 수단으로 활용되고 있는 자금지원($\begin{smallmatrix} \text{Subvention-} \\ \text{ierung} \end{smallmatrix}$)과 행정이 필요로 하는 재화와 용역의 조달을 사인/사기업에게 맡기는 공공사업의 발주($\begin{smallmatrix} \text{Vergabe öffentlicher} \\ \text{Aufträge} \end{smallmatrix}$)가 그 대표적인 경우인데, 그 경우 특히 후자의 경우 계약방식에 의존하는 경우가 일반적이다. 공공사업 발주 계약에 관해서는 「국가를 당사자로 하는 계약에 관한 법률」과 「지방자치단체를 당사자로 하는 계약에 관한 법률」이 규율하고 있는데, 이들 법률에 따른 계약의 법적 성질에 관해 판례는 사법상 계약으로 본다.

"지방재정법에 의하여 준용되는 국가계약법에 따라 지방자치단체가 당사자가 되는 이른바 공공계약은 사경제의 주체로서 상대방과 대등한 위치에서 체결하는 사법상의 계약으로서 그 본질적인 내용은 사인 간의 계약과 다를 바가 없으므로, 그에 관한 법령에 특별한 정함이 있는 경우를 제외하고는 사적 자치와 계약자유의 원칙 등 사법의 원리가 그대로 적용된다고 할 것이므로, 계약 체결을 위한 입찰절차에서 입찰서의 제출에 하자가 있다 하여도 다른 서류에 의하여 입찰의 의사가 명백히 드러나고 심사 기타 입찰절차의 진행에 아무 지장이 없어 입찰서를 제출하게 한 목적이 전혀 훼손되지 않는다면 그 사유만으로 당연히 당해 입찰을 무효로 할 것은 아니고, 다만 그 하자가 입찰절차의 공공성과 공정성이 현저히 침해될 정도로 중대할 뿐 아니라 상대방도 그러한 사정을 알았거나 알 수 있었을 경우 또는 그러한 하자를 묵인한 낙찰자의 결정 및 계약체결이 선량한 풍속 기타 사회질서에 반하는 결과가 될 것임이 분명한 경우 등 이를 무효로 하지 않으면 그 절차에 관하여 규정한 국가계약법의 취지를 몰각하는 결과가 되는 특별한 사정이 있는 경우에 한하여 무효가 된다고 해석함이 타당하다."[238]

[1] 지방재정법에 의하여 준용되는 **국가계약법에 따라 지방자치단체가 당사자가 되는 이른바 공공계약은 사경제의 주체로서 상대방과 대등한 위치에서 체결하는 사법상의 계약으로서 그 본질적인 내용은 사인 간의 계약과 다를 바 없으므로, 그에 관한 법령에 특별한 정함이 있는 경우를 제외하고는 사적자치와 계약자유의 원칙 등 사법의 원리가 그대로 적용된다** 할 것이다.

[2] 국가를당사자로하는계약에관한법률은 국가가 계약을 체결하는 경우 원칙적으로 경쟁입찰에 의하여야 하고(^{7}), 국고의 부담이 되는 경쟁입찰에 있어서 입찰공고 또는 입찰설명서에 명기된 평가기준에 따라 국가에 가장 유리하게 입찰한 자를 낙찰자로 정하도록($^{10}_{②ⅱ}$) 규정하고 있고, 같은법시행령에서 당해 입찰자의 이행실적, 기술능력, 재무상태, 과거 계약이행 성실도, 자재 및 인력조달가격의 적정성, 계약질서의 준수정도, 과거공사의 품질정도 및 입찰가격 등을 종합적으로 고려하여 재정경제부장관이 정하는 심사기준에 따라 세부심사기준을 정하여 결정하도록 규정하고 있으나, 이러한 규정은 국가가 사인과의 사이의 계약관계를 공정하고 합리적·효율적으로 처리할 수 있도록 관계 공무원이 지켜야 할 계약사무처리에 관한 필요한 사항을 규정한 것으로, 국가의 내부규정에 불과하다 할 것이다.

[3] 계약담당공무원이 입찰절차에서 국가를당사자로하는계약에관한법률 및 그 시행령이나 그 세부심사기준에 어긋나게 적격심사를 하였다 하더라도 그 사유만으로 당연히 낙찰자 결정이나 그에 기한 계약이 무효가 되는 것은 아니고, 이를 위배한 하자가 입찰절차의 공공성과 공정성이 현저히 침해될 정도로 중대할 뿐 아니라 상대방도 이러한 사정을 알았거나 알 수 있었을 경우 또는 누가 보더라도 낙찰자의 결정 및 계약체결이 선량한 풍속 기타 사회질서에 반하는 행위에 의하여 이루어진 것임이 분명한 경우 등 이를 무효로 하지 않으면 그 절차에 관하여 규정한 국가를당사자로하는계약에관한법률의 취지를 몰각하는 결과가 되는 특별한 사정이 있는 경우에 한하여 무효가 된다고 해석함이 타당하다.[239]

---

238) 대법원 2006.6.19. 자 2006마117 결정.
239) 대법원 2001.12.11. 선고 2001다33604 판결. 이에 대한 비판으로는 박정훈, "행정조달계약의 법적 성격", 민사판례연구 25권(2003.2), 민사판례연구회를 참조. 한편, 대법원은 '지방자치단체가 사경제의 주체로서 사인과 사법상의 계약을 체결함에 있어 따라야 할 요건과 절차를 규정한 구 지방재정법 및 구 예산회계법의 관련 규정들은 그 계약의 내용을 명확히 하고, 지방자치단체가 사인과 사법상 계약을 체결함에 있어 적법한 절차에 따를 것을 담보하기 위한 것으로서 강행규정이라 할 것이고, 강행규정에 위반된 계약의 성립을 부정하거나 무효를 주장하는 것이 신의칙에 위배되는 권리의 행사라는 이유로 이를 배척한다면 위와 같은 입법취지를 몰각시키는 것이 될 것이어서 특별한 사정이 없는 한 그러한 주장이 신의칙에 위반된다고 볼 수는 없다'고 판시한 바 있다(대법원 2004.1.27. 선고 2003다14812 판결).

제8관 행정자동화에 의한 행정작용

I. 고도정보사회에 있어 행정과 행정자동화

행정이 그 목적달성을 위해 다양한 기술적 도구와 장비를 활용해온 것은 어제오늘의 일이 아니다. 행정에 대한 기술적 도구의 투입은 극히 다양한 형태로 또 그때그때의 '기술수준'($^{\text{Stand der}}_{\text{Technik}}$), 행정비용 및 각각의 행정활동의 내용 등에 의존하여 진전되어 왔다. 그러나 이러한 '행정에의 기술투입'($^{\text{Technikeinsatz in}}_{\text{der Verwaltung}}$)에 획기적인 질적 변화를 가져온 계기는 컴퓨터 등을 통한 자동데이터처리($^{\text{automatische}}_{\text{Datenverarbeitung: ADV}}$) 또는 전자데이터처리($^{\text{elektronische}}_{\text{Datenverarbeitung: EDV}}$) 기술이 행정에 도입되었다는 데 있었다.[240] 오늘날 정보통신기술($^{\text{Informations- und}}_{\text{Kommunikationstechnik}}$)과 인공지능($^{\text{Artificial}}_{\text{Intelligence}}$), 로봇 기술 등의 비약적 발전은 이전에는 전혀 예상치 못했던 새로운 차원을 현대행정에 열어 놓았다.

행정자동화($^{\text{Verwaltungs-}}_{\text{automation}}$)란 다양하게 정의될 수 있으나 대체로 '행정과정에서 컴퓨터 등 전자데이터처리장비를 투입하여 행정업무를 자동화하여 수행하는 것'을 말한다.[241] 행정의 실제에서 전자 또는 자동데이터처리기법은 행정정보와 기록의 보존·관리(가령 주민등록이나 통계분야), 교통신호나 교통관리시스템의 구축·운용, 대량행정($^{\text{Massen-}}_{\text{verwaltung}}$)에 있어 행정결정의 산출(가령 조세부과결정, 연금 등 급부행정분야에서의 교부금지급결정, 중·고등학생의 학교배정, 징·소집관계결정 등), 행정계획의 사전준비작업 등의 목적을 위하여 활용되고 있다. 특히 전산센터, 데이터베이스 및 정보처리시스템의 설치 및 운용 분야에서는 그야말로 급속한 발전이 이루어졌고, 토지·주택, 주민등록, 조세자료 등에 대한 행정전산망의 완성과 운용, 컴퓨터매칭($^{\text{Computer}}_{\text{matching}}$)에 의한 데이터베이스간의 상호검색·통제의 확보를 통해 행정자동화가 급속히 진전되었다. 최근에는 공행정 전체분야를 관통하는 통일적인 '행정정보시스템'($^{\text{Administrative}}_{\text{Information System: AIS}}$)을 포함한 전자정부($^{\text{Electronic}}_{\text{Government}}$)의 구축이 줄기차게 이루어지고 있다. 이러한 상황에서 행정자동화의 법적 문제, 특히 행정법적 문제가 제기되는 것은 극히 당연한 일이다.

전자정부법 ● ●

1. 입법 목적 및 배경

전자정부법은 "행정업무의 전자적 처리를 위한 기본원칙, 절차 및 추진방법 등을 규정함으로써 전자

---

240) Ehlers, in: Erichsen/Martens, § 3 Rn.1.
241) 한편 김중권, 행정자동절차에 관한 법적 고찰, 1993 고려대학교 박사학위논문, 8이히에서는 '데이터의 수집·(협의의)처리·저장·검색·산출을 포괄하는 자동데이터처리', 즉 ADV를 자동화라고 이해하고 있다.

정부를 효율적으로 구현하고, 행정의 생산성, 투명성 및 민주성을 높여 국민의 삶의 질을 향상시키는 것"을 목적으로 삼고 있다. 여기서 전자정부란 "정보기술을 활용하여 행정기관 및 공공기관($\frac{이하 "행정기관}{등"이라 한다}$)의 업무를 전자화하여 행정기관등의 상호간의 행정업무 및 국민에 대한 행정업무를 효율적으로 수행하는 정부"를 말한다($\frac{\S\,2}{1}$).

전자정부법은 2008년 2월 정부조직의 개편에 따라 분산되었던 전자정부 관련기능을 통합하여 체계적으로 규정하고, 정보기술의 혁신 및 융합 등 정보사회의 새로운 흐름을 반영하여 효율적으로 전자정부를 구현·발전시킴으로써 대국민 전자정부서비스를 보다 효율적으로 제공하며 행정의 생산성을 향상시키기 위한 제도적인 기반을 마련한다는 취지에서 2010.2.4. 전부개정되었다($\frac{2010.}{5.5}$).

행정기관등의 대민서비스 및 행정관리의 전자화, 행정정보의 공동이용 등 전자정부의 구현·운영 및 발전에 관하여 다른 법률에 특별한 규정이 있는 경우를 제외하고는 이 법에서 정하는 바에 따른다($\S\,6$).

2. 주요골자
가. 전자정부의 원칙($\frac{법}{\S\,4}$)

법은 전자정부의 추진시 우선적으로 고려하고 필요한 대책을 강구해야 할 원칙을 다음과 같이 명시하였다.

1. 대민서비스의 전자화 및 국민편익의 증진
2. 행정업무의 혁신 및 생산성·효율성의 향상
3. 정보시스템의 안전성·신뢰성의 확보
4. 개인정보 및 사생활의 보호
5. 행정정보의 공개 및 공동이용의 확대
6. 중복투자의 방지 및 상호운용성 증진

아울러 행정기관등에 대하여, 전자정부의 구현·운영 및 발전을 추진할 때 정보기술아키텍처를 기반으로 하도록 의무화하는 한편($\frac{\S\,4}{2}$), 행정기관등은 상호간에 행정정보의 공동이용을 통하여 전자적으로 확인할 수 있는 사항을 민원인에게 제출하도록 요구하여서는 아니 되며($\frac{\S\,4}{3}$), 행정기관등이 보유·관리하는 개인정보는 법령에서 정하는 경우를 제외하고는 당사자의 의사에 반하여 사용되어서는 아니 된다고 규정하였다($\frac{\S\,4}{4}$).

나. 전자정부기본계획의 수립

중앙사무관장기관의 장으로 하여금 전자정부의 구현·운영 및 발전을 위하여 5년마다 제5조의2 제1항에 따른 행정기관등의 기관별 계획을 종합하여 전자정부기본계획을 수립하여야 한다($\frac{\S\,5}{1}$). 전자정부기본계획은 전자정부 구현의 기본방향 및 중장기 발전방향, 관련 법령·제도의 정비, 전자정부서비스의 제공 및 활용 촉진, 전자적 행정관리, 행정정보 공동이용의 확대 및 안전성 확보, 정보기술아키텍처의 도입 및 활용, 정보자원의 통합·공동이용 및 효율적 관리 등을 포함하여야 하며, 관계 중앙행정기관의 장은 「국가정보화 기본법」 제7조에 따른 국가정보화 시행계획을 수립·시행할 때에는 전자정부기본계획을 고려하여야 한다($\frac{\S\,5}{2},\frac{5}{3}$).

다. 전자정부서비스의 제공 및 활용($\frac{법 \S\,7-}{\S\,24}$)

1) 주로 전자적으로 민원을 신청·처리하기 위한 절차적인 사항을 규정한 종래 전자정부법과 달리,

국민들이 전자정부의 효과를 체감할 수 있도록 전자정부서비스에 대한 사항을 체계적으로 규정하였다.

2) 전자적인 민원의 신청·처리뿐만 아니라 복지 및 안전, 기업활동 촉진 등을 위한 전자정부서비스의 개발·제공 및 이용실태 조사·분석을 통한 효율적인 관리 등을 규정하고 있다.

라. 행정정보의 공동이용(법§36~, §44~)

각급 행정기관등이 보유하고 있는 행정정보를 공동으로 이용함으로써 행정업무 및 대민서비스를 획기적으로 향상시킬 수 있음에도, 이에 대한 세부적인 규정이 미비하여 국민들의 불편을 초래하였다는 반성에서 출발하여 공동이용 대상 및 방법과 절차 등을 규정하고, 개인정보의 경우에는 정보주체의 사전 동의를 받도록 하며 열람청구권을 규정하여 자신의 신상정보를 통제할 수 있도록 하고, 공동이용에 따른 금지행위 등을 각각 규정하였다.

마. 전자정부 운영기반의 강화(법§45~, §63~)

정보시스템 및 통신망 등 정보자원에 대한 체계적인 보호대책과 관리체계가 미흡하여 정보유출 사고가 발생하거나 유사한 정보시스템을 중복적으로 구축하는 등의 문제가 발생하였다는 반성에서, 전자정부의 운영기반을 강화하기 위하여 정보통신망 등의 체계적인 보호대책을 마련하고, 정보화기본설계도인 정보기술아키텍처를 기반으로 전자정부사업을 추진하도록 하며, 행정기관의 정보자원을 통합적으로 관리할 수 있도록 하였다.

바. 전자정부 구현을 위한 시책 등 추진(법§64~, §75~)

전자정부를 지속적으로 구현·발전시키기 위한 전자정부사업의 추진, 성과 분석, 기관 간의 협의절차, 전문적인 기술지원 등 전자정부 추진과 관련한 기본적인 사항을 규정하고 있다. 전자정부사업 추진 시 다른 행정기관 등과 관련된 경우에는 기관 간의 사전협의를 거치도록 하고, 사업에 대한 성과분석을 실시하도록 하며, 전문기관에서 전문적인 기술지원을 할 수 있도록 하였다.

Ⅱ. 행정자동화에 관한 법적 문제

오늘날 행정자동화가 거의 모든 행정분야에서 거역할 수 없는 현상으로 대두되어 있는 현실에서 행정자동화의 실질적인 합목적성을 부인할 수 없다. 또 그 법적 허용성도 원칙적으로 시인하지 않을 수 없을 것이다. 하지만 행정자동화가 진전되면 될수록 기술적, 법적 규율을 정비·강화해야 할 필요성도 커지며, 그 밖에 많은 법적 문제가 제기된다. 가령 데이터수집, 처리에 대한 법률유보의 적용여하, 자동적으로 산출된 행정결정의 법적 성질 및 법형식, 전자데이터처리장치에 대한 접근권, 행정절차 및 행정조직에 대한 행정자동화의 영향, 그리고 자동화시스템의 오류에 대한 책임의 문제 등이 그것이다.242) 다만 행정자동절차나 행정자

---

242) 특히 정보보호(Datenschutz)의 문제는 행정자동화와 관련하여 각별한 관심을 기울여야 할 문제영역이다. 이에 관해서는 개인정보보호에 관한 부분에서 논의한다. 한편 엘러스(Ehlers, in: Erichsen/Martens, § 4 Rn.6ff.)는 행정자동화가 행정 및 시민에 대해 미치는 영향을 다음 네 가지로 나누어 열거하고 있다. 1. 행정조직의 변화: 행정의 과도한 중앙집권화, 획일화, 기술화된 행정의 대민친화성 증대 및 행정책임영역의 부각, 직접통신으로 인한 행정의 위계제 및 직무수행의 계통성원리의 침해, 2. 정보보호법적 문제의 대두: 정보자결권의 부각, 정보수집·처리를 위한 법률유보의 문제, 정보자결권을 제한하는 조치에 대한 비례원칙에 의한 통제, 정보남용, 불법사용, 교환

동(기계)결정[243)]에 관한 행정법학적 논의는 여전히 미흡한 수준에 머무르고 있어,[244)] 여기서
는 우선 행정자동화의 허용여부를 간단히 살펴보고 이어서 행정자동결정의 법적 성질, 법적
특수성, 행정자동결정의 하자와 그에 따른 법적 결과 등을 모색적으로 논의해보는 데 그친다.

Ⅲ. 행정자동결정의 법적 성질과 특수성

1. 행정자동결정의 법적 성질

행정자동결정은 특히 대량행정($^{Massenver-}_{waltung}$), 즉 다수의 동일한 또는 동종의 행정행위를 발해
야 하는 경우에 빈번히 활용된다. 행정이 미리 입력·처리된 데이터에 따라 작성된 정보를
컴퓨터에 의해 일정한 프로그램에 의하여 작성된 '워크시트'(^{worksheet})에 기입하여 처리시킴으
로써 대량의 행정업무를 신속하고 합리적으로 처리할 수 있게 되기 때문이다. 컴퓨터에 의한
데이터처리는 다양한 행정절차 단계에서 이루어질 수 있다. 가령 종국결정에 이르기 전에 행
해지는 단순한 의견수렴절차나 사실확인을 위하여 자동데이터처리가 행해질 수도 있다. 그러
나 행정자동화에 의해 산출된 행정행위($^{automatisch hergestellter}_{Verwaltungsakt}$)는 오로지 행정절차를 종결시키는 결
정이 자동화장치에 의해 산출되어 표시되는 경우, 그리고 행정청이 이 결정안을 그 상대방에
게 통지하여 발효시키고자 하는 경우에 한하여 성립한다. 이 경우 행정자동결정은 행정행위
의 법적 성질을 지닌다고 보는 것이 일반적이다.[245)] 물론 이 문제는 결국 그것이 이미 앞에
서 논의된 바 있는 행정행위의 개념징표들을 구비하고 있느냐 하는 데 달려 있다. 그러나
그 결정이 규율로서의 실체를 구비하고 있는 이상, 자동데이터처리과정을 거쳤다는 사실은
이를 행정행위로 파악하는 데 아무런 지장을 주지 않는 것으로 보아야 할 것이다.[246)] 행정청
은 여전히 절차의 주인($^{Herr des}_{Verfahrens}$)이다. 그는 가령 조세부과의 경우 컴퓨터가 과세처분을 산출

및 무단연결 등에 대한 규제필요성의 증대, 데이터처리시스템의 안전성, 무단접근의 방지문제, 3. 인간활동 대체
의 범위와 한계: 무인처리의 허용범위여하, 청문을 요하는 행정결정의 자동처리, 재량결정의 자동화, 비정형적 사
례상황에 적합한 행정결정에 있어 자동결정 등의 가부, 사실확인에 있어 행정자동화의 한계와 규격화의 우려, 4.
행정절차 및 국가책임법적 결과: 행정절차에 있어 신청, 조언, 통지, 서명, 오류의 정정, 이유부기, 청문 등 행정절
차법적 특수규율의 문제, 국가배상의 문제, 특히 프로그램하자와 유지·수선의 하자, 조직과실, 희생관념에 입각
한 수용유사적 침해의 보상문제 등.

243) 여기서 '행정자동절차'란 널리 행정자동화에 의한 행정결정의 산출절차를 말하는 것으로 이해한다. 이 경우 산출
되는 결정을 '행정자동결정'이라 부른다. 한편 행정자동화에 의해 산출되는 행정결정을 '행정자동기계결정'이라 부
르고, 행정자동절차를 '다수의 동형적인 행정행위를 자동데이터처리에 의거해서 발하는 대량의 동종절차'라고 정
의하기도 한다(김남진, 행정법 I, 425이하; 김중권, 앞의 학위논문, 17이하).

244) 김중권, 행정자동기계결정의 법적 성질 및 그의 능부, 공법연구 제22집 제3호, 372. 그 밖에 김남진, 행정법 I,
425이하; 김중권, 앞의 학위논문 등을 참조.

245) 김남진, 행정법 I, 427; 박윤흔, 행정법강의(상), 308; 석종현, 일반행정법(상), 494; 한견우, 행정법 I, 335; 김중
권, 공법연구 제22집 제3호, 380 등. 이는 또한 독일의 학설과 판례의 입장이며 연방행정절차법, 조세기본법(AO)
에 의해 명문화된 입장이기도 하다(Maurer, § 18, Rn.5-6).

246) Maurer, § 18, Rn.5.

함에 있어 세액산정방법에 관한 프로그램과 구체적인 과세자료를 통해 조종하고 결정하는 한편, 산출된 세액결정을 과세처분으로써 통지하여 구속력을 발생시키기 때문이다. 이처럼 행정자동화에 의한 결정($\overset{\text{automatisierter}}{\text{Bescheid}}$)은 당해 행정청에 자신의 행위로 귀속되며 또 그에 대한 행정청의 책임을 성립시킨다.

> 이와같이 행정자동화에 의해 산출된 행정결정은 원칙적으로 행정행위의 성질을 띤다고 할 수 있다. 그러나 행정의 의사표시행위에는 그 가장 대표적 형태인 행정행위뿐만 아니라 그 법적 성질이 논란되는 확약, 확언, 부관 등도 있을 수 있다.[247] 가령 경우에 따라서는 자동화시스템을 통해 발해지는 행정결정이 단순히 사실관계나 법적 상태에 대한 확인을 내용으로 하는 경우(가령 행정처분의 일정, 계획 등을 통보하거나 허가신청 이전단계에서 허가를 위한 법적 장애의 유무를 확인해주는 경우), 또는 컴퓨터통신 등 적절한 방법을 통해 응모할 수 있는 모집공고, 출원공고, 스마트폰 등 모바일장치 등에 의한 행정예고, 공법상 계약을 위한 컴퓨터를 통한 청약의 의사표시 등 비행정행위적 성질을 갖는 경우도 충분히 상정할 수 있는 것이다.

2. 행정자동결정의 특수성

행정자동결정이 원칙적으로 행정행위의 성질을 갖는 것이라면 행정행위에 관한 일반원리의 적용을 받는 것은 당연하다. 즉 행정행위 일반에 요구되는 성립요건, 적법요건, 효력발생요건 등을 갖추어야 한다. 그러나 행정자동결정은 주로 대량절차에서 행해지는 경우가 일반이므로 서명, 날인의 생략, 고유부호($\overset{\text{Schlüsselzeichen,}}{\text{code number}}$)의 허용, 이유제시의 생략, 일정한 경우 청문의 면제 등과 같은 특수규율의 필요성이 인정되어야 하는 경우도 적지 않다. 독일의 경우 행정절차법이나 조세기본법 등에서 이러한 특칙을 두고 있는 것도 바로 그러한 이유에서이다. 그러나 우리나라의 경우 그와 같은 법률에 특별한 규정이 없는 한 단지 행정자동결정의 특수성만을 가지고 그러한 결과를 시인할 수는 없을 것이다. 또한 개별법률에 특별한 규정을 두는 경우에도 그 특수규율에는 법치국가원칙 및 기본권보장에서 오는 보다 고차적인 규범적 한계가 있다고 보아야 할 것이다.[248]

Ⅳ. 행정자동결정의 하자와 법적 효과

1. 원   칙

행정자동화에 의한 행정행위의 위법성 역시 행정행위 일반에 대한 법리에 따라 결정된다.

---

247) 동지 김중권, 앞의 학위논문, 103.
248) Maurer, § 18 Rn.7.

2. 재량행위와 행정자동결정

특히 문제가 되는 것은 재량행위의 경우인데 이 경우 행정자동화시스템이 일정한 고정적 틀(프로그램)에 따라 작동하는 데 비해서 재량권수권의 법적 근거들은 행정이 개별사례에 적합하게, 구체적 사정을 고려하여 결정을 내릴 것을 요구하기 때문이다. 그러나 그렇다고 해서 재량결정에 있어 행정자동결정이 전혀 배제되는 것은 아니다.[249] 재량준칙에 의한 일반적 재량행사($^{generelle}_{Ermessensausübung}$)가 허용되는 한도에서는 재량결정의 자동화도 허용된다고 보아야 한다. 이 경우 컴퓨터프로그램은 일종의 행정규칙으로서의 성질을 갖는다고 볼 수 있다.[250] 물론 행정자동화에 의한 재량권의 행사가 허용되는 경우에도 행정의 자기구속($^{Selbst-}_{bindung}$)보다는 법률에의 구속($^{Gesetzes-}_{bindung}$)이, 그리고 행정의 균일화, 능률에 대한 고려보다는 이른바 '개별사례적 정당성'($^{Einzelfall-}_{gerechtigkeit}$)에 대한 고려가 우선되어야 하며, 또한 행정자동결정이 '데이터짜맞추기'나 지나친 규격화, '무차별주의'($^{Gleich-}_{macherei}$) 등으로 전락하는 결과를 방지할 수 있는 적절한 조치가 사전에 강구되어야 한다. 가령 프로그래밍 수준에서 변수나 파라미터(^{parameter})의 조작을 통해 개별사례의 특수성을 고려할 수 있는 여지를 부여한다든지 분야의 특수성에 따라 결정구조를 대화식 구조로 전환하거나 부분적으로 유연화하는 방법이 고려될 수 있을 것이다.

3. 위법한 행정자동결정의 효과

(1) 위법한 행정자동결정에는 다른 행정행위와 마찬가지로 그 흠의 정도나 명백성여하에 따라 취소 또는 무효의 법적 결과가 결부될 수 있으며 또 이를 행정쟁송을 통하여 다툴 수 있다. 가령 행정쟁송을 제기하면서 무하자재량행사청구권을 근거로 자기에 대해 사안의 개별적 특수성을 고려하여 재량을 행사해 달라고 요구할 수 있다(취소심판・의무이행심판, 취소소송・부작위위법확인소송).

(2) 직권취소의 경우 신뢰보호의 원칙에 의한 취소권의 제한이 적용될 수 있음은 물론이다.[251]

(3) 위법한 행정자동결정에 의해 개인에게 손해가 발생하였을 경우에는 당연히 국가배상의 일반원칙에 의해 손해배상이 주어진다. 만일 행정자동화장치의 장애나 오류로 인하여 개인이 손해를 입었다면 행정이 그 소속공무원의 행위에 대한 것처럼 이에 대해 책임을 지지

---

249) Maurer, § 18 Rn.8; Ehlers, § 4 Rn.20. 반대의 견해로는 Birk, in: Dörner/Ehlers(Hrsg.), Rechsprobleme der EDV, 1989, S.137. 이에 관하여 상세한 것은 김중권, 앞의 학위논문, 104이하를 참조.
250) Maurer, § 7 Rn.14; Ehlers, § 4 Rn.20; 김남진, 행정법 I, 427; 석종현, 일반행정법(상), 241.
251) 김남진, 행정법 I, 429.

않으면 안 된다. 이 경우 원칙적으로는 국가배상과 아울러 희생보상의 관념에 입각한 수용유사적 침해($\begin{smallmatrix}\text{enteignungsgleicher}\\\text{Eingriff}\end{smallmatrix}$)의 보상문제가 고려된다. 국가배상의 경우에는 공법적 직무집행행위(부작위를 포함)와 과실의 존재가 요구되는데, 행정은 이 경우 하자있는 프로그램뿐만 아니라 기술적 장치의 유지·수선의 잘못에 대해서도 책임을 지는 것으로 보아야 할 것이다.[252] 독일의 경우 대다수의 사례에 있어 적어도 조직과실($\begin{smallmatrix}\text{Organisations-}\\\text{verschulden}\end{smallmatrix}$)이 인정될 수 있다고 보는데 이는 우리나라 법에서도 참고할 만한 점이다. 또한 과실이 인정되지 않는 경우에도 수용유사적 침해에 대한 손실보상청구권의 성립여하가 검토되어야 할 것이다.[253]

(4) 행정자동결정의 경우 명백한 오류를 정정해야 할 필요성은 여느 행정행위보다 훨씬 빈번히 생길 수 있을 것이다.

---

252) Ehlers, § 4 Rn.24. 반면 독일연방법원은 교통신호등의 고장으로 인한 손해배상사건에서 신호등의 유지, 수선이 아니라 프로그램의 하자만을 공법적인 성질을 띤 것으로 보았다. 따라서 교통신호등의 유지, 수선의 잘못으로 인한 책임은 사법상의 교통안전확보의무위반에 관한 원칙에 따라 판단되어야 한다는 것이다(BGH NJW 1971, 2220ff.; NJW 1972, 1268f.). 이에 대한 비판으로는 Ossenbühl, JuS 1973, 421ff.

253) Ehlers, aaO. BHGZ 99, 249ff.는 교통신호등의 고장과 관련하여 관계법상의 규정은 단지 일반적인 희생관념에서 유래되는 수용유사적 침해에 대한 손실보상청구권을 구체화한 것에 불과하다고 보았다.

제4장

행정과정의 법적 규율

제1절 │ 행정과정의 법적 규율 개관

우리 행정법은 대륙법의 전통을 이어받아 주로 그 실체법적 측면, 내용과 결과로서의 행정결정만을 중시한 나머지 행정작용이 이루어지는 과정에 대한 관심은 소홀히 해온 것이 사실이다. 그러나 현대국가에 있어 행정활동의 양적·질적 확대현상이 진전됨에 따라 행정의 동태적 과정을 총합적으로 고려하여야 한다는 반성이 특히 미국에서 전개된 행정과정론과 더불어 제기되었다. 사실 대륙법적 행정법의 주요모델인 독일행정법에서도 그 이론적 발전을 가능케 한 결정적 계기는 기본권의 실효적 보장, 공권개념의 확대, 행정절차법의 제정 및 행정재판을 통한 권리보호의 확충을 통해 국가와 개인 간의 관계를 법적 주체간의 관계로 재구성하고 실질화시켜 온 데 있었다. 또 복잡다기한 행정현실에서는 무엇이 최선의 결정인가에 대한 법적 판단보다는 어떠한 논의과정을 거쳐 해결책을 찾을 것인가에 대한 법적 보장이 더 중시되지 않을 수 없다. 이 점은 현대행정의 과제를 수행하기 위해 점점 확대되어 온 행정재량의 경우 절차적 통제의 중요성이 강조되는 것만을 보아도 분명히 드러난다.

오늘날 행정은 정책을 수립하여 집행하는 복합적인 과정이자 행정서비스를 제공하는 과정으로 이해되고 있다. 따라서 행정과정에 대한 법적 규율도 이에 걸맞은 내용을 담아야 한다. 이를 가능케 하는 것이 바로 행정절차이며, 행정과정에 있어 정보의 공개 및 보호라 할 수 있다. 전체로서 행정정책이 수립·집행되는 과정을 거시적 행정과정이라 한다면 행정절차는 미시적 행정과정이라 할 수 있고,[1] 정보의 공개 및 보호는 행정과정에 대한 참여를 가능케 하기 위한 전제조건으로서 행정의 투명성을 확보하고 개인의 정보를 보호하기 위한 제도적 수단이 된다. 이들 제도적 수단은 결국 행정과정에 대한 참가와 공동생산을 수로화함으

---

1) 塩野 宏, 일본행정법론(서원우/오세탁 공역), 법문사, 1996, 207.

로써 행정의 타당성과 공정성을 증진시키고 법치행정 및 민주행정의 원리를 실현하는 데 봉사하는 것이다.

이 장에서는 먼저 헌법·행정절차법 등에 의해 규율되고 있는 행정절차제도를 살펴보고 이어서 행정과정에 있어 정보의 공개와 행정조사 등 행정의 정보수집활동, 개인정보의 보호에 대한 법적 규율에 관하여 논의해 보기로 한다.

제 2 절 │ 행정절차의 법적 규율

Ⅰ. 행정절차 일반론

1. 행정절차의 개념

행정절차의 개념은 많은 행정법개념들이 그렇듯 아직 법률상 용어로 확립된 것은 아니며 보는 각도에 따라 다양하게 파악되고 있다. 행정절차란 넓은 의미로는 '행정과정에 있어 행정청이 밟아야 할 모든 절차'를 말하며, 입법권의 작용으로서의 입법절차나 사법권의 작용으로서의 사법절차에 대응하는 관념이다. 이러한 의미의 행정절차는 사전절차로서 행정입법절차, 행정계획 확정절차, 제1차적 행정처분절차, 행정계약절차, 그리고 사후절차로서 행정심판절차, 행정집행절차, 행정처벌절차 등을 모두 포함한다. 반면 좁은 의미의 행정절차는 행정청이 공권력을 행사하여 행정에 관한 제1차적인 결정을 함에 있어 밟아야 할 일련의 외부와의 교섭과정을 말한다. 즉, 행정청이 행정입법이나 행정처분을 할 경우 거쳐야 할 대외적 사전절차를 말하며, 이것이 일반적으로 통용되는 개념이다.

행정절차법은 적용범위에 관한 제3조 제1항에서 '처분·신고·행정상 입법예고·행정예고 및 행정지도의 절차'를 "행정절차"라 지칭하고 있으나, 행정절차의 개념을 정의한 것은 아니다.

행정절차는 ① 행정청에 요구된 절차이기 때문에 국회의 기능수행에 관한 입법절차나 법원에 의한 사법절차와 구별되며, ② 행정청이 제1차적 행정결정을 함에 있어 밟아야 할 절차이므로 이미 행하여진 행위의 집행이나 심판에 관한 절차, 사법상의 행위에 관한 절차와 구별된다. 또한 ③ 행정절차는 행정결정을 함에 있어 밟아야 할 대외적 절차이므로 행정청의 내부적 행위에 국한된 절차는 이에 해당하지 아니한다. 행정법학의 관심대상이 되는 행정절차는 주로 사인과의 관계, 즉 외부관계에 관한 절차이며, 행정기관 내부에서 이루어지는 의사결정절차와 같은 행정내부적 절차는 행정학의 관심대상이 되고 있다.[1]

2. 행정절차의 기능·존재이유

행정절차는 첫째, 행정의 민주화를 위한 제도적 수단이다. 그것은 국민이 단순한 행정의

---

[1] 塩野 宏, 일본행정법론(서원우·오세탁 공역), 법문사, 1996, 207.

객체나 신민($\substack{\text{Untertan}}$)에 불과한 것이 아니라 행정과 대등한 '성숙한 시민'($\substack{\text{mündiger} \\ \text{Bürger}}$)으로서 법적 주체의 지위를 갖는다는 법치국가적 인식을 바탕으로 하고 있다.[2] 법치국가란 시민이 제1심, 즉 행정단계($\substack{\text{Vewaltungs-} \\ \text{instanz}}$)에서부터 이미 권리보호를 받을 수 있다고 예측할 수 있을 때에야 비로소 실현될 수 있는 것이기 때문이다.[3] 또한 민주주의는 '국민에 의한 통치'이므로 이로부터 행정절차에의 참여가 요구되는 것은 당연하다. 이를 통하여 특히 복잡한 이해관계를 둘러싼 위임입법 또는 행정재량·판단여지 등의 행사에 있어 이해관계인의 의사와 이익을 반영할 수 있는 기회가 마련됨으로써 결국 행정의 민주화를 기할 수 있기 때문이다. 둘째, 행정절차는 행정의 공정성·적정성을 보장하는 실효적 수단이다. 행정행위를 하기에 앞서 이를 미리 이해관계인에게 통지하여 의견이나 참고자료 등을 제출할 수 있는 기회를 부여함으로써 행정청의 사실인정 및 법령의 해석, 적용을 적정화하고 또 행정행위의 적법타당성·공정성을 확보할 수 있다. 행정절차는 또한 발생 가능한 분쟁을 사전에 방지하는 사전적·예방적 권리구제절차로도 기능하고 또 법원에 도달하기 전에 쟁점을 정리하는 기능을 가지는 것이므로 사법부의 부담을 완화해 준다.[4] 또한 행정절차는 사후적 권리구제에서는 달성할 수 없는 권리구제의 실효성을 기할 수 있는 제도이기도 하다. 끝으로 행정절차는 행정의 능률화에도 기여한다. 일견 행정작용의 절차화란 행정능률과 양립될 수 없는 것처럼 보이지만 복잡다양한 행정작용에 관한 절차를 표준화·간소화함으로써 오히려 행정작용을 원활하게 수행하는데 도움을 줄 수 있으며,[5] 불필요한 국민의 저항을 회피함으로써 결과적으로 행정의 능률화에 이바지한다.

　요컨대 행정의 능률·탄력성의 확보를 중시하여 행정의 절차적 규제를 소홀히 취급하는 행정국가관은 오늘날 더 이상 타당하지 않다. 특히 기본권보장을 이념으로 하는 실질적 법치국가에 이르러서는 행정의 공정성과 적정성의 보장이 요청되고, 행정에 대한 국민의 능동적 참여를 통한 민주적 통제가 불가피하게 되었다. 이에 따라 절차적 규제로서 행정절차의 필요성은 오늘날 더 이상 의문시되지 않고 있다. 행정절차의 존재이유는 행정의 민주화에 있으며, 특히 행정의 투명성·예측가능성($\substack{\text{Transparenz und} \\ \text{Überschaubarkeit}}$)과 접근가능성($\substack{\text{Zugänglichkeit}}$)의 확보, 이를 바탕으로 한 이익대변($\substack{\text{Interessen-} \\ \text{vertretung}}$)의 기회 및 참가($\substack{\text{Partizipation}}$)[6]의 보장, 「절차를 통한 정당성」($\substack{\text{Legitimation durch} \\ \text{Verfahren}}$)

---

2) C.H. Ule, Rechtsstaat und Verwaltung, VerwArch. Bd.76(1985), 139; Maurer, § 19 Rn.9.

3) C.H. Ule, aaO.

4) 이것은 특히 오스트리아 행정절차법의 중요한 경험이다. Badura, in: Erichsen/Martens, § 36 Rn.11; Hufen, Zur Systematik der Folgen von Verfahrensfehlern-eine Bestandsaufnahme nach zehn Jahren VwVfG, DVBl 1988, 77.

5) C.H. Ule, aaO., S.138f. 이와같이 행정절차를 통하여 행정의 간소화를 기할 수 있다는 점은 국가의 행정기구(Verwaltungsapparat)를 법령의 간소화(Vereinfachung), 불필요한 법령의 규정의 폐지, 심급의 단축 및 행정의 분권화를 통하여 간소화하는 것을 목표로 삼았고 그런 연유로 "행정간소화를 위한 법률"이란 명칭을 가졌던 1925년 오스트리아 행정절차법의 경험을 통해서도 이미 실증된 바 있다. 문제는 오히려 어떻게 하면 국민의 권리보호와 행정의 능률성을 최적으로 조화시킬 수 있느냐 하는 데 있다(김남진, 기본문제, 1992, 343).

및 행정능률($\substack{\text{Verwaltungs-}\\\text{effizienz}}$)의 고려 등에서 찾을 수 있다.[7]

3. 행정절차의 일반적 내용

행정절차의 내용은 각국의 입법실태에 따라 또 행정작용의 성질에 따라 한결같지 않지만, 정식절차의 경우 사전통지, 청문, 공청회 등을 통한 의견청취, 결정 및 결정이유의 명시 등을 포함하는 것이 일반적이다.

3.1. 사전통지

사전통지($\substack{\text{notice,}\\\text{Bekanntgabe}}$)란 어떤 행정결정을 하기 전에 이해관계인에게 해당 행정작용의 내용 및 청문 등의 일시, 장소 등을 통지하는 것을 말하며, 이로써 의견, 변명 또는 자료의 제출을 가능케 하려는 것이다. 통지의 방법은 법령에 특별한 규정이 없는 한 송달 또는 공고의 방법에 의한다.

3.2. 청 문

청문($\substack{\text{hearing,}\\\text{Anhörung}}$)이란 행정작용을 하기에 앞서 이해관계인으로 하여금 자기에게 유리한 증거를 제출하게 하고 의견을 진술케 함으로써 사실심사를 하는 절차를 말한다. 청문은 '누구도 청문 즉 변명의 기회를 부여받지 않고는 비난당하지 않는다'는 자연적 정의의 기본요소의 하나로서 행정결정의 적정성을 확보하기 위한 공정절차의 핵심이라 할 수 있다. 청문의 형태는 다양하며 어떤 형태를 채택하느냐 하는 것은 입법정책의 문제이다. 가령 독일의 행정절차법은 이를 비정식절차와 정식절차로 구분하면서도 전자를 원칙으로 하는 데 비해, 미국에서는 사실심형청문($\substack{\text{trial type}\\\text{hearing}}$)과 진술형청문($\substack{\text{argument type}\\\text{hearing}}$)으로 구분하고 있다. 여기서 사실심형청문이란

---

6) P. Badura, Das Verwaltungsverfahren, in: Erichsen/Martens, Allgemeines Verwaltungsrecht, 9.Aufl., 1992, § 39 Rn.8, S.442. 정치적 테마 및 프로그램으로서 참여는 행정의 차원을 초월하여 복지국가적 관료적 국가주의 (wohlfahrtsstaatlicher bürokratischer Etatismus)에 대해 민주주의의 토대, 가능성 및 한계를 모색하는 문제이다. 이처럼 행정결정에 대한 참여의 문제는 엄밀히 말하면 행정절차법의 범주를 넘어서는 문제이다. 이런 뜻에서 행정절차에 대한 법치국가적 보장의 목적은 법적 청문권의 보장(rechtliches Gehör)에 있지 이해관계인등의 범주확대와 이들의 절차형성 및 결정에의 참여를 내용으로 하는 '참여'에 있는 것은 아니다. 그러나 경험적으로 보아 이 상이한 목표들은 결국 실정헌법상 국가적 의사형성에 대한 조직적 이익의 영향을 제도화하는 데에서 합류하게 된다고 한다.

7) 후펜(Hufen, DVBl 1988, 69ff.)은 일면 결과지향 및 전면적 재판통제(gerichtliche Vollkontrolle)와, 타면 절차를 결정과정으로 해석하는 관점 및 "절차를 통한 정당화"(Luhmann, Legitimation durch Verfahren, 1969; Scharpf, Die politischen Kosten des Rechtsstaates, 1970)가 이 문제영역을 특징지우고 있다고 한다. 행정절차의 기능·목적에 관하여는 Schmidt-Aßmann, Institute gestufter Verwaltungsverfahren: Vorbescheid und Teilgenehmigung, in: Verwaltungsrecht zwischen Freiheit, Teilhabe und Bindung, FS aus Anlaß des 25jährlichen Bestehens des BVerwGE, 1978, S.569; Kopp, Beteiligung, Rechts- und Rechtsschutzpositionen im Verwaltungsverfahren, in: FS BVerwGE, S.390ff. 등을 참조.

당사자가 상대방이 제출한 증거 및 변론을 반박할 수 있는 기회가 부여되는 청문을 의미하며, 진술형청문이란 당사자에게 오직 의견진술이나 증거 그 밖의 참고자료를 제출할 수 있는 기회가 주어지는 데 그치는 청문을 의미한다. 행정기관이 행하는 청문은 후자가 보통이다.

3.3. 결정 및 결정이유의 명시

전술한 사전통지와 청문을 거쳐 행정절차의 최종단계로서 결정($_{Entscheidung}^{decision,}$)이 행해지게 되는데 행정청이 결정을 할 때에는 그 이유를 제시해야 할 의무가 부과되는 것이 원칙이다. 여기서 이유의 제시 또는 이유부기($_{zwang}^{Begründungs-}$)란 특히 확인적 성질의 행위, 그 밖의 부담적 행정행위를 하는 경우 그 행위를 하게 된 근거를 명시함으로써 행정청의 자의적 결정을 배제하고 이해관계인으로 하여금 이를 기초로 하여 차후 행정구제절차에 대처할 수 있도록 하려는 것이다.

Ⅱ. 행정절차법의 법원

1. 개   설

행정절차법의 법원(法源), 즉 현행법상 행정절차에 관한 법적 규율은 적법절차조항 등 헌법규정과 1996년 12월 31일 법률 제5241호로 제정된 행정절차법, 각종 단행법에 산재된 행정절차에 관한 규정들 및 그 밖의 관계법령으로 이루어지고 있다.

2. 헌법: 적법절차의 헌법적 보장

행정절차의 헌법적 근거에 관하여는 학설이 대립되고 있다. 헌법 제12조 제1항의 '적법한 절차'라는 규정은 직접적으로는 형사사법권의 발동에 관한 조항이라 하더라도 행정절차에도 유추적용된다고 보는 견해,[8] 헌법 제10조(인간의 존엄과 가치, 기본적 인권의 불가침성)와 제37조(기본권의 포괄성·기본권제한의 법률유보) 등에서 행정절차의 법적 보장의 근거를 찾는 견해,[9] 그리고 불이익처분시 절차적 참가권은 헌법상 법치국가원칙에 따라 직접 보장된 것으로 보되, 개인의 권익을 구체적으로 침해하는 것이 아닌 행정입법절차와 행정계획절차에의 참가는 헌법적 요청으로는 볼 수 없고 입법을 필요로 한다고 하는 견해 등이 주장되고 있다. 아무튼 행정절차의 보장이 헌법적으로 뒷받침되고 있다는 점에 관하여는 대체로 견해가 일치된다고 볼 수 있다.

---

8) 김도창, 일반행정법론(상), 537; 이상규, 신행정법론(상), 341-342; 헌법재판소 1990.11.19. 선고 90헌가48 결정.
9) 김도창, 일반행정법론(상), 537.

그러나 헌법상 적법절차의 보장조항으로부터 직접, 즉 법률의 매개 없이 청문을 받을 권리 같은 행정절차적 권리가 도출될 수 있느냐에 관하여는 견해가 일치하고 있지 않다. 먼저 헌법재판소는 '헌법 제12조 제3항 본문은 동조 제1항과 함께 적법절차원리의 일반조항에 해당하는 것으로서, 적법절차의 원칙은 법률이 정한 형식적 절차와 실체적 내용이 모두 합리성과 정당성을 갖춘 적정한 것이어야 한다는 실질적 의미를 지니고 있으며, 헌법조항에 규정된 형사절차상의 제한된 범위 내에서만 적용되는 것이 아니라, 국가작용으로서 기본권의 제한과 관련되든 관련되지 않든 모든 입법작용 및 행정작용에도 광범위하게 적용되는 것'이라는 입장을 취하고 있다.[10] 대법원도 한때 행정규칙에 해당하는 훈령에 규정된 청문절차를 거치지 않은 건축사사무소등록취소처분을 취소함으로써 결론에 있어 그와 유사한 방향을 시사한 바 있었다.

"관계행정청이 건축사사무소의 등록취소처분을 함에 있어 당해 건축사들을 사전에 청문토록 한 취지는 위 행정처분으로 인하여 건축사무소의 기존권리가 부당하게 침해받지 아니하도록 등록취소사유에 대하여 당해 건축사에게 변명과 유리한 자료를 제출할 기회를 부여하여 위법사유의 시정가능성을 감안하고 처분의 신중성과 적정성을 기하려 함에 있다 할 것이므로 설사 건축사법 제28조 소정의 등록취소등 사유가 분명히 존재하는 경우라 하더라도 당해 건축사가 정당한 이유없이 청문에 응하지 아니한 경우가 아닌 한 청문절차를 거치지 아니하고 한 건축사사무소 등록취소처분은 위법하다."[11]

이후 대법원은 청문을 거치지 않고 행한 (불이익)처분에 대하여 청문절차가 그 근거법률에 명시되어 있는 경우에는 위법하지만, 관계법령에서 청문절차를 시행하도록 규정하지 않은 경우에는 훈령이나 그 밖의 행정규칙에 따라 청문을 실시하도록 되어 있다 할지라도 위법하다고 볼 수 없다는 입장을 견지함으로써,[12] 헌법재판소 판례와는 상반된 견해를 보였다.

---

10) 헌법재판소 1989.9.8. 선고 88헌가6 결정; 헌법재판소 1990.11.19. 선고 90헌가48 결정; 헌법재판소 1992.12.24. 선고 92헌가8 결정; 헌법재판소 1994.12.29. 선고 94헌마201 전원재판부 결정.

11) 대법원 1984.9.11. 선고 82누166 판결. 원심: 서울고법 1982.2.25. 선고 80구708 판결. 이에 관한 평석으로는 김남진, 청문을 결한 행정처분의 위법성, 법률신문 1563호; 동, 훈령이 정한 청문결여의 효과, 판례월보 173호, 154 등을 참조.

12) 동지 오준근, 행정절차의 일반원칙, 고시계 1997/7, 15-32, 20. 이러한 대법원의 입장을 어떻게 이해할 것인가에 대하여는 논자에 따라 다소의 뉘앙스가 있다. 가령 다음에 인용하는 대법원 1994.8.9. 선고 94누3414 판결을 두고 종전의 대법원 1984.9.11. 선고 82누166 판결에서 읽어낼 수 있었던 청문절차의 불문법원리 또는 헌법적 원리성이 정면으로 부인되었다고 보는 견해가 있는 반면(김동희, 행정법 I, 341; 김유환, 우리나라 행정절차법과 미국 연방행정절차법, 고시계 1997/4, 80 등), 우리 대법원의 입장을 그처럼 일반적으로만 판단할 것은 아니라는 견해도 있다(오준근, 앞의 글, 19). 그러나 대법원이 1984년 9월 11일자 판결을 제외하고는 관계법령에서 규정되어 있지 않는 한, 청문을 거치지 않아도 불이익처분이 위법하게 되는 것은 아니라는 입장을 견지하고 있음은 분명하며, 따라서 헌법재판소 판례 같이 적법절차의 보장이 "헌법조항에 규정된 형사절차상의 제한된 범위 내에서만 적용되는 것이 아니라, 국가작용으로서 기본권의 제한과 관련되든 관련되지 않든 모든 입법작용 및 행정작용에도 광범위하게 적용되는 것"이라고 보는 입장과는 거리가 멀다.

제1편 제2편 제3편 제4편 제5편 행정법총론

"가. 「국민의 권익보호를 위한 행정절차에 관한 훈령」 $\binom{1989.11.17. \ 국무}{총리훈령 \ 제235호}$은 상급행정기관이 하급행정기관에 대하여 발하는 일반적인 행정명령으로서 행정기관 내부에서만 구속력이 있을 뿐 대외적인 구속력을 가지는 것이 아니다.

나. 당사자의 의견청취(청문 포함)절차 없이 어떤 행정처분을 한 경우에도 관계법령에서 당사자의 의견청취절차를 시행하도록 규정하지 않고 있는 경우에는 그 행정처분이 위법하게 되는 것은 아니라 할 것인바, 문화재보호법과 「대구직할시 문화재보호 조례」에 의하면 시지정문화재는 시장이 문화재위원회의 자문을 받아 지정한다고만 규정되어 있을 뿐, 그 지정에 있어서 문화재의 소유자나 그 밖의 이해관계인의 신청이 필요하다는 규정이나 소유자 기타 이해관계인의 의견을 들어야 한다는 행정절차의 규정은 없고, 비록 국민의권익보호를위한행정절차에관한훈령에 따라 1990.3.1.부터 시행된 행정절차운영지침에 의하면 행정청이 공권력을 행사하여 국민의 구체적인 권리 또는 의무에 직접적인 변동을 초래하게 하는 행정처분을 하고자 할 때에는 미리 당사자에게 행정처분을 하고자 하는 원인이 되는 사실을 통지하여 그에 대한 의견을 청취한 다음, 이유를 명시하여 행정처분을 하여야 한다고 규정되어 있으나, 이는 대외적 구속력을 가지는 것이 아니므로, 시장이 건조물 소유자의 신청이 없는 상태에서 소유자의 의견을 듣지 아니하고 건조물을 문화재로 지정하였다고 하여 위법한 것이라고 할 수 없다."[13]

"청문절차 없이 어떤 행정처분을 한 경우에도 관계법령에서 청문절차를 시행하도록 규정하지 않고 있는 경우에는 그 행정처분이 위법하게 되는 것이 아니라고 할 것인바, 구 주택건설촉진법 $\binom{1992.12.8. \ 법률 \ 제4530}{호로 \ 개정되기 \ 전의 \ 것}$ 및 같은법 시행령에 의하면 주택조합설립인가처분의 취소처분을 하고자 하는 경우에 청문절차를 거치도록 규정하고 있지 아니하므로 청문절차를 거치지 아니한 것이 위법하지 아니하다."[14]

3. 행정절차법

헌법 이외에 행정절차법의 법원으로 가장 중요한 것이 1996년 12월 31일 법률 제5241호로 제정된 행정절차법이다. 행정절차법은 제1조에서 "이 법은 행정절차에 관한 공통적인 사항을 규정하여 국민의 행정참여를 도모함으로써 행정운영과정의 투명성·공정성 및 신뢰성을 확보하고 국민의 권익을 보호함을 목적으로 한다"고 규정하고 있다.

행정절차법은 행정절차에 관한 일반법이다. 이것은 '처분·신고·행정상 입법예고·행정예고·행정지도의 절차에 대하여 다른 법률에 특별한 규정이 없는 경우에는 이 법을 적용한다'고 규정하고 있는 제3조 제1항의 문언으로 보아 분명하다.

---

13) 대법원 1994.8.9. 선고 94누3414 판결. 참조 대법원 1994.3.22. 선고 93누18969 판결. 이에 관한 평석으로는 김남진, 훈령위반의 행정처분의 효력, 법률신문 2363호(1994.11), 14; 송유영, 국민의권익보호를위한행정절차에관한훈령의 법적성질 및 훈령에 따른 행정절차운영지침 소정의 행정절차를 거치지 않고 행한 행정처분의 효력, 판례월보 292호(1995.1), 17; 행정규칙에 규정된 청문절차를 거치지 아니한 행정처분의 효력, 판례월보 297호(1995.6), 33 등을 참조.

14) 대법원 1994.3.22. 선고 93누18969 판결.

⠿ 행정절차법 제3조 제1항의 취지 · 사립학교법 제20조의2 제2항이 특별법인지 여부

[1] 관할청이 학교법인에 대하여 부동산 매각과 관련된 당초의 시정요구사항을 이행하지 아니할 경우 사립학교법 제20조의2의 규정에 따라 임원취임승인을 취소하겠다고 계고한 바에 따라서 임원취임승인을 취소함과 동시에 임시이사를 선임하고 당초의 시정요구사항을 변경하는 통보를 한 경우, 관할청의 시정요구 변경통보는 관할청이 가지는 같은 법 제4조 소정의 일반적인 지도·감독권에 기한 것으로서 임시이사들로 임원진이 개편된 학교법인에 대한 행정지도의 성격을 지니는 새로운 조치라고 할 것이다.

[2] 행정절차법 제3조 제1항은 "행정절차에 관하여 다른 법률에 특별한 규정이 있는 경우를 제외하고는 이 법이 정하는 바에 의한다"고 규정하고 있는바, 이는 **행정절차법이 행정절차에 관한 일반법임**을 밝힘과 아울러, 매우 다양한 형식으로 행하여지는 행정작용에 대하여 일률적으로 행정절차법을 적용하는 것이 적절하지 아니함을 고려하여, 다른 법률이 행정절차에 관한 특별한 규정을 적극적으로 두고 있는 경우이거나 다른 법률이 명시적으로 행정절차법의 규정을 적용하지 아니한다고 소극적으로 규정하고 있는 경우에는 행정절차법의 적용을 배제하고 다른 법률의 규정을 적용한다는 뜻을 밝히고 있는 것이라고 할 것인데, 사립학교법 제20조의2 제2항은 "제1항의 규정에 의한 취임승인의 취소는 관할청이 당해 학교법인에게 그 사유를 들어 시정을 요구한 날로부터 15일이 경과하여도 이에 응하지 아니한 경우에 한한다"고 규정하고 있는바, 비록 그 취지가 사학의 자율성을 고려하여 학교법인 스스로 임원의 위법·부당행위를 시정할 기회를 주는 데 있다고 하더라도, 학교법인이나 해당 임원의 입장에서는 위 시정요구에 응하지 아니하면 임원취임승인이 취소되므로 관할청에 위 시정요구사항에 대한 결과보고를 함에 있어서, 위 기간 안에 시정할 수 없는 사항에 대하여는 임원취임승인취소처분을 면하기 위하여 당연히 위 기간 안에 시정할 수 없는 사유와 그에 대한 앞으로의 시정계획, 학교법인의 애로사항 등에 관한 의견진술을 하게 될 것인즉, 그렇다면 위 조항에 의한 **시정요구는 학교법인 이사장을 비롯한 임원들에게, 임원취임승인취소처분의 사전통지와 아울러 행정절차법 소정의 의견진술의 기회를 준 것에 다름 아니다.**[15]

⠿ 어린이집 보조금 반환 및 평가인증취소와 행정절차법 적용배제 여부

"영유아보육법 제30조 제7항은 어린이집 평가인증의 실시 및 유효기간 등에 필요한 사항에 관해서만 보건복지부령으로 정하도록 위임하고 있는 점, 구 영유아보육법 시행규칙 제31조도 '운영체계, 평가지표, 수수료 등 어린이집의 평가인증에 필요한 사항'(①), '평가인증의 절차 및 서식 등에 관한 구체적인 사항'(④)만을 보건복지부장관이 정하도록 위임하고 있는 점 등을 종합하면, 보건복지부장관이 작성한 「보육사업안내」에 평가인증취소의 절차에 관한 사항을 일부 정하고 있다 하더라도 이러한 사정만으로 행정절차법 제3조 제1항이 정한 '다른 법률에 특별한 규정이 있는 경우'에 해당하여 평가인증취소에 행정절차법 적용이 배제된다고 보기 어렵다."[16]

행정절차법의 일반법적 성격은 광범위한 적용배제를 규정한 같은 조 제2항을 통해 크게 제약되고 있다. 이에 따르면, 행정절차법은 다음 사항에 대하여는 적용되지 아니한다.

---

15) 대법원 2002.2.5. 선고 2001두7138 판결: 관할청이 당초 처분사유로 삼지도 아니하였거나 삼을 수도 없는 사항의 위법·부당의 정도까지를 함께 고려하여 임원취임승인취소처분에 재량남용의 위법이 없다고 판단한 원심판결을 파기한 사례.

16) 대법원 2016.11.9. 선고 2014두1260 판결.

1. 국회 또는 지방의회의 의결을 거치거나 동의 또는 승인을 얻어 행하는 사항
2. 법원 또는 군사법원의 재판에 의하거나 그 집행으로 행하는 사항
3. 헌법재판소의 심판을 거쳐 행하는 사항
4. 각급 선거관리위원회의 의결을 거쳐 행하는 사항
5. 감사원이 감사위원회의의 결정을 거쳐 행하는 사항
6. 형사, 행형 및 보안처분 관계법령에 따라 행하는 사항
7. 국가안전보장·국방·외교 또는 통일에 관한 사항 중 행정절차를 거칠 경우 국가의 중대한 이익을 현저히 해할 우려가 있는 사항
8. 심사청구·해양안전심판·조세심판·특허심판·행정심판 그 밖의 불복절차에 의한 사항
9. 「병역법」에 따른 징집·소집, 외국인의 출입국·난민인정·귀화, 공무원 인사관계 법령에 의한 징계와 그 밖의 처분 또는 이해조정을 목적으로 법령에 의한 알선·조정·중재·재정 또는 그 밖의 처분 등 해당 행정작용의 성질상 행정절차를 거치기 곤란하거나 불필요하다고 인정되는 사항과 행정절차에 준하는 절차를 거친 사항으로서 대통령령으로 정하는 사항

행정절차법 시행령 제2조는 법 제3조 제2항 제9호에서 "대통령령으로 정하는 사항"을 다음과 같이 열거하고 있다.

1. 「병역법」, 「예비군법」, 「민방위기본법」, 「비상대비자원 관리법」에 따른 징집·소집·동원·훈련에 관한 사항
2. 외국인의 출입국·난민인정·귀화·국적회복에 관한 사항
3. 공무원 인사관계법령에 의한 징계 그 밖의 처분에 관한 사항
4. 이해조정을 목적으로 법령에 의한 알선·조정·중재·재정 그 밖의 처분에 관한 사항
5. 조세관계법령에 의한 조세의 부과·징수에 관한 사항
6. 「독점규제 및 공정거래에 관한 법률」, 「하도급거래 공정화에 관한 법률」, 「약관의 규제에 관한 법률」에 따라 공정거래위원회의 의결·결정을 거쳐 행하는 사항
7. 「국가배상법」, 「공익사업을 위한 토지 등의 취득 및 보상에 관한 법률」에 따른 재결·결정에 관한 사항
8. 학교·연수원등에서 교육·훈련의 목적을 달성하기 위하여 학생·연수생등을 대상으로 행하는 사항
9. 사람의 학식·기능에 관한 시험·검정의 결과에 따라 행하는 사항
10. 「배타적 경제수역에서의 외국인어업 등에 대한 주권적 권리의 행사에 관한 법률」에 따라 행하는 사항
11. 「특허법」, 「실용신안법」, 「디자인보호법」, 「상표법」에 따른 사정·결정·심결, 그 밖의 처분에 관한 사항

대법원은 다음 판례에서 보는 바와 같이 위 적용배제 사유를 비교적 엄격하게 적용하려는 경향을 보이고 있다.

"행정과정에 대한 국민의 참여와 행정의 공정성, 투명성 및 신뢰성을 확보하고 국민의 권익을 보호함을 목적으로 하는 행정절차법의 입법목적과 행정절차법 제3조 제2항 제9호의 규정 내용 등에 비추어 보면, **공무원 인사관계 법령에 의한 처분에 관한 사항 전부에 대하여 행정절차법의 적용이 배제되는 것이 아니라 성질상 행정절차를 거치기 곤란하거나 불필요하다고 인정되는 처분이나 행정절차에 준하는 절차를 거치도록 하고 있는 처분의 경우에만 행정절차법의 적용이 배제되는 것으로 보아야 할 것이다**."[17]

대법원은 국가공무원법상 직위해제처분에 처분의 사전통지 및 의견청취 등에 관한 행정절차법 규정이 적용되지 아니한다고 판시한 바 있다.

"[1] 국가공무원법 제73조의3 제1항에 규정한 직위해제는 일반적으로 공무원이 직무수행능력이 부족하거나 근무성적이 극히 불량한 경우, 공무원에 대한 징계절차가 진행 중인 경우, 공무원이 형사사건으로 기소된 경우 등에 있어서 당해 공무원이 장래에 있어서 계속 직무를 담당하게 될 경우 예상되는 업무상의 장애, 공무집행 및 행정의 공정성과 그에 대한 국민의 신뢰저해 등을 예방하기 위하여 일시적인 인사조치로서 당해 공무원에게 직위를 부여하지 아니함으로써 직무에 종사하지 못하도록 하는 잠정적이고 가처분적인 성격을 가진 조치이다. 따라서 그 성격상 과거공무원의 비위행위에 대한 공직질서 유지를 목적으로 행하여지는 징벌적 제재로서의 징계 등에서 요구되는 것과 같은 동일한 절차적 보장을 요구할 수는 없다.[18]

[2] 국가공무원법상 **직위해제처분**은 구 행정절차법 제3조 제2항 제9호, 동법 시행령 제2조 제3호에 의하여 당해 행정작용의 성질상 행정절차를 거치기 곤란하거나 불필요하다고 인정되는 사항 또는 행정절차에 준하는 절차를 거친 사항에 해당하므로, 처분의 사전통지 및 의견청취 등에 관한 행정절차법의 규정이 별도로 적용되지 아니한다고 봄이 상당하다."[19]

4. 행정절차에 관한 개별법

일반법인 행정절차법과는 별도로 행정절차에 관한 규정들을 두고 있는 각종 단행법들이 또한 행정절차에 관한 법적 규율의 근거가 된다.[20]

단행법에 특정한 행정행위, 특히 불이익처분을 함에 있어 고지, 청문, 의견제출 및 진술권 등을 규정하는 일이 늘어나고 있다(예: 건축법 § 86, 수산업법 § 95, 수도법 § 79, 수질 및 수생태계 보전에 관한 법률 § 72, 유해화학물질관리법 § 50, 소음·진동규제법 § 51, 대기환경보전법 § 85, 해양생태계의 보전 및 관리에 관한 법률 § 59, 옥외광고등관리법 § 15, 의료법 § 84, 도로법 § 85, 하천법 § 91, 국토의 계획 및 이용에 관한 법률 § 136 등). 이들 단행법은 행정절차법과의 관계에서 특별법적 지위를 가지므로, 원칙적으로 행정절차법에 우선하여 적용된다. 각각의 단행법에 행정절차에 관한 명문의

---

17) 대법원 2007.9.21. 선고 2006두20631 판결. 군인사법령에 따라 진급예정자명단에 포함된 자에 대하여 의견제출의 기회를 부여하지 아니한 채 진급선발을 취소하는 처분을 한 것이 절차상 하자가 있어 위법하다고 한 사례. 이 판결에 대한 평석으로는 이승택, "공무원 인사관계 법령에 의한 처분에 관한 사항에 대하여 행정절차법의 적용이 배제되는 범위", 대법원판례해설 73호(2007 하반기), 2008.7, 법원도서관을 참조.

18) 대법원 2003.10.10. 선고 2003두5945 판결; 대법원 2013.5.9. 선고 2012다64833 판결; 헌법재판소 2006.5.25. 선고 2004헌바12 전원재판부 결정 등을 참조.

19) 대법원 2014.5.16. 선고 2012두26180 판결.

20) 이에 관하여는 김복년, "유형별로 살펴본 청문등 행정절차에 관한 입법례", 입법조사월보 1994/6, 141이하를 참조.

제1편 제2편 제3편 제4편 제5편 행정법총론

규정이 없는 경우에는 일반법으로서 행정절차법이 적용된다. 반면 행정절차법에도 명문의 규정이 없는 행정절차에 대하여는 법해석상 앞서 본 헌법조항들을 근거로 하여 적어도 불이익처분에 있어 상대방에 대한 통지와 청문 등의 행정절차가 요청된다는 법리를 도출할 수 있는지를 검토해 보아야 한다.

앞에서 본 행정절차법 제3조 제2항에 따른 적용제외사항에 관하여는 행정절차법이 적용되지 않기 때문에 절차적 규율이 각각의 관계법에 맡겨져 있으며, 따라서 이들 관계법도 행정절차법과는 별도로 행정절차에 관한 법원이 된다.[21) 또한 행정절차법이 행정계획이나 공법상 계약 등에 관한 규율을 포기한 결과, 그 한도 내에서는 그 일반법적 지위를 논할 여지조차 없게 되었고, 따라서 이 부분에 대하여도 기존의 개별법주의 법상태가 그대로 유지되며 그 한도 내에서 기존의 관계법령들이 행정절차에 관한 법원이 된다.

한편, 행정절차법이 제정되면서 각종 개별법에 의한 행정절차관련규정들을 정비해야 할 필요성이 대두됨에 따라 행정절차법의시행을위한공인회계사법등일부개정법률[22)이 제정되어 각종 단행법상의 행정절차관련규정들이 일반법인 행정절차법과 조율되고 있다.

5. 행정절차조례

행정절차법은 국가뿐만 아니라 지방자치단체에 대해서도 적용됨을 전제로 하고 있는 것으로 이해되고 있다.[23) 그러나 지방자치단체가 독자적으로 행정절차조례를 제정할 경우, 이를 무효로 볼 것인가 하는 문제가 제기될 수 있다. 이 문제는 특히 행정절차법이 그 규율대상을 처분중심으로 축소함으로써 그 밖의 행정작용에 대한 절차에 관한 한 일반법적 규율을 포기했기 때문에 더욱 현실적인 중요성을 가진다. 행정절차법의 규율대상에서 제외된 행정작용에 관한 한 모법이 없는 상태이므로 보다 널리 행정절차조례가 형성될 여지가 있기 때문이다.

지방자치단체가 그 자치사무에 관하여 행정절차법과 중복되는 범위에서 (즉 행정절차법이 규율대상으로 삼은 처분등 행정작용에 대하여) 별도의 행정절차조례를 정한 경우, 이를 위법·무효라고 볼 것인가에 대하여는, 국가의 입법권선점($^{legislative}_{preemption}$)이론이 성립할 여지가 있다. 물론 헌법상 지방자치의 보장은 의당 자치입법권의 보장을 포함하는 것이므로 위헌여부가 논란될 수 있으나, 입법권자가 누리는 입법형성권 또는 입법재량을 근거로 가령 행정절차법 제3조 제1항의 규정을 국가의 입법선점의 취지로 해석하는 것도 불가능하지는 않다고 본다.[24)

---

21) 塩野 宏, 일본행정법론(서원우/오세탁 공역), 법문사, 1996, 219.
22) 이 법률은 1997년 11월 18일 제185회 국회 제16차 본회의에서 의결되어 1997년 12월 13일 법률 제5453호로 제정되었다.
23) 김철용, "행정절차법의 시행에 즈음하여", 고시계 1997/7, 12-13, 13.
24) 김철용, 같은 곳.

행정절차법의 해석을 통하여 과연 이러한 국가 입법선점론이 도출될 수 있는지는 불분명하다. 만일 행정절차법의 취지를 그것이 규율하고 있는 사항에 관한 한 조례의 성립가능성을 전적으로 배제하려는 데 있다고 이해한다면 그와 같은 조례들을 위법·무효라고 볼 수도 있을 것이다. 즉, 행정절차법이 규정을 둔 이상(입법선점), 그 규정사항에 관한 조례는 규정의 내용여하를 불문하고 아예 제정할 수 없게 된 것이라고 보는 경우, 그러한 조례는 의당 위법·무효라고 하게 될 것이기 때문이다.[25]

그러나 지방자치단체의 조례가 행정절차법의 적용대상에 대하여 규정하고 있기는 하지만, 행정절차법이나 그 시행령·시행규칙에서 규정되지 않은 사항을 구체화한 데 불과한 경우에는 이를 반드시 무효라고 볼 수는 없을 것이다. 한발 더 나아가 입법선점론의 입장에 선다 할지라도 행정절차법과 다른 규정을 둔 조례를 모두 위법·무효라고만 보아야 하는지는 의문이다.

행정절차법이 일정한 요건 하에 당사자등에게 그 이익으로 일정한 종류의 행정절차를 거칠 수 있는 기회를 부여하는 경우 그것은 그러한 요건이 충족된 경우 외에는 해당 행정절차를 거치도록 해야 할 의무가 없다는 취지일 뿐, 행정청이 행정절차법상의 요건이 충족되지 않은 경우에도 친절하게 당사자등을 위하여 해당 행정절차의 기회를 부여하는 것까지 금하는 취지는 아니라고 보아야 할 것이다. 행정절차법은 국민을 위한 절차적 보장의 최소한을 의미하는 것이지 행정청에 대하여 국민에게 부여할 수 있는 절차적 보장의 최대한을 설정한 것은 아니기 때문이다. 가령 행정절차법 제23조 제1항은 행정청으로 하여금 처분을 함에 있어 신청내용을 모두 그대로 인정하는 경우나 단순·반복적인 처분 또는 경미한 처분으로서 당사자가 그 이유를 명백히 알 수 있는 경우 또는 긴급을 요하는 경우를 제외하고는 당사자에게 그 근거와 이유를 제시하도록 의무화하고 있는데, 그러한 예외적인 경우에도 행정청이 스스로 처분의 근거와 이유를 제시하는 것은 무방할 뿐만 아니라 바람직할 수도 있다. 또한 행정절차법 제22조 제3항은 행정청이 당사자에게 의무를 과하거나 권익을 제한하는 처분을 함에 있어 제22조 제1항 또는 제2항에 따라 청문이나 공청회가 실시되는 경우 외에는 당사자등에게 의견제출의 기회를 주어야 한다고 규정하고 있는데, 이 규정은 그러한 침익적·부담적 처분의 경우 당사자등에게 최소한 의견제출의 기회를 줄 것을 의무화한 것이지 수익적 처분을 함에 있어 의견제출의 기회를 주는 것을 금지한 것은 아니라고 해석하여야 할 것이다. 그 경우 의견제출의 기회를 부여하는 것은 행정청의 법적 의무는 아니지만, 행정청에게 그가 하고자 하는 처분과 관련된 이해관계상황을 더 확실히 파악하고 상대방을 납득시키려는 목적에서 자발적으로 의견제출의 기회를 주는 것은 허용된다고 보아야 하기 때문이다.

---

25) 반면 조례가 단순히 행정절차법의 규정을 반복하여 규정한 것에 지나지 않을 경우 그 조례를 위법·무효로 볼 것인가는 별개의 문제이다. 그러나 그러한 조례가 제정되는 경우는 거의 드물 것이므로 논의의 실익이 없다.

제1편 제2편 제3편 제4편 제5편 행정법총론

　이러한 결론은 이를테면 행정절차법 수준의 절차적 보장에다 '플러스알파'(+α)를 규정한 조례의 적법성여부에 관한 문제에도 자연스럽게 연장될 수 있다. 가령 행정절차법 제22조 제1항은 다른 법령등에서 청문을 실시하도록 규정하고 있거나 행정청이 필요하다고 인정하는 경우에 청문을 실시한다고 규정하고 있음에도 불구하고, 지방자치단체가 일반행정절차조례를 제정하여 그 고유한 영역인 자치사무에 관한 행정작용을 함에 있어 일정 수 이상의 주민이 요구하는 경우에도 청문을 실시하여야 한다고 규정할 경우, 이 조례를 위법·무효라고 볼 것인지가 문제될 수 있다. 앞에서 본 침익적 처분시 제22조 제1항 또는 제2항에 따라 청문이나 공청회가 실시되는 경우 외에는 당사자등에게 의견제출의 기회를 주어야 한다고 규정한 행정절차법 제22조 제3항의 경우에도 마찬가지의 문제가 제기될 수 있다. 즉, 조례가 청문이나 공청회가 실시되는 경우 외에 수익적 처분을 하는 경우에도 당사자등에게 의견제출의 기회를 주도록 의무화하는 규정을 둔 때에도 이를 주민에게 행정절차법의 수준을 초과하는 절차적 기회를 부여했다는 이유로 위법·무효라고 볼 것인지가 문제될 수 있는 것이다.

　생각건대, 행정절차법의 입법취지를 그 절차적 보장수준을 상회하든 하회하든 상관없이 행정절차법이 규정한 사항에 관한 규정을 둔 조례는 이를 모두 금지한다는 취지로, 뒤집어 말하면, 해당 행정절차법규정의 취지를, 행정청에 대하여 단순히 그 규정하는 바와 같은 행정절차의 이행을 의무화하는 데 그치지 아니하고 행정청이 당사자등에게 그 절차적 보장의 수준을 초과하여 더 많은 절차적 기회를 부여하는 것까지도 금지하는 것이라고 해석할 수는 없을 것이다. 반면 행정절차법의 취지를 그 절차적 보장의 수준을 하회하는 행정절차조례만을 금지하는 것이라고 본다면, 다시 말해 행정절차법을 일종의 국가적 최저한($\binom{\text{National}}{\text{Minimum}}$)을 규정한 입법으로 이해한다면, 지방자치단체가 일반행정절차조례를 제정하여 행정절차법이 규정하고 있는 사항을 달리 규정한 때에도, 그것이 주민에 대한 관계에서 행정절차법의 절차적 보장수준을 하회하지 않는 이상 그 조례를 위법이라고 볼 이유는 없다. 권리제한이나 의무부과를 내용으로 하는 조례에 대하여 법률의 위임을 요구하는 지방자치법 제15조 규정에 비추어 보더라도 주민에게 국가적 수준에서의 절차적 보장을 상회하는 행정절차의 기회를 부여한 조례는 허용된다고 보아야 하기 때문이다. 여기서 행정절차법상 의무가 없음에도 불구하고 행정청이 당사자등에게 '플러스알파'로 행정절차의 기회를 부여하는 것이 금지되는 것은 아니라는 점에 비추어 본다면, 조례에 의한 '플러스알파' 역시 금지되는 것이라고 볼 것은 아니라는 입론이 가능해진다. 물론 조례는 행정청과 지방자치내부적인 권력분립관계에 서는 지방의회에 의해 제정되는 것이라는 점에서 단순한 행정청의 전향적(^{proactive}) 태도나 '호의'와는 구별되어야 할 것이다. 그러나 그렇다고 하여 지방자치수준에서 지방자치단체의 기관내부의 상호작용에 따라 주민에게 국가적 수준보다 더 높은 절차적 보장을 부여할 수 있는 여지를 배제할 필연성도 없다. 행정청에 대해서는 그 판단에 따라 법적 의무가 없는 경우에도 당사자

등에게 행정절차법의 '플러스알파'를 부여할 수 있다고 하면서, 지방의회에 대해서는 그 자치입법인 조례에 의해서도 '플러스알파'를 부여할 수 없다고 하는 것은 균형이 맞지 않기 때문이다. 행정절차법에 의한 행정절차의 보장은 행정청에 대한 보장이 아니라 당사자등, 즉 국민에 대한 보장이기 때문이다. 따라서 행정절차법 제22조 제1항의 규정에도 불구하고 일정수 이상의 주민이 요구하는 경우 청문을 실시하여야 한다고 규정하는 조례나, 행정절차법 제22조 제3항의 규정에도 불구하고 당사자에게 의무를 과하거나 권익을 제한하는 처분에 해당하지 않는 처분, 즉 수익적 처분에 대해서도 당사자등에게 의견제출의 기회를 주어야 한다고 규정하는 조례 등은 행정절차법에 위배되지 않는 것으로 적법하다고 보아야 할 것이다.

반면 행정절차법이 규율대상에서 배제한 행정계획, 공법상 계약, 확약 등과 같은 행정작용이나 처분의 취소·철회시 신뢰보호원칙에 따른 손실보상, 위원회의 절차 등에 대하여는 모법이 없고 따라서 입법선점론의 여지도 없으므로 헌법과 지방자치법($^{§ 15}$)에 의한 일반적인 조례입법의 범위 내에서 행정절차조례를 제정할 수 있다고 보아야 할 것이다.

이 모든 문제들은 행정절차법이 조례와의 관계에 대하여 뚜렷한 입장을 표명하지 않은 데서 비롯된 것이라 할 수 있다. 이에 관하여 앞으로 좀 더 심도 있는 이론적 천착이 요구된다.

6. 그 밖의 관계법령

그 밖에도 행정절차와 직접·간접으로 관련된 법원으로 행정규제기본법, 민원사무처리에 관한 법률, 사무관리규정, 법제업무운영규정 등을 들 수 있다. 이들 법령들은 행정절차법과의 관계설정이 불분명한 점도 없지 않다. 우선 민원사무처리에 관한 법률은 넓은 의미의 행정절차에 관한 것으로서 민원사무의 처리에 관한 특별행정절차법에 해당하는 것이라고 볼 수 있을 것이다. 그러나 행정규제기본법과 같이 입법의 차원을 달리하거나 사무관리규정, 법제업무운영규정처럼 적용영역을 달리하는 경우가 있는 반면, 민원사무처리에 관한 법률처럼 행정절차법과의 중복가능성을 지닌 것도 있다. 이들 관계법령과의 관계를 어떻게 설정 또는 조율할 것인지가 앞으로 제기되는 문제이다.

Ⅲ. 행정절차법에 의한 행정절차의 법적 규율

1. 행정절차의 원칙

행정절차법은 제4조에서 신뢰보호의 원칙을, 제5조에서는 행정의 투명성원칙과 행정작용의 상대방의 해석요청권을 규정하고 있다.[26]

---

26) 당초 '96시안 제5조는 그보다 더 포괄적으로 8개의 원칙을 행정절차의 일반원칙으로 설정하고 있었다.

행정절차법은 제1조에서 "국민의 행정참여를 도모함으로써 행정운영과정의 투명성·공정성 및 신뢰성을 확보하고 국민의 권익을 보호함"을 목적으로 설정하고 있는데, 이러한 기본이념으로부터 행정운영의 투명성·공정성 및 신뢰성을 행정절차의 원칙으로 인식할 수 있을 것인지가 문제된다. 그중 투명성과 신뢰성의 제1조의 목적규정은 행정절차의 원칙을 천명한 제4조 및 제5조에 따라 다시 구체화되고 있으나 공정성의 원칙만은 명시적으로 반영되지 않았다. 그러나 공정성의 원칙은 행정절차의 이념적 정당성의 핵심을 이루는 요소로서 이를 제외하고 행정절차제도를 이해하거나 운영한다는 것은 본질배반이라 할 수 있다. 오히려 헌법상 보장된 적법절차원리의 핵심은 바로 절차적 공정성에 있다고 할 수 있다. 그런 의미에서 공정성의 원칙은 비록 명시적인 규정을 통해 구체화되지는 못했지만, 가장 지도적인 의의를 가지는 행정절차의 원칙이라고 보아야 할 것이다. 이들 행정절차의 원칙이 구체적으로 어떠한 내용과 효과를 가지는지를 살펴보기로 한다.

1.1. 공정성의 원칙

공정성의 원칙은 행정절차가 공평하고 정당하게($_{right}^{fair\ and}$) 이루어져야 한다는 원칙을 말한다. 이것은 행정절차법 차원에서 명시적인 근거를 획득하지는 못했지만, 헌법상 적법절차의 원리로부터 직접 도출되는 원칙이다. 이미 앞에서 본 바와 같이 헌법재판소는 헌법 제12조 제3항 본문을 동조 제1항과 함께 적법절차원리의 일반조항으로 인식하면서, '적법절차의 원칙은 법률이 정한 형식적 절차와 실체적 내용이 모두 합리성과 정당성을 갖춘 적정한 것이어야 한다는 실질적 의미'를 지니고 있다고 판시해왔는데, 이러한 적법절차의 원리가 헌법조항에 규정된 형사절차뿐만 아니라 기본권 제한 관련여부와 상관없이 모든 입법작용 및 행정작용에 적용되는 이상,[27] 이 점은 공정성의 원칙에 그대로 투영되어 있다고 볼 수 있다. 즉 공정성의 원칙은 절차와 실체, 형식과 내용 양면에서 공평성과 정당성을 요구하는 원칙인 것이다. 이러한 견지에 서면 공정성의 원칙에 비례의 원칙, 비교형량의 원칙, 재량권행사에 있어 공정성의 원칙 등과 같은 요소들이 포함된다는 입론[28]도 충분히 가능할 뿐만 아니라 수인기대가능성($_{barkeit}^{Zumut-}$)의 원칙, 무기대등($_{gleichheit}^{Waffen-}$)의 원칙 같은 것도 이념상 공정성의 원칙에 포함시킬 수 있을 것이다. 다만, 이처럼 공정성의 원칙을 포괄적·확장적으로 이해할 경우 그 내용과 효과를 구체화시키는 데 이론적 무리가 생길 수 있다는 점도 고려해야 할 측면이다.

이 조항이 삭제된 배경에 관하여는 오준근, "행정절차의 일반원칙", 고시계 1997/7, 15-32를 참조.
27) 헌법재판소 1989.9.8. 선고 88헌가6 결정; 헌법재판소 1990.11.19. 선고 90헌가48 결정; 헌법재판소 1992.12.24. 선고 92헌가8 결정; 헌법재판소 1994.12.29. 선고 94헌마201 결정.
28) 동지 오준근, 행정절차의 일반원칙, 고시계 1997/7, 25.

1.2. 신뢰성의 원칙(신의성실 · 신뢰보호의 원칙)

행정절차법은 제4조에서 "행정청은 직무를 수행함에 있어서 신의에 따라 성실히 하여야 한다. 행정청은 법령등의 해석 또는 행정청의 관행이 일반적으로 국민들에게 받아들여진 때에는 공익 또는 제3자의 정당한 이익을 현저히 해할 우려가 있는 경우를 제외하고는 새로운 해석 또는 관행에 따라 소급하여 불리하게 처리하여서는 아니 된다"고 규정하고 있다. 이것은 법의 일반원칙에 해당하는 신의성실 및 신뢰보호의 원칙을 행정절차에 관하여 재확인한 것이라고 이해된다. 이와 관련하여 지극히 당연한 법질서의 일반원칙을 단순히 재확인한 것에 불과하다는 점에서 그 법적 구속력을 의문시하는 견해도 없지 않다. 그러나 적어도 신의성실 및 신뢰보호의 원칙이 행정절차의 지도원리로서 타당하다는 점을 명시적으로 선언한 데서 그 의의를 찾을 수 있을 것이다. 참고로 최근 대법원은 근로복지공단이 요양불승인처분 취소소송에서 패소판결 확정 후 휴업급여 청구에 대하여 그 휴업급여청구권이 시효로 소멸했다고 항변하는 것은 신의성실의 원칙에 위배된다고 판시한 바 있는데, 이는 신의성실의 원칙을 구체적 사안에 적용한 뚜렷한 예로 주목된다.

"근로복지공단으로부터 요양불승인처분을 받은 다음 그 취소를 구하는 행정소송을 제기하여 승소확정 판결을 받은 근로자가 요양으로 인하여 취업하지 못한 기간 동안의 휴업급여를 청구한 사건에서, 그 휴업급여청구권이 시효완성으로 소멸하였다는 근로복지공단의 항변은 신의성실의 원칙에 반하여 허용되지 않는다."[29]

그렇지만, 행정절차법이 신뢰보호의 원칙을 규정하면서 국세기본법 제18조의 표현을 답습함으로써 이제까지 판례와 학설을 통하여 축적된 요건이나 효과 등에 관한 법리를 수용하지 않았고, 또한 처분의 취소 · 철회시 신뢰보호원칙에 따른 손실보상에 관한 규정을 두지 않은 점은 입법론적으로 재검토해 보아야 할 것이다.

1.3. 투명성의 원칙

행정절차법은 제5조에서 "행정청이 행하는 행정작용은 그 내용이 구체적이고 명확하여야 하며, 행정작용의 근거가 되는 법령등의 내용이 명확하지 아니한 경우 상대방은 해당 행정청에 대하여 그 해석을 요청할 수 있다. 이 경우 해당 행정청은 특별한 사유가 없는 한 이에 응하여야 한다"고 규정하고 있다. 이것은 '행정상의 의사결정의 내용 및 그 과정이 국민의 입장에서 명확할 것'을 요구한 일본 행정절차법 제1조와 같이 투명성의 원칙을 천명한 것으

---

29) 대법원 2008.9.18. 선고 2007두2173 전원합의체 판결. 대법원 2006.2.23. 선고 2005두13384 판결은 이 판결의 견해에 배치되는 범위 내에서 변경.

로서, 법령등해석신청권($^{§\,5}_{후단}$)과 신청요건의 공개($^{§\,17}_{②}$), 처리기간 및 처분기준의 설정·공표 ($^{§§\,19,}_{20}$), 처분이유의 제시($^{§\,23}$), 문서의 열람권 및 비밀유지($^{§\,37}$) 등에서 구체화되고 있다.

2. 행정청의 관할·협조, 송달, 기간·기한 등

행정절차법은 총칙 제2절에서 행정청의 관할 및 협조에 관한 사항을, 제4절에서는 송달 및 기간·기한의 특례에 관한 사항을 각각 규정하고 있다.

2.1. 행정청의 관할·협조

법 제6조는 행정청이 그 관할에 속하지 아니하는 사안을 접수하였거나 이송받은 경우, 또는 접수 또는 이송받은 후 관할이 변경된 경우에는 지체 없이 이를 관할행정청에 이송하여야 하고 그 사실을 신청인에게 통지하여야 한다고 규정하는 한편, 행정청의 관할이 분명하지 아니하는 경우에는 해당 행정청을 공통으로 감독하는 상급행정청이 그 관할을 결정하고, 공통으로 감독하는 상급행정청이 없는 경우에는 각 상급행정청의 협의로 그 관할을 결정하도록 하였다.

법은 제7조에서 행정청은 행정의 원활한 수행을 위하여 서로 협조하여야 한다고 규정하는 한편, 제8조 제1항에서 다음과 같은 사유가 있는 경우에는 다른 행정청에 행정응원을 요청할 수 있도록 규정하고 있다.

1. 법령등의 이유로 독자적인 직무수행이 어려운 경우
2. 인원·장비의 부족등 사실상의 이유로 독자적인 직무수행이 어려운 경우
3. 다른 행정청에 소속되어 있는 전문기관의 협조가 필요한 경우
4. 다른 행정청이 관리하고 있는 문서(전자문서를 포함한다)·통계등 행정자료가 직무수행을 위하여 필요한 경우
5. 다른 행정청의 응원을 받아 처리하는 것이 보다 능률적이고 경제적인 경우

다만 이러한 사유에 따라 행정응원을 요청받은 행정청은 다른 행정청이 보다 능률적이거나 경제적으로 응원할 수 있는 명백한 이유가 있거나 행정응원으로 인하여 고유의 직무수행이 현저히 지장 받을 것으로 인정되는 명백한 이유가 있는 경우에는 행정응원을 거부할 수 있다($^{§\,8}_{②}$). 이 경우 행정응원을 요청받은 행정청은 응원거부의 사유를 응원요청한 행정청에 통지하여야 한다($^{§\,8}_{④}$).

행정응원은 해당 직무를 직접 응원할 수 있는 행정청에 요청하여야 하며($^{§\,8}_{③}$), 행정응원을 위하여 파견된 직원은 응원을 요청한 행정청의 지휘·감독을 받되, 해당 직원의 복무에 관하여 다른 법령등에 특별한 규정이 있는 경우에는 그에 따른다($^{§\,8}_{⑤}$). 행정응원에 소요되는 비

용은 응원을 요청한 행정청이 부담하며, 그 부담금액 및 부담방법은 응원을 요청한 행정청과 응원을 행하는 행정청이 협의하여 결정한다($\S^{8}_{6}$).

2.2. 송달, 기간·기한의 특례

법은 제14조 내지 제16조에서 송달의 방법, 송달의 효력발생에 관한 도달주의원칙, 그리고 천재지변 그 밖에 당사자등의 책임 없는 사유로 인한 기간 진행의 정지 및 외국에 거주 또는 체류하는 자에 대한 기간 및 기한의 특례를 각각 규정하고 있다.

행정절차법은 송달의 방법에 관한 제14조에서 송달에 관한 사항을 비교적 상세하게 규정하고 있다. 이에 따르면 송달은 우편, 교부 또는 정보통신망 이용 등의 방법으로 하되 송달받을 자(대표자 또는 대리인을 포함한다)의 주소·거소·영업소·사무소 또는 전자우편주소(이하 "주소등"이라 한다)로 한다($\S^{14\,①}_{본문}$). 다만, 송달받을 자가 동의하는 경우에는 그를 만나는 장소에서 송달할 수 있다($\S^{14\,①}_{단서}$). 교부에 의한 송달은 수령확인서를 받고 문서를 교부함으로써 하며, 송달하는 장소에서 송달받을 자를 만나지 못한 경우에는 그 사무원·피용자 또는 동거인으로서 사리를 분별할 지능이 있는 자(이하 "사무원등"이라 한다)에게 문서를 교부할 수 있고($\S^{14\,②}_{본문}$), 다만, 문서를 송달받을 자 또는 그 사무원등이 정당한 사유 없이 송달받기를 거부하는 때에는 그 사실을 수령확인서에 적고, 문서를 송달할 장소에 놓아둘 수 있다($\S^{14\,②}_{단서}$). 정보통신망을 이용한 송달은 송달받을 자가 동의하는 경우에만 하며, 그 경우 송달받을 자는 송달받을 전자우편주소 등을 지정하여야 한다($\S^{14}_{③}$). 반면 송달받을 자의 주소등을 통상적인 방법으로 확인할 수 없거나 송달이 불가능한 경우에는 송달받을 자가 알기 쉽도록 관보, 공보, 게시판, 일간신문 중 하나 이상에 공고하고 인터넷에도 공고하여야 한다($\S^{14}_{④}$). 행정청은 송달하는 문서의 명칭, 송달받는 자의 성명 또는 명칭, 발송방법 및 발송연월일을 확인할 수 있는 기록을 보존하여야 한다($\S^{14}_{⑤}$).

송달은 다른 법령등에 특별한 규정이 있는 경우를 제외하고는 해당 문서가 송달받을 자에게 도달됨으로써 그 효력이 발생한다($\S^{15}_{①}$).

정보통신망을 이용하여 전자문서로 송달하는 경우에는 송달받을 자가 지정한 컴퓨터 등에 입력된 때에 도달된 것으로 본다($\S^{15}_{②}$).

법 제14조 제4항, 즉 공고에 의한 송달의 경우에는 다른 법령등에 특별한 규정이 있는 경우를 제외하고는 공고일부터 14일이 지난 때에 그 효력이 발생하며, 다만, 긴급히 시행하여야 할 특별한 사유가 있어 효력 발생 시기를 달리 정하여 공고한 경우에는 그에 따른다($\S^{15}_{③}$).

3. 행정절차의 당사자

행정절차법은 제3절에서 당사자등의 자격($^{\S\,9}$), 지위의 승계($^{\S\,10}$), 대표자($^{\S\,11}$), 대리인($^{\S\,12}$) 및 대표자·대리인의 통지에 관한 규정을 두고 있다.

3.1. 당사자등의 개념

법은 제2조 제4호에서 "당사자등"의 개념을 '행정청의 처분에 대하여 직접 그 상대가 되는 당사자와 행정청이 직권 또는 신청에 의하여 행정절차에 참여하게 한 이해관계인'으로 정의하고 있다($^{\S\,2}_{iv}$). 여기서 "행정청"이란 '행정에 관한 의사를 결정하여 표시하는 국가 또는 지방자치단체의 기관, 그 밖에 법령 또는 자치법규($^{이하\,"법령등"}_{이라\,한다}$)에 의하여 행정권한을 가지고 있거나 위임 또는 위탁받은 공공단체나 그 기관 또는 사인'을 말한다($^{\S\,2}_{i}$).

3.2. 당사자등의 자격

법 제9조에 따라 행정절차에서 당사자등이 될 수 있는 자의 범위는 다음과 같다.

1. 자연인
2. 법인 또는 법인 아닌 사단이나 재단($^{이하\,"법인등"}_{이라\,한다}$)
3. 그 밖에 다른 법령등에 따라 권리의무의 주체가 될 수 있는 자

법은 제10조에서 당사자등이 사망하였을 때의 상속인과 다른 법령등에 따라 당사자등의 권리 또는 이익을 승계한 자, 당사자등인 법인등이 합병한 때에는 합병 후 존속하는 법인등이나 합병 후 새로 설립된 법인등이 당사자등의 지위를 승계하도록 규정하고 있다($^{\S\,10}_{①②}$). 이에 따라 당사자등의 지위를 승계한 자는 행정청에 그 사실을 통지하여야 하며($^{\S\,10}_{③}$), 통지가 있을 때까지 사망자 또는 합병 전의 법인등에 대하여 행정청이 행한 통지는 제1항 또는 제2항에 따라 당사자등의 지위를 승계한 자에게도 효력이 있다($^{\S\,10}_{⑤}$). 법 제10조 제4항은 "처분에 관한 권리 또는 이익을 사실상 양수한 자는 행정청의 승인을 얻어 당사자등의 지위를 승계할 수 있다"고 규정하고 있다.

3.3. 대표자·대리인

법은 제11조와 제12조에서 행정절차에 있어 대표자와 대리인에 관한 규정을 두고 있다. 법 제11조에 따르면 다수의 당사자등이 공동으로 행정절차에 관한 행위를 하는 때에는 대표자를 선정할 수 있으며($^{\S\,11}_{①}$), 이에 따라 당사자등이 대표자를 선정하지 아니하거나 대표자가

지나치게 많아 행정절차가 지연될 우려가 있는 경우에는 행정청이 그 이유를 들어 상당한 기간 내에 3인 이내의 대표자를 선정하여 줄 것을 요청할 수 있도록 하고 있다. 이 경우 당사자등이 대표자의 선정요청에 응하지 아니한 때에는 행정청이 직접 선정할 수 있다($^{\S11}_{②}$). 이것은 행정절차 진행의 편의를 위한 제도적 장치로서 행정청의 지정권은 당사자등의 대표자 변경 및 해임권에 의해 제약되므로 부당한 간섭을 가능케 한 것이라고 할 수는 없을 것이다. 여기서 행정청이란 행정절차의 주관 행정청을 의미한다. 당사자등은 대표자를 변경 또는 해임할 수 있다($^{\S11}_{③}$). 변경이나 해임의 사유에는 제한이 없다.

법은 제11조 제4항에서 대표자의 행정절차상 행위에 관한 대표권의 범위를 규정하고 있다. 대표자는 각자 그를 대표자로 선정한 당사자등을 위하여 행정절차에 관한 모든 행위를 할 수 있고, 다만, 행정절차를 끝맺는 행위에 있어서는 당사자등의 동의를 얻어야 한다($^{\S11}_{④}$). 행정절차의 종결은 매우 중요한 사안이므로 다른 당사자등의 동의를 얻도록 한 것이다. 대표자가 있는 경우에는 당사자등은 그 대표자를 통하여서만 행정절차에 관한 행위를 할 수 있다($^{\S11}_{⑤}$). 이것은 대표자 선정의 취지에 따른 결과이므로, 대표자가 아닌 당사자등은 행정절차에 관한 행위를 할 수 없다고 보아야 할 것이다. 여기서 '행정절차에 관한 모든 행위'는 문자 그대로 모든 행정절차상의 행위를 의미한다고 보아야 하겠지만, 대표자의 변경 및 해임은 사안의 성질상 여기에서 제외된다고 보아야 한다. 다수의 대표자가 있는 경우 그중 1인에 대한 행정청의 행위는 모든 당사자등에게 효력이 있으며, 다만, 행정청의 통지는 대표자 모두에게 행하여야 그 효력이 있다($^{\S11}_{⑥}$). 이것은 행정청이 행정절차에 관한 행위를 할 경우 이를 대표자중 1인에게 하면 족하다는 것을 규정한 것이다. 그러나 그 사실이 있었다는 것은 대표자 모두에게 통지해야 효력이 있도록 하여 행정절차 진행에 있어 특정 대표자의 독주를 방지하고 있다.

법 제12조는 대리인에 관한 규정이다. 대리인은 제11조의 대표자와는 달리 대리인 자신이 행정절차의 대상이 되는 사안에 이해관계를 가지는 자일 필요가 없다. 또한 대리인을 선임하였다 해도 당사자등은 행정절차에서 배제되지 않으며, 오히려 절차에 참여하여 대리인의 행위나 발언을 취소할 수 있다. 이 점에서 대표자가 행정절차에서 배제되는 것과 차이가 있다.

당사자등은 다음과 같은 범위 내에서 대리인을 선임할 수 있다($^{\S12}_{①}$).

1. 당사자등의 배우자, 직계존속·비속 또는 형제자매
2. 당사자등이 법인등인 경우 그 임원 또는 직원
3. 변호사
4. 행정청 또는 청문 주재자($^{청문의\ 경우}_{에\ 한한다}$)의 허가를 받은 자
5. 법령등에 따라 해당 사안에 대하여 대리인이 될 수 있는 자

당사자등의 대리인 변경·해임, 대리인의 행정절차에 관한 행위, 다수대표자의 경우에 관하여는 대표자에 관한 제11조 제3항·제4항 및 제6항의 규정이 준용된다($^{\S\,12}_{②}$). 여기서 제11조 제5항이 준용되지 않은 것은 당사자 등은 대리인의 선정에도 불구하고 행정절차의 진행에 참여할 권리를 잃지 않음을 의미하는 것이다. 이 점에서 대표자를 선정하면 선정자들은 원칙적으로 행정절차에서 배제되는 대표자제도와 차이가 있다. 여기서 명시되지는 않았지만 대리인이 또 다른 대리인이나 복대리인의 선임을 할 수는 없다고 해석하여야 할 것이다.

당사자등이 대표자 또는 대리인을 선정하거나 선임한 때, 그리고 대표자 또는 대리인을 변경하거나 해임한 때에는 지체 없이 그 사실을 행정청에 통지하여야 한다($^{\S\,13}_{①}$). 제1항에도 불구하고 제12조 제1항 제4호에 따라 청문 주재자가 대리인의 선임을 허가한 경우에는 청문 주재자가 그 사실을 행정청에 통지하여야 한다($^{\S\,13}_{②}$).

4. 처분절차

4.1. 개 설

법은 통칙에서 처분의 신청에 관한 절차를 규정하는 한편($^{\S\,17}$), 다수의 행정청이 관여하는 처분의 지연방지를 위한 상호협조의무($^{\S\,18}$), 신청에 대한 처리기간의 설정·공표($^{\S\,19}$), 처분기준의 설정·공표($^{\S\,20}$), 불이익처분의 사전통지의무($^{\S\,21}$)를 규정하고 있다. 처분이란 '행정청이 행하는 구체적 사실에 관한 법집행으로서의 공권력의 행사 또는 그 거부와 그 밖에 이에 준하는 행정작용'을 말하는 것으로 정의되고 있다($^{\S\,2}_{ii}$).

법이 처분을 원칙적으로 문서의 방식으로 하도록 의무화하고($^{\S\,24}$), 행정절차의 출발점에 해당하는 요소로서 그동안 개별법령의 규정과 판례를 통하여 부분적으로 인정되어 왔던 이유제시제도를 도입한 것($^{\S\,23}$)은 주목할 만한 일이다. 아울러 처분문서의 실명화($^{\S\,24}_{②}$), 처분이유의 사후제시($^{\S\,24}_{후단\,①}$)를 가능하게 한 것도 긍정적으로 평가될 만하다.

4.2. 처분의 신청

행정절차법은 제17조에서 처분의 신청절차를 규정하고 있다. 이에 따르면 행정청에 처분을 구하는 신청은 다른 법령등에 특별한 규정이 있거나 행정청이 미리 다른 방법을 정하여 공시한 경우 외에는 문서로 하도록 되어 있다($^{\S\,17}_{①}$). 처분을 전자문서로 신청하는 경우에는 행정청의 컴퓨터 등에 입력된 때에 신청한 것으로 본다($^{\S\,17}_{②}$).

행정청은 신청에 필요한 구비서류·접수기관·처리기간 그 밖에 필요한 사항을 게시($_{게시를 포함한다}^{인터넷 등을 통한}$)하거나 이에 대한 편람을 비치하여 누구나 열람할 수 있도록 하여야 한다($^{\S\,17}_{③}$).

행정청은 신청을 받았을 때에는 다른 법령등에 특별한 규정이 있는 경우를 제외하고는 그 접수를 보류 또는 거부하거나 부당하게 되돌려 보내서는 아니 되며, 신청을 접수한 경우에는 대통령령이 정하는 경우를 제외하고는 신청인에게 접수증을 교부하여야 한다($\S_{\textcircled{4}}^{17}$).

"구 행정절차법($^{2002.12.30. \ 법률 \ 제6839}_{호로 \ 개정되기 \ 전의 \ 것}$) 제17조 제3항 본문은 "행정청은 신청이 있는 때에는 다른 법령 등에 특별한 규정이 있는 경우를 제외하고는 그 접수를 보류 또는 거부하거나 부당하게 되돌려 보내서는 아니 되며, 신청을 접수한 경우에는 신청인에게 접수증을 교부하여야 한다"고 규정하고 있는바, 여기에서의 신청인의 행정청에 대한 **신청의 의사표시는 명시적이고 확정적인 것이어야 한다**고 할 것이므로 신청인이 신청에 앞서 행정청의 허가업무 담당자에게 신청서의 내용에 대한 검토를 요청한 것만으로는 다른 특별한 사정이 없는 한 명시적이고 확정적인 신청의 의사표시가 있었다고 하기 어렵다."[30]

"행정청에 대한 신청의 의사표시는 명시적이고 확정적인 것이어야 하고($^{대법원 \ 2004.9.24. \ 선고 \ 2003}_{두13236 \ 판결 \ 등 \ 참조}$) 문서로 이루어짐이 원칙이라 할 것인데($\S_{17①}^{행정절차법}$), 사인이 **행정청에 대하여 어떠한 처분을 구하는 문서상의 의사표시가 이러한 신청행위에 해당하는지 여부는 그 문서의 내용과 작성 및 제출의 경위와 시점, 취지 등 여러 사정을 종합하여 판단해야 할 것이다.** 한편, 행정재산의 사용·수익허가처분의 성질상 국민에게는 행정재산의 사용·수익허가를 신청할 법규상 또는 조리상의 권리가 있으므로($^{대법원 \ 1998.2.27. \ 선고}_{97누1105 \ 판결 \ 등 \ 참조}$), 이러한 법규상 또는 조리상의 권리에 기한 사인의 적법한 신청에 대하여 행정청이 정당한 이유 없이 그 신청에 따르는 행위를 거부하거나 상당한 기간 내에 일정한 처분을 하지 아니하는 것은 위법하다 할 것인데, **행정청의 어떠한 조치가 이와같이 신청에 대한 거부처분에 해당한다고 보기 위해서는 행정청의 종국적이고 실질적인 거부의 의사결정이 권한 있는 기관에 의하여 외부로 표시되어 신청인이 이를 알 수 있는 상태에 다다른 것으로 볼 수 있어야 한다**($^{대법원 \ 1990.9.25. \ 선고 \ 89누4758 \ 판결, \ 대법}_{원 \ 2005.8.19. \ 선고 \ 2005두425 \ 판결 \ 등 \ 참조}$)."[31]

한편, 이러한 접수의무를 다하지 아니 하고 접수를 보류 또는 거부하거나 부당하게 되돌려 보낸 경우, 이를 거부처분으로 보아 항고소송으로 다툴 수 있는지 여부가 문제된다. 이에 대한 판례의 입장은 분명치 않지만, 다음과 같은 판례를 일응 참조해 볼 수 있을 것이다. 행정절차법상 신청에 관한 것은 아니지만, 그 판시 태도로 보아, 실체법상 어떤 처분을 요구할 법규상 또는 조리상의 신청권이 인정되지 않는 한, 절차법적 접수의무 위반만으로는 거부처분이 성립하지 아니 한다는 입장으로 추정된다.

"구 행정규제및민원사무기본법($^{1997.8.22. \ 법률 \ 제5369호로 \ 민원사무처리에관한법률이 \ 제정되어 \ 1998.}_{1.1.자로 \ 일부 \ 시행되기 \ 전의 \ 것, \ 다음부터는 \ '민원사무법'이라고 \ 한다}$)이 민원사무의 처리에 관한 기본적인 사항을 정하는 것을 그 입법목적으로 하여 주로 절차적인 사항을 정하고 있는 점에 비추어 볼 때,

---

30) 대법원 2004.9.24. 선고 2003두13236 판결.
31) 대법원 2008.10.23. 선고 2007두6212,6229 판결: 서울대공원 시설을 기부채납한 사람이 무상사용기간 만료 후 확약 사실에 근거하여 10년 유상사용 등의 허가를 구하는 확정적인 취지의 신청을 한 사안에서, 서울대공원 관리사업소장이 그 신청서를 반려하고 조건부 1년의 임시사용허가처분을 통보한 것은 사실상 거부처분에 해당한다고 한 사례.

······ 민원사항의 신청에 대한 행정기관의 절차적인 접수의무를 규정하고 있다고 하더라도 그로써 바로 민원인에게 그 민원에서 요구하는 행정기관의 행위에 대한 실체적인 신청권까지 인정되는 것이라고 볼 수는 없다.

따라서 이 사건에서 원고들이 피고에게 '재개발구역 분할 및 사업계획 변경신청서'를 제출한 것이 행정기관에 대하여 특정한 행위를 요구하는 민원사항의 신청에 해당하여 **민원사무법의 위 규정상 피고에게 그에 대한 접수의무가 있다고 하더라도 그로써 원고들에게 재개발사업계획의 변경에 관한 실체적인 신청 권까지 인정되는 것은 아니므로, 피고가 그에 관하여 원고들이 신청한 재개발사업계획의 변경이 허용되 지 않는다는 요지의 통지를 하였다고 하더라도 이는 여전히 항고소송의 대상이 되는 거부처분에 해당하 지 아니한다.**"[32]

행정청이 다수의 행정청이 관여하는 처분을 구하는 신청을 접수한 경우에는 관계 행정청 과의 신속한 협조를 통하여 해당 처분이 지연되지 아니하도록 하여야 한다($^{§\,18}$).

행정청은 신청에 구비서류의 미비등 흠이 있는 경우에는 보완에 필요한 상당한 기간을 정하여 지체 없이 신청인에게 보완을 요구하고, 신청인이 그 기간 내에 보완을 하지 아니한 때에는 그 이유를 명시하여 접수된 신청을 되돌려 보낼 수 있다($^{§\,17}_{⑤⑥}$).

행정청은 신청인의 편의를 위하여 다른 행정청에 신청을 접수하게 할 수 있고, 그 경우 행정청은 다른 행정청에 접수할 수 있는 신청의 종류를 미리 정하여 공시하여야 한다($^{§\,17}_{⑦}$).

신청인은 처분이 있기 전에는, 다른 법령등에 특별한 규정이 있거나 해당 신청의 성질상 보완·변경 또는 취하할 수 없는 경우를 제외하고는, 그 신청의 내용을 보완하거나 변경 또 는 취하할 수 있다($^{§\,17}_{⑧}$).

4.3. 처리기간의 설정·공표

법은 행정청으로 하여금 신청인의 편의를 위하여 처분의 처리기간을 종류별로 미리 정하 여 공표하도록 하였다($^{§\,19}_{①}$). 법이 이처럼 표준처리기간을 정하도록 한 것은 처분에 대한 신청 이 있었음에도 불구하고 그 처리가 만연히 지연됨으로 말미암아 신청인에게 불이익이 초래 되는 결과를 막기 위한 것이다. 오늘날 국민생활의 행정의존성이 커지고 행정수요가 급변하 는 행정현실 하에서 행정처분 신청에 대한 행정의 대응이 신속하게 이루어지지 않으면 사실 상 그 신청 목적을 달성할 수 없게 되는 경우가 적지 않다. 사법과정에서 신속한 권리보호 가 기본적 요청으로 다루어지는 것과 마찬가지 견지에서 최소한의 기간 내에 국민의 신청에 대한 행정의 응답 또는 처리가 이루어지도록 배려한 것이다.

그 밖에도 법은 일정한 요건 하에 처리기간의 연장가능성을 인정하고, 신청인에게 행정청 이 정당한 처리기간 내에 처리하지 아니한 때에는 해당 행정청 또는 감독청에 대하여 지체

---

32) 대법원 1999.8.24. 선고 97누7004 판결.

없이 처리할 것을 요구할 수 있는 권리를 인정하였다. 법은 신청인에게 행정청이 법 제19조에 따른 정당한 처리기간 내에 처리하지 아니한 때에는 해당 행정청 또는 그 감독행정청에 대하여 신속한 처리를 요청할 수 있다고 규정하고 있다($\S_{④}^{19}$). 시간을 다투는 행정수요로 넘치는 행정현실에서 신속한 행정결정이 이루어지도록 하여 더욱 고객지향적이고 반응적인 행정서비스($^{customer-driven \ and \ responsive}_{administrative \ service}$)를 실현하기 위한 것이다.

4.4. 처분기준의 설정 · 공표

4.4.1. 의 의

법은 제20조에서 처분절차와 관련하여 처분기준의 설정 · 공표제도를 규정하고 있다. 즉 행정청은 필요한 처분기준을 해당 처분의 성질에 비추어 될 수 있는 한 구체적으로 정하여 공표하여야 하며($^{기존 \ 처분기준을 \ 변경하는 \ 경}_{우에도 \ 또한 \ 같다. \ \S \ 20 \ ①}$), 다만 처분기준을 공표하는 것이 해당 처분의 성질상 현저히 곤란하거나 공공의 안전 또는 복리를 현저히 해하는 것으로 인정될 만한 상당한 이유가 있는 경우에는 공표하지 아니할 수 있다고 규정하고 있다($\S_{②}^{20}$). 또한 법은 당사자등에게 공표한 처분기준이 불명확한 경우 해당 행정청에 대하여 그 해석 또는 설명을 요청할 수 있는 권리를 부여하는 한편, 당사자등이 이러한 권리를 행사한 경우 행정청은 특별한 사정이 없는 한 거부할 수 없도록 강제하고 있다.

처분기준의 설정 · 공표제도는 행정청에게 국민의 구체적인 권리 · 의무에 직접적인 영향을 주는 처분의 기준을 미리 정하여 공표할 의무를 부과하고 또 처분의 상대방이나 이해관계인에게 행정청에 대하여 그 처분기준을 제시해 줄 것을 요구할 수 있는 권리를 부여함으로써 행정의 투명성과 예측가능성을 확보해주는 동시에 처분에 대한 불복을 용이하게 하여, 궁극적으로는 행정의 공정타당성과 법적 안정성을 확보하려는 데 취지를 둔 것으로 이해된다.[33]

4.4.2. 처분기준

행정절차법 제20조 제1항이 규정하는 처분기준이 무엇을 의미하는지에 관하여, 법은 단지 '필요한 처분기준'이라고만 하고 있을 뿐, 아무런 준거를 제시하고 있지 않다. 이와 관련하여 첫째, 처분기준의 의미, 특히 처분기준이란 심사기준, 가령 일본 행정수속법 제5조가 말하는 '심사기준'과 개념상 같은 것을 뜻하는가, 둘째, 여기서 말하는 처분기준이란 재량기

---

[33] 행정절차법 제20조에 의한 처분기준의 설정 · 공표에 관하여는 처분기준의 의미와 범위, 처분기준 설정의무의 내용, 처분기준의 설정 · 공표의무의 불이행시의 법적 효과, 처분기준 해명요청권의 내용 및 행사방법 등 아직 많은 문제들이 명확히 밝혀지지 않고 있다. 이에 관하여 상세한 것은 홍준형, 행정절차법상 처분기준의 설정 · 공표, 고시계 1997/7, 33-45를 참조.

준만을 의미하는 것인가, 셋째, 처분기준에 해당한다고 볼 수 있는 기준이란 구체적으로 무엇을 말하는가, 넷째, 처분기준이 어느 정도까지 구체적이어야 하는가 등의 물음이 차례로 제기된다.

(1) 처분기준의 의미

먼저, 처분기준의 의미에 관하여 검토해 보기로 한다. 구 행정규제 및 민원사무기본법(행정규제기본법으로 개정되어 폐지되었음)은 '심사기준의 설정·공표'에 관한 제11조에서 '처분등의 민원사무를 처리함에 있어서 적용하게 될 객관적이고 구체적인 심사기준', 즉 "심사기준"이라는 용어를 사용하고 있었다. 그러나 이 규정은 행정규제기본법의 제정과 함께 폐지되었으므로, 이를 전제로 행정절차법상의 처분기준을 해석할 여지는 없다. 또한 일본의 행정수속법은 신청에 의한 처분의 경우와 불이익처분의 경우를 나누어 각각 '신청에 의해 청구된 허·인가 등을 할 것인가 여부를 그 법령규정에 따라 판단하기 위해 필요한 기준'이라는 의미의 '심사기준'과 '불이익처분을 할 것인지 여부 또는 어떠한 불이익처분을 할 것인지에 관하여 그 법령이 정하는 바에 따라 판단하기 위하여 필요한 기준'이라는 의미의 '처분기준'이란 용어를 사용하면서 그 설정·공표에 관하여도 차별적으로 규율하고 있다. 그러나 우리나라 행정절차법의 경우 그러한 구별이나 규율상의 차이도 찾아볼 수 없다. 이렇게 볼 때 행정절차법 제20조가 규정하는 처분기준은 일본의 경우와는 달리 처분의 성질을 불문하고 행정절차법 제2조 제2호의 규정에서 정의된 처분 일반에 적용될 기준을 말하는 것으로 보아야 할 것이다. 이와 같이 일본의 행정수속법과는 달리 처분의 내용·성질여하를 불문하고 처분기준의 설정·공표제도를 통일적으로 규율하고자 했다는 점이 우리나라 행정절차법의 독자성을 보여주는 하나의 예이다.

(2) 재량기준과 해석기준

행정절차법이 행정청에게 설정·공표할 것을 요구하는 처분기준이란 재량기준만을 의미하는지가 문제된다. 특히 문제는 이른바 재량준칙뿐만 아니라 해석준칙에 해당하는 기준도 여기서 말하는 처분기준에 포함되느냐 하는 데 있다. 처분기준의 설정·공표를 요구하기 위해서는 우선 처분기준을 설정·공표하는 것이 법적으로 가능해야 할 것이다. 그런데 일반적으로 행정청이 처분기준을 설정할 수 있다면 그것은 특별한 사정이 없는 이상 법령에 따라 재량권이 부여되어 있는 경우라고 볼 수 있다. 처분의 여부나 내용의 선택이 법적으로 기속되어 있는 경우에는 행정청이 그와 별도로 처분기준을 정한다는 것은 생각할 수 없기 때문이다. 그런 까닭에 종래 학설은 이를 재량기준으로 이해해왔던 것이다. 그러나 이처럼 재량권이 부여된 경우가 아니더라도 행정청은 상급행정기관의 지위에서 하급행정기관의 법령해석을 통일시키고 행정사무를 합리화하기 위하여 행정규칙을 발할 수 있으며(규범해석 행정규칙: norminterpretierende

Verwaltungs-vorschriften), 또한 대량으로 행해지는 행정처분에 있어 개개의 구체적 사정을 감안하기 어려운 사정이 있는 경우 획일적인 처분기준을 정하는 행정규칙을 발할 수 있는데(간소화규칙: Vereinfachungsanweisungen), 이러한 행정규칙들은 그것이 재량사항에 관한 것이 아닐지라도, 국민, 특히 행정절차의 당사자등에게 중대한 영향을 미칠 수 있는 것이다. 따라서 이러한 기준들을 행정절차법에 따라 설정·공표가 의무화되는 처분기준에서 배제시켜야 할 이유는 없을 뿐만 아니라 또 이들을 처분기준에 해당하는 것으로 보는 것이 처분기준의 설정·공표제도의 목적에 부합되는 것이라 할 수 있다. 일본에서도 행정수속법상의 심사기준·처분기준에는 재량기준만이 아니라 해석기준도 포함되는 것으로 해석하는 것이 일반적이다.[34] 이러한 결론은 우리 행정절차법 제20조 제1항의 해석상 '처분기준'이라고만 되어 있을 뿐 '재량기준'에 한한다는 규정이 없다는 점에서도 뒷받침될 수 있다.

(3) 처분기준의 종류

처분기준에 해당한다고 볼 수 있는 기준이란 구체적으로 무엇을 말하는가. 이제까지의 논의에 따를 때 처분기준에 해당하는 것으로는 재량기준, 해석기준, 간소화규칙에 의한 처분기준 등을 들 수 있음은 물론이다. 그러나 그 밖에도 처분기관, 처리기간, 처리절차 등도 이에 포함되느냐 하는 문제가 제기될 수 있다. 이에 관하여는 법 제17조 제3항이 행정청으로 하여금 신청에 필요한 구비서류·접수기관·처리기간 그 밖에 필요한 사항을 게시하거나 이에 대한 편람(인터넷 등을 통한 게시 포함)을 비치하여 누구나 열람할 수 있도록 하고, 또 제19조 제1항에서 처분의 종류별로 처리기간을 설정·공표하도록 한 것을 감안할 때, 이들 기준은 법 제20조에 따라 설정·공표의 대상이 되는 처분기준에 해당하지 아니하는 것으로 보아야 할 것이다. 그 밖의 기준들에 관하여는 '필요한 처분기준을 해당 처분의 성질에 비추어 될 수 있는 한 구체적으로 정하여 공표하여야 한다'고 규정한 행정절차법 제20조 제1항의 취지에 따라 각 처분의 종류나 내용에 따라 개별적으로 판단해야 할 것이다.

(4) 처분기준의 구체성

일률적으로 처분기준이 어느 정도까지 구체적이어야 한다고 말하기는 어렵다. 결국 문제는 법원에 의하여 그때그때 문제된 처분과 관련하여 어느 정도까지 구체적인 처분기준이 설정·공표되었어야 하는지, 그리고 현실적으로 설정·공표된 처분기준이 그 구체성의 요구를 충족시켰다고 볼 수 있는지 여부가 판단될 수밖에 없을 것이다. 다만 법 제20조 제1항의 문언상 '필요한 처분기준'을 '처분의 성질에 비추어 될 수 있는 한 구체적으로' 정해야 한다는

---

34) 塩野 宏, 일본행정법론(서원우·오세탁 공역), 법문사, 1996, 231; 塩野 宏, 行政法 I, 89 각주 3, 224, 245; 芝池義一, 行政法總論講義(제2판), 1996, 283. 재량기준과 해석기준의 구별에 관하여는 芝池義一, 行政手續法의 檢討, 公法研究 56號, 165 각주 1을 참조.

것은 분명하다. '필요한 처분기준'이란 처분을 하는 데 필요한 기준뿐만 아니라 처분의 상대방, 이해관계인 등이 처분 여부나 내용 등에 관하여 최소한의 예측가능성을 가질 수 있도록 하기 위해 필요한 최소한의 처분기준이란 의미로 해석되며, 처분기준을 '처분의 성질에 비추어 될 수 있는 한 구체적으로' 정해야 한다는 것은 처분의 내용이나 성질에 따라 달라질 수는 있을지라도, 처분의 공정성과 투명성을 확보하기 위하여 가능한 한 최대한 구체적인 기준을 정해야 한다는 의미로 해석된다. 이렇게 볼 때 처분기준의 요소·항목에 대하여는 최소한의 요건이, 각각의 처분기준의 구체성에 대하여는 처분의 성질에 따른 최대한의 요건이 부과되어 있다고 할 수 있다.

4.4.3. 처분기준의 설정·공표의무 위반의 효과

처분기준이 설정·공표됨으로써 재량행위에 대한 사법적 통제의 가능성이 확대된다. 재량통제의 핵심은 재량기준의 통제에 있는 것이기 때문이다. 그러나 만일 행정청이 이러한 처분기준의 설정·공표의무를 이행하지 않는다면 어떠한 법적 효과를 인정할 것인가. 행정절차법 제20조 제1항은 처분기준의 설정·공표를, 일본 행정수속법처럼 신청에 의한 처분의 경우와 불이익처분의 경우를 구별하지 아니 하고, 일률적으로 의무화하고 있다. 즉 일본 행정수속법 제12조는 행정청에게 불이익처분의 여부 또는 어떠한 불이익처분을 할 것인지에 관한 처분기준을 정하여 이를 공개하기 위하여 노력하여야 할 의무(노력의무)를 부과하고 있으나, 우리나라 행정절차법은 양자를 구별하지 않고 처분기준의 설정·공표를 법적인 의무로 규정한 것이다. 따라서 우리의 경우 이러한 처분기준의 설정·공표의무를 이행하지 않으면 곧바로 위법사유를 구성하게 된다는 결과가 된다.[35] 다만, '필요한 처분기준을 해당 처분의 성질에 비추어 될 수 있는 한 구체적으로 정하여' 공표해야 한다고 규정함으로써 처분기준의 밀도에 관하여 융통성·탄력성을 부여하고 있어, 과연 구체적으로 어떤 경우에 처분기준의 설정·공표의무를 위배하였다고 볼 것인지가 명확하지 않을 뿐이다. 여기서 행정절차법 제20조 제1항의 규정을 '필요한 처분기준을 해당 처분의 성질에 비추어 될 수 있는 한 구체적으로 정하여 공표할 것'을 요구할 수 있는 청구권의 근거로 볼 수 있는지가 문제될 수 있다. 먼저 법 제20조 제1항의 문언상 처분기준의 설정·공표의무는, 그것이 법적 의무로서 행정청을 구속하는 것이기는 하지만, 이를 국민 누구에게나 그러한 처분기준설정·공표청구권을

---

35) 일본의 경우 행정수속법 제5조 제1항의 해석상 심사기준을 "정하는 것으로 한다"라는 규정은 같은 조 제3항에서 말하는 "하지 아니하면 아니 된다"는 규정보다는 의무화의 정도가 약한 것이라고 해석되고 있다. 즉 단순한 노력의무보다는 강하지만 심사기준을 정하지 않았다고 해서 반드시 곧바로 위법이 되는 것이 아니라 단지 그 기준을 정하지 않은 것이 위법이라는 추정을 가능케 한다는 것이다(佐藤英善 編, 行政手續法, 三省堂, 1994, 38). 다만 "정하는 것으로 한다"고 규정한 이유는 법령에 있어 인허가등의 요건이 구체화되어 해석의 여지가 없을 정도로 명확하게 정해져 있는 경우에는 아예 심사기준을 정할 필요가 없다는 데서도 찾을 수 있다고 한다(宇賀克也, 行政手續法の解說, 學陽書房, 1994, 59).

부여하는 근거가 된다고는 할 수 없을 것이다. 물론 이에 관하여는 논란의 여지가 없지 않으나, 처분절차에 관한 장에서 처분기준의 설정·공표의무가 규정되고 있다는 점을 고려할 때, 행정절차와 무관한 자에게까지 일반적인 처분기준의 설정·공표청구권을 부여하는 취지라고는 해석할 수 없을 것이다. 그러나 인·허가등의 발급을 신청하려는 자, 불이익처분을 받거나 받게 될 우려가 있는 자, 또는 그 밖에 행정절차에 참가하는 당사자등에 대한 관계에서는 이들이 문제된 처분과의 관계에서 법률상 보호되는 이익을 가지고 있는지 여부에 따라 구체적·개별적인 처분기준설정·공표청구권이 인정될 여지가 있다.

물론 개별적인 경우 처분기준의 설정·공표의무의 위반 여하는 결국 구체적 사안과 관련하여 사법부에 의해 판단될 문제이다. 문제는 처분기준의 설정·공표의무를 위반하여 행해진 처분을 다툼에 있어 그 설정·공표의무위반을 처분 자체의 독립적 취소사유로 삼을 수 있느냐 하는 데 있다. 이에 관하여는 앞으로 판례의 형성을 기다려보아야 하겠지만, 처분기준을 설정·공표할 일반적인 의무를 위반했다고 해서 곧바로 처분 자체의 위법을 인정할 수 있을지는 의문이 없지 않다. 물론 처분기준의 설정·공표의무의 위반이 현실적으로 행해진 처분의 실체적 위법에 직접 영향을 주었다고 인정되는 경우에는 이를 독립된 취소사유로 삼을 수 있을 것이지만, 일반적으로 그러한 경우는 극히 드물 것이다. 문제는 오히려 행해진 처분의 실체적 내용 자체는 적법한데 그 선행과정에서 처분기준의 설정·공표의무의 위반이 있었던 경우이다. 일본에서는 이러한 경우 실체에만 잘못이 없으면 된다는 사고방식으로는 절차상 규제의 담보수단은 존재하지 않게 된다는 관점에서 절차법에서 정해진 주요 4원칙(고지·청문, 문서열람, 이유부기, 처분(심사)기준의 설정·공표) 위반은 적어도 취소사유를 구성하는 것이라고 해석하는 견해가 있으나,[36] 이를 일반화할 수 있을지는 의문이다. 그러한 관점에 선다면, 행정절차법 제20조가 일반적으로 모든 처분에 대하여 '필요한 처분기준을 해당 처분의 성질에 비추어 될 수 있는 한 구체적으로 정하여 공표'하도록 하고 있는 이상, 이 규정을 위배했다는 것만으로 모든 처분의 위법성을 주장할 수 있게 되는 결과가 되기 때문이다. 다만, 행정절차법 제20조에 의한 일반적인 처분기준의 설정·공표의무가 개별사안에 있어 구체적인 처분과 관련하여 응축(^{verdichtet})되는 경우에는 그 의무위반을 독립적 취소사유로 삼을 여지가 있다고 보아야 할 것이다. 가령 처분의 상대방이 된 자나 그 밖의 이해관계인이 처분기준의 설정·공표를 요구했으나 행정청이 이에 응하지 않고 처분을 강행했다는 등의 사정이 인정되는 경우처럼, 구체적 사안에 있어 문제된 처분의 성질과의 관련 하에서 처분기준의 설정·공표의무를 위반했고 그 위반이 처분의 상대방등의 행태나 그 밖의 처분과정에 영향을 주었다는 사실이 객관적으로 확인될 수 있는 경우에는, 일본의 행정수속법과는

---

36) 일본의 경우 塩野 宏, 일본행정법론(서원우·오세탁 공역), 법문사, 1996, 253.

달리 우리 행정절차법 제20조 제1항의 문언상 처분기준의 설정·공표의 법적 의무가 분명히 도출될 수 있는 이상, 이를 독립적 취소사유로 인정할 수 있는 여지가 있다고 보아야 할 것이고, 또 적어도 처분기준의 설정·공표의무를 위반하여 행해진 처분으로 인하여 불측의 손해를 입은 자는 (해당 처분의 위법이 아니라) 그 의무위반을 이유로 국가배상법에 의한 배상책임을 추궁할 여지가 있다고 보아야 할 것이다.[37]

"구 독점규제및공정거래에관한법률(1999.2.5. 법률 제5813호로 개정되기 전의 것) 제55조의3 제1항은 공정거래위원회가 법의 규정에 의한 과징금을 부과함에 있어서는 ① 위반행위의 내용 및 정도, ② 위반행위의 기간 및 회수, ③ 위반행위로 인해 취득한 이익의 규모 등을 참작하도록 하고 있으며, 그 제3항은 과징금의 부과에 관하여 필요한 사항은 대통령령으로 정하도록 하고 있으나, 법 시행령(1999.3.31. 대통령령 제16221호로 개정되기 전의 것)은 그 부과기준에 대하여는 규정하고 있지 아니한 데, 피고는 법에서 정한 과징금의 구체적인 부과액수의 산정을 위하여 내부적으로 '과징금산정방법및부과지침'(이하 '지침'이라 한다)을 제정하여 시행하고 있으므로, **위 지침이 비록 피고 내부의 사무처리준칙에 불과한 것이라고 하더라도 이는 법에서 정한 금액의 범위 내에서 적정한 과징금 선정기준을 마련하기 위하여 제정된 것임에 비추어 피고로서는 과징금액을 산출함에 있어서 위 지침상의 기준 및 법에서 정한 참작사유를 고려한 적절한 액수로 정하여야 할 것이고, 이러한 과징금 부과의 재량행사에 있어서 사실오인, 비례·평등의 원칙위배, 당해 행위의 목적위반이나 동기의 부정 등의 사유가 있다면 이는 재량권의 일탈·남용으로서 위법하다** 할 것이다."[38]

4.4.4. 처분기준해명청구권

법은 제20조 제3항에서 당사자등에게 '공표된 처분기준이 불명확한 경우 해당 행정청에 대하여 그 해석 또는 설명을 요청할 수 있으며, 이 경우 해당 행정청은 특별한 사정이 없는 한 이에 응하여야 한다'고 규정하여 '처분기준해석·설명요청권'(여기서는 이를 '처분기준해명청구권'이라고 부르기로 한다)을 인정하고 있다. 1987년의 법안은 제24조 제3항의 규정에서 처분기준 제시 신청권을 인정하고 있었으나, 행정절차법은 그 수위를 낮추어 이를 '공표된 처분기준이 불분명한 경우 그 해석 또는 설명을 요청할 수 있는 권리'로 제도화한 것이다. 처분기준해명청구권은 이미 앞에서 본 개별적 사안에 있어 구체적 처분과 관련하여 구체화될 수 있는 처분기준설정·공표요구권과 함께 처분기준제도의 실효성을 담보해 줄 수 있는 거점이 된다.

---

37) 처분기준의 설정에 관하여 상세한 것은 홍준형, "행정절차법상 처분기준 설정 공표와 방송법상 최다액출자자 변경 승인절차", 공법연구 359-389, 한국공법학회, 2009; 홍준형, "행정절차법상 처분기준 설정·공표와 합의제 행정청의 행정절차", 행정법연구 제20호(행정법이론실무학회 2008.4), 147-188; 오준근, "처분기준을 설정·공표하지 아니한 합의제 행정기관의 행정처분의 효력", 인권과 정의 제378호(2008.2), 대한변호사협회, 133-148 등을 참조.
38) 대법원 2002.9.24. 선고 2000두1713 판결: 건축사회의 법위반행위에 대하여 경쟁제한성이 크다는 이유로 공정거래위원회가 내부적으로 제정한 '과징금산정방법및부과지침'상의 과징금 부과기준의 2배에 상당하는 금액을 과징금으로 일률적으로 부과한 경우, 그 경쟁제한성이 위 지침상의 부과기준액의 2배에 해당하는 과징금을 일률적으로 부과하는 것을 용인할 수 있을 정도로 크다고 할 수 없는 이상, 그 과징금 납부명령은 재량권의 일탈·남용으로 위법하다고 본 사례.

그러나 이 권리는 '공표된 처분기준이 불명확한 경우'에 한하여 행사할 수 있고, 또 그 효력도 상대방인 행정청이 '특별한 사정이 없는 한' 이에 응하는 데 그친다는 점에서 단축된 청구권이라 할 수 있다. 문제는 행정청이 '특별한 사정'이 없는데도 이에 불응하는 경우 이 권리를 어떻게 관철시킬 것인가 하는 데 있다. 이미 앞에서 본 바와 같은 처분기준의 설정·공표의무의 위반처럼 처분기준의 해석·설명의무의 위반이 처분의 독립적 취소사유로 인정될 여지가 있다면, 그 실효성은 적지 않을 것이다. 소송법적 차원에서 이러한 '절차적 청구권'을 관철시키려면 결국 행정심판, 거부처분취소소송과 부작위위법확인소송을 활용하는 수밖에 없을 것이다.

4.5. 불이익처분의 사전통지

4.5.1. 원   칙

법은 제21조 제1항에서 불이익처분, 즉 당사자에게 의무를 과하거나 권익을 제한하는 처분에 대하여 사전통지의무를 부과하고 있다. 이것은 행정청이 불이익처분을 하기 앞서 그 당사자등에게 사전에 그 사실을 알 수 있도록 그 내용을 통지하도록 함으로써 의견진술 등 방어준비를 할 수 있도록 배려하는 취지에 따른 것이다. 사전 통지할 사항은 다음과 같다.

1. 처분의 제목
2. 당사자의 성명 또는 명칭과 주소
3. 처분하고자 하는 원인이 되는 사실과 처분의 내용 및 법적 근거
4. 제3호에 대하여 의견을 제출할 수 있다는 뜻과 의견을 제출하지 아니하는 경우의 처리방법
5. 의견제출기관의 명칭과 주소
6. 의견제출기한
7. 그 밖에 필요한 사항

청문을 실시하고자 하는 경우에는 청문이 시작되는 날부터 10일 전까지 위 사항을 당사자등에게 통지하여야 하며, 이 경우 제21조 제1항 제4호 내지 제6호의 사항은 청문주재자의 소속·직위 및 성명, 청문의 일시 및 장소, 청문에 응하지 아니하는 경우의 처리방법 등 청문에 필요한 사항으로 갈음한다($\S21_②$). 제1항 제6호에 의한 기한은 의견제출에 필요한 상당한 기간을 고려하여야 한다($\S21_③$).

4.5.2. 예   외

사전통지의무는 다음과 같은 사유가 있는 경우에는 면제된다($\S21_④$). 그러나 그런 경우에도 통지를 하는 것은 무방하다.

1. 공공의 안전 또는 복리를 위하여 긴급히 처분을 할 필요가 있는 경우
2. 법령등에서 요구된 자격이 없거나 없어지게 되면 반드시 일정한 처분을 하여야 하는 경우에 그 자격이 없거나 없어지게 된 사실이 법원의 재판등에 의하여 객관적으로 증명된 때
3. 해당 처분의 성질상 의견청취가 현저히 곤란하거나 명백히 불필요하다고 인정될 만한 상당한 이유가 있는 경우

처분의 전제가 되는 사실이 법원의 재판 등에 의하여 객관적으로 증명된 경우 등 제4항에 따른 사전 통지를 하지 아니할 수 있는 구체적인 사항은 대통령령으로 정한다($^{\S\,21}_{⑤}$).

위와 같은 예외는 행정의 효율성을 고려한 결과지만, 당사자는 본인에게 왜 처분의 사전통지가 이루어지지 않았는지 그 이유를 알 수 없다는 문제가 있었다. 이에 2014년 12월 30일의 개정법($^{법률 제}_{12923호}$)은 해당 처분을 할 때 당사자등에게 통지를 하지 아니하는 사유를 함께 알리도록 하되, 신속한 처분이 필요한 경우에는 처분 후 그 사유를 알릴 수 있도록 하였다($^{\S\,21}_{⑥}$). 이에 따라 당사자등에게 알리는 경우에는 제24조를 준용한다($^{\S\,21}_{⑦}$).

한편, 위 제21조 제4항 제3호의 해석과 관련하여, 행정절차법의 목적과 사전통지 및 의견제출의 기회 부여절차를 둔 취지에 비추어, 사전통지 및 의견제출의 기회 부여절차는 엄격하게 지켜져야 할 것이므로 그 예외사유 역시 엄격하게 해석하여야 한다고 판시한 사례가 있다.

"[1] 행정절차법의 목적과 사전통지 및 의견제출의 기회부여절차를 두게 된 취지에 비추어 보면, **사전통지 및 의견제출의 기회부여절차는 엄격하게 지켜져야 할 것이므로 그 예외사유가 되는 행정절차법 제21조 제4항 제3호의 '당해 처분의 성질상 의견청취가 현저히 곤란하다거나 명백히 불필요하다고 인정될 만한 상당한 이유'도 엄격하게 해석하여야 하고**, 수도권정비계획법령에서 정하고 있는 과밀부담금의 부과대상, 부과절차 등에 비추어 볼 때, 과밀부담금 부과처분은 다수의 사람에게 대량으로 행하여지는 처분이 아닐 뿐만 아니라, 그 처분을 함에 있어 사전통지 및 의견제출의 기회부여를 한다고 하더라도 행정청의 능률을 저해한다고 볼 수 없고, 수도권정비계획법상의 과밀부담금은 그 부과대상이 되는 인구집중유발시설 중 일정한 건축물에 해당하는지 여부 등 그 산정에 다툼의 여지가 많을 것으로 보이므로 부과관청으로서도 부과처분을 하기 이전에 부과대상자의 의견을 들어 자기시정의 기회를 가질 수 있을 뿐만 아니라, 부과대상자 역시 사전에 부과처분의 내용을 알고 의견을 제출하는 절차를 거치거나 이에 승복함으로써 장차 부과처분이 있은 이후 분쟁이 발생할 소지를 없앨 수 있으므로 과밀부담금 부과처분은 '그 처분의 성질상 의견청취가 명백히 불필요하다고 인정될 만한 상당한 이유가 있는 경우'에 해당한다고 볼 수 없다.

[2] 행정절차법시행령 제13조는 행정절차법 제21조 제4항 제3호의 내용을 보충하는 것으로서 그 각호에 규정된 사유가 있으면 행정청이 국민에게 의무를 가하거나 권익을 제한하는 처분을 하는 경우에 사전통지절차와 의견제출의 기회부여절차를 거치지 않을 수 있게 함으로써 행정처분을 받는 국민의 권리를 제한하고 있음에도 불구하고, 같은법시행령의 모법인 행정절차법에 같은 법 제21조 제4항 제3호가 규정하고 있는 '당해 처분의 성질상 의견청취가 현저히 곤란하거나 명백히 불필요하다고 인정될 만한 상당한 이유가 있는 경우'에 포함될 수 있는 경우에 관하여 대통령령에 위임한다는 아무런 근거규정을 찾아볼 수 없고, 행정처분의 상대방의 권리를 제한하는 같은법시행령 제13조의 규정을 법률을 현실적으로 집행하는

데 필요한 세부적인 사항에 관한 집행명령의 범주에 포함되는 것이라고 볼 수도 없으므로, 같은법시행령 제13조의 규정은 법률의 위임이 없는 무효인 규정이다."[39]

2014년 1월 28일의 개정법($^{법률\ 제}_{12347호}$)은 "처분의 전제가 되는 사실이 법원의 재판 등에 의하여 객관적으로 증명된 경우 등 제4항에 따른 사전 통지를 하지 아니할 수 있는 구체적인 사항은 대통령령으로 정한다"고 규정하여 처분의 사전통지 생략사유를 대통령령에서 좀 더 구체화할 수 있는 위임근거를 신설하였고($^{§\ 21}_{⑤}$), 이에 따라 위임근거 유무에 대한 시비의 여지가 입법적으로 해소되었다.

▦ 보조금반환명령 당시 사전통지한 경우 후속 평가인증취소처분에 대해 사전통지예외 인정 여부

"영유아보육법상 평가인증취소처분은 이로 인하여 원고에 대한 인건비 등 보조금 지급이 중단되는 등 원고의 권익을 제한하는 처분에 해당하며, 보조금 반환명령과는 전혀 별개의 절차로서 보조금 반환명령이 있으면 피고 보건복지부장관이 평가인증을 취소할 수 있지만 반드시 취소하여야 하는 것은 아닌 점 등에 비추어 보면, 보조금 반환명령 당시 사전통지 및 의견제출의 기회가 부여되었다 하더라도 그 사정만으로 이 사건 평가인증취소처분이 구 행정절차법 제21조 제4항 제3호에서 정하고 있는 사전통지 등을 하지 아니하여도 되는 예외사유에 해당한다고도 볼 수 없으므로, 구 행정절차법 제21조 제1항에 따른 사전통지를 거치지 않은 이 사건 평가인증취소처분은 위법하다."[40]

사전통지나 의견제출 기회 제공의 예외 사유의 판단기준 ●● 행정절차법 제21조 제1항, 제3항, 제4항, 제22조에 의하면, 행정청이 당사자에게 의무를 부과하거나 권익을 제한하는 처분을 하는 경우 '해당 처분의 성질상 의견청취가 현저히 곤란하거나 명백히 불필요하다고 인정될 만한 상당한 이유가 있는 경우' 등에 한하여 처분의 사전통지나 의견청취를 하지 아니할 수 있다. 따라서 행정청이 침해적 행정처분을 하면서 당사자에게 사전통지를 하거나 의견제출의 기회를 주지 아니하였다면, 사전통지나 의견제출의 예외적인 경우에 해당하지 아니하는 한, 처분은 위법하여 취소를 면할 수 없다.

---

39) 서울행정법원 2005.2.2. 선고 2004구합19484 판결. 참고로 행정절차법 시행령 제13조는 '사전통지의 예외사유'란 표제 아래 법 제21조 제4항 제3호 소정의 "당해처분의 성질상 의견청취가 현저히 곤란하거나 명백히 불필요하다고 인정될만한 상당한 이유가 있는 경우"를 '다음 각 호의 1에 해당하는 경우를 포함하는 것으로 본다'고 규정하고 있었다.
   1. 의견청취의 기회를 줌으로써 처분의 내용이 미리 알려져 현저히 공익을 해하는 행위를 유발할 우려가 예상되는 경우
   2. 법령 또는 자치법규(이하 "법령등"이라 한다)에서 준수하여야 할 기술적 기준이 명확하게 규정되고 그 기준에 미치지 못하는 사실을 이유로 처분을 하려는 경우로서 그 사실이 실험, 계측 그 밖에 객관적인 방법에 의하여 명확히 입증된 때
   3. 법원의 판결등에 의하여 처분의 전제가 되는 사실이 객관적으로 증명되어 처분에 따른 의견청취가 불필요하다고 판단되는 경우
   4. 외국에서 행하여지는 내국인(단체등을 포함한다)에 대한 처분에 대하여 의견청취의 절차를 인정하지 아니하고 있는 경우 행정청이 외국인(단체등을 포함한다)에 대하여 같은 종류의 처분을 행하는 경우
   5. 법령등에서 일정한 요건에 해당하는 자에 대하여 금전급부를 명하는 경우 행정청의 금액산정에 재량의 여지가 없거나 요율이 명확하게 정하여져 있는 경우
40) 대법원 2016.11.9. 선고 2014두1260 판결.

그리고 여기에서 '의견청취가 현저히 곤란하거나 명백히 불필요하다고 인정될 만한 상당한 이유가 있는 경우'에 해당하는지는 해당 행정처분의 성질에 비추어 판단하여야 하며, 처분상대방이 이미 행정청에 위반사실을 시인하였다거나 처분의 사전통지 이전에 의견을 진술할 기회가 있었다는 사정을 고려하여 판단할 것은 아니다.[41]

4.5.3. 사전통지의 대상

법 제21조 제1항은 사전통지의무를 불이익처분, 즉 당사자에게 의무를 과하거나 권익을 제한하는 처분에 대하여 부과한다. 따라서 수익처분에 대해서는 사전통지를 하지 않아도 무방하다. 여기서 다음과 같은 경우 사전통지를 해야 하는지 여부가 문제된다.

(1) 당사자 이외의 이해관계인에게 불이익 효과를 미치는 처분의 경우

당사자에게는 수익적 효과를 갖지만 그 이외의 자, 즉 당사자 이외의 이해관계인에게는 불이익을 주는 처분의 경우, 이를 법 제21조 제1항에서 말하는 불이익처분으로 볼 것인지가 문제된다. 행정절차법 제21조 제1항에서 불이익처분을 당사자에 대한 것으로 한정하고 있기 때문에 문제가 된다. 학설은 대립한다. 문언상 사전통지의 대상이 '당사자'에 대한 처분으로 한정되어 있다는 이유에서 부정하는 견해도 있으나, 당사자에 대한 처분으로 불이익을 받는 이해관계인에게도 사전통지를 해 주어야 할 필요성이 있다는 점, 사전통지절차란 당사자 등의 의견청취를 위한 절차이므로 행정청이 직권 또는 신청에 따라 행정절차에 참여하게 한 이해관계인에게 의견제출의 기회를 부여하고 있다는 점($\frac{\S.22}{3}$), 그리고 법 제21조 제1항에서 '당사자등에게 통지하여야 한다'고 규정한 것은 이해관계인이 비록 자신에 대한 처분이 아니더라도 사전통지를 받을 필요가 있다는 것을 전제로 한 것이라는 점 등을 고려할 때 '행정청이 직권 또는 신청에 따라 행정절차에 참여하게 한 이해관계인'에게 불이익을 주는 처분을 사전통지의 대상에서 배제할 이유는 없으므로 긍정설이 타당하다고 본다.[42] 대법원 판례의 입장은 분명치 않다. 다만, 유원시설업자 또는 체육시설업자 지위승계신고를 수리하는 처분의 경우 종전의 유원시설업자 또는 체육시설업자도 불이익을 받을 수 있으므로 그 처분에 대하여 직접 그 상대가 되는 자에 해당하며, 따라서 행정청으로서는 그 신고를 수리하는 처분을 하는 경우 행정절차법 소정의 당사자에 해당하는 종전의 유원시설업자 또는 체육시설업자에 대하여 위 규정 소정의 행정절차를 실시하고 처분을 하여야 한다고 판시하여, 지위승계와 같은 경우 당사자의 범위를 처분의 직접 당사자에 국한시키지 않겠다는 입장을 취한 바 있다.

---

41) 대법원 2016.10.27. 선고 2016두41811 판결.
42) 동지 김철용, 행정법 I, 제13판, 2010, 394 등.

"행정절차법 제21조 제1항, 제22조 제3항 및 제2조 제4호의 각 규정에 의하면, 행정청이 당사자에게 의무를 과하거나 권익을 제한하는 처분을 함에 있어서는 당사자 등에게 처분의 사전통지를 하고 의견제출의 기회를 주어야 하며, 여기서 **당사자라 함은 행정청의 처분에 대하여 직접 그 상대가 되는 자를 의미**한다. 한편 관광진흥법 제8조 제2항, 제4항, 체육시설법 제27조 제2항, 제20조의 각 규정에 의하면, 공매 등의 절차에 따라 문화체육관광부령으로 정하는 주요한 유원시설업 시설의 전부 또는 체육시설업의 시설 기준에 따른 필수시설을 인수함으로써 그 유원시설업자 또는 체육시설업자의 지위를 승계한 자가 관계 행정청에 이를 신고하여 행정청이 이를 수리하는 경우에는 종전의 유원시설업자에 대한 허가는 그 효력을 잃고, 종전의 체육시설업자는 적법한 신고를 마친 체육시설업자로서의 지위를 부인당할 불안정한 상태에 놓이게 된다. 따라서 **행정청이 관광진흥법 또는 체육시설법의 규정에 의하여 유원시설업자 또는 체육시설업자 지위승계신고를 수리하는 처분은 종전의 유원시설업자 또는 체육시설업자의 권익을 제한하는 처분이라 할 것이고**, 종전의 유원시설업자 또는 체육시설업자는 그 처분에 대하여 직접 그 상대가 되는 자에 해당한다고 봄이 상당하므로, 행정청으로서는 그 신고를 수리하는 처분을 함에 있어서 행정절차법 규정 소정의 당사자에 해당하는 종전의 유원시설업자 또는 체육시설업자에 대하여 위 규정 소정의 행정절차를 실시하고 처분을 하여야 한다(대법원 2003.2.14. 선고 2001
두7015 판결 등 참조)."[43]

(2) 신청에 대한 거부처분

신청에 대한 거부처분이 '불이익처분'에 해당하는지에 관하여는 학설이 대립한다. 신청을 했어도 아직 당사자에게 권익이 부여되지 않았으므로 신청을 거부하더라도 직접 당사자의 권익을 제한하는 것이 아니며, 상대방의 신청에 의한 것이라는 점에서 이미 의견진술의 기회를 준 것이라는 것 등을 이유로 부정하는 견해[44]와 신청에 대한 거부처분은 분명히 당사자의 권익을 제한하는 처분이며, 일본의 경우와 달리 우리 행정절차법은 신청에 의한 처분과 불이익처분을 전혀 구분하지 아니 하고 포괄적으로 규정하고 있으므로 일본에서의 해석론을 그대로 적용해서는 아니 된다는 이유를 들어 긍정하는 견해[45]가 있다. 판례는 소극설의 입장을 취하는 것으로 보인다.

"행정절차법 제21조 제1항은 행정청은 당사자에게 의무를 과하거나 권익을 제한하는 처분을 하는 경우에는 미리 처분의 제목, 당사자의 성명 또는 명칭과 주소, 처분하고자 하는 원인이 되는 사실과 처분의 내용 및 법적 근거, 그에 대하여 의견을 제출할 수 있다는 뜻과 의견을 제출하지 아니하는 경우의 처리방법, 의견제출기관의 명칭과 주소, 의견제출기한 등을 당사자 등에게 통지하도록 하고 있는바, **신청에 따른 처분이 이루어지지 아니한 경우에는 아직 당사자에게 권익이 부과되지 아니하였으므로 특별한 사정이**

---

43) 대법원 2012.12.13. 선고 2011두29144 판결.
44) 박균성, 행정법강의, 제2판, 2005, 404; 김동희, 행정법 I, 제12판, 377 등. 박균성교수는 갱신허가거부처분의 경우 이를 불이익처분이라 보면서 자신의 견해를 '원칙상 소극설'이라 칭하고 있다.
45) 김철용, 행정법 I, 제13판, 2010, 394-395; 오준근, 행정절차법, 340-341; 김성수, "참여와 협력시대의 한국 행정절차법", 현대공법이론의 제문제(석종현박사화갑기념논문집), 2003, 552; 윤형한, "사전통지의 대상과 흠결의 효과", 행정판례연구(한국행정판례연구회) X, 219; 최계영, "거부처분의 사전통지-법치행정과 행정의 효율성의 조화-", 행정법연구(행정법이론실무학회), 제18호, 269이하 등.

없는 한 신청에 대한 거부처분이라고 하더라도 직접 당사자의 권익을 제한하는 것은 아니어서 신청에 대한 거부처분을 여기에서 말하는 '당사자의 권익을 제한하는 처분'에 해당한다고 할 수 없는 것이어서 처분의 사전통지대상이 된다고 할 수 없다."[46]

생각건대 법 제21조 제1항에 따른 불이익처분 중 '당사자의 권익을 제한하는 처분'이란 권익제한이 인정되는 한 그 범위를 제한할 여지가 없다고 본다. 신청에 대한 거부처분의 경우 결국 무엇을 거부하느냐에 따라 권익제한 여부에 대한 판단이 달라질 수 있을 것인데, 어떤 (수익적) 처분을 구할 아무런 법적 지위 없이 한 신청을 거부한 경우라면 몰라도, 그 거부처분에 권익을 제한하거나 제한한 것으로 평가할 수 있는 내용이 포함되어 있다면 의당 여기서 말하는 불이익처분에 해당한다고 보아야 할 것이다. 신청권을 근거로 처분성이 인정되면, 신청을 했다가 거부당한 자는 별도의 판단 없이 행정소송법 제12조의 법률상 이익이 있는 것으로 보아 원고적격을 인정하는 것이 판례인데, 그런 판례에 비추어 보더라도 신청권에 기한 거부처분의 '권익제한성'을 부인할 수 없을 것이다. 또한 신청에 대한 거부처분은 이미 의견진술의 기회를 준 것이라는 논거도 이를 일반화할 수 없으므로,[47] 긍정설의 입장이 타당하다고 본다.

4.6. 의견청취절차

4.6.1. 의견청취의 의의와 종류

의견청취는 처분절차에 있어 사전통지, 처분기준의 공표와 함께 가장 본질적인 중요성을 가지는 요소이다.[48] 의견청취절차는 "누구도 변명의 기회를 부여받지 아니하고는 비난당하지 아니 한다", "양당사자로부터 들어라"라는 법언에 의해 표현되는 이른바 자연적 정의($^{natural}_{justice}$)를 구현하기 위한 절차로서 주요 입헌주의 민주국가들과 함께 우리 헌법이 구가하고 있는 법치국가원칙에서 도출되는 당연한 요청이라 할 수 있다. 개인의 권익을 침해하는 행정결정을 당사자인 본인의 참여가 보장되지 못한 상태에서 이루어지도록 방치한다면 이는 개인을 단순히 국가통치권의 객체로만 취급하는 것으로서 헌법상 보장되고 있는 인간의 존엄과 가치와 부합되지 않게 되는 결과가 되기 때문이다. 이러한 견지에서 행정절차법은 의견청취를 위한 청문과 의견제출, 그리고 공청회절차를 제도화한 것이다.

법은 의견청취절차의 유형을 처분의 내용, 종류 또는 사안의 경중에 따라 의견제출, 청문, 공청회, 세 가지로 나누어 규정하고 있다. 법에 의하면 의견청취는 원칙적으로 약식절차인

---

46) 대법원 2003.11.28. 선고 2003두674 판결.
47) 김철용, 앞의 책, 395.
48) 이에 관하여는 석종현, "의견제출과 청문", 고시계 1997/7, 60-69를 참조.

의견제출의 방식으로 하고($^{§\,22}_{③}$), 다만 일정한 요건 하에서만 청문과 공청회를 실시하도록 되어 있다($^{§\,22}_{①,②}$). 즉 청문은 다른 법령등에서 청문을 실시하도록 규정하고 있거나, 행정청이 필요하다고 인정하는 경우, 그리고 인허가 등의 취소, 신분·자격의 박탈, 법인이나 조합 등의 설립허가의 취소를 내용으로 하는 처분시 제21조 제1항 제6호에 따른 의견제출기한 내에 당사자등의 신청이 있는 경우에 실시하도록 되어 있다($^{§\,22}_{①}$). 공청회는 다른 법령등에서 공청회를 개최하도록 규정하고 있는 경우나 해당 처분의 영향이 광범위하여 널리 의견을 수렴할 필요가 있다고 행정청이 인정하는 경우에 실시하게 되어 있다($^{§\,22}_{②}$). 반면, '의견제출' 절차는 당사자에게 의무를 부과하거나 권익을 침해하는 처분을 할 때, 청문, 공청회가 실시되는 경우를 제외하고 필수적으로 거치도록 되어 있다($^{§\,22}_{③}$).

법은 제22조 제4항에서 당사자가 의견진술의 기회를 포기한다는 뜻을 명백히 표시한 경우와 제21조 제4항 각 호의 하나에 해당하는 경우, 즉 공공의 안전 또는 복리를 위하여 긴급히 처분을 할 필요가 있는 경우, 법령 등에서 요구된 자격이 없거나 없어지게 되면 반드시 일정한 처분을 하여야 하는 경우에 그 자격이 없거나 없어지게 된 사실이 법원의 재판 등에 의하여 객관적으로 증명된 경우, 해당 처분의 성질상 의견청취가 현저히 곤란하거나 명백히 불필요하다고 인정될 만한 상당한 이유가 있는 경우에는 의견청취를 생략할 수 있도록 하고 있다.

이와 관련하여 요양급여의 적정성 평가 결과 전체 하위 20% 이하에 해당하는 요양기관이 건강보험심사평가원으로부터 받은 입원료 가산 및 별도 보상 적용 제외 통보를 받고 제기한 무효확인소송에서 그 통보를 항고소송의 대상이 되는 행정처분으로 보고, 그 처분이 성질상 행정절차법에 따라 원고들에게 의견진술의 기회를 주기가 곤란하거나 불필요하다고 보이지 않으며, 국민건강보험법은 요양기관이 이러한 처분 전에 그에 관한 의견제출을 할 수 있는 특별한 절차를 두고 있지도 않다며 행정절차법에 따른 의견제출의 기회를 부여하지 않아도 된다는 피고 주장을 배척하고, 위 처분이 적법한 사전통지 및 의견청취 절차를 결여한 것으로 위법하다고 판단한 사례가 있다.[49]

"행정절차법 제22조 제4항, 제21조 제4항 제3호에 의하면, "해당 처분의 성질상 의견청취가 현저히 곤란하거나 명백히 불필요하다고 인정될 만한 상당한 이유가 있는 경우"나 "당사자가 의견진술의 기회를 포기한다는 뜻을 명백히 표시한 경우"에는 청문 등 의견청취를 하지 아니할 수 있는데, 여기에서 '의견청취가 현저히 곤란하거나 명백히 불필요하다고 인정될 만한 상당한 이유가 있는 경우'에 해당하는지는 해당 행정처분의 성질에 비추어 판단하여야 하며, 처분상대방이 이미 행정청에게 위반사실을 시인하였다거나 처분의 사전통지 이전에 의견을 진술할 기회가 있었다는 사정을 고려하여 판단할 것은 아니다($^{대법원\ 2016.}_{10.27.\ 선고}$ $^{2016두41811}_{판결\ 참조}$)."[50]

---

49) 대법원 2013.11.14. 선고 2013두13631 판결.

행정청은 청문·공청회 또는 의견제출을 거친 때에는 신속히 처분하여 해당 처분이 지연되지 아니하도록 하여야 하며($_⑤^{§\,22}$), 처분 후 1년 이내에 당사자등의 요청이 있는 경우에는 청문·공청회 또는 의견제출을 위하여 제출받은 서류 그 밖의 물건을 반환하여야 한다($_⑥^{§\,22}$).

4.6.2. 의견제출

(1) 개 념

의견제출은 법이 인정하는 의견청취의 원칙적 형태이자 최소한으로서 약식절차이다. 의견제출이란 '행정청이 어떠한 행정작용을 하기에 앞서 당사자등이 의견을 제시하는 절차로서 청문이나 공청회에 해당하지 아니하는 절차'로 정의되고 있다($_{vii}^{§\,2}$).

(2) 적용범위

법은 의견제출의 방법을 널리 허용하고 제출된 의견의 진정여부를 확인할 수 있도록 하면 족하다는 견지에서, 행정청이 당사자에게 의무를 과하거나 권익을 제한하는 처분을 함에 있어, 청문이나 공청회가 실시되는 경우를 제외하고, 당사자등에게 반드시 의견제출의 기회를 주도록 하였다. 이것은 당사자에게 의무를 부과하거나 권익을 침해하는 처분에 해당하지 않는 경우, 즉 수익적 처분의 경우에는, 청문과 공청회가 실시되는 경우 외에는, 의견제출의 기회를 주지 않아도 된다는 취지로 해석된다. 그러나 급부행정 분야의 경우 수익적 처분을 하지 않는 것이 침익적 처분을 하지 않는 것 못지않은 침해적 결과를 가져올 수 있다는 점에서 의견제출절차를 침익적 처분에 국한시킨 것이 바람직한 것인지는 매우 의문스럽다.[51]

(3) 의견제출의 방법과 효과 등

당사자등은 처분 전에 그 관할행정청에 서면·구술로 또는 정보통신망을 이용하여 의견제출을 할 수 있고($_①^{§\,27}$), 그 주장을 입증하기 위한 증거자료등을 첨부할 수 있다($_②^{§\,27}$).

행정청은 당사자등이 구술로 의견제출을 한 때에는 서면으로 그 진술의 요지와 진술자를 기록하여야 하며($_③^{§\,27}$), 처분을 할 때 당사자등이 제출한 의견이 상당한 이유가 있다고 인정하는 경우에는 이를 반영하여야 한다($_{의2}^{§\,27}$). 법은 정당한 이유 없이 제출기한 내 의견이 제출되지 않을 경우, 절차의 지체를 방치하는 것은 바람직하지 않다는 판단에서, 이를 의견이 없는 것으로 간주하여 행정처분을 할 수 있도록 하고 있다($_④^{§\,27}$).

의견제출의 경우 청문에서와 같이 문서 열람·복사 요청에 대한 법적 근거 조항이 없다.

---

50) 대법원 2017.4.7. 선고 2016두63224 판결(개인택시운송사업면허취소처분취소(바) 파기환송).

51) 또한 신청에 의한 수익적 처분에 해당하는 '민원사무'의 처리절차를 규정하고 있는 「행정규제 및 민원사무기본법」과의 관계, 분리주의적 입법의 문제점과 대안에 관하여는 홍준형, "'96 행정절차법시안의 내용과 문제점", 97; 한국법제연구원, 공정 행정 구현을 위한 행정절차법 제정 방안-1994.7. 총무처 행정절차법 시안과 관련하여-(현안분석 95-), 58 등을 참조.

당사자등은 정보공개법에 따라 처분과 관련된 정보의 열람 또는 복사를 청구할 수 있다.[52]

4.6.3. 청 문

(1) 개념과 의의

청문(^{hearing})이란 '행정청이 어떠한 처분을 하기에 앞서 당사자등의 의견을 직접 듣고 증거를 조사하는 절차'를 말한다($^{§ 2}_ⅴ$). 청문은 의견청취의 핵심적 절차이다. 청문절차에서 당사자등은 사안에 대하여 의견을 진술하고 사실을 주장하거나 증거를 제출할 수 있고 상대방이 제시한 증거나 사실, 그리고 청문주재자에 의한 직권조사결과에 대하여 반증할 수 있는 공격방어권을 가진다. 청문절차는 당사자등에게 단순한 진술기회만을 부여하는 데 그치지 않고 적극적인 공격과 방어를 통한 실체적 진실의 발견을 목적으로 하고 있다는 점에서 일종의 사실심형 청문절차에 해당한다.

행정절차법은 청문에 관하여 비교적 상세한 규정을 두고 있다. 즉, 청문주재자 및 그 신분보장($^{§ 28}$), 청문주재자의 제척 · 기피 · 회피($^{§ 29}$), 청문의 공개($^{§ 30}$), 청문의 진행($^{§ 31}$), 청문의 병합 · 분리($^{§ 32}$), 증거조사($^{§ 33}$), 청문조서($^{§ 34}$), 청문의 종결($^{§ 35}$), 청문의 재개($^{§ 36}$), 문서 열람($^{§ 37}$) 등에 관하여 규정하고 있다. 청문 통지에 관한 규정은 처분의 사전통지에 관한 조항인 제21조 제2항에 포함되어 있다.

(2) 청문의 실시

법은 종래 법령등에서 청문 실시를 규정하고 있거나 행정청이 필요하다고 인정하는 경우에 한해 청문을 하도록 규정하고 있었다($^{§ 22}_①$). 그러나 2014년 1월 28일 개정법은 일정한 불이익처분의 경우 의견제출기한 내 당사자등이 신청하면 청문을 실시하도록 의무화하였다.

첫째, 법령등에서 청문을 실시하도록 규정한 경우(필요적 청문) 청문 실시는 그 법령등에 따른 당연한 결과이다. 그러한 예로는 건설산업기본법 제86조($^{국토교통부장관이 제82조 및 제83조에 따라 영업}_{정지 · 과징금부과 또는 등록말소를 하려는 경우}$), 국유재산법 제37조($^{관리청이 제36조에 따라 행정재산의 사}_{용허가를 취소하거나 철회하려는 경우}$), 국토의 계획 및 이용에 관한 법률 제136조($^{개발행위허가}_{등의 취소시}$), 방송법 제101조($^{방송사업자 및 중계유선방송사업자에 대한}_{재허가 또는 재승인의 거부 등을 할 경우}$) 등이 있다.

둘째, 그 밖에 청문은 행정청이 필요하다고 인정하는 경우 실시할 수 있다(임의적 청문). 법 제22조 제1항 제1호 및 같은 항 제2호는 행정청에 청문 실시여부에 관한 재량을 부여한 것으로 새기는 것이 일반적이다. 그러나 경우에 따라 재량 수축이 인정되어 청문을 실시해야 할 기속을 받게 되거나 편파적 청문실시로 인해 재량하자(평등원칙 위반)가 성립할 여지가 있다.[53]

---

52) 동지 김철용, 앞의 책, 401.
53) 백윤기, "금융행정에서의 법치주의의 구현", 현대공법학의 과제(최송화교수화갑기념논문집), 박영사, 2002, 531;

셋째, 2014년 1월 28일 개정법률에 따라 다음과 같은 불이익처분을 할 경우 제21조 제1항 제6호에 따른 의견제출기한 내에 당사자등이 신청하면 반드시 청문을 실시하여야 한다. 이것은 행정절차법에 따라 당사자등의 신청으로 실시하는 일종의 필요적 청문이라 할 수 있고, 그 경우 당사자등은 청문신청권을 가진다.

가. 인허가 등의 취소
나. 신분·자격의 박탈
다. 법인이나 조합 등의 설립허가의 취소

이는 2008년 12월 24일 신설된 행정절차법시행령 제13조의2의 내용을 강화하여 법률에 반영한 결과이다. 당시 시행령 제13조의2는 "행정청이 법 제22조 제1항 제2호에 따라 처분에 대한 청문의 필요 여부를 결정할 때 그 처분이 인·허가 등의 취소, 신분·자격의 박탈, 법인이나 조합 등의 설립허가의 취소, 그 밖에 당사자 등의 권익을 심히 침해하거나 이해관계에 중대한 영향을 미치는 처분인 경우에는 청문을 실시하도록 적극 노력하여야 한다"고 규정하고 있었다. 이 조항은 법 제22조 제1항 제2호에 따라 처분에 대한 청문의 필요 여부를 결정하는 행정청을 수범자로 하고 있어 직접 처분의 당사자등에게 청문실시를 요구할 청구권을 성립시키지는 못할지라도, 모법상 청문실시여부에 대한 행정청의 재량을 향도하고 제한하는 일종의 법규명령형식의 재량준칙으로서 행정청을 구속한다고 볼 수 있다. 따라서 행정청은 처분이 인·허가 등의 취소, 신분·자격의 박탈, 법인이나 조합 등의 설립허가의 취소, 그 밖에 당사자등의 권익을 심히 침해하거나 이해관계에 중대한 영향을 미치는 처분인 경우에는 청문을 실시하도록 적극 노력해야만 그 의무에 합당한 재량을 행사한 것이 되고, 행정청은 그 한도 내에서 법적 기속을 받게 된다. 다시 말해, 행정청이 그와 같은 경우에 해당하고 달리 특별한 정당화사유가 없는데도 청문을 실시하지 않았다면 재량하자를 구성하는 결과가 된다.

(3) 청문주재자

법은 청문주재자의 임명 또는 위촉, 청문주재자의 직무상의 독립성 등 신분보장에 관한 사항을 규정하고 있다.

먼저, 청문주재자는 행정청이 소속 직원 또는 대통령령으로 정하는 자격을 가진 사람 중에서 선정하되, 행정청은 청문주재자 선정이 공정하게 이루어지도록 노력하여야 한다($\S^{28}_{①}$). 청문주재자는 독립하여 공정하게 직무를 수행하며, 그 직무 수행을 이유로 본인의 의사에 반하여 신분상 어떠한 불이익도 받지 아니한다($\S^{28}_{③}$). 반면, 대통령령이 정하는 사람 중에서 선

박정훈, "부정당업자의 입찰참가자격제한의 법적 제문제", 법학(서울대학교 법학연구소) 제46권 제1호, 306 등.

정된 청문주재자는 형법 그 밖에 다른 법률에 따른 벌칙 적용에 있어 공무원으로 본다($\frac{\S 28}{④}$).

둘째, 법은 청문이 정식 행정절차임을 고려하여 제척·기피·회피 제도를 통하여 이익충돌($\frac{\text{conflict of}}{\text{interests}}$)의 여지를 제거함으로써 공정성을 확보하고자 하였다. 청문주재자가 다음 각 호의 하나에 해당하는 경우에는 청문을 주재할 수 없다($\frac{\S 29}{①}$).

1. 자신이 당사자등이거나 당사자등과 민법 제777조 각 호의 어느 하나에 해당하는 친족관계에 있거나 있었던 경우
2. 자신이 해당 처분과 관련하여 증언이나 감정을 한 경우
3. 자신이 해당 처분의 당사자등의 대리인으로 관여하거나 관여하였던 경우
4. 자신이 해당 처분업무를 직접 처리하거나 하였던 경우

청문주재자에게 공정한 청문진행을 할 수 없는 사정이 있는 경우 당사자등은 행정청에 기피신청을 할 수 있으며, 이 경우 행정청은 청문을 정지하고 신청이 이유 있다고 인정하는 때에는 해당 청문주재자를 지체 없이 교체하여야 한다($\frac{\S 29}{②}$). 또한 청문주재자는 제척 또는 기피사유에 해당하는 경우에는 행정청의 승인을 얻어 스스로 회피할 수 있다($\frac{\S 29}{③}$).

⑷ 청문의 공개

법은 제30조에서 청문 공개에 관한 규정을 두고 있다. 청문은 당사자의 공개신청이 있거나 청문주재자가 필요하다고 인정하는 경우 공개할 수 있으나, 공익 또는 제3자의 정당한 이익을 현저히 해할 우려가 있는 경우에는 공개하여서는 아니 된다. 청문 공개의 요청은 공평타당성을 보장하기 위한 것이지만 법은 이를 당사자의 신청이나 청문주재자의 판단에 의존시킴으로써 청문의 공개로 인한 폐단을 방지하는 데 초점을 맞추었다. 당사자의 공개신청이 있는 경우 '공개할 수 있다'고만 되어 있으므로 그 경우에도 청문주재자가 청문을 비공개로 할 수 있는 것처럼 보인다. 그러나 공익 또는 제3자의 정당한 이익을 현저히 해할 우려가 있는 경우에는 이미 공개가 금지되어 있으므로, 당사자 모두가 공개를 신청한 경우에는 특별한 이유가 없는 한 공개하여야 하는 것으로 해석해야 할 것이다.

⑸ 청문의 진행

청문 진행과 관련하여 가장 중요한 것은, 주재자의 불편부당성을 보장하는 문제와 당사자 등에게 의견개진 및 증거제출의 기회를 부여하는 문제이다. 이를 위하여 법은 최소한의 절차적 규율을 가하고 있다.

법은 먼저 행정청으로 하여금 청문이 시작되는 날부터 7일 전까지 청문주재자에게 청문과 관련한 필요한 자료를 미리 통지하도록 하고 있다($\frac{\S 28}{②}$). 이는 청문주재자가 미리 필요한 자료를 받아 볼 수 있도록 하여 청문이 내실 있게 진행되도록 한 것이다.

청문주재자가 청문을 시작할 때에는 먼저 예정된 처분의 내용, 그 원인이 되는 사실 및 법적 근거 등을 설명하여야 한다($\S\,31\atop\textcircled{1}$). 당사자등은 의견을 진술하고 증거를 제출할 수 있으며, 참고인·감정인 등에게 질문할 수 있다($\S\,31\atop\textcircled{2}$). 당사자등이 의견서를 제출한 경우에는 그 내용을 출석하여 진술한 것으로 본다($\S\,31\atop\textcircled{3}$). 청문주재자는 청문의 신속한 진행과 질서유지를 위하여 필요한 조치를 할 수 있고($\S\,31\atop\textcircled{4}$), 청문주재자는 청문을 계속할 경우에는 당사자등에게 다음 청문의 일시 및 장소를 서면으로 통지하되, 당사자등이 동의하는 경우에는 전자문서로 통지할 수 있다. 다만, 청문에 출석한 당사자등에게는 해당 청문일에 말로 통지할 수 있다 ($\S\,31\atop\textcircled{5}$).

행정청은 직권으로 또는 당사자의 신청에 따라 여러 개의 사안을 병합하거나 분리하여 청문을 할 수 있다($\S\,32$). 청문의 절차적 경제와 합리성을 확보하기 위한 조항이다.

법은 청문절차에서 행해지는 증거조사의 절차와 요건을 규정하고 있다. 즉 청문주재자는 직권으로 또는 신청에 따라 필요한 조사를 할 수 있으며, 당사자등이 주장하지 아니한 사실에 대하여도 조사할 수 있다($\S\,33\atop\textcircled{1}$). 이것은 청문의 사실심 기능을 살리기 위하여 청문주재자의 사실조사 및 판단권을 확대하고 증거조사의 방법을 명시하는 한편 관계행정청 및 당사자등에게 증거조사에 협력할 의무를 부과한 것이다.

증거조사는 다음 어느 하나에 해당하는 방법으로 한다($\S\,33\atop\textcircled{2}$).

1. 문서·장부·물건 등 증거자료의 수집
2. 참고인·감정인 등에 대한 질문
3. 검증 또는 감정·평가
4. 그 밖에 필요한 조사

청문주재자는 필요하다고 인정하는 때에는 관계행정청에 필요한 문서의 제출 또는 의견의 진술을 요구할 수 있다. 이 경우 관계행정청은 직무 수행에 특별한 지장이 없는 한 그 요구에 따라야 한다($\S\,33\atop\textcircled{3}$).

⑹ 문서의 열람 및 비밀유지

법은 제37조에서 해당 처분과 관련된 문서의 열람 등에 관한 당사자등의 권리를 보장하는 한편, 청문으로 알게 된 비밀의 유지 의무를 부과하고 있다.

이에 따르면, 당사자등은 청문의 통지가 있는 날부터 청문이 끝날 때까지 행정청에 해당 사안의 조사결과에 관한 문서 그 밖에 해당 처분과 관련되는 문서의 열람 또는 복사를 요청할 수 있다. 이 경우 행정청은 다른 법령에 따라 공개가 제한되는 경우를 제외하고는 이를 거부할 수 없고($\S\,37\atop\textcircled{1}$), 다른 법령에 따라 공개가 제한된다는 사유로 열람 또는 복사의 요청을 거부하는 경우에는 그 이유를 소명하여야 한다($\S^{37}_{③}$). 열람 또는 복사를 요청할 수 있는 문서의 범위는 대통령령으로 정하도록 위임되어 있다($\S^{37}_{④}$).

행정청은 열람 또는 복사의 요청에 응하는 경우 그 일시 및 장소를 지정할 수 있고($\S^{37}_{②}$), 복사에 따른 비용은 이를 요청한 자에게 부담시킬 수 있다($\S^{37}_{⑤}$).

한편, 법은 누구든지 청문을 통하여 알게 된 사생활 또는 경영상이나 거래상의 비밀을 정당한 이유 없이 누설하거나 다른 목적으로 사용하여서는 아니 된다고 규정함으로써 청문에 따른 정보침해를 방지할 수 있도록 배려하고 있다($\S^{37}_{⑥}$).

이처럼 행정절차법이 정보공개법에 대한 일종의 특별법적 규정을 두어 문서열람청구권을 보장한 것은 긍정적으로 평가된다. 그러나 법은 문서열람청구권을 청문에 한해서만 보장하고 있을 뿐 아니라 시간적으로도 청문의 통지 이후 청문의 종결시까지만 인정하여 문서열람청구권을 축소·제한하고 있다. 의견제출절차는 물론 공청회의 경우까지도 문서열람청구권을 보장하지 않은 것은 당사자등의 행정절차상 지위를 위축시키는 요인으로 작용할 우려가 있다.

(7) 청문조서와 청문주재자의 의견서 작성

청문주재자는 다음 각 호의 사항이 기재된 청문조서를 작성하여야 한다($\S^{34}_{①}$).

1. 제목
2. 청문주재자의 소속, 성명 등 인적사항
3. 당사자등의 주소, 성명 또는 명칭 및 출석여부
4. 청문의 일시 및 장소
5. 당사자등의 진술의 요지 및 제출된 증거
6. 청문의 공개여부 및 공개 또는 제30조 단서에 따라 공개하지 아니한 이유
7. 증거조사를 한 경우에는 그 요지 및 첨부된 증거
8. 그 밖에 필요한 사항

당사자등은 청문조서의 기재내용을 열람·확인할 수 있으며, 이의가 있을 때에는 그 정정을 요구할 수 있다($\S^{34}_{②}$). 이것은 청문조서에 기재해야 할 사항(필요적 기재사항)을 명확히 하고 그에 대한 당사자등의 열람·확인 및 정정요구권을 부여한 것이다.

법은 제34조의2에서 청문주재자는 다음 각 호의 사항이 기재된 청문주재자의 의견서를 작성하여야 한다고 규정하고 있다.

1. 청문의 제목
2. 처분의 내용, 주요 사실 또는 증거
3. 종합의견
4. 그 밖에 필요한 사항

이 조항은 2002년 12월 30일 신설된 것으로서 청문의 공정성과 독립성이 확보되도록 하기 위하여 청문주재자가 청문을 마친 때에 청문심판관으로서 청문주재자의 의견서를 작성하여 이를 청문조서, 그 밖의 관계서류 등과 함께 행정청에 제출하도록 한 것이다.

(8) 청문의 종결·재개

청문주재자는 해당 사안에 대하여 당사자등의 의견진술, 증거조사가 충분히 이루어졌다고 인정되는 경우에는 청문을 마칠 수 있다($\S^{35}_{①}$). 당사자등의 전부 또는 일부가 정당한 사유없이 청문기일에 출석하지 아니하거나 제31조 제3항에 따른 의견서를 제출하지 아니한 경우에는 이들에게 다시 의견진술 및 증거제출의 기회를 주지 아니하고 청문을 마칠 수 있다($\S^{35}_{②}$). 그러나 당사자등의 전부 또는 일부가 정당한 사유로 인하여 청문기일에 출석하지 못하거나 제31조 제3항에 따른 의견서를 제출하지 못한 경우에는 상당한 기간을 정하여 이들에게 의견진술 및 증거제출을 요구하여야 하며, 해당 기간이 경과한 때에 청문을 마칠 수 있다($\S^{35}_{③}$).

청문주재자는 청문을 마친 때에는 청문조서, 청문주재자의 의견서, 그 밖의 관계서류 등을 행정청에 지체 없이 제출하여야 한다($\S^{35}_{④}$).

행정청은 제출받은 청문조서, 청문주재자의 의견서, 그 밖의 관계서류 등을 충분히 검토하고 상당한 이유가 있다고 인정하는 경우에는 처분을 할 때에 청문결과를 반영하여야 한다($\S^{35}_{의2}$). 이것은 처분에 청문결과를 적극 반영토록 함으로써 의견청취절차 본래의 취지를 살리기 위한 것이다.

행정청은 청문을 마친 후 처분을 하기까지 새로운 사정이 발견되어 청문을 재개할 필요가 있다고 인정하는 때에는 제35조 제4항에 따라 제출받은 청문조서등을 되돌려 보내고 청문의 재개를 명할 수 있다. 청문을 속행하는 경우 청문주재자로 하여금 당사자등에게 다음 청문의 기일 및 장소를 통지하도록 한 제31조 제5항을 준용하도록 하고 있다($\S^{36}$). 청문종결 후 발생한 사정으로 인하여 청문의 결과가 더 이상 타당하지 않게 된다면 청문을 거쳐 행정처분을 하더라도 다시금 사후에 이를 변경 또는 취소해야 하는 문제가 생길 수 있으므로, 청문을 재개하여 다소 절차가 지연되더라도 청문결과의 타당성을 기하는 것이 더 합리적이다. 독일의 경우 불가쟁력이 발생한 행정행위에 대하여도 소정의 사유가 있으면 행정절차의 재개를 인정하고 있는 것을 보더라도 이와같이 청문재개의 가능성을 열어주는 것이 타당하다. 다만 법은 청문재개의 요건을 '청문을 마친 후 처분을 하기까지 새로운 사정이 발견되어 청문을 재개할 필요가 있다고 인정하는 때'로 포괄적으로 규정함으로써 행정청의 판단에 맡기고 있다.

4.6.4. 공청회

(1) 의 의

법은 법령에서 공청회의 개최를 규정하거나 해당 행정작용의 영향이 광범위하여 널리 의견을 수렴할 필요가 있다고 행정청이 인정하는 경우 공청회를 실시하도록 하고 있다. 공청회란 '행정청이 공개적인 토론을 통하여 어떠한 행정작용에 대하여 당사자등, 전문지식과 경험을 가진 자 또는 그 밖의 일반인으로부터 의견을 널리 수렴하는 절차'를 말한다($^{§2}_{vi}$).

공청회는 문자 그대로 일반인의 접근이 개방된, 다시 말해 누구라도 관심이 있거나 이해관계를 지닌 자가 참가할 수 있어야 한다. 또한 공청회에의 참가는 단순한 방청뿐만 아니라 질의나 토론을 통해서도 실현될 수 있어야 한다. 이를 위하여 법은 최대한으로 널리 일반인이 손쉽게 접근할 수 있는 매체를 통하여 또 사전에 최소한의 준비기간을 할애하여 공청회 개최를 알리도록 하는 한편(^{§38}), 공청회에서 발표자 및 방청인에게 의견진술의 기회를 부여하고 있다($^{§39}_{④}$). 그러나 이해관계인들에게 적극적인 개최청구권은 인정되지 않고 있다.

2007년 5월 17일의 개정 행정절차법($^{일부개정 법률 제8451}_{호, 시행일 2007.11.18}$)은 통상의 공청회와는 별도로 전자공청회제도를 도입하였다. 그 입법취지는 정보통신망을 이용한 전자공청회 제도를 도입하여 널리 의견을 들을 수 있도록 함으로써 효율적이고 민주적인 정책결정이 이루어지도록 한다는 데 있다.

(2) 공청회의 개최

행정청은 공청회를 개최하려는 경우에는 공청회 개최 14일 전까지 다음 각 호의 사항을 당사자 등에게 통지하고, 관보·공보·인터넷 홈페이지 또는 일간신문 등에 공고하는 등의 방법으로 널리 알려야 한다(^{§38}).

1. 제목
2. 일시 및 장소
3. 주요 내용
4. 발표자에 관한 사항
5. 발표신청 방법 및 신청기한
6. 정보통신망을 통한 의견제출
7. 그 밖에 공청회 개최에 필요한 사항

(3) 공청회의 주재자·발표자 선정 등

법은 공청회의 주재자에 관하여 '해당 공청회의 사안과 관련된 분야에 전문적 지식이 있거나 그 분야에서 종사한 경험이 있는 자' 중에서 행정청이 지명 또는 위촉하도록 하여

($_3^{\S\,38의}$①), 소속 공무원이나 공무원이 아닌 자도 주재자가 될 수 있도록 융통성을 부여하고 있다.

공청회의 발표자는 발표를 신청한 사람 중에서 행정청이 선정한다($_②^{\S\,38의3}$본문). 다만, 발표 신청한 사람이 없거나 공청회의 공정성 확보를 위하여 필요하다고 인정하는 경우에는 다음 각 호의 사람 중에서 지명 또는 위촉할 수 있다($_②^{\S\,38의3}$단서).

1. 해당 공청회의 사안과 관련된 당사자등
2. 해당 공청회의 사안과 관련된 분야에 전문적 지식이 있는 사람
3. 해당 공청회의 사안과 관련된 분야에서 종사한 경험이 있는 사람

행정청은 공청회의 주재자 및 발표자를 지명 또는 위촉하거나 선정할 때 공정성이 확보될 수 있도록 하여야 한다($_3^{\S\,38의}$③).

공청회의 주재자·발표자 그 밖의 자료를 제출한 전문가 등에 대하여는 예산의 범위에서 수당·여비 그 밖에 필요한 경비를 지급할 수 있다($_3^{\S\,38의}$④).

(4) 공청회의 진행

공청회의 주재자는 공청회를 공정하게 진행하여야 하며, 공청회의 원활한 진행을 위하여 발표내용을 제한할 수 있고, 질서유지를 위하여 발언중지, 퇴장명령 등 행정안전부장관이 정하는 필요한 조치를 할 수 있다($_①^{\S\,39}$).

발표자는 공청회의 내용과 직접 관련된 사항에 한하여 발표하여야 하며($_②^{\S\,39}$), 공청회의 주재자는 발표자의 발표가 끝난 후에는 발표자 상호 간에 질의 및 답변을 할 수 있도록 하고, 방청인에게도 의견을 제시할 기회를 주어야 한다($_③^{\S\,39}$).

(5) 전자공청회

2007년 5월 17일의 개정법률은 제38조의2를 신설하여 전자공청회제도를 도입하였다. 이에 따라 정보통신망을 이용한 전자공청회를 의견수렴수단으로 활용할 수 있는 길이 열리게 되었다. 다만, 법은 전자공청회를 제38조에 따른 공청회와 병행해서만 실시할 수 있도록 하여($_2^{\S\,38의}$①) 부작용이나 위험을 미리 회피하려는 신중한 태도를 취하고 있다.

행정청은 전자공청회를 실시하는 경우 의견제출 및 토론 참여가 가능하도록 적절한 전자적 처리능력을 갖춘 정보통신망을 구축·운영하여야 하며($_2^{\S\,38의}$②), 전자공청회를 실시하는 경우에는 누구든지 정보통신망을 이용하여 의견을 제출하거나 제출된 의견 등에 대한 토론에 참여할 수 있다($_2^{\S\,38의}$③).

그 밖에 전자공청회의 실시방법 및 절차에 관하여 필요한 사항은 대통령령으로 정하도록 위임되어 있다($_2^{\S\,38의}$④).

⑹ 공청회 및 전자공청회 결과의 반영

법은 제39조의2에서 행정청은 처분을 함에 있어 공청회, 전자공청회 및 정보통신망 등을 통하여 제시된 사실 및 의견이 상당한 이유가 있다고 인정하는 경우에는 이를 반영하여야 한다고 규정하고 있다($\frac{\S\,39}{\text{의}2}$). 이 조항을 근거로 공청회 결과(여기서는 '공청회, 전자공청회 및 정보통신망 등을 통하여 제시된 사실 및 의견'을 말한다)의 법적 구속력이 확보되었다고 보기는 어렵다. 무엇보다도 공청회 · 전자공청회 및 정보통신망 등을 통하여 제시된 사실 및 의견이 상당한 이유가 있다고 인정하는 경우에만 이를 반영하도록 하고, 또 반영하여야 한다고 하지만 어떻게 어떤 기준에 따라 반영하여야 하는지가 모호하게 되어 있기 때문이다. 그런 뜻에서 반영요건의 판단이나 그 요건충족시 반영의 태양에 관하여 행정청의 재량이 성립한다고 볼 여지가 충분하고 법적 구속력을 인정하기는 현실적으로 매우 어려울 것으로 예상된다. 다만, 재량이 인정된다 할지라도, 경우에 따라서는 공청회 결과를 전혀 고려조차 하지 아니 하거나 상당한 이유가 있다고 인정되는 경우임에도 불구하고 정반대되는 결론을 내리는 등 전혀 반영하지 아니 하였다고 판단되는 경우에는, 사후적으로 재량의 일탈 · 남용을 이유로 처분의 위법성이 인정될 여지가 있을 것이다.

4.7. 처분의 방식 · 정정 및 고지

4.7.1. 처분의 방식

법은 처분을 원칙적으로 문서로 하도록 명시하고 있다. 즉 행정청이 처분을 하는 때에는 다른 법령등에 특별한 규정이 있는 경우를 제외하고는 문서로 하여야 하며, 전자문서로 하는 경우에는 당사자등의 동의가 있어야 한다. 다만, 신속을 요하거나 사안이 경미한 경우에는 말 또는 그 밖의 방법으로 할 수 있고 이 경우 당사자가 요청하면 지체 없이 처분에 관한 문서를 주어야 한다($\frac{\S\,24}{①}$). 처분은 국민의 권리의무에 직접적인 영향을 주는 것이므로 그 명확성을 기할 필요가 있어 처분을 다른 법령에 특별한 규정이 있는 경우를 제외하고는 문서로써 하도록 한 것이다. 그러나 그 종류나 사안의 경중을 묻지 아니하고 모든 처분을 문서로써 하도록 하는 것은 행정청에게 지나친 형식성을 요구함으로써 행정의 능률을 저해할 우려가 있다. 따라서 처분을 당사자의 동의가 있는 것을 조건으로 전자문서에 의할 수 있도록 하는 한편, 신속을 요하거나 사안이 경미한 경우에는 구술 또는 그 밖의 방법으로 할 수 있도록 예외를 인정할 필요가 있다. 여기서 '말 또는 그 밖의 방법'이란 규정을 둔 것은 전신, 전화는 물론 모사전송(^{facsimile}), 컴퓨터에 의한 전자통신($^{\text{E-mail}}$) 등 급속한 속도로 발전되고 있는 정보통신기술에 의한 방법들을 활용할 수 있는 여지를 남기기 위한 것이다.[54] 그러나 그

---

54) 입법론적으로는 독일행정절차법(Verwaltungsverfahrensgesetz: VwVfG) 제37조 제4항처럼 컴퓨터등 자동장치에 의한 행정처분에 관한 특칙을 규정하는 방안을 검토해 볼 필요가 있다.

경우에도 당사자등의 요청이 있는 때에는 지체 없이 관계문서를 교부하도록 함으로써 당사자등에게 법적 불안을 극복할 수 있는 방법을 부여하였다. 다만, 전신, 전화, 모사전송, 컴퓨터에 의한 전자통신 등과 같은 방법으로 행정처분을 하는 경우에는 당사자등, 즉 그 상대방이나 이해관계인이 행정처분이 있었는지를 모를 우려가 있으므로 제24조 제1항 제2문의 규정은 엄격히 해석되어야 할 것이다. 가령 당사자등의 명시적인 반대의사가 표명된 경우에는 행정처분을 말 또는 그 밖의 방법으로 할 수 없다고 보아야 할 것이다.

행정절차법은 처분을 하는 문서에는 그 처분행정청 및 담당자의 소속·성명과 연락처($\binom{\text{전화번호·모사전송번호·}}{\text{전자우편주소 등을 말한다}}$)를 기재하도록 의무화하여 '처분실명제'를 도입하였다($\S^{24}_{②}$).

행정청은 처분에 오기·오산 그 밖에 이에 준하는 명백한 잘못이 있는 때에는 직권 또는 신청에 따라 지체 없이 정정하고 이를 당사자에게 통지하여야 한다($\S 25$). 처분이 행정절차법의 규준에 따라 법적 구속 하에 행해진 경우에도 오기나 오산 그 밖의 명백한 오류가 있는 경우가 있을 수 있다. 이 경우 그러한 오류를 시정할 기회가 주어지지 않는다면 행정청은 잘못된 처분을 그대로 유지해야 하고 당사자등은 이에 따라 자신들의 권리의무관계에 법적 영향을 받는다는 불합리한 결과가 된다. 그리하여 법은 오기나 오산 그 밖의 명백한 오류에 관하여는 이를 시정할 기회가 주어져야 한다는 이유에서 처분의 정정권을 부여하고 있다. 여기서 처분을 정정한 때에는 이를 당사자에게 통지해야 할 의무를 부과한 것은 만일 행정처분의 정정사실을 통지하지 않으면 그 정정된 내용대로 효력이 발생하지 못하게 될 것이기 때문이다.

4.7.2. 처분의 고지

법은 제26조에서 행정심판법에서 규정한 것과 유사한 내용의 불복신청 고지제도를 원용하고 있다. 즉, 행정청이 처분을 하는 때에는 당사자에게 그 처분에 관하여 행정심판 및 행정소송을 제기할 수 있는지 여부, 그 밖에 불복을 할 수 있는지 여부, 청구절차 및 청구기간 그 밖에 필요한 사항을 알려야 한다. 이는 당사자가 권리구제의 기회를 가질 수 있도록 배려한 것이다.

4.8. 처분이유의 제시

4.8.1. 처분이유의 제시제도의 의의

행정절차법은 처분이유제시제도를 도입하였다. 이것은 종래 '이유부기'라고 지칭되었던 행정절차제도의 가장 핵심적인 요소를 이루는 제도이다.[55] 처분이유제시제도는 처분을 발령하

---

55) 이에 관하여는 류지태, 행정절차로서의 이유부기의무, 고시계 1997/7, 46-59를 참조.

게 된 기초가 된 법적·사실적 근거를 처분에 제시(부기)하도록 하는 제도를 말한다. 무엇보다도 처분을 받은 국민이 처분의 이유를 손쉽게 또 명확히 알 수 있어야만 그 처분에 따른 권리를 행사하거나 의무를 이행할 수 있게 될 뿐만 아니라 그에 대한 불복방법을 강구할 수 있게 되기 때문이다. 특히 재량처분에 있어 처분이유제시제도는 행정의 공정타당성을 확보해 줄 수 있는 핵심적 수단이 된다. 이 제도는 행정청으로 하여금 그 처분의 법적·사실적 근거를 명시하도록 함으로써 행정청의 자의적 결정이 이루어질 수 있는 여지를 배제하는 동시에 처분청과 감독청으로 하여금 스스로 처분의 적법타당성을 재심사하도록 하고(통제기능: Kontrollfunktion), 처분의 상대방 또는 그 밖의 이해관계인으로 하여금 이를 기초로 하여 차후 행정구제절차에 대처할 수 있도록 하며(권리구제기능: Rechtsschutzfunktion), 처분에 대한 행정쟁송에서 행정심판기관이나 법원으로 하여금 처분의 근거가 된 법적·사실적 관점을 검토하고 그 적법타당성을 최종적으로 확인할 수 있도록 해준다(해명기능: Klarstellungsfunktion). 아울러 이유제시제도는 처분을 그 법적·사실적 근거와 절차적으로 결합시킴으로써 그 적법·타당성을 확보하는 기능, 행정행위의 상대방으로 하여금 행정행위의 법적·사실적 근거와 그에 관한 행정청의 견해를 평가할 수 있도록 함으로써 처분의 정당성을 받아들이도록 하는 설득기능(Befriedungs- funktion), 청문을 실질적으로 보강하는 기능 등을 가진다.[56]

4.8.2. 이유제시의무의 내용

(1) 이유제시의 대상과 시기

행정절차법은 행정청으로 하여금 처분을 함에 있어 다음과 같은 경우를 제외하고는 당사자에게 그 근거와 이유를 제시하도록 의무화하고 있다(§23①).

1. 신청내용을 모두 그대로 인정하는 처분인 경우
2. 단순·반복적인 처분 또는 경미한 처분으로서 당사자가 그 이유를 명백히 알 수 있는 경우
3. 긴급을 요하는 경우

여기서 말하는 처분은 제23조 제1항의 문언상 권리를 제한하거나 의무를 부과하는 행위, 즉 부담적 행정행위에 국한되지 않으며, 수익적 행정행위 및 복효적 행정행위 등을 포함하는 것으로 해석된다. 다만, 위와 같은 예외적인 경우에는 이유제시제도의 취지에 비추어 이유를 제시해야만 할 필요가 없다고 보아 이유제시의무를 면제한 것이다. 물론 그 경우 이유제시를 할 의무는 없을지라도 이유를 제시하는 것은 무방하다.

처분의 이유는 처분을 할 때 처분과 함께 제시되어야 한다. 그렇게 해야 이유제시제도의 취지를 살릴 수 있으므로, 사후 이유제시는 인정되지 않는다. 즉 처분시 이유를 제시하지 않

---

56) 이에 관하여는 홍준형/김성수/김유환, 행정절차법제정연구; 류지태, 앞의 글, 47 및 그곳에 인용된 문헌을 참조.

았다가 처분 후에 이유를 제시해도 법 제23조에 따른 이유제시의무를 다한 것이 되지는 않는다.

제23조 제1항 제2호 및 제3호에 따라 단순·반복적인 처분 또는 경미한 처분으로서 당사자가 그 이유를 명백히 알 수 있는 경우와 긴급을 요하는 경우에는 이유제시를 할 필요가 없다. 그러나 법은 그 경우에도 처분 후 당사자가 요청하면 그 근거와 이유를 제시하여야 한다고 규정하여 사후적 이유제시를 인정한다($\S 23 ②$). 그러나 이것은 어디까지나 예외적으로 사후적 이유제시의무가 부과되는 경우이므로, '사후에 상대방의 요구가 있는 경우 이유를 제시하여야 한다'는 식으로 일반화되어서는 아니 된다.[57]

(2) 이유제시의 방식

이유제시의 방식을 문서로 하여야 하는지 아니면 구술로도 할 수 있는지에 관하여 법은 명시적 규정을 두고 있지 않다. 이유제시는 처분과 함께 하는 것이고 그 내용면에서도 처분의 법적·사실적 근거를 제시하는 것이므로, 해당 처분의 방식에 의존한다고 본다. 따라서 처분의 방식에 관한 법 제24조 제1항에 따라 다른 법령등에 특별한 규정이 있는 경우 외에는 처분을 문서로 하도록 되어 있는 이상, 이유제시도 해당 처분을 하는 방식인 문서로 하여야 한다. 그 경우 이유는 해당 처분의 방식인 문서의 내용에 포함시켜 제시하는 것이 합목적적일 것이다. 마찬가지로 신속을 요하거나 사안이 경미한 경우에 구술 또는 그 밖의 방법으로 처분을 하는 경우에는 이유제시 역시 그러한 방식에 따르며, 이 경우 당사자의 요청이 있어 지체 없이 처분에 관한 문서를 교부하여야 하는 경우에도 해당 문서에 이유가 제시되어야 한다고 보아야 할 것이다($\S 24 ① 후단$).

(3) 이유제시의 정도

법은 이유제시의무의 내용으로서 "근거와 이유"를 제시하도록 하고 있는데 여기서 '근거'와 '이유'의 개념을 둘러싸고 논란의 여지가 없지 않다.[58] 행정절차법이 '근거'와 '이유'의 개념을 엄밀히 구별하여 규정한 것인지는 분명하지 않다. 1987년의 법안은 '행정처분의 법적 근거와 사실상의 이유'를 제시하도록 하였고($\S 23$), 총무처의 1994년시안은 '법률상·사실상의 이유'를 제시하도록 하고 있었다. 이렇게 볼 때 법 제23조의 '근거와 이유'는 결국 '처분을

---

57) 류지태교수(앞의 글, 49)는 행정절차법 제23조 제2항을 원용하여 "처분 당시에 여러 가지 사정으로 이유를 부기할 수 없었던 상황이었다고 하더라도, 사후에 상대방이 이유제시를 요구하는 경우에는 행정기관은 사후에 이유를 제시하여야 한다"고 사후적 이유제시의 가능성을 일반화하고 있다. 그러나 제23조 제2항은 동 제1항 제2호 및 제3호에 따라 이유제시의무가 면제되는 경우였으나 사후에 당사자가 이유제시를 요구하는 경우에 관한 것이지, "처분 당시에 여러 가지 사정으로 이유를 부기할 수 없었던 상황이었다고 하더라도, 사후에 상대방이 이유제시를 요구하는 경우"에 관한 것은 아니다. 법은 이유제시의 시기를 처분시로 하되, 단지 이유제시의무가 면제되는 경우 중 제23조 제1항 제2호 및 제3호의 경우에 한하여 사후에 당사자의 요구를 조건으로 사후적 이유제시의무를 부과하고 있는 것이다.

58) 가령 류지태, 앞의 글, 50-51.

하게 된 법적 근거와 사실상의 이유'를 의미하는 것으로 통합적으로 해석하는 것이 바람직하다고 본다. 일본 행정절차법의 경우 거부처분과 불이익처분에 관하여 '이유'의 제시를 요구하고 있고($\S 8 \text{①}, \S 14 \text{①}$), 독일 행정절차법이 서면에 의한 행정행위 또는 서면에 의하여 확정된 행정행위에 대하여 '이유'의 제시를 요구하고 있는 것($\S 39 \text{①}$)에 비추어, '근거'와 '이유' 양자를 엄밀히 구별할 실익은 없다고 보는 것이 자연스러운 해석이므로, 통틀어 '처분이유'라고 부르는 것이 좋을 것이다.

처분을 할 때 제시해야 할 이유가 얼마나 구체적이고 상세해야 하는지에 대하여 행정절차법은 침묵하고 있다. 그러나 이유제시제도의 본래 취지에 비추어 볼 때, 적어도 처분의 상대방 또는 그 밖의 이해관계인이 이를 기초로 하여 차후 행정구제절차에 대처할 수 있고, 또 처분에 대한 행정쟁송에 있어 행정심판기관이나 법원이 처분의 근거가 된 법적·사실적 관점을 검토하여 그 적법타당성을 최종적으로 확인할 수 있을 정도로 구체적이어야 한다고 보는 것이 옳다. 처분의 근거법령, 해당 조항 및 문언, 그리고 해당 근거법조를 적용하게 된 원인사실 및 포섭(Subsumtion)의 경위를 명시하고, 재량행위의 경우 재량행사의 전후과정을 제시하여야 할 것이다. 물론 사실적 이유에 관한 한, 처분을 하게 된 사정 전부에 대하여 일일이 근거를 제시할 필요는 없으며, 주로 법률요건해당사실(주요사실)의 골자만 제시하면 된다.

"**면허의 취소처분에는 그 근거가 되는 법률이나 취소권유보의 부관 등을 명시하여야 함은 물론 처분을 받은 자가 어떠한 위반사실에 대하여 당해 처분이 있었는지를 알 수 있을 정도로 사실을 적시할 것을 요하며,** 이와 같은 취소처분의 근거와 위반사실의 적시를 빠뜨린 하자는 피처분자가 처분 당시 그 취지를 알고 있었다거나 그후 알게 되었다 하여도 치유될 수 없다고 할 것인바, 세무서장인 피고가 주류도매업자인 원고에 대하여 한 이 사건 일반주류도매업면허취소통지에 "상기 주류도매장은 무면허 주류판매업자에게 주류를 판매하여 주세법 제11조 및 국세법사무처리규정 26조에 의거 지정조건위반으로 주류판매면허를 취소합니다"라고만 되어 있어서 원고의 영업기간과 거래상대방 등에 비추어 원고가 어떠한 거래행위로 인하여 이 사건 처분을 받았는지 알 수 없게 되어 있다면 이 사건 면허취소처분은 위법하다."[59]

한편, 대법원은 당사자가 근거규정 등을 명시하여 신청하는 인·허가 등을 거부하는 처분을 함에 있어 당사자가 그 근거를 알 수 있을 정도로 상당한 이유를 제시한 경우에는 해당 처분의 근거 및 이유를 구체적 조항 및 내용까지 명시하지 않았더라도 그로 말미암아 그 처분이 위법한 것이 될 수 없다고 판시함으로써 거부처분의 경우 그 이유제시 정도를 그 이외의 불이익처분의 경우보다 완화한 바 있었고,[60] 이후 2007.5.10. 선고 2005두13315 판결에

---

59) 대법원 1990.9.11. 선고 90누1786 판결. 참조: 송동원, 면허등의 취소처분에 명시하여야 할 이유기재의 정도와 그 취지, 대법원판례해설 14, 327; 대법원 1984.7.10. 선고 82누551 판결; 대법원 1987.5.26. 선고 86누788 판결.

60) 대법원 2002.5.17. 선고 2000두9812 판결. 이에 대한 평석으로 조해현, "행정처분의 근거 및 이유제시의 정도", 행정판례연구 8집(2003.12), 123-144; 김철용, "처분이유제시의 정도-대상판결 대법원 2002.5.17. 선고 2000두

제1편 제2편 제3편 제4편 제5편 행정법총론

서도 동일한 법리를 재확인하고 있다.

"행정절차법 제23조 제1항은 '행정청은 처분을 하는 때에는 당사자에게 그 근거와 이유를 제시하여야 한다'고 규정하고 있는바, 일반적으로 당사자가 근거규정 등을 명시하여 신청하는 인·허가 등을 거부하는 처분을 함에 있어 **당사자가 그 근거를 알 수 있을 정도로 상당한 이유를 제시한 경우에는 당해 처분의 근거 및 이유를 구체적 조항 및 내용까지 명시하지 않았더라도 그로 말미암아 그 처분이 위법한 것이 된다고 할 수 없다**(대법원 2002.5.17. 선고, 2000두9812 판결 참조).

이러한 법리에 비추어 기록을 살펴보면, 이 점과 관련된 원심의 다음과 같은 판단, 즉 피고가 이 사건 주택건설사업계획 승인신청의 일괄처리사항에 포함된 토지형질변경허가를 구체적으로 언급하면서 그 신청을 반려한 이 사건 처분에 있어서 그 처분이 있기까지의 경과에 비추어 보면 원고로서는 도시계획위원회 심의 결과 녹지보전 등의 사유로 토지형질변경을 불허한다는 결정을 하고 이에 따라 피고가 구 주택건설촉진법 제33조 제1항에 의하여 이 사건 신청을 반려한 것임을 충분히 알 수 있었다고 할 것이므로 피고가 근거 규정을 구체적으로 표시하지 않았다고 하여 그 처분 자체를 위법하다고 할 수 없다는 원심의 판단 역시 정당한 것으로 충분히 수긍할 수 있고, 따라서 이 부분 원심판결에 행정처분의 근거와 이유 제시의무에 관한 법리오해의 위법이 없다."[61]

4.8.3. 이유제시의 하자와 그 법적 효과

(1) 개 설

이유제시의 하자, 즉 법 제23조에서 요구하는 이유제시의무를 준수하지 않은 경우 그 법적 효과가 문제된다. 이유제시의무를 위반한 경우로는 행정청이 소정의 이유제시를 하지 않은 경우(형식적 하자)와 이유를 제시하기는 하였으나 제시한 이유가 내용 면에서 해당 처분의 적법성을 뒷받침할 수 없는 것으로 판명된 경우(내용적 하자)를 말한다.

(2) 이유제시를 하지 않은 경우

행정청이 처분시 법 제23조 소정의 이유제시를 하지 아니한 경우 그것이 해당 처분을 위법한 것으로 만드는지, 또 사후에 이유제시를 추완할 수 있는지 문제된다.

먼저, 행정절차법 제23조에 따른 이유제시를 하지 아니한 경우, 그것은 명백한 법률위반으로서 해당 처분을 위법한 처분으로 만드는 결과를 가져온다고 보아야 할 것이다. 이유제시를 전혀 결여한 처분은 경우에 따라 무효라고 볼 여지도 있다.[62]

둘째, 이러한 이유제시의무의 흠결을 사후에 치유할 수 있는지는(처분이유의 사후추완: Nachholen der Begründung) 학설

9812 판결, 인권과 정의 2009.8, 96이하 등을 참조.

61) 대법원 2007.5.10. 선고 2005두13315 판결. 김철용교수는 처분이유제시 유형화의 위험(Gefahr der Schematisierung) 이란 관점에서 이 판결을 비판한다(행정법 I, 제13판, 407).

62) 최송화, 법치행정과 공익, 310; 김철용, 행정법 I, 제13판, 2010, 407. 반면 정하중, 행정법개론, 제7판, 2013, 377 에서는 어느 경우에나 취소사유에 해당하며 판례 역시 같은 입장이라고 한다.

상 논란되고 있다. 하자의 치유를 인정하면 해당 절차가 가지는 절차법적 의의가 제대로 평가되지 못하는 결과가 된다는 이유에서 하자의 치유가능성을 부정하는 견해[63]에 대하여 행정절차의 절차법적 의미와 실체법적 관련성을 함께 고려해야 한다는 견지에서, 일반적으로 하자의 치유를 인정할 수 있는 것은 아니지만, 일정한 조건하에 하자의 치유가 허용되는 것으로 보아야 한다고 주장한다(제한적 긍정설).[64] 생각건대 행정절차법 제23조 제1항과 제2항을 통해 어디에도 이유제시의무를 이행하지 않은 경우 사후추완을 통한 하자의 치유를 인정하는 근거는 발견되지 않는다. 물론 이유제시를 하지 않은 하자의 치유를 일정한 조건하에 인정하여야 할 필요가 있다고 하더라도, 모처럼 행정절차법 제정을 통해 구체화된 이유제시의무를 이행하지 않은 경우에 사후추완의 여지를 남기는 것이 바람직한지는 의문이다. 또한 그러한 하자치유의 조건을 구체화하기 위해서는 보다 명확한 입법권자의 의사가 있어야 할 것이라는 이유에서, 제한적으로 하자의 치유가능성을 인정하는 데 문제가 없지는 않다고 생각한다. 이에 대한 판례의 입장은 반드시 명확하지는 않지만, 다음 판례들은 대법원이 부정적인 입장을 취한 듯한 인상을 준다.

"허가의 취소처분에는 그 근거가 되는 법령이나 취소권유보의 부관 등을 명시하여야 함은 물론 처분을 받은 자가 어떠한 위반사실에 대하여 당해처분이 있었는지를 알 수 있을 정도의 사실의 적시를 요한다고 할 것이므로 이와 같은 **취소처분의 근거와 위반사실의 적시를 빠뜨린 하자는 피처분자가 처분당시 그 취지를 알고 있었다거나 그후 알게 되었다고 하여도 이로써 치유될 수는 없다.**"[65]

다만 하자의 치유에 관하여 대법원은 '행정행위가 이루어진 당초에 그 행정행위의 위법사유가 되는 하자가 사후의 추완행위 또는 어떤 사정에 따라 보완되었을 경우에는 행정행위의 무용한 반복을 피하고 당사자의 법적 생활안정을 기한다는 입장에서는 이 하자는 치유되고 당초의 위법한 행정행위가 적법·유효한 행정행위로 전환될 수 있으나' '행정행위의 성질이나 법치주의의 관점에서 볼 때 하자있는 행정행위의 치유는 원칙적으로 허용될 수 없는 것일 뿐만 아니라 이를 허용하는 경우에도 국민의 권리와 이익을 침해하지 않는 범위에서 구체적 사정에 따라 합목적적으로 가려야 한다'는 입장을 표명해 오고 있으므로[66] 이러한 판례가 처분이유제시의무의 불이행이라는 절차상 하자에 대해서도 그대로 적용될 것인지 여부가 주목된다.

---

63) 서원우, 행정상의 절차적 하자의 법적 효과, 서울대 법학 1986.9, 50.
64) 가령 류지태, 앞의 글, 54-55. 여기서 류지태교수는 ⓐ 행정기관 스스로에 의한 추완행위가 있을 것, ⓑ 일정한 시간적 한계하에서만 인정될 것, ⓒ 하자추완행위의 소급효의 제한, ⓓ 하자추완행위로 인하여 당사자에게 불이익이 없을 것을 요건으로 제시하고 있다.
65) 대법원 1987.5.26. 선고 86누788 판결; 대법원 1984.7.10. 선고 82누551 판결.
66) 대법원 1983.7.26. 선고 82누420 판결; 대법원 1991.5.28. 선고 90누1359 판결.

(3) 처분이유의 내용에 하자가 있는 경우

처분이유가 처분을 정당화하는 데 불충분하거나 부적합한 경우 행정절차법상의 이유제시 의무는 준수되었다 할지라도 해당 처분이 위법하다는 결과가 된다. 즉 이유의 위법이라는 결과가 되는 것이다. 이 경우 역시 처분이유로 잘못 제시된 사실상의 근거나 법적 근거를 변경함으로써 하자의 치유를 인정할 수 있느냐 하는 문제($\substack{처분의\ 근거변경:\\ \text{Nachschieben von Gründen}}$)가 제기된다. 처분 사유의 사후변경(추가·변경)의 허용여부에 대하여는 이를 원칙적으로 긍정하는 것이 일반적이다. 물론 우리 행정소송법에 이에 관하여 지침이 될 만한 규정은 없으나, 학설은 이를 허용되는 것으로 보고 있다.

독일에서도 처분사유의 변경은 허용된다는 것이 판례와 통설의 태도이다.[67] 즉 행정청은 행정행위를 발한 이후 그리고 경우에 따라서는 행정심판의 재결 이후에도 처분시에 존재했던 처분사유를 변경함으로써 결여된 처분사유를 추완할 수 있으며, 당초의 처분이 내용적으로 변경되지 않고 그 상대방이나 이해관계인의 권리방어가 저해되지 않은 한, 주어진 처분사유를 보완할 수 있는 것으로 이해되어 왔다.[68] 그러나 1996년 개정된 행정절차법 제45조 제2항에 따라 처분사유의 추완은 행정소송절차의 종료시까지 허용되게 되었다. 또한 이 규정을 소송적 관점에서 보완한 제6차 행정법원법 개정법률($^{6.\ \text{VwGOÄndG}}$)에 의해 행정소송 진행중 하자의 추완은 더욱 용이하게 되었다. 즉, 개정된 행정법원법 제87조 제1항 제2문 제7호의 규정에 따라 재판장 또는 보고관($\substack{\text{Berichts-}\\ \text{erstatter}}$)은 준비절차가 진행되는 동안 쟁송의 종결이 지연되는 결과가 생기지 않는 경우에는 행정청에게 3월 이내의 기간을 정하여 절차 및 형식의 하자를 치유할 수 있는 기회를 부여할 수 있게 되었고, 나아가 같은 법 제94조 제2문의 규정에 따라 행정법원은 신청에 따라 절차 및 형식의 하자에 대한 변론을 정지시킬 수 있게 되었다. 그리고 1996년의 개정법률에 의해 신설된 행정법원법 제114조 제2문의 규정은 이른바 재량의 보충($\substack{\text{Ermessens-}\\ \text{ergänzung}}$)을 허용하였다. 이에 따라 행정청은 재량행위의 경우에도 그 재량의 형량을 행정소송의 절차에서 보완할 수 있게 되었다.

이처럼 행정법원법 제87조 제1항 제7호에 따라 행정소송의 절차준비과정에서 행정청에게 절차하자를 추완할 수 있는 기회를 부여할 수 있는 가능성, 그리고 제94조 제2문에 따라 당사자(^{Beteiligte})의 신청에 따라 그러한 목적으로 소송절차를 정지할 수 있는 가능성을 인정한 것은 소송절차 촉진에 대한 법원의 의무에 부합하는 것이라고 볼 수 있다. 그러나 그렇다고 거기에 전혀 문제가 없는 것은 아니다. 국민의 입장에서 볼 때 자칫 법원과 행정청이 상호협력관계를 맺는 것과 같은 인상을 가지기 쉽기 때문이다.[69] 한편 절차하자가 소송계속중 치유되어 승소의 가능성이 상실되는 경우 소송을 제기한 원고는 행정법원법 제161 조 제2항의 규정에 따라 소송절차의 종료($\substack{\text{Erledigung des}\\ \text{Verfahrens}}$)를 선언하고 소송비용을 행정청에게 부담시키는 판결을 신청할 수 있다.

---

67) Erichsen, Allg,VerwR, § 38 Ⅳ Rn.40, S.488 그리고 같은 곳 각주 81에 인용된 판례와 문헌; Hufen, Verwaltungsprozeßrecht, § 24 Rn.22. 반대설: Schenke, NVwZ 1988, 1; ders., Verwaltungsprozeßrecht, 1993, S.195ff.

68) Erichsen, § 38 Ⅳ Rn.40, S.488.

69) Maurer, Allgemeines Verwaltungsrecht, 11.Aufl., 1997, § 10 Rn.39.

대법원의 판례 역시 '**당초 처분의 근거로 삼은 사유와 기본적 사실관계가 동일하다고 인정되는 한도 내에서**'라는 조건하에서 그 허용성을 인정하고 있다.[70]

"[1] 행정처분의 취소를 구하는 항고소송에 있어서, 처분청은 **당초처분의 근거로 삼은 사유와 기본적 사실관계가 동일성이 있다고 인정되는 한도내에서만 다른 사유를 추가하거나 변경할 수 있을 뿐,** 기본적 사실관계와 동일성이 인정되지 않는 별개의 사실을 들어 처분사유로서 주장함은 허용되지 아니한다.

[2] 주류면허 지정조건 중 제6호 무자료 주류판매 및 위장거래 항목을 근거로 한 면허취소처분에 대한 항고소송에서, 지정조건 제2호 무면허판매업자에 대한 주류판매를 새로이 그 취소사유로 주장하는 것은 기본적 사실관계가 다른 사유를 내세우는 것으로서 허용될 수 없다."[71]

이에 관하여는 처분의 근거변경의 허용여부를 일률적으로 판단할 수는 없고, 처분의 근거변경을 허용함으로 인하여 원고인 당사자가 별도의 불이익을 받아서는 아니 된다는 기본적인 한계가 준수되어야 하며, 이러한 관점에서 재량행위를 제외하고는 원칙적으로 허용되는 것으로 보는 견해[72]가 주장되고 있다. 이 견해는 위의 대법원의 판례에 대하여 기본적 사실관계의 의미가 분명하지 않고, 기속행위와 재량행위의 경우를 구별하지 않고 있다는 점을 비판한다.[73]

생각건대 당초 처분의 근거가 된 사유가 존재하지 않거나 정당화될 수 없어 취소소송에서 행정청이 새로운 사유를 주장하여 처분의 적법성을 주장하는 것을 허용한다면 원고에게 예기치 못한 법적 불안을 초래하는 결과가 되는 반면 법원이 이를 불허하고 취소판결을 내린 경우, 그 이후 행정청이 그 새로운 사유를 근거로 동일한 취지의 처분을 발할 수 있는 이상, 분쟁은 종결되기보다는 다시 새로운 처분에 대한 취소소송을 제기해야 하는 문제가 생긴다. 원고의 입장에서도 이러한 결과는 특히 구처분과 신처분의 시간적 차이로 인한 법적 불안을 의미하게 될 것이므로 바람직하지 못하다. 이렇게 볼 때 일정한 범위 안에서 처분사유의 사유변경을 인정하는 것이 타당하다고 생각한다. 다만 그 허용요건과 한계 설정이 문제로 될 것이다.[74]

5. 신고절차

법은 신고에 관하여 제3장을 할애하여 제40조 제1항에서 자기완결적 신고, 즉 법령등에서 행정청에 대하여 일정한 사항을 통지함으로써 의무가 끝나는 신고를 규정하고 있는 경우,

---

70) 대법원 1989.12.8. 선고 88누9299 판결.
71) 대법원 1996.9.6. 선고 96누7427 판결.
72) 류지태, 앞의 글, 57.
73) 류지태, 앞의 글, 57-58.
74) 이에 관하여 상세한 것은 홍준형, 행정구제법, "처분사유의 추가 · 변경" 부분을 참조.

신고를 관장하는 행정청은 신고에 필요한 구비서류와 접수기관, 그 밖의 법령등에 의한 신고에 필요한 사항을 게시(인터넷 등을 통한 게시를 포함한다)하거나 이에 대한 편람을 비치하여 누구나 열람할 수 있도록 하는 한편, 제40조 제2항에서 적법한 신고를 행정청이 반려하는 일이 있음을 감안하여 '신고가 다음 각 호의 요건을 갖춘 경우에는 신고서가 접수기관에 도달된 때에 신고의 의무가 이행된 것으로 본다'는 규정을 두었다.

1. 신고서의 기재사항에 흠이 없을 것
2. 필요한 구비서류가 첨부되어 있을 것
3. 그 밖에 법령등에 규정된 형식상의 요건에 적합할 것

이것은 일본행정수속법 제37조와 거의 같은 내용이기는 하지만, 규제완화의 효과를 지향한 타당한 입법이라고 평가된다.[75]

행정청은 제2항 각 호의 요건을 갖추지 못한 신고서가 제출된 경우 지체 없이 상당한 기간을 정하여 신고인에게 보완을 요구하여야 하며($\S40_{③}$), 신고인이 그 기간 내에 보완을 하지 아니한 때에는 그 이유를 명시하여 해당 신고서를 되돌려 보내야 한다($\S40_{④}$).

6. 행정상 입법예고절차

6.1. 입법예고의 의의

법은 법제업무운영규정[76] 제15조 내지 제24조에서 규정한 입법예고제도를 거의 대부분 그대로 받아들이고 있다. 법령안입법예고에 관한 규정이 입법예고에 10개조를 할애하고 있는 데 비해 법은 5개 조문으로 이를 단축하여 규율하고 있다. 법은 '96시안에 포함되었던 입법청원에 관한 조항($\S52$)을 반영하지 않았다. 법제업무운영규정 제24조에 따른 입법의견제출제도를 고려한 결과라고 생각된다.[77]

---

75) 이에 관하여는 채우석, "행정절차법에 있어서의 신고", 고시계 1997/7, 70-79를 참조.
76) 종래 시행되어 온 법령안입법예고에 관한 규정은 1995년 8월 10일에 공포된 법제업무운영규정(대통령령 제14748호)에 따라 폐지되었다.
77) '96시안 제52조는 헌법 및 청원법에 따라 당연히 인정되는 입법청원권을 확인한 데 불과한 반면, 법제업무운영규정 제24조에 의한 입법의견제출제도는 청원제도와는 별도로 법제처장에게 법령의 정비·개선에 관련되는 입법의견을 제출할 수 있도록 하는 입법의견수렴제도이기 때문이다. 참고로 법제업무운영규정은 제19조에서 입법의견의 제출에 관하여 다음과 같이 규정하고 있다:
① 누구든지 법령의 정비·개선에 관련되는 입법의견을 법제처장에게 제출할 수 있다.
② 법제처장은 제1항의 규정에 의하여 제출받은 입법의견을 검토한 후 타당성이 있다고 인정되는 경우에는 소관 중앙행정기관의 장에게 해당 입법의견 및 개선의견을 통보하여야 한다.
③ 제2항의 규정에 의한 통보를 받은 중앙행정기관의 장은 이를 검토한 후 그 결과를 법제처장에게 통보하여야 하며, 필요한 경우에는 입법계획을 수립하고 입법을 추진하여야 한다.
④ 법제처장은 소관 중앙행정기관의 검토결과가 입법에 반영될 수 있도록 필요한 조치를 강구하여야 한다.

한편 국회법도 1994년 6월 28일 법개정을 통해 제82조의2를 신설하여 위원회의 심사대상법률안에 대한 입법예고제를 도입하였다. 이에 따르면, 위원장은 간사와 협의하여 회부된 법률안(체계·자구심사를 위하여 법제사법 위원회에 회부된 법률안은 제외한다)에 대하여 그 입법 취지와 주요 내용 등을 국회공보 또는 국회 인터넷 홈페이지 등에 게재하는 방법 등으로 10일 이상 입법예고하여야 한다. 다만, 입법이 긴급을 요하거나 입법내용의 성질 또는 그 밖의 사유로 입법예고를 할 필요가 없거나 곤란하다고 판단되는 경우에는 위원장이 간사와 협의하여 입법예고를 하지 아니할 수 있다($^{§\,82의}_{2\,①}$). 입법예고의 방법·절차 그 밖에 필요한 사항은 국회규칙으로 정하도록 위임되어 있다.

6.2. 입법예고의 대상

행정절차법 제41조 제1항은 행정상 입법예고의 대상을 "입법"으로 정하고 있다. 여기서 "입법"이란 '법령 등을 제정·개정 또는 폐지하는 것'을 말하며($^{§\,41}_{①}$) "법령등"이란 법령 또는 자치법규를 말한다($^{§\,2}_{i}$). 법은 법령등을 제정·개정 또는 폐지하고자 할 때에는 해당 입법안을 마련한 행정청이 반드시 이를 예고하도록 의무화하고 있다.

구법은 입법예고의 대상을 '국민의 권리·의무 또는 일상생활과 밀접한 관련이 있는 법령등'에 한정하였으나, '일상생활과의 밀접한 관련성'이란 기준이 불명확하여 주관행정청이나 국민의 입장에서 무엇이 입법예고대상인지를 잘 알기 어렵다는 비판을 받았다. 이에 따라 현행법에서는 그러한 제한을 떼어내 입법예고의 대상을 일반적인 '법령등의 제정·개정 또는 폐지'로 넓히고 있다.

입법예고의 예외사유는 다음과 같다($^{§\,41\,①}_{단서}$).

1. 신속한 국민의 권리 보호 또는 예측 곤란한 특별한 사정의 발생 등으로 입법이 긴급을 요하는 경우
2. 상위 법령등의 단순한 집행을 위한 경우
3. 입법내용이 국민의 권리·의무 또는 일상생활과 관련이 없는 경우
4. 단순한 표현·자구를 변경하는 경우 등 입법내용의 성질상 예고의 필요가 없거나 곤란하다고 판단되는 경우
5. 예고함이 공공의 안전 또는 복리를 현저히 해칠 우려가 있는 경우

한편, 법이 같은 조 제2호에서 '상위 법령등의 단순한 집행을 위한 경우'를 입법예고의 배제사유의 하나로 규정한 데 대해서는 의문이 있다. 이 조항은 비록 집행명령에 관한 것이기는 하지만, 실제로 위임명령과 집행명령이 뒤섞여 있어 그 구별이 용이하지 않은 경우가 많고 또 위임입법의 실제상 법률의 실질적 규율사항을 사실상 하위법령으로 규정하는 경우가 빈번하게 발생하기 때문에 사실상 입법예고의 기회를 제한하는 빌미로 작용할 우려도 없지 않다. 또한 행정절차법은 입법예고절차에 있어 국민의 법적 지위와 관련하여 입법예고청구권과 교시청구권 등 국민의 절차 접근 및 참여의 권리를 충분히 구현하지는 못하고 있다.

6.3. 입법예고의 주체 · 예고방법 · 예고기간 등

입법예고의 주체는 해당 입법안을 마련한 행정청으로 되어 있다($^{§\,41}_{①}$). 법제처장은 입법예고를 하지 아니한 법령안의 심사요청을 받은 경우에 입법예고를 하는 것이 적당하다고 판단할 때에는 해당 행정청에 대하여 입법예고를 권고하거나 직접 예고할 수 있다($^{§\,41}_{③}$).

예고방법에 대해서는 제42조가 정하고 있다. 이에 따르면 행정청은 입법안의 취지, 주요내용 또는 전문을 관보 · 공보나 인터넷 · 신문 · 방송 등의 방법으로 널리 공고하여야 한다($^{§\,42}_{①}$). 한편, 법제업무운영규정은 이러한 예고방법을 한층 더 확대하고 있다. 즉, 제15조 제1항에서 '법령안 주관기관의 장은 관보 외에도 신문, 인터넷, 방송, 이해관계가 있는 단체 또는 기관의 간행물등을 활용하여 입법할 내용을 널리 알리기 위하여 필요한 조치를 강구하여야 한다'고 규정하고 있다. 법령안 주관기관의 장은 입법예고를 하는 경우 법령안의 주요내용, 의견제출기관, 의견제출기간, 홈페이지 주소 등을 명시하고, 홈페이지에는 예고할 내용의 전문($^{신\,·\,구조문대비}_{표를\,포함한다}$)을 게재하여야 한다($^{법제업무운영}_{규정\,§\,15\,③}$). 같은 규정은 한 걸음 더 나아가 제15조 제4항에서 법제처장에게 '법령안의 내용이 국가의 중요정책사항이나 국민생활에 중대한 영향을 미치는 사항을 포함하고 있어 국민에게 이를 널리 예고할 필요가 있는 경우에는 예산의 범위 안에서 인터넷, 일간신문 등에 유료광고를 게재하거나 그 밖의 방법으로 예고할 수 있도록' 함으로써($^{§\,15}_{④}$), 입법예고를 활성화하려는 법정책적 의지를 드러내었다.

행정청은 입법예고를 하는 경우, 입법안과 관련이 있다고 인정되는 중앙행정기관, 지방자치단체, 그 밖의 단체 등이 예고사항을 알 수 있도록 예고사항의 통지 그 밖의 방법으로 알려야 한다($^{§\,42}_{③}$). 이는 2007년 5월 17일 개정법률에서 신설된 조항으로 법제업무운영규정 제15조 제2항의 기본적 내용을 반영한 것이다. 법제업무운영규정은 "법령안 주관기관의 장은 해당법령안의 내용에 관하여 관계지방자치단체($^{특별시\,·\,광역시}_{및\,도를\,말한다}$)와 직접적인 이해관계가 있다고 인정되는 단체 그 밖의 자에 대하여 직권으로 또는 신청에 따라 예고사항을 통지할 수 있다"고 규정하여 예고사항의 통지대상을 더욱 확대하고 있다($^{§\,15}_{②}$).

입법예고 대상이 대통령령안인 경우 국회 소관 상임위원회에 제출하여야 한다($^{§\,42}_{②}$).

법은 행정청에게 예고된 입법안에 대하여 전자공청회 등을 통하여 널리 의견을 수렴할 수 있도록 허용하고 있다. 이 경우 제38조의2 제2항부터 제4항까지의 규정을 준용하도록 되어 있다($^{§\,42}_{④}$). 이 조항 역시 2007년 5월 17일 개정법률에서 신설된 것이다.

한편 2006년 3월 24일 법개정에 따라 법령 전문 제시요구권이 인정되고 있다. 즉, 행정청은 예고된 입법안의 전문에 대한 열람 또는 복사를 요청 받은 때에는 특별한 사유가 없는 한 그 요청에 따라야 하고($^{§\,42}_{⑤}$), 다만, 그 경우 복사에 드는 비용을 요청한 자에게 부담시킬

수 있다($^{§\ 42}_{⑥}$).78)

입법예고기간은 예고할 때 정하되, 특별한 사정이 없으면 40일(자치법규는 20일) 이상으로 되어 있다($^{§\ 43}$).

6.4. 입법예고된 입법안에 대한 의견 제출 및 제출의견의 처리 등

행정절차법은 모든 국민이 예고된 입법안에 대하여 자유롭게 의견을 제출할 수 있도록 하는 한편($^{§\ 44}_{①}$), 행정청은 특별한 사유가 없는 한 이를 존중하여 처리하도록 주문하고 있다($^{§\ 44}_{③}$). 법제업무운영규정은 이를 좀 더 구체화하고 있다. 즉, 법령안 주관기관의 장은 입법예고결과 제출된 의견을 검토하여 법령안에의 반영여부를 결정하고 그 처리결과 및 처리이유 등을 지체 없이 의견제출자에게 통지하여야 하며($^{§\ 18}_{①}$), 입법예고결과 제출된 의견 중 중요한 사항에 대하여는 그 처리결과를 법률안 또는 대통령령안의 경우에는 국무회의 상정안에 첨부하고, 총리령안 또는 부령안의 경우에는 법제처장에게 제출하여야 한다($^{같은\ 조}_{②}$).

입법안에 대한 공청회에 관하여 행정절차법은 그 실시여부를 주관행정청의 재량에 맡기고 있다($^{§\ 45}_{①}$).

6.5. 자치법규안의 입법예고

행정절차법은 자치법규안의 입법예고에 대하여는 아무런 규정을 두지 않고 있다. 그 대신 법제업무운영규정 제20조에서 자치법규안의 입법예고에 대하여 같은 규정 제18조 제1항의 규정을 준용하도록 하고($^{§\ 20}_{①}$), 그 외에 자치법규안의 입법예고에 관한 사항은 조례로 정하도록 위임하고 있다($^{§\ 20}_{②}$).

7. 행정예고절차

이것은 구 행정규제 및 민원사무기본법시행령 제45조 내지 제48조에서 규정했던 행정예고제도를 행정절차로서 수용한 것으로서 법은 행정청으로 하여금 다음 각 호의 하나에 해당하는 사항에 대한 정책·제도 및 계획을 수립·시행하거나 변경하고자 하는 때에는 이를 예고하도록 의무화하고 있다($^{§\ 46\ ①}_{본문}$). 다만, 예고로 인하여 공공의 안전 또는 복리를 현저히 해할 우려가 있거나 그 밖에 예고하기 곤란한 특별한 사유가 있는 경우에는 예고하지 아니할 수 있다($^{§\ 46\ ①}_{단서}$).

---

78) 법령안 복사에 따른 비용에 관하여는 공공기관의 정보공개에 관한 법률 시행령 제17조 제1항 및 제6항의 규정을 준용한다(법제업무운영규정 § 17).

1. 국민생활에 매우 큰 영향을 주는 사항
2. 많은 국민의 이해가 상충되는 사항
3. 많은 국민에게 불편이나 부담을 주는 사항
4. 그 밖에 널리 국민의 의견을 수렴할 필요가 있는 사항

법령등의 입법을 포함하는 행정예고의 경우에는 입법예고로 이를 갈음할 수 있다($\S_{②}^{46}$).

행정예고기간은 예고내용의 성격등을 고려하여 정하되, 특별한 사정이 없으면 20일 이상으로 한다($\S_{③}^{46}$).

행정청은 매년 자신이 행한 행정예고의 실시 현황과 그 결과에 관한 통계를 작성하고, 이를 관보·공보 또는 인터넷 등의 방법으로 널리 공고하여야 한다($\S_{의2}^{46}$).

8. 국민참여의 확대

2014년 1월 28일 개정법은 국민참여를 확대한다는 취지로 제7장을 신설하였다.

8.1. 국민참여 확대 노력

행정청은 행정과정에 국민의 참여를 확대하기 위하여 다양한 참여방법과 협력의 기회를 제공하도록 노력하여야 한다($\S 52$). 이는 행정절차법의 법정신에 비추어 당연한 것으로도 볼 수 있지만, 모바일앱, SNS 등 다양한 의사소통수단이 비약적으로 발전, 확산되고 있는 상황에서 행정청에게 그러한 방향으로 국민 참여와 협력의 기회를 증진시키도록 정책적 의무를 지운 것이라고 이해된다. 즉, 선언적 규정이지만 정책방향을 제시했다는 의미가 있다.

8.2. 전자적 정책토론

정보통신망을 이용한 정책토론은 이미 광범위하게 이루어지고 있다. 2014년 1월 28일 개정법이 국민참여의 확대라는 모토 아래 제53조를 신설한 것은 전자적 정책토론의 법적 근거를 마련하여 공식화·제도화하기 위한 것이다. 이에 따르면, 행정청은 국민에게 영향을 미치는 주요 정책 등에 대하여 국민의 다양하고 창의적인 의견을 널리 수렴하기 위하여 정보통신망을 이용한 정책토론(이하 "전자적 정책토론"이라 한다)을 실시할 수 있다($\S_{①}^{53}$).

행정청은 효율적인 전자적 정책토론을 위하여 과제별로 한시적인 토론 패널을 구성하여 해당토론에 참여시킬 수 있고, 이 경우 패널의 구성에 있어서는 공정성 및 객관성이 확보될 수 있도록 노력하여야 하며($\S_{②}^{53}$), 행정청은 전자적 정책토론이 공정하고 중립적으로 운영되도록 하기 위하여 필요한 조치를 할 수 있다($\S_{③}^{53}$).

토론 패널의 구성, 운영방법, 그 밖에 전자적 정책토론의 운영을 위하여 필요한 사항은

대통령령으로 정한다($\S_{\text{④}}^{53}$).

9. 행정지도절차

9.1. 개 념

법은 행정지도절차에 대한 4개 조항을 두고 있다.[79] '행정지도'란 행정기관이 그 소관사무의 범위 안에서 일정한 행정목적을 실현하기 위하여 특정인에게 일정한 행위를 하거나 하지 아니하도록 지도·권고·조언 등을 하는 행정작용을 말한다($\S_{\text{iii}}^{2}$). 이것은 대체로 일본행정수속법의 내용을 모방한 것이지만 일본법이 5개 조항을 둔 데 비해($\S\S_{36}^{32-}$) 법은 이를 축소하여 규정하고 있다.

법이 일본행정수속법과 같이 행정지도절차에 관한 규정을 둔 것은 진일보한 것으로 평가될 수 있다. 그러나 법은 일본행정수속법과는 달리 행정지도에 대한 규정을 축소함으로써 행정지도에 대한 절차적 규율의 요청을 충실히 반영하지 못하고 있다. 다만 법이 행정지도를 할 때 그 상대방이 행정지도에 따르지 않는다는 이유로 불이익한 취급을 할 수 없다는 규정을 추가한 것은 바람직한 태도로 평가된다.

9.2. 행정지도의 원칙

법은 제48조에서 '행정지도의 원칙'이란 표제 하에 '행정지도는 그 목적달성에 필요한 최소한도에 그쳐야 하며, 상대방의 의사에 반하여 부당하게 강요하여서는 아니 된다'고 규정하고($\S_{\text{①}}^{48}$), 상대방이 행정지도에 따르지 않았다는 이유로 불이익한 조치를 하여서는 아니 된다고 규정하고 있다($\S_{\text{②}}^{48}$).

9.3. 행정지도의 방식

행정지도를 행하는 자는 그 상대방에게 해당 행정지도의 취지·내용 및 신분을 밝혀야 하며, 행정지도가 말로 이루어지는 경우 상대방이 그러한 사항을 기재한 서면의 교부를 요구하면 직무 수행에 특별한 지장이 없으면 이를 교부하여야 한다($\S_{\text{②}}^{49}$).

9.4. 의견제출

법은 행정지도의 상대방은 해당 행정지도의 방식·내용 등에 관하여 행정기관에 의견제출을 할 수 있다고 규정하고 있다($\S^{50}$). 행정지도가 종종 사실상 구속력을 가질 여지가 있어

---

79) 이에 관하여는 김원주, "우리나라 행정절차법상 행정지도의 쟁점", 고시계 1997/7, 80-89를 참조.

상대방에게 의견제출 기회를 부여함으로써 행정지도가 그 방식이나 내용 면에서 본연의 한계를 넘지 않도록 하려는 취지라고 이해된다.

9.5. 다수인을 대상으로 하는 행정지도 절차

다수인을 대상으로 하는 행정지도 절차에 대하여 법은 '행정기관이 같은 행정목적을 실현하기 위하여 많은 상대방에게 행정지도를 하려는 경우에는 특별한 사정이 없으면 행정지도에 공통적인 내용이 되는 사항을 공표하여야 한다'고 규정함으로써($^{§ 51}$), 투명성과 예측가능성을 확보하도록 하였다.

10. 기   타

행정절차법은 제7장 보칙에서 비용의 부담, 참고인등에 대한 비용지급 및 행정안전부장관 (제4장의 법제처장)의 협조요청권 등에 관한 사항을 각각 규정하고 있다. 법은 특히 비용에 관하여 당사자등의 절차비용은 원칙적으로 행정청이 부담하되, 당사자등이 자기를 위하여 스스로 지출한 비용은 당사자등이 부담하도록 하고 있다($^{§ 52}$).

Ⅳ. 행정절차에 있어 흠의 효과

1. 개   설

행정절차의 흠은 어떤 법적 효과를 가져오는가. 이 문제는 비단 처분절차뿐만 아니라 입법예고절차 등 그 밖의 행정절차 일반에 관해서도 제기될 수 있다. 그러나 통상 행정절차 하자의 문제는 주로 처분절차에 관한 하자가 처분에 어떠한 법적 영향을 미치는지에 초점을 맞추어 전개되어 온 것이 사실이다. 여기서는 처분절차와 그 밖의 절차로 나누어 논의해 보기로 한다.

2. 처분절차의 흠과 그 법적 효과

2.1. 쟁점의 소재

처분절차에 있어 절차하자는 앞에서 살펴 본 행정절차법상 처분에 관한 절차적 요건 전반에 걸쳐 성립할 수 있다. 처리기간, 처분기준의 설정·공표라든가 사전통지절차의 위배, 청문 등 의견청취절차와 관련한 하자, 이유제시의무의 위배 등 그러한 예는 무궁무진하다. 따라서 절차하자의 법적 효과는 절차의 유형에 따라 개별·구체적으로 고찰해야 할 문제이기는 하지만, 일반적·공통적으로 다음 두 가지 문제들, 즉, 첫째, 처분에 관한 절차하자가 처분을 위법하게 만드는지 여부, 둘째, 그럴 경우 그 절차하자는 취소사유인지 아니면 무효사유인지, 절차하자는 치유될 수 있는지 여부에 관한 문제를 검토해 볼 필요가 있다.

2.2. 절차하자가 처분을 위법하게 만드는지 여부(위법여부)

처분을 함에 있어 법적으로 요구된 행정절차를 준수하지 아니하면 그 처분(행정행위)은 절차상 하자있는 행정행위로서 위법이란 평가를 면할 수 없음이 원칙이다. 그러나 절차하자가 해당 처분 전체(자체)를 위법하게 만드는지, 따라서 절차상 하자만을 이유로 해당 처분(행정행위)을 취소할 수 있는지에 대하여는 학설이 대립한다.

2.2.1. 소극설

독일의 행정절차법 제46조와 관련하여 행정의 신속·능률과 국민의 권리보호와의 조화라는 견지에서 행정행위의 내용상 하자가 있는 경우가 아니면 절차나 형식상의 하자만을 이유로 하여 취소를 구할 수는 없다고 한다. 절차상 하자를 이유로 취소하더라도 그 내용에 흠이 없는 한 다시 절차상 하자를 시정하여 동일한 내용의 처분을 할 것이기 때문에 절차하자만을 이유로 취소를 허용하는 것은 행정경제의 요청에 반한다는 것이다.

처분을 재량처분과 기속처분으로 나누어 전자의 경우 절차의 흠이 있으면 그 처분이 위법하게 되지만, 후자의 경우에는 처분의 실체에 흠이 없는 한 절차의 흠만으로 처분이 위법하게 되는 것은 아니라고 하는 견해도 소극설에 속한다.[80]

2.2.2. 적극설

절차상의 위법은 내용상의 하자의 경우와 마찬가지로 그 자체로서 해당 행정행위의 취소사유가 된다고 한다(통설). 그렇게 보지 않을 경우 절차적 규제가 유명무실해질 우려가 있고, 재량처분의 경우 적법한 절차를 거칠 경우 반드시 동일한 처분을 반복한다고 볼 수 없기 때문에 처분의 내용이 달라질 수 있으므로, 절차하자를 위법사유로 보아야 한다고 한다.[81]

2.2.3. 판 례

판례는 과거 행정절차법이 제정되기 전에, 하천법·국가공무원법 등 법률에 정해진 청문을 결여한 채 발해진 행정처분을 위법한 처분으로 취소해 왔고,[82] 심지어는 건축사사무소등

---

80) 김남진, "행정절차상 하자의 효과", 고시연구 1997.2, 30이하; 정하중, 행정법개론, 제4판, 2010, 402. 박균성, 행정법강의, 제2판, 2005, 424는 이 견해를 절충설로 분류한다.

81) 김철용, 행정법 I, 제13판, 2010, 420~421 등.

82) 대법원 1969.3.31. 선고 68누179 판결; 대법원 1977.6.28. 선고 77누96 판결; 대법원 1977.8.23. 선고 77누26 판결; 대법원 1988.5.24. 선고 87누388 판결; 대법원 1991.7.9. 선고 91누971 판결 등.

록취소처분의 취소사건에서 행정규칙의 성질을 지닌 건설부장관의 훈령83)이 정한 청문을 결여한 채 발해진 처분도 이를 위법한 처분으로 판시하기도 하였다.84)

> "관계행정청이 건축사사무소의 등록취소처분을 함에 있어 당해 건축사등을 사전에 청문하도록 한 법제도의 취지는 행정처분으로 인하여 건축사사무소의 기존권리가 부당하게 침해받지 아니하도록 등록취소사유에 대하여 당해 건축사에게 변명과 유리한 자료를 제출할 기회를 부여하여 위법사유의 시정가능성을 감안하고 처분의 신중성과 적정성을 기하려 함에 있다 할 것이므로 관계행정청이 위와 같은 처분을 하려면 반드시 사전에 청문절차를 거쳐야 하고 설사 위 같은 법 제28조 소정의 사유가 분명히 존재하는 경우라 하더라도 당해 건축사가 정당한 이유없이 청문에 응하지 아니하는 경우가 아닌 한 청문절차를 거치지 아니하고 한 건축사사무소등록취소처분은 청문절차를 거치지 아니한 위법한 처분이다."85)

그러나 판례는「자동차운수사업법 제31조등의 규정에 의한 사업면허의 취소등의 처분에 관한 규칙」(1982.7.31 교 통부령 742호) 제5조 제1항 소정의 진술 또는 변명의 기회를 주지 않고 행한 자동차운수사업면허 취소처분에 대한 사건에서 "위 규정에 의하더라도 처분사유에 대한 증거가 확실한 경우에는 처분상대방에게 진술 또는 변명의 기회를 줄 필요가 없는데, 기록에 의하면 이 사건 면허취소처분당시 처분사유에 대한 증거가 확실하다고 보일 뿐만 아니라 위 규칙의 성질은 자동차운수사업면허 취소처분 등에 관한 사무처리기준과 처분절차 등 행정청 내부의 사무처리준칙을 규정한 것에 불과하여 처분이 이에 위반되는 것이라고 하더라도 위법의 문제는 생기지 않는 것86)"이라고 판시하였고, 또 "국민의권익보호를위한행정절차에관한훈령에 따라 1990.3.1.부터 시행된 행정절차운영지침에 의하면 행정청이 공권력을 행사하여 국민의 구체적인 권리 또는 의무에 직접적인 변동을 초래하게 하는 행정처분을 하고자 할 때에는 미리 당사자에게 행정처분을 하고자 하는 원인이 되는 사실을 통지하여 그에 대한 의견을 청취한 다음, 이유를 명시하여 행정처분을 하여야 한다고 규정되어 있으나, 이는 대외적 구속력을 가지는 것이 아니므로, 시장이 건조물 소유자의 신청이 없는 상태에서 소유자의 의견을 듣지 아니하고 건조물을 문화재로 지정하였다고 하여 위법한 것이라고 할 수 없다"고 판시하는 등87) 일관성 없는 태도를 보인 적도 있었다.88)

---

83) 건축사사무소의 등록취소 및 폐쇄처분에 관한 규정(1979.9.6. 건설부훈령 제447호) 제9조는 "건축사사무소의 등록을 취소하고자 할 때에는 미리 당해 건축사에 대하여 청문을 하거나 필요한 경우에 참고인의 의견을 들어야 한다. 다만 정당한 사유없이 청문에 응하지 아니하는 경우에는 그러하지 아니하다"라고 규정하고 있다.

84) 그러나 석호철, "청문절차에 관한 제반판례의 검토", 인권과 정의 1994/7(215호), 110에서는 이 판례는 하나밖에 없는 것으로 대법원의 명확한 입장을 드러낸 것이라 단정하기는 곤란하고 오히려 해당 사건만을 해결하기 위한 결론의 하나라고 한다.

85) 대법원 1984.9.11. 선고 82누166 판결. 이 판결에 대한 평석으로는 김남진, 법률신문 1984.11.5, 12면을 참조.

86) 대법원 1984.2.28. 선고 83누551 판결이 여기서 원용되고 있다.

87) 대법원 1994.8.9. 선고 94누3414 판결.

88) 대법원 1987.2.10. 선고 84누350 판결. 이에 관한 비판으로는 김남진, 기본문제, 946이하를 참조.

생각건대, 법령에 따라 처분 전에 거쳐야 할 행정절차를 거치지 않고서 행한 행정처분은 의당 절차법을 포함하는 실정법을 위반한 처분으로서 위법한 처분으로 평가되어야 할 것이다.[89]

그런 배경에서 대법원은 최근 과세전적부심사를 청구할 수 있는 기간이 경과하지 아니하여 원고가 과세전적부심사 청구를 하기도 전에 소득금액변동통지처분을 한 경우 이는 납세자의 절차적 권리를 침해한 것으로서 그 하자가 중대·명백하여 무효이고, 이에 기초한 배당소득세 본세 징수처분 및 가산세 부과처분 역시 아무 근거가 없는 것이어서 무효라고 판단한 바 있다.

▦ 과세전적부심사청구나 그에 대한 결정이 있기 전에 한 과세처분의 무효

"사전구제절차로서 과세전적부심사 제도가 가지는 기능과 이를 통해 권리구제가 가능한 범위, 이러한 제도가 도입된 경위와 취지, 납세자의 절차적 권리 침해를 효율적으로 방지하기 위한 통제방법과 더불어, **헌법 제12조 제1항에서 규정하고 있는 적법절차의 원칙은 형사소송절차에 국한되지 아니하고, 세무공무원이 과세권을 행사하는 경우에도마찬가지로 준수하여야 하는 점**(대법원 2016.4.15. 선고 2015 두52326 판결 등 참조) 등을 고려하여 보면, 국세기본법 및 국세기본법 시행령이 과세전적부심사를 거치지 않고 곧바로 과세처분을 할 수 있거나 과세전적부심사에 대한 결정이 있기 전이라도 과세처분을 할 수 있는 예외사유로 정하고 있다는 등의 특별한 사정이 없는 한, **과세예고 통지 후 과세전적부심사 청구나 그에 대한 결정이 있기도 전에 과세처분을 하는 것은** 원칙적으로 과세전적부심사 이후에 이루어져야 하는 과세처분을 그보다 앞서 함으로써 **과세전적부심사 제도 자체를 형해화시킬 뿐만 아니라 과세전적부심사 결정과 과세처분 사이의 관계 및 그 불복절차를 불분명하게 할 우려가 있으므로, 그와 같은 과세처분은 납세자의 절차적 권리를 침해하는 것으로서 그 절차상 하자가 중대하고도 명백하여 무효라고 할 것이다**."[90]

다만 절차하자로 인한 위법처분이라 하여도 이를 처분의 폐지(직권 및 쟁송취소)란 결과 또는 그 밖에 일정한 법적 제재와 결부시킬 것인지는 별도의 판단을 요하는 입법정책의 문제라 할 수 있다.[91]

독일의 경우 종래 행정절차법 제46조($^{\text{Folgen von Verfahrens-}}_{\text{und Formfehlern}}$)에서 "제44조에 따라 무효가 아닌 행정행위에 대하여 그것이 절차, 형식 또는 지역적 관할에 관한 규정을 위반하여 행해졌다는 이유만으로 그 폐지(^{Aufhebung})를 청구하는 것은 하등 다른 내용의 결정이 행해질 수 없었으리라고 인정되는 경우에는 허용되지 않는다"고 규정하고 있었기에 이 조항의 해석·입법론적 타당성여부, 위헌여부 등을 둘러싸고 치열한 논쟁이 전개되어 왔다.[92] 이 조항의 취지는 절차법이란 실체법에 봉사하는 것이며 행정의 결정은 원칙적으

---

89) 그리하여 후펜(Hufen, DVBl 1988, 70)은 「절차에 관한 실정법을 위반하여 성립된 행정행위는 위법」이란 단순한 논리를 감안할 때, 절차상 하자의 범주에 따라 위법성을 차별화하거나 위법성과 절차상 하자의 관계를 아직 규명되지 않은 문제로 치부하는 것은 불필요하다고 한다.

90) 대법원 2016.12.27. 선고 2016두49228 판결.

91) Hufen, aaO., S.71; Badura, in: Allgemeines Verwaltungsrecht, 9.Aufl., § 41 Rn.35, S.480.

로 그 내용이 적법한 이상, 그 결정의 실체적 적정성에 관하여 아무런 의미가 없는 절차위반 때문에 재판상 통제되어서는 안 된다는 데 있다고 설명된다.93) 이에 대하여는 동조항이 행정능률과 권리구제라는 요청을 조화시킨 것이라는 이유에서 이를 긍정하는 견해94)와 이 조항을 「법률의 자살기도」($^{Selbstmordversuch}_{des\ Gesetzes}$)라고 하거나(^{Erichsen}),95) '행정청이 위반하더라도 그 결과 행정행위의 무효나 폐지를 초래하지 않는 행정절차법이란 법치국가적 절차원리를 보장하기에 적합치 못한 것'이란 견지에서 이를 비판하는 견해96)가 대립하고 있었다.

이후 제46조는 1996년 9월 12일 승인절차촉진법(^{GenBeschlG})에 의해 "제44조에 따라 무효가 아닌 행정행위에 대하여, 그것이 절차, 형식 또는 지역적 관할에 관한 규정을 위반하여 행해졌다는 이유만으로는, 그 규정 위반이 해당 행위의 내용을 결정함에 있어 영향을 미치지 않았음이 명백한(^{offensichtlich}) 경우에는, 그 폐지(^{Aufhebung})를 청구할 수 없다"고 개정되어 그 폐지청구 배제사유가 더욱 넓어졌다.97)

이처럼 행정행위의 내용에 영향을 주지 않은 절차상의 하자만으로는 행정행위의 존속에 영향을 주지 않는다는 행정절차법 제46조는 그 한도 내에서 결국 절차규범의 준수를 요구할 수 있는 개인의 권리를 부인하는 것이 된다. 이처럼 국법이 행정기관에게는 권리와 권한을 부여하면서 국민에게는 주관적 권리에 의한 행동가능성(^{Aktionspotentiale})의 결여를 이유로 행정부 및 사법부에 대하여 법률을 관철시킬 수 없도록 하고, 또 국가권위의 일방통행로($^{Einbahnstraße\ der}_{Staatsautorität}$)를 설정하는 것은 법치국가원칙이나 행정의 법률적합성원칙과 부합하지 않는다는 룹(^{Rupp})의 비판98)이 다시금 음미될 필요가 있다.

어떤 형태로든 독일 행정절차법 제46조와 같은 명시적 규정이 결여되어 있는 우리의 법상황에서 볼 때 이 문제는 추상적으로 행정절차 일반에 대하여 판단할 것이 아니라 구체적인 사례상황에서 행정청이 이행하지 못한 행정절차의 종류와 이를 규정하고 있는 관계법규정의 취지·성질에 비추어 구체적으로 판단되어야 할 문제라 할 수 있다.

원칙적으로는 법률이 명문의 규정을 두어 일정한 행정절차를 거칠 것을 강제하는 경우(강행규정) 또는 법률에 명문의 규정은 없더라도 일정한 행정절차의 실시의무가 헌법상 기본권이나 적법절차의 요청으로부터 도출될 수 있는 경우 이를 거치지 않고서 행해진 행정처분은 적어도 위법한 처분으로서 취소될 수 있다고 보아야 할 것이다.99)

---

92) Paul Stelkens, Verwaltungsverfahren, 1991, Rn.526, S.187을 참조.

93) Ossenbühl, NVwZ 1982, 471; Badura, in: Allgemeines Verwaltungsrecht, § 41 Rn.35, S.480.

94) Ossenbühl, Verwaltungsverfahren zwischen Verwaltungseffizienz und Rechtsschutzauftrag, NVwZ 1982, 465ff.; R. Wahl, VVDStRL 41, 151ff.; J. Pietzker, VVDStRL 41, 193ff.

95) Erichsen, Das Bundesverwaltungsgericht und die Verwaltungsrechtswissenschaft, DVBl 1978, 569ff.[577]; H.H. Rupp, Bemerkungen zum verfahrensfehlerhaften Verwaltungsakt, in: FS für O. Bachof, 1984, S.151ff.[153].

96) Ule, Verwaltungsreform als Verfassungsvollzug, in: Recht im Wandel, 1965, S.71; ders., Rechtsstaat und Verwaltung, 140; H.-W. Laubinger, Grundrechtsschutz durch Gestaltung des Verwaltungsverfahrens, VerwArch. Bd.73, 1982, S.60ff., 77f.

97) 개정법에 따른 해석상 변화에 관하여는 Kopp/Ramsauer, Verwaltungsverfahrensgesetz, Kommentar, 9.Aufl., 2005, § 46 Rn.2.

98) H.H. Rupp, in: FS für Bachof, S.167.

99) 학설상으로는 이러한 흠을 오히려 무효사유로 보아야 할 경우가 많을 것이라는 견해가 유력하다고 한다(김도창,

특히 행정절차법이 일정한 요건 하에 행정절차를 실시하도록 규정하고 있는 경우, 가령 행정절차법 제22조에 따른 의견청취절차의 경우, 다른 법령 등에서 청문을 실시하도록 규정하고 있는데도 그러한 청문을 이행하지 아니하고 처분을 하였다면 이는 해당 법령 및 행정절차법 제22조의 규정에 반하는 위법한 처분이라고 보아야 할 것이다. 판례 역시 다음에 보는 바와 같이 그러한 입장에 서 있는 것으로 보이며, 특히 사전통지, 의견청취, 이유제시에 관한 절차하자에 관한 한 확고한 입장이 아닌가 생각된다.[100]

"근본적으로, 비록 실체적 적법성을 갖춘 처분이라도 절차적 적법성이 결여되면 위법한 처분이 되고 만다. 실체적 적법성과 절차적 적법성은 법치주의의 두 기둥이므로, 행정행위를 함에 있어서 법이 규정한 절차를 지켜야만 비로소 법의 지배를 통하여 정의가 실현될 수 있기 때문이다. 특히 이 사건 처분과 같이 주식 전부를 강제로 무상소각하는 것을 내용으로 하는 등 처분의 실질적 상대방인 주주나 임원들의 권리의무에 중대한 영향을 미치는 경우에는 더욱 그러하다. 적법한 사전통지나 의견제출 절차를 거친다면 행정처분의 방향을 수정하는 등 실체적인 측면에도 영향을 미칠 가능성이 존재한다는 측면도 간과되어서는 안 된다. 특히 중요한 점은, 목적과 능률에 치중한 나머지 혹시라도 절차를 경시하는 일이 있어서는 아니된다는 것이다. 이 사건과 관련하여 "실질적인 내용상의 흠과는 달리 절차나 형식상의 흠은 실체성과는 무관하므로 행정행위를 취소해서는 안 된다"거나 "청문 내지 의견제출 절차의 결여 등 절차나 형식상의 흠은 사후에 치유될 수 있고, 이 사건과 같이 사후의 재판절차를 통하여 절차나 형식상의 흠이 사실상 치유되었다면 행정처분이 유효하다고 보아야 한다"는 등의 주장이 존재한다. 그러나 만일 그렇다면, 행정기관으로서는 행정절차를 지킬 필요가 없어져서 행정절차법은 형해화되고 법치주의 원칙이 심각하게 훼손되고 만다. 왜냐하면, 취소 대상이 되지 않으므로 누구나 사전통지나 의견제출의 절차를 무시할 가능성이 있을 것이고, 취소 대상이 된다고 하더라도 이를 무시한 다음, 추후에 이를 지키지 않은 것이 문제가 되면 그 경우에 한하여 사후의 통지, 또는 그에 대한 재판절차에서의 의견 제출로써 얼마든지 빠져나갈 수가 있기 때문이다."[101]

"[1] 행정청이 침해적 행정처분을 함에 있어서 당사자에게 사전통지를 하거나 의견제출의 기회를 주지 아니하였다면 사전통지를 하지 않거나 의견제출의 기회를 주지 아니하여도 되는 예외적인 경우에 해당하지 아니하는 한 그 처분은 위법하여 취소를 면할 수 없다.

[2] 행정청이 온천지구임을 간과하여 지하수개발·이용신고를 수리하였다가 행정절차법상의 사전통지를 하거나 의견제출의 기회를 주지 아니한 채 그 신고수리처분을 취소하고 원상복구명령의 처분을 한 경우, 행정지도방식에 의한 사전고지나 그에 따른 당사자의 자진 폐공의 약속 등의 사유만으로는 사전통지 등을 하지 않아도 되는 행정절차법 소정의 예외의 경우에 해당한다고 볼 수 없다는 이유로 그 처분은 위법하다."[102]

일반행정법론(상), 539).
100) 이에 관해서는 오준근, "행정절차법 시행 이후의 행정절차 관련 행정판례의 동향에 관한 몇가지 분석", 행정판례연구 Ⅶ, 81이하를 참조.
101) 서울행정법원 1999.8.31. 선고 99구23709, 99구23938, 99구24160(병합) 판결.
102) 대법원 2000.11.14. 선고 99두5870 판결.

"구「폐기물처리시설 설치 촉진 및 주변지역 지원등에 관한 법률」및 동시행령 등 관련법령을 종합하여 볼 때, 입지선정위원회는 전문연구기관의 입지 타당성 조사 결과 등을 참작하여 폐기물처리시설의 입지를 선정하는 의결기관이라 할 것이고, 입지선정위원회의 구성방법에 관하여 일정 수 이상의 주민대표 등을 참여시키도록 한 것은 폐기물처리시설입지 선정절차에 있어 주민의 참여를 보장함으로써 주민들의 이익과 의사를 대변하도록 하여 주민의 권리에 대한 부당한 침해를 방지하고 행정의 민주화와 신뢰를 확보하는 데 그 취지가 있는 것이므로, 주민대표나 주민대표 추천에 의한 전문가의 참여 없이 이루어지는 등 **입지선정위원회의 구성방법이나 절차가 위법한 경우에는 그 하자 있는 입지선정위원회의 의결에 터잡아 이루어진 폐기물처리시설입지결정처분도 위법하게 된다** 할 것이다."[103]

"[1] 청문절차에 관한 각 규정과 행정처분의 사유에 대하여 당해 영업자에게 변명과 유리한 자료를 제출할 기회를 부여함으로써 위법사유의 시정 가능성을 고려하고 처분의 신중과 적정을 기하려는 청문제도의 취지에 비추어 볼 때, 행정청이 침해적 행정처분을 함에 즈음하여 청문을 실시하지 않아도 되는 예외적인 경우에 해당하지 않는 한 반드시 청문을 실시하여야 하고, 그 절차를 결여한 처분은 위법한 처분으로서 취소 사유에 해당한다.

[2] 행정절차법 제21조 제4항 제3호는 침해적 행정처분을 할 경우 청문을 실시하지 않을 수 있는 사유로서 "당해 처분의 성질상 의견청취가 현저히 곤란하거나 명백히 불필요하다고 인정될 만한 상당한 이유가 있는 경우"를 규정하고 있으나, 여기에서 말하는 '의견청취가 현저히 곤란하거나 명백히 불필요하다고 인정될 만한 상당한 이유가 있는지 여부'는 **당해 행정처분의 성질에 비추어 판단**하여야 하는 것이지, 청문통지서의 반송 여부, 청문통지의 방법 등에 의하여 판단할 것은 아니며, 또한 **행정처분의 상대방이 통지된 청문일시에 불출석하였다는 이유만으로 행정청이 관계 법령상 그 실시가 요구되는 청문을 실시하지 아니한 채 침해적 행정처분을 할 수는 없을 것이므로, 행정처분의 상대방에 대한 청문통지서가 반송되었다거나, 행정처분의 상대방이 청문일시에 불출석하였다는 이유로 청문을 실시하지 아니하고 한 침해적 행정처분은 위법하다.**"[104]

2.3. 취소사유인지 아니면 무효사유인지 여부

절차하자를 처분의 위법사유로 보는 경우에도 이를 취소사유로 볼 것인지 아니면 무효사유로 볼 것인지에 관하여 견해가 갈린다. 통설은, 명문의 규정이 없는 한, 중대명백설에 따라 판단할 문제라고 본다. 즉 문제된 절차의 흠이 중대하고 동시에 명백한 때에는 무효이고 그렇지 않을 경우에는 취소사유에 불과하다는 것이다. 판례는 반드시 명확하지는 않지만, 다음에서 보는 바와 같이, 대체로 중대명백설에 입각하여 판단하는 것으로 보인다.[105]

103) 대법원 2003.11.14. 선고 2003두7118 판결. 아울러 대법원 2002.4.26. 선고 2002두394 판결 등을 참조.
104) 대법원 2001.4.13. 선고 2000두3337 판결: 구 공중위생법상 유기장업허가취소처분을 함에 있어서 두 차례에 걸쳐 발송한 청문통지서가 모두 반송되어 온 경우, 행정절차법 제21조 제4항 제3호에 정한 청문을 실시하지 않아도 되는 예외 사유에 해당한다고 단정하여 당사자가 청문일시에 불출석하였다는 이유로 청문을 거치지 않고 이루어진 위 처분이 위법하지 않다고 판단한 원심판결을 파기한 사례.
105) 김철용, 행정법 I, 421은 절차의 흠이 위법한 경우 대체로 취소원인으로 보는 것 같다고 하면서 '행정청이 침해적 행정처분을 함에 즈음하여 청문을 실시하지 않아도 되는 예외적인 경우에 해당하지 않는 한 반드시 청문을 실시하여야 하고, 그 절차를 결여한 처분은 위법한 처분으로서 취소 사유에 해당한다'고 판시한 대법원 2001.4.13. 선

"구 폐기물처리시설 설치촉진 및 주변지역 지원 등에 관한 법률에 정한 입지선정위원회가 그 구성방법 및 절차에 관한 같은 법 시행령의 규정에 위배하여 **군수와 주민대표가 선정·추천한 전문가를 포함시키지 않은 채 임의로 구성되어 의결을 한 경우,** 그에 터 잡아 이루어진 **폐기물처리시설 입지결정처분의 하자는 중대한 것이고 객관적으로도 명백하므로 무효사유에 해당한다.**"[106]

"과세예고 통지 후 과세전적부심사 청구나 그에 대한 결정이 있기도 전에 과세처분을 하는 것은 원칙적으로 과세전적부심사 이후에 이루어져야 하는 과세처분을 그보다 앞서 함으로써 과세전적부심사 제도 자체를 형해화시킬 뿐만 아니라 과세전적부심사 결정과 과세처분 사이의 관계 및 그 불복절차를 불분명하게 할 우려가 있으므로, 그와 같은 과세처분은 **납세자의 절차적 권리를 침해하는 것으로서 그 절차상 하자가 중대하고도 명백하여 무효**라고 할 것이다."[107]

2.4. 절차하자의 치유 문제

하자의 치유에 관해서는 이미 앞에서 살펴 본 바 있다. 여기서는 절차상 하자의 치유를 인정할 수 있는지를 검토해 보기로 한다. 처분에 절차상 하자가 있는 경우 행정청이 나중에 이를 보완하면 그 흠이 치유되었다고 볼 것인가가 문제된다. 이 문제는 판례상 무효인 처분의 경우 흠의 치유를 인정하지 아니 하므로 절차하자가 취소사유인 경우에만 제기된다. 절차하자의 치유를 허용할 것인지에 관해서는 학설이 대립한다.

먼저, 긍정설로는 행정심판은 물론 행정소송 단계에서도 허용된다고 보는 입장과 실체상 흠과 달리 절차상 흠의 치유는 허용된다고 보면서 절차의 중요성 여하에 따라 치유의 허용 여부를 차별화하려는 입장이 있다. 반면 절차하자의 치유를 인정하면 행정절차제도의 취지에 반하여, 절차 및 형식의 하자에 한하여 하자의 사후보완(^{Nachholung})에 의한 치유(^{Heilung})를 전심절차 종료시까지 인정하는 독일 행정절차법(^{§45}) 같은 조항이 없는 이상, 그와 같은 결과를 원용할 수는 없으며, 하자의 사후보완을 무작정 인정할 경우 악용될 소지가 있다는 이유에서 원칙적으로 절차하자의 치유는 허용되지 아니 한다는 견해가 있다.[108]

과거 행정절차법 시행 이전에는 절차위반의 흠은 사후보완에 의해 치유된다고 보는 견해가 지배적이었고 판례 역시 그러한 입장을 취한 것이 많았다. 그러나 적어도 행정절차법이 시행되고 있는 상황에서는 법령에 특별한 규정이 없는 한, 절차하자라고 해서 그 사후보완에 의한 치유를 무분별하게 인정하는 것은 곤란하지 않을까 생각한다. 물론 절차하자의 치유가능성을 범주적으로 부정하는 것도 현실적이지 않지만, 그렇다고 모처럼 행정절차법이 그 절차적 규율을 정착시켜 가고 있는 상황에서 독일과 같은 명문의 규정도 없이 하자치유를 허

고 2000두3337 판결을 든다.
106) 대법원 2007.4.12. 선고 2006두20150 판결.
107) 대법원 2016.12.27. 선고 2016두49228 판결.
108) 석호철, "청문절차에 관한 제반 판례의 검토", 특별법연구(특별소송실무연구회) 제5권, 106; 김철용, 행정법 I, 제13판, 2010, 423-424.

용하는 것도 온당치 못하다. 요컨대 절차하자의 치유 역시 법치주의 관점에서 법익형량을 통해 제한적으로만 허용된다고 보아야 할 것이고, 특히 하자치유가 허용된다고 볼 경우에도 그 추완행위는 해당 처분에 대한 불복여부의 결정 및 불복신청에 편의를 줄 수 있는 상당한 기간 내에, 늦어도 해당 처분에 대한 행정심판 또는 소 제기 이전에 해야 한다고 보아야 할 것이다.

3. 처분 이외 절차의 흠과 그 법적 효과

행정상 입법예고나 행정예고 같은 절차에 흠이 있는 경우 그 법적 효과를 어떻게 볼 것인지가 문제된다. 그다지 큰 관심이 경주되진 않았지만, 학설 가운데 이들 절차의 흠이 해당 법령이나 계획의 적법성에 영향을 미친다는 긍정설과 영향이 없다는 부정설이 있었다.[109] 결국 입법예고나 행정예고의 대상이 되는 법령이나 계획에 대한 쟁송이 허용될 경우 제기될 수 있는 문제이다. 물론 국가배상소송 등을 통해 법령, 계획의 예고절차상 하자를 다툴 수도 있다.

생각건대, 이들 절차상의 하자 역시 그 절차가 해당 법령이나 계획의 추진과정에서 가지는 중요성이나 비중, 그리고 외견상 명백성 여하에 따라 판단할 수밖에 없을 것이다. 만일 예고절차에 관한 하자가 해당 법령이나 계획의 실체적 내용에 중대한 영향을 미쳤다고 볼 경우라든가, 주민이나 그 밖의 이해관계인의 절차적 권리를 심각하게 침해하였다고 볼 수 있는 경우 또는 행정절차법 제41조 제1항 각 호에 따른 예외사유에 해당하지 아니 함에도 입법예고절차를 아예 거치지 않은 경우에는 그로 인한 법적 결과를 부인하기 어려울 것이고 경우에 따라서는 해당 법령이나 계획의 위법사유로 볼 수 있을 것이다.[110]

---

109) 이에 관해서는 김철용, 행정법 I, 424-425를 참조.
110) 김유환, "행정절차하자의 법적 효과: 유형론과 절차적 권리의 관점에서의 검토", 한국공법이론의 새로운 전개(김도창박사팔순기념논문집), 2005, 77이하.

제 3 절 │ 행정과정에 있어 정보공개, 행정조사, 개인정보의 보호

제 1 관   행정정보의 공개

Ⅰ. 행정법의 문제영역으로서 정보공개

1. 공법에 있어 정보사회의 도전

현대사회에 있어 정보는 권력과 자본의 결정요인이다. 「정보화사회」 또는 「정보사회」[1]의 진전은 구조적 불평등을 심화·증폭시킨다. 정보의 독점, 정보의 유통·접근에서의 불평등, 정보의 지배와 개인의 정보통제권상실 또는 정보유통으로부터의 소외, 이러한 기술들은 바로 이러한 현대정보사회가 목도하고 있는 사회문제의 핵심을 단적으로 표상해 주고 있다. 새삼 강조할 필요도 없이 소수에 의한 정보의 독점은 경제적 독점과 불평등을 확대재생산할 뿐만 아니라 사회의 민주화를 위한 그동안의 모든 노력을 수포로 돌아가게 할 것이다. 이러한 견지에서 「정보사회」 또는 「정보화사회」에 대한 공법적 대응의 요청이 제기되는 것은 당연한 현상이라고 할 수 있다.[2] 그러한 공법적 대응의 주된 문제영역 중 하나가 바로 (행정)정보공개 문제이다.

예상을 초월하여 급속한 발전을 이룬 현대정보통신기술이 특히 그 저장용량의 폭발적 증대, 데이터처리속도의 단축 및 정보통신의 발전으로 인하여 최근 몇 십년간 국가행정의 위험방지, 계획 및 기타의 급부행정의 가능성을 현저하게 개선시킨 것은 부인할 수 없는 사실이다.[3] 그러나 정보 및 정보기술의 중요성 그리고 이와 결부된 새로운 위험의 잠재요인이 커지면 커질수록 그만큼 정보에 관한 개인의 보호청구권(Schutzansprüche)의 보장도 더욱 더 불가결

---

[1] 「정보화사회」는 일반적으로 「기존의 언론매체의 확대에 추가하여 컴퓨터를 중심으로 한 정보처리 및 통신기술의 비약적인 진보에 따라 데이타(Data)의 이용가치가 높아지고, 사회에 유통하는 데이타가 거대한 분량에 이르게 됨에 따라 일련의 사회구조의 변혁을 일으키는 상황」이라고 파악되고 있다(김철수, "정보화사회와 기본권보호, 정보화사회의 공법적 대응", 한국공법학회, 1989, 5; 김남진, "정보화사회와 행정법체계의 재구성", 월간고시 1991/8, 83; 석종현, 월간고시 1991/12, 67).

[2] 우리나라에서도 1989년 한국공법학회가 주최한 국제학술대회 "정보화사회의 공법적 대응"과 1992년 2월 20일의 제25회 학술발표회 등을 통하여 이 문제가 다루어졌고, 특히 여론의 각별한 주목을 받았던 청주시의회의 정보공개조례와 이를 둘러싼 소송에 대한 대법원의 판결(대법원 1992.6.23. 선고 92추17 판결)은 이러한 일련의 과정에 있어 하나의 분수령을 이루는 사건이었다.

[3] Sieber, Informationsrecht und Recht der Informationstechnik, NJW 1989, 2569ff.[2570].

한 것이 된다. 그리하여 정보사회의 위력적인 영향력, 그리고 전자정보시스템에 저장되어 기술적으로 얼마든지 가능하게 된 컴퓨터연결등을 통한 데이터남용의 우려로부터 배태된 적극적 대결의지가 결국 정보공개에 관한 법형성을 촉진시키지 않을 수 없다.

2. 행정법에 있어 정보공개의 위상

행정정보의 공개는 연혁상 행정처분의 상대방이나 이해관계인이 행정절차에서 권익보호에 필요한 행정정보를 얻을 수 있도록 접근을 보장하는 사전 행정절차의 일환으로 문제되었다. 그 점에서 행정정보 공개제도는 행정절차의 일부분이기도 하다.[4] 그리하여 정보공개를 넓은 의미에서 행정과정의 구성요소로 보아 행정절차법의 일부로 다루는 입장도 있으나, 이를 완결된 독립적 법제도로 파악하려는 경향이 지배적이다.[5] 즉 행정정보공개제도는 행정절차와 밀접한 관련을 맺으면서도 그 자체 독자적인 제도이기 때문에 이를 행정절차법 수준에 국한된 문제로 볼 수는 없다. 요컨대, 행정정보의 공개는 행정절차의 일환으로서 또는 그와 별도로 독자적인 의의를 갖는 정보접근에 대한 절차적 보장으로서, 행정과정에 대한 주민참여・민주적 통제의 기틀이 되며 국민의 「알 권리」로부터 유출되는 정보공개청구권을 실현하는 문제이다.

Ⅱ. 헌법상 「알 권리」와 행정정보공개청구권

'알 권리'와 그 본질적 내포로서 정보공개청구권이 헌법상 인정되느냐 여부와 그 근거에 관하여는 다음과 같은 세 가지 방향에서 학설의 대립이 있다.

첫 번째는 '알 권리'와 표현의 자유는 표리일체의 관계에 있는, '모든 정보원으로부터 일반적 정보를 수집할 수 있는 권리'라고 하면서 '공공기관의 정보에 대한 공개청구권에서 볼 수 있다시피 청구권적 성격을 가지고 있다'고 하거나,[6] 정보의 자유(알 권리)에는 '정보를 적극적으로 수집하는 자유와 소극적으로 정보에 접하는 자유가 모두 포함'[7]된다는 등 '알 권리'를 헌법상 표현의 자유로부터 도출해내는 입장[8]이다.

---

4) 실제로 가장 모범적인 정보공개의 제도화를 실현한 미국의 경우, 연방헌법 수정 제1조에서 출판의 자유를 보장함을 근거로, 1946년에 연방행정절차법(Administrative Proceduere Act)이 공공정보(Public Information)에 관한 제3조를 두고 있었으나 1966년 이를 수정・확대한 정보자유법(Freedom of Information Act: FOIA)이 수차의 개정을 겪으면서 발전하였다는 것은 주지의 사실이다.

5) 구병삭, "정보공개법제정의 방향과 과제", 공법연구 제17집, 21-23, 1989.

6) 권영성, 헌법학원론, 410-412.

7) 허영, 한국헌법론, 521.

8) 권영성, 헌법학원론, 412는 알 권리의 헌법적 근거를 어느 한 조항만이 아니고 제21조 제1항의 표현의 자유를 비롯 국민주권의 원리(§ 1), 인간의 존엄・행복추구권(§ 10), 인간다운 생활을 할 권리(§ 34 ①) 등에서 찾는다.

　　두 번째는 '알 권리'는 국가의 부작위에 대한 요구권에 머물지 않고 적극적 정보공개 요구권으로 발전하고 있지만 실정법상 근거없이 개개 국민이 정보공개를 청구할 만한 구체적 권리를 가지지 않는다는 입장[9]이다.

　　세 번째는 '알 권리'는 「헌법상 명문의 규정이 없을지라도 여론의 자유로운 형성을 위한 전제로서 민주정치에 필수불가결한 요소이기 때문에 우리 헌법에서도 인정된다」고 하면서 그 근거를 헌법 제10조의 인간으로서의 존엄과 가치에서 찾는 견해[10]이다. 이것은 국민의 「알 권리」가 인격의 형성, 그 자유로운 전개와 행복추구권의 중요한 내용으로 인정되고 있다는 점을 고려할 때, 정보의 자유의 근거를 우리 헌법 제10조에서 찾아야 한다고 보는 견해로서, 정보의 자유의 근거를 헌법 제10조에서 구하더라도 헌법 제21조가 정보의 자유와 전혀 무관한 것은 아니고 정보의 자유의 한 내용인 정보매체로부터의 정보수령방해배제청구권은 헌법 제21조에서 인정된다고 보아야 할 것이라고 한다. 왜냐하면 정보수령방해배제청구권은 자유권의 성격을 띠므로, 언론·출판에 관한 자유규정인 헌법 제21조에서 인정된다고 보기 때문이라는 것이다.[11]

　　정보공개청구권은 (또는 '알 권리'는) 법률에 의한 구체화 없이도 헌법에 따라 직접 인정되는 헌법직접적 권리($\substack{verfassungsunmittel-\\bares\ Recht}$)인가 하는 것이 문제된다. '알 권리'의 헌법직접적 권리성 여하에 관한 이 물음은 대법원과 헌법재판소의 판례를 통해 헌법상 '알 권리'가 직접적·구체적 권리로 확인됨으로써 기본적으로 해명되었다.

　　"알 권리는 헌법 제21조의 언론의 자유에 당연히 포함되는바, 이는 국민의 정부에 대한 일반적 정보공개를 구할 권리(청구권적 기본권)라고 할 것이며, 서류에 대한 열람·복사민원의 처리는 법률의 제정이 없더라도 불가능한 것은 아니라 할 것이고 또 비록 공문서공개의 원칙보다는 공문서의 관리·통제에 중점을 두고 만들어진 규정이기는 하지만, 위 규정 제36조 제2항을 근거로 국민의 '알 권리'를 곧 바로 실현시키는 것은 가능하다."[12]

　　대법원은 뒤이어 구 정부공문서규정 제36조 제2항에 따라 일반국민의 공문서열람권을 인정하면서, "일반적으로 국민은 국가기관에 대하여 기밀에 관한 사항 등 특별한 경우 이외에는 보관하고 있는 문서의 열람 및 복사를 청구할 수 있고 정부공문서규정 제36조 제2항의 규정도 행정기관으로 하여금 일반국민의 문서열람 및 복사신청에 대하여 기밀 등의 특별한 사유가 없는 한 이에 응하도록 하고 있으므로 그 신청을 거부한 것은 위법하다"고 판시했다.[13]

9) 구병삭, 신헌법원론, 438; 강경근, "행정전산화의 법적 문제", 한국공법학회 제25회 학술발표회 발표문.
10) 김철수, 헌법학개론, 453.
11) 같은 곳.
12) 헌법재판소 1989.9.4. 선고 88헌마22 결정.
13) 대법원 1989.10.24. 선고 88누9312 판결.

헌법재판소는 이후 정보에의 접근·수집·처리의 자유, 즉 "알 권리"는 헌법 제21조 소정의 표현의 자유와 표리의 관계에 있으며 자유권적 성질과 청구권적 성질을 공유하는 것인바, 이러한 "알 권리"의 실현을 위한 법률이 제정되어 있지 않더라도 그 실현이 불가능한 것은 아니며 … 검사가 청구인에게 형사확정소송기록을 열람·복사할 수 있는 권리를 인정한 명문규정이 없다는 것만을 이유로 무조건 청구인의 복사신청을 거부한 것은 청구인의 "알 권리"를 침해한 것[14]이라고 판시하여 '알 권리'의 구체적 권리성을 승인한 종전의 판례를 재확인했다. 대법원 역시 '알 권리'가 헌법직접적 권리라는 점을 확인하였고, 이로써 정보공개청구권이 헌법직접적 권리라는 것은 실정법적으로 확립되었다.

▦ 알 권리의 헌법직접적 권리성

"국민의 '알권리', 즉 정보에의 접근·수집·처리의 자유는 자유권적 성질과 청구권적 성질을 공유하는 것으로서 헌법 제21조에 의하여 직접 보장되는 권리이고, 그 구체적 실현을 위하여 제정된 공공기관의 정보공개에 관한 법률도 제3조에서 공공기관이 보유·관리하는 정보를 원칙적으로 공개하도록 하여 정보공개의 원칙을 천명하고 있고, 위 법 제9조가 예외적인 비공개사유를 열거하고 있는 점에 비추어 보면, 국민으로부터 보유·관리하는 정보에 대한 공개를 요구받은 공공기관으로서는 위 법 제9조 제1항 각 호에서 정하고 있는 비공개사유에 해당하지 않는 한 이를 공개하여야 하고, 이를 거부하는 경우라 할지라도 대상이 된 정보의 내용을 구체적으로 확인·검토하여 어느 부분이 어떠한 법익 또는 기본권과 충돌되어 위 각 호의 어디에 해당하는지를 주장·증명하여야만 하며, 여기에 해당하는지 여부는 비공개에 의하여 보호되는 업무수행의 공정성 등의 이익과 공개에 의하여 보호되는 국민의 알권리의 보장과 국정에 대한 국민의 참여 및 국정운영의 투명성 확보 등의 이익을 비교·교량하여 구체적 사안에 따라 개별적으로 판단하여야 한다."[15]

Ⅲ. 지방자치와 정보공개: 행정정보공개조례와 자치입법권

정보공개법은 지방자치 수준에서 행정정보공개조례의 형태로 오히려 국가 수준에서의 입법보다 선행했다. 그러나 정보공개조례의 출범은 순탄치 않았다. 주된 쟁점은 법률의 수권이 없는 사항에 대하여 지방자치단체가 그 자치입법권, 즉 조례제정권에 의해 규정할 수 있는지, 정보공개에 관한 조례의 제정이 이러한 자치입법권의 범위에 포함되는 것으로 볼 수 있는지에 있었다. 헌법은 제117조 제1항 후단에서 '법령의 범위 안에서 자치에 관한 규정을 제정할 수 있다'고 규정함으로써 지방자치단체의 자치입법권에 헌법적 근거를 부여하는 한편, 제118조 제2항에서 지방의회의 조직·권한 등에 관한 사항을 법률로 정할 것을 규정하고 있는데 이 헌법규정들의 취지는 자치입법권의 헌법적 수권을 전제로 지방의회의 권한에 관한 구체적인 규율을 법률에 맡긴다는 것으로 해석된다. 이에 따라 구 지방자치법 제15조(현행법§22)는 '지방자치단체는 법령의 범위 안에서 그 사무에 관하여 조례를 제정할 수 있다. 다

14) 헌법재판소 1991.5.13. 선고 90헌마133 결정.
15) 대법원 2009.12.10. 선고 2009두12785 판결.

만, 주민의 권리제한 또는 의무부과에 관한 사항이나 벌칙을 정할 때에는 법률의 위임이 있어야 한다'고 규정하고 있었다. 이 조항과 관련하여 모법 이를테면 '정보공개법'이 제정되어 있지 않은 상태에서 정보공개에 관한 사항을 조례로써 규정할 수 있느냐는 문제가 제기되었다. 이에 대한 공법학계의 경향은, 대법원에의 제소를 통해 표명된 청주시장과 시의회의 견해대립에도 불구하고, 전반적으로 정보공개조례의 제정이 '권리제한 또는 의무부과' 또는 '벌칙'에 관한 규정으로 볼 수 없다는 입장이 다수의 지위를 차지하고 있었다.

생각건대 이 문제는 위의 헌법조항과 지방자치법조항의 관련 해석을 통해 판단하여야 한다. 즉, 헌법 제117조 제1항 후단은 자치입법권의 범위를 헌법으로 보장한 것이다. 만일 지방자치법이 이 헌법적 수권규정의 범위를 감축·제한한다면 헌법위반을 면치 못할 것이다.

문제는 정보공개에 관한 일반법이 제정되지 않았던 상황에서 정보공개조례를 제정하는 것이 구 지방자치법 제15조 단서에 위배되는지 여부에 귀착되었다.

여기서 「권리제한 또는 의무부과」란 이른바 '침해적 규율'을 말하는 것이며, 이로써 이러한 침해적 규율에 대해서는 법치주의의 기본적 요구의 하나인 법률의 유보원리에 따라 법률의 근거 또는 법률의 위임을 요한다는 취지가 표현된 것으로 보는 것이 옳다. 조례에 따른 정보공개청구권의 인정은 권리를 부여한다는 점에서 어디까지나 '수익적 규율'에 해당한다. 이것은 구 지방자치법 제15조 단서의 문리적 해석에 부합되는 해석이기도 하다. 권리 부여가 동시에 권리제한일 수 있으려면 기존 권리내용의 실질적 감축이 있어야 하는데 이러한 의미의 권리감축은 위 어떤 관점을 취하든 인정되지 않는다. 따라서 정보공개조례의 제정은 구 지방자치법 제15조 단서에 위배되지 않는다고 보게 된다.[16] 대법원은 이와 대동소이한 견지에서 청주시 정보공개조례의 합법성을 인정하였다.

▓ 청주시행정정보공개조례(안)재의결취소판결

"지방자치법 제15조에 의하면, 지방자치단체는 법령의 범위안에서 그 사무에 관하여 조례를 제정할 수 있되 주민의 권리제한 또는 의무의 부과에 관한 사항이나 벌칙을 정할 때에는 법률의 위임이 있어야 한다고 규정하고 있으므로 지방자치단체는 그 내용이 주민의 권리의 제한 또는 의무의 부과에 관한 사항이거나 벌칙에 관한 사항이 아닌 한 법률의 위임이 없더라도 조례를 제정할 수 있다 할 것인데(당원 1970.2.10. 선고, 69다2121 판결 참조), 이 사건 정보공개조례안은 앞에서 본 바와 같이 행정에 대한 주민의 알 권리의 실현을 그 근본내용으로 하면서도 이로 인한 개인의 권익침해가능성을 배제하고 있으므로 이를 들어 주민의 권리를 제한하거나 의무를 부과하는 조례라고는 단정할 수 없고 따라서 그 제정에 있어서 반드시 법률의 개별적 위임이 따로 필요한 것은 아니라 할 것이다."[17]

---

16) 참고로 일본의 경우에도 조례로 공문서관람청구권을 인정할 수 있느냐는 문제가 논란된 바 있으나 조례법률설이 다수설이며(김철수, 같은 곳), 예컨대 神奈川縣의 정보공개추진간화회에서의 토론과정에서 표출된 바와 같이 조례에 의해 권리를 인정하는 것이 가능하다는 것이 지배적인 견해인 것으로 보인다(堀部政男, "일본에 있어서의 정보공개법과 개인정보보호법, 정보화사회의 공법적 대응", 한국공법학회, 1989, 74).

Ⅳ. 행정절차와 행정정보의 공개

1. 행정절차와 행정정보 공개의 관계

행정절차와 행정정보의 공개는 상호보완적인 관계에 있다. 행정정보의 공개는 행정과정에 대한 절차적 통제·참여를 가능케 하는 사전적 행정절차의 일환이며, 행정처분의 공문서화, 처분기준의 공표·처분의 이유부기 등과 같은 행정절차적 장치들은 행정정보 공개를 위한 기여요인들이다. 반면 행정절차상 정보공개는 '일반공개가 아니고 이해관계가 있는 국민에 대한 것이라는 한정성'을 가진다.[18] 물론 이 차이는 독자적인 정보공개제도가 확립됨에 따라 그리고 행정절차도 단지 개개인의 권리보호기능뿐만 아니라 행정과정에 대한 민주적 참가를 보장하는 기능을 지향하고 있기 때문에 점차 상대화되는 경향을 보이고 있다.

2. 현행법상 행정절차에 있어 정보공개

행정절차법은 제37조에서 문서의 열람등에 관한 당사자등의 권리를 보장하고 있다. 이에 따르면, 당사자등은 청문의 통지가 있는 날부터 청문이 끝날 때까지 행정청에 대하여 해당 사안의 조사결과에 관한 문서 기타 해당 처분과 관련되는 문서의 열람 또는 복사를 요청할 수 있고, 이 경우 행정청은 다른 법령에 의하여 공개가 제한되는 경우를 제외하고는 이를 거부할 수 없게 되어 있다($\S^{37}_①$). 제1항에 따라 열람 또는 복사를 요청할 수 있는 문서의 범위는 대통령령으로 정한다($\S^{37}_④$).

행정절차상 문서열람청구권은 정보공개법상의 일반적 정보공개청구권에 대하여 일종의 특별법적 의미를 가진다. 다만, 행정절차법이 문서열람청구권을 청문에 한해서만 보장하고 그 기간도 청문의 통지 이후 청문의 종결시까지로 제한하고 있으며, 또한 의견제출절차와 공청회의 경우 문서열람청구권을 인정하지 않고 있다.

일반법인 행정절차법 이외에 행정절차와 관련하여 문서열람권의 형태로 정보공개를 가능케 하고 있는 개별법령도 적지 않다. 그 예로는 공익사업을 위한 토지 등의 취득 및 보상에 관한 법률 제31조 제1항에서 재결신청공고 후 관계서류의 사본을 일반인에게 열람시키도록 한 것 등을 들 수 있다. 이들 법령이 개별적으로 문서를 일반인에게 공람시킬 행정청의 의무를 인정하고 있는 것은 이로부터 일반인의 문서열람권을 도출할 수 있는 근거가 되는 것은 사실이다. 그러나 이들 산재된 법령들에 의해 단편적으로 인정되고 있는 문서등의 열람권

---

17) 대법원 1992.6.23. 선고 92추17 판결.
18) 박윤흔, 행정법강의(상), 509.

은 실은 공개대상정보가 특정분야의 사항에 국한된, 그것도 일반인이라고는 하지만 주로 가상적 이해관계자에게 사전에 이의신청기회를 부여함으로써 사후에 그 규범적 효력을 확보하기 위한 일환으로 규정된 제도거나, 또는 관계행정청의 재량에 의해 인정되는 권리일 뿐이라는 점 등에 근본적 제약이 있고, 아울러 이러한 개별법령상 문서열람권들은 그 공개범위나 청구 및 구제절차 등에 관한 법적 규율의 불충분성·단편성, 체계적 연관성의 결여 등 여러 가지 면에서 문제가 있다.

Ⅴ. 정보공개법과 행정정보의 공개

1. 정보공개법의 목적과 적용범위

공공기관의 정보공개에 관한 법률(약칭: 정보공개법)은 제1조에서 "공공기관이 보유·관리하는 정보에 대한 국민의 공개 청구 및 공공기관의 공개 의무에 관하여 필요한 사항을 정함으로써 국민의 알권리를 보장하고 국정(國政)에 대한 국민의 참여와 국정 운영의 투명성을 확보함"을 목적으로 천명하고 있다.

정보공개법은 정보공개에 관한 일반법의 지위를 가진다. 법 제4조 제1항에서 "정보의 공개에 관하여는 다른 법률에 특별한 규정이 있는 경우를 제외하고는 이 법이 정하는 바에 따른다"고 규정한 것은 바로 그러한 일반법적 성격을 분명히 한 것이다.

▦ 형사소송법 제59조의2와 정보공개법의 관계

"1. 공공기관의 정보공개에 관한 법률(2013.8.6. 법률 제11991호로 개정되기 전의 것, 이하 '정보공개법'이라고 한다) 제4조 제1항은 "정보의 공개에 관하여는 다른 법률에 특별한 규정이 있는 경우를 제외하고는 이 법이 정하는 바에 따른다"라고 규정하고 있다. 여기서 '정보공개에 관하여 다른 법률에 특별한 규정이 있는 경우'에 해당한다고 하여 정보공개법의 적용을 배제하기 위해서는, 그 특별한 규정이 '법률'이어야 하고, 나아가 그 내용이 정보공개의 대상 및 범위, 정보공개의 절차, 비공개대상정보 등에 관하여 정보공개법과 달리 규정하고 있는 것이어야 한다(대법원 2007.6.1. 선고 2007두2555 판결 등).

2. 형사소송법 제59조의2의 내용·취지 등을 고려하면, 형사소송법 제59조의2는 형사재판확정기록의 공개 여부나 공개범위, 불복절차 등에 대하여 정보공개법과 달리 규정하고 있는 것으로 정보공개법 제4조 제1항에서 정한 '정보의 공개에 관하여 다른 법률에 특별한 규정이 있는 경우'에 해당한다고 볼 수 있다. 따라서 형사재판확정기록의 공개에 관하여는 정보공개법에 따른 공개청구가 허용되지 아니한다."[19]

---

19) 대법원 2016.12.15. 선고 2013두20882 판결.

한편 법 제4조 제3항은 "국가안전보장에 관련되는 정보 및 보안 업무를 관장하는 기관에서 국가안전보장과 관련된 정보의 분석을 목적으로 수집하거나 작성한 정보에 대해서는 이 법을 적용하지 아니한다"고 규정하여 그 일반법적 성격을 제한하고 있다. 그 결과 국가안전보장 관련정보에 관하여는 각각의 개별관계법이 정보공개에 관한 사항을 규율하게 되었다.[20]

법이 '국가안전보장 관련 정보 및 보안 기관'에서 '국가안전보장과 관련된 정보의 분석을 목적으로 수집하거나 작성한 정보'에 대해 법적용을 배제하는 규정을 둔 데 대하여는 논란의 여지가 없지 않다. 만일 미국의 'CIA정보자유법'($^{Central\ Intelligence\ Agency\ Information}_{Act,\ Pub.L.\ No.98-477,\ 93\ Stat.\ 2209(1984)}$)[21]처럼 이러한 기관이 보유하는 정보의 공개에 관해서는 별도의 법률로 정하려는 취지라면 '다른 법률로 정한다'는 규정을 두어야 할 것이고, 반면 이들 기관의 정보에 대하여 정보공개를 전적으로 배제하려는 취지라면, 그 포괄성으로 말미암아 남용될 우려가 크다는 점에서, 해당 조항을 삭제하는 것이 바람직하다. 정작 국가안전보장에 관한 정보 등은 정보의 비공개사유에 관한 법 제9조 제1항 제2호에 따라 충분히 보호될 수 있기 때문에 이들 기관의 활동 전체를 법적용 배제의 우산 속에 보호하려는 시도가 아니라면 적용범위 관련 조항에서 별도로 규정을 둘 필요가 없기 때문이다.

반면 법 제4조 제2항은 지방자치단체에게 그 소관사무에 관하여 법령의 범위에서 정보공개에 관한 조례를 정할 수 있도록 허용함으로써, 이미 정보공개법보다 앞서 진행된 지방자치 정보공개법의 형성을 사후적으로 추인하고 있다.

이 법의 적용범위와 관련하여 어디까지를 "공공기관"으로 볼 것인지가 문제된다. 법 제2조 제3호에 따르면 "공공기관"이란 다음과 같은 기관을 말한다.

> 가. 국가기관
>> 1) 국회, 법원, 헌법재판소, 중앙선거관리위원회
>> 2) 중앙행정기관($^{대통령\ 소속\ 기관과\ 국무총}_{리\ 소속\ 기관을\ 포함한다}$) 및 그 소속 기관
>> 3) 「행정기관 소속 위원회의 설치·운영에 관한 법률」에 따른 위원회
> 나. 지방자치단체
> 다. 「공공기관의 운영에 관한 법률」 제2조에 따른 공공기관
> 라. 그 밖에 대통령령으로 정하는 기관

정보공개법 시행령 제2조에 따르면 법 제2조 제3호 라목에서 "대통령령으로 정하는 기관"이라 함은 다음 각 호의 하나를 말하는 것으로 규정되어 있다.

---

20) 다만, 제8조 제1항에 따른 정보목록의 작성·비치 및 공개에 대하여는 그러하지 아니 하다(같은 항 단서).

21) 이 법은 CIA files에 대한 접근을 제한하는 것을 내용으로 하고 있는데 이들 정보가 이미 정보자유법에 의해 개별적으로 공개대상에서 배제되어 있었기 때문에, 사실상 정보의 흐름에 거의 영향을 미치지 않았고 주로 비용절약을 위한 조치로서 제정된 것이라고 한다. 이에 관하여는 Aman, Jr./Mayton, Administrative Law, West Publishing, 1993, 641이하를 참조.

1. 「유아교육법」, 「초·중등교육법」, 「고등교육법」에 따른 각급 학교 또는 그 밖의 다른 법률에 따라 설치된 학교
2. 「지방공기업법」에 따른 지방공사 및 지방공단
3. 「지방자치단체 출자·출연 기관의 운영에 관한 법률」 제2조 제1항에 따른 출자기관 및 출연기관
4. 특별법에 따라 설립된 특수법인
5. 「사회복지사업법」 제42조 제1항에 따라 국가나 지방자치단체로부터 보조금을 받는 사회복지법인과 사회복지사업을 하는 비영리법인
6. 제5호 외에 「보조금 관리에 관한 법률」 제9조 또는 「지방재정법」 제17조 제1항 각 호 외의 부분 단서에 따라 국가나 지방자치단체로부터 연간 5천만원 이상의 보조금을 받는 기관 또는 단체. 다만, 정보공개 대상 정보는 해당 연도에 보조를 받은 사업으로 한정한다.

한편, 대법원은 정보공개법시행령에서 사립대학교를 정보공개의무 있는 공공기관의 하나로 지정한 것은 모법의 위임범위를 벗어나지 않은 것으로 적법하다고 판시한 바 있다.

▦ 사립대학교를 정보공개의무 있는 공공기관의 하나로 지정한 대통령령의 효력 등

"정보공개 의무기관을 정하는 것은 입법자의 입법형성권에 속하고, 이에 따라 입법자는 공공기관의 정보공개에 관한 법률 제2조 제3호에서 정보공개 의무기관을 공공기관으로 정하였는바, **공공기관이라 함은 국가기관에 한정되는 것이 아니라 지방자치단체, 정부투자기관, 그 밖에 공동체 전체의 이익에 중요한 역할이나 기능을 수행하는 기관도 포함되는 것**으로 해석되고, 여기에 정보공개의 목적, 교육의 공공성 및 공·사립학교의 동질성, 사립대학교에 대한 국가의 재정지원 및 보조 등 여러 사정을 고려해 보면, 사립대학교에 대한 국비 지원이 한정적·일시적·국부적이라는 점을 고려하더라도 정보공개법 시행령 제2조 제1호가 **정보공개의무를 지는 공공기관의 하나로 사립대학교를 들고 있는 것이 모법의 위임 범위를 벗어났다거나 사립대학교가 국비의 지원을 받는 범위 내에서만 공공기관의 성격을 가진다고 볼 수 없다.**"[22]

2. 행정정보의 공개

2.1. 정보공개의 원칙과 공공기관의 의무

2.1.1. 정보공개의 원칙

정보공개법은 제3조에서 "공공기관이 보유·관리하는 정보는 국민의 알권리 보장 등을 위하여 이 법에서 정하는 바에 따라 공개하여야 한다"고 규정하여 정보공개의 원칙을 천명하고 있다.

여기서 '정보'란 "공공기관이 직무상 작성 또는 취득하여 관리하고 있는 문서(전자문서를 포함한다)·도면·사진·필름·테이프·슬라이드 및 그 밖에 이에 준하는 매체 등에 기록된 사항"을 말한다(§2). 법이 공개대상이 되는 '정보'의 범위에 전자문서와 함께 도면·사진·필름·테이

---

22) 대법원 2006.8.24. 선고 2004두2783 판결.

프·슬라이드 및 그 밖에 이에 준하는 매체 등에 기록된 사항을 포함시킨 것은 정보통신기술의 비약적 발전에 따른 정보매체의 다양화경향을 고려할 때 극히 타당하다. 반면, 공공기관이 관리하는 자료 중 직무수행과 관련이 없는 신문·잡지 등 일반자료나 일반인에게 특정한 절차 없이 자유로이 제공하기 위한 정보가 공개대상 정보에 포함되는지 여부가 문제될 수 있다. 이에 대한 명시적 규정이 없어 논란의 여지가 있으나, 만일 그런 종류의 정보가 제외된다고 볼 경우 공공기관이 직무수행과 관련 유무를 자의적으로 판단하게 되고 그 결과 공개대상정보의 범위가 축소될 우려가 있으므로 그런 정보도 공개대상 정보에 포함되는 것으로 본다.

"공공기관의 정보공개에 관한 법률상 공개청구의 대상이 되는 정보란 공공기관이 **직무상 작성 또는 취득하여 현재 보유·관리하고 있는 문서에 한정되는 것**이기는 하나, 그 문서가 반드시 원본일 필요는 없다."23)

2.1.2. 공공기관의 의무

(1) 권리 존중 운영 및 법령 정비

공공기관은 무엇보다도 정보의 공개를 청구하는 국민의 권리가 존중될 수 있도록 이 법을 운영하여야 하며, 소관 관련법령을 정비할 책무를 진다($\S_①^6$). 정보공개법에서 아무리 정보공개청구권을 잘 보장하고 있더라도 정보공개에 관한 다른 법령, 가령 국가기밀이나 비밀 관련 법령이 제대로 정비되어 있지 못하거나 운영상 국민의 정보공개청구권이 존중되지 않는다면, 제도 소기의 목적을 달성할 수 없다. 그런 견지에서 공공기관의 의무 조항이 만들어진 것이다.

(2) 정보관리관리체계 정비와 정보공개시스템 구축 등

공공기관은 정보의 적절한 보존과 신속한 검색이 이루어지도록 정보관리체계를 정비하고, 정보공개업무를 주관하는 부서 및 담당하는 인력을 적정하게 두어야 하며, 정보통신망을 활용한 정보공개시스템 등을 구축하도록 노력하여야 한다($\S_②^6$). 법령상 정보공개제도가 아무리 잘 돼 있다 하더라도 충실하고 효율적인 정보관리체계가 마련되어 있지 않으면 공염불로 흐를 수밖에 없을 것이다. 정보공개의 전담부서와 인력의 구비, 정보통신망을 통한 정보공개시스템의 구축도, 예산·조직·인력 등 현실적 여건에 제약이 따르기는 하지만, 정보공개제도가 실효를 거두기 위해서는 반드시 필요한 조건들이다.

---

23) 대법원 2006.5.25. 선고 2006두3049 판결.

(3) 행정정보의 공표 등

법은 청구에 의한 정보공개와는 별도로 적극적으로 행정정보를 공표하도록 하고 있다. 이에 따르면, 공공기관은 다음의 정보에 대하여는 공개의 구체적 범위, 공개의 주기·시기 및 방법 등을 미리 정하여 공표하고, 이에 따라 정기적으로 공개하여야 한다($\S7^{①}_{본문}$). 다만, 제9조 제1항 각 호의 정보, 즉 비공개대상정보의 경우는 그러하지 아니 하다($\S7^{①}_{단서}$).

1. 국민생활에 매우 큰 영향을 미치는 정책에 관한 정보
2. 국가의 시책으로 시행하는 공사 등 대규모의 예산이 투입되는 사업에 관한 정보
3. 예산집행의 내용과 사업평가 결과 등 행정감시를 위하여 필요한 정보
4. 그 밖에 공공기관의 장이 정하는 정보

공공기관은 위에 규정된 사항 외에도 국민이 알아야 할 필요가 있는 정보를 국민에게 공개하도록 적극적으로 노력하여야 한다($\S7^{②}$).

(4) 정보목록의 작성·비치 등

정보공개제도가 실제로 작동하기 위해서는 무엇보다도 국민이 정보의 소재, 즉 어느 공공기관이 어떤 정보들을 보유·관리하고 있는지를 쉽게 알 수 있도록 하는 것이 중요하다. 법은 그런 견지에서 제8조에 정보목록의 작성·비치 등을 의무화하는 규정을 두었다. 이에 따르면 공공기관은 해당기관이 보유·관리하는 정보에 대하여 국민이 쉽게 알 수 있도록 정보목록을 작성·비치하고, 그 목록을 정보통신망을 활용한 정보공개시스템 등을 통하여 공개하여야 한다($\S8^{①}_{본문}$). 다만, 정보목록 중 제9조 제1항에 따라 공개하지 아니할 수 있는 정보가 포함되어 있는 경우에는 해당 부분을 비치 및 공개하지 아니할 수 있다($\S8^{①}_{단서}$).

그리고 공공기관은 정보의 공개에 관한 사무를 신속하고 원활하게 수행하기 위하여 정보공개장소를 확보하고 공개에 필요한 시설을 갖추어야 한다($\S8^{②}$).

이와같이 법은 정보목록의 작성·비치의무와 정보통신망을 활용한 정보공개시스템 등을 통한 공개의무, 공개장소·시설의 확보의무를 규정하고 있으나, 그 이상으로 공공기관에게 정보를 새로이 수집·취득하거나 작성하여 제공할 '정보조달의무'(Informationsbeschaf-fungspflicht)까지 부과하고 있지는 않다.[24]

따라서 정보청구권의 대상이 되는 것은 공공기관이 그 일반적·법적 권한에 의거하여 또는 그 소관사무를 수행하는 과정에서 취득·보유하고 있는 정보에 한한다. 그러나 미국 연

---

[24] 정보조달의무는 2006년 1월 1일부터 시행된 독일의 정보자유법(Gesetz zur Regelung des Zugangs zu Informationen des Bundes vom 5. September 2005: Informationsfreiheitsgesetz, BGBl. I S. 2722)에서도 마찬가지로 인정되지 않는다. Rossi, Matthias, Informationsfreiheitsgesetz, Handkommnentar, Nomos, Berlin 2006, § 2 Rn. 15ff.

방환경청($^{\text{Environmental Protection}}_{\text{Agency: EPA}}$)에게 정상조업시 발생하는 오염물질배출에 관한 정보를 조사하여 일반공중이 접근할 수 있는 데이터뱅크로 관리하도록 규정한 '비상기획 및 지역사회 알 권리에 관한 법률'($^{\text{Emergency Planning and Community}}_{\text{Right-to-Know Act: EPCRA}}$)25) 정도까지는 이르지 못한다 해도, 적어도 공공기관이 손쉽게 중앙전산망에 접근하여 적은 비용으로 검색·취득할 수 있는 정보에 대해서는 청구권을 인정하는 것이 바람직하다.

2.2. 정보공개청구권자와 비공개대상정보

2.2.1. 정보공개청구권자

정보공개를 청구할 수 있는 자는 '모든 국민'이다($^{§\,5}_{①}$). 이처럼 모든 국민에게 정보공개청구권을 보장했다는 데 정보공개법의 제정 의의가 있다. '모든 국민'에는 대한민국 국적을 지닌 모든 자가 포함되며, 비단 자연인뿐만 아니라 공·사법인, 그리고 법인격이 없더라도 대한민국 국민으로 구성된 모든 종류의 단체(조합, 협회 등)가 포함되는 것으로 해석된다. 권리나 법률상 이익 기타 이해관계의 유무를 불문한다. 다만 외국인에 대하여는 별도로 대통령령으로 정하도록 위임되어 있다($^{§\,5}_{②}$).26)

2.2.2. 비공개대상정보

(1) 개 관

정보공개법은 제9조 제1항에서 다음과 같은 정보들을 비공개대상정보로 규정하여 정보공개의 대상에서 제외하고 있다.

1. 다른 법률 또는 법률에서 위임한 명령($^{\text{국회규칙·대법원규칙·헌법재판소규칙·중앙선}}_{\text{거관리위원회규칙·대통령령 및 조례로 한정한다}}$)에 따라 비밀이나 비공개 사항으로 규정된 정보
2. 국가안전보장·국방·통일·외교관계 등에 관한 사항으로서 공개될 경우 국가의 중대한 이익을 현저히 해칠 우려가 있다고 인정되는 정보
3. 공개될 경우 국민의 생명·신체 및 재산의 보호에 현저한 지장을 초래할 우려가 있다고 인정되는 정보
4. 진행 중인 재판에 관련된 정보와 범죄의 예방, 수사, 공소의 제기 및 유지, 형의 집행, 교정(矯正), 보안처분에 관한 사항으로서 공개될 경우 그 직무수행을 현저히 곤란하게 하거나 형사피고인의 공정한 재판을 받을 권리를 침해한다고 인정할 만한 상당한 이유가 있는 정보
5. 감사·감독·검사·시험·규제·입찰계약·기술개발·인사관리에 관한 사항이나 의사결정 과정 또는 내부검토 과정에 있는 사항 등으로서 공개될 경우 업무의 공정한 수행이나 연구·개발에

---

25) 42 USCA § 11023 j: 이에 관하여는 Eifert, Umweltinformation als Regelungsinstrment, DÖV 1994, 550ff.를 참조.
26) 외국인의 정보공개청구권에 관한 입법례에 대하여는 김석준/강경근/홍준형, 열린 사회, 열린 정보, 1993, 비봉출판사, 112-113을 참조.

현저한 지장을 초래한다고 인정할 만한 상당한 이유가 있는 정보. 다만, 의사결정 과정 또는 내부 검토 과정을 이유로 비공개할 경우에는 의사결정 과정 및 내부검토 과정이 종료되면 제10조에 따른 청구인에게 이를 통지하여야 한다.

6. 해당 정보에 포함되어 있는 성명·주민등록번호 등 개인에 관한 사항으로서 공개될 경우 사생활의 비밀 또는 자유를 침해할 우려가 있다고 인정되는 정보. 다만, 다음 각 목에 열거한 개인에 관한 정보는 제외한다.

　가. 법령에서 정하는 바에 따라 열람할 수 있는 정보

　나. 공공기관이 공표를 목적으로 작성하거나 취득한 정보로서 사생활의 비밀 또는 자유를 부당하게 침해하지 아니하는 정보

　다. 공공기관이 작성하거나 취득한 정보로서 공개하는 것이 공익이나 개인의 권리 구제를 위하여 필요하다고 인정되는 정보

　라. 직무를 수행한 공무원의 성명·직위

　마. 공개하는 것이 공익을 위하여 필요한 경우로서 법령에 따라 국가 또는 지방자치단체가 업무의 일부를 위탁 또는 위촉한 개인의 성명·직업

7. 법인·단체 또는 개인(이하 "법인등"이라 한다)의 경영상·영업상 비밀에 관한 사항으로서 공개될 경우 법인등의 정당한 이익을 현저히 해칠 우려가 있다고 인정되는 정보. 다만, 다음 각 목에 열거한 정보는 제외한다.

　가. 사업활동에 의하여 발생하는 위해(危害)로부터 사람의 생명·신체 또는 건강을 보호하기 위하여 공개할 필요가 있는 정보

　나. 위법·부당한 사업활동으로부터 국민의 재산 또는 생활을 보호하기 위하여 공개할 필요가 있는 정보

공공기관은 위에 열거된 어느 하나에 해당하는 정보에 대하여는 이를 공개하지 아니할 수 있다($\S 9$①). 공공기관이 법적으로 허용되는 범위 안에서 이러한 정보를 공개하는 것은 무방하다고 해석된다. 공공기관은 제1항 어느 하나에 해당하는 정보가 기간의 경과 등으로 인하여 비공개의 필요성이 없어진 경우에는 그 정보를 공개대상으로 하여야 한다($\S 9$②).

여기서 "공공기관은 다음 각 호의 어느 하나에 해당하는 정보에 대하여는 이를 공개하지 아니할 수 있다"고 규정한 정보공개법 제9조 제1항을 공공기관에게 공개 거부 여부에 대한 재량을 수권한 것으로 해석할 수 있느냐, 다시 말해 그러한 비공개대상정보를 공개하지 아니할 수도 있으나 공개할 수도 있다는 의미로 해석할 수 있느냐 하는 것이 문제가 된다. 이 역시 같은 조항이 '공개하지 아니할 수 있다'는 가능규정을 두었기 때문에 생기는 문제이다.

이에 대하여는 정보공개법의 취지를 최대한 실현하기 위하여 그 문언상 표현을 근거로 정보공개법 제9조 제1항에 열거된 유형에 해당하는 정보도 공공기관의 재량에 의하여 공개할 수 있다는 해석도 가능하다고 할 수 있겠지만,[27] 정보공개법 제9조 제1항 각 호에서 규

---

27) 박균성, 행정법론(상), 제5판, 507.

정한 비공개대상정보들은 그 내용 면에서는 대부분이 공개금지대상으로 해야 마땅한 정보들이다. 만일 어떤 정보가 정보공개법 제9조 제1항 제2호가 비공개사유로 규정한 "공개될 경우 국가안전보장·국방·통일·외교관계등 국가의 중대한 이익을 해할 우려가 있다고 인정되는 정보"에 해당한다면, '이를 공개하지 아니할 수 있다'고 규정한 동 제1항 본문 문언에도 불구하고, 그 성질상 공개할 수 없도록 해야 할 것이다. 그런 뜻에서 정보공개법 취지에 비추어, 이들 비공개사유는 공개금지의 의미로 해석하는 것이 옳을 것이다.[28] 그 한도 내에서 정보공개법의 비공개사유 조항은 이들 중요정보를 공개로부터 보호하기 위한 정보보호법의 의미를 가질 수도 있다.

물론 정보공개법상 이들 비공개사유를 공개금지의 의미로 해석한다고 해서 반드시 그 정보들이 공개로부터 보호되는 것은 아니다. 정보공개법은 비공개대상 정보의 공개에 대한 제재장치를 마련해 두고 있지 않기 때문이다. 그와 같은 정보들의 비공개는 오히려 각각의 정보에 관하여 이를 비밀 또는 비공개로 하는 각각의 관련법령에 따라 비로소 확보될 수 있을 뿐이다.

다만, 비공개대상 정보를 무단으로 공개한 경우 관계법령에 처벌 등에 대한 근거규정이 없는 경우에도 공무원법상의 수비의무위반으로 징계를 받거나 형법상 공무상 비밀누설죄로 처벌을 받을 수 있는데, 그러한 경우 '이를 공개하지 아니할 수 있다'고 규정한 정보공개법 제7조 제1항 본문의 규정을 정당화사유 또는 위법성조각사유로 원용할 수 없도록 해석하는 것이 정보공개법의 입법취지에 부합된다고 생각한다. 그런 이유에서 '공개하지 아니할 수 있다'는 가능규정에도 불구하고 비공개사유의 내용에 따라서는 이를 공개금지의 의미로 해석해야 할 경우가 있을 수 있다는 것이다.

이와 관련, 지방자치단체의 도시공원위원회의 회의관련자료 및 회의록을 공개시기 등에 관한 아무런 제한 규정 없이 공개하여야 한다는 취지의 지방자치단체의 조례안이 구 정보공개법 제7조 제1항 제5호에 위반된다고 본 판례가 있다.

"지방자치단체의 도시공원에 관한 조례에서 규정된 도시공원위원회의 심의사항에 관하여 위 위원회의 심의를 거친 후 시장이나 구청장이 위 사항들에 대한 결정을 대외적으로 공표하기 전에 위 위원회의 회의관련자료 및 회의록이 공개된다면 업무의 공정한 수행에 현저한 지장을 초래한다고 할 것이므로, 위 위원회의 심의 후 그 심의사항들에 대한 **시장 등의 결정의 대외적 공표행위가 있기 전까지는 위 위원회의 회의관련자료 및 회의록은 공공기관의정보공개에관한법률 제7조 제1항 제5호에서 규정하는 비공개대상 정보에 해당한다**고 할 것이고, 다만 시장 등의 결정의 대외적 공표행위가 있은 후에는 이를 의사결정과정이나 내부검토과정에 있는 사항이라고 할 수 없고 위 위원회의 회의관련자료 및 회의록을 공개하더라도 업무의 공정한 수행에 지장을 초래할 염려가 없으므로, **시장 등의 결정의 대외적 공표행위가 있은 후에**

---

28) 경건, "행정정보의 공개", 행정작용법(김동희교수정년퇴임기념논문집), 2005, 900.

는 위 위원회의 회의관련자료 및 회의록은 같은 법 제7조 제2항에 의하여 공개대상이 된다고 할 것인바, **지방자치단체의 도시공원에 관한 조례안에서 공개시기 등에 관한 아무런 제한 규정 없이 위 위원회의 회의관련자료 및 회의록은 공개하여야 한다고 규정하였다면 이는 같은 법 제7조 제1항 제5호에 위반된다고 할 것이다.**"29)

같은 조 제2항은 "공공기관은 제1항 각 호의 어느 하나에 해당하는 정보가 기간의 경과 등으로 인하여 비공개의 필요성이 없어진 경우에는 그 정보를 공개대상으로 하여야 한다"고 규정하고 있는데, 여기서 '비공개의 필요성'이라 한 것은 표현상 강도는 떨어지지만, 제1항 각 호에 열거된 정보는 이를 비공개, 즉 공개금지의 대상으로 한다는 것을 전제한 것이라고 볼 수 있다. 같은 항 제7호는 "법인·단체 또는 개인의 경영·영업상 비밀에 관한 사항으로서 공개될 경우 법인등의 정당한 이익을 현저히 해할 우려가 있다고 인정되는 정보"를 비공개대상으로 하고 있는데, 이 경우 역시 같은 호 단서에서 예외적 공개대상으로 한 "사업활동에 의하여 발생하는 위해로부터 사람의 생명·신체 또는 건강을 보호하기 위하여 공개할 필요가 있는 정보"나 "위법·부당한 사업활동으로부터 국민의 재산 또는 생활을 보호하기 위하여 공개할 필요가 있는 정보"에 해당하는 정보 외에는 공개가 허용되지 않는다고 해석해야 할 것이다. 그럼에도 불구하고 가령 행정절차법에 따른 청문절차에서 당사자등이 그러한 정보의 열람·복사를 요구하고 행정청이 이를 공개하려 하는 경우에는 제3자에 대한 통지 및 의견청취에 관한 정보공개법 제11조 제3항, 제3자의 이의신청에 관한 제21조 제1항의 규정이 적용되며, 만일 행정청이 해당 정보를 공개한 경우에는 제21조 제2항의 규정에 따라 행정심판 및 행정소송을 통해 공개결정의 집행정지, 취소 등을 구하거나 국가배상법에 따른 손해배상을 청구할 수 있을 것이다.

(2) 비공개사유의 내용

① 다른 법령에 따른 비밀·비공개정보

법은 다른 법률 또는 법률에서 위임한 명령(국회규칙·대법원규칙·헌법재판소규칙·중앙선 거관리위원회규칙·대통령령 및 조례로 한정한다)에 따라 비밀이나 비공개사항으로 규정된 정보를 제1차적 비공개정보로 명시하고 있다($\S 9 \atop ① i$). 정보공개법이 정보공개에 관한 일반법 지위를 가지는 이상 다른 법률에 따른 비밀사항 또는 비공개사항을 비공개사유로 삼은 것은 어쩌면 극히 당연한 일일 수도 있다. 정보공개법이 비밀유지에 관한 기존 법령에 따라 영향을 받을 수 있으며, 법질서에 있어 정보공개에 관한 법이 정보비공개법과 경계를 이루고 있다는 사실을 단적으로 보여주는 측면이다. 그러나 다른 법률뿐만 아니라 법률에 따른 명령까지 그 비공개근거로 한 것과 관련하여 해당 모법에 의해 비밀 또는 비공개사항의 범위가 명확하고 한정적으로 설정되지 않을 경우 행정입법에 의하여 정보공개

---

29) 대법원 2000.5.30. 선고 99추85 판결.

의 범위가 좌우되는 결과가 될 수 있다는 점을 유의할 필요가 있다.

이 점을 감안해서인지 대법원은 공공기관의 정보공개에 관한 법률 제9조 제1항 제1호의 '법률이 위임한 명령'의 의미를 제한적으로 해석하려는 경향을 보이고 있다. 대법원에 따르면, 여기서 말하는 '법률이 위임한 명령'이란 '정보의 공개에 관하여 법률의 구체적인 위임 아래 제정된 법규명령(위임명령)'만을 의미하므로, 그 밖의 법령에 의거하여 정보공개를 거부할 수는 없다는 결과가 된다.

공개금지 법령의 의미와 교육공무원승진규정

"[1] 공공기관의 정보공개에 관한 법률 제9조 제1항 제1호에서 '법률이 위임한 명령'에 의하여 비밀 또는 비공개 사항으로 규정된 정보는 공개하지 아니할 수 있다고 할 때의 '법률이 위임한 명령'은 정보의 공개에 관하여 법률의 구체적인 위임 아래 제정된 법규명령(위임명령)을 의미한다.

[2] 교육공무원법 제13조, 제14조의 위임에 따라 제정된 교육공무원승진규정은 정보공개에 관한 사항에 관하여 구체적인 법률의 위임에 따라 제정된 명령이라고 할 수 없고, 따라서 교육공무원승진규정 제26조에서 근무성적평정의 결과를 공개하지 아니한다고 규정하고 있다고 하더라도 위 교육공무원승진규정은 공공기관의 정보공개에 관한 법률 제9조 제1항 제1호에서 말하는 법률이 위임한 명령에 해당하지 아니하므로 위 규정을 근거로 정보공개청구를 거부하는 것은 잘못이다."[30]

검찰보존사무규칙과 형사소송법 제47조의 공개금지법령 해당여부

"[1] 검찰보존사무규칙이 검찰청법 제11조에 기하여 제정된 법무부령이기는 하지만, 그 사실만으로 같은 규칙 내의 모든 규정이 법규적 효력을 가지는 것은 아니다. 기록의 열람·등사의 제한을 정하고 있는 같은 규칙 제22조는 법률상의 위임근거가 없어 행정기관 내부의 사무처리준칙으로서 행정규칙에 불과하므로, 위 규칙상의 열람·등사의 제한을 공공기관의 정보공개에 관한 법률 제9조 제1항 제1호의 '다른 법률 또는 법률에 의한 명령에 의하여 비공개사항으로 규정된 경우'에 해당한다고 볼 수 없다.

[2] "소송에 관한 서류는 공판의 개정 전에는 공익상 필요 기타 상당한 이유가 없으면 공개하지 못한다"고 정하고 있는 형사소송법 제47조의 취지는, 일반에게 공표되는 것을 금지하여 소송관계인의 명예를 훼손하거나 공서양속을 해하거나 재판에 대한 부당한 영향을 야기하는 것을 방지하려는 취지이지, 당해 사건의 고소인에게 그 고소에 따른 공소제기내용을 알려주는 것을 금지하려는 취지는 아니므로, 이와 같은 형사소송법 제47조의 공개금지를 공공기관의 정보공개에 관한 법률 제9조 제1항 제1호의 '다른 법률 또는 법률에 의한 명령에 의하여 비공개사항으로 규정된 경우'에 해당한다고 볼 수 없다."[31]

② 중대한 국가이익관련정보

법은 공개될 경우 국가안전보장·국방·통일·외교관계등 국가의 중대한 이익을 해할 우려가 있다고 인정되는 정보를 공개대상에서 제외하고 있다($\S_{①\,ii}^{9}$). 이와같이 중대한 국가이익을 보호하기 위하여 공개를 제한하는 것은 외국의 법제에서도 관측할 수 있는 일이다.

---

30) 대법원 2006.10.26. 선고 2006두11910 판결.
31) 대법원 2006.5.25. 선고 2006두3049 판결.

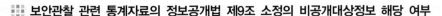

∷ 보안관찰 관련 통계자료의 정보공개법 제9조 소정의 비공개대상정보 해당 여부

[다수의견] 보안관찰처분을 규정한 보안관찰법에 대하여 헌법재판소도 이미 그 합헌성을 인정한 바 있고, 보안관찰법 소정의 보안관찰 관련 통계자료는 우리나라 53개 지방검찰청 및 지청관할지역에서 매월 보고된 보안관찰처분에 관한 각종 자료로서, 보안관찰처분대상자 또는 피보안관찰자들의 매월별 규모, 그 처분시기, 지역별 분포에 대한 전국적 현황과 추이를 한눈에 파악할 수 있는 구체적이고 광범위한 자료에 해당하므로 '통계자료'라고 하여도 그 함의를 통하여 나타내는 의미가 있음이 분명하여 가치중립적일 수는 없고, 그 통계자료의 분석에 의하여 대남공작활동이 유리한 지역으로 보안관찰처분대상자가 많은 지역을 선택하는 등으로 위 정보가 북한정보기관에 의한 간첩의 파견, 포섭, 선전선동을 위한 교두보의 확보 등 북한의 대남전략에 있어 매우 유용한 자료로 악용될 우려가 없다고 할 수 없으므로, 위 정보는 공공기관의정보공개에관한법률 제7조 제1항 제2호 소정의 공개될 경우 국가안전보장·국방·통일·외교관계 등 국가의 중대한 이익을 해할 우려가 있는 정보, 또는 제3호 소정의 공개될 경우 국민의 생명·신체 및 재산의 보호 기타 공공의 안전과 이익을 현저히 해할 우려가 있다고 인정되는 정보에 해당한다.

[반대의견] 보안관찰법 소정의 보안관찰 관련 통계자료 자체로는 보안관찰처분대상자나 피보안관찰자의 신상명세나 주거지, 처벌범죄, 보안관찰법의 위반내용 등 구체적 사항을 파악하기 어려운 자료이므로, 위 정보를 악용하려 한다고 하더라도 한계가 있을 수밖에 없으며, 국민의 기본권인 알권리를 제한할 정도에 이르지 못하고, 간첩죄·국가보안법위반죄 등 보안관찰 해당범죄에 관한 사법통계자료를 공개하는 뜻은 사법제도의 경우 그것이 공정·투명하게 운영되고 공개될수록 그 제도에 대한 국민의 신뢰가 쌓이고, 국민의 인권 신장에 기여한다는 데 있는 것이고, 보안관찰법은 남·북한이 대치하고 있는 현상황에서 우리의 자유민주적 기본질서를 유지·보장하기 위하여 필요한 제도로서 합헌성이 확인된 제도이므로, 북한이나 그 동조세력이 위 정보를 토대로 국내의 인권상황을 악의적으로 선전하면서 보안관찰법의 폐지를 주장한다 하더라도 보안관찰법에 의한 보안관찰제도가 헌법상 제 기본권 규정에 위반하지 않는 한, 보안관찰법의 집행 자체를 인권탄압으로 볼 수는 없으며, 오히려 위 정보를 투명하게 공개하지 않음으로써 불필요한 오해와 소모적 논쟁, 이로 인한 사회불안의 야기와 우리나라의 국제적 위상의 저하 등의 문제가 발생할 소지를 배제할 수 없는 이상, 위 정보의 투명한 공개를 통한 보안관찰제도의 민주적 통제야말로 법집행의 투명성과 공정성을 확보함과 동시에 공공의 안전과 이익에 도움이 되고, 인권국가로서의 우리나라의 국제적 위상을 제고하는 측면도 있음을 가벼이 여겨서는 안 될 것이라는 등의 이유로, 위 정보는 공공기관의정보공개에관한법률 제7조 제1항 제2호 또는 제3호 소정의 비공개대상정보에 해당하지 아니한다.[32]

그러나 위 다수의견은 국가이익관련 비공개대상정보의 범위를 너무 넓게 설정하고 있고 또 그 설정기준이 지나치게 불명확·모호하다는 점이 비판의 소지를 남기고 있다. 제2호의 국가안전보장·국방·통일·외교관계에 관한 정보만 해도 범위가 매우 광범위한데 거기다가 다시 '─등 국가의 중대한 이익을 해할 우려가 있다고 인정되는 정보'를 추가하고 있으니, 이 조항은 사실상 '정보공개의 지뢰밭'에 해당한다고 해도 지나친 말이 아니다. 특히 정보공개법 제4조 제3항에서 국가정보원을 중심으로 한 기관의 관련 정보에 대해서는 아예 이 법이 적용되지 아니하게 되어 있을 뿐만 아니라, 제18조 제3항에서 국익관련정보에 대한 재판

---

32) 대법원 2004.3.18. 선고 2001두8254 전원합의체 판결; 대법원 2004.4.16. 선고 2001두10288 판결.

상 비공개조항을 도입함으로써 자칫 국익관련정보 자체가 정보공개 대상에서 제외될 소지가 있다는 것이 문제점으로 지적된다.[33)]

③ 공개되면 국민의 생명·신체 및 재산 보호에 현저한 지장을 초래할 우려가 있는 정보

공개될 경우 국민의 생명·신체 및 재산의 보호에 현저한 지장을 초래할 우려가 있다고 인정되는 정보는 공개대상에서 제외되고 있다($^{§\,9}_{①\,iii}$). 구법에서는 이와 함께 '기타 공공의 안전과 이익을 현저히 해할 우려가 있다고 인정되는 정보'를 비공개대상으로 삼고 있었으나, '공공의 안전과 이익'이란 국민의 정보공개청구권을 배제하는 기준으로는 '막연하고 광범위하기 때문에' 남용될 가능성이 커서 삭제해야 한다는 비판을 받아 들여 2004년의 개정법률에서는 그 구절을 삭제하였다.

"정보공개법 제9조 제1항 제3호는 비공개대상정보의 하나로 '공개될 경우 국민의 생명·신체 및 재산의 보호에 현저한 지장을 초래할 우려가 있다고 인정되는 정보'를 규정하고 있는데, 이에 해당한다는 것은 처분청인 피고가 증명하여야 한다."[34)]

④ 형사사법관련정보

'진행중인 재판에 관련된 정보와 범죄의 예방, 수사, 공소의 제기 및 유지, 형의 집행, 교정, 보안처분에 관한 사항으로서 공개될 경우 그 직무수행을 현저히 곤란하게 하거나 형사피고인의 공정한 재판을 받을 권리를 침해한다고 인정할 만한 상당한 이유가 있는 정보' 역시 공개대상에서 제외된다($^{§\,9}_{①\,iv}$).[35)]

이 중 범죄의 예방이나 수사, 공소의 제기 및 유지 등에 관한 사항으로서 공개될 경우 그 직무수행을 현저히 곤란하게 하거나 형사피고인의 공정한 재판을 받을 권리를 침해할 수 있는 정보를 공개대상에서 제외한 것은 이러한 활동에서 요구되는 비밀유지의 필요성을 고려할 때 불가피한 측면이 없지 않다.[36)] 그러나 범죄의 수사, 공소의 제기 및 유지에 관한 사항 외에 범죄의 예방에 관한 사항, 형의 집행, 교정, 보안처분에 관한 정보를 '직무수행의 현저한 곤란'이나 '형사피고인의 공정한 재판을 받을 권리의 침해'라는 기준에 의해 공개대상에서 배제시킨 것은 이 분야에 관한 한 사실상 정보공개제도를 유명무실화시킬 수 있는 독소적 요인이라 할 수 있다. 우선 그 범위가 지나치게 광범위하고 또 그 제외기준이 불명확하기 때문에 이 부분은 삭제하거나 극히 엄격한 기준에 의해 한정되어야 할 것이다. 가령 '범죄의 예방 또는 형의 집행, 교정, 보안처분에 관한 사항으로서 그 목적을 달성하기 위하여 비밀을

33) 성낙인, "정보공개법의 정립과 개정 방향", 2000.7.26. 행정자치부 주최 「정보공개법 개정을 위한 공청회」 발표논문.
34) 대법원 2012.6.18. 선고 2011두2361 전원합의체 판결.
35) 이것은 공공기관의개인정보보호에관한법률 제6조 제2항 제2호와 대동소이한 규정이다.
36) 미국의 정보자유법 역시 (a)(7)에서 유사한 규정을 두고 있다.

유지해야 할 부득이한 사유가 있는 경우'나 '범죄의 예방 또는 형의 집행, 교정, 보안처분에 관한 사항으로서 그 목적을 달성하기 위하여 비밀을 유지해야 할 부득이한 사유가 있는 경우에 한하여 필요한 최소한의 범위 내에서'로 한정하는 것이 바람직하며 또한 해당 절차가 종료된 이후에는 이를 공개하도록 하는 명시적인 규정을 두어야 할 것이다. 특히 '형의 집행, 교정, 보안처분에 관한 정보를 공개함으로써 과연 형사피고인의 공정한 재판을 받을 권리를 침해할 우려가 있다고 인정되는 경우가 어떤 경우일지도 구체적으로 검토해 볼 필요가 있다.

정보공개법 제9조 제1항 제4호의 '수사'에 관한 정보의 의미

"가. 검찰보존사무규칙($^{1998.4.4.\ 법무부령\ 제}_{459호로\ 개정된\ 것}$)은 법무부령으로 되어 있으나, 그중 **재판확정기록 등의 열람·등사에 대하여 제한하고 있는 부분은 위임근거가 없어 행정기관 내부의 사무처리준칙으로서 행정규칙에 불과하므로**, 위 규칙에 의한 열람·등사의 제한을 공공기관의정보공개에관한법률($^{이하\ '법'}_{이라\ 한다}$) 4조 1항의 '정보의 공개에 관하여 다른 법률에 특별한 규정이 있는 경우' 또는 7조 1항 1호의 '다른 법률 또는 법률에 의한 명령에 의하여 비공개사항으로 규정된 경우'에 해당한다고 볼 수는 없다.

나. 법 7조 1항 4호는 '수사'에 관한 사항으로서 공개될 경우 그 직무수행을 현저히 곤란하게 한다고 인정할 만한 상당한 이유가 있는 정보를 비공개대상정보의 하나로 규정하고 있는바, 그 취지는 수사의 방법 및 절차 등이 공개되는 것을 막고자 하는 것으로서, **수사기록 중의 의견서, 보고문서, 메모, 법률검토, 내사자료 등이 이에 해당한다**고 할 것이다($^{헌법재판소\ 1997.11.27.}_{94헌마60\ 결정\ 참조}$). 한편 이 사건 정보에는 의견서, 수사보고서, 첩보보고서 등의 문서가 포함되어 있음을 알 수 있는바, 위 문서들은 법 7조 1항 4호에서 규정한 '수사'에 관한 사항으로서 비공개대상정보에 해당하는 것으로 보인다."[37]

수용자자비부담물품 판매수익금 등 관련 회계자료 등의 공개여부

"구 공공기관의정보공개에관한법률($^{2004.1.29.\ 법률\ 제7127호}_{로\ 전문\ 개정되기\ 전의\ 것}$) 제7조 제1항 제4호에서 비공개대상으로 규정한 '형의 집행, 교정에 관한 사항으로서 공개될 경우 그 직무수행을 현저히 곤란하게 하는 정보'라 함은 당해 정보가 공개될 경우 재소자들의 관리 및 질서유지, 수용시설의 안전, 재소자들에 대한 적정한 처우 및 교정·교화에 관한 직무의 공정하고 효율적인 수행에 직접적이고 구체적으로 장애를 줄 고도의 개연성이 있고, 그 정도가 현저한 경우를 의미한다고 할 것이며, 여기에 해당하는지 여부는 비공개에 의하여 보호되는 업무수행의 공정성 등의 이익과 공개에 의하여 보호되는 국민의 알권리의 보장과 국정에 대한 국민의 참여 및 국정운영의 투명성 확보 등의 이익을 비교·교량하여 구체적인 사안에 따라 개별적으로 판단되어야 한다.

수용자자비부담물품의 판매수익금과 관련하여 교도소장이 재단법인 교정협회로 송금한 수익금 총액과 교도소장에게 배당된 수익금액 및 사용내역, 교도소직원회 수지에 관한 결산결과와 사업계획 및 예산서, 수용자 외부병원 이송진료와 관련한 이송진료자 수, 이송진료자의 진료내역별(치료, 검사, 수술) 현황, 이송진료자의 진료비 지급(예산지급, 자비부담) 현황, 이송진료자의 진료비총액 대비 예산지급액, 이송진료

---

37) 대법원 2003.12.26. 선고 2002두1342 판결.

자의 병명별 현황, 수용자신문구독현황과 관련한 각 신문별 구독신청자 수 등에 관한 정보는 구 공공기관의정보공개에관한법률($^{2004.1.29. \, 법률 \, 제7127호}_{로 \, 전문 \, 개정되기 \, 전의 \, 것}$) 제7조 제1항 제4호에서 비공개대상으로 규정한 '형의 집행, 교정에 관한 사항으로서 공개될 경우 그 직무수행을 현저히 곤란하게 하는 정보'에 해당하기 어렵다."38)

⑤ 공공업무의 특성상 또는 의사결정과정 중에 있어 비공개로 해야 할 정보

법은 감사·감독·검사·시험·규제·입찰계약·기술개발·인사관리·의사결정과정 또는 내부검토과정에 있는 사항 등으로서 공개될 경우 업무의 공정한 수행이나 연구·개발에 현저한 지장을 초래한다고 인정할 만한 상당한 이유가 있는 정보를 비공개대상으로 정하고 있다($^{§ 9}_{① v}$). 법은 여기서 공개할 경우 업무의 공정한 수행이나 연구·개발에 현저한 지장을 초래할 우려가 있는 업무로서 감사·감독·검사·시험·규제·입찰계약·기술개발·인사관리와 같이 업무특성상 공개에 적합하지 않는 경우를 열거하는 한편, 이와는 전혀 다른 각도에서 '의사결정과정 또는 내부검토과정에 있는 사항등'과 같이 의사결정과정($^{decision \, making}_{process}$), 내부검토과정과 같이 행정기관에서 종결되지 아니한 사항을 비공개사유로 설정하고 있다. 특히 전자의 경우 그 범위가 지나치게 포괄적으로 설정되어 자칫 과도한 제한을 초래할 우려가 있다.

대법원이 다음 사례에서 업무의 공정한 수행에 지장을 초래할 염려가 있는지 여부를 비교적 엄격하게 심사, 판단한 것도 바로 그와 같은 맥락에서 이해된다.

▓ 사법시험 2차시험 답안지열람이 사법시험업무의 수행에 현저한 지장을 초래하는지 여부

"[1] 공공기관의정보공개에관한법률 제7조 제1항 제5호 소정의 시험정보로서 공개될 경우 업무의 공정한 수행에 현저한 지장을 초래하는지 여부는 법 및 시험정보를 공개하지 아니할 수 있도록 하고 있는 입법취지, 당해 시험 및 그에 대한 평가행위의 성격과 내용, 공개의 내용과 공개로 인한 업무의 증가, 공개로 인한 파급효과 등을 종합하여 개별적으로 판단되어야 한다.

[2] 사법시험 제2차 시험의 답안지 열람은 **시험문항에 대한 채점위원별 채점 결과의 열람과 달리** 사법시험업무의 수행에 현저한 지장을 초래한다고 볼 수 없다."39)

▓ 도시공원위원회의 회의관련자료 및 회의록 공개와 업무 공정수행에 현저한 지장 초래 여부

"지방자치단체의 도시공원에 관한 조례에서 규정된 도시공원위원회의 심의사항에 관하여 위 위원회의 심의를 거친 후 시장이나 구청장이 위 사항들에 대한 결정을 대외적으로 공표하기 전에 위 위원회의 회의관련자료 및 회의록이 공개된다면 업무의 공정한 수행에 현저한 지장을 초래한다고 할 것이므로, 위 위원회의 심의 후 그 심의사항들에 대한 **시장 등의 결정의 대외적 공표행위가 있기 전까지는 위 위원회의 회의관련자료 및 회의록은 공공기관의정보공개에관한법률 제7조 제1항 제5호에서 규정하는 비공개대상**

---

38) 대법원 2004.12.9. 선고 2003두12707 판결.
39) 대법원 2003.3.14. 선고 2000두6114 판결.

정보에 해당한다고 할 것이고, 다만 시장 등의 결정의 대외적 공표행위가 있은 후에는 이를 의사결정과정이나 내부검토과정에 있는 사항이라고 할 수 없고 위 위원회의 회의관련자료 및 회의록을 공개하더라도 업무의 공정한 수행에 지장을 초래할 염려가 없으므로, **시장 등의 결정의 대외적 공표행위가 있은 후에는 위 위원회의 회의관련자료 및 회의록은 같은 법 제7조 제2항에 의하여 공개대상이 된다고 할 것**"[40]

의사결정과정 또는 내부검토과정에 있는 비공개정보

"[1] 구 공공기관의 정보공개에 관한 법률(2004.1.29. 법률 제7127호로 전문 개정되기 전의 것, 이하 '구법'이라 한다) 제7조 제1항 제4호에서 규정하고 있는 '공개될 경우 그 직무수행을 현저히 곤란하게 한다고 인정할 만한 상당한 이유가 있는 정보'라 함은 구법 제1조의 정보공개제도의 목적 및 구법 제7조 제1항 제4호의 규정에 의한 비공개대상정보의 입법 취지에 비추어 볼 때 **당해 정보가 공개될 경우 범죄의 예방 및 수사 등에 관한 직무의 공정하고 효율적인 수행에 직접적이고 구체적으로 장애를 줄 고도의 개연성이 있고, 그 정도가 현저한 경우를 의미한다고** 할 것이며, 여기에 해당하는지 여부는 비공개에 의하여 보호되는 업무수행의 공정성 등의 이익과 공개에 의하여 보호되는 국민의 알권리의 보장과 국정에 대한 국민의 참여 및 국정운영의 투명성 확보 등의 이익을 비교·교량하여 구체적인 사안에 따라 신중하게 판단되어야 한다.

[2] 구법 제8조 제2항은 **정보공개청구의 대상이 이미 널리 알려진 사항이라 하더라도 그 공개의 방법만을 제한할 수 있도록 규정하고 있을 뿐 공개 자체를 제한하고 있지는 아니하므로,** 공개청구의 대상이 되는 정보가 이미 다른 사람에게 공개하여 널리 알려져 있다거나 인터넷이나 관보 등을 통하여 공개하여 인터넷검색이나 도서관에서의 열람 등을 통하여 쉽게 알 수 있다는 사정만으로는 소의 이익이 없다거나 비공개결정이 정당화될 수는 없다.

[3] 검찰21세기연구기획단의 1993년도 연구결과종합보고서는 검찰의 의사결정과정 또는 내부검토과정에 있는 사항 등으로서 공개될 경우 업무의 공정한 수행이나 연구·개발에 현저한 지장을 초래한다고 인정할 만한 상당한 이유가 있는 정보에 해당한다고 볼 여지가 있다."[41]

국가 수준 학업성취도평가 자료의 공개와 공정한 업무 수행에 현저한 지장 초래여부

"[1] 공공기관의 정보공개에 관한 법률 제9조 제1항 제5호는 시험에 관한 사항으로서 공개될 경우 업무의 공정한 수행에 현저한 지장을 초래한다고 인정할 만한 상당한 이유가 있는 정보는 공개하지 아니한다고 규정하고 있는바, 여기에서 규정하고 있는 '**공개될 경우 업무의 공정한 수행에 현저한 지장을 초래한다고 인정할 만한 상당한 이유가 있는 경우**'란 공개될 경우 업무의 공정한 수행이 객관적으로 현저하게 지장을 받을 것이라는 고도의 개연성이 존재하는 경우를 의미한다.

[2] 알 권리와 학생의 학습권, 부모의 자녀교육권의 성격 등에 비추어 볼 때, **학교교육에서의 시험에 관한 정보로서 공개될 경우 업무의 공정한 수행에 현저한 지장을 초래하는지 여부**는 공공기관의 정보공개에 관한 법률의 목적 및 시험정보를 공개하지 아니할 수 있도록 하고 있는 입법 취지, 당해 시험 및 그에 대한 평가행위의 성격과 내용, 공개의 내용과 공개로 인한 업무의 증가, 공개로 인한 파급효과 등을 종합하여, 비공개에 의하여 보호되는 업무수행의 공정성 등의 이익과 공개에 의하여 보호되는 국민의 알권리와 학생의 학습권 및 부모의 자녀교육권의 보장, 학교교육에 대한 국민의 참여 및 교육행정의 투명성

---

40) 대법원 2000.5.30. 선고 99추85 판결.
41) 대법원 2008.11.27. 선고 2005두15694 판결.

확보 등의 **이익을 비교·교량하여 구체적인 사안에 따라 신중하게 판단하여야 한다.**

[3] '2002년도 및 2003년도 국가 수준 학업성취도평가 자료'는 표본조사 방식으로 이루어졌을 뿐만 아니라 학교식별정보 등도 포함되어 있어서 그 원자료 전부가 그대로 공개될 경우 학업성취도평가 업무의 공정한 수행이 객관적으로 현저하게 지장을 받을 것이라는 고도의 개연성이 존재한다고 볼 여지가 있어 공공기관의 정보공개에 관한 법률 제9조 제1항 제5호에서 정한 비공개대상정보에 해당하는 부분이 있으나, **'2002학년도부터 2005학년도까지의 대학수학능력시험 원데이터'는 연구 목적으로 그 정보의 공개를 청구하는 경우, 공개로 인하여 초래될 부작용이 공개로 얻을 수 있는 이익보다 더 클 것이라고 단정하기 어려우므로 그 공개로 대학수학능력시험 업무의 공정한 수행이 객관적으로 현저하게 지장을 받을 것이라는 고도의 개연성이 존재한다고 볼 수 없어 위 조항의 비공개대상정보에 해당하지 않는다.**

[4] 기관이 아닌 개인이 타인에 관한 정보의 공개를 청구하는 경우에는 구 공공기관의 개인정보보호에 관한 법률(2007.5.17. 법률 제8448호로 개정되기 전의 것)에 의할 것이 아니라, 공공기관의 정보공개에 관한 법률 제9조 제1항 제6호에 따라 개인에 관한 정보의 공개 여부를 판단하여야 한다."[42]

광역시 교육감 산하 위원회 소속 위원의 인적 사항이 비공개대상 정보라 할 수 없다고 판단한 원심을 파기한 사례도 있다.

"피고 산하에는 공무원승진심사위원회 이외에도 여러 종료의 위원회가 존재하고 있고, 그 위원회의 활동 내용에 따라서는 그 **소속 위원의 인적 사항이 공개되는 것만으로도 피고 업무의 공정한 수행 등에 현저한 지장을 초래한다고 인정할 만한 사정이 있음**을 알 수 있으므로, 원심이 피고가 주장하는 바와 같은 피고 산하 위원회 소속 위원의 인적 사항에 관한 정보 등이 공공기관의정보공개에관한법률 제7조 제1항 제5호에 정한 비공개대상 정보에 해당하는지 여부를 판단하기 위하여는 피고 산하 위원회의 종류 및 그 활동내용, 그 소속 위원의 자격·임기 및 연임 여부, 그 위원의 인적 사항이 공개될 경우에 예상되는 공정한 업무수행에 있어서의 지장 정도 등을 살펴보지 않으면 아니 된다."[43]

⑥ 비공개대상 '개인정보'

법은 제9조 제1항 제6호에서 해당 정보에 포함된 이름·주민등록번호 등 개인에 관한 사항으로서 공개될 경우 개인 사생활의 비밀 또는 자유를 침해할 우려가 있다고 인정되는 정보를 공개대상에서 제외시키고 있다. 다만, 다음에 열거된 경우는 예외적으로 공개대상이다.

가. 법령에서 정하는 바에 따라 열람할 수 있는 정보

나. 공공기관이 공표를 목적으로 작성하거나 취득한 정보로서 사생활의 비밀 또는 자유를 부당하게 침해하지 아니하는 정보

다. 공공기관이 작성하거나 취득한 정보로서 공개하는 것이 공익이나 개인의 권리 구제를 위하여 필요하다고 인정되는 정보

---

42) 대법원 2010.2.25. 선고 2007두9877 판결.
43) 대법원 2003.5.16. 선고 2001두4702 판결.

라. 직무를 수행한 공무원의 성명·직위

마. 공개하는 것이 공익을 위하여 필요한 경우로서 법령에 따라 국가 또는 지방자치단체가 업무의 일부를 위탁 또는 위촉한 개인의 성명·직업

구 공공기관의 정보공개에 관한 법률(2004.1.29. 법률 제7127호로 전부 개정되기 전의 것, 이하 '구 정보공개법'이라 한다) 제7조 제1항 제6호 본문은 비공개대상정보의 하나로 '해당 정보에 포함되어 있는 이름·주민등록번호 등에 의하여 특정인을 식별할 수 있는 개인에 관한 정보'를 규정하고 있었다. 그러나 2004.1.29. 법률 제7127호로 전부 개정된 공공기관의 정보공개에 관한 법률 제9조 제1항 제6호 본문은 위 비공개대상정보를 '해당 정보에 포함되어 있는 이름·주민등록번호 등 개인에 관한 사항으로서 공개될 경우 개인의 사생활의 비밀 또는 자유를 침해할 우려가 있다고 인정되는 정보'로 개정하였다.

이와 같은 비공개대상 개인정보와 관련하여, 먼저, 구법에서와 달리, 이름이나 주민등록번호 등에 의하여 식별가능한 개인정보라도 무제한 공개대상에서 제외되는 것이 아니라 '공개될 경우 개인의 사생활의 비밀 또는 자유를 침해할 우려가 있다고 인정되는 정보'만이 비공개대상으로 한정된다는 점에 유의할 필요가 있다.

참고로, 정보공개법 시행이전의 사안이었지만, 대법원은 개인의 사생활의 비밀과 자유를 침해할 우려가 있다는 등의 이유로 재개발사업에 관한 정보의 공개를 청구한 사건에서 원고의 청구를 배척한 바 있었다.

"원심은, 원고가 공개를 청구한 이 사건 자료 중 일부는 개인의 인적사항, 재산에 관한 내용이 포함되어 있어서 공개될 경우에는 타인의 사생활의 비밀과 자유를 침해할 우려가 있으며, 이 사건 자료의 분량이 합계 9,029매에 달하기 때문에 이를 원고에게 공개하기 위하여는 피고의 행정업무에 상당한 지장을 초래할 가능성이 있고, 이 사건 자료의 공개로 인하여 원고가 주장하는 바와 같은 공익이 실현된다고 볼 수도 없다는 이유를 들어 이 사건 자료의 공개청구를 거부하는 내용의 이 사건 처분의 취소를 구하는 원고의 청구를 배척하였는바, 기록과 관계 법령에 비추어 보면 이와 같은 원심의 사실인정 및 판단은 옳고, 거기에 상고이유로서 주장하는 바와 같은 위법이 있다고 할 수 없다."[44]

그러나 대법원은 다음에 보는 판례에서 비공개대상 개인정보의 범위를 확대하는 취지로 판시한 바 있다. 이에 따르면 정보공개법의 개정 연혁, 내용 및 취지 등에 헌법상 보장되는 사생활의 비밀 및 자유의 내용[45]을 보태어 보면, 정보공개법 제9조 제1항 제6호 본문의 규

---

44) 대법원 1997.5.23. 선고 96누2439 판결. 참조: 대법원 1989.10.24. 선고 88누9312 판결; 대법원 1992.6.23. 선고 92추17 판결.

45) 일반적으로 사생활의 비밀은 국가 또는 제3자가 개인의 사생활영역을 들여다보거나 공개하는 것에 대한 보호를 제공하는 기본권이며, 사생활의 자유는 국가 또는 제3자가 개인의 사생활의 자유로운 형성을 방해하거나 금지하는 것에 대한 보호를 의미한다(헌법재판소 2003.10.30. 선고 2002헌마518 결정 등 참조).

정에 따라 비공개대상이 되는 정보에는 구 정보공개법상 이름·주민등록번호 등 정보의 형식이나 유형을 기준으로 비공개대상정보에 해당하는지 여부를 판단하는 '개인식별정보'뿐만 아니라 그 외에 정보의 내용을 구체적으로 살펴 '개인에 관한 사항의 공개로 인하여 개인의 내밀한 내용의 비밀 등이 알려지게 되고, 그 결과 인격적·정신적 내면생활에 지장을 초래하거나 자유로운 사생활을 영위할 수 없게 될 위험성이 있는 정보'도 포함된다고 새겨야 한다는 것이다.

▦ 정보공개법 제9조 제1항 제6호 본문 소정의 비공개대상으로서 개인정보의 범위[46]

"구 공공기관의 정보공개에 관한 법률(2004.1.29. 법률 제7127호로 전부 개정되기 전의 것, 이하 '구 정보공개법'이라 한다) 제7조 제1항 제6호 본문에서 비공개대상정보의 하나로 규정되어 있었던 '당해 정보에 포함되어 있는 이름·주민등록번호 등에 의하여 특정인을 식별할 수 있는 개인에 관한 정보'를 2004.1.29. 법률 제7127호로 전부 개정된 공공기관의 정보공개에 관한 법률 제9조 제1항 제6호 본문에서 '당해 정보에 포함되어 있는 이름·주민등록번호 등 개인에 관한 사항으로서 공개될 경우 개인의 사생활의 비밀 또는 자유를 침해할 우려가 있다고 인정되는 정보'로 개정한 연혁, 내용 및 취지 등에 헌법상 보장되는 사생활의 비밀 및 자유의 내용을 보태어 보면, 정보공개법 제9조 제1항 제6호 본문의 규정에 따라 비공개대상이 되는 정보에는 구 정보공개법상 이름·주민등록번호 등 정보의 형식이나 유형을 기준으로 비공개대상정보에 해당하는지 여부를 판단하는 **'개인식별정보'뿐만 아니라 그 외에 정보의 내용을 구체적으로 살펴 '개인에 관한 사항의 공개로 인하여 개인의 내밀한 내용의 비밀 등이 알려지게 되고, 그 결과 인격적·정신적 내면생활에 지장을 초래하거나 자유로운 사생활을 영위할 수 없게 될 위험성이 있는 정보'도 포함된다**고 새겨야 한다. 따라서 불기소처분 기록 중 피의자신문조서 등에 기재된 피의자 등의 인적사항 이외의 진술내용 역시 개인의 사생활의 비밀 또는 자유를 침해할 우려가 인정되는 경우 정보공개법 제9조 제1항 제6호 본문 소정의 비공개대상에 해당한다고 할 것이다."[47]

다수의견에 대해서는 "정보공개법 제9조 제1항 제6호 본문 소정의 '해당 정보에 포함되어 있는 이름·주민등록번호 등 개인에 관한 사항으로서 공개될 경우 개인의 사생활의 비밀 또는 자유를 침해할 우려가 있다고 인정되는 정보'의 의미와 범위는, 구 정보공개법 제7조 제1항 제6호 본문 소정의 '해당 정보에 포함되어 있는 이름·주민등록번호 등에 의하여 특정인

---

46) 대법원 2012.6.18. 선고 2011두2361 전원합의체 판결: 원심이 제1심판결을 인용하여, 피고가 비공개결정한 정보 중 관련자들의 이름을 제외한 주민등록번호, 직업, 주소(주거 또는 직장주소), 본적, 전과 및 검찰 처분, 상훈·연금, 병역, 교육, 경력, 가족, 재산 및 월수입, 종교, 정당·사회단체가입, 건강상태, 연락처, 전화 등의 개인에 관한 정보는 개인에 관한 사항으로서 그 공개로 인하여 개인의 내밀한 내용의 비밀 등이 알려지게 되고 그 결과 인격적·정신적 내면생활에 지장을 초래하거나 자유로운 사생활을 영위할 수 없게 될 위험성이 있는 정보에 해당한다고 보아 이를 비공개대상정보로, 위 각 정보를 제외한 나머지 개인에 관한 정보는 비공개대상정보에 해당하지 않는다고 판단한 것은 정당하다고 본 사례. 동지 대법원 2016.12.15. 선고 2012두11409, 11416(병합) 판결.

47) 이 별개의견은 피고의 정보비공개결정처분이 위법하다고 본 원심판단을 수긍할 수 있으므로 상고를 기각하여야 한다는 다수의견의 결론에는 찬성하나, 불기소처분 기록 중 피의자신문조서 등에 기재된 피의자등의 인적사항 이외의 진술내용이 개인의 사생활의 비밀 또는 자유를 침해할 우려가 인정되는 경우 정보공개법 제9조 제1항 제6호 본문 소정의 비공개대상에 해당한다는 등의 다수의견의 인식과 논리에는 견해를 달리하고 있다.

을 식별할 수 있는 개인에 관한 정보'와 다르지 않다고 새기는 것이 정보공개법의 문언뿐 아니라 그 개정 경위 및 취지, 종래 대법원 판례가 취한 견해, 관련 법령과의 조화로운 해석에 두루 부합하면서 국민의 알권리를 두텁게 보호하는 합리적인 해석"이라는 별개의견이 제시되었다.[48]

생각건대, 별개의견에서 설시한 바와 같이 '정보공개법의 개정 경위와 종래 대법원 판례가 취한 견해 등을 종합하면, 앞서 본 바와 같은 정보공개법의 개정은 종래 대법원 판례의 취지를 그대로 입법에 반영하여 개인의 사생활의 비밀 또는 자유를 침해할 우려가 있는지 여부를 비공개대상정보의 해당 여부에 관한 판단기준으로 명확하게 규정한 것일 뿐, 구 정보공개법 제7조 제1항 제6호 본문의 '이름·주민등록번호 등에 의하여 특정인을 식별할 수 있는 개인에 관한 정보'를 정보공개법 제9조 제1항 제6호 본문의 '이름·주민등록번호 등 개인에 관한 사항'으로 그 표현을 변경함으로써 비공개대상정보를 더 넓게 확대하고자 한 것이 아니므로' 위 판결의 다수의견은 수긍하기 어렵다.

한편, 개인식별정보 중 예외적 공개대상으로 법 제9조 제1항 제6호 단서 다목 소정의 '공개하는 것이 공익 또는 개인의 권리구제를 위하여 필요하다고 인정되는 정보'에 해당하는지 여부는 특히 빈번히 문제가 되고 있다.

생각건대, 그 같은 정보에 해당하는지 여부는 비공개로 보호되는 개인의 사생활 보호 등의 이익과 공개에 의하여 보호되는 개인의 권리구제 등의 이익, 그리고 공개로 보호되는 국정운영의 투명성 확보 그 밖의 공익의 증진 등 관계 제이익을 비교·교량하여 구체적 사안에 따라 신중히 판단하여야 할 것이다. 판례 또한 같은 견지에 서 있다. 즉, 대법원은 정보공개법 제9조 제1항 제6호 단서 다목의 '공개하는 것이 개인의 권리구제를 위하여 필요하다고 인정되는 정보'에 해당하는지 여부'에 대해서도 동일한 판단기준을 제시하고 있다.

⠿ 개인식별정보 비공개 원칙과 '개인 권리구제에 필요한 정보'인지 여부의 판단

"정보공개법 제9조 제1항 제6호 단서 (다)목은 '공공기관이 작성하거나 취득한 정보로서 공개하는 것이 공익 또는 개인의 권리구제를 위하여 필요하다고 인정되는 정보를 비공개대상정보에서 제외한다'고 규정하고 있는데, 여기에서 **'공개하는 것이 개인의 권리구제를 위하여 필요하다고 인정되는 정보'에 해당하는지 여부는 비공개에 의하여 보호되는 개인의 사생활의 비밀 등의 이익과 공개에 의하여 보호되는 개인의 권리구제 등의 이익을 비교·교량하여 구체적 사안에 따라 신중히 판단하여야 한다."[49]**

"'공개하는 것이 개인의 권리구제를 위하여 필요하다고 인정되는 정보'에 해당하는지 여부는 비공개에 의하여 보호되는 개인의 사생활의 비밀 등의 이익과 공개에 의하여 보호되는 개인의 권리구제 등의 이익을 비교·교량하여 구체적 사안에 따라 개별적으로 판단하여야 할 것인바, 이 사건 정보와 같은 수사기

---

48) 위 판결에 대한 전수안, 이인복, 이상훈, 박보영 대법관의 별개의견.
49) 대법원 2012.6.18. 선고 2011두2361 전원합의체 판결. 또한 대법원 2009.10.29. 선고 2009두14224 판결을 참조.

록에 들어 있는 특정인을 식별할 수 있는 개인에 관한 정보로는 통상 관련자들의 이름, 주민등록번호, 주소(주거 또는 근무처 등)·연락처(전화번호 등), 그 외 직업·나이 등이 있을 것인데, 그중 관련자들의 이름은 수사기록의 공개를 구하는 필요성이나 유용성, 즉 개인의 권리구제라는 관점에서 특별한 사정이 없는 한 원칙적으로 공개되어야 할 것이고, **관련자들의 주민등록번호는 동명이인의 경우와 같이 동일성이 문제되는 등의 특별한 사정이 있는 경우를 제외하고는 개인의 권리구제를 위하여 필요하다고 볼 수는 없으므로 원칙적으로 비공개하여야 할 것이며,** 관련자들의 주소·연락처는 공개될 경우 악용될 가능성이나 사생활이 침해될 가능성이 높은 반면, 증거의 확보 등 개인의 권리구제라는 관점에서는 그 공개가 필요하다고 볼 수 있는 경우도 있을 것이므로 **개인식별정보는 비공개라는 원칙을 염두에 두고서 구체적 사안에 따라 개인의 권리구제의 필요성과 비교·교량하여 개별적으로 공개 여부를 판단하여야 할 것이고, 그 외 직업, 나이 등의 인적사항은 특별한 경우를 제외하고는 개인의 권리구제를 위하여 필요하다고 볼 수는 없다고 할 것이다.**"50)

▦ '공개하는 것이 공익을 위하여 필요하다고 인정되는 정보' 해당여부의 판단

"[1] 「공공기관의 정보공개에 관한 법률」 제7조 제1항 제6호 단서 (다)목 소정의 '공개하는 것이 공익을 위하여 필요하다고 인정되는 정보'에 해당하는지 여부는 비공개에 의하여 보호되는 개인의 사생활 보호 등의 이익과 공개에 의하여 보호되는 국정운영의 투명성 확보 등의 공익을 비교·교량하여 구체적 사안에 따라 신중히 판단하여야 한다.

[2] 지방자치단체의 업무추진비 세부항목별 집행내역 및 그에 관한 증빙서류에 포함된 개인에 관한 정보는 '공개하는 것이 공익을 위하여 필요하다고 인정되는 정보'에 해당하지 않는다."51)

"이 사건 정보 중 개인의 성명은 원심이 공개를 허용하지 않은 다른 정보들과 마찬가지로 개인의 신상에 관한 것으로서 그 정보가 공개될 경우 해당인의 사생활이 침해될 염려가 있다고 인정되는 반면, 원심이 공개대상으로 삼은 개인의 성명 외의 나머지 거래내역 등의 공개만으로도 오송유치위가 오송분기역 유치와 관련하여 청원군으로부터 지급받은 보조금의 사용내역 등을 확인할 수 있을 것으로 보이므로, 개인의 성명의 비공개에 의하여 보호되는 해당 개인의 사생활 비밀 등의 이익은 국정운영의 투명성 확보 등의 공익보다 더 중하다고 할 것이다."52)

한편 공공기관이 보유·관리하고 있는 제3자 관련정보의 경우, 제3자의 비공개요청이 있다는 사유만으로 정보공개법상 비공개사유에 해당한다고 볼 수는 없다는 것이 대법원의 판례이다.

---

50) 대법원 2003.12.26. 선고 2002두1342 판결.
51) 대법원 2003.3.11. 선고 2001두6425 판결.
52) 대법원 2009.10.29. 선고 2009두14224 판결. 대법원은, 그럼에도 개인의 성명을 공개하지 아니한 부분도 위법하다고 판단한 원심은, 법 제9조 제1항 제6호에서 정한 비공개대상정보에 관한 법리를 오해하여 판결에 영향을 미친 위법이 있다고 하여 파기환송하였다.

⠿ 제3자 관련정보의 비공개요청과 공개여부

"제3자와 관련이 있는 정보라고 하더라도 당해 공공기관이 이를 보유·관리하고 있는 이상 정보공개법 제9조 제1항 단서 각 호의 비공개사유에 해당하지 아니하면 정보공개의 대상이 되는 정보에 해당한다. 따라서 정보공개법 제11조 제3항, 제21조 제1항의 규정은 공공기관이 보유·관리하고 있는 정보가 제3자와 관련이 있는 경우 그 정보 공개 여부를 결정할 때 공공기관이 제3자와의 관계에서 거쳐야 할 절차를 규정한 것에 불과할 뿐, **제3자의 비공개요청이 있다는 사유만으로 정보공개법상 정보의 비공개사유에 해당한다고 볼 수 없다.**"[53]

⑦ 영업비밀관련정보

법 제9조 제1항 제7호는 '법인·단체 또는 개인("법인등")의 경영·영업상 비밀에 관한 사항으로서 공개될 경우 법인등의 정당한 이익을 현저히 해할 우려가 있다고 인정되는 정보'를 공개대상에서 제외시키고 있다. 다만, 그런 범주에 해당하는 경우에도 해당 정보가 '사업활동에 의하여 발생하는 위해로부터 사람의 생명·신체 또는 건강을 보호하기 위하여 공개할 필요가 있는 정보'와 '위법·부당한 사업활동으로부터 국민의 재산 또는 생활을 보호하기 위하여 공개할 필요가 있는 정보'에 해당하는 경우에는 예외이다. 이 정보들은 공개대상이 된다.

⑧ 특정인이해관련정보

법은 공개될 경우 부동산투기, 매점매석 등으로 특정인에게 이익 또는 불이익을 줄 우려가 있다고 인정되는 정보를 비공개대상으로 삼고 있다($\S_{viii}^{9\,①}$). 법이 이처럼 부동산 투기·매점매석 등으로 특정인에게 이익 또는 불이익을 줄 우려가 있는 정보를 비공개사유로 한 것은 이례적인 일로 나름대로 정보공개제도의 남용가능성을 경계한 결과라고 이해할 여지도 있다. 그러나 부동산투기나 매점매석, 특정인에 대한 이익과 불이익이란 개념 모두가 불확정적이고 모호한 개념이서 자칫 확장해석될 우려도 없지 않다. 하지만 적용사례는 거의 없다.

(3) 비공개사유의 문제점

정보공개법 제9조 제1항에 따른 비공개사유에 대하여는 그 범위를 지나치게 포괄적으로 설정하였다는 비판이 제기되고 있다. 1995년의 입법예고안에 대해서도 비공개사유의 범위에 관하여 적지 않은 문제점들이 지적되었던 것인데,[54] 법은 입법예고안이 안고 있었던 문제점을 거의 그대로 유지했을 뿐만 아니라 비공개사유의 범위를 더욱 확대했기 때문이다. 2004년의 법개정으로 부분적으로 개선되기는 했지만, 여전히 다음과 같은 문제점들이 남아 있다.

---

53) 대법원 2008.9.12. 선고 2008두8680 판결.
54) 가령 시안이 제2항에서 '외교관계를 해한다'는 것을 비공개사유로 삼은 것, 제3항 사람의 생명 또는 신체의 안전에 관한 정보를 일괄적으로 비공개대상으로 삼은 것도 실은 문제가 있는 것으로 지적되었다. 이에 관하여는 김석준/강경근/홍준형, 앞의 책, 229이하와 정보공개법안 제7조를 참조.

무엇보다도 제9조 제1항에서 비공개사유를 열거적으로 규정하면서 이를 '－할 우려', '중대한 이익', '상당한 이유', '현저한 지장', '정당한 이익' 등과 같은 불확정법률개념을 지나치게 많이 사용하고 있다는 점이 문제점으로 지적된다. 비공개대상 정보로 규정된 이러한 「특별한」 정보 중 국가의 안전이나 범죄의 예방에 관한 대목 등은 적용범위가 광범위해 행정기관이 자의적으로 정보공개를 거부하는 「빌미」로 작용할 우려가 있고 해당 공공기관의 입장에서는 판단하기 쉽지 않기 때문에, 이들이 정보공개청구에 미온적으로 대응하게끔 하는 요인이 될 수 있다.

> 제9조 제1항에 따른 비공개사유가 드러내고 있는 보다 심각한 문제점은 바로 관계부처 협의과정에서 그야말로 광활한 비공개사유들이 추가되었다는 데 있다. 즉 법은 제2호에서 종래 입법예고안에서 규정된 사유에다 통일에 관한 국가의 중대한 이익을 해할 우려가 있다고 인정되는 정보를, 제4호에서 진행중인 재판에 관련된 정보를, 그리고 공개될 경우 부동산 투기·매점매석 등으로 특정인에게 이익 또는 불이익을 줄 우려가 있다고 인정되는 정보를 비공개정보로 각각 추가했기 때문이다.[55] 문제는 추가된 비공개사유들이 결국 정보공개법을 포괄적인 비공개사유로 충만한 '정보비공개법'으로 만들 우려가 있다는 점에 있다.

물론 공개청구된 특정정보가 이러한 비공개대상에 해당되는지 여부는 결국 사법심사를 통해 판단되어야 할 문제이기는 하지만 법에서는 이를 최대한 명확히 한정하여 규정할 필요가 있다.

정보공개법 제9조 제1항은 지나치게 광범위한 비공개사유를 규정하고 있어 정보공개의 법적 확실성과 안정성을 확보하지 못하고 있다. 이는 결국 공공기관이 공개여부를 판단함에 있어 비공개사유의 광범성·불명확성으로 인해 직면할 문제들을 법원에게 전가하는 결과가 될 것이다. 그런 바람직하지 못한 결과를 회피하기 위해서라도 비공개사유는 대폭 제한되어야 하고 또 그 규정도 더욱 명확하고 엄격한 개념에 의거해야 할 것이다. 이와 관련하여 법 제9조 제1항에서 열거된 사유에 해당하는 경우에도 정보가 공개대상에서 제외되는 것은 필요한 최소한의 범위에 한한다는 일반적 제한규정을 두는 것을 대안으로 검토할 필요가 있다.

반면 정보공개청구가 권리의 남용에 해당하는 것이 명백한 경우에도 정보공개청구권의 행사를 허용해야 하는지 여부가 분명치 않아 논란의 여지가 있다. 이와 관련하여, 교도소에 복역 중인 청구인이 지방검찰청 검사장에게 자신에 대한 불기소사건 수사기록 중 타인의 개인정보를 제외한 부분의 공개를 청구하였으나 검사장이 구 공공기관의 정보공개에 관한 법률 제9조 제1항 등에 규정된 비공개 대상 정보에 해당한다는 이유로 비공개 결정을 한 사안에서, 대법원은 원고의 정보공개청구는 권리를 남용하는 행위로서 허용되지 않는다고 판시하였다.

---

55) 당초 법안에는 통상, 재정, 금융관계에 관한 정보가 추가되었으나, 국회심의과정에서 삭제되었다.

"[1] 일반적인 정보공개청구권의 의미와 성질, 구 공공기관의 정보공개에 관한 법률^{(2013.8.6. 법률 제11991호로 개}정되기 전의 것, 이하 '정보공개법'이라) 제3조, 제5조 제1항, 제6조의 규정 내용과 입법 목적, 정보공개법이 정보공개청구권의 행사와 관련하여 정보의 사용 목적이나 정보에 접근하려는 이유에 관한 어떠한 제한을 두고 있지 아니한 점 등을 고려하면, **국민의 정보공개청구는 정보공개법 제9조에 정한 비공개 대상 정보에 해당하지 아니하는 한 원칙적으로 폭넓게 허용되어야 하지만, 실제로는 해당 정보를 취득 또는 활용할 의사가 전혀 없이 정보공개 제도를 이용하여 사회통념상 용인될 수 없는 부당한 이득을 얻으려 하거나, 오로지 공공기관의 담당 공무원을 괴롭힐 목적으로 정보공개청구를 하는 경우처럼 권리의 남용에 해당하는 것이 명백한 경우에는 정보공개청구권의 행사를 허용하지 아니하는 것이 옳다.**

[2] 교도소에 복역 중인 甲이 지방검찰청 검사장에게 자신에 대한 불기소사건 수사기록 중 타인의 개인정보를 제외한 부분의 공개를 청구하였으나 검사장이 구 공공기관의 정보공개에 관한 법률^{(2013.8.6. 법률 제}11991호로 개정되깃 전의) 제9조 제1항 등에 규정된 비공개 대상 정보에 해당한다는 이유로 비공개 결정을 한 사안에서, 甲은 위 정보에 접근하는 것을 목적으로 정보공개를 청구한 것이 아니라, 청구가 거부되면 거부처분의 취소를 구하는 소송에서 승소한 뒤 소송비용 확정절차를 통해 자신이 그 소송에서 실제 지출한 소송비용보다 다액을 소송비용으로 지급받아 금전적 이득을 취하거나, 수감 중 변론기일에 출정하여 강제노역을 회피하는 것 등을 목적으로 정보공개를 청구하였다고 볼 여지가 큰 점 등에 비추어 甲의 정보공개청구는 권리를 남용하는 행위로서 허용되지 않는다"고 한 사례.⁵⁶⁾

2.3. 정보공개의 절차

정보공개의 절차는 일반적으로 정보공개의 청구, 정보공개여부의 결정, 정보의 공개 등으로 구성된다. 아울러 법은 정보의 전자적 공개와 즉시 또는 구술처리가 가능한 정보의 공개를 가능하도록 하는 규정들을 두고 있다.

2.3.1. 정보공개의 청구

정보공개의 청구방법으로는 서면과 구술 두 가지가 있다. 법 제10조 제1항에 따르면, 정보의 공개를 청구하는 자("청구인")는 해당 정보를 보유하거나 관리하고 있는 공공기관에 다음 각 호의 사항을 기재한 정보공개청구서를 제출하거나 구술로써 정보의 공개를 청구할 수 있다.

1. 청구인의 이름·주민등록번호·주소 및 연락처^{(전화번호·전자우편}주소 등을 말한다)
2. 공개를 청구하는 정보의 내용 및 공개방법

▒ 공개청구 대상 정보의 특정 정도
"[1] 공공기관의 정보공개에 관한 법률 제10조 제1항 제2호는 정보의 공개를 청구하는 자는 정보공개청구서에 '공개를 청구하는 정보의 내용' 등을 기재할 것을 규정하고 있는바, 청구대상정보를 기재함에 있

---

56) 대법원 2014.12.24. 선고 2014두9349 판결.

어서는 **사회일반인의 관점에서 청구대상정보의 내용과 범위를 확정할 수 있을 정도로 특정함을 요한다.**

[2] 정보비공개결정의 취소를 구하는 사건에 있어서, 만일 공개를 청구한 정보의 내용 중 너무 포괄적이거나 막연하여서 사회일반인의 관점에서 그 내용과 범위를 확정할 수 있을 정도로 특정되었다고 볼 수 없는 부분이 포함되어 있다면, 이를 심리하는 법원으로서는 마땅히 공공기관의 정보공개에 관한 법률 제20조 제2항의 규정에 따라 공공기관에게 그가 보유·관리하고 있는 공개청구정보를 제출하도록 하여 이를 비공개로 열람·심사하는 등의 방법으로 공개청구정보의 내용과 범위를 특정시켜야 하고, 나아가 위와 같은 방법으로도 특정이 불가능한 경우에는 특정되지 않은 부분과 나머지 부분을 분리할 수 있고 나머지 부분에 대한 비공개결정이 위법한 경우라고 하여도 정보공개의 청구 중 특정되지 않은 부분에 대한 비공개결정의 취소를 구하는 부분은 나머지 부분과 분리하여 이를 기각하여야 한다.

[3] 공공기관의 정보공개에 관한 법률에 따라 공개를 청구한 정보의 내용이 '대한주택공사의 특정 공공택지에 관한 수용가, 택지조성원가, 분양가, 건설원가 등 및 관련 자료 일체'인 경우, '관련 자료 일체' 부분은 그 내용과 범위가 정보공개청구 대상정보로서 특정되지 않았다"고 한 사례.[57]

말로써 정보 공개를 청구할 때에는 담당공무원 또는 담당임·직원("담당공무원등")의 앞에서 진술하여야 하고, 담당공무원등은 정보공개청구 조서를 작성하고 이에 청구인과 함께 기명날인하거나 서명하여야 한다($\S^{10}_{②}$).

청구인은 전자적 형태로 보유·관리하는 정보에 대하여 전자적 형태로 공개하여 줄 것을 요청할 수 있고($\S^{15}_{①}$), 전자적 형태로 보유·관리하지 아니하는 정보에 대해서도 정상적인 업무수행에 현저한 지장을 초래하거나 해당 정보의 성질이 훼손될 우려가 없는 범위에서 그 정보를 전자적 형태로 변환하여 공개해 달라고 요청할 수 있다($\S^{15}_{②}$).

이처럼 정보공개 청구인이 정보공개방법도 아울러 지정하여 정보공개를 청구할 수 있도록 하면서 전자적 형태의 정보를 전자적으로 공개하여 줄 것을 요청한 경우에는 공공기관은 원칙적으로 요청에 응할 의무가 있고, 나아가 비전자적 형태의 정보에 관해서도 전자적 형태로 공개하여 줄 것을 요청하면 재량판단에 따라 전자적 형태로 변환하여 공개할 수 있도록 한 법의 취지는 정보의 효율적 활용을 도모하고 청구인의 편의를 제고함으로써 구 정보공개법의 목적인 국민의 알 권리를 충실하게 보장하려는 것이므로, 청구인에게는 특정한 공개방법을 지정하여 정보공개를 청구할 수 있는 법령상 신청권이 인정된다고 볼 수 있다. 만일 공공기관이 공개청구의 대상이 된 정보를 공개는 하되, 청구인이 신청한 공개방법 이외의 방법으로 공개하기로 하는 결정을 하였다면, 이는 정보공개청구 중 정보공개방법에 관한 부분에 대하여 일부 거부처분을 한 것이고, 청구인은 항고소송으로 다툴 수 있다는 것이 대법원의 판례이다.[58]

---

57) 대법원 2007.6.1. 선고 2007두2555 판결.
58) 대법원 2016.11.10. 선고 2016두44674 판결.

⠿ 정보공개청구와 권리남용

"공공기관의 정보공개에 관한 법률$\binom{2004.1.29.\,법률\,제7127호}{로\,전문\,개정되기\,전의\,것}$의 목적, 규정 내용 및 취지에 비추어 보면 정보공개청구의 목적에 특별한 제한이 없으므로, 오로지 상대방을 괴롭힐 목적으로 정보공개를 구하고 있다는 등의 특별한 사정이 없는 한 정보공개의 청구가 신의칙에 반하거나 권리남용에 해당한다고 볼 수 없다."[59]

다수인에 의한 정보공개청구 •• 법은 다수인에 의한 정보공개청구에 관한 규정을 전혀 두지 않았다. 향후 정보공개제도의 이용이 활발해지고 또 국정에 관한 정보에 대한 국민의 수요가 급증할 것임을 고려할 때 이에 관한 규정을 두는 것이 필요하다. 가령 독일 환경정보공개법$(^{\text{UIG}})$은 제6조에서 동일내용의 정보의 공개신청이 있는 경우, 즉 신청인의 수가 50인을 초과하여 이들이 연명으로 서명하거나 또는 동일한 문안을 복사한 형태로 서명하여 제출한 신청에 대하여는 행정절차법 제17조 및 제19조를 준용하여 대리인을 선정할 수 있도록 하고 50인을 넘는 신청인이 공동대리인의 선정을 요구한 경우 공공기관은 이러한 요구를 지역적 관례에 따라 공고할 수 있도록 한 것을 참고할 수 있을 것이다. 독일의 정보자유법$(^{\text{IFG}})$은 다수인절차$(^{\text{Massenverfahren}})$에 관하여 아무런 규정을 두지 않았기 때문에 행정절차법 제17조 이하가 적용되며, 따라서 청구인이 스스로 대표자들 임명하지 않는 한 해당 행정청에서 행정절차법 제17조 제4항 및 제18조 제1항 제2문에 따라 직권으로 대표자를 위촉할 수 있게 된다$\binom{\text{Rossi, IFG, § 7}}{\text{Rn.25, S.128}}$.

2.3.2. 정보공개여부의 결정

⑴ 정보공개여부 결정의 기간

청구인으로부터 정보공개를 청구받은 공공기관은 그 청구를 받은 날부터 10일 이내에 공개 여부를 결정하되$\binom{§\,11}{①}$, 부득이한 사유로 그 기간 이내에 공개 여부를 결정할 수 없을 때에는 그 기간이 끝나는 날의 다음 날부터 기산하여 10일의 범위에서 공개 여부 결정기간을 연장할 수 있다$\binom{§\,11\,②}{제1문}$. 이 경우 공공기관은 연장된 사실과 연장 사유를 청구인에게 지체 없이 문서로 통지하여야 한다$\binom{§\,11\,②}{제2문}$.

공공기관은 다른 공공기관이 보유·관리하는 정보의 공개 청구를 받았을 때에는 지체 없이 이를 소관 기관으로 이송하여야 하며, 이송한 후에는 지체 없이 소관 기관 및 이송 사유 등을 분명히 밝혀 청구인에게 문서로 통지하여야 한다$\binom{§\,11}{④}$.

정보공개결정 및 비공개결정의 법적 성질은 행정심판법 및 행정소송법, 행정절차법상 '처분'에 해당한다. 물론 그 처분성을 명시한 규정은 없고, 위 조항들이 행정심판과 행정소송을 행정심판법과 행정소송법이 정하는 바에 따라 청구·제기할 수 있다고만 규정하고 있어 다툼의 대상이 된 결정이 행정심판법과 행정소송법이 정한 '처분'의 개념요건을 충족시켜야 한다는 해석도 가능하기 때문에, 처분성 여하를 둘러싸고 논란의 여지가 있었다. 그러나 '청구인이 정보공개와 관련하여 공공기관의 처분 또는 부작위로 인하여 법률상 이익의 침해를 받

---

59) 대법원 2006.8.24. 선고 2004두2783 판결. 동지 대법원 2004.9.23. 선고 2003두1370 판결.

은 때'에는 행정심판법과 행정소송법이 정하는 바에 따라 각각 행정심판과 행정소송을 청구·제기할 수 있도록 한 제17조 제1항 및 제18조 제1항의 규정에 비추어 볼 때, 법은 이들을 행정쟁송법상 '처분'에 해당하는 것으로 간주한 것이라고 풀이해야 할 것이다. 이렇게 보지 않는다면 행정심판청구권과 행정소송 제기권을 인정한 이들 규정이 사실상 무의미하게 되어 버리고 말 것이기 때문이다. 대법원도 그러한 견지에서 공개거부처분의 처분성을 의문시하지 않고 있고 또 그 공개거부처분을 받은 청구인에게 취소소송을 구할 법률상 이익을 인정하고 있다.

"국민의 정보공개청구권은 법률상 보호되는 구체적인 권리이므로, 공공기관에 대하여 정보의 공개를 청구하였다가 공개거부처분을 받은 청구인은 행정소송을 통하여 그 공개거부처분의 취소를 구할 법률상의 이익이 있다."[60]

행정절차법 역시 행정심판법과 행정소송법에 따른 처분개념과 동일한 처분개념을 규정하고 있으므로, 이들 결정은 역시 행정절차법상 '처분'에 해당한다. 그렇지만 행정절차법에 대한 관계에서 정보공개법은 일종의 특별법적 지위를 가지는 것이기 때문에, 정보공개결정 및 비공개결정에 관한 한, 정보공개법이 우선적으로 적용되고 그 한도에서 행정절차법의 규정은 적용이 배제된다고 보아야 할 것이다.

(2) 정보공개여부 결정의 통지

공공기관은 제11조에 따라 정보의 공개를 결정한 경우에는 공개의 일시 및 장소 등을 분명히 밝혀 청구인에게 통지하여야 하며($\S13_①$), 비공개결정, 즉 정보를 공개하지 않기로 결정한 경우에는 그 사실을 청구인에게 지체 없이 문서로 통지하여야 한다. 이 경우 비공개사유와 불복의 방법 및 절차를 구체적으로 밝혀야 한다($\S13_④$).

▦ 공개거부처분과 처분이유의 제시

"[1] 공공기관의정보공개에관한법률 제1조, 제3조, 제6조는 국민의 알권리를 보장하고 국정에 대한 국민의 참여와 국정운영의 투명성을 확보하기 위하여 공공기관이 보유·관리하는 정보를 모든 국민에게 원칙적으로 공개하도록 하고 있으므로, 국민으로부터 보유·관리하는 정보에 대한 공개를 요구받은 공공기관으로서는 같은 법 제7조 제1항 각 호에서 정하고 있는 비공개사유에 해당하지 않는 한 이를 공개하여야 할 것이고, 만일 이를 거부하는 경우라 할지라도 대상이 된 정보의 내용을 구체적으로 확인·검토하여 **어느 부분이 어떠한 법익 또는 기본권과 충돌되어 같은 법 제7조 제1항 몇 호에서 정하고 있는 비공개사유에 해당하는지를 주장·입증하여야만** 할 것이며, 그에 이르지 아니한 채 **개괄적인 사유만을 들어 공개를 거부하는 것은 허용되지 아니한다.**

---

60) 대법원 2003.3.11. 선고 2001두6425 판결.

[2] 행정처분의 취소를 구하는 항고소송에 있어서, 처분청은 당초 처분의 근거로 삼은 사유와 기본적 사실관계가 동일성이 있다고 인정되는 한도 내에서만 다른 사유를 추가하거나 변경할 수 있고, 여기서 **기본적 사실관계의 동일성 유무는 처분사유를 법률적으로 평가하기 이전의 구체적인 사실에 착안하여 그 기초인 사회적 사실관계가 기본적인 점에서 동일한지 여부에 따라 결정**되며 이와같이 기본적 사실관계와 동일성이 인정되지 않는 별개의 사실을 들어 처분사유로 주장하는 것이 허용되지 않는다고 해석하는 이유는 행정처분의 상대방의 방어권을 보장함으로써 실질적 법치주의를 구현하고 행정처분의 상대방에 대한 신뢰를 보호하고자 함에 그 취지가 있고, **추가 또는 변경된 사유가 당초의 처분시 그 사유를 명기하지 않았을 뿐 처분시에 이미 존재하고 있었고 당사자도 그 사실을 알고 있었다 하여 당초의 처분사유와 동일성이 있는 것이라 할 수 없다.**

[3] 당초의 정보공개거부처분사유인 공공기관의정보공개에관한법률 제7조 제1항 **제4호 및 제6호의 사유는 새로이 추가된 같은 항 제5호의 사유와 기본적 사실관계의 동일성이 없다**"고 한 사례.[61]

(3) 제3자에 대한 통지·의견청취

정보공개청구를 받은 공공기관은 공개 대상 정보의 전부 또는 일부가 제3자와 관련이 있다고 인정할 때에는 그 사실을 제3자에게 지체 없이 통지하여야 하며, 필요한 경우에는 그의 의견을 들을 수 있다($\S^{11}_{③}$). 이것은 공개청구된 정보를 공개할 경우 본인의 권익이나 사생활의 비밀을 침해할 우려가 있는 경우처럼 공개청구된 정보와 이해관계를 가지는 제3자의 권익을 보호하려는 데 취지를 둔 것이다. 그러나 제3자의 권익을 실질적으로 보호하려면 이처럼 공공기관의 임의적 판단에 따라 의견청취를 할 수 있도록 하는 데 그칠 것이 아니라 제3자에게 공개여부에 관한 결정을 내리기 전에 의견제출기회를 보장해 주는 것이 필요하다. 정보는 한번 알려지면 돌이킬 수 없게 되는 것이기 때문이다. 그러한 취지에서 법 제19조 제1항은 제9조 제3항에 따라 공개청구된 사실을 통지받은 제3자는 통지받은 날부터 3일이내에 해당 공공기관에 공개하지 아니할 것을 요청할 수 있도록 하고 있다.

(4) 정보공개심의회의 심의

법은 제12조에서 국가기관, 지방자치단체 및 「공공기관의 운영에 관한 법률」 제5조에 따른 공기업("국가기관등") 별로 제11조에 따른 정보공개여부를 심의하기 위하여 정보공개심의회("심의회")를 설치·운영하도록 규정하고 있다($\S^{12}_{①}$). 심의회는 위원장 1인을 포함하여 5명 이상 7명 이하의 위원으로 구성하며($\S^{12}_{②}$), 위원장을 제외한 위원은 소속공무원, 임·직원 또는 외부전문가로 지명 또는 위촉하되, 그 중 2분의 1은 해당 국가기관등의 업무 또는 정보공개의 업무에 관한 지식을 가진 외부 전문가로 위촉하여야 한다($\S^{12}_{본문}$ ③). 다만, 제9조 제1항 제2호 및 제4호에 해당하는 업무를 주로 하는 국가기관은 그 국가기관의 장이 외부 전문가의 위촉비율을 따로 정하되, 최소한 3분의 1 이상은 외부 전문가로 위촉하여야 한다($\S^{12}_{단서}$ ③).

---

61) 대법원 2003.12.11. 선고 2001두8827 판결.

심의회의 위원장은 위원과 같은 자격을 가진 자 중에서 국가기관등의 장이 지명 또는 위촉한다($\S^{12}_{④}$). 정보누설등의 금지 및 벌칙적용시 공무원의제 조항($\S^{23④·}_{⑤}$)은 심의회의 위원에 대하여 이를 준용한다($\S^{12}_{⑤}$).

법은 제12조에서 정보공개심의회의 기능을 '정보공개여부에 대한 심의'라고만 규정할 뿐, 설치기관과 관계에서 위원회가 어떤 지위를 갖는지 누구에게 책임을 지는지가 분명치 않다. 가령 '정보공개여부 심의' 결과가 어떻게 다루어질지, 그 법적 효력에 관하여도 아무 규정이 없다.

정보공개여부에 대한 결정권을 정보공개를 청구 받은 공공기관에게 부여하고 있는 제11조 제1항의 규정에 비추어 심의회는 단순한 자문기관의 지위를 넘지 못하는 것으로 보인다. 정보공개여부에 관한 결정을 함에 있어 심의회의 심의는, 반드시 이를 거쳐야 한다는 명문의 규정이 없는 한, 필요적 심의절차라 보기 어렵기 때문에, 결정권을 가진 공공기관은 심의회의 심의를 거치지 않고도 정보공개여부에 관한 결정을 할 수 있다고 해석할 여지를 배제할 수 없다.

2.3.3. 정보 공개의 방법

법은 제14조에서 제17조까지의 규정을 두어 부분공개, 전자적 공개, 즉시처리 가능 정보의 공개, 비용부담 등에 관한 규정을 두고 있다.

(1) 공개방법

법은 정보의 '공개'를 "공공기관이 이 법의 규정에 따라 정보를 열람하게 하거나 그 사본·복제물을 제공하는 것 또는 「전자정부법」 제2조 제10호에 따른 정보통신망을 통하여 정보를 제공하는 것 등을 말한다"고 정의하고 있다($\S^{2}_{ii}$).[62] 이러한 '공개'의 개념은 현대 정보통신기술의 발전수준을 감안하여 최대한 확장된 것이라 할 수 있다. 개인용컴퓨터, 휴대용단말기, 그 밖의 다양한 유무선장치 등을 사용하여 정보통신망에 접속하고 이를 통해 공공데이터베이스에 접근하여 정보공개를 청구할 수 있게 된 이상, 이러한 요구에 응하여 정보를 공개하는 경우도 당연히 정보의 '공개'에 포함된다고 볼 수 있다.

정보공개법이 규정한 정보의 개념에 관한 정의에 비추어 볼 때 정보공개의 구체적 방법, 즉 어떠한 방법으로 정보를 공개할 것인지는 해당 공공기관의 재량에 맡겨져 있는 것으로 보인다. 정보공개청구권에 대응하는 공공기관의 정보공개는 기속행위인 데 비하여, 해당 공

---

62) "정보통신망"이란 전기통신기본법 제2조 제2호에 따른 전기통신설비를 활용하거나 전기통신설비와 컴퓨터 및 컴퓨터의 이용기술을 활용하여 정보를 수집·가공·저장·검색·송신 또는 수신하는 정보통신체제를 말한다(전자정부구현을위한행정업무등의전자화촉진에관한법률 제2조 제7호). 한편, 전기통신기본법 제2조 제2호에 따른 "전기통신설비"란 전기통신을 하기 위한 기계·기구·선로 기타 전기통신에 필요한 설비를 말한다.

공기관이 열람, 사본 또는 복제물의 제공 중 어느 하나를 택할 수 있는 선택재량이 인정되고 있다.

한편 법은 정보공개의 실시에 관하여 '정보의 공개를 결정한 경우에는 통지서에서 지정한 일시·장소에서 공개하여야 한다'는 규정을 두고 있지는 않지만, 제13조 제1항의 해석상 그와 같은 결과를 인정할 수 있을 것이다.

(2) 사본등의 공개

법은 제13조 제2항에서 "공공기관은 청구인이 사본 또는 복제물의 교부를 원하는 경우에는 이를 교부하여야 한다. 다만, 공개 대상 정보의 양이 너무 많아 정상적인 업무수행에 현저한 지장을 초래할 우려가 있는 경우에는 정보의 사본·복제물을 일정 기간별로 나누어 제공하거나 열람과 병행하여 제공할 수 있다"고 규정하는 한편 같은 조 제3항에서는 "정보의 원본이 더럽혀지거나 파손될 우려가 있거나 그 밖에 상당한 이유가 있다고 인정할 때에는 그 정보의 사본·복제물을 공개할 수 있다"고 규정하고 있다.[63]

법 제13조 제3항의 규정을 반대해석하면 '정보의 원본이 더럽혀지거나 파손될 우려가 있거나 그 밖에 상당한 이유가 있다고 인정할 때'에만 사본의 공개가 허용되고 원칙적으로 원본을 공개하여야 한다는 결론이 나온다. 해당 정보가 오손 또는 파손될 우려가 있는 경우에는 그 사본의 공개가 불가피하겠지만, 정보의 공개는 원본 공개를 원칙으로 하며 또 그것이 정보공개법의 취지에 부합되는 해석이다. 무엇보다도 왜곡되지 않은 정확한 정보를 공개하는 것이 정보공개제도의 본연의 요청이기 때문이다. 그러한 맥락에서 법이 '그 밖에 상당한 이유가 있다고 인정될 때'까지 사본의 공개를 허용한 것은 공공기관에게 지나치게 폭넓은 판단의 여지를 부여한 것이라는 점에서 문제가 있다. 다만, 제2항에서 '청구인이 사본 또는 복제물의 교부를 원하는 경우에는 이를 교부하여야 한다'고 규정하고 있어 원본공개의 원칙을 전제로 한 것으로 해석할 여지가 있는 것도 사실이다. 이 조항을 반대해석하면 '원본 공개를 원칙으로 하되, 청구인이 원할 경우 사본이나 복제물을 교부한다'거나 '청구인이 원하지 않을 경우 원본을 공개한다'는 취지로 해석할 수 있기 때문이다.

반면, 공공기관이 직무상 작성 또는 취득하여 현재 보유·관리하고 있는 문서인 이상, 그것이 정본인지 부본인지 여부를 가리지 아니 하고 그 상태대로 정보공개의 대상이 되며, 이는 원본공개의 원칙과 상치되지 아니 한다. 여기서 말하는 원본공개란 정본의 공개를 의미하는 것이 아니라, '정보공개제도는 공공기관이 보유·관리하는 정보를 그 상태대로 공개하는 제도'라고 판시한 다음 대법원 판례에서 확인할 수 있는 바와 같이, '보유·관리하는 정보를 그 상태대로 공개하는 것'을 말한다.

---

63) 이들 조항은 정보공개의 방법에 관한 것이어서 '정보공개 여부 결정의 통지'라는 표제하에 제13조에서 규정한 것은 적절해 보이지 않는다.

　　"정보공개제도는 공공기관이 보유·관리하는 정보를 그 상태대로 공개하는 제도로서 공개를 구하는 정보를 공공기관이 보유·관리하고 있을 상당한 개연성이 있다는 점에 대하여 원칙적으로 공개청구자에게 증명책임이 있다고 할 것이지만, 공개를 구하는 정보를 공공기관이 한 때 보유·관리하였으나 후에 그 정보가 담긴 문서등이 폐기되어 존재하지 않게 된 것이라면 그 정보를 더 이상 보유·관리하고 있지 아니하다는 점에 대한 증명책임은 공공기관에게 있다.

　　교도소직원회운영지침과 재소자자변물품공급규칙이 폐지되었다 하여 곧바로 교도소장이 그 정보가 담긴 문서들을 보관·관리하지 않고 있다고 단정할 수는 없다."[64]

　　한편 대법원은 공공기관의 정보공개에 관한 법률상 공개청구의 대상이 되는 정보란 공공기관이 직무상 작성 또는 취득하여 현재 보유·관리하고 있는 문서에 한정되는 것이기는 하나, 그 문서가 반드시 원본일 필요는 없다고 판시한 바 있으나, 이는 원본공개의 원칙을 부정하는 것이라기보다는 '공공기관이 보유·관리하는 정보를 그 상태대로 공개해야 한다는 취지'를 확인시켜 준 것으로서 오히려 원본공개의 원칙을 뒷받침하는 판례라고 볼 수 있다.

　　"공공기관의 정보공개에 관한 법률상 공개청구의 대상이 되는 정보란 공공기관이 직무상 작성 또는 취득하여 현재 보유·관리하고 있는 문서에 한정되는 것이기는 하나, 그 문서가 반드시 원본일 필요는 없다. 원심이 인정한 사실관계와 기록에 의하면, 이 사건의 원고는 자신이 고소하였던 강간사건의 수사결과 피고소인이 구속 구공판되었다는 통지만 받았을 뿐 공소장의 내용을 통지받지 못하였다는 이유로 피고에 대하여 공소사실의 내용을 알려달라고 청구하고 있음을 인정할 수 있는바, 이러한 경우 자신이 보유·관리하는 공판카드에 공소장 부본을 편철하여 두고 있는 피고로서는 공소장 원본이 법원에 제출되었다는 이유를 들어서 스스로가 위 법률이 말하는 보유·관리를 하지 않고 있다고 주장할 수는 없다. 특히, 고소사건이 법원에 공소제기된 후 아직 사건기록이 법원에 제출되기 전까지의 기간 동안에는 고소인이 법원에 등사신청을 하더라도 법원으로서는 사건기록이 없는 탓에 등사신청인이 과연 고소인인지 여부를 확인할 수 없어서 등사를 해 줄 수 없으므로, 이런 경우에는 고소인이 검찰에 대하여 등사신청을 하여야 할 현실적인 필요성도 있다. 원심이 같은 취지로 피고의 주장을 배척한 것은 정당하고, 거기에 상고이유에서 주장하는 바와 같은 위 법률에 관한 법리를 오해한 위법이 있다고 할 수 없다."[65]

　　정보공개의 방법과 관련하여 또 하나 생각해야 할 문제는 정보의 존재형태나 분량에 관한 것이다. 내용이 방대하거나 무체계하게 보관되어 있거나 일목요연하게 정리되어 있지 않은 정보라든지 가령 환경이나 과학기술관련정보, 기술적 안전에 관한 정보처럼 고도로 전문기술적인 수치나 평가기준들을 내용으로 하거나 그 밖의 이유로 평균인의 능력으로는 해득곤란한 형태를 지닌 정보의 경우 공공기관은 단순히 그 열람을 허용함으로써 자기의 의무를 다했다고 생각할지 몰라도 정보공개를 청구한 평균적 시민(Normalbürger)의 입장에서는 정보의

---

64) 대법원 2004.12.9. 선고 2003두12707 판결.
65) 대법원 2006.5.25. 선고 2006두3049 판결.

내용을 알 수 없어 사실상 알권리를 충족시킬 수 없게 되는 결과도 얼마든지 있을 수 있다. 실제로 정보공개제도가 시행되면 오히려 그러한 경우가 더 많이 발생할 가능성도 배제할 수 없다. 이러한 사정을 감안하여 청구인의 신청에 의해 해당 공공기관에게 과다한 비용과 노력을 요하지 않는 한 청구된 정보에 대한 교시($^{Auskunfts-}_{erteilung}$), 즉 청구된 정보에 대한 요약·설명이나 안내를 요구할 수 있는 권리를 정보의 원본에 대한 열람권과 함께 부여하는 것이 바람직할 것이다. 물론 법은 제7조와 제8조에서 공공기관의 적극적 정보공개 노력의무와 목록작성·비치의무와 공개장소·시설 확보의무를 규정하고 있으나 이들 규정만으로는 불충분하고 당사자의 선택에 따라 요구할 수 있는 권리를 인정하는 것이 정보공개의 활성화를 위한 올바른 해결책이다.

⑶ 부분공개

법 제14조는 공개청구된 정보가 비공개사유에 해당하는 부분과 공개가 가능한 부분이 혼합되어 있는 경우로서 공개 청구의 취지에 어긋나지 아니하는 범위에서 두 부분을 분리할 수 있는 때에는 비공개사유에 해당하는 부분을 제외하고 공개하여야 한다고 규정하고 있다. 이는 공개대상정보와 비공개정보가 섞여 있는 경우 일종의 '가분리행위(可分離行爲)이론'($^{théorie\ de\ l'acte}_{détachable}$) 또는 합리적으로 분리가능한 부분($^{reasonably\ segregable}_{portion\ of\ a\ record}$)에 대한 공개를 규정한 미국 정보자유법 (b)와 유사한 견지에서 공개대상정보만을 공개하도록 한 것이다. 그러나 미국의 정보자유법(^{FOIA})의 예처럼,[66] 공개배제를 정당화하는 이유를 청구인에게 서면으로 소명하도록 하는 것이 바람직하다.

대법원은 이를 전제로 부분공개가 가능한데도 공개를 거부한 경우 법원은 거부처분 중 공개가 가능한 정보에 관한 부분만을 취소해야 한다고 판시하고 있다. 실례로, 지방자치단체의 업무추진비 세부항목별 집행내역 및 관련 증빙서류의 공개를 거부한 처분에 대해 제기된 취소소송에서 법원이 행정청의 정보공개거부처분의 위법 여부를 심리한 결과 공개를 거부한 정보에 비공개대상정보에 해당하는 부분과 공개가 가능한 부분이 혼합되어 있고 공개청구의 취지에 어긋나지 아니하는 범위 안에서 두 부분을 분리할 수 있음을 인정할 수 있을 때에는, 위 정보 중 공개가 가능한 부분을 특정하고 판결의 주문에 행정청의 위 거부처분 중 공개가 가능한 정보에 관한 부분만을 취소한다고 표시하여야 한다고 판시하였다.

"법원이 행정기관의 정보공개거부처분의 위법 여부를 심리한 결과 공개를 거부한 정보에 비공개대상정보에 해당하는 부분과 공개가 가능한 부분이 혼합되어 있고 공개청구의 취지에 어긋나지 아니하는 범위 안에서 두 부분을 분리할 수 있음을 인정할 수 있을 때에는 청구취지의 변경이 없더라도 공개가 가능

---

66) 5 USCA § 552 (a) (2).

한 정보에 관한 부분만의 일부취소를 명할 수 있다 할 것이고, **공개청구의 취지에 어긋나지 아니하는 범위 안에서 비공개대상 정보에 해당하는 부분과 공개가 가능한 부분을 분리할 수 있다고 함은, 이 두 부분이 물리적으로 분리가능한 경우를 의미하는 것이 아니고 당해 정보의 공개방법 및 절차에 비추어 당해 정보에서 비공개대상 정보에 관련된 기술 등을 제외 내지 삭제하고 그 나머지 정보만을 공개하는 것이 가능하고 나머지 부분의 정보만으로도 공개의 가치가 있는 경우를 의미한다**고 해석하여야 한다."[67]

대법원은 '행정청이 공개를 거부한 정보 중 법인의 계좌번호, 개인의 주민등록번호, 계좌번호 등에 해당하는 정보를 제외한 나머지 부분의 정보를 공개하는 것이 타당하다고 하면서 판결 주문에서 정보공개거부처분 전부를 취소한 것은 위법하다'고 판시한 바 있다.[68]

(4) 전자적 공개

개인용 컴퓨터등으로 정보통신망을 통해 공공데이터베이스에 접근하여 정보를 획득하는 행위나 정보통신망을 통한 정보공개는 널리 허용되어야 하며 이를 법적으로 뒷받침해 줄 필요가 있다. 이러한 견지에서 2004년의 개정법은 정보의 전자적 공개에 관한 규정을 신설하였다.

구법에서는 '정보'의 개념정의와 관련하여 컴퓨터등에 의해 처리되는 매체에 기록된 사항의 공개여하에 법이 아무런 규정을 두지 않고 있어 입법적 불비로 비판을 받았다. 미국에서는 1990년 미국변호사협회 (ABA: Section of Administrative Law and Regulatory Practice)가 전자형태를 띤 정보공개에 관한 절차 및 정책에 대한 권고안을 제출하였다. 이 권고안은 연방정부기관들에게 정보가 전자적 형태로 유지되어 있다고 해서 정보자유법에 따른 접근이 축소되지 않도록 보장하기 위한 절차와 정책(procedures and policies to ensure that access to information under the Freedom of Information Act not be diminished by virtue of the fact that the information is maintained in electronic form)을 채택해야 한다고 권고하였다. 즉, 연방정부기관들이 그 내용이나 성질을 불문하고 전자적 형태의 정보와 컴퓨터프로그램을 정보자유법의 "기록"개념에 포함시켜 공개대상으로 하고 청구된 포맷으로 전자정보를 공개하도록 하되, 이를 따르지 않을 경우에는 의회가 입법을 통하여 그 의무를 명시해야 한다는 것이었다.[69] 이러한 과정을 거쳐 미국에서는 1996년 정보자유법을 전면 개정하여 이를 전자정보자유법(EFOIA)으로 부르고 있다.[70]

---

67) 대법원 2003.3.11. 선고 2001두6425 판결. 동지 대법원 2004.12.9. 선고 2003두12707 판결.

68) 대법원 2009.4.23. 선고 2009두2702 판결.

69) American Bar Association, Section of Administrative Law and Regulatory Practice, Report to the House of Delegates, Recommendation, 1990; ABA Resolution adopted by the House of Delegates, August 12－13, 1991(Report No.109C). 이에 관하여는 Robert Vaughn, Public Information Law & Policy, Spring, 1995, Part 1 of 5, 184이하 참조. 한편 전자정보공개의 원칙에 관하여는 Executive Office of the President, Office of Management and Budget, Review Draft Electronic FOIA Principle(Memorandum for Interested Parties from Bruche McConnell, Government Information Working Group, Information Policy Committee, Information Infrastructure Task Force), November 18, 1994 참조.

70) 1996년의 전자정보공개법(http://www.fas.org/irp/congress/1996_rpt/s104272.htm)은 1991년 11월 미국 상원의원 Patrick Leahy와 Hank Brown에 의해 처음 제안되어 수차의 청문회를 거쳐 1996년 5월 15일 최종적으로 의결되었고 같은 해 10월 2일 공포되었다(Public Law 104-231). 이에 관하여는 성낙인, "미국의 전자정보자유법(EFOIA)과 운용현황", 미국헌법연구 제9호, 미국헌법학회, 1998, 112-139; 명승환, "미국의 전자정보공개법 제정

법은 제15조 제1항에서 공공기관은 전자적 형태로 보유·관리하는 정보에 대하여 청구인이 전자적 형태로 공개하여 줄 것을 요청하는 경우에는 해당 정보의 성질상 현저히 곤란한 경우를 제외하고는 청구인의 요청에 응하여야 한다고 못 박고($\S_①^{15}$), 전자적 형태로 보유·관리하지 아니하는 정보에 대하여 청구인이 전자적 형태로 공개하여 줄 것을 요청한 경우에는 정상적인 업무수행에 현저한 지장을 초래하거나 해당 정보의 성질이 훼손될 우려가 없는 한 그 정보를 전자적 형태로 변환하여 공개할 수 있도록 허용하고 있다($\S_②^{15}$).

한편, 청구된 정보가 디지털화되어 유형적 문서의 형태를 띠지 않을 경우, 청구인이 행정전산망에 직접 접근하여 원하는 정보를 열람, 복사할 수 있도록 허용할 것인지가 문제된다. 청구된 정보가 디지털화되어 유형적 문서의 형태를 띠지 않아도, 청구인에게 출력된 자료를 제공하는 데에는 아무 문제가 없다. 그러나 청구인에게 행정전산망이나 정보통신시스템에 접속할 권한을 부여하는 것은 극히 단기간이라도 정보공개법에 따른 정보공개의 범위를 넘는다고 보아야 할 것이다. 입법론적으로도 직접 접속 및 열람을 허용하는 문제는 그럴 경우 해당 기관이나 제3자의 우월한 이해관계와 충돌할 우려가 있기 때문에 신중을 기해 판단해야 할 것이다.[71]

⑸ 즉시처리가 가능한 정보의 공개

법은 제16조에서 다음 각 호에 해당하는 정보로서 즉시 또는 구술처리가 가능한 정보에 대하여는 제11조에 따른 절차를 거치지 않고 공개하도록 강제하고 있다. 정보공개제도의 취지에 비추어 공개대상정보의 특성을 감안하여 일종의 신속처리절차($^{fast}_{track}$)를 도입한 것이다.

1. 법령 등에 의하여 공개를 목적으로 작성된 정보
2. 일반국민에게 알리기 위하여 작성된 각종 홍보자료
3. 공개하기로 결정된 정보로서 공개에 오랜 시간이 걸리지 아니하는 정보
4. 그 밖에 공공기관의 장이 정하는 정보

⑹ 대량정보공개의 특칙

법은 제13조 제2항에서 "공공기관은 공개대상정보의 양이 과다하여 정상적인 업무수행에 현저한 지장을 초래할 우려가 있는 경우에는 정보의 사본·복제물을 일정 기간별로 나누어 교부하거나 열람과 병행하여 교부할 수 있다"고 규정하고 있다. 이는 동시다발적이고 대량적인 정보공개의 청구로 행정이 마비될 우려가 있다는 점을 고려하여 특칙을 둔 것이라고 이해된다.

과정의 교훈"(http://chunma.yeungnam.ac.kr/~j9516053/dc3.html) 등을 참조.

71) 그러한 취지에서 독일의 환경정보법은 행정전산망에 대한 직접 접근을 허용하지 않는 것으로 이해되고 있다 (Turiaux, Das neue Umweltinformationsgesetz, NJW 1994, 2322).

구법에서는 "정보공개청구의 대상이 이미 널리 알려진 사항이거나 청구량이 과다하여 정상적인 업무수행에 현저한 지장을 초래할 우려가 있는 경우에는 청구된 정보의 사본 또는 복제물의 교부를 제한할 수 있다"고 규정하고 있었다($\S_2^8$). 이 규정은 일견 정보공개 자체에 대한 제한가능성을 수권한 것으로 보이지만, 실은 정보공개 자체를 제한한다기보다는 정보공개의 청구에 관하여 일정한 제한을 가할 수 있도록 하는 데 그 취지를 두고 있었다. 대법원은 이후 "공공기관은 공개대상정보의 양이 과다하여 정상적인 업무수행에 현저한 지장을 초래할 우려가 있는 경우에는 정보의 사본·복제물을 일정 기간별로 나누어 교부하거나 열람과 병행하여 교부할 수 있으나($\S_2^{13}$), 정보공개청구의 대상이 이미 널리 알려진 사항이거나 청구량이 과다하여 정상적인 업무수행에 현저한 지장을 초래할 우려가 있더라도 청구된 정보의 사본 또는 복제물의 교부를 제한할 수는 없다(2004.1.29. 법률 제7127호로 전문 개정/되기 전의 정보공개법 제8조 제2항 참조)"고 판시하여[72] 그 조항을 실질적으로 무효화했다.

'공개대상정보의 양이 과다하여 정상적인 업무수행에 현저한 지장을 초래할 우려가 있는 경우'인지 여부에 대해서는 정보공개법이 천명한 정보공개의 원칙에 비추어 엄격히 판단해야 할 것이다. 또 그러한 요건이 충족되었다고 판단되어 정보의 사본·복제물을 일정 기간별로 나누어 교부하거나 열람과 병행하여 교부하는 경우에도, '정보의 공개를 청구하는 국민의 권리가 존중될 수 있도록 이 법을 운영하도록' 한 제6조 제1항의 정신을 고려하여 청구인의 정보공개청구를 사실상 무용하게 만드는 결과가 되지 않게끔 가능한 한 제한을 최소화하면서 최대한으로 정보를 공개하는 방향으로 재량을 합리적으로 행사하여야 할 것이다. 이에 관하여는 공공기관별로 정보공개지침(guideline)을 작성하여 정보공개 기준을 설정하되, 기준이 기관별로 들쭉날쭉해지지 않도록 총괄기관인 행정안전부에서 일반적 지침을 제시해 주는 것이 바람직하다.

(7) 청구인의 의무: 비용부담

법은 정보공개에 따른 비용부담에 관하여 일종의 원인자책임인 '청구인부담원칙'을 취하고 있다. 그러나 청구인이 부담하는 비용의 수준에 따라서는 정보공개제도의 이용률이 크게 달라질 수 있다는 점을 고려하여 실비의 범위 안에서 청구인에게 비용을 부담시키는 것이 바람직하다. 그런 이유에서 법은 "정보의 공개 및 우송등에 소요되는 비용은 실비의 범위에서 청구인이 부담한다"($\S_①^{17}$)고 규정한 것이다. 여기서 '정보의 공개 및 우송 등'에 소요되는 비용을 청구인의 부담으로 한 규정은 그 문언상 정보공개를 거부하는 취지의 결정이나 부작위로 인한 의제거부결정이 있는 경우에는 청구인에게 비용을 부담시키지 않는다는 취지로 해석해야 할 것이다. 만일 정보공개가 거부되는 경우에도 비용을 부담시킨다면 이는 정보공개제도의 이용률을 저하시키는 요인이 되고 비용 문제로 정보공개 청구 의욕을 꺾는 결과가 될 수도 있기 때문이다. 그렇다면 그 취지를 좀 더 명시하는 것이 법적 확실성의 견지에서

---

72) 대법원 2009.4.23. 선고 2009두2702 판결.

바람직하다.

공개를 청구하는 정보의 사용 목적이 공공복리의 유지·증진을 위하여 필요하다고 인정되는 경우에는 제1항에 따른 비용을 감면할 수 있다($\S\frac{17}{②}$).

3. 정보공개에 관한 불복구제절차

정보공개에 관한 불복구제절차는 공공기관 내 자체심사($\frac{자기통제:}{Selbstkontrolle}$)와 사법부에 의한 심사($\frac{제3자통제:}{Fremdkontrolle}$) 두 단계로 나뉜다. 법은 공개여부결정에 대한 구제절차를 크게 이의신청, 행정심판 및 행정소송의 세 가지 단계로 나누고 있는데, 이의신청은 자기통제에, 행정심판과 행정소송은 제3자통제에 각각 해당한다.

3.1. 이의신청

이의신청은 불복구제절차의 제1단계이다. 법 제18조 제1항에 따르면, 청구인이 정보공개와 관련한 공공기관의 비공개 또는 부분공개의 결정에 대하여 불복이 있거나 정보공개 청구 후 20일이 경과하도록 정보공개 결정이 없는 때에는 공공기관으로부터 정보공개여부의 결정 통지를 받은 날 또는 정보공개 청구 후 20일이 경과한 날부터 30일 이내에 해당 공공기관에 문서로 이의신청을 할 수 있다.

국가기관등은 이의신청이 있는 경우에는 심의회를 개최하여야 한다($\S\frac{18④}{본문}$). 다만, 심의회의 심의를 이미 거친 사항, 단순·반복적인 청구 또는 법령에 따라 비밀로 규정된 정보에 대한 청구에 해당하는 경우에는 개최하지 아니할 수 있다($\S\frac{18④}{단서}$).

공공기관은 이의신청을 받은 날부터 7일 이내에 그 이의신청에 대하여 결정하고 그 결과를 청구인에게 지체 없이 문서로 통지하여야 한다($\S\frac{18③}{본문}$). 다만, 부득이한 사유로 정해진 기간 이내에 결정할 수 없는 때에는 그 기간의 만료일 다음 날부터 기산하여 7일의 범위에서 연장할 수 있고, 연장사유를 청구인에게 통지하여야 한다($\S\frac{18③}{단서}$). 이의신청을 각하 또는 기각하는 결정을 한 때에는 청구인에게 행정심판 또는 행정소송을 제기할 수 있다는 취지를 제2항에 따른 결과통지와 함께 통지하여야 한다($\S\frac{18}{④}$).

법이 청구인에게 정보의 공개와 관련한 결정에 대하여 해당 공공기관에 이의신청을 할 수 있도록 한 것은 극히 당연한 결과라 할 수 있다. 즉 이의신청은 이러한 규정이 없어도 의당 제기할 수 있는 제1차적 구제절차이기 때문이다.

3.2. 행정심판

법은 제19조에서 정보공개에 대한 제2차적 구제절차로서 행정심판을 제기할 수 있도록

제1편   제2편   제3편   제4편   제5편   행정과정론

하고 있다. 즉, 청구인이 정보공개와 관련한 공공기관의 결정에 대하여 불복이 있거나 정보공개 청구 후 20일이 경과하도록 정보공개 결정이 없는 때에는 행정심판법이 정하는 바에 따라 행정심판을 청구할 수 있다. 이 경우 국가기관 및 지방자치단체 외의 공공기관의 결정에 대한 감독행정기관은 관계 중앙행정기관의 장 또는 지방자치단체의 장으로 한다($\overset{\S\,19}{①}$).

청구인은 제18조에 따른 이의신청절차를 거치지 아니하고 행정심판을 청구할 수 있다($\overset{\S\,19}{②}$). 이는 청구인에게 이의신청과 행정심판 중 선택권을 인정함으로써 1998년 3월 1일부터 폐지된 행정심판전치주의와 균형을 맞춘 결과라 할 수 있다.

행정심판위원회의 위원 중 정보공개여부결정에 관한 행정심판에 관여하는 위원은 재직중은 물론 퇴직 후에도 그 직무상 알게 된 비밀을 누설하여서는 아니 되며, 형법 기타 법률의 벌칙적용에 있어서 이를 공무원으로 의제한다($\overset{\S\,19}{③\,④}$).

법이 이처럼 공공기관 내 자체심사방법으로 행정심판법이 정하는 바에 따라 행정심판을 청구할 수 있도록 한 것은 그렇지 않아도 권리구제절차로서의 미비점, 운영상의 문제 등으로 인하여 비판을 받아 왔던 행정심판제도를 정보공개분쟁의 특수성을 고려하지 않은 채 그대로 적용시킨 것으로 비판되고 있다. 대법원의 이른바 '사법개혁안'에 따라 개정행정소송법이 1998년 3월 1일부터 행정심판을 임의절차화한 데에는 무엇보다도 그동안의 시행과정에서 그 권리구제절차로서의 기능이 실질적으로 발휘되지 못했다는 비판이 배경이었던 것으로 알려져 있다. 한편, 행정심판제도가 정보공개법상의 구제절차로서 얼마나 효과를 발휘할 수 있을지는 미지수이다. 첫째, 중앙행정기관에 대한 행정심판의 경우 법제처장을 위원장으로 하는 국무총리행정심판위원회에서 심리의결하도록 되어 있어 사건부담이 늘고 있는데, 정보공개심판이 추가됨으로써 사건부담이 더욱 가중될 우려가 있다는 점, 둘째, 중앙행정기관이나 그 밖의 공공기관이 청구받은 정보의 공개여부결정을 국무총리행정심판위원회에서 전담하게 됨에 따라 발생할 수 있는 정보공개를 둘러싼 부처간, 부처-기관간, 기관상호간의 갈등의 문제, 셋째, 정보공개를 둘러싼 분쟁의 경우 신중하고 경직된, 비교적 장기간의 절차를 필요로 하는 사법절차보다는 비용 및 기간 면에서 재판외적 절차가 훨씬 적합하다는 점을 고려할 때[73] 헌법 제107조 제3항에 따라 사법절차에 준하는 절차적 보장(물론 문자 그대로 준사법절차라고는 할 수 없을지라도)을 받고, 특히 최근의 법개정을 통하여 한층 더 강화시킨 행정심판제도보다는 절차적 유연성을 갖춘 분쟁해결수단이 요구된다는 점, 넷째, 정보공개에 관한 분쟁해결을 정보공개위원회나 옴부즈만제도에 맡기고 있는 주요외국의 입법례가 적지 않다는 점 등을 고려할 때, 정보공개법이 채용한 행정심판제도는 오히려 입법예고안의 정보공개

---

[73] 이에 관하여는 미국에 있어 정보공개법분쟁을 해결하기 위하여 정보옴부즈만제도의 도입을 주장하는 Mark H. Grunewald, Administrative Mechanisms for Resolving Freedom of Information Act Disputes, Final Report submitted to the Administrative Conference of the United States, 1986을 참조.

심사청구제도보다도 훨씬 불충분한 것이라고 생각된다. 정보공개에 관한 분쟁에서는 신속한 결정과 비용의 저렴성이 요구될 뿐만 아니라 실체 면에서도 정보공개여부에 대한 관계제이익에 대한 고도의 비교형량이 요구되며 또 심판기관의 독립성보장이 보다 강화되어야 한다는 특수성을 가진다. 이와 같은 정보공개심판의 특수성을 고려하여 정보공개법에 특유한 새로운 불복절차를 강구할 필요가 있다. 가령 종래 입법예고안처럼 정보공개위원회를 설치하되 그 기구에 의한 심사청구제도를 개선·보완한 형태로 제도화하는 방안을 검토하여야 할 것이다. 물론 새로운 기구를 창설하는 데 따르는 비용이나 인력 면에서의 부담도 고려되어야 하겠지만, 가령 환경분쟁이나 언론관계분쟁의 경우 못지않게 정보공개분쟁을 독자적인 대체적 분쟁해결기구와 절차를 통해 해결해야 할 필요성이 있다는 사실을 부인할 수는 없을 것이다.

프랑스의 경우 1978년 7월 17일 법률 제753호(제1장 행정문서의 악세스의 자유에 관한 제1-13조)로 제정되어 1979년 7월 11일 법률 제587호(제8-10조)로 개정된 정보공개법은 행정정보의 공개거부에 대한 구제방법으로 '행정문서악세스위원회'(commission d'accès aux documents administratif)에 의한 구제절차와 행정소송에 의한 구제절차의 2단계를 인정하고 있는데, 전자 즉, 악세스위원회에 의한 구제는 특수한 행정심판의 유형이라고 볼 수 있다. 이 악세스위원회는 정보공개를 청구하였으나 거부당한 자가 불복신청을 한 경우, 소관처분청에 권고하고, 정보공개법의 적용에 관한 모든 문제를 권한있는 기관에 조언하거나 행정문서의 교부에 관한 법령의 개정을 제안하는 것 등을 주된 임무로 하고 있다. 악세스위원회는 '꽁세유데따'(Conseil d'Etat: 프랑스행정법원), 사법법원(파기원: Cour de cassation), 감사원(Cour de Comptes), 국민의회 및 상원 등의 지명으로 임명된 위원으로 구성되는데 임기는 3년이며 재임할 수 있다. 불복신청을 한 청구인은 악세스위원회에서 구제받지 못한 경우, 행정법원에 원처분에 대한 취소청구소송을 제기할 수 있고, 행정법원은 이에 대한 판결을 6개월 내에 선고하여야 한다.74)

정보공개법이 불복구제절차로서 행정심판법에 따른 행정심판을 원용하고 있기 때문에 그 재결은 행정심판법에 따른 법적 구속력을 발휘하게 된다.

3.3. 행정소송

행정소송은 정보공개에 관한 사법적 불복구제절차이다. 물론 정보공개와 관련된 공공기관의 처분·부작위에 대하여 헌법재판소에 의한 헌법소원 등이 제기될 수도 있다. 그렇지만 행정소송은 통상적인 권리구제절차의 최종단계에 해당한다고 볼 수 있다. 법은 제20조에서 "청구인이 정보공개와 관련한 공공기관의 결정에 대하여 불복이 있거나 정보공개 청구 후 20일이 경과하도록 정보공개 결정이 없는 때에는 행정소송법에서 정하는 바에 따라 행정소

---

74) 프랑스 제도에 관하여는 성낙인, "알 권리와 프랑스 정보공개법", 월간고시 1993/9; 김석준/강경근/홍준형, 열린 사회, 열린 정보, 1993, 220이하를 참조; 프랑스 법률의 번역으로는 한국행정연구원, 행정정보공개제도에 관한 연구, 1992, 243-247을 참조.

송을 제기할 수 있다"고 규정하고 있다($^{§ 20}_{①}$). 대법원은 정보공개법의 목적, 규정 내용 및 취지 등에 비추어, 국민의 정보공개청구권은 법률상 보호되는 구체적인 권리이므로, 공공기관에 정보공개를 청구하였다가 공개거부처분을 받은 청구인은 행정소송을 통하여 그 공개거부처분의 취소를 구할 법률상 이익이 있다고 판시한 바 있다.[75]

한편 정보공개청구자가 특정한 것과 같은 정보를 공공기관이 보유·관리하고 있지 않은 경우, 정보공개청구자는 원칙적으로 해당 정보에 대한 공개거부처분에 대하여 취소를 구할 법률상 이익이 없으며, 그 정보를 더 이상 보유·관리하고 있지 않다는 점에 대한 증명책임은 공공기관에게 있다는 것이 대법원의 판례이다.

"공공기관의 정보공개에 관한 법률($^{이하 '정보공개}_{법'이라고 한다}$)에서 말하는 공개대상 정보는 정보 그 자체가 아닌 정보공개법 제2조 제1호에서 예시하고 있는 매체 등에 기록된 사항을 의미하고, 공개대상 정보는 원칙적으로 공개를 청구하는 자가 정보공개법 제10조 제1항 제2호에 따라 작성한 정보공개청구서의 기재내용에 의하여 특정되며, 만일 **공개청구자가 특정한 바와 같은 정보를 공공기관이 보유·관리하고 있지 않은 경우라면 특별한 사정이 없는 한 해당 정보에 대한 공개거부처분에 대하여는 취소를 구할 법률상 이익이 없다.** 이와 관련하여 공개청구자는 그가 공개를 구하는 정보를 공공기관이 보유·관리하고 있을 상당한 개연성이 있다는 점에 대하여 입증할 책임이 있으나, 공개를 구하는 정보를 공공기관이 한때 보유·관리하였으나 후에 그 정보가 담긴 문서들이 폐기되어 존재하지 않게 된 것이라면 그 **정보를 더 이상 보유·관리하고 있지 않다는 점에 대한 증명책임은 공공기관에 있다.**"[76]

행정소송이 제기된 경우 재판장은 필요하다고 인정되는 때에는 당사자를 참여시키지 아니하고 제출된 공개청구정보를 비공개로 열람·심사할 수 있고($^{§ 20}_{②}$), "행정소송의 대상이 제9조 제1항 제2호에 따른 정보 중 국가안전보장·국방 또는 외교관계에 관한 정보의 비공개 또는 부분공개 결정처분인 경우에 공공기관이 그 정보에 대한 비밀지정의 절차, 비밀의 등급·종류 및 성질과 이를 비밀로 취급하게 된 실질적인 이유 및 공개를 하지 아니 하는 사유 등을 입증하는 때에는 해당 정보를 제출하지 아니하게 할 수 있다($^{§ 20}_{③}$).

공개 청구하는 정보를 공공기관이 보유·관리하고 있을 상당한 개연성이 있다는 점에 대하여는 원칙적으로 공개청구자에게 증명책임이 있지만, 그 정보를 공공기관이 한때 보유·관리하였으나 후에 그 정보가 담긴 문서등이 폐기되어 존재하지 않게 되었다면 그 정보를 더 이상 보유·관리하고 있지 않다는 점에 대한 증명책임은 공공기관에 있다는 것이 대법원 판례이다.[77]

현행 행정소송법에 따른 행정소송제도가 국민의 권리보호를 실효적으로 보장하기에 여러

---

75) 대법원 2003.3.11. 선고 2001두6425 판결.
76) 대법원 2013.1.24. 선고 2010두18918 판결.
77) 대법원 2013.1.24. 선고 2010두18918 판결; 대법원 2004.12.9. 선고 2003두12707 판결.

가지 결함을 지닌 제도라는 인식이 팽배해왔음을 고려할 때 법이 이에 대한 아무런 대안을 마련하지 않은 것도 역시 심각한 문제점이다. 여기서 행정소송제도의 문제점을 일일이 상론할 수는 없으나 그중 가장 중요한 결함 두 가지만을 지적한다면 가구제절차가 불비하다는 점과 행정상 이행소송이 인정되지 않고 있다는 점을 들 수 있다.

전자는 정보공개소송의 특수성에 비추어 특히 절실히 요구되는 제도인데 행정소송법은 이에 관한 효과적인 제도보장을 하지 못하고 있다. 현행법상 취소소송에 관하여 인정되고 있는 집행정지제도는 그 요건이 너무 엄격할 뿐만 아니라 비공개결정의 취소를 구하는 소송에 있어 집행정지결정이 있어도 비공개결정의 효력이나 집행, 절차의 속행을 정지한다는 것이 별반 의미를 가질 수 없고 이를 통해서 정보공개청구에 대한 적극적인 가처분과 같은 효과를 기대할 수 없다. 후자에 관해서는 정보공개소송은 결국 이행소송의 형태로 제기되고 또 허용되어야 그 본래적 목적을 달성할 수 있는 것인데 이러한 형태의 소송이 허용되지 않고 있다는 점을 지적하지 않을 수 없다. 결국 현행법상 허용되는 비공개결정(또는 법 제9조 제4항의 규정에 따라 의제된 비공개결정)에 대한 취소소송은 설령 그것이 인용된다 하더라도 그 효과는 행정소송법 제30조 제2항과 제34조에 따른 간접강제에 의해서만 뒷받침될 수 있을 뿐이다. 우선 비공개결정에 대한 취소소송의 인용판결이 확정되는 데 걸리는 시간(상고기간)과 행정소송법 제34조 제1항에 따른 수소법원이 정하는 '상당한 기간'이 경과한 뒤에야 그러한 간접강제의 효력이 나타날 터인데 이때에는 정보공개가 이미 무의미해질 경우가 적지 않을 것이다. 또 정보보유기관이 새로운 이유를 들어 정보공개를 거부할 수 있으므로 그러한 경우 정보공개소송을 통한 정보공개에 관한 권리구제는 더욱 더 지연될 가능성이 있다. 이러한 요인들은 결국 정보공개에 관한 권리구제에서 요구되는 신속성을 저해함으로써 정보공개소송이 오히려 정보공개에 관한 불복구제수단이기보다는 정보공개를 지연시키거나 시민의 정보공개 요구를 사보타주 하는 방편으로 악용될 우려를 낳게 된다.[78]

따라서 정보공개에 관한 불복절차 중 정보공개소송은 현행 행정소송법에 맡길 것이 아니라 정보공개법의 차원에서 정보공개의 특수성을 고려한 특별한 규율을 행하고 그 밖의 사항에 관해서만 행정쟁송법의 보충적 적용을 인정하는 데 그쳐야 할 것이다.

3.4. 제3자의 이의신청등

법은 제21조에서 제3자의 이의신청권과 행정심판제기권, 그리고 일종의 '역정보소송'(Reverse FOIA Suit) 내지 '정보보전소송'에 해당하는 행정소송을 제기할 수 있는 절차적 가능성을 열어 놓았다. 즉, 제11조 제3항에 따라 공개청구된 사실을 통지받은 제3자는 통지받은 날부터 3

---

78) 또한 바로 그런 이유에서 정보공개에 관한 가처분제도의 도입이 검토될 필요가 있는 것이기도 하다.

일 이내에 해당 공공기관에 대하여 자신과 관련된 정보를 공개하지 아니할 것을 요청할 수 있고($\S_①^{21}$), 비공개요청에도 불구하고 공공기관이 공개결정을 할 때에는 공개결정이유와 공개실시일을 명시하여 지체 없이 문서로 통지하여야 하며, 제3자는 해당 공공기관에 문서로 이의신청을 하거나 행정심판 또는 행정소송을 제기할 수 있다. 이 경우 이의신청은 통지를 받은 날부터 7일 이내에 하여야 한다($\S_②^{21}$). 공공기관은 제2항에 따른 공개결정일과 공개실시일의 사이에 최소한 20일의 간격을 두어야 한다($\S_③^{21}$).

한편 공공기관이 청구정보를 증거 등으로 법원에 제출하여 법원을 통하여 그 사본을 청구인에게 교부 또는 송달되게 하여 결과적으로 청구인에게 정보를 공개하는 셈이 되었다고 하더라도, 이러한 우회적인 방법은 정보공개법이 예정하고 있지 아니한 방법으로서 정보공개법에 따른 공개라고 볼 수는 없으므로, 해당 정보의 비공개결정의 취소를 구할 소의 이익은 소멸되지 않는다는 것이 대법원의 판례이다.[79]

정보공개법이 비밀유지법이 되어서는 안 된다는 것은 정보공개입법에서 고려되어야 할 근본적인 요구이지만 그렇다고 정보공개법이 비밀침해법이어서도 아니 된다. 이미 앞에서 본 바와 같이 정보공개의 취지에 비추어 보다 우월적인 법익을 보호하기 위하여 최소한의 불가피한 범위 내에서 비공개사유들이 시인되는 것이라면, 그러한 법익의 우월성이 인정되는 비공개정보에 대한 접근이 허용되어서는 아니 된다. 정보공개법은 부수적으로 개인정보보호법과 함께 보호가치 있는 정보의 보호를 위한 법, 나아가 정보의 취득·보유·유통 등에 관한 통일적 법질서를 구축하기 위한 제도적 기초로서 기능도 있다. 가령 국가의 안전에 관한 중대한 정보가 정보공개라는 명분하에 우리 경쟁국이나 적대관계에 있는 단체에게 유출되는 것을 방치할 수는 없을 것이고 비공개로 해야 할 기업의 영업비밀이나 개인의 프라이버시에 관한 사실이 경쟁기업이나 상업적 이해관계를 지닌 단체·개인에게 함부로 누출되는 것을 내버려 둘 수도 없는 것이다.

이와 관련하여, 정보공개법 시행 이전의 사건에 관한 것이기는 하지만, 개인의 사생활의 비밀과 자유를 침해할 우려가 있다는 등의 이유로 재개발사업에 관한 정보공개청구를 배척한 다음 대법원 판례를 참조해 볼 필요가 있다.

"원심은, 원고가 공개를 청구한 이 사건 자료 중 일부는 개인의 인적사항, 재산에 관한 내용이 포함되어 있어서 공개될 경우에는 타인의 사생활의 비밀과 자유를 침해할 우려가 있으며, 이 사건 자료의 분량이 합계 9,029매에 달하기 때문에 이를 원고에게 공개하기 위하여는 피고의 행정업무에 상당한 지장을 초래할 가능성이 있고, 이 사건 자료의 공개로 인하여 원고가 주장하는 바와 같은 공익이 실현된다고 볼 수도 없다는 이유를 들어 이 사건 자료의 공개청구를 거부하는 내용의 이 사건 처분의 취소를 구하는 원

---

79) 대법원 2016.12.15. 선고 2012두11409,11416(병합) 판결; 대법원 2004.3.26. 선고 2002두6583 판결.

고의 청구를 배척하였는바, 기록과 관계 법령에 비추어 보면 이와 같은 원심의 사실인정 및 판단은 옳고, 거기에 상고이유로서 주장하는 바와 같은 위법이 있다고 할 수 없다."[80]

주요 외국에서 정보공개법의 운영과정에서 역정보소송 내지 정보보전소송의 필요성이 대두된 데에도 바로 그러한 배경이 있다. 즉 정보보전소송은 1970년대 중반 이래 미국에서 심각하게 대두된 문제였던 정부기관이 보유하고 있는 기업비밀이나 영업관련정보의 보호문제에 대한 하나의 대안으로서 인정되었던 것이다. 따라서 정보공개법은 보호가치 있는 비밀이나 정보 보호를 위한 효과적인 방법을 마련하는 데에도 노력을 아끼지 말아야 한다. 그러나 법은 제21조 제2항에서 제3자의 행정소송제기권을 규정하면서 이에 관한 규율을 구체화하지 않고 행정소송법에 맡겨 버렸고, 그 결과 행정소송제도의 결함과 문제점들도 그대로 남게 되었다.

---

80) 대법원 1997.5.23. 선고 96누2439 판결. 참조: 대법원 1989.10.24. 선고 88누9312 판결; 대법원 1992.6.23. 선고 92추17 판결.

제 2 관 행정조사

I. 개 설

행정기관이 임무를 수행하려면 필요한 정보·자료를 수집해야 한다. 행정조사는 이러한 정보·자료를 수집하는 행정보조적 활동으로서 통상 행정의 목적을 달성하기 위하여 그 준비단계에서 행해진다. 행정조사기본법은 "행정조사"란 '행정기관이 정책을 결정하거나 직무를 수행하는 데 필요한 정보나 자료를 수집하기 위하여 현장조사·문서열람·시료채취 등을 하거나 조사대상자에게 보고요구·자료제출요구 및 출석·진술요구를 행하는 활동'으로 정의하고 있다($^{\S\,2}_{1}$).

행정조사는 일반적으로 권력적 조사작용으로 간주되고 있으나($^{\text{다수}}_{\text{설}}$), 비권력적 행정조사의 존재를 부정할 수 없는 이상 강제성의 계기를 그 개념적 요소로 보아야 하는 것은 아니다.[81] 행정조사는 행정상 즉시강제와는 달리 긴급성이 없고, 또 구체적·완결적 결과를 실현시키는 것이 아니라 행정작용(예: 조세부과)을 위한 준비적·보조적 수단으로서 직접적 실력행사에 의하지 않으며, 벌칙에 의하여 간접적으로 강제하는 방법에 의존한다는 점에서 구별된다. 행정조사는 현장조사, 문서열람이나 시료채취 등 사실행위인 경우가 많지만 후술하는 보고·자료제출의 요구($^{\S\,10}$)처럼 조사방법 또는 조사절차의 일환으로 행정행위를 포함하는 경우도 있을 수 있다.

현행법상 행정조사에 관한 일반법으로는 행정조사기본법이 있다. 이 법률은 '행정조사에 관한 기본원칙·행정조사의 방법 및 절차 등에 관한 공통적인 사항을 규정함으로써 행정의 공정성·투명성 및 효율성을 높이고, 국민의 권익을 보호함'을 목적으로 2007년 5월 17일 제정되었다(법률 제8482호).[82]

행정조사기본법은 '행정조사에 관하여 다른 법률에 특별한 규정이 있는 경우를 제외하고는 이 법으로 정하는 바에 따른다'고 규정함으로써 그 일반법적 지위를 분명히 하고 있다($^{\S\,3}_{①}$). 다만, 이 법은 다음 사항에 대해서는 적용되지 아니 한다($^{\S\,3}_{②}$).

1. 행정조사를 한다는 사실이나 조사내용이 공개될 경우 국가의 존립을 위태롭게 하거나 국가의 중대한 이익을 현저히 해칠 우려가 있는 국가안전보장·통일 및 외교에 관한 사항
2. 국방 및 안전에 관한 사항 중 다음 각 목의 어느 하나에 해당하는 사항

---

81) 김남진, 행정법 I, 468; 홍정선, 행정법원론(상), 454.
82) 미국의 행정절차법(APA)은 행정조사는 법률이 정하는 경우에만 할 수 있다는 규정을 두고 있다(U.S.C. § 555 (c)).

　　가. 군사시설·군사기밀보호 또는 방위사업에 관한 사항

　　나. 「병역법」·「예비군법」·「민방위기본법」·「비상대비자원 관리법」에 따른 징집·소집·동원
　　　　및 훈련에 관한 사항

　3. 「공공기관의 정보공개에 관한 법률」 제4조 제3항의 정보에 관한 사항

　4. 「근로기준법」 제101조에 따른 근로감독관의 직무에 관한 사항

　5. 조세·형사·행형 및 보안처분에 관한 사항

　6. 금융감독기관의 감독·검사·조사 및 감리에 관한 사항

　7. 「독점규제 및 공정거래에 관한 법률」, 「표시·광고의 공정화에 관한 법률」, 「하도급거래 공정화
　　에 관한 법률」, 「가맹사업거래의 공정화에 관한 법률」, 「방문판매 등에 관한 법률」, 「전자상거
　　래 등에서의 소비자보호에 관한 법률」, 「약관의 규제에 관한 법률」 및 「할부거래에 관한 법률」
　　에 따른 공정거래위원회의 법률위반행위 조사에 관한 사항

　　그러나 제4조(행정조사의 기본원칙), 제5조(행정조사의 근거) 및 제28조(정보통신수단을 통한
행정조사)는 위 적용제외사항에 대해서도 그대로 적용한다($\S\,3$ $\overset{3}{③}$).

　　한편, 행정조사기본법 외에 각각의 개별법에서 행정조사를 위한 법적 근거를 마련해 두고
있다. 그런 예로는 경찰관직무집행법($\S\,3$), 공익사업을 위한 토지 등의 취득 및 보상에 관한
법률($\overset{\S\S\,9\sim}{13}$), 총포·도검·화약류 단속법($\S\,44$), 독점규제 및 공정거래에 관한 법률($\S\,49$), 불공정
무역행위 조사 및 산업피해구제에 관한 법률($\S\,27$), 근로기준법($\S\,29$), 식품위생법, 공중위생관
리법 등이 있다.

Ⅱ. 행정조사의 법적 근거

　　행정조사는 권력적 조사활동으로서 침익적 효과를 갖는 경우가 일반적이므로 법률의 유
보 원칙에 따라 법적 근거를 요한다는 것은 당연하다. 행정조사기본법도 제5조에서 행정조
사의 근거에 관하여 "행정기관은 법령등에서 행정조사를 규정하고 있는 경우에 한하여 행정
조사를 실시할 수 있다. 다만, 조사대상자의 자발적인 협조를 얻어 실시하는 행정조사의 경
우에는 그러하지 아니하다"고 규정하고 있다. 그러나 임의적 조사의 경우에도 그 임의성을
이유로 곧바로 법률의 유보를 배제할 것이 아니라 구체적 조사내용, 효과, 방법 등을 개별적
으로 판단하여 그 법적 근거의 필요여부를 판단해야 할 것이다.

　　"행정조사기본법 제5조에 의하면 행정기관은 법령 등에서 행정조사를 규정하고 있는 경우에 한하여
행정조사를 실시할 수 있으나(본문), 한편 '조사대상자의 자발적인 협조를 얻어 실시하는 행정조사'의 경
우에는 그러한 제한이 없이 실시가 허용된다(단서). 행정조사기본법 제5조는 행정기관이 정책을 결정하거
나 직무를 수행하는 데에 필요한 정보나 자료를 수집하기 위하여 행정조사를 실시할 수 있는 근거에 관

하여 정한 것으로서, 이러한 규정의 취지와 아울러 문언에 비추어 보면, 단서에서 정한 '조사대상자의 자발적인 협조를 얻어 실시하는 행정조사'는 개별 법령 등에서 행정조사를 규정하고 있는 경우에도 실시할 수 있다."[83)]

Ⅲ. 행정조사의 종류

행정조사는 그 강제성 유무에 따라 강제조사와 임의조사(예: 부동산소유현황·주민등록 자료 전산화 등을 위한 조사)로, 조사대상에 따라 대인·대물·대가택조사로, 목적에 따라 개별적 조사(예: 식품위생법 § 48의 위해요소중점관리기준의 준수 여부 등에 관한 조사, 동 § 86 ②에 따른 식중독 관련 조사)와 일반적 조사(통계법에 의한 통계조사)로 나뉠 수 있다.

이 중 행정법적 의미를 지닌 조사로는 가령 독점규제 및 공정거래에 관한 법률 제49조 이하에 의하여 법위반사실이 있다고 인정할 때 공정거래위원회에게 직권으로 행하는 행정조사, 식품위생법 제22조에 의한 출입·검사·수거 등, 공중위생관리법 제9조에 의한 영업소 등에 대한 출입·검사 등을 들 수 있다. 이들은 모두 강제적·개별적 행정조사에 해당한다.

Ⅳ. 행정조사의 원칙과 한계

1. 행정조사의 원칙

행정조사기본법은 제4조에서 행정조사의 기본원칙을 다음과 같이 천명하고 있다.

① 행정조사는 조사목적을 달성하는데 필요한 최소한의 범위 안에서 실시하여야 하며, 다른 목적 등을 위하여 조사권을 남용하여서는 아니 된다.
② 행정기관은 조사목적에 적합하도록 조사대상자를 선정하여 행정조사를 실시하여야 한다.
③ 행정기관은 유사하거나 동일한 사안에 대하여는 공동조사 등을 실시함으로써 행정조사가 중복되지 아니하도록 하여야 한다.
④ 행정조사는 법령등의 위반에 대한 처벌보다는 법령등을 준수하도록 유도하는 데 중점을 두어야 한다.
⑤ 다른 법률에 따르지 아니하고는 행정조사의 대상자 또는 행정조사의 내용을 공표하거나 직무상 알게 된 비밀을 누설하여서는 아니 된다.
⑥ 행정기관은 행정조사를 통하여 알게 된 정보를 다른 법률에 따라 내부에서 이용하거나 다른 기관에 제공하는 경우를 제외하고는 원래의 조사목적 이외의 용도로 이용하거나 타인에게 제공하여서는 아니 된다.

---

83) 대법원 2016.10.27. 선고 2016두41811 판결.

공공기관이 규제하는 영역이 확대됨에 따라 각종 행정기관이 기업 등을 대상으로 다양한 행정조사를 실시하고 있으나, 행정조사에 대한 기본원칙이 없어 행정편의에 따라 행정조사가 이루어지는 폐단이 있었다. 이러한 문제를 해소하기 위하여 행정조사기본법은 조사범위의 최소화, 조사목적의 적합성, 중복조사의 제한, 예방위주의 행정조사, 조사결과 이용제한 등 행정기관이 행정조사를 함에 있어 준수해야 할 기본적 사항을 규정하게 된 것이다. 이로써 행정편의에 따른 조사를 예방하고, 조사 대상 기업 등의 부담이 크게 경감될 것으로 기대되고 있다.

2. 행정조사의 한계

2.1. 행정조사의 일반적 한계

행정조사는 법령 및 행정법의 일반원리의 범위 내에서만 허용되며, 특히 임의적 행정조사라 할지라도 정보의 자유 또는 정보 자주결정권($\substack{\text{Informationelles} \\ \text{Selbstbestimmungsrecht}}$)을 침해하는 경우에는 별도로 법률의 근거를 필요로 한다고 보아야만 할 것이다. 행정조사는 특히 조사의 목적, 조사기관의 조직법상 목적·임무·소관사무·권한의 범위에 관한 규정, 비례·평등의 원칙, 부당결부금지의 원칙 및 신뢰보호의 원칙 등 행정법의 일반원칙에 따라 구속을 받는다.

행정조사기본법 제4조 제5항 및 제6항에 규정된 원칙은 동시에 행정조사의 한계요인을 구성한다고 볼 수 있다. 즉, 다른 법률에 근거가 없는 한, 행정조사의 대상자 또는 행정조사의 내용을 공표하거나 직무상 알게 된 비밀을 누설하여서는 아니 되며, 행정기관은 행정조사를 통하여 알게 된 정보를 다른 법률에 따라 내부에서 이용하거나 다른 기관에 제공하는 경우를 제외하고는 원래의 조사목적 이외의 용도로 이용하거나 타인에게 제공하여서는 아니 된다. 특히 행정조사는 그 동기에 있어 정치적 보복이나 차별수단으로 남용되어서는 안 된다.

2.2. 행정조사와 실력행사

행정조사과정에서 피조사자의 저항·방해가 있을 경우 이를 실력적으로 극복할 수 있는지 문제된다. 이것은 권력적 행정조사의 경우에만 해당되는 문제이다. 먼저 행정조사를 규율하는 각 개별법이 피조사자 또는 토지점유자의 인용의무($\substack{\text{예: 공익사업을 위한 토지 등의} \\ \text{취득 및 보상에 관한 법률 § 11}}$)를 규정하거나 피조사자측의 거부·방해에 처벌이나 불이익처분 등 제재를 가하는 규정을 두고 있는 경우에는 그 범위 내에서 실력의 행사도 가능하다고 본다. 그러나 이러한 실력의 행사는 어디까지나 행정조사를 가능케 하는 범위 내에서 최소한에 그쳐야 한다.

이러한 한도를 넘어서 위법하게 실력을 행사하여 행정조사를 실시한 후 이를 기초로 후속행정처분을 단행하는 경우 그 행정조사의 위법이 후속행정처분에 승계되지는 않지만, 법령이 행정조사를 필수적 절차로 규정하는 경우에는 그러한 위법한 조사를 통하여 얻은 자료가 정당한 것이라 하여도 후속행정처분을 위법한 처분으로 만든다고 보아야 할 것이다.[84]

Ⅴ. 행정조사의 방법

행정기관이 출석·자료제출 등을 요구하거나 현장조사를 하는 경우 조사의 사유·대상·내용 등을 사전에 통지하지 아니하여 자의적인 행정조사가 이루어지고 조사대상자도 행정조사의 내용을 예측하기 곤란하다는 문제가 있었다. 이에 법은 제9조 내지 법 제11조 및 법 제17조에서 행정조사방법을 구체화하고 행정조사의 사전통지 등을 규율하고 있다. 행정조사의 대상자에게 조사내용 등을 미리 통지하게 함으로써 행정조사의 투명성과 예측가능성이 높아지고, 조사대상자의 협력을 유도할 수 있어 행정조사의 효율성이 높아질 수 있을 것으로 기대된다.

행정조사기본법이 제공하는 조사방법으로는 출석·진술 요구, 보고·자료제출 요구, 현장조사, 시료채취, 자료등의 영치, 공동조사 등이 있다.

Ⅵ. 행정조사의 절차

1. 행정조사기본법상 조사절차

행정조사기본법이 구체화하고 있는 조사절차는 다음과 같다.

1.1. 개별조사계획의 수립

행정조사를 실시하고자 하는 행정기관의 장은 제17조에 따른 사전통지를 하기 전에 개별조사계획을 수립하여야 한다. 다만, 행정조사의 시급성으로 행정조사계획을 수립할 수 없는 경우에는 행정조사에 대한 결과보고서로 개별조사계획을 갈음할 수 있다($\S16_①$).

개별조사계획에는 조사의 목적·종류·대상·방법 및 기간, 그 밖에 대통령령으로 정하는 사항이 포함되어야 한다($\S16_②$).

1.2. 사전통지

행정조사를 실시하고자 하는 행정기관의 장은 제9조에 따른 출석요구서, 제10조에 따른 보고요구서·자료제출요구서 및 제11조에 따른 현장출입조사서("출석요구서등")를 조사개시

---

84) 김남진, 행정법 I, 470; 박윤흔, 행정법강의(상), 610; 홍정선, 행정법원론(상), 458.

7일 전까지 조사대상자에게 서면으로 통지하여야 한다. 다만, 다음 어느 하나에 해당하는 경우에는 조사 개시와 동시에 출석요구서등을 조사대상자에게 제시하거나 조사 목적 등을 조사대상자에게 구두로 통지할 수 있다($^{§\,17}_{①}$).

1. 행정조사를 실시하기 전에 관련 사항을 미리 통지하는 때에는 증거인멸 등으로 행정조사의 목적을 달성할 수 없다고 판단되는 경우
2. 「통계법」 제3조 제2호에 따른 지정통계의 작성을 위하여 조사하는 경우
3. 제5조 단서에 따라 조사대상자의 자발적인 협조를 얻어 실시하는 행정조사의 경우

행정기관의 장이 출석요구서등을 조사대상자에게 발송하는 경우 출석요구서등의 내용이 외부에 공개되지 아니하도록 필요한 조치를 하여야 한다($^{§\,17}_{②}$).

1.3. 행정조사의 대상자의 권익보호 절차

행정조사의 대상자가 조사 과정에서 자신의 권익을 보호할 수 있는 제도적인 장치가 필요하다는 취지에서 행정조사기본법은 행정조사의 대상자에 대한 권익보호를 위한 조항을 두었다($^{§§\,18,}_{21-23}$).

출석요구를 받은 경우 조사일시에 대하여 연기신청 등을 할 수 있도록 하고 행정기관이 사전에 통지한 사항에 대하여 의견을 제출할 수 있도록 하는 한편, 행정조사가 진행되는 동안 행정조사의 대상자는 변호사 등을 입회시키거나 조사과정을 녹음 또는 녹화할 수 있도록 하였다. 특히 행정조사를 받는 동안 변호사 등을 입회할 수 있도록 함으로써 조사대상자의 권익 보호를 강화하고, 행정조사에 대한 의견제출 등의 기회를 부여함으로써 행정조사의 효율성과 신뢰성을 높이기 위한 것이다.

1.3.1. 조사의 연기신청

출석요구서등을 통지받은 자가 천재지변이나 그 밖에 대통령령으로 정하는 사유로 인하여 행정조사를 받을 수 없는 때에는 당해 행정조사를 연기하여 줄 것을 행정기관의 장에게 요청할 수 있다($^{§\,18}_{①}$). 연기요청을 하고자 하는 자는 연기하고자 하는 기간과 사유가 포함된 연기신청서를 행정기관의 장에게 제출하여야 한다($^{§\,18}_{②}$).

행정기관의 장은 행정조사의 연기요청을 받은 때에는 연기요청을 받은 날부터 7일 이내에 조사의 연기 여부를 결정하여 조사대상자에게 통지하여야 한다($^{§\,18}_{③}$).

1.3.2. 의견제출

조사대상자는 제17조에 따른 사전통지 내용에 대하여 행정기관의 장에게 의견을 제출할

수 있다($\S_①^{21}$). 행정기관의 장은 조사대상자가 제출한 의견이 상당한 이유가 있다고 인정하는 경우에는 이를 행정조사에 반영하여야 한다($\S_②^{21}$).

1.3.3. 조사원 교체신청

조사대상자는 조사원에게 공정한 행정조사를 기대하기 어려운 사정이 있다고 판단되는 경우에는 행정기관의 장에게 당해 조사원의 교체를 신청할 수 있다($\S_①^{22}$). 교체신청은 그 이유를 명시한 서면으로 행정기관의 장에게 하여야 한다($\S_②^{22}$).

교체신청을 받은 행정기관의 장은 즉시 이를 심사하여($\S_③^{22}$), 교체신청이 타당하다고 인정되는 경우에는 다른 조사원으로 하여금 행정조사를 하게 하여야 한다($\S_④^{22}$). 교체신청이 조사를 지연할 목적으로 한 것이거나 그 밖에 교체신청에 타당한 이유가 없다고 인정되는 때에는 그 신청을 기각하고 그 취지를 신청인에게 통지하여야 한다($\S_⑤^{22}$).

1.3.4. 조사권 행사의 제한

조사원은 제9조부터 제11조까지에 따라 사전에 발송된 사항에 한하여 조사대상자를 조사하되, 사전통지한 사항과 관련된 추가적인 행정조사가 필요할 경우에는 조사대상자에게 추가조사의 필요성과 조사내용 등에 관한 사항을 서면이나 구두로 통보한 후 추가조사를 실시할 수 있다($\S_①^{23}$).

조사대상자는 법률·회계 등에 대하여 전문지식이 있는 관계 전문가로 하여금 행정조사를 받는 과정에 입회하게 하거나 의견을 진술하게 할 수 있다($\S_②^{23}$).

조사대상자와 조사원은 조사과정을 방해하지 아니하는 범위 안에서 행정조사의 과정을 녹음하거나 녹화할 수 있다. 이 경우 녹음·녹화의 범위 등은 상호 협의하여 정하여야 한다($\S_③^{23}$). 조사대상자와 조사원이 제3항에 따라 녹음이나 녹화를 하는 경우에는 사전에 이를 당해 행정기관의 장에게 통지하여야 한다($\S_④^{23}$).

1.4. 제3자에 대한 보충조사

행정기관의 장은 조사대상자에 대한 조사만으로는 당해 행정조사의 목적을 달성할 수 없거나 조사대상이 되는 행위에 대한 사실 여부 등을 입증하는 데 과도한 비용 등이 소요되는 경우로서, 다른 법률에서 제3자에 대한 조사를 허용하고 있거나 제3자의 동의가 있는 경우에는 제3자에 대하여 보충조사를 할 수 있다($\S_①^{19}$).

행정기관의 장은 제1항에 따라 제3자에 대한 보충조사를 실시하는 경우에는 조사개시 7일 전까지 보충조사의 일시·장소 및 보충조사의 취지 등을 제3자에게 서면으로 통지하여야 한다($^{§ 19}_{②}$).

행정기관의 장은 제3자에 대한 보충조사를 하기 전에 그 사실을 원래의 조사대상자에게 통지하여야 한다. 다만, 제3자에 대한 보충조사를 사전에 통지하여서는 조사목적을 달성할 수 없거나 조사목적의 달성이 현저히 곤란한 경우에는 제3자에 대한 조사결과를 확정하기 전에 그 사실을 통지하여야 한다($^{§ 19}_{③}$).

원래의 조사대상자는 제3항에 따른 통지에 대하여 의견을 제출할 수 있다($^{§ 19}_{④}$).

1.5. 자발적 협조에 의한 행정조사

법은 제20조에서 자발적인 협조에 따라 실시하는 행정조사에 대하여 이를 거부할 수 있는 권리를 조사대상자에게 인정하고 있다. 이에 따르면, 행정기관의 장이 제5조 단서에 따라 조사대상자의 자발적인 협조를 얻어 행정조사를 실시하고자 하는 경우 조사대상자는 문서·전화·구두 등의 방법으로 당해 행정조사를 거부할 수 있다($^{§ 20}_{①}$). 행정조사에 대하여 조사대상자가 조사에 응할 것인지에 대한 응답을 하지 아니하는 경우에는 법령등에 특별한 규정이 없는 한 그 조사를 거부한 것으로 본다($^{§ 20}_{②}$).

조사거부자의 인적 사항 등에 관한 기초자료는 특정 개인을 식별할 수 없는 형태로 통계를 작성하는 경우에 한하여 이를 이용할 수 있다($^{§ 20}_{③}$).

1.6. 조사결과의 통지

행정기관의 장은 법령등에 특별한 규정이 있는 경우를 제외하고는 행정조사의 결과를 확정한 날부터 7일 이내에 그 결과를 조사대상자에게 통지하여야 한다($^{§ 24}$).

2. 개별 관계법령상 행정조사 절차

행정조사의 절차는 개별 관계법에 따라 다양하므로 이를 일률적으로 말할 수 없으나, 대개 다음과 같은 절차가 규정되는 것이 통례이다.

(1) 증표의 소지·제시

행정조사에 관한 법령은 일반적으로 조사에 임하는 공무원으로 하여금 그 권한을 표시하는 증표를 휴대하고 피조사자에게 제시하도록 하고 있다(공익사업을 위한 토지 등의 취득 및 보상에 관한 법률, § 13). 피조사자에게 수인의무를 부담시키기 위하여는 관계법령상 명문의 규정이 없더라도 이러한 증표제시가 필요하다고 볼 것이다.[85]

---

85) 김동희, 행정법 I, 429.

(2) 조사이유등의 고지

관계법령들은 조사공무원이 조사의 동기와 내용, 즉 조사이유를 상대방에게 개별·구체적으로 고지하거나 승낙을 얻도록 규정하는 경우가 많다.

(3) 조사시간의 제한

행정조사는 합리적인 시간, 즉 원칙적으로 일출시부터 일몰시까지 또는 영업시간 내에 실시되어야 할 것이다.

3. 행정조사와 영장주의

행정조사 또는 조사를 위한 출입·검사에 있어서도 주거의 수색이나 물건의 압수의 경우($\binom{헌법}{\S 16}$)와 같은 법관의 영장이 요구되는지 문제된다. 이에 관하여는 적극·소극 양설이 대립되어 있다. 이것은 일면 헌법상 영장주의의 기본정신과 타면 행정조사제도의 취지·조사목적의 달성 등을 고려하여 판단할 문제로서, 일률적으로 영장주의의 적용 여부를 말할 수는 없다. 이러한 견지에서 조사를 위한 출입이나 검사가 형사상 수색·압수 등과 동가치적인 개인이나 기업의 사적 보호영역에의 개입이라고 판단될 경우에는 영장이 요구된다고 보아야 할 것이며 그 밖의 경우에는 관계법상의 수권규정만으로도 가능하다고 보아야 할 것이다.

물론 하나의 조치가 동시에 행정조사와 형사소추 양 목적으로 행사되거나 조사가 형사소추로 이어질 경우 영장이 요구되며, 그 밖의 경우에도 헌법상 영장주의의 취지, 즉 주거나 신체의 자유 등과 같은 기본권보장의 정신을 고려하여 영장주의 적용여부를 판단해야 할 것이다.

대법원은 경찰관이 운전 중 교통사고를 일으키고 의식 없는 상태로 병원에 후송된 사람 본인의 동의 없이 채혈을 하고 법원의 사후 영장도 없이 그 채혈조사결과를 근거로 한 운전면허취소처분은 도로교통법 제44조 제3항을 위반한 위법한 처분이라고 판시한 바 있다.

"국가경찰공무원이 도로교통법 규정에 따라 호흡측정 또는 혈액 검사 등의 방법으로 운전자가 술에 취한 상태에서 운전하였는지를 조사하는 것은, 수사기관과 경찰행정조사자의 지위를 겸하는 주체가 형사소송에서 사용될 증거를 수집하기 위한 **수사로서의 성격**을 가짐과 아울러 교통상 위험의 방지를 목적으로 하는 운전면허 정지·취소의 행정처분을 위한 자료를 수집하는 **행정조사의 성격**을 동시에 가지고 있다고 볼 수 있다.

그런데 음주운전 여부에 관한 위 각 조사방법 중 혈액 채취($\binom{이하\ '채혈'이}{라고\ 한다}$)는 상대방의 신체에 대한 직접적인 침해를 수반하는 방법으로서, 이에 관하여 도로교통법은 호흡조사와 달리 운전자에게 조사에 응할 의무를 부과하는 규정을 두지 아니할 뿐만 아니라, 측정에 앞서 운전자의 동의를 받도록 규정하고 있으므로($\binom{\S 44}{③}$), 운전자의 동의 없이 임의로 채혈조사를 하는 것은 허용되지 아니한다.

그리고 수사기관이 범죄 증거를 수집할 목적으로 운전자의 동의 없이 그 혈액을 취득·보관하는 행위는 형사소송법상 '감정에 필요한 처분' 또는 '압수'로서 법원의 감정처분허가장이나 압수영장이 있어야 가능하고, 다만 음주운전 중 교통사고를 야기한 후 운전자가 의식불명 상태에 빠져 있는 등으로 호흡조사에 의한 음주측정이 불가능하고 채혈에 대한 동의를 받을 수도 없으며 법원으로부터 감정처분허가장이나 사전 압수영장을 발부받을 시간적 여유도 없는 긴급한 상황이 발생한 경우에는 수사기관은 예외적인 요건 하에 음주운전 범죄의 증거 수집을 위하여 운전자의 동의나 사전 영장 없이 혈액을 채취하여 압수할 수 있으나 이 경우에도 형사소송법에 따라 사후에 지체 없이 법원으로부터 압수영장을 받아야 한다(대법원 2012. 11.15. 선고)^{2011도15258 판결 참조}).

따라서 음주운전 여부에 대한 조사 과정에서 운전자 본인의 동의를 받지 아니하고 또한 법원의 영장도 없이 채혈조사를 한 결과를 근거로 한 운전면허 정지·취소 처분은 도로교통법 제44조 제3항을 위반한 것으로서 특별한 사정이 없는 한 위법한 처분으로 볼 수밖에 없다."[86]

한편, 조세범칙사건에 관하여 증거수집상 행하는 조사, 즉 세무사찰을 위하여는 조세범처벌절차법(§2)에 의하여 법원의 영장을 얻어 심문·수색 또는 압수를 할 수 있다.

Ⅶ. 행정조사에 대한 구제

행정조사에 대한 구제 역시 적법여부를 기준으로 다음과 같이 구분하여 살펴보기로 한다.

1. 적법한 행정조사에 대한 구제

권력적 행정조사의 경우 그것이 적법한 것임에도 그로 인하여 특정인에게 그 귀책사유 없이 특별한 손실이 발생한 때에는 이를 전보해 주어야 한다. 다만 이에 관한 일반법은 없고 개별법상 손실보상이 인정되는 근소한 예가 있을 뿐이다. 가령 공익사업을 위한 토지 등의 취득 및 보상에 관한 법률 제9조는 공익사업을 위한 출입, 조사·측량으로 발생하는 손실을 보상하도록 규정하고 있다.

2. 위법한 행정조사에 대한 구제

2.1. 행정쟁송

권력적 행정조사의 처분성이 인정되는 이상 위법한 권력적 행정조사에 대하여는 행정쟁송을 통하여 이를 다툴 수 있다. 다만 조사가 이미 종료되어 버린 경우에는 전술한 즉시강제의 경우처럼 권리보호의 이익이 없게 되는 경우가 많다. 만일 위법한 권력적 행정조사가

---

86) 대법원 2016.12.27. 선고 2014두46850 판결.

실시되려 하는 단계에서는 이해당사자에게 예방적 부작위소송을 통하여 이를 저지할 수 있는 길이 열려야 할 것이나, 판례는 이를 부인하고 있다. 반면 비권력적 행정조사의 경우에는 그 처분성이 부정되어 항고쟁송을 통한 구제는 불가능하겠지만, 그렇다고 행정쟁송의 가능성을 일체 부정할 것이 아니라 가령 비권력적 행정조사의 중지를 구하는 당사자소송(이행소송)처럼 공법상 당사자소송을 통한 구제의 여지를 검토하여야 한다.

2.2. 행정상 손해배상

위법한 행정조사로 인하여 신체 또는 재산상의 손해를 입었을 때에는 국가배상법에 따라 국가 또는 당해 지방자치단체에 대하여 손해배상을 청구할 수 있음은 물론이다.

2.3. 기타 구제수단

위법한 행정조사에 대하여도 즉시강제의 경우와 마찬가지로 정당방위의 법리에 따라 이에 저항하여도 형법상 공무집행방해죄를 구성하지 않고($^{형법}_{\S21}$) 또 민사상 손해배상책임을 발생시키지도 않는다($^{민법}_{\S761}$). 권력적 행정조사가 권력적 사실행위로서 처분성을 가진다 하더라도 이 경우 공정력을 인정할 여지는 없으므로 단순위법의 행정조사에 대한 정당방위를 부인하는 것[87]은 타당치 않다.

그 밖에도 청원, 직권취소·정지, 공무원의 형사상·공무원법상 책임추궁 역시 엄밀히 말해 구제수단은 아니지만, 위법한 행정조사에 대한 대항수단이 될 수 있을 것이다.

Ⅷ. 행정조사의 구체적 예

1. 공정거래법상 행정조사

독점규제 및 공정거래에 관한 법률($^{약칭:\ 공}_{정거래법}$)은 제49조 이하에서 공정거래위원회에게 공정거래법의 규정 위반 혐의가 있다고 인정할 때 직권으로 필요한 조사를 할 수 있는 행정조사권을 부여하고 있다. 가령 상호출자제한기업집단등의 지정에 필요한 사항이나 불공정거래행위, 기업결합제한의 위반사실 등에 관하여 조사를 하는 경우가 그 예라 할 수 있다. 공정거래위원회는 또한 공정거래법의 시행을 위하여 필요하다고 인정할 때에는 다음과 같은 처분을 할 수 있다($^{\S50}_{①}$).

① 당사자, 이해관계인 또는 참고인의 출석 및 의견의 청취

---

87) 이상규, 신행정법론(상), 507.

② 감정인의 지정 및 감정의 위촉

③ 사업자, 사업자단체 또는 이들의 임직원에 대하여 원가 및 경영상황에 관한 보고, 기타 필요한 자료나 물건의 제출을 명하거나 제출된 자료나 물건의 영치

그 밖에도 공정거래위원회는 이 법의 시행을 위하여 필요하다고 인정할 때에는 그 소속 공무원($^{제65조(권한의 위임·위탁)의 규정에 의한}_{위임을 받은 기관의 소속공무원을 포함한다}$)으로 하여금 사업자 또는 사업자단체의 사무소 또는 사업장에 출입하여 업무 및 경영상황, 장부·서류, 전산자료·음성녹음자료·화상자료 그 밖에 대통령령이 정하는 자료나 물건을 조사하게 할 수 있으며, 대통령령이 정하는 바에 의하여 지정된 장소에서 당사자, 이해관계인 또는 참고인의 진술을 듣게 할 수 있다($^{\S 50}_{②}$). 이러한 조사를 하는 공무원은 대통령령이 정하는 바에 따라 사업자, 사업자단체 또는 이들의 임직원에 대하여 조사에 필요한 자료나 물건의 제출을 명하거나 제출된 자료나 물건의 영치를 할 수 있다($^{\S 50}_{③}$). 이때 조사공무원은 그 권한을 표시하는 증표를 관계인에게 제시하여야 한다($^{\S 50}_{④}$).

공정거래위원회의 조사공무원은 이 법의 시행을 위하여 필요한 최소한의 범위 안에서 조사를 행하여야 하며, 다른 목적 등을 위하여 조사권을 남용하여서는 아니 된다($^{\S\ 50}_{의2}$).

한편, 제50조 제1항 내지 제3항의 규정에 따라 공정거래위원회로부터 처분 또는 조사를 받게 된 사업자 또는 사업자단체가 천재·지변 그 밖에 대통령령이 정하는 사유로 인하여 처분을 이행하거나 조사를 받기가 곤란한 경우에는 대통령령이 정하는 바에 따라 공정거래위원회에 처분 또는 조사를 연기하여 줄 것을 신청할 수 있고($^{\S\ 50의}_{3\ ①}$), 공정거래위원회는 그러한 연기신청을 받은 때에는 그 사유를 검토하여 타당하다고 인정되는 경우에는 처분 또는 조사를 연기할 수 있다($^{\S\ 50의}_{3\ ②}$).

2. 무역위원회에 의한 행정조사

불공정무역행위 조사 및 산업피해구제에 관한 법률 제27조에 따라 지식경제부에 설치된 무역위원회 역시 행정법상 중요한 의미를 지닌 행정조사권을 가지고 있다. 무역위원회는 불공정무역행위에 대한 조사·판정, 수입 증가·덤핑·보조금등으로 인한 국내산업 피해의 조사·판정, 산업경쟁력 영향조사 등에 관한 업무를 수행한다($^{\S 27}_{①}$). 무역위원회에는 위와 같은 업무 및 국제무역제도에 관한 연구 등 무역위원회의 업무를 처리하기 위하여 사무기구를 두도록 되어 있다($^{\S 27}_{②}$). 무역위원회의 권한 가운데 중요한 행정조사권한으로는 불공정무역행위의 조사, 특정물품의 수입증가에 의한 국내산업피해의 조사의 개시여부를 결정하고, 국내산업 피해를 조사·판정하는 권한, 그 밖에 덤핑, 보조금 등으로 인한 국내산업피해조사 등에 관한 권한 등을 들 수 있다.

제1편 제2편 제3편 제4편 제5편 행정법총론

3. 세무조사

3.1. 의 의

세무조사는 조세행정상의 목적을 달성하기 위한 행정조사의 일종이다. 가령 소득세법 제170조가 소득세에 관한 사무에 종사하는 공무원은 그 직무 수행상 필요한 경우에는 납세의무자나 납세의무가 있다고 인정되는 자 등에 대하여 질문을 하거나 해당 장부·서류 또는 그 밖의 물건을 조사하거나 그 제출을 명할 수 있다고 규정한 것이 그러한 예이다.

세법상 납세자는 원칙적으로 자기책임하에 적정한 세무신고를 하여야 하고 부과된 세액을 적기에 자진 납부하는 것이 조세의 부과·징수구조의 기본으로 되어 있다. 따라서 이상적인 조세행정에 있어 세무조사란 필요치 않으며 세무행정청의 활동은 주로 수납행위에 그치는 것이라 할 수 있다.[88] 그러나 신고의무의 불이행이나 신고내역의 불통일, 혼란에 따른 문제점, 조세포탈의 우려 등으로 인하여 과세관청이 세법상의 의무이행을 확보하기 위하여 납세자의 자력이나 재산상황, 신고내역과의 일치여부 등을 조사할 필요가 생기게 되며 이에 따라 행해지는 세무행정상의 조사가 바로 세무조사인 것이다.

> 현행법상 이러한 세무조사를 규정하고 있는 예로는 직접국세에 관한 질문조사권을 인정한 소득세법 제170조·동시행령 222조, 법인세법 제122조·동시행령 165조, 상속세 및 증여세법 제83조(금융재산 일괄조회), 제84조·동시행령 제86조, 자산재평가법 제31조, 그리고 간접국세와 관련된 질문검사권을 규정하는 부가가치세법 제35조·동시행령 제86조, 개별소비세법 제26조, 주세법 제52조, 인지세법 제11조, 증권거래세법 제17조가 있으며, 관세법이 세관공무원의 질문검사권(예:§157/§173 등)에 대해 규정하고 있다. 지방세에 관해서도 지방세법 제84조가 같은 취지의 규정을 두고 있다.

3.2. 종 류

현행법상 세무조사는 그 목적에 따라 ① 신고의 당부 및 경정·부과결정 등 과세처분의 당부를 판단하기 위한 조사(실체세법상의 조사), ② 체납처분절차상 체납자의 재산파악을 위한 조사, ③ 심판청구의 심리를 위한 조사(국세기본법§76), 그리고 ④ 조세범칙사건에 있어 통고처분 또는 고발을 목적으로 한 증거수집상 행하는 조사(통칭 세무사찰) 등으로 나뉘고 있다. 이 중에서 특히 여기서 관심의 대상이 되는 것은 실체세법상의 조사로서 이것은 조세채무확정의 기초과정이라는 성격을 띠고 널리 행하여지고 일반납세자와 가장 밀접한 관련을 갖는 세무조사의 유형이다. 실체세법상의 세무조사는 경정 또는 결정처분의 전제가 되는 사실행위로서

---

88) 이태로, 조세법개론, 131.

과세표준 또는 세액이 경제적 활동 또는 경제적 상태의 진정한 내용에 따라 계산되어 있는가 하는 사실인정과 세법이 적확하게 적용되어 있는가 하는 법률적 판단의 양 측면을 갖는다.

세무조사는 또 그 임의성여하에 따라 임의조사와 강제조사로 나눌 수 있다. 실체세법상 질문검사는 이를 실력으로 강제할 수 없다는 점에서 통상 임의조사라고 불린다. 그러나 정당한 사유없는 질문조사의 거부는 조세범처벌법 제13조 제9호에 따라 처벌을 받게 되므로,[89] 이를 임의조사라 부르는 것은 적절치 못하다. 따라서 이러한 실체세법상 질문검사는 이를 간접강제를 수반하는 임의조사 또는 간접강제조사라고 부르고,[90] 임의조사란 오로지 순수한 의미의 비강제적 조사만을 의미하는 것으로 새겨야 할 것이다. 한편 실체세법상 질문검사의 거부를 처벌하는 것은, 묵비권에 관한 헌법 제12조 제2항은 오로지 「형사상 자기에게 불리한 진술의 강요」를 금하는 것이지 행정적 목적에 의한 질문검사를 금하는 것은 아니므로, 위헌이라고는 볼 수 없다는 것이 일반적이다. 이를 거꾸로 보면 조세범수사의 목적 같은 형사상 목적으로 실체세법상의 조사권을 행사하여서는 아니 된다는 것을 의미하며 또 마찬가지의 이유에서 실체세법상의 질문검사권의 행사로 얻어진 자료는 적어도 범칙사건의 소추에 있어서는 적법하게 수집된 증거라 할 수 없다는 결과가 된다.[91]

반면 임의조사, 즉 순수한 의미에서의 임의조사는 상대방에게 조사에 응할 의무나 수인의무를 부담시키지 않으며 또 처벌 등의 문제를 발생시키지 않는다는 점에서 임의성·비권력성을 지니는 세무조사의 유형이다. 그러나 이러한 임의조사라 할지라도 피조사자에게 간접적으로 또는 사실상 불이익을 주는 것이기 때문에 이를 법적으로 근거지우는 문제가 제기되지 않을 수 없다. 이에 관하여는 공법상 계약 또는 행정지도에 의하여 임의조사의 법적 근거를 찾고자 하는 시도들이 나타나고 있다. 논란의 여지가 있지만 조사의 상대방이 사실상 불이익을 받을 가능성이 짙은데도 그러한 계약을 의도하였다고 보는 것은 너무나 부자연스러운 의제라는 점에서 이를 행정지도의 한 태양으로 보고 거기서 그 정당성을 구하는 것이 통설적인 견해라고 할 수 있다.[92] 다만 앞에서 본 것처럼 행정지도 중에서도 억제적 조치가 결부된 경우는 법률의 근거를 요한다고 보아야 할 것이며, 또 행정지도가 비록 구체적인 작용법적 근거가 없는 경우에도 조직법상의 근거만에 의하여 허용되는 것이라 할지라도, 공행정 일반에 인정되는 일정한 법규상·조리상 제약을 받는다는 데 대하여는 의문의 여지가 없다. 이렇게 본다면 임의조사 역시 행정지도 일반과 마찬가지로 임의조사는 비례·평등의 원칙 등 행정법상의 일반원칙, 행복추구권·주거의 자유나 사생활의 자유·정보자결권과 같은 기

---

89) 이 조항은 세무에 종사하는 공무원의 질문에 대하여 허위의 진술을 하거나 그 직무집행을 거부 또는 기피한 자를 50만원 이하의 벌금 또는 과료에 처하도록 규정하고 있다.
90) 이태로, 같은 책, 133 각주 1을 참조.
91) 이태로, 같은 책, 133.
92) 이에 관하여는 이태로, 같은 책, 135를 참조.

본권에 의해 제한을 받게 된다.

3.3. 조사의 절차

실체세법상의 조사는 범칙수사가 아니고 어디까지나 상대방의 동의를 얻어 실시하는 절차이며 또 그 목적달성여부를 상대방의 협력에 전적으로 의존한다. 따라서 일방적으로 조사관청에게만 일시·장소 등에 관한 선택재량을 인정하는 것은 영업의 자유나 사생활보호의 견지에서 온당치 못하다. 이러한 이유에서 명문의 규정이 없더라도 질문검사의 일시·장소·대상 등에 관한 사전통지가 필요한 것으로 보는 것이 타당하다. 가령 세무사가 납세자 등을 대리하여 작성한 신고서·신청서·청구서에 관하여 조사할 필요가 있다고 인정되면 세무공무원이 그 세무사에게 조사의 일시·장소를 통지하도록 한 세무사법의 규정($^{§\ 10}$)과 비교할 때 이러한 사전통지는 더욱 필요한 절차라 할 수 있다. 다만 자료의 변조·은닉의 우려가 있거나 긴급을 요하는 경우에는 이 사전절차를 생략할 수 있게 하는 입법조치가 취해져야 할 것이다.

일반적으로 조사에 임하는 세무공무원은 검사원증을 피조사자에게 제시하도록 되어 있다. 또 조사공무원은 조사의 동기와 내용, 즉 조사이유를 상대방에게 개별·구체적으로 고지하여 승낙을 얻어야 한다. 한편 세무조사를 위한 출입·검사에 있어서도 주거의 수색이나 물건의 압수의 경우($^{헌법}_{§\ 16}$)와 같은 법관의 영장이 요구되는지가 문제된다. 이에 관하여는 적극·소극 양설이 대립되어 있으나, 이것은 일면 헌법상 영장주의의 기본정신과 타면 세무행정의 원활한 수행을 고려하여 판단할 문제로서, 일률적으로 영장주의의 적용 여부를 말할 수는 없다. 이러한 견지에서 세무조사를 위한 출입이나 검사가 형사상 수색·압수와 동가치적인 개인이나 기업의 사적 보호영역에의 개입이라고 판단될 경우에는 영장이 요구된다고 보아야 할 것이며 그 밖의 경우에는 관계법상의 수권규정만으로도 가능하다고 보아야 할 것이다. 물론 ① 하나의 조치가 동시에 행정조사와 형사소추의 양 목적으로 행사되는 경우에는 영장이 요구되며, ② 그 밖의 경우에도 헌법상 영장주의의 취지, 즉 주거나 신체의 자유 등과 같은 기본권보장의 정신이 충분히 고려되는 방향에서 영장주의의 적용여부가 판단되어야 한다. 반면 조세범칙사건에 관하여 증거수집상 행하는 조사, 즉 세무사찰을 위하여는 조세범처벌절차법($^{§\ 3}$)에 의하여 법원의 영장을 얻어 심문·수색 또는 압수를 할 수 있다.

3.4. 조사권의 한계

임의적 세무조사라 할지라도 그로부터 정보의 자유 또는 정보에 대한 자주결정권을 침해하는 결과가 발생한다면, 이를 법률의 근거 없이는 허용되지 않는 것으로 보아야만 할 것이다. 세무조사 역시 관계법규, 특히 조직법상의 목적·임무·소관사무·권한의 범위에 관한 규정, 그리고 비례·평등의 원칙, 부당결부금지의 원칙 및 신뢰보호의 원칙 등 행정법의 일반 원칙에 의하여 구속을 받는다. 이와 관련하여 특히 문제되는 경우로는 조사권의 남용을 들 수 있는데 질문검사권의 행사가 정치적 보복이나 차별의 수단으로 악용되어서는 안 될 것이다.

이러한 취지에서 국세기본법은 납세자의 권리에 관한 제7장을 두고 그중 제81조의4(세무조사권 남용 금지)에서 제81조의16(국세청장의 납세자 권리보호)에 이르는 대부분을 세무조사와 관련한 납세자의 권리보호에 할애하고 있다. 그 내용은 다음과 같다.

제81조의5 세무조사 시 조력을 받을 권리	제81조의6 세무조사 대상자 선정
제81조의7 세무조사의 사전통지와 연기신청	제81조의8 세무조사 기간
제81조의9 세무조사 범위 확대의 제한	제81조의10 장부·서류 보관 금지
제81조의11 통합조사의 원칙	제81조의12 세무조사의 결과 통지
제81조의13 비밀 유지	제81조의14 정보 제공
제81조의15 과세전적부심사	제81조의16 국세청장의 납세자 권리보호

지방세기본법도 제108조(세무조사권 남용 금지)에서 제116조(과세전적부심사)까지 이와 유사한 취지의 규정들을 두고 있다.

이와 관련하여, 대법원은 민사분쟁의 일방당사자에게 부탁을 받은 국세청 공무원이 세무조사를 통하여 반대당사자를 압박하려는 목적으로 타인 명의로 직접 탈세제보를 하고, 이후 진행된 세무조사 과정에서도 지속적으로 개입한 결과 수집된 과세자료를 기초로 행해진 과세처분의 적법성을 다툰 사안에서, 이러한 세무조사는 ① 세무공무원이 민사분쟁의 일방당사자의 부탁을 받고서 반대당사자를 압박하기 위한 방편으로 행하여진 것으로 그 객관적 필요성이 결여된 것이고, ② 탈세제보서에 적힌 혐의가 인정되지 않았음에도 합리적 이유 없이 세무조사의 범위가 확대되었으므로 최소성의 원칙에도 위반되며, ③ 세무공무원이 개인적 이익을 위하여 권한을 남용한 전형적인 사례에 해당하여 위법하므로, 이에 기하여 이루어진 과세처분 역시 위법하다고 판시한 바 있다.

"1. 법치국가원리는 국가권력의 행사가 법의 지배 원칙에 따라 법적으로 구속을 받는 것을 뜻한다. 법치주의는 원래 국가권력의 자의적 행사를 막기 위한 데서 출발한 것이다. 국가권력의 행사가 공동선의 실현을 위하여서가 아니라 특정 개인이나 집단의 이익 또는 정파적 이해관계에 의하여 좌우된다면 권력의 남용과 오용이 발생하고 국민의 자유와 권리는 쉽사리 침해되어 힘에 의한 지배가 되고 만다. 법치주의는 국가권력의 중립성과 공공성 및 윤리성을 확보하기 위한 것이므로, 모든 국가기관과 공무원은 헌법과 법률에 위배되는 행위를 하여서는 아니 됨은 물론 헌법과 법률에 의하여 부여된 권한을 행사할 때에도 그 권한을 남용하여서는 아니 된다.

2. 조세법의 영역에서 법치국가원리는 조세법률주의로 나타난다($\substack{\text{헌법} \\ \S59}$). 조세법률주의는 조세의 종목과

세율 그 밖의 과세요건과 조세의 부과·징수절차를 법률로 정하여야 한다는 것을 그 기본내용으로 한다. 조세채무는 법률이 정하는 과세요건이 충족되는 때에는 당연히 자동적으로 성립한다(대법원 1985.1.22. 선고 83누279 판결 참조). 그러나 법률의 규정에 의하여 조세채무가 성립한다고 하더라도 그 내용을 적법하게 확정하여 납부 및 징수 등의 후속절차가 이루어지도록 하려면 과세관청이 과세요건이 되는 사실관계를 정확하게 파악할 수 있어야 한다. 이러한 취지에서 세법은 세무공무원에게 납세의무자 또는 관계인에게 필요에 따라 질문을 하고, 관계서류, 장부 그 밖의 물건을 검사할 수 있는 권한을 부여하고 있다(소득세법 제170조, 법인세법 제122조, 부가가치세법 제74조 등). 질문검사권의 행사를 통해 과세요건사실을 조사·확인하고 과세에 필요한 직접·간접의 자료를 수집하는 일련의 행위가 세무조사이다(국세기본법 제81조의2 제2항 제1호).

3. 국세기본법은 제81조의4 제1항에서 "세무공무원은 적정하고 공평한 과세를 실현하기 위하여 필요한 최소한의 범위에서 세무조사를 하여야 하며, 다른 목적 등을 위하여 조사권을 남용해서는 아니 된다"고 규정하고 있다(이하 '이 사건 조항'이라고 한다). 이 사건 조항은 세무조사의 적법 요건으로 객관적 필요성, 최소성, 권한 남용의 금지 등을 규정하고 있는데, 이는 법치국가원리를 조세절차법의 영역에서도 관철하기 위한 것으로서 그 자체로서 구체적인 법규적 효력을 가진다. 따라서 **세무조사가 과세자료의 수집 또는 신고내용의 정확성 검증이라는 그 본연의 목적이 아니라 부정한 목적을 위하여 행하여진 것이라면 이는 세무조사에 중대한 위법사유가 있는 경우에 해당하고 이러한 세무조사에 의하여 수집된 과세자료를 기초로 한 과세처분 역시 위법하다**고 보아야 한다. 세무조사가 국가의 과세권을 실현하기 위한 행정조사의 일종으로서 과세자료의 수집 또는 신고내용의 정확성 검증 등을 위하여 필요불가결하며, 종국적으로는 조세의 탈루를 막고 납세자의 성실한 신고를 담보하는 중요한 기능을 수행한다 하더라도 만약 그 남용이나 오용을 막지 못한다면 납세자의 영업활동 및 사생활의 평온이나 재산권을 침해하고 나아가 과세권의 중립성과 공공성 및 윤리성을 의심받는 결과가 발생할 것이기 때문이다."[93]

⠿ 부정한 목적의 세무조사로 얻은 과세자료에 의한 과세처분의 위법여부

"국세기본법은 제81조의4 제1항에서 "세무공무원은 적정하고 공평한 과세를 실현하기 위하여 필요한 최소한의 범위에서 세무조사를 하여야 하며, 다른 목적 등을 위하여 조사권을 남용해서는 아니 된다"라고 규정하고 있다(이하 '조항'이라고 한다). 조항은 세무조사의 적법 요건으로 객관적 필요성, 최소성, 권한 남용의 금지 등을 규정하고 있는데, 이는 법치국가원리를 조세절차법의 영역에서도 관철하기 위한 것으로서 그 자체로서 구체적인 법규적 효력을 가진다. 따라서 **세무조사가 과세자료의 수집 또는 신고내용의 정확성 검증이라는 본연의 목적이 아니라 부정한 목적을 위하여 행하여진 것이라면 이는 세무조사에 중대한 위법사유가 있는 경우에 해당하고 이러한 세무조사에 의하여 수집된 과세자료를 기초로 한 과세처분 역시 위법하다.** 세무조사가 국가의 과세권을 실현하기 위한 행정조사의 일종으로서 과세자료의 수집 또는 신고내용의 정확성 검증 등을 위하여 필요불가결하며, 종국적으로는 조세의 탈루를 막고 납세자의 성실한 신고를 담보하는 중요한 기능을 수행하더라도 만약 남용이나 오용을 막지 못한다면 납세자의 영업활동 및 사생활의 평온이나 재산권을 침해하고 나아가 과세권의 중립성과 공공성 및 윤리성을 의심받는 결과가 발생할 것이기 때문이다."[94]

---

93) 대법원 2016.12.15. 선고 2016두47659 판결.
94) 대법원 2016.12.15. 선고 2016두47659 판결.

제 3 관 개인정보의 보호

Ⅰ. 개인정보보호의 헌법적 근거와 개인정보보호법

정보주체의 개인정보에 대한 자주통제권의 적극적 발현형태로서 개인정보 열람·정정청구권을 보장하는 것은 헌법이 기본권보장을 위해 준비한 권리장전의 핵심적 요구이다. 그런 뜻에서 정보사회에서 실존인격의 존엄과 자유민주체제의 근간이 총체적으로 훼손될 가능성을 사전에 차단하기 위해 절대적으로 필요한 최소한의 헌법적 보장장치이자 가장 핵심적 기본권 중 하나로 개인정보자기결정권을 확립시키고자 하는 이론적 시도도 그런 의미에서 충분한 정당성을 가진다.[95)]

▦ 검사/수사관서 요청에 따라 이용자 통신자료 제공한 전기통신사업자의 책임

"[1] 헌법 제10조의 인간의 존엄과 가치, 행복추구권과 헌법 제17조의 사생활의 비밀과 자유에서 도출되는 개인정보자기결정권은 자신에 관한 정보가 언제 누구에게 어느 범위까지 알려지고 또 이용되도록 할 것인지를 정보주체가 스스로 결정할 수 있는 권리이다. 개인정보자기결정권의 보호대상이 되는 개인정보는 개인의 신체, 신념, 사회적 지위, 신분 등과 같이 인격주체성을 특징짓는 사항으로서 개인의 동일성을 식별할 수 있게 하는 일체의 정보를 의미하며, 반드시 개인의 내밀한 영역에 속하는 정보에 국한되지 않고 공적 생활에서 형성되었거나 이미 공개된 개인정보까지도 포함한다.

또 헌법 제21조에서 보장하고 있는 표현의 자유는 개인이 인간으로서의 존엄과 가치를 유지하고 국민주권을 실현하는 데 필수불가결한 자유로서, 자신의 신원을 누구에게도 밝히지 않은 채 익명 또는 가명으로 자신의 사상이나 견해를 표명하고 전파할 익명표현의 자유도 보호영역에 포함된다.

한편 헌법상 기본권의 행사는 국가공동체 내에서 타인과의 공동생활을 가능하게 하고 다른 헌법적 가치나 국가의 법질서를 위태롭게 하지 않는 범위 내에서 이루어져야 하므로, **개인정보자기결정권이나 익명표현의 자유도 국가안전보장·질서유지 또는 공공복리를 위하여 필요한 경우에는 헌법 제37조 제2항에 따라 법률로써 제한될 수 있다.**

[2] 검사 또는 수사관서의 장이 수사를 위하여 구 전기통신사업법(2010.3.22. 법률 제10166호로 전부 개정되기 전의 것) 제54조 제3항, 제4항에 의하여 전기통신사업자에게 통신자료의 제공을 요청하고, 이에 전기통신사업자가 위 규정에서 정한 형식적·절차적 요건을 심사하여 검사 또는 수사관서의 장에게 이용자의 통신자료를 제공하였다면, **검사 또는 수사관서의 장이 통신자료의 제공 요청 권한을 남용하여 정보주체 또는 제3자의 이익을 부당하게 침해하는 것임이 객관적으로 명백한 경우와 같은 특별한 사정이 없는 한, 이로 인하여 이용자의 개인정보자기결정권이나 익명표현의 자유 등이 위법하게 침해된 것이라고 볼 수 없다.**"[96)]

---

95) 이인호, "정보사회와 개인정보자기결정권", 중앙법학 창간호, 중앙법학회, 1999, 62-67; 김종철, "헌법적기본권으로서의 개인정보통제권의 재구성을 위한 시론", 인터넷법률 제4호, 2001, 법무부, 23-44 등.
96) 대법원 2016.3.10. 선고 2012다105482 판결.

개인의 정보자기결정권을 핵심으로 하는 개인정보의 보호가 헌법적 요구라면 이를 구현하는 것은 당연한 입법권자의 책무이며, 만일 입법권자가 이를 제대로 보장하지 않는다면 위헌적 입법부작위라는 헌법적 책임을 면하기 어려울 것이다. 1994년 초 제정된 공공기관의 개인정보보호에 관한 법률은 바로 그와 같은 헌법상 입법의무를 이행한 결과라고 볼 수 있었다.[97]

그러나 이후 예상을 넘는 속도와 양상으로 정보사회가 진전됨에 따라 개인정보 문제가 다시금 사회적·정책적 현안으로 대두되었다. 정보사회의 고도화와 개인정보의 경제적 가치 증대로 사회 모든 영역에 걸쳐 개인정보의 수집과 이용이 보편화되고 있음에도 불구하고, 국가사회 전반을 규율하는 개인정보 보호원칙과 개인정보 처리기준이 마련되지 않아 개인정보 보호의 사각지대가 발생하였기 때문이다. 더욱이 개인정보의 유출·오용·남용 등 개인정보 침해 사례 등 국민의 프라이버시 침해는 물론 명의도용, 전화사기 등 정신적·금전적 피해를 초래하는 일이 빈발하였다. 특히 2000년대 들어 정부가 전자정부 구축작업을 강력하게 추진해 감에 따라 전자정부에 있어 개인정보 침해가능성에 대한 우려가 가중되기 시작했고 그 과정에서 개인정보 보호 문제의 중요성이 더욱 더 심각하게 부각되었다.

전자정부법은 '전자정부의 원칙'의 하나로 개인정보 및 사생활의 보호를 포함시킨 제4조 제1항 제4호, 당사자 의사에 반한 개인정보 사용을 금지한 같은 조 제4항, 개인정보가 포함된 행정정보 공동이용시 정보주체 사전동의를 요구한 제42조 제1항, 공동이용한 행정정보 중 본인에 관한 행정정보에 대한 정보주체의 열람청구권을 인정한 제43조 제1항 등에서 개인정보를 보호해 왔으나 개인정보의 포괄적 안전판 마련에 대한 사회적 요구를 충족시킬 수는 없었다.

이러한 배경에서 공공부문과 민간부문을 망라하여 국제 수준에 부합하는 개인정보 처리원칙 등을 수립하고 개인정보 침해로 인한 피해 구제를 강화한 공백 없는 포괄적 개인정보보호법의 제정이 절실히 요청되었다. 개인정보보호법은 10년 이상의 논의와 수년간의 입법과정을 거쳐 2011년 3월 11일 국회 본회의를 통과함으로써 마침내 제정을 보게 되었다. 이로써 종래 공공부문에서 개인정보를 보호해 왔던 공공기관의 개인정보보호에 관한 법률은 폐지되었다.

개인정보의 보호와 이를 구현하기 위한 입법적 실천은 유비쿼터스 시대 정보사회와 전자정부의 마그나카르타를 정초하는 의미를 가진다는 점에서 크게 환영할 만한 일이다. 새로 제정된 개인정보보호법은 종전의 공공기관의 개인정보보호에 관한 법률이나 정보통신망 이용

---

97) 현실적으로 이 법률의 제정은, 물론 전술한 정보사회종합대책의 법령정비안의 내용으로 계획되었던 것이지만, 무엇보다도 공공기관이 보유한 개인정보의 남용가능성이 제14대 국회의원선거운동과정에서 불거져 비판여론이 빗발쳤던 것을 배경으로 하고 있다. 이에 관해서는 홍준형, 정보공개청구권과 정보공개법, 법과 사회 제6호, 98이하를 참조.

촉진 및 정보보호 등에 관한 법률에 비해 정보주체의 권리 보장 강화, 집단분쟁조정 및 개인정보단체소송 제도 도입, 추진체계 강화 등 주목할 만한 제도개선을 가져온 입법적 성과로서 우리나라 개인정보 보호 수준을 획기적으로 높일 수 있는 제도 기반을 구축한 것으로 평가된다.

Ⅱ. 개인정보보호법에 의한 개인정보의 보호

1. 의   의

구 「공공기관의 개인정보보호에 관한 법률」을 대치하여 제정된 개인정보보호법은 정보의 자유와 알 권리의 보호를 위한 가장 주목되는 입법적 성과이다. 이 법률은 '개인정보의 처리 및 보호에 관한 사항을 정함으로써 개인의 자유와 권리를 보호하고, 나아가 개인의 존엄과 가치를 구현함'을 목적으로 천명하고 있다. 개인정보보호법은 개인정보에 관한 일반법이다.

여기서 '개인정보'란 '살아 있는 개인에 관한 정보로서 성명, 주민등록번호 및 영상 등을 통하여 개인을 알아볼 수 있는 정보($\frac{해당 정보만으로는 특정 개인을 알아볼 수 없더라도 다}{른 정보와 쉽게 결합하여 알아볼 수 있는 것을 포함한다}$)'를 말한다($^{§\,2}_{i}$).[98] 개인정보의 보호에 관하여는 정보통신망 이용촉진 및 정보보호 등에 관한 법률, 신용정보의 이용 및 보호에 관한 법률 등 다른 법률에 특별한 규정이 있는 경우를 제외하고는 이 법에서 정하는 바에 따르도록 되어 있다($^{§\,6}$).

2. 적용범위

개인정보보호법은 그 인적 적용범위를 공공·민간 부문을 묻지 아니 하고 개인정보처리자 일반으로 확장하고 있다($^{§\,2}_{v}$). 즉, 공공기관뿐 아니라 법인, 단체 및 개인 등 개인정보를 처리하는 자는 모두 이 법을 준수하도록 하고, 전자적으로 처리되는 개인정보 외에 수기(手記) 문서까지 개인정보의 보호범위에 포함시키고 있다. 그동안 개인정보 보호 관련 법률의 적용을 받지 않았던 사각지대를 해소하여 국가사회 전반의 개인정보 보호수준을 제고하려는 취지이다.

이 법의 주된 수범자는 '개인정보처리자'이다. 개인정보처리자란 업무를 목적으로 개인정보파일을 운용하기 위하여 스스로 또는 다른 사람을 통하여 개인정보를 처리하는 공공기관, 법인, 단체 및 개인 등을 말한다($^{§\,2}_{v}$). 여기서 개인정보의 '처리'란 개인정보의 수집, 생성, 기록, 저장, 보유, 가공, 편집, 검색, 출력, 정정(訂正), 복구, 이용, 제공, 공개, 파기(破棄), 그

---

98) 개인정보의 개념 정의는 종래 용어를 순화시킨 것을 제외하면 구 공공기관의 개인정보보호에 관한 법률 제2조 제2호와 대동소이하다.

밖에 이와 유사한 행위를 말하며($^{\S\,2}_{ii}$), '개인정보파일'이란 개인정보를 쉽게 검색할 수 있도록 일정한 규칙에 따라 체계적으로 배열하거나 구성한 개인정보의 집합물(集合物)을 말한다($^{\S\,2}_{iv}$). 그리고 '공공기관'이란 다음과 같은 기관들을 말한다($^{\S\,2}_{vi}$).

　가. 국회, 법원, 헌법재판소, 중앙선거관리위원회의 행정사무를 처리하는 기관, 중앙행정기관(대통령 소속 기관과 국무총리 소속 기관을 포함한다) 및 그 소속 기관, 지방자치단체
　나. 그 밖의 국가기관 및 공공단체 중 대통령령으로 정하는 기관

한편 법은 보칙에서 일정한 사항에 관하여 법의 적용을 배제하는 조항을 두고 있다. 이에 따르면, 첫째, 다음 어느 하나의 개인정보에 관하여는 제3장부터 제7장까지의 조항, 즉, 제3장 개인정보의 처리, 제4장 개인정보의 안전한 관리, 제5장 정보주체의 권리 보장, 제6장 개인정보 분쟁조정위원회, 제7장 개인정보 단체소송에 관한 조항들을 적용하지 아니 한다($^{\S\,58}_{①}$).

1. 공공기관이 처리하는 개인정보 중 「통계법」에 따라 수집되는 개인정보
2. 국가안전보장과 관련된 정보 분석을 목적으로 수집 또는 제공 요청되는 개인정보
3. 공중위생 등 공공의 안전과 안녕을 위하여 긴급히 필요한 경우로서 일시적으로 처리되는 개인정보
4. 언론, 종교단체, 정당이 각각 취재·보도, 선교, 선거 입후보자 추천 등 고유 목적을 달성하기 위하여 수집·이용하는 개인정보

개인정보처리자는 위 각 호에 따라 개인정보를 처리하는 경우에도 그 목적을 위하여 필요한 범위에서 최소한의 기간에 최소한의 개인정보만을 처리하여야 하며, 개인정보의 안전한 관리를 위하여 필요한 기술적·관리적 및 물리적 보호조치, 개인정보의 처리에 관한 고충처리, 그 밖에 개인정보의 적절한 처리를 위하여 필요한 조치를 마련하여야 한다($^{\S\,58}_{④}$).

둘째, 법 제25조 제1항 각 호에 따라 공개된 장소에 영상정보처리기기를 설치·운영하여 처리되는 개인정보에 대하여는 제15조·제22조·제27조 제1항 및 제2항, 제34조 및 제37조의 적용이 배제된다($^{\S\,58}_{②}$).

끝으로, 개인정보처리자가 동창회, 동호회 등 친목 도모를 위한 단체를 운영하기 위하여 개인정보를 처리하는 경우에는 제15조·제30조, 제31조를 적용하지 아니 한다($^{\S\,58}_{③}$).

3. 개인정보 보호의 원칙

개인정보보호법은 제3조에서 개인정보 보호의 원칙을 천명하고 있다.[99] OECD 개인정보

---

[99] 이 조항은 구 공공기관의 개인정보보호에 관한 법률의 제3조의2(2007년 5월 17일 개정법률에서 신설된 조항)에 비해, 다음에 보는 OECD 개인정보보호 8원칙의 내용을 더 충실히 반영하여 확대하였다.

보호 8원칙을 참조하여 만들어진 이 원칙들은 개인정보 보호에 관한 일반법적 지위에서 모든 분야에서의 개인정보 보호를 향도하는 효력을 가진다는 점에서 각별한 의미가 있다.

OECD 개인정보보호 8원칙 •• 정보통신기술의 비약적 발전에 따라 개인정보 보호를 위한 국제적 통일규범 형성을 위한 노력이 전개되었고 그 과정에서 나온 OECD의 개인정보보호 8원칙은 가장 선도적이고 두드러진 성과였다.[100] OECD 위원회는 1980년 9월에 "프라이버시보호와 개인정보의 국가간 유통에 관한 가이드라인(Guidelines on Privacy and Transborder the Protection ofFlows of Personal Information)"을 채택하여 개인정보의 보호와 유통에 관한 국제적 기준을 제시하였다.[101] 이 OECD 지침은 '개인정보 보호'와 '정보의 자유로운 유통'이라는 서로 상충하는 목표를 조화시키려는 의도,[102] 즉, 회원국들간 전자상거래 촉진을 위해 개인정보의 보호가 선행되어야 하지만, 과도한 개인정보보호가 회원국의 경제발전에 역기능으로 작용하지 않도록 해야 한다는 취지에서 제정되었다.[103] OECD가 제시한 가이드라인의 8개 원칙은 다음과 같다:[104]

① 수집제한의 원칙(Collection limitation principle): 개인정보는 정보주체가 인식 또는 동의를 거쳐 합법적인 방법으로 수집되어야 한다.

② 데이터 품질의 원칙(Data quality principle): 수집되는 개인정보는 그 사용목적을 위해 필요한 만큼 정확한 것이어야 한다.

③ 목적 구체화의 원칙(Purpose specification principle): 개인정보의 수집 목적은 사전에 구체적으로 정해져 있어야 한다.

④ 이용제한의 원칙(Use limitation principle): 정보주체의 동의가 있거나 합법적인 근거가 있는 경우를 제외하고 다른 목적으로 이용되거나 공개되어서는 안 된다.

⑤ 안전성 확보의 원칙(Security safeguards principle): 개인정보는 침해의 위험으로부터 합리적인 보안장치에 의해 보호되어야 한다.

⑥ 공개의 원칙(Openness principle): 모집된 개인정보의 존재 및 관리에 관한 정책은 일반적으로 공개되어야 하고 그 관리자의 신상 또한 즉시 확인 및 공개되어야 한다.

⑦ 개인 참여의 원칙(Individual participation principle): 정보주체는 ⓐ 데이터관리자(data controller)로부터 직접 또는 그 밖의 다른 방법으로 그가 자신에 관한 데이터를 갖고 있는지를 확인할 수 있는 권리, ⓑ 자신에 관한 데이터를, 상당한 시간 안에 과도하지 않은 비용으로 합리적인 방법에 따라 그리고 자신이 용이하게 알 수 있는 형태로, 전달받을 수 있는 권리, ⓒ 위와 같은 권리에 따른 요구가 거부되는 경우 그 이유를 제시 받을 수 있는 권리, 그리고 그와 같은 거부결정에 이의를 제기하여 다툴 수 있는 권리, ⓓ 자신에 관한 데이터에 이의를 제기할 수 있는 권리, 그리고 그러한 이의제기가 성공할 경우 자신에 관한 데이터를 삭제·정정·보완·수정할 수 있는 권리가 부여되어야 한다.

100) 현대호, 인터넷상의 정보보호에 관한 법제연구, 한국법제연구원, 2000, 29.
101) http://www.it.ojp.gov/documents/OECD_FIPs.pdf. 2010년은 이 지침의 30주년이 되는 해이다. 그간의 성과에 관해서는 http://www.oecd.org/document/35/0,3343,en_2649_34255_44488739_1_1_1_1,00.html을 참조.
102) Wacks, Raymond, Personal Information, Clarendon Press, 1989, 207.
103) Marc Retenberg, The Privacy Law Sourcebook 2002, United States Law, International Law, International Law, and Recent Developments, Electronic Privacy Information Center, 2002, 325.
104) 이에 관해서는 홍준형 외, "개인정보보호법제 정비를 위한 기본법 제정방안 연구", 한국전산원, 2004.10.29, 66이하를 참조.

⑧ 책임의 원칙$\binom{\text{Accountability}}{\text{principle}}$: 정보관리자는 위에서 설명된 원칙들에 영향을 주는 조치들에 수반되는 책임을 져야 한다.

EU 개인정보보호 지침 ●● 개인정보보호에 관한 국제 규범과 관련하여 EU 데이터보호 지침$\binom{\text{E.U. Data Protection}}{\text{Directive: 95/46/EC}}$이 주목된다.[105] EU 지침은 OECD 가이드라인과는 달리, 적용범위를 기본적으로 자동화된 수단에 의한 개인정보의 처리에 한정하고 민감한 개인정보의 수집을 원칙적으로 금지하며, 독립적 개인정보보호기구를 설립하여 개인정보처리를 관리·감독하도록 하고 개인정보의 제3국 이전에 엄격한 제한을 가하는 등 차이를 보이지만, OECD 가이드라인의 개인정보보호 8원칙의 내용을 대부분 수용하고 있다. 특히 EU 지침은 제25조에서 회원국 외 제3국이 동 지침에서 정한 적절한 개인정보보호 수준을 갖추지 못한 경우에는 개인정보를 해당 국가에 이전하지 못하도록 하고 있어 '프라이버시 라운드'$\binom{\text{Privacy}}{\text{Round}}$라 불리며 사실상 무역장벽과 같은 영향을 미치고 있다. 1995년 EU 지침이 등장한 후, 각국은 이 지침에 부합하는 수준의 개인정보보호 대책을 마련하여 EU로부터 개인정보를 이전해도 무방한 국가로 승인을 받고자 노력하였다. 일례로 미국은 EU와의 협의를 통해 EU와 미국 간 정보교류 협약, 즉 '세이프하버협약'$\binom{\text{안전 피난처 협약:}}{\text{Safe Harbor Principles}}$을 체결하여[106] 미국의 인터넷 기업 등이 유럽연합$(^{\text{EU}})$ 시민의 개인정보를 미국으로 전송할 수 있게 하였다. 2015년 10월 6일 유럽사법재판소$(^{\text{ECJ}})$는 이 협약$\binom{\text{Safe Harbor}}{\text{Privacy Principles}}$을 무효화하였고[107] 이후 EU와 미국 간 협상 결과 '세이프하버협약'을 대체한 '프라이버시 쉴드'$\binom{\text{Privacy}}{\text{Shield}}$ 협약을 체결하였다. EU 개인정보보호지침의 주요내용은 아래와 같다:[108]

〈EU 개인정보보호 지침의 개요〉

적용범위	• 물적 범위: 자동처리되는 개인정보 및 구조화된 파일링 시스템에 포함되는 개인정보 • 인적 범위: 자연인의 개인정보
적용제외영역	• 국가안보, 공공의 안전 및 방위를 위한 개인정보 처리 • 형사법 영역에서의 개인정보 처리 • 서신왕래와 같은 지극히 개인적이고 사적인 목적의 개인정보 처리 • 언론보도, 문학, 예술적 표현을 위한 개인정보 처리

---

105) 회원국들의 지침 이행현황에 대해서는 Status of implementation of Directive 95/46 on the Protection of Individuals with regard to the Processing of Personal Data(http://ec.europa.eu/justice/policies/privacy/law/implementation_en.htm)를 참조.

106) 세이프하버원칙에 대해서는 황종성 외, "전자정부시대 개인정보보호법제 정립방안 연구"(정부혁신지방분권위원회·한국전산원), 2004.12.31, 56, 64-65를 참조.

107) 2000/520/EC: Commission Decision of 26 July 2000 pursuant to Directive 95/46/EC of the European Parliament and of the Council on the adequacy of the protection provided by the safe harbour privacy principles and related frequently asked questions issued by the US Department of Commerce (notified under document number C(2000) 2441), accessed 1 November 2015. 이에 관해서는 Vera Jourova, "Commissioner Jourová's remarks on Safe Harbour EU Court of Justice judgement before the Committee on Civil Liberties, Justice and Home Affairs (LIBE)", 26 October 2015를 참조.

108) 홍준형 외, "개인정보보호법제 정비를 위한 기본법 제정방안 연구", 한국전산원, 2004.10.29, 68이하; 방동희·김현경, 개인정보보호의 법적쟁점과 해결과제, 정보화정책 이슈 04-정책-11(한국전산원), 2004.8, 19이하; http://eur-lex.europa.eu/LexUriServ/LexUriServ.do?uri=CELEX:31995L0046:en:HTML 등을 참조.

정보처리자의 의무	• 공정하고 적법한 개인정보의 처리 • 정보처리목적은 명확하고 합법적이어야 하며 정보의 수집시 결정되어야 하고 수집과 더불어 처리목적이 명시되어야 함 • 처리되고 있는 정보와 처리목적과의 적절성과 관련성, 비례성 유지 • 개인정보의 정확성과 최신성 확보 • 기술적, 조직적 보안조치 확보 • 감독기구에 정보처리에 대하여 고지
정보주체의 권리	• 정보처리의 전반적인 사항에 대하여 통지받을 권리 • 정보처리에 대하여 협의할 권리 • 자신의 개인정보에 대해 수정을 요구할 권리 • 특정 상황에서의 개인정보 처리에 대하여 반대할 권리
제3국 정보 이전 금지	• 적절한 보호수준을 갖추지 않은 제3국으로의 개인정보 이전 금지; 단, 보호대상자가 정보이전에 동의한 경우, 정보대상자의 중대한 이익의 보호를 위해 필요한 전송인 경우 등 일정한 경우 예외 인정
독립기구의 설치	• 각 회원국이 채택한 규정의 적용에 대한 감시를 책임지며, 조사권, 개입권, 소송권 등 권한을 가진 독립적인 개인정보보호기구의 설치

3.1. 처리목적 명확성 및 수집 · 이용 제한의 원칙

개인정보처리자는 개인정보의 처리 목적을 명확하게 하여야 하고 그 목적에 필요한 범위 내에서 최소한의 개인정보만을 적법하고 정당하게 수집하여야 한다($\S_{①}^3$). 또한 개인정보처리 자는 개인정보의 처리 목적에 필요한 범위에서 적합하게 개인정보를 처리하여야 하며, 그 목 적 외의 용도로 활용해서는 아니 된다($\S_{②}^3$).

이는 OECD 8원칙 중 '목적 구체화의 원칙'($^{Purpose\ specification}_{principle}$), '수집제한의 원칙'($^{Collection\ limitation}_{principle}$) 및 '이용제한의 원칙'($^{Use\ limitation}_{principle}$)의 내용을 반영한 것이다.

3.2. 정확성 · 완전성 · 최신성 보장의 원칙

개인정보처리자는 개인정보의 처리 목적에 필요한 범위에서 개인정보의 정확성, 완전성 및 최신성이 보장되도록 하여야 한다($\S_{③}^3$). 이는 OECD 8원칙 중 '데이터 품질의 원칙'($^{Data\ quality}_{principle}$) 의 내용을 반영한 것이다.

3.3. 안전성 원칙

개인정보처리자는 개인정보의 처리 방법 및 종류 등에 따라 정보주체의 권리가 침해받을 가능성과 그 위험 정도를 고려하여 개인정보를 안전하게 관리하여야 한다($\S_{④}^3$). 이는 OECD 8원칙 중 '안전성 확보의 원칙'($^{Security\ safeguards}_{principle}$)의 내용을 반영한 것이다.

3.4. 공개 및 정보주체 권리보장의 원칙

개인정보처리자는 개인정보 처리방침 등 개인정보의 처리에 관한 사항을 공개하여야 하며, 열람청구권 등 정보주체의 권리를 보장하여야 한다($\S\frac{3}{5}$). 이는 OECD 8원칙 중 '공개의 원칙'($^{\text{Openness}}_{\text{principle}}$)과 '개인 참여의 원칙'($^{\text{Individual participation}}_{\text{principle}}$)의 내용을 반영한 것이다. 특히 '개인 참여의 원칙'은, 정보주체에게 ① 데이터관리자($^{\text{data}}_{\text{controller}}$)로부터 직접 또는 그 밖의 다른 방법으로 그가 자신에 관한 데이터를 갖고 있는지를 확인할 수 있는 권리, ② 자신에 관한 데이터를, 상당한 시간 안에 과도하지 않은 비용으로 합리적인 방법에 따라 그리고 자신이 용이하게 알 수 있는 형태로, 전달받을 수 있는 권리, ③ 위와 같은 권리에 따른 요구가 거부되는 경우 그 이유를 제시 받을 수 있는 권리, 그리고 그와 같은 거부결정에 이의를 제기하여 다툴 수 있는 권리, ④ 자신에 관한 데이터에 이의를 제기할 수 있는 권리, 그리고 그러한 이의제기가 성공할 경우 자신에 관한 데이터를 삭제·정정·보완·수정할 수 있는 권리가 인정되어야 한다는 내용으로 되어 있는데, 그 내용이 충실히 반영되어야 할 것이다.

3.5. 사생활 침해 최소화의 원칙

개인정보처리자는 정보주체의 사생활 침해를 최소화하는 방법으로 개인정보를 처리하여야 한다($\S\frac{3}{6}$). 개인정보를 처리함에 있어 정보주체의 사생활 침해가 초래될 경우 가능한 한 그 침해를 최소화하는 방법을 택해야 한다는 것은 개인정보 보호의 관점에서 볼 때 극히 당연한 요구라 할 수 있다. 법이 이러한 사생활 침해 최소화를 개인정보 보호의 원칙으로 명시한 것은 OECD 8원칙보다 진일보한 내용이다. 법은 나아가 '개인정보처리자는 개인정보의 익명처리가 가능한 경우에는 익명에 의하여 처리될 수 있도록 하여야 한다'고 규정하고 있는데($\S\frac{3}{7}$), 이 역시 같은 맥락에서 비롯된 원칙이라고 볼 수 있다.

3.6. 책임의 원칙

개인정보처리자는 이 법 및 관계 법령에서 규정하고 있는 책임과 의무를 준수하고 실천함으로써 정보주체의 신뢰를 얻기 위하여 노력하여야 한다($\S\frac{3}{8}$). 이는 OECD 8원칙 중 '책임의 원칙'($^{\text{Accountability}}_{\text{principle}}$)의 내용을 좀 더 구체화하여 반영한 것이다.

4. 정보주체의 권리와 국가등의 책무

4.1. 정보주체의 권리

법은 제4조에서 정보주체의 권리를 명시하고 있다. '정보주체'의 개념은 제2조에서 정의되어 있는데, '처리되는 정보에 의하여 알아볼 수 있는 사람으로서 그 정보의 주체가 되는 사람'을 말한다($^{\S\,2}_{\,\mathrm{iii}}$). 법 제4조에 따르면, 정보주체는 자신의 개인정보 처리와 관련하여 다음과 같은 권리를 가진다.

1. 개인정보의 처리에 관한 정보를 제공받을 권리
2. 개인정보의 처리에 관한 동의 여부, 동의 범위 등을 선택하고 결정할 권리
3. 개인정보의 처리 여부를 확인하고 개인정보에 대하여 열람($^{사본의\ 발급}_{을\ 포함한다}$)을 요구할 권리
4. 개인정보의 처리 정지, 정정·삭제 및 파기를 요구할 권리
5. 개인정보의 처리로 인하여 발생한 피해를 신속하고 공정한 절차에 따라 구제받을 권리

이들 권리는 '정보주체의 권리보장'에 관한 제5장($^{\S\S\ 35-}_{39}$)에서 더욱 구체화되고 있다.

4.2. 국가·지방자치단체의 책무

법은 제5조에서 국가와 지방자치단체에게 개인정보보호의 책무를 부과하고 있다. 이에 따르면, 국가와 지방자치단체는 첫째, 개인정보의 목적 외 수집, 오용·남용 및 무분별한 감시·추적 등에 따른 폐해를 방지하여 인간의 존엄과 개인의 사생활 보호를 도모하기 위한 시책을 강구하여야 하며($^{\S\,5}_{①}$), 둘째, 제4조에 따른 정보주체의 권리를 보호하기 위하여 법령의 개선 등 필요한 시책을 마련하여야 한다($^{\S\,5}_{②}$). 셋째, 개인정보의 처리에 관한 불합리한 사회적 관행을 개선하기 위하여 개인정보처리자의 자율적인 개인정보 보호활동을 존중하고 촉진·지원하여야 한다($^{\S\,5}_{③}$). 끝으로 개인정보의 처리에 관한 법령 또는 조례를 제정하거나 개정하는 경우에는 이 법의 목적에 부합되도록 하여야 한다($^{\S\,5}_{④}$).

5. 개인정보보호기구 및 개인정보 보호정책의 수립·추진 등

5.1. 개인정보보호기구

5.1.1. 개인정보보호위원회의 설치

법은 제7조와 제8조에서 개인정보 보호정책의 추진체계로서 '개인정보보호위원회'라는 심의·의결기능을 가지는 합의제기관을 설치하도록 하고 있다. 개인정보보호위원회를 어디에

설치할 것인지, 독립성을 어떻게 보장할 것인지 등 추진체계를 둘러싼 이견이 그동안 개인정보보호법의 입법을 지연시킨 가장 중요한 요인이었다. 특히 국회 입법과정에서 재연된 이 논란은 개인정보 보호에 관한 사항을 심의·의결하기 위하여 대통령 소속으로 개인정보 보호위원회를 두도록 함으로써 타결되었다. 이에 따라 개인정보 보호 기본계획, 법령 및 제도 개선 등 개인정보에 관한 주요 사항을 심의·의결하기 위하여 대통령 소속으로 위원장 1명, 상임위원 1명을 포함한 15명 이내의 위원으로 구성하는 개인정보 보호위원회를 설치하도록 하고, 개인정보 보호위원회에 사무국을 설치하도록 하였다. 이를 통해 개인정보 보호 정책에 관한 의사결정의 신중성·전문성·객관성을 기할 수 있을 것으로 기대되고 있다.

보호위원회는 그 권한에 속하는 업무를 독립하여 수행하며($\S7\textcircled{1}$), 위원장 1명, 상임위원 1명을 포함한 15명 이내의 위원으로 구성하되, 상임위원은 정무직 공무원으로 임명한다($\S7\textcircled{2}$). 위원장은 위원 중에서 공무원이 아닌 사람으로 대통령이 위촉하고($\S7\textcircled{3}$), 위원은 다음 어느 하나에 해당하는 사람을 대통령이 임명하거나 위촉한다($\S7\textcircled{4}$전단). 위원 중 5명은 국회가 선출하는 자를, 5명은 대법원장이 지명하는 자를 임명하거나 위촉한다($\S7\textcircled{4}$후단).

1. 개인정보 보호와 관련된 시민사회단체 또는 소비자단체로부터 추천을 받은 사람
2. 개인정보처리자로 구성된 사업자단체로부터 추천을 받은 사람
3. 그 밖에 개인정보에 관한 학식과 경험이 풍부한 사람

위원장과 위원의 임기는 3년으로 하되, 1차에 한하여 연임할 수 있다($\S7\textcircled{5}$).

보호위원회의 회의는 위원장이 필요하다고 인정하거나 재적위원 4분의 1 이상의 요구가 있는 경우에 위원장이 소집한다($\S7\textcircled{6}$). 보호위원회는 재적위원 과반수의 출석과 출석위원 과반수의 찬성으로 의결한다($\S7\textcircled{7}$).

보호위원회의 사무를 지원하기 위하여 보호위원회에 사무국을 둔다($\S7\textcircled{8}$). 보호위원회의 조직과 운영에 필요한 사항은 대통령령으로 정한다($\S7\textcircled{9}$).

5.1.2. 개인정보보호위원회의 기능

보호위원회의 기능은 다음과 같은 사항을 심의·의결하는 것이다($\S8\textcircled{1}$).

1. 제8조의2에 따른 개인정보 침해요인 평가에 관한 사항
1의2. 제9조에 따른 기본계획 및 제10조에 따른 시행계획
2. 개인정보 보호와 관련된 정책, 제도 및 법령의 개선에 관한 사항
3. 개인정보의 처리에 관한 공공기관 간의 의견조정에 관한 사항
4. 개인정보 보호에 관한 법령의 해석·운용에 관한 사항

5. 제18조 제2항 제5호에 따른 개인정보의 이용·제공에 관한 사항
6. 제33조 제3항에 따른 영향평가 결과에 관한 사항
7. 제61조 제1항에 따른 의견제시에 관한 사항
8. 제64조 제4항에 따른 조치의 권고에 관한 사항
9. 제66조에 따른 처리 결과의 공표에 관한 사항
10. 제67조 제1항에 따른 연차보고서의 작성·제출에 관한 사항
11. 개인정보 보호와 관련하여 대통령 또는 보호위원회의 위원장 또는 위원 2명 이상이 회의에 부치는 사항
12. 그 밖에 이 법 또는 다른 법령에 따라 보호위원회가 심의·의결하는 사항

보호위원회는 위에 열거된 사항을 심의·의결하기 위하여 필요하면 관계 공무원, 개인정보 보호에 관한 전문 지식이 있는 사람이나 시민사회단체 및 관련 사업자로부터 의견을 들을 수 있고, 관계기관 등에 대하여 자료제출이나 사실조회를 요구할 수 있고($\frac{\S\,8}{②}$), 요구를 받은 관계 기관 등은 특별한 사정이 없으면 이에 응하여야 한다($\frac{\S\,8}{③}$).

보호위원회는 제1항 제2호에 따라 '개인정보 보호와 관련된 정책, 제도 및 법령의 개선에 관한 사항'을 심의·의결한 경우에는 관계 기관에 그 개선을 권고할 수 있고($\frac{\S\,8}{④}$), 그 권고 내용의 이행 여부를 점검할 수 있다($\frac{\S\,8}{⑤}$).

5.2. 개인정보 침해요인 평가

중앙행정기관의 장은 소관 법령의 제정 또는 개정을 통하여 개인정보 처리를 수반하는 정책이나 제도를 도입·변경하는 경우에는 보호위원회에 개인정보 침해요인 평가를 요청하여야 한다($\frac{\S\,8의}{2\;①}$). 보호위원회가 제1항에 따른 요청을 받은 때에는 해당 법령의 개인정보 침해요인을 분석·검토하여 그 법령의 소관기관의 장에게 그 개선을 위하여 필요한 사항을 권고할 수 있다($\frac{\S\,8의}{2\;②}$). 개인정보 침해요인 평가의 절차와 방법에 관하여 필요한 사항은 대통령령으로 정한다($\frac{\S\,8의}{2\;③}$).

5.3. 개인정보 보호 기본계획의 수립·시행 등

법은 제9조에서 개인정보의 보호와 정보주체의 권익 보장을 위하여 보호위원회가 3년마다 개인정보 보호 기본계획을 관계 중앙행정기관의 장과 협의하여 수립하도록 규정하고 있다($\frac{\S\,9}{①}$). 이는 종래 행정안전부장관 소관사항이었던 것을 보호위원회로 변경, 보호위원회의 기능을 강화시킨 법개정의 결과이다. 기본계획에는 다음 각 호의 사항이 포함되어야 한다($\frac{\S\,9}{②}$).

1. 개인정보 보호의 기본목표와 추진방향

2. 개인정보 보호와 관련된 제도 및 법령의 개선
3. 개인정보 침해 방지를 위한 대책
4. 개인정보 보호 자율규제의 활성화
5. 개인정보 보호 교육·홍보의 활성화
6. 개인정보 보호를 위한 전문인력의 양성
7. 그 밖에 개인정보 보호를 위하여 필요한 사항

국회, 법원, 헌법재판소, 중앙선거관리위원회는 해당 기관($_{을\ 포함한다}^{그\ 소속\ 기관}$)의 개인정보 보호를 위한 기본계획을 수립·시행할 수 있다($_{③}^{§9}$).

이러한 기본계획에 따라 중앙행정기관의 장은 매년 개인정보 보호를 위한 시행계획을 작성하여 보호위원회에 제출하고, 보호위원회의 심의·의결을 거쳐 시행하여야 한다($_{①}^{§10}$). 시행계획의 수립·시행에 필요한 사항은 대통령령으로 정한다($_{②}^{§10}$).

보호위원회는 기본계획을 효율적으로 수립·추진하기 위하여 개인정보처리자, 관계 중앙행정기관의 장, 지방자치단체의 장 및 관계 기관·단체 등에 개인정보처리자의 법규 준수 현황과 개인정보 관리 실태 등에 관한 자료의 제출이나 의견의 진술 등을 요구할 수 있다($_{①}^{§11}$). 이 역시 종래 행정안전부장관의 권한으로 되어 있던 것을 보호위원회 소관으로 이전한 법개정의 결과이다. 행정안전부장관은 개인정보 보호 정책 추진, 성과평가 등을 위하여 필요한 경우 개인정보처리자, 관계 중앙행정기관의 장, 지방자치단체의 장 및 관계 기관·단체 등을 대상으로 개인정보관리 수준 및 실태파악 등을 위한 조사를 실시할 수 있다($_{②}^{§11}$).

중앙행정기관의 장은 시행계획을 효율적으로 수립·추진하기 위하여 소관 분야의 개인정보처리자에게 위 제1항에 따른 자료제출 등을 요구할 수 있다($_{③}^{§11}$). 자료제출 등을 요구받은 자는 특별한 사정이 없으면 이에 따라야 하며($_{④}^{§11}$), 자료제출 등의 범위와 방법 등 필요한 사항은 대통령령으로 정한다($_{⑤}^{§11}$).

5.4. 개인정보 보호지침

법은 제12조에서 행정안전부장관으로 하여금 개인정보 보호지침을 제정하여 확산시킬 수 있도록 하였다. 즉, 행정안전부장관은 개인정보의 처리에 관한 기준, 개인정보 침해의 유형 및 예방조치 등에 관한 표준 개인정보 보호지침을 정하여 개인정보처리자에게 그 준수를 권장할 수 있다($_{①}^{§12}$).

중앙행정기관의 장은 표준지침에 따라 소관 분야의 개인정보 처리와 관련한 개인정보 보호지침을 정하여 개인정보처리자에게 그 준수를 권장할 수 있다($_{②}^{§12}$).

국회, 법원, 헌법재판소 및 중앙선거관리위원회는 해당 기관($_{을\ 포함한다}^{그\ 소속\ 기관}$)의 개인정보 보호지침을 정하여 시행할 수 있다($\frac{\S\,12}{③}$).

5.5. 자율규제의 촉진 및 지원

법은 개인정보보호를 위한 자율규제를 촉진하고 지원하기 위하여 행정안전부장관에게 개인정보처리자의 자율적인 개인정보 보호활동을 촉진하고 지원하기 위하여 다음에 열거된 바에 따라 필요한 시책을 마련하도록 의무를 부과하고 있다($\S\,13$).

1. 개인정보 보호에 관한 교육・홍보
2. 개인정보 보호와 관련된 기관・단체의 육성 및 지원
3. 개인정보 보호 인증마크의 도입・시행 지원
4. 개인정보처리자의 자율적인 규약의 제정・시행 지원
5. 그 밖에 개인정보처리자의 자율적 개인정보 보호활동을 지원하기 위하여 필요한 사항

5.6. 국제협력

법은 국제협력을 촉진하려는 취지에서 정부에게 국제적 환경에서의 개인정보 보호 수준을 향상시키기 위하여 필요한 시책과($\frac{\S\,14}{①}$), 개인정보 국외 이전으로 인하여 정보주체의 권리가 침해되지 아니하도록 관련 시책을 마련하여야 할 책무를 부여하였다($\frac{\S\,14}{②}$).

6. 개인정보의 처리

6.1. 개 설

법은 개인정보의 수집, 이용, 제공, 파기에 이르는 각 단계별로 개인정보처리자가 준수하여야 할 처리기준을 구체적으로 규정하여 개인정보가 그 처리과정에서부터 잘 보호될 수 있도록 배려하고 있다. 이에 따라 개인정보를 수집, 이용하거나 제3자에게 제공할 경우에는 정보주체의 동의 등을 얻어야 하고, 개인정보의 수집・이용 목적의 달성 등으로 불필요하게 된 때에는 지체 없이 개인정보를 파기하도록 되어 있다. 그 내용을 살펴보면 다음과 같다.

6.2. 개인정보의 수집・이용, 제공 등

6.2.1. 개인정보의 수집・이용

개인정보처리자는 다음 각 호의 어느 하나에 해당하는 경우에는 개인정보를 수집할 수 있으며 그 수집 목적의 범위에서 이용할 수 있다($\frac{\S\,15}{①}$).

1. 정보주체의 동의를 받은 경우
2. 법률에 특별한 규정이 있거나 법령상 의무를 준수하기 위하여 불가피한 경우
3. 공공기관이 법령 등에서 정하는 소관 업무의 수행을 위하여 불가피한 경우
4. 정보주체와의 계약의 체결 및 이행을 위하여 불가피하게 필요한 경우
5. 정보주체 또는 그 법정대리인이 의사표시를 할 수 없는 상태에 있거나 주소불명 등으로 사전 동의를 받을 수 없는 경우로서 명백히 정보주체 또는 제3자의 급박한 생명, 신체, 재산의 이익을 위하여 필요하다고 인정되는 경우
6. 개인정보처리자의 정당한 이익을 달성하기 위하여 필요한 경우로서 명백하게 정보주체의 권리보다 우선하는 경우. 이 경우 개인정보처리자의 정당한 이익과 상당한 관련이 있고 합리적인 범위를 초과하지 아니하는 경우에 한한다.

개인정보처리자는 제1항 제1호에 따른 동의를 받을 때에는 다음 각 호의 사항을 정보주체에게 알려야 한다($\S 15^{②}_{전단}$). 다음 각 호의 어느 하나의 사항을 변경하는 경우에도 이를 알리고 동의를 받아야 한다($\S 15^{②}_{후단}$).

1. 개인정보의 수집·이용 목적
2. 수집하려는 개인정보의 항목
3. 개인정보의 보유 및 이용 기간
4. 동의를 거부할 권리가 있다는 사실 및 동의 거부에 따른 불이익이 있는 경우에는 그 불이익의 내용

6.2.2. 개인정보의 수집 제한

법은 개인정보의 수집을 비례원칙의 한 요소인 필요최소한의 원칙에 의해 제한하고 있다. 즉, 개인정보처리자는 제15조 제1항 각 호의 어느 하나에 해당하여 개인정보를 수집하는 경우에는 그 목적에 필요한 최소한의 개인정보를 수집하여야 한다($\S 16^{①}_{전단}$). 이 경우 최소한의 개인정보 수집이라는 입증책임은 개인정보처리자가 부담한다($\S 16^{①}_{후단}$). 개인정보처리자는 정보주체의 동의를 받아 개인정보를 수집하는 경우 필요한 최소한의 정보 외의 개인정보 수집에는 동의하지 아니할 수 있다는 사실을 구체적으로 알리고 개인정보를 수집하여야 한다($\S 16^{②}$).

개인정보처리자는 정보주체가 필요한 최소한의 정보 외의 개인정보 수집에 동의하지 아니 한다는 이유로 정보주체에게 재화 또는 서비스의 제공을 거부하여서는 아니 된다($\S 16^{③}$).

6.2.3. 개인정보의 제공

개인정보처리자는 다음 각 호의 어느 하나에 해당되는 경우에는 정보주체의 개인정보를 제3자에게 제공($^{공유를}_{포함한다}$ 포)할 수 있다($\S 17^{①}$).

1. 정보주체의 동의를 받은 경우
2. 제15조 제1항 제2호·제3호 및 제5호에 따라 개인정보를 수집한 목적 범위에서 개인정보를 제
   공하는 경우

개인정보처리자는 제1항 제1호에 따른 동의를 받을 때에는 다음 각 호의 사항을 정보주체에게 알려야 한다($^{§\,17}_{전단}$②). 다음 각 호의 어느 하나의 사항을 변경하는 경우에도 이를 알리고 동의를 받아야 한다($^{§\,17}_{후단}$②).

1. 개인정보를 제공받는 자
2. 개인정보를 제공받는 자의 개인정보 이용 목적
3. 제공하는 개인정보의 항목
4. 개인정보를 제공받는 자의 개인정보 보유 및 이용 기간
5. 동의를 거부할 권리가 있다는 사실 및 동의 거부에 따른 불이익이 있는 경우에는 그 불이익의
   내용

개인정보처리자가 개인정보를 국외의 제3자에게 제공할 때에는 제2항 각 호에 따른 사항을 정보주체에게 알리고 동의를 받아야 하며, 이 법을 위반하는 내용으로 개인정보의 국외 이전에 관한 계약을 체결해서는 아니 된다($^{§\,17}_{③}$).

6.2.4. 개인정보의 이용 · 제공 제한

개인정보처리자는 개인정보를 제15조 제1항에 따른 범위를 초과하여 이용하거나 제17조 제1항 및 제3항에 따른 범위를 초과하여 제3자에게 제공해서는 아니 된다($^{§\,18}_{①}$).

제1항에도 불구하고 개인정보처리자는 다음 각 호의 어느 하나에 해당하는 경우에는 정보주체 또는 제3자의 이익을 부당하게 침해할 우려가 있을 때를 제외하고는 개인정보를 목적 외의 용도로 이용하거나 이를 제3자에게 제공할 수 있다($^{§\,18}_{전단}$②). 다만, 제5호부터 제9호까지의 경우는 공공기관의 경우로 한정한다($^{§\,18}_{후단}$②).

1. 정보주체로부터 별도의 동의를 받은 경우
2. 다른 법률에 특별한 규정이 있는 경우
3. 정보주체 또는 그 법정대리인이 의사표시를 할 수 없는 상태에 있거나 주소불명 등으로 사전 동의를 받을 수 없는 경우로서 명백히 정보주체 또는 제3자의 급박한 생명, 신체, 재산의 이익을 위하여 필요하다고 인정되는 경우
4. 통계작성 및 학술연구 등의 목적을 위하여 필요한 경우로서 특정 개인을 알아볼 수 없는 형태로 개인정보를 제공하는 경우
5. 개인정보를 목적 외의 용도로 이용하거나 이를 제3자에게 제공하지 아니하면 다른 법률에서 정하는 소관 업무를 수행할 수 없는 경우로서 보호위원회의 심의·의결을 거친 경우

6. 조약, 그 밖의 국제협정의 이행을 위하여 외국정부 또는 국제기구에 제공하기 위하여 필요한 경우

7. 범죄의 수사와 공소의 제기 및 유지를 위하여 필요한 경우

8. 법원의 재판업무 수행을 위하여 필요한 경우

9. 형(刑) 및 감호, 보호처분의 집행을 위하여 필요한 경우

개인정보처리자는 제2항 제1호에 따른 동의를 받을 때에는 다음 각 호의 사항을 정보주체에게 알려야 한다($\S\frac{18}{전단}$③). 다음 각 호의 어느 하나의 사항을 변경하는 경우에도 이를 알리고 동의를 받아야 한다($\S\frac{18}{후단}$③).

1. 개인정보를 제공받는 자

2. 개인정보의 이용 목적(제공 시에는 제공받는 자의 이용 목적을 말한다)

3. 이용 또는 제공하는 개인정보의 항목

4. 개인정보의 보유 및 이용 기간(제공 시에는 제공받는 자의 보유 및 이용 기간을 말한다)

5. 동의를 거부할 권리가 있다는 사실 및 동의 거부에 따른 불이익이 있는 경우에는 그 불이익의 내용

공공기관은 제2항 제2호부터 제6호까지, 제8호 및 제9호에 따라 개인정보를 목적 외의 용도로 이용하거나 이를 제3자에게 제공하는 경우에는 그 이용 또는 제공의 법적 근거, 목적 및 범위 등에 관하여 필요한 사항을 행정안전부령으로 정하는 바에 따라 관보 또는 인터넷 홈페이지 등에 게재하여야 한다($\S\frac{18}{④}$).

개인정보처리자는 제2항 각 호의 어느 하나의 경우에 해당하여 개인정보를 목적 외의 용도로 제3자에게 제공하는 경우에는 개인정보를 제공받는 자에게 이용 목적, 이용 방법, 그 밖에 필요한 사항에 대하여 제한을 하거나, 개인정보의 안전성 확보를 위하여 필요한 조치를 마련하도록 요청하여야 한다($\S\frac{18}{전단}$⑤). 이 경우 요청을 받은 자는 개인정보의 안전성 확보를 위하여 필요한 조치를 하여야 한다($\S\frac{18}{후단}$⑤).

6.2.5 개인정보를 제공받은 자의 이용·제공 제한

개인정보처리자로부터 개인정보를 제공받은 자는 다음 각 호의 어느 하나에 해당하는 경우를 제외하고는 개인정보를 제공받은 목적 외의 용도로 이용하거나 이를 제3자에게 제공해서는 아니 된다($\S$ 19).

1. 정보주체로부터 별도의 동의를 받은 경우

2. 다른 법률에 특별한 규정이 있는 경우

구 「공공기관의 개인정보보호에 관한 법률」 제11조는 '개인정보의 처리를 행하는 공공기관의 직원이나 직원이었던 자 또는 공공기관으로부터 개인정보의 처리업무를 위탁받아 그 업무에 종사하거나 종사하

였던 자는 직무상 알게 된 개인정보를 누설 또는 권한 없이 처리하거나 타인의 이용에 제공하는 등 부당한 목적을 위하여 사용하여서는 아니 된다'고 규정하여 개인정보취급자의 의무를 강화한 바 있었다($^{§\,11}$).

그러나 판례는 이 조항을 엄격하게 제한적으로 해석하였다:

"법 제11조는 "개인정보의 처리를 행하는 공공기관의 직원이나 직원이었던 자 또는 공공기관으로부터 개인정보의 처리업무를 위탁받아 그 업무에 종사하거나 종사하였던 자는 직무상 알게 된 개인정보를 누설 또는 권한 없이 처리하거나 타인의 이용에 제공하는 등 부당한 목적을 위하여 사용하여서는 아니 된다"고 규정하고 있고, 법 제23조 제2항은 "제11조의 규정을 위반하여 개인정보를 누설 또는 권한 없이 처리하거나 타인의 이용에 제공하는 등 부당한 목적으로 사용한 자는 3년 이하의 징역 또는 1,000만 원 이하의 벌금에 처한다"고 규정하고 있는바, 문리해석상 법 제11조의 '개인정보의 처리를 행하는'이라는 문언과 '공공기관의'라는 문언이 함께 '직원이나 직원이었던 자'를 수식하는 것으로 해석하여야 할 것이고, 한편 법 제11조는 개인정보의 처리를 행하는 공공기관의 직원 등이 직무상 알게 된 개인정보를 누설하는 등의 행위를 하는 것을 금지하고 있을 뿐 그러한 자로부터 개인정보를 건네받은 타인이 그 개인정보를 이용하는 행위를 금지하는 것은 아니므로, 결국 법 제23조 제2항은 개인정보의 처리를 행하는 직원 등이 개인정보를 누설하거나 타인에게 이를 이용하게 하는 행위를 처벌할 뿐이고, **개인정보를 건네받은 타인이 이를 이용하는 행위는 위 규정조항에 해당되지 않는다고 볼 것이다.**"[109]

6.2.6. 정보주체 이외로부터 수집한 개인정보의 수집출처 등 고지

개인정보처리자가 정보주체 이외로부터 수집한 개인정보를 처리하는 때에는 정보주체의 요구가 있으면 즉시 다음 각 호의 모든 사항을 정보주체에게 알려야 한다($^{§\,20}_{①}$).

1. 개인정보의 수집 출처
2. 개인정보의 처리 목적
3. 제37조에 따른 개인정보 처리의 정지를 요구할 권리가 있다는 사실

제1항에도 불구하고 처리하는 개인정보의 종류·규모, 종업원 수 및 매출액 규모 등을 고려하여 대통령령으로 정하는 기준에 해당하는 개인정보처리자가 제17조 제1항 제1호에 따라 정보주체 이외로부터 개인정보를 수집하여 처리하는 때에는 제1항 각 호의 모든 사항을 정보주체에게 알려야 한다($^{§\,20\,②}_{본문}$). 다만, 개인정보처리자가 수집한 정보에 연락처 등 정보주체에게 알릴 수 있는 개인정보가 포함되지 아니한 경우에는 그러하지 아니하다($^{§\,20\,②}_{단서}$).

그러나 위 제1항과 제2항 본문은 다음 각 호의 어느 하나에 해당하는 경우에는 적용하지 아니한다. 다만, 이 법에 따른 정보주체의 권리보다 명백히 우선하는 경우에 한한다($^{§\,20}_{④}$).

1. 고지를 요구하는 대상이 되는 개인정보가 제32조 제2항 각 호의 어느 하나에 해당하는 개인정보파일에 포함되어 있는 경우

---

109) 대법원 2006.12.7. 선고 2006도6966 판결.

2. 고지로 인하여 다른 사람의 생명·신체를 해할 우려가 있거나 다른 사람의 재산과 그 밖의 이익을 부당하게 침해할 우려가 있는 경우

6.2.7. 개인정보의 파기

기간 경과, 처리 목적 달성 등 개인정보를 더 이상 보유해야 할 이유가 없게 된 경우에도 계속 개인정보를 보유하게 됨에 따라 개인정보의 오·남용이나 침해가 발생하는 경우가 적지 않다. 이러한 문제점에 대한 우려를 불식시킬 수 있으려면 개인정보처리자에게 파기의무를 부과하거나 정보주체에게 파기를 요구할 수 있는 권리를 부여하는 방안이 필요하다. 법은 여기서 일단 개인정보처리자에게 파기의무를 부과하는 방법을 택했다. 정보주체에게 제35조에 따른 자신의 개인정보 열람청구권과 제36조에 따른 개인정보 정정·삭제 요구권을 인정하고 있기 때문에[110] 양자는 서로 상응하는 의미를 가진다고 볼 수 있을 것이다.

개인정보처리자는 보유기간의 경과, 개인정보의 처리 목적 달성 등 그 개인정보가 불필요하게 되었을 때에는, 다른 법령에 따라 보존해야 하는 경우를 제외하고는, 지체 없이 그 개인정보를 파기하여야 한다($\S 21 \atop ①$). 개인정보처리자가 개인정보를 파기할 때에는 복구 또는 재생되지 아니하도록 조치하여야 한다($\S 21 \atop ②$).

개인정보처리자가 제1항 단서에 따라 개인정보를 파기하지 아니하고 보존해야 하는 경우에는 해당 개인정보 또는 개인정보파일을 다른 개인정보와 분리해서 저장·관리하여야 한다($\S 21 \atop ③$).

개인정보의 파기방법 및 절차 등에 필요한 사항은 대통령령으로 정한다($\S 21 \atop ④$).

6.2.8. 동의를 받는 방법

개인정보처리자는 이 법에 따른 개인정보의 처리에 대하여 정보주체(제5항에 따른 법정대리인을 포함한다)의 동의를 받을 때에는 각각의 동의 사항을 구분하여 정보주체가 이를 명확하게 인지할 수 있도록 알리고 각각 동의를 받아야 한다($\S 22 \atop ①$).

개인정보처리자는 제15조 제1항 제1호, 제17조 제1항 제1호, 제23조 제1호 및 제24조 제1항 제1호에 따라 개인정보의 처리에 대하여 정보주체의 동의를 받을 때에는 정보주체와의 계약 체결 등을 위하여 정보주체의 동의 없이 처리할 수 있는 개인정보와 정보주체의 동의가 필요한 개인정보를 구분하여야 한다($\S 22 \atop 전단②$). 이 경우 동의 없이 처리할 수 있는 개인정보라는 입증책임은 개인정보처리자가 부담한다($\S 22 \atop 후단②$).

개인정보처리자는 정보주체에게 재화나 서비스를 홍보하거나 판매를 권유하기 위하여 개

---

110) 개인정보 삭제요구권에도 예외가 있다. 즉, 다른 법령에 그 개인정보가 수집 대상으로 명시되어 있는 경우에는 그 삭제를 요구할 수 없다(§ 36 ① 단서).

인정보의 처리에 대한 동의를 받으려는 때에는 정보주체가 이를 명확하게 인지할 수 있도록 알리고 동의를 받아야 한다($\S_{③}^{22}$).

개인정보처리자는 정보주체가 제2항에 따라 선택적으로 동의할 수 있는 사항을 동의하지 아니하거나 제3항 및 제18조 제2항 제1호에 따른 동의를 하지 아니한다는 이유로 정보주체에게 재화 또는 서비스의 제공을 거부하여서는 아니 된다($\S_{④}^{22}$).

개인정보처리자는 만 14세 미만 아동의 개인정보를 처리하기 위하여 이 법에 따른 동의를 받아야 할 때에는 그 법정대리인의 동의를 받아야 한다($\S_{전단}^{22}$ ⑤). 이 경우 법정대리인의 동의를 받기 위하여 필요한 최소한의 정보는 법정대리인의 동의 없이 해당 아동으로부터 직접 수집할 수 있다($\S_{후단}^{22}$ ⑤).

제1항부터 제5항까지에서 규정한 사항 외에 정보주체의 동의를 받는 세부적인 방법 및 제5항에 따른 최소한의 정보의 내용에 관하여 필요한 사항은 개인정보의 수집매체 등을 고려하여 대통령령으로 정하도록 위임되어 있다($\S_{⑥}^{22}$).

6.3. 개인정보의 처리 제한

6.3.1. 개 설

법은 개인정보의 처리 제한에 관하여 민감정보의 처리 제한, 고유식별정보의 처리제한 강화, 영상정보처리기기의 설치·운영 제한 등을 규정하고 있다.

6.3.2. 민감정보의 처리 제한

개인정보 중에서도 특히 그 처리를 제한해야 할 필요성이 큰 경우가 민감정보라 할 수 있다. 그러한 견지에서 법은 민감정보의 처리를 비교적 엄격하게 제한하고 있다. 즉, 개인정보처리자는 사상·신념, 노동조합·정당의 가입·탈퇴, 정치적 견해, 건강, 성생활 등에 관한 정보, 그 밖에 정보주체의 사생활을 현저히 침해할 우려가 있는 개인정보로서 대통령령으로 정하는 정보(이하 "민감정보"라 한다)를 처리해서는 아니 된다($\S_{본문}^{23}$ ①). 다만, 다음 각 호의 어느 하나에 해당하는 경우에는 그러하지 아니하다($\S_{단서}^{23}$ ①).

1. 정보주체에게 제15조 제2항 각 호 또는 제17조 제2항 각 호의 사항을 알리고 다른 개인정보의 처리에 대한 동의와 별도로 동의를 받은 경우
2. 법령에서 민감정보의 처리를 요구하거나 허용하는 경우

개인정보처리자가 위와같이 민감정보를 처리하는 경우에는 그 민감정보가 분실·도난·유출·위조·변조 또는 훼손되지 아니하도록 제29조에 따른 안전성 확보에 필요한 조치를

하여야 한다($\substack{\S\,23 \\ ②}$).

6.3.3. 고유식별정보의 처리제한 강화

그동안 주민등록번호의 오·남용과 그로 인한 피해사례가 끊이지 않았다. 그 원인으로 주민등록번호의 오·남용을 가능케 한 소프트웨어나 해킹 등뿐만 아니라 주민등록번호 같은 고유식별정보를 무분별하게 널리 사용해 온 기존의 관행 등이 지목되었다. 이에 법은 주민등록번호의 광범위한 사용 관행을 제한함으로써 주민등록번호 오·남용을 방지하고, 고유식별정보에 대한 보호를 한층 강화하기 위하여 주민등록번호 등 고유식별정보의 처리제한을 대폭 강화하였다. 이에 따라 주민등록번호 등 법령에 의하여 개인을 고유하게 구별하기 위해 부여된 고유식별정보는 원칙적으로 처리가 금지되며, 별도의 동의를 얻거나 법령에 의한 경우 등에 한하여 제한적으로 예외가 인정되게 되었다. 한편, 대통령령으로 정하는 개인정보처리자에게 홈페이지 회원가입 등 일정한 경우 주민등록번호 외의 방법을 반드시 제공하도록 의무화하고 있다.

고유식별정보의 처리 제한의 내용을 좀 더 살펴보면 다음과 같다.

개인정보처리자는 다음 각 호의 경우를 제외하고는 법령에 따라 개인을 고유하게 구별하기 위하여 부여된 식별정보로서 대통령령으로 정하는 정보($\substack{\text{이하 "고유식별} \\ \text{정보"라 한다}}$)를 처리할 수 없다($\substack{\S\,24 \\ ①}$).

1. 정보주체에게 제15조 제2항 각 호 또는 제17조 제2항 각 호의 사항을 알리고 다른 개인정보의 처리에 대한 동의와 별도로 동의를 받은 경우
2. 법령에서 구체적으로 고유식별정보의 처리를 요구하거나 허용하는 경우

개인정보처리자가 제1항 각 호에 따라 고유식별정보를 처리하는 경우에는 그 고유식별정보가 분실·도난·유출·위조·변조 또는 훼손되지 아니하도록 대통령령으로 정하는 바에 따라 암호화 등 안전성 확보에 필요한 조치를 하여야 한다($\substack{\S\,24 \\ ③}$).

행정안전부장관은 처리하는 개인정보의 종류·규모, 종업원 수 및 매출액 규모 등을 고려하여 대통령령으로 정하는 기준에 해당하는 개인정보처리자가 제3항에 따라 안전성 확보에 필요한 조치를 하였는지에 관하여 대통령령으로 정하는 바에 따라 정기적으로 조사하여야 하며($\substack{\S\,24 \\ ④}$) 이 조사를 대통령령으로 정하는 전문기관으로 하여금 수행하게 할 수 있다($\substack{\S\,24 \\ ⑤}$).

6.3.4. 주민등록번호 처리의 제한

개인정보보호법 제정 당시 법령에 근거가 있거나 정보주체 본인의 동의가 있는 경우에만 제한적으로 주민등록번호 등 고유식별정보의 처리를 허용하는 한편, 그 안전성 확보에 필요한 조치를 이행하도록 하였지만, 그 후에도 대량의 주민등록번호 유출 및 악용 사고가 빈번

하게 발생하였다. 그러나 이러한 유출 사고가 발생한 대기업 등에 대해서 민형사상 책임이 제대로 부과되지 않아 국민의 불안 가중 및 유출로 인한 2차 피해의 확산이 우려되었다. 이에 모든 개인정보처리자에 대하여 원칙적으로 주민등록번호의 처리를 금지하고, 주민등록번호가 분실·도난·유출·변조·훼손된 경우 5억원 이하의 과징금을 부과·징수할 수 있도록 하며, 개인정보 관련 법규 위반행위가 있다고 인정될 만한 상당한 이유가 있을 때에는 대표자 또는 책임 있는 임원을 징계할 것을 권고할 수 있도록 하여 주민등록번호 유출사고를 방지하는 한편, 기업이 주민등록번호 등 개인정보 보호를 위한 책임을 다하도록 하기 위해 2013년 8월 6일 법개정이 단행되었다(법률제11990호). 이후에도 몇 차례 더 주민등록번호의 사용을 보다 엄격히 관리·통제하기 위해 주민등록번호 수집 근거 법령의 범위를 제한적 열거방식으로 한정하는 법률개정이 이루어졌다. 주민등록번호 처리의 제한에 관한 제24조의2의 내용을 살펴 보면 다음과 같다.

법 제24조 제1항에도 불구하고 다음 각 호 어느 하나에 해당하는 경우를 제외하고는 개인정보처리자는 주민등록번호를 처리할 수 없다(§24의2①).

1. 법률·대통령령·국회규칙·대법원규칙·헌법재판소규칙·중앙선거관리위원회규칙 및 감사원규칙에서 구체적으로 주민등록번호의 처리를 요구하거나 허용한 경우
2. 정보주체 또는 제3자의 급박한 생명, 신체, 재산의 이익을 위하여 명백히 필요하다고 인정되는 경우
3. 제1호 및 제2호에 준하여 주민등록번호 처리가 불가피한 경우로서 행정안전부령으로 정하는 경우

개인정보처리자는 제24조 제3항에도 불구하고 주민등록번호가 분실·도난·유출·위조·변조 또는 훼손되지 아니하도록 암호화 조치를 통하여 안전하게 보관하여야 하며, 이 경우 암호화 적용 대상 및 대상별 적용 시기 등에 관하여 필요한 사항은 개인정보의 처리 규모와 유출 시 영향 등을 고려하여 대통령령으로 정한다(§24의2②).

개인정보처리자는 제1항 각 호에 따라 주민등록번호를 처리하는 경우에도 정보주체가 인터넷 홈페이지를 통하여 회원으로 가입하는 단계에서는 주민등록번호를 사용하지 아니하고도 회원으로 가입할 수 있는 방법을 제공하여야 하며(§24의2③), 행정안전부장관은 개인정보처리자가 그런 방법을 제공할 수 있도록 관계 법령의 정비, 계획의 수립, 필요한 시설 및 시스템의 구축 등 제반 조치를 마련·지원할 수 있다(§24의2④).

6.3.5. 영상정보처리기기의 설치·운영 제한

그동안 CCTV 등 영상정보처리기기[111]의 무분별한 설치·사용에 따른 개인의 프라이버시

침해 등 많은 부작용과 이에 따른 우려와 논란이 끊임없이 제기되었다. 이러한 배경에서 법은 영상정보처리기기의 설치·운영 근거를 구체화함으로써 폐쇄회로 텔레비전 등 영상정보처리기기의 무분별한 설치를 방지하여 개인영상정보 보호를 강화하고자 하였다. 이에 따라 영상정보처리기기 운영자는 일반적으로 공개된 장소에 범죄예방 등 특정 목적으로만 영상정보처리기기를 설치할 수 있게 되었다.

먼저, 법은 영상정보처리기기의 설치·운영을 제한하고 있다. 누구든지 다음 각 호의 경우를 제외하고는 공개된 장소에 영상정보처리기기를 설치·운영해서는 아니 된다($^{\S\,25}_{\textcircled{1}}$).

1. 법령에서 구체적으로 허용하고 있는 경우
2. 범죄의 예방 및 수사를 위하여 필요한 경우
3. 시설안전 및 화재 예방을 위하여 필요한 경우
4. 교통단속을 위하여 필요한 경우
5. 교통정보의 수집·분석 및 제공을 위하여 필요한 경우

둘째, 누구든지 불특정 다수가 이용하는 목욕실, 화장실, 발한실(發汗室), 탈의실 등 개인의 사생활을 현저히 침해할 우려가 있는 장소의 내부를 볼 수 있도록 영상정보처리기기를 설치·운영해서는 아니 된다($^{\S\,25\,\textcircled{2}}_{\text{본문}}$). 다만, 교도소, 정신보건 시설 등 법령에 근거하여 사람을 구금하거나 보호하는 시설로서 대통령령으로 정하는 시설은 예외이다($^{\S\,25\,\textcircled{2}}_{\text{단서}}$).

셋째, 법은 제1항 각 호에 따라 영상정보처리기기를 설치·운영하려는 공공기관의 장과 제2항 단서에 따라 영상정보처리기기를 설치·운영하려는 자에게 공청회·설명회의 개최 등 대통령령으로 정하는 절차를 거쳐 관계 전문가 및 이해관계인의 의견을 수렴할 의무를 부과하고 있다($^{\S\,25}_{\textcircled{3}}$).

넷째, 법은 제1항 각 호에 따라 영상정보처리기기를 설치·운영하는 자(영상정보처리기기운영자)에게 그 안전성 등을 확보하기 위한 각종 의무를 부과하고 있다. 즉, 영상정보처리기기운영자는 정보주체가 쉽게 인식할 수 있도록 다음 각 호의 사항이 포함된 안내판을 설치하는 등 필요한 조치를 하여야 하며, 다만, 군사기지 및 군사시설 보호법 제2조 제2호에 따른 군사시설, 통합방위법 제2조 제13호에 따른 국가중요시설, 그 밖에 대통령령으로 정하는 시설에 대하여는 그러하지 아니하다($^{\S\,25}_{\textcircled{4}}$).

1. 설치 목적 및 장소
2. 촬영 범위 및 시간
3. 관리책임자 성명 및 연락처

---

111) "영상정보처리기기"란 일정한 공간에 지속적으로 설치되어 사람 또는 사물의 영상 등을 촬영하거나 이를 유·무선망을 통하여 전송하는 장치로서 대통령령으로 정하는 장치를 말한다(§ 2 vii).

4. 그 밖에 대통령령으로 정하는 사항

영상정보처리기기운영자는 영상정보처리기기의 설치 목적과 다른 목적으로 영상정보처리기기를 임의로 조작하거나 다른 곳을 비춰서는 아니 되며, 녹음기능은 사용할 수 없다($\frac{\S\,25}{\5}$). 그 밖에도 영상정보처리기기운영자는 개인정보가 분실·도난·유출·위조·변조 또는 훼손되지 아니하도록 제29조에 따라 안전성 확보에 필요한 조치를 하여야 하며($\frac{\S\,25}{\6}$), 대통령령으로 정하는 바에 따라 영상정보처리기기 운영·관리 방침을 마련하여야 한다($\frac{\S\,25}{전단\,\7}$).112)

다섯째, 영상정보처리기기운영자는 영상정보처리기기의 설치·운영에 관한 사무를 위탁할 수 있다($\frac{\S\,25}{전단\,\8}$). 다만, 공공기관이 영상정보처리기기 설치·운영에 관한 사무를 위탁하는 경우에는 대통령령으로 정하는 절차 및 요건에 따라야 한다($\frac{\S\,25}{후단\,\8}$).

6.3.6. 업무위탁에 따른 개인정보의 처리 제한

개인정보처리자가 제3자에게 개인정보의 처리 업무를 위탁하는 경우에는 다음 각 호의 내용이 포함된 문서에 의하여야 한다($\frac{\S\,26}{\1}$).

1. 위탁업무 수행 목적 외 개인정보의 처리 금지에 관한 사항
2. 개인정보의 기술적·관리적 보호조치에 관한 사항
3. 그 밖에 개인정보의 안전한 관리를 위하여 대통령령으로 정한 사항

이 경우 개인정보의 처리 업무를 위탁하는 개인정보처리자(이하 "위탁자"라 한다)는 위탁하는 업무의 내용과 개인정보 처리 업무를 위탁받아 처리하는 자(이하 "수탁자"라 한다)를 정보주체가 언제든지 쉽게 확인할 수 있도록 대통령령으로 정하는 방법에 따라 공개하여야 한다($\frac{\S\,26}{\2}$).

위탁자가 재화 또는 서비스를 홍보하거나 판매를 권유하는 업무를 위탁하는 경우에는 대통령령으로 정하는 방법에 따라 위탁하는 업무의 내용과 수탁자를 정보주체에게 알려야 한다($\frac{\S\,26}{전단\,\3}$). 위탁하는 업무의 내용이나 수탁자가 변경된 경우에도 또한 같다($\frac{\S\,26}{후단\,\3}$).

위탁자는 업무 위탁으로 인하여 정보주체의 개인정보가 분실·도난·유출·위조·변조 또는 훼손되지 아니하도록 수탁자를 교육하고, 처리 현황 점검 등 대통령령으로 정하는 바에 따라 수탁자가 개인정보를 안전하게 처리하는지를 감독하여야 한다($\frac{\S\,26}{\4}$).

수탁자는 개인정보처리자로부터 위탁받은 해당 업무 범위를 초과하여 개인정보를 이용하거나 제3자에게 제공해서는 아니 된다($\frac{\S\,26}{\5}$).

수탁자가 위탁받은 업무와 관련하여 개인정보를 처리하는 과정에서 이 법을 위반하여 발

---

112) 그 경우 제30조에 따른 개인정보 처리방침을 정하지 아니할 수 있다(§ 25 ⑦ 후단).

생한 손해배상책임에 대하여는 수탁자를 개인정보처리자의 소속 직원으로 본다($\S 26 \atop ⑥$).

수탁자에 관하여는 제15조부터 제25조까지, 제27조부터 제31조까지, 제33조부터 제38조까지 및 제59조를 준용한다($\S 26 \atop ⑦$).

6.3.7. 영업양도 등에 따른 개인정보의 이전 제한

법은 영업양도 등에 따른 개인정보의 이전을 제한하는 규정을 두고 있다. 이에 따르면, 개인정보처리자는 영업의 전부 또는 일부의 양도·합병 등으로 개인정보를 다른 사람에게 이전하는 경우에는 미리 다음 각 호의 사항을 대통령령으로 정하는 방법에 따라 해당 정보주체에게 알려야 한다($\S 27 \atop ①$).

> 1. 개인정보를 이전하려는 사실
> 2. 개인정보를 이전받는 자(이하 "영업양수자등"이라 한다)의 성명(법인의 경우에는 법인의 명칭을 말한다), 주소, 전화번호 및 그 밖의 연락처
> 3. 정보주체가 개인정보의 이전을 원하지 아니하는 경우 조치할 수 있는 방법 및 절차

영업양수자등은 개인정보를 이전받았을 때에는 지체 없이 그 사실을 대통령령으로 정하는 방법에 따라 정보주체에게 알려야 한다($\S 27 \atop 전단 ②$). 다만, 개인정보처리자가 제1항에 따라 그 이전 사실을 이미 알린 경우에는 그러하지 아니하다($\S 27 \atop 후단 ②$).

영업양수자등은 영업의 양도·합병 등으로 개인정보를 이전받은 경우에는 이전 당시의 본래 목적으로만 개인정보를 이용하거나 제3자에게 제공할 수 있다($\S 27 \atop 전단 ③$). 이 경우 영업양수자등은 개인정보처리자로 본다($\S 27 \atop 전단 ③$).

6.3.8. 개인정보취급자에 대한 감독

법은 개인정보취급자에 대한 감독에 관한 규정을 두고 있다. 즉, 개인정보처리자는 개인정보를 처리함에 있어 개인정보가 안전하게 관리될 수 있도록 임직원, 파견근로자, 시간제근로자 등 개인정보처리자의 지휘·감독을 받아 개인정보를 처리하는 자("개인정보취급자")에 대하여 적절한 관리·감독을 행하여야 한다($\S 28 \atop ①$). 개인정보처리자는 개인정보의 적정한 취급을 보장하기 위하여 개인정보취급자에게 정기적으로 필요한 교육을 실시하여야 한다($\S 28 \atop ②$).

7. 개인정보의 안전한 관리

7.1. 개 설

법은 개인정보의 안전성 확보의 긴절함을 감안하여 개인정보의 안전한 관리를 위한 규정을 크게 강화하고 있다.

7.2. 개인정보처리자의 안전조치의무

법은 개인정보처리자에게 개인정보가 분실·도난·유출·변조 또는 훼손되지 아니하도록 내부 관리계획 수립, 접속기록 보관 등 대통령령으로 정하는 바에 따라 안전성 확보에 필요한 기술적·관리적 및 물리적 조치를 하도록 의무를 부과하였다($§29\atop①$).

7.3. 개인정보 처리방침의 수립·공개

법은 개인정보처리자로 하여금 개인정보 처리방침을 수립하도록 의무화하고 이를 공개하도록 하였다. 즉, 개인정보처리자는 다음과 같은 사항이 포함된 개인정보의 처리 방침(이하 "개인정보 처리방침"이라 한다)을 정해야 하며, 이 경우 공공기관은 법 제32조에 따라 등록대상이 되는 개인정보파일에 대하여 개인정보 처리방침을 정하도록 되어 있다($§30\atop①$).

1. 개인정보의 처리 목적
2. 개인정보의 처리 및 보유 기간
3. 개인정보의 제3자 제공에 관한 사항(해당되는 경우에만 정한다)
4. 개인정보처리의 위탁에 관한 사항(해당되는 경우에만 정한다)
5. 정보주체와 법정대리인의 권리·의무 및 그 행사방법에 관한 사항
6. 제31조에 따른 개인정보 보호책임자의 성명 또는 개인정보 보호업무 및 관련 고충사항을 처리하는 부서의 명칭과 전화번호 등 연락처
7. 인터넷 접속정보파일 등 개인정보를 자동으로 수집하는 장치의 설치·운영 및 그 거부에 관한 사항(해당하는 경우에만 정한다)
8. 그 밖에 개인정보의 처리에 관하여 대통령령으로 정한 사항

개인정보처리자가 개인정보 처리방침을 수립하거나 변경하는 경우에는 정보주체가 쉽게 확인할 수 있도록 대통령령으로 정하는 방법에 따라 공개하여야 한다($§30\atop②$).

개인정보처리방침의 내용과 개인정보처리자와 정보주체 간에 체결한 계약의 내용이 다른 경우에는 정보주체에게 유리한 것을 적용한다($§30\atop③$).

행정안전부장관은 개인정보 처리방침의 작성지침을 정하여 개인정보처리자에게 그 준수를 권장할 수 있다($§30\atop④$).

7.4. 개인정보 보호책임자의 지정

법은 개인정보처리자에게 개인정보의 처리에 관한 업무를 총괄해서 책임질 개인정보 보호책임자를 지정하도록 의무를 부과하고 있다($§31\atop①$). 개인정보 보호책임자가 수행하는 업무는

다음과 같다($\S^{31}_{②}$).

1. 개인정보 보호 계획의 수립 및 시행
2. 개인정보 처리 실태 및 관행의 정기적인 조사 및 개선
3. 개인정보 처리와 관련한 불만의 처리 및 피해 구제
4. 개인정보 유출 및 오·남용 방지를 위한 내부통제시스템의 구축
5. 개인정보 보호 교육 계획의 수립 및 시행
6. 개인정보파일의 보호 및 관리·감독
7. 그 밖에 개인정보의 적절한 처리를 위하여 대통령령으로 정한 업무

개인정보 보호책임자는 제2항 각 호의 업무를 수행함에 있어서 필요한 경우 개인정보의 처리 현황, 처리 체계 등에 대하여 수시로 조사하거나 관계 당사자로부터 보고를 받을 수 있다($\S^{31}_{③}$).

개인정보 보호책임자는 개인정보 보호와 관련하여 이 법 및 다른 관계 법령의 위반 사실을 알게 된 경우에는 즉시 개선조치를 해야 하며, 필요하면 소속 기관 또는 단체의 장에게 개선조치를 보고하여야 한다($\S^{31}_{④}$).

개인정보처리자는 개인정보 보호책임자가 제2항 각 호의 업무를 수행함에 있어서 정당한 이유없이 불이익을 주거나 받게 하여서는 아니 된다($\S^{31}_{⑤}$).

개인정보 보호책임자의 지정요건, 업무, 자격요건, 그 밖에 필요한 사항은 대통령령으로 정한다($\S^{31}_{⑥}$).

7.5. 개인정보파일의 등록 및 공개

공공기관의 장이 개인정보파일을 운용하는 경우에는 다음 사항을 행정안전부장관에게 등록하여야 한다. 등록한 사항이 변경된 경우에도 또한 같다($\S^{32}_{①}$).

1. 개인정보파일의 명칭
2. 개인정보파일의 운영 근거 및 목적
3. 개인정보파일에 기록되는 개인정보의 항목
4. 개인정보의 처리방법
5. 개인정보의 보유기간
6. 개인정보를 통상적 또는 반복적으로 제공하는 경우에는 그 제공받는 자
7. 그 밖에 대통령령으로 정하는 사항

다음 중 어느 하나에 해당하는 개인정보파일에 대하여는 제1항을 적용하지 아니한다($\S^{32}_{②}$).

1. 국가 안전, 외교상 비밀, 그 밖에 국가의 중대한 이익에 관한 사항을 기록한 개인정보파일
2. 범죄의 수사, 공소의 제기 및 유지, 형 및 감호의 집행, 교정처분, 보호처분, 보안관찰처분과 출입국관리에 관한 사항을 기록한 개인정보파일
3. 「조세범처벌법」에 따른 범칙행위 조사 및 「관세법」에 따른 범칙행위 조사에 관한 사항을 기록한 개인정보파일
4. 공공기관의 내부적 업무처리만을 위하여 사용되는 개인정보파일
5. 다른 법령에 의하여 비밀로 분류된 개인정보파일

행정안전부장관은 필요하면 개인정보파일의 등록사항과 그 내용을 검토하여 해당 공공기관의 장에게 개선을 권고할 수 있다($\S_{③}^{32}$).

행정안전부장관은 개인정보파일의 등록 현황을 누구든지 쉽게 열람할 수 있도록 공개하여야 하며($\S_{④}^{32}$), 그 등록과 공개의 방법, 범위 및 절차에 관하여 필요한 사항은 대통령령으로 정한다($\S_{⑤}^{32}$).

국회, 법원, 헌법재판소, 중앙선거관리위원회($_{을\ 포함한다}^{그\ 소속\ 기관}$)의 개인정보파일 등록 및 공개에 관하여는 국회규칙, 대법원규칙, 헌법재판소규칙 및 중앙선거관리위원회규칙으로 정한다($\S_{⑥}^{32}$).

7.6. 개인정보 보호 인증

법은 제32조의2에서 행정안전부장관으로 하여금 개인정보처리자의 개인정보 처리 및 보호와 관련한 일련의 조치가 이 법에 부합하는지 등에 관하여 인증할 수 있도록 하고 있다($_{2\ ①}^{\S\ 32의}$). 인증의 유효기간은 3년이며($_{2\ ②}^{\S\ 32의}$), 인증을 받은 자는 대통령령으로 정하는 바에 따라 인증의 내용을 표시하거나 홍보할 수 있다($_{2\ ⑤}^{\S\ 32의}$). 행정안전부장관은 대통령령으로 정하는 전문기관으로 하여금 법 제32조의2 제1항에 따른 인증, 제3항에 따른 인증 취소, 제4항에 따른 사후관리 및 제7항에 따른 인증 심사원 관리 업무를 수행하게 할 수 있다($_{2\ ⑤}^{\S\ 32의}$).

7.7. 개인정보 영향평가

개인정보 영향평가제도는 "정부기관이 수행하는 각종정보화 사업이 개인의 정보보호에 끼치는 잠재적 혹은 실질적인 영향을 평가하고 이런 영향을 감소할 수 있는 방식을 평가하는 것"을 말한다.[113] 그중 프라이버시 영향평가제도는 새로 도입되는 정보정책과 컴퓨터 시스템, 새로운 정보수집 프로그램 등이 개인의 정보보호에 얼마나 영향을 끼치는가를 평가하여 정부기관에 의한 개인의 프라이버시 침해 가능성을 최소화 및 예방하는 것을 의미한다. 개인

---

113) Privacy and E-Government: Privacy Impact Assessments and Privacy Commissioners- Two Mechanisms for Protecting Privacy to Promote Citizen Trust Online, in Global Internet Policy Initiative, 2003.5, 3.

정보 침해로 인한 피해는 원상회복 등 사후 권리구제가 어려우므로 영향평가를 실시하여 미리 위험요인을 분석하고 이를 조기에 제거할 수 있도록 함으로써 개인정보 유출 및 오·남용 등의 피해를 효과적으로 예방할 수 있다. 이러한 배경에서 법은 제33조에서 개인정보 영향평가제도를 도입하였다. 법은 개인정보처리자는 개인정보파일의 구축·확대 등이 개인정보보호에 영향을 미칠 우려가 크다고 판단될 경우 자율적으로 영향평가를 수행할 수 있도록 하는 한편, 공공기관은 정보주체의 권리침해 우려가 큰 일정한 사유에 해당될 때에는 반드시 영향평가를 수행하도록 의무화하고 있다.

캐나다와 미국의 프라이버시 영향평가제도 •• 개인정보보호법이 도입한 영향평가제도는 캐나다와 미국 등의 입법례를 참조한 것이다. 캐나다는 최초로 프라이버시 영향평가제도를 도입한 나라이다.[114] 캐나다는 프라이버시와 관련된 내용이 포함된 모든 연방정부기관의 프로그램과 서비스에 대해 정보영향평가를 의무화 하고 있다.[115] 캐나다 프라이버시 영향평가의 특징은 프로그램의 설계와 개선과정에서 프라이버시와 관련된 문제를 확인하고 해결하기 위한 일관된 분석틀(frame-work)을 제공하는 데 있다. 캐나다에서 프라이버시 영향평가 제도를 도입하게 된 배경은 다음과 같다: ① 정부기관은 당해 기관이 제공하는 프로그램 및 서비스의 구상, 분석, 고안, 개발, 시행 및 사후 검토에 이르기까지 전 과정에 걸쳐 개인정보의 수집, 이용 및 공개 등과 관련하여 프라이버시법 및 프라이버시 보호 원칙을 준수하고 있음을 명백히 밝힐 책임이 있다. ② 정부기관은 또한 개인정보의 수집이유, 이용 및 공개방법 등에 관하여 일반 국민과 지속적으로 의견을 교환해야 하며, 신규 프로그램 및 서비스를 제공하는 경우에는 동 프로그램 및 서비스가 프라이버시에 미치는 영향 및 그 해결방안에 대해 설명할 책임이 있다. ③ 따라서, 프라이버시 영향평가 정책 및 지침을 발표 및 시행함으로써 정부의 프로그램이나 서비스의 구상에서부터 시행에 이르기까지 모든 단계에 걸쳐 프라이버시가 보호되도록 하고, 프라이버시 문제에 대한 프로그램 관리자 및 기타 관계자의 책임을 명확히 하고, 프라이버시에 대한 이해를 바탕으로 철저한 검증을 거쳐 정책이나 시스템 등을 도입할 수 있도록 정책결정자에 대하여 필요한 정보를 제공하고, 사업추진 후에 프라이버시 보호를 이유로 사업을 중단하거나 변경하는 위험을 감소시키고, 정부기관이 이용하는 개인정보와 관련된 업무절차 및 흐름을 문서화하여 일반 국민과의 대화를 위한 기초 자료로 활용하고, 프라이버시위원회 및 일반 국민에 대하여 프라이버시 침해 가능성이 있는 신규 또는 변경된 프로그램 및 서비스 계획에 대한 정보를 제공하여 프라이버시 보호에 관한 인식을 고취시킬 필요가 있다는 것이다.[116]

미국은 각종 전자정부 사업을 추진하는 과정에서 당해 사업이 프라이버시에 미치는 영향을 사전에 조사함으로써 전자정부사업에 따른 국가기관에 의한 프라이버시 침해를 최소화하고자 2002년 전자정부법에서 프라이버시 영향평가제도(PIA: Privacy Impact Assessment)를 법제화 하였다.[117] 미국의 프라이버시 영향평가는 ① 신원

---

114) Privacy and E-Government: Privacy Impact Assessments and Privacy Commissioners- Two Mechanisms for Protecting Privacy to Promote Citizen Trust Online, in Global Internet Policy Initiative, 2003.5, 7.

115) 캐나다 프라이버시 영향평가제도의 배경과 내용은 http://www.tbs-sct.gc.ca/pubs_pol/ciopubs/pia-pefr/paip-pefr1_e.asp#preface 참조.

116) http://www.tbs-sct.gc.ca/pubs_pol/ciopubs/pia-pefr/paip-pefr1_e.asp#preface, 재인용. 구병문, 프라이버시 영향평가제도의 국내법적 도입방안-공공부문을 중심으로, 제3회 개인정보보호 정책 포럼 자료, 2004.6, 7-8.

117) 구병문, "캐나다 및 미국의 프라이버시 영향평가제도 분석과 국내전자정부 법제로의 도입방향 검토", 정보화정책

확인이 가능한 정보를 수집, 유지, 관리 또는 유포하기 위해 정보기술을 개발하거나 조달하는 경우, ② 정보기술을 이용하여 수집, 유지, 관리 또는 유포될 정보를 새로이 수집하는 경우, ③ 연방정부기관, 그 대행기관 또는 직원을 제외한 10인 이상의 자에 대하여 신원확인에 관한 문제가 제기되거나 신원에 관한 보고의무가 부과되는 경우에 특정 개인에 대하여 물리적 또는 온라인 접속을 허용하는 신원확인이 가능한 여하한 정보 등을 새로이 수집하는 경우에 적용된다. 위와 같은 대상에 대해 평가대상이 되는 정보체계의 규모, 당해 체계에서 신원확인을 가능하게 하는 정보의 민감성, 당해 정보의 무단공개로 초래되는 위험에 관하여 평가하게 되는데, 평가 결과는 가능한 범위에서 공개토록 되어 있다. 다만 공개하는 경우에도 보안상 이유로 또는 프라이버시 영향 평가에 포함되어 있는 민감한 정보나 개인정보를 보호하기 위하여 공개에 관한 사항을 변경하거나 공개자체를 배제할 수 있도록 하였다.[118]

공공기관의 장은 대통령령으로 정하는 기준에 해당하는 개인정보파일의 운용으로 인하여 정보주체의 개인정보 침해가 우려되는 경우에는 그 위험요인의 분석과 개선 사항 도출을 위한 평가(이하 "영향평가"라 한다)를 하고 그 결과를 행정안전부장관에게 제출하여야 한다($\S^{33}_{①전단}$). 이 경우 공공기관의 장은 영향평가를 행정안전부장관이 지정하는 기관(이하 "평가기관"이라 한다) 중에서 의뢰하여야 한다($\S^{33}_{①후단}$).

영향평가를 하는 경우에는 다음 각 호의 사항을 고려하여야 한다($\S^{33}_{②}$).

1. 처리하는 개인정보의 수
2. 개인정보의 제3자 제공 여부
3. 정보주체의 권리를 해할 가능성 및 그 위험 정도
4. 그 밖에 대통령령으로 정한 사항

행정안전부장관은 제출받은 영향평가 결과에 대하여 보호위원회의 심의·의결을 거쳐 의견을 제시할 수 있다($\S^{33}_{③}$).

공공기관의 장은 영향평가를 한 개인정보파일을 제32조 제1항에 따라 등록할 때에는 영향평가 결과를 함께 첨부하여야 한다($\S^{33}_{④}$).

행정안전부장관은 영향평가의 활성화를 위하여 관계 전문가의 육성, 영향평가 기준의 개발·보급 등 필요한 조치를 마련하여야 한다($\S^{33}_{⑤}$).

평가기관의 지정기준 및 지정취소, 평가기준, 영향평가의 방법·절차 등에 관하여 필요한 사항은 대통령령으로 정한다($\S^{33}_{⑥}$).

국회, 법원, 헌법재판소, 중앙선거관리위원회(그 소속 기관을 포함한다)의 영향평가에 관한 사항은 국회규

10권 3호, 2003, 213-214.
118) 이에 관해서는 홍준형 외, "개인정보보호법제 정비를 위한 기본법 제정방안 연구", 한국전산원, 2004.10.29, 114 이하를 참조.

칙, 대법원규칙, 헌법재판소규칙 및 중앙선거관리위원회규칙으로 정하는 바에 따른다($\frac{\S 33}{⑦}$).

법은 공공기관 외의 개인정보처리자에 대해서도 개인정보파일 운용으로 인하여 정보주체의 개인정보 침해가 우려되는 경우에는 영향평가를 하기 위하여 적극 노력하여야 한다고 촉구하는 규정을 두고 있다($\frac{\S 33}{⑧}$).

7.8. 개인정보 유출사실의 통지·신고 제도 도입

개인정보 유출로 인한 피해의 확산 방지를 위해서는 그 사실을 미리 신속하게 통지하여 이에 대한 인식과 경계심을 공유하고 대책을 강구할 수 있도록 하는 것이 무엇보다도 중요하다. 이러한 견지에서 법은 개인정보처리자가 개인정보 유출 사실을 인지하였을 경우에는 지체 없이 해당 정보주체에게 관련 사실을 통지하고, 일정 규모 이상의 개인정보가 유출된 때에는 전문기관에 신고하도록 하는 한편, 피해의 최소화를 위해 필요한 조치를 하도록 하였다.

개인정보처리자는 개인정보가 유출되었음을 알게 되었을 때에는 지체 없이 해당 정보주체에게 다음 각 호의 사실을 알려야 한다($\frac{\S 34}{①}$).

1. 유출된 개인정보의 항목
2. 유출된 시점과 그 경위
3. 유출로 인하여 발생할 수 있는 피해를 최소화하기 위하여 정보주체가 할 수 있는 방법 등에 관한 정보
4. 개인정보처리자의 대응조치 및 피해 구제절차
5. 정보주체에게 피해가 발생한 경우 신고 등을 접수할 수 있는 담당부서 및 연락처

개인정보처리자는 개인정보가 유출된 경우 그 피해를 최소화하기 위한 대책을 마련하고 필요한 조치를 하여야 한다($\frac{\S 33}{②}$).

개인정보처리자는 대통령령으로 정한 규모 이상의 개인정보가 유출된 경우에는 제1항에 따른 통지 및 제2항에 따른 조치 결과를 지체 없이 행정안전부장관 또는 대통령령이 정하는 전문기관에 신고하여야 한다($\frac{\S 33}{전단}③$). 이 경우 행정안전부장관 또는 대통령령이 정하는 전문기관은 피해 확산방지, 피해 복구 등을 위한 기술을 지원할 수 있다($\frac{\S 33}{후단}③$).

개인정보 유출사실 통지의 시기, 방법 및 절차 등에 관하여 필요한 사항은 대통령령으로 정하도록 위임되어 있다($\frac{\S 33}{④}$).

8. 정보주체의 권리 보장

8.1. 개 설

법은 정보주체의 권리를 종전에 비해 대폭 강화하여 보장하고 있다. 법 제35조부터 제39조까지 다섯 개 조항을 두어 정보주체에게 개인정보의 열람청구권, 정정·삭제 청구권, 처리정지 요구권 등을 부여하고, 그 권리행사 방법 등을 규정하고 있다. 이는 정보주체의 권리를 명확히 규정함으로써 정보주체가 용이하게 개인정보에 대한 자기통제권을 실현할 수 있도록 하기 위한 것이다.

이와같이 개인정보보호법이 정보주체의 권리를 확충하여 보장한 것은 주목할 만한 점이다. 개인정보에 대한 정보주체의 액세스를 통해 자기결정권을 행사할 수 있도록 함으로써 정보주체가 개인정보의 유통에 법적 영향력을 행사할 수 있게 되기 때문이다. 개인정보보호법이 보장하고 있는 정보주체의 권리를 좀 더 상세히 살펴보면 다음과 같다.

8.2. 개인정보의 열람

8.2.1. 정보주체의 개인정보 열람청구권

법은 정보주체에게 개인정보의 열람청구권을 부여하고 있다. 정보주체는 개인정보처리자가 처리하는 자신의 개인정보에 대한 열람을 해당 개인정보처리자에게 요구할 수 있다($^{§\,35}_{①}$).

제1항에도 불구하고 정보주체가 자신의 개인정보에 대한 열람을 공공기관에 요구하고자 할 때에는 공공기관에 직접 열람을 요구하거나 대통령령이 정하는 바에 따라 행정안전부장관을 통하여 열람을 요구할 수 있다($^{§\,35}_{②}$).

개인정보처리자는 제1항 및 제2항에 따른 열람을 요구받았을 때에는 대통령령으로 정하는 기간 내에 정보주체가 해당 개인정보를 열람할 수 있도록 하여야 한다($^{§\,35\,③}_{전단}$). 이 경우 해당 기간 내에 열람할 수 없는 정당한 사유가 있을 때에는 정보주체에게 그 사유를 알리고 열람을 연기할 수 있고, 그 사유가 소멸하면 지체 없이 열람하게 하여야 한다($^{§\,35\,③}_{후단}$).

8.2.2. 개인정보의 열람제한

법은 정보주체의 개인정보열람청구권을 보장하면서도 그 열람 제한 또는 거절 사유를 열거하고 있다. 이에 따르면, 개인정보처리자는 다음 중 어느 하나에 해당하는 경우에는 정보주체에게 그 사유를 알리고 열람을 제한하거나 거절할 수 있다($^{§\,35}_{④}$).

1. 법률에 따라 열람이 금지되거나 제한되는 경우

2. 다른 사람의 생명·신체를 해할 우려가 있거나 다른 사람의 재산과 그 밖의 이익을 부당하게 침해할 우려가 있는 경우

3. 공공기관이 다음 각 목의 어느 하나에 해당하는 업무를 수행할 때 중대한 지장을 초래하는 경우
   가. 조세의 부과·징수 또는 환급에 관한 업무
   나. 「초·중등교육법」 및 「고등교육법」에 따른 각급 학교, 「평생교육법」에 따른 평생교육시설, 그 밖의 다른 법률에 따라 설치된 고등교육기관에서의 성적 평가 또는 입학자 선발에 관한 업무
   다. 학력·기능 및 채용에 관한 시험, 자격 심사에 관한 업무
   라. 보상금·급부금 산정 등에 대하여 진행 중인 평가 또는 판단에 관한 업무
   마. 다른 법률에 따라 진행 중인 감사 및 조사에 관한 업무

위와 같은 열람 요구, 열람 제한, 통지 등의 방법 및 절차에 관하여 필요한 사항은 대통령령으로 정한다($^{\S\,35}_{⑤}$).

8.3. 개인정보의 정정·삭제

법 제35조에 따라 자신의 개인정보를 열람한 정보주체는 개인정보처리자에게 그 개인정보의 정정 또는 삭제를 요구할 수 있는 권리를 가진다($^{\S\,36\ ①}_{본문}$). 다만, 다른 법령에 그 개인정보가 수집 대상으로 명시되어 있는 경우에는 그 삭제를 요구할 수 없다($^{\S\,36\ ①}_{단서}$). 개인정보처리자는 정보주체의 요구가 그러한 경우에 해당될 때에는 지체 없이 그 내용을 정보주체에게 알려야 한다($^{\S\,36}_{④}$).

개인정보처리자가 정보주체로부터 개인정보의 정정 또는 삭제 요구를 받았을 때에는 그에 관하여 다른 법령에 특별한 절차가 규정되어 있는 경우를 제외하고는 지체 없이 그 개인정보를 조사하여 정보주체의 요구에 따라 정정·삭제 등 필요한 조치를 한 후 그 결과를 정보주체에게 알려야 한다($^{\S\,36}_{②}$).

개인정보처리자가 개인정보를 삭제할 때에는 복구 또는 재생되지 아니하도록 조치하여야 하며($^{\S\,36}_{③}$), 조사를 할 때 필요하면 해당 정보주체에게 정정·삭제 요구사항의 확인에 필요한 증거자료를 제출하게 할 수 있다($^{\S\,36}_{⑤}$).

제1항·제2항 및 제4항에 따른 정정 또는 삭제 요구, 통지 방법 및 절차 등에 필요한 사항은 대통령령으로 정한다($^{\S\,36}_{⑥}$).

8.4. 개인정보의 처리정지 등

법은 정보주체의 권리 목록에 개인정보 처리정지 요구권을 추가함으로써 정보주체의 권리보장을 진일보시켰다. 이에 따라 정보주체는 개인정보처리자에 대하여 자신의 개인정보 처

리의 정지를 요구할 수 있다($\S\,37\,①\atop{후단}$). 이 경우 공공기관에 대하여는 제32조에 따라 등록 대상이 되는 개인정보파일 중 자신의 개인정보에 대한 처리의 정지를 요구할 수 있다($\S\,37\,①\atop{후단}$).

개인정보처리자는 그러한 처리 정지 요구를 받았을 때에는 지체 없이 정보주체의 요구에 따라 개인정보 처리의 전부를 정지하거나 일부를 정지하여야 한다($\S\,37\,②\atop{본문}$). 다만, 다음 각 호의 어느 하나에 해당하는 경우에는 정보주체의 처리정지 요구를 거절할 수 있다($\S\,37\,②\atop{단서}$).

1. 법률에 특별한 규정이 있거나 법령상 의무를 준수하기 위하여 불가피한 경우
2. 다른 사람의 생명·신체를 해할 우려가 있거나 다른 사람의 재산과 그 밖의 이익을 부당하게 침해할 우려가 있는 경우
3. 공공기관이 개인정보를 처리하지 아니하면 다른 법률에서 정하는 소관 업무를 수행할 수 없는 경우
4. 개인정보를 처리하지 아니하면 정보주체와 약정한 서비스를 제공하지 못하는 등 계약의 이행이 곤란한 경우로서 정보주체가 그 계약의 해지 의사를 명확하게 밝히지 아니한 경우

개인정보처리자는 제2항 단서에 따라 처리정지 요구를 거절하였을 때에는 정보주체에게 지체 없이 그 사유를 알려야 한다($\S\,37\atop{③}$).

개인정보처리자는 정보주체의 요구에 따라 처리가 정지된 개인정보에 대하여 지체 없이 해당 개인정보의 파기 등 필요한 조치를 하여야 한다($\S\,37\atop{④}$).

위와 같은 처리정지의 요구, 처리정지의 거절, 통지 등의 방법 및 절차에 필요한 사항은 대통령령으로 정하도록 위임되어 있다($\S\,37\atop{⑤}$).

8.5. 권리행사의 방법 및 절차

정보주체는 법 제35조에 따른 열람, 제36조에 따른 정정·삭제, 제37조에 따른 처리정지 등의 요구($이하\,"열람등\atop요구"라\,한다$)를 문서 등 대통령령이 정하는 방법·절차에 따라 대리인에게 하게 할 수 있다($\S\,38\atop{①}$). 만 14세 미만 아동의 법정대리인은 개인정보처리자에게 그 아동의 개인정보 열람 등요구를 할 수 있다($\S\,38\atop{②}$).

법은 개인정보처리자가 열람등의 요구를 하는 자에게 대통령령으로 정하는 바에 따라 수수료와 우송료($사본의\,우송을\,청구\atop하는\,경우에\,한한다$)를 청구할 수 있도록 하는 한편($\S\,38\atop{③}$), 정보주체가 열람등요구를 할 수 있는 구체적인 방법과 절차를 마련하고, 이를 정보주체가 알 수 있도록 공개하여야 한다고 규정하고 있다($\S\,38\atop{④}$).

개인정보처리자는 정보주체가 열람등요구에 대한 거절 등 조치에 대하여 불복이 있는 경우 이의를 제기할 수 있도록 필요한 절차를 마련하고 안내하여야 한다($\S\,38\atop{⑤}$).

8.6. 손해배상책임

8.6.1. 입증책임의 전환

정보주체는 개인정보처리자가 이 법을 위반한 행위로 손해를 입으면 개인정보처리자에게 손해배상을 청구할 수 있다($^{§39①}_{전단}$). 이 경우 그 개인정보처리자는 고의 또는 과실이 없음을 입증하지 아니하면 책임을 면할 수 없다($^{§39①}_{후단}$).

8.6.2. 징벌적 손해배상

2015년 7월 24일 법개정($^{법률}_{제13423호}$)으로 개인정보 유출에 대한 피해구제를 강화하기 위하여 징벌적 손해배상제도가 도입되었다. 이에 따르면, 개인정보처리자의 고의 또는 중대한 과실로 인하여 개인정보가 분실·도난·유출·위조·변조 또는 훼손된 경우로서 정보주체에게 손해가 발생한 때에는 법원은 그 손해액의 3배를 넘지 아니하는 범위에서 손해배상액을 정할 수 있고($^{§39③}_{본문}$), 다만, 개인정보처리자가 고의 또는 중대한 과실이 없음을 증명한 경우에는 그러하지 아니하다($^{§39③}_{단서}$).

법원은 징벌적 손해배상액을 정할 때에는 다음 각 호의 사항을 고려하여야 한다($^{§39}_{④}$).

1. 고의 또는 손해 발생의 우려를 인식한 정도
2. 위반행위로 인하여 입은 피해 규모
3. 위법행위로 인하여 개인정보처리자가 취득한 경제적 이익
4. 위반행위에 따른 벌금 및 과징금
5. 위반행위의 기간·횟수 등
6. 개인정보처리자의 재산상태
7. 개인정보처리자가 정보주체의 개인정보 분실·도난·유출 후 해당 개인정보를 회수하기 위하여 노력한 정도
8. 개인정보처리자가 정보주체의 피해구제를 위하여 노력한 정도

8.6.3. 법정손해배상제

법정손해배상제는 2015년 7월 24일 법개정으로 도입된 또 다른 피해구제강화방안이다.[119] 이에 따르면, 제39조 제1항에도 불구하고 정보주체는 개인정보처리자의 고의 또는 과실로 인하여 개인정보가 분실·도난·유출·위조·변조 또는 훼손된 경우에는 300만원 이하의

---

[119] 이에 관해서는 최경진, "새로 도입된 법정손해배상에 관한 비판적 검토: 개인정보보호 관련법에서의 법정손해배상을 중심으로", 성균관법학 27권 2호(2015), 성균관대학교 법학연구소, 175-208; 이동진, "개정 정보통신망법 제32조의2의 법정손해배상: 해석론과 입법론", 서울대학교 법학 55권 4호(2014), 서울대학교 법학연구소, 365-420 등을 참조.

범위에서 상당한 금액을 손해액으로 하여 배상을 청구할 수 있다($^{§\,39의2\,①}_{제1문}$). 이 경우 해당 개인정보처리자는 고의 또는 과실이 없음을 입증하지 아니하면 책임을 면할 수 없다($^{§\,39의2\,①}_{제2문}$).

법원은 제1항에 따른 청구가 있는 경우에 변론 전체의 취지와 증거조사의 결과를 고려하여 제1항의 범위에서 상당한 손해액을 인정할 수 있다($^{§\,39의}_{2\,②}$).

제39조에 따라 손해배상을 청구한 정보주체는 사실심변론종결 전까지 그 청구를 제1항에 따른 청구로 변경할 수 있다($^{§\,39의}_{2\,③}$).

9. 개인정보보호에 관한 금지 · 제도개선, 시정조치 등

개인정보보호법은 그 밖에도 공공부문에서의 개인보호정책의 추진 · 관리를 위해 금지행위, 비밀유지, 제도개선 등에 관한 사항들을 규율하고 있다.

10. 벌   칙

그 밖에도 법은 제9장에 처벌규정을 두어 개인정보보호법의 실효성을 뒷받침하고 있다. 법은 우선, 공공기관의 개인정보 처리업무를 방해할 목적으로 공공기관에서 처리하고 있는 개인정보를 변경하거나 말소하여 공공기관의 업무 수행의 중단 · 마비 등 심각한 지장을 초래한 자는 10년 이하의 징역 또는 1억원 이하의 벌금에 처하도록 하는 한편($^{§\,70}$),[120] 제71조 내지 제73조에 그보다 완화된 벌칙을 각각 정해 두고 있다. 예를 들어 제71조는 다음과 같이 규정하고 있다:

다음 중 어느 하나에 해당하는 자는 5년 이하의 징역 또는 5천만원 이하의 벌금에 처한다.
1. 제17조 제1항 제2호에 해당하지 아니함에도 같은 항 제1호를 위반하여 정보주체의 동의를 받지 아니하고 개인정보를 제3자에게 제공한 자 및 그 사정을 알고 개인정보를 제공받은 자
2. 제18조 제1항 · 제2항, 제19조, 제26조 제5항 또는 제27조 제3항을 위반하여 개인정보를 이용하거나 제3자에게 제공한 자 및 그 사정을 알면서도 영리 또는 부정한 목적으로 개인정보를 제공받은 자
3. 제23조 제1항을 위반하여 민감정보를 처리한 자
4. 제24조 제1항을 위반하여 고유식별정보를 처리한 자
5. 제59조 제2호를 위반하여 업무상 알게 된 개인정보를 누설하거나 권한 없이 다른 사람이 이용하도록 제공한 자 및 그 사정을 알면서도 영리 또는 부정한 목적으로 개인정보를 제공받은 자
6. 제59조 제3호를 위반하여 다른 사람의 개인정보를 훼손, 멸실, 변경, 위조 또는 유출한 자

---

120) 일례로 경찰공무원이 甲을 위증죄로 고소하면서 수사과정에서 취득한 甲과 乙 사이의 통화내역을 첨부하여 제출한 행위는 공공기관의 개인정보보호에 관한 법률 위반죄에 해당한다고 한 판례가 있다. 대법원 2008.10.23. 선고 2008도5526 판결.

법은 제74조에 양벌규정을 두어 법인의 대표자나 법인 또는 개인의 대리인, 사용인, 그 밖의 종업원이 그 법인 또는 개인의 업무에 관하여 제70조에 해당하는 위반행위를 하면 그 행위자를 벌하는 외에 그 법인 또는 개인을 7천만원 이하의 벌금에 처하되, 다만, 법인 또는 개인이 그 위반행위를 방지하기 위하여 해당 업무에 관하여 상당한 주의와 감독을 게을리 하지 아니한 경우에는 예외를 인정하였다($^{\S 74}_{①}$). 이 양벌조항의 취지는 제71조부터 제73조까지의 어느 하나에 해당하는 위반행위에 대해서도 마찬가지로 관철되고 있다. 즉, 법인의 대표자나 법인 또는 개인의 대리인, 사용인, 그 밖의 종업원이 그 법인 또는 개인의 업무에 관하여 제71조부터 제73조까지의 어느 하나에 해당하는 위반행위를 하면 그 행위자를 벌하는 외에 그 법인 또는 개인에게도 해당 조문의 벌금형을 과(科)하며, 다만, 법인 또는 개인이 그 위반행위를 방지하기 위하여 해당 업무에 관하여 상당한 주의와 감독을 게을리 하지 아니한 경우에는 그러하지 아니하다($^{\S 74}_{②}$).

법은 제70조부터 제73조까지의 어느 하나에 해당하는 죄를 지은 자가 해당 위반행위와 관련하여 취득한 금품이나 그 밖의 이익을 몰수할 수 있고, 이를 몰수할 수 없을 때에는 그 가액을 추징할 수 있도록 하였다. 이 경우 몰수 또는 추징은 다른 벌칙에 부가하여 과할 수 있다($^{\S 74}_{의2}$).

법은 제75조에서 일정한 법위반행위에 대하여 과태료를 부과하도록 하고 있다. 가령 제15조 제1항을 위반하여 개인정보를 수집한 자, 제22조 제5항을 위반하여 법정대리인의 동의를 받지 아니한 자, 제25조 제2항을 위반하여 영상정보처리기기를 설치·운영한 자에게 5천만원 이하의 과태료를 부과하도록 하고 있다($^{\S 75}_{①}$). 법 제75조 제1항부터 제3항까지의 규정에 따른 과태료는 대통령령으로 정하는 바에 따라 행정안전부장관과 관계 중앙행정기관의 장이 부과·징수한다. 이 경우 관계 중앙행정기관의 장은 소관 분야의 개인정보처리자에게 과태료를 부과·징수한다($^{\S 75}_{④}$).

한편, 법은 개인정보보호법에 의한 벌칙 적용과 관련하여 행정안전부장관 또는 관계 중앙행정기관의 장의 권한을 위탁한 업무에 종사하는 관계기관의 임직원은 형법 제129조부터 제132조까지를 적용할 때에는 공무원으로 본다는 의제규정을 두고 있다($^{\S 69}$).

Ⅲ. 개인정보의 침해와 권리구제

1. 개   설

개인정보보호법은 개인정보에 관한 일반법으로서, 공공·민간 부문을 가리지 아니 하고 개인정보처리자 일반을 대상으로 하여 적용된다($^{\S 2}_{v}$). 즉, 공공기관뿐만 아니라 비영리단체 등

업무상 개인정보파일을 운용하기 위하여 개인정보를 처리하는 자는 모두 이 법에 따른 개인정보 보호규정을 준수하여야 한다. 이러한 입법취지가 개인정보 보호의 사각지대 해소에 있다는 점은 이미 지적한 바와 같다. 이와같이 개인정보보호법이 공공·민간 부문에 모두 적용되지만, 엄연히 공·사법 구별이 이루어지고 있기 때문에 개인정보 침해에 대한 권리구제 방법도 그 법영역이 어디인지에 따라 달라질 수밖에 없다. 즉, 개인정보처리자가 공공기관인지 그 밖의 법인, 단체 및 개인 등인지에 따라 행정소송법에 의한 행정소송 또는 민사소송법에 의한 민사소송으로 권리구제/분쟁해결 방법을 달리 하게 된다.

한편, 법은 개인정보처리자의 개인정보의 수집·이용·제공 등에 대한 준법정신과 경각심을 높이고, 동일·유사 개인정보 소송에 따른 사회적 비용을 절감하려는 취지에서 개인정보 단체소송제도를 도입하였다.

끝으로, 개인정보 관련 분쟁은 종종 다수의 개인이 관련되는 경우가 많고 공공기관이나 대기업 등 개인이 감당하기 어려운 상대방과의 관계에서 벌어지는 경우가 빈번하다. 그와 같은 상황에서 개인이 직접 법원에 소송을 제기하여 분쟁을 해결할 수 있는 길도 있고 또 그러한 분쟁해결방법도 널리 허용되어야 할 것이다. 하지만, 소송은 종종 많은 비용과 시간을 소요하는 경우가 많고 더욱이 개인정보 관련 분쟁의 특성상 형식적이고 다소 경직된 법원의 재판절차보다는 당사자간 협상이나 조정 등의 방법이 유연하고 실용적인 분쟁해결을 가져오는 경우가 많기 때문에 ADR, 즉 대체적 분쟁해결의 길을 열어주는 것이 필요하다. 이러한 견지에서 법은 제6장에서 개인정보 분쟁조정위원회와 분쟁조정절차에 대한 규정을 두고 있다. 이는 종래 정보통신망 이용촉진 및 정보보호 등에 관한 법률에 따른 개인정보분쟁조정제도와 비교할 때 기존의 분쟁조정제도의 틀을 그대로 승계한 것이지만,[121] 당사자가 수락한 조정안에 재판상 화해와 동일한 효력을 부여하고($\S47\atop\S$), 개인정보 피해 사례들이 대부분 대량·소액 사건인 점을 고려하여 집단분쟁조정절차를 도입하는 등($\S49$) 진일보한 제도 개선이라고 평가된다. 개인정보 분쟁조정절차는 당사자의 법적 지위 여하를 불문하고 공공·민간 부문에 모두 적용된다.

여기서는 개인정보 침해에 대한 행정쟁송·국가배상 등의 문제만을 검토해 보기로 한다.

---

121) 부칙 제3조는 개인정보 분쟁조정위원회에 관한 경과조치로, 이 법 시행 당시 종전의 정보통신망 이용촉진 및 정보보호 등에 관한 법률에 따른 개인정보 분쟁조정위원회의 행위나 개인정보 분쟁조정위원회에 대한 행위는 그에 해당하는 이 법에 따른 개인정보 분쟁조정위원회의 행위나 개인정보 분쟁조정위원회에 대한 행위로 본다고 규정하고 있다.

2. 행정쟁송 · 국가배상

2.1. 개 설

　　공공기관에 의한 개인정보의 침해에 대해서는 일반적으로 행정심판 · 행정소송과 국가배상 · 손실보상으로 대표되는 행정구제수단을 통하여 권리구제를 받을 수 있다. 그러나 공공기관에 의한 개인정보의 침해는 그 양상이 극히 다양하고 은밀하게 이루어지는 경우가 많기 때문에 기술적으로나 법적으로 포착하기가 쉽지 않다. 따라서 이들 통상적인 행정구제수단 외에 다양한 비공식적 구제수단을 활용할 수 있도록 하는 것이 바람직하다. 특히 국민권익위원회에 의한 고충처리, 감사원법($\frac{\S 43}{이하}$)에 의한 감사원 심사청구 등과 같은 현행법제도는 물론 정보보호의 특수성을 충분히 살릴 수 있는 정보보호 옴부즈만 같은 제도의 도입 등 입법적 해결책이 필요하다. 여기서는 공공기관에 의한 개인정보 침해에 대한 구제수단으로 행정쟁송과 국가배상을 검토해 보기로 한다.

2.2. 행정쟁송에 의한 구제

　　개인정보보호법상 각종 보호규범들을 위반한 행정청의 조치가 행해졌거나 행해질 경우 그로 인해 법률상 이익을 침해받거나 침해받을 우려가 있는 사인(私人)은 일반 행정쟁송법에 의해 주어진 쟁송수단을 통해 권리구제를 받을 수 있음은 물론이다. 특히 문제가 되는 것은 개인정보보호법이 제35조 – 제37조에서 정보주체에게 보장한 개인정보 열람, 정정 · 삭제, 처리정지 등의 요구를 할 경우, 이를 어떤 쟁송수단을 통해 행사할 수 있느냐 하는 것이다. 주지하는 바와 같이 이들 권리를 행사했음에도 불구하고 당해 행정청이 열람이나 정정신청 등을 거부하거나 부작위로 응답하지 아니하는 경우 행정심판법에 의한 행정심판이나 행정소송법에 의한 행정소송을 제기할 수 있는지 여부가 문제될 것이다.

　　특히 행정심판의 경우 그 대상이 처분 또는 부작위에 국한되어 있기 때문에 그러한 거부나 부작위가 행정심판법상 처분 또는 부작위에 해당하는 경우에만 행정심판이 허용되므로, 처분성 또는 부작위 해당 여부가 중요한 쟁점으로 제기될 수 있다. 정보주체가 개인정보보호법 제35조 – 제37조에 따라 개인정보의 열람, 정정 · 삭제 요구, 처리정지 등을 요구한 경우 이를 거부하거나 아무런 응답을 하지 아니 한 경우, 행정심판법상 처분 또는 부작위에 해당하는지 여부가 문제될 수 있다. 법이 명시적으로 그와 같은 정보주체의 권리를 보장하고 있는 이상 이를 시인하지 않을 수 없을 것이다. 이렇게 볼 때, 그러한 처분에 대하여 행정심판법에 의한 행정심판을 제기할 수 있다는 것은 의문의 여지가 없다. 고려될 수 있는 행정심판유형은 주로 의무이행심판이나 거부처분에 대한 취소심판이 될 것이다. 그러나 개인정보보호와 관련 권리구제의 긴급성이 요구되는 경우가 많음에도 불구하고 효과적인 가구제수단이 마련되어 있지 않은 것이 문제이다. 거부나 부작위의 집행정지란 무의미하므로 집행정지의 여지가 없기 때문이다.

마찬가지로 행정소송법상 열람·정정 등의 거부에 대한 취소소송이나 부작위에 대한 부작위위법확인소송을 제기할 수 있을 것이고, 가구제의 경우 행정심판의 경우와 마찬가지로 거부나 부작위의 집행정지란 의미가 없기 때문에 가처분의 가능성여부가 문제될 것이다. 적극적 처분에 대한 취소소송 이외의 경우 이를 긍정하는 취지의 판례가 있으나,[122] 열람·정정 등 신청의 거부나 부작위에 대한 소송에 있어 가처분을 인정할지는 확실하지 않다.

그 밖의 경우, 개인정보의 안전성확보, 개인정보의 이용·제공의 제한 등과 같은 개인정보보호법의 각종 보호법규 또는 금지규정을 위반한 행정청의 조치에 대하여는 행정심판법이나 행정소송법상 처분성을 인정하기 어려운 경우가 많기 때문에 상대적으로 비처분적 행정조치에 대한 권리구제수단인 공법상 당사자소송과 같은 소송유형을 이용해야 할 경우가 많을 것이다.

2.3. 국가배상에 의한 구제

행정청이 직무집행에 당하여 개인정보보호법에 위반하여 사인(私人)에게 손해를 입힌 경우에는 국가배상법이 정하는 바에 의하여 손해배상을 청구할 수 있다. 그 위법성의 연원으로는 제3조 개인정보 보호 원칙, 제18조 개인정보의 이용·제공 제한, 제29조 개인정보처리자의 안전조치의무 등을 꼽을 수 있을 것이다. 특히 제18조 제2항은 일정한 범주의 사유를 열거하면서 그에 해당하는 경우에는 정보주체 또는 제3자의 이익을 부당하게 침해할 우려가 있을 때를 제외하고는 개인정보를 목적 외의 용도로 이용하거나 이를 제3자에게 제공할 수 있다고 규정하고 있는데, 이 규정의 해석·적용을 둘러싸고 분쟁이 생길 여지가 있다. 그 위법성이 인정될 경우 국가배상법상의 손해배상책임이 인정될 가능성이 클 것으로 생각된다.

▦ 구 국군보안사령부의 민간인 사찰이 불법행위를 구성한다고 한 사례

"헌법 제10조 및 제17조의 규정은 개인의 사생활 활동이 타인으로부터 침해되거나 사생활이 함부로 공개되지 아니할 소극적인 권리는 물론, 오늘날 고도로 정보화된 현대사회에서 자신에 대한 정보를 자율적으로 통제할 수 있는 적극적인 권리까지도 보장하려는 데에 그 취지가 있는 것으로 해석되는바, 구 국군보안사령부가 군과 관련된 첩보 수집, 특정한 군사법원 관할 범죄의 수사 등 법령에 규정된 직무범위를 벗어나 민간인들을 대상으로 평소의 동향을 감시, 파악할 목적으로 지속적으로 개인의 집회·결사에 관한

---

122) 서울특별시의회의 의장·부의장의 당선결정을 가처분으로 정지하여 그 직권행사를 저지한 경우(서울고법 1958.9. 20. 자 4191行申60 결정); 전입학자에 대한 등교거부처분을 가처분으로 정지시켜 학생들의 등교를 계속할 수 있도록 한 사례(서울고법 1964.11.9. 자 64부90 결정).

제1편 제2편 제3편 제4편 제5편 행정법총론

활동이나 사생활에 관한 정보를 미행, 망원 활용, 탐문채집 등의 방법으로 비밀리에 수집, 관리하였다면, 이는 헌법에 의하여 보장된 기본권을 침해한 것으로서 불법행위를 구성한다고 하지 않을 수 없다."[123]

⁝ 수사기관이나 수사담당공무원의 피의사실 공표와 국가배상

"형법 제126조가 검찰, 경찰 기타 범죄 수사에 관한 직무를 행하는 자 또는 이를 감독하거나 보조하는 자가 그 직무를 행함에 당하여 지득한 피의사실을 공판청구 전에 공표하는 것을 범죄로 규정하고 있는 점, 헌법 제27조 제4항이 형사피고인에 대하여 무죄추정 원칙을 규정하고 있는 점과 아울러 직접 수사를 담당한 수사기관이나 수사담당 공무원의 발표에 대하여는 국민들이 그 공표된 사실이 진실한 것으로 강하게 신뢰하리라는 점등을 고려한다면 직접 수사를 담당한 수사기관이나 수사담당 공무원이 피의사실을 공표하는 경우에는 공표하는 사실이 의심의 여지없이 확실히 진실이라고 믿을 만한 객관적이고 타당한 확증과 근거가 있는 경우가 아니라면 그러한 상당한 이유가 있다고 할 수 없다."[124]

Ⅳ. 개인정보의 보호를 위한 그 밖의 법제

1. 전자정부법

1.1. 전자정부와 개인정보

전자정부란 '정보기술을 활용하여 행정기관 및 공공기관의 업무를 전자화하여 행정기관등의 상호 간의 행정업무 및 국민에 대한 행정업무를 효율적으로 수행하는 정부'를 말한다 (전자정부법 §2①). 개인정보는 이러한 전자정부와 긴장관계에 설 개연성이 가장 높은 문제영역의 하나이다. 전자정부에 있어 개인정보 문제는 언제라도 핫이슈가 될 수 있는 잠재적인 위험요인이다. 전자정부의 핵심적 성공요인이 정보기술 기반의 행정업무 효율화에 있고 그중에서도 특히 정보의 공동이용에 있다면 정보의 공동이용이 부딪히는 가장 중요한 제약요인이 바로 개인정보 보호 문제이기 때문이다. 그런 의미에서 효과적인 개인정보의 보호가 또한 전자정부 성공의 요체이기도 하다.

그와 같은 인식에서 전자정부법[125]은 일찍부터 개인정보 보호를 위한 조항들을 두었다.[126] '전자정부의 원칙'의 하나로 개인정보 및 사생활의 보호를 포함시킨 제4조 제1항 제4

---

123) 대법원 1998.7.24. 선고 96다42789 판결.
124) 대법원 1998.7.14. 선고 96다17257 판결.
125) "행정업무의 전자적 처리를 위한 기본원칙, 절차 및 추진방법 등을 규정함으로써 전자정부를 효율적으로 구현하고, 행정의 생산성, 투명성 및 민주성을 높여 국민의 삶의 질을 향상시키는 것"을 목적으로 제정된 전자정부법은 2008년 2월 정부조직의 개편에 따라 분산되었던 전자정부 관련기능을 통합하여 체계적으로 규정하고, 정보기술의 혁신 및 융합 등 정보사회의 새로운 흐름을 반영하여 효율적으로 전자정부를 구현·발전시킴으로써 대국민 전자정부서비스를 보다 효율적으로 제공하며 행정의 생산성을 향상시키기 위한 제도적인 기반을 마련한다는 취지에서 2010.2.4. 전부개정되었다(2010.5.5.).
126) 전자정부법의 효시이자 현행 전자정부법의 전신인 「전자정부 구현을 위한 행정업무등의 전자화 촉진에 관한 법률」(법률 제6439호)도 제12조에서 '개인정보보호의 원칙'이란 표제하에 '행정기관이 보유·관리하는 개인정보는 법령

호, "행정기관등이 보유·관리하는 개인정보는 법령에서 정하는 경우를 제외하고는 당사자의 의사에 반하여 사용되어서는 아니 된다"고 규정한 같은 조 제4항, 개인정보가 포함된 행정정보의 공동이용시 정보주체의 사전동의를 받도록 한 제42조 제1항, 공동이용한 행정정보 중 본인에 관한 행정정보에 대한 정보주체의 열람청구권을 인정한 제43조 제1항 등이 그러한 예이다.

1.2. 전자정부의 원칙으로서 개인정보 보호

전자정부법은 제4조에서 행정기관등이 전자정부의 구현·운영 및 발전을 추진할 때 우선적으로 고려하고 필요한 대책을 강구해야 할 '전자정부의 원칙'을 다음과 같이 천명하였다.

1. 대민서비스의 전자화 및 국민편익의 증진
2. 행정업무의 혁신 및 생산성·효율성의 향상
3. 정보시스템의 안전성·신뢰성의 확보
4. 개인정보 및 사생활의 보호
5. 행정정보의 공개 및 공동이용의 확대
6. 중복투자의 방지 및 상호운용성 증진

이 중 제4조 제1항 제4호에서 개인정보 및 사생활의 보호를 '전자정부의 원칙'의 하나로 부각시킨 점은 전자정부법이 개인정보 보호에 대하여 가지는 관심과 의지를 엿볼 수 있게 해 주는 점이다. 전자정부법은 이에 머무르지 않고 같은 조 제4항에서 '행정기관등이 보유·관리하는 개인정보는 법령에서 정하는 경우를 제외하고는 당사자의 의사에 반하여 사용되어서는 아니 된다'고 규정함으로써 전자정부에 있어 개인정보의 사용을 제한하고 있다.

1.3. 행정정보의 공동이용과 개인정보 보호

행정정보의 공동이용은 전자정보의 가장 핵심적인 성공요인($\substack{\text{critical success} \\ \text{factor}}$)이지만 개인정보에 대한 관계에서는 가장 큰 위험요인이기도 하다. 그 점을 인식하여 전자정부법은 제42조 제1항에서 이용기관이 공동이용센터를 통하여 개인정보가 포함된 행정정보를 공동이용할 때에는 정보주체의 사전동의를 받도록 하고, 제43조 제1항에서는 공동이용센터를 통하여 공동이용한 행정정보 중 본인에 관한 행정정보에 대한 정보주체의 열람청구권을 인정하였다.

이 정하는 경우를 제외하고는 당사자의 의사에 반하여 사용되어서는 아니 된다'고 규정하고 있었다. 이 법률은 행정업무의 전자적 처리를 위한 기본원칙·절차 및 추진방법 등을 규정함으로써 전자정부의 구현을 위한 사업을 촉진시키기 위하여 2001년 3월 28일 제정되어 같은 해 7월 1일부터 시행되었다.

1.3.1. 정보주체의 사전동의

이용기관이 공동이용센터를 통하여 개인정보가 포함된 행정정보를 공동이용할 때에는 개인정보 보호법 제2조 제3호의 정보주체가 다음 사항을 알 수 있도록 정보주체의 사전동의를 받아야 한다($^{§\,42\,①}_{전단}$). 이 경우 개인정보 보호법 제18조 제2항 제1호 및 제19조 제1호는 적용하지 아니 한다($^{§\,42\,①}_{후단}$).

1. 공동이용의 목적
2. 공동이용 대상 행정정보 및 이용범위
3. 공동이용 대상 이용기관의 명칭

제1항에도 불구하고 이용기관이 다음 각 호의 어느 하나에 해당하는 경우로서 정보주체의 사전동의를 받을 수 없거나 동의를 받는 것이 부적절하다고 인정되면 이용기관은 그 행정정보를 공동이용한 후 국회규칙, 대법원규칙, 헌법재판소규칙, 중앙선거관리위원회규칙 및 대통령령으로 정하는 바에 따라 제1항 각 호의 사항을 정보주체가 알 수 있도록 하여야 한다($^{§\,42\,②}_{본문}$). 다만, 제3호에 해당하여 이용기관이 범죄수사를 위하여 행정정보를 공동이용한 경우에는 그 사건에 관하여 공소를 제기한 날 또는 입건이나 공소제기를 하지 아니하는 처분($^{기소중지\ 결정}_{은\ 제외한다}$)을 한 날 이후에 알 수 있도록 하여야 한다($^{§\,42\,②}_{단서}$).

1. 정보주체의 생명 또는 신체를 보호하기 위하여 긴급하게 공동이용할 필요가 있는 경우
2. 법령에 따라 정보주체에게 의무를 부과하거나 권리·이익을 취소·철회하는 업무를 수행하기 위하여 공동이용이 불가피한 경우
3. 법령을 위반한 정보주체에 대한 조사 또는 처벌 등 제재와 관련된 업무를 수행하기 위하여 공동이용이 불가피한 경우
4. 그 밖에 법령에서 정하는 업무를 수행함에 있어서 정보주체의 사전동의를 받는 것이 그 업무 또는 정보의 성질에 비추어 현저히 부적합하다고 인정되는 경우로서 대통령령으로 정하는 경우

행정안전부장관은 제2항에 따라 정보주체의 사전동의 없이 공동이용할 수 있는 업무와 행정정보의 구체적인 범위를 대통령령으로 정하는 바에 따라 공개하여야 한다($^{§\,42}_{③}$).

1.3.2. 정보주체의 열람청구권

정보주체는 공동이용센터를 통하여 공동이용한 행정정보 중 본인에 관한 행정정보에 대하여 다음 사항의 열람을 행정안전부장관 또는 해당 이용기관의 장에게 신청할 수 있다($^{§\,43}_{①}$).

1. 이용기관
2. 공동이용의 목적

3. 공동이용한 행정정보의 종류
4. 공동이용한 시기
5. 해당 행정정보를 공동이용할 수 있는 법적 근거

행정안전부장관 및 이용기관의 장은 정보주체의 신청을 받았을 때에는 정당한 사유가 없으면 신청한 날부터 10일 이내에 그 정보주체에게 위 제1항 각 호의 사항을 통보하여야 하며($\S^{43}_{전단}$②), 10일 이내에 통보할 수 없는 정당한 사유가 있을 때에는 그 사유가 소멸하였을 때에 지체 없이 통보하여야 한다($\S^{43}_{후단}$②).

제2항의 경우 이용기관이 범죄수사를 위하여 행정정보를 공동이용한 경우에는 그 사건에 관하여 공소를 제기한 날 또는 입건이나 공소제기를 하지 아니하는 처분($^{기소중지\ 결정}_{은\ 제외한다}$)을 한 날부터 30일 이내에 그 정보주체에게 통보하여야 한다($\S^{43}_{③}$).

정보주체는 이용기관이 제2항에 따른 통보를 하지 아니하면 이용기관이 공동이용한 행정정보 중 본인에 관한 제1항 각 호의 사항에 대한 열람을 행정안전부장관에게 직접 신청할 수 있다($\S^{43}_{④}$).

이와 같은 정보 열람 절차 등에 관하여 필요한 사항은 대통령령으로 정한다($\S^{43}_{⑤}$).

행정안전부장관은 대통령령으로 정하는 바에 따라 공동이용센터를 통하여 공동이용한 행정정보의 명칭, 공동이용 횟수 등의 기록을 유지·관리하고 공개하여야 한다($\S^{43}_{⑥}$).

1.4. 전자정부서비스 개발·제공시 개인정보 활용의 금지

전자정부법은 제21조 제1항에서 전자정부서비스 이용 활성화를 위한 민간 참여 및 활용의 문호를 개방하는 한편, 제2항에서는 행정기관등의 장이 개인 및 기업, 단체 등이 전자정부서비스에서 제공하는 일부 기술이나 공공성이 큰 행정정보 등을 활용하여 새로운 서비스를 개발·제공할 수 있도록 필요한 지원을 할 수 있도록 하였다. 그러나 같은 항에서 '행정정보'에서 개인정보를 제외시킴으로써 개인정보에 관한 한 행정기관등에 의한 활용보다는 보호에 중점을 두고 있음을 분명히 하고 있다.

2. 통신비밀보호법

프라이버시 보호와 관련하여 제정된 통신비밀보호법도 개인정보보호를 위한 중요한 법적 수단이 되고 있다. 통신비밀보호법은 제3조에서 "누구든지 이 법과 형사소송법 또는 군사법원법의 규정에 의하지 아니하고는 우편물의 검열·전기통신의 감청[127] 또는 통신사실확인자

---

127) "감청"(監聽)이란 '전기통신에 대하여 당사자의 동의없이 전자장치·기계장치등을 사용하여 통신의 음향·문언·부호·영상을 청취·공독(共讀)하여 그 내용을 지득 또는 채록하거나 전기통신의 송·수신을 방해하는 것'을 말

료의 제공을 하거나 공개되지 아니한 타인간의 대화를 녹음 또는 청취하지 못한다"고 규정하는 한편, 제5조 이하에서 통신제한조치(우편물의 검열과 전기통신의 감청)를 그 목적에 따라 범죄수사를 위한 경우와 국가안보를 위한 경우로 구분하여 절차에 차등을 두어, 전자의 경우에는 지방법원판사의 허가를, 후자의 경우(통신의 일방 또는 쌍방당사자가 내국인인 때)에는 고등법원 수석부장판사의 허가를 받도록 하고 있다.[128] 다만 적대국이나 적대단체에 속한 구성원의 통신에 대하여는 판사의 허가 없이 대통령의 승인만으로도 통신제한조치를 취할 수 있도록 하였다($\S 7 \atop ① ii$).

그 밖에도 법은 불법검열에 의한 우편물의 내용과 불법감청에 의한 전기통신내용의 증거사용을 금하고 있고($\S 4$), 통신제한조치등으로 취득한 내용의 비공개·누설금지($\S 11$), 통신제한조치로 취득한 자료의 사용제한($\S 12$)[129] 등에 관한 규정을 두고 있다. 또한 범죄수사를 위한 통신사실 확인자료제공의 절차($\S 13$), 국회의 통제($\S 15$) 등에 관한 규정을 두고 있다.

> 이 법이 국가안보목적의 도청에 관한 약간의 쟁점을 제외하고 비교적 어려움 없이 여야합의로 제정된 데에는 1992년 대통령선거당시 물의를 빚은 '부산복집사건'이란 수치스러운 배경이 있다. 그러나 '통신 및 대화의 비밀과 자유에 대한 제한의 대상을 한정하고 이를 엄격한 법적 절차를 거치도록 함으로써 통신비밀을 보호하고 통신의 자유를 신장하기 위하여' 통신비밀보호법이 제정된 것 자체는 역시 정보기관이나 수사기관에 의한 '안보남용'에 제동을 가할 수 있는 법적 근거가 마련되었다는 점에서 긍정적인 평가를 받을 수 있다. 이로써 종래 수사기관이 정권안보를 목적으로 전기통신의 감청이나 우편물의 검열 등을 통해 자행해 왔던 인권침해의 관행에 법적 통제를 가할 수 있게 되었다.

▒ 불법 감청 등에 관여하지 않은 언론기관의 보도에 의한 통신비밀 공개행위의 정당행위 여부

"불법 감청·녹음 등에 관여하지 아니한 언론기관이 그 통신 또는 대화의 내용이 불법 감청·녹음 등에 의하여 수집된 것이라는 사정을 알면서도 그것이 공적인 관심사항에 해당한다고 판단하여 이를 보도하여 공개하는 행위가 형법 제20조의 정당행위로서 위법성이 조각된다고 하려면, 적어도 다음과 같은 요건을 충족할 것이 요구된다.

첫째, 그 보도의 목적이 불법 감청·녹음 등의 범죄가 저질러졌다는 사실 자체를 고발하기 위한 것으로 그 과정에서 불가피하게 통신 또는 대화의 내용을 공개할 수밖에 없는 경우이거나, 불법 감청·녹음

한다(통신비밀보호법 § 2 vii).

128) 다만, 군용전기통신법 제2조의 규정에 의한 군용전기통신(작전수행을 위한 전기통신에 한한다)에 대해서는 그러하지 아니 하다(§ 7 ① i).

129) 이에 따르면 제9조의 규정에 의한 통신제한조치의 집행으로 인하여 취득된 우편물 또는 그 내용과 전기통신의 내용은 다음의 경우 외에는 사용할 수 없도록 되어 있다.
   1. 통신제한조치의 목적이 된 제5조 제1항에 규정된 범죄나 이와 관련되는 범죄를 수사·소추하거나 그 범죄를 예방하기 위하여 사용하는 경우
   2. 제1호의 범죄로 인한 징계절차에 사용하는 경우
   3. 통신의 당사자가 제기하는 손해배상소송에서 사용하는 경우
   4. 기타 다른 법률의 규정에 의하여 사용하는 경우

등에 의하여 수집된 통신 또는 대화의 내용이 이를 공개하지 아니하면 공중의 생명·신체·재산 기타 공익에 대한 중대한 침해가 발생할 가능성이 현저한 경우 등과 같이 비상한 공적 관심의 대상이 되는 경우에 해당하여야 한다. 국가기관 등이 불법 감청·녹음 등과 같은 범죄를 저질렀다면 그러한 사실을 취재하고 보도하는 것은 언론기관 본연의 사명이라 할 것이고, 통신비밀보호법 자체에 의하더라도 '국가안보를 위협하는 음모행위, 직접적인 사망이나 심각한 상해의 위험을 야기할 수 있는 범죄 또는 조직범죄 등 중대한 범죄의 계획이나 실행 등 긴박한 상황'에 있는 때에는 예외적으로 법원의 허가 없이 긴급통신제한조치를 할 수 있도록 허용하고 있으므로(^{§8}), 이러한 예외적인 상황 아래에서는 개인 간의 통신 또는 대화의 내용을 공개하는 것이 허용된다.

둘째, 언론기관이 불법 감청·녹음 등의 결과물을 취득함에 있어 위법한 방법을 사용하거나 적극적·주도적으로 관여하여서는 아니 된다.

셋째, 그 보도가 불법 감청·녹음 등의 사실을 고발하거나 비상한 공적 관심사항을 알리기 위한 목적을 달성하는 데 필요한 부분에 한정되는 등 통신비밀의 침해를 최소화하는 방법으로 이루어져야 한다.

넷째, 언론이 그 내용을 보도함으로써 얻어지는 이익 및 가치가 통신비밀의 보호에 의하여 달성되는 이익 및 가치를 초과하여야 한다. 여기서 그 이익의 비교·형량은, 불법 감청·녹음된 타인간의 통신 또는 대화가 이루어진 경위와 목적, 통신 또는 대화의 내용, 통신 또는 대화 당사자의 지위 내지 공적 인물로서의 성격, 불법 감청·녹음 등의 주체와 그러한 행위의 동기 및 경위, 언론기관이 그 불법 감청·녹음 등의 결과물을 취득하게 된 경위와 보도의 목적, 보도의 내용 및 그 보도로 인하여 침해되는 이익 등 제반 사정을 종합적으로 고려하여 정하여야 한다."[130]

---

130) 대법원 2011.3.17. 선고 2006도8839 전원합의체 판결. 이것은 방송사 기자인 피고인이 이 사건 도청자료를 공개한 행위는 위와 같은 요건을 갖추지 못하여 형법 제20조 소정의 정당행위에 해당하지 않는다고 한 사례이다. 위 다수의견에 대해서는 불법 감청·녹음 등에 관여하지 않은 언론기관이 이를 보도하여 공개하는 경우에 있어서, "그 보도를 통하여 공개되는 통신비밀의 내용이 중대한 공공의 이익과 관련되어 공중의 정당한 관심과 여론의 형성을 요구할 만한 중요성을 갖고 있고, 언론기관이 범죄행위나 선량한 풍속 기타 사회질서에 반하는 위법한 방법에 의하여 통신비밀을 취득한 경우에 해당하지 않으며, 보도의 방법에서도 공적 관심사항의 범위에 한정함으로써 그 상당성을 잃지 않는 등 그 내용을 보도하여 얻어지는 이익 및 가치가 통신비밀의 보호에 의하여 달성되는 이익 및 가치를 초과한다고 평가할 수 있는 경우에는" 형법 제20조의 정당행위로서 이를 처벌의 대상으로 삼을 수 없다고 보아야 하므로 피고인의 대화내용 공개행위는 정당행위에 해당한다는 취지의 반대의견(대법관 박시환, 대법관 김지형, 대법관 이홍훈, 대법관 전수안, 대법관 이인복)이 있다.

제5장
행정작용의 실효성확보

제1절 | 개 설

I. 행정작용의 실효성확보의 체계

법을 집행하고 공익을 실현하기 위하여 행하는 행정작용은 국민에게 의무를 부과하거나 어떤 행위를 금지하는 것을 내용으로 하는 경우가 많다. 행정작용이 그 본연의 목적을 달성하려면 행정법상 의무의 이행을 강제하거나 의무위반에 대하여 제재를 가하는 등 그 실효성을 확보할 수 있는 수단이 함께 마련되어야 한다. 행정이 상대방에게 제재나 강제처분을 하려면 법치행정의 원칙상 법률에 명시적 근거가 필요하다. 그러나 행정강제에 관한 일반법으로 1953년부터 행정집행법($\begin{smallmatrix}\text{Verwaltungsvoll-}\\\text{streckungsgesetz}\end{smallmatrix}$)을 제정·시행해 오고 있는 독일과 달리 우리나라는 행정의 실효성확보를 위한 각종 수단에 대한 일반법은 없고 개별법에서 규율하고 있을 뿐이다. 다양한 실효성확보수단의 체계화나 분류는 학설과 이론에 맡겨져 있는 셈이다.

종래 행정작용의 실효성확보를 위한 행정법적 수단에 관한 논의는 행정벌과 행정강제($\begin{smallmatrix}\text{Verwaltungs-}\\\text{zwang}\end{smallmatrix}$)를 양축으로 하여 전개되어 왔다. 여기에 전자를 행정법상 의무위반에 대한 제재수단으로, 후자를 행정법상 의무이행을 강제하기 위한 행정상 강제집행(대집행·행정상 강제징수·집행벌·직접강제), 행정상 즉시강제·행정조사 등 강제수단으로 각각 준별하는 전통적 사고방식이 배경을 이루고 있었다. 그러나 양자는 「제재」와 「강제」라는 법적 조치의 논리구조·태양에서는 구별되지만 행정법상의 의무이행을 강제적으로 확보한다는 측면에서는 단지 상대적으로만 구별될 뿐이다. 즉 행정강제가 직접적 의무이행확보수단이라면 행정벌은 간접적인 의무이행확보수단으로 기능하는 것이기 때문이다. 또 전통적인 의무이행확보수단들이 변화된 현실에서 기능적 한계를 드러냄에 따라 이를 보완하기 위하여 새로운 유형의 의무이행확보수단들이 등장하여 널리 활용되고 있기도 하다. 이러한 관점에서 행정작용의 실효성확보수단을 통합적으로 고찰하는 것이 필요하다.

Ⅱ. 행정의 실효성확보수단의 종류

행정법상 의무이행 확보를 위한 수단으로는 행정상 강제집행(대집행·행정상 강제징수·집행벌·직접강제)과 행정벌(행정형벌 및 행정질서벌), 행정상 즉시강제, 행정조사 등이 있다. 이들 전형적 유형 외에도 금전적 제재, 인·허가 취소·정지, 공급거부, 행정상 공표 등 새로운 유형이 널리 활용되고 있다. 전통적 관점에서는 이 중 행정벌이나 금전적 제재, 인허가의 취소·정지와 같은 수단들은 과거의 의무위반에 대한 제재인 데 비하여, 행정상 강제집행은 장래에 향하여 의무를 강제적으로 실현하는 수단이라는 점에서 준별된다고 한다. 그러나 행정의 의사를 관철시킨다는 측면에서는 전자는 후자처럼 직접적 강제수단은 아닐지라도 간접적 의무확보수단이라고 볼 수 있어 양자간 절대적 차이가 있는 것은 아니다.

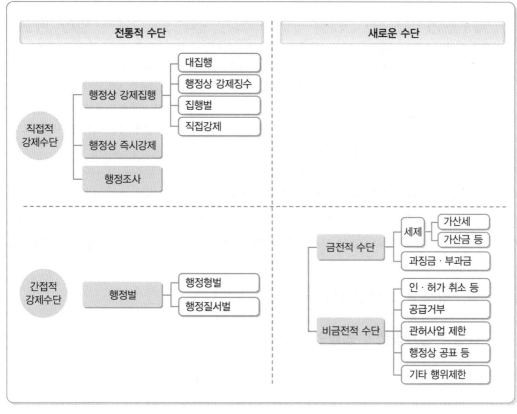

[행정작용의 실효성확보수단 개요]

제 2 절 | 행정상 강제집행

Ⅰ. 행정상 강제집행의 의의

행정상 강제집행($^{Verwaltungs-}_{vollstreckung}$)이란 행정법상 의무불이행에 대하여 행정청이 장래에 향하여 강제적으로 그 의무자로 하여금 의무를 이행시키거나 이행된 것과 같은 상태를 실현하는 작용을 말한다. 행정상 강제집행은 의무의 존재·불이행을 전제로 한다는 점에서 이를 전제로 하지 않는 행정상 즉시강제와 다르며, 단순한 자료획득을 위한 조사를 목적으로 하는 행정조사와도 다르다. 또 강제집행($^{Zwangsvoll-}_{streckung}$)이긴 하지만 행정청 스스로의 판단과 수단에 의하여 행정법상 의무를 강제로 실현시키는 작용이라는 점(자력집행)에서 제3자인 법원에 의해서야 비로소 실현되는 민사상 강제집행(타력집행)과도 구별된다.

　　물론 행정청 자신에 의한 강제집행도 집행명의($^{Vollstrec-}_{kungstitel}$)를 필요로 한다는 점에서는 민사상 강제집행의 경우와 다르지 않다. 다만 행정상 강제집행의 경우에는 행정청이 행정행위를 발함으로써 그 집행명의를 스스로 창출할 수 있다는 데 특징이 있다. 여기서 다시금 행정행위가 행정상 강제집행에서도 중심개념의 지위를 가짐을 볼 수 있다: 행정상 강제집행은 행정법상 의무의 존재를 전제로 하는 것이므로 이러한 행정법상의 의무를 발생시키는 근거가 되는 행위는 지체되면 위험이 발생할 긴급사유나 즉시집행력을 지닌 공법상 계약에 따른 의무 외에는 과세처분이나 경찰처분, 징집명령 등과 같이 명령·금지를 내용으로 하는 명령적 행정행위인 것이 보통일 것이다.[1]

한편 행정상 강제집행과 행정벌은 행정법상 의무이행을 확보하는 수단이라는 점에서 공통되나 전자는 장래에 대한 의무이행의 직접적 강제인 데 비하여 후자는 과거의 의무위반에 대한 제재로서 간접적으로(심리적 강제) 의무이행을 확보하려는 방법이라는 점에서 구별된다.

Ⅱ. 행정상 강제집행의 근거

1. 행정상 강제집행과 법률의 유보

과거 독일, 일본 등 대륙법계에서는 명령권은 강제권(집행권)도 포함하므로 강제가 새로운 의무를 부과할 경우에만 법률의 근거가 필요하다고 이해되고 있었다. 이러한 사고방식은 오

---

1) Maurer, § 20 Rn.2, 6-8; Erichsen/Martens, § 20 Rn.2f.

늘날 법치행정의 원리가 예외 없이 관철되는 상황에서는 더 이상 타당하지 않다.[2] 행정상 강제집행은 설령 새로운 의무를 부과하지 않을지라도 별도의 법률의 근거가 필요하다고 본다.

2. 행정상 강제집행의 실정법적 근거

행정상 강제집행의 실정법적 근거로는 일반법으로 ① 대집행에 관한 행정대집행법, ② 국세징수법이 있고, 그 밖에 특례법으로 ③ 공익사업을 위한 토지 등의 취득 및 보상에 관한 법률($^{\S\,89}$), 출입국관리법($^{\S\,62}$) 등이 있다. 이 중 국세징수법은 본래 국세징수에 관하여 적용되는 것이지만 여러 법률이 이를 준용하고 있어(예: 지방세기본법 § 98, 공익사업을 위한 토
지 등의 취득 및 보상에 관한 법률 § 90 등), 사실상 공법상 금전급부의무의 강제집행에 관한 일반법으로서 기능한다고도 말할 수 있다. ④ 직접강제에 관한 일반법은 없다.

Ⅲ. 행정상 강제집행의 종류

행정상 강제집행의 수단으로는 대집행, 행정상 강제징수, 집행벌, 직접강제 등이 있으나, 집행벌과 직접강제는 극소수의 단행법에서만 규정되고 있을 뿐 그 예가 많지 않다. 이들 강제집행수단의 선택은 각기 차별적으로만 허용되고 있으며, 어떤 특정한 의무불이행에 대하여 허용되는 강제수단들 중 어느 것을 적용할지는 그 집행을 담당한 행정청이 의무에 합당한 재량에 의하여 판단할 문제이지만, 이에 관한 행정청의 판단은 그로 인한 침해가 필요 최소한에 그치는 방법을 택해야 한다는 점에서 다시금 필요성의 원칙 및 협의의 비례원칙($^{Grundsätze}_{der}$ $^{Erforderlichkeit\ und}_{Verhältnismßigkeit}$)의 제약을 받는다.[3]

〈행정상 강제집행의 대상과 준거법〉

강제집행의 종류	집행대상이 되는 의무의 종류	준거법
행정대집행	대체적 작위의무	행정대집행법
행정상 강제징수	공법상 금전급부의무	국세징수법
집행벌	부작위의무, 비대체적 작위의무	–
직접강제	대체적 작위의무, 비대체적 작위의무, 부작위·수인의무	개별 단행법

---

2) Erichsen/Martens, § 20 Rn.3.
3) Maurer, § 20 Rn.19.

IV. 행정대집행

1. 대집행의 개념

행정대집행($^{Ersatzvor-}_{nahme}$)은 대체적 작위의무의 불이행에 대한 일반적 강제수단이다. 즉 대체적 작위의무를 당해 의무자가 이행하지 않을 때 행정청이 그 의무를 스스로 행하거나($^{자기집행:}_{Selbstvornahme}$) 제3자로 하여금 이를 행하게 하고($^{제3자집행:}_{Fremdvornahme}$) 그 비용을 의무자로부터 징수하는 행위를 말한다.[4] 가령 하천·도로·공원·항만 등 공물을 불법점용하고 있는 건축물철거를 위해 빈번히 사용되는 행정강제 수단이다.

> 토사채취등 영리추구를 위한 하천의 불법점용의 경우 또는 개축한 건물이 행정청계획도로에 저촉되고 철공장으로 사용되고 있으며 주택지구에 위치하는 경우에 행정대집행이 행해질 수 있다.[5] 한편 행정대집행법이 법원의 판결등 채무명의 없이 행정대집행을 할 수 있다고 규정하였다 하여 헌법에 위반된다고는 볼 수 없다는 판례[6]가 있다.

대집행에 관하여는 건축법 제85조처럼 행정대집행법의 특례를 정하는 등 각 개별법이 특별한 규정을 둔 경우에는 그에 따르지만, 그 밖에는 행정대집행법이 일반적으로 적용된다. 가령 도로법에서 반복적, 상습적으로 도로를 불법 점용하는 경우 또는 신속하게 실시할 필요가 있어 행정대집행법 제3조 제1항과 제2항에 따른 절차에 의하면 목적 달성이 곤란한 경우, 그 절차를 거치지 아니하고 도로관리를 위하여 필요한 최소한도에서 적치물(積置物)을 제거하는 등 필요한 조치를 취할 수 있도록 한 것($^{§\,65}$), 또는 도로교통법에서 대집행의 일종인 불법주차차량의 견인 등에 대하여 그 대집행요건 등을 직접 규정하고 비용징수에 관해서만 행정대집행법에 따르도록 한 것($^{§\,35\,주차위반}_{에\,대한\,조치}$) 등이 그러한 예이다.

▓ 행정대집행의 특례 인정 여부

"도로법 제65조 제1항은 "관리청은 반복적, 상습적으로 도로를 불법 점용하는 경우나 신속하게 실시

---

4) 자기집행의 경우 직접강제와의 구별이 명확하지 않기 때문에 입법론상 이를 직접강제로 보아 요건과 절차를 정비함이 바람직하다는 견해(김남진, 행정법 I, 497)도 있고, 또 양자의 구별은 애매하여 가령 가옥철거를 보통의 방법이 아니고 소각 또는 폭파하는 등 행정청이 대체적으로 집행한다는 한계를 넘어서 실현한다면, 대집행이 아니고 직접강제라고 보는 견해(박윤흔, 행정법강의(상), 581)도 있다. 한편 독일의 경우 행정집행법 제10조는 제3자집행만을 인정하나, 대부분의 란트에서는 주로 자기집행을 직접강제로 함으로써 행정이 지게 될 비용부담을 회피하려는 재정적인 이유에서 양자를 인정하고 있다(Maurer, § 20 Rn.14).

5) 대법원 1967.7.18. 선고 66누94 판결.

6) 대법원 1968.3.19. 선고 63누172 판결.

할 필요가 있어서 행정대집행법 제3조 제1항과 제2항에 따른 절차에 의하면 그 목적을 달성하기 곤란한 경우에는 그 절차를 거치지 아니하고 적치물을 제거하는 등 필요한 조치를 취할 수 있다"고 규정하고 있는바, 위 규정의 취지는 교통사고의 예방과 도로교통의 원활한 소통을 목적으로 도로 관리청으로 하여금 반복·상습적인 도로의 불법점용과 같은 행위에 대하여 보다 적극적이고 신속하게 대처할 수 있도록 하기 위하여, 행정대집행법 제3조 제1항 및 제2항에서 정한 대집행 계고나 대집행영장의 통지절차를 생략할 수 있도록 하는 **행정대집행의 특례**를 인정하는 데에 있다. 따라서 위 규정은 **일반인의 교통을 위하여 제공되는 도로로서 도로법 제8조에 열거된 도로를 불법 점용하는 경우 등에 적용될 뿐 도로법상 도로가 아닌 장소의 경우에까지 적용된다고 할 수 없고**, 토지대장상 지목이 도로로 되어 있다고 하여 반드시 도로법의 적용을 받는 도로라고 할 수는 없다."[7]

물론 실제로는 각 개별법에서 행정대집행법이 정하는 바에 따라 대집행을 할 수 있다고 규정하는 것이 통례이다.

한편 아무런 권원 없이 국유재산에 설치한 시설물에 대하여 행정청이 행정대집행을 할 수 있음에도 민사소송의 방법으로 그 시설물의 철거를 구하는 것은 허용되지 아니 한다는 것이 대법원의 판례이다.[8]

2. 대집행의 주체

대집행 권한은 당초 불이행된 의무를 부과하는 처분을 한 행정청 또는 관할행정청이 가진다.

3. 대집행의 요건

행정대집행 제2조에서 규정하는 대집행의 요건을 살펴보면 다음과 같다.

3.1. 대체적 작위의무의 불이행

대집행을 하려면 먼저 법률에 따라 직접 명령되었거나 또는 법률에 의거한 행정청의 명령에 따른 행위로 타인이 대신하여 할 수 있는 의무를 의무자가 이행하지 않았어야 한다.

---

7) 대법원 2010.11.11. 선고 2009도11523 판결: 서울시청 및 중구청 공무원들이 행정대집행법이 정한 계고 및 대집행영장에 의한 통지절차를 거치지 아니한 채 '서울광장'에 무단설치된 천막의 철거대집행에 착수하였고, 이에 피고인들을 비롯한 '광우병위험 미국산 쇠고기 전면 수입을 반대하는 국민대책회의' 소속 단체 회원들이 몸싸움을 하거나 천막을 붙잡고 이를 방해한 사안에서, '서울광장'은 행정대집행의 특례규정이 적용되는 도로법상 도로라고 할 수 없으므로 위 철거대집행은 구체적 직무집행에 관한 법률상 요건과 방식을 갖추지 못한 것으로서 적법성이 결여되었고 따라서 피고인들이 위 공무원들에 대항하여 폭행·협박을 가하였더라도 특수공무집행방해죄는 성립되지 않는다는 이유로, 같은 취지에서 피고인들에 대해 무죄를 선고한 원심판단을 수긍한 사례.
8) 대법원 2009.6.11. 선고 2009다1122 판결.

3.1.1. 의무의 기초

대집행의 원인이 되는 의무불이행에 있어 의무는 법령에 따라 직접 부과된 것과 법령에 의거한 행정청의 처분(명령적 처분)에 따른 의무를 모두 포함한다. 의무의 법적 기초가 될 수 있는 것은 행정대집행법 제2조에서 명시한 바와 같이, 비단 법률뿐 아니라, 법규명령 등을 포함한 일체의 공법적 성질을 띤 법령이다. 사법상 의무는 대집행의 대상이 되지 못한다.

> ▓ **협의취득시 건물소유자가 약정한 철거의무와 대집행대상 여부**
>
> "구 공공용지의 취득 및 손실보상에 관한 특례법(2002.2.4. 법률 제6656호 공익사업을 위한 토지 등의 취득 및 보상에 관한 법률 부칙 제2조로 폐지)에 따른 협의취득시 건물소유자가 협의취득대상 건물에 대하여 약정한 철거의무는 공법상 의무가 아닐 뿐만 아니라, 공익사업을 위한 토지 등의 취득 및 보상에 관한 법률 제89조에서 정한 행정대집행법의 대상이 되는 '이 법 또는 이 법에 따른 처분으로 인한 의무'에도 해당하지 아니하므로 위 **철거의무에 대한 강제적 이행은 행정대집행법상 대집행의 방법으로 실현할 수 없다.**"[9)]

3.1.2. 대체적 작위의무의 불이행

대집행의 대상이 되는 의무는 대체적 작위의무(예: 불법광고
물제거의무)여야 한다. 가령 징집명령에 따른 응소의무와 같은 일신전속적 의무나 야간안온방해의 금지와 같은 부작위의무, 수인의무는 대집행의 대상이 되지 못한다.

(1) 부작위의무의 대체적 작위의무로의 전환

도로나 공원부지를 불법점용하여 그 위에 공작물을 설치한 경우, 그러한 불법점용 및 공작물설치는 아직 그것만으로는 부작위의무의 위반에 불과하여 대집행의 대상이 될 수 없다. 행정대집행법 제2조는 대집행의 대상이 되는 의무를 "법률(법률의 위임에 따른 명령, 지방
자치단체의 조례를 포함한다)에 따라 직접 명령되었거나 또는 법률에 의거한 행정청의 명령에 따른 행위로서 타인이 대신하여 행할 수 있는 행위"라고 규정하고 있으므로, 대집행을 하기 위해서는 법령에 따라 직접 명령되거나 법령에 근거한 행정청의 명령에 따른 의무자의 대체적 작위의무 위반행위가 있어야 한다. 따라서 법령상 금지되어 있는 불법공작물의 설치행위(부작위의무위반)가 있는 경우, **부작위의무를 대체적 작위의무로 전환시키는 별도의 법적 근거가 없는 한**, 곧바로 관할행정청이 당해 불법공작물의 철거를 명하는 처분을 하거나 그 불이행을 이유로 대집행을 할 수는 없다. 법령상 부작위의무로부터 그 위반행위나 결과를 시정해야 한다는 작위의무가 도출되는 것은 아니며, 또 부작위의무를 규정한 법령조항으로부터 그 위반행위에 대한 시정명령권의 법적 근거가 도출되는 것은 아니기 때문이다. 요컨대, 그러한 경우 대집행을 하려면 부작위의무를

---

9) 대법원 2006.10.13. 선고 2006두7096 판결.

대체적 작위의무로 전환시키는 동시에 이를 전제로 위법한 결과의 시정을 위한 행정청의 권한을 뒷받침해주는 별도의 법적 근거가 필요하다. 이렇게 보는 것이 법치국가원칙에 합치되는 결론이다.[10] 판례 또한 동일한 입장을 취하고 있다.

"대집행계고처분을 하기 위한 요건: 대집행계고처분을 하기 위하여는 **법령에 의하여 직접 명령되거나 법령에 근거한 행정청의 명령에 의한 의무자의 대체적 작위의무 위반행위가 있어야 한다**(대법원 1996.6.28. 선고
96누4374 판결 참조)."[11]

"단순한 부작위의무의 위반, 즉 관계 법령에 정하고 있는 절대적 금지나 허가를 유보한 상대적 금지를 위반한 경우에는 당해 법령에서 그 위반자에 대하여 위반에 의하여 생긴 유형적 결과의 시정을 명하는 행정처분의 권한을 인정하는 규정(예컨대, 건축법 제69조, 도로법 제74조, 하천법 제67조,
도시공원법 제20조, 옥외광고물등관리법 제10조 등)을 두고 있지 아니한 이상, **법치주의의 원리에 비추어 볼 때 위와 같은 부작위의무로부터 그 의무를 위반함으로써 생긴 결과를 시정하기 위한 작위의무를 당연히 끌어낼 수는 없으며, 또 위 금지규정(특히 허가를 유보한 상대적 금지규정)으로부터 작위의무, 즉 위반결과의 시정을 명하는 권한이 당연히 추론되는 것도 아니라고 할 것이다.**

그리고 행정기관의 권한에는 사무의 성질 및 내용에 따르는 제약이 있고, 지역적·대인적으로 한계가 있으므로 이러한 권한의 범위를 넘어서는 권한유월의 행위는 무권한 행위로서 원칙적으로 무효라고 할 것이고, 선행행위가 부존재하거나 무효인 경우에는 그 하자는 당연히 후행행위에 승계되어 후행행위도 무효로 된다고 할 것이다.

주택건설촉진법 제38조 제2항은 공동주택 및 부대시설·복리시설의 소유자·입주자·사용자 등은 부대시설 등에 대하여 도지사의 허가를 받지 않고 사업계획에 따른 용도 이외의 용도에 사용하는 행위 등을 금지하고(정부조직법 제5조 제1항, 행정권한의위임및위탁에관한규정 제4조에 따른
인천광역시사무위임규칙에 의하여 위 허가권이 구청장에게 재위임되었다), 그 위반행위에 대하여 위 주택건설촉진법 제52조의2 제1호에서 1천만원이하의 벌금에 처하도록 하는 벌칙규정만을 두고 있을 뿐, 건축법 제69조 등과 같은 부작위의무 위반행위에 대하여 대체적 작위의무로 전환하는 규정을 두고 있지 아니하므로 위 금지규정으로부터 그 위반결과의 시정을 명하는 원상복구명령을 할 수 있는 권한이 도출되는 것은 아니라고 할 것이다.

결국 피고의 원고에 대한 원상복구명령은 권한없는 자의 처분으로 무효라고 할 것이고, 위 원상복구명령이 당연무효인 이상 후행처분인 이 사건 계고처분의 효력에 당연히 영향을 미쳐 이 사건 계고처분 역시 무효로 된다고 할 것이다."[12]

법령은 금지규정(부작위의무부과규정)을 두면서 이와 별도로 그 금지규정에 위반한 행위나 결과를 시정하기 위한 별도의 수권규정을 두는 경우가 많다. 건축법 제79조, 도로법 제83조, 하천법 제69조, 도시공원 및 녹지 등에 관한 법률 제45조, 옥외광고물등 관리법 제10조 등

---

10) 박윤흔, 행정법강의(상), 583.

11) 대법원 2010.6.24. 선고 2010두1231 판결: 행정청이 토지구획정리사업의 환지예정지를 지정하고 그 사업에 편입되는 건축물 등 지장물의 소유자 또는 임차인에게 지장물의 자진이전을 요구한 후 이에 응하지 않자 지장물의 이전에 대한 대집행을 계고하고 다시 대집행영장을 통지한 사안에서, 위 계고처분 등은 **행정대집행법 제2조에 따라 명령된 지장물 이전의무가 없음에도** 그러한 의무의 불이행을 사유로 행하여진 것으로 위법하다고 한 사례.

12) 대법원 1996.6.28. 선고 96누4374 판결.

이 그 예이다. 가령 도로법 제83조는 법령 위반자 등에 대하여 공사의 중지, 공작물의 개축, 물건의 이전, 그 밖에 필요한 처분을 하거나 조치를 명할 수 있다고 규정하고 있는데, 이 규정은 부작위의무위반을 작위의무로 전환시키고 그에 대한 행정청의 조치권을 수권한 법적 근거가 된다. 이 규정을 근거로 시정명령을 하고 그 불이행을 이유로 행정대집행법에 따른 대집행을 하는 경우를 생각할 수 있을 것이다.

"용도위반 부분을 장례식장으로 사용하는 것이 관계 법령에 위반한 것이라는 이유로 장례식장의 사용을 중지할 것과 이를 불이행할 경우 행정대집행법에 의하여 대집행하겠다는 내용의 이 사건 처분은, 이 사건 처분에 따른 '장례식장 사용중지 의무'가 원고 이외의 '타인이 대신'할 수도 없고, 타인이 대신하여 '행할 수 있는 행위'라고도 할 수 없는 비대체적 부작위 의무에 대한 것이므로, 그 자체로 위법함이 명백하다."13)

(2) 토지 · 건물의 인도의무

토지 · 건물의 인도의무에 있어 반출 · 인도 자체는 대체적 성질을 띤다 할지라도 그 점유자의 퇴거는 대체성이 없어 대체적 작위의무라고 볼 수 없기 때문에 대집행의 대상이 되지 못한다.14)

이와 관련하여 '구, 시, 군의 장은 기업자의 청구에 의하여 토지 또는 물건의 인도나 이전을 대행하여야 한다'는 구 토지수용법 제64조의 규정이 문제되었다. 현행 「공익사업을 위한 토지 등의 취득 및 보상에 관한 법률」도 제44조(인도 또는 이전의 대행)에 대동소이한 규정을 두고 있다. 즉, 특별자치도지사, 시장 · 군수 또는 구청장은 다음 각 호의 어느 하나에 해당하는 때에는 사업시행자의 청구에 의하여 토지나 물건의 인도 또는 이전을 대행하여야 한다($\S44\atop①$).

1. 토지나 물건을 인도 또는 이전하여야 할 자가 고의나 과실없이 그 의무를 이행할 수 없는 때
2. 사업시행자가 과실없이 토지나 물건을 인도 또는 이전하여야 할 의무가 있는 자를 알 수 없는 때

특별자치도지사, 시장 · 군수 또는 구청장이 토지나 물건의 인도 또는 이전을 대행하는 경우 그로 인한 비용은 그 의무자의 부담으로 한다($\S44\atop②$).

구법 제64조에 대하여 박윤흔교수는 물건의 이전이 대체적 작위의무로서 대집행의 대상이 될 수 있는 것은 명백하지만, 토지나 물건의 인도의무는 사람이 그 신체로 토지나 물건을 점유하여 인도를 거부하는 때에는 신체에 대한 직접강제를 필요로 하게 되므로 대집행에 적합하지 않다고 한다. 따라서 제64조는 이러한 직접강제 즉, 점유자의 실력적 배제를 허용한 것으로는 볼 수 없고 단지 인도의 대상인 토지 · 건물을 가재도구 등 물건을 두어 점유한 경우 이 물건들을 반출함으로써 점유를 풀어 목적물의 현실적 지배를 기업자에게 취득시키는 것만을 인정한 것으로 보아야 한다는 것이다.15)

---

13) 대법원 2005.9.28. 선고 2005두7464 판결.
14) 박윤흔, 행정법강의(상), 582~583; 김동희, 행정법 I, 398; 홍정선, 행정법원론(상), 432.

그러나 이 규정은 토지수용의 결과 '토지나 물건을 인도·이전해야 할 자가 고의나 과실없이 의무를 이행할 수 없을 때' 또는 '기업자가 과실없이 토지나 물건을 인도 또는 이전할 자를 알 수 없을 때'에 한하여($^{§ 64}_{각 호}$) 그와 같은 인도·이전의 대행을 규정하고 있을 뿐, 의무자의 저항이 있거나 점유자의 실력적 배제가 요구되는 경우에도 적용될 수 있는 것은 아니라고 해석된다. 아무튼 제64조를 그처럼 제한된 의미로 해석한다고 하여도 이에 따라 구, 시, 군의 장이 토지 또는 물건의 인도나 이전을 대행하는 경우의 비용은 그 의무자의 부담으로 하도록 되어 있었으므로($^{§ 59}$), 결과상 대집행의 경우와 별반 차이가 없게 된다. 이 비용을 납부하지 아니할 때에는 구, 시, 군의 장은 국세체납처분의 예에 따라 이를 징수할 수 있었다. 이러한 결론은 현행법 제44조에 대해서도 마찬가지로 적용될 수 있을 것이다.

작위의무라고 하더라도 퇴거의무처럼 타인이 대신하여 이행할 수 없는 작위의무는 대집행의 대상이 되지 않는다.

▦ 수용대상 토지의 인도의무가 행정대집행법에 따른 대집행의 대상이 될 수 있는지 여부

"피수용자 등이 기업자에 대하여 부담하는 수용대상 토지의 인도의무에 관한 구 토지수용법($^{2002.2.4. 법률 제}_{6656호 공익사업}$ $_{을 위한 토지 등의 취득 및 보상에 관한 법률 부칙 제2조로 폐지}$) 제63조, 제64조, 제77조 규정에서의 '인도'에는 명도도 포함되는 것으로 보아야 하고, 이러한 명도의무는 그것을 강제적으로 실현하면서 직접적인 실력행사가 필요한 것이지 대체적 작위의무라고 볼 수 없으므로 특별한 사정이 없는 한 행정대집행법에 의한 대집행의 대상이 될 수 있는 것이 아니다."16)

▦ 퇴거의무와 대집행의 대상여부

"[1] 도시공원시설인 매점의 관리청이 그 공동점유자 중의 1인에 대하여 소정의 기간 내에 위 매점으로부터 퇴거하고 이에 부수하여 그 판매 시설물 및 상품을 반출하지 아니할 때에는 이를 대집행하겠다는 내용의 계고처분은 그 주된 목적이 매점의 원형을 보존하기 위하여 점유자가 설치한 불법 시설물을 철거하고자 하는 것이 아니라, 매점에 대한 점유자의 점유를 배제하고 그 점유이전을 받는 데 있다고 할 것인데, 이러한 의무는 그것을 강제적으로 실현함에 있어 직접적인 실력행사가 필요한 것이지 대체적 작위의무에 해당하는 것은 아니어서 직접강제의 방법에 의하는 것은 별론으로 하고 행정대집행법에 의한 대집행의 대상이 되는 것은 아니다.

[2] 지방재정법 제85조는 철거 대집행에 관한 개별적인 근거 규정을 마련함과 동시에 행정대집행법상의 대집행 요건 및 절차에 관한 일부 규정만을 준용한다는 취지에 그치는 것이고, 그것이 대체적 작위의무에 속하지 아니하여 원칙적으로 대집행의 대상이 될 수 없는 다른 종류의 의무에 대하여서까지 강제집행을 허용하는 취지는 아니다."17)

---

15) 박윤흔, 행정법강의(상), 583.
16) 대법원 2005.8.19. 선고 2004다2809 판결.
17) 대법원 1998.10.23. 선고 97누157 판결.

3.2. 다른 수단으로는 그 이행확보가 곤란할 것

대체적 작위의무의 불이행이 있다고 하여 곧바로 대집행을 할 수 있는 것은 아니다. 대집행은 다른 수단으로는 그 이행확보가 곤란한 경우 부득이한 수단으로서만 발동될 수 있다(보충성). '다른 수단'이란 침익성이 더 경미한 수단을 의미하며 따라서 그러한 다른 수단이 있을 경우에는 그에 의거해야 한다(비례의 원칙). 다만 집행벌이나 직접강제 등은 여기서 말하는 경미한 수단으로서는 고려될 수 없을 것이다.

3.3. 그 불이행의 방치가 심히 공익을 해하는 것일 것

대집행은 그 대상이 되는 불이행의 방치가 심히 공익을 해할 경우에만 가능하다. 즉 의무불이행이 있더라도 이를 방치하는 것이 현저히 공익에 반하지 않으면 대집행은 허용되지 않는다. 이와같이 불이행의 방치가 「심히 공익을 해할 것」인지 여부는 행정대집행법 제2조에서 문언상 '할 수 있다'고 규정하고 있음(가능규정: Kann-Vorschrift)을 근거로 이를 대집행주체인 행정청의 재량적 판단에 맡겨져 있다고 보는 견해,[18] 이 규정이 대집행주체인 행정청의 자유재량을 허용한 것은 아니라는 견해,[19] 이러한 요건의 존부에 관한 판단은 기속행위라는 견해,[20] 그리고 이 규정은 「심히 공익을 해할 것」이란 불확정개념에 의한 것이므로 적어도 재량과 판단여지를 구별하는 입장을 취하는 한, 그곳에서는 재량이 아니라 판단여지의 존부가 문제되고 있다 보아야 할 것이라는 견해[21]가 제시되고 있다. 생각건대, 행정대집행법의 문언이 가능규정의 형태를 취하고는 있으나, 전체적으로 볼 때 이것은 그러한 요건이 충족된 경우에 한하여 대집행이 허용된다는 취지이지 요건존부의 판단을 행정청의 재량에 맡기는 취지는 아니다. 반면 이 규정은 행정청의 재량을 인정하지 않고 불확정개념을 사용하고 있으나 그렇다고 곧바로 판단여지의 성립을 전제로 삼아서는 아니 된다. 판단여지란 이미 재량행위론에서 본 바 있듯이 제한된 예외적 경우에 한해서만 인정될 수 있는 것이기 때문이다. 행정법상 의무불이행의 강제적 실현을 의미하는 대집행요건의 판단에 관하여 판단여지가 인정된다고 볼 수는 없다. 이러한 견지에서 결국 의무불이행을 방치함이 「심히 공익을 해」하지 않는데도 대집행을 하면 위법임을 면할 수 없다는 결론이 나온다(기속행위설). 이 요건의 존부에

---

18) 김동희, 행정법 I, 399. 다만 여기서 김동희교수는 그 주장을 '그 불이행을 방치하는 것이 심히 공익을 해하는 것일 것'이라는 요건에만 국한시키지 않고 '할 수 있다'라는 가능규정을 근거로 대집행 전반에까지 확장하면서, '대집행의 요건이 충족된 경우에도 행정청은 대집행을 할 것인지의 여부에 대한 재량적 판단을 할 수 있는 것'이며 대집행을 하지 않는 경우 '그 부작위의 위법을 이유로 의무이행쟁송을 제기하거나 또는 손해배상을 구할 수는 없다 할 것'이라고 기술하고 있다.

19) 김도창, 일반행정법론(상), 511.

20) 이상규, 신행정법론(상), 477; 석종현, 일반행정법(상), 534.

21) 김남진, 행정법 I, 499.

대한 판단은 전면적인 사법심사의 대상이다.

대법원은 "행정청이 계고처분을 발급한 경우에 위와 같은 요건을 갖추었다고 볼 수 있을 것인지의 여부는 비록 그것이 공익재량에 속하는 사항이라 할지라도 그것이 심히 부당한 경우에는 법원이 이것을 심사할 수 있다"고 판시하였으나(대법원 1967.11.18.선고 67누139 판결), 이후의 판례에서는 "건축법에 위반된 건물이라 하더라도 행정대집행법 제2조에 따른 철거대집행을 위한 계고처분을 하려면 그 철거불이행을 방치하는 것이 크게 공익을 해치는 것으로 인정되는 경우에 한한다고 할 것인 바(당원 1990.1.23 선고 89누6969 판결 참조), …… 이 사건 건물의 지상 1,2,3층의 외벽선이 지하층의 외벽선보다 밖으로 돌출된 까닭이 당초 합벽하려는 의도 및 지하 터파기용 흙막이 설치공사의 시공방법에서 비롯된 것으로 보이는 사정 등을 고려하면 위와 같은 위반정도만 가지고는 주위의 미관을 해칠 우려가 없을 뿐 아니라 이를 대집행으로 철거할 경우 많은 비용이 드는 반면에 공익에는 별 도움이 되지 아니하고 도로교통·방화·보안·위생·도시미관 및 공해예방 등의 공익을 크게 해친다고도 볼 수 없어 이 사건 계고처분은 그 요건을 갖추지 못한 것으로서 위법하여 그 취소를 면할 수 없다"고 판시함으로써(대법원 1991.3.12.선고 90누10070 판결) 이 요건의 존부를 전면적으로 사법적 판단의 대상으로 삼고, 다만 이를 대집행으로 실현되는 공익과 불이행방치시에 침해되는 공익을 비교형량함으로써 판단하려는 입장을 취한 바 있다.

물론 구체적으로 어떤 경우가 이와같이 「심히 공익을 해하는」 것인가에 관하여는 이를 일률적으로 말할 수 없고 구체적인 사례상황에 따라 판례와 학설을 고려하여 판단할 문제이다.

이에 관하여 판례는 '개축한 건물이 행정청계획도로에 저촉되고, 철공장으로 사용되고 있으며 주택지역에 위치하는 경우'(대법원 1967.7.18.선고 66누94 판결), '건물이 소방도로계획선을 침범하여 건축된 경우'(대법원 1969.9.23.선고 69누94 판결)에는 심히 공익을 해한다고 보며 또 '건물건축시에 관계당국으로부터 아무런 제지나 경고를 받지 않았더라도, 무허가로 축조된 불법건축물을 그대로 방치한다면 불법건축물을 단속하는 당국의 권능을 무력화하여 건축행정의 원활한 수행을 위태롭게 하는 등 공익을 심히 해친다고 볼 것'이라고 한다. 반면, '개축한 건물이 대지경계선으로부터 민법 제242조 소정의 거리를 두지 아니하고, 이미 전소유자부터 점유사용한 귀속재산인 대지 약 0.25평을 침범한 경우'(대법원 1967.1.31.선고 66누127 판결)는 공익을 심히 해하는 경우에 해당하지 않는다고 보았다. 한편 대집행의 상당수는, 박윤흔교수가 지적하는 바에 따르면, 하천·도로·공원·항만 등 공물의 불법점용건축물을 제거하기 위한 것으로, 이 중에는 위법한 모래채취등 영리추구를 위한 불법점용도 있으나 대부분은 저소득자 등이 주거장소를 마련하기 위하여 불가피하게 공물을 불법점용한 사례라고 한다. 이에 관하여 "공물관리의 관점에서 보면, 마땅히 불법점용물건을 대집행에 의하여 제거하여야 하겠지만, 문제의 근본적인 해결을 위하여서는 공물관리의 관점에서 대집행을 행함과 동시에 주거시설의 알선, 실업자구제, 생활보호 등 종합행정적인 관점에서 여러 가지 행정상 조치를 취하는 것이 필요하다"[22]고 지적하는 것은 물론 지당하다. 이와 관련하여 행정대집행법 제2조의 규정은 이러한 관점을 고려할 수 있는 중요한 돌파지점(Einbruchstelle)을 마련해 주는 것이라 할 수 있다. 즉 그와 같은 경우 무조건 대집행의 칼을 휘두를 것이 아니라 '불이행을 방치함이 공익을 심히 해할 때' 비로소, 그것도 박윤흔교수가 말하는 생존배려적 차원에

---

22) 박윤흔, 행정법강의(상), 584, 각주 2.

서의 종합행정적 조치들이 선행되어 수포로 돌아갔을 때에야 비로소, 대집행을 할 수 있는 것으로 해석할 수 있기 때문이다.

4. 대집행의 법률관계와 절차

4.1. 대집행의 법률관계

대집행으로 발생하는 법률관계는 이를 행정청 스스로가 의무자가 하여야 할 행위를 하는 경우인 자기집행(^{Selbstvornahme})의 경우와 제3자로 하여금 이를 하게 하는 제3자집행(^{Fremdvornahme})의 경우로 나누어 볼 수 있다. 전자의 경우에는 행정청과 의무자 간의 대집행 및 비용징수에 관한 2면적 법률관계가 발생하는 데 비하여 후자의 경우에는 다음 그림에서 보는 바와 같이 행정청과 의무자 외에 대집행을 실행할 제3자와의 3면적 법률관계가 문제된다. 제3자집행에 있어 3면적 법률관계는 다시 두 가지 측면을 갖는다. 즉 행정청과 집행을 대행할 제3자 간의 법률관계는 원칙적으로 양자간에 체결된 사법상 계약(도급계약 또는 용역계약)에 따라 규율되는 데 비하여(사법관계), 행정청과 의무자 간에는 전적으로 공법적 법률관계가 성립한다. 반면 의무자와 대행업자인 제3자 간에는 아무런 직접적인 법률관계도 발생하지 않는다. 다만 의무자는 공법상 제3자에 의한 대집행(가령 자기토지에의 출입)을 수인하지 않으면 안 된다. 제3자는 그 의무자가 아니라 위 사법상 계약에 따라 행정청을 상대방으로 하는 비용지급청구권($^{Vergütungs-}_{anspruch}$)을 가지며, 행정청은 다시 의무자에 대하여 대집행비용을 징수할 수 있는 공법상 비용상환청구권($^{Erstattungs-}_{anspruch}$)을 갖는다. 이 공법상 비용상환청구권 역시 지급명령 또는 비용납부명령과 같은 행정행위를 통하여 행사될 수 있으며 또 행정상 강제집행에 따라 강제징수될 수 있다. 여기서 공법과 사법이 대집행이란 하나의 공법적 목적을 위하여 서로 연결되는 또 하나의 예를 볼 수 있다.[23]

[제3자에 의한 대집행에 있어 법률관계]

---

23) 반면 부어마이스터(Burmeister, JuS 1989, 256ff.)와 같이 이러한 양분적 해결방법에 반대하면서 통합적으로 동의를 요하는 행정행위에 의해 일방적으로 성립하는 공법상의 사용(öffentlich-rechtliche Indienstnahme durch einen zustimmungsbedürftigen Verwaltungsakt)으로 파악하려는 견해도 있다(이에 관하여는 Maurer, § 20 Rn.14를 참조).

4.2. 대집행의 절차

대집행의 절차는 다음 네 가지 단계로 나뉜다.

4.2.1. 계 고

대집행을 하려면 상당한 이행기한을 정하여 그때까지 이행하지 아니할 경우에는 대집행을 한다는 뜻을 미리 문서로써 계고하여야 한다($\substack{\text{행정대집행} \\ \text{법§3①}}$). 계고는 통지행위인 준법률행위적 행정행위라는 것이 통설[24] · 판례[25]이며, 따라서 당연히 행정쟁송의 대상이 된다. 계고는 문서에 의하여(그렇지 않은 계고는 무효이다) 이행할 의무의 내용을 구체적으로 특정하여야 한다. 상당한 이행기한이란 사회통념상 이행에 필요한 기한이다. 대집행의 요건은 계고할 때 이미 충족되어 있어야 한다. 대집행의 계고는 법률에 특별한 규정($\substack{\text{예: 건축법} \\ \text{§85}}$)이나 비상시 또는 위험이 절박한 경우에는 생략될 수 있다($\substack{\text{§3} \\ \text{③}}$).[26]

4.2.2. 대집행영장에 의한 통지

의무자가 계고를 받고도 지정된 기한까지 의무를 이행하지 아니한 경우에는 당해 행정청은 대집행영장에 의하여 대집행의 시기 · 대집행책임자의 성명 및 대집행비용의 개산액(概算額)을 의무자에게 통지하여야 한다($\substack{\text{§3} \\ \text{②}}$). 계고의 경우와 마찬가지로 예외적으로 이를 생략할 수 있다.

4.2.3. 대집행의 실행

대집행은 대집행영장에 기재된 시기에 대집행책임자에 의하여 실행된다. 대집행책임자는 집행책임자임을 나타내는 증표를 휴대하고 이를 이해관계인에게 제시하여야 한다. 이러한 대집행의 실행은 사실행위이지만 의무자에게 수인의무를 발생시킨다. 대집행실행에 대한 항거가 있을 경우 이를 실력으로 배제할 수 있는지에 관하여는 의문이 있으나 항거배제를 인정하는 독일의 행정집행법(VwVG) 제15조와 같은 명문의 규정이 없는 우리나라의 경우 폭력에 이르지 않는 최소한의 실력행사는 대집행의 실행에 포함된다고 볼 수 있을지라도,[27] 일반적으로 실력에 의한 항거의 배제를 대집행실행권에 포함된 것으로 볼 수는 없을 것이다. 다만

---

24) 이에 반하여 김남진교수(월간고시 1990/9, 142)는 이를 효과상 작위의무를 부과하는 하명이라고 한다.

25) 대법원은 행정대집행법 제3조 제1항의 계고처분은 '그 처분 자체만으로는 행정적 법률효과를 발생하는 것은 아니나, 본조 제2항의 대집행영장을 발급하고 대집행을 하는데 전제가 되는 것이므로 행정처분이라 할 수 있다'고 판시한 바 있다(대법원 1962.10.18. 선고 62누117 판결).

26) 한편 김남진교수는 이 경우는 대집행이 아니라 후술하는 즉시집행의 개념에 해당하는 것이라고 한다(기본문제, 352).

27) 김동희, 행정법 I, 401; 홍정선, 행정법원론(상), 436.

그와 같은 항거는 공무집행방해죄를 구성할 수 있으며 이 경우 경찰관직무집행법 제5조에 따라 즉시강제를 통하여 배제할 수 있음은 물론이다.[28]

4.2.4. 비용징수

대집행에 소요된 일체의 비용은 당해 행정청이 의무자로부터 징수한다. 이로써 대체적 작위의무가 금전급부의무로 치환되는 셈이다.[29] 비용의 징수는 그 금액과 납부기일을 정해 문서(비용납부명령서)로 납부고지함으로써 하며(^{§5}), 그 기일까지 납부하지 않으면 국세체납처분의 예에 의하여 강제징수한다($^{§6}_{①}$).

▦ 행정대집행소요비용의 부담에 관한 판례

"[1] 대한주택공사가 구 대한주택공사법($^{2009.5.22.\ 법률\ 제9706호\ 한국토}_{지주택공사법\ 부칙\ 제2조로\ 폐지}$) 및 구 대한주택공사법 시행령($^{2009.9.21.\ 대통령령}_{제21744호\ 한국토지}$ 주택공사법 시행령$_{부칙\ 제2조로\ 폐지}$)에 의하여 **대집행권한을 위탁받아 공무인 대집행을 실시하기 위하여 지출한 비용은 행정대집행법 절차에 따라 국세징수법의 예에 의하여 징수할 수 있다.**

[2] 대한주택공사가 관계법령에 따라 대집행권한을 위탁받아 공무인 대집행을 실시하기 위하여 지출한 비용을 행정대집행법 절차에 따라 국세징수법의 예에 의하여 징수할 수 있음에도 민사소송절차에 의하여 그 비용의 상환을 청구한 사안에서, **행정대집행법이 대집행비용의 징수에 관하여 민사소송절차에 의한 소송이 아닌 간이하고 경제적인 특별구제절차를 마련해 놓고 있으므로, 위 청구는 소의 이익이 없어 부적법하다.**"[30]

"[1] 침익적 행정처분의 근거가 되는 행정법규는 엄격하게 해석·적용하여야 하고 행정처분의 상대방에게 불리한 방향으로 지나치게 확장해석하거나 유추해석하여서는 안 되지만 그 행정법규의 해석에 있어서 문언의 통상적인 의미를 벗어나지 않는 한 그 입법 취지와 목적 등을 고려한 목적론적 해석이 배제되는 것은 아니다($^{대법원\ 2007.9.20.\ 선고}_{2006두11590\ 판결\ 참조}$).

[2] 수질 및 수생태계 보전에 관한 법률 제15조 제2항($^{이하\ '이\ 사건}_{조항'이라\ 한다}$)은 같은 조 제1항 제1호 또는 제2호에서 정한 행위로 인하여 공공수역이 오염되거나 오염될 우려가 있는 경우에 '그 행위자의 사업주'가 그 해당 물질을 제거하는 등 오염의 방지·제거를 위한 조치를 하여야 함을 규정하고 있는바, 환경정책기본법 제7조가 자기의 행위 또는 사업활동으로 인하여 환경오염 또는 환경훼손의 원인을 야기한 자는 그 오염·훼손의 방지와 오염·훼손된 환경을 회복·복원할 책임을 지며, **환경오염 또는 환경훼손으로 인한 피해의 구제에 소요되는 비용을 부담함을 원칙으로 한다**고 규정하고 있는 점 등에 비추어 보면, 이 사건 조항에 규정된 '그 행위자의 사업주'는 자기의 사업활동을 위하여 자기의 영향력 내에 있는 행위자를 이용하는 자로서 그 행위자의 같은 조 제1항 제1호 또는 제2호에서 정한 행위로 인하여 공공수역이 오염되거나 오염될 우려가 있는 경우의 사업자를 가리킨다고 할 것이다. 따라서 **자기의 사업활동을 위하여 자기의 영향력 내에 있는 행위자를 이용하는 사업자는, 특별한 사정이 없는 한 그 행위자가 발생시킨 수질**

---

28) 일본의 경우 成田국제공항건설부지의 수용을 위한 대집행에 대한 주민들의 저항을 이러한 방법에 의하여 배제한 바 있다.
29) 박윤흔, 행정법강의(상), 586.
30) 대법원 2011.9.8. 선고 2010다48240 판결.

오염에 대하여 '그 행위자의 사업주'로서 이 사건 조항에 따른 방제조치 의무를 부담한다고 보아야 할 것이다."[31]

5. 대집행에 대한 구제

대집행에 대하여 불복이 있는 자는 행정심판을 제기할 수 있고($\frac{\S 7}{①}$), 법원에 행정소송을 제기할 수 있다($\S 8$). 행정대집행법 제8조는 행정심판전치주의 예외를 인정한 것이 아니라 단지 출소권이 있음을 명시한 것으로 보는 것이 통설・판례[32]이다. 이를 대집행실행을 기준으로 하여 단계별로 살펴보면 다음과 같다.

"건축허가를 받아 건축물을 완공하였더라도 건축허가가 취소되면 그 건축물은 철거 등 시정명령의 대상이 되고 이를 이행하지 않은 건축주 등은 건축법 제80조에 따른 이행강제금 부과처분이나 행정대집행법 제2조에 따른 행정대집행을 받게 되며, 나아가 건축법 제79조 제2항에 따라 다른 법령상의 인・허가 등을 받지 못하게 되는 등의 불이익을 입게 된다. 따라서 건축허가취소처분을 받은 건축물 소유자는 그 건축물이 완공된 후에도 여전히 위 취소처분의 취소를 구할 법률상 이익을 가진다고 보아야 한다."[33]

5.1. 대집행실행 전의 구제

논란이 없진 않으나 계고는 대집행영장교부의 기초가 되는 법적 행위이고 대집행영장에 의한 통지 또한 대집행수인의무를 확정하는 행위로서 행정청에게 대집행권한을 부여하는 것인 이상 각각 준법률행위적 행정행위로서 독자적 의의를 지닌 대집행의 필요절차이므로 행정쟁송의 대상이 된다는 것이 지배적인 견해이다($\frac{통설}{판례}$). 대집행의 실행도 사실행위로서 실행단계에 이르면 단기간에 종료되어 버리는 것이 보통이므로 소의 이익이 없게 되는 경우가 많은 것은 사실이지만, 상대방에게 수인의무를 발생시키는 이상 대집행의 실행은 권력적 사실행위로서 (또는 이를 행정행위로 보는 견해[34]에 따라 행정행위로서) 행정쟁송의 대상이 된다고 보아야 할 것이다(권력적 사실행위의 처분성[35]). 설령 그 처분성이 부인되는 경우에도 행정심판의 대상은 될 수 없겠으나 행정소송의 가능성을 부정하는 것은 타당하지 않다. 행정소송법은 항고소송 외에도 공법상 당사자소송을 행정소송의 종류로 제도화하고 있고 따라서 사실행위인 대집행의 실행을 중지해 달라는 중지 또는 부작위청구소송이 공법상 당사자소송의 형태로 제기될 수 있는 여지가 있기 때문이다.

---

31) 대법원 2011.12.13. 선고 2011두2453 판결.
32) 대법원 1990.10.26. 선고 90누5528 판결; 구법하의 대법원 1982.7.27. 선고 81누293 판결.
33) 대법원 2015.11.12. 선고 2015두47195 판결.
34) 홍정선, 행정법원론(상), 437.
35) 이에 관하여는 홍준형, 행정구제법, 255이하 참조.

대집행에 대한 예방소송 ●● 행정소송을 통하여 대집행절차의 개시 자체를 예방할 수 있을 것인가. 현행법상 이러한 예방적 목적하에 제기될 수 있는 소송(예방소송)은 인정되고 있지 않다. 다만 이론상으로는 예방적 부작위소송(Vorbeugende Unterlassungsklage)과 예방적 확인소송(Vorbeugende Feststellungsklage)이 이러한 예방소송의 형태로서 고려될 수 있을 것이다. 전자는 대집행처분의 금지를 구하는 것이므로 무명항고소송의 형태로 도입될 수 있을 터이고, 후자는 집행권없음을 확인하는 것이므로 확인소송의 형태로 도입될 수 있을 것이다.

5.2. 대집행실행 후의 구제

대집행의 실행행위는 이에 대한 쟁송을 제기할 겨를도 없이 완료되는 경우가 많다. 행정쟁송은 대집행이 종료된 이후에는 권리보호의 이익을 상실하게 되는 경우가 일반적이다.

"이미 **대집행이 사실행위로서 실행이 완료된 이후에 그 행위의 위법을 이유로 하여 그 처분의 취소 또는 무효확인을 구하는 소송은 권리보호의 이익이 없다.**"[36]

"대집행계고처분 취소소송의 변론종결 전에 대집행영장에 의한 통지절차를 거쳐 **사실행위로서 대집행의 실행이 완료된 경우에는 행위가 위법한 것이라는 이유로 손해배상이나 원상회복 등을 청구하는 것은 별론으로 하고 처분의 취소를 구할 법률상 이익은 없다.**"[37]

다만 행정심판법 제9조 제1항 및 행정소송법 제12조에 따라 대집행의 실행 이후에도 대집행의 취소로 인해 회복되는 법률상 이익이 있는 경우에는 취소심판 및 취소소송을 제기할 수 있다. 또한 대집행의 실행이 완료되어 그 계고처분의 취소를 구할 법률상 이익이 없게 된 경우에도 권리구제가 전혀 불가능해지는 것은 아니다. 행정행위 하자의 승계에 관하여 이미 살펴 본 바와 같이 대집행의 계고·대집행영장에 의한 통지·대집행의 실행·대집행비용납부명령 등은 동일목적을 위하여 단계적인 일련의 절차로 연속하여 행하여지는 것으로서, 서로 결합하여 하나의 법률효과를 발생시키는 것이므로, 대집행비용납부명령 자체에는 아무런 하자가 없다고 하더라도, 후행처분인 대집행비용납부명령의 취소를 청구하는 소송에서 청구원인으로 선행처분인 계고처분이 위법을 이유로 하여 그 계고처분을 전제로 발급된 대집행비용납부명령의 위법을 주장할 수 있다고 보는 것이 대법원의 판례이자 통설의 태도이기 때문이다.[38]

한편 대집행의 종료 후에도 이로 인한 국가배상법에 따른 손해배상을 청구하거나 당사자소송에 의한 결과제거청구권의 행사를 통하여 원상회복을 청구할 수 있을 것이다. 또한, 대집행비용산정의 위법을 이유로 한 비용납부명령의 취소·변경을 소구하거나 과다산정되어

36) 대법원 1993.11.9. 선고 93누14271 판결; 대법원 1971.4.20. 선고 71누22 판결.
37) 대법원 1993.6.8. 선고 93누6164 판결.
38) 대법원 1993.11.9. 선고 93누14271 판결; 대법원 1993.2.9. 선고 92누4567 판결.

청구된 비용을 납부한 경우 공법상 부당이득반환청구권이 행사될 수도 있다.

▒ 위법대집행으로 인한 국가배상과 경과실면책 배제

"[1] 구 국가배상법(^{2009.10.21. 법률 제9803호로}_{개정되기 전의 것, 이하 같다}) 제2조 제1항 본문 및 제2항에 따르면, 공무원이 공무를 수행하는 과정에서 위법행위로 타인에게 손해를 가한 경우에 국가 등이 손해배상책임을 지는 외에 그 개인은 고의 또는 중과실이 있는 경우에는 손해배상책임을 지지만 경과실만 있는 경우에는 그 책임을 면한다고 해석된다(^{대법원 2010.1.28. 선고 2007}_{다82950,82967 판결 참조}).

[2] 이 사건 비단잉어 등을 이전하는 대집행은 원고가 자신의 사업을 시행하기 위하여 반드시 필요한 것으로서 원고의 적극적인 요청에 따른 대집행영장의 발부에 터 잡아 이루어진 것인 점, 원고는 자신의 독자적인 판단에 따라 그 대집행의 실행 여부와 그 시기, 방법 등을 결정한 점, 원고는 이 사건 비단잉어 등의 이전 과정에서 민·형사상 책임이 발생할 경우 이를 책임진다는 조건 아래 대집행영장을 발부받아 대집행을 실행한 것인 점 등을 고려하면, 이 사건 **비단잉어 등을 이전하는 대집행의 실행은 공무원의 경과실에 대한 면책을 통해 공무집행의 안정성을 확보할 필요가 있는 경우에 해당한다고 보기 어려우므로, 원고는 집행책임자로 지정된 원고의 직원들과는 달리 그 대집행의 실행으로 인하여 피고가 입은 손해에 대하여 경과실만이 있다는 이유로 배상책임을 면할 수 없다고 보아야 한다.**"[39]

V. 행정상 강제징수

1. 의   의

행정상 강제징수(^{Zwangbeit-}_{reibung})는 공법상 금전급부의무의 이행을 강제하기 위하여 행정청이 의무자의 재산에 실력을 가하여 의무가 이행된 것과 동일한 상태를 실현하는 수단으로 국세징수법상 체납처분이 그 표준적 절차라 할 수 있다. 대체적 작위의무를 강제하기 위한 수단인 대집행, 비대체적 작위의무, 부작위 또는 수인의무를 강제하기 위한 수단인 직접강제·집행벌과는 달리 금전급부의 불이행에 대한 강제수단이다.

2. 준 거 법

행정상 강제징수에 관하여는 국세징수법과 각각의 단행법이 정하는 바에 따른다. 실제로는 지방세기본법(^{§ 98}), 공익사업을 위한 토지 등의 취득 및 보상에 관한 법률(^{§ 90}), 보조금의 예산 및 관리에 관한 법률(^{§ 33}) 등 다수의 개별법이 국세징수법상 체납처분의 예에 따른다는 규정을 두는 것이 통례여서 국세징수법이 사실상 일반법적 기능을 수행한다고 할 수 있다. 가령 공익사업을 위한 토지 등의 취득 및 보상에 관한 법률 제44조에 따라 특별자치도지사,

---

39) 대법원 2014.4.24. 선고 2012다36340,36357 판결.

시장·군수 또는 구청장은 사업시행자의 청구에 의하여 토지나 물건의 인도 또는 이전을 대행하는 경우의 비용은 그 의무자의 부담으로 하는데($^{§.44}_{②}$), 같은 법 제90조에 의하면 이 비용을 납부하지 아니할 때에는 특별자치도지사, 시장·군수 또는 구청장은 지방세체납처분의 예에 따라 이를 징수할 수 있다.[40] 한편 관세의 강제징수에 관하여는 국세징수법이 적용되지 않고 관세법이 특별한 규정을 두고 있다.

3. 행정상 강제징수의 절차

국세징수법은 행정상 금전급부의무의 이행을 강제하기 위한 표준적인 강제징수절차를 제공하고 있다. 국세징수법상 강제징수의 절차는 크게 독촉과 체납처분으로 이루어진다.

3.1. 독 촉

독촉은 의무자에게 금전급부의무의 이행을 최고하고 그 불이행시 체납처분을 할 것을 예고하는 통지행위로서 준법률행위적 행정행위의 성질을 갖는다는 것이 통설이다.[41] 즉 국세를 납기까지 완납하지 않으면 세무서장, 시장 등은 그 납부기간 경과 후 10일 내에 납세의무자에게는 독촉장을, 원의무자와 연대하여 의무를 지는 제2차납세의무자($^{국세기본법}_{§§\,38-41}$)에게는 납부최고서를, 20일 내의 납부기한을 정하여 각각 발부하여야 한다($^{국세징수}_{법§\,23}$). 국세의 미납에 대하여는 일정률에 의하여 가산금·중가산금이 붙는다($^{§§\,21-}_{22}$). 독촉 또는 납부최고의 법적 의미는 그것이 체납처분의 전제요건을 이룬다는 점과 국세징수권에 대한 시효중단의 효과를 발생한다는 데 있다($^{국세기본법}_{§\,28\,①}$).

3.2. 체납처분

체납처분은 압류·매각·청산의 3단계로 행해진다.

3.2.1. 압 류

(1) 의 의

압류란 체납자가 재산을 사실상·법률상 처분하지 못하도록 함으로써 체납액의 징수를 보전하려는 강제처분이다.

---

40) 지방세기본법은 제98조에서 "지방자치단체의 징수금의 체납처분에 관하여는 이 법 또는 지방세관계법에서 규정하고 있는 사항을 제외하고는 국세 체납처분의 예를 준용한다"고 규정하고 있다.
41) 대집행의 계고의 경우처럼 이를 하명으로 보는 반대설이 있다(김남진, 행정법 I, 508).

(2) 압류의 요건

재산압류는 원칙적으로 납세의무자가 독촉장(또는 납부최고서)을 받고 소정의 기한까지 국세와 가산금을 완납하지 않을 때에 한다($^{§24}_{①ⅰ}$). 국세징수법 제24조는 이에 대한 예외로서 동법 제14조 제1항에 따른 납기전징수의 경우 납부고지서를 받고 지정기한까지 완납하지 아니한 때에도 압류를 허용하며, 또 제14조의 납기전징수 사유가 있고 국세의 확정 후에는 당해 국세를 징수할 수 없을 것으로 인정될 때에도 국세로 확정되리라고 추정되는 금액의 한도 내에서 압류를 허용하고 있다.

(3) 압류금지재산

압류는 체납자의 최저생활의 보장·修學의 계속·생업의 유지 등을 고려하여 생활상 불가결한 의복·침구·가구와 주방구에 대해서는 금지되며(^{§31}), 농어구·직업상 기기 등에 대해서는 조건부로 금지되고(^{§32}) 또 급료에 대하여는 그 범위가 제한된다(^{§33}). 또 초과압류는 금지된다($^{§33}_{의2}$).

(4) 압류의 효력

압류의 기본적 효과는 사실상·법률상 압류된 재산의 처분을 금지하는 데 있다. 질권이 설정된 재산이 압류되면 질권자는 질물인도의무를 지게 되며(^{§34}), 압류의 효력은 압류재산의 천연과실·법정과실에 미친다. 압류의 효력은 재판상 가압류·가처분 또는 체납자의 사망이나 법인합병 등에 영향을 받지 아니한다($^{§§35,}_{37}$).

(5) 압류의 해제

압류는 조세납부, 충당, 공매중지, 부과취소 등의 사유에 의하여 해제된다($^{§§53-}_{55}$).

(6) 참가압류

세무서장은 압류하려는 재산이 이미 다른 기관의 체납처분으로 압류된 때에는 그 압류에 참가할 수 있고, 이 경우 소급하여 압류의 효력이 발생한다($^{§§57-}_{59}$).

3.2.2. 압류재산의 매각

압류재산은 통화를 제외하고는 매각하여 금전으로 환가하여야 한다. 매각은 그 공정성을 담보하기 위하여 원칙적으로 입찰 또는 경매와 같은 공매에 붙임으로써 하도록 되어 있다(^{§61}). 매각은 세무서장이 하나, 압류한 재산의 공매에 전문지식이 필요하거나 기타 특수한 사정이 있어 직접 공매하기에 적당하지 아니하다고 인정되는 때에는 대통령령이 정하는 바에 따라 「금융기관부실자산 등의 효율적 처리 및 한국자산관리공사의 설립에 관한 법률」에 따라 설립된 한국자산관리공사로 하여금 이를 대행하게 할 수 있으며 이 경우의 공매는 세무서장이 한 것으로 본다($^{§\,61\,①}_{단서}$).

예외적으로 다음과 같은 사유가 있으면 수의계약으로 매각할 수 있다($^{§\,62}_{①}$).

1. 수의계약에 의하지 아니하면 매각대금이 체납처분비에 충당하고 잔여가 생길 여지가 없는 때
2. 부패·변질 또는 감량되기 쉬운 재산으로서 속히 매각하지 아니하면 그 재산가액이 감손될 우려가 있는 때
3. 압류한 재산의 추산가격이 1천만원미만인 때
4. 법령으로 소지 또는 매매가 규제된 재산인 때
5. 제1회 공매후 1연간에 5회이상 공매하여도 매각되지 아니한 때
6. 공매함이 공익상 적절하지 아니한 때

세무서장은 필요한 경우 수의계약을 대통령령이 정하는 바에 따라 한국자산관리공사로 하여금 대행하게 할 수 있으며, 이 경우 수의계약은 세무서장이 한 것으로 본다($^{§\,62}_{②}$).

3.2.3. 청 산

세무서장은 압류재산의 매각대금과 기타 금전을 제81조의 규정에 따라 국세·가산금·체납처분비·기타의 채권 등에 배분한다($^{§§\,80,}_{81\,①}$). 배분 후 잔여금이 있으면 체납자에게 지급하고, 부족하면 민법 기타 법령에 따라 배분할 순위와 금액을 정하여 배분하여야 한다($^{§\,81}_{③④}$). 국세관계채권은 다른 공과금, 그 밖의 채권에 우선하며($^{국세기본}_{법\,§\,35}$), 국세관계채권 상호간의 배분은 체납처분비, 국세, 가산금의 순위로 한다($^{국세징수}_{법\,§\,4\,*}$). 청산도 처분으로서 항고소송의 대상이 된다.

3.3. 체납처분의 중지 및 결손처분

체납처분의 목적물인 총재산의 추산가격이 체납처분비에 충당하고 잔여가 생길 여지가 없을 때에는 체납처분을 중지하여야 한다($^{§\,85}$). 이 경우 세무서장은 결손처분을 함으로써 납세의무를 소멸시킬 수 있다($^{§\,86}_{①\,ⅰ}$).

3.4. 교부청구

납세의무자가 체납처분, 강제집행, 파산선고를 받은 경우, 경매가 개시되거나 법인이 해산한 때에 세무서장은 당해 관서·공공단체·집행법원·집행공무원·강제관리인·파산관재인 또는 청산인에 대하여 국세·가산금과 체납처분비의 교부를 청구하여야 한다($^{§§\,56-}_{60}$).

4. 행정상 강제징수에 대한 불복

행정상 강제징수에 대하여 불복이 있을 때에는 개별법령에 특별한 규정이 없는 한, 국세기본법($\S\S\ 55$이하) · 행정심판법 · 행정소송법이 정하는 바에 따라 행정쟁송을 제기할 수 있다. 국세기본법 제7장은 각종 세법에 따른 처분 또는 부작위로 인한 권익침해에 대한 쟁송절차로서 심사청구 및 심판청구에 관하여 특별절차를 규정하고 있다.

Ⅵ. 집 행 벌(강제금)

1. 의   의

집행벌($^{Zwangs-}_{strafe}$) 또는 강제금($^{Zwangs-}_{geld}$)은 비대체적 작위의무 또는 부작위의무의 불이행시 그 의무이행을 강제하기 위하여 부과하는 금전적 부담으로서 일정한 기간 내에 의무이행이 없으면 일정한 과태료에 처할 것을 계고하고 그래도 이행이 없을 때에는 과태료에 처하는 방식으로 행해진다. 이것은 의무자를 심리적으로 압박함으로써 장래에 향하여 의무를 이행하도록 만드는 행정강제의 수단($^{Beug-}_{mittel}$)이라는 점에서 과거의 위법행위에 대한 반작용($^{Reaktion\ auf}_{begangenes\ Unrecht}$)인 행정벌과는 구별된다. 이것은 행정벌과 목적을 달리 하는 것이므로 병과될 수도 있다. 한편 집행벌 또는 강제금은 행정상 강제집행의 수단으로 거의 사용되지 않는 방법이기는 하지만, 그 요건 · 절차에 관하여 적절히 규율한다면 반드시 가혹한 강제수단이라고는 볼 수 없다는 이유에서[42] 건축법이나 환경법분야에서 도입을 고려할 필요가 있다고 지적된다.[43] 민사상 간접강제($^{민사집행}_{법\ \S\ 261}$)에 상응하는 강제수단이다.

2. 집행벌(강제금)의 예: 건축법상 이행강제금

집행벌의 예로 건축법 제80조에 따른 이행강제금을 들 수 있다. 허가권자는 건축법 제79조 제1항에 따라 시정명령을 받은 후 시정기간 내에 시정명령을 이행하지 아니한 건축주등에 대하여 그 시정명령의 이행에 필요한 상당한 이행기한을 정하여 그 기한까지 시정명령을 이행하지 아니하면 같은 항 각 호의 기준에 따라 이행강제금을 부과한다($^{\S\ 80\ ①}_{본문}$). 다만, 연면적이 85제곱미터 이하인 주거용 건축물과 제2호 중 주거용 건축물로서 대통령령으로 정하는 경우에는 다음 각 호의 어느 하나에 해당하는 금액의 2분의 1의 범위에서 해당 지방자치단

---

42) 박윤흔, 행정법강의(상), 588.
43) 김남진, 행정법 I, 504; 김원주, 월간고시 1988/11, 134.

체의 조례로 정하는 금액을 부과한다($\S^{80}_{단서}$①).

이행강제금을 부과·징수하려면 미리 그 뜻을 문서로써 계고하고($\S^{80}_{②}$), 이행강제금의 부과처분은 금액, 부과 사유, 납부기한, 수납기관, 이의제기 방법 및 이의제기 기관 등을 구체적으로 밝힌 문서로 하여야 한다($\S^{80}_{③}$).

이행강제금은 1년에 2회의 범위에서 그 시정명령 이행시까지 반복하여 부과할 수 있다. 다만, 제1항 각 호 외의 부분 단서에 해당하면 총 부과 횟수가 5회를 넘지 아니하는 범위에서 해당 지방자치단체의 조례로 부과 횟수를 따로 정할 수 있다($\S^{80}_{④}$).

허가권자는 제79조 제1항에 따라 시정명령을 받은 자가 이를 이행하면 새로운 이행강제금 부과를 즉시 중지하되, 이미 부과된 이행강제금은 징수하여야 한다($\S^{80}_{⑤}$). 이행강제금 부과처분을 받은 자가 이행강제금을 납부기한까지 내지 아니하면 지방세 체납처분의 예에 따라 징수한다($\S^{80}_{⑥}$).

⠿ **이행강제금의 법적 성질 및 이행기회 제공 없이 한 과거 기간에 대한 이행강제금 부과의 무효**

"구 건축법($^{2014.5.28.\ 법률\ 제12701호로}_{개정되기\ 전의\ 것,\ 이하\ 같다}$)상 **이행강제금은 시정명령의 불이행이라는 과거의 위반행위에 대한 제재가 아니라,** 시정명령을 이행하지 않고 있는 건축주등에 대하여 다시 상당한 이행기한을 부여하고 그 기한 안에 시정명령을 이행하지 않으면 이행강제금이 부과된다는 사실을 고지함으로써 **의무자에게 심리적 압박을 주어 시정명령에 따른 의무의 이행을 간접적으로 강제하는 행정상의 간접강제 수단**에 해당한다($^{헌법재판소\ 2011.10.25.\ 선고}_{2009헌바140\ 결정\ 등\ 참조}$). 그리고 구 건축법 제80조 제1, 4항에 의하면 그 문언상 최초의 시정명령이 있었던 날을 기준으로 1년 단위별로 2회에 한하여 이행강제금을 부과할 수 있고, 이 경우에도 매 1회 부과시마다 구 건축법 제80조 제1항 단서에서 정한 1회분 상당액의 이행강제금을 부과한 다음 다시 시정명령의 이행에 필요한 상당한 이행기한을 정하여 그 기한까지 시정명령을 이행할 수 있는 기회($^{이하\ '시정명령의}_{이행\ 기회'라\ 한다}$)를 준 후 비로소 다음 1회분 이행강제금을 부과할 수 있다고 할 것이다($^{대법원\ 2010.6.24.\ 선고\ 2010}_{두3978\ 판결\ 등\ 참조}$).

따라서 비록 건축주등이 장기간 시정명령을 이행하지 아니하였다 하더라도, 그 기간 중에는 시정명령의 이행 기회가 제공되지 아니하였다가 뒤늦게 시정명령의 이행 기회가 제공된 경우라면, 그 시정명령의 이행 기회 제공을 전제로 한 1회분의 이행강제금만을 부과할 수 있고, **시정명령의 이행 기회가 제공되지 아니한 과거의 기간에 대한 이행강제금까지 한꺼번에 부과할 수는 없다**고 보아야 한다. 그리고 이를 위반하여 이루어진 이행강제금 부과처분은 과거의 위반행위에 대한 제재가 아니라 행정상의 간접강제 수단이라는 이행강제금의 본질에 반하여 구 건축법 제80조 제1항, 제4항 등 법규의 중요한 부분을 위반한 것으로서, 그러한 하자는 중대할 뿐만 아니라 객관적으로도 명백하다고 할 것이다."[44]

---

44) 대법원 2016.7.14. 선고 2015두46598 판결.

VII. 직접강제

직접강제($^{\text{unmittelbarer}}_{\text{Zwang}}$)란 행정법상 의무불이행에 대하여 직접적으로 의무자의 신체나 재산에 실력을 가하여 의무의 이행이 있었던 것과 동일한 상태를 실현하는 강제수단을 말한다. 이것은 대체적 작위의무뿐만 아니라 비대체적 작위의무 및 부작위·수인의무 등 모든 유형의 의무불이행에 대하여 부과될 수 있고 직접적·유형적 실력, 보조수단 및 무기 등에 의하여 실행된다. 이것은 가장 강력한 의무이행확보수단이기는 하지만, 그 실력성과 권리에 대한 침해 정도로 인하여 일반적인 강제수단으로서는 채용되지 않고 최후의 수단으로서($^{\text{als ultima}}_{\text{ratio}}$) 그리고 예외적으로 개별법의 근거에 따라서만 허용된다.[45]

가령 식품위생법은 제79조에서, 식품의약품안전청장, 시·도지사 또는 시장·군수·구청장에게 제37조 제1항 또는 제4항을 위반하여 허가받지 아니하거나 신고하지 아니하고 영업을 하는 경우 또는 제75조 제1항 또는 제2항에 따라 허가가 취소되거나 영업소 폐쇄명령을 받은 후에도 계속하여 영업을 하는 경우에는 해당 영업소를 폐쇄하기 위하여 관계 공무원에게 다음 각 호의 조치를 하게 할 수 있도록 수권하고 있다(공중위생관리법 § 11에도 유사한 규정이 있다).

1. 해당 영업소의 간판 등 영업 표지물의 제거나 삭제
2. 해당 영업소가 적법한 영업소가 아님을 알리는 게시문 등의 부착
3. 해당 영업소의 시설물과 영업에 사용하는 기구 등을 사용할 수 없게 하는 봉인(封印)

한편 의무이행확보수단의 개선작업의 일환으로 안전관리분야, 식품제조분야, 의약품제조분야, 환경보전분야, 기타 사회질서와 관련된 분야에서 직접강제를 도입하여 대처하려는 움직임이 있었다.[46]

직접강제에 대하여도 필요성 및 비례의 원칙(협의)이 그 입법 및 적용의 한계로서 고려되어야 함은 물론이다.[47]

---

45) 출입국관리법(§ 45), 군사시설보호법(§ 25) 등에서 단편적으로 규정하고 있다.
46) 박윤흔, 행정법강의(상), 590.
47) Götz, Allgemeines Polizei- und Ordnungsrecht, 10.Aufl.(1991), Rn.316.

제1편 제2편 제3편 제4편 제5편 행정작용법

제 3 절 │ 새로운 실효성확보수단

I. 전통적 행정강제수단의 한계

행정법상 의무이행을 확보하기 위한 직·간접적 행정강제수단들은 점차 변화된 행정현실 하에서 본래 기능을 제대로 발휘하지 못하는 경우가 많았다. 실례로 행정대집행의 경우, 위법건축물이라 하더라도 일단 완성되면 이를 철거하는 것이 건축규제의 효율성이나 행정력·비용 면에서 사실상 불가능한 경우가 많다. 가령 대형·초대형 건축물이 우후죽순 공간을 차지해온 오늘날 현실에서 위법한 대형건축물이라 하여 이를 대집행으로 철거하는 것은 국가적으로 볼 때 막대한 경제적 손실일 뿐만 아니라 기술적으로도 곤란한 경우가 있을 수 있다.[1] 행정대집행은 위법한 배출방지시설의 경우처럼 고도의 전문기술성 때문에 사실상 그 대체성이 상실되기도 하며, 긴급을 요하는 경우 본래 기능 발휘가 곤란하다는 문제가 있다.[2] 행정상 강제징수는 체납처분 절차가 완비되어 있기는 하지만, 행정력이 따르지 못한다든지[3] 체납자의 영업상 신용이나 명예에 대한 타격이 크다는 점에서 이를 행정상 의무이행확보수단으로 범용하는 데에는 무리가 있다. 행정벌 또한 강제집행에 갈음하는 간접적인 의무이행확보수단이기는 하지만, 그 기능상 법적·사실적 한계를 가지며, 특히 행정법상 의무이행의 확보를 제3자적 기관에게 맡김으로써 철저한 단속을 기하기 어렵다는 점, 무수한 벌칙조항이 사실상 실효성을 상실하여 오히려 국민의 준법의식의 이완만을 초래하거나 철저히 단속·집행될 경우 전과자양산의 우려가 있다는 등 적지 않은 문제점을 지니고 있다.[4]

II. 대안적 의무이행확보수단

행정상 의무이행을 확보하기 위한 전통적인 수단들을 보완 또는 대체할 수 있는 수단 중에는 실은 주로 행정 분야에서 창안 또는 재발견된 것들이 적지 않다. 이 다양한 행정수단들은 아직 일정한 체계를 이룰 만큼 발전된 것은 아니지만, 대체로 행정강제법에서의 분류에

---

1) 이런 사정은 준공미필기존건물정리에 관한 특별조치법이나 특정건축물정리에 관한 특별조치법(1981.12.31 법률 제3533호)을 제정하여 무허가·위법건축물을 양성화(합법화)시켜 준 사례들에서 잘 나타난다.
2) 그리하여 건축법 제85조는 위법건축물철거를 위한 대집행의 경우 재해 위험 등 급박한 위험 상황에 대처하기 위하여 행정대집행법 적용의 특례를 인정한다.
3) 저조한 교통범칙금납부실태는 바로 이러한 사정을 반영해준다.
4) 도로교통법상 통고처분제도는 이 점을 감안하여 간단한 절차에 의하여 행정청이 직접 범칙금을 부과할 수 있도록 한 것이다. 한편 전통적 이행확보수단의 기능약화에 관하여는 박윤흔, 행정법강의(상), 641이하를 참조.

상응하여 세제상 수단이나 금전납부의무, 그 밖의 재산적 불이익을 부과하는 금전적 이행확보수단과 기타 비금전적 이행확보수단으로 나눌 수 있다.

> 한편 박윤흔교수처럼 새로운 유형의 의무확보수단을 본래 행정강제 및 제재수단으로 형성된 것(본래적 간접강제수단)과 다른 목적을 지닌 행정수단이었으나 행정상 의무이행을 확보하는 수단으로 전용된 것(다른 수단의 간접강제제도로의 전용)으로 나누는 것도 가능할 것이다. 이에 따르면 전자에는 행정벌, 가산세·부당이득세 및 가산금 등과 같은 세법상의 조치, 과징금, 행정상 공표가, 후자에는 인·허가등의 정지, 형사상 수단의 전용, 행정상 즉시강제의 전용, 공급거부, 관허사업의 제한, 위반물건운반자면허등 취소 및 운반자동차등의 사용정지가 각각 해당한다.[5]

Ⅲ. 금전적 이행확보수단

1. 세제상 수단

세제상 수단 역시 행정법적 의무이행을 확보하기 위하여 사용될 수 있다. 조세의 본래적 목적은 국가나 지방자치단체의 재원을 조달하는 데 있지만 각종 행정적 목표를 달성하기 위한 억제·유도수단으로서 세제상 조치들이 이용되고 있다. 가산세, 가산금 등이 대표적인 예이다.

1.1. 가산세

가산세란 세법상 의무의 성실한 이행을 확보하기 위하여 그 세법에 따라 산출한 세액에 가산하여 징수하는 금액(국세기본법 § 2 iv, 지방세기본법 § 2 xxiii: 단 가산금은 이에 포함하지 아니한다)으로서 가령 불성실납부나 신고 등과 같은 조세법상 의무위반에 대하여 부과되는 금전적 제재이자 의무이행확보수단의 성질을 가진다. 가산세의 제재적 성질은 특정한 조세범에 대하여 벌금과 함께 병과될 경우 이중처벌의 문제가 제기되나 전자는 제재뿐만 아니라 세법상 의무이행확보를 위한 것이기도 하다는 점에서 그 요건과 목적을 달리하므로 헌법상 이중처벌금지(§13①)에 위배되지 않는다고 보는 것이 다수의 견해이다.[6] 다만 형벌 역시 간접적인 의무이행확보의 수단이 될 수 있고 또 헌법상 목적과 수단의 비례성이 요구되고 있는 이상, 양자를 병과하는 데에는 일정한 한계가 따른다.[7]

⠿ 가산세의 법적 성질

"세법상의 가산세는 과세권의 행사와 조세채권의 실현을 용이하게 하기 위하여 납세의무자가 정당한

---

5) 박윤흔, 행정법강의(상), 643이하 참조.
6) 박윤흔, 행정법강의(상), 644.
7) 이태로, 조세법개론, 1992, 120.

이유 없이 법에 규정된 신고의무나 납부의무를 위반한 경우에 법이 정하는 바에 의하여 고의·과실을 묻지 아니하고 부과하는 행정상의 제재이다."[8]

"가산세는 과세권의 행사와 조세채권의 실현을 용이하게 하기 위하여 세법에 규정된 의무를 정당한 이유 없이 위반한 납세자에게 부과하는 일종의 행정상의 제재로서 징수절차의 편의 때문에 당해 세법이 정하는 국세의 세목으로 하여 그 세법에 의하여 산출한 본세의 세액에 가산하여 함께 징수하는 것일 뿐 세법이 정하는 바에 따라 성립 확정되는 국세와는 본질적으로 그 성질이 다른 것이므로, 가산세가 포함된 이 사건 부과처분 전체세액과 실지거래가액에 의한 양도차익을 비교하여 그 양도차익을 넘는 세액을 전부 취소한 것은 양도소득세액 산정에 관한 법리를 오해한 위법이 있다."[9]

세법상 가산세는 종종 납세자가 정확히 알지 못하는 사이에 부과요건이 충족되어 납세자의 부담을 가중시키는 경우가 빈번하여 민원의 불씨가 되고 있다. 이러한 배경에서 대법원은 납세의무자의 의무해태를 탓할 수 없는 정당한 사유가 있는 경우에는 이를 과할 수 없다고 판시하여 그 기계적인 적용에 선을 그은 바 있다.

세법상 가산세 부과의 한계

"세법상 가산세는 과세권의 행사 및 조세채권의 실현을 용이하게 하기 위하여 납세자가 정당한 이유 없이 법에 규정된 신고, 납세 등 각종 의무를 위반한 경우에 개별세법이 정하는 바에 따라 부과되는 행정상의 제재로서 납세자의 고의, 과실은 고려되지 않는 반면, 이와 같은 제재는 납세의무자가 그 의무를 알지 못한 것이 무리가 아니었다고 할 수 있어서 그를 정당시할 수 있는 사정이 있거나 그 의무의 이행을 당사자에게 기대하는 것이 무리라고 하는 사정이 있을 때 등 그 의무해태를 탓할 수 없는 정당한 사유가 있는 경우에는 이를 과할 수 없다."[10]

부당이득세와 토지초과이득세

"조세의 일종이기는 하지만 다른 조세처럼 국가의 수입을 목적으로 하기보다는 정부가 결정한 통제가격을 초과한 거래행위의 금지를 관철시키기 위하여 마련된 수단으로 도입된 부당이득세와 투기등에 따른 급격한 지가상승으로 발생한 초과이득을 국가가 환수함으로써 토지투기의 방지, 토지경제의 안정과 효율적인 토지이용의 촉진 등과 같은 부동산경제정책의 목적을 달성하기 위한 수단으로 도입된 토지초과이득세는 그 근거법인 부당이득세법과 토지초과이득세법과 함께 폐지되었다. 특히 토지초과이득세는 1994년 7월 29일 헌법재판소에 의해 헌법상 조세법률주의, 포괄적 위임입법의 금지원칙, 개인의 재산권보호 등 자유민주주의경제원칙에 반한다는 이유에서 사실상 위헌결정이라 할 수 있는 헌법불합치결정을 받은 바 있었다."[11]

---

8) 대법원 1997.6.13. 선고 96누6745 판결.
9) 대법원 1998.7.14. 선고 97누5350 판결.
10) 대법원 2005.1.27. 선고 2003두13632 판결: 주택은행이 주택복권의 발행에 대하여 그의 세금계산서 발행의무나 신고·납부의무를 알지 못한 것에 그 의무해태를 탓할 수 없는 정당한 사유가 있다고 한 사례.
11) 헌법재판소 1994.7.29. 선고 92헌바49 결정. 헌법불합치결정의 이유는 미실현이득과세제도 채택의 신중성 결여, 과세표준의 대통령령 포괄위임은 위헌인 점, 지가등락여부에 관계없는 징수는 사유재산권보장에 위반된다는 점,

1.2. 가산금

가산금이란 국세나 지방세를 납부기한까지 납부하지 아니한 때 국세징수법에 의하여 고지세액에 가산하여 징수하는 금액과 납부기한 경과 후 일정기한까지 납부하지 아니한 때에 그 금액에 다시 가산하여 징수하는 금액을 말한다($^{국세기본법 \S 2 \ v, \ 지}_{방세기본법 \S 2 \ xxiv}$). 이것은 일종의 연체금으로서 조세채무의 이행을 관철하기 위한 간접강제의 효과를 갖는다.

2. 과징금 · 부과금

세제상 금전적 부담 외에도 일정한 행정법상 의무의 이행을 확보하기 위하여 과징금, 부과금 등의 공적 부과금을 부과할 수 있다. 이들은 의무불이행에 대한 제재로서뿐만 아니라 일종의 시장유인적 규제의 수단으로서 위법행위에 따른 경제적 수익을 박탈한다든지 비용 – 수익($^{Cost-}_{Benefit}$) 유인에 의해 사회적으로 바람직하지 못한 행위를 규제하기 위하여 활용된다.

2.1. 행정법상 과징금

과징금이란 주로 경제법상 의무에 위반한 자가 당해 위반행위로 경제적 이익을 얻을 것이 예정되어 있는 경우에 당해 의무위반행위로 인한 불법적 이익을 박탈하기 위하여 그 이익액에 따라 과하여지는 일종의 행정제재금으로서,[12] 의무위반에 따른 불법적 이익을 전면적으로 박탈함으로써 간접적으로 의무이행을 강제하는 효과를 얻고자 하려는 취지에서 도입된 제도라 할 수 있다.[13] 가령 공정거래위원회는 공정거래법 제3조의2에서 규정한 시장지배적 지위의 남용금지에 위반하는 행위가 있을 때에는 당해 시장지배적 사업자에 대하여 가격의 인하, 당해 행위의 중지, 시정명령을 받은 사실의 공표 기타 시정을 위한 필요한 조치를 명할 수 있으나($^{\S 5}$) 과징금을 부과할 수도 있다. 즉, 공정거래위원회는 시장지배적사업자가 남용행위를 한 경우에는 당해 사업자에 대하여 대통령령이 정하는 매출액(대통령령이 정하는 사업자의 경우에는 영업수익)에 100분의 3을 곱한 금액을 초과하지 아니하는 범위 안에서 과징금을 부과할 수 있다. 다만, 매출액이 없거나 매출액의 산정이 곤란한 경우로서 대통령령이 정하는 경우에는 10억원을 초과하지 아니하는 범위 안에서 과징금을 부과할 수 있다($^{\S 6}$).

그러나 이러한 전형적 과징금과는 달리, 「인허가사업에 관한 법률상 의무위반을 이유로

토지세액 전액을 양도소득세에서 공제하지 않은 것은 조세법률주의상 실질과세원칙에 위배된다는 점 등이었다.

12) 박윤흔, 행정법강의(상), 645.

13) 과징금제도에 관해서는 조성규, "전기통신사업법상 과징금제도에 관한 고찰", 행정법연구(행정법이론실무학회) 제20호, 119; 홍대식, "공정거래법상 과징금 제도의 현황과 개선방안", 행정법연구 제18호(2007 하반기), 2007, 135-164 등을 참조.

단속상 그 인허가사업을 정지해야 할 경우에 이를 정지시키지 아니하고 사업을 계속하게 하되, 사업을 계속함으로써 얻은 이익을 박탈하는 행정제재금」을 의미하는 변형된 과징금이 점차 일반화되고 있다(일반적 또는 변형과징금). 이러한 변형과징금의 유용성은 가령 대중교통수단에 대한 운수사업면허의 취소·정지로 인하여 공중의 교통수요를 충족하는 데 차질이 생기는 상황을 상정하면 쉽게 알 수 있다. 변형과징금은 이 경우 대중교통의 혼란을 회피하면서 동시에 벌금형의 일반화에 따른 전과자양산의 효과를 피할 수 있다는 점에서 가치를 지닌다. 가령 대기환경보전법 제37조 제1항은 시·도지사에게 특정 배출시설을 설치·운영하는 사업자에 대하여 제36조에 따라 조업정지를 명하여야 하는 경우로서 그 조업정지가 주민의 생활, 대외적인 신용·고용·물가 등 국민경제, 그 밖에 공익에 현저한 지장을 줄 우려가 있다고 인정되는 경우 등 그 밖에 대통령령으로 정하는 경우에는 조업정지처분을 갈음하여 2억원 이하의 과징금을 부과할 수 있는 권한을 부여하고 있다.

과징금은 조업정지를 명해야 할 경우지만 조업을 정지시키지 않으면서 그 위반사항에 대한 제재를 가하는 수단이 된다. 변형과징금에 있어 「이익의 박탈」이란 전형적 과징금의 경우와는 달리 위반행위자에 대한 단속적 의미에서의 금전적 부담을 의미할 뿐이고, 불법이익의 전면적 박탈이나 기대이익의 박탈과는 다르다는 점에 특색을 지닌다.[14] 변형과징금은 공중위생관리법($\S^{11}_{의2}$), 여신전문금융업법($\S^{58}_{②}$), 여객자동차운수사업법($\S^{88}$), 전기사업법($\S^{12}_{④}$), 석탄산업법($\S^{21}_{④}$) 등에서 그 예를 볼 수 있다. 변형과징금의 법적 성질에 관하여는 행정제재설, 과태료설, 속죄금설, 금전적 제재설 등이 대립한다.

과징금부과에 관한 일반법은 없다. 과징금은 금전적 부담을 내용으로 하는 제재의 일종이므로 법치행정의 원칙에 따라 개별법률에 구체적 근거가 있는 경우에만 부과될 수 있다. 한편 과징금의 징수에 관하여 국세 또는 지방세체납처분의 예에 의하도록 한 것에 대하여는, 단순한 행정의무위반이나 영업정지처분에 갈음하는 과징금을 조세와 같이 강제징수하는 것은 너무 가혹한 것이라는 점에서 비판되고 있다.[15]

⁝⁝⁝ 공정거래법상 과징금과 이중처벌금지원칙 등

한편 공정거래법 제23조(불공정거래행위의 금지) 제1항의 규정을 위반하는 행위가 있을 때에 당해사업자에 대하여 대통령령이 정하는 매출액에 100분의 2(제7호의 규정에 위반한 경우에는 100분의 5)를 곱한 금액을 초과하지 아니하는 범위 안에서 부과하는 공정거래법 제24조의2에 의한 과징금처럼 일정한 의무위반이 있으면 그에 따라 경제적 이득을 취득했을 것이라는 추정 아래 그 추정적 이득금액을 과징금으로 부과하여 환수하는 제도에 대해서는 벌금·과태료와 실질적 차이가 없기 때문에 이중처벌의 문제 등 헌법적 문제가 발생할 소지가 있다고 지적된다.[16] 그러나 대법원은 "구 독점규제및공정거래에관한법률

---

14) 신봉기, "경제규제법상 과징금제도", 한국공법학회 제28회 학술발표회 발표문, 32.
15) 신봉기, 앞의 글, 39 및 각주 24에 인용된 문헌을 참조.

(1999.2.제5813호로 개) 제23조 제1항 제7호, 같은 법 제24조의2 소정의 부당지원행위를 한 지원주체에 대한 과
(5. 법률정되기 전의 것)
징금은 그 취지와 기능, 부과의 주체와 절차 등을 종합할 때 부당지원행위의 억지라는 행정목적을 실현하
기 위한 입법자의 정책적 판단에 기하여 그 위반행위에 대하여 제재를 가하는 행정상의 제재금으로서의
기본적 성격에 부당이득환수적 요소도 부가되어 있는 것이라고 할 것이어서 그것이 **헌법 제13조 제1항에
서 금지하는 국가형벌권 행사로서의 처벌에 해당한다고 할 수 없으므로 구 독점규제및공정거래에관한법
률에서 형사처벌과 아울러 과징금의 부과처분을 할 수 있도록 규정하고 있다 하더라도 이중처벌금지원칙
이나 무죄추정원칙에 위반된다거나 사법권이나 재판청구권을 침해한다고 볼 수 없고,** 또한 같은 법 제55
조의3 제1항에 정한 각 사유를 참작하여 부당지원행위의 불법의 정도에 비례하여 상당한 금액의 범위 내
에서만 과징금을 부과할 수 있도록 하고 있음에 비추어 비례원칙에 반한다고 할 수도 없다"고 판시한 바
있다.[17]

과징금 부과 여부에 관해서는 통상 행정청의 재량이 인정되는 것이 일반적이다. 따라서
과징금 부과에 대해서도 재량통제에 관한 일반법리가 그대로 적용된다. 이와 관련하여 과징
금 납부명령이 재량권을 일탈하였다고 인정되는 경우, 법원은 그 일탈여부만 판단할 수 있을
뿐 직접 적정한 과징금 수준을 판단할 수 없으므로 그 전부를 취소할 수밖에 없다는 것이
판례이다.

"처분을 할 것인지 여부와 처분의 정도에 관하여 재량이 인정되는 과징금 납부명령에 대하여 그 명령
이 재량권을 일탈하였을 경우, 법원으로서는 재량권의 일탈 여부만 판단할 수 있을 뿐이지 재량권의 범위
내에서 어느 정도가 적정한 것인지에 관하여는 판단할 수 없어 그 전부를 취소할 수밖에 없고, 법원이 적
정하다고 인정하는 부분을 초과한 부분만 취소할 수는 없다."[18]

2.2. 부과금

부과금은 행정법상의 의무위반자에 대하여 과하는 금전상 제재로서 일종의 과징금의 성
격과 시장유인적 규제수단으로서의 의미를 아울러 지니고 있다. 「수질 및 수생태계 보전에
관한 법률」이나 대기환경보전법 등 개별 환경행정법상의 배출부과금이 대표적인 예이다. 환
경행정법상의 배출부과금은 금전적 급부의무의 부과라는 점에서 일견 조세와 비슷하여 공해
배출세($^{emission}_{taxes}$)라고도 불리고 있으나 일정한 환경기준을 초과하여 오염물질을 배출했다는 사
실에 대한 행정적 제재로서의 의미를 갖는다는 점에서 조세와는 구별된다. 배출부과금은 앞
에서 본 전형적 (초기형)과징금과 유사한 목적으로 도입된 제도(유사과징금)라고 할 수 있다.
그러나 이것은 불법이익의 박탈보다는 오히려 배출허용기준의 준수확보라는 측면이 부각된

---

16) 김철용, 행정법 I, 제13판, 2010, 463.
17) 대법원 2004.4.9. 선고 2001두6197 판결.
18) 대법원 2009.6.23. 선고 2007두18062 판결.

일반적 행정제재금으로서의 성격을 띤다. 일종의 과징금으로서 배출부과금은 행정법상 의무
위반에 대한 금전적 제재라는 점에서는 벌금·과태료와 다를 바 없으나, 행정청에 의해 부
과되는 것이라는 점에서 형식상 행정벌에 속하지 않으며 징수된 과징금은 당해 행정분야의
목적을 위해서만 사용될 수 있도록 제한을 받는 경우가 많다는 점에서 특수성을 갖는다. 가
령「물환경보전법」(약칭: 수질수생태계법)[19] 제41조 제6항이 배출부과금을「환경개선특별회계
법」에 따른 환경개선특별회계의 세입으로 한다고 규정하고 있는 것을 볼 수 있다.[20] 다만
배출부과금은 납부의무자가 이를 소정기간 내에 납부하지 않을 때에는 가산금을 징수하고,
이에 대해서는「국세징수법」제21조를 준용하며($\substack{\S\,41\\ \oplus\,\oplus}$), 환경부장관 또는 그로부터 징수권을
위임받은 시·도지사는 배출부과금 또는 가산금을 내야 할 자가 정해진 기한까지 내지 아니
하면 국세 또는 지방세 체납처분의 예에 따라 징수하도록 되어 있다($\substack{\S\,41\\ \textcircled{8}}$).

> 일반적으로 배출부과금제도는, 부과금액의 결정이 어렵고, 배출업체의 오염물질배출에 대한 끊임없는
> 감시와 측정이 필요하다는 점 등에서 결점이 없지 않지만, 피규제자의 합리적 선택을 허용하므로 경제적
> 효율을 확보할 수 있고, 배출업체로 하여금 오염물질의 배출을 회피하도록 유도하는 계속적 유인으로 작
> 용하며, 환경보전을 위한 국고수입을 확보할 수 있게 해 준다는 점에서 많은 이점을 지닌 수단이다.

Ⅳ. 비금전적 이행확보수단

1. 제재적 행정처분(인·허가의 정지·취소 등)

일반적으로 행정법은 의무이행을 확보하기 위하여 의무위반에 대한 제재를 정하고 있다.
이러한 제재에는 통상 각종 벌칙과 아울러 또는 그 전제로서 일정한 제재적 행정처분이 포
함되어 있다. 법령상「행정처분」으로 표현되고 있는 이러한 제재적 행정처분은 경제활동에
대한 행정상 감독수단으로서 인허가의 정지·철회, 품목제조허가의 취소, 폐기처분, 시설개
수명령, 폐쇄조치 등의 형태로 행해진다. 가령 공중위생관리법은 제11조에서 시장·군수·
구청장은 '공중위생영업자가 이 법 또는 이 법에 의한 명령에 위반하거나 또는 성매매알선
등 행위의 처벌에 관한 법률·풍속영업의 규제에 관한 법률·청소년보호법·의료법에 위반
하여 관계행정기관의 장의 요청이 있는 때에는 6월 이내의 기간을 정하여 영업의 정지 또는
일부 시설의 사용중지를 명하거나 영업소폐쇄등을 명할 수 있다. 다만, 관광숙박업의 경우에
는 당해 관광숙박업의 관할행정기관의 장과 미리 협의하여야 한다'고 규정하고 있다. 이러한

---

19) 2017년 1월 17일 법개정으로 수질 및 수생태계에서 물환경 전반으로 보전 대상을 확대하기 위하여 법률의 제명
　이「수질 및 수생태계 보전에 관한 법률」에서「물환경보전법」(법률 제14532호, 시행 2018.1.18.)으로 변경되었다.
20) 이것은 환경개선특별회계법(1995.1.1)에 의해 1995년 1월 1일부터는 '환경개선특별회계'의 세입으로 하도록 되어
　있다.

행정제재처분의 세부적 기준은 보건복지부령으로 정하도록 위임되어 있다($\frac{\S 11}{②}$).

행정처분의 세부기준에 관한 구 공중위생법시행규칙의 효력

"본법 제23조 제1항은 처분권자에게 영업자가 법에 위반하는 종류와 정도의 경중에 따라 제반사정을 참작하여 위 법에 규정된 것 중 적절한 종류를 선택하여 합리적인 범위내의 행정처분을 할 수 있는 재량권을 부여한 것이고 이를 시행하기 위하여 같은 법조 제4항에 의하여 마련된 공중위생법시행규칙은 형식은 부령으로 되어 있으나 그 성질은 행정기관 내부의 사무처리준칙을 규정한 것에 불과한 것으로서 같은 법 제23조 제1항에 의하여 보장된 재량권을 기속하거나 대외적으로 국민이나 법원을 기속하는 것은 아니다."[21)]

행정법규 위반에 대한 제재조치는 행정법규 위반이라는 객관적 사실에 착안하여 가하는 것이라는 점에서 현실적 행위자가 아니라도 법령상 책임자로 규정된 자에게 부과할 수 있고, 또 특별한 사정이 없는 한 위반자에게 고의나 과실이 없더라도 부과할 수 있다. 실례로 종업원 등이 호텔객실을 성매매 장소로 제공하는 등 구 성매매알선 등 행위의 처벌에 관한 법률 제19조를 위반하여 영업정지처분을 받은 사안에서 대법원은 '행정법규 위반에 대하여 가하는 제재조치는 행정목적의 달성을 위하여 행정법규 위반이라는 객관적 사실에 착안하여 가하는 제재이므로 **반드시 현실적인 행위자가 아니라도 법령상 책임자로 규정된 자에게 부과되고 특별한 사정이 없는 한 위반자에게 고의나 과실이 없더라도 부과할 수 있다**'고 판시한 바 있다.[22)]

"행정법규 위반에 대하여 가하는 제재조치는 행정목적의 달성을 위하여 행정법규 위반이라는 객관적 사실에 착안하여 가하는 제재이므로, 위반자가 그 의무를 알지 못하는 것이 무리가 아니었다고 할 수 있어 그것을 정당시할 수 있는 사정이 있을 때 또는 그 의무의 이행을 당사자에게 기대하는 것이 무리라고 하는 사정이 있을 때 등 그 의무 해태를 탓할 수 없는 정당한 사유가 있는 경우 등의 특별한 사정이 없는 한 위반자에게 고의나 과실이 없다고 하더라도 부과될 수 있다."[23)]

인허가의 철회·정지 등 행정제재적 처분은 영업활동 자체에 대한 행정법적 제한을 가함으로써 오늘날 행정강제수단이나 행정벌보다 더 실효적인 의무확보수단으로 활용되고 있으나, 이로 인하여 국민의 생업이 타격을 입을 수 있다는 점에서 엄격한 법률의 근거 하에서 법령의 범위 내에서 신중하게 행해져야 한다. 비례원칙이나 평등의 원칙, 신뢰보호의 원칙 등은 이 경우 결정적인 법적 기준으로 고려되어야 한다. 이와 같은 견지에서 행정제재적 명

---

21) 대법원 1992.6.23. 선고 92누2851 판결.
22) 대법원 2012.5.10. 선고 2012두1297 판결; 대법원 2000.5.26. 선고 98두5972 판결; 대법원 2003.9.2. 선고 2002두5177 판결 등을 참조.
23) 대법원 2012.6.28. 선고 2010두24371 판결. 아울러 대법원 2009.6.11. 선고 2009두4272 판결 등을 참조.

령이나 조치를 함에 있어서는 미리 처분의 상대방에게 청문등 의견진술의 기회를 주어야 한다고 규정하는 경우가 많아지고 있다. 가령 공중위생관리법 제12조는 '시장·군수·구청장은 제7조의 규정에 의한 이용사 및 미용사의 면허취소·면허정지, 제11조의 규정에 의한 공중위생영업의 정지, 일부 시설의 사용중지 및 영업소폐쇄명령등의 처분을 하고자 하는 때에는 청문을 실시하여야 한다'고 규정하고 있다. 또 대기환경보전법($^{§\,52}$), 「수질수생태계법」($^{§\,72}$) 등도 환경부장관이 허가의 취소 또는 배출시설의 폐쇄명령 등을 하고자 하는 경우 청문을 실시하도록 규정하고 있다. 이는 불이익처분 상대방의 이익을 배려한 절차적 보장의 결과이다.

2. 관허사업의 제한

행정법상의 의무이행을 확보하기 위하여 관허사업의 제한, 즉 특정한 행정법상의 의무와 직접 관련이 없는 각종 인·허가의 발급을 금하거나 기존의 인·허가를 취소·정지하는 방법이 사용되고 있다. 현행법상 그 예로는 건축법상 위반건축물을 이용한 관허사업의 제한과 조세체납자에 대한 관허사업의 제한, 병역법상 관허업의 특허·인가 등의 금지($^{병역법}_{§76①}$), 산업집적활성화 및 공장설립에 관한 법률에 의한 공장의 신설·증설·이전 또는 업종변경에 관한 승인을 받지 아니한 자에 대한 관계 법령에 따른 공장의 건축허가·영업 등의 허가등의 금지($^{§\,50}_{조}$) 등을 들 수 있다.

2.1. 건축법상 제한

건축법 제79조 제2항은 허가권자로 하여금 같은 조 제1항에 의하여 허가나 승인이 취소된 건축물 또는 같은 조항에 의한 시정명령을 받고 이행하지 아니한 건축물에 대하여 다른 법령에 따른 영업이나 그 밖의 행위의 허가를 하지 아니하도록 요청할 수 있도록 하고, 이 같은 요청을 받은 자는 특별한 이유가 없는 한 이에 따라야 한다고 규정하고 있다($^{§\,79}_{③}$). 이것은 대형위반건축물이 발생한 경우처럼 대집행으로 철거하는 것이 막대한 경제적 손실을 초래하기 때문에 사실상 불가능하게 되는 점을 고려하여 채용된 사후적 제재수단이라 할 수 있다.[24]

2.2. 국세징수법상 제한

국세징수법에 의하면 세무서장은 납세자가 대통령령이 정하는 사유 없이 국세를 체납한 때에는 허가·인가·면허 및 등록과 그 갱신($^{이하}_{가등·"허}$)을 요하는 사업의 주무관서에 당해 납세

---

24) 박윤흔교수(상, 652)는 이것이 사후강제수단으로서보다는 오히려 사전예방수단으로서 기능을 발휘하고 있다고 지적한다.

자에 대하여 그 허가등을 하지 아니할 것을 요구할 수 있도록 규정하고($\overset{\S 7}{①}$), 이러한 허가등을 받아 사업을 경영하는 자가 국세를 3회 이상 체납한 경우로서 그 체납액이 500만원 이상인 때에는 대통령령이 정하는 경우를 제외하고 그 주무관서에 사업의 정지 또는 허가의 취소를 요구할 수 있다고 규정하고 있다($\overset{\S 7}{②}$). 이와 같은 세무서장의 요구가 있는 때에는 당해 주무관서는 정당한 사유가 없는 한 이에 응하도록 되어 있다($\overset{\S 7}{④}$). 여기서 허가등이란 반드시 강학상의 허가에 국한되지 않고 허가, 특허, 인가 등을 포함하는 의미의 인허 또는 인·허가를 의미하는 것으로 이해된다. 국세징수법 기본통칙($\overset{1-0-}{14\cdots7}$)도 이를 「용어에 구애됨이 없이 법령에 의한 일반적인 제한, 금지를 특정한 경우에 해제하거나 권리를 설정하여 적법하게 일정한 사실행위 또는 법률행위를 할 수 있게 하는 행정처분」이라고 하고 있다. 체납된 국세의 범위는 「관허사업 자체에 관한 것」에 국한되지 않는다.[25] 세무서장이 법 제7조 제2항에 의해 사업정지 또는 허가의 취소를 요구한 후 국세가 징수되었을 때에는 납세자가 종래의 지위를 회복해야 한다. 이러한 뜻에서 제7조 제3항은 「세무서장은 …… 당해 국세를 징수하였을 때에는 지체 없이 그 요구를 철회하여야 한다」고 규정하고 있다. 이 같은 국세징수법상 관허사업의 제한은, 체납처분 같은 강제집행수단이 비록 실효성은 있을지라도 납세자의 명예·신용에 타격을 가하는 결과 저항을 유발하는 등 부작용이 없지 않다는 점을 감안하여, 체납자의 사업수행자체를 불허함으로써 납세의무의 이행을 확보하려는 취지를 지닌 제도라고 할 수 있다. 그러나 불허되는 사업이나 허가등이 그 원인이 된 의무위반과 사물적 관련을 갖지 않는다는 점, 국민의 생업을 위협할 우려가 있다는 점 등에서 비례원칙의 위반이 문제되고 있다.[26]

3. 행정상 공표 · 공표명령 · 정정광고명령

3.1. 행정상 공표

행정상 공표란 행정법상 의무위반에 대하여 행정청이 그 사실을 일반에 공표함으로써 그 이행을 확보하기 위한 방법으로 직접 아무런 법적 효과를 발생하지 않는 사실행위에 불과하지만, 사안에 따라 명령·강제 못지않은 효과를 지닌 행정의 수단으로 활용될 수 있다. 가령 유해식품제조·판매를 금지함에 있어 이를 제조·판매한 자에 대하여 식품위생법상 정식행정처분(제재)을 하는 것보다 경고를 하고 명단을 언론에 공표하는 등의 방법이 훨씬 효과적

---

25) 즉 관세사업자에 관한 것 외에도 기타의 원인으로 인한 체납과 본래의 납세의무 외에 제2차납세의무, 납세보증인의 의무, 연대납세의무, 양도담보권자의 물적 납세의무 등에 기인하는 체납액이 여기에 포함되는 것으로 해석된다(국세징수법 기본통칙 1-0-15…7)(이태로, 조세법개론, 548).
26) 박윤흔, 행정법강의(상), 652. 그리하여 이 제도는 어떤 의미에서는 체납처분보다 더욱 실효적인 반면 납세자에 대한 권리침해의 요소가 더 큰 제도라고 지적되고 있기도 하다(이태로, 조세법개론, 544).

인 경우가 많다.

소비자기본법 제35조 제3항은 한국소비자원[27]으로 하여금 업무수행 과정에서 취득한 사실 중 소비자의 권익증진, 소비자피해의 확산 방지, 물품등의 품질향상 그 밖에 소비생활의 향상을 위하여 필요하다고 인정되는 사실은 이를 공표하여야 한다고 규정하는 한편, 사업자 또는 사업자단체의 영업비밀을 보호할 필요가 있다고 인정되거나 공익상 필요하다고 인정되는 때에 한하여 예외를 인정하고 있다. 사업자의 기업비밀이나 공익상의 필요를 지나치게 강조할 경우 소비자의 알 권리가 침해될 우려가 있으므로 이 예외는 엄격하게 해석하여야 한다.[28]

또 건축법 제79조 제4항은 허가권자가 같은 법 또는 그 법에 따른 명령이나 처분에 위반된 건축물에 대해 시정명령을 하는 경우, 국토해양부령으로 정하는 바에 따라 표지를 그 위반 건축물이나 그 대지에 설치하고 건축물대장에 위반내용을 적도록 하며, 제5항에서 누구든지 이 표지설치를 거부 또는 방해하거나 이를 훼손하여서는 아니 된다고 규정하고 있다.

그 밖에도 조세의 상습적 고액체납자의 명단·업체명을 공개하거나 공해배출업소의 명단을 공개하는 것도 행정상 공표의 예라고 할 수 있다. 그러나 이러한 행정상 공표의 대부분은 이렇다 할 실정법상의 근거 없이 행해지고 있어 문제가 된다. 이때 공표에 구체적인 법적 근거가 필요하다고 보아야 하는지는 그 침해내용이나 정도 등을 구체적으로 고려하여 판단해야 할 문제지만, 공표가 그 자체로는 직접 아무런 법적 효과를 발생하지 않는다고 할지라도 실제로는 관계자의 명예·프라이버시, 신용에 중대한 영향을 미치는 것이므로 법령의 근거를 요한다고 보아야 할 경우가 많을 것이다. 또 공표는 비권력적 사실행위인 경우가 많겠지만 사업자의 명예·프라이버시, 신용을 사실상 침해할 경우 국가배상의 문제를 발생시킬 수 있고, 나아가 설령 항고소송의 대상으로서 처분성이 부정되는 경우에도 공법상 결과제거청구권에 기하여 공표된 내용의 정정, 철회 등 시정조치를 구하는 이행소송을 공법상 당사자소송의 형태로 제기할 수 있다. 한편, 공표행위가 처분에 해당하는 경우에는 행정절차법상 처분절차를 거쳐야 함은 당연하다.

▦ 행정상 공표에 의한 명예훼손과 국가배상

"국가기관이 행정목적달성을 위하여 언론에 보도자료를 제공하는 등 행정상 공표의 방법으로 실명을 공개함으로써 타인의 명예를 훼손한 경우, 그 공표된 사람에 관하여 적시된 사실의 내용이 진실이라는 증명이 없더라도 국가기관이 공표당시 이를 진실이라 믿었고 또 그렇게 믿을 만한 상당한 이유가 있다면 위법성이 없는 것이고, 이 점은 언론을 포함한 사인에 의한 명예훼손의 경우에서와 마찬가지라 할 것인바, 한편 이러한 상당한 이유의 존부의 판단에 있어서는, 실명공표 자체가 매우 신중하게 이루어져야 한

---

27) 한국소비자원은 소비자권익 증진시책의 효과적인 추진을 위하여 정부 출연 등으로 설립된 특수공익법인으로 공정거래위원회의 감독을 받는 공법상 재단법인의 일종이다(소비자기본법 §§ 33-44).
28) 황적인·권오승, 경제법, 441.

다는 요청에서 비롯되는 사실조사능력, 공표된 사실이 진실하리라는 점에 대한 국민의 강한 기대와 신뢰, 공무원의 비밀엄수의무와 법령준수의무 등에 비추어, 사인의 행위에 의한 경우보다는 훨씬 더 엄격한 기준이 요구된다 할 것이므로, 그 사실이 의심의 여지없이 확실히 진실이라고 믿을 만한 객관적이고도 타당한 확증과 근거가 있는 경우가 아니라면 그러한 상당한 이유가 있다고 할 수 없을 것이다."29)

3.2. 공표명령 · 정정광고명령

공정거래법 제5조에 따르면 공정거래위원회는 제3조의2(시장지배적 지위의 남용금지) 위반행위가 있을 때에는 당해 시장지배적 사업자에 대하여 가격의 인하, 당해 행위의 중지, 시정명령을 받은 사실의 공표 기타 시정을 위한 필요한 조치를 명할 수 있다. 이에 따라 공정거래위원회가 시장지배적 지위 남용행위를 한 자에 대하여 법위반사실의 공표를 명할 경우 이를 행정상 공표명령이라 부른다. 공정거래법은 그 밖에도 공정거래위원회는 기업결합의 제한, 지주회사 등의 행위제한, 채무보증제한기업집단의 지주회사 설립제한, 상호출자의 금지 등, 탈법행위의 금지 등의 규정에 위반하거나 위반할 우려가 있는 행위가 있는 때에는 당해 사업자 또는 위반행위자에 대하여 당해 행위의 중지 등과 함께 시정명령을 받은 사실의 공표, 공시의무의 이행 또는 공시내용의 정정을 명할 수 있도록 하고 있다($\frac{\S 16}{①}$). 또한 소비자기본법도 제80조에서 중앙행정기관의 장은 사업자가 제20조를 위반한 경우 그 사업자에게 그 행위의 중지 등 시정에 필요한 조치를 명할 수 있다고 규정하는 한편($\frac{\S 80}{①}$), 사업자에게 시정명령을 받은 사실을 공표하도록 명할 수 있도록 하고 있는데($\frac{\S 80}{②}$), 이들 역시 공표명령의 일종이다.

4. 기타 행위제한 등

그 밖에 취업제한($\frac{병역법}{\S 76 ①}$), 세무조사나 행정지도 등도 행정상 의무이행 확보수단으로 사용된다.

공급거부 ●● 공급거부란 행정법상의 의무위반에 대하여 행정상의 서비스나 재화의 공급을 거부하는 행정제재의 수단으로서, 허가나 승인이 취소된 건축물 또는 시정명령을 받고 이행하지 아니한 건축물에 대하여 전기·전화·수도의 공급자, 도시가스사업자 또는 관계행정기관의 장에게 전기·전화·수도 또는 도시가스공급시설의 설치 또는 공급의 중지를 요청할 수 있도록 하고, 이 같은 요청을 받은 자는 특별한 이유가 없는 한 이에 응하여야 한다고 규정한 구 건축법($\S 69$)이 가장 전형적인 유형이었다. 구 건축법 외에도 구 공업배치 및 공장설립에 관한 법률($\frac{\S 27}{①}$) 등에서 채용하고 있었으나 부당결부금지원칙에 위배된다는 논란이 일어 결국 모두 폐지되고 말았다.

---

29) 대법원 1993.11.26. 선고 93다18389 판결. 원심: 서울고법 1993.2.25. 선고 92나32878 판결.

공급거부는 새로운 행정상의 의무이행확보방법으로 부각되었지만, 생존배려행정, 복리행정을 추구하는 현대행정법의 이념에 비추어 그 정당성이 문제되지 않을 수 없었다. 특히 법치행정의 원리로부터 도출되는 비례의 원칙, 부당결부금지의 원칙과 관련하여 그 허용여부가 논란되었다. 가령 전기사업법이나 수도법은 '정당한 사유'없이 공급 또는 청약을 거절할 수 없다고 규정하고 있는데 건축법상의 의무위반에 대하여 전기·수도·전화 등의 공급을 중지한다고 할 때, 이것이 「정당한 사유」에 해당한다고 볼 수 있는지가 문제된다. 이 경우 구 건축법의 관계규정($\S 69 \atop ②$)에 비추어 법령상의 사유가 존재하는 것으로 볼 수 있을 것이다. 그러나 여기서 「정당한 사유」는 이행이 확보되어야 할 의무와 거부되는 공급 간에 사물적 관련($\text{sachliche} \atop \text{Verhältnisse}$)을 요구하는 것으로 해석되므로, 수도·전기 등의 공급거부는 당해 급부를 공급받기 위한 요건을 충족하지 못하거나 당해 급부행정상의 의무위반이 있는 경우에만 허용되는 것으로 보아야 한다는 보아야 한다는 견해가 표명되고 있다.[30] 이러한 결론은 이른바 부당결부금지($\text{Koppelungs-} \atop \text{verbot}$)의 원칙에 의하여 뒷받침되고 있다.[31] 이렇게 본다면 그러한 당해 공급관계상의 사유 이외에 다른 법령에 의하여 부과된 의무의 불이행에 대해 공급의 거부 또는 중단을 규정하는 건축법이나 공업배치 및 공장설립에 관한 법률은 위헌의 문제가 있는 것이 된다.[32]

---

30) 박윤흔, 행정법강의(상), 651; 김동희, 행정법 I, 414-415.
31) Erichsen in: Erichsen/Martens, Allg.VerwR, 9.A., § 19 Rn.20, S.189; § 27 Rn.14, S.377.
32) 김동희, 같은 곳.

제 4 절 │ 행정상 즉시강제

I. 행정상 즉시강제의 의의

행정상 즉시강제($^{sofortiger}_{Zwang}$)란 일반적으로 「행정법상 의무의 존재를 전제함이 없이 목전의 급박한 위험을 제거하기 위하여 또는 그 성질상 의무를 명해서는 그 목적을 달성하기 어려운 경우 직접 사인의 신체 또는 재산에 실력을 가하여 행정상 필요한 상태를 실현하는 작용」이라고 정의된다. 현존하는 위험상황을 고려할 때 행정행위의 발급과 후속 집행절차를 기다릴 수 없고 즉각적 조치를 취하지 않으면 안 되는 경우가 빈번히 발생한다. 가령 경찰관이 순찰중 절도가 주택에 침입하려는 것을 포착하거나 유조차 전복으로 기름이 유출되어 지하수를 오염시킬 지경에 이른 것을 발견했을 경우가 그것이다. 이러한 사례에서 경찰관은 즉시 또는 직접, 선행하는 행정행위를 전제로 함이 없이, 절도의 주거침입을 배제하거나(직접강제의 경우) 유류오염제거업자를 동원, 기름을 퍼내도록 하는 등 필요한 조치를 취할 수 있다. 이처럼 선행 처분을 전제로 하지 않은 긴급처분을 행정상 즉시강제라고 통칭한다.

반면 이와 같은 종래 통설에 의한 개념이 지나치게 포괄적이라고 비판하면서 이러한 광의의 즉시강제 개념에 대한 대안으로서 「대집행과 직접강제를 행함에 있어 긴급한 사유가 있어 계고·수단의 확정과 같은 절차를 생략하여 즉시로 행하는 작용」이란 의미의 협의의 즉시강제($^{즉시집행:}_{sofortiger\ Vollzug}$)의 개념을 사용하여야 한다는 견해가 주장되고 있다.[1] 이 견해는 주로 독일법상의 개념형성을 염두에 둔 견해이다.[2] 독일행정법상 대집행 및 직접강제와 같은 강제수단은, 그 강제수단발동의 필요성은 있으나, 행정청이 금지 또는 명령을 발동해야 했을 상대방을 찾을 수 없거나 그에 대한 조치가 성공가능성이 없을 경우, 예외적으로 선행하는 집행력 있는 행정행위 없이도 발동될 수 있다. 그와 같이 「선행행정행위」를 통한 우회 없이 허용되는 강제수단이 바로 일정 처분의 직접시행($^{unmittelbare\ Ausführung}_{einer\ Maßnahme}$)과 즉시집행($^{sofortiger\ Vollzug,}_{Sofortvollzug}$)인 것이다. 전자는 경찰법($^{프로이센경찰}_{행정법§44}$)에서 유래하고 후자는 일반행정집행법에서 유래하는 제도지만, 양자는 사실상 동일한 기능을 수행한다. "직접시행은 집행능력 있는 기본처분의 존재에 대한 의제(^{Fiktion})에 입각한 것인 데 비해, 즉시집행의 경우에는 이러한 의제가 결여되어 있을 뿐이다."[3] 따라서 양자 사이에 어떤 본질적인 차이가 있는

---

1) 김남진, 행정법 I, 512이하; 동, 기본문제, 350이하.
2) 한편 독일에서도 용어가 통일돼 있지는 않으며, 가령 일부에서는 행정집행법(VwVG) 제6조에 의한 'sofortiger Vollzug', 'Sofortvollzug', 'sofortiger Zwang'으로, 일부에서는 'unmittelbare Ausführung'으로 표현하고 있다고 한다(Maurer, § 20 Rn.25).
3) Götz, Allgemeines Polizei- und Ordnungsrecht, 10.Aufl., 1991, Rn.299. 마우러(Maurer, § 20 Rn.25) 역시 양자에 있어 문제되는 것은 결국 동일한 것으로, 경찰 또는 기타 집행기관들로 하여금 선행하는 행정행위없이도 즉각적인 조치를 할 수 있도록 수권(Ermächtigung zum sofortigen Tätigwerden)하는 데 있다고 한다. 양자를 굳이

것은 아니라는 점을 알 수 있다. 또한 괻즈(^{Götz})에 의하면 프로이센법상 직접시행은 무엇보다도 선행하는 경찰처분 없이 발동된 강제조치에 대하여 경찰처분에 대한 경우와 마찬가지의 쟁송수단을 열어주려는 의미를 가지고 있었다고 한다. 따라서 이는 (당시) 권리보호에 관건이 되었던 경찰처분의 개념을 확대한 개념이라는 것이다.4) 여기서 직접시행이란 개념은 연혁상 행정소송에 의한 권리보호의 가능성을 열어주기 위하여 의제에 의하여 처분개념을 개재시킴으로써 성립된 것임을 알 수 있다. 그렇다면 후술하는 행정조사를 즉시강제로부터 분리시키는 것은 필요할지라도, 그 밖에 우리 행정법상 즉시강제를 독일법의 즉시집행·직접시행으로 구분하고 전자만 협의의 개념으로 다루어야 할 실익이 있을지는 의문이다.

행정상 즉시강제와 행정조사는 후자가 정보·자료의 수집을 직접 목적으로 한다는 점에서 구별된다. 물론 즉시강제는 그것이 지닌 강제성의 계기에서 비권력적 행정조사(질문등)와 구별되나 권력적 행정조사와 구별되는 것은 아니다. 즉시강제는 그 밖에도 긴급성, 구체적·완결적 결과의 직접실현 등의 면에서 행정조사와 차이점을 지니고 있다. 행정상 즉시강제는 구체적인 의무의 존재와 의무자에 의한 의무불이행을 전제로 하지 않는다는 점에서 직접강제와 구별되며, 행정벌처럼 과거에 행해진 행정상 위법행위에 대한 것이 아니라 행정상 필요한 상태의 장래적 실현이라는 점에서 행정벌과도 구별된다. 행정상 즉시강제와 행정상 강제집행은 양자 모두 행정법상 필요한 상태의 실현을 위한 행위라는 점에서는 공통되나 전자는 반드시 의무가 부과되었을 것을 전제로 하지 않는 데 비해 후자는 의무의 부과 및 그 의무자에 의한 불이행사태를 전제로 한다는 점에서 구별된다(통설).5)

Ⅱ. 행정상 즉시강제의 근거

1. 이론적 근거

행정상 즉시강제는 과거 대륙법, 특히 독일에서는 경찰행정 분야에서 생성된 국가의 일반 긴급권이론에 따라 법률의 근거 없이도 행사될 수 있다고 정당화되었고, 영·미에서는 불법방해의 자력제거라는 법리에 의거하여 정당화되었다. 그러나 오늘날 법치국가원칙이 전면적으로 관철되는 상황에서 행정상 즉시강제에는 이론적 근거가 아니라 실정법적 근거가 있어

구별한다면 즉시집행은 강제수단으로서 오직 (추정적인) 의무자의 의사에 반하여 발동될 수 있는 데 비하여 직접시행은 경찰처분으로서 가령 토지소유자가 유류로 오염된 토양을 경찰측에서 한 사업자를 즉시 사용하여 제거하는 데 동의하는 경우처럼 당사자가 동의한 경우에도 발동될 수 있다는 데서 구별된다고 한다.

4) Götz, aaO.

5) 김남진교수는 기술한 것처럼 협의의 즉시강제, 즉 즉시집행의 개념을 사용하면서, 통설이 말하는 즉시강제도 행정법상 의무의 불이행을 전제로 하는 경우(가령 도로교통법 제43조에 의한 경찰관의 위험방지조치로서 위법차량의 정지조치 등) 양자의 구별은 행정법상 의무의 존부가 아니라 일부절차의 생략여부라고 한다(김남진, 행정법 Ⅰ, 513). 그러나 경찰관의 정차조치의 경우에도 의무의 부과를 의제하는 것이 직접시행의 개념임은 이미 설명한 바와 같다.

야 한다.

2. 실정법적 근거

행정상 즉시강제는 침익적 행정작용이므로 이를 위하여 실정법, 특히 법률의 근거가 요구된다는 것은 법치행정의 요소인 법률의 유보 원칙에 따르면 극히 자명하다. 행정상 즉시강제의 근거법으로는 일반법적 성격을 띠는 경찰관직무집행법과 기타 소방기본법, 전염병예방법, 마약류 관리에 관한 법률, 식품위생법 등 각 분야에 대한 단행법들이 있다.

Ⅲ. 행정상 즉시강제의 한계

행정상 즉시강제를 하려면 법적 근거가 필요하다. 그러나 관계법이 불확정개념이나 포괄적 수권규정으로 되어 있어 그 요건, 실력행사의 종류·방법·정도 등에 관하여 행정청이 광범위한 재량의 여지를 가지는 경우가 많다. 그러나 즉시강제에는 한계가 따른다. 그 성질·목적 등과 관련하여 ① 위해발생이 목전에 급박하고(급박성), ② 다른 수단으로는 그 목적달성이 곤란한 경우에만 발동될 수 있으며(보충성), ③ 또 그 발동은 필요한 최소한도에 그쳐야 한다(비례의 원칙). 경찰관직무집행법 제1조 제2항은 "이 법에 규정된 경찰관의 직권은 그 직무수행에 필요한 최소한도내에서 행사되어야 하며 이를 남용하여서는 아니 된다"고 규정한다.

Ⅳ. 행정상 즉시강제와 영장주의

행정상 즉시강제에도 헌법 제12조 제3항 및 제16조에 의한 영장주의가 적용되는지에 관하여는 학설이 대립한다.

1. 영장불요설

헌법상 영장주의는 본래 범죄수사절차에서 형사사법권의 남용을 방지하기 위하여 인정된 것이므로 행정상 즉시강제에는 적용이 없다는 견해이다.

2. 영장필요설

헌법상 영장주의를 형사사법권의 발동에 국한되는 것으로 보는 것은 헌법규정의 부당한 축소해석으로서 기본권을 침해하는 결과가 되며, 따라서 헌법상 명문의 규정이 없는 한, 영장주의는 행정상 즉시강제에도 일반적으로 적용되는 것이라고 한다.

3. 절 충 설

원칙적으로 영장필요설에 입각하면서 행정목적 달성을 위하여 불가피하다고 인정할 만한 특별한 사유가 있으면 행정상 즉시강제는 영장주의의 적용을 받지 않는다고 한다(^다_설).

4. 결   론

이 문제는 일면 헌법상 영장주의의 기본정신과 타면 행정상 즉시강제를 인정한 제도적 취지를 비교형량하여 판단할 문제이다. 이러한 관점에서 보면 행정상 즉시강제의 내용이 형사사법절차인 체포·구금·압수·수색 등과 동가치적인 경우에는 영장주의가 일반적으로 적용된다고 봄이 헌법상 영장주의의 취지에 부합된다. 따라서 즉시강제에 대해서도 원칙적으로 영장주의가 타당하며, 따라서 영장주의의 배제 또는 제한은 법률에 특별한 규정이 있는 경우에만 가능하다고 본다. 다만, 앞서 든 사례처럼 기름유출로 인한 급박한 환경위해의 발생 등 분초를 다투는 긴급사유가 있을 경우에는 위해방지에 관한 경찰법상 개괄조항이 인정된다면 이에 따라 또는 관계법률에 이에 관한 명문의 근거가 없더라도 긴급피난의 법리에 따라 행정상 즉시강제의 발동을 정당화할 여지도 배제할 수 없을 것이다.[6]

하나의 조치가 실질적으로 행정상 즉시강제와 형사사법의 목적을 아울러 달성하기 위하여 발동되는 경우에 영장이 필요하다는 것은 당연하다. 가령 조세범처벌절차법 제3조, 관세법 제296조 등이 범칙사건 조사를 위한 압수등에 영장을 요한다고 규정하는 것은 이러한 의미이다. 또 각종 관계법들이 증표의 제시(_{관한 법률 § 50 ④}^{독점규제 및 공정거래에}), 소속경찰관서의 장에 대한 사후보고(_{행법 § 5 ③}^{경찰관직무집}) 등을 규정하는 것은 영장주의의 정신을 행정법적 수준에서 존중하기 위한, 그러나 영장주의를 대체하는 규정들이라 할 수 있다.

V. 행정상 즉시강제의 수단

행정상 즉시강제의 내용으로 강제수단은 경찰상 즉시강제에 관한 일반법인 경찰관직무집행법을 비롯해 각각의 개별법에 규정되어 있다.

---

6) 한편 이와 같은 경우에 일부에서 요구하는 사후영장제도는 국민의 권익보호에 실질적인 의미를 갖지 않는다고 지적된다(김동희, 행정법 I, 422).

1. 경찰관직무집행법상의 수단

대인적 강제수단으로는 보호조치($^{§\,4}$), 위험발생의 방지조치로서 억류·피난($^{§\,5}$), 범죄의 예방·제지($^{§\,6}$), 장구·무기의 사용($^{§§\,10,}_{11}$)이 있고, 대물적 강제수단으로는 무기·흉기·위험물의 임시영치($^{§\,4}_{③}$)가 있으며, 대가택 강제수단으로는 위험방지를 위한 출입($^{§\,7}$)이 있다.

2. 각 개별법상의 수단

대인적 강제수단으로는 강제건강진단($^{전염병예}_{방법 § 9}$), 강제격리($^{전염병예}_{방법 § 29}$) 등이 있고, 대물적 강제수단으로는 불법청소년유해매체물의 수거($^{청소년보호}_{법 § 36 ①}$), 물건의 제거·이동($^{소방기본법}_{§ 25 ③}$), 폐기($^{식품위생법 § 72,}_{약사법 § 71 ③}$)가 있으며, 대가택 강제수단으로는 수색($^{조세범처벌절}_{차법 § 3 ①}$) 등이 있다.

VI. 행정상 즉시강제에 대한 구제

행정상 즉시강제는 사인의 신체·재산에 실력을 가하는 행위에 의하여 실시되는 것이 일반이므로 권익침해의 소지가 대단히 크다. 따라서 이를 구제받을 수 있는 적절한 구제제도가 마련되지 않으면 안 된다. 현행법상 행정상 즉시강제에 대한 구제는 그 적법성여부를 기준으로 다음과 같이 나누어 설명할 수 있다.

1. 적법한 즉시강제에 대한 구제

행정상 즉시강제가 적법한 경우에도 그로 인하여 특정인에게 그 귀책사유 없이 특별한 손실이 발생한 때에는 이를 전보해주지 않으면 안 된다. 이에 관하여는 각각의 개별법이 규정을 두고 있는 경우도 있으나($^{소방기본법 § 25 ③,}_{자연재해대책법 § 68}$), 그러한 명문의 규정이 없더라도 헌법 제23조 제3항에 의하여 또는 수용유사침해·수용적 침해의 법리에 의하여 또 경우에 따라서는 희생보상의 법리에 따라 보상을 청구할 수 있다고 보아야 할 것이다.

2. 위법한 행정상 즉시강제에 대한 구제

2.1. 행정쟁송

위법한 즉시강제에 대하여 행정쟁송을 제기하여 그 취소를 구할 수 있는지에 관하여는 즉시강제가 사실행위이므로 이를 부인하는 견해도 없지 않으나, 즉시강제는 일반적으로 단순

사실행위가 아니라 권력적 사실행위의 성질을 띠므로 그 처분성을 인정할 수 있고 또 앞에서 본 바와 같이 즉시강제 중에는 직접시행($\text{unmittelbare}\atop\text{Ausführung}$)의 경우처럼 관념적으로나마 명령 또는 금지의 행정행위가 매개된 경우에는 당연히 이를 처분으로 볼 수 있으므로 항고쟁송의 대상이 된다고 보아야 한다. 다만 즉시강제는 행위의 신속한 종료를 특징으로 하는 것이어서 행정심판법 제9조 제1항 단서 및 행정소송법 제12조 단서에 의한 경우를 제외하고는 권리보호의 이익을 상실해버리는 경우가 많다. 그 경우 손해배상이나 결과제거·원상회복을 구하는 길밖에 없는데, 즉시강제와 손해발생 사이에 인과관계 인정이 어려운 경우도 적지 않다.

행정상 즉시강제 또는 행정대집행과 같은 사실행위는 그 실행이 완료된 이후에 있어서는 그 행위의 위법을 이유로 하는 손해배상 또는 원상회복의 청구를 하는 것은 몰라도 그 사실행위의 취소를 구하는 것은 권리보호의 이익이 없다.[7]

2.2. 행정상 손해배상

위법한 즉시강제로 인하여 신체 또는 재산상의 손해를 입었을 때에는 국가배상법에 따라 국가 또는 당해 지방자치단체에 대하여 손해배상을 청구할 수 있다.

2.3. 기타 구제수단

2.3.1. 정당방위등

위법한 즉시강제에 대하여는 정당방위의 법리에 따라 이에 저항하여도 형법상 공무집행방해죄를 구성하지 않으며($\text{형법}\atop\S\,21$) 또 민사상 손해배상책임을 발생시키지도 않는다($\text{민법}\atop\S\,761$). 물론 이러한 정당방위는 어디까지나 예외적인 상황에서 인정되는 것이므로 즉시강제에 대한 구제수단이라기보다는 사인의 법적 대항수단이라고 보아야 할 것이다.

2.3.2. 기타수단

위법한 즉시강제에 대하여는 그 밖에도 공무원의 형법상 책임, 특별법(경찰관직무집행법) 및 공무원법상 책임을 물을 수 있으나 이들은 본래적 의미의 행정상 즉시강제에 대한 구제수단은 아니라 할 것이며, 또 이에 관한 청원, 고소·고발도 가능하지만 즉시강제에 대한 행정구제수단으로서 특별한 의미는 없다.

---

7) 대법원 1965.5.31. 선고 65누25 판결.

제 5 절 │ 행 정 벌

Ⅰ. 행정벌의 의의

행정벌이란 행정주체가 행정법상의 의무위반에 대하여 일반통치권에 근거하여 과하는 제재로서의 처벌을 말한다. 행정벌은 과거에 행해진 행정상 위법행위에 대한 제재인 동시에 그 예방적·심리강제적 효과에 의하여 행정법상의 의무이행을 확보하는 간접적 행정강제수단이기도 하다. 행정벌은 행정형벌과 행정질서벌을 포함하는 개념이다.

Ⅱ. 행정벌의 성질

1. 행정벌과 징계벌

징계벌은 특별권력관계에서 내부질서 유지를 위하여 질서위반자에게 과하는 제재인 데 비해, 행정벌은 일반통치권에 기하여 일반인에 대해 과하는 제재라는 점에 차이가 있다. 양자는 그 목적·대상·권력의 기초 등에서 서로 상이하므로 병과해도 일사부재리원칙에 저촉되지 않는다.

2. 행정벌과 집행벌

집행벌은 장래의 의무이행을 확보하기 위한 직접적 행정강제수단인 데 비하여, 행정벌은 이미 과거에 행해진 행정상의 불법에 대한 제재라는 점에서 서로 구별된다. 다만 행정벌도 제재의 예방적·심리강제적 효과에 의하여 간접적으로 행정법상 의무이행을 확보하는 기능을 지닌다(간접적 행정강제수단).

3. 행정벌과 형사벌

행정벌 중 행정질서벌은 형법상 형벌을 그 제재의 내용으로 하지 않는다는 점에서 형사벌과 어렵지 않게 구별된다. 반면 행정형벌과 형사벌은 양자 모두 형벌을 제재의 내용으로 한다는 점에서 공통되므로, 과연 양자를 구별할 것인지, 구별기준을 어디에 둘 것인지가 논란되어 왔다. 양자의 구별을 부인하는 견해(부정설)도 있으나 이를 긍정하는 것이 다수설이다. 다시 그 구별기준을 피침해이익의 성질에서 찾는 견해와 피침해규범의 성질에서 찾으려는 견해가 대립하고 있으나, 대체로 후자에 의견이 모아지고 있다. 즉 형사범은 그 반도덕성·반사회성이 법의 규정을 기다리지 않고 그 자체로서 명백한 행위, 즉 자연범인 데 비하여 행정범($\genfrac{}{}{0pt}{}{Verwaltungs-}{delikt}$)은 법규가 정한 명령·금지에 위반함으로써 비로소 범죄로 처벌되는 행위, 즉 법정범이며 따라서 이 점에서 그에 대한 형벌도 구별된다는 것이다. 그러나 양자의 차이는 형벌의 원인이 되는 범죄의 사회적 기초 또는 성질 면에서의 차이일 뿐 그 형사법상 취급에 관한 차이는 아니다. 따라서 양자의 구별은 본질적이거나 '법적으로 현저한'($\genfrac{}{}{0pt}{}{rechtser-}{heblich}$) 것이 아니고 오히려 행정형벌·형사벌과 행정질서벌의 상위가 더욱 중요하다.

독일에 있어 행정형법 •• 독일의 경우 종래 행정형법($\genfrac{}{}{0pt}{}{Verwaltungs-}{strafrecht}$)은 진정한 형벌권($\genfrac{}{}{0pt}{}{echte}{Strafbefugnis}$)을 경찰 또는 재무행정청에게 부여된 것으로 다루었으나 오늘날 이러한 의미의 행정형법 또는 행정형벌이란 개념은 재판권을 법관에게만 유보시킨 기본법 제92조에 저촉되어 더 이상 존재하지 않는다. 반면 종래 행정형법에 의하여 다루어졌던 질서위반행위($\genfrac{}{}{0pt}{}{Ordnungs-}{unrecht}$)에 대한 제재, 즉 행정질서벌은 행정범에 대한 형벌을 포함하는 형사벌과는 별도로 질서위반법($\genfrac{}{}{0pt}{}{Recht\ der\ Ord-}{nungswidrigkeiten}$)의 문제로 다루어지고 있다.[1] 이 점은 국내문헌이 행정벌이란 제하에 서로 이질적인 행정질서벌과 행정형벌을 포괄하여 다루어 온 과거의 방식을 답습하고 있는 것과 관련하여 참조할 만한 사실이다. 행정형벌의 문제는 실은 행정법학보다는 오히려 형법학에서 특정부류의 범죄유형, 또는 특별형법상의 범죄, 즉 행정범의 문제로서 다루어야 할 문제이며, 법원의 형사사법절차를 통한 행정형벌의 부과에 있어 행정청이 행정작용을 통하여 할 수 있는 기여란 고작 범법사실에 대한 형사고발 정도일 것이므로, 행정정책이나 입법학에서라면 몰라도 행정법해석론의 영역에서 행정형벌을 다루어야 할 필연성은 없다. 행정법해석론의 차원에서는 행정질서벌만을 행정의 실효성확보수단으로서 취급하는 것이 바람직하지만 독자들의 편의를 고려하여 종래의 방식에 따라 서술하는 것이다.

Ⅲ. 행정벌의 근거

1. 법률의 근거

행정벌 역시 처벌이므로 죄형법정주의의 원칙상 법률의 근거를 요하는 것은 극히 당연하다. 다만 현행법상 행정벌에 관한 일반법은 없고 형법총칙의 적용여하가 문제된다. 그 밖에 다수의 개별단행법에서 행정질서벌 및 행정형벌에 관한 규정을 두고 있다.

2. 위임의 한계

법률은 행정벌에 관한 규정을 법규명령에 위임할 수 있으나 죄형법정주의의 요청 및 헌

---

1) 이에 관하여는 박윤흔, 행정법강의(상), 624이하를 참조.

법상 위임입법의 조건에 따라야 한다. 즉 범죄구성요건해당행위의 기준 및 행정벌의 최고한 도 등 중요한 사항이 이미 법률에 정해져 있어야 하며 포괄적 위임이나 백지위임은 허용되지 않는다.

3. 조례위반행위에 대한 과태료

지방자치법 제27조에 따라 지방자치단체는 조례로써 조례위반행위에 대하여 1천만원 이하의 과태료를 정할 수 있다. 또 지방자치단체는 조례로써 사기나 그 밖의 부정한 방법으로 사용료·수수료 또는 분담금의 징수를 면한 자에 대하여는 그 징수를 면한 금액의 5배 이내의 과태료를, 공공시설을 부정사용한 자에 대하여는 50만원 이하의 과태료를 부과하는 규정을 조례로 정할 수 있다($\S^{지방자치법}_{139}$ ②). 과태료의 부과·징수, 재판 및 집행 등의 절차에 관한 사항은 질서위반행위규제법에 따른다($\S^{지방자치법}_{139}$ ③).

Ⅳ. 행정벌의 종류

행정벌은 그 처벌의 내용에 따라 행정형벌과 행정질서벌로 나뉜다.

"행정질서벌과 행정형벌은 다같이 행정법령에 위반하는데 대한 제재라는 점에서는 같다 하더라도, 행정형벌은 그 행정법규 위반이 직접적으로 행정목적과 사회공익을 침해하는 경우에 과하여지는 것인데 대하여, 행정질서벌인 과태료는 간접적으로 행정상의 질서에 장해를 줄 위험성이 있는 정도의 단순한 의무태만에 대한 제재로서 과하여지는 것이다."[2]

1. 행정형벌

행정형벌은 형법 소정의 형벌, 즉 사형·징역·금고·자격상실·자격정지·벌금·구류·과료·몰수를 내용으로 하여 부과되는 행정벌을 말한다. 행정벌의 대부분은 이에 속한다. 행정형벌에 대하여는 원칙적으로 형법총칙이 적용되며 그 과벌절차에 관하여는 원칙적으로 형사소송절차에 의하나 예외적으로 즉결심판절차 또는 통고처분절차가 채용되는 경우도 있다.

행정형벌 가운데 구성요건의 내용이 애매모호하거나 불명확하여 국민의 법 준수도를 떨어뜨리고 행정의 자의적인 법집행을 초래하거나 범죄의 성립 여부를 법관의 자의적 해석에 맡겨 버릴 우려가 있거나 구성요건 자체 또는 중요부분을 하위 법령 또는 행정규칙에 위임하는 등 죄형법정주의에 반할 우려가 있는 경우, 위반행위에 비하여 형량이 부적절·불합리·과다하거나 경미한 법령 위반행위를 행정형벌로 제재하

---

2) 대법원 1969.7.29. 자 69마400 결정.

는 경우, 해당 법령이나 다른 법령에서의 동일하거나 유사한 의무위반행위에 대한 처벌과의 균형을 상실한 경우, 자유형과 선택형으로 되어 있는 벌금형의 불균형이 나타나는 경우가 있어 정비가 필요하다.[3]

2. 행정질서벌

행정질서벌은 앞에서 본 형법 소정의 형벌을 내용으로 하지 않는 행정벌로서 과태료를 내용으로 한다.[4] 가령 신고나 보고, 장부비치 등과 같은 행정상 의무 태만에 대하여 과태료를 과하는 경우가 그 예이다. 이것은 범죄를 내용으로 하지 않는 행위, 즉 행정상 불법 또는 질서위반($\begin{smallmatrix}\text{Verwaltungs- oder}\\\text{Ordnungsunrecht}\end{smallmatrix}$)에 대하여 가해지는 것이므로 형법총칙은 적용이 없고 그 과벌절차도 특별한 규정이 없는 한 질서위반행위규제법에서 정하는 바에 따른다.

한편 오늘날 행정형벌의 과잉현상에 대한 대안으로 행정범을 탈범죄화($\text{Entkriminalisierung}$)함으로써 행정형벌의 비중을 줄이고 행정질서벌로 대치하는 것이 세계 각국의 일반적 경향이다. 우리나라에서도 과거 행정형벌을 과하던 것을 행정질서벌로 대치하는 작업이 광범위하게 진행되어 왔다. 즉, 전과자의 양산을 방지하며 불필요한 형사처벌, 행정벌의 부당한 중복 등을 시정하기 위하여 단기자유형과 벌금인 행정형벌을 원칙적으로 행정질서벌로 전환하는 한편, 그 과벌을 제1차적으로 당해 행정법규를 집행하는 행정기관이 담당케 하고 상대방이 불복하는 경우에만 법원에서 재판이 행해지도록 하는 방향에서 추진되어 온 것이다. 이러한 행정벌정비작업은 바람직한 제도개선을 위한 노력으로 평가된다.[5]

V. 행정형벌의 특수성

1. 행정형벌과 형법총칙: 실체법적 특수성

1.1. 형법총칙의 적용여부

행정형벌에 대하여 형법총칙이 적용되는지가 문제된다. 형법 제8조는 "본법 총칙은 타법령에 정한 죄에 적용한다. 단, 그 법령에 특별한 규정이 있는 때에는 예외로 한다"고 규정한다. 이 규정은 행정범에 대하여도 원칙적으로 형법총칙이 적용되며 또 행정범의 특수성에 관한 관계법에 특별한 규정이 있으면 그 한도에서 형법총칙의 적용이 배제된다는 의미로 해석된다. 그러나 여기서 말하는 '특별한 규정'이 무엇을 의미하는가에 관하여는 견해가 갈리고 있다. 학설로는 ① 죄형법정주의를 엄격하게 해석하여 '특별한 규정'은 명문의 성문법규만을 의미한다고 하거나, ② 명문의 성문법규 외에 당해 규정자체의 해석에 의하여 인정되는 특

---

3) 이에 관해서는 최환용, 행정형벌 정비방안 연구, 2015를 참조.
4) 현행법상 과태료로는 행정질서벌인 경우, 집행벌인 경우(거의 없다), 민사상·소송상의 과태료(민법 § 97, 민사소송법 § 273), 징계벌인 경우(변호사법 § 73), 지방자치조례에 의한 과태료(지방자치법 § 130 ②) 등이 있다.
5) 이에 관하여는 박윤흔, 행정법강의(상), 626을 참조.

수성(어구의 가능한 범위 내에서의 목적론적 해석의 결과)을 의미한다는 견해와 ③ 명문규정, 해석상·조리상 특수성으로 보는 견해가 대립되고 있으나, 죄형법정주의의 원칙상 형벌의 범위를 확대하거나 가중하는 것은 허용되지 않지만 반대로 이를 축소·감경하는 것은 허용된다는 이유에서, 그 한도에서는 당해 규정의 해석상 형법총칙의 적용이 배제되는 경우도 있다고 보아야 할 것이다. 따라서 '특별한 규정'은 명문의 성문법규정과 당해 규정의 해석결과 도출되는 규율을 포함하는 뜻으로 파악하는 것이 타당하다.

1.2. 행정형벌에 관한 특별규정의 예

1.2.1. 범의(犯意)

형법 제13조는 "죄의 성립요소인 사실을 인식하지 못한 행위는 벌하지 아니한다. 단, 법률에 특별한 규정이 있는 경우에는 예외로 한다"고 규정하고, 또 제14조는 "정상의 주의를 태만함으로 인하여 죄의 성립요소인 사실을 인식하지 못한 행위는 법률에 특별한 규정이 있는 경우에 한하여 처벌한다"고 규정한다. 이들 규정은 행정범에 대하여도 당연히 적용된다는 것이 통설·판례[6]이다. 이 점 행정법규 위반에 대한 제재조치의 경우 특별한 사정이 없는 한 위반자에게 고의나 과실이 없더라도 부과할 수 있다는 판례[7]와 확연히 대조된다.

고의의 성립에는 사실의 인식은 물론 적어도 위법성의 인식가능성은 있어야 한다는 것이 형법학의 지배적 견해이다. 그러나 행정법령의 복잡다양성으로 인한 행정범의 특질상 위법성 인식의 가능성이 없었다고 볼 수 있는 경우가 적지 않아 고의의 성립이 조각될 가능성이 크다. 그런 까닭에 행정법령에는 과실에 의한 의무위반을 처벌하는 명문의 규정을 두는 경우가 많다(도로교통법 § 151 등).

"민사소송법 기타 공법의 해석을 잘못하여 피고인이 …… 가압류가 없는 것으로 착오하였거나 또는 봉인등을 손상 또는 효력을 해할 권리가 있다고 오신한 경우에는 민사법령 기타 공법의 부지에 인한 것으로서 이러한 법령의 부지는 형벌법규의 부지와 구별되어 범의를 조각한다고 해석할 것이다."[8]

1.2.2. 책임능력

형법상 책임능력에 관한 규정(가령 심신상실자 및 농아자의 형 감면에 관한 §§ 10, 11; 14세미만자의 행위의 불처벌에 관한 § 9)은 행정범에 대하여도 원칙적으로 타당하지만 관계행정법규가 그 예외를 인정하는 경우가 있다(예: 담배사업법 § 31 등).

---

6) "행정상의 단속을 주안으로 하는 법규라 하더라도 명문규정이 있거나 과실범도 벌할 뜻이 명확한 경우를 제외하고는 형법의 원칙에 따라 고의가 있어야 벌할 수 있다"(대법원 1986.7.22. 선고 85도108 판결).
7) 대법원 2012.5.10. 선고 2012두1297 판결; 대법원 2000.5.26. 선고 98두5972 판결; 대법원 2003.9.2. 선고 2002두5177 판결 등을 참조.
8) 대법원 1970.9.22. 선고 70도1206 판결.

1.2.3. 법인의 책임

형사법상 법인의 범죄능력이 부인되고 있으나, 행정법에서는 행정법규의 실효성확보를 위하여 행위자와 법인을 함께 처벌하는 양벌규정을 두는 경우가 적지 않다(예: 소방기 본법 §55). 이와같이 법인의 처벌에 관한 명문의 규정이 없는 경우에도 법인이 책임을 지는가가 문제된다. 종업원이 업무상 위반행위를 한 경우, 그 개인의 형사책임이나 법인이 감독의무를 다하지 못한 데 대하여 민사상 책임을 지는 것은 별개의 문제이므로, 명문의 규정도 없이 책임을 확장하는 것은 근대형법의 대원칙인 책임주의원칙에 위배되는 것이며, 법인의 대표자가 기관의 지위에서 위법행위를 한 경우 이를 법인의 책임으로 귀속시키기 위해서는 관계행정법규가 법인을 행위주체로 예정하고 있는 것으로 해석될 수 있는 경우에 한한다.

1.2.4. 타인의 책임

행정법규 중에는 자기의 감독하에 있는 타인(종업원, 미성년자 등)의 비행에 대하여 감독자(사업주, 법정대리인 등)의 책임을 묻는 경우가 있다. 이 경우 감독자의 책임은 대위책임이 아니라 감독의무해태에 대한 자기책임이므로 책임주의에 반하지 않는다. 이러한 결과는 명문의 규정이 있는 때에 한하여 인정됨은 물론이다.

청소년보호법 제54조(양벌규정)는 "법인·단체의 대표자, 법인·단체 또는 개인의 대리인, 사용인 기타 종업원이 그 법인·단체 또는 개인의 업무에 관하여 제49조의2 내지 제49조의4 및 제50조 내지 제53조의 죄를 범한 때에는 행위자를 벌하는 외에 그 법인·단체 또는 개인에 대하여도 각 해당 조의 벌금형을 과한다"고 규정하고 있었다. 헌법재판소는 청소년보호법(2004.1.29. 법률 제7161호로 개정된 것) 제54조 중 "개인의 대리인, 사용인 기타 종업원이 그 개인의 업무에 관하여 제51조 제8호의 위반행위를 한 때에는 그 개인에 대하여도 해당 조의 벌금형을 과한다"는 부분은 헌법에 위반된다고 판시한 바 있다.

> **책임주의와 종업원 등의 범죄행위에 대한 영업주 처벌 조항의 위헌성**
> "가. '책임없는 자에게 형벌을 부과할 수 없다'는 형벌에 관한 책임주의는 형사법의 기본원리로서, 헌법상 법치국가의 원리에 내재하는 원리인 동시에, 헌법 제10조의 취지로부터 도출되는 원리이다.
> 나. 이 사건 법률조항은 영업주가 고용한 종업원 등이 그 업무와 관련하여 위반행위를 한 경우에, 그와 같은 종업원 등의 범죄행위에 대해 영업주가 비난받을 만한 행위가 있었는지 여부와는 전혀 관계없이 종업원 등의 범죄행위가 있으면 자동적으로 영업주도 처벌하도록 규정하고 있다. 한편, 이 사건 법률조항을 '영업주가 종업원 등에 대한 선임감독상의 주의의무를 위반한 과실 기타 영업주의 귀책사유가 있는 경우에만 처벌하도록 규정한 것'으로 해석할 수 있는지가 문제될 수 있으나, 합헌적 법률해석은 법률조항의 문언과 목적에 비추어 가능한 범위 안에서의 해석을 전제로 하는 것이므로 위와 같은 해석은 허용되지

않는다. 결국, 이 사건 법률조항은 아무런 비난받을 만한 행위를 한 바 없는 자에 대해서까지, 다른 사람의 범죄행위를 이유로 처벌하는 것으로서 형벌에 관한 책임주의에 반하므로 헌법에 위반된다."[9)]

1.2.5. 공 범

행정법상 의무의 다양성으로 인하여 공동정범($^{형법}_{\S 30}$), 교사범($^{\S 31}$), 종범($^{\S 32}$)에 관한 규정의 적용이 배제되는 경우($^{선박법}_{\S 39}$)가 있는가 하면, 교사자를 정범으로 처벌하도록 한 경우($^{근로기준법}_{\S 112 \ ②}$), 종범감경규정($^{\S 32}_{②}$)의 적용을 배제한 경우($^{담배사업}_{\S 31}$)도 있다.

1.2.6. 경합범 · 작량감경

행정범에 있어 경합범($^{\S 38}$), 작량감경($^{\S 53}$)에 관한 형법규정의 적용을 배제하는 특별규정을 두는 경우가 많다($^{담배사업}_{법 \S 31}$).

2. 행정형벌의 과벌절차: 절차법적 특수성

행정형벌도 형사소송절차에 따라 과하는 것이 원칙이지만 다음과 같은 예외가 인정된다.

2.1. 통고처분

조세범 · 관세범 · 출입국관리사범 및 도로교통법위반사범 등에 대하여 정식재판(형사소송)에 갈음하여 행정청이 일정한 벌금 또는 과료에 상당하는 금액의 납부를 명하는 처분을 할 수 있는데 이를 통고처분이라 한다($^{조세범처벌절차법 \S 9, 관세법 \S 311, 출}_{입국관리법 \S 102, 도로교통법 \S 163 \ 등}$). 통고처분을 받은 자가 통고된 내용을 이행하면 동일 사건에 대하여 소추를 받음이 없이 처벌절차가 종료된다. 그러나 통고처분을 받은 자가 법정기간(15일) 내에 통고된 내용을 이행하지 아니하면, 통고처분은 당연히 효력을 상실하고 사건은 세무서장 또는 세관장의 고발에 의하여 통상의 형사소송절차로 이행된다($^{조세범처벌절차법}_{\S 12, 관세법 \S 312}$).

> ░▒▓ **통고처분은 행정소송의 대상이 아니라는 판례**
> "통고처분을 받은 자가 당해처분에 대하여 이의가 있는 때에는 此를 이행하지 아니함으로써 세관장의 고발에 의하여 사법기관의 심판을 받을 수 있는 것이므로 부당한 통고처분의 구제에 관하여는 특별한 규정이 있는 경우라 할 것이요, 행정소송에 의하여 구제를 받을 것이 아니라 할 것이므로 통고처분은 행정소송의 대상이 된다 할 수 없다."[10)]

---

9) 헌법재판소 2009.7.30. 선고 2008헌가10 결정.
10) 대법원 1955.8.14. 선고 4288行上77 판결.

2.2. 즉결심판절차

10만원 이하의 벌금·구류 또는 과료의 행정벌은 즉결심판에 관한 절차법에 따라 과벌되며, 즉결심판에 불복이 있는 피고인은 고지를 받은 날부터 7일 이내에 정식재판을 청구할 수 있다(법원조직 §35). 이것은 일반과형절차에 대한 특별절차이기는 하지만 행정형벌에 특유한 과벌절차는 아니다.

VI. 행정질서벌의 특수성

1. 행정질서벌과 형법총칙

행정질서벌에는 형법총칙이 적용되지 않는다. 행정질서벌은 형법에 규정된 형벌과는 다르기 때문이다. 행정질서벌은 범죄행위가 아니라 단순한 질서위반에 대한 제재로서 부과되는 것이므로 가령 고의·과실 등과 같은 행위자 개인에 관한 주관적 요건을 불문하고 객관적인 질서위반에 착안하여 과벌될 수 있다고 이해된다.

"무역거래법 제30조 제2항에 의한 과태료는 이른바 행정질서벌의 하나로서 행정질서유지를 위한 의무의 위반행위에 대하여 과하는 제재이므로 동법 또는 동법에 의한 처분이 명하는 의무에 위반한 이상 고의 또는 과실유무를 불문하고 과태료책임을 면할 수 없으며 ……"[11]

행정질서벌과 행정형벌의 병과는 양자 모두 행정벌이라는 점에서 불가능하다고 보나 행정처분의 병과는 가능하다고 한다.[12]

2. 행정질서벌의 부과

2.1. 개 설

일반적으로 행정질서벌인 과태료에 대해서는 각각의 개별근거법의 규정이 우선 적용되지만, 질서위반행위규제법이 일반법으로서 질서위반행위의 성립요건과 과태료의 부과·징수 및 재판 등에 관한 사항을 규정하고 있어 해당 법률에 다른 특별한 규정이 없는 한 이 법률이 정하는 바에 따른다. 질서위반행위규제법은 제5조에서 "과태료의 부과·징수, 재판 및 집행 등의 절차에 관한 다른 법률의 규정 중 이 법의 규정에 저촉되는 것은 이 법으로 정하는 바

---

11) 대법원 1982.7.22. 자 82마210 결정.
12) 박윤흔, 행정법강의(상), 623; 김남진, 행정법 I, 528; 대법원 1983.6.14. 선고 82누439 판결 등.

에 따른다"고 규정하며, 지방자치법도 제139조 제3항에서 과태료의 부과·징수, 재판 및 집행 등의 절차에 관한 사항은 질서위반행위규제법에 따른다고 명시하고 있다.

2.2. 과태료부과의 대상으로서 질서위반행위

과태료부과의 대상은 "질서위반행위"이다. 질서위반행위란 질서위반행위규제법의 정의에 따르면, "법률(지방자치단체의
조례를 포함한다)상의 의무를 위반하여 과태료를 부과하는 행위를 말한다. 다만, 다음 각 목의 어느 하나에 해당하는 행위를 제외한다($\frac{\S 2}{i}$).

　가. 대통령령으로 정하는 사법상·소송법상 의무를 위반하여 과태료를 부과하는 행위
　나. 대통령령으로 정하는 법률에 따른 징계사유에 해당하여 과태료를 부과하는 행위

2.3. 법 적용의 시간적 범위

질서위반행위의 성립과 과태료 처분은 행위 시의 법률에 따른다($\frac{\S 3}{①}$). 질서위반행위 후 법률이 변경되어 그 행위가 질서위반행위에 해당하지 아니하게 되거나 과태료가 변경되기 전의 법률보다 가볍게 된 때에는 법률에 특별한 규정이 없는 한 변경된 법률을 적용하며($\frac{\S 3}{②}$), 행정청의 과태료 처분이나 법원의 과태료 재판이 확정된 후 법률이 변경되어 그 행위가 질서위반행위에 해당하지 아니하게 된 때에는 변경된 법률에 특별한 규정이 없는 한 과태료의 징수 또는 집행을 면제한다($\frac{\S 3}{③}$).

2.4. 과태료부과의 원칙: 질서위반행위 법정주의

법은 '법률에 따르지 아니하고는 어떤 행위도 질서위반행위로 과태료를 부과하지 아니 한다'고 규정하여 질서위반행위 법정주의를 명문화하였다($\S 6$).

또한 고의 또는 과실이 없이 하거나 자신의 행위가 위법하지 아니한 것으로 오인하고 행한 질서위반행위는 과태료를 부과하지 아니한다($\frac{\S\S 7}{8}$).

다른 법률에 특별한 규정이 있는 경우 외에는 책임연령, 즉 14세가 되지 아니한 자의 질서위반행위는 과태료를 부과하지 아니하며($\S 9$), 심신장애로 인하여 행위의 옳고 그름을 판단할 능력이 없거나 그 판단에 따른 행위를 할 능력이 없는 자의 질서위반행위는 과태료를 부과하지 아니한다($\frac{\S 10}{①}$).

2.5. 과태료의 양정

법은 제14조에서 행정청 및 법원은 과태료를 정함에 있어 고려해야 할 사항을 다음과 같

이 제시하고 있다.

1. 질서위반행위의 동기·목적·방법·결과
2. 질서위반행위 이후의 당사자의 태도와 정황
3. 질서위반행위자의 연령·재산상태·환경
4. 그 밖에 과태료의 산정에 필요하다고 인정되는 사유

2.6. 과태료의 시효

과태료는 행정청의 과태료 부과처분이나 법원의 과태료 재판이 확정된 후 5년간 징수하지 아니하거나 집행하지 아니하면 시효로 인하여 소멸하며($^{§\,15}_{①}$), 소멸시효의 중단·정지 등에 관하여는 국세기본법 제28조를 준용한다($^{§\,15}_{②}$).

2.7. 행정청의 과태료 부과 및 징수 절차

2.7.1. 사전통지 및 의견 제출 등

행정청이 질서위반행위에 대하여 과태료를 부과하고자 하는 때에는 미리 당사자($^{제11조\ 제2항에}_{따른\ 고용주등을\ 포함한다}$)에게 대통령령으로 정하는 사항을 통지하고, 10일 이상의 기간을 정하여 의견을 제출할 기회를 주어야 하며, 이 경우 지정된 기일까지 의견 제출이 없는 경우에는 의견이 없는 것으로 본다($^{§\,16}_{①}$).

당사자는 의견 제출 기한 이내에 대통령령으로 정하는 방법에 따라 행정청에 의견을 진술하거나 필요한 자료를 제출할 수 있으며($^{§\,16}_{②}$), 당사자가 제출한 의견에 상당한 이유가 있는 경우 행정청은 과태료를 부과하지 아니하거나 통지한 내용을 변경할 수 있다($^{§\,16}_{③}$).

2.7.2. 과태료의 부과

행정청은 법 제16조의 의견 제출 절차를 마친 후에 서면으로 과태료를 부과하여야 한다($^{§\,17}_{①}$). 그 서면에는 질서위반행위, 과태료 금액, 그 밖에 대통령령으로 정하는 사항을 명시하여야 한다($^{§\,17}_{②}$). 과태료 납부기한의 연기 및 분할납부에 관하여는 국세징수법 제15조부터 제20조까지의 규정을 준용한다($^{§\,17}_{③}$).

2.7.3. 자진납부자에 대한 과태료 감경

행정청은 당사자가 제16조에 따른 의견 제출 기한 이내에 과태료를 자진하여 납부하고자 하는 경우에는 대통령령으로 정하는 바에 따라 과태료를 감경할 수 있다($^{§\,18}_{①}$). 당사자가 감경된 과태료를 납부한 경우에는 해당 질서위반행위에 대한 과태료 부과 및 징수절차는 종료한

다($\substack{\S 18 \\ ②}$).

2.7.4. 과태료 부과의 제척기간

행정청은 질서위반행위가 종료된 날($\substack{\text{다수인이 질서위반행위에 가담한 경우} \\ \text{에는 최종행위가 종료된 날을 말한다}}$)부터 5년이 경과한 경우에는 해당 질서위반행위에 대하여 과태료를 부과할 수 없다($\substack{\S 19 \\ ①}$). 그러나 제36조 또는 제44조에 따른 법원의 결정이 있는 경우에는 그 결정이 확정된 날부터 1년이 경과하기 전까지는 과태료를 정정부과 하는 등 해당 결정에 따라 필요한 처분을 할 수 있다($\substack{\S 19 \\ ②}$).

2.7.5. 이의제기

행정청의 과태료 부과에 불복하는 당사자는 과태료 부과 통지를 받은 날부터 60일 이내에 해당 행정청에 서면으로 이의제기를 할 수 있고($\substack{\S 20 \\ ①}$), 이의제기가 있는 경우에는 행정청의 과태료 부과처분은 그 효력을 상실한다($\substack{\S 20 \\ ②}$).

당사자는 행정청으로부터 제21조 제3항에 따른 통지를 받기 전까지는 행정청에 대하여 서면으로 이의제기를 철회할 수 있다($\substack{\S 20 \\ ③}$).

2.7.6. 법원에의 통보

이의제기를 받은 행정청은 이의제기를 받은 날부터 14일 이내에 이에 대한 의견 및 증빙서류를 첨부하여 관할 법원에 통보하여야 한다($\substack{\S 21 \\ 본문 ①}$). 다만, 다음 각 호의 어느 하나에 해당하는 경우에는 그러하지 아니하다($\substack{\S 21 \\ 단서 ①}$).

1. 당사자가 이의제기를 철회한 경우
2. 당사자의 이의제기에 이유가 있어 과태료를 부과할 필요가 없는 것으로 인정되는 경우

행정청은 사실상 또는 법률상 같은 원인으로 말미암아 다수인에게 과태료를 부과할 필요가 있는 경우에는 다수인 가운데 1인에 대한 관할권이 있는 법원에 제1항에 따른 이의제기 사실을 통보할 수 있다($\substack{\S 21 \\ ②}$).

행정청이 위 제1항 및 제2항에 따라 관할 법원에 통보를 하거나 통보하지 아니하는 경우에는 그 사실을 즉시 당사자에게 통지하여야 한다($\substack{\S 21 \\ ③}$).

2.8. 질서위반행위의 조사

행정청은 질서위반행위가 발생하였다는 합리적 의심이 있어 그에 대한 조사가 필요하다고 인정할 때에는 대통령령으로 정하는 바에 따라 다음 각 호의 조치를 할 수 있다($\substack{\S 22 \\ ①}$).

1. 당사자 또는 참고인의 출석 요구 및 진술의 청취
2. 당사자에 대한 보고 명령 또는 자료 제출의 명령

행정청은 질서위반행위가 발생하였다는 합리적 의심이 있어 그에 대한 조사가 필요하다고 인정할 때에는 그 소속 직원으로 하여금 당사자의 사무소 또는 영업소에 출입하여 장부·서류 또는 그 밖의 물건을 검사하게 할 수 있다($\S\,22\,②$).

검사를 하고자 하는 행정청 소속 직원은 당사자에게 검사 개시 7일 전까지 검사 대상 및 검사 이유, 그 밖에 대통령령으로 정하는 사항을 통지하여야 한다($\S\,22\,③$ 본문). 다만, 긴급을 요하거나 사전통지의 경우 증거인멸 등으로 검사목적을 달성할 수 없다고 인정되는 때에는 그러하지 아니하다($\S\,22\,③$ 단서). 검사를 하는 직원은 그 권한을 표시하는 증표를 지니고 이를 관계인에게 내보여야 한다($\S\,22\,④$).

위 조치 또는 검사는 그 목적 달성에 필요한 최소한에 그쳐야 한다($\S\,22\,⑤$).

2.9. 자료제공의 요청

행정청은 과태료의 부과·징수를 위하여 필요한 때에는 관계 행정기관, 지방자치단체, 그 밖에 대통령령으로 정하는 공공기관(이하 "공공기관등"이라 한다)의 장에게 그 필요성을 소명하여 자료 또는 정보의 제공을 요청할 수 있으며, 그 요청을 받은 공공기관등의 장은 특별한 사정이 없는 한 이에 응하여야 한다($\S\,23$).

2.10. 과태료 체납시의 조치

2.10.1. 가산금 징수 및 체납처분 등

행정청은 당사자가 납부기한까지 과태료를 납부하지 아니한 때에는 납부기한을 경과한 날부터 체납된 과태료에 대하여 100분의 5에 상당하는 가산금을 징수한다($\S\,24\,①$).

체납된 과태료를 납부하지 아니한 때에는 납부기한이 경과한 날부터 매 1개월이 경과할 때마다 체납된 과태료의 1천분의 12에 상당하는 가산금(이하 이 조에서 "중가산금"이라 한다)을 제1항에 따른 가산금에 가산하여 징수한다($\S\,24\,②$). 이 경우 중가산금을 가산하여 징수하는 기간은 60개월을 초과하지 못한다($\S\,24\,②$).

행정청은 당사자가 제20조 제1항에 따른 기한 이내에 이의를 제기하지 아니하고 제1항에 따른 가산금을 납부하지 아니한 때에는 국세 또는 지방세 체납처분의 예에 따라 징수한다($\S\,24\,③$). 행정청의 과태료 결손처분에 관하여는 국세징수법 제86조를 준용한다($\S\,24\,④$).

2.10.2. 과태료의 고액·상습체납자 등에 대한 제재 등

과태료 고액·상습체납자 또는 천재지변이나 그 밖의 중대한 재난 등 대통령령으로 정하는 특별한 사유 없이 과태료를 체납한 자에 대해서는 관허사업의 제한($^{§ 52: 사업의 정지}_{또는 허가등의 취소}$)과 30일의 범위 이내의 감치처분($^{§ 54}$) 등 불이익·제재조치를 취할 수 있다.

2.10.3. 신용정보의 제공 등

행정청은 과태료 징수 또는 공익목적을 위하여 필요한 경우 국세징수법 제7조의2를 준용하여 신용정보의 이용 및 보호에 관한 법률 제2조에 따른 신용정보회사 또는 같은 법 제25조에 따른 신용정보집중기관의 요청에 따라 체납 또는 결손처분자료를 제공할 수 있다($^{§ 53}_{①}$). 행정청은 당사자에게 과태료를 납부하지 아니할 경우에는 체납 또는 결손처분자료를 제1항의 신용정보회사 또는 신용정보집중기관에게 제공할 수 있음을 미리 알려야 하며($^{§ 53}_{②}$), 체납 또는 결손처분자료를 제공한 경우에는 대통령령으로 정하는 바에 따라 해당 체납자에게 그 제공사실을 통보하여야 한다($^{§ 53}_{③}$).

제**2**편

행정구제법

제1부

행정구제법총론

제 1 장

행정상 권리구제

행정구제($\text{Verwaltungs-} \atop \text{rechtsschutz}$)는 법치국가원리를 실질적으로 구현하는 제도인 동시에 필수적인 구성 요소이다. 법치국가에 있어 행정은 적법·타당하게 행해져야 하며 또 개인의 기본권을 존중하지 않으면 안 된다. 따라서 행정이 이러한 법치국가적 요구에 위배하여 개인의 권리·이익을 침해하였을 때에는 의당 그에 대한 구제가 주어져야 한다. 행정구제란 이러한 권익구제를 가능케 하는 제도이다. 다시 말해서 행정구제란 행정작용으로 인하여 자기의 권리·이익이 침해되었거나 침해될 것이라 주장하는 자가 국가기관(법원, 행정기관, 헌법재판소 등)에게 원상회복, 손해전보 또는 문제된 행정작용의 취소·변경이나 기타 피해구제·예방조치 등을 요구하면 이에 응하여 당해 기관이 심리·판정하는 일련의 절차를 말하며 이에 관한 법을 총칭하여 통상 행정구제법이라 부른다.

행정구제와 행정구제법의 존재이유는 무엇보다도 위법·부당한 행정작용으로부터 국민의 권리를 보호하는 데 있다. 행정법 전 체계에 있어 행정구제법이 차지하는 지위는 특히 "권리구제가 권리에 선행한다"($\text{Remedies} \atop \text{precede Right}$)는 영국의 법언에서 드러나듯이 실제상으로도 중요하고 또 핵심적이다. 사실 역사적으로 보면, 행정구제야말로 행정법의 형성을 가져 온 가장 결정적인 메커니즘이었기 때문이다. 물론 오늘날 이러한 행정법의 병리학적 파악이 갖는 의미는 행정법의 체계적 발전을 통해 많이 완화되고 있다. 그럼에도 불구하고, 행정법이 여전히 그리고 그 중요한 부분에서 행정의 법적 통제에 관한 법이라고 이해되고 있는 이상, 행정구제법이 갖는 중요성은 여전히 강조되지 않을 수 없다. 또 행정구제법을 통하여, 정확히 말하면 행정구제법 분야에서의 학설 및 판례형성을 통하여, 일반법전의 결여로 대표되는 행정법의 실체법적 불완비성이 보완될 수 있고 또 보완되어야 한다는 점도 유의할 필요가 있다.

제2장

행정구제제도의 유형과 행정구제법의 체계

　현행법상 행정구제의 대표적인 방법으로는 행정상 손해전보제도와 행정쟁송제도를 들 수 있다. 전자는 행정작용으로 인하여 국민이 입은 손해를 전보하는 제도로서 위법한 행정작용으로 인한 권익침해에 대한 구제수단인 행정상 손해배상(국가배상)과 적법한 행정작용으로 인한 권익침해에 대한 이해조정수단인 행정상 손실보상으로 나뉘고, 후자는 행정기관이 행한 행위(또는 부작위)의 효력 내지 법률관계의 당부를 다투는 제도로서 다시 행정심판과 행정소송으로 나뉜다. 전통적인 행정구제법의 내용은 이와같이 크게 네 가지 전형적인 사후적 구제제도에 대한 법적 규율로 구성되어 왔다.

　한편 오늘날 행정구제법은 행정에 대한 사후적 권리구제와 법적 통제를 중심으로 한 전통적 체계를 기본적으로 유지하면서도 다양한 시각변화와 중점이동의 경향을 보이고 있다. 행정구제제도는 국민의 권익을 실질적이고 효과적으로 보호할 수 있는 것이어야 한다는 견지에서 전형적인 행정구제수단의 개선이 추구되는 것이나 행정구제법이 점차 행정절차나 옴부즈만($^{Ombuds-}_{man}$)제도, 행정과 관련된 각종 분쟁조정제도 등 행정에 대한 절차적·사전적 통제를 지향하여 발전하는 양상을 보이는 것이 바로 그러한 변화의 결과이다. 그런 까닭에 우리는 전형적인 행정구제제도뿐 아니라 비전형적인 행정구제방법에 관해서도 적절한 관심을 기울여야 할 것이다. 특히 1998년부터 시행된 행정절차법에 의해 법적 기반을 확보한 행정절차제도 같은 것도 사전적 권리구제기능을 수행할 수 있다. 그러나 행정구제론의 중점은 어디까지나 전형적인 양대 행정구제제도에 관한 논의에 놓이게 된다. 그 이유는 첫째, 옴부즈만제도 등 비전형적 수단에 의한 행정구제의 가능성이 여전히 극히 단편적이고 제한적인 경우(각 개별법의 규정에 의한 절차적 권리구제, 국민권익위원회의 고충민원처리 등)에 국한되어 있다는 점, 둘째, 청원이나 진정, 이의신청, 민원사무처리제도 등과 같은 비정식적 행정구제수단들($^{formlose}_{Rechtsbehelfe}$)은, 물론 전형적인 행정구제제도들과 상호보충적 관계($^{Ergänzungs-}_{verhältnis}$)에 서 있는 것으로서 나름대로 고유한 가치를 지니는 것이기는 하지만, 역시 사법적 내지 준사법적 구제방법으로서 전형적 행정구제제도가 지니는 의의에 비추어 볼 때 보충적·부수적인 비중을 가지는 데 불과하다는 점 등에서 찾을 수 있다. 다만 전통적인 행정구제법의 내용에 들어가기 앞서 간략히, 이들 비전형적인 행정구제수단 중 중요한 것을 논의하기로 한다.

제1편
제2편
제3편
제4편
제5편
행정구제법

행정상 손해전보

제 1 장

행정상 손해배상

제 1 절 │ 개 설

Ⅰ. 국가배상제도의 의의와 헌법적 근거

1. 국가배상책임의 의의

사인이 위법한 행위에 의하여 타인에게 손해를 가한 경우 이를 가해자가 배상해야 한다는 것은 당연한 법적 정의의 요청이라 할 수 있다. 이러한 원리는 사법의 영역에서는 이미 오래전부터 불법행위책임의 기초가 되어 왔다. 이와는 대조적으로 국가가(사실은 그 기관구성원인 공무원이) 임무수행과정에서 위법하게 타인에게 손해를 가한 경우 누가 배상책임을 질 것인가에 관한 법은 비교적 근래에 이르러 정비되었다. 근대 초기까지도 국가의 배상책임은 '주권면책'($^{Sovereign}_{Immunity}$)의 이론 또는 「왕은 악을 행할 수 없다」($^{The\ King\ can}_{do\ no\ wrong}$)는 판례법리에 따라 부정되었고 공무원의 불법행위로 인해 개인에게 손해가 발생한 경우에도 국가가 배상책임을 지는 것이 아니라 다만 공무원 개인의 책임만 제한적으로 인정될 뿐이었다. 이러한 국가무책임의 법리에 입각한 전근대적 법상태는 19세기 후반에야 비로소 프랑스를 필두로 하여 독일에서 그리고 점차 영미 등의 국가에서 극복되기 시작했다. 이리하여 형성·발전된 국가배상제도는 오늘날 법치주의하에서는 당연한 제도로 받아들여지고 있다. 행정활동은 국민전체를 위해 수행되는 것이므로 만일 그로부터 야기된 손해가 어느 누구에게 대해 전보되지 않는다면 이는 그 차별에 대한 정당화 없이 가해진 사회전체를 위한 희생으로 간주되지 않으면 안 된다. 이러한 경우 그 손해의 배상은 발생한 침해에 의해 파괴된 형평을 회복하는 것이 된다 (공적 부담 앞의 평등). 이러한 관점에서 볼 때 국민이 공권력의 행위로 인하여 입은 손해를

제1편 제2편 제3편 제4편 제5편 행정구제법

배상 받을 수 있다는 가능성은 법치국가의 필수적인 요소일 뿐만 아니라 문명의 한 징표라고도 할 수 있는 것이다.[1]

2. 국가배상청구권의 헌법적 근거

헌법은 제29조 제1항에서 "공무원의 직무상 불법행위로 손해를 받은 국민은 법률이 정하는 바에 의하여 국가 또는 공공단체에 정당한 배상을 청구할 수 있다. 이 경우 공무원 자신의 책임은 면제되지 아니 한다"고 규정함으로서 국가배상청구권의 헌법적 근거를 명시하고 있다. 이와 같은 국가배상청구권은 헌법상 재산권보장의 결과에 불과한 것이 아니라 헌법상 청구권적 기본권의 하나로 보장되어 있다.

국가배상청구권을 보장하고 있는 헌법 제29조의 효력에 관해서는 학설이 대립한다. 헌법 제29조는 입법자에 대한 명령규정일 뿐, 입법자에 의해 법률로 구체화되기 전에는 피해자가 이를 근거로 직접 손해배상을 청구할 수 없다는 입장(방침규정설)[2]과 피해자는 이 헌법규정을 근거로 직접 손해배상을 청구할 수 있으며 헌법 제29조의 '법률이 정하는 바에 의하여'라는 것은 그 구체적 기준이나 방법을 법률에 유보하는 의미일 뿐이라고 하는 입장(직접적 효력규정설: 다수설)이 그것이다.

생각건대, 헌법 제29조 제1항에 의해 국가배상에 대한 일반법으로서 국가배상법이 제정되어 있으므로, 이러한 견해대립의 실익은 별반 없다. 헌법 제29조 제1항이 사실 '법률이 정하는 바에 의하여 …… 배상을 청구할 수 있다'라고 규정하고 있는 것은 사실이다. 그러나 그렇다고 해서 동조항이 '법률이 정하지 않으면 …… 배상을 청구할 수 없다'라는 식의 반대해석을 허용하는 것이라고는 결코 볼 수 없다. 만일 그렇게 본다면 헌법 제29조 제1항은 전혀 무의미한 규정이 되어 버릴 뿐만 아니라 방침규정설이 주장하는 입법자에 대한 명령으로서의 효력조차도 부인되는 결과가 될 것이기 때문이다. 그렇다면 헌법 제29조 제1항은 적어도 국가배상청구권의 존재여부 자체에 대해서만은 이미 명확한 헌법적 결정을 내린 것이며, 나아가 그 성립요건에 관해서도 이미 기본적인 결정을 본 것이라고 해석해야 할 것이다. 따라서 가령 어떤 법률이 공무원의 직무상 불법행위에 대한 국가배상청구권을 부정하는 것은 물론이고, 배상책임을 질 주체의 범위를 헌법이 규정하는 것보다 축소하거나 또는 배상책임의 성립요건을 엄격히 한정하고 있다면 그것은 바로 헌법 제29조 제1항을 위배한 위헌법률이 될 것이다. 따라서 헌법 제29조 제1항은 이러한 공무원의 직무상 불법행위로 인한 국가

---

1) Rivero, 336f. 독일의 경우에도 국가배상책임의 법적 기초는 법치국가원칙(Rechtsstaatsprinzip)에 있으며, 기본법 제34조에 의한 국가배상책임은 기본법 제20조 제3항의 행정의 법률적합성원칙(Grundsatz der Gesetzmäßigkeit)과 기본법 제19조 제4항의 권리보호의 보장을 보완하는 제도로서 파악되고 있다(Maurer, § 25 Rn.6).
2) 구병삭, 629.

배상청구권이 인정된다는 것을 전제로 그 밖에 다른 유형의 국가배상청구권문제나 국가배상 청구권 일반의 행사요건·절차 등을 법률에 유보시키는 취지라고 해석해야 할 것이며 이에 따라 제정된 것이 국가배상법인 것이다.

Ⅱ. 국가배상법

1. 국가배상법의 지위

(1) 헌법 제29조 제1항에 따라 제정된 국가배상법 제8조는 "국가나 지방자치단체의 손해 배상의 책임에 관하여는 이 법에 규정된 사항 외에는 민법에 따른다. 다만, 민법 외의 법률 에 다른 규정이 있을 때에는 그 규정에 따른다"고 규정하여 국가배상법이 국가 또는 지방자 치단체의 불법행위로 인한 손해배상책임에 관한 일반법으로서의 성격을 가짐을 분명히 하고 있다.

> 여기서 '민법 이외의 법률에 다른 규정이 있을 때'란 철도사업법 제24조(철도화물운송에 관한 책임)처 럼 상법 제135조를 준용하는 경우, 우편법 제38조(손해배상의 범위)와 같이 배상금액을 정형화 또는 감경 하는 경우와 원자력손해배상법 제3조(무과실책임 및 책임의 집중등) 및 자동차손해배상보장법 제3조(자동 차손해배상책임)와 같이 무과실책임을 인정하는 경우 등이 있다. 참고로 우편법 제38조가 민법상의 손해 배상규정이나 국가배상법상의 손해배상규정에 대한 특별규정이므로 우편물취급에 수반하여 발생한 손해는 우편법의 규정에 의하여 배상 청구할 수 있을 뿐 민법 또는 국가배상법에 의한 배상청구는 허용되지 않는 다는 대법원의 판결이 있다.[3]

(2) 그런데 「국가 또는 공공단체」를 배상주체로 하고 있는 헌법 제29조 제1항의 규정과 는 달리 국가배상법 제8조가 배상책임의 주체를 '국가나 지방자치단체'에 한정하고 있는 것[4] 은 위헌이 아닌가 하는 문제가 있다. 이에 관하여 일설은 헌법의 취지는 소속직원의 불법행 위에 대하여는 당해 공공단체 스스로 배상하여야 한다는 데에 있는 것이지, 모든 공공단체의 배상책임을 동일한 법률에 의하여 규율해야 한다는 데에 있는 것은 아니라고 보아, 헌법상 문제는 없다고 한다.[5] 이에 대하여는 국가배상법이 헌법상의 공공단체 대신에 지방자치단체 로 한정한 것, 즉, 그 밖의 공공단체의 배상책임에 대해서 민법에 맡긴 것은 헌법 제29조의 취지에 어긋난다는 견해[6]가 대립하고 있다. 생각건대, 헌법 제29조 제1항은 「국가 또는 공

---

3) 대법원 1977.2.8. 선고 75다1059 판결. 우편법상의 배상책임을 국가배상법과는 별도의 민사책임으로 다루는 것은 프랑스의 경우(Rivero, 381f.)나 독일의 경우(Maurer, § 25 Rn.63, S.580; Rüfner, in Erichsen, § 51 Ⅱ 1, S.588) 에도 마찬가지이다.
4) 이것은 1967년의 국가배상법개정에 의한 것이다.
5) 박윤흔, 행정법강의(상), 2000, 668.

공단체가 직무상 불법행위로 인한 손해에 대하여 배상책임을 진다」는 것을 전제로 그 행사요건이나 청구절차 등에 대한 구체화를 법률에 유보한 것이므로 그 법률유보의 범위를 넘어서 공공단체의 배상책임 자체를 부정하거나 성립요건을 제한하는 결과가 된다면 이는 명백한 위헌이 될 것이다. 만일 다른 별도의 법률에 의하여 지방자치단체 이외에 기타공공단체의 배상책임이 규정되고 있다면 이것조차 헌법이 불허하는 것이라고 볼 수는 없겠지만, 그러한 경우가 아니라면 국가배상법 제8조가 배상책임의 주체를 「국가나 지방자치단체」에 한정한 것으로 해석되는 이상 이는 위헌이라는 결론에 이르게 된다. 따라서 국가배상법 제8조는 헌법의 규정에 맞게 개정되어야 할 것이다.

물론 헌법합치적 해석에 의해 국가배상법 제8조의 「지방자치단체」를 넓은 의미로, 다시 말해서 헌법 제29조 제1항이 말하는 「공공단체」로 확대해석하는 것도 전혀 불가능한 것은 아니겠지만, 판례는 공공단체의 손해배상사건에 민법을 적용하고 따라서 결정전치주의를 적용하지 않았기 때문에, 이는 오히려 입법적 해결이 요구되는 소이라고 해야 할 것이다.[7]

(3) 국가배상법은 외국인이 피해자인 경우에는 해당 국가와 상호의 보증이 있는 때에 한하여 적용된다($^{\S 7}$). 이는 국가배상법이 공평의 요청에 따라 상호주의원칙을 채용한 결과이다.

(4) 대한민국에 주둔하는 아메리카합중국 군대의 구성원, 고용원 또는 합중국 군대에 파견 근무하는 대한민국의 증원군대 구성원(^{KATUSA})이 그 직무를 수행하면서 대한민국에서 대한민국 정부 외의 제3자에게 손해를 입힌 경우에는 「국가배상법」에 따라 국가가 그 손해를 배상하도록 되어 있다. 그 점유·소유 또는 관리하는 토지의 공작물과 그 밖의 시설 또는 물건의 설치나 관리의 하자로 인하여 대한민국 정부 외의 제3자에게 손해를 입힌 경우에도 마찬가지이다(「대한민국과 아메리카합중국 간의 상호방위조약 제4조에 의한 시설과 구역 및 대한민국에서의 합중국 군대의 지위에 관한 협정의 시행에 관한 민사특별법」 §2).

2. 국가배상법의 성격과 국가배상청구권의 성질

국가배상법의 성격에 관해서는 종래 공법설과 사법설이 대립되어 왔다. 이 문제는 국가배상책임 및 국가배상청구권의 법적 성질에 관한 문제와 불가분의 관계에 있다.

6) 김동희, 행정법 I, 464; 이상규, 신행정법론(상), 544; 변재옥, 행정법강의 I, 506.
7) 예: 대법원 1971.3.23. 선고 71다151 판결[석탄공사]; 대법원 1971.5.24. 선고 71다416 판결[서울특별시농협]; 대법원 1978.5.9. 선고 76다1353 판결[한국도로공사]; 대법원 1983.12.27. 선고 83다560 판결[한국전기통신공사].

2.1. 학 설

2.1.1. 공법설

우리나라가 사법제도국가(통일관할주의)를 채택했다고 할지라도 실정법상 공법과 사법의 이원적 구별이 인정되고 있는 이상, 공법적 원인으로 인한 국가책임에는 평등원리에 의해 지배되는 민법이 그대로 적용될 수 없고, 따라서 국가배상법은 이러한 공법상의 책임에 관한 규정이라는 견해이다. 그 밖에 이 견해의 근거로는 배상결정전치주의($^{§\,9}$)는 행정권의 우월성에서 연유하는 공법에 특유한 현상이라는 점, 생명·신체의 침해로 인한 국가배상청구권의 압류·양도금지($^{§\,4}$), 행정소송법 제3조 제2호의 '행정청의 처분 등을 원인으로 하는 법률관계에 관한 소송'에는 당연히 행정상 손해배상청구소송이 포함되는 것이라고 보아야 한다는 점 등이 제시되고 있다.

2.1.2. 사법설

헌법상 국가무책임의 원칙이 포기된 이상 국가배상책임도 민법의 특별법으로서 사법의 성질을 갖는다고 보는 견해이다. 그 논거는 헌법이 주권면책특권을 포기하고 국가에게 사인이 지는 것과 동일한 배상책임을 인정한 이상, 국가배상책임은 민법상 불법행위책임의 한 유형에 불과한 것이고, 행정소송법 제10조 제1항이 '당해 처분 등과 관련되는 손해배상 … 등 청구소송'을 행정소송에 병합할 수 있도록 규정한 것은 그러한 민사상의 청구를 이질적인 행정소송에 병합할 수 있도록 하기 위하여 특별규정을 둔 것으로 이해되며, 또한 국가배상법 제8조가 민법의 보충적 적용을 인정하고 있는 것은 동법이 사법임을 보여주는 것이라는 데 있다.

2.2. 판례의 태도

판례는 국가 또는 공공단체에 대하여 그의 불법행위를 이유로 손해배상을 구함은 국가배상법이 정하는 바에 따른다 하여도 이 역시 민사상의 손해배상책임을 특별법인 국가배상법이 정한 데 불과하다고 봄으로써 이를 사법으로 보고,[8] 국가배상사건을 민사사건으로 다루어야 한다는 입장을 견지해 오고 있다.

2.3. 결 론

생각건대, 국가무책임 또는 주권면책의 사상이 포기되었다고 해서 반드시 국가배상책임이

---

8) 대법원 1972.10.10. 선고 69다701 판결; 대법원 1971.4.6. 선고 70다2955 판결.

사법상의 불법행위로 인한 손해배상책임과 동질적인 것이 되었다고는 볼 수 없다. 또 행정소송법 제10조 제1항의 규정에 의한 관련청구소송에는 민사소송뿐만 아니라 행정소송도 포함되는 것이므로 이를 가지고 국가배상청구소송이 민사소송임을 전제로 한 규정이라고 볼 수는 없다.[9] 그러나 국가배상사건을 민사사건으로 다루는가 아니면 공법소송의 대상으로 하는가에 관한 문제는 반드시 법논리적인 요청에 따르는 것만은 아니라는 점에 유의할 필요가 있다.

예컨대 주로 전통적인 이유에서 기본법 제34조 제3문 및 행정법원법 제40조 제1, 2항에 의해 국가배상소송을 행정법원의 관할로부터 제외시키고 있는 독일의 경우[10]나 이미 1세기 이상의 역사(Blanco판결)를 통해 국가배상을 공법적 제도로 보아 행정법원의 관할에 속하도록 하고 있는 프랑스의 경우를 볼지라도, 반드시 이 중 어느 한 쪽만이 법논리적 요청에 부합되는 문제해결방법이라고는 보기 어려운 것이다.

국가배상책임 역시 행위의 위법성·행위자의 과실을 요건으로 하고 있다는 점에서는 민사상의 불법행위책임과 공통점을 갖는다고 할 수 있다. 그러나 국가배상의 청구원인은 위법한 공권력작용으로 인한 손해에 있는 것이므로 그 손해전보에 관해서도 공평부담의 견지에서 민사불법행위책임의 경우와는 달리 독자적으로 위법성 및 과실의 관념을 정립해야 할 필요성이 있는 것이다.[11] 이와 아울러 절차상 국가배상사건을 민사사건으로 다루는 경우, 그것과 동일한 행정작용을 청구원인으로 하는 항고소송과의 사이에 재판관할의 이원화를 가져오는 등의 불편이 있다는 점이 고려되어야 할 것이다.[12] 끝으로 행정소송법 제3조 제2호가 '행정청의 처분 등을 원인으로 하는 법률관계에 관한 소송'이라는 규정을 통해 국가배상청구소송을 처리할 소송상의 수단($^{prozessuales}_{Vehikel}$)을 마련하고 있다는 점[13]을 감안한다면, 이를 공법으로 파악하는 것이 타당하다고 본다.[14]

이와같이 국가배상법을 공법으로 파악한다면 국가배상청구권 역시 공권으로 보는 것이 타당하다. 국가배상법(^{§4})이 생명·신체의 침해로 인한 국가배상청구권의 압류·양도를 금하고 있는 것은 이러한 국가배상청구권의 공권으로서의 성질에 따른 것이다. 반대로 사법설에 의하면 국가배상청구권은 사권이라고 하게 됨은 물론이다.

---

9) 김동희, 행정법 I, 466.
10) 이에 관해서는 Pietzner/Ronellenfitsch, § 5 II 3; Kopp, VwGO, § 40 Rn.69ff.을 참조.
11) 김동희, 행정법 I, 466-467.
12) 그 밖에 국가배상책임과 민사상의 불법행위책임의 차이에 관하여 상세한 것은 김도창, 일반행정법론(상), 650 각주를 참조.
13) 김도창교수(일반행정법론(상), 617)은 이를 공법설을 향한 입법적 해결로 평가한다.
14) 이러한 결론은 물론 공법과 사법의 구별기준에 관한 학설 중 신주체설(귀속설), 종합적 기준설에 의해서 뒷받침된다.

3. 국가배상법상 배상책임의 유형

국가배상법은 국가배상책임을 제2조에 의한 공무원의 직무상 불법행위로 인한 책임과 제5조에 의한 영조물설치·관리상의 하자로 인한 책임의 두 가지 유형으로 구분하여 규정하고 있다. 이들 배상책임의 요건과 내용 등을 검토한 후 배상청구 절차를 살펴보기로 한다.

제 2 절 | 공무원의 위법한 직무행위로 인한 손해배상

헌법 제29조 제1항은 "공무원의 직무상 불법행위로 손해를 받은 국민은 법률이 정하는 바에 의하여 국가 또는 공공단체에 정당한 배상을 청구할 수 있다. 이 경우 공무원 자신의 책임은 면제되지 아니 한다"고 규정하고 있다. 이에 따라 국가배상법은 제2조에서 공무원의 위법한 직무행위로 인한 국가배상책임을 명문으로 인정하고 있다. 이에 따라 국가나 지방자치단체는 공무원 또는 공무를 위탁받은 사인(이하 "공무원"이라 한다)이 직무를 집행하면서 고의 또는 과실로 법령을 위반하여 타인에게 손해를 입히거나, 「자동차손해배상 보장법」에 따라 손해배상의 책임이 있을 때에는 이 법에 따라 그 손해를 배상하여야 하며, 그 피해자는 국가 또는 지방자치단체를 상대로 국가배상을 청구할 수 있는 권리를 가진다(§2①본문). 한편 국가배상법은 제2조 제2항에서 "제1항 본문의 경우에 공무원에게 고의 또는 중대한 과실이 있는 때에는 국가나 지방자치단체는 그 공무원에게 구상할 수 있다"고 규정하여 가해공무원의 구상책임과 국가 또는 지방자치단체의 구상권을 인정하고 있다.

I. 국가배상책임의 본질

국가배상책임의 본질, 다시 말해서 공무원의 위법한 직무행위로 인한 손해에 대하여 국가가 어떠한 지위에서 책임을 지는 것으로 볼 것인가 하는 문제에 관하여는 견해가 대립한다. 기본적으로 대위책임설과 자기책임설(또는 절충설)의 대립은 사실 국가배상책임에 관한 독일 행정법과 프랑스행정법의 상이한 이해 및 규율태도에 그 배경을 두고 있는 것이지만, 이들 학설은 우리 국가배상법 제2조에 의한 국가배상책임의 성질에 관한 학설로도 수용·전개되고 있다. 국가배상책임의 본질에 관한 논의의 실익은 이들 학설 중 어느 것을 취하느냐에 따라 배상책임 요건인 과실의 이해, 선택적 청구권의 인정여부 등에 관한 결론이 달라진다는 데에 있다.

1. 학 설

1.1. 대위책임설

국가·공공단체의 배상책임은 원래 공무원개인이 부담하여야 할 것이지만 이를 대신하여

지는 책임이라는 견해이다. 공무원의 위법행위는 본래 국가·공공단체의 기관의 행위로서의 품격을 갖지 않으므로 국가·공공단체에 귀속시킬 수 없으며, 가해공무원 개인이 이에 대한 책임을 지지 않으면 안 된다. 다만 공무원개인은 충분한 배상자력을 갖추지 못하고 있는 것이 보통이므로 피해자구제의 견지에서 이를 국가·공공단체가 인수한 것이 국가배상책임이라는 것이다(^{다수}_설).

1.2. 자기책임설

이 견해는 공무원의 직무수행행위는 국가의 기관으로서의 행위이므로 그 위법·적법을 불문하고 바로 국가나 공공단체의 책임으로 귀속되며 따라서 이 책임은 국가의 자기책임으로서 민법 제35조에 의한 법인의 불법행위책임에 상응하는 것이라고 보는 견해이다. 한편 이러한 전통적인 자기책임설의 새로운 유파로 위험책임설적 관점에서 국가배상책임을 파악하려는 견해가 있는데 이것은 공무원의 직무집행행위는 국민에게 손해를 야기할 위험성을 내포하며 또한 그것은 행정기관의 지위에서 행해지는 것이므로, 그로 인한 손해에 대한 배상책임은 국가의 자기책임으로 보아야 한다는 견해이다.[1]

> 국가배상책임의 자기책임설적 파악은 주지하는 바와 같이 프랑스 국가보상법의 기초가 되고 있다. 물론 프랑스에서도 당초에는 19세기에 국가무책임원칙이 포기된 이후 공무원개인의 책임만이 민사법원의 관할로서 다루어졌으나, 관할재판소(^{T.C.})의 뻴티에(^{Pelletier})판결(^{Gr.Ar.,}_{p.9})과 전술한 블랑꼬판결을 거치면서, 정상적인 직무수행으로부터 분리될 수 있는 행위자의 개인과실(^{faute personnelles, détachable de l'exercice}_{normal de la fonction administrative})과 역무과실(^{faute de service;}_{기관과실})이 구분되기에 이르렀다.[2] 이에 따라 프랑스의 국가배상제도는 전자의 경우 공무원 개인의 배상책임이 성립되어 이를 민사법원에서 민법의 기준에 따라 처리하는 반면, 후자의 경우에는 국가(公法人)의 자기책임이 성립되어 이를 행정법원에서 공법적 기준에 의하여 처리하는 이원적 체계를 취하고 있으나 이 양자는 서로 배척하는 것이 아니라 중첩가능한 관계에 서있다고 한다.[3] 또한 프랑스행정법에서는 예외적이고 제한된 경우이기는 하지만 무과실책임(^{reponsabilité}_{sans faute})으로서 위험책임(^{reponsabilité}_{pour risque})과 위험개념의 매개 없이도 일정한 경우 성립하는 특수한 유형의 무과실책임이 인정되고 있는데, 이들 역시 국가의 자기책임으로서 인정되고 있다.[4]

---

1) 김동희, 행정법 I, 485. 여기서 김동희교수는 자기책임설 중 '위험책임설적 견해'를 소개한 후 이 견해는 국가배상법의 장래의 발전방향을 제시하고 있다는 점에서 의의가 크지만 적법·무과실의 경우에도 국가책임이 인정될 수 있다는 점에서 위법·과실을 책임요건으로 하는 행정상 손해배상의 이론으로서는 문제가 있다고 지적한다.

2) 다만 역무과실의 경우 과실이란 주관적 과실이라기보다는 오히려 객관적인 하자에 가까운 개념임을 주의할 필요가 있다. 역무과실에 의한 책임도 과실책임이라고 볼 수 있으나 이 과실개념은 독일법상의 과실개념보다 훨씬 객관성을 띠는 것이라고 지적된다(Fromont, Staatshaftungsrecht in Frankreich, DÖV 1982, 928).

3) Rivero, 343.

4) Rivero, 356ff..

1.3. 중간설

이것은 국가의 배상책임을 공무원의 위법행위가 경과실에 기한 것인 때에는 자기책임으로, 고의·중과실에 의한 것인 때에는 대위책임으로 보는 견해이다.

2. 현행법상 국가배상책임의 본질

그렇다면 현행 국가배상법 제2조에 의한 배상책임의 성질을 어떻게 파악해야 할 것인가 하는 문제가 제기된다. 이 문제는 무엇보다도 먼저 헌법 제29조 제1항과 국가배상법규정에 대한 법해석을 통하여 답변되어야 할 것이다. 우선 헌법규정은 '… 국가 또는 공공단체에 정당한 배상을 청구할 수 있다'라고만 규정하고 있고 또 국가배상법 제2조 제1항 본문은 '국가 또는 지방자치단체는 … 그 손해를 배상하여야 한다'고 규정하고 있어서 대위책임설과 자기책임설 어느 쪽으로도 해석될 수 있는 여지를 남기고 있는 것으로 볼 수 있다. 반면, 「국가가 공무원에 대신하여 책임을 진다」는 명시적 규정은 없다. 그러나 그렇다고 해서 이러한 불명확한 문언만 가지고서 국가가 직접 자기책임을 진다는 취지로 볼 것은 아니다. 오히려 실정법의 구조로 보아 ① 공무원개인의 주관적 책임요건(고의·과실)을 통해 국가에 대한 배상청구권이 인정되고 있다는 점, ② 사용자의 선임감독책임이 문제되지 않고 있다는 점, ③ 국가의 공무원에 대한 구상권규정 및 ④ 주로 독일법의 영향을 받아 제정된 일본국가배상법[5]의 내용을 답습한 국가배상법의 입법배경 등을 감안할 때 우리나라의 국가배상법 역시 독일식의 대위책임적 구조를 근간으로 하고 있다는 주장에 설득력이 인정된다.[6]

다만, 여기서 주목해야 할 점은 "공무원 자신의 책임은 면제되지 아니 한다"고 규정하고 있는 헌법 제29조 제1항 단서에서 '공무원 자신의 책임'이 무엇을 의미하는가, 그것은 국가배상법 제2조 제2항이 규정하고 있는 구상권과는 어떠한 관계에 있는가 하는 문제이다. 생각건대, 헌법 제29조 제1항 단서 역시, 문언상으로는 대위책임을 전제로 국가가 배상책임을 대위할지라도 공무원개인의 책임이 면제되는 것은 아니라는 취지로 해석될 수 있는 반면, 거꾸로 국가가 자기책임을 지는 것이지만 공무원개인책임의 중복을 인정하는 취지로도 해석될 수 있다고 본다. 또한 국가배상법 제2조 제2항이 규정하는 구상권도 대위책임설적 논리에서는 당연한 것이지만, 그렇다고 반드시 자기책임설적 입장과 논리적으로 상충하는 것이라고는 할 수 없다.[7] 오히려 문제는 헌법이 그 어느 입장에 서있든 간에 공무원 자신의 책임이 면

---

5) 塩野 宏, Ⅱ, 227.
6) 홍정선, 행정법원론(상), 523.
7) 물론 자기책임설의 견지에서도 국가책임과 공무원개인의 책임이 상호 배척하는 것은 아니며 또 공무원은 국가에 대해 직무상 의무위반에 대한 책임을 지는 지위에 있으므로 구상권이 인정될 수 있다고 한다(김도창, 일반행정법론(상), 638 각주 20). 그러나 사실 자기책임설적 입장에 서있는 프랑스행정법에서는 전술한 뻴띠에(Pelletier)판

제되지 않는다고 한 이유, 즉, 그 구절의 고유한 의미가 어디에 있는가를 밝히는 데 있다.

　　국가배상책임의 대위책임설적 파악에 입각하고 있는 독일의 경우, 민법 제839조는 국가책임에 관한 특별법(lex specialis)으로서 일반불법행위책임에 관한 규정인 민법 제823조 및 826조의 적용을 배제시킨다고 한다. 즉, 공무원개인은 책임을 지지 않으며, 민법 제823조에 의해 국가와 더불어 책임을 지는 것도 아니라고 한다.[8] 이를 대위책임설의 당연한 귀결이라고도 볼 수 있겠으나, 반드시 대위책임설을 전제로 할 때에만 그러한 결론이 나오는 것은 아니다. 국가의 자기책임을 인정한 1981년의 국가책임법안($\frac{§1}{①}$) 역시 가해공무원이 구상책임을 질 수 있도록 하면서도 대외적으로는 국가만이 책임의 주체가 되는 것으로 하고 있는데,[9] 이는 국가의 단독책임─공무원의 대외적 면책이란 결과가 반드시 대위책임설과 논리필연적으로 연관되어 있는 것은 아니라는 사실을 말해 주는 것이다.

　　그러나 국가배상법 제2조에 의한 배상책임을 대위책임으로 파악한다고 해서 헌법 제29조 제1항의 단서가 규정하는 '공무원 자신의 책임'을 반드시 국가배상법 제2조 제2항의 구상책임에 국한되는 것으로만 이해할 필연성은 없다는 점에 주의를 요한다. 오히려 헌법 제29조 제1항의 단서는 대위책임설과 무관하게 또는 대위책임설적 원칙을 취하는 경우에도, 피해자 구제의 만전을 기하기 위하여 특별히, 헌법적 결정을 통해 공무원 자신이 면책되지 않음을 규정한 것이라고 볼 수 있다. 따라서 헌법 제29조 제1항 단서의 '공무원 자신의 책임'이란 국가에 대한 구상책임뿐만 아니라 피해자의 선택적 청구에 대한 배상책임까지도 포함하는 공무원의 개인책임 일반을 말하는 것이라고 해석하는 것이 옳다.[10]

결에 따른 국가책임과 공무원책임의 상호배제원칙, 즉 책임비중복원칙(non-cumul des responsabilités)이 르모니에(Lemonnier)판결(C.E., 1918.7.26, *Gr.Ar.*, 144)에 의해 뒤집어진 이래 인정되어 온 책임의 중복원칙(cumul des responsabilités)에 따라 한동안 개인과실이 있는 행위자의 국가에 대한 전면적 면책이 인정되어 왔었다. 공무원의 국가에 대한 구상책임이 인정된 것은 훨씬 뒤늦은 로렐(Laurelle)판결(C.E., 1951.7.28, *Gr.Ar.*, 371)을 통해서였다(Rivero, 370ff.). 아무튼 현재 프랑스의 경우 선택적 청구권이 인정됨과 아울러 공무원의 구상책임이 인정되고 있다는 사실은 자기책임설과 구상권이 불상용의 관계에 있는 것은 아니라는 점을 증명해 준다. 이는 독일의 1981년의 국가책임법이 자기책임설에 입각하면서도 역시 고의·중과실의 경우 공무원의 국가에 대한 구상책임을 인정한 바 있다는 사실(Maurer, § 30 Rn.35, S.692)에 의해서도 뒷받침될 수 있다. 한편, 중간설 역시 고의·중과실의 경우에는 대위책임으로 보고 있으므로 구상권은 당연한 것이 됨은 물론이다.

8) Maurer, § 25 Rn.45.

9) Maurer, § 30 Rn.34; 김남진, 기본문제, 393.

10) 이 조항은 건국헌법에서 최초로 채택되었는데 건국헌법 제27조 제2항은 "공무원의 직무상 불법행위로 인하여 손해를 받은 자는 국가 또는 공공단체에 대하여 배상을 청구할 수 있다. 단 공무원자신의 민사상이나 형사상의 책임이 면제되는 것은 아니다"라고 규정하고 있었다. 이에 대하여 유진오, 헌법해의, 명세당판, 단기4282, 65는 다음과 같이 풀이하고 있다: "본조 제2항 단서는 공무원의 불법행위로 인하야 국가 또는 공공단체가 손해배상을 하여야 할 때에도 불법행위를 한 공무원자신의 책임은 면제되지 않는 것을 규정하였는데 이는 당연한 규정이라 할 수 있으나 의문을 남기지 않기 위하야 특히 규정한 것이다. 그러하므로 피해를 입은 국민은 국가 또는 공공단체에 대한 손해배상청구권과 공무원에 대한 손해배상청구권을 선택적으로 가지고 있는 것이며, 일방의 청구권에 의하야 그의 요구를 만족시키면 타방의 청구권은 소멸하게 되는 것이다."

II. 배상책임의 요건

1. 공무원의 직무행위

국가배상책임의 첫 번째 요건은 배상원인이 되는 행위가 「공무원이 직무를 집행하면서」 행한 것이어야 한다는 것이다. 이를 나누어 설명하면 다음과 같다.

1.1. 공무원

여기서 공무원이란 가장 넓은 의미의 공무원을 말한다. 즉, 국가공무원법·지방공무원법 등에 의한 소위 신분상의 공무원뿐만 아니라, 기능적 의미의 공무원, 즉 「널리 공무를 위탁 받아 이에 종사하는 모든 자」를 포함한다($\frac{통설·}{판례}$)11). 예컨대 조세원천징수의무자, 집행관, 각종 위원회위원, 임시고용원, 동원중의 예비군, '교통할아버지',12) 구 수산청장으로부터 뱀장어에 대한 수출추천업무를 위탁받은 수산업협동조합13) 등이 여기에 해당된다.14) 2009년 10월 21 일의 법개정으로 제2조 제1항 본문에 규정된 직무집행의 주체에 '공무원' 외에도 '공무를 위 탁받은 사인'이 추가되었다. 그러나 이 조항은 다시 '공무원 또는 공무를 위탁받은 사인'을 "공무원"으로 총칭하고 있다는 점에서, 결과적으로는 기존의 통설과 판례에서 말하던 것을 그대로 반영한 것에 불과하고 실질적으로 달라진 것은 없다.

공무원이 특정되어야 하는지 여부에 대해서는 특정될 필요는 없다는 것이 일반적이다.15) 공무원 중에는 국회, 지방의회, 선거관리위원회 그 밖의 합의제행정청 같은 기관도 포함되는 지 여부도 논란이 있으나 포함된다고 보는 것이 피해자구제의 견지에서 옳다고 본다.16)

1.2. 직무행위

직무행위의 범위에 관해서는 '직무'를 권력작용만을 의미하는 것으로 보는 협의설, 권력작

---

11) 대법원 1980.11.2. 선고 70다2253 판결.
12) 대법원 2001.1.5. 선고 98다39060 판결: 지방자치단체로부터 '교통할아버지'로 선정되어 어린이 보호, 교통안내, 거리질서 확립 등의 공무를 위탁받아 집행하던 노인이 위탁받은 업무 범위를 넘어 교차로 중앙에서 교통정리를 하다가 교통사고를 발생시킨 경우, 지방자치단체가 국가배상법 제2조 소정의 배상책임을 부담한다고 인정한 원심의 판단을 수긍한 사례.
13) 대법원 2003.11.14. 선고 2002다55304 판결: 구 수산청장으로부터 뱀장어에 대한 수출추천업무를 위탁받은 수산 업협동조합이 수출제한조치를 취할 당시 국내 뱀장어 양식용 종묘의 부족으로 종묘확보에 지장을 초래할 우려가 있다고 판단하여 추천업무를 행하지 않은 것이 공무원으로서 타인에게 손해를 가한 때에 해당한다고 한 사례.
14) 한편 판례상 공무원에서 제외된 의용소방대원(대법원 1963.12.12. 선고 63다467 판결 등)을 공무원에 포함시켜야 한다는 주장이 유력하다(김남진, 행정법 I, 656 및 같은 곳 각주 6; 이상규, 신행정법론(상), 532 등).
15) 따라서 다수의 경찰공무원에 의한 최루탄발사로 사망한 경우(고 이한열 국가배상사건)에도 국가배상책임 성립에 지장이 없다. 김철용, 행정법 I, 2010, 487.
16) 김철용, 행정법 I, 2010, 487-488.

용 이외에 단순공행정작용(관리작용)을 포함한다고 보는 광의설(통설·판례)[17], 그리고 공행정작용인 권력작용과 관리작용뿐만 아니라 사경제적 작용도 포함한다고 보는 최광의설이 대립되어 있다. 생각건대, 우리나라나 외국의 입법례를 보더라도 국가의 사경제적 작용에 관해서는 헌법 이전에 이미 민사책임의 성립을 인정하였고 헌법규정은 특히 공행정작용으로 인한 국가배상 책임을 인정하는 데 그 의의가 있었다는 점을 감안할 때 광의설에 입각하는 것이 타당하다고 본다. 최광의설은, 국가의 사경제작용을 제외시킬 경우 민법 제756조(사용자책임)가 적용됨으로써 그 선임·감독의무이행을 이유로 한 면책조항에 의해 국가가 면책될 가능성이 있으므로 대위책임의 원칙에 어긋난다고 하나, 민법이론상 동조의 면책사유가 적용될 여지가 거의 없으며 또 판례도 사용자의 면책을 좀처럼 인정하지 않고 있으므로 타당성이 적다고 할 것이다.[18] 따라서 국가배상법 제2조의 직무행위에는 권력적 행정작용, 즉, 공권력의 행사로서 행정행위, 사실행위 등의 행사·불행사(부작위)뿐만 아니라 비권력적 작용인 단순공행정작용(영조물의 설치·관리작용은 제외) 등 행정작용이 포함된다고 할 수 있다. 그 밖에 입법작용과 사법작용에 관해서는 일반적으로 이러한 입법 또는 사법작용 역시 국가의 공권력행사이므로 직무행위에 포함된다고 보고 있다.[19]

1.3. 「직무를 집행하면서」

국가배상법 제2조 제1항의 「직무를 집행하면서」란 직무행위 자체는 물론 객관적으로 직무의 범위에 속한다고 볼 수 있는 행위 및 직무와 밀접한 관련이 있는 행위를 포함한다고 해석된다.

어떤 행위가 직무행위에 해당되는지를 판단함에 있어서 당해행위가 현실적으로 정당한 권한 내에 행해진 것인지 또는 행위자인 공무원이 직무집행의 의사를 가지고 행한 것인지의 여부는 문제되지 않으며, 「공무원의 행위의 외관을 객관적으로 관찰하여 공무원의 행위로 보여질 때에는」 여기에 해당된다고 하는 것이 통설과 판례[20]의 태도이다(외형설). 또한 그 행위가 실질적으로 공무집행행위가 아니라는 사실을 피해자가 알았다 하더라도 무방하다.[21]

　"가. 국가 또는 지방자치단체가 소속 공무원의 고의·과실에 의한 불법행위에 기하여 손해배상책임을

---

17) 물론 사경제작용을 포함시킨 판결례도 있으나(대법원 1957.6.15. 선고 4290民上118 판결) 이후 대법원은 줄곧 광의설을 확립된 판례로 받아들이고 있다(대법원 1969.4.22. 선고 68다2225 판결; 대법원 1970.11.24. 선고 70다1148 판결; 대법원 1979.4.22. 선고 78다225 판결; 대법원 1999.11.26. 선고 98다47245 판결; 대법원 2001.1.5. 선고 98다39060 판결; 대법원 2004.4.9. 선고 2002다10691 판결 등). 한편 대법원이 국가배상법을 민법의 특별법인 사법으로 파악하면서 직무행위에 관해서는 공법적 기준에 입각하고 있음은 흥미로운 측면이다.

18) 곽윤직, 채권각론, 677; 김동희, 행정법 I, 470.

19) 김도창, 일반행정법론(상), 622.

20) 대법원 1966.6.28. 선고 66다781 판결; 대법원 1971.8.31. 선고 71다13 판결.

21) 대법원 1966.6.28. 선고 66다781 판결.

부담하기 위하여는 **공무원의 불법행위가 직무를 집행함에 당하여 행하여진 것이어야 하고, 공무원의 행위가 본래의 직무와는 관련이 없는 행위로서 외형상으로도 직무범위 내에 속하는 행위라고 볼 수 없을 때에는 공무원의 행위에 의한 손해에 대하여 국가배상법에 의한 국가 또는 지방자치단체의 책임을 인정할 수 없다.**

　나. 구청공무원 甲이 주택정비계장으로 부임하기 이전에 그의 처등과 공모하여 乙에게 무허가건물철거세입자들에 대한 시영아파트입주권 매매행위를 한 경우 이는 甲이 개인적으로 저지른 행위에 불과하고 당시 근무하던 세무과에서 수행하던 지방세 부과, 징수 등 본래의 직무와는 관련이 없는 행위로서 외형상으로도 직무범위내에 속하는 행위라고 볼 수 없고, 甲이 그 후 주택정비계장으로 부임하여 乙의 문의에 의하여 주택정비계사무실에 허위로 작성하여 비치해 놓은 입주신청 및 명의변경접수대장을 이용하여 세입자들이 정당한 입주권부여 대상자인 양 허위로 확인하여 주었다 하더라도 이는 이미 불법행위가 종료되어 乙 등의 손해가 발생된 이후의 범행관여 사이에 상당인과관계를 인정하기 어렵다.”22)

　“[1] 국가배상법 제2조 제1항의 **'직무를 집행함에 당하여'**라 함은 **직접 공무원의 직무집행행위이거나 그와 밀접한 관련이 있는 행위를 포함하고, 이를 판단함에 있어서는 행위 자체의 외관을 객관적으로 관찰하여 공무원의 직무행위로 보여질 때에는 비록 그것이 실질적으로 직무행위가 아니거나 또는 행위자로서는 주관적으로 공무집행의 의사가 없었다고 하더라도 그 행위는 공무원이 '직무를 집행함에 당하여' 한 것으로 보아야 한다.**

　[2] 인사업무담당 공무원이 다른 공무원의 공무원증 등을 위조한 행위에 대하여 실질적으로는 직무행위에 속하지 아니한다 할지라도 외관상으로 국가배상법 제2조 제1항의 직무집행관련성을 인정한 원심의 판단을 수긍한 사례.”23)

　통설과 판례처럼 직무행위에 부수된 행위 또는 직무와 밀접한 관련이 있는 행위를 직무행위에 포함시키는 것은 해석상 충분히 가능할 뿐만 아니라, 국가배상법의 본래취지에도 맞는다고 볼 수 있다. 외형설이란 이에 해당되는지 여부를 판단하기 위하여 객관적인 행위의 외관을 기준으로 삼는 판단기준에 관한 학설이며, 이러한 입장은 객관적으로 볼 때 직무행위의 외관을 띤 행위는 그에 상응한 국민의 신뢰와 배려를 받는다는 점을 고려할 때 타당성을 지닌다. 다만 외형설의 실제적용은 반드시 명확한 기준에 의하기보다는 대체로 사례별 개별화 경향을 보이고 있다. 판례를 통해 문제되었던 사례24)들을 보면 다음과 같다.

ⅰ. 외형상 직무행위와 관련있는 행위라고 한 사례

　퇴근중의 사고, 공무출장 후 귀대중의 사고(예컨대 중앙정보부소속 지프의 운전병이 상관을 귀대시키고 오던 중 친지와 음주 후 그에게 대리운전을 시키다가 발생한 사고), 감방 또는 소년원 내

---

22) 대법원 1993.1.15. 선고 92다8514 판결; 대법원 1993.1.15. 선고 92다6952 판결; 대법원 1993.1.15. 선고 92다11732 판결. 그 밖에 대법원 1988.3.22. 선고 87다카1163 판결; 1990.12.11. 선고 90다카27648 판결을 참조.
23) 대법원 2005.1.14. 선고 2004다26805 판결.
24) 이에 관해서 상세한 것은 박균성, “국가배상법 제2조상의 「직무를 집행함에 당하여」 – 판례를 중심으로”, 국가배상제도의 제문제, 393이하를 참조.

에서의 私刑, 군후생사업, 상관의 명에 의한 이삿짐운반, 훈계권행사로서의 기합, 훈련도중 군인의 휴식중 꿩사격, 학군단소속차량의 그 학교교수의 장례식 참석차 운행 등.

ii. 외형상 직무행위와 관련있는 행위가 아니라고 한 사례

부대이탈 후 민간인사살, 불법휴대카빈으로 보리밭의 꿩사격, 군인의 휴식중 비둘기사냥, 가솔린 불법처분중 발화(운전병이 휘발유부정처분을 위하여 운전차량에서 휘발유를 세수대야에 따라 운반하던 중 일어난 사고), 결혼식참석을 위한 군용차운행, 군의관의 포경수술, 고참병의 훈계살인, 기타 개인적 행위, 사감에 의한 불법행위(준위가 수차 외상술값의 독촉을 받은 불쾌감으로 격분하여 총기탈취, 자물쇠파손, 실탄절취 후 민간주점 주인을 사살한 사건, 상급자로부터 구타당한 데 원한을 품고 보초근무중 근무장소를 이탈하여 절취한 총탄으로 저지른 살인 등), 싸움, 상호장난, 피해자가 불법행위에 가담한 경우 등

2. 위 법 성

2.1. 의 미

공무원의 가해행위는 「법령에 위반」한 것이어야 한다. 여기서 법령이란 성문법·불문법을 불문하고 모든 법규를 의미하며, '법령위반'은 곧 위법성을 말한다. 공무원의 가해행위가 위법한 것인지는 전체 법질서의 관점에서 판단되어야 한다.

▦ 전역지연의 위법성

"구 병역법 제18조 제4항 및 같은법시행령 제28조 제2항 제1호의 각 규정을 검토하면 확정판결에 의한 형의 집행일수만을 현역 복무기간에 산입하지 아니한다는 것이 규정 자체에 의하여 명백하다는 점에 비추어, '가'항과 같은 내용의 병인사관리규정을 발령·유지시킨 육군참모총장에게 직무상의 과실이 없다고 할 수 없으며, 나아가 피해자가 구속되어 있던 기간을 제외하고도 잔여 복무일수를 복무한 때로부터 실제로 전역명령을 받은 때까지 전역이 지연되도록 한 육군 참모총장의 행위는 전체 법질서의 관점에서 보아 위법한 것임을 면할 수 없다."[25]

▦ 경찰관의 긴급구호조치권 불행사의 위법성

"[1] 긴급구호권한과 같은 경찰관의 조치권한은 일반적으로 경찰관의 전문적 판단에 기한 합리적인 재량에 위임되어 있는 것이나, 그렇다고 하더라도 구체적 상황하에서 경찰관에게 그러한 조치권한을 부여한 취지와 목적에 비추어 볼 때 그 불행사가 현저하게 불합리하다고 인정되는 경우에는, 그러한 불행사는 법령에 위반하는 행위에 해당하게 되어 국가배상법상의 다른 요건이 충족되는 한, 국가는 그로 인하여 피해를 입은 자에 대하여 국가배상책임을 부담한다.

[2] 정신질환자의 평소 행동에 포함된 범죄 내용이 경미하거나 범죄라고 볼 수 없는 비정상적 행동에 그치고 그 거동 기타 주위의 사정을 합리적으로 판단하여 보더라도 정신질환자에 의한 집주인 살인범행

---

25) 대법원 1995.7.14. 선고 93다16819 판결. 참조: 대법원 1985.2.28. 선고 85초13 재정.

에 앞서 그 구체적 위험이 객관적으로 존재하고 있었다고 보기 어려운 경우, 경찰관이 그때그때의 상황에 따라 그 정신질환자를 훈방하거나 일시 정신병원에 입원시키는 등 경찰관직무집행법의 규정에 의한 긴급 구호조치를 취하였고, 정신질환자가 퇴원하자 정신병원에서의 장기 입원치료를 받는 데 도움이 되도록 생활보호대상자 지정의뢰를 하는 등 그 나름대로의 조치를 취한 이상, 더 나아가 경찰관들이 정신질환자의 살인범행 가능성을 막을 수 있을 만한 다른 조치를 취하지 아니하였거나 입건·수사하지 아니하였다고 하여 이를 법령에 위반하는 행위에 해당한다고 볼 수 없다는 이유로, 사법경찰관리의 수사미개시 및 긴급 구호권 불행사를 이유로 제기한 국가배상청구를 배척한 사례."26)

정신보건법상 보호의무자가 아닌 자에 의한 정신질환자 강제입원조치와 국가배상책임

"정신질환자의 인간으로서의 존엄과 가치를 존중하고 입원치료가 필요한 정신질환자에 대하여는 항상 자발적 입원이 권장되어야 한다는 정신보건법의 기본이념에 비추어 볼 때, 정신보건법상 보호의무자에 의한 입원 규정은 입원과정에서 발생할 수 있는 정신질환자의 인권침해를 방지하기 위하여 입원동의를 할 수 있는 보호의무자를 한정적으로 열거하고 입원요건 및 절차를 엄격하게 규정하고 있다. 따라서 정신보건법에 규정된 보호의무자가 아닌 자가 정신질환자의 보호의무자로서 동의를 하여 정신질환자를 입원시키는 것은, 정신질환자가 자신 또는 타인을 해할 위험이 크고 상황이 매우 급박하다는 등 정신보건법 제26조 제1항에 규정된 응급입원의 요건 및 절차가 충족되는 등의 특별한 사정이 없는 한, 위법하여 불법행위를 구성한다."27)

국가배상법상 법령위반의 의미, 즉 위법성의 개념에 대해서는 결과의 위법, 즉 가해행위의 결과인 손해의 위법을 의미하는 것으로 보는 견해(결과불법설)와 이를 행위의 위법으로 이해하는 견해(행위위법설)28)가 대립한다. 그리고 다소 관점을 달리 하여 국가배상법상 위법성을 행위 자체의 적법·위법뿐만 아니라 명문의 규정이 없더라도 공권력행사의 근거법규(특히 권한근거규정) 및 각 행정분야에서의 자연법적 객관법질서(조리)를 종합적으로 고려할 때 인정되는 공무원의 '직무상의 일반적 손해방지의무'의 위반을 포함하는 개념으로 새기는 견해(상대적 위법성설)도 주장된다. 우리 대법원은 행위위법설적 경향을 보이고 있다.

법령에 적합한 직무수행과정에서 개인의 권리를 침해한 경우 국가배상책임

"[1] 국가배상책임은 공무원의 직무집행이 법령에 위반한 것임을 요건으로 하는 것으로서, **공무원의 직무집행이 법령이 정한 요건과 절차에 따라 이루어진 것이라면 특별한 사정이 없는 한 이는 법령에 적합한 것이고** 그 과정에서 개인의 권리가 침해되는 일이 생긴다고 하여 그 법령적합성이 곧바로 부정되는

26) 대법원 1996.10.25. 선고 95다45927 판결.
27) 대법원 2016.4.28. 선고 2014다205584 판결: 정신보건법상 보호의무자에 해당하지 아니하는 하나원장 등이 백암정신병원에 원고의 입원을 의뢰하고 스스로 보호의무자로서 원고의 입원에 동의함으로써 백암정신병원으로 하여금 원고를 그 의사에 반하여 입원시키도록 한 것은 정신보건법의 절차를 위반한 행위에 해당한다고 판단한 사례.
28) 행위위법설은 다시 국가배상법상의 위법성을 항고소송에서의 위법성과 같이 공권력행사의 요건규정위반으로 이해하는 협의의 행위위법설과 행위 자체의 법에의 위반뿐만 아니라 공권력행사의 근거법규(특히 권한근거규정) 및 각 행정분야에서의 자연법적 객관적 법질서(조리)를 종합적으로 고려할 때 인정되는 공무원의 '직무상의 일반적 손해방지의무'의 위반을 포함하는 개념으로 이해하는 광의의 행위위법설로 나뉜다(박균성, 행정법론(상), 2003, 507).

것은 아니다.

[2] 경찰관은 수상한 거동 기타 주위의 사정을 합리적으로 판단하여 어떠한 죄를 범하였거나 범하려 하고 있다고 의심할 만한 상당한 이유가 있는 자 또는 이미 행하여진 범죄나 행하여지려고 하는 범죄행위에 관하여 그 사실을 안다고 인정되는 자를 정지시켜 질문할 수 있고, 또 범죄를 실행중이거나 실행 직후인 자는 현행범인으로, 누구임을 물음에 대하여 도망하려 하는 자는 준현행범인으로 각 체포할 수 있으며, 이와 같은 정지 조치나 질문 또는 체포 직무의 수행을 위하여 필요한 경우에는 대상자를 추적할 수도 있으므로, 경찰관이 교통법규 등을 위반하고 도주하는 차량을 순찰차로 추적하는 직무를 집행하는 중에 그 도주차량의 주행에 의하여 제3자가 손해를 입었다고 하더라도 그 추적이 당해 직무 목적을 수행하는 데에 불필요하다거나 또는 도주차량의 도주의 태양 및 도로교통상황 등으로부터 예측되는 피해발생의 구체적 위험성의 유무 및 내용에 비추어 추적의 개시·계속 혹은 추적의 방법이 상당하지 않다는 등의 특별한 사정이 없는 한 그 추적행위를 위법하다고 할 수는 없다."[29]

대체로 국가배상법상의 위법성은 엄격한 의미의 법령위반뿐만 아니라 인권존중·권력남용금지·신의성실·사회질서 등 원칙의 위반도 포함하며, 행위가 객관적으로 정당성을 결여하고 있음을 의미한다고 설명하는 입장이 통설[30]이자 판례[31]이다. 이에 대해서는 그러한 해석이 지나치게 넓고 막연하다는 비판이 제기된다.[32]

한편 독일의 경우 우리나라의 국가배상법상 「법령위반」에 대응하는 개념은 위법성이 아니라 직무상 의무위반($\binom{\text{Amtspflicht-}}{\text{verletzung}}$)이다. 이 직무상 의무위반이란 요건의 기초는 일반 민법상의 불법행위법과는 달리 절대적 권리나 보호법규($\binom{\text{Schutz-}}{\text{gesetz}}$)의 위반이 아니라 동시에 제3자에 대한 관계에서 타당한 근무의무($\binom{\text{Dienst-}}{\text{pflicht}}$)의 침해이다. 다시 말하면 제3자에 대한 직무상 의무는 내부적 근무의무($\binom{\text{interne}}{\text{Dienstpflicht}}$)로부터 도출되는 것이며 따라서 일반불법행위상의 책임구성요건을 넘어서는 것이다. 직무책임의 배상요건은 비록 불법행위요건으로 되어 있기는 하지만 손해발생의 원인이 된 직무행위의 위법성에 관해서는 아무런 규정이 없다. 물론 직무위배($\binom{\text{Amtspflicht-}}{\text{widrigkeit}}$)는 당연히($\binom{\text{eo}}{\text{ipso}}$) 위법이라는 주장이 일부학자[33]들에 의해 주장된 바 있으나 국가배상책임에 있어서 문제가 되는 것은 이러한 근무의무에 위반한 공무원의 행위이지 공무원의 행위나 조치의 위법성($\binom{\text{Rechts-}}{\text{widrigkeit}}$)은 아니라고 하는 것이 독일에서의 지배적인 견해이다.[34] 가령 어떤 공무원이 자신의 근무의무에 합당하게 행동했으나 개인이 발급청구권을 갖는 행정행위를 필요한 타행정청의 동의가 없기 때문에 또는 구속적인 근무상의 지시를 따랐기 때문에 발하지 않은 경우에도, 이 직무상 의무를 위반한 것은 아니다. 직무상 의무위반의 비난은 이 경우 위법하게 동의를 거부한 다른 행정청이나 위법한 지시를 내린 상급행정청에게 귀속되어야 한다는 것이다.[35]

---

29) 대법원 2000.11.10. 선고 2000다26807,26814 판결.
30) 김도창, 일반행정법론(상), 629; 김동희, 행정법 I, 474.
31) 가령 대법원 2009.12.24. 선고 2009다70180 판결을 참조.
32) 김남진, 행정법 I, 575. 그러나 김남진교수는 '헌법을 포함한 "법우위의 원칙"을 강조하고 그 내용을 탐구하는 것이 필요할 것으로 생각된다'고 서술하면서 다소 유보적인 태도를 보이고 있다. 박균성교수 역시 법령위반의 의미를 완화하여 해석하는 통설의 입장에 반대하면서 광의의 행위위법설에 동조하고 있다(행정법론(상), 509).
33) Dagtoglow, in: Bonner Kommentar, Art.34 Rn.143.
34) Ossenbühl, Staatshaftungsrecht, 3.Aufl., 1983, S.34f.

생각건대, 인권존중·권력남용금지[36]·신의성실(권리남용금지를 포함) 등의 원칙들은 다름 아니라 헌법적 근거를 지닌 행정법의 일반원리로서 당연히 법규에 포함되는 것이므로 이들을 위반한 경우도 법령위반에 포함된다고 보는 데 의문이 있을 수 없다. 대법원 역시 어린 성폭력범죄피해자에 대한 배려의무를 위배한 것이 위법하다고 판시하거나 구 행형법상 허용되는 유치장에 수용된 피의자에 대한 알몸신체검사가 신체검사의 허용 범위를 일탈하여 위법하다고 판시하여 동일한 입장에 서 있음을 드러낸 바 있다.

::: 범죄 피해자의 명예와 사생활의 평온을 보호할 법규상·조리상 의무와 국가배상책임

"가. 국가배상책임에 있어 공무원의 가해행위는 법령을 위반한 것이어야 하고, **법령을 위반하였다 함은 엄격한 의미의 법령 위반뿐 아니라 인권존중, 권력남용금지, 신의성실과 같이 공무원으로서 마땅히 지켜야 할 준칙이나 규범을 지키지 아니하고 위반한 경우를 포함하여 널리 그 행위가 객관적인 정당성을 결여하고 있음을 뜻하는 것이므로, 경찰관이 범죄수사를 함에 있어 경찰관으로서 의당 지켜야 할 법규상** 또는 조리상의 한계를 위반하였다면 이는 법령을 위반한 경우에 해당한다(대법원 2002.5.17. 선고 2000다22607 판결, 대법원 2005.6.9. 선고 2005다8774 판결 등 참조).

나. 경찰관은 그 직무를 수행함에 있어 헌법과 법률에 따라 국민의 자유와 권리를 존중하고 범죄피해자의 명예와 사생활의 평온을 보호할 법규상 또는 조리상의 의무가 있고, 특히 이 사건과 같이 성폭력범죄의 피해자가 나이 어린 학생인 경우에는 수사과정에서 또 다른 심리적·신체적 고통으로 인한 가중된 피해를 입지 않도록 더욱 세심하게 배려할 직무상 의무가 있다."[37]

::: 수용자 알몸신체검사와 국가배상책임

"[1] 행형법에서 유치장에 수용되는 피체포자에 대한 신체검사를 허용하는 것은 유치의 목적을 달성하고, 수용자의 자살, 자해 등의 사고를 미연에 방지하며, 유치장 내의 질서를 유지하기 위한 것인 점에 비추어 보면, 이러한 신체검사는 무제한적으로 허용되는 것이 아니라 위와 같은 목적 달성을 위하여 필요한 최소한도의 범위 내에서 또한 수용자의 명예나 수치심을 포함한 기본권이 부당하게 침해되는 일이 없도록 충분히 배려한 상당한 방법으로 행하여져야만 할 것이고, 특히 수용자의 옷을 전부 벗긴 상태에서 앉았다 일어서기를 반복하게 하는 것과 같은 방법의 신체검사는 수용자의 명예나 수치심을 심하게 손상하므로 수용자가 신체의 은밀한 부위에 흉기 등 반입이나 소지가 금지된 물품을 은닉하고 있어서 다른 방법(외부로부터의 관찰, 촉진에 의한 검사, 겉옷을 벗고 가운 등을 걸치게 한 상태에서 속옷을 벗어서 제출하게 하는 등)으로는 은닉한 물품을 찾아내기 어렵다고 볼 만한 합리적인 이유가 있는 경우에 한하여 허용된다고 할 것이다.

[2] 수용자들이 공직선거및선거부정방지법상 배포가 금지된 인쇄물을 배포한 혐의로 현행범으로 체포된 여자들로서, 체포될 당시 신체의 은밀한 부위에 흉기 등 반입 또는 소지가 금지되어 있는 물품을 은닉

---

35) Rüfner, in: Erichsen, § 51 Rn.12, S.590.
36) 참고로 권력남용은 대체로 우리나라의 취소소송과 비교될 수 있는 프랑스의 월권소송(recours pour excés de pouvoir)에 있어서 확고한 취소사유(cas d'ouverture)의 하나로 인정되고 있다는 사실에 주의를 환기한다. 이에 관해서는 홍준형, "프랑스월권소송에 있어서 취소사유에 관한 연구"(서울대학교 대학원 법학석사학위논문, 1982)를 참조.
37) 대법원 2008.6.12. 선고 2007다64365 판결.

하고 있었을 가능성은 극히 낮았다고 할 것이고, 그 후 변호인 접견시 변호인이나 다른 피의자들로부터 흉기 등을 건네받을 수도 있었다고 의심할 만한 상황이 발생하였기는 하나, 변호인 접견절차 및 접견실의 구조 등에 비추어, 가사 수용자들이 흉기 등을 건네받았다고 하더라도 유치장에 다시 수감되기 전에 이를 신체의 은밀한 부위에 은닉할 수 있었을 가능성은 극히 낮다고 할 것이어서, 신체검사 당시 다른 방법으로는 은닉한 물품을 찾아내기 어렵다고 볼 만한 합리적인 이유가 있었다고 할 수 없으므로, 수용자들의 옷을 전부 벗긴 상태에서 앉았다 일어서기를 반복하게 한 신체검사는 그 한계를 일탈한 위법한 것이다."38)

또한 대법원은 소위 삼청교육으로 인한 피해를 보상하겠다는 대통령과 국방부장관의 담화 발표에 따른 후속조치를 취하지 아니함으로써 피해자의 신뢰를 깨뜨린 데 대하여 국가가 그 신뢰의 상실에 따르는 손해를 배상할 책임이 있다고 판시한 바 있다.

신뢰 상실에 따르는 손해에 대한 국가배상책임

"[1] 삼청교육으로 인한 피해와 관련하여 대통령이 1988.11.26. 발표한 담화는 그 발표 경위와 취지 및 내용 등에 비추어 볼 때 사법상의 법률효과를 염두에 둔 것이 아니라 대통령으로서의 시정방침을 밝히면서 일반 국민의 이해와 협조를 구한 것에 불과하므로, 이로써 삼청교육 관련 피해자들에 대한 국가배상채무를 승인하거나 시효의 이익을 포기한 것으로 볼 수 없고, 대통령에 이어 국방부장관이 1988.12.3. 대통령의 시정방침을 알리는 한편 그에 따른 보상절차를 진행하기 위하여 피해자 및 유족들에게 일정 기간 내에 신고할 것을 공고하는 담화를 발표하고 실제 신고를 받기까지 하였다고 하여 그 결론이 달라지는 것이 아니며, 또한 국가의 소멸시효 주장이 금반언의 원칙이나 신의성실의 원칙에 반하여 권리남용에 해당하는 것도 아니다.

[2] 대통령이 담화를 발표하고 이에 따라 국방부장관이 삼청교육 관련 피해자들에게 그 피해를 보상하겠다고 공고하고 피해신고까지 받은 것은, 대통령이 정부의 수반인 지위에서 피해자들인 국민에 대하여 향후 입법조치 등을 통하여 그 피해를 보상해 주겠다고 구체적 사안에 관하여 종국적으로 약속한 것으로서, 거기에 채무의 승인이나 시효이익의 포기와 같은 사법상의 효과는 없더라도, 그 상대방은 약속이 이행될 것에 대한 강한 신뢰를 가지게 되고, 이러한 신뢰는 단순한 사실상의 기대를 넘어 법적으로 보호받아야 할 이익이라고 보아야 하므로, 국가로서는 정당한 이유 없이 이 신뢰를 깨뜨려서는 아니 되는바, 국가가 그 약속을 어기고 후속조치를 취하지 아니함으로써 위 담화 및 피해신고 공고에 따라 피해신고를 마친 피해자의 신뢰를 깨뜨린 경우, 그 신뢰의 상실에 따르는 손해를 배상할 의무가 있고, 이러한 손해에는 정신적 손해도 포함된다."39)

이러한 의미의 법령위반이 행위가 객관적으로 또는 사회적으로 부정당하다는 것, 다시 말해서 정당성을 결여하고 있음(법적 반가치)을 의미하는 것은 당연하다. 같은 이유에서 만일 「위법」과 「부당」을 구별하면서 그것이 어느 쪽에 속하는가를 묻는다면, 그것은 「부당」이 아니라 의당 「위법사유」에 해당한다고 대답될 것임은 물론이다. 다만 공서양속 또는 사회질서

---

38) 대법원 2001.10.26. 선고 2001다51466 판결.
39) 대법원 2001.7.10. 선고 98다38364 판결.

의 위배를 민법상 불법행위책임에서와 같이 국가배상법상의 위법으로 볼 것이냐는 문제이다. 이 문제는 국가배상법의 위법을 어떻게 보느냐에 따라 달라진다. 앞서 살펴본 통설의 견해에 의하면 공서양속이나 사회질서에 위배된 공무원의 행위는, 명문의 법규를 위반한 경우처럼 곧바로 위법을 구성하지는 않는다고 하더라도, 공서양속·사회질서 역시 법질서의 내용을 이루는 것이고, 위법성은 기본적으로 법질서에 비추어 허용되지 않는다는 것이므로,[40] 결국 위법행위라고 보아야 할 것이다.

위법성의 상대화론을 둘러싼 일본에서의 논의 •• 참고로 이에 관하여 일본에서는 일찍이 국가배상 소송에 있어서 위법과 항고소송에 있어서 위법을 동일한 것으로(일원적으로) 파악할 것이냐(위법성동일설) 아니면 양제도의 취지상의 상위를 근거로 상이한 것으로 파악할 것이냐(이원설; 위법성상대화론) 하는 문제를 둘러싸고 치열한 논쟁이 전개되어 왔다.[41] 이 문제는 기판력이라든지 국가배상소송의 위법성의 구조에 대한 이해와 관련된 문제로서 특히 항고소송의 판결이 국가배상소송에 어떠한 영향을 미치는가를 판단하는 데 쟁점을 두고 있다. 여기서 이를 상론할 수는 없지만, 법령위반의 내용에 관한 국내의 학설대립이 이와 무관하지 않으므로 이를 간략히 소개해 보기로 한다. 上野 至[42]의 설명에 따르면 위법성동일설 중 특히 기판력긍정설은 항고소송에 있어서 위법성의 판단이 국가배상소송을 구속한다고 한다. 즉, 행정처분은 국민의 법익을 침해하는 경우에도 법에 따라 행해지는 한에서만 적법하고 법에 따르지 않는다면 위법한 것이 된다. 행정법규로부터 보아 재량처분이 부당하기는 하지만 위법하지는 않다고 하게 될 때에는 국가배상에 있어서 국가가 책임을 진다고 하는 것은 법상호의 모순을 야기한다고 하고 적법행위에 의한 손실보상제도와 모순된다. 아울러 행정법상(취소소송상)의 위법은 명문법규위반에 한하는 것이 아니며 기본적 인권존중, 권리남용의 금지, 공공의 복지, 공서양속, 신의칙, 조리 등의 법의 해석, 적용에 있어서 일반원칙위반을 포함하는 것이라고 한다. 한편, 양자의 위법성이 다르다고 보는 위법성상대설은, 손해배상법에 있어서 위법성은 침해행위의 태양과 피침해이익의 성질과의 상관관계로부터 결정해야 하는데(상관관계이론) 대하여, 행정처분의 위법성은 처분(침해행위)의 법적합성(태양)만으로부터 결정되고 이익침해의 유무, 피침해행위의 성질은 원고적격의 문제가 되는 데 지나지 않는다고 한다. 이에 대한 上野의 반론은, 물론 그는 후에 학설을 변경한 바 있지만, 행정처분은 본질적으로 국민의 법익을 침해하는 것이기 때문에 국가배상에 있어서 위법성의 판단기준으로서 이익침해의 개념을 가지고 나서는 것은 상당하지 않으며, 피침해이익이 중대하다면 행정처분발동의 요건도 엄격하게 된다고 한다. 따라서 국가배상에 있어서 위법성의 판단에 있어서도 당해행정처분의 요건적합성을 판단하면 족하지 피침해이익의 성질을 검토할 필요는 없다는 것이다. 이러한 당초의 학설대립은 그후 遠藤博也(위법성상대설)와 阿部泰隆(기판력긍정설)의 논쟁을 거쳐 오늘날까지도 파상적으로 전개되어 오고 있는데 阿部泰隆의 판단에 따르면 기판력긍정설이 종래의 통설이었을 뿐만 아니라 다수의 학설 및 판례라고 한다. 이러한 논쟁은 그 지향하는 목표에 있어서 항고소송에서 출발하여 재판의 모순을 방지하고 소송경제에 이바지할 것인가 그렇지 않으면 국가배상이라는 책임의 법체계에 상응한 위법성론을 구축할 것인가 하는 점에서 적지 않

---

40) 阿部泰隆, 國家補償法, 90.
41) 이에 관해 상세한 것은 阿部泰隆, 國家賠償訴訟における違法と抗告訴訟における違法, 行政法の爭点(新版), ジュリスト 增刊, 176이하를 참조.
42) ひろば 二八券六號, 74.

은 차이를 보이고 있지만, 오늘날에 와서는 종래의 단순한 견해대립으로부터 다양한 뉘앙스를 지닌 복잡한 학설대립으로 이행되고 있다고 한다.[43] 이제까지 살펴본 일본에서의 논쟁은 국가배상법 제2조상의 법령위반의 내용에 대한 상이한 이해가 실은 국가배상법상의 위법성에 대한 상이한 이해에 연유한 것이 아닌가 하는 의문과 관련하여 우리에게 시사하는 바가 적지 않다. 여기서 법령위반의 개념을 넓게 파악하는 우리나라의 통설[44]과 판례[45]가 마치 일본의 위법성상대설을 수용하는 것처럼 보일지 모르지만, 그렇다고 해서 법령위반의 개념에 대한 그와 같은 이해가 반드시 위법성상대설을 전제로 하는 것이 아님은 물론, 위법성동일설(기판력긍정설)과 상충되는 것도 아니라는 점을 알 수 있다.[46] 즉 우리나라의 판례가 기판력긍정설을 취한다는 점은 명백하지만,[47] 반면 위에서 본 바와 같은 위법성의 이해에 관한 한, 반드시 그 어느 한 쪽의 입장을 취하는 것으로 볼 수 없으므로, 통설·판례가 법령위반의 개념을 널리 파악하는 데 문제는 없다.

국가배상책임의 요건으로서 「법령에 위반」한 공무원의 행위에 작위뿐만 아니라 부작위도 해당한다는 데 대해서는 이론의 여지가 없다. 부작위의 경우 「법령 위반」을 판단함에 있어 관건이 되는 것은 작위의무를 위반했는지 여부이다.

경찰관의 권한 불행사가 직무상 의무를 위반하여 위법하게 되는 경우

"경찰은 범죄의 예방, 진압 및 수사와 함께 국민의 생명, 신체 및 재산의 보호 기타 공공의 안녕과 질서유지를 직무로 하고 있고, 직무의 원활한 수행을 위하여 경찰관 직무집행법, 형사소송법 등 관계 법령에 의하여 여러 가지 권한이 부여되어 있으므로, 구체적인 직무를 수행하는 경찰관으로서는 제반 상황에 대응하여 자신에게 부여된 여러 가지 권한을 적절하게 행사하여 필요한 조치를 할 수 있고, 그러한 권한은 일반적으로 경찰관의 전문적 판단에 기한 합리적인 재량에 위임되어 있으나, 경찰관에게 권한을 부여한 취지와 목적에 비추어 볼 때 구체적인 사정에 따라 경찰관이 권한을 행사하여 필요한 조치를 하지 아니하는 것이 현저하게 불합리하다고 인정되는 경우에는 권한의 불행사는 직무상 의무를 위반한 것이 되어 위법하게 된다."[48]

---

43) 阿部泰隆, 앞의 글, 178.
44) 이를 근거로 박균성교수(국가배상법상 위법성개념에 관한 검토, 국가배상제도의 제문제, 427)는 우리나라의 통설이 명확치는 않을지라도 결과불법설적 입장(위법성상대화론을 포함)을 취하는 것으로 추측하고 있으나, 의문이 없지 않다. 우리나라의 통설이, 일부의 예외(예컨대 서원우, 취소소송과 국가배상소송의 관계, 월간고시 1979/3, 103 등)를 제외한다면, 반드시 이러한 위법성동일설과 위법성상대설의 논쟁에서 나타난 논거들을 정면에서 고려한 것이라고 보기는 어렵다고 생각하기 때문이다.
45) 반면 우리나라의 판례는 반드시 일관된 것은 아니나 행정규칙위반을 법령위반에 해당되지 않는다고 한 판례(대법원 1973.1.30. 선고 72다2062 판결)로 보아 대체로 위법성동일설(기판력긍정설)과 같은 태도를 취하는 것으로 판단될 수 있을 것이다. 반면 이를 행위위법설적 입장으로 파악하는 견해로는 박균성, 앞의 글, 428이하를 참조.
46) 한편, 일본의 경우 上野 至 같은 학자는 위법성상대화론으로 학설을 변경한 뒤에도 여전히 기판력긍정설을 취하고 있다(「行政訴訟と國家賠償訴訟の關係」, 村重慶一 編, 國家賠償訴訟法, 靑林書院, 1987, 125).
47) 대법원 1959.7.30. 선고 4291民上914 판결; 김도창, 일반행정법론(상), 816을 참조.
48) 대법원 2016.4.15. 선고 2013다20427 판결: 경찰관들이 인질납치범이 운전하는 것으로 의심되는 승용차를 발견하고 검문하려는 과정에서 용의자의 도주 위험에 대하여 최소한의 조치를 취하지 않은 것은, 피해자에게 발생한 피해의 심각성 및 절박한 정도, 그 상황에서 요구되는 경찰관의 초동조치 및 주의의무의 정도, 추가적 범행의 발생에 대한 예견 가능성 등에 비추어 현저하게 불합리한 것으로서 위법하므로, 피고는 소외인과 연대하여 경찰관들의 위와 같은 직무집행상 과실로 말미암아 피해자 및 그 유족인 원고들이 입은 손해를 배상할 책임이 있다고 판

형식적 의미의 법령에 근거가 없는 경우 부작위로 인한 국가배상책임

"[1] 예산회계법 제96조에서 '다른 법률의 규정'이라 함은 다른 법률에 예산회계법 제96조에서 규정한 5년의 소멸시효기간보다 짧은 기간의 소멸시효의 규정이 있는 경우를 가리키는 것이고, 이보다 긴 10년의 소멸시효를 규정한 민법 제766조 제2항은 예산회계법 제96조에서 말하는 '다른 법률의 규정'에 해당하지 아니한다.

[2] 공무원의 부작위로 인한 국가배상책임을 인정하기 위하여는 공무원의 작위로 인한 국가배상책임을 인정하는 경우와 마찬가지로 '공무원이 그 직무를 집행함에 당하여 고의 또는 과실로 법령에 위반하여 타인에게 손해를 가한 때'라고 하는 국가배상법 제2조 제1항의 요건이 충족되어야 할 것인바, 여기서 '법령에 위반하여'라고 하는 것이 엄격하게 형식적 의미의 법령에 명시적으로 공무원의 작위의무가 규정되어 있는데도 이를 위반하는 경우만을 의미하는 것은 아니고, 국민의 생명, 신체, 재산 등에 대하여 절박하고 중대한 위험상태가 발생하였거나 발생할 우려가 있어서 국민의 생명, 신체, 재산 등을 보호하는 것을 본래적 사명으로 하는 국가가 초법규적, 일차적으로 그 위험 배제에 나서지 아니하면 국민의 생명, 신체, 재산 등을 보호할 수 없는 경우에는 형식적 의미의 법령에 근거가 없더라도 국가나 관련 공무원에 대하여 그러한 위험을 배제할 작위의무를 인정할 수 있을 것이나, 그와 같은 절박하고 중대한 위험상태가 발생하였거나 발생할 우려가 있는 경우가 아닌 한, 원칙적으로 공무원이 관련 법령대로만 직무를 수행하였다면 그와 같은 공무원의 부작위를 가지고 '고의 또는 과실로 법령에 위반'하였다고 할 수는 없을 것이므로, 공무원의 부작위로 인한 국가배상책임을 인정할 것인지 여부가 문제되는 경우에 관련 공무원에 대하여 작위의무를 명하는 법령의 규정이 없다면 공무원의 부작위로 인하여 침해된 국민의 법익 또는 국민에게 발생한 손해가 어느 정도 심각하고 절박한 것인지, 관련 공무원이 그와 같은 결과를 예견하여 그 결과를 회피하기 위한 조치를 취할 수 있는 가능성이 있는지 등을 종합적으로 고려하여 판단하여야 한다."[49]

AIDS 관리 및 검사 · 판정상의 잘못과 국가배상책임

"공무원의 부작위로 인한 국가배상책임을 인정하기 위하여는 공무원의 작위로 인한 국가배상책임을 인정하는 경우와 마찬가지로 '공무원이 그 직무를 집행함에 당하여 고의 또는 과실로 법령에 위반하여 타인에게 손해를 가한 때'라고 하는 국가배상법 제2조 제1항의 요건이 충족되어야 할 것인바, 여기서 '법령에 위반하여'라고 하는 것이 엄격하게 형식적 의미의 법령에 명시적으로 공무원의 작위의무가 규정되어 있는데도 이를 위반하는 경우만을 의미하는 것은 아니고, 국민의 생명, 신체, 재산 등에 대하여 절박하고 중대한 위험상태가 발생하였거나 발생할 우려가 있어서 국민의 생명, 신체, 재산 등을 보호하는 것을 본래적 사명으로 하는 국가가 초법규적, 일차적으로 그 위험 배제에 나서지 아니하면 국민의 생명, 신체, 재산 등을 보호할 수 없는 경우에는 형식적 의미의 법령에 근거가 없더라도 국가나 관련 공무원에 대하여 그러한 위험을 배제할 작위의무를 인정할 수 있을 것이지만, 그와 같은 절박하고 중대한 위험상태가 발생하였거나 발생할 우려가 있는 경우가 아니라면 원칙적으로 공무원이 관련 법령을 준수하여 직무를 수행하였다면 그와 같은 공무원의 부작위를 가지고 '고의 또는 과실로 법령에 위반'하였다고 할 수는 없을 것이므로, **공무원의 부작위로 인한 국가배상책임을 인정할 것인지 여부가 문제되는 경우에 관련 공무원에 대하여 작위의무를 명하는 법령의 규정이 없다면 공무원의 부작위로 인하여 침해된 국민의 법익 또**

단한 사례.
49) 대법원 2001.4.24. 선고 2000다57856 판결.

는 국민에게 발생한 손해가 어느 정도 심각하고 절박한 것인지, 관련 공무원이 그와 같은 결과를 예견하여 그 결과를 회피하기 위한 조치를 취할 수 있는 가능성이 있는지 등을 종합적으로 고려하여 판단하여야 할 것이다."[50]

⠿ 검사의 부작위로 인한 국가배상책임

"[1] 공무원의 부작위로 인한 국가배상책임을 인정하기 위하여는 작위에 의한 경우와 마찬가지로 "공무원이 직무를 집행하면서 고의 또는 과실로 법령을 위반하여 타인에게 손해를 입힌 때"라고 하는 국가배상법 제2조 제1항의 요건이 충족되어야 할 것인바, 여기서 '법령을 위반하여'라고 하는 것은 공무원의 작위의무를 명시적으로 규정한 형식적 의미의 법령을 위반한 경우만을 의미하는 것이 아니라, 형식적 의미의 법령에 작위의무가 명시되어 있지 않더라도 국민의 생명·신체·재산 등에 대하여 절박하고 중대한 위험상태가 발생하였거나 발생할 우려가 있어서 국민의 생명 등을 보호하는 것을 본래적 사명으로 하는 국가가 일차적으로 그 위험 배제에 나서지 아니하면 이를 보호할 수 없는 때에 국가나 관련 공무원에 대하여 인정되는 작위의무를 위반한 경우도 포함되어야 할 것이나, 그와 같은 절박하고 중대한 위험상태가 발생하였거나 발생할 우려가 있는 경우가 아닌 한 원칙적으로 관련 법령을 준수하여 직무를 수행한 공무원의 부작위를 가리켜 '고의 또는 과실로 법령을 위반'하였다고 할 수는 없으므로, 공무원의 부작위로 인한 국가배상책임을 인정할 것인지 여부가 문제되는 때에 관련 공무원에 대하여 작위의무를 명하는 법령의 규정이 없다면 공무원의 부작위로 인하여 침해된 국민의 법익 또는 국민에게 발생한 손해가 어느 정도 심각하고 절박한 것인지, 관련 공무원이 그와 같은 결과를 예견하여 그 결과를 회피하기 위한 조치를 취할 수 있는 가능성이 있는지 등을 종합적으로 고려하여 판단하여야 한다(대법원 1998.10.13. 선고 98다18520 판결, 대법원 2008.10.9. 선고 2007다40031 판결 등 참조).

[2] 검사는 재판부에 원고의 신변보호를 요청하여 적절한 조치를 취하게 하는 등 원고에 대한 신변안전조치를 취하여야 할 작위의무가 있었다고 할 것이고, 따라서 이를 위반한 검사의 부작위는 국가배상법 제2조 제1항이 정하는 '직무를 집행하면서 과실로 법령을 위반하여 타인에게 손해를 입힌 때'에 해당한다."[51]

한편 대법원은 공무원의 직무상 의무위반(특히 부작위)이 문제된 일련의 판례에서 공무원이 직무를 수행하면서 그 근거되는 법령의 규정에 따라 구체적으로 의무를 부여받았어도 그것이 국민의 이익과는 관계없이 순전히 행정기관 내부의 질서를 유지하기 위한 것이거나, 또는 국민의 이익과 관련된 것이라도 직접 국민 개개인의 이익을 위한 것이 아니라 전체적으로 공공 일반의 이익을 도모하기 위한 것이라면 그 의무에 위반하여 국민에게 손해를 가하여도 국가 또는 지방자치단체는 배상책임을 부담하지 아니한다는 견해를 표명해오고 있어 논란의 여지를 남기고 있다.

"군행형법과 군행형법시행령이 군교도소나 미결수용실(이하 '교도소 등'이라 한다)에 대한 경계 감호를 위하여 관련 공무원에게 각종 직무상의 의무를 부과하고 있는 것은, 일차적으로는 그 수용자들을 격리보호하고 교정교화함

---

50) 대법원 1998.10.13. 선고 98다18520 판결.
51) 대법원 2009.9.24. 선고 2006다82649 판결.

으로써 공공 일반의 이익을 도모하고 교도소 등의 내부 질서를 유지하기 위한 것이라 할 것이지만, 부수적으로는 그 수용자들이 탈주한 경우에 그 도주과정에서 일어날 수 있는 2차적 범죄행위로부터 일반 국민의 인명과 재화를 보호하고자 하는 목적도 있다고 할 것이므로, 국가공무원들이 위와 같은 직무상의 의무를 위반한 결과 수용자들이 탈주함으로써 일반 국민에게 손해를 입히는 사건이 발생하였다면, 국가는 그로 인하여 피해자들이 입은 손해를 배상할 책임이 있다."52)

∷ 상수원수 수질기준유지의무 위반과 국가배상책임

"[1] 일반적으로 국가 또는 지방자치단체가 권한을 행사할 때에는 국민에 대한 손해를 방지하여야 하고, 국민의 안전을 배려하여야 하며, 소속 공무원이 전적으로 또는 부수적으로라도 국민 개개인의 안전과 이익을 보호하기 위하여 법령에서 정한 직무상의 의무에 위반하여 국민에게 손해를 가하면 상당인과관계가 인정되는 범위 안에서 국가 또는 지방자치단체가 배상책임을 부담하는 것이지만, **공무원이 직무를 수행하면서 그 근거되는 법령의 규정에 따라 구체적으로 의무를 부여받아도 그것이 국민의 이익과는 관계없이 순전히 행정기관 내부의 질서를 유지하기 위한 것이거나, 또는 국민의 이익과 관련된 것이라도 직접 국민 개개인의 이익을 위한 것이 아니라 전체적으로 공공 일반의 이익을 도모하기 위한 것이라면 그 의무에 위반하여 국민에게 손해를 가하여도 국가 또는 지방자치단체는 배상책임을 부담하지 아니한다.**

[2] 상수원수의 수질을 환경기준에 따라 유지하도록 규정하고 있는 관련 법령의 취지·목적·내용과 그 법령에 따라 국가 또는 지방자치단체가 부담하는 의무의 성질 등을 고려할 때, 국가 등에게 일정한 기준에 따라 상수원수의 수질을 유지하여야 할 의무를 부과하고 있는 법령의 규정은 국민에게 양질의 수돗물이 공급되게 함으로써 국민 일반의 건강을 보호하여 공공 일반의 전체적인 이익을 도모하기 위한 것이지, 국민 개개인의 안전과 이익을 직접적으로 보호하기 위한 규정이 아니므로, 국민에게 공급된 수돗물의 상수원의 수질이 수질기준에 미달한 경우가 있고, 이로 말미암아 국민이 법령에 정하여진 수질기준에 미달한 상수원수로 생산된 수돗물을 마심으로써 건강상의 위해 발생에 대한 염려 등에 따른 정신적 고통을 받았다고 하더라도, 이러한 사정만으로는 국가 또는 지방자치단체가 국민에게 손해배상책임을 부담하지 아니한다. 또한 상수원수 2급에 미달하는 상수원수는 고도의 정수처리 후 사용하여야 한다는 환경정책기본법령상의 의무 역시 위에서 본 수질기준 유지의무와 같은 성질의 것이므로, 지방자치단체가 상수원수의 수질기준에 미달하는 하천수를 취수하거나 상수원수 3급 이하의 하천수를 취수하여 고도의 정수처리가 아닌 일반적 정수처리 후 수돗물을 생산·공급하였다고 하더라도, 그렇게 공급된 수돗물이 음용수 기준에 적합하고 몸에 해로운 물질이 포함되어 있지 아니한 이상, 지방자치단체의 위와 같은 수돗물 생산·공급행위가 국민에 대한 불법행위가 되지 아니한다."53)

그 밖에도 다음과 같은 판례가 있다:

재량에 의한 직무수행권한의 불행사와 국가배상책임(대법원 2001.3.9. 선고 99다64278 판결)

형식적 의미의 법령에 근거가 없는 경우 부작위로 인한 국가배상책임의 성립요건(대법원 2001.4.24. 선고 2000다57856 판결)

AIDS 관리 및 검사·판정상의 잘못과 국가배상책임(대법원 1998.10.13. 선고 98다18520 판결)

검사의 부작위로 인한 국가배상책임(대법원 2009.9.24. 선고 2006다82649 판결)

---

52) 대법원 2003.2.14. 선고 2002다62678 판결.
53) 대법원 2001.10.23. 선고 99다36280 판결. 참조: [1] 대법원 1993.2.12. 선고 91다43466 판결; 대법원 1998.5.8. 선고 97다36613 판결; 대법원 2000.6.9. 선고 98다55949 판결.

2.2. 행정규칙위반과 부당한 재량처분

행정규칙의 위반과 부당한 재량처분의 경우 여기서 요구되는 법령위반의 성립여부가 문제된다. 이에 관해서는 행정규칙의 대외적 효력이 인정되지 않는 한 그리고 재량처분이 그 법적 한계를 넘지 않는 한 부정적으로 새겨야 한다. 먼저 행정규칙위반에 관해서 보면 판례는 행정규칙위반은 법령위반에 해당되지 않는다고 보는 데 비하여,54) 학설은, 반드시 일치하지는 않지만, 행정규칙위반도 법령위반(광의)에 해당한다고 보는 것이 다수의 견해로 보인다.55) 그러나 행정규칙이 대외적 구속력을 갖게 되거나 또는 구속력을 가진 것과 마찬가지의 결과가 되는 경우가 아니라면, 행정규칙을 위반해도 대국민적 관계에서는 아무런 위법의 문제를 발생시키지 않기 때문에 법령위반이 성립된다고 할 수 없다. 다음 부당한 재량처분의 경우를 보면, 재량권의 일탈, 남용 등 재량처분을 위법에 이르게 하는 사유가 있는 때에는 당연히 법령위반이 성립되는 것은 말할 나위도 없다. 그러나 그와 같은 경우가 아닌 이상, 재량을 그르쳤다고 하여 법령위반이 성립된다고 볼 수는 없는 것이다. 법령위반을 널리 법질서에 비추어 본 객관적 부정당성으로 파악한다고 할지라도 재량권행사의 '부당'은 법질서에 비추어 인정되는 부당성이 아니라 어디까지나 합목적성의 견지에서 판단되는 부당성이기 때문이다. 따라서 부당한 재량처분도, 그것이 재량권의 일탈, 남용 등으로 위법으로 판명되는 경우를 제외하고는 법령위반에 해당하지 않는다.56)

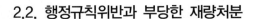 교사의 처벌행위의 위법성

"교사의 학생에 대한 처벌이 징계권의 행사로서 정당행위에 해당하려면, 그 처벌이 교육상의 필요가 있고, 다른 교육적 수단으로는 교정이 불가능하여 부득이한 경우에 한하는 것이어야 할 뿐만 아니라, 그와 같은 경우에도 그 처벌의 방법과 정도에는 사회관념상 비난받지 아니할 객관적 타당성이 있지 않으면 안 된다."57)

---

54) 대법원 1973.1.30. 선고 72다2062 판결.
55) 이상규, 신행정법론(상), 537; 김도창, 일반행정법론(상), 629; 김동희, 행정법 I, 475. 한편 독일의 경우 일찍이 경찰관의 총기사용에 관한 직무규정(行政規則)의 준수는 민법 제839조의 위법성을 배제한다고 한 라이히법원의 판결(RG JW 1906,745)이래 하급직원에 대한 일반적 직무명령 및 개별적 명령과 같은 행정규칙의 위반으로 인한 직무책임이 성립한다는 취지의 연방민사법원(BGHZ)의 판례들이 있다(Ossenbühl, in: Erichsen, § 7 Rn.44 m. Fußnote 94).
56) 김도창, 일반행정법론(상), 629; 김남진, 행정법 I, 575; 홍정선, 행정법론(상), 517-518. 한편 김동희교수(행정법 I, 475)는 부당한 재량행사에 관하여는 원칙적으로 부당성을 이유로 당해 재량처분을 국가배상법상 위법한 처분이라고 볼 수 없으나 구체적 사정과 관련해서는 예외적으로 부당한 처분이 위법한 처분으로 인정될 수도 있다고 한다.
57) 대법원 1991.5.28. 선고 90다17972 판결. 이에 관한 평석으로는 조정래, 교사의 체벌이 징계권의 행사로서 정당행위가 되기 위한 요건, 부산판연 판례연구 3(1993.2), 294.

인권보호를 위한 경찰관 직무규칙 위반과 국가배상책임

"'인권보호를 위한 경찰관 직무규칙' 등은 대외적으로는 구속력이 없는 행정규칙인 경찰청훈령에 불과하다 하더라도, 위 직무규칙은 모든 사람의 기본적 인권을 보장하기 위하여 경찰관이 경찰활동 전 과정에서 지켜야 할 직무기준을 정한 것이므로, 경찰업무의 특성상 그 상대방인 피해자 등의 인권 보호에 직접적 영향을 미치는 내용이라면 위 직무기준을 위반한 행위는 위법한 것으로 볼 여지가 있다."[58]

2.3. 선결문제로서 위법성판단

행정행위가 권한있는 기관에 의해 취소되기 전에 그 위법성을 이유로 국가배상을 청구할 수 있는지 여부가 문제가 있다. 이는 행정행위의 공정력 또는 구성요건적 효력과 관련된 문제이지만, 취소소송과 국가배상은 각각 그 제도적 취지를 달리한다는 점을 근거로 단순위법의 경우에도 그 행정행위의 취소를 거치지 않고 국가배상을 청구할 수 있다고 보는 것이 통설과 판례의 태도이다.

2.4. 취소소송 판결의 기판력과 국가배상에 있어 위법성

취소소송의 위법개념과 국가배상의 위법개념이 동일한 것인지, 전소인 취소소송 판결의 기판력이 후소인 국가배상청구소송에 미치는지 여부가 문제된다. 이것은 이미 전소에서 처분의 위법여하가 확정된 경우에 관한 문제라는 점에서 선결문제심판권 문제, 행정행위가 권한 있는 기관에 의해 취소되기 전에 국가배상청구소송의 수소법원에서 그 위법성을 판단할 수 있는지에 관한 문제와는 다르다. 이에 관해서는 몇 가지 학설이 대립한다.

2.4.1. 전부긍정설(일원설)

주로 행위불법설에 기초하여 항고소송의 위법성 개념과 국가배상의 위법개념이 동일하다고 보며 따라서 전소인 항고소송 판결의 기판력이 후소인 국가배상청구소송에 미친다고 보는 견해이다. 즉 어떤 처분에 대한 취소소송이 확정된 후에 그 처분의 위법을 이유로 하는 국가배상청구소송이 제기된 경우 동일한 행위규범의 위반여부에 대하여 판단을 같이 하는 한, 전소인 취소소송 판결의 기판력이 후소인 국가배상청구소송에 미치며 그 판결이 청구를 인용한 것인지 아니면 기각한 것인지에 따라 다르지 않다고 한다.[59]

2.4.2. 전부부정설(이원설: 기판력부정설)

항고소송의 위법개념과 국가배상의 위법개념은 상이하며 후자가 전자보다 더 넓기 때문에 전소인 취소소송 판결의 기판력이 후소인 국가배상청구소송에 미치지 아니 한다고 보는

58) 서울고법 2007.8.16. 선고 2006나108918 판결: 앞서 본 대법원 2008.6.12. 선고 2007다64365 판결의 원심판결.
59) 김철용, 행정법 I, 제13판, 2010, 496; 홍정선, 행정법특강, 463; 정하중, 행정법개론, 제5판, 2011, 539.

견해이다. 주로 결과불법설에 입각하여 주장된다.

2.4.3. 제한적 기판력긍정설

이 견해는 실정법 위반이 없더라도 조리상의 손해방지의무 또는 신체, 생명, 재산 등을 보호하기 위한 초법규적 위해방지의무를 인정한 판례를 근거로 국가배상의 위법개념이 항고소송의 위법개념보다 넓다고 보며 따라서 전소인 항고소송 판결의 기판력이 후소인 국가배상청구소송에 영향을 미친다고 보는 견해이다.[60] 이 견해에 따르면 전소인 취소소송 판결이 청구인용판결이라면 그 기판력이 후소인 국가배상청구소송에 영향을 미치지만 청구기각판결이라면 후소인 국가배상소송에 영향을 미치지 않는다고 본다.

2.4.4. 판 례

판례의 태도는 반드시 분명하지는 않지만, 다음에 보는 바와 같이 항고소송의 위법개념과 국가배상의 위법개념을 동일시하지 않는 입장에 선 것으로 추정해 볼 수 있다.

"어떠한 행정처분이 후에 항고소송에서 취소되었다고 할지라도 그 기판력에 의하여 당해 행정처분이 곧바로 공무원의 고의 또는 과실로 인한 것으로서 불법행위를 구성한다고 단정할 수는 없는 것이고, 그 행정처분의 담당공무원이 보통 일반의 공무원을 표준으로 하여 볼 때 객관적 주의의무를 결하여 그 행정처분이 객관적 정당성을 상실하였다고 인정될 정도에 이른 경우에 비로소 국가배상법 제2조 소정의 국가배상책임의 요건을 충족하였다고 봄이 상당할 것이며, 이때에 객관적 정당성을 상실하였는지 여부는 피침해이익의 종류 및 성질, 침해행위가 되는 행정처분의 태양 및 그 원인, 행정처분의 발동에 대한 피해자측의 관여의 유무, 정도 및 손해의 정도 등 제반 사정을 종합하여 손해의 전보책임을 국가 또는 지방자치단체에게 부담시켜야 할 실질적인 이유가 있는지 여부에 의하여 판단하여야 한다."[61]

이 판결은 이후 대법원 2003.12.11. 선고 2001다65236 판결, 대법원 2004.12.9. 선고 2003다50184 판결 등에서 재확인된 바 있다. 그러나 일부 문헌에서처럼[62] 위 판결을 반드시 기판력부정설을 취한 것으로 볼 수 있는지는 의문이다. 이들 판결은 모두 '어떠한 행정처분이 후에 항고소송에서 취소되었다고 할지라도 그 기판력에 의하여 당해 행정처분이 곧바로 공무원의 고의 또는 과실로 인한 것으로서 불법행위를 구성한다고 단정할 수는 없다'고 하여 고의·과실에 의한 불법행위 성립여부를 판단하고 있기 때문에 취소판결의 기판력이

---

60) 박균성, 행정법강의, 524; 김철용·최광률, 주석행정소송법, 197(박정훈 집필). 박정훈교수는 양자의 위법성이 다름을 인정하면서도 제한적 기판력긍정설을 취하는데 그 이유로 국가배상소송(이차적 권리구제)의 위법성이 취소소송(일차적 권리구제)의 위법성을 포함하기 때문에 취소소송 판결의 기판력을 국가배상소송에서 원용할 수 있도록 하는 것이 권리구제의 실효성을 위해 타당하다고 한다.

61) 대법원 2003.11.27. 선고 2001다33789,33796,33802,33819 판결.

62) 김철용교수(행정법 I, 496)는 우리 판례가 '기판력 부정설'을 취한다고 하면서 그 예로 위 대법원 2003.11.27. 선고 2001다33789,33796,33802,33819 판결을 들고 있다.

국가배상소송에서 배상원인이 된 그 처분의 위법성판단에 영향을 미치지 아니 한다고 보는 취지인지는 불분명하다. 이 점은 "그 행정처분의 담당공무원이 보통 일반의 공무원을 표준으로 하여 볼 때 객관적 주의의무를 결하여 그 행정처분이 객관적 정당성을 상실하였다고 인정될 정도에 이른 경우에 비로소 국가배상법 제2조 소정의 국가배상책임의 요건을 충족하였다고 봄이 상당할 것"이라고 판시하고 있는 점에서도 확인할 수 있다. 일찍이 대법원은 '어떠한 행정처분이 후에 항고소송에서 취소되었다고 할지라도 그 기판력에 의하여 당해 행정처분이 곧바로 공무원의 고의 또는 과실로 인한 것으로서 불법행위를 구성한다고 단정할 수 없다'고 판시한 바 있는데,[63] 위 판결들과 맥락을 같이 하는 판단을 내린 이유로 '행정청이 관계 법령의 해석이 확립되기 전에 어느 한 설을 취하여 업무를 처리한 것이 결과적으로 위법하게 되어 그 법령의 부당 집행이라는 결과를 빚었다고 하더라도 처분 당시 그와 같은 처리 방법 이상의 것을 성실한 평균적 공무원에게 기대하기 어려웠던 경우라면 특단의 사정이 없는 한 이를 두고 공무원의 과실로 인한 것이라고는 할 수 없기 때문'이라고 설시하였다. 결국 취소판결의 기판력으로부터 곧바로 고의·과실에 의한 불법행위 성립이란 결론이 나오는 것은 아님을 강조하였을 뿐, 기판력부정설이든 긍정설이든 어떤 입장을 표명한 것이라고 보기는 어렵지 않을까 생각한다.

2.4.5. 소　결

생각건대, 국가배상소송에서의 위법개념과 취소소송에서의 위법개념을 동일한 것으로 보아야 할 이유는 없을 것이다. 그렇지만, 어떤 처분에 대한 취소소송이 확정된 후에 그 처분의 위법을 이유로 국가배상청구소송을 제기한 경우에는 양 소송에 있어 위법개념의 상위에도 불구하고 당해 처분의 위법여부 자체는 공통부분이 되는 것이고 따라서 전소에서 당해 처분의 위법여부가 확정되었음에도 불구하고 후소에서 판단이 달라지는 결과를 용인하는 것은 사법적 결정의 통일성이나 피해자구제의 견지에서 결코 바람직하다고 볼 수 없다. 그렇다면 취소판결의 기판력은 원고가 이를 국가배상소송에서 원용할 수 있다고 보는 것이 올바른 해결책이 될 것이다. 물론 경우에 따라서는 하급심에서 확정된 취소판결의 기판력을 국가배상소송의 상급심에서 원용하는 경우 어려운 문제가 생길 수도 있다. 그러나 하급심에서 취소판결이 확정되면 그 대상이 된 처분은 대세적으로 소멸하게 되는 것이므로 상급심이라고 하여 이를 무시할 수는 없게 된다는 점도 유의할 필요가 있다. 아울러 행정소송법 제28조 제1항에서 사정판결을 허용하면서 '그 판결의 주문에서 그 처분등이 위법함을 명시하여야 한다'고 규정한 것도 바로 후소에서 그 처분의 위법을 원용할 가능성을 예상한 것으로 볼 수 있다. 반면 전소인 처분에 대한 취소소송에서 청구기각판결이 확정된 경우에는 후소인 그 처분

---

63) 대법원 1999.9.17. 선고 96다53413 판결.

의 위법을 이유로 한 국가배상청구소송에서 그 처분청이 속한 국가나 지방자치단체가 그 기판력을 원용할 경우, 기판력이 후소에 미친다고 하더라도 그 객관적 범위 안에서만 그러할 뿐 그 결과 반드시 후소의 청구기각으로 귀결되는 것은 아니다. 결론적으로 기판력 전부긍정설이 타당함을 알 수 있다.

2.5. 입증책임

일반적으로 직무행위의 위법성에 대한 입증책임은 원고가 진다고 본다. 따라서 직무행위가 법령에 위반한 것이라는 점을 입증하지 못한 데 대한 불이익은 원고에게 귀속된다. 한편 피해자는 가해행위를 입증하면 족하고 그 위법성을 입증할 필요가 없다는 견해가 있다.[64]

3. 고의 · 과실

국가배상법 제2조에 의한 배상책임은 고의 · 과실을 요건으로 한다는 점에서 과실책임주의에 입각한 것이라고 할 수 있다. 이 요건은 일반적으로 앞서 살펴본 객관적 요소라 할 수 있는 위법성요건과는 달리 주관적 책임요소로서 파악된다. 과실의 개념에 관해서는 이미 앞에서 살펴본 국가배상책임의 본질에 대한 이해와 관련하여 대단히 다양하게 견해가 대립되고 있다.

3.1. 고의 · 과실의 개념

고의란 일반적으로 일정한 결과발생을 인식한 심리상태를 의미하며 과실은 이러한 결과발생을 부주의로 인식하지 못한 것, 다시 말해서 결과를 인식하지 못한 데 대하여 주의의무의 위반이 인정되는 경우를 말하는 것으로 설명되고 있다. 공무원의 직무집행상의 과실이란 공무원이 그 직무를 수행함에 있어서 당해 직무를 담당하는 평균인이 통상 갖추어야 할 주의를 다하지 못한 것을 말한다. 여기서 과실은 중과실을 규정하는 국가배상법 제2조 제2항과 비교할 때 경과실을 포함하는 것으로 이해된다. 한편 법령해석상의 과실도 국가배상법 제2조상의 과실에 해당한다.

▦ 법령해석의 과실에 관한 판례

판례는 종래 법령해석상의 과실을 특별한 사정이 있을 때 한하여 제한적으로 인정하는 경향을 띠었으나 이후 다소 뉘앙스를 보이고 있다. 먼저, 대법원은 비교적 일관되게 「법령에 대한 해석이 복잡미묘하여 워낙 어렵고 이에 대한 학설 · 판례조차 귀일되지 못하여 의의가 없을 수 없는 경우」, 공무원이 그 나름대로 신중을 기하여 합리적인 근거를 찾아 그중 어느 한 설을 취하여 내린 해석이 대법원에 의해 받아들

---

64) 박윤흔, 최신행정법강의(상), 688.

여지지 않음으로써 결과적으로 위법하게 되어 그 법령의 부당집행이란 결과를 빚었다면 그 이상의 처리를 성실한 평균적 공무원에게 기대하기 어려운 일이므로 다른 특별한 사정이 없는 한 과실이 성립되지 않는다고 판시해 오고 있다.[65] 실례로 대법원은 위법·무효인 시행령의 제정에 관여한 공무원의 불법행위 성립여부와 관련하여 "일반적으로 행정입법에 관여하는 공무원이 시행령이나 시행규칙을 제정함에 있어서 관계 법규를 알지 못하거나 필요한 지식을 갖추지 못하여 법률 등 상위법규의 해석을 그르치는 바람에 상위법규에 위반된 시행령 등을 제정하게 되었다면 그가 법률전문가가 아닌 행정공무원이라고 하여 과실이 없다고 할 수는 없으나, 상위법규에 대한 해석이 그 문언 자체만으로는 명백하지 아니하여 여러 견해가 있을 수 있는데다가 이에 대한 선례나 학설·판례 등도 하나로 통일된 바 없어 해석상 다툼의 여지가 있는 경우, 그 공무원이 나름대로 합리적인 근거를 찾아 어느 하나의 견해에 따라 상위법규를 해석한 다음 그에 따라 시행령 등을 제정하게 되었다면, 그와 같은 상위법규의 해석이 나중에 대법원이 내린 해석과 같지 아니하여 결과적으로 당해 시행령 등의 규정이 위법한 것으로 되고 그에 따른 행정처분 역시 결과적으로 위법하게 되어 위법한 법령의 제정 및 법령의 부당집행이라는 결과를 가져오게 되었다고 하더라도, 그와 같은 직무처리 이상의 것을 당해 업무를 담당하는 성실한 평균적 공무원에게 기대하기 어려운 것이므로, 이러한 경우에까지 국가배상법상 공무원의 과실이 있다고 할 수는 없다"고 판시한 바 있었다.[66]

이후 대법원은 대법원판결이 형사소송법 등 법령에 명시되지 아니한 피의자의 권리를 헌법적 해석을 통하여 혹은 형사소송법의 규정 등을 유추적용하여 최초로 인정한 경우, 그 대법원판결 전에 이와 달리 법령을 해석하여 조치한 수사검사에게 국가배상법 제2조 제1항 소정의 과실이 있는지 여부에 대하여 종래의 판례를 재확인한 바 있다.[67]

반면, 대법원은 「법령에 대한 해석이 복잡미묘하여 워낙 어렵고 이에 대한 학설·판례조차 귀일되어 있지 않는 등의 특별한 사정이 없는 한 일반적으로」 공무원이 관계법규를 알지 못하거나 필요한 지식을 갖추지 못하여 법규의 해석을 그르쳐 행정처분을 하였다면 그가 법률전문가 아닌 행정직공무원이라고 하여 과실이 없다고는 할 수 없다고 판시하고 있다.[68] 형집행시 검사의 주의의무에 관하여 "형법 제39조 제1항에 의하여 하나의 판결로 무기징역형과 징역 5년의 유기징역형이 선고된 경우에는 형법 제39조 제2항, 제38조 제1항 제1호에 의하여 유기징역형은 무기징역형에 흡수되므로 유기징역형은 집행할 수 없고 무기징역형만을 집행하여야 할 것임은 위 규정의 법문 자체로 명백하고, 따라서 검사가 무기징역형에 앞서 유기징역형을 먼저 집행하도록 형집행순서변경지휘를 한 것은 그 주의의무를 위반한 과실에 기인한 것이 아니라고 할 수 없다"고 판시한 것이 그 예이다.[69]

---

65) 대법원 1973.10.10. 선고 72다2583 판결; 대법원 1995.10.13. 선고 95다32747 판결.

66) 대법원 1997.5.28. 선고 95다15735 판결.

67) 대법원 2010.6.24. 선고 2006다58738 판결. 이 사건 판결에서 말하는 대법원판결이란 헌법 제12조 제4항 본문의 규정 등과 적법절차주의를 선언한 헌법정신에 비추어 구금된 피의자는 구 형사소송법(2007.6.1. 법률 제8496호로 개정되기 전의 것) 제209조, 제89조 등의 규정을 유추적용하여 피의자신문시 변호인의 참여를 요구할 권리가 있다고 판시하고, 당시 수사검사가 구속 피의자에 대하여 변호인의 피의자신문 참여를 불허한 처분이 위법하다고 판단한 대법원 2003.11.11. 자 2003모402 결정을 말한다.

68) 대법원 1981.8.25. 선고 80다1598 판결. 여기서 대법원은 법령의 근거없이 미성년자혼숙행위를 이유로 영업허가를 취소한 이 사건 허가취소처분은 공무원의 법령의 해석, 적용상의 과실에 기인한 것으로서 원심이 이를 근거로 국가배상책임을 인정한 것은 정당하다고 판시했다.

69) 대법원 1994.1.14. 선고 93다28515 판결. 그 밖에 대법원 1973.10.10. 선고 72다2583 판결; 대법원 1981.8.25. 선고 80다1598 판결 등을 참조.

앞의 사례에서 대법원은 다분히, 복잡곤란하고 학설·판례상 다투어지고 있는 법령의 해석에 관한 잘못은 평균적 공무원에게 귀책될 수 없다는 소극설을 원칙으로 삼고 있는 데 비해, 뒤의 사례에서는 법규의 무지로 인한 법해석의 잘못에 대해서, 학설·판례상의 불확실성이란 특별한 사정이 없는 한, 원칙적으로 공무원의 과실을 인정하고 있는 것이다. 이로써 법령해석상 공무원의 주의의무에 관한 한, 적어도 두 가지 요건이 판례를 통하여 형성되었다고 볼 수 있다. 그것은 **첫째, 해석이 어렵고 학설·판례조차 귀일되지 못하여 의의가 없을 수 없는 법령을 해석함에 있어서 공무원은 그 나름대로 신중을 기하여 합리적인 근거를 찾아 해석을 해야 한다는 것, 둘째, 그 밖의 경우에는 일반적으로 당해 공무원이 비록 관계법규를 몰랐거나 필요한 지식을 갖추지 못했다고 해서 법령해석상의 잘못이 면책되지 않는다는 것이 그것**이다.

참고로 독일에서는, 법적 인식의 결함은 과실에 해당되는 것으로 파악되고 있다. 즉, 직무수행자는 그의 소관업무에 관해 의거할 기준이 되는 법적 규정과 아울러 이에 대한 판례와 학설을 통한 해석내용을 인식하지 않으면 안 된다. 다만 객관적으로 존재하는 해석상의 의문이 있을 때에는 그 직무담당자가 나름대로 합당한 견해를 좇는 한, 사후에 그것이 판례에 의해 확인되지 못함으로써 옳지 않았다고 판명되는 경우에도, 과실이 성립하지 않는다고 한다.[70]

▦ 시위를 저지한 경찰공무원의 과실과 국가배상책임

"[1] 구 집회및시위에관한법률(1999.5.24. 법률 제5985호로 개정되기 전의 것)하에서는 옥외집회 또는 시위가 그 신고사항에 미비점이 있었다거나 신고의 범위를 일탈하였다고 하더라도 그 신고내용과 동일성이 유지되어 있는 한 신고를 하지 아니한 것이라고 볼 수는 없으므로, 관할 경찰관서장으로서는 단순히 신고사항에 미비점이 있었다거나 신고의 범위를 일탈하였다는 이유만으로 곧바로 당해 옥외집회 또는 시위 자체를 해산하거나 저지하여서는 아니 될 것이고, 옥외집회 또는 시위 당시의 구체적인 상황에 비추어 볼 때 옥외집회 또는 시위의 신고사항 미비점이나 신고범위 일탈로 인하여 타인의 법익 기타 공공의 안녕질서에 대하여 직접적인 위험이 초래된 경우에 비로소 그 위험의 방지·제거에 적합한 제한조치를 취할 수 있되, 그 조치는 법령에 의하여 허용되는 범위 내에서 필요한 최소한도에 그쳐야 할 것이다.

[2] 시위자들이 신고되지 아니한 죄수복 형태의 옷을 집단적으로 착용하고 포승으로 신체를 결박한 채 행진하였다는 이유로 경찰이 곧바로 시위를 저지한 것은 시위의 자유를 과도하게 제한하는 조치로서 위법하나, 시위라는 것은 많은 사람이 관련되고 시위장소 주변의 사람이나 시설에 적지 않은 영향을 줄 수 있는 것이므로, 시위의 적법 여부에 관하여 시위관여자와 다툼이 있을 경우 시위를 허용할 것이냐 아니면 이를 저지할 것이냐의 판단은 경찰공무원이 많은 시간을 두고 심사숙고하여 결정할 수 있는 성질의 것이 아니라 현장에서 즉시 허용 여부를 결정하여 이에 따른 조치를 신속하게 취하여야 할 사항인바, 구 집회및시위에관한법률(1999.5.24. 법률 제5985호로 개정되기 전의 것)상 시위의 해산요건으로 신고사항에 미비점이 있는 경우를 명시적으로 들고 있지는 않았으나 그와 같은 경우 미신고의 경우처럼 곧바로 시위를 해산할 수 있느냐, 아니면 이를 이유로 곧바로 당해 시위를 저지해서는 아니 되고 신고사항의 미비점으로 인하여 타인의 법익 기타

---

70) Maurer, § 25 Rn.25. 그 밖에 합의부법원(Kollegialgericht)이 직무담당자의 행위를, 공무원에게 법원 이상의 법적 인식을 요구할 수 없기 때문에, 적법한 것으로 판단한 경우에는 원칙적으로 과실이 성립하지 않는다는 판례(BGHZ 73,161,164f.; BVerwGE NVwZ 1985,265)가 있다. 그러나 이러한 견해에 대하여 마우러는, 그것이 본래의 문제를 오도할 뿐만 아니라, 국가배상소송이 지방법원(Landgericht)에 의해 직무위반이 성립되지 않는다는 이유로 기각될 경우 항소 및 상고심이 아예 처음부터 전망을 잃게 되는 이상한 결과를 초래한다고 비판하고 있다.

공공의 안녕질서에 대하여 직접적인 위험이 초래된 경우에만 그 위험의 방지나 제거에 적합한 제한조치를 할 수 있을 뿐이냐에 관하여 **시위 당시까지 이 점에 관한 선례, 학설이나 판례가 없었으며 법률전문가라고 하더라도 이를 선뜻 판단할 수 있는 문제로는 보이지 아니하므로,** 시위현장에서 비로소 위와 같은 신고사항의 미비점을 발견한 경찰공무원이 이를 이유로 바로 시위를 저지할 수 있다고 판단한 데에 큰 잘못이 있다고 보이지는 아니하고, 한편 시위자들로서도 죄수복 형태의 옷을 집단적으로 착용하고 포승으로 신체를 결박한 채 행진하려는 것은 신고의 대상이 되는 것임에도 고의로 이를 신고하지 아니한 잘못과 신고 내용과는 달리 차도 일부로 진행한 잘못이 있는 등, 시위자들과 경찰공무원의 과실의 내용과 정도, 특히 경찰공무원들의 과실이 극히 작은 것으로 보이는 점, 그 외 시위의 저지에 이르게 된 경위 등 여러 사정을 공평의 원칙에 비추어 볼 때 국가배상책임을 인정하지 않는 것이 상당하다."[71]

▨ 사법시험 출제오류와 국가배상책임

"[1] 어떠한 행정처분이 **후에 항고소송에서 취소되었다고 할지라도 그 기판력에 의하여 당해 행정처분이 곧바로 공무원의 고의 또는 과실로 인한 것으로서 불법행위를 구성한다고 단정할 수는 없는 것이고, 그 행정처분의 담당공무원이 보통 일반의 공무원을 표준으로 하여 볼 때 객관적 주의의무를 결하여 그 행정처분이 객관적 정당성을 상실하였다고 인정될 정도에 이른 경우에 비로소 국가배상법 제2조 소정의 국가배상책임의 요건을 충족하였다고 봄이 상당할 것이며,** 이 때에 객관적 정당성을 상실하였는지 여부는 피침해이익의 종류 및 성질, 침해행위가 되는 행정처분의 태양 및 그 원인, 행정처분의 발동에 대한 피해자측의 관여의 유무, 정도 및 손해의 정도 등 제반 사정을 종합하여 손해의 전보책임을 국가 또는 지방자치단체에게 부담시켜야 할 실질적인 이유가 있는지 여부에 의하여 판단하여야 한다.

[2] 법령에 의하여 국가가 그 시행 및 관리를 담당하는 시험에 있어 시험문항의 출제 및 정답결정에 오류가 있어 이로 인하여 합격자 결정이 위법하게 되었다는 것을 이유로 공무원 내지 시험출제에 관여한 시험위원의 고의·과실로 인한 국가배상책임을 인정하기 위하여는, 해당 시험의 실시목적이 시험에 응시한 개인에게 특정한 자격을 부여하는 개인적 이해관계 이외에 일정한 수준의 적정 자격을 갖춘 자에게만 특정 자격을 부여하는 사회적 제도로서 그 시험의 실시에 일반 국민의 이해관계와도 관련되는 공익적 배려가 있는지 여부, 그와 같은 시험이 시험시행 당시의 법령이 정한 요건과 절차에 따라 국가기관 내지 소속 공무원이 구체적 시험문제의 출제, 정답 결정, 합격 여부의 결정을 위하여 해당 시험과목별로 외부의 전문 시험위원을 적정하게 위촉하였는지 여부, 위촉된 시험위원들이 문제를 출제함에 있어 최대한 주관적 판단의 여지를 배제하고 객관적 입장에서 해당 과목의 시험을 출제하였는지 및 같은 과목의 시험위원들 사이에 출제된 문제와 정답의 결정과정에 다른 의견은 없었는지 여부, 1차시험의 오류를 주장하는 응시자 본인에게 사후에 국가가 1차시험의 합격을 전제로 2차시험의 응시자격을 부여하였는지 여부 등 제반 사정을 종합적으로 고려하여 시험관련 공무원 혹은 시험위원이 객관적 주의의무를 결하여 그 시험의 출제와 정답 및 합격자 결정 등의 행정처분이 객관적 정당성을 상실하고, 이로 인하여 손해의 전보책임을 국가에게 부담시켜야 할 실질적인 이유가 있다고 인정되어야 한다."[72]

---

71) 대법원 2001.10.9. 선고 98다20929 판결.
72) 대법원 2003.11.27. 선고 2001다33789,33796,33802,33819 판결.

고의·과실은 당해 공무원을 기준으로 판단해야 하며 국가가 공무원의 선임·감독을 게을리 하지 않았다는 사실은 국가배상책임의 성립에 영향을 주지 않는다. 이 점에서 민법 제756조에 의한 사용자책임에서 선임·감독상의 고의·과실이 요구되는 것과 구별된다.

이와같이 고의·과실을 당해 공무원의 주관적 책임요소로 파악하는 것은 바로 대위책임설의 결과라 할 수 있다. 반대로 자기책임설에 의하면 여기서 과실이란 기관과실 또는 역무과실($\substack{\text{faute de} \\ \text{service}}$)로서 주관적 책임요소로서의 과실이라기보다는 오히려 객관적인 하자에 가까운 개념이 될 것[73]임은 물론이다.

3.2. 과실의 객관화경향

과실책임주의로 인한 피해자구제상의 난점을 해결하기 위하여 국가배상법상의 과실관념을 객관화하려는 시도가 다양하게 나타나고 있다.[74] 이러한 과실의 객관화시도로서 중요한 것만을 소개하면 다음과 같다.

3.2.1. 주의의무의 객관화·고도화

오늘날 학설·판례의 일반적 경향으로서 과실을 주관적 심리상태로 보지 않고 객관적 주의의무의 위반으로 파악하여 그 주의의무의 내용을 고도화하려는 입장이 있다.[75] 이 경우 과실판단의 기준은 행위를 한 당해 공무원 개인이 아니라 의무에 충실한 평균적 공무원($\substack{\text{pflichtgetreue} \\ \text{Durchschnittsbeamte}}$)이며 따라서 동일직종에 종사하는 평균적 공무원의 주의력, 즉 각개의 직무수행을 위해 평균적으로 필요한 인식 및 능력이 그 표준이 된다고 한다.[76] 이러한 견해에 따르면 구체적인 경우에 객관적으로 보아 행정청의 위법한 행위가 요구된 주의의무에 부합되지 않았다는 것을 증명하는 것으로 족하며 또한 가해공무원을 특정할 필요도 없다고 한다(실제상 불가능한 경우도 많다). 이는 어느 공무원의 행위인가가 판명되지 않은 경우에도, 그것이 공무원의 행위인 한 국가의 배상책임이 인정되도록 해야 한다는 입장이라 할 수 있다.

> **행정처분이 후에 항고소송에서 취소된 경우 국가배상책임의 성립 요건과 그 판단 기준**
> "[1] 어떠한 행정처분이 후에 항고소송에서 위법한 것으로서 취소되었다고 하더라도 그로써 곧 당해 행정처분이 공무원의 고의 또는 과실에 의한 불법행위를 구성한다고 단정할 수는 없지만, 그 행정처분의 **담당공무원이 보통 일반의 공무원을 표준으로 하여 볼 때 객관적 주의의무를 결하여 그 행정처분이 객관적 정당성을 상실하였다고 인정될 정도에 이른 경우에는 국가배상법 제2조 소정의 국가배상책임의 요건을 충족하였다고 보아야 한다.** 이때 객관적 정당성을 상실하였는지 여부는 침해행위가 되는 행정처분의

---
73) 박균성, 고시계 1990/8, 104.
74) 이에 관하여는 대표적으로 김동희, 국가배상법에 있어서 과실관념에 관한 一考, 고시연구 1988/4를 참조.
75) 김남진, 행정법 I, 573이하를 참조.
76) Maurer, § 25 Rn.24; 김남진, 행정법 I, 574.

태양과 그 목적, 피해자의 관여 여부 및 관여의 정도, 침해된 이익의 종류와 손해의 정도 등 여러 사정을 종합하여 결정하되 손해의 전보책임을 국가 또는 지방자치단체에게 부담시킬 만한 실질적인 이유가 있는지도 살펴서 판단하여야 하며, 이는 행정청이 재결의 형식으로 처분을 한 경우에도 마찬가지이다.

[2] 보험급여에 관한 근로복지공단의 결정에 대한 산업재해보상보험심사위원회의 재심사절차는 민사재판절차와는 별개의 절차로서 민사사건 등의 판결에서 인정된 사실에 기속되는 것은 아니라 할지라도 이미 확정된 관련 민사사건에서 인정된 사실은 특별한 사정이 없는 한 유력한 판단자료가 되는 것이므로 합리적 근거 없이 이를 배척할 수 없고, 특히 분쟁의 기초가 된 사실 및 그 청구 목적이 근로복지공단의 처분과 밀접하게 관련된 민사소송에서 확정된 사실이라면 더욱 그러하다. 따라서 당해 근로자가 당사자가 되어 진행된 민사사건에서 신체장해의 존부가 다투어지고 신체감정절차를 거쳐 그러한 장해를 인정하지 않는 내용의 판결이 확정되었음에도 산재심사위원회가 특별한 합리적 근거도 없이 객관적으로 확정판결의 내용에 명백히 배치되는 사실인정을 하였다면 이러한 재결은 전문적 판단의 영역에서 행정청에게 허용되는 재량을 넘어 객관적 정당성을 상실한 것으로서 국가배상법 제2조 소정의 국가배상책임의 요건을 충족할 수 있다.”[77]

3.2.2. 조직과실의 이론

위의 시도와는 약간 다른 관점에서 독일행정법상에서 발전된 이른바 조직과실($^{Organisations-}_{verschulden}$)의 이론을 원용하여 과실을 객관화하려는 시도가 나타나고 있다. 즉, 국가작용의 흠을 행정기관내부에서 상위공무원(기관장 또는 부서장)에게 귀속시키는 방안이다. 예컨대 담당자가 휴가중이고 그 직무대행에 관한 규정이 없다는 이유에서 도로교통관청이 필요한 교통표지판을 설치하지 않은 경우 이러한 방치행위로 인해 교통사고가 발생하였다면, 피해자에 대한 관계에 있어서 책임있는 직무담당자가 존재하지 않았다는 사실은 아무런 영향을 주지 못하며 오히려 그 행정청이 – 그 기관장이 – 적정한 직무대행을 조치하지 않았다는 것을 이유로 비난되어야 한다고 한다.[78] 이와 같은 조직과실의 개념은 부분적으로는 프랑스행정법에서의 ‘역무과실’($^{faute\ de}_{service}$)에 접근하는 개념으로 이해되고 있다.[79] 우리나라 국가배상법상의 과실에 관해 「이를 엄격히 해석할 것이 아니라, ‘공무원의 위법행위로 인한 국가작용의 흠’ 정도로 완화하는 것이 좋을 것」[80]이라고 설명하는 견해도 이와 같은 이론적 경향을 받아들인 것으로 간주될 수 있다. 다만 이에 대하여는 그와 같이 과실을 확대해석하면 결국 결과책임으로 돌아가고 만다는 비판[81]이 있다.

---

77) 대법원 2011.1.27. 선고 2008다30703 판결.
78) Maurer, § 25 Rn.24.
79) 김남진, 행정법 I, 574; 김동희, 행정법 I, 477.
80) 김도창, 일반행정법론(상), 628. 여기서는 과실책임주의가 완화되는 중요한 경우로 공해배상을 든다. 공해배상에서는 ① 고의·과실에 관한 과실책임론이 무과실책임론으로, ② 위법성문제에 관한 권리남용론이 수인한도론으로, ③ 인과관계에 관한 상당인과관계설이 개연성설로 발전되는 경향이 있다고 한다.
81) 이상규, 신행정법론(상), 537.

3.2.3. 위법성·과실 일원론

위법성과 과실을 일원적으로 파악함으로써 둘 중 어느 하나가 입증되면 다른 요건은 당연히 충족된 것으로 보아야 한다는 견해가 특히 민법상 불법행위론, 일본에서의 이론전개 및 비교법적 고찰을 배경으로 주장되고 있다.

김동희교수에 따르면 민법상의 불법행위법에서는 위법성과 과실을 대치시키는 이원설이 통설이나, 이것은 독일의 불법행위법의 전통적 학설에 입각한 것이며, 프랑스법이나 영미법에서는 이러한 이원적 구조가 발견되지 않는다고 한다.[82] 즉, 프랑스법에서의 faute나 영미법의 negligence는 위법성에 대치되는 개념으로서의 과실을 지칭하는 것이 아니라 위법성과 과실을 공히 포함하는 개념이라고 한다.

3.2.4. 결론: 과실의 객관적 이해

생각건대 국가배상법상 과실은 형법상의 그것과는 달라서 행위자개인의 책임귀속(규범적·사회적 비난!)을 위한 것이 아니라 국가의 배상책임의 성립을 위한 것이므로 행위자 공무원의 주의능력 또는 주의력보다는 객관적 주의의무의 관점에서 과실의 객관화를 시도하는 것이 타당하다. 여기서 과실의 객관화를 위한 시도가 여러 각도에서 행해지고 있다는 사실은 역으로 과실책임주의에 기초를 둔 현행국가배상제도가 지니고 있는 권리구제상의 불완전성을 말해주는 것이라는 점을 다시금 음미할 필요가 있다. 이렇게 볼 때 국가배상법상의 과실을 민법상의 과실과 같은 개념으로 파악해야 할 필연적 이유는 없으며,[83] 국가배상에서의 과실은 이른바 조직체로서 국가가 지는 책임을 매개하는 요소의 하나로서 국가에게 귀책되는 객관적인 국가작용의 흠으로 파악되는 것이 옳다고 본다.

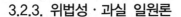 **행정상 공표와 주의의무**

대법원 민사3부(주심 윤영철 대법관)는 1993월 11월 26일 판결에서 국세청보도자료에 의해 위장증여혐의 부동산투기자 82명에 포함돼 언론에 보도됨으로써 명예훼손을 당했다고 주장한 원고의 국가배상청구소송을 인용하면서 다음과 같이 설시했다: "국가기관이 행정목적달성을 위하여 언론에 보도자료를 제공하는 등 행정상 공표의 방법으로 실명을 공개함으로써 타인의 명예를 훼손한 경우, 그 공표된 사람에 관하여 적시된 사실의 내용이 진실이라는 증명이 없더라도 국가기관이 공표당시 이를 진실이라 믿었고 또 그렇게 믿을 만한 상당한 이유가 있다면 위법성이 없는 것이고, 이 점은 언론을 포함한 사인에 의한 명예훼손의 경우에서와 마찬가지라 할 것인 바, 한편 이러한 상당한 이유의 존부의 판단에 있어서는, 실명공표 자체가 매우 신중하게 이루어져야 한다는 요청에서 비롯되는 사실조사능력, 공표된 사실이 진실하리라는 점에 대한 국민의 강한 기대와 신뢰, 공무원의 비밀엄수의무와 법령준수의무 등에 비추어, 사인의 행

---

82) 김동희, 행정법 I, 477 및 각주 2.
83) 김동희, 행정법 I, 478.

제1편
제2편
제3편
제4편
제5편
행정구제법

위에 의한 경우 보다는 훨씬 더 엄격한 기준이 요구된다 할 것이므로, 그 사실이 의심의 여지없이 확실히 진실이라고 믿을 만한 객관적이고도 타당한 확증과 근거가 있는 경우가 아니라면 그러한 상당한 이유가 있다고 할 수 없을 것이다."[84] 이 판결에서 대법원이 '국가기관이 실명을 공표할 경우에는 공권력의 광범한 사실조사능력과 공표된 사실이 진실하리라는 점에 대한 국민의 강한 기대와 신뢰, 또 공무원의 비밀엄수와 법령준수의무 등에 비추어 사인의 행위보다 훨씬 더 엄격한 기준이 요구된다'고 한 것은 피해자구제의 견지에서 주의의무의 내용을 객관적으로 파악하고 이를 고도화하려는 경향을 보여준 것으로 주목된다.[85]

⣿ 복무기간연장의 효과를 지닌 병인사관리규정을 발령 유지시킨 육군참모총장의 직무상 과실

"구 병역법 제18조 제4항 및 같은법시행령 제28조 제2항 제1호의 각 규정을 검토하면 확정판결에 의한 형의 집행일수만을 현역 복무기간에 산입하지 아니한다는 것이 규정 자체에 의하여 명백하다는 점에 비추어, '가'항과 같은 내용의 병인사관리규정을 발령·유지시킨 육군참모총장에게 직무상의 과실이 없다고 할 수 없으며, 나아가 피해자가 구속되어 있던 기간을 제외하고도 잔여 복무일수를 복무한 때로부터 실제로 전역명령을 받은 때까지 전역이 지연되도록 한 육군 참모총장의 행위는 전체 법질서의 관점에서 보아 위법한 것임을 면할 수 없다."[86]

3.3. 입증책임

국민의 권리구제의 실효를 위한 과실의 객관화 내지 완화의 이유는 고의·과실의 입증책임에도 그대로 관철되어야 할 것이다. 이러한 견지에서 비록 법문상으로는 공무원의 고의·과실을 국가배상을 청구하는 측에서 입증하도록 되어 있을지라도 이를 무조건 관철하면 피해자에게 지나치게 가혹할 뿐만 아니라 형평에도 맞지 않게 되므로 이를 경감시키기 위해 일응추정($^{\text{prima}}_{\text{facie}}$)이란 민법상의 법리가 원용될 필요가 있다고 본다.[87] 즉, 피해자가 공무원의 위법한 직무행위에 의하여 손해가 발생했다는 사실을 입증하면 공무원에게 과실이 있었던 것으로 일응 추정하고 이를 피고인 국가측에서 반증하여 번복하도록 하는 것이 타당할 것이다.

4. 손해의 발생

국가배상책임이 성립하기 위해서는 손해가 발생했어야 한다.[88] 이 손해발생의 요건은 적

---

84) 대법원 1993.11.26. 선고 93다18389 판결. 따라서 국세청이 등기부열람으로 위장증여혐의를 포착했다 하더라도 당사자 또는 가족을 상대로 한 이전등기 경위조사, 인근토지의 매매경위조사 등을 벌였어야 함에도 본인이 외출중이라는 이유로 이를 포기한 것은 확인노력을 소홀히 한 책임이 있다고 본 것이다(1993.11.27. 중앙일보 23면, 5면기사 참조).
85) 한편 국가배상사건은 아니지만 헌혈혈액 전부에 대한 후천성면역결핍증(에이즈: AIDS) 검사가 의무화되기 이전에 헌혈받아 공급한 혈액을 수혈받고 에이즈에 감염됨에 따라 제기된 대한적십자사에 대한 민사상 손해배상청구소송에서 대법원이 주의의무를 고도화하여 과실의 인정범위를 확대한 사례를 볼 수 있다(대법원 1995.8.25. 선고 94다47803 판결).
86) 대법원 1995.7.14. 선고 93다16819 판결. 참조: 대법원 1985.2.28. 선고 85초13 재정.
87) 김도창, 일반행정법론(상), 629.
88) 대법원 2016.8.30. 선고 2015두60617 판결.

어도 첫째, 타인에게 손해가 발생하였고, 둘째, 가해행위와 손해발생 사이에 인과관계가 있다고 인정될 때에만 충족될 수 있다.

4.1. 타인에게 손해가 발생했을 것

먼저 손해란 가해행위로 인하여 발생한 일체의 손해(불이익)로서 적극적 손해·소극적 손해(정당한 기대이익의 상실)·재산적 손해·생명 및 신체적 손해·정신적 손해[89] 등을 모두 포함한다. 또한 발생한 손해는 타인에 대한 것이어야 한다. 여기서 타인이란 본인, 즉 위법행위를 한 자나 그에 가담한 자를 제외한 모든 피해자(자연인·법인)로서 함께 직무를 수행하다가 피해를 입은 공무원도 포함된다. 국가·지방자치단체 등 행정주체 상호간에도 가해자 – 피해자의 관계가 성립될 수 있다. 단, 피해자가 군인이나 군무원인 경우에는 이 특례가 규정되어 있다.

4.2. 인과관계

공무원의 가해행위와 손해의 발생 사이에는 이른바 상당인과관계가 있어야 한다. 상당인과관계란 민법의 경우에서와 같이, 경험칙상 어떤 원인에 의해 어떤 결과가 발생했다고 인정되는, 따라서 발생한 결과를 그 원인으로서 주장된 사실에 귀속시킬 수 있는 경우에 성립한다. 상당인과관계의 유무를 판단함에 있어서는 일반적인 결과 발생의 개연성은 물론 직무상 의무를 부과하는 법령 기타 행동규범의 목적이나 가해행위의 태양 및 피해의 정도 등을 종합적으로 고려하여야 한다는 것이 대법원의 판례이다.[90]

"공무원에게 부과된 직무상 의무의 내용이 단순히 공공 일반의 이익을 위한 것이거나 행정기관 내부의 질서를 규율하기 위한 것이 아니고 전적으로 또는 부수적으로 사회구성원 개인의 안전과 이익을 보호하기 위하여 설정된 것이라면, 공무원이 그와 같은 직무상 의무를 위반함으로 인하여 피해자가 입은 손해에 대하여는 상당인과관계가 인정되는 범위 내에서 국가가 배상책임을 지는 것이고, 이때 상당인과관계의 유무를 판단함에 있어서는 일반적인 결과 발생의 개연성은 물론 직무상 의무를 부과하는 법령 기타 행동규범의 목적, 그 수행하는 직무의 목적 내지 기능으로부터 예견가능한 행위 후의 사정, 가해행위의 태양 및 피해의 정도 등을 종합적으로 고려하여야 한다(대법원 1998.9.22. 선고 98다2631 판결, 대법원 2003.4.25. 선고 2001다59842 판결 등 참조)."[91]

"[1] 특별송달우편물의 배달업무에 종사하는 우편집배원으로서는 압류 및 전부명령 결정 정본에 대하

---

89) 국가배상법 제3조 제5항에 생명·신체에 대한 침해로 인한 위자료의 지급을 규정한 것은 명시적으로 규정되지 않았을지라도 재산권침해에 대한 위자료지급을 배제하는 것은 아니라는 판례(대법원 1990.12.21. 선고 90다67033 판결)가 있다.

90) 대법원 2003.2.14. 선고 2002다62678 판결; 대법원 1993.2.12. 선고 91다43466 판결; 대법원 1994.12.27. 선고 94다36285 판결; 대법원 1995.4.11. 선고 94다15646 판결; 대법원 1997.9.9. 선고 97다12907 판결; 대법원 1998.2.10. 선고 97다49534 판결 등.

91) 대법원 2007.12.27. 선고 2005다62747 판결.

여 적법한 송달이 이루어지지 아니할 경우에는 법령에 정해진 일정한 효과가 발생하지 못하고 그로 인하여 국민의 권리 실현에 장애를 초래하여 당사자가 불측의 피해를 입게 될 수 있음을 충분히 예견할 수 있다고 봄이 상당하다.

[2] 우편집배원이 압류 및 전부명령 결정 정본을 특별송달하는 과정에서 민사소송법을 위반하여 부적법한 송달을 하고도 적법한 송달을 한 것처럼 우편송달보고서를 작성하여 압류 및 전부의 효력이 발생한 것과 같은 외관을 형성시켰으나, 실제로는 압류 및 전부의 효력이 발생하지 아니하여 집행채권자로 하여금 피압류채권을 전부받지 못하게 함으로써 손해를 입게 한 경우에는, 우편집배원의 위와 같은 직무상 의무위반과 집행채권자의 손해 사이에는 상당인과관계가 있다고 봄이 상당하고, 국가는 국가배상법에 의하여 그 손해에 대하여 배상할 책임이 있다."92)

⠿ 검사의 공소제기·유지등 직무수행과 국가배상책임

"[1] 검사는 수사기관으로서 피의사건을 조사하여 진상을 명백히 하고, 죄를 범하였다고 의심할 만한 상당한 이유가 있는 피의자에게 증거 인멸 및 도주의 염려 등이 있을 때에는 법관으로부터 영장을 발부받아 피의자를 구속할 수 있으며, 나아가 수집·조사된 증거를 종합하여 객관적으로 볼 때, 피의자가 유죄판결을 받을 가능성이 있는 정도의 혐의를 가지게 된 데에 합리적인 이유가 있다고 판단될 때에는 피의자에 대하여 공소를 제기할 수 있으므로 그 후 형사재판 과정에서 범죄사실의 존재를 증명함에 충분한 증거가 없다는 이유로 무죄판결이 확정되었다고 하더라도 그러한 사정만으로 바로 검사의 구속 및 공소제기가 위법하다고 할 수 없고, 그 구속 및 공소제기에 관한 검사의 판단이 그 당시의 자료에 비추어 경험칙이나 논리칙상 도저히 합리성을 긍정할 수 없는 정도에 이른 경우에만 그 위법성을 인정할 수 있다.

[2] 검찰청법 제4조 제1항은 검사는 공익의 대표자로서 범죄수사·공소제기와 그 유지에 관한 사항 및 법원에 대한 법령의 정당한 적용의 청구 등의 직무와 권한을 가진다고 규정하고, 같은 조 제2항은 검사는 그 직무를 수행함에 있어 그 부여된 권한을 남용하여서는 아니 된다고 규정하고 있을 뿐 아니라, 형사소송법 제424조는 검사는 피고인을 위하여 재심을 청구할 수 있다고 규정하고 있고, 검사는 피고인의 이익을 위하여 항소할 수 있다고 해석되므로 검사는 공익의 대표자로서 실체적 진실에 입각한 국가 형벌권의 실현을 위하여 공소제기와 유지를 할 의무뿐만 아니라 그 과정에서 피고인의 정당한 이익을 옹호하여야 할 의무를 진다고 할 것이고, 따라서 검사가 수사 및 공판과정에서 피고인에게 유리한 증거를 발견하게 되었다면 피고인의 이익을 위하여 이를 법원에 제출하여야 한다."93)

---

92) 대법원 2009.7.23. 선고 2006다87798 판결.

93) 대법원 2002.2.22. 선고 2001다23447 판결: 강도강간의 피해자가 제출한 팬티에 대한 국립과학수사연구소의 유전자검사결과 그 팬티에서 범인으로 지목되어 기소된 원고나 피해자의 남편과 다른 남자의 유전자형이 검출되었다는 감정결과를 검사가 공판과정에서 입수한 경우 그 감정서는 원고의 무죄를 입증할 수 있는 결정적인 증거에 해당하는데도 검사가 그 감정서를 법원에 제출하지 아니하고 은폐하였다면 검사의 그와 같은 행위는 위법하다고 보아 국가배상책임을 인정한 사례.

Ⅲ. 배상책임

1. 배상책임자

1.1. 국가 또는 지방자치단체

국가배상법은 국가 또는 지방자치단체를 배상책임자로 규정하고 있다. 다만 앞서 지적된 바와 같이 국가배상법이 헌법 제29조에 반하여 지방자치단체를 제외한 공공단체를 제외시킨 것은 위헌임을 면치 못할 것이다. 지방자치단체의 집행기관이 배상책임의 원인행위를 한 때에는 그 행위가 보통지방행정기관으로서의 직무에 해당하는 경우에는 국가가, 그렇지 않고 지방자치단체의 기관으로서의 직무에 해당하는 경우에는 지방자치단체가 배상책임을 진다고 보아야 한다.[94]

1.2. 공무원의 선임·감독자와 비용부담자가 다른 경우

공무원의 선임·감독자와 비용부담자가 다른 경우에는 비용부담자도 배상책임을 진다($\S 6$ ①). 따라서 피해자는 감독자와 비용부담자 중 어느 한 쪽에 대해 선택적으로 배상을 청구할 수 있다. 또한 이 경우 손해를 배상한 자는 그 내부관계에서 손해배상의 책임이 있는 자에게 구상할 수 있다($\S 6$ ②). 내부관계에서 손해배상의 책임이 있는 자란 공무원의 선임·감독자라는 것이 통설의 입장이다.

> ▦ **경비지출자의 배상책임**
> "가. 국가배상법 제6조 제1항 소정의 '공무원의 봉급, 급여 기타의 비용'이란 공무원의 인건비만을 가리키는 것이 아니라 당해 사무에 필요한 일체의 경비를 의미한다고 할 것이고, 적어도 대외적으로 그러한 경비를 지출하는 자는 경비의 실질적, 궁극적 부담자가 아니더라도 그러한 경비를 부담하는 자에 포함된다.
> 나. 구 지방자치법(1988.4.6. 법률 제4004호로 전문개정되기 전의 것) 제131조(현행 §132), 구 지방재정법(1988.4.6. 법률 제4006호로 전문개정되기 전의 것) 제16조 제2항(현행 §18 ②)의 규정상, 지방자치단체의 장이 기관위임된 국가행정사무를 처리하는 경우 그에 소요되는 경비의 실질적, 궁극적 부담자는 국가라고 하더라도 당해 지방자치단체는 국가로부터 내부적으로 교부된 금원으로 그 사무에 필요한 경비를 대외적으로 지출하는 자이므로, 이러한 경우 지방자치단체는 국가배상법 제6조 제1항 소정의 비용부담자로서 공무원의 불법행위로 인한 같은 법에 의한 손해를 배상할 책임이 있다."[95]

---

94) 경기도지사가 행하는 공유수면매립에 관한 사무는 국가행정기관으로서의 사무라 할 것이므로 경기도는 그 직무상의 위법행위에 대한 책임이 없다는 판례(대법원 1981.11.24. 선고 80다2303 판결)가 있다. 아울러 대법원 1993.8.13. 선고 93다20924 판결; 대법원 1999.1.15. 선고 98다38302 판결을 참조.
95) 대법원 1994.12.9. 선고 94다38137 판결.

▦ 기관위임과 배상책임자

"도지사가 그의 권한에 속하는 사무를 소속 시장 또는 군수에게 위임하여 시장, 군수로 하여금 그 사무를 처리하게 하는, 소위 기관위임의 경우에는, 지방자치단체의 장인 시장, 군수는 도 산하 행정기관의 지위에서 그 사무를 처리하는 것이므로, 시장, 군수 또는 그들을 보조하는 시, 군 소속 공무원이 그 위임받은 사무를 집행함에 있어 고의 또는 과실로 타인에게 손해를 가하였다면 그 사무의 귀속주체인 도가 손해배상책임을 진다.

구 지방자치에관한임시조치법($^{1988.4.6.\ 법률\ 제}_{4004호로\ 폐지}$) 제5조의2, 경상북도사무위임조례 제2조, 경상북도하천공유수면점용료및사용징수조례시행규칙 제7조의 각 규정내용 및 지방천은 수 개 시, 군을 흐르는 것이 보통이므로 이에 대한 관리는 각 시, 군에 전적으로 맡겨 둘 수 없고, 도 전체의 통일적인 관리가 필요하다는 점 등에 비추어 보면, 경상북도지사로부터 안동군수에게로의 허가 및 채취료징수사무의 위임은 기관위임이다. 군수가 도지사로부터 사무를 기관위임받은 경우 사무를 처리하는 담당공무원이 군 소속이라고 하여도 군에게는 원칙적으로 국가배상책임이 없지만, 위 담당공무원이 군 소속 지방공무원으로서 군이 이들에 대한 봉급을 부담한다면, 군도 국가배상법 제6조 소정의 비용부담자로서 국가배상책임이 있다."[96]

2. 손해배상액

2.1. 배상기준

배상액은 민법상 불법행위로 인한 손해배상의 경우와 같이, 가해행위와 상당인과관계에 있는 모든 손해를 정당한 가격으로 환산한 가액이라고 하는 데 의문이 없다. 그러나 근로기준법($^{\S\S\ 78-}_{83}$) 등에 준하여 생명·신체에 대한 손해와 물건의 멸실·훼손으로 인한 손해에 대해서는 일정한 배상기준이 설정되어 있고($^{\S\ 3}$), 배상심의회가 배상금지급을 심의·결정함에 있어 이 기준에 의하도록 규정되어 있다.[97] 그 밖의 손해에 대해서는 불법행위와 상당인과관계가 있는 범위 내에서 배상을 하도록 규정되어 있다.

피해자에게 손해와 동시에 이익이 발생한 경우에는 배상액에서 그 이익에 해당하는 금액을 공제하고($^{\S\ 3의}_{2\ ①}$), 또한 유족배상·장해배상·요양비 등을 일시에 청구하는 경우에는 복할인법으로 중간이자를 공제하도록 되어 있다($^{\S\ 3의}_{2\ ②}$).

▦ 간접사실에 의한 손해액 산정

"[1] 불법행위로 인한 손해배상청구소송에서 재산적 손해의 발생사실은 인정되나 구체적인 손해의 액수를 증명하는 것이 사안의 성질상 곤란한 경우, 법원은 증거조사의 결과와 변론 전체의 취지에 의하여

---

96) 대법원 1994.1.11. 선고 92다29528 판결.

97) 국가배상법은 종래 생명·신체에 대한 침해의 경우 배상액산정이 곤란하고 또 사안에 따라 불균형을 초래할 우려가 있다는 견지에서 일정한 배상기준을 정하고 있었으나 1980년의 법개정을 통해 물건의 멸실·훼손으로 인한 손해에 대해서도 배상기준을 정하고 그 밖의 손해에 대해서는 불법행위와 상당인과관계가 있는 범위 내에서 배상을 하도록 규정하고 있다.

밝혀진 당사자들 사이의 관계, 불법행위와 그로 인한 재산적 손해가 발생하게 된 경위, 손해의 성격, 손해가 발생한 이후의 여러 정황 등 관련된 모든 간접사실들을 종합하여 손해의 액수를 판단할 수 있고, 이러한 법리는 자유심증주의하에서 손해의 발생사실은 입증되었으나 사안의 성질상 손해액에 대한 입증이 곤란한 경우 증명도·심증도를 경감함으로써 손해의 공평·타당한 분담을 지도원리로 하는 손해배상제도의 이상과 기능을 실현하고자 함에 그 취지가 있는 것이지, 법관에게 손해액의 산정에 관한 자유재량을 부여한 것은 아니므로, 법원이 위와 같은 방법으로 구체적 손해액을 판단함에 있어서는, 손해액 산정의 근거가 되는 간접사실들의 탐색에 최선의 노력을 다해야 하고, 그와 같이 탐색해 낸 간접사실들을 합리적으로 평가하여 객관적으로 수긍할 수 있는 손해액을 산정해야 한다.

[2] 행정입법 부작위로 인하여 보수청구권이 침해된 군법무관에 대한 손해배상액을 산정함에 있어서 원심이 구 군법무관임용법(2000.12.26. 법률 제6291호 군법무관임용 등에 관한 법률로 전문 개정되기 전의 것) 제5조 제3항과 군법무관임용 등에 관한 법률 제6조의 입법 취지에 따라 제정 가능한 대통령령의 개요에 관한 사정을 충분히 고려하여 합리적이고 객관적인 손해액을 산정하였다고 볼 수 없다"는 이유로 원심판결을 파기한 사례.[98]

▦ 국가배상과 형사보상의 차이

"공무원의 위법행위로 인한 국가배상법상의 손해배상과 형사보상법에 의한 형사보상은 그 근거를 달리하므로 국가배상법상의 손해배상액을 산정함에 있어서 형사보상법상의 보상기준에 의하여야 한다고 볼 수 없다."[99]

2.2. 배상기준의 성격

국가배상법 제3조의 배상기준의 성격에 관해서는 학설이 대립한다. 한정액설은 국가배상법 제3조의 취지는 배상의 범위를 객관적으로 확정함으로써 당사자간 분쟁의 소지를 없애려는 데 있으며, 배상의 범위를 법정한 것은 그에 기한 배상액의 산정을 요구한 것으로 보아야 한다고 하는 데 반하여, 기준액설은 국가배상법의 입법취지는 사안에 따라 불균형한 배상액결정을 방지하는 데 있고 제한규정으로 볼 경우 민법상의 배상보다 피해자에게 불리할 수 있다는 점 등을 근거로 동조의 배상기준은 단순한 기준에 불과하며 구체적 사안에 따라서는 배상액을 증감할 수도 있다고 본다(다수설). 판례 역시 기준액설을 취하고 있다.[100] 생각건대 '정당한 배상'을 규정한 헌법 제29조의 취지를 감안할 때 기준액설이 타당하다고 본다.

2.3. 배상청구권의 양도·압류금지

생명·신체의 침해에 대한 배상청구권은 이를 양도하거나 압류하지 못한다(§ 4). 배상금청구권자를 보호하기 위한 제한이라고 할 수 있다.

---

98) 대법원 2007.11.29. 선고 2006다3561 판결. 동지 대법원 2009.9.10. 선고 2006다64627 판결.
99) 대법원 1994.1.14. 선고 93다28515 판결.
100) 대법원 1970.1.29. 선고 69다1203 판결; 대법원 1980.12.9. 선고 80다1828 판결.

2.4. 배상청구권의 소멸시효

국가배상청구권 역시 민사상 손해배상청구권과 마찬가지로 소멸시효가 완성되면 소멸한다.

⋮⋮ 소위 삼청교육 관련 피해자의 국가에 대한 손해배상청구권의 소멸시효

"기록에 의하면 1988.11.26. 당시의 대통령은 전임 대통령에 대한 여론이 악화되고 있는 상황에서 국민들에게 전임 대통령에 대한 관용을 호소하는 일방 전임 대통령의 과오를 청산함과 동시에 민주정치를 발전시키기 위한 여러 가지 시정방침의 하나로서 이른바 삼청교육과 관련한 사상자에 대하여는 명예회복조치와 함께 신고를 받아 피해보상할 것임을 밝히고 국민들의 이해와 협조를 당부하는 내용의 시국관련 특별담화를 발표하였고, 이어서 당시의 국방부장관은 같은 해 12.3. 대통령의 위와 같은 시정방침을 알리는 한편 그에 따른 보상대책을 수립하기 위한 기초자료를 수집할 목적으로 위 피해자 및 유족들에게 일정한 기간 내에 신고할 것을 공고하고 나아가 실제로 신고를 받은 사실을 인정할 수 있는바, 위와 같이 그 경위야 어떠하든 국정의 최고책임자인 대통령이 삼청교육 피해자들에 대한 피해보상의 방침을 밝힌 이상 정부로서는 마땅히 위 피해자들에게 위 담화에서 밝힌 대로 입법조치 등을 통하여 적절한 피해보상을 하여 줄 정치·도의적 책임이 있다고 할 것이지만, **대통령이 위와 같이 담화를 발표한 경위와 취지 및 그 내용 등에 비추어 보면 그것은 사법상의 법률효과를 염두에 둔 것이 아니라 단순히 정치적으로 대통령으로서의 시정방침을 밝히면서 일반 국민들의 이해와 협조를 구한 것에 불과하므로 이로써 사법상으로 위 피해자들에 대한 국가배상채무를 승인하였다거나 또는 시효이익을 포기한 것으로 볼 수는 없다할 것이고,** 대통령에 이어 국방부장관이 위와 같은 담화를 발표하여 신고를 받기까지 하였다고 하여 그 결론이 달라지는 것은 아니라 할 것이다. 따라서 피고가 이 사건 소멸시효의 이익을 포기한 것이라는 원고의 재항변을 받아 들여 피고의 소멸시효항변을 배척한 원심의 조치는 부당하다."[101]

⋮⋮ 국가의 소멸시효 주장과 권리남용

"공무원의 직무상 불법행위로 손해를 입은 피해자가 국가배상청구를 하였을 때, 비록 그 소멸시효 기간이 경과하였다고 하더라도 국가가 소멸시효의 완성 전에 피해자의 권리행사나 시효중단을 불가능 또는 현저히 곤란하게 하였거나 객관적으로 피해자가 권리를 행사할 수 없는 장애사유가 있었다는 등의 사정이 있어 **국가에게 채무이행의 거절을 인정하는 것이 현저히 부당하거나 불공평하게 되는 등 특별한 사정이 있는 경우에는, 국가가 소멸시효 완성을 주장하는 것은 신의성실 원칙에 반하여 권리남용으로서 허용될 수 없다**(대법원 2011.10.13. 선고 2011다36091 판결 등 참조)."[102]

---

101) 대법원 1996.12.19. 선고 94다22927 판결. 이 사건판결에는 대법관 1인의 보충의견과 피고 국가의 소멸시효의 항변은 신의성실의 원칙에 어긋난 권리남용에 해당한다는 대법관 4인의 반대의견이 붙어 있다.
102) 대법원 2016.6.9. 선고 2015다200258 판결.

Ⅳ. 국가배상책임과 선택적 청구권

1. 문   제

국가·지방자치단체의 배상책임이 인정되는 경우 이와는 별도로 피해자가 가해공무원에 대하여 직접 손해배상을 청구할 수 있는가 하는 것이 선택적 청구권 문제이다. 이 문제는 국가배상책임의 본질과 필연적으로 연관된 것은 아닐지라도 매우 의미 있는 관련을 지닌다.

2. 학   설

2.1. 대위책임설

국가·공공단체의 배상책임은 원래 공무원개인이 부담하여야 하지만 피해자구제의 견지에서 이를 대신하여 지는 책임이라고 보는 입장이므로, 국가가 가해공무원의 책임을 인수한 이상 선택적 청구권은 인정될 수 없다고 본다(^{다수}설). 피해자보호의 견지에서 충분한 배상자력을 지니고 있는 것은 국가(지방자치단체)라는 점과 가해공무원 개인의 무한책임이 인정되면 이로 인해 인해 공무원의 이니셔티브와 직무수행의욕의 감퇴가 우려되므로 행정의 원활한 기능수행을 보장해야 한다는 점이 그 주된 논거라 할 수 있다. 반면 대위책임설의 입장에 서면서도 피해구제의 신속·확실성을 기한다는 취지에서 선택적 청구가 허용된다는 입장이 있다.[103]

2.2. 자기책임설

국가배상책임은 국가의 자기책임이며 민법 제35조에 의한 법인의 불법행위책임에 상응하는 것으로서 가해행위는 국가의 행위인 동시에 공무원 자신의 행위이므로 가해공무원에 대해서도 선택적으로 배상을 청구할 수 있다고 본다. 이 견해는 헌법 제29조 제1항 단서를 가해공무원이 피해자에 대하여도 책임을 진다는 의미로 새긴다. 다만 자기책임설의 입장에 서면서도 고의·중과실의 경우에 한하여 선택적 청구권을 인정하는 견해도 있다. 즉 경과실의 경우에도 민법의 규정에 따라 공무원이 개인책임을 지게 되는 것은 국가배상법 제2조 제2항이 경과실의 경우에는 공무원이 국가에 대해 지는 구상책임을 면제한 것과 균형이 맞지 않으므로 그 입법취지를 고려하여 공무원의 민사상 배상책임도 고의·중과실의 경우에 한정되는 것으로 보아야 한다는 것이다.[104] 반면 자기책임설적 입장에 서면서도 대외적으로는 국가

---

103) 김철수, 헌법학신론, 401. 이 견해는 공무원에 대한 직접청구를 허용하면 특히 배상심의위원회를 거치지 않고 국가배상법의 기준적용도 받지 않으므로 피해자에게 유리하다는 점을 감안한 것이라고 한다.

책임만 인정하는 견해도 있다.[105)]

2.3. 중간설

국가의 배상책임을 공무원의 위법행위가 경과실에 기한 것인 때에는 자기책임으로, 고의·중과실에 의한 것인 때에는 대위책임으로 보는 견해이다. 전자의 경우에 한하여 선택적 청구권을 인정한다. 다만 중간설의 입장에 서면서도 선택적 청구를 부인하는 견해도 있다.

3. 판   례

판례는 줄곧 선택적 청구권을 인정하는 입장에 서 있었다. 대법원은 직무상 불법행위를 한 공무원은 국가배상법상의 공무원 자신의 책임에 관한 규정여하에 관계없이 손해를 입은 자에 대하여 민사상의 손해배상책임을 진다고 판시하는 등 일련의 판례에서 이 점을 분명히 해왔고,[106)] 그리하여 문헌도 판례의 입장을 긍정설로 파악했던 것이 주지의 사실이다. 그러나 대법원은 최근 "공무원의 직무상 불법행위로 인하여 손해를 받은 사람은 국가 또는 공공단체를 상대로 손해배상을 청구할 수 있고, 이 경우에 공무원에게 고의 또는 중대한 과실이 있는 때에는 국가 또는 공공단체는 그 공무원에게 구상할 수 있을 뿐, 피해자가 공무원 개인을 상대로 손해배상을 청구할 수 없다"[107)]고 판시함으로써 선택적 청구권을 정면에서 부정했다. 이것은 대법원이 판례변경의 절차를 거치지도 않은 채 종전의 판례를 전격적으로 폐기한 것이어서 그것만으로도 적지 않은 우려와 비판의 소지를 지니고 있었다.

사실 이 판례에 대해서는 강력한 비판이 제기되었다. 가령 우리 헌법이 국가의 배상책임 이외에 따로 공무원의 책임을 명시하고 있는 것(§29 ①단서)은 제1차적으로는 국가내부에서의 공무원의 책임(기관내부에서의 변상책임·공무원법상의 책임)을 명시하는 것이지만 제2차적으로는 '공무원의 국민에 대한 책임'(§7 ①), 즉 국민에 대한 형사책임 및 정치적 책임을 밝히는 것이라고 보아야 한다는 주장[108)]이나 경과실인 경우에는 몰라도 고의나 중과실에 의하여 국가배상책임을 발생케 한 공무원에 대해서는 직접 배상책임을 지도록 해야 한다는 주장[109)] 등이 제

104) 김철용, "국가배상법 제2조에 관한 연구", 건국대학교 박사학위논문, 1975, 129.
105) 서원우, 현대행정법론(상), 701
106) 대법원 1972.10.10. 선고 69다701 판결. 그 밖에 공무원과 국가는 손해배상책임에 관하여 부진정연대채무자의 지위에 있다는 판결(대법원 1972.2.22. 선고 71다2535 판결)이 있고, 또 집행관의 가해행위에 의한 손해배상청구에 있어서 국가배상을 인정한 판결(대법원 1966.7.26. 선고 66다854 판결)뿐만 아니라 집행관 자신에 대한 직접청구를 인정한 판결(대법원 1966.1.25. 선고 65다2318 판결)이 있다.
107) 대법원 1994.4.12. 선고 93다11807 제2부판결.
108) 허영, 한국헌법론, 1994, 763. 따라서 "일부 학자가 공무원의 직무상 불법행위로 인한 공무원자신의 책임(제29조 제1항 단서)과 공무원의 국민에 대한 책임(제7조 제1항)을 별개의 것으로 이해하는 것은 우리 헌법이 지향하는 직업공무원제도의 정신과 조화되기 어렵다고 생각한다"고 한다.
109) 김철용, "공무원개인의 불법행위책임", 판례월보 1994, 290, 31 각주 25.

기되고 있는 것이 그 예이다. 국가가 배상책임을 지는 것과 별도로 공무원 개인이 피해자에 게 직접 자기의 행위로 인한 배상책임을 지도록 해야 하는가 하는 문제는 헌법해석의 차원 에서 해결되어야 할 문제이지만 동시에 고도의 정책적 판단을 요하는 문제이기도 하다. 가령 지방자치단체의 재정규모가 확대되는 가운데 각종개발사업의 인허가를 담당하는 일선공무원 들이 그 직무상의 잘못으로 언제나 피해자에 대해 직접 배상책임을 추궁당할 수 있다고 한 다면 이는 직무수행의욕을 감퇴시킴은 물론 경우에 따라서는 이른바 '복지부동'을 강요하는 결과가 될 수도 있다. 경과실의 경우 가해공무원의 구상책임을 면제한 국가배상법 제2조 제 2항의 취지를 고려하는 문제도 제기될 수 있다. 그러나 공무원 개인의 책임을 전적으로 부 정하는 것은 무엇보다도 헌법해석상 타당하지 않다. 나아가 불법행위로 인한 손해배상책임제 도의 제재적 기능이 재발견되고 있다는 점이나, 공무원의 면책원칙을 포기하고 있는 주요외 국의 예를 감안하더라도 위 판례는 타당성과 설득력이 약하다.

대법원은 1996년 2월 15일 전원합의체판결에서 다시금 위의 판례를 번복하여 공무원의 개인책임이 배제되는 것은 경과실의 경우에 한하며 고의 또는 중과실의 경우에는 공무원의 개인책임이 인정된다는 입장을 표명하였다.[110]

대법원의 판례변경은 고의·중과실의 경우에 공무원개인책임을 인정했다는 점에서 긍정 적인 평가를 받아 마땅하다. 하지만, 경과실면책의 법적 근거에 관하여는 여전히 이론적 취 약점을 보인다. 이 판결의 다수의견처럼 헌법 제29조 제1항 단서의 규정 자체가 공무원 개 인의 구체적인 손해배상책임의 범위까지 규정한 것으로 보기는 어렵다고 할지라도, 국가배상 법 제2조 제2항을 해석함에 있어 그 문언과 적용영역을 무시한 채 입법정책적 취지에만 의 존하여 경과실면책을 이끌어낸 것은, 경과실면책의 법정책적 타당성에도 불구하고, 법해석론 상 논리적 비약이라고 하지 않을 수 없다. 별개의견이 정확히 파악한 바와 같이, 위 법 조항 은 어디까지나 국가 등과 공무원 사이의 대내적 구상관계에 관한 규정이기 때문이다. 이 조 항은 경과실의 경우 오로지 공무원에 대한 '구상책임'만을 면제하고 있을 뿐이다. 물론 이로 써 그 한도에서 공무집행의 안정성을 확보하려는 것이 법취지임에는 틀림이 없으나, 그렇다 고 하여 이 조항이 대외적 관계 즉 피해자(국민)와 불법행위자(공무원) 본인 사이의 책임관계 에 관한 규정이라는 해석은 나올 수 없는 것이다. 요컨대 국가배상법 제2조 제2항은 가해자 인 공무원과 피해자인 국민 간의 관계를 규정한 것이 아니므로, 이를 공무원개인책임에 있어 경과실면책의 근거로 삼은 다수의견은 이론적으로 유지되기 어렵다. 그럼에도 불구하고 위 판결의 다수의견은 '공무원의 위법행위가 고의·중과실에 기한 경우에는 비록 그 행위가 그 의 직무와 관련된 것이라고 하더라도 그와 같은 행위는 그 본질에 있어서 기관행위로서의 품격을 상실하여 국가 등에게 그 책임을 귀속시킬 수 없으므로 공무원 개인에게 불법행위로

---

110) 대법원 1996.2.15. 선고 95다38677 판결.

제1편 제2편 제3편 제4편 제5편 행정구제법

인한 손해배상책임을 부담시키되, 다만 이러한 경우에도 그 행위의 외관을 객관적으로 관찰하여 공무원의 직무집행으로 보일 때에는 피해자인 국민을 두텁게 보호하기 위하여 국가 등이 공무원 개인과 중첩적으로 배상책임을 부담하되 국가 등이 배상책임을 지는 경우에는 공무원 개인에게 구상할 수 있도록 함으로써 궁극적으로 그 책임이 공무원 개인에게 귀속되도록 하려는 것'이라고 설시하여 국가배상법 제2조 제2항의 적용영역을 가해공무원과 피해자 간의 관계에까지 확장시키고자 시도하고 있으나, 이는 같은 조항의 문언과 적용영역을 무시한 입론이다. 대법원은 이 사건 판결에서 법해석의 이름으로 국가배상법 제2조 제2항에서 규정되지 않은 부분을 사실상 규정된 것처럼 취급하는 우를 범하고 있으며, 이는 입법자가 본래 의도하지 않았던 것이다.

이후 공무원이 직무상 불법행위를 하여 국가나 지방자치단체가 배상책임을 지는 경우 그 가해공무원 개인이 배상책임을 부담하는 것은 고의 또는 중과실이 있는 경우에 한하며, 경과실뿐인 경우에는 공무원 개인은 손해배상책임을 부담하지 않는다는 판례가 정착되었다.

▦ 위법대집행으로 인한 국가배상과 경과실면책 배제

"[1] 구 국가배상법(2009.10.21. 법률 제9803호로 개정되기 전의 것, 이하 같다) 제2조 제1항 본문 및 제2항에 따르면, 공무원이 공무를 수행하는 과정에서 위법행위로 타인에게 손해를 가한 경우에 국가 등이 손해배상책임을 지는 외에 그 개인은 고의 또는 중과실이 있는 경우에는 손해배상책임을 지지만 경과실만 있는 경우에는 그 책임을 면한다고 해석된다(대법원 2010.1.28. 선고 2007 다82950,82967 판결 참조). 위 규정의 입법 취지는 공무원의 직무상 위법행위로 타인에게 손해를 끼친 경우에는 변제자력이 충분한 국가 등에게 선임감독상 과실 여부에 불구하고 손해배상책임을 부담시켜 국민의 재산권을 보장하되, 공무원이 직무를 수행함에 있어 경과실로 타인에게 손해를 입힌 경우에는 그로 인하여 발생한 손해에 대하여 공무원 개인에게는 배상책임을 부담시키지 아니하여 공무원의 공무집행의 안정성을 확보하려는 데에 있기 때문이다(대법원 1996.2.15. 선고 95다 38677 전원합의체 판결 참조).

[2] 이 사건 비단잉어 등을 이전하는 대집행은 원고가 자신의 사업을 시행하기 위하여 반드시 필요한 것으로서 원고의 적극적인 요청에 따른 대집행영장의 발부에 터 잡아 이루어진 것인 점, 원고는 자신의 독자적인 판단에 따라 그 대집행의 실행 여부와 그 시기, 방법 등을 결정한 점, 원고는 이 사건 비단잉어 등의 이전 과정에서 민·형사상 책임이 발생할 경우 이를 책임진다는 조건 아래 대집행영장을 발부받아 대집행을 실행한 것인 점 등을 고려하면, 이 사건 비단잉어 등을 이전하는 대집행의 실행은 공무원의 경과실에 대한 면책을 통해 공무집행의 안정성을 확보할 필요가 있는 경우에 해당한다고 보기 어려우므로, 원고는 집행책임자로 지정된 원고의 직원들과는 달리 그 대집행의 실행으로 인하여 피고가 입은 손해에 대하여 경과실만이 있다는 이유로 배상책임을 면할 수 없다고 보아야 한다."111)

"한국토지공사는 관계법령의 위탁에 의하여 대집행을 수권받은 자로서 공무인 대집행을 실시함에 따르는 권리·의무 및 책임이 귀속되는 행정주체의 지위에 있다고 볼 것이지 지방자치단체 등의 기관으로서 국가배상법 제2조 소정의 공무원에 해당한다고 볼 것은 아니다."112)

---

111) 대법원 2014.4.24. 선고 2012다36340,36357 판결.

여기서 공무원의 중과실이란 공무원에게 통상 요구되는 정도의 상당한 주의를 하지 않더라도 약간의 주의를 한다면 손쉽게 위법, 유해한 결과를 예견할 수 있는데도 만연히 이를 간과한 것, 즉 거의 고의에 가까울 정도로 현저한 주의를 결여한 상태를 의미하는 것으로 이해된다. 또 그 경우 공무원 개인이 지는 책임은 불법행위로 인한 민사상 손해배상책임이다.

⦂⦂⦂ 공무원 중과실에 관한 참고판례

"공무원이 직무 수행 중 불법행위로 타인에게 손해를 입힌 경우에 국가나 지방자치단체가 국가배상책임을 부담하는 외에 공무원 개인도 고의 또는 중과실이 있는 경우에는 불법행위로 인한 손해배상책임을 지고, 공무원에게 경과실이 있을 뿐인 경우에는 공무원 개인은 불법행위로 인한 손해배상책임을 부담하지 아니하는데, 여기서 **공무원의 중과실**이라 함은 공무원에게 통상 요구되는 정도의 상당한 주의를 하지 더라도 **약간의 주의를 한다면 손쉽게 위법·유해한 결과를 예견할 수 있는 경우임에도 만연히 이를 간과함과 같은 거의 고의에 가까운 현저한 주의를 결여한 상태**를 의미한다(대법원 2003.12.26. 선고, 2003다13307 판결 등 참조)."113)

"[1] 공무원이 직무 수행 중 불법행위로 타인에게 손해를 입힌 경우에 국가나 지방자치단체가 국가배상책임을 부담하는 외에 공무원 개인도 고의 또는 중과실이 있는 경우에는 불법행위로 인한 손해배상책임을 지고, 공무원에게 경과실이 있을 뿐인 경우에는 공무원 개인은 불법행위로 인한 손해배상책임을 부담하지 아니하는데, 여기서 공무원의 중과실이란 공무원에게 통상 요구되는 정도의 상당한 주의를 하지 않더라도 약간의 주의를 한다면 손쉽게 위법·유해한 결과를 예견할 수 있는 경우임에도 만연히 이를 간과함과 같은 거의 고의에 가까운 현저한 주의를 결여한 상태를 의미한다.

[2] 공무원이 고의 또는 과실로 그에게 부과된 직무상 의무를 위반하였을 경우라고 하더라도 **국가는 그러한 직무상의 의무 위반과 피해자가 입은 손해 사이에 상당인과관계가 인정되는 범위 내에서만 배상책임을 지는 것이고**, 이 경우 상당인과관계가 인정되기 위하여는 공무원에게 부과된 **직무상 의무의 내용이 단순히 공공 일반의 이익을 위한 것이거나 행정기관 내부의 질서를 규율하기 위한 것이 아니고 전적으로 또는 부수적으로 사회구성원 개인의 안전과 이익을 보호하기 위하여 설정된 것이어야 한다.**"114)

---

112) 대법원 2010.1.28. 선고 2007다82950,82967 판결. 대법원은 이 점을 바탕으로 '한국토지공사는 이 사건 대집행을 위탁받은 자로서 그 위탁범위 내에서는 공무원으로 볼 수 있으므로 이 사건 대집행을 실시함에 있어서 불법행위로 타인에게 손해를 입힌 경우에도 위 법리에 따라 고의 또는 중과실이 있는 경우에만 손해배상책임을 진다'고 본 원심 판단에 손해배상책임의 요건에 관한 법리를 오해한 잘못이 있다고 판시하였다.
113) 대법원 2011.9.8. 선고 2011다34521 판결: 공무원이 내부전산망을 통해 공직후보자에 대한 범죄경력자료를 조회하여 공직선거 및 선거부정방지법 위반죄로 실형을 선고받는 등 실효된 4건의 금고형 이상의 전과가 있음을 확인하고도 그 공직선거 후보자용 범죄경력조회 회보서에 이를 기재하지 않은 사안에서, 공무원의 중과실을 인정하여 국가배상책임 외에 공무원 개인의 배상책임까지 인정한 원심판단을 수긍한 사례이다. 반면, 유치원생이 귀가 도중 교통사고로 사망한 사안에서, 담임교사가 귀가에 관한 일정한 조치를 취하는 등 유치원 교사로서 통상 요구되는 주의를 현저히 게을리 한 것으로 볼 수는 없다고 하여, 교사 개인의 손해배상책임을 부정하고 소속 지방자치단체의 손해배상책임만을 인정한 사례로 대법원 1996.8.23. 선고 96다19833 판결을 참조.
114) 대법원 2011.9.8. 선고 2011다34521 판결. 이에 대한 평석으로는 김중권, "공무원의 개인적 배상책임인정의 문제점에 관한 소고", 법률신문 2012.1.26, 4002호(http://www.lawtimes.co.kr/LawPnnn/Pnnpp/PnnppContent.aspx?serial=999&m=pnnpp)를 참조.

V. 공무원의 구상책임

1. 구상책임의 의의

국가배상법 제2조 제1항 본문에 따라 국가배상책임이 성립하는 경우 당해 공무원이 고의 또는 중대한 과실이 있는 때에는 국가 또는 지방자치단체는 그 공무원에게 구상할 수 있다 ($\frac{\S 2}{②}$). 이것은 국가등에게 고의 또는 중대한 과실로 국가배상책임을 발생시킨 공무원에 대해 구상($^{\text{Rückgriff, Innenregreß,}}_{\text{action récursoire}}$)을 할 수 있게 하는 것이 손해부담의 공평에 맞다는 견지에서 인정된 결과이다($^{\text{구상유보:}}_{\text{Rückgriffsvorbehalt}}$).[115]

2. 구상책임의 범위

국가배상법 제2조 제2항은 공무원의 구상책임을 공무원이 고의 또는 중과실로 국가배상책임을 발생케 한 경우에 한정하고 있다. 여기서 공무원의 개념에 관해서는 이미 앞에서 설명한 바와 다르지 않다. 반면 고의·중과실은 국가등의 구상권행사를 위한 요건인 동시에 고의 또는 중과실이 있는 경우에만 구상책임을 지운다는 점에서 구상책임의 성립범위를 제한하는 기능을 한다. 즉 그것은 구상제한($^{\text{Rückgriffs-}}_{\text{limit}}$)의 요인이라 할 수 있다.[116] 고의 또는 중과실의 개념은 앞에서 본 바와 같이 민법상의 그것에 따르며 중과실이란 사회통념상 요구되는 주의의무의 위반의 정도가 특별히 중대한 경우를 말한다. 그것은 가장 용이하고 누구나 시인할 수 있는 정도의 주의조차 기울이지 않은 경우를 말한다. 가령 조금만 주의를 하였다면 사고를 일으키지 않을 수 있었다고 판단되는 경우이다.

구상권 발생요건으로서의 '중과실'의 의미에 대하여 대법원은 "공무원에게 통상 요구되는 정도의 상당한 주의를 하지 않더라도 약간의 주의를 한다면 손쉽게 위법, 유해한 결과를 예견할 수 있는 경우임에도 만연히 이를 간과함과 같은 거의 고의에 가까운 현저한 주의를 결여한 상태"를 말한다고 설시한 바 있다.

"국가배상법 제2조 제2항에 의하면, 공무원의 직무상의 위법행위로 인하여 국가 또는 지방자치단체의 손해배상책임이 인정된 경우 그 위법행위가 고의 또는 중대한 과실에 기한 경우에는 국가 또는 지방자치단체는 당해 공무원에 대하여 구상할 수 있다 할 것이나, 이 경우 공무원의 중과실이라 함은 공무원에게 통상 요구되는 정도의 상당한 주의를 하지 않더라도 **약간의 주의를 한다면 손쉽게 위법, 유해한 결과를**

---

115) 공무원의 내부적 책임(Innenhaftung)으로는 이러한 구상책임 말고도 공무원법상의 변상책임 등 여러 가지가 있음은 물론이다.
116) Ossenbühl, Staatshaftungsrecht, § 10 2, S.98.

예견할 수 있는 경우임에도 만연히 이를 간과함과 같은 거의 고의에 가까운 현저한 주의를 결여한 상태를 의미한다."117)

3. 구상책임의 성질·범위 및 기능

국가배상법 제2조 제2항은 '공무원이 고의 또는 중대한 과실이 있는 때에는 국가 또는 지방자치단체는 그 공무원에게 구상할 수 있다'고만 규정할 뿐 구상권행사를 의무화하고 있지는 않다. 즉 국가등의 구상의무($_{pflicht}^{Rückgriffs-}$)는 성립하지 않는다.118) 그러나 이 규정을 목적론적으로 해석할 때 국가 등은 그 예산보전의 견지에서 특별한 사정이 없는 한 구상권을 행사하여야 한다고 볼 여지가 있는 것은 사실이다. 또 고의나 중과실로 국가등에게 배상책임을 발생시킨 공무원이 그로 인한 책임을 부담하도록 하는 것이 공평의 원리에 부합된다고 볼 수 있다. 그러나 판례는 거꾸로 구상권행사를 신의칙상 상당성의 기준에 의해 제한하는 입장을 보인다.

▦ 구상권 행사요건과 소멸시효 남용에 따른 국가배상책임

"[1] 국가나 지방자치단체는 해당 공무원의 직무내용, 불법행위의 상황과 손해발생에 대한 해당 공무원의 기여 정도, 평소 근무태도, 불법행위의 예방이나 손실분산에 관한 국가 또는 지방자치단체의 배려의 정도 등 제반 사정을 참작하여 **손해의 공평한 분담이라는 견지에서 신의칙상 상당하다고 인정되는 한도 내에서 구상권을 행사할 수 있다**($^{대법원\ 2008.3.27.\ 선고\ 2006}_{다70929\ 판결\ 등\ 참조}$).

[2] 공무원의 불법행위로 손해를 입은 피해자의 국가배상청구권의 소멸시효 기간이 지났으나 국가가 소멸시효 완성을 주장하는 것이 신의성실의 원칙에 반하는 권리남용으로 허용될 수 없어 배상책임을 이행한 경우에는, 그 소멸시효 완성 주장이 권리남용에 해당하게 된 원인행위와 관련하여 해당 공무원이 그 원인이 되는 행위를 적극적으로 주도하였다는 등의 특별한 사정이 없는 한, 국가가 해당 공무원에게 **구상권을 행사하는 것은 신의칙상 허용되지 않는다**고 봄이 상당하다."119)

대법원의 판례는 공무원이 고의나 중과실로 국가등에게 배상책임을 발생시키고도 구상책임에서 면제되는 불합리를 막아야 한다는 당연한 책임주의의 논리보다는 공무원을 예외 없

---

117) 대법원 2003.2.11. 선고 2002다65929 판결. 현황조사를 함에 있어 집행관에게 비록 정확하고 충실한 현황조사를 하지 못한 직무상 과실이 있다 하더라도, 그것이 집행관이 현황조사를 함에 있어 기울여야 할 통상의 주의의무를 현저하게 결여한 중대한 과실에 해당한다고 보기는 어렵다고 한 사례.

118) Ossenbühl, Staatshaftungsrecht, 4.Aufl., 1991, § 10, S.96; Bettermann, in: Die Grundrechte Ⅲ/2, S.848; Dagtoglou, in: BK, Art.34 Rn.348.

119) 대법원 2016.6.9. 선고 2015다200258 판결: 망인이 이 사건 부대에서 상병으로 복무하다가 그 부대 소속 하사와 말다툼 과정에서 그로부터 입술 부위에 총격을 받아 사망하였고, 당시 이 사건 부대의 간부들과 부대원들은 망인의 사인을 자살로 조작하였는데, 그 후 군의문사진상규명결정을 통해 망인의 사인이 밝혀져 망인의 유족들이 국가를 상대로 국가배상청구를 하였고, 국가는 유족들 승소확정판결에 따라 판결금을 지급한 다음, 당시 망인의 사인의 조작, 은폐에 관여한 피고를 상대로 구상금을 청구한 사안에서 국가의 피고에 대한 구상권 행사를 허용한 원심판결을 파기한 사례.

이 국가등에 대한 구상책임에 노출시킴으로써 자칫 공무원의 직무수행이나 사기를 위축시킬 수 있기 때문에 이를 구체적 타당성의 기준으로 완화할 필요가 있다는 정책적 고려를 우선시킨 결과라고 할 수 있다. 물론 이러한 판례의 태도에도 일리가 없지는 않다. 국가배상책임과 관련하여 정부가 공무원의 고의 또는 중과실을 이유로 구상권을 행사하는 것이 공무원에 대해 위법억지의 기능을 가질 수 있는지 여부는 불확실하다. 물론 그러한 결과는 이론적으로는 충분히 가능하고 또 소망스럽기도 하다. 그러나 현실적으로 그러한 구상권의 행사가 이루어지고 있는지는 극히 부정적이다. 사실 우리나라 구상제도의 위법억제기능은 거의 유명무실한 것으로 밝혀지고 있다.[120] 이렇듯 전반적으로 저조한 구상권 행사의 실태를 고려할 때 그것이 자칫 공무원이 고의나 중과실로 국가등에게 배상책임을 발생시키고도 구상책임을 면하게 되는 불합리를 초래할 수 있다는 우려도 근거 없는 것이라고는 할 수 없다. 이런 이유에서 구상권 행사의 요건이 구비된 경우 구상권 행사를 확대하는 방침도 검토될 수 있겠지만, 거기에는 위와 같은 판례의 태도로 미루어 보아 어쩔 수 없는 한계가 따른다. 현실적으로도 고의·중과실로 국가배상책임을 발생시킨 공무원에 대한 구상권의 행사에는 적지 않은 제약이 따르는 것도 사실이다. 실제로 공무원의 상대적으로 낮은 처우를 근거로 가해공무원의 처지에 대한 배려를 당연시하는 것이 공무원사회의 전반적 분위기임을 고려할 때 구상권 행사의 확대를 기대하기는 곤란하다. 그렇다면 구상제도는 현실적으로 공무원의 위법행위를 억지하는 요인으로 작용하지 못하고 있다는 결론에 이른다. 이 같은 결과는 국가예산의 낭비를 초래할 뿐만 아니라 구상권제도의 위법억지기능을 손상시킨다는 점에서 결코 간과할 수 없는 문제를 남긴다. 공무원의 위법행위를 억지하려면 피해자에게 가해공무원의 개인책임을 추궁할 수 있는 길을 열어주는 수밖에 없는데, 앞에서 소개한 1994년 4월 12일의 대법원 판결은 이를 정면에서 봉쇄한 것이다.

4. 구상권의 행사

공무원의 구상책임이 성립되면 국가 또는 지방자치단체는 그 공무원에게 구상할 수 있다. 국가·지방자치단체가 공무원에 대해 구상권을 행사하는 방법으로는 구상금을 봉급, 비용보상청구권 등 당해 공무원이 가지는 금전채권과 상계하는 방법, 행정행위의 성질을 띤 급부명령을 발하고 행정상 강제징수에 의하여 그 이행을 강제하는 방법, 공무원에 대해 구상금지급청구소송을 제기하는 방법 등을 생각할 수 있다.

---

120) 1991년 한 해 국가배상전체건수는 2845건이었고(법무부 법무연감 1992, 283) 이 중 구상권행사요건이 충족된 고의·중과실의 경우가 334건인데 구상권행사는 고작 2건에 불과했다고 한다(김철용, "공무원개인의 불법행위책임", 판례월보 1994, 290, 31 각주 25).

∷ 구상사례: 박종철 고문치사사건에 가담한 고문경관에 대한 구상금소송

87년 박종철씨 고문치사사건에 국가도 30%의 손해배상책임이 있다는 대법원판결이 나왔다. 대법원 민사3부(주심 윤재식 대법관)는 22일 국가가 박씨 고문에 참여했던 조한경 당시 치안본부 대공과장 등 5명을 상대로 낸 구상금 청구소송 상고심(2000다56259)에서 조씨 등의 상고를 기각하고, "피고들은 국가에게 1억 5천여만원을 지급하라"며 원고 일부승소 판결을 내린 원심을 확정했다. 재판부는 "이 사건 불법행위 당시 대통령이 국정연설에서 학원내 용공세력에 대해 단호히 대처할 것을 강조하는 등 치안업무를 담당하는 공무원에게 용공세력을 색출하고 엄중하게 처벌해 헌정질서를 지켜야 한다는 뜻을 주지시키고 사회전반에 걸쳐 그러한 분위기를 조성했던 점 등 제반 정황을 참작하면 원고에게도 피고들이 박씨를 고문하고 사망에 이르게까지 함에 상당한 책임이 있다"며 "따라서 국가는 70%에 한해 구상권을 행사할 수 있다"고 밝혔다.[121]

Ⅵ. 군인·경찰관 등의 국가배상청구금지 – 이중배상(?)의 금지

1. 군인·경찰관 등에 대한 배상청구권배제조항의 연혁

헌법 제29조 제2항은 "군인·군무원·경찰공무원 기타 법률이 정하는 자가 전투·훈련등 직무집행에 관련하여 받은 손해에 대하여는 법률이 정하는 보상외에 국가 또는 공공단체에 공무원의 직무상 불법행위로 인한 배상은 청구할 수 없다"고 규정하고 있다.[122] 이는 「과거 60년대에서 70년대 초에 걸쳐 논란이 많았던 이중배상문제를 헌법적으로 해결한 구헌법(1972년 헌법 § 26 ②;/1980년 헌법 § 28 ②)의 규정을 답습한 것」[123]이다.

헌법 제29조 제2항의 규정은 속칭 '유신헌법'이라 이름 붙여진 1972년 헌법의 잔재이다. 본래 군인등에 대한 국가배상청구권을 배제한 이 규정은 1967년 3월 3일의 국가배상법개정법률(법률1899호) 제2조 제1항 단서에서 배태된 것이다.[124] 1950년대 대두되기 시작한 전쟁피해의 보상문제는 특히 국군의 월남파병이 단행된 1960년대 월남전 전사상자수가 크게 증가함에 따라 국가배상소송이 폭주하게 되었다.[125] 이에 정부는 국가배상으로 인한 과중한 재정 부담을 해소하기 위하여 국가배상법 개정을 단행하였다. 그러나 학계와 실무계에서 이 조항에 대한 위헌시비가 일고 급기야 이 조항은 대법원에 의해 위헌판결(대법원(전합) 1971.6.22./선고 70다1010 판결)

---

121) 법률신문 2000.12.28. 기사(http://www.lawtimes.co.kr/gisa/main.asp?NEWS_SERIAL=3785&NEWS=N: 정성윤 기자 syjung@lawtimes.co.kr).
122) 김도창, 일반행정법론(상), 634. 이는 영·미의 경우에도 또한 인정되는 제도라고 한다(영국 국왕소추절차법(CPA) § 10; 미국 연방사법법 FJC § 2680 J).
123) 김도창, 일반행정법론(상), 633.
124) 대법원은 그 이전에는 군인사망급여의 지급과 국가배상책임의 경합을 인정하였다(대법원 1962.2.28. 선고 4294民上531 판결). 그러나 1967년 7월 11일의 판결(67다1030)에서는 국가배상액에서 유족보상금을 공제한 조치는 정당하다는 태도를 보였다가 다시 이를 번복하여(이 사건판결을 폐기하여) 공무원연금법상의 유족급여액은 위자료산정에 있어 하나의 참작사유는 될 수 있으나 손해배상액에서 공제하여서는 안 된다고 판시한 바 있다.
125) 1966년에는 1959년에 비하여 무려 10배가 넘는 소송건수의 증가를 보였고 국가배상을 위하여 지출된 국고금도 10억원을 초과하게 되었다고 한다.

을 받았다. 이 판결은 적어도 제6공화국 이전까지는 유일무이한 위헌판결이었다. 그러나 이에 굴하지 않고 박정희정권은 헌법에 제26조 제2항이라는 명문의 조항을 신설함으로써 그 위헌시비를 원천 봉쇄하려고 시도했던 것이다.[126] 즉 1972년의 유신헌법은 위헌판결을 받은 법률조항과 같은 내용의 제26조 제2항을 신설함으로써 대법원의 위헌판결을 계기로 싹트려던 법치주의의 맹아를 뿌리째 뽑아내고 말았다. 이처럼 세계헌법사상 유례없는 헌법의 자가당착은 당시 위헌의견을 냈던 9명의 대법원판사전원의 재임명탈락을 초래했고 나아가 총원의 36퍼센트에 달하는 151명의 판사들이 사법권독립을 외치면서 사표를 제출했던 사법사상 초유의 '사법파동'의 간접적인 원인이 되었다.[127] 이것은 전도된 우리나라 법치주의의 위상을 적나라하게 보여준 역사적 현실이었다. 일국의 최고법원에서 위헌으로 판정된 법률조항이 얼마 지나지도 않아서 헌법개정을 통해 헌법의 자리를 찬탈하고 들어앉음으로써 오늘날 법치주의의 가장 핵심적인 요소로 간주되는 법률의 헌법적합성의 원칙이 치명적으로 유린되었다.

위 헌법규정에 따라 국가배상법은 "군인·군무원·경찰공무원 또는 향토예비군대원이 전투·훈련 등 직무 집행과 관련하여 전사(戰死)·순직(殉職)하거나 공상(公傷)을 입은 경우에 본인이나 그 유족이 다른 법령에 따라 재해보상금·유족연금·상이연금 등의 보상을 지급받을 수 있을 때에는 이 법 및 「민법」에 따른 손해배상을 청구할 수 없다"(§2①단서)고 규정함으로써[128] 이른바 이중배상(?)을 금지하고 있다.[129]

2. 국가배상법 제2조 제1항 단서에 의한 손해배상청구권의 배제

2.1. 적용요건

헌법 및 국가배상법의 규정에 따라 국가배상법 및 민법의 규정에 의한 손해배상청구권이 배제되는 것은 (1) 군인·군무원·경찰공무원 또는 향토예비군대원이, (2) 전투·훈련 등 직무 집행과 관련하여 전사·순직하거나 공상을 입은 경우, (3) 본인 또는 그 유족이 다른

---

126) 실제로 대법원은 1977년 6월 7일의 판결(대법원(숲合) 72다1359)에서 「국가배상법 제2조 제1항 단서의 규정이 구 헌법 제26조 기타의 헌법규정에 저촉되어 그 효력이 없다고 볼 수 없다」고 판시한 바 있다.

127) 이시윤감사원장은 국가배상법 제2조 제1항 단서의 위헌판결을 둘러싼 당시의 상황을 회고하면서 "…그 파장으로 6공헌법에 의한 헌법재판소가 출범되기까지는 헌법재판은 완전히 막을 내렸으며 헌법재판 부재시대가 되었다. 돌이켜 이 사건이 당시에 용기 있었던 다수의견의 대법원판사들에게는 개인희생이었지만, 헌법 감각을 크게 깨우치게 하고 오늘의 헌법재판활성화의 밑거름이 되었음에 의심할 나위없는 역사적인 것이고 획기적인 것이다"라고 기술한 바 있다(국가배상법에 대한 감회, 고시계 1992/4, 13).

128) 종래에는 "군인·군무원·경찰공무원 또는 향토예비군대원이 전투·훈련 기타 직무집행에 관련하거나 국방 또는 치안유지의 목적상 사용하는 시설 및 자동차·선함·항공기 기타 운반기구 안에서 전사·순직 또는 공상을 입은 경우에 본인 또는 그 유족이 다른 법령의 규정에 의하여 재해보상금·유족연금·상이연금등의 보상을 지급받을 수 있을 때에는 이 법 및 민법의 규정에 의한 손해배상을 청구할 수 없다"고 규정하였으나, 2005년 7월 13일(법률 제7584호) 위와 같이 개정되었다.

129) 사실 '이중배상'이란 용어는 공무원의 직무상 불법행위로 인한 손해배상과 군인 등이 순직 또는 공상을 입은 경우에 지급되는 재해보상이나 연금 등은 서로 법적 성질을 달리 하는 것이므로 정확한 표현이라 할 수 없다(허영, 한국헌법론, 1994, 554-555). 또한 헌법 제29조 제2항의 정당성 여부를 떠나서 두 가지 제도를 '배상'으로 파악하는 것이 옳지 않음은 분명하다. 이중'배상'의 금지란 배상과 보상을 개념적으로 구별하는 한 적절한 용어라고 할 수 없으나, 여기서는 종래의 통상적인 용어법에 따라 그렇게 부른 것이다.

법령의 규정에 의하여 재해보상금·유족연금·상이연금등의 보상을 지급받을 수 있을 때이다. 이를 간략히 살펴보면 다음과 같다.

2.1.1. 인적 요건

손해배상청구권이 배제되는 인적 범위는 군인·군무원·경찰공무원 또는 향토예비군대원으로 제한되어 있다. 이들을 편의상 특수직공무원이라 부른다. 헌법 제29조 제2항은 공무원의 직무상 불법행위로 인한 배상이 배제되는 사람의 범위를 "군인·군무원·경찰공무원 기타 법률이 정하는 자"로 한정하고 있으나 국가배상법이 향토예비군대원을 추가한 것이다. 판례는 현역병으로 입영 후 전임되어 경비교도로 임용된 경비교도대원은 이에 해당하지 않는 것으로 보고 있다.[130]

"공익근무요원은 병역법 제2조 제1항 제9호, 제5조 제1항의 규정에 의하면 국가기관 또는 지방자치단체의 공익목적수행에 필요한 경비·감시·보호 또는 행정업무 등의 지원과 국제협력 또는 예술·체육의 육성을 위하여 소집되어 공익분야에 종사하는 사람으로서 보충역에 편입되어 있는 자이기 때문에, 소집되어 군에 복무하지 않는 한 군인이라고 말할 수 없으므로, 비록 병역법 제75조 제2항이 공익근무요원으로 복무 중 순직한 사람의 유족에 대하여 국가유공자등예우및지원에관한법률에 따른 보상을 하도록 규정하고 있다고 하여도, 공익근무요원이 국가배상법 제2조 제1항 단서의 규정에 의하여 국가배상법상 손해배상청구가 제한되는 군인·군무원·경찰공무원 또는 향토예비군대원에 해당한다고 할 수 없다."[131]

한편 경찰공무원이란 경찰공무원법상의 그것을 말하는 것으로 해석되나, 판례는 비단 경찰공무원법상의 경찰공무원에 한하지 않고 의무경찰, 즉 전투경찰대설치법상의 전투경찰순경도 위 경찰공무원에 해당한다고 보고 있다.[132]

입법권자가 법률에 의하여 손해배상청구권이 배제되는 인적 범위를 구체화하거나 확대하는 것은 헌법 제29조 제2항에 의하여 허용되지만, 그 경우에도 '기타 법률이 정하는 자'를 정하는 데에는 일정한 헌법적 제약을 받는다고 본다. 즉 입법권자는 "위험성이 높은 직무에 종사하는 자에 대하여는 사회보장적 위험부담으로서의 국가보상제도를 별도로 마련함으로써 그것과 경합되는 국가배상청구를 배제하려는"[133] 헌법 제29조 제2항의 입법취지를 고려하여 같은 조항에 명시된 군인·군무원·경찰공무원과 마찬가지로 위험성이 높은 직종에 종사하

---

130) 대법원 1993.4.9. 선고 92다43395 판결(법률신문 1993.4.19, 2면); 대법원 1991.4.26. 선고 90다15907 판결(이에 대한 평석으로는 법조 40권 9호(420호), 1991/9, 108 참조); 대법원 1990.4.25. 선고 90다카3062 판결; 대법원 1991.2.26. 선고 90다6460 판결; 대법원 1991.3.27. 선고 90다13383 판결; 대법원 1990.3.27. 선고 88다카3670 판결; 대법원 1991.1.11. 선고 90다9100 판결.
131) 대법원 1997.3.28. 선고 97다4036 판결. 참조: 대법원 1991.4.26. 선고 90다15907 판결; 대법원 1993.4.9. 선고 92다43395 판결; 대법원 1995.3.24. 선고 94다25414 판결.
132) 대법원 1995.3.24. 선고 94다25414 판결.
133) 대법원 1995.3.24. 선고 94다25414 판결.

는 자로서 손해배상청구권을 배제하는 것이 헌법 제29조 제2항의 입법취지에 적합하며, 또 이들에게 다른 법률이 정하는 보상의 가능성이 있는 경우에 한하여 법률로써 손해배상을 배제할 수 있다. 이러한 조건에 해당하지 않는 자에 대해서까지 손해배상청구권을 배제하는 것은 법률에 의해서도 허용될 수 없으며, 그러한 법률은 위헌임을 면할 수 없다.

2.1.2. 손해발생의 태양에 관한 요건

헌법 및 국가배상법의 규정에 의한 특수직 공무원이 받은 모든 손해에 대하여 손해배상이 배제되는 것은 아니다. 손해배상이 배제되기 위해서는 이들 특수직공무원에 해당하는 자가 전투·훈련 등 직무 집행과 관련하여 손해를 받은 경우라야 한다. 헌법 제29조 제2항의 규정을 근거로 한 국가배상법 제2조 제1항 단서에 따르면 '전투·훈련 등 직무 집행과 관련하여 전사·순직하거나 공상을 입은 경우'에 한하여 손해배상청구권이 배제된다.

> **국가배상법 제2조 제1항 단서에 따른 배상책임제한: 전투·훈련 또는 이에 준하는 직무집행 뿐만 아니라 일반 직무집행에 관하여도 국가나 지방자치단체의 배상책임을 제한하는 것인지 여부**
>
> 2005년 7월의 개정 이전 국가배상법이 '전투·훈련 기타 직무집행에 관련하거나 국방 또는 치안유지의 목적상 사용하는 시설 및 자동차·선함·항공기·기타 운반기구 안에서 전사·순직 또는 공상을 입은 경우'라고 규정하고 있었기 때문에 이 조항이 손해발생의 태양을 군인, 군무원, 경찰공무원 기타 법률이 정하는 자가 전투, 훈련 등 직무집행과 관련하여 손해를 입은 경우로 규정한 헌법 제29조 제2항보다 범위를 확대한 것이어서 위헌이 아닌지 논란의 여지를 남기고 있었다. 이에 대하여 대법원은 "국가배상법에서 국방 또는 치안유지의 목적상 사용하는 시설 및 자동차, 함선, 항공기 기타 운반기구 안에서 사망하거나 부상한 경우 중 전사, 순직 또는 공상을 입은 경우에 한하여 그 배상청구를 제한하고 있어 결국 헌법 제29조 제2항에서 규정하고 있는 전투, 훈련등 직무집행과 관련하여 사망하거나 부상을 입은 경우에 해당된다 할 것이므로, 국가배상법 제2조 제1항 단서가 헌법 제29조 제2항의 위임범위를 벗어났다고 할 수 없다"고 판시함으로써 합헌이라는 입장을 보인 바 있다.[134]

한편 국가배상법 제2조 제1항 단서의 '전투·훈련 등 직무 집행과 관련하여'라는 규정의 해석과 관련하여 전투·훈련이 아닌 일반 직무집행 중 순직했을 때는 보상금 외에 손해배상을 청구할 수 있지 않는가 하는 논란이 있었다. 그러나 대법원 2부(주심 양창수 대법관)는 국가배상법상 경찰공무원은 전투·훈련 이외에 일반 직무집행 중 순직한 때에도 이 조항에 따라 손해배상을 청구할 수 없다고 판시하였다. 대법원은 '경찰공무원 등에 대한 국가의 배상책임을 제한하는 것은 헌법 29조 2항에 따른 것이어서 국가배상법의 문구 개정으로 내용이 바뀌었다고 볼 수 없으며' '보훈급여금 등이 손해배상과 유사한 기능을 하는 면도 있으므로

---

134) 대법원 1994.12.13. 선고 93다29969 판결.

국가 등의 배상책임을 면제하더라도 기본권을 과도하게 침해한다고 할 수 없으므로' 일반 직무집행에 관한 국가 등의 배상책임은 여전히 제한된다는 결론을 내렸다.[135]

"국가배상법(2005.7.13. 법률 제7584호로 개정된 것) 제2조 제1항 단서(이하 '이 사건 면책조항'이라고 한다)의 해석과 관련하여 ① 구 국가배상법(2005.7.13. 법률 제7584호로 개정되기 전의 것) 제2조 제1항 단서(이하 '종전 면책조항'이라고 한다)에 대하여 종래 대법원과 헌법재판소가 헌법 제29조 제2항과 실질적으로 내용을 같이하는 규정이라고 해석하여 왔고, 이 사건 면책조항은 "전투·훈련 등 직무집행"이라고 규정하여 헌법 제29조 제2항과 동일한 표현으로 개정이 이루어졌으므로 그 개정에도 불구하고 그 실질적 내용은 동일한 것으로 보이는 점, ② 이 사건 면책조항이 종전의 '전투·훈련 기타'에서 '전투·훈련 등'으로 개정되었는데 통상적으로 '기타'와 '등'은 같은 의미로 이해되고 이 경우에 다르게 볼 특수한 사정이 엿보이지 않는 점, ③ 위 개정 과정에서 국가 등의 면책을 종전보다 제한하려는 내용의 당초 개정안이 헌법의 규정에 반한다는 등의 이유로 이 사건 면책조항으로 수정이 이루어져 국회를 통과한 점, ④ 이 사건 면책조항은 군인연금법이나 '국가유공자 등 예우에 관한 법률' 등의 특별법에 의한 보상을 지급받을 수 있는 경우에 한하여 국가나 지방자치단체의 배상책임을 제한하는데, '국가유공자 등 예우에 관한 법률'에 의한 보훈급여금 등은 사회보장적 성격을 가질 뿐만 아니라 국가를 위한 공헌이나 희생에 대한 응분의 예우를 베푸는 것으로서, 불법행위로 인한 손해를 전보하는 데 목적이 있는 손해배상제도와는 그 취지나 목적을 달리하지만, 실질적으로는 사고를 당한 피해자 또는 유족의 금전적 손실을 메꾼다는 점에서 배상과 유사한 기능을 수행하는 측면이 있음을 부인할 수 없다는 사정 등을 고려하면 이 사건 면책조항이 국민의 기본권을 과도하게 침해한다고도 할 수 없다는 점 등을 종합하여, 이 사건 면책조항은 종전 면책조항과 마찬가지로 전투·훈련 또는 이에 준하는 직무집행뿐만 아니라 일반 직무집행에 관하여도 국가나 지방자치단체의 배상책임을 제한하는 것이라는 원심의 해석 및 판단은 정당하다."[136]

손해배상이 배제되는 것은 '전투·훈련 등 직무 집행과 관련하여 전사·순직하거나 공상을 입은 경우'에 한한다. 이에 관하여 특히 판례상 문제된 것을 살펴보면 다음과 같다.

대법원은 경찰공무원이 숙직실에서 취침중, 숙직실 방바닥 틈에서 새어나온 연탄가스에 중독되어 사망한 사건에서 숙직실이 국가배상법 제2조 제1항 단서에서 말하는 전투훈련에 관련된 시설이 아니라는 이유로 원고(피해자의 유족)는 국가배상법상 손해배상을 청구할 수 있는 권리를 가진다고 판시했다.[137] 이에 대하여는 이 판결이 국가배상법 제2조 제1항 단서가 "국방 또는 치안유지의 목적상 사용하는 시설"이라고 명시한 것을 간과하고 있고 나아가

---

135) 울릉도 파출소에서 근무했던 최모 순경(소외)이 2007년 12월 낙석사고 발생 신고를 받고 그 지점 주변 교통 정리를 위하여 순찰차를 운전하여 그 사고현장 부근으로 가다가 산에서 떨어진 소형 차량 크기의 낙석이 순찰차를 덮침으로써 사망하자 최모 순경의 부모가 경상북도를 상대로 손해배상을 청구한 사건이다. 원심은 경찰공무원인 소외인의 사망은 지방자치단체인 피고의 도로에 관한 설치·관리상의 하자로 인하여 발생하였다고 판단하였다. 참고로 국가배상법 제2조 제1항 단서는 같은 법 제5조의 경우에 준용된다(국가배상법 §5 ① 후단). 이 사건에서 1심 재판부는 "경상북도가 이 지역의 낙석 위험을 알고 있었지만 관리의무를 다하지 않았으므로 1억6천여만원을 배상하라"며 원고 일부승소 판결했으나 2심은 "보훈급여 외에 별도의 손해배상을 청구할 수 없다"며 원고패소의 판결을 선고했다.
136) 대법원 2011.3.10. 선고 2010다85942 판결.
137) 대법원 1979.1.30. 선고 77다2389 판결.

보충의견 역시 군인 등의 국가배상청구를 금지한 취지를 무시하고 있다는 비판이 제기된 바 있다.[138]

한편 대법원은 사병이 휴일에 내무반에서 상급자로부터 훈계를 받던 중 구타당하여 사망한 것은 구타에 사적인 감정이 다소 개재되어 있고 훈계권행사의 정도가 지나쳐 위법하다고 하여도 국가배상법 제2조 제1항 단서 소정의 직무집행과 관련한 순직에 해당한다고 보았고,[139] 군 내무반에서 상급자로부터 분실된 보급품을 찾아보라는 지시를 받고도 이를 이행하지 않아 훈계를 받는 과정에서 폭행을 당하고 이로 인하여 사망한 경우도 국가배상법 제2조 제1항 단서 소정의 "순직"에 해당한다고 판시하고 있다.[140] 대법원은 이러한 일련의 판결에서 군인의 사망이 국가배상법 제2조 제1항 단서 소정의 "순직"에 해당하는지 여부는 그 군인이 자기의 직무수행과 관련하여 피해를 입었는지 여부에 따라 판단하여야 할 것이고, 가해자인 군대 상급자의 구타행위 등이 그 징계권 또는 훈계권의 한계를 넘어 불법행위를 구성하는지 여부는 순직 여부를 판단하는 데 직접적인 관계가 없다고 판시하고 있다.[141] 반면 대법원은 전투경찰대원이 국민학교 교정에서 다중범죄진압훈련을 일단 마치고 점심을 먹기 위하여 근무하던 파출소를 향하여 걸어가다가 경찰서소속 대형버스에 치어 사망한 경우 피해자가 그와 같은 경위로 도로 위를 걷는 것이 진압훈련과정의 일부라고 할 수 없고 또 그가 경찰관전투복을 착용하고 있었고 전투경찰이 치안업무 보조를 임무로 하고 있더라도 국가배상법 제2조 제1항 단서에서 말하는 전투, 훈련 기타 직무집행과 관련하여 사망한 것이라고 단정하기 어렵다고 판시한 바 있다.[142]

2.1.3. 다른 법령에 의한 보상의 가능성

국가배상법 제2조 제1항 단서에 의하여 손해배상이 배제되는 것은 본인 또는 그 유족이 다른 법령의 규정에 따라 재해보상금·유족연금·상이연금등의 보상을 지급받을 수 있을 때에 한한다. 가령 국가유공자예우등에관한법률 및 군인연금법의 각 보상규정은 여기서 말하는 "다른 법령의 규정"에 해당하며,[143] 본인이나 유족이 다른 법령에 따라 재해보상금·유족연금·상이연금등의 보상을 지급받을 수 있는 한, 실제로 보상을 받았는지는 불문하는 것으로

---

138) 김도창, 일반행정법론(상), 634 쒸16.
139) 대법원 1991.11.26. 선고 91다14888 판결(이 판결에 대한 평석으로는 대법원판례해설 16, 605 참조); 대법원 1980.12.23. 선고 80다1600 판결; 대법원 1991.8.13. 선고 90다16108 판결; 대법원 1992.12.22. 선고 92누6006 판결.
140) 대법원 1994.12.13. 선고 93다29969 판결; 대법원 1993.5.14. 선고 92다33145 판결; 대법원 1991.8.13. 선고 90다16108 판결.
141) 대법원 1994.12.13. 선고 93다29969 판결; 대법원 1993.5.14. 선고 92다33145 판결; 대법원 1991.8.13. 선고 90다16108 판결; 대법원 1988.10.11. 선고 88다카2813 판결.
142) 대법원 1989.4.11. 선고 88다카4222 판결.
143) 대법원 1994.12.13. 선고 93다29969 판결.

해석된다.

▦ 공무원연금법상 장해보상금지급제도와 이중배상의 금지

"구 공무원연금법(1982.12.28. 법률 제3586
호로 개정되기 전의 법률) 제33조 내지 제37조 소정의 장해보상금지급제도와 국가배상법 제2조 제1항 단서 소정의 재해보상금 등의 보상을 지급하는 제도와는 취지와 목적을 달리하는 것이어서 두 제도는 서로 아무런 관련이 없다 할 것이므로 구 공무원연금법상의 장해보상금지급규정은 국가배상법 제2조 제1항 단서 소정의 "다른 법령의 규정"에 해당하지 아니하고, 따라서 경찰공무원이 구 공무원연금법의 규정에 의하여 장해보상을 지급받는 것은 국가배상법 제2조 제1항 단서 소정의 "다른 법령의 규정"에 의한 재해보상을 지급받은 것에 해당하지 아니한다."144)

한편 대법원은 "다른 법령의 규정에 의하여 재해보상금·유족연금·상이연금등의 보상을 지급받을 수 있을 때에는"이란 규정을 실질적으로 해석하여 실제로 군인연금법 또는 국가유공자예우등에관한법률에 의하여 재해보상금, 유족연금, 상이연금 등 별도의 보상을 받을 수 없는 경우에는 국가배상법 제2조 제1항 단서가 적용되지 않는다고 판시하였고,145) 이 같은 판례의 취지를 1997년 2월 14일의 판결에서 재확인한 바 있다.

"[1] 군인·군무원 등 국가배상법 제2조 제1항에 열거된 자가 전투, 훈련 기타 직무집행과 관련하는 등으로 공상을 입은 경우라고 하더라도 군인연금법 또는 국가유공자예우등에관한법률에 의하여 재해보상금·유족연금·상이연금 등 별도의 보상을 받을 수 없는 경우에는 국가배상법 제2조 제1항 단서의 적용대상에서 제외하여야 한다.

[2] 군인 또는 경찰공무원으로서 교육훈련 또는 직무수행중 상이(공무상의 질
병 포함)를 입고 전역 또는 퇴직한 자라고 하더라도 국가유공자예우등에관한법률에 의하여 국가보훈처장이 실시하는 신체검사에서 대통령령이 정하는 상이등급에 해당하는 신체의 장애를 입지 않은 것으로 판명되고 또한 군인연금법상의 재해보상 등을 받을 수 있는 장애등급에도 해당하지 않는 것으로 판명된 자는 위 각 법에 의한 적용대상에서 제외되고, 따라서 그러한 자는 국가배상법 제2조 제1항 단서의 적용을 받지 않아 국가배상을 청구할 수 있다."146)

판례는 같은 조에서 규정하는 별도의 보상에 관한 다른 법령의 적용대상이 된다 할지라도 가령 공상판정의 기준에 미달하는 등의 사유로 인하여 치료비보상 외에는 현실적으로 아무런 보상을 받을 수 없게 되는 경우에는 결국 피해자가 다른 법령에 의하여 보상을 받을 수 없음에도 국가배상법 제2조 제1항 단서 때문에 피해를 구제받을 수 없게 되는 불평등한 결과가 생기므로 이를 시정하려는 사법적극주의적·현실주의적 판단에 따른 것으로서 긍정

---

144) 대법원 1988.12.27. 선고 84다카796 판결.
145) 대법원 1996.12.21. 선고 96다42178 판결.
146) 대법원 1997.2.14. 선고 96다28066 판결.

적인 평가를 받아 마땅하다.

비슷한 맥락에서 최근 대법원은 전투·훈련 등 직무집행과 관련하여 공상을 입은 군인 등이 먼저 국가배상법에 따라 손해배상금을 지급받은 후 구 국가유공자법이 정한 보상금 등 보훈급여금의 지급을 청구하는 경우 피고로서는 국가배상법에 따라 손해배상을 받았다는 사정을 들어 보상금 등 보훈급여금의 지급을 거부할 수 없다고 판시하여 위와 같은 현실주의적 관점을 이어가고 있다.

⠿ 국가배상법상 손해배상금 지급을 이유로 한 국가유공자법에 따른 보훈급여금 지급 거부처분 취소

"국가배상법 제2조 제1항 단서는 헌법 제29조 제2항에 근거를 둔 규정으로서, 「국가유공자 등 예우 및 지원에 관한 법률」(2013.5.22. 법률 제11817호로 개정되기 전의 것, 이하 '구 국가유공자법'이라 한다)이 정한 보상에 관한 규정은 국가배상법 제2조 제1항 단서가 정한 '다른 법령'에 해당하므로, 구 국가유공자법에서 정한 국가유공자 요건에 해당하여 보상금 등 보훈급여금을 지급받을 수 있는 경우는 구 국가유공자법에 따라 '보상을 지급받을 수 있을 때'에 해당한다(대법원 1994.12.13. 선고 93다29969 판결, 대법원 2002.5.10. 선고 2000다39735 판결 참조). 따라서 **군인·군무원·경찰공무원 또는 향토예비군대원**(이하 '군인 등'이라 한다)이 전투·훈련 등 직무집행과 관련하여 공상을 입는 등의 이유로 구 국가유공자법이 정한 국가유공자 요건에 해당하여 보상금 등 보훈급여금을 지급받을 수 있는 경우에는 국가배상법 제2조 제1항 단서에 따라 국가를 상대로 국가배상을 청구할 수 없다고 보아야 한다.

그러나 이와 달리 전투·훈련 등 직무집행과 관련하여 공상을 입은 군인 등이 먼저 국가배상법에 따라 손해배상금을 지급받은 다음 구 국가유공자법이 정한 보상금 등 보훈급여금의 지급을 청구하는 경우 피고로서는 다음과 같은 사정에 비추어 국가배상법에 따라 손해배상을 받았다는 사정을 들어 보상금 등 보훈급여금의 지급을 거부할 수 없다고 보아야 한다."[147]**

반면 대법원은 헌법 제29조 제2항 및 국가배상법 제2조 제1항 단서의 입법 취지에 비추어 다른 법령에 의한 보상금청구권이 시효로 소멸된 경우는 국가배상법 제2조 제1항 단서 소정의 '다른 법령에 의하여 보상을 받을 수 있는 경우'에 해당하므로 국가배상청구를 할 수 없다고 판시한 바 있다.

"국가 또는 공공단체가 위험한 직무를 집행하는 군인·군무원·경찰공무원 또는 향토예비군대원에 대한 피해보상제도를 운영하여, 직무집행과 관련하여 피해를 입은 군인 등이 간편한 보상절차에 의하여 자신의 과실 유무나 그 정도와 관계없이 무자력의 위험부담이 없는 확실하고 통일된 피해보상을 받을 수 있도록 보장하는 대신에, 피해 군인 등이 국가 등에 대하여 공무원의 직무상 불법행위로 인한 손해배상을

---

147) 대법원 2017.2.3. 선고 2014두40012 판결: 구 국가유공자법상 지원공상군경 요건에 해당하는 원고가 이미 국가배상법에 따른 손해배상금을 지급받았음을 이유로 구 국가유공자법에 따른 보상금 등 보훈급여금의 지급을 거부한 피고의 보훈급여금 비지급결정의 취소를 구한 사건에서, 구 국가유공자법의 규정, 국가배상법 제2조 제1항 단서의 입법취지 및 구 국가유공자법이 정한 보상과 국가배상법이 정한 손해배상의 목적과 산정방식의 차이 등을 고려하면, 피고는 국가배상법에 따라 손해배상을 받았다는 사정을 들어 보상금 등 보훈급여금의 지급을 거부할 수 없다는 이유로 피고의 보훈급여금 비지급결정이 위법하다고 판단한 원심판결을 수긍한 사례.

청구할 수 없게 함으로써, 군인 등의 동일한 피해에 대하여 국가 등의 보상과 배상이 모두 이루어짐으로 인하여 발생할 수 있는 과다한 재정지출과 피해 군인 등 사이의 불균형을 방지하고, 또한 가해자인 군인 등과 피해자인 군인 등의 직무상 잘못을 따지는 쟁송이 가져올 폐해를 예방하려는 데에 있고, 또 군인, 군무원 등 이 법률 규정에 열거된 자가 전투, 훈련 기타 직무집행과 관련하는 등으로 공상을 입은 데 대하여 재해보상금, 유족연금, 상이연금 등 별도의 보상제도가 마련되어 있는 경우에는 이중배상의 금지를 위하여 이들의 국가에 대한 국가배상법 또는 민법상의 손해배상청구권 자체를 절대적으로 배제하는 규정이므로, 이들은 국가에 대하여 손해배상청구권을 행사할 수 없는 것인바, 따라서 국가배상법 제2조 제1항 단서 규정은 다른 법령에 보상제도가 규정되어 있고, 그 법령에 규정된 상이등급 또는 장애등급 등의 요건에 해당되어 그 권리가 발생한 이상, **실제로 그 권리를 행사하였는지 또는 그 권리를 행사하고 있는지 여부에 관계없이 적용된다**고 보아야 하고"148)

2.2. 적용효과: 손해배상청구권의 배제

위와 같은 요건이 충족되면 피해자는 국가배상법 및 민법의 규정에 의한 손해배상을 청구할 수 없게 된다. 국가배상청구권의 성립 자체가 배제되기 때문에 국가의 손해배상책임을 전제로 법적 결과도 인정될 여지가 없다. 즉 국가가 손해배상책임을 진 것을 전제로 한 고의 또는 중과실이 있는 가해공무원에 대한 국가의 구상권행사나 피해자의 선택적 청구권의 문제가 발생할 여지가 없게 되는 것이다. 따라서 피해자가 군인 · 군무원 · 경찰공무원 또는 향토예비군대원의 신분을 갖는지 여부에 따라 가해공무원의 책임여부가 좌우된다는 불합리한 결과가 나온다. 특히 앞에서 본 대법원의 판례에 따를 때, 군 내무반에서 구타나 얼차려 같은 가혹행위를 당해 사망한 경우에도 이는 국가배상법 제2조 제1항 단서에서 말하는 순직에 해당되기 때문에 국가나 가해자에 대하여 그로 인한 손해배상을 청구할 여지가 없게 되고, 가해자 역시 징계 등의 제재를 받을 수 있을 뿐, 국가배상책임의 성립을 전제로 한 국가에 대한 구상책임을 질 여지가 없다는 결과가 되는 것이다.

3. 국가배상법 제2조 제1항 단서의 적용요건에 관한 대법원의 판례

대법원은 국가배상법 제2조 제1항 단서가 앞에서 서술한 바와 같은 헌법적 추인을 받은 법현실에서 오는 부당한 결과를 회피하기 위하여 나름대로 '직무집행'의 개념을 엄격히 해석하려는 경향을 보여 왔고, 하급심의 판례 중에서도 그와 같은 성향이 엿보인다. 앞서 본 바와 같은 대법원의 판례 중 경찰공무원이 취침중 숙직실 방바닥 틈에서 새어나온 연탄가스에 중독되어 사망한 사건에서 숙직실이 국가배상법 제2조 제1항 단서에서 말하는 전투훈련에

---

148) 대법원 2002.5.10. 선고 2000다39735 판결: 공상을 입은 군인이 국가배상법에 의한 손해배상청구 소송 도중에 국가유공자등예우및지원에관한법률에 의한 국가유공자 등록신청을 하였다가 인과관계가 없어 공상군경 요건에 해당되지 않는다는 이유로 비해당결정 통보를 받고 이에 불복하지 아니한 후 위 법률에 의한 보상금청구권과 군인연금법에 의한 재해보상금청구권이 모두 시효완성된 사례.

관련된 시설이 아니라는 이유로 원고의 손해배상청구권을 인정한 것은 바로 그러한 판례경향을 확인시켜 준다.[149] 이 판결에는 공무원연금법상의 유족급여는 공무원에 대한 사회보장제도에 기하여 지급되는 것이고 손해배상과는 제도적 취지나 목적을 달리하는 것으로서 서로 아무런 관련이 없으므로 원고는 국가배상법에 의한 손해배상청구권을 가진다는 보충의견이 붙어 있다. 이에 대하여 국가배상법 제2조 제1항 단서가 "국방 또는 치안유지의 목적상 사용하는 시설"이라고 명시한 것을 간과했고 나아가 보충의견 역시 군인 등의 국가배상청구를 금지한 취지를 무시하고 있다는 비판이 제기되었으나,[150] 이 판결의 다수의견이나 보충의견 공히 그 기본취지는 이중배상금지에 관한 현행법제도가 피해자구제에 장애가 되고 있다는 현실을 인식하고 이를 해석을 통해 완화시키려는 데 있는 것으로 이해된다. 특히 보충의견은 양제도가 그 취지나 목적을 달리하는 것이라는 점에 다시금 주의를 환기시키고 있다는 점에서 의의를 지닌다. 판례의 이 같은 경향은 대법원이 현역병으로 입대하여 교도소경비교도대로 배치되어 복무하다 구타로 숨진 자의 유족이 국가를 상대로 제기한 국가배상청구소송상고심에서 "현역병으로 입대했다해도 교도대로 된 자는 군인신분이 아니어서 손해배상을 청구하는 것이 이중배상에 해당하지 않는다"며 '국가유공자예우를 받고 있기 때문에 손해배상청구는 이중배상'이라고 주장한 국가의 상고를 기각한 판결을 통해서도 확인될 수 있다. 대법원은 "교정시설교도대설치법 제3조등 규정에 비추어 보면 현역병으로 입영후 전임되어 경비교도로 임용된 자는 군인으로서의 신분을 상실하고 새로이 경비교도로서의 신분을 취득하게 되었다 할 것"이며 "경비교도가 전사상급여를 받는다든지, 원호와 가료의 대상이 된다든지, 사망자에 대해 국가보훈처가 국가유공자로 보고 사망급여금을 지급한다는 것만으로는 그 신분이 군경으로 되지는 않는다"고 판시했다.[151]

한편 하급심법원도 교통지도・단속중 경찰차량에 의하여 충격받아 뇌좌상・뇌부종 등의 상해를 입은 의무경찰이 제기한 국가배상청구소송에서 "원고는 전투경찰대설치법상의 전투경찰순경에 해당하는 자로서 위 전투경찰대설치법의 규정상 전투경찰순경은 군인의 직분을 상실하고, 군인과 다른 신분을 취득하여 군인이나 경찰공무원법상의 경찰공무원과는 구별되는 별도의 직분이므로 위 단서에 열거된 자들에 해당하지 아니하고, 그 처우에 있어서도 군인이나 경찰공무원에 준하는 취급을 받는다고 하여도 위 국가배상법 제2조 제1항의 규정은 제한적으로 해석함이 상당하므로 전투경찰순경에 대하여는 위 단서의 규정이 적용되지 아니한다 할 것이니 피고의 위 주장은 이유없다"고 판시함으로써 위 대법원의 판결과 유사한 맥락에서 국가배상법 제2조 제1항의 적용을 가급적 제한하려는 듯한 경향을 드러냈다.[152] 그

---

149) 대법원 1979.1.30. 선고 77다2389 판결.
150) 김도창, 일반행정법론(상), 634 判16.
151) 대법원 1993.4.9. 법률신문 1993.4.19, 2면.
152) 서울민사지법 1993.1.29. 선고 92가합25910 판결. 이러한 법원의 태도에 대해서는 관계법규정에 비추어 볼 때 '전

러나 대법원(민사2부: 주심 이용훈 대법관)은 이후 전투경찰로 복무중 고참의 구타로 숨진 최모씨(당시 21세)의 유가족등 6명이 국가를 상대로 낸 손해배상 청구소송 상고심에서 "전투경찰은 일반공무원이므로 국가배상법에 따라 배상을 받아야 한다"고 판결한 원심을 파기하여 사건을 서울고법으로 환송하면서, 다음과 같이 판시했다.

"공무원의 국가배상청구권을 제한한 헌법 제29조 제2항은 그 입법취지가 위험성이 높은 직무에 종사하는 자에 대하여는 사회보장적 위험부담으로서의 국가보상제도를 별도로 마련함으로써 그것과 경합되는 국가배상청구를 배제하려는 것이고, 국가배상법 제2조 제1항 단서 소정의 "경찰공무원"은 위 헌법 규정을 그대로 이어받은 규정이며, 전투경찰순경이 경찰청 산하의 전투경찰대에 소속되어 대간첩작전의 수행 및 치안업무의 보조를 그 임무로 하고 있어서 그 직무수행상의 위험성이 다른 경찰공무원의 경우보다 낮지 않을 뿐 아니라, 전투경찰대법 제4조에서 경찰공무원의 일부조항을 준용하고 있는 점에 비추어 보면, 국가배상법 제2조 제1항 단서 소정의 "경찰공무원"이 "경찰공무원법상의 경찰공무원"에 한정된다고 단정하기 어렵고, 오히려 경찰업무의 위험성을 고려하여 "경찰조직의 구성원을 이루는 공무원"을 특별취급하려는 것으로 보아야 할 것이므로 전투경찰순경은 국가배상법 제2조 제1항 단서 소정의 "경찰공무원"에 해당한다고 보아야 할 것이다."[153]

이 판결에서 대법원은 첫째, 국가배상법 제2조 제1항 단서 소정의 "경찰공무원"은 "경찰공무원법상의 경찰공무원"에 한정되지 않으며, 둘째, 전투경찰은 경찰청 산하의 전투경찰대에 소속돼 대간첩작전등의 수행과 치안업무를 보조하는 등 위험한 일을 하는 만큼 국가배상법 제2조 제1항 단서가 규정하는 경찰공무원에 해당한다는 점을 분명히 함으로써 국가배상법 제2조 제1항 단서에 관한 전술한 판례경향으로부터 결별한 듯한 입장을 보여 주목되고 있다.

VII. 특수문제: 사법 및 입법작용으로 인한 국가배상책임

1. 문제의 소재

입법작용이나 사법작용에 대한 국가배상책임이 인정될 수 있는지 또는 어떤 범위에서 인정될 것인지가 문제된다.

경은 군인 또는 경찰공무원과 같은 신분이 아니기 때문에 국가배상청구권 행사를 할 수 있다는 논리는 무리'이며 '궁여지책으로 전경을 단서조항이 열거하고 있는 신분이 아니라고 하기보다는 전경을 포함한 군인등의 국가배상청구권을 보장하기 위한 선결문제로서 국가배상법 제2조 1항 단서조항의 실질적 위헌을 주장했어야 한다'는 비판이 제기되었다(이상철, 법률신문 1993.4.5, 14면).

153) 대법원 1995.3.24. 선고 94다25414 판결. 최씨등은 지난 92년 최군이 군에 입대, 부산지방경찰청과 기동대에서 근무하던 중 이듬해인 93년 2월 훈련을 제대로 받지 못했다는 이유로 김모 상경으로부터 가슴등을 맞고 숨지자 소송을 냈었다(1995년 3월 25일자 동아일보).

2. 비교법적 고찰

이에 관한 외국의 입법례를 살펴보면 나라마다 차이는 있으나 대체로 제한된 범위에서나마 사법작용이나 입법작용으로 인한 국가배상책임을 인정하는 경향을 보이고 있다.[154)

3. 문제의 해결

생각건대, 우리나라의 경우, 입법작용이나 사법작용에 대한 국가배상책임이 인정될 수 있느냐 또는 어떤 범위에서 인정될 것이냐에 관해서는 별도의 특별규정이 없는 한, 국가배상법 제2조에 의하여 해결될 문제라고 본다.

3.1. 입법작용과 국가배상책임

입법작용에 관해서는 입법행위 역시 공권력의 행사이므로 직무행위에 포함되며, 각각 법률의 경우에는 기본권 등 헌법상의 구속을 위반하거나 법률제정절차상의 중대한 하자가 있을 때, 법률하위명령의 경우에는 상위법규의 위배시, 그 공권력행사의 위헌·위법성이 인정될 수 있을 것이다. 다만 법률제정에 관해서는 이와같이 직무행위 및 위법성에 관한 요건이 충족된다 하여도 국가배상법 제2조상의 「고의·과실」요건에 관해서는 난점이 있다. 즉, 법률에 의해 직접 권익침해가 이루어진 경우(이른바 처분법률: Maßnahmegesetz의 경우), 또는 입법부작위의 경우를 막론하고 과실요건을 충족할 수 있는가에 관하여 문제가 있다. 이에 관하여는 국가배상법 제2조상의 과실개념을 객관적으로 파악하여 입법작용의 객관적인 하자로 파악하거나, 합의제기관인 입법기관 전체로 보아서 법률제정에 참가한 국회의원 등의 헌법등 상위법준수의무 또는 헌법상 입법의무를 인식해야 할 주의의무의 대한 해태 등을 근거로 과실의 존재를 인정하는 해석론상의 가능성이 있으나 독일이나 프랑스의 경우에서 본 바와 같이 실제로 적용사례는 많지 않을 것이다. 김남진교수 역시 우리나라 국가배상법의 해석적용에 있어 과실의 객관화 및 입증책임완화경향이 입법상의 불법행위책임을 인정함에 있어 유리하게 작용할 수 있으나 우리의 국가배상법이 명문으로 과실책임주의를 채택하고 있는 이상, 해석론을 통한 극복에는 한계가 있음을 시인하고 있다.[155) 따라서 궁극적으로는 이에 대한 국가배상법개정 또는 국회법개정 등을 통한 입법적 해결이 추구되어야 할 것이다. 주의할 점은 위헌적인 법률에 의거한 행정청의 구체적 처분에 의해 국민의 권익이 침해된 경우, 즉 위헌적 법률의 집행의 경

---

154) Maurer, § 25 Rn.49; Rivero, 374ff.; 塩野 宏, 行政法 Ⅱ, 233. 이에 관하여 상세한 것은 홍준형, 행정구제법, 2012, 도서출판 오래, 117-124를 참조. 그 밖에 국가배상제도의 제문제(법무부, 1991), 553-584에 실린 서원우(특수공무원의 국가배상책임), 김남진(입법·사법상의 불법과 국가책임)을 참조.

155) 김남진, 기본문제, 437.

우$\left(\text{sog. Beruhens-}_{\text{Fall}}\right)$에는 앞서 논의한 공무원의 법령해석상의 주의의무가 인정될 수 있다면 그 한도 내에서, 국가배상책임이 성립할 수 있다고 볼 것이지만,[156] 이는 위헌적 입법 자체로 인한 국가배상책임이 아니라 오히려 위헌적 법률의 집행(행정작용)에 대한 국가배상책임의 문제라는 것이다. 위헌적 입법 자체에 의한 재산권침해에 대한 국가배상의 문제와 위헌적 입법에 의해 행해진 행정작용으로 인한 재산권침해에 대한 국가배상의 문제는 구별되어야 한다. 현행 국가배상법하에서 전자의 경우에는 국회나 국회의원의 고의·과실의 유무가 문제되는 데 비하여, 후자의 경우에는 위헌적 법률을 집행한 공무원의 고의·과실이 문제되기 때문이다.

> 한편 서울민사지법 1992.8.28. 선고 91가합84035 판결 1989년 12월 18일 위헌결정을 받은 국가보위 입법회의법 부칙 4항에 근거하여 면직처분을 받은 국회사무처 및 국회도서관 근무자들이 제기한 손해배상 청구소송에서 입법상 불법을 이유로 국가의 배상책임을 인정한 바 있다.[157]

그러나 대법원은 국회의원의 입법행위가 국가배상법 제2조 제1항의 위법행위에 해당되는지 여부에 대하여 소극적인 입장을 취했다.

> "우리 헌법이 채택하고 있는 의회민주주의하에서 국회는 다원적 의견이나 각가지 이익을 반영시킨 토론과정을 거쳐 다수결의 원리에 따라 통일적인 국가의사를 형성하는 역할을 담당하는 국가기관으로서 그 과정에 참여한 국회의원은 입법에 관하여 원칙적으로 국민 전체에 대한 관계에서 정치적 책임을 질 뿐 국민 개개인의 권리에 대응하여 법적 의무를 지는 것은 아니므로, 국회의원의 입법행위는 그 입법 내용이 헌법의 문언에 명백히 위반됨에도 불구하고 국회가 굳이 당해 입법을 한 것과 같은 특수한 경우가 아닌 한 국가배상법 제2조 제1항 소정의 위법행위에 해당된다고 볼 수 없다."[158]

::: 입법부작위와 국가배상책임

"[1] 우리 법은 공무원의 직무상 불법행위로 인하여 손해를 입은 민간인이 헌법 및 국가배상법 등에 근거하여 국가 또는 지방자치단체에 대하여 배상청구를 할 수 있도록 보장하는 제도를 계속 유지하여 왔는데, 비록 거창사건으로 인한 피해가 매우 중대하고 피해자의 범위도 넓어 상당한 특수성이 있기는 하지만, 거창사건 희생자들의 신원을 위한 진상규명이나 피해배상을 위하여 별도의 특별법을 제정하도록 규정한 헌법상 명시적인 입법위임은 존재하지 아니한다. 그렇다면 거창사건 희생자들의 사망에 관하여 현행

---

156) 오쎈뷜에 의하면 이 경우 공무원이 위헌적인 법령을 그 위헌·위법성에도 불구하고 적용해야 하는지 아니면 그 적용을 거부할 권한(Verwerfungskompetenz)을 갖는지가 문제된다. 그는 형식적 법률, 법규명령, 행정규칙 및 조례 등 모두에 대하여 일률적으로 판단할 수는 없으나, 아무튼 분명한 것은 재판상 무효선언이 있기까지는 공무원이 그와 같은 합헌성·적법성이 의문시되는 법령을 적용했다고 해서 과실이 있다고는 할 수 없다고 한다(Ossenbühl, Staatshaftungsrecht, 4.Aufl., 1991, § 7 5. cc), S.89).

157) 정하중, 입법상의 불법에 대한 국가책임의 문제: 서울민사지법 42부판결 91가합84035에 관련하여, 사법행정 387 호(1993.3), 1993, 한국사법행정학회, 4이하; 김남진, 행정법 I, 568. 여기서 김남진교수는 동법이 처분법률에 해당하는데다 헌법재판소에 의하여 위헌결정을 받았으므로 인해 비교적 쉽게 승소판결을 받을 수 있었다고 판단하고 있다.

158) 대법원 1997.6.13. 선고 96다56115 판결. 참조: 대법원 1995.7.14. 선고 93다16819 판결.

국가배상법의 규정보다 국가의 배상책임을 확대한다든가 혹은 이에 관하여 국가로 하여금 희생자 유족들에게 일정한 보상금을 지급하도록 규정하는 취지의 특별법을 제정할 것인지 여부는 원칙적으로 헌법상 국민의 대의기관으로서 국가의 예산안을 심의·확정하고 법률안을 의결하는 권한을 행사하는 국회 (헌법 §§ 49, 53, 54 등 참조)와 집행기관으로서 국가 예산을 편성·집행하고 법률안을 공포하는 권한을 행사하는 대통령 및 행정부(헌법 §§ 53, 54, 89 등 참조)가 국민 전체의 여론과 국가재정 등을 종합적으로 고려하여 그 재량의 범위 내에서 정책적으로 판단할 문제로 보아야 하고, 6·25 사변을 전후하여 경북 문경이나 전남 함평 등 다른 지역에서 발생한 유사사건에 관한 법적 규율 등 제반 사정에 비추어 볼 때 헌법의 해석상 거창사건에 관하여 위와 같은 특별법을 추가로 제정해야 하는 구체적인 입법의무가 국가에게 부과된다고 보기는 어렵다(헌법재판소 1996. 6.13. 선고 93헌마276 결정, 헌법재판소 2003.5.15. 선고 2000헌마192,508(병합) 결정 등 참조).

[2] 우리 헌법이 채택하고 있는 의회민주주의하에서 국회는 다원적 의견이나 각가지 이익을 반영시킨 토론과정을 거쳐 다수결의 원리에 따라 통일적인 국가의사를 형성하는 역할을 담당하는 국가기관으로서 그 과정에 참여한 **국회의원은 입법에 관하여 원칙적으로 국민 전체에 대한 관계에서 정치적 책임을 질 뿐 국민 개개인의 권리에 대응하여 법적 의무를 지는 것은 아니므로 국회의원의 입법행위는 그 입법 내용이 헌법의 문언에 명백히 위반됨에도 불구하고 국회가 굳이 당해 입법을 한 것과 같은 특수한 경우가 아닌 한 국가배상법 제2조 제1항 소정의 위법행위에 해당된다고 볼 수 없고**(대법원 1997.6.13. 선고 96다56115 판결 등 참조), 같은 맥락에서 국가가 일정한 사항에 관하여 헌법에 의하여 부과되는 구체적인 입법의무를 부담하고 있음에도 불구하고 그 입법에 필요한 상당한 기간이 경과하도록 고의 또는 과실로 이러한 입법의무를 이행하지 아니하는 등 극히 예외적인 사정이 인정되는 사안에 한정하여 국가배상법 소정의 배상책임이 인정될 수 있으며, 위와 같은 구체적인 입법의무 자체가 인정되지 않는 경우에는 애당초 부작위로 인한 불법행위가 성립될 여지가 없다.

[3] 거창사건 희생자들의 신원(伸寃) 등을 위하여 원고들이 주장하는 바와 같은 내용의 특별법을 제정할 것인지 여부는 입법정책적인 판단문제로서 이에 관하여 피고 국가가 구체적인 입법의무를 부담한다고 보기 어렵기 때문에, 피고 국가가 현재까지 이러한 특별법을 제정하지 아니하였다는 사정만으로는 거창사건 이후 유족들에 대한 관계에서 부작위에 의한 불법행위가 성립한다고 볼 수 없다."159)

3.2. 사법작용과 국가배상책임

사법작용에 관해서는 프랑스에서와 같이 사법행정작용과 재판작용을 구분할 필요가 있다. 즉, 사법행정적 작용, 가령 재판의 지연 또는 강제집행이나 구류 등과 같이 행정적 성격을 지닌 작용에 관해서는 일반 행정작용과 마찬가지로 국가배상책임을 인정하는 데 문제가 없으나,160) 재판작용에 관해서는 기판력의 존속(Bestand der Rechtskraft) 또는 기판사항의 권위(autorité de la chose jugée)를 보장해야 한다는 법적 안정성의 요구와 권리구제의 요구를 적정히 조화시킬 필요가 있다는 점에 유의하지 않으면 안 된다. 그것은, 예컨대 패소한 원고가 판결확정이후에 담당판사가 직무상 의무를 위반하여 판결을 잘못 내렸다는 이유로 손해배상을 청구할 수 있도록 한다면

---

159) 대법원 2008.5.29. 선고 2004다33469 판결.
160) 동지 阿部泰隆, 129.

이미 기판력있는 확정판결에 의해 종결된 소송사건이 다시금 재개되는 결과가 될 것이기 때문이다. 이러한 의미에서 법관의 직무상 의무위반이 동시에 형사상 가벌적 행위를 이루는 경우, 즉, 고의적인 권한남용이나 고의에 의한 수뢰($^{§§\ 336,\ 332}_{II\ StGB}$)가 문제되는 경우에만 배상책임을 진다고 하는 독일민법 제839조 제2항의 규정은 법관을 보호하려는 것이 아니라 확정력의 존속을 보장하려는 것이라는 지적[161]도 이해될 수 있다. 그러나 이에 관한 특별한 명문규정이 없는 우리나라의 경우, 재판으로 인한 국가배상책임은, 국가배상법의 일반원칙에 의하여 판단하여야 할 것이다. 다만 그 책임요건 중 과실 및 위법성요건의 충족여부를 판단함에 있어서 판결이 상소·재심에 의해 취소된 경우에는 그 파기이유나 민사소송법 제422조에 의한 재심사유, 그리고 그 재심사유발생에 기여한 판사 및 기타 재판에 관여한 자들의 주의의무위반여부를 기준으로 판단해야 할 것이다.[162] 반면, 확정판결에 대하여 재심을 거치지 아니하고 국가배상을 청구하는 경우에는 앞에서 소개한 일본의 판례가 적절히 설시한 바와 같이 당해법관이 위법 또는 부당한 목적을 가지고 재판을 행했다든지 하는 법관이 그에게 부여된 권한의 취지에 명백히 위배하여 이를 행사했다고 인정할 만한 특별한 사정이 있을 때, 보다 구체적으로는 「사실인정 및 법령의 해석적용에 있어서 경험법칙·논리법칙을 현저히 일탈하여 재판관에게 요구되는 양식을 의심할 만한 비상식적인 과오를 범한 것이 당해재판의 심리단계에 있어서 명백한 경우」에 한하여 국가배상책임이 성립된다고 보는 것이 일단 타당할 것이다.[163] 물론 법적 명확성을 기하기 위해 이에 관한 입법적 해결이 필요하다는 것은 각국의 입법례를 보더라도 의문의 여지가 없다. 대법원은 법관의 재판에 대한 국가배상책임의 인정여부와 관련하여 임의경매절차에서 경매담당 법관의 오인에 의해 배당표 원안이 잘못 작성되고 그에 대해 불복절차가 제기되지 않아 실체적 권리관계와 다른 배당표가 확정된 경우, 경매담당 법관이 위법·부당한 목적을 가지고 있었다거나 법이 법관의 직무수행상 준수할 것을 요구하고 있는 기준을 현저히 위반하였다는 등의 자료를 찾아볼 수 없어 국가배상법상의 위법한 행위가 아니라고 판시한 바 있다.

---

161) Maurer, § 25 Rn.50.
162) 일본의 경우 이에 관하여 위법성과 과실을 일원적으로 파악하면서 판결이 상소나 재심에 의하여 취소된 경우에는 이 판결은 객관적으로 정당성을 가지지 아니하므로 국가배상법상으로도 당연히 위법이라는 결과위법설(위법성개념에 관한 결과불법설과는 다름)과 반대로 양자를 이원적으로 파악하여 법관이 내린 판단은 법관으로서의 통상의 주의의무를 가지고 한 것이라면 마땅히 피할 수 있었을 논리칙, 경험칙에 합치되지 아니하는 불합리한 증거평가에 의거한 경우에만 국가배상법상 위법유책이라는 직무행위기준설(다수판례)이 대립되고 있으나 전자가 과실개념을 객관화하지 않는 이상 양설의 실제적용상의 차이가 있느냐는 분명치 않다고 한다(阿部泰隆, 126ff.).
163) 最判 昭和57.3.12, 行政判例百選 Ⅱ, 134事件. 이에 관하여 일본에서는 긍정설과 부정설 및 중간설이 대립되고 있는데 이는 중간설적 견해라 할 수 있다(阿部泰隆, 128).

제1편 제2편 제3편 제4편 제5편 행정구제법

경매담당 법관의 오인에 의한 직무행위와 국가배상책임

"법관이 행하는 재판사무의 특수성과 그 재판과정의 잘못에 대하여는 따로 불복절차에 의하여 시정될 수 있는 제도적 장치가 마련되어 있는 점 등에 비추어 보면, 법관의 재판에 법령의 규정을 따르지 아니한 잘못이 있다 하더라도 이로써 바로 그 재판상 직무행위가 국가배상법 제2조 제1항에서 말하는 위법한 행위로 되어 국가의 손해배상책임이 발생하는 것은 아니고, 그 국가배상책임이 인정되려면 **당해 법관이 위법 또는 부당한 목적을 가지고 재판을 하는 등 법관이 그에게 부여된 권한의 취지에 명백히 어긋나게 이를 행사하였다고 인정할 만한 특별한 사정이 있어야 한다**고 해석함이 상당하다."[164]

법관이 압수수색할 물건의 기재가 누락된 압수수색영장을 발부한 경우 국가배상책임

"[1] 압수수색 대상물의 기재가 누락된 압수수색영장에 기하여 물건을 압수하고, 일부 압수물에 대하여는 압수조서·압수목록을 작성하지 아니하고 보관한 일련의 조치는 불법행위를 구성한다.

[2] 법관의 재판에 법령의 규정을 따르지 아니한 잘못이 있다 하더라도 이로써 바로 그 재판상 직무행위가 국가배상법 제2조 제1항에서 말하는 위법한 행위로 되어 국가의 손해배상책임이 발생하는 것은 아니고, 당해 법관이 위법 또는 부당한 목적을 가지고 재판을 하는 등 법관이 그에게 부여된 권한의 취지에 명백히 어긋나게 이를 행사하였다고 인정할 만한 특별한 사정이 있어야 위법한 행위가 되어 국가배상책임이 인정된다고 할 것인바, **압수수색할 물건의 기재가 누락된 압수수색영장을 발부한 법관이 위법·부당한 목적을 가지고 있었다거나 법이 직무수행상 준수할 것을 요구하고 있는 기준을 현저히 위반하였다는 등의 자료를 찾아볼 수 없다면 그와 같은 압수수색영장의 발부행위는 불법행위를 구성하지 않는다**."[165]

---

164) 대법원 2001.4.24. 선고 2000다16114 판결: 임의경매절차에서 경매담당 법관의 오인에 의해 배당표 원안이 잘못 작성되고 그에 대해 불복절차가 제기되지 않아 실체적 권리관계와 다른 배당표가 확정된 경우, 경매담당 법관이 위법·부당한 목적을 가지고 있었다거나 법이 법관의 직무수행상 준수할 것을 요구하고 있는 기준을 현저히 위반하였다는 등의 자료를 찾아볼 수 없어 국가배상법상의 위법한 행위가 아니라고 한 사례.
165) 대법원 2001.10.12. 선고 2001다47290 판결.

제 3 절 │ 공공시설 등의 하자로 인한 책임: 제5조

Ⅰ. 개   설

국가배상법은 제5조에서 "도로·하천, 그 밖의 공공의 영조물(營造物)의 설치나 관리에 하자(瑕疵)가 있기 때문에 타인에게 손해를 발생하게 하였을 때에는 국가나 지방자치단체는 그 손해를 배상하여야 한다"고 규정하고($^{\S\,5}_{본문}$①) 이어서 "제1항을 적용할 때 손해의 원인에 대하여 책임을 질 자가 따로 있으면 국가나 지방자치단체는 그 자에게 구상할 수 있다"($^{\S\,5}_{②}$)고 규정하고 있다. 이는 공작물책임을 규정한 민법 제758조에 상당하는 규정이라 할 수 있으나 그 대상의 범위를 확대하였고 점유자의 면책규정을 두지 않았다는 점이 다르다.

이 제도는 공공시설 또는 공적 관리(공공단체의 비권력적 행정) 하에 있는 사회간접자본 내지 하부구조($^{Infrast-}_{ruktur}$)로부터 야기되는 위험의 정도나 영향범위가 확대일로를 걷고 있는 오늘날 그 중요성이 점점 더 부각되고 있고 우리나라에서는 유명한 망원동수해사건,[1] 여의도광장질주사건[2] 등을 통하여 그 제도적 가치가 부각된 바 있다.

우리나라 영조물책임제도의 연혁 ●● 연혁적으로 볼 때, 이 제도는 일본의 국가배상법 제2조에 의한 영조물의 설치관리에 관한 배상책임제도를 받아들인 것이다. 일본의 경우 국가배상법 제2조를 제정한 의의는 직무상 불법행위로 인한 배상책임을 국가법의 새로운 제정을 통해 명확히 규정한 제1조와는 달리 어차피 민법($^{\S\S\,707\cdot}_{717}$)에 의해서도 처리될 수 있던 것을, 국가가 배상책임을 진다는 것을 확인적으로 규정한 것이라는 데 있다고 한다. 또한 공물의 관리작용을 공권력의 행사로 본다면 제1조의 적용도 가능하겠지만 이들 법문의 적용관계를 분명히 하려는 의미가 있었다고 한다. 일본 국가배상법 제2조에 관해서는 이와 같은 일본법에 특수한 제정 경위가 있으나 외국법의 경우에도 각국의 사정을 반영하고 있기 때문에 이를 보편적인 제도라고 말할 수는 없다고 한다.[3] 한편 프랑스는 일찍이 프랑스 민법 제1384조와는 별도로 공토목손해($^{domage\ de}_{travaux\ publics}$)의 개념이 판례에 의하여 전개되어 왔는 데 비하여,[4] 반면 독일은 직무책임과

---

1) 이에 관하여는 대표적으로 김동희, "하천범람으로 인한 손해에 대한 국가등의 배상책임", 고시계 1989/3을 참조.
2) 대법원 1995.2.24. 선고 94다57671 판결.
3) 塩野 宏, Ⅱ, 253f. 각주 1. 그러나 일본의 국가배상법 제2조는 일본 민법 제717조에 상응하는 것이고, 일본 민법은 독일민법의 공작물책임에 관한 제836조 및 제838조의 영향을 받은 것으로 알려져 있다. 따라서 일본 국가배상법 제2조에 의한 영조물책임 역시 독일민법의 간접적 영향을 받은 것이라고도 할 수 있을 것이다. 이 점은 우리 민법 제758조가 일본민법 제717조의 영향을 받은 것이고 국가배상법 제5조가 일본 국가배상법 제2조를 답습한 것이라는 점에서 우리 국가배상법 제5조에 대해서도 마찬가지로 타당하다.
4) 이것은 부동산만을 대상으로 하는 것이기는 하지만, 공공사업의 이용자에 대한 손해에 관해서는 「정상적 유지의 결여」(défaut d'entretien normal)라는 의미에서의 과실책임과 과실추정(présomption de faute)에 의한 입증책임의 전환이 인정되는 반면, 제3자에 대한 손해에 관해서는 「공적 부담 앞의 평등」의 침해에 기한 무과실책임이 인

민법의 손해배상책임의 양 제도에 대응하여 영조물의 설치·관리책임을 포괄적으로 규정하고 있지 않다.

Ⅱ. 배상책임의 성질

국가배상법 제5조에 의한 배상책임의 성질에 대하여 학설은 국가배상법 제2조와는 달리 과실을 요건으로 하고 있지 않다는 점에서 이를 무과실책임으로 보는 것이 지배적이었다.[5] 그러나 설치·관리의 하자를 요한다는 점에서 이를 엄격한 의미의 또는 절대적인 무과실책임으로 볼 수 없다는 반론이 제기되었다.[6] 판례는 종래 "국가배상법 제5조 소정의 영조물의 설치, 관리상의 하자로 인한 책임은 무과실책임이고, 나아가 민법 제758조 소정의 공작물의 점유자의 책임과는 달리 면책사유도 규정되어 있지 않으므로 국가 또는 지방자치단체는 영조물의 설치, 관리상의 하자로 인하여 타인에게 손해를 가한 경우에 그 손해의 방지에 필요한 주의를 해태하지 아니하였다 하여 면책을 주장할 수도 없다"는 입장을 견지했으나,[7] 후술하는 바와 같이 이후에는 사뭇 다른 경향을 보이고 있다.

국가배상법 제5조에 의한 배상책임의 성질을 어떻게 볼 것인가는 결국 배상책임의 요건으로서 「영조물의 설치·관리의 하자」를 어떻게 이해할 것인가 하는 문제와 밀접한 관련을 맺고 있다. 즉, 후술하는 바와 같이 이를 「물적 안전성의 결여」로 보는 객관설에 의하면 제5조의 책임은 무과실책임이라는 것이 될 것이지만 반대로 「설치·관리상 주의의무 위반」으로 보는 주관설이나 양설을 절충하는 입장에서는 동조의 책임을 과실책임 또는 완화된 과실책임으로 파악하게 될 것이기 때문이다.

▦ 국가배상법 제5조에 의한 책임을 무과실책임으로 본 판례

"**가.** 국가배상법 제5조 소정의 영조물의 설치·관리상의 하자라 함은 **영조물의 설치 및 관리에 불완전한 점이 있어 이 때문에 영조물 자체가 통상 갖추어야 할 안전성을 갖추지 못한 상태에 있는 것을** 말하는 것이다.

정되므로 국가배상법상 영조물책임뿐만 아니라 손실보상을 포함한다는 점에서 보다 광범위한 제도이기도 하다. 이에 관하여는 Rivero, n°313, 386, 김동희, 한국과 프랑스의 국가보상제도의 비교고찰, 서울대학교 법학 제26권 제1호, 1985를 참조.

5) 국가배상법 제5조는 일본 국가배상법 제2조를 답습한 것으로서, 민법 제758조에 상응하는 규정으로서 점유자의 면책조항을 두지 않고 그 대상이 공작물에 국한되지 않는다는 점에서 차이가 있다고 이해되고 있다. 한편, 우리 민법 제758조는 일본민법 제717조를 계수한 것이고 일본 민법은 독일민법의 공작물책임에 관한 제836조 및 제838조의 영향을 받은 것으로 알려져 있다. 일본 국가배상법 제2조는 일본 민법 제717조에 상응하는 것이므로 국가배상법 제5조에 의한 영조물책임 역시 독일민법의 간접적 영향을 받은 것이라 할 수 있다. 민법 제758조에 의한 소유자의 책임은 이를 무과실책임으로서 위험책임의 성질을 가진다고 이해되고 있는데(곽윤직, 채권각론, 1994, 689), 이는 허용된 위험에 대한 책임이 아니라 소유자의 교통안전의무(Verkehrssicherungspflicht) 위반에 대한 위법·무과실책임이라는 반론이 있다(정하중, 국가배상법 제5조의 영조물의 설치·관리에 있어서 하자의 의미와 배상책임의 성질, 판례월보 1995/7(제298호), 51-61, 57)

6) 예컨대 김동희, 행정법 I, 493; 김철용, 영조물의 설치·관리의 하자로 인한 손해배상, 고시계 1974/7.

7) 이를 재확인한 판례로 대법원 1994.11.22. 선고 94다32924 판결 참조.

나. 지방자치단체가 관리하는 도로 지하에 매설되어 있는 상수도관에 균열이 생겨 그 틈으로 새어 나온 물이 도로 위까지 유출되어 노면이 결빙되었다면 도로로서의 안전성에 결함이 있는 상태로서 설치·관리상의 하자가 있다고 한 사례

다. **국가배상법 제5조 소정의 영조물의 설치·관리상의 하자로 인한 책임은 무과실책임**이고 나아가 민법 제758조 소정의 공작물의 점유자의 책임과는 달리 면책사유도 규정되어 있지 않으므로, 국가 또는 지방자치단체는 영조물의 설치·관리상의 하자로 인하여 타인에게 손해를 가한 경우에 그 손해의 방지에 필요한 주의를 해태하지 아니하였다 하여 면책을 주장할 수 없다.

라. 영조물의 설치 또는 관리상의 하자로 인한 사고라 함은 영조물의 설치 또는 관리상의 하자만이 손해발생의 원인이 되는 경우만을 말하는 것이 아니고, 다른 자연적 사실이나 제3자의 행위 또는 피해자의 행위와 경합하여 손해가 발생하더라도 영조물의 설치 또는 관리상의 하자가 공동원인의 하나가 되는 이상 그 손해는 영조물의 설치 또는 관리상의 하자에 의하여 발생한 것이라고 해석함이 상당하다."[8]

▦ 영조물설치·관리상의 하자를 안전상 결함의 방치여부에 따라 판단한 판례

"이 사건 교통사고가 발생한 강원도 인제읍 합강 3리 소재 44번 국도상에 아스팔트가 패여서 생긴 길이 1.2미터, 폭 0.7미터의 웅덩이가 있어서 이곳을 통과하던 소외 합자회사 중부관광여행사 소속 관광버스가 이를 피하기 위하여 중앙선을 침범운행한 과실로 마주오던 타이탄 화물트럭과 충돌하여 이 사건 교통사고가 발생하였는바, 피고는 위 도로의 관리책임자로서 위 도로를 주행하는 차량들의 안전운행을 위하여 도로상태의 안전점검을 철저하게 하였어야 함에도 불구하고 이를 게을리하여 위와 같은 웅덩이를 방치함으로써 이 사건 교통사고의 발생에 한 원인을 제공하였으므로, 피고는 위 소외회사와 공동불법행위자로서 손해배상책임이 있다."[9]

"장마철로서 비가 많이 내리고 태풍마저 불어닥칠 위험이 있었으므로, 많은 사람과 차량이 통행하는 위 도로의 가로수를 관리하는 업무를 담당하고 있던 피고로서는 오랜 비바람으로 가로수의 지반이 약해져 쓰러지면서 그 옆을 통행하는 사람과 차량에 위험을 가하는 일이 없도록 가로수의 뿌리가 비바람에 버틸 힘이 있는지의 여부를 수시로 점검하여 쓰러질 위험이 있으면 뽑아내거나 지지대를 세워주는 등의 안전조치를 취하여 위와 같은 사고를 미연에 방지하여야 함에도 불구하고, 잦은 비바람으로 지반이 약해진데다가 뿌리마저 넓게 뻗지 못한 위 가로수를 그대로 방치한 잘못으로 이 사건 사고를 초래하게 한 사실 등을 인정할 수 있는바, 위 인정사실에 의하면 이 사건 사고는 지방자치단체인 피고가 국가배상법 제5조 소정의 공공의 영조물인 위 가로수의 설치 또는 관리를 잘못함으로써 발생하였다고 할 것"[10]

Ⅲ. 배상책임의 요건

국가배상법 제5조에 의한 배상책임의 요건은 「도로·하천 그 밖의 공공의 영조물」(이하 '영조물'), 「영조물의 설치나 관리의 하자」, 「손해의 발생」 등으로 나누어 볼 수 있다.

---

8) 대법원 1994.11.22. 선고 94다32924 판결. 참조: 가. 대법원 1967.2.21. 선고 66다1723 판결; 대법원 1992.10.27. 선고 92다21050 판결. 라. 대법원 1963.9.26. 선고 63다385 판결; 대법원 1977.7.12. 선고 76다2608 판결.
9) 대법원 1993.6.26. 선고 93다14424 판결.
10) 대법원 1993.7.27. 선고 93다20702 판결.

1. 공공의 영조물

공공영조물이란 통상 행정조직법이나 급부행정법에서 말하는 영조물이 아니라 그중에서 공적 목적에 제공된 유체물만을 말하는 것, 즉, 대체로 학문상 공물에 해당되는 유체물을 의미하는 것으로 이해되고 있다. 국가배상법 제5조가 규정하는 「도로·하천」은 바로 이러한 공물의 종류로서 예시된 것이라 할 수 있다.

공공영조물의 개념 ●● 공공영조물이란 독일행정법상의 용어인 'öffentliche Anstalt'를 일본에서 '공적 영조물'로 번역한 것을 우리 행정법학자들이 받아들인 것이다. 본래 영조물이란, 오토 마이어($_{Mayer}^{Otto}$)가 정의한 바에 따르면, '행정주체가 일정한 공적 목적을 위해 공용한 인적·물적 총합체'이며 이러한 정의는 일본이나 우리나라에서 일반적으로 채용되고 있다. 예컨대 우편·공공도서관·국공립병원 등을 말한다. 한편 일본에서도 국가배상법 제5조에 의한 공공영조물개념에 해당하는 일본 국가배상법 제2조의 「公の營造物」 역시 위의 영조물개념 중에서 시설적 부분을 이루는 유체물만을 의미하는 것, 또는 행정주체에 의해 직접 공공의 이용에 제공된 유체물 또는 물적 설비를 의미하는 것으로 새기는 것이 일반이며 또 이를 공물이라고 표현하는 것이 적절하지 않았는가 하는 점이 지적되고 있다.11)

국가배상법 제5조의 공공영조물에는 인공공물(도로·수도·하수도·제방·관공청사·교사·병원·철도시설·철도건널목보안시설 등)과 자연공물(하천·호소·해빈(海濱) 등), 동산(소방차·항공기 등), 동물(예: 경찰견) 등이 포함된다. 따라서 그 대상이 공작물에 국한된 민법 제758조에 비하여 그 적용범위가 넓다고 할 수 있다. 또한 공물인 이상 그것이 국가의 공물이거나 지방자치단체의 공물이거나 불문하며 다만 배상책임자를 달리할 뿐이다. 다만 국가 또는 지방자치단체의 재산(국공유재산)이라도 공물이 아닌 잡종재산으로 인한 손해에 대해서는 본조가 아니라 민법 제758조가 적용된다. 대법원은 국가배상법 제5조 제1항 소정의 "공공의 영조물"이란 국가 또는 지방자치단체에 의하여 특정 공공의 목적에 공여된 유체물 내지 물적 설비를 지칭하며, 특정 공공의 목적에 공여된 물이라 함은 일반공중의 자유로운 사용에 직접적으로 제공되는 공공용물에 한하지 아니하고, 행정주체 자신의 사용에 제공되는 공용물도 포함하며 국가 또는 지방자치단체가 소유권, 임차권 그 밖의 권한에 기하여 관리하고 있는 경우뿐만 아니라 사실상의 관리를 하고 있는 경우도 포함한다고 판시하고 있다.12)

∷ 공공영조물에 관한 판례
"가. 국가배상법 제5조 제1항 소정의 "공공의 영조물"이라 함은 국가 또는 지방자치단체에 의하여 특

---

11) 塩野 宏, Ⅱ, 254; 阿部泰隆, 201.
12) 대법원 1995.1.24. 선고 94다45302 판결.

정 공공의 목적에 공여된 유체물 내지 물적 설비를 지칭하며, 특정 공공의 목적에 공여된 물이라 함은 일반공중의 자유로운 사용에 직접적으로 제공되는 공공용물에 한하지 아니하고, 행정주체 자신의 사용에 제공되는 공용물도 포함하며 국가 또는 지방자치단체가 소유권, 임차권 그 밖의 권한에 기하여 관리하고 있는 경우뿐만 아니라 사실상의 관리를 하고 있는 경우도 포함한다.

나. 산업기지개발공사가 시 일대에 구획정리사업을 시행하면서 종합운동장 예정부지로 된 토지가 그 후 시 명의로 소유권이전등기가 경료되었으나 그 지상에 아무런 시설도 설치되어 있지 아니한 나대지로서 공용개시가 없는 상태에서 한국모터스포츠연맹의 요구로 그 연맹이 주최하는 자동차경주대회를 위한 사용허가가 되었을 뿐, 시가 그 종합운동장 예정부지를 직접적으로 일반공중의 사용에 제공한 바 없으며, 그 후 그 연맹이 그 토지 위에 시설한 자동차경주에 필요한 방호벽 등 안전시설을 시가 관리한 바도 없다면, 그 종합운동장예정부지나 그 위에 설치된 위 안전시설은 '가'항의 "공공의 영조물"이라 할 수 없다."[13]

2. 설치·관리의 하자

2.1. 영조물 설치·관리의 의미

영조물의 설치란 일반적으로 일정한 시설물의 설계·자재·시공을, 그리고 관리란 그 후의 유지·수선·보관을 의미한다. 그러나 국가배상법 제5조 제1항이 자연공물인 '하천'을 예시하고 있다는 점에서 볼 때 여기서 말하는 관리란 시설물의 관리에 한정되지 않고 보다 널리 공물을 목적에 적합하게 유지·운용하는 것을 의미하는 것으로 보아야 할 것이다.[14]

2.2. 영조물 설치·관리의 하자의 해석

2.2.1. 문 제

국가배상법 제5조 제1항은 '공공의 영조물의 하자가 있기 때문에 타인에게 손해를 발생하게 하였을 때'라고 하지 않고 '공공의 영조물의 설치나 관리에 하자가 있기 때문에 타인에게 손해를 발생하게 하였을 때'라고 규정하고 있다. 따라서 이를 곧바로 '공공영조물에 물적 하자가 있어 손해를 발생하게 하였을 때' 적용되는 것으로 이해하는 데에는 문제가 있다.[15] 그러나 하자란 '법률이나 당사자가 예기하는 것과 같은 상태나 성질이 결여되어 있는 것'을 말하는 것이므로,[16] 그것은 곧 영조물의 객관적 성상에 관한 평가라고 할 수 있다. 반면 영조물은 국가·지방자치단체가 설치·관리하고 있는 것이기 때문에 관리주체의 설치·관리행위

---

13) 대법원 1995.1.24. 선고 94다45302 판결; 대법원 1981.7.7. 선고 80다2478 판결 참조.

14) 김동희, 행정법 I, 487~488 및 각주 1.

15) 古崎慶長, 營造物の管理の瑕疵の意義, 行政法の爭點(新版), ジュリスト 增刊, 168. 일본의 경우 영조물의 물적 하자가 있을 때 일본국배법 제2조(영조물책임)의 적용을 인정하려는 입장은, 특히 공항 자체에는 물적 하자가 없고 다만 공항에서 발착하는 제트기가 소음 등의 공해를 확산시키는 등 기능적 하자가 있는 때에는 동조의 적용이 불가능하다는 데 난점이 있다.

16) 岩波國語辭典 第3版, 181.

라는 주관적 요소를 전적으로 무시할 수도 없다. 그리하여 영조물의 설치·관리상의 하자를 해석함에 있어서 '설치·관리'(작위·부작위)의 하자에 중점을 두느냐(주관설) 아니면 영조물의 설치·관리의 '하자'에 중점을 두느냐(객관설)에 관하여 견해가 갈리고 있다.

2.2.2. 학 설

(1) 객관설

객관설은 영조물의 설치·관리상의 하자가 있다는 것은 객관적으로 영조물의 설치와 그 후의 유지·수선에 불완전한 점이 있어 통상적으로 갖추어야 할 「물적 안전성」을 결여한 것을 말한다고 하며 따라서 설치·관리자의 주관적 의무위반을 요하지 않는다고 본다(_통^설).

(2) 주관설(의무위반설)

주관설은 반대로 영조물의 설치·관리라고 하는 설치·관리자의 행위 차원에서의 잘못이 있는 경우에만 영조물관리책임을 인정할 수 있다고 보는 견해이다. 영조물설치·관리상의 하자를 「설치·관리상의 주의의무위반」으로 보아 국가배상법 제5조에 의한 책임을 무과실책임이 아니라 과실책임이라고 파악하려는 견해도 이와 궤를 같이 하는 것이라 할 수 있다. 주관설은 하자의 존재여부를 판단함에 있어 주관적 요소를 도입하는 것은 피해자구제의 견지에서 바람직하지 않다는 비판을 받는다. 다만 주관설을 취하면서도 과실을 「국가작용의 흠」이라는 객관적 관념으로 파악함으로써 국가배상법 제5조의 하자를 그러한 의미의 과실의 한 형태에 불과한 것으로 보아 동조의 책임을 과실책임으로 파악하거나, 일본에서 주장되고 있는 의무위반설에 따라 영조물책임을 본질적으로 과실책임으로 파악하는 것이 논리적으로 타당하다고 하는 견해[17]가 제기되고 있는데, 이들 견해는 관리자의 안전확보의무를 고도화·객관화된 의무로 파악하는 일본의 의무위반설과 함께, 일종의 변형된 주관설이라 할 수 있다. 그러나 이들 견해 역시 결국 국가배상법 제5조에 의한 영조물책임을 완화된 과실책임으로 파악하는 한 주관설에 해당한다고 볼 수 있다.

(3) 절충설

이것은 영조물의 하자유무를 판단함에 있어서 영조물 자체의 객관적 하자뿐만 아니라 때로는 관리상의 의무위반이란 관리자의 과오까지도 하자로 인정하려는 견해이다.[18] 영조물의 설치·관리와 관련된 손해는 그것이 물적 하자에 기인한 것이든, 또는 관리행위상의 과오에 기인한 것이든 국가배상법 제5조에 의한 배상책임을 성립시킨다고 한다. '관리의무위반설'이

---

17) 김동희, 행정법 I, 490-494. 즉, 여기서 하자란 과실과 동의어라고 하며, 구체적으로는 국가배상법 제2조의 과실이 특정과실(faute individuelle)에 해당하는 것이라면 제5조의 하자는 불특정과실(faute anonyme)에 상응하는 것이라고 한다(김동희, "한국과 프랑스의 국가보상제도의 비교고찰", 국가배상제도의 제문제, 378이하).

18) 原田尚彦, 行政法要論, 1984, 245-246.

라고도 한다. 또 '위법·무과실책임설'도 흠을 관리주체의 안전의무 위반으로 보고 있기 때문에[19] 같은 맥락이라고 볼 수 있다.

2.2.3. 판 례

판례는 일단 객관설을 취하는 것으로 이해되고 있다. 그러나 그 입장이 반드시 일관되어 있다고는 볼 수 없다. 대법원은 일찍이 "영조물설치의 하자라 함은 영조물의 축조에 불완전한 점이 있어 이 때문에 영조물 자체가 통상 다 갖추어야 할 안전성을 갖추지 못한 상태에 있음을 말한다고 할 것이고, 또 영조물 설치의 하자의 유무는 객관적 견지에서 본 안전성의 문제이고, 재정사정(은) … 안전성을 요구하는데 대한 정도 문제로서 참작사유에는 해당할지언정 안전성을 결정지울 절대적 요건이 되지 못 한다"[20]고 하여 명백히 객관설의 입장을 취한 바 있다.

▦ 도로결빙사건

대법원은 도로결빙으로 일어난 사고로 인한 국가배상사건에서 "국가배상법 제5조 소정의 영조물의 설치관리상의 하자라 함은 영조물의 설치 및 관리에 불완전한 점이 있어 이 때문에 영조물 자체가 통상 갖추어야 할 안전성을 갖추지 못한 상태에 있는 것을 말하는 것"이고, "지방자치단체가 관리하는 도로 지하에 매설되어 있는 상수도관에 균열이 생겨 그 틈으로 새어 나온 물이 도로 위까지 유출되어 노면이 결빙되었다면 도로로서의 안전성에 결함이 있는 상태로서 설치 관리상의 하자가 있다"고 설시한 후, "국가배상법 제5조 소정의 영조물의 설치·관리상의 하자로 인한 책임은 무과실책임이고 나아가 민법 제758조 소정의 공작물의 점유자의 책임과는 달리 면책사유도 규정되어 있지 않으므로, 국가 또는 지방자치단체는 영조물의 설치관리상의 하자로 인하여 타인에게 손해를 가한 경우에 그 손해의 방지에 필요한 주의를 해태하지 아니하였다 하여 면책을 주장할 수 없다"고 판시하여 명백히 객관설의 입장을 취했다.[21]

▦ 여의도광장질주사건

세인에게 충격을 주었던 '여의도광장질주사건'에서 대법원은 '차량진입으로 인한 인신사고 당시에는 차도와의 경계선 일부에만 이동식 쇠기둥이 설치되어 있고 나머지 부분에는 별다른 차단 시설물이 없었으며, 경비원도 없었던 것은, 평소 시민의 휴식공간으로 이용되는 여의도광장이 통상 요구되는 안전성을 결여하고 있었다 할 것이고, 만약 사고 후에 설치된 차단시설물이 이미 설치되어 있었고 경비원이 배치되어 있었더라면 가해자가 승용차를 운전하여 광장 내로 진입하는 것을 막을 수 있었거나, 설사 차량진입을 완전히 막지는 못하더라도 최소한 진입시에 차단시설물을 충격하면서 발생하는 소리나 경비원의 경고를 듣고 많은 사람들이 대피할 수 있었다고 보이므로, 차량진입으로 인한 사고와 여의도광장의 관리상의 하자 사이에는 상당인과관계가 있다'고 판시하였다.[22]

---

19) 정하중, 행정법개론, 제4판, 2010, 555; 김남진, 행정법 I, 592.
20) 대법원 1967.2.21. 선고 66다1723 판결; 대법원 1986.2.11. 선고 85다카2336 판결.
21) 대법원 1994.11.22. 선고 94다32924 판결; 대법원 1967.2.21. 선고 66다1723 판결; 대법원 1992.10.27. 선고 92다21050 판결.

그러나 대법원의 이 같은 판례경향은 반드시 일관되지는 않았다. 대법원이 객관설적인 입장을 견지하면서도 사안에 따라서는 그와는 사뭇 다른 주관설 또는 절충설적 입장으로 이해될 수 있는 판례경향을 보여 왔기 때문이다.[23]

일찍이 대법원은 "본건 건널목은 충돌사고의 위험이 많은 지점이어서 철도 밑에 부착한 보안시설 등 영조물을 설치 및 관리하는 피고로서는 본건 건널목에 자동경보기, 차단기 등 완전한 시설을 갖추고 건널목 간수를 배치하는 등 사고발생을 미연에 방지할 보안조치를 다하여야 함에도 불구하고, 본건 사고 당시 건널목 양쪽에 자동경보기를 설치하였을 뿐 차단기의 설치나 간수의 배치를 하지 아니하였으며, 그 자동경보기마저 사고발생 약 20분 전부터 고장으로 인하여 기능을 발휘하지 못하고, 다만 고장이라는 표지(길이 85센티미터 폭 약 10센티미터)를 매달아두는 정도의 조치밖에 취하지 아니하였음은 본건 철도 및 건널목의 설치 또는 보존에 하자가 있고 그 하자로 인하여 본건 사고의 피해자에게 가해를 가한 것"[24]이라고 판시한 바 있었고, 이후에도 같은 맥락의 판례들을 내놓았다. 즉, '도로의 관리책임자로서 위 도로를 주행하는 차량들의 안전운행을 위하여 도로상태의 안전점검을 철저하게 하였어야 함에도 불구하고 이를 게을리 하여 위와 같은 웅덩이를 방치함으로써 이 사건 교통사고의 발생에 한 원인을 제공하였으므로' 그로 인한 손해를 배상하여야 한다고 판시한 것,[25] "사고가 일어난 지점의 부근은 산중턱을 깎아 도로의 부지를 조성하였으므로, 비가 많이 올 때 등에 대비하여 깎아내린 산비탈부분이 무너지지 않도록 배수로를 제대로 설치하고 격자블록 등의 견고한 보호시설을 갖추어야 됨에도 불구하고, 이를 게을리 한 잘못으로 위 산비탈부분이 1991.7.25. 내린 약 308.5mm의 집중호우에 견디지 못하고 위 도로위로 무너져 내려 차량의 통행을 방해함으로써 이 사건 사고가 일어난 사실을 인정할 수 있으므로, 이 사건 사고는 피고의 위 도로의 설치 또는 관리상의 하자로 인하여 일어난 것이라고 보아야 한다"고 판시한 것,[26] 그리고 "장마철로서 비가 많이 내리고 태풍마저 불어 닥칠 위험이 있었으므로, 많은 사람과 차량이 통행하는 위 도로의 가로수를 관리하는 업무를 담당하고 있던 피고로서는 오랜 비바람으로 가로수의 지반이 약해져 쓰러지면서 그 옆을 통행하는 사람과 차량에 위험을 가하는 일이 없도록 가로수의 뿌리가 비바람에 버틸 힘이 있는지의 여부를 수시로 점검하여 쓰러질 위험이 있으면 뽑아내거나 지지대를 세워주는 등의 안전조치를 취하여 위와 같은 사고를 미연에 방지하여야 함에도 불구하고, 잦은 비바람으로 지반이 약해진데다가 뿌리마저 넓게 뻗지 못한 위 가로수를 그대로 방치한 잘못으로 이 사건 사고를 초래하게 한 사실 등을 인정할 수 있는바, 위 인정사실에 의하면 이 사건 사고는 지방자치단체인 피고가 국가배상법 제5조 소정의 공공의 영조물인 위 가로수의 설치 또는 관리를 잘못함으로써 발생하였다"고 판시한 것[27] 등이 그러한 예이다. 또 대법원은 최근 도로 설치 후 제3자의 행위에 의하여 도로의 통행상의 안전에 결함이 생긴 경우, 도로의 관리·보존상의 하자 유무에 관한 판단 기준에 관하여 편도 1차선으로 도로교통법상 주차금지구역인 도로의 75% 정도를 차지한 채 불법주차되어 있던 차량을 5일간이나 방치한 경우 도로

---

22) 대법원 1995.2.24. 선고 94다57671 판결; 대법원 1995.2.24. 선고 94다53693 판결.
23) 대법원 1967.2.24. 선고 66다8622 판결; 대법원 1969.12.9. 선고 69다1386 판결; 대법원 1981.9.22. 선고 80다3011 판결; 대법원 1993.6.8. 선고 93다11678 판결; 대법원 1993.6.26. 선고 93다14424 판결; 대법원 1993.7.27. 선고 93다20702 판결.
24) 대법원 1969.12.9. 선고 69다1386 판결.
25) 대법원 1993.6.26. 선고 93다14424 판결.
26) 대법원 1993.6.8. 선고 93다11678 판결.
27) 대법원 1993.7.27. 선고 93다20702 판결.

관리상의 하자가 있다고 판시한 바 있다.

불법주차 차량의 장기간 방치와 도로관리상 하자

"[1] 도로의 설치 또는 관리·보존상의 하자는 도로의 위치 등 장소적인 조건, 도로의 구조, 교통량, 사고시에 있어서의 교통 사정 등 도로의 이용 상황과 그 본래의 이용 목적 등 제반 사정과 물적 결함의 위치, 형상 등을 종합적으로 고려하여 사회통념에 따라 구체적으로 판단하여야 하는바, 도로의 설치 후 제3자의 행위에 의하여 그 본래의 목적인 통행상의 안전에 결함이 발생한 경우에는 도로에 그와 같은 결함이 있다는 것만으로 성급하게 도로의 보존상 하자를 인정하여서는 안 되고, 당해 도로의 구조, 장소적 환경과 이용 상황 등 제반 사정을 종합하여 그와 같은 결함을 제거하여 원상으로 복구할 수 있는데도 이를 방치한 것인지 여부를 개별적·구체적으로 심리하여 하자의 유무를 판단하여야 한다.

[2] 편도 1차선으로 도로교통법상 주차금지구역인 도로의 75% 정도를 차지한 채 불법주차되어 있던 차량을 5일간이나 방치한 경우 도로 관리상의 하자가 있다."²⁸⁾

그러나 이러한 다소 일관성 없는 판례경향에도 불구하고 그 어느 쪽을 취하느냐에 따라 실제적으로 큰 차이가 생겼던 것은 아니었다. 구체적인 사건에 있어 영조물책임이 긍정될 수 있는 경우에는 그 한도 내에서 주관설이나 객관설 또는 절충설 어느 입장을 취하든 결론에 차이가 나지는 않았기 때문이다. 사실 객관설과 주관설 또는 절충설은 그 이론구성상의 차이에도 불구하고 하자유무의 판정에 있어 실제상 본질적인 차이를 가져오는 것은 아니라는 견해가 표명되고 있는 것²⁹⁾도 바로 그러한 배경에서 이해될 수 있을 것이다. 그러나 이러한 견해는 어디까지나 결과적으로 영조물책임이 인정되는 경우에 초점을 맞추고 있을 뿐이다. 만일 영조물 설치·관리상의 하자를 어떻게 이해하느냐에 따라 배상책임이 부정되는 결과가 나온다면 그 차이는 더 이상 원칙론적인 차원의 문제가 아니다.

1997년 4월 22일자 대법원판결은 바로 이 점을 여실히 보여준 대표적인 사례라고 할 수 있다. 이 판결은 편도 2차선의 국도를 프라이드 승용차를 운전하여 가다가 반대방향 도로 1차선에 떨어져 있던 길이 120cm, 직경 2cm 크기의 U자형 쇠파이프가 번호미상 갤로퍼 승용차 뒷타이어에 튕기어 김○○의 승용차 앞유리창을 뚫고 들어오는 바람에 쇠파이프에 목 부분이 찔려 개방성 두개골 골절 등으로 사망한 피해자의 상속인들이 국가를 상대로 하여 국가배상법 제5조에 의한 손해배상을 청구하는 소송을 제기한 사건에 관한 것이었다. 이 사건의 원심인 대구고등법원은 '사고당시 해당 도로 위에 그와 같은 쇠파이프가 떨어져 있었다면 일단 도로의 관리에 하자가 있는 것으로 볼 수 있으나, 내세운 증거에 의하면 사고 당일 09:57부터 10:08사이(사고 발생 33분 내지 22분 전)에 피고 운영의 과적차량 검문소 근무자

28) 대법원 2002.9.27. 선고 2002다15917 판결. 참조: [1] 대법원 1992.9.14. 선고 92다3243 판결, 대법원 1998.2.10. 선고 97다32536 판결, 대법원 1999.7.9. 선고 99다12796 판결. [2] 대법원 1997.12.12. 선고 96다50896 판결, 대법원 1999.2.26. 선고 98다52469 판결, 대법원 2002.5.24. 선고 2002다14112 판결.
29) 박윤흔, 행정법강의(상), 707이하; 김동희, 행정법 I, 494. 따라서 양설의 차이는 원칙론적 차원의 것이라고 한다.

교대차량이 사고장소를 통과하였으나 위 쇠파이프를 발견하지 못한 사실이 인정되고 피고가 관리하는 넓은 국도상을 더 짧은 간격으로 일일이 순찰하면서 낙하물을 제거하는 것은 현실적으로 불가능하다고 볼 것이므로 피고에게 국가배상법 제5조 제1항이 정하는 손해배상책임이 있다 할 수 없다'고 판단하였고,[30] 상고심에서 대법원은 다음과 같이 판시함으로써 원심의 판단을 그대로 유지하였다.

"도로의 설치 또는 관리의 하자는 도로의 위치 등 장소적인 조건, 도로의 구조, 교통량, 사고시에 있어서의 교통사정 등 도로의 이용상황과 그 본래의 이용목적 등 제반 사정과 물적 결함의 위치, 형상 등을 종합적으로 고려하여 사회통념에 따라 구체적으로 판단하여야 할 것인바, 도로의 설치 후 제3자의 행위에 의하여 그 본래 목적인 통행상의 안전에 결함이 발생한 경우에는 도로에 그와 같은 결함이 있다는 것만으로 성급하게 도로의 보존상 하자를 인정하여서는 안 되고, 당해 도로의 구조, 장소적 환경과 이용상황 등 제반 사정을 종합하여 그와 같은 결함을 제거하여 원상으로 복구할 수 있는데도 이를 방치한 것인지 여부를 개별적, 구체적으로 심리하여 하자의 유무를 판단하여야 한다."[31]

이 사건 판결이 가지는 의의는 바로 영조물 설치·관리상의 하자에 대한 이해를 바탕으로 영조물책임을 부정한 사례라는 데 있다.[32] 도로의 설치 후 제3자의 행위에 의하여 그 본래 목적인 통행상의 안전에 결함이 발생한 경우인 이 사건 판결에서 대법원은 일본에서의 판례경향[33]과 유사한 맥락에서 예측가능성과 결과회피가능성의 결여를 이유로 국가의 배상책임을 부정한 것이다.

이 판결을, 앞에서 본 바와 같은 학설과 판례의 경향에 비추어 볼 때, 대법원이 영조물 설치·관리의 하자에 관하여 종래의 객관설에서 주관설 또는 절충설로 선회한 것이라고 볼 것인지가 문제될 수 있다.

이와 관련하여 앞에서 인용한 대법원 1993.6.8. 선고 93다11678 판결을 둘러싼 논의를 살펴보는 것도 유익할 것이다. 김남진교수는 이 판결 중 "이를 게을리 한 잘못으로"라는 점에 주목하여 종래 객관설

30) 대구고법 1996.12.6. 선고 96나3938 판결.
31) 대법원 1997.4.22. 선고 97다3194 판결.
32) 이보다 앞서 대법원은, 비록 민법 제758조 제1항의 규정에 의한 공작물책임에 관한 것이기는 하지만, 트럭 앞바퀴가 고속도로상에 떨어져 있는 자동차 타이어에 걸려 중앙분리대를 넘어가 사고가 발생한 경우에 있어 한국도로공사에게 도로의 보존상 하자로 인한 손해배상책임을 인정하기 위하여는 도로에 타이어가 떨어져 있어 고속으로 주행하는 차량의 통행에 안전상의 결함이 있다는 것만으로 족하지 않고, 위 공사의 고속도로 안정성에 대한 순찰 등 감시체제, 타이어의 낙하시점, 위 공사가 타이어의 낙하사실을 신고받거나 직접 이를 발견하여 그로 인한 고속도로상의 안전성결함을 알았음에도 사고방지조치를 취하지 아니하고 방치하였는지 여부, 혹은 이를 발견할 수 있었음에도 발견하지 못하였는지 여부 등 제반사정을 심리하여 고속도로의 하자 유무를 판단하여야 함에도 이에 이르지 않은 채 원심이 위 한국도로공사의 손해배상책임을 인정한 것은 잘못이라는 이유에서 원심판결을 파기한 바 있다(대법원 1992.9.14. 선고 92다3243 판결).
33) 이에 관하여는 塩野 宏, 일본행정법론(서원우·오세탁 공역), 법문사, 1996, 526-533; 芝池義一, 行政救濟法講義, 有斐閣, 1996, 244-254 참조.

을 취했던 판례가 절충설로 변경된 것이라고 보는 데 반해,[34] 정하중교수는 이는 판례변경을 의미하는 것이 아니라 국가배상법 제5조의 책임이 필요한 안전조치를 취하여야 할 의무, 즉 교통안전의무를 위반한데 대한 책임이라는 종래의 입장을 재확인한 데 불과한 것이며 따라서 국가배상법 제5조의 책임은 공무원의 과실책임도 아니고 허용된 위험에 대한 위험책임도 아닌 교통안전의 법적 의무위반에 대한 위법·무과실책임이라도 보고 있다.[35]

대법원은 이 사건 판결에서 '도로의 설치 또는 관리의 하자는 도로의 위치 등 장소적인 조건, 도로의 구조, 교통량, 사고시에 있어서의 교통사정 등 도로의 이용상황과 그 본래의 이용목적 등 제반 사정과 물적 결함의 위치, 형상 등을 종합적으로 고려하여 사회통념에 따라 구체적으로 판단하여야 할 것인바, 도로의 설치 후 제3자의 행위에 의하여 그 본래 목적인 통행상의 안전에 결함이 발생한 경우에는 도로에 그와 같은 결함이 있다는 것만으로 성급하게 도로의 보존상 하자를 인정하여서는 안 되고, 당해 도로의 구조, 장소적 환경과 이용상황 등 제반 사정을 종합하여 그와 같은 결함을 제거하여 원상으로 복구할 수 있는데도 이를 방치한 것인지 여부를 개별적, 구체적으로 심리하여 하자의 유무를 판단하여야 한다'고 판시함으로써 하자의 의미나 개념보다는 하자의 판단기준 또는 하자의 유무를 판단함에 있어 고려해야 할 요소에 초점을 맞췄다. 따라서 대법원의 이 사건 판결을 '설치·관리자의 행위 차원에서의 잘못이 있는 경우에만 영조물관리책임을 인정할 수 있다'는 의미에서의 주관설을 취한 것이라고 볼 수는 없을 것이다. 반면 '영조물의 하자유무를 판단함에 있어서 영조물 자체의 객관적 하자뿐만 아니라 관리자의 관리상의 의무위반이란 인적 요소도 고려하여야 한다'는 의미의 절충설적 입장에 가까운 것이라고 볼 수 있을지도 의문이다. 절충설에 따를 경우 사안의 경우처럼 제3자에 의하여 본래 목적인 통행상의 안전에 결함이 발생한 경우에는 도로에 그와 같은 결함이 있다는 것만으로도 하자가 있다고 보게 될 것인데, 대상판결에서는 오히려 사고 발생 33분 내지 22분 전에 피고 운영의 과적차량 검문소 근무자 교대차량이 사고장소를 통과하였으나 문제의 쇠파이프를 발견하지 못했다는 점, 피고가 관리하는 넓은 국도상을 더 짧은 간격으로 일일이 순찰하면서 낙하물을 제거하는 것은 현실적으로 불가능하다는 점을 이유로, 피고의 국가배상법 제5조 제1항에 의한 손해배상책임을 부정했기 때문이다. 결국 이 사건 판결은 객관설의 입장을 포기하지 않으면서,[36] 일본 최고재판소 판례[37]와 유사한 맥락에서 영조물하자의 판단기준이란 차원에서 예측가능성, 결과회피가능성

---

34) 김남진, 영조물의 설치 관리 하자의 판단기준, 법률신문, 1994.3.27, 15.

35) 정하중, 국가배상법 제5조의 영조물의 설치·관리에 있어서 하자의 의미와 배상책임의 성격, 판례월보 1995/7, 60; 행정판례연구 Ⅲ, 205.

36) 대법원의 1994년 11월 22일자 판결이 그 점을 분명히 보여준다.

37) 最高裁判所는 1975년 6월 26일 도로공사표지판(赤色燈標柱)가 다른 차에 의해 넘어졌기 때문에 교통사고가 발생한 사건에서 이 표지판은 사고 직전에 선행차량에 의하여 넘어진 것이고, 관리자가 이를 원상으로 복구하여 안전성을 회복시키는 것은 시간적으로 불가능한 것이었으므로 도로관리에 하자가 있었다고 볼 수는 없다고 판시한 바

결여를 예외사유로 인정한 것이라고 이해된다.

　　일본의 경우 영조물 설치·관리의 하자란 민법 제717조에 규정된 설치·보존상의 하자와 같은 뜻이라고 하지만, 그 내용은 「영조물이 통상 가져야 할 안전성을 결여하고 있어, 타인에게 위해를 끼칠 위험성이 있는 상태를 말하며」, 「그러한 하자의 존재에 대하여는 당해 영조물의 구조, 용법, 장소적 환경 및 이용상황 등 제반사정을 종합적으로 고려하여 구체적·개별적으로 판단해야 하는 것」이라는 것이 최고재판소의 공식이며, 또한 일본 국가배상법 제2조의 책임은 손해의 발생이라는 결과에만 착안한 이른바 결과책임이 아니라는 데 판례와 학설이 거의 일치하고 있다고 한다.[38] 일본의 경우 국가배상법상 영조물책임이 결과책임이 아니라는 것은 영조물 설치·관리상의 하자의 유무를 판단함에 있어 당해 물건의 객관적 상태 이외의 요소도 고려할 수 있다는 것을 의미하며, 그 요소의 중요한 부분을 차지하는 것이 관리자의 대응인데 이는 한편에서는 관리자의 책임을 확대하고 피해자에게 유리하게 작용하는 경우도 많지만,[39] 관리자의 손해회피가 기대되지 못할 때에는 책임을 부정하는 방향으로도 작용한다.[40] 다만 구체적인 경우에 어느 정도로 손해회피조치가 요구되는지에 관하여는 일의적 해답을 찾을 수 없고, 일반적으로 도로에 대하여는 재판소가 고도의 손해회피조치까지 요구하는 반면, 未改修河川의 경우는 계획의 합리성에 따라 손해회피조치가 이루어진다고 보며, 영조물에 따라, 또 같은 영조물이라 하더라도 그것이 처한 상황에 따라 달라질 수 있다고 한다.[41]

　　대법원의 이 사건 판결은 국가배상법 제5조에 의한 책임을 무과실책임으로 보고 그 설치·관리상의 하자를 '영조물이 통상 갖추어야 할 물적 안전성을 결여한 것'으로 보는 기존의 입장을 변경하지 않으면서, 해석론적 수준에서 국가배상법 제5조에 의한 책임이 (절대적) 결과책임이 아니라는 것을 확인함으로써, 제3자에 의하여 초래된 안전상의 결함으로 인한 영조물책임에 대하여 피해자에게 불리한 방향으로 소극적 요건을 추가한 것이라고 할 수 있다.

　　그러나 대법원은 이후 일련의 판례를 통해 그 입장을 더욱 뚜렷하게 표명해 오고 있다. 이에 따르면 안전성의 구비 여부를 판단함에 있어서는 당해 영조물의 용도, 그 설치장소의 현황 및 이용 상황 등 제반 사정을 종합적으로 고려하여 설치·관리자가 그 영조물의 위험성에 비례하여 사회통념상 일반적으로 요구되는 정도의 방호조치의무를 다하였는지 여부를

있고(最判 昭和50(1975).6.26. 民集 29卷 6號, 851), 유명한 1984년 1월 26일의 大東水害訴訟에서는 '통상 예측할 수 있고 회피할 수 있는' 수해에 관하여 배상책임의 성립가능성을 한정하여 당시까지 소극적이었던 水害로 인한 국가배상에 관한 판례의 흐름을 크게 변경시켰다(最判 昭和59(1984).1.26. 民集 38卷 2號, 53; 行政判例百選Ⅱ 146事件, 行政法判例 109事件). 특히 후자의 大東水害事件에서 最高裁判所는 "하천의 관리에 대한 흠의 유무는 과거에 발생한 수해의 규모, 발생의 빈도, 발생원인, 피해의 성질, 강우상황, 유역의 지형, 기타의 자연적 조건, 토지의 이용상황, 기타의 사회적 조건, 개수를 요하는 긴급성의 유무 및 그 정도 등 제반의 사정을 종합적으로 고려하여 前記 여러 제약 아래서의 동종·동규모의 하천관리의 일반수준 및 사회통념에 비추어 시인할 수 있는 안전성을 갖추고 있다고 인정되는지 여부를 기준으로 판단해야 할 것"이라고 판시한 바 있다.
38) 塩野 宏, 일본행정법론(서원우·오세탁 공역), 법문사, 1996, 526, 530-531.
39) 名古屋高判 昭和49(1974).11.20(判例時報 1462호, 46, 73)의 경우가 그 예이다.
40) 앞에서 본 다른 차에 의해 도로공사표지판이 넘어져 발생한 교통사고사건에 관한 最判 昭和50(1975).6.26. 民集 29卷 6號, 851이 그러한 예이다.
41) 塩野 宏, 일본행정법론(서원우·오세탁 공역), 법문사, 1996, 531.

그 기준으로 삼아야 하며, 만일 객관적으로 보아 시간적·장소적으로 영조물의 기능상 결함으로 인한 손해발생의 예견가능성과 회피가능성이 없는 경우 즉 그 영조물의 결함이 영조물의 설치·관리자의 관리행위가 미칠 수 없는 상황 아래에 있는 경우임이 입증되는 경우라면 영조물의 설치·관리상의 하자를 인정할 수 없다는 것이다.

▓ 영조물 설치·관리 하자와 방호조치의무

"국가배상법 제5조 제1항에 정해진 영조물의 설치 또는 관리의 하자라 함은 영조물이 그 용도에 따라 통상 갖추어야 할 안전성을 갖추지 못한 상태에 있음을 말하는 것이며, 다만 영조물이 완전무결한 상태에 있지 아니하고 그 기능상 어떠한 결함이 있다는 것만으로 영조물의 설치 또는 관리에 하자가 있다고 할 수 없는 것이고, 위와 같은 안전성의 구비 여부를 판단함에 있어서는 당해 영조물의 용도, 그 설치장소의 현황 및 이용 상황 등 제반 사정을 종합적으로 고려하여 설치·관리자가 그 영조물의 위험성에 비례하여 사회통념상 일반적으로 요구되는 정도의 방호조치의무를 다하였는지 여부를 그 기준으로 삼아야 하며, 만일 객관적으로 보아 시간적·장소적으로 영조물의 기능상 결함으로 인한 손해발생의 예견가능성과 회피가능성이 없는 경우 즉 그 영조물의 결함이 영조물의 설치·관리자의 관리행위가 미칠 수 없는 상황 아래에 있는 경우임이 입증되는 경우라면 영조물의 설치·관리상의 하자를 인정할 수 없다."[42]

위 판결에서 대법원은 가변차로에 설치된 신호등의 용도와 오작동시에 발생하는 사고의 위험성과 심각성을 감안할 때, 만일 가변차로에 설치된 두 개의 신호기에서 서로 모순되는 신호가 들어오는 고장을 예방할 방법이 없음에도 그와 같은 신호기를 설치하여 그와 같은 고장을 발생하게 한 것이라면, 그 고장이 자연재해 등 외부요인에 의한 불가항력에 기인한 것이 아닌 한 그 자체로 설치·관리자의 방호조치의무를 다하지 못한 것으로서 신호등이 그 용도에 따라 통상 갖추어야 할 안전성을 갖추지 못한 상태에 있었다고 할 것이고, 따라서 설령 적정전압보다 낮은 저전압이 원인이 되어 위와 같은 오작동이 발생하였고 그 고장은 현재의 기술수준상 부득이한 것이라고 가정하더라도 그와 같은 사정만으로 손해발생의 예견가능성이나 회피가능성이 없어 영조물의 하자를 인정할 수 없는 경우라고 단정할 수 없다고 판시하였다.

또한 대법원은 보행자 신호기가 고장난 횡단보도 상에서 교통사고가 발생한 사안에서, 그 영조물관리자가 그 보행자 신호기의 위험성에 비례하여 사회통념상 일반적으로 요구되는 정도의 방호조치의무를 다하였다고 볼 수 없고, 객관적으로 보아 시간적·장소적으로 영조물의 기능상 결함으로 인한 손해발생의 예견가능성과 회피가능성이 없는 경우에 해당한다고 볼 수도 없으므로, 사고 당시 적색등의 전구가 단선되어 있었던 보행자 신호기에는 그 용도에 따라 통상 갖추어야 할 안전성을 갖추지 못한 관리상의 하자가 있어 지방자치단체의 배상책임이 인정된다고 판시하였다.[43]

---

42) 대법원 2001.7.27. 선고 2000다56822 판결.

영조물 설치·관리 하자와 상대적 안전성

"국가배상법 제5조 제1항 소정의 '영조물의 설치 또는 관리의 하자'라 함은 영조물이 그 용도에 따라 통상 갖추어야 할 안전성을 갖추지 못한 상태에 있음을 말하는 것으로서, 영조물이 완전무결한 상태에 있지 아니하고 그 기능상 어떠한 결함이 있다는 것만으로 영조물의 설치 또는 관리에 하자가 있다고 할 수 없고, 위와 같은 안전성의 구비 여부는 당해 영조물의 용도, 그 설치장소의 현황 및 이용 상황 등 제반 사정을 종합적으로 고려하여 설치·관리자가 그 영조물의 위험성에 비례하여 사회통념상 일반적으로 요구되는 정도의 방호조치의무를 다하였는지 여부를 그 기준으로 삼아 판단하여야 하고, **다른 생활필수시설과의 관계나 그것을 설치하고 관리하는 주체의 재정적, 인적, 물적 제약 등을 고려하여 그것을 이용하는 자의 상식적이고 질서 있는 이용 방법을 기대한 상대적인 안전성을 갖추는 것으로 족하며,** 객관적으로 보아 시간적·장소적으로 영조물의 기능상 결함으로 인한 손해발생의 예견가능성과 회피가능성이 없는 경우 즉 그 영조물의 결함이 영조물의 설치관리자의 관리행위가 미칠 수 없는 상황 아래에 있는 경우에는 영조물의 설치·관리상의 하자를 인정할 수 없다(대법원 2000.2.25. 선고 99다54004 판결, 대법원 2007.10.25. 선고 2005다62235 판결 등 참조)."44)

대법원의 판례경향은 문제를 해결하기보다는 이론과 실제 양면에서 또 다른 문제를 제기한다. 그것은 무엇보다도, 위험사회(Risikogesellschaft)라고 불리는 현대사회에 있어 영조물로 대표되는 공공기반시설의 이용으로부터 발생하는 위험, 특히 우리나라의 경우 부실공사 등으로 인한 사고발생의 위험에 끊임없이 노출되어 있는 이용자의 처지를 고려할 때, 이 사건판결이 사회적 설득력을 가질 수 있을지 의문이 없지 않기 때문이다. 일본의 시오노(塩野宏) 교수는 "국가의 영조물에 대해서는 결과책임을 져야 한다고 하는 입법정책도 고려할 수 있는 바이지만, 그 취지를 입법과정에서 도출한다는 것은 어렵고 그러한 정책은 단지 손해의 공평부담의 이념을 넘어선 세금의 사용방법에 관한 것이기 때문에 그를 위해서는 보다 명확한 입법자의 의도가 필요한 것"이라고 지적하고 있으나,45) 오히려 아무런 면책조항을 두지 않은 국가배상법 제5조를 단지 하자 유무의 판단기준에 관한 해석을 통하여 예측가능성과 결과회피가능성이 없다는 이유로 배상책임을 부정하는 결론을 도출하려면 보다 명확한 입법자의 의도가 필요한 것이 아닐까 생각한다.46) 대법원이 영조물책임의 예외사유(설치·관리 하자의 소극적 요건)에 관하여 해석론적 판단권(interpretational free hand)을 행사함으로써 오히려 권력분립의 원리와의 긴장을 초래한 것은 아닌지 반문해 볼 필요가 있다. 문제의 해결은 입법 수준에서의 사회적 합의를 필요로 하며, 엄격한 원인자책임원칙보다는 끊임없이 위험에 노출되어 있는 영조물 이용자의 입장과 그 위험의 배분이라는 관점에서 입법적 해결책을 모색해야 할 것이다.

---

43) 대법원 2007.10.26. 선고 2005다51235 판결. 동지 [1] 대법원 2007.9.21. 선고 2005다65678 판결.
44) 대법원 2008.9.25. 선고 2007다88903 판결: 축구장과 도로 사이에 이격거리를 두지 않았거나, 고수부지에서 허용되는 범위 내에서 축구장과 도로 사이에 자연적, 인공적 안전시설을 설치하지 아니하여 피해자가 사망한 경우 설치·관리상 하자가 있었다고 판단한 사례.
45) 塩野 宏, 일본행정법론(서원우·오세탁 공역), 법문사, 1996, 531.
46) 물론 국내문헌과 판례가 인정하는 예외적 면책사유인 천재지변 등 불가항력의 경우와는 구별해야 할 것이다.

2.2.4. 결 론

일견 객관설과 주관설(의무위반설)은 그 외관상의 차이에도 불구하고 하자유무의 판정에 있어서 실제상 본질적인 차이를 가져오는 것은 아니라고 할 수 있다. 주관설 역시 그 의무위반의 범위를 객관화하려고 하는 경향을 보이고 있기 때문이다. 그러나 국가배상법 제2조와 제5조의 규정형식상의 명백한 차이를 제2조의 과실을 객관적 과실로 파악하고 제5조의 하자와 동일시함으로써 무시하는 것은 적어도 해석론적 타당성을 갖기 어렵다.

> 이와 동일한 맥락에서 박윤흔교수는 "국가배상법 제5조에는 「설치 또는 관리에 하자」라고만 표현되어 있고, 제2조에서와 같이 「고의 또는 과실」이라는 표현이 없는데도, 제5조의 책임을 과실책임에 가깝게 새기는 것은 타당한 해석이라고 보기 어려우며, 가해자인 국가의 입장만을 중시하고 피해자인 국민의 입장은 가볍게 보는 것이라고 하겠다. 설치·관리의 하자를 관리자가 안전확보의무를 해태한 경우에만 인정하려고 하는 것은 결국 과실책임주의를 취하는 것으로, 명문으로 과실책임주의를 취하고 있는 공무원의 직무책임의 경우에도 오늘날은 과실을 객관화·정형화하여 무과실책임에 가깝게 운영하여야 한다는 것이 일반적인 견해임을 감안할 때, 시대의 흐름에도 맞지 아니하는 입장이라고 하겠다"[47]라고 지적한다.

문제는 오히려 객관설을 취한다고 해서 반드시 제5조가 규정하는 「설치·관리의 하자」를 곧바로 「공공영조물의 물적 하자」로 이해해야 하느냐 하는 데 있다. 예컨대 갑문을 열어야 할 시간을 지키지 못한 댐관리요원의 명백한 의무위반으로 발생한 수해에 있어서 물론 주관설의 입장에서는 그 배상책임을 인정하는 데 아무런 문제가 없을 것이다. 그러나 객관설의 입장을 취한다고 해서 반드시 이를 두고, 댐 자체에는 아무런 객관적 결함이 없었다는 것을 이유로 하자의 존재를 부정할 것인지(따라서 배상책임을 부정할 것인지)는 극히 의문스럽다. 이 경우에도 사고는 사고발생시점에 존재한, 「열려야 할 시간이 지났는데도 아직 열리지 않은(너무 일찍 열린) 갑문」이라는 댐의 작동상의 결함(operational failure: 기능적 이유에 의한 객관적 안전성결여)에 기인한 것이라고 보아야 할 것이다. 물론 이러한 입론은 결국 절충설에 근접하는 결과가 될 것이나, 객관설의 입장을 유지하면서 설치·관리 하자의 개념을 작동상의 결함에까지 확장하여 피해자를 두텁게 보호할 수 있다는 데 정당성을 지닌다.

> 물론 그와 같은 경우 국가배상법 제2조에 의한 배상책임을 통해 피해를 구제할 수 있는 가능성이 열릴 수도 있다. 일본의 경우, 塩野 宏교수는 그와 같은 경계영역에 있는 손해에 있어 해석론으로는 국가배상법 제1조(우리 국가배상법 제2조에 해당) 해당성을 주장하든가 제2조(우리 국가배상법 제5조에 해당)에 의해 청구를 하든가는 원고의 선택에 맡겨질 문제지만, 그 경우 이론적으로는 과실의 요건이 필요없는 후

---

47) 박윤흔, 행정법강의(상), 707.

자 쪽이 책임을 인정하기 쉽다고 한다.[48] 한편 芝池義一교수는 실제문제에 있어 영조물자체에 물적 결함은 있지만 그 설치·관리상의 조치의 잘못은 없는 경우란 거의 없다고 한다. 반대로 영조물에 물적 결함은 없지만 그 설치·관리상의 잘못이 있는 경우는 실제로도 빈번히 나타나는데, 가령 교통신호기 기계 자체는 정상으로 작동하는데 푸른 신호등의 시간설정이 부적절하게 되어 사고가 난 경우[49]나 댐 수문의 조작에 실수로 인하여 사고가 발생한 경우가 그 예이다. 따라서 芝池義一교수는 설치·관리자의 행위에 하자가 있는 경우에 영조물관리책임이 성립한다는 행위하자설에 입각하는 것이 하자를 넓게 인정하는 것이라고 지적한다.[50]

2.3. 영조물 설치·관리 하자의 유형

2.3.1. 자연공물과 설치·관리의 하자

대법원은 다음 판례에서 보는 바와 같이 자연공물로서 하천의 관리상의 특수성을 인정하고 이를 영조물 설치 하자 유무의 판단에 반영하고 있다.

▓▓ 자연영조물로서의 하천의 관리상의 특수성과 설치상 하자 유무

"[1] 자연영조물로서의 하천은 원래 이를 설치할 것인지 여부에 대한 선택의 여지가 없고, 위험을 내포한 상태에서 자연적으로 존재하고 있으며, 간단한 방법으로 위험상태를 제거할 수 없는 경우가 많고, 유수라고 하는 자연현상을 대상으로 하면서도 그 유수의 원천인 강우의 규모, 범위, 발생시기 등의 예측이나 홍수의 발생 작용 등의 예측이 곤란하고, 실제로 홍수가 어떤 작용을 하는지는 실험에 의한 파악이 거의 불가능하고 실제 홍수에 의하여 파악할 수밖에 없어 결국 과거의 홍수 경험을 토대로 하천관리를 할 수밖에 없는 특질이 있고, 또 국가나 하천관리청이 목표로 하는 하천의 개수작업을 완성함에 있어서는 막대한 예산을 필요로 하고, 대규모 공사가 되어 이를 완공하는 데 장기간이 소요되며, 치수의 수단은 강우의 특성과 하천 유역의 특성에 의하여 정해지는 것이므로 그 특성에 맞는 방법을 찾아내는 것은 오랜 경험이 필요하고 또 기상의 변화에 따라 최신의 과학기술에 의한 방법이 효용이 없을 수도 있는 등 그 관리상의 특수성도 있으므로, 하천관리의 하자 유무는, 과거에 발생한 수해의 규모·발생의 빈도·발생원인·피해의 성질·강우상황·유역의 지형 기타 자연적 조건, 토지의 이용상황 기타 사회적 조건, 개수를 요하는 긴급성의 유무 및 그 정도 등 제반 사정을 종합적으로 고려하고, 하천관리에 있어서의 위와 같은 재정적·시간적·기술적 제약 하에서 같은 종류, 같은 규모 하천에 대한 하천관리의 일반수준 및 사회통념에 비추어 시인될 수 있는 안전성을 구비하고 있다고 인정할 수 있는지 여부를 기준으로 하여 판단해야 한다.

[2] 관리청이 하천법 등 관련 규정에 의해 책정한 하천정비기본계획 등에 따라 개수를 완료한 하천 또는 아직 개수 중이라 하더라도 개수를 완료한 부분에 있어서는, 위 하천정비기본계획 등에서 정한 계획홍수량 및 계획홍수위를 충족하여 하천이 관리되고 있다면 당초부터 계획홍수량 및 계획홍수위를 잘못 책정하였다거나 그 후 이를 시급히 변경해야 할 사정이 생겼음에도 불구하고 이를 해태하였다는 등의 특

---

48) 塩野 宏(서원우·오세탁 공역), 일본행정법론, 법문사, 1996, 533.
49) 大阪地判 1979.9.13, 大阪地判 1988.7.13(吉野川·大迫ダム訴訟).
50) 芝池義一, 行政救濟法, 245.

별한 사정이 없는 한, 그 하천은 용도에 따라 통상 갖추어야 할 안전성을 갖추고 있다고 봄이 상당하다."51)

2.3.2. 영조물의 안전성과 수인한도

대법원은 영조물 설치 · 관리 하자 유무를 판단함에 있어 영조물이 그 용도에 따라 갖추어야 할 안전성을 갖추지 못한 상태에 있는지 여부에 초점을 맞추면서, 그 안전성 결여의 판단기준으로서 환경오염 판단에 적용되어 온 수인한도의 개념을 적용하고 있다. 실례로 다음 판례에서 보듯이 매향리 사격장에서 발생하는 소음 등으로 지역 주민들이 입은 피해는 사회통념상 참을 수 있는 정도를 넘는 것으로서 사격장의 설치 또는 관리에 하자가 있었다고 판시하였고, 또 김포공항에서 발생하는 소음 등으로 인근 주민들이 입은 피해는 사회통념상 수인한도를 넘는 것으로서 김포공항의 설치 · 관리에 하자가 있다고 판시한 바 있다.

▦ 매향리 사격장 소음과 영조물책임

"[1] 국가배상법 제5조 제1항에 정하여진 '영조물의 설치 또는 관리의 하자'라 함은 공공의 목적에 공여된 영조물이 그 용도에 따라 갖추어야 할 안전성을 갖추지 못한 상태에 있음을 말하고, 여기서 **안전성을 갖추지 못한 상태, 즉 타인에게 위해를 끼칠 위험성이 있는 상태**라 함은 당해 영조물을 구성하는 물적 시설 그 자체에 있는 물리적 · 외형적 흠결이나 불비로 인하여 그 이용자에게 위해를 끼칠 위험성이 있는 경우뿐만 아니라 **영조물이 공공의 목적에 이용됨에 있어 그 이용상태 및 정도가 일정한 한도를 초과하여 제3자에게 사회통념상 참을 수 없는 피해를 입히는 경우까지 포함된다**고 보아야 할 것이고, 사회통념상 참을 수 있는 피해인지의 여부는 그 영조물의 공공성, 피해의 내용과 정도, 이를 방지하기 위하여 노력한 정도 등을 종합적으로 고려하여 판단하여야 한다.

[2] 소음 등을 포함한 공해 등의 위험지역으로 이주하여 들어가서 거주하는 경우와 같이 위험의 존재를 인식하면서 그로 인한 피해를 용인하며 접근한 것으로 볼 수 있는 경우에 그 피해가 직접 생명이나 신체에 관련된 것이 아니라 정신적 고통이나 생활방해의 정도에 그치고, 그 침해행위에 상당한 고도의 공공성이 인정되는 때에는 위험에 접근한 후 실제로 입은 피해 정도가 위험에 접근할 당시에 인식하고 있던 위험의 정도를 초과하는 것이거나 위험에 접근한 후에 그 위험이 특별히 증대하였다는 등의 특별한 사정이 없는 한 가해자의 면책을 인정하여야 하는 경우도 있을 수 있을 것이나, **일반인이 공해 등의 위험지역으로 이주하여 거주하는 경우라고 하더라도 위험에 접근할 당시에 그러한 위험이 문제가 되고 있지 아니하였고, 그러한 위험이 존재하는 사실을 정확하게 알 수 없었으며, 그 밖에 위험에 접근하게 된 경위와 동기 등의 여러 가지 사정을 종합하여 그와 같은 위험의 존재를 인식하면서 굳이 위험으로 인한 피해를 용인하였다고 볼 수 없는 경우에는 그 책임이 감면되지 아니한다고 봄이 상당하다.**"52)

---

51) 대법원 2007.9.21. 선고 2005다65678 판결. 동지 대법원 2007.10.25. 선고 2005다62235 판결.
52) 대법원 2004.3.12. 선고 2002다14242 판결.

░ 김포공항 소음에 대한 영조물책임

"[1] 국가배상법 제5조 제1항에 정하여진 '영조물의 설치 또는 관리의 하자'라 함은 공공의 목적에 공여된 영조물이 그 용도에 따라 갖추어야 할 안전성을 갖추지 못한 상태에 있음을 말하고, 안전성을 갖추지 못한 상태, 즉 타인에게 위해를 끼칠 위험성이 있는 상태라 함은 당해 영조물을 구성하는 물적 시설 그 자체에 있는 물리적·외형적 흠결이나 불비로 인하여 그 이용자에게 위해를 끼칠 위험성이 있는 경우뿐만 아니라, **그 영조물이 공공의 목적에 이용됨에 있어 그 이용상태 및 정도가 일정한 한도를 초과하여 제3자에게 사회통념상 수인할 것이 기대되는 한도를 넘는 피해를 입히는 경우까지 포함된다**고 보아야 한다.

[2] '영조물 설치 또는 관리의 하자'에 관한 제3자의 수인한도의 기준을 결정함에 있어서는 일반적으로 침해되는 권리나 이익의 성질과 침해의 정도뿐만 아니라 침해행위가 갖는 공공성의 내용과 정도, 그 지역환경의 특수성, 공법적인 규제에 의하여 확보하려는 환경기준, 침해를 방지 또는 경감시키거나 손해를 회피할 방안의 유무 및 그 난이 정도 등 여러 사정을 종합적으로 고려하여 구체적 사건에 따라 개별적으로 결정하여야 한다.

[3] 소음 등을 포함한 공해 등의 위험지역으로 이주하여 들어가서 거주하는 경우와 같이 위험의 존재를 인식하면서 그로 인한 피해를 용인하며 접근한 것으로 볼 수 있는 경우에, 그 피해가 직접 생명이나 신체에 관련된 것이 아니라 정신적 고통이나 생활방해의 정도에 그치고 그 침해행위에 고도의 공공성이 인정되는 때에는, 위험에 접근한 후 실제로 입은 피해 정도가 위험에 접근할 당시에 인식하고 있었던 위험의 정도를 초과하는 것이거나 위험에 접근한 후에 그 위험이 특별히 증대하였다는 등의 특별한 사정이 없는 한 가해자의 면책을 인정하여야 하는 경우도 있을 수 있을 것이나, **일반인이 공해 등의 위험지역으로 이주하여 거주하는 경우라고 하더라도 위험에 접근할 당시에 그러한 위험이 존재하는 사실을 정확하게 알 수 없는 경우가 많고, 그 밖에 위험에 접근하게 된 경위와 동기 등의 여러 가지 사정을 종합하여 그와 같은 위험의 존재를 인식하면서 굳이 위험으로 인한 피해를 용인하였다고 볼 수 없는 경우에는 손해배상액의 산정에 있어 형평의 원칙상 과실상계에 준하여 감액사유로 고려하는 것이 상당하다.**"⁵³⁾

2.3.3. 입증책임

영조물의 하자 유무는 당해 영조물의 구조·용법·입지환경·이용상황 등을 여러 사정을 종합적으로 참작하여 개별·구체적으로 그리고 객관적으로 판단하여야 한다. 이러한 영조물의 설치·관리상의 하자의 입증책임은 원칙적으로 원고에게 있다. 이에 관해서는 이른바 하자의 일응추정의 이론을 원용함으로써 하자의 입증을 완화해야 한다는 주장이 유력하게 제기되고 있다.⁵⁴⁾ 한편 통설과 판례처럼 하자를 객관설적으로 파악하지 않고, 이를 주관설적으로 파악하면 그 입증이 곤란한 경우가 적지 않을 것이며 따라서 입증책임을 완화하는 이론적 보완이 절실히 요구될 것이다.

---

53) 대법원 2005.1.27. 선고 2003다49566 판결.
54) 김도창, 일반행정법론(상), 642.

입증책임의 완화 •• 그리하여 피해자구제의 관점에서, 사고가 발생하면 일응 하자의 존재가 추정되고 영조물관리주체인 국가 등이 하자없었음을 입증하지 아니 하는 한 배상책임을 진다고 하는 이른바 「하자의 일응추정」의 이론이 일본의 학설상 주장되고 있으나 실제 판례상 원용되고 있지는 않다고 한다.[55] 한편 프랑스의 경우 공토목손해($^{domage\ de}_{travaux\ publics}$)에 대한 배상은 물론 부동산만을 대상으로 하는 것이지만, 공공사업의 이용자에 대한 손해에 관해서 「정상적 유지의 결여」($^{défaut\ d'entretien}_{normal}$)라는 의미에서의 과실책임을 인정하고 있으며, 다만 공공시설로부터 사고가 발생하면 그 과실(정상적 유지의 흠결)이 있는 것으로 추정되고 그 반대사실에 대한 입증책임은 국가가 지도록 하고 있다. 단 이러한 입증책임의 전환원리는 내용적으로 ① 손해발생의 원인인 하자가 충분히 특징적이어야 하며 ② 일응 흠결이 있는 경우에도, 관리자에게 이를 원상복구할 충분한 시간이 주어져 있어야 한다는 제한을 받는다고 한다. 반면, 제3자에 대한 손해에 관해서는 「공적 부담 앞의 평등」($^{l'égalité\ des\ citoyens\ devant}_{les\ charges\ publiques}$)의 침해에 기한 무과실책임이 인정된다.[56]

영조물 설치·관리의 하자를 대법원의 판례에 따라 이해한다면, '객관적으로 보아 시간적·장소적으로 영조물의 기능상 결함으로 인한 손해발생의 예견가능성과 회피가능성이 없었는지'는 피고가 입증책임을 진다고 보아야 할 것이다.[57]

3. 손해의 발생

영조물의 설치·관리상의 하자와 손해발생 사이에 상당인과관계가 있어야 하며 또 타인에게 발생한 손해여야 함은 이미 제2조에 의한 배상책임에 관하여 설명한 바와 같다. 이와 관련하여 대법원은, 영조물의 설치·관리상의 하자로 인한 사고란 비단 영조물의 설치·관리상의 하자만이 손해발생의 원인이 되는 경우만을 말하는 것이 아니고, 다른 자연적 사실이나 제3자의 행위 또는 피해자의 행위와 경합하여 손해가 발생하더라도 영조물의 설치·관리상의 하자가 공동원인의 하나가 되는 이상 그 손해는 영조물의 설치 또는 관리상의 하자에 의하여 발생한 것이라고 해석함이 상당하다고 판시하고 있다.[58]

대법원은 인과관계의 판단기준과 관련하여 주목할 만한 판결을 내렸다. 사고 직전까지 파고 2.5m 정도인 파도가 치고 있었는데 돌연 파고 약 7m 정도의 너울성 파도가 높이 5m, 설계파고 4m인 이 사건 방파제를 넘어오는 바람에 이에 휩쓸려 방파제 아래 내항 쪽으로 추락하여 사망한 사건에서, 원심은 안전난간이 설치되었더라면 망인이 추락하지 않았을 것으로 보기 어렵고, 파도에 휩쓸릴 위험이 예상되는 경우에는 출입자 스스로 방파제에 출입하지 말아야 하고 안전난간은 기본적으로 실족에 의한 추락을 방지하기 위한 안전시설이라는 점을 감안하면 더욱 상당인과관계를 인정하기 어렵다는 이유로 방파제의 설치·관리상의 하자와 사망사고 사이의 상당인과관계를 부정하였다. 그러나 대법원은, 원심이 설시하는 대로 이 사건 방파제가 항내의 선박 등을 파도로부터 보호한다는 본래의 기능 외에 휴식공간의 기능을 수

---

55) 古崎慶長, 國家賠償法研究, 1985, 132.
56) Rivero, n°313, 386; 김동희, 행정법 I, 494.
57) 대법원 1998.2.10. 선고 97다32536 판결.
58) 대법원 1994.11.22. 선고 94다32924 판결.

행함에 적절한 시설을 갖추어야 할 필요가 있고, 또한 문제의 방파제에서 이전에도 관광객 등이 파도에 휩쓸려 각 1인이 사망하거나 실종되는 사고가 일어난 일이 있었다면, 원심이 그 설치가 요구된다고 인정한 안전난간이 단지 실족에 의한 추락의 방지를 위한 시설인 정도로 충분하다고 할 수 없고, 원칙적으로 산책객 등이 파도에 휩쓸리는 것을 막는 시설로서도 기능할 수 있어야 할 것이라고 전제한 뒤, 비록 이 사건 사고를 일으킨 파도가 파고 7m의 너울성 파도라고 하여도, 위와 같은 안전시설이 갖추어진 경우에도 망인이 그에 휩쓸려 바다에 추락하였으리라고는 인정하기 어려우며, 오히려 위와 같은 안전시설을 갖추지 아니한 이 사건 방파제의 설치·관리상의 하자가 이 사건 사망사고의 발생에 상당한 원인을 제공하였다고 보아야 할 것이라고 판시하였다. 그리고 파도에 휩쓸릴 위험이 있는 경우에는 출입자 스스로 이 사건 방파제에 출입하지 아니하여야 한다는 등의 점은 이를 원고들이 청구할 수 있는 손해배상의 액을 산정함에 있어 망인의 과실상계사유로 참작함으로써 족하고, 이를 들어 위의 상당인과관계를 부인할 것은 아니라고 판시하여 원심판결을 파기환송하였다.[59]

4. 면책사유

천재지변(폭풍우·폭설·가뭄·지진·낙뢰 등)과 같이 인력으로 막을 수 없는 재난이 원인이 되어 영조물에 의한 손해가 발생한 경우에는 불가항력($^{höhere}_{Gewalt}$)에 의한 경우로 면책사유가 된다고 보는 것이 일반적이다. 물론 이 경우에도 영조물이 통상적으로 요구되는 물적 안전성은 갖추고 있어야 한다는 것이 통설이다.

자연공물과 영조물하자 ●● 자연공물의 경우 전혀 인공이 가해지지 않은 이상은 설치·관리의 하자가 있을 수 없다는 견해도 있으나, 김도창교수는 사회통념상 기대가능성이 전혀 없는 경우를 제외하고는 통상적 안전성의 결여는 사회적 수인한도를 넘는 것으로 국가배상책임을 인정하는 것이 옳다고 한다.[60] 예컨대 하천정비기본계획($^{하천법}_{§ 15}$)에 따른 계획유수량 내에서의 홍수로 인하여 제방결궤 또는 일수로 범람이 있은 경우에는 설치·관리상의 하자가 있게 된다고 한다. 참고로 대법원은 산비탈부분이 집중호우로 견디지 못하고 도로 위로 무너져내려 차량의 통행을 방해함으로써 사고가 난 사건에서 "이 사건 사고는 피고(대한민국)의 위 도로의 설치 또는 관리상의 하자로 인하여 일어난 것이라고 보아야 한다. 매년 비가 많이 오는 장마철을 겪고 있는 우리나라와 같은 기후의 여건 하에서 위와 같은 집중호우가 내렸다고 하여 전혀 예측할 수 없는 천재지변이라고 보기는 어렵다"고 판시한 바 있다.[61] 한편 대법원 2001.7.27. 선고 2000다56822 판결에서는 "가변차로에 설치된 신호등의 용도와 오작동시에 발생하는 사고의 위험성과 심각성을 감안할 때, 만일 원심이 본 바와 같이 가변차로에 설치된 두 개의 신호기에서 서로 모순되는 신호가 들어오는 고장을 예방할 방법이 없음에도 그와 같은 신호기를 설치하여 그와 같은 고장을 발생하게 한 것이라면, **그 고장이 자연재해 등 외부요인에 의한 불가항력에 기인한 것이 아닌 한** 그 자체로 설치·관리자의 방호조치의무를 다하지 못한 것으로서 신호등이 그 용도에 따라 통상 갖추어야 할 안전성을 갖추지 못한 상태에 있었다고 할 것"이라고 판시한 바 있다.[62]

---

59) 대법원 2010.3.15. 선고 2008다53713 판결.
60) 김도창, 일반행정법론(상), 643.
61) 대법원 1993.6.8. 선고 93다11678 판결(홍정선, 판례행정법, 1994, 196-198 [45]-2).

Ⅳ. 배상액 및 배상책임자

1. 배 상 액

배상액은 설치·관리상의 하자와 상당인과관계가 있는 모든 손해액이다. 다만 그 배상기준에 관하여 국가배상법 제3조가, 중간이자 및 이익공제에 관하여 제3조의2가 적용됨을 유의해야 한다($^{\S\,5\,①}_{제2문}$).

2. 배상책임자

국가 또는 지방자치단체가 배상책임을 지는 경우 영조물의 설치·관리를 맡은 자(관리주체)와 비용을 부담하는 자(경제주체)가 다를 때에는 후자도 배상책임을 지므로 피해자는 선택적으로 청구권을 행사할 수 있게 된다($^{\S\,6}_{①}$). 이에 따라 손해를 배상한 자가 내부관계에서 손해배상의 책임이 있는 자에게 구상할 수 있음($^{\S\,6}_{②}$)은 제2조에 관하여 설명한 것과 다르지 않다. 여기서 손해를 배상할 책임이 있는 자란 법률에 특별한 규정이 없는 한 관리주체인 국가 또는 지방자치단체를 의미한다고 보는 것이 통설이다.

또한 군인·경찰관 등에게 배상청구권을 배제한 국가배상법 제2조 제1항 단서도 영조물 책임에 준용하도록 되어 있다($^{\S\,5\,①}_{제2문}$).

∷ 여의도광장의 관리위임과 배상책임

"여의도 광장의 관리는 광장의 관리에 관한 별도의 법령이나 규정이 없으므로 서울특별시는 여의도 광장을 도로법 제2조 제2항 소정의 '도로와 일체가 되어 그 효용을 다하게 하는 시설'로 보고 같은 법의 규정을 적용하여 관리하고 있으며, 그 관리사무 중 일부를 영등포구청장에게 권한위임하고 있어, 여의도 광장의 관리청이 본래 서울특별시장이라 하더라도 그 관리사무의 일부가 영등포구청장에게 위임되었다면, 그 위임된 관리사무에 관한 한 여의도광장의 관리청은 영등포구청장이 되고, 같은 법 제56조에 의하면 도로에 관한 비용은 건설부장관이 관리하는 도로 이외의 도로에 관한 것은 관리청이 속하는 지방자치단체의 부담으로 하도록 되어 있어 여의도광장의 관리비용부담자는 그 위임된 관리사무에 관한 한 관리를 위임받은 영등포구청장이 속한 영등포구가 되므로, 영등포구는 여의도 광장에서 차량진입으로 일어난 인신사고에 관하여 국가배상법 제6조 소정의 비용부담자로서의 손해배상책임이 있다."[63]

---

62) 참고로 대법원은 민법 제758조에 의한 공작물책임이 문제된 북악스카이웨이 도로붕괴사건에서 "공작물의 설치 및 보존의 하자라 함은 그 공작물의 축조 및 보존에 불완전한 흠이 있어 이 때문에 그 공작물 자체가 통상 갖추어야 할 안전성을 갖추지 못한 상태에 있음을 말하는 것이므로, 일반적으로 예상되는 천재지변의 상황에서까지도 항상 완전무결한 상태를 유지할 정도의 고도의 안전성을 갖추지 않았다 하여 그러한 경우까지도 그 공작물의 설치·보존에 하자있다고 할 수 없다"고 판시한 바 있다(대법원 1978.2.14. 선고 76다1530 판결).

63) 대법원 1995.2.24. 선고 94다57671 판결.

도로관리청과 비용부담자의 책임관계

"가. 도로법 제22조 제2항에 의하여 지방자치단체의 장인 시장이 국도의 관리청이 되었다 하더라도 이는 시장이 국가로부터 관리업무를 위임받아 국가행정기관의 지위에서 집행하는 것이므로 국가는 도로관리상 하자로 인한 손해배상책임을 면할 수 없다.

나. 시가 국도의 관리상 비용부담자로서 책임을 지는 것은 국가배상법이 정한 자신의 고유한 배상책임이므로 도로의 하자로 인한 손해에 대하여 시는 부진정연대채무자인 공동불법행위자와의 내부관계에서 배상책임을 분담하는 관계에 있으며 국가배상법 제6조 제2항의 규정은 도로의 관리주체인 국가와 그 비용을 부담하는 경제주체인 시 상호간에 내부적으로 구상의 범위를 정하는 데 적용될 뿐 이를 들어 구상권자인 공동불법행위자에게 대항할 수 없다."64)

---

64) 대법원 1993.1.26. 선고 92다2684 판결; 대법원 1991.12.24. 선고 91다34097 판결; 대법원 1992.11.10. 선고 92다38041 판결.

제 2 장

행정상 손실보상

I. 행정상 손실보상의 의의

행정상 손실보상이란 공공필요에 의한 공권력행사로 인해 국민의 재산에 가해진 특별한 손해에 대하여 전체적인 평등부담의 견지에서 행해지는 재산적 보상을 말한다. 행정상 손실보상은 전술한 바와 같이 국가배상과 더불어 행정상 손해전보체계의 양대 축을 이루고 있다.

일반적으로 손실보상의 의의는 다음의 몇 가지 측면에서 파악되어 왔다. 첫째, 적법한 행위로 인한 재산권침해에 대한 보상이라는 점, 둘째, 공권력행사로 인한 손실의 보상이라는 점, 셋째, 특별한 희생에 대한 조절적 보상이라는 점에서 손실보상의 의의를 찾는 것이 바로 그것이다. 그러나 이들 요소 중 앞의 두 가지는 손실보상의 의의와도 전혀 무관한 것은 아니나 오히려 손실보상의 요건에 속하는 것이라고 보는 것이 보다 합당하므로 여기서는 상론하지 않는다. 이렇게 보면 손실보상의 의의는 결국 공공필요에 의해 사인의 재산권에 대해 가해진 특별한 희생을 사회전체의 부담으로 돌려 보상한다는 조절적 보상제도라는 점에서 찾을 수 있을 것이다. 손실보상은 헌법상 재산권에 대한 사회적 제약(공공복리적합의무), 즉 재산권의 내재적 한계를 넘어서는 특별한 희생에 대한 보상이다. 공공필요에 의해 특정인에게 가해진 이러한 특별한 희생은 사회전체가 공평하게 부담하지 않으면 안 된다. 손실보상제도는 이러한 '공적 부담 앞의 평등' 원칙과 재산권보장의 이념에 기초한 행정구제제도라 할 수 있다.

II. 행정상 손실보상의 근거

1. 개　　설

행정상 손실보상의 문제는 현대적 복지국가 헌법에서 인정되고 있는 재산권의 보장 및 사회적 제약(내재적 한계)을 전제로 한다. 헌법 제23조 제3항은 "공공필요에 의한 재산권의 수용·사용·제한 및 그 보상은 법률로써 하되, 정당한 보상을 지급하여야 한다"고 규정함으로써 손실보상의 헌법적 근거를 제시하고 있다. 이러한 규정과 관련하여 어떠한 이유에서 공공필요에 의한 공용침해에 대해 손실보상이 주어져야만 하는가, 즉 손실보상의 근거를 이론적으로 설명하는 것이 문제된다. 한편 이러한 손실보상의 헌법적 근거를 바탕으로 각종의 개별법들이 공용수용의 법률적 근거, 요건 및 보상에 관한 규정을 두고 있는 경우에는 이에 따라 손실보상이 주어지는 데 비해, 관계법률에 보상에 관한 규정이 없는 경우 재산권의 침해를 받은 개인이 이 헌법규정을 근거로 하여 직접 보상을 청구할 수 있는가가 헌법 제23조 제3항의 법적 성질과 관련하여 문제된다.

2. 손실보상의 이론적 근거

2.1. 학설개관

손실보상의 근거를 설명하기 위한 이론으로는 다음과 같은 세 가지 학설이 있다.

2.1.1. 기득권설

자연법에 의해 주어진 기득권($^{ius}_{quaesita}$)은 불가침이고 예외적으로 국가적 긴급사유($^{ius}_{eminens}$)에 의한 침해는 보상을 조건으로 하여 허용되며 그러한 기득권에 재산권이 해당된다는 절대주의시대의 견해이다.[1] 이 학설은 오늘날 근대적 주권관념이 형성됨에 따라 기득권불가침원칙 자체가 포기되었다는 점에서 더 이상 타당성을 유지할 수 없다.

2.1.2. 은혜설

극단적인 공익우선 및 국가권력절대주의에서 출발하여 공익을 위해 법률에 의한 재산권침해를 당연시하며 따라서 보상은 국가에 의해 주어지는 은혜에 불과한 것이라고 보는 견해이나 이러한 공익절대주의가 오늘날 더 이상 타당할 수 없음은 당연하다.

2.1.3. 특별희생설

공익을 위하여 개인에게 부과된 특별한 희생은 이를 전체의 부담으로 하여 보상하는 것이 정의와 공평에 합치되며 따라서 손실보상은 특별희생 즉 불평등한 부담을 평등한 부담으로 전화하여 보상함으로써 재산권보장 및 법률생활의 안정을 확보하여 주는 데 그 존재이유를 둔다고 한다. 이 견해는 프랑스국가보상법상의 대원칙으로 확립된 공적 부담 앞의 평등원

---

1) 이 견해는 1794년 프로이센의 일반란트법(Allgemeines Landrecht für die preußischen Staaten vom 5.2.1794) 총칙 74, 75조의 사상적인 배경으로 나타났다고 한다.

칙으로 표현되었고 우리 헌법 제11조의 평등원칙이 이러한 의미에서 공적 부담 앞의 평등원 칙을 포함하는 것으로 새기는 이상 우리나라에서도 일반적으로 받아들여지고 있다.

2.1.4. 평가: 재산권보장 및 공익과 사익의 조화

손실보상제도는 특별희생설 또는 '공적 부담 앞의 평등'원칙에 그 이론적 근거(존재이유) 를 두는 것으로 볼 수 있을 것이다. 그러나 손실, 즉 재산권침해결과의 특별희생으로서의 성 질이나 공적 부담 앞의 평등위배라는 측면 못지않게 강조되어야 할 측면이 있다. 그것은 근 대헌법이래로 각국의 헌법이 확인하고 있는 재산권보장의 이념과 재산권을 둘러싼 공익과 사익의 대립 · 조화라는 측면이다. 첫째, 손실보상제도는 헌법상 재산권보장의 필수적 요소로 서 그 존재이유를 갖는다. 물론 헌법이 보장하고 있는 재산권은 절대적인 것은 아니다. 그것 은 그보다 더 우월한 전체사회의 공익 또는 공공복리를 위하여 제한될 수 있다. 그러나 설 령 공익을 위하여 재산권이 침해된 경우에도 전혀 아무런 손실보상이 주어지지 않는다면 이 는 재산권의 본질적 부분을 침해하는 결과가 되어, 결국 헌법상 사유재산제도의 보장을 공동 화하고 말 것이다. 그러한 결과는 헌법상 재산권보장을 공허한 약속에 불과한 것으로 전락시 킬 것이며 동시에 기본권제한의 한계에 관한 헌법 제37조 제2항의 원칙, 헌법 제11조의 평 등원칙, 나아가 제10조의 인간의 존엄과 가치 등의 헌법원칙과도 조화될 수 없을 것이다. 그 러므로 손실보상제도는 재산권보장의 상대화를 전제로 하면서도 공익을 이유로 한 재산권침 해에 대하여 안전판을 제공하는 재산권보장의 담보체계로서의 의미를 갖는 것이다. 여기서 두 번째, 손실보상제도의 존재이유가 도출된다. 즉 손실보상제도는 재산권에 내재하는 사회 적 제약과 그것을 넘는 공익상 재산권침해 간에 한계를 설정함으로써 재산권을 둘러싼 공익 과 사익의 대립 · 충돌을 조정하기 위한 재산권보장의 조정체계로서의 의미를 갖는다. 그것 은 공공복리를 이유로 한 재산권에 대한 제약이 더 이상 보상 없이는 허용될 수 없는 한계 를 설정하여 그 한계를 넘는 재산권침해에 대하여 재산권을 침해당한 자가 공동체의 구성원 으로서 자기가 부담해야 할 몫을 넘어서는 부분에 대한 가치를 전보함으로써 공익과 사익의 조화를 꾀한다. 이러한 조정메커니즘 역시 재산권보장의 실질적 구현에 복무하는 기능을 한 다. 이렇게 볼 때 손실보상의 존재이유는 특별희생의 조절적 전보, 공적 부담 앞의 평등을 통하여 헌법상 재산권보장을 실질적으로 담보하고 공익과 사익의 조화를 달성하려는 데 있 다고 할 것이다.

3. 손실보상의 법적 근거: 헌법 제23조 제3항의 법적 효력

헌법 제23조 제3항은 "공공필요에 의한 재산권의 수용 · 사용 · 제한 및 그 보상은 법률로 써 하되, 정당한 보상을 지급하여야 한다"고 규정함으로써 손실보상의 헌법적 근거를 제시하고 있다. 이를 바탕으로 각종 단행법들이 공용수용의 법률적 근거, 요건 및 보상에 관한 규정을 두고 있는 경우에는 이에 따라 손실보상이 주어질 것이므로 문제가 없다.[2] 그러나 이들 관계법률에 보상에 관한 규정이 없는 경우 재산권의 침해를 받은 개인이 이 헌법규정을 근거로 하여 직접 보상을 청구할 수 있는가가 헌법 제23조 제3항의 법적 성질과 관련하여 문제된다.

3.1. 학설개관

헌법 제23조 제3항의 법적 성질에 관하여는 다음과 같은 학설들이 대립한다. 쟁점은 보상규정없는 법률에 의한 재산권의 수용·사용·제한이 이루어진 경우 헌법 제23조 제3항을 근거로 직접 손실보상청구권을 행사할 수 있는가에 모아진다.

3.1.1. 방침규정설

손실보상에 관한 헌법규정은 이른바 입법의 방침을 정한 데 불과한 것이므로 손실보상의 구체적 내용이 법률로써 정해져 있어야만 손실보상청구권이 성립한다고 보는 견해이다.

3.1.2. 직접효력설

손실보상에 관한 헌법규정은 국민이 이를 근거로 손실보상청구권을 행사할 수 있는 직접적 효력을 갖는다고 보는 입장이다.[3] 즉 공공필요에 의한 재산권의 수용·사용·제한을 수권하는 법률이 보상규정을 두지 않은 경우에도 헌법 제23조 제3항을 근거로 직접 손실보상청구권을 행사할 수 있다고 한다.[4]

3.1.3. 위헌무효설

헌법 제23조 제3항에도 불구하고 보상규정이 없는 법률에 의해 수용·사용·제한이 이루어졌을 때에는 그 법률은 위헌무효라는 견해이다.[5] 이 견해를 취하는 학자들은 대부분 보상규정을 두지 않은 법률에 의한 수용·사용·제한은 법적 근거가 없는 위법한 작용이 되므로 이에 대하여 국가배상을 청구함으로써 문제를 해결하여야 한다고 주장한다.[6]

---

2) 반면 수도법 제3조가 상수보호구역 내에서의 행위제한을 가하면서 보상에 관하여는 아무런 규정을 두지 않고 오히려 시행령이 보상에 관한 일반적 사항을 정하고 있는데, 이는 '법률에 의한 보상'을 요구하는 헌법 제23조 제3항에 반하는 것이라 할 수 있다.

3) 김동희교수(행정법 I, 508)는 직접효력설의 입장에 의하는 경우에도 다수설은 헌법 제23조 제3항이 "수용·사용·제한 및 그 보상은 법률로써 하되"라고 규정하고 있어 법률에 보상규정이 없는 경우 헌법 제23조 제3항에 기하여 직접 보상을 청구할 수는 없는 것으로 본다고 서술하고 있다.

4) 김동희, 행정법 I, 508.

5) 김도창, 일반행정법론(상), 600; 이상규, 신행정법론(상), 574-575; 박윤흔, 행정법강의(상), 729; 류지태, 행정법신론, 355.

6) 이상규, 행정법(상), 575; 류지태, 행정법신론, 355.

3.1.4. 간접효력설 또는 유추적용설

공용침해에 관한 보상규정이 없는 경우 헌법 제23조 제1항(재산권보장) 및 제11조(평등원칙)에 근거하고 헌법 제23조 제3항 및 관계규정의 유추해석을 통하여 보상을 청구할 수 있다고 보는 견해이다.[7] 이를 주장하는 문헌들 중에는 독일의 수용유사침해이론을 도입하여 문제를 해결하고자 하는 견해가 주류를 이루고 있다.[8]

3.2. 판 례

판례의 입장은 종래에는 일관되어 있다고 볼 수 없었다. 대법원은 1967년 11월 2일의 전원합의체 판결($^{67다}_{1334}$)에서 "이 헌법에서 말하는 정당한 보상이라는 취지는 그 손실보상액의 결정에 있어서 객관적인 가치를 완전하게 보상해야 한다는 취지일 뿐만 아니라, 한걸음 나아가서 그 보상의 시기, 방법 등에 있어서 어떠한 제한을 받아서는 아니 된다는 것을 의미한다고 풀이해야 된다. …… 요컨대, 본 건 징발보상금청구권은 징발보상위원회의 사정이 없더라도 곧 발생된다고 보는 것이 정당한 해석이라고 할 것"이라고 판시하여 직접효력설을 취했으나, 이후 1976년 10월 12일 판결($^{76다}_{1443}$)에서는 "개정헌법 시행후에 있어서는 개정전 헌법 제20조 3항의 경우와는 달리, 손실보상을 청구하려면 그 손실보상의 기준과 방법을 정한 법률에 의해서만 가능하다고 풀이하여야 할 것이므로, 원심이 손실보상의 기준과 방법을 정한 법률이 없더라도 손실보상청구가 가능하고 이러한 손실보상은 민사법원이 정하는 바에 의한다는 취지로 판단하였음은 개정헌법 제20조 3항의 규정을 잘못 적용한 것이다"라고 판시함으로써 직접효력설을 명시적으로 포기하였다.[9] 이후 대법원은 1978년 3월 14일 판결($^{76다}_{1529}$)에서 사유지가 보상 없이 경찰서부지로 된 사건에서 국가배상의 청구를 인정함으로써 혹 위헌무효설을 취한 것이 아닌가 하는 관측을 불러일으켰고, 또 국유화된 提外地의 소유자에 대한 손실보상규정이 없더라도 하천법 제74조의 법의를 유추적용하여 손실을 보상해 주어야 한다고 판시함으로써[10] 이른바 간접효력설 또는 유추적용설이 주장될 계기를 제공하기도 하였다.[11]

---

7) 이 견해는 간접효력규정설(홍정선, 행정법원론(상), 537) 또는 유추적용설(김동희, 행정법 Ⅰ, 508-510)로 일컬어지고 있다. 김남진, 행정법 Ⅰ, 605; 서원우, 고시계 1990.4, 101; 석종현, 일반행정법(상), 671.

8) 최근 김남진교수(행정법 Ⅰ, 605)는 '헌법이 「보상은 법률로써 하되」라고 규정한 것은, 보상의 구체적 내용이나 방법을 법률에 유보한 것으로 새길 수 있으며, 보상의 여부까지 법률에 유보한 것으로 해석할 필요가 없다'고 하면서 직접효력설에 대해서도 공감을 표시하고 있다.

9) 이에 관해서는 김철수, '판례비평', 법률신문 1976.12, 6을 참조.

10) 대법원 1987.7.21. 선고 84누126 판결.

11) 한편 우리나라 대법원이 일관성없이 판결하고 있다는 비판(홍정선, 행정법원론(상), 1995, 537)에 대하여 대법원의 판례가 1972년 유신헌법 제20조 제3항의 개정 이후 일관되어 왔다는 반론이 있다(김철용, "계획제한과 손실보상의 실정법적 근거", 고시연구 1996/1, 132-134). 그러나 여기서 인용된 판례 중 대법원 1987.7.21. 선고 84누

대법원은 1987년 국유화된 제외지의 소유자에 대한 손실보상규정이 없더라도 하천법 제74조의 법의를 유추적용하여 손실을 보상해 주어야 한다고 판시한 바 있다. 즉 "하천법(^{1971.1.19 법률 제}_{2292호로 개정된 것}) 제2조 제1항 2호, 제3조에 의하면, 제외지는 하천구역에 속하는 토지로서 법률의 규정에 의하여 당연히 그 소유권이 국가에 귀속된다고 할 것인 바, 한편 동법에서는 위 법의 시행으로 인하여 국유화가 된 제외지의 소유자에 대하여 그 손실을 보상한다는 직접적인 보상규정을 둔 바 없으나, 동법 제74조의 손실보상요건에 관한 규정은 보상사유를 제한적으로 열거한 것이라기보다는 예시적으로 열거하고 있으므로 국유로 된 제외지의 소유자에 대하여는 위 법의를 유추적용하여 관리청은 그 손실을 보상하여야 한다"고 판시한 것이다. 이것은 이후 간접효력설 또는 유추적용설이 제기될 수 있는 계기를 제공했다.[12] 반면 대법원은 구 토지수용법상 보상을 함이 없이 수용목적물에 대한 공사 등으로 토지소유자 또는 관계인에게 손해를 입힌 경우 이를 불법행위를 구성하는 것으로 보아 손해배상책임을 인정했고,[13] 또 토지구획정리사업법상 사도 등 사유지에 대하여 환지를 지정하지 않고 또 청산금도 지급하지 않고서 행한 환지처분에 대하여 '사유지에 대하여 환지를 지정하지 아니한 것은 위 법규상 어쩔 수 없으나 거기에서 더 나아가 청산금도 지급하지 아니한 채 구획정리사업을 마치고 환지처분의 확정공고를 함으로써 그 토지에 대한 소유권을 상실시킨 것은 토지소유자에 대하여 불법행위를 구성하므로 토지구획정리사업시행자는 청산금 상당액의 손해를 배상할 책임이 있다"고 판시한 바 있다.[14] 그러나 이들 판례는 어디까지나 구 토지수용법이나 토지구획정리사업법 등 관계법상 보상규정이 있음을 전제로 그러한 규정에 반하여 보상을 하지 않은 경우에 관한 것이므로 이것을 가지고 대법원의 입장을 보상규정을 두지 않은 법률에 의한 공용침해의 경우 손해배상책임을 인정하는 것으로 보기에는 불충분하다.

그러나 헌법재판소는 최근 미군정청의 군정법령 제75호에 의하여 수용된 사설철도회사의 주식 및 보상청구권양수인에 의해 제기된 헌법소원심판사건에서 입법자가 법령에 의한 수용에 대하여 그 보상에 관한 법률을 제정하여야 하는 헌법상 명시된 입법의무를 이행하지 않고 있는 것은 입법부작위로서 위헌이라고 판시하여 위헌무효설에 근접하는 입장을 표명한 바 있다.[15] 헌법재판소가 이 결정에서 "대한민국의 법령에 의한 수용은 있었으나 그에 대한 보상을 실시할 수 있는 절차를 규정하는 법률이 없는 상태가 현재까지 계속되고 있어", "그 보상에 관한 법률을 제정하여야 하는 입법자의 헌법상 명시된 입법의무가 발생하였고, 대한민국은 그 의무를 이행하지 아니하고 있다 할 것"이라고 판시한 것은 그 한도 내에서, 사실상 위헌무효설의 실질적 논리를 수용한 것이라고 볼 수 있다.[16]

---

126 판결을 유추적용의 예로 볼 것인지 여부와는 무관하게, 대법원 1990.5.8. 자 89부2 결정과 1992.11.24. 자 92부14 결정 등은 문제된 재산권의 제한이 공공복리에 적합한 것이라 판단하여 위헌이 아님을 확인한 것일 뿐 헌법 제23조 제3항의 직접적 효력을 부인하거나 동조항을 위헌무효설이 전제로 삼는 불가분조항으로 본 것인지는 의문이다. 나아가 대법원 1993.10.26. 선고 93다6409 판결은 수용유사침해이론의 채택여부를 판단하지 아니하였으므로, 이를 위헌무효설의 입장을 취한 예로 인용한 것은 옳지 않다.

12) 대법원 1987.7.21. 선고 84누126 판결. 그러나 이 판결은 비록 '유추적용'이란 표현을 사용하고는 있으나 실제로는 유추적용을 인정한 것이 아니고 하천법 제74조를 직접 적용하여 제외지에 대한 보상을 인정한 것이라고 보는 견해도 나타나고 있다(박윤흔, "계획제한과 손실보상", 고시계 1995/8, 138).

13) 대법원 1988.11.3. 자 88마850 결정.

14) 대법원 1991.2.22. 선고 90다16474 판결.

15) 헌법재판소 1994.12.29. 선고 89헌마2 결정(판례월보 294호, 1995/3, 58).

∷ 조선철도(주) 주식의 보상금청구에 관한 헌법소원심판결정

"가. 군정법령은 제헌헌법부칙 제100조에 따라 폐지전까지 대한민국의 법령으로서 유효하였으므로 군정법령 제75호에 의하여 이루어진 사설철도회사의 수용은 대한민국에 의한 수용으로 보아야 하고, 동 법령은 수용재산에 대한 소유권귀속주체와 보상의무자를 "조선정부"로 정하였으므로 이 사건 수용은 헌법 제23조 제2항 소정의 "수용"에 해당한다 할 것인데, 동 법령 제4조 및 제5조에 따른 보상절차가 이루어지지 않은 단계에서 폐지법률에 의거 군정법령이 폐지됨으로써 **대한민국에 의한 수용은 있었으나 그에 대한 보상을 실시할 수 있는 절차를 규정하는 법률이 없는 상태가 현재까지 계속되고 있다고 할 것이어서, 결국 대한민국의 법률에 근거한 수용에 대하여 그 보상에 관한 법률을 제정하여야 하는 입법자의 헌법상 명시된 입법의무가 발생하였고 대한민국은 그 의무를 이행하지 아니하는 경우에 해당한다** 할 것이다.

나. **입법자에게 헌법상 입법의무가 있는 경우에도 입법자에게는 입법형성의 자유 또는 입법재량이 인정되므로 입법의 시기 역시 입법자가 자유로이 정할 수 있음이 원칙이라 할 것이나, 가령 입법자가 입법을 하지 않기로 결의하거나 상당기간 내에 입법을 하지 않는 경우에도 입법재량의 한계를 넘는 것이 되어 위헌으로 인정된다** 할 것인 바, 이 사건의 경우 사설철도회사의 재산수용에 관한 보상절차규정을 두고 있던 군정법령이 폐지됨으로써 재산수용에 대한 보상절차에 관한 법률이 없게 되어 위 회사의 재산관계 권리자 가운데 손실보상청구권을 가진 자 및 이를 승계취득한 청구인이 국가로부터 보상을 받을 길이 없게 되었음에도 30여년이 지나도록 그 보상을 위한 입법조치를 취하지 않고 있음은 입법자의 형성의 자유의 한계를 넘는 것으로 청구인의 헌법상 보장된 재산권을 침해하여 위헌이라 할 것이다."[17]

그러나 헌법재판소는 단지 입법부작위가 위헌임을 판단했을 뿐 과거의 수용처분이 위헌 무효라거나 대한민국정부의 보상거부가 위법이라고는 판단한 것은 아니다. 오히려 헌법재판소는 일단 당해 수용처분 자체는 적법했다는 전제에서 출발하고 있는 것으로 보인다. 이는 위헌무효설 중 우리나라 헌법 제23조 제3항을 독일 기본법 제14조 제3항과 같은 불가분조항으로 파악하는 견해가 보상규정을 결여한 법률 자체가 전부 위헌무효라고 주장하는 것과는 사뭇 다른 입장이어서 관심을 끈다. 그 결과 위헌무효설이 주장하는 바와 같이 당해 수용처분 자체에 대하여 그 위헌을 이유로 한 취소소송[18]이나 국가배상을 통한 구제가 인정될 수 있게 된 것인지는 극히 의문스럽다. 이 사건의 경우 이미 30년 전에 행해진 수용처분에 대한 취소소송은 아예 고려의 대상이 될 수 없을 것이고, 국가배상의 경우에도 헌법재판소가

---

16) 이러한 태도는 헌법재판소 1994.6.30. 선고 92헌가18 전원재판부 결정에서도 엿보인다.

17) 헌법재판소 1994.12.29. 선고 89헌마2 결정.

18) 위헌무효설은 재산권의 수용·사용·제한을 수권하면서 보상규정을 결여한 법률이 위헌무효라고 하는데 그 결과 이 법률에 의한 공용침해행위도 위헌무효라는 것인지 아니면 그 침해행위가 성공적으로 취소되는 경우에 결국 무효로 돌아간다는 것인지를 분명히 할 필요가 있다. 위헌무효설이 취소소송이나 국가배상을 구제방법으로 고려하고 있는 것을 보면 아마도 보상규정을 결여한 공용침해행위 자체는 당연무효가 아니라는 견지에 선 것으로 보인다. 이와 관련하여 대법원이 처분이 위헌으로 결정된 법률에 의하여 행해진 경우 그 처분은 당연무효가 아니라 취소할 수 있는 위법한 처분에 불과하다고 판시한 바 있으나 그 타당성이 논란되고 있고 또 손실보상의 경우 위헌무효설이 주장하듯 헌법 제23조 제3항이 불가분조항이라면 그 요구를 충족시키지 못하는 법률에 의한 수용처분 등의 위헌성은 중대하고 명백한 것이라고 보아야 하지 않는가라는 의문이 생기지 않을 수 없다. 위헌무효설이 문제의 이러한 측면을 분명히 밝히지 않는 것은 실제적인 권리구제의 측면을 충분히 해명하지 않는 측면과 함께 그 이론이 지닌 한계를 보여주는 증거이다.

수용처분 자체의 위헌을 확인하고 있지 않은 이상 법령위반의 요건이 충족되기 어려울 뿐 아니라 소멸시효[19] 등으로 인하여 국가배상청구권이 성립할 여지가 없다고 볼 수밖에 없을 것이기 때문이다. 반면 헌법재판소의 이 사건 결정이 보상입법의무의 불이행의 위헌을 선언한 것이 결과적으로 청구인에게 대한민국정부에 대하여 손실보상청구권의 행사를 가능케 한 것인지도 분명하지는 않다. 엄밀히 본다면, 헌법재판소의 이 사건 결정은 이미 구체화된 손실보상청구권에 관하여 그 보상절차에 관한 입법이 이루어지지 않은 것을 위헌이라고 판시했을 뿐 **폐지법률에 의해 보상규정이 없는 것과 같은 상태가 됨으로 말미암아 수용처분 자체가 위헌이라고는 판단하지 않았으므로**, 그 한도에서 위헌무효설의 논거를 전폭적으로 수용한 것으로는 해석할 수 없다. 아무튼 전체적으로 이 사건 결정의 논지가 직접효력설과 거리가 멀다는 것만은 분명하다.

그러던 중 헌법재판소는 1998.12.24. 선고 89헌마214 결정을 통해 구도시계획법 제21조에 규정된 개발제한구역제도 그 자체는 원칙적으로 합헌적인 규정이지만, 개발제한구역의 지정으로 말미암아 일부 토지소유자에게 사회적 제약의 범위를 넘는 가혹한 부담이 발생하는 예외적인 경우에 대하여 보상규정을 두지 않은 것은 위헌이라는 헌법불합치결정을 내림으로써 보다 분명히 위헌무효설의 입장을 천명했다.

⁝⁝⁝ 구도시계획법 제21조의 규정에 의한 개발제한구역 지정과 손실보상

"도시계획법 제21조에 의한 재산권의 제한은 개발제한구역으로 지정된 토지를 원칙적으로 지정 당시의 지목과 토지현황에 의한 이용방법에 따라 사용할 수 있는 한, 재산권에 내재하는 사회적 제약을 비례의 원칙에 합치하게 합헌적으로 구체화한 것이라고 할 것이나, **종래의 지목과 토지현황에 의한 이용방법에 따른 토지의 사용도 할 수 없거나 실질적으로 사용·수익을 전혀 할 수 없는 예외적인 경우에도 아무런 보상없이 이를 감수하도록 하고 있는 한, 비례의 원칙에 위반되어 당해 토지소유자의 재산권을 과도하게 침해하는 것으로서 헌법에 위반된다.**

입법자가 도시계획법 제21조를 통하여 국민의 재산권을 비례의 원칙에 부합하게 합헌적으로 제한하기 위해서는, **수인의 한계를 넘어 가혹한 부담이 발생하는 예외적인 경우에는 이를 완화하는 보상규정을 두어야 한다.** 이러한 보상규정은 입법자가 헌법 제23조 제1항 및 제2항에 의하여 재산권의 내용을 구체적으로 형성하고 공공의 이익을 위하여 재산권을 제한하는 과정에서 이를 합헌적으로 규율하기 위하여 두어야 하는 규정이다. 재산권의 침해와 공익간의 비례성을 다시 회복하기 위한 방법은 헌법상 반드시 금전보상만을 해야 하는 것은 아니다. 입법자는 지정의 해제 또는 토지매수청구권제도와 같이 금전보상에 갈

---

19) 이와 관련하여 대법원은 '국가배상법 제2조 제1항 본문 전단 규정에 따른 배상책임을 묻는 사건에 대하여는 동법 제8조의 규정에 의하여 민법 제766조 소정의 단기소멸시효제도가 적용되는 것'이라고 판시한 바 있다(대법원 1989.11.14. 선고 88다카32500 판결). 물론 소멸시효의 시기의 확정이 논란될 여지는 있을 것이나 대법원은 같은 판결에서 "여기서 가해자를 안다는 것은 피해자가 가해 공무원이 국가 또는 지방자치단체와의 간에 공법상 근무관계가 있다는 사실을 알고, 또한 일반인이 당해 공무원의 불법행위가 국가 또는 지방자치단체의 직무를 집행함에 있어서 행해진 것이라고 판단하기에 족한 사실까지도 인식하는 것을 의미한다"고 판시하고 있어 수용처분 자체에 관한 한 국가배상청구요건이 충족된다 하더라도 소멸시효에 의해 이를 행사할 수 없게 될 가능성이 크다.

음하거나 기타 손실을 완화할 수 있는 제도를 보완하는 등 여러 가지 다른 방법을 사용할 수 있다."[20]

3.3. 비판과 결론

헌법 제23조 제3항의 법적 성질을 판단하기 위해서는 우선 이 조항이 공용침해의 허용성과 손실보상의 필요성 양자에 관련된다는 점을 인식할 필요가 있다. 첫째, 헌법 제23조 제3항의 전단은 "공공필요에 의한 재산권의 수용·사용·제한"은 법률로써 할 것을 규정하고 있으므로 법률의 근거없는 공용침해는 바로 이 헌법조항에 따라 허용되지 아니한다(법률에 의한 공용침해의 허용성). 둘째, 이러한 공용침해로 인한 "보상" 또한 법률로써 해야 하며 ($^{§\,23}_{전단}\,^③$) "정당한 보상을 지급해야 한다"($^{같은\,항}_{후단}$)는 것이 또한 헌법의 요구이다(손실보상의 필요성). 전자의 경우 법률의 근거없이 이루어진 공용침해는 당연히 헌법에 위배되는 것으로서 위법한 재산권침해라고 보지 않으면 안 된다.[21] 문제는 보상규정을 두지 않은 법률에 의한 공용침해가 있었을 경우 피해자는 어떠한 방법으로 구제를 받을 수 있는가에 있다. 손실보상의 법적 근거 또는 헌법 제23조 제3항의 법적 성질에 관한 이제까지의 학설대립은 주로 보상규정을 두지 않은 근거법률에 의해 재산권이 침해된 경우를 둘러싸고 진행되어 온 것이 사실이다. 먼저 헌법의 (재판)규범적 성격을 단순한 목적론적 해석논리에 의해 몰각시키는 방침규정설이 더 이상 타당성을 갖지 못한다는 점은 말할 나위가 없다. 또 실제로 이 견해를 주장하는 학자도 거의 없다.

위헌무효설은 일단 그 논리적 일관성 면에서는 타당하다고 볼 수 있다. 또 위헌무효설이 주장하는 바와 같이 피해자에게 국가배상이 주어진다면, 설사 이 경우 별도로 손실보상청구권이 부인된다고 할지라도, 그 한도 내에서 피해자구제의 측면이 소홀해질 우려는 없을 것이다. 그러나 이 경우 국가배상법 제2조의 배상책임의 성립요건이 충족될 수 있는지가 문제이다.

반면 우리나라 헌법 제23조 제1항과 제3항을 각각 독일 기본법 제14조 제1항과 제3항처럼 존속보장과 가치보장으로 준별하여 제1항은 '재산권의 가치보장의 문제인 손실보상에 관한 규정으로 될 수 없다'고 하는 것은, 적어도 독일 연방헌법재판소의 자갈채취사건결정에서 표명된 독일 기본법 제14조 제1항과 제3항 간의 분리모델($^{Trennungs-}_{modell}$)[22]을 우리나라 헌법에 직

---

20) 헌법재판소 1998.12.24. 선고 89헌마214,90헌바16,97헌바78(병합) 전원재판부 결정.

21) 일찍이 대법원이 "우리나라 헌법이 재산권보장을 명정하였는 만큼, 제헌 후 아직 징발에 관한 법률이 규정되기 전에 6.25사변이 발발되었고, 그로 인한 군사상의 긴급한 필요에 의하여 국민의 재산권이 수용 또는 사용되게 되었던 것이라 할지라도 그 수용 또는 사용이 법률의 근거없이 이루어진 것인 경우에는 그것을 재산권자에 대한 관계에 있어서는 불법행위라고 하지 않을 수 없다"(대법원 1966.10.18. 선고 66다1715 판결)고 함으로써 법률의 근거 없이 이루어진 수용 또는 사용을 불법행위로 본 것은 이러한 의미에서 타당하다.

22) 이를 **'분리이론'**(Trennunstheorie)이라고도 부르고 그 반대입장, 즉, '재산권내용규정으로 구체화된 사회적 기속을 넘어서는 재산권침해는 보상을 요하는 공용수용에 해당한다'는 독일연방민사법원이 견지해 온 판례태도를 **'경계이론'**(Schwellentheorie)이라고 부른다.

접 대입할 수 없다는 점에서, 타당하다고 보기 어렵다.

손실보상청구권의 헌법적 성립을 인정하는 의미에서 직접효력설을 취하는 경우에도 난점이 없는 것은 아니다. 즉 직접효력설에 의할 경우, 법률에 보상규정이 없을 경우 이러한 헌법규정들을 근거로 법원에 보상을 청구하였을 때 법원이 이를 어떻게 판단할 것인가 하는 난점(즉 행사의 문제)이 남는다. 이것은 법원이 권력분립상 원칙적으로 법형성기능을 갖고 있지 못하다는 점에서 결코 소홀히 지나칠 수 없는 문제점이다. 따라서 앞에서 본 직접효력설의 논리가 만일 이 경우 헌법상의 규정을 근거로 행사된 손실보상청구소송에서 어떠한 형태로든 법원이 보상규정의 흠결을 보충하여, 다시 말해서 실질적인 법형성기능을 행사하여 보상을 인정해야 한다는 것이라면 이는 사실상 무리라고 하지 않을 수 없다. 그러나 그렇다고 이를 이유로 곧바로 당해 근거법률의 위헌판단에로 나아가 문제를 국가배상차원으로 전환시키거나 이른바 수용유사침해의 법리에 의존하여 해결해야 한다는 것은 아니다. 물론 우리나라 헌법의 이 규정을 『수용＝동일법률에 의한 침해＋보상』이란 공식으로 표현되는 독일의 불가분조항($^{Junktim-}_{klausel}$)과 같은 의미로 해석할 여지23)가 전혀 없지는 않을지라도, 보상에 관한 법규정의 해석을 통한 문제해결 가능성을 일거에 부정하는 것은 성급하다고 하지 않을 수 없다.

구제적 보상규정의 문제 •• 한편 가령 철도법 제76조 제1항, 원자력법 제96조 제2항, 문화재보호법 제25조 제1항, 소방법 제8조 등과 같이 법률이 막연히 '정당한 보상을 하여야 한다'는 규정만을 두고 있는 경우, 이것은 헌법 제23조 제3항이 규정한 「정당한 보상」을 단순히 재확인한 데 불과한 것이고 보상의 구체적 기준이나 방법 등에 관해 아무런 규정을 두지 않았다는 점에서 그 위헌여부가 문제되고 있다.24) 한편 독일의 경우 현실적인 필요나 여러 가지 사정으로 인하여 일부 법률이 이와같이 구체적인 보상의 방법이나 범위에 관하여 명시적 규정을 두지 않고 다만 '이 법에 의한 조치가 공용침해를 가져오는 경우에는 이에 상당한 보상을 하여야 한다'는 식으로 거의 백지에 가까운 내용의 이른바 '구제적 보상규정'25)을 둔 경우 그 위헌여부가 논란된 바 있다. 이 문제는 특히 재산권에 관한 '보상을 요하는 재산권 내용규정'($^{Ausgleichspflichtige}_{Inhaltsbestimmung}$)과 관련하여 논의되었으나,26) 연방행정법원은 헌법합치적 해석에 의하여 이를 '적어도 과도기간 동안에는 헌법의 요구에 합치된다'고 보았다.27) 우리나라의 경우 이들 법률조항 역시 이

---

23) 예컨대 김남진, I(제4판), 535; 권영성, 헌법학원론, 1994, 567; 허영, 한국헌법론, 1994, 464.
24) 한국법제연구원, 현행 공용침해법제의 현황과 개선방향, 현행법제개선방안연구 (1), 1992, 160-161.
25) 한편 박상희, 공용침해, 백지형식에 의한 보상규정의 허용여부, 법제연구 창간호, 1991, 249는 이를 「백지형식의 보상규정」으로 옮기고 있다. 본래 'salvatorische Klausel'이란 독일법제사에서 유래된 개념으로서 '어떤 법규가 그보다 우선하는 규정이 없는 경우에 비로소 적용된다'고 규정하는 조항을 말한다. 1495년 라이히궁정재판소(Reichskammergericht)가 설립되어 라이히궁정재판소법에 따라 로마법을 적용하도록 되어지만, 독일의 고유법이 이에 우선 적용되어 독일의 고유법이 없는 경우에 로마법이 적용된다고 하는 조항이 생기게 되었다(山田 晟, ドイツ法律用語辭典, 1982, 337f.). 따라서 이를 '보충적 적용조항' 정도로 번역할 수 있을 것이나, 손실보상과 관련하여 이 개념은 '이 법에 의한 조치가 공용침해를 가져오는 경우에는 상당한 보상을 하여야 한다는 식'의 규정을 의미하는 것이므로(Maurer, Rn.40, 1992, S.630f.), 이를 「백지형식의 보상규정」보다는 「구제적 보상규정」이라 부르는 것이 나을 것이다(동지 김남진, "도시계획법 제21조(개발제한구역지정)의 위헌심판", 판례월보 266호, 39).
26) 이에 관하여는 Maurer, aaO., Rn.67f., S.646f. 참조.
27) BVerwGE 84,361,367f.

러한 구제적 보상규정의 성질을 갖는 것으로 볼 수 있는 이상, 반드시 이를 위헌으로 보아야 할 필요는 없을 것이다. 이를 헌법합치적 해석에 의하여 합헌으로 보되,[28] 이로써 '정당한 보상'의 구체적 내용에 관한 해석의무가 법원에 귀속된 것이라고 보는 것이 타당할 것이다.

이상의 논의를 토대로 공공필요에 의해 재산권을 침해당한 국민의 권리보호에 대한 헌법적 요구를 고려할 때 다음과 같은 결론이 나온다. 첫째, 손실보상청구권은 헌법 제23조 제1항과 제3항의 통합적 해석을 통하여 법률에 의한 구체화가 있기 전에도 헌법적으로 성립하는 것으로 보아야 한다. 둘째, 헌법 제23조 제3항에 의하여 공용침해(공공필요에 의한 재산권의 사용·수용·제한)를 정한 법률이 보상규정을 두지 않은 경우에는 그것이 정당한 보상을 배제하는 것으로 해석되는 한 위헌임을 면치 못한다. 구제적 보상규정이나 관계법규정의 유추해석을 통하여 손실보상이 주어질 수 있는 경우에는 그러하지 아니하다. 셋째, 공공필요에 의한 공용침해를 수권한 법률에 의하여 재산권을 침해당했으나 보상규정이 없다는 이유로 보상청구를 거부당한 자는 그 공용침해의 위헌($^{§\,23}_{③}$)을 이유로 당해 침해조치의 취소 또는 불법적 결과의 제거를 소구하거나 국가배상을 청구할 수 있으며, 이와 선택적으로 그 위헌적인 공용침해가 적법한 공용침해와 동등한 가치를 지닌다는 점을 주장하여 법원에 손실보상을 요구할 수 있다. 넷째, 보상규정을 두지 않은 법률의 위헌성, 즉 입법부작위의 위헌성이 헌법재판소에 의하여 확정된 때부터는 보상을 청구받은 행정청은 이를 거부할 수 없으며, 거부하면 이로써 위법·유책이 되어 국가배상책임이 성립한다. 끝으로, 국가배상이나 손실보상을 청구하는 소송이 제기된 경우 법원은 국가배상법이 정하는 기준 또는 헌법 제23조 제3항의 정당보상의 기준에 따라 국가에게 보상금의 지급을 선고해야 한다.

Ⅲ. 손실보상의 요건(공용침해의 개념)

헌법은 제23조 제3항에서 "공공필요에 의한 재산권의 수용·사용·제한 및 그 보상은 법률로써 하되, 정당한 보상을 지급하여야 한다"고 규정하고 있다. 이 조항은 공공필요에 의한 재산권의 수용·사용·제한과 그 보상은 이를 반드시 법률에 의해서만 할 수 있다는 의미의 법률유보를 규정함으로써 공공필요에 의한 재산권의 수용·사용·제한 및 보상의 허용요건($^{\text{Zulässigkeits-}}_{\text{voraussetzung}}$)을 규정한 것이지만, 이와 동시에 손실보상의 구성요건($^{\text{Tat-}}_{\text{bestand}}$)의 일부를 규정한 것으로도 해석된다. 즉 손실보상이 이루어지기 위해서는 공공필요에 의한 재산권의 수용·사용·제한, 즉 공용침해가 있어야 한다는 요건을 헌법적 수준에서 규정한 것이다. 그렇다면 손실보상의 요건은 바로 이 공용침해[29]의 존재로 귀결되는 것이라고 볼 수 있다. 공용침해

---

28) 법제연구원, 앞의 책, 161이하 참조.

의 성립요건을 살펴보는 것이 필요하다. 공용침해가 성립하기 위해서는 다음과 같은 요건이
충족되어야 한다.

1. 공용침해의 대상과 내용: 재산권의 수용 · 사용 · 제한

1.1. 공용침해의 대상: 재산권

행정상 손실보상은 재산권의 수용 · 사용 · 제한에 대한 보상이다. 여기서 재산권이란 모
든 재산적 가치 있는 법적 지위를 말하며, 민법상의 재산권보다는 넓은 개념이다. 헌법 제23
조 제3항에 의한 재산권은 소유권, 물권, 점유권, 재산적 가치 있는 회원권 및 사원권, 저작
권 등 사법상의 권리뿐만 아니라 재산적 가치 있는 모든 공법상의 권리를 포함하는 것으로
새기는 것이 일반적이다. 독일의 경우에도 공권을 수용대상인 재산권에 해당하는 것으로 보
는 것이 지배적이나, 다만 공법상의 청구권이나 급부가 그 권리자에게 배타적이고 그 자신의
이익으로 부여된 것이라고 볼 수 있는지가 관건이 된다고 한다.[30)]

「공익사업을 위한 토지등의 취득 및 보상에 관한 법률」($\binom{약칭: \text{"토지보상}}{법\text{"이라 한다}}$)[31)]은 손실보상의 대상이
되는 재산권, 즉 사업시행자가 취득 또는 사용하는 대상으로, 토지 및 이에 관한 소유권 외
의 권리, 토지와 함께 공익사업을 위하여 필요로 하는 입목, 건물 기타 토지에 정착한 물건
및 이에 관한 소유권 외의 권리, 광업권 · 어업권 또는 물의 사용에 관한 권리, 토지에 속한
흙 · 돌 · 모래 또는 자갈에 관한 권리를 열거하고 있다($^{§ 3}$).

재산권의 수용 · 사용에 부수하여 영업을 폐지하거나 휴업함에 따른 영업손실, 즉 일실손
실에 대해서는 토지보상법 제77조가 이를 일정한 기준에 따라 보상하도록 규정하고 있다.
즉, 영업을 폐지하거나 휴업함에 따른 영업손실에 대하여는 영업이익과 시설의 이전비용 등
을 참작하여 보상하여야 하며($\binom{§ 77}{①}$), 농업의 손실에 대하여는 농지의 단위면적당 소득 등을 참
작하여 실제 경작자에게 보상하여야 한다. 다만, 농지소유자가 당해 지역에 거주하는 농민인
경우에는 농지소유자와 실제 경작자가 협의하는 바에 따라 보상할 수 있고($\binom{§ 77}{②}$), 휴직 또는
실직하는 근로자의 임금손실에 대하여는 「근로기준법」에 의한 평균임금등을 참작하여 보상

---

29) 김남진교수는 일찍부터 재산권의 수용 · 사용 · 제한을 총칭하는 개념으로 '공용침해'란 용어를 사용해오고 있다(행
    정법 I, 제4판 1992, 526; 제5판 1995, 532; 제6판 2000, 601). 이는 독일행정법에서 말하는 "Enteignung"의 개념
    이 19세기 후반 소위 희생보상청구권(Aufopferungsanspruch)에서 유래된 고전적 의미의 공용수용(sog. klassische
    Enteignung)으로부터 바이마르헌법 제153조 이후 확대되어 본래의 공용수용 외에 공용제한, 공용사용 등을 포함
    하는 넓은 의미의 개념으로 사용되고 있다는 점을 감안하여 착안된 개념이다. 물론 「공용수용」에 「넓은 의미의」
    란 수식을 붙여 수용 · 사용 · 제한을 총칭할 수도 있겠으나 어차피 그럴 것이면 이 공용침해란 개념을 사용하는
    것도 그리 나쁘지 않을 뿐 아니라 용어법상 경제적이라는 이점도 있다.
30) Maurer, § 26 Rn.44.
31) 이 법률은 2002년 2월 4일 구 토지수용법과 구 「공공용지의 취득 및 손실보상에 관한 특례법」을 폐지하여 새로
    이 제정된 것이다.

하여야 한다($\overset{\S}{③}$^{77}).

한편, 기대이익은 공용침해의 대상이 되는 재산권에 해당하지 않는다고 보는 견해가 있다.[32] 헌법상 재산권보장을 취득보장($\overset{\text{Erwerbs-}}{\text{schutz}}$)이 아니라 존속보장($\overset{\text{Bestands-}}{\text{schutz}}$)으로 이해하는 이상,[33] 농지가 택지로 변경되리라는 기대나 이득획득의 기대와 같이 단순한 전망이나 기대와 같은 것은 여기서 말하는 공용침해의 대상이라 볼 수 없다. 현존하고 실현가능한 가치요인($\overset{\text{Wert-}}{\text{faktoren}}$)도 헌법상 재산권보장에 포함되는 것이라고 볼 수 있을 때에는 공용침해의 대상으로 고려될 수 있다. 다만 지하수는 토지의 구성부분이 아니므로 토지소유권의 내용에 포함되지 않으며, 개별점포의 유리한 입지나 번화가에 위치한 주유소의 입지와 같은 것은 사실상 이익이기는 하지만 재산권보장에 의해 보호되는 것으로 보기 어려울 것이다.[34]

1.2. 공용침해의 내용: 재산권의 수용 · 사용 · 제한

공용침해는 재산권의 수용, 사용 또는 제한을 내용으로 하는 것이어야 한다. 수용이란 재산권의 전면적 또는 부분적인 박탈을 말하며, 사용이란 수용에 이르지 않는 일시적 사용행위를, 제한이란 소유권자 또는 이용권자의 사용, 수익을 제한하는 행위를 포함한, 수용과 사용을 제외한 재산권에 대한 모든 제약을 말한다. 공용환지나 도시재개발사업으로 인한 환권 등으로 재산 가치가 하락하는 경우에도 여기서 말하는 재산권에 대한 제약에 해당한다.[35]

2. 공용침해의 목적: 공공필요

공용침해는 공공필요를 실현시키기 위한 공적 과제의 수행을 위한 것이어야 한다. 공용침해의 성립요건으로 요구되는 것은 공용침해가 이러한 목적을 지향하는 것이어야 한다는 것일 뿐, 구체적인 공용침해조치가 사실상 공적 임무의 수행을 위한 것이었고 또 공공복리를 위한 것이었는지는 공용침해의 허용요건에 관한 것이다. 이 점에서 공용침해는 사익의 실현을 위한 강제경매와 구별된다.

3. 공용침해의 법형식: 의도적인 공권력행사로서 공법적 행위

공용침해는 공익실현을 위한 의도적인 공권력행사이므로 그 법형식은 공법적 행위여야 한다. 공용침해는 공익실현을 위한 사인의 재산권에 대한 침해행위이므로 공법적 성질[36]을

---

32) 김남진, 행정법 I, 608; 류지태, 행정법신론 제2판, 1996, 359.
33) Maurer, § 26 Rn.45.
34) Maurer, § 26 Rn.45.
35) 김남진, 같은 곳; 류지태, 같은 곳; 석종현, 일반행정법(상), 666.
36) 그러나 이러한 원인행위와 손실보상의 일체성(Einheitlichkeit)에 근거한 통설(공권설)의 입장과는 반대로 대법원

가지며, 법적 효과의 발생을 주목적으로 하는 구속적 행위이므로 사실행위가 아니라 법적 행위이다. 공용침해는 의도적인 공권력행사를 통해 행해져야 한다. 따라서 행정작용의 부수적인 결과로서 우연히 재산권침해의 결과를 가져오는 행위는 공용침해에 해당하지 않는다.

4. 공용침해의 적법성문제

일반적으로 공용침해는 적법한 재산권침해행위로 이해되고 있다. 이 점에서 손실보상은 불법행위로 인한 손해배상과 구별된다. 헌법 제23조 제3항에 따라 공공필요에 의한 재산권침해(수용, 사용, 제한)는 법률로써 하도록 되어 있고 또한 정당한 보상이 지급되어야 하는데 이 경우의 보상은 따라서 적법행위에 대한 보상의 성격을 지닌다.

행정상 손실보상의 개념은 보상원인행위로서 '공공필요에 의한 재산권침해'와 그 법률효과로서 '손실의 보상'이라는 두 가지 요소로 이루어진다. 여기서 '재산권침해'는 합헌적인 법률에 의해 재산권침해가 이루어지고 헌법 제23조 제3항에 따라 정당한 보상규정이 주어진 경우에만 적법하다. 그렇지 않은 경우에는 그 재산권침해가 설령 '법률에 의하여' 행해졌다고 해도 위헌·위법임을 면할 수 없다. 가령 헌법에 합치되지 않는 법률에 의하거나 보상규정을 두지 않아 위헌·위법인 재산권침해에 대해서도 손실보상을 인정하는 입장(수용유사침해보상이론)에 선다면 행정상 손실보상은 비단 적법한 재산권침해에 대한 보상에 국한되지 않는 것으로 이해되어야 한다. 따라서 행정상 손실보상의 개념에 있어 '재산권침해'는 그 자체로서 적법성을 전제하는 것이 아니라 손실보상 등 헌법이 요구하는 요건들을 충족시킨 경우에 비로소 적법하다는 평가를 받는 것으로 이해하는 것이 옳다고 생각한다. 손실보상과 국가배상을 구별하는 소이는 단순한 적법/부적법의 표지가 아니라 전자의 경우 법이 공공필요에 의하여 의도적으로 공권력에 의한 재산권침해를 가한 데 대한 보상인 데 비하여,[37] 후자의 경우 법이 예상·의도하지 않은 위법한 행위로 인한 손해를 전보하는 것이라는 데서 찾아야 할 것이다.

은 손실보상청구권의 법적 성질에 관하여 일관되게 사권설을 고수하고 있다. 대법원 1969.12.30. 선고 69다9 판결; 대법원 1990.12.21. 선고 90누5689 판결 등.

37) 이와 유사한 견지에서 마우러(§ 26 Rn.54)는 수용의 요건 또는 수용의 개념으로부터 적법성이란 요소를 배제하여 수용이란 '공적 과제의 달성을 위하여 공권력을 행사하여 재산적 가치있는 법적 지위를 박탈하는 것'(Entziehung einer vermögenswerten Rechtsposition durch gezielten hoheitlichen Rechtsakt zur Erfüllung öffentlicher Aufgaben)이라고 서술하고 있다.

5. 특별한 손해의 발생

5.1. 개 설

공용침해가 성립하기 위해서는 재산권에 대한 특별한 희생으로서 손해가 발생하여야 한다. 그러나 특별한 손해의 판정기준에 관해서는 논란이 있을 수 있다. 헌법은 재산권의 내용과 한계를 법률로 정하고($\S 23 \atop ①$) 그 행사에 관한 공공복리적합의무를 고려할 것을 요구하고 있기 때문에($\S \atop ②$) 공용침해가 되기 위해서는 재산권의 내재적·사회적 제약을 넘는 특별한 손해가 존재하여야 한다. 그러나 종종 재산권에 가해진 손해가 재산권의 사회적 제약의 표현에 불과한 것인지 아니면 이를 넘어서는 특별한 손해에 해당하는 것인지가 불분명한 경우가 있을 수 있다. 만일 재산권의 제약이 그 사회적 제약의 표현일 경우에는 보상이 문제되지 않는데 반해 그것이 특별한 손해로서 공용침해를 구성할 때에는 보상이 주어져야 한다($\S 23 \atop 헌법 ③$).[38]

공용침해와 재산권의 사회적 제약은 바로 재산권에 대한 제약이 특별한 희생에 해당하는지에 따라 구별된다. 그러나 특별희생으로서 기준에 관해서는 적지 않은 논란이 있다. 이에 관하여는 독일에서 주장된, 그러나 대부분의 국내학자들에 의해 소개·원용되고 있는 이론들을 참고할 수 있다. 왜냐하면 우리헌법 제23조 제1항 및 제2항 역시 재산권의 내용과 한계를 법률에 유보시키는 동시에 재산권의 사회적 제약성을 인정하고 있는 독일기본법 제14조 제1항 2문 및 동 제2항에서와 마찬가지의 문제상황을 제기하고 있기 때문이다. 물론 이러한 논의가 이루어진 독일법적 배경도 참고할 가치가 있음은 물론이다.

5.2. 학 설

5.2.1. 형식적 기준설 – 특별희생설($Sonderop- \atop fertheorie$)

독일 연방법원(^{BGH})이 제국법원($Reichs- \atop gericht$)의 개별행위설을 따라 취하고 있으며 학설에 의해 압도적으로 승인된 견해로서 이에 따르면 공용수용이란 "그 형태가 재산권의 박탈($Entzie- \atop hung$)이든 부담($Belas- \atop tung$)이든 불문하고, 특정한 개인 또는 단체를 타인에 비하여 특별하게 그리고 불평등하게 침해하는, 또한 이들에게 타인에게는 요구되지 않은 특별한 희생을 강요하는 재산권의 침해"($BGHZ \atop 2,270,280$)를 말한다. BGH는 이로써 공용수용을 평등원칙과 연결시킨다: 공용수용의 대상자는 특별한 침해를 받았고 따라서 불평등하게 처우되었으므로 그 침해는 보상을 통해 전보

---

38) 독일에서는 이러한 의미에서 보상없는 재산권의 구속과 수용 간의 한계가 문제되고 있으나 이에 관해서는 적지 않은 의문과 논란이 있고 또 사회·경제적, 기술적 발전과 함께 변화될 수 있는 것이므로 언제나 새로이 판단돼야 할 것이다.

되어야 한다. 평등의 원칙$\left(\substack{\text{Gleich-}\\\text{heitssatz}}\right)$은 따라서 보상의 원칙$\left(\substack{\text{Ausgleichs-}\\\text{satz}}\right)$이 된다는 것이다.

5.2.2. 실질적 기준설

보상의 필요성을 결정하는 관건, 즉 특별희생과 재산권의 사회적 제약의 구별기준을 재산권침해의 실질적 측면에서 찾으려는 견해로서, 다음과 같은 다양한 학설들이 있다.

(1) 보호가치설$\left(\substack{\text{Schutzwürdigkeitstheorie,}\\\text{Jellinek}}\right)$

재산권의 보호가치있는 부분이 저촉되거나 침해되는 경우 보상이 필요하다는 견해이다.

(2) 수인기대가능성설$\left(\substack{\text{Zumutbarkeitstheorie,}\\\text{Stödter, Maunz}}\right)$

재산권에 대한 침해가 보상없이도 상대방의 수인을 기대할 수 있는 한도를 넘는 경우 보상의 필요성을 인정하는 입장이다.

(3) 사적 효용설$\left(\substack{\text{Privatnützigkeitstheorie,}\\\text{Reinhardt}}\right)$

재산권의 침해가 사적 소유권자의 경제적 형성의 자유를 침해하는 결과를 가져올 경우 보상을 요하는 침해가 된다는 견해이다.

(4) 목적위배설$\left(\substack{\text{Zweckentfremdungstheorie,}\\\text{Forsthoff u.a.}}\right)$

재산권의 침해로 말미암아 침해된 법익이 더 이상 그 기능에 맞게 이용될 수 없게 될 경우 공용침해가 성립된다는 견해이다.

(5) 중대성설$\left(\text{Schweretheorie}\right)$

독일연방행정법원$\left(\text{BVerwGE}\right)$은 실질적 관점에서 "침해의 중대성과 침해가 미치는 범위" $\left(\substack{\text{Schwere und Tragweite}\\\text{des Eingriffs}}\right)$에 착안한 중대성설에 따라 특별희생여부를 판단하고 있다$\left(\substack{\text{BVerwGE}\\\text{5,143; 15,1}}\right)$.

5.2.3. 사회적 구속성설$\left(\text{Sozialbindungstheorie}\right)$

공용침해의 측면에 촛점을 맞춰 구별기준을 찾으려 했던 종래의 접근방식과는 정반대로, 재산권의 사회적 구속$\left(\substack{\text{Sozialbindung des}\\\text{Eigentums}}\right)$이란 측면에서 양자의 구별을 시도하는 입장이다. 즉 이에 따르면 재산권의 사회적 제약을 넘는 모든 재산권침해는 공용침해(넓은 의미의 공용수용)이다. 어떤 재산권의 침해가 기본권에 관한 일반이론상 허용되는 재산권 침해에 해당하는지 검토해야 하며 이에 해당되지 않으면 공용침해가 성립하게 된다는 것이다.[39]

---

39) Stein, Staatsrecht, 11.Aufl., 1989, § 27 IV 1. 또한 BVerfGE 20,351,358ff.(그러나 이러한 입장은 이후 더 이상 재개되지 않았다고 한다).

5.2.4. 결 론

이상에서 살펴 본 독일의 이론들을 그 자체로 우리나라에 직접 원용하는 데에는 무리가 있을 수 있다. 그러나 그렇다고 하여 그 이론적 논의가 우리에게 전혀 무의미한 것은 아니다. 문제는 손실보상이 요구되는 공용침해와 재산권에 내재하는 사회적 제약의 한계를 발견하는 데 있다. 그것은 특히 어떤 법률이 일정한 재산권침해가능성을 예정하면서도 아무런 보상규정을 두고 있지 않고 그 법률을 근거로 하여 그 침해가능성이 구체화된 경우, 손실보상의 필요성과 아울러 그 법률의 합헌성여부를 판단함에 있어 의미가 있다. 우리나라의 경우 종래 사람의 수를 기준으로 특별희생의 여부를 결정한다는 의미의 형식설과 침해의 정도를 기준으로 이를 판단하려는 실질설, 그리고 이 두 가지를 결합시킨 절충설(^통)이 제시되어 왔다. 그러나 이러한 학설들은 특별희생의 본질 내지 재산권에 내재하는 사회적 제약성을 규명함에 있어 극히 피상적인 논의수준을 넘지 못했다. 한편 독일의 이론을 소개하고 있는 국내의 문헌들은 대체로 앞에서 본 형식적 기준과 실질적 기준을 절충적으로 고려하는 입장을 취하고 있는 것으로 판단되는데, 이는 독일행정법 판례이론의 동향에 비추어 볼 때 기본적으로 타당하다고 본다.[40]

독일의 학설동향 ● ● 마우러(Maurer)의 평가에 따르면, 독일연방법원(BGH)의 특별희생설은 물론 원칙적으로 포기된 것은 아니지만, 일관되게 관철되었다기보다는 많은 판결들에서 실질적 관점으로부터 보충, 수정되었을 뿐 아니라 심지어는 대체되기까지 했다고 한다. 이러한 과정에서 중요한 역할을 수행한 이론들로 특기할 만한 것은 연방행정법원(BVerwGE)의 중대성설($^{Schwere-}_{theorie}$)과 BGH의 녹지판결($^{Grünflächenurteil,}_{BGHZ\ 23,30}$)에 의해 정립되어 또한 BVerwGE($^{BVerwGE}_{49,365}$)에 의해 받아들여진 바 있는 상황구속성설[41]($^{Theorie\ der}_{Situationsgebundenheit}$)을 들 수 있다. 반면 연방행정법원의 판례는 원칙적으로 구체적 사례에 따라 개별화시키는 중대성설에 입각하면서도 또한 특별희생설($^{BVerwGE}_{15,1ff.}$)이나 상황구속성설과 연결되고 있으며, 이렇게 볼 때 그 이론적 출발점의 차이에도 불구하고 실제적 결과에 있어서는 광범위한 의견의 일치가 이루어지고 있다는 것이다. 요컨대 양법원은 모두 "특별희생"의 관념에 입각하고 있으면서 연방법원은 희생의 "특별"성에, 연방행정법원은 특별한 "희생"에 각각 더 중점을 두고 있는 것이라는 점이 번번이 강조되고 있다는 것에 주의를 요한다.[42]

---

40) 홍정선, 행정법원론(상), 1994, 542-543. 예컨대 김남진, 행정법 Ⅰ, 614-615는 실질적 기준설 중 목적위배설을 바탕으로 한 상황구속성설과의 결합, 그리고 구체적 사례별로 개별화할 필요성을 주장하는 입장을, 김동희, 행정법 Ⅰ, 506-507은 실질적 기준과 형식적 기준을 상호보완적으로 적용해야 한다는 입장을 표명하고 있다.

41) 이에 따르면 어떤 토지가 위치하고 있는 특별한 사실적 상황(예컨대 자연보호지구나 주택이 밀집된 공업지구)으로부터 특정용도의, 본래는 가능했던, 토지이용(예컨대 건축)을 할 수 없는 의무(Pflichtigkeit)가 성립될 수 있다는 것이다. 이러한 의무는 그 토지에 부과된 일반적 부담으로서 개별적으로 이에 따른 이용금지(Nutzungsverbot)가 구체화될 경우에는 공용침해가 아니라 재산권의 사회적 제약에 해당될 뿐이라고 하게 된다.

42) Maurer, § 27 Rn.35, 그리고 같은 곳 Rn.32ff.

5.3. 구체적 적용

5.3.1. 공용수용

공용수용, 즉 재산권의 완전한 박탈(^{Entzug})은, 그 결과 타인에게 양도되거나 제거 또는 소멸되거나를 불문하고, 언제나 공용수용이지 재산권의 사회적 구속성의 결과는 아니라는 점을 분명히 해 둘 필요가 있다. 따라서 현재 일반적으로 손실보상과 관련하여 「보상원인」의 문제로서 다루어지고 있는 특별희생의 개념에 관한 문제는 오로지 재산권의 완전박탈 이외의 재산권침해를 대상으로 한다는 것을 명심하지 않으면 안 된다.

5.3.2. 공공복리에 적합한 것으로서 감수되어야 할 재산권제한

헌법 제37조 제2항에 따른 기본권제한으로 이해되고 있는 건축허가제나 영업허가시의 거리제한 등과 같은 경우는 공공의 안전, 질서유지 등을 위하여 정당화되는 한도 내에서는 손실보상을 요하는 공용침해에 해당하지 않는 것으로 이해된다.[43] 한편 경우에 따라 가령 문화재관리목적상 보존건물의 개축제한이나 사적지·명승지보존을 위한 각종 권리행사의 제한도 감수되어야 할 재산권제한으로 볼 수 있는 경우가 적지 않다. 또한 식품위생법 제17조 제1항은 판매를 목적으로 하거나 영업상 사용하는 식품, 첨가물, 기구, 용기·포장 또는 영업시설 등을 검사하게 하거나 검사에 필요한 최소량의 식품, 첨가물, 기구 또는 용기·포장을 무상으로 수거하게 할 수 있다고 규정하고 있는데, 이 경우 검사를 위한 식품등의 수거는 그것이 최소량을 넘지 않고 또 그 재산적 가치가 사소한 것인 한, 보상을 요하지 않는다. 또한 위험성 있는 물건의 파기는 그것이 경찰법상 위험방지의 범위에서 행해지는 한 보상을 요하지 않는다고 볼 수 있다.[44] 그 밖에도 공공필요에 의하여 상대방으로 하여금 수인을 요구할 수 있다고 기대할 수 있는 경우로는 도로표지판, 교통표지판의 설치라든가 군사시설이나 공공시설로부터 나오는 통상적인 소음(소방서의 사이렌소리, 초등학교의 확성기소리, 군부대의 교회종소리) 등 있다.

> ▓▓ **해상사격으로 인한 어업손실 보상 배제의 위헌여부**
>
> "[1] 재산권이 그 사회적 기속성으로 인하여 그에 대한 제한이 허용된다고 하더라도 거기에는 일정한 한계가 있고, 재산권에 대한 제한의 허용 정도는 재산권 객체의 사회적 기능, 즉 재산권의 행사가 기본권의 주체와 사회전반에 대하여 가지는 의미에 달려 있다고 할 것인데, 재산권의 행사가 사회적 연관성과 사회적 기능을 가지면 가질수록 입법자에 의한 보다 광범위한 제한이 허용된다. 따라서 **재산권에 대한 제약이 비례원칙에 합치하는 것이라면 그 제약은 재산권자가 수인하여야 하는 사회적 제약의 범위 내에 있**

---

43) 홍정선, 행정법원론(상), 543.
44) 홍정선, 행정법원론(상), 543. 또한 형사법상 처벌 종류의 하나인 몰수는 행정법상 제도가 아니며 손실보상을 요하지 않는다고 한다.

는 것이라 할 것이다(헌법재판소 2005.9.29. 선고 2002헌바84 결정 등 참조).

　[2] 구 수산업법(2007.4.11. 법률 제8377호로 전부 개정되기 전의 것. 이하 '구 수산업법'이라 한다) 관련규정의 문언·체제·취지 등에 더하여 다음과 같은 사정, 즉 ① 어업허가를 받거나 어업신고가 수리된 자가 갖는 어업에 대한 재산적 이익은 공유수면에서 자유로이 생존하는 수산동식물을 포획할 수 있는 지위로서 어업허가취득이나 수산동식물의 포획에 어떤 대가를 지불하는 것이 아니어서 일반 재산권처럼 보호가치가 확고하다고 보기 어려운 점, ② 한편 어업권의 특성과 그 행사 방식 등에 비추어 그 재산권의 행사가 사회적 연관성과 사회적 기능이 크다고 보이므로 입법자에 의한 보다 광범위한 제한이 허용된다고 보이는 점, ③ 구 수산업법이 손실보상 없이 어업을 제한할 수 있는 사유를 수산자원의 보존 또는 국방상 필요 등 사회적 연관성과 사회적 기능이 크다고 보이는 경우로 제한적으로 규정하고 있는 점, ④ 허가 또는 신고 어업과는 달리 면허어업은 해조류양식어업 등을 주요대상으로 하여 조업이 제한되는 해역 이외의 장소에서는 조업이 불가능한 사정을 고려하여 보상제외사유로 삼지 않는 등 제한되는 어업의 종류와 특성 및 내용에 따라 보상 여부를 달리 정하고 있는 점 등을 종합하면, **구 수산업법 제81조 제1항 단서 조항에서 허가·신고 어업에 대하여 '국방상 필요하다고 인정하여 국방부장관으로부터 요청이 있을 때'(ⅲ)에는 '공익사업을위한토지등의취득및보상에관한법률 제4조의 공익사업상 필요한 때'(ⅴ)와 달리 손실보상 없이 이를 제한할 수 있도록 정한 것이 재산권자가 수인하여야 하는 사회적 제약의 한계를 넘어 가혹한 부담을 발생시킨다고 보기 어려우므로 이 사건 단서조항이 헌법에 위반된다고 볼 수 없다.**

　[3] 구 수산업법 제34조 제1항이 어업제한사유로 제5호에서 '공익사업을위한토지등의취득및보상에관한법률 제4조의 공익사업상 필요한 때'를 정하여 '국방 및 군사에 관한 사업'에 관한 포괄적인 규정을 마련하였음에도, 이와 별도로 제3호에서 '국방상 필요하다고 인정하여 국방부장관으로부터 요청이 있을 때'를 정하여 손실보상 여부에 관하여 달리 취급하는 취지에 비추어 보면, 구 수산업법 제34조 제1항에 따른 어업제한사유가 제3호의 요건을 충족하는 이상 제5호에서 정한 공익사업의 하나인 '국방·군사에 관한 사업'의 요건을 동시에 충족할 수 있다고 하더라도, 특별한 사정이 없는 한 제3호가 우선 적용되어 손실보상청구권이 발생하지 아니한다고 보아야 한다."[45]

5.3.3. 지역·지구제에 의한 계획제한

　각종 계획법상 지역·지구제에 따라 그 지역·지구 내에 재산권을 가진 자에게 가해지는 계획제한과 관련하여 그것이 보상을 요하는 공용제한인지가 문제된다. 일반적으로 도시계획법 등에 의한 각종 계획제한은 사인의 토지이용에 제한을 가하는 것이지만 그 규제가 일반적인 것이므로 보상을 요하지 않는다는 견해가 지배적이었던 데 비하여,[46] 도시계획제한을 둘러싸고 그 보상여부가 논란되고 있다.[47]

---

45) 대법원 2016.5.12. 선고 2013다62261 판결.
46) 홍정선, 행정법원론(상), 543이하.
47) 석종현, 월간고시 1989/1, 81이하; 김남진, 월간고시 1992/9, 14이하, 법제연구원, 현행 공용침해법제의 현황과 개선방향, 1992, 162이하 등 참조.

(1) 개발제한구역의 지정

개발제한구역[48]이란 그린벨트($^{green}_{belt}$)라 불리는 공간규제수단으로, '도시의 무질서한 확산을 방지하고 도시주변의 자연환경을 보전하여 도시민의 건전한 생활환경을 확보하기 위하여 도시의 개발을 제한할 필요가 있거나 국방부장관의 요청이 있어 보안상 도시의 개발을 제한할 필요가 있다고 인정되는 경우' 도시·군관리계획으로써 지정하는 도시개발의 제한구역을 말한다($^{「개발제한구역의 지정 및 관리」}_{에 관한 특별조치법, §3 ①}$).

개발제한구역의 지정은 환경보전을 위하여 개발을 억지하는, 단순한 이익형량의 관점을 넘어서서 환경보전에 우월성을 인정하는 환경정책적 고려가 반영된 제도라 할 수 있다. 개발제한구역에서는 건축물의 건축 및 용도변경, 공작물의 설치, 토지의 형질변경, 죽목(竹木)의 벌채, 토지의 분할, 물건을 쌓아놓는 행위 또는 「국토의 계획 및 이용에 관한 법률」 제2조 제11호에 따른 도시·군계획사업의 시행을 할 수 없게 되는 제한을 받게 된다($^{같은 법}_{§12}$).[49]

구 도시계획법은 개발제한구역의 지정($^{§21}_{①}$)을 받아 재산상 권리행사의 제한을 받은 토지소유자의 손실보상에 관하여 아무런 규정을 두지 않고 있어 문제가 되었다. 이에 대하여 대법원은 구도시계획법 제21조 제1항에 의한 제한은 공공복리에 적합한 합리적인 제한으로서 그 제한으로 인한 토지소유자의 불이익은 공공의 복리를 위하여 감수하지 아니하면 안 될 정도의 것이라고 판시하였다.[50]

대법원의 이러한 태도는 개발제한구역 내 토지소유자등이 개발제한구역지정으로 받는 현실적 피해의 심각성을 도외시한 것일 뿐만 아니라 개발제한구역 내에서의 규제를 모두 일괄적으로 재산권에 내재하는 사회적 제약으로 볼 수 있는지도 극히 의문이라는 점에서 비판을 받았다. 그 밖에도 개발제한구역의 지정에 관하여는 구역지정을 다툴 수 있는 행정쟁송수단의 불충분성, 개발제한구역 내 주민들의 생활상의 불편, 개발이익의 불평등한 배분, 개발제한구역의 취지와 현실 간의 괴리 등 많은 문제점이 제기되었다.[51] 이러한 현실을 배경으로, 우선 해석론적 차원에서 그러한 경우 재산권자에게 가해지는 계획제한을 특별희생으로 보아 수용유사침해로 인한 손실보상 내지 국가배상제도에 의하여 피해자구제의 공백을 메워 나가되, 아울러 이 문제에 대한 입법적 해결책을 강구하는 것이 바람직한 길이라고 판단되었다.

헌법재판소는 1998년 12월 24일의 전원재판부결정을 통해 기존의 판례에 근본적인 방향

---

48) 개발제한구역은 1938년 영국에서 그린벨트법(Green Belt Act)에 의하여 비롯된 것으로서 우리나라의 경우 1971년 구 도시계획법의 개정을 통하여 도입되었다.

49) 판례: "도시계획법 제21조, 동시행령 제20조 제1항 제2호, 동시행규칙 제8조 제4호의 해석상 하천구역 내에서의 토석·사력의 채취는 토지의 형질변경에 해당되고 개발제한구역 내에서 다량의 토석·사력의 채취가 수반되거나 개발제한구역의 지정목적에 지장이 있다고 인정되는 형질변경은 처음부터 허가대상이 되지 아니하는 금지된 행위에 해당한다"(대법원 1990.7.10. 선고 90누2055 판결).

50) 대법원 1990.5.8. 자 89부2 결정.

51) 유해웅, "개발제한구역의 규제에 관한 고찰", 사법행정 1992/7, 41-45.

수정을 가했다. 헌법재판소는 개발제한구역 지정으로 인하여 토지를 종래의 목적으로 사용할 수 없거나 또는 더 이상 법적으로 허용된 토지이용의 방법이 없어 실질적으로 토지의 사용·수익의 길이 없는 경우에는 토지소유자가 수인해야 하는 사회적 제약의 한계를 넘는 것으로 보아야 하며, 이처럼 개발제한구역의 지정으로 일부 토지소유자에게 사회적 제약의 범위를 넘는 가혹한 부담이 발생하는 예외적인 경우에 대하여 도시계획법이 보상규정을 두지 않은 것은 위헌이라고 판시하였다.

▦ 개발제한구역 지정과 재산권침해의 위헌여부

"가. 헌법상의 재산권은 토지소유자가 이용가능한 모든 용도로 토지를 자유로이 최대한 사용할 권리나 가장 경제적 또는 효율적으로 사용할 수 있는 권리를 보장하는 것을 의미하지는 않는다. 입법자는 중요한 공익상의 이유로 토지를 일정 용도로 사용하는 권리를 제한할 수 있다. 따라서 **토지의 개발이나 건축은 합헌적 법률로 정한 재산권의 내용과 한계 내에서만 가능한 것일 뿐만 아니라 토지재산권의 강한 사회성 내지는 공공성으로 말미암아 이에 대하여는 다른 재산권에 비하여 보다 강한 제한과 의무가 부과될 수 있다.**

나. 개발제한구역을 지정하여 그 안에서는 건축물의 건축 등을 할 수 없도록 하고 있는 **도시계획법 제21조는 헌법 제23조 제1항, 제2항에 따라 토지재산권에 관한 권리와 의무를 일반·추상적으로 확정하는 규정으로서 재산권을 형성하는 규정인 동시에 공익적 요청에 따른 재산권의 사회적 제약을 구체화하는 규정**인바, 토지재산권은 강한 사회성, 공공성을 지니고 있어 이에 대하여는 다른 재산권에 비하여 보다 강한 제한과 의무를 부과할 수 있으나, 그렇다고 하더라도 다른 기본권을 제한하는 입법과 마찬가지로 비례성원칙을 준수하여야 하고, 재산권의 본질적 내용인 사용·수익권과 처분권을 부인하여서는 아니 된다.

다. **개발제한구역 지정으로 인하여 토지를 종래의 목적으로도 사용할 수 없거나 또는 더 이상 법적으로 허용된 토지이용의 방법이 없기 때문에 실질적으로 토지의 사용·수익의 길이 없는 경우에는 토지소유자가 수인해야 하는 사회적 제약의 한계를 넘는 것으로 보아야 한다.**

라. 개발제한구역의 지정으로 인한 개발가능성의 소멸과 그에 따른 지가의 하락이나 지가상승률의 상대적 감소는 토지소유자가 감수해야 하는 사회적 제약의 범주에 속하는 것으로 보아야 한다. 자신의 토지를 장래에 건축이나 개발목적으로 사용할 수 있으리라는 기대가능성이나 신뢰 및 이에 따른 지가상승의 기회는 원칙적으로 재산권의 보호범위에 속하지 않는다. 구역지정 당시의 상태대로 토지를 사용·수익·처분할 수 있는 이상, 구역지정에 따른 단순한 토지이용의 제한은 원칙적으로 재산권에 내재하는 사회적 제약의 범주를 넘지 않는다.

마. 도시계획법 제21조에 의한 재산권의 제한은 개발제한구역으로 지정된 토지를 원칙적으로 지정 당시의 지목과 토지현황에 의한 이용방법에 따라 사용할 수 있는 한, 재산권에 내재하는 사회적 제약을 비례의 원칙에 합치하게 합헌적으로 구체화한 것이라고 할 것이나, 종래의 지목과 토지현황에 의한 이용방법에 따른 토지의 사용도 할 수 없거나 실질적으로 사용·수익을 전혀 할 수 없는 예외적인 경우에도 아무런 보상 없이 이를 감수하도록 하고 있는 한, **비례의 원칙에 위반되어 당해 토지소유자의 재산권을 과도하게 침해하는 것으로서 헌법에 위반된다.**

바. 도시계획법 제21조에 규정된 **개발제한구역제도 그 자체는 원칙적으로 합헌적인 규정인데, 다만 개발제한구역의 지정으로 말미암아 일부 토지소유자에게 사회적 제약의 범위를 넘는 가혹한 부담이 발생**

하는 예외적인 경우에 대하여 보상규정을 두지 않은 것에 위헌성이 있는 것이고, 보상의 구체적 기준과 방법은 헌법재판소가 결정할 성질의 것이 아니라 광범위한 입법형성권을 가진 입법자가 입법정책적으로 정할 사항이므로, 입법자가 보상입법을 마련함으로써 위헌적인 상태를 제거할 때까지 위 조항을 형식적으로 존속케 하기 위하여 헌법불합치결정을 하는 것인 바, 입법자는 되도록 빠른 시일 내에 보상입법을 하여 위헌적 상태를 제거할 의무가 있고, **행정청은 보상입법이 마련되기 전에는 새로 개발제한구역을 지정하여서는 아니 되며, 토지소유자는 보상입법을 기다려 그에 따른 권리행사를 할 수 있을 뿐 개발제한구역의 지정이나 그에 따른 토지재산권의 제한 그 자체의 효력을 다투거나 위 조항에 위반하여 행한 자신들의 행위의 정당성을 주장할 수는 없다.**

사. 입법자가 도시계획법 제21조를 통하여 국민의 재산권을 비례의 원칙에 부합하게 합헌적으로 제한하기 위해서는, 수인의 한계를 넘어 가혹한 부담이 발생하는 예외적인 경우에는 이를 완화하는 보상규정을 두어야 한다. 이러한 보상규정은 입법자가 헌법 제23조 제1항 및 제2항에 의하여 재산권의 내용을 구체적으로 형성하고 공공의 이익을 위하여 재산권을 제한하는 과정에서 이를 합헌적으로 규율하기 위하여 두어야 하는 규정이다. 재산권의 침해와 공익간의 비례성을 다시 회복하기 위한 방법은 헌법상 반드시 금전보상만을 해야 하는 것은 아니다. 입법자는 지정의 해제 또는 토지매수청구권제도와 같이 금전보상에 갈음하거나 기타 손실을 완화할 수 있는 제도를 보완하는 등 여러 가지 다른 방법을 사용할 수 있다."[52]

헌법재판소의 헌법불합치결정이 나온 후, 1년여가 지나 개발제한구역의 법적 근거를 별도의 단행법으로 전환시키기 위한 입법조치가 단행되었다. 2000년 1월 28일 제정된 「개발제한구역의 지정 및 관리에 관한 특별조치법」이 그것이었다. 같은 날 법률 제6243호로 전문개정된 구 도시계획법 제34조는 '개발제한구역의 지정 또는 변경에 관하여는 따로 법률로 정한다'고 규정하였고, 이로써 개발제한구역제도는 새 법률의 규율을 받게 된 것이다.

(2) 환경정책기본법상 특별대책지구지정

환경정책기본법은 제38조 제1항에서 환경부장관으로 하여금 환경오염·환경훼손 또는 자연생태계의 변화가 현저하거나 현저하게 될 우려가 있는 지역과 환경기준을 자주 초과하는 지역을 관계 중앙행정기관의 장 및 시·도지사와 협의하여 환경보전을 위한 특별대책지역으로 지정·고시하고, 해당 지역의 환경보전을 위한 특별종합대책을 수립하여 관할 시·도지사에게 이를 시행하게 할 수 있도록 규정하고 있다. 그 경우 특별대책지역의 환경개선을 위하여 특히 필요한 경우 대통령령이 정하는 바에 따라 그 지역에서 토지이용과 시설설치를 제한할 수 있도록 하는 특별규정을 두면서($\S_{②}^{38}$), 손실보상에 관하여는 아무런 규정을 두고 있지 않아 문제가 될 수 있다. 동법 시행령 제5조의 내용으로 보아 이러한 이용제한은 이른바 재산권의 내재적 제약에 해당하는 것으로 본다는 법취지인 것처럼 보이나, 그 제한이 일시적인 것이라면 몰라도, 일률적으로 그렇게 볼 수 있는지 의문이 없을 수 없다. 이에 관한 입법적 개선이 요구된다.

---

52) 헌법재판소 1998.12.24. 선고 89헌마214,90헌바16,97헌바78(병합) 전원재판부 결정.

6. 공용침해의 허용요건(한계)

헌법 제23조 제3항은 "공공필요에 의한 재산권의 수용·사용·제한 및 그 보상은 법률로써 하되, 정당한 보상을 지급하여야 한다"고 규정함으로써 공용침해의 허용요건($^{Zulässigkeitsvor-}_{aussetzung}$)을 규정하고 있다. 그러나 공용침해가 허용되려면 헌법 제23조 제3항 외에도 일반적인 법치국가원칙에서 오는 한계와 기타 근거법상 절차적 조건이 준수되어야 한다.

6.1. 공용침해의 근거(법률유보)

공용침해는 헌법 제23조 제3항에 따라 법률에 의해서만 행해질 수 있다. 공용침해는 직접 법률의 규정에 의하거나 법률의 규정에 따른 행정처분 기타 법적 행위에 의해서만 행해질 수 있고, 법률에 근거를 두지 않은 공용침해는 허용되지 않는다. 헌법 제23조 제3항의 법률유보에 따라 공용침해의 허용여부, 요건, 재산권침해의 범위 등은 입법권자인 국회에 맡겨져 있다. 여기서 법률이란 형식적 의미의 법률을 말하는 것이나 경우에 따라서는 헌법에 의하여 법률과 동일한 효력이 부여된 긴급명령이나 조약도 이에 해당될 수 있을 것이다.

6.2. 공공필요와 비례원칙

공용침해는 공공필요에 의해서만 행해질 수 있다. 공공필요는 그 재산권침해의 적법성을 정당화하는 실질적 근거이자 한계를 이룬다. 여기서 말하는 공공필요란 공용침해의 성립요건(개념)에서 요구되었던 공익목적에의 지향만을 의미하는 것이 아니라, 특정의 공용침해조치가 사실상 공공필요를 실현하는 데 봉사했는지를 심사하여 그 적법여하를 판단하기 위한 요건이다. 침해조치가 공공필요에 봉사했는지 여부는 구체적인 사안과 관련하여 판단되어야 한다. 공공필요란 공익실현과 같은 의미로 해석되는 불확정법개념($^{unbestimmter}_{Rechtsbegriff}$)에 속한다. 따라서 공용침해의 근거법률에서 이를 보다 상세히 규정하는 것은 입법권자의 책무이다. 구체적인 사안에서 특정 공용침해조치가 공공필요의 충족에 기여했는지를 판단함에 있어서는 공용침해를 통해 기대되는 공익과 피침해자의 재산권보호 이익을 비교형량하여 엄격히 해석하여야 한다. 이 경우 일반적인 법치국가원칙에서 나오는 비례원칙($^{Verhältnis-}_{mäßigkeitsprinzip}$)이 관계이익의 형량을 위한 척도가 된다. 이에 따라 공용침해는 그 정당한 목적에 비추어 적합하고, 필요하며 또 상당한 것일 때에만 허용되며, 이를 위배하면 위헌의 평가를 면할 수 없다.

6.3. 보상규정의 존재

헌법 제23조 제3항에 따라 공용침해에 대한 보상은 이를 법률로 하여야 한다. 이 경우

제1편 제2편 제3편 제4편 제5편 행정구제법

법률이 공용침해의 당해 근거법이어야 하는지 아니면 다른 법률(가령 손실보상의 일반법을 상정할 수도 있다)이어도 무방한지가 문제될 수 있다. 헌법 제23조 제3항을 불가분조항으로 이해하는 경우에는 전자로 보겠지만 이에 관하여는 논란의 여지가 있고 헌법 또한 이 문제의 해결에 도움을 주는 명시적인 단서를 결여하고 있다고 보는 것이 정확하다. 이 문제에 관하여는 손실보상의 법적 근거에 관한 부분에서 다루었으므로 더 이상 논의하지 아니한다.

6.4. 공용침해의 근거법에 의한 법적 절차의 준수

공용침해가 적법하기 위해서는 그 근거법에 의한 법적 절차를 준수해야 한다. 이는 당연한 적법성의 요건이지만, 특히 피해자 등 이해관계인의 의사나 견해를 수렴하기 위한 절차의 이행이 요구되고 있는 경우 그러한 절차를 이행하지 않거나 절차이행을 게을리 하는 경우에는 공용침해의 위법사유를 구성한다는 점에 의미가 있다.

6.5. 정당한 보상

헌법 제23조 제3항에 따라 공용침해가 적법하기 위해서는 재산권침해에 대한 정당한 보상을 지급하여야 한다. 이것은 입법권자의 책무인 법률에 보상규정을 두는 것만으로는 충족되지 않는 요건이다. 법률에 보상규정이 있으나 정당한 보상이라 볼 수 없는 경우 또는 법률에 정당한 보상이 규정되어 있음에도 불구하고 정당한 보상이 주어지지 않는 경우에는 공용침해는 위헌·위법으로 돌아가게 된다.

Ⅳ. 행정상 손실보상의 내용

1. 손실보상의 기준

1.1. 학 설

1.1.1. 완전보상설

재산권보장의 취지에 입각하여 피침해재산의 시가·거래가격에 의한 객관적 가치의 보상으로 보는 견해와 공적 부담 앞의 평등원칙을 들어 발생한 손해 전부, 즉 이전료·영업상 손실 등 부대적 손실 전부를 배상하여야 한다는 견해가 있다.

1.1.2. 상당보상설

이 견해는 당시의 사회통념에 비추어 객관적으로 공정타당한 것이면 된다는 입장과 완전보상이 원칙이나 예외적으로 그를 하회하는 보상도 허용된다고 보는 입장으로 나뉜다. 참고로 독일연방헌법재판소는 기본법 제14조의 「정당한 형량」의 요청과 관련하여 입법자는 상황에 따라 완전보상이나 그 이하의 보상도 규정할 수 있다고 판시하여 상당보상설에 입각하고 있다.[53]

1.2. 현행법상의 보상기준

1.2.1. 헌법규정

제1·제2공화국헌법은 「상당한 보상」을, 제3공화국헌법은 「정당한 보상」을 규정했던 데 비해 제4공화국헌법은 「보상의 기준과 방법은 법률로 정한다」고 했고, 제5공화국헌법은 「보상은 공익 및 관계자의 이익을 정당하게 형량하여 법률로 정한다」고 하여 구체적 보상기준을 법률에 맡기고 있었다. 현행헌법 「… 그에 대한 보상은 법률로써 하되, 정당한 보상을 지급하여야 한다」고 규정하는데 이러한 규정을 어떻게 해석하느냐 하는 것이 여전히 해석의 여지를 남기고 있다. 이 경우 정당한 보상이란 반드시 획일적인 보상기준을 말하는 것이 아니라 원칙적으로 완전보상을 인정하되 사안에 따라서는 완전보상을 하회하거나 생활보상까지 해 주어야 하는 경우를 인정하도록 허용하는 것으로 새기는 것이 일반이다.[54]

"공공필요에 의하여 공권력의 행사로서 특정인에게 재산권의 수용·사용 또는 제한을 가하여 일반인에게 예기치 않은 특별한 희생을 가할 수 있는 경우도 국회에서 제정한 법률에 규정된 경우에 한하고 이에 대한 보상도 국회에서 제정한 법률에 의한 정당한 보상을 하여야만 한다고 헌법은 규정하였다. 여기서 말하는 **정당한 보상은 원칙적으로 완전보상을 의미한다**(당 재판소 1989.12.22. 선고 88헌가13 결정 참조). 이러한 재산권에 관한 규정은 민사법질서의 기본구조라고 할 수 있다."[55]

1.2.2. 법률규정

이에 대한 법률의 규율태도를 보면 정당보상과 상당보상을 각기 상이하게 채택하고 있을 뿐만 아니라 상충하는 경우도 있다.

먼저 완전보상, 즉 시가보상에 입각하고 있는 단행법으로는 「공익사업을 위한 토지등의 취득 및 보상에 관한 법률」(§ 67 ①; § 73~77)이 있고, 상당보상을 채택하고 있는 경우로는 토지보상법(§ 70 ① ;)이 원용하고 있는 「지가공시 및 토지등의 평가에 관한 법률」에 의한 기준지가공시제도, 「개발이익환수에 관한 법률」(일부개정 2004.1.16 법률 제7061호)의 개발이익환수제도(§ 3) 등을 들 수 있다.

---

53) BVerfGE 24,367; 46,268.
54) 헌법재판소 1990.6.25. 선고 89헌마107 결정.
55) 헌법재판소 1993.7.29. 선고 92헌바35 결정.

::: **개발이익환수의 합헌성**

　"헌법 제23조 제3항의 「정당한 보상」은 완전보상을 뜻하는 것이나 개발이익을 보상액에서 배제하는 것은 정당보상의 원리에 어긋나는 것이 아니며 … 평등의 원칙이 국가가 언제 어디에서 기본권에 관한 상황이나 제도의 개선을 시작할 것인지의 선택을 방해하는 것은 아니므로 일부토지소유자로부터만 개발이익을 환수하는 것이 합리적 이유 없는 차별이라고는 할 수 없다."[56)]

2. 생활보상, 정신적 보상, 사업손실보상

2.1. 생활보상

　생활보상이란 공용수용 등으로 생활근거를 상실할 피수용자를 위하여 이주대책을 수립하는 등 생활재건을 고려한 생활기초의 박탈에 대한 보상으로서 대인적 보상의 성격을 지닌다.

　현행법상 생활보상에 해당하는 것으로는 토지보상법상 영업상 손실에 대한 보상($^{§\,77}$), 건물이전보상($^{§\,75}$), 생활근거상실자에 대한 이주대책의 수립·시행($^{토지보상법 § 78, 산}_{업기지개발법 § 25}$), 이주자에 대한 취득세면제·이주자우선고용($^{산업기지개}_{발법 § 28}$) 등이 있다.

2.2. 정신적 보상

　토지보상법 등 현행법은 보상의 대상을 재산권적 청구권에 한정하는 대물주의에 입각하고 있다. 따라서 정신적 피해에 대한 보상은 허용되지 않고 있다.

　　"수몰지역의 이주자들이 주장하는 「조상전래의 토지」라는 구호는 다만 근대적 의미에서의 소유권의 대상으로서의 토지만을 의미하는 것은 아니라 할 것이다. 농촌·어촌에 있어서 전통·관습에 의하여 뒷받침되고 있는 상호부조기구는 이들 촌락공동체의 기본적 속성을 이루는 것이며, 그것은 자생적인 사회보장제도로서의 의미도 가지는 것이다. 댐의 건설 등 대규모 공공사업의 시행은 이러한 공동사회를 파괴하는 결과를 가져오는 경우가 많으나, 대물주의에 입각한 종래의 보상이론은 이처럼 파괴되어 소멸되는 공동체의 무형적 기능에 대하여는 어떠한 보상도 하고 있지 아니하다."[57)].

　공동체 관계의 파괴나 정서적 자산의 침해를 피해지역주민과 일반공중의 법감정에 맞게 보상해야 한다는 점은 그 보호이익의 비대체성이나 손실보상의 단체주의적 성격을 전제로 할 때 충분한 설득력을 가진다. 개발로 인한 비재산적 피해에 대한 보상을 어떻게 제도화할 것인지 앞으로 더 검토해 볼 필요가 있다.

---

56) 헌법재판소 1990.6.25. 선고 89헌마107 결정.
57) 김동희, 행정법 I, 521.

2.3. 사업손실보상

사업손실이란 공공사업의 실시 또는 완성 후의 시설이 起業地 밖에 미치는 손실을 말한다. 이러한 간접손실은 과거의 토지수용법이 기업지에 인접한 토지와 물권적 청구권에 대해서만 보상을 인정하고 있었기 때문에 보상의 범위에서 제외되고 있었다. 기업지 주변에 미치는 손실은 물리적·기술적 손실과 경제적·사회적 손실로 구분될 수 있는데 전자로는 공사중의 소음·진동이나 공사로 인한 교통불편, 완성된 시설물로 인한 일조의 감소, 대기·기온의 변화, 전파방해 등을 들 수 있고 후자 즉, 사회·경제적 손실로는 다수인의 이주로 인한 지역경제에의 영향, 어업활동의 쇠퇴로 인한 지역활동에의 영향 등 지역사회의 변화로 인해 개인에게 미치는 간접적 피해를 들 수 있다. 사회적 손실 중 소수잔존자나 잔지소유자에 대하여는 예컨대 토지매수청구권을 인정하는 방법을 생각할 수 있는 반면, 지역경제활동의 변화로 인한 경제적 손실은 기본적으로 손실보상의 차원에서가 아니라 사회경제정책 차원에서 해결하는 것이 타당하다.[58]

3. 보상의 방법

헌법은 보상방법을 전적으로 법률에 유보하고 있다. 토지보상법($\S63\atop①$)은 현금보상의 원칙을 채택하고 있다. 반면 「도시 및 주거환경 정비법」에 따른 재개발사업에 있어 주택 기타 시설물 분양, 대지 또는 건축물의 현물보상($\S40\atop④$), 「농어촌정비법」, 「도시 및 주거환경 정비법」, 「도시개발법」 등에 따른 환지처분 등은 법이 현물보상을 인정하고 있는 예이다.

그 밖에 국채(채권)·증권에 의한 보상(토지보상법 제63조 제2항에 따른 채권보상; 징발법 § 22의 2에 의한 징발보상증권에 의한 보상)도 인정되고 있다.

보상의 지급방법은 ① 선불과 후불, ② 개별불과 일괄불, ③ 일시불과 분할불 등 여러 방법이 있으나 원칙적으로 선불·개별불·일시불에 의한다.

4. 보상액의 결정방법 및 불복절차

이에 관해서는 통칙적 규정이 없고 각 단행법에서 다양하게 규율하고 있으나 대체로 다음과 같은 세 가지 유형으로 구별하는 것이 일반적이다.

4.1. 당사자 사이의 협의에 의하는 방법

협의 불성립시 토지수용위원회 등 관할행정청이 보상액을 일방적으로 결정하게 되는 경우가 일반이다.

---

58) 김동희, 같은 곳, 522.

4.2. 행정청의 재결 · 결정에 의하는 방법

여기에는 토지수용위원회의 수용재결의 경우처럼, 토지 등의 재산권의 수용결정 및 그에 따른 보상액의 결정이 동시적으로 행해지는 유형과 징발법에 의한 보상금결정이나 도로법($\S\S\,^{79,}_{80}$) 등에 따른 토지수용위원회의 재결처럼 보상액만을 결정하는 유형이 있다.

▦ 토지보상법상 영업손실 보상과 재결

"공익사업으로 인하여 영업을 폐지하거나 휴업하는 자가 사업시행자에게서 구 토지보상법 제77조 제1항에 따라 영업손실에 대한 보상을 받기 위해서는 구 토지보상법 제34조, 제50조 등에 규정된 재결절차를 거친 다음 재결에 대하여 불복이 있는 때에 비로소 구 토지보상법 제83조 내지 제85조에 따라 권리구제를 받을 수 있을 뿐, 이러한 재결절차를 거치지 않은 채 곧바로 사업시행자를 상대로 손실보상을 청구하는 것은 허용되지 않는다고 보는 것이 타당하다."[59]

4.3. 소송에 의하는 방법

손실보상문제가 당사자간의 협의나 관할 행정청의 재결 · 결정절차를 통해 해결이 되지 않으면 종래에는 취소소송을 통해 간접적으로 손실보상액의 증감을 꾀하는 경우가 많았으나 (따라서 청구가 인용되면 다시 중앙토지수용위원회의 판단을 받아야 하는 불편이 있었다), 구 토지수용법($\S\,^{75의}_{2\ ②}$)은 이의재결취소소송의 형태를 유지하면서 재결청 외에도 기업자, 토지소유자 등이 반드시 공동피고가 되도록 하는 필요적 공동소송방식을 채택하였다.[60] 반면 2002년 2월 4일 제정된 토지보상법은 제85조 제1항에서 "사업시행자 · 토지소유자 또는 관계인은 제34조의 규정에 의한 재결에 대하여 불복이 있는 때에는 재결서를 받은 날부터 60일 이내에, 이의신청을 거친 때에는 이의신청에 대한 재결서를 받은 날부터 30일 이내에 각각 행정소송을 제기할 수 있다"고 규정하는 한편, 제2항에서 제34조의 규정에 의한 재결에 대하여 불복이 있는 때에 제기하는 '행정소송이 보상금의 증감에 관한 소송인 경우 당해 소송을 제기하는 자가 토지소유자 또는 관계인인 때에는 사업시행자를, 사업시행자인 때에는 토지소유자 또는 관계인을 각각 피고로 한다'고 규정하였다.

한편 특허법($\S\,^{187,}_{191}$) 등 다른 단행법($_{기본법\,\S\,19\,⑦,\ 전기통신사업법\,\S\,35\,⑦,\,\S\,67\,⑦}^{실용신안법\,\S\,35,\ 상표법\,\S\,86에서\ 준용;\ 전기통신}$)에 의한 보상은 일본에서 제도화된 형식적 당사자소송, 즉 중앙토지수용위원회의 이의재결을 원인으로 하는 보상금지급 또는 증감지급에 관한 소송처럼 그 처분 등을 원인으로 하는 법률관계의 한 쪽 당사자인 토지소유자 또는 기업자를 피고로 하는 소송($_{\S\,3\,ii\ 전단}^{행정소송법}$)을 채택하고 있다.

---

59) 대법원 2011.9.29. 선고 2009두10963 판결.
60) 대법원 1991.5.28. 선고 90누8787 판결. 이로써 대법원은 동조에 의한 소송이 형식적 당사자소송이 아님을 분명히 했으나 이에 대해서는 견해가 분분하다(김도창, 일반행정법론(상), 842, 쥐2; 박윤흔, 형식적 당사자소송, 개정 토지수용법을 중심으로, 구병삭박사정년기념논문집, 1991).

제 3 장

보충적 국가보상책임제도

제 1 절 │ 수용유사침해 · 수용적 침해

Ⅰ. 학설사적 배경: 독일에서의 이론전개

1. 개   설

일찍이 독일 연방법원(^{BGH})은 적법한 공권력행사에 의한 재산권침해로서 '수용'($^{Enteig-}_{nung}$)의 개념을 확장하여 위법한 재산권침해, 즉 '수용유사침해'($^{또는\ '수용동등침해':}_{enteignungsgleiche\ Eingriffe}$)와 그 자체로는 적법한 행정작용의 부수적 결과로서 의도되지 않은($^{unge-}_{wollte}$), 비정형적인($^{atypi-}_{sche}$) 재산권침해, 즉 '수용적 침해'($^{enteignende}_{Eingriffe}$)에 대해서도 협의의 수용의 경우와 마찬가지로 손실보상을 인정해 왔다. 그러나 독일 연방법원의 판례를 통하여 발전된 수용유사침해 · 수용적 침해에 대한 손실보상의 법리는 1981년 7월 15일 연방헌법재판소의 '자갈채취사건결정'($^{Naßauskießungsbeschluß,}_{BVerfGE\ 58,300}$)에 의해 중대한 의문에 처하게 되었고 또한 이론적 수정을 강요받았다. 국내의 일부 문헌들은 이와 같은 독일에서의 판례변천의 결과를 성급하게 수용한 나머지 수용유사침해 및 수용적 침해 보상이론의 도입가능성이 없다고 단정해 왔다.[1] 그러나 이러한 판단은 당초 이론적 타당성을 인정하기 곤란했을 뿐만 아니라 이들 문헌이 논거로 삼았던 독일에서의 판례발전에도 전혀 부합되지 않는다. 이들 문헌에서 표명되었던 수용유사침해 · 수용적 침해 보상이론의 퇴조에 대한 혐의는 근거 없는 것으로 밝혀졌다. 독일에 있어 수용유사침해 · 수용적 침해 보상이론은 사양길에 접어들기는커녕 여전히 규범력을 발휘하고 있다.[2] 이 이론이 연방헌법재판소의

---

[1] 그 대표적인 예로는 정하중, 수용유사적 그리고 수용적 침해제도, 고시연구 1994/3, 110; 동, 사법행정 1992/10, 37; 류지태, 행정법신론, 1995, 354 등을 들 수 있다.

판례에 의해서도 좌절되지 아니하고 계속 생명력을 유지할 수 있었던 것은 그것이 현실적으로 유용한 문제해결을 가능케 했기 때문이다. 그것은 무엇보다도 우리나라 헌법 제23조 제1항에 상응하는 기본법 제14조 제1항에 의한 재산권보장을 보완하고 구체화하는 기능을 수행하고 있다는 데에 있다.

수용유사침해 및 수용적 침해 보상의 이론은 우리나라의 경우에도 경시할 수 없는 이론적 함축과 효용을 가지고 있다. 그것은 특히 보상규정을 두지 않은 법률에 의하여 행해진 재산권의 침해에 대한 손실보상, 재산권의 사회적 제약을 넘어서는 규제에 대한 손실보상의 문제를 해결함에 있어 좋은 타산지석이 된다. 문제는 독일의 법상황에서 형성된 수용유사침해 및 수용적 침해 보상이론을 그 배경을 무시한 채 무조건적으로 도입하거나 이식할 것인지를 판단하는 데 있지 않다. 정작 우리에게 필요한 것은 그러한 판례이론의 내적 논리와 함축을 이해하는 일이며 그것이야말로 비교법적 인식이 약속하는 가장 중요한 효용이다. 독일에서의 수용유사침해 및 수용적 침해 보상이론의 발전과정을 통하여 첫째, 독일에 있어 수용유사침해 및 수용적 침해 보상이론이 변함없는 이론적 설득력을 발휘하고 있으며, 둘째, 이 이론은 독일뿐만 아니라 그 밖의 나라에서 발전된 이론들과 함께 우리나라에서의 문제해결에 참고할 만한 가치를 가진다는 것을 확인할 수 있다.

수용유사적 침해 및 수용적 침해의 법리는 연방경찰법$\binom{\text{BPolG}}{}$ 제51조와 베를린 일반 공공안녕 및 질서 보호법$\binom{\text{Allgemeines Gesetz zum Schutz der öffentlichen}}{\text{Sicherheit und Ordnung in Berlin: ASOG Bln}}$ 제59조 제1항, 제2항, 브란덴부르크 질서행정법$\binom{\text{Ordnungsbehördengesetz}}{\text{Brandenburg: OBGBbg}}$ 제38조 제1항 등 각 주의 경찰·질서법$\binom{\text{Polizei- und}}{\text{Ordnungsggesetze}}$ 등 특별법을 통해 입법적으로 반영되기도 하였다.

2. 수용유사적 침해 · 수용적 침해 보상 이론과 자갈채취사건결정

2.1. 수용유사적 침해 · 수용적 침해 보상 이론

연방법원은 1952년 6월 10일 전원합의부판결$\binom{\text{Beschluß vom 10. Juni 1952}}{\text{-GSZ 2/52 -: BGHZ 6,270}}$ 이래 일관되게 '당연해석'$\binom{\text{Erst-Recht-}}{\text{Schluß}}$을 통해 국가가 위법하게 재산적 가치있는 시민의 권리를 침해한 경우에는 이를 "수용과 동등한 침해"(수용유사적 침해)로 보고, 적법한 행정작용의 부수적 결과로서 발생한 예기치 못한 비정형적 재산권침해는 이를 "수용적 침해"로 보아 각각 상응하는 손실보상을 해주어야 한다는 판례이론을 견지해 왔는데 이것이 이른바 '수용유사침해 및 수용적 침해 보상의 이론'이다.

---

2) 수용유사침해보상 BGHZ 90,17,31; 수용적 침해 보상 BGHZ 91,20,27. 연방헌법재판소 역시 이러한 판례를 부정하지 않았고 오히려 그 적용영역과 청구요건에 관한 수정을 인정하는 방향으로 작용했다고 한다. Peine, Franz-Joseph, Allgemeines Verwaltungsrecht, 11.Aufl., 2014, Rn.1222ff.; Maurer, Hartmut, Allgemeines Verwaltungsrecht, 17.Aufl., 2009, § 27 Rn.35에 제시된 전거들을 참조.

2.2. 독일 연방헌법재판소의 자갈채취사건결정

확장된 수용개념에 입각한 연방법원의 판례이론은 1981년 7월 15일 연방헌법재판소의 자갈채취사건결정$\left(\begin{smallmatrix}\text{Naßauskießungsbeschluß,}\\ \text{BVerfGE } 58,300\end{smallmatrix}\right)$[3]으로 심각한 타격을 받았다. 이 결정은 종래 연방민사법원에 의하여 계속적으로 확대되어 왔던 수용의 개념을 대폭 축소시켰고$\left(\begin{smallmatrix}\text{형식적 수용개념: formeller}\\ \text{Enteignungsbegriff}\end{smallmatrix}\right)$, 재산권내용규정$\left(\begin{smallmatrix}\text{Inhalts-}\\ \text{bestimmung}\end{smallmatrix}\right)$과 수용을 엄격히 준별했으며, 취소소송등 일차적 권리보호$\left(\begin{smallmatrix}\text{Primär-}\\ \text{rechtsschutz}\end{smallmatrix}\right)$와 보상 간 선택권을 부정했다.[4] 이로써 수용유사침해나 수용적 침해에 관한 사법부의 법보충권보다는 재산권의 내용을 구체화하도록 수권을 받은 입법권자의 입법형성권이 보다 우위에 있음이 인정되었고, 동시에 재산권 내용규정에 있어 입법의 한계가 규명되는 계기가 마련되었다. 이 결정에서 확인된 수용의 개념은 특정한 공공임무를 실현시키기 위한 의도적이며 고권적인 법적 행위에 의하여 기본법 제14조 제1항 제1문에서 말하는 모든 재산적 가치있는 법적 지위를 전부 또는 일부 박탈하는 행위로 감축되었다.[5]

3. 자갈채취사건결정 이후의 판례전개

연방헌법재판소의 자갈채취사건결정은 연방법원의 판례를 통하여 발전된 수용유사침해 · 수용적 침해 보상의 법리를 완전히 포기하도록 하는 계기가 되지는 않았다.[6] 이후 수용유사침해 및 수용적 침해로 인한 손실보상청구권은 부분적으로 제한되고 수정되었을지라도 계속 존속할 수 있고 또 존속하고 있다는 사실이 밝혀졌다. 연방법원이 여러 차례 나왔던 전망과는 상반되게, 연방헌법재판소의 분명한 비판에도 불구하고 수용유사침해 및 수용적 침해 보상이론을 계속 견지해 왔기 때문이다. 자갈채취사건결정에 따라 불가불 새로운 방향모색을 시도하면서도 연방법원은 이들 수용유사침해 · 수용적 침해에 관한 법리가 계속 유지된다는 점을 선언했던 것이다.[7] 다만 연방법원은 「연방헌법재판소의 판결은 이른바 기본법 제14조에 의거한 협의의 수용에 한해서만 적용되는 것」이라 하여 수용유사침해를 기본법 제14조 및 협의의 수용개념[8]으로부터 분리시켜 판례법을 통해 형성된, 프로이센일반란트법총칙$\left(\begin{smallmatrix}\text{Einl.}\\ \text{ALR}\end{smallmatrix}\right)$

---

3) 사안은 자기소유의 토지 위에서 영업으로 골재채취업을 하려던 원고가 이를 위한 수법상(水法上)의 허가(was-serrechtliche Genehmigung)를 거부당한 후 민사법원에 그로 인한 수용보상을 청구한 데 대한 것이다. 원고는 이 소송에서 그와 유사한 사례들에 관하여 수용적 침해로 인한 손실보상(Entschädiung wegen enteignenden Eingriffs)을 인정해 왔던 연방민사법원의 판례를 원용하였다.

4) Maurer, § 27 Rn.34.

5) 이러한 의미의 수용은 일정 법률에 의거한 행정행위에 의하여(행정수용: Administrativenteignung) 또는 법률에 의하여 직접(법정수용: Legislativenteignung oder Legalenteignung) 행해질 수 있다.

6) Richter/Schuppert, Casebook VerwR, 1991, S.381.

7) BGHZ 90,17,29ff.; 91,20,26ff.; 99,249; Peine, AllgVerwR, 2014, Rn.1223.

8) 협의의 수용이란 기본법 제14조 제1항 제1문의 보호하에 있는 개인의 구체적인 법적 지위를 전부 또는 부분적으로 박탈하는 것을 목적으로 하는 국가에 의한 재산권침해를 의미한다(Rüfner, in: Allg. VerwR, § 50 I 2, S.612).

제74조 및 제75조에 따른 희생의 관념($^{Aufopferungsgedanke\ in\ seiner}_{richterrechtlich\ geprägten\ Ausformung}$)에 이식시킴으로써 수용유사침해의 법리를 구출하고자 시도했다.[9] 연방법원은 취소소송에 의해 다툴 수 있는 행정행위에 의해 위법한 침해가 발생한 사례들에서도 자신의 판례를 원칙적으로 관철시켰다.[10] 자갈채취사건결정에 영향을 받아 연방법원은 취소소송과 보상 간의 선택권(^{Wahlrecht})을 제한했으나 그렇다고 해서 수용유사침해에 의한 손실보상의 청구를 일반적으로 부정한 것은 아니며, 수용유사침해에 의한 손실보상이 배제되는 것은 오로지 재산권침해행위에 대한 행정쟁송의 제기가 가능하고 수인가능(^{zumutbar})하다고 인정되는 경우에 한한다는 입장을 계속 유지해 왔다.[11]

한편 연방헌법재판소도 비록 방론에서였을지라도, "이른바 수용유사침해"를 실정법상 규정된 불법행위의 책임요건($^{deliktische}_{Haftungstatbeständen}$)을 보충하기 위하여 민사판례에 의하여 발전된 '통상적 법에 의한 법제도'($^{Rechtsinstitut\ des}_{einfachen\ Rechts}$)[12]로서 명시적으로 시인하였다.[13]

결과적으로 수용유사침해보상의 법리는 여전히 존속되고 있지만,[14] 연방헌법재판소의 판례에 따라 재산권에 대한 제약을 종래처럼 '보상을 요하지 않는 재산권의 내용규정'(내재적 제약)과 '보상을 요하는 특별희생'(수용)의 양분법에 의하여 파악하는 것은 더 이상 통용될 수 없게 되었고, 수용과 재산권내용규정 외에 헌법에 반하여 재산권의 내용을 규정하는 법률에 의한 재산권침해라는 제3의 범주가 추가되었다. 즉, 다음 네 가지 재산권침해유형이 성립되는 결과가 된 것이다.

독일연방헌법재판소의 판례에 따른 재산권침해의 유형 ● ●

① 재산권의 내용을 규정하는 법률에 의거한 재산권침해: 이것은 적법하며 따라서 보상없이 수인해야만 한다.

② 헌법에 반하여 재산권의 내용을 정하는 법률에 의거한 재산권침해: 이것은 위법하다. 피해자는 수용보상은 받을 수 없으나, 그 침해조치에 대하여 취소소송을 제기하는 등의 방법으로 대항할 수는 있다. 나아가 보충적으로 다른 법규정이나 법원칙에 의한 보상이 가능하다.

③ 기본법 제14조 제3항의 요건에 부합되는 수용법률에 의거한 재산권박탈(수용): 이것은 적법하지만 수용보상청구권을 발생시킨다.

---

9) 사실 이 사건(BGHZ 90,17)에서 문제된 것은 협의의 수용이 아니라 피해자인 원고가 취소소송에 의해서는 거의 방어할 수 없는 법규명령에 의한 재산권의 제한이었으므로 그에게는 사실상 "수인하라 그러면 보상받으리라"(dulde und liquidiere)라는 방법밖에 남은 것이 없었다(Richter/Schuppert, Casebook VerwR, 1991, S.382).

10) Richter/Schuppert, S.382. 그러나 원래 희생보상청구권은 적법한 침해에 대해서만 인정되는 것이었으나 이미 바이마르헌법시대에 부분적으로 위법한 침해에 대해서도 확장되었다(Maurer, § 27).

11) Maurer, § 27 Rn.35.

12) 여기서 '통상적 법'(einfaches Recht)이란 헌법적 내용을 포함하고 있지 않은 일반적인 법령을 가리키는 말이다.

13) BVerfG, NJW 1992, 36, 37.

14) 수용유사침해이론의 존속에 관하여는 BGHZ 90,17,29ff.(모래채취사건(Sandabbau)), 수용적 침해이론의 존속에 관하여는 BGHZ 90,20,26ff.(정화시설(Kläranlage)로부터의 이미씨온사건)을 각각 참조. Peine에 따르면 수용유사침해 법리의 적용범위에 관해서는 많은 논란이 있기는 하지만 변함없이 수용유사침해 및 수용적 침해에 대한 책임을 인정하는 것이 압도적인 중론이라고 한다(Peine, AllgVerwR, 2014, Rn.1228).

④ 헌법에 반하여 재산권을 박탈하는 법률에 의한 재산권침해: 이것은 위법하며 동시에 취소소송을 통하여 취소될 수 있다. 수용보상청구권은 성립하지 않는다. 다만 기본법 제14조 제3항의 차단효($^{Sperr-}_{wirkung}$)로 말미암아 제한된 범위에서나마, 다른 법규정이나 법원칙(가령 관습법적 근거를 지닌 희생보상의 법리 등)에 의하여 보상청구권이 성립할 수 있다.[15]

4. 소 결

4.1. 분리이론과 경계이론

연방법원은 연방헌법재판소의 판례를 우회하여 기본법 제14조 제3항과는 다른 새로운 법적 근거, 즉 희생보상의 법리에 따라 수용유사침해로 인한 손실보상을 인정해 왔다. 또한 기본법 제14조 제1항을 근거로 이른바 '보상을 요하는 재산권내용 및 한계규정'($^{ausgleichspflichtige Inhalts-}_{und Schrankenbestimmung}$)에 의한 손실보상이 대두됨에 따라 분리이론은 빛바랜 결과가 되어 버렸다.

원래 연방법원과 연방행정법원, 그리고 종래의 통설은 각각 우리 헌법의 제23조 제1항 및 제3항에 상응하는 기본법 제14조 제1항과 제3항의 관계를 일종의 '연속성' 또는 '선형'모델이라 할 수 있는 '경계이론'(^{Schwellentheorie})에 의해 파악해왔다. 이에 따르면, 연방법원과 연방행정법원 간 접근방식의 차이는 있었지만, 재산권침해의 강도가 보상없이 허용되는 재산권제약으로서 재산권의 내용 및 한계규정의 문턱(^{Schwelle})을 넘어서면 그때부터 보상을 요하는 수용이 시작되는 것으로 파악되었다. 그 문턱이 어디부터인가를 말해주는 척도에 관하여 연방법원은 헌법상 평등원칙과 특별희생(^{Sonderopfer})의 관점을 원용했던 데 비해(특별희생에 관한 형식적 기준설!) 연방행정법원은 당초 연방법원의 판례를 추종했으나 이후 침해의 중대성(^{Schwere})에 착안하여 그 지점을 밝히고자 하는(실질적 기준설) 차이를 보였을 뿐이다. 그러나 점차 시간이 지나면서 이 두 가지 척도는 점점 서로 수렴하는 경향을 보여왔고 실무상으로는 공권력행사에 의한 재산권침해가 기본법 제14조 제1항 제2문 및 같은 조 제2항에 의한 재산권의 사회적 제약(^{Sozialpflichtigkeit})에 의해 정당화되지 못하면 언제나 보상을 요하는 수용이 성립한다는 공식이 적용되어 왔다. 이것은 우리나라의 경우 헌법 제23조 제3항에 의한 손실보상의 원인이자 요건으로서 재산권침해가 특별희생에 해당해야 한다는 것과 관련하여 형식적 기준설과 실질적 기준설이 대립되어 왔으나 양자의 절충설이 통설적 지위를 차지해왔던 것과 매우 흡사하다.

그러나 연방헌법재판소의 자갈채취사건결정은 이 연속선을 끊어 버렸다. 이를 '불연속성 모델' 또는 '분리이론'(^{Trennungstheorie})이라 부를 수 있을 것이다. 연방헌법재판소는 기본법 제14조 제1항에 의한 재산권의 내용 및 한계에 관한 규정과 같은 조 제3항에 의한 수용은 헌법

---

15) Maurer, § 27 Rn.29.

조문상의 차이에서 이미 별개의 독자적인 법제도로 보아야 하며, 형식적이고 유형화된 기준 들에 의해 구별되어야 한다고 판시했다.[16] 종래 양자를 내용적 기준에 의해 점증적으로 구별해 왔던 판례와 통설은 낡은 것이 돼버리고 말았다. 따라서 재산권의 내용 및 한계에 관한 법률의 규정이 기본법 제14조 제1항이 허용하는 범위를 넘는 과도한 것인 경우에도 곧바로 수용이 되는 것이 아니라, 위헌적인 재산권내용규정이 될 뿐이라는 것이다.[17] 그러므로 이처럼 기본법 제14조 제1항과 제3항의 요건을 서로 엄격히 준별하는 입장은 기본법 제14조 제1항에 의한 재산권내용규정이 재산권에 내재하는 사회적 제약성을 고려하더라도 그 당사자가 이를 더 이상 감수하지 않아도 될 정도의 부담을 초래하는 경우에도 여전히 타당한 것으로 간주되었다. 또한 연방헌법재판소는 구법하에서 인정되었던 재산적 지위가 법개정의 결과 장래에 향하여 재산권내용규정에 따른 제약으로 바뀌어 버린 경우에도 법개정 이전에 존속했던 재산적 지위에 대한 (법정)수용과 재산권내용규정을 중첩적으로 이해할 여지는 없다고 판시했다.[18]

연방헌법재판소의 분리이론은 첫째, 법해석론상 재산권에 관한 침해유형들, 즉 원칙적으로 보상없이 가능한 재산권내용규정에 의한 제약과 보상을 요하는 수용을 선명히 구별했다는 점, 둘째, 사법부가 입법부의 의무불이행을 보완할 수 없도록 함으로써 권력분립원칙의 엄격한 준수를 기했다는 점에서 확실히 장점을 지닌 것으로 평가될 수 있다. 기본법 제14조 제1항에 의한 재산권의 내용과 한계를 정하는 법률의 규정은 입법권자가 헌법상 재산권으로 인정되는 법익에 관하여 권리의무를 정한 일반추상적인 규정의 결과인 데 비하여, 수용은 기본법 제14조 제1항 제1문에 의해 보호된 구체적, 주관적 법적 지위의 전면적 또는 부분적 박탈이기 때문이다. 이에 따라 마우러는 일정한 공적 임무를 실현하려는 의도를 지닌 고권적인 법적 행위에 의해 기본법 제14조 제1항에 의한 재산적 지위가 전면적 또는 부분적으로 박탈되었다는 것을 수용개념의 결정적 기준으로 파악하고 있다. 침해의 강도(^{Intensität})나 질(^{Qualität})이 아니라 그 형식(^{Form})과 목적(^{Zweckrichtung})이 수용의 개념적 기준이 되었다는 것이다.[19] 그렇지만 양자를 구별하는 보다 결정적인 기준은 그 일반추상성과 개별구체성의 짝이라 할 수 있다.[20] 예컨대 입법권자가 일반적인 법률개정을 통하여 기존의 권리를 폐지한 경우에도 이것은 수용의 개별구체성을 결여하므로 기본법 제14조 제3항의 적용대상이 아니며, 일반추상적 법개정을 통해 재산적 지위를 전면적으로 박탈해도 그것은 수용이 아니라 재산권의 내용 및 한계에 관한 규정의 결과라고 보기 때문이다.

---

16) BVerfGE 58,300(320,331); 52,1(27f.).
17) BVerfGE 79,174(192).
18) BVerfGE 83,201(211ff.).
19) Maurer, § 27 Rn.27.
20) Detterbeck, 275.

그러나 이 두 가지 장점은 연방헌법재판소의 불연속성모델 또는 분리이론에 의하지 않고 종래의 경계이론에 의하더라도 충분히 달성될 수 있다는 사실이 판명되고 있다. 연방헌법재판소가 입법권자의 책무를 강조했던 것은 사법부가 법률에 보상규정이 없는데도 (따라서) 위법한 재산권침해에 대해 손실보상을 인정함으로써 입법권자의 권한을 대행하여서는 안 된다는 권력분립적 인식에 배경을 두고 있었다. 그러나 이 같은 권력분립에 대한 배려와 사법부의 실질적 입법에 대한 우려는 현재 연방법원이 채용하고 있는 '제1차적 권리보호의 우위'$\left(\begin{smallmatrix} \text{Prinzip des Vorranges des} \\ \text{Primärrechtsschutzes} \end{smallmatrix}\right)$만을 통해서도 충분히 해소될 수 있다. 이에 따르면 수용유사적 침해보상은 그 피해자에게 그 수인가능한 범위 내에서 행사할 수 있는 당해 재산권침해조치에 대한 제1차적 권리구제수단(가령 취소소송 등)이 주어져 있고 또 그가 그러한 권리구제수단을 행사하지 않은 경우에는 허용될 수 없다고 하게 되기 때문이다. 따라서 그 한도 내에서 분리이론을 취할 필요는 없었다고 할 수 있다.[21] 또한 보상없이 가능한 재산권내용규정에 의한 제약과 보상을 요하는 수용을 구별하는 것이 현실적으로 불가능하거나 의문스러운 경우가 적지 않다는 사실이 지적되고 있다. 가령 재산권의 내용 및 한계에 관한 일반추상적인 규정이 이에 따라 재산권으로 보호되는 특정한 권리들을 개별적 행위를 통해 제한할 수 있도록 수권하고 있는 경우나 일반추상적인 법률규정에 의하여 수용이 이루어지는 경우(법정수용의 경우)가 있을 수 있는데 이러한 경우에는 연방헌법재판소의 구별기준이 더 이상 도움이 되지 않기 때문이다.[22] 이러한 사실들은 연방헌법재판소의 판례가 갖는 한계를 의미할 뿐만 아니라 그 법논리성의 회복의 결과 법적 확실성보다는 법리적 복잡성이 초래되었다는 사실을 말해준다. 연방헌법재판소가 기본법 제14조 제1항과 제3항 간의 연속적 관계를 '단절'시킴에 따라 수용에 해당하지는 않지만 보상은 필요로 하는 재산권내용규정에 의한 재산권침해라는 별도의 손실보상유형이 대두하게 된 것은 불가피한 결과였다. '보상을 요하는 재산권내용규정'이란 법리는 연방헌법재판소의 판례가 고수한 분리이론을 보완해 주고 공익을 위한 재산권에 대한 제약을 달성하면서 그로 인한 특별한 부담을 전보해 줄 수 있는 탈출구를 제공해 주는 기능을 수행했으나, 결국 분리이론, 즉 보상없는 재산권내용규정에 의한 제약과 보상을 요하는 수용의 준별론을 다시금 완화하고 상대화하는 어쩌면 자가당착적인 결과를 초래했다고 해도 과언이 아니다.[23] 그리하여 보상을 요하는 재산권내용규정과 관련하여 연방헌법재판소의 판례에 의해 연방법원의 광의의 수용개념이 형식적으로는 포기되었지만 기본법 제14조 제1항 제2문에 의하여 실질적으로 부활한 것이나 다름없다는 비판도 제기될 수 있는 것이다. 결국 종래 재산권의 사회적 제약과 수용 간의 경계이론의 기준들이, 물론 이번엔 입법권

---

21) Detterbeck, 275; Ossenbühl, Staatshaftungsrecht, 8.Aufl., 1991, 217ff.; Hermes, NVwZ 1990, 733f.

22) Detterbeck, 276.

23) Maurer, § 27 Rn.32.

자의 의무라는 차원이기는 하지만, 보상을 요하는 재산권규정의 요건을 탐구하는 데 다시 동원되고 있기 때문이다.[24]

그 밖에도 연방헌법재판소의 판례는 그것이 수용개념을 엄격히 제한한 결과 오히려 다른 법적 근거에 의한 손실보상청구권들, 특히 수용유사적 침해나 수용적 침해에 대한 손실보상청구권들이 성립할 수 있는 여지를 남기는 역설적인 결과를 초래했다고 지적된다. 연방헌법재판소의 판례에 의한 수용의 개념은 의도적인 법적 행위에 국한되는 것이기 때문에 일면 그 개념정의상 의도되지 않은 법적 행위에 의한 수용적 침해와 타면 비단 의도적인 법적 행위에 국한되지 않는 행위에 의한 수용유사적 침해와는 서로 충돌할 여지가 없게 되었기 때문이다.[25]

이러한 사실들은 연방헌법재판소의 판례가 종래 수용유사침해보상이론에 수반되었던 법적 불명확성을 해소하기보다는 오히려 문제를 더욱 복잡하게 만들었다는 힐난을 낳았다.

4.2. 수용유사침해 · 수용적 침해 보상 이론의 수정

당초 자갈채취사건결정 직후 일부문헌을 통하여 치명적 타격을 입은 것으로 여겨졌던[26] 수용유사침해 및 수용적 침해 보상의 이론은 연방헌법재판소의 자갈채취사건의 핵심적 명제들, 즉 수용개념의 축소, 재산권내용규정과 수용의 준별, 취소소송등 일차적 권리보호와 보상 간 선택권의 부정이라는 법리들의 내용과 한계를 분명히 함으로써 그 이론적 생명력을 일신할 수 있었다. 이것은 자갈채취사건결정에서 표명된 연방헌법재판소의 판결취지를 엄밀히 해석함으로써 수용유사침해 및 수용적 침해 보상이론의 수정판($\text{neue}\atop\text{Version}$)이 성립하였음을 의미한다. 이 수정된 이론(수정설)에 따른 수용유사침해 및 수용적 침해보상의 개요는 다음과 같다.

첫째, 수정설에 있어 수용유사침해로 인한 손실보상은 재산권보장의 제3단계($\text{dritte Stufe des}\atop\text{Eigentumsschutzes}$)에 해당하는 구제수단으로서의 위상을 지니게 되었다. 마우러에 따르면, 재산권침해를 방지하기 위한 방어권($\text{Abwehran-}\atop\text{spruch}$)이 제1단계이고 사실상 박탈된 재산권의 목적물의 반환을 청구하는 결과제거청구권($\text{Folgenbeseiti-}\atop\text{gungsanspruch}$)이 제2단계라고 한다면 이들 제1, 제2단계의 조치가 취해질 수 없거나 취해져도 소기의 성과를 거두지 못한 경우에는 제3단계로서 수용유사침해로 인한 보상청구권을 행사함으로써 박탈당한 재산권을 보상받을 수 있다는 것이다.[27] 이와 같은 단계적 권리보호체계에 있어 취소소송등을 통한 방어권의 행사(제1차적 권리보호)는 제2차적 권리

---

24) Maurer, § 27 Rn.81.
25) Maurer, § 27 Rn.35, 96.
26) H.Weber, JuS 1982, 853, 855; Scholz, NVwZ 1982, 347; Rupp, NJW 1982 등(상세한 문헌목록은 Maurer, § 26 Rn.33을 참조).
27) Maurer, 2009, 17.Aufl., § 27 Rn.87.

보호$\left(\substack{\text{Sekundär-}\\\text{rechtsschutz}}\right)$, 즉 수용유사침해로 인한 손실보상에 우선한다. 이것은 연방법원이 자갈채취사 건결정의 논리를 수용한 결과이다.

둘째, 수용유사침해보상의 법리는 사실행위$\left(^{\text{Realakte}}\right)$나 의도되지 않은 법적 행위$\left(\substack{\text{nicht gezielte}\\\text{Rechtsakte}}\right)$에 의해 이루어진 재산권침해에 관한 한 종전과 같이 손실보상청구권의 성립근거가 될 가능성 이 크다. 연방헌법재판소의 판례는 오직 의도적인 법적 행위로서 수용에 관한 것이었고, 또 기본법 제14조 제3항도 이러한 유형의 행위에 대해서는 아무런 규정을 두고 있지 않기 때문 에 사실행위나 의도되지 않은 법적 행위에 의한 재산권침해에 대하여는 제1차적 권리보호의 차단효$\left(\substack{\text{Sperr-}\\\text{wirkung}}\right)$가 발생할 수 없다는 결과가 된다.[28]

셋째, 수정된 수용유사침해보상이론에 있어 취소소송등 제1차적 권리보호의 우위$\left(^{\text{Vorrang}}\right)$가 수용유사침해보상의 소극적 요건으로 작용하기 위해서는 공동과실$\left(\substack{\text{Mitver-}\\\text{schulden}}\right)$에 관한 민법$\left(^{\text{BGB}}\right)$ 제254조의 법리를 준용하여 피해자의 귀책사유가 있어야 한다고 보는 것이 독일의 지배적인 학설이다.[29]

넷째, 수용적 침해의 법리는 자갈채취결정으로부터 거의 영향을 받지 않고 지속되어 왔다. 이 경우 처음부터 '적법한 행정작용의 의도되지 않은 부수적 결과로서'$\left(\substack{\text{beabsichtigte Nebenfolgen}\\\text{rechtmäßigen Verwaltungshandelns}}\right)$ 발생한 재산권침해만이 문제되었기 때문이다. 수용적 침해에 있어 협의의 수용은 그 종국성 $\left(^{\text{Finalität}}\right)$ 결여로 인해 성립할 여지가 없다. 실무상으로도 주로 수용적 침해가 문제되는 경우는 가령 도로공사로 인한 주변상가의 매출감소 같이 사실행위의 부수적 결과가 주종을 이룬다 고 한다.[30]

Ⅱ. 수용유사침해

1. 개   념

수용유사침해$\left(\substack{\text{enteignungsglei-}\\\text{cher Eingriff}}\right)$란 본래 그 내용이나 효과에 있어 법률에 의해 허용되었더라면 공용수용에 해당되었을, 그러나 위법하기 때문에 수용에 해당하지 않는 재산권침해의 유형이

---

28) Maurer, § 27 Rn.97.

29) 독일 민법 제254조는 제1항에서 "손해의 발생에 피해자의 공동과실이 개재된 경우에는 그 배상의무 및 지급되어 야 할 배상액의 범위는 특히 그 손해가 어떠한 범위에서 주로 누구의 과실에 의해 발생했는지에 관한 사정에 따 라 달라진다"고 규정하고 제2항에서는 "피해자의 과실이 채무자에게 그가 알지 못했거나 알 필요가 없었던 특별 히 높은 손해발생의 가능성을 알리지 아니하였거나 그 손해를 방지하거나 경감하기 위한 노력을 하지 않았을 경 우에도 전항과 같다. 이 경우 제278조의 규정을 준용한다"고 규정하고 있다. 한편 일부 문헌은 민법 제839조 제3 항의 준용을 거론하고 있다(Engelhardt, NVwZ 1985, 628; Papier, HStR Ⅵ(1989), 1383; Ehlers, VVDStRL 51(1992), 245).

30) Peine, AllgVerwR, 2014, Rn.1229.

었다. 즉, 재산권을 침해하는 공권력행사에 있어 수용의 다른 요건은 다 충족되었지만, 다만 그 침해행위가 법률상 근거없이 또는 헌법에 합치되지 않는 법률상 근거에 의하여, 또는 그 법률적 근거에 어긋나게 이루어진 경우를 말한다. 수용유사침해보상의 법리는 이러한 경우 국가가 재산적 가치있는 시민의 권리를 침해한 이상 설령 그것이 위법한 것이라 할지라도 "수용과 동등한 침해"이므로 이에 대하여 손실보상을 해주어야 하는 것은 당연하다는 것이다(Erst-Recht-Schluß: 당연해석). 그러나 이러한 수용유사침해의 이론은 앞에서 본 바와 같이 연방헌법재판소의 자갈채취사건과 그 이후의 판례발전을 통해 수정되었다. 수정된 이론에 따를 경우 수용유사침해란 공권력행사에 의하여 위법하게 재산권(엄밀히 말하면 재산권으로서 보호된 법적 지위)을 직접적으로 침해한 경우라고 이해된다.

2. 성립요건

당초 수용유사침해의 성립요건은 위법한 공용침해로 인하여 타인의 재산권에 특별한 희생으로서 손해가 발생했어야 한다는 것이었다. 즉, 본래 의미의 공용수용과 침해의 위법성만 다른 것으로 이해되어 왔다. 그러나 앞서 본 바와 같은 변천과정을 거치면서 수용유사침해의 성립요건도 변화를 겪었다. 독일 연방법원은 수용유사적 침해보상의 요건을 계속 완화시켜 왔다. 독일의 학설과 문헌에 따라 그 성립요건을 살펴 보면 다음과 같다.

2.1. 재산권의 침해

재산권이란 기본법 제14조 제1항이 규정하는 '재산적 가치를 지니는 모든 법적 지위'를 말한다. 이것은 공용침해의 경우와 다름이 없다.

2.2. 고권적 조치

침해행위는 공권력행사에 의한 것이어야 한다. 그러한 침해행위로는 법적 행위뿐만 아니라 사실행위 등 모든 가능한 조치들을 생각할 수 있다. 특히 수용유사침해의 법리는 사실행위나 '의도되지 않은 법적 행위'에 의해 이루어진 재산권침해에 관한 한 종전과 같이 손실보상청구권의 성립근거로 활용할 만한 가치를 지니고 있다. 이미 앞에서 서술한 바와 같이 연방헌법재판소의 자갈채취사건결정은 오직 의도적인 법적 행위인 수용에 관한 것이었고, 또 기본법 제14조 제3항도 이러한 유형의 행위에 대해서는 아무런 규정을 두고 있지 않기 때문에, 사실행위나 의도되지 않은 법적 행위에 의한 재산권침해에 대하여는 제1차적 권리보호의 차단효(Sperrwir-kung)가 발생할 수 없기 때문이다.[31]

---

31) Maurer, § 27 Rn.97.

2.3. 침해의 직접성

종래에는 침해의 의욕성, 의도성(^{Finalität})이 요구되었으나, 오늘날에 와서는 수용과 달리 고권적 조치가 직접 재산권의 침해를 발생시키면 족하다고 보는 것이 일반적이다.[32] 이러한 의미의 직접성($^{Unmittel-}_{barkeit}$)은 보상책임을 한정하는 기준이 된다.[33] 침해의 직접성을 판단함에 있어 반드시 침해와 재산권침해 간에 매개된 사정이 없어야 하는 것은 아니며, 침해가 직접적이었는지를 판정하는 것은 오히려 가치평가적인 귀속($^{wertende}_{Zurechnung}$)의 문제이다.[34] 최근 독일 연방법원은 침해행위가 공권력의 구체적인 행동에 특징적으로 나타나고 고권적 조치의 특성에서 연유하는 유해한 효과를 발생한다면 침해의 직접성이 인정된다고 강조한 바 있다.[35] 나아가 침해의 직접성을 판단함에 있어서는 다른 손해배상 또는 손실보상법에서와 같이 침해된 규범의 보호목적($^{Schutz-}_{zweck}$)이 관건이 된다고 한다.[36]

2.4. 침해의 위법성

수용유사침해가 성립하기 위해서는 위법한 재산권침해로 인하여 타인의 재산권에 손해가 발생했어야 한다. 즉 수용유사침해는 위법한 재산권침해유형이다. 이것은 수용유사침해를 다른 유형의 재산권침해로부터 구별시켜 주는 결정적인 표지가 된다. 위법성은 침해가 아무런 법률상의 근거없이 또는 그 헌법에 합치되지 않는 법률상의 근거에 의해 이루어졌거나 그 법률적 근거를 벗어나서 행해졌을 경우에 성립된다. 위법성은 특별희생의 일반적인 경우와 마찬가지로 침해의 결과 측면에 관련된 것이지만, 침해행위가 있으면 일단 그 위법성이 추정되는 것이 보통이라고 한다.[37] 당초 요구되었던 '특별희생'(^{Sonderpfer})의 존재 역시 연방법원의 판례를 통해 이미 위법성에 포함된 것으로 보아 필요하지 않은 것으로 완화되었다.[38]

3. 손실보상과 손실보상청구권의 행사

3.1. 손실보상

수용유사침해의 성립요건이 충족되면 취소소송등을 통한 제1차적 권리보호의 원칙이 적용될 여지는 없어지고 피해자는 손실보상청구권을 가지게 된다. 손실보상의 종류 및 범위는

---

32) Peine, AllgVerwR, 2014, Rn. 1221.
33) BGHZ 37,44,47; 54,384,387ff.; BGH, NJW 1980, 770f.,770.
34) Maurer, § 27 Rn.93.
35) BGHZ 92,34,41f.; 102,350,358.
36) Maurer, § 27 Rn.93.
37) Maurer, § 27 Rn.95.
38) Peine, 299; BGHZ 32,208,211ff.; BGHZ 73,161,166,181.

수용보상의 일반원리에 따라 정해진다. 수용유사침해에 대한 손실보상은 형평보상$\left(\substack{\text{Billigkeitsent-}\\\text{schädigung}}\right)$ 이나 형평재량에 의한 보상$\left(\substack{\text{Entschädigung nach}\\\text{billigem Ermessen}}\right)$이 아니라 법치국가원칙에 의해 요구되는 보상으로서 원칙적으로 완전한 보상을 내용으로 한다. 문제는 누가 보상의무를 지느냐에 있다. 수용의 경우 보상의무의 주체는 수용으로 이익을 얻는 행정주체가 되는 것과는 달리 수용유사침해의 경우 보상의무의 주체가 무엇인가에 관하여는 논란의 여지가 있다. 독일의 통설과 판례에 따르면 이 경우 보상의무는 수용유사침해를 가져온 행위로부터 이익을 얻는 행정주체가 지는 것이 원칙이며, 수익자가 존재하지 아니하는 경우에는 수용유사침해와 관련한 당해임무를 수행하는 행정주체가 보상의무를 지는 것으로 본다. 이러한 견해에 대하여는 수용유사침해로 인한 수익자가 누구인가를 한정하기가 곤란하다는 점을 들어 보다 분명하고 통일적인 기준에 따라 침해행위를 행한 기관이 소속한 행정주체에게 보상의무를 지우는 것이 타당하며, 만일 다른 행정주체가 그로부터 이익을 얻은 경우에는 이를 내부 관계에서 구상할 수 있다고 보아야 한다는 견해[39]가 대립하고 있다.

3.2. 손실보상청구권의 행사

독일의 경우 수용유사침해로 인한 손실보상청구권은 공법적 성질을 띤 것으로 이해되고 있다. 따라서 수용유사침해로 인한 손실보상은 기본법 제14조 제3항의 규정에 의한 손실보상이 아니기 때문에 당해 조항에 근거한 민사법원의 관할권은 성립하지 않지만, 수용유사침해의 근거를 일반적인 희생보상청구권에서 찾는 연방법원의 견해에 따른다면 행정법원법 제40조 제2항에 의한 민사법원의 관할에 속하는 것으로 볼 수 있을 것이다. 우리나라의 경우 실무상 헌법 제23조 제3항과 관련된 손실보상청구권의 행사는 법률에 특별한 규정이 있는 등 별다른 사정이 없는 한 민사소송에 의하는 것으로 보는 것이 판례의 태도이다. 이러한 태도는 수용유사침해보상의 이론을 원용했던 서울고등법원의 판결에서도 드러나고 있다.[40]

4. 수용유사침해보상과 수용보상·수용적 침해보상, 국가배상과의 구별

수정설에 따른 수용유사침해는 그 침해의 위법성$\left(\substack{\text{Rechtswidrigkeit}\\\text{des Eingriffs}}\right)$을 통하여 본래적 의미의 수용 그리고 수용적 침해와 구별된다. 반면 수용유사침해로 인한 손실보상과 국가배상과는 청구권의 성립요건을 달리 한다. 즉, 수용유사침해로 인한 손실보상은 어디까지나 그 목적이 의도된 공공필요의 충족에 있었던 침해행위로 인한 것인 데 비해 국가배상은 당사자는 몰라도 적어도 법이 의도하지 않은 불법행위를 원인으로 하는 것이기 때문에 배상을 통한 평균

---

39) Maurer, § 27 Rn.101.
40) 서울고법 1992.12.24. 선고 92나20073 판결.

적 정의의 회복이라는 개인주의적 법목적에 봉사할 뿐이다. 따라서 전보의 범위에도 차이가 있다. 배상은 발생한 모든 손해에 대한 완전보상을 원칙으로 하는 데 비해 보상은 완전보상을 원칙으로 하지만 이를 상회 또는 하회할 수 있는 여지가 있다. 특히 현저한 차이는 기대이익의 전보여부에 있는데 국가배상의 경우에는 인정되지만 손실보상의 경우에는 보상이 부인되고 있는 것이 그 예이다.[41] 그 밖에도 양자는 특별법상의 제한유무(예: 외국인에 대한 국가배상에 있어 당해 외국의 상호보증이 요구되는 것)라든지 청구절차, 소멸시효기간 등의 차이가 있다.

수용유사침해에 있어서는 과실의 문제가 제기될 여지가 없기 때문에 위법무과실($\binom{rechtswidrig}{schuldlos}$)뿐만 아니라 위법과실($\binom{rechtswidrig}{schuldhaft}$)의 경우에도 수용유사침해가 성립할 수 있고 따라서 그 한도 내에서 국가배상의 영역과 중첩되는 부분이 생긴다. 따라서 양자의 관계가 문제되는데 이에 대하여 연방법원은 양자는 극히 다양한 법영역에 속하는 문제이므로 상호간에 일반법 – 특별법관계나 보충적 관계 어느 것도 성립하지 않는다고 판시한 바 있다.[42] 또한 국가배상책임의 보충성($\binom{Subsi-}{diarität}$)에 관한 민법 제839조 제1항 제2문[43]의 규정도 그 "다른 종류의 배상청구권"이 공공기관인 경우 일반적으로 적용되지 않기 때문에 이 경우에 적용이 없다.[44] 따라서 피해자는 수용유사침해로 인한 손실보상과 기본법 제34조 및 민법 제839조에 의한 국가배상을 병행적으로 청구할 수 있다.

독일의 경우 일찍이 연방법원의 판례에 의해 직무집행상의 불법행위로 인한 손해배상청구권($\binom{기본법 § 34 및}{독일민법 § 839}$)과 수용유사침해로 인한 손실보상청구권 간의 청구권경합이 인정되어 왔다. 예컨대 이에 관한 연방법원의 기본적 판례가 된 사건($\binom{BGHZ}{13,88}$)에서 지붕과 중간덮개가 전쟁으로 파손되었으나 그 밖의 부분은 보존되어 재건가능했던 창고를 사면벽만을 제외하고 전부 철거하여 아직 사용가능한 건축자재를 추려낸 행정청의 행위가 문제되었는데, 원고는 그 철거명령이 법적 근거없이 이루어졌으며 관할공무원의 과실이 있었음을 이유로 손해배상을 청구하였다. 이 경우 연방법원은 공용침해로 인한 손실보상뿐만 아니라 직무상의 불법행위로 인한 손해배상이 문제될 수 있다고 보았다. 즉 이들 청구권은 각기 전혀 상이한 법영역에 속하는 것이며 서로 일반 – 특별법관계나 보충성의 관계에 있다고 볼 수 없기 때문이라는 것이다.[45] 또한 연방법원은 여기서 한걸음 더 나아가 원고가 오로지 국가배상만을 청구하는 경우에도 법원은 수용유사침해로 인한 손실보상청구권이 인정되는지 스스로 검토해야 한다고 판시하기까지 했다.[46]

---

41) 그 밖에도 가령 우리나라의 경우, 특별법상의 제한유무(예: 외국인에 대한 국가배상에 있어 당해 외국의 상호보증이 요구되는 것)라든지 청구절차(예: 결정전치주의), 소멸시효기간 등의 차이가 있다는 점을 참고할 수 있다.
42) BGHZ 13,88,93ff.
43) 민법 제839조 제1항은 "공무원이 고의 또는 과실로 그가 제3자에 대한 관계에서 부담하는 직무상 의무를 위반한 경우에는 그 제3자에게 그로 인해 발생하는 손해를 배상하여야 한다. 공무원이 과실이 있는데 불과한 때에는 피해자가 다른 방법으로 배상을 받을 수 있으면 그 공무원에게 배상을 청구할 수 없다"고 규정하고 있다.
44) Maurer, § 25 Rn.31.
45) BGHZ 13,88,93ff.
46) BGH NVwZ 1992, 1119,1121.

그러나 독일의 경우 국가배상청구권과 수용유사침해로 인한 보상청구권이 체계적으로 서로 조율되고 있지는 않다고 한다.[47] 수용유사침해로 인한 청구권이 언제나 모든 종류의 국가배상청구권과 경합하는 것은 아니며, 또 국가의 행위가 위법·무과실인 모든 경우에 대하여 손실보상청구권을 인정하는 것도 아니다. 수용유사침해가 공용수용법의 원리들로부터 도출되기 때문에 오늘날까지도 여전히 손실보상의 제한들이 존재하고 있다는 것이다. 이러한 제한들로 인하여 공권력의 불법에 대한 완비된 손실보상제도의 수립을 보지 못하고 있으며, 이 제한들은 특히 기존의 재산적 가치있는 권리들이나 신체적 완전성($^{körperliche}_{Integrität}$)이 침해된(희생적 침해!) 경우가 아니라 이익획득의 가능성과 전망(장래의 기대이익)이 위법하게 침해된 경우에 여실히 드러나고 있다. 그런 한도에서 손실보상의 공백문제는 여전히 존속하고 있다는 것이다.[48]

요컨대 독일의 경우 수용유사침해로 인한 손실보상은, 그것이 설령 위법한 재산권침해라 할지라도, 이를 국가배상으로 대체하기보다는 서로 경합할 수 있는 제도로 이해하는 사고방식이 일반화되고 있는 것으로 보인다. 이것은 수용유사침해보상과 관련하여 문제를 손실보상이 아니라 국가배상으로 치환시켜 근거법률의 위헌과 그에 따른 국가배상의 가능성을 검토함으로써 해결하고자 시도하는 국내 일부 문헌의 사고방식이 타당하지 않다는 사실을 간접적으로 시사해 준다. 오히려 수용유사침해보상의 문제는 방금 앞에서 살펴본 바와 같이 제1차적 권리보호와의 관계 또는 마우러가 말하는 재산권보장의 제2차적 단계로서 결과제거청구권의 문제가 주된 관심사가 되고 있을 뿐이다.

5. 재산권이외의 기본권침해에 대한 적용확장

앞에서 설명한 바와 같이 독일 연방법원과 통설의 견해에 따라 수용유사침해로 인한 손실보상의 근거를 재산권보장규정인 기본법 제14조가 아니라 일반적인 희생보상의 법리에서 찾는다면, 그러한 법리를 비단 재산권뿐만 아니라 다른 기본권에 대해서도 적용할 수 있지 않은가 하는 문제가 당연히 제기된다. 기실 이미 오래전부터 기본법 제2조 제1항에 의한 생명, 건강, 자유 등과 같은 비물질적 법익들의 침해에 대하여 희생보상의 법리에 따른 손실보상이 주어져야 한다는 것이 학설과 판례를 통하여 다툼없는 사실로 승인되어 왔다. 그렇다면 기본법 제12조 제1항에 의한 직업 및 영업의 자유나 제2조 제1항에 의한 일반적 인격권(가령 명예, 성명, 정보보호 등)의 침해에 대해서도 손실보상을 해주어야 한다는 것은 당연한 논리적 귀결이라 할 수 있다. 독일에서는 심지어 설사 수용유사침해보상의 근거를 기본법 제

---

47) Rüfner, in: Allg. VerwR, § 50 5, S.578ff.
48) Rüfner, aaO.

14조에 의한 재산권보장으로부터 격리시키지 않는다 하더라도, 방지하거나 교정할 수 없는 기본권침해에 대하여는 최소한 손실보상법적인 방법에 의해 보상되어야 한다는 법원리적 요구를 근거로 수용유사침해보상의 법리를 재산권이외의 기본권침해에 확장시켜야 한다는 견해[49]까지 표명되고 있다.

6. 우리나라에서의 이론적 수용문제

6.1. 수용유사침해 보상이론의 법리적 인식

국내의 일부 문헌은 수용유사침해보상이론은 독일에서 판례를 통하여 인정되어 온 전통적 관습법인 희생보상청구권에 의거하여 인정되는 것이므로 그와 같은 관습법이 존재하지 않는 우리나라에 이를 직접 도입하려는 것은 관습법의 특성에 비추어 그 타당성을 인정하기 어렵다고 주장하고 있다.[50] 그러나 그러한 주장은 우선 독일에서의 학설상황을 정확히 파악한 결과라고 보기 어려울 뿐만 아니라, 독일 기본법과 우리 헌법과의 차이를 충분히 고려하지 못했다는 점에서 타당하다고 볼 수 없다. 이미 앞에서 본 바와 같이 독일의 경우 수용유사침해보상이론은 자갈채취사건결정의 취지를 받아들이면서도 그 제한된 적용범위의 틈새를 적극 활용하여 재산권보장의 제3단계로서 여전히 유효한 이론적 해결책으로서 고려되고 있다. 수용유사침해 및 수용적 침해 보상법리의 도입가능성을 부정하는 견해는 이 문제를 둘러싼 독일에서의 판례·학설상황, 특히 연방헌법재판소의 자갈채취사건결정을 '주어진 것'$^{\text{(Gege-benheit)}}$으로 보고, 그 결과를 피상적·형식적으로만 파악하여 단순논리로 절대화한 결과이다. 주지하는 바와 같이 수용유사침해보상의 법리는 적어도 독일의 연방헌법재판소의 자갈채취사건결정이 나오기 전까지만 해도 기본법 제14조 제3항에 관한 연방법원의 판례이론으로 성립·발전되어 온 것이다. 이것이 연방헌법재판소의 판례에 의하여 타격을 받음에 따라 불가피하게 변용되었음은 이미 위에서 본 바와 같다. 즉 연방법원은 자신의 판례이론을 더 이상 기본법 제14조 제3항에 의해 뒷받침할 수 없었기 때문에 프로이센일반란트법 제74, 제75조에 표현된 희생보상의 관습법적 전통을 대체적 논거로 원용하기에 이른 것이지, 원래부터 그러한 관습법적 전통에 의하여 수용유사침해보상이론을 정립했던 것은 아니었다. 또한 연방법원이 고심참담하게 이끌어낸 관습법적 전통이란 실은 순수한 의미의 관습법이라기보다는 오히려 판례법이라고 해도 무방할 것이다. 이러한 사실을 고려할 때 그와 같은 관습법적 전통의 부재를 근거로 수용유사침해보상법리의 도입(?)가능성을 부정하는 것은 타당하지 않다.

---

49) Maurer, § 27 Rn.106.

50) 정하중, "수용유사적 그리고 수용적 침해제도", 고시연구 1994/3, 110; 동, 사법행정 1992/10, 37; 류지태, 행정법신론, 354.

제1편 제2편 제3편 제4편 제5편 행정구제법

6.2. 한국헌법 제23조와 자갈채취사건결정의 논리

우리 헌법 제23조 제3항은 독일과 마찬가지로 수용유사침해보상법리의 헌법적 논증을 불가능하게 하는가? 이러한 의문을 푸는 관건은 독일 기본법 제14조 제3항처럼 우리 헌법 제23조 제3항을 불가분조항으로 볼 수 있는가, 그리고 독일 연방헌법재판소의 자갈채취사건결정의 이론적 기둥들, 즉 수용개념의 축소, 재산권내용규정과 수용의 준별, 취소소송 등 일차적 권리보호와 보상 간의 선택권의 부정이라는 명제들이 우리 헌법에서도 인정될 수 있는지를 검토해 볼 필요가 있다. 그러나 다음에 보는 바와 같이 자갈채취사건결정에서 표명된 법리들이 우리나라의 법상태에서도 그대로 통용된다고는 볼 수 없다.

6.2.1. 독일의 수용개념과 우리나라의 공용침해개념

독일 기본법 제14조 제3항에 의한 수용개념(형식적 수용개념)과는 달리 우리 헌법 제23조 제3항은 공용침해, 즉 수용·사용·제한의 개념을 사용하고 있다. 우리 헌법상 공용침해의 개념은 독일에서 자갈채취사건결정이 나오기 전에 연방법원에 의해 견지되었던 확장된 수용개념($\text{Enteignung} \atop \text{i.w.s.}$)에 해당한다. 독일의 경우 연방헌법재판소가 자갈채취사건결정을 통하여 종래 연방법원에 의해 확장되어 왔던 수용개념을 축소시킨 것과는 정반대로 우리의 경우에는 헌법에 공용침해의 개념이 명시적으로 자리잡고 있다는 것이 양국 법제의 중요한 차이이다. 우리 헌법 제23조 제3항은 독일 기본법 제14조 제3항과 달리 수용만이 아니라 사용·제한을 보상원인행위로 열거하고 있으므로 그 점에 관한 한, 자갈채취사건결정의 논리는 타당하지 않다. 독일 같으면 '보상을 요하는 재산권내용규정'에 의한 재산권침해는 기본법 제14조 제3항에 의한 수용보상의 대상이 아니라 그 침해조치에 대한 취소소송이나 보충적으로 기본법 제14조 제3항과는 별개의 법규정이나 법원칙에 의한 손실보상의 대상이 된다고 하겠지만, 우리나라의 경우 그러한 재산권침해는 헌법 제23조 제3항의 재산권에 대한 공용제한으로서 수용과 마찬가지로 동일한 조항에 의한 손실보상의 대상이 된다.

6.2.2. 독일의 분리이론과 한국헌법 제23조의 구조

연방헌법재판소의 자갈채취사건결정에 의하여 표명된 재산권내용규정과 수용의 준별, 즉 분리이론 또는 불연속성의 모델은 우리 헌법 제23조의 구조에는 부합하지 않는다. 헌법 제23조의 구조상 제1항 및 제2항에 의한 재산권의 사회적 제약을 넘는 재산권침해는 곧 제23조 제3항에 의한 손실보상의 문제를 발생시킨다고 보는 것이 올바른 헌법해석이다. 독일에서 연방헌법재판소가 기본법 제14조 제1항을 근거로 이른바 '보상을 요하는 재산권내용 및 한계규정'($\text{ausgleichspflichtige Inhalts-} \atop \text{und Schrankenbestimmung}$)에 의한 손실보상을 인정할 수밖에 없었던 것도 바로 그러한 분리이론이 지닌 한계를 드러낸 결과였다. 그리하여 보상을 요하는 재산권내용규정과 관련하여 연방헌법재판소의 판례에 의해 연방법원의 광의의 수용개념이 형식적으로는 포기되었지만 기본법 제14조 제1항 제2문에 의하여 실질적으로 부활한 것이나 다름없다는 비판도 제기되고 있는 것이다. 결국 종래 재산권의 사회적 제약과 수용 간의 경계이론의 기준들이, 물론 이번에는 입법권자의 의무라는 차원에서이기는 하지만, 보상을 요하는 재산권규정의 요건을 탐구함에 있어 다시금 동원되고 있기 때문이다.[51]

6.2.3. 독일의 불가분조항론과 한국헌법 제23조 제3항의 해석

제1차적 권리보호의 우위는 그것이 기본법 제14조 제3항을 불가분조항으로 해석하는 데 따른 것이다. 그렇다면 우리 헌법 제23조 제3항을 불가분조항으로 해석할 수 있는지가 검토되어야 한다. 독일에서 수용유사침해가 기본법 제14조 제3항으로부터 결별할 수밖에 없었던 것은 바로 그 불가분조항으로서의 요구 때문이었다. 그러나 우리 헌법 제23조 제3항을 불가분조항으로 볼 수 있는지는 극히 의문스러울 뿐만 아니라 독일 기본법 제14조 제3항이 불가분조항으로서 효력을 발하는 것은 오로지 수용에 국한될 뿐이며, 그 밖에 재산권의 사용·제한에 대해 불가분조항이 적용되는 것은 아니라는 점을 분명히 인식할 필요가 있다. 불가분조항의 요구란 실은 수용을 보다 어렵게 하는 요인이 된다. 독일에서 그것이 수용에 한하여 인정되는 것도 바로 그런 이유에서라고 할 수 있다. 우리 헌법 제23조 제3항이 그보다 더 엄격하게 수용뿐만 아니라 사용·제한에 대해서도 불가분조항의 요구를 함축한 것으로 볼 수 있을까? 만일 우리 헌법 제23조 제3항을 불가분조항으로 볼 수 없다면 공용침해의 근거 법률이 보상규정을 두지 않았다고 해서 곧바로 위헌무효가 되지는 않는다. 따라서 불가분조항을 이유로 수용유사침해보상청구권의 성립을 부정하는 것은 타당하지 않다.

요컨대 우리 헌법 제23조 제3항을 불가분조항으로 해석해야 할 이유는 없으며, 또 독일의 경우에도 불가분조항의 효과는 오로지 (협의의) 수용에 국한되고 있다는 점[52]에서 이를 우리나라 헌법해석론으로 수용할 수 없다.

6.3. 수용유사침해이론에 대한 법원의 태도

수용유사침해보상의 이론은 비단 독일에서뿐만 아니라 우리 학계에서도 중요한 쟁점이 되어 왔고 급기야 1993년에는 판례를 통해서도 거론되기에 이르렀다.

(주)문화방송의 주식 15만주를 소유하고 있었던 원고는 1980년 6월말경 비상계엄하에서 언론통폐합조

---

51) Maurer, § 26 Rn.81.
52) 동지 김광수, "독일공법상의 재산권보장과 국가책임의 확장이론", 1994, 서울대학교박사학위논문, 12-13 각주 31.

치가 단행되는 과정에서 당시 언론관련업무를 담당하던 국군보안사령부정보처장 권○○의 강요를 받아 자신의 주식을 모두 국가에 기부채납의 형식으로 증여하였다. 원고는 이후 주주지위의 확인(주위적 청구)과 손실보상(예비적 청구)을 구하는 소송을 제기하여 서울고등법원으로부터 "헌법은 국가가 개인의 재산권을 수용할 때에는 법률에 의하되 무상이나 헐값으로 수용할 수 없고 반드시 보상을 하여야 할 의무가 있음을 밝히고 있는 바, 이것은 설사 법률에 의한 적법한 수용의 경우라 하여도 …… 반드시 보상을 하여야 한다는 뜻이므로 피고 대한민국의 이 사건 주식수용은 개인의 명백히 자유로운 동의는 없이 이루어진 것이고, 나아가 법률의 근거없이 이루어진 것으로서 개인의 재산권에 대한 위법한 침해이고 이는 결국 법률의 근거없이 개인의 재산을 수용함으로써 발생한 이른바 수용유사적 침해이므로, 이로 인하여 특별한 희생 즉 손실을 당한 원고는 자연법의 원리나 구 헌법 제22조 제3항의 효력으로서 국가에게 그 손실의 보상을 청구할 권리가 있다"는 판결을 받았다.[53]

그러나 상고심에서 원고의 주위적 청구는 물론 원심승소판결을 받았던 예비적 청구 즉 손실보상 부분마저도 파기되고 말았다.

대법원은 "수용이라 함은 공권력의 행사에 의한 행정처분의 일종인데, 비록 증여계약의 체결과정에서 국가공무원의 강박행위가 있었다 하더라도 그것만으로 증여계약의 체결이나 그에 따른 주식의 취득이 국가의 공권력의 행사에 의한 행정처분에 해당한다고 볼 수는 없고, 어떤 법률관계가 불평등한 것이어서 민법의 규정이 배제되는 공법적 법률관계라고 하기 위하여는 그 불평등이 법률에 근거한 것이라야 할 것이고, 당사자간의 불평등이 공무원의 위법한 강박행위에 기인한 것일 때에는 이러한 불평등은 사실상의 문제에 불과하여 이러한 점만을 이유로 당사자 사이의 관계가 민법의 규정이 배제되는 공법적 법률관계라고 할 수는 없다", "수용유사적 침해의 이론은 국가 기타 공권력의 주체가 위법하게 공권력을 행사하여 국민의 재산권을 침해하였고 그 효과가 실제에 있어서 수용과 다름없을 때에는 적법한 수용이 있는 것과 마찬가지로 국민이 그로 인한 손실의 보상을 청구할 수 있다는 것인데, 1980. 6 말경의 비상계엄 당시 국군보안사령부 정보처장이 언론통폐합조치의 일환으로 사인 소유의 방송사 주식을 강압적으로 국가에 증여하게 한 것이 위 수용유사행위에 해당되지 않는다"는 취지로 판시함으로써 수용유사침해보상의 법리를 수용한 우리나라 최초의 판례를 백지화하였다.[54]

이 사건 판결은 원고의 처지나 대법원판결의 당부를 떠나서 적어도 두 가지 측면에서 주목되어 마땅하다. 첫째, 이 사건판결을 통하여 수용유사침해보상의 법리가 우리나라에서도 법적 현안의 해결을 위한 하나의 대안으로 고려될 수 있다는 사실이 인식될 수 있었다는 것이다. 이 점은 원심판결의 적극적 태도에서 잘 엿볼 수 있다. 둘째, 대법원은 수용유사적 침해의 이론은 '국가 기타 공권력의 주체가 위법하게 공권력을 행사하여 국민의 재산권을 침해

---

53) 서울고법 1992.12.24. 선고 92나20073 판결.

54) 대법원 1993.10.26. 선고 93다6409 판결. 이에 관하여는 윤진수, 공무원에 의한 강제증여와 수용유사적 침해이론의 적용 여부, 대법원판례해설 20, 136(법조 1994/10); 대법원 1993.3.23. 선고 92다52238 판결; 대법원 1993.7.16. 선고 92다41528,41535 판결을 참조.

하였고 그 효과가 실제에 있어서 수용과 다름없을 때에는 적법한 수용이 있는 것과 마찬가지로 국민이 그로 인한 손실의 보상을 청구할 수 있다는 내용'으로 이해하면서, 비록 명시적인 입장은 표명하지 않았지만,[55] 수용유사침해에 대한 손실보상이론 자체의 설득력을 정면에서 부정하지는 않았다는 것이다. 대법원이 '과연 우리 법제 하에서 그와 같은 이론을 채택할 수 있는 것인가는 별론으로' 하고 단지 "이 사건에서 피고 대한민국의 이 사건 주식취득이 그러한 공권력의 행사에 의한 수용유사적 침해에 해당한다고 볼 수는 없다"고 판시한 것이 바로 그것이다.

6.4. 결론: 수용유사침해 보상 이론의 가치

우리나라 역시 독일의 기본법 제14조(재산권보장) 및 제34조(직무책임)와 극히 흡사한 규정들을 가지고 있으므로 위법한 공용침해에 대한 보상에 관하여 입법상 흠결이 있다는 점은 이미 대다수의 학자들이 지적하는 바와 같다.[56] 따라서 독일에서 발전된 이 법리를 받아들임으로써 이러한 입법의 흠결을 메우는 것이 타당하다고 할 수 있다.[57] 특히 수용유사침해에 대한 손실보상의 이론은 우리나라의 경우 보상규정을 두지 않은 수용 또는 공용침해의 근거법률에 의해 침해행위가 이루어진 경우 학설상의 대립과 불확실성을 해소해 줄 것이라는 데 그 이론적 가치가 있다. 다만 이러한 이론은 바로 피해자구제의 목적에 의해 향도된 법원의 사법적극주의적 법해석의 결과임을 잊어서는 아니 될 것이다. 독일의 연방법원이 의거하였던 물론해석은 이러한 의미에서 사법의 기본권보호자로서의 자기확신이 없었더라면 채용될 수 없었던 논증방법($^{Argumen-}_{tation}$)이었던 것이다. 이 점은 바로 우리의 헌법 제23조 제3항을 해석함에 있어서 위헌무효설이 짐짓 방치해 온 또는 「고단한 우회」에 의해 다루어 온 문제영역 — 국가배상책임요건충족의 문제 — 에 대해서도 좋은 후지혜(後智慧)를 제공해 준다.

수용유사침해보상이론의 도입가능성을 부정하는 견해는 다음과 같은 이유에서 타당하지 않다. 첫째, 연방법원이 연방헌법재판소의 판례에도 불구하고 희생보상의 관습법적 전통을 원용하면서까지 수용유사침해보상이론을 구출하려고 한 이유는 수용유사침해보상의 법리로써 해소해야 할 권리구제의 공백이 현존하고 있기 때문이다. 그렇기에 연방법원은 기본법 제14조 제3항의 은총 없이도 수용유사침해보상의 법리를 구출하고자 했던 것이다. 우리가 비교법적 연구를 통해 교훈을 얻을 수 있다면 바로 이러한 차원에서이다. 우리에게도 그와 같은 국가보상법상 권리구제의 공백이 있다면 그러한 수용유사침해보상의 법리를 원용하는 것이 적실성을 가질 것인지를 검토하여 그 수용여부를 판단하는 것이 정도이다. 설사 그것이

---

55) 동지 김동희, 행정법 I, 525 각주 1.
56) 김도창, 일반행정법론(상), 669.
57) 김남진, 행정법 I, 635-636; 석종현, "수용유사침해법리", 고시연구 1988/3.

독일특유의 관습법적 전통에 터잡은 것이라 하여도 그 관습법 자체가 아니라 그것이 함축하고 있는 희생보상의 법리를 수용할 수 있어야 할 것이다. 이 점을 도외시하고 단순히 독일에서의 문제상황을 주어진 것으로 전제하고 독일에서 판례가 그렇게 변했기 때문에 우리의 경우에도 그와 동일하게 논증해야 한다고 주장하는 것은 결코 바람직한 태도라 할 수 없다. 둘째, 우리 헌법 제23조 제3항은 독일과 마찬가지로 수용유사침해보상법리의 헌법적 논증을 불가능하게 하는가? 이러한 의문을 푸는 관건은 독일 기본법 제14조 제3항처럼 우리 헌법 제23조 제3항을 불가분조항으로 볼 수 있는가, 그리고 독일의 자갈채취사건결정에 의해 확인된, 재산권에 내재한 사회적 제약을 초과하는 침해행위라고 해서 모두 수용이 되지는 않는다는 명제가 우리 헌법의 해석론으로서도 타당한가에 있다. 후자에 관한 한 이미 앞에서 논의한 바와 같이 우리 헌법 제23조 제3항은 독일 기본법 제14조 제3항과 달리 수용만이 아니라 사용·제한을 보상원인행위로 열거하고 있으므로 자갈채취사건결정과 같은 논리가 타당하다고는 볼 수 없다. 독일 같으면 '보상을 요하는 재산권내용규정'에 의한 재산권침해는 기본법 제14조 제3항에 의한 수용보상의 대상이 아니라 그 침해조치에 대한 취소소송이나 보충적으로 기본법 제14조 제3항과는 별개의 법규정이나 법원칙에 의한 손실보상의 대상이 된다고 하겠지만, 우리나라의 경우 그러한 재산권침해는 헌법 제23조 제3항의 재산권에 대한 공용제한으로서 수용과 마찬가지로 동일한 조항에 의한 손실보상의 대상이 된다. 보다 결정적인 문제는 불가분조항에 관한 것이다. 독일에서 수용유사침해가 기본법 제14조 제3항으로부터 결별할 수밖에 없었던 것은 바로 그 불가분조항으로서의 요구 때문이라 할 수 있다. 그러나 우리 헌법 제23조 제3항을 불가분조항으로 볼 수 없다는 점은 이미 손실보상의 근거에 관한 설명을 통하여 충분히 밝혀졌다고 본다. 또한 독일 기본법 제14조 제3항이 불가분조항으로서 효력을 발하는 것은 오로지 수용에 국한될 뿐이며, 그 밖에 재산권의 사용·제한에 대해 불가분조항이 적용되는 것은 아니다. 불가분조항의 요구란 실은 수용을 보다 어렵게 하는 요인이 된다. 독일에서 그것이 수용에 한하여 인정되는 것도 바로 그런 이유에서라고 할 수 있다. 우리 헌법 제23조 제3항이 그보다 더 엄격하게 수용뿐만 아니라 사용·제한에 대해서도 불가분조항의 요구를 함축한 것으로 볼 수 있을까? 만일 우리 헌법 제23조 제3항을 불가분조항으로 볼 수 없다면 그것은 수용유사침해보상의 이론을 배제하는 근거가 될 수 없다. 보상규정을 두지 않았다고 해서 곧바로 위헌무효가 되지는 않기 때문이다. 끝으로 앞서 지적된 바와 같이 우리나라에도 현존하는 권리구제의 공백을, 가령 무과실책임이나 위험책임을 인정하는 손해배상제도의 개혁을 통해 해결해야 한다고 주장하는 것 자체는 타당하다고 할 수 있다.[58] 그러나 수용유사침해에 해당하는 재산권침해를 입은 자에게 그러한

---

58) 이러한 견지에서 독일에서도 프랑스의 위험책임 또는 무과실책임의 법리가 수용유사적 및 수용적 침해의 법리보다 법해석론상 우수한 해결책이라는 견해가 주장되고 있다(Walter, Ch., Neuere Entwicklungen im französischen

제도개혁을 통해 문제가 해결될 때까지 기다리라고 요구하는 것은 무리한 일일 뿐만 아니라 해석론을 통한 문제해결을 포기하는 결과가 된다. 그렇기 때문에 독일에서도 수용유사침해보상의 법리가 새로운 국가책임법이 제정될 때까지 존속할 것으로 예상되고 있는 것이다.[59] 이것은 설령 국가배상법의 결함을 손실보상제도의 확대적용을 통해 해결하려고 시도한 것이 방법론적으로 잘못된 것이라는 비판[60]의 당부를 떠나서 수용유사침해보상의 법리가 연방헌법재판소의 판례에도 불구하고 변함없는 용도와 존재이유를 가지고 있음을 증명하는 것이다. 그렇다면 수용유사침해보상이론의 법리적 배경을 심층적으로 파악하지 않고 단지 독일에서의 판례경향을 피상적으로 절대화함으로써 그 이론적 수용가능성을 부인하는 것은, 적어도 우리나라의 현행 손실보상체계의 결함이 존재하는 이상, 타당하다고 볼 수 없다.[61] 수용유사침해보상의 법리는, 적어도 국가배상법상 위험책임이나 무과실책임이 도입되어 보상규정 없는 법률에 의한 재산권의 박탈에 대한 불법행위책임이 인정되기까지는 우리나라 행정법에서도 충분히 수용될 만한 가치를 지닌다고 하지 않을 수 없다. 수용유사침해보상의 법리를 '공용침해'유사침해의 법리로 변용하여 이론적으로 수용함으로써 우리는 보상규정을 두지 않은 법률에 따라 재산권을 상실한 피해자에게 합당한 권리구제를 약속해줄 수 있을 것이다.

Ⅲ. 수용적 침해

1. 개 념

수용적 침해($\substack{\text{enteignende} \\ \text{Eingriffe}}$)란 그 자체로는 적법한 행정작용의 부수적 결과로서 의도되지 않은 ($\substack{\text{unge-} \\ \text{wollte}}$), 비정형적인($\substack{\text{atypi-} \\ \text{sche}}$) 침해를 말한다. 이러한 침해 역시 공용수용적 성격을 지닌 침해로서 보상되지 않으면 안 된다는 것이 수용적 침해의 법리이다. 수용적 침해의 주된 예로는 도로공사 또는 지하철건설공사처럼 가령 교통이 제한됨으로 인하여 연도의 부동산과 영업에 영향을 주는 사실행위들을 들 수 있다. 이러한 침해적 영향은 통상의 경우에는 보상 없는 사회적 제약($\substack{\text{entschädigungslose} \\ \text{Sozialbindung}}$)으로 수인되어야 함이 원칙이다. 그러나 예외적인 경우 그러한 침해가 장기간 지속되는 경우에는 그 종류·영향범위 및 강도 면에서 볼 때 타인에게는 수인이 강

Staatshaftungsrecht-verschuldensunabhängige Haftung öffentlicher Krankenhäuser, ZaöRV Bd.54, 1994, S.899~904).

59) 정하중, 고시연구 1994/3, 109도 그렇게 예상하고 있다.
60) 정하중, 앞의 글, 110.
61) 한편 정하중교수(앞의 글, 110)는 "손실보상제도는 지금까지의 적법한 침해에 제한되어야 한다"고 주장하고 있다. 이러한 주장은 그것이 독일처럼 기본법 제14조 제3항의 '수용'개념이 엄격히 제한되어 있는 경우를 염두에 둔 것이라면 몰라도, '수용'에 해당하지 않는 재산권침해 일반에 대하여 손실보상을 제한해야 한다는 뜻이라면 독일에서의 학설 및 판례상황에도 맞지 않을 뿐만 아니라 결국 국민의 권리구제를 대폭 축소시키는 결과를 초래하기 때문에 타당하지 않다.

요되지 않는, 유독 피해자에게만 특별한 희생($^{für\ den\ Betroffenen\ ein\ besonderes,}_{anderen\ nicht\ zugemutetes\ Opfer}$)으로 간주될 수 있고 따라서 보상이 요구될 수 있다. 그러나 이를 위한 보상규정이 없기 때문에 이 보상은 기본법 제14조(우리나라 헌법의 제23조에 해당되는 규정)에 의하는 수밖에 없다. 이것은 그러한 침해가 어떤 영업의 경제적 파멸을 초래할 경우에 특히 절실한 요청이 된다는 것은 두말 할 나위가 없다. 바로 이러한 경우에 인정되는 보상이 수용적 침해로 인한 보상인 것이다.

2. 성립요건

수용적 침해가 성립하기 위해서는 첫째, 재산권으로 보호되는 법적 지위에 대한 침해일 것, 둘째, 그 자체로는 적법한 행정작용의 부수적 결과로 인한 침해가 있을 것, 셋째, 직접적인 침해가 있을 것, 넷째, 피해자에 대한 관계에서 특별희생을 통해 과도한 부담이 초래될 것이라는 요건이 충족되어야 한다.

2.1. 재산권의 침해

재산권이란 기본법 제14조 제1항이 규정하는 '재산적 가치를 지니는 모든 법적 지위'를 말한다. 이것은 공용침해나 수용유사적 침해의 경우와 다름이 없다.

2.2. 적법한 행정작용의 부수적 결과로 인한 침해

침해는 그 자체로는 적법한 행정작용으로 인한 예상 못한, 비정형적인 부수적 결과로 발생한 것이어야 한다.

2.3. 침해의 직접성

행정작용의 부수적 결과는 수용유사침해의 경우와 마찬가지로 재산권에 대하여 직접적으로 침해적 영향을 미치는 것이어야 한다. 예컨대 건물의 손상, 자동차의 손괴, 일시적 또는 계속적인 사업장이용의 제한 등을 생각할 수 있다. 그 밖에 침해의 직접성에 관하여는 이미 수용유사침해에 관하여 설명한 내용이 그대로 타당하다.

2.4. 특별희생

재산적 지위에 대한 침해는 동시에 특별한 손해로서 특별희생에 해당하는 것으로 볼 수 있어야 한다. 그러나 수용적 침해의 개념을 우연적 손해에 국한된 협의의 것으로 파악한다면, 그 특별희생이란 발생한 침해의 위법성을 통하여 이미 성립한 것으로 볼 수 있다.

3. 손실보상과 손실보상청구권의 행사

3.1. 손실보상

손실보상의 내용과 실현에 관하여는 수용유사침해의 경우와 같다.

3.2. 손실보상청구권의 행사

독일의 경우 수용적 침해로 인한 손실보상청구권을 행사하는 경우 이를 민사소송으로 할 것인가 아니면 행정소송에 의할 것인가에 관하여는 그 손실보상청구권의 법적 성질을 둘러싸고 논란이 있으나, 연방법원의 판례는 이 역시 일반적인 희생보상청구권의 법리가 구체화된 결과이므로 민사법원에서 이를 행사해야 하는 것으로 이해하고 있다. 우리나라의 경우 실무상 헌법 제23조 제3항과 관련된 손실보상청구권의 행사는 원칙적으로 민사소송에 의하는 것으로 보는 것이 판례의 태도이므로 수용적 침해로 인한 손실보상의 문제는 민사소송에 의할 공산이 크다고 할 수 있다.

4. 공용수용 · 수용유사침해와의 구별

수용적 침해는 본래의 공용침해와는 그 침해의 태양($^{Modalität\ des}_{Eingriffs}$), 즉, 전자는 예측할 수 없는 특별희생을 수반하는 데 대하여 후자는 예측가능한 특별희생을 초래한다는 점에서 구별되며, 이것과 수용유사침해와의 차이는 행위의 적법성여하에 있다.[62]

그러나 수용적 침해의 위치를 설정하는 문제는 반드시 명료하지만은 않다. 그것은 공용수용도 또는 수용유사침해도 아니며 양자의 중간에 위치한다. 침해행위 자체는 여전히 적법한 것으로 판단되지만 "수용"이 아니므로 독일기본법상의 부대조항($^{Junktim-}_{klausel}$)도 적용되지 않는다. 그러나 바로 그 적법성 때문에 그것은 또한 수용유사침해도 아니다. 물론 독일의 연방민사법원이 이 개념을 발전시킨 이유는 바로 이 부대조항을 회피하려는 데 있었다는 점을 간과할 수 없다. 그러나 부대조항을 이에 적용할 경우 수용적 침해처분은 보상규정이 결여됨으로 인하여 위법한 것이 되고 따라서 피해자는 이를 수인할 의무를 지지 않으며 따라서 고권적 행위 전체의 중지를 요구할 수 있게 되는 불합리한 결과를 초래하게 될 것이기 때문이다.

5. 수용적 침해이론의 변천: '보상을 요하는 재산권내용규정'과의 관계

수용적 침해 보상의 이론도 그동안 적지 않은 변화를 겪었다. 연방헌법재판소의 도서납본

---

62) Maurer, § 27 Rn.59.

결정($\genfrac{}{}{0pt}{}{\text{Plichtexemplarentscheidung:}}{\text{BVerfGE 58,137}}$) 이래 기본법 제14조 제1항을 근거로 인정되어 온 '보상을 요하는 재산권내용 및 한계규정'($\genfrac{}{}{0pt}{}{\text{ausgleichspflichtige Inhalts-}}{\text{und Schrankenbestimmung}}$)에 의한 손실보상 또는 재산권규정에 의한 손실전보라는 새로운 법리가 대두됨에 따라 수용적 침해보상이론의 적용범위는 우연적 손해 또는 사고로 인한 손해($\genfrac{}{}{0pt}{}{\text{Zufall- oder}}{\text{Unfallschäden}}$)로 대폭 감축될 수밖에 없었다.[63] 종래 수용적 침해에 해당하는 것으로 이해되었던 표준적인 사례들, 가령 도로공사로 인한 인접토지의 과도한 침해, 공공시설로부터 유입되는 이미씨온으로 인한 과도한 침해적 영향, 기념물보호 및 자연보호 분야에 있어 과도한 부담을 초래하는 이용제한의 경우에 대해서는 이제 수용적 침해보상의 이론이 아니라 재산권규정에 의한 손실전보청구권이 적용되는 것으로 이해되고 있다. 가령 장기간의 도로공사로 인한 영업이익의 상실과 같은 결과는 예외적이기는 하지만, 그러한 공사의 전형적인 결과이기 때문에 재산권규정에서 그에 대한 보상규정을 두어 해결해야 한다는 것이다. 그러나 수용적 침해보상의 법리는 비록 적용범위의 감축을 겪었을지라도 여전히 존속하고 있다. 즉 '보상을 요하는 재산권내용 및 한계규정'에 의해 해결될 수 없는 우연적 손해나 사고로 인한 손해에 대하여는 여전히 수용적 침해보상의 이론이 효용을 발휘하고 있는 것이다. 가령 적법하게 시행된 하수도공사과정에서 건물에 손상이 간 경우는 우연적인 손해이므로 수용적 침해보상의 법리에 따른 손실보상이 인정된다. 이 경우 행위 자체는 적법한 것이지만 그 행위의 결과가 재산권을 침해했다는 점에서 위법한 경우라 할 수 있다. 이 점에서 행위 자체와 결과가 모두 위법한 경우인 수용유사침해와 비교될 수 있다. 다만, 재산법에 있어 관건은 행위의 결과에 있는 것이므로(행위 자체는 위법하나 위법한 재산권침해를 초래하지 않는 행위는 재산법적 관점에서는 무의미하다), 수용적 침해를 수용유사적 침해의 한 유형으로 파악하든 독자적인 책임제도로 파악하든지 하는 것은 그리 큰 의미는 없다고 한다.[64]

6. 우리나라에서의 이론적 수용문제

이제까지 설명한 독일판례법의 수용적 침해에 대한 손실보상의 이론은 우리나라의 경우 지하철공사의 장기화로 인한 건물의 균열·영업손실, 도로구역으로 20여년 지정되어 있기 때문에 야기된 재산권침해, 또는 택지개발구역으로 묶였으나 예산부족 등 사유로 인하여 장기간 개발사업이 지연되고 있어 초래되는 재산권행사의 제한, 항만건설(예: 평택항 LNG기지

---

63) 반면 수용적 침해보상이론이 의문시되었던 것은, 당초의 관측과는 달리, 자갈채취사건결정 때문은 아니었다. 수용적 침해보상이론은 자갈채취사건결정이나 그 이후의 판례변천과 충돌되지 않는다는 사실이 판명되었다. 왜냐하면 자갈채취사건결정에서 문제되었던 수용의 경우에는 '의도적 법적 행위'가 문제였던 반면, 수용적 침해의 경우에는 '의도되지 않은 사실행위'가 문제되고 있다는 사실이 밝혀졌기 때문이다. 또한 '일차적 권리보호의 우선'(Vorrang des Primärrechtsschutz)의 원칙 역시 수용적 침해의 경우 문제되는 사실행위의 대다수가 방어소송 또는 부작위소송에 의해 방지될 수 있는 성질의 것이 아니기 때문에 문제될 수가 없었다고 한다(Maurer, § 27 Rn.107).

64) Maurer, § 26 Rn.111.

건설)로 인한 어업피해 등과 같이 현행법상의 손해전보제도로써는 충분한 피해자구제를 달성할 수 없는 상황과 관련하여 하나의 좋은 사법적 법형성의 방향을 제시해 주는 것이라고 할 수 있다. 그러나 독일에서 이러한 이론이 형성된 배경에는 현행법상의 손실보상제도가 이러한 보상필요성이 농후한, 그러나 보상이 주어지지 않는 사례상황의 규율에 무력했다는 사실이 존재하고 있었던 것이다. 따라서 장기적으로 볼 때에는 손실보상에 관한 입법의 차원에서 이러한 보상수요를 충족시키는 것이 바람직할 것이다. 그러나 수용적 침해이론이 이미 앞에서 본 바와 같이 관습법적 전통에 의해 뒷받침된 희생보상의 법리에 의하여 존속하게 된 현실적 배경을 이해한다면 독일 연방헌법재판소의 판례에서 표현된 법리에 의존하여 일방적으로 그 이론적 수용가능성을 부정하는 것은 우리나라의 경우 수용적 침해에 해당하는 재산권침해유형이 적지 않게 발생하고 있다는 점에 비추어볼 때 결코 바람직한 태도라 할 수 없다. 따라서 현행법상 이러한 유형의 침해에 대해 마땅한 권리구제가능성이 주어져 있지 않은 이상, 적어도 입법적 해결책이 마련되기까지는, 수용적 침해이론을 원용하여 권리구제의 수요를 충족시켜 나가는 것이 합당한 해결책이라고 생각한다.[65]

IV. 희생유사침해

수용보상의 경우와 마찬가지로 희생보상 역시 위법한 침해행위에까지 확대되었다. 이를 희생유사침해 또는 희생동등침해(aufopferungsgleicher Eingriff)로 인한 손실보상이라고 할 수 있다. 그 법적 근거·요건·효과 등은 위법성의 문제만 제외하고는 희생보상의 경우와 같다.

V. 우리나라에서의 적용문제

이러한 희생보상의 법리를 우리나라에서도 인정할 수 있는지, 그 법적 근거는 무엇인지에 관하여는 논란이 없지 않다. 우리나라의 경우 희생보상의 이론은 예컨대 전염병예방을 위한 강제검진으로 인한 신체·건강상의 침해와 같은 비재산적 법익에 대한 침해가 이루어진 경우 고려할 만한 가치가 있다. 물론 비재산적 법익에 대한 희생침해에 관련된 실정법의 규정이 있는 경우 그 보상청구권을 인정하는 데는 문제가 없을 것이다(예컨대 형사보상법에 의한 형사보상청구권은 비록 사법작용을 원인으로 하는 것이기는 하지만 넓은 의미의 손실보상으로 볼 수 있다).

그러나 이러한 명문의 법적 근거가 없는 경우 우리나라의 경우 희생보상청구권의 이론을

---

65) 수용적 침해이론의 수용가능성을 부정하는 견해에 대한 비판은 이미 수용유사적 침해이론에 대하여 설명한 것과 같으므로 상론하지 않는다.

받아들일 수 있는가 여하가 문제된다. 이에 관해서는 독일에서 희생보상의 이론이 발전된 것
도 사실은 판례법의 형성을 통한 헌법적 관습법의 확립에 의한 것이었다는 점을 고려할 필
요가 있다. 따라서 이러한 경우 어떠한 법적 근거로부터 이러한 희생보상청구권을 도출할 수
있을 것인가가 문제된다. 이를 위해서는 헌법상 법치주의의 원칙, 평등원칙, 손실보상의 근
거로서 특별희생의 법리로부터 논의를 시작해야 할 것이다. 먼저, 특별희생의 법리는 우리나
라에서도 헌법 제23조 제3항의 규정에 의한 손실보상의 법리적 기초를 이루고 있는 것으로
이해되고 있다. 이러한 특별희생의 법리로부터 희생보상청구권을 도출해 내는 것도 이론상
불가능하지는 않을 것이다. 아울러 헌법상 법치주의와 평등의 원칙은 바로 이러한 특별희생
의 법리를 뒷받침해주는 헌법원리라고 이해된다. 한편 공공필요에 의한 생명·신체에 대한
적법한 침해로 특별한 희생을 받은 자는 헌법상 기본권규정($^{\S\S\ 10,}_{11}$)과 평등조항을 직접근거로
하여 보상을 청구할 수 있다는 견해[66]가 있다.

> 대법원은 시위진압과정에서 생긴 사고에 대한 국가배상청구소송에서 "국가배상책임은 공무원의 직무집
> 행이 법령에 위반한 것임을 요건으로 하는 것으로서, 공무원의 직무집행이 법령이 정한 요건과 절차에 따
> 라 이루어진 것이라면 특별 사정이 없는 한 이는 법령에 적합한 것이고 그 과정에서 개인의 권리가 침해
> 되는 일이 생긴다고 하여 그 법령적합성이 곧바로 부정되는 것은 아니라고 할 것이며, 불법시위를 진압하
> 는 경찰들의 직무집행이 법령에 위반한 것이라고 하기 위하여는 그 시위 진압이 불필요하다거나 또는 불
> 법시위의 태양 및 시위장소의 상황 등에서 예측되는 피해 발생의 구체적 위험성의 내용에 비추어 시위진
> 압의 계속 수행 내지 그 방법이 현저히 합리성을 결하여 이를 위법하다고 평가할 수 있는 경우이어야 할
> 것"[67]이라고 판시하여 국가배상책임을 부정하였다. 대법원이 '시위진압 과정에서 개인의 권리가 침해되는
> 일이 생긴다고 하여 그 법령적합성이 곧바로 부정되는 것은 아니라고 할 것'이라고 판단한 것은 타당하다.
> 그러나 권리침해 자체는 법적 정당화사유가 없는 한, 어디까지나 위법한 것이다. 즉 「위법성 → 권리침해」
> 라는 공식은 성립하지 않지만, 「정당화되지 않은 권리침해 → 위법성」이란 공식이 성립하는 이상, 시위진
> 압행위의 적법성이 그 과정에서 발생한 권리침해를 정당화하지는 못하기 때문이다. 이렇게 볼 때 이 사건
> 은 오히려 불법시위를 진압하는 경찰들의 직무집행행위의 위법성보다는 권리침해의 위법성과 책임요소, 즉
> 고의·과실의 유무라는 측면에서 접근하여 배상책임유무를 판단하는 것이 더 올바른 해결책이었으리라고
> 생각한다. 그러나 이 사건과 같이 가해공무원의 고의·과실을 인정하기 곤란하기 때문에 시위진압과정에
> 서 특별한 희생에 해당하는 권리침해를 받았음에도 불구하고 보상을 받지 못한다는 바람직하지 못한 권리
> 구제의 공백이 있다는 점에 주목하여야 한다.

한편 이 사건은 비재산적 법익이 침해된 경우는 아니므로 희생보상의 법리를 원용할 여
지는 없다. 그러나 이 사건과는 달리 시위진압과정에서 개인의 비재산적 법익이 침해되었을
경우에는 희생보상의 법리에 따라 손실보상을 해줄 것인지 여부가 문제된다. 이처럼 시위진

---

66) 박균성, 고시계 1990/8, 117.
67) 대법원 1997.7.25. 선고 94다2480 판결.

압과정에서 개인의 비재산적 법익의 침해라는 결과가 생길 개연성이 있다면 이에 대한 보상을 위한 입법이 이루어져야 하며, 그러한 입법이 없을 경우에도 그러한 권리침해를 예측하지 못한, 비전형적인 침해로 간주하여, 이에 대한 손실보상이 주어져야 한다는 것이다. 그 경우 시위진압행위 자체가 적법하다는 데 착안하여 이를 희생적 침해라고 보든지, 또는 시위진압행위의 결과, 즉 개인의 권리침해의 위법성에 착안하여 희생유사적 침해라고 보든지 하는 것은 이론구성상의 차이일 뿐이다.

제1편 제2편 제3편 제4편 제5편 행정구제법

제 2 절 │ 결과제거청구권

Ⅰ. 의의와 성질

1. 의 의

결과제거청구권($\substack{\text{Folgenbeseiti-}\\\text{gungsanspruch}}$) 또는 원상회복청구권($\substack{\text{Wiederherstel-}\\\text{lungsanspruch}}$)이란 실체법상의 권리로서 위법한 행정작용의 결과로 계속 남아 있는 위법상태로 인해 자기의 법률상의 이익을 침해받고 있는 자가 행정청에 대하여 이를 제거해 달라고 청구할 수 있는 권리를 말한다. 이 법리는 민법상 소유권에 기한 방해배제청구권의 논리구조와 유사성을 띠고 있다. 그러나 이를 근거로 '위법한 행정작용으로 인한 방해배제'로 파악하여 위법한 직무집행으로 인한 손해배상과 같은 차원에서 이해하려는 견해[1]는 양자가 청구의 내용과 요건을 달리 하고 있다는 점에서 유지되기 어렵다.[2]

결과제거청구권의 연혁 •• 결과제거청구권은 주지하는 바와 같이 독일에서의 학설 및 판례발전의 소산이다. 이 문제를 둘러싼 독일에서의 학설사적 배경을 개관해 보면 다음과 같다. 결과제거청구권은 1960년대 이래 학설과 판례에 의해 일반적 승인을 받아 온 개인의 주관적 공권이다. 먼저 이 결과제거청구권이란 법제도를 발전시킨 것은 오토 바호프($\substack{\text{Otto}\\\text{Bachof}}$)의 공이었다. 바호프는 결과제거청구권을 도출하기 위한 실정법적 근거로 기본법 제20조 제3항에 정착된 행정의 법률적합성의 원칙($\substack{\text{Prinzip der Gesetzmäßigkeit}\\\text{der Verwaltung}}$)을 들고, 이를 민사소송법에서의 지배적인 사고방식과 유사한 사고과정을 통해 구체화된 일반적 법사상($\substack{\text{allgemeine}\\\text{Rechtsgedanken}}$)에서 유래하는 것이라고 설명했다. 그는 자신의 교수자격청구논문이었던 "Die verwaltungsgerichtliche Klage auf Vornahme einer Amtshandlung"($\substack{\text{Tübingen,}\\\text{1951}}$)에서 취소소송의 본질론에 이어 「위법한 행정행위로 피해를 받은 자는 기본법 제20조 제3항(법치국가원칙)을 법적 근거로 그 행정행위의 취소를 요구할 권리를 가질 뿐만 아니라, 그것이 이미 집행된 경우에는 또한 집행보상청구권($\substack{\text{Vollzugsent-}\\\text{schädigung}}$)을 가지며, 이것은 직접적인 손해와 경우에 따라서는 그 처분을 통해 의도된 간접적 손해를 대상으로 한다」고 주장하고, 행정행위가 예선적 집행력을 가진다는 것($\substack{\text{vorläufige}\\\text{Vollziehbarkeit}}$)은 사후에 행정행위가 취소될 경우 그로 인한 결과를 제거해야 할 의무를 묵시적으로 내포하는 것이라고 지적했다. 바호프와 멩거($\substack{\text{C.-F.}\\\text{Menger}}$)에 의해 안출된 이와 같은 결과제거청구권의 법리에 대하여 이의를 제기한 것은 베터만($\substack{\text{K.A.}\\\text{Bettermann}}$)이었다. 베터만의 이론은, 이 개

---

1) 이상규, 신행정법론(상), 557이하.
2) 김남진, 행정법 Ⅰ, 639.

념을 「침해배제청구권」($\substack{\text{Beeinträchtigungs-}\\ \text{anspruch}}$)의 방향으로 일부 축소시키는 동시에 부분적으로 확대하는 결과를 가져왔다.[3] 베터만에 따르면, 공권력은 개인의 법적 지위를 위법하게 침해한 때에는 이러한 침해를 다시 제거해야 할 의무를 진다는 것이다. 그는 바호프나 멩거와는 달리 결과제거청구권의 보상적 성격을 부정하고 이를 원상회복청구권으로 구성했다. 행정법원의 판례 특히 연방행정법원의 판례는 학설에 의해 발전된 법적 관념의 주요요소들을—비록 당초에는 매우 신중한 태도였지만—받아들였고, 또 베터만의 견해에 따라 공법상 일반적 결과제거청구권이 존재한다는 사실을 인정하기에 이르렀다.[4] 연방행정법원은 당초 결과제거청구권을 행정법의 일반원리의 구성부분($\substack{\text{Bestand-}\\ \text{teil}}$)으로 간주하는 한편, 행정법원법 제113조 제1항을 근거로 집행된, 그리고 이후 취소소송에 의해 취소된 행정행위로 인해 발생된 결과를 원상회복시켜 달라고 청구할 수 있는 권리로 파악하였으나,[5] 이후 일련의 판례를 통해 결과제거청구권을 집행된 행정행위의 경우뿐만 아니라 위법한 결과를 야기한 모든 행정작용의 경우에 성립하는 것으로 일반화·확대시켰다. 이런 과정을 통해 결과제거청구권은, 바호프의 당초 견해와는 달리, 더 이상 행정행위의 예선적 집행가능성이나 취소소송과의 관련성에 구애되지 않는 제도가 되었고 또한 그 범위도 행정행위를 포함한 모든 행정작용에 대하여 확장되었다. 급기야는 (논란은 있으나) 위법한 부작위의 결과를 제거해 달라고 청구할 권리로까지 확대되기에 이른 것이다.[6]

2. 성 질

결과제거청구권은 원상회복을 내용으로 하는 것이기는 하지만 반드시 물권적 청구권에 국한되는 것은 아니며 또 공법상의 권리로서의 성질을 갖는다. 결과제거청구권은, 과실을 요건으로 하며 금전적 손해전보를 내용으로 하는 국가배상청구권과 구별되며, 적법한 행위로 인한 침해유형인 희생침해나 수용침해와, 또한 원상회복이 아니라 금전적 보상을 목적으로 하는 희생유사침해 및 수용유사침해와도 구별된다.[7]

Ⅱ. 법적 근거

우리나라에서 결과제거청구권을 인정하는 견해는 법치행정의 원리($\substack{\text{헌법}\\ \S\,107}$), 기본권규정($\substack{\text{헌법}\\ \S\,10}$ 내지 $\S\,37$ ①), 민법의 규정($\substack{\S\,213,\\ 214}$)의 유추적용에서 찾거나,[8] 헌법 제10조, 제23조 제1항 전단, 제29

---

3) DÖV 1955, 528ff.
4) BVerwGE, DVBl 1959, 580.
5) BVerwGE 28,155.
6) Grunsky, in: Münchener Kommentar zum BGB, Vorb. vor § 249 Rn.36-46. 물론 그동안 연방행정법원은 기본적 판결(Grundsatzentscheidung)로 지칭된 1984년 7월 19일의 판결에서 이른바 간접적 손해를 결과제적청구권의 내용으로부터 배제시킴으로써 결과제거청구권의 범위를 한정하였다. 그것은 결과제거청구권의 무한한 확대를 저지하고, 특히 민법 제839조 및 기본법 제34조에 의한 국가배상청구권과의 한계가 불분명해지는 것을 막으려는 데 그 취지가 있었다고 할 수 있다. 이에 관하여는 홍준형, "공법상 결과제거청구권의 법리", 아주사회과학논총, 1993 참조.
7) 기타 사회보험법상의 원상회복청구권이나 공법상의 반환청구권과의 구별 및 비교에 관해서는 Ossenbühl, StHR, § 35, S.206이하 참조.

조, 민법 제213조, 제214조에서 찾고 있는 데 비하여,[9] 결과제거청구권을 민법상 소유권에 기한 방해배제청구권으로 보는 견해에서는 민법 제213조, 제214조에서 각각 그 법적 근거를 찾고 있다.[10]

결과제거청구권의 법적 근거에 관한 독일의 학설 ●● 독일의 경우에도 결과제거청구권의 법적 근거에 관해서는 민법 제1005조의 유추, 동 제12조, 제862조, 정의의 요청, 법치국가원칙, 행정의 법률적합성의 원칙, 법률유보의 원칙, 자유권적 기본권, 기본법 제19조 제4항에 의한 권리보호의 보장($^{Rechtsschutz-}_{garantie}$) 등 다양한 규정들이 제시되고 있다. 이와 같은 다양한 견해들은 상호배척하는 것은 아니며 오히려 상호보완하며 지원하는 것이지만, 역시 가장 표준적인 근거는 행정의 법률적합성의 원칙과 자유권적 기본권에 관한 헌법규정이라고 한다.[11] 반면 "행정행위가 이미 집행된 때에는 법원은 신청에 따라 또한 행정청에게 그 집행을 원상회복시켜야 하며 또 어떻게 원상회복시켜야만 하는지를 선고해야 한다"고 규정하고 있는 행정법원법(^{VwGO}) 제113조 제1항 제2문은 결과제거청구권의 법적 근거가 될 수 없으며 동조항은 오히려 결과제거청구권의 존재를 전제로 하는 것이라고 한다.[12] 그러나 결과제거청구권을 법적으로 근거지우는 문제는 독일의 경우에는 그것이 이미 판례와 학설의 확고한 승인을 획득하였고 행정법의 일반원리로서 정착되었기 때문에 더 이상 결정적인 의미를 갖는 것은 아니라고 할 수 있다. 다만 그 요건이나 효과와 관련하여 그 법적 근거문제가 다시금 문제될 수 있을 것이다.

생각건대, 결과제거청구권은 학설과 판례에 의하여 아직 확고히 정착된 개념이 아니라고 지적되고 있으나,[13] 그 성립 자체는 우리나라에서도 충분히 인정될 수 있다. 우리나라 행정법에서도 헌법과 법률에 의하여 행정의 적법성의 원리가 행정법의 기본원리로서 효력을 갖는다는 점은 독일의 경우와 다를 바 없으며, 따라서 바로 이 법치행정의 원리로부터 결과제거청구권이 도출될 수 있는 것이기 때문이다. 국민이 위법한 행정작용으로 인하여 발생·지속되는 위법상태를 수인해야 할 의무를 지지 않으며 따라서 그 위법상태의 제거를 청구할 수 있는 권리를 갖는다는 것은 법치행정의 원리의 당연한 요구인 동시에 헌법의 기본권보장의 원칙의 결과라고 할 수 있기 때문이다. 실정법상 명문으로 결과제거청구권을 인정한 예로는 징발법 제14조를 들 수 있다. 동법은 제14조에서 "징발물은 소모품인 것을 제외하고는 원상을 유지하여야 하며, 징발이 해제되어 징발대상자에게 반환할 때에는 원상으로 반환하여야 한다. 다만, 징발대상자가 원상회복을 원하지 아니하거나 멸실, 그 밖의 사유로 인하여

---

8) 김남진, 행정법 I, 639; 박윤흔, 행정법강의(상), 717-718; 맹장섭, 전게논문, 538이하.
9) 김도창, 일반행정법론(상), 646이하.
10) 이상규, 신행정법론(상), 557.
11) Maurer, § 30 Rn.5.
12) Maurer, 같은 곳; Erichsen, § 53 V 1, Rn.18, S.663.
13) 김도창, 일반행정법론(상), 645. 이 점은 결과제거청구권의 존재를 일반적으로 인정하고 있는 독일의 경우에도 그 요건과 효과에 관하여 일부 시인되고 있다(Erichsen, § 53 V 1 Rn.18, S.663). 따라서 결과제거청구권의 법적 근거를 그 요건 및 법적 효과와 분리시켜 논하는 것은 불가능하다고 한다(Vgl. Ossenbühl, Staatshaftungsrecht, 3.Aufl., 1983, S.194).

원상회복을 할 수 없을 때에는 예외로 한다"고 규정하고 이어서 제15조 제1항에서 "징발물을 사용할 필요가 없게 되었거나 징발물이 멸실된 경우에는 지체 없이 징발을 해제하여야 한다"는 것과 제16조 제1항에서는 징발해제시 징발물을 징발대상자에게 반환하도록 할 것을 규정하고 있는데, 이들 규정은 이른바 적법한 공용사용으로서 징발이 해제된 후에도 징발목적물이 그대로 사용되고 있을 경우 징발대상자가 가지는 결과제거청구권을 전제로 한 것이라고 이해된다.

Ⅲ. 결과제거청구권의 성립요건

결과제거청구권이 성립하기 위해서 충족되어야 할 요건으로는, 이제까지 독일에서의 이론 전개와 국내의 논의를 종합할 때, 적어도 다음과 같은 측면이 고려되어야 할 것이다.

1. 행정주체에 의한 고권적 침해

행정주체에 의한 고권적 침해가 있었어야 한다. 이에 관하여는 별반 이론의 여지가 없다. 침해는 공법적인 것이어야 하며 사법상의 침해(예컨대 사법적으로 운영되는 공공시설의 이미씨온)는 여기에 해당되지 않으며 이 경우에는 단지 민법상($^{§\ 214}$) 소유권에 기한 방해배제청구권에 의해 구제될 수 있을 뿐이다.

2. 위법한 침해상태의 발생

위법한 침해상태가 발생하여야 한다. 위법한 침해상태는 위법한 행정작용에 의해 발생되는 것이 일반이다. 이 경우 위법한 행정작용은 적극적 행위(작위)여야 함이 원칙이다. 부작위에 의한 권리침해의 경우에는 원상으로 회복되어야 할 위법상태가 조성되지 않으므로 원상회복청구의 문제도 발생하지 않는 것이 일반이다. 그러나 당초에는 적법했던 행위가 사후에 기간경과, 해제조건의 성취 또는 실질적 침해요건의 소멸 등으로 인하여 위법하게 된 경우에는 부작위의 형태를 띨 수도 있다. 예컨대, 행정청이 당초에는 적법하게 압류된 물건을 압류처분이 해제된 이후에도 계속 유치하여 반환을 하지 않고 있다면 이것은 반환의무에 관해서는 부작위가 될 것이다. 이러한 의미에서 결과제거청구권의 요건으로서 침해행위의 위법성이 지나치게 강조되어서는 안 되며 오히려 침해상태의 위법성에 중점을 두지 않으면 안 된다.

이러한 경우 독일의 연방행정법원은 집행권의 작위 또는 부작위에 의해 발생한 결과에 대해서 결과제거청구권이 성립한다고 판시한 바 있다.[14] 그러나 마우러는 이런 경우에도 위법하게 되기 이전에 행해진

---

14) BVerwGE 69,366; 367,371.

행정청의 작위를 근거로 결과제거청구권이 성립되는 것으로 볼 수 있다고 한다.15) 그러나 이때 그 「이전의 작위」란, 가령 조건성취나 기간경과 또는 사정변경으로 인한 행정행위의 철회, 압류의 해제 등과 같이 당초 적법했던 행정작용이 사후에 법적 근거를 상실하게 된 경우$\binom{\text{Wegfall der VA und sonstiger}}{\text{Verwaltungshandlung}}$에는, 의연 적법한 작위라고 하지 않으면 안 된다. 그렇다면 결과제거청구권은 위법한 행정작용으로 인한 위법한 결과에 대해서뿐만 아니라 적법한 행정작용이 사후에 위법하게 되거나 법적 근거를 상실하게$\binom{\text{rechts-}}{\text{grundlos}}$ 되는 경우에도 성립할 수 있다는 결론에 이르게 된다. 물론 이에 관해서는 아직도 논란이 없지 않으며, 사실 문헌과 판례의 일부16)가 결과제거청구권을 「위법한 행정작용」으로 인한 위법한 결과를 제거할 수 있는 권리로 파악함으로써 원인이 된 행정작용의 위법성을 결과제거청구권의 요건으로 보고 있는 것은 사실이다. 그런 이유에서 국내학자들이 원인된 행정작용의 위법성을 결과제거청구권의 성립요건으로 설명하고 있는 것도 전혀 이해할 수 없는 것은 아니다. 그러나 이러한 설명태도들은 독일에 있어 판례와 학설을 통한 결과제거청구권의 확대가 위법성의 위상을 원인행위로부터 결과에로 옮겨 놓았다는 사실17)을 제대로 인식하지 못한 결과일 뿐이다.18) 이미 베터만이 지적했던 바와 같이, 위법한 행정행위가 이미 집행되었어야 한다는 것은 더 이상 결과제거청구권의 성립에 있어 결정적인 것으로 인정되지 않으며 고권적 행위에 의해 침해가 있음으로 족하다고 할 수 있다. 이것은 또한 「위법한 행위」의 결과가 아니라 행정작용의 「위법한 결과」에 중점을 두어온 독일연방법원의 판례태도이기도 하다. 따라서 결정적인 기준은 침해적 행정행위의 위법성이 아니라 위법한 결과의 초래, 다시 말해 결과의 위법성에 있는 것이다.19) 이것은 결과적으로 행위위법$\binom{\text{Handlungs-}}{\text{unrecht}}$으로부터 결과위법$\binom{\text{Erfolgs-}}{\text{unrecht}}$으로 관점이 이동했음을 의미한다.20)

행정행위의 경우, 즉 「집행 – 결과제거청구권」$\binom{\text{Vollzugs-Folgenbe-}}{\text{seitigungsanspruch}}$의 경우에는 집행된 행정행위가 그 사이에 취소되거나 당연무효가 되었을 것을 전제로 한다. 그렇지 않을 경우 당해 행정행위가 그 위법상태의 법적 기초를 구성하고 그에 대한 제거청구를 배제하는 결과를 가져오기 때문이다.

3. 위법한 침해상태의 계속

위법한 침해상태가 계속되어야 한다. 이에 관하여는 별반 문제될 것이 없다. 위법상태가 일시적으로 존재했을 뿐 현존하지 않을 경우에는 결과제거의 문제는 발생하지 않으며 이미

---

15) Maurer, § 29 Rn.5, S.672.

16) Erichsen, § 53 Rn.17, S.662; Obermayer, JuS 1963, 114; OVG Münster, NJW 1954, 1902.

17) Ossenbühl, StHR, § 24 1 b; Weyreuther, Gutachten B, S.67ff.; Köckerbauer, H.P., Rechtsgrundlagen und Haftungsumfang des Folgenbeseitigungsanspruchs, JuS 1988, 784.

18) 한편 이에 대한 마우러의 태도는 반드시 분명치만은 않다. 즉, 마우러는 결과제거청구권의 요건으로 (a) 고권적 침해에 의하여, (b) 가령 재산권 같은 주관적 권리에 대해, (c) 위법한 상태가 조성되었고, (d) 이러한 상태가 계속되어야 한다는 점들을 들고 있어서 원인된 행정작용의 위법성을 결과제거청구권의 요건에서 배제시키는 듯한 태도를 보이나(Maurer, § 7a Rn.9, S.673), 위의 요건들을 개별적으로 설명할 때에는 다시 위법한 상태가 위법한 행정작용(적극적 작위)에 의해 초래되었어야 한다고 함으로써 모호한 태도를 보이고 있다(§ 7a Rn.9, S.671f.).

19) Rösslein, Der Folgenbeseitigungsanspruch, 1968, S.26.

20) Köckerbauer, aaO.

완성된 과거의 권리침해에 대한 손해배상이나 손실보상의 문제만이 제기될 수 있을 뿐이다.

4. 인과관계

행정작용과 결과 사이에 인과관계가 존재하고 또 아무런 책임제한사유가 적용되지 않아야 한다. 이것은 앞에서 지적한 바와 같이 발생한 결과의 귀속단계($\text{Stufe der Zurechenbarkeit}$)에 관하여 제기되는 법적 문제로서, 원칙적으로 위법한 행정작용의 결과가 그 행정작용을 행한 행정청에게 귀속될 수 있기 위해서는 행정작용과 결과 사이에 인과관계가 존재하여야 하며 책임제한사유가 없어야 한다는 것이다[21]. 책임제한사유는 책임의 성립과 범위 양면에 관하여 존재할 수 있다. 이에 상응하여, 오늘날 민사법에서 일반적으로 채용되고 있는 책임성립의 인과관계($\text{haftungsbegründende Kausalität}$)에 관한 요건과 책임충족의 인과관계($\text{haftungsaus-füllende Kausalität}$)에 관한 요건 간의 구분[22]에 의한다면, 행정청의 행정작용과 발생한 위법한 결과 사이에 책임성립을 위한 인과관계가 존재하여야 하며 이러한 인과관계는 행정작용이 그 결과의 발생을 직접 목적으로 한 모든 경우에 있어서 존재한다고 볼 수 있다. 또한 어떤 결과가 그 행정작용에 의해 직접적으로 야기되었고 또 그것과의 관계에서 상당(adäquat)하다고 볼 수 있는 한, 그 밖의 결과에 관해서도 이러한 책임성립의 인과관계가 존재한다. 한편 책임충족적 인과관계의 문제는 귀속되어야 할 결과의 범위에 관한 것이다. 책임의 범위에 관해서는 우선적으로 책임성립의 근거규범의 보호목적(Schutz-zweck)이 관건이 된다. 여기서 말하는 보호목적이란 결과제거청구권에 있어서는 법치주의에 관한 헌법규정으로부터 도출될 수 있다. 법에 합치되지 않는 행정작용의 결과는 존속되어서는 안 되며 따라서 제거되어야만 한다는 것이 그것이다. 이것은 행정작용이 직접 목적으로 삼았던 모든 결과에 관하여는 무조건적으로 적용된다. 반면 그 이외의 결과에 관해서는, 가령 결과가 피해자 또는 제3자의 행위에 의하여 비로소 야기되었거나 또는 이를 공동원인으로 하여 야기되었을 경우에는 법치주의에 입각한 헌법의 보호목적으로부터 이 같은 결과를 제거해야 한다는 요청이 나올 수 없다.

예컨대 건축허가와 같은 제3자효행정행위로 인하여 법률상 이익을 침해받은 자가 취소소송을 제기하여 승소한 경우, 결과제거청구권에 의하여 곧바로 건축주에 의해 건축된 건물의 철거를 요구할 수는 없을 것이다.[23]

---

21) BVerwGE 69,366,372.
22) Grunsky, aaO.
23) 김남진, 행정법 I, 643.

Ⅳ. 결과제거청구권의 내용과 범위

1. 내용: 원상회복

결과제거청구권은 위법상태를 원상으로 회복시켜 달라는 원상회복청구권이며 보상청구권은 아니다.[24] 방해배제청구권($\substack{\text{Störungsbesei-}\\\text{tigungsanspruch}}$)로서 그것은 보상($\substack{\text{Kompen-}\\\text{sation}}$)이 아니라 원상회복($\substack{\text{Resti-}\\\text{tution}}$)을 목적으로 한다. 결과제거청구권은 위법한 결과가 금전적 이익의 상실을 내용으로 하는 경우에는 물론 금전의 지급을 내용으로 할 수도 있으나 그렇다고 하여 그것이 보상청구권이나 손해배상청구권이 되는 것은 아니다.[25] 반면 결과제거청구권은 민법상 소유권에 기한 반환청구권이나 방해배제청구권처럼 하나의 가설적인 상태의 완전한 회복을 대상으로 하는 것이 아니라 이전의 또는 그와 동등한 상태의 회복을 대상으로 하는 것이라는 점에서 민법상 방해배제청구권에 비하여 '어느 정도 단축된 원상회복청구권'($\substack{\text{gewissermaßen verkürzter}\\\text{Anspruch auf Naturalrestitution}}$)을 의미한다.[26]

결과제거청구권은 경우에 따라서는, 물론 법적으로 허용되는 범위 안에서, 제3자에 대하여 일정한 행위를 하도록 요구하는 것을 내용으로 할 수도 있다.

2. 결과제거청구권의 한계

2.1. 결과제거의 가능성 및 기대가능성

결과제거의 가능성 및 기대가능성이 있어야 한다. 원상회복은 사실상 그리고 법적으로 가능해야 하고 청구의 상대방에게 수인을 기대할 수 있는 것이어야 한다. 예컨대 불법적으로 압류된 자동차가 압류처분의 해제 이전 또는 이후에 파손되어버린 경우는 원상회복이 사실상 불가능해진 경우에 해당하며($\substack{\text{사실상 불가능: tatsächliche}\\\text{Unmöglichkeit}}$), 반면 결과의 제거가 법적으로 허용되어 있지 않은 경우($\substack{\text{법적 불가능: rechtliche}\\\text{Unmöglichkeit}}$)란, 가령 임대차기간 만료 후에 갈 곳이 없게 된 자($\substack{\text{Obdach-}\\\text{lose-}}$)를 임시로 기간을 정하여 다시 그 집에 들어가 살 수 있도록 조치한 후 그 기간이 경과된 경우($\substack{\text{Einweisungs-}\\\text{verfügung}}$)처럼 제3자효행정행위($\substack{\text{VA mit}\\\text{Drittwirkung}}$)의 경우에 빈번히 발생하는 사례상황이라 할 수 있다.

독일의 경우, 전자에 관한 한 별 문제가 없으나, 후자에 관해서는 행정청이 기간경과로 법적 근거를 결여하게 된 임시수용처분으로 인한 결과를 제거(강제퇴거)함에 있어서 별도의 법률상의 근거를 요하는가 여부에 관하여 논란이 있다. 강제퇴거처분 역시 침해적 처분이므로 법률에 의한 행정의 원리에 따라 법률

---

24) Bettermann, DÖV 1955, 528ff.
25) Bettermann, aaO; BVerwGE 69,366,371.
26) Ossenbühl, StHR, § 33, S.198.

의 근거(침해수권)가 필요하다는 견해[27]와 반대로 강제퇴거처분의 근거는 바로 행정청의 결과제거의무에 내포된 것으로 볼 수 있으므로 별도의 법률상의 근거를 요하지 않는다는 견해[28]가 대립되고 있으나 후자의 견해가 타당하다고 본다.[29]

한편 모든 객관적으로 가능한 원상회복이 또한 수인기대가능성($^{Zumut-}_{barkeit}$)을 지닌 것은 아니다. 가령 행정청이 도로공사시 사유지의 극히 사소한 일부를 불법사용하였으나, 과도한 비용을 들여서만 공용폐지($^{Entwid-}_{mung}$)될 수 있고 다시 소유자에게 반환될 수 있는 경우, 또는 사후적으로 발생한 사정변경에 의해 결과제거에 더 이상 아무런 이익이 없다고 판단되는 경우에는 결과제거를 요구하는 대신 손해의 배상을 해 주는 것으로 만족해야 할 것이다.[30] 우리나라의 판례는 행정주체가 수용·매수 등 권원취득절차를 취함이 없이, 사유지를 도로로 사용하는 경우 토지인도청구를 부정하는 경향을 보이고 있는데,[31] 이러한 경우 의문이 없는 것은 아니나 구체적 사정에 따라서는 결과제거의 가능성 및 수인기대가능성이 결여된 것으로 볼 수 있는 여지도 있을 수 있을 것이다.

그러나 이 요건들이 충족되지 않는 경우에도 권리구제의 길이 사라지는 것은 아니며, 이때에도 피해자에게는 손해배상이나 손실보상의 방법이 열려 있다.[32]

2.2. 위법상태의 합법화

공법상 결과제거청구권은 그 위법상태가 합법화($^{legali-}_{siert}$)된 경우에는 인정되지 아니한다. 가령 취소된 행정행위나 당연무효인 행정행위가 새로운, 적법한 행정행위에 의하여 대체되거나 도로확장을 위해 필요한, 그러나 위법하게 점유된 토지가 수용된 경우가 그러하다.

2.3. 직접적 침해의 제거

결과제거청구권은 오로지 위법한 직접적인 침해만을 대상으로 한다. 따라서 부적법한 행정작용을 통해 발생된 모든 결과에 대하여 결과제거청구권이 성립되는 것은 아니다.

---

27) Weyreuther, Empfiehlt es sich, die Folgen rechtswidrigen hoheitlichen Verwaltungshandelns gesetzlich zu regeln, Gutachten B zum 47. DJT, 1968, S.108; VGH Mannheim, VBlBW, S.423f.

28) Wolff/Bachof, VerwR I, 9.Aufl.(1974), § 54 Ⅱ h.

29) Hong.J.-H., aaO., S.145ff.; Ossenbühl, StHR, § 34, S.204; V. Götz, NVwZ 1990, S.832; ders., VBlBW 1987, S.425; Knemayer, JuS 1988, S.698f.

30) Ossenbühl, StHR, S.205; 김남진, 행정법 I, 643; 김도창, 일반행정법론(상), 649. 한편 우리나라 학자들 가운데는 행정심판법상 사정재결(§ 33) 및 행정소송법상 사정판결(§ 28)에 관한 규정들이 "손해배상, 제해시설의 설치, 그 밖에 적당한 구제방법"의 청구를 병합 제기할 수 있다고 한 취지도 이러한 법리에 입각한 것이라고 지적하고 있음은 주목할 만한 점이다(김도창, 일반행정법론(상), 649; 김남진, 행정법 I, 643).

31) 예: 대법원 1969.3.25. 선고 68다2081 판결; 대법원 1975.4.22. 선고 74다1548 판결.

32) Ossenbühl, Staatshaftungsrecht, § 34, S.204.

독일의 판례이론에 따르면, 결과제거청구권은 오로지 집행권의 작위 또는 부작위로 인한 위법한 결과의 제거만을 목적으로 하며 또 이에 대한 원상으로의 회복($^{Ausgleich\ in}_{natura}$)만을 보장하는 것이라고 한다($^{BVerwGE}_{69,366,371}$). 민법(^{BGB}) 제249조 제1문에 명문화된 원상회복의 원칙($^{Grundsatz\ der}_{Naturalherstellung}$)[33]은, 집행권에 그가 위법한 결과를 야기하지 않았더라면 존재했을 상태를 회복시켜야 할 의무를 부과한다. 이것은 원칙적으로 그 직무행위의 실행 이전에 이미 존재한 상태만을 회복시켜야 한다는 것을 의미한다. 이와 같은 판례이론에 따르면, 결과제거청구권은 행정작용에 의하여 직접 야기된 침해결과만을 제거하는 것이며 피해자 자신의 결정에 의한 행위가 있은 다음에야 비로소 발생할 수 있었을 직무행위의 위법한 결과에 대해서까지 인정되는 것은 아니라는 것이다(간접적 손해의 배제).

무엇이 직접적인 결과인지를 판정하는 것은 물론 간단하지는 않으나, 예컨대 주거상실자들이 행정청의 「수용처분」($^{Einweisungs-}_{verfügung}$)에 의해 개인주택에 수용된 경우, 그 수용처분의 해제 이후 주택소유자는 직접적인 "집행결과"($^{Vollzugs-}_{folge}$)의 제거로서 오직 그들의 강제퇴거만을 청구할 수 있을 뿐이며, 그들이 거주중 발생시킨 손해의 배상문제는 결과제거청구권과는 무관하게 해결될 성질의 것이다. 또한 결과제거청구권은 단지 권리자에게 방해가 되고 있는 상태($^{störender}_{Zustand}$)의 제거만을 목적으로 하는 것이며 위법상태 전부를 완전히 제거해 달라고 요구할 수 있는 권리는 아니다. 결과제거의 청구를 할 수 있는 자격은 자신의 자유 및 재산권에 방해를 받은 자에 한하여 인정된다. 이러한 의미에서 결과제거는 단지 법적으로 보호되는 피해자의 지위의 범위 내에서만 인정된다고 할 수 있다.[34]

V. 결과제거청구권의 행사

결과제거청구권을 공법상의 권리로 보는 다수설의 입장에 서면 행정소송법 제3조 제2호 및 제4조에 따라 공법상 당사자소송에 의해야 할 것이다.[35] 그러나 행정소송법 제10조의 '당해 처분 등과 관련되는 손해배상·부당이득반환·원상회복 등 청구소송'을 행정소송과 병합할 수 있다는 규정을 들어 손해배상청구와 같이 실체법적 근거하에 민사소송절차에 의하여 이를 행사할 수 있으며, 다만 결과제거청구의 원인이 된 일정한 행정처분이 당연무효가 아닌 때에는 먼저 그 처분 등의 취소를 구하여야 하므로 취소소송에 병합할 수 있다는 견해가 있다.[36]

---

33) 우리나라 민법과는 달리, 독일민법(BGB)은 제249조 제1문에서 원상회복의 원칙을 명문화하고 있다.
34) Ossenbühl, StHR, § 33, S.199-200; 김남진, 행정법 I, 643.
35) 김도창, 일반행정법론(상), 649; 김남진, 행정법 I, 644; 석종현, 일반행정법(상), 706.
36) 이상규, 신행정법론(상), 562.

독일의 경우에는 결과제거청구권은 공법적 권리로서 행정법원법 제40조에 따라 행정소송의 대상이 된다. 이를 구체적으로 보면, 먼저 결과제거의 청구가 취소소송 등과 병합되어 제기되는 경우와 소송상 독립적으로 결과제거청구권이 행사되는 경우로 나눌 수 있는데, 후자의 경우에는 행정청의 결과제거의무(Folgenbesei-tigungspflicht)의 내용에 따라 결과제거가 행정행위의 발령에 의해야 하는 때에는 예외적으로 의무이행소송(Verpflich-tungsklage)을 제기하여야 하지만 그러한 경우를 제외하고는 원칙적으로 일반이행소송(allgemeine Leistungsklage)이 적합한 소송형태가 된다.[37]

---

37) 이에 관하여 상세한 것은 Hong,J.-H., aaO., S.142ff. 참조.

제 3 절 │ 수익적 행정행위의 취소·철회로 인한 손실보상

수익적 행정행위의 취소·철회로 인한 손실보상은 일반행정절차법에 의한 규율이 이루어지지 않고 있는 우리나라의 상황에서는 각각의 단행법상 특별한 규정이 없는 한, 주로 학설과 판례에 맡겨진 문제라 할 수 있다. 참고로 이에 관한 독일법의 문제상황을 개관해 보면 다음과 같다. 이 문제는 기본적으로 적법한 행위의 철회로 인한 경우와 위법한 행위의 취소로 인한 경우로 나누어 살펴 볼 수 있다. 먼저 전자의 경우, 독일에서는 종전의 경찰 및 질서법적 근거들을 배경으로 하여 현재에는 행정절차법(^{VwVfG}) 제49조 제5항, 연방이미씨온방지법($^{BIm-}_{SchG}$) 제21조 및 각종 특별법규정들에 의해 행정청의 손실보상의무가 인정되고 있어 별다른 문제가 없지만 반면 후자의 경우에는 행정절차법 제48조 제5항 제3문에서 규정되고 있다. 후자의 경우 논란은 있으나, 비록 적법한 행위에 의한 것은 아닐지라도 신뢰보호를 통해 보장된 기득이익의 존속은 법적으로 보호되는 재산적 가치있는 법적 지위이므로 이것이 취소($^{Rück-}_{nahme}$)에 의해 침해된 이상 재산권침해(아울러 희생침해)의 경우와 다름없이 손실보상청구권이 성립된다고 하는 것이 일반적이다. 다만, 이러한 관점이 자본지출 또는 자기노동에 의해 획득된 법적 지위로서 재산이란 통상적인 이해에 반하지 않는가 하는 점에서 의문이 없지 않다고 한다.[1]

---

1) Erichsen, § 53 I, II Rn.30, S.655.

제 4 절 │ 그 밖에 고려될 수 있는 국가보상책임제도들

이상에서 살펴 본 바와 같은 각종 손실보상의 유형들은 국가배상과 손실보상의 양대 제도를 보충하는 제도로서 우리나라 실정법의 해석·적용상 수용가능한 또는 적극 수용해야 할 대상으로 검토되었다. 그러나 그와 같은 제도 외에도 공법상의 무과실책임 내지 위험책임이라든지 계획보장청구권, 그리고 사회국가적 근거에 의한 보상 등이 국가보상제도의 보충적 요소로서 참고할 만한 가치를 지니고 있으므로 다음에 간단히 살펴보기로 한다.

Ⅰ. 공법상 위험책임

현대행정은 훨씬 증대된 위험상황을 초래한다. 그러나 그러한 위험상황으로 인한 법익침해가 발생해도 개인이 적절한 보호를 받지 못하는 경우가 많다. 공법상 위험책임$\left(\substack{\text{Öffentlichrechtliche}\\\text{Gefährdungshaftung}}\right)$에 관한 문제는 국가가, 특히 행정을 통해 조성된 위험상황으로부터 재해가 발생한 경우 그로 인한 손해를 입은 자에게 피해를 배상해야 하는가 하는 문제라 할 수 있다.

위험책임이론의 확립에 있어서 모범적인 실례는 프랑스의 국가보상법에서 찾아 볼 수 있다. 즉 프랑스의 경우 위험책임의 법리에 의한 국가책임은 일찍이 19세기 말 입법(1898년의 산업재해에 관한 법률)이나 사법법원에 앞서서 꽁세유데따의 판례$\left(\substack{\text{C.E., 21.6.1895,}\\\text{Cames, Gr.Ar., p.29}}\right)$를 통해 확립되었다. 국영공장의 노동자가 작업중 입은 손해에 대하여 오로지 「그로부터 창출된 위험」$\left(\substack{\text{risque}\\\text{créé}}\right)$만을 근거로 국가의 보상책임이 인정되었다. 이러한 위험책임의 법리는 이후 일부 산업재해연금에 관한 입법을 통해 규율됨으로써 그 적용범위가 감소되기도 했으나 이후 판례에 의해 기존제도에 의해 보상되지 않는 사례에 대하여 계속 적용범위를 확대해 왔다. 오늘날 공법상 위험책임이 성립되는 경우로는 공무상의 위험한 작업으로부터 발생한 사고, 위험물로 인해 야기된 피해(폭발물, 군용무기 및 운반기구 등) 그리고 위험한 활동 내지 기술로 인해 야기된 피해(화재진압시 필요한 파괴행위로 인한 인근주민의 피해, 비행청소년의 재교육으로 인한 인근주민의 피해 등)의 영역으로 확대되어 있다.[1] 한편 독일의 경우 이것은 누구보다도 포르스토프$\left(\text{Forsthoff}\right)$에 의해 제기되었고 또 긍정적으로 대답되었던 문제이다.[2] 그는 예컨대 경찰이 범죄인을 추격하던 중 우연히 그 중간에 서있던 제3자를 다치게 한 경우, 기관차의 무선안테나로 인해 산불이 난 경우, 또는 독물처리상의 이유에서 접근차단임무에 동원되었던 소방관이 오염된 경우 이러한 위험책임이 인정되어야 한다고 주장했다. 행정의 활동은 공공의 복리를 증진시키는 것이므로 그러한 위험의 희생자에게 사회전체의 부담으로 보상을

---

1) Rivero, Droit administratif, 357-359.
2) Verwaltungsrecht, S.359ff.

해주는 것이 형평 및 분배적 정의($\substack{\text{justitia} \\ \text{distributiva}}$)에 부합된다는 것이다. 그러나 포르스토프가 들었던 예는 오늘날 통설과 판례에 의하여 이미 수용 및 희생침해로 인한 보상에 의해 해결되고 있다. 포르스토프의 입장에서 이러한 위험책임의 문제가 절실한 현안이 되었던 것은 단지 이들 손실보상은 오로지 목표지향적인 침해에 국한되어 있었기 때문에 따라서 그로 인한 손해전보상의 공백을 위험책임을 인정함으로써 메워야 한다고 보았기 때문이었다.3) 이것은 판례를 통하여 진전된 수용 및 희생보상의 확대가 가능한 위험책임의 영역을 광범하게 카버하고 있음을 보여 주는 예이다. 예컨대 일반적 위험책임의 이론의 원용여부가 주목되었던 대표적인 사례인 교통신호등고장사건($\substack{\text{Ampelunfall:} \\ \text{BGHZ 99,249}}$)과 수도관파손사건($\substack{\text{Rohrbruchfall: BGHZ} \\ \text{55,229 = NJW 1971, 607}}$)에서 나타난 연방법원의 태도는 위험책임의 이론구성을 회피하고 이를 수용등등침해의 이론에 의해 해결할 수 있다는 것이었다.4)

오늘날 위험책임이 인정되어야 할 영역은 계속 확대되고 있으며 이러한 의미에서 위험책임론의 대두는 오늘날 국가책임법의 중요한 발전경향을 이루고 있다. 그러나 구체적으로 이를 어떤 분야에서 어떠한 이론구성을 통해 추구해나갈 것인가 하는 것은 향후의 과제라 할 것이다. 위험책임이 특별법적 규율을 통해 실정화된 예로는 원자력손해배상법 제3조 및 자동차손해배상보장법 제3조와 같은 무과실책임제도를 들 수 있다(독일의 경우에는 원자력법($\substack{\text{AtomG} \\ \text{§ 34}}$)에 의한 책임이 위험책임에 관한 대표적인 실정법규정이라 할 수 있다). 한편 위험책임의 이론을 구성함에 있어서 위험책임의 요건으로 고려할 만한 것으로는 대체로 첫째, 손해의 발생, 둘째, 손해는 행정주체의 고권적 작용을 통해 조성된 위험상황으로부터, 다시 말해서 그러한 잠재적 위험이 현실화하여 발생한 것일 것, 셋째, 손해는 당사자에 대한 관계에서 특별한 희생에 해당하는 것일 것, 넷째, 손해발생에 대한 당해당사자의 귀책사유가 없는 경우일 것 등을 들 수 있을 것이다.

Ⅱ. 계획보장청구권

계획보장청구권($\substack{\text{Plangewährleis-} \\ \text{tungsanspruch}}$)이란 무엇보다도 국가적 계획들의 준수 및 지속성 보장에 대한 개인의 실체법상의 권리라고 할 수 있다. 그것은 일반적인 계획의 지속, 계획추진 또는 계획변경시의 경과조치의 규율 및 적응을 위한 보조조치 등을 목적으로 한다는 점에서, 손실보상을 일차적인 목적으로 하는 것은 아니라고 할 수 있다. 그러나 계획의 변경이나 중도폐지로 인하여 재산상의 손실이 발생한 경우 이 계획보장청구권에 기한 손실보상이 보충적으로 문제되게 된다. 과연 이러한 보상청구권이 인정될 수 있는가에 관해서는 이에 관한 법적 발전이 빈약한 우리나라는 물론이고 독일의 경우에도 극히 의문시되고 있다.

---

3) Maurer, § 29 Rn.17.
4) Ossenbühl, StHR, § 24, S.175-176.

대법원은 도시계획변경신청을 불허한 처분에 대한 취소소송에 대하여 "도시계획법 제12조 제1항에 의하면 도시계획 및 그 변경은 건설부장관(…)이 직권 또는 같은 법 제11조의 규정에 의한 도시계획입안자(시장, 군수)의 신청에 의하여 소정절차를 거쳐 결정하도록 규정되어 있을 뿐, 도시계획법상 주민이 도시계획 및 그 변경에 대하여 어떤 신청을 할 수 있음에 관한 규정이 없을 뿐만 아니라 도시계획과 같이 장기성·종합성이 요구되는 행정계획에 있어서는 그 계획이 일단 확정된 후에 어떤 사정의 변동이 있다고 하여 지역주민에게 일일이 그 계획의 변경을 청구할 권리를 인정해 줄 수도 없는 이치이므로 피고가 원고의 도시계획 변경신청을 불허한 행위는 항고소송의 대상이 되는 행정처분이라고 볼 수 없다"고 판시한 바 있다.5)

한편 독일의 경우 판례와 압도적인 다수설은 이를 전통적인 손실보상법의 범위 내에서 해결하려는 태도를 보이고 있다.6) 즉 마우러의 설명에 따르면, 국가배상책임은 과실요건이 충족될 수 없으므로7) 원칙적으로 적용이 없다는 데 의문이 없다. 반면 공용수용으로 인한 보상은 직접 재산권으로 보호되는 재산적 지위가 침해되었을 것을 전제로 하는데 이러한 법적으로 보호되는 재산적 지위는, 계획의 지속 및 실현에 대한 기대를 수용대상이 될 수 있는 법적 지위로 강화시키는 신뢰보호의 요건($^{Vertrauens-}_{tatbestand}$)이 존재하는 경우에만 예외적으로 인정될 수 있을 뿐이다. 게다가 침해의 직접성($^{Unmittelbarkeit}_{des\ Eingriffs}$)이 성립될 것인가에 관해 의문이 남아 있다.

예컨대 이에 관하여 연방법원은 1982년 6월 24일의 판결에서 무효인 지구별건축계획에 의해 확인된 투자에 대한 신뢰에 대하여는 계획보장의 견지에서 아무런 배상청구권을 발생시키지 않는다고 판시한 바 있다.8) 무효인 건축계획에 대한 신뢰를 근거로 건축설계, 부지조성비용 등의 배상을 청구한 이 사건에서 연방법원은 위법한 계획에 대한 신뢰로부터 손실보상청구권은 도출되지 않는다고 하였고 나아가 신뢰배반을 이유로 한 일반적인 손실보상청구권은 존재하지 않는다고 판시했으나, 한편 소유자나 또는 그 이용권자가 법적 구속력을 지닌 건축계획을 신뢰하여 건축계획에서 허용된 이용가능성의 실현을 위한 준비를 했다면, 그 준비비용이 건축계획의 변경, 보완 또는 폐지로 인하여 가치를 상실하는 한, 연방건축법 제39조 j에 의하여 손실보상을 청구할 수 있다고 판시함으로써 손실보상청구권의 성립 자체를 부정하지는 않았다. 그러나 판례는 오랫동안 구체적인 사례에 있어서는 손실보상을 부정하는 태도를 보여 왔다.9) 계획보장청구권에 의한 손실보상을 인정함에 있어서 근거가 될 수 있는 규정으로는 드물지만 건축법전 제42조(건축계획의 변경), 연방이미씨온방지법(^{BImSchG}) 제21조 제4항(설치허가의 철회) 등을 들고 있다($^{§\ 28\ Rn.35,}_{S.667}$).

---

5) 대법원 1984.10.23. 선고 84누227 판결.
6) 반면 일부의 학설은 신뢰보호, 비례원칙 및 과잉금지의 원칙, 사회국가원칙, 위험배분의 관념 그리고 계약유사의 법리 등과 같은 계획손실에 대한 독자적인 청구기초를 발전시켜 개별화된 방법에 의하여 개별사례에 합당한 결과를 얻으려고 시도하고 있으나 그 어느 쪽으로도 의견의 일치를 보고 있지 못하다고 한다(Maurer, § 29 Rn.35, S.667).
7) Maurer, § 29 Rn.35, S.666-667.
8) BGH, NJW 1983, 215.
9) BVerfGE 30,392(Berlin-Hilfe); BGHZ 45,83(Knäckerbrot-Fall: 보호관세의 폐지).

계획보장이란 고권적 계획작용에 결부된 위험(^{Risiko})의 배분을 규율하기 위한 법제도라 할 수 있다. 그것은 특히 향도적 또는 조성적 계획($^{influenzierende}_{Planung}$)의 경우에 현실적인 중요성을 갖는다. 지시적 또는 교시적 계획($^{indikative \ oder}_{informative \ Planung}$)의 경우에는 그 자체로서 국가적 보장이 배제될 수 있는 반면, 구속적 또는 규범적 계획($^{imperative \ oder}_{normative \ Planung}$)에 있어서 계획의 변경에 대해서는 원칙적으로 법률에 의한 손실보상이 인정되도록 하는 입법적 해결책이 요망된다.

Ⅲ. 사회국가 또는 복지국가적 근거에 의한 보상

위에서 살펴 본 손실보상제도 외에도 실정법은 일정한 범위의 피해자에게 보상을 인정하는 규정들을 두고 있다. 이들 중 일부는 반드시 앞에서 본 공용침해 내지 희생침해의 요건을 충족시키지 않는 경우에도 피해자에게 보상청구권을 인정하고 있다. 사실 입법권자가 공용침해로 인한 손실보상을 앞에서 본 유형에만 국한시켜야 하는 구속을 받는 것은 아니며 그 이상으로 사회국가 또는 복지국가적 고려에 의하여 국가보상의 영역을 확대할 수 있는 것이다(입법형성의 자유). 이러한 종류의 보상유형들은 이를 통틀어 사회국가 또는 복지국가적 근거에 의한 보상($^{sozial- \ oder \ wohlfahrtstaatlich}_{motivierte \ Entschädigung}$)이란 용어로 파악될 수 있다.

독일의 경우 이에 해당되는 제도로는 경찰법상 제재로 인한 보상(제재가 그 상대방에 대해 지나치게 가혹하다든가 유독물질의 오염확산방지를 위하여 가해지는 제재 등), 제국보험법($^{Reichsversicher-}_{ungsordnung}$) 제539조 제1항에 의한 보상, 폭력행위의 피해자에 대한 보상[10] 등을 들 수 있다.

현행법상 이에 해당되는 제도로는 헌법 제30조가 "타인의 범죄행위로 인하여 생명·신체에 대한 침해를 받은 국민은 법률이 정하는 바에 의하여 국가로부터 구조를 받을 수 있다"라고 규정하고 이에 따라 생명 또는 신체를 해하는 범죄행위로 인하여 사망한 자의 유족이나 중장해를 당한 자를 구조하기 위한 목적에서 제정된 범죄피해자구조법을 들 수 있다. 이 법에 따르면 범죄피해자가 가해자의 불명 또는 무자력의 사유로 인하여 피해의 전부 또는 일부를 배상받지 못하거나, 자기 또는 타인의 형사사건의 수사 또는 재판에 있어서 고소·고발등 수사단서의 제공, 진술, 증언 또는 자료제출과 관련하여 피해자로 된 때에는 이 법이 정하는 바에 의하여 피해자 또는 유족에게 범죄피해구조금($^{이하 \ "구조금"}_{이라 \ 한다}$)을 지급하도록 되어 있다($^{§\ 3}$). 구조금의 금액은 피해자 또는 유족의 생계유지상황과 장해의 정도를 참작하여 대통령령으로 정하도록 위임되어 있다($^{§\ 9}$). 그러나 이러한 범죄피해자보상은 국가배상법에 의한 배

---

10) 이는 폭력행위피해자보상법(Gesetz über die Entschädigung für Opfer von Gewalttaten v. 11.5.1976 i.d.F. v. 20.12.1984(BGBl I 1985 S.1): OEG)에 의한 것이다.

상이나 기타 민사상의 배상과의 관계에서 보충적으로 적용되는 제도라 할 수 있다. 즉, 피해자 또는 유족이 당해 범죄피해를 원인으로 하여 「국가배상법」 기타 법령에 의한 급여등을 지급받을 수 있는 경우에는 대통령령이 정하는 바에 의하여 구조금을 지급하지 아니한다($^{\S 7}$). 또한 같은 법은 피해자 또는 유족이 당해 범죄피해를 원인으로 하여 손해배상을 받은 때에는 그 금액의 한도 내에서 구조금을 지급하지 않도록 하고 있다($^{\S 8}_{①}$). 국가가 구조금을 지급한 때에는 지급한 금액의 한도 내에서 구조금을 지급받은 자가 갖는 손해배상청구권을 대위한다($^{\S 8}_{②}$).

범죄피해자보상제도는 범죄피해에 대한 구제는 본래 가해자와 피해자 간의 관계에서 해결되어야 할 문제이나 현실적으로 피해구제가 충실히 이루어지지 못한다는 사정을 감안하고 국가의 일반적 범죄방지책임, 그리고 범죄피해자란 특수한 유형의 요보호자들에 대한 사회복지적 배려를 바탕으로 하여 국가가 피해자구제에 관한 배상제도를 보완하려는 제도라고 할 수 있다. 그러나 오늘날과 같은 복지국가적 헌법하에서 이러한 범죄피해자보상은 단순한 은전이 아니라 범죄피해자의 권리를 보장하는 제도로 간주되어야 할 것이다. 헌법 제30조가 이를 국민의 기본권으로 보장하고 있는 것은 바로 그러한 취지인 것이다. 이러한 입장에서 볼 때 이 법이 구조금을 지급하지 않는 경우의 하나로서 「기타 사회통념상 구조금의 전부 또는 일부를 지급하지 아니함이 상당하다고 인정되는 경우」라고 규정함으로써 불확정개념을 통해 피해자보상을 배제시킬 수 있도록 하고 있는 것은 기본권제한에 관한 헌법 제37조 제2항의 요건 및 헌법 제30조에 표현된 범죄피해자구조에 관한 헌법정신에 위배되는 것이라고 판단된다.

광주보상법에 의한 보상의 성질: 특별법상의 정치적 보상? ● ● 한편 사회국가적 근거에서 행해지는 구제적 피해보상의 한 형태로 광주민주화운동관련자보상등에 관한 법률(이하 광주보상법)을 들 수 있다. 광주보상법은 광주민주화운동으로 인하여 손해를 입은 자에 대하여, 구체적인 가해행위의 적법여하를 따지지 아니하고 피해자구제의 견지에서 피해보상을 인정하고 있다. 이와같은 보상제도는 침해원인행위의 위법성여하를 묻지 않고 인정된 일종의 특별법상의 결과책임제도로서, 국가배상과 손실보상의 중간에 위치하는 재난구제적 차원의 손해전보제도라고 파악된다. 이 점은 대법원의 판례를 통해서도 간접적으로 확인된 바 있다: 「광주민주화운동관련자보상등에 관한 법률(이하 광주보상법)에 따라 보상금등의 지급을 신청한 자는 보상심의위원회의 결정에 대하여 그 위법을 이유로 취소등을 구하는 항고소송을 제기할 수는 없다고 할 것이므로 위 보상금지급에 관한 소송은 항고소송이외의 소송형태가 될 수밖에 없다고 할 것인 바, 광주보상법에 의거하여 관련자 및 그 유족들이 갖게 되는 보상등에 관한 권리는 헌법 제23조 제3항에 따른 재산권침해에 대한 손실보상청구나 국가배상법에 따른 손해배상청구와는 그 성질을 달리하는 것으로서 동법이 특별히 인정하고 있는 공법상의 권리라고 하여야 할 것이므로 그에 관한 소송은 행정소송법 제3조 제2호 소정의 당사자소송에 의하여야 할 것이다.」[11] 대법원은 이 사건에서 광주보상법에 의거하여 관련자 및 그 유족들이 갖게 되는 보상등에 관한 권리에 대하여 별다른 근거를 설시함이 없이

'헌법 제23조 제3항에 따른 재산권침해에 대한 손실보상청구나 국가배상법에 따른 손해배상청구와는 그 성질을 달리하는 것으로서 동법이 특별히 인정하고 있는 공법상의 권리'라고 보았다. 먼저 대법원이 광주보상법상 보상청구권을 공법상의 권리라고 본 점에 대하여는 의문이 없다. 국가배상이나 손실보상에 대한 청구권 역시, 헌법규정이나 국가배상법 등 그 근거법이 국가나 공공단체에 권리의무를 배타적으로 귀속시키는 특별법으로서 공법의 성질을 갖는 이상, 이에 의해 주어지는 권리는 공권이라고 보는 것이 타당하다는 것은 이미 앞에서 서술한 바와 같다. 그러나 대법원이 손실보상청구 및 국가배상청구와 광주보상법상의 보상청구를 서로 성질을 달리하는 것으로 보면서 전자를 사법상의 권리로, 후자를 공법상의 권리로 간주한 데 대하여는 의문이 있다. 광주보상법에 의한 보상의 성격, 즉 특별법에 의하여 침해원인행위의 위법성여하를 묻지 않고 인정된, 국가배상과 손실보상의 중간에 위치하는 재난구제적·결과책임적 손해전보라는 것이 광주보상법상의 보상을 손실보상이나 국가배상으로부터 구별시켜주는 요인이라고는 할 수 없기 때문이다.[12] 그렇다면 대법원은 광주보상법에 의한 보상 역시 손실보상·국가배상에 대한 종전의 태도대로 민사사건으로 처리하든지, 아니면 오히려 손실보상이나 국가배상을 민사소송으로 다루어 온 판례를 포기하고 이들을 모두 공법소송(당사자소송)으로 다루어야 했을 것이다.[13] 대법원이 이러한 이유있는 의문을 염두에 두었다면 또 이 판결에서 견지한 광주보상법상의 보상의 성질에 관한 자신의 입장을 근거지우기 위해서는 과연 어떤 기준에서 양자의 성질을 달리 파악할 수 있는지, 광주보상법상의 보상을 특히 공법적 성질을 지닌 것으로 보아야 하는 합리적인 근거를 제시했어야만 할 것이다. 한편 「5·18민주화운동등에관한특별법」 제6조는 "광주민주화운동관련자보상등에관한법률의 규정에 의한 보상은 배상으로 본다"고 규정하였다.

---

11) 대법원 1992.12.24. 선고 92누3335 판결.
12) 한편 원심은, 이미 앞의 각주 1에서 지적된 바와 같이, 법 시행령 제18조의 별지 제7호 서식 (나)에서 언급된 「행정소송」이란 문언상의 표현을 보상금등 지급청구소송이 공법상 당사자소송으로서의 성질을 갖는 근거로 제시한 바 있다.
13) 대법원이 독일의 경우처럼 「전통에 의한 관할」(Kompetenz kraft Tradition) 또는 「전래적 민사사건」(Zivilprozeß-sachen kraft Überlieferung)을 주장하는 것은 아닐 것이다.

제 5 절 │ 행정법상의 채권관계

Ⅰ. 개 설

행정법상의 채권관계(또는 채무관계: verwaltungsrechtliche Schuldverhältnisse)란 민법상의 채권관계(채무관계)와 유사한 행정주체와 국민 간의 공법상의 법률관계를 말한다.

Ⅱ. 행정법상의 채권관계의 유형과 내용

행정법상 채권관계의 전형적 예로는 공법상 사무관리(öffentlich-rechtliche Geschäfts- führung ohne Auftrag), 부당이득(öffentlich-rechtlicher Erstattungsanspruch) 등을 들 수 있는데[1] 그 법률관계의 내용을 간단히 살펴보면 다음과 같다.

1. 공법상 사무관리

1.1. 의 의

사무관리란 민법상의 정의에 따른다면 법률상의 의무없이 타인을 위하여 그 사무를 관리함을 말한다(민법 §734). 비록 아무런 의무없이 임의로 타인의 사무를 관리하는 행위를 한 경우일지라도 그것이 본인에게 이익이 되는 행위라면 이를 부인할 것이 아니라 적극적으로 시인함으로써 본인과 관리자 사이의 이해를 조절하는 것이 보다 합리적이라는 데 사무관리제도의 취지가 있다고 설명된다. 공법상 사무관리는 무엇보다도 관리되는 사무(Geschäft)가 공법적 성질을 갖는 경우에 성립한다고 볼 수 있다.

1.2. 인정여부 및 유형

앞에서 본 민사상 사무관리의 제도적 취지는 비단 사법에서뿐만 아니라 공법의 분야에서도 마찬가지로 발휘될 수 있는 것이다. 그러한 견지에서 사무관리가 공법관계에서도 존재할 수 있다고 이해하는 것이 일반적이다. 문헌상 제시되고 있는 공법상 사무관리의 예로는, 가령 ① 국가의 특별감독하에 있는 사업에 대하여 감독권에 의하여 행하는 강제적 관리(강제관

---

[1] 김남진교수(행정법 I, 645이하)는 그 밖에도 가령 경찰관직무집행법 제4조 제3항에 의한 무기·흉기 등 위험물건의 임시영치 등과 같은 경우 성립하는 공법상 임치(öffentlich-rechtliche Verwahrung)를 행정법상의 채권관계의 내용으로 설명하고 있다.

리), 수난등 재해구호 및 행려병사자의 보호를 위한 관리(보호관리), ② 거꾸로 비상재해시 임의적으로 이루어지는 행정사무의 일부의 관리 등이 있다. 전자의 경우는 행정주체가 사인을 위하여 사무를 관리하는 경우인 데 비하여 후자는 사인이 행정주체를 위하여 사무를 관리하는 경우라 할 수 있다. 이러한 관리행위들은 이에 대한 공법상 의무에 의한 것이기 때문에 사무관리가 아니라는 견해도 있으나(W. Jellinek), 가령 공무원이 사무관리를 행하는 경우에 있어 공법상의 의무란 국가에 대한 의무이지 피관리자에 대한 의무는 아니므로, 사무관리라 할 수 있다고 보는 것이 지배적인 견해이다.[2]

1.3. 적용법규

민법상 사무관리에 관한 규정은 일반법원리적 규정이라 할 수 있다. 따라서 공법상 사무관리에 대하여는 특별한 규정이 없는 한 민법규정을 준용하여 사무관리기간의 통지의무, 비용상환 기타 이해조절이 있어야 할 것이다.

2. 공법상 부당이득

2.1. 개 념

민법상 부당이득($\substack{\text{ungerechtfertigte}\\\text{Bereicherung}}$)이란 법률상의 원인없이 타인의 재산 또는 노무로 인하여 이득을 얻고 이로 인하여 타인에게 손해를 끼치는 것을 말한다($\substack{\text{민법}\\\S\ 741\text{~}749}$). 부당이득은 반환되어야 한다. 법률상 원인없이 타인의 손실로써 얻은 이득을 반환해야 한다는 것은 실질적 형평의 이념에 따른 것이다. 공법상 부당이득반환청구권($\substack{\text{öffentlich – rechtlicher}\\\text{Erstattungsanspruch}}$)은 이러한 사법상의 부당이득반환청구권($\substack{\text{Bereicherungs-}\\\text{anspruch}}$)에 상응하는 법적 제도라 할 수 있다($\substack{\text{Ossenbühl,}\\\S\ 38\ S.210}$). 공법상 부당이득반환청구권은 일반행정법상의 제도로서 이행청구권($\substack{\text{Leistungs-}\\\text{anspruch}}$)의 이면(^{Kehrseite})에 해당하는 청구권이다. 공법상 부당이득반환청구권에 있어 결정적 징표는 공권력에 의한 침해에 있는 것이 아니라, 단지 법적으로 정당화할 수 있는 원인없이($\substack{\text{ohne rechtferti-}\\\text{genden Grund}}$) 발생했고 또 반환을 통해 회복되어야 할 재산적 상태($\substack{\text{Vermögens-}\\\text{zustand}}$)에 있다. 공법상 부당이득이 성립한다고 볼 수 있는 예로는 가령 조세의 과오납, 착오로 인한 사유지의 국공유지편입, 세무공무원의 과오에 의한 제3자의 재산의 압류·공매 등과 같이 행정주체에게 부당이득이 발생하는 경우와, 봉급과다수령, 무자격자의 연금수령 등과 같은 사인에게 부당이득이 발생하는 경우를 들 수 있다.

---

2) 박윤흔, 행정법강의(상), 203.

2.2. 성 질

공법상의 부당이득반환청구권의 성질에 관하여는 견해가 대립되고 있다.

2.2.1. 사권설

이 견해에 따르면, 공법상의 부당이득은 행정행위의 무효, 취소가 확정됨으로써 비로소 발생하는 문제이므로, 부당이득이 생긴 때에는 이미 법률상 원인문제는 사라진 뒤이고, 부당이득제도는 순전한 경제적 견지에서 인정된 이해조절제도라는 점을 근거로 공법상 부당이득청구권을 사권으로 보고 민사소송으로 처리되어야 할 문제라고 본다.

2.2.2. 공권설

이 견해는 공법상의 원인에 의하여 발생한 결과를 조정하기 위한 제도는 공법상 원인의 유무의 탐구와 밀접한 관계가 있으므로 공법상의 제도라는 것을 이유로 공법상 부당이득청구권을 공권으로 본다. 따라서 그에 관한 소송도 「공법상 법률관계에 관한 소송」으로서 공법상 당사자소송에 의하여야 한다고 본다(통설).

2.2.3. 결 론

실정법이 공·사법의 이원적 구별을 인정하고 있고, 행정소송법에서도 공법상의 법률관계에 관한 소송을 공법상의 당사자소송으로 규정하고 있는 이상, 공법상 원인에 의하여 발생한 부당이득반환청구권은 공권으로서의 성질을 지닌다고 보아야 할 것이다.

그러나 판례는 여전히 사권설의 입장에 서 있다. 즉 대법원은 「조세부과처분이 무효임을 전제로 하여 이미 납부한 세금의 반환을 청구하는 것은 민사상의 부당이득반환청구로서 민사소송절차에 따라야 한다」고 판시하고 있다.[3]

2.3. 적용법규

개개의 법령에 특별한 규정이 있는 경우(국세기본법 §§ 51-54, 지방세법 §§ 45-47, 공무원연금법 § 81 ②, 「보조금의 예산 및 관리에 관한 법률」 §§ 31-33 등)를 제외하고는 공법상 부당이득에 관한 일반법이나 통칙적 규정은 없다. 그러나 민법상 부당이득에 관한 규정($\S\S\ 741\text{-}749$)은 일반법원리적 규정이라고 할 수 있으므로 이를 적용할 수 있다고 본다.

---

3) 대법원 1991.2.6. 자 90프2 결정; 대법원 1969.12.9. 선고 69다1700 판결.

2.4. 행정주체의 부당이득

2.4.1. 성립요건

공법상 부당이득은 어떤 행정행위에 의하여 행정주체에게 일정한 이득이 발생하였으나 그 이후 행정행위가 무효라고 판명되거나 위법한 것이어서 취소된 경우에 성립한다. 이 경우 기존의 이득은 그 법적 근거를 상실하게 되므로 부당이득이 성립하는 것이다. 다만 행정행위가 단순위법인 경우에는 취소되기 전까지는 그 행위는 유효한 것으로 통용되므로(공정력 또는 예선적 유효성) 아직은 부당이득이 성립되었다고 할 수 없다. 또한 당해 행정행위에 대한 출소기간이 경과된 후, 즉 불가쟁력이 발생한 후에도, 처분청에 의한 직권취소가 있는 경우를 제외하고는, 부당이득의 반환청구는 불가능하다. 다만 조세부과처분 기타 공권력에 의하여 부과된 채무를 이행한 경우에는 민법 제742조에 의한 비채변제의 규정은 적용되지 않는다고 보아야 할 것이다. 이러한 경우에는 채무없음, 즉 채무의 법적 근거가 없음을 알더라도, 행정행위의 집행력으로 인하여 이행하지 않을 수 없기 때문에, 비채변제의 법리를 인정할 수 없는 것이다.[4]

::: 조세과오납에 기한 부당이득반환청구권

"과세처분이 부존재하거나 당연무효인 경우에 이 과세처분에 의하여 납세의무자가 납부하거나 징수단한 오납금은 국가가 법률상 원인없이 취득한 부당이득에 해당하고, 이러한 오납금에 대한 납세의무자의 부당이득반환청구권은 처음부터 법률상 원인없이 징수된 것이므로 납부 또는 징수시에 발생하여 확정된다."[5]

::: 체납전기 · 수도요금의 승계여부와 부당이득

"신수용가(원고)가 구수용가의 체납전기요금을 승계하도록 규정한 전기공급규정에 의하여 납부고지를 받고 원고가 한 체납전기요금의 납부행위는 불공정법률행위로서 무효라는 이유로 위 피고에 대한 납부체납전기요금 상당의 부당이득반환을 청구한 사건에서 대법원은 "피고 한국전력공사의 전기공급규정에 신수용가가 구수용가의 체납전기요금을 승계하도록 규정되어 있다 하더라도 이는 위 피고 공사내부의 업무처리지침을 정한데 불과할 뿐 국민에 대하여 일반적 구속력을 갖는 법규로서의 효력은 없고, 수용가가 위 규정에 동의하여 계약의 내용으로 된 경우에만 효력이 생기는 것이며 …… 원심이 판시한 바와 같이 전기사업법 제17조, 제19조 제2항과 위 공급규정 제15조 제2항에 의하여 바로 신수용가가 구수용가의 체납전기요금을 납부할 의무가 생기는 것이라고 할 수 없다. 전기사업법상 「전기요금 기타 공급조건」이라 함은 전기를 공급받고자 하는 자 또는 전기를 사용하는 자가 일반전기사업자로부터 장래 전기를 공급받기 위한 전기공급계약의 내용으로 되는 사항 즉 일반전기사업자가 수용가에게 전기를 공급하는 방법, 이와 관련하여 수용가가 수인하거나 부담해야 할 요금 기타 사항을 말한다고 할 것이고, 구수용가가 체납한 전

---

4) 박윤흔, 행정법강의(상), 206; 홍정선, 행정법원론(상), 182.
5) 대법원 1992.3.31. 선고 91다32053 판결.

기료납부의무의 승계에 관한 사항은 구수용가의 한국전력공사에 대한 채무를 신수용가가 인수하느냐 하는 문제로서 신수용가가 장래 한국전력공사로부터 전기를 공급받는데 관한 사항은 아니라고 할 것이며, 따라서 이러한 사항은 위 「전기요금 기타 공급조건」에 포함되지 아니한다"고 판시함으로써 원고의 피고 한국전력공사에 대한 부당이득반환청구를 인용하였고, 한편 급수장치에 관한 권리의무의 승계를 규정한 조례를 근거로 전소유자의 체납수도료를 신소유자에게 승계시킨 처분을 위법한 것으로 본 원심에 대하여 상고한 피고 부천시에 대하여는 "…… 원심은 전소유자가 체납한 수도요금을 납부하지 아니하면 위 피고의 단수조치로 인하여 막대한 손해를 입게 될 부득이한 사정하에서 자기의 자유로운 의사에 반하여 체납된 수도요금을 납부하였다는 이유로 위 피고의 비채변제주장을 배척하였는 바, 원심의 사실인정과 판단은 정당하고 소론과 같은 채중법칙위배나 심리미진 또는 법리오해의 위법이 있다고 할 수 없다"고 하여 상고를 기각하였다."[6]

2.4.2. 부당이득의 반환범위

부당이득의 반환범위에 관하여는 법령상 특별한 규정이 있으면 그에 따르겠지만, 행정주체의 선의, 악의를 불문하고 항상 전액반환을 정하는 경우가 많다. 또한 법령상 특별한 규정이 없더라도 공권력에 의한 사인의 손해의 결과로 발생한 부당이득은 전부 반환되어야 한다고 보는 것이 일반적이다. 받은 이익에 이자를 붙일 것인지에 대하여, 법령상 규정태도는 일치하지 않으나, 조세과오납금의 경우 이자를 붙이도록 한 것(국세기본법§52)이 있다.

2.5. 사인의 부당이득

2.5.1. 성립요건

행정주체의 부당이득의 경우와 같이 사인의 부당이득도 그 부당이득의 원인이 행정행위에 기한 경우에는 그 행정행위가 무효이거나 취소되기 전에는 부당이득이 성립되지 않는다. 한편 수익적 행정행위의 경우에는 신뢰보호원칙과 관련하여 취소권의 행사에 제한이 있으므로 상대방에게 귀책사유가 없는 한 원칙적으로 취소할 수 없고, 따라서 부당이득의 반환청구도 불가능하게 되는 결과가 된다.

2.5.2. 부당이득의 반환범위

사인은 받은 이익의 전액을 반환하여야 한다. 반환하는 경우 이자를 붙일 것인지가 문제되나, 법령상 특별한 규정이 없는 이상, 부정적으로 보아야 할 것이다.

2.6. 부당이득반환청구권의 행사

부당이득반환청구권의 행사방법에 관하여는 먼저 각각의 단행법이 명문의 규정을 두고

---

6) 대법원 1992.12.24. 선고 92다16669 판결.

있는 경우에는 그에 따르면 될 것이다. 행정주체의 부당이득의 경우 부당이득반환청구권의 행사는 공법상 당사자소송에 의하여야 할 것이나, 판례가 이를 민사소송으로 처리하고 있음은 이미 설명한 바와 같다. 한편 사인의 부당이득에 대한 반환청구에 관하여 종종 관계법규가 부당이득반환청구권의 행사를 행정행위(급부하명)에 의하도록 하고 그 불이행에 대하여 행정상 강제징수를 인정하는 경우가 있다. 가령 보조금의 예산 및 관리에 관한 법률 제31조 제1항은 "중앙관서의 장은 보조금의 교부결정을 취소한 경우에 그 취소된 부분의 보조사업에 대하여 이미 보조금이 교부되어 있을 때에는 기한을 정하여 그 취소한 부분에 해당하는 보조금의 반환을 명하여야 한다"고 규정하고 있는데, 이는 급부하명에 의하여 부당이득반환청구권을 행사하도록 수권한 것이라 할 수 있다. 또한 같은 법 제33조는 이와같이 반환되어야 할 보조금에 대하여는 국세징수의 예에 따라 중앙관서의 장으로 하여금 이를 징수할 수 있도록 하고 있다. 반면 법령에 명문의 규정이 없는 경우 행정청이 부당이득의 반환을 요구하는 의사표시를 한다면 이는 하명이라기보다는 반환최고의 의사표시라고 보아야 할 것이다.[7]

2.7. 공법상 부당이득의 시효

공법상 부당이득반환청구권은 특별한 규정이 있거나($\substack{\text{관세법 } \S\,22,\ 공무\\원연금법 \S\,81\ ②}$), 제척기간을 정한 경우를 제외하고는, 5년의 소멸시효가 완성됨으로써 소멸된다($\substack{\text{국가재정법 } \S\,96;\\지방재정법 \S\,82}$).

---

7) 김도창, 일반행정법론(상), 270; 박윤흔, 행정법강의(상), 207; 홍정선, 행정법원론(상), 183.

제3부

행정쟁송

제 1 장

개   설

제 1 절 | 법치행정의 원리와 행정쟁송의 목표

행정쟁송이란 일반적으로 행정에 관한 분쟁의 법적 심판을 말한다. 행정쟁송은 국민의 권리보호를 궁극적 목적으로 하는 동시에 행정의 법적 통제라는 기능적 목표에도 봉사한다. 행정쟁송의 양면적 목표는 행정법의 기본원리인 법치행정의 원리, 즉, 법치국가원칙 또는 「법의 지배」 원리와의 관련 하에서 비로소 분명히 위치지어질 수 있다. 법치국가의 본질이 국가에 대한 법의 지배(Herrschaft des Rechts über den Staat), 행정의 법적합성과 법률적합성에 있는 것이라면 이러한 질서를 유지하기 위해서 독립된 법원에 의한 감시와 통제가 필요하며 이것은 행정의 법적 통제란 의미에서 법치국가의 필수적인 전제조건을 이룬다. 그러나 법치국가원리의 구성요소로서 행정에 대한 법적 통제가 행해져야 하는 궁극적인 이유는 역시 국민의 권리보호에 있다. 행정의 법적 통제는 법치국가의 수단이며 국민의 권리보호는 법치국가의 목적으로서 상호불가분의 관계에 있는 행정구제제도의 목표를 구성한다. 요컨대 레스(G. Ress)가 적절히 지적한 바와 같이 행정의 적법성원칙이 없는 행정쟁송제도에 대한 요청은 무의미하며 행정쟁송제도 없는 법치행정의 원리에 대한 요청은 비현실적이다.[1]

행정쟁송은 현대법치국가의 불가결한 구성요소로서, 사후적 권리구제절차로서의 측면과 행정통제제도로서의 측면을 겸유한다. 이러한 견지에서 헌법은 제101조 제1항에서 행정재판권을 포함한 사법권을 법원에 귀속시키고 제107조 제2항에서는 "명령·규칙 또는 처분이 헌법이나 법률에 위반되는 여부가 재판의 전제가 된 경우에는 대법원은 이를 최종적으로 심사할 권한을 가진다"고 규정함으로써 행정작용에 대한 사법적 심사의 헌법적 근거를 마련하는

---

1) G. Ress, Die Entscheidungsbefugnis in der Verwaltungsgerichtsbarkeit-eine rechtsvergleichende Studie zum österreichischen und deutschen Recht, 1968, Forschungen aus Staat und Recht, Bd.4, Springer Verlag, 41.

한편, 제107조 제3항에서는 "재판의 전심절차로서 행정심판을 할 수 있다. 행정심판의 절차는 법률로 정하되, 사법절차가 준용되어야 한다"고 하여 행정심판의 제도화를 헌법적으로 뒷받침하고 있다.

제 2 절 │ 행정쟁송의 체계적 지위

Ⅰ. 행정통제와 행정쟁송

행정의 적법성과 합목적성을 보장하기 위해 행정작용을 심사하고 시정하는 제도를 통틀어 우리는 행정통제제도라고 부른다. 행정쟁송이 이러한 의미의 행정통제에 해당하는 제도임은 물론이다. 행정통제는 행정쟁송 외에도 다양한 형태의 제도와 절차를 통해 이루어질 수 있다.

행정통제의 유형은 통제의 주도권이 누구에 있느냐에 따라 행정내부적 통제$\binom{\text{verwaltungsinterne}}{\text{Kontrolle}}$와 행정외부적 통제$\binom{\text{verwaltungsexterne}}{\text{Kontrolle}}$로 나뉜다. 전자는 합법성과 합목적성에 관한 공익에 봉사하는, 행정의 자기정화$\binom{\text{Selbst-}}{\text{reinigung}}$를 위한 통제로서, 통제가 외부로부터의 문제제기 없이 자체적으로$\binom{\text{selbst-}}{\text{initiativ}}$ 실시된다는 점에 특징이 있다. 행정내부적 통제는 직권재심사나 주로 행정조직상의 위계제원칙$\binom{\text{hierarchisches}}{\text{Prinzip}}$에 따른 행정감독권에 의해 실시되며 구체적 방법으로는 지시, 하명, 처분의 직권취소 등이 있다. 책임 및 통제가 행정조직의 기초가 되는 행정기능과 필수적 상호연관을 맺고 있다는 행정통제 관점에서 볼 때, 행정내부적 통제는 일차적이고 정상적인 통제방식이며, 법원에 의한 통제는 오히려 최후수단$\binom{\text{ultima}}{\text{ratio}}$이라고 할 수 있다.[1] 반면 후자, 즉 행정외부적 통제는, 통제가 외부로부터 유발된다는$\binom{\text{fremd-}}{\text{initiativ}}$ 점에서 전자와 구별된다. 행정외부적 통제는 타기관에 의한 통제뿐만 아니라 행정의 자기통제$\binom{\text{Selbst-}}{\text{kontrolle}}$의 계기가 될 수도 있다. 이것은 일차적으로 행정의 적법성과 (또한 부분적으로는) 합목적성에 관한 개인의 이익에 봉사한다. 여기에는 전형적 권익구제방법$\binom{\text{förmliche}}{\text{Rechtsbehelfe}}$인 행정쟁송과 비전형적 구제방법$\binom{\text{formlose}}{\text{Rechtsbehelfe}}$인 청원, 진정 등이 해당된다.

Ⅱ. 권익구제와 행정쟁송

행정쟁송의 의의는 무엇보다도 불량행정$\binom{\text{maladmi-}}{\text{nistration}}$으로부터 국민의 권익을 보호하려는 데 있다. 이러한 뜻에서 행정쟁송은 사법상 권리관계에 관한 민사소송, 국가형벌권의 행사여하에 관한 형사소송, 또는 기타의 권리구제절차들과 구별되는 동시에 이들과 함께 국민의 권익보

---

1) Schmitt-Glaeser는 이것이 올바르게 이해된 권력분립원칙의 결과라고 한다. W.Schmitt-Glaeser, VVDStRL 31 (1973), S.244.

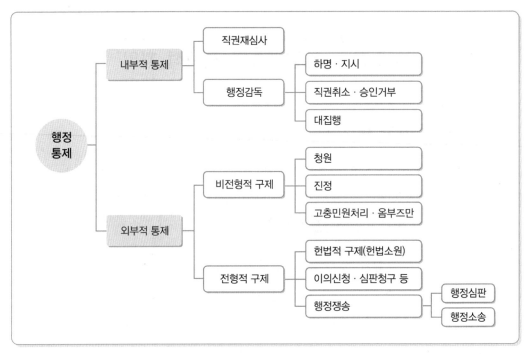

[행정통제의 분류]

호를 위한 구제절차로서 공통점을 가진다. 행정쟁송은 행정에 대한 외부적 통제를 통한 사후적 행정구제절차로서 행정내부에서 행해지는 직권재심사·행정감독 등과 구별되며 또한 전형적 구제절차로서 청원·진정 등과 구별된다. 끝으로 행정쟁송은 쟁송을 통한 행정구제의 일반적 절차로서 각개의 단행법에 규정되어 있는 이의신청·심판청구 등의 특별행정쟁송절차와 구별되며, 반면 헌법소원과는, 행정쟁송 역시 행정작용으로 인한 기본권침해를 구제할 수 있다는 점에서 일부 중첩적인 관계에 서지만 그 한도에서 동시에 헌법소원의 제기요건에 관한 구제전치원칙($\S_{68}^{헌법재판소법}$ ②)에 의하여 선행구제절차로서의 관계에 놓이게 된다.

제 3 절 │ 우리나라 행정쟁송제도

우리나라의 행정쟁송제도는 기본적으로 행정심판법에 의한 행정심판과 행정소송법에 의한 행정소송으로 나누어진다. 양자는 이미 앞에서 본 바와 같이 각각 약식쟁송과 정식쟁송에 해당된다는 점에서 구별되지만 행정심판에 사법절차를 준용해야 한다는 헌법규정의 취지에 따라 제정된 행정심판법이 구 소원법에 비해 사법절차적 요소를 많이 채용하고 있으므로 그 한도 내에서 또한 공통점도 적지 않게 발견된다. 이를 도표를 통해 알아보면 다음과 같다.

〈행정심판과 행정소송의 비교〉

구분	비교사항	행정심판	행정소송
공통점	절차개시	당사자의 쟁송제기(심판청구 · 소제기)	
	제기권자	"법률상의 이익"이 있는 자	
	절차구조	대심구조; 제3자 판정기관; 판정기관의 심리의무	
	청구변경	가 능	
	집행정지	집행부정지원칙	
	심리원칙	직권심리의 인정; 당사자 및 이해관계인의 참여기회 부여	
	기 타	불이익변경금지, 판정행위의 효력(확정력 · 기속력등), 사정재결 및 사정판결제의 인정	
차이점	쟁송사항	적법성 · 합목적성	적법성
	판정기관	행정기관(행정심판위원회)	법 원
	심리원칙	서면심리원칙	구술심리주의
	인정유형	의무이행심판	부작위위법확인소송

제1편

제2편

제3편

제4편

제5편

행정구제법

제2장

행정심판

제1절 | 개 설

I. 행정심판의 개념

헌법은 제107조 제3항에서 "재판의 전심절차로서 행정심판을 할 수 있다. 행정심판절차는 법률로 정하되 사법절차가 준용되어야 한다"고 규정함으로써 행정심판의 헌법적 근거를 분명히 하고 있다. 여기서 행정심판이란 실질적 의미의 행정심판으로서 행정기관에 의한 분쟁해결절차 일반을 말한다. 가령 현행법상 행정심판, 이의신청($^{광업법 \S 90,}_{국세기본법 \S 55}$), 재결신청, 심사청구·심판청구($^{국세기본법}_{\S\S 55이하}$) 등 다양한 명칭으로 표현되는 절차이다(광의의 행정심판). 반면 형식적 의미의 행정심판은 행정심판법 제1조에서 규정하는 바와 같이 "행정청의 위법 또는 부당한 처분이나 부작위로 침해된 국민의 권리 또는 이익을 구제"하는 절차를 말한다(제도적 의미의 행정심판). 여기서 「행정심판」은 일반적으로 후자, 즉 형식적 의미의 행정심판을 말하는 개념으로 사용될 것이다.

▦ 행정심판과 사법절차의 준용

"헌법 제107조 제3항은 "재판의 전심절차로서 행정심판을 할 수 있다. 행정심판의 절차는 법률로 정하되, 사법절차가 준용되어야 한다"고 규정하고 있다. 이 헌법조항은 행정심판절차의 구체적 형성을 입법자에게 맡기고 있지만, 행정심판은 어디까지나 재판의 전심절차로서만 기능하여야 한다는 점과 행정심판절차에 사법절차가 준용되어야 한다는 점은 헌법이 직접 요구하고 있으므로 여기에 입법적 형성의 한계가 있다. 따라서 입법자가 **행정심판을 전심절차가 아니라 종심절차로 규정함으로써 정식재판의 기회를 배제하거나, 어떤 행정심판을 필요적 전심절차로 규정하면서도 그 절차에 사법절차가 준용되지 않는다면 이는 헌법 제107조 제3항, 나아가 재판청구권을 보장하고 있는 헌법 제27조에도 위반된다** 할 것이다.

반면 어떤 행정심판절차에 사법절차가 준용되지 않는다 하더라도 임의적 전치제도로 규정함에 그치고 있다면 위 헌법조항에 위반된다 할 수 없다. 그러한 행정심판을 거치지 아니하고 곧바로 행정소송을 제기할 수 있는 선택권이 보장되어 있기 때문이다(헌재 2000.6.1. 98헌바8, 판례집 12-1, 590,598).

한편, 헌법 제107조 제3항은 **사법절차가 "준용"될 것**만을 요구하고 있으나 **판단기관의 독립성과 공정성, 대심적 심리구조, 당사자의 절차적 권리보장** 등의 면에서 사법절차의 본질적 요소를 현저히 결여하고 있다면 "준용"의 요청에마저 위반된다고 하지 않을 수 없다(헌재 2000.6.1. 98헌바8, 판례집 12-1, 590,601~602)."[1]

Ⅱ. 행정심판의 존재이유

행정심판은 행정소송과 관련하여 사전적 구제절차로서 기능을 수행할 뿐만 아니라 그 자체가 또한 독자적인 행정상 불복·구제절차로서 가치를 가지고 있다. 그것은 과거 행정심판 전치주의 하에서는 행정소송의 전심절차(Vorver-fahren)로서 또는 사실상 행정소송의 제1심으로서 기능을 수행하였으나, 행정심판이 임의절차화함으로써 이러한 기능은 퇴화되고 그 독자적 권익구제절차로서의 기능이 전면에 부상하게 되었다.

행정심판의 존재이유는 첫째, 자율적 행정통제, 즉 행정의 자기통제 및 행정감독을 가능케 한다는 점, 둘째, 행정의 전문·기술성이 날로 증대됨에 따라 법원의 판단능력의 불충분성이 의문시되는 문제영역들에 있어 행정의 전문지식을 활용할 수 있도록 함으로써 사법기능의 보충을 기대할 수 있다는 점, 셋째, 분쟁을 행정심판단계에서 해결할 수 있다면 이를 통하여 법원부담의 경감, 행정능률의 고려, 시간과 비용의 절감(쟁송경제)을 기할 수 있다는 점 등에 있다. 여기서 둘째와 셋째의 존재이유는 행정심판이 효과적인 권익구제절차로서 기능을 수행한다는 전제 아래서만 성립될 수 있다. 만일 이러한 전제가 성립되지 않는다면 상대적으로 행정심판은 소송을 통한 권익구제를 지체시키는 장애요인으로 작용할 수도 있다.

Ⅲ. 기타의 행정상 불복방법과의 구별

행정심판은 다음과 같은 점에서 기타 행정상 불복수단으로 이용될 수 있는 청원·진정·직권재심사·고충처리 등의 절차들과 구별된다.

1. 청원과의 구별

헌법 제26조와 청원법 제9조의 해석을 통해 이미 지적된 바와 같이, 청원에 의해서도 행정청의 자기반성을 촉구하고 위법·부당한 행정처분 등의 취소·변경을 구할 수 있는 등 청

---

1) 헌법재판소 2001.6.28. 선고 2000헌바30 전원재판부 결정.

원제도가 지니는 행정구제절차로서의 의미가 절하되지는 않는다. 그러나 양자는 다음과 같은 점에서 차이가 있다. 행정심판은 제기권자·제기기간·대상 등에 관하여 행정심판법에 의한 제한이 가해지고 있으나, 청원은 헌법 및 청원법상 문서요건·청원사항 등에 대한 제한을 제외하고는 대상기관이나 제기권자, 제기기간 등에 관하여 그와 같은 제한을 받지 않는다는 점에서 차이가 있다. 또한 행정심판의 산출물인 재결에는 구속력이 인정되는 반면 청원에 대한 결정에는 이렇다 할 법적 구속력이 수반되지 않는다는 점에서도 중요한 차이점이 있다.

2. 이의신청과의 구별

이의신청은 위법·부당한 처분등으로 권익을 침해당한 자가 처분청 자신에 대하여 그 재심사를 구하는 쟁송절차로서 행정심판과는 그 대상기관, 허용범위 면에서 차이점을 지니고 있다. 다시 말해 이의신청은 원칙적으로 처분청의 직근상급행정청인 재결청을 상대방으로 하여 제기되는 행정심판과는 달리 처분청에 제기되며 각개의 단행법의 규정에 의하여 일정한 처분등에 대해서만 인정된다는 점(예: 국세기본법 §55 ① 답서)에서 행정심판과 구별된다.

3. 직권재심사·진정 등과의 구별

행정심판이나 직권재심사 모두 행정작용에 대한 통제수단으로 기능한다는 점에서는 공통적이지만, 전자는 개인의 심판제기로 절차가 개시되는 데 반하여 후자는 행정청 스스로의 판단에 따라 행해질 뿐만 아니라 법적·절차적 제한이 엄격하지 않다는 점에 차이가 있다.

한편 행정심판은 법적 절차로서 단순히 사실행위에 불과하고 아무런 법적 효과를 발생하지 않는 진정과 구별된다. 진정에 대하여 어떠한 조치를 취할 것인지는 국가기관의 자유재량에 속한다는 판례[2]는 진정의 이러한 성질을 나타내 주는 예이다. 그러나 진정이란 명칭이 사용되었을지라도 행정심판의 내용을 가질 경우에는 행정심판을 제기하는 것으로 처리되어야 한다.[3]

4. 고충민원처리절차와의 구별

행정심판은 국민권익위원회에 의한 고충민원처리제도와도 구별된다. 고충민원처리절차는 국무총리 소속으로 설치된 국민권익위원회로 하여금 행정과 관련된 국민의 고충민원을 상담·조사하여 행정기관의 처분 등이 위법·부당하다고 인정할 만한 상당한 이유가 있는 경우에 관계 행정기관의 장에게 적절한 시정조치를 권고하도록 함으로써 국민의 불편과 부담

---

2) 대법원 1991.8.9. 선고 91누4195 판결.
3) 대법원 1955.3.25. 선고 4287行上23 판결.

을 시정하기 위한 제도로서 그 제기권자·제기기간·대상·절차 그리고 고충처리의 법적 효과 등 여러 가지 면에서 행정심판과는 다르다.

"가. 행정규제및민원사무기본법의 관계규정을 종합하여 보면, 국민고충처리제도는 국무총리 소속하에 설치된 국민고충처리위원회로 하여금 행정과 관련된 국민의 고충민원을 상담·조사하여 행정기관의 처분 등이 위법·부당하다고 인정할 만한 상당한 이유가 있는 경우에 관계 행정기관의 장에게 적절한 시정조치를 권고하도록 함으로써 국민의 불편과 부담을 시정하기 위한 제도로서 행정심판법에 의한 행정심판 내지 다른 특별법에 따른 이의신청, 심사청구, 재결의 신청 등의 불복구제절차와는 제도의 취지나 성격을 달리하고 있으므로 **국민고충처리위원회에 대한 고충민원의 신청이 행정소송의 전치절차로서 요구되는 행정심판청구에 해당하는 것으로 볼 수는 없다.**

나. 다만 국민고충처리위원회에 접수된 **신청서가 행정기관의 처분에 대하여 시정을 구하는 취지임이 내용상 분명한 것으로서 국민고충처리위원회가 이를 당해 처분청 또는 그 재결청에 송부한 경우에 한하여 행정심판법 제17조 제2항, 제7항의 규정에 의하여 그 신청서가 국민고충처리위원회에 접수된 때에 행정심판청구가 제기된 것으로 볼 수 있다.**"[4]

---

4) 대법원 1995.9.29. 선고 95누5332 판결. 참조: 대법원 1985.10.22. 선고 84누724 판결.

제 2 절 | 행정심판법과 행정심판의 종류

I. 행정심판법

행정심판법은 제1조에서 "행정심판절차를 통하여 행정청의 위법 또는 부당한 처분이나 부작위로 침해된 국민의 권리 또는 이익을 구제하고, 아울러 행정의 적정한 운영을 꾀함"을 목적으로 한다고 규정하고 있다. 행정심판법은 종전의 소원법($\frac{1951.8.3. \; 법}{률 \; 제221호}$)을 대치한 것으로 행정심판에 관한 일반법의 지위를 가진다. 행정심판법은 제3조 제1항에서 "행정청의 처분 또는 부작위에 대하여 다른 법률에 특별한 규정이 있는 경우 외에는 이 법에 따라 행정심판을 제기할 수 있다"고 규정하고 제4조 제2항에서 "다른 법률에서 특별행정심판이나 이 법에 따른 행정심판 절차에 대한 특례를 정한 경우에도 그 법률에서 규정하지 아니한 사항에 관하여는 이 법이 정하는 바에 따른다"고 규정함으로써($\frac{§4}{②}$) 행정심판법의 일반법적 지위와 그 특별행정심판에 대한 보충적 적용을 명시적으로 인정하고 있다.

II. 행정심판법상 행정심판의 종류

일반적으로 행정심판을 행정심판법에 의한 것과 다른 개별법에 의한 것으로 나누고 후자를 특별행정심판이라고 부른다.

행정심판법($\frac{법률 \; 제9968호,}{1.25, \; 전부개정}$ 2010.)은 제4조에서 특별행정심판의 남설을 방지하기 위하여 그 특례의 신설이나 변경을 엄격히 제한하고 있다. 즉, 사안의 전문성과 특수성을 살리기 위하여 특히 필요한 경우 외에는 이 법에 따른 행정심판을 갈음하는 특별한 행정불복절차나 이 법에 따른 행정심판 절차에 대한 특례를 다른 법률로 정할 수 없고($\frac{§4}{①}$),[1] 관계 행정기관의 장이 특별행정심판 또는 이 법에 따른 행정심판 절차에 대한 특례를 신설하거나 변경하는 법령을 제정·개정할 때에는 반드시 미리 중앙행정심판위원회와 협의하도록 하고 있다($\frac{§4}{③}$).

---

1) 다만 제4조 제1항의 법적 효력에 관해서는 의문이 없지 않다. 이를 문리상 무리를 무릅쓰고서 단순한 훈시규정 또는 입법방침규정으로 보지 않는 한, 가령 이 규정에 반하는 특별법이 제정될 경우 이를 법률에 반하는 법률로서 무효라고 볼 것인지가 문제될 것인데 이에 관한 현행법상의 해결기준은 존재하지 않기 때문이다. 현행법상 법원조직법이나 정부조직법과 같은 일반·조직법이나, 일반법으로서 행정소송법·행정심판법 등에 기타 법률에 대한 효력의 우월성을 인정하는 이른바 '기본법 이론'을 도출하는 문제는 우리 행정법학에서는 미답의 영역이다.

1. 취소심판

1.1. 의 의

취소심판이란 '행정청의 위법 또는 부당한 처분을 취소하거나 변경하는 행정심판'을 말한다($\S^5_1$). 위법 또는 부당한 행정처분으로 인하여 권리나 이익을 침해당한 자가 그 재심사를 청구하는 복심적 항고쟁송절차로서 취소심판은 행정심판의 중심적 유형이라 할 수 있다.

1.2. 성 질

취소심판의 성질에 관해서는 취소소송에 관해서와 마찬가지로 형성적 쟁송으로 보는 견해와 확인적 쟁송으로 보는 견해가 대립되어 있다. 취소심판은 처분의 취소·변경을 통하여 법률관계를 변경 또는 소멸시킨다는 점에서 형성적 쟁송으로 보는 것이 타당하며 또 통설이기도 하다.

1.3. 심판의 결과

취소심판 청구가 이유 있다고 인정되면 취소·변경재결을 한다. 계쟁처분을 직접 취소·변경하거나(형성재결), 처분청에게 처분의 취소·변경을 명할 수 있다(이행재결:$\S$ 43 ③). 다만 심판청구가 이유 있다고 인정되는 경우에도 이를 인용하는 것이 현저히 공공복리에 적합하지 아니하다고 인정할 때에는 심판청구를 기각하는 사정재결을 할 수도 있다($\S^{44}_①$). 이것은 종래 행정심판(소원)에는 적용되지 않았으나 1984년 행정심판법에서 신설된 것이다.

> ⠿ **형성적 재결의 효력 및 재결결과통보의 성질에 관한 판례**
> "[1] 행정심판법 제32조 제3항에 의하면 재결청은 취소심판의 청구가 이유 있다고 인정되는 때에는 처분을 취소 또는 변경하거나 처분청에게 취소 또는 변경할 것을 명한다고 규정하고 있으므로, 행정심판에 있어서 재결청의 재결 내용이 처분청의 취소를 명하는 것이 아니라 처분청의 **처분을 스스로 취소하는 것일 때에는 그 재결의 형성력이 발생하여 당해 행정처분은 별도의 행정처분을 기다릴 것 없이 당연히 취소되어 소멸되는 것**이다.
> [2] 재결청으로부터 '처분청의 공장설립변경신고수리처분을 취소한다'는 내용의 형성적 재결을 송부받은 처분청이 당해 처분의 상대방에게 재결결과를 통보하면서 공장설립변경신고 수리시 발급한 확인서를 반납하도록 요구한 것은 사실의 통지에 불과하고 항고소송의 대상이 되는 새로운 행정처분이라고 볼 수 없다."[2]

---

2) 대법원 1997.5.30. 선고 96누14678 판결. 참조: 대법원 1994.4.12. 선고 93누1879 판결.

2. 무효등확인심판

2.1. 의　의

무효등확인심판이란 '행정청의 처분의 효력 유무 또는 존재 여부를 확인하는 행정심판'을 말한다($^{§\,5}_{ii}$). 이것은 처분이 무효 또는 부존재인 경우에도 처분의 외관으로 말미암아 집행의 우려가 있다는 점, 그리고 유효한 행정처분에 대하여 행정청이 이를 무효 또는 부존재로 간주함으로써 상대방의 법률상 이익을 침해할 가능성이 있다는 점을 고려하여 그 유권적 확인을 받을 수 있게 해 주어야 한다는 취지에서 인정되는 행정심판으로서 그 확인의 대상에 따라 다시 유효확인심판, 무효확인심판, 실효확인심판, 존재확인심판 및 부존재확인심판으로 나뉜다.

2.2. 성　질

무효등확인심판의 법적 성질에 관해서도 확인적 쟁송으로 보는 견해와 형성적 쟁송으로 보는 견해가 대립하고, 또 실질은 확인적 쟁송이지만 형식적으로는 처분의 효력유무를 다투는 준형성적 쟁송으로 보는 견해도 주장되고 있으나, 준형성쟁송설이 통설이다. 무효등확인심판은 취소심판과는 달리 심판청구기간 제한을 받지 않으며 사정재결에 관한 규정도 적용되지 않는다. 무효등확인심판을 준형성적 쟁송으로 보더라도 확인쟁송적 성질이 부인되는 것은 아니다.

2.3. 심판의 결과

심판청구가 이유 있다고 인정되면 위원회는 처분의 효력 유무 또는 존재 여부를 확인하는 재결을 한다. 즉, 유효확인재결, 무효확인재결, 실효확인재결, 존재확인재결 및 부존재확인재결이 행해진다.

3. 의무이행심판

3.1. 의　의

의무이행심판이란 '당사자의 신청에 대한 행정청의 위법 또는 부당한 거부처분이나 부작위에 대하여 일정한 처분을 하도록 하는 행정심판'을 말한다($^{§\,5}_{iii}$). 이른바 급부행정 등의 영역에서 개인생활의 행정의존성이 증대됨으로 인하여 거부처분이나 부작위와 같은 소극적 행정작용 또한 적극적인 행정작용으로 인한 권익침해 못잖은 침해적 효과를 갖는다는 사실이 인식되게 되었고 이러한 인식의 전환에 따라 현행 행정심판법을 통하여 신설된 행정심판유형이 이 의무이행심판이다. 행정심판법이 거부처분이나 부작위에 대하여 공통적으로 의무이행심판을 인정하고 있는 것은 특기할 만한 점이다. 이것은 거부처분과 부작위에 대한 소송상의 대응을 거부처분취소소송과 부작위위법확인소송으로 차별화시키고 있는 행정소송법의 태도와 대조적일 뿐만 아니라 사실상 반드시 양자를 차별적으로 취급할 필요가 없다는 것을 시사해 주는 점이기도 하다. 반면 행정심판법이 처분 개념에 거부처분을 포함시키고 있는 이상, 거부처분에 대하여는 취소심판이나 의무이행심판 어느 하나 또는 양자를 병합 제기할 수 있다.

"가. 행정심판법 제18조 제7항에 부작위에 대한 의무이행심판청구에는 심판청구기간에 관한 같은 조 제1항 내지 제6항의 규정을 적용하지 아니한다고 규정되어 있지만, 위 법조항 소정의 부작위에 대한 의무이행심판청구에 거부처분에 대한 의무이행심판청구도 포함된다고 볼 수 없다.
나. 행정심판법 제4조 제3호가 의무이행심판청구를 인정하고 있고 항고소송의 제1심 관할법원이 행정청의 소재지를 관할하는 고등법원으로 되어 있다고 하더라도, 행정소송법상 행정청의 부작위에 대하여는 부작위위법확인소송만 인정되고 작위의무의 이행이나 확인을 구하는 행정소송은 허용될 수 없다."[3]

3.2. 성 질

의무이행심판은 행정청에게 일정한 처분을 할 것을 명하는 재결을 구하는 것이므로 당연히 이행쟁송의 성질을 띤다. 이행쟁송으로서의 성질은 거부처분을 통해서든 부작위를 통해서든 이미 발생한 불이행사태 또는 무응답사태를 전제로 하는 것이므로 장래의 의무이행을 구하는 청구는 허용되지 않는다는 점에서 한계를 지닌다. 거부처분에 대한 의무이행심판은 청구기간의 제한을 받지만 부작위에 대한 의무이행심판은 그러한 제한을 받지 않는다($^{\S 18}_{\textcircled{7}}$).

3.3. 심판의 결과

심판청구가 이유 있다고 인정되면 위원회는 지체 없이 신청에 따른 처분을 하거나(형성재결), 처분을 할 것을 피청구인에게 명하는 재결(이행재결)을 한다($^{\S 43}_{\textcircled{5}}$).

3.3.1. 이행재결

신청에 따른 처분을 할 것을 명하는 이행재결은 처분의무의 내용이 기속행위에 대한 것일 경우에는 특정행위의 이행명령이 되지만 단지 선택재량만 부여된 행위에 대한 것일 경우에는 특정행위의 이행명령이 아니라 어떤 내용의 처분이든 신청을 방치하지 말고 지체 없이

---
3) 대법원 1992.11.10. 선고 92누1629 판결.

재량을 행사하여 처분을 하도록 명하는 재결, 즉 재량행사명령($^{Bescheidungs-}_{anordnung}$)이 된다. 이 경우 행정청은 지체 없이 이전 신청에 대하여 재결 취지에 따라 처분을 하여야 한다($\S^{49}_{②}$).

3.3.2. 직접처분

피청구인이 재결의 취지에 따른 처분을 하지 아니하는 때에는 행정심판위원회는 당사자가 신청하면 기간을 정해 서면으로 시정을 명하고 그 기간 내에 이행하지 아니 하면 직접처분을 할 수 있다($\S^{50}_{①}$).[4] 다만, 그 처분의 성질이나 그 밖의 불가피한 사유로 위원회가 직접처분을 할 수 없는 경우에는 그러하지 아니하다($\S^{50}_{단서 ①}$).

행정심판위원회는 제1항 본문에 따라 직접 처분을 하였을 때에는 그 사실을 해당 행정청에 통보하여야 하며, 그 통보를 받은 행정청은 위원회가 한 처분을 자기가 한 처분으로 보아 관계 법령에 따라 관리·감독 등 필요한 조치를 하여야 한다($\S^{50}_{②}$).

"행정심판법 규정에 따라 재결청이 직접 처분을 하기 위하여는 처분의 이행을 명하는 재결이 있었음에도 당해 행정청이 아무런 처분을 하지 아니하였어야 하므로, 당해 행정청이 어떠한 처분을 하였다면 그 처분이 재결의 내용에 따르지 아니하였다고 하더라도 재결청이 직접 처분을 할 수는 없다."[5]

한편 부작위에 대한 의무이행심판의 인용재결은, 후술하는 부작위위법확인소송의 경우와는 달리, 거부처분에 대한 것과 마찬가지로 '지체 없이 신청에 따른 처분을 하거나 이를 할 것을 명하는' 이행재결이지($\S^{43}_{⑤}$) 단순한 응답의무의 부과에 국한되는 것은 아니라는 점에 주의를 요한다. 그러나 이행재결이 있어도 당해 행정청이 지체 없이 재결의 취지에 따라 이전의 신청에 대한 처분을 하지 않는다면 이행재결을 어떻게 관철시킬 것인가가 문제될 수 있다. 구법 하에서는 이러한 문제를 해결할 수 있는 마땅한 방법이 없었다. 이 같은 문제점을 감안하여 그 경우 위원회로 하여금 당해 행정청이 처분을 하지 아니하는 때에는 당사자의 신청에 따라 기간을 정하여 서면으로 시정을 명하고 그 기간 내에 이행하지 아니하는 경우에는 당해 처분을 할 수 있도록 하는 규정을 신설하여 이행재결의 이행을 확보하고자 한 것이다($\S^{50}_{전단 ①}$).

---

4) 행정청이 재결의 취지에 따른 처분의무 불이행에 대한 재결청의 시정명령 및 직접처분 제도는 1995년의 법개정에서 도입된 것을 2010년 1월 25일의 개정법에서 계승한 것이다. 행정심판법은 종래 그런 경우에 대한 별도의 규정을 두지 않았다.
5) 대법원 2002.7.23. 선고 2000두9151 판결.

제 3 절 │ 행정심판의 절차구조

행정심판법이 규정하고 있는 행정심판의 절차구조는 다음 그림에서 보는 바와 같이 청구인과 피청구인을 당사자로 하는 다툼이 청구인의 심판청구에 의하여 개시되고 이에 대한 행정심판위원회가 심리・의결을 거쳐 절차의 최종산물($_{\text{put}}^{\text{out-}}$)로서 재결을 함으로써 종료되는 일련의 과정으로 이루어져 있다. 행정심판은 크게 청구인에 의한 행정심판의 제기(심판청구)와 행정심판기관의 심리・재결의 두 가지 단계로 나뉜다.

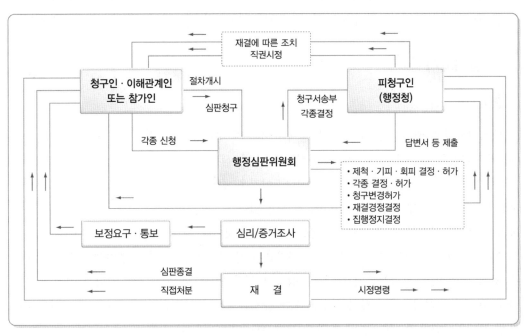

[행정심판의 절차]

제 4 절 | 행정심판의 제기

I. 개 설

1. 행정심판절차의 개시

행정심판절차는 오직 청구인의 심판청구에 의해서만 개시될 수 있다. 이것은 행정심판의 분쟁해결절차, 즉 실질적 사법작용을 의미하는 쟁송으로서의 성격에서 연유하는 특성이다. 행정심판은 그것이 비록 행정통제적 목적에 기여한다 할지라도 수동적 절차이지 능동적 절차는 아니다. 따라서 청구인이 어떠한 조건하에 행정심판을 청구할 수 있는지가 중요하다.

2. 불복고지

2.1. 의 의

행정심판법은 행정청이 처분을 할 때에는 처분의 상대방에게, 행정심판을 제기할 수 있는지, 행정심판을 청구하는 경우의 심판청구절차 및 심판청구기간을 알릴 의무를 행정청에게 부과함으로써 불복고지를 제도화하고 있다. 이것은 종래 교시[1]·교지·고지 등으로 불렸던 제도로서 행정처분에 대한 불복방법에 관하여 있을 수 있는 법적 무지를 절차법적 관점에서 제거함으로써 국민의 권리구제의 충실을 기하려는 것이라 할 수 있다. 불복고지는 행정심판의 제기 이전 단계에서 행해지므로 그 제기요건 중 상당부분이 이를 통하여 명확히 알려질 수 있게 되며 따라서 불복고지제도는 행정상의 권리구제에 매우 중요한 의미를 가진다. 이러한 관점에서 행정심판법의 불복고지에 관한 규정은 강행규정으로 보아야 하며[2] 이것은 후술하는 고지의무위반에 대한 법적 효과를 통해서도 뒷받침될 수 있다.

2.2. 법적 성질

불복고지는 서면으로 행해지는 행정행위의 경우에만 요구되는 것이며 사실행위의 성질을

---

1) 이를 독일에서는 Rechtsbehelfsbelehrung, 일본의 행정불복심사법 §§ 18, 19, 46, 57, 50에서는 교시라고 부르고 있다. 당초 행정심판법 제정당시 위원회안에는 교지로 되어 있었으나 정부안에서 고지로 바꾸어 규정되게 된 것이다. 다만 단순히 고지라고 할 때에는 무엇을 고지하는지가 명확치 않기 때문에 이 책에서는 불복고지라고 쓴다 (김도창, 일반행정법론(상), 710 참조).
2) 김남진, 행정법 I, 715; 홍정선, 행정법원론(상), 701; 석종현, 일반행정법(상), 763. 반대설: 박윤흔, 행정법강의 (상), 839는 이를 훈시규정으로 본다.

띤다. 그것은 구체적 사실에 대한 법집행으로서의 규율을 포함하고 있지 않으므로 행정행위가 아니다. 행정심판법이 이에 일정한 법적 효과를 결부시킬지라도 그것은 어디까지나 규율의 효과로서가 아니라 행정청의 절차상의 의무위반에 대한 불이익부과 또는 금반언의 원칙에 따른 효과일 뿐이다. 그러나 이 점을 들어 "고지 그 자체는 행정쟁송의 대상이 되지 아니 한다"고 하는 것[3]은 타당치 못하다. 고지가 행정쟁송의 대상이 되는지 여부는 고지의무를 부과하는 행정심판법의 규정의 성격과 보호목적을 고려한 후 이를 행정쟁송을 통하여 관철시킬 수 있는지를 검토함으로써만 판단될 수 있다. 먼저 고지에 관한 행정심판법의 규정은 강행규정 또는 의무규정이며 또 그 규정의 보호목적은 처분의 상대방의 권리구제를 용이케 하는 데 있다고 볼 때, 처분의 상대방이 행정청의 고지의무에 상응하는 고지를 받을 권리(절차적 공권)를 지닌다는 점은 쉽사리 인정될 수 있다. 이것은 신청에 의한 고지를 규정하고 있는 행정심판법 제42조 제2항만을 보아도 분명하다. 그런데 고지가 사실행위로서의 법적 성질을 갖는 이상 이 절차적 공권의 내용이 사실행위에 대한 것이라는 데 문제가 있다. 이에 대한 행정쟁송이 허용될 것인가의 문제는 행정심판과 행정소송으로 나누어 살펴볼 필요가 있다. 먼저 행정심판에 관해 본다면 일단 고지의무불이행에 대한 의무이행심판의 허용성이 문제될 수 있다. 여기서 결정적인 관건은 고지가 행정심판법상 처분성을 갖느냐에 있다. 고지는 사실행위이기는 하지만 상대방에게 수인의무를 발생케 하는 권력적 사실행위는 아니며 처분성 또한 인정될 수 없을 것이다.

행정소송의 경우에는 공법상 당사자소송이 허용되므로, 행정심판법 제58조에 의한 고지의무위반의 효과와 상관없이, 당사자소송을 통하여 고지의무의 이행을 소송상 청구할 수 있다고 보아야 할 것이다.

2.3. 종 류

행정심판법상 불복고지의 종류로는 직권에 의한 고지(의무적 고지)와 신청에 의한 고지가 있다. 즉, 행정청이 처분을 할 때에는 처분의 상대방에게 해당 처분에 대하여 행정심판을 청구할 수 있는지, 행정심판을 청구하는 경우 심판청구 절차 및 심판청구 기간을 알려야 하며($\S 58$①), 행정청은 이해관계인이 요구하면 해당 처분이 행정심판의 대상이 되는 처분인지 여부와 행정심판의 대상이 되는 경우 소관 위원회 및 심판청구기간을 지체 없이 알려주어야 하며, 그 경우 서면으로 알려줄 것을 요구받은 때에는 서면으로 알려 주어야 한다($\S 58$②). 전자가 직권 고지이고 후자가 신청에 의한 고지이다.

---

3) 김남진, 행정법 I, 715; 홍정선, 행정법원론(상), 701.

2.4. 고지의무위반의 효과

2.4.1. 고지를 하지 않았거나 잘못 고지한 경우

행정청이 제58조에 따른 고지를 하지 아니하거나 잘못 고지하여 청구인이 심판청구서를 다른 행정기관에 제출한 경우에는 그 행정기관은 그 심판청구서를 지체 없이 정당한 권한이 있는 피청구인에게 보내야 하며($\S23 \atop ②$) 지체 없이 그 사실을 청구인에게 알려야 한다($\S23 \atop ③$). 이 경우 심판청구기간의 계산에 관해서는 행정기관에 심판청구서가 제출되었을 때에 행정심판이 청구된 것으로 본다($\S23 \atop ④$).

　"행정심판법 제18조 제1항, 제3항, 제6항, 제42조 제1항, 제43조 제2항, 택지개발촉진법 제27조 등의 규정을 종합하면, 택지개발사업의 시행자가 택지개발촉진법에 의하여 서면으로 처분을 하는 경우에는 그 상대방에게 처분에 관하여 행정심판을 제기할 수 있는지 여부, 제기하는 경우의 재결청, 경유절차 및 청구기간을 알려야 하고 만약 이를 알리지 아니한 경우 상대방이 그 처분에 대하여 이의가 있는 때에는 당해 처분이 있음을 알았다고 하더라도 처분이 있는 날로부터 3월내에 행정심판을 제기할 수 있고, 그 기간을 경과하여 제기한 행정심판청구는 부적법한 것이라고 하여야 한다."[4]

2.4.2. 심판청구기간을 법정기간보다 긴 기간으로 잘못 알린 경우

이 경우에는 잘못 알린 기간 내에 심판청구가 있으면 심판청구는 법정기간 내에 제기된 것으로 본다(금반언의 원칙에 의한 기 간준수의 의제: § 27 ⑤). 행정기관이 심판청구기간을 알리지 않은 때에는 처분이 있은 날로부터 180일 이내에 행정심판을 제기할 수 있다($\S27 \atop ⑥③$).

2.4.3. 다른 법령에 따라 행정심판을 거쳐야 함에도 거칠 필요가 없다고 잘못 알린 경우

다른 법률에 당해 처분에 대한 행정심판의 재결을 거치지 아니하면 취소소송을 제기할 수 없다는 규정이 있어 행정심판을 거쳐야 함에도 처분을 행한 행정청이 상대방에게 행정심판을 거칠 필요가 없다고 잘못 알린 때에는 행정심판을 제기함이 없이 행정소송을 제기할 수 있다(금반언의 원칙에 의한 예외적 행정심판 전치요건의 면제: 행정소송법 § 18 ③ iv).

3. 행정심판의 제기요건

행정심판은, 청구인이 될 수 있는 자격, 즉 청구인적격이 있는 자가 심판청구사항인 행정청의 처분 또는 부작위를 대상으로 소정의 방식에 따라 심판청구기간 내에 피청구인인 행정청을 상대방으로 하여 제기하여야 한다. 이러한 심판청구의 요건들은 행정심판의 본안심리를

---

4) 대법원 1995.4.14. 선고 94누11934 판결.

위하여 충족되어야 하는 요건으로서 그중 어느 하나를 결여하면 본안에 들어갈 필요 없이 청구를 각하하는 사유가 된다. 이를 하나의 표로 나타내면 다음과 같다.

행정심판의 제기요건 ● ●
당사자:　　행정심판은 이를 제기할 수 있는 자(자연인·법인; 청구인적격 등)에 의해 올바른
　　　　　　상대방을 피청구인으로 하여 관할 행정심판기관에 제기되어야 한다.
심판사항:　　행정심판을 제기할 수 있는 사항에 관한 것이어야 한다.
심판청구의 대상:　행정청의 처분 또는 부작위를 대상으로 한 것이어야 한다.
심판청구의 방식:　심판청구는 소정의 방식을 따라야 한다.
심판청구기간:　일정한 행정심판은 소정의 청구기간 내에 청구되어야 한다.

Ⅱ. 행정심판의 대상

1. 개　　설

행정심판법은 행정심판의 대상에 관한 제3조 제1항에서 "행정청의 처분 또는 부작위에 대하여는 다른 법률에 특별한 규정이 있는 경우 외에는 이 법에 따라 행정심판을 청구할 수 있다"고 규정하고 있다. 행정심판법은 행정심판사항에 관한 열기주의($_{tionsprinzip}^{Enumera-}$)를 배제하고 포괄적으로 '위법 또는 부당한 처분이나 부작위'를 행정심판의 대상으로 삼고 있다.

한편 대통령의 처분 또는 부작위에 대하여는 다른 법률에서 행정심판을 청구할 수 있도록 정한 경우(예: 소청) 외에는 행정심판을 제기할 수 없도록 되어 있다($_{②}^{§3}$). 대통령의 행정수반 및 국가원수로서의 지위를 고려한 때문이라는 것이 일반적인 설명이다.[5]

2. 행정청의 처분

행정심판은 무엇보다도 처분을 대상으로 한다. 처분이 무엇인가에 관해서는 행정심판법($_{②i}^{§2}$)이 입법적 정의를 내리고 있다.[6] 즉, 처분이란 '행정청이 행하는 구체적 사실에 관한 법집행으로서의 공권력의 행사 또는 그 거부, 그 밖에 이에 준하는 행정작용'을 말하는 것으로 정의되어 있다($_{i}^{§2}$). 이것은 종래의 판례에 의한 처분개념을 국민의 권리구제의 폭을 넓히기 위하여 확대한 것이라고 이해되고 있고, 특히 "공권력의 행사 또는 그 거부"뿐만 아니라, "그 밖에 이에 준하는 행정작용"을 포함시키고 있음이 주목되고 있다.[7]

---

5) 김철용, 행정법 Ⅰ, 제13판, 2010, 565.
6) 행정소송법(§ 2 ② i) 역시 동일한 처분개념에 입각하고 있다.
7) 김도창, 일반행정법론(상), 755.

2.1. 공권력의 행사 또는 그 거부

2.1.1. 공권력의 행사

구체적 사실에 관한 법집행으로서 공권력의 행사란 권력적 행정작용 중 학문상의 행정행위를 말한다는 데 의문이 없다. 그러나 다수의 견해에 따르면, 이 처분개념은 비단 협의의 '처분', 즉 전통적인 행정행위에 머물지 않고 광의의 처분, 즉 공권력의 행사·거부에 해당하는 권력적 사실행위(예컨대 쓰레기하치장의 설치, 전염병환자의 강제격리, 토지출입조사, 불량/식품검사를 위한 수거, 대집행의 실행 등)를 포함하는 넓은 의미의 처분에 해당한다.

2.1.2. 공권력행사의 거부

현재의 법률상태를 변동시키지 않으려는 의사의 표현으로서 소극적 공권력행사를 말한다. 명시적으로 거부의사를 표시하는 경우(거부처분)와, 신청에 대하여 일정기간 내에 처분이 없으면 이를 거부한 것으로 본다는 법령상 규정에 따라 성립되는 의제거부가 해당된다.

신청에 대한 거부행위가 항고소송의 대상이 되는 처분이 된다고 하려면 '국민이 그 신청에 따른 행정행위를 해 줄 것을 요구할 수 있는 법규상 또는 조리상의 권리가 있어야 하며, 이러한 권리에 의하지 아니한 국민의 신청을 행정청이 받아들이지 아니하고 거부한 경우에는 이로 인하여 신청인의 권리나 법적 이익에 어떤 영향을 주는 것이 아니므로 그 거부행위를 가리켜 항고소송의 대상이 되는 행정처분이라고 할 수 없다'는 판례[8]에 따르면 법규상 또는 조리상신청권을 전제로 하지 않는 신청에 대한 거부는 여기서 말하는 처분에 해당되지 아니 한다.

2.2. 공권력행사에 준하는 행정작용

행정심판법 제2조는 처분 개념에 앞서 본 협의의 처분뿐 아니라 "공권력의 행사와 …… 이에 준하는 행정작용"을 포함시키고 있다. 그리하여 이를 통해 "앞으로의 시대적 수요에 따라 학설·판례를 통하여, … 이른바 형식적 행정처분의 개념 아래 거론되는 행정작용들이 이 범주에서 논의될 수 있을 것"이라고 지적된 바 있다.[9] 그 취지의 당부를 떠나, 그렇게 볼 경우 위 법규정에 따른 처분 개념은 당연히 강학상 행정행위보다는 넓은 것이 될 수밖에 없을 것이다. 구체적으로 "그 밖에 이에 준하는 행정작용"이 무엇인지는 결국 학설발전과 판례형성의 몫이다.

---

8) 대법원 1991.2.26. 선고 90누5597 판결; 대법원 1991.8.9. 선고 90누8428 판결.
9) 김도창교수(일반행정법론(상), 756)는 이러한 처분개념을 최광의의 처분이라고 하면서 이른바 형식적 행정처분의 개념 아래 거론되는 행정작용들이 이 범주에서 논의될 수 있을 것이라고 한다.

3. 부 작 위

부작위란 '행정청이 당사자의 신청에 대하여 상당한 기간 내에 일정한 처분을 하여야 할 법률상 의무가 있는데도 처분을 하지 아니하는 것'을 말한다($\frac{\S 2}{\textcircled{1} \, ii}$). 부작위의 개념에 관해서는 뒤에 부작위위법확인소송에서 보는 바와 같이 많은 문제점들이 있다. 여기서 상론하지는 않지만, 일반적으로 부작위가 성립하려면 다음과 같은 요건이 충족되어야 한다고 설명된다.

3.1. 당사자의 신청

부작위가 성립하려면 당사자의 신청이 있었어야 한다. 여기서 신청은 법규 또는 조리상 신청권이 있음을 전제로 한 신청을 말한다는 것이 판례의 태도임은 앞서 언급한 거부처분의 경우와 다르지 않다. 법령이 명시적으로 신청권을 인정하고 있는 경우뿐만 아니라 법해석상, 가령 헌법상 기본권규정으로부터 신청권이 도출되는 경우에도, 이에 의거한 신청이 있으면 족하다. 그러나 오로지 행정청의 직권발동을 촉구하는 데 불과한 의미의 신청은 이에 해당되지 않는다.

"행정청이 국민으로부터 어떤 신청을 받고서도 그 신청에 따르는 내용의 행위를 하지 아니한 것이 항고소송의 대상이 되는 위법한 부작위가 된다고 하기 위하여는 국민이 행정청에 대하여 그 신청에 따른 행정행위를 해 줄 것을 요구할 수 있는 법규상 또는 조리상의 권리가 있어야 하며…"[10]

3.2. 상당한 기간

당사자의 신청이 있은 후 상당한 기간이 지나도 행정청이 아무런 조치를 취하지 않았어야 한다. 상당한 기간이란 사회통념상 당해 신청을 처리하는 데 소요될 것으로 판단되는 기간을 말한다. 그것은 일반추상적으로 정할 수는 없고 법령의 취지나 처분의 성질 등을 고려하여 개별구체적으로 판단할 일이다. 경험칙상 다른 동종의 신청에 소요되는 처리기간은 하나의 기준이 될 수 있다. 처분을 지연시킨 객관적 정당화사유 외에 행정청 내 사무처리 폭주·직원의 휴가 등과 같은 주관적 사정은 참작될 수 없다.

3.3. 처분의무의 존재

행정청에게 처분을 할 법률상 의무가 있어야 한다. 처분의무는 법령이 명시적으로 신청에 따라 처분을 하여야 한다고 규정하고 있는 경우나 법령의 취지, 처분의 성질 등에 관한 법

---

10) 대법원 1990.5.25. 선고 89누5786 판결.

해석상 행정청의 처분의무가 인정되는 경우에 존재한다. 행정청에게 재량권이 부여된 경우에도 재량권의 수축이 인정될 때에는 처분의무가 성립될 수 있다.

3.4. 아무런 처분도 하지 않았을 것

행정청이 어떠한 처분도 하지 않았어야 한다. 즉, 처분으로 볼 만한 외관이 존재하지 않아야 한다. 이러한 외관을 지니는 무효인 행정행위나 소극적 처분이 있은 것으로 되는 거부간주 또는 의제거부의 경우는 이에 해당되지 않는다.

Ⅲ. 행정심판기관

1. 개   설

행정심판기관이란 행정심판의 청구를 수리하여 이를 심리·판정할 권한을 가진 기관을 말한다. 일반적으로 행정심판이 제기되어 사건이 행정심판기관으로서 위원회에 계속되면 이 때부터 위원회는 일종의 이심효($^{Devolutiv-}_{effekt}$)[11]에 따라 절차의 진행, 계쟁행위의 합목적성 및 적법성을 판단함에 있어 원칙적으로 처분청과 동일한 권한을 갖게 된다.[12] 1984년 12월 15일에 제정된 행정심판법은 예전의 소원법과는 달리, 재결청 대신에 행정심판위원회를 행정심판의 실질적인 주재자로 삼았다. 즉, 행정심판기관으로서 재결청을 두되 각 재결청에 행정심판위원회를 설치하고, 심리·의결기능과 재결기능을 분리시켜 전자를 행정심판위원회에게, 후자를 재결청에게 각각 부여하였던 것이다. 재결청과 행정심판위원회를 분리시킨 것은 우리나라 행정심판제도가 지니는 특징으로서 행정심판의 공정성을 담보하기 위한 취지에서 비롯된 것이었다. 재결청이 갖는 재결권은 따라서 행정심판위원회의 의결내용을 대외적으로 표시하는 형식적인 권한에 불과했다. 일종의 행정심판상 기능분리를 통하여 행정심판위원회가 재결청의 행정심판재결권을 실질적으로 행사하도록 한 것이다.

가장 획기적인 개혁은 2008년의 행정심판법 개정법률($^{법률 제8871호,}_{2008.2.29. 일부개정}$)을 통해 단행되었다. 개정행정심판법은 제5조에서 아예 재결청의 개념을 없애고 행정심판위원회에 재결권을 부여함으로써 행정심판의 준사법적 절차로서의 위상을 크게 강화했다. 종래에는 처분청, 의결기관인 행정심판위원회, 그 의결에 따라 재결하는 재결청 등 행정심판과 관련된 기관의 구조가 복잡해서 이용자에게 혼선이 생겼고, 처분청의 답변서가 행정심판위원회에 접수되기 전에 반

11) 이심효란 원래 심급이전의 효과를 의미하는 소송법상의 용어이지만, 행정심판의 경우 결정권이 직근상급행정청으로 이전되는 효과를 말한다(Hufen, Verwaltungsprozeßrecht, 6.Aufl., 2005, § 8 Rn.4).
12) 독일에서는 재결청은 이심효에 따라 행정청으로서 절차의 주재자(Herrin des Verfahrens)가 되며, 절차 대상의 독자적 지배권(Sachherrschaft)을 가진다고 한다(Hufen, Verwaltungsprozeßrecht, 2005, § 7 Rn.6; § 8 Rn.4).

드시 재결청을 경유해야 하고 행정심판위원회에서 의결결과를 청구인에게 직접 통보하지 못함에 따라 행정심판사건의 처리기간이 늘어나 신속한 권리구제라는 행정심판제도의 취지에 부합하지 못하는 등 적지 않은 문제가 있었다. 그리하여 행정심판 관련 기관에 대한 혼선을 해소하고, 행정심판 처리기간을 단축하여 신속한 권리구제에 기여한다는 취지에서 재결청을 없애고 처분청에서 답변서를 행정심판위원회에 바로 송부하도록 하며, 행정심판위원회에서 심리를 마치면 직접 재결을 할 수 있도록 한 것이다.

이러한 법개정에 대해서는 행정책임과 행정감독의 체제상의 균열 등의 문제점, 특히 형성적 인용재결의 경우 행정심판위원회가 일반 행정조직에서 '벗어난' 조직이어서 그 대집행의 정당성이 약하고 자칫 지방자치단체의 자치권이나 사물관할과 마찰을 빚을 우려가 있으며, 명령적 재결 역시 직접처분제도와 관련 유사한 문제점이 생긴다는 비판이 제기되고 있다.[13)]

2. 행정심판위원회

2.1. 행정심판위원회의 설치

행정심판위원회는 행정심판을 심리·재결하는 행정심판기관으로서 합의제행정청의 지위를 가진다. 행정심판법 제6조는 행정심판위원회를 크게 세 가지 유형으로 나누어 설치하도록 규정하고 있다.

2.1.1. 중앙행정심판위원회

행정각부의 장 등 중앙행정기관의 장과 그 소속행정청, 시·도지사가 한 처분 또는 부작위에 대한 심판청구를 심리·재결하기 위하여 중앙행정심판위원회가 설치되어 있다. 중앙행정심판위원회는 「부패방지 및 국민권익위원회의 설치와 운영에 관한 법률」에 따른 국민권익위원회에 두며, 다음과 같은 행정청이 한 처분 또는 부작위에 대한 심판청구를 관장한다($\frac{\S 6}{2}$).

1. 제6조 제1항에 따른 행정청 외의 국가행정기관의 장 또는 그 소속 행정청
2. 특별시장·광역시장·도지사·특별자치도지사(특별시·광역시·도 또는 특별자치도의 교육감을 포함한다. 이하 "시·도지사"라 한다) 또는 특별시·광역시·도·특별자치도(이하 "시·도"라 한다)의 의회(의장, 위원회의 위원장, 사무처장 등 의회 소속 모든 행정청을 포함한다)
3. 「지방자치법」에 따른 지방자치단체조합 등 관계 법률에 따라 국가·지방자치단체·공공법인 등이 공동으로 설립한 행정청. 다만, 제6조 제3항 제3호에 해당하는 행정청은 제외한다.

2.1.2. 시·도지사 소속 지방행정심판위원회

시·도 소속 행정청 등 다음 지방자치단체의 행정청이 한 처분 또는 부작위에 대한 심판

---

13) 가령 김중권, 행정법기본연구 Ⅱ, 법문사, 2009, 39, 46 참조.

청구는 시·도지사 소속으로 설치된 행정심판위원회가 심리·재결한다($\substack{§6 \\ ③}$).

1. 시·도 소속 행정청
2. 시·도의 관할구역에 있는 시·군·자치구의 장, 소속 행정청 또는 시·군·자치구의 의회
(의장, 위원회의 위원장, 사무국장, 사무과 장 등 의회 소속 모든 행정청을 포함한다)
3. 시·도의 관할구역에 있는 둘 이상의 지방자치단체(시·군·자치 구를 말한다)·공공법인 등이 공동으로 설립한 행정청

2.1.3. 대통령 소속기관, 독립기관 등에 설치된 행정심판위원회

행정심판법은 대통령 소속기관, 독립기관 등에도 별도로 행정심판위원회를 설치하도록 하여 다음 각 호의 행정청 또는 그 소속 행정청(행정기관의 계층구조와 관계없이 그 감독을 받거나 위탁을 받은 모든 행정청을 말하되, 위탁 을 받은 행정청은 그 위탁받은 사무에 관하여는 위탁한 행정청의 소속 행정청으로 본다)의 처분 또는 부작위에 대한 행정심판의 청구에 대하여 심리·재결하도록 하였다($\substack{§6 \\ ①}$).

1. 감사원, 국가정보원장, 그 밖에 대통령령으로 정하는 대통령 소속기관의 장
2. 국회사무총장·법원행정처장·헌법재판소사무처장 및 중앙선거관리위원회사무총장
3. 국가인권위원회, 그 밖에 지위·성격의 독립성과 특수성 등이 인정되어 대통령령으로 정하는 행정청

2.1.4. 행정청의 직근상급행정기관 소속 행정심판위원회

법 제6조 제2항 제1호에도 불구하고 대통령령으로 정하는 국가행정기관 소속 특별지방행정기관의 장의 처분 또는 부작위에 대한 심판청구에 대하여는 해당 행정청의 직근 상급행정기관에 두는 행정심판위원회에서 심리·재결하도록 되어 있다($\substack{§6 \\ ④}$).

2.1.5. 개별법에 따라 설치된 특별행정심판위원회

개별법에 따른 특별행정심판을 심리·재결하기 위하여 설치된 특별행정심판위원회로 공무원에 대한 징계처분 등 불이익처분에 대한 소청의 재결청인 소청심사위원회(국가공무원법 § 9; 지방공무원법 § 13), 조세심판의 조세심판원(국세기본법 § 67 ①) 등이 있다.

Ⅳ. 행정심판의 당사자

행정심판법은 행정심판에 당사자개념을 도입하여 이를 대심구조화하는 한편 당사자에게 보충적이나마 구술심리의 기회를 부여함으로써 행정심판의 준사법절차화를 규정한 헌법 제107조 제3항의 취지에 부응하고 있다. 이에 따라 행정심판은 청구인과 피청구인간의 대립당사자구조를 취하게 되며 여기에 다시 참가인 및 대리인과 같은 관계인이 관여하게 된다.

1. 청 구 인

1.1. 의 의

행정심판의 청구인이란 심판의 대상인 처분 또는 부작위에 불복하여 그 취소 또는 변경 등을 위하여 행정심판을 제기하는 자로서 원칙적으로 자연인 또는 법인이어야 하나, 법인이 아닌 사단 또는 재단도 그 사단이나 재단의 이름으로 심판청구를 하여 청구인이 될 수 있다 ($^{§\,14}$).

1.2. 청구인적격

청구인적격이란 행정심판을 청구할 수 있는 자격, 즉 청구인으로서 행정심판을 청구하여 재결을 받기에 적합한 자격을 말한다. 행정심판법 제13조는 취소심판, 무효등확인심판 그리고 의무이행심판의 청구인적격을 각각 「처분의 취소 또는 변경을 구할 법률상 이익」, 「처분의 효력 유무 또는 존재 여부에 대한 확인을 구할 법률상 이익」, 「처분을 신청한 자로서 거부처분 또는 부작위에 대하여 일정한 처분을 구할 법률상 이익」이 있는 자에게 인정하고 있다. 행정심판법의 이러한 규율은 후술하는 행정소송법($^{§§\,12,\,35,}_{36}$)의 그것과 아울러 쟁송법적 차원에서 종래 주관적 공권으로 국한되었던 청구인적격(또는 원고적격)의 범위를 '법률상 이익이 있는 자'로 확대시켜 왔던 학설과 판례의 태도를 명문화한 것이다. '법률상 이익'의 해석을 통해 본래적 의미의 권리뿐 아니라 '법적으로 보호되는 이익'에 대한 구제가능성이 열리게 된 것이다.

1.2.1. 주관적 공권의 확대와 법률상 이익

이미 앞에서 주관적 공권 또는 법률에 의해 보호되는 이익의 범위, 이른바 청구인적격 또는 원고적격의 확대경향이 우리나라에서도 마찬가지로 진행되어 왔음을 살펴 본 바 있다. 즉, "공중목욕장 간의 거리제한규정을 위반한 신규 영업허가에 대한 기존업자의 취소청구를 인정하지 아니하는 등, 아직도 반사적 이익관이 온존되어 온 것이 사실이지만, 타면 경업자에 의한 신규 인·허가처분 취소청구, 또는 주거지역에서의 연탄공장이나 자동차 LPG충전소의 건축으로 거주상의 불이익(소음·진동·공기오염·폭발화재위험·주택가격하락 등)을 받는 인근주민에 의한 동 건축허가의 취소청구를 인용한 판례를 비롯하여, 반사적 이익의 보호이익화의 추세를 뚜렷이 볼 수 있다"는 사실이 지적되었다.[14] 따라서 여기서 이를 다시 상론하지 않고, 행정심판과 관련하여 특히 문제되는 다음 몇 가지 사항만을 설명한다.

---

14) 김도창, 일반행정법론(상), 240-241.

제1편 제2편 제3편 제4편 제5편 행정구제법

1.2.2. 법률상 이익과 행정심판의 이익(협의의 소익)

취소심판의 경우 당해 처분의 직접 상대방인지 여부와 무관하게 그 취소 또는 변경을 구할 만한 법률상 이익이 있는 자가 청구인이 될 수 있다. "법률상 이익"이란 일반적으로 처분의 근거가 된 실정법규의 해석상 청구인이 주장하는 이익이 당해법규에 의해 보호되고 있는 것으로 인정되는 경우를 말하는 것으로 이해되고 있으며(통설·판례), 따라서 행정심판의 보호대상으로서의 이익이라 할 수 있다. 법률상 이익에 관하여 권리구제설, 법이 보호하는 이익 구제설, 보호가치 있는 이익 구제설 및 행정의 적법성보장설이 대립하는 것도 바로 그러한 의미에서이다.

이것은 거부처분 또는 부작위에 대하여 일정한 처분을 구할 법률상 이익이 있는 자가 청구인적격을 갖는 의무이행심판의 경우(§ 3⁹)에도 마찬가지이다. 이 경우에도 '처분을 구할 법률상 이익'의 유무는 주관적 공권의 성립요건, 즉 강행법규성과 사익보호규범성(보호규범설)을 검토함으로써 결정되는 것으로 이해되고 있기 때문이다.

그러나 처분의 효과가 기간경과, 처분의 집행 그 밖의 사유로 인하여 소멸된 뒤에도 그 처분의 취소로 인하여 회복되는 법률상 이익이 있는 자는 취소심판의 청구인적격을 가진다고 하는 행정심판법 제13조 제1항 2문의 규정은 그와 같은 보호대상으로서의 법률상 이익이 아니라 보호의 필요성 내지 분쟁의 현실성(또는 협의의 소익)에 관한 것이라 할 수 있다.[15] 따라서 이들 두 가지 경우 「법률상 이익」의 개념이 상이한 것임에도 불구하고 서로 혼동되고 있다.

한편 무효등확인심판의 경우 법률상 이익은 확인의 이익 또는 즉시확정의 이익, 즉 당사자 간에 다툼이 있어서 재결로써 공적 확정을 받는 것이 청구인의 법적 지위의 불안정상태를 제기하기 위하여 필요한 경우에 한하여 인정되는 이익을 의미하는 것으로 파악되어 왔으나,[16] 2008년 3월 20일 2007두6342 전원합의체 판결에서 무효확인소송의 원고적격에 관한 종래의 판례를 변경하여 행정처분의 근거 법률에 의하여 보호되는 직접적이고 구체적인 이익이 있는 경우에는 행정소송법 제35조에 규정된 '무효확인을 구할 법률상 이익'이 있다고 보아야 하고, 이와 별도로 무효확인소송의 보충성이 요구되는 것은 아니라고 판시함에 따라[17] 이 문제 역시 그와 같은 방향으로 해소되었다고 볼 수 있다.

한편 심판청구의 요건의 하나로 간주되는 청구인적격의 기준으로서 "법률상 이익"이란 '보호의 대상으로서의 법률상 이익'을 의미하지만, 청구인적격의 유무는 청구인이 사실상 이러한 법률상 이익을 가지고 있는지를 기준으로 판단할 것이 아니라, 청구인이 주장하는 바와

---

15) 김동희, 행정법 I, 564, 634.
16) 김도창, 일반행정법론(상), 700; 김동희, 행정법 I, 701-702.
17) 대법원 2008.3.20. 선고 2007두6342 전원합의체 판결.

같이 법률상 이익이 존재할 가능성이 있는지를 기준으로 판단해야 할 것이다($\substack{\text{Möglich-}\\\text{keitstheorie}}$). 반면 보호의 필요성을 의미하는 법률상 이익($\substack{\S\,13\\①\text{-}③}$)은 청구인적격이 아니라 권리보호의 이익으로서 심판청구의 요건에 해당한다.

1.2.3. 행정심판의 목적과 청구인적격(법률상 이익)

주지하는 바와 같이 행정심판은 위법한 처분뿐만 아니라 부당한 처분을 대상으로 해서도 제기될 수 있는 것이므로 행정심판의 청구인적격을 「법률상 이익」이 있는 자에 한정하는 행정심판법의 태도가 올바른 것인가에 관하여 최근 심한 논란이 전개되어 왔다. 여기서 이 문제를 상세히 논할 수는 없으므로,[18] 요점만을 간추려 본다면, 우선 문제의 해결책은 행정심판은 부당한 처분에 대해서도 제기될 수 있는 것이라는 데서 출발해야 할 것이다. 부당한 처분이란 사회통념상 공익에 적합하지 않지만 위법하지는 않은 처분을 말한다고 할 수 있다. 가령 재량을 그르치면, 그것이 법이 재량권을 부여한 내적·외적 한계를 넘지 않는 한, 위법이 아니라 부당한 처분이라고 평가되는 바와 같다. 행정심판은 이러한 부당한 처분을 대상으로 하여 제기될 수 있다. 그렇다면 가령 부당한 처분에 대하여 이를 취소·변경할 법률상 이익을 갖는 자만이 행정심판의 청구인이 될 수 있다는 것은 무엇을 뜻하는가? 그것은 무엇보다도 사실상 이익 또는 반사적 이익을 지니는 데 불과한 자는 행정심판을 제기할 수 없다는 결과가 된다. 이러한 결과는 부당한 처분에 대해서도 제기될 수 있음을 특징으로 하는 행정심판의 본질에 반하는가? 법률상 이익을 앞서 본 바와 같이 보호대상으로 파악한다면 직접 또는 간접적으로 법률상 이익을 침해하는 처분이란, 적어도 그것이 다른 법적 근거에 의해 정당화되지 않는 한, 위법한 처분이라고 보지 않을 수 없다. 법적 정당화근거 없이 권리나 법률상 이익을 침해하는 것은 당연히 위법이란 평가를 받아야 하기 때문이다. 그렇다면 거꾸로 어떤 처분에 의하여 자기의 법률상 이익을 침해당한 자만이 그 처분을 다툴 수 있다고 한다면, 다른 정당화사유가 없는 한, 그 처분은 위법한 처분일 것이므로 행정심판은 위법한 처분에 대해서만 제기될 수 있다는 결과가 된다. 따라서 행정심판의 청구인적격으로 법률상 이익을 요구하는 행정심판법의 태도는 행정심판의 본질에 반하는 것이라 할 것이므로 정당화될 수 없다는 결론에 이른다. 물론 법률상 이익이 '보호의 필요성'을 의미할 경우에는 부당한 처분의 취소·변경을 구할 법률상 이익이 있는 자에게만 청구인적격을 인정한다고 해서 반드시 행정처분의 대상을 축소함으로써 행정심판의 본질에 반하는 결과가 되지는 않을 것이다. 다만 이러한 가능성은 무효등확인심판의 경우나 의무이행심판의 경우에는 이미 처분의 무효라든지 법적 처분의무의 불이행이란 사태가 이미 그 위법성을 내포하고 있기 때문에 애당초 적용될 여지가 없다. 요컨대 행정심판법이 청구인적격을 '법률상 이익'에 의해 한정한

---

18) 예컨대 김남진, 행정쟁송과 법률상 이익, 561이하 참조.

제1편 제2편 제3편 제4편 제5편 행정구제법

것은 옳지 못하다. 행정심판은 반사적 이익(사실상 이익)을 침해받았거나 반사적 이익을 향수하기 위해서도 제기될 수 있는 것이다. 설령 위법에 이르지 않는 부당한 처분에 의해서도 법률상 이익을 침해하는 것이 가능하다고 가정하고 또 그러한 처분이 존재한다고 할지라도, 이에 대하여 행정심판을 인정해 봤자 그것은 실질적으로는 위법한 처분에 대해서만 행정심판을 인정하는 것과 크게 차이가 나는 것은 아니기 때문이다. 모처럼 준사법절차화에 대한 헌법적 요구에 따라 권리구제절차로서 개선된 행정심판의 문호를 이렇다 할 이론적 근거 없이 제한하는 것은 어떤 의미에서도 바람직하지 못하다.[19]

1.3. 선정대표자의 선정

여러 명의 청구인이 공동으로 행정심판을 청구하는 경우 그중 3명 이하의 선정대표자를 선정할 수 있고, 위원회 역시 필요하다고 인정하면 그 선정을 권고할 수 있도록 되어 있다($\S\,15\,①$, $②,\S\,19$). 이에 따라 선정된 자를 선정대표자라 하며 선정대표자는 청구인들을 위하여, 청구의 취하를 제외하고는 당해 사건에 관한 모든 행위를 할 수 있고($\S\,11\,③$), 청구인들은 그 선정대표자를 통해서만 당해 사건에 관한 행위를 할 수 있다($\S\,11\,④$).

2. 피청구인

피청구인이란 심판청구인의 상대방 당사자를 말한다. 행정심판은 처분을 한 행정청(의무이행심판의 경우에는 청구인의 신청을 받은 행정청)을 피청구인으로 하여 청구하여야 한다($\S\,17\,①$ 본문). 다만, 심판청구의 대상과 관계되는 권한, 즉, 처분이나 부작위에 관계되는 권한이 다른 행정청에 승계된 경우에는 권한을 승계한 행정청을 피청구인으로 하여야 한다($\S\,17\,①$ 단서). 피청구인을 국가나 지방자치단체 등 행정주체로 하지 않고 행정청으로 한 것은 행정소송의 경우와 마찬가지로 공격·방어상의 용이성이나 절차진행상의 편의 등 쟁송상의 합리적 고려에 따른 것이다. 법령에 의해 행정권한이 다른 행정기관, 공공단체 또는 그 기관, 그리고 사인에게 위임·위탁된 경우, 그 위임·위탁을 받은 자가 행정청이 됨은 당연한 결과라 할 수 있다.

---

19) 이에 관하여 상세한 것은 홍준형, "행정심판의 청구인적격", 공법학의 제문제, 현재김영훈박사화갑기념논문집, 1995, 법문사, 453-484을 참조.

Ⅴ. 심판청구기간

1. 심판청구기간의 제한과 그 취지

취소심판과 거부처분에 대한 의무이행심판은 소정의 청구기간 내에 청구해야 한다. 이와 같이 행정심판청구기간을 법정하여 제한한 것은 행정법관계의 신속한 확정을 기함으로써 법적 안정성을 도모하려는 취지에 따른 것이다. 다만 무효등확인심판과 부작위에 대한 의무이행심판은 청구기간의 제한을 받지 않는다. 이는 무효나 부존재, 부작위의 성질을 고려한 결과이다.

한편 각 개별법에 심판청구기간에 관한 특별규정을 두는 경우가 많으므로 이에 유의할 필요가 있다(국가공무원법 § 76; 국세기본법 §§ 61, 68; 관세법 §§ 119 ③, 121 등).

2. 원　칙

행정심판은 처분이 있음을 알게 된 날부터 90일 이내에 청구하여야 한다($\S 27$ ①). 그리고 처분이 있었던 날부터 180일이 지나면 청구하지 못한다($\S 27$ ③ 본문). 다만, 정당한 사유가 있는 경우에는 그러하지 아니하다($\S 27$ ③ 단서). "처분이 있음을 알게 된 날"이란 처분이 있었음을 실제로 안 날을 말한다. 가령 멀리 떨어져 있는 사람들 사이에 서면으로 하는 경우에는 그 서면이 상대방에게 도달한 날, 공시송달의 경우에는 도달한 것으로 간주되는 날, 그리고 사실행위인 경우에는 그러한 행위가 있고 그것이 자기의 권리·이익을 침해했다는 인식을 한 날이라 할 것이다.

"통상 고시 또는 공고에 의하여 행정처분을 하는 경우에는 그 처분의 상대방이 불특정다수인이고, 그 처분의 효력이 불특정다수인에게 일률적으로 똑같이 적용됨으로 인하여 고시일 또는 공고일에 그 행정처분이 있음을 알았던 것으로 의제하여 행정심판청구기간을 기산하는 것이므로, 관리처분계획에 이해관계를 갖는 자는 고시가 있었다는 사실을 현실적으로 알았는지 여부에 관계없이 고시가 효력을 발생하는 날인 고시가 있은 후 5일이 경과한 날에 관리처분계획인가처분이 있음을 알았다고 보아야 하고, 따라서 관리처분계획인가처분에 대한 행정심판은 그날로부터 60일 이내에 제기하여야 한다."[20]

"[1] 국세기본법의 적용을 받는 처분과 달리 행정심판법의 적용을 받는 처분인 과징금부과처분에 대한 심판청구기간의 기산점인 행정심판법 제18조 제1항 소정의 "처분이 있음을 안 날"이라 함은 당사자가 통지·공고 기타의 방법에 의하여 당해 처분이 있었다는 사실을 현실적으로 안 날을 의미하고, 추상적으

---

20) 대법원 1995.8.22. 선고 94누5694 판결; 대법원 1993.12.24. 선고 92누17204 판결.

로 알 수 있었던 날을 의미하는 것은 아니라 할 것이며, 다만 처분을 기재한 서류가 당사자의 주소에 송달되는 등으로 사회통념상 처분이 있음을 당사자가 알 수 있는 상태에 놓여진 때에는 반증이 없는 한 그 처분이 있음을 알았다고 추정할 수는 있다.

[2] 아파트 경비원이 관례에 따라 부재중인 납부의무자에게 배달되는 과징금부과처분의 납부고지서를 수령한 경우, 납부의무자가 아파트 경비원에게 우편물 등의 수령권한을 위임한 것으로 볼 수는 있을지언정, 과징금부과처분의 대상으로 된 사항에 관하여 납부의무자를 대신하여 처리할 권한까지 위임한 것으로 볼 수는 없고, 설사 위 경비원이 위 납부고지서를 수령한 때에 위 부과처분이 있음을 알았다고 하더라도 이로써 납부의무자 자신이 그 부과처분이 있음을 안 것과 동일하게 볼 수는 없다."21)

"처분이 있었던 날"이란 처분이 고지에 의하여 외부에 표시되고 (통상 상대방에게 도달되어) 그 효력이 발생한 날을 말하며 이 180일의 기간을 둔 것은 법적 안정성을 고려한 것이다. 두 가지 기간 중 어느 하나를 먼저 경과하면 행정심판의 제기는 불가능하게 된다.

3. 예   외

3.1. 90일에 대한 예외

청구인이 천재지변, 전쟁, 사변, 그 밖의 불가항력으로 인하여 앞에서 본 90일의 기간에 심판청구를 할 수 없었을 때에는, 국내에서는 그 사유가 소멸한 날부터 14일 이내에, 국외에서는 30일 이내에 행정심판을 청구할 수 있다(§27②).

3.2. 180일에 대한 예외

정당한 사유가 있으면 180일을 경과한 이후에도 행정심판을 제기할 수 있다(§27단서③). 무엇이 「정당한 사유」에 해당하는가는 심판기관이 직권으로 조사하여 건전한 사회통념에 입각하여 판단할 것이나 위의 불가항력보다는 넓은 개념이라고 본다. 이러한 「정당한 사유」가 있을 때의 청구기간에 관해서 법이 아무런 규정을 두지 않은 것은 입법적 불비라고 할 수 있지만, 제27조 제2항을 유추하여 사유가 소멸된 때로부터 14일 이내, 국외에서는 30일 이내에 행정심판을 제기할 수 있다고 보는 것이 타당할 것이다.22)

---

21) 대법원 2002.8.27. 선고 2002두3850 판결. 참조: 대법원 1964.9.8. 선고 63누196 판결; 대법원 1991.6.28. 선고 90누6521 판결; 대법원 1995.11.24. 선고 95누11535 판결; 대법원 1998.2.24. 선고 97누18226 판결; 대법원 1999.12.28. 선고 99두9742 판결 등.
22) 변재옥, 행정법강의 I, 573.

::: '정당한 사유'에 관한 판례

1. 도시계획결정을 뒤늦게 안 경우

"도시계획결정을 토지소유자에게 개별통지하여야 한다는 규정이 없으므로 개별통지해 주지 아니하여 뒤늦게 도시계획결정 사실을 알고서 행정심판을 제기하였다는 사유만으로는 심판청구기간을 지키지 못한 데에 행정심판법 제18조 제3항 단서에서 규정하는 정당한 사유가 있는 경우에 해당한다고 볼 수 없다."[23]

2. 개별토지가격결정에 있어 그 처분의 통지가 없는 경우

"개별토지가격결정에 대한 재조사 또는 행정심판의 청구기간은 그 처분의 상대방이 실제로 그 처분이 있음을 안 날로부터 기산하여야 하므로, 개별토지가격합동조사지침(국무총리훈령 §§ 241, 248) 제12조의2 제1항 소정의 "개별토지 가격이 결정된 날로부터"는 위와 같은 의미로 해석하여야 하고, 시장, 군수 또는 구청장이 상대방에 대하여 별도의 고지절차를 취하지 않는 경우에는 원칙적으로 특별히 그 처분을 알았다고 볼 만한 사정이 없는 한 개별토지가격결정에 대한 재조사청구 또는 행정심판청구는 행정심판법 제18조 제3항 소정의 처분이 있은 날로부터 180일 이내에 이를 제기하면 되나, 나아가 개별토지가격결정의 경우에 있어서와 같이 그 처분의 통지가 없는 경우에는 그 개별토지가격결정의 대상토지 소유자가 심판청구기간 내에 심판청구가 가능하였다는 특별한 사정이 없는 한 행정심판법 제18조 제3항 단서 소정의 정당한 사유가 있는 때에 해당한다."[24]

3. 복효적 행정행위의 경우

(1) 처분의 상대방이 아닌 제3자가 행정처분이 있음을 모른 경우

"행정심판법 제18조 제3항에 의하면 행정처분의 상대방이 아닌 제3자라도 처분이 있은 날로부터 180일을 경과하면 행정심판청구를 제기하지 못하는 것이 원칙이지만, 다만 정당한 사유가 있는 경우에는 그러하지 아니하도록 규정되어 있는바, 행정처분의 직접 상대방이 아닌 제3자는 일반적으로 처분이 있는 것을 바로 알 수 없는 처지에 있으므로, 위와 같은 심판청구기간 내에 심판청구를 제기하지 아니하였다고 하더라도, 그 기간 내에 처분이 있은 것을 알았거나 쉽게 알 수 있었기 때문에 심판청구를 제기할 수 있었다고 볼만한 특별한 사정이 없는 한, 위 법조항 본문의 적용을 배제할 정당한 사유가 있는 경우에 해당한다고 보아 위와 같은 심판청구기간이 경과한 뒤에도 심판청구를 제기할 수 있다."[25]

(2) 처분의 상대방이 아닌 제3자가 행정처분이 있음을 안 경우

"행정처분의 상대방이 아닌 제3자가 어떤 경위로든 행정처분이 있음을 안 이상 행정심판법 제18조 제1항에 의하여 그 처분이 있음을 안 날로부터 60일 이내에 심판청구를 하여야 하고, 이 경우 제3자가 그 청구기간을 지키지 못하였음에 정당한 사유가 있는지 여부는 문제가 되지 아니한다."[26]

---

23) 대법원 1993.3.23. 선고 92누8613 판결. 참조: 대법원 1991.1.11. 선고 90누1717 판결.
24) 대법원 1995.8.25. 선고 94누13121 판결. 참조: 대법원 1993.12.14. 선고 92누17204 판결; 대법원 1995.6.29. 선고 94누13268 판결.
25) 대법원 1992.7.28. 선고 91누12844 판결. 대법원의 확립된 판례: 대법원 1988.9.27. 선고 88누29 판결; 대법원 1989.5.9. 선고 88누5150 판결; 대법원 1991.5.28. 선고 90누1359 판결 등.
26) 대법원 1995.8.25. 선고 94누12494 판결. 동지 대법원 1995.4.14. 선고 94누11934 판결; 대법원 1995.6.29. 선고 94누13268 판결.

3.3. 기타의 경우

90일과 180일의 기간은 불변기간(^{Notfrist})이다($^{\S\,27}_{④}$). 따라서 불가항력 사유(90일의 경우)나 정당한 사유(180일의 경우)가 없는 한, 법원에 의해서도 신축할 수 없다.

4. 심판청구기간의 계산

심판청구기간을 계산할 때에는 피청구인이나 위원회에 심판청구서가 제출되었을 때에 행정심판이 청구된 것으로 본다. 만일 행정청이 제58조에 따른 고지를 하지 않았거나 잘못 고지해서, 청구인이 심판청구서를 다른 행정기관에 제출한 때에는 그 행정기관에 심판청구서가 제출된 때에 심판청구가 제기된 것으로 본다($^{\S\,27}_{④}$).

Ⅵ. 심판청구의 방식과 절차

1. 심판청구의 방식

행정심판법은 서면청구주의를 취하고 있다($^{\S\S\,28\ ①;}_{23\ ①}$). 심판청구를 서면으로 하게 한 것은 내용을 명확하고 획일적인 방식으로 통일시키며 구술로 하는 경우에 생길 수 있는 번잡을 피하려는 데 취지를 둔 것으로 이해된다. 그러나 행정심판법 제28조, 제23조의 규정취지와 행정심판제도의 목적에 비추어 행정심판청구는 엄격한 형식을 요하지 아니하는 서면행위로 보아야 할 것이다. 따라서 그 서면의 표제가 반드시 '행정심판청구'이어야 하는 것은 아니며, 행정심판법 소정의 기재사항이 기재되어 있고 이를 통해 그것이 위법·부당한 처분의 취소·변경 등을 구하는 것임을 알 수 있는 이상 '진정', '불복신청' 등의 명칭에 구애받지 아니한다. 심판청구서의 기재사항에 관해서는 행정심판법 제28조 제2항 내지 제5항이 규정하고 있다.

"행정심판법 제19조, 제23조의 규정취지와 행정심판제도의 목적에 비추어 보면 행정소송의 전치요건인 행정심판청구는 엄격한 형식을 요하지 아니하는 서면행위로 해석되므로 위법 부당한 행정처분으로 인하여 권리나 이익을 침해당한 자로부터 그 처분의 취소나 변경을 구하는 서면이 제출되었을 때에는 그 표제와 제출기관의 여하를 불문하고 이를 행정소송법 제18조 소정의 행정심판청구로 보고 불비된 사항이 보정 가능한 때에는 보정을 명하고 보정이 불가능하거나 보정명령에 따르지 아니한 때에는 비로소 부적법 각하를 하여야 할 것이며 이러한 경우 행정청으로서는 그 서면을 가능한 한 제출자의 이익이 되도록 해석하고 처리하여야 하는바, 원고가 피고에게 이 사건 처분을 철회하여 달라는 취지의 진정서는 비록 그 제목이 "진정서"로 되어 있고 심판청구의 취지 및 이유 등 행정심판법 제19조 제2항 소정의 사항 등을 구분하여 기재하고 있지 아니하여 행정심판청구서로서의 형식을 갖추고 있지는 않으나 그 문서에 피청구인인 처분청과 청구인의 이름 및 주소가 기재되어 있고 그 문서의 기재내용에 의하여 심판청구의 대상이 되는 행정처분의 내용과 심판청구의 취지 및 이유를 알 수 있고 거기에 기재되지 아니한 재결청등 불비한 점은 어느 것이나 보정이 가능한 것이므로 위 문서는 이 사건 허가처분에 대한 행정심판청구로 보는 것이 옳다."[27]

"국민고충처리위원회에 접수된 신청서가 행정기관의 처분에 대하여 시정을 구하는 취지임이 내용상 분명한 것으로서 국민고충처리위원회가 이를 당해 처분청 또는 그 재결청에 송부한 경우에 한하여 행정심판법 제17조 제2항, 제7항의 규정에 의하여 그 신청서가 국민고충처리위원회에 접수된 때에 행정심판청구가 제기된 것으로 볼 수 있다."[28]

"구 하천법(1999.2.8. 법률 제5893호로 전문 개정되기 전의 것) 제74조가 손실보상에 관한 행정소송을 제기하기에 앞서 관할 토지수용위원회의 재결을 거치도록 한 취지는 우선 재결기관(행정청)으로 하여금 재심사를 하도록 함으로써 행정권의 자기통제와 행정감독의 효과를 도모하고, 사건을 전문적·기술적으로 처리함으로써 전체적으로 국민의 권리구제의 철저를 기하려는 데 있다고 보아야 하므로, 그 재결신청은 엄격한 형식을 요하지 아니하는 서면행위로써 그 보정이 가능하다면 보정이 이루어지도록 하여야 하는 것이며, 더욱 전문적 법률지식을 갖지 못한 신청인에 의하여 제출된 재결신청서는 그 취지가 불명인 부분이 적지 아니할 것이고, 이러한 경우 재결기관으로서는 그 서면을 가능한 한 제출자의 이익이 되도록 해석하고 처리하여야 할 필요가 있다."[29]

2. 심판청구의 절차: 심판청구서의 제출등

과거에는 행정심판을 제기함에 있어 반드시 피청구인인 행정청을 거쳐서 제기하도록 했고 이러한 경유절차는 행정청에게 재고려의 기회를 부여함으로써 스스로 자신의 과오를 시정할 수 있도록 하고 동시에 신속한 구제효과를 달성하기 위하여 인정된 것으로서 피청구인에게 자기의 처분등에 대하여 행정심판이 제기되었음을 알리는 절차적 의미도 있다고 이해되고 있었다. 그러나 이러한 경유절차가 그동안 신속하고 효과적인 행정시정 및 구제의 효과를 달성하기보다는 행정심판을 제기하려는 국민에게 불편을 초래하는 요인으로 작용했다는 현실을 반성하여 국민의 편의를 도모하기 위하여 경유절차를 없앴다. 따라서 행정심판을 청구하는 자는 피청구인인 행정청을 거칠 필요 없이 위원회에 직접 심판청구서를 제출할 수 있게 되었다. 물론 피청구인에게 심판청구서를 제출해도 무방하다($\S_{①}^{23}$).

▦ 행정심판청구서의 해석과 처리

"행정심판법 제19조, 제23조의 규정 취지와 행정심판제도의 목적에 비추어 보면, 행정심판청구는 엄격한 형식을 요하지 않는 서면행위로 해석되므로, 위법·부당 행정처분으로 인하여 권리나 이익을 침해당한

---

27) 대법원 1995.9.5. 선고 94누16250 판결. 참조: 대법원 2000.6.9. 선고 98두2621 판결 등.
28) 대법원 1995.9.29. 선고 95누5332 판결. 참조: 대법원 1985.10.22. 선고 84누724 판결.
29) 대법원 2003.4.25. 선고 2001두1369 판결.

자로부터 그 처분의 취소나 변경을 구하는 서면이 제출되었을 때에는 그 표제와 제출기관의 여하를 불문하고 이를 행정소송법 제18조 소정의 행정심판청구로 보아야 하며, 심판청구인은 일반적으로 전문적 법률지식을 갖지 못하여 제출된 서면의 취지가 불명확한 경우가 적지 않을 것이나, 이러한 경우 행정청으로서는 그 서면을 가능한 한 제출자에게 이익이 되도록 해석하고 처리하여야 한다(대법원 1995.9.5. 선고 94누16250 판결, 2000.6.9. 선고 98두2621 판결 참조)."30)

위원회가 심판청구서를 받으면 지체 없이 피청구인에게 심판청구서 부본을 보내고($^{§ 26}_{①}$), 피청구인으로부터 답변서가 제출되면 답변서 부본을 청구인에게 송달하여야 한다($^{§ 26}_{②}$).

3. 처분청의 구제결정

심판청구서를 받은 피청구인은 그 심판청구가 이유 있다고 인정하면 심판청구의 취지에 따라 직권으로 처분을 취소·변경하거나 확인을 하거나 신청에 따른 처분을 할 수 있다($^{§ 25 ①}_{제1문}$). 이 경우 서면으로 청구인에게 알려야 한다($^{§ 25 ①}_{제2문}$). 피청구인은 이러한 직권취소등을 하였을 때에는, 청구인이 심판청구를 취하한 경우가 아니면, 심판청구서·답변서를 보낼 때 직권취소등의 사실을 증명하는 서류를 위원회에 함께 제출하여야 한다($^{§ 25}_{②}$). 이것은 종래의 이의신청제도의 취지를 사실상 흡수한 것으로 이 경우 처분청이 내리는 구제결정(^{Abhilfe})을 통하여 신속하고 효과적인 행정시정 및 구제의 효과를 기할 수 있다는 견지에서 인정된 것이다.

---

30) 대법원 2007.6.1. 선고 2005두11500 판결.

제 5 절 │ 심판청구의 효과

Ⅰ. 개   설

　행정심판절차는 심판청구서가 제출됨으로써 개시된다. 이로써 행정심판위원회에게는 심판의무가, 청구인에게는 심판을 받을 권리가 발생한다. 그 밖에 심판청구의 효과로는 처분의 확정차단효, 이심효(Devolu-tiveffekt)와 집행정지효(Suspen-siveffekt)를 들 수 있다. 이심효와 달리 확정차단효와 집행정지효는 취소심판과 거부처분에 대한 의무이행심판의 경우에만 인정되는 효과이다.

Ⅱ. 심판의무와 심판청구권

　심판청구가 있으면 행정심판위원회는 심리·의결을 거쳐 재결을 하지 않으면 안 된다. 이에 따라 청구인은 구체적 사건에 관하여 심판을 받을 절차적 권리를 갖게 된다. 이것은 행정심판제도의 권리구제절차로서의 본질에서 유래하는 당연한 효과이다. 이 경우 심판청구인이 행정심판을 받을 권리는 이미 앞에서 검토한 바 있는 제기요건이 모두 충족된 경우에만 성립하는 것은 아니다. 행정심판의 제기요건은 행정심판청구의 적법요건이므로, 청구인은 그것이 모두 충족된 경우에는 본안심판을, 그렇지 못한 경우에는 부적법각하재결을 받게 될 뿐이다. 행정심판의 제기요건이 언제까지 충족되어야 하는지에 관하여 행정심판법은 명시적 규정을 두지 않고 있으며 이 문제를 다룬 문헌도 찾아 볼 수 없다. 행정소송에 있어 소송제기요건이 사실심 변론종결시까지만 충족되면 된다는 점을 유추해볼 여지도 없는 것은 아니지만, 행정심판이 정식쟁송이 아니라는 점이나 행정심판에 있어 소송에서와 같이 사실심변론종결시를 획정하기가 곤란하다는 점을 고려할 때, 원칙적으로 심판청구서가 제출되어 요건심리가 종결될 때까지 충족되어야 한다고 보되, 행정심판법 제32조의 규정에 의한 보정제도를 활용하는 수밖에 없을 것이다. 물론 심판청구기간과 같은 요건은 심판청구서제출시에 준수되면 충족된 것으로 보아야 할 것이다. 그렇게 보더라도 다른 제기요건 중 보정불가능한 부적법사유가 있으면 심판청구는 결국 부적법각하될 것이기 때문에 제기요건이 충족되지 않았음에도 불구하고 심판청구서를 일단 제출해 놓는다 하더라도 문제가 생기지는 않을 것이다.

Ⅲ. 취소심판에 있어 처분의 확정차단효

취소심판이 제기되면 계쟁처분의 형식적 확정, 즉 불가쟁력($^{Unanfechtbarkeit:}_{또는 존속력}$)의 발생이 저지된다. 이를 처분의 확정차단효 또는 기한준수효과($^{fristwahrende}_{Wirkung}$)라 한다. 이 확정차단효는 취소심판과 거부처분에 대한 의무이행심판의 경우에만 인정되는 효과로서 행정심판전치주의가 적용되는 경우 심판청구가 각하 또는 기각의 재결을 받으면 상실되며, 심판청구인은 다시금 취소소송의 제소기간 내에 소를 제기함으로써 계쟁처분이 불가쟁상태에 돌입하는 것을 막아야 한다. "심판청구에 대한 재결이 있으면 그 재결 및 같은 처분 또는 부작위에 대하여 다시 행정심판을 청구할 수 없다"는 행정심판법 제51조의 규정에 따라 재결이 있으면 다시 심판청구를 제기할 수 없으므로, 확정차단효도 재결을 받은 심판청구에 의해서만 일회적으로 발생할 수 있을 뿐이다.

Ⅳ. 이 심 효

이심효란 원래 심급이전의 효과를 의미하는 소송법상의 용어이지만, 행정심판의 경우 결정권이 직근상급행정청으로 이전되는 효과를 말한다. 원래 행정심판에 있어 이심효는 심판청구가 제기됨으로써 발생하는 것이 아니라 처분청이 심판청구가 제기된 처분등에 대하여 구제결정(^{Abhilfe})을 내리지 아니하고 사건을 재결청으로 이송했을 때에 발생하는 것이라고 할 수 있다. 그러나 개정행정심판법은 재결청을 없앴기 때문에 위원회가 직접 심판청구서를 접수하거나 피청구인으로부터 심판청구서의 송부를 받은 시점에 이 이심효가 발생한다고 볼 수밖에 없을 것이다. 행정심판에 있어 이심효가 종국적인 것은 아니며 행정심판이 계속되어 있는 동안에도 구제결정을 할 수 있다.[1] 위원회가 계쟁처분의 합목적성 및 적법성을 판단함에 있어 원칙적으로 처분청과 동일한 권한을 갖게 되는 것도 이심효에 따른 결과라 할 수 있다. 원래 행정조직법상 상급행정청은, 법률에 특별한 규정이 없는 한, 하위행정청의 권한을 대행할 수 없는 것이 원칙이다. 즉 상급행정청의 '직접개입권'($^{Selbsteintrittsrecht\ der}_{höheren\ Behörde}$)은 원칙적으로 인정되지 않는다. 다만 상급행정청은 처분등의 지연의 우려나 하위행정청이 상급행정청의 지시에 따르지 않을 경우 등과 같은 특별한 사정이 있는 경우에는 개입권을 가질 수 있으며, 상급행정청이 하위행정청에 대해 갖는 명령지시권에 의하여 사실상 영향을 미칠 수 있는 것으로 이해되고 있다.[2] 그러나 행정심판의 경우 행정심판위원회는 피청구인인 처분청의 직근상급

---

1) Hufen, Verwaltungsprzeßrecht, 1994, § 8 Rn.4.
2) Maurer, § 21 Rn.49.

관청의 관계에 있지 않기 때문에 행정조직의 원리상 계쟁처분에 관하여 처분청의 그것과 동일한 권한을 가지거나 그 권한행사에 관한 명령을 발할 여지가 없지만, 그 경우에도 행정심판위원회에게 행정심판의 심리·의결권과 재결권을 부여한 행정심판법의 규정들의 힘으로 ($\genfrac{}{}{0pt}{}{\text{kraft}}{\text{Gesetzes}}$) 그러한 이심효가 발생한다고 볼 수밖에 없다.

V. 집행부정지

1. 집행부정지의 원칙

행정심판법은 '심판청구가 제기되어도 처분의 효력이나 그 집행 또는 절차의 속행에 영향을 주지 아니한다'는 집행부정지를 원칙으로 하고 있다($\genfrac{}{}{0pt}{}{\S\,30}{\textcircled{1}}$). 이것은 위법 또는 부당한 처분 등에 의한 권익침해를 최소화하려는 권리구제적 관심과 반면 절차남용의 억제 및 처분의 효력·집행의 지속성보장 등 원활한 행정운영에 관한 공익의 요청 중 어느 것에 상대적 비중과 우선순위를 두느냐에 따라 결정되는 입법정책의 문제이다.[3] 집행부정지 원칙은 행정행위의 공정력 또는 자력집행력의 결과라기보다는 오히려 이를 전제로 하는 것이라 할 수 있다.

> 가령 각국의 입법례를 보면 행정행위의 공정력이나 자력집행력과는 필연적 관련이 없이 집행부정지의 원칙($\genfrac{}{}{0pt}{}{\text{Caractère non}}{\text{suspensif}}$)을 채택하고 있는 경우(일본이나 프랑스)와 집행정지의 원칙을 취하여 행정심판 및 행정소송의 제기에 집행정지효($\genfrac{}{}{0pt}{}{\text{aufschiebende}}{\text{Wirkung}}$)를 인정하는 경우(독일)를 볼 수 있다.

그러나 집행부정지의 원칙은 행정에 인정된 공권력의 특권이라고 할 것이므로 국민의 권리보호의 견지에서 반드시 바람직한 것이냐에 관해서는 입법론상 의문의 여지가 있다.[4]

2. 예외: 집행정지

집행정지는 예외적으로, 위원회가 처분, 처분의 집행 또는 절차의 속행 때문에 중대한 손해가 생기는 것을 예방할 필요성이 긴급하다고 인정하는 경우, 직권으로 또는 당사자의 신청에 의하여 처분의 효력, 처분의 집행 또는 절차의 속행의 전부 또는 일부의 정지($\genfrac{}{}{0pt}{}{\text{이하 "집행정}}{\text{지"라 한다}}$)를 결정하는 때에 한하여 인정된다($\genfrac{}{}{0pt}{}{\S\,30}{\text{본문}}\textcircled{2}$).

집행정지는 효력정지, 협의의 집행정지와 절차 속행의 정지로 나뉘며 그 범위 면에서 전

---

3) 김도창, 일반행정법론(상), 712.
4) 홍정선교수는 집행부정지를 지나치게 강조하면 오히려 국민의 권익보호에 침해가 될 수 있음도 고려해야 할 것이라고 한다(홍정선, 행정법원론(상), 724).

부정지와 일부정지로 나뉜다. 처분의 효력정지는 처분의 집행 또는 절차의 속행을 정지함으로써 그 목적을 달성할 수 있는 때에는 허용되지 아니한다($\S\substack{30\\ 단서}$②).

2.1. 집행정지의 요건

2.1.1. 처분의 존재와 심판청구의 계속

처분이 존재하고 심판청구가 계속중이어야 한다. 심판청구가 취하되거나 심판청구가 각하 또는 기각 재결을 받은 경우에는 집행정지를 허용할 여지가 없다.[5] 집행이 이미 완료된 경우처럼 집행정지신청의 이익(필요)이 없는 경우에도 집행정지는 허용되지 아니 한다.

무효인 처분도 집행정지의 대상이 될 수 있는지에 대해서는 논란의 여지가 있다. 무효인 경우에도 처분의 외관이 존재하고 또 집행될 우려가 얼마든지 있을 수 있으며, 더욱이 절차 속행의 정지 필요성은 단순위법의 경우보다 무효의 경우가 훨씬 더 크다고 볼 수 있고, 또 행정심판법 제30조를 무효인 처분의 경우를 배제하는 의미로 해석해야 할 이유가 없으므로, 집행정지의 대상이 될 수 있다고 보는 것이 옳다.[6]

신청에 대한 거부처분은 집행정지의 대상이 될 수 없다는 것이 통설이다. 현실적으로 거부처분이 집행되는 경우는 생각하기 어렵다. 그러나 거부처분 자체의 효력이나 거부처분에 따른 절차의 속행으로 중대한 손해가 발생하는 경우가 있을 수 있으므로 그 한도 내에서 집행정지가 가능하다고 보아야 할 것이다.

2.1.2. 중대한 손해 예방의 긴급한 필요

중대한 손해가 생기는 것을 예방할 필요성이 긴급한 경우여야 한다. 우선, 처분, 처분의 집행 또는 절차의 속행 때문에 중대한 손해가 생기는 것을 예방할 필요가 있어야 한다. 종래에는 '처분이나 그 집행 또는 절차의 속행으로 인하여 생길 회복하기 어려운 손해를 예방하기 위하여'라고 되어 있었고 이를 둘러싸고 해석상 논란의 여지가 있었다. '회복하기 어려운 손해'란 사회통념상 원상회복이나 금전보상이 전혀 불능인 경우뿐만 아니라, 금전보상만으로는 행정처분을 받은 당사자가 참고 견딜 수 없거나 또는 참고 견디기가 현저히 곤란하다고 인정되는 경우를 말하며, 가령 원상회복이 전혀 불가능하거나 과다한 노력과 비용을 들여서만 가능한 경우에는 금전배상이 가능하다고 하여도 집행정지를 할 수 있다고 보았다.[7] 그러나 현행법은 '처분, 처분의 집행 또는 절차의 속행 때문에 중대한 손해가 생기는 것을 예방하기 위한 것'일 것만을 요구하고 있으므로 그 한도 내에서 집행정지요건이 다소 완화된

---

5) 이와 관련하여 취소소송의 집행정지에 관한 것이지만, 대법원 2007.6.15. 자 2006무89 결정(소각하판결에 따른 소송계속의 해소); 대법원 2007.6.28. 자 2005무75 결정(소취하로 인한 소송계속의 해소)을 참조.

6) 김철용, 행정법 I, 제13판, 2010, 589.

7) 대법원 1986.3.21. 자 86두5 결정; 대법원 2003.4.25. 자 2003무2 결정 등.

셈이다.

다음 손해예방의 긴급한 필요가 있어야 한다. 긴급한 필요가 있는 경우란 시간적으로 급박하거나 본안재결을 기다릴 여유가 없는 경우를 말한다.

2.1.3. 공공복리에 중대한 영향 미칠 우려가 없을 것

집행정지는 공공복리에 중대한 영향을 미칠 우려가 있을 때에는 허용되지 않는다($\S^{30}_{③}$). 따라서 공공복리에 중대한 영향을 미칠 우려가 없을 것이란 소극적 요건이 성립한다. 공공복리에 중대한 영향을 주는 경우란 처분, 처분의 집행 또는 절차의 속행 때문에 사인이 입게 될 중대한 손해와 이를 예방하기 위해 집행등을 정지할 경우 그로 인해 손상될 공익을 비교형량하여 후자가 압도적으로 우월한 경우, 다시 말해서 집행정지로 회복될 사익에 비해 집행정지로 감소될 공익이 훨씬 더 중대하다고 인정될 때를 말한다.

2.1.4. 심판청구가 이유 있다고 인정되는 경우의 문제

한편 위의 (1)(2)(3)의 요건이 완전히 충족되지 않았더라도 해석상 다른 동종사건에 대한 재결이나 판결의 결과 등 제반사정을 고려할 때 심판청구의 내용 자체가 이유있다고 인정되는 경우에는 집행정지를 할 수 있다는 견해가 있었고,[8] 유사한 뉘앙스를 지닌 판례도 나오고 있다.[9] 이 문제는 취소소송에서의 집행정지와 관련하여 상세히 논할 예정이므로 여기서는 생략하지만, 그런 결과를 인정할 경우 자칫 본안심리의 선취(^{Vorgriff})를 초래할 수 있으므로, 청구의 이유유무는 행정심판법 규정상 집행정지의 요건으로 보기 어렵다는 점만을 지적해 둔다.[10]

반면 집행정지를 원칙으로 할 때 청구의 이유없음이 명백한 경우를 즉시집행 내지 집행부정지의 요건으로 삼을 수는 있겠지만 그 법적 근거여하가 문제될 것이다.

2.2. 집행정지의 내용

집행정지의 내용은 처분의 효력이나 집행 또는 절차의 속행의 전부 또는 일부를 정지시키는 것이다.

2.2.1. 효력의 전부 또는 일부의 정지

처분의 효력이란 처분의 내용적 구속력·공정력·집행력 등을 포함한다. 효력이 정지되면 잠정적이기는 하지만 이들 행정행위의 효력이 존속되지 않는 결과가 된다. 처분(예컨대

---

8) 일본행정사건불복심사법 제34조 제4항은 이를 명문화하고 있다(김도창, 일반행정법론(상), 714).
9) 가령 대법원 2004.5.12. 자 2003무41 결정을 참조.
10) 박윤흔, 행정법강의(상), 820; 홍정선, 행정법원론(상), 724.

외국인강제퇴거명령 또는 체납처분으로서의 압류)의 효력정지는 처분의 집행(예컨대 강제퇴거조치) 또는 절차의 속행(예컨대 체납처분으로서 매각)을 정지함으로써 그 목적을 달성할 수 있을 때에는 허용되지 않는다($^{§30}_{단서}$②). 이것은 일종의 비례원칙적 고려에 의한 것이다.

2.2.2. 처분의 집행의 전부 또는 일부의 정지

처분의 집행이란 처분내용의 강제적 실현을 위한 집행력의 행사를 말한다. 예컨대 과세처분에 따르는 징세나 영업정지처분에 따른 휴업 등이 그것이다. 처분의 집행정지는 이러한 집행작용을 정지시킴으로써 처분의 내용의 실현을 저지하는 것이다.

2.2.3. 절차의 속행의 전부 또는 일부의 정지

절차속행의 정지란 행정처분이 단계적인 절차에 의해 행해지는 경우 그 후속행위를 정지하는 것을 말한다. 예컨대 토지보상법에 의한 사업인정을 다투는 행정심판이 제기된 경우 집행정지가 행해진다면 후속 수용절차의 진행을 정지시키거나 대집행영장에 의한 통지를 다투는 경우 대집행을 정지하는 것을 말한다.

2.3. 집행정지의 절차

집행정지는 위원회가 직권으로 또는 당사자의 신청에 의하여 결정하게 되어 있다($^{§30}_{본문}$②). 법의 문언은 "결정을 할 수 있다"고 되어 있으나 이것은 집행정지결정권의 소재를 밝힌 권한규정이지 재량권을 부여한 것은 아니라고 해석된다.[11] 이렇게 해석해야만 집행부정지원칙을 취한 현행 행정심판제도 하에서 국민에게 가구제를 받을 수 있는 최소한의 기회를 확보해 줄 수 있기 때문이다.

반면 위원회는 집행정지를 결정한 후에 집행정지가 공공복리에 중대한 영향을 미치거나 그 정지사유가 없어진 경우에는 직권으로 또는 당사자의 신청에 의하여 집행정지 결정을 취소할 수 있다($^{§30}_{④}$).

집행정지 및 집행정지의 취소에 관한 결정은 모두 위원회의 심리·의결을 거쳐야 한다. 하지만, 위원회의 심리·결정을 기다릴 경우 중대한 손해가 생길 우려가 있다고 인정되면 위원장은 직권으로 위원회의 심리·결정을 갈음하는 결정을 할 수 있다($^{§30}_{제1문}$⑥). 이 경우 위원장은 지체 없이 위원회에 그 사실을 보고하고 추인을 받아야 하며, 위원회의 추인을 받지 못하면 위원장은 집행정지 또는 집행정지 취소에 관한 결정을 취소하여야 한다($^{§30}_{제1문}$⑥). 이것은 집행정지의 결정이나 그 취소결정이 시급성을 요하는 경우가 많다는 사정을 고려하여 위

---

11) 동지 김동희, 행정법 I, 575.

원회의 의결을 거치면 회복하기 어려운 손해가 발생할 우려가 있을 경우 위원장에게 직권에 의한 결정권을 부여함으로 집행정지 또는 그 취소 결정의 시의성을 확보하려는 데 취지를 둔 것으로 이해된다.

집행정지 신청은 심판청구와 동시에 또는 심판청구에 대한 법 제7조 제6항 또는 제8조 제7항에 따른 위원회나 소위원회의 의결이 있기 전까지, 집행정지 결정의 취소신청은 심판청구에 대한 법 제7조 제6항 또는 제8조 제7항에 따른 위원회나 소위원회의 의결이 있기 전까지 신청의 취지와 원인을 적은 서면을 위원회에 제출하여야 한다($^{§30}_{본문⑤}$). 다만, 심판청구서를 피청구인에게 제출한 경우로서 심판청구와 동시에 집행정지 신청을 할 때에는 심판청구서 사본과 접수증명서를 함께 제출하여야 한다($^{§30}_{단서⑤}$).

위원회는 집행정지 또는 집행정지의 취소에 관하여 심리·결정하면 지체 없이 당사자에게 결정서 정본을 송달하여야 한다($^{§30}_{⑦}$).

2.4. 집행정지의 효과

집행정지의 결정이 있으면 정지된 처분은 그 집행정지의 내용의 범위 내에서는 없는 것과 마찬가지의 상태가 된다(형성적 효과). 이러한 효과는 결정주문에서 특별한 언급이 없다면 심판의 재결이 확정될 때까지 지속된다고 보아야 할 것이며, 그것은 당사자는 물론 관계행정청에도 미친다고 본다.

VI. 임시처분

행정심판법은 제31조에서 집행부정지 원칙 하에서 행정심판상 가구제의 기회가 다소 제약될 수 있다는 점을 감안하여 임시처분을 허용하고 있다. 행정심판의 청구인이 처분이나 부작위에 의하여 회복하기 어려운 손해를 입게 되는 경우 종전의 집행정지제도만으로는 청구인의 권익을 구제하기가 어려웠던 것이 사실이다. 이러한 배경에서 행정청의 처분이나 부작위 때문에 발생할 수 있는 당사자의 중대한 불이익이나 급박한 위험을 막기 위하여 당사자에게 임시지위를 부여할 수 있는 임시처분제도를 도입한 것이다.

법 제31조에 따르면, 위원회는 처분 또는 부작위가 위법·부당하다고 상당히 의심되는 경우로서 처분 또는 부작위 때문에 당사자가 받을 우려가 있는 중대한 불이익이나 당사자에게 생길 급박한 위험을 막기 위하여 임시지위를 정하여야 할 필요가 있는 경우에는 직권으로 또는 당사자의 신청에 의하여 임시처분을 결정할 수 있다($^{§31}_{①}$). 이 임시처분에 관하여는 집행부정지에 관한 법 제30조 제3항부터 제7항까지를 준용한다. 이 경우 같은 조 제6항 전단 중 "중대한 손해가 생길 우려"는 "중대한 불이익이나 급박한 위험이 생길 우려"로 본다

$\left(\S\, 31\atop ②\right)$.

임시처분은 제30조 제2항에 따른 집행정지로 목적을 달성할 수 있는 경우에는 허용되지 아니한다$\left(\S\, 31\atop ③\right)$.

제 6 절 | 행정심판의 심리 및 재결

Ⅰ. 행정심판의 심리

행정심판의 심리는 행정심판위원회에서 이루어진다. 행정심판법은 행정심판의 심리절차를 준사법화하도록 규정한 헌법 제107조 제3항의 취지에 따라 구술심리제를 도입하는 등 일련의 절차적 정비를 강화해 왔다.[1] 이에 따라 행정심판의 심리절차는 특히 최근의 법개정에 따라 당사자·이해관계인의 공격·방어, 증거조사 등 일련의 과정으로 이루어지는 대심적 쟁송절차로 발전해 왔다.

1. 심리의 단계와 범위

1.1. 심리의 단계

행정심판의 심리는 요건심리와 본안심리의 두 가지 단계로 이루어진다.

1.1.1. 요건심리

이것은 행정심판의 제기요건을 구비하였는지를 심사하여 만약 이를 갖추지 않은 것으로 판명되면, 그 불비된 요건이 보정할 수 있는 것인 경우에는 기간을 정하여 보정을 명하거나 경미한 사항은 직권으로 보정할 수 있으나($§32\atop①$), 그러한 경우가 아니라면 청구는 부적법한 것으로 각하되게 된다.

1.1.2. 본안심리

요건심리의 결과 행정심판의 제기가 적법하다고 판단되면 본안 즉 청구내용에 대한 심리에 들어가게 된다. 내용심리의 결과 심판청구의 취지를 인용하거나 기각하게 된다.

1.2. 심리의 범위

행정심판의 심리범위는 심판청구의 대상인 처분이나 부작위에 관한 적법성여하의 판단(법률문제)뿐만 아니라 당·부당이란 재량문제를 포함한 사실문제까지 미친다.

---

[1] 행정심판의 심리절차의 문제점에 관하여는 김원주, 행정심판법상의 심리절차의 문제점과 개선방안, 고시연구 1991/3, 24이하 참조.

항고소송에서 처분청은 당초 처분의 근거로 삼은 사유와 기본적 사실관계가 동일성이 있다고 인정되는 한도 내에서만 다른 사유를 추가 또는 변경할 수 있다는 법리는 행정심판 단계에서도 그대로 적용된다는 것이 판례이다.

> **행정심판과 처분사유의 추가변경**
>
> "행정처분의 취소를 구하는 항고소송에서 처분청은 당초 처분의 근거로 삼은 사유와 기본적 사실관계가 동일성이 있다고 인정되는 한도 내에서만 다른 사유를 추가 또는 변경할 수 있고, 이러한 기본적 사실관계의 동일성 유무는 처분사유를 법률적으로 평가하기 이전의 구체적 사실에 착안하여 그 기초인 사회적 사실관계가 기본적인 점에서 동일한지에 따라 결정되므로, 추가 또는 변경된 사유가 처분 당시에 이미 존재하고 있었다거나 당사자가 그 사실을 알고 있었다고 하여 당초의 처분사유와 동일성이 있다고 할 수 없다(대법원 2011.11.24. 선고 2009두19021 판결 등 참조). 그리고 이러한 법리는 행정심판 단계에서도 그대로 적용된다."[2]

심리범위에 관해서는 불고불리의 원칙과 불이익변경금지의 원칙이 적용된다. 즉, 위원회는 심판청구의 대상이 되는 처분 또는 부작위 외의 사항에 대해서는 재결하지 못하며($\S47_①$), 심판청구의 대상인 처분보다 청구인에게 불이익한 재결을 할 수 없다($\S47_②$).

2. 심리의 절차

위원회에 직접 심판청구서가 제출되거나 피청구인으로부터 송부된 후, 피청구인은 심판청구서를 제출받거나 위원회로부터 송부받은 날부터 10일 이내에 답변서를 위원회에 보내고 위원회는 다시 이를 청구인에게 송달하게 된다. 이것은 심리절차의 신속한 진행뿐만 아니라 답변서제출의무를 통하여 피청구인이 심판청구에 성실히 대응하도록 함으로써 진실발견과 사건의 해결을 용이하게 하기 위하여 1995년의 개정법에서 신설된 내용을 현행법에서 계승한 것이다. 제3자가 심판청구를 한 때에는 위원회는 처분의 상대방에게 그 사실을 알려야 한다($\S24_②$). 이로써 행정심판의 심리절차가 진행된다.

2.1. 심리절차의 기본원칙

2.1.1. 대심주의

행정심판법은 심리에 있어 대립하는 당사자 쌍방에게 공격·방어방법을 제출할 대등한 기회를 보장하는 당사자주의적 구조, 즉 대심구조를 바탕을 두고 있다. 이에 따라 청구인과 피청구인이 제3자인 심판기관 앞에서 서로 공격과 방어를 함으로써 심리가 진행되게 된다.

---

2) 대법원 2014.5.16. 선고 2013두26118 판결.

2.1.2. 직권증거조사 및 직권심리주의

행정심판위원회는 사건을 심리하기 위하여 필요하면 직권으로 또는 당사자의 신청에 의하여 증거조사를 할 수 있고($^{§\,28}_{①}$), 필요하면 당사자가 주장하지 아니한 사실에 대해서도 심리할 수 있다($^{§\,39}$). 이것은 행정심판법이 행정소송법($^{§\,26}$)의 경우와 마찬가지로 증거조사 및 심리에 있어 직권탐지주의($^{Untersuchungs-}_{maxime}$)를 채택한 것으로서 행정심판이 주관적 권리보호를 목적으로 하는 절차일 뿐만 아니라 행정의 적법타당성 보장이라는 공익목적을 지닌 절차이기도 하다는 점을 고려한 것이라고 설명되고 있다. 다만 불고불리의 원칙으로 인하여 행정심판의 직권심리도 심판청구의 대상인 처분이나 부작위 이외의 사항에 미칠 수는 없다.

2.1.3. 서면심리주의와 구술심리주의

행정심판의 심리는 구술심리나 서면심리로 한다($^{§\,40}_{본문①}$). 다만, 당사자가 구술심리를 신청한 경우에는 서면심리만으로 결정할 수 있다고 인정되는 경우 외에는 구술심리를 하여야 한다($^{§\,40}_{단서①}$). 위원회는 구술심리 신청을 받으면 그 허가 여부를 결정하여 신청인에게 알려야 한다($^{§\,40}_{②}$). 통지는 간이통지방법으로 할 수 있다($^{§\,40}_{③}$).

당사자의 구술심리신청에 대한 위원회의 거부재량이 종래의 무제한적인 재량권에서 '서면심리만으로 결정할 수 있다고 인정되는 경우'로 국한됨으로써 당사자에게 원칙적으로 구술심리를 받을 권리가 부여된 것은 진일보한 것이지만, 여전히 위원회가 자신에게 유보된 '서면심리만으로 결정할 수 있다고 인정되는 경우'에 대한 판단권을 어떤 범위에서 어떤 태도로 행사하느냐에 따라 그 구술심리요구권도 제한을 받을 수밖에 없다.

2.1.4. 비공개주의의 문제

행정심판법은 심판의 공개여부에 관하여 명문의 규정을 두지 않고 있다. 다만, 현행법 제41조에서 "위원회에서 위원이 발언한 내용이나 그 밖에 공개되면 위원회의 심리·재결의 공정성을 해칠 우려가 있는 사항으로서 대통령령으로 정하는 사항은 공개하지 아니한다"고 규정하여 '발언내용 등의 비공개'만을 명시하고 있을 뿐이다.

심판의 공개여부는 심리방식상 서면심리주의를 취하느냐 구술심리주의를 취하느냐와 논리필연적인 관련을 맺는 것은 아니다. 그러나 구술심리에 관한 법 제40조의 법취지를 감안할 때, 행정심판에서 구술심리가 행해지는 경우에는 당사자가 심판의 공개를 요구하면, 위원회가 심판을 비공개로 할 필요가 있다고 인정하는 경우 외에는 심판을 공개할 수 있다고 해석해야 하지 않을까 생각한다.

1998년의 행정심판법개정법률 제26조의2에서 신설된 이 조항에 대해 제기된 위헌소원에 대하여 헌법재판소는 이 조항이 정보공개청구권의 본질적 내용을 침해하지 아니하며 또한 위임입법의 명확성원칙을 위반하지도 않았다고 판시하여 합헌으로 결정한 바 있다. 이 조항은 현행법 제41조에 거의 그대로 계승되었다.

⠿ 행정심판위원회 위원의 발언 내용 비공개의 합헌성

"1. 행정심판위원회에서는 위원회의 최종 의사 형성에 관하여 토의가 이루어지는데 자유롭고 활발하며 공정한 심리·의결이 보장되기 위해서는 심리·의결 과정에서 누가 어떤 발언을 하였는지가 외부에 공개되지 않도록 보장할 필요가 있으므로 행정심판법 제26조의2(이하 '이 사건 조항'이라 한다)가 위원의 발언 내용을 비공개대상으로 하는 것은 입법목적에 합리적인 정당성이 있다.

행정심판회의록을 당해 재결이 확정되었다는 이유만으로 공개하기 시작하면 장래 있게 될 행정심판에서 위원회의 위원은 자신들의 발언도 재결확정 후에는 공개될 것을 우려하여 공정하고 자유로운 토론 및 심리·의결이 방해받을 수 있게 되기 때문에 위원의 발언 내용은 행정심판위원회 재결이 확정 후에도 비공개상태를 유지할 필요가 있고, 위원의 발언내용을 선별하여 그중 일부를 부분공개하는 형태의 입법을 채택하기도 어렵다.

결국, 이 사건 조항상의 비공개제도 외에 달리 청구인의 알 권리를 덜 제한하는 입법수단이 존재한다고 할 수 없으므로, 이 사건 조항은 피해의 최소성 원칙을 구비하고 있고, 그 밖에 이 사건 조항은 기본권 침해에 있어서 방법의 적정성 및 법익균형성도 갖추고 있으므로, 헌법 제37조 제2항에서 정하는 기본권 제한의 한계를 벗어나 청구인의 정보공개청구권을 침해하였다고 볼 수 없다.

2. 이 사건 조항이 "공개할 경우 행정심판위원회의 심리·의결의 공정성을 해할 우려가 있는 사항"을 비공개대상으로 규정하면서 구체적인 비공개대상의 지정은 대통령령에게 위임하고 있는바, 이 사건 조항의 입법목적 및 위임 기준 그리고 관련 법률조항을 종합하여 판단하면, 이 사건 조항으로부터 대통령령으로 정하여질 비공개대상정보가 무엇인가 하는 대강의 내용을 충분히 예측할 수 있으므로, 이 사건 조항은 입법위임의 명확성을 요청하는 헌법 제75조에 위반되지 않는다."[3]

2.2. 당사자의 절차적 권리

행정심판의 준사법적 절차로서의 성격은 당사자에게 어떠한 절차적 권리가 부여되어 있느냐에 크게 의존한다.

2.2.1. 위원·직원의 기피신청권

당사자는 행정심판위원회 위원에게 심리·의결의 공정성을 기대하기 어려운 사정이 있는 경우에는 기피신청을 할 수 있다. 이것은 위원회의 직원에 대하여도 마찬가지이다($\S\frac{10}{7}$). 이 경우 위원장은 위원회의 의결을 거치지 않고 결정한다($\S\frac{10}{5}$).

---

3) 헌법재판소 2004.8.26. 선고 2003헌바81·89(병합) 전원재판부 결정.

2.2.2. 구술심리를 받을 권리

종래의 서면심리주의하에서도 당사자에게는 위원회에 구술심리를 신청할 수 있는 권리는 보장되고 있었다. 다만 그 결정여부가 위원회의 재량적 판단에 맡겨져 있었을 뿐이다. 그러나 현행 행정심판법은 구술심리를 서면심리와 대등한 비중으로 고려하는 한편, 당사자가 구술심리를 신청한 때에는 서면심리만으로 결정할 수 있다고 인정되는 경우 외에는 구술심리를 하도록 함으로써 당사자에게 단순한 신청권이 아니라 '구술심리를 받을 권리'를 인정하고 있다($^{\S\,40}$).

2.2.3. 보충서면제출권

당사자는 심판청구서·보정서·답변서·참가신청서 등에서 주장한 사실을 보충하고 다른 당사자의 주장을 다시 반박하기 위하여 필요하면 위원회에 보충서면을 제출할 수 있다. 이 경우 다른 당사자의 수만큼 보충서면 부본을 함께 제출하여야 한다. 위원회는 보충서면의 제출기한을 정할 수 있고, 그 경우에는 그 기한 내에 제출하여야 한다($^{\S\,33}_{①②}$). 제출은 임의적이며 반드시 1회에 한정되는 것은 아니다. 위원회가 보충서면을 받으면 지체 없이 다른 당사자에게 그 부본을 송달하여야 한다($^{\S\,33}_{③}$).

2.2.4. 물적 증거제출권

당사자는 심판청구서·보정서·답변서·참가신청서·보충서면 등에 덧붙여 그 주장을 뒷받침하는 증거서류나 증거물을 제출할 수 있다($^{\S\,34}_{①}$). 증거서류(서증)와 그 이외의 모든 서류·물품을 말하는 증거물을 합쳐 물적 증거라고 한다. 증거서류에는 다른 당사자의 수만큼 증거서류 부본을 함께 제출하여야 하며($^{\S\,34}_{②}$), 위원회는 당사자가 제출한 증거서류의 부본을 지체 없이 다른 당사자에게 송달하여야 한다($^{\S\,34}_{③}$).

2.2.5. 증거조사신청권

당사자는 그 주장을 뒷받침하기 위하여 필요하다고 인정할 때에는 위원회에 본인·관계인신문, 증거자료의 제출요구 및 영치, 감정·질문·조사·검증 등 증거조사를 할 것을 신청할 수 있다($^{\S\,36}_{①}$). 행정심판법은 위원회에게 사건 심리에 필요하면 관계 행정기관이 보관 중인 관련 문서, 장부, 그 밖에 필요한 자료를 제출할 것을 요구할 수 있는 권리를 부여할 뿐($^{\S\,35}_{①}$), 청구인인 당사자에게는 행정기관이 보유하는 관계자료의 열람·복사를 요구할 권리를 인정하지 않고 있다. 행정심판절차의 준사법화에 대한 헌법적 요구에 부합한다고 보기 어려운 측면이다.

2.2.6. 처분청의 의견 제출 및 출석진술

중앙행정심판위원회에서 심리·재결하는 심판청구의 경우 소관 중앙행정기관의 장은 의견서를 제출하거나 위원회에 출석하여 의견을 진술할 수 있다($\frac{§35}{④}$).

2.2.7. 절차적 사항에 대한 행정심판위원회의 결정에 대한 이의신청

종래에는 양수인의 청구인 지위 승계신청에 대한 불허가 등 위원회의 절차적 사항에 대한 결정에 대하여 당사자가 다툴 방법이 없었다. 이에 2010년 1월 25일 「행정심판법」개정법률($\frac{법률 제}{9968호}$)은 심판절차에 참여하는 자의 절차적 권리를 보장하고, 행정심판위원회로 하여금 관련 결정을 신중히 하도록 함으로써 행정심판절차의 공정성을 강화하였다.

행정심판법은 제16조 제8항, 제17조 제6항, 제20조 제6항 및 제29조 제7항에서 행정심판위원회의 결정 중 당사자의 절차적 권리에 중대한 영향을 미치는 지위 승계의 불허가, 참가신청의 불허가 또는 청구의 변경 불허가 등에 대하여 신청인 또는 당사자에게 각각 행정심판위원회에 이의신청을 할 수 있도록 하였다.

2.3. 위원회의 자료의 제출 요구 및 증거조사

2.3.1. 위원회의 자료의 제출 요구

위원회는 사건 심리에 필요하면 관계 행정기관이 보관 중인 관련 문서, 장부, 그 밖에 필요한 자료를 제출할 것을 요구할 수 있고($\frac{§35}{①}$), 또 필요하다고 인정하면 사건과 관련된 법령을 주관하는 행정기관이나 그 밖의 관계 행정기관의 장 또는 그 소속 공무원에게 위원회 회의에 참석하여 의견을 진술할 것을 요구하거나 의견서를 제출할 것을 요구할 수 있다($\frac{§35}{②}$).

관계 행정기관의 장은 특별한 사정이 없으면 제1항과 제2항에 따른 위원회의 요구에 따라야 한다($\frac{§35}{③}$).

2.3.2. 증거조사

증거조사는 다음과 같이 실시한다. 위원회는 사건을 심리하기 위하여 필요하면 직권으로 또는 당사자의 신청에 의하여 다음 각 호의 방법에 따라 증거조사를 할 수 있다($\frac{§36}{①}$).

1. 당사자나 관계인($\frac{관계 행정기관 소속 공무}{원을 포함한다. 이하 같다}$)을 위원회의 회의에 출석하게 하여 신문(訊問)하는 방법
2. 당사자나 관계인이 가지고 있는 문서·장부·물건 또는 그 밖의 증거자료의 제출을 요구하고 영치하는 방법
3. 특별한 학식과 경험을 가진 제3자에게 감정을 요구하는 방법
4. 당사자 또는 관계인의 주소·거소·사업장이나 그 밖의 필요한 장소에 출입하여 당사자 또는

관계인에게 질문하거나 서류·물건 등을 조사·검증하는 방법

위원회는 필요하면 위원회가 소속된 행정청의 직원이나 다른 행정기관에 촉탁하여 제1항의 증거조사를 하게 할 수 있다($\S^{36}_{②}$). 이에 따라 증거조사를 수행하는 사람은 그 신분을 나타내는 증표를 지니고 이를 당사자나 관계인에게 내보여야 하며($\S^{36}_{③}$), 당사자 등은 위원회의 조사나 요구 등에 성실하게 협조하여야 한다($\S^{36}_{④}$).

2.4. 심리기일의 지정과 변경

심리기일은 위원회가 직권으로 지정하며($\S^{38}_{①}$), 심리기일의 변경은 직권으로 또는 당사자의 신청에 의하여 한다($\S^{38}_{②}$).

위원회는 심리기일이 변경되면 지체 없이 그 사실과 사유를 당사자에게 알려야 하며($\S^{38}_{③}$), 심리기일의 통지나 심리기일 변경의 통지는 서면으로 하거나 심판청구서에 적힌 전화, 휴대전화를 이용한 문자전송, 팩시밀리 또는 전자우편 등 간편한 통지 방법으로 할 수 있다($\S^{38}_{④}$).

2.5. 심리의 병합과 분리

심리의 신속성·경제성을 고려하여 행정심판위원회가 동일하거나 서로 관련된 사안에 관한 수개의 심판청구(관련청구)를 병합하거나 또는 병합된 관련청구를 분리하여 심리할 수 있다.

2.5.1. 심리의 병합

행정심판위원회는 필요하다고 인정할 때에는 관련되는 심판청구를 병합하여 심리할 수 있다($\S^{37}_{전단}$). 이것은 관련청구를 병합심리하는 것이 심판사건의 통일적이고 신속한 해결에 도움이 되는 것이라는 고려에서 인정된 것이다. 이러한 병합심리의 필요성은 행정심판위원회가 개별·구체적으로 판단한다. 가령 증거가 공통되어 있는 경우라든지 동일한 행정청이 행한 유사한 처분에 관한 청구의 경우 병합심리의 필요성이 있다고 할 수 있다. 다만 병합심리는 심판절차에 병합에 그치므로 재결은 각각의 심판청구에 대하여 개별적으로 행해져야 한다.

2.5.2. 심리의 분리

행정심판위원회는 필요하면 이미 병합된 관련청구를 분리하여 심리할 수 있다. 병합이 당사자의 신청에 의한 것이든 직권에 의한 것이든 불문한다.

Ⅱ. 행정심판의 재결

1. 의 의

재결이란 행정심판이란 쟁송절차과정의 최종적 산출($^{out-}_{put}$)이다. 즉, 심판청구사건에 대한 위원회의 종국적 판단을 담은 의사표시라 할 수 있다. 이것은 처분·부작위의 위법·부당성에 관한 행정법상의 다툼에 유권적 판정을 내리는 준사법적 행위이자 동시에 확인적 행정행위로서의 성질을 갖는다. 또한 재결은 위원회에게 재량이 허용되지 않는다는 점에서 기속행위이다. 행정심판법은 제2조 제3호에서 "재결"이란 행정심판의 청구에 대하여 법 제6조에 따른 행정심판위원회가 행하는 판단을 말한다고 정의하고 있다.

2. 재결의 절차와 형식

행정심판의 재결은 행정심판위원회가 심리·의결을 거쳐 행한다. 재결의 절차와 형식은 다음과 같다.

2.1. 재결기간

행정심판법은 행정법관계의 조속한 확정과 권리구제 및 심리의 신속성을 도모하기 위하여 재결기간을 명시적으로 한정하고 있다. 이에 따르면 재결은 법 제23조에 따라 피청구인 또는 위원회가 심판청구서를 받은 날부터 60일 이내에 하되 다만, 부득이한 사정이 있는 경우에는 위원장이 직권으로 30일을 연장할 수 있다($^{\S\,45}_{①}$). 다만, 위의 재결기간에는 심판청구의 흠결이 있어 그 보정을 명한 경우의 보정기간은 산입되지 않는다. 위원장은 위 단서에 따라 재결 기간을 연장할 경우에는 재결 기간이 끝나기 7일 전까지 당사자에게 알려야 한다($^{\S\,45}_{②}$).

2.2. 재결방식

재결은 서면(재결서)으로 하되 재결서에는 다음 각 호의 사항이 포함되어야 한다($^{\S\,46}_{①}$).

1. 사건번호와 사건명
2. 당사자·대표자 또는 대리인의 이름과 주소
3. 주문
4. 청구의 취지
5. 이유
6. 재결한 날짜

재결서에 적는 이유에는 주문 내용이 정당하다는 것을 인정할 수 있는 정도의 판단을 표시하여야 한다($\S_{②}^{46}$).

2.3. 송달 및 공고

위원회는 재결을 한 때에는 지체 없이 당사자에게 재결서의 정본을 송달하여야 한다($\S_{①}^{48}$). 재결은 청구인에게 송달된 때에 효력이 발생한다($\S_{②}^{48}$). 참가인에게는 재결서의 등본을 송달한다($\S_{③}^{48}$). 처분의 상대방이 아닌 제3자가 심판청구를 한 경우 위원회는 재결서의 등본을 지체 없이 피청구인을 거쳐 처분의 상대방에게 송달하여야 한다($\S_{④}^{48}$).

3. 재결의 내용

3.1. 재결의 범위

재결의 범위는 이미 행정심판의 심리범위에서 본 바와 같이 심판청구의 대상인 처분이나 부작위의 적법성판단(법률문제)뿐만 아니라 그 당·부당(사실문제)에 미치며 그 밖에 심리범위에 관해서는 불고불리의 원칙과 불이익변경금지의 원칙이 적용되어 위원회는 심판청구의 대상인 처분 또는 부작위 외의 사항에 대해서는 재결을 하지 못하며($\S_{①}^{47}$), 심판청구의 대상이 되는 처분보다 청구인에게 불이익한 재결을 할 수 없다($\S_{②}^{47}$).

3.2. 재결의 종류와 내용

3.2.1. 재결의 종류

일반적으로 재결은 심판청구요건의 불비를 이유로 한 각하재결, 본안심리의 결과 청구의 이유 없음을 이유로 한 기각재결과 청구가 이유 있다고 인정하여 청구의 취지를 받아들이는 인용재결로 나뉜다.

3.2.2. 인용재결의 내용

인용재결은 청구 취지를 받아들이는 재결로 그 청구의 내용에 따라 다음 세 가지로 나뉜다.

(1) 취소심판

위원회는 취소심판의 청구가 이유 있다고 인정하면 취소 또는 변경을 내용으로 하는 인용재결을 한다. 이를 통하여 계쟁처분을 직접 취소 또는 다른 처분으로 변경하거나[4](형성재

---

4) 이 경우 변경의 의미에 관하여는 후술하는 취소소송의 경우와는 달리, 행정심판의 본질상 소극적인 일부취소 뿐

결), 피청구인에게 처분을 취소하거나 다른 처분으로 변경할 것을 명한다($^{이행재결:}_{\S 43 \;③}$). 다만 심판청구가 이유 있다고 인정되는 경우에도 이를 인용하는 것이 현저히 공공복리에 적합하지 아니하다고 인정할 때에는 심판청구를 기각하는, 이른바 사정재결을 할 수 있다($^{\S 44}_{①}$).

(2) 무효등확인심판

무효등확인심판청구가 이유 있다고 인정되면 위원회는 처분의 효력 유무 또는 존재 여부를 확인하는 확인재결을 한다($^{\S 43}_{④}$). 확인재결은 심판청구된 확인의 대상에 따라 다시 유효확인재결, 무효확인재결, 실효확인재결, 존재확인재결 및 부존재확인재결로 나뉜다.

(3) 의무이행심판

의무이행심판청구가 이유 있다고 인정되면 위원회는 지체 없이 신청에 따른 처분을 하거나(형성재결), 처분청에게 그 신청에 따른 처분을 하도록 명하는 재결(이행재결)을 한다($^{\S 43}_{⑤}$). 신청에 따른 처분을 할 것을 명하는 이행재결은 그 처분의무의 내용이 기속행위에 대한 것인 경우에는 특정행위의 이행명령이 되지만, 처분의무의 내용이 선택재량만이 부여된 행위에 대한 것일 경우에는 특정행위의 이행명령이 아니라 어떠한 내용의 처분이든 신청을 방치하지 말고 지체 없이 재량에 따른 처분을 하도록 명하는 재결, 즉 재량행사명령($^{Bescheidungs-}_{anordnung}$)이된다. 이 경우 당해 행정청은 지체 없이 그 재결의 취지에 따라 이전의 신청에 대하여 처분을 하여야 한다($^{\S 49}_{②}$). 부작위에 대한 의무이행심판의 인용재결은, 후술하는 부작위위법확인소송의 경우와는 달리, 거부처분에 대한 것과 마찬가지로 '지체 없이 신청에 따른 처분을 하거나 이를 할 것을 명하는'($^{\S 43}_{⑤}$) 이행재결이지 단순한 응답의무를 부과하는 재결에 국한되는 것은 아니다.[5]

4. 사정재결

4.1. 의 의

사정재결이란, 심판청구가 이유가 있다고 인정하는 경우에도 이를 인용하는 것이 공공복리에 크게 위배된다고 인정하는 때에 그 심판청구를 기각하는 재결을 말한다($^{\S 44 ①}_{전단}$). 사정재결은 취소심판과 의무이행심판에만 인정되고 무효등확인심판에는 인정되지 않는다($^{\S 44}_{③}$).[6] 처분이 취소할 수 있는 것인가 또는 무효인가는 심리의 종료단계에서야 비로소 확정되는 경우

만 아니라 적극적인 변경을 뜻하는 것으로 해석되고 있다(김동희, 행정법 I, 586-587).
5) 물론 후술하는 바와 같이, 부작위위법확인소송에 있어 인용판결의 기속력을 단순한 응답의무의 부과만으로 보는 다수설·판례에 대해서는 의문이 있다.
6) 이러한 결과를 인정하는 것이 또한 통설과 판례의 태도이다.

가 많으므로 무효인 처분에 대해서도 사정재결의 필요가 생길 수 있다는 견해7)도 있으나, 처분이 무효라는 사실이 심판의 어느 단계에서 확정되는지에 따라 사정재결의 가능성이 판단될 수 있는 것은 아닐 뿐더러, 어느 때이건 처분이 무효라고 판단되는 이상 행정심판법의 명문규정을 무시하면서까지 이 예외적인 성격을 지닌 재결형태를 허용한다는 것은 타당하지 않다. 또한 이 견해가 이유의 하나로 들고 있는 공법상의 결과제거청구권의 법리는 취소된 처분이든 무효인 처분이든 그 결과 조성된 위법한 상태를 제거하는 데 목적을 지닌 것으로서 그 결과제거의무의 실행이 수인기대가능성(Zumut-barkeit)을 결여한다고 인정되면 바로 그런 이유에서 결과제거청구권에 의한 원상회복이 불가능해질 뿐이지, 이때 거꾸로 이러한 원상회복의 부정을 위하여 사정재결(행정소송의 경우 사정판결)을 내려야 하거나 내릴 수 있는 것은 아니다. 사정재결은 어디까지나 처분의 취소·변경 또는 의무이행재결에 관련된 것이지 그 결과제거에 관한 것은 아니다.

4.2. 제도의 취지

사정재결은 사익의 보호가 결과적으로 공익에 중대한 침해를 가져올 경우 사회전체의 공익을 우선시킴으로써 이를 시정하려는 데 그 취지를 두고 있다고 파악된다. 환언하면 사정재결은 공익과 사익을 공익우선의 견지에서 조절하기 위한 예외적인 제도라 할 수 있다. 이것은 종래 행정심판(소원)에는 적용되지 않았던 것을 1984년 개정법에서 신설한 것이다.

4.3. 사정재결의 요건

4.3.1. 실질적 요건

사정재결은 심판청구가 이유 있음에도 불구하고 이를 인용하는 것이 공공복리에 크게 위배된다고 인정되어야 한다. 이 경우 처분등을 그 위법·부당에도 불구하고 유지한다는 사정재결제도의 예외적 성격을 고려하여 위법·부당한 처분등의 유지에 따른 사익침해의 정도와 인용재결에 의해 초래될 공익침해의 정도를 적정히 비교형량해야 하며 후자가 전자에 비해 압도적으로 우세한 경우에만 사정재결이 허용된다고 보아야 한다.

4.3.2. 형식적 요건

위원회가 사정재결을 하고자 할 때에는 재결의 주문에서 그 처분 또는 부작위가 위법하거나 부당하다는 것을 구체적으로 밝혀야 한다($\frac{\S\,44\,①}{\text{후단}}$). 이것은 처분 등의 위법·부당성을 전

---

7) 김남진, 행정법 I, 706. 김남진교수는 처분이 취소대상인지 무효인지는 심리종료단계에 가서야 확정되는 경우가 많으므로 무효인 처분에 대해서도 사정재결의 필요는 생길 수 있다고 하면서 '그러한 경우는 이른바 공법상 결과제거청구권의 법리를 참작하여 해결함이 타당시된다'고 기술하고 행정소송법상 사정판결도 마찬가지라고 한다(같은 책, 833-834).

제로 한 공익보호제도로서 사정재결의 성격을 고려하여 후일 청구인이 원처분의 위법·부당을 다시 주장할 필요가 있을 때 이에 대한 유권적 확정사실 또는 일종의 기결력을 원용할 수 있도록 하고 또 사정재결을 통해 위법 또는 부당한 처분등이 적법타당한 처분등으로 전환되는 것이 아님을 명백히 하여 재결서만으로도 당해 처분등의 위법·부당성을 주장할 수 있도록 함과 동시에 그에 따른 구제의 길을 터주기 위한 배려라 할 수 있다.

4.4. 구제방법·불복방법

사정재결이 허용된다고 해서 사익이 무시되어도 좋다는 것은 아니므로 위원회는 사정재결을 할 경우 청구인에 대하여 상당한 구제방법(예컨대 손해배상명령)을 취하거나 피청구인에게 그러한 구제방법을 취하도록 명할 수 있다($^{§\,44}_{②}$). 청구인이 사정재결에 대하여 행정소송을 제기할 수 있음은 물론이다.

5. 재결의 효력

재결은 위원회가 청구인에게 재결서의 정본을 송달한 때로부터 그 효력이 발생한다. 재결 역시 행정행위로서의 성질을 갖는 이상, 행정행위의 효력 일반에 관한 앞에서의 설명이 그대로 타당하다. 다만 다음과 같은 점에 유의할 필요가 있다.

5.1. 형성력

취소·변경의 재결이 형성력을 갖는 것은 당연하다. 구법하에서의 판례는 형성력을 부인하는 태도를 취했으나,[8] 현행법은 스스로 취소·변경하거나 처분청에 취소·변경을 명할 수 있다고 규정하므로 더 이상 그 형성력에 관한 의문이 제기될 수 없다.

"행정심판에 있어서 재결청의 재결내용이 처분청에 취소를 명하는 것이 아니라 처분청의 처분을 스스로 취소하는 것일 때에는 그 재결에 형성력이 발생하여 당해 행정처분은 별도의 행정처분을 기다릴 것 없이 당연히 취소되어 소멸되는 것이어서 그 후 동일한 사안에 대해 처분청이 또 다른 처분을 하였다면 이는 위 소멸된 처분과는 완전히 독립된 별개의 처분이라 할 것이고, 따라서 새로운 처분에 대한 제소기간 준수여부도 그 새로운 처분을 기준으로 판단하여야 한다."[9]

---

8) 대법원 1975.11.25. 선고 74누214 판결.

9) 대법원 1994.4.12. 선고 93누1879 판결. 참조: 나. 대법원 1994.4.12. 선고 93누1237 판결. 동지 대법원 1994.4.12. 선고 93누2162 판결; 대법원 1994.4.12. 선고 93누4557 판결; 대법원 1994.4.12. 선고 93누4076 판결; 대법원 1994.4.12. 선고 93누12305 판결; 대법원 1994.4.12. 선고 93누14189 판결; 대법원 1994.4.12. 선고 93누6904 판결.

5.2. 기속력

5.2.1. 관계행정청에 대한 기속

심판청구를 인용하는 재결은 피청구인인 행정청과 그 밖의 관계행정청을 기속한다($^{\S\,49}_{\text{①}}$). 따라서 피청구인인 행정청과 관계행정청은 당해 재결을 준수해야 하며 이에 불복하여 항고 소송을 제기할 수 없다. 인용재결의 기속력은 소극적으로는 반복금지의무, 적극적으로는 재 처분의무로 구체화된다. 그러나 재결은 그 밖에 심판청구를 한 상대방이나 제3자에 대하여 는 구속력을 갖지 않는다. 이것은 이들이 재결에 대해 행정소송을 제기할 수 있으므로 당연 한 결과이다.

▦ 인용재결의 기속력을 인정한 행정심판법 제49조 제1항의 위헌여부

"[1] 공권력의 행사자인 국가, 지방자치단체나 그 기관 또는 국가조직의 일부나 공법인은 기본권의 주 체가 아니라 단지 국민의 기본권을 보호 내지 실현해야 할 책임과 의무를 지는 지위에 있을 뿐이므로, 지 방자치단체의 장인 이 사건 청구인은 기본권의 주체가 될 수 없다.

[2] 헌법 제101조 제1항과 제107조 제2항은 입법권 및 행정권으로부터 독립된 사법권의 권한과 심사 범위를 규정한 것일 뿐이다. 헌법 제107조 제3항은 행정심판의 심리절차에서도 관계인의 충분한 의견진 술 및 자료제출과 당사자의 자유로운 변론 보장 등과 같은 대심구조적 사법절차가 준용되어야 한다는 취 지일 뿐, 사법절차의 심급제에 따른 불복할 권리까지 준용되어야 한다는 취지는 아니다. 그러므로 이 사 건 법률조항은 헌법 제101조 제1항, 제107조 제2항 및 제3항에 위배되지 아니한다.

[3] 이 사건 법률조항은 행정청의 자율적 통제와 국민 권리의 신속한 구제라는 행정심판의 취지에 맞 게 행정청으로 하여금 행정심판을 통하여 스스로 내부적 판단을 종결시키고자 하는 것으로서 그 합리성 이 인정되고, 반면 국민이 행정청의 행위를 법원에서 다툴 수 없도록 한다면 재판받을 권리를 제한하는 것이 되므로 국민은 행정심판의 재결에도 불구하고 행정소송을 제기할 수 있도록 한 것일 뿐이므로, 평등 원칙에 위배되지 아니한다.

[4] 행정심판제도가 행정통제 기능을 수행하기 위해서는 중앙정부와 지방정부를 포함하여 행정청 내 부에 어느 정도 그 판단기준의 통일성이 갖추어져야 하고, 행정청이 가진 전문성을 활용하고 신속하게 문 제를 해결하여 분쟁해결의 효과성과 효율성을 높이기 위해 사안에 따라 국가단위로 행정심판이 이루어지 는 것이 더욱 바람직할 수 있다. 이 사건 법률조항은 다층적·다면적으로 설계된 현행 행정심판제도 속 에서 각 행정심판기관의 인용재결의 기속력을 인정한 것으로서, 이로 인하여 중앙행정기관이 지방행정기 관을 통제하는 상황이 발생한다고 하여 그 자체로 지방자치제도의 본질적 부분을 훼손하는 정도에 이른 다고 보기 어렵다. 그러므로 이 사건 법률조항은 지방자치제도의 본질적 부분을 침해하지 아니한다."[10]

▦ 재결의 기속력

"[1] 행정심판법 제37조가 정하고 있는 재결은 당해 처분에 관하여 재결주문 및 그 전제가 된 요건사 실의 인정과 판단에 대하여 처분청을 기속하므로, 당해 처분에 관하여 위법한 것으로 재결에서 판단된 사

---

10) 헌법재판소 2014.6.26. 선고 2013헌바122 결정.

유와 기본적 사실관계에 있어 동일성이 인정되는 사유를 내세워 다시 동일한 내용의 처분을 하는 것은 허용되지 않는다.

[2] 건축허가권자는 건축허가신청이 건축법, 도시계획법 등 관계 법규에서 정하는 어떠한 제한에 배치되지 않는 이상 당연히 같은 법조에서 정하는 건축허가를 하여야 하고, 중대한 공익상의 필요가 없음에도 불구하고, 요건을 갖춘 자에 대한 허가를 관계 법령에서 정하는 제한 사유 이외의 사유를 들어 거부할 수는 없다."11)

▦ 재결의 기속력이 미치는 범위

"재결의 기속력은 재결의 주문 및 그 전제가 된 요건사실의 인정과 판단, 즉 처분의 구체적 위법사유에 관한 판단에만 미친다. 따라서 종전 처분이 재결에 의하여 취소되었더라도 종전 처분 시와는 다른 사유를 들어 처분을 하는 것은 기속력에 저촉되지 아니한다. 여기서 동일한 사유인지 다른 사유인지는 종전 처분에 관하여 위법한 것으로 재결에서 판단된 사유와 기본적 사실관계에서 동일성이 인정되는 사유인지 여부에 따라 판단하여야 한다(대법원 2005.12.9. 선고 2003
두7705 판결 등 참조)."12)

▦ 재결의 기속력과 처분 결정 지체로 인한 배상책임

"[1] 행정심판의 재결은 피청구인인 행정청을 기속하는 효력을 가지므로 재결청이 취소심판의 청구가 이유 있다고 인정하여 처분청에 처분을 취소할 것을 명하면 처분청으로서는 재결의 취지에 따라 처분을 취소하여야 하지만, 나아가 재결에 판결에서와 같은 기판력이 인정되는 것은 아니어서 재결이 확정된 경우에도 처분의 기초가 된 사실관계나 법률적 판단이 확정되고 당사자들이나 법원이 이에 기속되어 모순되는 주장이나 판단을 할 수 없게 되는 것은 아니다.

[2] 행정청의 처분을 구하는 신청에 대하여 상당한 기간 처분 여부 결정이 지체되었다고 하여 곧바로 공무원의 고의 또는 과실에 의한 불법행위를 구성한다고 단정할 수는 없고, 행정처분의 담당공무원이 보통 일반의 공무원을 표준으로 하여 볼 때 객관적 주의의무를 결하여 처분 여부 결정을 지체함으로써 객관적 정당성을 상실하였다고 인정될 정도에 이른 경우에 비로소 국가배상법 제2조가 정한 국가배상책임의 요건을 충족한다. 이때 객관적 정당성을 상실하였는지는 신청의 대상이 된 처분이 기속행위인지 재량행위인지 등 처분의 성질, 처분의 지연에 따라 신청인이 입은 불이익의 내용과 정도, 행정처분의 담당공무원이 정당한 이유 없이 처리를 지연하였는지 등을 종합적으로 고려하되, 손해의 전보책임을 국가 또는 지방자치단체에게 부담시킬 만한 실질적인 이유가 있는지도 살펴서 판단하여야 한다. 여기서 정당한 이유 없이 처리를 지연하였는지는 법정 처리기간이나 통상적인 처리기간을 기초로 처분이 지연된 구체적인 경위나 사정을 중심으로 살펴 판단하되, 처분을 아니 하려는 행정청의 악의적인 동기나 의도가 있었는지, 처분 지연을 쉽게 피할 가능성이 있었는지 등도 아울러 고려할 수 있다."13)

법령의 규정에 따라 공고하거나 고시한 처분이 재결로써 취소되거나 변경되면 처분을 한 행정청은 지체 없이 그 처분이 취소 또는 변경되었다는 것을 공고하거나 고시하여야 하며

---

11) 대법원 2003.4.25. 선고 2002두3201 판결.
12) 대법원 2017.2.9. 선고 2014두40029 판결: 압류처분이 재결의 기속에 반하는 처분이라 하여 그 무효확인을 구하는 사건.
13) 대법원 2015.11.27. 선고 2013다6759 판결.

($^{§\,49}_{④}$), 법령의 규정에 따라 처분의 상대방 외의 이해관계인에게 통지된 처분이 재결로써 취소되거나 변경되면 처분을 한 행정청은 지체 없이 그 이해관계인에게 그 처분이 취소 또는 변경되었다는 것을 알려야 한다($^{§\,49}_{⑤}$).

> "가. 행정심판법 제37조 제1항의 규정에 의하면 재결은 행정청을 기속하는 효력을 가지므로 재결청이 취소심판의 청구가 이유 있다고 인정하여 처분청에게 처분의 취소를 명하면 처분청으로서는 그 재결의 취지에 따라 처분을 취소하여야 하지만, 그렇다고 하여 그 재결의 취지에 따른 취소처분이 위법할 경우 그 취소처분의 상대방이 이를 항고소송으로 다툴 수 없는 것은 아니다.
> 나. 재결 취지에 따른 취소처분의 상대방이 재결 자체의 효력을 다투는 별소를 제기하였고 그 소송에서 판결이 확정되지 아니하였다 하여 재결의 취지에 따른 취소처분의 취소를 구하는 항고소송 사건을 심리하는 법원이 그 청구의 당부를 판단할 수 없는 것이라고 할 수 없다."[14]

5.2.2. 재처분의무

당사자의 신청을 거부하거나 부작위로 방치한 처분의 이행을 명하는 재결이 있으면 행정청은 지체 없이 이전의 신청에 대하여 재결의 취지에 따라 처분을 하여야 한다($^{§\,49}_{②}$).

> "당사자의 신청을 거부하는 처분을 취소하는 재결이 있는 경우에는 행정청은 그 재결의 취지에 따라 다시 이전의 신청에 대한 처분을 하여야 하는 것이므로 행정청이 그 재결의 취지에 따른 처분을 하지 아니하고 그 처분과는 양립할 수 없는 다른 처분을 하는 것은 위법한 것이라 할 것이고, 이 경우 그 재결의 신청인은 위법한 다른 처분의 취소를 소구할 이익이 있다 할 것이다."[15]

이행재결은 그 처분의무가 기속행위에 대한 것인 경우에는 신청된 대로의 처분, 즉 특정행위의 이행명령이 되지만, 처분의무가 오로지 선택재량만이 부여된 행위에 대한 것일 경우에는 특정행위의 이행명령이 아니라 어떠한 내용의 처분이든 신청을 방치하지 말고 지체 없이 재량에 따른 처분을 하도록 명하는 재결, 즉 재량행사명령이 되며, 다만 재량권의 수축이 인정될 경우에는 기속행위와 동일한 처분을 해야 한다. 신청에 따른 처분이 절차의 위법 또는 부당을 이유로 재결에 의하여 취소된 경우에도 재결의 취지에 따라 다시 처분을 하여야 한다($^{§\,49}_{③}$). 만일 그것이 기속행위인 경우에는 사실상 동일한 처분이 이루어지게 될 것이다.

신청에 따른 처분이 절차의 위법 또는 부당을 이유로 재결로써 취소된 경우에는 법 제49조 제2항을 준용한다($^{§\,49}_{③}$).

---

14) 대법원 1993.9.28. 선고 92누15093 판결. 참조: 대법원 1972.2.29. 선고 71누110 판결; 대법원 1973.10.10. 선고 72누121 판결; 대법원 1993.8.24. 선고 92누17723 판결.
15) 대법원 1988.12.13. 선고 88누7880 판결.

5.3. 결과제거의무

행정청은 재결을 통해 취소·변경된 또는 무효임이 확인된 위법한 처분 또는 부작위에 의해 조성된 위법상태를 공법상 결과제거청구권의 법리에 따라 제거해야 할 의무를 진다.

5.4. 위원회의 직접 처분

종래 피청구인인 행정청이 재결의 취지에 따른 처분의무를 이행하지 않아도 이를 시정할 방법이 마땅치 않았다는 문제점이 있어 처분청이 재결의 취지에 따른 처분을 하지 않을 경우, 재결청이 당사자의 신청에 따라 기간을 정하여 서면으로 시정을 명하고 그 기간 내에 이행하지 아니하는 경우에는 당해 처분을 할 수 있도록 하고 있었다($\frac{구별}{\S 37 \textcircled{2}}$). 이러한 규정의 취지를 새로운 행정심판체제에 맞게 변용하여 법은 위원회에게 직접 처분권을 부여하였다.

2010년 1월 25일 개정법에서 신설된 제50조에 따라, 위원회는 피청구인이 제49조 제2항에도 불구하고 처분을 하지 아니하는 경우에는 당사자가 신청하면 기간을 정하여 서면으로 시정을 명하고 그 기간에 이행하지 아니하면 직접 처분을 할 수 있게 되었다($\frac{\S 50}{본문}\textcircled{1}$). 다만, 그 처분의 성질이나 그 밖의 불가피한 사유로 위원회가 직접 처분을 할 수 없는 경우에는 그러하지 아니하다($\frac{\S 50}{단서}\textcircled{1}$).

위원회는 피청구인인 행정청에 대한 관계에서 직근상급행정청의 지위를 가지지 않으므로 위원회가 법률의 규정에 의하여 직접 처분을 하는 경우 해당 행정청과의 협조가 무엇보다도 중요하다. 따라서 법은 위원회가 직접 처분을 하였을 때에는 그 사실을 해당 행정청에 통보하여야 하며, 그 통보를 받은 행정청은 위원회가 한 처분을 자기가 한 처분으로 보아 관계법령에 따라 관리·감독 등 필요한 조치를 하여야 한다고 규정하고 있다($\frac{\S 50}{\textcircled{2}}$).16)

6. 재결에 대한 불복

6.1. 재결에 대한 행정심판

무용한 행정심판의 반복을 막기 위해 법은 행정심판 재청구를 금지하고 있다. 즉, 심판청구에 대한 재결이 있으면 그 재결 및 같은 처분 또는 부작위에 대하여 다시 행정심판을 청구할 수 없다($\S 51$). 물론 개별법(예컨대 국세기본법)에 다단계 행정심판을 인정하는 특별한 규정이 있는 경우에는 그에 의한다.

---

16) 이 또한 1997년의 개정법 제37조 제4항의 취지를 되살린 것이다.

6.2. 원처분주의

행정소송은 후술하는 바와 같이 원처분주의를 취하고 있으므로, 재결에 대한 행정소송은 재결자체에 고유한 위법이 있는 경우에 한한다($^{행정소송법}_{§\,19\,단서}$). 이 경우에는 행정심판을 다시 제기할 수 없으므로($^{행정심판}_{법\,§\,39}$), 행정심판을 제기하지 않고 직접 취소소송을 제기할 수 있다.

"가. 행정소송법 제19조는 취소소송은 행정청의 원처분을 대상으로 하되(원처분주의), 다만 "재결 자체에 고유한 위법이 있음을 이유로 하는 경우"에 한하여 행정심판의 재결도 취소소송의 대상으로 삼을 수 있도록 규정하고 있으므로 재결취소소송의 경우 재결 자체에 고유한 위법이 있는지 여부를 심리할 것이고, 재결 자체에 고유한 위법이 없는 경우에는 원처분의 당부와는 상관없이 당해 재결취소소송은 이를 기각하여야 한다.

나. 행정심판법 제39조가 심판청구에 대한 재결에 대하여 다시 심판청구를 제기할 수 없도록 규정하고 있으므로, 이 재결에 대하여는 바로 취소소송을 제기할 수 있다."[17]

---

17) 대법원 1994.1.25. 선고 93누16901 판결. 참조: 가. 대법원 1989.1.24. 선고 88누3314 판결; 대법원 1989.10.24. 선고 89누1865 판결; 대법원 1992.2.28. 선고 91누6979 판결.

제 7 절 │ 전자정보처리조직을 통한 행정심판절차의 특례

Ⅰ. 전자정보처리조직을 통한 행정심판의 도입

전자정보처리조직을 통하여 간편하게 행정심판을 청구할 수 있는 시스템이 개발·운영됨에 따라1) 이와 관련된 법적 근거를 마련해야 한다는 요구가 대두되었고 이에 2010년 1월 25일의 행정심판법개정법률은 제7장($^{§§\,52^-}_{54}$)을 신설하여 전자정보처리조직을 통한 행정심판의 근거를 마련하였다. 먼저, 전자문서를 통한 송달에 관한 근거를 두는 등 온라인 행정심판제도의 운용 근거를 마련하는 한편, 전자정보처리조직을 통한 행정심판제도 운영의 법적 근거를 명확히 함으로써 국민의 권리구제 활성화와 행정심판제도 운영의 효율성제고를 도모하였다.

Ⅱ. 전자정보처리조직을 통한 행정심판 절차

행정심판법 제7장에 따른 전자정보처리조직을 통한 행정심판 절차를 살펴보면 다음과 같다.

1. 전자정보처리조직을 통한 심판청구 등

행정심판법에 따른 행정심판 절차를 밟는 자는 심판청구서와 그 밖의 서류를 전자문서화하고 이를 정보통신망을 이용하여 위원회에서 지정·운영하는 전자정보처리조직(행정심판 절차에 필요한 전자문서를 작성·제출·송달할 수 있도록 하는 하드웨어, 소프트웨어, 데이터베이스, 네트워크, 보안 요소 등을 결합하여 구축한 정보처리능력을 갖춘 전자적 장치를 말한다. 이하 같다)을 통하여 제출할 수 있다($^{§\,52}_{①}$). 이러한 방법으로 제출된 전자문서는 이 법에 따라 제출된 것으로 보며, 부본을 제출할 의무는 면제된다($^{§\,52}_{②}$). 제출된 전자문서는 그 문서를 제출한 사람이 정보통신망을 통하여 전자정보처리조직에서 제공하는 접수번호를 확인하였을 때에 전자정보처리조직에 기록된 내용으로 접수된 것으로 본다($^{§\,52}_{③}$). 또한 전자정보처리조직을 통하여 접수된 심판청구의 경우 제27조에 따른 심판청구 기간을 계산할 때에는 이와같이 접수된 시점에 행정심판이 청구된 것으로 본다($^{§\,52}_{④}$).

전자정보처리조직의 지정내용, 전자정보처리조직을 이용한 심판청구서 등의 접수와 처리

---

1) 온라인 행정심판은 현재 국무총리행정심판위원회 소관 사건 중 운전면허처분 관련사건, 보훈처분 관련사건, 산재 및 고용보험료 부과처분 관련사건 등 청구건수가 많고 처분청의 전산환경이 뒷받침되는 사건에 대하여 시행하고 있고, 향후 관계기관과의 협의를 통하여 계속 대상을 확대할 계획이라고 한다(http://www.acrc.go.kr/acrc/index.jsp? menuID=010601).

등에 관하여 필요한 사항은 국회규칙, 대법원규칙, 헌법재판소규칙, 중앙선거관리위원회규칙 또는 대통령령으로 정한다($\S^{52}_{⑤}$).

2. 전자서명등

위원회는 전자정보처리조직을 통하여 행정심판 절차를 밟으려는 자에게 본인임을 확인할 수 있는 「전자서명법」 제2조 제3호에 따른 공인전자서명이나 그 밖의 인증(이하 이 조에서 "전자서명등"이라 한다)을 요구할 수 있고($\S^{53}_{①}$), 전자서명등을 한 자는 행정심판법에 따른 서명 또는 날인을 한 것으로 본다($\S^{53}_{②}$).

전자서명등에 필요한 사항은 국회규칙, 대법원규칙, 헌법재판소규칙, 중앙선거관리위원회 규칙 또는 대통령령으로 정한다($\S^{53}_{③}$).

3. 전자정보처리조직을 이용한 송달 등

피청구인 또는 위원회는, 청구인이나 참가인이 동의하지 아니하는 경우를 제외하고는($\S^{54①}_{단서}$), 법 제52조 제1항에 따라 행정심판을 청구하거나 심판참가를 한 자에게 전자정보처리조직과 그와 연계된 정보통신망을 이용하여 재결서나 행정심판법에 따른 각종 서류를 송달할 수 있다($\S^{54①}_{본문}$). 그 경우 위원회는 송달해야 하는 재결서 등 서류를 전자정보처리조직에 입력하여 등재한 다음 그 등재 사실을 국회규칙, 대법원규칙, 헌법재판소규칙, 중앙선거관리 위원회규칙 또는 대통령령으로 정하는 방법에 따라 전자우편 등으로 알려야 한다($\S^{54}_{②}$).

법 제54조 제1항에 따른 전자정보처리조직을 이용한 서류 송달은 서면으로 한 것과 같은 효력을 가지며($\S^{54}_{③}$), 청구인이 같은 조 제2항에 따라 등재된 전자문서를 확인한 때에 전자정 보처리조직에 기록된 내용으로 도달한 것으로 본다($\S^{54④}_{본문}$). 다만, 같은 조 제2항에 따라 그 등 재사실을 통지한 날부터 2주 이내(재결서 외의 서류는 7일 이내)에 확인하지 아니하였을 때에 는 등재사실을 통지한 날부터 2주가 지난 날(재결서 외의 서류는 7일이 지난 날)에 도달한 것 으로 본다($\S^{54④}_{단서}$).

서면으로 심판청구 또는 심판참가를 한 자가 전자정보처리조직의 이용을 신청한 경우, 그 리고 위원회, 피청구인, 그 밖의 관계 행정기관 간의 서류의 송달 등에 관하여는 제52조에서 제54조를 준용한다($\S^{54}_{⑤,⑥}$).

전자정보처리조직과 그와 연계된 정보통신망을 이용한 송달의 방법이나 그 밖에 필요한 사항은 국회규칙, 대법원규칙, 헌법재판소규칙, 중앙선거관리위원회규칙 또는 대통령령으로 정한다($\S^{54}_{⑦}$).

제 8 절 │ 행정심판과 불합리한 법령 등의 개선

행정심판법 제59조는 중앙행정심판위원회는 심판청구를 심리·재결할 때에 처분 또는 부작위의 근거가 되는 명령 등($^{대통령령·총리령·부령·훈령·예규·}_{고시·조례·규칙 등을 말한다. 이하 같다}$)이 법령에 근거가 없거나 상위 법령에 위배되거나 국민에게 과도한 부담을 주는 등 크게 불합리하면 관계 행정기관에 그 명령 등의 개정·폐지 등 적절한 시정조치를 요청할 수 있고($^{§\,59\,①}_{1문}$), 이 경우 중앙행정심판위원회는 시정조치를 요청한 사실을 법제처장에게 통보하여야 한다($^{§\,59\,①}_{2문}$). 이러한 요청을 받은 관계 행정기관은 정당한 사유가 없는 한 이에 따라야 한다고 규정하고 있다($^{§\,59}_{②}$). 이는 1997년의 법개정에서 신설된 조항을 거의 그대로 계승한 것으로서 행정심판제도를 통하여 불합리한 법령 등의 개선이라는 부수적인 효과를 기대한 것이다. 이것은 행정심판제도의 실제 운영과정에서 법령에 근거가 없거나 상위법령에 위배되는 법령이나 국민에게 과도한 부담을 주는 등 현저하게 불합리한 법령이 인지되는 경우가 적지 않았고 또 그러한 불합리한 법령등으로 인하여 심판청구사건의 합당한 해결이 곤란하게 되는 경우가 없지 않았다는 경험을 배경으로 한 것이다.

제3장

행정소송

제1절 | 개 설

Ⅰ. 행정소송의 개념

행정소송이란 행정작용으로 위법하게 권익을 침해받은 자가 독립된 제3자기관인 법원에 제기하는 소송, 다시 말해 행정법상의 분쟁에 대한 재판 형식의 쟁송을 말한다. 행정소송은 일면 행정법상 법률관계에 관한 분쟁해결절차인 행정쟁송이라는 점에서 같은 사법작용에 속하는 민사소송, 형사소송과 구별되며, 타면 약식쟁송인 행정심판과 달리, ① 심판기관이 독립된 제3자인 법원이며, ② 당사자대립구조(대심구조:adversary system) 아래 구술변론·증거조사 등 당사자의 공격방어권이 절차적으로 보장되어 있다는 점에서 정식쟁송에 해당한다. 행정소송의 본질에 관하여 종래 행정작용설과 사법작용설이 대립되었으나, 오늘날 이 논쟁은 학설사적 의의만을 가질 뿐이다. 행정소송의 사법작용으로서 본질이 더 이상 의문시되지 않기 때문이다.

Ⅱ. 행정소송의 제도적 목적

행정소송의 제도적 목적은 국민의 권리보호와 행정의 법적 통제에 있다. 이 같은 행정소송의 양면적 목표는 행정법의 기본원리인 법치행정의 원리, 즉 법치국가원칙 또는 「법의 지배」 원리로부터 도출된다. 행정소송은 현대 법치국가의 불가결한 구성요소로서, 사후적 권리구제절차로서의 측면과 행정통제제도로서의 측면을 아울러 지니고 있다. 그러나 행정소송의 궁극적 목적은 어디까지나 국민의 권익보호에 있다. 법치국가원리의 구성요소로서 행정에 대한 법적 통제가 행해져야 하는 근본적인 이유는 역시 국민의 권리보호에 있는 것이기 때문이다.

III. 행정재판의 헌법적 근거

행정재판권의 헌법적 근거는 무엇보다도 헌법상 법치주의의 요소로 간주되는 법치행정의 원리로부터 도출된다. 재판을 통한 행정상 권리보호의 요청은 법치국가원칙의 당연한 논리적 귀결이기 때문이다. 헌법 제101조 제1항은 "사법권은 법관으로 구성된 법원에 속한다"고 규정하고 있다. 여기서 규정된 사법의 개념에 행정소송의 재판이 포함되는 것으로 해석되는 이상, 우선 행정재판권의 직접적 근거를 헌법 제101조 제1항에서 찾는 데는 어려움이 없다. 헌법 제101조 제1항은 행정소송의 재판관할을 법원에 부여하는 규정으로 해석된다.

한편 헌법은 헌법재판소의 위헌법률심사권을 인정한 제107조 제1항에 병행하여 제107조 제2항에서 "명령·규칙 또는 처분이 헌법이나 법률에 위반되는 여부가 재판의 전제가 되는 경우에는 대법원은 이를 최종적으로 심사할 권한을 가진다"고 규정하고 있어, 이 조항의 의미가 행정재판의 헌법적 근거와 관련하여 문제될 수 있다. 이제까지 대다수의 문헌들은 한편에서는 헌법 제101조 제1항의 「사법권」에는 민사재판권, 형사재판권뿐만 아니라 행정재판권도 포함되는 것으로 해석하고, 다른 한편에서는 헌법 제107조 제2항을 일반법원이 행정재판권을 갖는 헌법의 근거조항이라고 지적하면서도, 그 정확한 해석여하는 별반 문제 삼지 않았던 것이 사실이다. 따라서 행정재판권의 근거에 관한 이들 헌법조항의 의미와 상호관계는 불분명하게만 다루어졌을 뿐이다. 다만, 행정법 문헌 중 헌법 제107조 제2항을 헌법 제101조 제1항을 전제로 한 규정이라고 봄으로써,[1] 반드시 명시적이지는 않지만, 행정재판권의 헌법적 근거를 우선적으로 헌법 제101조 제1항에서 도출하려는 견해가 있는데 타당하다고 본다.

요컨대, 행정재판권의 헌법적 근거는, 법치행정의 원리와 민·형사재판권뿐만 아니라 행정재판권을 포함한 사법권을 법원에 귀속시키는 취지로 해석되는 헌법 제101조 제1항에서 찾아야 하지만, 이는 다시금 행정처분심사제에 있어 최종심사권을 대법원에 부여한 헌법 제107조 제2항에 의하여 구체화되는 것으로 보아야 할 것이다. 헌법이 같은 조 제3항에서 "재판의 전심절차로서 행정심판을 할 수 있다. 행정심판의 절차는 법률로 정하되, 사법절차가 준용되어야 한다"고 하여 행정심판의 헌법적 근거를 부여한 것도 헌법 제107조 제2항에 대한 이와 같은 해석론의 타당성을 간접적으로 뒷받침해주는 요인임은 두말할 나위도 없다.

---

1) 김도창, 일반행정법론(상), 730; 김동희, 행정법 I, 601 등.

Ⅳ. 행정소송법의 지위

행정소송법은 행정소송에 관한 일반법이다. 이러한 견지에서 행정소송법은 제1조에서 "행정소송절차를 통하여 위법한 처분 그 밖의 공권력의 행사·불행사 등으로 인한 국민의 권리 또는 이익의 침해를 구제하고, 공법상의 권리관계 또는 법적용에 관한 다툼을 적정하게 해결함"을 목적으로 삼고 있다. 나아가 행정소송법은 제8조 제1항에서는 "행정소송에 대하여는 다른 법률에 특별한 규정이 있는 경우를 제외하고는 이 법이 정하는 바에 의한다"고 규정하는 한편 같은 조 제2항에서 "행정소송에 관하여 이 법에 특별한 규정이 없는 사항에 대하여는 법원조직법과 민사소송법 및 민사집행법의 규정을 준용한다"고 규정하여, 종래 구법이 "본법에 특별한 규정이 없는 사항은 법원조직법과 민사소송법이 정하는 바에 의한다"고 규정했던 것($^{구법}_{§14}$)과 판이한 태도를 보이고 있다. 그리하여 행정소송법은 행정소송의 특수성을 전제로 하여 '아직 완전한 자족법으로서의 면모를 갖추지는 못했다 할지라도, 어느 정도 독자적인 절차법으로서의 구색을 갖추고 있다'는 평가를 받았다.[2] 이 규정들을 근거로 행정소송법의 일반법적 지위와 그 특별행정소송에 대한 보충적 적용이 명시적으로 인정되고 있다.

---

2) 김도창, 일반행정법론(상), 679.

제2절 │ 행정소송의 특수성과 종류

I. 행정소송의 특수성

행정소송 역시 정식소송의 일종인 점에서 민사소송과 공통점을 지닌다. 행정소송법이 특별히 규정하고 있는 사항 이외에 대하여 민사소송법의 규정을 준용하도록 하고 있는 행정소송법 제8조 제2항은 바로 이 점을 전제로 한 것이라 할 수 있다. 그러나 행정소송은 권력분립을 전제로 하여, 공익실현을 목적으로 하여 발동되는 공권력행사를 대상으로 하고 있다는 점, 행정소송은 권리구제기능뿐만 아니라 행정통제기능을 수행한다는 점, 나아가 공익과 사익의 조정을 목표로 한다는 점에서, 민사소송과 구별되는 특수성을 지니고 있으며 행정소송법은 이런 이유에서 행정소송에 관하여 특수한 규율을 하고 있는 것이다.

"행정소송법 제14조가 이 법에 특별한 규정이 없는 사항은 민사소송법이 정하는 바에 의한다고 하였어도 이는 특별한 규정이 없는 사항에 대하여 무제한적으로 민사소송법을 적용한다는 취지가 아니라 그 **성질이 허용하는 한도내에서 그 법의 규정에 의한다는 뜻**으로 해석하여야 할 것이다"(대법원 1962.1.20. 선고 4292行抗13 판결).[1]

행정소송법상 행정소송의 특수성을 반영하는 요소로는 일반적으로 피고적격([§ 13]), 단기제소기간([§ 20]), 집행부정지원칙([§ 23]), 관련청구의 병합([§ 10]), 직권탐지 또는 직권조사([§ 26]), 사정판결([§ 28]), 판결의 효력([§§ 29, 30]) 등이 있다.[2]

II. 행정소송의 종류

1. 행정소송의 종류와 국민의 재판청구권

행정소송은 개인의 주관적 권리·이익의 보호를 주목적으로 하는 주관적 소송과 행정작

---

1) 반면 대법원의 초기 판결 중에 '위법한 행정처분에 대하여 그 취소 또는 변경을 법원에 청구하는 행정소송은 그 본질에 있어 일반민사소송에 불과하다'고 본 것(대법원 1954.6.19. 선고 4285行上20 판결)이 있다. 그러나 행정소송은 후술하는 바와 같이 민사소송과 다른 특질을 지니고 있으며 행정소송법의 존재 자체가 이미 이러한 특수성을 전제로 하고 있는 것이라 할 수 있다(통설: 김도창, 일반행정법론(상), 730; 법원행정처, 법원실무제요(행정·소년·비송), 1986, 55). 한편 이상규 변호사는 이 판결을 행정소송의 사법작용으로서의 성질을 확인한 것으로 보고 있다(이상규, 행정쟁송법, 224).
2) 1994년 법개정의 결과 1998년 3월 1일부터 행정심판전치주의는 원칙적으로 폐지되고 행정소송 2심제 역시 3심제로 바뀌게 되었다.

용의 적법성·공익적합성유지를 주목적으로 하는 객관적 소송으로 나뉘고, 전자는 다시 항고소송과 당사자소송으로, 후자는 민중소송과 기관소송으로 각각 분류될 수 있다. 한편 행정소송은 이 역시 사법작용으로서 본질을 갖는 이상 일반소송법상의 소송3분론에 따라 형성의 소, 이행의 소 및 확인의 소로 분류될 수 있다. 행정소송법은 전자의 방식을 따르고 있는데 행정소송법상 명문의 규정으로 인정된 소송형태를 법정행정소송이라 한다면 명문의 규정은 없으나 그 인정여부가 문제되는 그 밖의 행정소송유형들을 법정외행정소송 또는 무명행정소송이라 할 수 있다. 또한 행정소송법 이외에 특별법의 규정에 의해 인정된 행정소송의 유형 (특별행정소송)이 있을 수 있다. 행정소송의 종류를 분명히 하는 것은 행정소송의 각 유형별로 통일된 절차를 마련하고, 적용법조의 명확을 기할 수 있다는 점에서 유용성을 가진다.

행정소송법이 전통적 분류에 따라 주관적 소송으로 행정소송을 항고소송과 당사자소송으로 양분한 것은 입법론상으로도 문제의 소지가 있지만, 해석론적 차원에서 헌법상의 기본권보장주의와 법치행정의 원리, 그리고 헌법 제27조 제1항이 보장하는 국민의 재판청구권[3] 및 행정소송법 제1조의 취지에 비추어 결코 행정소송의 가능성이나 범위를 제한하는 방향으로 해석되어서는 안 된다(헌법합치적 해석). 따라서 이에 대한 행정소송법 제4조는 법적으로 허용되는 행정소송의 종류를 제한적으로 열거한 것($^{numerus\ clausus:}_{정원개념}$)이 아니라 주된 행정소송의 유형을 예시한 것으로 해석해야 하며, 따라서 행정상 권익구제의 수단으로 생각할 수 있는 그 밖의 소송가능성을 봉쇄한 것은 아니라고 보아야 할 것이다. 법정외 또는 무명행정소송, '고유한 의미의 소송'($^{Klageart\ sui}_{generis}$)의 법리를 국민 권익보호에 도움이 되는 방향으로 적극 모색·형성해 나가는 일은 행정법 이론과 실무 모두가 함께 떠맡아야 할 과제이다.

2. 일반소송법상의 분류

일반소송법에서 통용되는 소송삼분론($^{Trichotomie}_{der\ Klagearten}$)에 따르면 행정소송은 형성의 소, 이행의 소 및 확인의 소로 분류된다.[4] 이 구분은 일반적으로 소송의 성질에 따른 것이라고 이해되고 있으나, 그 소송의 성질이란 소송상 청구($^{Klagebe-}_{gehren}$) 또는 소송을 통해 추구하는 종국목적 ($^{das\ durch\ die\ Klage\ zu}_{erstrebende\ Endziel}$)에 의하여 주어진다.[5]

---

3) 우리 헌법에는 독일 기본법 제19조 제4항과 같이 명시적으로 포괄적(공백없는) 권리보호(umfassender Rechtsschutz) 를 명하는 규정은 없다. 그러나 비록 약하기는 하지만 헌법 제27조 제1항으로부터 재판을 통해 공백없는 권리보호 를 받을 수 있는 권리를 도출해 낼 수 있을 것이다. 이에 관한 비교고찰로는 홍준형, Die Klage zur Durchsetzung von Vornahmepflichten der Verwaltung, S.39ff. 참조.

4) 민사소송에서 일반화되어 있는 이러한 소송3분론은 거의 법률이 되다시피 확립되어 있는 것처럼 보이지만, 원래 민사소송에 있어 권리보호형태에 대한 소송법학적 연구의 소산으로 안출된 것이었다는 점에서 오늘날 여전히 논 란의 소지를 안고 있다고 한다. 이에 관하여 상세한 것은 H.-E.Henke, Die Lehre von den Klagetypen der ZPO, JA 1987, S.231을 참조.

5) Bettermann, Über Klage- und Urteilsarten, in: Staatsrecht-Verfahrensrecht Zivilrecht-Schriften aus vier

2.1. 형성의 소

형성의 소는 일정한 법률관계의 변동(발생·변경·소멸)을 가져오는 형성판결을 구하는 소송이다. 형성의 효과는 피고의 행위를 기다리지 않고 판결의 효력에 의하여 직접 발생한다는 점에 특징이 있다. 즉 형성판결은 형성요건의 충족을 전제로 하지만, 단순한 형성요건사실의 존재를 확인(중간목적)하는 데 그치는 것이 아니라 이를 근거로 직접 법률관계의 형성을 가져온다는 점에서 창설적 효과를 가진다. 형성소송은 소송비용의 문제를 제외하고는 집행의 문제를 남기지 않는다는 점에서 이행소송과 구별된다. 항고소송의 기본형이라 할 수 있는 위법한 처분 등의 취소·변경을 구하는 취소소송($\genfrac{}{}{0pt}{}{\text{Anfech-}}{\text{tungsklage}}$)은 가장 전형적인 형성의 소에 해당한다.

2.2. 이행의 소

이행의 소는 원고가 피고에 대한 실체법상의 이행청구권($\genfrac{}{}{0pt}{}{\text{Leistungs-}}{\text{ansprüche}}$)의 존재를 전제로, 법원에 대하여 피고에게 일정한 행위(작위·부작위·수인·급부)를 하라고 명하는 이행명령을 발해 줄 것을 구하는 소송이다. 이 소송은 단순히 이행청구권의 확정에 그치지 아니하고 이를 전제로 이행판결, 즉 이행명령($\genfrac{}{}{0pt}{}{\text{Leistungs-}}{\text{befehl}}$)의 선고를 목적으로 한다. 이행의 소는 형성의 소와는 달리 직접 법률관계의 변동을 초래하는 것이 아니라 이행명령을 통하여 피고에게 원칙적으로 강제집행가능성을 유보하여 일정한 이행의무를 부과하는 효과를 가져오는 데 불과하다. 따라서 원고가 소송을 통하여 추구한 이행명령의 실현은 강제집행 등에 의하여 강제적으로 실현되기까지는 일단 피고의 협력여부에 의존하게 된다. 이행소송에서는 이행판결의 집행(실현)을 보장할 수 있는 방안을 모색하는 것이 중요한 의미를 띠지 않을 수 없고(집행의 문제!) 이 점이 특히 현저하게 나타나는 경우가 행정소송이다. 이행소송의 예로는 독일 행정법원법에서 인정되고 있는 의무이행소송과 일반이행소송을 들 수 있다.[6] 현행 행정소송법상 당사자소송이 "처분등을 원인으로 하는 법률관계에 관한 소송 그 밖에 공법상 법률관계에 관한 소송"으로 정의되고 있는 이상($\genfrac{}{}{0pt}{}{\S\,4}{ii}$), 이행소송의 성질만을 지니고 있다고는 볼 수 없으나, 그것이 일정한 이행명령을 목적으로 할 경우에는 이행소송에 해당한다.

Jahrzehnten(Hrsg.v.D.Merten; H.-J.Papier; K.Schmidt; A.Zeuner), 1988, S.466; Hong, aaO., S.52. 반면 소송의 성질이나 판결형태와 같은 요소들은 엄밀히 말하여, 형성소송이나 이행소송 어느 경우에나 소송이 이유없이 기각되는 경우 원칙적으로 소극적 확인판결로 귀결된다는 점에서 소송형태의 분류기준이 될 수 없다.

6) 독일의 경우 행정법원법상 행정행위의 발급을 구하는 의무이행소송(Verpflichtungsklage)과 행정행위 이외의 행위 또는 급부 등을 구하는 일반이행소송(allgemeine Leistungsklage)이 인정되고 있고 영미에서는 직무집행명령소송(mandamus)이 인정되고 있다.

2.3. 확인의 소

확인의 소란 특정한 권리 또는 법률관계의 존재 또는 부존재를 확인하는 판결을 구하는 소송이다. 이것은 소송의 가장 기본적인 형태이다. 이 점은 가령 형성의 소나 이행의 소가 공통적으로 일정한 형성요건이나 이행청구권의 존재 확인을 전제로 할 뿐만 아니라, 소가 이유 없어 기각되는 경우 원칙적으로 소극적 확인판결로 귀결된다는 점에서도 나타난다. 확인소송 역시 집행의 문제를 남기지 않는 것은 소송목적에 비추어 자명하다. 항고소송 중 무효등확인소송·부작위확인소송, 공법상 권리관계존부 확인을 구하는 당사자소송이 확인의 소에 속한다.

3. 행정소송법상 행정소송의 종류

행정소송법상 행정소송의 종류는 항고소송, 당사자소송, 민중소송, 기관소송으로 나뉘며, 항고소송은 다시금 취소소송, 무효등확인소송, 부작위위법확인소송의 세 가지로 구분된다.

3.1. 항고소송

항고소송은 행정청의 위법한 처분·재결이나 부작위에 대하여 그로부터 법률상 이익을 침해받은 자가 제기하는 소송을 총칭한다.

(1) 취소소송: 행정청의 위법한 처분등을 취소 또는 변경하는 소송($^{\S\,4}_{i}$)
(2) 무효등확인소송: 행정청의 처분등의 효력 유무 또는 존재여부를 확인하는 소송($^{\S\,4}_{ii}$)
(3) 부작위위법소송: 행정청의 부작위가 위법하다는 것을 확인하는 소송($^{\S\,4}_{iii}$).

3.2. 당사자소송

당사자소송은 행정청의 처분등을 원인으로 하는 법률관계에 관한 소송과 그 밖에 공법상 법률관계에 관한 소송으로서 그 법률관계의 한 쪽 당사자를 피고로 하는 소송을 말한다. 이것은 원칙적으로 대등한 두 당사자 사이의 공법상 법률관계에 대한 다툼을 심판하는 소송으로 실질적 당사자소송과 형식적 당사자소송으로 구분되고 있다.

3.3. 민중소송

민중소송이란 국가 또는 공공단체의 기관이 위법한 행위를 한 경우 직접 자기의 법률상 이익과 관계없이 그 시정을 구하기 위하여 제기하는 소송으로서, 행정법규의 적정한 적용을 확보하기 위한, 이른바 객관적 소송의 성질을 갖는 것이다. 민중소송은 예컨대 선거인에 의해 제기되는 선거소송과 같이 직접적 이해관계를 갖지 않는 다수인에 의해 제기되는 소송유형이다.

3.4. 기관소송

기관소송이란 국가 또는 공공단체 기관 상호간에 권한의 존부 또는 그 행사에 관한 다툼이 있을 때에 이에 대하여 제기되는 소송으로서, 예컨대 지방자치단체장이 지방의회의 의결의 위법을 이유로 제기하는 소송($^{지방자치법}_{\S\ 159\ ③}$)이 이에 해당된다.[7] 다만 헌법재판소법 제2조의 규정에 의하여 헌법재판소의 관장사항으로 되는 소송은 제외한다($^{\S\ 3\ iv}_{단서}$).

---

7) 국내최초로 청주시의회가 제정한 행정정보공개조례의 적법성을 인정한 대법원의 판결(대법원 1992.6.23. 선고 92추17 판결)은 재의결취소에 관한 소송의 성질에 관하여 분명한 태도를 보이지는 않았으나, 그 제소기간 판단에 있어 지방자치단체 기관간의 쟁의에 대한 기관소송으로 보는 견지에 서 있는 것이 아닌가 추측된다.

제 3 절 | 행정소송의 일반적 절차

Ⅰ. 행정소송의 절차구조

행정소송의 절차구조는 다음 그림에서 보는 바와 같이 원고와 피고를 당사자로 하는 다툼이 원고의 소송제기에 의하여 개시되고 이에 대한 심리를 통하여 법원이 절차의 산물($^{out-}_{put}$)로서 판결을 내림으로써 종료되는 일련의 과정으로 이루어져 있다. 이렇게 볼 때 행정소송은 크게 원고에 의한 취소소송의 제기와 법원의 심리·판결의 두 가지 단계로 나누어 볼 수 있다.

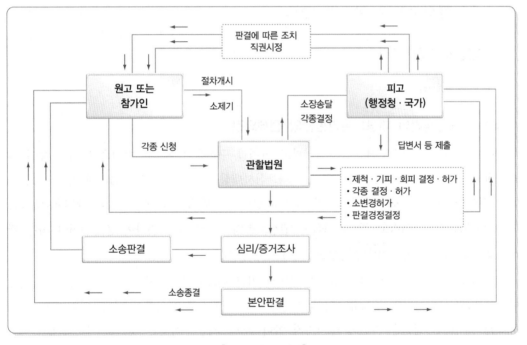

[행정소송의 절차]

Ⅱ. 행정소송의 제기

행정소송도 일반민사소송과 마찬가지로 오로지 원고의 소송제기에 의해서만 개시될 수 있다. 즉 「소 없으면 재판 없다」는 원칙은 행정소송에 대하여도 타당하다. 이것은 일반적으로 행정소송의 분쟁해결절차, 즉 사법작용으로서의 본질에서 연유하는 것이다. 이 점에서 행정소송은 그것이 행정통제 목적에 기여할지라도 어디까지나 수동적 절차이지 능동적 절차는 아니다.

행정소송이 제기되면 일면 법원·당사자에 대하여 타면 행정소송의 대상(처분이나 부작위, 기타 공법상의 법률관계)에 대하여 일정한 효과가 발생하게 된다. 행정소송이 제기됨으로써 법원에 대한 관계에서 사건이 계속되게 되며(소송계속), 법원은 이를 심리하고 판결할 구속을 받게 된다. 나아가 당사자는 같은 사건에 대하여 다시 소를 제기하지 못하는 중복제소금지의 효과가 발생한다. 이를 행정소송 제기의 주관적 효과라 부른다. 한편 행정소송이 제기되었다는 것은 소송의 대상이 된 처분의 취소·효력의 유무나 부작위의 위법여하, 기타 공법상의 법률관계가 소송상 다투어짐을 의미하며 따라서, 이후 소변경 등 특별한 사정이 없는 한, 소송의 대상이 객관적으로 확정되는 결과가 된다(객관적 효과).

Ⅲ. 행정소송의 심리와 종료

1. 행정소송의 심리

1.1. 요건심리

1.1.1. 요건심리의 대상: 본안판단의 전제요건

행정소송이 제기됨으로써 이를 심리하고 판결할 구속을 받게 된 법원은 먼저 소송이 적법하게 제기되었는지 여부를 심사하게 된다. 심사대상은 행정소송이 적법하게 제기되었는가 하는 것이다. 이를 위하여 충족시켜야 하는 요건들을 일반적으로 '행정소송의 제기요건' 또는 '소송요건'($^{Prozeßvoraus-}_{setzungen}$)이라고 한다. 이들은 행정소송의 본안심리를 위하여 충족되어야 하는 것이므로 본안판단 전제요건($^{Sachentscheidungs-}_{voraussetzungen}$)이라고도 부른다.[1]

행정소송의 제기요건에 관한 문제는 본안심리의 필요유무를 결정하는 관건이 되는 문제이므로 법원은 당사자의 주장유무와 무관하게 이를 직권으로 심사해야 한다. 만일 그중 어느하나만 결여하면 법원은 본안에 들어가지 아니 하고 소를 부적법한 것으로 각하하게 된다.

민사소송상 소송요건이 승소요건과 결정적으로 다른 것은 소송요건에 관한 한 변론주의가 적용되지 않는다는 것이다. 즉 소송요건은 직권탐지의 대상이다. 이러한 법리는 행정소송법에도 마찬가지로 타당하다.[2] 가령 처분의 존재에 관하여 대법원은 다음과 같이 판시하고 있다: "행정소송에 있어서 쟁송의 대상

---

1) 홍정선, 행정법원론(상), 783.
2) "법원은 필요하다고 인정할 때에는 직권으로 증거조사를 할 수 있고, 당사자가 주장하지 아니한 사실에 대하여도 판단할 수 있다"고 규정하고 있는 행정소송법 제26조에도 불구하고 행정소송에 있어서도 원칙적으로 변론주의가 타당하다는 것이 판례의 태도이다(변론보충설: 대법원 1986.6.24. 선고 85누321 판결).

이 되는 행정처분의 존부는 소송요건으로서 직권조사사항이라 할 것이고 자백의 대상이 될 수는 없다고 할 것이므로 설사 그 존재를 당사자들이 다투지 아니한다고 하더라도, 그 존부에 관하여 의심이 있는 경우에는 이를 직권으로 밝혀 보아야 한다."3)

요건심리에 관하여 특히 유의해야 할 것은 본안심리의 대상이 자칫 소송요건심사단계에서 심사됨으로써 본안판단의 선취가 이루어지는 일이 없도록 해야 한다는 점이며 이는 특히 다음에 보는 원고적격이나 처분성 등과 같은 특별소송요건과 관련하여 의미를 지닌다.

1.1.2. 일반적 소송요건과 특별소송요건

행정소송의 제기요건은 앞에서 살펴 본 행정소송의 종류와 관계없이 일반적으로 충족되어야 하는 일반적 소송요건(allgemeine Sachur-teilsvoraussetzungen)과 그 밖에 각각의 개별적 소송유형에 한하여 특별히 요구되는 특별소송요건(besondere Sachur-teilsvoraussetzungen)으로 나뉜다. 먼저 일반적 소송요건을 살펴보면, 일반적으로 행정소송은 원고가 될 수 있는 자격, 즉 원고적격이 있는 자가 행정청의 처분이나 기타 공법상의 법률관계 등에 관한 다툼을 대상으로 소정의 방식과 출소기간 등을 준수하고 처분을 행한 행정청이나 국가·공공단체 등을 피고로 하여4) 관할법원에 제기하여야 한다고 말할 수 있다. 그 밖에도 행정소송이 적법하게 제기되기 위하여 충족되어야 할 일반적 소송요건으로는 다음과 같은 것들이 있다.

행정소송의 일반적 소송요건 ● ●
① 대한민국의 재판권:　대한민국이 재판권을 갖는가
② 행정소송사항:　행정소송이 가능한 사항에 관한 것인가
③ 법원의 관할권:　법원이 사물 및 토지관할을 가지는가
④ 당사자능력:　원고나 피고등이 당사자가 될 수 있는 능력을 보유하고 있는가
⑤ 소송능력:　당사자가 소송행위를 할 능력을 보유하고 있는가
⑥ 소송대리인의 자격:　소송대리인이 적법한 자격을 보유하고 있는가
⑦ 소제기의 형식:　소정의 방식과 제소기간 등을 준수했는가
⑧ 재소금지:　동일한 사안에 대한 확정판결이 있는가
⑨ 중복제소금지:　동일사안에 대한 소송이 다른 법원에 이미 계속되어 있지 않은가
⑩ 소의 이익:　소송을 통한 권리보호의 필요가 있는가

일반적 소송요건들은 행정소송의 종류를 불문하고 일반적으로 충족되어야 할 요건들이다. 그러나 이 대부분의 소송요건에 관하여는 행정소송법상 특별한 규정이 있는 경우를 제외하

---
3) 대법원 1986.7.8. 선고 84누653 판결.
4) 피고를 잘못 지정하였을 경우 행정소송에서는 원칙적으로 소각하판결을 하는데 이는 그러한 경우 청구기각판결을 하는 민사소송과 다른 점이다.

고는 행정소송법 제8조 제2항에 의하여 법원조직법, 민사소송법 및 민사집행법의 규정이 준용되므로 대체로 일반 민사소송법의 법리가 그대로 타당하게 된다. 그러나 행정소송사항이나 법원의 관할권, 피고능력, 소제기의 형식, 소의 이익과 같은 소송요건들은 행정소송법의 규율로 처리되어야 할 문제라고 할 수 있다. 행정소송사항 즉, 행정소송의 허용성에 관한 문제는 일반적으로 행정소송의 범위와 한계에 관한 문제로 다루어지는 데 비하여, 그 밖의 문제들은 각각의 소송종별에 따른 특별소송요건을 검토하면서 관계되는 곳에서 상론하기로 한다.

1.2. 본안심리

요건심리 결과 소가 적법하게 제기되었다고 판단되면 법원은 당사자가 제기한 권리보호의 주장($\overset{\text{Rechtsschutz-}}{\text{begehren}}$), 즉 청구의 당부를 심사·판단하여 결론을 내려야 한다. 이와 같은 소의 실체적 내용에 대한 심리를 본안심리라고 한다. 본안심리는 당사자가 제출한 공격방어방법에 관하여 증거조사를 통한 사실인정 및 법해석을 통한 법적 판단을 내림으로써 원고의 청구가 이유 있는지 여부를 판단하기 위한 절차이다. 즉 청구의 인용여부를 사실과 법의 양 측면에서 심사하는 것이다.[5] 본안심리에서 결정적인 의미를 갖는 것은 당사자의 청구가 이유 있는지 여부를 판단하는 문제, 승소요건의 심사 문제($\overset{\text{Begründetheits-}}{\text{prüfung}}$)이다. 물론 그 내용은 각개의 소송에 따라 천차만별이어서 일률적으로 설명할 수는 없다. 그 밖에도 본안심리의 범위, 소송심리절차상 기본원칙과 증거법 문제들이 본안심리와 관련하여 제기된다.

2. 행정소송의 종료

행정소송 심리 결과 사건이 종국판결을 내릴 수 있을 만큼 성숙되었다고 판단되면 법원은 심리를 종결하고 판결을 내리게 된다. 청구가 이유 있다고 인정되면 법원은 청구인용의 판결을 내린다. 다만 취소소송의 경우, 소송청구가 이유 있다고 인정되는 경우에도 이를 인용하는 것이 현저히 공공복리에 적합하지 아니하다고 인정할 때에는 소송청구를 기각하는, 이른바 사정판결이란 제도가 인정되고 있다($\overset{\S\,28}{①}$). 만일 청구가 이유 없다고 판단되는 경우에는 청구기각의 판결을 내린다. 청구기각의 판결은 각각 소송을 통해 추구된 판결의 법률요건의 부존재를 확인하는 소극적 확인판결의 성질을 가진다. 소 취하 등 특별한 사정이 없는 한 행정소송의 절차는 이 같은 종국판결로 일단 종료되고, 이 종국판결은 상소기간의 도과나 상소권의 포기 등과 같은 일정한 사유에 의하여 확정됨으로써 행정소송법 소정의 효력을 발하게 된다.

---

5) 여기서 행정소송의 제기요건을 본안심리의 전제요건이라고 하는 것은 바로 이러한 절차적 진행과정을 바탕으로 한 것임을 알 수 있다.

제 4 절 │ 항고소송

제 1 관 취소소송

제 1 항 취소소송의 의의와 성질

I. 의 의

취소소송이란 '행정청의 위법한 처분등을 취소 또는 변경하는 소송'을 말한다($^{§\,4}_{①}$). 위법한 처분등으로 인하여 권리나 이익을 침해당한 자가 그 재심사를 청구하는 항고소송절차로서 취소소송은 행정소송의 중심적인 지위를 차지하고 있다(취소소송중심주의). 행정소송법상 예상할 수 있는 취소소송의 종류로는 처분취소소송(거부처분취소 포함)·처분변경(일부취소)소송·재결취소소송·재결변경(일부취소)소송을 들 수 있고, 그 밖에 판례상 인정되어 온 무효선언을 구하는 의미의 취소소송이 있다.

취소소송의 적용분야로는 무엇보다도 경찰 및 질서행정상의 처분, 그 밖에 경제규제나 환경규제행정상의 처분 등에서 빈번하게 사용되는 침해행정작용을 들 수 있으며 이 경우 개인이 침익적 행정처분에 대하여 자기의 권익을 방어하기 위한 수단으로 이용된다($^{방어소송:}_{Abwehrklage}$).

II. 성 질

1. 취소소송의 성질

취소소송은 개인의 권리구제를 직접적 목적으로 하는 주관적 소송이다. 취소소송은 일단 행정청에 의하여 행해진 처분·재결에 대한 불복을 전제로 그 취소를 구하는 소송이라는 점에서 다른 항고소송과 함께 복심적 소송으로서의 성질을 갖는다. 한편 일반소송법적인 소송분류론과 관련하여 취소소송이 지니는 유형적 성질에 관해서는, 이를 형성소송으로 보는 형성소송설과 확인소송의 일종으로 보는 확인소송설, 양자의 속성을 모두 갖는 소송이라는 병립설(구제소송설)이 대립되나, 취소소송은 처분등의 취소·변경을 통하여 직접 법률관계를 변경 또는 소멸시킨다는 점에서 형성소송으로 보는 것이 타당하며 또 통설과 판례[1]의 태도이

---

1) 대법원 1987.5.12. 선고 87누98 판결.

다. 생각건대 취소소송의 성질은 다음에 논의할 취소소송의 소송물과 불가분의 관련을 맺는 문제라 할 수 있다. 그러나 행정소송의 성질이란 무엇보다도 소송을 통하여 추구되는 종국목적($\substack{\text{das durch die Klage zu erstrebende}\\ \text{Endziel; Klagebegehren}}$)에 의하여 주어지는 것이라고 보아야 하고, 취소소송을 통하여 추구되는 종국목적은 '위법한 처분등의 취소'에 있으므로, 형성소송설이 옳다고 본다. 행정소송법 제29조 제1항은 "처분등을 취소하는 확정판결은 제3자에 대하여도 효력이 있다"고 규정하여 종래 논란되어 온 취소판결의 대세효를 명문으로 인정하고 있는데, 이러한 대세효는 형성소송에 특유한 것이다.

한편 일설에 따르면, 형성소송설에 의한다 하더라도, 취소소송의 경우 원고에게 실체법상 행정행위의 취소권과 같은 형성권이 인정되는 것은 아니므로 이것은 민사소송에서의 형성소송과는 같지 않다고 한다.[2] 그러나 형성소송($\substack{\text{Gestaltungs-}\\ \text{klage}}$)이란 어디까지나 소송법상 범주로서, 반드시 실체법적 형성권(취소권)의 존재를 전제로 하는 것은 아니다. 이것은 가령 전형적인 형성소송의 하나로 파악되는 상법 제376조에 의한 주식회사 주주총회결의취소의 소의 경우만을 보아도 분명히 알 수 있다. 이러한 소송은 가령 주주등이 갖는 「결의취소권」이라는 이름의 실체법적 형성권이 존재한다는 것을 전제로 한 것이 아니라 상법이 그와 같은 소송법적 규정을 둠으로써 주주등에게 주주총회결의의 취소가능성을 열어주었기 때문에 허용된 것이라고 볼 것이다. 여기서 주주등이 갖는 권리란 실체법적 형성권으로서 결의취소권이 아니라 단지 소권($\substack{\text{Klage-}\\ \text{befugnis}}$), 즉 결의취소소송제기권일 뿐이다.[3]

2. 취소소송의 소송물

취소소송의 소송물에 관한 국내문헌을 개관해 보면, 취소소송의 소송물은 「행정처분으로 인하여 생긴 위법상태의 배제」,[4] 「계쟁처분의 위법성주장이라는, 민사소송에서는 볼 수 없는 특수한 소송상의 청구」[5]라고 하거나, 「처분등이 위법하고 또 자기의 권리를 침해한다는 원고의 법적 주장」라고 보는 견해,[6] 취소소송에서 원고는 특정한 처분등이 위법함을 주장하는 것이며, 그 처분의 위법성이 심리의 대상이 되어 원고의 위법성 주장의 당부가 판결에 의해 확정되는 것이란 점을 근거로, 취소소송의 소송물은 「처분등의 위법성」이라고 하는 견해[7] 등이 있다. 대체로 학설은 취소소송의 소송물을 「처분의 위법성」(위법성설) 내지는 「위법처분으로 인하여 발생한 위법상태의 배제」(위법상태배제설) 등으로 집약된다.

---

2) 박만호, "항고소송의 소송물과 심판의 범위", 사법논집 제8집, 1977, 174.
3) 실체법상의 형성권 중 이를 반드시 소송상으로만 행사할 수 있는 취소권이 존재할 뿐이다(예: 채권자취소권).
4) 김도창, 일반행정법론(상), 806; 이시윤, 소송물에 관한 연구, 1977, 207이하; 박만호, 항고소송의 소송물과 심판의 범위, 사법논집 제8집, 1977, 172를 참조.
5) 김도창, 일반행정법론(상), 806.
6) 홍정선, 행정법원론(상), 762-763.
7) 이상규, 행정쟁송법, 286. 여기서 이상규변호사는 특정한 실체법상의 권리 또는 법률관계가 소송물이 된다고 보는 것이 보통이었으나, 소송물을 실체법적인 구성요건과 관련시켜 생각할 것이 아니라, 실체법적 범위에서 해방되어 소송법적 견지에서 구성하여야 한다는 신소송물론이 유력하게 되고 있다고 한다.

그러나 취소소송의 소송물에 대한 이러한 설명이 반드시 이론적으로 타당한 것이라고는 볼 수 없다. 민사소송법의 경우와 마찬가지로 행정소송법에서도 소송물의 개념 자체가 논란의 대상인 것은 사실이다. 행정소송에 있어 소송물개념은 민사소송법상의 소송물이론과 행정소송의 특수성이란 두 가지 요인에 의하여 결정된다고 할 수 있다. 이러한 견지에서 볼 때, 행정소송의 소송물이란 소송상의 청구($^{prozessualer}_{Anspruch}$), 다시 말해 원고가 일정한 사실관계를 근거로 법원에게 일정한 내용의 판결을 통한 권리보호를 해달라고 요구하는 소송상 청구를 말한다.[8] 물론 민사소송법에서도 소송물의 개념규정 및 범위확정은 예나 지금이나 미해결의 문제로 남아 있다.[9] 그러나 소송물에 관한 논란여하에도 불구하고 소송물 개념을 「소송의 대상」($^{Klagege-}_{genstand}$)이나 민사소송법 제204조 제1항의 "청구의 목적물"과 같은 개념과 혼동해서는 안된다.[10] 취소소송에서 소송의 대상은 취소의 대상($^{Anfechtungs-}_{gegenstand}$)으로서 후술하는 바와 같이 언제나 처분 또는 재결이다($^{§ 19}_{본문}$). 물론 취소소송에서 이 개념이 취소소송의 공격대상(^{Angriffsziel}) 또는 취소대상으로서 그것이 수행하는 역할과 관련하여 볼 때, 소송물확정에 대하여 결정적 중요성을 지니는 것은 사실이다. 그러나 소송물은 무엇보다도 그 소송상 기능면에서 「소송의 대상」과는 동일하지 않다.

행정소송에 있어 소송물의 기능 •• 행정소송에 있어 소송물은 다양한 차원에서 기능을 수행한다. 첫째, 소는 법원이 소송물을 확정할 수 있도록 하기 위하여 소송상 청구의 목적을 특정하여 제기해야 하며, 이를 통하여 법원에 계속된 구체적인 법률적 쟁송($^{Rechts-}_{streit}$)이 법적으로 특정될 수 있게 된다. 둘째, 소

---

8) Kopp, § 90 Rn.7, S.1089; Stern, aaO.; VG München, Urt.v.5.12.1966(Nr.3168/66). 이것은 독일민사소송법의 지배적인 견해(H.Thomas/H.Putzo, Zivilprozeßordnung mit Gerichtsverfassungsgesetz, 16.Aufl., 1990(이하 ThP), Einleitung, Ⅱ Rn.7, S.7ff.; Creifelds, S.1120: 특히 소송물을 소송청구와 그 기초가 된 생활상의 사실관계로 보는 이분지설(zweigliedriger Streitgegenstandsbegriff: Jauernig, Zivilprozeßrecht, 22.Aufl., 1988, § 37 Ⅱ)의 입장)에 따른 것이다. 우리나라에서도 신소송물이론은 다수설의 지위를 차지하고 있다고 하며(이시윤, 322), 다만 판례는 민사소송에 있어 여전히 구소송물이론(구실체법설)에 입각하고 있으나, 최근 주식회사의 주주총회결의에 대한 무효확인과 부존재확인 간에 소송물의 동일성을 인정하는 등 입장의 변화 또는 기존입장의 완화경향을 보이고 있음이 관측되고 있다(이에 관하여는 이시윤, 같은 책, 325이하를 참조). 따라서, 이 같은 소송물개념은 판례상의 그것과는 차이가 있지만, 행정소송에 관한 한 그 민사소송과는 다른 특수성을 고려할 때, 충분한 타당성을 지닌다고 생각한다.

9) 가령 신소송물론 내에서도 일분지설을 취하는 견해(이시윤, 같은 책, 333)와 이분지설을 취하는 견해(정동윤, 민사소송법, 217이하)가 대립되고 있다.

10) 동지 박만호, 앞의 글, 173; 이시윤, 앞의 책, 321. 참고로 독일의 경우 1990년 12월 17일 개정된 행정법원법(BGBl.2809)은 종래 원고로 하여금 소장에 '소송물'(Streitgegenstand)을 특정하도록 하고 있었던 동법 제82조 제1항 제1문을 개정하여 '소송물'이란 표현을 "소송상 청구의 목적"(Gegenstand des Klagebegehrens)으로 대체하였다. 종래 같은 조항에 의한 '소송물'이란 법률적·기술적 의미에서 이해될 수 없는 개념으로서, 같은 법 제121조상의 소송물, 즉 법원에 의해 최종적으로 확정되어야 하는 본래적 의미의 소송물과는 상이한 것이라고 이해되어 왔다. 그리하여 뤼케(Lüke, G., Streitgegenstand im Verwaltungsprozeß, JuS 1967, 3)는 입법자가 이 규정(독일 민사소송법 제253조 제2항 제2호에 상응하는 규정)에서 「소송의 대상」과 소송물을 혼동했음이 분명하다고 지적하였다. 그러나 그동안 「소송의 대상」이란 개념은 소송물과 혼동되어 사용되는 경우가 많았고 종종 판례상으로도(BVerwGE 52,247,249) 동일한 의미로 사용되어 왔다고 한다. 그러던 터에 1990년의 개정법이 이를 시정한 것은 법개념의 불명확성을 제거한 것으로 긍정적인 평가를 받고 있다(Hong,J.-H., aaO., 79 Fn.101).

송물개념은 소송계속의 범위($^{\text{Umfang der}}_{\text{Rechtshängigkeit}}$)를 확정해 주며 행정소송의 허용성을 판단하는 기초가 된다. 셋째, 법원의 사물관할 및 토지관할이 소송물개념과 연관됨으로써 소송물은 또한 법원의 관할권유무를 판단하는 기준이 된다. 넷째, 소송개념에 의하여 본안판단의 문제로서 「정당한 피고」의 여부($^{\text{Passivlegi-}}_{\text{timation}}$)가 결정되며 제3자의 소송참가의 필요성여부가 판단될 수 있다. 다섯째, 소송물개념은 소의 변경(소의 종류의 변경·청구원인 및 취지의 변경)에 있어 그 허용여부를 판단하는 기준이 된다. 끝으로 소송물개념은 판결의 실질적 확정력의 객관적 범위를 확정하는 기초가 된다.[11]

취소소송의 소송물을 '처분등의 위법성'으로 보는 견해는, 취소소송이 '행정청의 위법한 처분등을 취소 또는 변경하는 소송'($^{§\,4}_{1}$)인 이상, 단순히 처분등의 위법성을 확인하는 데 그치는 소송유형과 동일시될 수 없다는 점에서, 타당하다고 볼 수 없다: 취소소송은 단순히 처분등의 객관적 위법성을 확인받기 위한 확인소송이 아니다. 또한 취소소송의 소송물을 '위법처분으로 인해 발생한 위법상태의 배제'라고 보는 견해 역시, 취소판결의 효과를 지나치게 제한한다는 점에서 비판을 면하기 어렵다. 물론 취소판결의 효과가 처분의 효력을 소멸시킴으로써 위법상태를 배제하는 데 있는 것은 사실이지만, 이러한 판결의 효과가 취소요건 또는 형성요건으로서 처분등의 위법성에 미치지 않는 것으로 할 경우 이후 동일한 처분등의 위법을 근거로 국가배상을 청구함에 있어 이 취소판결의 기판력을 원용할 수 없게 되는 결과가 생기는 등 문제가 있다. 이러한 결과는 대부분의 문헌이 취소소송의 인용판결의 효력의 하나로 기판력을 들고 있는 것과도 부합되지 아니한다. 따라서 취소소송의 소송물은 처분등의 위법성과 이를 근거로 한 처분등의 취소를 구하는 원고의 법적 권리주장($^{\text{Rechtsbe-}}_{\text{gehren}}$)으로 보되, 여기서 처분등의 위법성이란 단순히 처분등의 객관적 위법성뿐만이 아니라, 원고의 법률상 이익을 침해하였다는 주관적 관련성하에서 파악된 위법성을 말하는 것으로 보아야 할 것이다.[12]

---

11) 이에 관하여 상세한 것은 홍준형, Die Klage zur Durchsetzung von Vornahmepflichten der Verwaltung, 79이하; 민사소송에 관해서는 이시윤, 앞의 책, 320을 참조.

12) 즉 위법성이란 처분등이 객관적으로 위법한 것만 가지고는 부족하고 원고와의 관계에서 주관적으로도 위법해야 한다는 뜻이다. 이러한 의미에서 주관적 위법은 객관적 위법에 포함된다. 반면 주관적 위법을 제외한 객관적 위법이라는 개념은 지나치게 작위적인 개념의 왜곡일 뿐이다. 이와 같은 관점에서 볼 때, 행정의 적법성보장이 항고소송의 주목적이며 계쟁행위의 적법성여부가 항고소송의 소송물이라는 것을 논거로 하여, 항고소송을 객관적 소송으로 보려는 견해(한견우, 고시연구 1991/1, 112이하)는 취소소송의 소송물을 처분등의 위법성만으로 파악하는 입장으로 결코 타당하다고 볼 수 없다. 한편 이러한 필자의 견해에 대하여 최근 '처분등의 객관적인 위법성이라는 실체법적 관련성을 소송물개념에 포함하고 있는 점에서 우리나라의 다수설이 갖고 있는 문제점을 여전히 내포하는 것'이라는 비판이 제기된 바 있으나(류지태, 행정법신론, 454 각주 13) 이는 필자의 견해를 제대로 이해하지 못한 결과로서 타당하지 않다. 이러한 비판은 '객관적 위법'이란 의미를 아마도 '진정으로 위법한 것'으로 이해한 결과인 듯하나 이는 부당하다. '객관적 위법'이란 '법질서 전체에 대한 반가치판단'으로서의 위법을 말하는 것이기 때문이다. 필자는 취소소송의 소송물을 '처분등의 위법성과 이를 근거로 한 처분등의 취소를 구하는 원고의 법적 권리주장'(Rechtsbegehren)으로 보고 있는데 이는 독일에서의 통설적 견해와 일치하는 것이다. 또한 그는 같은 곳에서 취소소송의 소송물에 관하여 '비교적 그간 활발한 논의를 하고 있던 독일에서의 주장'을 참조한다고 하고 있는데 과연 그의 주장이 취소소송의 소송물을 「행정행위가 위법하며 자기의 권리영역을 침해하였다는 원고의 주장」으로 이해하는 독일에서의 통설의 상대적 설득력을 감안한 것인지 반성해 보아야 할 것이다.

제 2 항 취소소송의 개시

I. 개 설

행정소송법이 규정하는 취소소송의 절차구조는 원고가 피고 행정청의 처분등의 위법을 주장하여 그 취소를 구하는 소송을 제기함으로써 개시되고, 이에 대한 심리를 통하여 법원이 절차의 산물($_{put}^{out-}$)로서 판결을 내림으로써 종료되는 일련의 과정으로 이루어진다. 따라서 취소소송 역시 행정소송 일반과 마찬가지로 원고의 소송 제기와 법원의 심리·판결의 두 가지 단계로 나뉘며, 이러한 절차구조는 비단 취소소송뿐만 아니라, 취소소송의 특수성에 연유하는 부분을 제외하고는, 항고소송 일반에 대하여도 기본적으로 적용된다. 행정소송법이 제38조등에서 취소소송 이외의 항고소송에 대한 광범위한 준용규정을 둔 것도 바로 그런 연유에서이다.

이미 앞에서 제시한 일반적 소송요건 이외에 취소소송의 본안심리를 위하여 충족되어야 하는 특별소송요건($_{voraussetzungen}^{besondere\ Sachurteils-}$)은 다음과 같이 요약된다.

> **취소소송의 제기요건(특별소송요건)** • •
> 당사자: 처분등의 취소를 구할 법률상 이익(원고적격)이 있는 자가 처분청을 피고로 하여 관할법원에 소송을 제기하였는가
> 소송의 대상: 행정청의 처분등을 대상으로 제기한 것인가
> 청구의 취지: 처분등의 위법을 주장하여 그 취소를 구하는 것인가
> 소제기의 방식: 소정의 방식(소장등)을 준수했는가
> 소제기기간: 소정의 제소기간을 준수했는가
> 전심절차 경유: 행정심판을 먼저 거쳐야 하는 경우 행정심판의 재결을 거쳤는가

II. 취소소송제기의 효과

취소소송이 제기되면 법원·당사자와 그 소송대상이 된 처분등에 대하여 각각 일정한 효과가 발생하게 된다.

1. 법원 등에 대한 효과(주관적 효과)

취소소송이 제기되면 법원에 사건이 계속되게 되며(소송계속), 법원은 이를 심리하고 판결할 구속을 받게 된다. 나아가 당사자는 같은 사건에 대하여 다시 소를 제기하지 못하는 중

복제소급지의 효과가 발생한다.

2. 행정처분에 대한 효과(객관적 효과)

취소소송이 제기되었다는 것은 소송을 통하여 처분등의 효력유무가 다투어짐을 의미한다. 상식적으로 보면 처분등의 효력은 일단 유동적인 상태에 돌입한다고 해야 할 것이다. 이때 문제된 처분등의 유효성을 일단 인정할 것인가 아니면 처분의 효력이나 집행등을 정지시킬 것인가는 각국의 입법례에 따라 상이하다. 행정소송법은 「집행부정지」 원칙을 채택하고 있다.

집행부정지 원칙은 취소소송의 제기에 의하여 그 대상이 되는 처분등의 집행이 정지되도록 할 경우 행정의 원활한 운영이 저해된다든가 남소의 폐단이 발생할 수 있다는 우려에서 출발하고 있다. 반면 집행정지의 여지를 전혀 배제한다면 사안에 따라서는 회복곤란한 법익 침해가 있어 원고가 승소하더라도 권리구제의 목적을 달성할 수 없는 경우가 생길 수 있다. 그리하여 행정소송법은 집행부정지를 원칙으로 하고, 예외적으로만 집행정지를 인정하고 있다($^{§\ 23}$). 따라서 취소소송을 제기해도 처분등의 효력이나 집행, 절차의 속행 등은 원칙적으로 정지되지 아니한다는 결과가 된다. 집행정지 문제는 별도로 취소소송의 가구제와 관련하여 다룬다.

제 3 항 취소소송의 제기요건

Ⅰ. 취소소송의 대상

1. 개   설

행정소송법은 취소소송의 대상을 '처분등'으로 명시하고 있다($^{\S\ 19}$). 여기서 '처분등'이란 처분과 행정심판에 대한 재결을 말하므로($^{\S\ 2}_{① ⅰ}$), 결국 취소소송의 대상은 처분과 재결이라는 것이 된다. 처분이란 행정소송법의 입법적 정의에 따르면 '행정청이 행하는 구체적 사실에 대한 법집행으로서의 공권력의 행사 또는 그 거부와 그 밖에 이에 준하는 행정작용'을 말한다. 따라서 취소소송의 대상은 ① 행정청이 행하는 구체적 사실에 관한 법집행으로서 공권력의 행사, ② 행정청이 행하는 구체적 사실에 관한 법집행으로서 공권력의 행사의 거부, ③ 그 밖에 이에 준하는 행정작용, 그리고 ④ 재결의 네 가지로 나뉜다고 할 수 있다.

행정소송법이 취소소송의 대상을 명시하면서 구법 이래 논란되어 왔던 처분개념을 확대하여 규정한 것은 현대행정의 행위형식의 다양화에 부응하여 국민의 권리구제의 길을 넓히려는 데 취지를 둔 것으로 평가된다. 특히 처분 개념에 "공권력의 행사 또는 그 거부"뿐만 아니라, "그 밖에 이에 준하는 행정작용"이 포함되고 있다는 점이 주목되고 있다.[13] 그러나 이러한 행정소송법의 태도에 대하여는, 특히 '처분'의 개념을 둘러싸고 많은 논란이 있고 행정소송법 해석상으로도 적지 않은 문제점들이 도사리고 있다. 따라서 취소소송의 대상으로 '처분'과 '재결'을 구체적으로 검토해 볼 필요가 있다.

2. 처   분

2.1. 처분의 개념

행정소송법은 '처분'의 개념을 다음과 같이 정의한다. 처분이란 '행정청이 행하는 구체적 사실에 대한 법집행으로서의 공권력의 행사 또는 그 거부와 그 밖에 이에 준하는 행정작용'을 말한다.

이 정의규정에도 불구하고 처분을 무엇으로 볼 것인가에 대해서는 여전히 논란이 있다. 논쟁은 특히 행정소송법상의 처분개념을 학문상 행정행위의 그것과 같은 것으로 볼 것인가, 나아가 「그 밖에 이에 준하는 행정작용」이란 무엇인가라는 쟁점을 둘러싸고 전개되고 있

---

13) 김도창, 일반행정법론(상), 755.

다.14)

2.1.1. 학 설

(1) 쟁송법상 개념설(형식적 행정행위론: 이원론)

이것은 취소소송의 권익구제기능을 중시하여 행정작용에 대한 국민의 권익구제의 폭을 넓히려는 취지에서 쟁송법상 행정처분의 개념을 실체적 행정행위개념과 별도로 정립하려는 입장이다(多數). 이에 따르면 행정소송법상 처분의 개념은 학문상 행정행위 개념보다 넓은, 별개의 개념으로 파악된다. 즉, ① 강학상의 행정행위에 해당하지 않는 행정작용일지라도, 행정행위에 준하여 국민생활을 일방적으로 규율하는 행위로서 국민이 다른 적당한 불복절차를 쉽사리 발견하지 못하는 경우에는, 이들을 널리 취소소송의 대상으로 삼아서 구제의 길을 열어야 하며, ② 행위 자체는 공권력행사라는 실체를 가지고 있지 않고, 따라서 공정력(예선적 효력)이나 불가쟁력 등이 인정되지 않지만, 국민에게 계속적으로 사실상 지배력을 미치는 행위는, 민사소송 기타 다른 구제수단이 없는 경우, 역시 형식상으로 처분성을 인정하여 이에 대한 취소소송의 길을 열어 주자는 것이다.15) 이들 행위는 본래의 행정행위는 아니나 취소소송의 대상으로 하기 위하여 형식적으로 행정행위로 다룬다는 의미에서 형식적 행정행위라 부른다. 보충적 구제대상인 조치의 예로 권력적 사실행위, 일반적 기준설정행위·행정내부적 결정, 사회보장적 급부결정, 보조금교부결정, 유해공공시설설치행위 또는 행정지도·비권력적 행정조사 등이 거론된다.

일본에 있어 형식적 행정행위론 ● ● 형식적 행정처분론은 실체법적 행정행위의 개념과는 별도로 행정쟁송법에 타당한 새로운 행정행위개념을 정립하려는 시도로서, '최근 일본 행정법학계의 다수설이 되어가고 있고 또 판례상으로도 지지경향이 나타나고 있는' 개념이라고 한다.16) 즉, 행위 자체는 공권력행사라는 실체를 가지고 있지 않고, 따라서 공정력이나 불가쟁력 등의 효력도 없으며, 항고쟁송의 배타적 관할에 속하지 않는 것일지라도 국민생활을 "일방적으로 규율하는 행위"이거나(原田尚彦), 개인의 법익에 대하여 '계속적으로 사실상의 지배력을 미치는 경우'(兼子仁)에는 항고소송의 대상이 되는 처분성을 인정하여야 한다는 것이다. 따라서 여기에는 실체법상 행정행위에 해당하는 행위 외에 행정상 입법·행정규칙·사실행위, 그리고 행정지도와 같은 행위들이 포함된다고 한다.17)

---

14) 이에 관하여는 김남진, 취소소송의 대상, 사법행정 1991/7; 박윤흔, 취소소송의 대상, 사법행정 1990/7; 신보성, 행정행위와 처분, 고시계 1984/6 등을 참조.

15) 김도창, 일반행정법론(상), 752.

16) 이에 관하여는 서원우, 현대행정법론(상), 366이하; 김도창, 일반행정법론(상), 359, 752이하; 김창조, 취소소송의 소의 이익, 공법연구 제22집 제3호(1994), 399이하의 설명을 참조. 형식적 행정처분론은 雄川一郎, 山田幸男 교수의 문제지적을 단서로 하여 原田尚彦, 兼子 仁 교수에 의해 학설로 전개되었다고 한다(室井 力, 形式的行政處分について, 田中二郎先生古稀記念, 公法の原理(下) I, 1977, 62).

17) 김도창, 일반행정법론(상), 752.

(2) 실체법적 개념설(행정행위설: 일원론)

행정소송법상 처분개념을 학문상 행정행위의 그것과 동일한 것으로 보는 견해로서, 먼저 실체법적으로 행정행위의 개념을 정의해 놓고 그 정의에 해당되는 행정행위에 대해서만 연역적으로 처분성을 인정한다. 대법원의 지금까지의 판례태도는 기본적으로 이러한 정의방식에 가까운 편이었다고 한다.[18] 이 견해는 학문적 행정행위의 개념이 항고쟁송의 대상이 되는 행정작용을 타행정작용과 구분할 목적에서 정립된 것인 이상 행정소송법상의 처분개념과 동일한 것은 당연하다고 하며,[19] 오히려 행위형식의 다양성을 그대로 인정하고, 처분과 타행정작용과의 구별의 징표를 철저히 탐구함으로써 그에 상응하는 행정구제방법을 모색하는 것이 국민의 권리구제의 폭을 넓히는 길이라고 한다.[20]

(3) 결 론

① 문제를 해결하기 위해서는 양설이 추구하는 목적과 수단 양면에서의 분석과 평가가 필요하다. 생각건대 양설은 대체로 그 추구하는 목적에 있어서는 별반 근본적인 상위가 없다. 양자가 옹호하고 있는 목적은 크게 행정의 행위형식의 다양화·복잡화, 행정수요의 증대 및 질적 변화라는 현대행정법상의 환경변화에 대응하기 위하여 행정소송상 권익구제를 확대·효율화한다는 데 놓여 있는 것으로 보인다. 그러나 이러한 목적의 공통점이 전제되는 한, 양설이 주장하고 있는 노선들은 설득력 면에서 그 어느 쪽도 압도적 우월성을 확보하고 있다고 보이지는 않는다. 먼저, 쟁송법적 개념설(이원론)이 주장하는 바와 같이 형식적 행정행위개념을 통하여 처분개념을 확대하는 것이 반드시 국민의 권리구제의 폭을 넓히기 위한 수단이 되는지는 분명치 않다. 이것은 현행 행정소송법상의 권익구제제도가 계속 취소소송중심체제로 운영되고 존속한다는 것을 전제로 하는데, 이 취소소송 중심의 소송체계는 그것이 과거 침해행정의 시대에 누렸던 영광을 상실한 지 오래일 뿐더러 그것만 가지고는 더 이상 행정구제의 변화하는 상황에 적응하기 어렵다는 점에 문제가 있다. 가령 독일의 의무이행소송이나 비처분적 결정에 대한 일반이행소송 등과 같은 소송유형들이 국민의 권익구제를 위하여 수행할 수 있는 기능이 취소소송의 그것에 못지않게 절실하고 효과적이라는 점은 숱한 비교행정법적 연구의 교훈에 속한다. 반면 실체법적 개념설(일원론)이 주장하듯이 행정소송법상 처분을 강학상의 또는 독일의 경우 이미 실정화된 행정행위개념에 국한시킴으로써 다양화된 행위형식에 상응하는 행정구제의 양식(소송유형)이 강구되고 이에 따라 국민의 권익구제에 만전을 기할 수 있는 것인지에 대하여도 의문부호가 찍힐 수밖에 없다. 일본에서 주장된 당사자소송활용론의 적실성은, 그 취지의 당부와는 무관하게, 이론상이나 실무상 아직

---

18) 김도창, 일반행정법론(상), 751.
19) 신보성, 현대행정법의 이론, 1988, 94.
20) 종래 이 견해를 주장했던 김남진교수는 이원설로 학설을 변경한 바 있다(김남진, 행정법 I, 774이하).

도 규명되지 않은 상태에 머물러 있다. 나아가 의무이행소송이나 일반이행소송, 부작위소송에 관한 해석론 및 입법론상의 전망은 여전히 불투명할 뿐이다. 이러한 상황하에서 행정소송법상 처분개념의 축소해석이 가져올 수 있는 결과는 아마 누구보다도 실체법적 개념설이 바라지 않는 일일 것이다. 결국 양설은 그 목적-수단의 논증에 있어 하등 결정적인 차별성을 입증해내지 못하고 있음을 알 수 있다. 이렇게 본다면 양설은 물론 그 내용상으로는 상충된다 할지라도, 목적 실현의 관점에서 본다면 병립 가능할 뿐만 아니라 상보적이기도 하다.

일면 처분의 개념확대와 타면 비처분적 행정작용에 대한 행정구제수단의 확충 및 기존소송유형의 활용이 경합적으로 추구되는 것도 국민의 권익구제의 목적에 비추어 바람직한 것이다. 다만 문제는 처분개념을 어디까지 확대할 것이며, 어떤 범위에서 취소소송이외의 소송유형을 활용·개척할 것인가에 관한 한계를 설정하는 데 있다. 처분개념에 관한 행정소송법 규정들은 이에 대한 입법적 선택을 한 것이고, 따라서 문제의 답은 그 해석을 통해 찾아야 한다.

② 현행 행정소송법 해석상 처분의 개념은 i) 첫째, 행정청이 행하는 구체적 사실에 관한 법집행으로서 **공권력의 행사**, ii) 둘째, 행정청이 행하는 구체적 사실에 관한 법집행으로서 **공권력의 행사의 거부**, iii) 셋째, **그 밖에 이에 준하는 행정작용**의 세 가지로 나누어 볼 수 있다. 여기서 첫 번째와 두 번째의 개념과 행정행위(최협의)의 개념이 동일한 것인지가 문제된다. 먼저 두 번째의 개념에 관하여 본다면, 거부처분 역시 소극적 처분인 이상, 첫 번째의 개념과 구별하여 특별히 취급해야 할 필요는 없다(이는 간주거부에 대해서도 마찬가지로 타당하다). 다음 「행정청이 행하는 구체적 사실에 관한 법집행으로서 공권력의 행사」의 개념이 실체적 행정행위의 그것에 비추어 문제되어야 한다. 실체적 행정행위의 개념은 일반적으로 「행정청이 법아래서 구체적 사실에 대한 법집행으로서 행하는 권력적 단독행위인 공법행위」라고 파악된다. 양자가 동일한 것인지 여부는 「공권력의 행사」와 「권력적 단독행위인 공법행위」란 행정행위의 개념적 징표의 비교에 귀착되는데, 특히 권력적 사실행위가 행정소송법상 「공권력의 행사」에 포함되는지가 문제된다.

생각건대, 행정소송법 제2조 제1호 규정에 '행정청이 행하는 구체적 사실에 관한 법집행으로서의'라는 구절이 있으나, 이로써 사실행위가 처분개념으로부터 명문으로 배제된 것이라고 해석하는 것은 행정행위의 개념징표로서 '구체적 사실에 관한 법집행'의 의미에 비추어 볼 때 타당하다고 볼 수 없다. 이것은 행정행위를 입법 내지 법규명령·행정규칙으로부터 구별하기 위한 것이기 때문이다. 반면 이원론이 주장하는 바와 같이 권력적 사실행위를 '공권력의 행사'에 해당한다고 볼지는 별개의 문제이다. 이것은 형식적 행정행위가 어떻든 기본적 요소로 삼고 있는 실체적 행정행위의 개념에 관한 문제로서, 형식적 행정행위론의 당부에 대한 평가 이전의 문제이다. 그렇다면 '구체적 사실에 대한 법집행'이란 단순한 집행행위까지를 포함하는 개념인가 아니면 구체적 사안에 대한 규율이란 법적 행위의 요소를 의미하는가. 권력적 사실행위를 '공권력의 행사'에 해당하는 것으로 보는 것은, 행정소송법 문언상 적어도 '법적 행위 또는 규율'$\binom{\text{Rechtsakt,}}{\text{Regelung}}$이라는 요소가 나타나고 있지 않은 이상, 해석론상 결코 불가능한 것은 아니다. 행정소송법상의 문언으로부터 어렵지 않게 그 처분의 개념에 '행정청이 행하는 구체적 사실에 관한 법집행으로서의' 권력적 사실행위가 포함된다는 결론에 이르게 되기 때문이다. 또한 입법배경을 보더라도 그 결론이 타당함을 확인할 수 있다.[21]

다만, 권력적 사실행위를 행정소송법상 공권력행사에 포함되는 것으로 해석할 경우, 이에 대한 취소소송이 과연 가능한지가 문제되지 않을 수 없다. 일설은 취소소송에서 취소의 대상은 법적 행위라고 하거나 취소소송은 기존의 법적 효과를 소멸시키는 것을 목적으로 하는 것이라는 점을 이유로[22] 이를 부정하는 데 반하여, 권력적 사실행위의 취소는 위에서 본 바와 같은 권력적 사실행위에 결부된 법적 효과인 수인의무의 해제로서 의미를 가진다는 입장이 유력하게 제기되고 있다.[23] 권력적 사실행위에 대한 권익구제방법에 관한 한, 양설은 나름대로 일리가 있다. 또한 취소소송의 형성소송으로서 본질이나 국민의 권익구제제도로서 행정소송의 확충 및 활용문제를 감안할 때 전자의 견해가 타당하다고 볼 수도 있다. 그러나 해석론상 후설이 지니는 타당성을 부인할 수는 없다. 따라서 국민의 입장에서는 권력적 사실행위에 대한 취소소송과 이를 원인으로 하는 공법상 당사자소송을 선택적으로 또는 병합하여 제기하는 것이 바람직하며 또한 가능하다고 본다.

③ 끝으로 제기되는 문제는 "그 밖에 이에 준하는 행정작용"이란 무엇을 뜻하는가 하는 것이다. 유력한 견해에 따르면 이 규정을 통해 "앞으로의 시대적 수요에 따라 학설·판례를 통하여, … 이른바 형식적 행정처분의 개념 아래 거론되는 행정작용들이 이 범주에서 논의될 수 있을 것"이라고 한다.[24] 물론 앞에서 전개된 우리의 입장이 형식적 행정행위론이 주장

---

21) 그 입법경위와 관련하여 이상규, 행정쟁송법, 302, 각주 4를 참조. 또한 "권력적 사실행위는 행정소송법안의 기초과정에서 「행정청의 공권력행사」에 처분적 행위와 함께 포함되는 것으로 이해되었다"는 김원주교수의 진술("행정상 사실행위와 행정소송"(시론), 고시계 1994/4, 17)도 이를 지지해 주는 논거의 하나이다(다만 여기서 '처분적 행위'란 아마도 강학상의 행정행위에 해당하는 것이 아닐까 생각된다). 한편 일본의 경우 이에 관하여 행정사건소송법이 「처분 그 밖의 공권력의 행사에 해당하는 행위」를 취소소송의 대상으로 규정할 뿐, 명시적 규정을 두고 있지 않은 것은 우리나라와 사정이 같지만, 권력적 사실행위는 「그 밖의 공권력행사」에 해당하는 것으로서 처분성을 지닌다는 것이 일반적으로 승인되고 있다고 한다(塩野 宏, 行政法 Ⅱ, 91).

22) 홍정선, 행정법원론(상), 277. 이러한 입장에서는 「사실행위의 취소」보다는 행정상의 일반이행소송의 인정을 전제로 한 「사실행위의 중지 또는 제거청구」가 더 올바른 문제해결이라고 한다.

23) 김동희, 행정법 I, 644-645. 한편 김도창교수(일반행정법론(상), 359)는 Eyermann/Fröhler, Verwaltungsgerichts-ordnung(§ 42 Rn. 60)과 Stelkens/Bonk/Leonhardt, VwVfG Kommentar(§ 35 Rn. 40)을 인용하면서, 「독일 연방행정재판소법의 해석에 있어서도 처분개념 속에 사실행위가 포함되는 것으로 이해되고 있다」고 지적하나, 이는 이해하기 어렵다. 인용된 문헌에서는 「사실행위에 동시에 수인하명(Duldungsbefehl)이 들어 있을 경우에는 행정행위로 볼 것」(Stelkens 외, 같은 곳)이라거나, 「순수하게 사실적인 행위들 중에도 행정행위라고 볼 수 있는 경우가 있을 수 있다는 것」(예컨대 수색, 체포, 예방접종, 동물사체의 제거), 그리고 「이 경우에도 법적 효과가 발생하며 그 법적 효과는 바로 그러한 사실행위들과 결부된 수인하명에서 찾을 수 있다는 것」이 지적되고 있을 뿐이다(Eyermann/Fröhler, 같은 곳).

하듯 행정지도나 비권력적 행정조사 등과 같은 사실행위에까지 처분성을 확대하자는 것과 맥을 같이 하는 것은 아니다. 행정소송법상 "처분"개념을 해석하는 문제와 이를 바탕으로 새로이 형식적 행정행위개념을 정립하는 문제는 기본적으로 별개의 문제이다. 이러한 견지에서, 구체적으로 "그 밖에 이에 준하는 행정작용"이 무엇인가는 결국 학설발전과 판례형성을 통하여 밝혀질 수밖에 없으나,[25] 어떻든 행정소송법상 처분의 개념이 이로써 강학상의 행정행위의 개념보다 한 걸음 더 넓은 것이 될 수밖에 없다는 것은 분명하다. 문제는 과연 무엇을 기준으로 위의 협의의 처분과의 동가치성을 인정할 것인가에 있으며, 이에 따라 행정소송법상 취소소송의 대상으로 삼을 것인지 여부가 결정된다. 앞에서 본 바와 같이 사실행위 중 행정쟁송법에 의한 권리구제가 필요하다고 인정되는 경우, 상대방의 수인의무를 발생시키는 권력적 사실행위의 경우에는 전술한 바와 같이 처분의 개념에 해당하는 것으로 보므로 별 문제가 없으나, 그 밖의 경우에는 무리하게 처분성을 인정할 것이 아니라 그에 적합한 소송형태를 해석론상 또는 입법론상 확충시켜 나가는 방식으로 해결책을 모색하는 것이 정도이다.

2.1.2. 판 례

판례는 처분 개념을 확장한 행정소송법의 입법취지를 도외시하고 오히려 기존의 개념적 틀에 얽매여 행정소송법상 처분 정의규정의 해석·적용을 소홀히 하는 태도를 보여 왔다.[26]

먼저 대법원은 항고소송의 대상이 되는 행정처분이란 행정청의 공법상의 행위로서 특정 사항에 대하여 법규에 의한 권리의 설정 또는 의무의 부담을 명하거나 기타 법률상의 효과를 발생하게 하는 등 국민의 권리의무에 직접 관계가 있는 행위를 말하는 것이라고 판시해 오고 있다.[27] 따라서 행정청 내부에서의 행위나 알선, 권유, 사실상의 통지 등과 같이 상대방 또는 기타 관계자들의 법률상 지위에 직접적인 법률적 변동을 일으키지 아니하는 행위 등은 항고소송의 대상이 될 수 없다고 한다.[28]

---

24) 김도창, 일반행정법론(상), 756.

25) 가령 1976년에 제정된 행정절차법 제35조에 의한 행정행위의 개념정립(Legaldefinition)을 통하여 행정법원법상 행정행위개념을 둘러싼 논쟁을 입법적으로 해결한 독일의 경우에도, 여전히 그때그때 개개의 행정작용유형들이 행정행위에 해당되는지의 여부가 논란되고 있다는 사실은, 앞으로 학설과 판례가 이를 어떻게 구현해 나갈 것인가가 중요한 관건이 될 것임을 시사해 주는 것이라 할 수 있다. 한편 이에 관하여 김남진교수(I, 214이하; 778이하)는 "그 밖에 이에 준하는 행정작용"에 해당하는 행위유형으로 개별적·추상적 규율, 일반처분, 물적 행정행위 및 국민에 대한 구속적 계획 등을 검토하고 있다.

26) 김남진, 기본문제, 508.

27) 법원행정처, 법원실무제요 행정, 1997, 89는 처분의 개념에 대하여 다음과 같이 기술하고 있다: "현재의 통설·판례는, 강학상의 행정행위를 중심으로 하되, 강학상의 행정행위에 포함되지 않는 행위일지라도 국민의 권리·의무에 직접 영향이 있는 공권력적 작용은 행정소송의 대상으로 하고, 단순한 비권력적 사실행위는 항고소송의 대상으로 보지 아니한다. 따라서 일반적으로, "행정청이 공권력의 행사로서 행하는 처분 중 국민의 권리·의무에 직접적으로 법률상 영향을 미치는 것"을 항고소송의 대상으로 보고, 다만 이에 해당하는 것들이라도 개별법률 등에 항고소송 이외의 다른 특별불복절차를 마련하고 있는 처분은 항고소송의 대상이 되지 아니한다고 한다."

28) 대법원 1998.7.10. 선고 96누6202 판결. 참조: 대법원 1995.9.10. 선고 94두33 판결; 대법원 1995.11.21. 선고 95누9099 판결; 대법원 1997.5.16. 선고 97누3163 판결 등.

한편 거부처분의 경우, 대법원은 "행정청이 국민의 신청에 대하여 한 거부행위가 항고소송의 대상이 되는 행정처분이 된다고 하기 위하여는 국민이 그 신청에 따른 행정행위를 해 줄 것을 요구할 수 있는 법규상 또는 조리상의 권리가 있어야 하며, 이러한 권리에 의하지 아니한 국민의 신청을 행정청이 받아들이지 아니하고 거부한 경우에는 이로 인하여 신청인의 권리나 법적 이익에 어떤 영향을 주는 것이 아니므로 그 거부행위를 가리켜 항고소송의 대상이 되는 행정처분이라고 할 수 없다"는 판례[29]를 유지해 오고 있다.

판례에 따르면 항고소송의 대상으로서 '처분'의 존재가 인정되려면 단순히 '행정청이 국민의 신청에 대하여 한 거부행위'가 있는 것만으로는 부족하고, '국민이 그 신청에 따른 행정행위를 해 줄 것을 요구할 수 있는 법규상 또는 조리상의 권리가 있어야 하며', '이러한 권리에 의하지 아니한 국민의 신청을 행정청이 받아들이지 아니하고 거부한 경우에는 이로 인하여 신청인의 권리나 법적 이익에 어떤 영향을 주는 것이 아니기 때문'이라는 것이다. 이러한 판례의 태도를 해석함에 있어 '신청에 따른 행정행위를 해 줄 것을 요구할 수 있는 법규상 또는 조리상 권리'가 사실심전제요건 심사단계에서 이미 객관적, 확정적으로 존재할 것을 요구하고 있는 것인지, 아니면 원고가 주장하는 바와 같은 '신청에 따른 행정행위를 해 줄 것을 요구할 수 있는 법규상 또는 조리상 권리'가 존재할 가능성이 있으면 족하고 그 객관적, 확정적 존재여부는 본안심리에서 판단되면 된다는 의미인지는 불분명하다. 만일 전자의 의미라면, 법원은 사실심전제요건 심사단계에서 그러한 법규상 또는 조리상 권리가 존재하는지 여부를 확정적으로 판단하여 소 각하여부를 결정하게 될 것이고, 반대로 후자의 의미라면, 원고에게 '그가 주장하는 바와 같은' 법규상 또는 조리상 권리가 전혀 있을 수 없는 경우가 아닌 한, 그 존재 여부가 확정적으로 밝혀지지 않더라도 소를 각하함이 없이 본안심리에 들어가야 할 것이다. 이제까지 대법원이 거부행위의 처분성결여를 이유로 소를 각하해온 이유들을 보면 원고에게 '신청에 따른 행정행위를 해 줄 것을 요구할 수 있는 법규상 또는 조리상 권리'가 없다는 것이 거의 대부분이라 할 수 있다. 즉, 사실심전제요건 심사단계에서 그러한 법규상 또는 조리상 권리가 존재하는지 여부를 심리하여 그 존부를 확정하고 그에 따라 소 각하여부를 결정하고 있는 것으로 보인다.

그러나 이러한 판례의 태도는 취소소송의 대상과 원고적격의 구분을 모호하게 만들 뿐만 아니라, 행정소송법상 거부처분의 개념을 부당하게 제한함으로써 국민의 권익구제의 길을 축소시키는 결과를 가져온다는 점에서 비판을 면하기 어렵다. 나아가 원고가 사실상 그 신청에 따른 행정행위를 요구할 수 있는 법규상 또는 조리상 권리를 갖고 있느냐의 여부는 소송요건의 문제가 아니라 본안의 문제라는 점을 직시할 필요가 있다.

---

29) 대법원 1991.2.26. 선고 90누5597 판결; 대법원 1991.8.9. 선고 90누8428 판결.

국민주택 특별공급신청권의 유무는 본안에서 판단할 사항이므로, 입주권부여를 거부한 행위가 항고소송의 대상인 거부처분이 되는 것을 방해하지 않는다고 한 대법원의 판결은 지당하다. 대법원은 국가·지방자치단체 등이 건립한 국민주택의 일부를 일정한 자격을 갖춘 무주택세대주(제1호 내지)에게 특별공급할 수 있도록 하고 있는 주택공급에관한규칙 제15조 제1항의 규정 중 "제5호는 당해주택건설사업의 원활을 기하기 위하여 당해주택건설사업에 협조한 자에게 당해주택을 공급할 때에 한하여 특별공급의 기회를 부여하는 것으로서, 이 조항의 취지는 단순히 사업주체로 하여금 그러한 대상자들에게 특별분양을 할 수 있는 권능을 부여하는 데 그치는 것이 아니라 그와 같은 요건을 갖추기 위하여 공공사업에 협력한 자에게 법적인 이익을 부여하고 있는 것이라고 보아야 할 것이니 그들에게는 특별공급신청권(이는 특별공급을 받을 권리와는 다른 개념이다)이 인정된다고 해석하여야 할 것"이라고 전제하면서 다음과 같이 결론짓고 있다: "이 사건에서 원고가 협의매수에 응한 자가 아니어서 위 조항에 해당되지 아니한다 하여도 이는 본안에서 판단하여야 할 사항일 따름이다. 그렇다면 피고가 주택공급규칙 제15조 제1항 제5호에 해당함을 이유로 특별분양을 요구하는 원고에게 입주권부여를 거부한 행위는 항고소송의 대상이 되는 거부처분이라 할 것이다."30)

한편, 대법원은 행정청이 국민의 신청에 대하여 한 거부행위가 항고소송의 대상이 되는 행정처분에 해당하는 것이라고 하려면, 그 거부행위가 신청인의 법률관계에 어떤 변동을 일으키는 것이어야 하지만, '신청인의 법률관계에 어떤 변동을 일으키는 것'이라는 의미는 신청인의 실체상 권리관계에 직접적인 변동을 일으키는 경우뿐만 아니라 신청인이 실체상 권리자로서 권리를 행사함에 중대한 지장을 초래하는 경우도 포함한다고 보고 있는데, 이는 위에서 비판한 바와 같은 처분성요건 판단상의 애로를 어느 정도 완화시키려는 취지로 이해된다.

"국민의 적극적 행위 신청에 대하여 행정청이 그 신청에 따른 행위를 하지 않겠다고 거부한 행위가 항고소송의 대상이 되는 행정처분에 해당하는 것이라고 하려면, 그 신청한 행위가 공권력의 행사 또는 이에 준하는 행정작용이어야 하고 그 거부행위가 신청인의 법률관계에 어떤 변동을 일으키는 것이어야 하며 그 국민에게 그 행위발동을 요구할 법규상 또는 조리상의 신청권이 있어야 한다고 할 것인바, 여기에서 '신청인의 법률관계에 어떤 변동을 일으키는 것'이라는 의미는 **신청인의 실체상의 권리관계에 직접적인 변동을 일으키는 것은 물론 그렇지 않다 하더라도 신청인이 실체상의 권리자로서 권리를 행사함에 중대한 지장을 초래하는 것도 포함한다**고 해석함이 상당하다."31)

[1] 국세기본법 또는 개별 세법에 경정청구권을 인정하는 명문의 규정이 없는 이상 **조리에 의한 경정청구권을 인정할 수 없으므로, 납부의무자의 세법에 근거하지 아니한 경정청구에 대하여 과세관청이 이를 거부하는 회신을 하였다고 하더라도 이를 가리켜 항고소송의 대상이 되는 거부처분으로 볼 수 없다.**

[2] 원천징수의무자가 원천납세의무자로부터 원천징수대상이 아닌 소득에 대하여 세액을 징수·납부하였거나 징수하여야 할 세액을 초과하여 징수·납부하였다면, 국가는 원천징수의무자로부터 이를 납부받는 순간 아무런 법률상의 원인 없이 부당이득한 것이 되고, 구 국세기본법(2006.12.30. 법률 제8139 호로 개정되기 전의 것) 제51조 제1항,

---

30) 대법원 1992.1.21. 선고 91누259 판결.
31) 대법원 2002.11.22. 선고 2000두9229 판결.

제52조 등의 규정은 환급청구권이 확정된 국세환급금 및 가산금에 대한 내부적 사무처리절차로서 과세관청의 환급절차를 규정한 것일 뿐 그 규정에 의한 국세환급금(가산금 포함) 결정에 의하여 비로소 환급청구권이 확정되는 것이 아니므로, **국세환급결정이나 이 결정을 구하는 신청에 대한 환급거부결정 등은 납세의무자가 갖는 환급청구권의 존부나 범위에 구체적이고 직접적인 영향을 미치는 처분이 아니어서 항고소송의 대상이 되는 처분으로 볼 수 없다.**[32]

판례는 '신청인의 법률관계에 어떤 변동을 일으키는 것'이라는 의미를 '신청인의 실체상의 권리관계에 직접적인 변동을 일으키는 것은 물론 그렇지 않다 하더라도 신청인이 실체상의 권리자로서 권리를 행사함에 중대한 지장을 초래하는 것'도 포함한다고 해석하거나, 소유권에는 아무런 변동을 초래하지 아니한다 하더라도, '국민의 권리행사에 지장을 초래하게 되는 점 등을 고려한다면, 지적 소관청의 이러한 토지분할신청의 거부행위는 국민의 권리관계에 영향을 미치는 것으로서 항고소송의 대상이 되는 처분으로 보아야 할 것'이라고 판시하고 있다. 이러한 판례의 태도는 결과의 타당성에도 불구하고 법적 불확실성 문제를 남긴다. '신청인의 권리행사에 중대한 지장' 또는 '지장'을 초래하는 것을 '신청인의 법률관계에 어떤 변동을 일으키는 것'이라 할 것인지도 문제지만, 거부행위를 어떤 경우에 처분으로 인정될 만큼, '신청인의 권리행사에 (중대한) 지장을 초래하는' 것으로 볼 것인지, 판단기준이 불명확하다는 점이 문제이다.

셋째, 권력적 사실행위의 처분성을 인정할 것인지 여부에 대하여 판례는 대체로 긍정하는 것으로 이해되고 있다.[33] 가령 수용, 유치나 예치, 영업소폐쇄 등과 같은 권력적 사실행위도 공권력행사에 해당하는 것으로 항고소송의 대상이 되며, 다만, 단기간에 실행행위가 종료되어 버리는 사실행위(예: 위법건물의 철거행위 등)는 소의 이익이 없게 된다고 한다.[34]

이와 관련 대법원은 방송통신위원회가 지상파 방송사인 甲주식회사에 뉴스보도에서 횡령 혐의자의 보석 석방 소식을 전하면서 피고인의 실루엣으로 乙의원의 사진을 사용하여 시청자를 혼동케 하고 乙의원의 명예를 훼손함으로써 지상파 방송으로서의 품위를 유지하지 못하였다는 이유로 방송법 제100조 제1항, 제4항에 따라 제재조치명령과 함께 고지방송명령을 한 사안에서, 고지방송명령은 권고적 효력만을 가지는 비권력적 사실행위에 해당할 뿐 항고소송의 대상이 되는 행정처분에 해당하지 않는다고 판시한 바 있다.[35]

헌법재판소는 권력적 사실행위가 처분에 해당된다는 점을 분명하게 밝히고 있다. 헌법재판소는 "수형자의 서신을 교도소장이 검열하는 행위는 이른바 권력적 사실행위로서 행정심판이나 행정소송의 대상이 되는 행정처분으로 볼 수 있으나, 위 검열행위가 이미 완료되어

---

32) 대법원 2010.2.25. 선고 2007두18284 판결.
33) 동지 유명건, 실무행정소송법, 1998, 박영사, 88.
34) 법원행정처, 법원실무제요 행정, 1997, 101.
35) 대법원 2015.3.12. 선고 2014두43974 판결.

행정심판이나 행정소송을 제기하더라도 소의 이익이 부정될 수밖에 없으므로 헌법소원심판을 청구하는 외에 다른 효과적인 구제방법이 있다고 보기 어렵기 때문에 보충성의 원칙에 대한 예외에 해당한다"고 판시한 바 있고,[36] 이전에도 권력적 사실행위가 헌법소원의 대상이 되는 공권력의 행사에 해당한다는 것을 시인해 왔다.

"재무부장관이 제일은행장에 대하여 한 국제그룹의 해체준비착수지시와 언론발표 지시는 …… 형식적으로는 사법인인 주거래 은행의 행위였다는 점에서 **행정행위는 될 수 없더라도 그 실질이 공권력의 힘으로 재벌기업의 해체라는 사태변동을 일으키는 경우인 점에서 일종의 권력적 사실행위로서 헌법소원의 대상이 되는 공권력의 행사에 해당**한다.

헌법재판소법 제68조 제1항에서 말하는 "다른 법률에 의한 구제절차"는 공권력의 행사 또는 불행사를 직접 대상으로 하여 그 잘못 자체를 다투는 권리구제절차를 의미하는 것이고, 공권력의 행사·불행사의 결과 생긴 효과를 원상회복시키거나 손해배상을 위한 사후적·보충적 구제수단은 포함되지 않는 것인 바, 이 사건 국제그룹 해체와 그 정리조치가 형식상으로는 사법인인 제일은행이 행한 행위이므로 **당시 시행되던 구 행정소송법상의 행정소송의 대상이 된다고 단정하기 어렵고, 따라서 당사자에게 그에 의한 권리구제절차를 밟을 것을 기대하기는 곤란하므로** 이와 같은 범주의 권력적 사실행위의 경우에는 보충성의 원칙의 예외로서 소원의 제기가 가능하다."[37]

한편, 대법원은 처분성 판단시 행위의 성질, 효과 외에 행정소송제도의 목적 또는 사법권에 의한 국민의 권리보호의 기능도 충분히 고려하여, 합목적적으로 판단해야 한다는 목적론적 해석방법[38]을 견지해 오고 있다.

"행정청의 어떤 행위를 행정처분으로 볼 것이냐의 문제는 추상적·일반적으로 결정할 수 없고, 구체적인 경우 행정처분의 의의를 고려하고 위의 원심 설시와 같은 행정처분의 성립 내지 효력요건을 어느 정도 충족시키느냐에 따라 개별적으로 결정하여야 할 것이며, 행정청의 행위로 인하여 그 상대방이 입는 불이익 내지 불안이라는 것도 그 당시에 있어서의 법치행정의 원리와 국민의 권리의식수준 등은 물론 행위에 관련한 당해 행정청의 태도도 고려하여 판단하여야 할 것이다."[39]

"행정청의 어떤 행위를 행정처분으로 볼 것이냐의 문제는 추상적 일반적으로 결정할 수 없고, 구체적인 경우 행정처분은 행정청이 공권력의 주체로서 행하는 구체적 사실에 관한 법집행으로서 국민의 권리의무에 직접 영향을 미치는 행위라는 점을 고려하고 행정처분이 그 주체, 내용, 절차, 형식에 있어서 어느 정도 성립 내지 효력요건을 충족하느냐에 따라 개별적으로 결정하여야 하며, 행정청의 어떤 행위가 법적 근거도 없이 객관적으로 국민에게 불이익을 주는 행정처분과 같은 외형을 갖추고 있고, 그 행위의 상대방이 이를 행정처분으로 인식할 정도라면 그로 인하여 파생되는 국민의 불이익 내지 불안감을 제거시

36) 헌법재판소 1998.8.27. 선고 96헌마398 결정.
37) 헌법재판소 1993.7.29. 선고 89헌마31 결정.
38) 대법원 1984.2.14. 선고 82누370 판결.
39) 대법원 1992.1.17. 선고 91누1714 판결.

켜 주기 위한 구제수단이 필요한 점에 비추어 볼 때 행정청의 행위로 인하여 그 상대방이 입는 불이익 내지 불안이 있는지 여부도 그 당시에 있어서의 법치행정의 정도와 국민의 권리의식수준 등은 물론 행위에 관련한 당해 행정청의 태도 등도 고려하여 판단하여야 한다."[40]

2.1.3. 결 론

이상의 논의를 통해 다음과 같이 결론지을 수 있다:

1. 양설은 적어도 그들이 옹호하고 있는 목적과 수단의 관계에 있어 차별적 설득력을 갖지 않으며 일정한 한계에 이르기까지는 상보적일 수도 있다.

2. 행정소송법 해석상 처분개념은 권력적 사실행위와 "그 밖에 이에 준하는 행정작용"을 포함한다는 점에서 실체적 행정행위 개념보다 넓다(일원론의 부정). 그러나 이 처분개념은 실체적 행정행위와 전혀 별개의 개념이라기보다는 그것을 기본적 요소로 하여 행정소송법에 의하여 확장된 개념이라고 보아야 한다(형식적 행정행위론 대신 확장된 처분개념설).

3. "그 밖에 이에 준하는 행정작용"의 내용이 무엇인가는 앞으로 판례 및 학설형성을 통해 밝혀져야 할 문제이다.

2.2. 처분의 내용

행정소송법상 처분개념의 요소는 첫째, 행정청이 행하는 행위일 것, 둘째, 구체적 사실에 관한 법집행으로서의 공권력의 행사 또는 그 거부일 것, 셋째 또는 "그 밖에 이에 준하는 행정작용"에 해당할 것 등이다. 처분개념과 관련하여 특히 문제되는 것만 간략히 살펴보기로 한다.

2.2.1. 행정청의 행위

행정행위는 「행정청」이 행하는 행위이다. 「행정청」의 개념은 일반적으로 행정주체의 의사를 결정하여 외부적으로 표시할 수 있는 권한을 가진 기관으로 이해되고 있다. 여기에는 국가·지방자치단체의 기관 외에, 공무수탁사인(Beliehene)이 포함된다. 입법기관이나 사법기관도, 그 소속공무원을 임명하는 등의 행정적 기능을 수행하는 한도 내에서는, 이에 해당됨은 물론이다(이른바 기능적 행정청개념).

2.2.2. 구체적 사실에 관한 법집행으로서의 공권력의 행사 또는 그 거부

구체적 사실에 관한 법집행으로서의 공권력의 행사 또는 그 거부에는 무엇보다도 실체적 행정행위[41]와 거부처분, 일반처분 등이 포함됨은 물론이며, 그 밖에도 이미 앞에서 살펴본

---

40) 대법원 1993.12.10. 선고 93누12619 판결.
41) 구체적 행위유형에 따른 처분성여하에 관한 사례로는 이상규, 행정쟁송법, 297이하를 참조.

바와 같이 권력적 사실행위가 여기에 해당된다.

(1) 구체적 사실에 대한 법집행

구체적 사실에 대한 법집행이란 요건은 무엇보다도 처분에서 법정립행위가 배제된다는 점을 밝히는 색출적 의미($\substack{\text{heuristische}\\\text{Bedeutung}}$)를 지닌다. 법집행은 그 수범자($\substack{\text{Adres-}\\\text{sat}}$)의 특정여부에 따라 일반성·개별성의 기준에 의해, 그리고 그 대상인 규율내용($\substack{\text{Regelungs-}\\\text{gehalt}}$)에 따라서는 구체성·추상성의 표지에 따라 구분할 수 있다. 이 경우 개별적·구체적 규율이 가장 전형적인 행정행위에 해당되는 반면, 일반적·추상적 규율이 법규범에 해당된다는 점에 관해서는 의문의 여지가 없다. 그리고 일반처분($\substack{\text{Allgemein-}\\\text{verfügung}}$) 역시 행정행위의 개념에 속한다는 데 의문이 없다. 이것은, 불특정인에 대한 특정사안의 규율로서, 예컨대 경부고속도로 서울 – 수원 하행선구간에 대하여 무기한으로 판교방면으로 차량진출을 금지하는 고시와 같은 경우이다. 개별적·구체적인 규율뿐만 아니라 일반적·구체적 규율(일반처분), 그리고 사안의 성질에 따라 개별적·추상적 규율로 볼 수 있는 경우도 「구체적 사실에 대한 법집행」으로서 행정행위에 해당한다고 볼 수 있다. 그러나 앞서 밝혔듯이 「구체적 사실에 대한 법집행」이란 기준이 사실행위를 처분에서 배제하는 것은 아니다.

「구체적 사실에 관한 법집행」과 일반처분 ● ● 일반처분은 구체적 사실에 관한 법집행인가. 일반적으로 행정행위는 구체적 사실에 관한 법적 규율이라고 파악되는데 과연 어떠한 기준에 의하여 이를 판단할 것인가 하는 문제에 관해서는, 상대적으로 다수의 견해가 그 확정의 용이성을 이유로 수범자의 개별성($\substack{\text{Individualität der}\\\text{Adressaten}}$)을 기준으로 삼고 있다. 이에 비해, 독일의 행정절차법 제35조는 규율의 구체성($\substack{\text{Konkretheit}\\\text{der Regelung}}$)을 기준으로 삼고 있다고 한다.[42] 우리나라 행정심판법($\substack{\S 2\\①i}$) 및 행정소송법($\substack{\S 2\\①i}$)은 물론 독일 행정절차법 제35조 제2문과 같이 일반처분에 관한 규정을 별도로 두고 있지 않지만, "처분"개념의 해석상 수범자의 개별성을 요구하고 있지 않으므로, 일반처분 역시 이 조항들이 요구하고 있는 「구체적 사실에 관한 법집행」인 이상 처분으로 보는 데 문제가 없다.

일반처분의 예는 도로통행금지, 입산금지, 도로의 공용개시 및 공용폐지, 민방위경보 등에서 보는 바와 같이, 증가일로에 있다. 문제는 개별 사안에 대한 규율($\substack{\text{Einzelfall-}\\\text{regelung}}$)로서의 행정행위와 일반적 규율로서의 법규범 간 전통적인 구별에 잘 들어맞지 않는 다양한 법적 행위들 – 가령 구속적 행정계획, 교통표지판이나 교통신호등, 자동차형식승인($\substack{\text{자동차관}\\\text{리법 } \S 30}$) 등과 같은 행위들의 법적 성질을 어떻게 볼 것인지를 판정하기가 쉽지 않다는 데 있다. 이 문제는 특히 이들 행위의 법적 성질 여하에 따라 법적 규율이나 권리구제방법이 달라지기 때문에 중요하다. 구속적 행정계획의 경우 판례와 학설은 행정처분에 해당한다고 보고 있다.

---

42) Maurer, § 9 Rn.18.

"도시계획법 제12조 소정의 도시계획결정이 고시되면 도시계획구역 안의 토지나 건물소유자의 토지형질변경, 건축물의 신축·개축 또는 증축 등 권리행사가 일정한 제한을 받게 되는 바, 이런 점에서 볼 때 고시된 **도시계획결정은 특정개인의 권리 내지 법률상의 이익을 개별적이고 구체적으로 규제하는 효과를 가져오게 하는 행정청의 처분이라 할 것이고** 이는 행정소송의 대상이 되는 것이라 할 것이다."[43]

한편 교통표지판이나 교통신호등의 경우 대체로 독일행정법에서 이해하는 바처럼[44] 일반처분으로 보는 데 문제가 없을 것이다.[45] 자동차관리법 제30조에 따른 자동차형식승인은 그것이 특정인, 즉, 제작자에 대한 관계에서 발급되는 것이므로, 설령 이에 따른 제품의 대량생산이 예상된다 할지라도, 개별처분, 즉 행정행위에 해당하는 것으로 볼 것이다.

처분성에 관한 판례

1. 처분성이 인정된 사례

(1) 공시지가결정

구 국토이용관리법 제29조에 따른 건설부장관의 기준지가고시에 관하여 종래 대법원은 기준지가고시는 그것만으로 구체적인 권리침해가 존재하는 것이 아니므로 이를 처분이라 할 수 없다고 하였으나,[46] 국토이용관리법상 제도를 대치하여 신설된 '지가공시 및 토지등의 평가에 관한 법률' 제6조에 의한 개별공시지가결정에 대하여 그 처분성을 인정하는 판결을 내린 바 있다.[47] 대법원 특별3부(주심 김상원대법관)는 1993년 1월 16일의 판결에서, "시장·군수·구청장이 산정한 개별토지가격 결정은 토지초과이득세·택지초과소유부담금·개발부담금 산정 등의 기준이 되어 국민의 권리와 의무 또는 법률상 이익에 직접 관계된다고 할 것"이고 따라서 개별토지가격 결정은 행정소송법상 행정청이 행하는 구체적 사실에 대한 공권력행사로서 행정소송의 대상이 되는 행정처분으로 보아야 한다고 판시했다.[48] 이에 따라 개별토지공시지가 결정에 대해서도 과세처분이 나오기 전에 별도로 소송을 제기, 지가산정의 적정여부를 다툴 수 있게 되었다.

(2) 항정신병 치료제 요양급여 인정기준에 관한 보건복지부 고시의 처분성

"[1] 어떠한 고시가 일반적·추상적 성격을 가질 때에는 법규명령 또는 행정규칙에 해당할 것이지만, 다른 집행행위의 매개 없이 그 자체로서 직접 국민의 구체적인 권리의무나 법률관계를 규율하는 성격을 가질 때에는 항고소송의 대상이 되는 행정처분에 해당한다.

[2] 항정신병 치료제의 요양급여 인정기준에 관한 보건복지부 고시가 다른 집행행위의 매개 없이 그 자체로서 제약회사, 요양기관, 환자 및 국민건강보험공단 사이의 법률관계를 직접 규율한다는 이유로 항고소송의 대상이 되는 행정처분에 해당한다."[49]

43) 대법원 1982.3.9. 선고 80누105 판결.
44) 예컨대 Maurer, S.158 § 9 Rn.21.
45) 이상규, 신행정법론(상), 296; 홍정선, 행정법원론(상), 255 등.
46) 대법원 1979.4.24. 선고 78누242 판결; 조용호, 개별토지가격결정의 행정처분성과 이에 대한 쟁송, 인권과 정의 통권 제207호(1993/11), 77이하.
47) 대법원 1993.1.15. 선고 92누12407 판결.
48) 법률신문 1993.2.15, 11면. 동지 대법원 1993.6.11. 선고 92누16706 판결.

(3) 처분적 조례와 무효확인소송

경기도의회가 제정한 두밀분교 폐지를 내용으로 한 경기도립학교설치조례의 무효확인소송에서 대법원은 조례가 집행행위의 개입 없이도 그 자체로서 국민의 구체적 권리의무나 법적 이익에 영향을 미치는 등 법률상 효과를 발생하는 경우 그 조례는 항고소송의 대상이 되는 행정처분에 해당한다고 판시한 바 있다:

"조례가 집행행위의 개입 없이도 그 자체로서 직접 국민의 구체적인 권리의무나 법적 이익에 영향을 미치는 등의 법률상 효과를 발생하는 경우 그 조례는 항고소송의 대상이 되는 행정처분에 해당하고, 이러한 조례에 대한 무효확인소송을 제기함에 있어서 행정소송법 제38조 제1항, 제13조에 의하여 피고적격이 있는 처분 등을 행한 행정청은, 행정주체인 지방자치단체 또는 지방자치단체의 내부적 의결기관으로서 지방자치단체의 의사를 외부에 표시한 권한이 없는 지방의회가 아니라, 구 지방자치법($\binom{1994.3.16. 법률 제4741}{호로 개정되기 전의 것}$) 제19조 제2항, 제92조에 의하여 지방자치단체의 집행기관으로서 조례로서의 효력을 발생시키는 공포권이 있는 지방자치단체의 장이다."[50]

(4) '민주화운동관련자 보상금 등의 지급 대상자 결정이 처분인지 여부

[다수의견] (가) '민주화운동관련자 명예회복 및 보상 등에 관한 법률' 제2조 제2호 각 목은 민주화운동과 관련한 피해 유형을 추상적으로 규정한 것에 불과하여 제2조 제1호에서 정의하고 있는 민주화운동의 내용을 함께 고려하더라도 그 규정들만으로는 바로 법상의 보상금 등의 지급 대상자가 확정된다고 볼 수 없고, '민주화운동관련자 명예회복 및 보상 심의위원회'에서 심의·결정을 받아야만 비로소 보상금 등의 지급 대상자로 확정될 수 있다. 따라서 그와 같은 심의위원회의 결정은 국민의 권리의무에 직접 영향을 미치는 행정처분에 해당하므로, 관련자 등으로서 보상금 등을 지급받고자 하는 신청에 대하여 심의위원회가 관련자 해당 요건의 전부 또는 일부를 인정하지 아니하여 보상금 등의 지급을 기각하는 결정을 한 경우에는 신청인은 심의위원회를 상대로 그 결정의 취소를 구하는 소송을 제기하여 보상금 등의 지급 대상자가 될 수 있다.

(나) '민주화운동관련자 명예회복 및 보상 등에 관한 법률' 제17조는 보상금 등의 지급에 관한 소송의 형태를 규정하고 있지 않지만, 위 규정 전단에서 말하는 보상금 등의 지급에 관한 소송은 '민주화운동관련자 명예회복 및 보상 심의위원회'의 보상금 등의 지급신청에 관하여 전부 또는 일부를 기각하는 결정에 대한 불복을 구하는 소송이므로 취소소송을 의미한다고 보아야 하며, 후단에서 보상금 등의 지급신청을 한 날부터 90일을 경과한 때에는 그 결정을 거치지 않고 위 소송을 제기할 수 있도록 한 것은 관련자 등에 대한 신속한 권리구제를 위하여 위 기간 내에 보상금 등의 지급 여부 등에 대한 결정을 받지 못한 때에는 지급 거부 결정이 있는 것으로 보아 곧바로 법원에 심의위원회를 상대로 그에 대한 취소소송을 제기할 수 있다고 규정한 취지라고 해석될 뿐, 위 규정이 보상금 등의 지급에 관한 처분의 취소소송을 제한하거나 또는 심의위원회에 의하여 관련자 등으로 결정되지 아니한 신청인에게 국가를 상대로 보상금 등의 지급을 구하는 이행소송을 직접 제기할 수 있도록 허용하는 취지라고 풀이할 수는 없다.

[대법관 김황식, 김지형, 이홍훈의 반대의견] 보상금 등의 지급신청을 한 사람이 심의위원회의 보상금 등의 지급에 관한 결정을 다투고자 하는 경우에는 곧바로 보상금 등의 지급을 구하는 소송을 제기하여야 하고, 관련자 등이 갖게 되는 보상금 등에 관한 권리는 위 법이 특별히 인정하고 있는 공법상 권리이므

---

49) 대법원 2003.10.9. 자 2003무23 결정.
50) 대법원 1996.9.20. 선고 95누8003 판결.

로 그 보상금 등의 지급에 관한 소송은 행정소송법 제3조 제2호에 정한 국가를 상대로 하는 당사자소송에 의하여야 한다.[51]

(5) 기타

대법원은 그 밖에 "교육감이 학교법인에 대한 감사 실시 후 처리지시를 하고 그와 함께 그 시정조치에 대한 결과를 증빙서를 첨부한 문서로 보고하도록 한 것은, 의무의 부담을 명하거나 기타 법률상 효과를 발생하게 하는 것으로서 항고소송의 대상이 되는 행정처분에 해당한다"고 판시한 바 있고,[52] 지방의회의장에 대한 불신임의결,[53] 지방의회의 의장선거,[54] 소속장관의 변상명령[55] 등의 처분성을 인정했다.

2. 처분성이 부인된 사례

(1) 공정거래위원회의 고발조치 및 고발의결

"이른바 고발은 수사의 단서에 불과할 뿐 그 자체 국민의 권리의무에 어떤 영향을 미치는 것이 아니고, 특히 독점규제및공정거래에관한법률 제71조는 공정거래위원회의 고발을 위 법률위반죄의 소추요건으로 규정하고 있어 **공정거래위원회의 고발조치는 사직당국에 대하여 형벌권 행사를 요구하는 행정기관 상호간의 행위에 불과하여 항고소송의 대상이 되는 행정처분이라 할 수 없으며**, 더욱이 공정거래위원회의 **고발의결은 행정청 내부의 의사결정에 불과할** 뿐 최종적인 처분은 아닌 것이므로 이 역시 항고소송의 대상이 되는 행정처분이 되지 못한다."[56]

(2) 행정청의 결정(처분)에 대한 이의신청을 기각하는 결정

일정한 행정청의 결정(처분)에 대하여 이의신청을 허용하는 법령이 적지 않다. 그 경우 **이의신청을 불수용 또는 기각하는 결정**의 처분성이 문제될 수 있다. 대법원은 이러한 경우 민원사무처리에관한법률에 따른 이의신청을 기각한 결정이나 국가유공자법 제74조의18 제1항이 정한 이의신청을 받아들이지 아니하는 결정 등 일련의 사례에서 "**이의신청인의 권리 · 의무에 새로운 변동을 초래하는 공권력의 행사나 이에 준하는 행정작용이라고 할 수 없어, 독자적인 항고소송의 대상이 된다고 볼 수 없다**"고 판시해 오고 있다.

"민원 이의신청을 받아들이는 경우에는 이의신청 대상인 거부처분을 취소하지 아니하고 바로 최초의 신청을 받아들이는 새로운 처분을 하여야 하는 반면, 이의신청을 받아들이지 아니하는 경우에는 다시 거부처분을 하지 아니하고 그 결과를 통지함에 그칠 뿐이다. 따라서 이의신청을 받아들이지 아니하는 취지의 기각 결정 내지는 그 취지의 통지는, 종전의 거부처분을 유지함을 전제로 한 것에 불과하고 또한 거부처분에 대한 행정심판이나 행정소송의 제기에도 영향을 주지 못하므로, 결국 민원 이의신청인의 권리 · 의무에 새로운 변동을 초래하는 공권력의 행사나 이에 준하는 행정작용이라고 할 수 없어, 독자적인 항고소송의 대상이 된다고 볼 수 없다고 봄이 상당하다."[57]

"[1] 국가유공자 등 예우 및 지원에 관한 법률(이하 '국가유공자법'이라 한다) 제74조의18 제1항이 정한 이의신청을 받아들이지 아니하는 결정은 이의신청인의 권리 · 의무에 새로운 변동을 가져오는 공권력의 행사나 이에 준하

51) 대법원 2008.4.17. 선고 2005두16185 전원합의체 판결.
52) 대법원 2008.9.11. 선고 2006두18362 판결.
53) 대법원 1994.10.11. 자 94두23 결정.
54) 대법원 1995.1.12. 선고 94누2602 판결.
55) 대법원 1994.12.2. 선고 93누623 판결.
56) 대법원 1995.5.12. 선고 94누13794 판결.
57) 대법원 2012.11.15. 선고 2010두8676 판결.

는 행정작용이라고 할 수 없으므로 원결정과 별개로 항고소송의 대상이 되지는 않는다.

[2] 국가유공자 비해당결정 등 원결정에 대한 이의신청이 받아들여지지 아니한 경우에도 이의신청인으로서는 원결정을 대상으로 항고소송을 제기하여야 하고, 국가유공자 등 예우 및 지원에 관한 법률 제74조의18 제4항이 이의신청을 하여 그 결과를 통보받은 날부터 90일 이내에 행정심판법에 따른 행정심판의 청구를 허용하고 있고, 행정소송법 제18조 제1항 본문이 "취소소송은 법령의 규정에 의하여 당해 처분에 대한 행정심판을 제기할 수 있는 경우에도 이를 거치지 아니하고 제기할 수 있다"라고 규정하고 있는 점 등을 종합하면, **이의신청을 받아들이지 아니하는 결과를 통보받은 자는 통보받은 날부터 90일 이내에 행정심판법에 따른 행정심판 또는 행정소송법에 따른 취소소송을 제기할 수 있다.**"[58]

(3) 기타

대법원은 교육부장관의 내신성적산정기준에 관한 시행지침,[59] 도로교통법 제118조에 의한 경찰서장의 통고처분,[60] 수도조례 및 하수도사용조례에 기한 과태료부과처분,[61] 정보통신부장관의 국제전기통신연합에 대하여 한 위성망국제등록신청,[62] 혁신도시최종입지확정처분,[63] 감사원의 징계 요구와 재심의결정[64] 등의 처분성을 부인하고 있다.

(2) 공권력행사와 그 거부

공권력행사란 행정주체가 상대방에 대하여 우월한 지위에서 행하는 고권적(^{hoheitlich}) 또는 일방적(^{einseitig}) 행위를 말한다. 실체적 행정행위가 이에 해당하는 가장 전형적인 경우임은 물론이나, 전술한 바와 같이 권력적 사실행위도 여기에 해당하는 것으로 해석된다. 권력적 사실행위란 특정한 행정목적을 위하여 행정청의 일방적 의사결정에 의하여 국민의 신체·재산 등에 실력으로 행정상 필요한 상태를 실현하는 권력적 행정작용을 말한다.[65] 예컨대 임검검사, 수거, 무허가건물철거의 대집행, 익사자를 위한 원조강제 등이 그것이다. 권력적 사실행위도 그 밖의 사실행위와 마찬가지로 첫째, 정신작용을 요소로 하지 않고 외계적 사실(사건)을 요소로 한다는 점, 둘째, 행위 자체에 법률적 효력이 인정되지 않는다는 점에서 행정행위와 구별되나,[66] 그 공권력행사로서의 계기에 있어서는 공통적이라 할 수 있다.[67]

공권력행사의 거부가 거부처분을 의미한다는 점은 이미 설명한 바와 같다.

---

58) 대법원 2016.7.27. 선고 2015두45953 판결.
59) 대법원 1994.9.10. 자 94두33 결정.
60) 대법원 1995.6.29. 선고 95누4674 판결.
61) 대법원 2012.10.11. 선고 2011두19360 판결.
62) 대법원 2007.4.12. 선고 2004두7924 판결.
63) 대법원 2007.11.15. 선고 2007두10198 판결.
64) 대법원 2016.12.27. 선고 2014두5637 판결.
65) 杉本, 行政事件訴訟法の解説, 12.
66) 김도창, 일반행정법론(상), 1992, 356.
67) 한편 수인의무(Duldungspflicht)를 수반하는 사실행위(예컨대 수색·체포, 전염병환자의 강제격리 등)를 행정행위로 볼 수 있다는 견해(홍정선, 행정법원론(상), 252)가 있다.

"자동차운송사업법양도양수계약에 기한 양도양수인가신청에 대하여 피고 시장이 내인가를 한 후 위 내인가에 기한 본인가신청이 있었으나 자동차운송사업양도양수인가신청서가 합의에 의한 정당한 신청서라고 할 수 없다는 이유로 위 내인가를 취소한 경우, 위 **내인가의 법적 성질이 행정행위의 일종으로 볼 수 있든 아니든 그것이 행정청의 상대방에 대한 의사표시임이 분명하고 피고가 위 내인가를 취소함으로써 다시 본인가에 대하여 따로이 인가 여부의 처분을 한다는 사정이 보이지 않는다면 위 내인가취소를 인가신청을 거부하는 처분으로 보아야 할 것이다.**"[68]

"토지의 소유자에게는 환지처분 공고 후 사업시행자에 대하여 위와 같은 환지등기의 촉탁을 하여 줄 것을 신청할 조리상의 권리가 있다고 보아야 할 것이므로, 토지의 소유자 중 1인인 원고가 한 환지등기의 촉탁신청을 사업시행자인 피고가 거부하였다면 이는 항고소송의 대상이 되는 행정처분에 해당한다."[69]

2.2.3. 그 밖에 이에 준하는 행정작용

구체적으로 "그 밖에 이에 준하는 행정작용"이 무엇인가는 일단 앞에서 검토한 행정작용 이외에 구체적 사실에 관한 법집행으로서의 공권력행사 또는 그 거부와 동가치적인 행정의 행위형식이라고 할 수 있으나 이는 결국 학설발전과 판례형성을 통하여 밝혀질 수밖에 없는 문제이다. 다만 이러한 유형의 행위형식들을 형식적 행정행위의 개념에 의해 포용할 수 있는 가는 별개의 행정법학의 과제에 속한다. 비교적 엄격하게 실체적 행정행위의 개념징표를 고수해 온 이제까지의 판례경향으로 보아 행정행위나 권력적 사실행위 이외의 행위형식이 어느 정도로 "그 밖에 이에 준하는 행정작용"으로서 처분성을 인정받게 될지는 극히 불투명하다. 이것은 당초 행정소송법 개정취지가 법원에 의하여 사실상 무시되고 있음을 의미하는 것이다.

한편 실체적 행정행위에 해당하지 않는 단순한 사실행위나,[70] 행정조직 내부에서 행해지는 상급관청의 지시·상관의 명령이나 행정규칙은 행정소송법상 처분성이 인정되지 아니한다는 것이 판례의 태도이다.

대법원은 "특별한 사정이 없는 한, 행정권 내부에 있어서의 행위라든가, 알선·권유·사실상의 통지 등과 같이 상대방 또는 기타 관계자들의 법률상 지위에 직접적으로 법률적 변동을 일으키지 않는 행위 등은 항고소송의 대상이 될 수 없다"고 보고 있다.[71] 또한 **감사원의 시정요구**($\frac{감사원법}{\S 33 \text{①}}$)**는 이해관계인의 권리관계에 영향을 미치지 아니하고 행정청 사이의 내부적인 의사결정의 경로에 지나지 않아 행정처분을 하게 된 연유에 불과하다**는 판례[72]가 있다.

---

68) 대법원 1991.6.28. 선고 90누4402 판결.
69) 대법원 2000.12.22. 선고 98두18824 판결.
70) 대법원 1989.1.24. 선고 88누3116 판결; 대법원 1979.7.24. 선고 79누173 판결.
71) 대법원 1967.6.27. 선고 67누44 판결.
72) 대법원 1977.6.28. 선고 76누294 판결.

3. 재　결

3.1. 개　설

　　재결이란 행정심판에 대한 재결을 말한다. 재결도 처분과 함께 취소소송의 대상이 된다. 다만 재결이 취소소송의 대상이 되는 것은 행정소송법 제19조 단서에 따라 재결 자체에 고유한 위법이 있음을 이유로 하는 경우에 한한다. 가령 행정심판을 통하여 다투어진 행정청의 처분이 위법한 것이었음에도 불구하고 재결이 이를 취소하지 않은 데 불복하여 취소소송이 제기되었다면, 이 경우 재결은 처분의 위법성으로 인하여 전체적으로 위법하다는 평가를 받을 수 있다. 한편 재결 자체가 하나의 행정행위인 이상, 다투어진 처분의 위법여하와 무관하게 재결 자체에 고유한 흠(위법사유)이 있는 경우 재결이 위법하게 될 수 있음은 물론이다.

3.2. 원처분주의

　　행정소송법 제19조 단서는 재결취소소송을 재결 자체에 고유한 위법이 있음을 이유로 하는 경우에 한정함으로써 취소소송은 원칙적으로 원처분을 대상으로 한다는 입법주의를 천명한 것이다(원처분주의). 이것은 곧 원처분과 행정심판의 재결이 원처분에 의하여 통일적으로 (als Einheit) 취급되어야 한다는 원칙을 의미한다.[73]

3.3 재결이 취소소송의 대상이 되는 경우

　　재결은 행정소송법 제19조 단서에 따라 재결 자체에 고유한 위법이 있음을 이유로 하는 경우에 한하여 취소소송의 대상이 될 수 있다. '재결자체에 고유한 위법이 있는 경우'란 재결의 주체, 절차, 내용, 형식 등에 관하여 흠, 즉 위법사유가 있는 것을 말한다. 판례에 따르면, 행정소송법 제19조에서 말하는 '재결 자체에 고유한 위법'이란 원처분에는 없고 재결에만 있는 재결청의 권한 또는 구성의 위법, 재결의 절차나 형식의 위법, 내용의 위법 등을 뜻하고, 그중 내용의 위법에는 위법·부당하게 인용재결을 한 경우가 해당한다.[74] 행정심판청구가 부적법하지 않음에도 각하한 재결은 심판청구인의 실체심리를 받을 권리를 박탈한 것으로서 원처분에 없는 고유한 하자가 있는 경우에 해당하고, 따라서 위 재결은 취소소송의 대상이 된다고 한다.[75] 이 경우 재결을 취소하는 판결이 확정되면 재결을 한 행정심판위원회는 의당 판결의 취지에 따라 다시 심리·재결을 하여야 하지만, 각하재결에 대한 취소소

---

　73) Schmitt Glaeser, Rn.147, S.92.
　74) 대법원 1997.9.12. 선고 96누14661 판결.
　75) 대법원 2001.7.27. 선고 99두2970 판결.

송을 제기함이 없이 원처분에 대한 취소소송을 제기할 수 있고 또 그렇게 하는 것이 더욱 용이한 방법이므로 굳이 각하재결 취소소송을 하고 다시 재결을 받을 필요는 없을 것이다.[76)

재결 자체에 고유한 위법이 있음을 이유로 하는 재결취소소송의 피고는 그 재결을 한 행정심판위원회이다.

3.4. 복효적 행정행위, 특히 제3자효 행정행위의 경우

복효적 행정행위, 특히 제3자효 행정행위에 대한 행정심판청구를 인용하는 재결로 인하여 비로소 권리이익을 침해받게 되는 자는 그 인용재결에 대하여 다툴 필요가 있고, 그 인용재결은 원처분과 내용을 달리하는 것이므로 당연히 항고소송의 대상이 된다. 대법원은 그 경우 그 인용재결의 취소를 구하는 것은 원처분에는 없는 재결에 고유한 하자를 주장하는 셈이라고 보아 제19조 단서에 따라 그러한 결론을 내리고 있다.

▒ 제3자효 행정행위에 대한 행정심판을 인용하는 재결과 재결 고유의 하자

"[1] 구 체육시설의설치 · 이용에관한법률 제16조, 제34조, 같은법시행령 제16조의 규정을 종합하여 볼 때, 등록체육시설업에 대한 사업계획의 승인을 얻은 자는 규정된 기한 내에 사업시설의 착공계획서를 제출하고 그 수리 여부에 상관없이 설치공사에 착수하면 되는 것이지, **착공계획서가 수리되어야만 비로소 공사에 착수할 수 있다거나 그 밖에 착공계획서 제출 및 수리로 인하여 사업계획의 승인을 얻은 자에게 어떠한 권리를 설정하거나 의무를 부담케 하는 법률효과가 발생하는 것이 아니므로 행정청이 사업계획의 승인을 얻은 자의 착공계획서를 수리하고 이를 통보한 행위는 그 착공계획서 제출사실을 확인하는 행정행위에 불과하고 그를 항고소송이나 행정심판의 대상이 되는 행정처분으로 볼 수 없다.**

[2] 이른바 **복효적 행정행위, 특히 제3자효를 수반하는 행정행위에 대한 행정심판청구에 있어서 그 청구를 인용하는 내용의 재결로 인하여 비로소 권리이익을 침해받게 되는 자는 그 인용재결에 대하여 다툴 필요가 있고, 그 인용재결은 원처분과 내용을 달리하는 것이므로 그 인용재결의 취소를 구하는 것은 원처분에는 없는 재결에 고유한 하자를 주장하는 셈이어서 당연히 항고소송의 대상이 된다.**"[77)

이와같이 제3자효 행정행위에 대한 행정심판의 인용재결로 비로소 권익침해를 받게 되는 자가 그 인용재결의 취소를 구하는 소송을 제기한 경우 이를 행정소송법 제19조 단서 조항에 따라 허용되는 것으로 보는 것이 판례와 통설의 태도이다. 반면 이를 형식은 재결이지만 그 제3자에 대한 관계에서는 독자적인 처분이 되기 때문에 제19조 본문에 따라('처분'으로서)

---

76) 박균성, 행정법론(상), 박영사, 제15판, 2016, 1158. 또 그렇게 하는 것이 실무의 통례라고 한다(같은 곳).

77) 대법원 2001.5.29. 선고 99두10292 판결: 행정청이 골프장 사업계획승인을 얻은 자의 사업시설 착공계획서를 수리한 것에 대하여 인근 주민들이 그 수리처분의 취소를 구하는 행정심판을 청구하자 재결청이 그 청구를 인용하여 수리처분을 취소하는 형성적 재결을 한 경우, 그 수리처분 취소 심판청구는 그 대상인 수리행위가 행정심판의 대상이 되지 아니하여 부적법 각하하여야 함에도 위 재결은 그 청구를 인용하여 수리처분을 취소하였으므로 재결 자체에 고유한 하자가 있다고 본 사례. 이 판결에 대해서는 홍정선, 항고소송의 대상으로서 재결(재결소송): 코리아트윈스CC사건, (최신)행정법판례특강 제2판, 박영사, 2012, 268－271을 참조. 또한 대법원 1997.12.23. 선고 96누10911 판결을 참조.

허용되는 것으로 보는 견해도 있다.[78]

3.5. 기각재결과 인용재결의 경우

청구인의 행정심판청구를 기각하는 기각재결(일부인용·일부기각 포함)에 대해 행정심판의 청구인이 원고로서 취소소송을 제기할 경우에는 위에서 말한 원처분주의가 그대로 타당하며 재결 고유의 하자가 없는 한 원처분의 위법여부만을 다투게 될 것이다. 재결이 원처분의 상대방에게 추가로 독자적인 권익침해를 가져오는 경우에는 재결 고유의 하자가 있는 셈이므로 원처분의 상대방이 재결 자체를 대상으로 취소소송을 제기할 수 있다.

한편 인용재결의 경우에는 조금 사정이 다르다. 처분등 취소 청구를 받아들이는 인용재결의 경우 이에 대해 취소소송을 제기하는 것은 행정심판 청구인이 아니라 그로부터 '비로소' 권익침해를 받은 제3자가 될 터인데,[79] 그 경우 해당 제3자의 소 제기는 바로 위에서 본 판례와 같이 '재결 고유의 위법'을 주장하는 것이므로 당연히 허용된다고 보아야 할 것이다. 바로 그러한 견지에서 대법원은 위 판례에서 자기완결적 신고의 수리 취소를 구하는 심판청구가 부적법하여 각하하여야 함에도 인용재결을 한 것은 재결 자체에 고유한 하자가 있는 경우에 해당한다고 판시한 것이다. 반면 아래의 사례에서 보듯이 재결의 당사자가 아닌 제3자가 인용재결로 인하여 새로이 어떠한 권리이익도 침해받지 않는 경우도 있을 수 있고 그 경우 그는 인용재결의 취소를 구할 소의 이익이 없다고 보아야 할 것이다.

"이른바 복효적 행정행위, 특히 제3자효를 수반하는 행정행위에 대한 행정심판청구에 있어서 그 청구를 인용하는 내용의 재결로 인하여 비로소 권리이익을 침해받게 되는 자(예컨대, 제3자가 행정심판청구인인 경우의 행정처분 상대방 또는 행정처분 상대방이 행정심판청구인인 경우의 제3자)는 재결의 당사자가 아니라고 하더라도 그 인용재결의 취소를 구하는 소를 제기할 수 있다고 할 것이나, 그 **인용재결로 인하여 새로이 어떠한 권리이익도 침해받지 아니하는 자인 경우에는 그 재결의 취소를 구할 소의 이익이 없다고 할 것이다.**"[80]

---

78) 김용섭, 행정심판재결에 대한 항고소송, 행정판례평선(한국행정판례연구회 편), 박영사, 2011, 729.
79) 건축주가 건축허가를 신청하였으나 거부처분을 받아 이에 대한 취소심판을 청구하여 인용재결을 얻은 경우 인근 주민(제3자)이 국토계획법의 관계규정에 터잡아 환경권, 건강권 등의 침해를 주장하며 그 인용재결의 취소를 구하는 소송을 제기하는 경우를 상정해 볼 수 있을 것이다.
80) 대법원 1995.6.13. 선고 94누15592 판결: 처분상대방이 아닌 제3자가 당초의 양식어업면허처분에 대하여는 아무런 불복조치를 취하지 않고 있다가 도지사가 그 어업면허를 취소하여 처분상대방인 면허권자가 그 어업면허취소처분의 취소를 구하는 행정심판을 제기하고 이에 재결기관인 수산청장이 그 심판청구를 인용하는 재결을 하자 비로소 그 제3자가 행정소송으로 그 인용재결을 다투고 있는 경우, 수산청장의 그 인용재결은 도지사의 어업면허취소로 인하여 상실된 면허권자의 어업면허권을 회복하여 주는 것에 불과할 뿐 인용재결로 인하여 제3자의 권리이익이 새로이 침해받는 것은 없고, 가사 그 인용재결로 인하여 그 면허권자의 어업면허가 회복됨으로써 그 제3자에 대하여 사실상 당초의 어업면허에 따른 효과와 같은 결과를 초래한다고 하더라도 이는 간접적이거나 사실적·경제적인 이해관계에 불과하므로, 그 제3자는 인용재결의 취소를 구할 소의 이익이 없다고 본 사례.

생각건대 복효적 행정행위나 제3자효 행정행위와 관련한 행정심판에서 인용재결이 나왔다고 일률적으로 그로부터 영향을 받는 제3자의 출소권을 인정하는 논리는 성립할 수 없다. 그 인용재결로 '비로소' 권익침해를 받은 제3자인지 여부가 관건인 것이다. 이는 독일 행정법원법 제79조 제1항 제4호 및 같은 조 제2항($^{§\,79\,I\,Ziff.2\,und}_{II\,VwGO}$)이 규정하는 경우에 해당한다. 여기서 행정심판 재결이 인용재결인지 여부나 취소소송의 원고가 원처분에 대한 관계에서의 제3자인지 여부가 관건이 아니라 재결취소를 구하는 원고가 그 재결로 '비로소' 권익침해를 받았는지 여부($^{erstmalige}_{Beschwer}$)이기 때문이다.[81] 그 원고가 반드시 원처분에 대한 관계에서 제3자여야 하는 것도 아니며 원처분의 상대방도 '처음으로 권익침해를 받은 경우', 즉 '추가적인 권익침해를 받은 경우'($^{zusätzliche\ selbständige}_{Beschwer:\ §\,79\,II\,VwGO}$)에 해당하면 '재결 고유의 위법'을 이유로 취소소송 제기가 허용된다는 것이다.

3.6. 재결취소소송에 있어 재결 자체에 고유한 위법에 대한 판단과 법원이 취할 조치

재결취소소송을 제기하면서 재결 자체에 고유한 위법이 있음을 이유로 하지 않은 경우 법원은 소를 각하할 수밖에 없을 것이다. 반면 재결 자체에 고유한 위법이 있음을 이유로 재결취소을 구하는 취소소송을 제기하였으나 심리결과 재결 자체에 고유한 위법이 없음이 판명된 경우 소를 기각하게 될 것이다. 이와 관련 행정소송법 제19조 단서의 해석을 둘러싸고 이를 소극적 소송요건을 정한 것으로 보는 견해[82]와 위법사유의 주장 제한을 정한 것으로 보는 견해[83]가 대립하고 있다. 생각건대 행정소송법 제19조가 '취소소송의 대상'이란 표제 아래 소송 대상을 '처분등'으로 한정하되 재결에 관해서는 추가적인 조건을 정한다는 취지를 분명히 하고 있고, 또 원고가 아예 처음부터 재결 자체의 고유한 하자를 거론하지 아니 하거나 누가 보더라도 재결 자체에 고유한 위법이 있음을 주장한다고 볼 수 없는 경우 또는 재판장의 석명을 통해서도 재결 자체에 고유한 위법이 있음을 이유로 삼지 않는다는 사실이 확인될 경우에는 소송을 더 이상 진행시킬 이유가 없으므로 본안판단전제요건을 정한 것이라 보는 것이 옳을 것이다. 그러나 결국 재결 자체에 고유한 위법이 있는지 여부는 본안심리를 거치지 않으면 판단하기 어려울 것이기 때문에 원고가 재결 자체에 고유한 위법이 있음을 이유로 내세워 재결취소를 구하는 이상 일단 심리를 진행하여 판단을 내릴 수밖에 없을 것이다. 판례 역시 같은 입장이다.

---

81) Hufen, F., Verwaltungsprozeßrecht, 6.Aufl., 2005, C.H.Beck, § 14 Rn.52~53, S.242.
82) 김용섭, 행정심판재결에 대한 항고소송, 행정판례평선(한국행정판례연구회 편), 박영사, 2011.
83) 윤영선, 항고소송의 대상으로서의 행정심판 재결, 특별법연구 제4권, 1994, 407.

▓▓ **재결취소소송에 있어 재결 자체에 고유한 위법이 없는 경우 법원이 취할 조치**

"행정소송법 제19조는 취소소송은 행정청의 원처분을 대상으로 하되(원처분주의), 다만 "재결 자체에 고유한 위법이 있음을 이유로 하는 경우"에 한하여 행정심판의 재결도 취소소송의 대상으로 삼을 수 있도록 규정하고 있으므로 재결취소소송의 경우 재결 자체에 고유한 위법이 있는지 여부를 심리할 것이고, **재결 자체에 고유한 위법이 없는 경우에는 원처분의 당부와는 상관없이 당해 재결취소소송은 이를 기각하여야 한다.**"[84]

요컨대 재결 자체의 고유한 하자를 이유로 하여 재결에 대한 취소소송이 제기된 경우, 재결 자체의 위법여부, 즉 고유한 위법이 있는지 여부에 대한 실체적 판단은 어디까지나 본안의 문제이지, 취소소송의 대상여부(소제기요건)에 관한 문제는 아니다.

4. 처분등의 위법주장

취소소송의 대상으로서 처분등의 존재와는 별도로 처분등이 위법하다는 원고의 주장이 요구된다. 이미 앞에서 지적한 것처럼 이와 관련하여 처분등이 사실상 위법하다는 것, 즉 그 객관적 위법성이 요구되는 것은 아니다. 처분의 객관적 위법성 자체는 소송요건이 아니라 본안의 이유유무의 문제이기 때문이다.[85] 처분등이 위법하다는 주장(^{Vorbringen})의 정도, 즉 어느 정도로 처분등이 위법하다고 주장해야 하는지에 관하여는 국내문헌상 거의 논급되지 않고 있다. 이 문제에 관하여 행정법원법 제42조 제2항이 규정하는 '권리침해의 주장'($^{\text{'Geltendmachung, in eigenen}}_{\text{Rechten verletzt zu sein'}}$)에 관한 독일의 학설·판례를 참고한다면,[86] 법원이 처분등의 위법성을 받아들일 수 있을 만큼 고도의 신빙성 또는 심증형성($^{신빙성이론:}_{\text{Schlüssigkeitstheorie}}$)까지는 요구되지 않고, 다만 원고의 주장에 따른다면 처분이 위법하리라는 합리적인 가능성($^{\text{substantiierte Behauptung}}_{\text{oder plausibles Vorbringen}}$)이 있으면 충분하다고 보는 것이 타당할 것이다($^{가능성이론:}_{\text{Möglichkeitstheorie}}$).[87]

---

84) 대법원 1994.1.25. 선고 93누16901 판결.

85) 김남진, 행정법 I, 780-781; 김동희, 행정법 I, 651 등.

86) 독일의 경우 행정법원법 제42조 제2항에서 요구되는 원고의 주장(Geltend-machen)은 권리침해(Bettroffensein) 뿐만 아니라 또한 '위법성'(Rechtswidrigkeit)에 관한 것이어야 한다고 해석되고 있다. 왜냐하면 이 두 가지 요소가 있어야 비로소 '자기의 권리침해'(mögliche eigene Rechtsverletzung)가 존재할 수 있게 되기 때문이다. 따라서 권리침해의 주장은 두 가지 요소로 구성된다. 즉 자기의 권리영역이 침해당하였다는 주장과 그 같은 침해가 위법한 것이라는 주장이 그것이다(Schmitt Glaeser, Rn.152, S.94-95).

87) BVerwGE 17,87/91; BVerwGE v.26.7.89, DVBl 1989, 1097ff. 등. 이에 관하여 상세한 것은 Schmitt Glaeser, Verwaltungsprozeßrecht, § 151ff., S.94ff. 참조.

Ⅱ. 취소소송의 관할

1. 심급관할

재판관할$\binom{\text{Zuständigkeit}}{\text{des Gerichts}}$이란 각 법원간에 배분된 재판권의 분장범위를 말한다. 취소소송의 제1심관할법원은 피고의 소재지를 관할하는 행정법원으로 한다.[88]

이와같이 중앙행정기관 또는 그 장이 피고인 경우에는 대법원소재지의 행정법원을 관할법원으로 하고 있으나, 세종특별자치시로 다수의 행정부처가 이동하였음에도 여전히 대법원소재지인 서울에서만 재판을 받게 되는 불합리가 문제되었다. 그리하여 2014년 5월 20일의 행정소송법 개정법률에서는 중앙행정기관, 중앙행정기관의 부속기관과 합의제행정기관, 공공단체 또는 그 장이 피고인 경우에는 대법원소재지 또는 해당 중앙행정기관 등의 소재지를 관할하는 행정법원에서 재판을 받을 수 있도록 하였다. 즉 취소소송은 일반적으로 피고 소재지를 관할하는 행정법원을 제1심관할법원으로 제기할 수 있으나, 다음 어느 하나에 해당하는 피고에 대하여 취소소송을 제기하는 경우 대법원소재지를 관할하는 행정법원에 제기할 수 있다($\substack{\S\,9 \\ ②}$).

1. 중앙행정기관, 중앙행정기관의 부속기관과 합의제행정기관 또는 그 장
2. 국가의 사무를 위임 또는 위탁받은 공공단체 또는 그 장

여기서 '중앙행정기관'이란 국가의 행정사무를 담당하기 위하여 설치된 행정기관으로서 관할권의 범위가 전국에 미치는 행정기관을 말한다.[89]

행정소송법은 토지의 수용 기타 부동산 또는 특정의 장소에 관계되는 처분 등에 대한 행정소송은 그 부동산소재지 또는 장소 소재지를 관할하는 행정법원에 제기할 수 있도록 함으로써($\substack{\S\,9 \\ ③}$), 행정소송 제1심 재판관할이 지방법원급의 행정법원으로 변경된 취지를 살리는 동시에 당사자의 편의와 사건해결의 능률을 기할 수 있도록 배려하고 있다. 여기서 '토지의 수용에 관계되는 처분'이란 토지보상법상 기업자의 신청에 기한 건설부장관 또는 시도지사의

---

88) 종래에는 취소소송의 제1심관할법원을 피고 행정청의 소재지를 관할하는 고등법원으로 하고 있었다(구법 § 9 ①). 구법이 취소소송 2심제를 취했던 취지는 취소소송에 원칙적으로 행정심판전치주의가 적용됨을 감안하여 일종의 상소심적 성격을 부여하려는 심급경제를 위한 것이라고 설명되었다. 그러나 권익구제절차로서 행정심판에 사법절차를 준용하도록 한 헌법 제107조 제3항 및 행정심판사항의 제한, 행정심판기관구성 등 행정심판제도의 여러 문제점을 고려할 때, 이러한 설명이 정당한 것인지에 대해서는 적지 않은 의문이 있었다(특히 김철용, 행정심판법의 문제점과 개선점, 월간고시 1992/5, 89이하; 김원주, 행정심판법상의 심리절차의 문제점과 개선방안, 고시연구 1991/3, 24이하를 참조). 특히 행정환경 변화로 인한 행정소송의 폭주, 심급단축으로 인한 지방법원소속 법관들의 행정사건 경험축적 기회 결여 및 판례형성의 소극성 등의 문제점이 있어 행정소송을 3심제로 해야 한다는 의견이 강하게 대두되었다. 이러한 배경에서 1994년 7월 27일의 개정법은 취소소송을 3심제로 바꿨다.

89) 정부조직법과 다른 법률에 특별한 규정이 있는 경우 외에는 부, 처 및 청을 말한다(정부조직법 § 2 ②).

사업인정에 관한 처분($^{토지보상법}_{§\,20이하}$), 토지수용위원회의 재결($^{동법}_{§\,28이하}$) 및 이들 처분에 대한 이의신청에 대한 중앙토지수용위원회의 재결($^{동법}_{§\,84}$) 등을 말하며, '부동산에 관계되는 처분'이란 부동산[90)]에 관한 권리의 설정, 수용, 변경 등을 목적으로 하는 처분과 위 권리행사의 강제, 제한, 금지 등을 명하거나 직접 실현하는 처분을 말한다.[91)]

'특정의 장소에 관계되는 처분 등'이란 특정의 지점 또는 구역에 있어 일정행위를 할 권리자유의 설정변경, 위 특정의 지점 등에 있어 일정행위의 제한, 금지 등을 목적으로 하는 처분을 말하며, 가령 도로법 제38조 이하에 의한 도로점용허가 등이 이에 해당한다.

한편 법원조직법은 고등법원뿐만 아니라 행정법원의 심판권을 합의부에서 행사하도록 규정하고 있다($^{§\,7}_{②}$). 이는 행정사건이 행정부에 대한 사법권의 통제라는 점을 감안, 심리의 신중을 기하려는 데 취지가 있다. 행정법원에는 부를 두며 법원조직법 제27조 제2항 및 제3항의 규정이 행정법원에 준용된다($^{§\,40의\,3}_{①,\,②}$).

2. 토지관할

취소소송의 재판관할에 관하여 행정소송법은 제소에 있어 국민의 편의를 도모하기 위하여 종래의 전속관할제를 폐지하고 임의관할주의를 채택하였다. 그러므로 경우에 따라서는 당사자간의 합의나 피고의 응소가 있을 경우, 피고의 소재지를 관할하는 고등법원 이외에 다른 고등법원이 합의관할($^{민사소송법}_{§\,29}$) 또는 변론관할($^{같은법}_{§\,30}$)을 가질 수 있는 가능성이 열려 있다($^{행정소송}_{법\,§\,8\,②}$).

3. 관할의 이송

행정소송법($^{§\,7}$)은 관할위반으로 인한 이송에 관한 민사소송법 제34조 제1항의 규정이 원고의 고의 또는 중대한 과실없이 행정소송이 심급을 달리 하는 법원에 잘못 제기된 경우에도 적용된다는 것을 명문으로 규정하고 있다. 종래 취소소송의 제1심관할법원이 피고의 소재지를 관할하는 고등법원이어서 관할을 위반하는 사례가 민사소송에 비해 적잖이 발생하였음에도 불구하고(가령 고등법원에 제소할 것을 지방법원에 제소한 경우) 판례는 사건의 이송을 인정하지 않았다.[92)] 이 점을 고려하여, 관할위반으로 인한 선의의 제소자를 보호하기 위하여

---

90) 여기서 말하는 부동산은 토지, 건물 등 민법상의 부동산 외에도 부동산으로 보는 공장재단, 광업재단, 입목, 부동산에 관한 규정이 준용되는 광업권, 조광권, 어업권을 포함한다.

91) 가령 산림법에 따른 보안림 지정, 해제에 관한 처분(산림법 §§ 56, 57이하), 위반건축물 등에 대한 철거, 개축 등 조치(건축법 § 69) 등이 이에 해당한다. 그러나 부동산취득세부과처분, 부동산등기에 관한 등기공무원의 처분 같은 것은 부동산에 관한 권리의 설정변경과 권리행사의 제한금지 등을 목적으로 하는 처분이라 할 수 없으므로 이에 해당하지 않는다(대법원 법률안 설명자료, 176).

이와 같은 관할이송을 인정한 것이다.[93] 그 밖에도 취소소송이 관할권이 없는 법원에 잘못 제기된 경우(가령 서울고법에 제기할 것을 대구고법에 제기한 경우), 그 밖의 소송요건이 충족되어 있는 한, 이를 곧바로 각하할 것이 아니라 결정으로 관할법원에 이송하여야 한다고 해석된다($\frac{§8 ②; 민사소}{송법 § 34 ①}$).[94]

▓ 행정사건을 민사사건으로 오인한 경우 수소법원이 취해야 할 조치

대법원은 구 석탄산업법상의 석탄가격안정지원금 지급청구의 소의 성질이 공법상 당사자소송에 해당하는데, 이를 민사사건으로 오해하여 민사소송을 제기한 경우, 수소법원은 행정소송으로서의 소송요건을 결여하고 있음이 명백하여 행정소송으로 제기되었더라도 어차피 부적법하게 되는 경우가 아닌 이상 이를 부적법한 소라고 하여 각하할 것이 아니라 관할 법원에 이송하여야 한다고 판시하고 있다: "행정소송법 제7조는 원고의 고의 또는 중대한 과실 없이 행정소송이 심급을 달리하는 법원에 잘못 제기된 경우에 민사소송법 제31조 제1항을 적용하여 이를 관할 법원에 이송하도록 규정하고 있을 뿐 아니라, 관할 위반의 소를 부적법하다고 하여 각하하는 것보다 관할 법원에 이송하는 것이 당사자의 권리구제나 소송경제의 측면에서 바람직하므로, **원고가 고의 또는 중대한 과실 없이 행정소송으로 제기하여야 할 사건을 민사소송으로 잘못 제기한 경우, 수소법원으로서는 만약 그 행정소송에 대한 관할도 동시에 가지고 있다면 이를 행정소송으로 심리·판단하여야 하고, 그 행정소송에 대한 관할을 가지고 있지 아니하다면** 당해 소송이 이미 행정소송으로서의 전심절차 및 제소기간을 도과하였거나 행정소송의 대상이 되는 처분 등이 존재하지도 아니한 상태에 있는 등 **행정소송으로서의 소송요건을 결하고 있음이 명백하여 행정소송으로 제기되었더라도 어차피 부적법하게 되는 경우가 아닌 이상 이를 부적법한 소라고 하여 각하할 것이 아니라 관할 법원에 이송하여야 한다.**"[95]

사건이송의 효과에 관하여는 행정소송법 제8조 제2항에 따라 민사소송법이 준용될 것이며, 특히 이송을 받은 법원이 다시 이를 이송한 법원으로 반송하거나 다른 법원으로 전송할 수 없다는 구속력($^{민소}_{①②}$§38)과 이송결정의 확정시 소송계속의 이전($^{민소}_{§40 ①}$), 소송기록의 송부의무($^{민소}_{§40 ②}$) 등이 인정되게 될 것이다. 소송계속의 이전과 관련하여 당초의 제소기간 준수의 효력이 그대로 지속된다.[96] 다만 이송 전에 행한 소송행위의 효력(가령 자백·증거신청·증거조사 등)에 관하여는 이송 전 소송행위는 모두 실효되고 당사자는 소송절차를 새로이 진행해야 한다는 견해도 있으나,[97] 소송계속의 일체성을 인정하는 이상, 이송법원과 수이송법원의 변론 사이에 일체성이 있다고 해야 하므로, 이송 전의 소송행위도 효력을 유지한다고 보는 것

---

92) 대법원 1980.3.11. 선고 79다293 판결.
93) 이상규, 행정쟁송법, 316.
94) 대법원 1973.4.25. 선고 73누5 판결.
95) 대법원 1997.5.30. 선고 95다28960 판결. 참조: 대법원 1996.2.15. 선고 94다31235 전원합의체 판결.
96) 다만 종래의 판례는 관할이송시 소제기의 효력발생시기는 관할권 있는 법원이 이송 받은 때라고 보았다(대법원 1969.3.18. 선고 64누51 판결).
97) 이영섭, 민사소송법, 69.

이 소송경제에 합당하다고 본다.[98]

Ⅲ. 취소소송의 당사자등

1. 취소소송의 당사자

행정소송도 소송당사자, 즉 원고와 피고가 대립하여 다투는 대립당사자구조를 취하는 점에서는 민사소송과 다르지 않다. 다만, 행정소송의 경우에는 그 소송종별에 따라 원고와 피고의 지위가 달라질 뿐이다. 일반적으로 소송의 주체, 즉 소송당사자(원고·피고)나 참가인이 될 수 있는 능력(당사자능력: Beteiligten-fähigkeit, Parteifähigkeit)을 가지는 것은 권리능력있는 자연인과 법인임이 원칙이지만, 법인이 아닌 사단·재단도 대표자 또는 관리인이 있으면 그 이름으로 당사자가 될 수 있음은 민사소송과 마찬가지이다(민사소송법 § 52). 당사자능력은 일반적 소송요건의 문제로서 비단 취소소송뿐만 아니라 행정소송 일반에 적용된다.

한편 어떤 소송사건에서 당사자가 되기에 적합한 자격, 즉 당사자적격은 일반적으로 소송물인 법률관계의 존부확정에 대하여 법률상 대립하는 이해관계를 가지는 자가 가지는 것이 원칙이다. 그러나 취소소송에 관하여는 누가 취소소송을 제기할 자격이 있는가 하는 원고적격의 문제가 전면에 등장하게 된다. 법원에 형식적 소송요건을 갖춘 소가 제기되었다 할지라도 언제나 실체적 재판이 행해지는 것은 아니다. 소에 대하여 본안판결이 행해지기 위해서는 소의 내용인 당사자의 청구가 국가의 재판제도를 이용하여 해결할 만한 가치 내지 필요성이 있어야 하는 바, 이를 소의 이익이라고 한다. 소의 이익은 일반적으로 ① 청구의 내용이 재판의 대상이 될 수 있는가(소송대상 또는 처분성의 문제), ② 당사자가 구체적인 소송상 청구를 함에 있어서 정당한 이익을 가지고 있는가(당사자적격, 특히 원고적격의 문제), ③ 구체적 청구에 대하여 법원이 본안판단을 행할 실익이 인정되는가(권리보호의 필요)의 세 가지 측면을 갖는다. 물론 좁은 의미로 소익이라 할 경우에는 ③만을 가리키지만, 이들 세 가지 측면은 서로 밀접한 관련이 있어 실제로 분리하기 어려운 경우가 많은 것도 사실이다. 이중 소송을 제기한 자가 구체적 사안에 관하여 원고가 되기에 적합한 자격을 갖고 있느냐 하는 문제가 원고적격의 문제이다.

소송에서 당사자가 누구인가는 당사자능력, 당사자적격 등에 관한 문제와 직결되는 중요한 사항이므로, 법원은 직권으로 소송당사자가 누구인가를 확정하여 심리를 진행하여야 하며, 이때 당사자가 누구인가는 소장에 기재된 표시 및 청구의 내용과 원인 사실 등 소장의 전취지를 합리적으로 해석하여 확정하여야 한다는 것이 대법원의 판례이다.

---

98) 이상규, 신행정쟁송법, 318; 방순원, 민사소송법, 93; 김홍규, 민사소송법, 117; 송상현, 민사소송법, 67.

⣿ 당사자 확정과 직권조사

"[1] 소송에 있어서 당사자가 누구인가는 당사자능력, 당사자적격 등에 관한 문제와 직결되는 중요한 사항이므로, 사건을 심리·판결하는 법원으로서는 직권으로 소송당사자가 누구인가를 확정하여 심리를 진행하여야 하는 것이며, 이때 당사자가 누구인가는 소장에 기재된 표시 및 청구의 내용과 원인 사실 등 소장의 전취지를 합리적으로 해석하여 확정하여야 할 것이고, 소장에 표시된 원고에게 당사자능력이 인정되지 않는 경우에는 소장의 전취지를 합리적으로 해석한 결과 인정되는 올바른 당사자능력자로 그 표시를 정정하는 것은 허용되며, 소장에 표시된 당사자가 잘못된 경우에 당사자표시를 정정케 하는 조치를 취함이 없이 바로 소를 각하할 수는 없다.

[2] 청구취지상으로는 거부처분 취소판결의 집행력 배제를 구하고 있지만 그 청구원인에서는 거부처분 취소판결의 취지에 따른 처분을 하였음을 이유로 거부처분 취소판결의 간접강제결정의 집행력 배제를 구하고 있는 소송에서 원고가 간접강제결정의 피신청인이었던 행정청으로 표시되어 있는 경우, **원고 표시를 행정소송법 제34조 제2항, 제33조에 의하여 간접강제결정의 집행력이 미치는 행정청이 소속하는 권리의무 귀속주체로 정정하게 함이 없이 행정청의 당사자능력을 부인하여 바로 소를 각하한 원심의 조치는 위법하다.**"[99]

소장에 표시된 원고에게 당사자능력이 인정되지 않는 경우에는 소장의 전취지를 합리적으로 해석한 결과 인정되는 올바른 당사자능력자로 그 표시를 정정하는 것은 허용되지만,[100] 개인이 자신의 명의로 취소소송을 제기하였다가 항소심에서 원고의 표시를 개인에서 시민단체로 정정하면서 그 단체의 대표자로 자신의 이름을 기재하여 당사자표시정정을 신청하는 것은 임의적 당사자변경으로서 허용되지 아니 한다는 것이 대법원의 판례이다.

⣿ 원고표시 정정과 임의적 당사자변경

"[1] 소송당사자가 누구인가는 소장에 기재된 표시 및 청구의 내용과 원인 사실 등 소장의 전취지를 합리적으로 해석하여 확정하여야 한다.

[2] 정보공개거부처분을 받은 개인이 자신의 명의로 취소소송을 제기하였다가 항소심에서 원고의 표시를 개인에서 시민단체로 정정하면서 그 단체의 대표자로 자신의 이름을 기재한 당사자표시정정신청이 임의적 당사자변경신청에 해당하여 허용될 수 없다."[101]

1.1. 원고적격

1.1.1. 개 설

원고적격이란 구체적인 사건에서 취소소송을 제기할 수 있는 자격, 즉 취소소송의 원고가 될 수 있는 자격을 말한다. 행정소송법은 이를 처분등의 취소를 구할 법률상의 이익이 있는

---

99) 대법원 2001.11.13. 선고 99두2017 판결.
100) 대법원 2001.11.13. 선고 99두2017 판결; 대법원 1999.11.26. 선고 98다19950 판결 등.
101) 대법원 2003.3.11. 선고 2002두8459 판결.

자로 명시하고 있다. 이에 따라 처분등의 직접 상대방이 아니더라도 그 취소를 구할 법률상 이익이 있는 자는 취소소송을 제기할 수 있다. 행정소송법의 이러한 규율태도는 소송법적 차원에서 종래 주관적 공권에 국한되었던 원고적격의 범위를 '법률상 이익이 있는 자'로 확대해 왔던 학설과 판례의 태도를 명문화한 것이라고 일반적으로 평가되고 있다. 즉, 이 '법률상 이익'의 해석을 통해 본래적 의미의 권리뿐만 아니라 '법적으로 보호되는 이익'의 침해에 대한 구제가능성이 열리게 되었다는 것이다. '법률상 이익'이란 소송상 권리보호에 대한 이익 또는 이를 받을 현실적 필요(협의의 소익)가 아니라, 취소소송의 보호대상으로서 이익을 말한다.

1.1.2. 취소소송의 보호대상으로서 「법률상 이익」

취소소송의 원고적격은 취소소송의 보호대상으로서 법률상 이익에 의하여 한정된다. 다시 말해 취소를 구할 법률상 이익을 가진 자만이 취소소송의 원고가 될 수 있는 것이다. 그러나 법률상 이익이 무엇을 뜻하는가에 관하여는 종래 권리구제설, 법이 보호하는 이익 구제설, 보호할 가치 있는 이익 구제설 및 행정의 적법성보장설이 대립되어 왔다.

(1) 권리회복설

취소소송의 목적을 위법한 처분에 의하여 침해된 개인의 권리회복에 두는 견지에서 권리가 침해된 자만이 취소소송을 제기할 수 있다는 견해이다.

(2) 「법률상 보호되는 이익」설

이것은 법률상 이익을 전통적인 의미의 권리뿐만 아니라 관계법에 의하여 보호되고 있는 이익을 아울러 포함하는 것으로 보는 견해로서 위법한 처분에 의해 침해된 이익이 관계법해석상 법적으로 보호되는 것으로 인정될 경우 이 이익의 침해를 받은 자도 당해 처분을 다툴 수 있는 원고적격을 가진다고 본다.

(3) 「보호가치 있는 이익」설

이는 특정이익이 관계법에 의하여 보호되는 것이라고 볼 수 없는 경우에도 그 실질적 내용이 재판에 의하여 보호될 만한 가치가 있다고 판단되는 경우에는 그와 같은 이익을 침해받은 자에게도 원고적격이 인정된다고 보는 견해이다. 이것은 이익의 평가에 있어 관계법규정의 해석에 얽매이지 않고 그 실질적 보호가치에 따라 사법적 구제의 허용여부를 결정하려는 견해이다. 그러나 이 견해는 보호가치 있는 이익인지의 여부도 결국은 입법자에 의하여 판단될 사항이므로 입법자에 의해 그것이 긍정되면 실정법에 수용됨으로써 비로소 권리가 된다는 점에서 비판을 받고 있다.102)

---

102) 김남진, 행정법 I, 754. 한편 공권과 반사적 이익의 중간영역에 '보호이익'(이를 준권리라고 부르기도 한다)이라는

(4) 적법성보장설

이것은 취소소송의 목적을 행정의 적법성보장에 두는 입장에 서서 원고적격의 문제를 원고가 침해되었다고 주장하는 이익의 성질에 의해서 판단하지 않고 오히려 당해 처분에 대한 소송에 있어 가장 적합한 이해관계를 가지는 자에게 원고적격을 인정하여야 한다는 견해로서, 취소소송을 객관소송으로 파악하는 입장이라 할 수 있다.

(5) 소 결

적법성보장설은 우리 행정소송법이 취하고 있는 주관적 소송의 원칙에 반할 뿐만 아니라 취소소송을 민중소송화할 우려가 있다는 점에서 비판될 수 있다. 반면 권리회복설에 관하여는, 종래 전통적인 의미의 반사적 이익과의 준별을 전제로 한 주관적 공권의 개념이 오늘날의 변화된 행정환경에서 더 이상 타당할 수 없다는 점에서 비판되며 현재 이러한 학설은 거의 지지를 받지 못하고 있는 실정이다. 따라서 문제는 법적으로 보호되는 이익설과 보호가치이익설의 대립으로 귀착된다 할 것인데, 오늘날 국민생활의 행정의존성이 현저히 증대되고 있는 상황 하에서 취소소송의 보호범위를 확대해야 한다는 것은 불가피한 당위라 할지라도, 역시 행정소송법의 문언상 「법률상」 이익이 요구되고 있다는 점을 도외시할 수는 없을 것이다.

> 한편 대법원의 판례 중에 "시외버스 공동정류장에서 불과 70m 밖에 떨어져 있지 않은 인접골목에 따로 甲회사에게 이 건 직행버스 정류장의 설치를 인가하여 원고회사를 비롯한 업자들이 영업상 막대한 손실을 입게 된 것은 사실상의 이익을 침해하는 것만이 아니고 마땅히 보호되어야 할 이익도 침해받는 것"이란 판결103)을 두고 앞에서 제시된 보호가치이익설을 취한 것이라고 볼 여지도 없지 않으나 과연 그런지는 의문이다. 여기서 '마땅히 보호되어야 할 이익'이란 실은 「법이 보호하는 이익이므로 마땅히 보호되어야 하는 것」으로 새겨야 할 것이기 때문이다.104)

생각건대 행정소송법($\S\S\ ^{12,}_{35,}\ ^{12,}_{36}$)은 원고적격이 인정되는 범위를 '법률상 이익이 있는 자'로 규정함으로써, 반드시 본래적 의미의 권리(공권)에 해당하지 않을지라도 법률상 이익인 이상, 그 침해에 대한 구제가능성을 열어 놓은 것으로 해석된다. 따라서 "법률상 이익"이란 이러한 의미에서 '법적으로 보호되는 이익'으로 보아야 할 것이다. '법률상 이익'의 유무는 처분의 근

개념을 인정하려는 견해가 있으나, 이것은 권리란 본래 법적으로 보호되는 이익(rechtlich geschütztes Interesse)을 말하는 것이므로 '법률상 보호이익', '법에 의해 보호되는 이익'은 권리의 다른 표현에 불과하며, 보호규범의 존재는 행정의 직접 상대방이나 제3자를 막론하고 공권의 요건을 이루는 것이므로 행정의 직접상대방이 갖는 권리와 제3자가 갖는 권리(보호이익, 준권리)를 구별할 의의가 없고, 또 보호이익이란 개념 없이도 공권의 범위를 확대하는 이론구성을 통해 권리구제의 확대를 달성할 수 있다는 점에서 비판을 받고 있다(김남진, 행정법 I, 755-756).
103) 대법원 1975.7.22. 선고 75누12 판결.
104) 김남진, 행정법 I, 755 및 각주 11.

거가 된 관계법규의 해석상, 적어도 원고가 침해받았다고 주장하는 이익이 당해 법규에 의해 보호되는 것으로 볼 수 있는지 여부에 따라 결정되는 것으로 이해되고 있다(통설·판례).

'법률상 이익'의 개념에 관해서는 특히 그것을 권리(공권)와 같은 것으로 볼 것인지 여부와 관련하여 논란되고 있다. 이에 대하여는 법률상 이익을 권리보다 넓은 개념으로 파악하는 전통적인 견해(ⓐ)[105]에 대하여 양자를 동일시하는 견해(ⓑ)[106]가 대립되고 있다. 이 두 견해는 『법률상 이익＝권리＋법률상 보호이익』이란 공식과 『법률상 이익＝권리』의 공식으로 각각 요약될 수 있다.

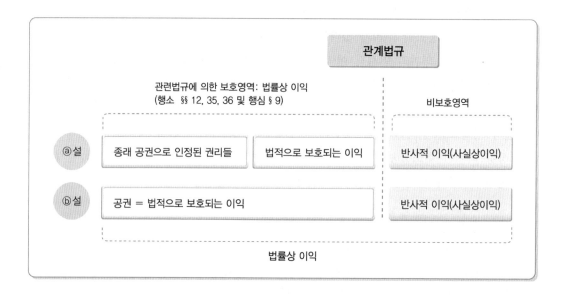

이러한 견해대립은 독일행정법상 주관적 공권과 법적으로 보호되는 이익의 관계에 관한 학설상의 혼란과 무관하지 않다고 생각된다. 그러나 독일행정법원법과 달리 '권리침해'란 규정을 두고 있지 않은 우리의 현행법에 있어서 문제는 법률상 이익의 개념을 어떻게 해석할 것인가에 있다. 이를 위해서는 먼저 원고적격의 소송법적 기능을 정확히 인식할 필요가 있다. 이 규정들은 원고가 될 수 있는 자의 범위를 한정하기 위한 것이다. 우선 ⓐ설에 따라, 법이 권리뿐만 아니라 종래 전통적 의미의 권리에 해당되지 않는 것으로 간주되었던, '법적으로 보호되는 이익'이 있는 자에게까지 원고가 될 수 있는 자격을 인정한 것이라고 보고, 이를 '법률상 이익'으로 표현한 것이라고 보는 것은 일단 개념구성상 별 무리가 없을 뿐만 아니라 법취지에도 부합된다고 할 수 있다. 즉, 여기서는 '법적으로 보호되는 이익'의 개념이 '종래 전통적 의미의 권리에 해당되지 않는 것으로 간주되었으나 새로이 법에 의해 보호가치

105) 김도창, 일반행정법론(상), 240, 773; 석종현, 일반행정법(상), 178이하.
106) 김남진, 행정법 I, 104이하; 김동희, 행정법 I, 86이하, 629이하.

가 인정된 이익'으로 파악되고 있음을 알 수 있다. 따라서 '법률상 이익'은 권리와 법적 보호이익을 포함하는 개념으로 이해될 수 있으며 원고적격에 관한 위 규정들은, '권리 또는 법적 보호이익을 가진 자'에게 소송제기권을 인정하는 것으로 해석된다. 여기서 공권과 법적 보호이익을 구별하느냐 아니면 동일한 것으로 보아야 하느냐는 독일 행정법상의 학설상황을 고려해야 할 필연성은 없다. 오히려 우리 행정소송법은 그러한 의문을 '법률상 이익'의 개념을 통해 해소시킨 것으로 보아 마땅할 것이다. 그러나 ⓑ설에 따라 물론 주관적 공권을 확장된 개념으로 이해하는 것은, 관계법규의 강행법규성과 사익보호성(보호규범설)이란 주관적 공권의 성립요건의 충족여부를 고려할 때, 충분한 근거를 가질 뿐 아니라 논리적 정확성을 기할 수 있다는 점에서 바람직하기도 하다. 주관적 공권 자체가 개념상 이미 법적으로 보호되는 이익의 표현형태이기 때문이다. 따라서 후자를 광의의, 다시 말해서 확장된 공권개념으로 보는 것은 극히 당연한 논리적 귀결이 아닐 수 없다. 이렇게 본다면 행정소송법상 법률상 이익의 개념은 여기서 말하는 광의의 공권개념과 일치하는 것이 된다. 생각건대, ⓑ의 견해, 즉, 확장된 공권개념에 입각한 견해가 ⓐ의 견해보다 논리적이라는 장점을 지닌다는 것은 의문의 여지가 없다. 그러나 양설 중 어느 것을 취할지라도 실제 관계규정의 해석상 차이는 없다.

1.1.3. 원고적격의 확대

'법률상 이익'의 개념을 통해 종래 주관적 공권에 속하지 않는 것으로 인정되어 왔던 보호이익들이 법적 보호이익이란 개념을 매개로 광의의 주관적 공권에 포함됨으로써 권리보호의 범위가 확장되고 있으며 또 그에 대한 수요가 상존하고 있는 것이 오늘날의 문제상황이다. 우리는 이미 앞에서 주관적 공권 또는 법률에 의해 보호되는 이익의 범위, 이른바 원고적격의 확대경향이 우리나라에서도 마찬가지로 관철되고 있음을 살펴 본 바 있다.[107]

특히 원고적격의 확대경향이 가장 현저하게 나타나고 있는 문제상황은 이웃주민이나 경쟁업자 등의 이해관계가 이른바 제3자효행정행위($\substack{\text{Verwaltungsakt} \\ \text{mit Drittwirkung}}$)에 의해 저촉되는 경우로 다음과 같은 판례를 통해 문제의 심각성을 엿볼 수 있다.

⠿ 제3자의 원고적격

"행정소송법 제12조에서 규정하고 있는 처분등의 취소를 구할 법률상 이익이 있는 자라 함은 처분에 의하여 직접 권리를 침해당한 처분의 상대방에 한하지 않고 제3자라 하더라도 법에 의하여 보호되는 이익을 침해당한 자는 이에 포함된다."[108]

---

107) 이러한 판례변천에 전기가 되었던 것은 연탄공장사건(대법원 1975.5.13. 선고 73누96 · 97 판결)이었다는 것은 이미 앞에서 살펴 본 바와 같다.
108) 대법원 1988.6.14. 선고 87누873 판결.

제1편 제2편 제3편 제4편 제5편 행정구제법

"행정처분의 직접 상대방이 아닌 제3자라 하더라도 당해 행정처분으로 인하여 법률상 보호되는 이익을 침해당한 경우에는 그 처분의 취소를 구하는 행정소송을 제기하여 그 당부의 판단을 받을 자격이 있고, 여기에서 말하는 **법률상 보호되는 이익이라 함은 당해 처분의 근거 법규 및 관련 법규에 의하여 보호되는 개별적 · 직접적 · 구체적 이익이 있는 경우**를 말하고, 공익 보호의 결과로 국민 일반이 공통적으로 가지는 일반적 · 간접적 · 추상적 이익이 생기는 경우에는 법률상 보호되는 이익이 있다고 할 수 없다(대법원 2006.3.16. 선고 2006두330 전원합의체 판결.)."109)(대법원 2006.12.22. 선고 2006두14001 판결 등 참조.)

"[1] 행정소송법 제12조에서 말하는 '법률상 이익'이란 당해 행정처분의 근거 법률에 의하여 보호되는 직접적이고 구체적인 이익을 말하고, 당해 행정처분과 관련하여 간접적이거나 사실적 · 경제적 이해관계를 가지는 데 불과한 경우는 여기에 포함되지 않으나, 행정처분의 직접 상대방이 아닌 제3자라고 하더라도 당해 행정처분으로 인하여 법률상 보호되는 이익을 침해당한 경우에는 취소소송을 제기하여 그 당부의 판단을 받을 자격이 있다.

[2] 임차인대표회의도 당해 주택에 거주하는 임차인과 마찬가지로 임대주택의 분양전환과 관련하여 그 승인의 근거 법률인 구 임대주택법에 의하여 보호되는 구체적이고 직접적인 이익이 있다고 봄이 상당하다. 따라서 임차인대표회의는 행정청의 분양전환승인처분이 승인의 요건을 갖추지 못하였음을 주장하여 그 취소소송을 제기할 원고적격이 있다고 보아야 한다."110)

복효적 행정행위에 대한 재결을 다투는 취소소송과 원고적격

"가. 이른바 복효적 행정행위, 특히 제3자효를 수반하는 행정행위에 대한 행정심판청구에 있어서 그 **청구를 인용하는 내용의 재결로 인하여 비로소 권리이익을 침해받게 되는 자**(예컨대, 제3자가 행정심판청구인인 경우의 행정처분 상대방 또는 행정처분 상대방이 행정심판청구인인 경우의 제3자)**는 재결의 당사자가 아니라고 하더라도 그 인용재결의 취소를 구하는 소를 제기할 수 있으나**, 그 인용재결로 인하여 새로이 어떠한 권리이익도 침해받지 아니하는 자인 경우에는 그 재결의 취소를 구할 소의 이익이 없다.

나. 처분상대방이 아닌 제3자가 당초의 양식어업면허처분에 대하여는 아무런 불복조치를 취하지 않고 있다가 도지사가 그 어업면허를 취소하여 처분상대방인 면허권자가 그 어업면허취소처분의 취소를 구하는 행정심판을 제기하고 이에 재결기관인 수산청장이 그 심판청구를 인용하는 재결을 하자 비로소 그 제3자가 행정소송으로 그 인용재결을 다투고 있는 경우, 수산청장의 그 인용재결은 도지사의 어업면허취소로 인하여 상실된 면허권자의 어업면허권을 회복하여 주는 것에 불과할 뿐 **인용재결로 인하여 제3자의 권리이익이 새로이 침해받는 것은 없고**, 가사 그 인용재결로 인하여 그 면허권자의 어업면허가 회복됨으로써 그 제3자에 대하여 사실상 당초의 어업면허에 따른 효과와 같은 결과를 초래한다고 하더라도 이는 간접적이거나 사실적 · 경제적 이해관계에 불과하므로, 그 제3자는 인용재결의 취소를 구할 소의 이익이 없다."111)

법률상 이익의 유무에 대한 판단은 독일식의 보호규범이론에 따라, 일차적으로 관계법규정의 해석문제($^{Auslegungs-}_{problem}$)로 귀착된다.112) 이것은 '공중목욕탕사건'에서 '연탄공장사건'에 이르는

---

109) 대법원 2008.9.11. 선고 2006두7577 판결. 아울러 대법원 2006.12.21. 선고 2005두16161 판결; 대법원 2004.8.16. 선고 2003두2175 판결; 대법원 2006.7.28. 선고 2004두6716 판결 등을 참조.
110) 대법원 2010.5.13. 선고 2009두19168 판결.
111) 대법원 1995.6.13. 선고 94누15592 판결.

판례변천이 결국 주관적 공권 또는 법률상 이익에 관한 관계법규정의 해석을 통해 이루어진 것이라는 점에서 우리의 경우에도 그대로 타당하다. 이와 같은 원고적격에 관한 대법원판례의 변천은, 의문의 여지없이 그 보호범위의 확대라는 측면에 관한 한, 긍정적인 평가를 받을 수 있다. 이와 관련하여 다음 지적은 대단히 시사적이다.

> "어떻든, 새 행정소송법상의 "법률상 이익"의 개념에는, 법률상 보호이익뿐만 아니라, 보호가치이익과, 또한 점차로 객관소송적 요소를 도입할 수 있는 문호가 열려 있다 할 것이다. 가령 지역주민·주민단체·자연보호단체·소비자보호단체에게 원고적격을 인정하는 문제가 그 예라 할 수 있다."[113]

원고적격에 관한 대법원의 판단 중 주목해야 할 판례들을 소개해 보면 다음과 같다.

상수원보호구역변경과 공설화장장설치에 대한 원고적격

"가. 행정처분의 직접 상대방이 아닌 제3자라도 당해 행정처분의 취소를 구할 법률상의 이익이 있는 경우에는 원고적격이 인정되는데, 여기서 말하는 법률상의 이익은 당해 처분의 근거 법률에 의하여 보호되는 직접적이고 구체적인 이익이 있는 경우를 말하고, 다만 공익보호의 결과로 국민 일반이 공통적으로 가지는 추상적, 평균적, 일반적인 이익과 같이 간접적이나 사실적, 경제적, 이해관계를 가지는데 불과한 경우는 여기에 포함되지 않는다.

나. 상수원보호구역 설정의 근거가 되는 수도법 제5조 제1항 및 동 시행령 제7조 제1항이 보호하고자 하는 것은 상수원의 확보와 수질보전일 뿐이고, 그 상수원에서 급수를 받고 있는 지역주민들이 가지는 상수원의 오염을 막아 양질의 급수를 받을 이익은 직접적이고 구체적으로는 보호하고 있지 않음이 명백하여 위 **지역주민들이 가지는 이익은 상수원의 확보와 수질보호라는 공공의 이익이 달성됨에 따라 반사적으로 얻게 되는 이익에 불과하므로 지역주민들에 불과한 원고들에게는 위 상수원보호구역변경처분의 취소를 구할 법률상의 이익이 없다.**

다. 도시계획법 제12조 제3항의 위임에 따라 제정된 도시계획시설기준에관한 규칙 제125조 제1항이 화장장의 구조 및 설치에 관하여는 매장및묘지등에관한법률이 정하는 바에 의한다고 규정하고 있어, 도시계획의 내용이 화장장의 설치에 관한 것일 때에는 **도시계획법 제12조 뿐만 아니라 매장및묘지등에관한법률 및 같은법시행령 역시 그 근거법률이 된다고 보아야 할 것이므로,** 같은법 시행령 제4조 제2호가 공설화장장은 20호 이상의 인가가 밀집한 지역, 학교 또는 공중이 수시 집합하는 시설 또는 장소로부터 1,000m 이상 떨어진 곳에 설치하도록 제한을 가하고, **같은법 시행령 제9조가 국민보건상 위해를 끼칠 우려가 있는 지역, 도시계획법 제17조의 규정에 의한 주거지역, 상업지역, 공업지역 및 녹지지역 안의 풍치지구 등에의 공설화장장 설치를 금지함에 의하여 보호되는 부근 주민들의 이익은 위 도시계획결정처분의 근거법률에 의하여 보호되는 법률상 이익이다.**"[114]

---

112) Bauer, 1986, S.140.
113) 김도창, 같은 책, 774.
114) 대법원 1995.9.26. 선고 94누14544 판결.

공장설립과 낙동강취수장에서 물을 공급받는 부산광역시/양산시 주민들의 원고적격

"행정처분의 직접 상대방이 아닌 자로서 그 처분에 의하여 자신의 환경상 이익이 침해받거나 침해받을 우려가 있다는 이유로 취소소송을 제기하는 제3자는, 자신의 환경상 이익이 그 처분의 근거 법규 또는 관련 법규에 의하여 개별적·직접적·구체적으로 보호되는 이익, 즉 법률상 보호되는 이익임을 입증하여야 원고적격이 인정되고, 다만 그 행정처분의 근거 법규 또는 관련 법규에 그 처분으로써 이루어지는 행위 등 사업으로 인하여 환경상 침해를 받으리라고 예상되는 **영향권의 범위가 구체적으로 규정되어 있는 경우**에는, 그 영향권 내의 주민들에 대하여는 당해 처분으로 인하여 직접적이고 중대한 환경피해를 입으리라고 예상할 수 있고, 이와 같은 환경상의 이익은 주민 개개인에 대하여 개별적으로 보호되는 직접적·구체적 이익으로서 그들에 대하여는 특단의 사정이 없는 한 환경상 이익에 대한 침해 또는 침해 우려가 있는 것으로 사실상 추정되어 법률상 보호되는 이익으로 인정됨으로써 원고적격이 인정되며, 그 영향권 밖의 주민들은 당해 처분으로 인하여 그 처분 전과 비교하여 수인한도를 넘는 환경피해를 받거나 받을 우려가 있다는 자신의 환경상 이익에 대한 침해 또는 침해 우려가 있음을 증명하여야만 법률상 보호되는 이익으로 인정되어 **원고적격이 인정된다**(대법원 2006.3.16. 선고 2006두330 전원합의체 판결, 대법원 2006.12.22. 선고 2006두14001 판결 등 참조).

…… 비록 나머지 원고들의 거주지역이 물금취수장으로부터 다소 떨어진 부산광역시 또는 양산시이기는 하나, 수돗물은 수도관 등 급수시설에 의해 공급되는 것이어서 **수돗물을 공급받는 주민들이 가지게 되는 수돗물의 수질악화 등으로 인한 환경상 이익의 침해나 침해 우려는 그 거주 지역에 불구하고 그 수돗물을 공급하는 취수시설이 입게 되는 수질오염 등의 피해나 피해 우려와 동일하게 평가될 수 있다고** 할 것이다. 따라서 물금취수장에서 취수된 물을 수돗물로 공급받는 나머지 원고들로서는 이 사건 공장설립승인처분의 근거 법규 및 관련 법규에 의하여 개별적·구체적·직접적으로 보호되는 환경상 이익, 즉 법률상 보호되는 이익이 침해되거나 침해될 우려가 있는 주민으로서 원고적격이 인정될 수 있다고 할 것이다."[115]

폐기물처리시설 영향권 밖의 주민들의 원고적격

"구 폐기물처리시설설치촉진및주변지역지원등에관한법률(2002.2.4. 법률 제6656호로 개정되기 전의 것) 및 같은법시행령의 관계 규정의 취지는 처리능력이 1일 50t인 소각시설을 설치하는 사업으로 인하여 직접적이고 중대한 환경상의 침해를 받으리라고 예상되는 직접영향권 내에 있는 주민들이나 폐기물소각시설의 부지경계선으로부터 300m 이내의 간접영향권 내에 있는 주민들이 사업 시행 전과 비교하여 수인한도를 넘는 환경피해를 받지 아니하고 쾌적한 환경에서 생활할 수 있는 개별적인 이익까지도 이를 보호하려는 데에 있다 할 것이므로, 위 주민들이 소각시설입지지역결정·고시와 관련하여 갖는 위와 같은 환경상의 이익은 주민 개개인에 대하여 개별적으로 보호되는 직접적·구체적 이익으로서 그들에 대하여는 특단의 사정이 없는 한 환경상의 이익에 대한 침해 또는 침해우려가 있는 것으로 사실상 추정되어 폐기물 소각시설의 입지지역을 결정·고시한 처분의 무효확인을 구할 원고적격이 인정된다고 할 것이고, 한편 **폐기물소각시설의 부지경계선으로부터 300m 밖에 거주하는 주민들도** 위와 같은 소각시설 설치사업으로 인하여 사업 시행 전과 비교하여 수인한도를 넘는 환경피해를 받거나 받을 우려가 있음에도 폐기물처리시설 설치기관이 주변영향지역으로 지정·고시하지 않는 경우 같은 법 제17조 제3항 제2호 단서 규정[116]에 따라 당해 폐기물처리시

---

115) 대법원 2010.4.15. 선고 2007두16127 판결.
116) 인용자 주: **제17조 제3항 제2호 단서 규정**: "2. 간접영향권: 대통령령이 정하는 범위안의 지역으로서 제2항의 규

설의 설치·운영으로 인하여 환경상 이익에 대한 침해 또는 침해우려가 있다는 것을 입증함으로써 그 처분의 무효확인을 구할 원고적격을 인정받을 수 있다."[117]

환경영향평가법령과 처분의 근거법령

"각 관련 규정에 의하면, 폐기물처리시설 설치기관이 1일 처리능력이 100t 이상인 폐기물처리시설을 설치하는 경우에는 폐촉법에 따른 환경상 영향조사 대상에 해당할 뿐만 아니라 **환경영향평가법에 따른 환경영향평가 대상사업에도 해당하므로 폐촉법령뿐만 아니라 환경영향평가법령도 위와 같은 폐기물처리시설을 설치하기 위한 폐기물소각시설 설치계획 입지결정·고시처분의 근거 법령이 된다고 할 것이고,** 따라서 위 폐기물처리시설설치계획입지가 결정·고시된 지역 인근에 거주하는 주민들에게 위 처분의 근거 법규인 환경영향평가법 또는 폐촉법에 의하여 보호되는 법률상 이익이 있으면 위 처분의 효력을 다툴 수 있는 원고적격이 있다."[118]

연접개발의 사전환경성검토협의와 그 대상지역에 포함될 개연성이 충분한 주민들의 원고적격

"[1] 행정처분의 직접 상대방이 아닌 자로서 그 처분에 의하여 자신의 환경상 이익이 침해받거나 침해받을 우려가 있다는 이유로 취소소송을 제기하는 제3자는, 자신의 환경상 이익이 그 처분의 근거 법규 또는 관련 법규에 의하여 개별적·직접적·구체적으로 보호되는 이익, 즉 법률상 보호되는 이익임을 입증하여야 원고적격이 인정된다고 할 것이며, 다만 그 행정처분의 근거 법규 또는 관련 법규에 그 처분으로써 이루어지는 행위 등 사업으로 인하여 환경상 침해를 받으리라고 예상되는 영향권의 범위가 구체적으로 규정되어 있는 경우에는, 그 영향권 내의 주민들에 대하여는 당해 처분으로 인하여 직접적이고 중대한 환경피해를 입으리라고 예상할 수 있고, 이와 같은 환경상의 이익은 주민 개개인에 대하여 개별적으로 보호되는 직접적·구체적 이익으로서 그들에 대하여는 특단의 사정이 없는 한 환경상 이익에 대한 침해 또는 침해 우려가 있는 것으로 사실상 추정되어 법률상 보호되는 이익으로 인정됨으로써 원고적격이 인정된다고 할 것이며, 그 **영향권 밖의 주민들**은 당해 처분으로 인하여 그 처분 전과 비교하여 수인한도를 넘는 환경피해를 받거나 받을 우려가 있다는 자신의 환경상 이익에 대한 침해 또는 침해 우려가 있음을 입증하여야만 법률상 보호되는 이익으로 인정되어 원고적격이 인정된다고 볼 것이다(대법원 2005.3.11. 선고 2003두13489 판결, 2006. 3.16. 선고 2006두330 전원합의체 판결 등 참조).

[2] 환경정책기본법령상 사전환경성검토협의 대상지역 내에 포함될 개연성이 충분하다고 보이는 주민들인 원고들에 대하여는 그 환경상 이익에 대한 침해 또는 침해 우려가 있는 것으로 추정할 수 있고 이는 법률상 보호되는 이익에 해당한다고 해석함이 상당하다."[119]

근거 법규 또는 관련 법규의 종합적 해석과 법률상 이익

"광업권설정허가처분의 근거 법규 또는 관련 법규가 되는 구 **광업법**(2002.1.19. 법률 제6612호로 개정되기 전의 것, 이하 같다) 제10조, 제12조 제2항, 제29조 제1항, 제29조의2, 제39조, 제48조, 제83조 제2항, 제84조 내지 제87조, 제88조 제2항, 제91조 제1항, 구 광산보안법(2007.1.3. 법률 제8184 호로 개정되기 전의 것) 제1조, 제5조 제1항 제2호, 제7호 등의 규정을 종합하여 보

정에 의하여 환경상 영향을 조사한 결과 환경상 영향이 미칠 것으로 예상되는 직접영향권외의 지역. 다만, 특히 필요하다고 인정되는 때에는 대통령령이 정하는 범위밖의 지역도 포함시킬 수 있다."

117) 대법원 2005.3.11. 선고 2003두13489 판결.
118) 대법원 2005.5.12. 선고 2004두14229 판결.
119) 대법원 2006.12.22. 선고 2006두14001 판결.

면, 위 **근거 법규 또는 관련 법규의 취지**는 광업권설정허가처분과 그에 따른 광산 개발과 관련된 후속 절차로 인하여 직접적이고 중대한 재산상·환경상 피해가 예상되는 **토지나 건축물의 소유자나 점유자 또는 이해관계인 및 주민들**이 전과 비교하여 수인한도를 넘는 재산상·환경상 침해를 받지 아니한 채 토지나 건축물 등을 보유하며 쾌적하게 생활할 수 있는 **개별적 이익까지도 보호**하려는 데 있으므로, 광업권설정허가처분과 그에 따른 광산 개발로 인하여 재산상·환경상 이익의 침해를 받거나 받을 우려가 있는 토지나 건축물의 소유자와 점유자 또는 이해관계인 및 주민들은 그 **처분 전과 비교하여 수인한도를 넘는 재산상·환경상 이익의 침해를 받거나 받을 우려가 있다는 것을 증명함**으로써 그 처분의 취소를 구할 원고적격을 인정받을 수 있다."[120]

경업자의 원고적격

"일반적으로 면허나 인·허가 등의 수익적 행정처분의 근거가 되는 법률이 **해당 업자들 사이의 과당경쟁으로 인한 경영의 불합리를 방지하는 것도 그 목적으로 하고 있는 경우**, 다른 업자에 대한 면허나 인·허가 등의 수익적 행정처분에 대하여 이미 같은 종류의 면허나 인·허가 등의 수익적 행정처분을 받아 영업을 하고 있는 기존의 업자는 경업자에 대하여 이루어진 면허나 인·허가 등 행정처분의 상대방이 아니라 하더라도 당해 행정처분의 취소를 구할 원고적격이 있다."[121]

담배소매영업소간 거리제한규정과 법률상 보호되는 이익

"담배 일반소매인의 지정기준으로서 일반소매인의 영업소 간에 일정한 거리제한을 두고 있는 것은 담배유통구조의 확립을 통하여 국민의 건강과 관련되고 국가 등의 주요 세원이 되는 담배산업 전반의 건전한 발전 도모 및 국민경제에의 이바지라는 공익목적을 달성하고자 함과 동시에 **일반소매인 간의 과당경쟁으로 인한 불합리한 경영을 방지함으로써 일반소매인의 경영상 이익을 보호하는 데에도 그 목적이 있다고 보이므로, 일반소매인으로 지정되어 영업을 하고 있는 기존업자의 신규 일반소매인에 대한 이익은 단순한 사실상의 반사적 이익이 아니라 법률상 보호되는 이익**이라고 해석함이 상당하다."[122]

기존 일반소매인이 신규 구내소매인 지정처분의 취소를 구할 법률상 이익의 인정여부

"구내소매인과 일반소매인 사이에서는 구내소매인의 영업소와 일반소매인의 영업소 간에 거리제한을 두지 아니할 뿐 아니라 건축물 또는 시설물의 구조·상주인원 및 이용인원 등을 고려하여 동일 시설물 내 2개소 이상의 장소에 구내소매인을 지정할 수 있으며, 이 경우 일반소매인이 지정된 장소가 구내소매인 지정대상이 된 때에는 동일 건축물 또는 시설물 안에 지정된 일반소매인은 구내소매인으로 보고, 구내소매인이 지정된 건축물 등에는 일반소매인을 지정할 수 없으며, 구내소매인은 담배진열장 및 담배소매점 표시판을 건물 또는 시설물의 외부에 설치하여서는 아니 된다고 규정하는 등 일반소매인의 입장에서 구내소매인과의 과당경쟁으로 인한 경영의 불합리를 방지하는 것을 그 목적으로 할 수 있다고 보기 어려우므로, **일반소매인으로 지정되어 영업을 하고 있는 기존업자의 신규 구내소매인에 대한 이익은 법률상 보**

---

120) 대법원 2008.9.11. 선고 2006두7577 판결.
121) 대법원 2006.7.28. 선고 2004두6716 판결: 분뇨 등 관련 영업허가를 받아 영업을 하고 있는 기존 업자의 이익이 법률상 보호되는 이익이라고 보아, 기존 업자에게 경업자에 대한 영업허가처분의 취소를 구할 원고적격이 있다고 한 사례.
122) 대법원 2008.3.27. 선고 2007두23811 판결.

호되는 이익이 아니라 단순한 사실상의 반사적 이익이라고 해석함이 상당하므로, 기존 일반소매인은 신규 구내소매인 지정처분의 취소를 구할 원고적격이 없다."[123]

요컨대, 우리 대법원의 판례경향에 따를 때 법률상 이익이 인정되는 경우는, ① 당해 처분의 근거법규에서 직접 보호하는 이익이라고 해석되는 경우, ② 당해 처분의 근거법규는 아니지만 관련법규, 즉 당해 처분의 목적을 달성하기 위한 일련의 단계적 관계에서 행해진 관련처분들의 근거법규에서 명시적으로 보호하는 이익으로 해석되는 경우, ③ 당해 처분의 근거법규나 관련법규에 그러한 이익을 보호하는 명시적인 규정은 없더라도 그 합리적 해석상 그 법규에서 행정청을 제약하는 이유가 순수한 공익의 보호만이 아니라 개별적·직접적·구체적 이익을 보호하는 취지가 포함되어 있다고 해석되는 경우이다.[124]

⠿ 법률상 이익 판단에 있어 보호규범의 범위

"행정처분의 직접 상대방이 아닌 제3자라고 하더라도 당해 행정처분으로 인하여 법률상 보호되는 이익을 침해당한 경우에는 취소소송을 제기하여 그 당부의 판단을 받을 자격이 있다. 여기에서 말하는 법률상 보호되는 이익은 당해 처분의 근거 법규와 관련 법규에 의하여 보호되는 개별적·직접적·구체적 이익이 있는 경우를 말하고, 공익보호의 결과로 국민 일반이 공통적으로 가지는 일반적·간접적·추상적 이익과 같이 사실적·경제적 이해관계를 갖는 데 불과한 경우는 포함되지 아니한다. 또 당해 처분의 근거 법규와 관련 법규에 의하여 보호되는 법률상 이익은 **당해 처분의 근거 법규의 명문 규정에 의하여 보호받는 법률상 이익, 당해 처분의 근거 법규에 의하여 보호되지는 아니하나 당해 처분의 행정목적을 달성하기 위한 일련의 단계적인 관련 처분들의 근거 법규에 의하여 명시적으로 보호받는 법률상 이익, 당해 처분의 근거 법규 또는 관련 법규에서 명시적으로 당해 이익을 보호하는 명문의 규정이 없더라도 근거 법규와 관련 법규의 합리적 해석상 그 법규에서 행정청을 제약하는 이유가 순수한 공익의 보호만이 아닌 개별적·직접적·구체적 이익을 보호하는 취지가 포함되어 있다고 해석되는 경우까지를 말한다** (대법원 2013.9.12. 선고 2011두33044 판결 등 참조)."[125]

한편 대법원은 참가인이 피고 국민권익위원회에 국민권익위원회법에 따른 신고와 신분보장조치 요구를 하였고, 이에 피고 위원회가 참가인의 소속기관의 장인 원고에게 '참가인에 대한 중징계요구를 취소하고 향후 신고로 인한 신분상 불이익처분 및 근무조건상의 차별을 하지 말 것을 요구'하는 내용의 조치요구를 한 사안에서, '비록 원고 시·도선거관리위원회 위원장이 국가기관에 불과하더라도 이 사건에서는 당사자능력 및 원고적격을 가진다고 봄이 상당하다'고 판시함으로써 국가기관에게 원고적격(조치의무를 다툴 법률상 이익)을 인정하였다. 대법원이 기존의 판례에서 원고적격 판단에 일관되게 적용해 왔던 법률상 이익의 요건, 특히

---

123) 대법원 2008.4.10. 선고 2008두402 판결.
124) 대법원 2004.8.16. 선고 2003두2175 판결; 김철용, 행정법 I, 제13판, 2010, 658-659.
125) 대법원 2014.12.11. 선고 2012두28704 판결.

사익보호규범성 기준을 문제삼지 아니하고 '조치요구의 취소를 구하는 항고소송을 제기하는 것이 유효·적절한 수단이라는 점'을 근거로 삼았다는 것은 주목할 만한 점이지만, 이 판례는 특수한 관계법령 및 사례상황을 감안한 결과여서 섣불리 일반화하기에는 무리가 있을 것이다.

⠿ **국가기관의 원고적격**

"[1] 국가기관 사이에 어느 일방(피고 위원회)이 상대방(원고)에 대하여 일정한 의무를 부과하는 내용의 조치요구를 한 사안에서 그 조치요구의 상대방인 국가기관이 이를 다투고자 할 경우, 이는 국가기관 내부의 권한 행사에 관한 것이어서 기관소송의 대상으로 하는 것이 적절해 보이나, 행정소송법은 제45조에서 '기관소송은 법률이 정한 경우에 법률에 정한 자에 한하여 제기할 수 있다'고 규정하여 **이른바 기관소송 법정주의를 채택하고 있고, 조치요구에 관하여는 국민권익위원회법 등 법률에서 원고에게 기관소송을 허용하는 규정을 두고 있지 아니하므로, 이 사건 조치요구를 이행할 의무를 부담하고 있는 원고로서는 기관소송으로 이 사건 조치요구를 다툴 수는 없다.**

[2] 이 사건 조치요구는 법률에 근거하여 설립된 행정부 소속의 국무총리 산하 기관인 피고 위원회가 헌법상의 독립기관인 중앙선거관리위원회 산하기관인 원고에 대하여 한 것으로서 정부 조직 내에서 그 처분의 당부에 대한 심사·조정을 할 수 있는 다른 방도가 없을 뿐만 아니라, **피고 위원회는 헌법 제111조 제1항 제4호 소정의 '헌법에 의하여 설치된 국가기관'이라고 할 수 없으므로**(헌법재판소 2010.10.28. 선고 2009 헌라6 전원재판부 결정 참조), **원고와 피고 위원회 사이에 헌법 제111조 및 헌법재판소법 제62조 제1항에서 정한 권한쟁의심판이 가능해 보이지도 아니한다.**

[3] 국민권익위원회법이 원고에게 피고 위원회의 조치요구에 따라야 할 의무를 부담시키는 외에 별도로 그 의무를 이행하지 아니할 경우 과태료나 형사처벌의 제재까지 규정하고 있는데, 원고가 피고 위원회의 조치요구를 다툴 별다른 방법이 없는 점 등에 비추어 보면, **피고 위원회의 이 사건 조치요구의 처분성이 인정되는 이 사건에서 이에 불복하고자 하는 원고로서는 이 사건 조치요구의 취소를 구하는 항고소송을 제기하는 것이 유효·적절한 수단이라고 할 것이므로, 비록 원고가 국가기관에 불과하더라도 이 사건에서는 당사자능력 및 원고적격을 가진다고 봄이 상당하고,** 원고가 피고 위원회의 조치요구 후 참가인에 대하여 파면처분을 하였다고 하더라도 그로 인하여 이 사건 조치요구가 곧바로 실효된다고 할 수 없고, **원고로서는 이 사건 조치요구를 따라야 할 의무를 여전히 부담한다고 할 것이므로, 원고에게는 이 사건 조치요구의 취소를 구할 법률상 이익도 있다고 할 것이다."**[126]

1.1.4. 「법률상 이익」 침해의 주장

취소소송을 제기한 자에게 원고적격을 인정하기 위하여, 그가 사실상 취소소송의 보호의 대상으로서 법률상 이익을 침해당했을 것이 요구되는가. 이미 앞에서 처분에 관하여 처분의 객관적 위법성이 아니라 그 위법주장이 요구될 뿐이라는 점을 본 바와 같이, 사실상 법률상 이익이 침해되었을 것까지 요구되는 것은 아니라고 해야 할 것이다. 원고가 처분등으로 인하

---

126) 대법원 2013.7.25. 선고 2011두1214 판결.

여 사실상 법률상 이익을 침해당했는지 여부는 취소소송의 제기요건이 아니라 청구인용의
요건($\stackrel{Aktivlegiti-}{mation}$)이라는 점이 다시금 인식되어야 할 것이다. 취소소송 제기요건의 하나로 간주되
는 원고적격의 기준으로서 "법률상 이익"이란 '보호의 대상으로서의 법률상 이익'을 의미하
지만, 원고적격의 유무는 원고가 사실상 이러한 법률상 이익을 가지고 있는지를 기준으로 판
단할 것이 아니라, 원고가 주장하는 바와 같은 법률상 이익이 존재할 객관적 가능성이 있는
지를 기준으로 판단해야 할 것이다($\stackrel{가능성이론:}{Möglichkeitstheorie}$).

1.1.5. 권리보호의 필요(협의의 소익)로서 「법률상 이익」

행정소송법 제12조 제2문은 처분의 효과가 기간경과, 처분의 집행 그 밖의 사유로 인하
여 소멸된 뒤에도 그 처분의 취소로 인하여 회복되는 법률상 이익이 있는 자는 취소소송을
제기할 수 있다고 규정하고 있다. 이것은 취소소송의 목적을 전적으로 계쟁처분의 효력을 박
탈하는 데 있는 것으로 봄으로써 처분의 존재가 소멸되어 버린 경우 소의 목적이 없는 것으
로 보아 각하했던 종래의 예와는 달리, 개정법이 이 경우에도 권리구제의 길을 열어놓은 것
이라 할 수 있다. 그러나 이것은 사실 앞에서 본 바와 같은 취소소송의 보호대상으로서의
법률상 이익이 아니라, 보호의 필요성 내지 분쟁의 현실성(또는 협의의 소익)에 관한 것이라
보아야 할 것이다.[127] 따라서 이들 두 가지 경우에 '법률상 이익'의 개념이 서로 다른 것임에
도 불구하고 동일한 맥락에서 혼동되고 사용되고 있음을 알 수 있다.[128] 요컨대 행정소송법
상의 원고적격의 개념은 문언상 동일하게 표현된, 그러나 '보호의 대상'과 '보호의 필요성'이
란 상이한 차원의 요소를 혼동시키는 '법률상 이익'의 기준에 의해 규정되고 있다고 할 수
있는데, 법문상의 표현에 구애됨이 없이 이를 권리보호의 필요성을 의미하는 것으로 보아야
할 것이다. 따라서 이러한 의미의 법률상 이익($\stackrel{§ 12}{제2문}$)은 원고적격의 기준으로서가 아니라, 권
리보호의 이익으로서 별도로 취소소송의 제기요건으로 다루어져야 할 것이다.

1.2. 피고적격

1.2.1. 개 설

행정소송법($\stackrel{§ 13 ①}{본문}$)은 피고적격에 관하여 특별한 규정이 없는 한 그 처분이나 재결을 행한
행정청(처분청·재결청)이 피고가 된다고 규정하고 있다. 본래 처분이나 재결의 효과가 귀속

---

127) 이에 관하여는 김남진, 행정법 I, 759-760; 김동희, 행정법 I, 564, 634이하; 김유환, "취소소송에 있어서의 권리
보호의 필요", 고시연구 1995/11, 61이하 등을 참조. 김동희교수는 이 조항을 협의의 소익의 범위를 확대한 것이
라고 서술하고 있다. 한편 홍정선교수는 종래 이러한 입장을 취했으나, 최근 학설을 변경하여 행정소송법 제12조
제2문의 규정을 원고적격에 관한 규정이라고 보고 있다(홍정선, 행정법원론(상), 768-799).
128) 그것은 구체적인 소송유형과 관련하여, 여기서는 취소소송을 제기할 구체적인 자격을 의미하는 특별소송요건
(besondere Sachurteilsvoraussetzung)으로서의 원고적격과는 다르다(이 점은 Schmitt Glaeser, Verwaltungs-
prozeßrecht, 13.Aufl., 1994, Rn.31에 명백히 나타나 있다).

되는 권리주체는 국가나 공공단체이므로 이들이 피고가 되는 것이 원칙이나 취소소송의 경우 사안의 근접성(^{Sachnahe})과 소송수행상의 편의를 고려하여 그 기관인 당해 행정청을 피고로 한 것이다. 피고를 잘못 지정하면 소는 원칙적으로 각하된다. 이는 피고를 잘못 지정한 경우 청구기각판결을 하는 민사소송과는 다른 점이다.

1.2.2. 행정청

취소소송은 다른 법률에 특별한 규정이 없는 한 그 처분 등을 행한 행정청이 피고가 된다($^{§13 ①}_{본문}$). 다만 공무원에 대한 징계 기타 불이익처분의 처분청이 대통령인 때에는 각각의 소속장관을 피고로 하며($^{국가공무원법}_{§16 ②}$), 대법원장이 행한 처분에 대한 행정소송의 피고는 법원행정처장으로 한다($^{법원조직법}_{§70}$)는 등의 특칙이 있다.

"구 지방공무원법($^{1993.12.27. 법률 제4613}_{호로 개정되기 전의 것}$) 제7조, 제8조, 제9조, 제32조, 지방공무원임용령 제42조의2 등 관계 규정에 의하면, 시·도 인사위원회는 독립된 합의제행정기관으로서 7급 지방공무원의 신규임용시험의 실시를 관장한다고 할 것이므로, 그 관서장인 시·도 인사위원회 위원장은 그의 명의로 한 7급 지방공무원의 신규임용시험 불합격결정에 대한 취소소송의 피고적격을 가진다."[129]

"[1] 조례가 집행행위의 개입 없이도 그 자체로서 직접 국민의 구체적인 권리의무나 법적 이익에 영향을 미치는 등의 법률상 효과를 발생하는 경우 그 조례는 항고소송의 대상이 되는 행정처분에 해당하고, 이러한 조례에 대한 무효확인소송을 제기함에 있어서 행정소송법 제38조 제1항, 제13조에 의하여 피고적격이 있는 처분 등을 행한 행정청은, 행정주체인 지방자치단체 또는 지방자치단체의 내부적 의결기관으로서 지방자치단체의 의사를 외부에 표시한 권한이 없는 지방의회가 아니라, 구 지방자치법($^{1994.3.16. 법률 제4741}_{호로 개정되기 전의 것}$) 제19조 제2항, 제92조에 의하여 **지방자치단체의 집행기관으로서 조례로서의 효력을 발생시키는 공포권이 있는 지방자치단체의 장**이다.

[2] 구 지방교육자치에관한법률($^{1995.7.26. 법률 제4951}_{호로 개정되기 전의 것}$) 제14조 제5항, 제25조에 의하면 시·도의 교육·학예에 관한 사무의 집행기관은 시·도 교육감이고 시·도 교육감에게 지방교육에 관한 조례안의 공포권이 있다고 규정되어 있으므로, 교육에 관한 조례의 무효확인소송을 제기함에 있어서는 그 집행기관인 시·도 교육감을 피고로 하여야 한다."[130]

1.2.3. 권한승계와 기관폐지의 경우

(1) 권한의 승계

행정청의 권한이 승계된 경우에는 권한을 승계한 행정청이 피고가 된다($^{§13}_{①}$). 행정청의 권한이 위임 또는 위탁된 경우에는 권한이 수임청에 넘어가기 때문에 이들이 피고가 되지만,[131] 권한대행 또는 내부위임[132]의 경우에는 처분권한 자체가 이전된 것이 아니므로 원래

---

129) 대법원 1997.3.28. 선고 95누7055 판결.
130) 대법원 1996.9.20. 선고 95누8003 판결.

의 행정청이 피고적격을 가지는 것은 행정조직법의 법리에 따른 것으로 당연하다고 할 수 있다.

(2) 행정청의 폐지

처분등을 행한 행정청이 없게 된 때에는 그 처분 등에 관한 사무가 귀속되는 국가 또는 공공단체를 피고로 한다($\S\substack{13\\②}$).

1.2.4. 피고경정

피고경정이란 소송계속 중 원래 피고로 지정된 자를 다른 자로 변경하는 것을 말한다. 행정소송법($\S\substack{14\\①}$)은, 원고가 피고를 잘못 지정한 때, 행정청의 권한변경(권한승계·기관폐지 등)이 있은 때, 그리고 소의 변경이 있는 때에는 원고가 불측의 손해를 입는 것을 방지하기 위하여 피고의 경정을 인정하고 있다. 피고경정이 있으면 새로운 피고에 대한 소송은 처음에 소를 제기한 때에 제기된 것으로 보며($\substack{같은 조\\④}$), 종전의 피고에 대한 소는 취하된 것으로 본다($\substack{같은 조\\⑤}$). 피고경정허가결정은 새로운 피고에 대한 관계에서는 중간적 재판의 성질을 갖는 것으로서 특별항고의 대상이 되는 '불복을 신청할 수 없는 결정'에는 해당되지 않지만,[133] 반면 종전의 피고는 불복을 신청할 수 없으므로 위 결정에 대한 종전의 피고의 항고는 특별항고로 본다는 것이 판례의 태도이다.[134]

"공립중학교 교사인 원고는 서울특별시 북부교육청교육장을 피고로 하여 피고의 원고에 대한 전보처분의 취소를 구하는 이 사건 소송을 제기하였다가 교육부교원징계재심위원회가 위 전보처분에 대한 원고의 재심청구를 기각하는 결정을 하자 피고를 잘못 지정하였다 하여 원심법원에 피고를 교육부교원징계재심위원회로 경정할 것의 허가를 신청하였고, 원심은 위 신청이 이유있다 하여 피고경정을 허가하였음이 명백하다. 그러나 이 사건에 있어서와 같이 원처분청의 처분이 있고, 그 처분이 정당하다고 하여 그에 대한 재심청구를 기각한 재결이 있는 경우에는 행정소송의 대상이 되는 처분은 원칙적으로 원처분청의 처분이고, 위 재심청구를 기각하는 재결에 대한 행정소송은 그 재결 자체에 고유한 주체·절차·형식 또는 내용상의 위법이 있는 경우에 한한다고 할 것인데, 기록에 의하면, 원고는 종전의 피고인 서울특별시 북부교육청교육장의 원처분의 위법을 주장하고 있을 뿐 교육부교원징계재심위원회의 재결 자체의 위법을 주장하고 있지 아니함이 명백하다. 그렇다면 **원고가 서울특별시 북부교육청교육장을 피고로 하여 이 사건 소송을 제기한 것이 피고를 잘못 지정한 것이라고 할 수 없음에도 불구하고 원심은 위와 같이 피고의 경정을 허가하였으니 원심결정에는 행정소송법 제14조를 위반한 법률위반의 위법이 있다고 할 것이고,** 이와 같은 위법은 결정에 영향을 미친 것임이 명백하므로 이 점을 지적하는 논지는 이유 있다."[135]

---

131) 영등포구청장이 서울특별시장의 위임을 받아 발한 취득세부과처분에 대한 행정소송의 피고는 영등포구청장이라는 판례(대법원 1972.5.9. 선고 71누152 판결)가 있다.
132) 대법원 1980.11.25. 선고 80누217 판결.
133) 대법원 1994.6.29. 자 93프3 결정.
134) 대법원 1994.6.29. 자 94두48 결정.

▦ 피고경정의 시간적 한계

"[1] 행정소송법 제14조에 의한 피고경정은 사실심 변론종결에 이르기까지 허용되는 것으로 해석하여야 할 것이고, 굳이 제1심 단계에서만 허용되는 것으로 해석할 근거는 없다.

[2] 행정소송에서 피고경정신청이 이유 있다 하여 인용한 결정에 대하여는 종전 피고는 항고제기의 방법으로 불복신청할 수 없고, 행정소송법 제8조 제2항에 의하여 준용되는 민사소송법 제449조 소정의 특별항고가 허용될 뿐이다."136)

2. 취소소송의 참가인

2.1. 소송참가의 의의

소송참가란 소송의 계속중에 소송외의 제3자가 타인간 소송의 결과 자기의 법률상 이해관계에 영향을 받게 될 경우, 자기의 이익을 위하여 그 소송절차에 가입하는 것을 말한다. 소송참가의 형태로는 제3자가 단순히 당사자의 한 쪽의 승소를 보조하기 위하여 참가하는 보조참가($^{민사소송}_{법 §71}$), 소송당사자 쌍방에 대하여 독립된 당사자로서 참가하는 독립당사자참가($^{같은 법}_{§79}$), 제3자가 당사자 일방의 공동소송인으로서 참가하는 공동소송참가($^{같은 법}_{§83}$) 및 필수적 공동소송인에 준하는 지위가 인정되는 공동소송적 보조참가($^{같은 법}_{§78}$) 등이 있다. 소송참가는 소송의 합일확정 및 제3자의 이익보호를 목적으로 하는 제도이다.

행정소송법은 취소소송에 관하여 제16조에서 제3자의 소송참가를, 제17조에서는 행정청의 소송참가를 규정하고 이를 당사자소송, 민중소송 및 기관소송에 준용하고 있다($^{§§ 16, 17, 38,}_{44 ①, 46}$). 이러한 소송참가 형태 외에 민사소송법상 소송참가 허용 여부가 문제되는데, 보조참가와 공동소송참가는 허용되지만, 독립당사자참가는 허용되지 않는다는 것이 다수설이다.

2.2. 제3자의 소송참가

2.2.1. 의 의

행정소송법은, "법원은 소송의 결과에 따라 권리 또는 이익의 침해를 받을 제3자가 있는 경우에는 당사자 또는 제3자의 신청 또는 직권에 의하여 결정으로써 그 제3자를 소송에 참가시킬 수 있다"고 규정하고 있다($^{§ 16}_{①}$). 이것은 소송당사자 이외의 제3자의 권익보호를 위한 제도로서, 특히 다수인에 대한 처분이라든가 제3자효행정행위($^{VA\ mit}_{Drittwirkung}$)에 있어 제3자(경쟁자, 이웃 등)의 권익이 저촉되는 경우가 많다는 점을 감안하여 제3자에게 자기의 권익을 위하여 소송상 공격·방어방법을 제출하여 적정한 심리·판결을 받을 수 있는 기회를 부여한 것이

---

135) 대법원 1994.6.29. 자 94두48 결정.
136) 대법원 2006.2.23. 자 2005부4 결정.

며, 이로써 제3자의 재심청구($^{§\ 31}$)가 미연에 방지될 수 있다는 점도 고려한 것이다.

2.2.2. 참가요건

(1) 소송계속

제3자가 소송에 참가하기 위해서는 먼저 타인에 의해 취소소송이 제기되어 법원에 계속되어 있을 것이 필요하다. 소송이 어느 심급에 있는가는 불문한다. 소송참가는 판결선고시까지 가능하며, 소의 취하나 재판상 화해가 있은 후에는 불가능하다.

(2) 소송결과의 제3자에 대한 영향

소송의 결과에 따라 참가인이 될 제3자가 권리 또는 이익의 침해를 받을 경우라야 한다. 여기서 '권리 또는 이익'이란 그 문언에도 불구하고 '법률상 이익'을 의미한다고 보는 것이 민사소송법 제71조에 의한 보조참가의 요건이나[137] 원고적격에 관한 법 제12조의 취지에 비추어 균형있는 해석일 것이다. 따라서 반사적 이익이나 단순한 사실상 이익이 여기에 해당되지 않는다고 볼 것이다. 소송의 결과에 따라 권리 또는 이익의 침해를 받는다는 것은 판결의 결론, 즉 주문에 나타난 소송물자체에 대한 판단의 결과 기득의 권리·이익이 침해되는 경우뿐만 아니라, 그 밖에 판결에 구속되는 행정청의 새로운 처분에 의하여 법률상 이익이 박탈되는 경우도 포함하는 것으로 새겨야 할 것이다. 가령 다수의 경업자들 중 제한된 인원만을 선정하여 사업면허를 발급하는 경우, 면허를 받지 못한 자가 면허거부처분의 취소를 구한다면, 면허를 받은 자는 그 거부처분의 취소판결에 의하여 직접침해를 받는 것은 아닐지라도, 결국 행정청이 그 거부처분취소판결의 구속력에 의해 자기에 대한 면허를 취소하게 되리라고 예상할 수 있으므로, 소송결과에 따라 권리·이익의 침해를 받을 경우에 해당된다고 할 수 있다. 여기서 '제3자가 권리 또는 이익의 침해를 받을 경우'라고 하기 위하여는 실제로 침해를 받았을 것이 아니라 법원의 판단으로 보아 소송의 결과에 따라 그 제3자의 권리·이익의 침해가 초래될 개연성이 있으면 족하다고 보아야 할 것이다. 이것은 소송참가시 소송의 결과가 확정되어 있지 않다는 점을 고려할 때 극히 당연한 해석이며, 그렇지 않으면 아예 제3자의 소송참가란 불가능하게 되는 결과가 되기 때문이다. 소송참가란 본래 제3자에게 소송의 결과로 인한 권익침해의 위험을 방지할 수 있도록 하기 위한 것이라는 점을 또한 고려해야 할 것이다.

(3) 참가신청 또는 직권참가요구

제3자의 소송참가요건으로서 당사자의 참가신청 또는 법원의 직권에 의한 참가결정이 있

---

137) 여기서는 소송의 결과에 관하여 이해관계가 있을 것이 요구되고 있는데 소송결과에 관한 이해관계란 사실상의 이해관계만으로는 부족하고 법률상의 이해관계가 있어야 한다는 것이 판례이다(대법원 1964.9.22. 선고 63두12 판결).

어야 함은 물론이다. 참가결정을 함에 있어 법원은 미리 당사자 및 제3자의 의견을 들어야 한다($\S\frac{16}{2}$). 참가신청을 한 제3자는 그 신청을 각하한 결정에 대하여 즉시항고할 수 있다($\S\frac{16}{3}$). 이 경우 소송당사자도 불복할 수 있는가에 대하여는 제3자의 소송참가는 제3자의 권익보호 및 공익을 위한 것이란 점에서 부정된다.[138]

2.2.3. 소송참가의 효과

소송참가의 결정에 의하여 제3자는 참가인의 지위를 갖게 된다. 그러나 소송참가의 결정이 없더라도, 참가를 신청한 제3자는 그 각하결정이 있기까지는 참가인으로서 소송행위를 할 수 있다. 각하결정이 있게 되면 그때까지 행한 제3자의 소송행위는 물론 효력을 상실하지만, 당사자가 이를 원용하면 효력이 유지된다($\frac{민사소송법}{\S\,75\,②}$).

소송에 참가한 제3자에 대하여는 필요적 공동소송에 관한 민사소송법 제67조가 준용된다($\S\frac{16}{4}$). 따라서 취소소송에 있어 참가인에게는 필수적 공동소송에 있어서의 공동소송인에 준하는 지위가 인정된다고 하겠으나,[139] 참가인이 당사자로서 독자적인 청구를 하는 것은 아니므로, 그 지위를 공동소송적 보조참가인의 지위와 유사한 것으로 보는 것이 통설이다.[140]

> 민사소송법은 공동소송적 보조참가에 관하여 제78조에서 "재판의 효력이 참가인에게도 미치는 경우에는 그 참가인과 피참가인에 대하여 필수적 공동소송에 대한 특별규정인 제67조와 제69조를 준용한다"고 규정하고 있다. 공동소송적 보조참가의 경우 참가인이 피참가인의 행위와 저촉되는 행위를 할 수 있다는 점, 참가인의 상소기간이 피참가인의 그것과는 독립하여 기산된다는 점에서 단순한 보조참가인보다 강한 독립성이 인정된다고 한다.[141]

아무튼, 참가인이 소송당사자가 아닌 이상, 소송물에 대한 처분권을 갖지는 못한다고 보아야 할 것이다.[142]

2.3. 행정청의 소송참가

법원은 다른 행정청을 소송에 참가시킬 필요가 있다고 인정할 때에는 당사자 또는 당해 행정청의 신청 또는 직권에 의하여 결정으로써 그 행정청을 소송에 참가시킬 수 있다($\S\frac{17}{①}$).

---

138) 김남진, 행정법 I, 768.
139) 민사소송법 제63조는 ① 소송의 목적이 공동소송인 전원에 대하여 합일적으로 확정될 경우에는 그 1인의 소송행위는 전원의 이익을 위하여서만 효력이 있고, ② 공동소송인의 1인에 대한 상대방의 소송행위는 전원에 대하여 효력이 있으며, ③ 공동소송인의 1인에 대하여 소송절차의 중단 또는 중지는 전원에 대하여 효력이 있다고 규정한다.
140) 김도창, 일반행정법론(상), 780. 이는 우리와 유사한 규정을 가진 일본의 유력설이라고 한다(김남진, 행정법 I, 769).
141) 김남진, 행정법 I, 769.
142) 동지 홍정선, 행정법원론(상), 787.

이러한 행정청의 소송참가는 행정처분에 처분청이외의 행정청이 관여하는 경우가 적지 않은 데도 이들의 소송관여기회가 봉쇄되어 있다는 점을 고려하여, 이들로 하여금 공격·방어방법을 제출하는 등 소송에 참여할 수 있도록 함으로써 적정한 심리·판결을 보장하려는 데 그 취지를 둔 것으로 이해된다. 이러한 행정청의 소송참가는 직권증거조사 및 직권탐지주의와 밀접한 관련을 지닌 제도로서 제3자의 권익보호를 주목적으로 하는 소송참가제도에서는 이례적인 제도라 할 수 있다. 참가행정청의 소송상 지위는 민사소송법 제76조를 준용하고 있으므로 민사소송법상의 보조참가인에 준한다($\S_{③}^{17}$). 따라서 참가인은 소송에 관하여, 참가할 때의 소송 진행정도에 따라 할 수 없는 소송행위를 제외하고는, 공격, 방어, 이의, 상소 기타 일체의 소송행위를 할 수 있으되, 참가인의 소송행위가 피참가인의 소송행위에 어긋나는 때에는 효력이 없다.

3. 소송대리인

취소소송에 있어 소송대리에 관하여는 행정소송법에 특별한 규정이 없으므로 원칙적으로 민사소송법($\S\S_{97}^{87-}$)의 규정에 의하여야 하나 「국가를 당사자로 하는 소송에 관한 법률」에 특별규정이 있다. 이에 따르면, 법무부장관과 행정청의 장은 소송수행자를 지정할 수도 있고 변호사를 소송대리인으로 선임할 수도 있다($\S\S_{3, 5}^{동법}$).

Ⅳ. 권리보호의 필요(협의의 소의 이익)

1. 의 의

취소소송 역시 일반소송과 마찬가지로 분쟁을 소송을 통해 해결할 현실적 필요 또는 권리보호의 필요($_{bedürfnis}^{Rechtsschutz-}$)가 있을 때에 한하여 허용된다. 다시 말해서 「이익 없으면 소송 없다」($_{pas\ d'action}^{Pas\ d'intérêt,}$)는 법언은 취소소송에 대해서도 타당하다. 가령 효력기간이 정해져 있는 행정처분은 그 기간의 경과로 효력이 상실되는 것이므로 그 이후에는 그 처분이 외형상 잔존함으로 인하여 어떠한 법률상 이익이 침해되고 있다고 볼 만한 별다른 사정이 없는 한, 처분의 취소를 구할 권리보호의 이익이 없다고 할 수 있다.[143]

권리보호의 이익 또는 필요는 비단 취소소송뿐만 아니라 행정소송 일반에 대하여 요구되는 일반적 소송요건의 하나이다.[144] 그러나 행정소송법은 이와 같은 예외적 규정만을 두고

---

143) 대법원 1988.3.22. 선고 87누1230 판결; 대법원 1990.1.12. 선고 89누1032 판결; 대법원 1991.4.26. 선고 91누179 판결.
144) 후펜(Friedhelm Hufen, Verwaltungsprozeßrecht, 1994, Rn.10-11)에 따르면 이러한 일반적 권리보호의 이익

있을 뿐 이에 관한 일반적 규정을 두고 있지는 않다. 때문에 일반적 권리보호의 이익의 효력근거가 문제되는데 이에 관하여는 독일의 경우 대체로 신의성실의 원칙에서 연원하는 소송상 권리의 제도적 남용금지($^{Verbot\ institutionellen\ Mißbrauch}_{prozessualer\ Rechte}$)에서 그 근거를 찾고 있는 것을 참고할 수 있을 것이다.[145] 권리보호의 필요가 있는지의 여부는 물론 구체적인 사안별로 현실적으로 권리보호의 실익이 있느냐를 기준으로 판단해야 할 문제이나, 행정소송법규정 및 행정소송제도의 취지 등을 감안할 때 다음과 같은 경우로 나누어 볼 수 있다.

2. 처분의 효력이 소멸된 경우

2.1. 행정소송법 제12조 제2문의 취지

행정소송법 제12조 제2문은 처분의 효과가 기간경과, 처분의 집행 그 밖의 사유로 인하여 소멸된 뒤에도 그 처분의 취소로 인하여 회복되는 법률상 이익이 있는 자는 취소소송을 제기할 수 있다고 규정하고 있다. 그러나 이것은 실은 앞에서 본 바와 같이 취소소송의 보호대상으로서 법률상 이익이 아니라, 권리보호의 필요성 또는 협의의 소익에 관한 것이라 보아야 한다.

이에 관한 판례로는 계고와 대집행영장에 의한 통지절차를 거쳐 이미 그 집행이 사실행위로서 완료된 이후에 그 행위의 위법을 이유로 하여 그 처분의 취소 또는 무효확인을 구하는 것은 권리보호의 이익이 없다고 한 것,[146] 석유판매사업정지처분의 집행이 종료되었다면 설사 이로 인하여 장래에 사실상 가중된 처분을 받을 염려가 있다고 하더라도 그 처분의 취소를 구할 법률상의 이익이 있다고 할 수 없다고 한 것,[147] 그리고 주택자재공장의 등록신청이 거부되어 이에 대한 취소소송이 제기된 경우, 등록을 구하는 주택자재공장이 이미 철거되고 없다면 그 거부처분이 위법하다고 해도 그 등록의 대상이 없어졌으므로 그 취소를 구할 법률상 이익(권리보호의 필요)이 없다고 한 판례[148]를 들 수 있다.

"관할청으로부터 취임 승인이 취소된 학교법인의 이사의 임기는 취임승인취소처분에 대한 행정심판이나 행정소송의 제기에도 불구하고 의연히 진행되는 것이고, 따라서 **취임승인취소처분의 무효확인이나 취소를 구하는 소송의 사실심 변론종결 이전에 그 이사의 임기가 만료되고 나아가 사립학교법 제22조 제2호의 임원결격사유에 정하여진 기간도 경과되었다면** 취임승인취소처분이 무효로 확인되거나 취소된다고 하더라도 그 학교법인의 이사가 이사로 복귀하거나 이사 직무를 수행할 지위를 회복할 수는 없는 것이므로 **취임승인취소처분의 무효확인 또는 그 취소를 구하는 소는 결국 이를 구할 법률상의 이익이 없어 부**

(allgemeines Rechtsschutzbedürfnis) 외에도 가령 확인소송에 있어 요구되는 특수한 형태의 권리보호의 이익이 있을 수 있다고 한다. 이 경우 전자는 일종의 포괄적 범주(Auffangkategorie)로 기능하는 데 비하여 후자는 그것의 특수한 형태(Sonderfall)라고 할 수 있다는 것이다.

145) Schmitt Glaeser, aaO., Rn.117f.
146) 대법원 1971.4.20. 선고 71누22 판결.
147) 대법원 1982.3.23. 선고 81누243 판결.
148) 대법원 1987.2.24. 선고 86누676 판결.

적법하다고 할 수밖에 없다."[149]

행정소송법 제12조 제2문의 해석상 '법률상 이익'은 명예·신용 등을 포함하지 않는다고 새기는 견해가 있으며,[150] 반면 명예·신용 등의 인격적 이익, 보수청구와 같은 재산적 이익 및 불이익제거와 같은 사회적 이익도 인정될 수 있다고 보는 견해[151] 또는 이를 독일 행정 법원법 제42조 제2항 및 제113조 제1항에서 규정하는 처분의 위법확인에 대한 정당한 이익 $\binom{\text{ein berechtigtes}}{\text{Interesse}}$으로 보아 법률상 이익보다 넓은 것으로서 원고의 경제적·정치적·사회적·문화 적 이익까지 포함하는 것으로 보는 견해[152]가 주장되고 있다. 생각건대 행정소송법 제12조 제2문의 법문상 '회복되는 법률상 이익'을 취소소송의 보호대상이 아니라, 처분의 위법성에 대한 확인의 이익 또는 권리보호의 이익(협의의 소익)으로 이해하는 한, 이를 주관적 공권· 법률상 이익과 사실상 이익의 구분에 관한 문제로 다룰 이유는 없고, 따라서 이를 엄격히 법률상 이익으로 한정하는 것은 법 제12조 제2문의 취지에 비추어 타당하지 않다고 본다.

2.2. 대법원 판례의 변천

제재적 행정처분에 있어 그 제재기간이 경과된 후에도 처분의 효력을 다툴 수 있는지 여 부에 관한 대법원의 판례는 우여곡절을 겪었다.

대법원의 2006.6.22. 선고 2003두1684 전원합의체 판결은 그동안의 소극적 판례에 종지 부를 찍고 취소소송의 소익 확대를 향한 결정적 전환점이 되었다. 환경영향평가대행업무 정 지처분을 받은 환경영향평가대행업자가 업무정지처분기간 중 환경영향평가대행계약을 신규 로 체결하고 그 대행업무를 한 사안에서, 대법원은 제재적 행정처분이 그 처분에서 정한 제 재기간의 경과로 인하여 그 효과가 소멸되었을지라도, 부령인 시행규칙 또는 지방자치단체의 규칙의 형식으로 정한 처분기준에서 제재적 행정처분을 받은 것을 가중사유나 전제요건으로 삼아 장래의 제재적 행정처분을 하도록 정하고 있는 경우, 선행처분인 제재적 행정처분을 받 은 상대방이 그 처분에서 정한 제재기간이 경과하였다 하더라도 그 처분의 취소를 구할 법 률상 이익이 있다고 전제한 후, 「환경·교통·재해 등에 관한 영향평가법 시행규칙」 제10조 [별표 2] 2. 개별기준 (11)에서 환경영향평가대행업자가 업무정지처분기간 중 신규계약에 의 하여 환경영향평가대행업무를 한 경우 1차 위반시 업무정지 6월을, 2차 위반시 등록취소를 각 명하는 것으로 규정하고 있으므로, 업무정지기간 경과 후에도 위 시행규칙에 따른 후행처

---

149) 대법원 1995.3.10. 선고 94누8914 판결. 참조: 대법원 1990.3.23. 선고 89누7436 판결; 대법원 1991.5.28. 선고 90누5313 판결.
150) 김동희, 행정법 I, 635.
151) 김도창, 일반행정법론(상), 785.
152) 김남진, 행정법 I, 760.

분을 받지 않기 위하여 업무정지처분의 취소를 구할 법률상 이익이 있다고 판시한 것이다.

⁞⁞⁞ 제재기간의 경과로 인하여 그 효과가 소멸한 처분의 취소를 구할 법률상 이익

[다수의견] 제재적 행정처분이 그 처분에서 정한 제재기간의 경과로 인하여 그 효과가 소멸되었으나, 부령인 시행규칙 또는 지방자치단체의 규칙(이하 이들을 '규칙'이라고 한다)의 형식으로 정한 처분기준에서 제재적 행정처분(이하 '선행처분'이라고 한다)을 받은 것을 가중사유나 전제요건으로 삼아 장래의 제재적 행정처분(이하 '후행처분'이라고 한다)을 하도록 정하고 있는 경우, 제재적 행정처분의 가중사유나 전제요건에 관한 규정이 법령이 아니라 규칙의 형식으로 되어 있다고 하더라도, 그러한 규칙이 법령에 근거를 두고 있는 이상 그 법적 성질이 대외적·일반적 구속력을 갖는 법규명령인지 여부와는 상관없이, 관할 행정청이나 담당공무원은 이를 준수할 의무가 있으므로 이들이 그 규칙에 정해진 바에 따라 행정작용을 할 것이 당연히 예견되고, 그 결과 행정작용의 상대방인 국민으로서는 그 규칙의 영향을 받을 수밖에 없다. 따라서 그러한 규칙이 정한 바에 따라 선행처분을 받은 상대방이 그 처분의 존재로 인하여 장래에 받을 불이익, 즉 후행처분의 위험은 구체적이고 현실적인 것이므로, 상대방에게는 선행처분의 취소소송을 통하여 그 불이익을 제거할 필요가 있다. 또한, 나중에 후행처분에 대한 취소소송에서 선행처분의 사실관계나 위법 등을 다툴 수 있는 여지가 남아 있다고 하더라도, 이러한 사정은 후행처분이 이루어지기 전에 이를 방지하기 위하여 직접 선행처분의 위법을 다투는 취소소송을 제기할 필요성을 부정할 이유가 되지 못한다. 그러한 쟁송방법을 막는 것은 여러 가지 불합리한 결과를 초래하여 권리구제의 실효성을 저해할 수 있기 때문이다. 오히려 앞서 본 바와 같이 행정청으로서는 선행처분이 적법함을 전제로 후행처분을 할 것이 당연히 예견되므로, 이러한 선행처분으로 인한 불이익을 선행처분 자체에 대한 소송에서 사전에 제거할 수 있도록 해 주는 것이 상대방의 법률상 지위에 대한 불안을 해소하는 데 가장 유효적절한 수단이 된다고 할 것이고, 또한 그 소송을 통하여 선행처분의 사실관계 및 위법 여부가 조속히 확정됨으로써 이와 관련된 장래의 행정작용의 적법성을 보장함과 동시에 국민생활의 안정을 도모할 수 있다. 이상의 여러 사정과 아울러, 국민의 재판청구권을 보장한 헌법 제27조 제1항의 취지와 행정처분으로 인한 권익침해를 효과적으로 구제하려는 행정소송법의 목적 등에 비추어 행정처분의 존재로 인하여 국민의 권익이 실제로 침해되고 있는 경우는 물론이고 권익침해의 구체적·현실적 위험이 있는 경우에도 이를 구제하는 소송이 허용되어야 한다는 요청을 고려하면, 규칙이 정한 바에 따라 **선행처분을 가중사유 또는 전제요건으로 하는 후행처분을 받을 우려가 현실적으로 존재하는 경우에는, 선행처분을 받은 상대방은 비록 그 처분에서 정한 제재기간이 경과하였다 하더라도 그 처분의 취소소송을 통하여 그러한 불이익을 제거할 권리보호의 필요성이 충분히 인정된다고 할 것이므로, 선행처분의 취소를 구할 법률상 이익이 있다고 보아야 한다.**

[대법관 이강국의 별개의견] 다수의견이 선행처분의 취소를 구할 법률상 이익을 긍정하는 결론에는 찬성하지만, 그 이유에 있어서는 **부령인 제재적 처분기준의 법규성을 인정하는 이론적 기초 위에서 그 법률상 이익을 긍정하는 것이 법리적으로는 더욱 합당하다고 생각한다.** 상위법령의 위임에 따라 제재적 처분기준을 정한 부령인 시행규칙은 헌법 제95조에서 규정하고 있는 위임명령에 해당하고, 그 내용도 실질적으로 국민의 권리의무에 직접 영향을 미치는 사항에 관한 것이므로, 단순히 행정기관 내부의 사무처리준칙에 지나지 않는 것이 아니라 대외적으로 국민이나 법원을 구속하는 법규명령에 해당한다고 보아야 한다.[153]

---

153) 대법원 2006.6.22. 선고 2003두1684 전원합의체 판결.

가중된 제재처분을 받게 될 우려와 소의 이익

"[1] 행정처분에 그 효력기간이 정하여져 있는 경우 그 기간의 경과로 그 행정처분의 효력은 상실되는 것이므로 그 기간경과 후에는 그 처분이 외형상 잔존함으로 인하여 어떠한 법률상의 이익이 침해되고 있다고 볼 만한 별다른 사정이 없는 한 그 처분의 취소 또는 무효확인을 구할 법률상의 이익이 없다고 하겠으나, 위와 같은 행정처분의 전력이 장래에 불이익하게 취급되는 것으로 법에 규정되어 있어 **법정의 가중요건으로 되어 있고, 이후 그 법정가중요건에 따라 새로운 제재적인 행정처분이 가해지고 있다면, 선행행정처분의 효력기간이 경과하였다 하더라도 선행행정처분의 잔존으로 인하여 법률상의 이익이 침해되고 있다고 볼 만한 특별한 사정이 있는 경우에 해당한다.**

[2] 의료법 제53조 제1항은 보건복지부장관으로 하여금 일정한 요건에 해당하는 경우 의료인의 면허자격을 정지시킬 수 있도록 하는 근거 규정을 두고 있고, 한편 같은 법 제52조 제1항 제3호는 보건복지부장관은 의료인이 3회 이상 자격정지처분을 받은 때에는 그 면허를 취소할 수 있다고 규정하고 있는바, 이와같이 의료법에서 의료인에 대한 제재적인 행정처분으로서 면허자격정지처분과 면허취소처분이라는 2단계 조치를 규정하면서 전자의 제재처분을 보다 무거운 후자의 제재처분의 기준요건으로 규정하고 있는 이상 **자격정지처분을 받은 의사로서는 면허자격정지처분에서 정한 기간이 도과되었다 하더라도 그 처분을 그대로 방치하여 둠으로써 장래 의사면허취소라는 가중된 제재처분을 받게 될 우려가 있는 것이어서 의사로서의 업무를 행할 수 있는 법률상 지위에 대한 위험이나 불안을 제거하기 위하여 면허자격정지처분의 취소를 구할 이익이 있다.**"154)

2.3. 취소되어 더 이상 존재하지 않는 행정처분을 대상으로 한 취소소송 등의 경우

취소되어 더 이상 존재하지 않는 행정처분을 대상으로 한 취소소송에 소의 이익이 있는지 여부에 관해 대법원은 소극적 입장을 취하고 있다.

"[1] 행정처분이 취소되면 그 처분은 효력을 상실하여 더 이상 존재하지 않는 것이고, 존재하지 않는 행정처분을 대상으로 한 취소소송은 소의 이익이 없어 부적법하다.

[2] 절차상 또는 형식상 하자로 무효인 행정처분에 대하여 행정청이 적법한 절차 또는 형식을 갖추어 다시 동일한 행정처분을 하였다면, 종전의 무효인 행정처분에 대한 무효확인 청구는 과거의 법률관계의 효력을 다투는 것에 불과하므로 무효확인을 구할 법률상 이익이 없다.

[3] 지방병무청장이 병역감면요건 구비 여부를 심사하지 않은 채 병역감면신청서 회송처분을 하고 이를 전제로 공익근무요원 소집통지를 하였다가, 병역감면신청을 재검토하기로 하여 신청서를 제출받아 병역감면요건 구비 여부를 심사한 후 다시 병역감면 거부처분을 하고 이를 전제로 다시 공익근무요원 소집통지를 한 경우, 병역감면신청서 회송처분과 종전 공익근무요원 소집처분은 직권으로 취소되었다고 볼 수 있으므로, 그에 대한 무효확인과 취소를 구하는 소는 **더 이상 존재하지 않는 행정처분을 대상으로 하거나 과거의 법률관계의 효력을 다투는 것에 불과하므로 소의 이익이 없어 부적법하다.**"155)

---

154) 대법원 2005.3.25. 선고 2004두14106 판결.
155) 대법원 2010.4.29. 선고 2009두16879 판결.

3. 보다 용이한 방법으로 권리보호의 목적을 달성할 수 있는 경우

원고가 보다 용이한 방법으로$\binom{\text{auf einfachere}}{\text{Art und Weise}}$ 권리보호의 목적을 달성할 수 있다고 판단되는 경우에도 권리보호의 필요가 부정되는 경우를 상정할 수 있는데 그러한 경우는 특히 관계법령이 권리구제를 위한 특별한 규정을 두고 있는데 이를 이용하지 아니하고 곧바로 행정소송법상 일반적 권리보호절차에 호소한 경우라든지, 집행력있는 집행권원을 이미 보유하고 있어 민사소송절차에 의해 이를 직접 그리고 간편하게 목적을 달성할 수 있음에도 불구하고 취소소송을 제기한 경우, 또는 국가배상에 있어 배상심의위원회가 결정한 배상액에 불만이 있지만 국가배상소송을 제기하지 않고 일단 취소소송으로써 배상결정(그 처분성에 관한 논란의 여지를 유보하고서)의 취소만을 구하는 경우 등을 생각할 수 있다. 이러한 경우 권리보호의 이익이 없다는 것은 소송절차의 불필요한 남용을 막아야 한다는 제도적 취지에서 정당화될 수 있겠지만, 국민의 재판청구권에 비추어 이것이 지나치게 강조되어서는 안 될 것이다.

가령 과세처분이 무효임을 주장하여 무효확인소송을 구하는 것은, 원고가 이미 부과된 세액을 납부하여 마치 그 처분의 집행이 종료된 것과 같이 되어버린 때에는, 그 직접적인 위법상태의 제거를 구할 수 있는 민사소송에 의한 부당이득반환청구소송의 방법에 비하여 간접적이고 우회적인 방법이라고 보아 확인을 구할 법률상 이익이 없다고 한 판례[156]의 관점은 이러한 맥락에서 취소소송에 대해서도 적용될 수 있다.

4. 소송이 원고에게 아무런 실익이 없다고 인정되는 경우

소송이 원고에게 실제적으로 아무런 효용이 없고 다만 이론적인 관심에 의해 제기된 것이라고 판단되면 이러한 취소소송은 권리보호의 필요가 없는 것으로 보아야 할 것이다. 이미 확정판결이 난 처분에 대하여 단순한 이론상의 의도에서 무용하게 새로운 판결을 기대하여 제기한 취소소송 역시 권리보호의 필요를 결여하는 것으로 판단된다. 이것은 행정소송에 있어 권리보호의 이익이란 권리보호형태로서 그것이 제거해야 할 원고의 법적 지위의 현실적 부담(^{Belastung})을 전제로 한다는 법리로 일반화될 수 있다.[157] 그러나 단순한 정량적 관점$\binom{\text{Quantitätsge-}}{\text{sichtspunkt}}$에서 처분으로 인한 손해의 수액이 미소하다는 점만으로 권리보호의 필요를 부인할 수는 없다. 한편 대법원은 상등병에서 병장으로의 진급요건을 갖춘 자에 대하여 그 진급처분을 하지 아니한 상태에서 예비역으로 편입하는 처분을 한 경우, 진급처분 부작위위법을 이유로 예비역편입처분취소를 구할 소의 이익은 인정되지 아니한다고 판시한 바 있다.

---

156) 대법원 1991.9.10. 선고 91누3840 판결.
157) Schmitt Glaeser, aaO., S.83.

▦ 진급처분 없이 한 예비역편입처분의 취소를 구할 이익

"상등병에서 병장으로의 진급요건을 갖춘 자에 대하여 그 진급처분을 행하지 아니한 상태에서 예비역으로 편입하는 처분을 한 경우라도 예비역편입처분은 병역법시행령 제27조 제3항에 따라 헌법상 부담하고 있는 국방의 의무의 정도를 현역에서 예비역으로 변경하는 것으로 병의 진급처분과 그 요건을 달리하는 별개의 처분으로서 그 자에게 유리한 것임이 분명하므로 예비역편입처분에 앞서 진급권자가 진급처분을 행하지 아니한 위법이 있었다 하더라도 예비역편입처분으로 인하여 어떠한 권리나 법률상 보호되는 이익이 침해당하였다고 볼 수 없고, 또한 예비역편입처분취소를 통하여 회복하고자 하는 이익침해는 계급을 상등병에서 병장으로 진급시키는 진급권자에 의한 진급처분이 행하여져야만 보호받을 수 있는 것인데 비록 위 **예비역편입처분이 취소된다 하더라도 그로 인하여 신분이 예비역에서 현역으로 복귀함에 그칠 뿐이고,** 상등병에서 병장으로의 진급처분 여부는 원칙적으로 진급권자의 합리적 판단에 의하여 결정되는 것이므로 그와 같은 진급처분이 행하여지지 않았다는 이유로 위 예비역편입처분의 취소를 구할 이익이 있다고 할 수 없다."[158]

▦ 분양처분 고시 후에 한 관리처분계획변경인가신청 반려처분의 취소를 구할 이익

"도시재개발법에 의한 도시재개발사업에서 분양처분이 일단 고시되어 효력을 발생하게 된 이후에는 그 전체의 절차를 처음부터 다시 밟지 아니하는 한 그 일부만을 따로 떼어 분양처분을 변경할 길이 없고 분양처분의 일부 변경을 위한 관리처분계획의 변경도 분양처분이 이루어지기 전에만 가능하므로, 분양처분이 효력을 발생한 이후에는 조합원은 관리처분계획의 변경 또는 분양거부처분의 취소를 구할 수 없고 재개발조합으로서도 분양처분의 내용을 일부 변경하는 취지로 관리처분계획을 변경할 수 없다.

그런데 원심이 배척하지 아니한 갑 제7호증의 2(기록 제132쪽)에 의하면, 이 사건 주택개량재개발사업에 관한 분양처분의 고시가 1994.11.10.에 있은 것으로 되어 있는바 만일 이와같이 **분양처분이 고시되어 효력을 발생하였다면** 원고는 위 소외인들을 금전청산대상자에서 공동주택 분양대상자로 변경하는 내용으로 관리처분계획을 변경할 수도 없고 설령 그 변경인가를 받는다 하더라도 아무런 효력이 없다고 할 것이므로 결국 원고로서는 관리처분계획변경인가신청 반려처분의 취소를 구할 아무런 이익이 없다 할 것이다."[159]

▦ 도시개발공사 완료로 원상회복이 불가능하게 된 경우 도시계획변경처분 등의 취소를 구할 이익

"도시개발사업의 시행에 따른 도시계획변경결정처분과 도시개발구역지정처분 및 도시개발사업실시계획인가처분은 도시개발사업의 시행자에게 단순히 도시개발에 관련된 공사의 시공권한을 부여하는 데 그치지 않고 당해 도시개발사업을 시행할 수 있는 권한을 설정하여 주는 처분으로서 위 각 처분 자체로 그 처분의 목적이 종료되는 것이 아니고 위 각 처분이 유효하게 존재하는 것을 전제로 하여 당해 도시개발사업에 따른 일련의 절차 및 처분이 행해지기 때문에 위 각 처분이 취소된다면 그것이 유효하게 존재하는 것을 전제로 하여 이루어진 토지수용이나 환지 등에 따른 각종의 처분이나 공공시설의 귀속 등에 관한 법적 효력은 영향을 받게 되므로, **도시개발사업의 공사 등이 완료되고 원상회복이 사회통념상 불가능하게 되었더라도 위 각 처분의 취소를 구할 법률상 이익은 소멸한다고 할 수 없다.**"[160]

---

158) 대법원 2000.5.16. 선고 99두7111 판결. 원심: 서울고법 1999.5.26. 선고 99누594 판결.
159) 대법원 1999.10.8. 선고 97누12105 판결.
160) 대법원 2005.9.9. 선고 2003두5402,5419 판결.

5. 소권의 남용 또는 소권이 실효되었다고 인정되는 경우

원고가 단지 피고 행정청에게 여론의 압력을 가한다거나 불편을 끼치려는 목적으로 취소소송을 제기하는 경우처럼, 법질서 전체에 비추어 특별히 비난받을 수 있는 목적을 가지고 취소소송을 남용하는 것이라고 볼 수 있는 경우에도, 신의성실의 원칙 및 이로부터 파생된 소권남용금지의 원칙상 권리보호의 이익이 없다고 해야 할 것이다.[161] 이와 마찬가지의 근거로 소권의 실효에 해당되는 경우도 권리보호의 이익이 없는 경우라고 할 수 있을 것이다.[162]

V. 취소소송의 전심절차

1. 개 설

행정소송법은 제18조 제1항(본문)에서 "취소소송은 법령의 규정에 의하여 당해 처분에 대한 행정심판을 제기할 수 있는 경우에도 이를 거치지 아니하고 제기할 수 있다"고 규정하는 한편, 같은 항 단서에서는 다른 법률에 당해 처분에 대한 행정심판의 재결을 거치지 아니하면 취소소송을 제기할 수 없다는 규정이 있는 때에는 행정심판을 거쳐야 한다고 규정하고 있다. 즉 종래 필요적 전치절차였던 행정심판을 임의적 절차로 바꾸고, 행정심판전치주의의 원칙을 예외적 전치주의로 대치시킨 것이다. 행정심판전치주의는 물론 나름대로 존재이유가 없는 것은 아니었으나 그동안 여러 가지 제도적 결함으로 말미암아 국민에게 신속하고 효과적인 권리구제를 제공하기보다는 권리구제의 장애요인으로 작용하는 경우가 적지 않다는 비판이 끊임없이 제기되어 왔다. 1994년의 개정법이 이를 임의절차화한 것은 이러한 사정을 감안하여 국민의 권리구제를 용이하게 한다는 보다 실용주의적 취지에 따른 결과라 할 수 있다. 대법원은 '행정처분의 상대방이 법원에 의하여 신속하게 구제받을 수 있도록 행정심판전치의 원칙을 폐지한 것'이라고 개정이유를 밝힌 바 있다.[163]

2. 원칙: 취소소송과 행정심판의 자유선택

행정소송법 제18조 제1항 본문의 규정에 따라 취소소송은 법령의 규정에 의하여 당해 처분에 대한 행정심판을 제기할 수 있는 경우에도 이를 거치지 아니하고 제기할 수 있다. 따

---

161) 가령 이와 직접 관련된 것은 아니지만, 최근 공무원들이 감사에 걸리지 않도록 오로지 시간을 벌기 위하여 제1심 패소판결에 대하여 무조건적으로 상고하는 관행이 문제되고 있는데, 이러한 남상소도 유사한 관점에서 소권의 남용으로 인정될 수 있을 것이다.
162) Schmitt Glaeser, aaO., S.84, Rn.134.
163) 대법원, 사법제도개혁 법률안 설명자료, 1994, 172-173.

라서 당사자는 그의 자유로운 선택에 따라 행정심판을 먼저 제기하거나 이를 거치지 않고 직접 취소소송을 제기할 수 있다(자유선택주의).

3. 예외: 취소소송의 전치절차로서 행정심판

다른 법률에 당해 처분에 대한 행정심판의 재결을 거치지 아니하면 취소소송을 제기할 수 없다는 규정이 있는 때에는 취소소송의 전치절차로서 행정심판을 거쳐야 한다(행정소송법 § 18 ① 단서, § 38 ②). 즉 법률에 다른 규정이 있는 예외적인 경우에는 필요적 전치절차로서 행정심판을 거쳐야 한다. 그러한 예로는 도로교통법과 국세기본법, 국가공무원법 등의 경우를 들 수 있다.

가령 도로교통법은 제142조에서 "이 법에 의한 처분으로서 해당 처분에 대한 행정소송은 행정심판의 재결(裁決)을 거치지 아니하면 이를 제기할 수 없다"고 규정하여 행정심판전치주의를 채택하였다. 따라서 음주운전이나 기타 벌점초과 등으로 인한 면허행정처분과 같은 도로교통법상의 처분에 대한 행정소송은 반드시 행정심판의 재결을 먼저 거쳐야만 제기할 수 있게 되었다. 또한 행정심판법에 의한 행정심판에 관한 것은 아니지만, 국세기본법도 심판청구 및 그에 대한 결정 또는 심사청구를 전치절차로 요구하고 있다. 즉 국세기본법은 제56조 제2항에서 "제55조에 규정된 위법한 처분에 대한 행정소송은 행정소송법 제18조 제1항 본문·제2항 및 제3항에도 불구하고 이 법에 따른 심사청구 또는 심판청구와 그에 대한 결정을 거치지 아니하면 제기할 수 없다"고 규정함으로써 특수한 행정심판인 국세심판에 관한 것이기는 하지만, 심판전치주의를 채택하고 있다. 국세기본법 제55조에 규정된 위법한 처분에 대한 행정소송은 행정소송법 제20조의 규정에 불구하고 심사청구 또는 심판청구에 대한 결정의 통지를 받은 날부터 90일 이내에 제기하여야 한다. 다만, 제65조 제2항 또는 제81조에 따른 결정기간에 결정의 통지를 받지 못한 경우에는 결정의 통지를 받기 전이라도 그 결정기간이 지난 날부터 행정소송을 제기할 수 있도록 되어 있다(같은 법 § 56 ③).[164]

국가공무원법 역시 제16조 제1항에서 법 제75조에 따른 처분(징계처분등, 강임·휴직·직위해제 또는 면직처분), 그 밖에 본인의 의사에 반한 불리한 처분이나 부작위에 관한 행정소송은 소청심사위원회의 심사·결정을 거치지 아니하면 제기할 수 없다고 규정하여 소청전치주의를 채택하고 있다.

4. 자유선택주의하에서 취소소송과 행정심판의 관계

행정심판이 임의절차화함에 따라 처분등에 대한 행정심판과 취소소송이 동시에 제기되거나 시기를 달리 하여 함께 제기될 수 있게 되었다. 그 경우 행정심판 재결과 행정소송 판결

---

164) 국세기본법 제55조에 규정하는 처분에 대하여는 행정심판법의 규정을 적용하지 아니한다(국세기본법 § 56 ①).

이 불일치하거나 상충하는 등 양자의 관계여하가 문제될 수 있다. 동일한 처분에 대한 것이라도 행정심판과 취소소송은 각각 별도로 진행되고 양자 사이에 직접적 법적 관계는 성립하지 않는다.

먼저 취소소송이 계속중 취소심판을 각하 또는 기각하는 재결이 나오거나 그러한 재결이 나온 후 취소소송이 제기된 경우에는 별다른 문제가 생기지 아니한다. 처분에 대한 취소심판이 청구기각으로 종결된 후 취소소송에서 청구인용판결이 나올 수 있고 이 경우에 법원의 판결이 취소심판의 기각재결에 우선하는 것은 지극히 당연한 결과이기 때문이다.

또한 취소소송의 인용판결이 확정된 후 당해 처분에 대한 취소심판의 재결이 그 판결과 결론을 달리 하게 될 여지는 없다. 당해 처분은 확정된 취소판결에 의하여 취소되어 소멸되어 버리거나 적법성이 확인되거나 둘 중 하나가 될 것이기 때문이다. 또 취소소송의 선행 확정판결에 반하는 취소심판의 재결은 위법임을 면할 수 없다.

그러나 취소소송이 계속중 동일한 처분에 대한 취소심판에서 청구인용재결이 나오거나 그러한 재결이 나온 후 취소소송이 제기된 경우, 그리고 취소심판의 재결이 있기 전에 동일한 처분에 대한 취소소송 인용판결이 선고될 경우에는 사정이 다르다.

4.1. 취소심판의 인용재결이 선행한 경우

취소소송의 계속중 동일한 처분에 대한 취소심판에서 청구인용재결이 내려진 경우 피청구인인 처분청은 그 재결에 불복하여 소송을 제기할 수 없으므로, 청구인은 그것으로 소기의 권리구제를 받은 것이 되어 취소소송을 취하하려 할 것이다. 행정소송에 있어서도 처분권주의($\begin{smallmatrix} \text{Verfügungsgrundsatz;} \\ \text{Dispositionsmaxime} \end{smallmatrix}$)가 타당한 이상 소의 취하에 의하여 취소소송이 종료되는 것은 당연한 결과이다.[165]

"원고가 종합소득세부과처분의 위법을 들어 그 취소를 구하고 있다면 법원은 위 과세처분에 의하여 인정된 종합소득의 과세표준과 종합소득세액의 객관적인 존재를 그 심리대상으로 삼아 그 과세처분의 위법여부만을 심리하여야 할 것임에도 원심이 위 과세처분의 위법을 인정하면서도 과세관청의 납세고지통지가 없어 아직 유효한 과세처분이 있었다고도 볼 수 없고 또 당사자가 구하지도 아니하여 심리의 대상이 될 수 없는 양도소득의 과세표준과 양도소득세액을 산출하고 위 종합소득세과세처분중 위와 같이 산출한 양도소득세액의 범위내의 것은 적법하다고 판시한 것은 처분권주의에 위배한 것"[166]

취소소송의 원고는 판결이 확정되기 전까지는 언제라도 소를 취하할 수 있다. 그러나 취소소송에 민사소송법 제239조 제2항의 규정이 준용되는 결과 피고가 본안에 대하여 준비서

---

165) 취소소송에 있어 소의 취하에 관하여는 법원행정처, 법원실무제요 행정, 1997, 266이하; 塩野 宏(서원우·오세탁 공역), 일본행정법론, 법문사, 1996, 408 등을 참조.
166) 대법원 1987.11.10. 선고 86누491 판결.

면을 제출하거나 준비절차에서 진술·변론을 한 후에는 피고의 동의가 있어야 한다. 한편 취소소송의 수소법원은 행정심판에서 원고가 이미 인용재결을 받았다는 사실이 판명될 경우 당해 처분에 대한 취소소송을 부적법한 것으로 각하할 수 있을 것이다. 행정심판법 제32조 제3항은 취소심판의 청구가 이유있다고 인정할 때에는 재결청은 "처분을 취소 또는 변경하거나 처분청에게 취소 또는 변경할 것을 명한다"고 규정하고 있다. 따라서 이 경우 선행 행정심판에서 계쟁처분을 직접 취소·변경167)하는 형성재결이 내려지면 이로써 당해 처분의 법적 존재가 소멸 또는 변경되며, 또 처분청에게 처분의 취소·변경을 명하는 이행재결이 행해진 경우에도, 피청구인인 처분청이 이를 불복할 수 없는 이상, 분쟁은 이미 종식되어 소의 이익이 없는 것으로 판단될 것이기 때문이다.

그러나 취소소송의 계속중 취소심판의 재결이 내려진 경우, 재결청(행정심판위원회)이나 취소소송의 수소법원 간의 별도의 통지절차가 법정되어 있지 않기 때문에, 취소소송에서 원고의 소취하나 법원의 소각하판결이 없이 이미 앞서 있었던 행정심판 청구인용재결과 상반되는 내용의 판결이 선고·확정되어 버리는 경우도 발생할 여지가 있다. 이러한 경우 피고 행정청은 이 판결을 원용하여 계쟁처분의 적법성을 주장할 것이고, 원고는 당초 청구를 인용한 행정심판 재결을 고수하려 할 것이다. 여기서, 원고가 민사소송법 제451조 제1항 각 호의 규정을 근거로 재심을 청구할 경우 이를 허용할 것인지 여부가 문제된다. 이 경우 취소소송의 수소법원이 선행 행정심판의 청구인용재결을 고려하지 않은 것이 민사소송법 제451조 제1항이 열거하고 있는 재심사유 중 특히 제8호 "판결의 기초로 된 민사나 형사의 판결, 그 밖의 재판 또는 행정처분이 다른 재판이나 행정처분에 따라 바뀐 때"와 제9호 "판결에 영향을 미칠 중요한 사항에 관하여 판단을 누락한 때"에 해당하는지가 검토되어야 한다. 먼저 제9호의 경우 당사자가 주장하지 아니한 직권조사사항의 판단누락(유탈)은 재심사유가 아니라는 대법원의 판례168)에 비추어 볼 때 해당사항이 없다고 보아야 할 것이다. 반면 제8호의 경우에는 선행한 행정심판에서 계쟁처분을 직접 취소·변경169)하는 형성재결이 행해진 경우와 처분청에게 처분의 취소·변경을 명하는 이행재결이 행해진 경우를 나누어 살펴볼

---

167) 이 경우 변경의 의미에 관하여는 후술하는 취소소송의 경우와는 달리, 행정심판의 본질상 소극적인 일부취소뿐만 아니라 적극적인 변경을 뜻하는 것으로 해석되고 있다.

168) 대법원 1994.11.8. 선고 94재누32 판결. 이 사건 판결에서 대법원은 "민사소송법 제422조 제1항 제9호에서 판결에 영향을 미친 중요한 사항에 관하여 판단을 유탈한 때라 함은 소송요건에 흠결이 없어서 본안에 들어가 사건을 판단하는 경우에 있어서는 당사자가 적법히 소송상 제출한 공격방어의 방법으로서 당연히 판결의 결론에 영향이 있는 것에 대하여 판결이유 중에서 판단을 표시하지 않는 것을 말한다"는 종래의 확립된 판례(가령 대법원 1995.12.22. 선고 94재다31 판결)를 재확인한 후, 민사소송법 제422조 제1항 제9호의 판결에 영향을 미칠 중요한 사항에 해당되기 위해서는 "직권조사사항 여부를 불문하나, 다만 당사자가 주장하였거나 그 조사를 촉구하지 아니한 직권조사사항은 이를 판단하지 아니하였다고 하여도 위 법조 소정의 재심사유에 해당하지 않는다"고 판시하였다. 동지 대법원 1982.12.29. 선고 82사19 판결.

169) 이 경우 변경의 의미에 관하여는 후술하는 취소소송의 경우와는 달리, 행정심판의 본질상 소극적인 일부취소뿐만 아니라 적극적인 변경을 뜻하는 것으로 해석되고 있다.

필요가 있다($^{행정심판법}_{§ 32 \ ③}$). 전자의 경우에는 이미 당해 처분등을 취소·변경하는 형성재결로써 당해 처분의 법적 존재가 소멸 또는 변경되기 때문에 위 민사소송법 제422조 제1항 제8호의 재심사유에 해당하는 것으로 보아야 하지 않을까 생각한다. 이와 관련하여 사안은 다르지만 다음 판례들을 통해 유사한 판결방향을 엿볼 수 있다.

"인용상표의 선출원을 이유로 등록상표의 등록무효심판이 확정된 후, 피심판청구인이 심판청구인을 상대로 인용상표에 대하여 상표등록무효심판을 청구한 사건의 항고심인 특허청 항고심판소에서 인용상표를 무효로 한 심결이 내려지고 대법원에서 그에 대한 심판청구인의 상고가 기각되었다면, 인용상표는 구 상표법($^{1990.1.13. \ 법률 제4210}_{호로 \ 개정되기 \ 전의 \ 것}$) 제13조 제3항, 제48조 제2항에 의하여 위 등록상표에 대한 관계에서 처음부터 없었던 것으로 보아야 할 것이고, 인용상표가 소급적으로 없었던 것이 되었음에도 불구하고 선출원되어 유효하게 등록되었음을 기초로 한 위 등록상표의 등록무효심판의 확정판결에는 민사소송법 제422조 제1항 제8호 소정의 재심사유가 있다."[170]

"민사소송법 제422조 제1항 제8호 소정의 "판결의 기초가 된 재판 또는 행정처분이 다른 재판이나 행정처분에 의하여 변경된 때"라 함은 후의 확정적인 재판 또는 행정처분에 의하여 취소변경된 경우만을 말한다."[171]

반면 후자의 경우에는 당해 처분등이 선행 행정심판의 인용재결로써 직접 취소·변경된 것이 아니고 단지 처분청에게 처분등의 취소·변경을 명하는 이행재결이 내려진 것에 불과하므로, 이것만으로 민사소송법 제422조 제1항 제8호 소정의 재심사유에 해당한다고는 볼 수 없을 것이다.[172] 따라서 피고 행정청은 이 경우 취소소송의 확정판결을 들어 처분등의 적법성을 주장하게 될 것이고, 그 절차의 성질상 차이에 비추어 볼 때 취소소송의 확정판결이 행정심판의 재결에 우선하는 것으로 볼 수밖에 없을 것이므로, 선행 취소심판의 인용재결이 일단 무용한 것으로 돌아갈 가능성도 없지 않다. 물론 청구인의 입장에서는 당초의 이행재결을 근거로 처분청에 대하여 계쟁처분의 취소·변경을 요구하고 그 요구가 받아들여지지 않으면 이를 행정소송등을 통하여 다툴 수 있으므로 다시금 법원에서 문제를 해결할 수밖에 없게 될 것이다.

한편 취소심판의 인용재결이 있은 후 취소소송에서 인용판결이 선고된 때에도 피고 행정청이 상소를 제기할 수 있고 그 상소심에서 판결이 번복될 수 있으므로, 위에서 살펴 본 것과 유사한 사례상황이 발생할 수 있을 것이다.

---

170) 대법원 1997.9.12. 선고 97재후58 판결.
171) 대법원 1980.11.11. 선고 80무3 판결.
172) 물론 그 경우에도 민사소송법 같은 법조항의 다른 재심사유 해당여부가 검토되어야 할 것이지만 여기서 상세한 논의는 생략한다.

4.2. 취소소송의 인용판결이 선행한 경우

현실적으로는 일어나기 어려운 경우지만 취소소송의 인용판결이 취소심판의 재결에 선행하는 경우에도 양자간 불일치문제가 발생할 수 있다. 물론 이 경우에도 취소소송의 인용판결이 확정된 후 당해 처분에 대한 취소심판의 재결이 결론을 달리 할 여지가 없다는 것은 앞서 본 바와 같다. 그러나 취소소송의 상소심이 계속되는 동안 그 원심판결과 상반되는 취소심판의 재결이 나올 수는 있다. 이 경우 상소심에서 그러한 취소심판의 재결을 어떻게 취급할 것인지가 문제된다. 만일 취소심판이 인용되어 처분이 취소·변경된 경우에는(형성재결) 법원도 이를 무시할 수 없을 것이다. 행정심판법에 의하여 당해 처분이 직접 취소 또는 변경되어버리기 때문이다. 따라서 그러한 사실을 알게 되면 소를 각하하여야 할 것이고 그것을 모르고 소송을 진행시켜 확정판결에 이른 경우에도 앞서 본 바와 같은 민사소송법 제422조 제1항의 규정에 따라 재심의 소가 제기될 수 있다. 반면 처분의 취소·변경을 명하는 이행재결이 내려질 경우에는 일단 그에 따른 행정청의 조치가 있기까지는 처분의 존재가 지속되므로, 이러한 사실을 모르고 소송을 진행한 경우는 물론, 알았다 하더라도 취소소송의 상소심 또는 원심법원에서 당해 처분을 취소하거나 청구를 기각하는 취지의 판결을 선고할 수 있는 여지가 있다. 법원은 그 경우 행정심판기관의 판단을 존중하여 소를 각하할 수도 있을 것이다. 피고 처분청이 상소를 제기한 경우에도 마찬가지이다.

4.3. 문제의 해결방안

이제까지 살펴 본 문제점들은 비단 취소심판과 취소소송 간의 관계에서만 발생하는 문제는 아니다. 처분에 대한 취소심판과 당해 처분을 원인으로 하는 공법상 법률관계에 관한 공법상 당사자소송 사이에서도 유사한 문제가 발생할 수 있다. 그러나 행정심판이 임의절차화함으로써 종래 취소심판과 취소소송 간의 전치주의적 연계가 끊어졌기 때문에 특히 취소심판과 취소소송의 관계와 관련하여 문제가 되는 것이다.

그러면 앞서 본 문제점들은 어떻게 해소할 것인가. 현행법상 이러한 문제점을 해소할 수 있는 근거가 마련되어 있는지는 불분명하다. 현행 행정심판법은 제49조 제4항과 제5항에서 "법령의 규정에 따라 공고하거나 고시한 처분이 재결로써 취소되거나 변경되면 처분을 한 행정청은 지체 없이 그 처분이 취소 또는 변경되었다는 것을 공고하거나 고시하여야 한다", "법령의 규정에 따라 처분의 상대방 외의 이해관계인에게 통지된 처분이 재결로써 취소되거나 변경되면 처분을 한 행정청은 지체 없이 그 이해관계인에게 그 처분이 취소 또는 변경되었다는 것을 알려야 한다"고 각각 규정하고 있으나 취소소송의 수소법원에 대한 통지에 관한 직접적·명시적 규정은 두고 있지 않다. 행정소송법은 제25조에서 법원에게 당사자의 신청이 있는 때 결정으로써 재결을 행한 행정청에 대하여 행정심판에 관한 기록의 제출을 명할 수 있는 행정심판기록 제출명령권을 인정하고 있고, 제26조에서 법원이 필요하다고 인정할 때에는 직권으로 증거조사를 할 수 있고, 당사자가 주장하지 아니한 사실에 대하여도 판단할 수 있는 직권조사권을 인정하고 있을 뿐이다. 이렇게 볼 때 행정심판기관(재결청·행정심판위원회)과 취소소송 수소법원으로 하여금 상호간에 그 재결이나 판결의 결과를 상호 통지하도록 의무화하는 입법적 보완조치가 뒤따라야 할 것이다.

다만, 입법적 보완이 없더라도 그때까지는 당분간 취소소송에서 재판장이 행정소송법 제26조의 규정을 근거로 직권으로 당사자에게 취소심판의 제기여부, 진행상황 및 결과 등을 질문·확인하도록 함으로써 소송실무상 운용의 묘를 기해야 할 것이다. 우선 소제기시 아예 소장에 그러한 사항을 기재토록 하거나 변론개시시에 이를 취소심판의 제기여부, 결과 등을 확인하되, 취소심판이 제기되었음이 밝혀진 경우에는 변론종결시 그때까지 취소심판의 진행경과 및 결과를 확인하여 이를 판결에서 고려하여야 할 것이다. 그러나 변론종결이후 취소심판의 재결이 나올 경우 법원으로서는 당사자나 행정심판위원회, 재결청 등이 그 사실을 재판부에 통보해 주지 않으면 그것을 알 수 없기 때문에 문제가 남는다.

마찬가지로 행정심판위원회도 그 심리절차에서 당사자에게 취소소송의 제기여부, 진행상황 및 결과 등을 질문·확인하여 이를 심판결과에서 고려하는 것이 바람직하다.

요컨대, 행정심판위원회(또는 재결청)와 취소소송의 관할법원 간에 서로 취소심판이나 취소소송의 제기여부 및 결과를 통보하도록 의무화하는 방향으로 제도를 보완하되, 당분간은 각기 심판기관들이 운용의 묘를 살려 직권으로 그러한 사실을 확인하여 재결이나 판결에 반영함으로써, 동일한 처분에 관한 취소심판과 취소소송의 결론이 서로 달라지거나 어느 한 쪽이 다른 한 쪽의 결론을 고려하지 못하게 되는 결과를 방지할 필요가 있다.

Ⅵ. 취소소송의 제소기간

취소소송은 행정처분의 효력이 너무 오랫동안 불안정하게 되는 결과를 피하기 위하여(법적 안정성의 요청) 제소기간이 제한된다. 제소기간의 준수여부는 소송요건으로 법원의 직권조사사항이다. 행정소송법은 취소소송의 제소기간에 대하여 처분등이 있음을 안 날부터 90일 이내에, 처분등이 있은 날부터 1년(제1항 단서의 경우는 재결이 있은 날부터 1년) 내에 제기하여야 한다고 규정하고 있다. 이 두 종류의 기간은 선택적인 것이 아니다. 어느 하나의 기간이 경과하면 제소기간이 경과되는 결과가 된다.

'처분이 있음을 안 날'이란 당해 처분이 효력을 발생한 날을 말한다. '처분이 있음을 안 날부터 90일'이라는 제소기간은 불변기간이다($\S^{20}_{③}$). 다만 그 기산점에 대하여 법은 제18조 제

1항 단서에 규정한 경우와 그 밖에 행정심판청구를 할 수 있는 경우 또는 행정청이 행정심판청구를 할 수 있다고 잘못 알린 경우에 행정심판청구가 있은 때의 기간은 재결서의 정본을 송달받은 날부터 기산하도록 규정을 두었다(§20①단서).

금융위원회가 甲 상호저축은행 주식회사에 '경영이 건전하지 못하여 공익을 크게 해할 우려가 있다'는 이유로 구 상호저축은행법 제24조 제2항 제2호 및 제6호 규정에 따라 영업인가를 취소하는 처분을 하였는데, 甲 은행이 처분 통지일로부터 90일이 지나서 취소소송을 제기하고 그 직후 선임된 특별대리인이 이를 추인한 사안에서, 甲 은행의 기존 대표이사와 관리인이 취소소송을 제기할 수 없었던 이상 甲 은행이 **처분 통지일부터 90일의 제소기간이 지난 후에 소를 제기하였다고 하더라도 이는 민사소송법 제173조 제1항에 규정된 책임질 수 없는 사유로 말미암아 불변기간을 지킬 수 없었던 경우로서** 특별대리인이 선임되어 그 사유가 없어진 날부터 2주 내에 게을리 한 소송행위를 보완할 수 있다고 볼 여지가 있고, 이러한 책임질 수 없는 사유가 존재했는지는 취소소송의 당사자인 甲 은행을 기준으로 살펴야 하므로, 원심은 甲 은행의 특별대리인이 선임된 때부터 2주 내에 소송행위를 적법하게 보완한 것인지를 살펴 甲 은행의 소가 적법한지를 판단했어야 한다는 이유로, 이러한 조치 없이 제소기간이 지났다고 보아 甲 은행의 소를 각하한 원심판결에 제소기간에 관한 법리를 오해한 위법이 있다.[173]

행정소송법 제20조 제1항에서 말하는 '행정심판'의 의미

"행정소송법 제20조 제1항에 따르면, 취소소송은 처분 등이 있음을 안 날부터 90일 이내에 제기하여야 하는데, 행정심판청구를 할 수 있는 경우에 행정심판청구가 있은 때의 기간은 재결서의 정본을 송달받은 날부터 기산한다. 이처럼 취소소송의 제소기간을 제한함으로써 처분 등을 둘러싼 법률관계의 안정과 신속한 확정을 도모하려는 입법 취지에 비추어 볼 때, 여기서 말하는 '행정심판'은 행정심판법에 따른 일반행정심판과 이에 대한 특례로서 다른 법률에서 사안의 전문성과 특수성을 살리기 위하여 특히 필요하여 일반행정심판을 갈음하는 특별한 행정불복절차를 정한 경우의 특별행정심판(행정심판법§4)을 뜻한다."[174]

한편 '처분등이 있은 날부터 1년'(제1항 단서의 경우는 재결이 있은 날부터 1년)이 지나면 처분등이 있었음을 알았는지 여부를 불문하고 취소소송을 제기하지 못하게 된다. 이것은 불변기간이 아니며, 정당한 이유가 있는 경우에는 취소소송을 제기할 수 있게 된다(§20②단서).

그 밖에 각 단행법상 특별규정이 있는 경우에는(예: 국세기본법§56; 지방세기본법§119) 각각 그 규정하는 바에 따른다.

---

173) 대법원 2012.3.15. 선고 2008두4619 판결: 금융위원회가 甲 상호저축은행 주식회사의 영업인가를 취소하는 처분을 하였는데, 甲 은행이 처분 통지일로부터 90일이 지나서 취소소송을 제기하고 그 직후 선임된 특별대리인이 이를 추인한 사안에서, 甲 은행의 소를 각하한 원심판결이 제소기간 법리 오해라고 판단한 사례.
174) 대법원 2014.4.24. 선고 2013두10809 판결: 甲 광역시 교육감이 공공감사에 관한 법률 등에 따라 乙 학교법인이 운영하는 丙 고등학교에 대한 특정감사를 실시한 후 丙 학교의 학교장과 직원에 대하여 징계(해임)를 요구하는 처분을 하였는데, 乙 법인이 위 처분에 대한 이의신청을 하였다가 기각되자 위 처분의 취소를 구하는 소를 제기한 사안에서, 공공감사법상 재심의신청 및 구 甲 광역시교육청 행정감사규정상 이의신청은 자체감사를 실시한 중앙행정기관 등의 장으로 하여금 감사결과나 그에 따른 요구사항의 적법·타당 여부를 스스로 다시 심사하도록 한 절차로서 행정심판을 거친 경우의 제소기간의 특례가 적용될 수 없다고 보고, 이의신청에 대한 결과통지일이 아니라 乙 법인이 위 처분이 있음을 알았다고 인정되는 날부터 제소기간을 기산하여 위 소가 제소기간의 도과로 부적법하다고 본 원심판단을 정당하다고 한 사례.

행정청이 행정심판청구 할 수 있다고 잘못 알린 경우 제소기간

"[1] 산업재해보상보험법에 의한 징수금 감액처분은 감액된 부분에 관해서만 법적 효과가 미치는 것으로서 당초 징수결정과 별개 독립의 징수금 결정처분이 아니라 그 실질은 처음 징수결정의 변경이고, 그에 의하여 징수금의 일부취소라는 징수의무자에게 유리한 결과를 가져오는 처분이므로 징수의무자에게는 그 취소를 구할 소의 이익이 없다. 이에 따라 감액처분으로도 아직 취소되지 않고 남아 있는 부분이 위법하다 하여 다투고자 하는 경우, 감액처분을 항고소송의 대상으로 할 수는 없고, 당초 징수결정 중 감액처분에 의하여 취소되지 않고 남은 부분을 항고소송의 대상으로 할 수 있을 뿐이며, 그 결과 제소기간의 준수 여부도 감액처분이 아닌 당초 처분을 기준으로 판단해야 한다.

[2] 행정소송법 제20조 제1항은 '취소소송은 처분 등이 있음을 안 날부터 90일 이내에 제기하여야 하나 행정청이 행정심판청구를 할 수 있다고 잘못 알린 경우에 행정심판청구가 있은 때의 기간은 재결서의 정본을 송달받은 날부터 기산한다'고 규정하고 있는데, 위 규정의 취지는 불가쟁력이 발생하지 않아 적법하게 불복청구를 할 수 있었던 처분 상대방에 대하여 행정청이 법령상 행정심판청구가 허용되지 않음에도 행정심판청구를 할 수 있다고 잘못 알린 경우에, 잘못된 안내를 신뢰하여 부적법한 행정심판을 거치느라 본래 제소기간 내에 취소소송을 제기하지 못한 자를 구제하려는 데에 있다. 이와 달리 **이미 제소기간이 지남으로써 불가쟁력이 발생하여 불복청구를 할 수 없었던 경우라면 그 이후에 행정청이 행정심판청구를 할 수 있다고 잘못 알렸다고 하더라도 그 때문에 처분 상대방이 적법한 제소기간 내에 취소소송을 제기할 수 있는 기회를 상실하게 된 것은 아니므로 이러한 경우에 잘못된 안내에 따라 청구된 행정심판 재결서 정본을 송달받은 날부터 다시 취소소송의 제소기간이 기산되는 것은 아니다.** 불가쟁력이 발생하여 더 이상 불복청구를 할 수 없는 처분에 대하여 행정청의 잘못된 안내가 있었다고 하여 처분 상대방의 불복청구 권리가 새로이 생겨나거나 부활한다고 볼 수는 없기 때문이다."175)

Ⅶ. 소 장

행정소송의 제기는 일정한 형식을 갖춘 서면인 소장을 법원에 제출함으로써 한다($\frac{행정소송법}{§8 \ ②; \ 민}$ $\frac{사소송법}{§§ \ 248, \ 249}$). 소장에 관하여는 행정소송법상 아무런 규정이 없으므로 민사소송법을 준용한다. 소장에는 당사자, 법정대리인, 청구의 취지와 원인을 기재하여야 하며($\frac{민사소송법}{§ \ 248 \ ①}$), 그 밖에도 준비서면에 관한 규정($\frac{같은 \ 법}{§§ \ 273이하}$)이 준용되므로, 공격 또는 방어의 방법, 상대방의 청구와 공격 또는 방어의 방법에 대한 진술, 덧붙인 서류의 표시, 작성한 날짜, 법원의 표시 등을 기재하여야 하며, 상대방의 청구와 쌍방의 공격·방어방법에 대한 사실상 주장을 증명하기 위한 증거방법과 상대방의 증거방법에 대한 의견을 함께 적어야 한다($\frac{같은 \ 법}{§ \ 274 \ ②}$).176)

---

175) 대법원 2012.9.27. 선고 2011두27247 판결.
176) 소장작성방법 등 소송절차, 서식 등에 관해서는 http://www.scourt.go.kr/ke_p.html 참조.

제 4 항 취소소송에 있어 가구제

I. 개 설

사법작용은 그 본질상 신중한 절차를 필요로 한다. 민사소송과 마찬가지로 행정소송도 판결을 통하여 종결되기까지 상당한 시일을 소요하는 것이 보통이다. 그리하여 경우에 따라서는 원고가 승소판결을 얻는다 하더라도 그 사이에 계쟁처분이 집행되거나 효력이 완성되어 버리면 당초 구제목적의 달성이 사실상 불가능하게 되는 때가 있을 수 있다. 이때 판결이 있기 전이라도 잠정적으로 처분의 집행을 정지하는 등 임시조치를 취함으로써 권리구제에 차질이 없도록 할 필요가 생긴다. 행정소송에 있어 가구제란 이와같이 정상적인 권리구제절차에 의해서는 구제목적을 달성할 수 없는 경우 원고에게 일정한 요건 아래 잠정적인 권리보호($\binom{vorläufiger}{Rechtsschutz}$)를 부여하는 절차를 말한다. 즉 계쟁처분이나 공법상의 권리관계에 관하여 임시의 효력관계나 지위를 정함으로써 본안판결이 확정될 때까지 잠정적으로 권리구제를 도모하는 제도이다. 행정소송, 특히 취소소송에 있어 가구제는 공권력행사로서 처분의 집행보장에 대한 행정목적과 권리구제의 실효성에 대한 사익의 요구를 적절히 조화시키기 위한 제도적 방법이다. 행정소송상 가구제의 내용은 각국의 입법정책에 따라 일정하지 않으나, 대체로 집행정지와 가처분이 문제되고 있다. 전자는 행정심판 및 행정소송의 제기 또는 법원에 의한 별도의 집행정지결정에 집행정지효를 결부시키는 제도인 데 비하여, 후자는 일반 민사소송상의 가처분제도를 행정소송에 원용하는 방식이라 할 수 있다. 행정소송법은 취소소송에 있어 집행정지에 관한 규정($^{§\,23}$)만 두고 가처분에 대해서는 아무런 규정을 두지 않았다.

II. 집행정지

1. 집행부정지의 원칙

행정소송법은 "취소소송의 제기는 처분 등의 효력이나 그 집행 또는 절차의 속행에 영향을 주지 아니 한다"고 규정함으로써 집행부정지원칙을 채택하고 있다($^{§\,23}_①$). 이러한 집행부정지원칙을 행정행위의 공정력(예선적 효력)의 당연한 귀결로 보는 견해도 있으나, 이것은 위법한 처분등에 의해 권익침해를 최소화하려는 권리구제적 관심과 반면 절차남용의 억제 및 처분의 효력·집행의 지속성보장 등 원활한 행정운영에 관한 공익의 요청 중 어느 것에 상대적 비중과 우선순위를 두느냐에 따라 결정되는 입법정책의 문제이다.[177] 따라서 집행부정지

---

177) 김도창, 일반행정법론(상), 712.

의 원칙은 행정행위의 공정력(예선적 효력) 또는 자력집행력의 결과라기보다는 오히려 그러한 효력을 전제로 하여 채택된 법정책적 선택의 산물이라 할 수 있다.

　　이것은 각국의 입법례를 보아도 분명히 알 수 있다. 가령 우리처럼 집행부정지의 원칙(Caractère non suspensif)에 입각하여 예외적으로만 집행정지(sursis à exécution)를 허용하는 프랑스나 일본의 경우와는 달리, 독일의 경우 집행정지가 원칙이어서 행정심판 및 행정소송의 제기에 집행정지효(aufschiebende Wirkung)가 인정되는데 이 경우 행정행위의 공정력이나 자력집행력이 부정되는 것은 아니라는 점에 유의할 필요가 있다.

그러나 행정에 부여된 일종의 공권력특권을 의미하는 집행부정지 원칙에 대해 국민 권리보호의 견지에서 입법론적 의문이 제기되고 있음은 이미 행정심판 부분에서 지적한 바 있다.

2. 예외: 집행정지

행정소송법은 집행부정지원칙을 일률적으로 관철시킴으로 인해 발생할 수 있는 불합리한 결과를 방지하기 위하여 일정한 경우 예외적으로 집행정지를 할 수 있도록 하였다. 즉, 취소소송이 제기된 경우에 처분등이나 그 집행 또는 절차의 속행으로 인하여 생길 회복하기 어려운 손해를 예방하기 위하여 긴급한 필요가 있다고 인정할 때에는 본안이 계속되고 있는 법원은 당사자의 신청 또는 직권에 의하여 처분등의 효력이나 그 집행 또는 절차의 속행의 전부 또는 일부의 정지를 결정할 수 있다($\S_{2}^{23}$). 집행정지는 본안판결의 확정시까지 존속하는 임시적 구제제도로서, ① 잠정성, ② 긴급성, ③ 본안소송에의 부종성 등과 같은 특성을 지닌다.

2.1. 집행정지의 요건

법원이 집행정지결정에는 다음과 같은 적극적 요건과 소극적 요건이 충족되어야 한다.

2.1.1. 적극적 요건

⑴ 집행정지의 대상인 처분등의 존재

집행정지의 대상은 ① 처분등의 효력, ② 처분등의 집행, ③ 절차의 속행이다. 따라서 ① 처분 전, ② 부작위에 대하여, 또는 ③ 처분 소멸 후에는 집행정지의 대상이 없게 되므로 집행정지는 허용되지 않는다. 처분이 존재하고 집행이 이미 완료된 경우처럼 집행정지신청의 이익(필요)이 없는 경우에도 집행정지는 허용되지 아니 한다.

집행정지 신청의 이익

"[1] 행정처분에 대한 효력정지신청을 구함에 있어서도 이를 구할 법률상 이익이 있어야 하는바, 이 경우 법률상 이익이라 함은 그 행정처분으로 인하여 발생하거나 확대되는 손해가 당해 처분의 근거 법률에 의하여 보호되는 직접적이고 구체적인 이익과 관련된 것을 말하는 것이고 단지 간접적이거나 사실적·경제적 이해관계를 가지는 데 불과한 경우는 여기에 포함되지 않는다.

[2] **경쟁 항공회사에 대한 국제항공노선면허처분으로 인하여 노선의 점유율이 감소됨으로써 경쟁력과 대내외적 신뢰도가 상대적으로 감소되고 연계노선망개발이나 타항공사와의 전략적 제휴의 기회를 얻지 못하게 되는 손해를 입게 되었다고 하더라도 위 노선에 관한 노선면허를 받지 못하고 있는 한 그러한 손해는 법률상 보호되는 권리나 이익침해로 인한 손해라고는 볼 수 없으므로 처분의 효력정지를 구할 법률상 이익이 될 수 없다**고 한 사례.

[3] 경쟁 항공회사에 대한 국제항공노선면허처분이 효력정지되면 행정청으로부터 항공법상 전세운항계획에 관한 인가를 받아 취항할 수 있게 되는 지위를 가지게 된다고 하더라도, 행정청이 위 인가를 하여 줄 법률상 의무가 발생하는 것이 아니고, 다만 경쟁 항공회사와 함께 인가를 신청할 수 있음에 그치는 것이며, 그 인가 여부는 다시 행정청의 별도의 처분에 맡겨져 있으므로 위와 같은 이익은 처분의 효력정지를 구할 수 있는 법률상 이익이라고 할 수 없다"고 한 사례.[178]

무효인 처분도 집행정지의 대상이 될 수 있다. 행정소송법 제23조는 취소소송을 전제로 한 것이기는 하지만, 제38조 제1항에서 이를 무효등확인소송에 준용하고 있고, 또 실질적으로도 그 경우를 배제하는 의미로 해석해야 할 이유가 없을 뿐만 아니라 무효인 경우에도 처분의 외관이 존재하고 또 집행될 우려가 있을 수 있고, 더욱이 절차속행을 정지시킬 필요성은 단순위법보다 무효의 경우가 훨씬 더 클 것이므로 집행정지의 대상이라고 보아야 할 것이다.

한편, 신청에 대한 거부처분은 집행정지의 대상이 될 수 없다는 것이 통설이고 판례도 같은 입장이다. 다만 최근에는 이에 대한 논란이 있다.[179]

거부처분에 대한 집행정지 허용 여부

"신청인의 신기술 보호기간 연장신청을 거부한 이 사건 처분의 효력을 정지하더라도 이로 인하여 보호기간이 만료된 신기술 지정의 효력이 회복되거나 행정청에게 보호기간을 연장할 의무가 생기는 것도 아니라고 할 것이다. 그렇다면, 이 사건 **처분의 효력을 정지하더라도 이 사건 처분으로 신청인이 입게 될 손해를 방지하는 데에는 아무런 소용이 없고,** 따라서 이 사건 처분의 효력정지를 구하는 이 사건 신청은 그 이익이 없어 부적법하다고 할 것이다(대법원 1995.6.21. 자 95두26 결정;1993.2.10. 자 92두72 결정 등 참조)."[180]

---

178) 대법원 2000.10.10. 자 2000무17 결정.

179) 이현수, "행정소송상 집행정지의 법적 성격에 관한 연구", 행정법연구 제9호(2003 상반기), 행정법이론실무학회, 157-176; 김철용, 행정법 I, 2010, 717 등을 참조.

180) 대법원 2005.1.17. 자 2004무48 결정. 또한 대법원 1995.6.21. 자 95두26 결정; 대법원 1992.2.13. 자 91두47 결정(투전기업소갱신허가불허처분효력정지: 투전기업소허가갱신신청을 거부한 불허처분의 효력을 정지하더라도 이로 인하여 신청인에게 허가의 효력이 회복되거나 또는 행정청에게 허가를 갱신할 의무가 생기는 것은 아니므로 불허

현실적으로 거부처분이 집행되는 경우는 생각하기 어렵고 또 거부처분의 효력을 정지하더라도 거부처분이 없었던 것과 같은 상태 즉 거부처분이 있기 전의 신청시의 상태로 되돌아가는 데에 불과하고 행정청에게 신청에 따른 처분을 하여야 할 의무가 생기는 것이 아니지만, 거부처분 자체의 효력이나 거부처분에 따른 절차의 속행으로 중대한 손해가 발생하는 경우가 있을 수 있으므로 그 한도 내에서 집행정지가 가능하다고 보아야 할 것이다.

(2) 소송의 계속

민사소송법상의 가처분이 소송제기 전에 보전수단으로서 신청될 수 있는 것과 달리 본안이 법원에 계속되어 있을 것을 요건으로 한다. 소가 취하되거나 각하 또는 기각 재결을 받은 경우에는 집행정지를 허용할 여지가 없다.[181] 다만 소송제기로써 소송계속이 성립되는 것인 이상, 소제기와 동시에 집행정지신청을 하는 것은 허용된다고 새겨야 할 것이다.

(3) 회복하기 어려운 손해발생의 우려

집행정지는 처분이나 그 집행 또는 절차의 속행으로 인하여 생길 회복하기 어려운 손해를 예방하기 위한 것이어야 한다. 회복하기 어려운 손해란 일반적으로 사회통념상 원상회복이나 금전보상이 전혀 불능인 경우뿐만 아니라, 금전보상만으로는 처분을 받은 당사자가 참고 견딜 수 없거나 현저히 참고 견디기 곤란한 경우를 말한다. 가령 원상회복이 과다한 노력과 비용을 들여서만 가능하여 이를 처분 상대방에게 감수하게 할 만한 수인기대가능성(Zumutbarkeit)이 없다고 판단되는 경우에는 설령 금전보상이 가능할지라도 집행정지를 하여야 할 것이다.

"행정처분의 집행정지나 효력정지결정을 하기 위하여는 행정소송법 제23조 제2항에 따라 회복하기 어려운 손해를 예방하기 위하여 긴급한 필요가 있어야 하고, 여기서 말하는 **"회복하기 어려운 손해"라 함은 특별한 사정이 없는 한 금전으로 보상할 수 없는 손해**라 할 것이며 이는 **금전보상이 불능인 경우뿐만 아니라 금전보상으로는 사회관념상 행정처분을 받은 당사자가 참고 견딜 수 없거나 또는 참고 견디기가 현저히 곤란한 경우의 유형·무형의 손해**를 일컫는다."[182]

"당사자가 행정처분 등이나 그 집행 또는 절차의 속행으로 인하여 재산상의 손해를 입거나 기업 이미지 및 신용이 훼손당하였다고 주장하는 경우에 그 손해가 금전으로 보상할 수 없어 '회복하기 어려운 손해'에 해당한다고 하기 위해서는, 그 **경제적 손실이나 기업 이미지 및 신용의 훼손으로 인하여 사업자의**

처분의 효력정지로서는 신청인이 입게 될 손해를 피하는 데에 아무런 보탬이 되지 아니하여 그 불허처분의 효력정지를 구할 이익이 없다는 이유로 그 신청을 각하한 사례)을 참조.

181) 대법원 2007.6.15. 자 2006무89 결정(소각하판결에 따른 소송계속의 해소); 대법원 2007.6.28. 자 2005무75 결정(소취하로 인한 소송계속의 해소)을 참조.

182) 대법원 1992.8.7. 자 92두30 결정. 대법원은 이 결정에서 상고심에 계속중인 형사피고인을 안양교도소로부터 진주교도소로 이송함으로써 행정소송법 제23조 제2항의 "회복하기 어려운 손해"가 발생할 염려가 있다고 보았다. 동지 대법원 1992.4.29. 자 92두7 결정; 대법원 1987.6.23. 자 86두18 결정.

자금사정이나 경영 전반에 미치는 파급효과가 매우 중대하여 사업 자체를 계속할 수 없거나 중대한 경영 상의 위기를 맞게 될 것으로 보이는 등의 사정이 존재하여야 한다."[183]

⑷ 긴급한 필요의 존재

집행정지는 회복하기 어려운 손해의 발생이 시간적으로 절박하여 본안소송에 대한 판결을 기다릴 여유가 없는 경우에만 허용된다. 가령 과세처분에 의하여 받은 손해는 취소판결을 통하여 사후에 구제될 수 있는 것이므로 이에 해당하지 않는다는 것이 판례이다.[184]

한편 ③과 ④의 요건은 모두「긴급보전의 필요」라는 요건으로 통합될 수 있는 것이므로 각각 별개로 판단할 것이 아니라 합일적으로 판단하여 앞의 요건이 충족되면 뒤의 요건도 충족되는 것으로 새기는 것이 집행정지를 허용하는 제도 취지에 합당한 해석이다(다수설).[185]

2.1.2. 소극적 요건

집행정지가 공공복리에 중대한 영향을 미칠 우려가 없어야 한다. 사익의 보호가 공공복리에 중대한 영향을 주는 경우란 후자의 이익이 압도적으로 사익의 희생을 요구할 때를 말하며 이것은 공사의 이익을 비교형량하여 판단되어야 한다. 가령 집행정지가 공공복리에 중대한 영향을 미칠 우려가 있고, 그것이 신청인이 입을 우려가 있는 손해를 희생시켜서라도 옹호할 만한 것이라고 인정될 때에는 집행정지를 할 수 없다($\S^{23}_{③}$). 가령 공설화장장의 이전설치처분 집행정지사건에서 대법원은 화장장이 시체처리, 교육행정 기타 공공복리에 중대한 영향을 미친다고 보아 집행정지신청을 기각한 바 있다.[186]

한편, 이러한 집행정지의 소극적 요건에 대한 주장·소명책임은 행정청에게 있다.

"행정소송법 제23조 제3항에서 규정하고 있는 집행정지의 장애사유로서의 '공공복리에 중대한 영향을 미칠 우려'라 함은 일반적·추상적인 공익에 대한 침해의 가능성이 아니라 당해 처분의 집행과 관련된 구체적·개별적인 공익에 중대한 해를 입힐 개연성을 말하는 것으로서 이러한 집행정지의 소극적 요건에 대한 주장·소명책임은 행정청에게 있다."[187]

2.1.3. 본안의 이유유무와 집행정지

본안의 이유유무를 집행정지의 요건으로 볼 것인가가 문제된다. 이것은 첫째 본안이 이유 있음이 명백한 경우, 앞에서 살펴본 요건 중 긴급보전의 필요라는 요건이 미흡하더라도 집행

---

183) 대법원 2003.4.25. 자 2003무2 결정.
184) 대법원 1962.1.20. 선고 4294行上7 판결; 대법원 1971.1.28. 자 70두7 결정.
185) 가령 김철용, 행정법 I, 2010, 719 참조.
186) 대법원 1971.3.5. 자 71두2 결정.
187) 대법원 1999.12.20. 자 99무42 결정 참조.

정지결정을 할 수 있느냐, 둘째, 이와 반대로 본안이 이유없음이 명백한 경우 집행정지요건
이 충족된 경우에도 집행정지를 불허하여야 하느냐 하는 문제이다.

(1) 본안의 이유 있음이 명백하다고 인정되는 경우

처분등의 위법성이 명백한 이상 긴급보전의 필요가 미흡하더라도 이를 근거로 집행정지
를 할 수 있다는 견해가 표명되고 있다(적극설).[188] 행정소송상 집행정지는 물론 임시적 구
제절차이기는 하지만, 민사집행법상의 가처분과는 달리, 본안해결의 제1단계라는 절차적 의
의도 있는 것인 만큼, 집행정지의 문제를 본안과 완전히 분리하는 것은 적당치 않다는 것이
다. 그러나 이를 인정할 경우 자칫 본안심리의 선취(^{Vorgriff})를 초래할 수 있다는 점에서, 본안
의 이유유무는 적어도 행정소송법 규정상 집행정지의 요건으로 고려할 수 없다는 반론이 있
다.[189]

판례는 "집행정지신청사건 자체에 의하여도 집행정지의 대상이 될 행정처분이 명백히 위법임을 인정
할 수 있는 경우에 있어서는, 위 위법의 개연성도 집행정지사유의 하나로 할 수 있다"고 하여 적극설의
입장을 취한 것도 있으나,[190] 소극설에 입각한 것도 있다: "행정처분의 효력정지나 집행정지를 구하는 신
청사건에 있어서는 그 행정처분의 효력이나 집행을 정지시킬 필요가 있는지의 여부, 즉 행정소송법 제23
조 제2항 소정요건의 존부만이 판단대상이 되는 것이므로, 이러한 요건을 결여하였다는 이유로 집행정지
신청을 기각한 결정에 대하여는 행정처분 자체의 적법여부를 가지고 불복사유로 삼을 수 없다."[191] 최근
에도 이와 동일한 견지에서 법학전문대학원 예비인가처분의 효력정지를 구하는 신청사건에서, 처분 자체
의 적법 여부에 관하여 판단하지 않은 채 행정소송법 제23조 제2항에 정한 요건을 충족하지 않는다는 이
유로 효력정지신청을 배척한 결정이 위법하지 않다고 한 사례가 있다.[192]

다만, '처분의 성질과 태양 및 내용, 처분상대방이 입는 손해의 성질·내용 및 정도, 원상
회복·금전배상의 방법 및 난이 등'과 함께 본안청구의 승소가능성의 정도 등을 종합적으로
고려하는 정도라면 무방하지 않을까 생각한다.

"여기서 "처분으로 인하여 생길 회복하기 어려운 손해를 예방하기 위하여 긴급한 필요"가 있는지 여
부는 당해 처분의 성질과 태양 및 내용, 처분상대방이 입는 손해의 성질·내용 및 정도, 원상회복·금전
배상의 방법 및 난이, 본안청구의 승소가능성의 정도 등을 종합적으로 고려하여 구체적·개별적으로 판단
하여야 한다($\begin{smallmatrix}\text{대법원 2004.5.17. 자}\\\text{2004무6 결정 참조}\end{smallmatrix}$)."[193]

---

188) 김도창, 일반행정법론(상), 798.
189) 홍정선, 행정법원론(상), 808. 이에 관한 학설에 대하여는 박윤흔, 행정법강의(상), 937-938을 참조.
190) 대법원 1962.4.12. 자 63두3 결정.
191) 대법원 1990.7.19. 자 90두12 결정.
192) 대법원 2008.8.26. 자 2008무51 결정.
193) 대법원 2008.12.29. 자 2008무107 결정; 대법원 2008.5.6. 자 2007무147 결정; 대법원 2004.5.12. 자 2003무41
　　　결정; 대법원 2004.5.17. 자 2004무6 결정 등.

(2) 본안의 이유 없음이 명백하다고 인정되는 경우

본안이 이유 없음이 명백한 경우, 다른 집행정지요건이 충족된 경우에도 이를 집행정지신청의 기각사유로 삼을 것이냐, 즉 본안의 이유 없음을 집행정지의 소극적 요건으로 삼을 것이냐에 관해서도 찬반 양론이 대립하고 있다. 대법원은 종래 집행정지의 단계에서 본안에 관한 이유의 유무를 판단할 수 없다는 입장에 서면서도 "본안청구가 이유 없음이 기록상 분명하지 않은 이상"이라고 표현하여 본안패소의 확실성이 집행정지의 소극적 요건으로 됨을 시사하는 등 다소 모호한 태도를 보이기도 했으나,[194] 다음에 보는 바와 같이 집행정지사건 자체에 의하여도 신청인의 본안청구가 이유 없음이 명백하지 않아야 한다는 것을 집행정지의 요건으로 포함시켜야 한다는 적극적 입장을 표명한 바 있고 최근 다시 그러한 판례를 재확인하고 있다.

"행정처분의 효력정지나 집행정지제도는 신청인이 본안 소송에서 승소판결을 받을 때까지 그 지위를 보호함과 동시에 후에 받을 승소판결을 무의미하게 하는 것을 방지하려는 것이어서 **본안 소송에서 처분의 취소가능성이 없음에도 처분의 효력이나 집행의 정지를 인정한다는 것은 제도의 취지에 반하므로 효력정지나 집행정지사건 자체에 의하여도 신청인의 본안 청구가 이유 없음이 명백하지 않아야 한다는 것도 효력정지나 집행정지의 요건에 포함시켜야 한다.**"[195]

(3) 결 론

문제는 본안에 관한 이유유무를 사전에 명백하게 추지할 수 있는 경우, 이를 집행정지의 가부와 어떻게 관련시킬 것인가에 있다. 여기서는 가령 본안이 명백히 이유 있다고 판단되는 경우에는 위법한 처분등의 집행을 감수시키는 것은 바람직하지 않으므로 집행정지를 인정하는 것이 타당하며, 반대로 명백히 이유 없다고 판단되는 경우에는 아예 집행정지를 인정할 여지가 없지 않느냐 하는 실질적 관점이 작용하고 있다. 반면, 행정소송에 있어 집행정지란 어디까지나 가구제제도로서 인정되는 것이고 또 집행정지요건이 명시적으로 규정되고 있다는 점이 아울러 고려되어야만 하는데, 이에 관하여 행정소송법이 아무런 규정을 두고 있지 않기 때문에 문제가 된다.

먼저 **본안의 이유 있음이 명백한 경우**에 관하여 본다면, 문제는 이를 적극적 요건으로 볼 것인가의 여부라기보다는 오히려 긴급보전의 필요가 미흡한 경우에도 집행정지의 적극적 사유로 볼 수 있는가에 관하여 제기되어야 한다. 이른바 적극설이라는 것이 집행정지의 적극적 요건으로서 '본안의 이유 있음이 명백할 것'을 요구하는 주장은 아니기 때문이다. 이렇게 본

---

194) 대법원 1986.3.21. 자 86두5 결정.
195) 대법원 2008.5.6. 자 2007무147 결정; 대법원 2004.5.17. 자 2004무6 결정; 대법원 2007.7.13. 자 2005무85 결정; 대법원 1997.4.28. 자 96두75 결정 등 참조.

다면 본안의 이유 있음이 명백한 경우에는, 이를 인정할 경우 자칫하면 본안심리의 선취 (Vorgriff)를 초래할 우려가 있으며 적어도 행정소송법의 규정상 이를 집행정지의 사유(특히 법원의 직권에 의한)로 고려하기는 곤란하다고 본다.

반면 이와 반대로 **본안이 이유 없음이 명백한 경우**, 다른 집행정지요건이 충족된 경우에도 집행정지를 불허할 것이냐 하는 문제는 곧 이를 소극적 요건의 하나로 볼 것이냐 하는 문제와 같다. 이에 관하여는 본안의 이유 없음이 명백하다면 집행정지의 가구제로서의 실질적 전제가 아예 상실되는 것이므로 이를 소극적 요건으로 보는 것이 타당하리라고 본다. 다만 그 법적 근거에 관하여는 본안의 이유 없음이 명백한 경우를 법 제23조 제3항에서 규정된 소극적 요건을 판단함에 있어 비교형량되어야 할 요소 중 하나인 개인의 권리구제에 대한 요청을 사실상 무의미하게 만드는 것으로 보아 집행정지결정을 불허하는 사유로 보거나, 적극적 요건에 관한 법 제23조 제2항의 묵시적 전제조건을 상실시키는 것으로 보는 방법이 고려될 수 있다.

참고로 공공복리저해 요건과 함께, "본안에 관하여 이유없는 것으로 보일 때"를 집행정지의 소극적 요건으로 명시하고 있는 입법례(일본행정사건소)가 있으며, 독일에서도 이와 유사한 결과가 집행정지효의 회복이나 가명령(einstweilige Anordnung)의 요건에 관하여 인정되고 있다.[196]

2.2. 집행정지의 성질

집행정지의 성질에 관하여는 행정작용의 성질을 가진다는 설도 있으나, 집행정지결정은 원고의 권리보전을 도모하기 위하여 법원이 계쟁처분의 집행을 잠정적으로 정지하는 것이므로, 형식상 또는 내용상 보전절차의 성질을 띠는 것으로 보아야 하므로 사법작용설이 타당하다.

2.3. 집행정지결정의 내용

집행정지결정은 본안소송이 종결될 때까지 처분등의 효력이나 그 집행 또는 절차의 속행의 전부 또는 일부를 정지함을 그 내용으로 한다.

2.3.1. 효력의 전부 또는 일부의 정지

처분의 효력이란 처분의 내용적 구속력·공정력·집행력 등을 포함한다. 효력이 정지되면 잠정적이기는 하지만 이들 행정행위의 효력이 존속되지 않는 결과가 된다. 처분(예컨대 외국인강제퇴거명령 또는 체납처분으로서의 압류)의 효력정지는 처분의 집행(예컨대 강제퇴거조

---

196) Schmitt Glaeser, aaO., S.169, Rn.282; S.188, Rn.320.

치) 또는 절차의 속행(예컨대 체납처분으로서 매각)을 정지함으로써 그 목적을 달성할 수 있을 때에는 허용되지 않는다($\S 23$ ②단서). 이것은 일종의 비례원칙 고려에 의한 것으로 처분의 효력정지는 민사집행법상 가처분과 흡사하여 그 결정이 있으면 처분등이 부존재하였던 것과 같은 상태를 만드는 것이어서 행정에 미치는 영향이 중대하기 때문이다.[197]

2.3.2. 처분의 집행의 전부 또는 일부의 정지

처분의 집행이란 처분내용의 강제적 실현을 위한 집행력의 행사를 말한다. 예컨대 과세처분에 따르는 징세나 영업정지처분에 따른 휴업 등이 그것이다. 처분의 집행정지는 이러한 집행작용을 정지시킴으로써 처분의 내용의 실현을 저지하는 것이다.

2.3.3. 절차의 속행의 전부 또는 일부의 정지

절차속행의 정지란 행정처분이 단계적인 절차에 의해 행해지는 경우 그 후속행위를 정지하는 것을 말한다. 예컨대 토지보상법에 의한 사업인정을 다투는 행정심판이 제기된 경우 집행정지가 행해진다면 후속 수용절차의 진행을 정지시키는 경우나 대집행영장에 의한 통지를 다투는 경우 대집행을 정지하는 경우를 말한다.

2.4. 집행정지의 절차

집행정지는 법원의 결정으로 이루어지는데, 직권이나 당사자의 신청에 의하게 된다($\S 23$②). 당사자의 신청의 경우에는 그 이유에 대한 소명이 있어야 한다($\S 23$④).

2.5. 집행정지결정의 효력

집행정지결정의 효력은 다음과 같다. 이들 효력은 결정주문에 따로 정한 경우를 제외하고는 본안소송의 판결확정시까지만 존속한다. 대법원에 따르면, 집행정지는 그 요건이 충족될 경우 본안판결이 있을 때까지 당해 행정처분의 집행을 잠정적으로 정지하는 제도로서, 그 집행정지의 효력 또한 당해 결정의 주문에 표시된 시기까지 존속하다가 그 시기의 도래와 동시에 당연히 소멸한다고 한다.[198]

2.5.1. 형성력

처분등의 효력정지는 행정처분이 없었던 것과 같은 상태를 실현하는 것이므로 그 범위 안에서 형성력을 가진다.

---

197) 김철용, 행정법 I, 2010, 719 참조.
198) 대법원 2003.7.11. 선고 2002다48023 판결.

2.5.2. 기속력

집행정지결정의 효력은 신청인과 피신청인에게 미치며, 취소판결의 효력에 준하여 당사자인 행정청뿐만 아니라 관계행정청도 기속한다($\S^{23}_{⑥}$).

2.6. 집행정지결정의 취소

집행정지결정이 확정된 후 집행정지가 공공복리에 중대한 영향을 미치거나 그 정지사유가 없어진 때에는 당사자의 신청 또는 직권에 의하여 결정으로써 집행정지결정을 취소할 수 있다($\S^{24}_{①}$). 이 취소신청은 그 사유를 소명하여야 한다($\S^{24}_{②}$).

2.7. 집행정지결정등에 대한 불복

집행정지결정이나 기각결정 또는 집행정지결정의 취소결정에 대하여는 즉시항고할 수 있다($^{\S\,23\ ⑤}_{\S\,24\ ②}$). 다만 이 경우 즉시항고는 결정의 집행을 정지하는 효력은 없다($\S^{23}_{⑤}$).

Ⅲ. 가 처 분

1. 의   의

가처분이란 금전 이외의 특정한 급부를 목적으로 하는 청구권의 집행보전을 도모하거나 다툼있는 법률관계에 관하여 임시의 지위를 정함을 목적으로 하는 보전처분을 말한다.

민사집행법 제300조는 현상이 바뀌면 당사자가 권리를 실행하지 못하거나 이를 실행하는 것이 매우 곤란할 염려가 있을 경우($\S^{300}_{①}$)와 다툼이 있는 권리관계에 대하여 임시의 지위를 정하기 위한 경우($^{\S\,300\ ②}_{제1문}$), 두 가지 유형의 가처분을 규정하고 있다. 후자의 경우 가처분은 특히 계속하는 권리관계에 끼칠 현저한 손해를 피하거나 급박한 위험을 막기 위하여, 또는 그 밖의 필요한 이유가 있을 경우에 하여야 한다($^{\S\,300\ ②}_{제2문}$).

2. 가처분의 가능성

행정소송법은 가처분에 관하여 아무런 규정을 두고 있지 않아, 가처분에 관한 민사소송법의 규정이 준용될 수 있는지에 대하여 견해가 대립되고 있다.

2.1. 소극설

소극설은 권력분립의 원칙에 입각한 견해로서, 법원은 구체적 사건에 대한 법적용을 보장하는 기능을 가질 뿐이므로 행정처분의 위법여부는 판단할 수 있으나 이에 앞서 가처분을 하는 것은 사법권의 한계를 벗어나는 것이라고 한다. 또한 행정소송법 제23조 제2항이 집행 정지를 허용하고 있는 것은 민사집행법상의 가처분에 대한 특별규정으로 보아야 하므로 민 사집행법의 규정이 준용될 수는 없다고 한다.

2.2. 적극설

적극설은 가처분등과 같은 가구제제도는 본안판결의 실효성을 확보하기 위한 것이므로 가구제조치를 통하여 권익구제의 실효를 도모하는 것은 사법권의 본질에 반하지 않는다고 한다. 또한 가처분을 배제하는 명문의 규정이 없는 이상 행정소송법 제8조 제2항에 의하여 의당 가처분에 대한 민사집행법의 규정이 준용될 수 있다고 본다.

2.3. 판 례

판례는 소극설의 입장이다.

"구 도시 및 주거환경정비법(2007.12.21. 법률 제8785호로 개정되기 전의 것)에 따른 주택재건축정비사업조합은 관할 행정청의 감독 아래 위 법상 주택재건축사업을 시행하는 공법인으로서, 그 목적 범위 내에서 법령이 정하는 바에 따라 일정한 행정작용을 행하는 행정주체의 지위를 가진다 할 것인데, 재건축정비사업조합이 이러한 행정주체의 지위에서 위 법에 기초하여 수립한 사업시행계획은 인가·고시를 통해 확정되면 이해관계인에 대한 구속적 행정계획으로서 독립된 행정처분에 해당하고, 이와 같은 사업시행계획안에 대한 조합 총회결의는 그 행정처분에 이르는 절차적 요건 중 하나에 불과한 것으로서, 그 계획이 확정된 후에는 항고소송의 방법으로 계획의 취소 또는 무효확인을 구할 수 있을 뿐, 절차적 요건에 불과한 총회결의 부분만을 대상으로 그 효력 유무를 다투는 확인의 소를 제기하는 것은 허용되지 아니하고, 한편 이러한 항고소송의 대상이 되는 행정처분의 효력이나 집행 혹은 절차속행 등의 정지를 구하는 신청은 행정소송법상 집행정지신청의 방법으로서만 가능할 뿐 민사소송법상 가처분의 방법으로는 허용될 수 없다."199)

2.4. 결 론

생각건대, 행정소송법이 보전처분으로서 집행정지제도를 인정하고 있는 이상, 그 한도 내에서는 민사집행법 규정이 적용될 여지가 없다고 보아야 하겠지만, 집행정지로써 목적을 달성할 수 없는 경우(가령 거부처분의 취소청구)에는 가처분에 관한 민사집행법의 규정을 준용할 수 있다고 보는 것이 헌법상 재판청구권 보장 및 권리구제의 정신에 부합되는 해석일 것이다.200)

---

199) 대법원 2009.11.2. 자 2009마596 결정.
200) 김남진, 행정법 I, 795-796.

제 5 항 관련청구의 이송·병합과 소의 변경

I. 관련청구의 이송 및 병합

행정소송법($^{§\,10}$)은 상호관련성을 지닌 여러 개의 청구를 하나의 절차에서 심판함으로써 심리의 중복 및 재판의 모순·저촉을 회피하는 한편 신속한 재판을 가능케 하기 위하여 관련청구소송의 이송 및 병합을 제도화하고 있다. 관련청구소송이란 행정소송법 제10조 제1항에 따르면, ① 당해 처분등과 관련되는 손해배상·부당이득반환·원상회복 등 청구소송, ② 당해 처분등과 관련되는 취소소송을 말한다.

1. 관련청구소송의 이송

취소소송과 관련청구소송이 각각 다른 법원에 계속되고 있는 경우, 관련청구소송이 계속된 법원이 상당하다고 인정하는 때에는 당사자의 신청 또는 직권에 의하여 당해 사건을 취소소송이 계속된 법원으로 이송할 수 있다($^{§\,10}_{①}$). 이는 소송경제를 도모하고 심리의 중복 및 재판의 모순·저촉을 피하려는 취지에서 인정된 제도이다. 관련청구소송의 이송을 위해서는 ① 취소소송과 관련청구소송이 각기 다른 법원에 계속되어야 하며, ② 관련청구소송이 계속된 법원이 이송이 상당하다고 인정하여야 하며, ③ 당사자의 신청 또는 법원의 직권에 의하여 이송결정이 있어야 하고, ④ 관련청구소송이 취소소송이 계속된 법원으로 이송되는 것이어야 한다. 이송의 상당성 여부는 법원의 재량에 속하는 것으로 이해되며, 심급을 달리하는 법원간의 이송을 불허하는 일본의 경우와는 달리 사실심변론종결시까지 관련청구의 병합을 허용하는 행정소송법 제10조 제2항의 취지에 비추어 이들 소송이 사실심법원에 계속되어 있는 한, 심급에 관계없이 이송할 수 있다고 본다.[201]

관련청구의 이송의 효과에 관하여는 이미 관할이송에 관하여 본 것과 마찬가지로 민사소송법이 준용되는 결과, 이송을 받은 법원이 다시 이를 이송한 법원으로 반송하거나 다른 법원으로 전송할 수 없다는 구속력($^{민소}_{①②}$$^{§\,34}$), 이송결정의 확정시 소송계속의 이전($^{민소}_{§\,36\,①}$), 그리고 소송기록의 송부의무($^{민소}_{§\,36\,②}$) 등이 인정된다. 이송결정이 확정되면 당초의 제소기간준수의 효력이 그대로 지속됨은 물론이고, 또한 이송 전에 행한 소송행위의 효력(가령 자백·증거신청·증거조사 등)도 효력을 유지한다고 보는 데 의문이 없다.

---

201) 이상규, 같은 책, 361.

2. 관련청구의 병합

2.1. 의 의

청구의 병합이란 원래 동일당사자간의 복수청구의 병합, 즉 객관적 병합과 복수당사자에 의한 복수청구의 병합, 즉 주관적 병합(공동소송)으로 나뉘며 병합의 시점에 따라 원시적 병합과 후발적 병합으로, 그리고 병합의 태양에 따라 단순병합, 예비적 병합 및 선택적 병합으로 구분된다. 행정소송법은 제10조 제2항 전단에서 객관적 병합을, 같은 항 후단에서 주관적 병합을, 그리고 제15조에서 주관적 병합의 일종인 공동소송에 대해 규율하고 있다.

관련청구의 병합에 관하여 행정소송법은 취소소송에 "사실심의 변론종결시까지 관련청구소송을 병합하거나"(객관적 병합), "피고외의 자를 상대로 한 관련청구소송을 취소소송이 계속된 법원에 병합하여"(주관적 · 예비적 병합 및 주관적 · 추가적 병합) 제기할 수 있다고 규정함으로써 민사소송법에 대한 특칙을 규정하고,[202] 이를 위한 수단으로 관련청구의 이송($\S 10$ ①)을 허용하고 있다. 이것은 심리의 중복을 피하고, 행정법상의 분쟁을 신속히 해결하여 개인의 권리구제의 철저를 기하려는 데에 의의를 둔 것으로, 종래 구행정소송법 제7조에 규정되어 있었음에도 취소소송의 제1심이 고등법원의 전속관할로 되어 있었고 피고적격 · 소익 · 소원전치주의 등 행정소송법상 특수한 요건상의 제약 때문에 거의 사문화되다시피 하였던 것을 보다 실효성있게 정비한 것이라 할 수 있다.

2.2. 요 건

2.2.1. 소송요건의 구비

관련청구의 병합은 그 청구를 병합할 본체인 취소소송을 전제로 하는 것이므로, 그 본체인 취소소송은 당해 소송에 요구되는 소송요건을 모두 갖춘 적법한 것이어야 한다.

⣿ 관련청구의 병합과 당초 취소소송의 적법

"행정소송법 제10조 제2항에서 인정되는 관련청구소송의 병합은 당초의 취소소송등이 적법함을 전제로 한다 할 것인데 이 사건 피고 보상심의위원회의 결정은 항고소송의 대상이 되는 행정처분으로 볼 수 없어 그에 대한 취소청구는 부적법하다고 할 것"[203]

---

202) 민사소송법상 수개의 청구가 동종의 소송절차에 의하는 경우에 한하여 소의 객관적 병합이 인정되고 또 제61조에 의한 공동소송 외에 주관적 · 예비적 병합은 허용되지 않는 것으로 되어 있다(대법원 1972.11.28. 선고 72다829 판결).

203) 대법원 1992.12.24. 선고 92누3335 판결. 이에 관한 평석으로는 홍준형, 공법상 당사자소송의 대상, 사법행정 1993/2를 참조.

다만 본체인 취소소송이 병합 전에 계속되어 있어야 하는 것은 아니므로 처음부터 관련 청구를 병합하여 제기하는 것은 가능하다.

2.2.2. 관련청구의 범위

취소소송에 병합할 수 있는 관련청구는 ① 당해 처분등과 관련되는 손해배상 · 부당이득 반환 · 원상회복 등 청구소송(처분등을 원인으로 한 손해배상청구소송, 처분등의 취소 · 변경등으로 말 미암은 손해배상청구소송, 또는 이를 선결문제로 하는 손해배상청구소송)과, ② 당해 처분등과 관련되는 취소소송(원처분에 대한 소송에 병합되어 제기되는 재결취소소송, 당해 처분과 함께 하나의 절차를 구성하는 행위에 대한 취소소송, 처분등의 상대방이 제기하는 취소소송 이외에 제3자가 제기하는 취소소송) 등에 한정되고 있다.

⁞⁞⁞ 관련청구 병합의 요건

"[1] 행정소송법 제10조 제1항 제1호는 행정소송에 병합될 수 있는 관련청구에 관하여 '당해 처분 등과 관련되는 손해배상 · 부당이득반환 · 원상회복 등의 청구'라고 규정함으로써 그 병합요건으로 본래의 행정소송과의 관련성을 요구하고 있는바, 이는 행정소송에서 계쟁 처분의 효력을 장기간 불확정한 상태에 두는 것은 바람직하지 않다는 관점에서 병합될 수 있는 청구의 범위를 한정함으로써 사건의 심리범위가 확대 · 복잡화되는 것을 방지하여 그 심판의 신속을 도모하려는 취지라 할 것이므로, 손해배상청구 등의 민사소송이 행정소송에 관련청구로 병합되기 위해서는 그 청구의 내용 또는 발생원인이 행정소송의 대상인 처분 등과 법률상 또는 사실상 공통되거나, 그 처분의 효력이나 존부 유무가 선결문제로 되는 등의 관계에 있어야 함이 원칙이다.

[2] 공공사업의 시행을 위한 토지수용사건에 있어서 심리의 대상으로 되는 적법한 수용에 따른 손실 보상청구권과 당해 공공사업과 관련하여 사업인정 전에 사업을 시행하여 타인의 재산권을 침해하게 됨에 따라 발생하게 된 손해배상청구권은 위 각 권리가 적법한 행위에 의하여 발생한 것인가 아닌가의 차이가 날 뿐 그것들이 하나의 동일한 공공사업의 시행과 관련하여 타인의 재산권을 침해한 사실로 인하여 발생하였다는 점에서 위 각 청구의 발생원인은 법률상 또는 사실상 공통된다 할 것이고, 토지수용사건에 이러한 손해배상청구사건을 병합하여 함께 심리 · 판단함으로써 얻게 되는 당사자의 소송경제와 편의 등의 효용에 비하여 심리범위를 확대 · 복잡화함으로써 심판의 신속을 해치는 폐단이 통상의 경우보다 크다고 할 수도 없으므로, 이와 같은 경우 토지수용사건에 병합된 손해배상청구는 행정소송법 제10조 제2항, 제1항 제1호, 제44조 제2항에 따른 관련청구로서의 병합요건을 갖춘 것으로 보아야 한다."204)

2.2.3. 관할법원

관련청구소송을 관할하는 법원은, 처분등에 대한 취소소송이 계속된 법원이다. 병합되는 관련청구소송은 동일법원에 계속된 경우나 다른 법원 또는 심급을 달리하는 다른 법원에 계속된 경우를 불문한다.

2.2.4. 병합의 시기

관련청구의 병합은 사실심변론종결 전에 하여야 한다($^{§ 10}_{②}$).

---

204) 대법원 2000.10.27. 선고 99두561 판결.

2.3. 병합심리에 있어 적용법규

관련청구소송이 민사소송인 경우, 그 병합심리에 있어 특히 직권심리주의의 적용여하와 관련하여 행정소송법을 적용할 것이냐의 여부에 대해서는 견해가 갈리나, 병합되었다 하여 민사소송의 성질이 달라지는 것은 아니라 할 것이므로, 부정적으로 보아야 할 것이다.[205]

Ⅱ. 소의 변경

1. 의   의

소의 변경이란 소송계속중 원고가 당사자(피고), 청구취지, 청구원인 등에 관하여 소송의 대상인 청구의 일부나 전부를 변경하는 것을 말한다. 행정소송법상 인정되고 있는 소의 변경으로는 ① 소의 종류의 변경, ② 처분변경으로 인한 소의 변경 등을 들 수 있고, 반면 ③ 민사소송법의 규정에 의한 청구의 변경이 또한 소의 변경의 내용으로 다루어질 수 있다. 행정소송법 제21조에 의한 소의 변경은 소의 교환적 변경에 한하며 추가적 변경은 허용되지 않는다는 것이 통설이다. 소의 추가적 변경은 다음에 보는 관련청구소송의 병합제기로 해야 할 것이다.

2. 소의 종류의 변경

2.1. 요   건

취소소송의 원고는 당해 소송의 사실심변론종결시까지 법원의 허가를 받아 소의 종류를 변경할 수 있다. 법원은 이러한 소의 종류의 변경이 상당하다고 인정할 때에는, 청구의 기초에 변경이 없는 한, 이를 허가할 수 있다(§ 21). 소의 변경을 허가하는 법원의 결정을 얻기 위해서는 다음과 같은 요건이 충족되어야 한다.

2.1.1. 취소소송이 계속되어 있을 것

소변경의 기초가 되는 취소소송이 계속되어 있어야 하는 것은 당연한 요건이라 할 수 있다.

2.1.2. 사실심변론종결시까지 원고의 신청이 있을 것

따라서 상고심에서의 소변경은 허용되지 않는다.

---

205) 김도창, 일반행정법론(상), 770; 홍정선, 행정법원론(상), 774 등. 이에 관한 일본에서의 학설에 관해서는 南博方 編, 註釋行政事件訴訟法, 181을 참조.

2.1.3. 취소소송을 당해 처분등에 관계되는 사무가 귀속하는 국가·공공단체에 대한 당사자소송 또는 취소소송 외의 항고소송으로 변경하는 것일 것

여기서 말하는 「사무의 귀속」이란 조직법상의 그것이 아니라 처분등의 효과의 귀속을 말한다. 가령 지방자치단체의 장이 법령에 의하여 기관위임사무를 수행하는 경우에는 그 사무가 귀속하는 것은 지방자치단체가 아니라 국가 또는 다른 지방자치단체이다. 취소소송을 당사자소송으로 변경하는 경우는 당사자의 변경이 수반되지만 이것은 행정소송법 제14조에 규정된 피고경정은 아니다.[206] 이렇듯 행정소송법이 예정하는 소의 변경은 당사자의 변경까지 포함하고 있다는 점에서 민사소송법상의 소변경에 대한 특례라 할 수 있다.

2.1.4. 청구의 기초에 변경이 없을 것

청구의 기초가 동일하여야 한다. 청구의 기초에 관하여는 민사소송법상 이익설·기본적 사실설·사실자료공통설 등이 대립하고 있으나,[207] 여기서 말하는 청구의 기초의 변경이 없다는 것은 새로운 소송이 종래의 취소소송을 통하여 추구된 권익구제와 그 원인된 사실관계 및 회복이익에 있어 동일성을 지니는 경우를 말한다고 보아야 할 것이다.

한편 "소 변경제도를 인정하는 취지는, 소송으로서 요구받고 있는 당사자 쌍방의 분쟁의 합리적 해결을 실질적으로 달성시키고, 동시에 소송경제에 적합하도록 함에 있다 할 것이므로, 동일한 생활사실 또는 동일한 경제적 이익에 관한 분쟁에 있어서, 그 해결방법에 차이가 있음에 불과한 청구취지의 변경은 청구의 기초에 변경이 없다"는 것이 판례의 태도이다.[208]

2.1.5. 상당한 이유가 있을 것

상당한 이유란 불확정개념이나 대체로 민사소송법 제262조 제1항 단서가 '소송절차를 현저히 지연시키는 경우에는 그러하지 아니하다'고 규정하는 것보다는 넓은 개념으로서 구체적인 사안에 따라 법원이 원고의 권익구제요구를 해석하여 판단할 문제라 할 수 있다.

"행정소송법 제10조 제2항에서 인정되는 관련청구소송의 병합은 당초의 취소소송등이 적법함을 전제로 한다 할 것인데 이 사건 피고 보상심의위원회의 결정은 항고소송의 대상이 되는 행정처분으로 볼 수 없어 그에 대한 취소청구는 부적법하다고 할 것이나 취소소송등을 제기한 당사자가 당해 처분등에 관계되는 사무가 귀속되는 국가 또는 공공단체에 대한 당사자소송을 행정소송법 제10조 제2항에 의하여 관련청구로서 병합한 경우 위 취소소송등이 부적법하다면 당사자는 위 당사자소송의 병합청구로서 동법 제21조

---

206) 대법원 1992.12.24. 선고 92누3335 판결.
207) 정동윤, 민사소송법, 법문사, 1990, 717.
208) 대법원 1987.7.7. 선고 87다카225 판결; 대법원 1966.1.31. 선고 65다1545 판결.

제1항에 의한 소변경을 할 의사를 아울러 가지고 있었다고 봄이 상당하고, 이러한 경우 법원은 그 청구의 기초에 변경이 없는 한 당초의 청구가 부적법하다는 이유로 위 병합된 청구까지 각하할 것이 아니라 위 병합청구당시 유효한 소변경청구가 있었던 것으로 받아들여 이를 허가함이 타당하다고 할 것이다."[209)]

2.2. 절 차

법원의 소변경의 허가를 하는 경우 피고를 달리 하게 될 때에는 새로이 피고로 될 자의 의견을 들어야 하며, 허가결정이 있게 되면, 결정의 정본을 새로운 피고에게 송달하여야 한다($\S\,21\,④;\,\S\,14\,②$). 허가결정에 대하여는 즉시항고할 수 있다($\S\,21\,③$).

2.3. 효 과

소의 변경이 있으면 종래의 소는 취하된 것으로 보고 새로운 소는 종래의 소를 처음 제기한 때에 제기된 것으로 본다($\S\,21\,④;\,\S\,14\,④\,⑤$).

2.4. 다른 종류의 소송에의 준용

소 변경에 관한 제21조는 무효등확인소송이나 부작위위법확인소송을 다른 종류의 항고소송이나 당사자소송으로 변경하는 경우, 또는 당사자소송을 항고소송으로 변경하는 경우에도 준용된다.

3. 처분변경에 따른 소의 변경

취소소송의 계속중 행정청이 당해 소송의 대상인 처분을 변경한 때에는 원고의 신청에 의하여 법원은 결정으로써 청구의 취지 또는 원인을 변경할 수 있다($\S\,22\,①$). 다만, 원고는 처분의 변경이 있음을 안 날로부터 60일 이내에 소의 변경을 신청하여야 한다. 이것은 소 각하와 새로운 소 제기 등 절차의 반복을 배제하여 간편·신속하게 권익구제를 도모하려는 취지이다.

4. 민사소송법에 따른 청구의 변경

그 밖에 원고는 민사소송법에 따라 청구의 변경을 할 수 있음은 물론이다($\S\,8\,②;\,민사소송법\,\S\S\,262,\,263$). 즉 '소송절차를 현저히 지연시키는 경우'가 아닌 한, 원고는 청구의 기초에 변경이 없는 한도에서 변론의 종결까지 청구의 취지 또는 원인을 변경할 수 있다.

---

209) 대법원 1992.12.24. 선고 92누3335 판결.

행정소송에 있어 민사소송법에 의한 청구의 변경

"[1] 행정소송법 제21조와 제22조가 정하는 소의 변경은 그 법조에 의하여 특별히 인정되는 것으로서 민사소송법상의 소의 변경을 배척하는 것이 아니므로, 행정소송의 원고는 행정소송법 제8조 제2항에 의하여 준용되는 민사소송법 제235조에 따라 청구의 기초에 변경이 없는 한도에서 청구의 취지 또는 원인을 변경할 수 있다.

[2] 하나의 행정처분인 택지초과소유부담금 부과처분 중 일부의 액수에 대하여만 불복하여 전심절차를 거치고 그 후 다시 행정소송에서 위 액수에 관하여만 부과처분의 취소를 구하였다가 택지소유상한에 관한법률이 헌법에 위반된다는 헌법재판소의 결정에 따라 그 청구취지를 부과처분 전부의 취소를 구하는 것으로 확장하였다고 하더라도, 이는 동일한 처분의 범위 내에서 청구의 기초에 변경이 없이 이루어진 소의 변경에 해당하여 적법하다."210)

---

210) 대법원 1999.11.26. 선고 99두9407 판결.

제 6 항 취소소송의 심리

Ⅰ. 개   설

취소소송이 제기되면 법원은 이를 심리할 의무를 진다. 소송의 심리란 소에 대한 판결을 위하여 그 기초가 될 소송자료를 수집하는 것(주로 사실인정·증거조사 등)을 말한다. 행정소송의 심리는 민사소송에 준하여 처분권주의, 변론주의를 바탕으로 행해지게 되어 있으나, 행정소송의 특수성에 비추어 직권심리주의가 인정되는 등 민사소송에 대한 특칙이 인정되고 있다.

Ⅱ. 심리의 단계

취소소송의 심리는 요건심리와 본안심리의 두 가지 단계로 이루어진다.

1. 요건심리

이것은 취소소송의 제기요건을 구비하였는지를 심사하여 만약 이를 갖추지 않은 것으로 판명되고, 그 불비된 요건이 보정될 수 없다면 소는 부적법한 것으로 각하되게 된다. 제기요건 또는 소송요건은 본안판단의 전제요건으로서 직권조사사항이며, 사실심변론종결시까지 구비되어야 한다.

2. 본안심리

취소소송이 적법하게 제기되면 본안심리에 들어가게 된다. 본안심리는 원고와 피고의 공격방어와 이에 관한 증거조사를 통하여 원고의 청구가 이유있는지의 여부를 판단하기 위한 절차이다. 즉 청구의 인용여부를 사실과 법의 양 측면에서 심사하는 것이다. 그 내용은 각개의 소송에 따라 천차만별이므로 이를 일률적으로 설명할 수는 없다. 다만, 본안심리를 통하여 판단되어야 할 것은 문제된 처분등의 위법성과 처분등이 원고의 법률상 이익을 사실상 침해하였는지의 여부에 모아지는 것이라 할 수 있다. 본안심리절차에 관하여는 소송심리에 관한 절차적 원리가 또한 문제된다.

Ⅲ. 심리의 범위

취소소송의 심리범위는 소송의 대상인 처분등의 적법성여하의 판단(법률문제)뿐만 아니라 원칙적으로 재량문제를 포함한 사실문제에까지 미친다. 재량문제에 대한 법원의 심판권 ($^{\text{Entscheidungs-}}_{\text{befugnis}}$)의 한계여하에 관하여는 이미 행정소송의 한계론에서 지적하였다.

취소소송의 심리범위에 관하여는, 행정소송법상 행정심판법과는 달리 명문의 규정이 없으나, 민사소송과 마찬가지로 불고불리의 원칙($^{nemo\ judex}_{sine\ actore}$)이 적용된다. 즉, 법원은 소제기가 없는 사건에 대하여 심리·판결할 수 없으며 소제기가 있는 경우에도 당사자의 청구범위를 넘어서 심리·판결할 수 없다. 다만 행정소송법은 행정소송의 공익성에 비추어, 사건의 심리에 있어서 법원이 필요하다고 인정할 때에는 직권으로 증거조사를 할 수 있고, 당사자가 주장하지 아니한 사실에 대하여도 판단할 수 있다고 규정함으로써 직권탐지주의를 인정하고 있어 ($^{\S\ 26}$) 이러한 한도 내에서 예외가 인정되고 있다.

Ⅳ. 심리절차의 내용

1. 심리절차의 기본원칙

행정소송사건의 심리에 관하여도 행정소송법에 특별한 규정이 없는 한 민사소송법과 법원조직법이 준용된다($^{\S\ 8}_{②}$). 따라서 취소소송의 심리절차에 대해서도 처분권주의·변론주의·공개심리주의·구술심리주의 등이 적용되나, 행정소송의 특수성에 비추어 일정한 범위 안에서 직권심리주의가 인정되는 등 민사소송에 대한 특칙이 인정되고 있다.[211]

1.1. 처분권주의

처분권주의($^{\text{Verfügungsgrundsatz;}}_{\text{Dispositionsmaxime}}$)란 소송물에 관한 결정, 그리고 재판절차의 개시 및 종료여부를 소송당사자, 특히 원고의 의사에 맡기는 원칙을 말한다. 이것은 형사소송을 지배하는 직권주의($^{\text{Offizial-}}_{\text{maxime}}$)와 대립되는 원칙으로서, 민사소송의 대원칙이지만($^{민사소송}_{법 \S 188}$), 행정소송절차에 있어서도 통용되고 있다(국가는 개인에게 소의 제기를 강요할 수 없다!). 특히 행정소송법상 실체법상의 처분권($^{\text{Verfügungs-}}_{\text{befugnis}}$)이 원고에게 인정됨으로써 주관적 공권 또는 법률상 이익을 소송상 행사할 것인지의 여부는 이를 침해받은 자에게 일임되는 결과가 된다. 현행법상 처분권주의의 표현

---

211) 그 밖에도 직접심리주의, 쌍방심리주의 등이 행정소송의 절차원리로 제시되고 있다. 가령 김남진, 행정법 I, 806이하를 참조.

으로 볼 수 있는 것으로는, 원고에 의한 소송의 개시(행정소송법 § 8 ②; 민사소송법 §§ 248, 249), 소의 변경, 그리고 소의 취하(행정소송법 § 8 ②; 민사소송법 §§ 262)에 관한 원고의 결정권 등을 들 수 있으며 이미 앞에서 본 불고불리의 원칙도 처분권주의의 한 내용이 표현된 것이라 할 수 있다.

"원고가 종합소득세부과처분의 위법을 들어 그 취소를 구하고 있다면 법원은 위 과세처분에 의하여 인정된 종합소득의 과세표준과 종합소득세액의 객관적인 존재를 그 심리대상으로 삼아 그 과세처분의 위법여부만을 심리하여야 할 것임에도 원심이 위 과세처분의 위법을 인정하면서도 과세관청의 납세고지통지가 없어 아직 유효한 과세처분이 있었다고도 볼 수 없고 또 당사자가 구하지도 아니하여 심리의 대상이 될 수 없는 양도소득의 과세표준과 양도소득세액을 산출하고 위 종합소득세과세처분중 위와 같이 산출한 양도소득세액의 범위내의 것은 적법하다고 판시한 것은 처분권주의에 위배한 것"[212]

1.2. 변론주의와 직권탐지주의의 가미

일반적으로 누가 재판의 기초가 되는 사실의 조사를 위한 소송자료의 수집책임을 지도록 할 것인가에 관하여 변론주의(Verhandlungs-grundsatz)와 직권탐지주의(Untersuchungsgrundsatz; Inquitionsmaxime)가 대립된다. 이러한 소송자료의 수집을 당사자의 책임으로 하는 원리를 변론주의라 하고 이를 법원의 책임으로 하는 것을 직권탐지주의라고 한다.[213] 변론주의는 민사소송법상 명문의 규정은 없을지라도, 민사소송을 지배하는 원칙이다. 반면 행정소송법 제26조는 "법원은 필요하다고 인정할 때에는 직권으로 증거조사를 할 수 있고, 당사자가 주장하지 아니한 사실에 대하여도 판단할 수 있다"고 규정하고 있다. 이러한 행정소송법의 규정에 대해서는, 이를 근거로 행정소송법이 증거조사 및 심리에 있어 직권탐지주의(Untersuchungs-maxime)를 채택한 것으로 보는 견해(직권탐지설[214]: 다수설)와 이를 당사자의 입증활동이 불충분하여 심증형성이 어려울 경우 당사자의 증거신청 없이도 직권으로 증거조사를 할 수 있도록 한 것으로 보아 변론주의를 보충하기 위하여 직권증거조사를 허용한 것으로 보는 견해(변론보충설)[215]가 대립되어 있다. 한편 이와 같은 행정소송법 제26조의 규정에도 불구하고 행정소송에서도 원칙적으로 변론주의가 타당하다는 것이 판례의 기본태도이다.

---

212) 대법원 1987.11.10. 선고 86누491 판결.
213) 직권탐지주의가 지배하는 곳에서는 법원은 당사자가 주장하지 아니한 사실도 소송자료로 채택할 수 있고(주장불요), 당사자간에 다툼이 없는 사실에 대해서도 재판자료로 채용하지 않을 수 있으며(자백의 구속력배제), 당사자가 제출 또는 신청한 증거 외에도 직권으로 다른 증거를 조사할 수 있게 된다(직권증거조사)고 한다(이명구, 행정소송절차의 주요법원칙, 고시연구 1991/3, 86). 그러나 이러한 결과는 어디까지나 원리상의 문제일 뿐 직권탐지주의하에서도 사실인정에 있어 당사자의 배제나 자의적인 증거신청의 거부는 허용되지 않으며(Schmitt Glaeser, S.294 Rn.542), 반면 변론주의하에서도 법원의 석명권이 부정되는 것은 아니다.
214) 행정소송법 제26조는 취소소송이 주관적 권리보호를 목적으로 하는 절차일 뿐만 아니라 행정의 적법타당성 보장이라는 공익목적을 지닌 절차라는 점을 고려한 것이라고 한다.
215) 이상규, 신행정법론(상), 775-776.

대법원은, "행정소송법 제26조는 법원은 필요하다고 인정할 때에는 직권으로 증거조사를 할 수 있고 또 당사자가 주장하지 않는 사실에 관하여도 판단할 수 있다고 규정하고 있기는 하나, 이는 행정소송의 특수성에서 연유하는 당사자주의·변론주의의 일부 예외규정일 뿐, 법원은 아무런 제한 없이 당사자가 주장하지 않은 사실을 판단할 수 있다는 것은 아니다"라고 판시한 바 있다.216) 그러나 또 다른 판례에서 대법원은 "행정소송에 있어서 법원이 필요하다고 인정할 때에는 당사자가 명백히 주장하지 않은 사실에 관하여도 일건 기록에 나타난 사실을 기초로 하여 직권으로 판단할 수 있다"고 판시함으로써 이를 적극적으로 활용하려는 듯한 뉘앙스를 보인 바 있어217) 반드시 일관된 입장을 취하고 있지는 않다.218)

생각건대, 행정소송법이 다수설이 말하는 바와 같이 직권탐지를 규정하고 있다고 해서 변론주의를 완전히 배제하여 소송자료의 수집을 전적으로 법원에 일임한 것이라고는 볼 수 없다. 당사자의 주장이나 증거제출만 가지고서는 사실관계가 충분히 구명되지 않을 때에 법원의 직권탐지가 행해진다고 보아야 하므로 변론보충설과 직권탐지설 간에 실질적으로 큰 차이가 있는 것은 아니라 할 수 있다.219) 이렇게 볼 때 행정소송법은 변론주의를 원칙으로 하여 예외적으로 직권증거조사를 포함한 직권탐지주의를 가미한 것이라고 할 수 있다.

1.3. 구술심리주의

구술심리주의$\binom{\text{Grundsatz der}}{\text{Mündlichkeit}}$란 심리에 있어 당사자 및 법원의 소송행위, 특히 변론과 증거조사를 구술로 행하도록 하는 절차상 원칙을 말한다. 즉 법원의 재판은 구술변론을 기초로 하여야 한다는 것이다. 취소소송의 심리는 민사소송의 경우와 마찬가지로 구술주의에 의한다$\binom{\S 8 \ ②; \ \text{민사소}}{송법 \ \S \ 134 \ ①}$.

구 행정소송법 제11조는 "당사자 쌍방의 신청이 있을 때에는 구술변론을 경하지 아니하고 판결할 수 있다"는 규정을 두었으나 이 규정은 삭제되었다. 민사소송상 "준비서면대로 진술한다"라는 한마디로써 변론이 종결되는 관행이 있어 구술심리주의의 형해화가 우려되고 있다.220) 한편 "행정소송법 제14조(구법: 인용자)에 의하여 준용되는 민사소송법상 구술변론주의의 원칙에 비추어 소송당사자가 자기의 주장사실을 서면에 기재하여 법원에 제출하였다 하더라도 변론에서 진술되지 아니한 이상 이를 당해 사건의 판단자료로 공할 수 없다"는 판례가 있다.221)

---

216) 대법원 1986.6.24. 선고 85누321 판결.
217) 대법원 1989.8.8. 선고 88누3604 판결.
218) 그 밖에 대법원 1988.4.27. 선고 87누1182 판결; 대법원 1984.5.15. 선고 83누627 판결; 대법원 1981.3.24. 선고 81누493 판결 등을 참조.
219) 이명구, 앞의 글, 89.
220) 김남진, 행정법 I, 806.
221) 대법원 1981.6.9. 선고 80누391 판결; 1981.6.23. 선고 80누510 판결.

1.4. 공개주의

공개주의 또는 공개심리주의($^{Grundsatz\ der}_{Öffentlichkeit}$)란 재판의 심리와 판결선고를 일반인이 방청할 수 있는 상태에서 행해야 한다는 절차원리이다. 헌법은 제109조에서 재판의 심리와 판결의 공개를 헌법상의 요청으로 확립하고 있다. 따라서 취소소송을 포함한 행정소송에 대하여도 공개주의가 적용되는 것은 당연하다.

2. 직권심리와 법관의 석명의무

2.1. 직권심리

행정소송법 제26조에 따라 법원은 필요하다고 인정할 때에는 직권으로 증거조사를 할 수 있고, 당사자가 주장하지 아니한 사실에 대하여도 판단할 수 있다. 따라서 단순한 보충적인 직권증거조사에 그치지 않고, 법원은 당사자가 주장하지 아니한 사실에 대해서도 직권으로 이를 탐지하여 재판의 자료로 삼을 수 있다. 그러나 이미 앞에서 본 바와 같이 이러한 직권심리는 결코 무제한적인 것이 아니다. 행정소송법 제26조에도 불구하고 행정소송에 원칙적으로 변론주의가 타당하다는 것이 판례의 태도인 이상(변론보충설)[222] 직권심리의 범위는 변론주의를 보충하는 한도 내에 한정되는 것으로 보아야 할 것이다.

"행정소송에 있어서도 원고의 청구취지 즉 청구의 범위 · 수액 등은 모두 원고가 청구하는 한도를 초월하여 판결할 수 없다. 행정소송법 제9조 후단(구법, 현행법 제26조에 해당: 인용자)에 당사자가 주장하지 않는 사실에 관하여도 판단할 수 있다고 규정하였음을 이유로 하여 행정소송에는 민사소송법 제186조의 규정은 그 적용이 없다고 이론할지 모르나 이는 원고 청구범위를 초월하여 그 이상의 청구를 인용할 수 있다는 의미가 아니고, 원고 청구범위를 유지하면서 그 범위 내에서 필요에 따라 申立 외의 사실에 관하여도 판단할 수 있음을 규정함에 불과한 법의로 해석함이 타당하다."[223]

2.2. 법관의 석명의무

민사소송법 제126조이하의 법관의 석명권에 관한 규정은 행정소송에 대해서도 준용된다. 석명이란 당사자의 진술에 모순 · 흠결이 있거나 애매하여 그 진술의 취지를 알 수 없을 때 법관(재판장 및 합의부원)이 질문 또는 시사 등의 방법으로 당사자의 진술을 보완하거나 거증책임있는 당사자에게 그 입증을 촉구하는 변론보조적 활동을 말한다. 민사소송법상 법관의 석명권에 관한 규정은 법관의 재량사항인 듯한 문언형식을 취하고 있지만 그럼에도 불구하

---

222) 대법원 1986.6.24. 선고 85누321 판결.
223) 대법원 1956.3.30. 선고 4289行上18 판결.

고 그 석명은 법관의 의무의 성질을 띤다는 것이 통설이다.[224]

아무튼 직권심리주의가 가미되고 있는 행정소송에서 법관의 석명의무를 인정하는 데에는 아무런 지장이 없다.

> "농지개량조합측에서 징계쟁송중인 조합 직원이 파면처분 후 아무런 이의를 유보함이 없이 퇴직금의 지급청구를 하고 이를 수령하였다고 주장하면서, 징계파면일자를 퇴직일자로 하여 조합직원으로서의 지위와 양립할 수 없는 조합장선거에 입후보하였다가 낙선한 사실에 관한 자료를 제출하였다면, 그 직원이 파면처분에 따른 퇴직의 결과를 받아들였음에도 이를 다투는 것은 금반언의 원칙이나 신의칙에 반한다는 취지의 주장을 한 것으로 볼 수도 있으므로, 원심으로서는 석명권을 행사하여 그 주장취지를 명백히 하고 특히 관계 법령의 규정과 농지개량조합 임원선거규정 등에 관하여 조사·심리하여 본 다음 조합직원의 조합장선거에의 입후보가 그 신분에 어떤 영향을 미치는지에 대하여 나아가 심리·판단하여야 함에도 그 심리·판단 없이 징계파면처분을 취소한 원심판결에는 석명권 불행사로 인한 심리미진·판단유탈의 위법이 있다"는 이유로 파기한 사례.[225]

민사소송과 달리 직권심리주의를 가미하고 있는 행정소송의 경우, 법원의 석명권(석명의무)은 행정소송법 제26조에 의해 뒷받침되고 있다. 그러나 행정소송에도 원칙적으로 변론주의가 적용되므로 법원의 석명권행사에는 그로 인한 한계가 따른다. 민사소송에 관한 것이지만 대법원 역시 법원의 석명권 행사에는 변론주의에 따르는 일정한 한계가 있다고 판시하고 있다.

> "법원의 석명권 행사는 당사자의 주장에 모순된 점이 있거나 불완전·불명료한 점이 있을 때에 이를 지적하여 정정·보충할 수 있는 기회를 주고 계쟁 사실에 대한 증거의 제출을 촉구하는 것을 그 내용으로 하는 것으로서 당사자가 주장하지도 아니한 법률효과에 관한 요건사실이나 독립된 공격방어방법을 시사하여 그 제출을 권유함과 같은 행위를 하는 것은 변론주의의 원칙에 위배되는 것으로 석명권 행사의 한계를 일탈하는 것이다."[226]

3. 행정심판기록제출명령

법원은 당사자의 신청이 있을 때에는 결정으로써 재결청에 대하여 행정청에 대하여 행정심판에 관한 기록의 제출을 명할 수 있고, 이 제출명령을 받은 재결청은 지체 없이 당해 행정심판에 관한 기록을 법원에 제출하여야 한다($^{§\,25}$). 1984년의 법개정으로 신설된 이 규정은

---

224) 원심의 석명권을 행사하여 피고경정을 하지 않고 소를 부적법각하한 것은 잘못이라는 판례(대법원 1990.1.20. 선고 89누1032 판결)가 있다.

225) 대법원 1995.6.9. 선고 94누10870 판결.

226) 대법원 1997.12.26. 선고 97다39742 판결. 원심: 서울지법 1997.7.25. 선고 97나8853 판결. 참조: 대법원 1996.2.9. 선고 95다27998 판결; 대법원 1997.2.28. 선고 95다27349 판결; 대법원 1997.4.25. 선고 96다40677,40684 판결.

원고의 지위보장 및 소송경제를 위한 것이다. 한편 이보다 한걸음 더 나아가 행정청에 대한 자료열람 및 복사청구권을 인정하는 것이 바람직할 것이다. 여기서 행정심판기록이란 심판청 구서, 답변서, 재결서는 물론 행정심판위원회의 회의록 그 밖에 위원회의 심리를 위하여 제 출된 증거 등 모든 자료를 포함한다.

4. 주장책임 · 입증책임

4.1. 주장책임

변론주의에 입각한 소송에 있어 주요사실의 주장은 법원의 심판권의 범위를 결정하는 중 요한 의미를 갖는다. 즉 당사자가 그 사실을 주장하지 않으면 법원은 설령 그에 관한 심증 을 얻었을지라도 이를 판결의 기초로 삼을 수 없다. 그 결과 주요사실이 소송 중 현출되지 않으면 당사자 일방이 패소의 위험 또는 불이익을 받게 된다. 이러한 위험이나 불이익을 면 하기 위하여 당해 사실을 주장해야 할 책임을 주장책임이라고 한다. 주장책임은 다음에 설명 하는 입증책임과는 별개의 문제로서 직권탐지주의하에서는 법원이 직권으로 당사자가 주장 하지 아니한 사실을 탐지할 수 있으므로 원천적으로 문제되지 않겠지만, 이미 앞에서 본 것 처럼 행정소송법 제26조가 무제한적인 직권탐지를 허용하는 것이 아니라 청구범위 내에서 일건기록을 기초로 공익상 필요하다고 인정될 때에 한하여 예외적으로 당사자가 주장하지 아니한 사실을 판단할 수 있음을 인정한 것이라고 해석되는 한, 취소소송에서도 누가 주장책 임을 지는가가 문제될 수 있다. 다만, 이 문제는 대체로 입증책임의 문제와 일치하므로 더 이상 상론하지 않는다.

"행정소송에 있어서 특단의 사정이 있는 경우를 제외하면 당해 행정처분의 적법성에 관하여는 당해 처분청이 이를 주장·입증하여야 할 것이나, 행정소송에 있어서 직권주의가 가미되어 있다고 하여도 여전 히 당사자주의, 변론주의를 그 기본 구조로 하는 이상 행정처분의 위법을 들어 그 취소를 청구함에 있어 서는 직권조사사항을 제외하고는 그 위법된 구체적인 사실을 먼저 주장하여야 한다."[227]

4.2. 입증책임

입증책임(^{Beweislast})이란 요건사실의 존부가 불분명한 경우 이로 인한 법적 불이익을 받을 부담을 말한다. 입증책임은 요증사실의 불확정으로 인하여 재판이 불가능해지는 것을 방지하 려는 법기술적 고려와 공평의 이념에 의하여 안출된 도구개념이라 할 수 있다. 이것은 주로 민사소송에서 발전된 이론적 소산이지만, 경험상 요증사실의 존부가 확증되지 않을 가능성이

227) 대법원 2000.5.30. 선고 98두20162 판결.

상존하는 것은 행정소송에 있어서도 마찬가지라고 할 수 있다. 따라서 직권탐지주의의 요소를 지닌 행정소송에 있어서도 판결에 이르려면 어떤 사실의 입증불능에 따른 결과(Folgen der Nichterweislichkeit einer Tatsache)를 누구에게 부담시킬 것인지에 관한 기준이 마련되지 않으면 안 된다.[228] 이러한 견지에서 입증책임에 관하여는 무엇보다도 어떤 사실에 대하여 어느 당사자가 입증의 책임을 질 것인가 하는 입증책임의 분배기준이 문제된다. 특히 입증책임에 관하여 행정소송법이 아무런 규정을 두지 않고 있기 때문에 종래 이에 관한 견해 대립이 있었다.

4.2.1. 원고책임설

이것은, 행정행위는 공정력을 지니며 따라서 적법성의 추정을 받는 것이므로, 행정행위의 위법을 주장하는 원고가 그 위법성에 대한 입증책임을 진다는 견해이다. 행정행위의 공정력을 행정행위의 적법성추정으로 이해하는 입장에서 옹호되었으나 더 이상 주장되지 않고 있다.

4.2.2. 피고책임설

이는 법치행정의 원리에 비추어 행정청은 행정행위의 적법성을 스스로 담보하여야 하므로 그가 행한 행정행위의 적법사유에 대하여 언제나 입증책임을 진다고 본다.

4.2.3. 입증책임분배설(민사소송법상 일반원칙설, 법률요건분류설)

이 견해는 행정행위의 공정력이란 법적 안정성의 견지에서 행정행위의 적법여부가 의심스러운 경우에도 그것이 권한있는 기관에 의하여 취소되기 전까지는 우선 그 유효성을 승인하는 절차상의 통용력에 불과하며 실체법상 적법성의 추정을 가져오는 것은 아니므로, 입증책임의 문제와는 직접적인 관계가 없다고 하며, 반면 입증책임을 피고에게만 지우는 것은 공평의 이념에 반한다고 한다. 그리하여 소송상 당사자의 지위는 대등한 것이므로 취소소송의 경우에도 민사소송의 일반원칙에 따라 입증책임을 분배하여야 한다는 견해이다(통설·판례). 이에 따르면 가령 적극적 내용의 처분을 취소하는 소송에 있어 권리발생사실(적법사유)에 대하여는 피고 행정청이, 권리장애사실(위법사유)에 대하여는 원고가 각각 입증책임을 진다고 하게 된다.[229]

이것은 독일의 이른바 「규범수익원칙」(Normbegünsti-gungsprinzip)과 같은 견해로서, 이에 따르면 특별한 법규정이 없는 한, 어떤 사실이 입증이 되었더라면 이로부터 일정한 법률효과를 주장할 수 있었을 자가 그 입증불능의 부담을 져야 한다는 것이다. 다시 말해서 원고 또는 피고로서 자기에게 유리한 사실을 주장한 자는 그 사실이 법원의 심리결과 입증되지 않았을 때에는 각자 그 입증불능의 결과를 부담해야 한다. 가령 취소소

---

228) Schmitt Glaeser, S.295 Rn.543f.
229) 김도창, 일반행정법론(상), 805.

송에 있어 침익적 행정행위의 처분의 요건사실이 입증되지 아니하면, 그 적법사유의 입증불능으로 인한 불이익은 피고 행정청이 지게 되며, 취소소송은 인용되는 결과가 된다. 그러나 취소소송의 원고가 피고가 주장하는 사실을 부인하지 않고 항변하는 경우에는 그 이유로 주장된 위법사유에 대하여 입증책임을 지게 될 것이다.[230]

반면 거부처분의 취소소송에 있어서는 거꾸로 권리발생요건은 원고가 처분을 구할 권리를 가지고 있다는 것이므로 그 권리발생사유에 관하여 원고가, 반면에 그 권리장애사실의 존재에 관해서는 거부처분을 내린 피고가 각각 입증책임을 진다고 하게 될 것이다.

"행정소송에 있어서 특별한 사정이 있는 경우를 제외하면, 당해 행정처분의 적법성에 관하여는 당해 처분청이 이를 주장 입증하여야 할 것이나, 행정처분의 위법을 들어 그 취소를 청구함에 있어서는 그 위법된 구체적인 사실을 먼저 주장하여야 한다."[231]

"민사소송법의 규정이 준용되는 행정소송에 있어서 입증책임은 원칙적으로 민사소송법의 일반원칙에 따라 당사자간에 분배되고 항고소송의 특성에 따라 당해 처분의 적법을 주장하는 피고에게 그 적법사유에 대한 입증책임이 있다고 하는 것이 당원의 일관된 견해이므로 피고가 주장하는 당해 처분의 적법성이 합리적으로 수긍할 수 있는 일응의 입증이 있는 경우에는 그 처분은 정당하다고 할 것이며, 이와 같은 합리적으로 수긍할 수 있는 증거와 상반되는 주장과 입증은 그 상대방인 원고에게 그 책임이 돌아간다고 풀이하여야 할 것이다."[232]

4.2.4. 특수성인정설(행정소송법 독자분배설)

이 견해는 행정소송과 민사소송의 목적·성질의 차이, 행위규범과 재판규범과의 차이 등을 이유로 취소소송에 관하여 입증책임의 분배기준을 독자적으로 정해야 한다고 한다. 민사법은 재판규범으로서의 성질을 가지나, 행정실체법은 공익과 사익의 조정을 내용으로 하며 행위규범으로서의 성질을 가지기 때문에, 당사자간의 공평, 사안의 성질, 입증의 난이 등에 의하여 구체적인 사안에 따라 입증책임을 정해야 한다고 한다.[233] 즉 이에 따르면, 국민이 권리와 자유를 제한·박탈하는 행정행위의 취소소송에서는 피고인 행정청이 당해 행위의 적법성을 입증할 책임이 있으며, 국민이 자기의 권리·이익영역의 확장을 소구하는 소송과 재량권의 일탈·남용을 이유로 한 취소소송에서는 원고가 입증책임을 진다고 한다.

4.2.5. 결 론

취소소송에 있어 입증책임의 소재는 항고소송의 특수성에 비추어 구체적 사안에 따라 당

---

230) Schmitt Glaeser, S.295f., Rn.544.
231) 대법원 1981.6.23. 선고 80누510 판결.
232) 대법원 1984.7.24. 선고 84누124 판결.
233) 상세한 것은 석종현, 행정소송상의 입증책임, 고시연구 1991/3, 70이하를 참조.

사자의 공평을 고려하여 정해야 한다는 특수성인정설은 앞에서 본 바와 같은 취소소송의 심리절차상의 특수성(직권탐지주의의 가미 또는 보충)을 감안할 때 나름대로 타당성을 지닌다고 할 수 있다.

이는 직권탐지주의를 취하고 있는 독일의 경우 더욱 현저하게 나타난다. 즉 행정소송에 있어 직권탐지주의는 원래 민사소송과 같이 당사자의 입증책임($^{Beweispflicht;}_{Beweislast}$)의 문제를 발생시키지 않는다. 왜냐하면 사실조사($^{Tatsache-}_{nermittlung}$)가 법원에 일임되어 있어 법원은 당사자로부터의 증거신청이나 주장에 구속되지 않는 만큼, 원칙적으로 당사자에게 입증불능으로 인한 불이익을 돌릴 수도 없는 것이기 때문이다. 따라서 소송당사자는 주장책임($^{Behaup-}_{tungslast}$) 및 주관적 입증책임($^{subjektive}_{Beweislast}$)을 지지 않게 된다. 그러나 이러한 원리는 직권탐지주의하에서도 주요사실들 중 일부가 입증불능으로 판명되는 경우가 적지 않기 때문에 수정을 겪지 않을 수 없다. 따라서 행정소송에서도 누가 입증불능으로 인한 불이익을 부담할 것인가에 관한 룰을 정할 필요가 생기며 그 결과 변론주의에 의해 지배되는 민사소송의 그것과 실질적으로 다름이 없는 입증책임의 배분원칙(「규범수익원칙」)이 형성되었다고 한다.[234]

그러나 특수성인정설이 옹호하는 내용의 대부분은, 재량권의 일탈·남용을 이유로 한 취소소송의 경우를 제외하고는, 실은 통설과 판례의 대다수가 취하고 있는 법률요건분류설에 의해서도 충분히 달성될 수 있는 것이라 할 수 있다. 입증책임의 분배기준에 관한 문제는 결과적으로 실제 누가 입증책임을 부담하게 되었느냐 하는 것이 아니라 어떠한 합리적 기준에 의하여 그 부담기준을 정할 것이냐에 있는 것이며, 또한 그것은 어디까지나 사실인정의 차원에서 제기되는 문제이지 법률요건의 포섭 이후의 법적 평가나 법적용과정에서 제기되는 것은 아니다. 따라서 일률적으로 침익적 행정행위인가 또는 수익적 행위인가 하는 실체법적 판단에 따라 입증책임을 배분하는 것은 의미가 없으며(이것은 복효적 행정처분의 경우만을 생각해도 분명하다), 오히려 법률요건분류설에 의하여 당사자에게 어떤 의미를 갖는 주요사실이 주장되는가에 따라 그 입증책임을 논하는 것이 기본적으로 타당하다고 본다. 다만 환경책임 문제라든지 핵발전소의 안전성판단과 같이 고도의 전문기술적 판단을 요하는 분야에 관하여는 특별법을 통하여 또는 분야별 특성을 고려한 판례이론의 형성에 의하여 별도의 개별구체적인 입증책임법리(가령 「일응의 추정」의 법리라든가 개연성이론, 입증책임의 전환 등)를 발전시켜야 할 필요가 있다.

참고로 독일의 경우 이러한 법률요건분류설과 같은 내용의 규범설 또는 규범수익원칙이 통설과 판례에 의하여 채용되고 있으나, 최근 이러한 통일적 입증책임이론에 대하여 적잖은 반론이 제기되고 있음을 볼 수 있다. 특히 의문으로 제기되는 문제점은 많은 경우 어떤 법적 효과가 소송당사자 어느 일방에게 유

---

234) Schmitt Glaeser, Rn.543f.

리한 것인지가 반드시 분명하지 않다는 것이다. 그리하여 헌법적 목표를 고려한 법해석을 통하여 분야별로 특별한 입증책임원리를 발전시켜 나감으로써 구체적 사안에 따라 각개의 관계법규에 따라 입증책임을 배분해야 한다는 견해가 제시되고 있다.[235] 이러한 경향은 일본에서 특수성인정설이 주장되는 배경과 무관하지 않으며, 이러한 관점에서 환경이나 기술·정보·안전관리 등과 같은 분야별 접근방식에 관심을 기울일 필요가 있다.

---

235) Schmitt Glaeser, Rn.544의 각주에 인용된 문헌들을 참조.

제 7 항 취소소송의 종료

취소소송의 심리결과 사건이 종국판결을 내릴 수 있을 만큼 성숙되었다고 판단되면 법원은 심리를 종결하고 판결을 내린다. 이와같이 취소소송은 법원의 종국판결에 의하여 종료되는 것이 원칙이나 그 밖에도 소의 취하, 당사자(원고)의 소멸 등과 같은 사유로도 종료될 수 있다.

Ⅰ. 취소소송의 판결

취소소송의 판결이란 법원이 소송의 대상인 구체적 쟁송을 해결하기 위하여 무엇이 법인지를 판단하여 선언하는 행위이다. 취소소송의 판결에 관하여는 판결의 종류, 위법판단의 기준시점·처분이유의 사후변경, 판결의 효력 등이 특히 문제된다.

1. 판결의 종류

1.1. 중간판결과 종국판결

중간판결은 종국판결을 할 준비로서 소송진행중에 제기된 개개의 쟁점을 해결하기 위한 확인적 성질의 판결을 말하며(가령 피고의 방소항변을 기각하는 경우), 종국판결은 사건의 전부나 일부에 관하여 심급종료의 효력을 갖는 판결을 말한다.

1.2. 소송판결과 본안판결

소송판결은 소송의 적부에 대한 판결로서 요건심리의 결과 당해 소송을 부적법한 것이라 하여 각하하는 판결이며, 본안판결은 청구의 당부에 대한 판결로서 본안심리의 결과 청구의 전부 또는 일부를 인용하거나 기각하는 것을 내용으로 하는 것이다.

1.3. 인용판결과 기각판결

청구가 이유있다고 인정될 경우 법원은 종국판결로써 계쟁처분의 전부 또는 일부를 직접 취소하는데 이를 인용판결이라고 하며(형성판결), 기각판결이란 청구가 이유없다고 판단되는 경우 내리는 판결을 말한다. 청구기각의 판결은 형성(취소)요건의 부존재를 확인하는 소극적 확인판결의 성질을 갖는다. 다만 소송청구가 이유있다고 인정되는 경우에도 이를 인용하는 것이 현저히 공공복리에 적합하지 아니하다고 인정할 때에는 소송청구를 기각하는, 이른바 사정판결이 예외적으로 행해질 수 있다($^{§\,28}_{①}$).

1.4. 사정판결

1.4.1. 의 의

원고의 청구가 이유있다고 인정하는 경우에도 처분을 취소하는 것이 현저히 공공복리에 적합하지 않다고 인정하는 때에는 법원은 원고의 청구를 기각할 수 있다($^{§\,28}_{전단 ①}$). 이를 사정판결이라고 한다. 사정판결은 기각판결의 일종으로서 취소소송에서만 인정되는 제도이다($^{§\,38}_{①②}$).

사정판결과 무효등확인소송 ●● 사정판결은 전술한 바와 같이 취소소송에서만 인정되는 제도이다 ($^{§\,38}_{①,②}$). 이에 대해서는 무효인 처분을 기초로 한 기성사실의 원상회복이 현저히 공공복리에 반하는 경우가 있을 수 있으므로 무효인 처분에 대해서도 사정판결의 필요가 생길 수 있다는 견해[236]가 있으나, 처분이 무효인 이상 행정소송법의 명문규정을 무시하면서까지 이 예외적인 성격을 지닌 판결형태를 허용해야 한다는 것은 타당하지 않다.[237] 또한 이 견해가 이유의 하나로 들고 있는 공법상의 결과제거청구권의 법리는 취소된 처분이든 무효인 처분이든 그 결과 조성된 위법한 상태를 제거하는 데 목적을 지닌 것으로서 그 결과제거의무의 실행이 수인기대가능성(^{Zumutbarkeit})을 결여한다고 인정되면 바로 그런 이유에서 결과제거청구권에 의한 원상회복이 불가능해질 뿐이지, 이때 거꾸로 이러한 원상회복의 부정을 위하여 사정판결(행정소송의 경우 사정판결)을 내려야 하거나 내릴 수 있는 것은 아니다. 사정판결은 어디까지나 처분의 취소·변경 또는 의무이행재결에 관련된 것이지 그 결과제거에 관한 것은 아니다.

1.4.2. 제도의 취지

사정판결은 사익의 보호가 결과적으로 공익에 중대한 침해를 가져올 경우 사회전체의 공익을 우선시킴으로써 이를 시정하려는 데 그 취지를 둔 것으로 이해되고 있다. 환언하면 사정판결은 공익과 사익을 공익우선적 견지에서 조절하기 위한 예외적인 제도라 할 수 있다. 사정판결의 이론적 근거로는 행정행위의 무효의 전환이라든가 하자의 치유 등에서 찾는 견해도 있었으나 기성사실의 존중이라는 데서 찾는 것이 일반적이다.[238]

사정판결제도와 법치주의 ●● 사정판결제도는 위법한 처분으로 원고의 법률상 이익이 침해되었음에도 불구하고 이를 취소하는 것이 공공복리에 현저히 반한다는 이유에서 이유있는 청구를 기각하는 것이므로 법치주의에 반하는 제도가 아닌가 하는 의문이 있다. 이에 관하여 국내문헌의 태도는 크게 법치주의에 반한다고 보는 입장[239]과 그렇지 않은 입장[240]으로 양분되고 있다. 전자가 법논리의 요청에 보다

---

236) 김남진, 행정법 I, 833-834.
237) 김향기 교수(무효등확인소송, 고시계 1991/3, 95)는 법치주의의 예외적 조치인 사정판결을 무효등확인소송에 확대 적용시키는 것은 반법치주의적이라는 비난을 면치 못할 것이라고 한다.
238) 김도창, 일반행정법론(상), 810.

엄격하게 부응하려는 것이라면, 후자는 원고에 대한 대상규정($^{§}_{③}{}^{28}$)에 의한 원고의 손실전보와 공공복리라는 공적 요구를 근거로 한 견해라 할 수 있다. 후자의 입장도 전혀 부당한 것이라고는 할 수 없으나, 아무래도 "참아라, 그러면 보상하리라"($^{dulde\ und}_{liquidiere}$)라는 입헌군주시대의 사고방식이 잠재되어 있는 것은 사실이다. 다만, 후자의 입장에서 「사정판결제도의 쟁점은 그것이 반법치주의적인 것인지 여부보다는 그 남용을 어떻게 방지할 것인가에 있는 것」이라고 지적하는 것[241]은 타당하며, 이제까지 이 제도가 비교적 신중하고 제한적으로 적용되고 있다는 사실은 문제의 현실성을 상당부분 감소시키는 요인이라고 할 수 있다. 결론적으로 사정판결제도의 적용은 필요한 최소한으로 그쳐야 하며, 무효의 전환, 하자의 치유 등과 같은 다른 법리로 해결할 수 있는 것은 그에 의해야 할 것이며 행정소송법 제28조를 적용해서는 아니 된다고 본다.[242]

1.4.3. 사정판결의 요건

사정판결은 행정처분이 위법함에도 불구하고 이를 취소·변경할 경우 현저히 공공의 복리에 적합하지 않은 극히 예외적인 상황에서 허용되는 것이므로, 그 요건 해당 여부는 위법한 처분을 취소·변경하여야 할 필요와 그 취소·변경에 따른 공공복리 저해 등을 비교·교량하여 엄격하게 판단하여야 한다. 사정판결의 요건은 원고의 청구가 이유 있음에도 불구하고 처분등을 취소하는 것이 현저히 공공복리에 반한다고 인정되어야 한다는 것이다.

(1) 취소소송에 있어 그 대상이 된 처분등이 위법하여야 한다

사정판결은 전술한 바와 같이 취소소송에 관하여만 가능하다. 한편 위법판단의 기준시점에 관하여 처분시설을 취하는 한 이것은 사정판결에 대해서도 마찬가지로 적용된다. 따라서 처분시점 이후에 발생한 법 및 사실상태의 변경으로 인하여 처분이 판결시의 현행법상 적법하게 된 경우라도 상관이 없다. 다만 이 경우 처분이후에 발생한 사정은 사정판결의 요건으로서 공공복리에 대한 현저한 저해를 판단함에 있어 고려되게 될 것이다.[243] 처분이 적법하다고 판명된 경우에는 청구를 기각하게 되므로 아예 사정판결의 여지가 없다.[244]

(2) 처분등을 취소하는 것이 현저히 공공복리에 반하는 것이어야 한다

여기서 공공복리는 다의적인 불확정개념이라 할 것이나 대체로 개인의 이익과 대립되지 않고 개개인의 이익을 보다 고차적인 차원에서 통합하는 전체사회의 공동이익이라 할 수 있

---

239) 이상규, 신행정법론(상), 786; 박윤흔, 행정법강의(상), 974; 석종현, 일반행정법(상), 832 등.
240) 가령 김철용, 사정판결, 월간고시 1987/4, 53-54; 김남진, 행정법 I, 811 등.
241) 김철용, 앞의 글, 54.
242) 동지 김철용, 앞의 글, 63.
243) 이 점에서 위법판단의 기준시에 관하여 처분시설을 취하면서도, 이 경우에 한하여는, 「위법판단의 기준시는, 처분 후의 사정이 고려에 들어가야 한다는 의미에서, 판결시설에 의하여야 할 것」이라는 견해(김도창, 일반행정법론 (상), 807, 811)는 「사정판결의 필요성」에 관해서라면 몰라도 처분의 위법성에 관해서는 논리적으로 유지될 수 없다.
244) 대법원 1982.11.9. 선고 81누176 판결.

다.245) 이 경우 처분등이 위법한데도 공익적 견지에서 이를 유지한다는 사정판결제도의 예외적 성격을 고려하여 위법한 처분등의 유지에 따른 사익침해의 정도와 인용판결에 의해 초래될 공익침해의 정도를 적정히 비교형량해야 하며 후자가 전자에 비해 압도적으로 우세한 경우에만 사정판결이 허용된다고 보아야 한다. 즉, 비례원칙이 엄격하게 적용되어야 할 것이다.246)

⠿ 사정판결의 요건: 현저히 공공복리에 적합하지 아니한지 여부의 판단

"공인평가기관의 평가와 토지평가협의회의 심의를 거치지 않고 결정한 토지등의 가격평가나 이에 터잡은 환지예정지지정처분은 하자가 있는 것으로서 위법하지만, …… 그 처분의 기초가 된 가격평가의 내용이 일응 적정한 것으로 보일 뿐만 아니라 이 사건 이해관계인들 중 원고를 제외하고는 아무도 위 처분에 관하여 불복하지 않고 있는 사실을 알아볼 수 있으므로 원고에 대한 환지예정지지정처분을 위법하다 하여 이를 취소하고 새로운 환지예정지를 지정하기 위하여 환지계획을 변경할 경우 위 처분에 불복하지 않고 기왕의 처분에 의하여 이미 사실관계를 형성하여 온 다수의 다른 이해관계인들에 대한 환지예정지지정처분까지도 변경되어 기존의 사실관계가 뒤엎어지고 새로운 사실관계가 형성되어 혼란이 생길 수도 있게 되는 반면 이 사건 처분으로 원고는 이렇다 할 손해를 입었다 할지라도 청산금보상 등으로 전보될 수 있는 점 …… 등에 비추어 보면 이 사건 처분이 앞서 본 바와 같이 토지평가협의회의 심의를 거치지 아니하고 결정된 토지 등의 가격평가에 터 잡은 것으로 그 절차에 하자가 있다는 사유만으로 이를 취소하는 것은 현저히 공공복리에 적합하지 아니하다고 보여 사정판결을 할 사유가 있다고 인정한다."247)

"사정판결은 행정처분이 위법함에도 불구하고 이를 취소·변경하게 되면 그것이 도리어 현저히 공공의 복리에 적합하지 않은 경우에 극히 예외적으로 할 수 있는 것이므로, 그 요건에 해당하는지 여부는 **위법·부당한 행정처분을 취소·변경하여야 할 필요와 그 취소·변경으로 발생할 수 있는 공공복리에 반하는 사태 등을 비교·교량하여 엄격하게 판단하되**(대법원 2009.12.10. 선고 2009두8359 판결 참조), ① 해당 처분에 이르기까지의 경과 및 처분 상대방의 관여 정도, ② 위법 사유의 내용과 발생원인 및 전체 처분에서 위법사유가 관련된 부분이 차지하는 비중, ③ 해당 처분을 취소할 경우 예상되는 결과, 특히 해당 처분을 기초로 새로운 법률관계나 사실상태가 형성되어 다수 이해관계인의 신뢰 보호 등 처분의 효력을 존속시킬 공익적 필요성이 있는지 여부 및 그 정도, ④ 해당 처분의 위법으로 인해 처분 상대방이 입게 된 손해 등 권익 침해의 내용, ⑤ 행정청의 보완조치 등으로 위법 상태의 해소 및 처분 상대방의 피해 전보가 가능한지 여부, ⑥ 해당 처분 이후 처분청이 위법 상태의 해소를 위해 취한 조치 및 적극성의 정도와 처분 상대방의 태도 등 제반 사정을 종합적으로 고려하여야 한다."248)

법원이 당사자의 주장없이도 사정판결을 할 수 있는지가 직권심리에 관한 행정소송법 제26조와 관련하여 문제될 수 있으나 구법하에서 직권주의가 인정된다고 하여 변론주의가 전

---

245) 이에 관하여는 김철용, 앞의 글, 56을 참조.
246) 김철용, 앞의 글, 56.
247) 대법원 1992.2.14. 선고 90누9032 판결.
248) 대법원 2016.7.14. 선고 2015두4167 판결.

적으로 배제되는 것은 아니므로 당사자의 주장없이는 청구기각의 사정판결을 할 수 없다는 것이 통설·판례였다.[249] 이것은 현행법에서도 그대로 타당하다고 보아야 할 것이다. 그러나 최근의 판례는 법원이 직권으로 사정판결을 할 수 있다는 것을 정면에서 인정하였다.

> "행정소송법 제26조, 제28조 제1항 전단의 각 규정에 비추어 법원이 사정판결을 할 필요가 있다고 인정하는 때에는 당사자의 명백한 주장이 없는 경우에도 일건 기록에 나타난 사실을 기초로 하여 직권으로 사정판결을 할 수 있다."[250]

1.4.4. 사정판결의 효과

(1) 청구기각 및 위법의 명시

사정판결은 청구기각판결이므로, 원고의 청구는 배척된다. 그러나 사정판결은 원고의 청구가 이유있음을 전제로 한 것이라는 점에서 일반적인 청구기각과는 다른 효과를 지닌다. 즉, 법원이 사정판결을 하고자 할 때에는 판결의 주문에 처분등이 위법함을 명시하여야 한다($\S 28 \text{①}$ 후단). 이것은 어디까지나 처분등의 위법성을 전제로 한 공익보호제도로서 사정판결이 갖는 예외적 성격을 고려하여, 후일 원고가 원처분의 위법을 다시 주장할 필요가 있을 때 이에 대한 유권적 확정사실 또는 일종의 기결력을 원용할 수 있도록 하고, 또 사정판결을 통해 위법한 처분등이 적법타당한 처분등으로 전환되는 것이 아님을 명백히 하여 판결문만으로도 당해 처분등의 위법성을 주장할 수 있도록 하여 그에 따른 구제의 길을 터주기 위한 배려에서 인정된 것이다. 사정판결의 여부 판단은 법원의 의무에 합당한 재량에 속한다고 보아야 할 것이다.[251]

(2) 사정조사

법원이 사정판결이 필요하다고 인정하면, 판결 전에 미리, 원고가 사정판결로 인하여 입게 될 '손해의 정도와 배상방법 그 밖의 사정'을 조사하여야 한다($\S 28 \text{②}$).

(3) 소송비용부담

사정판결이 있으면 원고의 청구가 이유 있음에도 불구하고 원고가 패소하게 되는 것이므로 소송비용은 소송비용부담에 관한 일반원칙과는 달리 승소자인 피고가 부담한다.

1.4.5. 원고의 권익보호 및 불복방법

사정판결이 허용된다고 해서 사익이 무시되어도 좋다는 것은 아니므로 행정소송법은 원

---

249) 김철용, 앞의 글, 60.
250) 대법원 1992.2.14. 선고 90누9032 판결.
251) 김도창, 일반행정법론(상), 812.

고의 권익을 보호하기 위한 방법으로서, 원고는 피고인 행정청이 속하는 국가 또는 공공단체를 상대로 손해배상, 제해시설의 설치 그 밖에 적당한 구제방법의 청구를 당해 취소소송등이 계속된 법원에 병합하여 제기할 수 있도록 하고 있다($\frac{§28}{③}$). 사정판결에 대하여 원고가 불복 항소할 수 있음은 물론이다.

2. 위법판단의 기준시점과 처분이유의 사후변경

2.1. 위법판단의 기준시점

취소소송의 대상인 처분등의 위법성을 어느 시점의 법 및 사실상태를 기준으로 판단할 것인가 하는 것이 문제된다. 가령 처분등이 행해진 뒤 당해 처분의 근거법령이 개폐되거나 사실상태가 변동된 경우 이러한 위법판단의 기준시점을 어디에 두느냐에 따라 사건의 결론이 좌우되게 된다. 이에 관하여는 처분시설과 판결시설이 대립되어 있다.

2.1.1. 처분시설

이는 행정소송에서 당해 처분등의 위법여부에 대한 판단은 행위시의 법령 및 상태를 기준으로 하여야 한다는 견해로서 오늘날의 통설·판례[252]이다. 이 견해는 취소소송의 본질을 처분등에 대한 사법적 사후심사로 보므로, 판결시를 기준으로 하면 법원에게 행정감독적 기능을 인정하는 결과가 되어 부당하다는 것이다.

> **::: 위법판단의 기준으로서 처분시**
>
> "행정소송에서 행정처분의 위법 여부는 행정처분이 행하여졌을 때의 법령과 사실상태를 기준으로 하여 판단하여야 하고, 처분 후 법령의 개폐나 사실상태의 변동에 의하여 영향을 받지는 않는다."[253]
>
> "항고소송에 있어서 행정처분의 위법 여부를 판단하는 기준 시점에 대하여 판결시가 아니라 처분시라고 하는 의미는 행정처분이 있을 때의 법령과 사실상태를 기준으로 하여 위법 여부를 판단할 것이며 처분 후 법령의 개폐나 사실상태의 변동에 영향을 받지 않는다는 뜻이고 처분 당시 존재하였던 자료나 행정청에 제출되었던 자료만으로 위법 여부를 판단한다는 의미는 아니므로, 처분 당시의 사실상태 등에 대한 입증은 사실심 변론종결 당시까지 할 수 있고, 법원은 행정처분 당시 행정청이 알고 있었던 자료뿐만 아니라 사실심 변론종결 당시까지 제출된 모든 자료를 종합하여 처분 당시 존재하였던 객관적 사실을 확정하고 그 사실에 기초하여 처분의 위법 여부를 판단할 수 있다."[254]

---

252) 대법원 1987.8.18. 선고 87누235 판결; 대법원 1983.6.28. 선고 82누182 판결.
253) 대법원 2007.5.11. 선고 2007두1811 판결.
254) 대법원 1993.5.27. 선고 92누19033 판결. 이 판결에 관해서는 그 판결취지상 위법판단의 기준시가 실질적으로 사실심변론종결시로 되는 셈이라는 견해가 있으나(이상규, 행정판례회고, 인권과 정의 1994/5) 이는 오해라는 비판이 있다(김태우, 취소소송에 있어서 처분사유의 추가·변경, 인권과 정의 1995/6, 49 각주 6). 위법판단의 기준시와 위법판단의 근거로 삼을 수 있는 자료의 제출시기는 이를 구별하여야 하며 위 대법원판결은 이 점을 분명히

2.1.2. 판결시설

계쟁처분의 효력이 현행법규에 비추어 유지될 수 있는지를 결정하는 것이 취소소송의 목적이라고 보아, 처분의 취소여부는 판결시(변론종결시)를 기준으로 판단해야 한다고 한다.

2.1.3. 결 론

생각건대 취소소송의 본래취지가 법원으로 하여금 처분의 적법성을 사후심사하도록 함으로써 법치주의를 보장하는 데 있는 것이라면, 원칙적으로 처분시설이 타당하다고 해야 할 것이다.[255] 만일 법원이 처분시 이후에 변경된 법 및 사실상태를 기준으로 처분의 적법여하를 결정할 수 있도록 한다면, 이는 권리보호를 구하는 국민에게 법적 불안을 초래하게 될 뿐만 아니라 행정청의 제1차적 판단권을 침해하는 결과가 될 것이다. 다만 계속적 효과를 지닌 처분($_\text{Dauerwirkung}^\text{VA mit}$)에 관하여는 예외적으로 판결시설이 타당하다고 본다.[256]

> 참고로 독일의 경우 이와 같은 계속효있는 행정행위의 경우 원고의 입장에서는 처분당시의 위법여하는 중요한 관심사가 아니며 오로지 사실심변론종결시의 법 및 사실상태에 따른 처분의 취소가 문제될 뿐이다. 이를 근거로 위법판단의 기준시점을, 통설·판례와는 달리, 소송청구의 내용($_\text{Klageantrags}^\text{Inhalt des}$)에 따라 상대화시키려는 반론이 제기되고 있다.[257]

2.2. 처분사유의 추가·변경

2.1.1. 의 의

앞서 본 위법판단의 기준시점에 관해서는, 어떤 범위에서 처분의 발급 이후에 일어난 법 및 사실상태의 변경을 계쟁처분의 적법성판단에서 고려할 것인가 하는 것이 문제되었다. 여기서는 재판절차에 있어 법적인 또는 사실적인 처분사유의 추가·변경을 어떻게 고려할 것인가 하는 문제가 제기된다. 처분사유를 변경하는 경우와 누락된 처분사유를 추완하거나 기존의 처분사유에 새로운 처분사유를 추가하는 경우를 통틀어 이를 처분사유의 사후변경이라 부를 수 있다.

밝힌 것에 지나지 않는다. 따라서 위 판결로 처분시설을 취해온 대법원의 입장이 달라졌다고 볼 수는 없다. 반면 종전의 대법원 판례 중에는 "행정처분의 적법여부는 특별한 사정이 없는 한 그 처분 당시를 기준으로 하여 판단할 것이므로 그 처분 당시에 제출되지 아니한 새로운 사실은 그 처분의 적법여부를 판정하는 자료로 삼을 수 없다"고 하여 위의 판지와는 달리 사실상태에 관한 입증자료를 처분시까지 제출하여야 한다는 판단을 보인 것이 있으나(대법원 1989.3.28. 선고 88누12257 판결) 이는 바로 위 판결에 의하여 시정된 것이라고 보아야 할 것이다.

255) 이것은 독일에서의 통설과 판례이기도 하다(Schmitt Glaeser, S.282, Rn.521; BVerwGE 72,300,311ff.).
256) 독일 연방행정법원의 판례도 이러한 예외를 인정한다(BVerwGE 49,148/160).
257) 이에 관하여는 Schmitt Glaeser, aaO., Rn.521ff.를 참조.

독일에서는 처분사유의 변경($^{Nachschieben}_{von\ Gründen}$)과 처분이유의 추완($^{Nachholen\ der}_{Begründung}$)이 개념적으로 구별되고 있다. 처분사유의 변경은 처분의 이유로 제시된 사실적 또는 법적 근거를 변경하는 것을 말하며, 추완은 법령상 요구되는 행정행위의 이유부기의무(우리 행정절차법에서는 이유제시의무)를 이행하지 않은 경우 사후에 그 이유를 부기함으로써 형식적 흠을 치유하는 것을 말한다.[258] 독일에서 양자가 엄격히 구별되어야 하는 것은, 후자는 행정절차법 제39조 제1항, 제45조 제1항 제2호에 따른 처분이유를 부기하지 아니한 형식적 흠($^{formeller}_{Begründungsmängel}$)의 추완에 관한 행정절차법적 문제로서, 주어진 처분사유의 실체적 적정성($^{materielle}_{Richtigkeit}$)과는 무관한 것인 반면, 전자는 행정행위의 내용적 적법성에 관한 행정소송법적 문제이기 때문이다.[259] 한편 우리나라에서는 처분이유제시의무를 부과하는 행정절차법이 제정되기 전까지는 처분사유의 변경과 추완을 구별하지 않고 처분사유의 추가·변경의 문제만을 다루는 것이 일반적이었다.[260]

처분사유의 추가·변경에 있어 새로운 처분사유는 당초 처분이 기초로 삼았던 법 및 사실상태를 벗어난 것이 아니라, 다만 당초 처분시에는 존재하였으나 당사자에 의하여 제시되거나 주장되지 않았고 따라서 처분의 기초가 되지 않았던 이유를 말한다. 이를 소송에서 주장하는 것이 허용되는가. 가령 당초에는 인접대지거리제한위반을 근거로 건축허가신청을 거부했던 행정청이 허가거부처분에 대한 취소소송에서 당초의 처분사유 대신에 건폐율초과를 이유로 주장하여 허가거부처분의 적법성을 유지하려 할 경우 또는 인근주민들의 동의서 미제출을 이유로 토석채취허가신청을 반려했다가 소송에서 자연환경의 훼손등을 이유로 주장하여 그 거부처분을 정당화하고자 시도하는 경우 법원이 이러한 처분사유의 변경을 허용할 것인지가 문제된다. 이것은 법원이 스스로 또는 당사자의 신청에 따라 처분시 존재했음에도 불구하고 행정청이 주장하지 않았던 법적 또는 사실적 근거를 그 판결에서 고려할 수 있느냐 하는 문제이다.[261]

종래 이 문제에 관해서는 일부 행정법문헌에서 개괄적으로 다루어진 것을 제외하면 국내 학계에서는 그다지 상세히 논의되지 않았으나, 판례가 축적됨에 따라 이에 관한 실무계의 논의가 진전되고 있다.[262]

---

258) 류지태, 행정법신론, 489-490은 양자가 서로 다른 문제인 이상, 용어법상으로도 처분이유(Begründung)와 근거(Gründe)를 구별하여 사용해야 한다고 한다. 두 가지 문제를 서로 구별하여야 하는 것은 물론이지만, 우리의 용어법상 '처분사유'란 개념이 일반화되어 있고 또 일반행정절차법적 차원에서 처분이유 제시의무의 추완이 문제될 여지가 없다는 점을 고려할 때 일상언어 관행상 구별이 어려운 '이유'와 '근거'의 개념을 구별하여 사용하는 것이 바람직하다고는 말할 수 없다. 독일에서도 행정절차법 제45조에 의한 'Nachholen der Gründe', 'Nachschieben der Gründe'라는 표현이 함께 사용되는 예(Maurer, § 10 Rn.40)가 있다는 점에서 굳이 '이유'와 '근거'를 구별할 의미가 있을지는 의문이다.

259) Schmitt Glaeser, § 14 Rn.529, S.299.

260) 김문수, 행정소송에 있어서 처분이유의 추가 및 변경, 특별법연구 제3권(특별소송실무연구회 편); 김태우, 취소소송에 있어서 처분사유의 추가·변경, 인권과 정의 1995/6. 이로써 초판 330이하에서 처분사유의 사후변경만을 다루었던 것을 우리나라에서의 논의상황에 맞게 바로잡는다.

261) 이 문제는 비단 소송상 피고행정청이 처분사유를 추가·변경할 수 있는가 하는 문제뿐만 아니라 처분의 동일성, 취소소송의 소송물 그 밖에 처분사유의 추가·변경에 따른 재처분시의 효과, 처분이유부기의무 등 다양한 측면에서 고찰될 수 있다. 이에 관하여 상세한 것은 김태우, 앞의 글을 참조.

2.2.2. 허용성

처분사유의 사후변경(추가·변경)의 허용여부에 대하여는 이를 원칙적으로 긍정하는 것이 일반적이다. 물론 우리 행정소송법에 이에 관하여 지침이 될 만한 규정은 없다. 그렇지만 학설은 이를 허용되는 것으로 보고 있고, 대법원의 판례 역시 '당초 처분의 근거로 삼은 사유와 기본적 사실관계가 동일하다고 인정되는 한도 내에서'라는 조건하에서 그 허용성을 인정하고 있다.[263] 대법원은 그 법리적 근거로 '실질적 법치주의와 행정처분의 상대방인 국민에 대한 신뢰보호'를 들고 있다.[264] 기본적 사실관계가 동일하다는 것은, 판례에 따르면, '처분사유를 법률적으로 평가하기 이전의 구체적인 사실에 착안하여 그 기초인 사회적 사실관계가 기본적인 점에서 동일한 것'을 말한다.[265] 통설과 판례에 대해서는 처분의 근거변경의 허용여부를 일률적으로 판단할 수는 없고, 처분의 근거변경을 허용함으로 인하여 원고인 당사자가 별도의 불이익을 받아서는 아니 된다는 기본적인 한계가 준수되어야 하며, 이러한 관점에서 재량행위를 제외하고는 원칙적으로 허용되는 것으로 보는 비판[266]이 제기된 바 있다. 이 견해는 위의 대법원의 판례에 대하여 기본적 사실관계의 의미가 분명하지 않고, 기속행위와 재량행위의 경우를 구별하지 않고 있다는 점을 비판한다.[267]

독일에서도 처분사유의 변경은 허용된다는 것이 판례와 통설의 태도이다.[268] 즉 행정청은 행정행위를 발한 이후 그리고 경우에 따라서는 행정심판의 재결 이후에도 처분시에 존재했던 처분사유를 변경함으로써 결여된 처분사유를 추완할 수 있으며, 당초의 처분이 내용적으로 변경되지 않고 그 상대방이나 이해관계인의 권리방어가 저해되지 않은 한, 주어진 처분사유를 보완할 수 있다고 한다.[269] 법원은 계쟁처분의 적법여부를 모든 법적·사실적 측면에서 심사하여 행정청이 주장했던 당초의 이유가 설령 부당할지라도, 그 밖의 다른 법적·사실적 근거에 의해 처분의 적법성이 인정될 수 있는지를 검토할 권리와 의무를 갖기 때문이라는 것이다. 이러한 긍정설의 타당성은 또한 행정소송을 지배하는 직권탐지주의에 의해서도

---

262) 가령 홍정선, 행정법원론(상), 817이하; 류지태, 행정법신론, 488이하를 참조. 반면 이 문제에 대한 실무계의 기여로는 김문수, 행정소송에 있어서 처분이유의 추가 및 변경, 특별법연구 제3권(특별소송실무연구회 편); 김태우, 취소소송에 있어서 처분사유의 추가·변경, 인권과 정의 1995/6을 주목할 만하다.

263) 대법원 1989.12.8. 선고 88누9299 판결. 이는 대법원의 확고한 입장이다. 가령 대법원 2013.10.11. 선고 2012두24825 판결; 대법원 2007.2.8. 선고 2006두4899 판결; 대법원 2008.2.28. 선고 2007두13791,13807 판결 등을 참조.

264) 대법원 2004.11.26. 선고 2004두4482 판결.

265) 대법원 2014.5.16. 선고 2013두26118 판결; 대법원 2011.11.24. 선고 2009두19021 판결; 대법원 2009.11.26. 선고 2009두15586 판결; 대법원 2007.2.8. 선고 2006두4899 판결.

266) 류지태, 앞의 글, 57.

267) 류지태, 행정소송에서의 행정행위 근거변경에 관한 대법원판례분석, 사법행정 1993/6, 57-58.

268) Erichsen, Allg,VerwR, § 38 Ⅳ Rn.40, S.488 그리고 같은 곳 각주 81에 인용된 판례와 문헌; Hufen, Verwaltungsprozeßrecht, 2006, § 24 Rn.22. 반대설: Schenke, NVwZ 1988, 1; ders., Verwaltungsprozeßrecht, 1993, S.195ff.

269) Erichsen, § 38 Ⅳ Rn.40, S.488.

뒷받침된다고 한다. 행정청으로서는 그 다른 이유를 근거로 다시금 거부처분을 내릴 수 있으므로, 처분사유의 사후변경을 불허하는 것만으로는 분쟁을 해결하는 것이 아니라 연기시킬 뿐이기 때문이라는 것이다.[270] 그러나 이에 대하여는 원래의, 그리고 당초의 처분사유에 의하여 발급된 행정처분은 그것이 위법한 처분으로 판단되는 이상, 그 밖의 다른 사실이나 고려에 의했더라면 적법했을지 여부와는 상관없이, 취소되어야 한다는 부정설이 반론으로 제기되고 있다.[271] 이에 따르면 이렇게 보는 것만이 공행정영역에 있어 집행의 임무 및 책임을 행정청에게 부여한 기본법상의 현대적 권력분립하에서 행정법원에 맡겨진 기능에 부합된다는 것이다.[272]

　　독일의 경우, 1996년 개정된 행정절차법 제45조 제2항($^{\S\ 45\ II\ VwVfG\ I.d.F.\ des}_{GenBeschlG\ von\ 1996}$)은 절차 또는 형식의 하자를 치유하는 효과를 지닌 제45조 제1항에 따른 행위들은 '행정소송절차의 사실심최종변론종결 전까지 할 수 있다'라고 규정하고 있는데 그 행위들의 하나로 필요한 처분이유 제시($^{die\ erforderliche}_{Begründung}$)를 사후적으로 추완하는 경우를 열거하고 있다. 이로써 처분이유의 추완은 행정소송 사실심변론종결시까지 허용되게 되었다. 또한 이 조항을 소송적 관점에서 보완한 제6차 행정법원법 개정법률($^{6.\ VwGOÄndG}$)에 의해 행정소송 진행중 하자의 추완은 더욱 용이하게 되었다. 즉, 개정된 행정법원법 제87조 제1항 제2문 제7호에 따라 재판장 또는 보고관(^{Berichtserstatter})은 준비절차가 진행되는 동안 쟁송의 종결이 지연되는 결과가 생기지 않는 경우에는 행정청에게 3월 이내의 기간을 정하여 절차 및 형식의 하자를 치유할 수 있는 기회를 부여할 수 있게 되었고, 나아가 같은 법 제94조 제2문의 규정에 따라 행정법원은 신청에 의하여 절차 및 형식의 하자에 대한 변론을 정지시킬 수 있게 되었다. 그리고 1996년의 개정법률에 의해 신설된 행정법원법 제114조 제2문의 규정은 이른바 재량의 보충(^{Ermessensergänzung})을 허용하였다. 이에 따라 행정청은 재량행위의 경우에도 그 재량의 형량을 행정소송절차에서 보완할 수 있게 되었다.

　　이처럼 행정법원법 제87조 제1항 제7호에 따라 행정소송의 절차준비과정에서 행정청에게 절차하자를 추완할 수 있는 기회를 부여할 수 있는 가능성, 그리고 제94조 제2문에 따라 당사자(^{Beteiligte})의 신청에 따라 그러한 목적으로 소송절차를 정지할 수 있는 가능성을 인정한 것은 소송절차 촉진에 대한 법원의 의무에 부합하는 것이라고 볼 수 있다. 그러나 그렇다고 거기에 전혀 문제가 없는 것은 아니다. 국민의 입장에서 볼 때 자칫 법원과 행정청이 서로 협력관계를 맺는 것과 같은 인상을 가지기 쉽기 때문이다.[273] 이러한 법개정이 자칫 절차하자를 '위험 없는'(^{risikolos}) 것으로 만들어 결국 행정절차를 무용화하는 결과를 낳을 수 있다는 비판이 제기된 것도 같은 맥락이었다.[274]

　　한편 절차하자가 소송계속중 치유되어 승소의 가능성이 상실되는 경우 소송을 제기한 원고는 행정법원법 제161조 제2항의 규정에 따라 소송절차의 종료($^{Erledigung\ des}_{Verfahrens}$)를 선언하고 소송비용을 행정청에게 부담시키는 판결을 신청할 수 있다.

---

270) Schmitt Glaeser, S.287f., Rn.530.
271) Kopp, VwGO § 113 Rn.28, S.1311.
272) Schenke, NVwZ 1988, 1.
273) Maurer, Allgemeines Verwaltungsrecht, 11.Aufl., 1997, § 10 Rn.39.
274) Hufen, Friedlich. Verwaltungsprozessrecht, 2006, § 25 Rn.11 및 그곳에 인용된 문헌들을 참조.

생각건대 일정한 조건 또는 범위 안에서 처분사유의 사후변경을 인정하는 것이 불가피할 것이다. 당초 처분의 근거가 된 사유가 존재하지 않거나 정당화될 수 없어 취소소송에서 행정청이 새로운 사유를 주장하여 처분의 적법성을 주장하는 것을 허용한다면 원고에게 예기치 못한 법적 불안을 초래하는 결과가 되는 반면, 법원이 이를 불허하고 취소판결을 내린 경우, 그 이후 행정청이 그 새로운 사유를 근거로 동일한 취지의 처분을 발할 수 있는 이상, 분쟁은 종결되기보다는 다시 새로운 처분에 대한 취소소송을 제기해야 하는 문제가 생긴다. 원고의 입장에서도 이러한 결과는 특히 구처분과 신처분의 시간적 차이로 인한 법적 불안을 의미하게 될 것이므로 바람직하지 못하다. 이렇게 볼 때 일정한 범위 안에서 처분사유의 사유변경을 인정하는 것이 타당하다고 생각한다. 다만 그 허용요건과 한계를 설정하는 것이 문제로 될 것이다.[275]

2.2.3. 허용요건과 한계

대법원은 일관되게 기본적 사실관계의 동일성이란 기준에 따라 그 허용여부를 결정해 왔다. 즉, 취소소송에 있어 행정청은 당초 처분의 근거로 삼은 사유와 기본적 사실관계가 동일하다고 인정되는 한도 내에서만 다른 처분사유를 새로 추가하거나 변경할 수 있을 뿐, 기본적 사실관계가 동일하다고 인정되지 않는 별개의 사실을 들어 처분사유로 주장할 수 없다는 것이다.

판례상 당초 처분의 근거로 삼은 사유와 기본적 사실관계에 있어 동일성이 인정되는 한도 내인지 여부를 판단한 구체적인 사례로는 건축허가신청이 건축법, 도시계획법 등 관계법규에서 정하는 건축허가 제한사유에 해당하지 않는 이상 행정청이 자연경관 훼손 및 주변환경의 오염과 농촌지역의 주변정서에 부정적인 영향을 끼치고 농촌지역에 퇴폐분위기를 조성할 우려가 있다는 등의 사유를 들어 숙박시설 건축을 불허할 수는 없다고 본 사례,[276] 당초 처분사유는 시장정비사업계획의 적정성 여부에 관한 것인 반면, 추가 처분사유는 사업지역인 시장의 국·공유지 면적 요건의 구비 여부에 관한 것으로서 양자는 기본적 사실관계가 동일하다고 볼 수 없으므로 피고는 당초 처분사유와 기본적 사실관계가 동일하지 아니한 추가 처분사유를 행정심판에서 추가·변경할 수 없다고 판시한 사례,[277] 그리고 당초의 정보공개거부처분사유인 구 공공기관의정보공개에관한법률 제7조 제1항 제4호 및 제6호의 사유는 새로이 추가된 같은 항 제5호의 사유와 기본적 사실관계의 동일성이 없다고 한 사례[278] 등이

---

275) 이에 관하여 상세한 것은 홍준형, 행정구제법, 2012, "처분사유의 추가·변경" 부분을 참조.
276) 대법원 1995.12.12. 선고 95누9051 판결; 대법원 1992.2.14. 선고 91누3895 판결; 대법원 1992.8.18. 선고 91누3659 판결; 대법원 1994.9.23. 선고 94누9368 판결.
277) 대법원 2014.5.16. 선고 2013두26118 판결.
278) 대법원 2003.12.11. 선고 2001두8827 판결.

그러한 예이다.

반면, 주택신축을 위한 산림형질변경허가신청에 대하여 행정청이 거부처분을 하면서 당초 거부처분의 근거로 삼은 준농림지역에서의 행위제한이라는 사유와 나중에 거부처분의 근거로 추가한 자연경관 및 생태계의 교란, 국토 및 자연의 유지와 환경보전 등 중대한 공익상의 필요라는 사유는 기본적 사실관계에 있어서 동일성이 인정된다고 한 사례[279]가 있고, 지입제운영행위에 대하여 자동차운송사업면허를 취소한 행정처분에 있어서 당초의 취소근거로 삼은 자동차운수사업법 제26조를 위반하였다는 사유와 직영으로 운영하도록 한 면허조건을 위반하였다는 사유는 기본적 사실관계에 있어서 동일하다고 판시한 사례가 있다.[280][281]

대법원의 판례에 따른다면 취소소송에 있어 처분사유의 사후변경은 행정청이 당초 처분의 근거로 삼은 사유와 기본적 사실관계가 동일하다고 인정되는 한도 내에서만 허용된다. 즉 그러한 경우에는 당초 처분의 근거로 삼은 사유와 다른 처분사유를 새로 추가하거나 변경할 수 있으나, 당초 처분사유와 기본적 사실관계가 동일하다고 인정되지 않는 별개의 사실을 들어 처분사유로 주장할 수 없다는 결과가 된다. 기본적 사실관계가 동일하다는 것은 처분사유를 법률적으로 평가하기 이전의 구체적인 사실에 착안하여 그 기초인 사회적 사실관계가 기본적인 점에서 동일한 것을 말하며, 처분청이 처분 당시에 적시한 구체적 사실을 변경하지 아니하는 범위 내에서 단지 그 처분의 근거법령만을 추가·변경하거나 당초의 처분사유를 구체적으로 표시하는 것에 불과한 경우에는 새로운 처분사유를 추가하거나 변경하는 것이라고 볼 수 없다.[282]

생각건대, 이러한 대법원의 판례만으로 처분사유 변경의 요건이나 한계가 충분히 규명되었다고 보기는 어렵다. 기본적 사실관계의 동일성이 과연 무엇이며, 구체적인 처분사유들에 있어 어떠한 기준에 의해 기본적 사실관계가 동일하다고 볼 것인지는 여전히 불분명하기 때문이다.

처분사유 사후변경의 한계 또는 요건을 판단함에 있어서는 적어도 다음과 같은 사정이 고려되어야 할 것이다.[283]

---

279) 대법원 2004.11.26. 선고 2004두4482 판결.
280) 대법원 1992.10.9. 선고 92누213 판결.
281) 대법원 2011.10.27. 선고 2011두14401 판결. 한편 처분사유의 추가·변경에 관한 것은 아니지만, 공동주택 건립을 위한 주택건설사업계획승인 신청에 대하여 미디어밸리 조성을 위한 시가화예정 지역이라는 이유로 거부하자, 거부처분의 취소를 구하는 소송을 제기하여 승소판결을 받았고 위 판결이 그대로 확정된 후, 피고 시장이 해당 토지 일대가 개발행위허가 제한지역으로 지정되었다는 이유로 다시 거부하는 처분을 한 사안에서, 재거부처분은 종전 거부처분 사유와 내용상 기초가 되는 구체적인 사실관계가 달라 기본적 사실관계가 동일하다고 볼 수 없다는 이유로, 행정소송법 제30조 제2항에서 정한 재처분에 해당하고 종전 거부처분을 취소한 확정판결의 기속력에 반하는 것은 아니라고 본 사례가 있다.
282) 대법원 1989.7.25. 선고 88누11926 판결; 대법원 1998.4.24. 선고 96두13286 판결; 대법원 2004.11.26. 선고 2004두4482 판결; 대법원 2008.2.28. 선고 2007두13791,13807 판결; 대법원 2013.10.11. 선고 2012두24825 판결 등을 참조.

(1) 처분사유의 사후변경의 한계

① 처분사유의 사후변경을 통하여 계쟁처분의 본질적 내용에 근본적인 변화가 초래되어서는 아니 된다. 특히 처분의 취지(결론)는 동일한 것이어야 한다. 법원은 그 법발견을 원고가 특정한 소송물의 범위 내에 한정시켜야 하며, 원고는 특정한 처분의 심사를 청구하는 것이라는 사실에 유의할 필요가 있다.

처분의 본질적 내용에 변화를 초래하는 것인지 여부는 그 내용적 요소들을 기준으로 판단하여야 한다. 이 경우 처분의 본질적 부분을 이루는 것은 처분을 통해 구체화된 개별적 사안에 대한 규율($\binom{\text{Regelung eines}}{\text{Einzelfalls}}$)이며, 그 결과 동일 사안에 대하여 다른 규율이 행해진 것과 같은 결과($\binom{\text{별개의 규율: eine}}{\text{andere Regelung}}$)가 되거나, 다른 사안에 대한 규율이 행해진 것과 같은 결과($\binom{\text{ein anderer}}{\text{Sachverhalt}}$)가 된다면 이는 처분의 본질적 내용이 변경되었다고 볼 수 있다.[284] 이러한 별개의 규율이나 별개의 사안이라는 기준은 우리나라 대법원이 채용하고 있는 기본적 사실관계의 동일성과 대체로 유사한 기준이라고 할 수 있다.

② 처분사유의 사후변경으로 인하여 원고의 권리방어($\binom{\text{Rechtsver-}}{\text{teidigung}}$)에 지장이 생겨서는 아니 된다. 이는 엄밀히 말해 처분사유 사후변경의 허용요건의 문제가 아니라 의견진술의 권리'($\binom{\text{Anspruch auf}}{\text{rechtliches Gehör}}$)에 관한 문제라 할 수 있다. 원고의 방어권이 처분사유의 사후변경에 의해 침해되어서는 아니 된다는 것은 헌법상 적법절차의 요구에 따른 결과이다.

③ 또한 처분사유의 사후변경은 계쟁처분의 정당화에 필요한 다른 근거가 결여됐거나 부정확하고 또 이러한 결함이 치유불가능한 경우에는 허용되지 않는다고 본다.

(2) 재량처분과 처분사유의 변경

재량행위에 대한 처분사유의 사후변경은 허용되는가. 소송 제기 후 피고 행정청이 그 재량결정의 근거나 사유를 변경하거나 추가하는 것이 허용되는지에 대하여는 논란의 여지가 있다. 이에 대해서는 재량행위의 경우 새로운 근거에 대해 행정심판과정을 통하여 그 합목적성에 대하여 검토할 가능성이 배제되는 결과가 된다는 이유에서 근거변경이 허용될 수 없다는 견해가 있다.[285] 독일의 경우 판례는 처분사유의 추가·변경은 특별한 법률의 규정이 없으면 처분사유의 사후변경으로 인하여 당초의 처분이 내용적으로 변경되지 않고 그 상대방이나 이해관계인의 권리방어를 저해하는 결과가 초래되지 않는 한, 재량결정의 경우에도 원칙적으로 허용된다고 본다.[286] 그러나 다수의 학설은 재량사유의 추가·변경이 이루어지면 원칙적으로 새로운 재량처분이 행해진 것과 마찬가지의 결과가 되므로 허용되지 않는다고

---

283) Schmitt Glaeser, S.299ff., Rn.529ff.; Hufen, Verwaltungsprozeßrecht, § 24 Rn.22.
284) Schmitt Glaeser, Rn.534.
285) 류지태, 행정법신론, 491.
286) BVerwGE 38,191,195; 64,356.

한다.[287]

생각건대 재량행위의 경우 처분사유의 사후변경이 원칙적으로 금지되는 것은 아니라고 보아야 할 것이다.[288] 재량권을 잘못 행사한 결과 행해진 재량처분을 보완하기 위하여 다른 사유를 들어 재량행사의 적법성을 뒷받침한 경우 이로써 처분의 본질적 내용이 변경되었다고는 볼 수 없을 것이다. 이 경우 취소소송 이전의 행정심판단계에서 그 새로운 처분사유나 변경된 처분사유를 다툴 수 있는 기회가 박탈되었다고 볼 여지도 없지는 않으나, 반드시 그렇게만 볼 것은 아니다. 행정심판 단계에서도 심판을 위하여 필요한 경우에는 당사자가 주장하지 아니한 사실에 대해서도 심리할 수 있으므로(행정심판법 § 39) 재량처분의 다른 처분사유가 있는지를 심사할 가능성이 있다고 보아야 할 것이고, 또 취소소송을 통하여 당초의 처분사유의 위법을 이유로 재량처분이 취소된다 하더라도 피고 행정청은 다시금 변경 또는 추가된 재량사유를 근거로 하여 당초의 처분과 동일한 내용의 처분을 할 수 있다는 것도 고려할 필요가 있기 때문이다. 그러나 당초 행정청의 재량처분이 재량권의 외적 한계를 일탈한 경우(가령 관계법률이 규정한 3월 내지 6월의 범위를 넘는 재량처분을 한 경우)에는 재량권을 부여한 법령의 한계를 벗어난 법적 결과를 선택한 것이고, 처분사유를 변경한다고 해서 당초 처분이 적법해지는 것은 아니므로, 처분사유의 사후변경은 허용되지 않는다고 보아야 할 것이다. 이 경우 소송에서 처분사유가 변경된다면, 그 변경된 처분사유는 당초 처분과는 다른 새로운 법적 결과(처분내용)를 가져오게 되기 때문에 별개의 규율(eine andere Regelung)이 된다. 반면 재량처분의 경우 소송에서 새로이 재량처분의 사유를 제시하거나 다른 사유를 추가한 경우에는, 각각 최종적인 행정청의 결정시에 존재했던 사실에 입각하는 한, 그것만으로 사안이 변경되었다고 볼 수는 없을 것이다. 그러나 당초 처분시에는 제시하지 않았던 재량행사의 사유를 사실심변론을 통하여 추완함으로써 재량처분의 적법성을 유지하고자 하는 것은 원칙적으로 허용되지 않는다고 보아야 할 것이다. 재량권의 불행사는 그 자체가 재량하자를 구성하는 것인데, 당초 재량권을 행사하지 않고 있다가 소송에 이르러 처음으로 재량을 행사하여 재량처분사유를 제시하는 것은 소송대상의 동일성을 상실시키는 결과가 되기 때문이다.[289]

또한 행정청이 재량행위를 기속행위로 오인하여 처분을 행한 경우 원고의 방어권보장과 관련하여 문제가 제기된다. 그러한 경우는 재량권의 불행사에 해당하겠지만, 당초 기속행위인 것으로 오인하여 행한 처분에 대하여 행정심판이 제기되어 오로지 그 위법여부만이 심사되었다면 이 경우에는 처분청이 이러한 재량권불행사의 하자를 제거하기 위하여 사후에 재량처분의 사유를 추가하더라도, 당해 처분이 재량행위로 전환되는 것은 아니라고 보아야 할

---

287) Kopp, VwGO § 113 Rn.28; Schenke, NVwZ 1988, 1; Maurer, § 10 Rn.40; Ramsauer, Die Assessorprüfung im Öffentlichen Recht, 3.Aufl., 1995, § 36 Rn.15a, § 34 Rn.03a 등.
288) Schoch, Übungen im Öffentlichen Recht II: Verwaltungsrecht und Verwaltungsprozeßrecht, 1992, 125.
289) Schmitt Glaeser, S.304, Rn.536; Erichsen, § 38 IV Rn.41, S.489.

제1편 제2편 제3편 제4편 제5편 행정구제법

것이다.[290] 왜냐하면 이 경우 재량행위의 성질을 지닌 당초 처분의 상대방은 그 처분에 대한 행정심판의 기회를 박탈당했다고 볼 수 있기 때문이다. 그러나 그 밖의 경우 하자있는 재량처분에 있어서는, 합목적성통제의 기회가 박탈되었다고 볼 수 없는 이상, 재량처분사유의 사후변경은 원칙적으로 허용된다고 보아야 할 것이다.

(3) 처분사유의 사후변경의 결과

처분의 본질적 내용변경을 초래하는 처분사유의 사후변경은 허용될 수 없는 것이지만, 이는 엄밀히 말하자면 당해 행정청이 처분사유를 변경하려는 것이 아니라 더 이상 당초의 처분을 유지시키지 않고 다른 처분을 발한다는 것, 즉 처분이 변경되었음을 의미한다. 이 경우 원고가 새로운 소송상황에 대비할 수 있도록 하기 위하여 행정소송법 제22조에 따른 처분변경으로 인한 소의 변경이 허용되어야 한다. 반면 원고가 처분사유의 사후변경이 허용되어 그때 비로소 처분의 적법성을 인식하게 된 경우에는, 즉시 소 취하의 기회가 부여되어야 한다. 또한 그런 이유로 소가 취하되거나 원고가 패소하는 경우, 소송비용은 피고에게 부담시켜야 할 것이다.

3. 판결의 효력

취소소송의 절차는 소취하등 특별한 사정이 없는 한 앞에서 본 바와 같은 종국판결에 의하여 일단 종료되고, 이 종국판결은 상소기간의 도과나 상소권의 포기 등에 의하여 확정됨으로써 확정판결이 행정소송법 소정의 효력을 발생하게 된다. 취소소송의 판결의 효력으로는 자박력, 구속력, 형성력, 기판력, 그리고 행정소송법 특유의 집행보장제도인 간접강제를 들 수 있다.

3.1. 자박력

법원이 판결을 선고하면 선고법원 자신도 판결의 내용을 취소·변경할 수 없는 구속을 받는다. 이를 자박력 또는 불가변력이라 하며, 민사소송법에서 말하는 기속력에 해당한다. 이것은 확정판결의 효력이 아니라 판결 일반의 효력이다. 판결의 위산·오기 기타 이에 유사한 오류를 법원이 직권 또는 당사자의 신청에 따라 경정하는 판결의 경정은 판결내용과 무관한 형식상의 흠을 보정하는 것이므로 자박력과 무관하게 허용된다(민사소송법 § 211; 행정소송법 § 8 ②).

---

290) BVerwGE 15,196; 48,81; Erichsen, § 38 IV Rn.43, S.490.

3.2. 구속력(기속력)

3.2.1. 의의 및 성질

확정판결은 소송당사자와 관계행정청이 판결의 취지에 따라 행동할 실체법적 의무를 발생시키는 효력을 가진다. 즉, 처분등을 취소하는 확정판결은 그 사건에 관하여 당사자인 행정청과 그 밖의 관계행정청을 기속한다($\S\,30\,\textcircled{1}^{\text{행정소송법}}$). 이를 판결의 구속력 또는 기속력이라 한다. 구속력의 성질에 대해서는 기판력설[291]과 특수효력설이 대립되고 있으나, 구속력을 취소판결의 실효성 담보를 위하여 행정소송법이 부여한 특수한 효력으로 보는 후설이 통설이다.

3.2.2. 내 용

구속력의 내용은 반복금지효와 적극적 처분의무의 부과로 나누어 설명될 수 있다.

(1) 반복금지효

취소판결 등 청구를 인용하는 판결이 확정되면 행정청은 동일한 사실관계 아래서 동일한 당사자에 대하여 동일한 내용의 처분 등을 반복하여서는 아니 된다($\textcircled{1}^{\S\,30}$). 그러나 형식·절차상 위법으로 취소된 경우에는 그 형식·절차상 위법을 시정하여 동일한 처분을 할 수 있다.

"행정소송법 제30조 제1항, 제2항의 규정에 의하면 행정처분을 취소하는 확정판결은 그 사건에 관하여 당사자인 행정청을 기속하고 판결에 의하여 취소되는 처분이 당사자의 신청을 거부하는 것을 내용으로 하는 경우에는 그 처분을 행한 행정청은 판결의 취지에 따라 다시 이전의 신청에 대한 처분을 하도록 되어 있으므로, **확정판결의 당사자인 처분행정청이 그 행정소송의 사실심 변론종결 이전의 사유를 내세워 다시 확정판결과 저촉되는 행정처분을 하는 것은 허용되지 않는 것으로서 이러한 행정처분은 그 하자가 중대하고도 명백한 것이어서 당연무효**라 할 것이다($^{\text{당원 1982.5.11. 선고 80누104 판결 및}}_{\text{1989.9.12. 선고 89누985 판결 각 참조}}$)."[292]

위 판결은 「확정판결의 기판력」에 저촉되어 허용될 수 없다고 하여 구속력을 기판력의 일종으로 보고 있다. 한편 위 판결에서 '사실심 변론종결 이전의 사유를 내세워 다시 확정판결과 저촉되는 행정처분을 하는 것은 허용되지 않는 것'이라고 한 것에 대해서는, 이는 위법 판단의 기준시에 관하여 처분시설을 취하는 한 잘못이며 '처분시 이전'이라고 해야 맞는다는 지적이 있다.[293]

---

291) 후술하듯 판례의 입장이다. 대법원 1989.9.12. 선고 89누985 판결; 대법원 1990.12.11. 선고 90누3560 판결.
292) 대법원 1990.12.11. 선고 90누3560 판결.
293) 석호철, "기속력의 범위로서의 처분사유의 동일", 행정판례연구 V, 271.

(2) 적극적 처분의무

거부처분의 취소판결이 확정되면 당해 행정청은 판결의 취지에 따라 원래의 신청에 대한 처분을 하여야 한다($\S\,30\atop②$). 이것은 거부처분취소판결의 실효성을 일종의 간접강제를 통하여 확보하기 위한 전제로 규정된 것이다.

이 조항은 신청에 따른 처분이 절차의 위법을 이유로 취소되는 경우에도 준용된다($동조\atop③$). 즉 제3자의 제소에 의하여 당초 신청을 인용한 처분이 절차의 위법을 이유로 취소된 경우에도 처분청은 판결의 취지에 따라 적법한 절차에 의하여 이전의 신청에 대한 처분을 다시 하여야 한다. 그러나 절차의 위법을 이유로 하지 않고 실체적 위법을 이유로 원래의 인용처분이 취소된 경우에는 취소판결의 효력에 의하여 행정청이 원신청자에게 재차 인용처분을 하지 못하게 된다.[294] 여기서 절차란 상급감독청의 승인, 타기관의 동의, 의결 등에 관한 좁은 의미의 그뿐만 아니라 처분주체에 관한 요건(합의제기관의 구성, 권한유무), 형식요건, 그리고 재량권행사의 절차도 포함될 수 있다.

거부처분의 취소판결이 확정되었을 때 행정청이 판결의 취지를 존중하여 이전의 신청에 대한 처분을 하여야 한다는 것은 취소판결의 취지를 자신의 판단의 기초로 삼아 처분을 하여야 한다는 것을 말한다. 그 구체적인 내용은, 당초 신청된 처분이 기속처분인 경우와 행정청이 처분신청을 거부할 수 있는 재량권을 가졌으나 그 거부처분이 재량의 한계일탈 또는 남용에 해당되어 취소된 경우($\S\,27$)로 나누어 볼 수 있다. 전자의 경우에는 피고 행정청은 신청을 인용하는 것이 원칙이겠지만, 당초의 거부처분의 이유와 다른 이유가 있을 경우에는 다시 거부처분을 내릴 수도 있을 것이다. 다만 처분사유의 사후변경이 허용된 경우, 또는 앞서 본 판례[295]와 같이 "취소소송에서 행정청은 당초 처분의 근거로 삼은 사유와 기본적 사실관계가 동일하다고 인정되는 한도 내에서만 다른 처분사유를 새로 추가하거나 변경할 수 있을 뿐"이라고 보아, 피고 행정청에 의해 거부처분의 이유가 추가 또는 변경된 경우에는, 다시 변경된 이유를 들어 거부처분을 내릴 수는 없게 될 것이다. 후자의 경우에 있어 판결의 취지란 결국 '하자없는 재량행사의 지시'가 될 것이므로, 행정청은, 재량권의 축소($\substack{\text{Ermessensreduktion}\\\text{auf Null}}$)가 이루어져 인용처분만이 유일한 대안으로 인정되는 경우에는 인용처분을 해야 하겠지만, 그러한 경우가 아닌 한, 다시금 재량을 행사하여 처분을 해야 할 것이다.

⦙⦙⦙ 기속력 관련 판례

"행정소송법 제30조 제1항에 의하여 인정되는 취소소송에서 처분 등을 취소하는 **확정판결의 기속력**은 **주로 판결의 실효성 확보를 위하여 인정되는 효력으로서 판결의 주문뿐만 아니라 그 전제가 되는 처분**

---

294) 김도창, 일반행정법론(상), 819.
295) 대법원 1989.12.8. 선고 88누9299 판결.

등의 구체적 위법사유에 관한 이유 중의 판단에 대하여도 인정되고, 같은 조 제2항의 규정상 특히 거부처분에 대한 취소판결이 확정된 경우에는 그 처분을 행한 행정청은 판결의 취지에 따라 다시 처분을 하여야 할 의무를 부담하게 되므로, 취소소송에서 소송의 대상이 된 **거부처분을 실체법상의 위법사유에 기하여 취소하는 판결이 확정된 경우에는 당해 거부처분을 한 행정청은 원칙적으로 신청을 인용하는 처분을 하여야 하고, 사실심 변론종결 이전의 사유를 내세워 다시 거부처분을 하는 것은 확정판결의 기속력에 저촉되어 허용되지 아니한다.**"296)

▦ 거부처분을 취소한 확정판결의 취지에 따른 재처분

"[1] 행정행위의 취소라 함은 일단 유효하게 성립한 행정처분이 위법 또는 부당함을 이유로 소급하여 그 효력을 소멸시키는 별도의 행정처분을 말하고, 행정청은 종전 처분과 양립할 수 없는 처분을 함으로써 묵시적으로 종전 처분을 취소할 수도 있으나, 행정행위 중 당사자의 신청에 의하여 인·허가 또는 면허 등 이익을 주거나 그 신청을 거부하는 처분을 하는 것을 내용으로 하는 이른바 신청에 의한 처분의 경우에는 신청에 대하여 일단 거부처분이 행해지면 그 거부처분이 적법한 절차에 의하여 취소되지 않는 한, 사유를 추가하여 거부처분을 반복하는 것은 존재하지도 않는 신청에 대한 거부처분으로서 당연무효이다.

[2] 행정소송법 제30조 제2항에 의하면, 행정청의 거부처분을 취소하는 판결이 확정된 경우에는 그 처분을 행한 행정청은 판결의 취지에 따라 이전의 신청에 대하여 재처분할 의무가 있고, 이 경우 확정판결의 당사자인 처분 행정청은 그 행정소송의 **사실심 변론종결 이후 발생한 새로운 사유를 내세워 다시 이전의 신청에 대하여 거부처분을 할 수 있으며, 그러한 처분도 이 조항에 규정된 재처분에 해당한다.**"297)

▦ 절차·방법의 위법과 확정판결의 취지에 따른 재처분

"[1] 행정소송법 제30조 제2항의 규정에 의하면 행정청의 거부처분을 취소하는 판결이 확정된 경우에는 그 처분을 행한 행정청이 판결의 취지에 따라 이전의 신청에 대하여 재처분할 의무가 있다고 할 것이나, 그 **취소사유가 행정처분의 절차, 방법의 위법으로 인한 것이라면 그 처분 행정청은 그 확정판결의 취지에 따라 그 위법사유를 보완하여 다시 종전의 신청에 대한 거부처분을 할 수 있고, 그러한 처분도 위 조항에 규정된 재처분에 해당한다.**

[2] 방송위원회가 중계유선방송사업자에게 한 종합유선방송사업 승인거부처분이 심사의 기준시점을 경원자와 달리하여 평가한 것이 위법이라는 사유로 취소하는 확정판결의 취지에 따라 재처분 무렵을 기준으로 재심사한 결과에 따라 이루어진 재승인거부처분도 행정소송법 제30조 제2항에 규정된 재처분에 해당한다고 한 사례."298)

▦ 재처분의무와 '새로운' 사유에 의한 재거부처분

"행정소송법 제30조 제2항에 의하면, 행정청의 거부처분을 취소하는 판결이 확정된 경우에는 처분을 행한 행정청이 판결의 취지에 따라 이전 신청에 대하여 재처분을 할 의무가 있다. 행정처분의 적법 여부는 행정처분이 행하여진 때의 법령과 사실을 기준으로 판단하는 것이므로 확정판결의 당사자인 처분 행정청은 종전 처분 후에 발생한 새로운 사유를 내세워 다시 거부처분을 할 수 있고, 그러한 처분도 위 조

---

296) 대법원 2001.3.23. 선고 99두5238 판결.
297) 대법원 1999.12.28. 선고 98두1895 판결.
298) 대법원 2005.1.14. 선고 2003두13045 판결.

항에 규정된 재처분에 해당한다. 여기에서 '새로운 사유'인지는 종전 처분에 관하여 위법한 것으로 판결에서 판단된 사유와 기본적 사실관계의 동일성이 인정되는 사유인지에 따라 판단되어야 하고, 기본적 사실관계의 동일성 유무는 처분사유를 법률적으로 평가하기 이전의 구체적인 사실에 착안하여 그 기초인 사회적 사실관계가 기본적인 점에서 동일한지에 따라 결정되며, 추가 또는 변경된 사유가 처분 당시에 그 사유를 명기하지 않았을 뿐 이미 존재하고 있었고 당사자도 그 사실을 알고 있었다고 하여 당초 처분사유와 동일성이 있는 것이라고 할 수는 없다."299)

그러나 거부처분을 취소하는 확정판결은 거부처분을 행한 행정청으로 하여금 그 판결의 취지에 따라 다시 이전의 신청에 대한 처분을 하도록 하는 기속력을 가지지만, 그 판결을 집행권원으로 하여 행정청의 재처분의무를 민사집행법상 강제집행절차에 의하여 실현할 수 있는 집행력을 가지는 것은 아니라는 것이 대법원의 판례이다.

거부처분 취소판결의 기속력과 집행력

"[1] 청구취지 자체가 법률적으로 부당하거나 그 청구원인과 서로 맞지 아니함이 명백한 경우, 법원으로서는 원고가 소로써 달성하려는 진정한 목적이 무엇인가를 석명하여 청구취지를 바로잡아야 하고, 그 경우 **원고가 청구원인사실을 그대로 유지하면서 청구취지만을 변경하였다면 동일한 청구원인사실을 기초로 청구취지만을 변경한 것에 불과하므로 이를 가리켜 청구의 기초에 변경이 있다고 할 수는 없다.**
[2] 거부처분 취소판결은 거부처분을 행한 행정청으로 하여금 그 판결의 취지에 따라 다시 이전의 신청에 대한 처분을 하도록 하는 **기속력을 갖기는 하지만**(행정소송법 §30 ② 참조), 그 판결을 채무명의로 하여 행정청의 재처분의무를 민사소송법상의 강제집행절차에 의하여 실현할 수 있는 **집행력을 갖지는 못한다.**
[3] 청구취지상으로는 거부처분 취소판결의 집행력 배제를 구하고 있지만 그 청구원인에서는 거부처분 취소판결의 취지에 따른 처분을 하였음을 이유로 거부처분 취소판결의 간접강제결정의 집행력 배제를 구하고 있는 소송에서 청구원인은 그대로 둔 채 청구취지만을 예비적으로 간접강제결정의 집행력 배제를 구하는 소로 변경한 경우, 청구의 기초에 변경이 없다."300)

3.2.3. 범 위

구속력은 당사자인 행정청뿐만 아니라 그 밖의 모든 관계행정청에 대하여(주관적 범위), 판결주문 및 그 전제가 된 요건사실의 인정과 효력의 판단에 한하여(객관적 범위) 미친다.

---

299) 대법원 2011.10.27. 선고 2011두14401 판결: 고양시장이 甲 주식회사의 공동주택 건립을 위한 주택건설사업계획 승인 신청에 대하여 미디어밸리 조성을 위한 시가화예정 지역이라는 이유로 거부하자, 甲 회사가 거부처분의 취소를 구하는 소송을 제기하여 승소판결을 받았고 위 판결이 그대로 확정되었는데, 이후 고양시장이 해당 토지 일대가 개발행위허가 제한지역으로 지정되었다는 이유로 다시 거부하는 처분을 한 사안에서, 재거부처분은 종전 거부처분 후 해당 토지 일대가 개발행위허가 제한지역으로 지정되었다는 새로운 사실을 사유로 하는 것으로, 이는 종전 거부처분 사유와 내용상 기초가 되는 구체적인 사실관계가 달라 기본적 사실관계가 동일하다고 볼 수 없다는 이유로, 행정소송법 제30조 제2항에서 정한 재처분에 해당하고 종전 거부처분을 취소한 확정판결의 기속력에 반하는 것은 아니라고 본 원심판단을 수긍한 사례.
300) 대법원 2001.11.13. 선고 99두2017 판결.

3.2.4. 위반의 효과

구속력에 위반한 행정청의 행위는 위법한 행위로 위법·무효가 된다.

3.3. 형성력

3.3.1. 의 의

판결의 형성력이란 확정판결이 기존의 법률관계 또는 법률상태에 변동(발생·변경·소멸)을 가져오는 효력을 말한다.

"취소한 행정처분의 취소를 구하는 소는 형성의 소에 속하고, 원고승소의 형성권의 존재를 확인하고 법률상태의 변경, 즉 형성의 효과를 낳게 하는 것이므로, 형성권 존재확인점에 관하여 기판력이 생기고, 형성의 효과를 낳게 하는 점에서 창설력을 낳게 하는 것이다."[301]

3.3.2. 당연형성

취소소송과 같은 형성의 소에 있어 취소판결이 확정되면 행정청의 별도의 행위를 기다릴 것 없이, 계쟁처분의 효력이 소급적으로 소멸하여 처음부터 그러한 처분이 없었던 것과 같은 효과를 가져 온다.

3.3.3. 제3자효

형성력은 소송에 관여하지 않은 제3자에게도 미친다($_{\S\,29\,①}^{대세적\,효력:}$). 이와같이 형성력의 대세효(제3자효)로 인하여 생기는 불합리를 시정하기 위하여 행정소송법은 제3자의 소송참여 및 제3자의 재심의 소를 인정하였다($^{\S\,31}$).

"행정처분취소판결이 제3자에 대하여도 효력이 있다는 뜻은 제3자라 하더라도 그 취소판결의 존재와 그 취소판결에 의하여 형성되는 법률관계를 용인하여야 한다는 것이다."[302]

3.4. 확정력

3.4.1. 형식적 확정력

형식적 확정력은 특히 상소권의 포기, 상소의 취하 또는 상소기간의 도과 등으로 인하여 판결이 더 이상 다툴 수 없게 되었을 때(판결의 형식적 확정) 발생한다. 이러한 형식적 확정

---

301) 대법원 1960.8.31. 선고 4291行上118 판결.
302) 대법원 1986.8.19. 선고 83다카2022 판결.

력은 판결(소송판결을 포함)뿐만 아니라 결정, 그리고 원칙적으로 불복가능한 모든 종류의 재판상 결정들에 대해서 인정된다.

3.4.2. 실질적 확정력(기판력)

(1) 의 의

실질적 확정력 또는 기판력이란 확정된 종국판결의 소송물에 관한 판단내용이 갖는 기준성 또는 규준력($\begin{smallmatrix}\text{Maßgeblichkeit des}\\\text{Inhalts des Urteils}\end{smallmatrix}$)을 말한다. 이것은 법치국가원칙에서 유출되는 법적 안정성의 표현으로서 법적 평화의 실현에 이바지한다.303) 실질적 확정력은 종국판결 중 본안판결에만 인정되고 소송판결 및 중간판결 기타 재판상 결정들에 대해서는 인정되지 않는다.

(2) 내 용

실질적 확정력(기판력)은 지배적인 소송법적 확정력이론304)에 따르면 동일한 소송물에 관한 동일당사자(또는 권리승계인)간의 후소에서 법원과 당사자가 확정판결의 내용에 구속되는 효력을 말한다. 실질적 확정력과 형식적 확정력은, 후자가 전자의 전제조건이 된다는 점, 그리고 전자는 형식적으로 확정된 판결을 내용적으로 확보해 준다는 점에서 상호보완적인 관계를 맺고 있다. 기판력의 내용은 모순금지효와 일사부재리효로 구성된다.

① 모순금지(내용적 구속)

실질적 확정력은 형식적으로 확정된 판결이 이미 종료된 소송 외에서 특히 후소에서 법원과 당사자를 구속하는 힘이다. 그것은 어느 소송당사자도 이미 소송물에 대하여 내려진 판결의 적정성에 의문을 제기할 수 없다는 것을 의미한다. 그럼에도 불구하고 어느 한 당사자가 다시 법원에 이러한 문제를 제기한다고 해도, 후소법원은 동일소송물에 대한 전소법원의 판결에 구속되므로 결과적으로 소용이 없게 된다. 후소법원은 이러한 전소법원의 판결을 그 타당성에 대한 심리를 실시함이 없이 자기 판결의 기초로 삼아야 한다. 가령 취소판결 확정 후, 행정청은 당해 처분의 위법을 이유로 한 국가배상청구소송에서 처분이 적법이었음을 주장할 수 없다.305)

"피고(행정소송의 원고)의 청구를 기각한 행정소송 판결이 확정되면, 동 확정판결의 기판력의 작용으로, 피고는 다시 별도의 민사소송으로 원고에 대하여 동 판결이 확인한 법률관계의 내용에 반하는 주장을

---

303) BVerfGE 60,269; BVerwGE 47,165; NJW 1982, 2426: Schwab-Gottwald, Verfassung und Zivilprozeß, 1984, S.28f.

304) Rosenberg/Schwab, § 152 Ⅲ, S.972; EF, § 121 Rn.4. 반면 실체법적 확정력이론(materielle Rechtskrafttheorie)에 따르면 확정력은 판결에의 구속뿐만 아니라 실체법적으로 당사자간의 법률관계를 형성하는 효력을 갖는다고 하게 된다.

305) 김철용, "취소소송판결의 기판력과 국가배상소송", 고시계 1985/7; 동지 김남진, 행정법 I, 815-816. 이에 대한 이견으로는 서원우, "위법성의 상대화론과 법률에 의한 행정의 원리", 고시계 1985/3을 참조.

할 수 없고, 법원도 그 판결내용에 저촉되는 판단을 할 수 없다."306)

② 일사부재리

실질적 확정력은 또한 동일 소송물에 관하여 다시 소를 제기하지 못한다는 점에서 일사부재리의 효과를 발생한다고 이해되고 있다. 이미 취소소송의 소송요건에 관하여 보았듯이 동일소송물에 대한 기판력있는 판결이 있을 경우에는 소는 부적법한 것으로 각하되게 된다.307)

그러나 행정소송법에 관한 문헌과 판례에서 주장되고 있는, 실질적 확정력이 다른 판결뿐만 아니라 동일사안에 관한 일체의 판결을 배제한다는 견해(민사소송에 관해서도 주장되고 있는 반복금지효 또는 일사부재리이론: *ne bis in idem*)는 울레(Ule)308)나 슈밑글레져(Schmitt Glaeser)309)에 따르면 행정소송의 본질, 특히 취소소송의 본질에 부합되지 않는다고 한다. 승소한 취소소송의 원고에 대해 그 취소된 행정행위가 기초로 삼았던 법 및 사실상태가 변경되지 않았음에도 불구하고 다시금 동일한 내용의 제2의 행정행위가 행해질 경우, 원고에게는 이에 대한 새로운 취소소송을 제기하여 단지 전소판결의 확정력을 원용하는 것만으로도 다시금 승소판결을 얻을 수 있는 가능성이 주어지지 않으면 안 된다. 만일 이 경우 실질적 확정력에 반복금지효를 결부시키려는 견해에 의한다면 그 제2의 행정행위에 대한 취소소송은 부적법한 것으로서 각하되어야만 한다는 결과가 되기 때문이다. 이러한 결과가 부당한 것임은 제2의 행정행위가 원고를 구속하는 효력을 발생한다는 점만을 생각해도 분명하다는 것이다.

(3) 기판력의 범위
① 주관적 범위(인적 범위)

취소소송 본안판결의 기판력은 당사자 및 이와 동일시할 수 있는 자에게만 미치며 제3자에게는 미치지 않는다(기판력의 상대성). 형성력이 제3자에 미치는 것과 구별되는 점이다.

② 객관적 범위(물적 범위)

기판력은 판결의 주문에 포함된 것에 한하여 발생하는 것이 원칙이다. 따라서 판결이유 중 판단된 사실인정, 선결적 법률관계, 항변 그리고 법률적 성질결정에 대해서는 기판력이 미치지 않는다. 다만 취소소송의 경우 주문은 보통「…… 처분을 취소한다」또는「원고의 청구를 기각한다」라는 식으로 되어 있어 판결이유에 나타난 위법 또는 적법사유와 연관시키지 않으면 무엇이 실질적으로 확정되었는지를 알 수 없다. 따라서 기판력은 판결 이유가 된 처분의 위법사유(인용판결)와 적법사유(기각판결)에 관하여도 발생한다고 보아야 할 것이다.310)

---

306) 대법원 1959.7.30. 선고 4291民上914 판결.
307) Schmitt Glaeser, Verwaltungsprozeßrecht, 11.Aufl., Rn.111.
308) Ule, Verwaltungsprozeßrecht, 8.Aufl., S.297.
309) Schmitt Glaeser, Rn.114.
310) 김도창, 일반행정법론(상), 816. 그러나 김남진, 행정법 I, 815; 대법원 1987.6.9. 선고 86다카2756 판결 등은 판결의 주문에 포함된 것, 즉 소송물로 주장된 법률관계의 존부에 관한 판단의 결론 그 자체에만 미친다고 한다.

취소판결 기판력의 범위

"과세처분시 납세고지서에 과세표준, 세율, 세액의 산출근거 등이 누락되어 있어, 이러한 절차 내지 형식의 위법을 이유로 과세처분을 취소하는 판결이 확정된 경우에, 그 확정판결의 기판력은 확정판결에 적시된 절차 내지 형식의 위법사유에 한하여 미친다고 할 것이므로, 과세처분권자가 그 확정판결에 적시된 위법사유를 보완하여 행한 새로운 과세처분은, 확정판결에 의하여 취소된 종전의 과세처분과는 별개의 처분으로서, 확정판결의 기판력에 저촉되는 것은 아니다."311)

취소소송의 기판력의 객관적 범위와 관련하여 그 확정판결의 기판력이 후에 제기된 국가배상소송에 어떤 영향을 미치는지가 문제될 수 있다. 취소소송 확정판결의 기판력이 후소로 제기된 국가배상소송에 미칠 수 있는 영향은 이를 크게 두 가지 경우로 나누어 볼 수 있다. 첫째, 취소소송의 인용판결이 확정된 경우에는 처분의 위법성이 그 전제로 되어 있는 이상, 후소에서 이와 모순되는 판단을 할 수 없다고 보아야 할 것이다. 기판력이란 바로 이러한 경우 후소에서의 모순금지를 의미하는 것이기 때문이다.312) 둘째, 취소소송의 기각판결이 확정된 경우에는 그 적법사유에 관하여는 기판력이 발생하지만, 그 밖의 다른 사유에 관하여는 기판력이 미치지 않는다고 보아야 한다. 따라서 후소인 국가배상소송에서는 선결문제인 처분의 위법성이 기각판결에 의하여 부정적으로 판단되었을지라도 그 기판력은 그 적법사유에 한하여 미칠 뿐이고, 당해 처분에 그 밖의 다른 위법사유가 있는 경우에는 그 위법사유를 근거로 국가배상청구를 인용하는 것도 가능하다고 보아야 할 것이다.

과세처분 취소소송의 기판력의 범위

"[1] 과세처분의 취소소송은 과세처분의 실체적, 절차적 위법을 그 취소원인으로 하는 것으로서 그 심리의 대상은 과세관청의 과세처분에 의하여 인정된 조세채무인 과세표준 및 세액의 객관적 존부, 즉 당해 과세처분의 적부가 심리의 대상이 되는 것이며, 과세처분 취소청구를 기각하는 판결이 확정되면 그 처분이 적법하다는 점에 관하여 기판력이 생기고 그 후 원고가 이를 무효라 하여 무효확인을 소구할 수 없는 것이어서 **과세처분의 취소소송에서 청구가 기각된 확정판결의 기판력은 그 과세처분의 무효확인을 구하는 소송에도 미친다.**

[2] 과세처분 취소소송의 피고는 처분청이므로 행정청을 피고로 하는 취소소송에 있어서의 기판력은 당해 처분이 귀속하는 국가 또는 공공단체에 미친다.

[3] 시장·군수가 토지등급결정을 한 후 구 지방세법시행규칙 제43조에 의하여 열람을 위한 공고나 그에 갈음하는 개별통지를 하지 않거나 거기에 무효원인인 하자가 있어 그 토지등급결정이 효력이 없는 경우, 그 등급을 기초로 종합토지세 등의 부과처분을 하였다고 하더라도 이는 토지등급을 잘못 인정하여 과세표준액과 세액의 결정에 하자가 있는 것으로서, 그와 같은 위법은 그 하자가 중대하다고 볼 수 있을지는 몰라도 그것이 객관적으로 명백하다고 볼 수 없어 당연무효가 아니고 취소 대상이 될 뿐이다."313)

---

311) 대법원 1986.11.11. 선고 85누213 판결.
312) 이 점은 이미 기판력의 모순금지효와 관련하여 본 바와 같다.
313) 대법원 1998.7.24. 선고 98다10854 판결. 참조: [1] 대법원 1992.12.8. 선고 92누6891 판결; 대법원 1993.4.27. 선

③ 시간적 범위

기판력은 사실심변론종결시를 기준으로 하여 발생한다. 따라서 처분청은 그 이전의 사유를 내세워 확정판결과 저촉되는 처분을 할 수 없다.[314)

3.5. 간접강제

행정소송법은 의무이행소송을 인정하지 않았지만, 거부처분취소판결이 확정된 경우의 재처분의무와 함께 그 의무를 이행하지 않은 경우에 판결의 실효성을 확보하기 위한 수단으로 민사소송의 경우처럼 이른바 간접강제제도를 채택하였다. 이것은 취소소송이 형성소송이라는 점에서 볼 때 극히 이례적인 것이기는 하지만, 취소판결의 구속력의 내용인 재처분의무의 실효성을 확보해 줌으로써 의무이행소송을 채택하지 않은데 대한 하나의 제도적 보완을 기하려는 취지에서 인정된 것이라 할 수 있다.[315) 거부처분의 취소판결이 확정된 경우, 행정청이 판결의 취지에 따라 다시 이전의 신청에 대한 처분을 하지 아니하는 때에는 제1심수소법원은 당사자의 신청에 따라 결정으로써 상당한 기간을 정하고 행정청이 그 기간 내에 이행하지 아니하는 때에는 지연기간에 따라 일정한 배상을 할 것을 명하거나 즉시 손해배상을 할 것을 명할 수 있다($^{§34}_{①}$). 판례는 간접강제의 성질을 "확정판결의 취지에 따른 재처분의 지연에 대한 제재나 손해배상이 아니고 재처분의 이행에 관한 심리적 강제수단에 불과한 것"으로 보고 있다.

⋮⋮ 간접강제의 성질

"행정소송법 제34조 소정의 간접강제결정에 기한 배상금은 거부처분취소판결이 확정된 경우 그 처분을 행한 행정청으로 하여금 확정판결의 취지에 따른 재처분의무의 이행을 확실히 담보하기 위한 것으로서, 확정판결의 취지에 따른 재처분의무내용의 불확정성과 그에 따른 재처분에의 해당 여부에 관한 쟁송으로 인하여 간접강제결정에서 정한 재처분의무의 기한 경과에 따른 배상금이 증가될 가능성이 자칫 행정청으로 하여금 인용처분을 강제하여 행정청의 재량권을 박탈하는 결과를 초래할 위험성이 있는 점 등을 감안하면, 이는 **확정판결의 취지에 따른 재처분의 지연에 대한 제재나 손해배상이 아니고 재처분의 이행에 관한 심리적 강제수단에 불과한 것**으로 보아야 하므로, 특별한 사정이 없는 한 간접강제결정에서 정한 의무이행기한이 경과한 후에라도 확정판결의 취지에 따른 재처분의 이행이 있으면 배상금을 추심함으로써 심리적 강제를 꾀할 목적이 상실되어 처분상대방이 더 이상 배상금을 추심하는 것은 허용되지 않는다."[316)

고 92누9777 판결; 대법원 1996.6.25. 선고 95누1880 판결. [3] 대법원 1974.12.24. 선고 72다2222 판결; 대법원 1984.8.21. 선고 84다카353 판결; 대법원 1989.12.26. 선고 89누5317 판결.

314) 대법원 1989.9.12. 선고 89누985 판결.

315) 유사한 입법례로는 독일 행정법원법 제172조에 의해 의무이행소송에 결부된 강제금(Zwangsgeld)제도가 있다.

316) 대법원 2004.1.15. 선고 2002두2444 판결. 같은 취지의 최근 판례로는 대법원 2010.12.23. 선고 2009다37725 판결을 참조.

위 판결에 대해서는 '행정청이 확정판결에도 불구하고 새로운 처분을 하지 않다가 추심단계에서 새로운 처분을 함으로써 간접강제를 사실상 무력화시킬 수 있다'는 비판이 있다.[317]

▦ 민사상 간접강제결정에 기한 배상금 추심에 관한 판례

대법원은 민사상 간접강제결정에 기한 배상금 추심에 관해서는 행정소송의 경우와는 달리, 민사상 부작위채무에 대한 간접강제결정이 발령된 상태에서 의무위반행위가 계속되던 중에 채무자가 그 행위를 중지하거나 의무이행기간이 도과한 경우, 기왕의 의무위반행위에 대한 배상금 지급의무를 면하지 못한다고 판시하고 있다. 대법원은 "계속적 부작위의무를 명한 가처분에 기한 간접강제결정이 발령된 상태에서 의무위반행위가 계속되던 중 채무자가 그 행위를 중지하고 장래의 의무위반행위를 방지하기 위한 적당한 조치를 취했다거나 그 가처분에서 정한 금지기간이 경과하였다고 하더라도, 그러한 사정만으로는 처음부터 가처분위반행위를 하지 않은 것과 같이 볼 수 없고 간접강제결정 발령 후에 행해진 가처분위반행위의 효과가 소급적으로 소멸하는 것도 아니므로, 채무자는 간접강제결정 발령 후에 행한 의무위반행위에 대하여 배상금의 지급의무를 면하지 못하고 채권자는 그 위반행위에 상응하는 배상금의 추심을 위한 강제집행을 할 수 있다"고 판시하였다.[318] 이 판결에서 대법원은 "원고들이 상고이유로 들고 있는 대법원 2004. 1.15. 선고 2002두2444 판결 등은 행정청이 거부처분을 취소할 의무가 있음에도 불구하고 이를 이행하지 아니하자 상대방이 행정소송법 제34조에 기하여 간접강제를 신청하였고, 행정청이 의무이행기간 도과 후 실제로 거부처분을 취소하여 작위의무를 이행한 사례로 이 사건과는 사안을 달리하므로 이 사건에 그대로 원용할 수 없다"고 지적함으로써 민사상 간접강제의 경우를 행정소송의 경우와 차별화하겠다는 입장을 분명히 하였다.[319]

간접강제에 대해서는 소송비용 재판의 효력에 관한 제33조와 민사집행법 제262조의 규정을 준용한다($\S^{34}_{②}$).

Ⅱ. 기타 사유로 인한 취소소송의 종료

취소소송은 법원의 종국판결에 의하여 종료되는 것이 원칙이나 그 밖의 사유로도 종료될 수 있음은 이미 지적한 바와 같다. 취소소송의 종료와 관련하여 특히 문제되는 것으로는 소의 취하, 청구의 포기·인낙, 재판상의 화해 및 당사자의 소멸 등과 같은 사유들을 들 수 있다.

---

317) 임영호, "공법상 소송유형과 소송형식", 대법원특별소송실무연구회·행정법이론실무학회 공동학술대회 발표논문집 (2009.9.12.), 41.
318) 대법원 2012.4.13. 선고 2011다92916 판결.
319) 이러한 태도는, 앞서 본 판례에서 적시되어 있듯이, 행정소송법 제34조의 간접강제결정에 기한 배상금의 성질에 대하여 재처분의무의 이행 담보를 위한 것이기는 하지만, 확정판결의 취지에 따른 재처분의 지연에 대한 제재나 손해배상이 아니고 재처분의 이행에 관한 심리적 강제수단에 불과한 것이라는 입장을 취한 데 따른 것이라고 추정된다.

1. 소의 취하

소의 취하($\substack{\text{Klagerück-}\\\text{nahme}}$)란 원고가 제기한 소의 전부 또는 일부를 철회한다는 법원에 대한 일방적 의사표시를 말한다. 행정소송에 있어서도 처분권주의가 타당한 이상 소의 취하에 의하여 취소소송이 종료되는 것은 당연하다. 원고는 판결이 확정되기 전까지는 언제라도 소를 취하할 수 있다. 다만, 민사소송법 제239조 제2항에 따라 피고가 본안에 대하여 준비서면을 제출하거나 준비절차에서 진술·변론을 한 후에는 피고의 동의가 있어야 한다.

2. 청구의 포기·인낙

청구의 포기($\substack{\text{Klagever-}\\\text{zicht}}$)란 원고가 자기의 소송상의 청구가 이유없음을 자인하는 법원에 대한 일방적 의사표시를 말하며, 청구의 인낙($\substack{\text{Klageaner-}\\\text{kenntnis}}$)이란 거꾸로 피고가 원고의 소송상의 청구가 이유 있음을 자인하는 법원에 대한 일방적 의사표시를 말한다. 행정소송법상 이러한 청구의 인낙·포기가 허용되는지에 관하여는 행정소송에 있어서도 민사소송과 다름없이 변론주의 및 처분권주의가 인정되므로 허용된다는 견해와 행정청이나 개인은 소송의 대상인 처분을 임의로 취소·변경할 수 없는 것이고 취소소송에 있어 청구의 포기나 인낙에 민사소송에서와 같은 확정판결과 동일한 효력을 인정하기 어려우므로 이를 부정하는 견해가 대립되고 있다. 생각건대 행정소송에도 처분권주의가 타당한 것은 사실이라고 하여도 그 처분권주의에는 일정한 한계가 있다고 하지 않으면 안 된다. 이른바 '사적자치' 원칙의 소송법적 표현인 민사소송의 처분권주의와는 달리 행정소송에서의 처분권주의란 본안에 관한 처분의 자유를 포함하지 않는다. 즉 원고가 청구를 포기한다고 하여도 당해 처분의 적법성이 확정되는 것이라고 보기 어렵고, 피고 또한 청구 인낙 권한을 갖지 않으므로, 이를 부정할 수밖에 없다고 본다.

3. 재판상 화해

재판상 화해 또는 소송상 화해($\substack{\text{gerichtlicher}\\\text{Vergleich}}$)란 소송계속중 당사자 쌍방이 소송물인 권리관계의 주장을 서로 양보하여 소송을 종료시키기로 하는 기일에 있어서의 합의를 말한다. 취소소송에서 재판상 화해가 허용되는지 여부는 학설상 논란되고 있다. 즉 '화해의 대상에 대한 처분권이 있는 한 당사자는 법률상 쟁송을 전부 또는 부분적으로 종료시키기 위하여 법원 또는 수명법관이나 수탁판사의 조서에 기재함으로써 화해를 할 수 있다'는 명문의 규정이 없는 한, 청구의 인낙·포기에 관하여 본 것과 마찬가지 이유에서 행정소송에서 소송상 화해는 허용되지 않는 것으로 새길 수밖에 없다는 견해320)와 당사자가 공법상 권리관계에 관하여도 자유재량행위 같이 소송의 대상을 처분할 수 있는 경우 등 일정한 범위에서 화해가 가능하다는 견해[321]가 대립한다. 오래된 판례지만 귀속재산처리사건에서 화해를 인정한 예가 있다.[322]

재판상 화해는 비단 취소소송에만 국한된 문제는 아니다. 이와 관련하여 행정소송에 있어 재판상 화해의 법적 근거를 명문화하고 있는 독일의 행정법원법($\stackrel{\text{Verwaltungsgerichts-}}{\text{ordnung; VwGO}}$) 제106조가 주목된다. 1990년 제4차 개정법 이전의 행정법원법($\stackrel{1960.}{1.21.}$)은 제106조에서 관계인(당사자 및 참가인)이 '소송의 대상'에 관해 처분권이 있는 한 법률상 쟁송의 전부 또는 일부를 해결하기 위하여 법원, 수명법관 또는 수탁판사가 작성하는 조서에 기재함으로써 재판상 화해($\stackrel{\text{gerichtlicher}}{\text{Vergleich}}$)를 할 수 있다고 규정하고 있었다. 그러나 이후 제4차 개정행정법원법($\stackrel{1990.}{12.17.}$)은 제106조를 "화해의 대상에 대한 처분권을 가지는 한 당사자는 법률상 쟁송을 전부 또는 부분적으로 종료시키기 위하여 법원 또는 수명법관이나 수탁판사의 조서에 기재함으로써 화해를 할 수 있다"고 규정함으로써 당사자가 '화해의 대상'($\stackrel{\text{Gegenstand des}}{\text{Vergleichs}}$)에 관해 처분권이 있을 것을 조건으로 하여 재판상 화해를 할 수 있도록, 즉 '소송의 대상'이 아닌 사항들에 대해서도 재판상 화해를 할 수 있도록 하였다. 또한 같은 조 제2문을 신설하여 종전의 조서 작성에 의한 재판상 화해 외에 결정의 형식으로 된 법원, 재판장 또는 주심판사의 권고(Vorschlag)를 당사자가 서면으로 수용함으로써 재판상 화해를 할 수 있도록 하였다. 그러나 행정법원법과는 달리 사회법원법이나 재정법원법상의 소송에서는 재판상 화해가 허용되지 아니한다. 가령 사회소송을 규율하는 사회법원법 제101조 제1항은 위 1990년 개정 이전의 행정법원법과 동일한 규정을 두고 있다.[323]

생각건대, "비대한 소송보다는 마른 화해가 낫다"($\stackrel{\text{ein magerer Vergleich sei}}{\text{besser als ein fetter Prozeß}}$)는 독일의 속담처럼 복잡하고 장기간을 요하는 판결을 거치지 않고 재판상 화해를 통해 분쟁(행정쟁송)을 해결하는 것이 합리적이라는 것은 두말할 나위가 없다. 그러나 독일 행정법원법처럼 명문의 규정이 없는 상황에서 재판상 화해를 항고소송이나 공법상 당사자소송 등 소송유형별로 어떠한 요건 하에 허용하고 또 그것에 어떠한 효과를 결부시킬 수 있는지에 대해서는 좀 더 신중한 판단이 요구된다.

---

320) 김남진, 행정법 I, 824; 이상규, 신행정법론(상), 800; 정동윤, 554.
321) 김정술, "행정재판의 운용에 관한 실무적 과제", 행정법원의 좌표와 진로, 143-144; 박정훈, "행정소송에 있어 소송상화해", 인권과 정의 279권, 13-19; 백윤기, "행정소송제도의 개선", 행정법원의 좌표와 진로, 180-181, 184이하; 류지태, 행정법신론, 506.
322) 대법원 1955.9.2. 선고 4287行上59 판결.
323) Schoch/Schmidt-Aßmann/Pietzner, Verwaltungsgerichtsordnung, 2000, § 106 Rn.20.

서울행정법원은 1998년 출범이래 행정소송법 제8조 제2항에 의하여 소송상 화해에 관한 민사소송법의 규정이 준용되는 것으로 보아 행정소송상 소송상 화해의 가능성을 시인하면서도,[324] 종래 부정적인 학설의 영향과 입법의 미비 등으로 화해조서의 작성에 따른 소송상 화해의 전면적인 시도를 주저해 왔고, 다만 재판부에 따라 항고소송인 조세소송 또는 당사자소송인 토지수용사건 등에서 간헐적으로 화해조서를 작성하여 왔다고 한다. 물론 위와 같은 화해조서도 법원의 화해권고안에 대하여 당사자가 수용함에 따라 작성한 것이지, 민사소송에서와 같이 당사자가 미리 합의한 내용을 변론에서 진술하여 이를 조서에 기재하는 방식을 취하지는 않았다. 그러다가 개원 3년차에 접어들어 각 재판부가 항고소송 중 영업정지·허가취소 등 청구사건, 조세소송사건, 과징금사건, 부당해고사건, 산재사건 등을 중심으로 적극적으로 사실상 화해의 방식(법원의 권고→피고의 취소·변경처분→원고의 소 취하)을 활용하여 분쟁의 종국적 해결을 유도하는 경향이 늘었고, 그것이 서울행정법원의 실무관행으로 정착되었다고 한다.[325]

재판상 화해는 행정소송의 유형에 따라 또는 관련법 분야에 따라 그 적합성여하가 달리 판단될 수 있고,[326] 경우에 따라 '협력에서 부패로 바뀔 위험'$^{\text{(Gefahr des Umschlagens von der Kooperation zur Korruption)}}$을 초래할 가능성도 있으므로,[327] 신중한 입법론적 고려를 통해 그 허용범위와 요건과 효과를 명확히 할 필요가 있다고 본다.

4. 당사자의 소멸

원고가 사망하고 또한 소송물을 승계할 자가 없는 경우에는 소송도 종료될 수밖에 없다. 반면 피고 행정청이 없게 된 때에는 소송은 종료되지 않으며 그 사무가 귀속되는 국가 또는 공공단체가 피고가 된다($^{\S\,13}_{②}$).

---

324) 김정술, 앞의 논문, 142-144; 백윤기, 앞의 논문, 179-188.
325) 조용호, 행정소송에서의 소송상화해에 대하여, 행정법원 실무연구회 발표문.
326) Schoch/Schmidt-Aßmann/Pietzner, Verwaltungsgerichtsordnung, § 106 Rn. 21.
327) 오히려 법원의 개입과 감독을 통해 행정부패를 방지할 가능성도 없지 않다는 점도 고려할 필요가 있다.

제1편 제2편 제3편 제4편 제5편 행정구제법

제 8 항 판결의 불복과 위헌판결의 공고

Ⅰ. 판결의 불복

1. 상 소

취소소송의 제1심 판결에 불복하는 자는 제1심 관할법원의 상급심인 고등법원에 항소할 수 있다. 고등법원의 판결에 불복하는 경우 상고할 수 있음은 물론이다.

2. 제3자의 재심청구

2.1. 의 의

행정소송법 29조 제1항은 "처분등을 취소하는 확정판결은 제3자에 대하여도 효력이 있다"고 규정하여 취소소송의 확정인용판결에 대세효를 인정하고 있다(동법 § 38 ①, ②). 이것은 확정된 취소판결의 효력이 소송당사자와 제3자 사이에 달라지는 것을 피하고 제3자에 대한 관계에서도 획일적으로 취급하는 것이 바람직하다는 행정상 법률관계에 있어 법적 안정성을 기해야 한다는 요청에 따른 법리이다. 그러나 취소판결에 따른 법률관계의 변동에 이해관계를 지니는 제3자는 그가 당해 소송에 참가할 수 없었음에도 불구하고 그 취소판결의 형성력을 받아들일 수밖에 없는 불측의 불이익을 받게 된다. 소송당사자 외의 제3자는 불측의 손해를 입지 않기 위하여 소송참가를 할 수도 있으나(법 § 16, 17, 38 ①, ②) 제3자로서 자신의 귀책사유 없이 소송에 참가하지 못하는 경우도 있을 수 있으므로 그러한 경우 제3자의 불이익을 구제할 필요가 생기게 된다. 그 구제방법의 하나로 인정된 것이 바로 제3자 재심청구제도이다.

이것은 일본 행정사건소송법 제34조(제3자의 재심의 소)와 내용상 대동소이한 조항이다. 일본 행정사건소송법은 제34조 제1항에서 "처분 또는 재결을 취소하는 판결에 의하여 권리를 침해당한 제3자로 자기의 책임으로 돌릴 수 없는 이유로 소송에 참가할 수 없었기 때문에 판결에 영향을 미칠 공격 또는 방어의 방법을 제출할 수 없었던 때에는 이를 이유로 하여 확정된 종국판결에 대하여 재심의 소를 제기하여 불복신청을 할 수 있다"고 규정하여 제3자가 취소소송의 확정된 종국판결에 대하여 재심의 소를 제기할 수 있도록 규정하고 있다.

2.2. 재심청구소송의 성질

재심청구소송은 취소판결에 따라 권리 또는 이익을 침해받은 제3자가 그 판결에 이르기까지 자신에게 책임 없는 사유로 소송에 참가할 수 없었고 그로 인해 판결에 영향을 미칠 공격방어방법을 제출할 수 없었을 경우 그 제3자를 구제하기 위한 절차라는 점에서 확정판결로 종료된 사건에 관하여 당사자가 그 소송절차에 중대한 하자가 있다는 등의 이유로 판결 취소와 사건의 재심판을 구하는 불복방법인 민사소송법의 재심과는 다르다. 그런 뜻에서 제3자에 의한 재심은 일종의 특수한 재심에 해당한다. 제3자에 의한 재심은 재심사유, 소의 제기권자, 재심절차 등에 있어서 민사소송법상의 재심과 다르지만, 확정된 종국판결에 대하여 판결의 효력을 받는 자가 당해 판결의 취소와 재심판을 구하는 비상의 불복절차라는 점에서는 일반 재심과 다르지 않다. 따라서 관할법원, 재심절차, 소장기재사항, 심판의 범위 등에 관하여 특별한 규정이 없는 한 민사소송법의 재심 규정을 준용하게 될 것이다(실무제요(행정), 297).328)

제3자에 의한 재심의 소가 제기되더라도 이로써 계쟁 행정처분이 효력을 상실하는 것은 아니며 그 처분을 취소하는 재심의 확정판결이 있을 때까지 효력을 유지한다.329)

2.3. 재심청구의 요건

2.3.1. 재심의 전제조건

재심은 처분등을 취소하는 종국판결의 확정을 전제로 한다. 판결이 확정되기 전에는 통상적인 상소수단으로 불복할 수 있고 재심은 문제될 여지가 없으므로 개념상 당연한 결과이다.

2.3.2. 당사자

제3자에 의한 재심의 원고는 처분등을 취소하는 판결에 의하여 권리 또는 이익의 침해를 받은 제3자이다. 여기서 "권리 또는 이익의 침해를 받은 제3자"의 의미, 특히 그것이 행정소송법 제16조 제1항의 규정에 의하여 소송참가를 할 수 있는, "소송의 결과에 따라 권리 또는 이익의 침해를 받을 제3자"와 같은 의미인지 여부에 관하여는 견해가 일치하지 않고 있다. 다수의 견해는 제3자의 재심제도와 소송참가제도를 동일한 목적을 위한 두 가지 제도로 파악하여 '취소판결의 결과 그 구속력을 받는 행정청의 행위에 의하여 권리·이익을 침해받은 제3자'도 이에 포함된다고 보는 데 비하여,330) 확정된 종국판결의 효력을 좌우할 수 있는 범위를 그렇게 넓게 인정하는 것은 법적 안정성의 요청에 반한다는 이유를 들어 '취소판결에 의하여 권리를 침해당하는 제3자'를 취소판결의 형성력을 직접 받는 자에 한정하여야 한다는 반론이 제기되고 있다. 재심의 피고는 확정판결에 나타난 원고와 피고를 공동으로 하여야 한다.

---

328) 행정소송에서도 민사소송법에 따른 재심(§§ 451-460) 또는 준재심(§ 461)이 가능함은 물론이다.
329) 대법원 1955.12.8. 선고 4288民上366 판결.
330) 실무제요(행정), 297; 유명건, 실무행정소송법, 1998, 265.

2.3.3. 재심사유

재심사유는 자기에게 책임 없는 사유로 소송에 참가하지 못함으로써 판결의 결과에 영향을 미칠 공격 또는 방어방법을 제출하지 못했다는 것이다. 즉 처분등을 취소하는 판결에 의하여 권리 또는 이익의 침해를 받은 제3자가 자기에게 책임없는 사유로 소송에 참가하지 못하였고 또 그로 인해 판결의 결과에 영향을 미칠 공격 또는 방어방법을 제출하지 못한 경우라야 한다.

(1) 자기에게 책임없는 사유로 소송에 참가하지 못한 경우

재심사유의 첫 번째 요건은 '자기에게 책임 없는 사유로 소송에 참가하지 못했어야 한다는 것'이다. 여기서 '자기에게 책임 없는 사유로 소송에 참가하지 못한 경우'란 당해 항고소송의 계속을 알지 못하였거나 알았다 하더라도 특별한 사정이 있어서 소송에 참가할 수 없었다고 일반통념으로 인정되는 경우를 말한다고 보는 것이 대법원의 판례이다. 즉 행정소송법 제31조 제1항에 의하여 제3자가 재심청구소송을 제기할 경우에 갖추어야 할 요건의 하나인 '자기에게 책임 없는 사유'의 유무는 사회통념에 비추어 제3자가 당해 소송에 참가할 수 없었던 데 자신에게 귀책사유가 없었는지의 여부에 따라 사안별로 결정되어야 하고, 제3자가 소송계속을 알지 못한 경우 통상인으로서 일반적 주의를 다하였어도 알기 어려웠고 소송계속을 알고 있었던 때에는 소송에 참가할 수 없었던 특별한 사정이 있었을 것을 필요로 한다는 것이다.[331]

한편 소송에 참가할 수 없었다는 것은 참가 자체를 하지 못했다는 것만을 의미하는가 아니면 늦게 소송에 참가하여 판결에 영향을 미칠 공격·방어방법을 제출하지 못한 경우도 포함하는가 여부가 다투어질 수 있다. 국내 문헌상 이에 관한 논의는 없지만, 일본의 경우에는 견해가 갈리고 있다. 취소소송에서는 현실적으로 소송추가가능성이 없는 참가인에게도 취소판결의 형성력 및 구속력이 미치기 때문에 뒤늦게 소송에 참가했기 때문에 공격·방어방법을 제출할 수 없었던 자는 소송에 참가할 수 없었던 자와 실질적으로 다르다고는 볼 수 없으며 뒤늦게 참가했다는 것이 자기의 책임으로 돌릴 수 없는 사유에 의한 것인지 여부가 관건이 된다고 보는 견해와 '소송에 참가할 수 없었기 때문에'라는 법규정은 그 문언에 비추어 볼 때 참가인이 될 수 없었던 경우만을 말하는 것이지 소송을 이용할 수 없었던 경우까지를 의미하는 것은 아니라는 이유로 이를 부정하는 견해가 대립하고 있다.[332]

위와 같은 사유에 대한 입증책임은 재심청구인에게 있다는 것이 판례이다.[333] 즉 대법원

---

331) 대법원 1995.9.15. 선고 95누6762 판결.
332) 南 博方, 條解行政事件訴訟法, 1987, 弘文堂, 783.
333) 대법원 1995.4.11. 선고 94누2220 판결; 대법원 1995.9.15. 선고 95누6762 판결.

은 입증책임은 그러한 사유를 주장하는 제3자에게 있고, 더욱이 제3자가 종전 소송이 계속 중임을 알고 있었다고 볼 만한 사정이 있는 경우에는 종전 소송이 계속중임을 알지 못하였 다는 점을 제3자가 적극적으로 입증하여야 한다고 보고 있다.[334]

(2) 판결의 결과에 영향을 미칠 공격 또는 방어방법을 제출하지 못하였을 것

두 번째 재심사유로서 요구되는 것은 판결의 결과에 영향을 미칠 공격 또는 방어방법을 제출하지 못하였을 것이다. 즉 제3자가 공격 또는 방어방법을 종전의 소송에서 제출하였다 면 그에게 유리하게 판결의 결과가 변경되었을 것이라고 인정되어야 하며 그러한 공격 또는 방어방법을 제출할 기회를 얻지 못하였어야 한다. 따라서 종전의 소송에서 공격·방어방법 이 이미 제출되어 판단을 받은 경우나 종전의 소송에서 제출되었더라도 판결의 결과에 영향 을 미칠 수 없었으리라고 인정되는 경우에는 재심이 허용될 수 없다. 위와 같은 공격·방어 방법은 확정된 판결의 구술변론 종결시까지 소송참가에 의하여 제출할 수 있었던 것에 한한 다고 해석된다.[335]

2.3.4. 재심청구기간

제3자에 의한 재심 청구는 확정판결이 있음을 안 날로부터 30일이내, 판결이 확정된 날 로부터 1년이내에 제기하여야 한다. 국외에서의 기간은 위 30일에서 60일로 연장되며 소송 행위의 추완기간은 14일에서 30일로 연장된다($\frac{법}{\S 5}$). 이들 기간은 불변기간으로 한다. 기간의 계산은 민법의 규정에 따른다($\frac{\S 8 ②, 민사소송법}{\S 170, 민법 \S\S 155 이하}$). 확정판결이 있음을 안 날로부터 30일과 판결 이 확정된 날로부터 1년이라는 기간은 경합적이다. 즉 그 어느 하나만 도과해도 재심청구는 차단된다.

2.4. 재심절차

제3자에 의한 재심절차도 행정소송법에 특별한 규정이 없으므로 민사소송 재심절차에 관 한 규정을 준용한다.

2.4.1. 재심의 소 제기

(1) 재심소장

제3자에 의한 재심은 제3자가 관할법원에 확정된 종전의 원고와 피고를 재심의 공동피고 로 하여 재심소장을 제출함으로써 제기한다. 재심소장에는 ① 당사자와 법정대리인, ② 재심 의 대상인 판결의 표시와 그 판결에 대하여 재심을 구하는 취지, ③ 재심사유를 기재한다.

---

334) 대법원 1995.4.11. 선고 94누2220 판결.
335) 실무제요(행정), 297; 南 博方, 條解行政事件訴訟法, 784.

재심소장에는 심급에 따라 각기 소장 또는 항소장, 상고장에 따른 금액에 해당하는 인지를 붙여야 한다(민사소송 등 인지법 § 8).

재심소장에는 재심의 대상이 되는 판결의 사본을 붙여야 한다(민사소송규칙 § 139). 그러나 이를 누락하여도 각하사유는 아니며 재심수소법원에서 작성하거나 해당 법원에 기록송부촉탁을 할 때 판결등본도 함께 송부해 주도록 요청하여야 할 것이다.[336] 그 경우 기록송부를 요청받은 법원은 특히 판결등본의 송부요청이 있는지를 확인하여 내용이 선명한 판결등본 1통을 작성, 기록송부서 하단에 판결등본첨부라고 기재하여 송부한다.

(2) 접 수

제3자에 의한 재심소장을 접수하면 법원은 이를 행정재심사건으로 접수하여, 행정재심사건부에 등재하고 별도의 재심기록을 만든다. 그 밖의 재심소장의 심사 등 절차는 모두 통상의 소송의 경우와 다르지 않다.

2.4.2. 재심의 소의 심리 · 재판

법원은 재심의 소가 적법하다고 인정하는 때에는 제3자가 내세우는 재심사유의 존재여부에 대한 심사에 들어간다. 재심사건의 심리를 위해서는 재심 전 소송기록이 필요한 경우가 많으며, 그 경우 심리개시 전에 그 기록을 보관하는 법원에 기록송부촉탁을 하여 이를 송부받아 두어야 한다. 같은 법원 내에 보관되어있는 기록에 대하여도 재판장의 이름으로 소속법원장 앞으로 송부촉탁을 하고, 기록담당자가 기록을 송부할 때는 소속법원장의 이름으로 송부촉탁 재판장 앞으로 송부하며 송부촉탁이나 기록송부는 사송부에 사유를 등재하고 직접 담당직원 간에 전해주고, 기록의 일부를 복사본으로 작성하여 송부하는 경우에는 복사본에 인증을 한 후 송부하는 것이 현재의 실무례라고 한다.[337]

재심의 심리는 본조에 의한 재심을 청구하는 제3자가 재심원고가 되고 재심 전 당사자가 재심피고가 되어 재심사유의 존부에 관하여 행해진다. 법원은 심리 결과 재심사유가 인정되는 경우 본안에 관한 심리에 들어가게 된다. 이 경우 제3자는 별도의 제3자 참가신청을 하지 않더라도 제3자 참가인(재심원고)의 지위에서 소송행위를 할 수 있다. 재심절차에서도 종래의 원·피고의 지위에는 변동이 없으므로 변론기일 및 증거는 종전 절차에 이어 사용한다.

재심원고로 되는 제3자가 복수인 경우 소송은 각자에 대하여 별도로 취급하여 심판하여야 한다.[338]

---

336) 실무제요(행정), 300.
337) 실무제요(행정), 300.
338) 심리, 재판에 관하여 상세한 것은 법원실무제요 민사(하) 제3편 3. 라. 마. 597이하를 참조.

제 4 절 항고소송 **1019**

2.5. 본조의 준용

행정소송법은 취소소송뿐만 아니라 무효등확인소송과 부작위위법확인소송에 대해서도 본
조를 준용하고 있다($\S^{38}_{\textcircled{1},\textcircled{2}}$). 이에 따라 처분등의 무효등을 확인하는 판결이나 부작위의 위법을
확인하는 판결로 인하여 권리 또는 이익의 침해를 받은 제3자는 자기에게 책임 없는 사유로
소송에 참가하지 못함으로써 판결 결과에 영향을 미칠 공격 또는 방어방법을 제출하지 못한
때에는 이를 이유로 확정된 종국판결에 대하여 재심을 청구할 수 있다($^{법 \S 31\ \textcircled{1},}_{\S 38\ \textcircled{1},\ \textcircled{2}}$).

이것은 제3자 재심의 소에 관한 규정을 민중소송과 기관소송에 준용한다는 규정을 두면
서도($^{일본\ 행정사건}_{소송법\ \S 43\ \textcircled{1}}$) 무효등확인소송 등 그 밖의 항고소송에 관하여는 준용규정을 두지 않은 일본
행정사건소송법 제38조 제1항과 뚜렷이 대조되는 점이다. 일본의 경우 제3자 재심의 소에
관한 규정을 무효등확인소송 등 항고소송에 준용할 수 있는지는 무효확인판결의 대세효를
인정할 것인지에 달린 문제로 이해되고 있는데 대세효를 부정하는 입장에서는 제3자 재심에
관한 규정을 준용하지 아니하는 것이 당연하다고 한다. 무효확인판결에 대해서도 취소판결과
마찬가지로 대세효를 인정하는 입장에서는 명시적인 준용 규정은 없더라도 이 조항을 유추
적용해야 한다고 본다.[339] 그러나 우리의 경우 행정소송법 제38조 제1항 및 제2항이 명시적
으로 본조를 이들 항고소송에 준용하도록 규정하고 있으므로 그러한 논란의 여지는 없다.

II. 위헌판결의 공고

취소소송의 선결문제로서 명령·규칙이 대법원의 판결에 의하여 헌법 또는 법률에 위반
함이 확정된 경우에는 대법원은 지체 없이 그 사유를 행정안전부장관에게 통보하여야 한다
($\S^{6}_{\textcircled{1}}$). 대법원의 통보를 받은 행정안전부장관은 지체 없이 이를 관보에 게재하여야 한다($\S^{6}_{\textcircled{2}}$).
이것은 위헌판결의 효력이 비록 상대적이기는 하지만, 그것이 규범통제제도로서 소극적 의미
의 입법으로서 기능한다는 점을 고려하여 더 이상 위헌의 명령·규칙에 의하여 국민의 권익
침해를 받지 않도록 하는 예방적 취지에서 비롯된 것이다.

---

339) 南 博方, 條解行政事件訴訟法, 780.

제 9 항 소송비용

　　취소소송의 비용은 민사소송법상의 일반원칙에 따라 패소한 당사자가 부담하며($^{민사소송법}_{\S\,98}$), 일부패소의 경우에 당사자들이 부담할 소송비용은 법원이 정한다. 다만, 사정에 따라 한 쪽 당사자에게 소송비용의 전부를 부담하게 할 수 있다($^{\S\,101}$). 다만, 취소청구가 사정판결에 의하여 기각되거나, 행정청이 처분 등을 취소 또는 변경함으로 인하여 청구가 각하 또는 기각된 경우에는 피고가 부담한다($^{\S\,32}$). 소송비용에 관한 재판이 확정된 때에는 피고 또는 참가인이었던 행정청이 소속하는 국가 또는 공공단체에 그 효력을 미친다($^{\S\,33}$).

제 2 관   무효등확인소송

Ⅰ. 의   의

무효등확인소송이란 '행정청의 처분등의 효력 유무 또는 존재 여부를 확인하는 소송'을 말한다($\S_{ii}^{4}$). 처분등의 흠이 중대하고 명백한 경우(무효) 또는 아예 존재하지 않는 경우에는 처음부터 효력이 발생하지 않고, 따라서 상대방 기타 이해관계인은 이를 무시하고 그 무효·부존재를 전제로 하여 법률관계에 관한 권리행사를 할 수 있으므로(가령 부당이득반환청구나 공무원의 보수지급청구 등), 법원에 처분의 무효확인이나 처분의 부존재확인을 구해야 할 필요도 없을 것이다. 그러나 처분이 무효 또는 부존재인 경우에도 처분의 외관($_{schein}^{Rechts-}$)으로 말미암아 집행의 우려가 있어 이러한 표현적 효력을 제거할 필요가 있고, 반면 유효한 행정처분에 대하여 행정청이 이를 무효 또는 부존재로 간주함으로써 상대방의 법률상 이익을 침해할 가능성이 있기 때문에, 이 점을 고려하여 그 유권적 확인을 받을 수 있도록 하기 위하여 인정된 행정소송이 무효등확인소송이다. 원래 확인소송이란 법률관계의 존부확인을 목적으로 하는 것임을 생각한다면 이 무효등확인소송은 하나의 특수한 유형의 확인소송에 속한다고 할 수 있다. 왜냐하면 행정행위는 법률관계가 아니라 법률관계를 발생·변경·소멸시키는 행위일 뿐이기 때문이다.[340]

Ⅱ. 무효등확인소송의 종류

무효등확인소송은 확인 대상에 따라 유효확인소송, 무효확인소송, 실효확인소송, 존재확인소송 및 부존재확인소송으로 나뉜다. 부존재확인이나 실효, 무효확인을 구하는 소송이 소극적 확인소송이라면, 존재확인이나 유효확인을 구하는 소송은 적극적 확인소송에 해당한다.[341] 판례에 따르면 취소소송으로 처분등의 무효확인을 구하는 '무효선언을 구하는 의미의 취소소송'도 허용되며, 무효등확인소송에는 취소를 구하는 취지까지 포함된 것으로 볼 수 있다고 한다.[342]

---

340) EF, § 43 Rn.8.
341) 이러한 분류는 후술하는 입증책임의 분배에 관하여 의미가 있다.
342) 이는 무효·취소의 구별곤란성을 고려하는 동시에, 이를테면 「큰 것이 작은 것을 포함한다」는 논법에 따른 것이라 할 수 있으나, 법논리상 또는 무효등확인소송에서는 적용되지 않는 행정심판전치주의, 제소기간의 제한 등과의 관계상 문제가 없는 것은 아니다. 그리하여 대법원은 "행정심판절차를 거치지 아니한 까닭에 행정처분취소의 소를 무효확인의 소로 변경한 경우에는 무효확인을 구하는 취지 속에 그 처분이 당연무효가 아니라면 그 취소를 구

작위의무확인소송의 허용성 ●● 한편 이와 관련하여 작위의무의 확인을 구하는 소송이 허용되는지가 문제된다. 이에 관하여 행정소송법은 아무런 명문규정을 두고 있지 않으며 판례는 이러한 유형의 소송은 허용되지 않는다고 한다. 즉, 대법원은 애국지사의 유족연금등에 대한 청구권 및 행정청의 동 연금등지급 의무의 존재확인을 구하는 소송은 "작위의무확인소송으로서 항고소송의 대상이 되지 아니 한다"고 판시 한 바 있다.[343] 이에 대하여 작위의무확인소송을 무명항고소송의 하나로 인정할 수 있다고 보는 견해[344] 가 있다. 생각건대 작위의무확인소송은 처분등의 작위의무를 확인하는 소송과 그 이외의 행위(금전지 급·비권력적 사실행위 등)에 대한 작위의무를 확인하는 소송으로 나눌 수 있는데, 만일 후자의 경우 작 위의무확인소송이 가능하다고 보려면 '무명항고소송'이 아니라 '무명확인소송', 즉 '일반확인소송'($\substack{\text{allgemeine}\\\text{Feststellungsklage}}$) 의 허용성을 문제 삼아야 할 것이며 이는 현행법상 의당 공법상 당사자소송의 형식을 빌어 다루어야 할 문제이다. 다음에 보는 바와 같이 무효등확인소송을 준항고소송으로 보는 소이가 이 소송으로 '처분등의 효력유무 또는 존부'를 다툰다는 데 있는 것이라면, 작위의무확인소송은 준항고소송이 아니라 순수한 확 인소송이라고 해야 하기 때문이다. 반면 처분등의 작위의무확인소송은 무효등확인소송과는 별도로 부작 위위법확인소송의 반대유형으로 검토되어야 할 문제이다. 부작위위법확인소송에 의해서 부작위의 위법성 이 확인되면 당연히 작위의무의 존재가 확인된다. 만일 원고가 부작위의 위법확인까지 구하지 않고서 단 순히 처분등의 작위의무만을 확인하고자 한다면 법원은 이를 허용해야 하는가. 이러한 유형의 소송은 이 를테면 부작위위법확인소송에 대한 관계에서 일종의 '독립 소송'($\substack{\text{isolierte}\\\text{Klage}}$)의 형태를 띠게 될 것이다. 이러한 소송이 무명항고소송의 형태로 고려될 경우, 그 허용여부의 관건은 부작위위법확인소송이 인정되고 있는 현행법상, 결국 독자적인 확인의 이익의 유무에 귀결될 것이다.

Ⅲ. 무효등확인소송의 성질과 소송물

1. 성　　질

　무효등확인소송의 법적 성질에 관해서는 확인소송설,[345] 항고소송설, 준항고소송설이 대 립하고 있다. ① 확인소송설은 무효등확인소송은 적극적으로 처분등의 효력을 소멸시키거나 발생시키는 것이 아니라 그 효력의 유무나 존재여부를 확인·선언하는 확인소송의 성질을 가진다고 하며, ② 항고소송설은 주로 무효와 취소의 상대화이론을 전제로 무효등확인소송 도 처분등의 무효를 확정하고 그 효력의 제거를 목적으로 하는 것이기 때문에 행정주체가 우월한 지위에서 행한 처분등의 효력을 다투는 것이 되므로 항고소송(취소소송)과 본질적으 로는 같은 것이라고 한다. 한편 ③ 준항고소송설은 무효등확인소송은 실질적으로는 일종의 확인소송이라고 할 수 있으나, 형식적으로는 처분의 효력의 유무를 직접 소송의 대상으로 한

하는 취지까지 포함된 것으로 볼 여지가 전혀 없다고 할 것"이라고 판시하고 있다(대법원 1987.4.28. 선고 86누 887 판결).
343) 대법원 1990.11.23. 선고 90누3553 판결.
344) 홍정선, 행정법원론(상), 855.
345) 이를 구법시대의 맥락에서 당사자소송설이라고 부르는 경우도 있으나(김남진, 행정법 I, 828), 현행법상 당사자소 송과는 별도로 무효등확인소송이 인정되고 있으므로 타당하지 않다.

다는 점에서 항고소송적인 측면도 지닌다고 본다. 행정소송법은 무효등확인소송을 항고소송의 일종으로 명문화함으로써 문제를 입법적으로 해결하였다고 받아들여지고 있다.[346] 그럼에도 불구하고 무효등확인소송의 확인소송으로서 실체가 부정된 것으로는 보이지 않는다. 그것은 여전히 실질적으로는 확인소송이지만 형식적으로는 처분의 효력유무를 다투는 항고소송의 성격을 가진다($\substack{\text{통설} \cdot \\ \text{판례}}$).

2. 소 송 물

무효등확인소송은 처분등의 효력 유무, 실효 여부 또는 존재 여부에 대한 선언적이고 기판력있는 확인($\substack{\text{deklaratorische} \\ \text{rechtskraftfähige Feststellung}}$)을 구하는 소송이다. 무효등확인소송의 소송물은 특정한 처분 또는 재결의 무효·유효, 존재·부존재 또는 실효 여부의 확인을 구하는 원고의 소송상의 청구라 할 수 있다. 다만 재결의 무효등확인소송은 재결 자체에 고유한 위법이 있는 경우에 한하는 것이므로($\substack{\S\,38\,①; \\ \S\,19}$), 재결 자체에 중대하고 명백한 흠이 있어 당연무효인지 여부 또는 재결 자체가 존재하지 않는지 여부에 대한 확인청구가 소송물이 된다.

Ⅳ. 적용법규

행정소송법은 무효확인소송에 관하여 취소소송에 관한 규정을 광범위하게 준용할 것을 명시함으로써 종래 적용법규에 관한 견해대립을 상당부분 제도적으로 해결하고 있다.

1. 취소소송에 관한 규정이 준용되는 경우

재판관할($^{\S\,9}$)·피고적격($^{\S\S\,13,}_{14}$)·집행정지($^{\S\S\,23,}_{24}$)·판결의 구속력·적극적 처분의무($^{\S\,30}$)에 관한 규정이 준용된다($^{\S\,38}$). 그 밖에도 관련청구의 이송·병합, 공동소송, 제3자 및 행정청의 소송참가, 소송대상(원처분주의), 소의 변경, 처분변경으로 인한 소의 변경, 행정심판기록제출명령, 직권심리주의, 판결의 효력, 제3자 재심청구, 소송비용 재판의 효력에 관한 규정들이 준용된다.

2. 취소소송에 관한 규정이 준용되지 않는 경우

무효등확인소송에 대해서는, 취소소송의 경우와는 달리, 행정심판의 예외적 전치주의($^{\S\,18}$), 제소기간($^{\S\,20}$), 사정판결($^{\S\,28}$), 간접강제($^{\S\,34}$)에 관한 규정이 준용되지 않는다.

---

346) 김도창, 일반행정법론(상), 825.

무효등확인소송과 행정소송법 제34조(간접강제)의 준용 여부

"[1] 행정소송법 제34조는 취소판결의 간접강제에 관하여 규정하면서 제1항에서 행정청이 같은 법 제30조 제2항의 규정에 의한 처분을 하지 아니한 때에 간접강제를 할 수 있도록 규정하고 있고, 같은 법 제30조 제2항은 "판결에 의하여 취소되는 처분이 당사자의 신청을 거부하는 것을 내용으로 하는 경우에는 그 처분을 행한 행정청은 판결의 취지에 따라 다시 이전의 신청에 대한 처분을 하여야 한다"라고 규정함으로써 취소판결에 따라 취소된 행정처분이 거부처분인 경우에 행정청에 다시 처분을 할 의무가 있음을 명시하고 있으므로, 결국 같은 법상 **간접강제가 허용되는 것은 취소판결에 의하여 취소된 행정처분이 거부처분인 경우**라야 할 것이다.

[2] 행정소송법 제38조 제1항이 무효확인 판결에 관하여 취소판결에 관한 규정을 준용함에 있어서 같은 법 제30조 제2항을 준용한다고 규정하면서도 같은 법 **제34조는 이를 준용한다는 규정을 두지 않고 있으므로, 행정처분에 대하여 무효확인 판결이 내려진 경우에는 그 행정처분이 거부처분인 경우에도 행정청에 판결의 취지에 따른 재처분의무가 인정될 뿐 그에 대하여 간접강제까지 허용되는 것은 아니라고 할 것이다.**"[347]

V. 무효등확인소송의 제기요건

앞에서 본 것처럼 무효등확인소송에 대해서는 취소소송에 관한 규정들이 광범위하게 준용되고 있어 소송요건 전부를 일일이 상론할 필요는 없다. 중요한 소송요건만을 살펴보기로 한다.

1. 재판관할

무효등확인소송의 재판관할에 관하여는 취소소송에 관한 규정이 그대로 준용된다($^{§\,38}$). 따라서 무효등확인소송의 제1심관할법원은 피고의 소재지를 관할하는 행정법원이다($^{§\,38;\,§\,9}_{①}$). 중앙행정기관 또는 그 장이 피고인 경우의 관할법원은 대법원 소재지의 행정법원이 된다($^{§\,38;\,§\,9}_{①\,단서}$). 관할법원에 있어 '중앙행정기관'의 의미와 범위에 관하여는 이미 취소소송에 관하여 설명한 것이 그대로 타당하다. 토지의 수용 기타 부동산 또는 특정의 장소에 관계되는 처분등의 무효등확인소송은 그 부동산 또는 장소의 소재지를 관할하는 행정법원에 이를 제기할 수 있다($^{§\,38;\,§\,9}_{②}$). 여기서 '토지의 수용에 관계되는 처분'의 의미와 범위는 이미 취소소송의 관할과 관련하여 설명한 바와 같다.

---

347) 대법원 1998.12.24. 자 98무37 결정. 그러나 이 판결이 과연 타당한 것인지에 대해서는 의문이 있다. 특히 행정소송법 제34조 제1항은 제30조 제2항의 재처분의무 즉, 거부처분취소판결의 경우의 재처분의무에 대한 간접강제를 규정하고 제38조 제2항에서 이를 부작위위법확인판결의 경우에 준용하고 있는데, 거부처분이 단순위법인 경우 그 재처분의무불이행에 대해 간접강제를 인정하면서 거부처분이 당연무효인 경우에는 재처분의무를 인정하면서도 단지 명문의 준용규정이 없다는 이유만으로 간접강제가 적용될 수 없다고 하는 것은 형평에 맞지 않는 형식논리라는 비판을 면키 어렵다.

2. 소송의 대상

무효등확인소송의 대상도 취소소송의 대상인 처분등을 대상으로 한다. 무효확인소송은 처분등의 존재를 전제로 하여 유효한 처분의 외관을 제거하기 위한 것이므로 당연히 외견상 존재를 전제로 하는 반면, 부존재확인소송은 처분등의 부존재를 확인 대상으로 하므로 이 경우 처분등은 단지 외견상으로만 존재할 뿐 실제로는 존재하지 않는다. 어느 경우나 무효등확인소송의 대상이 되려면 적어도 유효한 처분등으로 오인되거나 처분등이 있는 것으로 의심될 만한 외견상 존재가 필요하다. 처분등의 무효나 부존재가 명백한 경우에는 유효한 처분의 외관이나 외견상의 존재 자체가 없으므로 확인의 이익, 즉 권리보호의 필요가 없다고 하게 될 것이다.

3. 당 사 자

3.1. 원고적격

행정소송법은 "무효등확인소송은 처분등의 효력의 유무 또는 존재 여부의 확인을 구할 법률상 이익이 있는 자가 제기할 수 있다"고 규정한다($^{§\,35}$). 여기서 '법률상 이익'이란 무엇을 의미하는지, 취소소송의 그것과 동일한 개념인지 아니면 '즉시확정의 이익'인지 문제가 제기된다.

3.1.1. 법률상 이익의 개념

무효등확인소송에 있어 처분등의 효력의 유무 또는 존재 여부의 확인을 구할 '법률상 이익'이란 취소소송에서의 그것과 동일한 개념으로 이해되고 있다. 대다수의 문헌들은, 행정소송법이 구법이나 일본의 행정사건소송법과는 달리 무효등확인소송의 보충성[348]을 인정하지 아니하고 원고적격을 확대하였다고 지적하고 있다. 요컨대 무효등확인소송에 있어 법률상 이익과 취소소송에 있어 법률상 이익을 동질적인 것으로 보는 것이 기존의 통설이다.[349]

행정소송법 제35조의 규정이 무효등확인소송의 원고적격에 관하여 '확인을 구할 법률상 이익'을 요구하고 있다는 사실을 도외시할 수는 없을 것이다. 따라서 보호대상으로서 법률상 이익을 가진 자만이 무효등확인소송의 원고가 될 수 있다는 것은 불가피한 결과라고 할 수 있다. 법률상 이익의 의미나 범위 등에 관하여는 취소소송에서 설명된 내용이 그대로 적용

---

348) 일본의 행정사건소송법(§ 36)은 민사소송법상 확인소송의 보충성의 이론을 무효등확인소송에 도입하여 「당해처분이나 재결의 존부 또는 효력의 유무를 전제로 하는 현재의 법률관계에 관한 소송으로 목적을 달성할 수 없는 경우에 한하여」 보충적으로만 그 원고적격을 인정하고 있다.

349) 관계문헌을 개관하려면 김남진, 무효등확인소송과 법률상 이익, 고시연구 1991/3, 17-19를 참조.

된다.

판례는 "행정처분의 상대방이 아닌 제3자라도 그 처분으로 인하여 법률상 이익을 침해당한 경우에는 그 처분의 취소 또는 무효확인을 구하는 행정소송을 제기하여 그 당부의 판단을 받을 법률상 자격이 있고, 그 법률상 이익이라 함은 당해 처분의 근거법률에 의하여 보호되는 직접적이고 구체적인 이익이 있는 경우를 말하고 다만 간접적이거나 사실적·경제적 이해관계를 가지는 데 불과한 경우는 여기에 포함되지 않는다"는 입장을 견지하고 있다.[350]

3.1.2. 법률상 이익과 즉시확정의 이익

행정소송법 제35조를 원고적격에 관한 규정으로 보느냐 그렇지 않으면 '엄격히 말하면 원고 적격에 관한 규정이 아니라 권리보호의 필요에 관한 규정'[351]이라고 보느냐에 대하여는 논란이 있다. 이 조항의 해석으로부터 무효등확인소송의 보충성은 도출되지 않으며, '법률상 이익'이란 명백한 표현을 무시하고 이를 '즉시확정의 이익'이라는 취지로 한정하는 것은 부당하다는 것이 다수의 견해이다. 행정소송법 제35조가 일본의 행정사건소송법 제36조와 같은 명문의 규정을 두고 있지 않은 이상 무효등확인소송의 보충성을 인정할 수는 없다는 것이다.[352]

일본의 경우 행정사건소송법은 민사소송법에서의 확인소송의 보충성 이론을 무효등확인소송에 도입하여 당해 처분의 존부 또는 효력의 유무를 전제로 하는 현재의 법률관계에 관한 소송으로 목적을 달성할 수 없는 경우에 한하여 보충적으로만 무효등확인소송을 제소할 수 있도록 하였다. 일본 행정사건소송법 제36조는 "무효등확인의 소는 당해 처분 또는 재결에 따르는 처분에 의하여 손해를 받을 우려가 있는 자, 기타 당해 처분 또는 재결의 무효 등의 확인을 구함에 대하여 법률상 이익이 있는 자로서, 당해 처분 또는 재결의 존부 또는 효력의 유무를 전제로 하는 현재의 법률관계에 관한 소송으로 목적을 달성할 수 없는 경우에 한하여 제기할 수 있다"고 규정하고 있다.

독일의 경우 행정법원법 제43조 제2항 제1문에서 확인소송의 보충성(^{Subsidiarität})을 규정하고 있으나, 이것은 동법 제43조 제2항 제2문에 의하여 행정행위의 무효확인을 구하는 소송에 대해서는 적용되지 않는다.[353] 또한 행정소송법은 독일의 행정법원법 제43조 제1항처럼 '즉시확정에 관한 정당한 이익'($^{berechtigtes\ Interesse\ an}_{der\ baldigen\ Feststellung}$)을 가지는 자에 한하여 제소권(^{Klagebefugnis})을 인정하는 규정을 두고 있지도 않다. 독일 행정법원법 제43조 제1항에 있어 '즉시확정의 정당한 이익'이란 '특별한 권리보호의 이익'($^{besonderes}_{Rechtsschutzbedürfnis}$), 즉 확인소송에 있어

---

350) 동지 대법원 1992.12.8. 선고 91누13700 판결; 대법원 1993.7.27. 선고 93누8139 판결; 대법원 1994.4.12. 선고 93누24247 판결; 대법원 1989.5.23. 선고 88누8135 판결; 대법원 1991.12.13. 선고 90누10360 판결; 대법원 1992.9.22. 선고 91누13212 판결 등 참조.

351) 김남진, 행정법 I, 829.

352) 박윤흔교수(상, 988)는 현행 행정소송법이 무효등확인소송의 원고적격을 확대하여 취소소송의 경우와 같게 한 점이 하나의 특색이라고 한다.

353) 독일 행정법원법 제43조의 경우 원고는 취소소송이나 거부처분에 대한 의무이행소송(물론 제소기간을 준수하여), 그리고 확인소송 중 어느 것을 제기해도 무방하다는 의미에서 선택의 자유를 갖는다. 한편 행정법원법이 이러한 예외를 인정한 까닭은 무엇보다도, 어떤 행정행위가 무효인지 단순위법인지를 구별하기가 곤란한 경우가 빈번하기 때문이라고 한다(Schmitt Glaeser, Rn.339, S.197).

요구되는 협의의 소익을 의미하는 것이라고 보는 것이 지배적이다.[354] 법률은 원고가 확인하고자 하는 법률관계가 자신의 고유한 권리영역을 저촉한다는 것을 소명하여야만 확인소송을 제기할 수 있다는 명시적인 규정을 두고 있지 아니하다. 그렇기 때문에 확인소송에서 원고의 고유한 권리영역이 저촉되어야만 하는지 여부가 논란의 대상이 되고 있다. 우리의 경우 원고적격에 상응하는 제소권(^{Klagebefugnis})이란 요건과 관련하여 유사한 문제가 제기되고 그 경우 고유의 청구권을 주장해야 한다는 데 널리 견해가 일치되고 있는 이행소송(^{Leistungsklage})의 경우와는 달리 확인소송에 있어서는 본안판단의 문제와 관련해서도 그와 같은 주관적 권리와의 연관관계가 요구되는지 여부가 논란되고 있다(^{같은}).

이러한 이유에서 행정소송법 제35조를 권리보호의 필요에 관한 규정으로 보아 이러한 '확인의 이익'의 내용을 무효등확인소송의 보충성을 인정하는 취지로 이해하는 것[355]은 잘못이다. 이와같이 행정소송법 제35조를 '확인의 이익'에 관한 규정으로 보는 대법원의 판례에 대하여는 일본과는 달리 무효등확인소송의 보충성을 인정하지 않고 원고적격을 확대한 행정소송법의 법취지에 상반된 것이라는 비판이 제기되었다.[356]

판례는 종래 줄곧 확인소송의 보충성을 전제로 확인의 소가 원고의 법적 지위의 불안 또는 위험을 제거하기 위하여 가장 유효적절한 수단일 경우에만 허용되고, 보다 더 발본색원적인 수단이 있는 경우에는 무효등확인소송은 허용되지 아니한다는 입장을 견지해 왔다.

그러나 대법원은 2008년 3월 20일 2007두6342 전원합의체 판결에서 다음과 같이 판시함으로써 종래의 판례를 변경했다.

"행정소송은 행정청의 위법한 처분 등을 취소·변경하거나 그 효력 유무 또는 존재 여부를 확인함으로써 국민의 권리 또는 이익의 침해를 구제하고 공법상의 권리관계 또는 법 적용에 관한 다툼을 적정하게 해결함을 목적으로 하므로, 대등한 주체 사이의 사법상 생활관계에 관한 분쟁을 심판대상으로 하는 민사소송과는 목적, 취지 및 기능 등을 달리한다. 또한 행정소송법 제4조에서는 무효확인소송을 항고소송의 일종으로 규정하고 있고, **행정소송법 제38조 제1항에서는 처분 등을 취소하는 확정판결의 기속력 및 행정청의 재처분 의무에 관한 행정소송법 제30조를 무효확인소송에도 준용하고 있으므로 무효확인판결 자체만으로도 실효성을 확보할 수 있다. 그리고 무효확인소송의 보충성을 규정하고 있는 외국의 일부 입법례와는 달리 우리나라 행정소송법에는 명문의 규정이 없어 이로 인한 명시적 제한이 존재하지 않는다.** 이와 같은 사정을 비롯하여 행정에 대한 사법통제, 권익구제의 확대와 같은 행정소송의 기능 등을 종합하여 보면, 행정처분의 근거 법률에 의하여 보호되는 직접적이고 구체적인 이익이 있는 경우에는 **행정소송법 제35조에 규정된 '무효확인을 구할 법률상 이익'이 있다고 보아야 하고, 이와 별도로 무효확인소송의 보충성이 요구되는 것은 아니므로 행정처분의 무효를 전제로 한 이행소송 등과 같은 직접적인 구제수단**이 있는지 여부를 따질 필요가 없다고 해석함이 상당하다."[357]

---

354) Schoch/Schmidt-Aßmann/Pietzner, Verwaltungsgerichtsordnung, Kommentar, Verlag C.H. Beck, 2000, § 43 Rn. 28.
355) 김남진, 고시연구 1991/3, 17-19를 참조.
356) 김도창, 일반행정법론(상), 826; 이상규, 신행정쟁송법, 329 등.

이 판결에 붙은 이홍훈대법관의 보충의견에 따르면, 무효확인소송의 보충성 인정의 문제는 행정소송법 제35조에 규정된 '무효확인을 구할 법률상 이익'의 해석론에 관한 것으로서 행정소송의 특수성, 무효확인소송의 법적 성질 및 무효확인판결의 실효성, 외국의 입법례, 무효확인소송의 남소 가능성 및 권익구제 강화 등의 측면에서 볼 때, 무효확인소송의 보충성을 요구하지 않는 것이 행정소송의 목적을 달성할 수 있고 소송경제 등의 측면에서도 타당하며 항고소송에서 소의 이익을 확대하고 있는 대법원 판례의 경향에도 부합한다는 것이다.

이로써 1984년 행정소송법 전부개정 이래 논란의 대상이 되었던 '즉시확정의 이익'에 관한 불확실성이 해소되었다.

3.2. 권리보호의 필요

취소소송의 경우처럼 무효등확인소송도 권리보호의 필요가 있어야 함은 물론이다. 이것은 일반소송법상의 요청으로서 당연한 것이라 할 수 있다. 따라서 가령 취소되거나 효력기간이 지나 더 이상 존재하지 않는 행정처분을 대상으로 한 소송이나 원고에게 아무런 실익이 없다고 인정되는 경우 등은 권리보호의 이익이 인정될 수 없다. 다만, 앞서 본 바와 같이 대법원의 판례변경으로 무효확인소송의 보충성이 인정되지 않으므로, 결과적으로 즉시확정의 이익까지 요구되는 것은 아니라는 결과가 될 것이다.

무효등확인소송에 있어 권리보호의 필요 문제는 행정소송법 제35조를 다수설과 같이 원고적격에 관한 규정으로 보느냐 그렇지 않으면 '엄격히 말하면 원고적격에 관한 규정이 아니라 권리보호의 필요에 관한 규정'이라 보느냐 하는 문제와는 일단 분리하여 판단하여야 할 문제이다. 무효등확인소송에 있어 권리보호의 필요는 확인소송의 본질로부터 도출된다. 그것은 실체법상으로는 무효 또는 부존재임에도 처분의 외관($^{Rechts-}_{schein}$)이 존재함으로 말미암아 집행의 우려가 있는 등 법률상 지위에 불안·위험이 있어 판결로써 이와 같은 표현적 효력을 제거할 필요가 있느냐에 귀결된다.

"원고들은 상고심 계속중에 이미 국가공무원법 소정의 정년이 지났으므로 면직처분이 무효로 확인된다 하더라도 공무원의 신분을 다시 회복할 수 없기 때문에, 비록 면직으로 인한 퇴직기간을 재직기간으로 인정받지 못함으로써 퇴직급여, 승진소요연수의 계산 및 호봉승급에 관한 불이익이 남아 있긴 하나 이러한 불이익이 현재는 계속되고 있지 아니하고, 면직처분으로 인한 급료청구소송 또는 명예침해 등을 이유로 한 손해배상청구소송에서 위 처분의 무효를 주장하여 과거에 입은 권익의 침해를 구제받을 수 있는 이상, 소로써 면직처분의 무효확인을 받는 것이 원고들의 권리 또는 법률상 지위에 현존하는 불안, 위험을 제거하는데 필요하고도 적절한 것이라 할 수 없으므로 확인의 이익이 없다."358)

---

357) 대법원 2008.3.20. 선고 2007두6342 전원합의체 판결. 이 판결에 관해서는 경건, "무효확인소송의 소익: 행정소송법 제35조 '무효확인을 구할 법률상 이익'의 의미", 행정법연구 제21호(2008.8), 행정법이론실무학회를 참조.

한편 행정소송법 제35조 소정의 '확인을 구할 법률상 이익'을 확인의 이익, 즉 즉시확정의 이익으로 보고 또 협의의 소익, 즉 권리보호의 필요와도 구별하지 않았던 것이 종래의 판례였으나, 그 중 '확인을 구할 법률상 이익'을 확인의 이익, 즉 즉시확정의 이익으로 보았던 판례가 변경되었다는 것은 이미 앞에서 살펴 본 바와 같다.

권리보호의 필요와 관련하여 대법원은 행위의 완료, 정년의 도과 등으로 처분등의 무효를 확인하더라도 권리구제를 받을 수 없는 경우에는 무효확인을 구할 법률상 이익을 부정하고 있다.

대법원은 "계고처분에 기한 대집행의 실행이 이미 사실행위로서 완료되었다면, 계고처분이나 대집행의 실행행위 자체의 무효확인 또는 취소를 구할 법률상 이익은 없다"고 판시하고 있고,[359] "조세의 부과처분에 따라 세금을 이미 납부한 경우에는 그 부과처분에 따른 조세채무는 소멸하여 존재하지 않으므로 그 부과처분에 대한 무효확인청구는 확인의 이익이 없는 것으로서 부적법하다 할 것인바, 세금의 연대납부책임자로서 이를 모두 납부하였다면 비록 대납하는 것이라는 취지를 명기하고 위 세금을 납부하였다고 하더라도 납부자로서는 현재 납부고지처분에 따른 위 세금에 대한 연대납부책임을 부담하고 있지 않으므로, 위 납부고지처분의 무효확인을 구하는 청구는 확인의 이익이 없어 부적법하다"고 판시한 바 있다.[360]

대법원은 마찬가지로 "건축허가처분이 당연무효라 하더라도 허가처분을 받은 자가 원심변론종결 전에 건축공사를 완료하고 준공검사필증까지 교부받았다면 건축허가처분의 무효확인을 받아 건물의 건립을 저지할 수 있는 단계는 지났다고 할 것이므로 허가처분의 무효확인을 소구할 법률상 이익이 없다"고 판시하였다.[361]

한편 대법원은 행정처분부존재확인소송의 경우에도 변경 전의 판례를 유지해 오고 있었다. 무효등확인소송의 법률상 이익에 관한 판례가 변경된 이상 향후 부존재확인소송에 관해서도 기존 판례가 변경될 것으로 전망된다.

그 예로 '행정청의 처분에 대한 부존재확인을 구하기 위하여는 행정청에 의하여 마치 그와 같은 처분이 존재하는 듯한 외관이 작출되는 등으로 그 이해당사자에게 어떤 법적 불안이 발생하여 이를 제거하여야 할 필요가 있어야 하는 것인바, 처분청인 피고 스스로 이 사건 철거명령 및 대집행계고처분의 상대방이 소외인이고 원고에 대하여는 아무런 처분도 한 바 없다고 인정하고 있을 뿐 아니라 피고가 소외인에 대한 처분을 근거로 곧바로 원고에 대하여 이 사건 위반건축물부분에 대한 철거대집행을 시행하려 한다거나 위 처분으로 말미암아 원고에게도 위 건축물부분의 철거의무 등이 있다고 보여질 만한 외관이 작출

제1편 제2편 제3편 제4편 제5편 행정구제법

되어 어떠한 법적 불안이 조성되어 있다고 인정할 자료도 없다면 원고에 대한 계고처분의 부존재확인을 구하는 이 사건 소는 결국 확인의 이익이 없다고 할 것'이라고 한 것,[362] 그리고 '외관상의 토지등급수정처분에 유사한 상태가 있게 됨으로써 그 토지등급에 따른 양도소득세의 부과처분을 받을 우려가 있더라도 과세관청이 수정된 바 없는 토지등급에 기초하여 양도소득세를 부과하게 되면 납세자는 그 과세처분에 대한 불복절차에서 토지등급수정처분의 부존재를 주장하여 이를 구제받을 수 있다고 할 것이므로 토지등급수정처분의 부존재확인을 구할 법률상 이익이 있다고 할 수 없다'고 판시한 것[363] 등이 있었다.

대법원은 이후에도 **"행정처분의 부존재확인소송은 행정처분의 부존재확인을 구할 법률상 이익이 있는 자만이 제기할 수 있고, 여기에서의 법률상 이익은 원고의 권리 또는 법률상 지위에 현존하는 불안·위험이 있고 이를 제거함에는 확인판결을 받는 것이 가장 유효적절한 수단일 때 인정되는 것이다(**_{대법원 1990.9. 28. 선고 89누6396 판결 등 참조}**)"라고 판시한 바 있다.**[364]

한편, 대법원은 도시 및 주거환경정비법상 주택재건축정비사업조합에 대한 행정청의 설립인가처분이 있은 후 조합설립결의의 하자를 이유로 민사소송으로 그 결의의 무효 등 확인을 구한 사안에서, 소를 행정소송법상 당사자소송으로 제기된 것으로 보고, 조합설립결의에 하자가 있다면 그 하자를 이유로 직접 항고소송의 방법으로 조합설립인가처분의 취소 또는 무효확인을 구해야지, 별도로 조합설립결의 부분만을 따로 떼어내어 그 효력 유무를 다투는 확인의 소를 제기하는 것은 원고의 권리나 법률상 지위에 현존하는 불안·위험을 제거하는 데 가장 유효·적절한 수단이라 할 수 없어 특별한 사정이 없는 한 확인의 이익은 인정되지 아니한다고 판시한 바 있다:

"[1] 행정청이 도시 및 주거환경정비법 등 관련 법령에 근거하여 행하는 조합설립인가처분은 단순히 사인들의 조합설립행위에 대한 보충행위로서의 성질을 갖는 것에 그치는 것이 아니라 법령상 요건을 갖출 경우 도시 및 주거환경정비법상 주택재건축사업을 시행할 수 있는 권한을 갖는 행정주체(공법인)로서의 지위를 부여하는 일종의 설권적 처분의 성격을 갖는다고 보아야 한다. 그리고 그와 같이 보는 이상 조합설립결의는 조합설립인가처분이라는 행정처분을 하는 데 필요한 요건 중 하나에 불과한 것이어서, **조합설립결의에 하자가 있다면 그 하자를 이유로 직접 항고소송의 방법으로 조합설립인가처분의 취소 또는 무효확인을 구하여야 하고, 이와는 별도로 조합설립결의 부분만을 따로 떼어내어 그 효력 유무를 다투는 확인의 소를 제기하는 것은 원고의 권리 또는 법률상의 지위에 현존하는 불안·위험을 제거하는 데 가장 유효·적절한 수단이라 할 수 없어 특별한 사정이 없는 한 확인의 이익은 인정되지 아니한다.**

[2] 도시 및 주거환경정비법상 주택재건축정비사업조합에 대한 행정청의 조합설립인가처분이 있은 후에 조합설립결의의 하자를 이유로 **민사소송으로 그 결의의 무효 등 확인을 구한 사안**에서, 그 소가 확인의 이익이 없는 부적법한 소에 해당하다고 볼 여지가 있으나, 재건축조합에 관한 설립인가처분을 보충행

---

362) 대법원 1990.10.30. 선고 90누3201 판결.
363) 대법원 1990.1.23. 선고 89누6099 판결.
364) 대법원 2002.12.27. 선고 2001두2799 판결. 이 사건에서 대법원은 재개발조합이 조합원들에게 정해진 기한까지 분양계약에 응해 줄 것을 안내하는 '조합원 분양계약에 대한 안내서'를 보낸 행위는 항고소송의 대상이 되는 행정처분에 해당하지 아니하고 그 부존재확인을 구할 법률상 이익도 없다고 판시하였다.

위로 보았던 종래의 실무관행 등에 비추어 그 소의 실질이 조합설립인가처분의 효력을 다투는 취지라고 못 볼 바 아니고, 여기에 소의 상대방이 행정주체로서의 지위를 갖는 재건축조합이라는 점을 고려하면, 그 소가 공법상 법률행위에 관한 것으로서 행정소송의 일종인 당사자소송으로 제기된 것으로 봄이 상당하고, 그 소는 이송 후 관할법원의 허가를 얻어 조합설립인가처분에 대한 항고소송으로 변경될 수 있어 관할법원인 행정법원으로 이송함이 마땅하다"고 한 사례.[365]

3.3. 피고적격

무효등확인소송의 피고적격에 관해서는 취소소송의 피고적격에 관한 규정이 준용된다($^{§\,38}$). 따라서 당해 처분등을 한 행정청이나 부존재확인의 대상인 처분의 외관을 야기시킨 행정청이 피고가 된다.

4. 제소기간 등의 적용배제

무효등확인소송에는 제소기간의 제한이 없다($^{§\,38}_{①}$). 이는 무효등확인소송에는 기간의 경과로 당해 처분이나 재결의 효력 또는 존재에 실체적으로 영향을 미칠 것이 없기 때문이다. 그러나 무효선언을 구하는 취소소송으로 무효확인을 구하는 경우에는 제소기간의 적용을 받는다. 다만 판례[366]나 학설상 인정되고 있는 「무효선언을 구하는 취소소송」의 경우 종래 견해의 대립이 있었다. 판례는 종래 행정심판전치주의 및 출소기간 제한과 같은 절차적 제한규정이 이 소송유형에도 적용된다는 입장을 취하고 있었다.[367] 무효등확인소송에 대한 행정심판전치주의의 적용여부는 행정심판을 임의절차화한 현행법에서는, 취소소송에 예외적으로 행정심판전치주의가 적용되는 경우를 제외하고는, 논의의 실익을 상실했다. 그러나 제소기간은, 기존 판례가 계속 유지된다면, 「무효선언을 구하는 취소소송」의 경우에도 적용된다고 보게 될 것이다.

Ⅵ. 관련청구소송의 이송과 병합

무효등확인소송과 관련청구소송이 각각 다른 법원에 계속되고 있는 경우, 관련청구소송이 계속된 법원이 상당하다고 인정하는 때에는 당사자의 신청 또는 직권에 의하여 당해 사건을 무효등확인소송이 계속된 법원으로 이송할 수 있고 무효등확인소송에 사실심변론종결시까지

---

365) 대법원 2009.9.24. 선고 2008다60568 판결.
366) 대법원 1953.6.23. 선고 4285行上2 판결 등.
367) 구 행정소송법 제2조의 소원전치주의의 적용을 인정한 판례: 대법원 1976.2.24. 선고 75누128 전원합의체 판결. 동 제5조의 제소기간의 적용을 인정한 판례: 대법원 1982.6.22. 선고 81누424 판결; 대법원 1990.8.28. 선고 90누1892 판결: "과세처분의 무효선언을 구하는 의미에서 취소를 구하는 소송이라도 전심절차를 거쳐야 한다."

관련청구소송을 당해 법원에 병합하여 제기할 수 있다($^{\S\ 10;}_{\S\ 38}$).

VII. 무효등확인소송에 있어 가구제

　무효등확인소송상 가구제도 취소소송의 경우와 마찬가지로 집행정지와 가처분을 중심으로 문제된다. 행정소송법은 취소소송에 있어 집행정지에 관한 규정($^{\S\ 23}$)을 무효등확인소송에 대하여도 준용하고 있으므로, 무효등확인소송에서도 집행정지가 가능하며 또 원칙적으로 집행이 정지되지 아니한다고 해석된다. 그러나 이 경우 집행력을 가지지 아니하는 무효등의 처분이 문제되는 것이므로 과연 집행부정지의 원칙을 준용할 여지가 있는지는 의문이다. 이러한 논리적 모순을 무효와 취소의 상대성과 처분의 집행보장에 대한 행정목적을 근거로 설명하고자 하는 견해가 있으나,[368] 무효등확인소송에 있어 문제된 처분등의 무효나 부존재가 사실상 명백한 경우 정지시킬 '집행'을 인정할 여지가 없을 수도 있다는 점을 고려해야만 할 것이다. 물론 무효등확인소송에 있어 확인대상은 처분의 무효등이지만, 당해 처분이 무효인지 아니면 취소할 수 있는 단순위법에 불과한지가 반드시 명백하지 않은 경우가 적지 않고 또 본안심리를 거쳐서야 판명될 수 있으므로 자칫 집행될 우려가 있어 집행정지의 대상으로 삼아야 할 필요가 생기는 것은 사실이다. 또한 무효등확인소송에 집행부정지의 원칙을 준용한다고 할 때, 아직 무효인지 단순위법인지 여부가 확실하지 않은 상황에서 처분등의 집행이 정지되지 아니한다고 새기는 것이 법적 안정성의 견지에서 불가피한 해결책이라고 볼 수도 있다. 행정소송법이 집행정지에 관한 규정을 무효등확인소송에도 준용하게 한 것도 바로 그러한 취지로 생각한다. 한편, 무효등확인소송에서 가처분을 인정할 소지는 취소소송의 경우보다 넓은 것이 사실이다.[369]

VIII. 무효등확인소송의 심리 및 판결

1. 무효등확인소송의 심리

1.1. 개 설

　심리절차상의 기본원칙에 관한 한, 직권탐지주의를 가미한 것이나 처분권주의 등이 타당하다는 것은 이미 취소소송에 관하여 설명한 것이 그대로 타당하므로 별도로 다루지 않는다. 위법판단의 기준시점이나 소의 변경, 행정심판기록의 제출명령 등에 관해서도 마찬가지이다.

---

368) 김동희, 행정법 I, 703-704.
369) 김도창, 일반행정법론(상), 794.

1.2. 입증책임

판례는 일부의 학설과 더불어 무효등확인소송에 있어 입증책임은 그 무효를 구하는 원고에게 있다고 하여 취소소송의 경우와는 달리, 원고책임설을 취한다.[370] 따라서 원고는 그 처분에 존재하는 흠이 중대하고 명백하다는 것을 주장·입증하여야 하며, 이를 입증하지 못하면 패소의 불이익을 당하게 된다고 한다. 그러나 무효등확인소송에 있어 입증책임은 이를 일률적으로 논할 것이 아니라 소극적 확인소송(부존재확인 또는 실효 및 무효확인을 구하는 소송)과 적극적 확인소송(존재확인이나 유효확인을 구하는 소송)을 나누어 고찰하여야 한다. 소극적 확인소송의 경우 처분등이 부존재, 실효 또는 무효라는 것은 권리장애요건사실에 해당하므로 이에 대하여는 원고가, 그 존재, 유효성(적법성)에 대하여 피고 행정청이 각각 입증책임을 부담한다고 해야 할 것이고, 적극적 확인소송의 경우 처분등이 유효, 존재한다는 것은 권리발생요건사실에 해당하므로 그 유효, 존재에 대하여는 원고가, 반대로 그 무효, 부존재에 대하여는 피고가 각각 입증책임을 부담한다고 보아야 할 것이다.[371]

"행정처분의 당연무효를 구하는 소송에 있어서는 그 무효를 구하는 사람(원고)에게 그 행정처분에 존재하는 하자가 중대하고 명백하다는 것을 주장·입증할 책임이 있다."[372]

1.3. 선결문제의 심리·판단

1.3.1. 의 의

행정소송법 제11조 제1항은 처분등의 효력 유무 또는 존재 여부가 민사소송의 선결문제로 되어 당해 민사소송의 수소법원이 이를 심리·판단하는 경우에는 취소소송에 있어 행정청의 소송참가(§ 17), 행정심판기록제출명령(§ 25), 직권심리(§ 26) 및 소송비용재판의 효력(§ 33)에 관한 규정들을 준용한다고 규정하고 있다.[373] 여기서 선결문제(Vorfrage)란 민사소송에서의 본안에 대한 판단의 전제가 된, 처분등의 무효 또는 부존재 여부에 관한 다툼을 말한다.

1.3.2. 선결문제심판권의 소재

행정처분의 무효·부존재 또는 위법이 선결문제로서 주장될 경우 수소법원의 판단권여하

---

370) 대법원 1976.1.13. 선고 75누175 판결.
371) 김도창, 일반행정법론(상), 828; 이상규, 신행정쟁송법, 421; Redeker/v.Oertzen, § 43 Rn.2; Schmitt Glaeser, S.192, Rn.327.
372) 대법원 1984.2.28. 선고 82누154 판결.
373) 이 규정은 선결문제심판권의 소재에 관한 입법적 해결을 본 것이라고 보는 견해(이상규, 신행정쟁송법, 251)도 있으나, 이 문제를 종래대로 학설·판례에 맡기고, 단지 그 심리절차에 관한 것만을 규율한 것으로 보는 것이 지배적이다(김도창, 일반행정법론(상), 828; 홍정선, 행정법원론(상), 841).

에 관해서는 견해가 대립되고 있으나,374) 처분등의 흠이 무효 또는 부존재사유인 경우에는 당해 민사수소법원이 이를 가지는 것이고, 단순위법사유에 불과한 경우에는, 당해 민사법원이 판단할 수 없고(공정력의 구속) 행정소송 판결을 기다려야 한다는 것이 통설과 종래 판례의 태도이다.

구법하에서의 판례 중에는 "······ 계고처분, 행정처분이 위법임을 이유로 배상을 청구하는 경우에는 미리 그 행정처분의 취소판결이 있어야만 그 행정처분이 위법임을 이유로 배상을 청구할 수 있는 것은 아니다"라고 한 것도 있으나,375) 국세등의 부과 및 징수처분과 같은 행정처분의 하자가 단순한 취소사유에 그칠 때에는 민사법원은 그 효력을 부인할 수 없다고 한 판례376)들이 주류를 이루고 있다.

1.3.3. 심리절차

선결문제의 심리절차에 관해서는 먼저 행정소송법 제11조 제1항이 규정하는 경우, 즉 처분등의 효력 유무 또는 존재 여부가 선결문제로 된 경우에는 취소소송에 있어 행정청의 소송참가($^{§ 17}$), 행정심판기록제출명령($^{§ 25}$), 직권심리($^{§ 26}$) 및 소송비용재판의 효력($^{§ 33}$)에 관한 규정들이 준용된다. 한편 처분등의 단순위법 여부가 선결문제로 된 경우에는 명문의 규정이 없으나 그 심리절차에 관한 한, 이들 규정의 유추적용이 인정될 수 있을 것이다.377)

2. 무효등확인소송의 판결

무효등확인소송의 판결에 관해서는 그 성질상의 차이로부터 연유하는 점을 제외하고는 기본적으로 취소소송에 관하여 설명한 것이 그대로 타당하다. 가령 확인판결의 효력에 관하여 본다면, 이 경우 그 확인소송으로서의 본질상 형성력을 발휘할 수 없다는 점과 이행의 문제를 남기지 아니하므로 간접강제에 의한 집행력을 가질 수 없다는 점 등을 제외하고는 기본적으로 취소소송의 경우와 같다. 무효등확인소송의 경우에도 인용판결은 구속력 및 제3자효를 가지며, 제3자보호를 위한 제3자의 소송참가, 재심청구도 인정된다. 무효등확인소송의 경우 사정판결이 허용되지 않는다는 점은 이미 취소소송의 사정판결에 관한 설명에서 지적한 바 있다.

---

374) 이에 대한 각국의 입법례에 관해서는 김도창, 일반행정법론(상), 828 주 4를 참조.
375) 대법원 1972.4.28. 선고 72다337 판결.
376) 대법원 1973.7.10. 선고 70다1439 판결.
377) 홍정선, 행정법원론(상), 842.

제 3 관 부작위위법확인소송

I. 의 의

부작위위법확인소송이란 '행정청의 부작위가 위법하다는 것을 확인하는 소송'을 말한다($\S 4 \atop iii$). 즉 행정청이 당사자의 신청에 대하여 상당한 기간 내에 일정한 처분을 할 법률상 의무가 있음에도 불구하고 이를 하지 않은 것에 대한 위법확인을 구하는 소송이다. 급부행정 또는 복리행정 등의 영역에서 개인생활의 행정의존성이 증대됨으로 인하여 거부처분이나 부작위와 같은 소극적 행정작용 또한 적극적인 행정작용으로 인한 권익침해 못지않게 침해적 효과를 갖는다는 사실이 인식되게 되었다. 이러한 인식의 전환은 가령 독일의 의무이행소송과 같이 행정청의 처분의무의 이행을 관철시킬 수 있는 소송상의 수단의 강구를 요구하게 되었다. 그러나 현행 행정소송법은 주요외국의 입법례에서 인정되고 있는 바와 같은 이행소송(독일의 의무이행소송·일반이행소송, 영미의 직무집행명령청구소송)을 도입하지 않았고, 대신 법원이 행정청에 대하여 의무이행을 명하는 것이 아니라 단지 의무불이행, 즉 부작위의 위법성만을 확인하는 데 그치는 변형된 소송유형을 도입하였다. 이에 따라 신설된 소송유형이 곧 부작위위법확인소송이다. 행정소송법은 부작위위법확인소송에 대하여 그 판결의 기속력으로서 재처분의무와 간접강제를 인정함으로써 실효성을 보강하고 있다. 이 점에서 이 소송유형은 운영여하에 따라서는 일종의 간접적 행정개입청구소송으로서의 기능을 발휘할 수도 있다. 여기서 특기할 것은 행정소송법이 거부처분과 부작위에 대한 소송상의 대응방법을 거부처분취소소송과 부작위위법확인소송으로 차별화시키고 있다는 점이다. 이것은 거부처분이나 부작위에 대한 행정심판으로서 의무이행심판을 인정한 행정심판법의 태도와 현저히 대조되고 있다.

II. 부작위위법확인소송의 성질과 소송물

1. 성 질

부작위위법확인소송은 행정청이 일정한 처분을 하여야 할 법적 의무가 있음에도 불구하고 이를 하지 않음으로써 초래된 법상태의 위법성을 확인받기 위한 것이므로 확인소송으로서의 성질을 가진다. 부작위위법확인소송에서의 판결은 적극적으로 행정청에 대하여 일정한 처분을 할 의무를 명하는 것이 아니라, 행정청이 그 처분의무를 이행하지 않은 것, 즉 부작위가 위법임을 확인하는 확인판결이므로 이 점에 있어서는 다른 확인소송의 판결과 다름이

없다. 그러나 부작위위법확인소송은 그 부작위의 개념이 공권력행사로서 처분을 행할 의무의
존재를 전제로 한다는 점에서 항고소송적 성격을 아울러 갖는다고 할 수 있어 행정소송법이
이를 항고소송의 한 종류로 규정하고 있는 것이다.

2. 소 송 물

부작위위법확인소송의 소송물은 당해 소송의 대상인 부작위의 위법확인을 구하는 원고의
소송상 청구이다. 이 점에서 일부의 문헌들이 같은 부작위소송이라도 의무이행소송의 경우
일정한 작위의무의 존재가 소송물이 되는 것과 다르다고 설명하는 것[378]은 잘못이다. 왜냐하
면 의무이행소송의 소송물은 작위의무의 확인이 아니라 행정청의 의무이행을 명하는 판결을
구하는 원고의 소송상의 청구이기 때문이다.[379] 부작위위법확인소송이 그 소송물에 있어 의
무이행소송과 구별되는 것은 바로 이러한 계기이지, 확인의 태양(부작위의 위법성 대 작위의무
의 존재)은 아니다.

Ⅲ. 적용법규

행정소송법은 부작위위법확인소송에 관해서도 무효등확인소송의 경우처럼, 취소소송에 관
한 규정을 광범위하게 준용하고 있다. 이를 개관해 보면 다음과 같다.

1. 취소소송에 관한 규정이 준용되는 경우

위에서 본 취소소송에 있어 판결의 효력·구속력·간접강제에 관한 규정($§\ 30$) 외에도 제
소기간에 관한 규정($§\ 20$)이 부작위위법확인소송에 준용된다. 그 밖에도 재판관할($§\ 9$)·피고적
격($§§\ 13, \atop 14$)·관련청구의 이송·병합($§\ 10$), 공동소송, 제3자 및 행정청의 소송참가, 소송대상(원처
분주의), 소의 변경, 행정심판기록제출명령, 직권심리주의, 재량취소, 제3자의 재심청구, 소송
비용재판의 효력에 관한 규정들이 준용된다(조문생략).

---

378) 김도창, 일반행정법론(상), 835는 부작위위법확인소송의 소송물을 부작위의 위법주장이라고 한다.
379) 의무이행소송의 소송물은 행정청이 신청된 행정행위의 위법한 거절이나 부작위를 통하여 자기의 권리를 침해하였
다는 원고의 주장, 다시 말해서 요구된 행정행위의 이행을 행정청에게 명해 달라는 원고의 주장, 의무에 합당한
재량에 의한, 그리고 법원의 견해를 존중한 행정행위의 이행을 명해 달라는 주장 등이라고 한다. Wolff/Bachof,
Verwaltungsrecht Ⅲ, 2.Aufl., S.413; Ule, aaO., S.207; Stern, aaO., S.121; Kopp, Der für die Beurteilung der
Sach- und Rechtslage maßgebliche Zeitpunkt bei verwaltungsgerichtlichen Anfechtungs- und Verpflichtungsklage,
in: FS für Menger, S.704ff.; ders., VwGO § 90 Rn.9, S.1091.

2. 취소소송에 관한 규정이 준용되지 않는 경우

부작위위법확인소송에 대해서는 그 성질상 선결문제, 원고적격, 처분변경으로 인한 소의 변경, 집행정지, 사정판결, 소송비용의 부담 등에 관한 규정들은 준용되지 않는다.

Ⅳ. 부작위위법확인소송의 제기요건

1. 재판관할

부작위위법확인소송의 재판관할에 관하여는 취소소송에 관한 규정이 준용되므로($\S^{38}_{②}$), 제1심 관할법원은 피고인 행정청의 소재지를 관할하는 행정법원이 된다($\S^{9}_{①}$). 다만, 다음 어느 하나에 해당하는 피고에 대하여 부작위위법확인소송을 제기하는 경우에는 대법원소재지를 관할하는 행정법원에 제기할 수 있다($\S^{9}_{②}$).

1. 중앙행정기관, 중앙행정기관의 부속기관과 합의제행정기관 또는 그 장
2. 국가의 사무를 위임 또는 위탁받은 공공단체 또는 그 장

토지의 수용 기타 부동산 또는 특정의 장소에 관계되는 처분등에 대한 부작위위법확인소송은 그 부동산 또는 장소의 소재지를 관할하는 행정법원에 이를 제기할 수 있다($\S^{9}_{③}$).

2. 소송의 대상: 부작위

부작위위법확인소송의 대상은 행정청의 부작위이다. "단순한 부작위의 위법이 아닌 작위의무확인청구는 항고소송의 대상이 되지 아니 한다"는 판례[380]가 있다. 부작위란 "행정청이 당사자의 신청에 대하여 상당한 기간 내에 일정한 처분을 하여야 할 법률상 의무가 있음에도 불구하고 이를 하지 아니하는 것"을 말한다($\S^{2}_{① ⅱ}$). 부작위가 성립하기 위한 요건은 이미 의무이행심판과 관련하여 간략히 살펴 본 바 있지만, 이를 상론해 보면 다음과 같다. 부작위가 성립하기 위하여는 다음과 같은 요건이 충족되어야 한다.

2.1. 당사자의 신청

부작위가 성립하려면 당사자의 처분 신청이 필요하다. 즉 당사자가 행정청에 대하여 처분을 해달라는 신청을 하였어야 한다.

---

380) 대법원 1989.1.24. 선고 88누3314 판결.

::: 부작위위법확인소송의 대상이 되는 부작위의 요건

"가. 부작위위법확인소송의 대상이 되는 행정청의 부작위라 함은 행정청이 당사자의 신청에 대하여 상당한 기간 내에 일정한 처분을 할 법률상 의무가 있음에도 불구하고 이를 하지 아니하는 것을 말하고, 이 소송은 처분의 신청을 한 자가 제기하는 것이므로 이를 통하여 원고가 구하는 행정청의 응답행위는 행정소송법 제2조 제1항 제1호 소정의 처분에 관한 것이라야 한다.

나. 폐지된 개간촉진법 제17조의 규정에 따른 국유개간토지의 매각행위는 국가가 국민과 대등한 입장에서 국토개간장려의 방편으로 개간지를 개간한 자에게 일정한 대가로 매각하는 것으로서 사법상의 법률행위나 공법상의 계약관계에 해당한다고 보아야 하므로 이를 항고소송의 대상이 되는 행정처분이라고 할 수 없다.

다. 당사자의 신청에 대한 행정청의 거부처분이 있는 경우에는 행정청이 당사자의 신청에 대하여 상당한 기간 내에 일정한 처분을 하여야 할 법률상의 응답의무를 이행하지 아니함으로써 야기된 부작위라는 위법상태를 제거하기 위하여 제기하는 부작위위법확인소송은 허용되지 아니한다."381)

여기서 말하는 신청이란 법규상 또는 조리상의 신청권의 행사로서 신청을 말한다는 것이 판례의 일관된 태도이자 다수설이기도 하다. 물론 이러한 견해에 따르더라도 법령이 명시적으로 신청권을 인정하고 있는 경우뿐만 아니라 법해석상, 예컨대 헌법상 기본권규정으로부터 신청권이 도출되는 경우에도, 그러한 신청권의 행사로서 신청이 있었음을 인정하는 데에는 문제가 없다. 또한 신청권이 있는 자의 신청이면 족하고, 그 신청이 적법할 필요는 없다는 데에도 견해가 일치한다.382) 그러나, 오로지 행정청의 직권발동을 촉구하는 데 불과한 의미의 신청은 이에 해당되지 않는다고 한다.

"행정청이 국민으로부터 어떤 신청을 받고서도 그 신청에 따르는 내용의 행위를 하지 아니한 것이 항고소송의 대상이 되는 위법한 부작위가 된다고 하기 위하여는 국민이 행정청에 대하여 그 신청에 따른 행정행위를 해 줄 것을 요구할 수 있는 법규상 또는 조리상의 권리가 있어야 하며 이러한 권리에 의하지 아니한 신청을 행정청이 받아들이지 아니하였다고 해서 이 때문에 신청인의 권리나 법적 이익에 어떤 영향을 준다고 할 수 없는 것이므로 이를 들어 위법한 부작위라고 할 수 없을 것"383)

위 판례에는 간과할 수 없는 문제점이 내재하고 있다. 왜냐하면 소송의 대상으로서 부작위의 존재란 소송요건, 즉 본안판단의 전제요건의 하나일 뿐, 본안의 문제로 다루어져서는 안 되기 때문이다. 물론 이러한 판례의 입장은 거부처분의 처분성에 관한 전통적 판례384)의

---

381) 대법원 1991.11.8. 선고 90누9391 판결.
382) 김남진, 행정법 I, 838.
383) 대법원 1992.10.27. 선고 92누5867 판결: 선조들의 묘가 있는 묘역을 향토유적으로 지정하여 달라는 신청을 받아들이지 아니하였어도 부작위위법확인의 소의 대상이 되지 않는다고 한 사례; 대법원 1992.6.9. 선고 91누11278 판결; 대법원 1990.5.25. 선고 89누5786 판결.
384) 대법원 1991.2.26. 선고 90누5597 판결. 동지 대법원 1991.8.9. 선고 90누8428 판결.

연장이라고도 할 수 있으나, 판례가 이 같은 해석을 부작위의 개념에 대해서도 마찬가지로 관철시킬 수 있었던 데는, 무엇보다도 부작위에 대한 행정소송법의 입법적 정의규정의 문제점이 배경을 이루고 있다. 즉 행정소송법은 부작위를 "행정청이 당사자의 신청에 대하여 상당한 기간 내에 일정한 처분을 하여야 할 법률상 의무가 있음에도 불구하고 이를 하지 아니하는 것"이라고 정의하고 있는데($\substack{§2 \\ ①ii}$), 그렇다면 「처분을 하여야 할 법률상 의무」를 이행하지 않은 것이 부작위라는 것이므로, 아예 부작위의 성립 자체가 위법하다는 것이 되고 만다. 이러한 결과는 법률의 규정 자체에 의한 것이기 때문에 불가피한 측면이 있다고도 할 수 있다. 그러나 이러한 정의규정에 의하여 소송요건의 문제가 이미 본안의 문제로 판단되는 기이한 결과가 되어 버린다는 데 문제가 있다. 이는 「본안판단의 선취」($\substack{\text{Vorwegnahme} \\ \text{der Hauptsache}}$)로서 일반소송법리상 정당화될 수 없다. 이 문제를 해결하기 위해서는 행정소송법 제2조 제1항 제2호의 정의규정의 의미를 소송요건이 아니라 본안판단에 한정시키는 수밖에 없다.[385] 소송요건으로서 부작위의 존재를 인정하기 위해서는 단순히 원고의 (신청권을 전제로 하지 않은) 신청이 있었고 원고가 주장하는 바와 같은 처분의무에 따른 처분이 행해지지 않았다는 것만으로 족하다고 보아야 할 것이다. 신청권 또는 실체법상 처분의무의 존재 여부는 본안에 가서야 비로소 판단될 수 있는 문제이기 때문이다. 그리고 부작위가 특정처분의 불이행을 의미하느냐 아니면 전혀 아무런 행위도 하지 않은 것을 말하느냐에 관해서는 후술한다.

2.2. 상당한 기간

당사자의 신청이 있은 후 상당한 기간이 지나도 행정청이 아무런 조치를 취하지 않았어야 한다. 상당한 기간이란 사회통념상 당해 신청을 처리하는 데 소요될 것으로 판단되는 기간을 말한다. 그것은 일반추상적으로 정할 수는 없고 법령의 취지나 처분의 성질 등을 고려하여 개별구체적으로 판단할 문제이나, 경험칙상 다른 동종의 신청에 소요되는 처리기간은 하나의 기준이 될 수 있을 것이다. 처분을 지연시킨 객관적 정당화사유 외에 행정청 내의 사무처리 폭주·직원의 휴가 등과 같은 주관적 사정은 참작될 수 없다.

2.3. 처분의무의 존재가능성

일반적으로 부작위가 성립하기 위해서는 행정청에게 처분을 할 법률상의 의무가 있어야 한다고 설명되고 있다. 이때 처분의무는 법령이 명시적으로 신청에 따라 처분을 하여야 한다

---

[385] 이 점은 취소소송의 대상, 즉 처분성의 판단에 관해서도 마찬가지이다. 행정소송법 제2조 제1항 제1호의 정의규정도 소송요건으로서 처분성 판단보다는 오히려 본안판단의 차원에 관계하는 규정으로 해석되어야 할 것이다. 이러한 관점에서, 이미 앞에서 다룬 바 있듯이, 거부처분의 처분성에 대한 판례는, '원고가 사실상 그 신청에 따른 행정행위를 요구할 수 있는 법규상 또는 조리상의 권리를 갖고 있느냐의 여부는 소송요건의 문제가 아니라 본안의 문제'라는 점에서 비판을 면키 어렵다.

고 규정하고 있는 경우나 법령의 취지, 처분의 성질 등에 관한 법해석상 행정청의 처분의무가 인정되는 경우에 존재한다고 하며, 행정청에게 재량권이 부여된 경우에도 재량권의 수축이 인정될 때에는 처분의무가 성립될 수 있다고 한다. 그러나 위에서 본 바와 같이 행정청에게 실체법상 처분의무가 실제로 존재하는가 하는 문제는 어디까지나 본안의 문제일 뿐이다. 따라서 처분의무의 존재가 아니라 원고가 주장하는 바에 따른 처분의무가 법적으로 성립될 수 있는 가능성이 있느냐만을 부작위의 성립요건으로 보아야 한다.

"가. 형사본안사건에서 무죄가 선고되어 확정되었다면 형사소송법 제332조 규정에 따라 검사가 압수물을 제출자나 소유자 기타 권리자에게 환부하여야 할 의무가 당연히 발생한 것이고, 권리자의 환부신청에 대한 검사의 환부결정 등 어떤 처분에 의하여 비로소 환부의무가 발생하는 것은 아니므로 압수가 해제된 것으로 간주된 압수물에 대하여 피압수자나 기타 권리자가 민사소송으로 그 반환을 구함은 별론으로 하고 검사가 피압수자의 압수물 환부신청에 대하여 아무런 결정이나 통지도 하지 아니하고 있다고 하더라도 그와 같은 부작위는 현행 행정소송법상의 부작위위법확인소송의 대상이 되지 아니한다.

나. 검사에게 압수물 환부를 이행하라는 청구는 행정청의 부작위에 대하여 일정한 처분을 하도록 하는 의무이행소송으로 현행 행정소송법상 허용되지 아니한다."[386)]

"1. 피고 국가보훈처장이 발행·보급한 독립운동사, 피고 문교부장관이 저작하여 보급한 국사교과서 등의 각종 책자와 피고 문화부장관이 관리하고 있는 독립기념관에서의 각종 해설문·전시물의 배치 및 전시 등에 있어서, 일제치하에서의 국내외의 각종 독립운동에 참가한 단체와 독립운동가의 활동상을 잘못 기술하거나, 전시·배치함으로써 그 역사적 의의가 그릇 평가되게 하였다는 이유로 그 사실관계의 확인을 구하고, 또 피고 국가보훈처장은 이들 독립운동가들의 활동상황을 잘못 알고 국가보훈상의 서훈추천권을 행사함으로써 서훈추천권의 행사가 적정하지 아니하였다는 이유로 이러한 서훈추천권의 행사, 불행사가 당연무효임의 확인, 또는 그 부작위가 위법함의 확인을 구하는 청구는 과거의 역사적 사실관계의 존부나 공법상의 구체적인 법률관계가 아닌 사실관계에 관한 것들을 확인의 대상으로 하는 것이거나 행정청의 단순한 부작위를 대상으로 하는 것으로서 항고소송의 대상이 되지 아니하는 것이다.

2. 피고 국가보훈처장 등에게 독립운동가들에 대한 서훈추천권의 행사가 적정하지 아니하였으니 이를 바로잡아 다시 추천하고, 잘못 기술된 독립운동가의 활동상을 고쳐 독립운동사 등의 책자를 다시 편찬, 보급하고, 독립기념관 전시관의 해설문, 전시물 중 잘못된 부분을 고쳐 다시 전시 및 배치할 의무가 있음의 확인을 구하는 청구는 작위의무확인소송으로서 항고소송의 대상이 되지 아니한다."[387)]

---

386) 대법원 1995.3.10. 선고 94누14018 판결. 참조: 나. 대법원 1989.9.12. 선고 87누868 판결; 대법원 1992.2.11. 선고 91누4126 판결.
387) 대법원 1990.11.23. 선고 90누3553 판결. 참조: 대법원 1984.9.25. 선고 83누570 판결; 대법원 1985.11.26. 선고 85누607 판결; 대법원 1989.1.24. 선고 88누3116 판결; 대법원 1989.1.24. 선고 88누3147 판결; 대법원 1989.1.24. 선고 88누3314 판결.

2.4. 아무런 처분도 하지 않았을 것

부작위가 성립하려면 행정청이 전혀 아무런 처분도 하지 않았어야 한다고 한다. 즉, 처분으로 볼 만한 외관이 일체 존재하지 않아야 한다는 것이다. 이러한 외관을 지니는 무효인 행정행위나 소극적 처분이 있는 것으로 되는 거부간주 또는 의제거부(예: 국세기본법 § 65 ⑤; 지방세법 § 58 ⑨)의 경우는 이에 해당되지 않는다. 그러나 행정소송법 제2조 제1항 제2호가 명백히 「일정한 처분을 하여야 할 법률상 의무가 있음에도 불구하고 이를 하지 아니하는 것」이라고 하고 있음에 비추어 볼 때, 과연 부작위를 이를테면 「무위(無爲)」와 동일시할 수 있을 것인가 하는 의문이 제기되지 않을 수 없다. 다만, 이것은 부작위위법확인소송의 인용판결의 효력과 관련하여 결정적인 의미를 지니는 문제이므로 관련되는 곳에서 상론하기로 한다.

3. 당 사 자

3.1. 원고적격

부작위위법확인소송은 처분의 신청을 한 자로서 부작위가 위법하다는 확인을 구할 법률상의 이익이 있는 자만이 제기할 수 있다(§ 36). 따라서 원고적격을 갖기 위해서는 현실적으로 일정한 처분의 신청을 하여야 하며, 법률상 이익이 있어야 한다. 법률상 이익의 의미에 관해서는 이미 앞에서 취소소송에 관하여 본 바와 같으므로 다시 설명을 요하지 않는다. 반면 「처분의 신청을 한 자」가 무엇을 말하는가에 관해서는, 이미 부작위의 성립요건에 관하여 지적된 바 있지만, 견해가 대립된다. 일부의 문헌은 '현실적으로 일정한 처분의 신청을 한 것으로 족하고, 그 자가 법령에 의한 신청권을 가졌는지의 여부는 가릴 것이 없다'고 하거나,[388] '현실적으로 처분을 신청한 자이면 원고적격을 가지며, 법령에 의하여 신청권이 인정된 자에 한하지 않는다'고 하면서도, 신청권이 없는 자는 결국은 청구가 기각될 것이라고 한다.[389] 그러나 '처분의 신청을 한 자'라고 보기 위해서는 현실적으로 신청을 한 것만으로는 부족하고 신청권이 있는 자가 신청을 하였을 것이 필요하다는 것이 판례와 다수설[390]임은 방금 전에 부작위의 성립요건에 관하여 본 바와 같다. 생각건대, 판례·다수설의 견해는 기본적으로 행정청에 대하여 허가등과 같은 처분을 신청할 권리를 가지는 자만이 원고적격이 있으며, 그렇게 새겨야만 부작위를 '처분을 하여야 할 '법률상 의무'가 있음에도 이를 하지 아니하는 것'으로 정의하는 행정소송법의 법문과 일치된다는 점을 주된 근거로 하고 있는 것

---

388) 이상규, 신행정법론(상), 740.
389) 이상규, 신행정법론(상), 828.
390) 대표적으로 박윤흔, 행정법강의(상), 999-1000.

으로 보인다.[391] 그러나 부작위위법확인소송의 원고적격에 관한 논의는 무엇보다도 이에 관한 행정소송법 제36조의 해석으로부터 시작되어야 한다. 소송대상으로서 부작위의 개념규정과 원고적격의 문제는 일단 논리적으로 구별되어야 한다. 행정소송법 제2조 제1항 제2호의 정의규정은 이러한 관점에서 원고적격에 관한 문제에 관해서는 상관성을 결여한다. 행정소송법은 제36조에서 원고적격에 관한 별도의 규정을 두고 있는 것은 바로 그러한 소이(所以)에서이다. 즉 부작위위법확인소송은 '처분의 신청을 한 자로서 부작위의 위법의 확인을 구할 법률상의 이익이 있는 자'만이 제기할 수 있다고 규정하고 있다. 먼저 여기서 규정된 '처분의 신청을 한 자'란 문자 그대로 현실적으로 처분을 해달라는 신청을 한 자를 말한다고 보는 것이 가장 초보적인 문리해석의 결과이다. 만일 이를 충분한 정당화근거 없이 '신청권을 가지고 신청을 한 자'라고 새긴다면 그것은 자의적인 목적론에 불과하게 될 것이다. '신청권'이란 요소는 제36조 전단이 아니라 오히려 후단, 즉 '부작위의 위법의 확인을 구할 법률상의 이익이 있는 자'란 구절에서 찾아야 할 것인데, 과연 이로부터 그러한 해석의 근거가 도출될 수 있는가. 여기서 다시금 '부작위'와 '법률상 이익'의 개념이 지닌 소송법적 위상이 문제된다. '부작위', '법률상 이익'이 무엇을 말하는가 하는 것은 단순한 일반이론상의 문제가 아니라, 그것이 각기 소속된 소송법상의 위상에 따라 달리 대답되지 않으면 안 된다. 모든 소송법규정은 사실 그러한 소송법상의 다양한 위상에 관한 차별적 고려에 바탕을 두고 만들어진 것이라 해도 과언은 아니다. 이들 개념이 위치하고 있는 그와 같은 소송법상의 위상은 여기서는 물론 원고적격이다. 따라서 이들 개념은 원고적격의 소송법기능에 맞게 해석되지 않으면 안 된다. 이렇게 본다면 여기서 말하는 '부작위'란 행정소송법 제2조 제1항 제2호에 따른 '부작위'가 아니라 그 가능태일 뿐이며, '법률상 이익이 있는 자' 또한 '현실적으로 법률상 이익을 가진 자'가 아니라 전후사정으로 보아 '법률상 이익을 가졌다고 볼 가능성이 있는 자'를 말한다고 새겨야 할 것이다. 물론 명백히 부작위라고 볼 수 없는 경우라든지 하등의 법률상 이익이 있다고 볼 수 없는 경우에는 원고적격도 부정될 수밖에 없을 것이다. 그러나 제36조의 해석에 법 제2조 제1항 제2호의 개념정의와 법률상 이익의 실체적 판단을 결부시키는 것은 불필요하고 또 정당화될 수 없는 소송요건심사의 팽창과 결국 전체 소송절차에 있어 '머리부분에 과중한 부담'($^{Kopflastigkeit\ des\ gesamten}_{Gerichtsverfahrens}$)[392]을 초래하게 될 것이다. 이러한 해석은 나아가 국민의 (본안판결을 받을) 재판청구권을 제약하는 결과를 빚어낼 수 있다는 점에서 헌법적으로 정당화되기 어렵다. 따라서 부작위위법확인소송에 있어 '현실적으로 처분을 신청한 자'이면 일단 신청권의 유무를 불문하고 원고적격을 가지며, '법령에 의하여 신청권이 인정된 자에

---

391) 김남진, 행정법 I, 838.

392) Schmitt Glaeser, S.96, Rn.154: 여기서는 취소소송의 제기요건으로서 제소권(Klagebefugnis) 유무에 대한 실체적 심사론(Schlüssigkeitstheorie)의 문제점을 지칭하는 표현으로 사용되고 있다.

한하지 아니 한다'고 보아야 할 것이다. 신청권의 유무는 어디까지나 본안판단의 문제로서 본안심리에 가서야 비로소 밝혀질 수 있는 문제이다.

3.2. 피고적격

이 경우에는 취소소송의 피고적격에 관한 규정이 준용되므로($\frac{\S38}{②}$) 당해 부작위의 주체인 행정청이 피고가 된다.

4. 제소기간

행정소송법은 부작위위법확인소송의 제소기간에 관하여 취소소송의 제소기간에 관한 제20조를 준용하고 있다($\frac{\S38}{②}$). 행정심판전치주의가 유지되던 구법하에서는 당해 부작위에 대한 행정심판(의무이행심판)의 재결서의 정본을 송달받은 날로부터 60일 이내에 소송을 제기하도록 되어 있어 별다른 문제가 없었다. 그러나 행정심판전치주의가 원칙적으로 폐지된 현행법하에서는 사정이 다르다. 현행법하에서는 행정심판을 거치지 아니하고 직접 부작위위법확인소송을 제기할 수 있으므로 실제로 행정심판을 거치지 아니하고 제소하는 경우 그 제소기간을 어떻게 판단할 것인지가 문제되기 때문이다.

부작위위법확인소송의 제소기간은 이를 행정심판을 거치지 않아도 되는 경우와 예외적으로 행정심판을 거치도록 되어 있는 경우로 나누어 살펴볼 필요가 있다. 먼저, 예외적인 행정심판전치주의가 적용되는 경우에는 소송을 제기하기 전에 반드시 행정심판을 제기하여야 하므로, 당초 의무이행심판의 청구시간을 준수하였는지 여부는 별론으로 하고, 부작위위법확인소송에 관한 한 제20조 제1항 단서를 준용하여 재결서의 정본을 송달받은 날부터 기산하여 90일 이내에 소송을 제기하여야 하는 것으로 해석하면 된다.[393] 이 경우 제20조 제2항이 준용되므로, 정당한 사유가 있는 때를 제외하고는 재결이 있은 날부터 1년을 경과하면 소송을 제기하지 못하는 것으로 새긴다. 이 기간은 불변기간이다.

다음, 행정심판을 거치지 않아도 되는 통상의 경우는 다시 행정심판을 제기하지 아니하고 직접 제소한 경우와 실제로 행정심판을 제기한 경우로 나누어 검토해 볼 수 있다. 후자의 경우에는 행정소송법 제20조 제1항 단서가 준용되므로 예외적 행정심판전치주의가 적용되는 경우와 마찬가지이다. 즉 행정심판청구를 할 수 있는 경우 또는 행정청이 행정심판청구를 할 수 있다고 잘못 알린 경우에 행정심판청구가 있은 때에도 그 기간은 재결서의 정본을 송달받은 날부터 기산하여 90일 이내에 소송을 제기하면 되며, 재결이 있은 날부터 1년(불변기간)이 경과하면 소송을 제기하지 못한다.[394]

---

393) 김철용, 행정법 I, 545.

문제는 전자의 경우, 즉, 행정심판을 제기하지 아니하고 직접 부작위위법확인소송을 제기하는 경우의 제소기간을 어떻게 볼 것인가 하는 것이다. 국내 문헌들 가운데에는 드물게나마 "부작위상태는 일종의 상태로서 계속되므로 제소기간이 있을 수 없다",[395] 부작위위법확인소송에는 제소기간의 제한이 없다는 지적들이 나오고 있다.

생각건대, 부작위위법확인소송은 부작위 즉 처분등을 하여야 할 작위의무의 불이행이 위법임을 확인해 달라는 소송이므로 처분등의 존재를 전제로 한 제소기간, 즉 '처분등이 있음을 안 날부터 90일 이내'라는 규정을 준용할 수 있는지 의문일 뿐만 아니라, 부작위상태가 계속되는 한 위법임을 확인할 부작위의 종료시점을 정하기도 어렵다. 또 부작위가 성립하려면, 당사자의 신청이 있은 후 상당한 기간이 지나도 행정청이 아무런 조치를 취하지 않았어야 하므로 그 요건으로서 상당한 기간의 경과가 필요하지만, 상당한 기간이란 사회통념상 당해 신청을 처리하는 데 소요될 것으로 판단되는 기간을 말하는 것으로 이해되고 있는데, 이렇게 사안별로 다양하게 판단될 수 있는 불확정개념을 기초로 명확성을 요구하는 제소기간의 기산점을 정할 수 있는지도 의문스럽다.[396] 이러한 난점은 행정소송법 제20조 제1항의 규정에 의한 '처분등이 있음을 안 날'이나 같은 조 제2항의 '처분등이 있은 날'을 판단하는 경우 공통적으로 발생한다.

따라서 부작위위법확인소송에 대해서는, 행정심판이 제기되어 행정소송법 제20조 제1항 단서 및 제2항의 준용이 가능한 경우를 제외하고는, 제소기간의 제한이 없다고 보아야 할 것이다. 행정심판법 제18조 제7항이 행정심판청구기간에 관한 제18조 제1항 내지 제6항의 규정을 무효등확인심판청구와 부작위에 대한 의무이행심판청구에 적용하지 않도록 한 것도 바로 그러한 맥락에서 이해될 수 있다. 또한 행정심판을 제기한 경우 재결서정본송달일부터 90일 이내에 제소를 하여야 하는 제한을 받기는 하지만, 행정심판법 제18조 제7항이 심판청구기간의 제한없이 의무이행심판을 제기할 수 있도록 하고 있어 결과적으로는 행정심판청구의 제기여부를 시간제한을 받지 아니하고 선택할 수 있는 한, 제소기간의 제한이 무의미하게 된다. 따라서 부작위위법확인소송에 대해서는 행정소송법 제38조 제2항의 명시적 준용에도 불구하고 제20조 제1항 본문은 준용할 수 없으며, 부작위위법확인소송에는 제소기간의 제한이 없다고 보아야 할 것이다. 다만, 이렇게 해석하는 경우, 실제로 행정심판을 청구하였는지 여부에 따라 행정소송 제기기간의 제한여부가 좌우된다는 문제가 생기지만, 이것은 행정심판 제기에 따르는 리스크라고 볼 수밖에 없다. 부작위위법확인소송의 제소기간에 대하여는 입법적 보완이 필요하다고 본다.[397]

---

394) 김철용, 같은 곳.
395) 김철용, 같은 곳.
396) 동지 홍정선, 행정법원론(상), 847-848.
397) 동지 홍정선, 행정법원론(상), 848.

V. 부작위위법확인소송의 제기, 소의 변경 등

부작위위법확인소송에 있어 소제기의 효과는, 당사자 및 법원에 대한 효과, 즉 주관적 효과에 관한 한, 이미 앞에서 취소소송에 관하여 설명한 바와 다름이 없다. 그러나 객관적 효과, 즉 집행정지와 같은 문제는 발생할 여지가 없다. 가처분 역시 부작위위법확인소송의 확인소송으로서의 본질상 문제되지 않는다.

부작위위법확인소송의 계속 중, 이를 취소소송이나 당사자소송으로 변경할 수 있음은 취소소송의 경우와 다르지 않다. 다만 처분변경으로 인한 소의 변경이 문제될 수 없음은 물론이다. 관련청구의 이송·병합도 이에 관한 규정이 준용되므로 당연히 가능하다고 할 것이다.

VI. 부작위위법확인소송의 심리와 판결

1. 부작위위법확인소송의 심리

1.1. 부작위위법확인소송의 심리절차

부작위위법확인소송의 심리절차에 관하여는 취소소송에 관한 관계규정들이 준용되므로 별도로 설명을 요하지 않는다. 다만 입증책임에 관하여는 문제가 있다. 원고가 일정한 처분을 신청하였고 처분의 신청권을 가진다는 것, 따라서 피고 행정청의 부작위가 위법이라는 것에 대해서는 원고가, 상당한 기간이 경과했음에도 처분을 하지 않을 만한 정당한 사유가 있다는 것에 대해서는 피고가 각각 입증책임을 진다고 보아야 할 것이다.[398]

1.2. 부작위위법확인소송의 심리범위

부작위위법확인소송에 있어 심리범위, 즉 법원의 심판권의 범위에 대하여는 견해의 대립이 있다. ① 실체적 심리설에 따르면 법원은 부작위의 위법여부만이 아니라 신청의 실체적인 내용이 이유있는 것인가도 심리하여 이에 대한 행정청의 처리방향까지 제시하여야 한다고 하는 데 반하여,[399] ② 절차적 심리설에 따르면 법원은 부작위의 위법 여부만을 심리하는 데 그쳐야 하며, 만일 실체적인 내용을 심리한다면 그것은 의무이행소송을 인정하는 결과가 되어 이를 도입하지 않고 부작위위법확인소송을 도입한 행정소송법의 입법취지에 맞지 않는다고 한다(다수설).[400] 생각건대 이 문제는 단지 행정소송법의 입법취지나 부작위위법확인소

---

398) 김남진, 행정법 I, 840.
399) 김도창, 일반행정법론(상), 836.
400) 김남진, 행정법 I, 839; 박윤흔, 행정법강의(상), 1003; 강구철, 강의행정법 I, 927.

송의 운영의 묘를 기대하는 일종의 입법론적 발상에 의해 해결될 문제는 아니다. 그 해답은 부작위위법확인소송에 관한 행정소송법의 규정들을 전체적으로 종합하여 해석함으로써만 주어질 수 있다. 부작위의 위법성을 확인하기 위해서 법원은 먼저 처분의무의 존재 여부를 판단하지 않으면 안 된다. 처분의무의 존재 여부는 원고가 처분을 구할 실체법상의 청구권을 갖고 있는지에 달려 있으며, 이러한 문제에 대한 판단이 본안판단의 내용을 이루게 된다. 다만 법원은 이러한 확인판결을 통하여 행정청이 처분의무를 위배하였다는 것을 이유로 그 부작위가 위법하다는 것만을 확인할 수 있을 뿐이고 이를 주문에 포함시킬 수는 없을 것이다. 그 밖에 확인판결의 효력에 관해서는 다음에 보기로 한다.

2. 부작위위법확인소송의 판결

2.1. 개 설

부작위위법확인소송에서 청구가 이유 있다고 인정되면 법원은 행정청의 부작위가 위법임을 확인하는 확인판결을 내린다. 청구가 이유 없는 것으로 판명된 경우에는 기각판결을 내리며 이는 부작위가 위법이 아니라는 소극적 확인판결의 성질을 띤다. 부작위위법확인소송의 판결은 확인판결이라는 점에서는 이미 무효등확인소송의 판결에 관하여 본 것이 그대로 타당하며, 그 밖의 문제에 관해서는 성질상 다른 점을 제외하고는 대체로 취소소송의 판결에 관하여 설명한 것을 보면 될 것이다(제3자효, 기판력, 제3자에 의한 재심, 명령·규칙의 위헌판결시 공고제도 등). 다만 사정판결은 이 경우 준용되지 않는다.

2.2. 위법판단의 기준시점

위법판단의 기준시점은 처분시가 아니라 현재에 있어 부작위의 위법성이 확인대상으로 문제되는 것이므로, 판결시, 즉 사실심변론종결시라고 해야 할 것이다(판결시설).

2.3. 판결의 구속력과 처분의무

거부처분 취소판결의 기속력에 관한 행정소송법 제30조 제2항은 부작위위법확인소송에 준용된다($^{§38}_{②}$). 따라서 인용판결이 확정되면 행정청은 '판결의 취지에 따라 다시 이전의 신청에 대한 처분'을 하여야 한다. 여기서 '판결의 취지'에 따른 '이전의 신청에 대한 처분'이 무엇을 말하는가에 관하여 논란의 여지가 있다.

가령 원고의 건축허가신청에 대하여 허가관청이 전혀 아무런 조치를 취하지 않아서 원고가 부작위위법확인소송을 제기하여 받은 승소판결이 확정된 경우, 피고 행정청은 이에 따라 그 방치된 허가를 내주어야 하는가 아니면, 원고에 대하여 그 밖의 여하한 내용의 처분이라도(거부처분이라도) 이를 하기만 하면 된다고 볼 수 있는가.

이것은 행정소송법이 의무이행소송을 도입하지 않고 그 대신 부작위위법확인소송을 도입하였지만, 판결의 기속력으로서의 처분의무와 그 위반에 대한 간접강제제도에 의하여 이 소송이 실질적으로 의무이행소송에 근사한 기능을 담당할 수 있도록 한 것이라는 현실적 기대[401]를 해석론상 관철시킬 수 있는지 여부에 관한 문제이다. 이에 관한 다수의 견해에 따르면, "부작위위법확인소송은 행정청의 부작위가 위법한 것임을 확인하는 데 그치는 것이므로, 행정청은 '판결의 취지에 따라' 다만 (어떠한) 처분을 하기만 하면 되는 것"이라고 한다.[402] 환언하면, 행정청은 신청의 대상이 기속행위인 경우에 거부처분을 하여도, 판결의 기속력의 내용인 (재)처분의무는 이행하는 것이 된다는 것이다.

인용판결이 확정되면 행정청은 '판결의 취지에 따라' 이전의 신청에 대하여 ① 허가를 부여하든가, ② 허가를 거부하는 처분을 하든가, 또는 ③ 경우에 따라 제3자에게 허가를 내주든가 할 수 있는 선택의 자유를 갖는다고 한다.[403] 김남진 교수는 ②와 ③은 원고가 행정청에 대하여 무하자재량행사청구권을 가지는 경우이며, 처분청으로서는 재량권 가운데 결정재량권은 가지지 않으나 선택재량권은 가지고 있는 경우에 확정판결에 의하여 부과 받는 의무의 내용이라고 한다.

대법원의 판례는 명백히 이러한 입장에서 출발하고 있다. 부작위위법확인소송은 이른바 행정청의 '응답의무'를, 그리고 오로지 응답의무만을 관철시키기 위한 소송이라는 것이다.

"부작위위법확인의 소는 … 국민의 신청에 대하여 상당한 기간 내에 일정한 처분, 즉 그 신청을 인용하는 적극적 처분 또는 각하하거나 기각하는 등의 소극적 처분을 하여야 할 **법률상의 응답의무가 있음에도 불구하고 이를 하지 아니하는 경우, 판결시를 기준으로 하여 그 부작위의 위법성을 확인함으로써 행정청의 응답을 신속하게 하여 부작위 내지 무응답이라고 하는 소극적 위법상태를 제거하는 것을 목적으로 하는 것**이고, 나아가 당해 판결의 구속력에 의하여 행정청에 처분등을 하게 하고, 다시 당해 처분등에 대하여 불복이 있는 때에는 그 처분을 다투게 함으로써, 최종적으로는 국민의 권리이익을 보호하려는 제도"[404]

그러한 관점에서 대법원은 행정청이 행한 공사중지명령의 상대방이 그 명령 이후 원인사유가 소멸하였음을 들어 행정청에 공사중지명령의 철회를 신청하였으나 이에 대하여 아무런

401) 김도창, 일반행정법론(상), 834.
402) 김동희, 부작위위법확인소송과 의무이행심판, 고시연구 1986/3, 23이하를 참조.
403) 김남진, 행정법 I, 841-842.
404) 대법원 1990.9.25. 선고 89누4758 판결.

응답이 없는 경우, 그 부작위의 위법 여부에 대해 다음과 같이 판시한 바 있다.

"행정청이 행한 공사중지명령의 상대방은 그 명령 이후에 그 원인사유가 소멸하였음을 들어 행정청에게 공사중지명령의 철회를 요구할 수 있는 조리상의 신청권이 있다 할 것이고, 상대방으로부터 그 신청을 받은 행정청으로서는 **상당한 기간 내에 그 신청을 인용하는 적극적 처분을 하거나 각하 또는 기각하는 등의 소극적 처분을 하여야 할 법률상의 응답의무가 있다**고 할 것이며, 행정청이 상대방의 신청에 대하여 아무런 적극적 또는 소극적 처분을 하지 않고 있는 이상 행정청의 부작위는 그 자체로 위법하다고 할 것이고, **구체적으로 그 신청이 인용될 수 있는지 여부는 소극적 처분에 대한 항고소송의 본안에서 판단하여야 할 사항**이라고 할 것이다."405)

한편 대법원은, 이미 앞에서 본 바와 같이, 부작위의 성립요건으로서 '국민이 행정청에 대하여 그 신청에 따른 행정행위를 해 줄 것을 요구할 수 있는 법규상 또는 조리상 권리'가 있을 것을 요구한다.406) 만일 이 경우 원고에게 그와 같은 의미의 법규상 또는 조리상 권리가 있다면, 특별한 사정이 없는 한, 행정청에게는 "그 신청에 따른 행정행위를 해 줄" 실체법상 의무가 성립할 것이며, 행정소송법 제2조 제1항 제2호에 규정된 "일정한 처분을 하여야 할 법률상 의무"란 다름 아니라 "그 신청에 따른 행정행위를 해 줄" 행정청의 의무라고 보아야 한다. 다시 말해서 '일정한 처분'이란 '신청에 따른 처분' 이외의 다른 것이 될 수 없는 것이다. 그러나 부작위위법확인소송을 행정청의 '응답의무'만을 관철시키기 위한 소송으로 파악하는, 방금 인용된 대법원의 판례에 따르면 부작위개념의 전제조건으로서 법규상 또는 조리상 권리란 단순한 응답요구권에 불과하며, 응답요구권이란 흡사 무하자재량행사청구권과 마찬가지로 형식적인 권리($\begin{smallmatrix}\text{formelles}\\\text{Recht}\end{smallmatrix}$)라는 것이 된다. 그러나 부작위의 성립요건으로서 요구되는 '국민이 행정청에 대하여 그 신청에 따른 행정행위를 해 줄 것을 요구할 수 있는 법규상 또는 조리상 권리'가 그 부작위의 위법을 확인하는 소송에 의해 보호되는 '단순한 응답요구권'으로 단축되어야 하는 분명한 법적 근거는 찾아보기 어렵다. 법해석이라면 그것은 秘敎主義와는 벌써 단호히 결별했어야 할 것이다.

더욱 심각한 문제는 행정소송법과 더불어 이에 대한 대법원의 판례가 거부처분취소소송과 부작위위법확인소송간의 불균형을 초래한다는 데 있다. 물론 행정청이 행위의무를 이행하지 않는 경우로 단순부작위보다는 어떠한 형태로든 거부처분을 행하는 경우가 훨씬 많으리라는 현실적 판단도 고려할 만한 가치가 있다. 그러나 문제는 대법원의 위의 판결에 따를 때, 행정청이 국민의 신청에 대하여 그래도 성의있게 거부처분으로 응답한 경우는 그 효력의 형성적 소멸이라는 제재로 귀결되는 데 반하여, 무성의하게 응답하지 아니 한 경우는 새로이

---

405) 대법원 2005.4.14. 선고 2003두7590 판결.
406) 대법원 1990.5.25. 선고 89누5786 판결.

거부하거나 인용하거나 간에 아무런 처분이라도 할 수 있는 재처분기회의 프리미엄을 부여하게 되는 결과가 된다는 데 있는 것이다.

> 독일의 경우, 전심절차의 필요 여부에 관하여 거부소송($\substack{\text{Weigerungs-} \\ \text{gegenklage}}$)과 불행위소송($\substack{\text{Untätigkeits-} \\ \text{klage: 협의}}$)의 불균형이 비판되고 있는 것이 여기에 참고가 될 수 있을 것이다.[407]

요컨대, 행정소송법 제2조 제1항 제2호의 "일정한 처분"이란 자구의 해석 여하는, 행정소송법 제30조 제2항이 부작위위법확인소송에 준용되는 한, 더 이상 부작위위법확인판결의 기속력을 거부처분 취소판결의 그것보다 오히려 절하시킬 수 있는 근거가 될 수 없다. 행정소송법 제38조 제2항 및 제30조 제2항의 해석상, 그리고 부작위위법확인소송의 본안에서 부작위의 위법성을 판단하기 위하여 행정청의 처분을 구할 실체법적 권리(청구권)의 유무가 다투어지지 않을 수 없다는 점을 고려할 때, 부작위위법확인소송 인용판결의 기속력의 내용으로서 처분의무란 당초 신청된 특정한 처분을 뜻하는 것으로 보아야 할 것이다.

> 물론 확정판결에서 문제의 처분이 행정청의 재량에 맡겨진 것으로 판명된 경우에는, 만일 행정청이 결정 및 선택재량 양자, 또는 결정재량을 갖는다고 인정되면, 소송은 기각을 면치 못했을 것이고, 반면 부작위위법확인판결이 행정청의 결정재량만을 부정하는 것인 때에는, 행정청은 여전히 선택재량을 갖는 것이므로 '판결의 취지에 따라' 재량행사를 해야 할 의무($\substack{\text{Bescheidungs-} \\ \text{pflicht}}$)를 지는 결과가 될 것이다.

이것은 거부처분의 경우, 인용판결이 확정되면 행정청은 판결의 취지를 자신의 판단의 기초로 삼아 이전의 신청에 대한 처분을 하여야 하지만, 이 경우 반드시 원고가 신청한 내용대로 처분을 하여야 하는 것은 아니며, 신청을 인용하거나 당초의 거부처분과는 다른 이유로 다시금 거부처분을 내릴 수 있는 것과 다르다. 그렇게 볼 때에만, 행정청으로 하여금 국민의 처분신청에 대하여 (성실한) 응답을 강제하는 결과를 기대할 수 있을 것이다.

---

[407] 이에 관해서는 Thomuschat, Christian, Gerichtlicher Rechtsschutz des Einzelnen gegen die Untätigkeit der vollziehenden Gewalt, in: Gerichtsschutz gegen die Exekutive(1971), Bd.III, S.78ff.; 홍준형, Die Klage zur Durchsetzung von Vornahepflichten der Verwaltung, S.282.

제 5 절 │ 당사자소송

I. 개 설

1. 당사자소송의 의의

당사자소송이란 행정청이 처분 등을 원인으로 하는 법률관계에 관한 소송 그 밖에 공법상 법률관계에 관한 소송으로서 그 법률관계의 한 쪽 당사자를 피고로 하는 소송을 말한다 ($^{§\,3}_{\,ii}$). 즉, 서로 대립하는 대등한 당사자 사이에 있어서의 법률관계의 형성·존부에 관한 소송이다.

2. 당사자소송의 연혁

1951년 행정소송법이 제정된 이래 구 행정소송법은 당사자소송에 관하여 명문의 규정을 두지 않았다. 그럼에도 불구하고 학자들은 구법 제1조의 「공법상 권리관계에 관한 소송」을 당사자소송으로 새겼다. 1985년부터 시행된 현행 행정소송법은 일본 행정사건소송법의 예 ($^{§\,4}$)에 따라 항고소송과 구별되는 소송유형으로서 당사자소송을 명문으로 규정하기에 이르렀다.

공법상 당사자소송은 그동안 학설이나 판례에 의하여 이렇다 할 관심을 끌지 못하고 냉대를 받았다. 여러 가지 이유가 있겠으나, 당사자소송의 공법적 성격을 백안시해 온 실무계의 해묵은 관행과 행정소송법의 취소소송중심주의가 배경으로 지목될 수 있을 것이다.[1] 1985년부터 시행된 현행 행정소송법이 항고소송과 구별되는 소송유형으로서 당사자소송을 명문화하였음에도 불구하고 당사자소송은 일면 민사소송 위주의 실무적 고려와 타면 행정소송법의 취소소송중심주의에 의하여 협공을 받아 거의 사문화되다시피 하였다. 이론상 당사자소송으로 다루어야 할 국가배상, 손실보상, 공법상 부당이득반환청구, 연금등 지급청구 등은 실무상 민사소송으로 다루어졌고,[2] 반면 대등한 당사자간의 공법상 권리관계에 관한 분쟁에서도 먼저 행정청의 재결이나 처분을 기다려, 그 재결이나 결정을 다투는 항고소송으로 해결됨으로써[3] 과거 당

---

1) 일본의 경우 당사자소송에 대하여 학설·판례가 냉담한 태도를 취했던 까닭으로는 ① 당사자소송에 관한 법규정의 불비로 인하여 그 고유한 의의를 찾기가 곤란했다는 점, ② 이 같은 법규정의 불비는 행소법제정 당시 관리관계 및 급부행정 분야에서의 학설·판례의 발전과 그 소송적 운용을 기대하였던 결과였으나, 그러한 학설·판례발전이 이루어지지 않았다는 점, ③ 공법·사법 구별의 상대화, ④ 행정소송법에 있어서의 취소소송중심주의, ⑤ 공권력행사의 개념이 극히 애매하게 사용되고 있다는 점 등이 지적되고 있다(鈴木庸夫, 當事者訴訟, 現代行政法大系 5(行政爭訟 II), 1984, 77이하; 高木 光, 公法上の當事者訴訟, ジュリスト 增刊 行政法の爭點, 226 등).
2) 이에 관하여는 김도창, 일반행정법론(상), 839, 각주 2의 (2)를 참조.
3) 박윤흔, 행정법강의(상), 1010-1011. 취소소송이 행정소송제도의 중심적 위치를 차지하게 됨에 따라 은연중 행정

사자소송이 지녀왔던 위축된 위상을 극복할 수 없었다.[4]

물론 그간 학계 일각에서는 당사자소송을 활용하자는 논의, 즉 당사자소송활용론이 제기되기도 하였다. 모처럼 당사자소송에 관한 규정들이 사문화됨으로 말미암아 당사자소송이 사산아가 될 우려를 표명하거나[5] 또는 행정소송법상 처분에 해당되지 않는 행정작용의 형식들의 이행을 관철시키기 위한 소송상의 방법으로서 공법상 당사자소송의 활용가능성을 검토한 것이 그 예였다. 또 취소소송중심의 소송체계에 대한 반성의 일환으로 또는 행정의 행위형식의 다양화에 따른 적절한 권리보호수단을 강구해야 한다는 견지에서 당사자소송에 대한 관심이 자못 고조되기도 하였다.[6] 특히 1990년 4월 7일 개정된 구 토지수용법에서 신설된 중앙토지수용위원회의 이의재결에 대한 손실보상금 증감청구소송($^{제75조}_{의 2}$)에 관하여 이를 필요적 공동소송으로 본 대법원의 판결[7]을 둘러싼 논쟁을 계기로 형식적 당사자소송이 관심을 불러일으켰다. 그러나 공법상 당사자소송에 대한 이러한 학술변론은 그에 걸맞은 실무계의 반향이 뒤따르지 않았다. 공법상 당사자소송의 법리에 관하여는 아직도 많은 문제가 미해결로 남아 있다.

3. 당사자소송의 특성

당사자소송은 행정청의 공권력행사·불행사로 인하여 생긴 법률관계를 포함하여, 그 밖의 공법상 법률관계에 관하여 대등한 당사자간의 법적 분쟁을 해결하기 위한 소송이다. 그것은 기본적으로 대등한 당사자간의 소송이라는 점에서 처분등을 통해 표현된 행정청의 공권력행사자로서의 우월적 지위가 전제되어 있는 항고소송과 구별되고, 반면 공법상 법률관계에 관한 분쟁을 해결하기 위한 것이라는 점에서 사법상 분쟁해결수단인 민사소송과도 구별된다.

3.1. 당사자소송과 항고소송

3.1.1. 당사자소송과 항고소송의 구별

당사자소송(후술하는 실질적 당사자소송)은 일반적으로 대등한 당사자간의 소송이라는 점에

소송을 취소소송과 동일시하는 사고가 보편화되고, 행정행위 이외의 행위형식에 관한 쟁송도 취소소송에 의하여 해결하려고 하는 처분성의 확대이론이 주장되었다. 이러한 취소소송의 부담과중현상(변재옥, 월간고시 1987/4, 37)은 "처분성확대만을 주장하게 되고 행위형식에 맞는 소송유형을 발전시키려는 길을 처음부터 막아버리는 결과를 낳게 되었다"(박윤흔, 월간고시 1992/3, 27).

4) 변재옥, 당사자소송, 월간고시 1987/4, 37.
5) 변재옥, 월간고시 87/4, 48; 한견우, 행정주체와 행정객체의 법률관계에 나타난 분쟁의 해결방법, 공법연구 제20집 (1992), 104이하.
6) 가령 박윤흔, 공법상의 당사자소송, 월간고시 1992/3, 25이하를 참조.
7) 대법원 1991.5.18. 선고 90누8787 판결; 대법원 1991.7.23. 선고 90누9124 판결.

서 처분등을 통해 표현된 행정청의 우월적 지위를 전제로 한 항고소송과 구별되는 것으로 파악되고 있다. 물론 항고소송 역시 당사자적인 법률관계로 환원될 수 없는 것은 아니지만,[8] 행정소송법은 처분등 또는 부작위에 대하여 항고소송을, 그 밖의 공법상 법률관계에 관하여 당사자소송을 인정함으로써 일종의 소송유형별 분업체계를 취하고 있다. 그 결과 양자는 무엇보다도 그 대상에서 구별된다. 즉 항고소송이 처분등이나 부작위를 대상으로 하지만, 당사자소송은 공법상 법률관계를 대상으로 한다. 그 밖에도 양자는 적용법규에서도 차이를 보이고 있다.

3.1.2. 「포괄소송」으로서 당사자소송

당사자소송은 처분등·부작위 이외에 공법상 법률관계 일반을 대상으로 하고 있다는 점에서 포괄소송(Auffangklage)으로서 특성을 갖는다. 즉 "당사자소송은 하나의 포괄적 개념이며, 행정소송 중에서 항고소송을 제외한 모든 소송을 가리키는 일종의 잔여개념이라 할 것이다. 그리하여 당사자소송은 새로운 소송유형을 창출할 수 있는 시원적인 소송유형이라 할 것이다."[9] 행정소송법상의 당사자소송은 일반소송법상의 소송분류의 틀에 얽매임이 없이 개괄적으로 규정되어 있어, 경우에 따라 이행소송이나 확인소송 등 다양한 소송유형을 내용으로 할 수 있다는 점에서 오히려 독일의 일반이행소송(allgemeine Leistungsklage)보다 더 광범위한 활용가능성을 지닌다. 당사자소송의 포괄소송 기능(Auffangfunktion)은 행정작용의 비중이 침해행정으로부터 급부, 계획, 조성행정으로 변화하는 상황에서 「행위형식이 다양해지면 질수록 더욱 더 당사자소송의 비중도 증대될 것」이라는 점에서 더할 나위없는 가치를 증명한다.

포괄소송이란 관념은 독일 기본법 제19조 제4항에서 확립된 포괄적인(공백없는) 권리보호의 요청(Gebot des umfassenden Rechtsschutzes) 및 이에 따른 행정법원법 제40조의 개괄주의에 따라, 특히 의무이행소송(Verpflichtungsklage)과의 관계에서 일반이행소송이 갖는 보충적 기능을 지칭한다. 즉 일반이행소송은, 행정행위가 아닌 행위형식들에 관하여는 특별법(lex specialis)으로서, 의무이행소송에 관한 규정들이 적용되지 않는 이상, 이들 행위형식에 대한 권리보호의 주장(Rechtsschutz-begehren)을 포착하는 일반법적 소송수단으로서 기능한다는 것이다.[10] 포괄소송 기능은 우리나라의 경우 일반이행소송보다 더 포괄적으로 규정된 「공법상의 법률관계에 관한 소송」에서 더 잘 구현될 수 있을 것이다.

---

8) 박윤흔, 월간고시 1992/3, 26.
9) 박윤흔, 월간고시 1992/3, 26; 鈴木庸夫, 現代行政法大系 5, 80.
10) Schmitt Glaeser, Verwaltungsprozeßrecht, 11.Aufl.(1992), S.212, Rn.373; 홍준형, Die Klage zur Durchsetzung von Vornahmepflichten der Verwaltung, S.74, 124; Udo Steiner(Die allgemeine Leistungsklage im Verwaltungsprozeß, JuS 1984, 853)는 이를 「소송상의 다목적무기」(prozessuale Mehrzweckwaffe)라고 부르고 있다.

3.1.3. 당사자소송의 보충성(?)

일설은 위에서 본 당사자소송의 포괄성으로부터 그 보충성의 원칙을 도출하고 있다. 즉 정형적 법률관계에 대하여서는 정형적 소송유형에 의할 것이므로 당사자소송은 그러한 소송 유형에 의하여 처리될 수 없는 경우에 한하여 보충적으로 적용된다고 한다.[11] 가령 과세처 분의 위법을 다투는 경우 원칙적으로 취소소송만이 허용되며, 조세채무부존재확인소송이 허용되지 않는 것은 취소소송의 배타성 이외에 당사자소송의 보충성의 원칙에서 보아도 추론 될 수 있다는 것이다. 이러한 견해는 처분성을 결여한 행정작용, 이른바 비처분적 행정결정 $\binom{\text{Nicht-}}{\text{Verwaltungsakt}}$에 대한 권리보호의 형식으로서 당사자소송이 갖는 기능을 정확히 인식하고 있다 는 점에서는 타당하다고 할 수 있다. 그러나 처분 또는 행정행위 자체는 법률관계가 아니며, 행정소송법에 의하여 애당초부터 양자의 적용영역이 구별되었다는 점을 고려하면, 이 보충성 의 원칙이란 규범적 실체를 갖는 것이라기보다는 단순히 '사실상의 보충성'으로 보아야 할 것이다. 가령 위에서 든 과세처분의 위법을 취소소송에 의하여 다투지 않고 당사자소송의 형 태로 조세채무부존재확인을 구하는 것이 허용되지 않는다면 그것은 취소소송의 배타성에서 비롯되는 것이라기보다는 이 경우 당사자소송이 구체화된 형태로서 조세채무부존재확인소송 의 권리보호의 이익이 부정되기 때문이라고 보아야 할 것이다. 가령 조세를 납부한 후 그 과세처분의 무효 여부가 문제될 경우 처분의 상대방은 이에 대한 무효등확인소송을 제기하 는 것과 곧바로 납부한 세액에 대한 부당이득반환청구소송을 당사자소송의 형태로 제기하는 것 중 선택의 자유를 가질 뿐만 아니라, 후자를 택할 경우에는 오히려 부수적으로 과세처분 이 무효임을 선결문제로서 판단받을 수 있는 것이다. 이러한 결과가 정형적 법률관계에 관한 정형적 소송유형으로서 무효등확인소송의 배타성이나, 당사자소송의 보충성으로부터 인정되 는 것이라고는 볼 수 없다.[12]

3.2. 당사자소송과 민사소송

당사자소송의 소송물은 대립하는 권리주체 사이의 공법상의 법률관계(권리관계) 또는 그 주장이라고 이해되고 있다.[13] 당사자소송의 내용은 다음에 보는 바와 같이 이행소송이나 확 인소송일 수도 있으므로 이를 일률적으로 말하기는 곤란하지만 '공법상 법률관계'라는 공통

---

11) 박윤흔, 앞의 글, 26; 鈴木庸夫, 現代行政法大系 5, 80.
12) 박윤흔교수(같은 글, 29)도 무효확인소송과 당사자소송 간의 선택가능성을 인정하고 있다. 또한 위의 설례와 거꾸로 된 경우이지만, 무효확인소송의 보충성이 인정되고 있는 일본의 경우 최고재판소는 과세처분무효확인소송에 대하여 조세채무부존재확인소송(실질적 당사자소송)에 의하여 목적을 달성할 수 있다는 이유로 부적법하다는 원심판결을 파기하고, 과세처분에 뒤따르는 체납처분을 받을 수 있다고 판시함으로써 양자의 선택가능성을 인정했다고 한다.
13) 김도창, 일반행정법론(상), 839; 김동희, 행정법 I, 714.

적 표지를 가지고 있다는 점에서 민사소송과 구별된다고 할 수 있다. 그러나 무엇을 기준으로 공법상 법률관계와 사법상 법률관계를 구별할 것인가에 관하여는 견해의 대립이 있다. 하나는 소송물을 기준으로 하여 그것이 공법상의 권리이면 행정사건이고, 사법상의 권리이면 민사사건이라고 하는 견해이다. 가령 공무원의 지위확인소송이나 봉급지급청구소송은 행정사건이고, 소유권확인소송이나 민법상 부당이득반환청구소송은 민사사건이라는 것이다. 이에 대하여 다른 견해는 소송물의 전제가 되는 법률관계를 기준으로 양자를 구별하고자 하며, 가령 다 같은 소유권확인소송이라도 농지매수처분의 무효를 이유로 할 때에는 행정사건으로, 매매계약의 무효를 이유로 할 때에는 민사사건이라고 한다. 판례는 전설에 입각하고 있는 것으로 보인다.14) 생각건대, 이것은 소송을 통하여 행사되는 권리가 공법에 의하여 발생한 것이냐의 여부에 따라 판단되어야 할 문제라고 본다. 소송상 보호의 대상이 된 권리가 공법상의 권리냐 사법상의 권리이냐는 결국 공·사법의 구별이라는 실체법상의 문제에 귀착되는 것이다. 가령 농지매수처분의 무효를 이유로 당사자가 갖는 권리란 바로 공법상의 권리라고 할 수 있는 것이므로, 양설은 모두 실체법상의 구별론으로 근본적인 차이를 갖는 것은 아니다.

> 일본의 경우 大阪공항소송에 대한 최고재판소의 판결15)을 계기로 이러한 공·사법 이원론에 의한 전통적 구별론을 부정하고 당사자소송활성화론의 입장에서 양 소송유형의 구별을 일종의 기능론적 견지에서 접근하는 견해가 새롭게 제기되고 있음을 주목할 필요가 있다. 즉 이러한 관점에서는 행정소송법이 당사자소송에 대하여 직권소송참가·직권증거조사·판결의 구속력 등의 규정을 준용하도록 한 것은 공법관계에서의 분쟁을 합리적으로 해결함으로써 행정운영의 적정과 국민의 권리보장을 달성하는 데 그 이유가 있는 것이므로, 당사자소송과 민사소송의 구별은 행정소송법의 그와 같은 규정을 준용하는 것이 당해 소송을 합리적으로 처리할 수 있는지 여부에 따라 결정해야 한다는 것이다.16)

당사자소송과 민사소송의 차이로는, 첫째, 당사자소송에는 관련 민사소송을 병합할 수 있으나 민사소송에는 관련 당사자소송을 병합할 수 없고, 둘째, 심리중 당사자소송에서 항고소송으로 소변경은 가능하지만 민사소송에서 항고소송으로 소변경은 허용되지 않으며, 셋째, 당사자소송에만 행정청이 참가할 수 있고, 넷째, 당사자소송에는 직권심리주의가 적용된다는 점, 당사자소송 판결의 기속력은 당해 행정주체에 속하는 행정청에게도 미친다는 점 등을 들

---

14) 대법원 1992.12.24. 선고 92누3335 판결. 그러나 판례의 입장이 이론상 반드시 일관된 것은 아니다. 가령 이론상 당사자소송으로 다루어야 할 국가배상, 손실보상, 공법상 부당이득반환청구, 연금등 지급청구 등을 실무상 민사소송으로 다루어왔기 때문이다.
15) 最判 1981.12.16, 民集 35卷 106號 1369. 이 판결의 내용과 그것이 촉발시킨 학계의 반향에 관하여 상세한 것은 ジュリスト No.761(特輯號)와 이 촉발시킨 학계의 반향에 관하여 상세한 것은 高木 光, 公法上の當事者訴訟, ジュリスト 增刊 行政法の爭點, 226 등을 참조.
16) 이에 관한 소개로는 박윤흔, 월간고시 1992/3, 33이하 및 거기 인용된 문헌들과 高木 光, 앞의 글을 참조.

수 있다.[17]

Ⅱ. 당사자소송의 종류와 적용법규

1. 실질적 당사자소송

1.1. 개 념

실질적 당사자소송이란 공법상 법률관계에 관한 소송을 말한다. 당사자소송은 대등한 두 당사자 사이의 공법상 법률관계에 대한 다툼을 심판하는 쟁송절차로서 행정청의 처분등을 원인으로 하는 법률관계에 관한 소송과 그 밖에 공법상 법률관계에 관한 소송을 포함한다. 항고소송과 같이 행정청의 처분등과 같은 공권력행사를 소송의 대상으로 하는 것이 아니고, 공법상의 권리관계 내지 법률관계 그 자체를 대상으로 하는 소송이라는 점에서, 소송구조 면에서나 실질적으로 민사소송과 많은 공통점을 지니고 있다. 물론 이 점은 당사자소송이 행정청의 처분등을 원인으로 하는 경우에는 완화될 것이나, 이때에도 처분의 적법 여부는 선결문제에 그치게 되므로 큰 차이는 없다. 실질적 당사자소송은 ① 공법상 신분, 지위 등의 확인소송, ② 공법상 금전지급청구소송, ③ 공법상 계약에 관한 소송 등으로 유형화되며 당사자소송의 대부분을 차지한다.

::: **당사자소송의 적용례**

구법하에서 당사자소송으로 다루어진 사례는 매우 드물었고,[18] 현행법 하에서는 서울고법 1987.12.7. 선고 87구633 판결(지방전문직공무원 채용계약의 해지), 대법원 1990.10.23. 선고 90누4440 판결(훈장종류확인), 대법원 1991.1.25. 선고 90누3041 판결(영관생계보조기금권리자확인) 등에서 당사자소송을 인정했으나, 대다수가 당사자소송의 허용성만을 판단한 것이어서 당사자소송에 관한 본격적인 판례로 보는 데에는 무리가 있었다. 반면 광주민주화운동관련자보상법에 관한 대법원의 판결(대법원 1992.12.24. 선고 92누3335 판결)은 이제까지 거의 서자(庶子)취급을 받아 왔던 공법상 당사자소송에 대한 7년 만의 친자확인을 가져 온 것으로서, 이행소송의 형태(금전지급청구소송)로 제기된 당사자소송에 대하여 이를 인용한, 그리고 그 대상, 공법소송으로서의 성격, 제기요건 등에 관하여 실질적이고 적극적인 판단을 내린 사실상 최초의 판결로서 주목을 끌었다.[19] 대법원은 이후 서울특별시 시립무용단원해촉무효확인소송을 당사자소송으로 보았고,[20] "석탄가격

---

17) 김철용, 행정법 I, 제13판, 2010, 772.

18) 대법원 1970.10.30. 선고 70다833 판결; 대법원 1977.2.22. 선고 76다2517 판결; 대법원 1961.9.28. 선고 4292行上50 판결; 대법원 1961.12.21. 선고 4294行上6 판결; 대법원 1962.5.24. 선고 62누4 판결; 대법원 1966.7.5. 선고 4289民上147 판결; 대법원 1969.11.11. 선고 69누122 판결 등. 기타 상세한 것은 김도창, 일반행정법론(상), 839, 각주 2를 참조.

19) 이 판결은 당사자소송과 취소소송과의 관계, 광주보상법에 의한 보상의 법적 성질과 아울러 행정소송법상 관련청구의 병합, 소변경 등과 관련된 문제들을 판단함으로써 그동안 불명확하게 남아 있던 문제들의 일단을 밝혀주고 있다는 점에서 기본적 판례로서 평가될 수 있다. 이에 대한 평석으로는 홍준형, "공법상 당사자소송의 대상", 사

안정지원금은 석탄의 수요 감소와 열악한 사업환경 등으로 점차 경영이 어려워지고 있는 석탄광업의 안정 및 육성을 위하여 국가정책적 차원에서 지급하는 지원비의 성격을 갖는 것이고, 석탄광업자가 석탄산업합리화사업단에 대하여 가지는 이와 같은 지원금지급청구권은 석탄사업법령에 의하여 정책적으로 당연히 부여되는 공법상의 권리이므로, **석탄광업자가 석탄산업합리화사업단을 상대로 석탄산업법령 및 석탄가격안정지원금 지급요령에 의하여 지원금의 지급을 구하는 소송은 공법상의 법률관계에 관한 소송인 공법상의 당사자소송에 해당한다**"고 판시한 바 있다.[21]

▓ 공무원연금관리공단의 퇴직연금 일부금액 지급거부와 공법상 당사자소송

"공무원연금관리공단의 인정에 의하여 퇴직연금을 지급받아 오던 중 공무원연금법령의 개정 등으로 퇴직연금 중 일부 금액의 지급이 정지된 경우에는 당연히 개정된 법령에 따라 퇴직연금이 확정되는 것이지 구 공무원연금법($^{2000.12.30.\ 법률\ 제6328}_{호로\ 개정되기\ 전의\ 것}$) 제26조 제1항에 정해진 공무원연금관리공단의 퇴직연금 결정과 통지에 의하여 비로소 그 금액이 확정되는 것이 아니므로, 공무원연금관리공단이 퇴직연금 중 일부 금액에 대하여 지급거부의 의사표시를 하였다고 하더라도 그 의사표시는 퇴직연금 청구권을 형성·확정하는 행정처분이 아니라 공법상의 법률관계의 한 쪽 당사자로서 그 지급의무의 존부 및 범위에 관하여 나름대로의 사실상·법률상 의견을 밝힌 것에 불과하다고 할 것이어서, 이를 행정처분이라고 볼 수는 없고, 그리고 이러한 **미지급 퇴직연금에 대한 지급청구권은 공법상 권리로서 그 지급을 구하는 소송은 공법상의 법률관계에 관한 소송인 공법상 당사자소송에 해당한다.**"[22]

▓ 하천법등에 의한 손실보상금 지급청구소송/손실보상청구권 확인소송과 당사자소송

"[1] 법률 제3782호 하천법 중 개정법률($^{이하\ '개정\ 하천}_{법'이라\ 한다}$)은 그 부칙 제2조 제1항에서 개정 하천법의 시행일인 1984.12.31. 전에 유수지에 해당되어 하천구역으로 된 토지 및 구 하천법($^{1971.1.19.\ 법률개정된}_{제2292호로\ 전문것}$)의 시행으로 국유로 된 제외지 안의 토지에 대하여는 관리청이 그 손실을 보상하도록 규정하였고, '법률 제3782호 하천법 중 개정법률 부칙 제2조의 규정에 의한 보상청구권의 소멸시효가 만료된 하천구역 편입토지 보상에 관한 특별조치법' 제2조는 개정 하천법 부칙 제2조 제1항에 해당하는 토지로서 개정 하천법 부칙 제2조 제2항에서 규정하고 있는 소멸시효의 만료로 보상청구권이 소멸되어 보상을 받지 못한 토지에 대하여는 시·도지사가 그 손실을 보상하도록 규정하고 있는바, 위 각 규정들에 의한 손실보상청구권은 모두 종전의 하천법 규정 자체에 의하여 하천구역으로 편입되어 국유로 되었으나 그에 대한 보상규정이 없었거나 보상청구권이 시효로 소멸되어 보상을 받지 못한 토지들에 대하여, 국가가 반성적 고려와 국민의 권리구제 차원에서 그 손실을 보상하기 위하여 규정한 것으로서, 그 법적 성질은 하천법 본칙이 원래부터 규정하고 있던 하천구역에의 편입에 의한 손실보상청구권과 하등 다를 바가 없는 것이어서 공법상의 권리임이 분명하므로 그에 관한 쟁송도 행정소송절차에 의하여야 한다.

[2] 하천법 부칙($^{1984.}_{12.31.}$) 제2조와 '법률 제3782호 하천법 중 개정법률 부칙 제2조의 규정에 의한 보상청구권의 소멸시효가 만료된 하천구역 편입토지 보상에 관한 특별조치법' 제2조, 제6조의 각 규정들을 종합하면, **위 규정들에 의한 손실보상청구권은 1984.12.31. 전에 토지가 하천구역으로 된 경우에는 당연히**

법행정 1993/2, 49이하를 참조.

20) 대법원 1995.12.22. 선고 95누4636 판결. 원심: 서울고법 1995.2.21. 선고 94구4457 판결.

21) 대법원 1997.5.30. 선고 95다28960 판결. 참조: 대법원 1993.10.12. 선고 93누13209 판결.

22) 대법원 2004.12.24. 선고 2003두15195 판결.

발생되는 것이지, 관리청의 보상금지급결정에 의하여 비로소 발생하는 것은 아니므로, 위 규정들에 의한 손실보상금의 지급을 구하거나 손실보상청구권의 확인을 구하는 소송은 행정소송법 제3조 제2호 소정의 당사자소송에 의하여야 한다."[23]

고용·산재보험료 납부의무 부존재확인의 소는 공법상 당사자소송

"고용보험 및 산업재해보상보험의 보험료징수 등에 관한 법률 제4조, 제16조의2, 제17조, 제19조, 제23조의 각 규정에 의하면, 사업주가 당연가입자가 되는 고용보험 및 산재보험에서 보험료 납부의무 부존재확인의 소는 공법상의 법률관계 자체를 다투는 소송으로서 공법상 당사자소송이다."[24]

지자체의 학교용지 소유권 원시취득 지위 확인소송은 행정소송법상 당사자소송

"[1] 구 토지구획정리사업법(2000.1.28. 법률 제6252호로 폐지, 이하 '법'이라고 한다) 제2조 제1항 제1호, 제2호, 제63조에 의하면, 토지구획 정리사업의 환지계획에서 초등학교 및 중고등학교 교육에 필요한 학교용지로 지정된 토지는 환지처분의 공고 다음 날에 법 제63조 본문에 따라 토지를 관리할 국가 또는 지방자치단체(이하 '국가 등' 이라고 한다)에 귀속되어 국가 등이 소유권을 원시취득하고, 그 대신 국가 등은 법 제63조 단서에 따라 사업시행자에게 학교용지의 취득에 대한 대가를 지급할 의무를 부담하게 된다.

[2] 토지구획정리사업의 환지계획에서 공공시설용지로 지정된 토지라도 환지처분의 공고가 있기 전까지는 사업시행자가 구 토지구획정리사업법(2000.1.28. 법률 제6252호로 폐지) 제59조에 의하여 관리하는 공법상의 관리대상 토지일 뿐이므로, 환지계획에서 학교용지로 지정된 토지라고 하여 환지처분의 공고가 있기 전에 국가 또는 지방자치단체가 이에 대하여 물권 유사의 사용수익권이나 관리권을 가진다고 할 수 없다.

[3] 甲 토지구획정리조합이 환지계획을 인가받으면서 체비지 겸 학교용지로 인가받은 토지에 대하여 체비지대장에 甲 조합을 토지의 소유자로 등재한 후 소유자명의를 乙 주식회사 앞으로 이전하였는데, 환지처분이 이루어지지 않은 상태에서 丙 지방자치단체가 甲 조합을 상대로 환지처분의 공고 다음 날에 토지의 소유권을 원시취득할 지위에 있음의 확인을 구한 사안에서, 위 토지가 환지계획에서 초등학교 및 중고등학교 교육에 필요한 학교용지로 지정되어 있으면 장차 환지처분 및 공고가 있게 되면 丙 지방자치단체가 소유권을 원시취득하므로, **토지에 대한 丙 지방자치단체의 이익은 비록 불확정적이라도 보호할 가치 있는 법적 이익에 해당하고,** 구 토지구획정리사업법(2000.1.28. 법률 제6252호로 폐지) 제63조, 제80조 등의 취지는 학교교육이라는 중대한 공익의 실현에 필수적인 학교용지를 안정적이고 확실하게 확보할 수 있도록 하려는 것인데, **체비지대장상의 소유자명의대로 환지처분이 되어 甲 조합이나 乙 회사 등 제3자 앞으로 토지의 소유권이 귀속된 것 같은 외관이 생기게 되면, 분쟁의 해결이 더욱 복잡해지고 학교용지의 확보에 차질을 빚게 될 수 있으므로, 확인소송을 통해 그러한 위험이나 불안을 제거할 이익과 필요가 있으며,** 甲 조합이 토지를 체비지대장에 등재하는 등으로 丙 지방자치단체의 지위를 다투고 있는 반면, 丙 지방자치단체가 현재의 상태에서 토지에 대하여 물권 유사의 사용수익권이나 관리권 등을 행사할 수 없으므로, **사업시행인 甲 조합을 상대로 확인판결을 받는 것은 丙 지방자치단체의 법률상 지위에 대한 위험이나 불안을 제거하기 위한 유효적절한 수단이므로, 확인의 이익이 있고,** 나아가 토지구획정리사업에 따른 공공시설용지의 원시취득으로 형성되는 국가 또는 지방자치단체와 사업시행자 사이의 관계는 공법관계이므로,

---

23) 대법원 2006.5.18. 선고 2004다6207 전원합의체 판결.
24) 대법원 2016.10.13. 선고 2016다221658 판결.

제1편 제2편 제3편 제4편 제5편 행정구제법

위와 같은 지위의 확인을 구하는 것은 행정소송법상 당사자소송에 해당한다."[25)]

1.2. 적용법규

1.2.1. 취소소송에 관한 규정이 준용되는 경우

취소소송에 관한 규정 중 관련청구의 이송·병합, 피고경정, 공동소송, 소송참가, 소의 변경, 처분변경으로 인한 소의 변경, 행정심판기록제출명령, 직권심리주의, 판결의 기속력, 소송비용부담 등에 관한 것이 당사자소송에 준용되고 있다($\S$ 44 ① ②).

1.2.2. 취소소송에 관한 규정이 준용되지 않는 경우

취소소송의 제소기간에 관한 규정이 당사자소송에 준용되지 않는 것은 당연한 것이지만, 행정소송법($\S$ 41)은 "당사자소송에 관하여 법령에 제소기간이 정하여져 있는 때에는 그 기간은 불변기간으로 한다"고 규정함으로써 개별 근거법에 의한 제소기간의 제한가능성을 예상하고 있다. 그 밖에 취소소송에 관한 규정 중 선결문제, 원고적격, 피고적격, 행정심판전치주의, 소송대상, 집행정지, 재량취소, 사정판결, 취소판결의 효력, 처분의무, 제3자에 의한 재심, 간접강제 등 처분등을 전제로 한 것들은 당연히 준용되지 아니한다($\S$ 44 ① ②).

2. 형식적 당사자소송

2.1. 개 념

형식적 당사자소송이란 행정청의 처분등을 원인으로 하는 법률관계에 대한 소송으로서 그 법률관계의 한 쪽 당사자를 피고로 하는 소송을 말한다. 예컨대, 토지수용위원회의 보상금액결정에 대한 이의재결에 대하여 불복이 있을 경우 재결취소소송을 제기하지 않고 곧바로 상대방 당사자(기업자)를 피고로 하여 보상금액의 증감을 청구하는 경우가 그 예이다. 이경우 실질적으로는 행정청의 처분등을 다투는 소송이면서 형식적으로는 당해 처분이나 재결의 행정청을 피고로 하지 아니하고 그 법률관계의 한 쪽 당사자를 피고로 하여 그 법률관계의 존부·내용 등을 다투는 소송이라 하여 이를 형식적 당사자소송이라고 한다.

중앙토지수용위원회의 이의재결에 대한 손실보상금증감청구소송($\S$ 75 의2)에 관하여 이를 형식적 당사자소송으로 볼 것인가가 문제되었다. 종래 손실보상문제가 당사자간의 협의나 관할 행정청의 재결·결정절차를 통해 해결이 되지 않으면 종래에는 취소소송을 통해 간접적으로 손실보상액의 증감을 꾀하는 경우가 많았으나(따라서 청구가 인용되면 다시 중앙토지수용위원회의 판단을 받아야 하는 불편이 있었다), 구 토지

---

25) 대법원 2016.12.15. 선고 2016다221566 판결.

수용법 제75조의2 제2항에서 이의재결취소소송의 형태를 유지하면서 재결청 외에 기업자나 토지소유자 등이 반드시 공동피고가 되는 필요적 공동소송방식을 채택했던 것이다. 이에 관하여 대법원은 "토지수용법 제75조의2 제2항이 토지소유자 또는 관계인이 보상금의 증감에 관한 같은 조 제1항의 행정소송을 제기하는 경우에는 재결청 외에 기업자를 피고로 한다고 규정하는 것은 위와 같은 소송을 제기하는 경우에는 재결청 외에 기업자를 공동피고로 하여야 한다는 뜻이고, 이 소송은 필요적 공동소송이라고 볼 것"26)이라고 판시한 바 있다. 이와같이 구 토지수용법상의 보상금증감청구소송을 필요적 공동소송으로 본 대법원의 판결을 둘러싸고 찬반 양론이 전개되었다. 즉, 이를 확인·급부소송의 성질을 띤 형식적 당사자소송과 보상재결취소소송이 병합되어 있는 형태로 보는 입장(필요적 병합소송설)27)과 법률이 정한 특수한 형태의 소송으로서 필요적 공동소송으로 파악하는 입장(필요적 공동소송설)28)이 대립하고 있었다. 아무튼 필요적 병합소송설에 의하더라도 보상금증감청구소송에는 취소소송과 확인·급부소송이 병합되어 있다고 보므로, 이를 순수한 형태의 형식적 당사자소송으로 보는 것은 아니다. 2002년 2월 4일 제정된 토지보상법(공익사업을 위한 토지등의 취득 및 보상에 관한 법률,)은 제85조 제1항에서 "**사업시행자·토지소유자 또는 관계인은 제34조의 규정에 의한 재결에 대하여 불복이 있는 때에는 재결서를 받은 날부터 60일 이내에, 이의신청을 거친 때에는 이의신청에 대한 재결서를 받은 날부터 30일 이내에 각각 행정소송을 제기할 수 있다**"고 규정하는 한편, 제2항에서 **제34조의 규정에 의한 재결에 대하여 불복이 있는 때에 제기하는 '행정소송이 보상금의 증감에 관한 소송인 경우 당해 소송을 제기하는 자가 토지소유자 또는 관계인인 때에는 사업시행자를, 사업시행자인 때에는 토지소유자 또는 관계인을 각각 피고로 한다**'는 규정을 두었다. 이 조항은 종래 구 토지수용법 제75조의2 제2항(토지보상법)에 의한 소송을 형식적 당사자소송으로 본 학설경향을 반영한 것으로 이해된다.29) 한편 특허법(§ 187)및 다른 단행법(디자인보호법 § 75, 상표법 § 86 등에서 준용; 전기통신기본법 § 40의2 ⑤, ⑥)과 같이 형식적 당사자소송을 인정하는 개별법률들이 생기고 있음을 주목해야 할 것이다.

최근 대법원은 같은 맥락에서 토지보상법 제72조에 의한 토지소유자의 토지수용청구를 받아들이지 않은 토지수용위원회의 재결에 대하여 토지소유자가 불복하여 제기하는 소송의 성질과 그 상대방에 대하여 다음과 같이 판시한 바 있다.

"공익사업을 위한 토지 등의 취득 및 보상에 관한 법률(이하 '토지보상법'이라고 한다) 제72조의 문언, 연혁 및 취지 등에 비추어 보면, 위 규정이 정한 수용청구권은 토지보상법 제74조 제1항이 정한 잔여지 수용청구권과 같이 **손실보상의 일환으로 토지소유자에게 부여되는 권리로서 그 청구에 의하여 수용효과가 생기는 형성권의 성질을 지니므로, 토지소유자의 토지수용청구를 받아들이지 아니한 토지수용위원회의 재결에 대하여 토지소유자가 불복하여 제기하는 소송은 토지보상법 제85조 제2항에 규정되어 있는 '보상금의 증감에 관한 소송'에 해당하고, 피고는 토지수용위원회가 아니라 사업시행자로 하여야 한다.**"30)

---

26) 대법원 1991.5.28. 선고 90누8787 판결; 대법원 1991.7.23. 선고 90누9124 판결.
27) 박윤흔, 고시연구 1991/3, 33, 46.
28) 윤형한, 토지수용법 제75조의 2 제2항의 신설에 따른 몇 가지 문제점, 인권과 정의 1991/8, 128; 김도창, 일반행정법론(상), 842 및 같은 면 판(判)2를 참조.
29) 정하중, 행정법개론, 제7판, 2012, 875.
30) 대법원 2015.4.9. 선고 2014두46669 판결.

2.2. 허용성

형식적 당사자소송은 분쟁의 실체를 직시하여 재산상의 분쟁이 쟁점인 경우처럼 처분청의 간여가 별반 의미가 없다고 판단될 경우에는, 이해당사자가 직접 분쟁을 해결하도록 하는 것이 바람직하다는 고려를 바탕으로 한 소송유형이다. 이러한 형식적 당사자소송이 현행법상 별도의 개별법상의 근거 없이도 행정소송법 제3조 제2호의 규정에 의하여 일반적으로 허용될 수 있는가는 논란되고 있다. 일부의 문헌은 행정소송법 제3조 제2호가 규정하는 당사자소송에 형식적 당사자소송이 포함된다고 본다.[31] 이 견해는 이러한 소송유형이 일본에서 유래된 것임을 고려하여, 우리 행정소송법이 일본 행정사건소송법 제4조처럼 '법령의 규정에 의하여'란 구절을 두고 있지 않다는 차이점을 강조한다. 반면 다수의 견해는 개별법의 규정이 없으면 소송요건등 적용법규상의 불명확성이 초래되고, 처분등의 효력을 그대로 두고 그 결과로 발생한 당사자의 권리의무만을 판결로써 변경시킬 수 있느냐 하는 점 등을 근거로 개별법적 근거 없이 형식적 당사자소송이 허용될 수는 없다고 한다.[32] 생각건대, 형식적 당사자소송의 가장 결정적인 특징은 실질적으로 처분등의 위법 여부가 관련됨에도 불구하고 이를 그 결과 수준에서만 다투도록 한다는 실용주의적 고려에 있다. 그러나 가령 처분의 단순위법을 원인으로 한 법률관계 여하가 문제되는 경우에는 자칫 그러한 분쟁을 취소소송등 항고소송에 의해 처리하도록 한 법취지(가령 공정력이나 선결문제심판권의 문제 등)를 우회하는 것을 허용하는 결과가 될 수 있다는 이유에서 이를 개별법적 근거가 있을 경우에만 허용하는 부정설이 타당하다고 본다.

2.3. 적용법규

형식적 당사자소송에 대하여는 각각의 개별법률에 특별한 규정이 있는 경우를 제외하고는, 기본적으로 실질적 당사자소송의 적용법규들이 적용되어야 할 것이다(특히 §§ 10, 22, 25, 26, 30 ① 등: § 44). 반면 형식적 당사자소송은 실질적으로는 항고소송적 측면을 가지므로 만일 실질적 당사자소송의 경우 같은 적용법규 준용이 항고소송의 소송요건을 회피하는 결과가 된다면 오히려 항고소송에 관한 규정을 유추적용해야 할 경우도 있을 것이다.

---

31) 이상규, 신행정법론(상), 720.
32) 변재옥, 월간고시 1987/4, 43이하.

Ⅲ. 당사자소송의 소송요건

1. 재판관할

행정소송법은 당사자소송의 재판관할에 대하여 취소소송에 관한 제9조를 준용하도록 규정하고 있다($^{§ 40}$). 따라서 당사자소송의 제1심 관할법원은 피고의 소재지를 관할하는 행정법원이 된다($^{§ 40,}_{§ 9 ①}$). 또한 토지의 수용 기타 부동산 또는 특정의 장소에 관계되는 처분등을 원인으로 하는 법률관계에 관한 소송으로서 그 법률관계의 한 쪽 당사자를 피고로 하는 당사자소송은 그 부동산 또는 장소의 소재지를 관할하는 행정법원에 이를 제기할 수 있다($^{§ 40,}_{§ 9 ②}$). 다만, 국가 또는 공공단체가 피고인 경우에는 관계행정청의 소재지를 피고의 소재지로 본다($^{§ 40}_{단서}$). 당사자소송은 항고소송과는 달리 국가·공공단체 그 밖의 권리주체를 피고로 하는 것이므로, 국가나 공공단체가 피고인 경우에는 당해 소송과 구체적인 관계가 있는 관계행정청의 소재지를 피고의 소재지로 의제하여, 그 행정청의 소재지를 관할하는 행정법원이 당사자소송의 관할법원이 되도록 한 것이다.

2014년 5월 20일에 개정된 제9조 제2항도 당사자소송에 준용된다고 보아야 할 것이다. 즉 관계행정청이 중앙행정기관, 중앙행정기관의 부속기관과 합의제행정기관 또는 그 장이나 국가의 사무를 위임 또는 위탁받은 공공단체 또는 그 장인 경우에는 대법원소재지를 관할하는 행정법원에 제기할 수 있다.

▦ 관리처분계획안에 대한 조합 총회결의 효력 등을 다투는 소송의 관할

"[1] 도시 및 주거환경정비법상 행정주체인 주택재건축정비사업조합을 상대로 관리처분계획안에 대한 조합 총회결의의 효력 등을 다투는 소송은 행정처분에 이르는 절차적 요건의 존부나 효력 유무에 관한 소송으로서 그 소송결과에 따라 행정처분의 위법 여부에 직접 영향을 미치는 공법상 법률관계에 관한 것이므로, 이는 행정소송법상의 당사자소송에 해당한다.

[2] 도시 및 주거환경정비법상의 주택재건축정비사업조합을 상대로 관리처분계획안에 대한 총회결의의 무효확인을 구하는 소를 민사소송으로 제기한 사안에서, 그 소는 행정소송법상 당사자소송에 해당하므로 전속관할이 행정법원에 있다"고 한 사례.33)

▦ 고용·산재보험료 납부의무 부존재확인을 구하는 공법상 당사자소송과 관할법원 이송

"甲에게서 주택 등 신축 공사를 수급한 乙이 사업주를 甲으로 기재한 甲 명의의 고용보험·산재보험 관계성립신고서를 근로복지공단에 작성·제출하여 甲이 고용·산재보험료 일부를 납부하였고, 국민건강보험공단이 甲에게 나머지 보험료를 납부할 것을 독촉하였는데, 甲이 국민건강보험공단을 상대로 이미 납

---

33) 대법원 2009.9.17. 선고 2007다2428 전원합의체 판결.

부한 보험료는 부당이득으로서 반환을 구하고 국민건강보험공단이 납부를 독촉하는 보험료채무는 부존재확인을 구하는 소를 제기한 사안에서, 이는 행정소송인 공법상 당사자소송과 행정소송법 제10조 제2항, 제44조 제2항에 규정된 관련청구소송으로서 부당이득반환을 구하는 민사소송이 병합하여 제기된 경우에 해당하므로, 원심법원인 인천지방법원 합의부는 항소심으로서 민사소송법 제34조 제1항, 법원조직법 제28조 제1호에 따라 사건을 관할법원인 서울고등법원에 이송했어야 옳다"고 한 사례.[34]

2. 당사자소송의 당사자

2.1. 원고적격

당사자소송은 대등한 당사자간의 공법상 법률관계에 관한 소송이므로 항고소송에서와 같은 원고적격의 제한은 없으며, 따라서 민사소송법상의 원고적격에 관한 규정이 준용된다(§8②).

2.2. 피고적격

당사자소송의 피고는 국가 또는 공공단체 등 권리주체가 된다(§39).[35] 국가를 당사자 또는 참가인으로 하는 소송("국가소송")에서는 법무부장관이 국가를 대표한다(국가를 당사자로 하는 소송에 관한 법률 §2). 피고를 잘못 지정하였을 경우, 청구기각판결을 하는 민사소송의 경우와는 달리 당사자소송에서는 원칙적으로 소각하판결을 한다.

⋮⋮⋮ 명예퇴직법관의 퇴직수당 지급 청구소송: 공법상 당사자소송

"명예퇴직수당은 명예퇴직수당 지급신청자 중에서 일정한 심사를 거쳐 피고가 명예퇴직수당 지급대상자로 결정한 경우에 비로소 지급될 수 있지만, 명예퇴직수당 지급대상자로 결정된 법관에 대하여 지급할 수당액은 명예퇴직수당규칙 제4조 [별표 1]에 산정 기준이 정해져 있으므로, 위 **법관은 위 규정에서 정한 정당한 산정 기준에 따라 산정된 명예퇴직수당액을 수령할 구체적인 권리를 가진다.** 따라서 위 법관이 이미 수령한 수당액이 위 규정에서 정한 정당한 명예퇴직수당액에 미치지 못한다고 주장하며 차액의 지급을 신청함에 대하여 법원행정처장이 거부하는 의사를 표시했더라도, 그 의사표시는 명예퇴직수당액을 형성·확정하는 행정처분이 아니라 공법상의 법률관계의 한 쪽 당사자로서 지급의무의 존부 및 범위에 관하여 자신의 의견을 밝힌 것에 불과하므로 행정처분으로 볼 수 없다. 결국 **명예퇴직한 법관이 미지급 명예퇴직수당액에 대하여 가지는 권리는 명예퇴직수당 지급대상자 결정 절차를 거쳐 명예퇴직수당규칙에 의하여 확정된 공법상 법률관계에 관한 권리로서, 그 지급을 구하는 소송은 행정소송법의 당사자소송에**

---

34) 대법원 2016.10.13. 선고 2016다221658 판결.

35) '광주보상법에 의한 보상금등의 지급에 관한 법률관계의 주체는 피고 대한민국이라고 해석되고 지방자치단체인 광주직할시나 또는 국가기관으로서 보상금등의 심의, 결정 및 지급등의 기능을 담당하는데 불과한 피고위원회 및 그 위원장등을 그 주체로 볼 수는 없다'(대법원 1992.12.24. 선고 92누3335 판결); '공법상 권리관계의 확인을 구하는 당사자소송은 그 권리주체인 국가 또는 공공단체등을 피고로 하여야 하므로 그 권리주체가 아닌 재향군인회장과 국방부장관을 피고로 하여 제기한 소는 부적법하다'(대법원 1991.1.25. 선고 90누3041 판결), 훈장종류확인에 관한 판결(대법원 1990.10.23. 선고 90누4440 판결)을 참조.

해당하며, 그 법률관계의 당사자인 국가를 상대로 제기하여야 한다."[36]

▦ 공법상 당사자소송에서 원고가 피고를 잘못 지정한 경우, 법원이 취하여야 할 조치

"고용보험 및 산업재해보상보험의 보험료징수 등에 관한 법률 제4조는 고용보험법 및 산업재해보상보험법에 따른 보험사업에 관하여 이 법에서 정한 사항은 고용노동부장관으로부터 위탁을 받아 근로복지공단이 수행하되, 보험료의 체납관리 등의 징수업무는 국민건강보험공단이 고용노동부장관으로부터 위탁을 받아 수행한다고 규정하고 있다. 따라서 고용·산재보험료의 귀속주체, 즉 사업주가 각 보험료 납부의무를 부담하는 상대방은 근로복지공단이고, 국민건강보험공단은 단지 각 보험료의 징수업무를 수행하는 데에 불과하므로, 고용·산재보험료 납부의무 부존재확인의 소는 근로복지공단을 피고로 하여 제기하여야 한다. 그리고 행정소송법상 당사자소송에서 원고가 피고를 잘못 지정한 때에는 법원은 원고의 신청에 의하여 결정으로써 피고의 경정을 허가할 수 있으므로(행정소송법 §44 ①, §14), 원고가 피고를 잘못 지정한 것으로 보이는 경우 법원으로서는 마땅히 석명권을 행사하여 원고로 하여금 정당한 피고로 경정하게 하여 소송을 진행하도록 하여야 한다."[37]

당사자소송의 피고를 국가·공공단체 그 밖의 권리주체에 국한시키고 있는 행정소송법 제39조는 당사자소송의 개념규정에 따른다면 지극히 당연한 것이다. 그러나 입법론상으로는 반드시 이와같이 엄격한 「당사자」소송의 관념에 얽매일 것이 아니라 당사자소송이 국민의 권리구제의 공백을 막기 위한 포괄소송으로서 활용할 수 있도록 그 개념을 확대하는 것도 생각해 볼 수 있다. 사실 행정소송법이나 행정심판법에서도 원래 권리주체인 국가나 공공단체 등을 피고로 하는 것이 원칙이나 소송수행상의 편의나 사안에 대한 근접성(Sachnahe) 등을 감안하여 국가나 공공단체의 기관인 「행정청」을 피고로 한 것이라는 점을 고려할 필요가 있다.[38]

3. 당사자소송의 대상

행정소송법상 당사자소송은 행정청의 처분등을 원인으로 하는 법률관계에 관한 소송과 그 밖에 공법상 법률관계에 관한 소송이라고 규정되고 있다. 따라서 당사자소송의 대상도 이와같이 단지 포괄적으로 행정청의 처분등을 원인으로 하는 법률관계와 그 밖에 공법상 법률관계에 관한 분쟁이라고 예정되어 있는 셈이다. 당사자소송이 확인소송의 형태를 띨 경우, 이러한 공법상의 법률관계가 그 자체로서 당사자소송의 대상이 된다는 데 대해서는 의문이 없으며 다만 무엇이 공법상의 법률관계인가를 획정하는 문제가 제기될 뿐이다.

반면 당사자소송이 이행소송의 형태를 띠는 경우에는 항고소송의 대상과의 경계설정이

---

36) 대법원 2016.5.24. 선고 2013두14863 판결.
37) 대법원 2016.10.13. 선고 2016다221658 판결.
38) 김도창, 일반행정법론(상), 701, 776.

필요하다. 이 경우에는 비처분적 행정작용($\substack{\text{Nicht-}\\\text{Verwaltungsakt}}$), 다시 말해서 금전의 지급이라든지 제해시설의 설치와 같은 비권력적 사실행위, 공법상 결과제거청구권의 내용으로서 원상회복 등이 당사자소송의 대상으로 고려되어야 할 것이다.

공법상 당사자소송의 활용이 기대될 수 있는 소송유형으로는 종래 당사자소송으로 생각되어 왔던 유형 내지 그 주변유형(손실보상, 국적관계, 공무원관계 등)과 그 밖에 종래 무명항고소송으로 검토되었던 예방적 소송의 경우를 비롯하여 행정지도를 다투는 경우, 금전 내지 행정서비스의 급부를 구하는 경우, 정보공개청구소송, 영조물의 이용자 내지 이른바 특별권력관계의 내부자에 대한 조치를 다투는 경우, 공공기관에 의한 명예·신용의 훼손의 회복을 구하는 경우, 공공사업의 중지를 구하는 경우, 공공기관의 실력행사를 다투는 경우, 법령·계획을 다투는 경우, 행정상의 의무이행을 법원의 재판을 통하여 확보하고자 하는 경우 등을 들 수 있는데 이렇듯 당사자소송의 대상 또한 항고소송의 처분등에 못지않게 대단히 다양함을 알 수 있다.[39]

4. 제소기간

당사자소송에 관하여는 원칙적으로 제소기간의 제한이 없다($\substack{\S\,44\\①}$). 다만 장기간 소를 제기하지 않은 경우 소권 실효가 문제될 수 있을 것이다. 이 경우는 민사소송법 일반법리에 따라 판단해야 할 것이다. 그 밖에 개별법이 특별한 규정을 두는 경우 그에 따라야 함은 물론이다.

5. 기타 소송요건

당사자소송에 대하여는 행정심판전치주의도 적용되지 아니한다. 다만 관계법령에서 결정전치주의가 채택되는 경우가 있으나($\substack{\text{가령 징발법}\\\S\,24의2}$), 이는 원칙적으로 처분등 또는 부작위에 대한 불복절차인 행정심판전치주의와는 다른 별도의 행정절차라고 볼 것이다.[40]

Ⅳ. 관련청구의 병합과 소변경

법원은 당사자소송을 당해 처분등에 관계되는 사무가 귀속하는 국가 또는 공공단체에 대한 항고소송으로 변경하는 것이 상당하다고 인정할 때에는 청구의 기초의 변경이 없는 한,

---

39) 高木 光, 公法上の當事者訴訟, ジュリスト 增刊 行政法の爭點, 227.
40) 이러한 경우 박윤흔교수(고시연구 1991/3, 37이하)에 따르면, 보상결정은 처분이 아니라 손실보상청구권자에 대한 「보상견적액의 제시」에 불과한 일종의 중재재정적인 것으로 보아야 한다고 한다.

사실심변론종결시까지 원고의 신청에 따라 결정으로써 소의 변경을 허가할 수 있다($\S\S\substack{42, \\ 21 ①}$). 처분등을 원인으로 하는 당사자소송의 경우 처분변경으로 인한 소의 변경도 인정된다($\S\S\substack{44 ①, \\ 22 ①}$).

　"공법상의 법률관계에 관한 당사자소송에서는 그 법률관계의 한 쪽 당사자를 피고로 하여 소송을 제기하여야 한다($\substack{행정소송법 \\ \S 3 ii, \S 39}$). 다만 원고가 고의 또는 중대한 과실 없이 당사자소송으로 제기하여야 할 것을 항고소송으로 잘못 제기한 경우에, 당사자소송으로서의 소송요건을 결하고 있음이 명백하여 당사자소송으로 제기되었더라도 어차피 부적법하게 되는 경우가 아닌 이상, 법원으로서는 원고가 당사자소송으로 소 변경을 하도록 하여 심리·판단하여야 한다."[41]

　또한 행정소송법 제10조가 당사자소송에 준용되어 당사자소송과 관련청구소송이 각각 다른 법원에 계속되고 있는 경우에는 법원은 당사자의 신청 또는 직권에 의하여 이를 당사자소송이 계속된 법원으로 이송할 수 있고($\S\S\substack{44 ②, \\ 10 ①}$), 사실심변론종결시까지 당사자소송에 관련청구소송을 병합하거나 피고 이외의 자를 상대로 한 관련청구소송을 당사자소송이 계속된 법원에 병합·제기할 수 있다($\S\S\substack{44 ②, \\ 10 ②}$).

V. 당사자소송에 있어 가구제

　행정소송법 제43조는 "국가를 상대로 하는 당사자소송의 경우에는 가집행선고를 할 수 없다"고 규정하고 있다. 그러나 같은 내용의 규정을 둔 소송촉진등에 관한 특례법 제6조 제1항 단서가 위헌으로 결정된 사실을 볼 때,[42] 이 조항 역시 위헌의 소지가 농후하다고 할 수 있다. 따라서 이러한 명문의 규정에도 불구하고 당사자소송이 기본적으로 대등한 당사자간의 분쟁을 해결하기 위한 소송이라는 점을 고려할 때 가처분 내지 가집행선고가 허용된다고 보아야 할 것이다. 대법원 역시 최근 동일한 방향으로 판시한 바 있다.

　"도시 및 주거환경정비법($\substack{이하 '도시정비 \\ 법'이라 한다}$)상 행정주체인 주택재건축정비사업조합을 상대로 관리처분계획안에 대한 조합 총회결의의 효력을 다투는 소송은 행정처분에 이르는 절차적 요건의 존부나 효력 유무에 관한 소송으로서 소송결과에 따라 행정처분의 위법 여부에 직접 영향을 미치는 공법상 법률관계에 관한 것이므로, 이는 행정소송법상 당사자소송에 해당한다. 그리고 이러한 **당사자소송에 대하여는 행정소송법 제23조 제2항의 집행정지에 관한 규정이 준용되지 아니하므로**($\substack{행정소송법 \\ \S 44 ① 참조}$), **이를 본안으로 하는 가처분에 대하여는 행정소송법 제8조 제2항에 따라 민사집행법상 가처분에 관한 규정이 준용되어야 한다.**"[43]

---

41) 대법원 2016.5.24. 선고 2013두14863 판결.
42) 헌법재판소 1989.1.25. 선고 88헌가7 결정. 헌법재판소는 이 규정이 재산권과 신속한 재판을 받을 권리의 보장에 있어서 합리적 이유없이 소송당사자를 차별하여 국가를 우대하고 있는 것이므로 헌법 제11조 제1항에 위반된다고 판시함으로써, 국가가 민사소송의 당사자인 경우 가집행선고를 할 수 있도록 하였다.

VI. 당사자소송의 심리와 판결

1. 당사자소송의 심리

당사자소송의 심리에 관하여는 취소소송에 관한 일부 규정이 준용되고 있다($^{§ 44}$). 즉, 행정심판기록의 제출명령이라든가 법원의 직권심리 등에 관한 규정이 당사자소송에 준용됨으로써 민사소송에 대한 특수성이 인정되고 있는 것이다. 입증책임 역시 이미 취소소송에 관하여 본 바와 같이 법률요건분류설에 입각하여 해결하여야 한다.

2. 당사자소송의 판결

당사자소송의 판결에 관하여도 일반적으로 취소소송의 판결에 관해 설명한 것이 그대로 타당하다. 그 다른 점만을 지적한다면 먼저 사정판결의 여지가 없으며, 처분등이나 부작위를 전제로 한 것들은 일반적으로 적용될 여지가 없다.

당사자소송의 판결에 있어 특기할 것은 당사자소송이 이행소송이나 확인소송 등의 다양한 형태로 구체화될 수 있기 때문에 그 판결 역시 이행판결, 확인판결 등 다양한 형태를 취할 수 있다는 점이다. 당사자소송의 확정판결도 행정소송법 제44조 제1항에 의하여 판결의 기속력에 관한 제30조 제1항이 준용되므로, 당사자인 행정청과 관계행정청을 기속한다. 그러나 취소판결의 제3자효, 재처분의무나 간접강제에 관한 규정들은 당연히 당사자소송에 적용되지 않는다.

---

43) 대법원 2015.8.21. 자 2015무26 결정: 관리처분계획안에대한총회결의효력정지가처분.

제 6 절 │ 기타 특수한 행정소송

Ⅰ. 기관소송

1. 개 설

1.1. 개 념

기관소송이란 국가 또는 공공단체의 기관 상호간에 권한의 존부 또는 그 행사에 관한 다툼이 있을 때에 이에 대하여 제기하는 소송이다($\S^{행정소송법}_{3\ iv}$). 행정기관 상호간의 권한쟁의는 행정권 내부의 통일성 확보에 관한 문제로 지휘감독권에 의하여 내부적으로 처리되는 것이 통례이나, 경우에 따라서는 기관쟁의의 적당한 해결기관이 없거나, 특히 공정한 제3자의 판단을 요하는 경우가 없지 않으므로 법률이 그러한 경우 법원에의 출소를 인정한 것이다.

1.2. 소송의 성질

이는 원고 개인의 권리구제를 직접목적으로 하는 것이 아니라 행정조직내부의 권한배분에 관한 문제를 다투는 소송이기 때문에 객관적 소송에 속한다. 이러한 객관소송적 성질로 인해 각 개별법률에 의하여 특별히 인정되는 경우에만 허용되는 소송이다($\S\ 45$).

2. 기관소송의 종류

기관소송은 법률이 특히 인정하는 경우에 한하여 허용되며($\S\ 45$), 예컨대 지방자치법 제172조 제3항에 따라 지방자치단체의 장이 지방의회의 의결의 법령위반을 이유로 지방의회를 피고로 하여 대법원에 제기하는 소송, 「지방교육자치에 관한 법률」 제28조 제3항에 의거, 교육감이 시·도의회를 상대로 대법원에 제기하는 소송이 이에 해당한다.

3. 적용법규

기관소송에 적용될 법규는 기관소송을 허용하는 각개의 근거법령에 의하여 정해지는 것이 일반적이다. 만일 각 근거법규가 이를 정하지 않았을 경우에는 처분등의 취소를 구하는 소송의 경우에는 그 성질에 반하지 않는 한도 내에서 취소소송에 관한 규정이, 처분등의 효

제1편 제2편 제3편 제4편 제5편 행정구제법

력 유무, 존재 여부 또는 부작위위법의 확인을 구하는 경우에는 무효등확인소송과 부작위위법확인소송에 관한 규정들이 각각 준용되며, 그 밖의 경우에는 그 성질에 반하지 않는 한 당사자소송에 관한 규정들이 준용된다($^{§\ 46}$).

기관소송의 재판관할에 관하여는 각각 당해 소송의 개별적 근거법에서 정하고 있다. 가령 헌법상 기관소송의 경우에는 헌법재판소가 관할법원이 된다($^{헌법}_{§\ 111\ ①}$). 기관소송의 당사자에 관해서는, 각 개별법에서 정한 바에 따르되 가령, 지방자치단체의 장·교육위원회·교육장 등과 같은 지방자치단체의 기관들이 원고가 되는 것이 그 예라 할 수 있으며, 피고적격 역시 각 개별법이 정하는 바에 의한다. 기관소송의 제소기간도 각 개별법에서 정하는 바에 따를 것이므로 이를 일률적으로 말할 수는 없다.

4. 기관소송의 문제점

행정소송법은 제45조에서 기관소송을 법률이 정한 경우에 법률에 정한 자에 한하여 제기할 수 있다고 규정함으로써 그 허용성과 제소가능성을 전적으로 개별 법률에 맡기고 있고 또 실제로 기관소송을 허용하는 법률이 극소수에 머무르고 있다.

이러한 기관소송법정주의는 행정내부관계에서도 법적으로 규율되어야 할 법률적 쟁송이 존재한다는 것을 정면에서 시인하고 있는 오늘날의 법관념에 부합되지 않는다. 오늘날 지방자치가 활성화되면 될수록 지방의회와 지방자치단체의 장 등 지방자치단체 기관 간, 지방자치단체의 기관과 교육자치기관 간, 지방의회와 상임위원회나 그 구성원 간, 교육위원회와 그 구성원 간에 법적 분쟁이 발생할 여지도 그만큼 커질 것이고 또 이들 분쟁은 궁극적으로는 소송을 통하여 해결되어야 하므로 결국 행정소송법상 기관소송에 대한 수요도 계속 확대될 것이다. 그럼에도 불구하고 행정소송법이 이처럼 기관소송법정주의를 취한 것은 모처럼 명문화된 기관소송제도를 유명무실한 것으로 만들 뿐만 아니라 지방자치단체 기관간의 법적 분쟁의 해결에 장애요인을 초래함으로써 지방자치의 기능을 마비시키는 결과를 초래할 우려마저 있다. 따라서 법정기관소송만을 허용하고 있는 행정소송법 제45조는 폐지하되 그때그때 학설·판례의 발전수준을 고려하여 기관소송의 대상이나 당사자, 소송절차 등에 관한 법제를 정비해 나가야 할 것이다.

그 밖에도 지방자치법이 지방자치단체 내부에서의 분쟁해결수단으로서 기관소송에 대하여 그 당사자가 누구인가를 묻지 아니하고 일률적으로 법률심인 대법원에 관할권을 한정함으로써 단심제를 채택하고 있는 것은 지방자치단체의 종류에 따라 분쟁해결의 심급이 적절히 배분되어야 하며 또 다른 행정소송과 다름없이 기관소송에서도 사실심의 기회가 주어져야 한다는 점 등을 고려할 때 간과할 수 없는 문제점이라 할 수 있다.

Ⅱ. 민중소송

1. 개   설

1.1. 개 념

민중소송이란 국가 또는 공공단체의 기관이 법률에 위반되는 행위를 한 때에 직접 자기의 법률상 이익과 관계없이 그 시정을 구하기 위하여 제기하는 소송이다($\S_{iii}^{3}$).

1.2. 소송의 성질

이 역시 원고 개인의 권리구제를 직접목적으로 하는 것이 아니라 행정의 적법성 등 객관적 법익을 목적으로 하는 소송이므로 기관소송과 함께 객관적 소송에 속한다. 이 소송은 그 객관소송적 성질로 인해 각 개별법률에 의하여 특별히 인정되는 경우에만 허용된다($\S^{45}$).[1]

2. 민중소송의 종류

민중소송은 특히 행정법규의 적정한 집행이 요구되는 분야에서 개별법에 따라 인정되는 데 그치는 바, 그 예로는 국민투표에 관한 소송($_{법\S72}^{국민투표}$), 선거에 관한 소송($_{법\S222}^{공직선거}$)이 있다.

▓▓ **공직선거법 제222조와 제224조 소정의 선거소송이 민중소송에 해당하는지 여부**

"[1] 공직선거법 제222조와 제224조에서 규정하고 있는 선거소송은 집합적 행위로서의 선거에 관한 쟁송으로서 선거라는 일련의 과정에서 선거에 관한 규정을 위반한 사실이 있고, 그로써 선거의 결과에 영향을 미쳤다고 인정하는 때에 선거의 전부나 일부를 무효로 하는 소송이다. 이는 **선거를 적법하게 시행하고 그 결과를 적정하게 결정하도록 함을 목적으로 하므로, 행정소송법 제3조 제3호에서 규정한 민중소송 즉 국가 또는 공공단체의 기관이 법률을 위반한 행위를 한 때에 직접 자기의 법률상 이익과 관계없이 그 시정을 구하기 위하여 제기하는 소송에 해당한다**($_{대법원\ 2004.5.31.\ 선고\ 2003수26\ 판결\ 참조}^{대법원\ 1961.4.11.\ 선고\ 4293선14\ 판결,}$).

[2] 재판청구권의 행사도 상대방의 보호 및 사법기능의 확보를 위하여 신의성실의 원칙에 의하여 제한될 수 있다. 선거관리위원회의 특정한 선거사무 집행 방식이 위법함을 들어 선거소송을 제기하는 경우, 이미 법원에서 특정한 선거사무 집행 방식이 위법하지 아니하다는 분명한 판단이 내려졌음에도 앞서 배척되어 법률상 받아들여질 수 없음이 명백한 이유를 들어 **실질적으로 같은 내용의 선거소송을 거듭 제기하는 것은 상대방인 선거관리위원회의 업무를 방해하는 결과가 되고, 나아가 사법자원을 불필요하게 소모시키는 결과로도 되므로, 그러한 제소는 특별한 사정이 없는 한 신의성실의 원칙을 위반하여 소권을 남용하는 것으로서 허용될 수 없다**."[2]

---

1) 민중소송에 관하여 상세한 것은 조연홍, 한국행정법원론(상), 2000, 형설출판사, 1143이하를 참조.

3. 적용법규

민중소송에 적용될 법규는 민중소송을 허용하는 각개의 근거법령에 의하여 정해지는 것이 일반적이다. 만일 각 근거법규가 이를 정하지 않았을 경우에는 처분등의 취소를 구하는 소송의 경우에는 그 성질에 반하지 않는 한도 내에서 취소소송에 관한 규정이, 처분등의 효력 유무, 존재 여부 또는 부작위위법의 확인을 구하는 경우에는 무효등확인소송과 부작위위법확인소송에 관한 규정들이 각각 준용되며, 그 밖의 경우에는 그 성질에 반하지 않는 한 당사자소송에 관한 규정들이 준용된다($^{§\,46}$).

민중소송의 재판관할에 관하여는 각각 당해 소송의 개별적 근거법에서 정하고 있다. 선거소송의 경우 대법원·고등법원이 관할법원이 되는 것이 그 예이다($^{공직선거}_{법\,§\,222}$). 민중소송의 당사자에 관해서는, 각 개별법에서 정한 바에 따른다. 지방자치단체의 주민·선거인 등이 원고적격을 갖는 것이 그 예라 할 수 있다. 피고적격 역시 각 개별법이 정하는 바에 의한다. 민중소송의 제소기간도 각 개별법이 정하는 바에 따를 것이므로 일률적으로 말할 수는 없다.

---

2) 대법원 2016.11.24. 선고 2016수64 판결: 공직선거법상 개표사무를 보조하기 위하여 투표지를 유·무효별 또는 후보자별로 구분하거나 계산에 필요한 기계장치 또는 전산조직을 이용하는 것이 적법한 개표 방식으로서 선거무효사유가 될 수 없다는 법리가 공직선거법에 동일한 내용이 규정된 2014.1.17. 이후에도 동일하게 적용된다고 본 사례.

제 **3** 편

행정관리에 관한 법

제 1 장

총 설

　행정관리의 개념은 보는 관점에 따라 상이하게 파악될 수 있지만 대체로 행정조직과 인사행정, 그리고 재무행정을 포함하는 것으로 이해하는 것이 일반적이다. 인사행정($^{public\ personnel}_{administration}$)은 정부나 지방자치단체·공공기관에 필요한 인적 자원을 동원하고 관리하는 기능이고[1] 재무행정은 정부나 지방자치단체·공공기관이 정책을 수행하는 데 필요한 재원을 경제적·합리적으로 조달·배분하고 효율적으로 운용·관리하는 모든 활동으로서 재정정책을 집행하는 기능을 말한다.[2] 조직과 인사, 재무는 행정목적 달성을 위한 필수적 요소들이다.

　이러한 관점에서 우리는 행정조직, 인사행정, 재무행정에 관한 법을 통틀어 '행정관리에 관한 법'이라고 부르기로 한다. 이러한 분류는 종래 행정법각론의 분류체계에서 볼 때에는 다소 생소할 수 있으나 행정실무를 비교적 정확하게 포착할 수 있게 해 준다는 점에 장점이 있다.

　먼저 행정조직법을 살펴보고 이어서 인사행정법의 핵심이라 할 수 있는 공무원법, 그리고 이어서 재무행정법의 순서로 논의를 진행하기로 한다.

---

1) 오석홍, 인사행정론, 제6판, 2009, 박영사, 3.
2) 강신택, 재무행정, 1993, 박영사, 4.

제 2 장

행정조직법

제1절 │ 행정조직법의 기초

Ⅰ. 개 설

행정은 현대사회에서 요구되는 다양한 행정임무를 수행하기 위하여 충분한 인적 요소와 물적 자원, 설비를 갖춘 행정기구($^{\text{Verwaltungs-}}_{\text{apparat}}$)를 필요로 한다. 개개인에 대한 관계에서 행정은 통상 행정공무원 및 행정관청($^{\text{Verwaltungs-}}_{\text{behörde}}$)의 형태를 띠고 나타난다. 가령 보건소직원이 전염병 예방접종을 실시하거나 세무서장이 납세고지서를 발부하는 경우가 그것이다. 그러나 이들은 어디까지나 하나의 복잡하고 세분화된 행정기구들의 체계, 즉 행정조직($^{\text{Verwaltungs-}}_{\text{organisation}}$)의 전경(前景)(^{Vordergrund})을 이루는 요소에 불과하다. 행정조직은 이와같이 행정임무를 수행할 다양한 행정기구들을 하나의 체계 속에 계통적으로 편성한 것이며, 이 행정조직을 규율하는 법을 행정조직법이라 한다. 행정조직법이 무엇인가를 이해하려면 우선 행정조직이 무엇인가를 파악해 볼 필요가 있다.

Ⅱ. 행정조직

1. 행정조직의 개념

'행정조직'($^{\text{Verwaltungs-}}_{\text{organisation}}$)의 문제는 누가 공행정의 행사($^{\text{Ausübung öffentlicher}}_{\text{Verwaltung}}$)를 담당하도록 되어 있는가, 또는 행정에 관한 권한이 누구에게 어떻게 배분되고 있는가에 관한 문제이다. '조직'의 개념은 가령 '조직체로서의 기관'(^{Institution}), 그 기관의 '임무수행을 위한 도구'(^{Instrument}), '조직체

의 내부질서'($^{innere}_{Ordnung}$) 또는 '조직화의 과정'($^{Vorgang\ des}_{Organisierens}$) 등 다양하게 사용될 수 있다.[1] 그러나 법적 관점에서 조직이란 주로 '조직체의 내부질서'를 의미하는 것으로 파악되고 있다.[2] 이러한 견지에서 행정조직은 각종 행정기관($^{Verwaltungs-}_{organ}$)을 계통적으로 구성함으로써 성립된 행정주체의 내부질서라고 정의할 수 있다.[3]

행정조직의 개념은 무엇보다도 행정주체, 행정기관, 행정기관구성원 그리고 행정청 등과 같은 관련개념들을 검토함으로써 밝혀질 수 있다. 행정조직을 행정주체의 내부질서라고 규정한다면, 행정주체는 행정조직 개념의 전제를 이루는 요소이다. 실은 이제까지 행정법 논의에서 널리 통용되어 온 '국가'니 '행정'이니 하는 용어들은 행정임무를 수행할 책무를 지닌 매우 다양한 조직체와 주체들을 총칭하는 일종의 집합개념인 '행정주체'($^{Verwaltungs-}_{träger}$)를 염두에 둔 것이었다. 행정주체는, 권리능력($^{Rechts-}_{fähigkeit}$)은 있지만, 공무수탁사인 같은 예외적 경우를 제외하고는, 행위능력($^{Handlungs-}_{fähigkeit}$)은 없다. 실제로 의사를 결정하고 행위를 하는 것은 오로지 자연인뿐이다. 그러므로 행정주체는 자기를 위하여 현실적으로 행정활동을 수행해 줄 인간의 도움을 필요로 하는데 이를 법기술적으로 가능케 해주는 것이 (행정)기관(^{Organ})과 기관구성원($^{Organ-}_{walter}$) 등과 같은 법개념들이다.[4] 이들은 행정조직의 기능적 관계를 이론적으로 체계화하기 위해 구성된 개념들인데, 이 중 기관이란 한 행정주체의 구성부분을 이루는, 법적으로 창설된 기구들로서 그들이 속한 행정주체를 위해 권한을 행사하도록 되어 있는 조직요소를 가리키는 말이고, 기관구성원이란 이들 기관에게 할당된 권한을 구체적으로 행사하는 자연인들을 뜻하는 개념이다. 이들이 한 법적 행위의 효과는 그들이 속한 기관과 기관이 속한 행정주체에 귀속된다는 점에서 행정주체, 행정기관 및 기관구성원의 개념은 전체로서 하나의 체계적 구조를 이루며 행정조직의 내용을 형성한다. 한편 '행정기관'이란 개념[5]과 함께 실제 이론과 실무에서 광범위하게 사용되고 있는 또 하나의 중요한 개념으로 '행정관청' 또는 '행정청'(^{Behörde})이란 개념을 들 수 있다. 이것은 비록 다의적이고 학설상 논란의 여지를 지닌 것이기는 하지만, 행정조직법의 중심개념으로서 의의를 지니고 있다.

2. 행정조직의 유형

행정조직은 각국의 역사적, 정치사회적 여건과 불가분의 연관을 맺고 있다.[6] 그런 까닭에

---

1) 홍정선, 행정법원리, 368.
2) 김도창, 일반행정법론(하), 44.
3) 김동희, 행정법 Ⅱ, 3.
4) Maurer, § 21 Rn.19ff.
5) 가령 정부조직법에서는 행정기관이란 개념이 광범위하게 사용되고 있다.
6) 우리나라 행정조직의 역사와 문제점에 관해서는 조석준·임도빈, 한국행정조직론, 2010, 법문사를 참조.

행정조직의 현상형태를 일률적으로 파악하는 것은 불가능하다. 또 행정조직의 유형을 분류하는 기준도 보는 각도에 따라 극히 다양하다. 그러나 다음의 표에서 보듯이 행정조직 유형을 파악하기 위해 채용되는 몇 가지 공통적 기준이 존재한다. 이들 기준에 따라 행정조직 유형을 개관하면 구체적인 행정조직이 어떤 유형적 특질을 지니고 있는지 파악할 수 있을 것이다.

〈행정조직의 유형〉

분류기준	분 류 유 형	
권력의 분산여부	중앙집권형: 행정의 통일성중시, 지방에 대한 중앙통제확보	지방분권형 ① 자치분권(Decentralisation): 행정기능 다수 행정주체에 귀속, 주민자치, 민주적 요청 중시, 단체자치에도 적합 ② 권한분산(Deconcentration): 행정권한 수직·수평적 분산, 지방실정을 고려한 통일적 행정수행
행정권 배분방식	권력통합형: 행정권 단일기관에 통합. 예) 경찰국가시대 지방자치	권력분산형: 분업구조, 오늘날 일반적 조직형태
행정권 주체	관치행정형: 국가가 기관을 통해 직접 행정 수행	자치행정형: 국가 밑에 독립 지방자치단체를 두어 행정 수행
운영주체	직접민주형: 직접 국민 의사에 의해 행정 운영	간접민주형: 대표자를 통해 간접적으로 행정운영
조직구조	독임형: 행정수행 책임을 단독 공무원에 일임	합의형: 행정임무를 복수공무원, 기관 합의에 의해 수행

3. 행정조직의 구성원리

일반적으로 현대행정조직을 지배하는 구성원리로는 능률성의 원리, 민주성의 원리, 협동 및 조정의 원리를 들 수 있다.

3.1. 능률성의 원리와 계서제

오늘날 국가기능 확대에 따른 행정의 비대화, 복잡다양화 현상은 행정조직의 능률성을 요구한다. 능률성의 원리는 최소한의 행정조직으로 최대한의 행정성과를 달성해야 한다는 원리이다. 이에 따라 행정조직은 행정권의 수반을 정점으로 하여 행정조직의 구성단위인 각각의 행정기관들 상호간의 상명하복 관계를 통해 구성된 하나의 통일된 계통 구조(피라미드 구조)를 띠게 된다. 이를 위계제 또는 계서제(Hierarchie) 원칙이라고 하는데, 이러한 조직구조의 특질은 행정조직을 사법조직이나 입법조직과 구별시켜 주는 요인이 된다.

능률성의 원리는 계서제원리 외에 최소조직의 원리를 요구한다. 능률성의 원리는 최소조직의 원리를 통해 '작은 정부'($^{\text{small}}_{\text{government}}$), '저렴한 정부'($^{\text{cheap}}_{\text{government}}$)를 지향한다. 그러나 능률성의 원리는 감원과 비용절감만을 강조하는 무조건적 감축행정을 통해서만 실현되는 것은 아니다. 오늘날 '리엔지니어링'(^{Reengineering}), '다운사이징'(^{Downsizing}) 등 민간부문의 경영기법을 공행정부문에 도입·적용하는 경향이 확산되고 있는 것은 부인할 수 없는 사실이다. 이는 그동안 비대해질 대로 비대해진 행정기구와 공무원 수, 관료제 폐해 등이 국가경쟁력을 약화시키는 요인으로 작용했다는 반성에 따른 것으로 불가피한 측면이 없지 않다. 다만, 문제해결의 방향을 행정 본연의 목적과 이를 달성하기 위한 민주적 행정과정의 측면을 도외시한 채 신속성, 효율성 측면에서만 찾는 것은 위험한 발상이다.

한편 능률성의 원리가 합의제보다는 독임제를, 분권적·독립적 조직구조보다는 집권적, 통합적 조직구조를 선호하는 경향이 있는 것은 사실이다. 그러나 분야에 따라 행정작용의 공정성, 불편부당성을 담보하기 위해 행정기관의 독립적 지위를 보장하려는 경향도 나타나고 있다(가령 감사원, 공정거래위원회, 노동위원회 등과 같은 독립행정위원회의 활용).

3.2. 민주성의 원리

오늘날 행정조직은 민주주의의 요청을 실현하는 것이어야 한다. 그것은 행정조직이 민주적일 것, 다시 말해 국민의 의사를 충분히 반영할 수 있는 내용과 구조를 갖출 것을 요구하며, 또 행정의 공정타당성을 담보할 수 있는 제도화의 수준을 달성하고자 한다. 민주성의 원리는 행정조직에 있어 독립성, 분권성 및 합의제적 구조의 확대를 요구하지만, 이를 능률성의 원리와 적절한 조화를 통해 실현하는 최적화의 전략이 필요하다.

3.3. 협동·조정의 원리

현대 행정은 날로 복잡화, 전문화되는 경향을 보이고 있다. 행정이 행정목적을 달성하기 위해서는 행정조직의 수준에서 행정기관이나 그 구성원 상호간의 긴밀한 협동과 합리적인 조정이 필요하다. 이 협동·조정의 원리는 행정조직의 계층제구조하에서 효율적인 통제의 확립이 요구되는 것과 반드시 상충되는 것은 아니며, 오히려 이를 전제로 행정기관 상호간에 보다 탄력적이고 합리적인 팀워크와 협력, 의견조정의 과정을 요구한다.

Ⅲ. 행정조직법

1. 행정조직법의 개념

행정조직법($^{\text{Verwaltungs-}}_{\text{organisationsrecht}}$)의 개념은 다양하다. 광의의 행정조직법은 행정주체를 위해 행정권을 행사하는 행정기관의 설치·변경·폐지, 행정기관의 권한 및 행정기관 상호간의 관계에 관한 법 즉 '행정기관법'뿐만 아니라 공무원법, 공물법, 영조물법 또는 공기업법을 모두 포함하는 개념인 반면, 협의의 행정조직법은 광의의 행정조직법에서 행정기관법만을 가리킨다. 또 협의의 행정조직에서 직접국가행정기관의 조직에 관한 법만을 떼어내 이를 최협의의 행정조직법이라 부르기도 한다. 여기서는 행정조직법을 협의의 개념, 즉 행정기관에 관한 법으로 파악하되 지방자치단체의 행정조직법은 지방자치법에 관한 논의에서 다루기로 한다.[7]

2. 행정조직법의 유형

행정조직법은 행정주체가 누구냐에 따라 국가행정조직법과 지방자치행정조직법으로 나뉜다. 국가행정조직법은 직접 국가행정을 수행하는 국가기관에 관한 직접국가행정조직법과 간접적으로 국가행정을 수행하는 국가 이외의 공법인 또는 공공단체의 조직에 관한 간접국가행정조직법으로 나뉘는데, 전자는 다시 중앙행정조직법과 지방행정조직법으로 구분된다. 지방행정조직법은 다시 보통지방행정기관과 특별지방행정기관에 관한 법을 포함한다.[8] 지방자치단체의 행정조직법은 보통지방자치행정조직법과 특별지방자치행정조직법을 포함한다.

---

7) 행정조직을 광의로 이해하면(김도창, 일반행정법론(하), 44이하) 행정조직(행정기구)에 관한 법, 공무원법, 공물·공공시설법 등을 포함하는 것으로, 협의로 이해하면 행정주체(국가·지방자치단체 등 공법인·공무수탁사인)와 행정기관의 조직에 관한 일반적 사항(설치·상호관계·권한 등)만으로 파악한다(김남진, 행정법 Ⅱ, 30 이하).
8) 보통지방행정기관과 특별지방행정기관에 관하여는 행정기관에 관한 설명을 참조하기 바란다.

제 2 절 │ 행정조직법의 법원

I. 개   설

행정조직법의 제1차적 법원(法源)은 헌법이다. 헌법은 행정조직법정주의를 규정하고 있어 ($\S\S$ 96, 100, 90 ③, 91 ③, 92 ②, 93 ②) 행정조직에 관한 각종 법률들이 가장 주요한 법원으로 등장한다. 행정조직에 관해서도 위임입법이 가능하므로 법률의 구체적 범위를 정한 위임에 따라 제정된 법규명령도 행정조직법의 법원이 될 수 있고(정부조직법 $\S 2$ ①), 그 밖에 자치법규도 행정조직법의 법원이 될 수 있다.

II. 행정조직의 기본적 법원

행정조직의 기본적 법원은 「헌법」 → 「정부조직법」 → 직제(대통령령) → 직제시행규칙(총리령 · 부령) → 사무분장규정(훈령)으로 구성된다. 행정조직법의 법원을 좀 더 구체적으로 살펴보면, 국가행정조직 중 중앙행정조직에 관해서는 정부조직법이 일반법으로 규율하고 있고 그 밖에도 감사원법, 검찰청법, 경찰법, 국군조직법 등과 같은 각종 특별법들이 각각의 중앙행정기관의 조직을 규율하고 있다. 지방행정조직 중 특별지방행정기관의 조직에 관하여 정부조직법은 제3조 제1항에서 "중앙행정기관에는 소관사무를 수행하게 하기 위하여 필요할 때에는 특히 법률로 정한 경우를 제외하고는 대통령령이 정하는 바에 따라 지방행정기관을 둘 수 있다"고 규정하고 있다. 그 밖에 행정조직에 관해서는 「행정기관의 조직 및 정원에 관한 통칙」, 「행정권한의 위임 및 위탁에 관한 규정」 등이 세부적인 사항을 규율하고 있다. 행정조직을 정하는 대통령령을 '직제(職制)'라고 부른다(행정기관의 조직 및 정원에 관한 통칙 $\S 4$).

보통지방행정기관에 관하여는 국가사무의 위임을 규정한 지방자치법 제102조가 근거법이 된다. 한편 지방자치단체의 행정조직에 관하여는 헌법상 지방자치에 관한 규정 및 이에 의거하여 제정된 지방자치법의 관계규정, 지방교육자치에 관한 법률 등이 법원으로 적용된다.

행정기관 소속 위원회의 설치와 운영에 관해서는 「행정기관 소속 위원회의 설치 · 운영에 관한 법률」이 있다.

제1편 제2편 제3편 제4편 제5편 행정관리법

제 3 절 │ 행정주체와 행정기관 · 행정청

Ⅰ. 행정주체

1. 행정주체의 개념

행정주체란 공법에 따라 행정임무를 수행하도록 되어 있는 공행정의 권리 · 의무의 주체 $\left(\substack{\text{Rechtsträger der} \\ \text{öffentichen Verwaltung}}\right)$라고 정의된다. 현실적으로 행정활동을 수행하는 공무원들의 행위의 법적 효과, 즉 권리의무가 귀속되는 주체가 바로 행정주체이다. 이러한 의미에서 행정주체 개념에서 결정적 의미를 갖는 것은 권리능력이다. 행정을 법적으로 구속하기 위해서는 행정에게 권리의무를 발생시키는 법규가 필요할 뿐만 아니라 그 권리와 의무를 떠맡을 주체가 누구인지를 정확하게 규정해야 한다. 이것은 법이론상 특정한 행정조직에게 권리능력을 부여하여 행정법상 권리의무의 귀속주체$\left(\substack{\text{Zurechnungs-} \\ \text{subjekt}}\right)$가 되도록 함으로써 달성된다.[1] 따라서 행정주체는 반드시 법적 주체성을 가진다.

2. 행정주체의 종류

행정주체의 종류로는 국가와 지방자치단체, 기타 공공단체 및 공무수탁사인 등이 있다.

2.1. 행정주체로서 국가

국가는 시원적인 행정주체이다. 국가행정은 대통령을 정점으로 하는 국가행정조직에 의해 수행되지만, 법기술상 법인격을 지닌 국가가 행정주체로서 출현하게 된다.

2.2. 지방자치단체

지방자치단체는 전래적 행정주체로서 국가로부터 위임된 권한을 행사한다. 지방자치법 제3조 제1항은 지방자치단체를 법인으로 한다고 규정하고 있다. 지방자치단체는 지역적 사단의 성질을 지닌다. 한편 지방자치법 제159조는 지방자치단체조합을 설립할 수 있도록 하고 있는데 이 역시 행정주체의 지위를 가짐은 물론이다.

---

1) Maurer, § 21 Rn.2.

2.3. 기타 공공단체

국가는 행정관청뿐만 아니라 그와 별도로 독립된 행정단위($^{\text{Verwaltungs-}}_{\text{einheiten}}$)를 통해서도 그 행정임무를 수행하는 경우가 적지 않다. 조직상으로뿐만 아니라 법적으로도 독립성을 지닐 경우 이들 행정단위는 법인격과 함께 독자적인 행정주체의 지위를 가지게 된다. 이와같이 독자적 행정주체의 지위를 가지는 행정단위로는 공법상 사단, 공법상 재단, 영조물법인 등이 있는데 이를 통틀어 기타 공공단체(지방자치단체를 제외하고)라 부른다. 공공단체의 독립적 지위는 그들이 자기 고유의 책임으로 행정임무를 수행할 수 있도록 하는 책임귀속의 기초가 된다. 그러나 이들 공공단체는 그 존립과 임무가 국가로부터 전래된 것일 뿐만 아니라 국가 법률의 구속을 받고 국가적 감독을 받기 때문에 역시 국가에 결부되어 있다고 할 수 있고, 이러한 의미에서 이들을 파생적 행정주체라고 부를 수 있다. 공공단체의 종류로는 일반적으로 공공조합(공법상 사단법인, 예: 산림조합, 변호사회)·영조물법인(예: 한국토지주택공사, 한국도로공사, 서울대학교병원)·공공재단(예: 한국연구재단, 한국학중앙연구원) 등이 있다.

2.4. 공무수탁사인

드물고 제한적이기는 하지만 국가가 스스로 또는 공공단체를 통하여 행정임무를 수행하지 않고 이를 사인에게 위탁하여 그로 하여금 고권적 권한을 행사하도록 하는 경우에는 사인도 행정주체의 지위를 가지게 된다. 행정의 부담을 경감하고, 책임을 분산시키며 사적 부문의 자원(재정수단, 전문지식인력)을 활용하기 위하여 공적 임무의 달성에 사인을 행정주체로서 채용할 수 있는데, 이를 공무수탁사인(^{Beliehene})이라고 한다. 이와같이 법령에 따라 일정한 범위 내에서 자기의 이름으로 독자적으로 공권력을 행사할 수 있도록 공권을 수탁받은 사인은 그 한도에서 행정주체의 지위를 가질 수 있다. 공무수탁사인의 예로는 경찰사무 및 호적사무를 처리하는 선장($^{\text{사법경찰관리의 직무를 수행할 자와 그 직무범위에 관한}}_{\text{법률 § 7, 가족관계의 등록 등에 관한 법률 §§ 49, 91}}$), 공증사무를 수행하는 공증인, 입학·졸업결정, 학위수여를 하는 사립학교($^{\text{고등교육}}_{\text{법 § 35}}$), 자동차검사대행업자($^{\text{자동차관}}_{\text{리법 § 44}}$) 등이 있다.

공법적 권한은 원칙적으로 공법상 근무관계의 소속원에게 유보된 것이기 때문에, 사인에 대한 공무의 위탁(^{Beleihung})은 일종의 제도적 법률유보($^{\text{institutioneller}}_{\text{Gesetzesvorbehalt}}$) 아래 놓여 있다. 따라서 공무의 위탁은 개별적이고 특수한 단순고권적 행위나 권력행위에 관한 권한에 대해서만 허용된다고 보아야 한다.

공무수탁사인의 법적 지위에 관하여는 학설상 논란이 있다. '사인도 행정주체의 지위에 설 때가 있으나, 이 경우에도 엄격히 말하면, 사인이 아니라 그에게 공권을 수여한 국가나 지방자치단체'일 뿐이라는 부정적인 견해가 있다.[2]

---

2) 김도창, 일반행정법론(상), 220, 변재옥, 행정법강의 I, 119.

공무수탁사인이 행정주체 또는 행정청으로서 법적 지위를 가지는지는 공무를 위탁한 법령의 취지에 따라 판단해야 할 문제이다. 관계법령이 어떠한 공무를 어떤 조건하에 사인에게 위탁했는가에 따라 그의 법적 지위 또한 달라질 수밖에 없기 때문이다. 그러나 공무수탁사인의 행정주체 또는 행정청으로서 법적 지위는 원칙적으로 이를 인정하는 것이 타당할 것이다.[3] 공무수탁사인이 법령에 따라 일정범위 내에서 자기의 이름으로 독자적으로 공권력을 행사할 수 있는 권한을 부여받은 이상, 특별한 사정이 없는 한, 그 한도 내에서는 행정주체의 지위를 가진다고 보아야 할 것이기 때문이다. 예컨대, 행정절차법은 제2조 제1호에서 "행정청"을 '행정에 관한 의사를 결정하여 표시하는 국가 또는 지방자치단체의 기관 기타 법령 또는 자치법규에 따라 행정권한을 가지고 있거나 위임 또는 위탁받은 공공단체나 그 기관 또는 사인'으로 정의하고 있는데, 여기서 '사인'이란 바로 공무수탁사인을 말한다. 그렇다면 그 사인은 바로 이 조항에 따라 행정절차에서 행정청의 지위를 가진다고 볼 수밖에 없을 것이다.

공무수탁사인이 공법적 근거에 의해 의사결정권을 부여받은 이상 그 행위의 효과도 행정주체에 귀속되며 그 사인은 수탁받은 공무의 이행의무를 지고, 국가기관의 경우와 마찬가지로 기본권에 의한 구속을 받으며 또 국가적 감독을 받는다.

행정상 행정보조인과 사인의 사용 •• 행정은 사인을 주체로 해서가 아니라 단순히 사인의 조력·보조를 받아 수행되기도 한다. 이 경우 공무수탁사인과는 달리 행정보조인(Verwaltungs-helfer)은 행정주체의 지위를 갖지 않으며 따라서 제3자와도 아무런 법적 관계를 맺지 않는다. 가령 행정청이 폐기물처리를 위하여 사인을 행정보조인으로 사용하는 경우 그 사인은 행정청의 지휘 하에서 도구로서 봉사할 뿐이다. 이러한 행정보조인의 사용에는 특별한 법적 근거가 요구되지 않는다. 행정보조인의 경우와는 달리, 사인이 공적 임무의 실현을 통하여 단지 법률상 그에게 부과된 행위의무를 이행하는 데 불과한 경우가 있다. 이러한 사인의 공법상 의무이행을 위한 사용(Indienstnahme von Privaten)은 고권적 권한의 행사가 아니므로 그 사인이 행정조직에 해당하지 않음은 당연하다.

공의무부담사인의 예 •• 한편 소득세 또는 건강보험료를 원천징수하는 사인이나 사법인(소득세법 § 127이하; 국민건강보험법 § 68), 그 밖에 석유비축의무, 공무원 원조의무 등 공적 의무를 부담하는 사인(석유 및 석유대체연료 사업법 § 17, 경범죄처벌법 § 1 iiivi)의 경우는, 슈타이너의 학설에서와 같이, 이를 넓은 의미에서의 공무 수행을 위탁받은 경우로 볼 수도 있겠지만, 국내문헌에서는 이들은 법률에 근거하여 국가 등에 의하여 일정한 공적 의무를 부담할 뿐이라는 점에서 공무수탁사인(Beliehene)이 아니라 공의무부담사인(Inpflichtnahme Privater)이라고 파악한다. 원천징수자의 경우, 공무수탁사인을 '법령에 따라 일정범위 내에서 자기의 이름으로 독자적으로 공권력을 행사할 수 있는 자로서, 그러한 한도에서 행정주체의 지위를 가지는 사인'으로 정의할 경우에는 이를 공무수탁사인이라고 볼 수 없을 것이다. 대법원은 원천징수하는 소득세의 경우, 납세의무자의 신고나 과세관청의 부과결정이 없이 법령이 정하는 바에 따라 그 세액이 자동적으로 확정되고, 원천징수의무자는 이와같이 자동적으로 확정되는 세액을 수급

---

3) 김남진, 행정법 I, 97-98; Maurer, § 23 Rn.59.

자로부터 징수하여 과세관청에 납부하여야 할 의무를 부담하는 것이므로, '원천징수의무자가 비록 과세관청과 같은 행정청이라 하더라도 그의 원천징수행위는 법령에서 규정된 징수 및 납부의무를 이행하기 위한 것에 불과한 것이지, 공권력의 행사로서의 행정처분을 한 경우에 해당되지 아니한다'고 판시한 바 있다.[4]

2.5. 사법에 의해 조직된 행정주체의 문제

행정은 이미 행정의 행위형식론에서 다루어진 바 있듯이 사법의 형식을 빌려 임무를 달성할 수 있다. 즉 그 고유한 행정활동을 형성하는 형식으로 사법형식을 택하거나 또는 주식회사와 같은 사법인을 설립하여 일정한 행정임무의 수행을 맡길 수 있는 것이다. 이러한 기업들은 법적으로 독립성을 지니며 또 사법에 의해 조직된 행정주체로 등장하게 된다. 그러나 현실에 있어서는 공법적 행정주체가 그 기업에 대한 지분의 전부 또는 지배적 지분을 갖고 이들에 영향을 미치는 경우가 보통이다. 이들 사법적 조직에게 행정주체로서의 지위를 부여할 수 있는지 여부는 이를테면 개념구성의 문제($^{Sache\ der}_{Begriffsbildung}$)라 할 수 있다. 문제는 행정주체의 개념을 공법적으로 조직된 조직과 주체($^{고권보유자:}_{Hoheitsträger}$)에 국한시킬 것인가 아니면 모든 법적 독립성을 지닌, 행정임무 수행을 위탁받은 조직과 주체로 확대할 것인가에 있다. 공법적 행정주체에 대하여는 특수한 법적 규율이 가해지므로 양자를 구별하는 것이 합당하며 사법에 의해 조직된 행정주체란 각각 그 자체로서 특수한 형태로 파악되어야 할 것이다.

한편 이러한 사법적 행정주체와 공무수탁사인과는 엄격히 구별되어야 한다. 전자는 공법상 행정주체에 의해 창설되며 또 사법적으로만 활동해야 하는 데 비하여 후자는 기존의, 행정과 무관한 사법상 법적 주체로서 행정임무의 고권적 수행에 동원되는 자이기 때문이다. 다만 사법에 의해 조직된 행정주체가 특정 행정임무 수행을 위탁받고 그 한도 내에서 공무수탁사인의 지위를 갖는 경우도 생각할 수는 있을 것이다.[5]

2.6. 국민의 행정주체적 지위?

헌법 제1조 제2항에 따르면 행정권을 위시한 모든 국가권력은 국민으로부터 나오는 것이기 때문에 국민이 행정주체로서의 지위를 갖는지 여부가 문제된다. 그러나 이러한 정치적·법적 의미에서 국민의 행정권담지자로서의 지위는 여기서 논의하는 행정조직적 의미의 행정주체성과는 일단 구별되어야 한다. 다만 양자는 서로 무관한 것이 아니라 오히려 상호 연관되어 있다고 보아야 한다. 국가나 지방자치단체와 같은 주요 행정주체들은 민주적으로 성립되어 있고 그 밖의 공법상의 단체들은 단체내부에 있어 민주적 구조를 지니고 있기 때문이다. 또 그 밖에도 간접적 국가행정에 요구되는 민주적 정당성은 결국 국가와의 연관하에서

---

4) 대법원 1990.3.23. 선고 89누4789 판결; 대법원 1983.12.13. 선고 82누174 판결; 대법원 1984.2.14. 선고 82누177 판결.
5) Maurer, § 21 Rn.16.

도출되는 것임을 유의해야 한다.

Ⅱ. 행정기관과 행정청

1. 행정기관

1.1. 행정기관의 개념

행정기관은 행정조직을 구성하는 법적 단위로서 국가나 공공단체의 행정사무를 처리할 권한과 책무를 지닌 기관을 말한다. 기관 개념은 행정조직법에 특유한 것은 아니다. 그것은 모든 법인 또는 그 밖의 법인격을 지닌 조직의 본질적 구성부분이다. 가령 주식회사 같은 사법인 또한 이사회, 감사회 및 주주총회 등 주식회사의 법적 행위를 가능케 하는 기관들을 가지고 있다. 한편 국가 영역에서는 헌법기관($^{Verfassungs-}_{organ}$)과 행정기관($^{Verwaltungs-}_{organ}$), 그리고 사법기관(법원)이 서로 구별된다. 헌법기관은 헌법에 따라 조직되며 헌법 영역에서 활동하는 기관들을 말하며(국회, 행정부), 행정기관이란 행정부의 수반인 대통령, 재무부, 병무청 등과 같은 기관으로서, 국가 이외의 행정주체, 가령 지방자치단체나 공공단체의 기관도 이에 해당한다. 이들 기관은 모두 권리능력을 가진 조직체에게 자신들이 한 법적 행위의 효과를 귀속시켜 그 주체들에게 결여된 행위능력을 보충하는 기능을 수행한다는 점에서 공통적이다.

행정기관의 개념징표는 다음과 같다. 먼저 제도적 측면에서 볼 때 그것은 법인격을 갖지 않고 또 한 행정주체에 소속되어 있지만 조직상 독립성을 지닌 기관이며, 기능적으로는 일정한 권한을 가진다. 물론 이 권한은 고유의 권한이 아니라 그 기관이 속한 행정주체로부터 부여받은 권한($^{Fremdzu-}_{ständigkeit}$)이다. 이들은 자기를 위해서가 아니라 그 행정주체를 위해 활동하며 그로부터 의무를 부담하고 권리를 획득하는 것은 고유권한($^{Eigenzu-}_{ständigkeit}$)을 가지고 법규의 귀속주체($^{Zuordnungs-}_{subjekt}$)가 되는 행정주체이다. 행정기관은 단지 행정주체를 위하여 일시적이고 매개적으로 그의 권한을 대행할 뿐이다.

행정기관개념의 양면성: 사무배분의 단위와 권한배분의 단위 ●● 일본의 경우 행정기관의 개념으로 사무배분의 단위로서의 행정기관과 권한배분의 단위로서의 행정기관이 병용되고 있다고 한다. 전자는 가령 행정부·청 등의 조직체를 지칭하는 데 비하여, 후자는 가령 국가행정조직법으로 본다면 '행정기관의 장'에 해당하는 것으로 이해되고 있다.6) 이러한 행정기관개념의 양면성은 우리나라 실정법에서도 나타나고 있다. 가령 정부조직법이 제2조 제2항에서 "중앙행정기관은 이 법과 다른 법률에 특별한 규정이 있는 경우를 제외하고는 부·처 및 청으로 한다"고 규정한 것은 바로 사무배분의 단위로서 행정기관을 지칭한 것인 반면, 지방자치법이 특별시장·광역시장·도지사·시장·군수 및 구청장을 지방자치단체의 집행기

---

6) 小高剛, 行政法各論, 282.

관으로 하고($^{§\,93}$), 부지사·부시장·부군수·부구청장을 보조기관으로 한 것($^{§\,110}_{①}$)은 권한배분의 단위로서 행정기관 개념을 염두에 둔 것이라 할 수 있다.[7] 전자는 누가 외부에 대하여 의사표시를 행하는가를 묻지 아니하고 행정조직체 그것의 소관사무의 총합적, 일체적 수행이라는 조직의 기능적 측면에 착안하여 전후에 채용된 미국법적 개념인 데 비하여, 후자는 행정조직법적 관점과는 달리 행정작용법적 관점으로부터 행정주체를 위하여 그 의사를 결정하고 이를 외부에 표시하는 권한과 책임을 누가 질 것인가 하는 것을 문제 삼는 개념으로서 전통적인 독일법적 행정관청법이론에 의한 행정기관개념이라고 한다. 전자는 행정조직법의 체계적 파악에 유용한 반면 후자는 의사형성의 과정에 관심을 두지 않는다는 한계에도 불구하고 행정의 법적합성의 확보라는 관점에서 행정의 권한과 책임을 명확히 하는 점에 유용성을 지닌다고 평가되고 있다. 일본의 경우 전통적으로 행정관청법이론에 의한 권한배분의 단위로서 행정기관개념을 중심으로 행정기관이 논의되어 왔으나, 실정행정법상 양자는 상호 대립하는 것이 아니라 상호보완적인 관계에 있는 것으로 보아야 한다고 지적된다.[8]

행정기관을 설치하고자 하는 경우에는 다음의 요건을 갖추어야 한다($^{행정기관의\,조직과\,정}_{원에\,관한\,통칙\,§\,6}$).

1. 업무의 독자성과 계속성이 있을 것
2. 기존행정기관의 업무와 중복되지 아니할 것
3. 업무의 성질과 양으로 보아 기존행정기관의 기구개편 등으로 그 업무를 수행할 수 없을 만한 타당성이 있을 것

1.2. 행정기관의 종류

1.2.1. 개 설

행정기관의 종류는 무엇을 기준으로 하느냐에 따라 다양하게 분류될 수 있다. 아래 표에서 보는 바와 같이 행정의 귀속주체, 구성, 권한, 기능 등을 기준으로 행정기관의 종류도 다양하게 분류된다. 행정기관을 그 귀속주체, 권한과 구성을 기준으로 분류하면 다음과 같다.

〈행정기관의 종류〉

분류기준	분류유형
행정의 귀속주체	1. 국가의 행정기관, 2. 지방자치단체의 행정기관, 3. 공공단체의 행정기관
행정기관의 구성	1. 독임제행정기관, 2. 합의제행정기관
행정기관의 권한	1. 행정청, 2. 보조기관, 3. 참여기관, 4. 자문기관, 5. 집행기관, 6. 의결기관, 7. 감사기관
행정기관의 기능	1. 일반행정기관, 2. 기획기관, 3. 인사행정기관, 4. 재결기관, 5. 감찰기관, 6. 기업기관, 7. 조사연구기관, 8. 검사검정기관, 9. 조달기관

---

7) 김동희, 행정법 Ⅱ, 8이하에서도 이 점이 지적되고 있다.
8) 小高剛, 같은 책, 283.

1.2.2. 행정의 귀속주체에 따른 행정기관의 종류

행정기관은 수행하는 행정사무의 귀속주체에 따라 국가행정기관과 지방자치단체 및 기타 공공단체의 행정기관으로 나뉜다. 국가행정기관은 다시 중앙행정기관과 지방행정기관으로 나뉘며 이 중 후자는 보통지방행정기관과 특별지방행정기관으로 구분된다.

중앙행정기관이란 '국가의 행정사무를 담당하기 위하여 설치된 행정기관으로 관할권 범위가 전국에 미치는 행정기관'을 말한다. 다만, 관할권 범위가 전국에 미치더라도 다른 행정기관에 부속하여 이를 지원하는 행정기관은 제외한다($\begin{smallmatrix}\text{행정기관의 조직과 정}\\\text{원에 관한 통칙 § 2 i}\end{smallmatrix}$).

보통지방행정기관이란 특정 중앙행정기관에 속하지 않고 소관사무별 주무부장관의 지휘·감독만 받는, 각 관할구역에서 일반국가행정사무를 처리하는 기관을 말한다. 지방자치단체 집행기관이 국가사무를 처리하는 경우 그 한도에서 보통지방행정기관의 지위를 겸하게 된다($\begin{smallmatrix}\text{지방자치}\\\text{법 § 102}\end{smallmatrix}$).

특별지방행정기관이란 '특정한 중앙행정기관에 소속되어, 당해 관할구역 내에서 시행되는 소속 중앙행정기관의 권한에 속하는 행정사무를 관장하는 국가의 지방행정기관'을 말한다($\begin{smallmatrix}\text{행정기관의 조직과 정}\\\text{원에 관한 통칙 § 2 ii}\end{smallmatrix}$).

지방자치단체의 행정기관에 관해서도 보통행정기관과 특별행정기관이 구분된다.

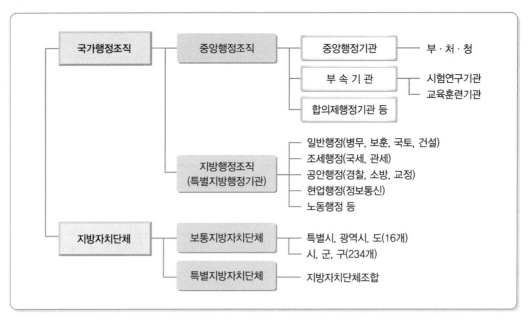

[국가행정조직과 지방자치단체]

1.2.3. 권한에 따른 행정기관의 종류

(1) 의사기관: 행정관청(행정청)

의사기관이란 소관사무의 범위에서 행정주체를 위하여 의사를 결정하여 이를 대외적으로 표시할 수 있는 권한을 가진 행정기관, 즉 행정관청을 말한다. 정부조직법($\S$ 6) 등 실정법에서는 '행정기관의 장'이라는 용어가 사용되는데 가령 행정각부의 장, 외청의 장, 지방자치단체의 장이 그것이다. 의사기관으로서 행정관청은 행정조직의 중심적 단위이다.

(2) 보조기관·보좌기관

보조기관은 행정청의 내부기관으로서 '행정기관의 의사 또는 판단의 결정이나 표시를 보조함으로써 행정기관의 목적 달성에 공헌하는 기관'을 말한다(행정기관의 조직과 정원에 관한 통칙 $\S$ 2 vi). 행정관청에 소속되어 행정청의 의사결정을 보조하거나 행정청의 명을 받아 사무에 종사하는 기관으로서 정부조직법상 차관·차장·실장·국장 및 과장을 말한다. 「행정기관의 조직과 정원에 관한 통칙」 제14조 제3항은 정부조직법 제2조 제3항 단서에 따라 실장·국장 및 과장의 명칭은 본부장·단장·부장 및 팀장 등으로 달리 정할 수 있도록 하고 있다. 보조기관은 스스로 의사를 결정하여 이를 대외적으로 표시할 권한이 없으나, 의사기관으로부터 권한의 위임이 있는 경우에는 위임의 범위 안에서 행정청의 지위에 설 수 있다.

보좌기관은 '행정기관이 그 기능을 원활하게 수행할 수 있도록 그 기관장이나 보조기관을 보좌함으로써 행정기관의 목적달성에 공헌하는 기관'을 말한다(행정기관의 조직과 정원에 관한 통칙 $\S$ 2 vii). 주로 정책의 기획·계획의 입안·연구·조사, 평가, 홍보와 행정개선 등 참모적 기능을 담당하는 기관으로 정부조직법상 차관보·실장·국장 및 이에 상당하는 기관을 말하며, 「행정기관의 조직과 정원에 관한 통칙」은 보좌기관의 명칭을 정책관·기획관·담당관 등으로 정할 수 있고, 업무수행에 필요한 최소한의 하부조직을 둘 수 있도록 하고 있다($\S$ 12 ②).

보조기관과 보좌기관을 합하여 하부조직이라 한다.

(3) 참여기관

이것은 행정청의 의사결정에 구속적 의미를 지니는 의사표시를 할 권한을 갖는 기관을 말한다. 참여기관은 그 성질상 합의제기관인 것이 원칙이며, 참여기관의 의사가 배제되거나 그에 반하여 행해진 행위는 원칙적으로 무효가 된다.

(4) 자문기관

이것은 '부속기관 중 행정기관의 자문에 응하여 행정기관에 전문적인 의견을 제공하거나, 자문을 구하는 사항에 관하여 심의·조정·협의하는 등 행정기관의 의사결정에 도움을 주는 행정기관'을 말한다(행정기관의 조직과 정원에 관한 통칙 $\S$ 2 iv). 다른 행정기관의 자문요청에 따라 또는 자발적으로 행정청에 의견을 제시하는 임무를 수행한다. 법률상 요구된 자문기관의 자문을 거치지 않고 행정행위를 할 경우 절차상 하자의 문제가 발생한다.

(5) 집행기관

이것은 의사기관, 즉 행정청의 의사결정을 실제로 집행하여 행정상 필요한 상태를 실현하는 임무를 띠는 기관이다(경찰공무원, 소방공무원, 세무공무원). 한편 지방자치법상의 집행기관은 그 명칭에도 불구하고 이러한 의미의 집행기관이 아니고 오히려 의사기관으로서 지방자치단체의 장의 지위를 갖는다.

(6) 의결기관

의결기관이란 그 명칭이 연상시키는 일반적 의미로는 의결권 또는 의결기능을 갖는 기관이지만, 여기서 말하는 의결기관이란 의결의 결과를 대외적으로 표시할 수 있는 권한을 갖지 못하고 의결권만 갖는 기관을 말한다. 가령 경찰위원회, 징계위원회 등이 그것이다. 의결기관은 독자적인 의사표시권을 갖지 않으므로 합의제행정기관이지만 합의제행정관청은 아니다. 정부조직법 제5조에서 말하는 '소관사무의 일부를 독립하여 수행할 필요가 있는 때 법률이 정하는 바에 따라' 둘 수 있는 행정위원회 등 합의제행정기관이란 여기서 말하는 의결기관이 아니라 합의제행정청을 말한다. 국가공무원법상 소청심사위원회, 행정심판법상 행정심판위원회가 그와 같은 합의제행정청의 예이다. 행정심판위원회는 과거에는 의결기관이었으나, 2008년 2월 29일의 법개정으로 합의제행정청으로 격상되었다.

(7) 감사기관

이것은 다른 행정기관의 사무처리, 회계 등을 감사할 수 있는 권한을 갖는 기관이다. 특별감독기관으로서 감사원이 그 대표적인 예이다.

(8) 현업기관

이것은 공익사업을 경영, 관리하는 기관(공기업기관: 철도기관, 우편관서, 국공립학교)으로서 그러한 기관의 장은 그 사업경영권의 범위 내에서 행정청의 지위에 서기도 한다.

(9) 부속기관

이것은 행정권의 직접적인 행사를 임무로 하는 기관에 부속하여 그 기관을 지원하는 행정기관을 말한다(행정기관의 조직과 정원에 관한 통칙 § 2 ⅲ).

정부조직법 제4조는 행정기관에 그 소관사무의 범위에서 필요한 때에는 대통령령으로 정하는 바에 따라 시험연구기관·교육훈련기관·문화기관·의료기관·제조기관 및 자문기관 등 부속기관을 설치할 수 있도록 하고 있다(정부조직법 § 4). 부속기관은 그 목적에 따라 시험·연구기관(국립보건연구원, 국립환경연구원, 국립공업시험원, 식품개발연구원, 한국학중앙연구원), 교육훈련기관(중앙공무원교육원, 지방행정연수원), 문화기관(국공립박물관, 국공립도서관, 국립극장), 의료기관(국립의료원, 경찰병원, 보건소, 국립대학부속병원), 제조기관(철도차량정비창), 자문기관 (각종 위원회, 심의회) 등의 형태를 띨 수 있다.

(10) 책임운영기관

① 의의

"책임운영기관"이란 정부가 수행하는 사무 중 공공성을 유지하면서도 경쟁원리에 따라 운영하는 것이 바람직한 사무에 대하여 책임운영기관의 장에게 행정 및 재정상의 자율성을 부여하고 그 운영 성과에 대하여 책임을 지도록 하는 행정기관을 말한다(책임운영기관의 설치·운영에 관한 법률 §2 ①). 이것은 이른바 신공공관리론에서 자율적 운영과 시장경쟁의 원리에 의한 정부혁신을 통해 대국민 서비스를 향상시키기 위한 수단으로 창안한 경영행정의 기관설계모형으로서,[9] 영국의 'Executive Agencies', 뉴질랜드의 'Crown Entity', 캐나다의 'Special Operating Agency', 일본의 '독립행정법인'에 상응하는 조직유형이다.

② 책임운영기관의 설치

「책임운영기관의 설치·운영에 관한 법률」은 책임운영기관으로 하는 데 적합한 행정사무의 기준을 다음과 같이 정하는 한편, 그에 부합되는 경우 책임운영기관을 대통령령으로 설치하도록 하고 있다(§4 ①).

1. 기관의 주된 사무가 사업적·집행적 성질의 행정 서비스를 제공하는 업무로서 성과 측정기준을 개발하여 성과를 측정할 수 있는 사무
2. 기관 운영에 필요한 재정수입의 전부 또는 일부를 자체적으로 확보할 수 있는 사무

행정안전부장관은 기획재정부 및 해당 중앙행정기관의 장과 협의하여 책임운영기관을 설치할 수 있으며(§4 ② 제1문), 그 경우 해당 중앙행정기관의 장의 의견을 존중하여야 한다(§4 ② 제2문). 한편, 중앙행정기관의 장은 소관사무 중 책임운영기관이 수행하는 것이 효율적이라고 인정되는 사무에 대하여는 행정안전부장관에게 책임운영기관의 설치를 요청할 수 있다(§4 ③).

③ 책임운영기관의 종류

책임운영기관은 기관의 지위에 따라 중앙행정기관의 소속 기관인 소속책임운영기관과 정부조직법 제2조 제2항에 따른 청의 지위를 가지는 중앙책임운영기관으로 나뉜다(§2 ②). 이들은 모두 책임운영기관의 설치·운영에 관한 법률 제4조에 따라 대통령령으로 설치된다.

책임운영기관은 또 기관의 사무성격에 따라 행정형 책임운영기관(행정형 기관)과 기업형

---

9) 이러한 발상은 1988년 영국에서 능률조사단(Efficiency Unit)이 마가렛 대처 수상에게 제출한 보고서 '정부 내의 관리개선: 다음단계'(*Improving Management in Government: The Next Steps* 1988)에서 비롯되었다.

책임운영기관(기업형 기관)으로 나뉘는데, 전자는 책임운영기관의 설치·운영에 관한 법률 제4조 제1항 제1호에 규정된 사무를 주로 하는 기관이고, 후자는 같은 법 제4조 제1항 제2호에 규정된 사무를 주로 하는 기관을 말한다($\frac{§2}{③}$). 기업형 기관은 재정수입 중 자체수입의 비율이 2분의 1이상인 기관이나 재정수입 중 자체수입 비율이 2분의 1미만인 기관 중에서 자체수입의 성격, 자체수입 확대의 잠재성 및 기관운영의 독립성 등을 고려하여 책임운영기관 운영위원회에서 기업형기관으로 운영할 필요가 있다고 심의·의결한 기관으로서 특별회계로 운영하는 데 비해 행정형 기관은 일반회계로 운영한다. 행정형 기관과 기업형 기관의 구분은 대통령령으로 정한다($\frac{§2}{④}$).

④ **책임운영기관의 운영원칙**

법은 제3조에서 책임운영기관의 운영 원칙을 명시하고 있다. 이에 따르면, 책임운영기관은 그 기관이 소속된 중앙행정기관 또는 국무총리가 부여한 사업목표를 달성하는 데에 필요한 기관 운영의 독립성과 자율성이 보장되며($\frac{§3}{①}$), 책임운영기관의 장은 그 기관의 경영혁신을 위하여 필요한 조치를 하여야 한다($\frac{§3}{②}$).

⑤ **책임운영기관의 설치현황**

2016년 3월 1일 현재 소속책임운영기관은 운전면허시험관리단, 국립자연휴양림관리소, 국립병원 등 48개 기관과 중앙책임운영기관 1개(특허청)가 있다. 행정안전부장관 소속 책임운영기관으로 국립과학수사연구소, 경찰청장 소속 책임운영기관으로 경찰병원 및 운전면허시험관리단, 교육부장관 소속 책임운영기관으로 국립국제교육원, 과학기술정보통신부 소속 책임운영기관으로 국립중앙과학관 및 국립과천과학관 등이 있다. 책임운영기관 설치현황은 다음 표에서 보는 바와 같다.

〈책임운영기관 설치현황〉

2016.3.1.기준 총 49개 책임운영기관 중 소속책임운영기관(48개 기관/8,260명)은 조사연구형(20개), 교육훈련형(5개), 문화형(7개), 의료형(9개), 시설관리형(5개), 기타형(2개)으로 구성되어 있다(행정안전부 (http://org.moi.go.kr) 정부조직관리정보시스템 자료실(2016.4.13 검색)).

유형		기관명
조사 연구형 (20개)	조사 및 품질관리형 (10개)	국립종자원(농림부); 국토지리정보원/항공교통센터(국토부); 국립해양측위정보원(해수부); 경인지방통계청/동북지방통계청/호남지방통계청/동남지방통계청/충청지방통계청(통계청); 항공기상청(기상청)
	연구형 (10개)	국립재난안전연구원(행안부); 국립과학수사연구원(행안부); 국립생물자원관(환경부); 국립수산과학원(해수부); 통계개발원(통계청); 국립문화재연구소/국립해양문화재연구소(문화재청); 국립원예특작과학원/국립축산과학원(농진청); 국립산림과학원(산림청)

교육훈련형(5개)	국립국제교육원(교육부); 통일교육원(통일부); 한국농수산대학(농림부); 해양수산인재개발원(해수부); 관세국경관리연수원(관세청)
문화형(7개)	국립중앙과학관/국립과천과학관(과기부); 국방홍보원(국방부); 국립중앙극장/국립현대미술관/한국정책방송원/국립아시아문화전당(문화부)
의료형(9개)	국립정신건강센터/국립공주병원/국립나주병원/국립춘천병원/국립부곡병원/국립마산병원/국립목포병원/국립재활원(복지부); 경찰병원(경찰청)
시설관리형(5개)	해양경비안전정비창(해수부); 국방전산정보원(국방부); 정부통합전산센터(행안부); 대산지방해양수산청(해수부); 국립자연휴양림관리소(산림청)
기타형(2개)	고용노동부고객상담센터(노동부); 국세청고객만족센터(국세청)

http://org.moi.go.kr/org/external/OrgBbsList.do?method=viewBulletin&id=265&type=external&menuGbn=

1.2.4. 구성방식에 따른 행정기관의 종류

행정기관은 그 구성방식에 따라 독임제 행정기관과 합의제 행정기관으로 구분된다.

(1) 독임제 행정기관

독임제는 1인의 자연인으로 구성되고 그의 단독적 책임 하에 의사결정을 행하게 되어 있는 기관을 말한다. 피라미드형의 계층적 구조를 취하는 일반적 행정조직에서는 독임제가 원칙이며, 합의제는 예외적이다.

(2) 합의제 행정기관

합의제 행정기관은 복수의 자연인으로 구성되고 이들 구성원의 합의에 의해 의사결정을 행하게 되어 있는 기관을 말한다. 중앙선거관리위원회, 공정거래위원회, 중앙노동위원회, 토지수용위원회 등과 같이 독자적인 의사결정 및 표시권을 가지는 합의제행정청들이 그 예이다.

정부조직법은 제5조에서 '행정기관에는 그 소관사무의 일부를 독립하여 수행할 필요가 있는 때에는 법률로 정하는 바에 따라' 행정위원회 등 합의제행정기관을 둘 수 있다고 규정하고 있다. 이를 받아 행정기관의 조직과 정원에 관한 통칙 제21조는 '법 제5조에 따라 행정기관에 그 소관사무의 일부를 독립하여 수행할 필요가 있을 때에는 법률이 정하는 바에 따라 행정기능과 아울러 규칙을 제정할 수 있는 준입법적 기능 및 이의의 결정 등 재결을 행할 수 있는 준사법적 기능을 가지는 행정위원회 등 합의제행정기관을 둘 수 있다'고 규정하고 있다.

행정기관 소속 위원회의 설치·운영에 관한 법률[10]은 제5조 제1항에서 정부조직법 제5조

---

10) 과거 노무현정부 시절 '위원회공화국'이란 신조어가 나올 정도로 위원회의 남설 및 방만한 운영에 대한 비판이 있었다. 이러한 배경에서 '효율적이고 일 잘하는 정부를 구현하고 부처 중심의 책임 있는 행정체제를 구축하기 위해 행정기관에 두는 위원회의 설치요건 및 절차, 위원회의 구성·운영 등에 대한 기준을 명확히 하고, 특별한 사정이 없는 한 존속기간을 정하여 위원회를 설치·운영하도록 하여 성격이나 기능이 중복되는 위원회가 설치되지 않도록 하며, 위원회 설치·운영의 내실을 기하기 위해 위원회를 설치·운영하는 각 행정기관의 장과 행정안전부장관

에 따라 합의제행정기관("행정위원회")을 설치할 경우 다음과 같은 요건을 갖추어야 한다고 규정하고 있다($\S_\text{①}^5$).

1. 업무의 내용이 전문적인 지식이나 경험이 있는 사람의 의견을 들어 결정할 필요가 있을 것
2. 업무의 성질상 특히 신중한 절차를 거쳐 처리할 필요가 있을 것
3. 기존 행정기관의 업무와 중복되지 아니하고 독자성이 있을 것
4. 업무가 계속성·상시성이 있을 것

반면 행정위원회를 제외한 위원회("자문위원회등")는 위 제1호 및 제2호의 요건을 갖추어야 한다($\S_\text{②}^5$).

행정기관 소속 위원회의 설치·운영에 관한 법률은 대통령, 국무총리 및 정부조직법 제2조 제2항에 따른 중앙행정기관과 각각의 소속 기관에 대해 적용되지만($\S_\text{①}^3$), 헌법에 따라 설치되는 위원회 및 정부조직법 제2조 제2항에 따라 다른 법률에 따라 중앙행정기관으로 설치되는 위원회에 대하여는 적용되지 않는다($\S_\text{본문}^{3②}$). 다만, 중앙행정기관으로 설치되는 위원회 내에 위원회를 설치·운영하는 경우에는 이 법률이 적용된다($\S_\text{단서}^{5②}$).

(3) 양자의 비교

독임제는 책임소재의 명확성, 행정의 통일성, 의사결정 및 집행의 신속성 등을 장점으로 하는 데 비하여 합의제는 신중하고 공정한 의사결정, 이해관계의 충분한 고려 등을 장점으로 한다. 이러한 장점들은 각기 다른 쪽의 단점이기도 하다.

1.3. 행정기관의 내부조직

행정기관은 통상 복수의 자연인(기관담당자: Organwalter)으로 구성되며 행정목적의 달성에 필요한 물적 설비를 갖추고 있다. 바로 이 때문에 기관의 조직이 요구되는데 그것은 기관의 시설이나 임무에 따라 극히 다양하다.

첫째, 가령 행정기관은 종종 각종 부서와 개개의 실무자로 충원된 분과로 구성되어 있는데 행정기관의 정점에는 당해 행정기관을 대표하고 모든 소속공무원의 상급자인 행정기관의 장이 위치하게 된다. 행정기관의 장은 단독의 자연인일 수도 있고(독임제의 경우) 복수의 자연인으로 구성된 합의체(합의제의 경우)일 수도 있다. 또한 행정기관에 따라서는 가령 지구대나 사업소 등과 같은 파견부서(Außenstelle)를 보유할 수도 있는데, 이들은 어느 정도 장소적, 조직적으로 독립성을 지닌다 할지라도 어디까지나 해당 행정기관의 일부이지 독자적 기관은 아니다.

의 책임을 명확히 하여 위원회를 체계적으로 관리·운영하려는 취지'에서 제정된 법률이다.

둘째, 최소의 조직단위인 직무(^{Amt})는 조직법적 의미에서 한 개인에게 할당된, 제도화된 임무영역을 말하는데(가령 시청 건축과장의 업무분야), 그 직무담당자($^{\text{Amtswalter, Amtsträger,}}_{\text{Amtsinhaber}}$)는 각각의 직무에 따른 임무를 수행해야 할 자연인을 말한다. 직무는 행정기관 내부에서만 성립하며, 행정청과는 달리 아무런 대외적 권한을 갖지 못한다.

2. 행정청(행정관청)

행정청($^{\text{행정관청;}}_{\text{Verwaltungsbehörde}}$)[11]이란 이미 앞에서도 본 바 있지만, 일정한 소관사무의 범위 내에서 행정주체를 위하여 의사를 결정하여 이를 대외적으로 표시할 수 있는 권한을 가진 의사기관으로서의 행정기관을 말한다. 행정청은 행정조직의 중심을 이루는 조직단위로서 실정법상 종종 '행정기관의 장'이라고 불린다($^{\text{정부조직}}_{\text{법§7}}$). 행정관청은 국가 또는 기타 행정주체의 기관, 즉 행정기관의 일종이다. 행정관청의 개념은 조직적 의미와 기능적 의미 두 가지로 사용될 수 있다. 전자는 국가행정의 위계구조에 속한 기관 및 국가이외의 행정주체에 속한 집행기관을 말하며, 후자는 외부관계에서 구체적인 행정조치를 고권적으로 수행하도록 되어 있는 모든 기관을 말한다. 외부관계에 있어서의 권한을 가지는 것은 일차적으로는 조직적 의미의 행정관청이지만, 그 밖에도 대외적으로 행정행위를 발하고 기타 고권적 조치를 취하는 한에 있어서는 기타의 국가기관, 가령 국회의장이나 대법원장 같은 국가기관도 그 같은 권한을 가질 수 있다. 따라서 이들은 조직적 의미에서의 행정관청에는 속하지 않지만 기능적 의미에서의 행정관청에는 해당된다. 행정쟁송법상 '행정청'은 바로 이러한 기능적 의미의 행정관청을 의미하며 이를 행정쟁송법적 의미에서의 행정관청이라고 부를 수 있다.

---

11) 국가기관의 경우 이를 행정관청, 지방자치단체의 경우를 행정청, 양자를 합하여 '행정청'이라고 부른다(김남진, 행정법 I, 189).

제 4 절 | 행정조직법의 기본원칙

행정조직에 관한 법적 규율 역시 헌법의 틀 안에서 결정된다. 이것은 법치국가 구조 하에서는 당연한 결과이다. 행정조직에 관한 헌법상 기본원칙은 보는 각도에 따라 다양하게 나타날 수 있으나 대체로 법치국가의 조직적 구현원리인 권력분립의 원칙, 민주적 정당성에 입각한 민주적 정부조직의 원칙, 행정조직법정주의($^{§\,96}$), 지방자치제도($^{§\,117}$) 등을 들 수 있다.

헌법은 먼저 법치국가의 조직적 기초로서 권력분립을 규정하고 이를 토대로 행정권의 수반인 대통령을 국민이 직접 선출케 함으로써 정부의 민주적 정당성을 확보하는 한편 과거 법으로부터 자유로운 영역으로 간주되어 민주적 입법권자의 규율에서 배제되었던 행정조직에 대해 이를 법률로 정하도록 함으로써 법적 통제를 가능케 하고 있다. 행정각부로 대표되는 행정조직의 설치·조직 및 직무범위를 법률로 정하도록 하는 행정조직법정주의는 행정조직의 민주적 정당성을 확보하기 위한 최소한의 제도화를 의미한다. 그러나 국가행정조직의 기본법이라 할 수 있는 정부조직법은 행정조직에 관한 구체적 규율의 상당부분을 대통령령에 위임하고 있는데 이는 행정조직의 형성을 민주적 입법권자인 국회, 즉 법률에 맡긴 헌법정신에 비추어 볼 때 문제가 있다. 이러한 행정조직법정주의는 지방자치에 관해서도 관철되고 있다. 헌법은 지방자치단체의 종류, 조직과 운영에 관한 사항을 법률로 정하도록 하여 ($^{§\,117,}_{§\,118\,①}$) 지방자치조직의 전국적 통일성과 아울러 그러한 민주적 정당성의 측면을 배려하고 있다.

제 5 절 │ 행정관청의 권한과 행정기관 상호간 관계

I. 개   설

행정주체는 일반적으로 복수의 행정기관을 보유하고 있다. 이들 행정기관은 그 행정주체에게 맡겨진 행정임무를 일종의 분업을 통하여 수행하며 그 권한에 적합한 전문성이나 대표성 등 기타 요인들을 고려한 특수한 방식에 의해 충원된 요원으로 구성된다. 이들 행정기관 상호간의 관계 및 이들 행정기관과 행정주체 간의 관계 역시 행정조직법이 규율해야 하는 대상이다. 행정조직법은 행정기관에 대한 임무의 배분, 각 기관의 구성원 충원, 합의제기관의 의사결정절차 등을 규율하는데 이는 내부조직법($^{internes}_{Organisationsrecht}$) 또는 내부법(^{Innenrecht})에 의해 이루어진다. 이것은 하나의 법적 주체 내부에서의 법적 관계를 규율한다는 점에서 복수의 법적 주체들간의 법률관계를 규율하는 외부법(^{Außenrecht})과 구별된다. 내부법의 규율대상은 행정기관이거나 경우에 따라서는 기관의 하부조직 또는 그 일부가 된다. 이들 기관은 내부법규정의 규율대상으로서 내부법상의 법적 주체가 되지만 외부법의 법적 주체로 등장하지는 않는다. 가령 어떤 기관이 그것이 소속하는 행정주체의 행정임무를 수행할 경우 그 기관의 행위는 대외적으로는 당해 행정주체에게 귀속되는 데 반하여 대내적으로는 동일한 행정주체에 속한 다른 기관들과의 관계에 있어 자기에게 할당된 임무, 즉 그의 권한을 수행하는 것이 된다. 내부법과 외부법은 서로 엄격히 절연되어 전혀 무관한 별개의 법영역은 아니며, 서로 중첩되는 관계에 있다. 내부법은 통상 형식적 법률, 법규명령 및 자치법규의 형태를 띤다는 점에서는 외부법과 다를 바 없지만, 그러한 법형식에 국한되지 않고 행정규칙이나 사무처리규정($^{Geschäfts-}_{ordnung}$) 등의 형식을 취하기도 한다는 점에서 다르다. 또한 규정들 중에는 내부법과 외부법 양영역에 공통적으로 속하는 것도 있을 수 있다. 실제로 권한에 관한 규정은 내부법적 효과뿐만 아니라 외부법적 효과도 발할 수 있는데, 가령 다양한 행정기관의 업무영역의 한계를 설정함으로써 내부법적 효과를 발생하며, 행정의 상대방인 개인에 대한 관계에서 결정권한을 지닌 기관을 확정함으로써 외부법적 효과를 발생하는 것이 그 실례라 할 수 있다. 외부법적 효과는 특히 권한규정을 위반하여 행해진 행정행위를 위법하게 만든다는 데 있다.

이와 같은 행정주체내부의 조직에 대한 법적 규율의 내용을 파악함에 있어 가장 핵심적 의의를 갖는 것이 행정관청의 권한과 행정관청 상호관계에 관한 문제이다. 한편 이와 관련하여 제기되는 또 하나의 중요한 문제로 이른바 기관쟁송($^{Organstre-}_{itigkeiten}$), 즉 동일한 행정주체 내의 기관간의 분쟁($_{prozeß}^{Insich-}$)을 들 수 있다.

Ⅱ. 행정관청의 권한

1. 행정관청의 권한

1.1. 권한의 개념

행정관청이 행정주체를 위하여 법률상 유효하게 행정에 관한 행위를 할 수 있는 범위를 행정관청의 권한($_{Kompetenz}^{compétence,\ Zuständigkeit,}$)이라고 한다. 권한은 어느 행정주체, 행정기관이 행정임무를 수행하도록 되어 있는가 하는 문제이다. 여기서는 대외적으로 의사표시의 주체로 등장하는 행정관청의 권한이 중심이 된다. 그러나 행정관청의 권한도 실은 그들이 속한 행정주체의 권한에 의해 선결된 것임은 물론이다. 행정관청의 권한은 실정법상 직무범위·소관사무·관할·직무권한 등 다양한 용어로 표현되고 있다.

1.2. 권한의 설정

통상 행정주체에 속하는 행정관청의 수가 다수임을 고려할 때 이들의 권한을 명확히 획정하는 것은 필수불가결한 일이다. 그것은 일면 업무의 중복, 행정청간 권한의 충돌을 방지해주며 이들의 활동영역을 조정함으로써 행정의 통일성을 보장해준다는 점에서 행정에 이익이 되고, 타면 어느 행정청이 관련사무에 대한 결정권을 가지는지를 명확히 알려준다는 점에서 시민에게도 이익이 된다. 권한의 준수는 누가 하든 실질적으로 타당한 결정을 내리면 된다는 식의 단순한 형식주의(^{Formalismus})의 문제는 아니다. 권한 있는 행정청이야말로 당해업무를 위한 전문인력과 설비를 갖춰 실질적으로 타당한 결정을 내릴 것으로 기대되기 때문이다.

헌법은 제96조에서 행정각부의 설치·조직과 직무범위를 법률로 정하도록 하여 행정조직법정주의를 천명하고 있다. 따라서 행정관청의 권한은, 헌법에 직접 규정된 것 외에는 법률에 의해서만 설정되는 것이 원칙이다. 행정조직법정주의의 결과, 행정부가 명령으로 행정관청의 권한을 설정하거나 폐지·변경하는 것은 특별한 법률의 구체적 위임이 없는 한 허용되지 않는다.

1.3. 권한의 한계

권한의 개념은 본질상 한계의 요소를 포함한다. 행정관청의 권한에는 사항, 지역, 상대방, 형식 및 시간적 요인에서 오는 일정한 한계가 있다.

1.3.1. 사항적 한계

행정관청의 권한은 일정한 사항적 한계를 가지며($^{\text{sachliche Zuständigkeit:}}_{\text{사물관할}}$), 이것은 당해 행정관청의 임무와 종류에 따라 결정된다. 가령 행정안전부장관은 국무회의의 서무, 법령 및 조약의 공포, 정부조직과 정원, 공무원의 인사·윤리·복무·연금, 상훈, 정부혁신, 행정능률, 전자정부 및 정보보호, 정부청사의 관리, 지방자치제도, 지방자치단체의 사무지원·재정·세제, 낙후지역 등 지원, 지방자치단체간 분쟁조정, 선거, 국민투표, 안전관리정책 및 비상대비·민방위·재난관리 제도에 관한 사무를 관장하고, 법무부장관이 검찰·행형·인권옹호·출입국관리 그 밖에 법무에 관한 사무를 관장하며, 교육부장관은 인적자원개발정책, 학교교육·평생교육, 학술에 관한 사무를 관장하는 것과 같다. 행정관청은 자기의 권한에 속한 사항만을 처리할 수 있을 뿐 다른 행정관청의 권한에 속하는 사항을 처리할 수 없다. 이것은 권한설정을 통한 행정임무의 배분에 따른 당연한 결과이다. 행정관청 중에서 그 사항적 권한이 비교적 일반적이고 광범위하게 설정된 것을 보통관청이라 하고(가령 기획재정부장관), 특정적, 제한적으로 설정된 것을 특별관청이라고 한다(국세청장).

1.3.2. 지역적 한계

지역적 권한($^{\text{ortliche}}_{\text{Zuständigkeit}}$)은 행정관청으로 하여금 사물적 권한을 행사할 수 있는 공간 내지 지역을 한정해 준다. 전국을 관할구역으로 하는 것을 중앙관청이라 하고 관할구역이 일정지역에 제한되어 있는 것(지방국세청장, 지방경찰청장)을 지방관청이라고 부른다.

1.3.3. 대인적 한계

대인적 권한($^{\text{persönliche}}_{\text{Zuständigkeit}}$)은 행정관청의 권한이 미치는 사인적 범위를 설정해준다. 가령 국방부장관이 군인·군무원의 신분을 가진 자만을 관할하는 것이 그 예이다.

1.3.4. 형식적 한계

형식적 권한($^{\text{förmliche}}_{\text{Zuständigkeit}}$)은 일정한 권한행사의 법형식에 대한 배타적 권한을 말한다. 가령 대통령령은 대통령만이, 총리령은 국무총리만이 이를 제정할 수 있는 것이 그 예라 할 수 있다.

1.4. 권한의 효과

행정관청은 그에게 부과된 임무를 수행해야 하는 동시에 그 권한의 한계를 준수해야 한다. 따라서 권한은 그 활동의 근거와 한계를 이룬다. 권한은 임무수행에 필요한 또는 합목적적이라고 판단되는 모든 수단을 동원할 수 있는 권한(^{Befugnis})을 포함하는 것은 아니다. 권한 행사를 통해 국민의 권리를 침해하는 경우에는 법률의 수권이 요구된다.

　행정관청의 권한은 행정주체 내부에서는 행정기관 상호간의 관계에서, 그것이 수평적이건 수직적 관계이건 불문하고, 준수되어야 한다. 한편 대외적으로 행정관청이 그 권한범위 내에서 행한 행위의 법적 효과는 그것이 속한 행정주체에 귀속된다. 당해 행정관청의 폐지, 변경 또는 구성원의 교체에 의해 영향을 받지 않는다. 반면 권한을 넘은 행위는 일정한 요건하에 국가배상 등의 책임이 성립되는 경우 외에는 그 법적 효과가 행정주체에 귀속되지 않는다.

2. 행정관청의 대리

2.1. 의   의

　행정관청의 대리(^{Stellvertretung})란 행정관청의 권한의 전부 또는 일부를 다른 행정기관(보조기관, 하위행정관청 또는 다른 기관 구성자)이 피대리관청을 위한 것임을 표시하고 자기의 이름으로 대행함으로써 그 행위의 효과를 피대리관청에 귀속시키는 것을 말한다. 행정관청의 대리는 법령상 권한배분에 영향을 주지 않는다는 점에서 행정관청의 권한 자체를 실질적으로 다른 행정기관에 이전하는 권한의 위임과 다르다.

　"대리권을 수여받은 데 불과하여 그 자신의 명의로는 행정처분을 할 권한이 없는 행정청의 경우 대리관계를 밝힘이 없이 그 자신의 명의로 행정처분을 하였다면 그에 대하여는 처분명의자인 당해 행정청이 항고소송의 피고가 되어야 하는 것이 원칙이지만, 비록 대리관계를 명시적으로 밝히지는 아니하였다 하더라도 처분명의자가 피대리 행정청 산하의 행정기관으로서 실제로 피대리 행정청으로부터 대리권한을 수여받아 **피대리 행정청을 대리한다는 의사로 행정처분을 하였고 처분명의자는 물론 그 상대방도 그 행정처분이 피대리 행정청을 대리하여 한 것임을 알고서 이를 받아들인 예외적인 경우에는 피대리 행정청이 피고가 되어야 한다.**"[1]

2.2. 대리의 종류

　행정관청의 대리는 발생원인, 즉 대리권의 근거를 기준으로 임의대리와 법정대리로 나뉜다.

---

1) 대법원 2006.2.23. 자 2005부4 결정: 근로복지공단 이사장으로부터 보험료의 부과 등에 관한 대리권을 수여받은 지역본부장이 대리의 취지를 명시적으로 표시하지 않고서 산재보험료 부과처분을 한 경우, 그런 관행이 약 10년 간 계속되어 왔고, 실무상 근로복지공단을 상대로 산재보험료 부과처분에 대한 항고소송을 제기하여 온 점 등에 비추어 지역본부장은 물론 그 상대방 등도 근로복지공단과 지역본부장의 대리관계를 알고 받아들였다는 이유로, 위 부과처분에 대한 항고소송의 피고적격이 근로복지공단에 있다고 한 사례.

2.2.1. 임의대리

(1) 의 의

임의대리($^{\text{freiwillige}}_{\text{Stellvertretung}}$)란 피대리관청의 수권에 의하여 대리관계가 발생하는 경우로 '수권대리', '위임대리'라고도 부른다. 행정관청은 그 주체에게 사고가 있을 때 또는 사고가 없는 경우에도 보조기관이나 하급행정기관 구성원에게 대리권을 수여할 수 있다. 임의대리권의 수권은 개별적인 법령의 근거를 요하지 않는다는 점에서 권한의 위임과 구별된다.

> 임의대리는 일시적이나마 자기이름으로 피대리관청의 권한을 행사하는 것이라는 점에서, 위임관청의 명의로 수임자가 권한행사를 대행하는 데 그치고 법적·대외적으로는 여전히 위임자의 행위로 간주되는 내부위임과도 구별된다.

(2) 대리권의 범위

임의대리권의 범위는 수권행위에 의해 정해진다. 그러나 대리권의 수권은 법령상 명문의 규정이 있는 경우를 제외하고는 성질상 일정한 제한을 받는다. 즉, 첫째, 일반적 권한에 관해서만 수권이 가능하고, 법령에서 개별적으로 지정되어 있는 권한(가령 총리령·부령 제정권 같은 형식적 권한)은 당해관청 자신의 권한행사를 예정하고 있는 것이므로 수권될 수 없다. 둘째, 대리는 권한의 일부에 한한다. 권한 전부를 대리하는 것은 그 권한을 부여한 법의 취지에 반하기 때문이다. 셋째, 복대리(^{subdelegation})는 법령에 이를 허용하는 명문의 규정이 없는 한, 수권행위가 대리인의 특정을 전제로 하는 것이므로 허용되지 않는 것으로 보아야 한다.

(3) 대리권의 종료

대리권은 피대리관청의 수권이 철회됨으로써 소멸한다.

2.2.2. 법정대리

(1) 의 의

법정대리($^{\text{gesetzliche}}_{\text{Stellvertretung}}$)는 피대리관청의 수권에 의해서가 아니라, 일정한 사실발생(궐위·부재·사고 등)을 전제로 직접 법령의 규정에 의해 대리관계가 발생하는 경우이다. 이에 관해서는 각개별법의 규정 외에 대통령령인 「직무대리규정」이 규율하고 있다. 법정대리의 경우 '수권행위'가 문제될 여지가 없음은 자명하다.

(2) 종 류

법정대리에는 일정한 사실이 발생하면 법률상 당연히 대리관계가 발생하는 협의의 법정대리(헌법 § 46; 정부조직법 §§ 7②, 12 ②; 직무대리규정 § 4)와 법정사실이 발생할 경우 일정한 자가 대리인을 지정함으로써 비로소 대리관계가 성립하는 지정대리로 나뉜다($\frac{정부조직}{법 \S 19}$). 국무총리 유고시 대통령이 국무총리를 대리할 국무위원을 지명하는 경우가 지정대리의 예이다. 지정대리는 피대리관청의 일시적 유고시에 행해지지만 궐위시에도 일시적으로 대리인을 지정하는 경우가 있는데 이를 서리(署理)라 부른다. 서리에 대해서는 피대리관청의 구성원이 궐위된 경우이므로 이를 대리와 다르다고 보는 견해가 있으나 권한의 대리는 행정관청간 문제이고 모두 행정사무의 대행이라는 점에서 이를 지정대리의 일종으로 보는 것이 지배적이다.[2]

(3) 대리권의 범위

법정대리권은 피대리관청의 권한의 전부에 미친다. 법정대리에 있어 대리인의 구체적 사정과는 무관하게 법정사실의 발생으로 당연히 대리관계가 성립하며 그 범위도 피대리관청의 권한 전부에 미치는 것이어서 대리인이 그 대리권행사에 스스로 책임을 지게 되므로 그 대리권의 일부에 관하여 복대리인을 선임하는 것은 허용된다고 본다.[3]

(4) 피대리관청의 지휘·감독권의 문제

피대리관청이 궐위된 경우의 법정대리(서리)에 관한 한 피대리관청의 지위·감독권의 문제는 발생하지 않지만, 그 밖의 경우 피대리관청이 의사능력과 행위능력을 보유하고 있을 때에는 본인으로서 대리인의 권한 행사를 지휘·감독할 수 있는 것으로 보아야 할 것이다.[4]

(5) 대리권의 종료

수권대리와 달리 법정대리권은 대리권을 발생케 한 법정사실의 소멸(예: 질병의 완쾌나 국외출장으로부터의 귀국 등으로 인한 직장복귀)에 의하여 소멸한다.

3. 권한의 위임

3.1. 의 의

권한의 위임이란 행정관청(위임청)이 권한의 일부를 다른 행정기관(보통 하위행정관청: 수임청)에 위양, 즉 실질적으로 이전하여 이를 수임청의 이름으로 행사하도록 하는 것을 말한다.

행정권한의 위임 및 위탁에 관한 규정 제2조 제1호는 행정권한의 '위임'을 '법률에 규정된 행정기관의 장의 권한 중 일부를 그 보조기관 또는 하급행정관청의 장이나 지방자치단체의 장에게 맡겨 그의 권한과 책임 아래 행사하도록 하는 것'을 말한다고 정의하고 있다.

---

2) 홍정선 I, 553에 인용된 문헌을 참조.
3) 김동희, 행정법 II, 18; 이상규, 신행정법론(하), 65; 박윤흔, 행정법강의(하), 40-41.
4) 김동희, 행정법 II, 17.

3.2. 유사개념과의 구별

3.2.1. 권한이양과의 구별

권한이양 역시 권한이 이전된다는 점은 권한의 위임과 다르지 않지만, 후자의 경우 법령 상의 권한은 그대로 둔 채 별도의 위임근거규정에 따라 수임기관에게 권한을 이전하는 것이 므로 그 이전이 잠정적이고 언제든지 회수가능하며 사무처리에 관한 기준설정권, 감독권 등 이 여전히 위임기관에게 유보되어 있다는 점에서 다르다. 실례로 지방분권촉진에 관한 특 별법은 제10조에서 권한이양에 관하여, 국가는 제6조에 따른 사무배분의 원칙에 따라 그 권 한 및 사무를 적극적으로 지방자치단체에 이양하여야 하며, 그 과정에서 국가사무 또는 시·도의 사무로서 시·도 또는 시·군·구의 장에게 위임된 사무는 원칙적으로 폐지하고 자치사무와 국가사무로 이분화하여야 한다고 규정하고 있다($\S^{10}_①$).[5] 이 경우 권한이양은 권한 의 이전이 확정적으로 이루어진다는 점에서 권한의 위임과 구별된다.

3.2.2. 권한대리와의 구별

권한의 위임이 있으면 행정권한이 이전되는 반면, 권한의 대리는 권한의 귀속 자체를 변 경시키지 아니 한다는 점에 근본적인 차이가 있다. 양자의 차이는 다음 표에서 보는 바와 같다.

〈권한의 대리와 권한의 위임의 비교〉

비교항목	권한의 대리	권한의 위임
권한의 소재	실질적·형식적으로 피대리관청	실질적으로 수임관청에 이전 형식적으로 위임관청에 유보
법적 근거 필요 여부	임의대리의 경우 불필요	법률상 권한분배에 대한 변경이 므로 필요
수임자	통상 보조기관	통상 하급관청

3.2.3. 내부위임 · 위임전결 · 대결과의 구별

(1) 내부위임

행정청이 내부적인 사무 처리의 편의를 도모하기 위하여 그 보조기관 또는 하급행정청에 게 내부적으로 권한을 위임하여 그 권한을 사실상 행사하도록 하되 대외적으로는 자신, 즉 위임기관의 이름으로 하도록 하는 것을 말한다.

---

5) 또한 국가는 권한 및 사무를 지방자치단체에 포괄적, 일괄적으로 이양하기 위하여 필요한 법적 조치를 마련하여 야 하며(§ 10 ②), 지방자치단체에 이양한 사무가 원활히 처리될 수 있도록 행정적·재정적 지원을 병행하여야 한다(§ 10 ③).

내부위임은 행정권한의 행사를 실질적으로 하급행정청이나 보조기관으로 하여금 처리하게 하면서 대외적인 권한 행사는 본래의 행정관청의 이름으로 하도록 하는 것이므로 대외적으로 권한의 이전이 없다는 점에서 권한의 위임과 구별된다. 그런 뜻에서 권한의 위임은 외부적 위임이고, 내부위임이나 위임전결은 내부적 위임이라고 하기도 한다.

이에 관한 판례로 내부위임의 경우 '**수임기관은 위임기관의 명의로써 처분을 하여야 한다**'는 판례,[6] '**내부위임은 권한의 이양이나 재분배가 아니므로 반드시 법적 근거를 요하는 것이 아니라**'는 판례[7]가 있다. 한편 '**서울특별시장의 권한을 관할구청장에게 내부위임한 경우 구청장이 그 명의로 불수리처분을 한 것은 위법이지만 그 불수리처분에 대한 행정소송은 그 처분을 한 구청장을 피고로 하여야 하고** 서울특별시장을 피고로 함은 부적법하다'고 한 판례[8]도 있다.

(2) 위임전결

행정청이 그 보조기관·보좌기관 또는 당해 업무담당 공무원으로 하여금 대신 결재하도록 하는 것을 말한다$\binom{\text{사무관리규정}}{\S 16 \ ②}$. 내부위임과 위임전결은 권한귀속의 변동을 가져오지 않는다는 점은 공통적이나 전자는 소속하급행정관청에 대해 행해지는 것이 보통인데 비해 후자는 당해 관청 내에서 보조기관이 행하는 것이 보통이다.

(3) 대 결

결재권자가 휴가·출장 기타의 사유로 결재할 수 없는 때에는 그 직무를 대리하는 자가 대신 결재하고 내용이 중요한 문서에 대하여 결재권자에게 사후에 보고하는 것을 말한다 $\binom{\text{사무관리규정}}{\S 16 \ ③}$.

3.3. 권한위임의 법적 근거

권한위임은 법령상 권한의 배분을 변경시키는 것이므로 법적 근거를 필요로 한다. 이에 관하여는 정부조직법 제6조 및 이에 의거하여 제정된 행정권한의 위임 및 위탁에 관한 규정과 지방자치법 제104조 및 이에 의거한 조례가 일반법으로 규율하고 있고, 그 밖에 환경부장관의 각종 규제명령에 관한 권한들을 대통령령으로 정하는 바에 따라 그 일부를 시·도지사, 환경부 소속 환경연구원의 장이나 지방 환경관서의 장에게 위임할 수 있도록 한 대기환경보전법 제87조 및 같은 법 시행령 제63조 내지 제65조 등 다양한 분야의 법령들이 있다.

---

6) 대법원 1969.1.21. 선고 68누193 판결.
7) 대법원 1973.1.30. 선고 72다1915 판결.
8) 대법원 1980.11.25. 선고 80누217 판결; 대법원 1981.7.28. 선고 79누315 판결.

3.4. 권한위임의 한계

정부조직법은 제6조 제1항에서 행정기관은 법령으로 정하는 바에 따라 그 소관사무의 일부를 보조기관 또는 하급행정기관에 위임하거나 다른 행정기관·지방자치단체 또는 그 기관에 위탁 또는 위임할 수 있다고 규정하고 있다. 권한의 위임은 위임청의 권한의 일부에 관해서만 허용된다. 전부위임은 물론이고 주요부분의 위임도, 위임청의 권한을 완전히 소멸시키는 것은 권한배분의 원칙에 위배되므로 인정되지 아니한다. 또한 성질상 권한위임에 친하지 않는 권한이 있는데 가령 행정각부의 장의 임명권, 법률안거부권 등 헌법이 직접 특정 행정관청에 전속적으로 부여한 권한을 위임하는 것은 허용되지 않는다. 한편 정부조직법 제6조 제1항 제2문에 따라 권한의 위임 또는 위탁을 받은 기관은 특히 필요한 경우에는 법령으로 정하는 바에 따라 위임 또는 위탁을 받은 사무의 일부를 보조기관 또는 하급행정기관에 재위임할 수 있다.

3.5. 권한위임의 상대방

권한의 위임은 종래 상하관계에 있는 행정청간에만 행해졌으나 오늘날은 대등관청간에, 위임청과는 계통을 달리 하는 행정청에 대해서도 그리고 사인에 대해서도($^{민간위탁: 정부}_{조직법 \S 6 \, ③}$) 행해질 수 있게 되었다. 대등관청 또는 지휘계통을 달리하는 행정청에 대한 권한의 위임을 특히 권한의 위탁이라고 한다($^{정부조직}_{법 \S 6 \, ①}$). 「행정권한의 위임 및 위탁에 관한 규정」은 권한의 '위탁'을 '법률에 규정된 행정기관의 장의 권한 중 일부를 다른 행정기관의 장에게 맡겨 그의 권한과 책임 아래 행사하도록 하는 것'으로 정의하고 있다($^{\S 2}_{ii}$). 한편 지방자치단체 또는 그 기관에 대한 국가행정사무의 위임은 단체위임과 기관위임 형태로 행해진다.

3.6. 권한위임의 효과

3.6.1. 권한의 이전·권한행사의 명의·권한행사에 대한 책임 및 감독책임

권한의 위임이 있으면 위임청은 권한을 상실하고 그 권한은 수임청의 권한으로 이전되어 수임청이 자기의 이름으로 이를 행사하게 된다. 따라서 취소소송 등 항고소송의 피고도 수임청이 된다. 정부조직법 제6조 제2항은 권한을 위임받은 보조기관은 위임받은 사항에 대하여는 그 범위 안에서 행정기관으로서 그 사무를 수행한다고 규정하고 있다.

행정권한의 위임 및 위탁에 관한 규정은 제7조에서 "수임 및 수탁사무의 처리에 관하여 위임 및 위탁기관은 수임 및 수탁기관에 대하여 사전승인을 받거나 협의를 할 것을 요구할 수 없다"고 규정하는 한편($^{\S 7}$), 제8조에서는 책임의 소재 및 명의 표시에 관한 명시적 규정을 두고 있다. 즉, 수임 및 수탁사무의 처리에 관한 책임은 수임 및 수탁기관에 있고, 위임 및 위탁기관의 장은 그에 대한 감독책임을 지며($\S^8_①$), 수임 및 수탁사무에 관한 권한을 행사할 때에는 사무관리규정 제13조에 따라 수임 및 수탁기관의 명의로 시행하여야 한다($\S^8_②$). 이에 관한 대법원의 판례는 비교적 명료하다. 실례를 들어 보면, 대법원은 시장이 자기의 이름으로 한 관광사업계획승인신청서 반려처분을 적법한 권한에 기한 것이라고 판단한 원심판결을 행정권한의 위임에 관한 법리오해 등을 이유로 파기하였다.

"행정권한의 위임은 행정관청이 법률에 따라 특정한 권한을 다른 행정관청에 이전하여 수임관청의 권한으로 행사하도록 하는 것이어서 권한의 법적인 귀속을 변경하는 것이므로 법률이 위임을 허용하고 있는 경우에 한하여 인정된다 할 것이고, 이에 반하여 행정권한의 내부위임은 법률이 위임을 허용하고 있지 아니한 경우에도 행정관청의 내부적인 사무처리의 편의를 도모하기 위하여 그의 보조기관 또는 하급행정관청으로 하여금 그의 권한을 사실상 행사하게 하는 것이므로, **권한위임의 경우에는 수임관청이 자기의 이름으로 그 권한행사를 할 수 있지만 내부위임의 경우에는 수임관청은 위임관청의 이름으로만 그 권한을 행사할 수 있을 뿐 자기의 이름으로는 그 권한을 행사할 수 없는 것이다.**"[9]

권한위임이 보조기관 또는 하급행정관청에 대하여 행해진 경우에 위임청은 상급기관으로서 본래 이들 기관을 지휘·감독하는 지위에 있기 때문에 의당 위임사무에 관해서도 지휘·감독권이 미친다. 반면 권한위임이 그 지휘·감독 하에 있지 않은 하급행정기관이 아닌 경우에는 법률에 명문의 규정이 없는 한 이를 소극적으로 보아야 할 것이나,[10] 행정권한의 위임 및 위탁에 관한 규정($\S^6$)은 이를 가리지 않고 위임기관은 수임기관 및 수탁기관의 사무처리에 관하여 지휘·감독하고 그 처리가 위법·부당하다고 인정할 때에는 취소 또는 정지할 수 있도록 하고 있다.

실례로 대기환경보전법시행령 제64조는 권한 위임에 따른 업무 감독 등을 규정하고 있다. 이에 따르면 환경부장관은 넓은 범위의 대기오염을 관리하기 위하여 특히 필요하다고 인정되면 권한위임에도 불구하고 사업장에 대하여 배출허용기준의 준수 여부 등 법령 위반사항을 점검·확인하거나 유역환경청장 또는 지방환경청장으로 하여금 점검·확인하게 할 수 있고($\S^{64}_①$), 환경부장관·유역환경청장 또는 지방환경청장은 그 점검·확인 결과 사업장의 법령 위반사실을 적발한 경우에는 그 내용 및 조치의견을 관할 시·도지사에게 통보하여야 하며($\S^{64}_②$), 통보를 받은 시·도지사는 그에 따른 조치를 하고, 그 결과를 환경부장관, 유역환경청장 또는 지방환경청장에게 보고하거나 통보하도록 되어 있다($\S^{64}_③$).

---

9) 대법원 1992.4.24. 선고 91누5792 판결.
10) 小高 剛, 288.

"행정권한위임규정 제26조 제1항 제3호, 제4조, 서울특별시 교육감 행정권한의 위임에 관한 규칙 제5조 제10호 등에 비추어 서울시 교육감으로서는 성동교육청교육장에게 재위임되지 않고 유보된 나머지 권한과 관련하여서 여전히 육영재단에 대한 감사 등 지도·감독권을 행사할 수 있다."[11]

위임기관은 수임기관의 권한 행사에 관하여 감사권을 가진다. 행정권한의 위임 및 위탁에 관한 규정 제9조에 따르면 위임·위탁기관은 위임·위탁사무 처리의 적정성을 확보하기 위하여 필요한 경우에는 수임·수탁기관의 수임·수탁사무 처리 상황을 수시로 감사할 수 있다($^{§\,9}$).

지방자치단체 또는 그 기관에 대한 국가사무의 위임에 있어 단체위임의 경우 국가는 최소한의 사후 감독만 할 수 있으나 기관위임의 경우에는 지방자치단체의 장이 기관위임사무를 처리하는 한에서는 국가기관의 지위에 서게 되므로 상급국가행정관청의 지휘·감독을 받게 된다.

"자동차운전면허시험 관리업무는 국가행정사무이고 지방자치단체의 장인 서울특별시장은 국가로부터 그 관리업무를 기관위임받아 국가행정기관의 지위에서 그 업무를 집행하므로, 국가는 면허시험장의 설치 및 보존의 하자로 인한 손해배상책임을 부담한다"[12]

이와 관련하여 공원 관리에 관한 상위 지방자치단체장의 행정권한이 하위 지방자치단체장 등에게 위임된 경우 그 공원의 관리청은 하위 지방자치단체장이지만, 국가 또는 상위 지방자치단체 등이 위임조례 등에 의하여 그 권한의 일부를 하위 지방자치단체의 장 등에게 기관위임을 하여 수임관청이 그 사무처리를 위하여 공원 등의 부지가 된 토지를 점유하는 경우, 위임관청이 그 토지를 간접점유하는 것으로 본 판례가 있다.

"[1] 구 도시공원법($^{1997.12.13.\ 법률\ 제5453}_{호로\ 개정되기\ 전의\ 것}$) 제5조 제1항, 제6조 제1항, 제2항에 의하면, 시장 또는 군수가 직접 도시공원을 설치한 경우뿐만 아니라 시장 또는 군수 외의 자가 도시공원을 설치하거나 위탁받아 관리하는 경우에도 당해 공원의 관리청은 원칙적으로 그 공원이 위치한 행정구역을 관할하는 시장 또는 군수이다. 그러나 공원 관리에 관한 상위 지방자치단체장의 행정권한이 행정권한 위임조례에 의하여 하위 지방자치단체장 등에게 위임되었다면 권한을 위임받은 하위 지방자치단체장 등이 그 공원의 관리청이 된다.
[2] 국가 또는 상위 지방자치단체 등 위임관청이 위임조례 등에 의하여 그 권한의 일부를 하위 지방자치단체의 장 등 수임관청에게 기관위임을 하여 수임관청이 그 사무처리를 위하여 공원 등의 부지가 된 토지를 점유하는 경우, 간접점유의 요건이 되는 점유매개관계는 법률행위뿐만 아니라 법률의 규정, 국가행위 등에도 설정될 수 있으므로 이러한 위임조례 등을 점유매개관계로 볼 수 있는 점, 사무귀속의 주체

---

11) 대법원 2009.7.9. 선고 2008도9151 판결.
12) 대법원 1991.12.24. 선고 91다34097 판결.

인 위임관청은 위임조례의 개정 등에 의한 기관위임의 종결로 법령상의 관리청으로 복귀하며 수임관청에게 그 점유의 반환을 요구할 수 있는 지위에 있는 점 등에 비추어 보면, **위임관청은 위임조례 등을 점유매개관계로 하여 법령상 관리청인 수임관청 또는 그가 속하는 지방자치단체가 직접점유하는 공원 등의 부지가 된 토지를 간접점유한다**고 보아야 하므로, 위임관청은 공원 부지의 소유자에게 그 점유·사용으로 인한 부당이득을 반환할 의무가 있다."[13]

3.6.2. 권한위임에 따른 처분과 취소소송

대법원은 권한위임이 있는 경우, 그 수임청이 자신의 이름으로 한 처분에 대한 취소소송에서 피고가 된다고 판시하고 있다.

가령 에스에이치(SH)공사가 택지개발사업 시행자인 서울특별시장으로부터 이주대책 수립권한을 포함한 택지개발사업에 따른 권한을 위임 또는 위탁받은 경우, 이주대책 대상자들이 SH공사 명의로 이루어진 **이주대책에 관한 처분에 대한 취소소송을 제기함에 있어 정당한 피고는 SH공사가 된다**고 한 사례가 있다.[14]

적법한 권한 위임 없이 한 처분의 효력에 관한 판례의 태도는 분명하지 않다.

"'건축법등 관계법령에 따라 서울특별시장의 건축관계신고를 받을 권한은 구청장에게 위임되었으므로, 구청장의 위 권한을 건축신고처리방침시달공문에 첨부된 처리요령에 따라 동장에게 위임한 것은 법적 근거 없이 **행정편의를 위한 내부위임**에 해당하며, 동장으로서는 **위임을 한 상급관청인 구청장의 명의와 책임 하에서만 행정처분을 하여야** 하고 동장이 그 명의로 담장축조신고 반려처분을 한 것은 무효의 처분이며 이를 가리켜 구청장의 처분이 있다 할 수 없다'는 사례[15]가 있으나, 적법한 권한 위임 없이 세관출장소장에 의하여 행하여진 관세부과처분은 하자가 중대하기는 하지만 객관적으로 명백하다고 할 수 없어 당연무효는 아니"라고 한 사례도 있다.[16]

3.7. 비용의 부담

권한의 위임은 수임청의 사무와 비용을 증가시킨다. 이 점을 감안하여 행정권한의 위임 및 위탁에 관한 규정($\S_{②}^{3}$)은 수임기관의 수임능력 여부 점검과 필요한 인력 및 예산의 이관을 규정하고 있다.

---

13) 대법원 2010.3.25. 선고 2007다22897 판결.
14) 대법원 2007.8.23. 선고 2005두3776 판결.
15) 대법원 1987.3.24. 선고 86누737 판결.
16) 대법원 2004.11.26. 선고 2003두2403 판결.

3.8. 권한위임의 종료

권한의 위임은 위임의 해제 또는 종기의 도래 등에 의하여 종료된다. 위임의 해제는 법령에 의한 경우 외에 위임청의 의사에 의해 행해질 수 있는데 이때에는 공시를 요한다.

4. 행정권한의 민간위탁

4.1. 의 의

민간위탁이란 일반적으로 행정권한이나 행정기관의 사무를 사인, 즉 사법인이나 단체, 그 기관이나 개인에게 맡겨 그의 명의와 책임 하에 수행하도록 하는 것을 말한다. 행정권한의 위임 및 위탁에 관한 규정은 제2조 제3호에서 민간위탁을 '법률에 규정된 행정기관의 사무 중 일부를 지방자치단체가 아닌 법인·단체 또는 그 기관이나 개인에게 맡겨 그의 명의로 그의 책임 아래 행사하도록 하는 것'을 말한다고 정의하고 있다.

민간위탁은 행정권한이나 행정사무를 민간에 맡김으로써 행정조직의 확대를 억제할 수 있고 민간의 경영관리 know-how나 전문지식, 기술 등을 활용하여 행정사무의 능률을 높이고 단순한 행정업무를 신속하게 처리할 수 있는 방식으로 적용영역과 용도를 넓혀가고 있다.

4.2. 법적 근거

민간위탁의 법적 근거로는 정부조직법 제6조 제3항과 행정권한의 위임 및 위탁에 관한 규정 제3장을 드는 것이 일반적이다. 특히 후자는 제10조에서 '다른 법령과의 관계'라는 제하에 '민간위탁사무에 관하여는 다른 법령에 특별한 규정이 없으면 이 영에서 정하는 바에 따른다'고 규정하여 그 일반법적 성격을 명시하고 있다.

그러나 엄밀히 따져보면 정부조직법과 행정권한의 위임 및 위탁에 관한 규정이 민간위탁에 대한 시각이나 범위 면에서 다른 뉘앙스를 보인다. 전자는 '행정기관은 법령으로 정하는 바에 따라 그 소관사무 중 조사·검사·검정·관리 업무 등 국민의 권리·의무와 직접 관계되지 아니하는 사무를 지방자치단체가 아닌 법인·단체 또는 그 기관이나 개인에게 위탁할 수 있다'고 규정하여 그 적용영역을 제한하고 있는데(^{정부조직}_{법§6③}), 후자 역시 제11조에서 '법령으로 정하는 바에 따라 그 소관 사무 중 조사·검사·검정·관리 사무 등 국민의 권리·의무와 직접 관계되지 아니하는 사무'를 민간위탁할 수 있다고 규정하면서도, 앞서 본 목적조항에서는 '정부조직법 제6조 제3항 및 그 밖의 법령에 따라 행정 간여의 범위를 축소하여 민간의 자율적인 행정 참여의 기회를 확대하기 위하여 법률에 규정된 행정기관의 소관 사무 중 지방자치단체가 아닌 법인·단체 또는 그 기관이나 개인에게 위탁할 사무'를 정함을 목적으로 천명하는 한편, 정의규정에서 민간위탁의 대상을 '법률에 규정된 행정기관의 사무 중 일부'로 확대하여 규정하고 있다. 이것은 일면 행정권한의 위임 및 위탁에 관한 규정이 위 정부조직법 제6조 제3항뿐만 아니라 다른 개별법령에 의한 민간위탁이 이루어질 수 있다는 사실을 염두에 둔 결과라고 이해된다. 그렇다면 정부조직법 제6조 제3항과 이를 모법으로 한 위 규정 제3장 외에 다른 법률에서 '국민의 권리·의무와 직접 관계되는 사무'를 민간위탁할 수 있도록 할 경우 그 허용여부에 관한 문제가 제기된다. 논란의 여지가 없지는 않지만, 법무부장관에게 법률이 정하는 바에 따라 '교정시설의 설치 및 운영에 관한 업무의 일부'를 법인 또는 개인에게 위탁할 수 있도록 허용한 형의 집행 및 수용자의 처우에 관한 법률 제7조와 이를 근거로 하여 제정된 민영교도소 등의 설치·운영에 관한 법률이 시행되고 있고 또 외국에서도 그 같은 형태의 민간위탁이 시행되고 있음을 감안할 때, 그 가능성을 범주적으로 배제할 이유는 없을 것이다.

다른 법률에서 '국민의 권리·의무와 직접 관계되는 사무'를 민간위탁할 수 있도록 할 경우, 민간위탁의 대상이나 수탁기관의 자격요건, 시설기준, 사무처리방법, 감독 등에 관해서는 각각의 근거법률에서 정하는 바에 따르며 그 한도 내에서 위 정부조직법 제6조 제3항과 행정권한의 위임 및 위탁에 관한 규정 제3장의 규정을 적용할 여지는 없을 것이다.

여기서는 우선 정부조직법에 따른 국민의 권리·의무와 직접 관계되지 아니하는 사무에 대한 민간위탁을 중심으로 설명하기로 한다.

4.3. 민간위탁의 대상

앞서 살펴 본 바와 같이 정부조직법 제6조 제3항과 행정권한의 위임 및 위탁에 관한 규정 제3장에 따른 민간위탁은 행정기관의 '소관 사무 중 조사·검사·검정·관리 사무 등 국민의 권리·의무와 직접 관계되지 아니하는 사무'에 대해서만 허용된다. 위 규정은 제11조 제1항에서 다시 그 대상기준을 다음과 같이 제한하고 있다.

1. 단순 사실행위인 행정작용
2. 공익성보다 능률성이 현저히 요청되는 사무
3. 특수한 전문지식 및 기술이 필요한 사무
4. 그 밖에 국민 생활과 직결된 단순 행정사무

또한 행정기관이 소관사무를 민간위탁하려면 법령이 정하는 바에 따라 하여야 하며($\S^{11}_{①}$), 그러한 사무에 대하여 민간위탁의 필요성 및 타당성 등을 정기적·종합적으로 판단하여 필요할 때에는 민간위탁을 하여야 한다($\S^{11}_{②}$). 행정기관이 민간위탁을 하였을 때에는 필요한 사무처리지침을 시달하고, 그 처리에 필요한 적절한 조치를 하여야 한다($\S^{11}_{③}$).

4.4. 수탁기관의 선정 및 지휘·감독

4.4.1. 수탁기관의 선정

민간위탁 대상기관, 즉 수탁기관은 주로 신청에 따라 선정하는데, 민간위탁 업무는 그 사무의 대가로 수수료를 받기 때문에 그 선정은 일종의 사업면허의 성격을 가지는 경우가 많다.

수탁기관의 선정기준은 행정권한의 위임 및 위탁에 관한 규정 제12조에서 정하고 있다. 이에 따르면, 행정기관은 민간위탁할 대상기관을 선정할 때에는 인력과 기구, 재정 부담 능력, 시설과 장비, 기술 보유의 정도, 책임능력과 공신력, 지역 간 균형 분포 등을 종합적으로 검토하여 적정한 기관을 수탁기관으로 선정하여야 한다($\S^{12}_①$). 민간수탁기관을 선정하려는 경우에는 다른 법령에서 정한 경우를 제외하고는 공개모집을 하여야 하며, 다만, 민간위탁의 목적·성질·규모 등을 고려하여 필요하다고 인정될 때에는 관계 법령에 위배되지 아니하는 범위에서 민간수탁기관의 자격을 제한할 수 있다($\S^{12}_②$). 행정기관은 행정사무를 민간위탁하는 경우에는 사무 처리의 지연, 불필요한 서류 요구, 처리기준의 불공정, 수수료의 부당징수 등 문제점을 종합적으로 검토하여 이를 방지할 보완조치를 마련하여야 한다($\S^{12}_③$). 이것은 민간위탁이 소기의 성과를 내도록 위탁기관의 과도한 후견, 간여 등 'red tape'을 배제하려는 취지에서 만들어진 규정이다.

행정기관은 민간수탁기관이 선정되면 민간수탁기관과 위탁에 관한 계약을 체결하여야 하며($\S^{13}_①$), 계약을 체결할 때에는 계약 내용에 민간위탁의 목적, 위탁 수수료 또는 비용, 위탁 기간, 민간수탁기관의 의무, 계약 위반시의 책임과 그 밖에 필요한 사항을 포함하여야 한다($\S^{13}_②$).

4.4.2. 수탁기관의 지휘·감독

위탁행정기관은 민간위탁으로 그 대상사무에 대한 책임에서 완전히 면제되는 것이 아니라 오히려 더 중요한 의미를 가지는 감독책임을 지게 된다. 이러한 배경에서 행정권한의 위임 및 위탁에 관한 규정은 위탁기관이 민간위탁사무의 처리에 대하여 민간수탁기관을 지휘·감독하고, 필요하다고 인정될 때에는 민간수탁기관에 민간위탁사무에 관하여 필요한 지시를 하거나 조치를 명할 수 있도록 하였다($\S^{14}_①$).

위탁기관은 민간수탁기관에 대하여 필요한 사항을 보고하게 할 수 있으며($\S^{14}_②$), 민간수탁기관의 사무 처리가 위법하거나 부당하다고 인정될 때에는 이를 취소하거나 정지시킬 수 있다($\S^{14}_③$). 그 경우 그 취소 또는 정지의 사유를 문서로 민간수탁기관에 통보하고 사전에 의견 진술의 기회를 주어야 한다($\S^{14}_④$).

제1편　제2편　제3편　제4편　제5편　행정관리편

한편, 민간수탁기관은 수탁사무의 종류별로 처리부서, 처리기간, 처리절차, 처리기준, 구비서류, 서식 및 수수료 등을 구분하여 구체적으로 밝힌 사무편람을 작성하여 구비해야 하며($^{§\,15}_{①}$), 민간수탁기관이 사무편람을 작성하였을 때에는 위탁기관의 승인을 받아야 한다($^{§\,15}_{②}$).

행정권한의 위임 및 위탁에 관한 규정은 민간위탁이 그 취지에 맞게 적정히 수행될 수 있도록 보장하려는 취지로, 위탁기관의 장으로 하여금 민간위탁사무의 처리 결과에 대하여 매년 1회 이상 감사를 하도록 하는 한편($^{§\,16}_{①}$), 감사 결과 민간위탁사무의 처리가 위법하거나 부당하다고 인정될 때에는 민간수탁기관에 대하여 적절한 시정조치를 할 수 있고, 관계 임원과 직원에 대해서는 문책을 요구할 수 있도록 하고 있다($^{§\,16}_{②}$).

Ⅲ. 행정관청 상호간의 관계

1. 개　설

행정조직의 중심적 요소로서 행정관청은 서로 상하관계 또는 대등관계를 맺는다. 이로써 행정조직은 전체로서 수직적·수평적으로 하나의 통일적 구조를 이루고 또 행정임무의 통일적 수행을 기할 수 있다.

2. 상하관계

2.1. 개　설

행정조직은 전체로서 통일적이고 유기적인 행정사무를 처리하기 위하여 상급행정기관과 하급행정기관으로 이루어진 피라미드형의 계층제를 구성하고 있다. 이에 따라 상급행정기관은 하급행정기관의 권한행사의 적법성과 합목적성을 확보하여 전체로서 행정조직의 의사를 통일하기 위하여 지휘·감독권을 가져야 하는데 이를 권한의 감독이라고 부른다. 그 밖에도 상하기관간에는 권한의 대리나 위임에 따른 관계가 성립할 수 있다.

2.2. 권한감독관계

권한의 감독관계는 앞에서 본 권한의 위임에 의해서도 성립될 수 있다. 권한감독의 수단으로는 일반적으로 감시권, 허가·승인권, 훈령권, 취소·정지권 그리고 권한쟁의결정권을 들 수 있다.

2.2.1. 감시권

하급행정청의 권한행사의 실정을 파악하기 위하여 업무의 점검, 보고요구, 실지조사 등을 행하는 것이며 행정과정의 관점에서 보면 행정조사의 일종에 해당한다.

2.2.2. 허가 · 승인권

사전적 예방감독의 수단으로 일정사항에 대한 하급행정청의 권한행사에 관하여 상급행정청이 미리 그 허가나 승인을 받으라고 요구하는 권한을 말한다.

2.2.3. 훈령권

상급행정청이 하급행정청의 권한행사를 지휘 · 감독하는 권한으로서 이를 위해 발해진 명령을 훈령이라 부른다. 이 점에서 훈령은 상관의 부하직원에 대한 직무명령과는 구별되며 행정규칙의 성질을 갖는 것이므로 대외적으로 국민을 구속하지는 못하지만 행정내부관계에서 하급행정청뿐만 아니라 그 소속공무원을 구속하는 힘을 가진다.

2.2.4. 취소 · 정지권

이것은 하급행정청의 위법 또는 부당한 권한행사를 사후적으로 감독하기 위한 수단이다. 특별한 법적 근거가 없어도 상급관청이 취소권을 가진다고 보는 것이 다수의 견해이지만 이에 관해서는 논란이 있다(행정법총론의 행정행위의 직권취소 부분을 참조).

2.2.5. 권한쟁의결정권

이것은 상급행정청이 그 소속기관간의 권한에 관한 다툼을 해결하는 권한이다.

3. 대등관계

3.1. 권한존중관계

대등한 권한관계에 있는 행정기관 상호간에는 상호간에 권한을 존중하고 타기관의 권한을 침해할 수 없다는 관계가 성립한다. 이에 따라 특정사항이 두 개 이상의 대등한 행정관청의 권한에 관련될 경우에는 관계행정청간에 협의에 의한 처리, 협조를 도모해야 한다.

3.2. 상호협력관계

하나의 사무가 둘 이상의 대등한 행정청의 권한과 관련된 경우 서로 협의, 동의, 공동결정 등을 통해 협력하여 처리할 필요가 있다. 협의에 의한 협력방식은 동일한 사항에 관하여 복수의 관청이 관련된 권한을 지니는 경우와 어느 하나의 관청에 속하는 권한사항이 다른 관청의 권한과 관계된 경우에 행해진다. 전자는 공동주관관청간 협의가 행해지는 경우로 이 때 협의결과는 공동명의로 표시되고 그 합의가 협의에 따른 사무처리의 유효요건이 되는 경우가 많다.[17] 반면 후자의 경우 주관관청은 단일하므로 단독명의로 행위가 이루어지며, 다만 협의가 의무인 경우 이를 거치지 않고 한 행위는 무효가 된다.

"국방·군사시설 사업에 관한 법률 및 구 산림법($\frac{2002.12.30. 법률 제6841}{호로 개정되기 전의 것}$)에서 보전임지를 다른 용도로 이용하기 위한 사업에 대하여 **승인 등 처분을 하기 전에 미리 산림청장과 협의를 하라고 규정한 의미는 그의 자문을 구하라는 것이지 그 의견을 따라 처분을 하라는 의미는 아니라 할 것이므로**, 이러한 **협의를 거치지 아니하였다고 하더라도 이는 당해 승인처분을 취소할 수 있는 원인이 되는 하자 정도에 불과**하고 그 승인처분이 당연무효가 되는 하자에 해당하는 것은 아니라고 봄이 상당하다."[18]

그 밖에도 구 도시개발법 제4조 제3항에 따라 도시개발계획안에 관하여 해당 토지 소유자들의 동의를 받은 후 계획안이 변경되었으나 위 규정에 의한 새로운 동의를 갖추지 아니한 도시개발구역 지정 처분에 대하여, 여러 사정을 종합하여 그 위법사유가 중대하기는 하나 위 처분을 당연무효로 만들 정도로 명백하지는 않다고 한 사례[19]가 있다.

그 밖에도 대등관청 사이에 사무의 위탁($\frac{정부조직}{법§6①}$)이나 행정응원($\frac{경찰직무 응원법§1,}{소방기본법§11 등}$)이 행해지는 경우가 있다. 행정응원은 법률상 명문의 규정이 없어도 할 수 있지만, 명문의 규정이 있는 경우에는 그에 따른다. 특히 행정절차법은 제7조에서 "행정청은 행정의 원활한 수행을 위하여 서로 협조하여야 한다"고 규정하는 한편, 제8조에서 행정응원에 관한 규정을 두어 행정응원을 요청받은 행정청은 다른 행정청이 보다 능률적이거나 경제적으로 응원할 수 있는 명백한 이유가 있거나 행정응원으로 인하여 고유의 직무수행이 현저히 지장받을 것으로 인정되는 명백한 이유가 있는 경우 이를 거부할 수 있다고 규정하고 있다. 그 밖에도 개별법령에서 소속공무원이 파견요청 등 행정기관간 협조에 관한 명문의 규정을 두어 요구받은 관청은 거부할 수 없도록 하고 있는 경우가 보통이다($\frac{자연재해대책}{법§47②}$).

Ⅳ. 행정기관간 권한쟁의

1. 개　설

행정기관 상호간에 제기되는 분쟁은 대부분 그 권한의 충돌($\frac{Zuständigkeits-}{konflikte}$)에 기인한다. 권한

---

17) 김동희, 행정법 Ⅱ, 27.
18) 대법원 2006.6.30. 선고 2005두14363 판결.
19) 대법원 2008.1.10. 선고 2007두11979 판결.

의 충돌은 복수의 행정기관이 동일한 사안에 관하여 각기 자기의 관할을 주장하는 경우인 적극적 권한충돌과 서로 권한이 없다고 주장하는 경우인 소극적 권한충돌로 나뉜다.

2. 기관고유의 권리와 기관쟁송

2.1. 개 설

특히 적극적 권한쟁의와 관련하여 행정조직 내부법의 주체로서($^{\text{als innenrechtliches}}_{\text{Rechtssubjekt}}$) 행정기관이 소관사무를 수행할 의무를 질 뿐만 아니라 권리를 가질 수도 있는가, 그러한 기관고유의 권리($^{\text{Organ-}}_{\text{rechte}}$)가 성립한다면 그것이 다른 행정기관에 의해 침해된 경우 이를 행정쟁송을 통해 다툴 수 있는가 하는 문제가 제기된다. 그 전형적인 현상형태가 바로 동일한 행정주체 내의 기관간의 '자기소송'($^{\text{Insich-}}_{\text{prozeß}}$)이다. 행정의 위계구조에 속하는 행정기관은 그 권한에 관한 권리나 기타 기관의 권리를 갖지 않는 것이 원칙이다. 따라서 동일한 행정주체에 속하는 기관간의 권한쟁의는 원칙적으로 상급 행정기관, 궁극적으로는 집행권 차원에서 행정권의 최고책임자에 의해 해결되어야 한다. 반면, 가령 헌법기관(국회나 행정부), 지방자치단체의 기관 또는 기타 공공단체의 기관들처럼, 선거를 통해 구성된 대표기관의 성격을 지니면서 법률에 의해 다른 기관과 일정한 균형관계를 갖도록 되어 있는 기관들은 다른 기관에 의한 권한의 침해를 방어할 수 있는 권한을 가지며 이러한 기관고유의 권리를 재판상 행사할 수 있는 독자적인 법적 지위를 누린다고 보아야 할 것이다. 기관과 기관구성원 간의 관계(가령 지방의회와 지방의회의원 간의 관계) 그리고 기관구성원 상호간의 관계(가령 지방의회의장과 구성원 간의 관계)에 대해서도 마찬가지의 결과가 인정되어야 할 것이다.

2.2. 현행법상 행정기관간 소송

행정소송법 제3조 제4호는 기관소송을 "국가 또는 공공단체의 기관 상호간에 있어서 권한의 존부 또는 그 행사에 관한 다툼이 있을 때 이에 대하여 제기하는 소송"으로 정의하고 있다. 그러나 헌법 제111조 제1항 제4호 및 헌법재판소법 제2조에 따라 국가기관 상호간, 국가기관과 지방자치단체 간, 그리고 지방자치단체 상호간의 권한쟁의에 대한 심판은 헌법재판소의 관할에 귀속되고 있으므로 이러한 종류의 권한쟁의는 행정소송법상 기관소송에서 명시적으로 배제된다($^{\text{행정소송법}}_{\S 3 \text{ iv 단서}}$). 따라서 국가기관 상호간의 권한쟁의, 국가기관과 지방자치단체 간의 권한쟁의는 행정소송법상의 기관소송에 의해서가 아니라 헌법재판소에 의한 권한쟁의를 통하여 해결되며, 그 밖의 기관간의 권한쟁의, 즉 동일한 지방자치단체에 속하는 기관 상호간의 소송($^{\text{지방자치법}}_{\S 107 \text{ ③}}$)은 행정소송법상 기관소송을 통해 해결되게끔 되어 있다. 여기서 동일한 행정주체에 속하는 기관간의 권한에 관한 한 그 다툼이 상급행정관청에 의해 해결되지 않을

제1편 제2편 제3편 제4편 제5편 행정관리법

경우 헌법재판소에 의한 권한쟁의심판이나 법원에 의한 기관소송을 통해 사법적으로 해결될 수 있다는 데에는 의문의 여지가 없다.

문제는 상이한 행정주체에 속하는 기관간의 다툼을 기관소송에 의해 해결할 수 있는가 하는 데 있다. 가령 국가기관과 지방자치단체기관과의 분쟁, 상이한 지방자치단체의 기관간의 분쟁이 기관소송에 의해 해결될 수 있는지 여부가 그 예이다. 이에 관해 행정소송법은 명확한 입장을 밝히고 있지 않으나, 앞에서 본 바와 같은 이유에서 행정내부관계에 있어서도 기관고유의 권리가 인정될 수 있는 이상, 이를 넓은 의미의 기관소송으로 보는 일부의 견해도 전혀 일리가 없는 것은 아니다. 그러나 기관소송의 개념을 엄밀히 동일한 법주체에 속하는 기관간의 권한분쟁을 해결하기 위한 소송으로 이해한다면 이러한 소송유형들은 기관소송에 해당하지 않는다고 보아야 할 것이다. 따라서 지방자치법 제169조에 따라 지방자치단체의 장이 주무부장관 또는 상급지방자치단체의 장이 행한 위법·부당한 명령·처분의 시정조치(취소·정지)에 대해 제기하는 소송, 동법 제170조에 따라 주무부장관 및 상급지방자치단체의 장이 발한 지방자치단체의 장에 대한 직무이행명령에 대해 당해 지방자치단체의 장이 제기하는 소송은 기관소송이 아니라 항고소송의 범주에 속하는 것이라고 보아야 할 것이다.[20]

---

20) 기관소송에 관하여는 신봉기, 기관소송과 권한쟁의, 고시연구 1991/9; 이기우, 기관소송, 고시계 1992/11; 홍정선, 기관소송, 고시계 1991/8 등을 참조.

제6절 │ 국가행정조직법

Ⅰ. 개   설

국가행정조직법은 직접국가행정조직법과 간접국가행정조직법으로 나뉘고, 전자는 다시 중앙행정조직법과 지방행정조직법으로 나뉜다. 지방행정조직법은 다시 보통지방행정기관과 특별지방행정기관에 관한 법으로 나뉜다.

Ⅱ. 직접국가행정조직

1. 중앙행정조직

국가의 직접행정조직으로는 대통령과 국무총리, 대통령 소속의 감사원, 국가정보원, 방송통신위원회, 국무총리 소속의 인사혁신처·법제처·국가보훈처·식품의약품안전처, 행정각부(기획재정부·과학기술정보통신부·외교부·통일부·법무부·국방부·행정안전부·문화체육관광부·농림축산식품부·산업통상자원부·보건복지부·환경부·고용노동부·여성가족부·국토교통부·해양수산부·중소벤처기업부)의 장관 그리고 국무회의 등을 들 수 있다.

그 밖에도 국세청, 관세청, 조달청, 통계청(기획재정부 소속), 검찰청(법무부 소속), 병무청, 방위사업청(국방부 소속), 경찰청(행정안전부 소속), 문화재청(문화체육부 소속), 농촌진흥청, 산림청(농림축산식품부 소속), 특허청(산업통상자원부 소속), 기상청(환경부 소속), 행정중심복합도시건설청, 새만금개발청(국토교통부 소속) 등과 같은 청이 있다. 이들 청은 위 각 부·처의 장관·장 등에 소속하지만 그 자체로서 중앙행정관청의 지위에 서는 행정기관이다. 공정거래위원회, 금융위원회, 국민권익위원회, 원자력안전위원회(국무총리 소속)는 중앙행정관청의 지위를 지닌 합의제행정기관들이다.

2. 지방행정조직

2.1. 개   설

국가는 중앙행정기관의 소관사무를 지역별로 분장시키기 위해 지방에 일정한 관할구역에 따라 지방행정조직을 설치할 필요가 있다. 이에 따라 설치된 것이 국가의 지방행정기관들이다. 이것은 일반적인 국가사무를 처리하는 보통지방행정기관과 특수한 국가사무를 처리하는 특별지방행정기관으로 나뉜다.

2.2. 보통지방행정기관

보통지방행정기관은 따로 설치하지 아니 하고 지방자치단체의 집행기관인 서울특별시장, 광역시장, 도지사·특별자치도지사, 시장·군수·자치구청장 등에게 사무를 위임하여 처리하게 하는 형식을 취한다. 그 결과 지방자치단체의 장은 지방자치행정조직으로서 지방자치단체의 집행기관의 지위와 국가의 보통지방행정기관의 지위를 아울러 가지며, 따라서 상급기관의 지휘·감독을 받고($\substack{지방자치법 \\ \S\,167\,①}$) 또 취소·정지처분을 받을 수 있게 된다($\substack{같은\,법 \\ \S\,169\,①}$).

2.3. 특별지방행정기관

특별지방행정기관은 지방국세청, 세무서, 세관, 지방경찰청, 지방병무청 등과 같이 특수한 행정사무의 처리를 위하여 지역별로 관할구역을 나누어 설치된 국가의 지방행정기관이다. 정부조직법은 제3조에서 '중앙행정기관에는 소관사무를 수행하기 위하여 필요한 때에는 특히 법률로 정한 경우를 제외하고는 대통령령으로 정하는 바에 따라 지방행정기관을 둘 수 있다'고 규정하는 한편($\substack{\S\,3 \\ ①}$), 지방행정기관은 업무의 관련성이나 지역적인 특수성에 따라 통합하여 수행함이 효율적이라고 인정되는 경우에는 대통령령으로 정하는 바에 따라 관련되는 다른 중앙행정기관의 소관사무를 통합하여 수행할 수 있다고 규정하고 있다($\substack{\S\,3 \\ ②}$).

Ⅲ. 간접국가행정조직

1. 개   설

직접 국가에 의해서가 아니라 독립된 공법인 또는 공공단체를 통하여 간접적으로 국가의 행정이 수행되는 경우 이를 국가에 의한 간접행정이라 부를 수 있다.[1] 오늘날 현대행정은 행정조직의 다원화를 통한 책임의 분산을 한 특징으로 하고 있으며, 이에 따라 특히 행정의 경우 직접적 행정조직에 비하여 이와 같은 간접적 행정조직의 비중이 날로 높아지고 있다. 이러한 현상의 배경에는, 종래 국가에게 일임되어 왔던 공적 임무 중 일부는 이를 국가가

---

1) 이는 독일의 경우 연방에 의한 경제행정(Wirtschaftsverwaltung)의 행사가 가령 연방카르텔국(Bundeskartellamt)과 연방상공업국(Bundesamt für Gewerbliche Wirtschaft)과 같은 연방행정기관들 외에도, 연방격지화물수송관리기관 (Bundesanstalt für den Güterfernverkehr) 및 연방농산물시장질서감독기관(Bundesanstalt für landwirtschaftliche Marktordnung)과 같은 연방직접적인(bundesunmittelbare) 공법상의 사단이나 영조물의 도움을 받아 이루어지는 것과 비교될 수 있다.

직접 수행하기보다는 각각 임무의 특수성에 맞는 별도의 기구를 설치하여 이들로 하여금 전담케 하는 것이 보다 합리적이며 또 행정의 전문성, 경제적 효율성을 제고할 수 있고, 또 독립채산제에 의한 기금·재원의 원활한 확보, 탄력적인 의사결정 및 이해관계자의 협조에 의한 참여행정을 달성할 수 있다는 등의 합목적적인 고려가 존재하고 있다.[2] 국가에 의한 간접적 행정조직의 대표적인 형태로는 공법상 영조물법인, 공법상 사단 및 공단 등을 들 수 있다. 이들 공공단체나 기관들은 이중적인 지위를 갖는다: 이들은 일면 설치목적에 따라 독자적으로 경제활동에 참여하는 '경제하는 공공의 손'($\substack{\text{wirtschaftende} \\ \text{öffentliche Hand}}$)으로서 행정의 대상이면서 동시에 일정한 범위 내에서 행정 권한을 부여받은 행정조직으로서 역할을 수행한다.[3]

"행정청에는 처분등을 할 수 있는 권한이 있는 국가 또는 지방자치단체와 같은 행정기관뿐만 아니라 법령에 의하여 행정권한의 위임 또는 위탁을 받은 행정기관, 공공단체 및 그 기관 또는 사인이 포함되는 바, **특별한 법률에 근거를 두고 행정주체로서의 국가 또는 지방자치단체로부터 독립하여 특수한 존립목적을 부여받은 특수한 행정주체로서 국가의 특별한 감독하에 그 존립목적인 특정한 공공사무를 행하는 공법인인 특수행정조직 등이 이에 해당한다.** ······ 대한주택공사의 설립목적, 취급업무의 성질, 권한과 의무 및 택지개발사업의 성질과 내용 등에 비추어 같은 공사가 관계법령에 따른 사업을 시행하는 경우 **법률상 부여받은 행정작용권한을 행사하는 것**으로 보아야 할 것이므로 같은 **공사가 시행한 택지개발사업 및 이에 따른 이주대책에 관한 처분은 항고소송의 대상이 된다.**"[4]

"헌법재판소법 제68조 제1항에 의하여 헌법소원의 대상이 되는 행위는 국가기관의 공권력작용에 속하여야 한다. 여기서의 국가기관은 입법·행정·사법 등의 모든 기관을 포함하며, 간접적인 국가행정, 예를 들어 공법상의 사단, 재단 등의 공법인, 국립대학교($\substack{\text{헌재 1992.10.1. 92헌마68등} \\ \text{판례집 4, 667~668 참조}}$)와 같은 영조물 등의 작용도 헌법소원의 대상이 된다고 할 것이다."[5]

2. 간접국가행정조직의 유형

2.1. 영조물법인

영조물법인이란 특정 행정목적을 계속적으로 수행하기 위하여 독립된 인격이 부여된 인적·물적 종합체를 말한다. 한국과학기술원, 한국은행, 적십자병원, 서울대학교병원 등이 그 예이다.

---

2) Reiner Schmidt, aaO., Rn.57, S.29.
3) Püttner, Wirtschaftsverwaltungsrecht, Boorberg, 1989, S.25, 75. 퓌트너(S.25)에 따르면 국가도 사실은 이러한 의미에서 이중적 지위를 갖는다고 한다: 국가는 시장참가자(Marktteilnehmer)인 동시에 시장감독자(Marktaufseher)이며, 나아가 시장주최자(Marktveranstalter)이자 시장지원자(Marktförderer)이기도 하다는 것이다.
4) 대법원 1992.11.27. 선고 92누3618 판결.
5) 헌법재판소 1998.8.27. 선고 97헌마372·398·417(병합) 전원재판부 결정.

제1편 제2편 제3편 제4편 제5편 행정관리편

2.2. 공법상 사단

산림조합, 상공회의소 등과 같은 공공조합은 특정한 공적 목적을 위하여 결합된 인적 단체로서 자치권이 인정된 공법상 사단법인이다.

2.3. 공 단

공단이란 주로 도로건설, 주택건설, 택지개발, 철도건설 등 사회적 수요가 큰 공공사업 가운데 사업의 규모가 크고 복잡하며 대량의 자금을 요하여 그에 소요되는 자금을 민간단체 또는 지방공공단체에 대해서도 부담시키는 것이 적당하다고 생각되는 사업을 실시하기 위하여 조직된 공공단체를 말한다. 공단은 공공단체로서 행정조직의 지위를 가지며, 그 임원을 감독부처의 장관이 임면한다든지($^{국민연금법}_{\S\S\ 24,\ 30}$), 공단의 임·직원을 형법 제129조 내지 132조의 적용에 있어 공무원으로 간주하고, 또 예산·사업실적·결산 등에 관하여 주무부장관이 감독권을 행사하는 등($^{국민연금법}_{\S\S\ 40,\ 41}$) 등 공법적 특수성이 인정되고 있다. 그렇지만 공단은 일반적으로 경영상 독립채산제를 채택하고 있다는 점을 특징으로 하며, 그 실질은 재단이므로 법인의 불법행위능력, 법인의 주소 등 재단법인에 관한 민법 규정이 준용된다($^{국민연금}_{법\ \S\ 48}$).

공단의 종류 ●● 공단의 종류를 들어 보면 다음과 같다(괄호안은 감독관청): 공무원연금공단(행정안전부), 한국보훈복지의료공단(국가보훈처), 정부법무공단(법무부), 중소기업진흥공단(중소벤처기업부), 에너지관리공단(산업통상자원부), 국민건강보험공단·국민연금공단(보건복지부), 한국산업안전보건공단·한국산업인력공단·근로복지공단·한국장애인고용공단(고용노동부), 교통안전공단·한국철도시설공단·한국공항공단·한국컨테이너부두공단(국토교통부), 한국환경공단·국립공원관리공단(환경부), 사립학교교직원연금공단(교육부), 서울올림픽기념국민체육진흥공단(문화체육관광부)

공단과 비교할 때 사업내용, 형태에 공통성이 없고, 공단이 관장하는 공공사업 이외에 국가의 경제정책, 사회정책에 관한 사업을 담당하는 사업단이란 조직이 있다. 사업단은 전액 정부출자로 성립하는 것도 있지만 그렇지 않은 형태도 있다. 사업단은 일반적으로 공단보다 기업성이 희박하고 본래 독립채산제가 필요하지 않은 업무를 분담한다는 데 특징이 있다.

2.4. 공법상 재단

공단이란 명칭으로 설립된 것은 아니지만 공단과 매우 유사한 간접행정조직으로서 한국소비자원을 들 수 있다. 한국소비자원(이하 소비자원)은 소비자권익 증진시책의 효과적인 추진을 위하여 정부의 출연으로 설립된 특수공익법인으로서 공정거래위원회 감독을 받는 공법상 재단법인의 일종이다($^{소비자기본법}_{\S\S\,33,\,38\text{-}44}$). 소비자권익증진시책의 효과적 추진을 위한 소비자보호행정에 관한 업무를 수행한다는 점에서 소비자원은 공공단체로서 행정조직의 지위를 가진다. 소비자원장은 공정거래위원회 위원장의 제청으로 대통령이 임명하고, 그 임원은 감독관청인 공정거래위원회 위원장이 임명하도록 되어 있으며($^{소비자기본}_{법\,\S\,38}$), 그 임·직원은 형법 제129조 내지 제132조의 적용에 있어 공무원으로 간주되는 등($^{같은\,법}_{\S\,43}$), 소비자원의 구성원의 지위에 관하여 공법적 특수성이 인정되고 있는 것도 공단의 경우와 유사하다. 소비자원은 공정거래위원회의 지도·감독을 받으며, 필요하다고 인정되는 때에는 소비자원에 대하여 그 사업에 관한 지시·명령을 할 수 있다($^{\S\,42}_{①}$). 공정거래위원회는 그 밖에도 소비자원의 예·결산, 업무, 회계 및 재산에 관한 감독·감사권을 가지고 있다($^{\S\,42}_{②,③}$). 한국소비자원의 설립·시설·운영 및 업무에 필요한 경비의 재원은 국가 및 지방자치단체의 출연금과 그 밖에 한국소비자원의 운영에 따른 수입금으로 충당한다($^{\S\,41}$). 공단과 마찬가지로 소비자원 역시 경영상 독립채산제를 채택하고 있으며, 그 실질은 재단이어서 민법의 재단법인에 관한 규정(가령 법인의 불법행위능력, 법인의 주소에 관한 규정 등)이 준용된다($^{\S\,44}$).

2.5. 사법상 행정조직

국가는 위에서 살펴 본 바와 같은 공법상의 행정조직 외에도 사법상 조직을 설치하여 이들로 하여금 행정의 임무를 수행하도록 할 수 있다. 가령 한국감정원 같이 사법인의 지위를 가진 기업이 이에 해당한다고 할 수 있다. 이들은 엄밀히 따진다면 국가에 의한 행정의 조직이라고 할 수 없으나, 사기업의 효율성·탄력성·비관료적 경영방식을 공행정의 분야에 채용한다는 견지에서 상법(회사법)이나 특별법에 따라 설립된 기업으로서 넓은 의미에서는 국가행정의 일부를 수행하는 것이라고 할 수 있다. 이들 기업에 대하여 국가는 일반주주와 동등한 지위에 서지만 근거법에 따라 예산·회계 등에 관하여 간접적으로 감독할 수 있는 권한을 지니기도 한다.

제 7 절 │ 지방자치행정조직법

오늘날 지방자치의 중요성과 비중이 날로 확대되고 있다. 특히 지방자치행정은 전국적 차원에서 일률적으로 행해지는 국가행정이 적절히 다루지 못하는 지방의 과제를 지역실정에 맞게 수행할 수 있기 때문에 이를 강화하여 국가행정과 상생·유기적 관계를 맺도록 하는 문제가 국가정책의 핵심과제로 대두되고 있다. 이러한 배경에서 지방자치단체가 행정주체로서 가지는 지위에 관심을 기울일 필요가 있다. 지방자치단체의 행정조직은 지방자치단체가 이를 직접 수행하는 경우(직접적 지방자치행정조직)와 다른 공법인 또는 공공단체를 통하여 간접적으로 수행하는 경우(간접적 지방자치행정조직)로 나뉜다. 그 밖에 교육자치행정조직도 넓은 의미의 지방자치행정조직으로 볼 수 있다. 지방자치행정조직에 관해서는 지방자치법에서 다룬다.

제3장

공무원법

제1절 | 공무원법의 기초

I. 공무원의 개념

공무원은 공무의 담임자로서 행정조직의 구성원이 된다. 헌법 제7조 제1항은 "공무원은 국민전체에 대한 봉사자이며, 국민에 대하여 책임을 진다"고 규정하고 있다. 여기서 말하는 공무원은 국가 또는 공공단체의 공무를 담당하는 모든 사람을 의미하지만(광의의 공무원), 각종 공무원법이 규율하는 공무원은 국가 또는 지방자치단체와 공법상 근무관계에 있는 모든 사람을 의미한다(협의의 공무원). 그러나 공무원의 개념은 각각의 근거법 또는 관계법에 따라 각기 상이한 의미로 통용되고 있다. 가령 국가공무원법상 공무원 개념과 국가배상법상 공무원개념이 각각 근거법에 따라 상이하게 파악되고 있는 것이 그런 예이다. 따라서 서술적 의미라면 몰라도 보편적·법이론적 개념으로 공무원 개념을 일률로 정의하는 것은 불가능하고, 개별법에 따라 개념을 파악할 수밖에 없다.[1] 대체로 공무원은 실질적으로는 국가나 지방자치단체, 그 밖의 공공단체의 기관 구성원으로서 공무를 담당하고 공법상 근로관계에 있는 모든 사람을, 형식적으로는 국가공무원법 등 특정한 실정법령에서 설정한 제도적 범주로서의 공무원을 말한다고 볼 수 있을 것이다.

---

1) 여러 가지 공무원개념들의 비교는 홍정선, 행정법원론(하), 제15판, 2007, 267-268을 참조.

Ⅱ. 공무원의 종류

1. 국가공무원과 지방공무원

국가공무원법에 따른 공무원으로서 국가에 의하여 임용되고 특별한 경우 외에는 국가기관에 근무하며 국가로부터 보수를 받는 공무원을 국가공무원이라고 부른다. 지방공무원은 지방공무원법에 따라 임용되고 특별한 경우 외에는 지방자치단체에 근무하며 지방자치단체로부터 보수를 받는 공무원을 말한다.

2. 경력직공무원과 특수경력직공무원

공무원은 경력직공무원과 특수경력직공무원으로 구분된다($^{국가공무원법 § 2 ①,}_{지방공무원법 § 2 ①}$).

2.1. 경력직공무원

2.1.1. 경력직국가공무원

경력직공무원이란 실적과 자격에 따라 임용되고 신분이 보장되며 평생 공무원으로 근무할 것이 예정되는 공무원을 말하며, 그 종류는 다음과 같다($^{국가공무원}_{법 § 2 ②}$).

(1) 일반직공무원

일반직공무원이란 기술·연구 또는 행정 일반에 대한 업무를 담당하며, 직군(職群)·직렬(職列)별로 분류되는 공무원을 말한다.

(2) 특정직공무원

특정직공무원이란 법관, 검사, 외무공무원, 경찰공무원, 소방공무원, 교육공무원, 군인, 군무원, 헌법재판소 헌법연구관, 국가정보원의 직원과 특수 분야의 업무를 담당하는 공무원으로서 다른 법률에서 특정직공무원으로 지정하는 공무원을 말한다.

(3) 기능직공무원

기능직공무원은 기능적인 업무를 담당하며 그 기능별로 분류되는 공무원을 말한다.

2.1.2. 경력직지방공무원

경력직지방공무원도 국가공무원의 경우와 마찬가지로 실적과 자격에 따라 임용되고 신분이 보장되는 지방공무원을 말하며, 그 종류는 다음과 같다($^{지방공무원}_{법 § 2 ①}$).

(1) 일반직공무원

일반직공무원은 기술·연구 또는 행정 일반에 대한 업무를 담당하며 직군·직렬별로 분류되는 공무원이다.

(2) 특정직공무원

특정직공무원이란 공립 대학 및 전문대학에 근무하는 교육공무원, 자치경찰공무원 및 지방소방공무원과 그 밖에 특수 분야의 업무를 담당하는 공무원으로서 다른 법률에서 특정직공무원으로 지정하는 공무원을 말한다.

(3) 기능직공무원

기능직공무원은 기능적인 업무를 담당하며 그 기능별로 분류되는 공무원을 말한다.

2.2. 특수경력직공무원

2.2.1. 특수경력직국가공무원

특수경력직공무원이란 경력직공무원 외의 공무원을 말하며, 그 종류는 다음에 보는 바와 같다($\S_3^2$). 특수경력직공무원에게도 국가공무원법 제33조(결격사유), 제46조부터 제67조(보수, 교육훈련, 근무성적 평정, 제안, 상훈, 선서, 공무원의 의무, 정치운동 및 집단행위 금지, 복무에 관한 위임 규정)까지 및 제69조(당연 퇴직)가 적용된다. 다만, 정무직공무원의 경우 결격사유에 관한 제33조와 당연퇴직에 관한 제69조는 적용하지 아니한다($\S_{단서}^3$).

국가공무원법의 그 밖의 규정들은 같은 법이나 다른 법률에 특별한 규정이 없으면 특수경력직공무원에게는 적용하지 아니 한다($\S_{본문}^3$).

(1) 정무직공무원

정무직공무원에는 두 가지 유형이 있다. 첫째, 선거로 취임하거나 임명할 때 국회의 동의가 필요한 공무원과 둘째, 고도의 정책결정 업무를 담당하거나 이러한 업무를 보조하는 공무원으로서 법률이나 대통령령(대통령실의 조직에 관한 대통령령만 해당한다)에서 정무직으로 지정하는 공무원이 그것이다.

「국가공무원법 제3조 제3항의 공무원의 범위에 관한 규정」 제2조는 그 범위를 다음과 같이 정하고 있다.

<국가공무원법 제3조 제3항의 공무원의 범위>

1. 대통령	2. 국무총리
3. 국무위원	4. 국회의원
5. 처의 장	6. 각 원·부·처의 차관
7. 삭제	8. 정무차관
9. 제1호 내지 제3호·제5호 및 제6호에 규정된 공무원의 비서실장 및 비서관과 전직대통령의 비서관	10. 국회의장·국회부의장 및 국회의원의 비서실장·보좌관·비서관 및 비서와 교섭단체의 정책연구위원

(2) 별정직공무원

별정직공무원이란 특정한 업무를 담당하기 위하여 별도의 자격 기준에 따라 임용되는 공무원으로서 법령에서 별정직으로 지정하는 공무원을 말한다.

(3) 계약직공무원

계약직공무원이란 국가와의 채용 계약에 따라 전문지식·기술이 요구되거나 임용에 신축성 등이 요구되는 업무에 일정 기간 종사하는 공무원을 말한다.

(4) 고용직공무원

고용직공무원이란 단순한 노무에 종사하는 공무원을 말한다.

위 별정직공무원·계약직공무원 및 고용직공무원의 채용조건·임용절차·근무상한연령, 그 밖에 필요한 사항은 국회규칙, 대법원규칙, 헌법재판소규칙, 중앙선거관리위원회규칙 또는 대통령령(이하 "대통령령 등"이라 한다)으로 정하도록 위임되어 있다($\S\frac{2}{4}$).

2.2.2. 특수경력직지방공무원

지방공무원 역시 '특수경력직공무원'이란 하위범주가 있다. 이것은 경력직공무원 외의 공무원을 말하며, 그 종류는 다음과 같다(지방공무원법§2③).

(1) 정무직공무원

정무직공무원은 선거로 취임하거나 임명할 때 지방의회의 동의가 필요한 공무원과 고도의 정책결정업무를 담당하거나 이러한 업무를 보조하는 공무원으로서 법령 또는 조례에서 정무직으로 지정하는 공무원, 두 가지가 있다.

(2) 별정직공무원

별정직공무원이란 특정한 업무를 담당하기 위하여 별도의 자격기준에 따라 임용되는 공무원으로서 법령 또는 조례에서 별정직으로 지정하는 공무원을 말한다.

(3) 계약직공무원

계약직공무원이란 지방자치단체와의 채용계약에 따라 전문지식·기술이 요구되거나 임용에 신축성 등이 요구되는 업무에 일정 기간 종사하는 공무원을 말한다.

(4) 고용직공무원

고용직공무원은 단순한 노무에 종사하는 공무원을 말한다.

3. 정규직공무원과 준공무원

국가공무원법, 지방공무원법 등 개별 공무원법에 따른 신분을 가진 공무원을 정규공무원이라 부르기도 한다. 반면 개별 법령에서 정규공무원의 신분에 준하는 법적 지위를 인정한 직원을 준공무원이라고 부른다. 현행법상 준공무원은 한국은행, 한국조폐공사, 한국도로공사, 한국방송공사 등 정부투자기관의 임직원과 금융통화위원회 위원, 금융감독원의 집행간부와 임원 등이 있다.

4. 고위공무원단

국가공무원법은 제2조의2에 고위공무원단제도($^{senior\ executive}_{services}$)를 도입하였다. 고위공무원단이란 고급공무원으로 구성되고 융통성 있게 전 정부적으로 통합관리되는 공무원집단을 말한다.[2] 이를 통해 계급제적 제약이나 직위분류제적 제약이 약화되고 성과관리적 요소가 강화되며, 인사운영의 유동성·융통성이 높아진다. 개방형 임용이 확대되고 부처 간 경계를 가로지르는 임용도 용이해진다.

국가공무원법은 2006년부터 국가의 고위공무원을 범정부적 차원에서 효율적으로 인사관리하여 정부의 경쟁력을 높이기 위하여 고위공무원단을 구성하도록 하였다($^{§\ 2의}_{2\ ①}$). 여기서 '고위공무원단'이란 직무의 곤란성과 책임도가 높은 다음 각 호의 직위에 임용되어 재직 중이거나 파견·휴직 등으로 인사관리되고 있는 일반직공무원, 별정직공무원 및 특정직공무원($^{특정직}_{공무원}$_{은 다른 법률에서 고위공무원단에 속하는 공무원으로 임용할 수 있도록 규정하고 있는 경우만 해당한다})의 군(群)을 말한다($^{§\ 2의}_{2\ ②}$).

> 1. 정부조직법 제2조에 따른 중앙행정기관의 실장·국장 및 이에 상당하는 보좌기관
> 2. 행정부 각급 기관($^{감사원은}_{제외한다}$)의 직위 중 제1호의 직위에 상당하는 직위

---

2) 오석홍, 인사행정론, 제6판, 2009, 94. 이것은 미국연방정부가 1978년 「공무원제도개혁법」(Civil Service Reform Act of 1978)에서 도입하여 1979년부터 시행한 제도로 이후 캐나다, 호주, 뉴질랜드, 영국 등지로 확산되었다. 미국에서는 고위공무원단을 만들어 계급제적 요소를 가미함으로써 직위분류제의 약점을 시정하려 한 반면, 우리나라에서는 계급제적 특성을 약화시키려는 의도가 엿보인다고 한다(오석홍, 같은 책, 95 각주 h).

3. 지방자치법 제110조 제2항·제112조 제5항 및 「지방교육자치에 관한 법률」 제33조 제2항에 따라 국가공무원으로 보하는 지방자치단체 및 지방교육행정기관의 직위 중 제1호의 직위에 상당하는 직위

4. 그 밖에 다른 법령에서 고위공무원단에 속하는 공무원으로 임용할 수 있도록 정한 직위

5. 시간제공무원

국가공무원법은 제26조의2를 신설하여 공무원을 근무시간을 단축하여 임용하는 시간제공무원($^{\text{part-time}}_{\text{officials}}$)을 위한 법적 근거를 마련하였다. 이에 따라 국가기관의 장은 업무의 특성이나 기관의 사정 등을 고려하여 소속 공무원을 국회규칙, 대법원규칙, 헌법재판소규칙, 중앙선거관리위원회규칙 또는 대통령령으로 정하는 바에 따라 통상적인 근무시간보다 짧게 근무하는 공무원으로 임용할 수 있다.

실제로 「헌법재판소 계약직공무원 규칙」 제2조 제4항은 '시간제계약직공무원은 법 제26조의2의 규정에 의하여 통상적인 근무시간보다 짧게 근무하는 공무원으로 채용되는 일반계약직공무원 또는 전문계약직공무원'을 말한다고 정의하고 있고, 이를 일반계약직공무원을 시간제로 채용하는 시간제일반계약직공무원과 전문계약직공무원을 시간제로 채용하는 시간제전문계약직공무원으로 구분하고 있다.

III. 공무원법

1. 공무원법의 기본원리

헌법상 공무원제도는 민주적 공무원제도와 직업공무원제도를 근간으로 삼고 있다. 공무원법은 민주적 공무원제도라는 측면에서는 전체 국민에 대한 봉사, 국민에 대한 책임, 공무담임의 기회균등을, 직업공무원제도의 측면에서는 공무원의 신분보장, 정치적 중립성, 성적주의를 각각 기본원칙으로 삼고 있다.[3]

---

3) 김남진/김연태, 행정법 II, 법문사, 2004, 196이하. 김중양·김명식, 공무원법, 박영사, 2000, 23이하에서는 국가공무원법의 일반원칙으로, 민주적 공무원제도, 직업공무원제도, 실적주의제도를 들고, 특히 민주적 공무원제를 국민 전체에 대한 봉사자, 국민에 대한 책임, 공무원 임용의 민주성 및 공무담임의 기회균등 보장 및 공무원에 관한 기본적 사항의 법률주의로 서술하고 있다.

2. 직업공무원제도의 보장과 공무원법

2.1. 직업공무원제도의 보장

헌법은 건국 이래 직업공무원제도를 보장해 왔다. 현행헌법도 제7조 제2항에서 "공무원의 신분과 정치적 중립성은 법률이 정하는 바에 의하여 보장된다"라고 규정함으로써 직업공무원제도를 보장하고 있다. 직업공무원제도란 공무수행의 일관성과 독자성을 유지하고, 정권교체에 따른 국가작용의 중단과 혼란, 엽관제($^{spoils}_{system}$)의 폐단 등을 방지하기 위하여 공무원의 신분이 보장되는 공직구조에 관한 제도를 말한다. 직업공무원제를 확립하기 위해서는 과학적 직위분류제, 인사의 공정, 성적주의 등이 필요하나 헌법상 규정된 신분보장과 정치적 중립의 확보가 중요하다. 헌법이 직업공무원제도를 보장한 것은 이를 직업공무원제도의 제도적 보장($^{institutionelle\ Garantie\ des}_{Berufsbeamtentums}$)이라고 보는 것이 학계와 실무계의 지배적인 시각이다.

제도적 보장이란 헌법제정권자가 특히 중요하고 가치가 있다고 인정되어 헌법으로 그 존속을 확보해 줄 필요가 있다고 생각하는 국가적·사회적 제도를 헌법에 규정함으로써 그 본질을 보장하는 것을 말한다. 헌법에 의하여 어떤 제도가 보장되면 입법권자는 그 제도를 설정하고 유지시킬 입법의무를 지게 될 뿐만 아니라 헌법에 규정되어 있기 때문에 법률로써 이를 폐지할 수 없고, 비록 내용을 제한하더라도 본질적 내용을 침해할 수 없다는 제약을 받게 된다. 그러나 기본권 보장은 '최대한 보장의 원칙'이 적용되는 반면, 제도적 보장은 그 본질적 내용을 침해하지만 않는다면 입법자에게 제도의 구체적 내용과 형태의 형성권을 폭넓게 인정한다는 뜻에서 '최소한 보장의 원칙'이 적용될 뿐이다.

헌법재판소도 직업공무원제도는 헌법이 보장하는 제도적 보장의 하나임이 분명하다고 밝힌 바 있다.[4] 따라서 입법권자도 직업공무원제도의 본질을 훼손할 수 없다는 결과가 된다. 직업공무원제의 제도적 보장의 내용은 공무원 인사제도개혁에서도 의당 준수되어야 한다. 공무원 인사제도 개혁이 직업공무원제에 중대한 영향을 끼쳐 헌법상 직업공무원제도에 대한 제도적 보장에 저촉된다면 헌법적 제재를 피하기 어려울 것이다. 물론 직업공무원제가 제도적으로 보장되고 있다고 해서 공무원 인사제도의 혁신의 길이 봉쇄되어 있는 것은 아니다. 입법권자는 직업공무원제에 관하여 '최소한 보장의 원칙'의 한계 안에서 폭넓은 입법형성의 자유를 가지기 때문이다.

헌법재판소는 "공무원으로 임용된 경우에 있어 정년까지 근무할 수 있는 권리는 헌법의 공무원신분보장 규정에 의하여 보호되는 기득권으로서, 공무원법상의 정년규정을 변경함에 있어 **공무원으로 임용될 때**

---

4) 헌법재판소 1997.4.24. 선고 95헌바48 전원재판부 결정.

발생한 공무원법상의 정년규정까지 근무할 수 있다는 기대 내지 신뢰를 합리적 이유 없이 박탈하는 것은 헌법상의 공무원신분보장 규정에 위배되지만, 공무원이 임용 당시의 공무원법상의 정년규정까지 근무할 수 있다는 기대와 신뢰는 행정조직, 직제의 변경 또는 예산의 감소 등 강한 공익상의 정당한 근거에 의하여 좌우될 수 있는 상대적이고 가변적인 것에 지나지 않으므로 정년규정을 변경하는 입법은 구법질서에 대하여 기대했던 당사자의 신뢰보호 내지 신분관계의 안정이라는 이익을 지나치게 침해하지 않는 한 공익목적 달성을 위하여 필요한 범위 내에서 입법권자의 입법형성의 재량을 인정하여야 할 것"이라고 판시한 바 있다.[5]

정부혁신 차원에서 공무원 인사제도를 개혁할 경우 직업공무원제도의 헌법적 보장이란 틀 안에서 어디까지, 어떤 범위에서 허용되는지, 공무원의 신분보장은 과연 어디까지 제한될 수 있으며, 또 어떤 기준으로 제한할 수 있는지 헌법적 검토가 필요하다.

2.2. 공무원의 신분보장

직업공무원제도의 핵심은 공무원의 신분보장에 있다. 헌법재판소는 이러한 맥락에서 신분보장을 직업공무원제도의 요소라고 보았다.[6] 계약제 등을 통한 개방형 인사제도는 종래 직업공무원제가 약속해 온 신분보장에 중대한 영향을 미친다. 공무원 신분보장이란 원래 종신제 공무원($\begin{smallmatrix}\text{Beamte auf}\\\text{Lebenszeit}\end{smallmatrix}$)의 보장이었다.

바로 그런 배경에서 국가공무원법은 제2조 제2항에서 경력직공무원을 "실적과 자격에 따라 임용되고 그 신분이 보장되며 평생 동안(근무기간을 정하여 임용하는 공무원 의 경우에는 그 기간 동안을 말한다) 공무원으로 근무할 것이 예정되는 공무원"으로 정의하고 있고 제68조에서는 "공무원은 형의 선고, 징계처분 또는 이 법에서 정하는 사유에 따르지 아니하고는 본인의 의사에 반하여 휴직·강임 또는 면직을 당하지 아니한다"고 규정하고 있는 것이다. 종신제는 공무원의 처우를 완전히 보장하고($\begin{smallmatrix}\text{Vollalimen-}\\\text{tation}\end{smallmatrix}$) 이를 통해 정치적 중립성을 확보하려는 취지에서 비롯된 것이었다.[7] 그러나 사회 모든 부문이 능력위주의 경쟁시대로 접어든 오늘의 현실에서 종신제의 신화가 깃들 곳은 없다. 사실 종신제의 신화는 현실적으로나 법제상으로 이미 오래전에 깨졌다. 시보제도나 국공립대학교원의 재임용제도, 계약직 공무원제, 개방형 전문직위제 등이 활용되고 있고, 정년단축이나 계급정년제가 시행되고 있다.

한편 신분보장은 1급 공무원과 제23조에 따라 배정된 직무등급이 가장 높은 등급의 직위에 임용된 고위공무원단에 속하는 공무원에 대해서는 적용되지 않는다(국가공무원 법§68 단서).

---

5) 헌법재판소 1994.4.28. 선고 91헌바15,19 결정.
6) 헌법재판소 1994.4.28. 선고 91헌바15,19 결정.
7) Ziemske, Burkhardt, Öffentlicher Dienst zwischen Bewahrung und Umbruch, DÖV, 1997, 605-616, 610.

　　헌법재판소에 따르면, **공무원정년제는 직업공무원제를 규정한 헌법 제7조에 위반되지 않으며**, 국가공무원법 제74조 제1항 제1호 등이 연구 및 특수기술직렬 공무원의 정년을 58세 내지 61세로 규정한 것도 구체적인 정년연령에 관하여 광범위한 입법재량을 가진 입법권자가 국민의 평균수명과 사회경제적 여건 및 공무원 조직내부의 인력수급사정 등을 종합적으로 고려하여 입법에 반영한 결과이고 또 국가공무원법 제74조 제2항이 위 직렬에 속하는 공무원들의 구체적 정년연령에 관하여는 하위규범으로 정하도록 위임하여 농촌지도관과 농촌지도사의 정년에 차등을 둘 수 있도록 한 것도 일반적으로 농촌지도관과 농촌지도사의 직무내용과 구성정원에 차이가 있으므로 원활한 인사정책을 유지하기 위해서는 정년연령에 있어 어느 정도의 차등은 불가피하다는 점 등 여러 사정을 감안한 결과로서 그와 같은 **차등은 합리적이고 정당한 것으로서 헌법에 합치된다**고 한다.[8] **계급정년제 역시 직업공무원제의 요소인 공무원의 신분보장을 무한으로 관철할 때 파생되는 공직사회의 무사안일을 방지하고 인사적체를 해소하며 새로운 인재들의 공직참여기회를 확대, 관료제의 민주화를 추구하여 직업공무원제를 합리적으로 보완·운용하기 위한 것으로서 합헌**이라고 한다.[9]

　　한시적 공무원제도($\stackrel{\text{Zeitbeamten-}}{\text{system}}$)로서 계약제를 경력직 공무원에게까지 일반적으로 법제화하는 것은 이 공무원 신분보장의 원칙을 근본적으로 수정하는 결과를 가져온다는 점에서 신중을 요한다. 계약직 공무원의 경우 '국가와 채용계약에 의하여 일정한 기간 전문지식이 요구되는 업무에 종사하는 공무원'이기에 그 범위를 넘어서 경력직 공무원과 같은 신분보장을 해주지 아니한다는 식의 특별한 헌법적 정당화가 필요하다. 성과주의($\stackrel{\text{Leistungs-}}{\text{prinzip}}$)는 그러한 헌법적 정당화를 위한 가장 강력하고 설득력 있는 논거의 하나이다. 개방형 인사제도는 성과주의를 실현하는 수단이 되기도 하지만, 자칫 엽관제의 폐단, 정당이나 단체의 후견($\stackrel{\text{Partei- oder}}{\text{Verbandspatronage}}$), 지도력 상실에 따른 행정의 불안정화($\stackrel{\text{Destabilisierung der Verwaltung}}{\text{durch Führungsverlust}}$) 등과 같은 폐단을 불러 직업공무원제에 반하는 위헌적 결과를 초래할 수도 있다. 그런 이유에서 임용요건과 절차, 인사관리의 공정성·객관성·투명성 및 신뢰성이 특별히 요구된다.

3. 공무원법의 법원

3.1. 공무원관계와 법률유보

　　"공무원의 신분과 정치적 중립성은 법률이 정하는 바에 의하여 보장된다"고 규정한 헌법 제7조 제2항은 직업공무원제도를 보장함과 아울러 공무원관계의 형성을 법률에 유보한 것으로 이해되고 있다.

---

8) 헌법재판소 1997.3.27. 선고 96헌바86 전원재판부 결정.
9) 헌법재판소 1994.4.28. 선고 91헌바15,19 결정.

3.2. 공무원법 및 그 밖의 공무원관련법령

헌법이 공무원의 신분과 정치적 중립성을 법률에 유보한 결과, 공무원에 관해서는 다양한 법률들이 제정되어 시행되고 있다.

국가공무원법, 경찰공무원법, 교육공무원법, 소방공무원법, 외무공무원법 및 지방공무원법 등 분야별로 공무원법이 있고 특수경력직 공무원의 경우 감사원법, 법원조직법, 검찰청법 등 여러 법률들이 있다. 이 중 국가공무원법은 국가공무원에 관한 일반법의 지위를 가질 뿐만 아니라 그 밖의 공무원관계법에서 준용 또는 변용됨으로써 사실상 일반법 기능을 수행하고 있다. 그런 이유에서 주로 국가공무원법을 중심으로 서술하기로 한다.

각종 공무원법과 그 밖의 공무원관련법령의 목록 중 중요한 것들을 간추려 보면 다음 표에서 보는 바와 같다.

〈공무원관련 법령〉

구분	유 형		해 당 법 령
국 가 공 무 원	일반법	인사일반	국가공무원법, 국회인사규칙, 법원공무원규칙, 헌법재판소공무원규칙, 선거관리위원회공무원규칙 등
		임　용	별정직공무원인사규정, 계약직공무원규정, 고용직공무원규정, 공무원임용령, 공무원임용시험령, 사법시험법 등
		보　수	공무원보수규정, 공무원수당 등에 관한 규정 등
		복　무, 능　률, 교육훈련	공무원교육훈련법, 공직자윤리법, 공무원직장협의회의 설립·운영에 관한 법률, 국가공무원복무규정, 관공서의 휴일등에 관한 규정, 정부표창규정, 공무원제안규정 등
		징계·소청	공무원징계령, 소청절차규정, 공무원고충처리규정 등
		연　금	공무원연금법, 군인연금법
	특별법		외무공무원법, 교육공무원법, 군인사법, 군무원인사법, 경찰공무원법, 소방공무원법, 국회사무처법, 법원조직법, 헌법재판소법, 선거관리위원회법, 검찰청법, 국가정보원직원법, 교원지위 향상을 위한 특별법, 법관징계법, 검사징계법, 국회의원 수당등에 관한 법률, 법관의 보수에 관한 법률, 검사의 보수에 관한 법률, 군인보수법 등
지방공무원			지방공무원법, 지방공무원교육훈련법, 소방공무원법 중 지방소방공무원관련규정

제 2 절 | 공무원관계의 발생 · 변경 · 소멸

공무원관계는 임명 또는 채용으로 발생하며 승진임용, 승급, 전직, 전보, 강임, 휴직, 직위해제 및 복직 등으로 변경되고, 면직 등으로 소멸한다. 공무원관계를 발생, 변경, 소멸시키는 모든 행위를 총괄하여 '임용'이라 부른다. 이를 단계별로 살펴보기로 한다.

Ⅰ. 공무원관계의 발생

1. 공무원의 임명

공무원관계는 신규채용으로 발생하는 것이 원칙이다. 특정인에게 공무원의 신분을 부여하여 공무원관계를 발생시키는 행위를 임명이라고 한다. 공무원관계의 발생은 임명 외에 선거에 의하는 경우도 있고, 법률의 규정에 의하여 강제적으로 설정되는 경우도 있으나, 가장 보편적이고 중요한 것은 임명이다.

공무원 임명의 법적 효과는 공무원관계를 성립시키는 데 있다. 임명행위의 법적 성질, 그리고 임명으로 발생하는 공무원관계의 법적 성질에 관해서는 학설상 논란이 있다. 국내 문헌에서는 공무원의 근로관계를 특별권력관계에 해당한다고 보거나,[1] 이와 달리 공무원법관계는 특별권력관계가 아닌 특별한 행정법관계로서 공법관계, 근무관계(영속적 근무태세, 완전한 임무수행을 특징적 내용으로 하는), 성실관계를 개념요소로 한다고 설명하는 견해[2] 등 일부를 제외하고는, 대부분 공무원 근로관계의 일반적인 성격에 관하여는 특별한 언급을 하지 않은 채, 공무원 근로관계의 발생원인이 되는 임명행위의 법적 성질에 관한 학설로 단독행위설, 쌍방적 행정행위설, 공법상 계약설 등을 소개하고 있다. 그리고 대다수가 쌍방적 행정행위설을 취해왔으나 최근에는 우리 국가공무원법과 지방공무원법이 임명직 공무원 외에 계약직공무원을 따로 인정하고 있기 때문에 학설상 논란이 사실상 무의미해졌다고 보는 견해도 나타나고 있다.[3]

---

1) 박윤흔, 최신행정법강의(하), 2000, 216. 박윤흔교수는 특별권력관계는 헌법상 법률유보의 원칙을 배제하지 않는다는 제한적 긍정설을 취하고 있다.
2) 홍정선, 행정법원론(하), 2007, 264-265.
3) 가령 김남진/김연태, 행정법 Ⅱ, 제9판, 2005, 203; 정하중, 행정법개론, 제4판, 2010, 1026-1027 등을 참조. 반면 홍정선, 앞의 책, 274는 임명행위의 성질을 밝히는 게 여전히 필요하므로 기존의 학설대립을 무의미한 것으로 보기는 곤란하다는 입장이다.

공무원관계의 법적 성질에 관한 학설 •• 임명을 통해 국가 또는 지방자치단체가 특정 자연인과 공법상 근무관계 혹은 공무원관계를 맺는 결과가 성립한다고 본다면, 그 관계의 법적 성질을 어떻게 볼 것인지를 둘러싸고 종래 여러 학설이 대립하고 있었다.

(1) 사법상 근로계약관계설

공무원관계는 근본적으로 사적 근무관계와 다를 바 없고, 본질적으로 비권력적인 고용계약관계라고 보는 견해이다. 물론 공무원관계를 사법상 고용계약관계와 동일하게 보는 것은 아니고, 법률이 규정하는 범위 내에서 특수성은 인정한다. 그러나 이 견해는 공무원관계의 주된 내용이 되는 '공무(公務)에의 종사'에서 우러나는 특수성을 도외시한다는 데 약점이 있다.

(2) 특별권력관계설

공무원관계를 특별권력관계로 파악하는 견해로서, 과거의 통설이었다. 공무원관계란 행정목적 달성을 위하여 특별한 법률원인에 의하여 공무원이 국가나 공공단체에 대해 포괄적인 근무의무를 지고, 그 상대방인 국가나 공공단체는 그에 대하여 포괄적인 지배권을 가지는 권력관계라고 한다. 이 견해는 임명행위의 성질에 관하여 다시 일방적 행정행위설과 쌍방적 행정행위설로 나뉘고, 쌍방적 행정행위라고 하기보다는 동의에 의한 행정행위라고 보아야 한다는 견해도 있다.

① 일방적 행정행위설

공무원이 되려는 자의 의사는 국가의 일방적 의사표시에 대한 법률상 조건에 불과하여 임명은 공무원이 되려는 자의 동의를 요건으로 하는 국가의 일방적 행위라고 본다.

② 쌍방적 행정행위설

공무원이 되고자 하는 자와 국가·지방자치단체 쌍방의 의사표시가 동등한 가치를 갖지 아니하더라도 당사자의 일방적 행위로는 법적 효과를 발생시킬 수 없으므로 개인의 동의 없이는 성립할 수 없는 쌍방적 행정행위라고 보는 견해이다.

(3) 공법상 근무고용관계설

공무원관계를 주로 신분적 측면이 아니라 기능적 측면에서 인식하여 일종의 근무고용관계로 파악하되 공무에의 종사를 내용으로 한다는 점에서 일반 사법상 고용관계와 다른 특수성을 지닌 공법적 관계로 보는 견해이다. 공무원관계는 근로의 제공과 그에 대한 반대급부의 지급을 내용으로 당사자 사이의 합의에 의하여 설정된 공법상 법률관계라는 것이다.

생각건대, 과거 공무원관계를 특별권력관계로 간주하여 법치주의와 사법심사가 전부 또는 부분적으로 배제되는 포괄적 지배복종관계로 파악한 관헌적 공무원개념을 전제로 한 특별권력관계론은 공무원 임명과 그 임명으로 발생하는 공무원관계(공법상 근무관계)의 본질을 설명하는 이론으로는 더 이상 타당할 수 없다. 또 현실적으로도 이러한 의미의 특별권력관계이론은 퇴조하였고, 오늘날에는 어느 형태로든 특별권력관계의 존재이유를 인정하는 경우에도 법치주의와 사법심사는 배제되지 않는다고 보는 것이 지배적이다.[4] 분명한 것은 임명행위(임명직의 경우)나 계약(계약직의 경우)으로 해당 공무원과 그 고용주인 국가나 지방자치단체 사이에 근무고용관계가 발생하며 그 관계는 사법상 근로관계와는 다른 공법적 특수성을 지니고 그 한도 내에서 공법에 의해 규율되는 관계라는 점이다. 따라서 공무원관계의 법적 성질은 공법상 근무관계로 파악하여야 할 것이다. 또한 그렇게 보는 것이 공무원의 의무를 명시한 공무원관계법의 태도와도 부합된다.

2. 공무원 임명의 요건

공무원에 임명되기 위하여서는 능력요건과 성적요건을 갖추어야 한다.

2.1. 능력요건

능력요건은 소극적으로 판단한다. 즉, 일정한 결격사유에 해당하면 공무원으로 임명될 수 없다는 것이다. 결격사유에 해당하는 자를 공무원으로 임명하는 행위는 당연무효이고, 또 재직 중 결격사유에 해당하게 되면 당연퇴직한다.

2.1.1. 결격사유

국가공무원법 제33조는 다음 어느 하나에 해당하는 자는 공무원으로 임용될 수 없다고 규정하고 있다.

1. 금치산자 또는 한정치산자
2. 파산선고를 받고 복권되지 아니한 자
3. 금고 이상의 실형을 선고받고 그 집행이 종료되거나 집행을 받지 아니하기로 확정된 후 5년이 지나지 아니한 자
4. 금고 이상의 형을 선고받고 그 집행유예 기간이 끝난 날부터 2년이 지나지 아니한 자
5. 금고 이상의 형의 선고유예를 받은 경우에 그 선고유예 기간 중에 있는 자
6. 법원의 판결 또는 다른 법률에 따라 자격이 상실되거나 정지된 자
6의2. 공무원으로 재직기간 중 직무와 관련하여 「형법」 제355조 및 제356조에 규정된 죄를 범한 자로서 300만원 이상의 벌금형을 선고받고 그 형이 확정된 후 2년이 지나지 아니한 자
7. 징계로 파면처분을 받은 때부터 5년이 지나지 아니한 자
8. 징계로 해임처분을 받은 때부터 3년이 지나지 아니한 자

이 조항은 특수경력직공무원 중 정무직공무원에게는 적용하지 아니한다($\S 3 \atop \textcircled{1}$). 이와 같은 결격사유는 절대적 무효사유로서 공무원 임용행위를 당연무효로 만들며, 공무원이 그중 어느 하나에 해당할 때에는 당연히 퇴직한다($\S 69 \atop 본문$).[5]

---

4) 김철용, 행정법 Ⅱ, 2009, 186-187; 홍준형, 행정법총론, 한울아카데미, 2001, 144-149 등.
5) 다만, 위 제5호는 형법 제129조부터 제132조까지 및 직무와 관련하여 형법 제355조 및 제356조에 규정된 죄를

2.1.2. 외국인의 임용

종래 대한민국 국적을 공무원 임용의 전제조건으로 보는 시각도 없지 않았으나, 외국인의 공무원 임용을 위한 문호가 점차 개방되어 가는 추세이다.

먼저, 교육공무원법이 외국인에게 대학교원으로 임용될 수 있는 길을 열어 놓고 있다. 즉, 교육공무원법 제10조의2에 따르면, "대학은 교육이나 연구를 위하여 외국인을 교원으로 임용할 수 있다."

둘째, 국가공무원법은 '국가기관의 장은 국가안보 및 보안·기밀에 관계되는 분야를 제외하고 대통령령등으로 정하는 바에 따라 외국인을 공무원으로 임용할 수 있다'고 규정하고 있다($\substack{국가공무원법 \\ \S 26의3 \ ①}$). 이 조항은 대통령령등으로 정하는 공무원에게만 적용한다($\substack{\S 3 \\ ③}$). 실례로 공무원임용령 제4조는 "임용권자 또는 임용제청권자는 법 제26조의3 제1항에 따라 외국인을 전문경력관 규정 제2조에 따른 전문경력관($\substack{이하 "전문경력 \\ 관"이라 한다}$), 임기제공무원 또는 특수경력직공무원으로 채용할 수 있다"고 규정하고 있다.

반면 대한민국 국적보유가 필수적이거나 복수국적자를 규제할 필요가 있는 경우도 있을 수 있다. 실제로 외무공무원법 제9조 제2항은 국가공무원법 제33조 각 호의 어느 하나에 해당하는 사람과 함께 '대한민국 국적을 가지지 아니한 사람'을 결격사유로 명시하고 있다.

또 국가기관의 장은 다음 어느 하나에 해당하는 분야로서 대통령령등으로 정하는 분야에는 복수국적자(대한민국 국적과 외국 국적을 함께 가진 사람)의 임용을 제한할 수 있다($\substack{국가공무원 \\ 법 \S 26의3 \ ②}$).

1. 국가의 존립과 헌법 기본질서의 유지를 위한 국가안보 분야
2. 내용이 누설되는 경우 국가의 이익을 해하게 되는 보안·기밀 분야
3. 외교, 국가 간 이해관계와 관련된 정책결정 및 집행 등 복수국적자의 임용이 부적합한 분야

2.2. 성적요건

2.2.1. 경력직공무원의 임용

경력직공무원의 임용은 시험성적·근무성적, 그 밖의 능력의 실증에 따라 행하는 것이 원칙이다($\substack{국가공무원 \\ 법 \S 26 \ 본문}$). 다만, 국가공무원법은 "국가기관의 장은 대통령령등으로 정하는 바에 따라 장애인·이공계전공자·저소득층 등에 대한 채용·승진·전보 등 인사관리상의 우대와 실질적인 양성 평등을 구현하기 위한 적극적인 정책을 실시할 수 있다"고 규정하여 적극적 평등보호조치($\substack{affirmative \\ action}$)를 반영하고 있다($\substack{국가공무원법 \\ \S 26 \ 단서}$).

범한 자로서 금고 이상의 형의 선고유예를 받은 경우만 해당한다(§ 69 본문).

2.2.2. 공채와 특채

경력직공무원은 원칙적으로 공개경쟁시험으로 채용하고($\S_{①}^{28}$) 예외적으로 경력경쟁채용시험으로 뽑을 수 있다.

임용권자나 임용제청권자는 결원을 보충할 때 공개경쟁 채용시험 합격자와 공개경쟁 승진시험 합격자를 우선하여 임용하거나 임용제청하여야 한다($\S_{①}^{31}$). 공개경쟁에 따른 채용시험은 같은 자격을 가진 모든 국민에게 평등하게 공개하여야 하며 시험의 시기와 장소는 응시자의 편의를 고려하여 결정한다($\S$ 35).

2.3. 능력요건 또는 성적요건이 결여된 경우 임명의 효과

능력요건을 결한 사람의 임명은 무효이고, 성적요건을 결한 사람의 임명은 취소할 수 있는 행위가 된다. 이 점에서 두 가지 요건은 구별된다.

▦ 공무원임용결격자 임용행위의 당연무효

대법원은 1996년 2월 27일 선고 95누9617 판결[6]에서 공무원임용결격자에 대한 임용행위는 당연무효라고 판시한 1987년 4월 14일 선고 86누459 판결을 원용하여 결론을 내리고 있다.[7] 이 사건 판결에서 원용된 86누459 판결은 국가공무원법에 규정되어 있는 공무원임용결격사유는 공무원으로 임용되기 위한 **절대적인 소극적 요건**으로서 공무원관계는 국가공무원법 제38조, 공무원임용령 제11조의 규정에 의한 채용후보자 명부에 등록한 때가 아니라 국가의 임용이 있는 때에 설정되는 것이므로 공무원임용결격사유가 있는지의 여부는 채용후보자 명부에 등록한 때가 아닌 임용당시에 시행되던 법률을 기준으로 하여 판단할 것이고, **임용당시 공무원임용결격사유가 있었다면 비록 국가의 과실에 의하여 임용결격자임을 밝혀내지 못하였다 하더라도 그 임용행위는 당연무효로 보아야 한다**고 판시했었다. 대법원은 이러한 해석이 사회정의나 형평의 원칙에 현저히 위반된다고 할 수 없으며, 따라서 1987.4.14. 선고 86누459 판결을 현재로서는 변경할 필요가 없다고 판단한 것이다.[8]

문제는 무효 또는 취소가 있기 전까지의 해당 공무원이었던 사람이 한 행위의 효력과 이미 지급된 급여에 관한 것이다.

그 행위는 엄격하게 본다면 국가나 지방자치단체의 행위로는 효력을 발생하지 못한다. 그러나 공무원 임명행위의 유효여부가 종종 불명료한 경우가 많으며 그 상대방이 정당한 권한

---

6) 대법원 1996.2.27. 선고 95누9617 판결.
7) 대법원의 86누459 판결은 가히 임용결격자에 대한 임용처분의 당연무효에 관한 'leading case'라고 할 만하다(다만, 이 판결 이전에도 유죄판결에 따른 집행유예기간 1년이 종료된 날로부터 1년이 경과되지 아니한 결격사유를 지닌 원고를 기능직 공무원으로 임명한 처분은 당연무효라고 판시한 대법원 1980.10.14. 선고 79누12 판결이 있었다).
8) 대법원 1996.2.27. 선고 95누9617 판결.

을 가진 것으로 믿을 만한 상당한 이유가 있다고 인정되는 경우도 적지 않을 것이다. 따라서 상대방의 신뢰보호와 법적 안정성을 고려하여 원칙적으로 유효로 보아야 할 경우가 많을 것이다. 그리고 그 결과는 '사실상 공무원 이론'에 의해 뒷받침될 수 있다.

다음으로 임명요건을 결여했음에도 공무원으로 임용되어 지급받은 봉급 기타 급여는 법률상 원인 없이 얻은 이익으로 부당이득반환청구의 대상이 된다. 반면 당연퇴직 또는 임용취소시까지 근무를 제공한 이상, 그 한도 내에서 국가나 지방자치단체 측에서도 부당이득을 얻은 결과가 된다. 특별한 사정이 없는 한 그렇게 제공된 근무는 당해 직에 적법하게 임명되었을 경우 제공되었을 근무와 실질적으로 동일한 근무라고 보아야 하고, 그 근무와 직에 대한 봉급 기타 급여 간에 정당한 균형이 이루어진다고 볼 수 있으므로 상호간 부당이득반환청구권을 행사할 수 없다고 보아야 형평에 맞는 결과가 될 것이다.

한편, 종래 결격사유가 뒤늦게 발견돼 퇴직한 공무원은 당초의 임명이 당연무효가 되어 퇴직금도 받을 수 없었으나, 「임용결격공무원 등에 대한 퇴직보상금지급 등에 관한 특례법」($_{\text{법률 제9091호}}^{\text{일부개정 2008.6.5}}$)이 제정되어 근무기간만큼 퇴직보상금을 지급받을 수 있게 되었다.

3. 개방형 직위, 공모 직위 및 고위공무원단

3.1. 개방형 직위

해당 기관의 직위 중 전문성이 특히 요구되거나 효율적인 정책 수립을 위하여 필요하다고 판단되어 공직 내부나 외부에서 적격자를 임용할 필요가 있는 직위에 대하여는 개방형 직위로 지정하여 운영할 수 있다. 이 경우 정부조직법 등 조직 관계 법령에 따라 1급부터 3급까지의 공무원 또는 이에 상당하는 공무원으로 보할 수 있는 직위($_{\text{는 제외}}^{\text{고위공무원단 직위를 포함하며, 실장 · 국장}}_{\text{밑에 두는 보조기관 또는 이에 상당하는 직위}}$한다) 중 임기제공무원으로도 보할 수 있는 직위($_{\text{는 직위는 제외한다}}^{\text{대통령령등으로 정하}}$)는 개방형 직위로 지정된 것으로 본다($_{4}^{\S\ 28의}$ ①).

임용권자나 임용제청권자는 직위별로 직무의 내용 · 특성 등을 고려하여 직무수행요건을 설정하고 그 요건을 갖춘 자를 개방형 직위에 임용하거나 임용제청하여야 한다($_{4}^{\S\ 28의}$ ②).

3.2. 공모 직위

국가공무원법은 임용권자나 임용제청권자로 하여금 해당 기관의 직위 중 효율적인 정책 수립 또는 관리를 위하여 해당 기관 내부 또는 외부의 공무원 중에서 적격자를 임용할 필요가 있는 직위에 대하여는 공모 직위로 지정하여 운영할 수 있도록 하고 있다($_{5}^{\S\ 28의}$ ①). 임용권자나 임용제청권자는 이러한 공모 직위에 대하여 직위별로 직무의 내용 · 특성 등을 고려하여 직무수행요건을 설정하고 그 요건을 갖춘 자를 임용하거나 임용제청하여야 한다($\S^{28의}_{5\,②}$).

한편 중앙인사관장기관의 장은 공모 직위를 운영할 때 각 기관간 인력의 이동과 배치가 적절한 균형을 유지할 수 있도록 관계 기관의 장과 협의하여 이를 조정할 수 있다($\S^{28의}_{5\,④}$).

3.3. 고위공무원단에 속하는 공무원으로의 임용 등

인사혁신처장은 고위공무원단에 속하는 공무원이 갖추어야 할 능력과 자질을 설정하고 이를 기준으로 고위공무원단 직위에 임용되려는 자를 평가하여 신규채용·승진임용 등 인사관리에 활용할 수 있다($\S^{2의2}_{③}$).

고위공무원단에 속하는 공무원의 채용과 고위공무원단 직위로의 승진임용, 고위공무원으로서 적격한지 여부 및 그 밖에 고위공무원 임용 제도와 관련하여 대통령령으로 정하는 사항을 심사하기 위하여 인사혁신처에 고위공무원임용심사위원회를 둔다($\S^{28의}_{6\,①}$). 고위공무원임용심사위원회는 위원장을 포함하여 5명 이상 9명 이하의 위원으로 구성하며, 위원장은 인사혁신처장이 된다($\S^{28의}_{6\,②}$).

임용권자 또는 임용제청권자는 고위공무원단에 속하는 공무원의 채용 또는 고위공무원단 직위로 승진임용하고자 하는 경우 임용대상자를 선정하여 고위공무원임용심사위원회의 심사를 거쳐 임용 또는 임용제청하여야 한다($\S^{28의6}_{③\,본문}$). 다만, 고위공무원단에 속하는 공무원의 채용에 있어서는 임용절차 간소화, 직무의 특수성 등을 고려하여 경력직 고위공무원을 특수경력직 또는 다른 경력직 고위공무원으로 채용하는 경우 등 대통령령으로 정하는 경우에는 고위공무원임용심사위원회의 심사를 생략할 수 있다($\S^{28의6}_{③\,단서}$).

Ⅱ. 공무원관계의 변경

1. 공무원관계의 변경사유

공무원관계의 변경사유로는 승진·전직·전보·복직과 파견·휴직·정직·직위해제·강임·감봉 등이 있다. 임명의 경우와는 달리 이러한 조치들은 공무원신분을 가진 자에 대한 임명권자의 일방적인 단독행위로서 법령이 규정하는 바에 따라 행해져야 한다.

국가공무원법 제27조는 결원보충 방법으로 신규채용 외에 이러한 승진임용·강임·전직 또는 전보를 열거하고 있다. 한편 정직과 감봉은 징계의 종류이다($\S^{79}$).

2. 승진 · 전직 · 전보 · 복직

2.1. 승 진

2.1.1. 승진임용

승진임용은 근무성적평정·경력평정, 그 밖에 능력의 실증에 따른다($^{§\,40\,①}_{본문}$). 다만, 1급부터 3급까지의 공무원으로의 승진임용 및 고위공무원단 직위로의 승진임용의 경우에는 능력과 경력 등을 고려하여 임용하며, 5급 공무원으로의 승진임용의 경우에는 승진시험을 거치도록 하되, 필요하다고 인정하면 대통령령등으로 정하는 바에 따라 승진심사위원회의 심사를 거쳐 임용할 수 있다($^{§\,40\,①}_{단서}$).

6급 이하 공무원으로의 승진임용의 경우 필요하다고 인정하면 대통령령등으로 정하는 바에 따라 승진시험을 병용할 수 있다($^{§\,40}_{②}$).

승진에 필요한 계급별 최저 근무연수, 승진 제한, 그 밖에 승진에 필요한 사항은 대통령령등으로 정한다($^{§\,40}_{③}$).

2.1.2. 승진임용의 방법

1급 공무원으로의 승진은 바로 하급 공무원 중에서, 2급 및 3급 공무원으로의 승진은 같은 직군 내의 바로 하급 공무원 중에서 각각 임용하거나 임용제청하며, 고위공무원단 직위로의 승진임용은 대통령령으로 정하는 자격·경력 등을 갖춘 자 중에서 임용하거나 임용제청한다($^{§\,40의}_{2\ ①}$).

승진시험에 따른 승진은 승진시험 합격자 중에서 대통령령등으로 정하는 승진임용 순위에 따라 임용하거나 임용제청한다($^{§\,40의2}_{②\ 본문}$). 다만, 공개경쟁 승진시험에 합격하여 승진후보자 명부에 등재된 자의 임용방법에 관하여는 제39조 제1항과 제2항을 준용한다($^{§\,40의2}_{②\ 단서}$).

위 두 가지 외의 승진은 같은 직렬의 바로 하급 공무원 중에서 임용하되, 임용하려는 결원의 수에 대하여 승진후보자 명부의 높은 순위에 있는 자부터 차례로 대통령령등으로 정하는 범위에서 임용하거나 임용제청하여야 한다($^{§\,40의}_{2\ ③}$).

각급 기관의 장은 대통령령등으로 정하는 바에 따라 근무성적·경력평정, 그 밖에 능력의 실증에 따른 순위에 따라 직급별로 승진후보자 명부를 작성한다($^{§\,40의}_{2\ ④}$).

5급 공무원 공개경쟁 승진시험에 합격한 자의 승진후보자 명부는 국회사무총장, 법원행정처장, 헌법재판소사무처장, 중앙선거관리위원회사무총장 또는 인사혁신처장이 작성한다($^{§\,40의}_{2\ ⑤}$).

2.1.3. 승진 심사

국가공무원법 제40조의2 제1항·제3항 또는 제40조의4 제1항 제1호부터 제3호까지의 규정에 따라 임용하거나 임용제청을 할 때에는 미리 승진심사위원회의 심사를 거쳐야 한다($^{\S\,40의}_{3\;①}$).

승진 심사를 위하여 국회사무총장, 법원행정처장, 헌법재판소사무처장 또는 중앙선거관리위원회사무총장 소속으로 중앙승진심사위원회를 두고, 행정부 소속 공무원의 승진 심사는 제28조의6 제3항에 따라 고위공무원임용심사위원회가 담당하며, 각 임용권자나 임용제청권자 단위별로 보통승진심사위원회를 둔다($^{\S\,40의}_{3\;②}$).

승진심사위원회의 구성·권한 및 운영, 그 밖에 필요한 사항은 대통령령등으로 정한다($^{\S\,40의}_{3\;③}$).

2.1.4. 우수 공무원 등의 특별승진

공무원이 제40조의4 제1항 각 호에 열거된 사유가 있는 경우 제40조 및 제40조의2에도 불구하고 특별승진임용하거나 일반 승진시험에 우선 응시하게 할 수 있다($^{\S\,40의}_{4\;①}$). 특별승진의 요건, 그 밖에 필요한 사항은 대통령령등으로 정한다($^{\S\,40의}_{4\;②}$).

2.1.5. 승진시험 방법

승진시험은 일반 승진시험과 공개경쟁 승진시험으로 구분한다($^{\S\,41}_{①}$).

일반 승진시험은 승진후보자 명부의 높은 순위에 있는 자부터 차례로 임용하려는 결원 또는 결원과 예상 결원을 합한 총결원의 2배수 이상 5배수 이내 범위의 자에 대하여 실시하며, 시험성적 점수와 승진후보자 명부에 따른 평정 점수를 합산한 종합 성적에 따라 합격자를 결정한다. 다만, 유능한 공무원을 발탁하기 위하여 승진기회의 확대가 필요한 경우에는 대통령령으로 정하는 바에 따라 배수의 범위를 달리하여 시험을 실시할 수 있다($^{\S\,41}_{②}$).

공개경쟁 승진시험은 5급 공무원 승진에 한정하되, 기관간 승진기회의 균형을 유지하고 유능한 공무원을 발탁하기 위하여 필요한 경우에 실시하며, 시험성적에 따라 합격자를 결정한다($^{\S\,41}_{③}$).

2.2. 전 직

국가공무원법 제5조 제5호는 "전직"을 '직렬을 달리하는 임명'을 말하는 것으로 정의하고 있다. 공무원을 전직 임용하려는 때에는 전직시험을 거쳐야 한다($^{\S\,28의3}_{본문}$). 다만, 대통령령등으로 정하는 전직의 경우에는 시험의 일부나 전부를 면제할 수 있다($^{\S\,28의3}_{단서}$).

2.3. 전 보

국가공무원법 제5조 제6호는 "전보"를 같은 직급 내에서의 보직 변경 또는 고위공무원단 직위 간의 보직 변경(제4조 제2항에 따라 같은 조 제1항의 계급 구분을 적용하지 아니하는 공무원은 고위공무원단 직위와 대통령령으로 정하는 직위 간의 보직 변경을 포함한다)을 말하는 것으로 정의하고 있다.[9]

2.4. 복 직

복직이란 휴직, 직위해제 또는 정직 중인 공무원을 직위에 복귀시키는 임용을 말한다. 휴직의 경우 휴직 기간이 끝나거나 그 사유가 없어지면 복직이 보장된다($\S 73$ ②, ③).

3. 겸임 · 파견

3.1. 겸 임

직위와 직무 내용이 유사하고 담당 직무 수행에 지장이 없다고 인정하면 대통령령등으로 정하는 바에 따라 일반직공무원을 대학 교수 등 특정직공무원이나 특수 전문 분야의 일반직 공무원 또는 대통령령으로 정하는 관련 교육 · 연구기관, 그 밖의 기관 · 단체의 임직원과 서로 겸임하게 할 수 있다($\S 32$의3).

3.2. 파 견

국가공무원법에 따르면, 국가기관의 장은 국가적 사업의 수행 또는 그 업무 수행과 관련된 행정 지원이나 연수, 그 밖에 능력 개발 등을 위하여 필요하면 소속 공무원을 다른 국가기관 · 공공단체 · 정부투자기관 · 국내외의 교육기관 · 연구기관, 그 밖의 기관에 일정 기간 파견근무하게 할 수 있고, 국가적 사업의 공동 수행 또는 전문성이 특히 요구되는 특수 업무의 효율적 수행 등을 위하여 필요하면 국가기관 외의 기관 · 단체의 임직원을 파견받아 근무하게 할 수 있다($\S 32$의4 ①). 이에 따라 국가기관 외의 기관 · 단체에서 파견된 임직원은 직무상 행위를 하거나 형법, 그 밖의 법률에 따른 벌칙을 적용할 때 공무원으로 본다($\S 32$의4 ③).

파견권자는 파견 사유가 소멸하거나 파견 목적이 달성될 가망이 없으면 그 공무원을 지체 없이 원래의 소속 기관에 복귀시켜야 한다($\S 32$의4 ②).

---

9) 전보의 처분성여하에 관해서는 이경운, "공무원 전보발령의 처분성", 행정판례연구 제4집, 박영사, 1999, 277-295 참조.

4. 휴직 · 직위해제 · 강임 · 정직 · 감봉

4.1. 휴 직

국가공무원법상 휴직사유는 직권휴직과 의원휴직 두 가지 유형으로 나뉜다. 먼저, 직권휴직은 공무원이 다음 각 호의 어느 하나에 해당하여 임용권자가 본인의 의사에 불구하고 휴직을 명해야 하는 경우이다($^{\S 71}_{\textcircled{1}}$).

1. 신체·정신상의 장애로 장기 요양이 필요할 때
2. 삭제
3. 「병역법」에 따른 병역 복무를 마치기 위하여 징집 또는 소집된 때
4. 천재지변이나 전시·사변, 그 밖의 사유로 생사(生死) 또는 소재(所在)가 불명확하게 된 때
5. 그 밖에 법률의 규정에 따른 의무를 수행하기 위하여 직무를 이탈하게 된 때
6. 「공무원의 노동조합 설립 및 운영 등에 관한 법률」 제7조에 따라 노동조합 전임자로 종사하게 된 때

둘째, 의원휴직은 공무원이 다음 어느 하나에 해당하는 사유로 휴직을 원할 경우 임용권자가 휴직을 명할 수 있는 경우를 말한다. 다만, 제4호의 경우에는 대통령령으로 정하는 특별한 사정이 없으면 휴직을 명하여야 한다($^{\S 71}_{\textcircled{2}}$).

1. 국제기구, 외국 기관, 국내외의 대학·연구기관, 다른 국가기관 또는 대통령령으로 정하는 민간기업, 그 밖의 기관에 임시로 채용될 때
2. 국외 유학을 하게 된 때
3. 중앙인사관장기관의 장이 지정하는 연구기관이나 교육기관 등에서 연수하게 된 때
4. 만 8세 이하 또는 초등학교 2학년 이하의 자녀를 양육하기 위하여 필요하거나 여성공무원이 임신 또는 출산하게 된 때
5. 사고나 질병 등으로 장기간 요양이 필요한 조부모, 부모(배우자의 부모를 포함한다), 배우자, 자녀 또는 손자녀를 간호하기 위하여 필요한 때. 다만, 조부모나 손자녀의 간호를 위하여 휴직할 수 있는 경우는 본인 외에는 간호할 수 있는 사람이 없는 등 대통령령등으로 정하는 요건을 갖춘 경우로 한정한다.
6. 외국에서 근무·유학 또는 연수하게 되는 배우자를 동반하게 된 때
7. 대통령령등으로 정하는 기간 동안 재직한 공무원이 직무 관련 연구과제 수행 또는 자기개발을 위하여 학습·연구 등을 하게 된 때

임기제공무원에 대한 직권휴직과 의원휴직은 제1항 제1호·제3호 및 제2항 제4호에 한정하여 적용하며, 이 경우 제2항 제4호는 휴직을 시작하려는 날부터 남은 근무기간이 6개월 이상인 경우로 한정한다($^{\S 71}_{\textcircled{3}}$).

이 두 가지 유형의 휴직 제도 운영에 관하여 필요한 사항은 대통령령등으로 정한다($^{§\,71}_{⑤}$).

임용권자는 제2항 제4호에 따른 취학 전 자녀 양육을 위한 휴직이나 임신·출산을 위한 휴직을 이유로 인사에 불리한 처우를 하여서는 아니 된다($^{§\,71}_{④}$).

휴직 기간은 휴직의 유형에 따라 3개월 이내에서 3년 이내(2년의 범위에서 연장가능)까지로 정해져 있다($^{§\,72}$).

휴직의 효력은 직무의 정지이다. 즉, 휴직 중인 공무원은 신분은 보유하나 직무에 종사하지 못한다($^{§\,73}_{①}$). 휴직 기간 중 그 사유가 없어지면 30일 이내에 임용권자 또는 임용제청권자에게 신고하여야 하며, 임용권자는 지체 없이 복직을 명해야 하며($^{§\,73}_{②}$), 휴직 기간이 끝난 공무원이 30일 이내에 복귀 신고를 하면 당연히 복직된다($^{§\,73}_{③}$).

4.2. 직위해제

직위해제는 공무원의 신분은 유지시키면서 직위를 부여하지 아니함으로써 직무의 담임을 해제하는 조치를 말한다. 본인의 무능력 등으로 인한 제재적 의미를 가진 보직의 해제라는 점 그리고 복직이 보장되지 않는다는 점에서 휴직과 다르다. 징계처분과 법적 기초를 달리하므로 동일한 사유로 징계나 직위해제를 병과해도 일사부재리의 원칙에 반하지 아니 한다. 직위해제의 사유는 다음과 같다($^{§\,73의}_{3\,①}$).

1. 삭제
2. 직무수행 능력이 부족하거나 근무성적이 극히 나쁜 자
3. 파면·해임·강등 또는 정직에 해당하는 징계 의결이 요구 중인 자
4. 형사 사건으로 기소된 자(약식명령이 청구된 자는 제외한다)
5. 고위공무원단에 속하는 일반직공무원으로서 제70조의2 제1항 제2호부터 제5호까지의 사유로 적격심사를 요구받은 자
6. 금품비위, 성범죄 등 대통령령으로 정하는 비위행위로 인하여 감사원 및 검찰·경찰 등 수사기관에서 조사나 수사 중인 자로서 비위의 정도가 중대하고 이로 인하여 정상적인 업무수행을 기대하기 현저히 어려운 자

위와 같은 사유로 직위를 부여하지 아니한 경우, 그 사유가 소멸되면 임용권자는 지체 없이 직위를 부여하여야 한다($^{§\,73의}_{3\,②}$).

임용권자는 직무수행 능력이 부족하거나 근무성적이 극히 나쁘다는 이유로 직위해제된 자에게 3개월의 범위에서 대기를 명하며($^{§\,73의}_{3\,③}$), 대기 명령을 받은 자에게는 임용권자 또는 임용제청권자가 능력 회복이나 근무성적의 향상을 위한 교육훈련 또는 특별한 연구과제의 부여 등 필요한 조치를 하여야 한다($^{§\,73의}_{3\,④}$).

공무원에 대하여 위 제1항 제2호의 직위해제 사유와 같은 항 제3호·제4호 또는 제6호의 직위해제 사유가 경합할 때에는 같은 항 제3호·제4호 또는 제6호의 직위해제 처분을 하여야 한다($\S 73의3 \atop 3 \, ⑤$).

한편, 대법원은 국가공무원법상 직위해제처분은 위 행정절차법과 동 시행령 규정에 따른 '당해 행정작용의 성질상 행정절차를 거치기 곤란하거나 불필요하다고 인정되는 사항 또는 행정절차에 준하는 절차를 거친 사항'에 해당하므로, 처분의 사전통지 및 의견청취 등에 관한 행정절차법의 규정이 별도로 적용되지 않는다고 판시한 바 있다.

⁞⁞⁞ 직위해제처분과 처분 사전통지 및 의견청취 등에 관한 행정절차법 규정의 적용여부

"[1] 국가공무원법 제73조의3 제1항에 규정한 직위해제는 일반적으로 공무원이 직무수행능력이 부족하거나 근무성적이 극히 불량한 경우, 공무원에 대한 징계절차가 진행 중인 경우, 공무원이 형사사건으로 기소된 경우 등에 있어서 당해 공무원이 장래에 있어서 계속 직무를 담당하게 될 경우 예상되는 업무상의 장애, 공무집행 및 행정의 공정성과 그에 대한 국민의 신뢰저해 등을 예방하기 위하여 일시적인 인사조치로서 당해 공무원에게 직위를 부여하지 아니함으로써 직무에 종사하지 못하도록 하는 잠정적이고 가처분적인 성격을 가진 조치이다. 따라서 그 성격상 과거공무원의 비위행위에 대한 공직질서 유지를 목적으로 행하여지는 징벌적 제재로서의 징계 등에서 요구되는 것과 같은 동일한 절차적 보장을 요구할 수는 없다.¹⁰⁾

[2] 직위해제에 관한 국가공무원법 제73조의3 제1항 제2호 및 제3항은 임용권자는 직무수행 능력이 부족하거나 근무성적이 극히 나쁜 자에게 직위해제 처분을 할 수 있고, 직위해제된 자에게는 3개월의 범위에서 대기를 명한다고 규정하면서, 법 제75조 및 제76조 제1항에서 공무원에 대하여 직위해제를 할 때에는 그 처분권자 또는 처분제청권자는 처분사유를 적은 설명서를 교부하도록 하고, 처분사유 설명서를 받은 공무원이 그 처분에 불복할 때에는 그 설명서를 받은 날부터 30일 이내에 소청심사청구를 할 수 있도록 함으로써 임용권자가 직위해제처분을 행함에 있어서 구체적이고도 명확한 사실의 적시가 요구되는 처분사유 설명서를 반드시 교부하도록 하여 해당 공무원에게 방어의 준비 및 불복의 기회를 보장하고 임용권자의 판단에 신중함과 합리성을 담보하게 하고 있고, 직위해제처분을 받은 공무원은 사후적으로 소청이나 행정소송을 통하여 충분한 의견진술 및 자료제출의 기회를 보장하고 있다. 그리고 위와 같이 대기명령을 받은 자가 그 기간에 능력 또는 근무성적의 향상을 기대하기 어렵다고 인정되면 법 제70조 제1항 제5호에 의해 직권면직 처분을 받을 수 있지만 이 경우에는 같은 조 제2항 단서에 의하여 징계위원회의 동의를 받도록 하고 있어 절차적 보장이 강화되어 있다.

[3] 국가공무원법상 직위해제처분은 구 행정절차법 제3조 제2항 제9호, 동법 시행령 제2조 제3호에 의하여 당해 행정작용의 성질상 행정절차를 거치기 곤란하거나 불필요하다고 인정되는 사항 또는 행정절차에 준하는 절차를 거친 사항에 해당하므로, **처분의 사전통지 및 의견청취 등에 관한 행정절차법의 규정이 별도로 적용되지 아니한다**고 봄이 상당하다."¹¹⁾

---

10) 대법원 2003.10.10. 선고 2003두5945 판결; 대법원 2013.5.9. 선고 2012다64833 판결; 헌법재판소 2006.5.25. 선고 2004헌바12 전원재판부 결정 등을 참조.
11) 대법원 2014.5.16. 선고 2012두26180 판결.

4.3. 강 임

국가공무원법은 제5조 제4호에서 "강임"을 같은 직렬 내에서 하위 직급에 임명하거나 하위 직급이 없어 다른 직렬의 하위 직급으로 임명하거나 고위공무원단에 속하는 일반직공무원(제4조 제2항에 따라 같은 조 제1항의 계급 구분을 적용하지 아니하는 공무원은 제외한다)을 고위공무원단 직위가 아닌 하위 직위에 임명하는 것으로 정의하고 있다.

임용권자는 직제 또는 정원의 변경이나 예산의 감소 등으로 직위가 폐직되거나 하위의 직위로 변경되어 과원이 된 경우 또는 본인이 동의한 경우에는 소속 공무원을 강임할 수 있고($\S^{73의}_{4 ①}$), 강임된 공무원은 상위 직급 또는 고위공무원단 직위에 결원이 생기면 제40조·제40조의2·제40조의4 및 제41조에도 불구하고 우선 임용된다($\S^{73의4}_{② 본문}$). 다만, 본인이 동의하여 강임된 공무원은 본인의 경력과 해당 기관의 인력 사정 등을 고려하여 우선 임용될 수 있다($\S^{73의4}_{② 단서}$).

4.4. 정 직

정직은 1개월 이상 3개월 이하의 기간으로 하고, 정직 처분을 받은 자는 그 기간 중 공무원의 신분은 보유하나 직무에 종사하지 못하며 보수는 전액을 감한다($\S^{80}_{③}$). 징계처분이므로 징계처분절차를 거쳐야 한다.

4.5. 감 봉

감봉은 1개월 이상 3개월 이하의 기간 동안 보수의 3분의 1을 감한다($\S^{80}_{④}$). 감봉 역시 징계처분이므로 징계처분절차를 거쳐야 한다.

Ⅲ. 공무원관계의 소멸

1. 개 설

공무원관계의 소멸이란 공무원이었던 자가 공무원으로서의 법적 지위를 상실하게 되는 것을 말한다. 공무원관계는 다양한 원인으로 소멸한다. 가령 특수경력직공무원[12]의 일종인 정무직공무원(선거에 의하여 취임하거나 임명에 있어 국회의 동의를 요하는 공무원 등)과 별정직공무원들은 선거의 낙선이나 해임 등 그 취임이나 임명의 원인관계에 따라 공무원으로서의

---

12) 국가공무원법 제2조 제3항의 규정에 의한 특수경력직공무원과 1급공무원에 대하여는 경력직공무원의 경우와 같은 신분보장이 인정되지 않는다.

지위를 상실하게 되며, 또한 계약직공무원이나 고용직공무원의 경우 그 국가와의 채용계약이나 고용계약의 해제·해지 등에 의하여 공무원관계가 소멸하게 된다. 또한 탄핵소추의 대상이 되는 일정한 범주의 고위공무원의 경우 탄핵결정에 의해 그 신분을 박탈당할 수 있고 국무위원 등 정치적 공무원의 경우 국회의 해임건의에 따라 대통령에 의하여 해임될 수 있으며, 국회의원처럼 국회의 제명이나 자격심사 등에 의해 공무원신분을 상실하는 경우도 있다. 그러나 여기서 관심의 대상이 되는 것은 경력직공무원, 즉 "실적과 자격에 의하여 임용되고 그 신분이 보장되며 평생토록 공무원으로 근무할 것이 예정되는 공무원"(일반직공무원·특정직공무원·기능직공무원: 국가공무원법 § 2 ②)에 있어 공무원관계의 소멸문제이다.

경력직 공무원의 경우 공무원관계를 소멸시키는 사유는 이를 당연퇴직과 면직으로 나누어 설명하는 것이 일반적이다. 공무원관계의 소멸시기는 당연퇴직의 경우에는 법정사유가 발생한 날이고, 면직의 경우에는 면직임용장에 기재된 날짜(공무원임용령 제6조) 또는 그 임용장에 기재된 날짜보다 늦게 도달한 경우에는 도달된 날이다.

2. 당연퇴직

임용권자의 처분에 의하지 아니하고 법률의 규정에 의하여 일정한 사유의 발생으로 공무원관계가 소멸하는 경우이다. 그 사유로는 ① 공무원법상 결격사유(국가공무원법 § 33 각 호)에 해당하게 된 때(국가공무원법 § 69), ② 사망·임기만료·정년(국가공무원법 제74조), ③ 국적상실[13] 등을 들 수 있다.

당연퇴직의 경우 퇴직발령의 통지를 하는 것이 일반적인 실무관행이다. 이 경우 퇴직발령통지의 법적 성질이 문제된다. 법률이 정한 당연퇴직사유에 해당되는지 여부가 반드시 명백한 것은 아니므로 임용권자의 확인행위가 필요하며, 그 확인이 있으면 법률의 규정에 의하여 사유발생시에 퇴직된다고 보는 견해,[14] 퇴직발령의 통지는 확인행위에 불과하고 당연퇴직의 유효요건은 아니라고 보는 견해[15] 등이 대립한다. 판례는 당연퇴직의 인사발령은 법률상 당연히 발생하는 퇴직사유를 공적으로 확인하여 알려주는 이른바 관념의 통지에 불과하고 공무원의 신분을 상실시키는 새로운 형성적 행위가 아니므로 행정소송의 대상이 되는 독립한

---

13) 다만 국가공무원법(및 지방공무원법) 제2조 제3항 제3호에 의한 계약직공무원, 즉, 국가와 채용계약에 의하여 일정한 기간 전문지식이 요구되는 업무에 종사하는 공무원의 경우, 대한민국 국적이 전제되지 않으므로 외국인의 임용도 가능하며 따라서 이러한 계약직에 종사하고 있던 공무원이 이후 국적을 상실한 것을 당연퇴직사유로 보아야 하는가는 의문이다. 이에 대하여는 조사적·자문적·교육적인 직무를 담당하는 직에는 외국인도 임명될 수 있다고 볼 것이므로 그러한 직에 있는 공무원은 국적을 상실해도 당연퇴직되지는 않는다고 보는 견해(박윤흔, 행정법강의(하), 1999, 228; 김동희, 행정법 Ⅱ, 1999, 124), 국적상실 후에도 국가와 계약에 의해 특수직에 종사할 수 있고, 국적상실 전부터 이러한 직에 종사하고 있는 경우에는 국적상실로 반드시 퇴직되는 것은 아니라는 견해(홍정선, 행정법원론, 1999, 174) 등 부정적인 시각이 지배적이다.
14) 박윤흔, 행정법강의(하), 225.
15) 홍정선, 행정법원론(하), 173.

행정처분이라고 아니라고 본다.

"국가공무원법 제69조에 의하면 공무원이 제33조 각 호의 1에 해당할 때에는 당연히 퇴직한다고 규정하고 있으므로, 국가공무원법상 당연퇴직은 결격사유가 있을 때 법률상 당연히 퇴직하는 것이지, 공무원관계를 소멸시키기 위한 별도의 행정처분을 요하는 것이 아니며, 당연퇴직의 인사발령은 법률상 당연히 발생하는 퇴직사유를 공적으로 확인하여 알려주는 이른바 관념의 통지에 불과하고 공무원의 신분을 상실시키는 새로운 형성적 행위가 아니므로 행정소송의 대상이 되는 독립한 행정처분이라고 할 수 없다."16)

"특수업무를 수행하는 한국인 군무원으로서 다른 일반군속과는 달리 정원이 별도로 관리되고 임용 즉시 휴직한 후 주한 미군측에 파견되어 북한의 음성통신을 영어로 번역·전사하는 특수업무를 수행하면서 주한 미군측으로부터 보수를 지급받는 임기 3년의 번역사(군속)로 임용되어 주한 미군측기관에서 근무하여 왔고 그 임기만료 후 승진·재임용되었다가 1980.12.31. 법률 제3342호로서 군속인사법이 군무원인사법으로 전면 개정된 후에는 주한 미군측 고용기간을 임기로 한 번역군무원에 임용된 것으로 간주되었는데 주한 미군측에서 위 군무원을 고용해제하자 그 통보를 받은 국방부장관이 위 군무원에 대하여 직권면직의 인사발령을 하였다면, 위 군무원은 군무원관계를 소멸시키기 위한 임면권자의 별도 행정처분을 요하지 아니하고 임기만료로 당연퇴직하였고, 위 직권면직의 인사발령은 그 문면상의 표현에도 불구하고 법률상 당연히 발생한 퇴직의 사유 및 시기를 공적으로 확인하여 알려주는 이른바 관념의 통지에 불과할 뿐 군무원의 신분을 상실시키는 새로운 형성적 행위가 아니므로 항고소송의 대상이 되는 행정처분이라고 할 수 없다."17)

그 밖에도 대법원은 공무원의 정년퇴직발령이나 계급정년인사명령은 퇴직사실을 알리는 관념의 통지에 불과하므로 행정소송의 대상이 되는 처분에 해당하지 않는다고 판시해 왔다. 예컨대 1983년 2월 8일 선고 81누263 판결(공701.517(27) 원심: 대구고법/1981.7.14. 선고 81구21 판결)에서는 "국가공무원법 제74조에 의하면 공무원이 소정의 정년에 달하면 그 사실에 대한 효과로서 공무담임권이 소멸되어 당연히 퇴직되고 따로 그에 대한 행정처분이 행하여져야 비로소 퇴직되는 것은 아니라 할 것이며 피고(영주지방철도청장)의 원고에 대한 정년퇴직발령은 정년퇴직사실을 알리는 이른바 관념의 통지에 불과하므로 행정소송의 대상이 되지 아니한다"고 판시했고, 1994년 12월 27일 선고 91누9244 판결(퇴직처분무효확인, 공1995, 699)에서는 "국가안전기획부장이 국가안전기획부직원법에 따라 계급정년으로 인한 퇴직인사명령을 한 것은 그들이 같은 법률상 계급정년자에 해당하여 당연히 퇴직하였다는 것을 공적으로 확인하여 알려 주는 사실의 통보에 불과한 것이지 징계파면이나 직권면직과 같이 공무원의 신분을 상실시키는 새로운 형성적 행위가 아니어서 항고소송의 대상이 되는 행정처분에 해당하지 않는다"고 판시한 바 있다.

3. 면　직

면직이란 특별한 행위에 의하여 공무원관계를 소멸시키는 것을 말한다. 면직에는 의원면

---

16) 대법원 1995.11.14. 선고 95누2036 판결. 참조: 대법원 1981.1.13. 선고 79누279 판결; 대법원 1985.7.23. 선고 84누374 판결; 대법원 1991.1.21. 선고 91누2687 판결.
17) 대법원 1997.11.11. 선고 97누1990 판결.

직과 일방적 면직의 두 가지가 있다.

3.1. 의원면직

의원면직은 공무원 자신이 사의를 표명함으로써 공무원관계를 소멸시키는 것을 말한다. 임명의 경우와 마찬가지로 공무원의 신청을 요건으로 하는 쌍방적 행정행위하고 보는 것이 통설이다. 의원면직은 공무원 자신의 자유로운 의사에 기한 신청을 전제로 하는 것이지만, 실제로는 사실상 강요에 따라 사의를 표시하는, 다시 말해 권고사직에 해당하는 경우가 많아 공무원법상 신분보장을 잠탈하는 편법으로 이용되어 문제가 되고 있다.

"원고의 사직원은 본인의 진정한 의사에 의하여 작성된 것이 아님에도 불구하고 피고가 이를 오인하여 원고를 면직처분하였음은 부당하다."[18]

"상사인 세무서장이 원고에게 사직원을 제출할 것을 강력히 요구하므로 원고는 사직원을 제출할 의사가 없으면서 사직원을 제출하더라도 반려될 것으로 알고 수리되는 경우에는 행정쟁송을 할 의사로 사직원을 제출하였다면 이는 무효로 보아야 할 것이다."[19]

"[1] 공무원이 사직의 의사표시를 하여 의원면직처분을 하는 경우 그 사직의 의사표시는 그 법률관계의 특수성에 비추어 외부적·객관적으로 표시된 바를 존중하여야 할 것이므로, **비록 사직원제출자의 내심의 의사가 사직할 뜻이 아니었다고 하더라도 진의 아닌 의사표시에 관한 민법 제107조는 그 성질상 사직의 의사표시와 같은 사인의 공법행위에는 준용되지 아니하므로 그 의사가 외부에 표시된 이상 그 의사는 표시된 대로 효력을 발한다.**

[2] **사직서의 제출이 감사기관이나 상급관청 등의 강박에 의한 경우에는 그 정도가 의사결정의 자유를 박탈할 정도에 이른 것이라면 그 의사표시가 무효로 될 것이고 그렇지 않고 의사결정의 자유를 제한하는 정도에 그친 경우라면 그 성질에 반하지 아니하는 한 의사표시에 관한 민법 제110조의 규정을 준용하여 그 효력을 따져보아야 할 것이나,** 감사담당 직원이 당해 공무원에 대한 비리를 조사하는 과정에서 사직하지 아니하면 징계파면이 될 것이고 또한 그렇게 되면 퇴직금 지급상의 불이익을 당하게 될 것이라는 등의 강경한 태도를 취하였다고 할지라도 그 취지가 단지 비리에 따른 객관적 상황을 고지하면서 사직을 권고·종용한 것에 지나지 않고 위 공무원이 그 비리로 인하여 징계파면이 될 경우 퇴직금 지급상의 불이익을 당하게 될 것 등 여러 사정을 고려하여 사직서를 제출한 경우라면 그 의사결정이 의원면직처분의 효력에 영향을 미칠 하자가 있었다고는 볼 수 없다."[20]

공무원은 언제든지 사직서를 제출하는 등 사의를 표명할 수 있으나, 의원면직은 쌍방적 행정행위이므로 공무원관계는 사의의 표시만으로 소멸되는 것이 아니라 임용권자에 의한 면직행위가 있을 때까지 존속하게 된다. 공무원이 사의를 표시하였을 경우 임용권자가 이를 수

---

18) 대법원 1968.3.19. 선고 67누164 판결.
19) 대법원 1975.6.24. 선고 75누46 판결.
20) 대법원 1997.12.12. 선고 97누13962 판결.

리할 의무가 있는지 여부가 논의된다. 병역의무나 그 밖의 법률상 복무의무가 있는 경우 외에는 공무원으로 복무할 것이 강제되는 것은 아니므로 임용권자의 수리의무를 긍정해야 할 것이다.[21] 그 경우 임용권자는 후임의 보충 기타 업무의 공백을 막기 위하여 필요한 조치를 취할 상당한 기간 동안 사표수리를 유예할 수 있으나, 그 상당한 기간이 지나기 전까지 당해 공무원의 사표를 수리할 의무가 있다고 새겨야 할 것이다.[22] 그러나 징계대상자가 징계처분을 피하기 위하여 의원면직을 악용하는 경우도 있으므로, 징계절차가 진행되는 동안 또는 징계절차가 예상되는데도 이를 면탈하기 위하여 사표를 제출한 경우에는 당해 징계절차가 종료될 때까지 사표의 수리를 유예하여야 한다고 해석하여야 할 것이다. 이를 통하여 임용권자의 임의적 결정에 따라 공무원관계의 소멸여부가 좌우됨으로써 의원면직을 이용하여 징계처분을 면탈하는 결과가 생기지 않도록 하는 것이 바람직하다.[23]

한편 공무원 인원감축수단으로 활용되고 있는 국가공무원법 제74조의2(지방공무원법 §66의2)에 의한 명예퇴직과 조기퇴직도 의원면직의 일종이라고 볼 수 있다. 명예퇴직은 공무원으로서 20년 이상 근속한 자가 정년 전에 스스로 퇴직(임기제공무원이 아닌 경력직공무원이 임기제공무원으로 임용되어 퇴직하는 경우로서 대통령령으로 정하는 경우를 포함한다)하는 명예퇴직의 경우이며, 조기퇴직은 직제와 정원의 개폐 또는 예산의 감소 등에 의하여 폐직 또는 과원이 되었을 때에 20년 미만 근속한 자가 정년 전에 스스로 퇴직하는 경우인데, 법은 그 경우 예산의 범위 안에서 각각 명예퇴직수당과 수당을 지급할 수 있도록 규정하고 있다.

3.2. 일방적 면직

이것은 임용권자의 일방적 의사에 의하여 공무원관계를 소멸시키는 단독행위이다. 일방적 면직은 징계면직과 직권면직으로 나누어진다.

3.2.1. 징계면직

징계면직의 종류로는 파면과 해임 두 가지가 있다. 징계처분이므로 징계절차를 거쳐야 함은 물론이다.

3.2.2. 직권면직

법정사유가 발생한 경우 본인의 의사에 불구하고 임용권자가 직권으로 하는 면직처분이다. 직권면직의 사유는 국가공무원법 제70조에 열거되어 있는데, 직제와 정원의 개폐 또는 예산의 감소 등에 따라 폐직(廢職) 또는 과원(過員)이 되었을 때, 휴직기간이 끝나거나 휴직

---

21) 동지 박윤흔, 행정법강의(하), 1999, 227; 김동희, 행정법 Ⅱ, 1999, 124-125; 홍정선, 행정법원론(하), 1999, 174-175.
22) 동지 박윤흔, 행정법강의(하), 1999, 227; 김동희, 행정법 Ⅱ, 1999, 124-125.
23) 김동희, 행정법 Ⅱ, 1999, 124-125 참조.

사유가 소멸된 후에도 직무에 복귀하지 아니하거나 직무를 감당할 수 없을 때, 제73조의3 제3항에 따라 대기 명령을 받은 자가 그 기간에 능력 또는 근무성적의 향상을 기대하기 어렵다고 인정된 때, 전직시험에서 세 번 이상 불합격한 자로서 직무수행 능력이 부족하다고 인정된 때, 병역판정검사·입영 또는 소집의 명령을 받고 정당한 사유 없이 이를 기피하거나 군복무를 위하여 휴직 중에 있는 자가 군복무 중 군무를 이탈하였을 때, 그리고 해당 직급에서 직무를 수행하는 데 필요한 자격증의 효력이 없어지거나 면허가 취소되어 담당 직무를 수행할 수 없게 된 때, 고위공무원단에 속하는 공무원이 제70조의2에 따른 적격심사 결과 부적격 결정을 받은 때로 되어 있다($\S\,70\,①\atop\text{iii−viii}$).

고위공무원의 적격심사와 직권면직 ●● 고위공무원단에 속하는 일반직공무원은 제70조의2 제1항 각 호에 열거된 사유에 해당하면 고위공무원으로서 적격 여부에 대한 심사("적격심사")를 받아야 하며, 적격심사 결과 부적격 결정을 받으면 임용권자는 직권으로 면직시킬 수 있다($\S\,70\atop①$). 적격심사는 근무성적, 능력 및 자질의 평정에 따르되, 고위공무원의 직무를 계속 수행하게 하는 것이 곤란하다고 판단되는 사람을 부적격자로 결정한다($\S\,70의2\atop③\,\text{본문}$). 다만, 교육훈련 또는 연구과제 등을 통하여 근무성적 및 능력의 향상이 기대되는 사람은 조건부 적격자로 결정할 수 있다($\S\,70의2\atop③\,\text{단서}$).

공무원이 위와 같은 사유에 해당하면 임용권자는 직권으로 면직시킬 수 있다($\S\,70\atop①$). 임용권자는 직권면직을 시킬 경우 미리 관할 징계위원회의 의견을 들어야 하며, 다만, 법 제73조의3 제3항 제3호부터 제8호까지의 규정에 따라 면직시킬 경우에는 미리 관할 징계위원회의 동의를 얻어야 한다. 다만, 제1항 제5호, 즉 제73조의3 제3항에 따라 대기 명령을 받은 자가 그 기간에 능력 또는 근무성적의 향상을 기대하기 어렵다고 인정되어 면직시킬 경우에는 징계위원회의 동의를 받아야 한다($\S\,70\atop②$).

또한 임용권자 또는 임용제청권자는 직제와 정원의 개폐 또는 예산의 감소 등에 따라 폐직 또는 과원이 되어 소속공무원을 면직시킬 때에는 임용 형태, 업무 실적, 직무수행능력, 징계처분 사실 등을 고려하여 면직 기준을 정하여야 하며($\S\,70\atop③$), 면직 기준을 정하거나 직제와 정원의 개폐 또는 예산의 감소 등에 의하여 폐직 또는 과원이 되어 면직대상자를 결정할 때에는 임용권자 또는 임용제청권자(임용권자 또는 임용제청권자가 분명하지 아니하면 중앙인사관장기관의 장을 말한다)별로 심사위원회를 구성하여 그 심사위원회의 심의·의결을 거쳐야 한다($\S\,70\atop④$). 이 심사위원회의 위원장은 임용권자 또는 임용제청권자가 되며, 위원은 면직 대상자보다 상위 계급자 또는 고위공무원단에 속하는 일반직공무원 중에서 위원장이 지명하는 5명 이상 7명 이하로 구성하되, 면직 대상자의 상위 계급자 또는 고위공무원단에 속하는 일반직공무원을 우선하여 지명하여야 한다. 다만, 상위 계급자 또는 고위공무원단에 속하는 일반직공무원이 부족하면 4명 이내로 구성할 수 있다($\S\,70\atop⑤$).

제 3 절 │ 공무원의 권리·의무와 책임

Ⅰ. 공무원의 권리와 의무

1. 공무원의 권리

1.1. 개 설

공무원의 권리는 신분·재산에 관한 권리와 노동법상 권리 등으로 나누어 볼 수 있다.

1.2. 신분상 권리

1.2.1. 신분보장권

국가공무원법은 제68조에서 "공무원은 형의 선고, 징계처분 또는 이 법에서 정하는 사유에 따르지 아니하고는 본인의 의사에 반하여 휴직·강임 또는 면직을 당하지 아니한다"고 규정한다. 이 조항은 일반적으로 공무원의 신분을 보장한 것일 뿐만 아니라 법이 정한 사유와 소정의 절차에 의하지 않고는, 그 신분을 박탈당하지 않고 지위를 상실당하지 않을 권리, 즉 신분보유권을 인정한 것으로 이해된다. 다만, 이러한 권리는 1급 공무원과 제23조에 따라 배정된 직무등급이 가장 높은 등급의 직위에 임용된 고위공무원단에 속하는 공무원에게는 인정되지 아니 한다(국가공무원법§68).

공무원에게 직위보유권, 즉 직위[1]를 부여 받고 법에 정한 이유와 절차에 의하지 않고는 박탈당하지 않을 권리를 가지는지 여부에 관해서는 학설상 논란이 있다. 직위부여는 각 부서의 인사여건이나 국가 전체의 수급계획에 의하여 현실적으로 제약을 받기 때문에 공무원에게 자신이 원하는 직위를 가질 수 있는 권리를 인정하기 곤란하고 또 원치 않는 직위부여에 대한 쟁송도 곤란하므로 직위보유권을 인정하기는 어렵다고 생각한다.

1.2.2. 직무수행·직명사용·제복착용에 관한 권리

공무원에게는 의당 자기가 담당한 직무를 집행할 권리가 있다. 그리고 그와 관련하여 제복착용권과 직명사용권을 가지는 것도 당연하다.

---

1) "직위"란 1명의 공무원에게 부여할 수 있는 직무와 책임을 말한다(국가공무원법 § 5 i).

1.2.3. 고충심사 및 행정구제에 관한 권리

공무원은 누구나 인사·조직·처우 등 각종 직무 조건과 그 밖에 신상 문제에 대하여 인사 상담이나 고충 심사를 청구할 권리를 가지며, 이를 이유로 불이익한 처분이나 대우를 받지 아니한다($^{§\,76조}_{2\,①}$). 공무원은 또한 징계처분, 강임·휴직·직위해제 또는 면직처분 등 불이익 처분에 대하여 소청심사위원회에 심사 청구할 수 있는 권리($^{§\,76}_{①}$)와 공무원신분에 관한 위법한 처분에 대해 소청심사위원회의 심사·결정을 거쳐 행정소송을 제기할 수 있는 권리($^{§\,16}$)를 가진다.

1.3. 재산상 권리

1.3.1. 보수청구권

공무원은 보수청구권을 가진다. 보수는 봉급과 그 밖의 각종 수당을 합산한 금액을 말한다. 연봉제 적용대상 공무원은 연봉과 그 밖의 각종 수당을 합산한 금액을 말한다. 봉급이란 직무의 곤란성과 책임의 정도에 따라 직책별로 지급되는 기본급여 또는 직무의 곤란성과 책임의 정도 및 재직기간 등에 따라 계급($^{직무등급이나\ 직위를}_{포함한다.\ 이하\ 같다}$)별, 호봉별로 지급되는 기본급여를 말하며, 수당이란 직무여건 및 생활여건 등에 따라 지급되는 부가급여를 말한다($^{공무원보수규}_{정§\,4\,i-iii}$).

국가공무원법은 제46조 제1항에서 보수 결정의 원칙을 정립하고 있다. 이에 따르면 공무원의 보수는 직무의 곤란성과 책임의 정도에 맞도록 계급별·직위별 또는 직무등급별로 정하되($^{§\,46\,①}_{본문}$), 다만, 직무의 곤란성과 책임도가 매우 특수하거나 결원을 보충하는 것이 곤란한 직무에 종사하는 공무원과 법 제4조 제2항에 따라 같은 조 제1항의 계급 구분이나 직군 및 직렬의 분류를 적용하지 아니하는 공무원의 보수는 따로 정할 수 있다($^{§\,46\,①}_{단서}$). 공무원의 보수는 일반의 표준 생계비, 물가 수준, 그 밖의 사정을 고려하여 정하되, 민간 부문의 임금 수준과 적절한 균형을 유지하도록 노력하여야 하며($^{§\,46}_{②}$), 경력직공무원 간의 보수 및 경력직공무원과 특수경력직공무원 간의 보수는 균형을 도모하여야 한다($^{§\,46}_{③}$). 또한 국가공무원법이나 그 밖의 법률에 따른 보수에 관한 규정에 따르지 아니하고 금전이나 유가물을 공무원의 보수로 지급하는 것은 금지된다($^{§\,46}_{⑤}$). 공무원의 보수 중 봉급에 관하여 법률로 정한 것 외에는 대통령령인 공무원보수규정과 지방공무원보수규정이 규율하고 있다($^{§\,46}_{④}$).

보수의 성질에 관해서는 직무에 대한 반대급부로 보는 반대급부설과 공무원의 생활을 보장하기 위해 국가등이 지급하는 금품이라고 보는 생활자금설이 대립한다. 그러나 두 가지 성질을 함께 가진다고 보는 것이 중론이다.

보수청구권의 성질에 관해서는 이를 공법상 권리로 보고 이에 관한 소송은 항고소송 혹은 당사자소송에 의한다고 하는 것이 일반적이다.

행정입법 부작위로 인한 보수청구권의 침해: 군법무관보수청구사건

"입법부가 법률로써 행정부에게 특정한 사항을 위임했음에도 불구하고 행정부가 정당한 이유 없이 이를 이행하지 않는다면 권력분립의 원칙과 법치국가 내지 법치행정의 원칙에 위배되는 것으로서 위법함과 동시에 위헌적인 것이 되는바, 구 군법무관임용법(1967.3.3. 법률 제1904호로 개정되어 2000.12.26. 법률 제6291호로 전문 개정되기 전의 것) 제5조 제3항과 군법무관임용 등에 관한 법률(2000.12.26. 법률 제6291호로 개정된 것) 제6조가 군법무관의 보수를 법관 및 검사의 예에 준하도록 규정하면서 그 구체적 내용을 시행령에 위임하고 있는 이상, 위 법률의 규정들은 군법무관의 보수의 내용을 법률로써 일차적으로 형성한 것이고, 위 법률들에 의해 상당한 수준의 보수청구권이 인정되는 것이므로, 위 보수청구권은 단순한 기대이익을 넘어서는 것으로서 법률의 규정에 의해 인정된 재산권의 한 내용이 되는 것으로 봄이 상당하고, 따라서 행정부가 정당한 이유 없이 시행령을 제정하지 않은 것은 위 보수청구권을 침해하는 불법행위에 해당한다."[2]

1.3.2. 연금청구권

연금이란 공무원의 퇴직 또는 사망과 공무로 인한 부상·질병·장애에 대하여 지급하는 급여를 말한다. 이는 국민 전체에 대한 봉사자로서 공무원이 직무에 전념할 수 있도록 하려는 취지에서 공무원의 과거의 근무를 고려하여 본인 또는 그 가족의 생활안정과 복리를 위해 재직시 또는 퇴직 후 지급되는 급여이다. 이에 대해서는 공무원연금법이 규율하고 있다. 군인은 군인연금법의 적용을 받고 있고 정무직 공무원 중 선거직은 장기근속의 담보가 없어 적용대상에서 제외된다.

연금수급권의 성질에 대해서는 봉급연불설, 사회보장설, 은혜설 등이 대립한다. 연금은 50%가 공무원의 봉급에서 매월 납부하는 기여금으로 조성되고, 퇴직뿐 아니라 질병이나 부상의 경우에도 연금이 지급된다는 점을 감안할 때 봉급연불적 성격과 사회보장적 성격을 함께 가진다고 보아야 할 것이다(다수설).

연금수급권 역시 공권일 뿐만 아니라 헌법 제23조 제1항에 따라 보호되는 재산권으로서의 성격을 가진다. 연금수급권은 양도, 압류하거나 담보로 제공할 수 없다. 다만, 연금인 급여를 받을 권리는 대통령령으로 정하는 금융기관에 담보로 제공할 수 있고, 국세징수법, 지방세법, 그 밖의 법률에 따른 체납처분의 대상으로 할 수 있다(공무원연금법 §32).

퇴직수당 등의 지급결정과 통지의 처분성 여부 및 쟁송방법

"구 공무원연금법에 의한 퇴직수당 등의 급여를 받을 권리는 법령의 규정에 의하여 직접 발생하는 것이 아니라 위와 같은 급여를 받으려고 하는 자가 소속하였던 기관장의 확인을 얻어 신청함에 따라 공무

---

2) 대법원 2007.11.29. 선고 2006다3561 판결.

원연금관리공단(이하 '공단'이라고만 한다)이 그 지급결정을 함으로써 구체적인 권리가 발생한다. 여기서 **공단이 하는 급여 지급결정의 의미는 단순히 급여수급 대상자를 확인·결정하는 것에 그치는 것이 아니라 구체적인 급여 수급액을 확인·결정하는 것까지 포함한다.** 따라서 구 공무원연금법령상 급여를 받으려고 하는 자는 우선 관계 법령에 따라 공단에 급여지급을 신청하여 공단이 이를 거부하거나 일부 금액만 인정하는 **급여지급결정을 하는 경우 그 결정을 대상으로 항고소송을 제기하는 등으로 구체적 권리를 인정받은 다음 비로소 당사자소송으로 그 급여의 지급을 구하여야 할 것이고, 구체적인 권리가 발생하지 않은 상태에서 곧바로 공단 등을 상대로 한 당사자소송으로 급여의 지급을 소구하는 것은 허용되지 아니한다**(대법원 1995.9.15. 선고 93누18532 판결, 대법원 1996.12.6. 선고 96누6417 판결 참조)."[3]

"구 공무원연금법 소정의 퇴직연금 등의 급여는 급여를 받을 권리를 가진 자가 당해 공무원이 소속하였던 기관장의 확인을 얻어 신청하는 바에 따라 공무원연금관리공단이 그 지급결정을 함으로써 그 구체적인 권리가 발생하는 것이므로, **공무원연금관리공단의 급여에 관한 결정은 국민의 권리에 직접 영향을 미치는 것이어서 행정처분에 해당한다**고 할 것이나(대법원 1996.12.6. 선고 96누6417 판결 참조), 공무원연금관리공단의 인정에 의하여 퇴직연금을 지급받아 오던 중 구 공무원연금법령의 개정 등으로 퇴직연금 중 일부 금액의 지급이 정지된 경우에는 당연히 개정된 법령에 따라 퇴직연금이 확정되는 것이지 구 공무원연금법 제26조 제1항에 정해진 공무원연금관리공단의 퇴직연금 결정과 통지에 의하여 비로소 그 금액이 확정되는 것이 아니므로, **공무원연금관리공단이 퇴직연금 중 일부 금액에 대하여 지급거부의 의사표시를 하였다고 하더라도 그 의사표시는 퇴직연금 청구권을 형성·확정하는 행정처분이 아니라 공법상의 법률관계의 한 쪽 당사자로서 그 지급의무의 존부 및 범위에 관하여 나름대로의 사실상·법률상 의견을 밝힌 것에 불과하다**고 할 것이어서, 이를 **행정처분이라고 볼 수는 없다**(대법원 2003.9.5. 선고 2002두3522 판결, 2004.7.8. 선고 2004두244 판결 등 참조).

그리고 이러한 미지급 퇴직연금에 대한 지급청구권은 공법상 권리로서 그 지급을 구하는 소송은 공법상의 법률관계에 관한 소송인 **공법상 당사자소송**에 해당한다."[4]

1.3.3. 실비 변상청구권

공무원은 직무수행에 필요한 비용을 변상 받을 권리를 가진다. 국가공무원법은 공무원에게 보수 외에 대통령령등으로 정하는 바에 따라 직무 수행에 필요한 실비 변상을 받을 수 있는 권리를 부여하는 한편($\S 48 \atop ①$), 공무원이 소속 기관장의 허가를 받아 본래의 업무 수행에 지장이 없는 범위에서 담당 직무 외의 특수한 연구과제를 위탁받아 처리하면 그 보상을 지급받을 수 있도록 하고 있다($\S 48 \atop ②$). 실비 변상이나 보상을 거짓이나 그 밖의 부정한 방법으로 수령한 경우에는 수령한 금액의 2배의 범위에서 가산하여 징수할 수 있다($\S 48 \atop ③$).

1.3.4. 사회보장을 위한 급여청구권

국가공무원법은 제77조에서 공무원의 사회보장을 위하여 "공무원이 질병·부상·폐질·

---

3) 대법원 2010.5.27. 선고 2008두5636 판결.
4) 대법원 2004.12.24. 선고 2003두15195 판결.

퇴직·사망 또는 재해를 입으면 본인이나 유족에게 법률로 정하는 바에 따라 적절한 급여를 지급한다"고 규정하고 있다($^{§\,77}_{①}$). 법률로 정하는 바에 따라 급여를 지급하도록 하였기 때문에 별도의 법률이 있어야 사회보장급여를 받을 권리가 인정된다. 법은 그러한 법률에 포함시킬 필수적 사항들을 명시함으로써 실질적인 사회보장이 될 수 있도록 배려하는 한편($^{§\,77}_{②}$), 정부에게 그 밖에 법률로 정하는 바에 따라 공무원 복리와 이익의 적절·공정한 보호를 위하여 대책을 수립·실시할 책무를 부과하고 있다($^{§\,77}_{③}$).

1.4. 노동법상 권리 등

1.4.1. 사실상 노무에 종사하는 공무원

사실상 노무에 종사하는 공무원은 단결권과 단체교섭권은 물론 단체행동권까지 가진다. 국가공무원법은 제66조 제1항에서 노동운동 등 집단 행위를 금지하면서 사실상 노무에 종사하는 공무원은 예외로 하되, 그 범위는 대통령령등에 위임하고 있다($^{§\,66}_{②}$).

> 「국가공무원 복무규정」(대통령령)은 제28조에서 법 제66조에 규정된 "사실상 노무에 종사하는 공무원"이라 함은 지식경제부 소속의 현업기관의 작업현장에서 노무에 종사하는 기능직공무원(기능직공무원의 정원을 대체하여 채용된 일반계약직공무원 및 시간제일반계약직공무원을 포함한다) 및 고용직공무원으로서 다음 어느 하나에 해당하지 아니하는 자에 한한다고 규정하고 있다.
> 1. 서무·인사 및 기밀업무에 종사하는 자
> 2. 경리 및 물품출납사무에 종사하는 자
> 3. 노무자의 감독사무에 종사하는 자
> 4. 「보안업무규정」에 의한 보안 목표시설의 경비업무에 종사하는 자
> 5. 승용자동차 및 구급차의 운전에 종사하는 자

지방공무원법 역시 대동소이한 규정을 두고 그 범위는 조례로 정하도록 하고 있다($^{§\,58}_{①②}$). 이와 관련하여 헌법재판소는 지방공무원법 제58조 제2항이 '사실상 노무에 종사하는 공무원'의 구체적인 범위를 조례로 정하도록 위임했음에도 불구하고 조례를 제정하지 않은 입법부작위를 위헌으로 결정한 바 있다.

⋮⋮ 사실상 노무종사자의 범위에 관한 조례입법 부작위의 위헌성
"1. 지방공무원법 제58조 제2항은 '사실상 노무에 종사하는 공무원'의 구체적인 범위를 조례로 정하도록 하고 있기 때문에 그 범위를 정하는 조례가 제정되어야 비로소 지방공무원 중에서 단결권·단체교섭권 및 단체행동권을 보장받게 되는 공무원이 구체적으로 확정된다. 그러므로 지방자치단체는 소속 공무원 중에서 지방공무원법 제58조 제1항의 '사실상 노무에 종사하는 공무원'에 해당하는 지방공무원이 단결권·단체교섭권 및 단체행동권을 원만하게 행사할 수 있도록 보장하기 위하여 그 **구체적인 범위를 조례**

로 제정할 헌법상 의무를 부담하며, 지방공무원법 제58조가 '사실상 노무에 종사하는 공무원'에 대하여 단체행동권을 포함한 근로3권을 인정하더라도 업무 수행에 큰 지장이 없고 국민에 대한 영향이 크지 아니하다는 입법자의 판단에 기초하여 제정된 이상, 해당 조례의 제정을 미루어야 할 정당한 사유가 존재한다고 볼 수도 없다.

2. 헌법 제33조 제2항과 지방공무원법 제58조 제1항 단서 및 제2항에 의하면 조례에 의하여 '사실상 노무에 종사하는 공무원'으로 규정되는 지방공무원만이 단체행동권을 보장받게 되므로 조례가 아예 제정되지 아니하면 지방공무원 중 누구도 단체행동권을 보장받을 수 없게 된다. 따라서 이 사건 부작위는 청구인들이 단체행동권을 향유할 가능성조차 봉쇄하여 버리는 것으로 청구인들의 기본권을 침해한다.

[재판관 김종대의 별개위헌의견] 국회는 근로3권을 보장하는 내용의 입법을 하여야 할 의무를 가지므로 법률이 근로3권이 인정되는 공무원의 범위를 스스로 정하지 아니한 채 "사실상 노무에 종사하는 자"라고만 규정하고 그 구체적인 범위를 하위법령에 재위임하는 것은 헌법이 명한 입법의무를 위반한 것이다. 따라서 이 사건 부작위의 위헌성은 근본적으로는 헌법이 법률로써 정하도록 명한 근로3권이 인정되는 지방공무원의 범위를 스스로 구체적으로 정하지 아니한 채 조례에 재위임한 지방공무원법 제58조 제2항 자체의 위헌성에 기인한 것이다. 그러므로 원칙적으로 이 사건 부작위의 위헌확인을 구하는 것은 허용되지 아니한다고 할 것이나, 이러한 견해를 고집할 경우 근로3권을 누려야 할 일정한 범위의 공무원들이 입법의 혼란으로 인해 근로3권을 향유하지 못하게 되는 결과가 초래되어 헌법의 취지가 몰각되게 되므로 부득이 지방공무원법 제58조 제2항이 정한 조례의 미제정을 입법부작위로 보아 헌법에 위반된다고 판단한다."[5]

국가공무원법 제66조 제3, 4항은 사실상 노무에 종사하는 공무원으로서 노동조합 가입자가 조합 업무에 전임하려면 소속 장관의 허가를 받아야 하며, 허가에 필요한 조건을 붙일 수 있다고 규정하여 소속 장관의 허가를 조건으로 노조전임자를 허용하고 있다.

1.4.2. 공무원의 노동조합 설립·가입 및 단체교섭에 관한 권리

(1) 공무원노동조합 활동의 보장 및 한계

공무원의 노동조합 설립 및 운영 등에 관한 법률('공무원노조법')은 헌법 제33조 제2항에 따른 공무원의 노동기본권을 보장하기 위하여 「노동조합 및 노동관계조정법」 제5조 단서에 따라 공무원의 노동조합 설립 및 운영이 가능하게 되었다. 다만, 이 법에서 말하는 공무원은 국가공무원법 제66조 제1항 단서 및 지방공무원법 제58조 제1항 단서에 따른 사실상 노무에 종사하는 공무원과 「교원의 노동조합 설립 및 운영 등에 관한 법률」의 적용을 받는 교원인 공무원을 제외한다.

공무원노조법은 제3조 제1항에서 '이 법에 따른 공무원의 노동조합의 조직, 가입 및 노동조합과 관련된 정당한 활동에 대하여는 「국가공무원법」 제66조 제1항 본문 및 「지방공무원법」

---

5) 헌법재판소 2009.7.30. 선고 2006헌마358 전원재판부 결정. 이 결정에는 재판관 이강국, 재판관 김희옥, 재판관 이동흡의 각하의견이 붙어 있다.

제58조 제1항 본문을 적용하지 아니 한다'고 정함으로써 노동조합의 조직, 가입 그 밖의 활동을 보장하였다.

::: **노동기본권 향유 주체: 공무원노조법에 따라 설립된 공무원노동조합에 한함**

"헌법 제33조 제2항은 공무원인 근로자의 경우 법률이 정하는 자에 한하여 단결권·단체교섭권 및 단체행동권을 가진다고 규정함으로써 공무원인 근로자의 노동기본권에 대하여 헌법적 제한을 두고 있으며, 노동조합 및 노동관계조정법(이하 '노동조합법'이라 한다) 제5조 단서는 공무원으로 구성된 노동조합(이하 '공무원노동조합'이라 한다)의 설립이나 가입에 관하여 따로 법률로 정하도록 규정하고 있다. 그리고 이에 따라 제정된 공무원의 노동조합 설립 및 운영 등에 관한 법률(이하 '공무원노조법'이라 한다)은 노동기본권이 보장되는 공무원의 범위와 공무원노동조합의 설립 및 운영 등에 관한 사항을 정하면서, 제3조 제1항에서 공무원노조법에 따른 공무원노동조합의 조직·가입, 공무원노동조합과 관련된 정당한 활동에 대하여는 노동운동 등 공무 외의 집단 행위를 금지한 국가공무원법 및 지방공무원법을 적용하지 아니하도록 규정하고 있다.

이러한 헌법과 노동조합법, 공무원노조법 등 공무원의 노동기본권 관련 규정 내용을 종합하면, **공무원으로 조직된 근로자단체는 공무원노조법에 따라 설립된 공무원노동조합인 경우에 한하여 노동기본권의 향유 주체가 될 수 있다.**"[6]

그러나 공무원노조법은 공무원노동조합 활동에 엄격한 한계를 설정하고 있다. 첫째, 공무원은 노동조합 활동을 할 때 다른 법령에서 규정하는 공무원의 의무에 반하는 행위를 하여서는 아니 되며($\frac{\S 3}{2}$), 둘째, 노동조합과 그 조합원은 정치활동을 하여서는 아니 된다($\S 4$). 셋째, 노동조합과 그 조합원이 파업, 태업 또는 그 밖에 업무의 정상적인 운영을 방해하는 일체의 행위를 하는 것은 금지되며($\S 11$) 이를 위반하는 행위를 한 자를 5년 이하의 징역 또는 5천만원 이하의 벌금에 처하도록 되어 있다($\S 18$).

(2) 노동조합의 설립

노동조합은 국회·법원·헌법재판소·선거관리위원회·행정부·특별시·광역시·도·특별자치도·시·군·구(자치구를 말한다) 및 특별시·광역시·도·특별자치도의 교육청을 최소 단위로 하여 설립할 수 있고($\frac{\S 5}{1}$), 노동조합을 설립하려는 사람은 노동부장관에게 설립신고서를 제출하여야 한다($\frac{\S 5}{2}$).

(3) 노동조합의 가입 범위

노동조합에 가입할 수 있는 공무원의 범위는 다음과 같이 제한되어 있다($\frac{\S 6}{1}$).

1. 6급 이하의 일반직공무원 및 이에 상당하는 일반직공무원
2. 특정직공무원 중 6급 이하의 일반직공무원에 상당하는 외무행정·외교정보관리직 공무원

---

6) 대법원 2016.12.27. 선고 2011두921 판결.

3. 삭제

4. 6급 이하의 일반직공무원에 상당하는 별정직공무원

5. 삭제

공무원노조법은 다음 중 어느 하나에 해당하는 공무원은 노동조합에 가입할 수 없다고 규정하는 한편($\S_{②}^{6}$), 그 범위를 다시 대통령령으로 정하도록 하였다($\S_{④}^{6}$).

1. 다른 공무원에 대하여 지휘·감독권을 행사하거나 다른 공무원의 업무를 총괄하는 업무에 종사하는 공무원

2. 인사·보수에 관한 업무를 수행하는 공무원 등 노동조합과의 관계에서 행정기관의 입장에서 업무를 수행하는 공무원

3. 교정·수사 또는 그 밖에 이와 유사한 업무에 종사하는 공무원

4. 업무의 주된 내용이 노동관계의 조정·감독 등 노동조합의 조합원 지위를 가지고 수행하기에 적절하지 아니하다고 인정되는 업무에 종사하는 공무원

(4) 노동조합원과 노동조합 전임자의 지위

공무원노조법은 공무원이 면직·파면 또는 해임되어 노동조합 및 노동관계조정법 제82조 제1항에 따라 노동위원회에 부당노동행위의 구제신청을 한 경우에는 노동위원회법 제2조에 따른 중앙노동위원회의 재심판정이 있을 때까지는 노동조합원의 지위를 상실하는 것으로 보아서는 아니 된다고 규정하여($\S_{③}^{6}$), 노동조합원 지위 상실에 따르는 불이익을 방지하고 있다.

또한 공무원노조법은 임용권자의 동의를 받아 노조전임자를 허용하되($\S_{①}^{7}$) 이들에게 휴직명령을 하도록 하고($\S_{②}^{7}$) 전임기간중 보수지급을 금지하고 있다($\S_{③}^{7}$). 아울러 국가와 지방자치단체는 공무원이 전임자임을 이유로 승급이나 그 밖에 신분과 관련하여 불리한 처우를 하지 못하도록 하여($\S_{④}^{7}$), 노조전임자의 신분을 보장하였다.

(5) 교섭 및 단체협약 체결 권한 등

공무원 노동조합의 대표자는 그 노동조합에 관한 사항 또는 조합원의 보수·복지, 그 밖의 근무조건에 관하여 국회사무총장·법원행정처장·헌법재판소사무처장·중앙선거관리위원회사무총장·인사혁신처장($_{대표한다}^{행정부를}$)·특별시장·광역시장·특별자치시장·도지사·특별자치도지사·시장·군수·구청장($_{장을 말한다}^{자치구의 구청}$) 또는 특별시·광역시·특별자치시·도·특별자치도의 교육감 중 어느 하나에 해당하는 사람($_{대표''라 한다}^{이하, ''정부교섭}$)과 각각 교섭하고 단체협약을 체결할 권한을 가진다($_{\S8 ① 본문}^{공무원노조법}$). 다만, 법령 등에 따라 국가나 지방자치단체가 그 권한으로 행하는 정책결정에 관한 사항, 임용권의 행사 등 그 기관의 관리·운영에 관한 사항으로서 근무조건과 직접 관련되지 아니하는 사항은 교섭의 대상이 될 수 없다($_{\S8 ① 단서}^{공무원노조법}$).

1.4.3. 공무원직장협의회 설립·운영권

공무원은 공무원직장협의회의 설립·운영에 관한 법률이 정하는 바에 따라 공무원의 근무환경 개선, 업무능률 향상 및 고충처리 등을 위한 직장협의회를 설립할 수 있다.

직장협의회는 기관장과 다음과 같은 사항을 협의한다(공무원직협법§5①).

1. 해당 기관 고유의 근무환경 개선에 관한 사항
2. 업무능률 향상에 관한 사항
3. 소속 공무원의 공무와 관련된 일반적 고충에 관한 사항
4. 그 밖에 기관의 발전에 관한 사항

직장협의회의 가입범위도 공무원노동조합과 비슷하게 제한되어 있고(§3①), 국가공무원법 제66조 제1항 단서 및 지방공무원법 제58조 제1항 단서에 따라 노동운동이 허용되는 공무원, 지휘·감독의 직책에 있는 공무원, 그리고 인사, 예산, 경리, 물품출납, 비서, 기밀, 보안, 경비, 자동차운전 및 그 밖에 이와 유사한 업무에 종사하는 공무원은 가입이 금지된다(§3②).

2. 공무원의 의무

2.1. 개 설

공무원은 국가 또는 지방자치단체와 공법상 근무관계를 맺고 있다. 그 한도 내에서 사법상 고용계약에 의한 근로관계와는 다른 특수성이 인정된다. 과거에는 공무원의 근무관계를 특별권력관계로 보아 법이 침투할 수 없고 따라서 법치주의나 사법심사가 배제되는 포괄적인 지배복종관계라고 보았지만, 오늘날 이러한 관헌국가적 공무원근무관계가 더 이상 통용될 수 없게 되었다는 점은 이미 지적한 바 있다. 그럼에도 불구하고 공무원은 국민전체에 대한 봉사자로서 사법상 근로관계와는 달리 공공의 이익을 위해 근무하는 특수한 신분과 지위·책무를 지닌다는 점에서 공무원법상 정치적 중립 유지, 집단행위의 제한, 직무상 비밀의 엄수 등 여러 가지 의무와 제약을 부과 받고 있다.

공무원의 의무는 헌법, 국가공무원법 및 지방공무원법, 공직자윤리법 등 각종 공무원관계법으로부터 도출된다. 공무원의 의무는 이를 그 의무의 성질에 따라 복무상 의무, 신분상 의무, 직무상 의무로 또는 의무의 내용에 따라 적극적 의무와 소극적 의무(금지 또는 제한)로 나눌 수 있다. 나아가 공무원 일반에 보편적으로 적용되는 일반적 의무와 경찰공무원이나 외무공무원 등 분야별 공무원에 한하여 적용되는 특별의무로, 신분보장을 받는 경력직공무원의 의무와 그렇지 않은 특수경력직공무원의 의무로, 또는 각종 근거법에 따라 국가공무원법상

의무, 공직자윤리법상의 의무 등으로도 분류할 수 있다.

공무원의 복무상 의무는 일반적으로 국가공무원법에서 규정하고 있으나, 공직자윤리법도 공무원의 복무와 윤리적 의무에 관한 규정을 두고 있다. 즉, 본인과 그 가족의 재산을 국가에 등록해야 하고, 직무와 관련 있는 사기업체에 퇴직 후 일정기간 취업할 수 없으며, 외국인이나 외국정부로부터 받은 일정가액 이상의 선물을 신고해야 한다. 이 법은 공무원뿐만 아니라 정부투자기관 등 공직유관단체의 임직원까지 그 적용대상으로 하고 있는 점에서 국가공무원법과 차이가 있다.

한편 「공직자 등의 병역사항 신고 및 공개에 관한 법률」에 따라 공직자 본인과 18세 이상 직계비속의 병역사항 신고 의무가 부과되고 있다.

그리고 일부 특정직공무원의 경우 직무의 특성을 고려하여 국가공무원법에 정해진 의무 외에 다음과 같이 몇 가지 의무가 추가된다. 즉, 외무공무원은 국제법의 준수 및 특권·면제의 남용금지와 외국정부의 시책에 대한 비판금지와 함께 외국의 영주권 취득금지 등이, 경찰·소방공무원은 허위보고와 지휘권남용금지 및 제복착용 등의 의무가 각각 부과되어 있다.

2.2. 선서의무

국가공무원법은 제55조에서 '공무원은 취임할 때에 소속 기관장 앞에서 대통령령등으로 정하는 바에 따라 선서하여야 한다. 다만, 불가피한 사유가 있으면 취임 후에 선서하게 할 수 있다'고 규정하여 공무원에게 취임시 선서의무를 부과하고 있다. 지방공무원법도 제47조에 조례로 정하는 바에 따라 선서하도록 하는 같은 취지의 규정을 두고 있다.

공무원은 공직 취임에 앞서 공무원의 사명과 의무를 자각·확인하고 공직을 수행하는 동안 국가와 국민 앞에 윤리적 책임을 지겠다는 서약을 천명하고 다짐할 필요가 있다. 그 서약의 의사표시 방법이 선서이다. 선서를 해야 하는 공무원은 국가공무원법 제3조에 따라 경력직공무원은 물론 특수경력직공무원도 당연히 포함되지만 임시직이나 비상근직원은 공무원의 범주에 해당되지 않으므로 선서는 불필요하다. 정무직공무원 중 선거에 의해 취임하는 대통령은 헌법 제69조에 따라, 국회의원은 국회법 제24조에 따라 각각 국민 앞에 선서를 하므로 국가공무원법은 나머지 공무원의 선서에 관한 기본 규범이다.

2.3. 성실의무

국가공무원법은 제56조에서 '모든 공무원은 법령을 준수하며 성실히 직무를 수행하여야 한다'라고 규정하여 공무원에게 성실의무를 부과하고 있다. 지방공무원법도 제48조에 유사한 규정을 두고 있다.

성실의무는 공무원의 의무 중 가장 기본적인 의무로 다른 의무들은 모두 이로부터 파생된 것이라고 볼 수 있다.[7] 그렇지만 성실의무는 윤리성을 본질로 한다는 점에서 국가에 대한 신분적 예속을 의미하는 무정량의 충성의무가 아니라, 직무와 관련하여 국민 전체의 이익을 도모할 의무이다.

> "지방공무원법 제48조 소정의 성실의무는 공무원에게 부과된 가장 기본적인 중요한 의무로서 최대한으로 공공의 이익을 도모하고 그 불이익을 방지하기 위하여 전인격과 양심을 바쳐서 성실히 직무를 수행하여야 하는 것을 그 내용으로 한다."[8]

이 조항은 의무의 주체를 '공무원'이 아니라 '모든 공무원'으로 규정하고 있다. 이는 국가공무원법 제2조의 공무원은 물론 널리 공무를 위탁받아 수행하는, 다시 말해 광의의 공법상 근무관계를 맺고 있는 모든 사람에게 성실의무를 부과하려는 취지로 해석된다.

⠿ 탄핵심판과 대통령의 성실한 직책수행의무 위반

"헌법 제69조는 대통령의 취임 선서를 규정하면서 대통령으로서 직책을 성실히 수행할 의무를 언급하고 있다. 헌법 제69조는 단순히 대통령의 취임 선서의 의무만 규정한 것이 아니라 선서의 내용을 명시적으로 밝힘으로써 헌법 제66조 제2항 및 제3항에 따라 대통령의 직무에 부과되는 헌법적 의무를 다시 한 번 강조하고 그 내용을 구체화하는 규정이다.

대통령의 '직책을 성실히 수행할 의무'는 헌법적 의무에 해당하지만, '헌법을 수호해야 할 의무'와는 달리 규범적으로 그 이행이 관철될 수 있는 성격의 의무가 아니므로 원칙적으로 사법적 판단의 대상이 되기는 어렵다. 대통령이 임기 중 성실하게 직책을 수행하였는지 여부는 다음 선거에서 국민의 심판의 대상이 될 수 있다. 그러나 대통령 단임제를 채택한 현행 헌법 하에서 대통령은 법적으로 뿐만 아니라 정치적으로도 국민에 대하여 직접적으로는 책임을 질 방법이 없고, 다만 대통령의 성실한 직책수행 여부가 간접적으로 그가 소속된 정당에 대하여 정치적 반사이익 또는 불이익을 가져다 줄 수 있을 뿐이다.

헌법 제65조 제1항은 탄핵사유를 '헌법이나 법률에 위배한 경우'로 제한하고 있고, 헌법재판소의 탄핵심판절차는 법적 관점에서 단지 탄핵사유의 존부만을 판단하는 것이므로, 이 사건에서 청구인이 주장하는 것과 같은 세월호 참사 당일 피청구인이 직책을 성실히 수행하였는지 여부는 그 자체로 소추사유가 될 수 없어, 탄핵심판절차의 판단대상이 되지 아니한다(헌재 2004.5.14. 2004헌나1 참조)."[9]

준수해야 할 '법령'은 공무원 재직중 적용받는 국가공무원법 등 공무원신분관계 법령뿐만 아니라 자기직무에 관련된 소관규정을 비롯한 모든 법령으로서 법치행정의 원칙상 그 법령에 규정한 대로 직무를 성실히 수행해야 함을 의미한다. 공무원 자신이 직접 해야 할 일을 제3자를 임의로 고용하여 처리한 행위도 법령에서 예상하지 않았을 뿐 아니라 공무원이 지

---

7) 김중양·김명식, 2000: 364; 김철용, 행정법 Ⅱ, 2009, 229; Kunig, Philip, Das Recht des öffentlichen Dienstes, in: Besonderes Verwaltungsrecht(Hrsg. v. Eberhard Schmidt-Aßmann), WdeG, 10.Aufl., 1995, 636 등.

8) 대법원 1989.5.23. 선고 88누3161 판결.

9) 헌법재판소 2017.3.10. 선고 2016헌나1 결정(대통령(박근혜) 탄핵).

켜야 할 직무상 비밀까지도 누설하는 결과가 되기 때문에 이에 위반할 경우는 징계책임은 물론 민·형사상 책임도 질 수 있다.

'성실'의 개념이 매우 추상적이나 직무에 전념하는 도덕적 규범으로 보면 무난하다고 보며, 판례는 철도의 정상적인 운행을 수행하여야 할 철도기관사로서의 성실의무는 철도의 정상운행에 지장을 초래할 가능성이 높은 집회에 참석하지 아니할 의무에까지도 미친다고 판시하는 등[10] '성실의무'의 범위를 비교적 폭넓게 인정하고 있다.

성실히 수행해야 할 '직무'에는 법령에 규정된 의무, 상관으로부터 지시받은 업무내용, 사무분장 규정상 소관업무 등이 포함된다. 판례는 직무의 내용을 비교적 넓게 파악한다. 감독자가 부하직원에 대한 상시 감독의무를 게을리 하여 부하직원의 잘못을 사전에 방지하기 못한 것과 교육·감독에 태만한 것도 성실의무 위반에 해당하며,[11] 공무원의 성실의무는 경우에 따라 근무시간 외에 근무지 밖에까지 미칠 수도 있다고 판시하고 있다.[12]

공무원이 법령을 위반하지 않더라도 성실의무를 위반하면 징계사유가 된다. 성실의무의 위반은 품위유지의무나 청렴의무와 함께 공무원의 징계사유가 되는 경우가 많다.

⠿ 미결재소자 탈주와 출정과정의 성실의무 위반에 대한 감독자 징계

"소속직원에게 출정 계호업무의 중요성과 구치감, 법정, 검사실 등에서의 계호근무요령 및 요시찰재소자 동태파악 등의 직무상 필요한 제반사항을 철저하게 교육하고 그 이행상태를 수시로 확인하여 구치감 내외의 시설점검을 통하여 보안상의 취약요소가 발견된 때에는 이를 보완시정하여야 할 직무상 의무가 있는 구치소 출정과장이 이를 태만히 한 결과 구치소에 수감중이던 미결재소자가 탈주한 경우, 위 출정과장에 대한 징계해임처분은 적정하다."[13]

성실의무는 경찰공무원의 경우에는 좀 더 구체적으로 정해져 있다. 즉, 직무에 관하여 허위의 보고나 통보를 하여서는 아니 되며 직무를 태만히 하거나 유기하여서도 아니 된다(경찰공무원법 § 18).

2.4. 직무상 의무

2.4.1. 법령준수의무

(1) 적용범위

국가공무원법은 제56조에서 성실의무의 일환으로 모든 공무원에게 법령준수의무를 부과하고 있다. 이 조항에서 법령준수의무는 성실의무라는 표제 하에 그 내용처럼 규정되고 있으나, 성실의무의 윤리성에 비해 법률에 의한 행정의 원칙을 구현한 법적 의무라는 점에 주목

---

10) 대법원 1997.2.11. 선고 96누2125 판결.
11) 대법원 1987.4.14. 선고 86누183 판결; 대법원 1985.12.24. 선고 84누760 판결 등.
12) 대법원 1997.2.11. 선고 96누2125 판결.
13) 대법원 1985.12.24. 선고 84누760 판결.

할 필요가 있다.

국가공무원법 제56조는 다른 조항에서 의무의 주체를 '공무원'으로 한 것과는 달리 여기서는 '모든 공무원'을 의무의 주체로 규정하고 있다. 이는 국가공무원법 제2조에 따른 공무원은 물론 널리 공무를 위탁받아 수행하고 있는, 다시 말해 공법상 근무관계에 있는 광의의 공무원 모두에게 법령준수의무를 적용하려는 취지로 이해된다.

공무원이 준수해야 할 '법령'은 공무원 재직중 적용받는 국가공무원법 등 공무원신분관계 법령뿐만 아니라 자기직무에 관련된 소관규정을 비롯한 모든 법령을 포함한다.

(2) 공무원의 법령심사권 유무

공무원의 법령준수의무와 관련하여 제기되는 공무원이 법령을 해석·적용함에 있어 법령의 위헌·위법여부에 대한 의문이 있을 때 그 법령의 위헌·위법여부를 심사하고 적용을 배제할 권한($\substack{\text{Prüfungs- und} \\ \text{Verwerfungskompetenz}}$)이 있는가 하는 문제가 제기된다.

이에 관하여는 공무원 또는 행정기관은 법령의 형식적 요건에 대한 심사권을 가진다는 견해, 법령의 실질적 심사 내지 적용배제권은 인정되지 아니 한다는 견해, 법령에 대한 전반적 심사 및 적용배제권을 가진다는 견해, 법령에 대한 실질적 심사권은 가지지만, 적용배제권은 가지지 아니 한다는 견해[14]가 주장되고 있다.

어떤 법령이 상위법령에 저촉되는지 여부(위헌 또는 위법인지 여부)를 판단할 권한, 즉 법령심사권($\substack{\text{Prüfungs-} \\ \text{kompetenz}}$)의 문제에 대한 해법은 그리 명확하지만은 않다. 이 문제에 대한 논의는 우선 어떤 법령이 상위법령에 저촉되는지 여부(위헌 또는 위법인지 여부)를 판단하기가 그리 용이하지 않은 경우가 많다는 인식으로부터 출발할 필요가 있다. 만일 법률적 전문성을 갖추지 못한 공무원에게 그 용이하지 않은 문제에 대한 심사권 또는 심사의무를 부여한다면 자칫 법적 불안과 혼란이 초래될 우려가 있는 것은 사실이다. 그러나 행정청이나 공무원이 어떤 법령을 적용하려면 그 법령을 해석하지 않을 수 없는 것인데, 그 과정에서 당해 법령의 위헌·위법여부를 전혀 도외시할 수 있도록 허용한다면 이는 행정기관 및 공무원의 헌법 및 법령 준수의무에 반하는 결과가 될 것이다. 여기서 우리는 공무원에게 헌법을 포함한 법령준수의무가 인정되는 이상, 법령심사 및 적용배제의 문제를 권한의 문제로 파악할 경우 그것은 단순히 적법하게 일정한 행위를 할 수 있다는 의미의 권한일 뿐만 아니라 특별한 사정이 없는 한 인정된 권한을 행사할 의무의 성립을 인정할 소지가 크다는 사실을 인식할 수 있다. 공무원이 법령심사의 권한을 가진다고 한다면 그것은 법령이 상위법령에 저촉되는지 여부를 심사할 수 있다는 것을 뜻하며 그 한도 내에서 하등 이를 제한할 이유가 없다. 다만 그 심

---

14) 김남진 교수(행정법 Ⅱ, 2001, 226)는 이것이 독일의 통설이라고 한다. 이 문제에 대한 개괄적 설명으로는 Maurer, Allgemeines Verwaltungsrecht, 17.Aufl., 2009, § 4 Rn.52-58 참조.

사결과 내리는 판단은 헌법재판소와 사법부의 법령해석권에 비추어 볼 때 어디까지나 잠정적인 것이고 최종적인 것은 아니다. 한편 공무원에게 법령심사의 의무가 있다고 하는 경우에도 원칙적으로 법령준수의무의 범위 내에서 심사의무를 인정하는 데 아무런 문제가 없을 것이다. 물론 현실적으로 실질적 법령심사의무의 인정 여부는 행정의 효율성과 관련하여 정책적 판단을 요하는 문제가 될 수도 있다.

반면 이러한 법령심사의 결과 당해 공무원이나 행정청이 상위법령에 저촉된다고 판단된 법령의 적용을 거부하는 결정을 내릴 수 있도록 할 것인지 여부는 또 다른 문제이다. 법령의 심사와 적용배제는 엄연히 별개의 문제이기 때문이다. 자신이 적용해야 할 법령의 상위법령 저촉여부가 의문시되는 이 쉽지 않은 상황에 직면하여 공무원이 취할 수 있는 조치로는 다음 네 가지 유형을 생각할 수 있다.

- 아무런 심사없이 법령을 그대로 적용하는 경우 (Ⅰ)
- 법령의 형식적 유효여부만을 판단하여 형식적으로 유효하지 않다고 판단된 법령의 적용을 배제하는 경우 (Ⅱ)
- 법령의 상위법령 저촉 여부를 실질적으로 심사하여 상위법령에 위반된다고 판단하였으나 그 법령을 그대로 적용하는 경우 (Ⅲ)
- 법령이 상위법령에 저촉되는지 여부를 실질적으로 심사하여 상위법령에 위반된다고 판단된 법령의 적용을 배제하는 경우 (Ⅳ)

공무원의 법령심사권을 부인하는 견해에 의한다면 (I)의 경우는 당연한 결과이다. 그러나 공무원의 법령심사권을 인정하는 경우에도 그 심사권의 불행사가 허용되는지 여부가 여전히 문제될 수 있다. 만일 형식적이든 실질적이든 심사권과 적용배제권을 인정하면서 동시에 이를 의무로 보는 견해에 의한다면 그러한 심사를 거치지 않은 법령의 단순적용행위는 용납될 수 없는 것으로 판단될 것이다. 형식적 심사권과 적용배제권을 인정하는 견해에 따른다면 (II)와 (III)은 당연한 조치일 것이나 (IV)는 허용될 수 없는 조치라고 판단될 것이다. 실질적 심사권과 적용배제권을 인정하는 견해에 따른다면 (II)와 (IV)는 당연한 조치일 것이지만 (III)은 실질적 심사 및 적용배제를 권리인 동시에 의무라고 보는 견해에 의하는 경우에만 허용될 수 없는 조치로 판단될 것이다. 문제는 헌법 등 현행법질서하에서 공무원의 법령심사 및 적용배제와 관련한 위의 행태 중 어떤 것이 허용되며 또 경우에 따라 의무화되어야 한다고 볼 것인가를 판단하는 데 있다.

이 문제는 법률의 경우, 헌법상 권력분립의 원리와 법률의 합헌성추정, 법적 안정성의 요청과 관련되어 있다. 헌법상 입법절차를 거쳐 국회가 제정한 (대통령의 공포를 포함) 법률을 행정청이나 공무원이 독자적으로 심사하여 그 적용을 배제할 수 있도록 한다면 이는 입법권을 침해하고 법률의 집행의무를 지는 행정부 스스로 그 권한을 유월하는 결과가 될 뿐만 아니라 법률의 효력을 부인·박탈하여 적용을 배제할 수 있는 권한을 헌법재판소에 독점시킨 ($\begin{smallmatrix}\text{Verwerfungs-}\\\text{monopol}\end{smallmatrix}$) 헌법 제107조 제1항의 취지에 반하는 결과가 될 것이다. 일반적으로 사법, 즉 법원은 원칙적으로 그 재판의 준거가 되는 모든 법령의 상위법령 저촉여부를 심사하고 상위법령에 위반된 법령의 적용을 배제할 권한과 의무를 가진다.[15] 헌법은 그와 같은 법원 고유의 권한에도 불구하고 헌법 제107조 제1항에서 재판의 전제가 된 법률의 위헌여부에 대한 최종적 판단과 적용배제권을 대법원이 아니라 헌법재판소에게 독점시킨 것이다. 이와 같은 적용배제의 독점은 의회입법권자를 보호하기 위한 것으로서 각급 법원이 법률의 위헌성을 지적함으로써 입법권자의 의사를 무시할 수 있게 되는 사태를 방지하려는 취지에서 인정된 것이다.[16] 이처럼 헌법 제107조 제1항이 재판의 전제가 된 위헌법률의 적용배제권을 통상 재판기관 고유의 법령심사 및 적용배제권을 가지는 법원으로부터 박탈하여 헌법재판소에 독점시킨 취지를 음미해 볼 필요가 있다. 법원이 그 고유한 권한을 박탈당한 것이라면 하물며 행정기관이나 공무원에 대해서도 마찬가지의 결과가 인정되어야 하는 것이 아닐까. 따라서 행정기관이나 공무원은 법률의 위헌을 이유로 그 적용을 배제할 수 있는 권한은 가지지 못한다는 결론을 내리지 않을 수 없다. 다만, 여기에는 두 가지 예외가 인정되어야 할 것이다. 먼저, 어떤 법률이 공포절차와 같은 형식적 발효요건을 갖추지 못했다는 사실이 사후에 판명될 경우에는 그 위헌을 이유로 한 적용배제권과 의무를 인정하여야 할 것이다. 물론 그 경우에도 적용배제의 이유는 이미 앞서 지적한 바와 같이 법률의 공포여부 등 형식적 유효여부에 대한 심사결과에 국한된다고 보아야 할 것이다. 둘째, 어떤 법률 또는 법률조항의 위헌성이 처음부터 명백한 경우에도 그 적용을 배제하지 못한다고 볼 것인지는 의문이다. 이에 관해서는 논란의 여지가 없지 않지만 처음부터 명명백백하게 헌법에 반하는 법률이나 법률조항에 대하여는 행정부 역시 다른 국가권력과 마찬가지로 헌법수호의무를 지기 때문에 그러한 의무에 의거하여 그 적용을 거부하여야 한다고 보아야 할 것이다.

　법률하위명령의 경우 그 위헌·위법여부에 관한 한, 그것이 재판의 전제가 된 경우에는 대법원이 최종적인 판단권을 가진다는 것은 헌법 제107조 제2항의 규정내용으로 보아 명백하다. 문제는 행정청이나 공무원이 대통령령이나 총리령·부령 또는 조례 등을 위헌 또는 위법이라 판단하여 그 적용을 배제할 수 있다고 볼 것인가 하는 데 있다. 이것은 행정의 위계구조와 법적 안정성, 행정의 통일성 및 행정조직간 상호존중의 요청을 고려하여 판단해야 할 문제이기도 하다. 법률의 경우 형식적 발효요건사실의 미비를 이유로 한 적용배제를 인정한 이상 이 경우에도 마찬가지의 결론을 내려야 할 것이다. 문제는 법률하위명령의 상위법령 저촉여부에 대한 실질적 심사의 권한과 의무를 인정하는 외에 그 적용배제의 권한이나 의무

---

15) Maurer, § 4 Rn.53.
16) Maurer, § 4 Rn.54.

를 가진다고 볼 것인가 하는 데 있다. 문제된 법률하위명령이 상위법령에 위반된다는 것이 명백한 경우 외에는 적용배제권을 부정하는 것이 행정조직의 위계구조와 법적 안정성, 행정의 통일성 및 행정조직간 상호존중의 요청에 비추어 타당하다고 생각한다.

이상의 논의를 요약하면 첫째, 심사권의 문제와 적용배제권의 문제는 구별되어야 한다. 둘째, 공무원은 형식적 요건과 실질적 요건을 불문하고 법령에 대한 심사권을 가지며 이 권한은 공무원의 법령준수의무와 표리의 관계를 이루는 의무이기도 하다. 셋째, 공무원은 미공포된 법령처럼 형식적으로 효력발생요건을 구비하지 못했다고 판단되는 때에는 그 적용을 배제하여야 한다. 다만, 이와같이 형식적 요건 미비를 이유로 적용을 배제하는 것은 미공포된 법령, 공포절차를 거치지 않은 법령 또는 공포는 되었으나 아직 시행이 되지 않은 법령처럼 명백히 형식적 효력발생요건을 갖추지 못한 경우에 한한다. 넷째, 공무원은 어떤 법령이 상위법령에 저촉되는지 여부를 심사할 수 있고 또한 심사할 의무를 진다. 심사결과 당해 법령이 상위법령에 저촉된다고 인정되면, 그에 관한 의견을 상관에게 제시하는 등 필요한 조치를 취할 수는 있으나 임의로 그 적용을 배제할 수는 없다. 다섯째, 그러나 법령의 위헌·위법여부가 객관적으로 명백한 경우에는 이를 적용배제할 수 있고 또한 특별한 사정이 없는 한 그 적용을 배제하여야 한다.

만일 공무원이 법령심사를 그르쳐 위헌 또는 위법의 법령을 적용하거나 당해 법령이 합헌 또는 합법임에도 불구하고 위헌 또는 위법으로 잘못 판단하여 그 법령의 적용을 배제하여 처분을 한 경우 그 효력은 어떠한가? 후자의 경우에는 당해 처분의 효력은 위법한 처분 일반의 경우와 다를 바가 없다. 또한 그 위법을 이유로 한 국가배상청구소송을 제기할 수 있음은 물론이다. 다만 그 경우 당해 처분을 한 공무원의 과실문제에 관하여는 후술하기로 한다. 반면 전자의 경우에는 근거법령이 상위법령을 위반하였는지 여부는 객관적으로 반드시 명백하다고 볼 수 없는 경우가 많기 때문에 설사 상위법령을 위반한 하위법령이 무효이고 당해 처분이 무효인 법령에 의거한 처분이라 할지라도 그 상위법령 위반사실이 객관적으로 명백하지 아니한 이상 이를 당연무효라고 볼 것은 아니다. 대법원 역시 그러한 입장에 서 있다.[17]

(3) 법령해석상 과실의 판단기준

공무원의 법령준수의무는 소극적으로 소관업무와 관련된 법령을 위배하지 말아야 할 뿐만 아니라 법률의 유보가 적용되는 한도 내에는 적극적으로 관련법령에 의거하여 처분등 행정활동을 수행하여야 한다는 의미를 가진다. 이와같이 법령을 준수하려면 의당 당해 법령을 해석하여야 하는데, 종종 공무원이 법령해석을 그르쳐 법령준수의무를 위배하는 경우가 생길

---

17) 대법원 1995.7.11. 선고 94누4615 판결. 이 판결에 대하여는 홍준형, 판례행정법, 1999, 514-532(38번 판례 "위법한 조례에 의한 처분의 효력")를 참조.

수 있어 법령해석상 과실의 판단기준에 관한 문제가 제기된다. 이 문제는 앞에서 논의한 공무원의 법령심사 및 적용배제 문제와도 관련된다. 가령 공무원이 법령심사를 그르쳐 위헌 또는 위법의 법령을 적용하거나 당해 법령이 합헌 또는 합법임에도 불구하고 위헌 또는 위법으로 잘못 판단하여 그 법령의 적용을 배제하여 처분을 한 경우, 그 처분으로 인하여 손해를 입은 자가 당해 공무원이 속한 국가나 지방자치단체를 상대로 손해배상을 청구한 경우 당해 공무원의 법령해석상의 과실이 배상책임 인정여부를 가르는 주요 관건으로 대두된다.

법령해석상의 과실에 관하여 판례는 종래 특별한 사정이 있을 때 한하여 제한적으로만 인정하는 경향을 보였으나 이후 다소 태도변화가 나타나고 있다. 먼저 대법원은 '법령에 대한 해석이 복잡미묘하여 워낙 어렵고 이에 대한 학설·판례조차 귀일(歸一)되지 못하여 의의(疑義)가 없을 수 없는 경우', 공무원이 그 나름대로 신중을 기하여 합리적인 근거를 찾아 그중 어느 한 설을 취하여 내린 해석이 대법원에 의해 받아들여지지 않음으로써 결과적으로 위법하게 되어 그 법령의 부당집행이란 결과를 빚었다면 그 이상의 처리를 성실한 평균적 공무원에게 기대하기 어려운 일이므로 다른 특별한 사정이 없는 한 과실이 성립되지 않는다고 판시하였다.[18] 대법원은 관행에 따른 노동조합설립신고서 반려처분이 대법원 판결을 통하여 비로소 위법한 것으로 밝혀진 경우, 노동부장관의 직무상 과실을 부인하는 등 그러한 판례를 재확인하고 있다.[19]

반면 대법원은 또 다른 판결에서는 '법령에 대한 해석이 복잡미묘하여 워낙 어렵고 이에 대한 학설·판례조차 귀일(歸一)되어 있지 않는 등의 특별한 사정이 없는 한 일반적으로' 공무원이 관계법규를 알지 못하거나 필요한 지식을 갖추지 못하여 법규의 해석을 그르쳐 행정처분을 하였다면 그가 법률전문가 아닌 행정직공무원이라고 하여 과실이 없다고는 할 수 없다고 판시했다.[20] 앞의 사례에서 대법원은 다분히, 복잡곤란하고 학설·판례상 다투어지고 있는 법령의 해석에 관한 잘못은 평균적 공무원에게 귀책될 수 없다는 소극설을 원칙으로 삼고 있는 데 비해, 뒤의 사례에서는 법규의 무지로 인한 법해석의 잘못에 대해서, 학설·판례상의 불확실성이란 특별한 사정이 없는 한, 원칙적으로 공무원의 과실을 인정하고 있는 것이다. 이로써 법령해석상 공무원의 주의의무에 관한 한, 적어도 두 가지 요건이 판례를 통하여 형성되었다고 볼 수 있다. 그것은 첫째, 해석이 어렵고 학설·판례조차 귀일(歸一)되지 못하여 의의(疑義)가 없을 수 없는 법령을 해석함에 있어서 공무원은 그 나름대로 신중을 기하여 합리적인 근거를 찾아 해석을 해야 한다는 것, 둘째, 그 밖의 경우에는 일반적으로 당해 공무원이 비록 관계법규를 몰랐거나 필요한 지식을 갖추지 못했다고 해서 법령해석상의

---

18) 대법원 1973.10.10. 선고 72다2583 판결.
19) 대법원 1995.10.13. 선고 95다32747 판결.
20) 대법원 1981.8.25. 선고 80다1598 판결.

잘못이 면책되지 않는다는 것이 그것이다.

대법원은 위법·무효인 시행령의 제정에 관여한 공무원의 불법행위 성립여부와 관련해서도 위의 판례를 재확인하고 있다.[21)]

(4) 법령준수의무 위반에 대한 법적 제재

법령준수의무의 위반에 대한 법적 제재로는 국가공무원법 제78조 제1항 제1호 및 제2호의 규정에 의한 징계와 법령준수의무를 위반하여 행한 처분등 행정조치에 대한 행정쟁송을 통한 제재를 생각할 수 있다. 또한 법령준수의무를 위반하여 행한 처분등 행정조치는 위법한 행위라고 판단될 것이므로 이를 이유로 손해를 입은 자는 국가배상법에 의하여 손해배상을 청구할 수 있음은 물론이다.

2.4.2. 복종의무

(1) 의 의

국가공무원법은 제57조에서 공무원에게 복종의 의무를 부과하고 있다. 즉, 공무원은 직무를 수행할 때 소속상관의 직무상 명령에 복종하여야 한다. 지방공무원법도 제49조에서 동일한 내용의 복종의무를 규정하고 있다.

복종의무(Gehorsams-pflicht)는 결합과 분배, 수직·수평의 집중(Konzen-tration) 및 분산(Dekonzen-tration)의 원리에 따라 구성된 행정조직의 위계구조에서 필수적 요소이다.

공무원의 직무수행방법은 법령에서 직접 규정이 있는 경우에는 그대로 따르면 되지만, 대개 법령에서는 일반적 기준이나 원칙만 정하고 구체적인 집행은 해당 기관의 판단과 지침에 맡기는 경우가 많다. 그 경우 법령집행의 통일성을 기하고 행정목적의 효율적 달성을 위하여 공무원에게 상관의 직무상 명령을 충실히 이행해야 할 공법상 의무를 지울 필요가 있다. 검사의 경우 검찰청법 제7조에서 검사동일체의 원칙을 천명하고 있다.

(2) 직무상 명령권자: 소속상관

직무상 명령을 발하는 소속상관이란 일반적으로 그 기관의 장 또는 보조기관인지의 여부를 묻지 아니하고 당해 공무원의 직무에 관하여 실질적인 지휘·감독권을 가진 자, 즉 신분상 상관이 아니라 직무상 상관을 말한다. 사법경찰관리는 범죄수사에 있어 소속기관의 상관이 아니라 소관검사의 명령에 복종해야 하고(검찰청법 §53), 파견근무중인 공무원은 파견기관의 상급자의 명령을 받게 된다. 한편, 상급기관이 하급기관에 대하여 훈령이나 직무명령을 발할 경우 하급기관은 그 훈령에 따라야 하므로 상급기관장이 하급기관에 대한 소속상관이 될 것이다.

---

21) 대법원 1997.5.28. 선고 95다15735 판결.

복종의무는 직무의 성질상 독립성($^{\text{Weisungs-}}_{\text{freiheit}}$)이 보장된 공무원에게는 인정될 수 없다. 직제 상으로는 소속상관의 지휘·감독 아래 있으나 직무상 독립한 경우에는 그 직무에 관하여 기관장의 명령을 따라야 하는 것은 아니다. 지방공무원법상 인사위원회나 국가공무원법상 승진 심사위원회 또는 징계위원회의 위원장과 위원의 관계가 그 예이다.

(3) 직무상 명령

직무상 명령, 즉, 직무명령($^{\text{Dienst-}}_{\text{befehl}}$)은 상관이 부하에게 발하는 직무상의 지시를 말한다. 직무명령은 상관(상급자)이 부하(하급자)에 대한 명령이라는 점에서 상급행정청의 하급행정청에 대한 명령인 훈령과는 일단 구별된다. 직무명령은 수명공무원만을 구속하므로 그 공무원의 변동으로 효력을 상실한다. 그러나 훈령은 수명기관의 구성원인 공무원도 구속하므로 직무명령의 성질도 아울러 가진다. 판례도 직무명령에 훈령이 포함된다고 본다. 오래된 판례지만 다방출입을 금지한 국무총리훈령에 위반한 행위를 복종의무 위반으로 본 판례가 있다.[22]

⠿ 철도청장의 직장복귀명령 불이행과 복종의무 위반

노동조합의 전임자로서 파업을 주동하고, 위 파업에 스스로 참가하였으며 다른 조합원의 파업 참가를 선동한 행위에 대하여 대법원은 "공무원은 누구나 국가공무원법 제56조의 성실의무, 제57조의 복종의무, 제58조의 직장이탈금지의무가 있고, 공무원이 노동조합 전임자가 되어 근로제공의무가 면제된다고 하더라도 이는 노동조합 전임자로서 정당한 노동조합의 활동에 전념하는 것을 보장하기 위한 것에 그 의미가 있다 할 것이므로, 노동조합 전임자인 공무원이라 하여도 정당한 노동조합활동의 범위를 벗어난 경우까지 국가공무원법에 정한 위 의무들이 전적으로 면제된다고 할 수는 없다"고 전제한 후, 그러한 파업 주동, 참가 및 파업참가 선동 등의 행위는 정당한 노동조합의 활동을 벗어난 것이어서 국가공무원법 제56조의 성실의무, 제58조 제1항의 직장이탈 금지의무에 위반되고, 위 원고들이 철도청장이 내린 직장복귀명령에도 불구하고, 복귀시한까지 노조사무실 등 지정된 장소에 복귀하지 아니한 것은 국가공무원법 제57조에 정한 복종의무를 위반한 것이라 판단한 원심판결을 수용한 바 있다.[23]

(4) 직무명령의 요건·효과

① 직무명령의 요건

직무상 명령은 특별한 규정이 있는 경우 외에는 구술이나 문서 등 어느 형식이라도 무방하다. 대체로 특정 공무원에게는 구술 방식의 명령이 많으나 다수 공무원과 하급기관에 대한 것은 문서가 대부분이다.

직무명령이 적법·유효하려면 정당한 권한을 가진 소속상관이 발하고 부하의 직무범위에 관한 명령으로서 그 형식이 법정 절차를 구비하여야 하고 내용도 법령에 위배되지 않는 등

---

22) 대법원 1969.9.23. 선고 69누86 판결.
23) 대법원 2008.10.9. 선고 2006두13626 판결.

형식적 요건과 실질적 요건을 갖추어야 한다. 직무명령의 요건에 관한 특별한 법률의 규정은 없으나 일반적으로 다음 요건을 갖추어야 한다고 이해되고 있다.

먼저 형식적 요건으로는 ① 권한있는 상관이 발할 것, ② 부하공무원의 직무범위 내에 속하는 사항에 관한 것일 것, ③ 부하공무원에게 직무상 독립이 인정되는 사항에 관한 것이 아닐 것, ④ 법정의 형식이나 절차상 요건을 준수할 것 등이 요구되고 있다. 실질적 요건은 직무명령의 내용이 법령과 공익에 적합하여야 한다는 것이다.[24]

② 직무명령의 효과

직무명령에 대한 위반은 그 직무명령의 내용에 따라 다양하므로 반드시 위법사유를 구성한다고는 볼 수 없으나, 공무원법관계에 있어 의무위반으로 징계사유가 될 수 있다. 반면 위법한 직무명령에 대해서도 복종의무가 있는지 여부에 관하여는 논란이 있다. 먼저 이 문제를 직무명령에 대한 부하공무원의 심사권의 관점에서 접근하는 견해[25]에 따르면 형식적 요건은 그 구비여부가 외관상 명백한 경우가 보통이므로 이를 심사할 수 있고 또 그 요건이 결여된 경우에는 복종을 거부할 수 있다고 본다. 반면 실질적 요건의 구비여부에 대하여는 직무명령에 처분의 공정력 같은 효력을 인정하여 직무명령에 중대명백한 하자가 없는 한 수명공무원의 심사 및 복종거부권을 부정하는 소극설과 공무원이 복종의무 외에도 법령준수의무를 진다는 점, 직무명령도 법령에 위반되지 않아야 한다는 점 등의 이유를 들어 수명공무원이 직무명령의 적법여부를 실질적으로 심사하여 위법한 명령이라고 판단되는 경우에는 복종을 거부할 수 있다는 적극설이 대립한다. 또 직무명령의 내용상의 하자가 있어 법규위반으로 판단되는 경우에는 복종의무가 없다는 견해도 있다. 이에 관해서는 직무명령이 범죄를 구성하거나 그 위법성이 중대명백한 경우는 물론이고 단순히 위법성이 명백한 경우에도 수명공무원은 복종을 거부할 수 있고 또 복종을 거부할 의무를 진다고 보는 것이 지배적이다.[26] 한편 훈령에 의한 직무명령과 단순한 직무명령의 경우를 구별하여 전자의 경우에는 그 하자가 중대명백한 경우가 아닌 한 복종을 거부할 수 없고, 후자의 경우에는 특히 기본적 인권을 침해할 우려가 있는 명령에 대해서는 복종의무가 없다는 견해도 주장되고 있다.[27]

판례는 다수설과 같이 명백히 위법한 직무명령에는 복종할 의무가 없다고 본다.

"공무원이 그 직무를 수행함에 즈음하여 상관은 하관에 대하여 범죄행위 등 위법한 행위를 하도록 명령할 직권이 없는 것이며, 또한 하관은 소속상관의 **적법한 명령에 복종할 의무는 있으나** 그 명령이 대통

---

24) 참고로 군인복무규율은 '명령'에 있어 발령자의 의도와 수명자의 임무가 명확하고 간결하게 표현되어야 하며(군인복무규율 § 19), 발령자는 직무와 관계가 없거나 법규 및 상관의 정당한 명령에 반하는 사항이나 자기권한 밖의 사항 등을 명령해서는 안 된다고 규정하고 있다(군인복무규율 § 22).
25) 김동희, 행정법 Ⅱ, 2006, 160.
26) 김동희, 행정법 Ⅱ, 2006, 160-161.
27) 김철용, 행정법 Ⅱ, 2009, 232.

령 선거를 앞두고 특정후보에 대하여 반대하는 여론을 조성할 목적으로 확인되지도 않은 허위의 사실을 담은 책자를 발간·배포하거나 기사를 게재하도록 하라는 것과 같이 **명백히 위법 내지 불법한 명령인 때에는 이는 벌써 직무상의 지시명령이라 할 수 없으므로 이에 따라야 할 의무가 없다.**"[28)]

"1. 공무원이 그 직무를 수행함에 있어 상관은 하관에 대하여 범죄행위 등 위법한 행위를 하도록 명령할 직권이 없는 것이고 하관은 소속상관의 적법한 명령에 복종할 의무는 있으나 그 명령이 참고인으로 소환된 사람에게 가혹행위를 가하라는 등과 같이 **명백한 위법 내지 불법한 명령인 때에는 이는 벌써 직무상의 지시명령이라 할 수 없으므로 이에 따라야 할 의무는 없다.**

2. 설령 대공수사단 직원은 상관의 명령에 절대복종하여야 한다는 것이 불문율로 되어 있다 할지라도 국민의 기본권인 신체의 자유를 침해하는 고문행위 등이 금지되어 있는 우리의 국법질서에 비추어 볼 때 그와 같은 불문율이 있다는 것만으로는 **고문치사와 같이 중대하고도 명백한 위법명령에 따른 행위가 정당한 행위에 해당하거나 강요된 행위로서 적법행위에 대한 기대가능성이 없는 경우에 해당하게 되는 것이라고는 볼 수 없다.**"[29)]

판례는 또한 수명공무원이 상관이 발한 직무명령이 위법임을 알면서 한 행위에 대하여 행위자 자신의 책임을 벗어날 수 없다고 판시함으로써 직무명령의 위법성이 객관적으로 명백한 경우는 물론 그것을 주관적으로 알았던 경우에도 복종의무를 부인하고 복종거부의무를 인정하는 태도를 보이고 있다.[30)]

위법한 직무명령에 대해서는 원칙적으로 항고소송등 행정쟁송을 제기할 수 있다. 다만, 훈령으로 된 직무명령에 대한 항고소송을 제기할 경우 그 처분성을 인정할 수 있는지, 공무원에게 그 취소를 구할 법률상 이익을 인정할 수 있는지 여부 등이 관건이 된다. 일반처분의 성질을 띤다고 본다면 처분성과 원고적격을 인정할 수 있을 것이고, 처분성이 인정되지 아니 하여 항고소송이 허용되지 않을 경우에는 복종의무부존재확인소송을 공법상 당사자소송의 형태로 제기할 수 있을 것으로 생각된다.

한편, 지방공무원법은 부하는 상관의 명령에 대하여 의견을 진술할 수 있다는 규정을 두고 있는데($\frac{\S 49}{단서}$), 이를 반대해석하여 상관의 명령이 명백히 위법한 경우가 아닌 한 복종을 거부할 수 없다는 의미로 보기도 한다.[31)] 마찬가지로 직무명령에 하자가 있더라도 단순히 법령 해석상 견해 차이에 불과하다든지 직무명령이 부당하다고 인정되는 정도라면 종국적 판단과 책임소재가 상관에게 있으므로 직무명령에 복종하여야 한다.[32)]

---

28) 대법원 1999.4.23. 선고 99도636 판결.
29) 대법원 1988.2.23. 선고 87도2358 판결.
30) 대법원 1967.2.7. 선고 66누168 판결; 대법원 1997.4.17. 선고 96도3376 전원합의체 판결.
31) 김남진, 행정법 Ⅱ, 2001, 227.
32) 김철용, 2009, 232; 김중양·김명식, 2000, 367; 김남진, 행정법 Ⅱ, 2001, 227 등.

2.4.3. 직무전념의무

(1) 직장이탈금지

① 의의

국가공무원법은 제58조 제1항에서 공무원은 소속 상관의 허가 또는 정당한 사유가 없으면 직장을 이탈하지 못한다고 규정하고 있다. 지방공무원법도 제50조 제1항에 동일한 취지의 규정을 두고 있다.

② 직장이탈의 허용 여부

공무원은 복무규정상 근무시간 동안은 소속직장 안에서 직무수행에 최선을 다해야 하고 근무시간이 지난 후에 직장을 떠날 수 있다. 물론 소속 상관의 허가나 정당한 사유가 있으면 근무시간 중에도 직장을 떠날 수 있다. '정당한 사유'란 직장이탈을 허가해야 할 불가피한 객관적인 사유나 미리 허가를 받을 수 없는 정황을 말하는 것으로 이해된다.[33]

소속 상관의 '허가'는 구술 또는 문서 등 형식을 불문하지만, 소속기관의 훈령이나 지침이 있다면 이에 따라야 함은 물론이다. 그리고 직장을 떠나기 전에 미리 허가를 받는 것이 원칙이지만, 부득이한 경우는 사후허가(추인)도 가능하다.

> ▦ **연가신청 허가 전 근무지 이탈의 경우**
>
> "공무원이 법정연가일수의 범위 내에서 연가신청을 하였고 그와 같은 연가신청에 대하여 행정기관의 장은 공무수행상 특별한 지장이 없는 한 이를 허가하여야 한다고 되어 있더라도 그 연가신청에 대한 허가도 있기 전에 근무지를 이탈한 행위는 지방공무원법 제50조 제1항에 위반되는 행위로서 징계사유가 된다(대법원 1987.12.8. 선고 87누657,658 판결, 1996.6.14. 선고 96누2521 판결 등 참조)."[34]

> ▦ **국립대학교수의 직장이탈금지의무 위반**
>
> "대학 교수로서의 본연의 업무는 학기당 부여된 담당강의를 완수하는 것에 그치는 것이 아니라 학생을 교육·지도하고, 진리 탐구를 위한 나름의 학문연구활동을 성실히 수행해 나가는 것을 포함한다 할 것이므로 대학 교수가 총장의 허가 없이 근무시간 중 수차에 걸쳐 사적 용무에 지나지 않는 골프 운동을 하고 총장이 공적으로 비치·관리하는 주간출강부를 사실과 다르게 작성한 행위는 국가공무원법 제56조, 제58조에서 정한 성실의무 및 직장이탈금지의무를 위반한 행위"라고 한 사례.[35]

---

33) 김중양·김명식, 2000, 368.

34) 대법원 2007.5.11. 선고 2006두19211 판결.

35) 서울행법 2000.3.23. 선고 99구3637 판결: 대학 교수의 위 행위를 징계사유로 하여 감봉 3월에 처하는 징계처분을 내린 경우, 그 비위 내용 및 정도가 결코 가볍다고 보이지 아니하고, 그 밖에 대학 교수로서의 사회적 역할, 직무의 특성, 징계에 의하여 달성하려는 행정목적 등을 함께 고려해 볼 때 위 징계처분이 형평의 원칙에 반한다거나 귀책사유에 비하여 지나치게 가혹하여 징계재량권을 일탈·남용한 것이 아니라고 한 사례.

면장의 비위문책 회피를 위한 출장·병가와 직장이탈

대법원은, "면장인 원고가 자기 소유의 임야에 허가도 없이 중장비를 이용하여 잡목을 베어내고 단감나무 300여 그루를 심는 등 산림을 훼손하고, 이것이 신문에 보도되어 도지사가 군수에게 원고를 비위공무원으로서 엄중 문책할 것을 지시하자 관내출장 또는 병가를 빙자하여 군수의 승인 또는 허가없이 3회에 걸쳐 6일 간 직장을 이탈한 행위는 공무원의 성실의무와 직장이탈금지의무를 위반하고 공무원의 품위를 손상한 경우에 해당하므로 원고에 대한 피고 군수의 해임처분이 재량권의 일탈 또는 남용에 해당하지 아니한다고 판시한 바 있다.36) 그 밖에도 대법원은 뇌물수수 수사 회피를 위한 결근을 직장이탈에 해당한다"고 판시하고 있다.37)

여기서 '직장'은 좁은 의미로 공무원이 소속하여 근무하는 공간개념으로서 부서를 말하는 것으로 보는 것이 일반적이다. 공무원이 자신의 직무 수행에 전념하도록 한다는 입법취지에 비추어 볼 때, 적어도 직무수행의 연장(예컨대, 타부서와 업무협조·관련인사 면담 등)이 아니라 직무와 전혀 관계없이 소속부서를 떠났다면 그곳이 동일건물 안이든 밖의 다른 장소이든 자기 직무에 전념할 수 없게 되는 것은 마찬가지이기 때문이다. 반면 국가정보원 직원이나 군인처럼 빈번한 외근과 훈련 그리고 작전수행 등 일정한 건물을 중심으로 직장개념을 파악하기 곤란한 경우도 있다. 군인사법 제47조나 국가정보원 직원법 제16조처럼 '직장'이 아니라 '직무'를 이탈하지 않도록 규정한 것은 바로 그런 업무의 특성을 감안한 것이며 여기서 '직무 이탈'이란 해당 공무원 각자에게 부여된 임무를 유기하거나 그 범위와 한계를 넘어서는 경우를 말하는 것으로 이해된다.

③ 수사기관의 공무원 구속과 구속사실 통보

한편 국가공무원법 제58조 제2항은 수사기관이 공무원을 구속하려면 그 소속 기관의 장에게 미리 통보하여야 하며, 다만, 현행범은 그러하지 아니하다고 규정하고 있다. 이는 공무원이 직무수행에 전념하도록 하기 위해 도주의 우려가 없거나 현행범이 아닌 한 미리 소속기관장에게 구속사실을 통보하도록 한 것이다. 공무원이 구속되어 직무를 수행하기 곤란할 경우 결원보충을 미리 준비하고 당해 공무원이 수행해 오던 직무의 인수인계 등을 차질없이 실시할 필요가 있기 때문이다.38)

'수사기관'은 수사 임무를 수행하는 형사소송법상의 기관으로서 검사와 사법경찰관리를 포함하며, '구속'은 구인과 구금을 포함한다(형사소송법§69). 통보해야 할 소속 기관의 장은 복무상 지휘·감독권을 가지면 족하고 반드시 임용권자를 뜻하는 것은 아니다.

한편 현행범이라도 국가정보원직원을 구속한 경우에는 지체 없이 원장에게 그 사실을 통

---

36) 대법원 1991.12.13. 선고 91누4157 판결.
37) 대법원 1991.11.12. 선고 91누3666 판결. 참조: 대법원 1990.10.12. 선고 90누3737 판결; 대법원 1985.6.25. 선고 85누52 판결; 대법원 1990.10.12. 선고 90누3737 판결.
38) 김중양·김명식, 공무원법, 2000, 369.

보하고 수사개시 및 종료사실과 결과를 통보하여야 한다($\binom{\ulcorner국가정보원\lrcorner}{직원법\lrcorner\S\,23}$).

(2) 영리업무 및 겸직금지

① 의의

국가공무원법은 제64조에서 공무원의 영리업무 및 겸직을 금지하고 있다. 이에 따르면 공무원은 공무 이외의 영리를 목적으로 하는 업무에 종사하지 못하며 소속기관의 장의 허가없이 다른 직무를 겸할 수 없다($\S\,^{64}_{①}$). 영리를 목적으로 하는 업무의 한계는 대통령령등으로 정한다($\S\,^{64}_{②}$). 지방공무원법에도 대동소이한 조항이 있다($\S\,56$).

공무 이외의 영리업무 및 겸직을 금지한 것은 공무원이 직무에 전념할 수 있도록 하기 위해 다른 직무에 종사하지 못하게 하는 동시에 공무원의 국민전체에 대한 봉사자로서 지위에 걸맞게 공무원의 사익추구활동을 금지함으로써 이익충돌($^{conflict\ of}_{interests}$) 사태를 방지하려는 취지에 따른 것이다. 국가공무원복무규정 제25조가 영리업무에 종사함으로써 '공무원의 직무상의 능률의 저해, 공무에 대한 부당한 영향, 국가의 이익과 상반되는 이익의 취득 또는 정부에 대한 불명예스러운 영향을 초래할 우려가 있는 경우에는 이에 종사할 수 없다'고 규정한 것도 바로 그러한 법취지를 단적으로 보여준다.

공무원은 재직중 영리를 목적으로 하는 업무에 종사하는 것은 소속기관장의 허가여부에 관계없이 금지되며, 영리 외의 다른 직무는 소속기관장의 허가를 얻어 겸할 수 있다. 한편, 공무원의 퇴직 후 영리기업 관여에 대하여는 공직자윤리법에서 규정하고 있다.[39]

② 영리를 목적으로 하는 업무에 종사 금지

'영리업무'의 범위(한계)는 국가공무원 복무규정 제25조가 구체화하고 있다. 이에 따르면 공무원은 다음 어느 하나에 해당하는 업무에 종사함으로써 공무원의 직무상의 능률의 저해, 공무에 대한 부당한 영향, 국가의 이익과 상반되는 이익의 취득 또는 정부에 대한 불명예스러운 영향을 초래할 우려가 있는 경우에는 이에 종사할 수 없다.

1. 공무원이 상업, 공업, 금융업 또는 그 밖의 영리적인 업무를 스스로 경영하여 영리를 추구함이 뚜렷한 업무
2. 공무원이 상업, 공업, 금융업 또는 그 밖에 영리를 목적으로 하는 사기업체(私企業體)의 이사·감사 업무를 집행하는 무한책임사원·지배인·발기인 또는 그 밖의 임원이 되는 것
3. 공무원 본인의 직무와 관련 있는 타인의 기업에 대한 투자
4. 그 밖에 계속적으로 재산상 이득을 목적으로 하는 업무

문제는 경제발전에 따라 직종이 계속 분화·다양화하고 있어 무엇을 어디까지 영리업무

---

39) 일본의 경우에는 공무원의 퇴직 후 취업제한도 국가공무원법에서 함께 규정하고 있다(일본 국가공무원법 § 103).

제1편 제2편 제3편 제4편 제5편 행정관리법

로 볼 것인지가 모호한 경우가 적지 않게 발생한다는 데 있다. 가령 공무원이 그 소관업무
와 관련된 기업의 주식을 매매하는 행위가 위 제3호에 규정된 '직무와 관련이 있는 타인의
기업에 대한 투자'에 해당되는지가 문제될 수 있다. 공무원의 영리업무 종사 금지는 본질상
공무원의 직무 전념에 지장을 주는 요인을 배제하기 위한 장치라 할 수 있으나, 공직자윤리
법상 주식 매각이나 주식백지신탁, 주식취득의 제한의 대상이 되는 경우 등(공직자윤리법 제2장의2, 특히 §§ 14의4~14의6)을
제외하고는, 공무원이 일반투자자의 입장에서 주식투자를 하는 것을 전적으로 배제하기는 어
렵지 않을까 생각된다.

　　공무원의 주식투자가 영리업무의 범위에 해당되는 여부에 관한 판례는 눈에 띄지 않지만, 대법원은
"지방공무원법 제56조 및 영리업무의 한계 및 사실상 노무에 종사하는 지방공무원의 범위에 관한 건
(1964.2.21. 대통령령 제1641호) 제2조 1호에 의하면 공무원으로서 겸직이 금지되는 영리업무는 영리적인 업무를 공무원이 스
스로 경영하여 영리를 추구함이 현저한 업무를 의미하고 원고가 위 내장여관을 소외 정성채에게 임대하
여 원고 스스로 경영하고 있지 않음은 위에서 설시한 바와 같고 기록상 위 여관의 매수행위가 부동산 투
기행위가 된다고 볼 자료는 없으므로 그와 같은 행위자체가 영리업무에 종사하는 경우라고는 할 수 없
다"[40]고 판시하는 등 금지되는 영리업무의 범위를 보다 좁게 해석하고 있다.

③ 겸직규제

　　공무원의 겸직은 소속기관의 장의 사전 허가를 받은 경우에만 허용된다. 공무원이 국가공
무원 복무규정 제25조의 영리업무에 해당되지 아니하는 다른 직무를 겸직하고자 할 때에는
담당직무수행에 지장이 없는 경우에 한하여(§ 26 ②) 소속기관의 장의 사전 허가를 받아야 한다
(§ 26 ①). 여기서 '소속기관의 장'이라 함은 3급 이상 공무원 또는 고위공무원단에 속하는 일반
직공무원의 경우에는 임용제청권자, 4급 이하 공무원 및 기능직 공무원의 경우에는 임용권
자를 말한다(§ 26 ③).

　　소속기관장의 허가를 얻어 겸직할 수 있는 다른 직무의 범위는 첫째 영리 목적이 아니어
야 하고, 둘째, 법령에 의하여 다른 공직을 겸하는 것(겸임)이 아니므로 비영리 사무(私務)라
야 한다. 예컨대, 공무원이 공동주택의 입주자대표회의에서 대표직을 맡고자 할 경우 담당직
무 수행의 지장여부를 판단하여 소속기관장의 사전허가를 받아야 한다.

④ 벤처기업 등에 관한 특례

　　한편, 벤처기업육성에 관한 특별조치법[41]은 제16조에서 교육공무원등의 창업 시 휴직을
허용하고 있고, 제16조의2에서는 직무상의 능률을 저해할 우려가 없는 경우, 교육공무원등이

---

40) 대법원 1982.9.14. 선고 82누46 판결.
41) 1997년 8월 28일 제정되어 같은 해 10월 1일부터 시행된 이 법은 당초 2007년 12월 31일까지 그 효력을 가지는
　　한시법이었으나, 이후 한시법조항이 삭제되어 여러 번 개정을 거쳐 계속 시행되고 있다.

그 소속 기관의 장의 허가를 받아 벤처기업의 대표자나 임직원을 겸임하거나 겸직하는 것을 허용하는 등 특례규정을 마련하고 있다.

국립대학교수의 기업체 사외이사 겸직 문제 ●● 종래 정부는 국립대학 교원이 관계법에 따라 등록된 기업체의 사외이사로 겸직하는 것에 대하여, 사외이사는 그 목적이 외부전문가를 활용하여 대주주의 전횡으로부터 회사를 보호하고 건전한 발전을 도모하기 위한 것이기는 하나 상법상 이사로서 이사회의 영업상 주요결정에 참여하고 회의록에 기명 날인하는 등 이사로서의 권리의무가 있을 뿐만 아니라 공무원이 특정회사와 특수한 관계를 맺음으로써 공무에 대한 부당한 영향을 초래하거나 직무상의 능률을 저해할 우려가 있으므로 법규상 금지된 영리업무에 해당된다고 보았다.[42] 그러나 이후 교육공무원법은 제19조의2를 신설하여 영리업무 및 겸직금지에 관한 특례를 규정하였다. 이에 따라, 고등교육법 제14조 제2항의 규정에 의한 교수·부교수·조교수 및 전임강사는 학생의 교육·지도와 학문의 연구에 지장이 없는 범위 안에서 소속학교의 장의 허가를 받아 상업·공업·금융업 그 밖에 영리를 목적으로 하는 사기업체의 사외이사(『자본시장과 금융투자업에 관한 법률』 제9조 제3항에 따른 당해 회사의 상무에 종사하지 아니하는 이사를 말한다)를 겸직할 수 있게 되었다($\S$19의2 ①). 허가의 구체적인 기준·방법 및 절차에 관하여 필요한 사항은 대통령령으로 정하도록 위임되었고($\S$19의2 ②), 교육공무원 임용령 제7조의5에서 대학교원의 사외이사겸직허가기준 등을 다음과 같이 규정하였다.

대학의 장은 교육공무원법 제19조의2의 규정에 의하여 소속 교원에 대한 사외이사겸직허가를 하고자 할 때에는 대학인사위원회의 심의를 거쳐 다음 각 호의 사항을 검토하여야 한다($\S$7의5 ①). 겸직허가에 관한 세부기준은 대학의 장이 정한다($\S$7의5 ②).

1. 허가의 필요성
2. 허가기간의 적절성
3. 허가대상기업의 적합성
4. 그 밖에 대학의 장이 학생의 교육·지도 및 학문연구에 지장이 없도록 하기 위하여 필요하다고 인정하는 사항

2.5. 영예제한

국가공무원법 제62조는 '공무원이 외국 정부로부터 영예나 증여를 받을 경우에는 대통령의 허가를 받아야 한다'고 규정하고 있다. 지방공무원법 제54조 역시 상응하는 내용을 규정하고 있다. 공무원이 외국정부로부터 영예·증여를 받는 모든 경우에 그것이 우리나라의 국익에 저촉되는지 여부 등 그 적격성을 심사하기 위한 것이다. '외국정부'는 우리나라와의 국교수립 여부에 관계없이 국제법상 주권을 가진 독립된 국가의 정부를 말하고 외국의 공·사법인은 이에 해당되지 않으므로 외국의 대학으로부터 학위를 받거나 개인 또는 기업으로부

---

42) 행정안전부 복무 12140-219, 1999.3.27.

터 선물을 받는 행위 등은 제외된다. 대통령의 허가는 원칙적으로 사전허가라고 보아야 할 것이다.

이 의무는 외국정부로부터 받는 모든 영예나 증여에 대한 것인 반면, 공직자윤리법($^{§\,15}_{①}$)과 동법 시행령($^{§\,28}$)은 선물의 신고 및 인도를 의무화하고 있다.

2.6. 정치운동금지

국가공무원법은 제65조에서 공무원의 정치운동을 금지하고 있다. 이에 따라 공무원은 정당이나 그 밖의 정치단체의 결성에 관여하거나 이에 가입할 수 없고($^{§\,65}_{①}$), 선거에서 특정 정당 또는 특정인을 지지 또는 반대하기 위한 다음의 행위를 하여서는 아니 된다($^{§\,65}_{②}$).

1. 투표를 하거나 하지 아니하도록 권유 운동을 하는 것
2. 서명 운동을 기도·주재하거나 권유하는 것
3. 문서나 도서를 공공시설 등에 게시하거나 게시하게 하는 것
4. 기부금을 모집 또는 모집하게 하거나, 공공자금을 이용 또는 이용하게 하는 것
5. 타인에게 정당이나 그 밖의 정치단체에 가입하게 하거나 가입하지 아니하도록 권유 운동을 하는 것

또한 공무원은 다른 공무원에게 위와 같은 금지사항에 위배되는 행위를 하도록 요구하거나, 정치적 행위에 대한 보상 또는 보복으로서 이익 또는 불이익을 약속하여서도 아니 된다($^{§\,65}_{③}$).

국가공무원법 제65조 제3항 외에 정치적 행위의 금지에 관한 한계는 대통령령등으로 정한다($^{§\,65}_{④}$).

지방공무원법도 제57조에서 대동소이한 규정을 두고 있다.

이것은 헌법 제7조가 규정하는 공무원의 정치적 중립성을 보장하기 위한 것으로서, 공무원의 정치활동 제한에 관한 통칙의 의미를 가진다. 정치적 중립의 의미는 정치와 행정이 그 어느 때보다도 밀접한 관계를 맺을 수밖에 없는 현대국가에서 정치와의 단절을 관철시키려는 것이 아니라 공무원을 정당·압력단체 등으로부터 부당한 정치적 영향과 간섭·침해로부터 보호하여 행정의 안정성과 계속성을 유지하고 공익을 증진하려는 데 있다.

정치활동은, 정치활동이 허용되는 정무직·별정직공무원 등을 제외하고는, 원칙적으로 모든 공무원에게 제한된다(^{국가공무원법 제3조 제3항의 규정에}_{의한 공무원의 범위에 관한 규정 § 2}).

공무원도 국민의 한 사람으로서 헌법상 참정권을 가지며, 표현의 자유를 가지고 있으므로 정치적인 활동을 전적으로 금지할 수는 없다. 다만 국민 전체에 대한 봉사자로서 지위와 행정의 민주성·능률성을 확보하려는 차원에서 제한적으로 정치운동을 금지하는 것이다. 공직

선거법($^{§\,53}_{①}$)이 공무원에게 선거에 입후보하려면 선거일 전 90일까지 공직에서 사퇴하도록 규정한 것도 현직을 이용, 선거에서 부당한 이점을 취하는 행위를 방지하기 위한 것이지만 그 논리적 토대는 어디까지나 공무원의 정치적 중립성에 있다.

구 공직선거및선거부정방지법 제53조 제1항 본문 및 제1호의 위헌 여부

"공직선거및선거부정방지법 제53조 제1항 본문 및 제1호의 규정이 공무원으로서 공직선거의 후보자가 되고자 하는 자는 선거일 전 90일까지 그 직을 그만 두도록 한 것은 선거의 공정성과 공직의 직무전념성을 보장함과 아울러 이른바 포말후보(泡沫候補)의 난립을 방지하기 위한 것으로서 그 필요성과 합리성이 인정되며, 그것이 공무담임권의 본질적 내용을 침해하였다거나 과잉금지의 원칙에 위배된다고 볼 수 없다. 그리고 같은 법 제53조 제1항 단서에서 국회의원이 대통령선거나 국회의원선거에, 지방의회의원이나 지방자치단체의 장이 당해 지방의회의원의 선거나 당해 지방자치단체의 장의 선거에 각 입후보하는 경우에는 예외적으로 그 직을 보유한 채 입후보할 수 있도록 규정한 것은 다른 직에 있던 사람들에 비하여 이들 경우에는 특히 그 각 선거에 입후보할 가능성이 커서 이러한 경우까지 선거일 전 90일까지 그 직을 모두 그만 두도록 한다면 그 직에 대한 업무수행에 특히 큰 지장이 생길 것이라는 입법자의 판단에 따른 것이고, 이러한 입법자의 판단이 우리의 경험칙에 비추어 일반론, 개연성론으로 보아 잘못이라 보기는 어려우므로, 결국 이 사건 법률조항은 입법자가 동질적인 대상을 자의적으로 다르게 취급한 것이 아니라 여러 가지 사정을 고려하여 합리적으로 차등을 둔 것으로서 헌법상의 평등원칙에 위배되지 아니한다."[43]

공무원이 스스로 정치적 성격을 지닌 조직에 가입하는 것은 물론, 공무원이 아닌 다른 사람과 공동으로 그러한 조직을 결성하거나 원조·권유·중개·알선하는 것도 금지된다. 다만 공무원 중에서도 선거나 정치적으로 임용되는 대통령, 국무총리, 국무위원, 국회의원, 지방의회의원, 선거에 의하여 취임하는 지방자치단체의 장, 국회의원의 보좌관·비서관·비서, 국회 교섭단체의 정책연구위원과 고등교육법 제14조(교직원의 구분) 제1항·제2항의 규정에 의한 총장·학장·교수·부교수·조교수·전임강사인 교원은 정당의 발기인 및 당원이 될 수 있다($^{정당법}_{§\,22\,①}$). 따라서 「국가공무원법 제3조 제3항의 규정에 의한 공무원의 범위에 관한 규정」제2조에 열거된 공무원 중 정무직공무원이라도 차관이나 처장, 청장은 정당에 가입할 수 없다. 그러나 국회법 제29조 제1항 제1호 단서에 따라 국회의원이 정치운동이 허용되는 차관이나 청장을 겸직하는 경우에는 정당의 당원이 될 수 있다.

공무원의 국민선언 서명과 정치운동 금지 위배 여부

"국가공무원인 원고가 민주회복국민선언대회에 정치인등 70여명과 함께 참여하여 반정부투쟁등으로 말미암아 구금당하고 있는 인사들의 사면, 석방 등을 집단적으로 주장하고 범국민적 운동을 벌인다는 취지 아래 민주회복국민회의(가칭)를 발족하기로 하는 내용의 이른바 국민선언을 채택하고 원고도 이에 서

---

43) 헌법재판소 1995.3.23. 선고 95헌마53 전원재판부 결정.

명한 사실과 민주회복국민회의의 창립총회가 개최되어 그 기구가 구성된 사실이 인정되고, 원고의 이와 같은 행위는 정치단체의 결성에 관여, 정치적 행위를 한 것이므로 이는 국가공무원법 제56조·제65조, 공무원복무규정 제27조에 위반하여 징계사유에 해당되는 것이고 징계로서의 파면처분에 재량권남용이나 일탈의 위법이 있다 할 수 없다."⁴⁴⁾

"공선법 제60조 제1항은 공무원 등의 선거운동 즉, 특정 후보자의 당선 내지 득표나 낙선을 위하여 필요하고도 유리한 모든 행위로서 당선 또는 낙선을 도모한다는 목적의사가 객관적으로 인정될 수 있는 능동적·계획적인 행위를 금지하고 있고, 공선법 제93조 제1항은 선거에 영향을 미치게 하기 위하여 정당 또는 후보자를 지지·추천하거나 반대하는 내용이 포함되어 있는 문서 등을 배부하는 등의 행위를, 국가공무원법 제65조 제2항 제1호는 공무원이 선거에 있어서 특정 정당 또는 특정인의 지지나 반대를 하기 위하여 투표를 하거나 하지 아니하도록 권유운동을 하는 행위를 각 금지하고 있는바, 어떤 행위가 위각 조항에서 금지하고 있는 특정 정당 또는 후보자를 지지 혹은 반대하는 행위에 해당하는지의 여부를 판단함에 있어서는 단순히 행위자가 행위의 명목으로 내세우는 사유뿐만 아니라 그 행위의 태양, 즉 그 행위가 행하여진 시기·장소·동기·방법·행위의 구체적인 내용 등을 종합적으로 관찰하여 그것이 위각 조항에서 금지하고 있는 특정 정당 또는 후보자를 지지 혹은 반대하기 위한 목적의지를 수반하는 행위인지의 여부를 판단하여야 한다(대법원 2003.10.10. 선고 2003도2673 판결, 2004.4.27. 선고 2002도315 판결, 헌법재판소 2004.5.14. 선고 2004헌나1 전원재판부 결정 등 참조)."⁴⁵⁾

2.7. 집단행동금지

국가공무원법 제66조는 공무원의 집단행위를 금지하고 있다. 이에 따르면, 공무원은 노동운동이나 그 밖에 공무 외의 일을 위한 집단행위를 하여서는 아니 된다(§66① 본문). 지방공무원법도 제58조에서 대동소이한 내용을 규정하고 있다.

집단행위 금지는 국가공무원법 제66조 제1항 단서 및 지방공무원법 제58조 제1항 단서에 따른 '사실상 노무에 종사하는 공무원'에 대해서는 적용되지 아니 한다(§66① 단서). 또한 공무원의 노동조합 설립 및 운영 등에 관한 법률과 교원의 노동조합 설립 및 운영 등에 관한 법률에 따라 공무원과 교원인 공무원에게 노동조합 설립·가입 및 단체교섭에 관한 권리가 인정되고 있다.

▒ 집단행위 금지의 의미

"지방공무원법 제58조 제1항 본문은 "공무원은 노동운동 기타 공무 이외의 일을 위한 집단행위를 하여서는 아니 된다"고 규정하고 있는바, 여기서 **'공무 이외의 일을 위한 집단행위'**라고 함은 공무에 속하지 아니하는 어떤 일을 위하여 공무원들이 하는 모든 집단적 행위를 의미하는 것이 아니라 언론·출판·

---

44) 대법원 1981.12.22. 선고 80누499 판결.
45) 대법원 2006.5.12. 선고 2005도4513 판결. 전국교직원노동조합이 총선을 앞두고 기획·시행한 시국선언이 비록 특정 정당을 직접 지칭하지는 않았다고 하더라도, 그 기획 및 추진, 목적과 경위, 구체적 표현 내용 등에 비추어, 기존 정치세력에 반대하고 대안 세력으로서의 특정 정당을 지지하려는 목적의사가 객관적으로 인정될 수 있을 정도의 능동적이고 계획적인 행위로서 구 공직선거 및 선거부정방지법이나 국가공무원법에서 금지하고 있는 특정 정당 또는 후보자를 지지 혹은 반대하는 행위에 해당한다는 이유로, 무죄를 선고한 원심판결을 파기한 사례.

집회·결사의 자유를 보장하고 있는 헌법 제21조 제1항과 지방공무원법의 입법 취지, 지방공무원법상의 성실의무와 직무전념의무 등을 종합적으로 고려하여 '공익에 반하는 목적을 위하여 직무전념의무를 해태하는 등의 영향을 가져오는 집단적 행위'를 말한다(대법원 2004.10.15. 선고 2004도5035 판결 등 참조)."46)

금지되는 집단행위의 의미

"국가공무원법 제66조 제1항에서 금지하고 있는 '공무 이외의 일을 위한 집단적 행위'라 함은 '공익에 반하는 목적을 위하여 직무전념의무를 해태하는 등의 영향을 가져오는 집단적 행위'를 의미하는 것이다(대법원 1992.2.14. 선고 90도2310 판결.)(2005.4.15. 선고 2003도2960 판결 등 참조)."47)

"지방공무원법 제58조 제1항이 금지하는 '공무 외의 일을 위한 집단행위'라 함은 공무원으로서 직무에 관한 기강을 저해하거나 기타 그 본분에 배치되는 등 공무의 본질을 해치는 특정목적을 위한 다수인의 행위로서 단체의 결성단계에는 이르지 아니한 상태에서의 행위를 말하는 것이므로(대법원 1992.3.27. 선고 91누9145 판결 참조), 위 인정과 같은 행위는 위 법조 소정의 '공무 외의 일을 위한 집단행위'에 해당한다."48)

정례조회에서의 집단퇴장 행위의 성격

"가. 국가공무원법 제66조 제1항이 금지하고 있는 "공무 외의 집단적 행위"라 함은 공무원으로서 직무에 관한 기강을 저해하거나 기타 그 본분에 배치되는 등 공무의 본질을 해치는 특정목적을 위한 다수인의 행위로써 단체의 결성단계에는 이르지 아니한 상태에서의 행위를 말한다.

나. 장관 주재의 정례조회에서의 집단퇴장행위는 공무원으로서 직무에 관한 기강을 저해하거나 기타 그 본분에 배치되는 등 공무의 본질을 해치는 다수인의 행위라 할 것이므로, 비록 그것이 건설행정기구의 개편안에 관한 불만의 의사표시에서 비롯되었다 하더라도, 위 "가"항의 "공무 외의 집단적 행위"에 해당한다."49)

군인의 집단행위

"가. 군인복무규율 제38조가 금지하고 있는 "군무 외의 집단행위"라 함은 군인으로서 군복무에 관한 기강을 저해하거나 기타 그 본분에 배치되는 등 군무의 본질을 해치는 특정목적을 위한 다수인의 행위로서 "단체"의 결성단계에는 이르지 아니한 상태에서의 행위를 말한다고 할 것이므로 위와 같은 행위가 계속적일 필요도 없고, 또 통솔형태를 갖출 정도로 조직화된 행위일 필요도 없다.

나. 중대장 또는 소대장인 원고들 2명이 사전에 면밀한 계획아래 동조자를 물색, 규합하여 원고들 외

---

46) 대법원 2009.6.23. 선고 2006두16786 판결: 지방공무원 복무조례개정안에 대한 의견을 표명하기 위하여 전국공무원노동조합 간부 10여 명과 함께 시장의 사택을 방문한 위 노동조합 시지부 사무국장에게 지방공무원법 제58조에 정한 집단행위 금지의무를 위반하였다는 등의 이유로 징계권자가 파면처분을 한 사안에서, 그 징계처분이 사회통념상 현저하게 타당성을 잃거나 객관적으로 명백하게 부당하여 징계권의 한계를 일탈하거나 재량권을 남용하였다고 볼 수 없다고 한 사례.

47) 대법원 2006.5.12. 선고 2005도4513 판결.

48) 대법원 1998.5.12. 선고 98도662 판결: 부안군수와 군 내무과장이 같은 군 부군수 등과 함께 부안군의회에서 군수불신임결의안을 채택하려는 군의회 의원들의 직무집행을 군청 직원들을 동원하여 회의장을 점거하여 의사진행을 못하게 하는 등 실력으로 저지한 데 대하여 공무원이 공무 외의 일로 집단행위를 한 것이라고 인정하고 다중의 위력으로 적법한 공무집행을 방해한 행위라고 본 사례.

49) 대법원 1992.3.27. 선고 91누9145 판결.

에 3명의 동료장교로 하여금 명예선언문에 서명케 하여 5명의 명의로 명예선언이라는 의식행사를 가지고 기자회견까지 한 행위가 군인복무규율 제38조에 규정된 집단행위에 해당하고, 또한 그 행위의 내용과 과정 및 방법에 비추어 "군무 이외의 행위"에 해당한다고 본 사례.

다. 군인의 "군무 외의 집단행위"를 금지한 군인복무규율 제38조는 헌법 제39조, 국군조직법 제6조, 제10조 제2항, 군인사법 제47조, 제47조의2의 각 규정에 근거하여, 그리고 군인의 대외발표사항이 군사기밀에 저촉되는 사항, 적을 이롭게 하는 사항, 군의 위신을 손상시키는 사항 등인지 여부에 관한 지휘관이나 참모총장에 의한 검열, 승인 등을 규정하고 있는 육군보도업무규정 제3조 제10호, 제14조, 제18조, 제20조의 각 규정은 위 헌법, 국군조직법, 군인사법의 각 규정 및 군인복무규율 제182조 제1항에 근거하여 군인의 기본권을 제한하고 있는 규정으로 보아야 할 것이며 이는 **특수한 신분관계에 있는 군인에 대하여 국방목적수행상 필요한 군복무에 관한 군율로서 그 규제가 합리성을 결여하였다거나 기본권의 본질적인 내용을 침해하고 있다고 볼 수도 없으므로 위 각 규정을 위헌 또는 무효의 규정이라고 볼 수 없다.**"[50]

공무원인 교원의 집단적 정치적 의사표현행위와 국가공무원법 제66조 제1항

1. [다수의견] 헌법 제21조 제1항은 "모든 국민은 언론·출판의 자유와 집회·결사의 자유를 가진다"고 하여 표현의 자유를 보장하고 있는데, 표현의 자유는 인간이 그 존엄성을 지켜 나가기 위한 기본적인 권리이고, 이는 공무원에 대하여도 동일하다. **공무원의 경우에는 그 지위나 직무의 성질에 비추어 일반 국민보다는 표현의 자유를 제한할 필요성이 있음은 위에서 본 바와 같지만, 그 경우에도 공공성이나 필요성을 이유로 하여 일률적·전면적으로 제한하여서는 아니 되고, 제한의 사유가 존재하는 경우에도 그 한계를 설정하여 제한되는 표현의 자유와 그 제한에 의하여 보장하려는 공익을 서로 비교·형량하여야 하며 제한이 불가피하다고, 판단되어 제한하는 경우에도 그 제한은 가능한 한 최소한의 정도에 그치고 그 권리의 본질적인 내용을 침해하여서는 아니 된다.**

따라서 **국가공무원법 제66조 제1항** 본문에서 '공무 외의 일을 위한 집단행위'라고 다소 포괄적이고 광범위하게 규정하고 있다 하더라도, 이는 공무가 아닌 어떤 일을 위하여 공무원들이 하는 모든 집단행위를 의미하는 것이 아니라, 언론·출판·집회·결사의 자유를 보장하고 있는 헌법 제21조 제1항, 공무원 및 교원에게 요구되는 헌법상의 의무 및 이를 구체화한 국가공무원법의 취지, 국가공무원법상의 성실의무 및 직무전념의무 등을 종합적으로 고려하여 '**공익에 반하는 목적을 위한 행위로서 직무전념의무를 해태하는 등의 영향을 가져오는 집단적 행위**'라고 해석된다(대법원 1992.2.14. 선고 90도2310 판결, 대법원 2005.4.15. 선고 2003도2960 판결 등 참조).

[반대의견] 국가공무원법 제66조 제1항에 위반되는 행위가 되려면 우선 그것이 '공익에 반하는 목적을 위한 행위'여야 한다. 여기서 '공익에 반한다'는 것은, 그 의미가 포괄적·추상적·상대적이어서 법 집행기관의 통상적 해석을 통하여 그 내용을 객관적으로 확정하기가 어려우므로, 그러한 측면에서 죄형법정주의의 명확성 원칙에 어긋나지 않고 헌법상 보장된 표현의 자유와 조화를 이루기 위해서는 제한적으로 해석하여야 하고, 이 때 국가공무원법 제66조 제1항을 둔 취지도 이러한 제한해석의 기준이 될 수 있을 것이다. 결국 '공익에 반하는 목적'의 존재는, 당해 집단행위가 국민 전체와 공무원 집단 사이에 서로 이익이 충돌하는 경우 공무원 집단의 이익을 대변함으로써 국민 전체의 이익추구에 장애를 초래하는 등 공무수행에 대한 국민의 신뢰를 현저히 훼손하거나 민주적·직업적 공무원제도의 본질을 침해하는 경우에 한정하여 인정하여야 한다.

---

50) 대법원 1991.4.23. 선고 90누4839 판결.

2. [다수의견] 공무원인 교원이 집단적으로 행한 의사표현행위가 국가공무원법이나 공직선거법 등 개별 법률에서 공무원에 대하여 금지하는 특정의 정치적 활동에 해당하는 경우나 **특정 정당이나 정치세력에 대한 지지 또는 반대의사를 직접적으로 표현하는 등 정치적 편향성 또는 당파성을 명백히 드러내는 행위** 등과 같이 공무원인 교원의 정치적 중립성을 침해할 만한 직접적인 위험을 초래할 정도에 이르렀다고 볼 수 있는 경우에, 그 행위는 공무원인 교원으로서의 본분을 벗어나 공익에 반하는 행위로서 공무원으로서의 직무에 관한 기강을 저해하거나 공무의 본질을 해치는 것이어서 직무전념의무를 해태한 것이라 할 것이므로, 국가공무원법 제66조 제1항이 금지하는 '공무 외의 일을 위한 집단행위'에 해당한다고 봄이 상당하다.

여기서 어떠한 행위가 정치적 중립성을 침해할 만한 직접적인 위험을 초래할 정도에 이르렀다고 볼 것인지는 일률적으로 정할 수 없고, 헌법에 의하여 정치적 중립성이 요구되는 공무원 및 교원 지위의 특수성과 아울러, 구체적인 사안에서 당해 행위의 동기 또는 목적, 그 시기와 경위, 당시의 정치적·사회적 배경, 행위의 내용과 방식, 특정 정치세력과의 연계 여부 등 당해 행위와 관련된 여러 사정을 종합적으로 고려하여 판단하여야 한다.

[반대의견] 국가공무원법이 별도의 규정으로 공무원의 '정치운동'이나 '정치적 행위'를 금지·처벌하고 있는 점, 나아가 '교원의 노동조합'의 '정치활동'에 대해서는 교원의 노동조합 설립 및 운영 등에 관한 법률 제3조에서 따로 금지하고 있는 점(참고로 같은 법률에 이에 위반한 행위에 대한 처벌규정은 없다), 같은 교육공무원인 대학교수에게는 다양한 정치활동이 법적으로 허용되고 있는 점 등을 고려하면, 1, 2차 시국선언을 공무원의 정치적 중립의무에 어긋나는 행위라고 평가할 수 있다고 하더라도, 그것만으로 곧바로 국가공무원법 제66조 제1항이 금지하는 '공익에 반하는 목적을 위한 행위'가 된다고 볼 것이 아니다. 만약 그렇게 볼 경우에는 국가공무원법 제65조가 금지 대상으로 열거하고 있는 '정치운동'이나 '정치적 행위'를 국가공무원법 제66조에서 부당하게 확대하는 결과가 초래되기 때문이다.

이처럼 '공익에 반하는 목적을 위한 행위'라는 개념에는 국가공무원법 제66조 제1항을 둔 취지에 따른 내재적 제한이 있을 뿐만 아니라, 그러한 행위가 '직무전념의무를 해태하는 등의 영향을 가져오는 집단적 행위'라는 또 다른 요건을 갖추지 않은 경우에는 국가공무원법 제66조 제1항이 금지하는 행위라 할 수 없다.[51]

▦ 인권위 1인 시위와 집단행위 금지

1. 국가공무원법 제66조 제1항 본문에 규정된 '공무 외의 일을 위한 집단행위'란 **'공익에 반하는 목적을 위한 행위로서 직무전념의무를 해태하는 등의 영향을 가져오는 집단적 행위'**라고 제한하여 해석하여야 한다.

여기에 형벌법규이기도 한 국가공무원법 제66조 제1항의 해석은 엄격하여야 한다는 등의 사정을 고려할 때, 공무원들의 어느 행위가 국가공무원법 제66조 제1항에 규정된 **'집단행위'**에 해당하려면, 그 행위가 반드시 같은 시간, 장소에서 행하여져야 하는 것은 아니지만, 공익에 반하는 어떤 목적을 위한 다수인의 행위로서 집단성이라는 표지를 갖추어야만 한다고 해석함이 타당하다. 따라서 여럿이 같은 시간에 한 장소에 모여 집단의 위세를 과시하는 방법으로 의사를 표현하거나 여럿이 단체를 결성하여 그 단체 명의로 의사를 표현하는 경우, 실제 여럿이 모이는 형태로 의사표현을 하는 것은 아니지만 발표문에 서명

---

51) 대법원 2012.4.19. 선고 2010도6388 전원합의체 판결.

날인을 하는 등의 수단으로 여럿이 가담한 행위임을 표명하는 경우 또는 일제 휴가나 집단적인 조퇴, 초과근무 거부 등과 같이 정부활동의 능률을 저해하기 위한 집단적 태업 행위로 볼 수 있는 경우에 속하거나 이에 준할 정도로 행위의 집단성이 인정되어야 국가공무원법 제66조 제1항에 해당한다고 볼 수 있다 (헌법재판소 2014.8.28. 선고 2011헌바32 결정 참조).

이 사건 릴레이 1인 시위, 릴레이 언론기고, 릴레이 내부 전산망 게시는 모두 후행자가 선행자에 동조하여 동일한 형태의 행위를 각각 한 것에 불과하고 행위의 집단성이 있다고 보기 어렵다.

이 사건 1인 시위 등이 국가인권위원회가 그 소속 일반계약직공무원에 대하여 계약연장 거부결정을 한 것에 항의하려는 데 그 동기나 목적이 있는 점을 고려할 때, 공익을 위한 것은 아니라 할지라도 공익에 반하는 목적을 갖고 행한 것이라고까지 보기는 어렵고, 그 밖에 국가공무원법에서 공무원에 대하여 금지하는 특정의 정치적 활동에 해당하는 경우 또는 특정 정당이나 정치세력에 대한 지지 또는 반대의사를 직접적으로 표현하는 등 정치적 편향성 또는 당파성을 명백히 드러내는 행위 등과 같이 공무원의 정치적 중립성을 침해할 만한 직접적인 위험을 초래할 정도에 이르렀다고 볼 수 있는 경우도 아니다.

더구나 점심시간을 이용하여 1인 시위를 하였고, 언론기고가 일과시간 중에 행하여졌다고 볼 뚜렷한 증거도 없으며, 그 밖에 해당 행위로 인해 자신의 직무를 게을리하는 등 직무전념의무를 해태하였다고 볼 자료가 부족하다.

2. 공무원이 외부에 자신의 상사 등을 비판하는 의견을 발표하는 행위는 그것이 비록 행정조직의 개선과 발전에 도움이 되고, 궁극적으로 행정청의 권한행사의 적정화에 기여하는 면이 있다고 할지라도, 국민들에게는 그 내용의 진위나 당부와는 상관없이 그 자체로 행정청 내부의 갈등으로 비춰져, 행정에 대한 국민의 신뢰를 실추시키는 요인으로 작용할 수 있는 것이고, 특히 그 발표 내용 중에 진위에 의심이 가는 부분이 있거나 그 표현이 개인적인 감정에 휩쓸려 지나치게 단정적이고 과장된 부분이 있는 경우에는 그 자체로 국민들로 하여금 공무원 본인은 물론 행정조직 전체의 공정성, 중립성, 신중성 등에 대하여 의문을 갖게 하여 행정에 대한 국민의 신뢰를 실추시킬 위험성이 더욱 크다고 할 것이므로, 그러한 발표행위는 공무원으로서의 체면이나 위신을 손상시키는 행위에 해당한다 할 것이다(대법원 2007.7.13. 선고 2006두12364 판결 참조).[52]

2.8. 비밀엄수의무

2.8.1. 의 의

국가공무원법은 제60조에서 공무원에게 비밀엄수의무 또는 수비의무를 부과하고 있다. 이에 따라 공무원은 '재직중은 물론 퇴직 후에도 직무상 알게 된 비밀을 엄수하여야 한다.' 지방공무원법도 제52조에서 동일한 내용을 규정하고 있다.

민주국가에서 행정의 공개성(Öffentlichkeit der Verwaltung)은 결코 소홀히 할 수 없는 이상이지만, 비밀의 유지와 관리 또한 행정목적 달성을 위하여 필수적인 의미를 지니는 경우가 많다. 외국과 외교교섭에 관한 훈령과 보고내용(외교기밀)이 공개되거나 개인의 프라이버시에 속하는 사항

---

52) 대법원 2017.4.13. 선고 2014두8469 판결(정직처분등취소(차) 파기환송): 국가인권위원회의 일반계약직공무원 강○○에 대한 계약연장 거부결정에 대하여 비난하면서 릴레이 1인 시위 등을 한 원고들의 행위가 '공무 외의 일을 위한 집단행위'와 '품위유지의무 위반'에 해당한다고 보아 이들에 대한 징계처분이 정당하다고 본 원심의 판단 중 '공무 외의 일을 위한 집단행위' 부분은 파기하고 '품위유지의무 위반'은 수긍한 사안(전부파기).

또는 공공사업의 입찰예정가격이나 국가시험문제의 내용이 누설된다면 국익과 개인의 권리를 치명적으로 침해할 뿐만 아니라 행정목적 달성에 막대한 지장이 초래될 것이다. 그런 이유에서 공무원의 비밀엄수의무는 매우 핵심적인 중요성을 띠게 된다. 이 의무는 재직 중은 물론 퇴직 후까지도 적용된다.

비밀엄수의무의 위반은 통상 형사처벌로 이어지는 경우가 많다. 대표적인 경우로 형법 제127조는 공무원 또는 공무원이었던 자가 법령에 의한 직무상 비밀을 누설하는 행위를 2년 이하의 징역이나 금고 또는 5년 이하의 자격정지에 처하도록 하고 있고, 그 밖에도 법원조직법, 국가정보원직원법, 군사기밀보호법, 개인정보 보호법 등 개별법에서 처벌규정을 두고 있다.

▓ 한미FTA 관련 문건의 유출과 공무상비밀누설죄

"형법 제127조는 공무원 또는 공무원이었던 자가 법령에 의한 직무상 비밀을 누설하는 것을 구성요건으로 하고 있는바, 여기서 법령에 의한 직무상 비밀이란 반드시 법령에 의하여 비밀로 규정되었거나 비밀로 분류 명시된 사항에 한하지 아니하고, 정치, 군사, 외교, 경제, 사회적 필요에 따라 비밀로 된 사항은 물론 정부나 공무소 또는 국민이 객관적, 일반적인 입장에서 외부에 알려지지 않는 것에 상당한 이익이 있는 사항도 포함하나, 실질적으로 그것을 비밀로서 보호할 가치가 있다고 인정할 수 있는 것이어야 하고, 한편, 공무상비밀누설죄는 기밀 그 자체를 보호하는 것이 아니라 공무원의 비밀엄수의무의 침해에 의하여 위험하게 되는 이익, 즉 비밀의 누설에 의하여 위협받는 국가의 기능을 보호하기 위한 것이다(대법원 2007.6.14. 선고 2004도5561 판결 등 참조).

이 사건 문건은 미국과의 자유무역협정 체결 협상을 위한 협상전략과 분야별 쟁점에 대한 대응방향 등을 담고 있고 그와 같은 내용이 일반에 알려진 공지의 사실에 해당하는 것으로 볼 수 없고, 또한 그 내용이 공개될 경우 협상상대방인 미국으로서는 우리나라의 우선 관심사항과 구체적인 협상전략을 미리 파악하여 보다 유리한 조건에서 협상에 임할 수 있게 되는 반면, 우리나라로서는 당초 준비한 협상전략이 모두 노출됨으로 인하여 불리한 지위에서 협상에 임할 수밖에 없게 되어, 당초의 협상목표를 달성하지 못하게 되는 결과를 불러올 우려가 있었던 점 등을 종합해 보면, 적어도 이 사건 문건 중 그 판시와 같은 기재 부분은 정부나 공무소 또는 국민이 객관적, 일반적인 입장에서 외부에 알려지지 않는 것에 상당한 이익이 있는 사항으로서, 실질적으로 비밀로서 보호할 가치가 있는 직무상 비밀에 해당한다."[53]

그러나 비밀엄수의무도 무제한적인 것은 아니며 여러 가지 예외가 인정된다. 이에 관해서는 관련쟁점을 설명하면서 살펴보기로 한다.

2.8.2. 직무상 비밀

공무원법상 비밀엄수의무와 관련하여 직무상 비밀의 범위에 대한 명시적 법령상 기준이나 판례는 눈에 띄지 않는다. 다만, 형법상 공무상비밀누설죄와 관련한 판례의 태도를 토대

53) 대법원 2009.6.11. 선고 2009도2669 판결.

로 유추해 볼 수 있을 것이다.

즉, 판례는 '공무상비밀누설죄는 기밀 그 자체를 보호하는 것이 아니라 공무원의 비밀엄수의무의 침해에 의하여 위험하게 되는 이익, 즉 비밀의 누설에 의하여 위협받는 국가의 기능을 보호하기 위한 것'이며 형법 제127조 소정의 "법령에 의한 직무상 비밀"이란 반드시 법령에 의하여 또는 인위적으로 비밀로 분류 명시된 사항뿐만 아니라 정치적, 경제적, 군사적, 외교적, 또는 사회적 필요에 따라 비밀로 된 사항은 물론 정부나 공무소 또는 국민이 객관적 일반적인 입장에서 외부에 알려지지 않는 것에 상당한 이익이 있는 사항을 포함한다고 해석하고 있다.[54]

이와같이 판례는 공무원의 직무상 비밀 누설 여부를 판단함에 있어 유출된 정보의 기밀성보다는 공무원의 도덕성과 청렴성을 잣대로 사용하는 경향을 보인다.[55] 즉 정보의 유출 동기와 그 결과가 '국민전체의 봉사자로서 충성을 다하고 그 직무를 집행함에 있어서 공정해야 하며 청렴하고 품위를 지켜야 한다'는 공직자의 윤리조항과 일치하는지 아니면 상충하는지를 중시하는 것이다. 공무상 비밀 누설죄는 기밀 그 자체를 보호하는 것이 아니라 공직자의 가장 중요한 윤리조항에 의하여 공무원이 보호해야 하는 일반 국민의 이익과 국가의 기능이 유출된 정보 때문에 침해되는 것을 방지하기 위한 것이라는 관점이다. 결과적으로 유출된 정보가 국민전체의 이익에 부합하는지 아니면 특정이익에 부합하는지가 관건이 된다. 따라서 보호되어야 할 '비밀'은 법령이나 행정관청이 별도로 분류한 항목들에서 벗어나 객관적이고 일반적인 입장에서 판단되어야 할 것이다.[56]

(1) '직무상 알게 된 비밀'과 '직무상 비밀'

공무원이 지켜야 할 비밀은 직무상 알게 된 비밀로 여기에는 자신의 직무범위에 관한 것 외에 전해들은 비밀도 포함된다. 이것은 형법 등에 규정된 '직무상 비밀'과는 개념상 차이가 있다. '직무상 알게 된 비밀'이란 공무원이 직무 수행 과정에서 직·간접으로 알게 된 모든 비밀적인 업무 내용, 즉 행정 내부에서 생성된 것뿐만 아니라 행정의 상대방인 개인과 법인에 관한 비밀까지 포함하며, 공무원의 직무상 소관범위에 속하는 비밀사항만을 의미하는 '직무상 비밀'보다 훨씬 넓은 개념이다. 가령 공무원이 자기가 보관하는 문서에 기재된 개인의 영업비밀에 관한 사항을 공개하면 '직무상 비밀'을 누설한 것이 되지만, 교사가 가정방문에서 알게 된 학생의 가정형편을 외부에 공개하면 '직무상 알게 된 비밀'을 누설한 것이다.

공무원의 비밀엄수 의무의 범위를 이처럼 넓게 규정하는 이유는 소관 업무 내용이 아닌 타부서 또는 타인의 직무범위라도 남에게 들어 알게 된 비밀을 외부에 유출할 경우 정부의

---

54) 대법원 1981.7.28. 선고 81도1172 판결.
55) 대법원 2007.6.14. 선고 2004도5561 판결 등. 김중양·김명식, 2000, 372.
56) 김중양·김명식, 2000, 372.

신뢰를 저하시키고 행정의 효율적 수행을 곤란하게 할 수 있기 때문이다.

(2) 형식비와 실질비

비밀이란 형식적 비밀(비밀지정된 비밀)이 아니라 실질적 비밀을 말한다. 즉 행정기관의 지정취급여하에 구애되지 않고 비공지의 사실로서 실질적으로도 그것을 비밀로 보호할 가치가 있다고 인정되는 것을 말한다(실질적 비밀설: 일본의 '외무성비밀누설사건').

> 이문옥감사관사건에서 대법원은 이에 대해 "국가공무원법상 직무상 비밀이라 함은 국가 공무의 민주적, 능률적 운영을 확보하여야 한다는 이념에 비추어 볼 때 당해 사실이 일반에 알려질 경우 그러한 행정의 목적을 해할 우려가 있는지 여부를 기준으로 판단하여야 하며, 구체적으로는 행정기관이 비밀이라고 형식적으로 정한 것에 따를 것이 아니라 실질적으로 비밀로서 보호할 가치가 있는지, 즉 그것이 통상의 지식과 경험을 가진 다수인에게 알려지지 아니한 비밀성을 가졌는지, 또한 정부나 국민의 이익 또는 행정목적 달성을 위하여 비밀로서 보호할 필요성이 있는지 등이 객관적으로 검토되어야 한다"고 한 서울고법 1994.4.27. 선고 91구15869 판결을 수긍하였다. 이 판결에서 대법원은 기업의 비업무용 부동산 보유실태에 관한 감사원의 감사보고서의 내용이 직무상 비밀에 해당하지 않는다고 보았지만, 직무상 비밀에 속하지 않는다 할지라도 그 보고서의 내용이 그대로 신문에 게재되게 한 감사원 감사관의 행위는 감사자료의 취급에 관한 내부수칙을 위반한 것이고, 이로 인하여 관련 기업이나 관계 기관의 신용에 적지 않은 피해를 입힌 것으로서 공무원의 성실의무 등 직무상의 의무를 위반한 것으로서 국가공무원법 제78조 소정의 징계사유에 해당하나, 그 감사관의 경력, 감사 중단의 경위, 공개된 보고서의 내용과 영향, 법령 위반의 정도 등을 참작하여 볼 때, 그 감사관에 대한 징계의 종류로 가장 무거운 파면을 선택한 징계처분은 감사관이라는 신분을 감안하더라도 지나치게 무거워 재량권을 일탈하였다고 보았다.[57]

실질적 비밀설을 취하는 경우에도, 무엇을 실질적 비밀로 인정할 것인가가 중요하다. 앞서 본 판례는 '국가공무의 민주적, 능률적 운영을 확보한다는 목적에 비추어 당해 사실이 알려질 경우 위 목적을 해할 우려가 있는지 여부를 기준으로 판단해야 할 것'이라고 한다. 결국 이것은 비밀로 함으로써 얻어지는 국가적 이익(공무에의 신뢰성과 능률성의 확보)과 공개에 의하여 얻어지는 국가적 이익(국민의 알 권리의 존중과 민주성의 확보)을 구체적 사실에 기하여 비교교량함으로써 실질적으로 결정해야 할 문제이다.

> 참고로 일본의 경우 이른바 '徵稅トラの券事件'에서 최고재판소(1977.12.19.)가 제시한 기준을 보면 ① 비밀로 된 사항의 비공개성, ② 비밀취급의 필요성이다. 같은 사건의 항소심판결에서는 비밀로 하는 것의 필요성과 합리성을 들었다.

형식비는 비밀의 중요성과 가치의 정도에 따라 누설되는 경우 대한민국과 외교관계가 단

---

57) 대법원 1996.10.11. 선고 94누7171 판결.

절되고 전쟁을 유발하며, 국가의 방위계획·정보활동 및 국가방위상 필요불가결한 과학과 기술의 개발을 위태롭게 하는 등의 우려가 있는 비밀을 Ⅰ급비밀로, 누설되는 경우 국가안전보장에 막대한 지장을 초래할 우려가 있는 비밀을 Ⅱ급비밀로, 그리고 국가안전보장에 손해를 끼칠 우려가 있는 비밀은 이를 Ⅲ급비밀로 구분하여 보호한다(보안업무 규정 § 4). 이와같이 각 기관에서 비밀(Ⅰ·Ⅱ·Ⅲ급)이나 대외비로 분류 지정하는 형식비와 형식비는 아니더라도 사안의 성질상 비밀로 볼 수 있고 또 이를 보호할 필요가 있다고 인정되는 실질비(자연비)까지 비밀엄수의무의 대상에 포함된다고 볼 수 있다. 한편, 일정시점에서는 비밀로 간주되더라도 대외적으로 공표하거나 추후 일반적으로 알려지고 주무행정청에서 비밀을 해제하면 그 대상에서 제외됨은 물론이다.

2.8.3. 비밀엄수의무의 시간적 범위

퇴직 후에는 공무원 신분이 아니지만, 직무수행상 알게 된 비밀은 신분의 유무를 떠나서 국익상 계속 유지되고 보호되어야 할 필요가 있기 때문에 비밀엄수의무의 대상이 된다. 퇴직 후에 비밀을 누설할 경우 징계책임은 물을 수 없지만, 형사책임은 물을 수 있고(형법 § 127, §§ 526) 공무원 재임용도 거부할 수 있다.

국가정보원직원법 제17조 제1항에서 '모든 직원은 재직중은 물론 퇴직한 후에도 직무상 지득한 비밀을 누설하여서는 아니 된다'고 규정하고, 제2항에서 퇴직한 후에도 직무상 비밀을 증언 또는 진술하거나 공표하고자 할 때 미리 원장의 허가를 받아야 한다고 규정하고 있다.

2.8.4. 정보공개법과의 관계

「공공기관의 정보공개에 관한 법률」("정보공개법")과 비밀엄수의무의 관계가 문제된다. 하나의 정보에 대하여 정보공개법은 정보의 보유·관리주체인 공공기관에게 공개의무를 부과하는 반면, 공무원법은 공무원에게 비밀을 지킬 의무를 부과하고 있기 때문이다.

직무상 알게 된 비밀이라도 일정한 사유가 있을 경우에는 공개할 수 있다. 국회로부터 증언 또는 서류제출의 요구를 받은 때에는, 군사·외교·대북관계의 국가기밀에 관한 사항으로서 그 발표로 말미암아 국가안위에 중대한 영향을 미친다는 주무부장관 등의 소명이 있는 경우를 제외하고는, 증언할 사실이나 제출할 서류의 내용이 직무상 비밀에 속한다는 이유로 증언이나 서류제출을 거부할 수 없고(국회에서의 증언·감정 등에 관한 법률 § 4), 또한 전·현직 공무원이 법원으로부터 민·형사 재판의 증인이 되어 직무상 비밀에 관한 사항을 신문 받을 경우에도 소속 관청 또는 감독관청의 동의를 받아야 한다(민사소송법 § 306, 형사소송법 § 147).

한편 정보공개법은 비공개대상 정보에 해당하는 사항을 무조건 공개하지 않는 것이 아니라 공개할 경우 개인의 권익침해 등 문제가 발생할 우려가 있다고 인정되는 정보에 한해서만 비공개하도록 하고 있다. 이 경우 국민의 알권리와 공무원의 비밀엄수의무를 조화시킬 수 있는 길을 모색하는 것이 대단히 중요하다.

비공개대상으로 결정된 정보나 공개청구되지는 않았지만 비밀로서 보호할 가치가 있는 정보에 대하여는 당연히 공무원의 비밀엄수의무가 적용된다. 다시 말하면 정보공개법에 따라 공개하기로 결정되었거나 비밀로서 보호할 가치가 없는 정보에 대하여는 그 의무가 면제된다고 볼 수도 있을 것이다. 하지만 비밀로서 보호할 가치 유무를 누가 판단하도록 할 것인지가 문제이다. 공무원관계의 내부질서 유지를 위하여 직무상 감독관과 명령권을 가지는 소속상관의 허가 등 내부적 의사결정과정을 거쳐 판단하는 것이 타당하다.

정보공개법은 비공개대상 정보라도 기간 경과 등으로 인하여 비공개의 필요성이 없어진 경우에는 공개할 수 있도록 규정하고 있다($\frac{\S 9}{2}$). 아울러 제7조에서 공공기관은 국민생활에 매우 큰 영향을 미치는 정책에 관한 정보, 국가의 시책으로 시행하는 공사 등 대규모의 예산이 투입되는 사업에 관한 정보, 예산집행의 내용과 사업평가 결과 등 행정감시를 위하여 필요한 정보 등과 그 밖에 국민이 알아야 할 필요가 있는 정보를 국민에게 공개하도록 적극적으로 노력하여야 한다고 규정하고 있다.

한편, "공공기관은 다음 각 호의 1에 해당하는 정보에 대하여는 이를 공개하지 아니할 수 있다"고 규정한 정보공개법 제9조 제1항의 규정을 공공기관에게 공개 거부 여부에 대한 재량을 수권한 것으로 볼 수 있는지, 다시 말해 그러한 비공개대상정보를 공개하지 아니할 수도 있으나 공개할 수도 있다는 의미인지 여부가 문제된다.

이를 긍정하는 견해도 있을 수 있지만, 정보공개법 제9조 제1항 각 호에서 규정하는 비공개대상정보들은 그 내용 면에서는 대부분이 공개금지대상으로 해야 마땅한 정보들이라는 점에서 '이를 공개하지 아니할 수 있다'고 규정한 동 제1항 본문의 문언에도 불구하고, 그 성질상 공개할 수 없다고 보는 것이 옳다. 그런 뜻에서 정보공개법의 취지에 비추어 볼 때, 이들 비공개사유는 공개금지의 의미로 해석해야 할 것이다.[58] 그 한도 내에서 정보공개법의 비공개사유에 관한 조항은 이들 중요정보를 공개로부터 보호하기 위한 정보보호법의 의미를 가질 수도 있다.

물론 정보공개법상 이들 비공개사유를 공개금지의 의미로 해석한다고 해서 반드시 그 정보들이 공개로부터 보호되는 것은 아니다. 정보공개법은 비공개대상 정보의 공개에 대한 제재장치를 마련해 두고 있지 않기 때문에 그와 같은 정보들의 비공개는 공무원의 비밀엄수의무와 같은 공무원법이나 각각의 관련법령에 의하여 확보될 수 있을 뿐이다.

다만, 비공개대상 정보를 무단으로 공개한 경우 관계법령에 처벌 등에 대한 근거규정이

---

58) 경건, "행정정보의 공개", 행정작용법(김동희교수정년퇴임기념논문집), 2005, 900.

없는 경우에도 공무원법상의 수비의무위반으로 징계를 받거나 형법상 공무상 비밀누설죄로 처벌을 받을 수 있는데, 그러한 경우 '이를 공개하지 아니할 수 있다'고 규정한 정보공개법 제7조 제1항 본문의 규정을 정당화사유 또는 위법성조각사유로 원용할 수 없도록 해석하는 것이 정보공개법의 입법취지에 부합된다고 생각한다. 그런 이유에서 '공개하지 아니할 수 있다'는 가능규정에도 불구하고 비공개사유의 내용에 따라서는 이를 공개금지의 의미로 해석해야 할 경우가 있을 수 있다는 것이다.

이와 관련, 지방자치단체의 도시공원위원회의 회의관련자료 및 회의록을 공개시기 등에 관한 아무런 제한 규정 없이 공개하여야 한다는 취지의 지방자치단체의 조례안이 구 정보공개법 제7조 제1항 제5호에 위반된다고 본 판례가 있다.[59]

2.9. 친절, 공정의무

국가공무원법은 제59조에서 공무원에게 친절공정의 의무를 부과하고 있다. 이에 따라 공무원은 '국민 전체의 봉사자로서 친절하고 공정하게 직무를 수행하여야 한다.' 이를 받아 국가공무원 복무규정은 제4조에서 공무원은 공사를 분별하고 인권을 존중하며, 친절·공정하고 신속·정확하게 업무를 처리하여야 한다고 규정한다. 지방공무원법도 제51조에서 공무원에게 '주민 전체의 봉사자'로서 친절공정의 의무를 부과하고 있다.

공무원은 국민전체의 봉사자이므로 특정인이나 특정단체의 사적 이익을 위해서 업무를 집행해서는 안 되고 주권자인 국민 모두에 대하여 친절히 직무를 수행하여야 한다.

현대행정에서 강조되는 고객지향 행정의 관점에서 친절, 공정의무는 그 중요성이 커지고 있다. 특히 지방자치단체나 공공기관들이 '시민헌장제'($^{Citizen's}_{Charter}$)를 도입하여 친절과 공정에 따른 서비스 기준을 구체화하여 불만사항을 즉시 시정하도록 하고 이를 위반할 경우 보상을 하는 경우도 늘어나고 있다.

친절, 공정의무는 법적 의무로 고양되어 있으므로 그 위반도 징계사유를 구성한다고 보는 것이 통설이다. 따라서 공무원이 국민에게 불친절하게 대하거나 불공정하게 처우하면 경우에 따라 징계처분을 받을 수 있다.

---

59) 대법원 2000.5.30. 선고 99추85 판결.

2.10. 품위유지의무 및 청렴의무

2.10.1 품위유지의무

(1) 의 의

국가공무원법 제63조는 공무원에게 품위유지의무를 부과한다. 이에 따르면, 공무원은 직무의 내외를 불문하고 그 품위가 손상되는 행위를 하여서는 아니 된다. 지방공무원법도 제55조에서 대동소이한 내용을 규정하고 있다.

국민으로부터 공무를 위탁 받아 국민 전체를 위해 근무하는 공무원의 지위에 비춰 볼 때, 공무원의 품위손상행위는 본인은 물론 공직에 대한 국민의 신뢰를 저하시킬 우려가 크다는 점에서 공무원에게 직무의 내외를 불문하고 공사 부문 모두에서 품위를 지킬 것을 요구한 것이다. 국가공무원법 제78조 제1항 제3호는 '품위' 대신 '체면 또는 위신'이란 용어를 사용하고 있으나 의미상 큰 차이는 없다.

'품위'는 보는 관점에 따라 다양하게 파악될 수 있는 매우 다의적이고 상대적인 개념이며, 해석을 요하는 불확정법개념이다. 판례에 따르면 공무원이 유지해야 할 품위란 "주권자인 국민의 수임자로서의 직책을 맡아 수행해 나가기에 손색이 없는 인품"[60] 또는 "공직의 체면·위신·신용을 유지하고 주권자인 국민의 수임자로서 국민전체의 봉사자로서의 직책을 다함에 손색이 없는 몸가짐"[61]을 말한다. 그러나 공무원에게 요구되는 품위는 시대나 사회여건, 공직사회의 환경에 따라 또는 공무원의 근무분야나 직위에 따라 다를 수 있으므로(가령 국회의원은 의원으로서 품위를 가질 것이 요구된다. 국회법 § 25) 이를 일률적으로 판단할 것이 아니라 행정조직 및 인사에 관한 법규범과 사회통념에 따라 종합적으로 판단되어야 할 것이다. 가령 왕조시대의 관리의 품위와 오늘날 공무원의 품위가 같을 수는 없을 것이다. 공무원으로서 갖추어야 할 품위에는 사적인 행위까지 포함하나 그 손상을 인정하려면 어느 정도 공개성이 있어야 한다.

▦ 공무원의 권리행사와 품위

"지방공무원법 제55조는, 공무원은 그 품위를 손상하는 행위를 하여서는 아니 된다고 규정하고 있는 바, 여기에서의 품위라 함은 주권자인 국민의 수임자로서의 직책을 맡아 수행해 나가기에 손색이 없는 인품을 말하는 것이므로 공무원이 모든 국민에게 보장된 기본권을 행사하는 행위를 하였다 할지라도 그 권리행사의 정도가 권리를 인정한 사회적 의의를 벗어날 정도로 지나쳐 주권자인 국민의 입장에서 보아 바람직스럽지 못한 행위라고 판단되는 경우라면 공무원의 그와 같은 행위는 그 품위를 손상하는 행위에 해당한다고 할 것이다."[62]

---

60) 대법원 1998.2.27. 선고 97누18172 판결.
61) 대법원 1982.9.14. 선고 82누46 판결.
62) 대법원 1987.12.8. 선고 87누657,87누658 판결.

부동산투기행위의 공익저해여부

"근로자에 대한 징계사유인 부동산투기행위가 근로자의 사생활에서의 비행에 불과하다고 볼 여지가 없지 아니하다 하더라도, 택지의 개발과 공급, 주택의 건설, 개량, 공급 및 관리 등을 통하여 시민의 주거 생활의 안정과 복지향상에 이바지함을 목적으로 지방공기업법 제49조에 의하여 특별시가 전액 출자하여 설립한 도시개발 공사의 설립목적, 그 업무의 종류와 태양, 부동산보상 관련업무를 담당하는 근로자의 업무내용 등의 여러 사정을 종합적으로 고려하면, 도시개발공사 소속근로자의 부동산 투기행위는 객관적으로 그 공사의 사회적 평가에 심히 중대한 악영향을 미치는 것으로 평가될 수 있는 경우라고 할 것이므로, 이는 그 공사의 인사규정 소정의 "공익을 저해하는 중대한 행위를 하였을 때"에 해당한다."[63]

(2) 품위유지의무의 적용범위

품위유지의무는 공무수행의 신뢰성을 확보하려는 취지에서 공직자로서의 체면이나 위신·절도·신용을 유지하기 위한 것으로서 직무상 관련 유무를 불문하고, 즉 '직무의 내외를 불문하고' 인정된다. 다만, 직무와 관련이 없는 경우에는 축첩·도박·아편·알코올중독 등 사회적 지탄을 받는 행위로서 공직에 직접적인 영향을 미치지 않는 이상 공무원의 사생활에까지 미치지는 아니한다는 것이 통설이다.[64] 품위손상 여부는 개별적인 사안에 관련된 정황·내용 등을 종합적으로 고려하여 구체적으로 판단할 문제이다.

(3) 품위유지의무 위반에 대한 법적 제재

품위유지의무의 위반은 징계사유를 구성할 수 있다. 국가공무원법은 공무원이 직무의 내외를 불문하고 그 체면 또는 위신을 손상하는 행위를 한 때에는 징계의결을 요구해야 하고 그 징계의결의 결과에 따라 징계처분을 하여야 한다고 규정하고 있다($\overset{\S\,78}{①\,iii}$). 일반적으로 공무원에 대한 징계제도는 원활한 공직 수행에 필요한 범위 안에서 규율과 질서를 유지하려는 데 취지를 둔 것이므로, 공무원의 사생활에서의 비행은 공직수행에 직접 영향을 미치거나 공직의 사회적 평가를 훼손할 염려가 있는 경우에 한하여 정당한 징계사유가 될 수 있다.

그러나 품위유지 의무 위반을 이유로 한 징계는 그 개념의 다의성·상대성 등을 감안하여 신중을 기해야 할 것이다. 특히 공무원이 사생활에서 불미스러운 행동을 했더라도 그로 인한 징계여부를 판단함에 있어 그런 행동이 공직수행과 직접 관련이 있거나 공직의 사회적 평가를 훼손할 염려가 있는지 여부를 살펴야 하며 그렇게 하지 않을 경우 자칫 징계재량의 남용이나 일탈로 귀결될 수 있기 때문이다.

품위유지의무에 관한 판례

"교사들에게는 일반 직업인보다 더 높은 도덕성이 요구된다고 할 것이므로 유부녀인 원고가 같은 학교 동료교사의 남편에게 연정을 느끼고 애정을 표현하는 편지를 10여회 보내고 3회에 걸쳐 단둘이 만나

---

63) 대법원 1994.12.13. 선고 93누23275 판결.
64) 김철용, 행정법 Ⅱ, 2009, 223.

노래방을 가거나 저녁식사를 한 것은 교사로서의 품위를 현저히 손상시킨 것으로서 이 사건 해임처분은 적법하다."65)

　"출장근무 중 근무장소를 벗어나 인근 유원지에 가서 동료 여직원의 의사에 반하여 성관계를 요구하다가 그 직원에게 상해를 입히고 강간치상죄로 형사소추까지 당하게 된 경우, 당해 공무원의 이러한 행위는 사회통념상 비난받을 만한 행위로서 공직의 신용을 손상시키는 것이므로 지방공무원법 제69조 제1항 제3호 소정의 품위손상행위에 해당한다."66)

2.10.2. 청렴의무

　국가공무원법 제61조는 공무원에게 청렴의 의무를 부과하고 있다. 이에 따르면, 공무원은 직무와 관련하여 직접적이든 간접적이든 사례·증여 또는 향응을 주거나 받을 수 없고($\substack{\S 61 \\ ①}$), 직무상 관계가 있든 없든 그 소속 상관에게 증여하거나 소속 공무원으로부터 증여를 받아서도 아니 된다($\substack{\S 61 \\ ②}$). 지방공무원법도 제53조에서 대동소이한 내용을 규정하고 있다. 부패방지법과 공직자윤리법도 공직자의 청렴의무를 확보하기 위한 각종 규정들을 두고 있다.

　이것은 공무원이 직무에 관하여 부정한 청탁을 받고 직무상 부정행위를 하는 것을 방지할 뿐만 아니라 부정한 청탁 여부나 금품수수의 시기 등을 가리지 아니 하고 공무원의 직무와 관련한 금품수수행위 자체를 금지함으로써 공무원의 순결성 및 직무행위 불가매수성을 확보하고 직무집행의 적정성을 보장하려는 데 취지를 두고 있다.

▓ 청렴의무와 공무원의 순결성 및 직무의 불가매수성

　"[1] 법 제61조 제1항이 "공무원은 직무와 관련하여 직접 또는 간접을 불문하고 사례·증여 또는 향응을 수수할 수 없다"고 규정하고 있는 취지는 공무원이 직무에 관하여 사전에 부정한 청탁을 받고 직무상 부정행위를 하는 것을 방지하려는 데에 그치는 것이 아니고, 사전에 부정한 청탁이 있었는지의 여부나 금품수수의 시기 등을 가릴 것 없이 공무원의 직무와 관련한 금품수수행위를 방지하여 공무원의 순결성과 직무행위의 불가매수성을 보호하고 공무원의 직무집행의 적정성을 보장하려는 데 있는 것이다($\substack{\text{대법원 1998.1.23. 선고 97} \\ \text{누16794 판결 등 참조}}$).

　[2] 뇌물수수행위만으로도 법 제56조의 성실의무 및 법 제61조의 청렴의무에 위배되어 법 제78조 제1항 제1호, 제2호의 징계사유에 해당한다."67)

　여기서 '직무'란 자신의 담당업무는 물론, 타인의 소관범위 내에 속하는 업무도 자신이 영향력을 행사하여 공정한 업무처리를 저해할 수 있는 한 이에 포함될 수 있다. '직무와 관련

---

65) 대법원 1998.2.10. 선고 97누18523 판결.
66) 대법원 1998.2.27. 선고 97누18172 판결.
67) 대법원 2004.11.12. 선고 2002두11813 판결: 국민경제를 총괄하는 재정경제원 소속 공무원인 원고에게는 각종 정책을 통하여 국가경제를 선도하고 수많은 기업과 금융기관을 지도·감독하는 직무의 성질상 강한 사명감과 청렴성의 유지가 요구되는 점에 비추어 볼 때, 금품을 수수한 액수와 경위, 수수시기, 원고의 평소 근무태도와 포상경력, 개전의 정 등 원심이 인정한 여러 가지 사정을 참작하더라도 해임처분이 사회통념상 현저하게 타당성을 잃을 정도로 원고에게 지나치게 가혹하여 그 재량권의 범위를 일탈·남용한 것이라고 할 수는 없다고 한 사례.

제1편 제2편 제3편 제4편 제5편 행정관리법

하여'란 당해 공무원이 직무의 직접적인 결정권을 갖고 있는 담당업무는 물론 그 직무행위와 밀접한 관계가 있는 경우나 사실상 관리하는 직무행위도 포함한다. 또한 다른 사람의 소관범위에 속하는 업무라도 자신이 영향력을 행사하여 공정한 업무처리를 저해할 수 있는 한 이에 포함된다.

공무원이 직무와 관련하여 금품 및 향응을 수수하거나, 공금 횡령·유용을 범한 경우에는 국가공무원법상 통상의 징계시효인 2년보다 대폭 연장된 5년의 징계시효가 적용된다($_2^{\S\,83의}$①). 아울러 공무원은 환영금이나 전별금 기타 축하금 등 어떤 명목의 기부금품도 모집할 수 없도록 엄격히 규제되어 있다($^{기부금품모집}_{규제법\,\S\,5}$).

2.11. 종교중립의 의무

국가공무원법은 제59조의2에서 종교중립의 의무를 부과하고 있다. 공무원은 종교에 따른 차별 없이 직무를 수행하여야 하며($_2^{\S\,59의}$①), 소속 상관이 그에 반하는 직무상 명령을 한 경우에는 이에 따르지 아니할 수 있다($_2^{\S\,59의}$②).

지방공무원법 역시 제51조의2에 동일한 규정을 두고 있다.

3. 다른 법률에 의한 공무원의 의무

3.1. 공직자윤리법에 따른 의무

공직자윤리법은 공직자의 부정한 재산증식을 방지하고, 공무집행의 공정성을 확보하여 국민에 대한 봉사자로서 공직자의 윤리를 확립하기 위하여 공직자 및 공직후보자의 재산등록, 등록재산 공개 및 재산형성과정 소명과 공직을 이용한 재산취득의 규제, 공직자의 선물신고 및 주식백지신탁, 퇴직공직자의 취업제한 등을 규정하고 있다. 특히 공직자윤리법은 제2조에서 국가에게 공직자의 생활보장 의무를 부과하고 제2조의2에서는 국가 또는 지방자치단체로 하여금 공직자가 수행하는 직무가 공직자의 재산상 이해와 관련되어 공정한 직무수행이 어려운 상황이 일어나지 아니하도록 노력하도록 하는 한편($_{①,②}^{\S\,2의2}$), 공직자에 대해서는 '자신이 수행하는 직무가 자신의 재산상 이해와 관련되어 공정한 직무수행이 어려운 상황이 일어나지 아니하도록 직무수행의 적정성을 확보하여 공익을 우선으로 성실하게 직무를 수행하여야 하고'($_2^{\S\,2의}$②), '공직을 이용하여 사적 이익을 추구하거나 개인이나 기관·단체에 부정한 특혜를 주어서는 아니 되며, 재직 중 취득한 정보를 부당하게 사적으로 이용하거나 타인으로 하여금 부당하게 사용하게 하여서는 아니 된다'($_3^{\S\,2의}$③). 공직자윤리법에 따른 공무원의 의무도 이제까지 살펴 본 의무 못지않게 중요성을 지닌다.

3.1.1. 재산등록 및 공개

공직자윤리법 제3조 제1항 각 호의 어느 하나에 해당하는 공직자, 즉 등록의무자는 본인·배우자 및 직계존비속의 보유재산을 등록하고 매년 변동사항을 신고해야 한다($^{§\,3}$). 특히 일반직 1급 이상의 고위 공직자($^{지방국세청장,\ 세관장,}_{지방경찰청장\ 포함}$)의 경우에는 등록재산을 관보 또는 공보에 공개하여야 한다($^{§\,10}$).

3.1.2. 주식의 매각 또는 신탁

공직자윤리법은 제2장의2에서 등록의무자에게 주식 매각이나 주식백지신탁, 주식취득의 제한 등에 관한 의무를 부과하고 있다($^{특히\ §§\ 14의}_{4-14의6}$).

등록의무자 중 제10조 제1항에 따른 공개대상자와 기획재정부 및 금융위원회 소속 공무원 중 대통령령으로 정하는 사람($^{이하,\ "공개대상}_{자등"이라\ 한다}$)은 본인 및 그 이해관계자($^{§\ 4\ ①\ ii\ 또는\ iii에\ 해당하는\ 사람을\ 말하되,}_{§\ 4\ ①\ iii의\ 사람\ 중\ §\ 12\ ④에\ 따라\ 재산등}$ $^{록사항의\ 고지를\ 거부한\ 사}_{람은\ 제외한다.\ 이하\ 같다}$) 모두가 보유한 주식의 총 가액이 1천만원 이상 5천만원 이하의 범위에서 대통령령으로 정하는 금액을 초과할 때에는 초과하게 된 날($^{공개대상자등이\ 된\ 날\ 또는\ §\ 6의3\ ①·②에\ 따른\ 유예사유가\ 소멸}_{된\ 날\ 현재\ 주식의\ 총\ 가액이\ 1천만원\ 이상\ 5천만원\ 이하의\ 범위에}$ $_{서\ 대통령령으로\ 정하는\ 금액을\ 초과할\ 때에는\ 공개대상자등이\ 된\ 날\ 또는\ 유예사유가\ 소멸된\ 날,\ §\ 14의5\ ⑥에\ 따라\ 주식백지신탁\ 심사위원회에\ 직무관련성\ 유무에\ 관한}$ $_{심사를\ 청구할\ 때에는\ 직무관련성이\ 있다는\ 결정을\ 통지받은\ 날을,\ §\ 14의12에\ 따른\ 직권\ 재심사\ 결과\ 직무관련성이\ 있다는\ 결정을\ 통지받은\ 경우에는\ 그\ 통지를\ 받은\ 날을}$ $_{말한}^{다})$부터 1개월 이내에 해당 주식의 매각이나 주식백지신탁계약을 직접 하거나 이해관계자로 하여금 하도록 하고 그 행위를 한 사실을 등록기관에 신고하여야 한다($^{§\ 14의4}_{①\ 본문}$). 다만, 제14조의5 제7항 또는 제14조의12에 따라 주식백지신탁 심사위원회로부터 직무관련성이 없다는 결정을 통지받은 경우에는 그러하지 아니하다($^{§\ 14의4}_{①\ 단서}$).

주식백지신탁계약을 체결한 경우 수탁기관은 60일 이내에 신탁된 주식을 처분하여야 한다($^{§\ 14의4\ ①}_{제2호\ 가목}$).

공직자윤리법은 그 밖에 주식백지신탁심사위원회의 직무관련성 심사($^{§\ 14}_{의5}$), 주식취득의 제한($^{§\ 14}_{의6}$), 신탁재산에 관한 정보제공금지 등($^{§§\ 14의7·}_{28의2}$), 주식의 매각요구 및 신탁의 해지($^{§\ 14의}_{10}$), 의무위반행위에 대한 징계 등 요구($^{§\ 22}_{x-xvi}$)에 관한 규정들을 두고 있다.

3.1.3. 선물신고제도

공직자윤리법은 공무집행의 공정성을 확립하기 위하여 공무원이나 공직유관단체의 임직원이 직무와 관련하여 외국인(단체포함)으로부터 받은 시가 미화 100달러(또는 10만원) 이상의 선물을 받으면 지체 없이 소속 기관·단체의 장에게 신고하고 그 선물을 인도하도록 하고 있다($^{§\ 15\ ②,\ 시행}_{령\ §\ 28\ ①}$). 신고된 선물은 신고 즉시 국고에 귀속된다($^{§16}_{①}$).

3.1.4. 퇴직공직자의 취업제한

등록의무자(^{"취업심사}_{대상자"})는 퇴직일부터 3년간 퇴직 전 5년 동안 소속하였던 부서 또는 기관의 업무와 밀접한 관련성이 있는 자본금과 연간 외형거래액 일정 규모 이상인 영리를 목적으로 하는 사기업체(^{"영리사}_{기업체"}), 그 사기업체의 공동이익과 상호협력 등을 위하여 설립된 법인·단체, 연간 외형거래액이 일정 규모 이상인 변호사법 제40조에 따른 법무법인, 같은 법 제58조의2에 따른 법무법인(유한) 등 제17조 제1항 각 호에 열거된 기관(^{"취업제}_{한기관"})에 취업할 수 없다(^{§17 ①}_{본문}). 다만, 관할 공직자윤리위원회의 승인을 받은 때에는 그러하지 아니하다(^{§17 ①}_{단서}).

취업제한규정을 위반하여 취업한 자에 대하여는 관할 공직자윤리위원회는 국가기관의 장(_{국회는 국회사무총장, 법원은 법원행정처장, 헌법재판소는 헌법재판소사}_{무처장, 중앙선거관리위원회는 중앙선거관리위원회사무총장. 이하 같다}), 지방자치단체의 장에게 해당인에 대한 취업해제조치를 하도록 요청하여야 하며, 요청을 받은 국가기관의 장 또는 지방자치단체의 장은 해당인이 취업하고 있는 취업제한기관의 장에게 해당인의 해임을 요구하여야 한다(^{§19}_①). 취업제한기관의 장은 지체 없이 이에 응하여야 한다. 이 경우 취업제한기관의 장은 그 결과를 국가기관의 장 또는 지방자치단체의 장에게 통보하고, 국가기관의 장 또는 지방자치단체의 장은 관할 공직자윤리위원회에 통보하여야 한다(^{§19}_②). 그리고 이러한 해임 요구에 대하여 행정소송법 제3조에 따른 행정소송을 제기한 경우에는 그 소송이 제기된 때부터 법원의 판결이 확정될 때까지 제17조 제1항에 따른 해당인의 취업제한기간의 진행이 정지된다(^{§19 ③}_{본문}). 다만, 해당 소송을 통하여 해임 요구 처분이 취소되거나 해임 요구 처분의 효력이 없는 것으로 확인된 경우에는 그러하지 아니하다(^{§19 ③}_{단서}).

취업제한규정을 위반한 자에 대하여는 2년 이하의 징역 또는 2천만원 이하의 벌금에 처한다(^{§ 29}).

3.2. 부패방지법에 따른 의무

공무원이 지는 의무 가운데 「부패방지 및 국민권익위원회의 설치와 운영에 관한 법률」(약칭: "부패방지법")에 의한 것을 빼놓을 수 없다. 부패방지법은 제7조에서 "공직자는 법령을 준수하고 친절하고 공정하게 집무하여야 하며 일체의 부패행위와 품위를 손상하는 행위를 하여서는 아니 된다"고 규정하는 한편, 제7조의2에서는 "업무처리 중 알게 된 비밀을 이용하여 재물 또는 재산상의 이익을 취득하거나 제3자로 하여금 취득하게 하여서는 아니 된다"고 규정하고 있다.

또한 제8조에서는 공직자 행동강령, 즉 제7조에 따라 공직자가 준수하여야 할 행동강령을 대통령령·국회규칙·대법원규칙·헌법재판소규칙·중앙선거관리위원회규칙 또는 공직유관단체의 내부규정으로 정하도록 하는 한편($\S 8$ ①), 공직자 행동강령의 내용으로 다음과 같은 사항을 포함시키도록 하였다($\S 8$ ②).

1. 직무관련자로부터의 향응·금품 등을 받는 행위의 금지·제한에 관한 사항
2. 직위를 이용한 인사관여·이권개입·알선·청탁행위의 금지·제한에 관한 사항
3. 공정한 인사 등 건전한 공직풍토 조성을 위하여 공직자가 지켜야 할 사항
4. 그 밖에 부패의 방지와 공직자의 직무의 청렴성 및 품위유지 등을 위하여 필요한 사항

공직자가 제1항에 따른 공직자 행동강령을 위반한 때에는 징계처분을 할 수 있다($\S 8$ ③). 징계의 종류, 절차 및 효력 등은 당해 공직자가 소속된 기관 또는 단체의 징계관련 사항을 규정한 법령 또는 내부규정이 정하는 바에 따른다($\S 8$ ④).

또한 제56조에서는 "공직자는 그 직무를 행함에 있어 다른 공직자가 부패행위를 한 사실을 알게 되었거나 부패행위를 강요 또는 제의받은 경우에는 지체 없이 이를 수사기관·감사원 또는 위원회에 신고하여야 한다"고 규정하여 공직자에게 부패행위 신고의무를 부과하고 있다.

끝으로 부패방지법은 제9조에서 공직자부패를 원천적으로 방지하려면 공직자의 생활보장이 절실하다는 견지에서 '국가 및 지방자치단체는 공직자가 공직에 헌신할 수 있도록 공직자의 생활보장을 위하여 노력하여야 하고 그 보수와 처우의 향상에 필요한 조치를 취하여야 한다'고 규정하고 있다.

3.3. 청탁금지법에 따른 의무

2016년 11월 30일부터 시행에 들어간 「부정청탁 및 금품등 수수의 금지에 관한 법률」(약칭: "청탁금지법"; 세칭: "김영란법")에 따라 공무원, 즉 국가공무원법 또는 지방공무원법에 따른 공무원과 그 밖의 법률에 따라 자격·임용·교육훈련·복무·보수·신분보장 등에 있어 공무원으로 인정된 사람도 부정청탁 금지와 금품등 수수금지의 적용을 받게 되었다. 청탁금지법은 공무원보다 더 넓은, 즉, 공무원 외에 공직유관단체 및 기관의 장과 그 임직원, 각급 학교의 장과 교직원 및 학교법인의 임직원, 언론사의 대표자와 그 임직원까지 포함한 "공직자등"이라는 범주를 설정하여 수범자로 삼고 공직자 등에 대한 부정청탁 및 공직자 등의 금품 등의 수수를 금지하는 한편 징계, 처벌조항과 신고의무 부과, 신고자 보상 등을 통해 실효성을 뒷받침하고 있다. 상세한 설명은 생략한다.

3.4. 「공직자등의 병역사항 신고 및 공개에 관한 법률」에 따른 의무

헌법 제39조 제1항에 따라 국민의 기본 의무로서 병역의무를 수행하는 국민은 이를 수행

하지 아니 하거나 못하는 국민에 비하여 여러 가지 불이익을 입을 수 있다. 그런 이유에서 병역법 등 기타 법령에 의하여 병역의무를 수행하는 국민에게 그로 인하여 사회적으로 불이익을 당하지 않도록 배려할 필요가 있다. 그러나 여전히 병역의무 수행과 관련하여 부정하게 병역을 면탈하는 사례가 끊이지 않아 1999년 5월 24일 공직자와 공직후보자 및 그 직계비속의 병역사항을 신고하고 공개하도록 하는 법률이 제정된 것이다.

이에 따라 공직자 등의 병역사항 신고 및 공개에 관한 법률 제2조에 열거된 공직자, 즉 신고의무자는 제3조에 따른 신고대상자의 병역사항을 신고^(정보통신망 이용촉진 및 정보보호 등에 관한 법률에 따른 정보
통신망을 이용하여 신고하는 경우를 포함한다. 이하 같다) 하여야 한다(^{§ 2}).

신고의무자는 신고대상자를 고의로 누락하거나 신고할 병역사항을 허위로 신고하여서는 아니되며 병무청장 등이 행하는 병역사항의 조사에 성실히 응하여야 한다(^{§ 12}). 신고의무를 이행하지 않거나 고의로 신고사항을 누락하고 허위신고한 경우 1년 이하의 징역 또는 1천만원 이하의 벌금에 처하고, 변동신고를 하지 아니 하거나 조사에 응하지 아니 한 경우에는 6월 이하의 징역 또는 500만원 이하의 벌금에 처하게 된다(^{§ 17}).

Ⅱ. 공무원의 책임

1. 개   설

공무원의 책임은 일반적으로 공무원법상 책임, 형사상 책임 및 민사상 책임으로 나뉘고 그중 공무원법상 책임은 다시 징계책임과 변상책임(국가배상법상 변상책임과 회계관계직원의 변상책임)으로 나뉜다.

2. 공무원법상 책임

2.1. 징계책임

2.1.1. 징계와 징계책임

공무원 징계란 공무원의 의무 위반에 대하여 공무원관계의 질서를 유지하기 위하여 국가 또는 지방자치단체가 사용자의 지위에서 과하는 제재를 말한다. 이를 징계벌이라고 하고 이러한 징계벌을 받을 책임을 징계책임이라고 한다.

국가공무원법이나 지방공무원법 등 각종 공무원법과 공무원징계령, 경찰공무원징계령, 교육공무원징계령 등이 규율하고 있다.

■ **고위공직자에 대한 헌법상 징계절차로서 탄핵심판**

"탄핵심판은 고위공직자가 권한을 남용하여 헌법이나 법률을 위반하는 경우 그 권한을 박탈함으로써 헌법질서를 지키는 헌법재판이고(헌재 2004.5.14. 2004헌나1), 탄핵결정은 대상자를 공직으로부터 파면함에 그치고 형사상 책임을 면제하지 아니한다(헌법 §65④)는 점에서 탄핵심판절차는 형사절차나 일반 징계절차와는 성격을 달리 한다. 헌법 제65조 제1항이 정하고 있는 탄핵소추사유는 '공무원이 그 직무집행에 있어서 헌법이나 법률을 위배한' 사실이고, 여기에서 법률은 형사법에 한정되지 아니한다."[68]

2.1.2. 징계벌과 형벌의 차이

징계벌과 형벌은 그 권력적 기초, 목적, 내용 및 대상, 병과여부 등에서 차이가 있다. 첫째, 징계벌은 공법상 특수성이 인정되는 근무관계에서 국가나 지방자치단체가 일종의 사용자로서 과하는 제재인 반면, 형벌은 국가통치권에 근거하여 부과된다. 둘째, 징계벌은 공무원 관계의 내부질서 유지를 목적으로 하는 데 비해 형벌을 법질서 유지를 목적으로 하며, 징계벌은 공무원의 신분상 이익의 전부나 일부를 박탈함을 내용으로 하는 반면, 형벌은 신분상 이익은 물론 재산상 이익이나 자유·생명까지 박탈하는 내용을 가진다. 징계벌의 대상은 공무원법상 의무 위반이지만, 형벌은 형법상 범죄를 대상으로 한다. 그러한 차이 때문에 징계벌은 형벌의 경우처럼 고의나 과실 같은 책임요소를 요건으로 하지 않으며 상관이 부하공무원의 의무위반에 대해 지는 감독책임의 결과로 부과될 수도 있다. 징계벌과 형벌은 그 성질이 다르기 때문에 병과될 수 있고 병과해도 일사부재리의 원칙에 반하지 않는다. 감사원에서 조사 중인 사건에 대하여는 조사개시 통보를 받은 날부터 징계 의결의 요구나 그 밖의 징계절차를 진행하지 못한다. 반면, 형사벌과의 관계에서 형사소추선행의 원칙은 인정되지 않지만, 수사기관에서 수사중인 사건에 대해서는 수사개시의 통보를 받은 날부터 징계의결의 요구 기타 징계절차를 진행하지 아니 할 수 있다(국가공무원법 §83②).

형벌에 관해서는 죄형법정주의가 기초가 되지만, 종래 징계벌에 관해서는 특별권력관계를 '법으로부터 자유로운 영역'으로 간주하여 법적 근거가 없이도 가능하다고 보았으나, 오늘날 이러한 의미의 특별권력관계론이 쇠퇴함에 따라 징계벌 역시 법치주의의 구속을 받는다고 보는 것이 일반적이다. 다만, 국가공무원법 등 각종 공무원관계법에서 징계권자에게 일정한 범위 안에서 재량권을 부여하는 경우가 있다. 징계벌에도 일사부재리의 원칙이 적용된다. 다만, 징계처분과 직위해제처분은 그 성질이 다르므로 직위해제 사유와 같은 사유로 징계처분을 해도 무방하다.[69]

68) 헌법재판소 2017.3.10. 선고 2016헌나1 결정(대통령(박근혜) 탄핵).
69) 대법원 1984.2.28. 선고 83누489 판결.

2.1.3. 징계의 원인

국가공무원법 제78조 제1항은 징계의결을 요구하고 그 의결의 결과에 따라 징계처분을 해야 할 사유로 다음 세 가지를 제시하고 있다.

1. 이 법 및 이 법에 따른 명령을 위반한 경우
2. 직무상의 의무(다른 법령에서 공무원의 신분으로 인하여 부과된 의무를 포함한다)를 위반하거나 직무를 태만히 한 때
3. 직무의 내외를 불문하고 그 체면 또는 위신을 손상하는 행위를 한 때

징계에 관하여 다른 법률의 적용을 받는 공무원이 이 법의 징계에 관한 규정을 적용받는 공무원으로 임용된 경우에 임용 이전의 다른 법률에 따른 징계 사유는 그 사유가 발생한 날부터 이 법에 따른 징계 사유가 발생한 것으로 본다($^{\S 78}_{②}$).

특수경력직공무원이 경력직공무원으로 임용된 경우에 임용 전의 해당 특수경력직공무원의 징계를 규율하는 법령상의 징계 사유는 그 사유가 발생한 날부터 이 장(章)에 따른 징계 사유가 발생한 것으로 본다($^{\S 78}_{③}$).

징계사유의 특정은 그 대상이 되는 비위사실을 다른 사실과 구별될 정도로 기재하면 충분하다(대법원 2005.3.24. 선고 2004두14380 판결).

징계 의결 요구는 5급 이상 공무원 및 고위공무원단에 속하는 일반직공무원은 소속 장관이, 6급 이하의 공무원은 소속 기관의 장 또는 소속 상급기관의 장이 한다($^{\S 78}_{본문}$④). 다만, 국무총리·인사혁신처장 및 대통령령등으로 정하는 각급 기관의 장은 다른 기관 소속 공무원이 징계 사유가 있다고 인정하면 관계 공무원에 대하여 관할 징계위원회에 직접 징계를 요구할 수 있다($^{\S 78}_{단서}$④).

2.1.4. 징계의 종류

징계의 종류로는 파면·해임·강등·정직·감봉·견책이 있다(국가공무원법§79). 공무원징계령 제1조의2에서는 파면, 해임, 강등 또는 정직을 "중징계"로, 감봉 또는 견책을 "경징계"로 구분하고 있다. 징계처분의 종류와 내용은 다음 표에서 보는 바와 같다.

〈징계처분의 종류와 내용〉

구분	징계처분	내　　용	승급, 보수에 대한 영향
경징계	견책	전과에 대하여 훈계하고 회개하게 함.	6개월간 승급 정지
	감봉	감봉: 1월~3월 동안 보수 1/3을 감하는 처분	1년간 승급 정지

중징계	**정직**	1개월 이상 3개월 이하 기간으로 하고, 공무원의 신분은 보유하나 직무에 종사하지 못함(경력평정에 불포함)	보수의 2/3를 감함.
	강등	1계급 아래로 직급을 내리고(고위공무원단에 속하는 공무원은 3급으로 임용하고, 연구관 및 지도관은 연구사 및 지도사로 함) 공무원 신분은 보유하나 3개월간 직무에 종사하지 못함	그 기간중 보수 2/3를 감함. 특정직공무원 중 외무공무원과 교육공무원의 강등은 제80조 제2항의 특례
	해임	파면과 같이 공무원 신분을 박탈하는 징계처분	퇴직급여에 크게 영향 없음 / 공금 횡령 및 유용 등으로 해임된 경우 퇴직급여의 1/8-1/4 지급 제한
	파면	공무원을 강제로 퇴직시키는 처분	5년간임용자격 제한 / 퇴직급여 1/4-1/2 지급 제한

※ 직위해제나 직권면직은 징계가 아님.

한편 위와 같은 징계처분의 종류에는 속하지 않지만, 징계 사유가 금전, 물품, 부동산, 향응 또는 그 밖에 대통령령으로 정하는 재산상 이익을 취득하거나 제공한 경우나 국가재정법에 따른 예산 및 기금, 국유재산법에 따른 국유재산 등 같은 조 제1항 제1호 각목에 열거된 것을 횡령, 배임, 절도, 사기 또는 유용한 경우 등인 경우 해당 징계 외에 취득하거나 제공한 금전 또는 재산상 이득의 5배 내에서 부과되는 징계부가금제도가 있다. 즉, 공무원의 징계 의결을 요구하는 경우 그 징계 사유가 그와 같은 사유에 해당하는 때에는 해당 징계 외에 징계부가금 부과 의결을 징계위원회에 요구하여야 한다($\S_2^{78의}$①). 징계부가금 부과 의결을 하기 전에 부과 대상자가 제1항 각 호의 어느 하나에 해당하는 사유로 다른 법률에 따라 형사처벌을 받거나 변상책임 등을 이행한 경우(몰수나 추징을 당한 경우를 포함한다) 또는 다른 법령에 따른 환수나 가산징수 절차에 따라 환수금이나 가산징수금을 납부한 경우에는 대통령령으로 정하는 바에 따라 조정된 범위에서 징계부가금 부과를 의결하여야 하며($\S_2^{78의}$②), 징계부가금 부과 의결을 한 후에 부과 대상자가 형사처벌을 받거나 변상책임 등을 이행한 경우(몰수나 추징을 당한 경우를 포함한다) 또는 환수금이나 가산징수금을 납부한 경우에는 대통령령으로 정하는 바에 따라 이미 의결된 징계부가금의 감면 등의 조치를 하여야 한다($\S_2^{78의}$③).

징계부가금 부과처분을 받은 사람이 납부기간 내에 그 부가금을 납부하지 아니한 때에는 처분권자(대통령이 처분권자인 경우에는 처분 제청권자)는 국세 체납처분의 예에 따라 징수할 수 있다. 다만, 체납액 징수가 사실상 곤란하다고 판단되는 경우에는 징수를 관할 세무서장에게 의뢰하여야 한다($\S_2^{78의}$④).

2.1.5. 징계권자

공무원의 징계처분등은 징계위원회가 설치된 소속 기관의 장이 그 의결을 거쳐 하되, 국무총리 소속으로 설치된 징계위원회(국회·법원·헌법재판소·선거관리위원회에 있어서는 해당 중_{앙인사관장기관에 설치된 상급 징계위원회를 말한다. 이하 같다})에서 한 징계의결등에 대하여는 중앙행정기관의 장이 한다($\S^{82}_{본문}$①). 다만, 파면과 해임은 징계위원회의 의결을 거쳐 각 임용권자 또는 임용권을 위임한 상급 감독기관의 장이 한다($\S^{82}_{단서}$①).

2.1.6. 징계의 절차

(1) 징계의결의 요구

공무원이 앞에서 본 징계사유의 어느 하나에 해당하면 징계 의결을 요구하여야 하고 그 징계 의결의 결과에 따라 징계처분을 하여야 한다($\S^{78}_①$).

(2) 징계 및 징계부가금 부과 사유의 시효

징계 및 징계부가금 부과 사유에는 시효가 있다. 즉, 징계의결등의 요구는 징계 등의 사유가 발생한 날부터 3년(제78조의2 제1항 각 호의 어느_{하나에 해당하는 경우에는 5년})이 지나면 하지 못하며($\S^{83의}_2$①), 국가공무원법 제83조 제1항 및 제2항에 따라 감사원등의 조사로 인해 징계 절차를 진행하지 못하여 위와 같은 시효 기간이 지나거나 그 남은 기간이 1개월 미만인 경우에는 시효 기간은 제83조 제3항에 따른 조사나 수사의 종료 통보를 받은 날부터 1개월이 지난 날에 끝나는 것으로 본다($\S^{83의}_2$②).

(3) 징계절차의 중단

감사원에서 조사 중인 사건에 대하여는 조사개시 통보를 받은 날부터 징계 의결의 요구나 그 밖의 징계 절차를 진행하지 못한다($\S^{83}_①$). 또한 검찰·경찰, 그 밖의 수사기관에서 수사 중인 사건에 대하여는 수사개시 통보를 받은 날부터 징계 의결의 요구나 그 밖의 징계 절차를 진행하지 아니할 수 있다($\S^{83}_②$).

감사원과 검찰·경찰, 그 밖의 수사기관은 조사나 수사를 시작한 때와 이를 마친 때에는 10일 내에 소속 기관의 장에게 그 사실을 통보하여야 한다($\S^{83}_③$).

(4) 징계위원회의 의결

공무원의 징계처분등은 징계위원회의 의결을 거쳐야 한다($\S^{82}_{본문}$①). 공무원징계령 제9조에 따르면, 징계위원회는 징계의결 요구서를 접수한 날부터 30일(중앙징계위원회_{의 경우는 60일}) 이내에 징계에 관한 의결을 하여야 하며, 다만, 부득이한 사유가 있을 때에는 해당 징계위원회의 의결로 30일의 범위에서 그 기간을 연장할 수 있다($\S^9_①$). 징계의결이 요구된 사건에 대한 징계절차의 진행이 법 제83조에 따라 중지된 경우 그 중지된 기간은 징계의결 기한에 포함하지 아니한다($\S^9_②$).

징계위원회는 위원 5명 이상의 출석과 출석위원 과반수의 찬성으로 의결하되, 의견이 나뉘어 출석위원 과반수의 찬성을 얻지 못한 경우에는 출석위원 과반수가 될 때까지 징계혐의자에게 가장 불리한 의견에 차례로 유리한 의견을 더하여 가장 유리한 의견을 합의된 의견으로 본다(공무원징계령 § 12 ①).

의결은 징계의결서로 하며 서식의 이유란에는 징계의 원인이 된 사실, 증거의 판단과 관계 법령을 구체적으로 밝혀야 한다(공무원징계령 § 12 ②). 징계위원회의 회의는 공개하지 아니 하며 그 회의에 참여한 사람은 직무상 알게 된 비밀을 누설해서는 아니 된다(공무원징계령 §§ 20·21).

징계위원회는 필요하다고 인정할 때에는 소속 직원으로 하여금 사실조사를 하게 하거나 특별한 학식과 경험이 있는 사람에게 검정이나 감정을 의뢰할 수 있고(공무원징계령 § 12 ③), 소속 직원으로 하여금 사실조사를 하게 하기 위하여 필요하다고 인정할 때에는 징계혐의자에게 출석을 명할 수 있다(공무원징계령 § 12 ④).

한편 징계의결등을 요구한 기관의 장은 징계위원회의 의결이 가볍다고 인정하면 그 처분을 하기 전에 직근 상급기관에 설치된 징계위원회(직근 상급기관이 없는 징계위원회의 의결에 대하여는 그 징계위원회)에 심사나 재심사를 청구할 수 있다. 이 경우 소속 공무원을 대리인으로 지정할 수 있다(§ 82 ②).

⑸ 징계의 집행

징계처분권자는 징계등 의결서 또는 징계부가금 감면 의결서를 받은 날부터 15일 이내에 징계처분등을 하여야 한다(공무원징계령 § 19 ①). 징계처분권자가 징계처분등을 할 때에는 징계처분등의 사유설명서에 징계등 의결서 또는 징계부가금 감면 의결서 사본을 첨부하여 징계처분등의 대상자에게 교부하여야 한다(§ 19 ② 본문). 다만, 5급이상공무원등(고위공무원단에 속하는 공무원을 포함한다)을 파면하거나 해임한 경우에는 임용제청권자가 징계처분등의 사유설명서를 교부한다(§ 19 ② 단서).

⑹ 재징계의결 등의 요구

처분권자(대통령이 처분권자인 경우에는 처분 제청권자)는 다음 어느 하나에 해당하는 사유로 소청심사위원회 또는 법원에서 징계처분등의 무효 또는 취소(취소명령 포함)의 결정이나 판결을 받은 경우에는 다시 징계 의결 또는 징계부가금 부과 의결("징계의 결등")을 요구하여야 하며, 다만, 제3호의 사유로 무효 또는 취소(취소명령 포함)의 결정이나 판결을 받은 감봉·견책처분에 대하여는 징계의결을 요구하지 아니할 수 있다(§ 78의3 ①).

1. 법령의 적용, 증거 및 사실 조사에 명백한 흠이 있는 경우
2. 징계위원회의 구성 또는 징계의결등, 그 밖에 절차상의 흠이 있는 경우
3. 징계양정 및 징계부가금이 과다(過多)한 경우

처분권자는 징계의결등을 요구하는 경우에는 소청심사위원회의 결정 또는 법원의 판결이 확정된 날부터 3개월 이내에 관할 징계위원회에 징계의결등을 요구하여야 하며, 관할 징계위원회에서는 다른 징계사건에 우선하여 징계의결등을 하여야 한다($\frac{\S 78의}{3}$ ②).

한편, 징계위원회의 구성·징계의결등, 그 밖에 절차상의 흠이나 징계양정 및 징계부가금의 과다를 이유로 소청심사위원회 또는 법원에서 징계처분등의 무효 또는 취소의 결정이나 판결을 한 경우에는 시효 기간이 지나거나 그 남은 기간이 3개월 미만인 경우에도 그 결정 또는 판결이 확정된 날부터 3개월 이내에는 다시 징계의결등을 요구할 수 있다($\frac{\S 83의}{2}$ ③).

2.2. 변상책임

2.2.1. 국가배상법에 의한 변상책임

공무원은 국가배상법에 따른 변상책임 또는 구상책임을 질 수 있다. 즉, 공무원이 직무를 집행하면서 고의 또는 과실로 법령을 위반하여 타인에게 손해를 입혀 국가나 지방자치단체가 그 손해를 배상한 경우, 그 공무원에게 고의 또는 중대한 과실이 있으면 국가나 지방자치단체는 그 공무원에게 구상할 수 있다($\frac{국가배상법}{\S 2}$ ①, ②). 또 도로·하천, 그 밖의 공공의 영조물의 설치나 관리에 하자로 타인에게 손해를 발생하게 하여 국가나 지방자치단체가 그 손해를 배상한 경우, 공무원에게 그 원인에 대한 책임이 있을 때에는 국가나 지방자치단체는 그 공무원에게 구상할 수 있다($\frac{국가배상}{\S 5}$ ②).

한편, 국가배상법상 국가나 지방자치단체가 손해배상책임을 지는 경우, 가해공무원은 고의나 중과실이 있는 때에는 피해자로부터 직접 손해배상을 청구당할 수 있는데, 이를 이른바 선택적 청구권 문제라고 부른다. 그동안 공무원의 개인책임, 즉 선택적 청구권의 인정여부를 둘러싸고 많은 논란이 있었다. 원래 판례는 줄곧 선택적 청구권을 인정하는 입장에 서 있었다. 그리하여 문헌도 판례의 입장을 긍정설로 파악했던 것이 주지의 사실이다. 그러던 중 대법원은 1994년 4월 12일 선택적 청구권을 정면에서 부정했으나,[70] 1996년 2월 15일 전원합의체판결에서 공무원 개인책임이 배제되는 것은 경과실의 경우에 한하며 고의 또는 중과실의 경우에는 공무원의 개인책임이 인정된다는 입장을 표명함으로써 다시 위 판례를 번복하였다.

::: **국가배상책임과 선택적 청구권**

"국가배상법 제2조 제1항 본문 및 제2항의 입법취지는 공무원의 직무상 위법행위로 타인에게 손해를 끼친 경우에는 변제자력이 충분한 국가 등에게 선임감독상 과실 여부에 불구하고 손해배상책임을 부담시켜 국민의 재산권을 보장하되, 공무원이 직무를 수행함에 있어 경과실로 타인에게 손해를 입힌 경우에는

---

70) 대법원 1994.4.12. 선고 93다11807 제2부판결.

그 직무수행상 통상 예기할 수 있는 흠이 있는 것에 불과하므로, 이러한 공무원의 행위는 여전히 국가 등의 기관의 행위로 보아 그로 인하여 발생한 손해에 대한 배상책임도 전적으로 국가 등에만 귀속시키고 공무원 개인에게는 그로 인한 책임을 부담시키지 아니하여 공무원의 공무집행의 안정성을 확보하고, 반면에 공무원의 위법행위가 고의·중과실에 기한 경우에는 비록 그 행위가 그의 직무와 관련된 것이라고 하더라도 그와 같은 행위는 그 본질에 있어서 기관행위로서의 품격을 상실하여 국가 등에게 그 책임을 귀속시킬 수 없으므로 공무원 개인에게 불법행위로 인한 손해배상책임을 부담시키되, 다만 이러한 경우에도 그 행위의 외관을 객관적으로 관찰하여 공무원의 직무집행으로 보여질 때에는 피해자인 국민을 두텁게 보호하기 위하여 국가 등이 공무원 개인과 중첩적으로 배상책임을 부담하되 국가 등이 배상책임을 지는 경우에는 공무원 개인에게 구상할 수 있도록 함으로써 궁극적으로 그 책임이 공무원 개인에게 귀속되도록 하려는 것이라고 봄이 합당하다."[71)

대법원의 판례에 따르면 공무원이 직무상 불법행위를 하여 국가 또는 지방자치단체가 배상책임을 부담하는 경우 그 가해공무원 개인이 배상책임을 부담하는 것은 고의 또는 중과실이 있는 경우에 한하며, 경과실뿐인 경우에는 공무원 개인은 손해배상책임을 부담하지 않는다는 결과가 되었다. 여기서 공무원의 중과실이란 공무원에게 통상 요구되는 정도의 상당한 주의를 하지 않더라도 약간의 주의를 한다면 손쉽게 위법, 유해한 결과를 예견할 수 있는데도 만연히 이를 간과한 것, 즉 거의 고의에 가까울 정도로 현저한 주의를 결여한 상태를 의미하는 것으로 이해된다.[72) 또 그 경우 공무원 개인이 지는 책임은 불법행위로 인한 민사상 손해배상책임이다.

한편 공무원의 구상책임의 경우 국가배상법 제2조 제2항은 국가배상법 제2조 제1항 본문에 의하여 국가배상책임이 성립하는 경우 당해 공무원이 고의 또는 중대한 과실이 있는 때에는 국가 또는 지방자치단체는 그 공무원에게 구상할 수 있다고 규정하고 있다. 이것은 국가등에게 고의 또는 중대한 과실로 국가배상책임을 발생시킨 공무원에 대해 구상(Rückgriff, Innenregreß, action récursoire)을 할 수 있게 하는 것이 손해부담의 공평에 맞는다는 견지에서 인정된 결과라 할 수 있다(구상유보: Rückgriffsvorbehalt).

"국가 또는 지방자치단체의 산하 공무원이 그 직무를 집행함에 당하여 중대한 과실로 인하여 법령에 위반하여 타인에게 손해를 가함으로써 국가 또는 지방자치단체가 손해배상책임을 부담하고, 그 결과로 손해를 입게 된 경우에는 국가 등은 당해 공무원의 직무내용, 당해 불법행위의 상황, 손해발생에 대한 당해 공무원의 기여정도, 당해 공무원의 평소 근무태도, 불법행위의 예방이나 손실분산에 관한 국가 또는 지방자치단체의 배려의 정도 등 제반사정을 참작하여 **손해의 공평한 부담이라는 견지에서 신의칙상 상당하다**

---

71) 대법원 1996.2.15. 선고 95다38677 전원합의체 판결. 이 판결에는 대법관 4인의 별개의견과 대법관 2인의 반대의견이 붙어 있다. 이후 대법원은 1996년 3월 8일자 판결(94다23876)에서 동일한 법리를 재확인했다(다만 대법원은 공무원이 자동차를 운행하여 공무집행을 하던 중 사고로 타인을 사상케 한 경우인 이 사건에서는 그 공무원 개인은 자동차손해배상보장법에 의하여 개인적으로 책임을 부담하며 경과실면책은 인정되지 아니한다고 판시했다).
72) 대법원 1996.8.23. 선고 96다19833 판결.

고 인정되는 한도 내에서만 당해 공무원에 대하여 구상권을 행사할 수 있다고 봄이 상당하다."[73]

2.2.2. 회계관계직원의 변상책임

공무원은 각종 재정, 회계 관계법에 따라 변상책임을 진다. 회계관계 직원등의 책임에 관한 법률(약칭: 회계직원책임법)에 따른 회계관계직원의 변상책임이 그 대표적인 예이다. 이에 따른 책임은 두 가지 유형이 있다.

첫째, 회계관계직원은 고의 또는 중대한 과실로 법령이나 그 밖의 관계 규정 및 예산에 정하여진 바를 위반하여 국가, 지방자치단체, 그 밖에 감사원의 감사를 받는 단체 등의 재산에 손해를 끼친 경우에는 변상할 책임이 있다($\S\substack{4\\①}$).

둘째, 현금 또는 물품을 출납·보관하는 회계관계직원은 선량한 관리자로서 주의를 게을리하여 그가 보관하는 현금 또는 물품이 망실되거나 훼손된 경우에는 변상책임을 지며($\S\substack{4\\②}$), 스스로 사무를 집행하지 아니한 것을 이유로 그 책임을 면할 수 없다($\S\substack{4\\③}$).

위 두 가지 경우 손해가 2명 이상의 회계관계직원의 행위로 인하여 발생한 경우에는 각자의 행위가 손해발생에 미친 정도에 따라 각각 변상책임을 진다($\S\substack{4\ ④\\제1문}$). 손해발생에 미친 정도가 분명하지 아니하면 그 정도가 같은 것으로 본다($\S\substack{4\ ④\\제2문}$).

법은 제5조에서 국가, 지방자치단체, 그 밖에 감사원의 감사를 받는 단체 등이 손해의 발생 및 확대를 방지하지 못한 데 일부 책임이 있다고 인정되거나 회계관계직원의 회계사무 집행 내용, 손해발생 원인, 회계관계직원의 과실이 손해발생에 미친 정도, 손해 확대를 방지하기 위하여 한 노력 등 모든 정황으로 미루어 보아 해당 회계관계직원에게 손해액 전부를 변상시키는 것이 적절치 않다고 인정되거나 회계관계직원이 평소 예산 절약이나 회계질서 확립에 기여한 사실이 있는 경우에는 변상금액을 전부 또는 일부 감면할 수 있도록 하였다. 다만, 손해가 고의에 따라 발생한 경우에는 감면하지 아니한다.

위법한 회계관계행위를 지시 또는 요구한 상급자도 변상책임을 진다($\S$ 8). 즉, 회계관계직원의 상급자가 회계관계직원에게 법령이나 그 밖의 관계 규정 및 예산에 정하여진 바를 위반하는 회계관계행위를 지시하거나 요구함으로써 그에 따른 회계관계행위로 인하여 변상의 책임이 있는 손해가 발생한 경우에는 그 상급자는 회계관계직원과 연대하여 제4조에 따른 변상의 책임을 진다($\S\substack{8\\①}$). 반면, 회계관계직원은 상급자로부터 법령이나 그 밖의 관계 규정 및 예산에 정하여진 바를 위반하는 회계관계행위를 하도록 지시 또는 요구받은 경우에는 서면이나 이에 상당하는 방법으로 이유를 명시하여 그 회계관계행위를 할 수 없다는 뜻을 소속 기관의 장에게 표시하여야 하며($\S\substack{8\\②}$), 회계관계직원이 그러한 뜻을 표시하였음에도 불구하고

---

73) 대법원 1991.5.10. 선고 91다6764 판결.

상급자가 다시 그 회계관계직원에게 법령이나 그 밖의 관계 규정 및 예산에 정하여진 바를 위반하는 회계관계행위를 지시하거나 요구한 경우에는 그 회계관계행위로 인한 변상책임은 그 상급자가 진다($^{§\,8\,③}_{본문}$). 다만, 회계관계직원이 상급자를 속인 경우에는 회계관계직원이 변상 책임을 진다($^{§\,8\,③}_{단서}$).

그 밖에도 법은 제6조(감사원의 판정 전의 회계관계직원의 변상책임), 제7조(중앙관서의 장 등의 통지의무), 제9조(회계관계직원 등의 대위) 등의 규정을 두고 있다.

"[1] 회계관계직원등의책임에관한법률 제4조 제1항은 "회계관계직원은 고의 또는 중대한 과실로 법령 기타 관계 규정 및 예산에 정하여진 바에 위반하여 국가 또는 단체 등의 재산에 대하여 손해를 끼친 때에는 변상의 책임이 있다"고 규정하여 변상책임의 주체를 회계관계직원에 한정하고 있고, 같은 법 제2조는 회계관계직원의 정의에 대하여 규정하고 있는데 거기에 지방자치단체의 장을 명시적으로 열거하지는 않고 있으나, … 중략 …

지방자치단체의 회계관계업무는 원칙적으로 지방자치단체의 장의 권한사항으로 되어 있고 그중 특정한 권한을 소속 공무원에게 위임할 수 있는 것으로 되어 있으므로 지방자치단체의 장이 이러한 위임을 하지 않았다거나 또는 법령상 지방자치단체의 장이 스스로 회계관계업무를 처리하도록 되어 있는 경우에는 **지방자치단체의 장도 회계관계직원등의책임에관한법률 제2조에 규정된 회계관계직원의 범위에 포함된다**고 보아야 한다.

[2] 회계관계직원 등의 책임을 물음에 있어서 그 전제되는 요건의 하나로 회계관계직원등의책임에관한법률 제4조 제1항에서 규정하고 있는 **중대한 과실**을 범한 경우에 해당되는지 여부는 같은 법 제1조에 규정된 법의 목적 및 같은 법 제3조에서 회계관계직원의 성실의무를 규정하고 있는 점 등에 비추어 보면, 회계관계직원이 그 **업무를 수행함에 있어 따라야 할 법령 기타 관계 규정 및 예산에 정하여진 바에 따르지 않음으로써 성실의무에 위배한 정도가 그 업무내용에 비추어 중대한 것으로 평가될 수 있는지에 따라 결정**되어야 한다.

[3] 지방자치단체의 장이 지방의회의 의결을 얻어 보증채무부담행위를 하면서 충분한 담보를 확보하지 않고 지방의회의 동의를 거치지 않은 채 상환계획을 변경하여 줌으로써 지방자치단체가 그 보증채무를 대위변제하게 된 경우, 지방자치단체의 장이 중대한 과실로 법령에 위반한 행위에 해당한다."[74]

3. 형사상 책임

공무원이 형법 등에 따른 형사상 책임을 지는 경우는 공무원의 의무위반행위가 동시에 형법 등 형사법에 위반하는 범죄행위를 구성할 때이다. 주로 형법($^{§§\,122-}_{135}$)과 특정범죄가중처벌 등에 관한 법률 등 형사특별법, 그 밖에 각종 행정법규에 의한 행정범규정들이 공무원 형사 책임의 근거법들이다.

---

74) 대법원 2001.2.23. 선고 99두5498 판결.

4. 민사상 책임

공무원이 직무행위로서 사경제적 활동에 관여하다가 고의 또는 과실로 타인에게 손해를 발생하게 한 경우, 국가나 지방자치단체는 민법상 사용자책임에 따른 손해배상책임을 지게 되며 그 경우 공무원에게 그 원인에 대한 책임이 있다고 인정되면 그에게 구상할 수 있다 $\left(\begin{smallmatrix}민법\\\S 756 ③\end{smallmatrix}\right)$.

또한 국가배상법상 선택적 청구권 법리에 따라 공무원 개인이 고의 또는 중과실이 있는 경우 손해배상책임을 질 수 있음은 물론이다.

Ⅲ. 징계처분 등 불이익처분등에 대한 구제

1. 개   설

징계처분 기타 공무원의 의사에 반하는 불리한 처분이나 부작위에 대한 주된 구제수단으로는 소청심사와 행정소송을 들 수 있다($\begin{smallmatrix}국가공무원\\법 \S\S 9\text{-}16\end{smallmatrix}$).

교원의 경우 교육부에 설치된 교원소청심사위원회에 소청심사를 청구할 수 있도록 제도가 바뀌었다. 소청심사와 「교원의 지위 향상 및 교육활동 보호를 위한 특별법」에 따른 소청심사는 행정심판의 일종이고 행정소송은 그 결과에 대한 불복절차에 해당한다.

한편 불이익처분에 대한 쟁송을 통한 구제수단은 아니지만, 면직 또는 직위해제 처분이 취소된 경우 공무원의 소급재임용 및 보수 등의 보장 역시 불이익처분에 대한 구제제도의 실효를 거두기 위한 제도이고, 국가공무원법 제76조의2($\begin{smallmatrix}지방공무원\\법 \S 67의2\end{smallmatrix}$)에 의한 고충처리제도 역시 불이익처분에 대한 비정형적 구제수단으로 활용될 수 있다.

2. 소청심사

2.1. 의 의

소청심사란 교육공무원 이외의 공무원에 대한 징계처분 기타 그 의사에 반하는 불리한 처분이나 부작위에 대한 불복이 있는 경우 관할 소청심사위원회에 심사를 청구하여 구제를 받는 행정심판절차이다. 국가공무원법이 행정심판의 일종으로 소청심사제도를 도입한 것은 일반 행정심판의 특례를 규정함으로써 공무원의 신분을 더욱 두텁게 보호하려는 데 취지를 둔 것으로 이해되고 있다. 그러나 현행 소청심사제도는 공무원의 권리구제를 주목적으로 하면서도 동시에 행정내부질서의 확립을 추구한다는 점에 특수성을 지니고 있다. 그 예로는 심

사절차에 있어 직권조사주의가 채택되고 있다는 점 등을 들 수 있다.[75]

2.2. 소청사항

2.2.1. 불이익처분

소청의 대상은 행정기관 소속 공무원에 대한 징계처분 그 밖에 그 의사에 반하는 불리한 처분이나 부작위이다(국가공무원법 § 9 ①; 소청 절차규정(대통령령) § 2 ①). 소청의 대상을 공무원의 의사에 반하는 불리한 처분과 부작위(광의의 불이익처분)라고 한정할 경우, 처분의 개념이 무엇인가가 문제될 수 있다. 이 문제는 소청제도의 적용범위와 제도적 기능을 좌우하는 핵심적 문제이다. 이에 관하여는 의원면직형식에 의한 면직, 대기명령, 전보, 전직 등이 이에 포함된다고 하는 것이 일반적이다.[76] 그러나 이에 관한 심화된 학설상 논의는 이루어지지 않고 있다. 특히 논란의 대상이 되는 쟁점으로는 의원면직·당연퇴직, 하위직급임명의 시정·전보·복직청구·봉급청구·경력평정시정청구, 국가유공자 우선임용규정 위반을 이유로 하는 시정청구 등을 들 수 있다.[77] 이 중 당연퇴직·복직청구·경력평정시정청구의 문제를 검토해 보기로 한다.

2.2.2. 불이익처분 해당여부에 관한 쟁점

(1) 당연퇴직

당연퇴직이 소청의 대상이 되는 불이익처분에 해당하는지 여부에 대하여 퇴직은 법률규정의 효과이므로(국가공무 원법 § 69) '처분'에 해당하지 아니하며 따라서 소청의 대상이 되지 아니한다고 보는 것이 일반적이다. 판례 역시 당연퇴직의 인사발령은 법률상 당연히 발생하는 퇴직사유를 공적으로 확인하여 알려주는 이른바 관념의 통지에 불과하고 공무원의 신분을 상실시키는 새로운 형성적 행위가 아니므로 행정소송의 대상이 되는 독립한 행정처분이라고 아니라고 판시하고 있다.[78] 이에 대하여 당연퇴직사유 해당여부가 반드시 명백하지 않아 다툼이 있을 수 있으므로 임용권자가 그 존재와 시기를 확인하는 확인행위가 필요하고 그 확인행위로서 실무상 행해지는 퇴직발령이 위법·부당할 때에는 그로 인하여 불이익을 입는 공무원이 그 취소·변경을 소청할 수 있다는 견해가 있다. 이에 따르면 소청심사위원회는 그 원인이 된 사유가 법정사유에 해당하는지 여부를 심사하여 결정을 하여야 하며, 당연퇴직에 대한 소청은 당연히 그 원인사실의 확인행위에 대한 소청으로 해석할 것이므로 결국 당연퇴직도 소청의 대상이 된다고 한다.[79]

---

75) 박윤흔, 행정법강의(하), 1999, 228.
76) 김동희, 행정법 Ⅱ, 1999, 126.
77) 박윤흔, 행정법강의(하), 229.
78) 대법원 1991.1.21. 선고 91누2687 판결.
79) 이상 박윤흔, 행정법강의(하), 229.

(2) 복직청구

휴직중인 자 또는 직위해제당한 자의 복직청구는 임용권자에게 복직처분이라는 행정처분을 구하는 것이므로 소청의 대상이 될 수 있다고 보아야 할 것이다.[80] 현행법상 소청을 일정한 행정처분의 존재를 전제로 그 취소·변경을 구하는 항고쟁송의 일종으로 보는 입장에서는 소청의 대상이 아니라고 볼 여지도 없지 않지만, 국가공무원법은 소청의 대상에 처분뿐 아니라 부작위를 포함시키고 있으므로 국가공무원법 제73조 제2항과 제73조의2 제2항에 따라 복직의무가 인정될 수 있는 이상 정당한 사유가 있음에도 불구하고 복직을 시키지 않고 있는 경우에는 이를 부작위에 해당하는 것으로 보아 소청을 제기할 수 있고, 반면 명시적으로 복직을 거부하는 경우에는 복직거부처분에 대하여 소청을 제기할 수 있다고 보아야 할 것이다. 국가공무원법 제15조 제3항 제5호에서 위법 또는 부당한 거부처분이나 부작위에 대하여 의무이행을 구하는 심사청구가 이유 있다고 인정할 때에는 지체 없이 청구에 따른 처분을 하거나 이를 할 것을 명하는 결정을 할 수 있도록 하고 있는 것도 바로 그 점을 뒷받침해주는 실정법적 근거가 된다.

(3) 경력평정시정청구

소청의 대상이 되는 불이익처분은 공무원이 현재 받고 있는 권익침해행위에 한한다는 이유에서 경력평정시정청구는 향후 승진임용에 관한 자료에 불과하므로 소청대상이 될 수 없다고 해석하고 있으나, 이는 소청제도를 행정소송이나 행정심판법상 행정심판처럼 엄격한 행정쟁송절차로 보는 데서 나온 해석이므로 타당하지 않다는 견해가 있다.[81]

생각건대 국가공무원법 제9조 제1항은 행정기관 소속 공무원의 징계처분 기타 그 의사에 반하는 불리한 처분이나 부작위를 소청의 대상으로 하고 있으므로, 여기서 말하는 '처분'을 행정절차법·행정심판법·행정소송법에 의한 '처분'의 개념으로 파악한다면 경력평정 자체를 처분이라고 보기는 어렵지 않을까 생각한다. 국가공무원법에 따른 소청의 대상인 '처분'을 행정소송법에 따른 '처분' 개념보다 넓은 것으로 파악하거나 아니면 경력평정을 행정소송법에 따른 '처분'에 해당한다고 보지 않는 한, 경력평정시정청구를 소청 대상으로 인정하기는 어려울 것이다.

2.3. 소청심사기관

소청심사기관은 소청심사위원회라는 독립적인 합의제 기관으로서 행정기관소속공무원의 징계처분 기타 그 의사에 반하는 불리한 처분이나 부작위에 대한 소청의 심사결정은 인사혁신

---

80) 박윤흔, 행정법강의(하), 229.
81) 박윤흔, 행정법강의(하), 230.

처에 설치하는 소청심사위원회가, 국회·법원·헌법재판소 및 선거관리위원회 소속 공무원의 소청에 관한 사항의 심사·결정은 국회사무처·법원행정처·헌법재판소사무처 및 중앙선거관리위원회사무처에 각각 설치하는 해당 소청심사위원회가 담당하도록 되어 있다($\frac{국가공무원}{법§9②}$). 인사혁신처에 설치하는 소청심사위원회는 다른 법률로 정하는 바에 따라 특정직공무원의 소청을 심사·결정할 수 있다($\frac{§9}{④}$).

인사혁신처에 설치된 소청심사위원회는 위원장 1인을 포함한 5명 이상 7명 이하의 상임위원으로 구성하되, 상임위원 수의 2분의 1 이상인 비상임위원으로 구성하되, 위원장은 정무직으로 보한다($\frac{§9③}{후단}$). 국회사무처, 법원행정처, 헌법재판소사무처 및 중앙선거관리위원회사무처에 설치된 소청심사위원회는 위원장 1인을 포함한 위원 5명 이상 7명 이하의 비상임위원으로 구성하도록 되어 있다($\frac{§9③}{전단}$). 소청심사위원회의 상임위원은 다른 직무를 겸할 수 없고($\frac{§10}{④}$), 금고 이상의 형벌이나 장기의 심신쇠약으로 직무를 수행할 수 없게 된 경우를 제외하고는 본인의 의사에 반하여 면직되지 아니하는 신분보장을 받는다(^{§11}).

2.4. 소청심사절차

2.4.1. 소청의 제기

공무원에 대하여 징계처분을 할 때나 강임·휴직·직위해제 또는 면직처분을 할 때에는 그 처분권자 또는 처분제청권자는 처분사유를 적은 설명서를 교부하여야 한다. 다만, 본인의 원에 따른 강임·휴직 또는 면직처분은 그러하지 아니하다($\frac{국가공무}{원법§75}$). 처분사유설명서를 받은 공무원이 그 처분에 불복할 때에는 그 설명서를 받은 날부터, 공무원이 제75조에서 정한 처분 외의 본인의 의사에 반한 불리한 처분을 받았을 때에는 그 처분이 있은 것을 안 날부터 각각 30일이내에 소청심사위원회에 심사를 청구할 수 있다($\frac{§76①}{제1문}$). 이 경우 변호사를 대리인으로 선임할 수 있다($\frac{§76①}{제2문}$).

공무원 본인의 의사에 반하여 파면 또는 해임처분을 하거나 제73조의3 제3항에 따라 대기명령을 받은 자가 그 기간에 능력 또는 근무성적의 향상을 기대하기 어렵다고 인정하여($\frac{70}{①Ⅴ}$) 면직처분을 하였을 경우, 임용권자는 그 처분을 한 날부터 40일 이내에는 후임자의 보충발령을 하지 못한다($\frac{§76②}{본문}$). 다만, 인력 관리상 후임자를 보충하여야 할 불가피한 사유가 있고, 제3항에 따른 소청심사위원회의 임시결정이 없는 경우에는 국회사무총장, 법원행정처장, 헌법재판소사무처장, 중앙선거관리위원회사무총장 또는 인사혁신처장과 협의를 거쳐 후임자의 보충발령을 할 수 있다($\frac{§76②}{단서}$). 소청심사청구가 파면 또는 해임이나 제70조 제1항 제5호에 따른 면직처분으로 인한 경우에는 소청심사위원회는 그 청구를 접수한 날로부터 5일 이내에 당해 사건의 최종결정이 있을 때까지 후임자의 보충발령을 유예하게 하는 임시결정을 할 수 있다($\S\frac{76}{3}$). 소청심사위원회가 그와 같은 임시결정을 한 경우에는 임시결정을 한 날부터 20일 이내에 최종결정을 하여야 하며 각 임용권자는 그 최종결정이 있을 때까지 후임자를 보충발령하지 못한다($\S\frac{76}{4}$).

⁝⁝ 행정심판 경유절차의 고지 위반과 소청심사

"가. 행정심판법 제43조는 행정심판에 관하여 다른 법률에서 특례를 정한 경우에도 그 법률에서 규정하지 아니한 사항에 관하여는 이 법이 정하는 바에 의한다고 규정하고 있고, 한편 같은 법 제17조 제2항은 행정청이 심판청구의 경유절차를 알리지 아니하였거나 잘못 알려서 청구인이 심판청구서를 다른 행정기관에 제출한 때에는 당해 행정기관은 그 심판청구서를 지체 없이 정당한 권한있는 행정청에 송부하여야 한다고 규정하고, 같은 조 제7항은 제18조의 규정에 의한 심판청구기간을 계산함에 있어서 제2항의 규정에 의한 행정기관에 심판청구서가 제출된 때에 심판청구가 제기된 것으로 본다고 규정하고 있으므로, 지방공무원의 불이익처분에 대한 소청절차규정에 같은 법 제17조의 규정을 배제하거나 위와 저촉되는 내용의 규정이 없는 한 그 소청절차에 관하여도 위 제17조의 규정이 적용된다.

나. 서울특별시장이 그 소속 공무원을 승진임용에서 제외하는 불이익처분을 함에 있어 소청제기절차를 알린 바 없었다면, 위 공무원의 행정심판청구서가 비록 피청구인을 서울특별시장으로 표시하고 국무총리 앞으로 제출된 것이라고 하여도 지방공무원의 불이익처분에 대한 불복을 그 내용으로 하고 있는 이상 이를 접수한 서울특별시장으로서는 지체 없이 정당한 권한있는 지방공무원소청심사위원회에 송부하였어야 하고, 위 심판청구서가 서울특별시장에게 제출된 때에 소청심사청구가 제기된 것으로 보아야 한다."[82]

2.4.2. 심 사

소청심사위원회는 국가공무원법에 따른 소청을 접수하면 지체 없이 심사하여야 한다($\S\frac{12}{①}$). 소청심사위원회의 위원은 그 위원회에 계류된 소청 사건의 증인이 될 수 없으며, 위원 본인과 관계있는 사항, 위원 본인과 친족 관계에 있거나 친족 관계에 있었던 자와 관계있는 사항에 관한 소청사건에 관여하지 못한다($\S\frac{14}{②}$).

소청심사위원회는 심사를 할 때 필요하면 검증·감정 그 밖의 사실조사를 하거나 증인을 소환하여 질문하거나 관계 서류를 제출하도록 명할 수 있고($\S\frac{12}{②}$), 소청심사위원회가 소청사건을 심사하기 위하여 징계 요구 기관이나 관계 기관의 소속 공무원을 증인으로 소환할 경우에는 해당 기관의 장은 이에 따라야 한다($\S\frac{12}{③}$). 또 소청심사위원회는 필요하다고 인정하면 소속 직원으로 하여금 사실조사를 하게 하거나 특별한 학식·경험이 있는 자에게 검증이나 감정을 의뢰할 수 있다($\S\frac{12}{④}$).

한편 소청심사위원회가 소청사건을 심사할 때에는 대통령령등으로 정하는 바에 따라 소

---

82) 대법원 1992.6.23. 선고 92누1834 판결.

청인 또는 제76조 제1항 후단에 따른 대리인에게 진술의 기회를 부여하여야 하며($^{§\,13}_{①}$), 진술 기회를 주지 아니한 결정은 무효로 한다($^{§\,13}_{②}$).

소청심사의 경우 행정심판법에 따른 행정심판과 달리[83] 인사행정의 적정성보장이라는 제도적 취지상 불고불리의 원칙은 적용되지 아니한다고 보는 것이 지배적이다.[84]

2.4.3. 결 정

소청심사위원회는 국가공무원법 제76조 제3항에 따른 임시결정을 한 경우를 제외하고는 소청심사청구를 접수한 날로부터 60일 이내에 이에 대한 결정을 하여야 한다($^{§\,76}_{본문\,⑤}$). 다만, 소청심사위원회의 의결로 불가피하다고 인정되는 경우에는 30일을 연장할 수 있다($^{§\,76}_{단서\,⑤}$).

국가공무원법 제14조에 따른 소청심사위원회의 결정은 처분행정청을 기속한다($^{§\,15}$).

소청심사의 심리에 불고불리의 원칙은 적용이 없지만, 불이익변경금지의 원칙은 적용된다.[85] 즉, 소청심사위원회가 징계처분 또는 징계부가금 부과처분을 받은 자의 청구에 따라 소청을 심사할 경우에는 원징계처분보다 무거운 징계 또는 원징계부가금 부과처분보다 무거운 징계부가금을 부과하는 결정을 하지 못한다($^{§\,14}_{⑦}$).

소청심사위원회의 결정은 그 이유를 명시한 결정서로 하여야 한다($^{§\,14}_{⑧}$). 소청 사건의 결정은 재적 위원 3분의 2이상의 출석과 재적 위원 과반수의 합의에 따르되, 의견이 나뉠 경우에는 출석 위원 과반수에 이를 때까지 소청인에게 가장 불리한 의견에 차례로 유리한 의견을 더하여 그중 가장 유리한 의견을 합의된 의견으로 본다($^{§\,14}_{①}$). 소청심사위원회의 결정은 다음과 같이 구분한다($^{§\,14}_{⑤}$).

1. 심사청구가 이 법 또는 다른 법률에 적합하지 아니한 것이면 그 청구를 각하한다.
2. 심사청구가 이유없다고 인정되면 그 청구를 기각한다.
3. 처분의 취소 또는 변경을 구하는 심사청구가 이유 있다고 인정할 때에는 처분을 취소 또는 변경하거나 처분 행정청에게 취소 또는 변경할 것을 명한다.
4. 처분의 효력 유무 또는 존재 여부에 대한 확인을 구하는 심사청구가 이유 있다고 인정되면 처분의 효력 유무 또는 존재 여부를 확인한다.
5. 위법 또는 부당한 거부처분이나 부작위에 대하여 의무이행을 구하는 심사 청구가 이유 있다고 인정되면 지체 없이 청구에 따른 처분을 하거나 이를 할 것을 명한다.

소청심사위원회가 변경명령 결정을 하는 경우, 그 변경은 소청심사위원회가 행정심판기관

---

83) 행정심판법은 제36조 제1항에서 "재결청은 심판청구의 대상이 되는 처분 또는 부작위외의 사항에 대하여는 재결하지 못한다"고 규정하여 불고불리의 원칙을 명문으로 인정하고 있다.
84) 김동희, 행정법 Ⅱ, 1999, 127.
85) 김동희, 행정법 Ⅱ, 1999, 127.

이라는 점에 비추어 적극적 변경, 가령 징계의 종류를 변경하는 것(파면에서 감봉으로)도 가능하다고 보아야 할 것이다.[86] 소청심사에서 사정재결이 가능한지 여부에 대하여는 임용권자의 처분이 위법 또는 부당하더라도 그 취소 또는 변경이 현저히 공공복리에 적합하지 아니할 때에는 가능하다는 견해가 주장되고 있다.[87] 이와 관련하여 행정심판법 제4조 제2항은 '다른 법률에서 특별행정심판이나 이 법에 따른 행정심판 절차에 대한 특례를 정한 경우에도 그 법률에서 규정하지 아니한 사항에 관하여는 이 법에서 정하는 바에 따른다'는 규정을 두고 있어 국가공무원법이나 지방공무원법에 명문의 규정이 없더라도 행정심판법상의 사정재결조항을 준용할 여지가 없지 않지만, '사정결정'을 허용하는 것은 소청인에게 불리한 결과를 가져올 우려가 크다는 점에서 명문의 규정없이 사정재결 또는 사정결정은 허용되지 않는다고 보아야 할 것이다.

법령의 적용, 증거 및 사실조사에 명백한 흠이 있거나 징계위원회의 구성 또는 징계의결 등, 그 밖에 절차상 흠이 있음을 이유로 한 경우, 또는 징계양정 및 징계부가금이 과다한 경우 중 어느 하나의 사유로 소청심사위원회 또는 법원에서 징계처분등의 무효 또는 취소($^{취소명령}_{포함}$)의 결정이나 판결을 받은 경우에는 처분권자(대통령이 처분권자인 경우에는 처분제청권자)는 다시 징계 의결 또는 징계부가금 부과 의결($^{"징계의}_{결등"}$)을 요구하여야 하며, 다만, 제3호의 사유로 무효 또는 취소($^{취소명령}_{포함}$)의 결정이나 판결을 받은 감봉·견책처분에 대하여는 징계의결을 요구하지 아니할 수 있다($^{§\,78의}_{3\;①}$). 재징계의결등을 요구할 경우, 처분권자는 소청심사위원회의 결정 또는 법원의 판결이 확정된 날부터 3개월 이내에 관할 징계위원회에 징계의결등을 요구하여야 하며, 관할 징계위원회에서는 다른 징계사건에 우선하여 징계의결등을 하여야 한다($^{§\,78의}_{3\;②}$).

소청심사위원회의 취소명령 또는 변경명령 결정은 그에 따른 징계나 그 밖의 처분이 있을 때까지는 종전에 행한 징계처분 또는 제78조의2에 따른 징계부가금($^{이하\;"징계부가}_{금"이라\;한다}$) 부과처분에 영향을 미치지 아니한다($^{§\,14}_{⑥}$).

2.4.4. 불 복

소청심사위원회의 결정에 불복할 경우 소청인은 행정부 내에서는 그 결정을 더 이상 다툴 수 없고, 행정소송을 제기하여야 한다.

제75조에 따른 처분, 그 밖에 본인의 의사에 반한 불리한 처분이나 부작위에 관한 행정소송은 소청심사위원회의 심사·결정을 거치지 아니하면 제기할 수 없다($^{§\,16}_{①}$). 행정소송을

---

86) 박윤흔, 행정법강의(하), 231; 김동희, 행정법 Ⅱ, 127.
87) 박윤흔, 행정법강의(하), 231.

제기할 때에는 대통령의 처분 또는 부작위의 경우에는 소속 장관(대통령령으로 정하는 기관의 장을 포함한다. 이하 같다)을, 중앙선거관리위원회위원장의 처분 또는 부작위의 경우에는 중앙선거관리위원회사무총장을 각각 피고로 한다($\frac{\S 16}{②}$).

3. 「교원의 지위 향상 및 교육활동 보호를 위한 특별법」에 의한 교원소청심사

교육공무원의 경우, 종전에는 국가공무원법에 따라 소청심사위원회에 소청을 제기할 수 있도록 되어 있었으나, 「교원의 지위 향상 및 교육활동 보호를 위한 특별법」(약칭: 교원지위법)에 따라 교육부에 설치된 교원징계재심위원회에 행정심판의 일종인 재심을 청구할 수 있도록 제도가 바뀌었다가 다시 교육부에 설치된 교원소청심사위원회($\frac{\S 7 ①: "심}{사위원회}$)에 소청심사를 청구하도록 변경되었다. 각급학교 교원은 징계처분과 그 밖에 그 의사에 반하는 불리한 처분(교육공무원법 제11조의3 제4항 및 사립학교법 제53조의2 제6항에 따른 교원에 대한 재임용 거부처분을 포함)에 대하여 불복할 경우 그 처분이 있었던 것을 안 날부터 30일 이내에 심사위원회에 소청심사를 청구할 수 있고 변호사를 대리인으로 선임할 수 있다($\frac{\S 9}{①}$). 그리고 본인의 의사에 반하여 파면·해임·면직처분을 하였을 때에는 그 처분에 대한 심사위원회의 최종 결정이 있을 때까지 후임자를 보충 발령하지 못하며, 다만, 소청심사 청구기간 내에 소청심사청구를 하지 아니한 경우에는 그 기간이 지난 후에 후임자를 보충 발령할 수 있다($\frac{\S 9}{②}$).

소청심사 결정은 심사위원회가 소청심사청구를 접수한 날부터 60일 이내에 하되, 심사위원회가 불가피하다고 인정하면 그 의결로 30일을 연장할 수 있다($\frac{\S 10}{①}$).

심사위원회의 결정은 처분권자를 기속한다($\frac{\S 10}{②}$). 교원, 사립학교법 제2조에 따른 학교법인 또는 사립학교 경영자 등 당사자는 심사위원회의 결정에 대하여 그 결정서를 송달받은 날부터 90일 이내에 행정소송법으로 정하는 바에 따라 소송을 제기할 수 있다($\frac{\S 10}{③}$). 이 조항은 헌법재판소의 위헌결정[88]을 반영하여 교원지위향상을 위한 특별법 일부개정법률(법률 제8414호, 2007.5.11.)에서 신설된 것이다.[89]

---

88) 헌법재판소 2006.2.23. 선고 2005헌가7,2005헌마1163(병합) 전원재판부 결정.
89) 헌법재판소의 2005헌가7결정으로 현행법상 소청심사결정에 해당하는 재심결정에 대하여 교원에게만 행정소송을 제기할 수 있도록 하고 그 당사자인 학교법인에게는 이를 금지한 구 교원 지위 향상을 위한 특별법(2001.1.29. 법률 제6400호 및 2005.1.27. 법률 제7354호로 개정된 것, 이하 "교원지위법"이라 한다) 제10조 제3항이 위헌으로 결정되었고, 그 결과 교원소청심사위원회의 결정에 대하여 교원뿐만이 아니라 사립학교법에 따른 학교법인 또는 사립학교 경영자 등 관계 당사자도 행정소송을 제기할 수 있도록 하는 법개정이 이루어졌다(법률 제8414호, 2007. 5.11. 일부개정).

제1편 제2편 제3편 제4편 제5편 행정관리법

4. 행정소송

공무원에 대한 불이익처분에 대한 행정소송은 소청심사결정에 불복하는 경우와 교원지위법에 따른 교원소청심사위원회의 소청심사결정에 불복하는 경우로 나뉜다.

4.1. 소청결정에 불복하여 제기하는 행정소송

징계처분, 강임·휴직·직위해제 또는 면직처분 기타 본인의 의사에 반한 불리한 처분을 받은 자가 그에 불복하여 행정소송을 제기할 수 있다는 것은 당연하다. 그러나 행정소송은 소청심사위원회의 심사·결정을 거치지 아니하면 제기할 수 없다($\S_{①}^{16}$). 국가공무원법 제16조 제2항은 1994년 12월 22일 개정법률에서 신설된 규정인데, 행정소송법상 1998년 3월 1일부터 행정심판전치주의가 원칙적으로 폐지됨에 따라, 행정심판전치주의의 예외적 적용(소청전치주의)에 관한 조항으로 그 의미가 전환되었다.

"1. 구 경찰공무원법($_{3606호로 \; 개정되기 \; 전}^{1982.12.31. \; 법률 \; 제}$) 제50조 제1항 제1호, 제2호 소정의 부적격 사유가 있는 자에 해당한다 하여 직위해제처분을 받은 자가 그 처분에 대하여 같은 법 제52조의 규정에 따라 소청심사위원회에 심사청구를 한 바 없다면 그 처분에 설사 위법사유가 있다 하더라도 그것이 당연무효사유가 아닌 한 다툴 수 없다.

2. 같은 법 제50조 제1항에 의한 직위해제처분과 같은 조 제3항에 의한 면직처분은 후자가 전자의 처분을 전제로 한 것이기는 하나, 각각 단계적으로 별개의 법률효과를 발생하는 행정처분이어서 선행 직위해제처분의 위법사유가 면직처분에는 승계되지 아니한다 할 것이므로 선행된 직위해제 처분의 위법사유를 들어 면직처분의 효력을 다툴 수는 없다 할 것이다."[90]

물론 국가공무원법 제16조 제1항에 따른 '행정소송'은 예외적으로 행정심판전치주의가 적용되는 취소소송에 한하는 것으로 해석된다. 따라서 무효등확인소송이나 부작위위법확인소송, 공법상 당사자소송에 대해서는 적용할 여지가 없다.

또한 소청전치주의에 있어서도 행정소송법 제18조 제1항 소정의 예외가 인정되는 것으로 해석해야 할 것이다. 즉, 소청제기 후 60일이 지나도 결정이 없거나, 그 결정을 기다림으로써 발생할 중대한 손해를 예방하여야 할 긴급한 필요가 있는 때, 법령의 규정에 의한 소청의 결정을 하지 못할 사유가 있는 때, 그 밖의 정당한 사유가 있는 때에는 소청에 대한 결정을 기다리지 않고 행정소송을 제기할 수 있다($_{\S \; 18 \; ①}^{행정소송법}$).[91]

불이익처분에 대한 행정소송의 대상은, 논란이 없지 않지만, 행정심판의 재결에 해당하는

---

90) 대법원 1984.9.11. 선고 84누191 판결. 평석: 직권면직처분취소사건, 김남진, 법률신문 1581호, 121.
91) 동지 김동희, 행정법 Ⅱ, 128.

소청심사위원회의 결정이 아니라 원칙적으로 공무원에 대한 불이익처분, 즉 원처분(부작위 포함)이라는 것이 통설이자 판례이다.

"항고소송은 원칙적으로 당해 처분을 대상으로 하나, 당해 처분에 대한 재결 자체에 고유한 주체, 절차, 형식 또는 내용상의 위법이 있는 경우에 한하여 그 재결을 대상으로 할 수 있다고 해석되므로, 징계혐의자에 대한 감봉 1월의 징계처분을 견책으로 변경한 소청결정중 그를 견책에 처한 조치는 재량권의 남용 또는 일탈로서 위법하다는 사유는 소청결정 자체에 고유한 위법을 주장하는 것으로 볼 수 없어 소청결정의 취소사유가 될 수 없다."[92]

소송의 대상이 원처분인 이상 그 피고도 원처분의 처분청이 된다. 다만, 대통령이 행한 처분의 경우에는 소속장관(대통령령이 정하는 기관의 장을 포함)을, 중앙선거관리위원회위원장의 행한 처분의 경우에는 중앙선거관리위원회사무총장을 피고로 하도록 특례가 인정되고 있다(§16①).

처분행정청이 소청심사위원회의 결정에 불복하여 행정소송을 제기하는 것은 허용되지 아니 한다.[93]

4.2. 교원소청심사위원회의 결정에 불복하여 제기하는 행정소송

교원소청심사위원회의 결정에 대하여 교원, 사립학교법 제2조에 따른 학교법인 또는 사립학교 경영자 등 당사자는 그 결정서를 송달받은 날부터 90일 이내에 행정소송법으로 정하는 바에 따라 소송을 제기할 수 있다(§10③).

⋮ 재심결정에 대해 교원에게만 행정소송을 허용한 구 교원지위법 제10조 제3항의 위헌여부

"1. 헌법 제27조 제1항은 "모든 국민은 …… 법률에 의한 재판을 받을 권리를 가진다"라고 규정하여 법원이 법률에 기속된다는 당연한 법치국가적 원칙을 확인하고, '법률에 의한 재판, 즉 절차법이 정한 절차에 따라 실체법이 정한 내용대로 재판을 받을 권리'를 보장하고 있다. 그런데 이러한 재판청구권의 실현은 재판권을 행사하는 법원의 조직과 소송절차에 관한 입법에 의존하고 있기 때문에 **입법자에 의한 재판청구권의 구체적 형성은 불가피하며, 따라서 입법자는 소송요건과 관련하여 소송의 주체·방식·절차·시기·비용 등에 관하여 규율할 수 있다.** 그러나 헌법 제27조 제1항은 권리구제절차에 관한 구체적 형성을 완전히 입법자의 형성권에 맡기지는 않는다. 입법자가 단지 법원에 제소할 수 있는 형식적인 권리나 이론적인 가능성만을 제공할 뿐, 권리구제의 실효성이 보장되지 않는다면 권리구제절차의 개설은 사실

92) 대법원 1993.8.24. 선고 93누5673 판결.
93) 종래에는 국회사무총장·법원행정처장·헌법재판소사무처장·중앙선거관리위원회사무총장 또는 행정안전부장관은 소청심사위원회의 결정에 대하여 그 결정이 부당하다고 인정할 경우 그 결정통지를 받은 날부터 10일이내에 재심을 요구할 수 있었다. 이것은 행정심판법에 의한 행정심판에서 피청구인의 불복이 불가능한 것과 뚜렷이 대조되는 점으로서 인사행정의 전반적인 질서유지를 위한 특례라는 지적을 받았으나(박윤흔, 행정법강의(하), 231), 2004년 3월 11일 국가공무원법 일부개정법률(법률 제7187호)에서 소청심사위원회의 독립성을 강화하기 위하여 중앙인사관장기관의 장이 소청심사위원회의 결정에 대하여 재심을 요구할 수 있는 제도를 폐지하였다(당시 제14조의2 삭제).

상 무의미할 수 있기 때문이다. 그러므로 재판청구권은 법적 분쟁의 해결을 가능하게 하는 적어도 한 번의 권리구제절차가 개설될 것을 요청할 뿐 아니라 그를 넘어서 소송절차의 형성에 있어서 실효성 있는 권리보호를 제공하기 위하여 그에 필요한 절차적 요건을 갖출 것을 요청한다. **비록 재판절차가 국민에게 개설되어 있다 하더라도 절차적 규정들에 의하여 법원에의 접근이 합리적인 이유로 정당화될 수 없는 방법으로 어렵게 된다면 재판청구권은 사실상 형해화될 수 있으므로 바로 여기에 입법형성권의 한계가 있다.**

2. 행정심판이라 함은 행정청의 처분 등으로 인하여 침해된 국민의 기본권 등 권익을 구제하고, 행정의 자기통제 및 자기감독을 실현함으로써 행정의 적법성을 보장하는 권리구제절차이므로 학교법인과 그 소속 교원 사이의 사법적 고용관계에 기초한 교원에 대한 징계 등 불리한 처분을 그 심판대상으로 삼을 수는 없는 것이다. 따라서 재심위원회를 교육인적자원부 산하의 행정기관으로 설치하는 등의 **교원지위법 규정에도 불구하고 여전히 재심절차는 학교법인과 그 교원 사이의 사법적 분쟁을 해결하기 위한 간이분쟁해결절차로서의 성격을 갖는다고 할 것이므로, 재심결정은 특정한 법률관계에 대하여 의문이 있거나 다툼이 있는 경우에 행정청이 공적 권위를 가지고 판단·확정하는 행정처분에 해당한다고 봄이 상당하다.**

3. 교원이 제기한 민사소송에 대하여 응소하거나 피고로서 재판절차에 참여함으로써 자신의 권리를 주장하는 것은 어디까지나 상대방인 교원이 교원지위법이 정하는 재심절차와 행정소송절차를 포기하고 민사소송을 제기하는 경우에 비로소 가능한 것이므로 이를 들어 학교법인에게 자신의 침해된 권익을 구제받을 수 있는 실효적인 권리구제절차가 제공되었다고 볼 수 없고, 교원지위부존재확인 등 민사소송절차도 교원이 처분의 취소를 구하는 재심을 따로 청구하거나 또는 재심결정에 불복하여 행정소송을 제기하는 경우에는 민사소송의 판결과 재심결정 또는 행정소송의 판결이 서로 모순·저촉될 가능성이 상존하므로 이 역시 간접적이고 우회적인 권리구제수단에 불과하다. 그리고 학교법인에게 재심결정에 불복할 제소권한을 부여한다고 하여 이 사건 법률조항이 추구하는 사립학교 교원의 신분보장에 특별한 장애사유가 생긴다든가 그 권리구제에 공백이 발생하는 것도 아니므로 이 사건 법률조항은 **분쟁의 당사자이자 재심절차의 피청구인인 학교법인의 재판청구권을 침해한다.**

또한 **학교법인은 그 소속 교원과 사법상의 고용계약관계에 있고 재심절차에서 그 결정의 효력을 받는 일방 당사자의 지위에 있음에도 불구하고 이 사건 법률조항은 합리적인 이유 없이 학교법인의 제소권한을 부인함으로써 헌법 제11조의 평등원칙에 위배되고, 사립학교 교원에 대한 징계 등 불리한 처분의 적법여부에 관하여 재심위원회의 재심결정이 최종적인 것이 되는 결과 일체의 법률적 쟁송에 대한 재판 권능을 법원에 부여한 헌법 제101조 제1항에도 위배되며, 행정처분인 재심결정의 적법여부에 관하여 대법원을 최종심으로 하는 법원의 심사를 박탈함으로써 헌법 제107조 제2항에도 아울러 위배된다.**

4. 이 사건 법률조항은 헌법에 위반되므로, 우리 재판소가 종전의 1998.7.16. 95헌바19등 결정에서 이와 견해를 달리하여 이 사건 법률조항이 헌법에 위반되지 아니한다고 판시한 의견은 이를 변경하기로 한다."94)

---

94) 헌법재판소 2006.2.23. 선고 2005헌가7,2005헌마1163(병합) 전원재판부 결정.

5. 기타 불이익처분에 대한 권익구제제도

5.1. 면직·직위해제 처분 취소시 공무원의 소급재임용 및 보수 등의 보장

법원의 판결에 의해 면직처분이나 직위해제처분이 취소된 경우에도 당해 기관에 정원이 이미 소진되어 버리면 재임용이 불가능해질 우려가 있다. 이러한 문제점을 시정하기 위하여 국가공무원법과 공무원보수규정은 불이익처분에 대한 구제제도의 실효를 거두기 위하여 면직 또는 직위해제 처분이 취소된 경우 공무원의 소급재임용을 가능케 할 정원의 여지를 확보하는 한편 그 경우 보수의 소급지급을 보장하는 규정을 두고 있다.

이에 따라 공무원에게 행한 파면처분·해임처분·면직처분 또는 강등처분에 대하여 소청심사위원회나 법원에서 무효나 취소의 결정 또는 판결을 하면 그 파면처분·해임처분·면직처분 또는 강등처분에 따라 결원을 보충하였던 때부터 파면처분·해임처분·면직처분 또는 강등처분을 받은 사람의 처분 전 직급·직위에 해당하는 정원이 따로 있는 것으로 본다(국가공무원법은 §43 ③·지방공무원법 §41 ③). 이러한 추가로 의제된 정원은 휴직자의 복직, 파견된 자의 복귀 또는 파면·해임 또는 면직된 자의 복귀가 이루어진 이후 당해 직급에 최초로 결원이 발생한 때에 각각 소멸된 것으로 간주하여 소화하도록 되어 있다(같은 조 ④).

또한 공무원에게 행한 파면처분·면직처분 또는 직위해제처분이 무효 또는 취소된 경우에는 원래의 정기승급일을 기준으로 한 당시의 보수의 전액 또는 차액을 소급하여 지급하도록 되어 있다(공무원보수규정 §30).

5.2. 공무원고충처리제도

국가공무원법 제76조의2(지방공무원법 §67의2)에 의한 고충처리제도 역시 불이익처분에 대한 비정형적 구제수단으로 활용될 수 있다. 국가공무원법(§76의2)과 지방공무원법(§67의2)은 공무원은 누구나 인사·조직·처우등 각종 직무조건과 기타 신상문제에 대하여 인사상담이나 고충의 심사를 청구할 수 있으며, 이를 이유로 불이익한 처분이나 대우를 받지 아니한다고 규정하고 있다(§76의2 ①). 중앙인사관장기관의 장, 임용권자 또는 임용제청권자는 심사 결과 필요하다고 인정되면 처분청이나 관계 기관의 장에게 그 시정을 요청할 수 있으며, 요청받은 처분청이나 관계 기관의 장은 특별한 사유가 없으면 이를 이행하고, 그 처리 결과를 알려야 한다. 다만, 부득이한 사유로 이행하지 못하면 그 사유를 알려야 한다(§76의2 ⑥). 고충처리제도는 이처럼 그 심사 결과에 법적 구속력이 인정되지 않는다는 점에서 소청심사와 다르지만, 그 운용의 묘를 살릴 수 있다면 소청심사제도 못지않은 효용을 지닌 권익구제절차로 활용될 수 있다.

제4장

재무행정법

제 1 절 | 재정과 재무행정법

Ⅰ. 재무행정의 개념과 종류

재무행정은 정부나 지방자치단체·공공기관이 정책을 수행하는 데 필요한 재원을 경제적·합리적으로 조달·배분하고 효율적으로 운용·관리하는 모든 활동을 말한다. 재무행정은 정부 등 공공기관이 임무수행을 위한 재원을 조달하고 운용하는 일련의 모든 과정이며, 재정정책을 집행하는 활동이다.[1] 정부는 조세 수입을 주요 재원으로 하고 정부 보유 재산의 매각, 국공채 발행, 각종 수수료 등을 수입으로 하여 국방·외교·치안 등 국가 유지를 위한 기본적 역할을 수행하며, 그 밖에 경제성장, 사회복지, 교육, 과학기술 등 국가 발전을 뒷받침하기 위한 분야에 재원을 배분한다. 이러한 정부의 재원조달 및 지출활동을 재정이라고 한다.

재무행정의 대상인 재정은 국가 임무수행을 위한 물질적 기초로서 재정에 기초하지 않은 정책이나 계획은 탁상공론에 불과하다. 또한 국가의 기능이 날로 증가하고 있는 상황에서 재정의 역할과 재무행정의 중요성이 더욱 커지고 있는 실정이다.

재무행정에서 가장 중요한 부문은 국가의 예산이다. 특히 복지국가에서 예산의 책정과 운영 문제는 고도로 정치적 성격을 띠며 정부의 정책과 사업을 통제하는 지렛대로서 의미를 가진다.

정부조직에서 재무행정의 주무부처는 기획재정부이며, 기획재정부장관은 중장기 국가발전 전략수립, 경제·재정정책의 수립·총괄·조정, 예산·기금의 편성, 집행, 성과관리, 화폐,

---

[1] 강신택, 재무행정, 1993, 박영사, 4.

외환, 국고, 정부회계, 내국세, 관세, 국제금융, 공공기관 관리, 경제협력, 국유재산, 민간투자 및 국가채무에 관한 사무를 관장한다($\S^{정부조직법}_{23\ \textcircled{1}}$).

Ⅱ. 재무행정법의 체계와 기본원리

1. 재무행정법의 체계

일반적으로 재무행정에 관한 법은 헌법, 국가재정법, 국가회계법, 개별 세출관계법, 회계 관련 규정과 지침 등으로 구성된다.[2] 국가재정에 관하여 헌법에서는 예산과정의 권한, 절차 및 형식 등만을 규율하고, 예산법의 일반원칙을 포함하여 예산과정에 대한 규율이나 국유재 산관리, 물품관리 기타 국가채권관리 등에 관한 구체적인 내용은 대부분 법률에서 규정하고 있다. 그 밖에도 국가회계기준에 관한 규칙(기획재정부령), 공기업·준정부기관 회계사무규칙 (기획재정부령) 등 각종 회계규정과 지침들이 만들어져 공공재정을 규율하고 있다.

1.1. 재정헌법

재정헌법은 헌법 제54조부터 제59조까지 비교적 간소하게 구성되어 있다. 국회에게 국가 예산안의 심의·확정권을 부여한 조항($^{\S\ 54}_{\textcircled{1}}$), 정부의 예산안편성권 및 국회 제출·의결에 관 한 조항($^{\S\ 54}_{\textcircled{2}}$), 준예산($^{\S\ 54}_{\textcircled{3}}$), 국회의 계속비·예비비 의결 및 지출승인($^{\S\ 55}$), 추가경정예산($^{\S\ 56}$), 지출예산의 증액 및 비목 신설 금지($^{\S\ 57}$), 국채모집 및 예산외 국가부담계약 체결에 대한 국 회 동의($^{\S\ 58}$), 조세법률주의($^{\S\ 59}$)에 관한 규정들이 그것이다. 재정에 관한 실체법적 규정은 거 의 없고, 예산결정과정과 재정운용에 관한 기술적이고 형식적인 절차규정이 주종을 이루고 있어 우리 헌법상 재정운용에 대한 실체법적 지침과 한계에 관한 규정은 거의 없다고 해도 과언이 아니다.[3] 한편, '경제헌법'으로 불리는 헌법 제119조를 정책의 기능적 연관성의 관점 에서 재정조항, 즉 경제정책수단으로 활용되고 있는 '기능적 재정'($^{functional}_{finance}$)의 운용에 대한 포 괄적인 수권 및 한계규정으로 보는 견해가 표명되고 있다.[4]

국회의 예산 통제 및 확정권을 핵심으로 하는 의회의 예산고권(^{Etathoheit}), 주요한 재정행위 에 대한 국회의 동의·승인 등을 요구하는 재정의회의결주의, 조세법률주의가 그 핵심인데, 결국 의회주의를 토대로 재정에 있어 민주주의와 법치주의의 요구가 구체화된 것이라고 이

---

2) 옥동석, "재정법의 의의와 체계", 법제연구 제25호(2003), 8-27, 18-19.
3) 제헌헌법에서는 재정헌법을 독립된 장(제90조-제95조)으로 하여 예산과정에 관한 규정을 두고 있었으나, 제5차 헌법개정(1962) 이후 재정헌법에 관한 독립된 장이 없어지고 통치기구에 관한 장에 통합되어 규정되어 왔다.
4) 이덕연, "재정과 헌법-헌법개정을 통한 재정헌법보완의 필수성", 국민의 입장에서 본 국가재정의 법적 과제, 한국 법제연구원 연구보고서, 2005.10.20, 22-78, 48이하.

해할 수 있다. 이러한 재정민주주의와 재정법치주의의 요구는 국가과업 수행의 성과와 효율성을 요구한다는 점에서 재정의 건전성 확보에 대한 헌법적 당위를 정당화하는 법적 기반이 된다. 반면 우리 재정헌법은 이러한 재정민주주의와 재정법치주의의 요구를 제외하고는 의회 입법권자에게 극히 폭넓은 입법형성의 자유를 허용하는 것으로 이해된다. 특히 효율성과 신축성, 탄력성, 현실적응성을 위한 입법권자의 형성의 자유는 헌법으로부터 자유로운 영역이라기보다는 오히려 헌법적 기대와 처방의 성격을 띤 것이라고 보아야 할 것이다.

1.2. 재무행정법

국가가 자신의 존립에 필요한 재원을 취득하고 이를 관리하는 국가작용으로서 국가재정에 관한 법은 국가의 세입·세출을 규율하는 예산법 및 부채관리에 관한 법, 조세 및 각종 공법상 부담금을 부과·징수하는 공과금법, 국가와 지방자치단체 간 재정조정법, 통화 발행 및 관리·감독에 관한 법 등으로 구성된다.[5]

재무행정법의 가장 주요한 법원은 2006년 10월 4일 제정되어 2007년부터 시행된 국가재정법이다. 이 법률은 종래의 예산회계법과 기금관리기본법을 통합하여 국가 재정운용의 기본법으로 제정되었다.[6] 제정이유는 '새로운 재정운용의 틀을 마련하고, 국가재정운용계획의 수립, 성과관리제도·예산총액배분 및 자율편성제도의 도입 등을 통하여 재정의 효율성을 도모하며, 재정정보의 공표 확대 및 조세지출예산제도의 도입 등으로 재정의 투명성을 제고하고, 추가경정예산편성요건의 강화 및 국가채무관리계획의 수립 등을 통하여 재정의 건전성을 확보하려는 것'으로 되어 있다.[7]

분야별 재무행정법은 다음 표에서 보는 바와 같다. 위 법률 중 상법과 민법을 제외하고는 모두 재정관련법 또는 재정법으로 부를 수 있다. 일반정부에 포함되건 공기업이건 관계없이 정부산하기관들은 모두 광의의 재정에 포함된다고 볼 수 있기 때문이다.[8]

---

5) 김성수, "예산법의 기본원칙과 재정법의 과제", 법제연구 제25호, 2003, 31.
6) 1961년에 제정된 구 예산회계법은 2001년까지 모두 23차례의 개정이 이루어지는 등 많은 변화가 있었다. 그러나 법개정은 대부분 특별회계·기금의 개폐에 관한 것이었고 그것도 재정 운용 과정에서 나타난 문제들을 그때그때 해소하는 데에만 초점을 맞췄기 때문에 재정제도 전반에 대한 심층적인 조사와 연구를 바탕으로 한 체계적인 법제개선은 이루어지지 못했다.
7) 국가재정법의 제정 배경에 관해서는 한국법제연구원, 국가재정법의 제정방안(2003.7); 이동식, "재정건전화법제의 발전방향", 공법연구 제33집 제5호(2005.6), 259-290 등을 참조.
8) 옥동석, "재정법의 의의와 체계", 법제연구 제25호(2003), 8-27, 16.

〈분야별 재정법의 개요〉

구 분	회계단위				공법인			사법인	
	일반회계	기타 특별회계	기업 특별회계	기금	정부 투자기관	공기업	정부 비 영리법인	공기업	정부 비 영리법인
국가재정법	●	●	●	●					
정부기업예산법			●						
공공기관의 운영에 관한 법률					●				
부담금관리기본법		●		●	●	●	●	●	●
개별법령		●		●	●	●	●		
상법								●	
민법									●

※ 옥동석, 앞의 글, 16의 〈표1〉을 현행법에 맞게 재구성한 것임.

2. 재무행정법의 기본원리

2.1. 재정의회주의

재정작용도 국민의 대표기관인 국회가 제정한 법률과 국회의 통제 하에 이루어져야 한다는 원칙을 말한다. 파생원칙으로 조세법률주의, 예산심의·확정 및 결산심사에 관한 원칙 등이 거론된다.

2.2. 재정관리의 엄정주의

국가나 지방자치단체의 재산 등 재정관리를 엄정하게 해야 한다는 원칙이다. 그 파생원칙으로 채권존중의 원칙, 적정대가의 원칙 등이 거론된다.

2.3. 건전재정주의

국가나 지방자치단체의 재정이 수입과 지출 간에 균형을 이루어 적자를 방지하여야 한다는 원칙이다. 국가재정법 제16조에서는 정부는 예산의 편성 및 집행에 있어 재정건전성의 확보를 위해 최선을 다해야 한다고 규정하여 이를 예산의 원칙으로 명시하는 한편, 재정건전화를 위해 제5장을 할애하여 정부에게 건전재정을 유지하고 국가채권을 효율적으로 관리하며 국가채무를 적정수준으로 유지하도록 노력하여야 할 의무를 부과하고 재정지출 또는 조세감면을 수반하는 법률안에 대한 제한($^{§\ 87}$), 국세감면의 제한($^{§\ 88}$), 추가경정예산안의 편성에 대한 제한($^{§\ 89}$), 세계잉여금 등의 처리에 있어 재정건전성을 고려한 충당($^{§\ 90}$), 국가채무의 관리($^{§\ 91}$) 등의 규정들을 두고 있다.

2.4. 재정효율성 · 성과지향성 · 재정투명성의 원칙

국가재정의 이념적 지향점으로 재정효율성 · 성과지향성 · 재정투명성의 원칙을 들 수 있다. 국가재정법은 그 목적조항($^{§\ 1}$)에서 이 원칙들을 명시적으로 천명하고 있다.

제 2 절 │ 재무행정의 법적 수단

종래 재무행정을 재정권력작용과 재정관리작용으로 나누어, 전자는 재정목적을 위하여 일반통치권에 기하여 개인에게 명령·강제하는 작용으로 정의하고 그 법률효과의 내용에 따라 재정하명, 재정허가, 재정강제 및 재정벌로 파악하는 한편, 후자는 국가·지방자치단체가 그 재산 및 수입·지출을 관리하는 작용, 즉 회계라고 정의하여 그 종류로 재산관리(물품회계)와 수입·지출관리(현금회계)로 나누어 설명하였다.[1] 그러나 재정권력작용과 재정관리작용의 구별이 가지는 실익이 분명치 않을 뿐만 아니라 재정관리작용을 통상 비권력적인 것으로 본다고 할지라도, 권력적 요소를 완전히 배제할 수는 없다는 점을 고려할 때, 양자의 구별을 답습할 이유는 없다고 생각한다.

I. 재정상 행정입법(재정명령)

재정목적을 위해 제정되는 일반추상적 명령을 재정상 행정입법 또는 재정명령이라고 부른다. 일부 문헌에서 재정상 법규하명과 재정처분으로서 하명을 통틀어 재정하명이라고 부르기도 하지만, 양자는 효력범위나 쟁송방법 등 적지 않은 차이가 있으므로 재정상 행정입법을 별도로 파악하는 것이 옳다.[2] 재정상 행정입법의 형식으로 법규명령과 행정규칙 두 가지 유형이 있다는 점은 일반 행정입법의 경우와 다르지 아니 하다.

II. 재정상 행정행위(재정처분)

재정상 행정행위 또는 재정처분 역시 그 목적이 재정목적으로 특화된 것일 뿐 그 본질면에서 일반행정법이론상 행정행위 또는 처분과 다르지 않다.

III. 비권력적 재정관리활동

비권력적 재정관리작용은 재무행정의 제3의 행위형식으로서 수입·지출의 관리와 재산의

---

1) 김동희, 행정법 II, 제12판, 2006, 612이하 및 621이하 등.
2) 홍정선, 행정법특강, 제5판, 2006, 1096.

관리를 포함한다. 전자만을 회계라고 부르는 경우도 없지 않지만, 양자를 통틀어 회계라고 부르기도 한다. 전자는 예산을 중심으로 이루어지며 후자는 국가나 지방자치단체의 채권, 동산, 부동산 등의 관리를 중심으로 이루어지는 재정활동이다.

제 3 절 │ 국가재정법과 지방재정법

제 1 관 국가재정법

Ⅰ. 국가재정법의 개요

국가 재정운용의 기본법으로 제정된 국가재정법은 102개 조항과 부칙으로 이루어진 방대한 규모의 법률이다. 주요골자만 살펴보면 다음과 같다.

1. 재정계획 및 예산절차의 개선

1.1. 국가재정운용계획의 수립($^{§\,7}$)

국가재정법($^{이하\,이\,절에서}_{"법"이라\,한다}$)은 정부에게 국가재정운용계획 수립을 의무화하고 있다. 이에 따라 정부는 재정운용의 효율화와 건전화를 위하여 매년 당해연도를 포함한 5회계연도 이상의 기간에 대하여 국가재정운용계획을 수립하고 회계연도 개시 90일 전까지 국회에 제출하여야 한다.

1.2. 예산 총액배분 · 자율편성제도의 도입($^{§§\,28\,\cdot}_{29}$)

법은 예산 총액배분 · 자율편성제도를 도입하였다. 이에 따라 각 중앙관서의 장은 매년 1월 31일까지 5회계연도 이상의 중기사업계획서를 기획재정부장관에게 제출하고, 기획재정부장관은 다음 연도의 예산안편성지침을 각 중앙관서의 장에게 3월 31일까지 통보하여야 한다. 기획재정부장관은 국가재정운용계획과 예산편성을 연계하기 위하여 이 예산안편성지침에 중앙관서별 지출한도를 포함하여 통보할 수 있다.

1.3. 예산총계주의 원칙의 예외($^{§\,53}$)

법은 예산총계주의 원칙에 대한 예외로, 국가의 현물출자, 외국차관의 전대(轉貸)와 국가연구개발사업의 개발 성과물 사용에 따른 기술료 등은 예산에 계상하지 아니하도록 하되, 기술료의 수입 · 지출내역에 대해서는 국회 예산결산특별위원회에 보고하도록 하고 있다.

1.4. 총사업비관리제도 및 예비타당성조사 등의 도입$\binom{\S\S\ 38\ \cdot}{50}$

법은 대규모사업에 대한 총사업비관리제도를 도입하여 각 중앙관서의 장으로 하여금 그 사업규모·총사업비 및 사업기간에 대하여 미리 기획예산처장관과 협의하도록 하고, 기획예산처장관은 대규모사업에 대하여 예비타당성조사를 실시하고, 그 총사업비가 일정 규모 이상 증가하는 경우 타당성 재조사를 실시하도록 규정하고 있다.

1.5. 결산의 국회 조기제출$\binom{\S\S\ 58\ -}{61}$

법은 예·결산 분리 심의를 위하여 회계연도 개시 120일 전(9월 2일)까지 국회에 제출하던 국가결산보고서를 감사원 검사를 거쳐 5월 31일까지 국회에 제출하도록 앞당겼다.

2. 성과지향성, 재정투명성 및 재정효율성의 확보

2.1. 성과중심의 재정운용$\binom{\S\ 8}{}$

국가재정법 제8조는 성과중심 재정운영을 의무화하고 있다. 이에 따라 중앙관서의 장 및 기금관리주체는 재정활동의 성과관리체계를 구축하여 예산요구서 또는 기금운용계획안을 제출하는 경우 성과계획서 또는 성과보고서를 제출하여야 한다.

2.2. 주요 재정정보의 공표$\binom{\S\ 9}{}$

법은 재정활동의 투명성을 제고하기 위하여 예·결산, 기금, 국채, 차입금, 국유재산의 현재액 및 통합재정수지 등 국가와 지방자치단체의 중요한 재정정보를 정부로 하여금 매년 1회 이상 공표하도록 하였다.

2.3. 회계 및 기금 간 여유재원의 신축적 운용$\binom{\S\S\ 13\ \cdot\ 33}{68\ ①}$

법은 국가재정의 효율적인 운용을 위하여 회계 및 기금 간 여유재원의 전출입을 허용하되, 그 내용을 예산안 또는 기금운용계획안에 반영하여 국회에 제출하도록 하고 있다.

3. 재정의 건전화

3.1. 국가 세출재원의 제한

국가재정법 제18조는 국가의 세출은 국채·차입금(외국정부·국제협력기구 및 외국법인으로부터 도입되는 차입자금을 포함한다. 이하 같다) 외의 세입을 그 재원으로 하되, 부득이한 경우에는 국회의 의결을 얻은 금액의 범위 안에서 국채 또는 차입금으로써 충당할 수 있도록 하고 있다.

3.2. 추가경정예산안 편성사유의 제한^(§ 89)

법은 국가재정의 건전성을 제고하기 위하여 추경의 편성사유를 전쟁이나 대규모 자연재해가 발생한 경우, 경기침체·대량실업 등 대내·외 여건의 중대한 변화가 발생하였거나 발생할 우려가 있는 경우, 법령에 따라 국가가 지급하여야 하는 지출이 발생하거나 증가하는 경우로 제한하고 있다.

3.3. 세계잉여금의 국가 채무상환 목적 우선 사용^(§ 90)

법은 세입세출의 결산상 잉여금 중 이월액을 공제한 금액인 세계잉여금의 사용순서를 지방교부세 및 지방교육재정교부금의 정산, 공적자금상환기금에의 출연, 국가 채무상환, 추가경정예산의 편성 순으로 하고, 사용시기는 정부 결산에 대한 대통령의 승인 이후로 정하도록 하고 있다.

3.4. 국가채무관리계획의 국회 제출^(§§ 33·34 xii, 91)

국가채무에 대한 체계적인 관리를 위하여 재정경제부장관은 매년 국채·차입금의 상환실적 및 상환계획, 채무의 증감에 대한 전망 등을 포함하는 국가채무관리계획을 수립하여 회계연도 90일 전까지 국회에 제출하여야 한다.

3.5. 기금운용계획의 변경 가능 범위^(§ 70)

기금운용계획변경시 국회에 제출하지 아니하고 자율적으로 변경할 수 있는 주요항목 지출금액의 범위는 비금융성기금은 현행 30퍼센트에서 20퍼센트 이하로, 금융성기금은 현행 50퍼센트에서 30퍼센트 이하로 축소되었다.

3.6. 예비비의 계상 한도 등^(§ 22)

법은 사용목적이 지정되지 않은 일반예비비의 규모를 일반회계 예산총액의 1퍼센트 이내로 하여 그 한도를 설정하고, 이를 공무원의 보수 인상을 위한 인건비 충당에 사용할 수 없도록 하고 있다.

3.7. 조세지출예산서의 도입^(§§ 27·34 x, 부칙 § 6 ①)

법은 조세감면 등의 재정지원의 추정금액을 기능별·세목별로 작성한 조세지출예산서를 예산안과 함께 국회에 제출하도록 하고 있다.

4. 그 밖의 재정법치주의를 위한 제도들

4.1. 불법 재정지출에 대한 국민감시제도의 도입(§ 100)

법은 불법 재정지출에 대한 국민감시제도를 도입하여 예산 및 기금의 불법지출에 대하여 일반 국민들이 집행에 책임 있는 중앙관서의 장 또는 기금관리주체에게 시정을 요구할 수 있도록 하는 한편, 시정요구에 대한 처리결과 예산절약 등에 기여한 경우 시정요구를 한 자에게 예산성과금을 지급할 수 있도록 하고 있다.

4.2. 성인지 예·결산제도의 도입(§§ 16·26·34 ix·57·58 ① iv·61·부칙 § 5)

성인지 예·결산제도의 도입은 국가재정법의 주목할 만한 재정제도혁신의 대표적 사례이다. 이에 따라 정부는 예산이 여성과 남성에게 미치는 효과를 평가하고, 그 결과를 정부의 예산편성에 반영하기 위하여 노력하여야 하며(§ 16 v), 예산이 여성과 남성에게 미치는 영향을 분석한 "성인지 예산서"와 여성과 남성이 동등하게 예산의 수혜를 받고 예산이 성차별을 개선하는 방향으로 집행되었는지를 평가하는, 집행실적, 성평등 효과분석 및 평가 등을 포함한 "성인지 결산서"를 예·결산안 첨부서류로 국회에 제출하여야 한다.

Ⅱ. 예산과 예산과정

1. 예산의 개념

예산은 실질적·일상적인 의미로는 정부나 지방자치단체뿐만 아니라 정부기업, 민간기업이나 단체 등 모든 회계단위의 수입·지출의 예정표를 말하지만, 형식적인 의미로는 헌법 제54조에 따라 국회는 심의·확정한 국가의 1회계연도 세입·세출의 예정표, 즉 국가예산을 말한다.

예산은 예산총칙·세입세출예산·계속비·명시이월비 및 국고채무부담행위로 구성된다(§ 19). 예산총칙에는 세입세출예산·계속비·명시이월비 및 국고채무부담행위에 관한 총괄적 규정을 두는 외에 다음 각 호의 사항을 규정하여야 한다(§ 20 ①).

1. 제18조 단서의 규정에 따른 국채와 차입금의 한도액(중앙관서의 장이 관리하는 기금의 기금운용계획안에 계상된 국채발행 및 차입금의 한도액을 포함한다)
2. 「국고금관리법」 제32조의 규정에 따른 재정증권의 발행과 일시차입금의 최고액
3. 그 밖에 예산집행에 관하여 필요한 사항

정부는 기존 국채를 새로운 국채로 대체하기 위하여 필요한 경우에는 위 제1호의 한도액을 초과하여 국채를 발행할 수 있으며, 그 경우 미리 국회에 보고해야 한다($\S^{20}_{②}$).

국가의 회계는 일반회계와 특별회계로 나뉜다($\S^4_①$). 일반회계는 조세수입 등을 주요 세입으로 하여 국가의 일반적인 세출에 충당하기 위하여 설치하고($\S^4_②$), 특별회계는 국가에서 특정한 사업을 운영하고자 할 때, 특정한 자금을 보유하여 운용하고자 할 때, 특정한 세입으로 특정한 세출에 충당함으로써 일반회계와 구분하여 계리할 필요가 있을 때에 법률로써 설치하되, 별표 1에 규정된 법률에 의하지 아니하고는 설치할 수 없다($\S^4_③$).

그 밖에 국가재정법은 세입세출예산의 구분($\S$ 21), 예비비($\S$ 22), 계속비($\S$ 23), 명시이월비($\S$ 24), 국고채무부담행위($\S$ 25), 성인지 예산서의 작성($\S$ 26), 조세지출예산서의 작성($\S$ 27)에 관한 규정들을 두고 있다.

2. 예산의 원칙

국가재정법은 정부가 예산을 편성·집행함에 있어 준수해야 할 원칙으로서 고전적인 예산원칙과 현대적 원칙을 혼합하여 다음과 같이 명시하고 있다($\S$ 16).

1. 정부는 재정건전성의 확보를 위하여 최선을 다하여야 한다.
2. 정부는 국민부담의 최소화를 위하여 최선을 다하여야 한다.
3. 정부는 재정을 운용함에 있어 재정지출의 성과를 제고하여야 한다.
4. 정부는 예산과정의 투명성과 예산과정에의 국민참여를 제고하기 위하여 노력하여야 한다.
5. 정부는 예산이 여성과 남성에게 미치는 효과를 평가하고, 그 결과를 정부의 예산편성에 반영하기 위하여 노력하여야 한다.

그 밖에도 국가재정법은 제17조에서 '한 회계연도의 모든 수입을 세입으로 하고, 모든 지출을 세출로 하며'($\S^{17}_①$), '제53조에 규정된 사항을 제외하고는 세입과 세출은 모두 예산에 계상하여야 한다'($\S^{17}_②$)고 규정함으로써 예산총계주의 원칙을 명문화하고 있다. 이 원칙은 한 회계연도의 세입 세출을 모두 예산에 계상함으로써 예산의 규모, 수지 균형, 예산의 흐름 등을 명료하게 파악할 수 있도록 할 것을 요구한다. 이를 통해 회계 간 또는 계정 간 돈의 흐름이 나타나게 되고 정부의 활동이 서로 어떻게 관계되어 있는지를 알 수 있게 된다.

제1편 제2편 제3편 제4편 제5편 행정관리법

3. 예산과정

3.1. 개 설

예산과정은 다음 표에서 보는 바와 같이 예산안의 편성과 국회의 심의·확정, 예산의 집행, 결산에 이르는 일련의 순환적 과정이다.

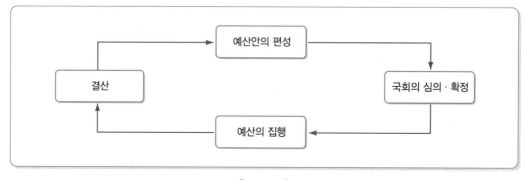

[예산과정]

3.2. 예산안의 편성

예산안의 편성은 행정부의 전권사항이며 정부 내에서는 기획재정부장관의 소관이다. 기획재정부장관은 국가재정법 제31조 제1항에 따라 각 중앙관서의 장이 예산안편성지침에 따라 작성하여 제출한 다음 연도의 소관 세입세출예산·계속비·명시이월비 및 국고채무부담행위요구서, 즉 예산요구서에 따라 예산안을 편성하여 국무회의의 심의를 거친 후 대통령의 승인을 얻어야 한다($^{§\,32}$).

각 중앙관서의 장은 매년 1월 31일까지 당해 회계연도부터 5회계연도 이상의 기간 동안의 신규사업 및 기획재정부장관이 정하는 주요 계속사업에 대한 중기사업계획서를 기획재정부장관에게 제출하여야 하며($^{§\,28}$), 기획재정부장관은 국무회의의 심의를 거쳐 대통령의 승인을 얻은 다음 연도의 예산안편성지침을 매년 4월 30일까지 각 중앙관서의 장에게 통보하고 ($^{§\,29}_{①}$), 국회 예산결산특별위원회에 보고하여야 한다($^{§\,30}$). 그리고 각 중앙관서의 장은 매년 6월 30일까지 예산요구서를 기획재정부장관에게 제출하여야 하며($^{§\,31}_{①}$), 기획재정부장관은 제출된 예산요구서가 예산안편성지침에 부합하지 아니하는 때에는 기한을 정하여 이를 수정 또는 보완하도록 요구할 수 있다($^{§\,31}_{③}$).

3.3. 예산안의 국회제출

3.3.1. 예산안의 제출

헌법은 "정부는 회계연도마다 예산안을 편성하여 회계연도 개시 90일전까지 국회에 제출하여야 한다"고 규정하고 있다($^{헌법}_{§54②}$). 이에 따라 정부는 대통령의 승인을 얻은 예산안을 회계연도 개시 90일 전까지 국회에 제출하여야 한다($^{국가재정}_{법§33}$). 예산안에는 국가재정법 제36조에 따른 경우를 제외하고, 세입세출예산사업별 설명서, 계속비 현황명세서, 국고채무부담행위설명서 등 소정의 첨부서류를 첨부해야 한다(^{§34}). 정부는 예산안을 국회에 제출한 후 부득이한 사유로 인하여 그 내용의 일부를 수정하고자 하는 때에는 국무회의의 심의를 거쳐 대통령의 승인을 얻은 수정예산안을 국회에 제출할 수 있다(^{§35}).

3.3.2. 총액계상

기획재정부장관은 대통령령이 정하는 사업으로서 세부내용을 미리 확정하기 곤란한 사업의 경우에는 총액으로 예산에 계상할 수 있으나($^{§37}_{①}$), 총액계상사업의 총규모는 매 회계연도 예산의 순계를 기준으로 대통령령이 정하는 비율을 초과할 수 없게 되어 있다($^{§37}_{②}$).

3.3.3. 예비타당성조사

기획재정부장관은 대통령령이 정하는 대규모사업에 대한 예산을 편성하기 위하여 미리 예비타당성조사를 실시하여야 한다($^{§38}_{①}$).

예비타당성조사 대상사업의 선정은 두 가지 방법으로 이루어진다. 첫째는, 기획재정부장관이 중앙관서의 장의 신청에 따라 또는 직권으로 선정하는 경우이고($^{§38}_{②}$), 두 번째는 국회가 그 의결로 요구하는 사업에 대하여 기획재정부장관이 예비타당성조사를 실시하는 경우이다($^{§38}_{③}$). 전자는 기획재정부장관의 재량의 여지가 인정되는 반면 후자는 반드시 실시해야 할 기속을 받는다.

기획재정부장관은 제1항의 규정에 따른 예비타당성조사 대상사업의 선정기준·조사수행기관·조사방법 및 절차 등에 관한 지침을 마련하여 중앙관서의 장에게 통보하여야 한다($^{§38}_{④}$).

3.3.4. 대규모 개발사업예산의 단계별 편성

대규모 개발사업의 원활한 추진을 위해서는 단계별 편성 등 예산 편성의 특례를 인정할 필요가 있는 경우가 많다. 국가재정법은 그러한 취지에서, 각 중앙관서의 장은 대통령령이 정하는 대규모 개발사업에 대하여는 타당성조사 및 기본설계비 · 실시설계비 · 보상비($\frac{\text{댐수몰지역에}}{\text{대하여 보상}}$ 하는 경우와 공사완료 후 존속하는 어업권의 피해에 대하여 보상하는 경우를 제외한다)와 공사비의 순서에 따라 그중 하나의 단계에 소요되는 경비의 전부 또는 일부를 당해 연도의 예산으로 요구하도록 제한하면서($\frac{\S 39}{\text{본문}}$①), 다만, 부분완공 후 사용이 가능한 경우 등 사업의 효율적인 추진을 위하여 기획재정부장관이 불가피하다고 인정하는 사업에 대하여는 2단계 이상의 예산을 동시에 요구할 수 있도록 하였다($\frac{\S 39}{\text{단서}}$①).

기획재정부장관은 대규모 개발사업에 대하여는 동항의 규정에 따른 요구에 따라 단계별로 당해 연도에 필요한 예산안을 편성하여야 하며($\frac{\S 39 ②}{\text{제1문}}$), 그 경우 전체공정에 대한 실시설계가 완료되고 총사업비가 확정된 사업에 대하여는 그 사업이 지연되지 아니하도록 예산안을 적정하게 편성하여야 한다($\frac{\S 39 ②}{\text{제2문}}$).

3.3.5. 독립기관과 감사원 예산에 대한 특례

국가재정법은 제40조에서 독립기관의 예산에 대한 특례를 인정하고 있다. 이에 따르면 정부는 독립기관의 예산을 편성함에 있어 당해 독립기관의 장의 의견을 최대한 존중하여야 하며, 국가재정상황 등에 따라 조정이 필요한 때에는 당해 독립기관의 장과 미리 협의하여야 한다($\frac{\S 40}{①}$). 그러한 협의에도 불구하고 독립기관의 세출예산요구액을 감액하고자 할 때에는 정부는 국무회의에서 당해 독립기관의 장의 의견을 구해야 하며, 독립기관의 세출예산요구액을 감액한 때에는 그 규모 및 이유, 감액에 대한 독립기관의 장의 의견을 국회에 제출하여야 한다($\frac{\S 40}{②}$).

한편 감사원 예산의 경우, 정부가 감사원의 세출예산요구액을 감액하고자 할 때에는 필수적으로 국무회의에서 감사원장의 의견을 구하도록 하고 있다($\S 41$).

3.4. 예산안의 심의 · 확정

예산안은 헌법 제54조에 따라 국회가 심의 · 확정한다. 국회는 회계연도 개시 30일 전까지 이를 의결하여야 한다($\frac{\text{헌법}}{\S 54}$②). 국회는 정부의 동의 없이 정부가 제출한 지출예산 각항의 금액을 증가하거나 새 비목을 설치할 수 없다($\frac{\text{헌법}}{\S 57}$). 국회 내 예산과정에 대한 설명은 생략한다.

3.5. 예산의 집행

3.5.1. 예산배정요구와 분기별 예산배정계획의 작성 및 승인

예산의 집행은 예산배정요구서의 제출, 예산의 배정의 순서로 이루어진다. 먼저, 각 중앙관서의 장은 예산이 확정된 후 사업운영계획 및 이에 따른 세입세출예산 · 계속비와 국고채무부담행위를 포함한 예산배정요구서를 기획재정부장관에게 제출하여야 한다($\S 42$). 이 예산배정요구서에 따라 기획재정부장관은 분기별 예산배정계획을 작성하여 국무회의의 심의를 거친 후 대통령의 승인을 얻어야 한다($^{§\,43}_{①}$). 기획재정부장관은 각 중앙관서의 장에게 예산을 배정한 때에는 감사원에 통지하여야 한다($^{§\,43}_{②}$).

3.5.2. 예산배정에 있어 기획재정부장관의 역할

예산배정에 있어 기획재정부장관에게는 상당한 범위의 재량이 주어져 있다. 즉, 기획재정부장관은 필요한 때에는 대통령령이 정하는 바에 따라 회계연도 개시 전에 예산을 배정할 수 있다($^{§\,43}_{③}$). 국가재정법 시행령 제16조 제5항은 법 제43조 제3항에 따라 회계연도 개시 전에 예산을 배정할 수 있는 경비를 열거하고 있다.

둘째, 기획재정부장관은 예산배정계획을 작성하는 권한을 가질 뿐만 아니라 그 변경과 조정에 관한 권한을 가진다. 즉, 각 중앙관서의 장은 법 제43조 제1항에 따라 대통령의 승인을 얻은 예산배정계획을 불가피한 사유로 인하여 변경하여야 할 필요가 있을 때에는 그 이유를 명백히 한 사업운영계획과 예산배정계획변경요구서를 기획재정부장관에게 제출하여야 하며($^{같은\,법\,시행}_{령 \S\,16\,②}$), 이를 제출받은 기획재정부장관은 필요한 조정을 한 후 예산배정변경계획을 작성하여 국무회의의 심의를 거쳐 대통령의 승인을 받아야 한다($^{같은\,법\,시행}_{령 \S\,16\,③}$). 기획재정부장관이 이러한 과정을 거쳐 예산배정계획의 변경에 관하여 대통령의 승인을 얻은 때에는 그에 따라 당해 중앙관서의 장에게 예산을 배정하고 감사원에 통지하여야 한다($^{같은\,법\,시행}_{령 \S\,16\,④}$).

셋째, 기획재정부장관은 예산의 효율적 집행관리를 위해 필요하면 분기별 예산배정계획에 불구하고 개별사업계획을 검토, 그 결과에 따라 예산을 배정할 수 있다($^{§\,43}_{④}$).

넷째, 기획재정부장관은 재정수지의 적정한 관리 및 예산사업의 효율적인 집행관리 등을 위하여 필요한 때에는 분기별 예산배정계획을 조정하거나 예산배정을 유보할 수 있으며, 배정된 예산의 집행을 보류하도록 조치를 취할 수 있다($^{§\,43}_{⑤}$).

한편, 예산집행의 효율성을 높이기 위하여 기획재정부장관은 매년 예산집행에 관한 지침을 작성하여 각 중앙관서의 장에게 통보하여야 한다($^{§\,44}$).

3.5.3. 예산 사용에 대한 금지와 제한

(1) 예산의 목적 외 사용금지

법은 제45조에서 각 중앙관서의 장은 세출예산이 정한 목적 외에 경비를 사용할 수 없도록 규정하고 있다.

(2) 예산의 전용

예산은 그 목적과 용도를 준수하여 집행하는 것이 요구되지만 경직적인 예산집행만이 능사는 아니다. 오히려 그 목적범위 안에서는 재원을 최대한 효율적으로 활용할 수 있도록 하는 것이 바람직하다. 예산의 목적범위 안에서 재원을 효율적으로 활용하는 것은 앞서 본 재정효율성의 원칙에 부합한다. 그러한 견지에서 법은 각 중앙관서의 장이 예산의 목적범위 안에서 재원의 효율적 활용을 위하여 대통령령이 정하는 바에 따라 기획재정부장관의 승인을 얻어 각 세항 또는 목의 금액을 전용할 수 있도록 하고 있다($^{§46①}_{제1문}$). 이 경우 사업 간의 유사성이 있는지, 재해대책 재원 등으로 사용할 시급한 필요가 있는지, 기관운영을 위한 경비의 충당을 위한 것인지 여부 등을 종합적으로 고려하여야 한다($^{§46①}_{제2문}$).

또한 법은 각 중앙관서의 장이 법 제46조 제1항의 규정에 불구하고 회계연도마다 기획재정부장관이 위임하는 범위 안에서 각 세항 또는 목의 금액을 자체적으로 전용할 수 있도록 하고 있다($^{§46}_{②}$).

반면 이러한 예산의 전용이 자칫 방만하게 이루어질 우려도 없지 않기 때문에 법은 그 이유를 명시하도록 하고 그 전용 내역을 국회에 보고하도록 하는 등 투명성확보장치를 마련하였다. 이에 따르면, 첫째, 기획재정부장관은 제1항에 따라 전용의 승인을 한 때에는 그 전용명세서를 그 중앙관서의 장 및 감사원에 각각 송부하여야 하며, 각 중앙관서의 장은 제2항에 따라 전용을 한 때에는 전용을 한 과목별 금액 및 이유를 명시한 명세서를 기획재정부장관 및 감사원에 각각 송부하여야 한다($^{§46}_{③}$). 둘째, 각 중앙관서의 장이 법 제46조 제1항 또는 제2항에 따라 전용을 한 경우에는 분기별로 분기만료일이 속하는 달의 다음 달 말일까지 그 전용 내역을 국회 소관 상임위원회와 예산결산특별위원회에 제출하여야 하며($^{§46}_{④}$), 그 경우 전용한 경비의 금액은 세입세출결산보고서에 이를 명백히 하고 이유를 기재하여야 한다.

(3) 예산의 이용(移用)·이체(移替)

법은 제47조에서, 각 중앙관서의 장은 예산이 정한 각 기관 간 또는 각 장·관·항 간에 상호 이용할 수 없도록 금지하면서, 다만, 예산집행상 필요에 따라 미리 예산으로써 국회의 의결을 얻은 때에는 기획재정부장관의 승인을 얻어 이용하거나 기획재정부장관이 위임하는 범위 안에서 자체적으로 이용할 수 있도록 하고 있다($^{§47}_{①}$).

또 기획재정부장관은 정부조직 등에 관한 법령의 제정·개정 또는 폐지로 인하여 중앙관서의 직무와 권한에 변동이 있는 때에는 그 중앙관서의 장의 요구에 따라 그 예산을 상호 이용하거나 이체할 수 있다($^{§47}_{②}$).

위와 같이 예산의 이용·이체를 제한적으로 또는 특별한 경우에 한하여 허용하면서도 자칫 방만한 이용·이체가 이루어지지 않도록 하기 위하여 법은 통지와 국회 보고라는 장치를 마련하였다. 첫째, 각 중앙관서의 장이 예산을 자체적으로 이용한 때에는 기획재정부장관 및 감사원에 각각 통지하여야 하며, 기획재정부장관은 이용의 승인을 하거나 법 제47조 제2항에 따라 예산을 이용 또는 이체한 때에는 그 중앙관서의 장 및 감사원에 각각 통지하여야 한다($\S^{47}_③$). 둘째, 각 중앙관서의 장이 법 제47조 제1항 또는 제2항에 따라 이용 또는 이체를 한 경우에는 분기별로 분기만료일이 속하는 달의 다음 달 말일까지 그 이용 또는 이체 내역을 국회 소관 상임위원회와 예산결산특별위원회에 제출하여야 한다($\S^{47}_④$).

(4) 세출예산의 이월

법은 매 회계연도의 세출예산은 다음 연도에 이월하여 사용할 수 없다고 못 박으면서도($\S^{48}_①$), 제48조 제2항에서 비교적 폭넓은 예외를 인정한다($\S^{48}_②$). 법은 제48조 제1항에 불구하고 계속비의 연도별 연부액 중 당해 연도에 지출하지 못한 금액은 계속비사업의 완성연도까지 계속 이월하여 사용할 수 있도록 하고 있다($\S^{48}_③$).

각 중앙관서의 장은 위 제2항 및 제3항에 따라 예산을 이월하는 때에는 대통령령이 정하는 바에 따라 이월명세서를 작성하여 다음 연도 1월 31일까지 기획재정부장관 및 감사원에 각각 송부하여야 하며($\S^{48}_④$), 그에 따라 예산을 이월한 경우 이월하는 과목별 금액은 다음 연도의 이월예산으로 배정된 것으로 본다($\S^{48}_⑤$).

매 회계연도 세입세출의 결산상 잉여금이 발생하는 경우에는 위 제2항 및 제3항의 규정에 따른 세출예산 이월액에 상당하는 금액을 다음 연도의 세입에 우선적으로 이입하여야 한다($\S^{48}_⑥$).

한편, 기획재정부장관은 세입징수상황 등을 감안하여 필요하다고 인정하는 때에는 미리 위 제2항 및 제3항의 규정에 따른 세출예산의 이월사용을 제한하기 위한 조치를 취할 수 있다($\S^{48}_⑦$).

3.5.4. 예산성과금의 지급 등

예산을 절감하거나 수입 증대를 통해 지출을 절약한 경우에도 앞에서 살펴 본 세출예산 이월금지 원칙에 따라 예산 미집행분이 불용예산으로 처리된다면 예산절감이나 지출감소의 유인이 생길 여지가 없다. 회계연도 말에 임박해서 예산을 집중적으로 소진시키는 경향, 이른바 '12월의 열풍'($^{december}_{fever}$)이 나타나는 것도 세출예산 이월금지에 따른 효과라고 볼 수도 있다. 이러한 문제점을 감안하여 법은 예산성과금이라는 유인(^{incentive})을 제도화하고 있다. 이에 따르면, 각 중앙관서의 장은 예산의 집행방법 또는 제도의 개선 등으로 인하여 수입이 증대되거나 지출이 절약된 때에는 이에 기여한 자에게 성과금을 지급할 수 있으며, 절약된 예산을 다른 사업에 사용할 수 있다($\S^{49}_①$).

각 중앙관서의 장은 위 규정에 따라 성과금을 지급하거나 절약된 예산을 다른 사업에 사용하고자 하는 때에는 예산성과금심사위원회의 심사를 거쳐야 한다($\S^{49}_②$).

3.5.5. 총사업비의 관리

장기간이 소요되는 사업의 경우 그 사업을 원활히 수행하기 위해서 사업비를 총량으로 관리해야 할 경우가 많다. 이에 따라 법은 각 중앙관서의 장은 완성에 2년 이상이 소요되는 사업으로서 대통령령이 정하는 대규모사업에 대하여는 그 사업규모·총사업비 및 사업기간을 정하여 미리 기획재정부장관과 협의하도록 하는 한편, 협의를 거친 사업규모·총사업비 또는 사업기간을 변경하고자 하는 때에도 그와 같이 협의하도록 하고 있다($\S \, ^{50}_{①}$).

기획재정부장관은 그와 같은 총사업비관리대상 사업 중 총사업비가 일정 규모 이상 증가하는 등 대통령령이 정하는 요건에 해당하는 사업 및 감사원의 감사결과에 따라 감사원이 요청하는 사업에 대하여는 사업의 타당성을 재조사하고, 그 결과를 국회에 보고하여야 하며($\S \, ^{50}_{②}$), 국회가 그 의결로 요구하는 사업에 대하여는 사업의 타당성을 재조사하고, 그 결과를 국회에 보고하여야 한다($\S \, ^{50}_{③}$). 기획재정부장관은 총사업비 관리에 관한 지침을 마련하여 각 중앙관서의 장에게 통보하여야 한다($\S \, ^{50}_{④}$).

3.5.6. 기 타

국가재정법은 그 밖에도 제51조에서 제55조까지 예비비의 관리와 사용, 예비비사용명세서의 작성 및 국회제출, 예산총계주의 원칙의 예외, 지방자치단체 보조금의 관리, 그리고 예산불확정 시의 예산집행에 관한 규정을 두고 있다.

3.6. 결 산

결산은 기획재정부장관의 국가결산보고서 작성 및 제출, 감사원의 결산검사($\S\S \, ^{헌법}_{97, \, 99}$) 및 국가결산보고서의 국회제출의 순서로 진행된다($\S\S \, ^{59\sim}_{61}$). 정부는 법 제60조에 따라 감사원의 검사를 거친 국가결산보고서를 다음 연도 5월 31일까지 국회에 제출하여야 한다($\S \, ^{61}$).

법은 제56조에서 '정부는 결산이 「국가회계법」에 따라 재정에 관한 유용하고 적정한 정보를 제공할 수 있도록 객관적인 자료와 증거에 따라 공정하게 이루어지게 하여야 한다'는 것을 결산의 원칙으로 명시하고 있다.

또한 제57조 제1항에서는 정부에게 여성과 남성이 동등하게 예산의 수혜를 받고 예산이 성차별을 개선하는 방향으로 집행되었는지를 평가하는 보고서인 성인지 결산서의 작성의무를 부과하는 한편, 제58조에서는 각 중앙관서의 장에게 중앙관서결산보고서를 작성하여 기획재정부장관에게 제출하도록 하고 있다. 또한 국회의 사무총장, 법원행정처장, 헌법재판소의 사무처장 및 중앙선거관리위원회의 사무총장은 회계연도마다 예비금사용명세서를 작성하여 다음 연도 2월 말까지 기획재정부장관에게 제출하여야 한다($\S \, ^{②}$).

Ⅲ. 기금의 관리 및 운용

1. 기금 관리·운용 및 기금자산 운용의 원칙

국가재정법은 제62조와 제63조에서 각각 기금 관리·운용 및 기금자산 운용의 원칙을 명시하고 있다. 이에 따르면 기금관리주체는 그 기금의 설치목적과 공익에 맞게 기금을 관리·운용하여야 하며($\S_①^{62}$), 안정성·유동성·수익성 및 공공성을 고려하여 기금자산을 투명하고 효율적으로 운용하여야 한다($\S_①^{63}$). 특히 기금자산은 법 제79조에 따라 작성된 자산운용지침에 따라 운용하여야 하며($\S_②^{63}$), 기금관리주체는 「자본시장과 금융투자업에 관한 법률」에 따른 사모투자전문회사의 무한책임사원이 될 수 없다($\S_③^{63}$).

또한 법은 제64조에서 "기금관리주체는 기금이 보유하고 있는 주식의 의결권을 기금의 이익을 위하여 신의에 따라 성실하게 행사하고, 그 행사내용을 공시하여야 한다"고 규정하여 의결권 행사의 원칙을 천명하고 있다.

2. 기금운용계획안

2.1. 의 의

국가재정법은 기금의 관리 및 운용, 기금자산의 운용을 위하여 기금운용계획안을 작성하도록 하고 이 계획안을 통해 법적 규율을 가하고 있다. 법은 특히 제65조에서 기금운용계획안의 작성 및 제출 등에 관하여는 다른 법률에 다른 규정이 있는 경우에도 제66조부터 제72조까지의 규정을 적용하며, 다만, 기금신설로 인하여 연도 중 기금운용계획안을 수립할 때에는 제66조 제5항, 제68조 제1항 전단의 규정 중 제출시기에 관한 사항은 적용하지 아니한다고 규정하여 국가재정법의 규정이 우선적용되도록 하였다.

2.2. 기금운용계획안의 수립 등

법은 기금관리주체로 하여금 제66조 제2항의 규정에 따른 기금운용계획안 작성지침에 따라 다음 연도의 기금운용계획안을 작성하여 매년 6월 30일까지 기획재정부장관에게 제출하도록 의무화함으로써($\S_⑤^{66}$), 이를 통해 기금의 관리와 운용을 통제하고 있다. 기금운용계획안은 일련의 절차를 거쳐 작성되는데, 먼저, 기금관리주체는 매년 1월 31일까지 당해 회계연도부터 5회계연도 이상의 기간 동안의 신규사업 및 기획재정부장관이 정하는 주요 계속사업에 대한 중기사업계획서를 기획재정부장관에게 제출하여야 하며($\S_①^{66}$), 기획재정부장관은 자문회의의 자문과 국무회의의 심의를 거쳐 대통령의 승인을 얻은 다음 연도의 기금운용계획안 작성지침을 매년 4월 30일까지 기금관리주체에게 통보하여야 한다($\S\substack{66\\②}$). 기획재정부장관은 제7조의 규정에 따른 국가재정운용계획과 기금운용계획 수립을 연계하기 위하여 기금운용계획안 작성지침에 기금별 지출한도를 포함하여 통보할 수 있다($\S\substack{66\\③}$). 기획재정부장관은 기금관리주체에게 통보한 기금운용계획안 작성지침을 국회 예산결산특별위원회에 보고하여야 한다($\S\substack{66\\④}$).

법 제66조 제5항에 따라 기금관리주체로부터 기금운용계획안이 제출되면, 기획재정부장관은 이에 대하여 기금관리주체와 협의·조정하여 기금운용계획안을 마련한 후 국무회의의 심의를 거쳐 대통령의 승인을 얻어야 한다($\S\substack{66\\⑥}$).

기획재정부장관은 기금운용계획안을 조정함에 있어 과도한 여유재원이 운용되고 있는 기금($^{구조적인\ 요인을\ 지닌\ 연}_{금성\ 기금을\ 제외한다}$)에 대하여는 예산상의 지원을 중단하거나 당해 기금수입의 원천이 되는 부담금 등의 감소를 위한 조치를 취할 것을 기금관리주체에게 요구할 수 있고($^{\S\,66\,⑦}_{제1문}$), 그 경우 기금관리주체가 중앙관서의 장이 아닌 경우에는 그 소관 중앙관서의 장을 거쳐야 한다($^{\S\,66\,⑦}_{제2문}$). 법 제66조 제1항, 제5항 및 제6항에 규정된 기금관리주체 중 중앙관서의 장이 아닌 기금관리주체는 동항에 규정된 제출·협의 등에 있어 소관 중앙관서의 장을 거쳐야 한다($\S\substack{66\\⑧}$).

2.3. 기금운용계획안의 내용

기금운용계획안은 운용총칙과 자금운용계획으로 구성된다($\S\substack{67\\①}$). 운용총칙에는 기금의 사업목표, 자금의 조달과 운용($^{주식\ 및\ 부동산\ 취득}_{한도를\ 포함한다}$) 및 자산취득에 관한 총괄적 사항을 규정한다($\S\substack{67\\②}$). 자금운용계획은 수입계획과 지출계획으로 구분하되, 수입계획은 성질별로 구분하고 지출계획은 성질별 또는 사업별로 주요항목 및 세부항목으로 구분한다. 이 경우 주요항목의 단위는 장·관·항으로, 세부항목의 단위는 세항·목으로 각각 구분한다($\S\substack{67\\③}$). 기금운용계획안의 작성에 관하여 필요한 사항은 대통령령으로 정한다($\S\substack{67\\④}$).

2.4. 기금운용계획안의 국회제출 등

정부는 위 제67조 제3항의 규정에 따른 주요항목 단위로 마련된 기금운용계획안을 회계연도 개시 90일 전까지 국회에 제출하여야 하며, 이 경우 중앙관서의 장이 관리하는 기금의 기금운용계획안에 계상된 국채발행 및 차입금의 한도액은 제20조의 규정에 따른 예산총칙에 규정하여야 한다($\S\substack{68\\①}$).

기금관리주체는 기금운용계획이 확정된 때에는 기금의 월별 수입 및 지출계획서를 작성하여 회계연도 개시 전까지 기획재정부장관에게 제출하여야 한다($^{§\,68}_{②}$).

2.5. 증액 동의

국회는 정부가 제출한 기금운용계획안의 주요항목 지출금액을 증액하거나 새로운 과목을 설치하고자 하는 때에는 미리 정부의 동의를 얻어야 한다($^{§\,69}$).

2.6. 기금운용계획의 변경

법은 기금관리주체가 지출계획의 주요항목 지출금액의 범위 안에서 대통령령이 정하는 바에 따라 세부항목 지출금액을 변경할 수 있도록 하되($^{§\,70}_{①}$), 기획재정부장관과의 협의·조정 등 일정한 통제절차를 마련하고 있다.

이에 따르면, 기금관리주체(기금관리주체가 중앙관서의 장이 아닌 경우에는 소관 중앙관서의 장을 말한다)는 기금운용계획 중 주요항목 지출금액을 변경하고자 하는 때에는 기획재정부장관과 협의·조정하여 마련한 기금운용계획변경안을 국무회의의 심의를 거쳐 대통령의 승인을 얻은 후 국회에 제출하여야 한다($^{§\,70}_{②}$). 그러나 주요항목 지출금액이 일정 기준 이하인 경우라든가 다른 법률의 규정에 따른 의무적 지출금액 등 같은 조 제3항 각 호의 어느 하나에 해당하는 경우에는 기금운용계획변경안을 국회에 제출하지 아니하고 대통령령으로 정하는 바에 따라 변경할 수 있다($^{§\,70}_{③}$).

기금관리주체는 세부항목 또는 주요항목의 지출금액을 변경한 때에는 변경명세서를 기획재정부장관과 감사원에 각각 제출하여야 하며, 정부는 제61조에 따라 국회에 제출하는 국가결산보고서에 그 내용과 사유를 명시하여야 한다($^{§\,70}_{④}$). 각 기금관리주체가 위 제1항부터 제3항까지에 따라 세부항목 또는 주요항목의 지출금액을 변경한 경우에는 분기별로 분기만료일이 속하는 달의 다음 달 말일까지 그 변경 내역을 국회 소관 상임위원회와 예산결산특별위원회에 제출하여야 한다($^{§\,70}_{⑥}$).

2.7. 지출사업의 이월

기금관리주체는 매 회계연도의 지출금액을 다음 연도에 이월하여 사용할 수 없다($^{§\,72\,①}_{본문}$). 다만, 예외적으로 연도 내에 지출원인행위를 하고 불가피한 사유로 연도 내에 지출하지 못한 금액은 다음 연도에 이월하여 사용할 수 있고($^{§\,72\,①}_{단서}$), 그 경우에는 대통령령이 정하는 바에 따라 이월명세서를 작성하여 다음 연도 1월 31일까지 기획재정부장관과 감사원에 각각 송부하여야 한다($^{§\,72}_{②}$).

제1편 제2편 제3편 제4편 제5편 행정관리법

2.8. 기금결산

각 중앙관서의 장은 국가회계법에서 정하는 바에 따라 회계연도마다 소관 기금의 결산보고서를 중앙관서결산보고서에 통합하여 작성한 후 제58조 제1항에 따라 기획재정부장관에게 제출하여야 한다($^{\S\,73}$).

2.9. 기금운용심의회와 자산운용위원회의 설치 · 운용 등

국가재정법은 제74조에서와 제76조에서 기금관리주체로 하여금 기금운용심의회와 자산운용위원회를 설치, 운용하도록 하고 있고, 자산운용 전담부서의 설치, 국민연금기금의 자산운용에 관한 특례, 자산운용지침의 제정 등, 기금운용계획의 집행지침, 여유자금의 통합운용, 기금운용의 평가 등에 관한 규정을 두고 있다.

2.10. 국정감사 및 기금자산운용담당자 · 공무원의 손해배상책임

법은 이 법의 적용을 받는 기금을 운용하는 기금관리주체를 「국정감사 및 조사에 관한 법률」 제7조의 규정에 따른 감사의 대상기관으로 명시하는 한편($^{\S\,83}$), 기금자산운용담당자의 손해배상 책임을 명시하고 있다($^{\S\,84}$). 특히 후자에 따르면, 기금의 자산운용을 담당하는 자는 고의 또는 중대한 과실로 법령을 위반하여 기금에 손해를 끼친 경우 그 손해를 배상할 책임이 있고($^{\S\,84}_{①}$), 공무원이 기금의 자산운용에 영향을 줄 목적으로 직권을 남용하여 기금관리주체 그 밖에 기금의 자산운용을 담당하는 자에게 부당한 영향력을 행사하여 기금에 손해를 끼친 경우 당해 공무원은 위 제1항의 규정에 따른 책임이 있는 자와 연대하여 손해를 배상하여야 한다($^{\S\,84}_{②}$).

제 2 관   지방재정법

　"지방재정"이란 지방자치단체의 수입·지출 활동과 지방자치단체의 자산 및 부채를 관리·처분하는 일체의 활동을 말한다($\substack{\text{지방재정}\\\text{법 § 2 I}}$). 지방재정법은 재정 및 회계에 관한 기본원칙을 정함으로써 지방재정의 건전하고 투명한 운용과 자율성을 보장함을 목적으로 한다($\substack{\text{같은 법}\\\text{§ 1}}$).

　지방재정법은 지방재정운영의 자율성을 확대하고 책임성을 강화하기 위하여 지방자치단체 예산편성지침의 시달제도를 개선하고 복식부기 회계제도를 도입하는 등 운영상의 미비점을 개선·보완하고, 지방재정관련 법률의 분야별 입법화에 따라 관련 규정을 정비한다는 취지에서 2005년 8월 4일 전부개정되었는데, 그 골자는 다음과 같다.

1. 지방채발행총액한도제의 도입($\substack{\text{법}\\\text{§ 11}}$)
2. 지방자치단체의 예산편성지침 시달제도의 개선($\substack{\text{법}\\\text{§ 38}}$)
3. 지방예산편성과정에의 주민참여제도의 도입($\substack{\text{법}\\\text{§ 39}}$)
4. 발생주의와 복식부기 회계제도의 도입($\substack{\text{법}\\\text{§ 53}}$)
5. 재정분석 및 재정진단제도의 활성화($\substack{\text{법 § 55}\\\text{내지 § 57}}$)
6. 지방재정운영상황의 공시제도 마련($\substack{\text{법}\\\text{§ 60}}$)
7. 재정의 통합지출($\substack{\text{법}\\\text{§ 90}}$)

제 4 절 │ 국가회계법

국가회계를 투명하게 처리하고, 재정에 관한 유용하고 적정한 정보를 생산·제공하는 것을 목적으로 국가회계법이 제정되어 시행되고 있다. 국가회계법의 적용대상은 국가재정법 제4조에 따른 일반회계 및 특별회계와 국가재정법 제5조 제1항에 따라 설치된 기금이다(§3).

국가회계는 첫째, 신뢰할 수 있도록 객관적인 자료와 증빙에 의하여 공정하게 처리되어야 하며, 둘째, 재정활동의 내용과 그 성과를 쉽게 파악할 수 있도록 충분한 정보를 제공하고, 간단·명료하게 처리되어야 한다는 원칙에 따라 이루어져야 한다(§4).

국가회계에 관한 사무는 기획재정부장관이 총괄하고, 중앙관서의 장과 기금관리주체는 그 소관의 회계에 관한 사무를 관리한다(§6①).

제4편

지방자치법

제 1 장

총   설

제 1 절 │ 지방자치 일반론

I. 지방자치의 헌법적 보장

헌법 제117조 제1항은 "지방자치단체는 주민의 복리에 관한 사무를 처리하고 재산을 관리하며, 법령의 범위 안에서 자치에 관한 규정을 제정할 수 있다"고 규정하고 있다. 이 조항은 지방자치의 헌법적 보장으로서 법률로도 침해할 수 없는 규범적 효력을 가진다. 헌법은 제118조 제2항에 법률유보조항을 두어 입법권자에게 지방자치의 실현을 위한 입법형성권을 부여하고 있으나, 지방자치의 본질적 내용, 즉, 자치기능보장·자치단체보장·자치사무보장을 침해해서는 아니 되며, 그러한 침해는 지방자치의 제도적 본질에 대한 침해로 위헌을 면치 못하게 된다.[1]

II. 주민자치와 단체자치

지방자치의 본질에 관해서는 주권재민의 원칙에 터 잡아 종래의 중앙집권체제에 저항하는 과정에서 비로소 얻어지게 된 국민들의 천부적 권리로서의 고유적 권리라고 보는 주민자치 – 고유권설과 지방자치단체의 자치권은 국가의 통치권에서 전래되고, 국가로부터 그 통치권의 일부가 위임된 것으로 보는 단체자치 – 전래권설이 대립한다.

지방자치단체들이 자신의 고유한 권리를 가진다는 사고는 실은 국내문헌에서 기정사실화하고 있는 것과는 달리, 주민자치 – 고유권설의 모국으로 알려져 있는 영국의 전유물이 아

---

[1] 허영, 한국헌법론, 1991, 783.

니라 유럽 공통의 근본적 사고방식($\substack{europäisches \\ Grundverständnis}$)이었다고 한다.[2] 그것은 역사적으로는 도시가 독립의 자율적인 법인격을 가진 존재로 발전하기 시작한 중세의 도시건설 물결에서 유래한 다.[3] 이 사고방식은 중세 후기의 지방지배체제와 근대초기의 영역국가에 의해 현저히 제한 됨으로써 유럽대륙에서 절대주의와 함께 쇠퇴하고 말았지만,[4] '지방 자치정부'($\substack{local \\ self-government}$)라 고 하는 영국의 헌법현실 속에 계수되었다.[5] 프랑스혁명은 자치권론($\substack{Lehre\ vom\ pouvoir \\ municipal}$)을 통해 전 통적인 사고방식을 복구시켰다. 동시에 독일법권에서는 영국의 자치정부론이 이념 형태로 수 용되었다.[6] 지방자치의 헌법적 보장이라는 법리는 - 스칸디나비아 제국들을 제외하면 - 전 후 헌법들에 이르러서야 비로소, 특히 독일의 경우 기본법의 제정 이후 본격적으로 출현하기 시작하였다. 늦어도 1980년대의 분권화 물결 이래로 게마인데들의 자치행정 법영역의 보장 이 헌법의 정규적 구성요소로 자리 잡기 시작했다.[7]

우리나라에서는 지방자치에 대한 헌법적 보장에도 불구하고 지방자치권의 본질에 관한 한 전래권설이 통설이다.[8]

Ⅲ. 지방자치제도의 헌법적 보장

1. 제도적 보장론

1.1. 전통적 이론

지방자치의 헌법적 보장을 어떻게 파악할 것인지에 관해 이를 '제도적 보장'으로 보는 입 장, 즉 제도적 보장설이 종래의 통설이었고 판례도 그와 같은 맥락에 서 있다.

전래권설과 마찬가지로 제도적 보장설은 지방자치단체의 권한이 국가의 통치권에서 발생 하며 지방자치제도가 헌법 또는 지방자치법에 관련 규정을 둠으로써 보장된다는 견해이다. 다만 역사적·전통적으로 형성된 일정한 공법상의 제도를 헌법에 보장함으로써 입법에 의한 변경과 침해가 발생하지 못하도록 보호한 것이라고 이해한다는 것이 차이점이다.

---

2) Willoweit, Deutsche Verfassungsgeschichte, 5.Aufl., 2005, § 14 I 5; Isenmann, Die deutsche Stadt im Mittelalter, 1988, S. 26.
3) 같은 곳.
4) 이에 대해서는 Saupin, Le pouvoir urbain dans l'Europe atlantique du XVIe au XVIIIe siècle, 2002 참조.
5) Briggs, in: Birke/Brechtken(Hrsg.), Kommunale Selbstverwaltung/Local Self-Government, 1996, S.13 (14).
6) Hahn, Rudolf von Gneist 1816-1895, 1995, S.85ff.; Reulecke, in: Birke/Brechtken(Hrsg.), Kommunale Selbstverwaltung/Local Self-Government, 1996, S.25(29).
7) José Martínez Soria, § 36 Kommunale Selbstverwaltung im europäischen Vergleich, in: Thomas Mann und Günter Püttner(Hrsg.), Handbuch der kommunalen Wissenschaft und Praxis, 3.Aufl., Band1 Grundlagen und Kommunalverfassung, 2007, 1016-1017; Fürst, in: Pernthaler(Hrsg.), Föderalistische Raumordnung-eine europäische Herausforderung, 1994, S.3.
8) 김철용, 행정법 Ⅱ, 제10판, 2010, 박영사, 70.

우리 헌법(제8장의 지방자치제도) 해석상으로도 전통적으로 내려오는 지방자치제도의 핵심
영역을 입법자가 형성하고 보장하여야 하며, 그 본질적 내용을 침해해서는 안 된다는 Carl
Schmitt 관점의 제도적 보장설[9]이 주류를 이루고 있고 또 판례의 태도이기도 하다.[10]

헌법재판소 역시 지방자치제도는 제도적 보장의 하나로서 일반적인 법에 의한 폐지나 제
도본질의 침해를 금지한다는 의미의 최소보장 원칙이 적용되며, 과잉금지 원칙이 적용되는
기본권과 구분된다는 입장을 견지해 오고 있다.[11]

"제도적 보장은 객관적 제도를 헌법에 규정하여 당해 제도의 본질을 유지하려는 것으로서 헌법제정권
자가 특히 중요하고도 가치가 있다고 인정되고 헌법적으로 보장할 필요가 있다고 생각하는 국가제도를
헌법에 규정함으로써 장래의 법발전, 법형성의 방침과 범주를 미리 규율하려는데 있다. 다시 말하면 이러
한 제도적 보장은 주관적 권리가 아닌 객관적 법규범이라는 점에서 기본권과 구별되기는 하지만 헌법에
의하여 일정한 제도가 보장되면 입법자는 그 제도를 설정하고 유지할 입법의무를 지게 될 뿐만 아니라
헌법에 규정되어 있기 때문에 법률로써 이를 폐지할 수 없고, 비록 내용을 제한한다고 하더라도 그 본질
적 내용을 침해할 수는 없다. 그러나 **기본권의 보장은** 헌법이 "국가는 개인이 가지는 불가침의 기본적 인
권을 확인하고 이를 보장할 의무를 진다"($^{§\,10}$), "국민의 자유와 권리는 헌법에 열거되지 아니한 이유로 경
시되지 아니한다. 국민의 모든 자유와 권리는 국가안전보장·질서유지 또는 공공복리를 위하여 필요한 경
우에 법률로써 제한할 수 있으며, 제한하는 경우에도 자유와 권리의 본질적인 내용을 침해할 수 없다"
($^{§\,37}$)고 규정하여 **'최대한 보장의 원칙'이** 적용되는 것임에 반하여, **제도적 보장은 기본권 보장의 경우와
는 달리 그 본질적 내용을 침해하지 아니하는 범위 안에서 입법자에게 제도의 구체적인 내용과 형태의
형성권을 폭넓게 인정한다는** 의미에서 **'최소한 보장의 원칙'이** 적용될 뿐인 것이다."[12]

헌법재판소는 2008년 5월 29일 선고 2005헌라3 결정에서 '기본권의 본질적 내용과 마찬

---

9) Carl Schmitt는 공적 제도적 보장으로서의 제도적 보장(institutionelle Garantie)과 사적 제도적 보장으로서의 제도
적 보장(Institutsgarantie)을 구분하고 있으나(Carl Schmitt, Verfassungslehre, Berlin, 1954(Neudruck), S.170ff.),
일반적으로 그러한 개념 구별 없이 제도적 보장이라는 개념이 사용되고 있다.
10) 지방자치를 헌법적으로 보장하는 현행 헌법 제117조 제1항에 대한 지배적 견해는 이를 제도적 보장으로 파악하고
있다. 제도적 보장에 대한 견해는 바이마르헌법(1919.8.18.) 제127조에 대한 해석에서 비롯한다. 동 규정은 해석
에 따라 지방자치가 '법률의 한계 내에서' 보장되는 것으로 파악됨으로써, 국가가 법률 형식으로 지방자치에 대한
한계를 무제한적으로 설정할 수 있다. 입법자에 의한 지방자치 본질에 대한 침해도 가능한 것으로 해석하는 경향
('leerlaufender Grundrechtsartikel')이 있다. 이에 대한 반대해석으로 Carl Schmitt의 제도적 보장 이론이 등장하
였다. 이는 우리나라 헌법해석에 영향을 미친 독일과 일본의 지배적 견해이기도 하다. 독일 기본법상 지방자치 제
도적 보장의 의의와 내용으로는, 김명연, "지방자치 행정의 제도적 보장의 의의와 내용", 공법연구 제32집 제5호
(2004.6), 673이하 참조. 일본의 학설 상황에 대해서는 최우용, 현대행정과 지방자치법, 세종출판사 2002, 17 이하;
그 밖에 프랑스의 지방자치제에 대하여는 Pontier, Jean-Marie 박균성 역, 프랑스에서의 지방자치, 아태 공법연구
제2집(1993.11), 201-219; Uesula Guian, Gemeindliche Selbstverwaltung und Staatsaufsicht in Frankreich, DÖV
1993, S.608-615; 오스트리아의 지방자치제도에 대해서는 Reinhard Rack, Die österreichische Kommunalverfassung,
DVBl 1984, S.201-206; 유럽헌법조약안의 지방자치제에 대해서는 Heinrich Hoffschulte, Kommunale Selbstverwaltung
im Entwurf des EU-Verfassungsvertrages, DVBl, 2005, S.202-211을 각각 참조.
11) 헌법재판소 1994.4.28. 선고 91헌바15 등 결정; 헌법재판소 2003.3.27. 선고 2002헌바573 결정, 그 밖에 헌법재판
소 2002.3.28. 선고 2000헌마283·778(병합) 결정; 헌법재판소 2006.4.27. 선고 2005헌마1190 결정.
12) 헌법재판소 1997.4.24. 선고 95헌바48 결정.

가지로, 지방자치권 제한의 한계로서 추상적 개념인 지방자치권의 본질적 내용 범위를 정확하게 정하는 것은 어렵다'고 실토하면서도, 지방자치를 제도적 보장으로 보는 입장을 재확인하였다.

"헌법은 제117조와 제118조에서 '지방자치단체의 자치'를 제도적으로 보장하고 있는바, 그 보장의 본질적 내용은 자치단체의 보장, 자치기능의 보장 및 자치사무의 보장이다(헌재 1994.12.29. 94헌마 201, 판례집 6-2, 510,522). 이와같이 헌법상 제도적으로 보장된 자치권 가운데에는 소속 공무원에 대한 인사와 처우를 스스로 결정하고 자치사무의 수행에 있어 다른 행정주체(특히 국가)로부터 합목적성에 관하여 명령·지시를 받지 않는 권한도 포함된다고 볼 수 있다."

1.2. 제도적 보장론에 대한 비판

제도적 보장론에 대해서는, 최근 국내 학자들 사이에서 많은 비판이 제기되었다. 특히 지방자치가 자유민주국가에서 수행하는 여러 제도적 기능을 감안할 때 과연 지방자치에 관한 제도적 보장이 지방자치의 전면적 폐지만을 금지하는 정도의 효과만을 가진다고 주장할 수 있는지 의문이 제기되고,[13] 수백년의 중앙집권 역사를 가진 우리나라에서 지방자치제도를 전래의 제도적 보장으로 보는 것은 무리가 있다는 지적도 있다.[14] 우리나라 지방자치제도는 헌법에 의하여 비로소 창설된 제도이기 때문에 제도적 보장 이론에서 말하는 역사적 전통에 의거한 본질내용을 찾을 수 없다는 것이다. 아울러 지방자치의 본질내용은 헌법 자체로부터 발견되어야 한다고 보는 견해[15], 입법자를 헌법에 구속시키고 헌법상 보장된 제도를 폐지나 공동화로부터 보호하기 위한 이론으로서의 의미는 오늘날 이미 극복되었고 이를 위해 특별히 제도적 보장 이론이라는 버팀목은 더 이상 불필요하다는 견해[16] 등이 주장되고 있다.[17]

1.3. 소 결

사실 전통적 제도적 보장 이론은 현대 지방자치의 보장과 발전상을 충분히 설명해 주지 못한다. 더욱이 지방자치가 현대 민주국가에서 수행하고 있는 민주주의적·권력통제적·권

---

13) 허영, 한국헌법론, 2008, 박영사, 792.
14) 정종섭, 헌법학원론, 2006, 766.
15) 오동석, "지방자치의 제도적보장론 비판", 공법연구 제29집 제1호, 2000.11, 229 이하.
16) 김명연, "지방자치 행정의 제도적 보장의 의의와 내용", 공법연구 제32집 제5호(2004.6), 674.
17) 그 밖에 조성규, "지방자치제의 헌법적 보장의 의미", 공법연구(한국공법학회), 제30집 제2호, 409-428, 417; 이종수, 기본권의 보장과 제도적 보장의 준별론에 관한 비판적 보론, 헌법실무연구 제3권(2002), 181-200(198); 김하열, "우리나라 헌법에 있어서 제도보장론의 의미", 헌법실무연구 제3권(2002), 201-204(토론문); 천병태/김민훈, 지방자치법, 삼영사, 2005, 63-64 등을 참조. 또한 지방자치의 헌법적 보장에 대한 제도적 보장 이론을 둘러싼 독일에서의 학설사적 전개에 관하여 상세한 것은 Hartmut Maurer(1995), Vefassungsrechtliche Grundlagen der kommunalen Selbstverwaltung, DVBl., S.1038ff.; 방승주(2006), "중앙정부와 지방자치단체와의 관계-지방자치의 헌법적 보장의 내용과 한계를 중심으로", 한국공법학회 학술대회 발표논문을 참조.

력분립적 기능을 감안할 때, 왜 지방자치에 관한 헌법규정이 소극적으로 지방자치 폐지를 금지하는 정도의 보장 효과밖에 가지지 못하는지 의문이 드는 것도 사실이다. 특히 전통적 제도적 보장 이론은 지방자치를 21세기 새로운 국가시스템에 걸맞게 구현·발전시켜야 한다는 전향적·미래지향적 목적에 적합하다고 보기 어렵다.

제도적 보장 이론은 독일의 바이마르공화국 헌법의 특수한 사정에서 주로 Carl Schmitt에 의해 주장된 이론으로서, 현재 독일 학설과 판례도 그 이론적 원형을 그대로 유지하고 있지 않다. 특히 독일 연방헌법재판소의 라스테데(Rastede) 판결 이래 지방자치제도의 핵심영역은 절대적으로 보호되고 주변영역의 경우에도 원칙적으로 지방자치단체에 권한이 있다는 내용으로 수정되어 이해되고 있다. 다시 말해, 지방자치제도의 핵심영역은 절대적으로 보호되며 나머지 주변영역은 상대적으로 보호되지만, 비례의 원칙을 적용할 경우 신중한 법익형량이 필요하다는 것인데, 우리나라 학자들 가운데서도 이러한 견해를 받아들이는 경향이 늘고 있다.

생각건대, 헌법이 지방자치를 보장한 것은 지방자치의 본질적 내용을 영속화하겠다는 헌법의지를 드러낸 것이며 입법권자도, 다시 말해 법률에 의해서도 이를 침해하거나 훼손할 수 없다는 규범적 효력을 부여함으로써 그러한 헌법의지를 담보한 것이라고 이해된다. 그런 뜻에서 이를 반드시 독일에서 유래된 제도적 보장 이론의 틀에 맞춰 설명해야 할 필요는 없지만, 우리 헌법의 정신을 이해함에 있어 제도적 보장 이론의 일부 요소들 또는 그와 유사한 법리적 관점들을 선택적으로 수용할 수는 있을 것이다. 헌법이 지방자치제도의 본질적 내용들을 보장하고 있다는 것은 엄연한 사실이기 때문이다. 이러한 관점에서 우리 헌법상 지방자치의 보장을 제도적 보장으로 이해한다고 해서, **기본권보장은 최대한의 보장인 데 비해 제도적 보장은 '최소한의 보장'이라고 하여 '최소한'의 의미를 강조할 필요는 없다**고 생각한다. **'최소한의 보장'이란 다름 아닌 '본질적 내용' 또는 '핵심적 내용'을 말하는 것이지, 보장의 위축이나 한계화를 의미하는 것은 아니기 때문이다.** 우리 헌법은 썩 지방자치 친화적이지는 않지만, 그렇다고 지방자치의 최소화나 왜소화를 용인하는 것은 아니다. 오히려 헌법이 추구하는 민주주의 원칙에 비추어 볼 때, 법률유보를 통해 지방자치의 발전과 활성화를 기대하는 것이 헌법의 정신이라 할 수 있다.

2. 지방자치제도의 헌법적 보장의 내용

지방자치에 대한 제도적 보장의 구체적 내용으로는 주로 (1) 지방자치단체의 존립 보장, (2) 지방자치제도의 객관적 보장, (3) 지방자치단체의 법적 지위 보장, 세 가지가 거론된다.[18]

---

18) 이에 관하여 상세한 것은 정하중, 행정법개론, 제4판, 법문사, 2010, 916-919를 참조. 한편 우리의 경우 지방자치제도의 역사적 경험이 일천한 점 등을 이유로 제도적 보장 이론의 수용에 문제가 있지만, 지방자치제도의 기능적 측면을 중시하여 지방자치를 제도적 보장으로 보는 것은 충분한 이유가 있다고 보는 입장(류지태, 행정법신론, 신

2.1. 지방자치단체의 존립의 보장

지역사단적 요소, 자기책임적 요소 그리고 권리능력의 소지 등의 특색을 갖추지 못한 지방자치단체를 설치하거나, 지방자치단체를 모두 폐지하는 것은 헌법상 허용되지 않는다. 개개 자치단체의 폐치·통합·분할·구역의 변경 등은 비례원칙을 견지하는 한 위헌이 아니다.

2.2. 지방자치제도의 객관적 보장

지방자치제도의 객관적 보장은 지방자치권의 보편성(^{Universalität}) 또는 전권한성(^{Allzuständigkeit}), 자기책임성, 핵심영역의 보장을 포함한다.

지역적 업무에 대한 전권한성 ●● 지방자치단체는 '지역공동체에 뿌리를 두거나 지역공동체에 특별한 관계를 가지고 당해 지역공동체에 의하여 독자적으로 수행될 수 있는 업무'에 대하여 완전한 권한을 가진다는 원칙을 말한다.[19]

자기책임성 ●● 지방자치에 있어 중요한 원리의 하나로 이해되고 있는 자기책임성($^{Eigenverant-}_{wortlichkeit}$)은 행정의 탈집중화보다는 수직적 분권화 차원에서 이해되어야 한다. 즉 단순히 중앙정부가 독점해 온 권한을 해체 혹은 분산한다는 접근 방식보다는 중앙정부와 지방정부가 어떻게 권한을 나누고 책임을 질 것인가의 차원에서 접근해야 한다는 의미이다. 지역고권·인사고권·조직고권·조례고권·계획고권·재정고권 등이 그러한 권한·책임 분담의 영역들이다.

특히 지방자치제도의 헌법적 보장은 지방자치의 본질적 내용인 핵심영역은 어떠한 경우라도 입법 기타 중앙정부의 침해로부터 보호되어야 한다는 데서 출발한다. 이러한 맥락에서, 헌법재판소는 "한마디로 국민주권의 기본원리에서 출발하여 주권의 지역적 주체로서의 주민에 의한 자기통치의 실현으로 요약할 수 있고, 이러한 지방자치의 본질적 내용인 핵심영역은 어떠한 경우라도 입법 기타 중앙정부의 침해로부터 보호되어야 한다는 것을 의미한다. 다시 말하면 중앙정부의 권력과 지방자치단체간의 권력의 수직적 분배는 서로 조화가 요청되고 그 조화과정에서 지방자치의 핵심영역은 침해되어서는 안 되는 것이므로, 이와 같은 권력분립적·지방분권적인 기능을 통하여 지역주민의 기본권 보장에도 이바지하는 것이다"라고 판시하고 있다.[20]

헌법재판소는 법령에 의한 지방자치권 본질 침해 여부가 문제된 사안에서 '헌법상 자치권

영사, 2000, 655)도 있다.

19) 이것은 본래 독일지방자치법의 개념으로, 어떤 사안이 지역적 단체에 관한 사무에 속하는 한, 그것은 원칙적으로 기본법 제28조 제2항 제1문의 보장내용에 따라 자치단체의 임무분야에 속한다는 원칙을 말한다(Schmidt-Aßmann, Kommunalrecht, in: Ingo von Münch, Bes. VerwR, 8.Aufl., 1988, S.116; BVerfGE 52,120).

20) 헌법재판소 1998.4.30. 96헌바62 결정.

의 범위는 법령에 의하여 형성되고 제한되며, 다만 법령에 의하여 이를 제한하는 것이 가능하다고 하더라도 그 제한이 불합리하여 자치권의 본질을 훼손하는 정도에 이른다면 이는 헌법에 위반된다'거나,[21] '지방자치단체의 존재 자체를 부인하거나 각종 권한을 말살하는 것과 같이 그 본질적 내용을 침해하지 않는 한 법률에 의한 통제는 가능하다'고 판시해 왔다.[22]

2.3. 지방자치단체의 법적 지위 보장

법적 지위 보장은 지방자치 침해에 대한 배제요구를 할 수 있는 권리, 지방자치 관련 중앙(국회)의 결정에 대한 절차적 참여권, 침해에 대한 소송법적 권리 보장 등을 포함한다.

---

21) 헌법재판소 2002.10.31. 2002헌라2 결정.
22) 헌법재판소 2001.11.29. 2000헌바78 결정.

제 2 절 │ 지방자치법의 법원

지방자치에 관한 현행법은 헌법을 정점으로 하여 지방자치법과 분야별 법률들로 구성되어 있다. 분야별 법률로는 공직선거법, 지방재정법, 공유재산 및 물품관리법, 지방공무원법, 지방공기업법, 지방교육자치에 관한 법률과 주민투표법, 주민소환에 관한 법률이 있으며, 별도로 서울특별시 행정특례에 관한 법률, 제주특별자치도 설치 및 국제자유도시조성을 위한 특별법 등을 꼽을 수 있다. 그 밖에 지방재정법과 밀접한 관계를 지닌 지방세법과 지방교부세법, 지방교육재정교부금법이 시행되고 있다.

지방자치법은 지방자치단체의 조직과 운영에 관한 기본적인 사항을 규정한 법률이다. 현행 지방자치법은 총 10개 장과 175개 조문으로 구성되어 있다. 지방자치법은 헌법과 정부조직법, 국회법, 국정감사 및 조사에 관한 법률 등 국가의 조직과 운영에 관한 법률들이 규정하는 사항과 유사한 내용을 지방자치 수준에서 규율하고 있기 때문에 그 해석·적용상 그와 같은 규정들을 참고할 필요가 있다. 지방자치법은 지방재정에 관한 통칙적 규정들을 포함하고 있어 지방재정법과 지방공기업법 등에 대한 관계에서 실질적인 기본법 구실을 하고 있다. 한편, 지방분권과 지방행정체제 개편을 종합적·체계적·계획적으로 추진하기 위한 「지방분권 및 지방행정체제개편에 관한 특별법」(약칭: 지방분권법)[1]과, 지방자치단체의 재정·회계에 관한 기본원칙을 규정한 지방재정법에서 공유재산관리 등에 관한 규정들을 따로 떼어 낸 공유재산 및 물품관리법이 제정되어 시행되고 있다.

아울러 빼놓을 수 없는 법원으로 「지방자치단체의 행정기구와 정원기준 등에 관한 규정」(대통령령 제27713호), 조례, 규칙 등 자치법규와, 판례법과 행정법의 일반원칙이 있다.

---

1) 지방분권 및 지방행정체제개편에 관한 특별법은 종전의 지방분권촉진에 관한 특별법과 지방행정체제 개편에 관한 특별법을 통폐합하여 2013년 5월 28일 제정되었다(법률 제11829호).

제 3 절 │ 지방자치단체의 법적 지위와 종류 · 명칭

Ⅰ. 지방자치단체의 법적 지위

지방자치법은 지방자치단체의 법적 지위를 법인으로 정하고 있다($\S 3 \atop ①$). 따라서 지방자치단체는 국가와 별도의 독립적인 법적 지위를 누리게 된다.

특별시, 광역시, 도, 특별자치도(이하 "시 · 도"라 한다)는 정부의 직할로 두고, 시는 도의 관할 구역 안에, 군은 광역시, 특별자치시나 도의 관할 구역 안에 두며, 자치구는 특별시와 광역시, 특별자치시의 관할 구역 안에 두도록 되어 있다($\S 3 \atop ②$).

또한 특별시 · 광역시, 특별자치시가 아닌 인구 50만 이상의 시에는 자치구가 아닌 구를 둘 수 있고, 군에는 읍 · 면을 두며, 시와 구(자치구를 포함한다)에는 동을, 읍 · 면에는 리를 둔다($\S 3 \atop ③$).

제7조 제2항에 따라 설치된 시에는 도시의 형태를 갖춘 지역에는 동을, 그 밖의 지역에는 읍 · 면을 두되, 자치구가 아닌 구를 둘 경우에는 그 구에 읍 · 면 · 동을 둘 수 있다($\S 3 \atop ④$).

Ⅱ. 지방자치단체의 종류

지방자치단체는 보통지방자치단체와 특별지방자치단체로 나뉘는데, 보통지방자치단체는 다시 상급지방자치단체 또는 광역자치단체라 불리는 특별시, 광역시, 도, 특별자치도와 하급지방자치단체 또는 기초자치단체라 불리는 시 · 군 · 구, 두 가지 종류로 구분된다($\S 2 \atop ①$). 지방자치단체인 구, 즉 자치구는 특별시와 광역시의 관할 구역 안의 구만을 말하며, 자치구의 자치권의 범위는 법령으로 정하는 바에 따라 시 · 군과 다르게 할 수 있다($\S 2 \atop ②$). 특별지방자치단체로는 보통지방자치단체 외에 특정한 목적을 수행하기 위하여 필요한 경우 따로 대통령령으로 설치하는 특별지방자치단체($\S 2 \atop ③, ④$)와 지방자치단체조합($\S\S 159 \atop 이하$)이 있는데, 아직 그에 관한 대통령령은 마련되어 있지 않다.

Ⅲ. 지방자치단체의 명칭

1. 지방자치단체의 명칭

지방자치단체의 명칭은 종전과 같이 하고 그 변경은 법률로 정한다($^{§4①}_{본문}$). 다만, 한자 명칭의 변경은 대통령령으로 정한다($^{§4①}_{단서}$). 명칭을 변경할 때에는 관계 지방자치단체의 의회의 의견을 들어야 하며($^{§4②}_{본문}$), 다만, 주민투표법 제8조에 따라 주민투표를 한 경우에는 그러하지 아니하다($^{§4②}_{단서}$).

2. 자치구가 아닌 구·읍·면·동의 구역과 명칭

자치구가 아닌 구·읍·면과 동의 명칭과 구역은 종전과 같이 하고, 이를 폐지하거나 설치하거나 나누거나 합칠 때에는 행정안전부장관의 승인을 받아 그 지방자치단체의 조례로 정한다. 다만, 명칭과 구역의 변경은 그 지방자치단체의 조례로 정하고, 그 결과를 특별시장·광역시장·도지사에게 보고하여야 한다($^{§4}_{①}$).

제 2 장

지방자치단체의 구성요소

제 1 절 | 개   설

국가의 구성요소를 국민, 영토, 주권으로 보는 것처럼 지방자치단체의 구성요소도 이를 주민, 구역, 자치권으로 보는 것이 일반적이다.

제 2 절 │ 주 민

I. 주민의 의의

지방자치법상 주민이란 '지방자치단체의 구역 안에 주소를 가진 자'를 말한다($^{§ 12}$). 자연인·법인 여부, 연령, 성별, 행위능력, 국적을 가리지 않는다. 외국인도 주민이 될 수 있으나 참정권 등 권리가 제한될 수 있다. 공직선거법은 영주 외국인에게 선거권을 인정한다($^{§ 15}_{② iii}$).

주소는 민법 제18조 제1항에서 '생활의 근거되는 곳'으로 정의되어 있다. 법인의 주소는 그 주된 사무소 또는 본점의 소재지에 있는 것으로 한다($^{민법 § 36, 회사법인}_{의 경우 상법 § 171}$). 그런데 주민등록법은 "다른 법률에 특별한 규정이 없으면 이 법에 따른 주민등록지를 공법 관계에서의 주소로 한다"고 규정하고 있어($^{주민등록법}_{§ 23 ①}$), 그 한도 내에서 공법관계에서의 자연인의 주소는 원칙적으로 주민등록지가 된다. 자연인인 주민은 그 지방자치단체의 구역 안에 주민등록을 한 자를 말하며, 법인의 경우에는 지방자치단체의 구역 안에 그 주된 사무소 또는 본점의 소재지를 둔 법인이 된다($^{주민등록법 § 23 ①,}_{민법 § 36, 상법 § 171}$).

특별시, 광역시, 도, 특별자치도 중 중층구조를 가진 광역자치단체의 주민은 각각 광역자치단체인 시·도의 주민과 기초자치단체인 시·군·구 주민의 지위를 동시에 보유하는 이중적 지위를 가진다. 특별자치도 중 제주자치도의 경우 지방자치법 제2조 제1항 및 제3조 제2항의 규정에 불구하고 관할구역 안에 지방자치단체인 시와 군을 두지 아니하므로($^{제주특별자치도 설치}_{및 국제자유도시 조}$ $^{성을 위한 특별법("제주}_{자치도특별법") § 15 ①}$), 그 주민 또한 특별자치도 주민이라는 단일한 법적 지위를 가진다. 주민은 국민의 지위를 함께 가지므로 3중적 지위를 가진다. 주민의 자격은 사망, 소속 지방자치단체 밖으로의 주소 이동 등의 사유로 상실된다.

II. 지방자치에 있어 주민의 역할: 주민참여의 문제

지방자치가 민주정치의 요체이며 현대의 다원적 복합사회가 요구하는 정치적 다원주의를 실현시키기 위한 제도적 장치로서 지방의 공동관심사를 자율적으로 처결함과 동시에 주민의 자치 역량을 배양하여 국민주권주의와 자유민주주의 이념구현에 이바지함을 목적으로 하는 제도라면,[1] 지방자치에서 주민이 차지하는 위상과 역할은 가히 중추적(^{pivotal})이다. 따라서 풀

---

[1] 헌법재판소 1998.4.30. 선고 96헌바62 결정; 헌법재판소 1991.3.11. 선고 91헌마21 결정; 헌법재판소 1995.10.26.

뿌리민주주의의 주체인 주민의 지위와 역할을 법적으로 보장하는 것이야말로 지방자치의 핵심적 성공조건이 된다: 지방자치는 민주주의 최고의 학교이며 그 성공을 위한 최선의 보장이다.[2]

주민의 참여는 간접민주주의의 공백을 보완하고, 책임행정을 확보하여 지방자치행정의 독선화를 방지하며, 자발적 참여를 통해 지역사회에서의 사회적 합의를 이룸으로써 결과적으로 사회적 거래비용을 낮추고 행정의 효율성을 제고하는 수단이 된다. 주민참여는 선거와 주민투표, 조례 제정·개폐청구, 감사청구, 주민소송, 주민소환 등 다양한 형태로 이루어진다.

Ⅲ. 주민의 권리와 의무

1. 개   설

지방자치단체의 주민은 주로 지방자치법에 따라 일정한 범위 내에서 권리를 가지고 의무를 지게 된다. 주민의 권리와 의무는 주민투표법 등 그 밖의 법령에 따라 주어지거나 부과된다.

한편, 제주자치도특별법은 주민의 권리에 관하여 주민투표, 조례제정·개폐청구, 주민소환 등에 관한 특례를 규정하고 있다.

2. 주민의 권리

주민의 권리는 크게 수익권과 참정권, 그리고 직접청구권으로 나눌 수 있다. 수익권은 소속 지방자치단체의 재산과 공공시설을 이용하고 그 지방자치단체로부터 균등하게 행정의 혜택을 받을 권리를 말하며($\S\,13\,①$), 참정권은 지방의회의원과 지방자치단체의 장의 선거, 즉 지방선거에 참여할 권리를 말한다($\S\,13\,②$). '지방선거에 참여할 권리'는 그 지방자치단체에서 실시하는 지방선거에서의 선거권과 피선거권을 말한다. 주민은 그 밖에도 주민투표권($\S\,14$), 조례 제정·개폐 청구권($\S\,15$), 감사청구권($\S\,16$), 주민소송 제기권($\S\,17$), 주민소환권($\S\,20$), 지방의회에 청원할 권리 등 주민직접청구제도 등에 따른 권리를 가진다($\S\S\,73\text{-}76$).

2.1. 수익권

주민은 법령으로 정하는 바에 따라 소속 지방자치단체의 재산과 공공시설을 이용할 권리

___
선고 94헌마242 결정 등.
2) James Bryce, Modern Democracies, vol.1, 1923, 133.

와 그 지방자치단체로부터 균등하게 행정의 혜택을 받을 권리를 가진다($^{§\,13}_{①}$). 이는 생존배려의 관점에서 주민에게 인정되는 필수적인 권리이다.

2.1.1. 재산 · 공공시설 이용권

(1) 이용권의 대상

① 재산

재산이란 현금 외의 모든 재산적 가치가 있는 물건 및 권리를 말한다($^{§\,142}_{③}$). 재산과 공공시설을 동일한 의미로 보거나 입법론상 재산 개념을 삭제해야 한다는 등 논란이 있으나, 지방자치법은 양자를 별개의 개념으로 사용하고 있다($^{§§\,13,\,136,}_{142\;①}$).

② 공공시설

공공시설이란 주민 복지 증진을 위하여 설치, 관리되는 시설로서($^{§\,144}_{①}$) 주민의 이용에 제공되는 것을 말한다. 공물, 영조물(시립대학교 등), 공기업(지하철공사) 등이 이에 해당한다. 공원, 상하수도 시설, 장묘시설, 학교, 극장, 박물관, 운동시설, 공영주차장, 공립병원, 공설양로원 등이 대표적인 예이다. 지방자치단체의 도로망의 경우, 견해가 대립하지만, 도로는 일반사용에 제공되는 공물로서 도로법상 그 귀속주체에 관계없이 누구에게나 그 이용권이 인정된다는 점에서 공공시설에 해당하지 아니 한다고 본다.

조직 형태나 소유권의 소재는 가리지 아니 한다. 공공시설의 조직형태로는 지방자치단체 직영방식, 법인형태 또는 위탁경영방식이 있다.

(2) 이용권의 주체

① 주민과 주민이 아닌 자

공공시설이용권은 주민의 권리이다. 주민인 이상 자연인, 법인, 국적을 불문한다. 주민이 아닌 자에게는 지방자치단체의 재산이나 공공시설의 이용이 제한될 수도 있다.

② 토지소유자

지방자치단체의 주민은 아니지만, 그 구역 안에 토지나 영업소를 가진 자는 그 토지나 영업소와 관련되는 범위 안에서 그 지방자치단체의 주민과 유사한 공공시설이용권을 가진다.

③ 행사참가자

주민이 아닌 자가 지방자치단체의 행사에 참가하는 경우, 참가를 초청받은 것으로 이해되는 범위 안에서는 그 지방자치단체의 주민과 동일한 권리를 가질 수 있다.

⑶ 이용권의 범위와 한계
① **이용권의 범위**

공공시설이용권의 범위와 한계는 근거법령이나 공용개시행위를 통해 설정된다. 이용관계의 한 내용으로 공공시설 이용 수수료의 납부가 요구되는 경우도 있다. 공공시설이용권에 따른 이용관계의 법적 성질은 각각 그 근거법령과 이용대상 시설의 특성 등에 따라 구체적으로 판단해야 할 것이다. 가령 공유재산 및 물품 관리법에 의한 행정재산의 목적 외 사용은 허가를 받아야 하는데(§20①), 그에 따른 이용관계는 허가제, 사용료 징수시 행정상 강제징수 인정, 처분의 형식에 의한 허가의 취소·철회 등의 이유에서 이를 공법관계로 보는 것이 통설과 판례의 태도이다. 반면 일반재산(잡종재산)의 대부행위는 특별한 사정이 없는 한 사법상 계약이며 그에 따라 형성된 이용관계도 사법관계로 보아야 할 것이다.

② **이용권의 한계**
ⓐ 법적 한계

이용권의 한계는 법령, 예컨대 하천법, 도시공원 및 녹지등에 관한 법률, 하수도법, 초·중등교육법, 지방공기업법, 지방재정법, 그리고 공공시설에 관한 조례·규칙 등에 의해 주어진다.

ⓑ 목적상 한계
주민은 공공시설의 목적에 적합한 범위 안에서만 이용권을 가진다.

ⓒ 사실상 한계
주민의 공공시설이용권은 공공시설의 수용능력, 정원 등 사실상 여건에 따라 제한될 수밖에 없다. 공공시설의 이용신청자의 수가 수용능력을 상회할 경우, 해당 지방자치단체는 시설의 목적, 평등의 원칙 등을 고려하여 합리적 기준에 따라 선착순, 이용시간이나 횟수의 제한, 추첨 등의 방식으로 그 허용순위를 정해야 할 것이다.

⑷ 유지·관리 또는 위험방지를 위한 제한
공공시설의 유지·관리를 위해 또는 위험방지를 위해 주민의 공공시설이용을 제한해야 하는 경우가 생긴다. 이 경우는 사실상 한계라고 볼 수도 있다.

⑸ 이용형태
이용형태로는 공물의 사용과 마찬가지로 일반사용(보통사용), 허가사용, 특허사용, 관습상 사용, 계약사용 등을 들 수 있다.

(6) 이용요금

지방자치단체는 공공시설의 이용 또는 재산의 사용에 대하여 사용료를 징수할 수 있다 ($\S\S\ ^{136,}_{139}$).

(7) 이용관계에서의 권익구제

공공시설 이용관계에서 손해가 발생한 경우 일률적 판단은 어렵지만, 이용관계가 사법관계이면 민법상 불법행위로 인한 손해배상을, 공법관계이면 국가배상법상 손해배상을 구할 수 있을 것이다. 공공시설 이용과 관련된 처분이 있는 경우 행정쟁송을 제기할 수 있음은 물론이다.

2.1.2. 균등한 행정혜택을 받을 권리

주민은 지방자치단체로부터 균등하게 행정의 혜택을 받을 권리를 가진다. 행정의 혜택이란 공공시설이용권을 제외한 그 밖의 모든 행정작용에 따른 혜택을 말한다. 균등한 혜택이란 평등원칙에 따른 혜택을 뜻하는 것으로 해석된다.

2.2. 참정권

국민인 주민은 법령으로 정하는 바에 따라 지방선거에 참여할 권리를 가진다($\S\ ^{13}_{②}$). 참정권의 내용은 공직선거법에서 정하고 있다. 외국인의 참정권에 관하여 공직선거법은 영주 외국인에게 선거권을 인정한다($^{공직선거법}_{\S\ 15\ ②\ iii}$).

공직선거법에 따르면 19세 이상으로서 제37조 제1항에 따른 선거인명부작성기준일 현재 다음 각 호의 어느 하나에 해당하는 사람은 그 구역에서 선거하는 지방자치단체의 의회의원 및 장의 선거권이 있다($^{공직선거법}_{\S\ 15\ ②}$).

1. 「주민등록법」 제6조 제1항 제1호 또는 제2호에 해당하는 사람으로서 해당 지방자치단체의 관할 구역에 주민등록이 되어 있는 사람[3]
2. 「주민등록법」 제6조 제1항 제3호에 해당하는 사람으로서 주민등록표에 3개월 이상 계속하여 올라 있고 해당 지방자치단체의 관할구역에 주민등록이 되어 있는 사람
3. 「출입국관리법」 제10조에 따른 영주의 체류자격 취득일 후 3년이 경과한 외국인으로서 같은 법 제34조에 따라 해당 지방자치단체의 외국인등록대장에 올라 있는 사람

---

3) 선거인명부 등재, 부재자 신고와 지방선거의 선거권·피선거권 행사의 요건으로 주민등록을 요구함으로써 주민등록을 할 수 없는 재외국민의 참정권 행사를 제한하는 구 공직선거 및 선거부정 방지법 제15조 제2항 등에 대하여 헌법재판소가 헌법불합치 결정(2007.6.28. 선고 2004헌마644 결정 등)을 함에 따라 재외국민도 일정한 요건하에서 선거권을 행사할 수 있도록 개정된 것이다. 헌법재판소 2007.6.28. 선고 2004헌마644 결정을 참조.

선거일 현재 계속하여 60일 이상(공무로 외국에 파견되어 선거일 전 60일 후에 귀국한 자는 선거인명부작성기준일부터 계속하여 선거일까지) 해당 지방자치단체의 관할구역에 주민등록이 되어 있는 주민으로서 25세 이상의 국민은 그 지방의회의원 및 지방자치단체의 장의 피선거권이 있다.[4] 60일의 기간은 그 지방자치단체의 설치·폐지·분할·합병 또는 구역변경(§ 28 각 호의 어느 하나에 따른 구역변경을 포함한다)에 의하여 중단되지 아니한다($\S^{16}_{③}$).

2.3. 주민직접청구제도 등에 따른 권리

2.3.1. 주민직접청구제

지방자치제 실시 이후 단체장의 권한 확대에 비해 상대적으로 미흡했던 책임 확보 장치를 강화하기 위해 도입된 주민참여수단이다. 단체장에게 집중된 권력을 견제하는 데 주민에게 감사청구, 자치입법에 관한 요구 등 직접청구권을 부여함으로써 주민참여의 계기를 활용하려는 아이디어에서 나온 제도이다. 주민투표, 조례 제정·개폐 청구, 감사청구, 주민소송, 주민소환 등이 있다. 진정한 지방자치를 이루려면 무엇보다도 주민이 직접 적극적으로 나서야 한다는 것이 주민직접청구제의 모토라 할 수 있다.[5]

2.3.2. 주민투표

주민투표는 지방자치단체의 주요 현안에 대한 주민참여를 보장하는 동시에 정책 추진과정에서 주민의견을 수렴할 수 있도록 하기 위한 대의제를 보완하는 의미를 가지는 제도이다. 지방자치법은 지방자치단체의 장에게 주민에게 과도한 부담을 주거나 중대한 영향을 미치는 지방자치단체의 주요 결정사항 등에 대한 주민투표 부의권을 부여하고 있다($\S^{14}_{①}$). 주민투표의 대상·발의자·발의요건, 그 밖에 투표절차 등에 관한 사항은 따로 법률로 정하도록 되어 있고($\S^{14}_{②}$), 주민투표법이 제정되어 시행되고 있다.

2.3.3. 조례의 제정과 개폐 청구

(1) 의 의

조례 제정·개폐 청구제도는 주민감사청구제도와 함께 대표적인 주민직접청구제도이다. 이것은 1999년 8월 31일 지방자치법개정법률(법률 제6003호)에서 일본 지방자치법상 주민직접청구제도를 모델로 삼아 도입된 제도로서 자치입법에 대한 주민참여의 통로를 열어 주고 자치입법이 민의를 구현할 수 있도록 하려는 데 취지를 두고 있다.

---

4) 이 경우 지방자치단체의 사무소 소재지가 다른 지방자치단체의 관할 구역에 있어 해당 지방자치단체의 장의 주민등록이 다른 지방자치단체의 관할 구역에 있게 된 때에는 해당 지방자치단체의 관할 구역에 주민등록이 되어 있는 것으로 본다(§ 16 ④).
5) 이에 관해서는 홍준형, "지방자치법상 주민직접청구제도의 도입", 자치행정, 1998.11을 참조.

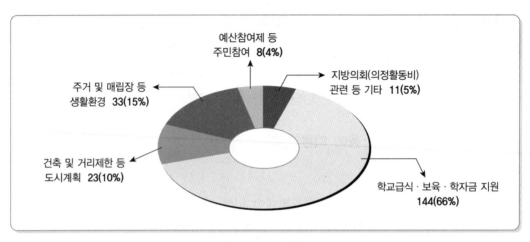

[청구 내용별 현황]

시행실태를 보면 2000년 시행 후 2015년까지 총 219건 청구되었고, 원안의결·수정의결 등 가결 114 건(52%), 부결 27건(12.3%), 각하철회·폐기 72건(32.%), 진행중 6건(2.7%)으로 나타났다. 2003~2005 년간 학교급식지원조례 관련 청구가 급증했으나, 2006년부터 청구건수가 급감하고 있다.[6]

(2) 청구권자

지방자치법은 19세 이상의 주민으로서 다음 어느 하나에 해당하는 사람(공직선거법 § 18에 따른 선거권이 없는 자는 제외한다. 이를 "19세 이상의 주민"이라 한다)에게 해당 지방자치단체의 장에게 조례를 제정하거나 개정하거나 폐지할 것을 청구할 수 있는 권리를 부여하고 있다($\S$ 15 ①).

1. 해당 지방자치단체의 관할 구역에 주민등록이 되어 있는 사람
2. 「재외동포의 출입국과 법적 지위에 관한 법률」 제6조 제1항에 따라 해당 지방자치단체의 국내 거소신고인명부에 올라 있는 국민
3. 「출입국관리법」 제10조에 따른 영주의 체류자격 취득일 후 3년이 경과한 외국인으로서 같은 법 제34조에 따라 해당 지방자치단체의 외국인등록대장에 올라 있는 사람

그 수적 요건은 조례로 정하게 되어 있으나, 지방자치단체의 종류와 규모에 따라 그 범위가 차등화되어 있다. 즉, 시·도와 제175조에 따른 인구 50만 이상 대도시에서는 19세 이상 주민 총수의 100분의 1 이상 70분의 1 이하, 시·군 및 자치구에서는 19세 이상 주민 총수의 50분의 1 이상 20분의 1 이하의 범위에서 지방자치단체의 조례로 정하는 19세 이상의 주민 수 이상의 연서(連署)로 해당 지방자치단체의 장에게 조례를 제정하거나 개정하거나 폐지할 것을 청구할 수 있게 되어 있다($\S$ 15 ①). 19세 이상의 주민 총수는 전년도 12월 31일 현재의 주민등록표 및 재외국민국내거소신고표, 외국인등록표에 의하여 산정한다($\S$ 15 ⑩).

---

6) http://www.moi.go.kr/cmm/fms/FileDown.do?atchFileId=FILE_000000000049983&fileSn=0

⑶ 청구의 범위

조례 제정·개폐 청구의 대상은 조례입법권자가 가지는 입법형성의 자유에 상응하여 매우 광범위하며 원칙적으로 제한이 없다고 할 수 있다. 다만, 지방자치법은 제도 남용의 우려를 감안하여 다음 사항을 청구의 대상에서 제외한다는 명문의 규정을 두고 있다($\S_{②}^{15}$).

1. 법령을 위반하는 사항
2. 지방세·사용료·수수료·부담금의 부과·징수 또는 감면에 관한 사항
3. 행정기구를 설치하거나 변경하는 것에 관한 사항이나 공공시설의 설치를 반대하는 사항

⑷ 청구의 절차와 효과

지방자치단체의 19세 이상의 주민이 조례를 제정하거나 개정하거나 폐지할 것을 청구하려면 청구인의 대표자를 선정하여 청구인명부에 적어야 하며, 청구인의 대표자는 조례의 제정안·개정안 및 폐지안("주민청구조례안")을 작성하여 제출하여야 한다($\S_{③}^{15}$).

지방자치단체의 장은 청구를 받으면 청구를 받은 날부터 5일 이내에 그 내용을 공표하여야 하며, 청구를 공표한 날부터 10일간 청구인명부나 그 사본을 공개된 장소에 갖추어두어 열람할 수 있도록 하여야 한다($\S_{④}^{15}$).

청구인명부의 서명에 관하여 이의가 있는 자는 10일의 열람기간에 해당 지방자치단체의 장에게 이의를 신청할 수 있고($\S_{⑤}^{15}$), 그 경우 지방자치단체의 장은 열람기간이 끝난 날부터 14일 이내에 심사·결정하되, 그 신청이 이유 있다고 결정한 때에는 청구인명부를 수정하고, 이를 이의신청을 한 자와 제3항에 따른 청구인의 대표자에게 알려야 하며, 그 이의신청이 이유 없다고 결정한 때에는 그 뜻을 즉시 이의신청을 한 자에게 알려야 한다($\S_{⑥}^{15}$).

지방자치단체의 장은 이의신청이 없는 경우 또는 제기된 모든 이의신청에 대하여 제6항에 따른 결정이 끝난 경우 법 제15조 제1항 및 제2항에 따른 요건을 갖춘 때에는 청구를 수리하고, 그러하지 아니한 때에는 청구를 각하하되, 수리 또는 각하 사실을 청구인의 대표자에게 알려야 한다($\S_{⑦}^{15}$).

지방자치단체의 장은 청구를 각하하려면 청구인의 대표자에게 의견을 제출할 기회를 주어야 한다($\S_{⑧}^{15}$).

지방자치단체의 장은 법 제15조 제7항에 따라 청구를 수리한 날부터 60일 이내에 주민청구조례안을 지방의회에 부의하여야 하며, 그 결과를 청구인의 대표자에게 알려야 한다($\S_{⑨}^{15}$).

조례의 제정·개정 및 폐지 청구에 관하여 그 밖에 필요한 사항은 대통령령으로 정한다($\S_{⑪}^{15}$).

지방자치단체의 장은 제15조에 따라 청구된 주민청구조례안에 대하여 의견이 있으면 제

15조 제9항에 따라 주민청구조례안을 지방의회에 부의할 때 그 의견을 첨부할 수 있고 ($\S^{15의}_{2\ ①}$), 지방의회는 심사 안건으로 부쳐진 주민청구조례안을 의결하기 전에 청구인의 대표자를 회의에 참석시켜 그 청구취지($^{청구인의\ 대표자와의\ 질}_{의\cdot\ 답변을\ 포함한다}$)를 들을 수 있다($\S^{15의}_{2\ ②}$). 주민청구조례안의 심사절차에 관하여 필요한 사항은 지방의회 회의규칙으로 정한다($\S^{15의}_{2\ ③}$).

2.3.4. 주민의 감사청구

(1) 의 의

주민감사청구제도는 1999년 8월 31일 지방자치법개정법률에서 조례제정·개폐청구제도와 함께 도입된 주민감사청구제도를 승계한 것이다.[7] 지방자치법은 이를 주민의 권리로 보장한다.

(2) 청구권자와 상대방

지방자치단체의 19세 이상의 주민은 시·도는 500명, 제175조에 따른 인구 50만 이상 대도시는 300명, 그 밖의 시·군 및 자치구는 200명을 넘지 아니하는 범위에서 그 지방자치단체의 조례로 정하는 19세 이상의 주민 수 이상의 연서(連署)로 감사를 청구할 수 있다.

주민의 감사청구의 상대방은 당해 지자체가 아니라 감독청을 상대로 한다. 즉, 시·도에서는 주무부장관에게, 시·군 및 자치구에서는 시·도지사에게 감사를 청구할 수 있다.

(3) 청구의 요건

청구의 사유와 관련하여 법은 그 지방자치단체와 그 장의 권한에 속하는 사무의 처리가 법령에 위반되거나 공익을 현저히 해친다고 인정되면 감사를 청구할 수 있도록 하고 있다 ($\S^{16\ ①}_{본문}$). 다만, 다음 각 호의 어느 하나에 해당하는 사항은 감사청구의 대상에서 제외한다 ($\S^{16\ ①}_{단서}$).

1. 수사나 재판에 관여하게 되는 사항
2. 개인의 사생활을 침해할 우려가 있는 사항
3. 다른 기관에서 감사하였거나 감사 중인 사항. 다만, 다른 기관에서 감사한 사항이라도 새로운 사항이 발견되거나 중요 사항이 감사에서 누락된 경우와 제17조 제1항에 따라 주민소송의 대상이 되는 경우에는 그러하지 아니하다.
4. 동일한 사항에 대하여 제17조 제2항 각 호의 어느 하나에 해당하는 소송이 진행 중이거나 그 판결이 확정된 사항

감사청구는 사무처리가 있었던 날이나 끝난 날부터 2년이 지나면 제기할 수 없다($\S^{16}_{②}$).

---

7) 주민감사청구제도는 일본 지방자치법 제212조의 주민감사청구제도와 명칭은 같지만, 내용과 절차에서는 일본 지방자치법 제75조의 사무감사청구제도에 상응하는 제도이다.

(4) 청구의 절차와 효과

주무부장관이나 시·도지사는 감사청구를 수리한 날부터 60일 이내에 감사청구된 사항에 대하여 감사를 끝내야 하며, 감사결과를 청구인의 대표자와 해당 지방자치단체의 장에게 서면으로 알리고, 공표하여야 한다($^{\S\,16\,③}_{전단\,본문}$). 다만, 그 기간에 감사를 끝내기가 어려운 정당한 사유가 있으면 그 기간을 연장할 수 있다($^{\S\,16\,③}_{전단\,단서}$). 이 경우 이를 미리 청구인의 대표자와 해당 지방자치단체의 장에게 알리고, 공표하여야 한다($^{\S\,16\,③}_{후단}$).

주무부장관이나 시·도지사는 주민이 감사를 청구한 사항이 다른 기관에서 이미 감사한 사항이거나 감사 중인 사항이면 그 기관에서 실시한 감사결과 또는 감사 중인 사실과 감사가 끝난 후 그 결과를 알리겠다는 사실을 청구인의 대표자와 해당 기관에 지체 없이 알려야 한다($^{\S\,16}_{④}$).

주무부장관이나 시·도지사는 주민 감사청구를 처리($^{각하를}_{함한다}$ 포)할 때 청구인의 대표자에게 반드시 증거 제출 및 의견 진술의 기회를 주어야 한다($^{\S\,16}_{⑤}$).

주무부장관이나 시·도지사는 제3항에 따른 감사결과에 따라 기간을 정하여 해당 지방자치단체의 장에게 필요한 조치를 요구할 수 있다($^{\S\,16\,⑥}_{전단}$). 이 경우 그 지방자치단체의 장은 이를 성실히 이행하여야 하고 그 조치결과를 지방의회와 주무부장관 또는 시·도지사에게 보고하여야 한다($^{\S\,16\,⑥}_{후단}$).

주무부장관이나 시·도지사는 제6항에 따른 조치요구내용과 지방자치단체의 장의 조치결과를 청구인의 대표자에게 서면으로 알리고, 공표하여야 한다($^{\S\,16}_{⑦}$).

2.3.5. 주민소송

(1) 의　의

주민소송은 주민감사청구제도의 실효성을 담보하기 위한 소송상 수단이다. 법은 지방자치단체의 재정에 관한 사항에 대하여 감사청구한 주민에게 감사결과와 관련한 위법행위나 해태사실에 대하여 지방자치단체 장을 상대로 소송을 제기할 수 있는 권리를 부여하고 있다.

(2) 제소권자·제소사유

법 제16조 제1항에 따라 공금 지출에 관한 사항, 재산의 취득·관리·처분에 관한 사항, 해당 지방자치단체를 당사자로 하는 매매·임차·도급 계약이나 그 밖의 계약 체결·이행에 관한 사항 또는 지방세·사용료·수수료·과태료 등 공금 부과·징수를 게을리 한 사항을 감사청구한 주민은 다음 각 호의 어느 하나에 해당하는 경우 그 감사청구한 사항과 관련이 있는 위법한 행위나 업무를 게을리 한 사실에 대하여, 해당 지방자치단체의 장($^{해당\,사항의\,사무처리에}_{관한\,권한을\,소속\,기관}$

_{장에 위임한 경우)}
_{그 소속 기관의 장})을 상대방으로 소송을 제기할 수 있다($\S_{①}^{17}$). 이 소송에 관하여는 이 법에 규정된 것 외에는 행정소송법에 따른다($\S_{⑰}^{17}$).

1. 주무부장관이나 시·도지사가 감사청구를 수리한 날부터 60일_(제16조 제3항 단서에 따라 감사기간이 연장 된 경우에는 연장기간이 끝난 날을 말한다)이 지나도 감사를 끝내지 아니한 경우
2. 제16조 제3항 및 제4항에 따른 감사결과 또는 제16조 제6항에 따른 조치요구에 불복하는 경우
3. 제16조 제6항에 따른 주무부장관이나 시·도지사의 조치요구를 지방자치단체의 장이 이행하지 아니한 경우
4. 제16조 제6항에 따른 지방자치단체의 장의 이행 조치에 불복하는 경우

(3) 주민이 제기할 수 있는 소송

주민이 제기할 수 있는 소송은 다음과 같이 열거되어 있다($\S_{②}^{17}$).

1. 해당 행위를 계속하면 회복하기 곤란한 손해를 발생시킬 우려가 있는 경우에는 그 행위의 전부나 일부를 중지할 것을 요구하는 소송
2. 행정처분인 해당 행위의 취소 또는 변경을 요구하거나 그 행위의 효력 유무 또는 존재 여부의 확인을 요구하는 소송
3. 게을리한 사실의 위법 확인을 요구하는 소송
4. 해당 지방자치단체의 장 및 직원, 지방의회의원, 해당 행위와 관련이 있는 상대방에게 손해배상청구 또는 부당이득반환청구를 할 것을 요구하는 소송. 다만, 그 지방자치단체의 직원이 「회계관계직원 등의 책임에 관한 법률」 제4조에 따른 변상책임을 져야 하는 경우에는 변상명령을 할 것을 요구하는 소송을 말한다.

제2항 제1호의 중지청구소송은 해당 행위를 중지할 경우 생명이나 신체에 중대한 위해가 생길 우려가 있거나 그 밖에 공공복리를 현저히 저해할 우려가 있으면 제기할 수 없다($\S_{③}^{17}$).

대법원은 지방자치법 제17조 제1항에서 주민소송의 대상으로 규정한 '재산의 취득·관리·처분에 관한 사항'에 해당하는지 여부는 주민이 지방자치단체의 위법한 재무회계행위의 방지 또는 시정을 구하거나 그로 인한 손해 회복 청구를 가능케 함으로써 그 재무행정의 적법성과 지방재정의 건전성 및 적정 운영을 확보하려는 주민소송 제도의 목적에 따라 판단해야 하며, 점용허가가 도로 등의 본래 기능 및 목적과 무관하게 그 사용가치를 실현·활용하기 위한 것으로 평가될 경우에는 주민소송의 대상이 되는 재산의 관리·처분에 해당한다고 판시한 바 있다.

⫶⫶⫶ 주민소송의 대상

"주민소송 제도는 지방자치단체 주민이 지방자치단체의 위법한 재무회계행위의 방지 또는 시정을 구하거나 그로 인한 손해의 회복 청구를 요구할 수 있도록 함으로써 지방자치단체의 재무행정의 적법성과

지방재정의 건전하고 적정한 운영을 확보하려는 데 목적이 있다. 그러므로 주민소송은 원칙적으로 지방자
치단체의 재무회계에 관한 사항의 처리를 직접 목적으로 하는 행위에 대하여 제기할 수 있고, 지방자치법
제17조 제1항에서 주민소송의 대상으로 규정한 '재산의 취득·관리·처분에 관한 사항'에 해당하는지도
그 기준에 의하여 판단하여야 한다. 특히 도로 등 공물이나 공공용물을 특정 사인이 배타적으로 사용하도
록 하는 점용허가가 도로 등의 본래 기능 및 목적과 무관하게 그 사용가치를 실현·활용하기 위한 것으
로 평가되는 경우에는 주민소송의 대상이 되는 재산의 관리·처분에 해당한다."8)

한편 대법원은 지방자치법 제17조 제1항에서 정한 주민소송의 대상이 되는 '공금의 부
과·징수를 게을리한 사항'의 의미와 범위에 관하여 건축법상 이행강제금의 부과·징수를
게을리한 행위가 주민소송의 대상이 되는 공금의 부과·징수를 게을리한 사항에 해당한다고
판시하였다.

주민소송과 건축법상 이행강제금부과의 해태

"[1] 주민소송 제도는 주민으로 하여금 지방자치단체의 위법한 재무회계행위의 방지 또는 시정을 구
할 수 있도록 함으로써 지방재무회계에 관한 행정의 적법성을 확보하려는 데 목적이 있다. 그러므로 지방
자치법 제17조 제1항, 제2항 제2호, 제3호 등에 따라 주민소송의 대상이 되는 '재산의 관리·처분에 관한
사항'이나 '공금의 부과·징수를 게을리한 사항'이란 지방자치단체의 소유에 속하는 재산의 가치를 유지·
보전 또는 실현함을 직접 목적으로 하는 행위 또는 그와 관련된 공금의 부과·징수를 게을리한 행위를
말하고, 그 밖에 재무회계와 관련이 없는 행위는 그것이 지방자치단체의 재정에 어떤 영향을 미친다고 하
더라도, 주민소송의 대상이 되는 '재산의 관리·처분에 관한 사항' 또는 '공금의 부과·징수를 게을리한
사항'에 해당하지 않는다.

[2] 이행강제금은 지방자치단체의 재정수입을 구성하는 재원 중 하나로서 '지방세외수입금의 징수 등
에 관한 법률'에서 이행강제금의 효율적인 징수 등에 필요한 사항을 특별히 규정하는 등 그 부과·징수를
재무회계 관점에서도 규율하고 있으므로, **이행강제금의 부과·징수를 게을리한 행위는 주민소송의 대상
이 되는 공금의 부과·징수를 게을리한 사항에 해당한다.**

[3] 지방자치법 제17조 제1항, 제2항 제3호의 주민소송 요건인 위법하게 공금의 부과·징수를 게을리
한 사실이 인정되기 위해서는 전제로서, 관련 법령상의 요건이 갖추어져 지방자치단체의 집행기관 등의
공금에 대한 부과·징수가 가능하여야 한다."9)

(4) 관할·제소기간

주민소송은 해당 지방자치단체의 사무소 소재지를 관할하는 행정법원(행정법원 미설치 지역에서는 행정법
원의 권한에 속하는 사건을 관할하는
지방법원본원)의 관할로 한다(§17 ⑨).

주민소송은 다음 어느 하나에 해당하는 날부터 90일 이내에 제기하여야 한다(§17 ④).

---

8) 대법원 2016.5.27. 선고 2014두8490 판결.
9) 대법원 2015.9.10. 선고 2013두16746 판결.

1. 제1항 제1호의 경우: 해당 60일이 끝난 날(제16조 제3항 단서에 따라 감사기간이 연장된 경우에는 연장기간이 끝난 날을 말한다)
2. 제1항 제2호의 경우: 해당 감사결과나 조치요구내용에 대한 통지를 받은 날
3. 제1항 제3호의 경우: 해당 조치를 요구할 때에 지정한 처리기간이 끝난 날
4. 제1항 제4호의 경우: 해당 이행 조치결과에 대한 통지를 받은 날

주민소송 진행 중 다른 주민은 같은 사항에 대하여 별도의 소송을 제기할 수 없다($\S^{17}_{⑤}$).

(5) 소송절차 등

소송의 계속중에 소송을 제기한 주민이 사망하거나 제12조에 따른 주민의 자격을 잃으면 소송절차는 중단된다($\S^{17}_{전단⑥}$). 소송대리인이 있는 경우에도 또한 같다($\S^{17}_{후단⑥}$). 소송이 중단되면 법원은 감사청구에 연서한 다른 주민에게 소송절차를 중단한 사유와 소송절차 수계방법을 지체 없이 알려야 한다($\S^{17}_{전단⑧}$). 이 경우 법원은 감사청구에 적힌 주소로 통지서를 우편으로 보낼 수 있고, 우편물이 통상 도달할 수 있을 때에 감사청구에 연서한 다른 주민은 제6항의 사유가 발생한 사실을 안 것으로 본다($\S^{17}_{후단⑧}$).

감사청구에 연서한 다른 주민은 소송절차 중단 사유가 발생한 사실을 안 날부터 6개월 이내에 소송절차를 수계할 수 있고($\S^{17}_{전단⑦}$), 그 기간에 수계절차가 이루어지지 아니할 경우 그 소송절차는 종료된다($\S^{17}_{후단⑦}$).

해당 지방자치단체의 장은 제2항 제1호부터 제3호까지의 규정에 따른 소송이 제기된 경우 그 소송 결과에 따라 권리나 이익의 침해를 받을 제3자가 있으면 그 제3자에 대하여, 제2항 제4호에 따른 소송이 제기된 경우 그 직원, 지방의회의원 또는 상대방에 대하여 소송고지를 하여 줄 것을 법원에 신청하여야 한다($\S^{17}_{⑩}$).

제2항 제4호에 따른 소송이 제기된 경우에 지방자치단체의 장이 한 소송고지신청은 그 소송에 관한 손해배상청구권 또는 부당이득반환청구권의 시효중단에 관하여 민법 제168조 제1호에 따른 청구로 본다($\S^{17}_{⑪}$). 이에 따른 시효중단의 효력은 그 소송이 끝난 날부터 6개월 이내에 재판상 청구, 파산절차참가, 압류 또는 가압류, 가처분을 하지 아니하면 효력이 생기지 아니한다($\S^{17}_{⑫}$).

국가, 상급 지방자치단체 및 감사청구에 연서한 다른 주민과 제10항에 따라 소송고지를 받은 자는 법원에서 계속 중인 소송에 참가할 수 있다($\S^{17}_{⑬}$).

제2항에 따른 소송에서 당사자는 법원의 허가를 받지 아니하고는 소의 취하, 소송의 화해 또는 청구의 포기를 할 수 없다. 이 경우 법원은 허가하기 전에 감사청구에 연서한 다른 주민에게 이를 알려야 하며, 알린 때부터 1개월 이내에 허가 여부를 결정하여야 한다($\S^{17}_{⑭}$).

제2항에 따른 소송은 「민사소송 등 인지법」 제2조 제4항에 따른 소정의 비재산권을 목적

으로 하는 소송으로 본다($\S^{17}_{⑮}$).

⑹ 승소시 비용 청구

소송을 제기한 주민은 승소($^{일부\ 승소를}_{포함한다}$)한 경우 그 지방자치단체에 대하여 변호사 보수 등의 소송비용, 감사청구절차의 진행 등을 위하여 사용된 여비, 그 밖에 실제로 든 비용을 보상할 것을 청구할 수 있다($\S^{17\ ⑯}_{전단}$). 이 경우 지방자치단체는 청구된 금액 범위에서 소송 진행에 객관적으로 사용된 것으로 인정되는 금액을 지급하여야 한다($\S^{17\ ⑯}_{후단}$).

2.3.6. 손해배상금 등의 지불청구 등

지방자치단체의 장($^{해당\ 사항의\ 사무처리에\ 관한\ 권한을\ 소속\ 기관}_{의\ 장에게\ 위임한\ 경우에는\ 그\ 소속\ 기관의\ 장}$)은 제17조 제2항 제4호 본문에 따른 소송에 대하여 손해배상청구나 부당이득반환청구를 명하는 판결이 확정되면 그 판결이 확정된 날부터 60일 이내를 기한으로 하여 당사자에게 그 판결에 따라 결정된 손해배상금이나 부당이득반환금의 지불을 청구하여야 한다($\S^{18\ ①}_{본문}$). 다만, 손해배상금이나 부당이득반환금을 지불하여야 할 당사자가 지방자치단체의 장이면 지방의회 의장이 지불을 청구하여야 한다($\S^{18\ ①}_{단서}$).

이에 따라 지불청구를 받은 자가 같은 항의 기한 내에 손해배상금이나 부당이득반환금을 지불하지 아니하면 지방자치단체는 손해배상·부당이득반환의 청구를 목적으로 하는 소송을 제기하여야 한다($\S^{18\ ②}_{전단}$). 이 경우 그 소송의 상대방이 지방자치단체의 장이면 그 지방의회 의장이 그 지방자치단체를 대표한다($\S^{18\ ②}_{후단}$).

2.3.7. 변상명령 등

지방자치단체의 장은 제17조 제2항 제4호 단서에 따른 소송, 즉 변상명령 요구 소송에 대하여 변상할 것을 명하는 판결이 확정되면 그 판결이 확정된 날부터 60일 이내를 기한으로 하여 당사자에게 그 판결에 따라 결정된 금액을 변상할 것을 명령하여야 한다($\S^{19}_{①}$).

이에 따라 변상할 것을 명령받은 자가 같은 항의 기한 내에 변상금을 지불하지 아니하면 지방세 체납처분의 예에 따라 징수할 수 있다($\S^{19}_{②}$).

변상명령을 받은 자가 그에 불복하는 경우 행정소송을 제기할 수 있으나($\S^{19\ ③}_{본문}$), 행정심판법에 따른 행정심판청구는 제기할 수 없다($\S^{19\ ③}_{단서}$).

2.3.8. 주민소환

⑴ 의 의

주민소환제는 민의를 제대로 실현하지 못하는 대표를 주민이 직접 나서서 해직시킬 수 있는 제도라는 점에서 주민이 지방자치단체 장과 지방의원을 직접 견제할 수 있는 가장 강력한 수단이라 할 수 있다. 이러한 배경에서 지방자치법은 주민에게 지방자치단체 장과 지방의원을 소환할 권리를 부여하였다. 즉, 주민은 그 지방자치단체의 장 및 지방의회의원(비례대표 지방의회의원은 제외한다)을 소환할 권리를 가진다($\S$ 20 ①).

주민소환의 투표 청구권자・청구요건・절차 및 효력 등에 관하여는 따로 법률로 정하도록 되어 있고($\S$ 20 ②), 주민소환에 관한 법률이 제정되어 시행되고 있다.

주민소환제의 실적은 매우 저조한 수준에 머물고 있다. 행정안전부에 따르면 2007년 제도 도입 이후 2016년 6월 1일까지 81차례 소환이 추진됐지만 투표까지 간 것은 단 8회였다. 실제 소환이 된 경우는 드물었고 2007년 37.6%의 투표율로 하남시의원 2명의 소환이 결정되어 해임된 사례가 유일하다. 나머지 81회 중 71회는 '미투표종결'되었고 6회는 투표가 실시되었으나 투표율 미달로 소환이 무산되었다.[10]

(2) 주민소환의 요건

주민소환에 관한 법률 제7조는 "주민소환투표청구권자"를 '전년도 12월 31일 현재 주민등록표 및 외국인등록표에 등록된 제3조 제1항 제1호 및 제2호에 해당하는 자'로 설정하고 주민소환투표의 청구요건을 정하고 있다. 이에 따르면 주민소환투표의 대상은 해당 지방자치단체의 장 및 지방의회의원(비례대표선거구시・도의회의원 및 비례대표선거구자치구・시・군의회의원은 제외하며, 이하 "선출직 지방공직자"라 한다)이고, 주민소환투표청구권자는 이들에 대하여 다음 각 호에 해당하는 주민의 서명으로 그 소환사유를 서면에 구체적으로 명시하여 관할선거관리위원회에 주민소환투표의 실시를 청구할 수 있다($\S$ 7 ①).

1. 특별시장・광역시장・도지사(이하 "시・도지사"라 한다): 그 지방자치단체의 주민소환투표청구권자 총수의 100분의 10이상
2. 시장・군수・자치구의 구청장: 당해 지방자치단체의 주민소환투표청구권자 총수의 100분의 15이상
3. 지역선거구시・도의회의원(이하 "지역구시・도의원"이라 한다) 및 지역선거구자치구・시・군의회의원(이하 "지역구자치구・시・군의원"이라 한다): 당해 지방의회의원의 선거구 안의 주민소환투표청구권자 총수의 100분의 20이상

주민소환제가 지역간 대립의 방편으로 악용되거나 특정 지역의 영향력에 따라 좌우되지 않도록 소환청구에 필요한 주민수를 각 지역별로 안배할 필요가 있다. 그런 뜻에서 주민소환투표의 대상에 따라 지역별로 필요한 청구권자 총수의 하한선을 설정한 것이다.

법은 주민소환권의 과잉 행사나 남용으로 인한 지방자치의 불안과 혼란을 막으려는 취지에서 주민소환투표에 청구제한기간을 두고 있다. 이에 따르면, 다음 각 호의 어느 하나에 해당하는 때에는 주민소환투표의 실시를 청구할 수 없다($\S$ 8).

---

10) http://www.moi.go.kr/frt/bbs/type001/commonSelectBoardArticle.do?bbsId=BBSMSTR_000000000050& nt tId=49751

1. 선출직 지방공직자의 임기개시일부터 1년이 경과하지 아니한 때
2. 선출직 지방공직자의 임기만료일부터 1년 미만일 때
3. 해당선출직 지방공직자에 대한 주민소환투표를 실시한 날부터 1년 이내인 때

법은 주민소환권의 남용이나 편파성을 방지하기 위하여 서명요청 활동에 제한을 가하고 있다. 이에 따르면 소환청구인대표자와 서면에 의하여 소환청구인대표자로부터 서명요청권을 위임받은 자(이하 "소환청구인대표자등"이라 한다)는 해당선출직 지방공직자의 선거구의 전부 또는 일부에 대하여 공직선거법에 따른 선거가 실시되는 때에는 그 선거의 선거일 전 60일부터 선거일까지 그 선거구에서 서명을 요청할 수 없다($\S^{10}_{①}$). 법은 마찬가지 이유에서 주민소환투표권이 없는 자, 공무원, 선출직 지방공직자의 해당선거 입후보예정자, 그 가족 및 이들이 설립·운영하는 기관·단체·시설의 임·직원 등 제10조 제2항 각 호에 열거된 자들이 소환청구인대표자등이 될 수 없도록 하는 한편, 서명요청 활동을 하거나 서명요청 활동을 기획·주도하는 등 서명요청 활동에 관여하는 행위를 금지하고 있다($\S^{10}_{②}$).

(3) 주민소환투표안의 공고와 권한정지

주민소환투표대상자는 관할선거관리위원회가 주민소환투표안을 공고한 때부터 제22조 제3항의 규정에 의하여 주민소환투표결과를 공표할 때까지 그 권한행사가 정지된다($\S^{21}_{①}$).

(4) 주민소환투표결과의 확정

주민소환은 주민소환투표권자 총수의 3분의 1이상의 투표와 유효투표 총수 과반수의 찬성으로 확정된다($\S^{22}_{①}$). 전체 주민소환투표자의 수가 주민소환투표권자 총수의 3분의 1에 미달하는 때에는 개표를 하지 아니한다($\S^{22}_{②}$).

주민소환이 확정된 때에는 주민소환투표대상자는 그 결과가 공표된 시점부터 그 직을 상실하며($\S^{23}_{①}$), 그 직을 상실한 자는 그로 인하여 실시하는 이 법 또는 공직선거법에 의한 해당보궐선거에 후보자로 등록할 수 없다($\S^{23}_{②}$).

(5) 주민소환투표소송 등

주민소환투표의 효력에 관하여 이의가 있는 해당 주민소환투표대상자 또는 주민소환투표권자(주민소환투표권자 총수의 100분의 1이상의 서명을 받아야 한다)는 주민소환투표결과가 공표된 날부터 14일 이내에 관할선거관리위원회 위원장을 피소청인으로 하여 지역구시·도의원, 지역구자치구·시·군의원 또는 시장·군수·자치구의 구청장을 대상으로 한 주민소환투표에 있어서는 특별시·광역시·도선거관리위원회에, 시·도지사를 대상으로 한 주민소환투표에 있어서는 중앙선거관리위원회에 소청할 수 있다($\S^{24}_{①}$).

소청에 대한 결정에 관하여 불복이 있는 소청인은 관할선거관리위원회 위원장을 피고로 하여 그 결정서를 받은 날(결정서를 받지 못한 때에는 공직선거법 제220조 제1항에 따른 결정기간 종료일)부터 10일 이내에 지역구시·도의원, 지역구자치구·시·군의원 또는 시장·군수·자치구의 구청장을 대상으로 한 주민소환투표의 경우 그 선거구를 관할하는 고등법원에, 시·도지사를 대상으로 한 주민소환투표의 경우 대법원에 각각 소를 제기할 수 있다($\S24$②).

주민소환투표에 관한 소청 및 소송의 절차에 관하여는 이 법에 규정된 사항을 제외하고는 공직선거법 제219조 내지 제229조의 규정 중 지방자치단체의 장 및 지방의회의원에 관한 규정을 준용한다($\S24$③).

(6) 보궐선거의 실시

주민소환투표에 관한 소청, 소송이 제기되거나 제27조 제1항에 따라 준용되는 주민투표법 제26조에 따라 재투표가 실시되면 그 결과 확정 후에 보궐선거를 실시하여야 한다($\S25$①).

(7) 주민소환투표관리경비

주민소환투표사무의 관리에 필요한 다음 비용은 그 지방자치단체가 부담하되, 소환청구인 대표자 및 주민소환투표대상자가 주민소환투표운동에 지출한 비용은 각자 부담한다($\S26$①).

1. 주민소환투표의 준비·관리 및 실시에 필요한 비용
2. 주민소환투표공보의 발행, 토론회 등의 개최 및 불법 주민소환투표운동의 단속에 필요한 경비
3. 주민소환투표에 관한 소청 및 소송과 관련된 경비
4. 주민소환투표결과에 대한 자료의 정리, 그 밖에 주민소환투표사무의 관리를 위한 관할선거관리위원회의 운영 및 사무처리에 필요한 경비

(8) 문제점

주민소환제는 그 도입 취지가 무색하리만큼 실효성이 떨어지고 '종이호랑이'로 전락했다는 비판을 받고 있다. 그 원인으로는 주로 청구요건과 주민소환투표의 확정요건이 너무 엄격하다는 점이 지목되고 있다. 반면, 주민소환제는 정파적 남용의 위험이 크고 그 결과 행정의 단절이나 혼란, 불안을 가져올 수 있다는 우려도 만만치 않다.

3. 주민의 의무

주민은 법령으로 정하는 바에 따라 소속 지방자치단체의 비용을 분담하는 의무를 진다($\S21$). 지방자치법은 비용분담의 형태로 지방세, 사용료, 수수료, 분담금 및 경비 부담 등($\S\S135$~141$)을 규정하고 있다. 주민은 그 밖에 개별 법령이나 조례 등에 따라 작위, 부작위, 급부, 수인의 의무를 진다(예: 도로법 §47).

제 3 절 │ 지방자치단체의 사무

Ⅰ. 지방자치단체와 그 사무

지방자치단체의 사무에 관해서는 학설상 논란이 없지 않지만 대체로 자치사무(고유사무)와 국가사무(위임사무)로 구분하는 것이 일반적이다. 지방자치단체의 사무에 관해서는 '사무이원론' 모델(Aufgabendualismus: / dual task model)과 '사무일원론' 모델(Aufgaben- monismus: / uniform task model)로 나뉜다. 후자에 따르면 모든 사무는 일단 지방자치단체에게 이양된 이상, 모든 의사결정이 원칙적으로 선출된 지방의회에 의해 주도된다는 의미에서 지방자치단체의 전체적이고 또 고유한 책임에 속한다고 한다. 일원론 모델은 지방자치단체와 국가의 관계에 있어 후자의 감독권은 오로지 합법성 심사에 관해서만 인정된다는 사고를 전제로 한다. 역사적으로 일원론 모델은 영국과 스웨덴에서 발전되어 왔다. 반면 '사무이원론' 모델은 지방자치단체의 사무를 고유사무와 위임사무 두 가지 유형으로 구분하고, 고유사무는 지방의회의 결정만으로 수행하고 국가로부터는 합법성 통제(legality / review)만 받는 데 비해, 위임사무는 국가로부터 지방자치단체에 위임된 사무로서 지방의회, 지방행정의 장에 의해 수행되고 국가로부터 포괄적 통제를 받는 사무이다. 사무이원론 모델은 역사적으로 독일과 프랑스의 특징이었다.[1]

> 독일의 경우, 사무의 이원론이 지배적이기는 하지만, 절대적인 것은 아니라고 한다. Schmidt-Aßmann에 따르면 각주의 지방자치법들이 그 개념과 기본관념에 있어 서로 상이하기 때문에 법적으로 유의미한 사무 구분이 매우 어렵다고 한다.[2] 독일의 경우 지방자치단체의 사무에 관해서는 이원적 모델과 일원적 모델이 병존하고 있는데, 그 경우 중요한 구별기준은 헌법상 지방자치의 보장의 주요개념들과 부합하기는 하지만 언제나 완벽하게 조화되고 있지는 않다고 한다.[3]

사무이원론 모델(Aufgaben- / dualismus)은 공공사무를 그 내용에 따라 자치사무와 국가사무로 구분한다. 이에 따르면 자치사무는 지방자치단체의 고유사무(eigener / Wirkungskreis)인 데 비하여 국가사무는 법률상의 위임의 방법으로 원칙적으로 위임사무(Auftragsan- / gelegenheit)로서 지방자치단체에게 주어진 사무라 할

---

1) Wollmann, H. Comparing Local Government Reforms in England, Sweden, France and Germany, 2008. in: www.wuestenrot-stiftung.de/download/local-government, 17-18.
2) Schmidt-Aßmann, Eberhard, 2008, Kommunalrecht, in: Besonderes Verwaltungsrecht, 14.Aufl., 9-126, 41 1.Kap, Rn.33.
3) Schmidt-Aßmann, 41-43 Rn.33-39.

수 있다.[4] 반면 사무일원론 모델은 '바인하이머 초안'($\substack{\text{Weinheimer} \\ \text{Entwurf}}$)[5]에서 유래하는 구별방법으로서 국가사무와 자치단체 고유사무의 구별 대신 공공사무라는 통일적 개념을 출발점으로 삼는다. 이에 따르면 지방자치단체의 영역 내 모든 공공사무는 법률에 달리 정하지 않는 한 지방자치단체만이 그리고 그 고유한 책임으로 수행할 사무이다. 물론 그것만으로 국가의 영향과잉 문제가 해결된 것은 아니다.[6]

우리나라 지방자치법 역시 여전히 사무이원론 모델을 따르고 있다.

Ⅱ. 지방자치단체 사무의 구분

1. 전통적인 사무구분론

지방자치법은 "지방자치단체는 관할구역의 자치사무와 법령에 따라 지방자치단체에 속하는 사무를 처리한다"고 규정하고 있다($\substack{\S 9 \\ ①}$). 지방자치단체의 사무는 자치사무와 법령에 따라 자치단체에 속하는 사무, 즉 단체위임사무, 두 가지로 이루어진다. 한편, 단체위임사무 외에 지방자치단체의 장 또는 기타의 기관에 대하여 위임한 기관위임사무가 있다.[7] 그러나 기관위임사무는 그 처리 효과가 국가에 귀속되고, 이를 수임·처리하는 지방자치단체의 기관은 그 범위 안에서 국가기관의 지위에 선다는 점에서 기관위임사무는 지방자치단체의 사무라 할 수 없다.

사무구분의 실익은 자치입법에 의한 규율여부, 감독권의 범위와 소재, 경비부담, 지방의회의 관여, 배상책임의 귀속 등과 관련하여 차이가 있다는 데 있다.

2. 지방분권의 추진과 사무구분체계의 변화

전통적인 사무체계에 대해서는 많은 비판이 제기되어 왔다.

대표적으로 이기우 교수는 현행 지방자치법상 사무체계는 주민의 입장보다는 사무의 처리주체인 국가와 지방정부를 중심으로 하는 사고방식, 또 지방정부는 공공주체가 아니라 사회영역에 속한다고 보는 국가와 사회의 업무이원론에 기초한 것인데, 오늘날 지방정부는 중앙정부와 더불어 공공업무를 처리하는 공

---

4) Schmidt-Aßmann, 41 1.Kap, Rn.34.
5) 1948년 Weinheimer에서 연방각주의 내무장관, 지방자치단체장들이 모여 제안한 독일연방공화국의 각 주를 위한 지방자치법 초안을 말한다.
6) Schmidt-Aßmann, 41 1.Kap, Rn.37.
7) 종종 단체위임사무와 기관위임사무의 상위개념으로서 (넓은 의미의) '위임사무'라는 용어를 사용하기도 한다. 그러나 전술한 바와 같이 지방자치법 제9조 제1항에 따른 '위임사무'는 단체위임사무만을 의미하므로, '위임사무'라는 용어는 이를 좁은 의미로만 사용하기로 한다.

공주체로서 등장하고 있어, 업무이원론의 이론적 기반이 상실되었다고 비판한다. 주민의 입장에서는 지방정부가 처리하는 사무가 어떤 성질을 갖는지는 별로 중요하지 않으며, 단지 지방정부가 처리하는 공공업무로서 이해하고 있을 뿐이다. 현행법상 사무체계에 대한 대안으로 1945년 이후에 독일에서 도입된 업무일원론, 일본에서 최근에 채택한 기관위임사무의 폐지를 전향적으로 도입할 필요가 있다고 주장한다.[8]

사실 기관위임사무는 사무에 대한 통제는 국가나 상급지방자치단체가 가지면서 그 수행만을 지방자치단체의 기관에게 맡기는 일종의 편법이고 지방자치의 이념에는 잘 들어맞지 않는 방식이다. 하지만 과거 중앙집권시대는 물론 지방자치가 본격 실시된 이후에도 팽배해 있는 국가중심적 사고방식 때문인지 오히려 더 확대되어 왔고 지방자치단체의 사무에서 여전히 큰 비중을 차지하고 있다.[9] 기관위임사무의 경우 국가로부터 합법성·합목적성 등 모든 면에서 사전·사후, 예방적·교정적 통제를 받고, 지방의회의 조례제정권이 미치지 않아 지방자치단체의 자주성이 크게 제약되는 반면, 기관위임사무 실시에 따른 수임기관의 재정적 부담이 커서 그러지 않아도 열악한 지방재정을 악화시키는 요인이 되었다.[10] 역대정부가 추진했던 지방분권정책에서 기관위임사무 폐지를 포함한 사무구분체계 개편이 주요과제로 대두된 배경이기도 하다.

또 자치사무와 기관위임사무, 단체위임사무의 구별이 용이하지 않은 경우가 많고, 단체위임사무와 자치사무와의 구별도 (특히 자치사무도 전래사무로 파악할 경우) 애매모호한 경우가 많아 실무상 혼란과 불확실성을 낳는 이유가 되고 있다.

그런 까닭에 전통적 사무구분체계는 지방분권이라는 정책적 맥락에서 전례없는 도전을 받게 되었고, 입법정책적으로 사무구분체계의 개편이 추진되어 왔다. 실제로 「지방분권 및 지방행정체제개편에 관한 특별법」은 제11조에서 권한이양 및 사무구분체계의 정비 등을 정책목표로 설정하고 있다.[11] 이에 따르면 국가는 제6조에 따른 사무배분의 원칙에 따라 그 권한 및 사무를 적극적으로 지방자치단체에 이양하여야 하며, 그 과정에서 국가사무 또는 시·도의 사무로서 시·도 또는 시·군·구의 장에게 위임된 사무는 원칙적으로 폐지하고

8) 이기우, "지방자치제도의 개선방안", 분권과 혁신(대구사회연구소), 2003.1, 16-17. 전국시장 군수 구청장 협의회 지방자치 대토론회 발제문(http://www.tiss.re.kr/divpower26/divpower4.html).
9) 지방자치단체의 사무 중 기관위임사무의 비율에 관해서는 다소 불분명한 부분이 있다. 예컨대, 정하중, 행정법개론, 970은 기관위임사무의 비율이 70%에 달한다고 하지만, "참여정부의 지방분권 추진결과 평가와 향후 지방자치 분야별 대응전략", 정책브리프 제20호(강원개발연구원 2007.12)(http://gw.codil.or.kr/filebank/original/RK/OTGWRK960572/convert/OTGWRK960572.pdf), 12에서는 자치단체사무의 40%로 잡고 있다. 한편 참여정부 출범당시에는 국가사무(73%), 국가위임사무(3%), 자치사무(24%)로 배분되어 있었다고 한다(행정안전부, 희망대한민국 행정안전부정책백서, 2008.2, 416).
10) 이기우·하승수, 지방자치법, 대영문화사, 2007, 163-165.
11) 중앙행정권한의 지방이양은 양상은 달랐지만 역대정부가 공통적으로 추진해 온 과제였다. 국민의 정부도 1999년 「중앙행정권한의 지방이양 촉진등에 관한 법률」을 제정하여 이를 추진하였으나 큰 성과를 거두지는 못했다. 이에 대해서는 김창호, "참여정부의 지방분권정책 평가와 향후 발전과제", 지방행정연구(한국지방행정연구원) 제23권 제1호(통권 76호), 2009.3, 3-25를 참조.

자치사무와 국가사무로 이분화하여야 한다($^{\S\,10}_{①}$). 아울러 국가는 권한 및 사무를 지방자치단체에 포괄적, 일괄적으로 이양하기 위하여 필요한 법적 조치를 마련하고($^{\S\,10}_{②}$), 지방자치단체에 이양한 사무가 원활히 처리될 수 있도록 행정적·재정적 지원을 병행하여야 한다($^{\S\,10}_{③}$).

Ⅲ. 지방자치단체의 사무의 종류

1. 자치사무

1.1. 개 념

지방자치단체는 본래 지역적 공공사무의 처리를 목적으로 하므로 주민 복리증진에 관한 사무가 자치사무의 핵심이다. 헌법은 '지방자치단체는 주민의 복리에 관한 사무를 처리하고'라고 규정하고($^{\S\,117}_{①}$), 지방자치법은 '주민의 복지증진에 관한 사무'를 지방자치단체의 사무로 열거하는데($^{\S\,9}_{②\,ii}$) 이는 자치사무의 유개념적 특징을 반영한 것이다. 자치사무로는 지방자치단체가 그 시행여부를 자유로이 결정할 수 있는 수의사무(임의적 사무)와 초·중등학교 설치($^{초·중등교육}_{법\,\S\,12\,②}$), 오물 처리($^{폐기물관}_{리법\,\S\,13}$), 상하수도 설치와 관리($^{수도법\,\S\,8\,①,}_{하수도법\,\S\,3\,②}$) 등 법령에 따라 시행의무가 부과된 필요사무(의무적 사무)가 있다.

1.2. 자치사무의 유형

지방자치법은 자치사무와 단체위임사무를 구별하거나 자치사무의 개념이나 범위를 별도로 명시하지 않고 '지방자치단체의 사무' 즉, '자치사무와 법령에 따라 지방자치단체에 속하는 사무'를 예시하면서, 다만 법률에 이와 다른 규정이 있으면 그러하지 아니하다고 규정하고 있다($^{\S\,9}_{②}$). 지방자치법 제9조 제2항은 이른바 예시적 열거주의에 따라 6개 분야, 57개 사무를 규정하고 있는데, 사무의 대구분(분야)만을 소개하면 다음과 같다.

1. 지방자치단체의 구역, 조직, 행정관리 등에 관한 사무
2. 주민의 복지증진에 관한 사무
3. 농림·상공업 등 산업 진흥에 관한 사무
4. 지역개발과 주민의 생활환경시설의 설치·관리에 관한 사무
5. 교육·체육·문화·예술의 진흥에 관한 사무
6. 지역민방위 및 지방소방에 관한 사무

이처럼 지방자치법 제9조 제2항은 예시적 규정에 불과하고 또 단체위임사무도 포함하고 있으며, 자치사무와 단체위임사무를 구별하고 있지도 않다고 보는 것이 일반적이지만, 그 대

부분이 자치사무라고 보는 것이 지배적인 견해이다.[12] 물론 지방자치법 제9조 제2항에 열거된 사무라도 개별 법령에 따라 국가사무로 되어 있는 경우에는 위임사무로 보아야 할 것이다.

"구 학교용지확보에 관한 특례법(2005.3.24. 법률 제7397호로 개정되기 전의 것, 이하 '법'이라 한다) 제1조에 의하면, "이 법은 공립의 초등학교·중학교 및 고등학교용 학교용지의 조성·개발·공급 및 관련 경비의 부담 등에 관한 특례를 규정함으로써 학교용지의 확보를 용이하게 함을 목적으로 한다"라고 규정하고 있고, 법 제5조 제1항은 시·도지사로 하여금 학교용지부담금(이하 '부담금'이라 한다)을 부과·징수할 수 있도록 하고 있으며, 법 제6조 제3호는 시·도는 학교용지의 확보를 위하여 시·도의 일반회계가 부담하는 경비를 법 제5조의 규정에 의하여 부과·징수하는 부담금을 재원으로 조달할 수 있도록 규정하고 있는 한편, 구 지방자치법 제9조 제2항 제5호 (가)목은 교육에 관한 사무로서 초등학교·중학교·고등학교의 설치사무를 지방자치단체의 사무로 예시하고 있으므로, **시·도지사가 부담금을 부과·징수하는 것은 국가기관의 지위에서 수행하는 사무가 아니라 지방자치단체의 고유사무인 자치사무라고 할 것이다.**"[13]

"인천광역시의회가 의결한 '인천광역시 공항고속도로 통행료지원 조례안'이 규정하고 있는 **인천국제공항고속도로를 이용하는 지역주민에게 통행료를 지원하는 내용의 사무**는, 구 지방자치법(2007.5.11. 법률 제8423호로 전문 개정되기 전의 것) 제9조 제2항 제2호 (가)목에 정한 **주민복지에 관한 사업으로서 지방자치사무**이다."[14]

2. 단체위임사무

국가나 지방자치단체가 법령에 따라 그 사무를 지방자치단체에게 위임하여 처리하도록 한 경우, 그 사무를 단체위임사무라고 한다. 지방자치법은 '법령에 따라 지방자치단체에 속하는 사무'라고 규정하고 있다(§9①). 현행법상 단체위임사무의 예는 그리 많지 않다. 가령 시·군의 도세징수사무(지방세법§53)가 그 예이다.

3. 기관위임사무

기관위임사무란 국가 또는 다른 지방자치단체로부터 지방자치단체의 장 등에게 위임된 사무를 말한다. 병역, 선거, 경찰, 지적, 통계, 양곡관리, 소방, 그 밖의 각종 인·허가사무 등 그 예가 많다. 기관위임사무는 여전히 지방자치단체가 수행하는 사무의 주종을 이루고 있다. 기관위임사무의 근거는 "시·도와 시·군 및 자치구에서 시행하는 국가사무는 법령에 다

---

12) 가령 대표적으로 정하중, 행정법개론, 967; 장태주, 행정법개론, 제8판, 2010, 1059 등을 참조. 단체위임사무는 그 개념상 법령의 규정에 의해 비로소 지방자치단체에 속하게 되는 것이므로, 개별 법령에 앞서 예시하는 것은 의미가 없고 따라서 제9조 제2항에 예시된 사무는 전부 자치사무라고 보아야 한다는 견해가 유력하게 주장되고 있다 (오진환, "조례의 무효와 그 조례에 근거한 행정처분의 당연무효 여부", 특별법연구 제5권, 특별소송실무연구회, 1997, 145).
13) 대법원 2008.1.17. 선고 2007다59295 판결.
14) 대법원 2008.6.12. 선고 2007추42 판결.

른 규정이 없으면 시·도지사와 시장·군수 및 자치구의 구청장에게 위임하여 행한다"고 규정한 지방자치법 제102조(국가사무의 위임)와 "지방자치단체의 장은 그 지방자치단체의 사무와 법령에 따라 그 지방자치단체의 장에게 위임된 사무를 관리하고 집행한다"고 규정한 제103조(사무의 관리 및 집행권)로 보는 것이 일반적이다. "행정기관은 법령으로 정하는 바에 따라 그 소관사무의 일부를 보조기관 또는 하급행정기관에 위임하거나 다른 행정기관·지방자치단체 또는 그 기관에 위탁 또는 위임할 수 있다"고 규정한 정부조직법 제6조 제1항 전단을 그 근거로 보기도 한다.[15]

이와 관련하여 지방자치법의 위임규정에만 근거하여 국가 등의 사무를 위임할 수 있는지 아니면 별도의 위임규정을 필요로 하는 것인지가 문제되는데, 전자가 판례의 입장이다.

"지방자치법 제102조, 제106조[16] 및 지방자치에관한임시조치법 제5조의2의 각 규정취지를 종합하면 **국가행정사무를 지방자치단체의 장에게 위임하여 수행할 수 있으므로 지방자치단체의 장은 국가사무를 처리하는 범위 내에서는 국가의 보통 지방행정기관의 지위에 있는 것이며**, 공유수면관리법 제3조에 공유수면은 도지사가 관리하도록 되어 있으니 **도지사는 위 규정들에 의하여 조례가 정하는 바에 따라 그 권한에 속하는 사무의 일부를 시장에게 위임할 수 있다고 해석되므로** 피고(삼천포 시장)의 이 사건 공유수면에 대한 점용허가의 취소처분의 당부를 심리판단함이 없이 공유수면 관리법 및 동법시행령에 도지사의 위임에 관한 규정이 없다는 직권판단만으로 피고의 위 점용허가취소 처분이 당연무효라고 단정함은 위법하다."[17]

4. 자치사무, 단체위임사무 및 기관위임사무의 구별

4.1. 구별의 실익

자치사무, 단체위임사무 및 기관위임사무를 구별하는 실익은 다음 표에서 보는 바와 같이 법적 근거, 자치입법에 의한 규율여부, 경비부담, 국가 등의 감독과 범위, 지방의회의 관여, 배상책임의 귀속 등과 관련하여 차이를 보인다는 데 있다.

---

15) 김철용, 행정법 Ⅱ, 95-96.
16) 현행 지방자치법 제102조, 제103조에 각각 상응하는 규정들이다(인용자 주).
17) 대법원 1984.7.10. 선고 82누563 판결.

〈지방자치단체 사무의 구별〉

구별		자치사무	단체위임사무	기관위임사무 비고
사무의 성질		주민복리에 관한 지자체의 고유사무	법령에 따라 지자체에 위임된 사무	국가·지자체가 법령/조례로 지자체 기관에 위임한 사무
법적 근거		지방자치법 § 9 ① 전단	지방자치법 § 9 ① 후단	지방자치법 §§ 102, 103
단체장의 지위		지자체의 기관	지자체의 기관(간접적 국가기관)	국가기관
자치입법 규율여부		조례/규칙으로 규율 가능	조례/규칙으로 규율 가능	조례로 규율 불가, 법령상 조례 위임이 있으면 가능 규칙은 가능
경비 부담		지자체 부담	국가부담설(다수설) cf. 국가와 지자체 분담 (지방재정법§ 21 ①) 18)	국가가 전액 부담(실제와 상이)
국가 감독	감독 속성	합법성 감독 사후적 감독	합법성·합목적성 감독 사후적 감독	합법성·합목적성 감독 적극적·예방적 감독
	감독 기관	행정안전부장관, 시·도지사(법률에 특별한 규정 있으면 예외)	주무부처의 장	주무부처의 장
지방의회관여		가능	대부분 가능	원칙적으로 불가능(지방자치법§ 41 ③ 예외)
배상책임		지자체가 부담	국가 또는 지자체가 부담 (국가배상법§ 6)	원칙적으로 국가, 예외적으로 지자체 부담(국가배상법§ 6)

4.2. 자치사무, 단체위임사무 및 기관위임사무의 구별기준

입법권자가 개별 법령에서 사무의 유형과 그 처리주체, 경비부담 등을 분명하게 구별하여 규정한 경우는 특별한 문제가 없다. 그러나 실제는 대부분 그러하지 못하다. 특히 법령상 지방자치단체의 장이 처리하도록 규정되어 있는 사무가 자치사무인지 기관위임사무에 해당하는지 여부가 불분명한 경우가 많다. 그런 경우 사무의 유형을 판단함에 있어 그에 관한 법령의 규정 형식과 취지를 우선적으로 고려하되, 그 밖에도 사무의 성질이 전국적으로 통일적인 처리가 요구되는 사무인지 여부나 그에 관한 경비부담과 최종적인 책임귀속의 주체 등도 아울러 고려하여 개별적으로 판단해야 할 것이다. 판례 또한 동일한 입장을 보이고 있다.19)

---

18) 지방재정법은 제21조에서 부담금과 교부금에 관하여 지방자치단체 또는 그 기관이 법령에 의하여 처리하여야 할 사무로서 국가와 지방자치단체 상호간에 이해관계가 있는 경우에, 그 원활한 사무처리를 위하여 국가에서 부담하지 아니하면 아니 되는 경비는 국가가 그 전부 또는 일부를 부담하며(§ 21 ①), 국가가 스스로 행하여야 할 사무를 지방자치단체 또는 그 기관에 위임하여 수행하는 경우에, 그 소요되는 경비는 국가가 그 전부를 당해 지방자치단체에 교부하여야 한다고 규정하고 있다(§ 21 ②). 이와같이 국가와 지방자치단체가 부담할 경비 중 지방자치단체가 부담할 경비의 종목 및 부담비율에 관하여는 대통령령으로 정한다(§ 22 ①).

19) 대법원 2001.11.27. 선고 2001추57 판결; 대법원 2008.1.17. 선고 2007다59295 판결 등을 참조. 한편 판례에 의한 기준도 불명확성을 해소해 주지 못해 부적합하며 입법적 해결책이 필요하다는 비판으로는 이기우·하승수, 지

첫째, 사무의 구별기준으로 일차적으로 고려할 것은 근거법령의 문언, 즉 규정 형식과 취지이다. 만일 어떤 법령에서 대통령과 국무총리 또는 각 행정각부처의 장 등 중앙행정기관의 장의 권한으로 규정하고 있다면 이는 국가사무로 볼 수 있다. 그와 같은 국가사무 중 지방자치단체의 장 즉, 시·도지사나 시장·군수·구청장 등에게 위임된 사무는 기관위임사무로 보아야 할 것이고, 지방자치단체의 장이 아니라 지방자치단체에 위임된 것은 단체위임사무로 보아야 할 것이다. 법령에서 '지방자치단체의 장이 행한다'고 규정한 경우, 기관으로서 지방자치단체의 장에게 권한을 부여한 것이라는 점에서 통상 기관위임사무로 추정할 수 있겠지만, 경우에 따라서는 본래적 자치사무에 대하여 단지 지방자치단체의 대표자로서 그 '장'이 행한다는 의미일 수도 있으므로, 입법권자의 의사를 따져 보아야 한다. 관계법령에서 사무처리의 권한이나 임무를 부여한 취지를 판단함에 있어 사무의 성질이 전국적으로 통일적 처리가 요구되는 사무인지 여부 등을 고려해야 할 것이다.

둘째, 법령의 규정이 불분명한 경우에는 관계법령상 경비부담, 감독관련 규정들을 고려하여 판단해야 한다. 만일 사무에 소요되는 경비를 전적으로 지방자치단체가 부담하고 그로 인한 수입도 지방자치단체에게 귀속시키는 규정이 있다면 이는 자치사무의 경우로 볼 수 있을 것이다.

셋째, 지방자치법 제9조 제2항과 제11조의 예시규정을 보충적으로 고려하여 판단하여야 할 것이다. 만일 제9조 제2항에 예시된 사무에 해당한다면, 특별한 사정이 없는 한, 이를 자치사무로 보아도 무방할 것이고 반면 제11조 각 호에 열거된 범부에 해당한다면 의당 이를 국가사무라고 보아야 할 것이다.

자치사무와 기관위임사무의 구별 및 조례제정 범위

"구 지방자치법(2007.5.11. 법률 제8423호로 전문 개정되기 전의 것) 제15조, 제9조에 의하면, 지방자치단체가 **자치조례를 제정할 수 있는 사항은 지방자치단체의 고유사무인 자치사무와 개별법령에 의하여 지방자치단체에 위임된 단체위임사무에 한하는 것이고, 국가사무가 지방자치단체의 장에게 위임된 기관위임사무는 원칙적으로 자치조례의 제정범위에 속하지 않는다** 할 것이고, 다만 기관위임사무에 있어서도 그에 관한 개별법령에서 일정한 사항을 조례로 정하도록 위임하고 있는 경우에는 위임받은 사항에 관하여 개별법령의 취지에 부합하는 범위 내에서 이른바 위임조례를 정할 수 있다(대법원 2000.5.30. 선고 99추85 판결 등 참조). 그리고 법령상 지방자치단체의 장이 처리하도록 규정하고 있는 사무가 자치사무인지 기관위임사무에 해당하는지 여부를 판단함에 있어서는 그에 관한 **법령의 규정 형식과 취지를 우선 고려하여야 할 것이지만 그 외에도 그 사무의 성질이 전국적으로 통일적인 처리가 요구되는 사무인지 여부나 그에 관한 경비부담과 최종적인 책임귀속의 주체 등도 아울러 고려하여 판단하여야 한다**(대법원 2001.11.27. 선고 2001추57 판결 등 참조)."[20]

방자치법, 대영문화사, 2007, 162-163을 참조.
20) 대법원 2008.1.17. 선고 2007다59295 판결.

⠿ 법령상 지자체 장의 처리 사무가 자치사무인지 기관위임사무인지 여부와 판단 방법

"국가가 본래 그의 사무의 일부를 지방자치단체의 장에게 위임하여 처리하게 하는 기관위임사무의 경우 지방자치단체는 국가기관의 일부로 볼 수 있고, **지방자치단체가 그 고유의 자치사무를 처리하는 경우 지방자치단체는 국가기관의 일부가 아니라 국가기관과는 별도의 독립한 공법인으로서 양벌규정에 의한 처벌대상이 되는 법인에 해당**한다. 또한, 법령상 지방자치단체의 장이 처리하도록 하고 있는 사무가 자치사무인지, 기관위임사무에 해당하는지 여부를 판단하는 때에는 그에 관한 법령의 규정 형식과 취지를 우선 고려하여야 하며, 그 외에도 그 사무의 성질이 전국적으로 통일적인 처리가 요구되는 사무인지 여부나 그에 관한 경비부담과 최종적인 책임귀속의 주체 등도 아울러 고려하여 판단하여야 한다."21)

4.3. 실 례

판례가 국가사무, 즉 기관위임사무로 본 경우로는 국도의 유지·수선사무(대법원 1993.1.26. 선고 92다2684 판결), 묘지등의 허가사무(대법원 1995.12.22. 선고 95추32 판결), 부랑인선도시설 또는 정신질환자요양시설의 지도·감독사무(대법원 2006.7.28. 선고 2004다759 판결), 항만순찰 등의 업무(대법원 2009.6.11. 선고 2008도6530 판결) 등이 있고, 자치사무로 본 경우로는 호적사무(대법원 1995.3.28. 선고 94다45654 판결), 도시사의 의료기관감독사무(대법원 1994.9.13. 선고 94누3599 판결), 시·도지사의 학교용지부담금 부과·징수사무(대법원 2008.1.17. 선고 2007다59295 판결) 등이 있다.

Ⅳ. 지방자치단체 사무의 배분 및 처리의 기본원칙

1. 지방자치단체의 사무 배분

1.1. 지방자치단체와 국가 간 사무의 배분

지방자치법은 '국가사무의 처리제한'이란 제명 아래 지방자치단체가 처리할 수 없는 사무를 열거하는 한편(§ 11 본문), 법률에 이와 다른 규정이 있는 경우에는 국가사무를 처리할 수 있다고 규정하여(§ 11 단서) 법률에 특별한 규정을 두어 지방자치단체에게 국가사무의 처리를 맡길 수 있는 여지를 남겨 놓았다.

1. 외교, 국방, 사법(司法), 국세 등 국가의 존립에 필요한 사무
2. 물가정책, 금융정책, 수출입정책 등 전국적으로 통일적 처리를 요하는 사무
3. 농산물·임산물·축산물·수산물 및 양곡의 수급조절과 수출입 등 전국적 규모의 사무

---

21) 대법원 2009.6.11. 선고 2008도6530 판결: 지방자치단체 소속 공무원이 지정항만순찰 등의 업무를 위해 관할관청의 승인 없이 개조한 승합차를 운행함으로써 구 자동차관리법(2007.10.17. 법률 제8658호로 개정되기 전의 것)을 위반한 사안에서, 지방자치법, 구 항만법, 구 항만법 시행령 등에 비추어 위 항만순찰 등의 업무가 지방자치단체의 장이 국가로부터 위임받은 기관위임사무에 해당하여, 해당 지방자치단체가 구 자동차관리법 제83조의 양벌규정에 따른 처벌대상이 될 수 없다고 한 사례.

4. 국가종합경제개발계획, 국가하천, 국유림, 국토종합개발계획, 지정항만, 고속국도·일반국도, 국립공원 등 전국적 규모나 이와 비슷한 규모의 사무

5. 근로기준, 측량단위 등 전국적으로 기준을 통일하고 조정하여야 할 필요가 있는 사무

6. 우편, 철도 등 전국적 규모나 이와 비슷한 규모의 사무

7. 고도의 기술을 요하는 검사·시험·연구, 항공관리, 기상행정, 원자력개발 등 지방자치단체의 기술과 재정능력으로 감당하기 어려운 사무

지방자치법은 제11조 본문과 각 호에 따른 사무들이 국가사무라는 것을 전제로 하고 있다. 따라서 이와 같은 범주에 해당하는 사무들은 국가사무로서 법률에 특별한 규정이 없는 한 지방자치단체가 처리할 수 없다. 그런 한도에서 위 조항은 국가전속사무를 설정한 것으로서, 국가사무를 구체적으로 세부 항목 수준까지 열거하고 있지는 않을지라도 지방자치단체의 개입 여지를 배제하는 법적 구속력을 가진다. 다시 말해 지방자치단체가 이들 범주에 해당하는 사무에 관하여 조례를 제정할 경우에는 바로 제11조 본문 위반으로 위법을 면치 못하게 된다.

반면, 위 제11조는 국가사무를 위에 열거된 사무들로 한정한 것이라고는 보기 어렵다. 즉, 위에 열거된 사무들만이 국가사무인 것은 아니다. 그렇다면, 일단 그러한 범주에 속하지 아니 하는 국가사무의 경우에는 제11조 본문의 처리제한이 적용되지 않는다는 결과가 되는지, 다시 말해 그러한 사무들은 이를 지방자치단체가 처리할 수 있다는 뜻인지 여부가 문제된다.

지방자치법 제11조 본문과 각 호의 규정은 국가사무를 한정적으로 열거한 것은 아니지만 그 반대해석을 통해 그 밖의 모든 국가사무에 대해 지방자치단체의 처리를 (법률의 특별한 수권 없이도) 가능케 하는 것이라기보다는, 의문이 없지 않지만, 오히려 그 단서 조항을 통해 그와 같은 국가사무들도 법률에 다른 규정이 있으면 지방자치단체가 처리할 수 있다는 것을 분명히 하려는 조항이라고 해석된다. 그 한도에서 위 제11조 각 호의 국가사무가 가지는 국가전속사무로서의 의미는 반감된다. 또 위 제11조 각 호에 해당하지 아니 하는 국가사무도, 그것이 국가사무인 한, 지방자치단체에 맡기려면 별도의 법률적 근거가 필요하다고 보아야 할 것이다.

이와 관련하여 법 제11조 단서가 '법률에 이와 다른 규정이 있는 경우'에 국가사무를 처리할 수 있다고 규정하여 명시적으로 '법률'을 언급하고 있는 이상, 지방자치단체가 조례에 의해 국가사무의 범주에 해당하거나 저촉되는 사무를 처리하는 것은 허용되지 않지만, 법률에서 어떤 국가사무를 지방자치단체가 처리하도록 하면서 단지 그 구체적인 사항을 조례로 정하도록 위임한 경우에는, 적어도 모법인 법률에 그런 취지의 규정이 있는 이상, 위 제11조의 요구를 충족시켰다고 보아야 할 것이다.

한편, 지방분권법 제9조는 국가와 지방자치단체 간 사무배분의 원칙을 다음과 같이 천명

하고 있다.

① 국가는 지방자치단체가 행정을 종합적·자율적으로 수행할 수 있도록 국가와 지방자치단체 간
또는 지방자치단체 상호간의 사무를 주민의 편익증진, 집행의 효과 등을 고려하여 서로 중복되지
아니하도록 배분하여야 한다.
② 국가는 제1항에 따라 사무를 배분하는 경우, 지역주민생활과 밀접한 관련이 있는 사무는 원칙
적으로 시·군 및 자치구(이하 "시·군"라 한다)의 사무로, 시·군·구가 처리하기 어려운 사무는 특별시·광역
시·도 및 특별자치도(이하 "시"라 한다)의 사무로, 시·도가 처리하기 어려운 사무는 국가의 사무로 각각 배
분하여야 한다.
③ 국가가 지방자치단체에 사무를 배분하거나 지방자치단체가 사무를 다른 지방자치단체에 재배분
하는 때에는 사무를 배분 또는 재배분 받는 지방자치단체가 그 사무를 자기의 책임 하에 종합적으
로 처리할 수 있도록 관련 사무를 포괄적으로 배분하여야 한다.
④ 국가 및 지방자치단체는 제1항부터 제3항까지의 규정에 따라 사무를 배분하는 때에는 민간부문
의 자율성을 존중하여 국가 또는 지방자치단체의 관여를 최소화하여야 하며, 민간의 행정참여기회
를 확대하여야 한다.

이 조항은 주로 지방분권 추진이라는 관점에서 국가와 지방자치단체가 사무배분에 있어
준수해야 할 기준을 정한 입법정책적 의미를 가지는 규범이지만, 지방자치법상 사무의 귀속
이 불분명한 경우에도 참조할 수 있는 지침으로 활용할 수 있을 것이다.

1.2. 지방자치단체간 사무의 배분

1.2.1. 지방자치단체의 종류별 사무배분기준

지방자치법은 제9조에 따른 지방자치단체의 종류별 사무배분기준을 다음과 같이 제시하
고 있다($^{§10 ①}_{본문}$). 다만, 제9조 제2항 제1호의 사무, 즉 '지방자치단체의 구역, 조직, 행정관리
등에 관한 사무'[22]는 각 지방자치단체에 공통된 사무로 되어 있다($^{§10 ①}_{단서}$).

1. 시·도
   가. 행정처리 결과가 2개 이상의 시·군 및 자치구에 미치는 광역적 사무
   나. 시·도 단위로 동일한 기준에 따라 처리되어야 할 성질의 사무
   다. 지역적 특성을 살리면서 시·도 단위로 통일성을 유지할 필요가 있는 사무
   라. 국가와 시·군 및 자치구 사이의 연락·조정 등의 사무

---

22) 가. 관할 구역 안 행정구역의 명칭·위치 및 구역의 조정; 나. 조례·규칙의 제정·개정·폐지 및 그 운영·관리;
다. 산하(傘下) 행정기관의 조직관리; 라. 산하 행정기관 및 단체의 지도·감독; 마. 소속 공무원의 인사·후생복
지 및 교육; 바. 지방세 및 지방세 외 수입의 부과 및 징수; 사. 예산의 편성·집행 및 회계감사와 재산관리; 아.
행정장비관리, 행정전산화 및 행정관리개선; 자. 공유재산관리; 차. 가족관계등록 및 주민등록 관리; 카. 지방자치
단체에 필요한 각종 조사 및 통계의 작성.

　　마. 시·군 및 자치구가 독자적으로 처리하기에 부적당한 사무

　　바. 2개 이상의 시·군 및 자치구가 공동으로 설치하는 것이 적당하다고 인정되는 규모의 시설
　　　을 설치하고 관리하는 사무

2. 시·군 및 자치구제1호에서 시·도가 처리하는 것으로 되어 있는 사무를 제외한 사무. 다만, 인구 50만 이상의 시에 대하여는 도가 처리하는 사무의 일부를 직접 처리하게 할 수 있다.

위 배분기준에 따른 지방자치단체의 종류별 사무는 대통령령으로 정한다($^{\S\,10}_{②}$).

1.2.2. 불경합성 · 보충성의 원칙

지방자치법은 시·도와 시·군 및 자치구는 사무를 처리할 때 서로 경합하지 아니하도록 하여야 한다는 불경합성의 원칙과, 사무가 서로 경합하면 시·군 및 자치구에서 먼저 처리한다는 의미의 보충성 원칙을 채택하고 있다($^{\S\,10}_{③}$).

2. 사무처리의 기본원칙

지방자치법은 지방자치단체가 사무를 처리함에 있어 준수해야 할 기본원칙을 다음과 같이 천명하고 있다. 즉, 지방자치단체는 첫째, 그 사무를 처리할 때 주민의 편의와 복리증진을 위하여 노력하여야 하며($^{\S\,8}_{①}$), 조직과 운영을 합리적으로 하고 그 규모를 적정하게 유지하여야 한다($^{\S\,8}_{②}$). 그리고 지방자치단체는 법령이나 상급 지방자치단체의 조례를 위반하여 그 사무를 처리할 수 없다($^{\S\,8}_{③}$).

제 3 장

지방자치단체의 기관

제 1 절 │ 개　　설

　　지방자치단체의 기관은 그 권한의 일반성과 특정성에 따라, 보통기관과 특별기관으로 나뉜다. 보통기관은 단체의사를 결정하는 의결기관과 단체의사를 집행하는 집행기관 두 가지로 나뉜다. 지방자치단체의 의결기관으로는 지방의회가 있고, 집행기관은 일반집행기관과 교육·학예 특별기관으로 나뉘며, 일반집행기관으로는 지방자치단체의 장, 그 장의 소속기관, 지방자치단체의 하급집행기관이 있고, 교육·학예 특별기관으로 교육감이 있다. 지방자치단체의 특별기관으로는 선거관리위원회, 인사위원회, 지방공무원소청심사위원회 등이 있다.

제 2 절 │ 지방의회

Ⅰ. 법적 지위 및 조직

지방의회는 첫째, 주민의 대의기관으로서 헌법상 반드시 구성해야 한다는 의미에서 헌법기관이다($^{헌법}_{§118}$). 둘째, 지방의회는 지방자치단체의 자치입법기관이다. 셋째, 지방의회는 의원으로 구성되는 회의제 의결기관으로서 지방자치단체의 의사결정기능을 수행한다. 지방의회는 자치입법등 지방자치단체의 최고 정책결정기능을 담당하는 지방자치제도의 핵심적 구성요소지만, 대외적으로 독립하여 그 의사를 표시하는 권한은 가지지 아니 한다. 따라서 행정청은 아니다. 지방의회는 지방자치법 제39조에 규정된 사항을 의결하지만 그 의결은 지방의회가 아니라 해당 지방자치단체의 결정으로 귀속되며 그 형식이나 내용 등에 따라 조례, 규칙 등 입법이 될 수도 있고 개별처분의 법적 형식을 띨 수도 있다.

지방의회는 국회와 달리 중앙정부와의 관계에서는 지방자치단체의 장과 함께 지방자치행정의 핵심기관으로 나타난다. 그런 맥락에서 지방의회가 본질적으로 행정기관의 지위를 가진다는 견해도 있으나, 지방자치를 단순히 지방자치행정으로 파악할 수 있는지는 의문스럽다. 물론 국가행정과 지방자치행정이 연계되어야 하고 또 그러한 기능적 연관관계를 맺는 것은 사실이지만, 지방자치는 지방자치행정보다는 더 넓은 개념이며, 지방자치단체를 국가행정의 하위체계로 보는 시각은 국가와 지방자치단체 간 수직적 권력분립을 전제로 한 지방자치의 헌법적 보장 정신에도 부합하지 아니 한다. 더욱이 지방의회 의결이, 가령 지방의회의원 징계의결처럼, 대외적으로 처분 형태로 나타난다고 해서 지방의회가 행정기관 지위를 가지는 것은 아니다.[1]

지방의회는 법인격이나 권리능력은 없지만, 지방자치단체의 다른 기관과의 관계에서 조직법상 권리의무의 귀속주체가 될 수 있고, 또 그 범위 안에서 헌법 및 지방자치법 등에서 부여된 권리·권한을 행사할 수 있다.

끝으로 지방의회는 주민 대의기관으로서의 지위에 입각하여 집행기관에 대한 감시·통제기관으로서의 지위도 가진다.

"헌법 제117조 제1항과 지방자치법 제22조에 의하면, 지방자치단체는 법령의 범위 안에서 그 사무에 관하여 자치조례를 제정할 수 있고, 지방자치법은 의결기관으로서의 지방의회와 집행기관으로서의 지방자

---

1) 김철용, 행정법 Ⅱ, 129.

치단체장에게 독자적 권한을 부여하는 한편, **지방의회는 행정사무감사와 조사권 등에 의하여 지방자치단체장의 사무집행을 감시 통제할 수 있고 지방자치단체장은 지방의회의 의결에 대한 재의요구권 등으로 의회의 의결권행사에 제동을 가할 수 있게 함으로써 상호 견제와 균형을 유지하도록 하고 있으므로,** 지방의회는 자치사무에 관하여 법률에 특별한 규정이 없는 한 조례로써 위와 같은 지방자치단체장의 고유 권한을 침해하지 않는 범위 내에서 조례를 제정할 수 있다(대법원 1992.7.28. 선고 92추31 판결, 대법원 2000.6.13. 선고 99추92 판결 등 참조)."[2]

Ⅱ. 지방의회의 권한과 의무

1. 개   설

지방의회는 (1) 의결권, (2) 행정사무감사·조사권, (3) 선거권, (4) 집행감시권, (5) 청원처리권, (6) 자율권 등의 권한을 가진다. 한편 법은 제38조에서 지방의회의 의무 등을 규정하고 있다.

1.1. 의결권

지방자치법은 지방의회의 의결권에 대하여 열거주의를 취하고 있는 바, 지방의회는 ① 조례의 제정·개폐, ② 예산의 심의·확정, ③ 결산의 승인, ④ 법령에 규정된 것을 제외한 사용료·수수료·분담금·지방세 또는 가입금의 부과·징수,[3] ⑤ 기금의 설치·운용, ⑥ 대통령령으로 정하는 중요재산의 취득·처분,[4] ⑦ 대통령령으로 정하는 공공시설의 설치·처분, ⑧ 법령과 조례에 규정된 것을 제외한 예산 외의 의무부담이나 권리의 포기, ⑨ 청원의 수리와 처리, ⑩ 그 밖에 법령에 따라 그 권한에 속하는 사항[5]을 의결하며($^{§\,39}_①$), 그 밖에도 조례가 정하는 바에 따라 지방의회에서 의결되어야 할 사항을 따로 정할 수 있다($^{§\,39}_②$).

지방자치법이 제39조에 지방의회의 의결을 받아야 할 사항을 규정한 것은 대의제에 따른 지방의회 본연의 임무, 즉 주민대의기능을 전제로 한 것이다. 의결사항은 제39조 제1항에 다른 법정의결사항 외에도 같은 조 제2항에 따른 조례에 의해 확장된 의결사항을 포함한다.

---

2) 대법원 2009.12.24. 선고 2009추121 판결.

3) 지방세징수는 법률사항이다.

4) 과거에는 지방재정법상 공유재산관리기본계획과의 관계에서 운영상 마찰이 있었다. 지방재정법은 공유재산 취득·처분에 관한 사항을 이 계획에 포함시켜 의결을 받으면 개별적 의결을 받지 않아도 되게 했지만, 그 포함 범위가 불분명하여 개별적 의결을 받는 문제를 둘러싸고 대립한 일이 많았다. 그리하여 지방자치법은 대통령령이 정하는 중요재산만 의결을 받도록 하고 그 범위를 공유재산 및 물품 관리법 제10조 제1항에 따른 공유재산의 취득과 처분에 관한 관리계획에 포함시킬 범위와 일치시켰다(시행령 § 36).

5) 그 밖의 법령에 의하여 그 권한에 속하게 된 사항: 예컨대 지방세의 부과·징수·감면(지방세법 §§ 3, 9), 도시계획의 의결(국토의 계획 및 이용에 관한 법률), 다음 연도 수입의 충당·사용, 일시차입금, 출자, 예산의 목적 외 사용금지와 예산이체, 세출예산의 이월(지방재정법) 등 개별 법률에서 지방의회 의결사항으로 규정한 것이 많다. 지방자치법에서도 사무소 소재지 변경·신설, 행정사무조사권의 발동, 지방채 발행, 지방의회의 조직과 운영에 관한 여러 사항 등이 지방의회의 의결사항으로 규정되어 있다.

그러나 조례에 의한 의결사항의 확장에는 한계가 있다. 즉 조례는 법 제22조에 따라 법령의 범위 안에서 지방자치단체의 사무에 관하여 제정할 수 있고, 지방자치단체 장의 권한이나 중앙정부의 법적 권한을 침해하는 것이어서는 안 된다는 등의 제한이 따른다.

지방의회 의결을 받아야 할 사항에 대하여 의결 없이 행한 처분이나 행위는 무효이다.[6] 그러나 결산의 경우처럼 성질상 무효로 하기 어려운 사항도 있다. 결산 의결이 거부된 경우, 법적 책임보다는 정치적 책임이 따른다고 볼 여지도 없지 않다.

1.2. 선거권

지방의회는 ① 의장·부의장·임시의장($^{\S\S\ 48,}_{52}$), ② 위원회의 위원($^{\S\ 56}_{3}$), ③ 결산검사위원 ($^{\S\ 134}_{①}$) 등을 선출·선임할 권한을 가진다.

1.3. 행정사무감사·조사권

지방의회는 매년 1회 그 지방자치단체의 사무에 대하여 시·도에서는 10일의 범위에서, 시·군 및 자치구에서는 7일의 범위에서 감사를 실시하고, 지방자치단체의 사무 중 특정 사안에 관하여 본회의 의결로 본회의나 위원회에서 조사하게 할 수 있다($^{\S\ 41}_{①}$).

지방자치단체 및 그 장이 위임받아 처리하는 국가사무와 시·도의 사무에 대하여 국가 및 시·도의회가 직접 감사하기로 한 사무를 제외하고는 이에 대해서도 감사할 수 있다. 감사는 각각 해당 시·도의회와 시·군 및 자치구의회가 할 수 있으며, 이 경우 국회와 시·도의회는 그 감사결과에 대하여 그 지방의회에 필요한 자료를 요구할 수 있다($^{\S\ 41}_{③}$).

감사는 정례적인 것이고 조사는 수시적이라는 데 차이가 있지만, 양자는 본질적으로는 동일한 권한이다. 정기감사제도는 헌법상 국정감사의 예에 따른 것이지만 권력분립 원칙에 비추어 문제가 있다는 지적도 있다. 아무튼 감사·조사권이 남용되지 않도록 하는 것이 중요하다.

감사 및 조사의 절차 방법 등은 국정감사 및 조사에 관한 법률에 준하여 대통령령으로 정하고($^{\S\ 41}$), 선서·증언·감정 등에 관한 절차는 국회에서의 증언감정 등에 관한 법률에 준하여 대통령령으로 정하도록 되어 있다($^{시행령}_{\S\ 43}$).

감사와 조사의 방법은 현지확인이나 자료제출요구의 방법에 의하는 것이 일반적이다. 자치단체장 또는 관계공무원, 그 사무에 관련된 자를 출석시켜 증인으로서 선서한 후 증언하게 하거나 참고인으로 의견진술을 요구하는 방법에 의하기도 한다.

허위증언을 한 자는 고발할 수 있고 출석요구를 받은 증인이 정당한 이유없이 출석을 하지 아니하거나 증언을 거부한 경우 500만 원 이하의 과태료를 부과할 수 있다($^{\S\ 41}_{⑤}$).

---

6) 대법원 1957.5.16. 선고 4290民上72 판결; 대법원 1978.10.10. 선고 78다1024 판결; 대법원 1984.10.23. 선고 84다카707 판결; 대법원 1994.11.4. 선고 93다12978 판결 등.

행정사무 조사 및 감사는 당해 지방자치단체의 고유사무에 한하고 위임사무는 위임기관이 속한 곳, 즉 정부의 경우는 국회가, 시·도의 경우에는 시·도 의회가 조사 및 감사를 담당하는 것이 원칙이다. 그러나 위임사무의 범위가 너무 넓고 고유사무와의 구분이 명확하지 못한 실정과 지방의회 의원들의 반발을 감안하여 위임사무의 경우에도 국회 또는 시·도의회가 직접 감사하기로 한 사무를 제외하고는 지방자치단체 및 그 장이 위임받아 처리하는 국가사무와 시·도의 사무에 대해서도 해당 지방의회에서 감사를 담당하고 국회 등은 감사 결과에 관한 자료를 요구할 수 있도록 법을 개정한 바 있다($^{\S\,41}_{③}$).

1.4. 집행감시권

지방의회나 그 위원회는 서류제출요구권을 가지며($^{\S\,40}$), 지방자치단체의 장 또는 관계공무원을 출석시켜 행정사무처리상황을 보고받거나 의견진술을 듣고 질의에 응하게 할 수 있다($^{\S\,42}_{②}$). 또 지방자치단체의 장은 출납 폐쇄 후 80일 이내에 결산서와 증빙서류를 작성하고 지방의회가 선임한 검사위원의 검사의견서를 첨부하여 다음 연도 지방의회의 승인을 받아야 하는데, 그 경우 지방의회의 승인권 역시 중요한 재정통제권한이라 할 수 있다($^{\S\,134}_{①}$).

1.5. 청원 처리권

지방의회는 청원을 심사하며, 지방자치단체의 장이 처리하는 것이 타당하다고 인정되는 경우에는 의견서를 첨부하여 그 장에게 이송하여 처리하게 할 수 있다($^{\S\S\,73-}_{76}$).

1.6. 자율권

지방의회는 회의 기타 내부운영에 관하여 이 법에 정한 것을 제외하고는 그 내부조직·의원신분·회의·원내질서 등에 대하여 스스로 결정·규제할 수 있는 자율권을 가진다($^{\S\S\,43,\,47,}_{48\,①,\,71,}$ $^{77,\,80,}_{82\,등}$).

2. 지방의회의 의무

지방자치법 제38조에 따라 지방의회는 지방의회의원이 준수하여야 할 지방의회의원의 윤리강령과 윤리실천규범을 조례로 정하고($^{\S\,38}_{①}$), 소속 의원들이 의정활동에 필요한 전문성을 확보하도록 노력하여야 한다($^{\S\,38}_{②}$). 지방자치법이 지방의회의원의 윤리강령과 윤리실천규범의 조례입법의무를 명시한 것은 「부패방지 및 국민권익위원회의 설치와 운영에 관한 법률」 제8조에서 국가기관에게 공직자행동강령을 제정하게 한 것에 상응하는 조항으로 주목된다.

제 3 절 │ 지방자치단체의 집행기관

Ⅰ. 지방자치행정조직

1. 개   설

지방자치단체의 행정조직은 지방자치단체의 장을 중심으로 구성되는 직접적 행정조직과 지방공사, 지방공단 등 간접적 행정조직기업으로 이루어진다.

2. 직접적 지방자치행정조직

2.1. 지방자치단체의 장

지방자치법은 지방자치단체의 장으로 특별시에 특별시장, 광역시에 광역시장, 도와 특별자치도에 도지사를 두고, 시에 시장, 군에 군수, 자치구에 구청장을 두도록 하고 있다($\S$ 93).

2.2. 보조기관

특별시와 광역시에 부시장, 도와 특별자치도에 부지사, 시에 부시장, 군에 부군수, 자치구에 부구청장을 두며 해당 지방자치단체의 장을 보좌하여 사무를 총괄하고, 소속직원을 지휘·감독한다($\S$ 110 ① ⑤). 그 정수는 다음과 같다($\S$ 110 ①).

1. 특별시의 부시장의 정수: 3명을 넘지 아니하는 범위에서 대통령령으로 정한다.
2. 광역시와 특별자치시의 부시장 및 도와 특별자치도의 부지사의 정수: 2명(인구 800만 이상의 광역시나 도는 3명)을 초과하지 아니하는 범위에서 대통령령으로 정한다.
3. 시의 부시장, 군의 부군수 및 자치구의 부구청장의 정수: 1명으로 한다.

2.3. 소속행정기관

지방자치단체는 그 소관 사무의 범위 안에서 필요하면 대통령령이나 대통령령으로 정하는 바에 따라 지방자치단체의 조례로 자치경찰기관(제주특별자치도에 한한다), 소방기관, 교육훈련기관, 보건진료기관, 시험연구기관 및 중소기업지도기관 등을 직속기관으로 설치할 수 있다($\S$ 113). 그 밖에도 사업소($\S$ 114), 출장소($\S$ 115), 합의제행정기관($\S$ 116), 심의회·위원회 등 자문기관($\S$ 116 의2) 등을 둘 수 있다.

2.4. 하부행정기관 · 하부행정기구

자치구가 아닌 구, 읍, 면, 동[1]을 하부행정기관이라고 한다. 자치구가 아닌 구에 구청장, 읍에 읍장, 면에 면장, 동에 동장을 둔다($^{§\ 117}$). 자치구가 아닌 구의 구청장은 시장의, 읍장 · 면장은 시장이나 군수의, 동장은 시장($^{구가\ 없는\ 시의}_{시장을\ 말한다}$)이나 구청장($^{자치구의\ 구청}_{장을\ 포함한다}$)의 지휘 · 감독을 받아 소관 국가사무와 지방자치단체의 사무를 맡아 처리하고 소속 직원을 지휘 · 감독한다($^{§\ 119}$).

한편, 지방자치단체는 조례로 정하는 바에 따라 자치구가 아닌 구와 읍 · 면 · 동에 그 소관 행정사무를 분장하기 위하여 필요한 행정기구, 즉 하부행정기구를 둘 수 있다.

2.5. 지방직영기업

지방자치단체는 지방자치법($^{§\ 146}$) 및 지방공기업법에 의거하여 지방공기업을 설치하여 운영할 수 있다. 지방공기업법에 의한 지방공기업 중 지방직영기업은 이를 직접적 행정조직에 해당하는 것으로 보는 것이 일반적이다. 지방공기업이란 주택사업이나 하수도사업과 같이 지방자치단체가 자기의 경제적 부담에 의하여 스스로 관리 · 경영하는 기업을 말한다. 법인격의 유무를 불문하고 지방자치단체의 공기업경영에 관하여 일반법으로 기능하는 지방공기업법은 수도사업($^{간이상수도}_{사업\ 제외}$) · 공업용수도사업 · 궤도사업($^{도시철도사}_{업\ 포함}$) · 자동차운송사업 · 지방도로사업($^{유료사업}_{에\ 한함}$) · 하수도사업 · 주택사업 · 토지개발사업($^{그에\ 부대되는\ 사}_{업을\ 포함한다}$) 중 제5조의 규정에 의하여 지방자치단체가 직접 설치 · 경영하는 사업으로서 대통령령이 정하는 기준 이상의 사업, 즉 "지방직영기업", 지방공사와 지방공단이 경영하는 사업에 대하여 각각 적용하도록 되어 있다($^{지방공}_{기업법}$ $^{§\ 2\ ①;\ 시행령}_{§\ 2\ ①\ 및\ §\ 2\ ②}$).

여기서 지방공기업 중 '지방직영기업'은 지방자치단체가 직접 설치 · 경영하는 사업이지만 특별회계를 마련하여 독립채산제로 운영할 수도 있다. 이에 대하여는 지방공기업법 외에 지방자치단체의 조례가 적용되며, 지방공기업은 일반직 공무원에 의하여 직접 관리 · 집행된다. 반면 독립법인의 형태를 갖는 지방공사나 지방공단은 지방자치단체에 의한 간접적 행정과 경제활동이 함께 이루어지는 경우로서 다음에 설명하는 간접행정조직에 해당한다.

3. 간접적 지방자치행정조직

앞서 본 지방직영기업 외에 지방자치단체는 지방자치법($^{§\ 146}$) 및 지방공기업법($^{§§\ 49-}_{77의2}$)에 의거하여 지방공사나 지방공단을 설치 · 운영할 수 있다. 지방공사의 예로는 서울특별시의 강

---

1) 이 경우 면 · 동은 제4조의2 제3항 및 제4항에 따른 행정면 · 행정동을 말한다(§§ 117, 120).

남병원, 서울특별시지하철공사 등을, 지방공단의 예로는 서울특별시의 서울시설관리공단을 들 수 있다. 지방공사나 지방공단은 주로 지방자치단체의 개발행정의 일부를 분담하여 행하는 것으로서 여러 가지 특별법에 근거를 두어 설립되는 경우가 많다.

그 밖에 지방자치행정의 영역에서도 사법상으로 조직된 행정조직이 있을 수 있다.

Ⅱ. 지방자치단체의 장

1. 지방자치단체의 장의 선거 및 퇴직

지방자치단체의 장은 주민의 보통·평등·직접·비밀선거에 따라 4년 임기로 선출하며 3기까지 계속 재임할 수 있다($\S\S^{94,}_{95}$). 정당은 지방자치단체의 장 후보를 추천할 수 있다($^{공직선거}_{법\,\S\,47}$).

지방자치단체의 장이 그 직을 사임하려면 지방의회의 의장에게 미리 사임일을 적은 서면, 즉 사임통지서로 알려야 하며($^{지방자치법}_{\S\,98\,①}$), 지방자치단체 장이 겸임할 수 없는 직에 취임하거나 피선거권이 없게 된 때($^{지방자치단체의\,폐치·분합에\,따라}_{지방자치단체의\,장의\,직을\,상실한\,때}$)에는 그 직에서 퇴직된다($^{\S\,99}$).

2. 지방자치단체의 장의 지위와 권한

2.1. 지방자치단체의 장의 지위

지방자치의 조직형태를 정책결정기능과 정책집행기능을 담당하는 기관들의 관계를 중심으로 기관통합형, 기관대립형 및 절충형 등으로 분류한다면, 헌법은 기관대립형, 즉 정책결정은 지방의회가, 정책집행은 지방자치단체장을 수반으로 하는 집행기관이 각각 담당하고 양자간 견제와 균형을 이루도록 하는 형태를 택하고 있다. 직접적 지방자치행정조직은 지방자치단체장을 중심으로 구성된다.

지방자치단체의 장은 지방자치단체를 대표하고, 그 사무를 총괄한다($^{\S\,101}$). 지방자치단체의 장은 교육·체육·과학에 관한 사무를 제외하고는 그 지방자치단체의 모든 자치사무를 처리하고, 법령에 따라 그에게 위임된 사무, 즉 국가 또는 다른 공공단체로부터 위임받은 사무(단체위임사무, 기관위임사무)를 처리한다($^{\S\,103}$).

2.2. 지방자치단체의 장의 권한

지방자치단체의 장은 위와 같은 사무를 처리하기 위하여 ① 지방자치단체의 통할대표권($^{\S\,101}$), ② 사무의 관리·집행권($^{\S\,103}$), ③ 사무의 위임·위탁($^{\S\,104}$), ④ 직원의 임면 및 감독권($^{\S\,105}$), ⑤ 하급행정청·공공단체 등에 대한 행정지도 및 감독권($\S\S^{166-}_{171}$), ⑥ 규칙제정권($^{\S\,23}$),

⑦ 조례안 제안·조례공포권·재의요구권($_{②, 132}^{§§ 66, 26}$), ⑧ 주민투표부의권($^{§ 14}$), ⑨ 소속 행정기관 설치권($_{이하}^{§§ 113}$) 등의 권한을 갖는다.

3. 지방자치단체의 장과 지방의회와의 관계

3.1. 지방의회의 지방자치단체의 장에 대한 권한

지방의회가 가지는 권한 가운데 ① 의결권, ② 행정사무 감사 및 조사권, ③ 청원 처리권, ④ 예산·결산에 대한 권한, ⑤ 지방의회의장의 조례공포권 등은 지방자치단체 장에 대한 견제수단인 동시에 협력을 위한 법적 장치라 할 수 있다.

3.2. 지방자치단체 장의 지방의회에 대한 권한

지방자치단체의 장이 가지는 ① 임시회 소집권, ② 부의안건 공포권, ③ 조례공포권, ④ 의안발의권 등은 지방자치단체의 장과 지방의회 간의 협력수단이라 할 수 있다. 지방의회에 대한 견제수단으로는 ⑤ 지방의회의 의결에 대한 재의요구 및 제소권, ⑥ 선결처분권 등이 있다.

3.2.1. 지방의회의 의결에 대한 재의요구 및 제소

(1) 지방의회의 의결에 대한 재의요구와 제소

지방자치단체의 장은 지방의회의 의결이 월권이거나 법령에 위반되거나 공익을 현저히 해친다고 인정되면 그 의결사항을 이송 받은 날부터 20일 이내에 이유를 붙여 재의를 요구할 수 있다($_{①}^{§ 107}$). 그 요구에 대하여 재의한 결과 재적의원 과반수의 출석과 출석의원 3분의 2 이상의 찬성으로 전과 같은 의결을 하면 그 의결사항은 확정된다($_{②}^{§ 107}$). 지방자치단체의 장은 재의결된 사항이 법령에 위반된다고 인정되면 대법원에 소를 제기할 수 있고, 그 경우 제172조 제3항을 준용한다($_{③}^{§ 107}$). 이 소송의 성질은 기관소송이다.

(2) 예산상 집행 불가능한 의결의 재의요구

지방자치단체의 장은 지방의회의 의결이 예산상 집행할 수 없는 경비를 포함하고 있다고 인정되거나 법령에 따라 지방자치단체에서 의무적으로 부담하여야 할 경비 또는 비상재해로 인한 시설의 응급 복구를 위하여 필요한 경비를 줄이는 의결을 할 때에는 그 의결사항을 이송받은 날부터 20일 이내에 이유를 붙여 재의를 요구할 수 있다($_{①, ②}^{§ 108}$). 그럴 경우 제107조 제2항을 준용한다($_{③}^{§ 108}$).

3.2.2. 지방자치단체의 장의 선결처분

지방자치단체의 장에게는 지방의회가 성립되지 아니한 때(의원이 구속되는 등의 사유로 제64조에 따른 의결정족수에 미달하게 될 때를 말한다)와 지방의회의 의결사항 중 주민의 생명과 재산보호를 위하여 긴급하게 필요한 사항으로서 지방의회를 소집할 시간적 여유가 없거나 지방의회에서 의결이 지체되어 의결되지 아니할 때 선결처분을 할 수 있는 권한이 부여되어 있다($\S109_{①}$). 선결처분은 지체 없이 지방의회에 보고하여 승인을 받아야 하며($\S109_{②}$), 승인을 받지 못하면 그 선결처분은 그때부터 효력을 상실한다($\S109_{③}$). 지방자치단체의 장은 승인을 받은 사실 또는 승인을 받지 못한 사실을 지체 없이 공고하여야 한다($\S109_{④}$).

Ⅲ. 교육·학예에 관한 기관

교육의 자주성·전문성과 정치적 중립성을 보장한 헌법 제31조의 취지를 구현하기 위하여 지방자치법 제112조와 지방교육자치에 관한 법률은 지방자치단체의 일반집행기관과는 별도로 교육·학예에 관한 사무의 집행기관으로 교육감을 두고 있다.[2] 교육감은 주민의 보통·평등·직접·비밀선거에 따라 선출한다(지방교육자치법 § 43). 지방교육자치는 광역지방자치단체에서만 실시되고 시·군·구 단위에서는 실시하지 않고 있다.

Ⅳ. 특별기관

지방자치단체에는 지방의회와 집행기관 이외에 의회 또는 장으로부터 직무상 독립하여 특정사무를 처리하는 행정위원회적인 기관들이 있다. 특별집행기관으로서의 선거관리위원회·인사위원회 및 특별의결기관으로서의 지방공무원소청심사위원회가 이에 해당한다.

---

2) 교육위원회 및 교육의원 제도가 2014년 6월 30일 폐지됨에 따라(법률 제10046호(2010.2.26.) 부칙 제2조 제1항) 시·도 의회에 교육·학예에 관한 사무를 심사하는 상임위원회로 교육위원회가 설치되어 있다.

제4장

지방자치단체의 권한

제 1 절 | 개   설

　지방자치단체가 그 사무를 처리하고 존립을 유지하기 위하여 가지는 권한을 자치권이라 부른다. 지방자치단체의 자치권의 성질에 대하여는 지방자치단체가 갖는 고유의 자치권으로 보는 고유권설과 국가의 통치권으로부터 유래된 것으로 보는 전래설이 대립한다. 후자가 우리나라의 통설이다.

　지방자치단체의 자치권은 자치입법권, 자치조직·인사권, 자치행정권, 자치재정권 등을 포함한다.

제 2 절 │ 자치입법권

제 1 관 개   설

Ⅰ. 의   의

헌법은 제117조 제1항에서 "지방자치단체는 주민의 복리에 관한 사무를 처리하고 재산을 관리하며, 법령의 범위 안에서 자치에 관한 규정을 제정할 수 있다"고 규정하여 자치입법권을 보장하고 있다. 자치입법권은 지방자치법 제3장 조례와 규칙에 관한 규정들, 그리고 지방교육자치에 관한 법률 제35조를 통해 구체화되고 있는데, 자치입법의 종류로는 조례와 규칙, 그리고 교육규칙($^{지방교육자}_{치법 § 25}$) 등을 들 수 있다.

Ⅱ. 자치입법권의 성질

헌법은 제117조 제1항에 의거하여 지방자치법 제22조는 "지방자치단체는 법령의 범위 안에서 그 사무에 관하여 조례를 제정할 수 있다. 다만, 주민의 권리 제한 또는 의무 부과에 관한 사항이나 벌칙을 정할 때에는 법률의 위임이 있어야 한다"고 규정하고 있다.

헌법이 보장하는 자치입법권의 성질에 관하여 자주입법설과 위임입법설이 대립한다. 위 헌법 조항을 어떻게 이해할 것인가와 관련하여 전자는 '확인규정설', 후자는 '창설규정설'로도 불린다. 자치입법설은 지방자치권의 본질에 관한 고유권설을 근거로 자치입법권은 지방자치단체의 고유한 권한이며 헌법 제117조 제1항은 이를 단지 확인한 것에 불과하다고 보는 반면, 위임입법설은 전래권설에 입각하여 자치입법권은 국가의 통치권으로부터 전래된 권한이며 헌법 제117조 제1항에 따라 비로소 창설적으로 인정된 것이라고 한다. 후자가 우리나라의 통설이다. 통설을 따르더라도 자치입법권은 어디까지나 헌법적 근거를 가지는 것이므로, 개별 법률의 위임에 따라 제정되는 경우가 있을지라도, 개별 법률의 위임이 있을 경우에 그에 따라 제정되는 위임명령과는 그 수권의 성질과 차원이 다르다.

제 2 관 조   례

I. 의의 및 성질

조례란 지방자치단체가 법령의 범위 안에서 그 사무에 관하여 지방의회의 의결을 거쳐 제정하는 자치입법의 한 형식이다. 조례는 선거를 통해서 그 지역적인 민주적 정당성을 획득한 주민의 대표기관인 지방의회가 제정하는 자주법이라는 점에서 이른바 '행정상 입법'과는 본질을 달리 하며 오히려 그 정당성의 기초 면에서 법률과 더 유사한 속성을 가진다.[1]

II. 조례제정권의 범위와 한계

1. 조례제정권의 범위

조례제정권의 범위는 헌법으로부터 주어진다. 헌법은 지방자치단체는 법령의 범위 안에서 자치에 관한 규정을 제정할 수 있다고 규정하고 있다($\frac{헌법}{\S\,117}$ ①). 이에 따라 제정된 지방자치법에 따르면, 지방자치단체는 법령의 범위 안에서 그 사무에 관하여 조례를 제정할 수 있다($\frac{지방자치}{법\,\S\,22}$). 따라서 조례제정권의 범위는 '법령의 범위 안에서 그 사무에 관하여'라는 기준에 의해 설정된다고 볼 수 있다.

여기서 말하는 "법령의 범위 안에서"란 "법령에 위반되지 아니하는 범위 내에서"[2]라는 뜻으로 이해된다. 이것은 "법률에 의하여"나 "법률의 위임에 의하여"라는 식의 요건과는 다른 것이다. 즉 법률의 위임이 없더라도 조례를 제정할 수 있다는 뜻이다. 이와 관련한 주요 쟁점들을 살펴보기로 한다.

1.1. 자치조례와 위임조례

헌법이나 지방자치법이 예정하고 있는 조례는 이를 '자치조례'라고 부를 수 있다. 반면 조례로 주민의 권리 제한 또는 의무 부과에 관한 사항이나 벌칙을 정할 때에는 법률의 위임이 있어야 하므로 그 경우 제정되는 조례, 또는 그러한 경우 외에 법률의 위임에 따라, 즉 법률에서 어떤 사항을 조례로 정하도록 위임함에 따라 제정되는 조례는 이를 '위임조례'라고 한

---

1) 김철용, 행정법 II, 106.
2) 대법원 2004.7.22. 선고 2003추51 판결; 조정환(2000), "자치입법권 특히 조례제정권과 법률우위와의 관계문제", 공법연구 제29집 제1호, 375~400(384) 등을 참조.

다. 자치조례의 경우에는, 헌법 제117조 제1항과 지방자치법 제22조에 따라, 주민의 권리 제한 또는 의무 부과에 관한 사항이나 벌칙이 아닌 이상, 그 사무에 관하여 법률의 위임이 없더라도 법령의 범위 안에서 자유롭게 조례를 제정할 수 있다.

반면, 위임조례인 경우에는 법률의 개별적 위임에 따라 그 범위 안에서 제정되는 것이므로 위임명령과 마찬가지로 헌법상 위임입법의 범위와 한계에 관한 법리의 제약을 받을 수밖에 없으나 위임조례의 경우 후술하는 바와 같이 포괄적인 위임도 허용되므로 그 범위 안에서 포괄적인 규율이 가능하다.

1.2. 사무의 종류에 따른 조례제정권의 범위

조례는 지방자치법 제22조 본문에 따라 "그 사무에 관하여" 제정할 수 있다. 이 경우 지방자치법 제22조, 제9조의 규정에 따라 지방자치단체가 조례를 제정할 수 있는 사항은 지방자치단체의 고유사무인 자치사무와 개별법령에 의하여 자치단체에 위임된 이른바 단체위임사무에 한한다는 것이 학계의 지배적 견해이자 대법원의 확립된 판례이다.[3] 따라서 지방자치단체는 그 사무의 범위 안에서만 조례를 제정할 수 있고, 기관위임사무에 대한 조례의 제정은 허용되지 않는다. 이 점은 비단 국가와 지방자치단체 간의 기관위임뿐만 아니라 상급지방자치단체와 하급지방자치단체 사이의 기관위임에 대해서도 마찬가지로 적용된다.

1.3. 조례규정사항

조례는 주민에 법적 구속력을 미치는 법규사항 외에 지방자치단체 내부에서 사무처리 준칙을 정할 수 있고 그 경우 조례는 기관 내부에서만 효력을 가지는 행정규칙 성질을 띠게 된다.

조례규정사항은 법령의 위임에 따라 조례로 정해야 하는 위임조례규정사항과 법령의 위임없이 정할 수 있는 직권조례규정사항, 법령이 특히 조례로써 정하도록 규정한 경우인 필수조례규정사항과 법령에 규정이 없더라도 지방자치단체의 권한에 속하는 사무에 관하여 정할 수 있는 임의조례규정사항으로 나뉜다.[4]

2. 조례입법권의 한계

조례제정권의 한계로는 그 사물적 관할, 즉 규율사항의 한계, 지역적 관할에서 오는 한계, 대인적 한계, 헌법 등 상위법에 위배되어서는 아니 된다는 법규범 위계구조상의 한계를 포함

---

3) 대법원 1992.7.28. 선고 92추31 판결; 대법원 1994.5.10. 선고 93추144 판결; 대법원 1995.5.12. 선고 94추28 판결; 대법원 1994.5.10. 선고 93추151 판결 등.
4) 김철용, 행정법 Ⅱ, 107.

하는 법적 한계 등을 꼽을 수 있다.[5)]

2.1. 상위법우월의 원칙에 따른 한계

지방자치법 제22조 본문의 규정에 따르면 지방자치단체는 '법령의 범위 안에서'만 조례를 제정할 수 있다. 여기서 말하는 "법령의 범위 안에서"란 "법령에 위반되지 않는 범위 내에서"를 가리키므로 지방자치단체가 제정한 조례가 법령에 위반되는 경우에는 효력이 없다.[6)]

이는 '법률의 우위' 및 '상위법 우월의 원칙'에 따른 제한으로서 지방자치법은 물론 각종 법률이나 법규명령의 규정에 위반하는 내용의 조례를 제정할 수 없다. 이에 따라 상위법령에 위반하였다는 이유로 무효판정을 받은 조례안들이 속출했다. 의회대표제가 아닌 주민총회제 원리에 따라 방청인에게 발언권을 줄 수 있도록 한 지방의회 회의규칙의 위법성을 확인한 사례,[7)] 지방의회의 인사권을 침해했다는 이유로 위법판정을 받은 사례,[8)] 지방자치단체간 관할 범위를 위반하여 위법으로 판정된 사례[9)] 등도 같은 맥락에서 나온 판례들이다.

⠿ 혁신도시 주민지원조례의 적법여부

"[1] 국가나 지방자치단체가 국민이나 주민을 수혜 대상자로 하여 재정적 지원을 하는 정책을 실행하는 경우 그 정책은 재정 상태에 따라 영향을 받을 수밖에 없다고 할 것인바, 국가나 지방자치단체가 합리적인 기준에 따라 능력이 허용하는 범위 내에서 법적 가치의 상향적 구현을 위한 제도의 단계적인 개선을 추진할 수 있는 길을 선택할 수 없다면, 모든 사항과 계층을 대상으로 하여 동시에 제도의 개선을 추진하는 예외적인 경우를 제외하고는 어떠한 제도의 개선도 그 시행이 불가능하다는 결과에 이르게 되어 불합리할 뿐만 아니라 평등의 원칙이 실현하고자 하는 가치에도 어긋난다. 따라서 '원주 혁신도시 및 기업도시 편입지역 주민지원 조례안'이 **원주시 내에 건설되는 혁신도시, 기업도시의 주민 등에게만 일정한 지원을 하도록 하고 있더라도 그것만으로 위 조례안이 평등원칙을 위반하고 있다고 보기는 어렵다.**

[2] 지방자치법 제22조 본문은 '지방자치단체는 법령의 범위 안에서 그 사무에 관하여 조례를 제정할 수 있다'고 규정하고 있으므로 지방자치단체가 제정한 조례가 법령에 위배되는 경우에는 효력이 없는 것이고, **조례가 법령에 위배되는지 여부는 법령과 조례의 각각의 규정 취지, 규정의 목적과 내용 및 효과 등을 비교하여 둘 사이에 모순·저촉이 있는지의 여부에 따라서 개별적·구체적으로 결정**하여야 할 것이다.

[3] '원주 혁신도시 및 기업도시 편입지역 주민지원 조례안' 제6조 제3호 규정이 정하고 있는 **혁신·기업도시 주민고용센터 설립사업 등은 지방자치단체의 사무로서, 주민의 권리·의무와 직접 관련되는 사**

---

5) 이에 관해서는 홍준형, "자치입법권의 범위와 한계", 자치의정(한국지방의회발전연구원), 1998년 9-10월(통권 제2호).
6) 대법원 2004.7.22. 선고 2003추51 판결. 또한 대법원 2000.11.24. 선고 2000추29 판결; 대법원 2002.4.26. 선고 2002추23 판결; 대법원 2003.5.27. 선고 2002두7135 판결; 대법원 2003.9.23. 선고 2003추13 판결 등을 참조.
7) 대법원 1993.2.26. 선고 92추109 판결.
8) 대법원 1992.7.28. 선고 92추31 판결; 대법원 1992.8.21. 선고 92추24 판결; 대법원 1993.2.9. 선고 92추93 판결; 대법원 1993.3.9. 선고 92추116 판결; 대법원 1993.4.27. 선고 92추123 판결; 대법원 1994.4.26. 선고 93추175 판결; 대법원 1994.5.10. 선고 93추144 판결; 대법원 1995.4.11. 선고 95추18 판결 등이 있다.
9) 대법원 1995.6.30. 선고 95추49 판결; 대법원 1994.4.26. 선고 93추175 판결.

무로는 볼 수 없고, 그 위탁에 있어서도 주민생계회사가 법령에서 정하는 자격요건을 충족할 경우에 한하여 재량으로서 할 수 있도록 하고 있으므로, 위 조례안 규정에서 이를 주민생계회사에 위탁할 수 있다고 규정한다 하여 지방자치법 제104조에 의한 위임의 한계를 벗어난 것이라고 할 수 없다."10)

⫶ 인천광역시 공항고속도로 통행료지원 사무의 성질

"[1] 인천광역시의회가 의결한 '인천광역시 공항고속도로 통행료지원 조례안'이 규정하고 있는 인천국제공항고속도로를 이용하는 지역주민에게 통행료를 지원하는 내용의 사무는, 구 지방자치법(2007.5.11. 법률 제8423호로 전문 개정되기 전의 것) 제9조 제2항 제2호 (가)목에 정한 주민복지에 관한 사업으로서 지방자치사무이다.

[2] 구 지방자치법(2007.5.11. 법률 제8423호로 전문 개정되기 전의 것) 제15조 본문은 "지방자치단체는 법령의 범위 안에서 그 사무에 관하여 조례를 제정할 수 있다"고 규정하고 있으므로, 지방자치단체가 제정한 조례가 법령을 위반하는 경우에는 효력이 없고, 조례가 법령을 위반하는지 여부는 법령과 조례 각각의 규정 취지, 규정의 목적과 내용 및 효과 등을 비교하여 둘 사이에 모순·저촉이 있는지의 여부에 따라서 개별적·구체적으로 결정하여야 한다.

[3] '인천광역시 공항고속도로 통행료지원 조례안'은 그 내용이 현저하게 합리성을 결여하여 자의적인 기준을 설정한 것이라고 볼 수 없으므로 헌법의 평등원칙에 위배된다고 할 수 없고, 구 지방자치법(2007.5.11. 법률 제8423호로 전문 개정되기 전의 것) 제13조 제1항 등에도 위배되지 않는다"고 한 사례.11)

상위법 우월의 원칙상 이해관계인의 책임을 법률이 정한 것 이상으로 불리하게 조례로 정하는 것, 또는 법률이 정한 쟁송기간을 조례로 단축하는 것 등은 위법·무효이다. 그러나 법률유보원칙과의 관계에서는 조례는 법률의 개별적 위임이 없는 사항에 관하여도 법령에 저촉되지 않는 한도에서 규율할 수 있다.

시·군 및 자치구의 조례는 상급단체, 즉 시·도 조례를 위반해서는 아니 된다(§ 24).

2.2. 위임조례의 한계

지방자치법은 주민의 권리제한 또는 의무부과에 관한 사항은 법률의 위임이 있어야만 조례로 정할 수 있다(§ 22조단서). 이에 따라 주민에 대한 권리제한·의무부과·벌칙을 내용으로 하는 조례는 관계법률에서 명시적인 위임근거를 마련하지 않는 이상 제정될 수 없다는 결과가 된다. 이에 따라 다수의 조례들이 대법원에 의하여 무효화되는 운명을 맞았다.12) 그러나 주민의 권리제한·의무부과에 관한 사항을 개별적인 법률의 위임이 있는 경우에 한하여 조례로써 정할 수 있게 함은 지방의회가 주민대표기관이라는 민주적 정당성을 지니고 있다는 점과 헌법이 지방자치단체에 대하여 포괄적인 자치권을 부여한 취지(전권한성의 원칙 및 자기책

---

10) 대법원 2009.10.15. 선고 2008추32 판결.
11) 대법원 2008.6.12. 선고 2007추42 판결.
12) 대법원 1995.6.30. 선고 93추113 판결; 대법원 1995.6.30. 선고 93추76 판결; 대법원 1995.6.30. 선고 93추83 판결; 대법원 1995.4.25. 선고 93누17850 판결; 대법원 1995.6.13. 선고 94누13626 판결 등을 참조.

임의 원칙)에 반하는 감이 없지 않다. 따라서 조례제정에 침해유보의 원칙이 적용된다 하더라도 그에 관한 법률의 수권은 개괄적인 것으로 족하다고 보아야 할 것이다. 다시 말해 지방자치법이 요구하는 조례에 대한 법률의 위임은, 위임입법의 경우처럼 헌법 제75조에 따라 '법률에서 구체적으로 범위를 정하여' 위임을 받아야 하는 것은 아니므로, 포괄적 위임이어도 무방하다는 것이다. 판례 역시 같은 입장이다.

"법률이 주민의 권리의무에 관한 사항에 관하여 구체적으로 아무런 범위도 정하지 아니한 채 조례로 정하도록 포괄적으로 위임하였다고 하더라도, 행정관청의 명령과는 달리, **조례도 주민의 대표기관인 지방의회의 의결로 제정되는 지방자치단체의 자주법인 만큼**, 지방자치단체가 법령에 위반되지 않는 범위 내에서 주민의 권리의무에 관한 사항을 조례로 제정할 수 있는 것이다."[13]

"조례의 제정권자인 지방의회는 선거를 통해서 그 지역적인 민주적 정당성을 지니고 있는 주민의 대표기관이고 헌법이 지방자치단체에 포괄적인 자치권을 보장하고 있는 취지로 볼 때, **조례에 대한 법률의 위임은 법규명령에 대한 법률의 위임과 같이 반드시 구체적으로 범위를 정하여 할 필요가 없으며 포괄적인 것으로 족하다.**"[14]

"지방의회 불출석 증인에 대한 동행명령장제도는 이에 의하여 불출석 증인을 그 의사에 반하여 일정한 장소에 인치하는 것을 내용으로 하므로, **헌법 제12조가 보장하고 있는 신체의 자유권에 대한 중대한 제한을 가하는 것이 분명하여 지방자치법 제15조 단서에 의하여 법률상 위임이 있어야** 할 것인바, 지방자치법이 제36조 제7항에서 행정사무의 감사 · 조사를 위하여 필요한 사항 및 선서 · 증언 · 감정 등에 관한 절차를 대통령령으로 정하도록 위임하여, 같은법 시행령은 제17조의2 내지 제19조에서 이에 관한 중요한 사항에 관하여 규정한 다음 제19조의2에서 법 및 영에 규정한 것 외에 감사 또는 조사에 필요한 사항은 당해 지방자치단체의 조례로 정한다고 규정하여 그 나머지 세부절차를 부분적으로 조례에 재위임하였고, 조례에 위임하고 있는 "감사 또는 조사에 필요한 사항"은 광의의 것으로서 협의의 감사 · 조사절차와 증언 · 감정등에 관한 절차를 포괄하는 것으로 보아야 하므로, **동행명령장제도는** 지방의회에서의 증언 · 감정 등에 관한 절차에서 증인 · 감정인 등의 출석을 확보하기위한 절차로서 규정된 것으로 같은법 **시행령 제19조의2 규정의 "감사 또는 조사에 필요한 사항"에 해당한다**고 보아야 할 것이어서, 결국 같은 법 제36조 제7항, 같은법 시행령 제19조의2의 규정이 **비록 포괄적이고 일반적이기는 하지만 동행명령장제도를 규정한 조례안의 법률적 위임 근거가 된다**고 보는 것이 타당하다."[15]

2.3. 규율하는 대상사무의 종류에 따른 한계

조례로 정할 수 있는 사항은 자치사무와 단체위임사무에 한정되며, 기관위임사무에 대해서는 조례를 정할 수 없다.

대법원은 "지방자치단체가 조례를 제정할 수 있는 사항은 지방자치단체의 고유사무인 자

---

13) 대법원 1991.8.27. 선고 90누6613 판결.
14) 헌법재판소 1995.4.20. 선고 92헌마264,279(병합) 전원재판부 결정.
15) 대법원 1995.6.30. 선고 93추83 판결.

치사무와 개별 법령에 의하여 지방자치단체에 위임된, 이른바 단체위임사무에 한하고, 국가 사무로서 지방자치단체의 장에게 위임되거나 상위 지방자치단체의 사무로서 하위 지방자치 단체의 장에게 위임된 이른바 기관위임사무에 관한 사항은 조례제정의 범위 밖"이라고 판단 함으로써 도지사로부터 시장·군수에게 기관위임된 묘지 등 허가사무를 규율하기 위해 제정 된 군조례가 무효라고 판시한 바 있다.16) 또한 지방자치법은 지방자치단체로 하여금 제11조 에 열거된 국가사무를 처리할 수 없도록 하고 있으므로, 법률에 이와 다른 규정이 있는 경 우 외에는, 이에 관한 조례를 제정할 수 없다.

아울러 지방자치단체의 장의 고유한 권한에 속하는 사항, 가령 인사에 관한 권한 중 지방 자치단체 장의 고유권한에 해당하는 사항에 관해서도 지방자치법상의 권력분립의 원리에 비 추어 조례제정권의 한계를 인정할 수 있을 것이다. 판례 또한 같은 입장이다. 경우에 따라 지방자치단체 장에게 인사권을 부여한 근거법률 규정을 위배하여 위법한 조례로 판단될 수 도 있다.17)

"**지방의회가 집행기관의 인사권에 사전에 적극적으로 개입하는 것은 의결기관과 집행기관 사이의 권 한분리 및 배분의 취지에 배치되고,** 또 집행기관의 인사권에 의장이 개인 자격으로 관여할 수 있는 권한 은 없고 조례로써 이를 허용할 수도 없다(대법원 1994.4.26. 선고 93추175 판결 등 참조).

이 시장이 임명 또는 위촉하도록 규정하고 있는바, 위 규정은 의장이 개인 자격으로 시장의 인사권에 사전에 적극적으로 개입할 수 있도록 하여 시장의 고유권한을 침해하고 있으므로 조례제정권의 한계를 일탈하여 위법하다(이 조항을 의회의 의결로 피추천인을 결정하여 대표자인 의장 명의로 추천하도록 한 규정이라고 해석하여야 한다는 피고의 주장은 문언의 의미를 벗어난 해석으로서 허용될 수 없으므로 받 아들일 수 없다)."18)

"[1] 지방자치법 제15조 본문은 "지방자치단체는 법령의 범위 안에서 그 사무에 관하여 조례를 제정 할 수 있다"고 규정하는바, 여기서 말하는 '**법령의 범위 안에서**'란 '**법령에 위반되지 않는 범위 내에서**'를 **가리키므로** 지방자치단체가 제정한 조례가 법령에 위반되는 경우에는 효력이 없다.

[2] 지방자치법은 지방자치단체의 의사를 내부적으로 결정하는 최고의결기관으로 지방의회를, 외부에 대하여 지방자치단체의 대표로서 지방자치단체의 의사를 표명하고 그 사무를 통할하는 집행기관으로 단체 장을 독립한 기관으로 두고, 의회와 단체장에게 독자적인 권한을 부여하여 **상호 견제와 균형**을 이루도록 하고 있으므로, **법률에 특별한 규정이 없는 한 조례로써 견제의 범위를 넘어서 상대방의 고유권한을 침 해하는 규정을 제정할 수 없는** 것인바, 지방의회는 조례의 제정 및 개폐, 예산의 심의·확정, 결산의 승 인, 기타 같은 법 제35조에 규정된 사항에 대한 의결권을 가지는 외에 같은 법 제36조 등의 규정에 의하 여 지방자치단체사무에 관한 행정사무감사 및 조사권 등을 가지므로, 이처럼 법령에 의하여 주어진 권한 의 범위 내에서 집행기관을 견제할 수 있는 것이지 법령에 규정이 없는 새로운 견제장치를 만드는 것은

---

16) 대법원 1995.12.22. 선고 95추32 판결.
17) 김철용, 행정법 Ⅱ, 109.
18) 대법원 2009.12.24. 선고 2007추141 판결.

집행기관의 고유권한을 침해하는 것이 되어 허용할 수 없다."[19]

"[1] 헌법 제117조 제1항과 지방자치법 제22조에 의하면, 지방자치단체는 법령의 범위 안에서 그 사무에 관하여 자치조례를 제정할 수 있고, 지방자치법은 의결기관으로서의 지방의회와 집행기관으로서의 지방자치단체장에게 독자적 권한을 부여하는 한편, 지방의회는 행정사무감사와 조사권 등에 의하여 지방자치단체장의 사무집행을 감시 통제할 수 있고 지방자치단체장은 지방의회의 의결에 대한 재의요구권 등으로 의회의 의결권행사에 제동을 가할 수 있게 함으로써 상호 견제와 균형을 유지하도록 하고 있으므로, **지방의회는 자치사무에 관하여 법률에 특별한 규정이 없는 한 조례로써 위와 같은 지방자치단체장의 고유권한을 침해하지 않는 범위 내에서 조례를 제정할 수 있다**(대법원 1992.7.28. 선고 92추31 판결, 대법 원 2000.6.13. 선고 99추92 판결 등 참조).

[2] 민간위탁은 한편으로 제도의 취지에 반하여, 보조금의 교부 등으로 비용이 더 드는 경우가 있고, 공평성의 저해 등에 의한 행정서비스의 질적 저하를 불러올 수 있으며, 위탁기관과 수탁자 간에 책임 한계가 불명확하게 될 우려도 있고, 행정의 민주화와 종합성이 손상될 가능성도 있으므로 지방자치단체장이 일정한 사무에 대해 민간위탁을 하는 경우 위와 같은 단점을 최대한 보완하여 민간위탁이 순기능적으로 작용하도록 할 필요가 있다. 여기에 지방자치법 제104조 제3항에서 지방자치단체의 장은 그 권한에 속하는 사무 중 주민의 권리·의무와 직접 관련이 없는 사무에 대해서는 조례나 규칙으로 정하는 바에 따라 민간에게 위탁할 수 있다고 규정함으로써 지방자치단체 사무의 민간위탁과 관련하여 조례 등에 의한 한계 설정을 예정하고 있는 점을 아울러 고려하여 보면, 이 사건 **조례안이 지방자치단체 사무의 민간위탁에 관하여 지방의회의 사전 동의를 받도록 한 것은 지방자치단체장의 민간위탁에 대한 일방적인 독주를 제어하여 민간위탁의 남용을 방지하고 그 효율성과 공정성을 담보하기 위한 장치에 불과하고, 민간위탁 권한을 지방자치단체장으로부터 박탈하려는 것이 아니므로 지방자치단체장의 집행권한을 본질적으로 침해하는 것으로 볼 수 없다.**"[20]

3. 벌칙 등에 관한 사항

지방자치법은 제22조 단서에서 지방자치단체가 조례로 벌칙을 정할 때에는 법률의 위임이 필요하다고 규정하는 한편, 제27조에서는 조례위반에 과태료를 부과할 수 있도록 하고 있다. 제139조에서는 사용료의 징수조례 등과 관련 지방자치단체에 과태료 부과권을 부여하고 있다.

지방자치단체는 다음과 같이 조례로 벌칙이나 과태료를 부과할 수 있다.

첫째 지방자치단체는 각 개별법령의 위임 조항에 따라 벌칙을 정할 수 있다. 그 범위나 한계는 해당 개별법령의 위임조항에 따른다.

둘째, 지방자치단체는 조례를 위반한 행위에 대하여 조례로써 1천만원 이하의 과태료를 정할 수 있고($\S^{27}_{①}$), 이에 따른 과태료는 해당 지방자치단체의 장이나 그 관할 구역 안의 지방자치단체의 장이 부과·징수한다($\S^{27}_{②}$).

---

19) 대법원 2003.9.23. 선고 2003추13 판결.
20) 대법원 2009.12.24. 선고 2009추121 판결.

셋째, 지방자치단체는 사기나 그 밖의 부정한 방법으로 사용료·수수료 또는 분담금의 징수를 면한 자에 대하여는 그 징수를 면한 금액의 5배 이내의 과태료를, 공공시설을 부정사용한 자에 대하여는 50만원 이하의 과태료를 부과하는 규정을 조례로 정할 수 있다($\S^{139}_{②}$). 이에 따른 과태료의 부과·징수, 재판 및 집행 등의 절차에 관한 사항은 질서위반행위규제법에 따른다($\S^{139}_{②}$).

▓▓▓ 법률의 위임 없이 형벌사항을 규정한 조례의 위헌·위법성

"지방자치법 제15조 단서는 지방자치단체가 법령의 범위 안에서 그 사무에 관하여 조례를 제정하는 경우에 벌칙을 정할 때에는 법률의 위임이 있어야 한다고 규정하고 있는데, 형벌을 규정한 이 사건 조례안 제12조 내지 제14조에 관하여 법률에 의한 위임이 없었을 뿐만 아니라 개정 전의 구법($^{1994.3.16.\ 법률\ 제4741}_{호로\ 개정되기\ 전의\ 것}$) 제20조가 조례에 의하여 3월 이하의 징역 등 형벌을 가할 수 있도록 규정하였으나 **개정된 지방자치법 제20조는 형벌권은 삭제하여 지방자치단체는 조례로써 조례위반에 대하여 1,000만 원 이하의 과태료만을 부과할 수 있도록 규정하고 있으므로, 조례위반에 형벌을 가할 수 있도록 규정한 위 조례안 규정들은 현행 지방자치법 제20조에도 위반된다**고 할 것이다. 따라서 이 사건 조례안 제12조 내지 제14조의 규정들은 적법한 법률의 위임 없이 제정된 것이 되어 지방자치법 제15조 단서에 위반되고, 나아가 죄형법정주의를 선언한 헌법 제12조 제1항에도 위반한 것이 된다."[21]

4. 지방자치법 제22조의 위헌여부

앞서 본 바와 같이 지방자치단체의 자치입법권은 헌법과 지방자치법 등에 의하여 근본적인 제약을 받고 있다. 특히 지방자치법 제22조는 지방자치단체의 자치입법권을 일반적·범주적으로 제한한 악명 높은(?) 조항이다. 그동안 자치입법권이 제대로 행사될 수 없었던 것은 바로 이 조항 때문이었다. 1995년 지방자치가 본격화된 이래 지방자치단체에서 제정한 각종 조례들이 대법원에 의하여 대부분 무효화된 것만을 보아도 쉽사리 알 수 있다.[22] 이 조항에 대하여 "지방자치단체는 주민의 복리에 관한 사무를 처리하고 재산을 관리하며, 법령의 범위 안에서 자치에 관한 규정을 제정할 수 있다"고 규정한 헌법 제117조 제1항과 관련하여 끊임없이 위헌의 혐의가 제기되어 왔던 것도 바로 그런 맥락에서 이해될 수 있다.[23]

---

21) 대법원 1995.6.30. 선고 93추113 판결. 이 사건에서 대법원은 헌법 제117조 제1항이 지방자치에 관한 사무에 관하여는 지방자치단체에 입법권을 부여하고 있기 때문에 헌법 제12조 제1항의 죄형법정주의원칙에서 말하는 법률에는 지방자치사무에 관한 실효성 확보를 위한 형벌을 규정하는 조례도 포함되므로 조례안 제12조 내지 제14조는 헌법상 죄형법정주의원칙이나 지방자치법 제15조 단서에 위반되지 아니한다는 원고의 주장을 배척하였다. 그 밖에 대법원 1995.6.30. 선고 93추83 판결; 대법원 1995.6.30. 선고 93추199 판결; 대법원 1995.7.11. 선고 93추21 판결; 대법원 1995.7.11. 선고 93추38 판결; 대법원 1995.7.11. 선고 93추45 판결; 대법원 1995.6.30. 선고 93추120 판결; 대법원 1995.6.30. 선고 93추90 판결; 대법원 1995.6.30. 선고 93추168 판결 등을 참조.

22) 청주시행정정보공개조례의 합법성을 시인한 대법원 1992.6.23. 선고 92추17 판결은 극히 드문 예외라 할 수 있다.

23) 박윤흔, "법령과 조례의 관계", 경희법학, 27권 1호, 1992, 52-56; 오세탁, "조례의 제정실태와 입법한계", 인권과 정의 216호, 28; 서원우, "헌법과 지방자치", 자치연구, 1993(제1호), 18이하; 유상현, 조례의 법적 한계에 관한

생각건대 이 문제는 헌법과 지방자치법의 관련 조항들을 함께 해석함으로써 판단되어야 한다. 먼저 헌법 제117조 제1항 후단의 규정은 법률에 의해서도 침해될 수 없는 헌법적 보장으로서의 규범적 효력을 가진다는 점을 우선적으로 고려해야 한다.

헌법은 제118조 제2항의 법률유보조항에도 불구하고 입법형성권의 행사는 지방자치의 본질적인 내용, 즉, 자치기능보장・자치단체보장・자치사무보장을 침해하는 일이 없어야 하며, 그러한 침해는 지방자치의 제도적 본질에 대한 침해를 뜻한다는 견지에서 볼 때,[24] '만약 법률이 조례에 의한 지방자치의 본질실현을 방해한다면 지방자치를 인정하고 있는 현행헌법의 취지에 비추어(일본과 같이 헌법에 "법률은 지방자치의 본지(本旨)에 적합하여야 한다"는 규정이 없다 하더라도) 위헌무효의 다툼이 가능하게 될 것이다. 따라서 법률의 해석의 여지가 있는 한 조례에 의한 「지방자치의 본질」의 실현을 방해하지 아니 하도록 합헌적인 법률해석이 행하여져 당해 조례가 그 법률에 반하는지 여부가 확정되어야 할 것'이라는 지적[25] 또한 타당함은 물론이다. 한편 김철수교수는 이러한 지방자치법 제15조 단서를 매개로 하지 않고 헌법 제117조 제1항과 관련 하에서 국민의 권리의무에 관한 사항(법규사항)을 조례로써 규정할 수 있느냐는 문제에 관한 찬・반 양론을 소개한 후, 일본에서의 다수설인 조례법률설에 가담하는 한편, 헌법 제117조 제1항 후단의 법령상의 한계를 전제로 삼아 법령에 위반되지 않는다고 생각되는 조례로서 ① 당해사항을 규율할 국가의 법령이 없고 국법상 완전히 공백상태에 있는 사항에 관하여 정하는 조례, ② 국가법령이 규제하고 있는 사항과 동일한 사항에 관하여 당해 국가법령과 다른 목적으로 규제하는 조례, ③ 같은 경우에 국가법령이 규제의 범위 외에 두고 있는 사항을 규제하는 조례 등을 들고 있다.[26]

헌법 제117조 제1항 후단은 제118조 제2항의 법률유보에 따라 제정된 법률에 의해서도 침해될 수 없는 자치입법권의 범위를 헌법적으로 보장한 것이다. 만일 지방자치법의 규정이 이러한 헌법적 수권규정의 범위를 감축・제한한다면 헌법위반이 될 수밖에 없다. 그러나 일부에서 주장하는 바와 같이 지방자치법 제15조 단서를, 지방자치권의 보편성(Universalität) 또는 전권성[27]을 제한한다는 것만 가지고서 곧바로 그 합헌성을 의심할 수 있는지는 의문이다. 헌법 제117조 제1항 후단에서 「법령의 범위 안에서」란 구절은 우선적으로는 자치입법의 내용적 한계를 정한 것이지만, 반드시 「법령의 우위」만을 규정한 데 불과한 것이 아니라 헌법적으로 보장된 자치입법권의 한계를 법률의 유보에 관한 침해유보설적인 견지에서 설정한 것으로 해석할 수 있는 여지가 있기 때문이다. 참고로 독일의 경우 기본법 제28조 제2항 제1문의 "im Rahmen der Gesetze"란 구절을 압도적인 통설이 고유책임성과 보편성, 그리고

연구(경희대법학박사학위논문, 1994) 등. 이것이 다수설이다. 이에 반해 합헌을 주장하는 견해로는 홍정선, "조례와 침해유보", 고시계 1993/4, 108-113.

24) 허영, 한국헌법론, 1991, 783.

25) 정준현, "정보공개조례제정의 가부 및 그 방향", 공법학회 제25회 학술발표회 발표문, 34.

26) 김철수, 헌법학개론, 899, 901.

27) 이것은 독일지방자치법상의 개념으로, 어떤 사안이 지역적 단체에 관한 사무에 속하는 한, 그것은 원칙적으로 기본법 제28조 제2항 제1문의 보장내용에 따라 자치단체의 임무분야에 속한다는 원칙을 말한다(Schmidt-Aßmann, Kommunalrecht, in: Ingo von Münch, Bes. VerwR, 8.Aufl., 1988, S.116).

기타 모든 보장수준에 관계를 맺고 있는 유보, 다시 말해서 「입법권자에게 보장내용의 구체적 형성, 내재적 한계의 설정, 그러나 또한 헌법직접적 보장영역에 대한 침해를 수권하는 유보」조항으로 해석하고 있다는 점에 유의할 필요가 있다.[28] 그렇다면 지방자치법 제22조 단서는 헌법 제117조 제1항 후단에 위배된다고 볼 수 없다. 대법원 역시 1995년 5월 12일 전북공동주택입주자보호를위한조례안무효확인판결에서 지방자치법 제22조 단서의 합헌성을 확인한 바 있다.

"지방자치법 제15조가 원칙적으로 헌법 제117조 제1항의 규정과 같이 지방자치단체의 자치입법권을 보장하면서, 국민의 권리제한 의무부과에 관한 사항을 규정하는 조례의 중대성에 비추어 입법정책적 고려에서 법률의 위임을 요구한다고 규정하고 있는 바, 이는 기본권 제한에 대하여 법률유보원칙을 선언한 헌법 제37조 제2항의 취지에 부합한다고 할 것이므로 조례제정에 있어서 위와 같은 경우에 법률의 위임 근거를 요구하는 것이 위헌성이 있다고 할 수는 없으므로 피고의 위 주장은 이유 없다."[29]

Ⅲ. 조례제정절차

1. 제안과 의결

조례안은 지방자치단체의 장, 지방의회 재적의원 5분의 1이상 또는 의원 10명 이상의 연서로써 제안하며($\S_①^{66}$), 지방의회의 의결과 지방자치단체 장의 공포에 따라 제정된다($\S 26$).

2. 공포 및 효력발생

조례안이 지방의회에서 의결되면 지방의회의 의장은 의결된 날부터 5일 이내에 그 지방자치단체의 장에게 이를 이송하며, 지방자치단체의 장은 지방의회가 의결한 조례안을 이송받은 때에는 20일 이내에 공포하여야 한다($\S_{①,②}^{26}$).

지방자치단체의 장은 이송받은 조례안에 대하여 이의가 있으면 제2항의 기간에 이유를 붙여 지방의회로 환부하고, 재의를 요구할 수 있고, 이 경우 지방자치단체의 장은 조례안의 일부에 대하여 또는 조례안을 수정하여 재의를 요구할 수 없다($\S_③^{26}$). 재의요구를 받은 지방의회가 재의에 부쳐 재적의원 과반수의 출석과 출석의원 3분의 2 이상의 찬성으로 전과 같은 의결을 하면 그 조례안은 조례로서 확정된다($\S_④^{26}$).

지방자치단체의 장이 20일 이내에 공포나 재의요구를 하지 아니한 때에는 그 조례안은

---

28) Schmidt-Aßmann, aaO.
29) 대법원 1995.5.12. 선고 94추28 판결.

조례로 확정된다($\S^{26}_{⑤}$).

지방자치단체의 장은 제4항과 제5항에 따라 확정된 조례를 지체 없이 공포하여야 한다($\S^{26}_{제1문}^{⑥}$). 법 제5항에 따라 조례가 확정된 후 또는 제4항에 따른 확정조례가 지방자치단체의 장에게 이송된 후 5일 이내에 지방자치단체의 장이 공포하지 아니하면 지방의회의 의장이 이를 공포한다($\S^{26}_{제2문}^{⑥}$).

지방자치단체의 장이 조례를 공포한 때에는 즉시 해당 지방의회의 의장에게 통지하여야 하며, 제6항 후단에 따라 지방의회의 의장이 조례를 공포한 때에는 이를 즉시 해당 지방자치단체의 장에게 통지하여야 한다($\S^{26}_{⑦}$).

조례는 특별한 규정이 없는 한 공포일부터 20일이 지나면 효력을 발생한다($\S^{26}_{⑧}$).

제1편 제2편 제3편 제4편 제5편 지방자치법

제 3 관 규 칙

I. 의의 및 성질

지방자치단체의 장은 법령이나 조례가 위임한 범위에서 그 권한에 속하는 사무에 관하여 규칙을 제정할 수 있다($^{§\,23}$). 규칙은 보통 대외적 효력을 가지지만, 대내적 효력을 가지는 데 불과한 것(행정규칙)도 있다.

II. 규칙의 규정사항

규칙은 법령 또는 조례의 위임이 있는 사항에 관하여서만 규정할 수 있다. 이 경우 위임은 개별·구체적인 위임이어야 한다. 법령 또는 조례의 위임이 있는 한, 규칙의 규율범위는 자치사무, 단체위임사무 및 기관위임사무의 전부에 미칠 수 있다. 그러나 현행 지방자치법은 규칙에 대하여 벌칙을 위임하지 않았기 때문에 규칙으로는 벌칙을 정할 수 없다. 시장·군수·자치구청장이 제정하는 규칙은 시·도의 조례나 시·도지사가 제정한 규칙에 위반하여서는 아니 된다($^{§\,24}$).

III. 규칙제정절차

규칙은 지방자치단체의 장이 단독으로 제정하지만, 규칙을 제정하거나 개정하거나 폐지할 경우 공포예정 15일 전에 시·도지사는 행정안전부장관에게, 시장·군수 및 자치구의 구청장은 시·도지사에게 그 전문(全文)을 첨부하여 각각 보고하여야 하며, 보고를 받은 행정안전부장관은 이를 관계 중앙행정기관의 장에게 통보하여야 한다($^{§\,28}$). 경우에 따라 다른 행정기관의 사전승인을 받아야 하는 규칙도 있다.

규칙은 특별한 규정이 없으면 공포한 날부터 20일이 지나면 효력을 발생한다($^{§\,26}_{⑧}$).

제 4 관 교육규칙

교육감은 법령 또는 조례의 범위 안에서 그 권한에 속하는 사무에 관하여 교육규칙을 제정할 수 있다(지방교육자치에 관한 법률 § 25 ①). 교육감은 대통령령이 정하는 절차와 방식에 따라 교육규칙을 공포하여야 하며, 교육규칙은 특별한 규정이 없는 한 공포한 날부터 20일이 경과함으로써 효력을 발생한다(같은 법 § 25 ②). 그 밖에 교육규칙의 성질·제정절차·효력발생 등은 일반적인 규칙의 경우와 유사하다.

제 3 절 │ 자치조직 · 인사권

자치조직권이란 지방자치단체가 스스로 그 조직을 결정할 수 있는 권한을 말한다. 지방의
회의원 및 지방자치단체의 장의 선거에 관한 규정($^{지방자치법}_{\S\S\,31,\,94}$), 행정기구와 공무원에 관한 규정
($^{\S\,112}$) 등은 자치조직권의 예라 할 수 있다.

지방자치단체는 그 소관 사무의 범위 안에서 필요하면 대통령령이나 대통령령으로 정하
는 바에 따라 지방자치단체의 조례로 자치경찰기관($^{제주특별자치}_{도에\ 한한다}$), 소방기관, 교육훈련기관, 보건
진료기관, 시험연구기관 및 중소기업지도기관 등을 직속기관으로 설치할 수 있고($^{\S\,113}$), 그
밖에 사업소($^{\S\,114}$), 출장소($^{\S\,115}$), 합의제행정기관($^{\S\,116}$), 자문기관($^{\S\,116}_{의2}$) 등을 둘 수 있으며, 조
례로 정하는 바에 따라 자치구가 아닌 구와 읍·면·동에 그 소관 행정사무를 분장하기 위
하여 필요한 하부행정기구를 둘 수 있다.

행정기구의 설치와 지방공무원의 정원은 인건비 등 대통령령으로 정하는 기준에 따라 그
지방자치단체의 조례로 정하며($^{\S\,112}_{②}$), 행정안전부장관은 지방자치단체의 행정기구와 지방공무
원의 정원이 적정하게 운영되고 다른 지방자치단체와의 균형이 유지되도록 하기 위하여 필
요한 사항을 권고할 수 있다($^{\S\,112}_{③}$). 지방자치단체는 법령에 특별한 규정이 없는 한 소속 지방
공무원에 대한 자주적 인사권을 가진다.

제 4 절 │ 자치행정권

　지방자치단체는 지방자치제도의 취지상 당연히 자치행정권을 가진다. 지방자치단체가 수행하는 자치행정 사무의 내용은 주로 주민의 복리증진을 도모하기 위한 공기업·공동시설 등의 설치·경영·관리와 같은 비권력적 관리행정이다. 그러나 공공의 이익을 위하여 소방행정·공용부담 같은 권력적 행정도 포함될 수 있다.

제 5 절 | 자치재정권

제 1 관 개 설

지방자치단체는 지방자치임무를 수행하기 위하여 스스로 필요한 세입을 확보하고 지출을 관리하는 권한을 필요로 한다. 이를 자치재정권이라고 한다. 지방자치단체는 그 본연의 임무인 주민의 복리증진을 위하여 재원을 조달해야 하며, 자치사무 수행에 필요한 경비와 위임된 사무에 관하여 필요한 경비를 지출할 의무를 진다(지방자치법§141). 이러한 수요나 의무 이행에 필요한 재원을 조달하고 관리하기 위하여 필요한 권한이 자치재정권이다.

우리나라 지방자치단체의 재정상태는 전반적으로 매우 열악한 수준이다. 많은 지방자치단체는 필요한 재원을 스스로 조달하기보다는 중앙정부 지원에 의존할 수밖에 없는 취약한 재정구조를 가지고 있다. 반면, 주민의 지역개발과 복지증진에 대한 기대욕구가 높아짐에 따라 지방재정수요도 지속적으로 급증하는 양상을 보이고 있다. 지방자치의 성공은 지방재정력 확보에 따라 좌우된다.[1] 이러한 맥락에서 자치재정권이 가지는 의미는 막중하다.

헌법 제117조는 '지방자치단체는 재산을 관리한다'라고만 규정하고 있으나 이를 지방자치단체의 자주재정권, 즉 재정고권의 근거규정으로 볼 수 있다. 지방자치법은 자치재정에 관하여 '제7장 재무'에서 5개의 절을 두어 비교적 상세하게 규정하고 있다. 그러나 지방재정에 관한 모든 사항을 망라할 수 없기 때문에 추상적으로 재정운영의 방향을 제시하고 제145조에서 재정에 관하여 따로 법률을 제정하도록 예정하고 있다. 이에 따라 제정된 지방재정법은 2005년 지방재정법과 공유재산 및 물품관리법 등 다수의 법률로 분화되었다. 지방자치법은 그 밖에 지방공기업의 설치에 관한 규정을 두고 그 세부적 사항은 지방공기업법에 미루고 있다.

---

1) 이에 관해서는 유태현, "지방재정제도의 개선과제", 2006 전국시도지사협의회 제3회 자치발전 워크샵(2006.5.1-5.2) 자료집(http://www.gaok.or.kr/kr/downfile/notice/제3차%20자치발전워크샵%20자료.hwp) 참조.

제 2 관   지방재정운영의 기본원칙

지방자치법은 지방재정운영의 기본원칙을 건전재정의 운영, 국가시책 구현 및 지방채무 및 지방채권의 관리, 세 가지 사항으로 나누어 정립하고 있다.

법은 첫째, 지방자치단체에게 그 재정을 수지균형의 원칙에 따라 건전하게 운영할 의무를 부과하는 한편($\S122_①$), 국가에게는 지방재정의 자주성과 건전한 운영을 조장할 의무를 부과하고 또 국가의 부담을 지방자치단체에 전가하지 못하도록 하였다($\S122_②$). 지방자치법은 2014년 1월 21일 법개정을 통해 특히 국가가 지방자치단체에 부담시켜는 안 될 비용을 명시하는 조항들을 신설하였다. 이에 따르면, 국가는 다음 어느 하나에 해당하는 기관의 신설·확장·이전·운영과 관련된 비용을 지방자치단체에 부담시켜서는 아니 된다($\S122_③$).

1. 「정부조직법」과 다른 법률에 의하여 설치된 국가행정기관 및 그 소속 기관
2. 「공공기관의 운영에 관한 법률」 제4조에 따른 법인·단체 또는 기관
3. 국가가 출자·출연한 기관(재단법인, 사단법인 등을 포함한다)
4. 국가가 설립·조성·관리하는 시설 또는 단지 등을 지원하기 위하여 설치된 기관(재단법인, 사단법인 등을 포함한다)

또한 국가는 위 기관을 신설 또는 확장하거나 이전하는 위치를 선정할 경우 지방자치단체의 재정적 부담을 조건으로 하거나 입지적합성 선정항목으로 이용하여서는 아니 된다($\S122_④$).

재정운영에 관한 기본원칙으로는 수지균형의 원칙 외에도 재정구조 탄력성 확보, 행정수준 확보·향상, 재정운영 효율화, 재정운영 공정성, 재정질서 적정화, 장기재정의 안정 등에 관한 원칙들을 생각할 수 있으나, 이처럼 수입과 지출의 균형 유지를 최우선적으로 주문한 배경은 열악한 지방재정 사정에서도 민선 단체장이나 의원들이 포퓰리즘에 휩쓸려 과욕을 부리거나 방만한 재정운영을 하지 않도록 경계하기 위한 것이다.

▓ 주민 복지증진을 위한 조례와 지방재정법

"[1] 구 지방재정법(2013.7.16. 법률 제11900호로 개정되기 전의 것, 이하 같다) 제17조 제1항은 "지방자치단체는 개인 또는 단체에 대한 기부·보조·출연, 그 밖의 공금 지출을 할 수 없다. 다만, 지방자치단체의 소관에 속하는 사무와 관련하여 다음 각 호의 어느 하나에 해당하는 경우와 공공기관에 지출하는 경우에는 그러하지 아니하다"라고 규정하면서, 각 호에서 법률에 규정이 있는 경우(제1호), 국고 보조 재원(財源)에 의한 것으로서 국가가 지정한 경우(제2호), 용도를 지정한 기부금의 경우(제3호), 보조금을 지출하지 아니하면 사업을 수행할 수 없는 경우로서 지방자치단체가 권장하는 사업을 위하여 필요하다고 인정되는 경우(제4호)를 들고 있는데, 위 규정은 단서의

각 호와 같은 특별한 사정이 없는 한 지방자치단체의 예산을 특정 개인이나 단체가 아닌 주민 일반에게 골고루 혜택이 돌아가도록 사용하게 함으로써 지방재정이 주민의 복리증진을 위하여 건전하고 효율적으로 사용되게 하려는 데 취지가 있다. 그렇다면 지방자치단체가 지방자치법 제9조 제2항 제2호에 정한 주민의 복지증진에 관한 사무로서 특정 개인이나 단체가 아니라 일정한 조건을 충족한 주민 일반을 대상으로 일정한 지원을 하겠다는 것은 그 조건이 사실상 특정 개인이나 단체를 위해 설정한 것이라는 등의 특별한 사정이 없는 한 구 지방재정법 제17조 제1항에서 정한 '개인 또는 단체에 대한 공금 지출'에 해당하지 아니한다.

[2] 구 지방재정법(_{2013.7.16. 법률 제11900}
호로 개정되기 전의 것) 제3조 제1항 전단은 지방자치단체는 주민의 복리증진을 위하여 그 재정을 건전하고 효율적으로 운영하여야 한다고 규정함으로써 건전재정운영원칙을 선언하고 있다. 그런데 **지방의회가 주민의 복지증진을 위해 조례를 제정·시행하는 것은 지방자치제도의 본질에 부합하므로 이로 인하여 지방자치단체 재정의 건전한 운영에 막대한 지장을 초래하는 것이 아니라면 조례 제정을 무조건 제한할 수는 없다.**"[2]

둘째, 지방자치단체는 국가시책의 구현을 위하여 노력하여야 하며($^{§123}_{①}$), 국가시책 달성에 필요한 경비에 대한 국가보조율과 지방비부담률은 법령으로 정하도록 위임하고 있다($^{§123}_{②}$). 구체적 내용은 지방재정법과 보조금의 예산 및 관리에 관한 법률에서 규율한다.

셋째, 법 제124조에서는 지방채무와 지방채권의 관리에 관한 기본적 사항을 정하고 있다. 이에 따르면, 지방자치단체의 장이나 지방자치단체조합은 따로 법률로 정하는 바에 따라 지방채를 발행할 수 있다($^{§124}_{①}$). 지방자치단체의 장은 따로 법률로 정하는 바에 따라 지방자치단체의 채무부담의 원인이 될 계약의 체결이나 그 밖의 행위를 할 수 있고($^{§124}_{②}$), 공익을 위하여 필요하다고 인정하면 미리 지방의회의 의결을 받아 보증채무부담행위를 할 수 있다($^{§124}_{③}$). 지방자치단체는 조례나 계약에 의하지 아니하고는 그 채무의 이행을 지체할 수 없으며($^{§124}_{④}$), 법령이나 조례의 규정에 따르거나 지방의회의 의결을 받지 아니하고는 채권에 관하여 채무를 면제하거나 그 효력을 변경할 수 없다($^{§124}_{⑤}$).

---

2) 대법원 2016.5.12. 선고 2013추531 판결.

제 5 장

국가와 지방자치단체의 관계

제 1 절 | 기본적 관계

I. 지방자치단체에 대한 국가 관여의 근거

지방자치단체는 자치권을 본질적 요소로 하지만 통일적인 국가 질서의 일부를 이룬다. 지방자치는 국가로부터의 독립성과 자율성을 요구하지만 지방자치단체와 국가는 부분과 전체의 관계로서 통일적인 국가 질서 형성을 지향한다. 전자가 원심력이라면 후자는 구심력으로 지방자치단체와 국가가 지속가능한 균형을 이루도록 해 주는 것이다.[1]

헌법은 지방자치단체에 대한 국가관여에 대하여 명시적으로 규정하고 있지는 않다. 하지만 지방자치 보장에 대한 근거조항인 헌법 제117조와 제118조에서 지방자치단체의 국가에 대한 독립성을 보장하면서 동시에 지방자치의 법률유보를 규정하고 있다. 이러한 의미에서 지방자치의 보장규정은 동시에 국가관여의 근거규정이 된다.[2]

II. 병립적 협력관계

지방자치법은 적어도 자치사무에 관한 한 국가와 지방자치단체의 관계를 상명하복의 계서적 관계가 아니라 병립적 협력관계로 설정하고 있다. 이 점은 지방자치단체를 법인으로 한다든가(지방자치법§3), 중앙행정기관의 장이나 시·도지사는 지방자치단체의 사무에 관하여 조언 또는 권고하거나 지도할 수 있으며, 이를 위하여 필요하면 지방자치단체에 자료의 제출을 요구

---

1) 이기우·하승수, 지방자치법, 대영문화사, 2007, 180-181.
2) 이기우·하승수, 같은 책, 182.

할 수 있다고 규정한 데서도(집행자치 §166) 여실히 드러난다. 특히 제167조에서는 국가사무나 시·도사무에 관하여 국가(또는 시·도)가 지도·감독권을 가진다는 점을 명시함으로써 자치사무에 관한 경우와는 뚜렷이 차별화하여 규정하고 있는데, 이를 통해서도 국가와 지방자치단체의 관계는, 특히 자치사무에 관한 한, 상하급기관간의 계서적 관계가 아니라 서로 기본적으로 대등한 지위에서 협력하는 병립적 협력관계라는 점을 잘 엿볼 수 있다.

지방자치단체의 자치사무에 관한 한, 헌법이나 지방자치법 등 어디에도 국가나 상급 지방자치단체가 지방자치단체를 감독하거나 통제할 수 있다고 한 명문의 규정은 찾아 볼 수 없다. 다만, 지방자치법 제171조에서 행정안전부장관이나 시·도지사에게 지방자치단체의 자치사무에 있어 법령위반사항에 대한 감사를 허용하는 한편, 후술하는 바와 같이 자치사무에 대한 적법성 감독의 수단으로서 제169조에서 '위법·부당한 명령·처분의 시정'이란 표제하에 시정명령권과 취소·정지권을 인정하고 있을 뿐이다.

지방자치법은 이와같이 국가와 지방자치단체의 관계에 관하여 양자의 관계를 병립협력관계를 기본으로 한다는 전제 위에서[3] 이를 토대로 국가의 지방자치단체에 대한 감독의 개념을 '관여'의 그것으로 대체하고 있다. 국가의 지방자치단체에 대한 관여는 지방자치의 본질에 반하지 않아야 하고 지방자치의 제도적 보장을 파괴해서는 아니 된다.[4]

Ⅲ. 국가와 지방자치단체의 관계

국가와 지방자치단체의 관계는 이를 사무의 종류별로 고찰할 수도 있고 국가의 주요 구성부분, 즉 국회, 행정부 및 사법부가 각각 지방자치단체와 맺고 있는 관계를 통해서도 파악할 수 있다. 여기서는 후자의 관점에서 접근하기로 한다.

---

3) 김철용, 행정법 Ⅱ, 153은 우리 헌법 아래에서의 국가와 지방자치단체의 기본관계는 병립협력관계로 보는 것이 통설이라고 한다.
4) 대법원 1998.5.8. 선고 97누15432 판결.

제 2 절 │ 국회와 지방자치단체의 관계

국민대표기관인 국회는 입법권을 행사함으로써 지방자치단체에 관여할 수 있다. 이는 권력분립에 입각한 대의제 민주주의의 원리상 당연한 결과라 할 수 있다. 그러나 입법부인 국회의 관여방식은 다른 국가기관에 비해 독특하다. 입법기관인 국회는 법률의 제·개정 등 입법권을 행사함으로써 지방자치단체의 활동에 직접적인 영향을 미치고 있다.

헌법은 지방자치단체의 종류, 지방의회의 조직·권한·의원선거와 지방자치단체의 장의 선임방법 기타 지방자치단체의 조직과 운영 등을 법률로 정하도록 하고 있고($^{§ 118}$) 또 지방자치단체의 재정을 좌우하는 조세 역시 법률사항으로 정하고 있다($^{§ 59}$).

국회는 또한 예산의 심의를 통해 지방자치단체에 영향력을 미칠 수 있고, 국정감사 및 조사 등을 통해서도 지방자치단체에 법적·정치적 통제를 가할 수 있다. 다만 국정감사 및 조사의 경우에는 제한이 따른다. 국정감사 및 조사에 관한 법률은 제7조 제2호에서 감사의 대상기관에 지방자치단체 중 특별시·광역시·도를 포함시키면서도 감사범위는 국가위임사무와 국가가 보조금 등 예산을 지원하는 사업으로 한정하고 있다. 여기서 '국가위임사무'에는 특별시·광역시·도가 수행하는 단체위임사무와 기관위임사무가 포함된다. 따라서 광역자치단체의 경우 자치사무에 관해서는 국가가 보조금 등 예산을 지원하는 사업 외에는 국정감사나 조사가 배제된다.[1]

한편 시·군·구 등 기초자치단체에 대하여 국정감사나 조사가 가능한지 여부가 문제될 수 있다. 이에 관하여 같은 법률 제7조 제4호는 지방행정기관·감사원법에 의한 감사원의 감사대상기관과 함께 '그 밖의 지방자치단체'를 감사의 대상에 포함시키고 있으나, 그 경우 본회의가 특히 필요하다고 의결한 경우에 한한다고 규정하고 있다. 따라서 기초자치단체에 대하여 국정감사나 조사가 전적으로 배제된 것은 아닐지라도 본회의의 특별의결이 필요하므로 그 한도 내에서 국회의 관여가 제한되고 있는 셈이다. 기초자치단체에 대한 감사가 특별히 필요하다고 의결한 경우에도 자치사무에 관해서는, 법률상 명문의 규정은 없으나,[2] 특별시·광역시·도의 경우와 달리 취급해야 할 이유가 없는 이상, 제7조 제2호 단서를 유추적용하여 국가가 보조금 등 예산을 지원하는 사업 외에는 국정감사나 조사가 배제된다고 해석해야 할 것이다.

---

1) 이에 대한 비판으로는 이기우·하승수, 지방자치법, 183-184를 참조.
2) 제7조 제4호 단서에 '제7조 제2호 단서를 준용한다'는 것을 명시하지 않은 것은 입법의 실수이다.

제1편 제2편 제3편 제4편 제5편 지방자치법

제3절 │ 국가행정기관과 지방자치단체의 관계

제1관 개 관

헌법 제118조 제2항은 "지방의회의 조직·권한·의원선거와 지방자치단체의 장의 선임방법 기타 지방자치단체의 조직과 운영에 관한 사항은 법률로 정한다"고 규정하고 있다. 국가와 지방자치단체의 관계에 대한 규율도 '지방자치단체의 조직과 운영에 관한 사항'에 포함된다고 볼 수 있다.[1] 따라서 지방자치단체에 대한 국가의 관여 역시 법률에 근거가 있어야 한다.

제2관 국가관여기관

지방자치단체에 관여하는 국가기관이 누구인지는 사무의 종류에 따라 달리 정해진다.

I. 국가사무가 위임된 경우

지방자치단체 또는 그 장이 위임받아 처리하는 국가사무의 경우, 시·도에서는 주무부장관이, 시·군·자치구에서는 1차로 시·도지사가, 2차로 주무부장관이 관여권을 가진다($\S_①^{167}$).

Ⅱ. 시·도사무가 위임된 경우

시·군·자치구 또는 그 장이 위임받아 처리하는 시·도의 사무에 관하여는 시·도지사가 관여권을 가진다($\S_②^{167}$).

Ⅲ. 자치사무의 경우

지방자치단체의 자치사무에 대하여는 중앙행정기관의 장이나 시·도지사가 지방자치단체의 사무에 관하여 조언 또는 권고하거나 지도하고 자료제출을 요구하는 방식으로 관여할 수

---

1) 동지 김철용, 행정법 Ⅱ, 155.

있다($\overset{\S\,166}{①}$).

Ⅳ. 회계감사·직무감찰의 경우

지방자치단체에 대한 회계감사 및 직무감찰권은 감사원이 가진다($\overset{\text{감사원법 }\S\S\,22}{①\,\text{ii, 24 }①\,\text{ii}}$).

제3관 국가관여의 방법

Ⅰ. 국가의 지방자치단체에 대한 지도와 감독

1. 합법성감독과 합목적성감독

지방자치단체와의 관계에서 국가는 지도와 감독을 하는 위치에 선다. 국가의 지도와 감독, 넓은 의미의 감독(^{Aufsicht})은 일반적으로 법감독($^{Rechts-}_{aufsicht}$)과 전문감독($^{Fach-}_{aufsicht}$)을 포함한다. 전자는 합법성통제로, 후자는 합목적성통제라고 부르기도 한다.

지방자치단체의 사무에 대한 국가의 감독은 국가사무와 자치사무의 구별이 있는 경우, 국가사무에 대해서는 합법성통제뿐만 아니라 합목적성통제까지 가능하지만, 자치사무에 대해서는 합법성통제만 허용되는 것이 원칙이다. 또한 다음에 보는 바와 같이, 주요 외국의 입법례를 볼 때, 자치사무 또는 국가사무와 자치사무의 구별이 없는 경우에도 그중 자치사무에 해당하는 사무에 관한 한 국가의 감독권이 합법성통제로 제한되는 경향이 두드러지게 나타나고 있다.

독일의 경우 지방자치단체에 대한 감독시스템($^{Aufsichts-}_{system}$)은 사무 중심으로 되어 있다($^{aufgaben-}_{orientiert}$).[2] 지방자치단체의 사무는 일반적으로 자치사무(고유사무)와 국가사무(위임사무)로 구분된다. 사무에 관해서는 이미 앞에서 본 바와 같이 '사무이원론' 모델($^{Aufgaben-}_{dualismus}$)과 '사무일원론' 모델($^{Aufgaben-}_{monismus}$)이 대립한다. 후자에 따르면 모든 사무는 일단 지방자치단체에게 이양된 이상, 모든 의사결정이 원칙적으로 선출된 지방의회에 의해 주도된다는 의미에서 지방자치단체의 전체적이고 또 고유한 책임이 된다고 본다. 일원론 모델은 지방자치단체와 국가의 관계에 있어 후자의 감독권은 오로지 합법성 심사에 관해서만 인정된다는 사고를 전제로 한다. 역사적으로 일원론 모델은 영국과 스웨덴에서 채택되어 왔다. 그와 대조적으로 전자, 즉 이원론 모델은 지방자치단체의 사무를 고유사무와 위임사무 두 가지 유형으로 구분하고, 고유사무는 지방의회의 결정만으로 수행하고 국가로부터는 오로지 합법성 통제($^{legality}_{review}$)만 받는 반면, 위임사무는 국가에 의해 지방자치단체에게 위임된 사무로서 지방의회 지방행정의 장에 의해 수행되고 국가로부터 포괄적인 통제를 받는 사무이다. 사무이원론 모델은 역사적으로 독일과 프랑스의 특징이 되어 왔다.[3]

전체적으로 보아, 특히 유럽 여러 나라들의 경우, 지방자치의 확대 경향에 따라 지방자치단체의 사무에 대한 국가의 감독이 합목적성통제까지 포함하여 전반적으로 축소·약화되는 경향을 보이는 반면, 자치사무 또는 국가사무와 자치사무의 구별이 없는 경우에는 그중 자치사무에 해당하는 사무에 관한 한 국가

---

2) Schmidt-Aßmann, Eberhard, 2008, Kommunalrecht, in: Besonderes Verwaltungsrecht, 14.Aufl., 9-126, 41 1.Kap, Rn.32.

3) Wollmann, H. Comparing Local Government Reforms in England, Sweden, France and Germany, 2008, in: www.wuestenrot-stiftung.de/download/local-government, 17-18.

의 통제는 뚜렷이 합법성 통제로 제한되는 경향이 날로 두드러지고 있다.[4]

자치사무에 관한 한 국가가 합목적성 판단에 간섭하는 것은 지방자치단체의 자기책임성을 본질적으로 침해하는 것이므로 허용되지 않으며, 국가의 합목적성 통제가 허용되면 더 이상 자치행정이 아니라 위임행정을 의미하므로[5] 지방자치의 헌법적 보장에 정면으로 위배된다.

2. 지방자치단체의 사무에 대한 지도와 지원

중앙행정기관의 장이나 시·도지사는 지방자치단체의 사무에 관해 조언 또는 권고하거나 지도할 수 있고, 이를 위하여 필요하면 지방자치단체에 자료 제출을 요구할 수 있다($\S^{166}_①$).

국가나 시·도는 지방자치단체가 그 지방자치단체의 사무를 처리하는 데에 필요하다고 인정하면 재정지원이나 기술지원을 할 수 있다($\S^{166}_②$).

3. 국가사무나 시·도사무 처리의 지도·감독

지방자치단체나 그 장이 위임받아 처리하는 국가사무에 관하여 시·도는 주무부장관의, 시·군 및 자치구는 1차로 시·도지사의, 2차로 주무부장관의 지도·감독을 받는다($\S^{167}_①$).

시·군 및 자치구나 그 장이 위임받아 처리하는 시·도의 사무에 관하여는 시·도지사의 지도·감독을 받는다($\S^{167}_②$).

4. 중앙행정기관과 지방자치단체 간 협의조정

중앙행정기관의 장과 지방자치단체의 장이 사무를 처리할 때 의견을 달리하는 경우 이를 협의·조정하기 위하여 국무총리 소속으로 행정협의조정위원회를 둘 수 있다($\S^{168}_①$).

행정협의조정위원회는 위원장 1명을 포함하여 13명 이내의 위원으로 구성하되($\S^{168}_②$), 위원은 다음 각 호의 사람으로 하고, 위원장은 제3호에 따른 위촉위원 중 국무총리가 위촉한다 ($\S^{168}_③$).

1. 기획재정부장관, 행정안전부장관, 국무조정실장 및 법제처장
2. 안건과 관련된 중앙행정기관의 장과 시·도지사 중 위원장이 지명하는 사람
3. 그 밖에 지방자치에 관한 학식과 경험이 풍부한 사람 중에서 국무총리가 위촉하는 사람 4명

---

4) 이에 관하여 상세한 것은 홍준형, "자치사무에 대한 중앙정부의 감사권의 한계", 공법연구 제38집 제1호, 한국공법학회, 2009.11, 291-310을 참조.
5) 이주희, 지방자치법 이론과 운영사례, 기문당, 2005, 962.

그 밖에 행정협의조정위원회의 구성과 운영 등에 필요한 사항은 대통령령으로 정한다($\S\ 168$ ④).

5. 승인유보

지방자치단체의 개별적인 행위에 대하여 사전에 감독관청의 승인을 받도록 하는 제도를 승인유보제도라고 한다.

이러한 승인유보는 자치사무에 대한 자율권을 제약하는 것이기 때문에 법적 근거가 있을 때에만 가능하다. 현행 지방자치법상 감독관청의 승인을 요하는 사항으로는, 구와 읍·면·동의 명칭과 구역의 변경 및 폐치·분합, 사무소 소재지의 설치·변경, 시·군 및 자치구에서의 행정기구 설치, 지방채의 발행 등이 있다.

승인을 받아야 할 행위를 승인없이 한 경우의 법적 효과는 공법적 행위는 무효가 되나, 지방채 발생에 대한 승인과 같이 사법행위에 대한 승인의 경우에는 반드시 무효가 된다고 볼 수는 없다는 것이 일반적인 견해이다.

Ⅱ. 시정명령과 취소·정지

1. 의   의

지방자치법은 지방자치단체의 사무에 관한 그 장의 명령이나 처분이 법령에 위반되거나 현저히 부당하여 공익을 해친다고 인정되면 시·도에 대하여는 주무부장관이, 시·군 및 자치구에 대하여는 시·도지사가 기간을 정하여 서면으로 시정할 것을 명하고, 그 기간에 이행하지 아니하면 이를 취소하거나 정지할 수 있도록 하고 있다($\S\ 169$ 전단 ①). 이 경우 자치사무에 관한 명령이나 처분에 대하여는 법령을 위반하는 것에 한한다($\S\ 169$ 후단 ①).

이 조항은 일반적으로 지방자치단체에 대한 국가의 사후적·교정적 감독수단으로서 시정명령과 취소·정지를 수권한 것으로 이해되고 있다. 시정명령이란 지방자치단체의 사무에 관한 그 장의 명령이나 처분이 법령에 위반되거나 현저히 부당하여 공익을 해친다고 인정되는 때에 감독관청이 기간을 정하여 시정을 명하는 감독명령을 말한다. 취소·정지권이란 감독관청의 시정명령을 정해진 기간 내에 이행하지 않을 때에 문제된 단체장의 명령이나 처분을 취소하거나 정지하는 권력적·사후적 감독조치를 말한다.

2. 대   상

시정명령과 취소·정지의 대상은 지방자치단체의 사무에 관한 그 장의 명령이나 처분이다. '지방자치단체의 사무'의 범위와 관련하여 기관위임사무도 포함된다는 견해도 있으나, 자치사무와 단체위임사무만 포함된다고 보는 것이 다수설이다. 따라서 기관위임사무에 속하는 단체장의 명령이나 처분에 대해서는 시정명령이나 취소·정지조치를 할 수 없다.

시정명령과 취소·정지의 대상인 '지방자치단체의 사무에 관한 그 장의 명령이나 처분'은 항고소송의 대상이 되는 행정처분에 국한되는 것은 아니라는 것이 대법원의 판례이다. 즉, 지방자치법 제169조 제1항은 지방자치단체의 자치행정 사무처리가 법령 및 공익의 범위 내에서 행해지도록 감독하기 위한 규정이므로 그 적용대상을 항고소송의 대상이 되는 행정처분으로 제한할 이유가 없다는 것이다.

"이 사건 채용공고는 지방공무원의 임용을 위한 것으로서 지방자치법 제9조 제2항 제1호 마목에 정한 지방자치단체의 사무에 속하고, 이 사건 채용공고를 통하여 임용인원·자격·요건 등 임용에 관한 사항이 대외적으로 공표되어 확정되며, 이를 기초로 이후 임용시험 등의 절차가 진행된다.

그리고 행정소송법상 항고소송은 행정청이 행하는 구체적 사실에 관한 법집행으로서의 공권력의 행사 또는 그 거부와 그 밖에 이에 준하는 행정작용을 대상으로 하여 그 위법상태를 배제함으로써 국민의 권익을 구제함을 목적으로 하는 것과 달리, **지방자치법 제169조 제1항은 지방자치단체의 자치행정 사무처리가 법령 및 공익의 범위 내에서 행해지도록 감독하기 위한 규정이므로 그 적용대상을 항고소송의 대상이 되는 행정처분으로 제한할 이유가 없다.**

그렇다면 이 사건 채용공고는 **지방자치법 제169조 제1항의 직권취소의 대상이 될 수 있는 지방자치단체의 사무에 관한 '처분'에 해당한다고 봄이 타당하다."**[6]

3. 관여의 범위

단체장의 자치사무에 관한 명령이나 처분이 법령에 위반되거나 현저히 부당하여 공익을 해친다고 인정되어 시정할 것을 명하고 이를 따르지 않을 경우 취소·정지하는 것이므로 합법성뿐만 아니라 합목적성도 통제하려는 것임을 알 수 있다. 다만, 자치사무에 관한 명령이나 처분에 대하여는 법령을 위반하는 것에 한한다고 명시되어 있어($\S\frac{169}{\text{후단}}$ ①), 자치사무에 대해서는 합법성통제만 가능하고 합목적성통제는 허용되지 아니 한다. 반면, 단체위임사무의 경우에는 합법성뿐만 아니라 합목적성도 통제의 대상이 된다.

---

6) 대법원 2017.3.30. 선고 2016추5087 판결(직권취소처분취소청구의소(자) 청구기각).

[1] [다수의견] 지방자치법 제157조 제1항 전문은 "지방자치단체의 사무에 관한 그 장의 명령이나 처분이 법령에 위반되거나 현저히 부당하여 공익을 해한다고 인정될 때에는 시·도에 대하여는 주무부장관이, 시·군 및 자치구에 대하여는 시·도지사가 기간을 정하여 서면으로 시정을 명하고 그 기간 내에 이행하지 아니할 때에는 이를 취소하거나 정지할 수 있다"고 규정하고 있고, 같은 항 후문은 "이 경우 자치사무에 관한 명령이나 처분에 있어서는 법령에 위반하는 것에 한한다"고 규정하고 있는바, 지방자치법 제157조 제1항 전문 및 후문에서 규정하고 있는 **지방자치단체의 사무에 관한 그 장의 명령이나 처분이 법령에 위반되는 경우라 함은** 명령이나 처분이 현저히 부당하여 공익을 해하는 경우, 즉 합목적성을 현저히 결하는 경우와 대비되는 개념으로, 시·군·구의 장의 사무의 집행이 명시적인 법령의 규정을 구체적으로 위반한 경우뿐만 아니라 그러한 사무의 집행이 재량권을 일탈·남용하여 위법하게 되는 경우를 포함한다고 할 것이므로, **시·군·구의 장의 자치사무의 일종인 당해 지방자치단체 소속 공무원에 대한 승진처분이 재량권을 일탈·남용하여 위법하게 된 경우 시·도지사는 지방자치법 제157조 제1항 후문에 따라 그에 대한 시정명령이나 취소 또는 정지를 할 수 있다.**

[대법관 김영란, 박시환, 김지형, 이홍훈, 전수안의 반대의견] 헌법이 보장하는 지방자치제도의 본질상 재량판단의 영역에서는 국가나 상급 지방자치단체가 하급 지방자치단체의 자치사무 처리에 개입하는 것을 엄격히 금지하여야 할 필요성이 있으므로, 지방자치법 제157조 제1항 후문은 지방자치제도의 본질적 내용이 침해되지 않도록 헌법합치적으로 조화롭게 해석하여야 하는바, **일반적으로 '법령위반'의 개념에 '재량권의 일탈·남용'도 포함된다고 보고 있기는 하나,** 지방자치법 제157조 제1항에서 정한 취소권의 행사요건은 위임사무에 관하여는 '법령에 위반되거나 현저히 부당하여 공익을 해한다고 인정될 때', 자치사무에 관하여는 '법령에 위반하는 때'라고 규정되어 있어, 여기에서의 '법령위반'이라는 문구는 '현저히 부당하여 공익을 해한다고 인정될 때'와 대비적으로 쓰이고 있고, 재량권의 한계 위반 여부를 판단할 때에 통상적으로는 '현저히 부당하여 공익을 해하는' 경우를 바로 '재량권이 일탈·남용된 경우'로 보는 견해가 일반적이므로, 위 법조항에서 '현저히 부당하여 공익을 해하는 경우'와 대비되어 규정된 '법령에 위반하는 때'의 개념 속에는 **일반적인 '법령위반'의 개념과는 다르게** '재량권의 일탈·남용'은 포함되지 않는 것으로 해석하여야 한다. 가사 이론적으로는 합목적성과 합법성의 심사가 명확히 구분된다고 하더라도 '현저히 부당하여 공익을 해한다는 것'과 '재량권의 한계를 일탈하였다는 것'을 실무적으로 구별하기 매우 어렵다는 점까지 보태어 보면, **지방자치법 제157조 제1항 후문의 '법령위반'에 '재량권의 일탈·남용'이 포함된다고 보는 다수의견의 해석은 잘못된 것이다.**[7]

한편 대법원은 시간선택제임기제공무원 40명을 '정책지원요원'으로 임용하여 서울특별시의회 사무처에 소속시킨 후 상임위원회별 입법지원요원(입법조사관)에 대한 업무지원 업무를 담당하도록 한 서울특별시장의 채용공고를 '지방의회의원 개인별 유급 보좌 인력'의 도입을 목적으로 하는 것으로 보아 직권 취소한 행정안전부장관의 처분을 수긍한 바 있다.[8]

"지방의회의원에 대하여 유급 보좌 인력을 두는 것은 지방의회의원의 신분·지위 및 그 처우에 관한 현행 법령상의 제도에 중대한 변경을 초래하는 것으로서 국회의 법률로 규정하여야 할 입법사항이다

---

7) 대법원 2007.3.22. 선고 2005추62 전원합의체 판결.
8) 대법원 2017.3.30. 선고 2016추5087 판결(직권취소처분취소청구의소(자) 청구기각).

(대법원 2012.5.24. 선고).
(2011추49 판결 등 참조)

지방자치법 제33조, 제34조, 제56조 제1항, 제59조, 제90조, 제112조, 지방공무원 임용령 제21조의3, 「지방자치단체의 행정기구와 정원기준 등에 관한 규정」[별표 5] 지방의회의원에 대하여 유급 보좌 인력을 둘 수 있는 근거가 될 수는 없고, 그밖에 지방자치법은 물론 다른 법령에서 지방의회의원에 대하여 전문위원이 아닌 유급 보좌 인력을 둘 수 있는 법적 근거를 찾아볼 수가 없다.

이 사건 공무원의 담당업무, 채용규모, 전문위원을 비롯한 다른 사무직원들과의 업무 관계와 아울러 이 사건 채용공고의 경위 등을 종합하여 보면, 지방의회에 이 사건 공무원을 두어 의정활동을 지원하게 하는 것은 지방의회의원에 대하여 전문위원이 아닌 유급 보좌 인력을 두는 것과 마찬가지로 봄이 타당하고, 이 사건 공무원이 임기제공무원이라거나 지방의회의원이 위원회의 위원으로 선임되어 안건심사 등의 의정활동을 한다고 하여 달리 볼 것은 아니다.

그렇다면, 이 사건 공무원의 임용은 개별 지방의회에서 정할 사항이 아니라 국회의 법률로써 규정하여야 할 입법사항에 해당하는데, 지방자치법은 물론 다른 법령에서도 이 사건 공무원을 지방의회에 둘 수 있는 법적 근거를 찾을 수 없으므로, 이 사건 공무원의 임용을 위한 이 사건 채용공고는 위법하고, 이에 대한 이 사건 직권취소처분은 적법하다."

4. 법적 성질

단체장의 자치사무에 관한 명령이나 처분에 대한 시정명령은 그 자체만으로 감독관청이 우월적 지위에서 행하는 구체적 사실에 대한 법집행으로서의 공권력 행사에 해당하므로 행정소송법상 처분성을 가진다고 볼 수 있다. 그러나 시정명령 불이행시 취소·정지 조치 역시 처분성을 가지므로, 지방자치법 제169조 제2항은 제1항에 따른 명령이나 취소·정지에 대하여 이의가 있는 경우 대법원에 제소할 수 있도록 하면서 시정명령, 즉 '제1항에 따른 자치사무에 관한 명령'이 아니라 '취소처분' 또는 '정지처분'을 통보받은 날부터 15일 이내에 소를 제기할 수 있다고 규정한 것과 관련하여, 소의 대상을 무엇으로 할 것인지가 문제될 수 있다. 시정명령도 성질상 처분성을 인정하는 데 어려움이 없으므로 소의 대상이 될 수 있다고 볼 여지도 없지 않지만, 제169조 제2항의 문언상 '취소처분' 또는 '정지처분'이라는 용어가 사용되고 있는 점, 그리고 출소기간의 기산점을 '취소처분' 또는 '정지처분'을 통보받은 날로 삼은 것으로 보아 시정명령을 받고 이를 이행하지 않아 취소·정지 처분을 받은 다음에야 비로소 소를 제기할 수 있도록 하려는 것이 입법자의 의사라고 볼 수 있다는 점에서 같은 조에 따른 소의 대상은 '취소처분' 또는 '정지처분'에 한한다고 보아야 할 것이다.

반면 단체위임사무에 대한 명령이나 취소·정지의 경우에는 제169조 제2항에서 제1항에 따른 자치사무에 관한 명령이나 처분의 취소 또는 정지에 대해서 출소권을 부여하면서도 단체위임사무에 대해서는 침묵하고 있기 때문에 처분성이 인정되는지 따라서 이에 대한 제소가 허용되는지 여부가 문제될 수 있다. 제169조 제2항을 자치사무에 관한 명령이나 처분의 취소 또는 정지에 대해서만 출소권을 인정한 것으로 해석한다면, 이는 단체위임사무에 대한 명령이나 취소·정지 조치는, 자치사무의 경우와는 달리, 위임자와 수임자 간의 내부관계에서의 행위라고 보았기 때문이 아닐까 생각한다.

또 취소·정지는 당해 지방자치단체 장이 별도로 취소·정지처분을 할 필요 없이 위법 또는 부당한 명령이나 처분의 효력을 직접 상실시키므로 형성적 처분의 성질을 가진다고 할 수 있다.

5. 지방자치단체 장의 불복제소

지방자치단체의 장은 제1항에 따른 자치사무에 관한 명령이나 처분의 취소 또는 정지에 대하여 이의가 있으면 그 취소처분 또는 정지처분을 통보받은 날부터 15일 이내에 대법원에 소를 제기할 수 있다($\S 169 \atop ②$).

원고는 지방자치단체의 대표기관인 지방자치단체의 장이고 피고는 감독관청이다. 감독관청의 자치사무에 관한 명령이나 처분의 취소 또는 정지의 법적 성질이 행정행위, 즉 처분에 해당하고, 동일한 지방자치단체의 기관간 소송은 아니므로 이 조항에 따른 소송은 특수한 종류의 항고소송이라고 볼 수 있을 것이다.

Ⅲ. 직무이행명령

1. 지방자치단체의 장에 대한 직무이행명령

1.1. 의 의

지방자치법은 지방자치단체의 장이 법령의 규정에 따라 그 의무에 속하는 국가위임사무나 시·도위임사무의 관리와 집행을 명백히 게을리 하고 있다고 인정되면 시·도에 대하여는 주무부장관이, 시·군 및 자치구에 대하여는 시·도지사가 기간을 정하여 서면으로 이행할 사항을 명령할 수 있다고 규정한다($\S 170 \atop ①$). 이를 직무이행명령이라고 한다. 앞에서 살펴 본 시정명령이 지방자치단체 장의 위법한 적극적인 행위의 존재를 전제로 하는 데 반하여, 직무이행명령은 위법한 부작위에 대한 통제수단으로서 의미를 가진다.

1.2. 행사요건

행사요건으로는 ① 법령의 규정에 따라 지방자치단체의 장의 의무에 속하는 국가위임사무나 시·도위임사무가 존재할 것, ② 지방자치단체의 장이 그러한 국가위임사무나 시·도

위임사무의 관리와 집행을 명백히 게을리 하고 있다고 인정될 것, ③ 주무부장관 또는 시·도지사가 기간을 정하여 서면으로 이행할 사항을 명령할 것을 꼽을 수 있다.

첫째 요건과 관련하여 직무이행명령의 대상이 되는 '법령의 규정에 따라 지방자치단체의 장의 의무에 속하는 국가위임사무나 시·도위임사무'의 범위 여하가 문제된다. 학설상 단체위임사무설, 위임사무설 등이 있으나, 제170조 제1항의 문언에 비추어 그리고 그 참조입법례인 일본의 제도를 고려할 때, 직무이행명령은 기관위임사무에 관한 것이라고 보는 기관위임사무설이 다수설이다. 직무이행명령의 내용은 이미 법령에 규정되어 있는 의무를 이행하도록 명령하는 것으로 법률관계가 직접 변경되는 형성적 효력은 발생하지 아니 한다.

"법령상 지방자치단체의 장이 처리하도록 하고 있는 사무가 자치사무인지 아니면 기관위임사무인지 여부를 판단함에는 그에 관한 법령의 규정 형식과 취지를 우선 고려하여야 할 것이지만, 그 밖에 그 사무의 성질이 전국적으로 통일적인 처리가 요구되는 사무인지, 그에 관한 경비부담과 최종적인 책임귀속의 주체가 누구인지 등도 함께 고려하여 판단하여야 하므로, 자치사무와 기관위임사무의 구분이 법령의 규정 내용 자체만으로 언제나 명백한 것은 아니다.……

관계 법령의 해석에 의하면 교육감의 학교생활기록의 작성에 관한 사무에 대한 지도·감독 사무는 기관위임 국가사무에 해당하지만, 지방자치법 제169조에 규정된 취소처분에 대한 이의소송의 입법 취지 등을 고려할 때, 교육감이 위와 같은 지도·감독 사무의 성격에 관한 선례나 학설, 판례 등이 확립되지 아니한 상황에서 이를 자치사무라고 보아 사무를 집행하였는데, 사후적으로 사법절차에서 그 사무가 기관위임 국가사무임이 밝혀졌다는 이유만으로 곧바로 기존에 행한 사무의 구체적인 집행행위가 위법하다고 보아 징계사유에 해당한다고 볼 수는 없다.……

법령에 대한 해석이 그 문언 자체만으로는 명백하지 아니하여 여러 견해가 있을 수 있는데다가 이에 대한 선례나 학설, 판례 등도 귀일된 바 없어 의의가 있는 경우에 관계 공무원이 그 나름대로 신중을 다하여 합리적인 근거를 찾아 그중 어느 한 견해를 따라 내린 해석이 후에 대법원의 사법적 판단과 같지 아니하여 결과적으로 잘못된 해석으로 돌아가고, 이에 따른 처리가 역시 결과적으로 위법하다고 평가되더라도 그와 같은 처리방법 이상의 것을 평균적 공무원에게 기대하기는 어려운 일이고, 따라서 이러한 경우에까지 그 공무원에 대한 징계사유의 성립을 인정할 수는 없다."[9]

1.3. 대집행과 직무이행명령에 대한 소송

1.3.1. 대집행 등

주무부장관이나 시·도지사는 해당 지방자치단체의 장이 제1항의 기간에 이행명령을 이행하지 아니하면 그 지방자치단체의 비용부담으로 대집행하거나 행정상·재정상 필요한 조

---

9) 대법원 2014.2.27. 선고 2012추213 판결. 대법원은 이 부분 징계대상자들에 대한 징계사유가 인정되지 아니하므로 원고에게 징계의결요구를 신청할 의무가 있다고 할 수 없고, 결국 이 부분 직무이행명령은 위법하다고 판시하였다. 한편 동일한 판지에 입각하면서도, 감사거부에 관한 징계의결요구 신청 부분에 대한 직무이행명령의 적법성을 확인한 대법원 2015.9.10. 선고 2013추517 판결(직무이행명령(2013.4.10.)취소)을 참조.

치를 할 수 있다. 이 경우 행정대집행에 관하여는 행정대집행법을 준용한다($\S170 \atop ②$).

1.3.2. 직무이행명령에 대한 소송

지방자치단체의 장은 제1항의 이행명령에 이의가 있으면 이행명령서를 접수한 날부터 15일 이내에 대법원에 소를 제기할 수 있다($\S170 \atop 전단$ ③). 이 경우 지방자치단체의 장은 이행명령의 집행을 정지하게 하는 집행정지결정을 신청할 수 있다($\S170 \atop 후단$ ③).

이 소송은 지방자치단체의 장을 원고로 하고 감독관청, 즉 직무이행명령을 내린 주무부장관 또는 시·도지사를 피고로 하여 제기한다. 다수설에 따라 직무이행명령을 기관위임사무의 관리·집행을 게을리 한 경우에 행하는 것으로 새긴다면, 기관위임사무의 감독관청이 한 직무이행명령을 수임기관이 다투는 소송이 된다. 기관위임사무에 있어 지방자치단체의 장은 국가기관의 지위에 서게 되는데 그러한 지위에서 위임자인 감독관청을 피고로 하여 제소하게 되는 셈이다. 아무튼 감독관청과 기관위임사무의 수임자로서 국가기관 간의 소송이라는 점에서 일견 기관소송과 유사한 형태로 볼 여지도 있으나, 동일한 법주체에 속하는 기관간 소송이 아니라는 점에서 이 소송은 지방자치법이 인정한 특수한 종류의 항고소송이라고 보아야 할 것이다.

Ⅳ. 지방자치단체의 사무에 대한 감사

1. 지방자치단체 사무에 대한 외부감사

감사란 '권력적 통제의 한 수단으로 지방자치단체의 행정행위의 합법성 또는 타당성을 심사하여 시정조치를 취하는 사후통제수단'이다. 예외적으로 사전예방적 기능도 있다.[10]

지방자치단체의 자치사무에 대한 외부감사는 감사원법에 의한 감사와 지방자치법에 의한 감사, 국정감사 및 조사에 관한 법률에 의한 감사, 주민감사청구제에 의한 감사 등으로 이루어진다. 이 중 지방자치법상의 감사, 즉 행정안전부장관과 광역자치단체장에 의한 감사는 그 중 가장 큰 비중을 지니는 일상화된 감사 유형에 해당한다.

2. 자치사무에 대한 감사

2.1. 의 의

지방자치법 제171조 제1항은 "행정안전부장관이나 시·도지사는 지방자치단체의 자치사

---

10) 이주희, 지방자치법 이론과 운영사례, 기문당, 2005, 961.

무에 관하여 보고를 받거나 서류·장부 또는 회계를 감사할 수 있다. 이 경우 감사는 법령 위반사항에 대하여만 실시한다"라고 규정한다. 이 조항은 행정안전부장관이나 시·도지사의 자치사무에 대한 감사의 법적 근거를 제공하고 그 감사범위를 한정하는 취지로 이해되고 있다.[11)]

2.2. 자치사무 감사의 한계

2.2.1. 헌법재판소의 2009.5.28. 선고 2006헌라6 결정

지방자치법 제171조와 관련하여 2006헌라6 서울특별시와 정부 간의 권한쟁의 심판청구사건을 계기로 행정안전부장관이 지방자치단체 자치사무에 대한 포괄적·일반적 사전감사권을 가지고 있는지 여부에 관한 논란이 벌어졌다. 이에 관해서는 헌법이나 지방자치법 그 밖의 관련법령 어디에도 명시적 규정이 없고, 또 이 문제를 상세히 논의한 국내 문헌도 찾아보기 어렵다.

헌법재판소는 2008년 5월 29일의 결정에서 감사원의 지방자치단체에 대한 감사와 관련하여 '감사원이 지방자치단체에 대하여 자치사무의 합법성뿐만 아니라 합목적성에 대하여도 감사한 행위가 법률상 권한 없이 이루어진 것이 아니며, 지방자치단체의 자치사무에 대한 합목적성 감사의 근거가 되는 감사원법 제24조 제1항 제2호 등 관련규정 자체가 지방자치권의 본질을 침해한 것으로서 위헌이라고는 볼 수 없다'고 판시한 바 있었다.[12)]

그러나 위 결정 후 거의 1년 만에 헌법재판소는 행정안전부장관이 2006.9.14.부터 2006.9.29.까지 서울특별시의 자치사무에 대해 실시한 정부합동감사는 헌법 및 지방자치법에서 부여된 청구인의 지방자치권을 침해하였다고 판시하여 심판청구를 인용하는 결정을 내렸다.[13)]

헌법재판소는 위 결정에서 '지방자치단체가 주민의 복리를 위하여 처리하는 자치사무를 법령의 범위 안에서 그 처리 여부와 방법을 자기책임 아래 결정할 수 있다는 것은 지방자치권의 최소한의 본질적 사항이므로 지방자치단체의 자치권을 보장한다고 한다면 최소한 이같은 자치사무의 자율성만은 침해해서는 안 되며,' '구 지방자치법 제155조, 제156조, 제156조의2 및 제157조의 각 규정은 중앙행정기관의 감독권 발동이 지방자치단체의 구체적 법위반을 전제로 하여 작동되도록 되어 있다는 점과 중앙행정기관과 지방자치단체 간의 분쟁관계를 대등한 권리주체로서의 "외부 법관계"로 보아 규정하고 있으므로, 중앙행정기관의 지방자치단체의 자치사무에 대한 합목적성 감사가 사전 포괄적으로 허용될 수 없음을 "사후적으

---

11) 최봉석, 지방자치의 기본법리, 한국법제연구원, 2007, 168-169.
12) 헌법재판소 2008.5.29. 선고 2005헌라3 전원재판부 결정. 이에 관해서는 음선필, "지방자치단체에 대한 감사의 헌법적 한계", 한국공법학회·감사원 공동학술대회『현대 법치국가에서의 적극행정과 공공감사』발표논문집, 71-92 등을 참조.
13) 헌법재판소 2009.5.28. 선고 2006헌라6 전원재판부 결정.

로" 정해두고 있는 것'이라고 전제한 후, '헌법 및 지방자치법의 개정취지, 이 사건 관련규정 단서의 신설경위, 자치사무에 관한 한 중앙행정기관과 지방자치단체의 관계가 상하의 감독관계에서 상호보완적 지도·지원의 관계로 변화된 법의 취지, 중앙행정기관의 감독권 발동은 지방자치단체의 구체적 법위반을 전제로 하여 작동되도록 제한되어 있는 점, 그리고 국가감독권 행사로서 지방자치단체의 자치사무에 대한 감사원의 사전적·포괄적 합목적성 감사가 인정되므로 국가의 중복감사의 필요성이 없는 점 등을 종합하여 보면, 지방자치단체가 스스로의 책임 하에 수행하는 자치사무에 대해서까지 국가감독이 중복되어 광범위하게 이루어지는 것은 지방자치의 본질을 훼손할 가능성마저 있으므로 지방자치권의 본질적 내용을 침해할 수 없다는 견지에서 중앙행정기관의 지방자치단체의 자치사무에 대한 이 사건 관련규정의 감사권은 사전적·일반적인 포괄감사권이 아니라 그 대상과 범위가 한정적인 제한된 감사권이라 해석함이 마땅하다'고 판시하였다.

헌법재판소는, 결국 중앙행정기관이 이 사건 관련규정상 **감사에 착수하기 위해서는 자치사무에 관하여 특정한 법령위반행위가 확인되었거나 위법행위가 있었으리라는 합리적 의심이 가능한 경우이어야 하고, 또한 그 감사대상을 특정해야 한다고** 판단하였다. 따라서 전반기 또는 후반기 감사와 같은 포괄적·사전적 일반감사나 위법사항을 특정하지 않고 개시하는 감사 또는 법령위반사항을 적발하기 위한 감사는 법령위반 여부를 알아보기 위하여 감사하였다가 위법사항을 발견하지 못하였다면 법령위반사항이 아닌데도 감사한 것이 되어 이 사건 관련규정 단서에 반하게 되며, 이것은 결국 지방자치단체의 자치사무에 대한 합목적성 감사는 안 된다고 하면서 **실제로는 합목적성 감사를 하는 셈이 되기 때문에 모두 허용될 수 없는 것**인데, 이 사건 합동감사의 경우, 피청구인이 감사실시를 통보한 사무는 청구인의 거의 모든 자치사무를 감사대상으로 하고 있어 사실상 피감사대상이 특정되지 아니하였다고 보여질 뿐만 아니라 피청구인은 이 사건 **합동감사 실시계획을 통보하면서 구체적으로 어떠한 자치사무가 어떤 법령에 위반되는지 여부를 전혀 밝히지 아니하였는바,** 그렇다면 이 사건 합동감사는 위에서 본 이 사건 **관련규정상 감사의 개시요건을 전혀 충족하지 못하였다고** 판시한 것이다.

당초 헌법재판소의 2005헌라3 결정은 적지 않은 논란을 불러일으켰으나, 헌법적 근거를 가진 독립된 외부감사기관이 법률에 의거하여 감사를 실시해 왔고 감사원법에서 어느 정도 지방자치단체의 자치권을 존중할 수 있는 장치를 마련해두고 있는 등[14] 관련규정이 지방자치단체의 고유한 권한을 유명무실하게 할 정도로 지나친 제한을 한 것이라고는 보기 어렵고 따라서 이 사건 감사원의 합목적성감사에 의한 지방자치권의 제한이 지방자치권의 본질을 훼손하는 정도로 불합리한 것이라고 볼 수는 없다는 다분히 현실론적 고려에 따른 결과라고

---

14) 감사원이 지방자치단체의 자체감사가 적정하게 수행되고 있다고 인정할 때에는 감사를 생략할 수 있도록 하고(§ 28) 자체감사사무의 발전 효율적인 감사업무의 수행을 위하여 필요한 지원을 할 수 있으며(§ 30의2) 일정한 경우 지방자치단체로 하여금 감사사무를 대행하게 할 수 있도록 정하고(§ 50의2) 있는 감사법의 규정들을 말한다.

이해할 여지가 없지 않았다. 2005헌라3 결정으로 감사원의 자치사무에 대한 합목적성감사의 합헌성이 확인되었다고 해서 행정안전부장관의 자치사무에 대한 포괄적·무제한적 감사마저 위헌의 혐의로부터 자유롭게 되었다고 결론을 내리는 것은 성급한 일이었다. 오히려 지방자치법 제171조에 따른 자치사무에 대한 행정안전부장관 등의 감사는 감사기관의 독립성이나 지방자치단체의 자치권존중 장치 등이 제대로 갖춰지지 않은데다 감사원 감사의 경우와는 반대로 지방재정의 국가재정에 대한 과도한 의존성 때문에 지방자치의 헌법적 보장에 반하여 지방의 중앙예속 경향이 고착될 우려가 있다는 점을 고려해야 할 것이다. 행정안전부장관의 감사라 해서 독립성이나 전문성이 보장되지 않은 지방자치단체 자체감사의 한계 등으로 인한 외부감사의 필요성을 충족시키기보다는 오히려 중앙정부의 자치사무에 대한 간섭을 조장할 우려가 있고, 보는 각도에 따라서는 감사원의 자치사무에 대한 합목적성감사가 허용되었기 때문에 상대적으로 행정안전부장관의 자치사무 감사의 필요성도 그만큼 감소되었다고 볼 여지도 있다.

2006헌라6 결정은 지방자치법 제171조에 따른 행정안전부장관 등의 자치사무 감사의 범위와 한계를 분명히 함으로써 자치사무 감사를 둘러싼 중앙행정기관과 자치단체 간 관계에 관한 법적 불확실성을 제거한 리딩케이스가 되었다.[15]

2.2.2. 2010년 6월 8일의 지방자치법개정과 현행지방자치법에 따른 감사

2010년 6월 8일 지방자치법 일부개정법률($\frac{법률 제}{10344호}$)은 지방자치단체 자치사무에 대해 사전·포괄적으로 감사를 실시하는 것은 감사개시요건을 충족하지 못하여 지방자치권을 침해하는 것이라는 헌법재판소 결정($\frac{2009.5.28. 선고}{2006헌라6 결정}$) 취지를 반영하여 제171조 제2항과 제171조의2를 신설하고 위법행위확인을 위한 감사실시 요건의 강화, 감사중복 금지 등 수감부담 경감을 위한 방안을 도입하였고 이후 몇 차례 개정을 거쳤다.

2.3. 지방자치단체에 대한 감사 절차 등

행정안전부장관 또는 시·도지사는 자치사무에 대한 감사를 실시하려면 사전에 해당 사무의 처리가 법령에 위반되는지 여부 등을 확인하여야 한다($\frac{§171}{②}$). 이처럼 지방자치단체 자치사무에 대해 감사를 실시하기 전에 법령위반행위 등을 확인하여 감사를 실시하도록 하여 감

---

15) 이 판결에 관해서는 홍준형, "자치사무에 대한 중앙정부의 감사권의 한계", 공법연구 제38집 제1호(한국공법학회), 2009, 291-310을 참조. 지방자치단체에 대한 과도한 감사 문제에 대한 대안을 제시한 문헌으로는 김남철, "지방자치단체 감사체계 개선을 위한 법적 과제", 한국공법학회·감사원 공동학술대회 『현대 법치국가에서의 적극행정과 공공감사』 발표논문집, 2009.9, 93-138; 김종성·육동일·신희권, "지방 자치법상 지방 자치단체에 대한 국가감독 제도의 개선방안", 행정논총, 2004, 제42권 제3호; 김해룡, "지방자치단체에 대한 국가의 감사", 자치행정 2009.3, 56-53 등을 참조.

사개시요건을 강화한 것은 자치사무에 대해서는 합법성통제만 가능하다는 점을 뒷받침하려는 취지이다.

주무부장관, 행정안전부장관 또는 시·도지사는 이미 감사원 감사 등이 실시된 사안에 대하여는 새로운 사실이 발견되거나 중요한 사항이 누락된 경우 등 대통령령으로 정하는 경우를 제외하고는 감사대상에서 제외하고 종전의 감사결과를 활용하여야 한다($\S_{2}^{171의}$①). 이는 지방자치단체에 대한 중복감사와 수감부담문제를 해결하기 위한 것으로 이해된다.

주무부장관과 행정안전부장관은 법 제167조에 따른 주무부장관의 위임사무 감사 또는 법 제171조에 따른 행정안전부장관의 자치사무 감사를 실시하고자 하는 때에는 지방자치단체의 수감부담을 줄이고 감사의 효율성을 높이기 위하여 같은 기간 동안 함께 감사를 실시할 수 있다($\S_{2}^{171의}$②).

V. 지방의회 의결의 재의요구와 제소

1. 의   의

지방의회 의결이 법령에 위반되거나 공익을 현저히 해친다면 의당 이를 시정할 수 있는 방안이 필요하다. 그 경우 대안으로는 지방자치단체의 장이 지방의회에 대하여 재의를 요구하도록 하여 이를 시정하도록 하는 것이고 그것이 또한 지방자치의 이념에 부합하는 방안일 것이다. 지방자치법은 이러한 발상에서 출발하면서도 감독관청이 지방자치단체의 장에게 재의를 요구하도록 지시하는 방식을 택했다. 이 제도가 지방자치단체에 대한 감독수단으로 설계되었기 때문이다. 즉, 법 제172조 제1항에 따르면, 지방의회의 의결이 법령에 위반되거나 공익을 현저히 해친다고 판단되면 시·도에 대하여는 주무부장관이, 시·군 및 자치구에 대하여는 시·도지사가 재의를 요구하게 할 수 있고, 재의요구를 받은 지방자치단체의 장은 의결사항을 이송받은 날부터 20일 이내에 지방의회에 이유를 붙여 재의를 요구하여야 한다($\S_{①}^{172}$).

이후 절차의 진행은 지방자치단체의 장이 그러한 지시에 따라 재의를 요구한 경우와 재의 요구 지시에 불응한 경우에 따라 상이하므로 두 가지 경우로 나누어 살펴보기로 한다.

2. 지방자치단체의 장이 재의를 요구한 경우

2.1. 재의결과 재의결에 대한 소송

2.1.1. 재의결

지방자치단체의 장의 재의 요구에 대한 재의의 결과 재적의원 과반수의 출석과 출석의원 3분의 2 이상의 찬성으로 전과 같은 의결을 하면 그 의결사항은 확정된다($\S172 \atop ②$).

2.1.2. 재의결에 대한 소송

지방자치단체의 장은 재의결된 사항이 법령에 위반된다고 판단되면 재의결된 날부터 20일 이내에 대법원에 소를 제기할 수 있다. 이 경우 필요하다고 인정되면 그 의결의 집행을 정지하게 하는 집행정지결정을 신청할 수 있다($\S172 \atop ③$).

이 소송의 법적 성질에 대해서는 기관소송이라고 보는 데 다툼이 없다. 대법원도 지방자치단체의 장이 지방의회 의결에 대한 사전예방적 합법성 보장책으로 제기하는 기관소송으로 본다.

"지방자치법 제78조 내지 제81조의 규정에 의거한 지방의회의 의원징계의결은 그로 인해 의원의 권리에 직접 법률효과를 미치는 행정처분의 일종으로서 행정소송의 대상이 된다 할 것이고, 그와 같은 **의원징계의결의 당부를 다투는 소송의 관할법원에 관하여는 동법에 특별한 규정이 없으므로 일반법인 행정소송법의 규정에 따라**($\S9 \atop ①$) **피고의 소재지를 관할하는 고등법원이 그 소송의 제1심 관할법원**으로 되는 것으로 보아야 할 것이다.

그리고 동법 제159조에는 지방의회의 의결에 대하여 지방자치단체의 장이 이의가 있으면 대법원에 제소하도록 하여 그 제1심 관할법원을 대법원으로 하는 규정을 두고 있으나 그와 같은 소송은 **지방자치단체의 장이 지방의회 의결에 대한 사전예방적 합법성 보장책으로서 제기하는 기관소송의 성질을 가진 것**인 데 반해 위와 같은 **지방의회의 징계의결에 대한 소송은 지방의회의 의결에 의하여 직접 권리를 침해받은 당사자가 그 침해된 권리의 구제를 위해 제기하는 항고소송의 성질을 가지는 것**이어서 양자는 그 소송의 제기권자와 성질 및 목적 등의 면에서 서로 달라 위 기관소송에 관한 관할법원의 조항이 징계의결의 효력을 다투는 항고소송에 그대로 적용된다고 할 수는 없는 것이므로 위 조항이 있다 하여 위와 같은 관할법원에 관한 해석을 달리 할 것은 아니라 할 것이다."[16]

2.2. 감독관청의 제소지시, 직접 제소 및 집행정지신청

주무부장관이나 시·도지사는 재의결된 사항이 법령에 위반된다고 판단됨에도 불구하고

---

16) 대법원 1993.11.26. 선고 93누7341 판결.

제1편 제2편 제3편 제4편 제5편 지방자치편

해당 지방자치단체의 장이 소를 제기하지 아니하면 그 지방자치단체의 장에게 제소를 지시하거나 직접 제소 및 집행정지결정을 신청할 수 있다($\S_{④}^{172}$).

법 제172조 제1항에 따른 지방의회의 의결이나 제2항에 따라 재의결된 사항이 둘 이상의 부처와 관련되거나 주무부장관이 불분명하면 행정안전부장관이 재의요구 또는 제소를 지시하거나 직접 제소 및 집행정지결정을 신청할 수 있다($\S_{⑧}^{172}$).

주무부장관이나 시·도지사, 행정안전부장관이 직접 제소하는 경우 그 소송의 성질은 동일한 법주체에 속하는 기관간 소송이 아니라는 점에서 기관소송이 아니라 지방자치법상 인정된 특수한 형태의 공법소송으로 보아야 할 것이다.[17]

2.3. 제소지시·직접제소 등의 기간제한

제172조 제4항에 따른 제소의 지시는 제3항의 기간이 지난 날부터 7일 이내에 하고, 해당 지방자치단체의 장은 제소지시를 받은 날부터 7일 이내에 제소하여야 한다($\S_{⑤}^{172}$). 주무부장관이나 시·도지사는 제5항의 기간 경과 후 7일 이내에 직접 제소할 수 있다($\S_{⑥}^{172}$).

3. 지방자치단체의 장이 재의를 요구하지 아니 하는 경우

지방자치법은 지방의회의 의결이 법령에 위반된다고 판단되어 주무부장관이나 시·도지사로부터 재의요구지시를 받은 지방자치단체의 장이 재의를 요구하지 아니하는 경우(법령에 위반되는 지방의회의 의결사항이 조례안인 경우로서 재의요구 지시를 받기 전에 그 조례안을 공포한 경우를 포함한다)에는 주무부장관이나 시·도지사는 제1항에 따른 기간이 지난 날부터 7일 이내에 대법원에 직접 제소 및 집행정지결정을 신청할 수 있도록 하고 있다($\S_{⑦}^{172}$).

제172조 제7항은 2005년 1월 27일 지방자치법 일부개정(법률 제7362호)으로 신설된 조항으로, 이전에는 주무부장관 또는 시·도지사가 지방의회의 의결이 법령에 위반되었음을 이유로 지방자치단체의 장에게 재의요구 지시를 하더라도 이를 묵살하고 그대로 시행하는 경우 대법원에 제소하여 다툴 수 없다는 문제점이 있었다. 이에 지방자치단체의 장이 법령위반을 이유로 재의요구 지시를 받았음에도 불구하고 이에 불응하거나 재의요구 지시를 받기 전에 법령에 위반된 조례안을 공포한 경우, 주무부장관 또는 시·도지사가 대법원에 직접 제소 및 집행정지결정을 신청할 수 있도록 한 것이다. 특히 후자의 경우(또한 같은 항 괄호규정의 경우) 국법질서와 자치법규 간 불일치가 생기지 않도록 하려는 데 취지가 있다.

종래 판례는 조례안이 법령에 위반된다는 이유에서 감독관청이 재의요구를 지시했으나 지방자치단체의 장이 이에 불응, 재의 요구 기간인 20일 내에 재의 요구를 하지 아니하여

---

17) 김철용, 행정법 Ⅱ, 782 참조.

그 조례안이 조례로서 확정된 경우, 감독관청이 곧바로 지방의회의 조례안 의결이나 그에 따른 조례의 효력을 다투는 소를 제기하는 것은 지방자치법상 이를 허용하는 근거 규정이 없어 허용되지 아니 한다고 하여 각하판결을 내린 바 있었다.[18] 2005년 1월 27일의 법개정으로 그와 같은 소송을 명문화함으로써 조례에 대한 직접 제소 등의 길이 열리게 되었다.

　이 소송 역시 동일한 법주체에 속하는 기관간 소송이 아니므로 기관소송이 아니라 지방자치법상 인정된 특수한 형태의 공법소송으로 보아야 할 것이다.

---

18) 대법원 1999.10.22. 선고 99추54 판결: "행정소송법 제3조 제4호와 제45조에 의하면 국가 또는 공공단체의 기관 상호간에 권한의 존부 또는 그 행사에 관한 다툼이 있을 때에 이에 대하여 제기하는 기관소송은 법률이 정한 경우에 법률이 정한 자에 한하여 제기할 수 있다고 규정하여 이른바 **기관소송 법정주의**를 취하고 있는바, 지방자치법 제159조는 시 · 도지사가 자치구의 장에게 그 자치구의 **지방의회 의결에 대한 재의 요구**를 지시하였음에도 자치구의 장이 그에 따르지 아니하였다 하여, 바로 지방의회의 의결이나 그에 의한 조례의 효력을 다투는 소를 자치구의 장을 상대로 제기할 수 있는 것으로 규정하고 있지는 아니하고, 달리 지방자치법상 이러한 소의 제기를 허용하고 있는 근거 규정을 찾아볼 수 없으므로, 시 · 도지사가 바로 자치구의 장을 상대로 조례안 의결의 효력 혹은 그에 의한 조례의 존재나 효력을 다투는 소를 제기하는 것은 지방자치법상 허용되지 아니하는 것이라고 볼 수밖에 없다."

제6장

지방자치단체 상호간의 관계

제1절 | 기본적 관계

　지방자치단체들은 광역행정·능률행정을 위해 서로 적극적인 협력관계(사무의 위탁·행정협의회의 설치·지방자치단체조합의 설립 등)를 맺고 또 분쟁이 생겼을 때 이를 대립적인 쟁송보다는 상호간의 협상과 양보를 통한 조정을 통해 해결할 필요가 있다. 지방자치법은 이러한 견지에서 지방자치단체 상호간의 관계를 기본적으로 독립대등한 관계로 설정하고 있다. 또한 지방자치단체간 분쟁의 조정을 위해 분쟁조정기구와 분쟁조정절차가 작동되고 있다. 그리고 헌법상 자치단체간 권한쟁의도 분쟁조정기능을 수행하고 있다.

제 2 절 │ 지방자치단체간 협력관계

제 1 관 개   설

　지방자치단체 상호 간의 관계의 기조는 협력관계이다. 지방자치법 역시 그런 견지에서 다음과 같이 규정하고 있다. 지방자치단체는 다른 지방자치단체로부터 사무의 공동처리에 관한 요청이나 사무처리에 관한 협의·조정·승인 또는 지원의 요청을 받으면 법령의 범위에서 협력하여야 한다($^{§\ 147}$).

　지방자치단체간 협력방식으로는 행정협의회와 지방자치단체조합, 그리고 단체장 및 의회 의장 협의회, 연합체 등 조직체를 매개로 한 협력과 사무위탁 등 개별 사안에 관한 협력이 있다.

제 2 관   지방자치단체간 협력방식

Ⅰ. 사무위탁

1. 의   의

지방자치법은 제151조에서 지방자치단체간 협력의 방식으로 사무위탁에 관하여 규정하고 있다. 이에 따르면 지방자치단체나 그 장은 소관 사무의 일부를 다른 지방자치단체나 그 장에게 위탁하여 처리하게 할 수 있다($\S_{전단}^{151}$ ①).

2. 사무위탁의 대상과 방식

사무위탁은 소관사무의 일부에 대해서만 가능하다. 사무의 위탁은 동급 또는 하급의 지방자치단체 또는 그 장에 대해서 하도록 되어 있다. 이 경우 지방자치단체의 장은 사무 위탁의 당사자가 시·도나 그 장이면 행정안전부장관과 관계 중앙행정기관의 장에게, 시·군 및 자치구나 그 장이면 시·도지사에게 이를 보고하여야 한다($\S_{후단}^{151}$ ①).

지방자치단체나 그 장이 사무를 위탁하려면 관계 지방자치단체와의 협의에 따라 규약을 정하여 고시하여야 한다($\S_{②}^{151}$). 사무위탁에 관한 규약에는 위탁자와 수탁자, 위탁사무의 내용과 범위, 경비 등에 관한 사항이 포함되어야 한다($\S_{③}^{151}$).

3. 위탁된 사무의 관리와 처리에 관한 조례나 규칙의 적용

사무가 위탁된 경우 위탁된 사무의 관리와 처리에 관한 조례나 규칙은 규약에 다르게 정하여진 경우 외에는 사무를 위탁받은 지방자치단체에 대하여도 적용한다($\S_{⑤}^{151}$).

Ⅱ. 행정협의회

1. 의   의

지방자치단체는 두 개 이상의 지방자치단체에 관련된 사무의 일부를 공동으로 처리하기 위하여 지방자치단체간의 행정협의회를 구성할 수 있다.

2. 행정협의회의 구성

지방자치단체는 두 개 이상의 지방자치단체에 관련된 사무의 일부를 공동으로 처리하기 위하여 관계 지방자치단체 간의 행정협의회를 구성할 수 있다($^{§\,152\,①}_{전단}$). 지방자치단체의 장은 시·도가 구성원이면 행정안전부장관과 관계 중앙행정기관의 장에게, 시·군 또는 자치구가 구성원이면 시·도지사에게 이를 보고하여야 한다($^{§\,152\,①}_{후단}$). 지방자치단체는 협의회를 구성하려면 관계 지방자치단체 간의 협의에 따라 규약을 정하여 관계 지방의회의 의결을 각각 거친 다음 고시하여야 한다($^{§\,152}_{②}$).

행정안전부장관이나 시·도지사는 공익상 필요하면 관계 지방자치단체에 대하여 협의회를 구성하도록 권고할 수 있다($^{§\,152}_{③}$).

3. 협의회의 조직과 규약

협의회는 회장과 위원으로 구성하며($^{§\,153}_{①}$), 회장과 위원은 규약으로 정하는 바에 따라 관계 지방자치단체의 직원 중에서 선임한다($^{§\,153}_{②}$). 회장은 협의회를 대표하며 회의를 소집하고 협의회의 사무를 총괄한다($^{§\,153}_{③}$). 협의회의 규약에는 명칭, 구성원, 사무, 경비 등에 관한 사항이 포함되어야 한다($^{§\,154}$).

4. 협의회의 자료제출요구 등

협의회는 사무를 처리하기 위하여 필요하다고 인정하면 관계 지방자치단체의 장에게 자료 제출, 의견 개진, 그 밖에 필요한 협조를 요구할 수 있다($^{§\,155}$).

5. 협의사항의 조정

5.1. 조 정

협의회에서 합의가 이루어지지 않은 사항에 대하여 관계 지방자치단체의 장이 조정 요청을 하면 시·도 간의 협의사항에 대하여는 행정안전부장관이, 시·군 및 자치구 간의 협의사항에 대하여는 시·도지사가 조정할 수 있다($^{§\,156\,①}_{본문}$). 다만, 관계되는 시·군 및 자치구가 2개 이상의 시·도에 걸치는 경우에는 행정안전부장관이 조정할 수 있다($^{§\,156\,①}_{단서}$). 행정안전부장관이나 시·도지사가 조정한 사항에 관하여는 제148조 제3항부터 제6항까지의 규정을 준용한다($^{§\,157}_{②}$).

행정안전부장관이나 시·도지사가 제1항에 따라 조정을 하려면 관계 중앙행정기관의 장과의 협의를 거쳐 제149조에 따른 분쟁조정위원회의 의결에 따라 조정하여야 한다($\S156\atop②$).

5.2. 협의회의 협의 및 사무처리의 효력

협의회를 구성한 관계 지방자치단체는 협의회가 결정한 사항이 있으면 그 결정에 따라 사무를 처리하여야 한다($\S157\atop①$). 협의회가 관계 지방자치단체나 그 장의 명의로 한 사무의 처리는 관계 지방자치단체나 그 장이 한 것으로 본다($\S157\atop③$).

Ⅲ. 지방자치단체조합

1. 의   의

지방자치단체조합이란 2개 이상의 지방자치단체가 하나 또는 둘 이상의 사무를 공동으로 처리하기 위하여 설립한 법인으로서, 특별지방자치단체에 속한다. 본래 지방자치단체조합에는 자치단체의 사무의 일부를 공동처리하기 위한 '일부사무조합'과 그 전부를 공동처리하기 위한 '전부사무조합'이 있는데, 현행법에서는 하나 또는 둘 이상의 사무의 공동처리를 위한 조합, 즉 일부사무조합만을 인정하고 있다($\S159\atop이하$).

2. 지방자치단체조합의 설립

2개 이상의 지방자치단체가 하나 또는 둘 이상의 사무를 공동으로 처리할 필요가 있을 때에는 규약을 정하여 그 지방의회의 의결을 거쳐 시·도는 행정안전부장관의, 시·군 및 자치구는 시·도지사의 승인을 받아 지방자치단체조합을 설립할 수 있다($\S159①\atop전단$). 다만, 지방자치단체조합의 구성원인 시·군 및 자치구가 두 개 이상의 시·도에 걸치는 지방자치단체조합은 행정안전부장관의 승인을 받아야 한다($\S159①\atop후단$).

지방자치단체조합은 법인으로 한다($\S159\atop②$). 조합은 특별지방자치단체의 일종이라는 견해가 있으나 자치권이나 주민, 관할구역의 구비 여부 등과 관련하여 논란의 소지가 있다.

3. 지방자치단체조합의 규약과 조직 등

지방자치단체조합의 규약에는 명칭, 구성원, 사무, 운영 등에 관한 사항이 포함되어야 한다($\S162$). 지방자치단체조합에는 지방자치단체조합회의와 지방자치단체조합장 및 사무직원을 둔다($\S160\atop①$).

지방자치단체조합회의는 지방자치단체조합의 규약으로 정하는 바에 따라 지방자치단체조합의 중요 사무를 심의·의결한다($\S^{161}_{①}$). 지방자치단체조합회의는 지방자치단체조합이 제공하는 역무에 대한 사용료·수수료 또는 분담금을 제139조 제1항에 따른 조례의 범위 안에서 정할 수 있다($\S^{161}_{②}$).

지방자치단체조합장은 지방자치단체조합을 대표하며 지방자치단체조합의 사무를 총괄한다($\S^{161}_{③}$).

4. 지방자치단체조합의 지도·감독

시·도가 구성원인 지방자치단체조합은 행정안전부장관의, 시·군 및 자치구가 구성원인 지방자치단체조합은 1차로 시·도지사의, 2차로 행정안전부장관의 지도·감독을 받는다($\S^{163 ①}_{전단}$). 다만, 지방자치단체조합의 구성원인 시·군 및 자치구가 두 개 이상의 시·도에 걸치는 지방자치단체조합은 행정안전부장관의 지도·감독을 받는다($\S^{163 ①}_{후단}$).

행정안전부장관은 공익상 필요하면 지방자치단체조합의 설립이나 해산 또는 규약의 변경을 명할 수 있다($\S^{163}_{②}$).

Ⅳ. 지방자치단체의 장 등의 협의체

1. 의   의

지방자치법은 지방자치단체의 장 또는 지방의회의 의장에게 상호간의 교류와 협력을 증진하고 공동의 문제를 협의하기 위하여 광역과 기초별로 전국적 협의체를 설립할 수 있도록 법적 근거를 마련해 두고 있다($\S^{165}$). 이는 과거에 임의단체로 있던 조직을 법정단체화한 것으로서 설립시 신고를 하도록 하고 지방자치에 직접적인 영향을 미치는 법령 등에 관하여 행정안전부장관을 거쳐 정부에 의견을 제출할 수 있도록 하였다.

2. 지방자치단체의 장 등의 협의체의 설립

지방자치단체의 장이나 지방의회의 의장은 상호 간 교류와 협력을 증진하고, 공동의 문제를 협의하기 위하여 다음 각 호의 구분에 따라 각각 전국적 협의체를 설립할 수 있다($\S^{165}_{①}$).

1. 시·도지사
2. 시·도의회의 의장

3. 시장・군수・자치구의 구청장

4. 시・군・자치구의회의 의장

위와 같은 전국적 협의체들은 다시 이들 모두가 참가하는 지방자치단체 연합체를 설립할 수 있다($^{\S\,165}_{②}$).

제1항에 따른 협의체나 제2항에 따른 연합체를 설립한 때에는 그 협의체의 대표자는 지체 없이 행정안전부장관에게 신고하여야 한다($^{\S\,165}_{③}$).

3. 협의체와 연합체의 권한

지방자치법은 이들 협의체나 연합체에게 매우 주목할 만한 역할을 부여하고 있다.

협의체나 연합체는 지방자치에 직접적 영향을 미치는 법령 등에 관한 의견을 행정안전부장관에게 제출할 수 있고, 행정안전부장관은 제출된 의견을 관계 중앙행정기관의 장에게 통보하여야 한다($^{\S\,165}_{④}$). 관계 중앙행정기관의 장은 통보된 내용에 대하여 통보를 받은 날부터 2개월 이내에 타당성을 검토하여 행정안전부장관에게 결과를 통보하고, 행정안전부장관은 통보받은 검토 결과를 해당 협의체나 연합체에 지체 없이 통보하여야 한다. 관계 중앙행정기관의 장은 검토 결과 타당성이 없다고 인정하면 구체적인 사유 및 내용을 명시하여 통보하고, 타당하다고 인정하면 관계 법령에 그 내용이 반영될 수 있도록 적극 협력하여야 한다($^{\S\,165}_{⑤}$).

위 협의체와 연합체는 지방자치와 관련된 법률의 제정・개정 또는 폐지가 필요하다고 인정하는 경우에는 국회에 서면으로 의견을 제출할 수 있다($^{\S\,165}_{⑥}$).

협의체와 연합체의 이 권한들은 법률안 제출권이 아니라 단순한 입법의견 제출권에 불과하고 또 법적 구속력도 없으나, 지방자치단체장 전국적 협의체나 연합체가 지방자치에 직접 영향을 미치는 법령 등에 관하여 통일된 입법의견을 표명할 경우 외면하기 어려울 것이다.

제 3 절 │ 지방자치단체 상호간의 분쟁 조정

제 1 관 지방자치단체간 분쟁조정제도의 의의와 필요성

  지방자치단체간 분쟁이란 자치단체 상호간 또는 단체장 상호간에 사무를 처리함에 있어서 의견을 달리 하여 다툼이 있는 상태를 말한다. 이러한 지방자치단체간 분쟁은 당사자 간에 원만하게 조정이 되면 가장 바람직하지만 그렇게 합의조정되지 못할 경우에는 결국 법에 따라 재판을 통해 해결될 수밖에 없다. 그러나 사법적 해결은 시간과 비용이 많이 들고 불확실성이 따를 뿐만 아니라 해결책을 법적 척도에 의존하는 데 따르는 경직성 등의 한계가 있다. 그래서 지방자치법은 지방자치의 이념과 제도 취지를 잘 살리면서도 사법적 해결에 비해 더 신속하고 효율적인 분쟁해결방안, 즉 대체적 분쟁해결(ADR)로서 조정제도를 도입하게 된 것이다.

제 2 관 지방자치단체간 분쟁조정

Ⅰ. 의 의

지방자치단체 상호간이나 지방자치단체의 장 상호간 사무를 처리할 때 의견이 달라 다툼이 생기면 다른 법률에 특별한 규정이 없으면 행정안전부장관이나 시·도지사가 당사자의 신청에 따라 조정할 수 있다($^{§\,148\,①}_{본문}$). 당사자의 신청에 따른 임의조정이 원칙이지만 예외적으로 직권조정도 가능하다. 다만, 분쟁이 공익을 현저히 저해하여 조속한 조정이 필요하다고 인정되면 당사자의 신청 없어도 직권으로 조정할 수 있다($^{§\,148\,①}_{단서}$).

Ⅱ. 지방자치단체중앙분쟁조정위원회 등의 설치와 구성·운영

1. 설 치

법 제148조 제1항에 따른 분쟁 조정과 제156조 제1항에 따른 협의사항 조정에 필요한 사항을 심의·의결하기 위하여 행정안전부에 지방자치단체중앙분쟁조정위원회($^{"중앙분쟁조}_{정위원회}"$)와 시·도에 지방자치단체지방분쟁조정위원회($^{"지방분쟁조}_{정위원회}"$)를 둔다($^{§\,149}_{①}$).

2. 분쟁조정위원회의 관할

2.1. 중앙분쟁조정위원회

중앙분쟁조정위원회는 다음 각 호의 분쟁을 심의·의결한다($^{§\,149}_{②}$).

1. 시·도 간 또는 그 장 간의 분쟁
2. 시·도를 달리하는 시·군 및 자치구 간 또는 그 장 간의 분쟁
3. 시·도와 시·군 및 자치구 간 또는 그 장 간의 분쟁
4. 시·도와 지방자치단체조합 간 또는 그 장 간의 분쟁
5. 시·도를 달리하는 시·군 및 자치구와 지방자치단체조합 간 또는 그 장 간의 분쟁
6. 시·도를 달리하는 지방자치단체조합 간 또는 그 장 간의 분쟁

2.2. 지방분쟁조정위원회

지방분쟁조정위원회는 제2항 각 호에 해당하지 아니하는 지방자치단체·지방자치단체조

합 간 또는 그 장 간의 분쟁을 심의·의결한다($^{§\,149}_{③}$).

3. 구　　성

중앙분쟁조정위원회와 지방분쟁조정위원회는 각각 위원장을 포함한 11명 이내의 위원으로 구성한다($^{§\,149}_{④}$).

중앙분쟁조정위원회의 위원장과 위원 중 5명은 일정한 경력·자격을 갖춘 자 중에서 행정안전부장관의 제청으로 대통령이 임명하거나 위촉하고, 대통령령으로 정하는 중앙행정기관 소속 공무원은 당연직위원이 된다($^{§\,149}_{⑤}$).

지방분쟁조정위원회의 위원장과 위원 중 5명은 위 각 호에 해당하는 자 중에서 시·도지사가 임명하거나 위촉하고, 조례로 정하는 해당 지방자치단체 소속 공무원은 당연직위원이 된다($^{§\,149}_{⑥}$).

공무원이 아닌 위원장 및 위원의 임기는 3년으로 하되, 연임할 수 있다. 다만, 보궐위원의 임기는 전임자의 남은 임기로 한다($^{§\,149}_{⑦}$).

4. 분쟁조정위원회의 운영 등

분쟁조정위원회는 위원장을 포함한 위원 7명 이상의 출석으로 개의하고, 출석위원 3분의 2 이상의 찬성으로 의결한다($^{§\,150}_{①}$).

분쟁조정위원회의 위원장은 분쟁의 조정과 관련하여 필요하다고 인정하면 관계 공무원, 지방자치단체조합의 직원 또는 관계 전문가를 출석시켜 의견을 듣거나 관계 기관이나 단체에 대하여 자료 및 의견 제출 등을 요구할 수 있다($^{§\,150\ ②}_{전단}$). 이 경우 분쟁의 당사자에게는 의견을 진술할 기회를 주어야 한다($^{§\,150\ ②}_{후단}$).

Ⅲ. 분쟁조정절차

1. 통　　지

분쟁조정은 통상 당사자의 신청에 따라 제기되기 때문에 별도의 통지가 없어도 당사자가 분쟁조정절차의 개시를 알게 되겠지만, 직권분쟁조정의 경우 이를 당사자에게 반드시 알려주어야 할 필요가 있다. 이에 지방자치법은 행정안전부장관이나 시·도지사가 직권으로 분쟁을 조정하는 경우에는 그 취지를 미리 당사자에게 알려야 한다고 규정하고 있다($^{§\,148}_{②}$).

2. 분쟁조정위원회의 의결

행정안전부장관이나 시·도지사가 분쟁을 조정하고자 할 때에는 관계 중앙행정기관의 장과의 협의를 거쳐 제149조에 따른 지방자치단체중앙분쟁조정위원회나 지방자치단체지방분쟁조정위원회의 의결에 따라 조정하여야 한다($\S^{148}_{③}$).

3. 조정결정의 통보와 효력

행정안전부장관이나 시·도지사는 조정에 대하여 결정을 하면 서면으로 지체 없이 관계 지방자치단체의 장에게 통보하여야 하며, 통보를 받은 지방자치단체의 장은 그 조정결정사항을 이행하여야 한다($\S^{148}_{④}$).

이와 관련 대법원은 지방자치법 제148조 제1항에 따른 행정안전부장관이나 시·도지사의 분쟁조정결정의 처분성을 부정하고 있다.

"지방자치법 제148조 제4항, 제7항, 제170조 제3항의 내용과 체계, 지방자치법 제148조 제1항에 따른 지방자치단체 또는 지방자치단체의 장 상호 간 분쟁에 대한 조정결정(이하 '분쟁조정 결정'이라 한다)의 법적 성격 및 분쟁조정결정과 이행명령 사이의 관계 등에 비추어 보면, 행정안전부장관이나 시·도지사의 분쟁조정결정에 대하여는 후속의 이행명령을 기다려 대법원에 이행명령을 다투는 소를 제기한 후 그 사건에서 이행의무의 존부와 관련하여 분쟁조정결정의 위법까지 함께 다투는 것이 가능할 뿐, **별도로 분쟁조정결정 자체의 취소를 구하는 소송을 대법원에 제기하는 것은 지방자치법상 허용되지 아니한다. 나아가 분쟁조정결정은 상대방이나 내용 등에 비추어 행정소송법상 항고소송의 대상이 되는 처분에 해당한다고 보기 어려우므로, 통상의 항고소송을 통한 불복의 여지도 없다.**"[1)]

4. 지방자치단체 장의 의무

조정결정사항 중 예산이 수반되는 사항에 대하여는 관계 지방자치단체는 필요한 예산을 우선적으로 편성하여야 하며($\S^{148}_{전단}⑤$), 그 경우 연차적으로 추진하여야 할 사항은 연도별 추진계획을 행정안전부장관이나 시·도지사에게 보고하여야 한다($\S^{148}_{후단}⑤$).

행정안전부장관이나 시·도지사는 조정결정에 따른 시설의 설치 또는 역무의 제공으로 이익을 받거나 그 원인을 일으켰다고 인정되는 지방자치단체에 대하여는 그 시설비나 운영비 등의 전부나 일부를 행정안전부장관이 정하는 기준에 따라 부담하게 할 수 있다($\S^{148}_{⑥}$).

조정결정사항의 실효성을 확보하기 위하여 법은 관계 지방자치단체가 조정결정사항의 이

---

1) 대법원 2015.9.24. 선고 2014추613 판결.

행을 명백히 태만히 하는 경우 제170조를 준용하여 직무이행명령을 발할 수 있도록 하고, 소정의 기간 안에 이행하지 아니하는 경우는 당해 지방자치단체장의 비용으로 대집행을 하거나 행정·재정상의 필요한 조치를 할 수 있도록 하였다($\S 148 \atop ⑦$).

제 3 관 헌법재판소에 의한 권한쟁의심판

조정불성립시 지방자치단체 상호간의 권한쟁의는 헌법재판소의 권한쟁의 심판을 통해 해결된다($헌법 \S 111 ① iv, \atop 헌법재판소법 \S 62$).

제 4 절 │ 서울특별시 등 대도시행정의 특례

지방자치법은 서울특별시 등 대도시와 세종특별자치시 및 제주특별자치도에 대하여 행정특례를 인정하는 규정을 두고 있다. 대도시 관할구역 안의 자치구 상호간 재정조정(§ 173), 수도로서 서울특별시의 지위·조직 및 운영에 관한 법률상의 특례(§ 174): 「서울특별시행정특례에 관한 법률」에 따른 특례: 조직상 특례, 일반행정운영상 특례, 수도권광역행정운영상 특례, 그리고 서울특별시·광역시 및 특별자치시를 제외한 인구 50만 이상 대도시의 행정, 재정운영 및 국가의 지도·감독에 대한 법률에 의한 특례(§ 175)가 그것이다.

제**5**편

특별행정법

제 1 장

경찰행정법

제 1 절 │ 서 론

제 1 관 경찰행정법의 대상

Ⅰ. 경찰의 개념

1. 형식적 의미의 경찰과 조직법적 경찰개념

경찰은 형식적 의미로는 실정법이 정하는 보통경찰행정기관의 소관에 속하는 모든 작용을 말한다. 형식적 의미의 경찰은 실질적 의미의 경찰과는 일치하지 않는다. 형식적 의미의 경찰은 보통경찰행정기관이 관장하는 모든 행정작용을 총칭하는데 그중에는 성질상 경찰작용으로 볼 수 없는 것들이 있고, 반대로 일반행정기관 소관 행정작용 중에도 실질적 의미의 경찰작용에 해당하는 것이 적지 않기 때문이다. 형식적 의미의 경찰의 범위는 일반적으로 각국의 전통이나 여러 가지 현실적 요인에 따라 결정된다.

경찰법 제3조는 국가경찰의 임무를 '국민의 생명·신체 및 재산의 보호와 범죄의 예방·진압 및 수사, 경비·요인경호 및 대간첩·대테러 작전 수행, 치안정보의 수집·작성 및 배포, 교통의 단속과 위해의 방지, 그 밖의 공공의 안녕과 질서유지'로 설정하고 있다. 이 조항에 따라 실질적 의미의 경찰관념에 해당하지 않는 범죄 수사·범인 체포 등의 사법경찰작용과 비권력적 작용인 치안정보의 수집 등도 경찰기관의 소관사무로 되고 있다.

한편 조직법적 의미의 경찰은 제도적 경찰개념$\binom{\text{institutioneller}}{\text{Polizeibegriff}}$으로서 경찰이라 불리는 경찰행정기관을 말한다. 정부조직법은 제34조 제4항에서 "치안에 관한 사무를 관장하기 위하여 행정안전부장관 소속으로 경찰청을 둔다"고 규정하는데 경찰청과 그 소속기관의 총체가 바로 제도적 의미의 경찰이다.[1] 앞으로 '경찰'이라 할 때에는 주로 이러한 제도적 의미에서의 경찰을 의미하지만, 경우에 따라 실질적 의미의 경찰개념을 지칭할 수도 있다.

2. 실질적 의미의 경찰

실질적 의미의 경찰은 실제 경찰기관의 소관사무와는 상관없이 위험방지($^{Gefahren-}_{abwehr}$)라는 경찰행정작용의 성질에 착안하여 학문적으로 정립된 관념이다. 이러한 의미의 경찰은 '공공의 안녕과 질서를 유지하고 공적 안전이나 공적 질서에 대한 위험으로부터 개인과 공중을 보호하기 위한 모든 국가적 활동'을 말한다. 실질적 의미의 경찰은 목적의 소극성(복리작용과 구별),[2] 사회목적적 작용(국가목적적 작용인 군사, 재정 작용 등과 구별), 권력적 작용이란 특징을 가진다. 실질적 의미의 경찰은 경찰기관뿐만 아니라 일반행정기관에 의해서도 수행된다. 특히 건축, 위생 등과 같은 분야에서 활동하는 협의의 행정경찰의 경우, 해당 일반행정기관들이 임무를 수행하고 있다.

Ⅱ. 경찰의 종류

1. 국가경찰과 자치경찰

경찰행정의 주체에 따라 국가가 관장하는 국가경찰과 지방자치단체가 관장하는 자치경찰로 나뉜다. 1991년 '국가경찰의 민주적인 관리·운영과 효율적인 임무수행을 위하여 국가경찰의 기본조직 및 직무범위 기타 필요한 사항을 규정함을 목적'으로 제정된 경찰법은 행정안전부장관 소속 하에 중앙경찰임무를 담당하는 경찰청을 두는 한편($^{§2}_{①}$), 경찰청의 사무를 지역적으로 분담 수행하게 하기 위하여 특별시장·광역시장 및 도지사 소속하에 지방경찰청을, 지방경찰청장 소속으로 경찰서를 둔다고 규정한다($^{§2}_{②}$). 국가경찰의 임무는 앞서 본 바와 같이 경찰법 제3조에 명시되어 있다.

자치경찰(또는 자치체경찰)은 우리나라에서는 비교적 최근에 도입된 제도이다. 자치경찰은 2006년 2월 21일 제정된 「제주특별자치도 설치 및 국제자유도시 조성을 위한 특별법」에 의

---

1) 홍정선, 행정법특강, 제5판, 2006, 940.
2) 소극적 위험방지로서 경찰개념을 최초로 정립한 것은 유명한 크로이츠베르크(Kreuzberg) 판결이었다. 베를린 (Berlin) 크로이츠베르크 지역에 전승기념비의 전망확보를 위해 일정한 지역에서 건축 고도를 제한하는 경찰명령 (Polizeiverordnung)이 발급되었고, 그 법적 효력이 문제되었는데, 프로이센 고등행정법원은 1882년 6월 14일 경찰권은 소극적인 위험방지를 위한 조치만을 할 수 있고, 적극적으로 공공복리를 위한 조치를 할 권한이 없다는 이유로 위 경찰명령이 무효라고 선언하였다(PrOVG 9,353ff.). 이 판결에 대한 상세한 설명은 Götz, Allgemeines Polizei- und Ordnungsrecht, 14.Aufl., 2008, § 2 Rn.8ff.을 참조.

해 최초로 도입되었다. 이 법률은 실질적인 지방자치를 보장함으로써 선진적인 지방분권모델
을 구축한다는 취지에서 제주특별자치도지사 소속의 자치경찰기구로 자치경찰단을 두고, 자
치경찰단장은 자치총경으로 보하되, 제주특별자치도지사가 임명하도록 하며, 행정시에 자치
경찰단의 자치경찰사무의 집행을 담당할 자치경찰대를 설치하도록 하였다($^{법 §§ 106,}_{107, 109}$). 자치경찰
의 임무는 주민생활과 밀접한 생활안전·지역교통·지역경비 사무 및 제주특별자치도 소관
특별사법경찰관리의 직무로 하고, 국가경찰과의 역할분담에 대한 협약은 제주특별자치도지사
와 제주특별자치도지방경찰청장이 체결하도록 하되, 행정시장과 국가경찰서장에게 각각 위임
하여 처리할 수 있도록 하였다($^{§§ 108,}_{110~}$). 자치체경찰이 인정되는 경우에도 경찰권의 기초는 국
가경찰과 마찬가지로 국가의 일반통치권에 의거한다고 보는 것이 일반적 견해였다.

2. 비상경찰과 평시경찰

일반경찰기관이 일반경찰법규에 의하여 행하는 경찰작용을 평시경찰이라고 하고, 군대에
의한 경찰작용을 비상경찰이라고 한다. 사회의 안녕·질서 유지는 일반경찰기관이 담당하는
것이 원칙이지만, 예외적으로 군대가 이를 수행하는 경우도 있다. 헌법 제77조에 의한 계엄
의 경우가 그런 예이다. 헌법 및 계엄법에 기하여 계엄이 선포되면 계엄사령관은 군대에 관
한 행정사무와 사법사무(경비계엄의 경우) 또는 모든 행정사무와 사법사무(비상계엄의 경우)를
관장하게 되는데, 이때 행정사무의 일환으로 경찰사무도 관장하게 된다.

3. 예방경찰과 진압경찰

경찰은 경찰권 발동의 시점에 따라 예방경찰과 진압경찰로 나눌 수 있다. 예방경찰은 경
찰위반상태의 위험이 있을 때 예방적으로 발동되는 경찰을 말하고(교통경찰·방범경찰 등),
진압경찰은 이미 발생한 경찰상의 장해를 제거하기 위한 경찰작용으로, 데모진압, 범죄의 진
압·수사 등이 그에 해당한다. 그러나 양자를 구별할 실익은 거의 없다. 한편 진압경찰은 사
법경찰과 밀접한 관련이 있기는 하나 양자가 일치하는 것은 아니다.

4. 전통적 분류

전통적인 구분에 따르면 경찰은 사법경찰과 행정경찰로 나뉜다. 사법경찰은 범죄수사, 피
의자의 체포 등 형사사법권의 보조적 작용을 말하는 반면, 행정경찰은 행정상 목적을 위하여
행하여지는 경찰을 말한다. 행정경찰은 다시 보안경찰($^{Sicherheits-}_{polizei}$)과 협의의 행정경찰로 나뉘는
데, 보안경찰은 집회·결사·대중운동에 관한 경찰, 언론·출판에 관한 경찰, 풍속영업경

찰·영업경찰·교통경찰 등과 같이 다른 영역의 행정과는 무관하게 그 자체 독립적으로 행하여지는 경찰을 말하고, 행정경찰은 위생경찰·산업경찰 등과 같이 다른 영역과 관련하여 당해 임무의 소관행정기관에 의하여 행하여지는 경찰을 말한다.3)

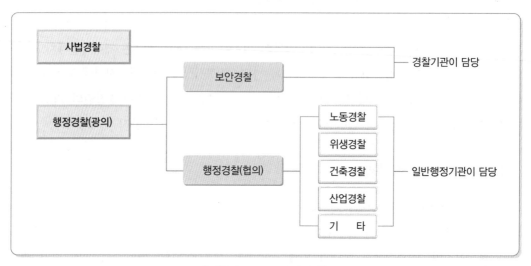

[경찰의 종류와 담당기관]

---

3) 보안경찰과 행정경찰(Verwaltungspolizei)의 구분은 이른바 '탈경찰화'(Entpolizeilichung)과정에서 비롯되었다. 보안경찰은 경찰임무를 전담하는 경찰기관의 소관인 데 비해, 행정경찰은 위생행정, 건축행정 등을 담당하는 행정기관이 수행하게 되어 종래 경찰기관에 집중되었던 임무들이 '탈경찰화'되었다(Volkmar Götz, Allgemeines Polizei-und Ordnungsrecht, 14.Aufl., 2008, § 3 Rn.15-19). 그러나 오늘날에는 이러한 과정이 종료되어 경찰권이 분화되어 있고, 경찰기능 배분이 법률로 정해져 있기 때문에 보안경찰과 행정경찰의 구분은 사실상 실익이 없게 되었다.

제 2 관 경찰행정법

Ⅰ. 개 설

경찰작용은 다른 어떤 행정작용보다도 국민의 자유와 권리에 대한 긴장관계를 일으킬 가능성이 큰 국가작용이므로 국민의 기본권을 보장하면서도 공공의 안녕과 질서에 대한 위험의 방지·제거라는 경찰의 임무를 충실히 수행할 수 있도록, 경찰작용의 근거·요건·한계 등을 가능한 한 분명히 규정하여 법적 뒷받침을 해 줄 필요가 있다. 경찰행정법은 일반적으로 경찰조직법, 경찰공무원법, 경찰작용법 등을 포함하는데, 그중 경찰조직법과 경찰공무원법은 주로 제도적 의미의 경찰에 관한 법인 반면, 경찰작용법 중에는 실질적 의미의 경찰에 관한 법, 즉 위험방지법 또는 질서행정법이 포함되므로 경찰행정법이란 실은 '경찰 및 질서행정법'을 의미한다.

Ⅱ. 경찰조직법

경찰조직법은 경찰업무를 집행하는 행정기관의 구성, 관할, 경찰관청 상호간의 관계, 경찰행정의 감독 등을 규율하는 법규를 말한다. 경찰청의 설치근거인 정부조직법 제29조 제4항과 경찰청의 조직·직무범위 그 밖에 필요한 사항은 따로 법률로 정하도록 한 같은 조 제5항에 따라 제정된 경찰법이 경찰조직에 관한 일반법으로서 역할을 하고 있다.[4]

경찰법은 총칙(제1장), 경찰위원회(제2장), 경찰청(제3장), 지방경찰(제4장), 국가경찰공무원(제6장), 비상사태시의 특별조치(제7장), 치안분야의 과학기술진흥(제8장)의 전문 8장 26개조(제5장 4개조항 삭제)와 부칙으로 구성되어 있다. 국가경찰의 조직에 관하여 상세한 것은 대통령령인 「경찰청과 그 소속기관 직제」가 정하고 있다.

---

4) 남승길, "독일통일경찰법모범초안", 치안논총, 제9집, 1992. 1. 1991년 5월 31일 경찰법 제정 전까지는 경찰조직에 관한 일반법이 없었고 정부조직법, 경찰공무원법, 경찰직무응원법, 용역경비업법, 청원경찰법, 해양경찰설치법, 전투경찰대설치법 등 각종 단행법들이 경찰조직을 규율하였다. 경찰법 제정으로 최소한의 일반법적 면모는 갖췄으나, 그 밖의 경찰관계법령들이 정비·보완되고 있지 않아 경찰법과 이들 다른 경찰관계법 사이에 체계적 통합성을 기하지 못하고 있다. 특히 경찰법은 일본의 경찰법을 본 따 제정된 것으로 경찰관계법령을 포괄하는 기본법이라기보다는 약간의 경찰법원칙에다 경찰조직관련 규정을 더한 불완전한 형태의 입법이라 할 수 있다.

Ⅲ. 경찰공무원법

경찰공무원법은 경찰공무원의 지위, 경찰공무원관계의 발생·변경·소멸 등을 규율하는 법으로서, 경찰공무원법, 경찰공무원임용령, 경찰공무원복무규정, 경찰공무원징계령 등이 있다.

Ⅳ. 경찰작용법

경찰작용법은 경찰행정의 내용을 규율하는 법규로서, 경찰행정상의 법률관계의 성립, 변경, 소멸에 관련된 모든 법규를 말한다. 이것은 경찰의 임무, 경찰권 발동의 근거와 한계, 경찰행정의 유형, 경찰상 처분의 법적 효력, 경찰강제 등에 관한 규율을 내용으로 한다. 현행법상 경찰작용에 관한 법으로는 「경찰관 직무집행법」을 위시하여 다수의 단행법들이 존재하고 있다.

경찰작용법 중에서도 「경찰관 직무집행법」은 다른 법률에 특별한 규정이 없는 한 모든 경찰작용에 적용되는 일반법으로서의 지위를 가진다.[5] 실제 경찰작용과 관련하여 볼 때 「경찰관 직무집행법」은 일반법으로서의 체계나 내용에 있어 많은 문제점을 안고 있다.

「경찰관 직무집행법」은 제1조(목적)에서 '국민의 자유와 권리의 보호 및 사회공공의 질서 유지를 위한 경찰관(국가경찰공무원에 한한다. 이하 같다)의 직무 수행에 필요한 사항을 규정함'을 입법 목적으로 내세우고 '경찰관의 직권은 그 직무 수행에 필요한 최소한도내에서 행사되어야 하며 남용되어서는 아니 된다'고 규정하여 경찰권발동의 한계를 설정하고 있다. 제2조에서는 경찰관이 수행해야 할 직무의 범위를 다음과 같이 명시하고 있다.

1. 국민의 생명·신체 및 재산의 보호
2. 범죄의 예방·진압 및 수사
3. 경비, 주요 인사(人士) 경호 및 대간첩·대테러 작전 수행
4. 치안정보의 수집·작성 및 배포
5. 교통 단속과 교통 위해(危害)의 방지
6. 외국 정부기관 및 국제기구와의 국제협력
7. 그 밖에 공공의 안녕과 질서 유지

---

5) 「경찰관 직무집행법」의 지위와 관련하여, 이를 경찰작용의 기본법으로 보지 않고 경찰작용의 한 종류인 경찰상의 즉시강제에 관한 일반법으로 파악하는 것이 오히려 다수의 견해로 보인다(김도창, 일반행정법론(하), 340; 박윤흔, 최신행정법강의(하), 352; 이상규, 신행정법론(하), 345 등). 그러나 이렇게 볼 경우 경찰상 즉시강제의 개념범위가 너무 넓어지게 될 뿐만 아니라, 「경찰관 직무집행법」이 규정하고 있는 경찰작용의 유형 중에는 이를 즉시강제의 개념으로 파악하기 곤란한 경우가 적지 않으므로, 불완전하기는 하지만 「경찰관 직무집행법」을 경찰작용에 관한 일반법으로 보아야 할 것이다.

그리고 제3조에서 제10조의4조까지 표준적 유형의 경찰조치들을 규정하고 있다.

개별 단행법들은 각각의 분야에서 구체적인 개별목적을 위한 경찰작용에 대해 규율하고 있다. 개별 단행법들을 내용별로 보면, 보안에 관한 것으로「집회 및 시위에 관한 법률」,「총포·도검·화약류 등 단속법」,「사격 및 사격장 단속법」,「신용정보의 이용 및 보호에 관한 법률」,「사행행위 등 규제 및 처벌특례법」, 미성년자보호법, 경범죄처벌법 등이 있고, 교통에 관한 경찰작용법으로는 도로교통법, 교통사고처리특례법, 도로법 등이 있고, 경비에 관한 것으로 경찰직무응원법, 수난구호법, 청원경찰법 등이 있다.

통합경찰법 제정 문제 ●● 경찰관계법이 지나치게 분산되어 체계적 통합성과 법적 명확성을 기하지 못하고 있고, 그 결과 경찰 스스로조차도 자신의 활동을 규율하는 법제를 파악하기가 용이하지 않을 뿐더러 국민의 입장에서도 도대체 어떤 법령이 경찰활동을 규율하고 있는지를 잘 알 수 없는 실정이다. 경찰관계법의 통합이 이루어지지 않음으로써 다수의 개별경찰관련법들이 상호 저촉될 우려가 있고 경찰법제를 정비·보완하기 위한 입법을 추진하는 데도 장애가 따르고 있다. 이러한 배경에서 통합경찰법제정의 필요성이 제기되어 왔으나 아직까지 성사되지 못하고 있다.

제3관 경찰의 조직

Ⅰ. 개 설

우리나라 경찰 조직은 중앙집권적 국가경찰을 중심으로 구성되어 있다. 지방경찰청은 국가경찰의 지방조직이다. 자치경찰은 이미 앞에서 본 바와 같이 「지방분권촉진에 관한 특별법」 제11조 제3항에서 "국가는 지방행정과 치안행정의 연계성을 확보하고 지역특성에 적합한 치안서비스를 제공하기 위하여 자치경찰제도를 도입하여야 한다"고 규정하고 있듯이 향후 도입될 전망이지만, 현재까지는 제주특별자치도에서만 제한적으로 설치되어 있다.

경찰권도 행정권의 일부이므로 대통령을 수반으로 하는 정부에 속하며($^{헌법}_{§66①}$), 대통령과 국무총리의 통할 아래 행사된다.

경찰기능은 주로 일반경찰기관이 수행하지만, 협의의 행정경찰, 즉 다른 행정작용과 관련하여 수행되는 경찰기능은 그 주된 임무를 담당하는 행정기관이 이를 수행하게 된다(예컨대 보건복지부장관, 국토교통부장관 등). 비상경찰의 경우 일반경찰기관이 아닌 다른 기관이 기능을 수행한다는 점은 기술한 바 있다.

Ⅱ. 국가의 일반경찰조직

국가의 일반경찰기관은 기능에 따라 경찰관청, 경찰의결기관 및 경찰집행기관으로 구성된다.

1. 경찰관청

경찰관청이란 경찰에 관한 국가의 의사를 결정·표시하는 권한을 가진 경찰행정기관을 말한다. 정부조직법 제29조 제4항은 행정안전부의 외청으로 경찰청을 두도록 하고 있다. 이에 따라 경찰법은 경찰청장을 중앙보통경찰관청으로 하고 일반경찰조직을 경찰청장과 지방경찰청장·경찰서장으로 구성하도록 하고 있다.

과거 일반 중앙경찰행정관청이었던 행정안전부장관은 총경 이상의 임명제청권($^{경찰공무원}_{법§6①}$)과 경찰위원회 위원 임명제청권 등을 가질 뿐이다.

1.1. 경찰청장

치안에 관한 사무를 관장하게 하기 위하여 행정안전부장관 소속으로 경찰청을 둔다($\substack{정부조직법 \S 34 \\ ④; 경찰법 \S 2 ①}$). 경찰청장은 치안총감으로 보하되, 경찰위원회의 동의를 얻어 행정안전부장관의 제청으로 국무총리를 거쳐 대통령이 임명한다. 그 경우 국회의 인사청문을 거쳐야 한다($\substack{\S 11 \\ ②}$). 경찰청장은 국가경찰에 관한 사무를 통할하고 경찰청 업무를 관장하며 소속 공무원 및 각급 국가경찰기관의 장을 지휘·감독한다($\substack{\S 11 \\ ③}$). 경찰청장의 임기는 2년으로 하고, 중임은 허용되지 않는다($\substack{\S 11 \\ ⑤}$). 경찰청장도 탄핵소추의 대상이 된다. 즉, 경찰청장이 그 직무집행에 있어 헌법이나 법률을 위배한 때에는 국회는 탄핵의 소추를 의결할 수 있다($\substack{\S 11 \\ ⑥}$). 경찰청장의 보조기관으로 차장, 국장, 부장 등이 있으며, 보좌기관으로 담당관이 있다($\substack{\S\S 12- \\ 13}$).

외청으로서 경찰청의 설치는 경찰조직이 부분적으로 독립 및 격상되었음을 의미한다. 경찰의 최상급 집행기관으로서 경찰청장은 자기의 이름으로 명령이나 처분 등 대외적으로 법적 효과를 발생하는 법적 행위를 할 수 있을 뿐만 아니라 행정소송상 당사자능력도 인정된다.

그러나 경찰청이 행정안전부장관 소속 행정청의 지위를 가지기 때문에 상대적으로 독립성이 강화되었다고 할지라도 행정안전부장관의 일반적 지휘·감독으로부터 완전히 벗어났다고까지 볼 것인지는 의문이다. 국가경찰에 관한 주요정책에 대한 심의·의결기능을 행정안전부장관의 위원 임명제청시 국가경찰의 정치적 중립성 보장($\substack{\S 6 \\ ②}$)과 위원의 신분보장 등 제한적이나마 상대적 독자성을 지닌 경찰위원회에 맡기고 있어 그 한도 내에서 경찰청의 지위 또한 어느 정도 확보되는 점은 있다. 그럼에도 불구하고 경찰청장이 행정안전부장관의 일반적 지휘·감독에서 완전히 자유롭게 되었다고는 보기 어렵다. 비록 검찰청장과 법무부장관의 관계에 관하여 "법무부장관은 검찰사무의 최고 감독자로서 일반적으로 검사를 지휘·감독하고, 구체적 사건에 대하여는 검찰총장만을 지휘·감독한다"고 규정한 검찰청법 제8조와 같이 경찰청장과 행정안전부장관의 관계를 명시한 규정은 없을지라도, 경찰청이 '행정안전부장관 소속'이라는 점이 명시되어 있다는 점, 특히 행정안전부장관이 경찰청장 임명제청권을 가질 뿐만 아니라 (물론 임명 후 상대적으로 독립적 지위에 선다고 볼 여지도 없지 않지만), 총경 이상 간부들에 대한 임명제청권을 보유하고 있고, 또 경찰위원회의 심의·의결에 대한 재의요구권($\substack{\S 9 \\ ②}$)을 가지며, 더욱이 임명권자인 대통령으로부터 독립되어 있는 것은 아니라는 점 등을 감안할 때, 그 독립성은 불완전하다고 볼 수밖에 없다.

1.2. 지방경찰청장

경찰청의 사무를 지역적으로 분담 수행하게 하기 위하여 특별시장·광역시장 및 도지사

^(이하 "시·도 지사"라 한다) 소속으로 지방경찰청을 둔다$\binom{\S 2 \, ②}{제1문}$. 인구, 행정구역, 면적, 지리적 특성, 교통 및 그 밖의 조건을 고려하여 시·도지사 소속으로 2개의 지방경찰청을 둘 수 있다$\binom{\S 2 \, ②}{제2문}$.

지방경찰청장은 경찰청장의 지휘·감독을 받아 관할구역 안의 국가경찰사무를 관장하고 소속공무원 및 소속국가경찰기관의 장을 지휘·감독한다$\binom{\S 14}{②}$. 지방경찰청장은 형식적으로는 시·도지사 소속으로 설치되나, 이들의 지휘·감독을 받는 것은 아니므로, 자치체경찰관청의 지위에 서는 것은 아니다.

1.3. 경찰서장

지방경찰청 소속으로 경찰서를 둔다$\binom{\S 2 \, ② \, 제}{1문 \, 후단}$. 경찰서장은 일반경찰의 계서제 조직에서 최하급 경찰행정청이다. 경찰서장은 지방경찰청장의 지휘·감독을 받아 관할구역의 소관 사무를 관장하고 소속 공무원을 지휘·감독한다$\binom{\S 17}{②}$. 경찰서장 소속으로 지구대 또는 파출소를 두고, 그 설치기준은 치안수요·교통·지리 등 관할구역의 특성을 고려하여 행정안전부령으로 정한다$\binom{\S 17 \, ③}{본문}$. 다만, 필요한 경우에는 출장소를 둘 수 있다$\binom{\S 17 \, ③}{단서}$.

1.4. 해양경찰관청

2014년 4월 16일 세월호 참사를 계기로 기존의 해양경찰청을 폐지하고 설치된 국민안전처 소속 해양경비안전본부는 2017년 7월 26일 정부조직법개정으로 다시 해양수산부장관 소속 해양경찰청으로 바뀌었다. 해양경찰청은 해양에서의 경찰 및 오염방제에 관한 사무를 관장하며, 그 청장과 차장은 경찰공무원으로 보하도록 규정하고 있다$\binom{정부조직법}{\S 43 \, ③}$.

2. 경찰위원회

경찰행정에 관한 중요사항을 심의·의결하기 위하여 행정안전부에 설치되는 경찰의결기관이다$\binom{경찰법}{\S 5 \, ①}$. 위원회는 위원장 1인을 포함한 7인의 위원으로 구성하되, 1인의 위원만이 상임이고, 위원장 및 5인의 위원은 비상임이다$\binom{\S 5}{②}$. 상임위원은 정무직으로 하며$\binom{\S 5}{③}$, 위원 중 2인은 법관의 자격이 있는 자이어야 한다$\binom{\S 6}{③}$.

경찰위원회 위원은 행정안전부장관의 제청으로 국무총리를 거쳐 대통령이 임명하는데 행정안전부장관은 위원을 제청함에 있어 국가경찰의 정치적 중립이 보장될 수 있도록 하여야 한다$\binom{\S 6}{②}$. 위원의 결격사유는 다음과 같다$\binom{\S 6}{④}$.

1. 당적을 이탈한 날부터 3년이 경과되지 아니한 자
2. 선거에 의해서 취임하는 공직에서 퇴직한 날부터 3년이 경과되지 아니한 자

3. 경찰·검찰·국가정보원직원 또는 군인의 직에서 퇴직한 날부터 3년이 경과되지 아니한 자

4. 「국가공무원법」 제33조 각 호에 따른 사유가 있는 자(피성년후견인 또는 피한정후견인, 파산선고를 받고 복권되지 아니한 자 등)

경찰위원회는 ① 국가경찰의 인사·예산·장비·통신 등에 관한 주요정책 및 국가경찰업무발전에 관한 사항, ② 인권보호와 관련되는 국가경찰의 운영·개선에 관한 사항, ③ 국가경찰임무 외의 다른 국가기관으로부터의 업무협조요청에 관한 사항, ④ 제주특별자치도의 자치경찰에 대한 국가경찰의 지원·협조 및 협약체결의 조정 등에 관한 주요 정책사항, ⑤ 기타 행정안전부장관 및 경찰청장이 중요하다고 인정하여 위원회에 부의한 사항을 심의·의결하며($\S 9 \atop ①$), 경찰청장의 임명에 관한 동의권을 가진다($\S 11 \atop ②$).

경찰위원회는 자기의 이름으로 직접 경찰권을 발동할 수는 없고 경찰에 관한 주요사항에 대한 심의·의결권만을 가진다. 위원회의 사무는 경찰청에서 수행하며($\S 10 \atop ①$), 위원회의 회의는 재적위원 과반수의 출석과 출석위원 과반수의 찬성으로 의결한다($\S 10 \atop ②$). 그리고 행정안전부장관은 경찰위원회에 심의·의결한 내용이 부적정하다고 판단될 때에는 재의를 요구할 수 있다($\S 9 \atop ②$).

경찰위원회를 설치하도록 한 것은 경찰법의 핵심적 내용을 이룬다. 이는 경찰을 민주화·중립화시켜야 한다는 요청에 따른 것으로, 경찰조직을 행정안전부장관 보조기관의 지위에서 벗어나게 하는 동시에 경찰을 합의제 행정기관의 통제하에 둔다는 것을 의미한다. 합의제 행정기관으로서 경찰위원회의 성격은 행정형과 심의기관형으로 나누어 볼 수 있는데, 경찰법상 경찰위원회는 후자를 택했고 또한 그것이 보편적인 입법례라고 할 수 있다.

경찰법은 경찰위원회의 정치적 중립성을 보장하고 위원의 신분보장을 위한 조치를 취하고 있다. 즉, 위원의 임기를 3년 단임으로 하고 정당에 가입하거나 선거에 의해 취임하는 공직이나 경찰·검찰·국가정보원직원 또는 군인의 직에 취임 또는 임용되거나 국가공무원법 제33조 각 호에 따른 결격사유에 해당하게 된 때에는 당연 퇴직되며($\S 7 \atop ②$), 중대한 신체상 또는 정신상 장애로 직무를 수행할 수 없게 된 경우를 제외하고는 그 의사에 반하여 면직되지 않도록 하고 있다($\S 7 \atop ③$). 위원에 대해서는 국가공무원법 제60조 및 제65조의 규정이 준용되므로 비밀엄수의무가 있고 정치운동이 금지된다.

3. 경찰집행기관

경찰집행기관은 소속 경찰관청의 명을 받아 경찰에 관한 국가의사를 사실상 집행하는 기관이다. 경찰집행기관은 직무의 범위에 따라 보통경찰집행기관과 특별경찰집행기관으로 나뉜다.

3.1. 보통경찰집행기관

경찰업무 일반에 관한 집행기관을 말한다. 경찰집행기관을 구성하는 경찰공무원은 경찰청장에 소속하며, 그 계급에는 치안총감·치안정감·치안감·경무관·총경·경정·경감·경위·경사·경장·순경이 있는데(경찰공무원법 §2), 이들은 경력직 공무원 중 특정직국가공무원에 속한다(국가공무원법 §2 ① 제2호). 보통경찰집행기관인 경찰공무원은 제복을 착용하여야 하고, 무기를 휴대할 수 있음을 특징으로 한다(경찰공무원법 §20).

보통경찰집행기관은 원칙적으로 관할구역의 치안을 담당하나, 돌발사태의 진압 또는 특수지역의 경비를 위하여 필요한 때에는 다른 지방경찰청장의 요구 또는 경찰청장의 명에 의하여 서울특별시·광역시 및 도 사이에 응원을 위하여 파견될 수 있다(경찰직무응원). 보통경찰집행기관을 이루는 경찰공무원은 사법경찰에 관한 사무를 아울러 담당하며(형사소송법 §196), 이 지위의 경찰공무원을 특히 사법경찰관리라고 한다.[6] 사법경찰관리는 검사의 지휘를 받아 형사소송법이 정하는 바에 따라 그 직무를 수행한다.

3.2. 특별경찰집행기관

일반경찰작용 중에서도 특정 분야의 경찰작용에 관한 경찰집행기관을 말한다.

3.2.1. 의무경찰대

간첩(무장공비를 포함한다)의 침투거부, 포착, 섬멸, 그 밖의 대(對)간첩작전을 수행하고 치안업무를 보조하기 위하여 지방경찰청장 및 대통령령으로 정하는 국가경찰기관의 장 또는 해양경찰기관의 장 소속으로 두는 특별경찰집행기관이다(의무경찰대 설치 및 운영에 관한 법률 §1 ①). 경찰청장 또는 해양경찰청장은 필요한 경우 그 소속으로 따로 의무경찰대를 두거나 대통령령으로 정하는 바에 따라 의무경찰대의 총괄기관을 둘 수 있다(같은 법 §1 ②, ③).

3.2.2. 헌 병

헌병은 군사 및 군인·군무원에 관한 경찰집행기관으로서, 그에 대한 행정경찰 또는 사법경찰사무를 관장한다(군사법원법 §§ 43, 46, 헌병령 §2 ①). 헌병은 행정경찰에 관해서는 서울특별시장·광역시장·도지사의 지휘를 받고(헌병령 §2 ②), 사법경찰에 관해서는 헌병사령관은 사법경찰관으로서 서울특별시장·광역시장·도지사 또는 지방검찰청검사와 동일한 권한을 가지며, 헌병의 장교, 준사관

---

6) 경무관, 총경, 경정, 경감, 경위는 수사관과 함께 사법경찰관으로서 모든 수사에 관하여 검사의 지휘를 받으며, 경사, 경장, 순경은 사법경찰리로서 수사의 보조를 하여야 한다(형사소송법 § 196 ①, ⑤).

및 부사관은 사법경찰관으로서 서울특별시장·광역시장·도지사 또는 검사의 지휘를 받는다 ($\frac{같은}{항}$). 헌병은 일반인에 대하여는 수사하지 못하는 것이 원칙이나, 군사 또는 군인·군무원의 범죄에 관련있는 일반인의 범죄, 「군용물등 범죄에 관한 특별조치법」에 규정된 범죄, 「군사 기밀보호법」에 규정된 범죄에 관하여 일반인을 수사할 수 있다($\frac{\text{사법경찰관리의 직무를 행할 자와}}{\text{그 직무범위에 관한 법률 § 9}}$).

Ⅲ. 자치경찰조직

1. 개 설

자치경찰(또는 자치체경찰)은 우리나라에서는 비교적 최근에 도입된 제도이다. 자치경찰이 인정되는 경우에도 경찰권의 기초는 국가경찰과 마찬가지로 국가의 일반통치권에 의거한다고 보는 것이 일반적 견해였다.

자치경찰제 도입의 추진 현황 ●● 자치경찰제 도입은 국민의 정부와 참여정부가 역점을 두어 추진하던 과제였다. 일례로 종래 구 지방분권특별법은 제10조 제3항에서 "국가는 지방행정과 치안행정의 연계성을 확보하고 지역특성에 적합한 치안서비스를 제공하기 위하여 자치경찰제도를 도입하여야 한다"고 규정하여 자치경찰제 도입을 의무화했다.[7] 2005년 11월 자치경찰법안이 국회에 제출되었으나, 17대 국회 임기종료로 자동폐기되었고, 이후 2006년 2월 「제주특별자치도 설치 및 국제자유도시 조성을 위한 특별법」이 제정되어 7월부터 시행에 들어감으로써 제한적이나마 제주특별자치도에 한하여 자치경찰제가 도입되었다. 이후 이명박정부 출범시 대통령직 인수위원회에서는 2008년 2월 5일 5대국정지표 192개 과제 중 일반과제로 자치경찰제 도입을 명시하였고 그에 따라 행정안전부 소속 자치경찰제 실무추진단을 중심으로 자치경찰제 법안 등 도입준비작업이 진행되었다. 국회에서는 여야합의로 2010년 5월 6일 지방행정체제개편과 함께 통합자치단체에 자치경찰권을 부여하는 방안을 추진한 바 있다.

2. 제주특별자치도의 자치경찰기구

자치경찰은 2006년 2월 21일 제정된 「제주특별자치도 설치 및 국제자유도시 조성을 위한 특별법」에 의해 최초로 도입되었다. 이 법률은 실질적인 지방자치를 보장함으로써 선진적인 지방분권모델을 구축한다는 취지에서 제주특별자치도지사 소속의 자치경찰기구로 자치경찰단을 두고, 자치경찰단장은 제주특별자치도지사가 임명하고 도지사의 지휘·감독을 받도록 하였다($\frac{§89}{①}$). 자치경찰단장은 자치경무관으로 임명하되, 필요하다고 인정하면 개방형직위로 지정하여 운영할 수 있다($\frac{특별법}{§89 ②}$).

---

7) 다만, 이 조항의 법적 구속력을 인정하기 어렵다고 보는 견해가 있었다. 김동희, 행정법 Ⅱ, 12판, 2006, 188. 이 조항은 이명박정부 들어 개명된 「지방분권촉진에 관한 특별법」 제11조 제3항에 그대로 계승되었다.

자치경찰의 임무는 주민생활과 밀접한 사무로 한정되어 있다. 즉, 자치경찰은 생활안전·지역교통·공공시설과 지역행사장 등의 지역경비 사무, 「사법경찰관리의 직무를 수행할 자와 그 직무범위에 관한 법률」에서 자치경찰공무원의 직무로 규정하고 있는 사법경찰관리의 직무, 「즉결심판에 관한 절차법」 등에 따른 「도로교통법」 또는 「경범죄 처벌법」 위반에 따른 통고처분 불이행자 등에 대한 즉결심판 청구 사무를 처리한다($^{특별법}_{§\,90}$).

생활안전·지역교통·지역경비 사무를 처리할 때 국가경찰과 자치경찰 간 사무분담 및 사무수행방법은 도지사와 제주자치도지방경찰청장이 협약으로 정하여 공표하도록 되어 있다($^{§\,91}_{①}$). 협약을 체결할 때 협약당사자가 의견을 달리하여 협약이 체결되지 아니하는 경우에는 협약당사자의 신청으로 「경찰법」 제5조에 따른 경찰위원회의 심의·의결을 거쳐 행정안전부장관이 조정한다. 다만, 협약이 체결되지 아니하는 상태가 지속되어 공익을 현저히 저해하여 조속한 조정이 필요하다고 인정되는 경우에는 협약당사자가 신청하지 아니하였을 때에도 경찰위원회의 심의·의결을 거쳐 행정안전부장관이 조정할 수 있다($^{§\,91}_{②}$).

국가경찰의 치안행정 업무협조를 위하여 도지사 소속으로 치안행정위원회가 설치되어 있는데, 국가경찰과 자치경찰 간 사무분담 및 사무수행방법에 관한 사항, 자치경찰 활동에 관한 목표의 수립 및 평가에 관한 사항, 자치경찰의 운영 지원 등을 심의·의결한다. 위원회는 위원장 1인과 당연직 위원 2인을 포함하여 법관·교수·지역주민 등 11인의 위원으로 구성한다($^{특별법}_{§\,95\,③}$).

3. 자치경찰에 대한 그 밖의 법적 규율

경찰공무원법도 자치경찰에 관한 사항을 규율하고 있다. 즉, 법 제10조의2에서 경찰청장은 경찰공무원의 능력발전 및 국가경찰과 자치경찰 사무의 연계성 제고를 위하여 국가경찰과 자치경찰 간에 긴밀한 인사교류가 될 수 있도록 노력하여야 하며($^{경찰공무원법}_{§\,10의2\,①}$), 법 제8조 제3항 제8호에 따라 자치경찰공무원을 경찰공무원으로 채용할 때에는 경력경쟁채용시험등을 거치지 아니할 수 있다고 규정하고 있다($^{§\,10의}_{2\,②}$).

또한 경찰관계법에서 자치경찰의 임무와 역할을 규정하는 사례가 늘고 있다. 가령 「사법경찰관리의 직무를 수행할 자와 그 직무범위에 관한 법률」은 제10조에서 자치경찰공무원에 관한 특례를 정하여, 제주특별자치도의 관할 구역에서 발생하는 범죄 가운데 일부에 대한 업무를 「제주특별자치도 설치 및 국제자유도시 조성을 위한 특별법」에 따른 자치경찰공무원이 수행하도록 하고 있고, 소방기본법 역시 제26조 제2항에서 소방본부장·소방서장 또는 소방대장이 피난명령을 함에 있어 필요한 때에는 관할 경찰서장 또는 자치경찰단장에게 협조를 요청할 수 있도록 하고 있다.

Ⅳ. 국가의 비상경찰조직

국가의 비상경찰조직은 비상경찰작용을 관장하는 경찰기관으로 이루어진다. 비상경찰은 비상사태의 발생시에 일반경찰조직으로는 치안을 유지할 수 없는 경우에 병력으로 그에 당하게 하는 것이므로, 비상경찰기관은 당연히 군사기관이 된다. 현행법상 비상경찰기관으로는 계엄사령관과 위수사령관이 있다.

1. 계엄사령관

전시·사변 또는 이에 준하는 국가비상사태에 있어서 병력으로써 군사상의 필요에 응하거나 공공의 안녕질서를 유지할 필요가 있을 때에는 대통령은 계엄을 선포할 수 있는데($^{헌법}_{§77①}$), 계엄이 선포되면 계엄사령관이 병력으로 당해 지역 내의 경찰작용을 수행한다. 계엄은 경비계엄과 비상계엄으로 구분된다($^{§77}_{②}$). 경비계엄의 경우에는 계엄사령관은 계엄지역 내의 군사에 관한 행정사무와 사법사무를 관장하며($^{계엄법}_{§7②}$), 비상계엄의 경우에는 계엄지역 내 모든 행정사무와 사법사무를 관장한다($^{§7}_{①}$). 계엄의 시행에 관하여 계엄사령관은 계엄이 전국에 걸치는 경우에는 대통령의, 일부지역에 국한되는 경우에는 국방부장관의 지휘·감독을 받는다($^{§6}_{①}$).

2. 위수사령관

위수근무(육군군대가 영구히 1지구에 주둔하여 당해 지구의 경비, 육군의 질서유지, 시설물 등의 보호를 행하는 것) 수행을 위하여 위수지역에 위수사령관을 둔다($^{위수령}_{§1, 2①}$).

위수사령관은 재해 또는 비상사태에 즈음하여 지방경찰청장으로부터 병력출동의 요청을 받은 때에는 육군참모총장의 승인을 얻어 이에 응하여(출병) 공안유지에 당할 수 있는데(^{§12}), 이러한 공안유지를 위한 위수사령관의 출병은 행정청원의 일종이라 할 수 있다.

제 2 절 │ 경찰권의 근거와 한계

제 1 관 경찰권의 근거

I. 법률유보의 원칙과 경찰권 발동의 근거

공공 안녕과 질서에 대한 위험의 방지라는 경찰목적의 달성을 위해서는 불가피하게 일정한 범위에서 국민의 권리·자유를 제한해야 할 경우가 생긴다. 경찰작용의 실제를 보더라도 경찰권은 주로 명령·강제를 내용으로 하는 권력적 수단을 통해 행사되는 경우가 많고, 그런 권력적·침익적 행위가 경찰의 주된 수단이라고 해도 과언이 아니다. 경찰권의 행사가 다른 어느 분야 행정작용보다 더 법치행정의 원칙과 밀접한 관련을 맺을 수밖에 없는 이유이다.

법치행정의 원칙에 따라 경찰이 국민의 자유·권리를 침해하거나 제한하는 조치를 취하려면 사전에 법률의 근거가 마련되어 있어야 하며, 경찰이 임무수행을 침익적 수단에 크게 의존하므로, 침익적 경찰조치의 근거, 요건, 한계를 명확히 하는 것이 경찰법의 주된 관심사가 된다.

헌법 제37조 제2항은 "국민의 모든 자유와 권리는 …질서유지를 위하여 법률로써 제한할 수 있다"고 규정하고 있다. 국민의 권리·자유를 제한하는 경우에도 일정한 한계가 있고, 또 어떤 경우에도 국민의 자유와 권리의 본질적인 내용을 침해할 수는 없다($\binom{\text{헌법 § 37}}{\text{② 후단}}$).

경찰권을 발동하려면 반드시 법률의 근거가 있어야 한다는 것은 법치주의 또는 법률에 의한 행정의 원칙에 따른 당연한 귀결이다.[1] 다만 법률이 '구체적으로 범위를 정하여' 위임한 경우에 한하여($\binom{\text{헌법}}{\text{§§ 75, 95}}$) 법규명령이 경찰권의 발동의 근거가 될 수도 있다.

요컨대 현행 헌법질서 아래서 경찰권의 발동은 반드시 법률에 그 근거를 두어야 한다. 여기서 근거법규범의 성격이 문제된다. 오늘날처럼 법치주의가 발달된 상황에서는 임무규범$\binom{\text{Aufgabenzu-}}{\text{weisungsnorm}}$과 권한규범$\binom{\text{Befugnis-}}{\text{norm}}$을 엄격히 분리해야 하기 때문이다.[2] 임무규범이란 조직법상 권

---

[1] 구체적으로 법률유보의 범위에 관한 학설 중 어느 학설에 따르느냐에 따라 달라질 수 있을 것이지만, 경찰권의 발동과 관련하여 최소한 침해적 행정작용 내지 권력적 행정작용을 위해서는 법률에 근거가 있어야 한다고 보는 데에는 이론의 여지가 없다. 비권력적 경찰조치는 조직법상 임무범위 내라면(임무규범에 근거만 있으면), 특별한 수권규정이 없어도 발동할 수 있다.

[2] 권한규범과 임무규범의 엄격한 구별은 독일 경찰행정법에서 유래한다. 임무규범으로부터 권한을 도출하려는 시도

한분장관계를 규율하기 위한 규범으로서 다른 행정청과의 직무의 한계를 설정하는 것을 목적으로 한다. 경찰법상 임무규범은 법적으로 허용되는 경찰작용의 외적 한계를 설정하는 것으로 개인의 권리침해와 무관한 경찰작용의 한계를 규정하는 규범이다. 이에 반하여 권한규범이란 행정청에 부여된 임무를 전제로 이의 범위 내에서 개인의 권리를 침해하는 조치를 취할 수 있는 권한을 부여하는 규범을 말한다. 임무와 권한은 상이한 개념이지만, 권한은 임무를 전제한 것이므로 권한에 관한 규정은 해당 사항에 관한 임무의 내용을 구체화하는 법적 근거가 될 수 있다. 양자는 '목적과 수단의 관계'에 있고,[3] 권한에 대한 규정들은 임무의 내용을 반영한다.[4] 그러나 거꾸로 **임무규정에서 반드시 권한이 도출되는 것은 아니며, 임무에서 권한을 도출하는 것은 법치국가에서는 허용되지 아니 한다.**[5] 임무를 구체적으로 어떻게 실현할 것인지는 임무 그 자체로부터 직접 도출될 수 없고, 입법권자가 정치·사회·경제·문화적 상황을 고려하여 구체화해야 할 사항이다. 그러나 경찰권 발동을 위해 권한규범에 의한 수권이 필요하고, 임무규범만을 근거로 해서는 경찰권을 발동할 수 없다는 것은 섣부른 결론이다. 권한규범에 의한 수권이 필요한 것은 침익적 처분, 특히 기본권침해를 가져오는 처분의 경우에 한하며, 임무규범은, 개인의 권리, 특히 기본권을 침해하는 효과를 가지지 않는 경찰의 위험방지활동을 위해서는, 경우에 따라 법률유보의 원칙이 적용되어 법률의 근거가 필요한 경우가 있을 수 있지만, 충분한 법적 근거가 될 수 있다.[6] 즉, 원칙적으로 침익적 효과를 가지는 경찰권 발동을 위해서만 권한규범에 의한 수권이 필요하다.

경찰의 침해적 조치를 위한 법적 근거는 입법기술상 두 가지 형태로 나타날 수 있다. 하나는 개별적·구체적 사안에 관하여 특정한 종류·내용의 조치(가령 표준조치: Standardmaßnahme)에 대한 법적 근거를 마련하는 방법이고(개별적 수권조항 또는 특별수권조항), 다른 하나는 위험방지의 직무와 관련하여 이에 필요한 경찰처분의 권한에 대한 법적 근거를 포괄적으로 부여하는 방법이다(일반수권조항 또는 개괄수권조항). 두 가지 방법은 서로 배척하는 것이 아니라 전자를 전제로 후자가 보충적으로 적용되는 상호보완관계에 놓여 있다.[7]

는 가령 1794년 프로이센 일반란트법 제2장 제7절 제10조와 관련하여 이루어졌다. 이 조항은 "공적 정온·안전 및 질서를 유지하고 공공단체 또는 그 구성원에 발생하는 위험을 제거하기 위하여 필요한 조치를 취하는 것이 경찰의 직무이다"라고 규정하고 있었는데, 이러한 임무규범을 당시 경찰권 발동의 보충적 수권조항으로 해석하였다. 오늘날 유럽법에서도 권한규범 없이 임무규범만 존재하는 경우에 그로부터 권한의 존재를 인정하려는 경향이 남아 있다. 독일의 경우 남독 지역의 주들이 일찍부터 양자를 구별해 왔던 반면, 프로이센 경찰법에서는 이를 강조하지 않았다고 한다. 이후 통일경찰법 모범초안(MEPolG)이 각각 양자를 구별하여 별도의 장(제1장과 제2장)에서 규율하였고, 이 모범초안을 반영한 모든 주들의 경찰법에서 양자를 구별하고 있다(Götz, § 7 Rn.1-2). 이에 대하여 상세한 것은 Götz, § 7 Rn.1-7; F. Schoch, Polizei- und Ordnungsrecht in: E. Schmidt-Aßmann/F. Schoch (Hrsg.), Besonderes Verwaltungsrecht, 14.Aufl., 2008, 2 Rn.32-33, S.150-151 등을 참조.

3) Stettner, Grundfragen der Kompetenzlehre, 1983, S.154ff, 159ff., 320ff.(김동희, 행정법 Ⅱ, 195에서 재인용).
4) Bull, Die Staatsaufgaben nach dem Grundgesetz, 2.Aufl., 1977, S.152(김동희, 행정법 Ⅱ, 195에서 재인용).
5) Schoch, 2 Rn.33, S.150-151.
6) Götz, § 7 Rn.7-8.
7) 독일의 경우 과거에는 북독-프로이센의 경찰법이 일반수권조항을 취한 반면 남독지역의 경찰법이 특별수권조항을

침익적 효과를 가지는 경찰권의 발동은 원칙적으로 개별적 수권규범에 근거하여야 한다. 반면 개별적 수권규범이 없는 경우 공공의 안녕 혹은 공공의 질서에 대한 위험을 방지 또는 제거하기 위하여 경찰권을 발동할 수 있도록 일반조항 내지 개괄조항을 두는 것이 허용되는 지, 또한 그것이 허용된다고 할 때 현행법상 그런 일반조항이 존재하는지 여부가 문제된다.

Ⅱ. 개별적 수권규정에 근거한 경찰권 발동

1. 개　　설

경찰권 발동은 일반수권조항 외에 개별적인 경우 구체적인 경찰조치를 취할 수 있는 권한을 수여하는 개별적 수권조항에 근거하여 이루어질 수 있다. 특별수권규정이 있는 한도 내에서 일반수권조항은 적용되지 않고($_{\text{Anwendungsvorrang}}^{\text{적용의 우위:}}$), 일반수권조항은 특별수권조항에 대하여 보충적으로만 적용된다.[8] 따라서 경찰권 행사의 허용여부나 적법성 여부가 문제되는 경우에는 일차적으로 개별적 수권조항의 존부를 먼저 검토해 보아야 한다.

개별적 수권조항에 의한 경찰권발동의 수권방법은 일반경찰법상 개별수권조항에 근거한 경찰권 발동, 즉 표준조치와 특별법상 개별수권조항에 의한 경우 두 가지로 나뉜다.

「경찰관 직무집행법」이 경찰처분에 대한 개별적 수권으로 제3조에서 불심검문(정지, 질문), 임의동행요구, 흉기조사, 제4조에서 보호조치, 임시영치, 제5조에서 위험방지조치(경고, 억류, 피난, 접근 또는 통행의 제한 등), 제6조에서 경고, 범죄행위 제지, 제7조에서 위험방지를 위한 출입(타인의 토지·건물·배 또는 차에의 출입, 수색), 제8조에서 사실 확인, 출석요구 등을 규정하고 있는 것이 전자의 경우이고, 분야별 각 단행법들이 특별수권조항을 두고 있는 것이 후자의 경우이다.

2. 표준조치

2.1. 개　념

표준조치 또는 표준처분이란 일반 경찰법상 개별수권규정에 의한 경찰권 행사로서, 전형적인 경찰조치들을 유형화한 것이다. 경찰관직무집행법 제3조 내지 제10조의4에서 규정한 조치들이 그 전형적인 예이다. 표준조치의 법적 성질에 관해서는 이를 행정행위라고 보는 견

중심으로 하고 있었으나 이러한 구별은 이미 과거의 것이 되었고 오늘날에는 남독지역의 경찰법(가령 Bayern 주 경찰임무법(Polizeiaufgabengesetz: PAG)) 역시 통일경찰법 모범초안(MEPolG)을 좇아 일반수권조항을 수용함으로써 일반수권조항과 특별수권조항이 병존하는 형태가 일반화되어 있다(Götz, § 8 Rn.3).

8) Schoch, Rn.53.

해와 사실행위로 보는 견해가 대립하지만, 표준조치 전부에 대하여 일률적으로 성질을 결정할 수는 없다. 표준조치들 가운데는 행정상 즉시강제에 해당하는 경우가 대부분이지만,[9] 그 법적 성질은 행정행위(예: 출석요구), 또는 행정행위와 사실행위가 결합된 형태(예: 위험발생 방지를 위한 억류나 피난조치), 권력적 사실행위(예: 범죄행위의 제지, 긴급시 사실 확인, 무기의 사용 등), 또는 비권력적 사실행위(경고, 미아·병자·부상자 등으로서 적당한 보호자가 없으며 응급의 구호를 요하는 자의 보호조치) 등 한결같지 아니 하다.

독일에서도 표준조치의 법적 성질에 관해서는 특히 억류, 수색, 압류, 조사 등과 관련하여 논란이 있다.[10] 특히 문제가 되는 것은 강제조치의 실행단계에서 행정행위의 성질을 가지는 선행명령이 있었다고 볼 수 있는지 여부인데, 고전적인 견해는 그러한 조치들의 실행은 일정한 의무를 부과하는 명령이 전제되어야 하며 그 명령은 행정행위의 성질을 가진다고 보는 데 비해, 오늘날에는 경찰실무상 수색이나 압류 조치의 경우, 수명자가 부재하거나 행위능력이 없는 경우가 많기 때문에 또는 그러한 명령의 실재를 증명하기가 어렵기 때문에 그와 같은 명령을 행정행위로 볼 수 없다고 주장하는 반대론이 널리 확산되어 있다. 사람에 대한 억류조치의 경우조차도 '수인의무 발생을 위한 행정행위'란 허구(^{fiktiv})이며 따라서 불필요하다는 비판이 제기되고 있다.[11] 이 문제는 행정절차법의 적용과 권리구제를 위한 행정소송유형과 관련하여 차이를 가져오지만, 행정행위의 존재가 인정되지 않는다 하더라도 일반확인소송($^{allgemeine}_{Feststellungsklage}$)이 가능하므로 실제상 큰 차이는 없다고 한다. 가장 중요한 차이는 강제집행 문제와 관련하여 생기는데, 행정행위가 전제되어야 의무가 성립하고 그 의무이행을 위한 직접강제 등 강제집행의 대상이 될 수 있기 때문이다.[12] 표준조치의 법적 성질을 사실행위로 볼 경우 그 집행을 위하여 행정행위를 함께 발급해야 할 필요가 생긴다는 점에서 괴츠(^{Götz})는 다수설과 달리 억류, 수색, 압류 및 조사활동은 통일적으로 명령되고 상대방에게 수인의무나 협력의무를 발생시키는 행정행위로 보아야 한다고 한다.[13] 가령 가택을 출입할 경우 그 상대방이 부재하거나 행위능력이 없는 경우에는 행정행위로서 그와 같은 명령이 행해졌다고 볼 수는 없겠지만, 해당 표준조치를 규율하는 권한규범을 근거로 경찰이 직접 그러한 조치를 시행하는 것은 가능하다는 것이다. 그 경우 규율대체적인 사실행위($^{regelungsersetzender}_{Realakt}$)의 문제가 될 것이라고 한다. 인적 저항을 실력으로 진압하거나 물건을 손상시키는 직접강제 또한 이 경우에는 출입, 수색, 압류 등에 관한 권한규범 그 자체만으로는 뒷받침될 수 없기 때문에 그 법적 근거를 집행력있는 행정행위나 즉시집행에서 찾아야 한다는 것이다.[14]

표준조치에 영장이 필요한지 여부가 문제된다. 이에 대해서는 영장이 필요하지 않다는 견해[15]가 있다. 「경찰관 직무집행법」상 정신착란자, 주취자, 자살기도자 등 응급의 구호를 요

---

9) 가령 「경찰관 직무집행법」 제6조 제1항에 의한 범죄행위의 제지는 행정상 즉시강제의 일종이다(대법원 2009.8. 20. 선고 2009도3624 판결).
10) Götz, § 12 Rn.3ff.
11) Finger, JuS 2005, 116.
12) 즉시집행(sofortiger Vollzug)은 제외.
13) Götz, § 12 Rn.5.
14) Götz, 같은 곳.

하는 자를 24시간을 초과하지 아니하는 범위 내에서 경찰관서에 보호조치하는 경우 영장없이 할 수 있다고 보아야 할 경우가 있지만, 즉시강제에 대해서도 법률의 근거가 필요하고, 원칙적으로 영장주의가 타당하며, 그 배제나 제한은 법률에 특별한 규정이 있는 예외적 경우에만 가능하다고 보는 학계의 지배적 견해에 비추어 볼 때 그렇게 일반화할 수 있을지 의문이다.[16]

2.2. 한 계

「경찰관 직무집행법」은 이들 직권은 직무수행에 필요한 최소한도에서 행사되어야 하고 남용해서는 아니 된다고 규정한다($\S 2 \textcircled{2}$). 또한 제12조에서 경찰관의 의무 위반이나 직권 남용으로 타인에게 해를 끼친 경우에 대한 벌칙을 규정하여 실효성을 뒷받침하고 있다.

2.3. 불심검문

2.3.1. 개 설

「경찰관 직무집행법」은 제3조에서 불심검문, 즉 범죄를 예방하고 범죄인을 발견하기 위한 질문, 동행요구의 근거와 절차에 관한 규정을 두고 있다.

불심검문이란 경찰관이 수상한 거동 기타 주위의 사정을 합리적으로 판단하여 어떠한 죄를 범하였거나 범하려 하고 있다고 의심할 만한 상당한 이유가 있는 사람 또는 이미 행해진 범죄나 행해지려 하는 범죄행위에 관하여 그 사실을 안다고 인정되는 사람을 정지시켜 질문하는 것을 말한다($\S 3 \textcircled{1}$). 경찰관은 질문을 할 때 흉기의 소지여부를 조사할 수 있다($\S 3 \textcircled{3}$).

2.3.2. 임의동행

불심검문을 할 경우 정지시킨 그 장소에서 질문을 하는 것이 그 사람에게 불리하거나 교통에 방해가 된다고 인정될 때에는 질문을 하기 위하여 가까운 경찰서·지구대·파출소 또는 출장소(지방해양경비안전관서를 포함한다. 이하 "경찰관서"라 한다)에 동행할 것을 요구할 수 있다($\S 3 \textcircled{2}$). 이 경우 동행을 요구받은 사람은 그 요구를 거절할 수 있다. 이러한 의미에서 동행은 임의에 따른 동행이라는 점에서 임의동행이라 부른다. 동행요구를 거절하는 경우에도 경찰관은 물리력을 행사할 수 없고 이에 저항하더라도 공무집행방해죄를 구성하지 아니 한다.

"경찰관이 임의동행요구에 응하지 않는다 하여 강제연행하려고 대상자의 양팔을 잡아 끈 행위는 적법한 공무집행이라고 할 수 없으므로 그 대상자가 이러한 불법연행으로부터 벗어나기 위하여 저항한 행위

---

15) 홍정선, 행정법특강, 952.
16) 자세한 내용은 행정상 즉시강제에 관한 설명을 참조.

는 정당한 행위라고 할 것이고 이러한 행위에 무슨 과실이 있다고 할 수 없다."[17]

질문하거나 동행을 요구할 경우 경찰관은 당해인에게 자신의 신분을 표시하는 증표를 제시하면서 소속과 성명을 밝히고 동행의 목적과 이유를 설명하여야 하며, 동행을 요구하는 경우에는 동행 장소를 밝혀야 한다($\frac{\S 3}{④}$). 임의동행을 한 경우 경찰관은 동행한 사람의 가족이나 친지 등에게 동행한 경찰관의 신분, 동행 장소, 동행 목적과 이유를 알리거나 본인으로 하여금 즉시 연락할 수 있는 기회를 주어야 하며, 변호인의 도움을 받을 권리가 있음을 알려야 한다($\frac{\S 3}{⑤}$). 경찰관은 임의동행한 사람을 6시간을 초과하여 경찰관서에 머물게 할 수 없다($\frac{\S 3}{⑥}$).

"임의동행은 상대방의 동의 또는 승낙을 그 요건으로 하는 것이므로 경찰관으로부터 임의동행 요구를 받은 경우 상대방은 이를 거절할 수 있을 뿐만 아니라 임의동행 후 언제든지 경찰관서에서 퇴거할 자유가 있다 할 것이고, 「경찰관 직무집행법」 제3조 제6항이 임의동행한 경우 당해인을 6시간을 초과하여 경찰관서에 머물게 할 수 없다고 규정하고 있다고 하여 그 규정이 임의동행한 자를 6시간 동안 경찰관서에 구금하는 것을 허용하는 것은 아니다."[18]

"변호인의 조력을 받을 권리를 실질적으로 보장하기 위하여는 변호인과의 접견교통권의 인정이 당연한 전제가 된다고 할 것이므로, 임의동행의 형식으로 수사기관에 연행된 피의자에게도 변호인 또는 변호인이 되려는 자와의 접견교통권은 당연히 인정된다고 보아야 할 것이고, 임의동행의 형식으로 연행된 피내사자의 경우에도 마찬가지라 할 것이다."[19]

2.3.3. 신체구속등의 금지

불심검문으로 질문을 받거나 동행을 요구받은 사람은 형사소송에 관한 법률에 따르지 아니하고는 신체를 구속당하지 아니하며, 의사에 반하여 답변을 강요당하지 아니한다($\frac{\S 3}{⑦}$).

2.3.4. 문제점

불심검문의 법적 성격은 학설상 논란은 있으나, 기본적으로 행정작용이며, 임의동행 역시 요건이나 동행의 목적에 분명한 차이가 있는 만큼 일반적 수사목적을 위한 임의동행과는 구별해야 한다. 불심검문과 임의동행의 요건 및 절차 규정을 면밀히 보완할 필요가 있다.

17) 대법원 1992.5.26. 선고 91다38334 판결.
18) 대법원 1997.8.22. 선고 97도1240 판결.
19) 대법원 1996.6.3. 자 96모18 결정.

2.4. 보호조치 및 긴급구호

2.4.1. 의의 및 요건

경찰관은 수상한 행동 그 밖의 주위의 사정을 합리적으로 판단해 볼 때 다음 어느 하나에 해당함이 명백하고 응급구호가 필요하다고 믿을 만한 상당한 이유가 있는 사람(${}^{"구호대}_{상자"}$)을 발견하였을 때에는 보건의료기관이나 공공구호기관에 긴급구호를 요청하거나 경찰관서에 보호하는 등 적절한 조치를 할 수 있다($^{§4}_{①}$).

1. 정신착란을 일으키거나 술에 취하여 자신 또는 다른 사람의 생명·신체·재산에 위해를 끼칠 우려가 있는 사람
2. 자살을 시도하는 사람
3. 미아, 병자, 부상자 등으로서 적당한 보호자가 없으며 응급구호가 필요하다고 인정되는 사람. 다만, 본인이 구호를 거절하는 경우는 제외한다.

정신착란을 일으키거나 술에 취하여 자신 또는 다른 사람의 생명·신체·재산에 위해를 끼칠 우려가 있는 사람과 자살을 시도하는 사람에 대한 보호조치는 행정상 즉시강제에 해당한다.[20]

⠿ 위법한 구금과 국가배상책임

"구 윤락행위등방지법($^{1995.1.15.\ 법률\ 제4911호}_{로\ 전문\ 개정되기\ 전의\ 것}$) 및 같은법시행령($^{1995.11.30.\ 대통령령\ 제14816}_{호로\ 전문\ 개정되기\ 전의\ 것}$) 등 관계 규정에 의하더라도 '요보호여자'에 대한 수용보호처분은 오로지 보호지도소측에서 할 수 있도록 되어 있고, 보호지도소에서 '요보호여자'를 수용할 때까지 경찰관서에서 '요보호여자'를 경찰서 보호실에 강제로 유치할 수 있는 아무런 근거 규정이 없을 뿐 아니라, **「경찰관 직무집행법」 제4조 제1항, 제4항의 규정에 의하면 경찰서 보호실에의 유치는 정신착란자, 주취자, 자살기도자 등 응급의 구호를 요하는 자를 24시간을 초과하지 아니하는 범위 내에서 경찰관서에서 보호조치하기 위한 경우에만 제한적으로 허용될 뿐**이라고 할 것이어서, 구 윤락행위등방지법 제7조 제1항 소정의 '요보호여자'에 해당한다 하더라도 그들을 경찰서 보호실에 유치하는 것은 **영장주의에 위배되는 위법한 구금**에 해당한다."[21]

"가. 경찰서에 설치되어 있는 보호실은 영장대기자나 즉결대기자등의 도주방지와 경찰업무의 편의 등을 위한 수용시설로서 사실상 설치, 운영되고 있으나 현행법상 그 설치근거나 운영 및 규제에 관한 법령의 규정이 없고, 이러한 보호실은 그 시설 및 구조에 있어 통상 철창으로 된 방으로 되어 있어 그 안에 대기하고 있는 사람들이나 그 가족들의 출입이 제한되는 등 일단 그 장소에 유치되는 사람은 그 의사에

---

20) 김철용, 행정법 Ⅱ, 302.
21) 대법원 1998.2.13. 선고 96다28578 판결: 경찰관이 구 윤락행위등방지법상 '요보호여자'가 아닌 여자를 지도소의 신병 인수시까지 영장 없이 경찰서보호실에 강제 유치한 경우, **영장주의 적용이 배제되는 행정상 즉시강제라는 국가의 주장을 배척**하고, 영장주의에 위배되는 위법한 구금일 뿐만 아니라 '요보호여자'로 보아 수용보호를 의뢰한 데에도 과실이 있다는 이유로 국가배상책임을 인정한 사례.

기하지 아니하고 일정장소에 구금되는 결과가 되므로, 「**경찰관 직무집행법**」상 정신착란자, 주취자, 자살 기도자 등 응급의 구호를 요하는 자를 24시간을 초과하지 아니하는 범위내에서 경찰관서에 보호조치할 수 있는 시설로 제한적으로 운영되는 경우를 제외하고는 구속영장을 발부받음이 없이 피의자를 보호실에 유치함은 영장주의에 위배되는 **위법한 구금**으로서 적법한 공무수행이라고 볼 수 없다.

나. 「경찰관 직무집행법」 제4조 제1항, 제4항에 의하면 경찰관은 수상한 거동 기타 주위의 사정을 합리적으로 판단하여 술취한 상태로 인하여 자기 또는 타인의 생명, 신체와 재산에 위해를 미칠 우려가 있는 자에 해당함이 명백하며 응급의 구호를 요한다고 믿을만한 상당한 이유가 있는 자를 발견한 때에는 24시간을 초과하지 아니하는 범위 내에서 동인을 경찰관서에 보호하는 등 적절한 조치를 취할 수 있으나, 이 경우에도 경찰관이 이러한 조치를 한 때에는 지체 없이 이를 피구호자의 가족, 친지 기타의 연고자에게 그 사실을 통지하여야 한다.”[22]

보호조치와 긴급구호를 할 것인지 여부, 그리고 어떠한 내용의 조치를 취할 것인지는 경찰관의 재량에 맡겨져 있다. 판례 또한 ‘「경찰관 직무집행법」 제4조 제1항에 의한 긴급구호 권한과 같은 경찰관의 조치권한은 일반적으로 경찰관의 전문적 판단에 기한 합리적인 재량에 위임되어 있는 것’이라고 판시하고 있다.[23] 그러나 이 재량권은 무제한적이지 않으며 경찰관은 하자없는 재량행사의 의무를 진다. 또한 재량권이 영으로 수축되어 단 하나의 보호조치 또는 긴급구호조치만이 하자없는 재량행사라고 판단될 수 있고 그 경우 반드시 그러한 조치를 해야 할 기속을 받으며 당사자는 그에 상응하여 그 같은 조치를 해달라고 요구할 권리를 가지게 된다.

⠿ 긴급구호권의 불행사와 국가배상책임

“긴급구호권한과 같은 경찰관의 조치권한은 일반적으로 경찰관의 전문적 판단에 기한 합리적인 재량에 위임되어 있는 것이나, 그렇다고 하더라도 구체적 상황하에서 경찰관에게 그러한 조치권한을 부여한 취지와 목적에 비추어 볼 때 그 **불행사가 현저하게 불합리하다고 인정되는 경우**에는, 그러한 불행사는 **법령에 위반하는 행위**에 해당하게 되어 국가배상법상의 다른 요건이 충족되는 한, 국가는 그로 인하여 피해를 입은 자에 대하여 국가배상책임을 부담한다.”[24]

“[1] 주취운전이라는 범죄행위로 당해 음주운전자를 구속 · 체포하지 아니한 경우에도 필요하다면 그

---

22) 대법원 1994.3.11. 선고 93도958 판결.
23) 대법원 1996.10.25. 선고 95다45927 판결.
24) 대법원 1996.10.25. 선고 95다45927 판결: 정신질환자의 평소 행동에 포함된 범죄 내용이 경미하거나 범죄라고 볼 수 없는 비정상적 행동에 그치고 거동 기타 주위의 사정을 합리적으로 판단하더라도 정신질환자에 의한 집주인 살인범행에 앞서 그 구체적 위험이 객관적으로 존재하고 있었다고 보기 어려운 경우, 경찰관이 그때그때 상황에 따라 그 정신질환자를 훈방하거나 일시 정신병원에 입원시키는 등 「경찰관 직무집행법」에 따른 긴급구호조치를 취했고, 정신질환자가 퇴원하자 정신병원 장기 입원치료를 받는 데 도움이 되도록 생활보호대상자 지정의뢰를 하는 등 그 나름대로의 조치를 취한 이상, 더 나아가 경찰관들이 정신질환자의 살인범행 가능성을 막을 수 있을 만한 다른 조치를 취하지 아니하였거나 입건 · 수사하지 아니하였다고 하여 이를 법령에 위반하는 행위에 해당한다고 볼 수 없다는 이유로, 사법경찰관리의 수사 미개시 및 긴급구호권 불행사를 이유로 제기한 국가배상청구를 배척한 사례.

제1편 제2편 제3편 제4편 제5편 특별행정법

차량열쇠는 범행중 또는 범행직후의 범죄장소에서의 압수로서 형사소송법 제216조 제3항에 의하여 영장 없이 이를 압수할 수 있다.

[2] 경찰관의 주취운전자에 대한 권한행사가 관계법률의 규정형식상 경찰관의 재량에 맡겨져 있다고 하더라도, 그러한 권한을 행사하지 아니한 것이 구체적인 상황하에서 현저하게 합리성을 잃어 사회적 타당성이 없는 경우에는 경찰관의 직무상 의무를 위배한 것으로서 위법하게 된다."[25]

긴급구호요청을 받은 보건의료기관이나 공공구호기관은 정당한 이유없이 긴급구호를 거절할 수 없다($\S_{②}^4$).

보호조치나 긴급구호 조치를 하는 경우 피구호자가 휴대하고 있는 무기·흉기등 위험을 일으킬 수 있는 것으로 인정되는 물건은 경찰관서에 임시로 영치하여 놓을 수 있다($\S_{③}^4$).

경찰관서에서의 보호는 24시간을, 임시영치는 10일을 초과할 수 없다($\S_{⑦}^4$).

2.4.2. 절 차

경찰관이 긴급구호나 보호조치를 한 때에는 지체 없이 구호대상자의 가족, 친지 그 밖의 연고자에게 그 사실을 알려야 하며, 연고자가 발견되지 아니할 때에는 구호대상자를 적당한 공중보건의료기관이나 공공구호기관에 즉시 인계하여야 한다($\S_{④}^4$). 이 경우에는 즉시 그 사실을 소속 경찰서장 또는 지방해양경비안전관서의 장에게 보고하여야 한다($\S_{⑤}^4$). 보고를 받은 소속 경찰서장 또는 지방해양경비안전관서의 장은 대통령령이 정하는 바에 따라 구호대상자를 인계한 사실을 지체 없이 당해 공중보건의료기관·공공구호기관의 장 및 그 감독행정청에 알려야 한다($\S_{⑥}^4$).

2.5. 위험발생 방지조치

2.5.1. 의의 및 요건

위험방지(^{Gefahrenabwehr}) 조치란 사람의 생명 또는 신체에 위해를 미치거나 재산에 중대한 손해를 끼칠 우려가 있는 위험한 사태가 발생할 경우 경찰관이 취해야 할 가장 기본적인 조치를 통칭한다. 「경찰관 직무집행법」 제5조 제1항에 따르면, 경찰관은 사람의 생명 또는 신체에 위해를 끼치거나 재산에 중대한 손해를 끼칠 우려가 있는 천재, 사변, 인공구조물의 파손이나 붕괴, 교통사고, 위험물의 폭발, 위험한 동물 등의 출현, 극도의 혼잡, 그 밖의 위험한 사태가 있을 때에는 다음 각 호의 조치를 할 수 있다.

---

25) 대법원 1998.5.8. 선고 97다54482 판결: 음주운전으로 적발된 주취운전자가 도로 밖으로 차량을 이동하겠다며 단속경찰관으로부터 보관중인 차량열쇠를 반환받아 몰래 차량을 운전해가던 중 사고를 일으킨 경우, 국가배상책임을 인정한 사례.

1. 그 장소에 모인 사람, 사물(事物)의 관리자, 그 밖의 관계인에게 필요한 경고를 하는 것
2. 매우 긴급한 경우에는 위해를 입을 우려가 있는 사람을 필요한 한도에서 억류하거나 피난시키는 것
3. 그 장소에 있는 사람, 사물의 관리자, 그 밖의 관계인에게 위해를 방지하기 위하여 필요하다고 인정되는 조치를 하게 하거나 직접 그 조치를 하는 것

법 제5조 제1항은 위험 사태에 해당하는 경우로 천재, 사변, 인공구조물의 파손이나 붕괴, 교통사고, 위험물의 폭발, 위험한 동물 등의 출현, 극도의 혼잡 기타 위험 사태를 예시하고 있으나 위험 사태가 이에 국한되지 않음은 분명하다. 법은 위험 사태에 처하여 위험방지조치로 그 장소에 모인 사람이나 사물의 관리자, 기타 관계인에 대한 경고, 억류 및 피난조치 등을 열거하고, 이들이 필요한 위험방지조치를 하게 하거나 스스로 그 조치를 할 수 있다고 규정한다(§⑤). 이 조항은 그 요건의 해석이나 요건 충족시 취할 수 있는 경찰수단에 관하여 매우 광범위한 선택의 여지를 허용하는 것으로 이해된다.

"[1] 경찰관 직무집행법 제5조는 경찰관은 인명 또는 신체에 위해를 미치거나 재산에 중대한 손해를 끼칠 우려가 있는 위험한 사태가 있을 때에는 그 각 호의 조치를 취할 수 있다고 규정하여 형식상 경찰관에게 재량에 의한 직무수행권한을 부여한 것처럼 되어 있으나, 경찰관에게 그러한 권한을 부여한 취지와 목적에 비추어 볼 때 구체적인 사정에 따라 경찰관이 그 권한을 행사하여 필요한 조치를 취하지 아니하는 것이 현저하게 불합리하다고 인정되는 경우에는 그러한 권한의 불행사는 직무상의 의무를 위반한 것이 되어 위법하게 된다.

[2] 경찰관이 농민들의 시위를 진압하고 시위과정에 도로 상에 방치된 트랙터 1대에 대하여 이를 도로 밖으로 옮기거나 후방에 안전표지판을 설치하는 것과 같은 위험발생방지조치를 취하지 아니한 채 그대로 방치하고 철수하여 버린 결과, 야간에 그 도로를 진행하던 운전자가 위 방치된 트랙터를 피하려다가 다른 트랙터에 부딪혀 상해를 입은 사안에서 국가배상책임을 인정"한 사례.[26]

법 제5조에서 경고조치, 억류 또는 피난조치 기타 위해방지상 필요한 조치명령이나 조치를 할 권한은 규정의 문언형식으로 보나 내용으로 보아 재량권의 성질을 가지는 것으로 판단된다. 경찰관은 위험사태가 발생한 경우 경찰관에게 그러한 권한을 부여한 「경찰관 직무집행법」의 취지와 목적에 비추어 그 위험의 내용이나 정도, 기타 관계제이익 등을 고려하여 위험방지조치를 할 것인지 여부(결정재량)와 필요하다고 인정되는 위험방지조치의 선택(선택재량)에 관하여 재량을 가진다. 대법원이 「경찰관 직무집행법」 제5조를 재량수권규정으로 이해하면서도 경찰관에게 그러한 조치권한을 부여한 취지와 목적에 비추어 볼 때 구체적 상황에 따라 그 불행사가 현저하게 불합리하다고 인정되는 경우에는, 그러한 불행사는 법령에 위

---

26) 대법원 1998.8.25. 선고 98다16890 판결.

반하는 행위에 해당한다고 판시한 것은 매우 주목할 만한 것이다. 이는 단순히 재량권의 한계일탈을 지적한 것이 아니라 부작위로 인한 국가배상책임을 인정하기 위한 전제로서 이른바 재량권수축의 여지를 사실상 시인한 것이라고 이해되기 때문이다.

'재량권의 영으로의 수축'$\binom{\text{Ermessensreduzierung}}{\text{auf Null}}$ 또는 '재량권수축'$\binom{\text{Ermessens-}}{\text{schrumpfung}}$이란 재량권이 인정되는 때에도 구체적인 상황에 따라서는 그 관계법규의 해석·적용상 특정한 처분 이외의 어떠한 처분도 적법한 재량행사라고 인정될 수 없는 경우가 있을 수 있으며, 그 경우 선택가능성이 단일한 대안으로 귀착되는 것을 말한다. 즉, 오로지 하나의 결정만이 하자없는 재량$\binom{\text{ermessens-}}{\text{fehlerfrei}}$으로 인정되며, 다른 모든 결정들은 하자있는 재량의 행사$\binom{\text{ermessens-}}{\text{fehlerhaft}}$가 되는 경우 재량권이 수축되었다고 말하는 것이다. 따라서 그러한 경우 행정청은 바로 그 유일하게 남아 있는 결정을 선택하지 않으면 안 된다. 예컨대, 경찰관청은 중대한 법익에 대한 현저한 위해가 발생한 경우와 같은 일정한 경우 그 개입여부나 여러 대안 중에서 어느 것을 선택할지에 대하여 원칙적으로 재량권을 가지는 경우가 많은데, 재량권의 수축이 일어나면 그 유일한 결정을 하지 않으면 안 될 기속을 받게 된다. 이러한 재량권수축은 특히 기본권에 대한 위해나 기타 헌법규정에 대한 침해가능성이 있는 경우에도 일어날 수 있다.27) 아울러 위험방지권한의 불행사로 직무상 의무 위반에 따른 국가배상책임이 인정되었다면, 구체적인 사례상황에서 위험방지권한의 불행사로 손해를 입을 우려가 있는 사인이 경찰의 직무상 의무에 상응하는 위험방지조치를 요구할 수 있는 공법상 청구권, 또 경우에 따라서는 제3자에 대한 관계에서 경찰관청에게 일정한 조치를 요구하는 행정개입청구권$\binom{\text{Rechtsanspruch auf}}{\text{polizeiliches Einschreiten}}$이 인정될 여지가 있다고 생각한다.28)

한편 대간첩작전수행 또는 소요사태의 진압을 위하여 필요하다고 인정되는 상당한 이유가 있을 때, 경찰관서의 장은 대간첩작전지역 또는 경찰관서·무기고 등 국가 중요시설에 대한 접근 또는 통행을 제한하거나 금지할 수 있다($\binom{\S\,5}{②}$).

2.5.2. 절　차

경찰관이 위험방지조치를 하였을 때에는 지체 없이 이를 소속 경찰관서의 장에게 보고하여야 하며($\binom{\S\,5}{③}$), 보고를 받은 경찰관서의 장은 관계기관의 협조를 구하는 등 적절한 조치를 하여야 한다($\binom{\S\,5}{④}$).

---

27) Maurer, AllgVerwR. § 7 Rn.25. 독일의 경우 Maurer는 도로의 특별사용허가(Sondernutzungserlaubnis)를 그러한 예로 들고 있다. 즉, 도로법상 도로관청은 재량에 의하여 특별사용허가를 발급하지만, 기본법 제2조 제1항 및 제38조 제1항과 관련하여 선거운동기간 동안에는 정당의 선거용 플래카드에 대하여는 원칙적으로 특별사용허가를 발급해야 한다고 한다.

28) 이와 유사한 논지로는 김동희, 행정법사례연구, 박영사, 1998, 212-213을 참조.

2.6. 범죄의 예방과 제지

법은 제6조에서 범죄행위가 목전에 행해지려 한다고 인정될 때에는 이를 예방하기 위하여 관계인에게 필요한 경고를 하고, 그로 인하여 사람의 생명·신체에 위해를 끼치거나 재산에 중대한 손해를 끼칠 우려가 있는 긴급한 경우에는 그 행위를 제지할 수 있도록 하고 있다.

이와 관련하여 "윤락녀들이 윤락업소에 감금된 채로 윤락을 강요받으면서 생활하고 있음을 쉽게 알 수 있는 상황이었음에도, 경찰관이 범죄의 예방과 제지에 관한 「경찰관 직무집행법」 제6조 및 형사소송법 등 관계 법령의 규정에 따라 이러한 감금 및 윤락강요행위를 제지하거나 윤락업주들을 체포·수사하는 등 필요한 조치를 취하지 아니하고 오히려 업주들로부터 뇌물을 수수하며 그와 같은 행위를 방치한 것은 경찰관의 직무상 의무에 위반하여 위법하므로 국가는 이로 인한 정신적 고통에 대하여 위자료를 지급할 의무가 있다"고 한 판례가 주목된다.[29]

범죄의 예방과 저지에 관한 부분 역시 경찰권발동의 요건 및 한계에 대한 구체화가 필요하다. 범죄는 사회질서 교란의 가장 직접적 원인이므로 사회질서유지 책무의 핵심적 주체인 경찰이 범죄를 사전에 예방하고, 진행중인 범죄를 제지하는 것은 기본적 직무지만, 이를 위한 수단 내지 대상자에 대한 규정은 명확한 요건에 따라 경찰권의 한계 내에서 허용되어야 할 것이다.

"경찰관 직무집행법 제6조 제1항과 구 집회 및 시위에 관한 법률(2007.12.21. 법률 제8733호로 개정되기 전의 것, 이하 '구 집시법'이라고 한다) 등 관련 법률 조항들의 내용과 취지를 종합하면, 비록 장차 특정 지역에서 구 집시법에 의하여 금지되어 그 주최 또는 참가행위가 형사처벌의 대상이 되는 위법한 집회·시위가 개최될 것이 예상된다고 하더라도, 이와 **시간적·장소적으로 근접하지 않은 다른 지역에서 그 집회·시위에 참가하기 위하여 출발 또는 이동하는 행위를 함부로 제지하는 것은 경찰관 직무집행법 제6조 제1항에 의한 행정상 즉시강제인 경찰관의 제지의 범위를 명백히 넘어서는 것**이어서 허용될 수 없으므로, 이러한 제지행위는 공무집행방해죄의 보호대상이 되는 공무원의 적법한 직무집행에 포함될 수 없다(대법원 2008.11.13. 선고 2007도9794 판결 등 참조)."[30]

---

29) 대법원 2004.9.23. 선고 2003다49009 판결: 군산 윤락업소 화재 사건으로 사망한 윤락녀의 유족들이 국가를 상대로 제기한 손해배상청구 사건에서, 경찰관의 직무상 의무위반행위를 이유로 국가에게 위자료의 지급책임을 인정한 사례.

30) 대법원 2009.8.20. 선고 2009도3624 판결.

2.7. 위험방지를 위한 출입 및 검색

2.7.1. 의 의

법은 제7조에서 경찰관으로 하여금 제5조 제1항·제2항 및 제6조에 따른 위험한 사태가 발생하여 사람의 생명·신체 또는 재산에 대한 위해가 임박한 때에 그 위해를 방지하거나 피해자를 구조하기 위하여 부득이하다고 인정하면 합리적으로 판단하여 필요한 한도에서 다른 사람의 토지·건물·배 또는 차에 출입할 수 있도록 허용하는 한편($\frac{\S 7}{①}$), 다수인이 출입하는 장소의 관리자 등에게 협조의무를 부과하고 있다($\frac{\S 7}{②}$).

또 대간첩작전수행에 필요한 때에는 작전지역에서 위와 같은 다수인이 출입하는 장소 안을 검색할 수 있도록 하였다($\frac{\S 7}{③}$).

2.7.2. 다수인출입장소 관리자 등의 협조의무

흥행장(興行場), 여관, 음식점, 역, 그 밖에 많은 사람이 출입하는 장소의 관리자나 그에 준하는 관계인은 경찰관이 범죄나 사람의 생명·신체·재산에 대한 위해를 예방하기 위하여 해당 장소의 영업시간이나 해당 장소가 일반인에게 공개된 시간에 그 장소에 출입하겠다고 요구하면 정당한 이유 없이 그 요구를 거절할 수 없다($\frac{\S 7}{②}$).

2.7.3. 절 차

경찰관이 위와 같은 목적을 위하여 필요한 장소에 출입할 때에는 그 신분을 표시하는 증표를 제시하여야 하며, 함부로 관계인의 정당한 업무를 방해하여서는 아니 된다($\frac{\S 7}{④}$).

2.8. 사실의 확인

경찰관서의 장은 직무 수행에 필요하다고 인정되는 상당한 이유가 있을 때에는 국가기관이나 공사(公私) 단체 등에 직무 수행에 관련된 사실을 조회할 수 있다($\frac{\S 8①}{본문}$). 다만, 긴급한 경우에는 소속 경찰관으로 하여금 현장에 나가 해당 기관 또는 단체의 장의 협조를 받아 그 사실을 확인하게 할 수 있다($\frac{\S 8①}{단서}$).

경찰관은 미아를 인수할 보호자 확인, 유실물을 인수할 권리자 확인, 사고로 인한 사상자 확인 또는 행정처분을 위한 교통사고 조사에 필요한 사실 확인을 위하여 필요하면 관계인에게 출석하여야 하는 사유·일시 및 장소를 명확히 적은 출석 요구서를 보내 경찰관서에 출석할 것을 요구할 수 있다($\frac{\S 8}{②}$).

2.9. 경찰장비의 사용

2.9.1. 의 의

법은 제10조에서 제10조의4, 제11조까지 5개의 조항을 할애하여 경찰장비의 사용을 규율하고 있다. 제10조(경찰장비의 사용등)에서는 경찰관의 직무수행중 경찰장비 사용의 요건과 한계를, 제10조의2에서는 경찰장구의 사용의 요건을, 제10조의3에서는 분사기등 사용의 허용요건과 한계를, 그리고 제10조의4에서는 무기 사용의 요건과 한계를 엄격히 규정하고 있다. 그리고 제11조에서는 장비, 무기 등의 사용기록 보관을 의무화하고 있다.

여기서 "경찰장비"라 함은 무기, 경찰장구(警察裝具), 최루제(催淚劑)와 그 발사장치, 살수차, 감식기구(鑑識機具), 해안 감시기구, 통신기기, 차량·선박·항공기 등 경찰이 직무를 수행할 때 필요한 장치와 기구를 말한다($\S^{10}_{②}$).

2.9.2. 경찰장비의 사용

경찰관은 직무수행 중 경찰장비를 사용할 수 있다($\S^{10}_{본문①}$). 다만, 사람의 생명이나 신체에 위해를 끼칠 수 있는 경찰장비("위해성 경찰장비")를 사용할 때에는 필요한 안전교육과 안전검사를 받은 후 사용하여야 한다($\S^{10\ ①}_{단서}$).

2.9.3. 경찰장구의 사용

"경찰장구"란 경찰관이 휴대하여 범인 검거와 범죄 진압 등의 직무 수행에 사용하는 수갑, 포승, 경찰봉, 방패 등을 말한다($\S^{10의}_{2\ ②}$).

경찰관은 현행범인인 경우와 사형·무기 또는 장기 3년 이상의 징역이나 금고에 해당하는 죄를 범한 범인의 체포 또는 도주의 방지, 자신이나 다른 사람의 생명·신체의 방호 및 보호, 공무집행에 대한 항거의 제지를 위하여 필요하다고 인정되는 상당한 이유가 있을 때에는 그 사태를 합리적으로 판단하여 필요한 한도 내에서 경찰장구를 사용할 수 있다($\S^{10의}_{2\ ①}$).

2.9.4. 분사기등의 사용

경찰관은 범인의 체포 또는 도주 방지, 불법집회·시위로 인한 자신이나 다른 사람의 생명·신체와 재산 및 공공시설 안전에 대한 현저한 위해의 발생 억제를 위하여 부득이한 경우 현장책임자가 판단하여 필요한 최소한의 범위에서 분사기(「총포·도검·화약류 등의 안전관리에 관한 법률」에 따른 분사기를 말하며, 그에 사용하는 최루 등의 작용제를 포함한다. 이하 같다) 또는 최루탄을 사용할 수 있다($\S^{10}_{의3}$).

2.9.5. 무기의 사용

"무기"란 사람의 생명이나 신체에 위해를 끼칠 수 있도록 제작된 권총·소총·도검 등을 말한다($^{§\,10의}_{4\ ②}$).

경찰관은 범인의 체포, 범인의 도주 방지, 자신이나 다른 사람의 생명·신체의 방어 및 보호, 공무집행에 대한 항거의 제지를 위하여 필요하다고 인정되는 상당한 이유가 있을 때에는 그 사태를 합리적으로 판단하여 필요한 한도에서 무기를 사용할 수 있다($^{§\,10의4}_{①\ 본문}$). 다만, 다음 어느 하나의 경우를 제외하고는 사람에게 위해를 끼쳐서는 아니 된다($^{§\,10의4}_{①\ 단서}$).

1. 「형법」에 규정된 정당방위와 긴급피난에 해당할 때
2. 다음 각 목의 어느 하나에 해당하는 때에 그 행위를 방지하거나 그 행위자를 체포하기 위하여 무기를 사용하지 아니하고는 다른 수단이 없다고 인정되는 상당한 이유가 있을 때
   가. 사형·무기 또는 장기 3년 이상의 징역이나 금고에 해당하는 죄를 범하거나 범하였다고 의심할 만한 충분한 이유가 있는 사람이 경찰관의 직무집행에 항거하거나 도주하려고 할 때
   나. 체포·구속영장과 압수·수색영장을 집행하는 과정에서 경찰관의 직무집행에 항거하거나 도주하려고 할 때
   다. 제3자가 가목 또는 나목에 해당하는 사람을 도주시키려고 경찰관에게 항거할 때
   라. 범인이나 소요를 일으킨 사람이 무기·흉기 등 위험한 물건을 지니고 경찰관으로부터 3회 이상 물건을 버리라는 명령이나 항복하라는 명령을 받고도 따르지 아니하면서 계속 항거할 때
3. 대간첩 작전 수행 과정에서 무장간첩이 항복하라는 경찰관의 명령을 받고도 따르지 아니할 때

대간첩·대테러 작전 등 국가안전에 관련되는 작전을 수행할 때에는 개인화기 외에 공용화기를 사용할 수 있다($^{§\,10의}_{4\ ③}$).

무기의 사용은 국민의 신체와 생명에 대한 직접적인 위해를 야기하기 때문에 엄격한 요건에 따라서만 그 사용의 정당성이 인정된다. 판례는 현행범 및 도주자 체포시 총기사용의 요건으로 보충성원칙과 비례원칙(필요성원칙과 상당성원칙)을 요구하고 있다.

▒ 무기사용의 요건과 한계, 판단기준

"[1] 경찰관은 범인의 체포, 도주의 방지, 자기 또는 타인의 생명·신체에 대한 방호, 공무집행에 대한 항거의 억제를 위하여 무기를 사용할 수 있으나, 이 경우에도 무기는 목적 달성에 필요하다고 인정되는 상당한 이유가 있을 때 그 사태를 합리적으로 판단하여 필요한 한도 내에서 사용하여야 하는바(구 경찰관 직무24. 법률 제5988호로 개/집행법(1999.5.정되기 전의 것) § 11), 경찰관의 무기 사용이 이러한 요건을 충족하는지 여부는 범죄의 종류, 죄질, 피해법익의 경중, 위해의 급박성, 저항의 강약, 범인과 경찰관의 수, 무기의 종류, 무기 사용의 태양, 주변의 상황 등을 고려하여 사회통념상 상당하다고 평가되는지 여부에 따라 판단하여야 하고, 특히 사람에게 위해를 가할 위험성이 큰 권총의 사용에 있어서는 그 요건을 더욱 엄격하게 판단하여야 한다.

[2] 50cc 소형 오토바이 1대를 절취하여 운전중인 15-16세의 절도 혐의자 3인이 경찰관의 검문에 불응하며 도주하자, 경찰관이 체포 목적으로 오토바이의 바퀴를 조준하여 실탄을 발사하였으나 오토바이에 타고 있던 1인이 총상을 입게 된 경우, 제반 사정에 비추어 경찰관의 총기 사용이 사회통념상 허용범위를 벗어나 위법하다"고 한 사례.[31]

"[1] 경찰관은 범인의 체포, 도주의 방지, 자기 또는 타인의 생명, 신체에 대한 방호, 공무집행에 대한 항거의 억제를 위하여 상당한 이유가 있을 때에는 필요한 한도 내에서 무기를 사용할 수 있으나, 형법 소정의 정당방위와 긴급피난에 해당할 때 또는 체포, 도주의 방지나 항거의 억제를 위하여 다른 수단이 없다고 인정되는 상당한 이유가 있는 때에 한하여 필요한 한도 내에서만 무기를 사용하여 사람에게 위해를 가할 수 있음이 「경찰관 직무집행법」 제11조의 규정에 비추어 명백하다.

[2] 체포를 면탈하기 위하여 항거하며 도주할 당시 그 항거의 내용, 정도에 비추어 아무런 무기나 흉기를 휴대하고 있지 아니한 피해자를 계속적으로 추격하든지 다시 한번 공포를 발사하는 등으로 위 망인을 충분히 제압할 여지가 있었다고 보여지므로, 경찰관이 그러한 방법을 택하지 않고 도망가는 위 피해자의 몸쪽을 향하여 만연히 실탄을 발사하여 사망에 이르게 한 행위는 「경찰관 직무집행법」 제11조 소정의 총기사용의 허용범위를 벗어난 위법행위라고 아니할 수 없다."[32]

그 밖에도 야간에 술이 취한 상태에서 병원에 있던 과도로 대형 유리창문을 쳐 깨뜨리고 자신의 복부에 칼을 대고 할복 자살하겠다고 난동을 부린 피해자가 출동한 2명의 경찰관들에게 칼을 들고 항거하였다고 하여도 위 경찰관 등이 공포를 발사하거나 소지한 가스총과 경찰봉을 사용하여 위 망인의 항거를 억제할 시간적 여유와 보충적 수단이 있었다고 보여지고, 또 부득이 총을 발사할 수밖에 없었다고 하더라도 하체부위를 향하여 발사함으로써 그 위해를 최소한도로 줄일 여지가 있었다고 보여지므로, 칼빈소총을 1회 발사하여 피해자의 왼쪽 가슴 아래 부위를 관통하여 사망케 한 경찰관의 총기사용행위는 「경찰관 직무집행법」 제11조 소정의 총기사용 한계를 벗어난 것이라고 한 사례[33]가 있다.

2.9.6. 사용기록의 보관

법은 제11조에서 제10조 제2항에 따른 살수차, 제10조의3에 따른 분사기, 최루탄 또는 제10조의4에 따른 무기를 사용하는 경우 그 책임자는 사용 일시·장소·대상, 현장책임자, 종류, 수량 등을 기록하여 보관하여야 한다고 규정하고 있다($^{§\,11}$).

2.10. 유치장의 설치

법은 제9조에서 법률에서 정한 절차에 따라 체포·구속된 사람 또는 신체의 자유를 제한

---

31) 대법원 2004.5.13. 선고 2003다57956 판결.
32) 대법원 1994.11.8. 선고 94다25896 판결.
33) 대법원 1991.9.10. 선고 91다19913 판결.

하는 판결이나 처분을 받은 사람을 수용하기 위하여 경찰서와 해양경찰서에 유치장을 두도록 규정하고 있다.

2.11. 국제협력

법은 제8조의2에서 '경찰청장 또는 해양경찰청장은 이 법에 따른 경찰관의 직무수행을 위하여 외국 정부기관, 국제기구 등과 자료 교환, 국제협력 활동 등을 할 수 있다'고 규정하여 오늘날 초국경범죄의 증가나 국제공조수사의 필요성 증대 등 경찰환경의 변화에 대처하기 위하여 국제협력 활동의 법적 근거를 명시하고 있다.

2.12. 표준조치의 문제점

「경찰관 직무집행법」은 독일의 통합경찰법 모범초안에 비해 개별적 수권에 있어서도, 경찰의 직무로 규정된 위험방지를 위하여 필요한 처분의 요건과 한계를 충분히 규율하지 못하고 있다는 비판을 받고 있다. 경찰처분에 대한 특별수권의 확대는 일면으로는 특정분야에 대한 경찰권한을 확대하는 효과를 가져오지만, 이를 엄격한 요건하에서 인정하게 되면 오히려 한편으로는 경찰목적상의 필요에 부응하게 되고, 다른 한편으로는 경찰권의 남용으로부터 국민의 자유와 권리를 보호하는 긍정적 효과를 가져온다는 점에서 이에 대한 구체적 보완이 필요하다.

3. 특별경찰법상 개별적 수권규정에 근거한 경찰권 발동

위험의 방지 및 장해의 제거라는 경찰법상의 목적달성을 위한 행정권한의 발동은 일반경찰법 이외에도 수많은 특별법령에 근거하여 행하여진다. ① 집회 및 시위에 관한 법률, ② 건축법, ③ 식품위생법, 공중위생관리법, 직업안정법 등 영업경찰법령, ④ 도로교통법, 자동차관리법, 선박법, 선박안전법, 항공법 등 교통 안전 및 질서유지를 위한 법령, ⑤ 의료법, 약사법, 전염병예방법 등 보건관계법, ⑥ 폐기물관리법, 자연환경보전법, 수질 및 수생태계보전에 관한 법률, 대기환경보전법, 해양생태계의 보전 및 관리에 관한 법률 등 환경상 위험방지를 위한 법령 등이 특별행정법의 모든 영역에서 경찰권발동의 근거를 개별적으로 부여하고 있다.

Ⅲ. 일반조항(개괄조항)에 의한 경찰권 발동

1. 쟁 점

일반경찰법상 표준조치의 형식이든 아니면 특별행정법상의 개별적 수권조항의 형식이든 개별적 수권규정이 존재하는 경우에는 당해 법조문의 해석을 통하여 경찰권 발동의 근거에 관한 여러 법률문제를 해결할 수 있다. 그러나 개별적 수권규범이 존재하지 아니하는 예외적인 경우에 공공의 안녕 혹은 공공의 질서에 대한 위험을 방지 또는 제거하기 위하여 경찰권을 발동할 수 있도록 일반조항 내지 개괄조항을 규정하는 것이 허용되는지 여부, 또한 그것이 허용된다고 할 때 현행법상 그러한 일반조항이 존재하는지 등의 문제가 제기된다. 특히 현행법 해석론으로 「경찰관 직무집행법」에 일반수권조항에 해당하는 규정이 있는지 여부가 논란되고 있다.

이러한 문제들이 제기되는 것은 현행 경찰행정법이 이에 대한 명백한 규정을 두지 아니하였기 때문이다. 이는 공공의 안전, 질서에 대한 위험방지라는 경찰의 일반적 직무규정에 비추어 중요한 입법적 결함이라고 할 수 있다. 독일의 통일경찰법 모범초안이나 각 주의 경찰법처럼 일반수권조항을 명시적으로 규정하고 이를 통하여 경찰직무의 적절하고 효율적인 수행을 가능케 하는 동시에 그 요건과 한계를 명확히 함으로써 경찰권의 남용을 방지하는 것이 바람직하다는 견해가 지배적인 것도 바로 그러한 이유에서이다.[34]

2. 일반조항의 개념과 필요성

경찰법상 일반조항이란 경찰권 발동의 근거가 되는 개별적인 법률규정이 없는 경우, 경찰권발동의 일반적 보충적 근거가 될 수 있도록 일반적 위험방지 및 장해제거를 위한 포괄적 내용을 규정한 조항을 말한다. 이것은 경찰 및 질서 행정법상 권한규범의 특징으로서, 경찰이 공공의 안녕과 질서에 대한 구체적 위험의 방지를 위하여 필요한 모든 조치를 취할 수 있도록 해 준다.[35] 경찰법상 일반조항의 전형적인 예로는 독일연방 및 주의 통일경찰법 모범초안 제8조 제1항이 있다. 이에 따르면, 경찰은 초안 "제8조의a 내지 제24조에서 경찰의 직무권한으로 특별히 규정하지 아니하는 한, 공공의 안녕이나 질서에 대한 개별적 위험을 방지하기 위하여 필요한 조치를 취할 수 있다."[36] 우리나라 실정법상 이러한 규정의 존재여부

---

34) 일반수권조항의 문제와 관련하여, 이보다는 개별수권조항을 보완함으로써 일반수권조항의 문제점을 회피할 수 있다는 주장도 일리가 없지는 않지만, 예상되는 모든 위험과 그에 대처하는 데 필요한 모든 수단을 일일이 유형화하여 개별적으로 규정한다는 것은 입법기술상 불가능하므로 현실적인 대안이라고는 할 수 없다.

35) Götz, § 8 Rn.1.

는 논란되고 있다.

일반조항은 사회·경제·문화·과학기술의 발전에 따라 사회사정이나 가치관의 변화 그 밖에 입법자가 예측할 수 없는 위험의 발생 등을 고려할 때 그 필요성이 인정되며, 비단 경찰집행조치뿐만 아니라 경찰상 법규명령의 정립에 대해서도 적용된다. 즉 이를 근거로 추상적 위험이 존재할 경우 위험방지를 위한 법규명령을 통해 일반적 금지와 하명을 발할 수 있게 된다.[37] 일반조항은 위험방지에 있어 경찰권 발동을 위한 개별수권규정이 없는 경우 공백을 메우는 기능($\substack{\text{lückenausfüllende}\\\text{Funktion}}$)을 수행하며, 법률상 작위의무나 금지에 관한 규정이 있더라도 이를 곧바로 권한규범으로 볼 수 없기 때문에 그러한 경우 경찰권 발동의 근거를 보충해준다는 점에서 불완전 법($\substack{\text{lex}\\\text{imperfecta}}$)을 보충하는 역할을 수행한다.[38]

3. 일반조항의 내용 및 적용요건

경찰법상 일반조항에 근거하여 경찰권이 발동되기 위해서는 (1) 공공의 안녕이나, (2) 공공의 질서에 대한, (3) 위험이 존재하거나, 이미 (4) 장해가 발생하였어야 한다. 이미 언급한 바와 같이 이러한 일반조항은 다른 개별적 수권조항이 없는 경우에만 보충적으로 적용되며, 위 요건이 충족된 경우에도 경찰권발동의 조리(또는 일반법원칙)에 의한 한계에 따른 제한을 받는다.

3.1. 공공의 안녕

'공공의 안녕'이란, 국가의 법질서와 공공시설 및 개인의 생명·신체·재산·자유·명예 등에 어떠한 침해도 없는 상태를 말한다.[39] 그 내용은 법질서, 개인의 권리와 법익, 국가 그 밖의 공권력주체들의 존속과 제도 및 활동의 불가침성(^{Unverletzlichkeit}) 등이다.[40]

3.2. 공공의 질서

'공공의 질서'가 무엇을 의미하는지는 분명하지 않다. 참고로 '공공의 안녕'($\substack{\text{öffentliche}\\\text{Sicherheit}}$)과 '공공의 질서'($\substack{\text{öffentliche}\\\text{Ordnung}}$)라는 관념을 구분하는 독일 경찰행정법의 정의에 따르면, '공공의 질서'란, '통상적인 사회·윤리개념상 그 준수가 사회에서의 공동생활을 위하여 불가결한 것으로 인정되는 불문규범의 총체'를 말하는데, 이 규범은 가치개념의 표현일 뿐 법규범은 아니다.[41] 이

---

36) 독일 대부분의 주들이 이에 따른 일반조항을 두고 있다.
37) Götz, § 8 Rn.2; Schoch, Rn.52, S.170 등.
38) Schoch, Rn.57, 59, S.175-176.
39) K. H. Friauf, Polizei- und Ordnungsrecht, in: E. Schmidt-Aßmann(Hrsg.), Besonderes Verwaltungsrecht, 10.Aufl., 1995, S.119.
40) Schoch, Rn.66ff.

독일법의 개념은 우리 경찰행정법에서도 그대로 통용되고 있다.[42]

경찰법상 일반조항의 보호법익으로서 공공의 안전은 공공의 질서에 우선적용된다.[43] 한편 공공질서의 관념은 그 남용의 우려가 있고 사실상으로도 그 의미가 쇠퇴했으므로,[44] 공공질서에 대한 전통적인 정의는 폐기하고, 공공질서의 경우처럼 오늘날 그 적용영역에서 문제되는 특정한 법익들로 세분화시키는 것이 바람직하다는 것이 유력한 견해이다.[45]

3.3. 위험상황(Gefahrenlage)

3.3.1. 구체적 위험과 추상적 위험

경찰법상 일반조항은 앞서 본 보호법익들이 위험에 처해 있을 것을 전제로 한다. 위험의 개념은 자유보장적 기능($^{freiheitssichernde}_{Funktion}$)을 수행하고 위험방지임무를 수행하는 행정청의 침해개시 요건($^{Eingriffs-}_{schwelle}$)을 구성한다. 그것은 또한 공권력에 의한 기본권침해를 정당화하는 사유로도 작용한다. 경찰법상 위험(^{Gefahr})이란 공공의 안녕·질서에 대한 침해가 발생할 가능성, 말하자면 통상적인 사태 진전시 가까운 장래에 위에서 설명한 일반조항의 보호법익들에 대한 침해(^{Schaden})가 발생할 것으로 예상되는 충분한 개연성이 있는 상황을 말한다.[46] 경찰법상 위험은 그 침해 내지 손해발생의 가능성의 정도에 따라 다양하게 분류될 수 있으나, 학설은 위험을 크게 구체적 위험과 추상적 위험으로 나누고 있다. 구체적 위험이란 구체적인 개별 사안에서 그와 같은 위험, 즉 가까운 장래에 손해발생의 충분한 가능성이 존재하는 경우를 말하고, 추상적 위험이란 일반적인 생활경험이나 인식에 따라 (구체적) 위험이 발생할 가능성이 있다고 여겨지는 상황을 말한다.[47] 추상적 위험이란 개념의 존재이유는 그것이 위험방지 법규명령의 근거로 작용한다는 데 있다. 말하자면 입법권자가 예상한 장래의 사실관계로서의 위험을 추상적 구성요건으로 표현한 것이 추상적 위험이다.[48] 예를 들자면 A사의 버스는 안전벨트가 없어 구체적 위험이 있는 경우인 반면, 교통안전 관계법령의 규제대상으로 정해진 '안전벨트 없는 버스'는 추상적 위험이 있는 경우라 할 수 있다.

---

41) K. H. Friauf, Polizei- und Ordnungsrecht in: E. Schmidt-Aßmann(Hrsg.), Besonderes Verwaltungsrecht, 10.Aufl., 1995, S.119, 122-124.

42) 가령 김동희, 205.

43) F. Schoch, Polizei- und Ordnungsrecht in: E. Schmidt-Aßmann/F. Schoch(Hrsg.), Besonderes Verwaltungsrecht, 14.Aufl., 2008, S.178-179, Rn.65.

44) '공공의 질서'라는 용어를 일반적으로 폐기하거나(브레멘이나 슐레스비히-홀슈타인 주) (집행)경찰의 위험방지와 관련하여 일반조항의 보호법익에서 삭제한 경우(노르트라인 베스트팔렌 주)가 그러한 예이다. 한편 공공의 질서에 관한 독일의 학설동향에 대해서는 이기춘, "독일경찰질서법상 공공의 질서개념에 관한 논쟁의 개관과 평가", 토지공법연구 제30집, 2006.3을 참조.

45) Volkmar Götz, Allgemeines Polizei- und Ordnungsrecht, 14.Aufl., 2008, § 5 Rn.1-4.

46) Schoch, Rn.84; Götz, § 6 Rn.17.

47) Götz, § 6 Rn.19.

48) Götz, § 6 Rn.20.

경찰권의 발동을 정당화하기 위해서 어느 정도의 손해발생 가능성이 인정되어야 하는지는, 개별적 수권조항의 경우 개개 규정의 해석 문제지만, 일반조항을 근거로 경찰권을 발동하려면 구체적 위험이 존재하여야 한다.

3.3.2. 위험에 대한 인식: 오상위험, 외견상 위험, 위험혐의

경찰은 종종 불확실한 상황에 직면하게 된다. 그 결과 경찰법상 위험이 있는지 여부를 판단함에 있어 행정청이 인식한 사실과 실제로 존재하는 사실이 불일치하는 경우가 많다. 그와 같은 상황에서 경찰권 발동이 정당화될 수 있는지가 문제된다. 이와 관련하여 오상위험, 외견상 위험, 위험혐의 등 세 가지 경우를 검토해 볼 필요가 있다.

(1) 오상위험

오상위험($_{\text{Putativgefahr}}^{\text{Scheingefahr/}}$)이란 실제론 위험이나 위험혐의가 존재하지 않는 데도 행정청이 객관적인 주의의무를 다하지 못함으로써 위험이 존재하는 것으로 잘못 판단한 경우를 말한다. 오상위험에 기초하여 경찰권을 발동하는 것은 정당화될 수 없고, 따라서 경찰의 위험방지조치는 위법하게 된다.

(2) 외견상 위험

외견상 위험(^{Anscheinsgefahr})이란 실제로 위험이 존재하지 않음에도 불구하고 행정청이 위험이 존재하는 것으로 판단하였고, 행정청이 객관적 관찰자로서의 주의의무를 다하였더라도 마찬가지로 판단하였을 것으로 볼 수 있지만, 사후에 그러한 판단의 신빙성이 동요되거나 부정된 경우를 말한다.[49] 이 경우 경찰의 위험방지조치는 원칙적으로 적법하며, 비례원칙 등 경찰권 행사의 한계만이 문제된다. 외견상 위험이란 개념범주를 포착된 상황을 위험이나 위험혐의 어느 것으로도 볼 수 없다는 이유에서 이를 위험의 일종으로 볼 필요가 없다는 견해도 있다.[50]

(3) 위험혐의

위험혐의(^{Gefahrenverdacht})란 위험이 있다고 판단할 근거를 가지고 있으나, 그것이 불충분하고 따라서 위험이 존재하지 않을 수도 있다는 것을 경찰기관 스스로 알고 있는 경우를 의미한다. 이 경우 위험의 존재여부가 명백해질 때까지 예비적 조치로서 위험의 존재여부에 관하여 조사할 권한과 의무를 가진다. 그러나 위험혐의 존재만으로 위험방지조치로 나아가는 것은 허용되지 아니 한다.

---

49) 외견상 위험을 표현위험(이기춘, "경찰질서법상 위험개념 및 표현위험과 위험의 의심", 공법연구 제31집 제4호, 365) 또는 유사위험(정하중, "독일경찰법의 체계와 한국「경찰관 직무집행법」의 개선방향(상)", 사법행정 1994.2, 16)으로 부르기도 한다.

50) Götz, § 7 Rn.39. 이에 동조하면서도 오상위험과의 한계개념으로서 존재이유를 인정하는 Schoch, Rn.93-94를 참조.

3.3.3. 장 해

장해 또는 질서교란(^{Störung})이란 공공의 안녕 또는 질서에 대한 위험이 실현되어 손해가 이미 발생한 상태를 말한다. 손해발생의 가능성만으로도 경찰권이 발동될 수 있다고 한다면, 장해의 발생은 의당 경찰권발동의 충분한 근거가 된다. 장해는 장래에도 계속되는 위험을 의미하므로 당연히 위험개념 속에 포함되며 따라서 별도의 법률상 근거없이도 이를 제거하기 위한 경찰권발동이 가능하다고 볼 수 있다.[51]

4. 현행법상 일반조항의 인정여부

4.1. 쟁 점

현행 「경찰관 직무집행법」 제2조는 경찰의 직무범위를 규정하면서 제7호에서 "그 밖에 공공의 안녕과 질서 유지"를 직무의 하나로 규정하고 있고, 경찰법 제3조 역시 제7호에서 동일한 임무를 국가경찰에게 부여하고 있다. 이들 규정을 앞서 살펴 본 일반조항으로 인정할 수 있는지 여부가 논란의 대상이 되고 있다. 쟁점은 첫째, 「경찰관 직무집행법」 제2조 제7호($^{또한\ 경찰}_{법\ \S\ 3\ vii}$)를 경찰법상 일반조항으로 볼 수 있는지 여부, 둘째, 첫 번째 쟁점을 부정할 경우 경찰법상 개별적 수권조항 외에 일반조항을 도입할 필요가 있는지 여부, 셋째, 두 번째 쟁점인 법정책 문제와 관련하여 경찰법상 일반조항이 헌법상 용인될 수 있는지 여부, 세 가지이다. 학설도 대체로 세 갈래로 나뉜다.

4.2. 부정설

「경찰관 직무집행법」 제2조 제7호는 임무규정에 불과하며, 권한규정이 아니므로 이를 일반조항이라고 볼 수 없다고 한다. 또한 경찰권이 가지는 침해적·권력적 성격상 그 근거는 개별수권규정에 의해야 하고, 일반조항 방식에 의한 수권은 법치국가원리, 특히 명확성 원칙에 반하기 때문에 허용될 수 없다는 입장을 취하기도 한다(일반조항 위헌설). 학자에 따라서는 일반조항 합헌설에 동조하기도 하지만, 위 「경찰관 직무집행법」 제2조 제7호를 임무규정이라 보고 따라서 우리나라 실정법상 개괄적 수권조항이 존재하지 않는다고 보는 점은 공통적이다.[52]

---

51) Schoch, Rn.85.
52) 최영규, 경찰행정법, 법영사, 2005, 175; 이상규, 신행정법론(하), 법문사, 1994, 303; 박윤흔, 최신행정법강의(하), 박영사, 2004, 324-325 등. 박균성, 행정법강의, 제2판, 박영사, 2005, 1096, 1093 및 행정법론(하), 401-402는 일반조항이 법률유보 원칙에 반드시 반하는 것은 아니라고 하면서도 그 입법적 도입은 시기상조라고 한다. 반면 김철용, 행정법 Ⅱ, 제10판, 박영사, 2010, 275은 '경찰작용의 법률적 근거는 개별적 수권법규여야 하며 포괄적·일반적인 수권법규는 허용되지 아니 한다는 주장'이 원칙적으로 옳다고 하면서도 입법적 해결방안을 적극 검토할

4.3. 중간설

현행법상 일반조항은 존재하지 않지만, 그 필요성과 허용성은 인정하며 따라서 입법조치에 의해 일반조항의 신설이 필요하다고 보는 견해이다.[53] 이 견해는 사회의 발전과 기술의 진보라는 관점에서 일반조항의 필요성이 인정되고, 일반조항에 의하여 경찰권의 발동을 근거 짓는다고 하더라도, 법치주의원칙에 반하지 아니 하므로 일반조항 그 자체는 허용된다고 본다. 즉 일반조항에 의한 경찰권 발동은 개별적 수권조항에 대하여 보충적이고 예외적으로만 인정되고, 그것은 또한 반드시 "구체적 위험"이 발생한 경우에 예외적으로 적용되며, 그 요건으로 되어 있는 불확정개념에 대하여도 학설·판례에 의한 그 엄격한 해석론의 축적으로 남용가능성이 없고, 또한 당해 경찰권행사에 대하여는 비례원칙 등의 행정법의 일반원칙에 의한 통제가 가능하므로, 그것은 법치주의 원칙에 반하지 아니 한다고 한다.

이 견해는 경찰권발동의 근거는 조직법적 근거만으로는 부족하고 작용법적 근거가 필요하다는 것을 전제로, 「경찰관 직무집행법」 제2조와 경찰법 제3조는 모두 조직법상의 임무규정에 불과하며, 작용법상 권능규정이라고 볼 수 없기 때문에 현행법상 일반조항은 존재하지 않으며, 따라서 입법조치가 필요하다고 주장한다.

4.4. 긍정설

위 중간설과 같은 취지에서 일반조항의 필요성과 허용성을 인정하고, 또 경찰의 직무에 관한 「경찰관 직무집행법」 제2조 중, '공공의 안녕과 질서 유지'에 관한 조항을 권한규정이라고 보아 이를 개괄적 수권조항으로 해석한다. 따라서 현행법상으로도 개별적 근거 규정이 없을 때에는 이 조항에 의거하여 경찰권을 발동할 수 있다고 한다.[54] 그 밖에 「경찰관 직무집행법」 제2조 제7호의 개괄조항성을 인정하고 제5조를 개인적 법익보호를 위한 제2의 개괄수권조항, 제6조를 국가적·사회적 법익보호를 위한 제3의 개괄수권조항으로 보는 견해가 있다.[55]

필요가 있다고 서술하고 있어 그 입장이 분명치 않다.

53) 정하중, 행정법개론, 법문사, 2010, 1101; 홍정선, 행정법특강, 953-954; 동, 행정법원론(하), 1999, 254-255; 김동희, 행정법 Ⅱ, 209-210 등.

54) 김남진/김연태, 행정법(Ⅱ), 258; 유지태·박종수, 행정법신론, 938. 한편 장태주, 행정법개론, 제8판, 법문사, 2010, 1165에서는 「경찰관 직무집행법」 제2조를 직무규범이라고 보고 기본적으로 입법필요설이 타당하다고 하면서도, 개별적 수권조항이 없는 경우 보충적으로 직무규범인 위 제2조를 근거로 경찰권을 발동할 수 있다고 하여, 일관되거나 분명하지는 않지만, 결과적으로 긍정설에 동조하는 것으로 보인다.

55) 박정훈, 사권보호를 위한 경찰권 발동에 관한 연구, 치안연구소 연구보고서, 2001, 22-25, 28-31. 이에 대한 비판으로는 김동희, 같은 곳; 김철용, 행정법 Ⅱ, 제10판, 박영사, 2010, 275를 참조.

4.5. 판 례

이 문제를 직접 판단한 판례는 찾아보기 어렵다. 다만, '경찰관 직무집행법 제2조에 의하면 경찰관은 범죄의 예방, 진압 및 수사, 경비요인, 경호 및 대간첩작전 수행, 치안정보의 수집작성 및 배포, 교통의 단속과 위해의 방지, 기타 공공의 안녕과 질서유지 등을 그 직무로 하고 있는 터이므로 경상남도 양산군 도시과 단속계 요원으로 근무하고 있는 청원경찰관들이 피고인이 허가없이 창고를 주택으로 개축하는 것을 단속한 것은 그들의 정당한 공무집행에 속한다'고 판시한 것이 있어,56) 「경찰관 직무집행법」 제2조 제5호의 개괄조항성을 인정한 판례로 소개되지만, 비교적 오래된 판례이고 그 이유를 뚜렷이 밝히지 않아 취지가 명확하지는 않다.57)

4.6. 소 결

생각건대 경찰법상 일반조항은 현행 헌법상 허용될 뿐만 아니라 이를 입법적으로 도입할 필요성도 있다고 본다. 그러나 「경찰관 직무집행법」 제2조 제7호는 규정체계상 위치나 문언으로 보아 임무규정으로 보는 것이 자연스럽고, 따라서 경찰법상 일반조항으로 보기는 어렵다.58)

우선, 우리 헌법은 질서유지를 위한 국민의 자유와 권리의 제한은 법률로써만 하도록 제한하고 있어, 경찰권의 발동에는 반드시 법률의 근거가 있어야 하며, 그 경우 법률은 경찰의 임무규정만으로는 부족하고 경찰작용법상 권한규정이어야 한다. 이미 앞에서 경찰법상 임무규정과 권한규정을 구별하는 입장에 서는 이상, 「경찰관 직무집행법」 제2조 제7호는 (또는 경찰법 제3조 제7호는) 임무규정의 성질을 가진다고 보아야 하므로 이로부터 권한규정인 일반조항을 도출하는 것은 불가능하다. 그러나 권한규범에 의한 수권이 필요한 것은 침익적 처분, 특히 기본권침해를 가져오는 처분의 경우에 한하며, 임무규범은 개인의 권리, 특히 기본권을 침해하는 효과를 가지지 않는 경찰의 위험방지활동을 위해서는, 경우에 따라 법률유보의 원칙이 적용되어 법률의 근거가 필요한 경우가 있을 수 있지만, 충분한 법적 근거가 될 수 있다는 점, 요컨대 원칙적으로 침익적 효과를 가지는 경찰권 발동을 위해서만 권한규범에 의한 수권이 필요하다는 점을 재확인할 필요가 있다. 법률유보의 범위에 관해서는 학설상 논

---

56) 대법원 1986.1.28. 선고 85도2448,85감도356 판결.
57) 동지 정하중, 행정법개론, 2010, 1101. 정하중교수는 판례가 「경찰관 직무집행법」 제2조 제5호를 개괄수권조항으로 인정했다면 오히려 보충성의 원칙에 따라 위법건축물에 대한 시정조치를 규정한 구 건축법 제69조(현행 제79조)를 수권조항으로 보았어야 했을 것이라고 하면서, 판례는 위법건축물의 단속이 청원경찰의 직무범위에 속한다고 판시했을 뿐 단속조치가 구체적으로 어떤 수권규정에 근거했는지를 언급하지는 않았다고 지적한다.
58) 이로써 필자의 「경찰통합법에 관한 연구」, 치안연구소 연구보고서, 93-03, 196에서의 견해는 변경하기로 한다.

란이 있지만, 적어도 권력적·침익적 경찰작용은 법률의 근거가 필요하다는 점에 대해서는 이견이 없으므로, 그 경우 그리고 경우에 따라 법률유보의 원칙이 적용되어 법률의 근거가 필요한 경우에는 반드시 권한규정에 의한 수권이 필요하다고 본다. 그러나 그 밖의 다른 경우에는 임무규정, 즉 위「경찰관 직무집행법」제2조 제7호나 경찰법 제3조 제7호에 의거하여 경찰권을 발동할 수 있다고 본다.

둘째, 헌법 제37조 제2항에 따른 법률에 의한 수권은 원칙적으로 개별적·구체적인 것이어야 법치국가적 요청에 부합하지만, 경찰법상 일반조항을 위헌으로 보아야 할 이유는 없다고 생각한다. 독일의 경우 경찰법상 일반조항의 헌법적합성 문제는 더 이상 의문시되지 않고 있다.[59] 경찰법상 일반수권은 이미 수십년 이상 판례와 학설 발전에 따라 그 내용, 목적 및 범위와 정도가 충분히 구체화되었고 그 의미도 확실히 규명되었으며 법률적 언어관용상으로도 확고한 뿌리를 내렸기 때문에 헌법상 규범의 명확성 요청$\binom{\text{verfassungsrechtliche Anforderungen}}{\text{an die Bestimmtheit der Norm}}$에 부합하는 것으로 승인되어 왔다는 것이다.[60] 그것은 또한 기본권보장과도 부합하며 기본법상 법률유보의 요청도 잘 충족시키는 것으로 간주되고 있다.[61] 최근 법치국가적 근거(본질성이론)에 입각하여 비정형적 사태의 영역을 넘어서는 모든 경찰조치에 특별수권조항이 필요하다고 주장하는 견해가 유력하게 주장되어 왔으나,[62] 이러한 견해들은 자칫 새로운 공공안전의 개념과 공공안전을 위한 경찰조치의 발전을 어렵게 할 우려가 있다는 지적을 받고 있다.[63] 그와 같은 주장은 일반수권조항이 그 내용 자체(보호법익이나 위험)뿐만 아니라 널리 수범자들의 책임 요건과 비례원칙 등을 통해 법치국가적으로 보장되는 것이기 때문이다. 따라서 경찰권 발동의 근거를 원칙적으로 개별적 특별수권조항에 의하도록 하되, 보충적으로 일반수권조항에 의거하도록 하는 데 헌법적 문제는 없다.

셋째, 경찰법상 일반조항을 두는 것이 더 이상 불가피하다는 점을 직시할 필요가 있다. 경찰권 발동이 필요한 모든 사태를 미리 상정하여 법률에 개별적 수권조항을 마련해 두는 것은 현실적으로 불가능하며,[64] 아울러 새로운 위험에 대한 경찰법적 대응을 가능케 하기 위해 현실적으로도 일반조항의 필요성이 충분하고 또 더욱 더 절실해지고 있는 실정이다.

요컨대 경찰권 발동의 근거로서 일반조항의 필요성과 헌법적합성은 인정되지만, 「경찰관 직무집행법」제2조 제5호나 경찰법 제3조를 일반조항으로 볼 수 없으므로, 입법조치를 통해 경찰법상 일반조항을 도입하는 것이 바람직하고 또 필요하다고 본다.

---

59) BVerwGE 15,189,196; BVerfGE 54,143/144; Götz, § 8 Rn.8; Schoch, Rn.63, S.178 등.
60) Schoch, Rn.63, S.178.
61) Götz, § 8 Rn.8.
62) 가령 Pieroth/Schlink/Kniesel, § 7 Rn.20; Rachor, in: Lisken/Denninger, Rn.402, 789 등을 참조.
63) Götz, § 8 Rn.9.
64) Schoch, Rn.52, S.170.

제 2 관 경찰권의 한계

Ⅰ. 개   설

경찰권 발동이 상황적응성, 신축성을 기하기 위하여 행정청의 재량에 맡겨져 있는 경우가 많기 때문에 종래 경찰권의 한계를 조리상 한계라는 수준에서 다루어왔던 것이 사실이다. 우선 기존의 서술방식대로 경찰권의 조리상 한계를 검토해 보기로 한다.

Ⅱ. 전통적인 경찰권 한계 이론 – 경찰권의 조리상 한계

종래의 통설은 관계 법규상 경찰에 재량이 인정되는 경우에도 거기에는 조리상 한계, 즉 일정한 불문법원리에 의한 제한이 있다고 하면서 경찰권 발동의 한계원리로 소극목적의 원칙, 공공의 원칙, 비례의 원칙, 평등의 원칙 및 책임의 원칙 등을 들었다.

1. 경찰소극목적의 원칙

경찰권은 사회공공의 안녕·질서에 대한 위해의 방지·제거라는 소극목적을 위해서만 발동될 수 있고, 복리증진이라는 적극목적을 위하여서는 발동될 수 없다는 원칙이다. 이에 따르면, 경찰권이 소극목적을 넘어 적극적으로 사회의 복리증진 목적으로 발동될 경우 경찰의 한계를 넘어선 것으로 위법하다고 하게 된다. 다만, 개인의 행정의존성 증대로 특징지어지는 현대 행정의 상황변화에 따라 소극적 경찰작용과 적극적 복리증진이 서로 연계되거나 상호 수렴하고, 또 경계가 모호해지는 일이 빈발하여 원칙의 일관된 적용을 관철하기 어려운 경우도 많이 생긴다.

2. 경찰공공의 원칙

경찰권은 오로지 공공의 안녕·질서를 유지하기 위해서만 발동될 수 있고, 그와 직접 관계가 없는 사생활·사주소 및 민사상 법률관계에는 관여할 수 없다는 원칙이다.

2.1. 사생활불가침의 원칙

공공질서와 무관한 개인의 사생활에 경찰권을 발동하는 것은 허용되지 아니 한다는 원칙이다. 사생활불간섭의 원칙이라고도 부른다. 사생활의 범위는 사회통념에 따라 구체적으로 결정해야 하겠지만, 통상 일반사회생활과 교섭이 없는 개인의 생활이나 활동을 말한다고 할 수 있다. 다만 개인의 사생활도 미성년자의 음주·끽연이나 전염병 발생처럼 그것이 동시에 공공의 안녕·질서에 영향을 미치는 경우에는 경찰권 발동의 대상이 될 수 있다.

2.2. 사주소불가침의 원칙

사주소란 일반사회와 직접적 접촉이 없는 주거를 말한다. 개인의 주거용 가택뿐만 아니라, 회사·사무소·연구실 등도 포함된다. 그러나 경찰상 공개된 장소, 즉 흥행장·여관·음식점 등과 같이 일반공중이 자유로이 출입할 수 있는 장소는 사주소에 속하지 않는다.

사주소 안에서의 행동은 공공의 질서에 직접 영향을 미치지 않으므로 경찰권은 원칙적으로 관여할 수 없다. 공공장소에서는 금지된 행위일지라도 사주소 안에서는 개인의 자유에 속하는 것으로서 허용된다. 그러나 사주소 안에서의 행위도 여러 사람의 눈에 뜨이는 곳에서 함부로 알몸을 노출한 경우나 이웃을 시끄럽게 한 경우($\frac{\text{경범죄 처벌법}}{\S3 \text{①} \text{xxxiii, xxi}}$)에는 경찰권 발동의 대상이 된다.

2.3. 민사관계불간섭의 원칙

개인의 재산권 행사·친족권 행사·민사상 계약 등은 개인 사이의 사적 관계에 그치고, 그 권리의 침해나 채무의 불이행에 대해서는 경찰권이 관여할 수 없다는 원칙이다. 다만 민사상 법률관계라도 그것이 개인적 이해에 그치지 않고 공공의 질서에 영향을 미치는 경우에는 그 범위 안에서 경찰권 발동이 가능해진다. 암표 매매행위의 단속($\frac{\text{경범죄 처벌법}}{\S3 \text{②} \text{vi}}$)이나 미성년자에 대한 술·담배의 판매제한($\frac{\text{청소년보}}{\text{호법} \S28}$) 등이 그런 예이다.

3. 경찰책임의 원칙

3.1. 개 설

경찰권은 '경찰위반상태'($\frac{\text{Polizei-}}{\text{widrigkeit}}$), 즉 공공의 안녕·질서에 장해가 발생하거나 발생할 우려가 있는 경우, 그 상태 발생에 책임($\frac{\text{Verantwort-}}{\text{lichkeit}}$)이 있는 자, 즉 경찰책임자에 대하여만 발동할 수 있다는 원칙이다. 경찰책임이 없는 자에게는 긴급한 필요가 있고 법령에 근거가 있는 경우에만 경찰권을 발동할 수 있다.

소방기본법상 소방활동 종사명령과 강제처분 ● ● 소방기본법은 소방활동 종사명령과 강제처분에 관한 규정을 두고 있는데($\frac{\S\S 24-}{25}$), 이에 따르면, 소방본부장·소방서장 또는 소방대장은 화재, 재난·재해 그 밖의 위급한 상황이 발생한 현장에서 소방활동을 위하여 필요한 때에는 그 관할구역에 사는 사람 또는 그 현장에 있는 사람으로 하여금 사람을 구출하는 일 또는 불을 끄거나 불이 번지지 아니하도록 하는 일을 하게 할 수 있다($^{소방활동\ 종사명령}_{\S\ 24\ ①\ 제1문}$). 이 경우 소방본부장·소방서장 또는 소방대장은 소방활동에 필요한 보호장구를 지급하는 등 안전을 위한 조치를 하여야 한다($^{\S\ 24\ ①}_{제2문}$). 시·도지사는 이와같이 소방활동에 종사한 사람이 그로 인하여 사망하거나 부상을 입은 경우에는 보상하여야 하며($^{\S\ 24}_{②}$), 명령에 따라 소방활동에 종사한 사람은 시·도지사로부터 소방활동의 비용을 지급 받을 수 있으나, 다만, 소방대상물에 화재, 재난·재해 그 밖의 위급한 상황이 발생한 경우 그 관계인, 고의 또는 과실로 인하여 화재 또는 구조·구급활동이 필요한 상황을 발생시킨 사람, 화재 또는 구조·구급현장에서 물건을 가져간 사람의 경우에는 그러하지 아니하다($^{\S\ 24}_{③}$).

소방본부장·소방서장 또는 소방대장은 사람을 구출하거나 불이 번지는 것을 막기 위하여 필요한 때에는 화재가 발생하거나 불이 번질 우려가 있는 소방대상물 및 토지를 일시적으로 사용하거나 그 사용의 제한 또는 소방활동에 필요한 처분을 할 수 있고($^{\S\ 25}_{①}$), 사람을 구출하거나 불이 번지는 것을 막기 위하여 긴급하다고 인정할 때에는 제1항에 따른 소방대상물 또는 토지 외의 소방대상물과 토지에 대하여 처분을 할 수 있다($^{\S\ 25}_{②}$). 또한 소방활동을 위하여 긴급하게 출동하는 때에는 소방자동차의 통행과 소방활동에 방해가 되는 주차 또는 정차된 차량 및 물건 등을 제거 또는 이동시킬 수 있다($^{\S\ 25}_{③}$). 이러한 처분으로 인하여 손실을 받은 자가 있는 경우에는 시·도지사가 그 손실을 보상하여야 하며, 다만, 제3항에 해당하는 경우로서 법령을 위반하여 소방자동차의 통행과 소방활동에 방해가 된 경우에는 그러하지 아니하다($^{\S\ 25}_{④}$).

경찰책임의 원칙은 위험방지를 위한 하명과 금지 등 경찰권을 발동하려면 그 상대방에 경찰책임, 즉 경찰상 귀책사유가 있어야 한다는 원칙으로 가장 고전적인 법치국가 경찰법의 핵심요소를 이룬다.[65] 여기서 '책임'($^{Verantwort-}_{lichkeit}$)이란 손해배상책임의 '책임'(^{Haftung})과는 다르다.[66] 한편 독일에서는 통상 경찰책임자를 "질서교란자"(^{Störer})라고 부르는 경우가 있지만, 질서교란자만이 경찰책임을 지는 것은 아니므로, 이 또한 집회·시위의 자유라는 기본권을 행사한 사람들은 질서교란자가 될 수 없다는 주장만큼이나 잘못된 표현이라고 한다.[67]

3.2. 경찰책임자

경찰법은 개인의 주관적·내면적 심정과는 상관없이 그 생활범위 안에서 발생한 객관적·외면적 상태를 기준으로 경찰책임의 유무를 판단한다. 그리하여 그 생활범위 안에서 경찰위반상태가 생긴 이상, 그 상태 발생에 대한 고의·과실을 불문하고, 또한 자연인인지 법인인지를 가리지 아니 하고 그 생활범위를 지배하는 자가 경찰책임을 지게 된다. '자기의 생활범위'란 자기가 지배하는 사람과 물건의 전체를 말한다. 자신의 행위는 물론이고, 자기의

---

65) Götz, § 9 Rn.3.
66) 과거 독일 경찰법에서 책임을 경찰의무(Polizeipflicht)라고 부른 것도 바로 그 점과 무관하지 않다(Götz, § 9 Rn.3).
67) Götz, § 9 Rn.11.

지배범위에 속하는 타인의 행위 또는 물건의 상태가 경찰위반상태를 구성하는 경우에도 경찰책임을 진다.

3.3. 경찰책임의 종류

3.3.1. 행위책임·상태책임

경찰책임은 그 원인에 따라 행위책임($^{\text{Verhaltens-}}_{\text{verantwortlichkeit}}$)과 상태책임($^{\text{Zustandsverant-}}_{\text{wortlichkeit}}$)으로 나뉜다. 행위책임은 사람의 행위(작위·부작위)를 매개로 하여 경찰위반상태가 발생한 경우에 그에 대한 책임을 말한다. 행위자가 자신인지(행위자책임), 그가 지배하는 타인(지배자책임)인지를 불문한다. 행위책임은 과실의 유무를 불문하고, 당해 행위가 공공의 질서에 대한 위해의 원인이 되고 있다는 사실에 따라 성립하는 책임이다. 이 경우 그 행위와 공공질서에 대한 위해 사이의 인과관계, 즉 귀책(^{Zurechnung})의 기준이 문제된다. 이에 대해서는 다양한 학설이 대립하고 있으나, 결국 공공질서에 대한 위험 또는 장해의 직접적 원인이 되는 행위를 한 자만이 책임을 진다는 '위험 또는 질서교란의 직접적 원인제공 이론'($^{\text{Theorie der unmittelbaren Verursachung}}_{\text{der Gefahr oder Störung}}$)의 기준에 따라 귀책 문제를 해결해야 할 것이다.

위험에 대한 직접적 원인제공 이론 •• 이것은 독일의 경우 프로이센 고등행정법원($^{\text{preußisches}}_{\text{OVG}}$)에서 유래하는 확립된 판례와 지배적인 학설에 따른 이론이다. 이에 따르면 행위나 물건으로 직접 위험의 원인을 제공한 자만이 경찰책임을 지는 질서교란자라고 하게 된다. 반면 간접적인 원인제공자, 이른바 "동기유발자"(^{Veranlasser})는 경찰책임을 지지 아니 한다. 다만 예외적으로 목적적 동기유발자($^{\text{Zweck}}_{\text{Veranlasser}}$), 즉 객관적으로 볼 때, 자신의 행위로 위험(질서교란)에 대한 타인의 직접적 원인 제공행위를 목적적으로 유발시켰다는 관계가 인정되면 그 행위를 한 자가 경찰책임을 진다. 비근한 예로 어느 가게의 주인이 광고목적으로 쇼윈도우에 움직이는 인형을 전시하여 사람들의 주의를 끌고 그 결과 주위에 행인들이 몰려들어 교통의 장해가 생긴 경우, 이 장해의 직접 원인은 바로 행인들이지만 그 가게의 주인도 아울러 경찰책임을 진다. 왜냐하면, 그 가게 주인이 설사 주관적으로는 그런 상황을 의도하지 않았을지라도, 그의 행위를 통해 객관적으로 그러한 목적을 실현시켰기 때문이다. 여기서 관건은 주관적인, 내면적 태도가 아니라 객관적인 목적지배관계이다. 반면, 화가가 그림을 그리는 것을 보려고 주위에 사람이 모여들어 도로통행에 장해가 생긴 경우라면 그 같은 목적지배관계가 인정되지 않으며, 설사 화가에게 자기 주위에 관중을 모으려는 주관적 의도가 있었다 할지라도, 그와 같은 객관적인 관계가 성립하지 않는 한 그로 인한 책임을 지지는 않는다.[68] 상업적 또는 정치적 목적으로 공중을 끌어 모으는 자는, 공중 속에서 그리고 공중을 통해 행해지는 그 "행사"와 직접적인 관계에서 공공의 안녕과 질서의 교란을 초래하였고, 또 그것이 경험칙상 공중을 대상으로 한 행위의 비정형적인 결과가 아니라 필연적이고 전형적인 결과라고 인정될 때에는, 그로 인한 경찰법적 책임을 면할 수 없다.

---

68) Götz, § 9 Rn.19ff., S.70.

'직접적 원인제공 이론'에 있어 '직접성'($^{Unmittel-}_{barkeit}$)이란 기준은 극히 형식적이지만, 동시에 실질적인 가치평가를 수반한다. 즉, 직접성이란 위험한계를 넘어서는 지점을 특정해 주는 기준으로서, 법치국가적 관점에서 볼 때 위험의 최종 원인에 초점을 맞추지만 예외없이 최종 원인만을 직접성 인정근거로 삼는 것이 아니다. 위험발생의 원인과 관련된 행위나 물적 상태와 발생한 위험 사이에 밀접한 영향 및 책임관계($^{Unmittelbarkeit\ im\ Sinne\ eines\ engen\ Wirkungs-\ und\ Verantwortungszusammnenhanges}_{zwischen\ Verhalten\ oder\ Sachzustand\ einerseits\ und\ der\ Gefahr\ andererseits}$)가 성립하는 것만으로도 직접성을 인정하기 때문이다. 이러한 관계의 성립여부는 경찰법 외적인 법적 상황을 포함한 모든 사정을 포괄적으로 고려하여 가치평가적으로 판단해야 할 것이다. 그런 뜻에서 질서교란에 대한 직접적 원인제공자만이 경찰책임을 진다는 것은 법치국가적 관점에서 매우 중요한 의미를 지닌다. 가령 정부에 대해 항의하는 플래카드를 내걸고 사람들을 집결시키는 등의 방식으로 정치적 집회를 주최함으로써 자신의 기본권을 행사하는 사람들을 경찰법상의 조치들에 의해 방해해서는 아니 될 뿐만 아니라 그러한 집회를 실력을 행사하여 방해하려는 자들로부터 보호해야 한다. 그 경우 경찰권은 기본권을 행사하는 자를 불법적으로 방해하려는 사람들을 상대로 행사되어야 하며, 다시 말해서 일반적인 원인제공이론에 따르면 설사 자신의 행위로 간접적으로 질서교란의 동기를 유발했다고 볼 수 있을지라도 교란을 당하는 자가 아니라 어디까지나 그를 교란시키는 자를 상대로 명령이나 금지 조치를 취해야 한다는 것이다. 독일의 판례는 이 같은 경우와 이른바 목적적 동기유발자($^{sog.}_{Zweckveranlasser}$)의 경우를 분명히 구별한다.[69]

상태책임은 물건·동물의 소유자·점유자 기타 관리자가 그 지배범위에 속하는 물건·동물로 인하여 경찰위반상태가 발생한 경우에 지는 책임이다. 도로교통법상 위법공작물과 지상공작물 등 교통장해물 제거의무가 그 대표적인 예이다. 도로교통법은 제71조 제1항에서 도로의 위법공작물을 설치한 사람에게 위법행위 시정명령을 내리거나 위반행위로 인한 교통장해 제거명령을 내릴 수 있도록 하는 한편, 같은 조 제2항에서 그 사람의 성명·주소를 알지 못하여 이러한 조치를 명할 수 없는 때에는 스스로 그 공작물 등을 제거하는 등 조치를 한 후 이를 보관하도록 하고 있다. 또한 제72조 제1항에서는 경찰서장은 도로의 지상공작물이나 그 밖의 시설 또는 물건이 교통에 위험을 일으키게 하거나 교통에 뚜렷이 방해될 우려가 있는 때에는 그 공작물 등의 소유자·점유자 또는 관리자에게 그것을 제거하도록 하거나 그 밖에 교통안전에 필요한 조치를 명할 수 있도록 하고, 제2항에서 다시 공작물 등의 소유자·점유자 또는 관리자의 성명·주소를 알지 못하여 그와 같은 조치를 명할 수 없는 때에는 스스로 그 공작물 등을 제거하는 등 조치를 한 후 이를 보관하여야 한다고 규정하고 있다. 이 두 가지 경우 닳아 없어지거나 파괴될 우려가 있거나 보관하는 것이 현저히 곤란한 공작물 등은 매각하여 그 대금을 보관할 수 있도록 하고 있다.

3.3.2. 행위자책임·지배자책임

경찰책임을 그 책임자의 지위를 기준으로 행위자책임과 지배자책임으로 분류하기도 한다.

---

69) 이에 관해서는 Götz, § 9 Rn.18ff.를 참조.

행위자책임은 자기 스스로의 행위로 경찰위반상태를 발생시킨 자가 지는 책임을 말하며, 그 행위자가 자연인인지 법인인지를 가리지 않는다. 반면 지배자책임은 타인을 보호·감독할 지위에 있는 자(친권자·사용주 등)가 그 범위 안에서 지배자로서 피지배자의 행위로 인해 발생한 경찰위반상태에 대해 지는 책임을 말한다. 그 성질은 피지배자의 책임에 대한 대위책임은 아니고, 자기의 지배범위 안에서 경찰위반상태가 발생한 데에 대한 자기책임이다.

실례로 식품위생법은 제100조에 이른바 양벌규정을 두고 있는데, 이에 따르면, 법인의 대표자나 법인 또는 개인의 대리인, 사용인, 그 밖의 종업원이 그 법인 또는 개인의 업무에 관하여 일정한 법위반행위를 하면 그 행위자를 벌하는 외에 그 법인 또는 개인에게도 해당 조문의 벌금형을 과한다고 되어 있다. 다만, 법인 또는 개인이 그 위반행위를 방지하기 위하여 해당 업무에 관하여 상당한 주의와 감독을 게을리 하지 아니한 경우에는 양벌규정에 따른 책임을 지지 아니 한다. 종업원등이 위반행위를 한 동기를 불문하고 영업주가 책임을 지고 또 그가 그 위반행위를 방지하기 위하여 해당 업무에 관하여 상당한 주의와 감독을 게을리 하지 않은 때에는 면책되므로, 양벌규정에 따른 영업주의 책임은 일종의 지배자책임에 해당한다고 볼 수 있다.

3.3.3. 복합적 책임

이것은 경찰책임의 특수한 형태로서, 단일 경찰위반사실이 다수인의 행위 또는 다수인이 지배하는 물건의 상태에 기인하거나, 행위책임과 상태책임이 중복되어 발생한 경우의 책임을 말한다. 각개의 행위 또는 상태만으로는 경찰위반이 되지 않음에도 불구하고, 다수의 행위 또는 상태가 결합함으로써 하나의 사회적 장해를 야기하는 경우로서, 소량의 오수배출행위들이 집적하여 하나의 경찰위반상태를 형성하는 경우가 그런 예이다. 경찰행정청은 재량에 의하여 책임있는 자들을 선정하여 위험방지의무를 지울 수 있게 되는데, 그 경우 각개의 행위자 또는 지배자가 부담할 책임의 범위와 한도가 문제된다. 이것은 결국 경찰기관이 의무에 합당한 재량행사($_{pflichtmäßigem\ Ermessen}^{„Störerauswahl"\ nach}$)를 통해 해결해야 할 문제이며, 그 재량행사과정에서 위험방지의 효과성($_{Gefahrenabwehr}^{Effektivität\ der}$)과 형평성(^{Billigkeit}) 등을 고려해야 할 것이다.

3.4. 경찰책임의 승계

경찰책임은 그것이 행위책임이든 상태책임이든 일신전속적 성질을 가진다고 보는 것이 종래의 통설이었다. 이에 따르면 경찰책임자에 대한 처분은 실정법상 특별규정이 없는 한 승계인에 대해서는 효과가 없다고 하게 된다. 그러나 이 견해는 이미 오래전에 판례와 학설에 의해 또는 입법적으로 포기되었거나 수정되었다.[70] 행위책임과 상태책임으로 나누어 살펴보기로 한다.

3.4.1. 행위책임

행위책임의 경우 법률에 명문의 규정이 있거나 대체가능한 경우를 제외하고는 승계가 허용되지 않는다는 것이 통설이라고 한다.[71] 의무의 성격에 따라 승계가능성을 달리 판단해야 한다는 견해가 지배적이라고 서술하기도 한다.[72] 대체로 예방접종의 수인의무, 소음발생의 중지의무, 정보제공의 의무 등은 일신전속적 성격을 가지기 때문에 승계할 수 없지만, 도로 청소의무, 무단폐기 오염물질의 제거의무 등은 대체적 성격을 가지기 때문에 승계할 수 있다고 한다. 법률에 승계를 허용하거나 일정한 사유가 있을 경우 책임이 승계된다고 하는 명문의 규정이 있는 경우에는 그에 따르면 될 것이어서 문제가 없다. 다만 의무가 개인적 특성을 가진다고 하여 일반적으로 승계를 부정할 수 있는지는 의문이다.

이 문제와 관련하여 독일에서의 문제상황을 참조해 보는 것도 의미가 있을 것이다. 독일에서는 질서교란에 따른 제거의무를 지게 된 기업이 합병, 영업양도 등을 통해 포괄승계된 때에는 그 경찰상 의무 역시 승계된다고 한다. 이 점은 이 문제에 관한 기본판례($^{Grundsatzent-}_{scheidung}$)가 된 연방행정법원의 2006년 BVerwGE 125,325판결 이전에도 이미 인정되던 법리였다. 연방토양보호법(^{BBodSchG}) 제4조 제3항 제1호는 '유해한 토양변질 또는 폐기물방치(^{Altlast})의 원인을 제공한 자(^{Verursacher}) 및 그 포괄적 승계인, 토지소유자 및 토지에 대한 사실상의 지배력을 보유하는 자는 그 토지와 폐기물방치시설, 그리고 유해한 토양변질이나 폐기물방치시설을 통해 발생한 수질오염을 개인이나 공중에게 지속적으로 아무런 위험, 현저한 불이익이나 불편을 끼치지 않도록 정화하여야 한다'고 규정하고 있었다. 연방행정법원은 BVerwGE 125,325판결에서 기업이 그 회사법상 구조조정으로 종전의 의무를 면할 수 있게 된다면 이는 명백히 용납될 수 없는 일이라고 전제하면서, 유해 토양변질 또는 폐기물방치시설에 대한 행위책임을 포괄승계인에게 확장한 위 연방토양보호법 규정을 1999년 3월 1일 연방토양보호법이 발효되기 전에 발생한 유해토양변질 및 폐기물방치시설에 대해서도 적용된다고 해석하였다. 그동안 승인된 법상황에 비추어 볼 때 이 사건 판결에서 소급적인 의무의 강화는 문제되지 않았기 때문이었다.

한편 독일에서 행위책임에 따른 경찰의무가 상속인에게 승계되는지에 대해서는 논란이 있다. 과거에는 경찰의무가 고도로 일신전속적($^{höchstper-}_{sönlich}$)이어서 상속될 수 없다는 것이 사실상 지배적인 견해였으나 이러한 견해는 이미 오래전에 포기되었다고 한다. 1986년 당대를 풍미한 Drews/Wacke/Vogel/Martens의 경찰법교과서 제9판에서는 경찰의무의 상속가능성($^{Verer-}_{blichkeit}$)을 인정했으나 당시 통설은 이를 받아들이지 않았다. 그 이유는 행위책임에서 유래하는 의무를 포괄승계인에게 승계시키는 법률상 근거가 결여되어 있으므로 의무의 승계를 인정할 수 없다는 데 있었다. 2006년 연방행정법원은 위 BVerwGE 125,325판결에서 상속인에 대한 의무의 승계를 인정했다. 민법 제1922조 및 제1967조가 (직접 또는 유추적용에 의해) 그러한 의무승계의 근거로 원용되었다. 이로써 행위책임의 상속인에의 승계 여부에 관한 논란은 실무상 해결되었고, 연방토양보호법 제4조 제3항 제1호에 규정된 포괄승계인에 대한 언급이 결정적인 의미를 가지게

---

70) 상세한 것은 정하중, 행정법개론, 1120-1121을 참조.
71) 김철용, 행정법 II, 2010, 282.
72) 정하중, 행정법개론, 1121.

되었다.

　　그리고 행위책임을 지는 자에게 이미 행정행위가 발급되었다면 그 포괄승계인 역시 이에 그대로 구속된다고 한다.[73]

　「토양환경보전법」도 제10의4 제1항 제3호에서 명시적으로 정화책임의 주관적 범위를 특히 합병·상속 그 밖의 사유로 제1호 및 제2호에 해당되는 자의 권리·의무를 포괄적으로 승계한 자에게까지 확장하고 있다. 그 경우 행위책임은 바로 「토양환경보전법」 제10조의4 제1항에 따라 승계된다고 볼 수 있다. 다만, 토양오염이 발생한 토지를 양수할 당시 토양오염 사실에 대하여 선의이며 과실이 없는 경우에는 책임이 확장되지 아니한다($^{§\,10의4\,②}_{단서\,및\,iii}$).

　또한 대법원은 양도인에 대한 사유로 양수인에 대하여 영업정지처분을 할 수 있는지 여부에 대하여 "공중위생관리법 제11조 제5항에서 영업소 폐쇄명령을 받은 후 6개월이 지나지 아니한 경우에는 동일한 장소에서는 그 폐쇄명령을 받은 영업과 같은 종류의 영업을 할 수 없다고 규정하고 있는 점 등을 고려하여 볼 때 영업정지나 영업장 폐쇄명령은 모두 대물적 처분으로 보아야 할 것이므로, 양수인이 그 양수 후 행정청에 새로운 영업소 개설 통보를 하였다 하더라도, 그로 인하여 영업양도·양수로 영업소에 관한 권리·의무가 양수인에게 이전하는 법률효과까지 부정되는 것은 아니므로, 만일 어떠한 공중위생 영업에 대하여 그 영업을 정지할 위법사유가 있다면, 관할 행정청은 그 영업이 양도·양수되었다 하더라도 그 업소의 양수인에 대하여 영업정지처분을 할 수 있다"고 판시함으로써 영업장 폐쇄명령의 대물적 처분성을 근거로 그 이전가능성을 시인한 바 있다.[74] 이 판결은 행정제재적 처분을 받은 후 영업장을 양도하는 방법으로 행정처분의 효력을 면탈하여 행정처분을 받은 영업장에 대한 이권을 환수하거나 영업을 계속하는 관행을 근절시키기 위한 배경에서 나온 것으로서, 공중위생영업에 대한 행정처분을 대물적 처분으로 보고 그 이전성을 인정한 것이다. 이 문제는 2002년 8월 26일 공중위생관리법개정법률이 제11조의3을 신설하여 행정제재처분효과의 승계를 명문화함으로써 입법적으로 해결되었다. 이에 따라, ① 공중위생영업자가 그 영업을 양도하거나 사망한 때 또는 법인의 합병이 있는 때에는 종전의 영업자에 대하여 법 제11조 제1항의 위반을 사유로 행한 행정제재처분의 효과는 그 처분기간이 만료된 날부터 1년간 양수인·상속인 또는 합병후 존속하는 법인에 승계되고, ② 공중위생영업자가 그 영업을 양도하거나 사망한 때 또는 법인의 합병이 있는 때에는 법 제11조 제1항의 위반을 사유로 하여 종전의 영업자에 대하여 진행중인 행정제재처분 절차를 양수인·상속인 또는 합병 후 존속하는 법인에 대하여 속행할 수 있게 되었다.

---

73) 이에 관해서는 Götz, § 9 Rn.79-81을 참조.
74) 대법원 2001.11.9. 선고 2001두5064 판결.

문제는 이러한 법률상 명문의 근거가 없는 경우, 행위책임의 승계를 인정할 수 있는가 하는 데 있다. 다수의 학설이 지적하듯이 그 경우 경찰책임의 원칙에 의거하여 행위책임에 따른 경찰의무의 속성과 지위승계의 성질, 면책사유의 인정여부 등을 함께 고려하되, 경찰의무가 일신전속적이 아니고 그 승계가 포괄승계인 경우에는 원칙적으로 책임의 승계를 인정하는 것이 옳다고 본다. 또한 행위책임을 지는 자에게 이미 행정행위가 발급되었다면 그 포괄승계인 역시 이에 그대로 구속된다고 보아야 할 것이다. 한편, 위 대법원의 판례처럼 관계법조의 해석을 통해 영업 양수도에 있어 양도인의 위법행위를 근거로 양수인에 대하여 제재적 처분을 할 수 있다고 볼 여지도 없지 않지만, 법적 명확성과 예측가능성을 확보하기 위해 이를 관계법령에 명문화하는 것이 더 바람직할 것이다.

3.4.2. 상태책임

상태책임의 경우 그것이 물건의 상태와 관련된다는 점에서 승계가 원칙적으로 허용된다고 보는 것이 일반적이다.[75] 이에 따르면 무허가건물의 철거명령은 이를 취득한 승계인에 대해서도 그대로 효력이 있고, 따라서 새로운 철거명령 없이 대집행절차를 진행할 수 있다. 상태책임에 관한 한, 문제된 물건의 상태가 대체성, 즉 비일신전속성을 가지는 이상, 그 승계를 배제할 까닭은 없을 것이다. 그러나 경찰법상 상태책임이라고 하여 항상 대체성을 가지고 따라서 승계가능하다고 일반화할 수 있는지는 신중한 검토를 요한다. 이 역시 행위책임의 경우와 다름없이, 경찰책임의 원칙에 의거하여 책임의 속성과 지위승계의 성질, 면책사유의 인정여부 등을 고려하여 개별구체적으로 판단해야 할 문제라고 본다.

3.5. 경찰책임의 예외 – 경찰긴급권

경찰권은 경찰위반사실에 대한 직접 책임자에 대해서만 발동되는 것이 원칙이다. 그러나 여기에는 예외가 있다. 즉, 긴급한 필요가 있는 때에는 경찰책임이 없는 자에 대하여도 원조강제나 토지·물건 사용 등과 같은 경찰권 발동이 인정되는 경우가 있다.

제3자에 대한 경찰권 발동은 예외적인 경우이므로, 목전에 급박한 위해를 제거하기 위한 경우에 한하여, 그것도 법령상 근거가 있는 경우에만 인정된다. 그러한 예로 화재현장에 있는 자에 대한 소방서장 등의 소방활동 종사명령($\frac{소방기본법}{\S 24\ ①\ 제1문}$), 해양경찰서장 등의 수난구호업무 종사명령($\frac{수난구호법}{\S 7\ ①}$), 경찰관이 위험한 사태에 접하여 그 장소에 있는 자에게 위해방지상 필요한 조치를 하게 하는 것($\frac{경찰관\ 직무집행}{법\S 5\ ①\ iii}$) 등을 들 수 있다. 그러한 경우 제3자에게 발생한 손실은 귀책사유가 없는 한 보상하도록 되어 있다($\frac{소방기본법\ \S 24\ ②}{수난구호법\ \S 24}$).

---

75) 김철용, 같은 곳; 정하중, 같은 곳.

4. 경찰비례의 원칙

행정법의 일반원칙으로서 비례원칙은 원래 경찰법 분야에서 유래한 것임은 이미 앞에서 지적한 바 있다. 경찰비례원칙은 일반적으로 위험방지를 위한 경찰작용에 있어 추구하는 공익목적과 그로 인하여 제한·침해되는 개인의 자유·권리 사이에 적정한 비례관계가 유지되어야 한다는 원칙이다. 이 원칙에 따라 경찰권의 발동여부와 발동될 경우 그 정도와 방법과 관련하여 비례원칙을 구성하는 세 가지 요소에 따라 단계적으로 법적 통제가 이루어진다. 즉, 경찰권의 발동여부에 대한 결정 또는 그에 따른 조치는 위험방지라는 경찰목적의 달성에 적합한 것이어야 한다는 적합성(^{Geeignetheit})의 원칙, 적합한 복수의 조치들 중에서 상대방 개인과 일반공중에 대하여 최소한의 침해를 가져오는 조치를 택해야 한다는 필요성($^{Erforder-}_{lichkeit}$)의 원칙 또는 최소침해의 원칙($^{Grundsatz\ des}_{geringsten\ Eingriffen}$), 그리고 선택된 그 조치들도 그것을 통해 달성되는 공익이 그로 인한 상대방의 자유·권리에 대한 침해보다 클 때에만 허용된다(협의의 비례원칙).

「경찰관 직무집행법」은 '경찰관의 직권은 그 직무수행에 필요한 최소한도에서 행사되어야 한다'고 규정하여($^{§\,1}_{②}$), 경찰권 발동에 있어 비례원칙을 명문화하고 있다.

5. 경찰평등의 원칙

경찰권 발동시 상대방의 성별, 종교, 사회적 신분, 인종 등을 이유로 불합리한 차별을 해서는 안 된다는 원칙이다. 평등의 원칙은 헌법 제11조를 통해 헌법 수준으로 고양된 행정법의 일반원리로서 주로 권력적·침익적 작용을 내용으로 하는 경찰권 행사에 대해서도 당연히 적용된다.

Ⅲ. 전통적 경찰권한계론의 재검토

이제까지 검토한 경찰권의 한계에 관한 전통적 이론은 경찰법상 경찰재량에 대한 한계를 설정하여 경찰권의 행사에 있어 권력남용을 통제하고 국민의 자유·권리를 보호하려는 의도에서 비롯된 이론이라 할 수 있다. 전통적인 경찰권한계론이 그 기본이념에 있어서는 오늘날에도 여전히 타당성이 인정되는 이유이다. 그러나 최근 국내학계에서는 전통적 경찰권한계론의 이론적 재검토를 촉구하는 목소리가 점차 고조되고 있다.

쟁점은 크게 세 가지 방향에서 제기된다.

첫째, 전통적인 경찰권한계론은 결국 경찰재량의 한계론인데 일반행정법에서의 재량한계론과 본질적인 차이가 없고, 경찰재량한계에 관한 개개의 원칙들 역시 대부분 별도로 고찰해야 할 실익이 없으며, 비권력적 경찰작용에 그대로 적용되는지 의문이 있다는 점이 지적된다.

둘째, 전통적인 경찰권한계론은 경찰권 발동의 한계를 헌법과는 무관하게 조리상 원칙에서 구했다는 데 대한 비판이 제기되고 있다. 전통적 이론에서 강조하는 경찰권 한계원리들은 대부분 헌법으로부터 또는 적어도 헌법과 관련하여 도출되는 것이므로 이를 조리에 의해 근거지우는 것은 적절하지 못하다는 것이다.[76] 비례원칙이나 평등원칙은 비단 경찰법뿐만 아니라 헌법적 수준으로 고양된 행정법의 일반원리로 인정되고 있어 이를 독자적인 경찰권 한계원리로 고찰해야 할 이유가 없다.[77] 또한 경찰소극목적의 원칙 역시 경찰을 위험방지라는 소극목적을 위한 작용이라고 파악하는 한 그 목적위반의 금지로서 자명한 결과이고 그 자체 특별한 의미는 없다는 것이다.[78]

한편, 경찰공공의 원칙이나 경찰책임의 원칙도, 전자의 경우 사생활개입금지나 사주소불가침, 민사관계불간섭의 원칙은 결국 실정법상 법률의 근거에 따라 해결되는 문제로 환원되며, 후자의 경우에도 경찰책임자에 대한 개별 실정법의 규율 문제로 환원되는 문제이므로 이 원칙들을 경찰권의 한계에 관한 독자적 법리로 검토해야 할 실익이 있는지 의문이라고 한다.[79]

셋째, 전통적인 경찰권한계론은 위험방지라는 소극적 목적을 위한 경찰재량을 전제로 이를 제한하기 위한 것이었으나, 오늘날 경찰 개입의무라는 '경찰권의 적극적 한계' 문제가 더욱 더 중요성을 띠게 된 상황에서는 적실성이 줄어들었다는 비판이 제기된다.[80]

생각건대, 전통적인 경찰권한계론이 독일 경찰법의 일반조항을 전제로 경찰재량을 통제하려는 견지에서 전개된 이론임은 주지하는 바이고, 또 그러한 뜻에서 우리나라 경찰행정법에 대해서도 마찬가지로 적실성을 가진다고 볼 수 있는지 의문을 제기하는 것은 극히 당연한 일이다. 경찰권 발동의 근거와 관련하여 개별적 특별수권조항을 보완할 수 있는 보충적 근거로서 일반조항 문제를 법해석 및 입법론 수준에서 다루었다면, 경찰권 한계론은 이미 상당한 수준까지 진전된 경찰작용에 대한 법치국가적 규율을 전제로 법리를 재정립하는 단계에 이르렀다고 판단된다. 전통적인 경찰한계론에 대한 비판들은 대부분 공감할 수 있고 특히 경찰법상 일반조항이 없는 상황에서 특별한 의미를 부여하기도 어려운 것이 사실이지만, 그럼에도 불구하고 경찰한계론은 이를 통해 각 개별법상 특별수권조항이나 임무규정을 근거로 하여 수행될 수 있는 비권력적 작용과 관련하여 경찰에게 부여된 재량을 통제하기 위한 법리로서, 그리고 헌법원칙들이 경찰법에 침투하는 통로가 될 수 있다는 점에서 여전히 존재이유를 가진다. 더욱이 헌법적합성의 측면에서도 문제가 없고 입법론적으로도 바람직한 경찰상 일반조항의 도입이 이루어질 경우 경찰한계론이 새로운 지평을 얻게 될 것이다.

---

76) 한편, 김철용, 행정법 Ⅱ, 제10판, 박영사, 2010, 285는 조리상 원칙 가운데 헌법에서 도출될 수 없는 원칙도 있다는 점을 지적한다.
77) 김동희, 행정법 Ⅱ, 218-219.
78) 김철용, 같은 책, 284.
79) 김철용, 같은 곳.
80) 김철용, 같은 책, 285-286.

제 3 절 | 경찰행정의 법적 수단

제 1 관 개 설

경찰행정의 법적 수단, 즉 행위형식론은 일반행정작용법 통칙에서 검토한 것과 본질적으로 차이는 없다. 경찰행정법상 특기할 만한 점이 있다면, 이미 표준조치와 관련하여서도 살펴보았듯이, 경찰행정이 공공의 안녕과 질서유지를 위한 작용이라는 점에서 즉시강제와 같은 권력적·강제적 행위형식들이 상대적으로 더 광범위하게 사용되며 또 그러한 강제조치들이 행정상 의무의행을 확보하기 위한 수단이라기보다는 위험방지를 위한 법적 수단으로서 의미를 가지는 경우가 더 많다는 점 정도를 들 수 있을 것이다.

경찰행정의 행위형식으로는 권력적인 것과 비권력적인 것(행정지도, 비권력적 행정조사 등)이 있다. 한편, 경찰의 작용형식을 경찰하명(협의의 경찰하명, 법규하명)과 경찰허가로 구분하는 종래의 통설[1]이 행정법총론의 행위형식론에 비추어 혼란만 가중시켰을 뿐, 그 구별의 실익도 그리 크지 않았다고 비판하면서 경찰작용을 경찰명령·경찰처분 및 경찰허가로 구분하는 견해가 등장하고 있다.[2]

---

1) 이상규, 신행정법론(하), 신판, 법문사, 317이하; 김동희, 행정법 I, 제9판, 박영사, 204이하.
2) 김남진/김연태, 행정법 II, 제8판, 법문사, 277이하; 류지태, 행정법신론, 제7판, 765; 정남철, "경찰작용의 행위형식에 관한 재검토", 법제 570호(2005.6), 32-51.

제 2 관 경찰의 행위형식

Ⅰ. 경찰상 법규명령

경찰상 작위·부작위·수인·급부의 의무를 부과하는 법규명령을 제정, 시행함으로써 경찰목적을 달성할 수 있다. 통상 경찰법령은 경찰처분의 근거나 요건을 규정하는 데 그치고, 그에 의거한 처분이 있어야 비로소 구체적인 경찰의무가 발생하게 된다. 그러나 경찰법령 중에는 처분을 매개로 하지 않고 법령 규정 그 자체에서 직접 구체적인 의무를 발생시키는 경우에 해당하는 경우가 있다. 가령 「청소년보호법」 제28조에 의한 청소년에 대한 청소년유해약물 판매금지, 「도로교통법」 제37조에 따른 차량의 야간 등화의무 등이 그러한 예이다. 이러한 법령에 의한 경찰상 의무 부과를 법규명령에 의한 하명이란 의미에서 '법규하명'이라고 부르기도 한다.

한편 법령 중에는 일반추상성이 아니라 구체성과 개별성의 측면에서 직접 처분과 동가치적인 내용을 가지는 경우가 있을 수 있는데 이를 처분법규라고 한다. 이것은 법규명령 형식으로 개별구체적인 처분 또는 일반처분을 한 경우를 말한다. 처분법규는 형식에도 불구하고, 실질적으로는 행정행위의 성질을 가지므로 항고소송의 대상이 된다.

"법령의 효력을 가진 명령이라도 그 효력이 다른 행정행위를 기다릴 것 없이 직접적으로 또 현저히 그 자체로서 국민의 권리훼손 기타 이익침해의 결과를 발생케 되는 성질의 것이라면 행정소송법상 처분으로 보아야 할 것이요, 따라서 그에 관한 이해관계자는 그 구체적 관계사실과 이유를 주장하여 그 명령의 취소를 법원에 구할 수 있을 것이다."[3]

Ⅱ. 경찰하명

1. 경찰하명의 개념

경찰하명이란 경찰목적을 위하여 일반통치권에 의거하여 개인에게 특정한 작위·부작위·수인 또는 급부의무를 과하는 것을 내용으로 하는 행정행위를 말한다.[4] 법률에 의하여 직접적으로 국민에 구체적 경찰의무를 부과하는 경우인 경찰상 법규하명도 넓은 의미의 경찰하명에 포함되지만, 통상 경찰하명이라 하면 원칙적으로 좁은 의미, 즉 행정행위로서 경찰

---

3) 대법원 1954.8.19. 선고 4286行上37 판결.
4) 이상규, 행정법(하), 277; 박윤흔, 행정법(하), 317; 이명구, 행정법원론, 651.

하명을 말한다.

경찰하명은 명령적 행위라는 점에서 권리나 법률관계를 설정·변경·소멸시키는 형성적 행위와 구별된다는 점은 일반적인 하명의 경우와 다르지 아니 하다.

2. 경찰하명의 종류

경찰하명은 그 내용에 따라 작위하명·부작위하명·수인하명·급부하명으로 나뉜다.

2.1. 작위하명

적극적으로 어떤 행위를 행할 의무를 명하는 행위이다. 작위하명은 통상 특정인에 대하여 발하게 되지만(관계 장부 기타 물건의 제출 명령, 시설개수명령 등)이 원칙이나, 불특정다수인에 대한 것도 있다(도로교통법상 각종 교통신호나 수신호에 의한 명령).

2.2. 부작위하명

소극적으로 어떠한 행위를 하지 않을 의무를 명하는 행위로, 경찰금지라고도 한다. 경찰금지는 여러 기준에 따라 분류되는데, 가령 ① 효력을 기준으로 절대적 금지(위해식품등의 판매, 미성년자에 대한 주류판매 등)와 궁극적 허가를 유보한 상대적 금지(음식점 경영, 건축 등)로, ② 인적 범위를 기준으로 불특정다수인에 대한 금지(도로통행 금지)와 일정 업무에 종사하거나 일정한 지위에 있는 자 등 특정인에 대한 개별금지(무면허운전)로, ③ 모든 상황에 적용되는지 아니면 특수한 상황에만 적용되는지에 따라 무조건금지와 조건부 금지로 나뉜다.

2.3. 수인하명

수인의무, 즉 경찰권 발동에 따른 신체·재산·가택에 대한 제한을 감수하고 저항하지 않을 의무를 부과하는 행위를 말한다.

2.4. 급부하명

금전 또는 물품의 급부의무를 부과하는 행위를 말한다.

3. 경찰하명의 상대방

경찰하명은 특정인에 대하여 개별적으로 발하는 것이 보통이지만, 불특정다수인에 대하여 일반적으로 발하는 경우도 있다. 후자는 일반처분에 의한 경찰하명(위험도로의 통행금지, 전염병발생지역의 출입금지)이라 할 수 있다.

4. 경찰하명의 효과

4.1. 경찰의무의 발생

경찰하명의 효과는 특정 또는 불특정의 수명자에게 국가나 지방자치단체에 대한 관계에서 명령된 내용을 이행할 경찰의무를 지우는 데 있다. 그 의무를 이행하지 않을 경우 강제집행 또는 처벌 등의 제재가 따른다.

4.1.1. 경찰의무와 법률행위의 효력 등

경찰작용은 위험방지라는 견지에서 원래 자연적 사실이나 상태 또는 사람의 행위에 대하여 경찰위반상태를 제거하는 것을 목적으로 하기 때문에, 법률상 능력이나 법률행위의 효력의 제한 또는 박탈을 그 직접적 목적으로 하지는 않는다. 따라서 경찰하명에 위반한 법률행위(무허가영업행위)도 법령에 특별한 규정이 없는 한 사법상 효력까지 부인되지는 않는 경우가 많다. 그 경우 사법상 효력 유무는 원칙적으로 해당 행위에 적용되는 사법에 따라 결정할 문제이다.

반면, 경찰법상 적법한 행위라도 그것이 민법상 불법행위를 구성하여 그에 따른 책임을 발생시키는 경우도 있을 수 있다. 또한 경찰하명 자체의 효력으로 직접 법인을 창설하거나 소멸시킬 수는 없지만, 경찰의무 이행·불이행의 간접적 효과로 권리 등의 설정·제한·박탈, 법률행위의 효력의 발생·소멸, 법인의 해산 등과 같은 결과가 수반되는 경우도 있을 수 있다. 가령 우편법 제52조는 우편금제품을 우편물로서 발송한 자는 2년 이하의 징역 또는 500만원 이하의 벌금에 처하고 그 물건을 몰수하도록 하고 있는데, 우편금제품 발송금지의무 위반에 따라 그 물건이 몰수되어 소유권이 국가에 귀속되는 경우가 그 예이다.

4.1.2. 경찰의무와 제3자

경찰하명은 원칙적으로 경찰권의 주체인 국가나 지방자치단체에 대한 수명자의 경찰의무를 발생시키는 것이 주된 효과이지, 수명자의 제3자에 대한 의무를 발생시키는 것은 아니다. 따라서 수명자가 경찰의무를 이행하지 않더라도 국가는 강제집행을 하거나 경찰벌을 과할 수는 있어도, 제3자가 수명자에 대하여 경찰의무의 이행을 청구하거나 그 의무불이행을 불법행위 또는 채무불이행이라 주장하여 손해배상 등을 청구할 수는 없다.

4.2. 경찰하명 효과의 범위

경찰하명의 효과가 미치는 범위는 인적 범위와 지역적 범위로 나누어 볼 수 있다.

4.2.1. 인적 범위

경찰상 대물적 일반처분에 의한 하명은 그 대상을 불특정다수인으로 하지만, 행정행위에 의한 협의의 경찰하명의 대상은 특정인이 되는 것이 보통이다. 그러나 경찰하명의 내용에 따라 그 효과가 상대방에게만 국한되지 않는 경우도 있다.

(1) 대인적 하명

특정인의 주관적 사정에 중점을 두고 발하는 경찰하명으로, 그 상대방에 대해서만 효력을 미친다(예: 식물위생법상 영업허가정지처분).

(2) 대물적 하명

상대방의 주관적 사정에 따른 것이 아니라 특정물건이나 시설 등 물적 사정에 착안하여 발하는 하명으로 그 효과는 상대방에 국한되지 않고, 그 물건 또는 시설의 양수인·승계인 등에도 미친다. 위법건축물의 철거·개축 등의 명령($\frac{건축법}{\S79①}$)이 그 예이다.

(3) 혼합적 하명

경찰하명이 인적·물적 사정을 모두 감안하여 행하여진 경우 그 효과의 범위는 어느 요소에 더 중점이 있는지에 따라 구체적으로 판단해야 하지만, 그 상대방에 국한되는 것이 보통이다.

4.2.2. 지역적 범위

경찰하명의 효과가 미치는 지역적 범위는 다른 행정행위의 경우와 마찬가지로 당해 처분청의 관할구역 내에 그치는 것이 원칙이나, 법령의 규정에 의하여, 또는 그 처분의 성질상 (운전면허정지처분) 그 효과가 관할구역 밖에까지 미치는 경우도 있다.

4.3. 경찰하명의 위반

경찰하명의 상대방이 그 하명의 내용인 경찰의무(작위·부작위·급부·수인)를 이행하지 않는 경우, 그 이행을 확보하는 수단으로는 기본적으로 강제집행과 경찰벌, 두 가지가 있다.

먼저, 경찰의무자가 그 의무를 이행하지 않으면, 경찰상 강제집행으로 그 의무이행을 확보할 수 있다. 경찰상 강제집행수단으로 대체적 작위의무의 불이행에 대해서는 행정대집행법에 의한 대집행이 가능하지만, 금전급부의무의 불이행에 대해서는 일반법이 없고 다만, 국세징수법이 사실상 일반법적 기능을 하여 그에 따른 강제징수가 가능하며, 그 밖의 경찰상 의무 위반에 대하여는 경찰벌을 과하도록 규정하고 있는 것이 전부이다. 후자의 경우 경찰의무의 위반에 대해 경찰벌이 따른다는 심리강제를 통해 간접적으로 당해 경찰의무의 이행을 확보할 수 있다.

Ⅲ. 경찰허가

1. 경찰허가의 의의 및 성질

1.1. 경찰허가의 의의

경찰허가란 경찰법상 상대적·일반적 금지를 특정한 경우에 해제하여 적법하게 그 금지된 행위를 할 수 있도록 허용해 주는 행정행위를 말한다. 실정법상으로는 허가 외에 승인, 면허, 특허 등 여러 가지가 용어가 사용되고 있다.

경찰금지를 절대적 금지와 상대적 금지로 나눈다면, 절대적 금지는 허가의 대상이 될 수 없다. 반면 상대적 금지는 그 대상 행위 자체가 직접 공공의 안녕·질서에 대한 장해나 위험, 즉 경찰위반상태를 구성하지는 않지만, 행위자나 행위의 방법, 장소, 시기 등에 따라 경찰위반상태를 초래할 개연성이 인정될 때 부과되는 것이라고 할 수 있다. 경찰허가는 그러한 개연성을 전제로 해당 행위를 허용해도 공공의 안녕·질서에 장해나 위험이 초래될 우려가 없다고 판단되는 경우 발급된다. 경찰법은 경찰허가의 요건을 미리 정해 이를 충족시킨 경우 허가를 신청한 사람에 대하여 그 상대적 금지를 해제하여 당해 행위를 적법하게 행할 수 있도록 허용한다.

1.2. 경찰허가의 성질

종래 통설은 공익목적을 위하여 일반적·상대적으로 제한된 기본권적 자유를 다시 회복시켜 주는 행위라는 점에서 허가의 성질을 명령적 행위로 파악해 왔으나, '허가는 단순한 자연적 자유의 회복에 그치는 것이 아니라, 제한을 해제하여 적법한 권리행사를 가능케 하여주는 행위이므로 형성적 행위의 성질을 가지며, 이러한 점에서 허가와 특허의 구분은 상대화되어 가고 있다'는 반론이 제기되는 등 논란이 있다. 경찰허가의 법적 성질도 이와 동일한 궤에서 파악되며, 그 개념의 전제인 일반적·상대적 금지란 측면에서는 명령적 행위로서의 성질을 갖지만, 허가에 따른 금지의 해제란 실질적으로 사인에게 적법한 권리행사를 할 수 있는 법적 지위를 설정해 주는 효과, 즉, 형성적 효과를 가진다는 점을 무시할 수 없다. 따라서 경찰허가 역시 형성적 행위의 성질을 아울러 가진다고 보아야 할 것이다.

경찰허가가 기속행위인지 아니면 재량행위인지를 둘러싸고도 논란이 있으나, 허가는 형식적으로는 수익적 행위지만 실질적으로는 이미 헌법상 국민에게 인정되어 있는 일반적 행동자유권($\substack{\text{allgemeine} \\ \text{Handlungsfreiheit}}$)를 회복시키는 데 불과하다는 점에서 국가의 급부를 인정함으로써 시민의 권리영역을 확장시키는 수익적 행위의 본래적 유형과는 다르다. 허가의 거부는 형식적으로는 수익적 행정행위의 거부지만 실질적으로는 자연적 자유와 권리의 침해를 의미하게 된다는 점에서, 경찰허가는 법령에 특별한 규정이 없는 한 기속행위로 보아야 할 것이다.

2. 경찰허가의 형식 · 절차

경찰허가는 원칙적으로 개인의 신청에 따라 처분의 형식으로 발급된다. 서면에 의하는 것이 원칙이지만, 운전면허증 교부의 경우처럼 관계법령상 특별한 형식이 요구되는 경우도 있다. 경찰허가는 상대방의 신청에 따라 발급되는 것이 원칙이다. 예외적으로 경찰허가가 직권에 의하여 불특정다수인에 대하여 행하여지는 경우도 있다.

3. 경찰허가의 부관

경찰허가는 원칙적으로 기속행위이므로, 통설과 판례에 따를 때 주된 행정행위의 법적 효과를 제한하는 부관은 관계법에 명시적 규정이 없는 한 허용되지 않으며, 요건충족적 부관의 경우에는 예외라고 볼 수 있다. 물론 예외적으로 허가에 따라 재량성이 인정되는 경우가 있을 수 있고 그런 경우 다른 재량행위와 다름없이 부관을 붙일 수 있다.

4. 경찰허가의 효과

4.1. 경찰금지의 해제

경찰허가의 본질은 일반적 금지를 해제하여 당해 행위를 적법하게 할 수 있도록 허용해주는 데 그치고, 그 자체로 상대방에 새로운 권리나 능력을 설정해 주는 것은 아니다. 그러나 허가는 단순한 자연적 자유를 회복시켜 주는 데 그치지 아니 하고 헌법상 기본권 등 권리와 자유를 적법하게 행사할 수 있는 법적 지위를 설정하여 주는 행위이다. 경찰허가에 해당하는 각종 영업허가(음식점영업허가 등)에 의하여 새로운 영업권이 설정되는 것은 아니지만, 헌법상 영업의 자유권을 적법하게 행사할 수 있는 지위가 설정된다.

4.2. 경찰허가와 반사적 이익의 문제

경찰허가의 근거법령에서 허가의 요건으로 거래제한을 두는 경우가 있다. 가령 주유소 설치허가 요건으로 주유소간의 거리를 1,000미터로 규정한다든가 담배소매인지정을 하면서 기존 점포와 일정한 거리를 띄우도록 하는 것이 그 예이다. 이러한 거리제한 규정에 따라 그 거리 안에서는 새로운 업자가 허가를 받을 수 없게 되어 기존의 업자가 독점적 이익을 누리게 되는데, 그 독점적 이익의 성질 여하가 문제된다.

종래 경찰허가를 자연적 자유의 회복으로 보는 입장에서는 그러한 이익은 법적 권리가 아니라 반사적 이익으로 보았으나, 이것은 어디까지나 관계법규정의 해석에 따라 판단해야 할 문제이다. 가령 관계법에서 거리제한규정을 둔 취지가 전적으로 공익적 고려에 따른 것이라고 판단될 경우에는 그 이익을 반사적 이익으로 보게 되겠지만, 그 목적과 취지가 기존업자의 영업상 이익도 아울러 보호하려는 데 있다고 해석된다면 이는 반사적 이익이 아니라 법적으로 보호되는 이익 내지는 권리라고 보아야 할 것이다.

4.3. 경찰허가와 다른 법률관계

경찰허가는 관계법상의 경찰금지를 해제함에 그치고, 다른 법률상의 경찰금지 기타 다른 목적을 위한 금지나 제한을 해제하는 것은 아니다. 가령 공무원이 영업허가를 받아도 공무원법상 영리행위 금지가 해제되는 것은 아니다.

4.4. 경찰허가와 법률행위의 효력

경찰금지는 그 대상이 법률행위인 경우에도 경찰목적을 위해 이를 금지하는 것이므로, 사법상 법률행위의 효력에 영향을 미치지는 않는 것이 원칙이다. 가령 무허가음식점의 영업행위처럼 허가대상 행위를 허가 없이 한 경우, 경찰법 위반으로 경찰상 강제집행이나 경찰벌의 대상은 되지만, 그 사법상 효력에는 영향이 없는 것이 원칙이다.

5. 경찰허가의 갱신

종기가 있는 기한부 허가는 종기의 도래로 효력을 상실하지만, 기한 갱신이 허용되어 있는 경우에는 새로이 경찰상 장해 발생을 우려할 만한 사정이 없는 한 허가를 갱신해 줄 기속을 받는다는 것이 통설이다. 물론 그 경우 허가의 갱신은 새로운 경찰허가가 아니라, 기존의 경찰허가를 전제로 그 효과를 계속시키는 행위이다.

경찰허가의 갱신이 인정되는 경우, 종기 도래 전 기한갱신의 신청을 했으나 종기가 지난 후에 허가갱신이 거부된 경우, 그 경찰허가의 효력에 관해서는 논란이 있으나, 일단 종기가 지나면 경찰허가의 효력은 소멸하는 것으로 보아야 하며, 다만, 허가에 붙은 기한이 그 허가된 사업의 성질상 부당하게 짧은 경우에는 그 기한을 허가 자체가 아니라 허가조건의 존속기간으로 본다는 것이 판례이므로, 허가갱신이 거부된 시점부터 장래에 향하여 경찰허가의 효력이 소멸된다고 볼 수 있을 것이다. 참고로 그와 같은 경우, 허가기간 연장을 위해서는 그 종기 도래 이전에 연장에 관한 신청이 있어야 한다고 판시하였다.

"일반적으로 행정처분에 효력기간이 정하여져 있는 경우에는 그 기간의 경과로 그 행정처분의 효력은 상실되고, 다만 허가에 붙은 기한이 그 허가된 사업의 성질상 부당하게 짧은 경우에는 이를 그 허가 자체의 존속기간이 아니라 그 허가조건의 존속기간으로 보아 그 기한이 도래함으로써 그 조건의 개정을 고려한다는 뜻으로 해석할 수는 있지만, 그와 같은 경우라 하더라도 그 허가기간이 연장되기 위하여는 그 종기가 도래하기 전에 그 허가기간의 연장에 관한 신청이 있어야 하며, 만일 그러한 연장신청이 없는 상태에서 허가기간이 만료하였다면 그 허가의 효력은 상실된다."[5]

6. 경찰허가의 효과의 범위

경찰허가의 효과의 범위도 경찰하명과 같이 일정한 인적 · 지역적 한계가 있다.

6.1. 인적 범위

6.1.1. 대인적 허가

의사면허, 운전면허 등과 같이 특정인의 주관적 · 일신전속적 능력이나 속성, 사정을 토대로 발급하는 허가이다. 따라서 허가의 효과는 엄격하게 허가를 받은 자에 국한되고 이전 또는 상속될 수 없다.

6.1.2. 대물적 허가

대물적 허가란 건축허가나 공중목욕탕업허가처럼 물건이나 업소의 구조 · 성질 · 설비 등 객관적 · 물적 사정을 기준으로 발급하는 허가를 말한다. 그 효과는 허가대상 물건이나 업소 등의 양수인 · 상속인에 대하여도 미친다.

6.1.3. 혼합적 허가

혼합적 허가란 인적 요소와 물적 요소를 동시에 고려하여 발급하는 허가로서, 「총포 · 도검 · 화약류 등 단속법」 제6조 및 제7조에 의한 총포 · 도검 · 화약류등의 판매업 허가처럼 허가여부를 시설기준과 인적 결격사유에 따라 결정하는 경우가 그 예이다. 허가의 이전이나 상속에 대해 경찰관청의 허가를 받도록 규정하고 있는 경우도 있다. 이 경우 허가관청의 심사대상은 양수인이나 상속인의 인적 사항 즉 인적 요소의 적부에 한정된다.

6.2. 지역적 범위

경찰허가의 효과는 원칙적으로 당해 경찰관청의 관할구역에 한정된다. 따라서 중앙관청에 의한 허가는 전국에, 지방관청에 의한 허가는 그 관할지역에 그 효과가 미치게 된다. 그러나 법령에 규정이 있는 경우, 또는 허가 대상 행위가 성질상 허가관청의 관할구역 내에 한정시킬 것이 아닌 경우(예컨대 자동차운전면허)에는 허가관청의 관할구역 밖에까지 미치게 된다.

---

5) 대법원 2007.10.11. 선고 2005두12404 판결.

제 4 절 │ 경찰행정의 실효성확보

제 1 관   경찰강제

경찰강제란 경찰목적을 위하여 개인의 신체·재산·가택 등에 실력을 가하여 경찰상 필요한 상태를 실현하는 사실상의 작용을 말한다. 그 종류로는 경찰상 강제집행과 즉시강제가 있으며, 종래 즉시강제로 일괄적으로 취급되던 작용 중 일부를 경찰조사로 분리하여 검토하는 것이 일반적 경향이다.

「경찰관 직무집행법」은 경찰상 행정행위의 이행을 확보하기 위한 경찰강제수단에 관한 규정을 결여하고 있다. 따라서 경찰목적을 달성하기 위한 실효성 확보수단으로 대집행·직접강제·집행벌 등 경찰상의 강제수단에 대한 규정을 마련할 필요가 있다.

Ⅰ. 경찰상 강제집행

이것은 경찰의무의 불이행에 대하여 강제적으로 의무를 이행시키거나 그 의무이행이 있었던 것과 같은 상태를 실현하는 작용이다. 경찰상 강제집행의 수단으로서는, 행정상 강제집행에 관한 일반법인 행정대집행법에 의한 대집행이 있으나, 금전급부의무에 대하여는 일반법이 없고, 국세징수법에서 체납처분절차에 관한 규정을 두고 있다.

Ⅱ. 경찰상 즉시강제

경찰상 즉시강제란 목전에 긴박한 장해를 예방 또는 제거하여야 할 필요가 있으나 미처 의무를 명할 시간적 여유가 없을 때에, 상대방의 의무불이행을 전제로 하지 아니하고 경찰기관이 직접 개인의 신체 또는 재산에 실력을 가하여 경찰상 필요한 상태를 실현하는 작용을 말한다.

이에 관하여는 개별법에서 구체적인 규정을 두고 있고, 그 밖에는 「경찰관 직무집행법」이 일반적으로 규정하고 있다.

제1편 제2편 제3편 제4편 제5편 특별행정법

Ⅲ. 경찰조사

1. 개 념

경찰조사의 개념은 행정조사를 상위개념으로 하여 파악할 수 있다. 먼저, 행정조사란 '행정기관이 정책을 결정하거나 직무를 수행하는 데 필요한 정보나 자료를 수집하기 위하여 현장조사·문서열람·시료채취 등을 하거나 조사대상자에게 보고요구·자료제출요구 및 출석·진술요구를 행하는 활동'을 말한다(행정조사기
본법 § 2 1). 경찰조사란 행정조사 중에서 경찰기관이 경찰목적과 경찰활동을 위하여 필요로 하는 각종의 정보와 자료를 수집하는 활동을 말한다.

2. 법적 근거

경찰조사는 사실행위라는 점에서 경찰상 즉시강제와 공통점이 있으나, 경찰조사는 반드시 권력적 조사(강제조사)에 국한되지는 않는다.

권력적 조사를 위해서는 법률의 근거가 필요하며, 특히 권한규범에 의한 뒷받침이 필요하다. 다만 경찰조사에 관해서는 경찰법령에 특별한 규정이 없는 경우에는 행정조사기본법이 적용된다(§ 3).

경찰조사에 관하여는 「경찰관 직무집행법」과 행정조사기본법, 그 밖에 각 개별법 등에서 규정을 두고 있다.

3. 경찰조사의 수단

「경찰관 직무집행법」은 경찰조사의 수단으로 제3조에서 불심검문, 제8조에서 사실 확인, 출석요구 등을 규정하고 있다. 이러한 대인적 조사 외에도 제7조 제2항 및 제3항에 따른 건물출입과 수색에 의한 대가택 조사가 허용되고 있다. 그 밖에도 분야별 각 단행법들이 경찰조사를 위한 특별수권조항을 두고 있다. 상세한 내용은 표준조치에 관한 설명을 참조하기 바란다.

제 2 관 경 찰 벌

Ⅰ. 의   의

경찰벌이란 경찰법의 의무위반에 대한 제재로서 일반통치권에 의거하여 과하는 벌을 말한다. 경찰벌을 과하는 대상이 되는 경찰의무위반행위를 경찰범이라 부른다.

경찰벌은 경찰의무(주로 부작위·수인의무)의 위반에 대한 제재라는 점에서 경찰의무 불이행의 경우 그 이행확보를 위한 수단으로 투입되는 경찰강제와 구별된다. 그러나 경찰벌도 의무위반에 대하여는 제재가 가하여진다는 일종의 심리적 압박에 의한 심리강제를 통해 경찰의무의 준수를 확보하는 의미를 가진다.

Ⅱ. 경찰벌의 근거

경찰벌은 죄형법정주의에 따라 반드시 법률에 근거가 있어야 한다. 다만 법률에서 구체적으로 범위를 정하여 위임한 경우에는 행정입법으로 그 근거를 정할 수 있다. 지방자치단체의 경우 법령의 범위 안에서 그 사무에 관하여 조례를 제정할 수 있고, 법률의 위임이 있는 경우 그에 따라 벌칙을 정할 수 있으며, 조례를 위반한 행위에 대하여 조례로써 1천만원 이하의 과태료를 정할 수 있다($^{지방자치법}_{\S\S\ 22,\ 27}$).

Ⅲ. 경찰벌의 종류

경찰벌은 그 내용에 따라 경찰형벌과 경찰질서벌로 나누어진다. 경찰형벌은 형법상 형벌로서, 원칙적으로 형법총칙이 적용되나 관계법에 특별한 규정이 있는 때에는 그에 따른다($^{형법}_{단서\ \S\ 8}$). 경찰질서벌은 경찰의무의 위반에 대한 제재로서 형법상의 형벌이 아닌 벌, 즉 과태료를 과하는 경찰벌로서 이에 대해서는 형법이 적용되지 않는다.

Ⅳ. 경찰벌의 과벌절차

1. 경찰형벌의 과벌절차

경찰형벌의 과벌절차는 일반형벌과 같이 원칙적으로 형사소송법이 정하는 바에 따라 법

원의 선고에 의하여 진행된다. 다만 조세범·관세범·출입국관리사범 등에 대한 벌금이나
과료는 통고처분으로 과하고, 10만원 이하의 벌금·구류 또는 과료는 즉결심판으로 과할 수
있다.

2. 경찰질서벌의 과벌절차

경찰질서벌의 과벌절차는 경찰관계법에서 과벌절차를 직접 정한 경우가 있다. 경찰관계법
에서 정한 규정 중 「질서위반행위규제법」의 규정에 저촉되는 것은 「질서위반행위규제법」이
정하는 바에 따른다($^{\S\,5}$). 즉, 행정기관이 과태료를 부과하고($^{\S\,17}_{①}$), 이의제기 없이 납부기한 내
에 과태료를 납부하지 아니 하면 국세·지방세 체납처분의 예에 따라 징수하며($^{\S\,24}_{③}$), 이의제
기가 있으면 법원에 통보되고($^{\S\,21}$), 법원에서 하는 과태료 재판은 이유를 붙인 결정으로써 하
도록 되어 있다($^{\S\,36}_{①}$).

한편 지방자치법 제27조는 조례를 위반한 행위에 대하여 조례로써 1천만원 이하의 과태
료를 정할 수 있도록 하고 있어 해당 조례에 따라 과태료 부과가 이루어진다.

제 5 절 │ 경찰행정과 권리구제

제 1 관 개 설

경찰권의 행사 또는 불행사로 손해 또는 손실이 발생한 경우 그 구제수단으로 행정상 손실보상과 손해배상제도를 이용할 수 있고, 경찰권의 행사 또는 불행사와 관련하여 경찰행정기관의 위법·부당한 처분등에 불복하여 다툴 수 있는 수단으로 행정심판과 행정소송이 있다. 이러한 경찰행정법상 구제제도에 관해서는 행정구제법 부분에서의 설명이 그대로 타당하다. 여기서는 경찰권 행사와 관련하여 특히 중요한 사항만을 다루어 보기로 한다.

제1편 제2편 제3편 제4편 제5편 특별행정법

제 2 관 금전적 구제

I. 손해배상

1. 경찰권 행사와 손해배상

경찰공무원의 직무상 불법행위로 손해를 받은 국민은 국가배상법 제2조에 따라 국가 또는 공공단체에 정당한 배상을 청구할 수 있다. 이 경우 가해자가 경찰기동대와 같은 집단인 경우에는 가해자를 특정할 필요는 없다고 보는 것이 판례의 입장이다. 독일 손해배상법상 '조직과실'($^{Organisations-}_{verschulden}$)의 법리를 원용한 결과라고 볼 수 있다.

2. 경찰권의 불행사와 손해배상

경찰권의 불행사로 인하여 손해가 발생한 경우에 그 손해의 배상을 청구할 수 있는지 문제된다. 이 문제는 당해 경찰작용의 성질에 따라 경우를 나누어 검토해 보기로 한다.

관계법령상 당해 경찰권의 발동이 기속되어 있는 경우, 즉 기속행위인 경우 그 불행사는 위법한 것이 되므로, 해당 경찰공무원의 과실이 인정되면 국가는 그에 따른 손해를 배상할 책임을 지게 된다. 반면 당해 작용이 재량행위인 경우에는 그 행사나 불행사는 재량의 내적·외적 한계를 넘지 않은 이상 부당할지언정 위법한 것은 아니다. 예외적으로 재량권이 영으로 수축되어 경찰권의 발동만이 의무에 합당한 재량권의 행사로서 인정되는 경우, 즉 재량권의 영으로의 수축이 인정되는 경우에는, 그 불행사는 위법한 것으로 국가배상책임을 성립시킨다.

> ⚏ **경찰의 권한 불행사와 국가배상책임**
>
> "「경찰관 직무집행법」 제5조는 경찰관은 인명 또는 신체에 위해를 미치거나 재산에 중대한 손해를 끼칠 우려가 있는 위험한 사태가 있을 때에는 각 호의 조치를 취할 수 있다고 규정하여 형식상 경찰관에게 재량에 의한 직무수행권한을 부여한 것처럼 되어 있으나, 경찰관에게 그러한 권한을 부여한 취지와 목적에 비추어 볼 때 구체적인 사정에 따라 경찰관이 그 권한을 행사하여 필요한 조치를 취하지 아니하는 것이 현저하게 불합리하다고 인정되는 경우에는 그러한 권한의 불행사는 직무상의 의무를 위반한 것이 되어 위법한 것이 된다."[1]

---

1) 대법원 1998.8.25. 선고 98다16890 판결.

Ⅱ. 손실보상

적법한 경찰권의 행사로 사인에 손실이 발생한 경우 그에 대한 보상이 인정되는지 문제가 된다. 이에 대해서는 원칙적으로 손실보상은 불가능하다는 입장이 지배적인 것으로 보인다. 경찰권은 공공의 안녕질서에 대한 장해를 발생시킨 자에 대해 발동되는 것이므로, 그 한도 내에서 그에 따른 손실은 당연히 수인되어야 한다고 볼 수 있기 때문이다. 그러나 경찰책임이 없는 자에 대한 경찰하명으로 인하여 발생한 손실이나 경찰책임자에 대한 경찰하명으로 인한 손실이라도 통상의 수인한도를 넘는 손실에 대해서는 원칙적으로 보상을 인정해야 할 것이다.

경찰권을 발동한 결과, 경찰상 장해를 유발한 자에게는 그 비용을 상환하도록 하고, 반대로 비경찰책임자에 대하여는 오히려 그 손실을 보상해 주어야 할 필요가 있다. 그러나 「경찰관 직무집행법」은 책임없이 손실을 입거나 책임범위를 넘어 손실을 입은 자에 대한 손실의 보상은 인정하고 있으나($^{\S\,11}_{의2}$), 경찰상 장해를 유발한 자에 대한 비용 상환이나 구상 등에 관한 규정은 두지 않고 있다. 반면 범인 또는 범인의 소재를 신고하여 검거하게 한 사람이나 범인을 검거하여 경찰공무원에게 인도한 사람 등 공로자에 대해서는 제11조의3에서 보상금을 지급할 수 있도록 법적 근거를 마련하고 있다.

제 3 관 행정쟁송

I. 경찰권 행사와 행정쟁송

경찰권 행사의 일환으로 행해진 조치가 위법·부당하고 동시에 행정심판법 또는 행정소송법상 처분에 해당한다면 행정쟁송(행정심판·행정소송)을 제기하여 그 취소 등을 구할 수 있음은 당연한 결과이고 경찰작용이라고 해서 예외는 아니다. 사실 경찰작용은 권력적 조치에 의존하는 경우가 많아서 처분성 인정에는 큰 어려움이 없을 것이지만, 경찰재량이 광범위하게 인정되기 때문에 그만큼 위법성 확인이 용이하지 않은 경우가 많다.

II. 경찰권 불행사와 행정쟁송: 경찰개입청구권

경찰행정기관이 경찰위반사실이 발생했음에도 불구하고 그에 대해 경찰권을 발동하지 않을 경우, 사인이 경찰권 발동을 청구할 수 있는지가 문제된다. 바로 경찰개입청구권의 문제이다. 이 문제 또한 일반적인 행정개입청구권의 한 유형이어서 일반적 법리에 따라 판단하면 되고 특별히 고려할 사정은 없다.

행정개입청구권($\begin{smallmatrix}\text{Anspruch auf}\\\text{Einschreiten}\end{smallmatrix}$)의 법리는 전후 독일행정법의 핵심 테마의 하나로서 판례법의 금자탑이지만, 실은 경찰 및 질서행정법 분야에서 나온 것이다. 따라서 그 핵심은 경찰개입청구권($\begin{smallmatrix}\text{Anspruch auf}\\\text{polizeiliches Einschreiten}\end{smallmatrix}$)에 있다 해도 과언이 아니다. 행정개입청구권에 관한 기본판례($\begin{smallmatrix}\text{leading}\\\text{case}\end{smallmatrix}$)인 1960년 8월 18일 연방행정법원의 "띠톱판결"($\begin{smallmatrix}\text{"Bandsäge-Urteil":}\\\text{BVerwGE 11,95}\end{smallmatrix}$)을 통해 경찰법상 일반수권조항의 해석에 있어 헌법의 규범적 효력을 관철시키기 위한 이론적 기초로서 무하자재량행사청구권($\begin{smallmatrix}\text{Anspruch auf fehlerfreie}\\\text{Ermessensausübung}\end{smallmatrix}$)과 '재량수축'($\begin{smallmatrix}\text{Ermessensreduzierung}\\\text{auf Null}\end{smallmatrix}$)의 법리를 도출해 냄으로써 개인의 주체적 지위를 근본적으로 강화시키는 결정적 전기를 제공했다. 그때까지 판례와 학설은 시민이 경찰에 대하여 갖는 질서교란 행위와 상태에 대한 규제조치를 취해 달라는 이행청구권을 부정해 왔다. 가령 경찰의 개입에서 생겨나는 개인의 혜택은, 경찰의 개입을 수권하는 규범들이 오로지 공익을 위해 정립된 것이기 때문에, 단순한 사실상의 수익으로서 객관적 법의 반사($\begin{smallmatrix}\text{Reflexe}\\\text{des}\\\text{objektiven}\\\text{Rechts}\end{smallmatrix}$)에 불과하다는 것이 그 이유였다. 그런데 이 사건에서 원고에게 경찰행정청을 상대방으로 하여 제3자에 대한 규제처분을 요구할 권리가 인정된 것이다.

관계법령상 문제의 경찰처분이 기속행위인 경우에는 그 요건이 충족되면 경찰행정기관은 반드시 그 처분을 해야 한다. 반면 경찰처분이 재량처분인 경우에는 그 처분을 할 것인지 여부는 원칙적으로 경찰기관의 재량에 속한다. 그러나 개인의 중요한 법익(생명·건강·재산 등)이 침해되거나 그 침해의 위험이 긴박하고 중대한 경우처럼 예외적 경우에는 경찰권의 발동만이 '의무에 합당한 재량권의 행사'로 인정되어, 이 경우 경찰권을 발동하지 않는 것은 위법하게 된다고 본다(재량권의 영으로의 수축이론).

경찰기관에 의한 경찰권의 불행사(거부·부작위)에 대한 현행법상의 쟁송수단으로서는 취소쟁송(취소심판·취소소송)과 의무이행심판 및 부작위위법확인소송 등이 있다. 즉 경찰권 발동의 신청에 대하여 경찰행정기관이 이를 거부한 경우에는 당사자는 취소심판 또는 의무이행심판을 제기하거나 취소소송을 제기하여 그 이행을 확보할 수 있다. 한편 개인의 신청에 대하여 경찰기관이 이를 방치하고 있는 경우에는 의무이행심판과 부작위위법확인소송을 통해 그 이행을 구할 수 있다. 그러나 부작위위법확인소송에서는 단지 부작위상태의 위법을 확인할 수 있을 뿐이고, 비록 기속행위의 경우라 할지라도 '신청에 따른 처분'을 하지 않은 것이 위법임을 확인할 수는 없다. 이렇게 볼 때, 현행법상 경찰기관의 부작위에 대한 쟁송수단은 아직도 불완전한 상태에 있다고 말할 수 있다.

제2장

급부행정법

제1절 │ 급부행정과 급부행정법

Ⅰ. 급부행정의 의의

과거 자유주의시대에는 자유란 '국가의 침해 부재'($^{\text{Abwesenheit}}_{\text{staatlicher Eingriffe}}$)를 의미했으나, 개인의 국가 의존이 전례 없이 증대된 오늘의 상황에서 자유란 '국가적 급부에의 지분 또는 참여'($^{\text{Teilhabe an der}}_{\text{staatlichen Leistung}}$)가 전제되지 않으면 의미가 없다.

이러한 시대정신의 변화에 따라 행정의 중심이 과거 경찰 및 질서행정으로부터 급부행정으로 변화하기 시작했고, 그 결과 급부행정의 비중과 범위가 지속적으로 확대되어 왔다. 급부행정의 전진은 국가임무 또는 공적 과제의 지속적 팽창을 가져왔고 그 과정에서 시민에게 변화된 생존조건에서 적극적 사회적 지위($^{\text{status positivus}}_{\text{socialis}}$)를 확보해 주기 위한 노력이 경주되었다. 이러한 배경에서 급부행정법이 등장하게 된 것이다.

Ⅱ. 급부행정의 종류

급부행정은 다양한 기준에 따라 분류될 수 있다. 우선 임무에 따라 도로, 학교, 우편시설, 전기·가스·수도 등의 공급을 담당하는 공급행정, 사회보험과 공적 부조, 사회복지서비스를 포괄하는 사회복지행정, 자금조성행정 등으로 나눌 수 있고, 그 밖에도 급부의 종류에 따라 금전적 급부, 물적 급부, 역무 제공, 기타의 급부 등으로, 급부의 근거에 따라 보상성 급부, 사회적 구조개선을 위한 급부, 개인원호를 위한 급부, 보험금지급에 의한 급부 등으로 나눌 수 있다. 또한 급부의 법적 기속 정도나 법형식에 따라서도 나눌 수 있다.

Ⅲ. 급부행정법의 범위와 급부행정의 기본원칙

1. 급부행정법의 범위

일반적으로 급부행정법은 공물법, 공기업법, 영조물법, 조성행정법, 사회복지행정법 등을 포함하는 특별행정법의 법영역으로 이해되고 있다. 확실히 급부행정법은 질서행정법의 대척 개념이라는 점에서 그 범위가 지나치게 넓어질 수 있어 분류기준으로 부적합한 면이 없지 않고 그것을 여러 분야 개별행정법들의 상위개념으로 볼 수 있는지, 그렇게 본다고 하더라도 그 범위를 한정할 수 있는지, 여러 가지로 의문이 없지 않다. 또한 학자들 중에는 급부행정 법의 한 유형으로 간주되어 온 공물법의 경우 그 대상인 공물이 매우 이질적인 유형들로 구성되어 있고 그로 인해 공용지정과 공용폐지라는 통일적 기준이 일관되게 적용되지 못하며 그 이용관계도 통일적으로 설명하지 못하므로 아예 도로법, 하천법처럼 분야별 개별법으로 환원시켜야 한다고 주장하기도 한다.[1] 그러나 특별행정법을 분류함에 있어, 현대 행정법의 급속하고 광범위한 분화·발전으로 인하여, 절대적인 상호배타적($^{mutually}_{exclusive}$) 기준을 발견할 수 없고 기존의 경찰·질서 행정법이나 경제행정법, 환경행정법 등과 같이 비교적 윤곽이 뚜렷하다고 알려진 분야조차도 엄밀히 따지면 중첩되는 부분이 비일비재하다는 점을 고려할 때, 특별행정법 분야에 대한 분류기준을 일종의 묶음($^{cluster}_{concept}$) 개념으로 볼 수밖에 없지 않을까 생각한다. 이러한 견지에서 급부행정법에 대한 기존의 분류를 기본적으로 유지하되, 영조물법 과 조성행정법을 빼고 공물법, 공기업법과 사회복지행정법에 초점을 맞추기로 한다. 공물법, 공기업법, 영조물법을 일본의 예를 참고하여 '공적 시설법'으로 묶는 입장도 있으나,[2] 사회복지행정법이 급부행정의 핵심요소임을 감안한다면 그러한 분류가 급부행정(법)개념의 남용에 까지 이르지는 않으리라고 생각한다.

2. 급부행정의 기본원칙

급부행정법을 관통하는 통일적 법원칙에 대한 합의가 존재하는지는 분명치 않다. 그러나 급부행정법의 발전과 입법을 이끌고 개별 실정법의 해석·적용을 향도하는 보다 고차적인 법원칙들이 헌법 그 밖의 공법의 일반원칙으로부터 도출될 수 있다는 것까지 부정할 수 없을 것이다.

관점에 따라 한결같지는 않지만, 급부행정의 기본원칙으로는, 통상 독일의 Wolff/Bachof

---

1) 류지태, "공물법 체계의 재검토", 공법연구 제30집 제1호(2001.12), 403-430.
2) 홍정선, 행정법특강, 2006, 982에서는 이러한 분류방식을 '급부행정(법)개념을 남용하는 것'이라고 비판한다.

의 소론에 따라, 사회국가의 원칙, 보충성의 원칙, 법률적합성의 원칙, 평등의 원칙, 과잉금지의 원칙, 신뢰보호의 원칙 등이 거론된다. 이들 법원칙은 이미 충분히 설명되었거나 후에 해당되는 곳에서 설명될 예정이므로 여기서는 더 이상 상론하지 아니 한다.

제 2 절 │ 공 물 법

Ⅰ. 공물의 개념

1. 공물개념의 정의

공물이란 실정법적 개념은 아니다. 일반적 정의는 '행정주체가 직접 공공목적에 제공한 개개의 유체물'이다. '관습법을 포함하여 법령이나 행정주체에 의해 직접 공적 목적에 제공된 유체물과 무체물 및 물건의 집합체'라고 하거나[1] 민법 제98의 '물건' 개념, 즉 '전기 기타 관리할 수 있는 자연력'을 원용하여 '유체물 및 관리할 수 있는 자연력'을 포함하는 확장된 공물 개념도 있다. 공물은 이론상 개념이므로 위 어느 견해도 성립할 수 있다고 한다.[2] 사실 공물의 절대적 개념을 상정할 까닭은 없다. 쟁점은 공물이라는 범주를 무엇을 기준으로 설정할 것인가이고 그 답은 공물법 또는 공물관련 개별법의 목적이나 의도에 따라 달라질 수 있다. 민법상 물건의 개념을 도외시할 수는 없지만 그것이 절대적인 것도 아니고 또 그에 구애받아야 할 이유도 없다. 결국 상대적인 공물 개념을 취할 수밖에 없고 관습법상 공물이나 무체물 등을 공물 개념에서 배제하기보다는 포함시켜 공법적 규율을 받게 하는 것이 바람직하다고 생각한다.[3]

2. 공물의 개념요소

2.1. 공물의 물건성

공물은 물건이다. 물건성을 파악함에 있어 민법 제98조의 물건 개념을 참조할 필요가 있으나 반드시 그에 구애되어야 할 것은 아니다. 직접 공적 목적에 제공된 이상 유체물에 한

---

1) 김남진/김연태, 행정법 Ⅱ, 법문사, 2007, 359; 홍정선, 행정법특강, 983 등.
2) 김철용, 행정법 Ⅱ, 제10판, 박영사, 2010, 360.
3) 독일 공법학에서 공물(öffentliche Sachen) 개념은 1794년의 일반란트법(Algemeines Landrecht für die preußischen Staaten: ALR)에서 유래한 것으로 알려져 있다(§ 10 Ⅱ 17, § 1 Ⅱ 12 ALR). 이러한 공물 개념과는 달리 공공영조물(öffentliche Anstalt) 개념, 즉 인적 행정수단인 공무원과 물적 행정수단의 복합체(Komplex), 즉 계속적으로 공행정의 책무를 실현하는 경영작업체(Betrieb: 塩野 宏, オットー・マイヤー行政法學の構造, 1962, 237이하; 保木本一朗, 公共施設をめぐる法的諸問題, 公法研究 第51号, 日本公法學會, 1989, 196-197)란 시각에서 공물개념을 재검토해야 한다는 주장으로는 김세규, "공물법에 관한 소고", 토지공법연구(한국토지공법학회), 제30집, 2006.3을 참조. 또한 공물을 포함하여 공공시설에 관한 법을 종합적, 통일적 그리고 동적으로 파악하는 공공시설법론에 관해서는 遠藤博也, 行政法Ⅱ(各論), 靑林書院新社, 1977, 226; 小高 剛, 行政法各論, 有斐閣, 1984, 246; 荏原明則, 公物の成立と消滅, 現代行政法大系(9), 1984, 263 등을 참조.

하지 아니 하고 무체물과 물건의 집합체를 포함한다.

2.2. 공물과 직접적 공공목적

공물은 직접 공공복리의 실현 또는 공행정의 수요 충족에 기여하고 따라서 공법적 규율을 받는 물건을 말한다.[4] 간접적으로 재산상 가치나 수익을 통해 공행정 목적에 기여하는 재정재산($\genfrac{}{}{0pt}{}{Finanz-}{vermögen}$) 또는 국유재산법상 일반재산(구 잡종재산)은 공물이 아니다.

2.3. 공물의 법적 근거

공물은 법령, 관습법 또는 행정주체의 지정행위에 의해 직접 공적 목적에 제공된 물건이다. 원칙적으로 이들 세 가지 유형의 공용지정이 있어야 하며, 공용지정이 없으면 가령 사인의 물건이 공적 목적에 기여하는 경우라도 사법의 적용을 받고 공물은 아니다.[5]

2.4. 공물과 소유권 귀속의 무관성

공물개념과 소유권 귀속과는 무관하다. 사인 소유 물건도 공용지정으로 공물이 될 수 있다.

3. 공물의 종류

공물은 그 소유권이 누구에게 있는가에 따라 국유공물, 공유공물, 사유공물로, 관리주체와 소유권자의 동일 여부에 따라 자유공물과 타유공물로, 그리고 자연공물과 인공공물로 나뉜다.

또한 다음 표에서 보는 바와 같이 국유재산법 제6조 제2항에 따라, 공용재산, 공공용재산, 기업용재산, 보존용재산으로 나누기도 한다.[6] 이 분류는 강학상 보편화된 공물이 어떤 공공목적에 봉사하느냐를 기준으로 한 분류, 즉, 공용물, 공공용물, 보존공물 등의 분류와 일치하는데, 각각 정부청사, 도로, 국보인 숭례문 등이 예로 거론된다.

한편, 장래에 어떤 물건을 공적 목적에 제공할 것이라는 의사표시를 공물의 예정이라고 하는데, 이에 따라 예정된 공물을 예정공물이라고 부른다. 하천법 제11조에 따른 하천예정지가 그 예이다. 예정공물은 공물에 준하여 취급되기도 한다.[7]

---

4) J. Papier, Recht der öffentlichen Sachen, 1977, S.15. 이에 대한 비판으로는 류지태, 공물법 체계의 재검토, 공법연구 제30집 제1호(2001.12), 한국공법학회, 409를 참조.
5) 홍정선, 행정법특강, 983은 그런 예로 사인의 미술관을 들고 있다.
6) 「공유재산 및 물품 관리법」 제5조도 동일한 내용을 규정하고 있다.
7) 대법원 1994.5.10. 선고 93다23442 판결.

〈국유재산의 구분과 종류〉

국유재산법 제6조

구분		용 도
행정재산	공용재산	국가가 직접 사무용·사업용 또는 공무원의 주거용으로 사용하거나 대통령령으로 정하는 기한까지 사용하기로 결정한 재산
	공공용재산	국가가 직접 공공용으로 사용하거나 대통령령으로 정하는 기한까지 사용하기로 결정한 재산
	기업용재산	정부기업이 직접 사무용·사업용 또는 그 기업에 종사하는 직원의 주거용으로 사용하거나 대통령령으로 정하는 기한까지 사용하기로 결정한 재산
	보존용재산	법령이나 그 밖의 필요에 따라 국가가 보존하는 재산
일반재산		행정재산 외의 모든 국유재산

Ⅱ. 공물의 성립과 소멸

1. 공물의 성립

1.1. 공물의 성립요건 일반

공물이 공물로서 성질을 취득하는 것을 공물의 성립이라고 한다. 공물의 성립요건은 논란의 여지가 없지 않지만, 공물의 종류에 따라 다르다. 그러나 공물의 성립을 위해서는 최소한 법적 행위로서 공용개시(^{Widmung})와 사실행위로서 '사실상 이용에의 제공($^{\text{Indienst-}}_{\text{stellung}}$)'의 요건을 갖추어야 한다.[8] 그러나 국내의 다수 문헌들은 통상 공물의 성립요건으로서 공용개시와 '형체적 요소'를 성립요건으로 인정할 뿐 독일에서 일반적으로 통용되고 있는 요건인 '사실상 이용에의 제공'은 성립요건으로 다루지 않고 있다.[9] '형체적 요소'라는 요건은 외형적인 형체를 갖추고 있을 것을 요구하는 의미로 새기면서, 자연공물은 그 자연적 상태가 형체가 되며, 인공공물은 인공적 행위($^{\text{Herstel-}}_{\text{lung}}$)를 필요로 한다고 서술한다.

먼저, 이 요건을 검토한 후, 공물 종류별로 성립요건을 논하기로 한다.

1.1.1. 공용개시

⑴ 공용개시의 개념

공용지정(^{Widmung})이란 권한있는 기관이 어떤 물건이 특정한 공적 목적에 제공된다는 것, 따라서 공법적 규율을 받게 된다는 것을 선언하는 법적 행위를 말한다.[10] 우리나라에서는

---

8) 홍정선, 행정법특강, 987.
9) 김철용, 행정법 Ⅰ, 제10판, 2010, 366; 정하중, 행정법개론, 제4판, 2010, 1152; 김남진, 행정법 Ⅱ, 2001, 357 등을 참조.

제1편 제2편 제3편 제4편 제5편 특별행정법

보통 공용개시라고 부른다. 이 점을 고려하여 공용개시라는 용어를 사용하기로 한다.

(2) 공용개시의 법적 성질과 내용

공용개시는 법적 행위이다.[11] 공용개시로 공물의 공법적 지위와 내용, 범위가 확정되기 때문이다. 따라서 공용지정은 내용 면에서 명확성을 기해야 하며 그런 이유에서 부관에 친하지 않은 행위형식으로 평가되고 있다.[12]

(3) 공용개시의 형식

공용개시는 행정행위(처분), 법률, 법률하위명령, 조례, 관습법 등 다양한 형식으로 행해질 수 있다. 공용개시의 형식이 행정행위인 경우, 그 엄격성(^{Formstrenge})을 어느 정도로 유지할 것인가가 문제된다. 특히 묵시적인 공용개시($^{stillschweigende}_{Widmung}$)가 가능한지와 관련하여 논란의 여지가 있다.[13]

일반적으로 행정행위는 특별한 형식을 요하지 않는다고 이해한다면, 공용개시는 묵시적인 형식으로도 가능하다고 볼 수 있고 따라서 묵시적 공용개시도 허용된다고 이해하게 될 것이다. 국내 일부 문헌 가운데는 공용물의 경우 명시적이거나 묵시적인 공용지정이 필요하다면서, 다만 묵시적인 공용지정이 가능하기 위해서는 동일한 작용이 반복적이어서 그 물건이 이제는 공적 목적에 제공되고 있다는 의사를 인식할 수 있어야 한다고 하며 이를 자연공물에 대해서도 원용하고 있다.[14] 그러나 공용개시가 앞에서 본 바와 같이 공물의 공법적 지위와 내용, 범위를 확정하는 효과와 또 경우에 따라서는 사인의 재산권에 대한 공법적 구속(예: 문화재지정)을 가하는 결과를 가져오기 때문에 그 지정행위를 대외적으로 공표하거나 상대방·이해관계인에게 통지해야 한다면, 이를 묵시적인 형태로도 허용된다고 보기는 어렵지 않을까 생각한다.[15] 묵시적 공용개시의 허용여부 문제는 공용물이나 자연공물의 경우 아예 공용개시 또는 공용지정이 불필요하다고 보는 것과는 별개의 문제이며, 후술하는 이용 제공

---

10) Axer, Die Widmung als Schlüsselbegriff des Rechts der öffentlichen Sachen, 1994, 138ff.; 홍정선, 행정법특강, 985.

11) 과거 독일에서는 공용지정의 법적 행위성이 부정되었다. 오토 마이어는, 공물은 그것을 통해 공적 사무가 처리된다는 사실 자체가 의미있는 것이므로, 어떠한 내용이든 공물주체의 의사표시만 있으면 족하고, 공용지정 자체에는 무엇이 법인가를 표시하는 의사표시가 포함되어 있지 않으므로 행정행위가 아니라고 이해하였다(Otto Mayer, Deutsches Verwaltungsrecht Ⅱ, 1.Aufl., 1896, S.58). 그러나 오늘날 일반적인 견해에 따르면, 공용지정행위는 법적 행위로서의 성격을 가진다는 데 의문이 없다. 그 형식도 입법형식이든 행정행위형식이든 가리지 아니 한다.

12) J. Schulze, Die fiktive Widmung durch Verkehrsübergabe, 1994, Europäische Hochschulschriften, Reihe 2: Rechtswissenschaft Vol.1509, Peter Lang Frankfurt, S.23

13) 과거 독일에서는 도로를 일반이용에 제공하는 행정청의 행위 또는 자신소유의 토지이용을 묵인하는 토지소유권자 등의 행위를 통하여 묵시적 공용지정을 인정하는 경우도 있었으나, 오늘날은 공용지정 형식의 엄격성을 강조하여 더 이상 인정되지 않는다고 한다(Schulze, 앞의 책, 1993, S.22).

14) 홍정선, 행정법특강, 985-986; 동, 행정법원론(하), 2008, 489 등.

15) 동지 류지태, 앞의 글, 24. 한편 대법원 2000.4.25. 선고 2000다348 판결, 대법원 1997.3.14. 선고 96다43508 판결에서 '행정재산으로 실제로 사용하는 경우 행정재산이 된다'고 판시한 부분에 관하여 류지태, 앞의 글, 418-419에서는 이를 판례가 공공용물의 묵시적 공용지정을 인정한 사례로 볼 수는 없다고 한다.

이 묵시적으로도 가능하다는 것과도 별개의 문제이다.[16] 한편, 개별 관계법령에서 공용개시를 일정한 형식으로 하도록 법정하고 있는 경우($\binom{자연공원법}{\S\,6;\,도로법\,\S\,24}$)가 있는데, 그런 경우에는 의당 그와 같은 형식에 의해야 하며 묵시적 공용개시 허용여부를 문제 삼을 여지가 없다.

> 독일의 경우 의제적 공용지정($\binom{fiktive}{Widmung}$)은 묵시적 공용지정과 달리 공용지정의 엄격성과 그 기능이 유지될 수 있는 예외적인 경우에 한하여 허용되고 있다. 이것은 당해 물건을 사실상 이용에 제공하는 것만으로($\binom{Verkehrs-}{übergabe}$) 공용지정의 효과를 인정하는 '의제'라는 입법기술적 방식에 따른 것이다. 의제적 공용지정의 예로는, 공용지정을 통해 도로로 이용되고 있는 기존 도로의 부분적 확장이나 보충의 경우 새로이 공용지정을 하지 않고 기존 도로에 대한 공용지정의 효력을 확장 적용하는 경우가 있다. 그 경우에도 가령 기존 도로에 보도나 자전거도로를 신설하는 경우처럼 기존 도로의 중요하지 않은 부분에 대한 변화여야 한다. 그 밖에도 다른 법률에 따른 정식절차($\binom{förmliches}{Verfahren}$)에 따른 도로 건설시, 당해 도로가 사실상의 이용에 제공됨으로써 공용지정이 의제되는 경우가 있다.[17] 가령 2008.4.10. 슈파이어비행장 활주로 연장을 위한 계획확정결정($\binom{Planfeststellungsbeschluss\ für\ die\ Verlängerung\ der}{Start-\ und\ Landebahn\ des\ Verkehrslandeplatzes\ Speyer}$)에는 크라이스 3번 도로의 공용지정이 도로교통에의 제공으로 효력을 발생한다고 규정한 경우[18]가 그 예이다.

⑷ 공용개시의 대상

공용개시는 공공용물에 관해서는 이견이 없지만, 공용물과 자연공물에 대해서는 공용개시가 불필요하다고 보는 것이 통설 또는 다수의 견해이다.

⑸ 공용개시와 권원

공용개시는 행정주체가 그 대상이 되는 물건에 대해 권원을 가져야 한다. 즉, 타인이 소유하는 물건을 공적 목적에 제공하기 위해서는 그 물건을 매수하거나 공용수용 또는 최소한 그 물건 소유자의 동의(임의적 공용부담)를 얻어 권원을 확보해야 한다. 권원 없이 한 공용개시의 효력에 관해서는 무효설과 단순위법설이 대립하며 판례 또한 태도가 명확하지는 않다. 중대명백설에 따라 명백성이 인정되지 않는 한 단순위법으로 보게 될 것이다.

1.1.2. 공적 목적에의 제공

공물의 성립을 위해서는 공용개시와는 별도로 공공목적에의 제공이라는 요건이 충족되어야 한다. 이것은 사실상의 제공 문제이므로 그 명시성 여부는 중요하지 않다.

그러나 국내의 다수 문헌들은 '공공목적에의 이용제공'이 아니라 '형체적 요소' 즉, 공물로서 외형적인 형체를 갖추고 있으면 이 요건이 충족된 것으로 본다.

---

16) 홍정선, 앞의 책, 987.
17) 이에 대한 상세한 설명은 Schulze, 앞의 책, S.36ff.를 참조.
18) http://www.speyer.de/de/rathaus/stadtrat/2008_04_10/01.1_planfeststellungsbeschluss_verkehrslande_platz_speyer.pdf

1.2. 공물 종류별 성립요건

1.2.1. 공공용물의 성립요건

(1) 인공공물

인공공물의 경우 공용개시가 필요하며, '사실상 공중의 이용에 제공될 것' 또는 최소한 공물로서의 외형적 형체를 갖추고 있을 것이라는 요건이 충족되어야 한다. 자연공물은 그 자연적 상태가 형체가 되지만, 인공공물은 도로건설 같은 인공적 행위($^{Herstel-}_{lung}$)가 필요하다.

판례는, 분명치는 않지만, 위 다수의 견해에 따르는 것으로 보아도 무방할 것이다.

"국유재산법상의 행정재산이란 국가가 소유하는 재산으로서 직접 공용, 공공용, 또는 기업용으로 사용하거나 사용하기로 결정한 재산을 말하는 것이고($^{국유재산법}_{§4 ②참조}$), 그중 도로와 같은 인공적 공공용 재산은 법령에 의하여 지정되거나 행정처분으로써 공공용으로 사용하기로 결정한 경우, 또는 행정재산으로 실제로 사용하는 경우의 어느 하나에 해당하여야 비로소 행정재산이 되는 것인데, 특히 도로는 도로로서의 형태를 갖추고, 도로법에 따른 노선의 지정 또는 인정의 공고 및 도로구역 결정·고시를 한 때 또는 도시계획법 또는 도시재개발법 소정의 절차를 거쳐 도로를 설치하였을 때에 공공용물로서 공용개시행위가 있다고 할 것이므로, 토지의 지목이 도로이고 국유재산대장에 등재되어 있다는 사정만으로 바로 그 토지가 도로로서 행정재산에 해당한다고 할 수는 없다."[19]

이용제공은 보통 개통 테이프를 절단하는 의식과 같은 명시적인 형태를 띠기도 하지만 또는 사실상의 도로통행 허용이나 관람객 입장허용 등과 같은 묵시적인 방식으로도 이루어질 수 있다. 이 두 가지 요건이 모두 갖추어져야 공물이 되므로, 공용개시의 요건만 갖춘 상태에서는 아직 공물로서 효력은 유동적 상태에 있게 되고, 이용제공 요건만 갖추고 아직 공용개시가 없는 경우에는 '사실상 공물'에 해당하게 된다.[20]

그 밖에 요건은 앞에서 일반적 성립요건으로 설명한 내용이 그대로 적용된다.

(2) 자연공물

자연공물에 대해서는 자연상태에 의해 당연히 공물로서 성질을 취득하는 것이므로 그 성립에 행정주체의 의사행위, 즉 공용개시가 불필요하다고 보는 견해(종래의 통설이자 현재의 다수설)와 자연공물도 의사행위로서 공용개시가 필요하다는 견해[21]가 대립하며, 판례는, 논란의 여지가 없지 않지만, 하천의 경우 별도의 공용개시행위가 없더라도 행정재산이 된다고 한다.

---

19) 대법원 2009.10.15. 선고 2009다41533 판결. 참고: 대법원 1995.9.5. 선고 93다44395 판결.
20) Axer, Die Widmung als Schlüsselbegriff des Rechts der öffentlichen Sachen, 1994, S.35.
21) 가령 김남진/김연태, 행정법 II, 365이하를 참조.

"**국유 하천부지**는 자연의 상태 그대로 공공용에 제공될 수 있는 실체를 갖추고 있는 이른바 **자연공물로서 별도의 공용개시행위가 없더라도 행정재산**이 되고 그 후 본래의 용도에 공여되지 않는 상태에 놓여 있더라도 국유재산법령에 의한 용도폐지를 하지 않은 이상 당연히 잡종재산으로 된다고는 할 수 없으며, **농로나 구거(溝渠)와 같은 이른바 인공적 공공용 재산은 법령에 의하여 지정되거나 행정처분으로 공공용으로 사용하기로 결정한 경우, 또는 행정재산으로 실제 사용하는 경우의 어느 하나에 해당하면 행정재산이 된다.**"[22]

"구 조선하천령($^{1927.1.22.\ 제령}_{제2호,\ 폐지}$) 제11조 … 현행 하천법($^{1971.1.19.\ 법률\ 제2292}_{호로\ 전면\ 개정된\ 것}$) 제2조 제1항 제2호 등 관련 규정의 취지에 비추어 볼 때, **하천이 통상 자연적 상태에 의하여 공물로서의 성질을 가진다고 하더라도, 그 종적 구간과 횡적 구역에 관하여 행정행위나 법규에 의한 공용지정이 이루어져야 비로소 국가가 공공성의 목적과 기능을 수행하기 위하여 필요한 행정재산이 된다**고 할 것이고, 이것은 이러한 법 규정들이 준용되는 준용하천의 경우에도 마찬가지이다."[23]

1.2.2. 공용물의 성립요건

공용물에 대해서는 행정주체가 자신의 사용에 제공하고 있는 공물이므로 별다른 의사행위가 필요 없고 따라서 공용개시가 불필요하다고 보는 것이 통설이다. 이에 대하여 최소한 묵시적 공용개시는 필요하다는 반론이 있음은 앞서 본 바와 같다.

이용제공 또는 형태적 요소는 공용물인 청사의 경우 개통식 같은 명시적 행사를 하기도 하지만 사실상 출입처럼 묵시적인 형태를 띠기도 한다.

1.2.3. 공적 보존물의 성립요건

공적 보존물, 즉 보존공물의 성립을 위해서는 어떤 물건을 공적 보존의 대상으로 삼을 만한 형태적·상황적 요소와 그것을 공적 보존물로 지정하는 의사행위(문화재보호법상 문화재지정행위)가 있어야 한다.

2. 공물의 소멸

2.1. 공물의 소멸사유

공물이 공물로서 지위를 상실하는 것을 공물의 소멸이라고 한다. 공물의 소멸요건도 공물의 종류에 따라 다르다. 일반적으로 공물의 소멸원인 중 가장 중요한 것은 공용폐지(^{Entwidmung})

---

22) 대법원 2007.6.1. 선고 2005도7523 판결. 이 판결에서 대법원이 인공공물의 경우 법률에 의한 공용지정을 인정한 점은 주목을 끌지만, 보통사용을 전제로 한 공공용물에서 실제 사용에 견줘 공물의 성립가능성을 논증한 데 대해서는 사실행위적 뉘앙스를 풍기는 공용개시행위란 용어를 사용한 점, 하천부지에 대해 공용지정의 당연한 부재를 연계시킨 점에 문제가 있으며, 오히려 행정관습법 차원의 접근을 강구해 볼 만하다는 비판이 있다. 김중권, 행정법기본연구 Ⅱ, 법문사, 2009, 389-390.
23) 대법원 1999.5.25. 선고 98다62046 판결.

제1편 제2편 제3편 제4편 제5편 특별행정법

라 할 수 있다. 공용폐지는 그 내용상 공용개시의 반대개념으로, 공물에 대하여 공적 목적에의 제공에서 제외한다는 의사표시를 하는 것을 말한다. 반면 공물은 국내 다수설에 따르면 형체적 요소의 소멸로도 소멸될 수 있다고 한다.

2.2. 공물의 종류별 소멸사유

2.2.1. 공공용물의 소멸

(1) 인공공물

행정주체의 의사적 행위가 인공공물의 소멸원인이 된다는 데 대해서는 거의 이견이 없다. 그러나 형체적 요소의 멸실이 공물의 소멸원인이 되는지 여부에 대해서는 의견이 갈린다. 부정설은 공물의 구조가 영구확정적으로 변화, 멸실하여 그 회복이 사회관념상 불가능하게 되었더라도 그것은 공용폐지의 원인이 될 뿐, 공용폐지가 없는 한, 공물은 소멸되지 않는다고 한다. 하지만, 공물의 실체가 멸실되면 공물도 소멸된다고 보는 것이 자연스러운 논리이다.

한편, 공용폐지가 있을 때 공물은 당연히 소멸한다고 볼 수 있다. 다만, 이 경우 공용폐지가 반드시 명시적이어야 하는가가 문제된다. 명시적이든 묵시적이든 상관없다는 것이 통설이다. 판례 또한 공용폐지의 의사표시는 명시적이든 묵시적이든 모두 가능하다고 보지만,[24] 그 의사표시는 적법한 의사표시이어야 하므로, 당해 공물이 사실상 본래의 용도에 사용되고 있지 않다는 사실만으로는 공용폐지의 의사표시가 있었다고 볼 수 없다고 판시하고 있다.[25] 이러한 조건 때문에 묵시적 공용폐지가 인정된 사례는 그리 많지 않다고 한다.[26]

"사인이 국가와의 교환약정에 기하여 종전에 도로였던 계쟁토지부분에 변소를 지어 이를 점유하였다면 계쟁토지부분은 묵시적으로 공용폐지되었다고 봄이 상당하여 시효취득의 대상이 될 수 있다고 판시한 바 있다."[27]

한편, 개별 관계법령에서 공용폐지를 명시적 의사표시로 하도록 법정한 경우(자연공원법 § 8; 도로법 § 18)가 있는데, 그런 경우에는 의당 그와 같은 형식에 의해야 할 것이고 묵시적 공용폐지 인정여부를 문제 삼을 여지가 없다.

공용폐지가 되었으나 그 형태적 요소가 상존하는 경우, 해당 물건은 공물로서의 지위를

---

24) 대표적으로 대법원 1999.7.23. 선고 99다15924 판결; 대법원 1999.1.15. 선고 98다49548 판결; 대법원 1998.11.10. 선고 98다42974 판결 등.
25) 대법원 1999.7.23. 선고 99다15974 판결; 대법원 1999.1.15. 선고 98다49548 판결; 대법원 1998.11.10. 선고 98다42974 판결; 대법원 1997.8.22. 선고 96다10737 판결; 대법원 1996.5.28. 선고 95다52383 판결; 대법원 1995.11.14. 선고 94다42877 판결 등
26) 류지태, 앞의 글, 419.
27) 대법원 1993.6.22. 선고 92다29030 판결.

상실하고 공법적 제한이 해소된 상태로 복귀한다. 공용폐지는 소유권 귀속에 영향을 미치지 아니 한다.

(2) 자연공물

자연공물의 소멸에 관해서는 견해가 갈린다. 다수의 문헌에서 자연공물은 자연적 상태의 영구확정적으로 멸실로 당연히 공물 지위를 상실하며 별도로 공용폐지를 필요로 하지 않는다고 보는 데 비해 자연공물의 소멸에도 행정주체의 의사행위, 즉 공용폐지가 필요하다는 견해가 있다. 후자, 즉 공용폐지필요론에 따르면 자연공물의 회복이 사회관념상 불가능하게 되었더라도 그것은 공용폐지의 원인이 될 뿐, 공용폐지가 없는 한, 공물은 소멸되지 않는다고 한다.[28] 하지만, 공물의 성립요건에 관한 견해와 상관없이 공물의 실체가 영구확정적으로 멸실되면 공물도 소멸된다고 보는 것이 자연스러운 논리이며 자연공물이라고 달리 볼 이유가 없다. 그러나 판례는 자연공물은 공용폐지가 있어야 소멸한다고 보는 것 같다.

"빈지는 만조수위선으로부터 지적공부에 등록된 지역까지의 사이를 말하는 것으로서 자연의 상태 그대로 공공용에 제공될 수 있는 실체를 갖추고 있는 이른바 자연공물이고, 성토 등을 통하여 사실상 빈지로서의 성질을 상실하였더라도 국유재산법령에 의한 용도폐지를 하지 않은 이상 당연히 시효취득의 대상인 잡종재산으로 된다고 할 수 없다."[29]

"공유수면으로서 자연공물인 바다의 일부가 매립에 의하여 토지로 변경된 경우에 다른 공물과 마찬가지로 공용폐지가 가능하다고 할 것이며, 이 경우 **공용폐지의 의사표시는 명시적 의사표시뿐만 아니라 묵시적 의사표시도 무방하다.** 공물의 공용폐지에 관하여 **국가의 묵시적인 의사표시**가 있다고 인정되려면 공물이 사실상 본래의 용도에 사용되고 있지 않다거나 행정주체가 점유를 상실하였다는 정도의 사정만으로는 부족하고(대법원 1999.1.15. 선고 98다49548 판결, 대법원 2000.1.21. 선고 99다48863 판결, 대법원 2003.10.9. 선고 2003다29890 판결 등 참조), **주위의 사정을 종합하여 객관적으로 공용폐지 의사의 존재가 추단될 수 있어야 할 것이다.**"[30]

2.2.2. 공용물의 소멸

공용물의 경우 공용개시가 불필요하다고 보는 통설은 그 소멸에도 별도의 공용폐지가 필요 없고 단지 사실상 사용을 폐지함으로써 공물의 지위가 상실된다고 한다. 반면 판례는 공용폐지가 필요하다는 입장인 것으로 보인다. 일례로 당초부터 국가가 주거부지 용도로 매수하여 국유재산대장상 행정재산으로 등재한 토지 중 계쟁 토지를 제외한 나머지 부분에 아파트건물을 신축하여 군인관사 및 그 부지로 제공해 온 경우 그 토지는 전체가 행정재산에 해

---

28) 김남진/김연태, 행정법 Ⅱ, 371이하.
29) 대법원 1999.4.9. 선고 98다34003 판결. '빈지'는 1999.2.8. 법률 제5914호로 개정되면서 '바닷가'라는 용어로 바뀌었다.
30) 대법원 2009.12.10. 선고 2006다87538 판결.

당하며, 피고 대한민국이 계쟁 토지가 이 사건 토지의 일부인 것을 모르고 사실상 사용하지 아니하였다는 등의 사정만으로 계쟁 토지에 대하여 명시적 또는 묵시적으로 공용폐지의 의사표시를 하였다고 볼 수는 없다고 판시한 사례가 있다.[31] 물론 판례는 묵시적 공용폐지도 인정한다. 하지만, 그 경우에도 이미 앞서 본 바와 같이 적법한 의사표시가 있어야 하고, 행정재산이 사실상 본래의 용도에 사용되지 않고 있다는 사실만으로 공용폐지의 의사표시가 있었다고 볼 수 없다고 판시해 오고 있어[32] 실제 인정사례는 그리 많지 않다.

> "1949.6.4. 대구국도사무소가 폐지되고, 그 소장관사로 사용되던 부동산이 그 이래 달리 공용으로 사용된 바 없다면, 그 부동산은 이로 인하여 묵시적으로 공용이 폐지되어 시효취득의 대상이 되었다 할 것이다."[33]

2.2.3. 공적 보존물의 소멸

공적 보존물은 행정주체의 지정해제 같은 의사표시로 소멸한다. 문제는 형체적 요소의 멸실을 그 소멸원인으로 볼 수 있는지 여부이다. 긍정설은 공적 보존물이란 그 문화적 가치나 특수한 형태 등의 보존에 주된 목적이 있는 공물이므로 그 형체적 요소가 영구 멸실하여 회복불가능하게 되었을 때에는 소멸원인이 되며 그 경우 지정해제는 해당 공적 보존물 소멸을 단순히 확인하는 데 불과하다고 본다. 부정설은 형체적 요소가 영구 멸실하더라도 그것은 공용폐지의 원인이 될 뿐, 공용폐지가 없는 한, 보존공물은 소멸되지 않는다고 한다.

생각건대, 공적 보존물의 경우 형체적 요소 전부가 완전히 영구 멸실된 경우라면 일단 해당 물건은 공물의 지위를 상실한다고 보는 것이 논리적일 것이다. 그러나 경우에 따라서는 거의 대부분이 멸실되었지만 극히 일부 잔존 부분이라도 남아 있어 그 유적을 보존해야 할 필요가 있을 수도 있고, 또 부동산문화재의 경우처럼 지상물이 완전 멸실된 경우에도 그 부지가 보존가치를 가지는 경우도 있을 수 있어 일률적으로 판단하기는 어렵다. 하지만 어쨌든 관념적으로는, 동산문화재가 화재로 멸실된 경우처럼, 보존공물의 물건 자체가 전부 영구 소멸되어 회복불가능하게 되었다면, 일단 해당 물건은 공물의 지위를 상실한다고 보는 것이 합리적이다. 소멸된 문화재가 다시 복원되어 새로이 보존공물의 지위를 획득하는 경우는 별개의 문제이다. 예컨대 남대문이 전소되면 그 이전에 존재하던 보존공물로서 남대문은 공물의 지위를 상실한 것으로 볼 수 있고, 남대문이 다시 복원된다면 그 복원된 남대문이 그때부터 보존공물의 지위를 가지게 되는 것과 같다. 남대문이 불타 없어졌다고 가정할 경우 그 있던 자리를 보존한다면 없어진 남대문이 아니라 그 부지만이 보존공물의 지위를 지니게 될 것

31) 대법원 2006.6.15. 선고 2006다16055 판결.
32) 앞의 대법원 2006.6.15. 선고 2006다16055 판결.
33) 대법원 1990.11.27. 선고 90다5948 판결.

이다.

Ⅲ. 공물의 법적 특성

1. 공물권의 성질

공물권, 즉 공물상 권리의 성질에 대해서는 공소유권설과 사소유권설이 대립한다. 공물상 권리의 성질에 대한 이론구성으로서 양설은 모두 일리가 있다. 가령 하천법($^{§\,4}$)이나 도로법($^{§\,3}$)은 하천이나 도로를 구성하는 토지 등에 대해 '사권을 행사할 수 없다'고 하면서도 '소유권을 이전하거나 저당권을 설정함은 그러하지 아니 하다'고 규정하고 있는데, 이는 모두 공물주체의 사소유권 성립을 전제로 한 것으로 해석되지만, 이를 공물권이 공소유권의 대상임을 전제로 특칙을 둔 것으로 해석할 소지도 없지 않다. 그러나 이 규정들 자체가 공물권의 성질이 절대적인 것이 아니라 입법정책의 문제임을 보여주는 예이다.

2. 공물의 공법적 특수성

2.1. 처분등의 제한

사물(私物)은 처분이 자유롭지만 공물은 처분이 가능한 경우도 있고 제한되는 경우도 있다. 그러나 이는 어디까지나 실정법에 따른 결과이지 공물의 본질로부터 도출되는 필연적 결과는 아니다. 처분등의 제한 유형은 ① 사권 설정이나 처분을 금지하되, 공물의 목적이나 용도에 지장이 없는 범위 안에서 사용·수익을 허가할 수 있도록 한 경우($^{국유재산법 \, §§ \, 11 \, ②, \, 27 \, ①, \, 30;}_{공유재산 \, 및 \, 물품 \, 관리법 \, §§ \, 19, \, 20}$), ② 원칙적으로 사권행사를 허용하되 공물의 목적 달성에 지장을 줄 사권행사를 제한하는 경우($^{하천법 \, § \, 4;}_{도로법 \, § \, 3}$), ③ 사권행사의 자유를 인정하면서 소유권자 등의 변동시 신고하도록 하는 경우($^{문화재보}_{호법 \, § \, 40}$)로 나누어 볼 수 있다.

"공유수면관리법상의 빈지는 만조수위선으로부터 지적공부에 등록된 지역까지의 사이를 말하는 것으로 자연의 상태 그대로 공공용에 제공될 수 있는 실체를 갖추고 있는 이른바 자연공물로서 국유재산법상의 행정재산에 속하는 것으로 사법상 거래의 대상이 되지 아니한다."[34]

한편, 국유재산법 제7조 제1항은 '누구든지 이 법 또는 다른 법률에서 정하는 절차와 방법에 따르지 아니하고는 국유재산을 사용하거나 수익하지 못한다'고 규정하여 국유재산의 사용·수익을 제한하고 있다.

---

34) 대법원 2000.5.26. 선고 98다15446 판결.

2.2. 시효취득의 제한

국유재산법 제7조 제2항은 '행정재산은 민법 제245조에도 불구하고 시효취득의 대상이 되지 아니한다'고 규정하고 있다. 「공유재산 및 물품 관리법」(이하 "공유재산법"이라 한다)도 제6조 제2항에서 공유재산 중 행정재산에 대하여 동일한 규정을 두고 있다. 따라서 국유공물과 공유공물은 시효취득의 대상이 되지 아니 한다는 데 의문이 없다. 문제는 사유공물의 경우 명문의 규정이 없기 때문에 시효취득이 가능한지 여부가 불분명하다는 데 있다. 그리고 사유공물의 시효취득여부가 문제되는 경우란 공용폐지되지는 않았지만 공물로서 관리되지 아니하고 사실상 방치되어 있는 경우이다.

학설로는 공물을 일정 기간 소유의 의사로 평온·공정하게 점유한다는 것은 생각하기 어려우므로 묵시적 공용폐지로 볼 수 있는 경우를 제외하고는 시효취득의 대상이 될 수 없다는 부정설과 긍정설이 대립한다. 긍정설은 다시 사권의 목적이 될 수 있는 공물은 공법적 제한이 붙은 채로 제한적으로 시효취득이 가능하다는 제한적 긍정설과 공물의 평온·공정한 점유가 계속되고 관리자도 그대로 방치한 경우에는 묵시적 공용폐지가 있는 것으로 보아 완전한 시효취득이 가능하다고 보는 완전시효취득설로 나뉜다.

생각건대 구체적인 사실관계에 따라 판단해야 하겠지만, 일반적으로는 사유공물이라도 공물로서 관리되고 있는 이상 민법 제245조가 요구하는 시효취득요건을 충족시키기는 어렵지 않을까 생각한다. 묵시적 공용폐지가 있었다고 볼 만한 사정이 있었다면 공물로서의 지위는 이미 상실되었다고 볼 수 있어 시효취득의 장애요인이 되지는 못할 것이다. 문제는 민법 제245조에 따른 시효취득의 요건 충족여부이지, 공물로서 관리되지 아니하고 방치되어 있다고 해서 이를 묵시적 공용폐지가 있었던 것으로 볼 것인지 여부에 있는 것은 아니다.

2.3. 공용수용의 제한

공물의 법률적 특색으로 공용수용의 제한을 거론하는 경우가 많다. 수용은 수용대상 물건을 공적 목적에 제공하는 것이므로 공물의 수용은 이미 공적 목적에 제공되고 있는 공물의 목적에 반한다는 것이다. 그러나 판례는 보존공물도 공용수용 대상이 된다고 판시하고 있다.

"토지수용법은 제5조의 규정에 의한 제한 이외에는 수용의 대상이 되는 토지에 관하여 아무런 제한을 하지 아니하고 있을 뿐만 아니라, 토지수용법 제5조, 문화재보호법 제20조 제4호, 제58조 제1항, 부칙 제3조 제2항 등의 규정을 종합하면 구 문화재보호법(1982.12.31. 법률 제3644호로 전문 개정되기 전의 것) 제54조의2 제1항에 의하여 지방문화재로 지정된 토지가 수용의 대상이 될 수 없다고 볼 수는 없다."[35]

35) 대법원 1996.4.26. 선고 95누13241 판결.

이와 관련하여 "공익사업에 수용 또는 사용되고 있는 토지 등은 특별히 필요한 경우가 아니면 이를 다른 공익사업을 위하여 수용 또는 사용할 수 없다"고 규정한 「토지보상법」 제19조 제2항의 해석을 둘러싸고, 학설이 대립한다.

이 조항은 공물에 대한 수용은 원칙적으로 허용되지 않는다는 뜻이며 보다 더 큰 공익을 위해 특정 공물의 수용이 필요하다면 먼저 그 공물을 공용폐지하고 수용해야 한다는 취지라고 해석하는 것이 다수설이다. 반면 소수설은 이 조항을, 공물에 대한 공용수용은 원칙적으로 불허한다는 점은 같지만, 특별한 필요, 즉 현재 용도보다 공익상 한층 더 중요한 용도를 위해서는 예외적으로 이를 허용하는 취지로 이해한다. 다수설에 따르면 공물 주체가 달라 공용폐지의 합의를 이룰 수 없는 경우 공물에 대한 수용이 불가능하게 된다는 문제점이 있다고 한다.[36]

생각건대, 위 조항은 '공익사업에 수용 또는 사용되고 있는 토지 등'에 대한 수용·사용을 '원칙적 금지＋예외적 허용'이란 방식으로 제한한 것으로 읽힌다. 이를 '이미 공적 목적에 제공되고 있다'는 것을 근거로 공물에 대한 공용수용의 제한조항으로 해석할 수 있는지는 의문이 아닐 수 없다. 공물이 '공익사업에 수용 또는 사용되고 있는 토지 등'에 해당되는지도 따져 볼 필요가 있다. 공물 성립을 위한 권원의 취득이 가령 공공시설사업을 위한 공용수용을 통해 이루어졌다면, 그러한 범주에 해당된다고 볼 여지가 있다.[37] 그렇다면 위 조항에 의해 공물에 대한 수용 또는 사용이 제한되는 경우란 어떤 물건이 공용수용, 그것도 공익사업 중 공공용이나 공용, 또는 공적 보존 등 공적 목적을 지닌 사업을 위한 공용수용으로 취득한 권원에 의거하여 공물의 지위를 얻게 된 경우에 한하며, 그 밖의 경우, 가령 매수로 취득한 권원에 의거하여 공물 지위를 얻은 공물의 경우에는 그러하지 아니하다는 의미로 해석된다는 것이다. 그렇다면 위 조항을 근거로 '공물 일반에 대하여 공용수용이 제한된다'고 하는 것은 과장되거나 부정확한 일반화가 된다.

또한 공물이 '공익사업에 수용 또는 사용되고 있는 토지 등'에 해당되는 경우에도 위 제19조 제2항을 반대해석하면 '특별히 필요한 경우에는 이를 다른 공익사업을 위하여 수용 또는 사용할 수 있다'는 결과가 되는데, 그 경우 반드시 공용폐지를 거쳐야 한다고 보는 근거가 무엇인지도 알 수 없다.

위 판례에서 구 토지수용법은 제5조[38]에 의한 제한 이외에는 수용의 대상이 되는 토지에 관하여 아무런 제한을 하지 아니하고 있을 뿐만 아니라, 관계법 어디에도 그러한 제한의 근

---

36) 김철용, 행정법 Ⅱ, 378-379.
37) 여기서 말하는 공익사업(같은 법 제4조에 해당하는 사업) 중에는 같은 법 제4조 제5호에 의한 주택건설이나 택지조성사업처럼 반드시 공물의 목적과 부합되지 않는 경우도 있다.
38) 위 판례에서 검토된 구 토지수용법 제5조는 '수용의 제한'이란 표제하에 "토지를 수용 또는 사용할 수 있는 사업에 이용되고 있는 토지는 특별한 필요가 있는 경우가 아니면 이를 수용 또는 사용할 수 없다"고 규정하고 있었는데, 이는 그 취지상 문제의 조항과 실질적으로 큰 차이는 없다.

거를 찾을 수 없다는 이유에서 보존공물에 대한 공용수용이 허용된다고 판시한 것도 바로 그런 배경에서 나온 것이 아닐까 생각한다.

요컨대 공물은 그것이 '공익사업에 수용 또는 사용되고 있는 토지 등'에 해당되는 경우, 즉 공적 목적의 사업을 위한 수용을 통해 취득된 권원에 기하여 성립한 경우에 한하여, 다른 공익사업을 위하여 수용 또는 사용할 수 없다는 제한을 받으며, 그 경우에도 특별히 필요한 경우에는 공용폐지를 거치지 않고도 다른 공익사업을 위해 수용 또는 사용할 수 있다고 본다.

2.4. 강제집행의 제한

공물에 대한 민사집행법에 의한 강제집행이 가능한지 여부에 관해서는 종래 학설이 대립하였으나 오늘날 부정설은 찾아 볼 수 없다.[39] 현재에는 민사집행법 제192조가 "국가에 대한 강제집행은 국고금을 압류함으로써 한다"고 규정하여 국고금을 제외한 국유공물에 대한 강제집행을 금지하고 있기 때문에 그 같은 명문이 규정이 없는 공유공물에 대한 강제집행이 가능한지 여부를 둘러싸고 학설이 대립할 뿐이다. 생각건대, 민사집행법이 국유공물에 대해서만 명시적 규정을 두고 있는 것을 공유공물에 유추할 수도 반대해석할 수도 있으나, 사유공물이든 공유공물이든, 관계법에 특별한 규정이 없는 이상, 강제집행을 배제하기는 어렵다고 생각한다. 다만, 공유공물의 경우 「공유재산 및 물품 관리법」 제19조에 따라 사권설정이 원칙적으로 금지되는 등 처분등의 제한이 있기 때문에 강제집행도 그에 따라 제한된다고 보아야 할 것이다.

2.5. 그 밖의 특성

2.5.1. 공물의 범위결정

공물관리자의 일방적 결정(처분)으로 공물의 범위가 결정된다는 점도 공물의 공법적 특성 중 하나로 다루어진다. 도로구역의 결정·고시나 하천구역의 지정 등이 그러한 예이다.

2.5.2. 공물과 등기

공물에 대해서는 부동산등기법의 적용이 배제되는 경우가 있다(부동산등기법§114). 그러한 경우 외에는 공물도 부동산인 경우에는 등기해야 물권변동이 생긴다.

2.5.3. 공물과 상린관계

공물의 경우에도 원칙적으로 민법상 상린관계에 관한 규정들이 적용된다. 다만, 도로법상

---

39) 김철용, 행정법 II, 375.

의 접도구역이나 하천법상 연안구역의 경우처럼 관계법에서 이를 제한하는 경우가 있다.

이와 관련하여 구 광업법 제48조의 채굴 제한은 공법상의 상린관계를 규정한 것일 뿐 민법상의 상린관계가 아니므로 광업권자가 그 제한에 위반하여 광물을 채굴한다고 하여도 동조 소정의 영조물의 관할관청, 소유자 또는 이해관계인은 광업권자에게 위 행위의 금지를 청구할 사법상 권리가 없다는 판례가 있다.[40]

2.5.4. 공물 설치·관리와 손해전보

공물의 설치·관리상 하자로 인한 국가·지방자치단체의 배상책임은 민법이 아니라 국가배상법에 의해 소구해야 하며, 적법한 공물 설치·관리로 인한 손실에 대해서도 보상이 인정될 수 있다.[41]

Ⅳ. 공물관리와 공물경찰

1. 공물관리

1.1. 공물관리의 의의

공물이 그 공물로서 소임을 다하려면 적절한 관리가 필요하다. 공물주체가 공물의 존립을 확보하고 공물이 공물 본연의 목적과 용도에 맞게 이용 또는 이용에 제공될 수 있도록 유지, 보수하는 등의 활동을 통틀어 공물의 관리라고 한다.

1.2. 공물관리권의 근거·성질

공물관리권의 근거·성질에 관해서는 '소유권설'과 '공법상 물권적 지배권설' 등 학설의 대립이 있으나 후자가 통설이다. 하지만 통설은 법정외공물에 대한 공물관리권의 근거를 설명하지 못한다는 문제점을 안고 있다. 이러한 문제점을 보완하면서 실제적인 포괄적 관리 그 자체에 중점을 둔 '포괄적 관리권능설'이 주장되고 있다. 이에 따르면 개개의 구체적인 관리권의 내용을 이루는 관리작용에는 행정처분, 강제집행 등 권력적 행정작용뿐만 아니라 비권력적 작용과 사법상 행위도 있으므로 이들을 모두 포괄하는 포괄적 관리권으로 보아야 한다

---

40) 대법원 1981.9.8. 선고 80다2904 판결: 철도·도로·운하·항만·하천 등과 "기타 영조물"의 지표 지하 50미터 이내의 장소에서 광물 채굴을 금지한 구 광업법 제48조(현행 제44조)의 해석과 관련하여 천연기념물인 천호 동굴은 구 광업법 제48조에 예시된 보호받을 물건들에 준하는 것으로서 같은 조 소정의 "기타 영조물"에 속하며 따라서 같은 법조에 의하여 보호의 대상이 된다고 한 사례.

41) 대법원 2006.4.28. 선고 2004두12278 판결: 비관리청인 행정기관 등이 구 하천법(2002.2.4. 법률 제6656호로 개정되기 전의 것) 제30조의 규정에 의한 하천공사허가를 받아 시행한 하천공사로 인하여 손실을 받은 자는 같은 법 제74조 제2항을 유추적용하여 손실보상을 청구할 권리를 인정한 사례.

고 한다.[42]

생각건대, 공물관리권은 공물주체의 책무에서 유래되는 공법상 권리라고 보아야 하며 소유권과는 별개의 권리이자 의무이다. 판례 역시 "도로법의 제반 규정에 비추어 보면, 같은 법 제80조의2의 규정에 의한 변상금 부과권한은 적정한 도로관리를 위하여 도로의 관리청에게 부여된 권한이라 할 것이지 도로부지의 소유권에 기한 권한이라 할 수 없으므로, 도로의 관리청은 도로부지에 대한 소유권을 취득하였는지 여부와는 관계없이 도로를 무단점용하는 자에 대하여 변상금을 부과할 수 있다"라고 판시한 바 있다.[43] 소유권과 별개라고 본다면 공물관리권에 있어 '물권성'보다는 '지배권'이라는 측면이 더 중요하고 공물의 관리는 단순한 재산적 권능의 행사나 재산관리가 아니라 공물로서의 지위와 기능을 확보하기 위한 공법적 관리활동이므로 이를 반드시 '물권적 지배권'이라고 보아야 할 필연적인 근거도 없다. 실제로는 공용개시의 근거법령이나 법적 행위를 통해 공물관리권의 범위와 내용이 정해지겠지만, 그러한 명시적인 규정이 없더라도 공물주체의 지위에서 최소한의 일반적인 관리권은 인정된다고 보아야 할 것이다. 공물관리가 권리제한이나 의무부과를 내용으로 할 경우 법률의 근거가 필요함은 물론이다.

1.3. 공물관리권의 형식

공물관리권은 법령의 형식(공물관리규칙 등)으로 발동되거나 법령에 근거한 처분, 공법상 계약, 사실행위 또는 사법행위에 의해서도 행사될 수 있다.

1.4. 공물관리권의 주체

공물의 관리는 공물주체, 즉 행정주체에 속하는 기관이 수행하는 것이 보통이다. 경우에 따라 권한위임 등에 의하여 공물관리권자가 다른 기관에 관리를 위임하여 행하게 할 수도 있다.

1.5. 공물관리권의 내용

1.5.1. 공물의 범위결정

공물주체는 공물관리권에 의거하여 공물의 범위를 정할 수 있다. 도로구역이나 하천구역의 결정, 지정 등이 그러한 예이다.

---

42) 박균성, 제3판 행정법강의, 박영사, 2006, 1101면에서 "공물관리권은 공물에 대한 지배권만을 내용으로 하는 것은 아니고 비권력적인 작용이 중요한 부분을 차지하므로 포괄적 관리권능설이 타당하다고 본다"라고 주장한다; 原龍之助, 公物營造物法[新版], 219.
43) 대법원 2005.11.25. 선고 2003두7194 판결.

1.5.2. 공물의 관리 · 공용부담특권

공물주체는 공물관리자로서 공물의 유지, 수선, 보수 등 제반 업무를 수행한다. 이를 위하여 공물의 사용을 제한, 금지하거나 일정한 행위를 금지하는 등 권력적 조치를 취할 수도 있고 경우에 따라서는 공용부담특권을 가지기도 한다. 도로법상 도로에 관한 공사, 조사, 측량 또는 도로의 유지를 위한 타인 토지 출입이나 일시 사용, 장애물 변경이나 제거, 또는 비상 재해 시 도로 부근에 거주하는 자에 대한 노무 제공 요청, 재해현장에서 필요한 토지, 가옥, 그 밖의 공작물의 일시 사용 등이 그런 예이다(도로법 §§ 46, 47).

1.5.3. 공적 사용에의 제공

공물은 공적 사용에의 제공에 본연의 목적이 있으므로 사용관계에 관한 원칙을 정하고 점용허가 발급 등 특정인에게 사용이나 점용을 허용하는 작용이 공물관리의 중심적 내용이 된다.

2. 공물관리의 비용

공물관리에 필요한 비용은 공물관리권자가 부담하는 것이 원칙이다. 국가가 관리하는 공물에 대한 관리비용은 국가가, 지방자치단체가 관리하는 공물의 관리비용은 해당 지방자치단체가 부담한다. 다만 법률상 몇 가지 특례가 있다. 국가가 관리하는 공물에 대한 관리비용을 지방자치단체 등에게 부담시키는 경우(도로법 § 69; 하천법 § 61 등)와 지방자치단체가 관리하는 공물에 대한 관리비용을 다른 지방자치단체 등에게 부담시키는 경우(도로법 § 73; 하천법 § 61 등)가 있다.

3. 공물관리와 공물경찰

공물이 반드시 경찰권의 대상이 되는 것은 아니지만, 공물의 안전을 해하거나 공공의 안녕 · 질서에 위해를 가져올 우려가 있는 경우 공물 위에 경찰권이 발동되는 경우가 발생한다. 이와같이 공물의 안전을 유지하고 공물의 사용관계 질서를 유지하기 위해 공물에 대하여 행해지는 일반경찰권을 공물경찰이라고 부른다. 공물관리권과 공물경찰권을 비교하기 위한 비근한 예로 공물경찰의 근거로서 도로교통법과 공물관리의 근거로서 도로법을 들 수 있다. 일반적으로 공물관리의 대상으로서 도로를 안전하게 관리 · 보전할 의무는 공법상 포괄적 지배권을 가지는 도로관리청이 지지만, 같은 도로이더라도 교통경찰관이 도로교통을 감시하거나 표시 · 지시 · 신호기를 통해 교통을 규율하는 것은 공물경찰작용에 속한다. 또한 도로의 청소의 경우, 공물관리의 내용으로서 도로유지는 교통의 안전과 원활을 위한 교통의 장해요소의 제거정도에 그치는 데 반해, 공물경찰의 일환으로서 청소는 공공질서 유지의 연장에서

이른바 질서에 반하는 더러움을 제거하고 겨울철 눈 제거 등과 같은 위험을 제거하는 데까지 이른다.[44)]

〈공물관리와 공물경찰의 비교〉

비교기준	공물관리	공물경찰
목적	적극적으로 공물 본래의 목적을 달성하기 위하여 행해지는 작용	소극적으로 공물사용관계의 질서유지 관점에서 그 사용관계에서 발생하는 사회공공의 안녕질서에 대한 위해를 예방 또는 제거할 목적으로 행해지는 작용
권력적 기초	공물관리권, 즉 공물주체가 공물에 대해 가지는 지배권	일반경찰권의 발동
발동범위	공물의 계속적 독점 사용권 설정 가능	공물사용관계의 질서 유지 관점에서 상대적 금지를 일시적으로 허가하는 데 그침
제재/강제수단	원칙적으로 사용관계 배제, 법률에 특별한 규정이 있는 때 행정벌 또는 행정상 강제집행	행정벌 또는 행정상 강제집행

공물관리와 공물경찰은 위 표에서 보는 바와 같이 목적, 권력적 기초, 발동범위, 제재 및 강제수단 면에서 구별된다.

V. 공물의 사용관계

1. 의   의

공물사용관계란 공물의 사용에 관하여 공물주체와 사용자와의 사이에 발생하는 법률관계를 말한다. 공물의 사용관계는 공물의 종류에 따라 상이하다. 공공용물은 본래 일반 공중의 사용에 제공하기 위한 것이므로 일반적 사용관계가 당연히 예정되어 있지만, 공용물은 행정주체 자신의 사용에 제공함을 본래 목적으로 하는 것이므로 부차적으로 그 목적을 방해하지 않는 범위 내에서만 사용관계를 설정할 수 있다.

2. 공물사용의 법적 형태

공물사용관계는 그 사용방법을 기준으로 일반사용($^{Gemein-}_{gebrauch}$)과 특별사용($^{Sonder-}_{nutzung}$)으로 구분된다.[45)] 일반사용은 도로나 하천 등 공물을 그 본래 목적에 따라 자유로이 사용하는 것을 말

---

44) 홍정선, 행정법원론(하), 제13판, 461-462.
45) 관습법에 의한 특별사용과 행정재산의 목적외사용 등도 공물의 특별사용에 해당한다(김동희, 행정법 Ⅱ, 제12판, 2006, 박영사, 273; 정하중, 행정법개론, 제3판, 2009, 법문사, 1114 등). 한편 홍정선, 행정법원론(하), 1495이하

한다. 특별사용은 공물주체로부터 일정한 허락을 받아 사용하는 경우를 말하는데, 일반사용의 범위를 넘어서 타인의 공동사용을 방해하거나 혹은 사회공공의 질서에 장해를 미칠 우려가 있는 경우에 이를 방지하거나 그 사용관계를 조정하기 위하여 일반적으로 자유사용을 제한하고 특정한 경우 그 제한을 해제하여 사용을 허용하는 허가사용(특별사용의 허가)과, 마찬가지로 일반사용의 범위를 넘어서 공물을 계속적으로 사용할 특별한 권리를 공물관리권에 의하여 특정인을 위하여 설정해 주는 특허사용(공물사용권의 특허)으로 나뉜다. 특별사용은 다시 그 사용의 성질에 따라 허가사용과 특허사용 외에도, 관습상의 특별사용, 사법상 계약에 의한 사용으로 나뉜다.

　　허가사용은 일반사용의 범위를 넘어서 특별한 사용을 허용한다는 점에서 공물의 본래 목적에 따라 사용하는 일반사용과 다르지만, 공물(공공용물)의 본래 목적에 따른 사용인가, 일반사용의 범위를 넘어선 사용인가를 구별하는 것은 결코 용이한 일이 아니다. 특히 일반사용의 한 유형 또는 특수한 범주로서 인접주민의 '고양된 일반사용'을 인정하는 경우 양자의 구별은 더욱 어렵게 된다.[46]

3. 일반사용

3.1. 의의 및 범위

공물의 일반사용이란 공물의 본래 목적에 따라 타인의 공동사용을 방해하지 아니하는 범위 안에서 일반 공중이 허가나 특허 등을 받지 아니하고 자유로이 공공용물을 사용하는 것을 말한다. 그런 뜻에서 일반사용은 '자유사용' 또는 '보통사용'이라 부르기도 한다. 가령 도로의 통행, 공원 산책, 바닷가에서의 해수욕, 하천에서의 수영 등이 그 예이다. 일반사용은 공공용물에 한정되는 것이 원칙이다. 공용물도 예컨대 국립대학 구내의 자유통행처럼 일반사용의 대상이 될 수 있으나, 그 경우에는 공물주체의 묵시적 동의하에 일반사용이 이루어지는 것이라고 보아야 할 것이다. 일반사용의 범위는 법령에 특별한 규정이 없는 한 사회통념과 지방적 관습에 의해 결정된다.

3.2. 인접주민의 일반사용

도로에 인접한 주택이나 상점을 가지고 있는 자는 그 생활이나 경제활동에 있어 당해 도로의 이용의 빈도나 필요성이 일반인보다 현저히 크다. 이를 '고양된 일반사용'(gesteigerter Gemeingebrauch der Anlieger)이라 부를 수 있다(이른바 Anliegersrecht). 상점 앞 도로 위 소규모선전판의 설치, 물건의 적재나 하

에서는 공물의 사용을 공법상 사용과 사법상 사용으로 나누고 공법상 사용을 다시 자유사용, 허가사용, 특허사용, 관습법상 사용으로 구분한다.
46) 김철용, 행정법 Ⅱ, 제10판, 2010, 박영사, 391.

적을 위한 차량 주차, 건물의 수리, 증축을 위한 건축자재의 일정기간 동안 적치 등이 그와 같은 예들이다.

⣿ 고양된 일반사용에 관한 판례

"공물의 인접주민은 다른 일반인보다 인접공물의 일반사용에 있어 특별한 이해관계를 가지는 경우가 있고, 그러한 의미에서 다른 사람에게 인정되지 아니하는 이른바 고양된 일반사용권이 보장될 수 있으며, 이러한 고양된 일반사용권이 침해된 경우 다른 개인과의 관계에서 민법상으로도 보호될 수 있으나, 그 권리도 공물의 일반사용의 범위 안에서 인정되는 것이므로, 특정인에게 어느 범위에서 이른바 고양된 일반사용권으로서의 권리가 인정될 수 있는지의 여부는 당해 공물의 목적과 효용, 일반사용관계, 고양된 일반사용권을 주장하는 사람의 법률상의 지위와 당해 공물의 사용관계의 인접성, 특수성 등을 종합적으로 고려하여 판단하여야 한다. 따라서 **구체적으로 공물을 사용하지 않고 있는 이상 그 공물의 인접주민이라는 사정만으로는 공물에 대한 고양된 일반사용권이 인정될 수 없다.**"[47]

고양된 일반사용권 또는 인접주민권의 성질에 관하여는 논란이 없지 않으나, 이를 근거로 당해 도로의 공용폐지나 구조변경 등에 대항할 수 없다는 점에서 일반사용권의 한 형태로 보는 것이 일반적이다.

3.3. 일반사용의 법적 성질

종래 일반사용의 법적 성질에 관해서는 반사적 이익설(과거의 통설)과 공권설(헌법상 환경권 또는 일반적인 생활권적 기본권)이 대립해 왔으나, 오늘날 반사적 이익설을 취하는 학자는 거의 없다.

생각건대, 오늘날 도로, 공원 같은 공공용물의 일반사용은 생활의 필수불가결한 요소가 된 지 오래이다. 따라서 이를 단순한 반사적 이익으로 보는 견해는 수긍하기 어렵다. 다만, 일반사용의 공권성을 시인하는 경우에도 그 근거는 관계법의 해석에서 찾아야 하며, 특히 헌법상 기본권 조항이나 환경법령들이 관계법해석의 준거기준이 된다.

3.4. 일반사용의 제한

공물의 일반사용은 공물 본래의 목적이나 공공질서의 범위 안에서만 허용되며, 그 한도 내에서 법령, 조례 또는 그에 의거한 공물규칙이 정하는 바에 따라 제한할 수 있고, 경찰목적에 의해서도 제한이 가능하다.

---

47) 대법원 2006.12.22. 선고 2004다68311,68328 판결: 재래시장 내 점포의 소유자가 점포 앞의 도로에 대하여 일반사용을 넘어 특별한 이해관계를 인정할 만한 사용을 하고 있었다는 사정을 인정할 수 없다는 이유로 위 소유자는 도로에 좌판을 설치·이용할 수 있는 권리가 없다고 본 사례.

"일반 공중의 이용에 제공되는 공공용물에 대하여 특허 또는 허가를 받지 않고 하는 일반사용은 다른 개인의 자유이용과 국가 또는 지방자치단체 등의 공공목적을 위한 개발 또는 관리·보존행위를 방해하지 않는 범위 내에서만 허용된다 할 것이므로, **공공용물에 관하여 적법한 개발행위 등이 이루어짐으로 말미암아 이에 대한 일정범위의 사람들의 일반사용이 종전에 비하여 제한받게 되었다 하더라도 특별한 사정이 없는 한 그로 인한 불이익은 손실보상의 대상이 되는 특별한 손실에 해당한다고 할 수 없다.**"[48]

3.5. 사용료

공물의 일반사용에 대해서는 사용료를 징수하지 아니 하는 것이 원칙이다. 다만, 예외적으로 법령, 조례 등에 의하여 사용료를 징수할 수도 있다. 가령 지방자치법 제136조는 지방자치단체가 공공시설의 이용 또는 재산의 사용에 대하여 사용료를 징수할 수 있도록 하였고, 지방재정법 제31조 제1항은 지방자치단체 또는 그 장이 관리하는 국가의 공공시설로서 지방자치단체가 그 관리에 소요되는 경비를 부담하는 것에 대하여는 법령에 특별한 규정이 있는 경우를 제외하고는 당해 지방자치단체 또는 그 장은 조례 또는 규칙이 정하는 바에 의하여 당해 공공시설의 사용에 대한 사용료를 징수할 수 있다고 규정하고 있다. 이에 따라 징수한 사용료는 당해 지방자치단체의 수입으로 한다($\substack{지방재정법\\ \S 31 \ 2}$). 사용료를 징수하더라도 당해 공물의 자유사용의 성질이 변하는 것은 아니다.

3.6. 일반사용의 침해와 권리구제

일반사용의 위법한 침해에 대해서는 공법상 배제청구권이나 손해배상청구권이 성립할 수 있다. 이러한 공권들은 민법상으로도 보호된다.

공물의 자유사용권은 본질상 그 자유사용의 침해를 배제할 수 있는 소극적 권리이며, 이에 기하여 도로폐지나 구조변경에 대항할 수는 없다. 그러나 그 도로 이외에 다른 통행수단이 없는 경우에는 이에 대항할 수 있는 것으로 보아야 할 것이다.

⠿ 도로의 공용폐지와 도로사용·문화재향유의 이익

"가. 일반적으로 도로는 국가나 지방자치단체가 직접 공중의 통행에 제공하는 것으로서 일반국민은 이를 자유로이 이용할 수 있는 것이기는 하나, 그렇다고 하여 그 이용관계로부터 당연히 그 도로에 관하여 특정한 권리나 법령에 의하여 보호되는 이익이 개인에게 부여되는 것이라고까지는 말할 수 없으므로, 일반적인 시민생활에 있어 도로를 이용만 하는 사람은 그 용도폐지를 다툴 법률상의 이익이 있다고 말할 수 없지만, 공공용재산이라고 하여도 당해 공공용재산의 성질상 특정개인의 생활에 개별성이 강한 직접적이고 구체적인 이익을 부여하고 있어서 그에게 그로 인한 이익을 가지게 하는 것이 법률적인 관점으로도 이유가 있다고 인정되는 특별한 사정이 있는 경우에는 그와 같은 이익은 법률상 보호되어야 할 것이고,

---

48) 대법원 2002.2.26. 선고 99다35300 판결.

따라서 **도로의 용도폐지처분에 관하여 이러한 직접적인 이해관계를 가지는 사람이 그와 같은 이익을 현실적으로 침해당한 경우에는 그 취소를 구할 법률상의 이익이 있다.**

나. 행정처분의 직접 상대방이 아닌 제3자라도 당해 행정처분의 취소를 구할 법률상의 이익이 있는 경우에는 원고적격이 인정된다 할 것이나, 여기서 말하는 법률상의 이익은 당해 처분의 근거법률 등에 의하여 보호되는 직접적이고 구체적인 이익이 있는 경우를 말하고, 간접적이거나 사실적, 경제적 이해관계를 가지는데 불과한 경우는 여기에 포함되지 아니한다 할 것이다.

다. 문화재는 문화재의 지정이나 그 보호구역으로 지정이 있음으로써 유적의 보존·관리 등이 법적으로 확보되어 지역주민이나 국민일반 또는 학술연구자가 이를 활용하고 그로 인한 이익을 얻는 것이지만, 그 지정은 문화재를 보존하여 이를 활용함으로써 국민의 문화적 향상을 도모함과 아울러 인류문화의 발전에 기여한다고 하는 목적을 위하여 행해지는 것이지, 그 이익이 일반국민이나 인근주민의 문화재를 향유할 구체적이고도 법률적인 이익이라고 할 수는 없다."49)

4. 허가사용

허가사용(^(Gebraucherlaubnis))은 공물의 특별사용의 허가라고도 한다. 공공용물과 공용물로 나누어 살펴본다.

4.1. 공공용물의 허가사용

4.1.1. 의 의

공공용물의 사용이 일반사용의 통상적 범위를 넘어서 타인의 공동사용에 지장이 있거나 공공의 안녕질서에 장해를 미칠 우려가 있는 때, 공공의 질서유지 또는 공물사용관계의 조정의 견지에서 그러한 행위를 일반적으로 제한하고 특정한 경우에 그 제한을 해제하여 사용을 허가하는 것을 말한다. 허가에는 경찰허가의 성질을 가지는 것과 규제허가의 성질을 가지는 것이 있으나 어느 경우에나 공물의 사용 그 자체는 그 본래의 용법에 따른다.

4.1.2. 성 질

공물사용의 허가는 공물관리권 또는 공물경찰권의 작용으로 행해지나 어느 경우든 허가사용은 자유사용에 대한 일반적 금지, 제한을 해제해주는 행위에 그치고 새로이 공물사용의 특별한 권리를 설정해 주는 것은 아니라고 보는 것이 통설이다.

공공의 질서유지 또는 다수인의 공동사용에 지장이 없는 한 공공용물의 목적에 따라 그 사용을 허가해야 할 기속을 받는다(기속행위).

---

49) 대법원 1992.9.22. 선고 91누13212 판결.

4.1.3. 허가사용의 형태

허가사용의 형태는 공물관리권에 의한 것과 공물경찰권에 의한 것으로 구분된다. 공물관리권에 의한 허가사용은 다수인의 공물사용관계의 조정을 위하여 부과된 일반적 제한, 금지를 해제하는 경우이고($\substack{공유수면관리 \\ 법 \S 5 \, ①}$), 공물경찰권에 의한 허가사용은 공공의 질서유지라는 경찰상의 목적에서 일반적으로 부과된 공물사용의 제한, 금지를 해제하는 경우이다.

4.1.4. 허가사용의 내용

허가사용의 내용은 공물의 종류와 관계법규, 그에 의거한 공물규칙이 정하는 바에 따라 상이하다. 다만 허가사용은 성질상 일시적 사용(도로나 공원에 광고판 설치, 노점, 가옥신축중 도로의 일부사용)에 국한되며, 그 범위도 공물의 계속적 점용을 내용으로 하는 것은 특허를 받아야 한다.

4.1.5. 사용허가와 부담

공물의 사용허가는 상대방에게 이익을 주는 경우가 많으므로 그에 따라 상대방에게 사용료의 지급의무 등을 내용으로 하는 부담을 과하는 것이 일반적이다. 실례로 국유재산법은 매년 대통령령으로 정하는 요율과 산출방법에 따라 사용료를 징수하도록 하고($\substack{\S\S \, 32- \\ 34}$), 공물사용허가기간을 5년 이내로, 1회에 한하여 갱신할 수 있도록 제한하고 있다($^{\S \, 35}$).

4.2. 공용물의 허가사용

공용물의 경우, 원칙적으로 허가사용을 인정할 여지가 없지만, 예외적으로 그 목적에 반하지 않는 범위 안에서 사용이 허가될 수 있다(행정재산의 목적 외 사용). 국공립학교, 관청의 운동장, 기타 체육시설의 사용 허가 등이 그러한 예이다.

5. 특허사용

5.1. 의 의

공물관리권에 의하여 일반인에게는 허용되지 않는 특별한 공물사용의 권리를 특정인에게 설정해 주는 경우, 이에 따른 사용을 공물의 특허사용이라 한다.

실정법상으로는 '허가'라는 용어가 쓰이는 경우가 많다. 도로법상 도로점용의 허가, 하천법상 하천부지, 유수의 점용허가는 도로, 하천의 점용권을 설정하는 행위이고, 이에 의거하여 전주를 세우고, 수도관, 가스관 등을 매설하거나, 하천에 수력발전용 댐을 건설하고 유수를 끌어 사용하는 등의 행위는 도로 또는 하천의 특별사용에 해당한다.

5.2. 성 질

공물사용의 특허는 법규에 의거한 공물관리권의 작용으로서 특정인을 위하여 일반인에게
는 허용되지 않는 특별한 공물사용권을 설정해주는 설권행위이다. 공공용물의 특허사용과 일
반사용은, 특히 고양된 일반사용과 특허사용의 구별한계가 모호한 경우 등, 종종 서로 구별
이 용이하지 않은 경우가 많다. 허가사용은 공물사용의 일반적 금지를 해제하는 데 그치며
또 공물 본래의 목적인 공공의 사용을 방해하지 않을 정도로 일시적인 사용에 한한다는 점
에서 특허사용과 구별되지만, 실정법상으로는 양자를 구별하지 않고 함께 규정하기도 한다
(도로법 § 38; 하천법 § 33). 도로법과 하천법에 따른 점용허가는 학문상 특허인지 허가인지가 명확히 구별되지
않은 상태에서 통합적으로 규율되고 있고 또 학자들에 따라서는 그 상대화경향을 지적하기
도 한다.[50] 대법원의 판례 역시 그러한 구별의 어려움을 감안하여 (도로)의 점용이 특별사용
인지 아니면 일반사용인지는 그 점용의 주된 용도와 기능을 고려하여 판단하여야 한다고 본
다.[51] 가령 도로의 경우, 다음 판례에서 보듯이 양자가 병존할 수도 있고 그 구별이 그리 분
명치 않은 경우도 있을 수 있기 때문이다.

도로의 일반사용과 특별사용

"[1] 도로법 제40조, 제43조, 제80조의2에 규정된 도로의 점용이라 함은, **일반공중의 교통에 공용되**
는 도로에 대하여 이러한 **일반사용과는 별도로 도로의 특정 부분을 유형적, 고정적으로 사용하는 특별사**
용은 반드시 독점적, 배타적인 것이 아니라 그 사용목적에 따라서는 도로의 일반사용과 병존이 가능한
경우도 있고, 이러한 경우에는 도로점용 부분이 동시에 일반공중의 교통에 공용되고 있다고 하여 도로점
용이 아니라고 말할 수는 없는 것이다(대법원 1990.11.17. 선고 90누5221 판결, 1992.9.8. 선고
91누8173 판결, 1993.5.11. 선고 92누13325 판결 등 참조).

[2] 차도와 인도 사이의 경계턱을 없애고 인도 부분을 차도에서부터 완만한 오르막 경사를 이루도록
시공하는 방법으로 건물 앞 인도 부분에 차량 진출입통로를 개설하여 건물에 드나드는 차량들의 편익에
제공함으로써, 일반의 보행자들이 인도 부분을 불편을 감수하면서 통행하고 있는 경우, **인도 부분이 일반**
공중의 통행에 공용되고 있다고 하여도 도로의 특별사용에 해당한다"고 한 사례.[52]

하천 또는 공유수면 점용의 법적 성질

"하천법 및 공유수면관리법에 규정된 하천 또는 공유수면의 점용이라 함은 하천 또는 공유수면에 대
하여 일반사용과는 별도로 하천 또는 공유수면의 특정부분을 유형적·고정적으로 특정한 목적을 위하여

---

50) 김철용, 행정법 II, 394; 김남진/김연태, 행정법 II, 2008, 법문사, 383; 정하중, 앞의 책, 1124-1125; 최정일, 행
 정법의 정석 II, 2009, 박영사, 349 등. 독일에서는 그런 이유에서 허가사용과 특허사용을 구별하지 아니 하고 특
 별사용(Sondernutzung)이란 범주로 다루고 있다.
51) 대법원 1995.2.14. 선고 94누5830 판결.
52) 대법원 1999.5.14. 선고 98두17906 판결.

사용하는 이른바 특별사용을 의미하는 것이므로(대법원 1990.2.13. 선고 89다카23022 판결, 1991.4.9. 선고 90누8855 판결, 2002.10.25. 선고 2002두5795 판결 등 참조), 이러한 **특별사용에 있어서의 점용료 부과처분은 공법상의 의무를 부과하는 공권적인 처분으로서 항고소송의 대상이 되는 행정처분에 해당**한다(대법원 1982.5.25. 선고 81 다카998 판결 등 참조)."53)

공물사용권 특허의 법적 성질에 관해서는 이를 공법상 계약으로 보는 견해도 있으나, 대체로 당사자의 신청이나 동의가 필요하나 당사자의 자유의사가 개입할 여지가 없다는 점 등을 이유로 쌍방적 행정행위 또는 협력을 요하는 행정행위로 보는 것이 지배적이다. 또한 관계법에서 특별한 명시적 규정을 두지 않는 한(도로법 § 39),54) 재량행위임이 원칙이다.55)

░ **특별사용으로서 도로점용허가의 재량성**

"도로법 제40조 제1항에 의한 도로점용은 일반 공중의 교통에 사용되는 도로에 대하여 이러한 일반사용과는 별도로 도로의 특정부분을 유형적·고정적으로 특정한 목적을 위하여 사용하는 이른바 특별사용을 뜻하는 것이고, 이러한 도로점용의 허가는 특정인에게 일정한 내용의 공물사용권을 설정하는 설권행위로서 공물관리자가 신청인의 적격성, 사용목적 및 공익상의 영향 등을 참작하여 허가를 할 것인지의 여부를 결정하는 재량행위이다(대법원 2002.10.25. 선고 2002두5795 판결 참조)."56)

5.3. 특허사용의 내용

공물 사용 특허를 받은 자는 그 특허의 내용에 따라 해당 공물을 사용할 수 있는 권리를 취득한다. 공물 사용 특허는 주로 공공용물에 대한 것이므로 공공용물의 특허사용만을 살펴본다.

공공용물 사용권은 보통 공공용물의 영속적 사용을 내용으로 한다. 사용권의 성질은 학설상 논란은 있지만, 공권적 성질과 채권적 성질을 병유하며, 실질적으로는 사법상 재산권과 동질적이라고 보는 것이 통설이다.57)

"하천의 점용허가권은 특허에 의한 공물사용권의 일종으로서 하천의 관리주체에 대하여 일정한 특별사용을 청구할 수 있는 채권에 지나지 아니하고 대세적 효력이 있는 물권이라고 할 수 없다."58)

학설상 어떤 입장에 서더라도 공공용물사용권은 원칙적으로 이전이 인정되고 제3자가 사

---

53) 대법원 2004.10.15. 선고 2002다68485 판결.
54) 실례로 도로법 제39조는 관리청은 법률의 규정에 따라 토지를 수용하거나 사용할 수 있는 공익사업을 위한 도로의 점용허가를 거절할 수 없다고 규정한다.
55) 김철용, 행정법 Ⅱ, 395에서는 개별·구체적으로 판단해야 하지 원칙적으로 재량행위라고 단정할 것은 아니라고 한다.
56) 대법원 2007.5.31. 선고 2005두1329 판결. 또한 대법원 2008.11.27. 선고 2008두4985 판결을 참조.
57) 공권설과 사권설, 채권설과 물권설이 대립하는데 각 학설의 내용에 관해서는 김철용, 행정법 Ⅱ, 395-397을 참조.
58) 대법원 1990.2.13. 선고 89다카23022 판결.

용권을 침해한 경우에는 민법상 불법행위를 구성하며, 민사소송으로 방해배제, 원상회복 또는 손해배상 등을 청구할 수 있다.[59]

공공용물은 직접 일반 공중의 사용에 제공되어 국민이나 주민의 복리를 향상, 증진시키는 것을 목적으로 하므로 특정인이 공공용물에 대해 완전히 독점적·배타적인 사용권을 가지는 것은 공공용물의 성질 또는 존재이유에 반한다고 볼 수 있다. 따라서 공공용물 사용권에는 일정한 한계가 있고 그 범위는 그 사용의 목적을 달성하기 위하여 필요한 한도에 한정되며, 타인의 권리를 해하지 아니하는 정도로 사용권이 행사되어야 한다고 지적되고 있다.

반면, 판례는 공공용물 사용권은 도로의 특정 부분을 유형적, 고정적으로 사용하는 특별사용은 반드시 독점적, 배타적인 것이 아니라고 하며 그 사용목적에 따라서는 도로의 일반사용과 병존이 가능한 경우도 있다고 하지만,[60] 공공용물에 대해 어느 정도 독점적·배타적 사용권 설정이 가능하다는 뉘앙스를 풍긴다.

생각건대, 공공용물이라 하더라도 특허사용을 허용하는 이상, 적어도 사실상 독점적·배타적 효과가 발생할 여지를 전적으로 배제하기는 어려울 것이다. 다만, 공공용물의 특허사용이 지나치게 장기간 동안 일반 공중의 사용을 사실상 배제하는 결과를 가져온다면 이는 공공용물의 본래 용도나 목적에 반하는 것으로서 용납하기 어렵다. 해당 근거법에서 그 특허사용의 조건, 기간 등을 정하고 있는 경우가 있고 또 특허에 부관을 부과하여 일반 공중의 접근을 배제하거나 방해하지 못하도록 함으로써 해결할 수도 있겠지만, 바람직하기로는 입법적으로 공공용물 특허사용의 한계에 관한 일반적 기준을 구체화시키는 것도 생각해 볼 수 있는 방안이라고 생각한다. 만일 해당 근거법에 아무런 조건이 없거나 근거법에서 정한 조건이나 기간 등으로도 일반 공중의 일반사용에 대한 장기적인 배제효과가 통제될 수 없는 경우에는 헌법상 행복추구권, 환경권 등 기본권 침해를 이유로 헌법재판에서 다투는 방안을 검토해 볼 수 있을 것이다.

한편 공공용물 특허 사용권자는 개별 관계법(법령, 조례 등) 또는 특허에 부가된 부관 등에서 정하는 바에 따라 사용료 납부의무, 제해시설설치 및 손실보상의무 등 여러 가지 공법상 의무를 지게 된다. 상세한 설명은 생략한다.

5.4. 특허사용의 종료

공물의 특허사용은 공물의 소멸, 공물사용권의 포기, 공물사용권에 의한 시설, 사업의 소멸, 특허기간, 특허 종기의 도래, 해제조건의 성취, 특허의 철회(특허의 존속이 공익에 반하는 경우와 특별한 공익상 필요가 있는 경우) 등의 사유로 소멸한다.

---

59) 김철용, 같은 곳.
60) 대법원 1999.5.14. 선고 98두17906 판결.

6. 관습법상 특별사용

6.1. 의 의

공물사용권은 공물관리자의 특허에 의해 성립하는 것이 원칙이나 지방적 관습에 의해 성립하는 경우도 있다. 가령 자연공물, 특히 소규모의 공유수면의 사용(관개용수, 수리권, 유수권, 음용용수권, 입어권 등)이 그런 예이다.

6.2. 성립요건

관습법상 특별사용의 성립요건으로는 그 이익이 다년간 관습에 의해 특정인 또는 특정지역의 주민이나 단체 등 한정된 범위의 사람에 대해 특별한 이익으로 인정되고, 그 이용이 일시적이 아니라 계속적이고, 평온, 공연하게 행해져 일반인으로부터 정당한 사용으로 인식될 수 있을 것이 요구된다.

6.3. 성 질

특허사용권과 마찬가지로 공권, 재산권의 실질을 가지며, 민법 기타 사법의 적용을 받는다.

7. 행정재산의 목적외 사용

7.1. 의 의

행정재산은 그 사용가치를 통하여 직접 행정목적에 제공된 재산이므로 이를 대부, 매각, 교환, 양여, 신탁 또는 대물변제하거나 출자의 목적으로 하지 못하며 사권을 설정하지 못한다(국유재산법 § 11 ①;공유재산법 § 19 ①). 그러나 행정재산도 관공청사 구내식당이나 매점처럼 사인에게 사용하게 하더라도 그 사용이 행정재산의 용도나 목적에 반하지 아니 하는 경우에는 이를 허용할 필요가 있고 또 관계법률도 이를 허용한다(국유재산법 § 30 ①;공유재산법 § 20 ①). 이와같이 행정재산을 그 용도 또는 목적에 장애가 되지 아니 하는 사용 또는 수익을 허가하는 경우를 행정재산의 목적외 사용이라고 한다.

7.2. 행정재산 사용허가의 범위와 한계

행정재산의 목적외 사용을 위해서는 허가가 필요하다. 국유재산법과 공유재산법은 행정재산 사용허가의 범위를 제한하고 있다. 즉, 국유재산법은 제30조 제1항에서 행정재산의 사용허가를 다음과 같은 범위로 제한하고 있다. 공유재산법도 제20조에 대동소이한 규정을 두고 있다.

1. 공용·공공용·기업용 재산: 그 용도나 목적에 장애가 되지 아니하는 범위
2. 보존용재산: 보존목적의 수행에 필요한 범위

사용허가를 받은 자는 그 재산을 다른 사람에게 사용·수익하게 하여서는 아니 되며, 예외적으로 기부를 받은 재산에 대하여 사용허가를 받은 자가 그 재산의 기부자이거나 그 상속인, 그 밖의 포괄승계인인 경우에는 관리청의 승인을 받아 다른 사람에게 사용·수익하게 할 수 있다(국유재산법 § 30 ②; 공유재산법 § 20 ③). 관리청은 그 경우 사용·수익이 그 용도나 목적에 장애가 되거나 원상회복이 어렵다고 인정되면 승인하여서는 아니 된다(국유재산법 § 30 ③; 공유재산법 § 20 ④).

7.3. 성 질

7.3.1. 공법관계설

국유재산법(§ 30 ①)이나 공유재산법(§ 20 ①)이 행정재산의 목적외 사용을 허가제로 하고 있고, 사용료 징수에 관하여 행정상 강제징수를 인정하며, 처분의 형식으로 허가의 취소·철회 등을 할 수 있도록 하고 있다는 점 등을 이유로 행정재산의 목적외 사용관계를 공법관계로 본다(다수설).

7.3.2. 사법관계설

사용목적이 사익도모에 있고, 행정상 강제징수가 가능하다고 해서 반드시 그 법률관계를 공법관계로 보아야 하는 것은 아니며, 사용허가는 승낙으로, 그 취소·철회는 계약 해제로 볼 수 있다는 점 등을 들어 행정재산의 목적외 사용 관계를 사법관계로 본다.

7.3.3. 이원설

행정재산의 목적외 사용에 있어 그 발생·소멸과 사용료 징수관계는 공법관계로, 그 밖의 법률관계는 사법관계로 보는 견해이다.

7.3.4. 판 례

판례는 국유재산의 사용·수익을 민사소송의 대상이 아니라고 보고 있어 공법관계설에 서있다고 볼 수 있다.

⠿ **국립의료원 부설 주차장에 관한 위탁관리용역운영계약의 실질**

[1] 국유재산 등의 관리청이 하는 행정재산의 사용·수익에 대한 허가는 순전히 사경제주체로서 행하는 사법상의 행위가 아니라 관리청이 공권력을 가진 우월적 지위에서 행하는 행정처분으로서 특정인에게

행정재산을 사용할 수 있는 권리를 설정하여 주는 강학상 특허에 해당한다.

[2] 국유재산 등의 관리청이 하는 행정재산의 사용·수익 허가에 따른 사용료에 대하여는 국유재산법 제25조 제3항의 규정에 의하여 국세징수법 제21조, 제22조가 규정한 가산금과 중가산금을 징수할 수 있다 할 것이고, 위 가산금과 중가산금은 위 사용료가 납부기한까지 납부되지 않은 경우 미납분에 관한 지연이자의 의미로 부과되는 부대세의 일종이다.

[3] 국립의료원 부설 주차장에 관한 위탁관리용역운영계약의 실질은 행정재산에 대한 국유재산법 제24조 제1항의 사용·수익 허가임을 이유로, 민사소송으로 제기된 위 계약에 따른 가산금지급채무의 부존재확인청구에 관하여 본안 판단을 한 원심판결을 파기하고, 소를 각하한 사례.61)

7.3.5. 판 단

국유재산법과 공유재산법이 행정재산의 목적외 사용에 대하여 허가제 등 공법상 특수한 규율을 가하고 있는 한 이를 사법관계로 보기는 어렵지 않을까 생각한다. 물론 국유재산법이나 공유재산법의 규율이 지나치게 경직되어 있어 그 원만한 사용에 지장을 주고 있는 점 등은 입법적 개선의 필요성이 있지만, 그 사용관계의 실질은 공법관계라고 볼 수밖에 없을 것이다.

7.4. 허가방법 · 허가기간

7.4.1. 사용허가의 방법

행정재산을 사용허가할 경우 원칙적으로 그 뜻을 공고하여 일반경쟁에 부쳐야 한다(국유재산법§31 ① 본문; 공유재산법 §20 ② 본문). 다만, 사용허가의 목적·성질·규모 등을 고려하여 필요하다고 인정되면 대통령령으로 정하는 바에 따라 참가자의 자격을 제한하거나 참가자를 지명하여 경쟁에 부치거나 수의(隨意)의 방법으로 할 수 있다(국유재산법 § 31 ① 단서; 공유재산법 § 20 ② 단서).

7.4.2. 사용허가기간

국유재산법상 행정재산의 사용허가기간은 5년 이내로 되어 있다(§35 본문①). 다만, 제34조 제1항 제1호의 경우에는 사용료의 총액이 기부를 받은 재산의 가액에 이르는 기간 이내이다(§35 단서①). 허가기간이 끝난 재산에 대하여 대통령령으로 정하는 경우를 제외하고는 5년을 초과하지 아니하는 범위에서 종전의 사용허가를 갱신할 수 있다(§35 본문②). 다만, 수의의 방법으로 사용허가를 할 수 있는 경우가 아니면 1회만 갱신할 수 있다(§35 단서②). 갱신받으려는 자는 허가기간이 끝나기 1개월 전에 관리청에 신청하여야 한다(§35 ③).

공유재산법상 행정재산의 사용·수익허가기간은 그 허가를 받은 날부터 3년 이내이다

---

61) 대법원 2006.3.9. 선고 2004다31074 판결.

($^{\S\,21}_{①}$). 다만, 제7조 제2항 단서에 따른 기부채납의 경우에는 공유재산으로 받아들인 후 무상 사용을 허가받은 날부터 기부채납된 재산의 가액을 연간 사용료로 나눈 기간 이내이다($^{\S\,21}_{①}$).

지방자치단체의 장은 제20조 제2항 제1호에 따라 수의계약의 방법으로 한 사용·수익허가는 허가기간이 끝나기 전에 사용·수익허가를 갱신할 수 있으며, 그 경우 갱신 허가기간은 갱신할 때마다 위의 허가기간을 초과할 수 없다($^{\S\,21}_{②}$).

지방자치단체의 장은 위 제2항의 적용을 받지 아니하는 자에 대하여도 1회로 한정하여 2년의 범위에서 사용·수익허가를 갱신할 수 있고($^{\S\,21}_{③}$), 사용·수익허가를 받은 자가 다음 각 호의 어느 하나에 해당하는 경우에는 허가기간을 연장할 수 있다($^{\S\,21\,④}_{전단}$). 이 경우 연장하는 허가기간은 다음 각 호의 사유로 사용·수익하지 못한 기간의 범위로 한다($^{\S\,21\,④}_{후단}$).

1. 천재지변이나 그 밖의 재난으로 피해를 본 경우
2. 해당 지방자치단체의 귀책사유로 그 재산의 사용에 제한을 받은 경우

사용·수익허가를 갱신 받거나 허가기간을 연장 받으려는 자는 사용·수익허가기간이 끝나기 1개월 전에 지방자치단체의 장에게 사용·수익허가의 갱신 또는 사용·수익허가기간의 연장을 신청하여야 한다($^{\S\,21}_{⑤}$).

7.5. 사용료

행정재산을 사용허가한 때에는 대통령령으로 정하는 요율과 산출방법에 따라 매년 사용료를 징수한다($^{국유재산법 \S 32\,①}_{공유재산법 \S 22\,①}$).

국유재산의 사용료는 대통령령으로 정하는 바에 따라 나누어 내게 할 수 있다($^{\S\,32\,②}_{전단}$). 그 경우 연간 사용료가 대통령령으로 정하는 금액 이상인 경우에는 사용허가($^{허가를 갱신하는}_{경우를 포함한다}$)할 때에 그 허가를 받는 자에게 대통령령으로 정하는 금액의 범위에서 보증금을 예치하게 하거나 이행보증조치를 하도록 하여야 한다($^{\S\,32}_{②}$). 관리청이 제30조에 따른 사용허가에 관한 업무를 지방자치단체의 장에게 위임한 경우에는 제42조 제6항을 준용한다($^{\S\,32}_{③}$).

반면 공유재산의 사용료는 그 전액을 대통령령으로 정하는 기간에 한꺼번에 내야 한다($^{\S\,22}_{②}$). 다만, 사용료 전액을 한꺼번에 내는 것이 곤란하다고 인정되어 대통령령으로 정하는 경우에는 1년 만기 정기예금 금리수준을 고려하여 대통령령으로 정하는 이자를 붙여 분할납부하게 할 수 있다($^{\S\,22}_{②}$). 이에 따라 분할납부하게 하는 경우 일정한 금액 이하의 보증금을 예치하게 하거나 지방자치단체를 피보험자로 하는 이행보증보험을 체결하게 할 수 있다($^{\S\,22}_{③}$).

그 밖에 국유재산법과 공유재산법은 각각 사용료의 조정, 면제 등에 관한 규정을 두고 있다.

7.6. 허가취소 · 철회 등

국유재산법은 사용허가의 취소 · 철회, 원상회복 · 반환 의무, 관리소홀에 대한 제재 등에 관한 규정들을 두고 있다. 공유재산법도 위에서 설명한 것과 대동소이한 규정들을 두고 있다($\S\S \frac{25-}{26}$).

국유재산의 관리청은 행정재산의 사용허가를 받은 자가 다음 각 호의 어느 하나에 해당하면 그 허가를 취소하거나 철회할 수 있다($\S 36 \atop ①$).

1. 거짓 진술을 하거나 부실한 증명서류를 제시하거나 그 밖에 부정한 방법으로 사용허가를 받은 경우
2. 사용허가 받은 재산을 제30조 제2항을 위반하여 다른 사람에게 사용 · 수익하게 한 경우
3. 해당 재산의 보존을 게을리하였거나 그 사용목적을 위배한 경우
4. 납부기한까지 사용료를 납부하지 아니하거나 제32조 제2항 후단에 따른 보증금 예치나 이행보증조치를 하지 아니한 경우
5. 관리청의 승인 없이 사용허가를 받은 재산의 원래 상태를 변경한 경우

관리청은 사용허가한 행정재산을 국가나 지방자치단체가 직접 공용이나 공공용으로 사용하기 위하여 필요하게 된 경우에는 그 허가를 철회할 수 있으며($\S 36 \atop ②$), 그 철회로 인하여 해당 사용허가를 받은 자에게 손실이 발생하면 그 재산을 사용할 기관은 대통령령으로 정하는 바에 따라 보상하도록 되어 있다($\S 36 \atop ③$).

관리청은 사용허가를 취소하거나 철회한 경우에 그 재산이 기부를 받은 재산으로서 제30조 제2항 단서에 따라 사용 · 수익하고 있는 자가 있으면 그 사용 · 수익자에게 취소 또는 철회 사실을 알려야 한다($\S 36 \atop ④$).

관리청이 행정재산의 사용허가를 취소하거나 철회하려는 경우에는 청문을 하여야 한다($\S 37$).

한편 사용허가를 받은 자는 허가기간이 끝나거나 제36조에 따라 사용허가가 취소 또는 철회된 경우에는 그 재산을 원래 상태대로 반환하여야 하며, 다만, 관리청이 미리 상태의 변경을 승인한 경우에는 변경된 상태로 반환할 수 있다($\S 38$).

행정재산의 사용허가를 받은 자가 그 행정재산의 관리를 소홀히 하여 재산상의 손해를 발생하게 한 경우에는 사용료 외에 대통령령으로 정하는 바에 따라 그 사용료를 넘지 아니하는 범위에서 가산금을 징수할 수 있다($\S 39$).

제1편 제2편 제3편 제4편 제5편 특별행정법

제 3 절 │ 공기업법

I. 공기업과 행정법

행정주체는 경제행정권을 통하여 경제를 규제·조정할 뿐만 아니라 경우에 따라서는 직접 또는 간접적으로 기업가($^{entrpreneur,}_{Unternehmer}$)로서 스스로 경제활동을 할 수 있다. 즉 국가 또는 지방자치단체 등 행정주체는 우편사업이나 양곡관리사업처럼 직접 공기업을 경영할 수 있고(영조물직영방식), 독립법인[1]을 설립하여 이를 통하여 공기업을 수행하도록 할 수도 있다. 대한석탄공사, 한국방송공사, 한국토지주택공사, 한국도로공사 등이 그러한 예이다. 이처럼 공적 손에 의한 경제활동을 통틀어 공기업이라 부를 수 있다면 그 한도 내에서 공기업 역시 경제행정의 수단이 된다: 공기업은 경제적 단위로서 그리고 공행정의 형성수단으로서 야누스머리(^{Januskopf})를 갖고 있다.[2]

II. 공기업의 개념과 종류

1. 공기업의 개념

행정법학에 있어 공기업의 개념은 논란되고 있고 또한 행정학·경제학에서의 그것과도 불일치하고 있다. 공기업의 개념요소는 공행정주체가 직접 또는 간접적 경영주체로 등장하며, 공공의 이익(공익성)과 수익성을 추구하는 기업이라는 데 있다. 물론 수익성은, 특히 준시장형 공기업의 경우 절대적인 기준은 아니고 수익성의 요소를 경영 또는 재정의 건전성, 지속가능성 등으로 탄력적으로 파악할 필요도 있다. 하지만, 공기업은 공익성 못지않게 기업성을 떠나서 생각할 수 없다. 그런 맥락에서 지방공기업법은 제3조 제1항에서 지방공기업은 항상 기업의 경제성과 공공복리를 증대하도록 운영할 것을 경영의 기본원칙으로 명시하고 있다. 이와같이 공기업의 기업성을 감안할 때 수익성을 전적으로 무시할 수는 없을 것이다. 공기업의 개념 중 중요한 것을 살펴보면 다음과 같다.

---

1) 이를 '영조물법인'으로 부르기도 한다.
2) Jürgen Becker, Öffentliche Unternehmen als Gegenstand des Wirtschaftsverwaltungsrechts, DÖV 1984, 313.

1.1. 형식적 공기업 개념과 실질적 공기업 개념

형식적 공기업 개념은 설립주체에 착안한 개념이다. 공행정주체가 단독으로(주식회사 형태인 경우 지배적으로) 설립·운영하는 경우가 전형적인 경우지만, 공사혼합형도 있을 수 있다. 공행정주체가 기업활동에 관여하지 아니 하고 단순히 주식만 보유하는 경우에는 재정재산일 뿐 공기업의 범주에는 들어가지 않는다.

실질적 공기업 개념은 공공의 이익 증진이라는 공적 목적을 위하여 사실상 또는 법적으로 독립성을 가지고 생산, 유통, 용역 등 경제적 활동에 참여하는 조직체라고 정의될 수 있다. 이러한 의미에서 공기업은 수익성을 추구하지만 어디까지나 공공 이익을 실현하기 위한 것이라는 점에서 담배사업같이 국가 재정수입을 확보할 목적에서 행하는 사업은 공기업에서 제외된다.

1.2. 공기업 개념의 범위

공기업의 개념에 관하여는 적어도 다음 세 가지 관점을 고려할 수 있을 것이다. 첫째, 국가 또는 공공단체가 경영하는 모든 '사업'을 공기업으로 보는, 즉 주체만을 기준으로 공기업을 정의하려는 입장(광의), '급부주체가 직접 국민에 대한 생활배려를 위하여 인적·물적 종합시설을 갖추어 경영하는 비권력적 사업'으로 정의하는 입장(협의), 그리고 주체, 목적, 수익성을 기준으로 '국가 또는 공공단체가 직접 사회공공의 이익을 위하여 경영하는 기업'을 공기업으로 보는 입장(최협의설/다수설)[3]이 그것이다. 최협의설이 다수설이지만, 최협의설을 취하면서 국가 또는 공공단체가 직접 경영하거나 경영에 참가하는 기업으로 범위를 다소 넓히기도 하고, 수익성 유무를 불문하고 '공공주체가 소유 혹은 기타 참여지분을 통해 지배적인 영향력을 행사할 수 있는 모든 독립적 생산단위'로 정의하는 경우도 있다.[4]

1.3. 제도적 공기업 개념

실정법상 공기업이란 용어는 「공공기관의 운영에 관한 법률」(이하 "공공기관운영법"이라 한다)과 지방공기업법에서 사용하고 있다.[5] 공공기관운영법은 제4조 제1항에서 국가·지방자치단체가 아닌 법

---

3) 김남진/김연태교수(행정법 Ⅱ, 408)는 공기업을 '국가·지방자치단체 및 그에 의해 설립된 법인이 사회공공의 이익을 위하여 직접 경영하거나 경영에 참가하는 기업'이라고 정의하여 최협의설에 동조하면서도, 특허기업에 대해서는 기업예산회계법, 정부투자기관관리기본법, 지방공기업법 등 주요법률이 적용되지 않기 때문에, 최협의설이 공기업에 사기업인 특허기업을 포함시키는 것은 옳지 않다고 한다. 또 공기업의 전부를 공공단체로 보는 데 대하여도 최협의의 공기업에 사법인 기업(한국감정원·국정교과서주식회사, 포철 등)이나 공사혼합법인 기업(한국종합화학공업주식회사·한국기술개발주식회사 등)이 포함되어 있다는 것을 이유로 반대하고 있다.

4) 이원우, "민영화에 대한 법적 논의의 기초", 한림법학포럼, 제7권, 1998, 228.

5) 「공공기관의 운영에 관한 법률」은 공공기관의 자율책임경영체제 확립을 통해 공공기관의 대국민 서비스 증진에

인·단체 또는 기관(이하 "기관"이라 한다)으로서 다른 법률에 따라 직접 설립되고 정부가 출연을 한 기관, 정부지원액이 총수입액의 2분의 1을 초과하는 기관 등을 '공공기관'으로 지정할 수 있도록 하고, 제5조 제1항에서 '공공기관'을 다시 공기업·준정부기관과 기타공공기관으로 구분하여 지정하도록 하고 있다.[6] 이에 따르면, 공기업과 준정부기관은 직원 정원이 50인 이상인 공공기관 중에서 지정하고($\frac{§5}{①}$), 그중 공기업은 자체수입액이 총수입액의 2분의 1 이상인 기관 중에서 지정하도록 되어 있다($\frac{§5}{②}$). 반면, 구성원 상호 간의 상호부조·복리증진·권익향상 또는 영업질서 유지 등을 목적으로 설립된 기관, 지방자치단체가 설립하고, 그 운영에 관여하는 기관 또는 「방송법」에 따른 한국방송공사와 「한국교육방송공사법」에 따른 한국교육방송공사는 공공기관으로 지정할 수 없도록 되어 있다($\frac{§4}{②}$).

공공기관운영법 제4조 제1항 제2호에 따른 정부지원액과 총수입액의 산정 기준·방법 및 같은 항 제3호부터 제5호까지에 따른 사실상 지배력 확보의 기준에 관하여 필요한 사항은 대통령령으로 정하도록 위임되어 있다($\frac{§4}{③}$).

공공기관운영법은 제5조 제3항 제1호에서 다시 '공기업'을 시장형 공기업과 그 밖의 준시장형 공기업으로 분류하고 있는데, 시장형 공기업이란 자산규모가 2조원 이상이고, 총수입액 중 자체수입액이 대통령령이 정하는 기준 이상인 공기업을 말하고 준시장형 공기업이란 그밖에 시장형 공기업이 아닌 공기업을 말한다.

〈공공기관의 유형분류〉

구분		내 용
공기업		직원 정원이 50인 이상이고, 자체수입액이 총수입액의 2분의 1 이상인 공공기관 중에서 기획재정부장관이 지정한 기관
	시장형	자산규모가 2조원 이상이고, 총 수입액 중 자체수입액이 85% 이상인 공기업 *(한국석유공사, 한국가스공사등)*
	준시장형	시장형 공기업이 아닌 공기업 *(한국관광공사, 한국방송광고공사 등)*
준정부기관		직원 정원이 50인 이상이고, 공기업이 아닌 공공기관 중에서 기획재정부장관이 지정한 기관
	기금관리형	국가재정법에 따라 기금을 관리하거나, 기금의 관리를 위탁받은 준정부기관 *(서울올림픽기념국민체육진흥공단, 한국문화예술위원회등)*
	위탁집행형	기금관리형 준정부기관이 아닌 준정부기관 *(한국교육학술정보원, 한국과학창의재단 등)*
기타공공기관		공기업, 준정부기관이 아닌 공공기관

기여할 수 있도록 하기 위하여 공공기관의 범위 설정과 유형구분 및 평가·감독 시스템 등 공공기관의 운영에 관하여 필요한 사항을 정하려는 목적으로 2007.1.19. 제정되었다.

6) 공공기관 지정제도의 문제점과 개선방안에 관해서는 김재환·박인환, "공공기관 지정제도의 쟁점과 개선방안", 이슈와 논점 제1256호(2017.2.13.: 국회입법조사처)를 참조.

2017년도 공공기관 지정현황과 내역을 보면 2017년도 공공기관은 총 332개로 '16년 대비 11개 기관이 증가하였다. 공기업이 '16 30개에서 '17 35개로 5개 증가했고, 준정부기관은 변동 없이 89개, 기타공공기관이 '16 202개에서 '17 208개로 6개 증가하였다.[7]

〈공기업의 예〉

구 분	지정된 공기업
시장형 공기업(14)	(산업부) 한국가스공사, 한국광물자원공사, 한국남동발전(주), 한국남부발전(주), 한국동서발전(주), 한국서부발전(주), 한국석유공사, 한국수력원자력(주), 한국전력공사, 한국중부발전(주), 한국지역난방공사 (국토부) 인천국제공항공사, 한국공항공사 (해수부) 부산항만공사
준시장형 공기업(21)	(기재부) 한국조폐공사 (문화부) **그랜드코리아레저(주)**, 한국관광공사 (농식품부) 한국마사회 (산업부) **㈜한국가스기술공사**, 대한석탄공사, **한국전력기술(주)**, **한전KDN(주)**, **한전KPS(주)** (국토부) 제주국제자유도시개발센터, 주택도시보증공사, 한국감정원, 한국도로공사, 한국수자원공사, 한국철도공사, 한국토지주택공사 (해수부) 여수광양항만공사, 울산항만공사, 인천항만공사, 해양환경관리공단 (방통위) 한국방송광고진흥공사

자료: http://www.alio.go.kr/

한편, 「지방공기업법」은 '지방자치단체가 직접 설치·경영하거나, 법인을 설립하여 경영하는 기업'을 대상으로 하며, 제3조에서 제2조에 따라 지방직영기업, 지방공사 및 지방공단을 '지방공기업'이라 지칭하고 있다.

2. 공기업의 종류

공기업은 경영주체를 기준으로 국영기업과 공영기업, 또는 국영공비기업, 특수법인기업 등으로, 독점성의 유무를 기준으로 독점기업과 비독점기업으로 각각 분류된다.

2.1. 경영주체에 따른 분류

2.1.1. 국영기업 또는 정부기업

행정주체에 의한 직영공기업$\binom{\text{Eigen-}}{\text{betrieb}}$이 대표적인 경우이다. 국영기업 또는 '정부기업'$\binom{\text{정부기업예}}{\text{산법 § 2}}$이란 국가가 직접·간접으로 경영하는 사업 중 정부부처의 형태를 가진 기업(국영사업·관영사업·행정청형기업)을 말한다. 국가가 자기의 경제적 부담에 의하여 스스로 관리·경영하는

---

7) 자료: http://www.mosf.go.kr/com/synap/synapView.do?atchFileId=ATCH_000000000003886&fileSn=1

기업으로서 정부기업예산법은 '정부기업'을 '기업형태로 운영하는 우편사업, 우체국예금사업, 양곡관리사업 및 조달사업'으로 정의하고 있다($^{§\,2}$).[8]

2.1.2. 공영기업 또는 지방공기업

지방자치단체가 자기의 경제적 부담으로 직접 설치·경영하거나, 법인을 설립하여 경영하는 기업으로서 지방공기업법은 이를 지방직영기업과 지방공사, 지방공단을 포함하는 개념으로 설정하고 있다($^{지방공기업}_{법 § 2 ①}$). 지방공기업은 지방자치단체가 직접 설치·경영하는 사업으로서 특별회계를 마련하여 독립채산제로 운영될 수도 있다. 지방공기업에 대해서는 지방공기업법 외에 해당 지방자치단체의 조례가 적용된다.

2.1.3. 국영공비기업

국영공비기업이란 국가와 지방자치단체와의 협력을 통해 경영·관리되는 공기업의 한 형태로서 지방자치단체의 경비부담으로 국가가 관리·경영하는 공기업을 말한다. 과거 지방자치단체의 일부 부담 하에 국가가 시행하는 농지개량사업이 이에 해당했으나($^{구\,농촌근대화}_{촉진법 § 99}$), 오늘날에는 지방재정 여건상 국영공비기업의 예는 찾아보기 어렵다.

2.1.4. 독립법인에 의한 공기업(특수법인기업)

특수법인기업 또는 독립법인기업이란 국가 또는 지방자치단체에 의하여 독립된 법인으로 설립된 공기업(국가의 특수법인기업, 지방공사) 및 그에 준하는 기업을 말한다. 여기서 '그에 준하는 기업'에는 정부투자기관이 해당된다.

2.2. 독점여부에 따른 분류

공기업은 독점성의 유무를 기준으로 독점기업과 비독점기업으로 나뉜다. 우리 헌법상 제120조 제1항과 제126조에서 각각 중요자원의 국유화, 법률에 의한 사영기업의 국공유화의 가능성을 유보하고 있으므로 독점적 공기업을 예상하고 있다. 공기업은 종래 사업의 성질상 자유경쟁에 적절치 않거나(철도사업, 전기, 가스공급사업), 전국적으로 통일적인 역무제공이 요구된다는 점에서(우편사업, 전기전화사업 등) 독점성을 당연시 한 때도 있었으나, 공기업 민영화의 세계적 흐름 속에서 점차 독점성이 폐지되거나 완화되고 있다. 우편사업의 경우처럼 여전히 법률상 사업경영권의 독점이 보장된 사업도 있으나($^{우편법}_{§ 2}$), 그 예는 현저히 줄고 있다.

---

8) 종래 수도·전기·철도사업이 정부기업에 속했지만 공사 형태의 공기업으로 전환되거나 민영화과정을 밟았다.

2.3. 공기업의 법적 형식에 따른 분류

공기업은 정부기업(국영기업), 공법상 영조물법인·공법상 사단, 공단, 공금고 등 다양한 법적 형식을 취할 수 있다. 이에 관하여는 이미 행정조직법 부분에서 살펴 본 바 있어 생략한다.

Ⅲ. 공기업의 법적 특성

1. 개   설

공기업에 대한 법적 규율은 그 공익성과 수익성으로 인하여 다양한 특성을 띠게 된다. 공기업에 대한 각종 금지나 제한, 성과평가 및 회계감사 등 엄격한 법적 통제가 이루어질 뿐만 아니라 공기업 개설의 목적, 그것이 공급하는 재화나 역무의 특성(생활의 필수적 수요), 공급형태의 특성(독점성, 자연독점성) 및 그 안정적·지속적 공급보장의 필요를 고려하여 특별한 법적 보호를 받기도 하며, 나아가 공기업 경영이나 이용관계에 관한 적용법원리나 법적 규율 내용 면에서도 다른 분야에 비해 특수성을 가지는 경우가 많다.

2. 공기업에 대한 법적 통제

공기업에 대해서는 그 설립, 운영 등에 대한 다양한 공법적 통제가 이루어지고 있다.

2.1. 설립 통제

국영기업을 설치하려면 법률의 수권은 필요하지 않지만 최소한 정부조직법($^{§\,4}$)에 따라 대통령령에 의해야 하며, 다만 독점기업으로서 국영기업이나 후술하는 국영공비기업의 개설을 위해서는 법률의 수권이 필요하다. 전자는 동종기업의 경영을 배제하는 효과를 발생하기 때문이고, 후자는 지방자치단체에 부담을 과하기 때문이다.[9]

공기업을 신설할 경우 공공기관운영법 제7조에 따라 기획재정부장관의 타당성 심사를 거쳐야 하며, 기획재정부장관은 공공기관운영위원회의 심의·의결을 거쳐 기관 신설 및 재정지원 등의 필요성과 효과 등을 심사하고, 그 결과를 주무기관장에게 통보하도록 되어 있다($^{§\,7}_{②}$).

지방직영기업 역시 국영공기업에 준하는 법적 통제를 받고 있다. 우선 지방공기업법은 제

---

9) 김남진/김연태, 행정법 Ⅱ, 414.

5조에서 지방자치단체가 지방직영기업을 설치·경영하고자 할 때에는 그 설치·운영의 기본
사항을 조례로 정하도록 법정하는 한편, 제3조에서 지방공기업은 항상 기업의 경제성과 공공
복리를 증대하도록 운영하여야 하며, 지방자치단체는 지방공기업을 설치·설립 또는 경영함
에 있어서 민간경제를 위축시키거나 공정하고 자유로운 경제질서를 저해하거나 환경을 훼손
시키지 아니하도록 노력하여야 한다는 것을 지방공기업 경영의 기본원칙으로 명시하고 있다.

특수법인기업의 경우 그 개설이 특별법(한국방송광고공사법)에 의하는 경우도 있고 지방공
기업법에 의한 지방공사의 경우 대통령령이 정하는 바에 따라 주민복리 및 지역경제에 미치
는 효과·사업성 등 지방공기업으로서의 타당성 여부를 사전에 검토하여 조례로 설립하도록
되어 있다($^{§\ 49}_{③,\ ②}$).

2.2. 경영감독 및 평가 등

공기업에 대해서는 특히 공익성과 자율경영 및 책임경영이라는 명분 뒤에서 자칫 경영이
나 회계가 방만하게 운영될 우려가 있다는 점에서, 경영평가, 회계감사 등 각종 법적 감독
또는 통제가 가해진다. 공공기관운영법은 제3조에서 '공공기관의 책임경영체제를 확립하기
위하여 공공기관의 자율적 운영을 보장하여야 한다'고 천명하면서도, 공기업의 투명한 운영
을 도모하기 위하여 경영공시를 의무화하고($^{§§\ 11,}_{12}$), 경영목표와 예산 및 운영계획 등에 관한
사항을 심의·의결하기 위하여 이사회를 두어, 이사회로 하여금 기관장이 법령 등 위반행위
나 직무를 게을리한 경우 주무기관의 장에게 기관장의 해임 등 필요한 조치를 요청할 수 있
도록 하고 있다($^{§§\ 17,}_{22}$). 또한 임원 임면의 객관성·공정성을 확보하기 위하여, 공기업의 장은
비상임이사 등으로 구성되는 임원추천위원회가 복수로 추천하여 공공기관운영위원회의 심
의·의결을 거친 사람 중에서 주무기관의 장의 제청으로 대통령이 임명하도록 하고 있다
($^{§§\ 25,}_{26}$).

공기업의 경영 효율을 높이기 위해서는 공기업 경영평가가 필요하다. 이러한 배경에서 공
운법은 공기업 경영평가를 제도화하고 있다. 이에 따르면 기획재정부장관은 경영목표 및 공
기업·준정부기관이 제출한 경영실적보고서 등을 기초로 경영실적을 평가하고, 평가 결과
경영실적이 부진한 공기업의 기관장 또는 상임이사의 해임을 건의하거나 요구할 수 있다
($^{§\ 48}$).

특수법인에 대해서도 주무부장관, 기획재정부장관 및 감사원 등 행정기관과 국회가 여러
가지 측면에서 감독권을 행사하고 있다. 또한 지방공사의 경우에도 지방자치단체장, 지방의
회뿐만 아니라 행정안전부장관, 감사원도 감독권을 행사할 수 있도록 되어 있다.

3. 공기업의 법적 보호

공용부담특권을 부여 받거나, 기업독점권을 법적으로 또는 사실상으로 보장받는 경우, 특수법인지위와 독립채산제 하에서 면세, 보조금 등 혜택을 받는 경우 등이 있다.

특히 정부기업의 경우, 「정부기업예산법」 제3조에 따라 우편사업특별회계, 우체국예금특별회계, 양곡관리특별회계, 조달특별회계 등 특별회계를 설치하여 그 세입으로써 그 세출에 충당하도록 되어 있고, 지방공기업의 경우에도 지방공기업법에 따라 특별회계를 둘 수 있고 독립채산제($\S\S\,13\cdot$)에 따르도록 되어 있다.

4. 공기업에 대한 법적 규율

국영기업에 관하여는 정부조직법, 「정부기업예산법」, 감사원법 등이 적용된다. 정부기업의 직원은 공무원의 신분을 가지며, 예산편성 및 운용 등 각종 행정통제 면에서 일반행정기관과 동일하게 취급된다.

공공기관운영법상 공공기관인 공기업에 대해서는 공공기관운영법, 감사원법 등이 적용된다. 공공기관운영법은 제2조에서 법 제4조 내지 제6조의 규정에 따라 지정·고시된 공공기관에 대하여 적용하고, 공공기관에 대하여 다른 법률에 이 법과 다른 규정이 있을 경우 이 법에서 그 법률을 따르도록 한 때를 제외하고는 이 법을 우선하여 적용하도록 하고 있다($\S\,2\atop ②$).

공기업·준정부기관은 공정한 경쟁이나 계약의 적정한 이행을 해칠 것이 명백하다고 판단되는 사람·법인 또는 단체 등에 대하여 2년의 범위 내에서 일정기간 입찰참가자격을 제한할 수 있다($\S\,39\atop ②$).

▦ 부정당업자에 대한 한국전력공사의 입찰참가자격제한처분

"[1] 공공기관의 운영에 관한 법률 제39조 제2항, 제3항에 따라 입찰참가자격 제한기준을 정하고 있는 구 공기업·준정부기관 계약사무규칙($^{2013.11.18.\ 기획재정부령\ 제}_{375호로\ 개정되기\ 전의\ 것}$) 제15조 제2항, 국가를 당사자로 하는 계약에 관한 법률 시행규칙 제76조 제1항 [별표 2], 제3항 등은 비록 부령의 형식으로 되어 있으나 규정의 성질과 내용이 공기업·준정부기관($^{이하\ '행정청'}_{이라\ 한다}$)이 행하는 입찰참가자격 제한처분에 관한 행정청 내부의 재량준칙을 정한 것에 지나지 아니하여 대외적으로 국민이나 법원을 기속하는 효력이 없으므로, 입찰참가자격 제한처분이 적법한지 여부는 이러한 규칙에서 정한 기준에 적합한지 여부만에 따라 판단할 것이 아니라 공공기관의 운영에 관한 법률상 입찰참가자격 제한처분에 관한 규정과 그 취지에 적합한지 여부에 따라 판단하여야 한다. 다만 그 재량준칙이 정한 바에 따라 되풀이 시행되어 행정관행이 이루어지게 되면 평등의 원칙이나 신뢰보호의 원칙에 따라 행정청은 상대방에 대한 관계에서 그 규칙에 따라야 할 자기구속을 받게 되므로, 이러한 경우에는 특별한 사정이 없는 한 그에 반하는 처분은 평등의 원칙이나 신뢰보호의 원칙에 어긋나 재량권을 일탈·남용한 위법한 처분이 된다.

　[2] 한국전력공사가, 甲 주식회사가 광섬유복합가공지선 구매입찰에서 담합행위(1차 위반행위)를 하였다는 이유로 6개월의 입찰참가자격 제한처분(1차 처분)을 한 다음, 1차 처분이 있기 전에 전력선 구매입찰에서 담합행위(2차 위반행위)를 하였다는 이유로 甲 회사에 다시 6개월의 입찰참가자격 제한처분(2차 처분)을 한 사안에서, 수 개의 위반행위에 대하여 그중 가장 무거운 제한기준에 의하여 제재처분을 하도록 규정한 '국가를 당사자로 하는 계약에 관한 법률 시행규칙' 제76조 제3항은 규정의 취지 등을 고려할 때, 공기업·준정부기관(_{이하 '행정청'}_{이라 한다})이 입찰참가자격 제한처분을 한 후 그 처분 전의 위반행위를 알게 되어 다시 입찰참가자격 제한처분을 하는 경우에도 적용된다고 보아야 하고, 1차 위반행위와 2차 위반행위의 제한기준이 동일하며, 행정청 내부의 사무처리기준상 1차 처분 전의 2차 위반행위에 대하여는 추가로 제재할 수 없다는 이유로, 甲 회사에 대한 2차 처분은 재량권을 일탈·남용하여 위법하다."10)

　반면 공공기관운영법 제5조 제4항에 따른 '기타 공공기관'은 같은 법 제39조에 따른 입찰참가자격 제한 조치를 할 수 없고 따라서 행정소송법에 정한 행정청, 그 소속기관 또는 그로부터 제재처분 권한을 위임받은 공공기관에 해당하지 아니하므로, 설사 부정당업자에 대한 제재로서 입찰참가자격제한조치를 내리더라도 이는 행정소송의 대상이 되는 행정처분이 아니라 단지 신청인을 공사가 시행하는 입찰에 참가시키지 않겠다는 뜻의 사법상 효력을 가지는 통지행위에 불과하다는 것이 대법원의 판례이다.

▦ 부정당업자에 대한 수도권매립지관리공사의 입찰참가자격제한조치의 법적 성질

　"수도권매립지관리공사는 수도권매립지관리공사의 설립 및 운영 등에 관한 법률의 규정에 의하여 설립된 공공기관(법인)으로서 공공기관의 운영에 관한 법률 제5조 제4항에 의한 '기타 공공기관'에 불과하여 같은 법 제39조에 의한 입찰참가자격 제한 조치를 할 수 없을 뿐만 아니라, 그 대표자는 국가를 당사자로 하는 계약에 관한 법률 제27조 제1항에 의하여 입찰참가자격 제한 조치를 할 수 있는 '각 중앙관서의 장'에 해당하지 아니함이 명백하며, 따라서 행정소송법에 정한 행정청 또는 그 소속기관이거나, 그로부터 이 사건 제재처분의 권한을 위임받은 공공기관에 해당하지 아니하므로, 수도권매립지관리공사가 한 제재처분은, 행정소송의 대상이 되는 행정처분이 아니라 단지 신청인을 공사가 시행하는 입찰에 참가시키지 않겠다는 뜻의 사법상의 효력을 가지는 통지행위에 불과하다 할 것이고, 따라서 그와 같은 통지를 하였다고 하여 신청인에게 국가를 당사자로 하는 계약에 관한 법률 제27조 제1항에 의한 국가에서 시행하는 모든 입찰에의 참가자격을 제한하는 효력이 발생한다고 볼 수는 없다."11)

　공기업의 임직원, 운영위원회의 위원과 임원추천위원회의 위원으로서 공무원이 아닌 사람

---

10) 대법원 2014.11.27. 선고 2013두18964 판결: 한국전력공사가 甲 주식회사가 광섬유복합가공지선 구매입찰에서 담합행위를 하였다는 이유로 6개월의 입찰참가자격 제한처분(1차 처분)을 한 다음, 1차 처분이 있기 전에 전력선 구매입찰에서 담합행위를 하였다는 이유로 甲 회사에 다시 6개월의 입찰참가자격 제한처분(2차 처분)을 한 사안에서, 위 2차 처분은 재량권을 일탈·남용하여 위법하다고 한 사례.

11) 대법원 2010.11.26. 자 2010무137 결정.

은 형법 제129조(수뢰, 사전수뢰) 내지 제132조(알선수뢰)의 적용에 있어서는 이를 공무원으로 보며(§ 53), 주식이 유가증권시장에 상장되지 아니한 공기업·준정부기관에 대한 소수주주권의 행사와 주주제안에 관하여는 상법 제542조의6을 준용한다(§ 54).

지방직영기업의 경우 지방공기업법 외에도 지방자치법 및 지방재정법 기타 관계법령이 적용된다(§ 6).

Ⅳ. 공기업의 이용관계

1. 공기업이용관계의 의의

국민이 공기업으로부터 제공되는 각종 재화, 서비스를 수급하고 이용하는 법률관계를 공기업이용관계라고 한다.

공기업이용관계의 종류로 일시적 이용관계와 계속적 이용관계가 있다. 가령 종묘등의 분양, 석탄의 매매, 철도 승차 등은 전자의 예이며, 수도, 가스의 공급, 국공립병원 입원, 국민주택의 사용 등은 후자의 예이다. 협의로는 후자만을 가리킨다.

2. 공기업이용관계의 성질

2.1. 성질결정의 실익

공기업이용관계의 성질을 어떻게 보느냐에 따라 공사법 귀속, 그에 따른 법률관계에 대한 적용법규, 재판관할 및 절차가 달라진다.

2.2. 성질에 관한 학설

2.2.1. 공법관계설

사회공공의 이익을 위해 행해지므로 행정작용의 일부를 구성하는 것이고 공법관계라고 한다. 공기업의 수익성, 프랑스 행정법상 공역무 중 '상공업적 공역무'(service public industriel et commercial)의 이용관계는 원칙적으로 사법 규율 하에 있음을 간과했다는 비판이 있다.

2.2.2. 사법관계설

비권력적 관리작용으로서 사인이 경영하는 사업과 본질적 차이가 없다고 본다. 동일내용의 관계는 동일한 법원리에 의해 규율되어야 하므로 그 이용관계도 사법 및 사법원리에 의해 규율되는 사법관계로 본다. 실정법상 특별한 규정이 있는 경우 공법관계로 볼 수도 있으나 당해관계 전체가 공법관계로 되는 것은 아니라고 본다.

2.2.3. 단체법적 사회관계설

공기업의 이용관계는 공법 또는 사법관계 어느 일면만을 갖지 않고 이들 양자가 혼재하는 단체법적, 사회법적 분야에 속한다고 본다. 그러나 구체적으로 단체법적 사회관계의 내용이 무엇인지, 공법에 속하는 것인지 아닌지를 판명해 주지는 못한다.

2.2.4. 결 론

공기업이용관계는 원칙적으로 사법관계로 보아야 하며, 따라서 이를 둘러싼 분쟁도 민사소송에 의해 해결하여야 한다고 보는 것이 통설이다. 이에 따르면 공기업이용관계는 원칙적으로 기업자와 이용자 간 합의에 의해 성립하며, 다만 기업자가 정형적인 이용조건을 정하고 이용자가 이를 따를 수밖에 없는 부합계약($^{contrat}_{d'adhésion}$)의 관계지만, 예외적으로 법령이 공기업의 공익목적을 감안하여 특별한 규정을 두거나 관계법규 전체의 합리적 해석에 따라 공법관계로 볼 수 있는 경우도 있다. 즉, 법령의 명시적 규정에 의한 경우에는 행정상 강제징수가 인정되며(수도료, 우편요금), 행정쟁송절차가 적용되며, 실정법구조 전체의 합리적 해석에 의한 경우, 가령 이용관계가 순수한 경제적 급부를 내용으로 하는 것이 아니라 윤리성을 띠는 경우나(공립학교 재학관계), 경제적 급부를 내용으로 하는 경우에도 이용관계가 공공성이 있는 경우에도(비공영수도의 이용관계) 공법이 적용된다고 한다.

이러한 통설에 대해서는 공기업이용관계는 공법관계와 행정사법관계를 포함하는 관계로 행정법관계라고 보는 반론이 제기되고 있다.[12] 이 견해에 따르면 행정법관계 중에서 공법관계에 속하는가 행정사법관계에 속하는가는 개별결정설(복수기준설)에 의하는데, 실정법이 공법관계임을 명시하고 있는 경우에는 문제가 없지만, 명시하고 있지 아니 한 경우에는 공사법 구별의 제도적 의의와 당해 행정법규가 규율하는 취지 등에 따라 공법관계에 속하는가 행정사법관계에 속하는가를 개별구체적으로 판단해야 한다고 한다.

생각건대, 국가나 지방자치단체가 운영하는 버스사업, 전기·수도공급사업 등과 같은 공기업을 이용하는 관계의 법적 성질을 파악하는 문제는 공법이든 사법이든 아니면 행정사법이든 어떤 법영역에 대한 절대적, 선험적 범주를 전제로 하여 공기업이용관계의 법적 성질을 결정하는 문제는 아닌 것 같다. 오히려 결정적인 것은 법형식에 대한 '선택의 자유'(^{Wahlfreiheit}) 원칙에 따라 각각의 구체적 사정, 특히 이용규칙($^{Benutzungs-}_{ordnung}$)으로부터 추지할 수 있는 관할행정주체의 의지가 무엇인가를 파악하는 데 있다. 여기서 이용규칙의 종별(자치법규인가 아니면 보통거래약관인가), 각각 사용된 법형식(그 관계의 종료는 철회에 의하는가 아니면 해제에 의한

---

12) 김철용, 행정법 Ⅱ, 334.

것인가), 이용규칙의 규율내용(공급강제나 이용강제를 규정하고 있는가), 이용대가의 성질(공법
상의 수수료인가 아니면 단순한 사법상의 이용료인가), 쟁송수단(행정심판법상 불복고지의 적용유
무) 등이 그 구체적 표지가 될 것이다. 가령 지방자치단체가 전부 또는 지배주주인 사법상
법인이 공기업을 운영하는 경우 특별한 사정이 없는 한 그 회사와 이용자 간의 관계는 사인
상호간의 관계로서 사법적 관계로 보아야 할 것이다. 만일 부당하게 공기업이용(거래)이 거
부되는 경우 당해 신청인은 지방자치단체에 대하여 그 사법상 법인에게 회사법상 가능한 감
독권 등의 행사를 통하여 시설이용의 기회를 마련해 달라고 요구할 수 있을 것이다.

> 행정사법($^{\text{Verwaltungs-}}_{\text{privatrecht}}$), 엄밀히 말해 '행정사법적 활동'이란 수도공급, 폐기물처리, 융자의 제공 등과 같이
> 주로 급부행정 및 경제유도행정의 분야에서, 행정목적을 수행하기 위하여 사법적 형식에 의하여 수행되는
> 행정활동으로서 일정한 공법적 규율을 받는 것을 말한다. 이것은 사회국가적 이념에 따라 현대행정의 기
> 능이 확대됨으로써 초래된 행위형식 다양화의 산물이지만, 행정이 사법적 행위형식을 선택하여 공법적 구
> 속, 특히 기본권 구속, 기타 공법적 제한들(권한배분에 관한 규정이나 행정작용의 일반원리)을 벗어날 수
> 는 없다는 것이 행정사법론의 핵심이다. 행정에게 허용되는 것은 사법적 행위형식일 뿐, 사적자치
> (^{Privatautonomie})에 의한 자유나 가능성은 아니다. 볼프($^{\text{H.J.}}_{\text{Wolff}}$)는 이를 행정사법(行政私法)이라고 불렀다. 그것
> 은 행정의 임무수행을 위하여 행정이 동원할 수 있는, 공법에 의하여 중첩되고 구속된 사법(私法)이라고
> 할 수 있다.13) 공기업이용관계를 행정사법관계로 본다면 이는 공법적 구속이 따르는 사법관계로 파악한다
> 는 것을 뜻하게 될 것이다.

사실 공기업이용관계 가운데에는 공·사법 혼합관계에 해당하는 경우도 적지 않다. 가령
국민주택임대차관계의 경우 국가 또는 지방자치단체인 사업주체와 분양권자 또는 임차인의
일반적 법률관계는 사법관계이만, 임대료에 관한 관계는 공법관계이다. 따라서 국민주택의
분양대금·임대보증금 및 임대료가 체납된 경우에는 국가 또는 지방자치단체가 국세 또는
지방세 체납처분의 예에 따라 강제징수할 수 있다($^{\text{주택법}}_{\S\,89}$). 이렇게 볼 때, 공기업이용관계를 일
률적으로 공법관계 또는 사법관계 또는 행정사법관계로 규정하는 것은 그 내용이나 법형식
의 다양성에 비추어 매우 위험한 발상이다. 공기업이용관계의 법적 성질에 관해서는 본질 규
명보다는 현상의 서술이 더 적절하지 않을까 생각한다. 이를테면 공기업이용관계는 관계법에
서 이를 공법관계로 설정하거나 그렇게 볼 만한 근거들이 규정되어 있는 등 특별한 사정이
없는 한, 원칙적으로 사법관계인 경우가 많다. 하지만 그 이용관계의 급부행정적 특성에 따
라서는 기본권이나 비례원칙, 신뢰보호원칙 등에 따른 공법적 구속이 부가되는 경우가 많을
것이라고 서술하는 것이다. 이러한 서술은 가능하지만, 공기업이용관계의 이런저런 본질 때
문에, 그리고 공사법 법률관계의 본질적 차이로부터 일반적으로 사법관계라고 하거나 공법관

---

13) Maurer, Allgemeines Verwaltungsrecht, § 3 Rn.9.

계 또는 행정사법관계일 수밖에 없음을 증명하는 것은 불가능하다는 것이다.

3. 공기업이용관계의 성립

3.1. 합의이용

공기업이용관계가 성립하는 원칙적 형태는 합의이용방식이다. 통상 부합계약의 방식에 의하는 경우가 많다. 이와 관련하여 관계법령에서 이용조건의 공시의무나 계약강제, 이용 허용 또는 제공의 의무를 명시하는 경우가 많다(철도사업법 § 9 ④, § 20 ②; 전/기통신사업법 § 3, 우편법 § 50).

3.2. 이용강제

공기업이용이 법률상 또는 사실상 강제되는 경우도 있다. 공기업이용의 강제는 계약강제, 행정처분에 의한 이용강제, 직접 법률에 의한 강제 등 다양한 형식을 통해 이루어질 수 있다.

통상 계약강제의 예로는 국공립병원에서의 예방접종, 행정행위에 의한 이용강제의 예로는 전염병환자의 강제격리, 법률규정에 의한 이용강제로는 산재보상이나 건강보험 등의 가입강제를, 사실상 이용강제로는 정부기업 등의 독점사업에 의한 재화, 역무의 제공을 든다. 그러나 대부분의 예는 공공시설이나 영조물 이용의 강제에 해당하는 것으로 보아야 하므로 결국 공기업의 이용강제에 해당하는 예는 사실상 대안이 없어 이용할 수밖에 없는 우편사업이나 조달사업을 법령상 반드시 이용하도록 규정한 경우의 이용강제를 들 수 있을 뿐이다.[14]

4. 이용관계의 내용

4.1. 일반적 특색

공기업이용관계의 일반적 특색으로는 당사자간의 합의에 의한 이용관계의 경우 부합계약이 일반화됨에 따라 이용관계의 내용이 정형화되어 있는 경우가 많다는 것이다. 물론 공급강제, 배상책임의 제한, 수수료강제징수 등 공법상 특수한 규율이 부과되는 경우가 많다.

4.2. 이용자의 권리

공기업이용자가 가지는 권리 중 가장 기본적인 것은 공기업에서 생산, 공급하는 역무나 재화의 공급을 부당하게 거부당하지 않을 권리라 할 수 있다. 가령 수도법 제39조 제1항은 "일반수도사업자는 수돗물의 공급을 원하는 자에게 정당한 이유 없이 그 공급을 거절하여서

---

14) 김철용, 행정법 Ⅱ, 335에서는 사실상 공기업이용관계가 강제되는 경우는 실정법이 인정하는 합의이용의 예외로서 이용강제에 해당하지 아니 한다며 그런 의미의 이용강제는 실정법상 찾기 힘들다고 지적하고 있다.

는 아니 된다"고 규정하고 있고, 우편법, 전기사업법, 철도사업법 등도 그와 비슷한 조항을 두고 있다. 공기업이용자는 이를 토대로 하여 비로소 공기업이용권을 향유할 수 있게 된다.

공기업이용권이란 공기업이용관계가 성립하면 이용자가 그 근거된 법령이나 조례, 그 밖의 규칙, 정관이 정하는 바에 따라 공기업주체에 대하여 그 재화나 역무의 공급을 요구할 수 있는 권리를 말한다. 이러한 의미의 공기업이용권은 채권적 성질을 가지는 사권인 것이 원칙이며 따라서 이전성도 인정된다. 아울러 공기업이용자는 부수적으로 재화나 역무의 평등 수급권, 쟁송제기권, 손해배상청구권 등 공법적 제한에 따른 권리나 사법상의 권리를 가진다.

4.3. 공기업주체의 권리

공기업주체는 이용자의 권리에 상응하여 이용조건 설정권과 이용대가 징수권, 과태료 부과권 등을 가진다. 이용대가는 보통 수수료나 사용료의 형태를 띠며, 합의이용의 경우 보통 약관이 정하는 바에 따라 산정, 부과된다. 이용대가 그 밖의 공급조건을 정한 약관은 통상 공기업규칙만으로 제정, 변경되지만, 주무부장관의 인가 등을 받아야 그 효력을 가지게 되어 있는 경우가 많다. 반면 이용강제의 경우, 그 이용대가를 징수하려면 법령상 근거가 필요하다.

이용대가청구권의 성질은 원칙적으로 사법상 채권이라는 것이 통설이다. 다만 관계법령상 특별한 규정에 따라 행정상 강제징수가 허용되고(수도법 § 68, 우편법 § 24), 또 행정상 불복절차가 인정되는 경우(지방자치법 § 140)에는 공권적 성질을 가진다고 보아야 할 것이다.

공기업주체는 공기업 경영에 부수하여 법령상 질서유지권을 부여 받는 경우가 있다(철도안전법 §§ 47-50). 그러나 법령상 그와 같은 명문의 규정이 없는 한, 가택권 등에 의해 정당화될 수 있는 경우를 제외하고는 그 질서유지권한을 일반화할 수는 없다고 본다. 공기업을 영조물로 파악하지 않는 한, 일반적인 질서유지권이나 명령강제 및 징계권을 인정하기는 어렵다고 본다. 공기업관계에서의 이용조건을 위반한 자에 대한 처벌규정도 일반공권력에 의한 행정벌에 불과하다고 보아야 할 것이다.

5. 공기업이용관계의 종료

공기업이용관계는 이용목적의 달성, 이용자의 탈퇴, 공급의 정지·중지, 공기업 폐지 등의 사유로 종료된다. 공기업 폐지의 경우, 그 공익성으로 인하여 그 폐지가 자유롭지는 않지만, 불가피한 정책적·재정적 사유에 따라 정당화될 여지를 전적으로 배제하기는 어려울 것이다. 다만, 공기업폐지로 생존에 필수불가결한 서비스를 적기에 공급받지 못해 피해를 입은 경우에는 경우에 따라 기본권침해를 이유로 행정쟁송이나 헌법소원을 강구해 볼 여지가 있을 것이다.

V. 특허기업

1. 특허기업의 개념

1.1. 특허기업과 공익사업의 특허

공익사업의 특허란 행정청이 사인에게 공익사업의 경영권을 설정하여 주는 형성적 행정행위라고 이해된다. 법률상 국가에 유보되어 있는 공익사업의 경영권 전부 또는 일부를 타인에게 부여하는 행위가 공익사업의 특허이며, 그 특허에 의하여 성립한 기업을 특허기업이라고 부른다. 특허기업은 넓은 의미로는 법령에 의한 특허기업, 즉 국가 또는 지방자치단체가 법령이나 조례의 제정을 통하여 설립한 특수법인기업15)과 행정청으로부터 특허를 받아 사인(사법인)이 경영하는 공익사업 특허에 의한 특허기업을 포함한다. 반면 좁은 의미의 특허기업(공익사업)은 후자, 즉 사인이 행정청으로부터 특허를 받아 경영하는 공익사업만을 말한다. 이를 '특허처분기업'이라고도 한다. 이러한 의미의 특허기업은 공익사업이기는 하지만 사인에 의하여 경영된다는 점에서 공기업이 아니라 사기업에 해당하며, 이 점에서 국·공영 공기업이나 특수법인 공기업과는 다르다.

> 종래 국내문헌들은 비권력적 행정작용으로서 공기업 경영방식의 하나로 공기업의 특허를 다루어 왔다. 그런데 공기업의 특허라고 한다면 그 특허된 기업은 당연히 공기업임을 전제로 한 것이어서, 이는 동어반복에 불과하고 특허기업의 대부분이 사기업인 현실에도 맞지 않는다는 문제가 있다.16) 그런 이유에서 다수설에서 사용해 온 '공기업의 특허'라는 접근방식을 대체하려는 시도가 이루어져 왔고 '공기업' 대신 '공익사업'의 특허 또는 아예 '특허기업'이라는 용어가 사용되고 있다. 특허기업은 사실 대부분이 공기업이 아니므로 공기업법에 포함시킬 이유가 없다. 그럼에도 불구하고 공기업법에서 특허기업을 다루는 이유로는 규제행정법을 별도로 다루지 않고 있다는 점과 특허기업이 어느 정도 공익적 성격을 가지고 있다는 점에서 공기업에 가장 접근되어 있다는 점을 들기도 한다.17)

국가가 재정경제상 이유 그 밖의 이유로 스스로 경영하기에 적당하지 않은 공익사업에 대한 경영권을 사인에게 특허하고, 이에 따라 각종의 공법상의 특전을 주어 이를 조장함과 동시에 사업수행의 의무를 다하도록 하고, 그 사업에 대해 특별한 감독을 가한다는 것이 특

---

15) 법령에 의하여 직접 설립되는 특수법인인 한국토지주택공사, 한국수자원공사, 한국도로공사, 한국철도공사, 대한석탄공사, 한국관광공사, 한국감정원, 한국마사회 등이 그러한 예인데 이들은 공기업(준시장형 공기업)으로서 「공공기관의 운영에 관한 법률」에 따른 '공공기관'이라고도 부른다. 한편 이들 특수법인 형태의 공사들을 영조물법인으로 분류하기도 한다.
16) 김동희, 행정법 Ⅱ, 312-313.
17) 김철용, 행정법 Ⅱ, 340.

허기업의 법정책적 발상이다.

1.2. 국영기업 · 공영기업과의 구별

특허기업을 사기업으로 볼 경우 특허기업은 국영공기업이나 지방공기업 등 공기업의 범주에 포함되지 않는다.

1.3. 특수법인기업과의 구별

특허기업은 사인이 경비를 부담하는 점에서 자본금의 전액 또는 50% 이상을 국가 등이 투자한 특수법인기업과도 구별된다.

2. 공익사업의 특허

2.1. 의   의

공익사업의 특허란 행정청이 사인에게 공기업의 경영권을 설정하여 주는 형성적 행정행위를 말한다.

2.1.1. 주   체

공익사업 특허의 주체는 국가 또는 지방자치단체의 행정청이다. 국가의 행정관청이 되는 것이 보통이나 지방자치단체의 장도 그 주체가 될 수 있다.

2.1.2. 상대방

특허기업의 경영주는 사인(사법인)이다. 이런 의미에서 특허기업을 공기업으로 보아 온 종래의 다수설은 특허기업의 현실을 충분히 반영하지 못 하고 있다.

2.1.3. 대   상

특허의 대상은 특정 공익사업의 경영권이다. 특허는 국가나 지방자치단체가 수행할 공익사업(운수사업이나 가스공급사업 등)을 사인이 수행하도록 하는 행위이다. 공익사업이 독점사업이어야 할 필요는 없다. 그러나 특허의 결과 경영보장의 측면에서 어느 정도 독점적 지위가 생기는 것은 무방하다.

2.2. 특허의 성질

2.2.1. 형성적 행정행위

공기업특허는 사인에게 공기업경영권을 설정하여 주는 형성적 행정행위의 성질을 가지며, 이 점에서 경찰상 영업에 대한 일반적·상대적 금지를 해제하여 본래의 자유를 회복해 주는 경찰상의 영업허가 등 명령적 행정행위인 허가와 구별된다. 다만, 공기업특허의 구체적 효과에 관해서는 학설의 대립이 있다.

(1) 포괄적 법률관계설정설

특허를 특정한 공익사업 경영에 관한 각종의 권리·의무를 포괄적으로 설정하는 설권행위로 보는 견해이다.

(2) 독점적 경영권설

특허를 특정인에게 특허기업의 독점적 경영권을 설정하여 주는 형성적 행정행위로 본다.

(3) 허가설

특허를 그 대상인 공익사업에 대한 일반적·상대적 금지를 해제하여 본래의 자유를 회복해 주는 영업허가의 성질을 가진다고 보는 견해이다.

(4) 소 결

특허기업에 있어 특허의 핵심은 일정한 범위 안에서 해당 공익사업에 대한 독점적 경영권을 설정해 준다는 데 있다. 따라서 특허는 그것을 신청한 특정인에게 해당 특허기업의 독점적 경영권을 설정하여 주는 형성적 행정행위로 보는 것이 옳다.

2.2.2. 협력을 요하는 행위

특허는 상대방의 신청을 전제로 한다는 점에서 협력을 요하는 행정행위 또는 쌍방적 행정행위의 성질을 가진다.

2.2.3. 재량행위

특허기업에 있어 특허는 앞서 본 바와 같이 그 대상인 공익사업에 대한 경영상의 독점권을 설정해 주는 형성적 행위로 볼 수 있으므로, 관계법령에 특별한 규정이 없는 한 재량행위인 경우가 보통이다.

2.3. 특허의 형식

특허기업에 있어 특허의 형식은 일반적으로 강학상 행정행위인 처분의 형식을 띠는 것이 보통이다. 이미 기술한 바와 같이 특수법인기업의 경우 특허가 법률이나 조례에 의해 이루어지지만, 좁은 의미의 특허기업은 특허처분기업에 한한다.

3. 특허기업과 허가기업

특허기업에 있어 공익사업 특허와 영업허가는 목적, 대상사업, 행위의 성질, 재량행위 여부, 보호·감독, 이익보호 등 여러 가지 측면에서 차이가 있다. 이를 요약하면 다음 표에서 보는 바와 같다.

〈공익사업특허와 영업허가의 비교〉

비교항목	공익사업 특허	영업허가
목적	적극적 복리증진	소극적 공공질서의 유지
대상사업	전기, 가스, 통신 등 공익사업	질서행정, 영업법 영역 중심 사익사업
행위의 성질	형성적 행위	* 명령적 행위/형성적 효과
내용/효과	경영상 독점권 등 권리 설정	자연적 자유의 회복에 그침
재량행위 여부	재량행위	기속행위
행위요건	공익성/사업능력(판단여지 넓음)	* 상대적으로 제한된 범위에서 일정한 자격/시설기준 요구
보호/특전 및 감독	국가/지자체의 적극적 개입과 특별한 감독, 경영 및 영업 보호 특전	위험방지/질서유지 등 소극적 목적에 따른 예외적 개입과 감독

* 양자의 구별이 점차 상대화되는 경향이 있음.

4. 특허기업의 법률관계

4.1. 개 설

특허기업의 법률관계는 공기업의 경우와는 달리 행정주체(행정청)와 특허기업자 간의 권리·의무관계가 주된 내용을 이룬다. 과거에는 특허기업의 법률관계를 특별권력관계의 일종으로 파악하였으나, 오늘날에는 특허기업의 공익적 성격과 사실상 독점성에 의하여 설정되는 일반권력관계로서 내용면에서 특별한 규율이 이루어진다는 점에서 특별한 권리·의무관계라고 보는 것이 일반적이다.

4.2. 특허기업자의 권리

4.2.1. 특허기업 경영권

특허기업자는 특허기업에 대한 경영권을 가진다. 즉 당해 특허기업에 대한 독점적 경영권을 얻게 된다(독점적 경영권설). 국가 등은 법정요건에 위반하여 타인에게 동종의 특허기업을 특허할 수 없게 되고, 그렇게 할 경우 관계법령의 취지에 따라 기존의 특허기업자가 그 취소를 청구할 수 있게 된다.[18] 반면 포괄적 법률관계설정설에 따르면 그러한 독점적 지위를 주장할 수 없게 된다.

4.2.2. 부수적 권리(특권)

특허기업의 원활한 경영수행은 그 역무 등에 의존하는 국민들을 위해서는 물론 국가 전체의 견지에서도 공익에 부합한다. 그런 배경에서 특허기업자에게는 공기업의 경우처럼 특허기업의 원활한 경영수행을 보장해 주기 위하여 여러 가지 보호와 특권이 부여되는 경우가 많다. 그 종류와 범위는 특허기업의 종류에 따라 다르지만, 대체로 공물사용권 부여, 보조금 교부 등 경제상 보호, 공기업벌 부과 권한의 부여, 긴급조정제도에 의한 노동법상의 보호 등이 주어진다.

4.3. 특허기업자의 의무

4.3.1. 기본적 의무로서 기업경영의무

특허기업자는 해당 특허기업의 내용이나 급부행정적 중요성에 따라 일반 영업자의 경우보다는 더욱 강한 특별한 의무와 부담을 지는 경우가 많다.

특허기업자의 기업경영은 공공성의 요청으로 인하여 권리인 동시에 의무이다. 따라서 특별한 사유가 없는 한 일정한 기간 내에 사업을 시작해야 할 의무를 지며($\begin{smallmatrix} 전기사업법 \\ \S 9 \ ① \end{smallmatrix}$), 당해 공익사업을 행정청의 특별한 승인 없이는 휴지 또는 폐지할 수 없는 기업계속의무를 지고 또 제3자의 이용관계에서도 정당한 사유 없이 그 이용을 거절할 수 없는 이용제공의무를 진다 ($\begin{smallmatrix} 전기사업법 \\ \S\S\ 14,\ 21 \end{smallmatrix}$).

4.3.2. 부수적 의무

(1) 지휘 · 감독을 받을 의무

관할행정청은 특허기업자의 공익사업 수행을 지휘 · 감독하고 특허기업자는 이에 응할 의

---

18) 박윤흔, 최신행정법강의(하), 446; 김철용, 행정법 Ⅱ, 345; 김남진/김연태, 행정법 Ⅱ, 제10판, 432; 장태주, 행정법개론, 제8판, 1250 등.

무를 지는 경우가 많다. 그런 예로는 감독청의 검사를 받거나 특허기업의 안전관리자 선임의무를 지는 경우, 또는 일정한 행위에 대해 관할행정청의 승인을 받아야 하거나($\substack{\text{도시가스사업법} \\ \S\S~17,~29,~20}$) 기업의 인적 구성 또는 물적 기초에 대한 감독을 받는 경우가 있다($\substack{\text{전기사업법} \\ \S\S~73,~10~①}$).

⑵ 특허기업자의 부담

특허기업자가 지는 부담으로는 ① 기업물건의 불융통성, ② 특별부담($\substack{\text{예: 긴급공급의무:} \\ \text{수도법}~\S~41}$), ③ 보험가입의무($\substack{\text{도시가스사} \\ \text{업법}~\S~43}$), ④ 매수에 응할 의무($\substack{\text{수도법} \\ \S~44}$) 등을 들 수 있다.

5. 특허기업의 이전 · 위탁 · 종료

5.1. 특허기업의 이전

특허기업자의 독점적 기업경영권은 양도 · 합병 · 상속 등 사유로 타인에게 이전된다. 공익사업의 특수성으로 인해 행정청의 인가를 받거나 신고를 해야 하는 등 제한이 따르는 경우가 많다.

5.2. 특허기업의 위탁

특허기업자가 독점적 기업경영권은 보유하되 실제적인 기업의 관리나 경영을 타인에게 맡기는 경우를 말한다. 그 경우에도 신고의무가 부과되는 등($\substack{\text{여객자동차운} \\ \text{수사업법}~\S~13}$) 일정한 공익상 제한이 따르는 경우가 많다.

5.3. 특허기업의 종료

특허기업은 특허의 철회, 특허기간의 경과, 특허의 실효, 특허기업자의 사업폐지 등에 의하여 종료된다. 특허기업자의 사업폐지의 경우 특허기업의 계속의무에 따라 행정청의 허가나 승인을 받아야 하는 경우가 있다($\substack{\text{여객자동차운수사업법}~\S~16 \\ ①;~\text{전기통신사업법}~\S~14~①}$).

제 4 절 │ 영조물법

Ⅰ. 영조물의 개념

1. 영조물의 정의

일반적으로 영조물이란 '특정한 행정목적을 계속적으로 수행하기 위하여 만들어진 인적·물적 종합체'를 말하는 것으로 이해되고 있다. 이 영조물 개념은 원래 독일행정법에서 통용된 'öffentliche Anstalt'란 용어를 일본에서 '공적 영조물'로 번역하고 이를 우리 행정법학자들이 받아들인 것이다. 본래 영조물이란, 오토 마이어($_{Mayer}^{Otto}$)가 정의한 바에 따르면, '행정주체가 일정한 공적 목적을 위해 공용한 인적·물적 총합체'를 말하며 이러한 정의는 일본이나 우리나라에서 일반적으로 채용되고 있다. 우리 판례 역시 그와 같은 정의를 사용하고 있다.

"국립대학인 서울대학교는 특정한 국가목적(대학교육)에 제공된 인적·물적 종합시설로서 공법상의 영조물이다. 그리고 서울대학교와 학생과의 관계는 공법상의 영조물이용관계로서 공법관계이며, 서울대학교가 대학입학고사시행방안을 정하는 것은 공법상의 영조물이용관계설정을 위한 방법, 요령과 조건 등을 정하는 것이어서 서울대학교 입학고사에 응시하고자 하는 사람들에 대하여 그 시행방안에 따르지 않을 수 없는 요건·의무 등을 제한설정하는 것이기 때문에 그것을 제정·발표하는 것은 공권력의 행사에 해당된다."[1]

영조물의 예로는 교도소·공공도서관·국공립병원·국립대학교 등을 들 수 있다.

한편 여기서 말하는 영조물이란 국가배상법 제5조에 규정된 '공공영조물'과는 다른 개념이다. 후자는 행정조직법이나 급부행정법에서 말하는 영조물이 아니라 그중에서 공적 목적에 제공된 유체물만을 말하는 것, 즉, 대체로 학문상 공물에 해당되는 유체물을 의미하는 것으로 이해되고 있다.

---

1) 헌법재판소 1992.10.1. 선고 92헌마68·76(병합) 전원재판부 결정. 이 사건에서 헌법재판소는 위 요강은 그것이 근거로 삼은 시행령이 아직 개정되지 아니한 현 시점에서는 법적 효력이 없는 행정계획안이어서 이를 제정한 것은 사실상의 준비행위에 불과하고 이를 발표한 행위는 앞으로 그와 같이 시행될 것이니 미리 그에 대비하라는 일종의 사전안내에 불과하므로 위와 같은 사실상의 준비행위나 사전안내는 행정심판이나 행정쟁송의 대상이 될 수 있는 행정처분이나 공권력의 행사는 될 수 없으나, 사실상의 준비행위나 사전안내라도 그 내용이 국민의 기본권에 직접 영향을 끼치는 내용이고 앞으로 법령의 뒷받침에 의하여 그대로 실시될 것이 틀림없을 것으로 예상될 수 있는 것일 때에는 그로 인하여 직접적으로 기본권침해를 받게 되는 사람에게는 사실상의 규범작용으로 인한 위험성이 이미 발생하였다고 보아야 할 것이므로 이러한 것도 헌법소원의 대상은 될 수 있다고 보아야 한다고 설시했다.

2. 영조물과 공공기관·공기업과 준정부기관

「공공기관의 운영에 관한 법률」은 공공기관 운영을 위한 기본적인 체제를 마련하기 위하여 제4조 내지 제6조에서 공기업과 준정부기관의 공공기관의 지정 및 구분에 관한 규정을 두고 있다. 공공기관은 공기업과 준정부기관의 상위개념으로 설정되어 있는데, '기타공공기관'에 해당하는 국립대학교병원, 한국과학기술정보연구원, 한국기초과학지원연구원, 한국생명공학연구원 등 각종 정부출연연구기관, 한국과학기술원과 광주, 대구경북의 과학기술원, 한국과학기술기획평가원, 한국원자력통제기술원, 한국원자력의학원, 한국사학진흥재단, 한국학중앙연구원, 동북아역사재단, 한국고전번역원, 평생교육진흥원 등이 영조물에 해당한다고 볼 수 있다.

그 밖에 상공회의소 등과 같은 공법상 사단이나 한국소비자원 같은 소비자권익 증진시책의 효과적인 추진을 위하여 정부의 출연으로 설립된 특수공익법인으로서 공정거래위원회의 감독을 받는 공법상 재단법인, 그리고 주로 도로건설, 주택건설, 택지개발, 철도건설 등 사회적 수요가 큰 공공사업 가운데 사업의 규모가 크고 복잡하며 대량의 자금을 요하여 그에 소요되는 자금을 민간단체 또는 지방공공단체에 대해서도 부담시키는 것이 적당하다고 생각되는 사업을 실시하기 위하여 조직된 공공단체인 공단 중에서도 영조물에 해당하는 것이 드물지 않다.

영조물과 공기업을 구별하는 것이 우리나라의 다수설이지만, 양자를 동일하게 보는 견해도 있다.

영조물과 공공시설에 대해서도 양자를 동일하게 보는 견해와 구별하는 견해가 대립하지만, 전자는 공적 사단과 공공재단, 그리고 인적·물적 종합체라는 조직법적 기준에 따른 범주인 반면 후자는 공공용공물과 영조물을 포함하는 일종의 기능적 기준에 따른 집합개념이라는 점에서 동일시하기 어렵다고 생각한다.

Ⅱ. 영조물의 종류

1. 법주체를 기준으로 한 분류

국가 등이 법주체인 공영조물과 사인이 법주체가 되는 사영조물로 나뉜다. 헌법재판소는 사립학교가 공교육을 담당한다는 점에서 국공립학교와 본질적인 차이가 없다고 판시한 바 있고,[2] 대법원 또한 사립대학교도 「공공기관의 정보공개에 관한 법률」 소정의 공공기관에

---

2) 헌법재판소 1991.7.22. 선고 89헌가106 결정.

포함된다고 판시한 바 있다.[3] 그러나 헌법재판소나 대법원 모두 사립학교 재학 및 근무관계는 공법상 권력관계가 아니라 사법관계로 보고 있고, 영조물은 공영조물에 한정하고 있다는 점에서는 공통적이다.[4]

2. 법인격 유무를 기준으로 한 분류

영조물은 법인격 유무를 기준으로 교도소·공공도서관·국공립병원·국립대학교 등 비독립영조물과 특정한 행정목적을 계속적으로 수행하기 위하여 독립된 인격이 부여된 인적·물적 종합체로서 한국은행, 한국과학기술원, 한국은행, 적십자병원, 서울대학교병원 등 독립영조물, 즉 영조물법인으로 나눌 수 있다.

Ⅲ. 영조물의 법적 특성

1. 개   설

영조물의 법적 특성은 독립영조물과 비독립영조물로 나누어 살펴 볼 수 있다. 비독립영조물의 경우 영조물의 구성요소인 인적 요소는 특별한 사정이 없는 한 공무원 지위를 가지며 그 물적 수단 역시 공물의 지위를 가지는 경우가 많다. 반면 독립영조물의 경우 그 설치근거법에 따라 달리 정해질 수 있지만, 그 구성원은 원칙적으로 공무원은 아닐지라도 그 영조물의 목적이나 근무관계의 성질에 비추어 사인보다는 더 강한 공법상 제한을 가할 여지가 있다.

영조물관리 면에서도 단순한 재산관리가 아닐 뿐더러 관리작용이 종종 공권력행사에 해당할 수도 있고 또 그 목적이 국민의 복리증진이라는 급부행정적 취지라는 점에서 법률의 근거가 다소 포괄적인 형태를 띨 수도 있다는 점 등 공법적 특성이 나타난다.

2. 영조물 이용관계

2.1. 의 의

영조물은 일반공중이나 특정인들의 이용을 위해 존재하는 것이 일반적이다. 영조물 이용을 둘러싸고 전개되는 법률관계를 영조물 이용관계라고 부른다. 영조물 주체와 영조물의 인적 구성원 간의 관계는 여기서 말하는 이용관계에 해당하지 아니 한다.

---

3) 대법원 2006.8.24. 선고 2004두2783 판결.
4) 김철용, 행정법 Ⅱ, 352.

2.2. 성 질

2.2.1. 공법관계설

영조물 이용관계를 공법관계로 보는 견해로, 다시 제한된 특별권력관계(또는 특별행정법관계)로 보는 입장과 특별권력관계를 부정하면서 이를 공법관계로 보는 입장으로 나뉜다.

2.2.2. 사법관계설

영조물 이용관계를 원칙적으로 사법관계로 보되, 다만, 법령에서 영조물 이용관계를 공법관계로 설정한 경우나 법해석상 그렇게 볼 수 있는 경우 공법관계로 볼 수 있다 한다.

2.2.3. 소 결

영조물 이용관계는 관계법에 따라 또는 관계법을 통해 구현된 입법정책에 따라 공법관계로도 사법관계로도 형성될 수 있고 또 양자가 혼합된 형태로도 성립할 수 있다. 다만, 일반적으로는 국공립대학 재학관계나 교도소 수용관계 등과 같이 영조물의 설치목적에 비추어 공법관계로 보아야 할 경우가 상대적으로 더 많지 않을까 생각한다. 그 경우 교도소 수용관계처럼 특별권력관계로 볼 경우도 있을 수 있겠지만, 이를 모두 특별권력관계로 구성해 파악해야 할 필요는 없고 상대적으로 특수한 법적 규율이 수반되는 공법관계로 보아야 할 것이다.

2.3. 성 립

2.3.1. 계약강제

취학아동의 초등학교 입학처럼 영조물 이용관계가 법률상 의무로 강제될 수 있다.

2.3.2. 행정강제권에 의한 이용강제

법률에 의거한 행정적 강제에 의해서도 영조물 이용관계가 성립할 수 있다. 전염병예방법 제29조에 의한 제1군 전염병환자의 의료기관 등으로의 격리수용이 그러한 예이다.

2.4. 내 용

2.4.1. 이용자의 권리

(1) 영조물이용권

영조물 이용자가 가지는 권리의 핵심은 바로 영조물이용권에 있다. 영조물이용권의 성립과 내용은 합의에 의한 이용의 경우 보통 이용약관에 따른 계약(부합계약)에 따라 결정되지만 법령이나 영조물이용규칙에 의하여 정해질 수도 있다.

영조물이용권은 다음에 보는 행정쟁송 제기권에 비추어 볼 때 사권이기보다는 공권으로 보아야 할 것으로 생각한다. 또한 물권적 권리가 아니라 채권적 권리이다.

(2) 쟁송제기권

이용자는 영조물주체의 위법·부당한 행위로 영조물이용권이 침해된 때에는 당연히 행정소송법 또는 민사소송법에 의하여 구제를 받을 수 있다. 공법관계에 해당할 경우에는 행정심판이나 항고소송을 제기할 수 있음은 당연한 결과지만, 관점에 따라 또는 영조물이용관계의 근거나 내용에 따라 사법심사가 제한된다고 볼 여지도 없지 않다. 그러나 기본권이 침해되거나 이용관계에서 배제하는 효과를 가지는 처분 등에 대해서는 행정쟁송을 제기할 수 있다.

"경기 가평군 가평읍 상색국민학교 두밀분교를 폐지하는 내용의 이 사건 조례는 위 두밀분교의 취학 아동과의 관계에서 **영조물인 특정의 국민학교를 구체적으로 이용할 이익을 직접적으로 상실하게 하는 것** **이므로 항고소송의 대상이 되는 행정처분**이라고 전제한 다음, 이 사건과 같이 교육에 관한 조례무효인 소송의 정당한 피고는 시·도의 교육감이라 할 것이므로 지방의회를 피고로 한 이 사건 소는 부적법하다."5)

(3) 손해배상청구권

이용자는 영조물주체의 위법한 행위로 손해를 입은 경우에는 당연히 국가배상법 또는 민법에 따라 손해배상을 청구할 수 있다.

2.4.2. 영조물주체의 권리

(1) 이용조건 설정·변경권

영조물주체는 영조물의 이용조건을 설정하거나 변경할 권리를 가지는 것이 원칙이다. 다만, 영조물의 특성이나 이용관계의 내용에 따라서는 관할행정청의 승인요건이나 신고의무 부과 등 감독을 받는 경우를 생각할 수 있다.

영조물이용조건은 법령에서 직접 정하는 경우도 있지만, 영조물규칙의 형식으로 또는 이용약관에 따른 계약(부합계약)의 형식으로 설정되는 경우도 많다.

영조물이용규칙의 법적 성질에 대해서는 그 일방적 구속력이나 내부법적 성격 등을 근거로 이를 행정규칙으로 보는 것이 예나 지금이나 통설이라 할 수 있다. 국공립대학의 학칙의 경우, 감독청의 인가를 효력발생요건으로 하여 발령권자를 구속한다는 점에서 행정규칙으로 볼 수 없다는 견해도 있다.6) 행정규칙이 예외적으로 대외적 구속력을 가지는 경우(평등원칙, 신뢰보호의 원칙, 규범구체화적 행정규칙의 법리에 의하는 경우)가 있을 수 있다는 점을 상기한

---

5) 대법원 1996.9.20. 선고 95누8003 판결.
6) 최송화, "학칙의 법적 성격과 국가감독", 서울대학교 법학, 제37권 제1호, 64.

다면, 학칙을 행정규칙으로 보더라도 법적 구속력이 인정될 여지가 없지 않다. 그러나 학칙의 자치규범으로서의 효력은 일반적인 행정규칙의 예외적 대외적 구속력보다는 더 강하다고 보아야 하지 않을까 생각한다.[7] 더욱이 교육관계법령에서 학칙에 대한 개별적 수권조항을 두거나 포괄적 수권조항을 둔 경우에는 그 수권조항과 결합하여 법적 구속력을 가진다고 볼 여지가 충분하다고 본다. 학칙을 재판의 준거로 삼은 판례도 그 점을 뒷받침해 준다.[8]

"입학지원자의 선발시험에 있어서 합격·불합격 판정 또는 입학 자격, 선발 방법 등은 해당 교육기관이 관계 법령이나 학칙 등의 범위 내에서 교육목적을 달성하기 위하여 필요한 인격, 자질, 학력, 지식 등을 종합 고려하여 자유로이 정할 수 있는 재량행위라 할 것이나 그것이 현저하게 재량권을 일탈 내지 남용한 것이라면 위법하다."[9]

국공립대학의 학칙이 그 제·개정과정에서 학내 의사기구나 절차에 따른 숙고와 의사결정을 거쳐 공포된다는 점도 고려할 필요가 있다.

실제로 고등교육법은 제6조(학교규칙)에서 학교의 장(학교를 설립하는 경우에는 당해 학교를 설립하고자 하는 자를 말한다)은 법령의 범위 안에서 학교규칙(이하 "학칙"이라 한다)을 제정 또는 개정할 수 있다고 규정하고(§6②), 학교의 장이 제1항의 규정에 의하여 학칙을 제정하거나 학사운영, 학생의 신분변동, 학내 기구의 설치 및 운영 등에 관한 사항 중 대통령령이 정하는 중요한 사항을 개정한 때에는 14일 이내에 교육부장관에게 보고하여야 하며(§6③), 학칙의 기재사항, 제정 및 개정절차, 보고등에 관하여 필요한 사항은 대통령령으로 정하도록 위임하고 있다. 이 위임조항에 의거하여 제정된 같은 법 시행령 제4조(학칙) 제1항은 법 제6조의 규정에 의한 학칙에 기재해야 할 사항으로 학사에 관한 중요사항을 거의 모두 망라하고 있고, 제2항에서는 "학교의 장이 학칙을 제정 또는 개정하고자 하는 때에는 학칙이 정하는 바에 따라 제정안 또는 개정안의 사전공고·심의 및 공포의 절차를 거쳐야 한다"고 명시하고 있다. 그리고 제3항에서는 법 제6조 제2항에서 "대통령령이 정하는 중요한 사항"으로 학생정원, 수업연한, 학기와 수업일수, 입학, 재입학·편입학, 휴학·복학, 모집단위 간 이동 또는 전과(轉科)·자퇴·제적·유급(留級)·수료·졸업 및 징계 등을 열거하고, 제4항에서 교육부장관이 이와같이 보고된 학칙 중 법령에 위반되는 사항이 있다고 인정되는 때에는 그 시정을 요구할 수 있다고 규정하고 있다. 제4항의 규정을 반대해석하여 보고된 학칙 중 법령 위반사항이 없는 경우에는 그 효력을 인정한다는 취지로 해석할 수 있고 또한 이는 대학 내에서 학칙이 그와 같은 규범적 구속력을 발휘하고 있는 현실에도 부합한다.

---

7) 최송화, 앞의 글, 67; 이경운, "사립대학교학칙의 법적 성격", 판례실무연구(비교법실무연구회) Ⅱ, 3이하; 조성규, "대학 학칙의 법적 성격", 행정법연구(행정법이론실무학회) 제17호, 57이하 등을 참조. 이에 대한, 일반적 수권조항 결여를 이유로 한 비판으로는 배영길, "대학의 학칙에 관한 연구", 공법학연구(한국비교공법학회), 제5권 제1호, 319를 참조.
8) 대법원 1982.7.27. 선고 81누398 판결.
9) 대법원 1997.7.22. 선고 97다3200 판결.

(2) 이용대가 징수권

영조물주체는 이용자로부터 국공립대학의 수업료 등 이용대가를 징수할 권리를 가진다.

(3) 명령·징계권

영조물주체는 영조물의 목적 수행을 위해 필요한 한도 내에서 영조물규칙을 제정하고 이를 근거로 명령·징계권을 가질 수 있다. 이 권력을 영조물권력($^{Anstalts-}_{gewalt}$)이라고 부른다. 그러나 이용자의 권리와 자유를 제한하기 위해서는 법률의 유보 원칙에 따라 법률에 근거가 있어야 한다. 물론 법률의 근거는 조례위임의 경우처럼 해당 영조물이용관계의 특성이나 내용에 따라 다소 포괄적으로 주어질 수도 있을 것이다.

또 영조물주체가 징계권을 행사하는 경우에도 의견진술 등 절차적 보장이 이루어져야 한다($^{고등교육법}_{§ 13 ②}$).

2.5. 종 료

영조물이용관계는 이용목적 달성, 이용자의 탈퇴, 이용배제, 영조물의 폐지 등으로 종료된다.

Ⅳ. 영조물업무의 위탁

공영조물의 영조물주체가 자신이 보유하던 영조물의 설치·운영권을 사인에게 위탁하는 경우를 영조물업무의 위탁이라고 한다. 가령 「형의 집행 및 수용자의 처우에 관한 법률」은 제7조에서 법무부장관에게 법률이 정하는 바에 따라 '교정시설의 설치 및 운영에 관한 업무의 일부'를 법인 또는 개인에게 위탁할 수 있도록 허용하고 있고, 이를 근거로 하여 제정된 「민영교도소 등의 설치·운영에 관한 법률」이 시행되고 있다. 다른 나라에서도 그와 같은 형태의 민간위탁이 시행되고 있다. 영조물업무의 공익성을 고려할 때 그 포괄적 위탁 또는 전부위탁을 위해서는 법률의 근거가 필요하다고 본다.

제 5 절 │ 사회복지행정법

Ⅰ. 사회복지행정과 사회복지행정법

1. 사회복지행정

'사회복지'는 복지 문제가 개인의 차원, 즉 개인의 자발성과 가족, 종교에 대한 의존을 넘어서 사회적 연대와 국가에 의존한다는 것을 전제로 한다. 복지가 '인간의 권리'이고 '사회와 국가의 책임'이라는 사고야말로 사회복지 개념의 핵심이라 할 수 있다.

사회복지는 사회보장보다는 넓은 개념이고 상위개념이다. 사회보장의 개념은 1942년 국제노동기구(^{ILO})의 「사회보장에의 접근」($^{\text{Approaches to}}_{\text{Social Security}}$)이라는 보고서를 통하여 "사회보장은 사회 구성원들이 부딪히는 일정한 위험(사고)에 대하여 사회가 적절한 조직을 통하여 부여하는 보장"이라고 정의되었다. 이에 따르면 사회보장은 첫째, 전체국민을 대상으로 해야 하고, 둘째, 모든 국민의 최저생활이 보장되도록 하여야 하며, 셋째, 모든 위험과 사고에서 보호를 받도록 해야 하며, 넷째 공공기관을 통하여 보호나 보장이 이루어져야 한다는 것을 구성요소로 한다.

사회보장이란 국민들에게 불의의 생활상 위험이나 소득 중단이 닥치더라도 정상적인 생활을 유지할 수 있도록 그 생활을 보장하는 수단을 국가가 책임을 지고 수행하는 제도를 말하며 일반적으로 사회보험과 공적 부조, 그리고 사회복지서비스를 포함한다. 사회보장기본법은 제3조 제1호에서 "사회보장"이란 질병, 장애, 노령, 실업, 사망 등의 사회적 위험으로부터 모든 국민을 보호하고 빈곤을 해소하며 국민 생활의 질을 향상시키기 위하여 제공되는 사회보험, 공공부조, 사회복지서비스 및 관련복지제도를 말한다고 정의하고 나서, 다시 그 구성요소로서 사회보험과 공공부조, 사회복지서비스 및 관련복지제도를 다음과 같이 정의하고 있다.

〈사회보장제도의 종류와 개념〉

(1) 사회보험	국민에게 발생하는 사회적 위험을 보험의 방식으로 대처함으로써 국민의 건강과 소득을 보장하는 제도($\S_{ii}^3$)
(2) 공공부조	국가와 지방자치단체의 책임 하에 생활 유지 능력이 없거나 생활이 어려운 국민의 최저생활을 보장하고 자립을 지원하는 제도($\S_{iii}^3$)
(3) 사회복지서비스	국가·지방자치단체 및 민간부문의 도움이 필요한 모든 국민에게 상담, 재활, 직업의 소개 및 지도, 사회복지시설의 이용 등을 제공하여 정상적인 사회생활이 가능하도록 지원하는 제도($\S_{지사업법 \S 2 iv}^{3 iv; 사회복}$)
(4) 관련복지제도	보건, 주거, 교육, 고용 등의 분야에서 인간다운 생활이 보장될 수 있도록 지원하는 각종 복지제도($\S_v^3$)

2. 사회복지행정법

2.1. 사회복지행정법의 법원

사회복지행정법의 법원은 최고법규인 헌법을 정점으로 하여 그 하위에 사회복지 관련 법률·법규명령 등으로 이루어진다. 사회복지와 관련된 주요한 헌법규정들로는 헌법 제34조(인간다운 생활을 할 권리)를 중심으로 한 헌법 제10조(행복추구권), 제11조(평등권), 제31조(교육을 받을 권리), 제32조(근로의 권리), 제33조(노동 3권), 제35조(환경권), 제36조(혼인과 가족생활) 등이 있다. 이들 헌법 규정을 구체화하는 사회복지 관련 개별 법률들은 기본법으로서 사회보장기본법을 필두로 하여 사회보험 분야의 국민연금법, 기초노령연금법, 국민건강보험법, 노인장기요양보험법, 고용보험법, 산업재해보상보험법, 공적부조 분야의 국민기초생활보장법, 의료급여법, 그리고 사회복지서비스 분야의 사회복지사업법, 장애인복지법, 노인복지법, 아동복지법, 「한부모가족지원법」, 「성매매알선등행위의처벌에관한법률」, 영유아보육법, 「장애인·노인·임산부 등의 편의 증진 보장에 관한 법률」, 「다문화가족지원법」 등 다양한 법률들로 구성되어 있다.

〈사회보장법의 개요〉

사회복지 일반	「사회보장기본법」
사회보험	「국민연금법」, 「기초노령연금법」, 「국민건강보험법」, 「노인장기요양보험법」, 「고용보험법」, 「산업재해보상보험법」 등
공적부조	「국민기초생활보장법」, 「의료급여법」 등
사회복지서비스	「사회복지사업법」, 「장애인복지법」, 「노인복지법」, 「아동복지법」, 「한부모가족지원법」, 「성매매 알선 등 행위의 처벌에 관한 법률」, 「영유아보육법」, 「장애인·노인·임산부 등의 편의 증진 보장에 관한 법률」, 「다문화가족지원법」 등

위에서 본 바와 같은 사회보장기본법상 사회보장의 정의에 따르면, 이 제도의 대상이 되는 사회적 위험은 질병·장애·노령·실업·사망 등이고, 이 같은 사회적 위험으로부터의 국민보호·빈곤해소·생활의 질 향상을 위한 수단은 사회보험, 공공부조, 사회복지서비스 및 관련 복지제도이다. 이처럼 사회보장기본법은 사회보장의 내용 안에 '관련 복지제도'를 포함시킴으로써, 사회보장법을 사회보장에 관한 권리·의무관계에 관한 법체계로서는 물론, 사회보장의 기능을 수행하는 기타 법영역 및 사회정책까지 포괄하는 넓은 의미의 사회복지법 개념으로 파악하고 있다. 이러한 입법방식은 사회보장법의 독자성과 사회보장제도 운영주체의 통일성을 저해하는 결과를 초래할 수 있으나, 사회보장법과 밀접한 관련을 갖고 있고 또 이를 보완하는 기능을 갖는 법제도는 이를 사회보장의 범주에 포함시키는 것이 타당하다는 것이 입법권자의 의도인 것으로 생각된다.

사회보장기본법은 모든 국민이 사회보장의 급여를 받을 권리(사회보장수급권)를 명시적으로 인정하고($^{§ 9}$), 사회보장 급여의 수준을 '건강하고 문화적인 생활유지'로 설정하고 있다.

2.2. 사회복지행정의 기본원리와 주요영역

2.2.1. 사회복지행정의 기본원리

헌법은 제34조 제1항에서 "모든 국민은 인간다운 생활을 할 권리를 가진다"라고 하여 국민의 생존권을 규정하는 한편, 같은 조 제2항에서 국가에게 사회보장·사회복지의 증진에 노력할 의무를 부과하고 있다. 이를 토대로 하여 사회보장기본법은 사회보장에 관한 국민의 권리와 국가 및 지방자치단체의 책임을 정하고 또한 사회보장의 이념과 개념 및 사회보장제도에 관한 기본적인 사항을 정하고 있다. 사회보장기본법은 "사회보장은 모든 국민이 인간다운 생활을 할 수 있도록 최저생활을 보장하고 국민 개개인이 생활 수준을 향상시킬 수 있도록 제도와 여건을 조성하여, 그 시행에 있어 형평과 효율의 조화를 도모함으로써 복지사회를 실현하는 것을 기본 이념으로 한다"고 규정하고 있다($^{§ 2}$).

헌법과 사회보장기본법으로부터 도출되는 사회복지행정법의 기본원리는 다음과 같다.

(1) 생존권보장의 원리

"모든 국민은 인간다운 생활을 할 권리를 가진다"고 규정하고 있는 헌법 제34조 제1항으로부터 도출되는 원리로서, 특히 공적 부조 영역에서 생활이 곤궁한 모든 국민에 대하여 그 정도에 따라 필요한 보호를 해 줌으로써 최저한도의 생활, 즉 건강하고 문화적인 생활수준을 유지할 수 있도록 해야 한다는 내용으로 구체화된다.

::: 헌법상 사회보장의 권리의 법률의 유보

"헌법은 제34조 제1항에서 국민에게 인간다운 생활을 할 권리를 보장하는 한편, 동조 제2항에서는 국가의 사회보장 및 사회복지증진의무를 천명하고 있다. '인간다운 생활을 할 권리'는 여타 사회적 기본권에 관한 헌법규범들의 이념적인 목표를 제시하고 있는 동시에 국민이 인간적 생존의 최소한을 확보하는 데 있어서 필요한 최소한의 재화를 국가에게 요구할 수 있는 권리를 내용으로 하고 있다. 국가의 사회복지·사회보장증진의 의무도 국가에게 물질적 궁핍이나 각종 재난으로 부터 국민을 보호할 대책을 세울 의무를 부과함으로써, 결국 '인간다운 생활을 할 권리'의 실현을 위한 수단적인 성격을 갖는다고 할 것이다. 이 헌법의 규정에 의거하여 국민에게 주어지게 되는 사회보장에 따른 국민의 수급권(受給權)은 국가에게 단순히 국민의 자유를 침해하지 말 것을 내용으로 하는 것이 아니라 적극적으로 급부를 요구할 수 있는 권리를 주된 내용으로 하기 때문에, 그 권리의 구체적인 부여여부, 그 내용 등은 무엇보다도 국가의 경제적인 수준, 재정능력 등에 따르는 재원확보의 가능성이라는 요인에 의하여 크게 좌우되게 된다. 즉 국가가 '인간다운 생활을 할 권리'를 국민에게 보장하기 위하여 국가의 보호를 필요로 하는 국민들에게 한정된 가용자원을 분배하는 이른바 사회보장권에 관한 입법을 할 경우에는 국가의 재정부담능력, 전체적인 사회보장수준과 국민감정 등 사회정책적인 고려, 제도의 장기적인 지속을 전제로 하는 데서 오는 제도의 비탄력성과 같은 사회보장제도의 특성 등 여러 가지 요소를 감안하여야 하기 때문에 입법자에게 광범위한 입법재량이 부여되지 않을 수 없고, 따라서 헌법상의 사회보장권은 그에 관한 수급요건, 수급자의 범위, 수급액 등 구체적인 사항이 법률에 규정됨으로써 비로소 구체적인 법적 권리로 형성된다고 보아야 할 것이다."[1]

(2) 국가·지방자치단체 책임의 원리

사회복지에 대한 책임은 누구보다도 국가가 져야 한다는 국가책임의 원리는 국가에게 사회보장·사회복지의 증진에 노력할 의무를 부과한 헌법 제34조 제2항에서 도출된다. 공적부조의 영역에서는 생활이 곤궁한 모든 국민에 대하여 공적 부조를 실시하는 것을 국가의 책임으로 삼고 있지만, 헌법과 사회보장기본법은 국가에게 모든 국민이 인간다운 생활을 할 수 있도록 최저생활을 보장할 책임을 지우고 있다. 한편 사회보장기본법은 제5조에서 국가뿐만 아니라 지방자치단체에게 국가 발전의 수준에 부응하는 사회보장제도를 확립하고 매년 이에 필요한 재원을 조달하여야 할 책임을 부과하고 있다. 국가는 물론이지만 사회복지행정에 있어 지방자치단체가 담당하는 역할은 국가의 그것 못지않게 대단히 중요하다. 특히 사회복지행정의 전달체계에 있어 중앙정부와 지방자치단체, 공공과 민간 간의 명확한 역할 분담과 이를 토대로 한 유기적인 협력메커니즘을 구축하는 일은 국가의 사회복지행정의 성패를 좌우할 만큼 핵심적인 과제인데, 거기서 지방자치단체가 담당하는 역할은 국가 못지않게 중추적이기 때문이다.[2] 지방자치단체는 사회복지업무의 집행을 담당하며, 기획 기능과 대민서

---

1) 헌법재판소 1995.7.21. 선고 93헌가14 결정.
2) 이인재, "사회복지 전달체계의 쟁점", 월간 복지동향 1998(http://blog.peoplepower21.org/Welfare/1883); 조성한, 사회복지행정서비스 전달체계 연구, 한국행정연구원, 1997.

비스 기능을 수행한다. 그런 맥락에서 국가책임의 원리가 국가와 지방자치단체 책임의 원리
로 확장되는 것은 지극히 당연한 일이라 할 수 있다.

(3) 보충성의 원리

보충성의 원리($\binom{\text{Subsidiari-}}{\text{tätsprinzip}}$)란 국가의 급부활동은 개인이나 사적 단체 또는 마을·가정과 같은
하위의 사회공동체가 스스로 그 임무를 수행할 수 없는 경우에만 보충적으로 이루어져야 한
다는 원리를 말한다. 보충성(^{Subsidiarität})[3]이란 자기 고유의 책임을 국가의 개입에 우선시키는
정치적·사회적 원리로서, 이에 따르면 국가적 과업들은 우선 그리고 의심스러운 경우에는
시·군·구 등 국가의 하급기관들이 처리하고 상급 국가기관들은 뒤에 물러나 있어야 한다.
보충성사상은 하급기관이 자력으로 문제나 과업을 처리할 수 있다는 조건 아래서만 적용되
며, 최소 단위기관에 과중한 임무를 부담시켜서는 안 되며 경우에 따라서는 상급기관이 하급
기관을 지원해야 한다는 의미로도 이해된다.

이 원리는 사회국가원칙의 한 단면이자 구성요소이며[4] 또 그 파생원리라 할 수도 있다.
이 원리는 공적 부조와 관련해서는 생활이 곤궁한 자가 스스로 이용할 수 있는 자산, 노동
능력, 기타 모든 것을 활용해도 최저생활을 유지할 수 없는 경우에만 보호를 받을 수 있다
는 내용으로 구체화된다. 실제로 국민기초생활보장법은 제1조 목적조항에서 생활이 어려운
자에게 최저생활을 보장하는 것뿐만 아니라 '자활을 조성'하는 것을 목적으로 내세우고 있고,
제3조에서는 "이 법에 의한 급여는 수급자가 자신의 생활의 유지·향상을 위하여 그 소득·
재산·근로능력 등을 활용하여 최대한 노력하는 것을 전제로 이를 보충·발전시키는 것"을
급여의 기본원칙으로 삼는 한편($^{\S\,3}_{①}$), 부양의무자의 부양과 다른 법령에 의한 보호는 이 법에
의한 급여에 우선하여 행하여지는 것으로 한다고 규정하여($^{\S\,3}_{본문}②$), 보충성의 원칙을 구현하고
있다.

즉, 수급자 스스로가 자신의 생활 유지향상을 위해 최선의 노력을 해야 한다는 개인책임
을 전제로 하여 재산근로능력 등 활용의 원칙과 사적 부양 우선의 원칙을 요구하는 한편,
국가의 공공부조는 보충적으로만 주어진다는 것이다. 우리나라의 경우 이 원리를 헌법상 원
칙으로 볼 수 있는 명시적인 근거는 없고 따라서 이를 급부행정에 있어 불문의 헌법원리로
볼 것인지 아니면 단순한 법률상의 해석원리로 볼 것인지는 명확하지 않다고 한다. 물론,
"모든 국민은 자신의 능력을 최대한 발휘하여 자립·자활할 수 있도록 노력하고 국가의 사
회보장정책에 협력하여야 한다"고 규정한 사회보장기본법($^{\S\,7}$), 앞서 본 국민기초생활보장법
등 사회보장관계법에서 그와 같은 취지를 반영하고 있다는 점에서 이를 급부행정에 관한 개

---

3) 라틴 어 „*subsidiarius*", „*subsidium*"에서 유래된 말로 '도움', '구제', '구제'를 의미한다.
4) 장태주, 행정법개론, 제8판, 2010, 법문사, 1200-1201.

별법상의 일반원칙으로 볼 수 있을 것이다. 그러나 이 원리는 실은 우리 헌법도 지향하는 사회국가($^{Sozialsstaats-}_{prinzip}$) 또는 사회적 법치국가원칙($^{Sozialrechts-}_{staatsprinzip}$)의 구성요소를 이루는 또는 그 내장된 원칙이므로 이를 법률 수준으로 격하시킬 수는 없다고 생각한다.[5]

⑷ 보편적 복지의 원리

보편적 복지의 원리는 헌법상 평등의 원칙을 토대로 사회복지의 혜택이 국민 모두에게 돌아갈 수 있도록 보장하는 원리이다. 가령 공적 부조와 관련하여 생활이 어려운 사람에게 수급권을 부여하는 것은 헌법상 실질적 평등의 원칙에 반하지 않는다. 그러나 그 수급권을 부여하면서 자의적 기준에 의하거나 헌법상 평등원칙에 비추어 정당화할 수 없는 방식으로 특정 계층이나 특정 범주의 주민들을 배제하는 것은 허용되지 아니 한다는 것이다. 수급권을 인정하면서 현재의 생활이 곤궁할 것을 요구할 뿐 곤궁의 원인은 묻지 아니 하며, 더욱이 인종이나 신앙, 성별, 신분에 상관없이 평등하게 보호를 받도록 한다는 원리가 보편적 복지 의 원리이다.

"모든 국민은 법 앞에 평등하다. 누구든지 성별·종교·사회적 신분에 의하여 정치적· 경제적·사회적·문화적 생활의 모든 영역에 있어서 차별을 받지 아니한다"고 규정한 헌법 제11조는 모든 국민에게 평등권을 보장한 것이고, 이 평등의 원칙은 국가권력이 같은 것은 같게, 다른 것은 다르게 취급해야 한다는 것을 의미하지만, 합리적 근거에 의한 차별까지 금지하는 것은 아니라는 헌법재판소의 판례[6]를 통해서도 이 원리를 도출해 낼 수 있다.

2.2.2. 사회복지행정의 주요영역

앞에서 살펴본 바와 같이 사회복지행정법의 영역은 매우 광범위하게 분화되어 왔고, 비단 사회보장에 관한 권리·의무관계를 규율하는 법체계에 국한되지 않는다. 특별행정법의 한 부문으로서 사회복지행정법의 주된 영역은 사회보험과 공공부조, 사회복지서비스 등 크게 세 가지 분야로 나뉘는데, 그러나 여기서는 이들 세 가지 분야를 대표하는 주요 법률들 중심으로 논의를 진행하기로 한다.

Ⅱ. 공적 부조

국민기초생활보장법은 우리나라 공적 부조에 관한 기본법으로서의 지위를 가지고 있다. 우선 공적 부조의 기본개념들을 살펴보기로 한다.

---

5) 홍완식, "헌법과 사회보장법에 있어서의 보충성의 원칙", 공법연구 제28집 제4호 2권, 173이하에서는 이를 '사회 와 국가의 과제를 기능적으로 분배하는 불문의 헌법적 원리'라고 한다.
6) 위 헌법재판소 1995.7.21. 선고 93헌가14 결정.

1. 공적 부조의 개념

공적 부조 또는 공공부조란 국가 및 지방자치단체의 책임하에 생활유지능력이 없거나 생활이 어려운 국민의 최저생활을 보장하고 자립을 지원하는 제도이다($^{사회보장기}_{본법\ 3\ ⅲ}$). 공공부조제도는 무갹출급여($^{noncontributory}_{benefit}$)라는 점, 다시 말해 개인이 처한 구체적인 생활위험의 제거와 그 비용의 무갹출을 원칙으로 하고, 급여지급의 전제조건으로 생활자력조사($^{means}_{test}$)를 행한다는 점에서 사회보험과는 기본적으로 다른 특성을 가지면서 사회보험을 보완하는 의미를 가진다. 공공부조에 관한 법으로는 국민기초생활보장법과 의료급여법이 있다.

공적 부조라는 용어는 1909년 영국의 왕립 구빈법 위원회($^{Royal\ Commission\ on\ the\ Poor\ Law}_{and\ the\ Unemployed,\ 1905\text{-}1909}$)에서 기존 구빈법 체제의 유지를 주장한 보수적 인사 13명이 제출하여 당시 자유당 정부에 의해 채택된 다수 보고서($^{Majority}_{report}$)에서 최초로 사용되었다.[7] 사회보장기본법 제3조 제3호에서는 공공부조라는 개념을 사용하여 "국가 및 지방자치단체의 책임 하에 생활유지능력이 없거나 생활이 어려운 국민의 최저생활을 보장하고 자립을 지원하는 제도"라고 규정하고 있다. 미국에서는 공적 부조($^{public}_{assistance}$), 영국에서는 국민부조($^{national}_{assistance}$), 독일과 프랑스에서는 사회부조($^{Sozialhilfe:}_{assistance\ social}$)로 불리고 있다. 우리나라에서는 일본처럼 생활보호제도가 중심이 되었으나, 2000년대부터 국민기초생활보장법에 의한 기초생활보장제도가 중심을 이루고 있다. 이처럼 공적 부조는 나라에 따라 그 명칭이나 의미내용 면에서 약간의 뉘앙스를 보이지만 국가에 의한 자선행위가 아니라 사회적 연대와 개인의 생존권에 근거를 둔 개념으로서 공통분모를 가지고 있다.

2. 공적 부조와 사회보험의 관계

사회보험은 보험 기술을 이용하여 사회적 빈곤의 방지를 위해 조직된 제도로 사회적 사고를 예상하고 미리 보험료를 징수하여 사고가 발생하면 그에 따른 급여를 해주는 강제보험의 성격을 띤다. 그러나 이러한 사회보험만으로는 빈곤이나 위험에 대한 충분한 대응이 될 수 없다. 특히 사회적으로 정형화된 사고 외에 비정형적 사고에 대한 대응이나 보험료 갹출능력이 없는 자에 대한 소득보장을 위해서는 사회보험과는 별도로 공적 부조제도가 필요하게 된다. 이처럼 사회보험은 소득보장의 중심적 역할을 맡는 반면, 공적 부조는 이를 보완하는 형태로 연결된다. 사회보험이 일반 국민을 대상으로 소득을 보장해주는 제도라면 공적 부조는 빈곤계층을 대상으로 최저생활을 보장해 주는 기능을 한다.

---

7) http://51.1911encyclopedia.org/P/PO/POOR_LAW;http://www.bopcris.ac.uk/bop1900/ref556.html

Ⅲ. 사회보험

사회보험은 국민에게 발생하는 사회적 위험을 보험방식에 의하여 대처함으로써 국민건강과 소득을 보장하는 제도로서(사회보장기본법§3ⅲ), 사회보장제도의 근간을 이룬다. 사회보험은 사회적 위험이라는 공통적 위험에 처하게 되는 자들을 대상으로 하며, 이들에 의한 강제적인 비용부담을 전제로 하고 있다.

사회보험에 관한 법률로는 「국민연금법」, 「기초노령연금법」, 「국민건강보험법」, 「노인장기요양보험법」, 「고용보험법」, 「산업재해보상보험법」 등이 있다.

Ⅳ. 사회복지서비스

사회복지서비스는 국가·지방자치단체 및 민간부문의 도움을 필요로 하는 모든 국민에게 상담·재활·직업소개 및 지도·사회복지시설이용 등을 제공하여 정상적인 사회생활이 가능하도록 지원하는 제도이다(§3ⅳ). 이것은 종래는 사회복지라고 불리고 있었으나, 사회보장기본법은 이를 사회복지서비스로 고치고, 이를 사회보장의 한 영역에 포함시키고 있는 것이다.

사회복지서비스는 신체적·정신적·가족적 특수상황에 처한 국민에 대하여 현물서비스에 의하여 생활상의 곤란을 경감시키고 자활을 촉진하는 점에 그 주된 기능이 있다.

사회복지서비스에 관한 실정법으로는 아동복지법, 노인복지법, 장애인복지법, 한부모가족지원복지법 등이 있다. 상세한 설명은 생략한다.

Ⅴ. 관련 복지제도

관련 복지제도라 함은 보건·주거·교육·고용 등의 분야에서 인간다운 생활이 보장될 수 있도록 지원하는 각종 복지제도를 말한다(§3ⅴ). 전술한 바와 같이 사회보장기본법은 본래적인 의미에서의 사회보장체계에 포함하기는 어려운 것이나, 국민의 생존권보장과 관련된 기능을 담당하는 여러 분야의 사회정책적 제도를 사회보장의 영역으로 포괄하고 있다.

제 6 절 | 자금지원행정법

Ⅰ. 개 념

자금지원(^{또는 자금조성:} Subsidy, Subvention)이란 아직 이론상 확립된 개념은 아니다. 특히 자금지원 내지 자금조성과 보조금이란 개념이 종종 불분명하게 사용되거나 서로 명확히 구별되지 않는 경우가 있으므로 먼저 자금지원의 개념을 파악해 보기로 한다.

우선 국내학자들의 개념 정의는 적잖이 혼란스러운데, 크게 세 가지 관점이 있다. 첫째, 자금지원이란「행정주체가 경제적・사회적・문화적 구조개선을 위하여 사인 또는 사기업에 대하여 직접 또는 간접으로 자금 기타 재산적 이익을 제공하는 행정작용」이라고 하거나,[1]「국가 또는 지방자치단체 기타의 공공단체가 특정한 사업의 촉진・조장 등을 도모하기 위하여 그러한 사업을 행하는 공공단체 또는 사인 등에게 금전의 급부 기타의 방법에 의한 경제상의 원조를 부여하는 행정」이라고 정의하는 입장,[2] 둘째,「국가 또는 기타의 행정주체가 공공이익을 증진하기 위하여 사인에게 행하는 재산적 이익의 제공」[3]이라고 정의하는 입장, 셋째, 조성행정의 한 내용인「기업조성」의 주된 방법으로서「보조금이란 국가 또는 지방자치단체가 일정한 사업의 조성을 위하여 사인(공공단체에 교부하는 경우도 있다)에게 교부하는 금전,[4]이라고 정의하는 입장이 그것이다. 첫 번째 관점은 가장 넓은 의미로 자금지원을 파악하는 데 비하여, 두 번째 견해는 조세감면등「보호적 또는 공제적 자금조성」(^{Verschonungs-} subvention)을 행정법학의 자금조성 개념에서 제외하고 또 국가의 지방자치단체등에 대한 교부금을 그 조세수입의 분배라는 이유에서 자금조성으로부터 제외시키는 점에서 첫 번째의 견해보다 좁은 개념에 입각하고 있다는 점에 차이가 있다. 한편 세 번째 관점은「보조금」의 개념을 적극적 급부금에 한정하면서도 그 교부대상자에서 공공단체를 배제하지 않는다는 점에서 양자의 중간을 가는 것으로 볼 수 있으나, 반면 조성행정의 내용인「기업조성」을 보조금의 교부・조세감면・자금대여 및 기타의 조성을 포괄하는 상위개념으로 파악하고 있으므로,「기업조성」또는 보다 일반적으로 기업조성・문화조성・과학기술조성을 포함하는「조성행정」이란 수준에서는 첫 번째「자금지원」의 그것과 비교될 만한 또는 그보다도 넓은 범위의 개념에서 출

---

1) 김도창, 일반행정법론(하), 440; 김철용, 행정법 Ⅱ, 제10판, 2010, 424.
2) 박윤흔, 최신행정법강의(하), 523.
3) 김남진, 행정법 Ⅱ, 366; 정하중, 행정법개론, 제4판, 2010, 1228.
4) 실정법상 이를 장려금・교부금 등의 용어로 표시하는 경우도 있다고 한다: 이상규, 신행정법론(하), 460.

제1편 제2편 제3편 제4편 제5편 특별행정작용

발한다고 볼 수도 있다.

　　반면, 「보조금 관리에 관한 법률」("보조금법")은 "보조금"을 '국가 외의 자가 수행하는 사무 또는 사업에 대하여 국가(^{「국가재정법」 별표 2에 규정된 법률에 따라 설}_{치된 기금을 관리·운용하는 자를 포함한다})가 이를 조성하거나 재정상의 원조를 하기 위하여 교부하는 보조금(^{지방자치단체에 교부하는 것과 그 밖에 법인·단체 또는 개}_{인의 시설자금이나 운영자금으로 교부하는 것만 해당한다}), 부담금(^{국제조약에 따른 부}_{담금은 제외한다}), 그 밖에 상당한 반대급부를 받지 아니하고 교부하는 급부금으로서 대통령령으로 정하는 것'으로 정의하고 있다([§]₁ ²).

　　실정법상 '자금지원', '세제지원', '재정적 지원' 및 '보조금' 등의 용어가 각기 달리 사용되고 있다는 점(^{예: 유통산업발전법 §§ 17의2, 19, 20,}_{23, 31; 중소기업창업지원법 §§ 4, 9})을 고려하여, 먼저 '자금지원'(또는 '자금조성')을 광의와 협의의 개념으로 나누고, 이와 별도로 보조금법상 「보조금」을 가장 좁은 의미로, 즉 '보조금'이란 용어로 부르기로 한다.

　　이렇게 본다면, 광의의 '자금지원'이란 경제학이나 재정학에서 사용하는 개념에 해당하는, 비단 적극적 자금 제공뿐 아니라 조세감면같은 일종의 보호조치를 포함하는 개념[5]인 데 비하여, 협의의 자금지원이란 일반적으로 「국가나 기타 행정주체가 공익상의 목적을 실현하기 위하여 사인 또는 사기업에게 제공하는 재산적 이익」으로 파악된다. 반면 보조금이란 이와는 별개로 반환의무를 수반하지 않고 제공된 급부금으로서 보조금법상 「보조금」에 해당하는 것으로 보게 된다. 물론 이러한 실정법적 의미의 보조금은 수원자가 반환의무 등 반대급부를 지지 않는 보조금·장려금·부담금 등으로 불리는 급부금이라는 점에서 독일행정법상 자금지원의 한 내용으로 파악되는, 이른바 「소실보조금」 또는 「소비적 보조금」(^{verlorene}_{Zuschüsse})[6]과 공통점을 지니는 반면, 전술한 바와 같이 지방자치단체도 그 대상자가 될 수 있다는 데서 차이가 있다. 그러나 보조금의 교부목적·교부대상자에 관해서는 각 단행법령이 규정하고 있고 그 교부절차·사후관리에 관하여는 보조금법 규정에 따르도록 하고 있는 현행법의 태도를 염두에 두어야 할 것이다. 따라서 이러한 실정법규정에 따라 파악된 「보조금」이 독일행정법상 보조금 또는 자금지원과 상이한 개념이 되는 것은 불가피하다. 반면, 이러한 용어법은 또한 우리 실정법상 「세제상 혜택」과 구별되어 사용되고 있는 「자금지원」이란 용어의 의미를 명확히 해 주는 실익을 지닌다. 가령 앞에서 소개된 두 번째 개념이 이 '협의의 자금조성'에 해당될 것이다.

　　한편, 광의로 파악된 자금지원 또는 자금조성이란 일반적으로 급부행정의 일부를 이루는

---

5) 경제적으로 본다면 적극적인 급부나 지급의무의 면제나 모두 당사자에게 그러한 수익적 조치가 없었더라면 누릴 수 없었을 혜택을 의미한다는 점에서 동가치적이기 때문이다. 따라서 이러한 의미에서는 독일법상 이른바 적극적 급부로서의 급부보조금(Leistungssubvention)과 조세감면 등 일반적 공과의무로부터의 면제로서의 보호적 보조금(Verschonungssubvention)이 '자금지원' 또는 '자금조성'에 포함된다고 할 수 있다(Maurer, § 17 Rn.4, S.393).

6) 반환의무 등 반대급부의무를 수반하지 않고 지급됨으로써 국고에서 소실되었다는 뜻에서 이를 'verlorene Zuschüsse'라고 부른다.

것으로 파악되고 있다. 그러나 주지하는 바와 같이 이러한 의미의 자금지원은 「급부작용」이라는 점에서만 형식적 공통점을 지닐 뿐 그 성격이나 목적은 동일하지 아니하다. 예컨대 사회복지의 증진을 목적으로 하는 장애인복지법상 장애인단체·장애인복지시설에 대한 경비보조($^{\S\,63\,②,}_{\S\,81}$)나 세제상 혜택($^{\S\,83}_{③}$)은 그 취지상 소비자기본법상 소비자보호단체에 대한 보조금($^{\S\,32}$)이나 중소기업창업지원법상의 자금지원($^{\S\,4}$), 「중소기업 사업전환 촉진에 관한 특별법」에 의한 사업전환을 추진하는 중소기업에 대한 자금지원($^{\S\,24}$) 등과는 근본적인 차이가 있다. 자금지원행정은 경제행정의 수단이기도 하고 급부행정의 하위영역이기도 하지만, 이미 그러한 특정 영역들을 넘어서 용도가 확대되고 있다는 점에서 이를 별도의 특별행정법 분야로 다룰 수도 있다.[7)]

Ⅱ. 자금지원의 내용과 종류·법적 과정

1. 자금지원의 내용

자금지원은 먼저 광의로는, 受援者가 반환 기타 반대급부의 의무를 지지 않는 보조금·지급유예·세제상 혜택·공공요금감면 등은 물론, 반대급부의무를 부담하는 투융자·정부 및 은행 등의 지급보증·손실보상·손해보험 등을 포함한다. 반면 협의의 자금지원에는 보조금(소실보조금)·융자·보증·실질지원(^{Realförderung})만 포함되며, 조세감면 등 세제·공과상 혜택은 별도의 법률의 근거를 요하므로 이에 해당되지 않는다. 협의의 자금지원은 다음과 같은 특성을 가진다.

첫째, 자금지원의 주체는 국가 기타의 행정주체이며 그 수원자는 사인 또는 사기업이다. 이 점에서 국가만을 자금지원의 주체로 하고 지방자치단체를 수원자의 범위에 포함시키고 있는 보조금법상 보조금개념과 차이가 있다.

둘째, 자금지원은 금전적 급부(소실보조금) 이외에도 융자, 보증 또는 공공사업수주 또는 국유지매각시의 우대등과 같은 실질지원을 포함한다는 점에서 보조금법상 보조금과 다르다.

셋째, 자금지원의 본질적 표지는 그 공익목적($^{\text{Subventionszweck:}}_{\text{지원목적}}$)에 있다. 그것은 수원자의 이익을 위해서가 아니라 공공의 이익을 위하여 제공된다. 이 점은 특히 경제적 자금지원에 대하여 타당하다. 지원을 받을 사업자는 이 자금지원을 통하여 생산량의 확대, 특정지역에의 입주등 특정한 조치를 취함으로써 고용기회의 확대나 수출촉진 또는 구조취약 부문의 지원등과 같은 경제정책적·사회 및 일반정책 목표에 부응하도록 기대되고 있는 것이다. 이러한

---

7) 김철용, 행정법 Ⅱ, 423이하; 정하중, 행정법개론, 1227이하 등.

의미에서 자금지원은 그 자체가 목적이 아니라 그러한 정책적 목적을 위한 수단($^{Mittel\ zum}_{Zweck}$)일 뿐이다.[8] 따라서 사회부조적 급부는 자금지원에 해당하지 않는다.

2. 자금지원의 종류

실정법상 이러한 자금지원이 인정되고 있는 예는 결코 적지 않다. 그중 중요한 것들을 들어보면 다음과 같다.

보조금제도: 「농산장려보조금교부규칙」(^{대통령}); 농촌진흥법 § 13; 양곡관리법 § 26; 소비자기본법 제32조; 직업안정법 § 45; 원자력법 § 10($^{특허출원중의\ 발명이나\ 이미}_{특허된\ 발명에\ 대한\ 보조금}$); 국토계획법 § 104 ②($^{행정청이\ 아닌\ 자}_{가\ 시행하는\ 도시}$ $^{계획시설사업\ 소요비용의\ 국}_{가·지방자치단체의\ 보조}$); 관광진흥법 § 76($^{관광사업을\ 하는\ 관광사업자,\ 사업}_{자단체,\ 지자체\ 등에\ 대한\ 보조금}$); 공연법 § 10($^{공연자}_{보조금}$) 등

각종 기금에 의한 자금지원: 중소기업창업지원법 § 9($^{중소기업창업투자회사}_{및\ 조합에\ 대한\ 자금지원}$); 「중소기업의 경영안정 및 구조조정촉진에 관한 특별조치법」에 의한 중소기업구조조정기금을 통한 자금지원; 「농수산물유통 및 가격안정에 관한 법률」 § 57 ②; 「한국농어촌공사 및 농지관리기금법」 § 34; 관광진흥개발기금법 § 5 ②($^{관광진흥개발기금에\ 의한\ 관광}_{정책\ 연구법인에\ 대한\ 경비보조}$); 신용보증기금법 제3조 등

정부의 융자: 국가정보화기본법 § 48 ②($^{광대역통합정보통신기반\ 구축\ 및\ 이}_{용촉진\ 관련업무\ 소요자금의\ 융자}$); 공간정보산업진흥법 § 8 ②($^{공간정보유}_{통\ 등을\ 위}$ $^{한\ 유통시스템구축}_{소요자금의\ 융자}$); 「개성공업지구 지원에 관한 법률」 § 11($^{남북협력기금의}_{지원\ 또는\ 융자}$); 광업법 § 86($^{광업발전을}_{위한\ 지원}$); 경관법 § 15($^{경관사업에\ 대한\ 재}_{정지원\ 및\ 감독}$) 등

지급보증: 「저탄소 녹색성장 기본법」 § 31($^{녹색기술·녹색산업}_{에\ 대한\ 지원·특례\ 등}$); 「사회기반시설에 대한 민간투자법」 § 34 등

실질지원: 농산물품질관리법 § 31($^{자금지원\ 및}_{우선구매}$), 유통산업발전법 § 15($^{재래시장활성화,\ 중소유통기업구조개선·}_{경쟁력강화를\ 위한\ 행정적·재정적\ 지원}$), §§ 19-20 ($^{상점가진흥조합,\ 전문}_{상가단지\ 건립\ 지원}$), § 31($^{공동집배송센터\ 조성}_{에\ 필요한\ 자금\ 지원}$), § 35의2($^{국·공유재산}_{의\ 수의매각}$); 「중소기업제품 구매촉진 및 판로지원에 관한 법률」 § 28 ②($^{연계생산지원사업\ 일환으로서}_{공동상표개발\ 관련\ 비용\ 지원}$) 등

세제상 혜택: 기업도시개발특별법 § 26($^{개발구역\ 입주\ 기업에}_{대한\ 세제\ 및\ 자금지원}$); 나노기술개발촉진법 § 8($^{민간기술개발의}_{세제\ 등\ 지원}$); 문화산업진흥기본법 § 30($^{세제지}_{원\ 등}$); 근로복지기본법 § 13($^{세제}_{지원}$); 「공항소음 방지 및 소음대책지역 지원에 관한 법률」 § 26($^{소음대책지역주민}_{에\ 대한\ 세제지원}$) 등

3. 자금지원의 법적 과정

자금지원의 과정은 통상 두 단계로 구성된다. 먼저 특정부문에 대한 자금지원여부 및 그 일반적 요건(특히 수혜범위)에 관한 일반추상적인 결정이 이루어지는데 이는 통상 법률에 의해 행해진다(입법적 단계). 이어서 이러한 일반추상적인 교부규정을 바탕으로 개별구체적인 자금지원, 즉 개별사안에 있어 보조금등 자금의 교부결정 및 이에 따른 자금의 교부가 행해진다(행정상 결정단계). 이 두 번째 단계가 바로 행정법의 적용대상이 되는 자금지원의 행정활동이라 할 수 있다.

---

8) Maurer, § 17 Rn.8.

Ⅲ. 자금지원의 법적 근거와 한계

1. 법적 근거

법률의 유보원칙와 관련하여 자금지원에 법률의 근거가 필요한지의 여부가 문제된다. 이 문제는 특히 협의의 자금지원 및 보조금에 관해서만 주로 제기된다. 광의의 자금지원 중 세제상의 혜택은 법률사항으로 되어 있기 때문이다(조세법률주의: 조세특례제한법이 그 대표적인 예이다). 한편 경제조성행정의 수단으로서 자금지원은 헌법상 경제질서에 관한 기본원리에 의하여 기본적인 정당성을 부여받고 있다. 그러나 자금지원에 대한 헌법적 근거규범은 수권규범이라기보다는 오히려 한계설정규범으로서 작용하는 것이므로 자금지원의 법적 근거를 직접 헌법규정에 의해서 주어지는 것으로 볼 수는 없다. 따라서 자금지원 역시 법치행정의 원리의 구성요소를 의미하는 법률의 유보원칙과의 관련 하에서 논의되어야 한다.

자금지원에 관하여는 앞서 본 바와 같이 개별 단행법에서 명문의 규정을 두고 있는 경우가 많다. 그러나 자금지원이 개별·구체적인 법적 근거없이 이루어지거나 단지 '자금지원을 할 수 있다'라는 식의 개괄적인 수권규정과 이에 따른 행정청의 교부지침($\substack{\text{Vergaberichtlinie: 통상 행} \\ \text{정규칙의 성질을 가진다}}$)만에 의해서 행해지는 경우도 적지 않다. 그와 같은 실제와 관련하여 자금지원에 법률의 유보원칙이 적용되느냐, 바꾸어 말하면 자금지원도 법률의 근거를 요하느냐 하는 문제가 제기되어 왔다. 이에 관하여는 법률의 유보에 관하여 어떤 학설을 취하느냐에 따라 결론이 달라질 수 있지만, 가령 본질성설을 취하고 자금지원의 본질성 또는 중요성을 인정하는 경우에도 이를 일반화할 수 있는 것은 아니고, 오히려 개별·구체적 사안에 따른 판단이 필요하다. 따라서 개괄적으로 「적어도 수급자에게 일정한 부담을 과하는 내용의 자금조성에는 법률의 수권이 필요하다고 볼 것」이라는 식으로 결론을 내리는 것은 금물이다.

2. 한   계

자금지원의 경우에도 공행정 일반에 인정되는 일정한 법규상·조리상 한계가 존재한다는 데 대하여는 의문이 있을 수 없다. 자금지원은 ① 헌법상 평등원칙, 기업과 경쟁의 자유 등을 침해할 수 없으며 기타 법령에 위반할 수 없고, ② 특히 과잉급부금지($\substack{\text{Übermaß-} \\ \text{verbot}}$)의 원칙, 부당결부금지($\substack{\text{Koppelungs-} \\ \text{verbot}}$)의 원칙과 신뢰보호의 원칙 등 행정법의 일반원칙에 의하여 구속을 받는다.

Ⅳ. 자금지원의 법적 성질과 법형식

1. 자금지원의 법적 성질

1.1. 자금대여의 경우

자금지원, 특히 자금대여($\substack{\text{Subventions-}\\\text{darlehen}}$)의 법적 성질에 관하여는 종래 독일에서 전개된 이른바 '이단계설'($\substack{\text{Zweistufen-}\\\text{theorie}}$)의 영향으로 행정행위인 교부결정과 사법상 계약인 대부계약이 결합된 것으로 보는 견해가 지배적이었다.

제1단계: 승인(Bewilligung) – 승인여부의 결정(ob) – 공법 – 행정행위
제2단계: 이행(Abwicklung) – 자금대여의 실행(wie) – 사법 – 대부계약

이단계설 •• 원래 이단계설[9]은 2차 세계대전 후 독일에서 기본법 제정 이후에도 여전히 사법적 관점 하에서만 다루어졌던 자금지원행정, 특히 재건자금융자, 주택건설자금융자, 농업정착자금융자 등과 같은 자금대여를 공법적으로 규율함으로써 이에 대하여 재판상의 권리보호의 길을 넓히고 기본권보호에 대한 헌법적 요구를 관철시키기 위하여 안출된 것이다.[10] 즉 종래 순수한 사법계약으로만 파악되었던 자금지원의 공법적 성격을 밝힘으로써 대부여부에 대한 결정을 행정행위로 파악함으로써 공법적 구속, 특히 기본권보호(평등원칙) 및 행정재판에 의한 통제를 가능케 하기 위하여 이단계설이 출현한 것이다. 이 이론은 일면 법치국가적 구속을 보장하고 타면 사법이 보유하고 있는 실용적이고 완성된 법형식을 그대로 유지할 수 있다는 점에서 이상적인 해결책으로 간주될 수 있었고 곧 광범위한 지지를 받아 통설적 지위에 이르게 되었다.[11] 그러나 이처럼 법치국가적 동기에서 비롯된 이단계설은 입법 및 재판실무에서는 계속 적용되었으나, 문헌에서는 점점 거부 반응에 직면하게 되었다. 이단계설은 첫째, 특히 제2단계에서 행해지는 것으로 주장된 사법계약이 허구일 뿐이라는 점, 둘째, 자금대여의 법률관계를 공법관계와 사법관계로 분리시키는데 따른 이론·소송상의 난점, 그리고 행정행위인 대부결정이 유효한 상태에서 사법계약이 원만히 체결되지 않는 경우 특히 계약강제의 문제 등 그 해결이 곤란하다는 점 등에서 비판을 받았다.[12] 이단계설의 퇴조는 자금지원행정이 법치국가적으로 구속된 그리고 기본권의식에 입각한 급부행정으로서 다루어지게 되었고 또 자금지원이 공법상 계약에 의해서도 가능하게 되었음을 감안할 때 당연한 귀결이었다. 이단계설은 독일에서 특히 공법상 계약에 관하여 1976년의 행정절차법에 의한 법적 규율이 이루어지게 됨으로써($\substack{\text{§§ 54ff.}\\\text{VwVfG}}$) 더욱 더 설득력을 잃게 되었던 것이다. 이후 이단계설의 단점을 극복하기 위

---

9) H.P. Ipsen, Öffentliche Subventionierung Privater, 1956, S.64ff.

10) 그 창시자인 입센(H.P. Ipsen) 자신의 설명에 따르면, 50년대 초 독일에서 기본법제정 이후에도 여전히 순수한 사법적 관점하에 행해지고 있었던 자금지원행정에 대하여 재판상의 권리보호 및 기본권보호에 대한 헌법적 요구와 국가의 자금지원작용이 고권적 행정에 속한다는 인식을 관철시키기 위하여 안출된 것이라고 한다(H.P. Ipsen, Subvention, in: Handbuch des Staatsrechts(HdStR) Ⅳ, § 92 Rn.60).

11) Maurer, § 17 Rn.13.

12) 이에 관하여는 Maurer, § 17 Rn.14ff. 참조.

한 다양한 시도들이 이루어졌고 그 결과 자금대여를 행정행위로 보는 견해(^{Zuleeg}), 공법상 계약으로 파악하는 입장($^{Menger, Bosse,}_{Henke}$), 그리고 사법상 계약, 즉 행정사법적 계약으로 보는 입장(^{Götz}) 등 다양한 대안적 견해들이 나왔으나, 오늘날 이를 공법상 계약으로 보는 견해가 우세하다.[13] 즉 계약의 개념으로 자금지원을 파악함으로써 자금지원의 법률관계가 공법관계와 사법관계로 갈라져 각각 행정소송과 민사소송의 상이한 관할법원에 의하여 처리되는 결과를 회피할 수 있기 때문이다.[14] 그렇지만 판례와 일부 학설은 여전히 이단계설에 의하여 이를 파악하고 있고, 자금지원행정 실무상으로도 아직까지는 계약형식에 의한 자금지원이 압도적 비중을 차지했다는 증좌를 찾아볼 수 없는 실정이다. 그리하여 자금대여는 여전히 이단계적 절차에 의하여 행해지는 경우가 일반적이다. 다만 제2단계 사법계약의 내용이 제1단계 행정행위의 부관으로 미리 정해지는 경우가 많다고 한다.[15]

1.2. 기타의 경우

보조금($^{소실보조금: 소비적 보조금:}_{verlorene\ Zuschüsse}$)의 교부에 관하여는 이단계설의 적용여지가 없으며, 행정행위에 의하여 교부승인결정(^{Bewilligung})과 지급(^{Auszahlung})이 한꺼번에 이루어지고 제2단계적 행위가 행해지지 않는 경우가 보통이므로 이를 협력을 요하는 행정행위로 봄이 타당하다. 보조금의 지불은 제2단계행위가 아니라 교부승인결정의 이행으로서 사실행위에 불과한 것으로 볼 수 있기 때문이다. 반면 보증(^{Bürgschaft})은 행정행위로써 수원자에 대한 보증의 의사표시를 하고 이에 따라 수원자의 채권자와 사법상의 보증계약을 체결하는 방식으로 이루어지는 경우가 일반적이므로 이를 이단계적 행위로 볼 수 있다.[16] 실질지원(^{Realförderung})의 경우, 가령 공공사업의 수주와 같은 것은 매매계약, 도급계약 등 사법상 계약에 의하여 이루어지므로 이를 사법상 계약으로 볼 여지가 있다. 그러나 사회·경제정책적 견지에서 국가유공자나 장애인 등을 우대하여야 할 경우, 그 우대여부에 대한 결정은 행정행위로, 그 이후의 수주계약은 여전히 사법계약으로 보아야 할 것이다. 그 우대여부의 결정을 단순한 행정내부결정으로 보아 수주계약만을 들어 이를 순수한 사법계약으로 볼 수 있는지는 의문이기 때문이다. 따라서 이 경우에는 이단계설이 다시금 설득력을 얻게 된다.[17]

---

13) Maurer, § 17 Rn.11ff., S.397ff., Rn.25, S.402. 빌헬름 헨케의 연구(Wilhelm Henke, Das Recht der Wirtschafts-subvention als öffentliches Vertragsrecht, 1979)는 이와 같이 계약에서 자금지원의 합법화근거를 찾고 있다 (Vertrags-Legalisierung).

14) H.P. Ipsen/H.F. Zacher, Verwaltung durch Subventionen, in: VVDStRL 25(1967), S.299f.

15) H.P. Ipsen, Subvention, in: HbStR IV, § 92 Rn.60, 61.

16) H.P. Ipsen, Subvention, in: HbStR IV, § 92 Rn.61.

17) Maurer, § 17 Rn.31.

제1편 제 2 편 제3편 제 4 편 제 5 편 특별행정법

2. 자금지원의 법형식

2.1. 법형식의 유형

2.1.1. 협력을 요하는 행정행위

자금지원이 이단계적으로 이루어지는 경우가 많다. 즉 협력을 요하는 행정행위(쌍방적 행정행위)에 의하여 교부결정이 이루어지고 이후 이를 근거로 행정주체 또는 대행은행과 수혜자 간의 사법상 계약이 체결됨으로써 그 이행이 이루어지는 경우이다.

2.1.2. 공법상 계약

자금지원은 공법상 계약에 의해서도 주어질 수 있다. 이렇게 계약의 형식을 취함으로써 자금지원의 법률관계가 공법관계와 사법관계로 갈라져 각각 행정소송과 민사소송의 상이한 관할법원에 의하여 처리되는 결과를 회피할 수 있다는 이점이 있음은 물론이다.

> 실례로 부산시 서면의 지하도 건설과 관련하여 부산시와 건설업자 간에 계약이 체결되었는데 그 내용은 업자의 부담으로 지하도를 건설하되, 건설비와 지하도점용료의 액수가 일치되는 기간까지 지하도 및 부설상가부지의 점용허가를 부여한다는 것이었다. 이러한 계약은 행정주체와 사인 간에 체결된 공법상 계약의 성질을 지닌다고 볼 수 있다.[18]

2.1.3. 기 타

그 밖에도 자금지원은 확언・가행정행위 등에 의하여 또는 행정사법적 성질을 갖는 사법상 계약(부동산임대・양여 등)을 통해서도 행해질 수 있다.

2.2. 실정법상 보조금

보조금의 교부목적・교부대상자에 관하여는 각각의 단행법이 규정하고 있으나, 그 밖에 보조금의 교부신청・교부결정 및 사후관리에 관하여는 그 법적 근거 여하를 불문하고 「보조금 관리에 관한 법률」(보조금법)이 일반적으로 적용된다. 이 법에 따른 보조금 교부관계의 법적 성질에 관하여는 이를 공법상 증여계약으로 보는 견해,[19] 협력 또는 신청을 요하는 행정행위(쌍방적 행정행위)로 보는 견해가 대립하나,[20] 이 법이 엄격한 기속규정을 두어 행정청에 의한 보조금 교부결정($^{§\,17}$), 보조금 교부결정의 직권취소($^{§\,30}$) 등을 규정하고 있는 점을 고

---

18) 김남진, 공법연구 제18집, 1988, 110.
19) 이상규, 신행정법론(하), 460.
20) 김도창, 일반행정법론(하), 442; 홍정선, 행정법원론(하), 647.

려할 때, 이를 협력을 요하는 행정행위로 보는 것이 옳다고 생각한다.

V. 자금지원에 관한 권리구제

1. 개   설

자금지원에 관한 실효성 있는 권익구제의 문제는 그 수혜자뿐만 아니라 그 혜택을 받지 못하는 기업주에 대한 관계에서도 제기된다. 먼저 자금지원을 받은 기업주의 권리보호에 있어 원칙적으로 문제되는 것은 원치 않는 부관의 제거 정도일 것이므로, 이 경우 일반 행정소송법에 비하여 특수한 법적 문제가 제기되지는 않는다. 공법상 계약에 의한 자금지원의 경우 원하지 않는 계약조항을 배제한 계약체결을 관철하기 위하여 이행소송의 가능성이 열려 있어야 한다. 이 경우 제기할 수 있는 소송은 이행소송의 형태를 띤 공법상 당사자소송이 될 것이다. 부관부 행정행위로 자금지원이 행해진 경우 제기될 수 있는 소송의 형태는 의무이행소송의 허용성이 부정되는 현행법하에서는 위법한 부관의 취소문제가 고려되어야 할 것이다. 부관이 본체인 행정행위와 분리될 수 있는 것일 때에는 부관만의 취소를 목적으로 한 취소소송을, 부관이 행정행위의 불가분적 일체를 이루는 경우에는 당해 행정행위 전체의 취소를 구하는 취소소송을 각각 제기하여야 할 것이다. 그러나 후자의 경우 당해 행정행위(전체)가 취소된다고 해도 행정청의 재처분의무가 발생하는 것은 아니므로 적절한 권리구제수단이 되지 못한다는 문제가 있다.

한편 자금지원을 받지 못하는 기업주의 경우 권리보호는 "경쟁자소송"($^{Konkurren-}_{tenklage}$)[21]라 명명된 일련의 특수한 법적 문제를 제기한다. 일반적으로 경쟁자소송/경업자소송은 수원자와 함께 자금지원을 신청한 출원자(^{Mitbewerber})가 동등한 수혜를 얻고자 하는 경우인 적극적 경쟁자소송($^{negative}_{Konkurrentenklage}$)과 반대로 경쟁업자에 대한 자금지원으로 인하여 불이익을 받았다고 주장하는 자가 그 경쟁업자에 대한 자금지원을 다투는 경우인 소극적 경쟁자소송($^{negative}_{Konkurrentenklage}$)으로 나뉜다.

---

21) 'Konkurrentenklage'는 종종 경업자소송으로도 번역되고 있다. 그러나 이러한 소송유형은 비단 경제행정법적 관계에만 국한된 것이 아니라 공무원법관계나 경쟁시험관계, 문화행정법관계 등에서도 문제될 수 있으므로 이를 널리 경쟁자소송이라 부르는 것이 타당하다. 물론 경제행정법적 맥락에서 경업자소송이란 용어를 사용하는 것은 무방하다. 한편 신규영업면허에 대한 기존업자의 취소소송 역시 경쟁관계를 전제로 한 경업자소송의 일종으로 파악할 수 있으나(신보성, "영업면허와 경업자소송", 고시연구 1989/5, 69이하), 일반취소소송에 비해 별반 특수성을 띠는 것은 아니므로 경제행정상 행정행위에 관한 설명에서 별도로 취급할 필요를 느끼지 않았음을 밝혀 둔다.

2. 자금지원과 경쟁자소송

2.1. 적극적 경쟁자소송

적극적 경쟁자소송($\substack{\text{positive}\\\text{Konkurrentenklage}}$)은 기업주가 스스로 자금지원의 혜택을 받고자 할 때 제기하는 소송이다. 이런 목적을 위하여 허용되는 소송의 종류는 그 대상인 자금지원의 행위형식 여하에 따라 달라진다. 즉 자금지원이 행정행위의 형식을 취한다면 행정행위의 발급을 구하는 의무이행소송이 이에 적합한 소송유형이 될 것이나, 현행법상 이러한 소송이 허용되지 않으므로, 자금지원신청이 행정청에 의하여 거부되거나 부작위로 방치된 경우 각각 거부처분취소소송과 부작위위법확인소송을 제기할 수밖에 없다. 거부처분취소소송의 경우 승소판결이 확정되면, 이른바 재처분의무와 간접강제에 의하여 신청에 따른 처분을 받을 수 있으나, 부작위위법확인소송의 경우 행정청이 다시금 거부처분을 할 가능성이 있어, 권리보호의 수단으로서 그다지 효과적이지 못하다. 반면 자금지원이 공법상 계약 형태로 행해질 경우에는 이행소송의 형태를 띤 공법상 당사자소송을 제기해야 할 것이다.

어느 경우나 자신에 대한 자금지원을 소구하는 것인 이상 원고적격을 인정하는 데 큰 문제가 없겠지만, 결국 본안심리에 가서는 원고가 자금지원을 받을 실체법상 청구권을 갖느냐 하는 것이 문제될 것이다. 이러한 청구권은 이를 특별한 법령의 규정이나 기본권으로부터 직접 도출할 수 없는 경우, 또 자금지원의 결정이 행정청의 재량에 맡겨져 있는 경우에는 원칙적으로 부정될 것이다. 다만 신청인이 각각의 자금지원지침에 의한 수혜자의 범주에 드는 경우에는 평등원칙을 원용함으로써 자금지원의 청구권이 인정될 수 있을 것이다. 그러나 자금지원청구권은 이에 관한 국가의 형성의 자유에 의하여 좌절되는 경우가 빈번한 실정이다.

2.2. 소극적 경쟁자소송

소극적 경쟁자소송($\substack{\text{negative}\\\text{Konkurrentenklage}}$)은 자금지원을 신청한 신청인들간의 경쟁관계에서 자금지원을 받지 못한 업자에 의하여 제기되는 소송이다. 이 경우 자금지원을 받지 못한 업자는 경쟁업자에 대한 자의적인 자금지원으로 인하여 경제적 기회균등($\substack{\text{헌법}\\\S 11}$), 직업선택의 자유, 경쟁의 자유를 침해할 수 있으므로 원고적격을 인정받는 데 어려움이 없을 것이다. 다만 경쟁상황의 악화나 시장성(^{Marktchance})의 감소만으로는 법률상 이익의 침해가 있다고 보기 어렵고, 수혜자에 대한 자금지원이 경쟁업자의 법적 지위에 대한 침해로 평가될 수 있을 만한 침해의 강도가 있어야 할 것이다. 경쟁자소송에서 원용 가능한 기본권으로는 가령 인간의 존엄과 가치·행복추구권에서 표현된 일반적 인격권, 평등권, 직업선택의 자유, 재산권에 의해 보호되는 영업 자체에 대한 재산적 권리 등을 들 수 있다. 적합한 소송형태는 자금지원결정에 대한 취소소송 또는 공법상 계약의 무효확인을 구하는 공법상 당사자소송이 될 것이다.

제1편

제2편

제3편

제4편

제5편

특별행정법

제3장

공용부담법

제1절 | 개 설

제1관 공용부담의 개념과 종류

I. 공용부담의 개념

공용부담이란 가장 넓은 의미로는 '공법상 부담', 즉 '공법상 의무'와 같은 뜻이지만, 국내 문헌들은 '특정 공익목적 또는 공공복리의 증진을 위하여 국민이나 주민에게 강제적으로 과하는 공법상 경제적 부담'으로 정의하고 있다. 공익사업을 위해 필요불가결한 물건이나 노동력을 권리자로부터 임의로 취득할 수 없는 경우에 대비하여 인정된 제도이다. 공용부담은 국민에게 일방적·강제적으로 부담을 과하는 것이므로 법률의 근거를 요한다. 공용부담은 인적 공용부담과 물적 공용부담을 포함한다.

공용부담의 개념은 다음 몇 가지 측면에서 조명해 볼 수 있다.

첫째, 목적 면에서 공용부담은 전기사업이나 철도사업 같은 공익사업 등 복리증진이라는 목적에 따른 부담이라는 점에서 경찰상 부담(몰수·가옥의 사용금지), 재정상 부담(납세의무·재산의 압류) 등과 구별되며 입법이나 사법을 위한 부담(국정조사나 재판을 위한 증언 부담), 군정부담(병역의무 등)과 구별된다.

둘째, 의무자와 관련하여 공용부담은 사인, 즉 국민 또는 주민이 사인 자격에서 지는 부담이므로 국가나 지방자치단체, 그리고 사인이더라도 특허기업 경영자로서 지는 부담과는 다르다.

셋째, 수단의 측면에서 공용부담은 사인에게 강제적으로 부과하는 것이라는 점에서 임의부담과 다르다.

끝으로 내용의 측면에서 공용부담은 경제적 부담이므로 그 부담이 경제적 가치를 내용으로 하는 한 그것이 인적 부담인지 아니면 물적 부담인지는 가리지 않는다.

Ⅱ. 공용부담의 종류

공용부담은 특정한 공익사업을 위하여 국민 또는 주민에게 작위·부작위·급부·수인을 명하는 경우, 즉 인적 공용부담과 같은 목적을 위하여 사인의 재산권을 박탈하거나 제한 또는 변경을 가하는 경우, 즉 물적 공용부담, 두 가지로 대별된다. 공용부담은 국민에게 새로운 부담을 과하는 것이므로 반드시 법률의 근거를 요한다. 전자의 예로는 부담금·부역·현품 등이 있고, 후자의 예로는 공용수용·공용사용·공용제한 등이 있다. 공용부담을 과할 권리는 때로는 국가나 지방자치단체 그 밖의 공공단체 외에도 법률 또는 법률에 근거하는 처분에 따라 사기업자에게 주어질 수도 있는데, 이 권리를 공용부담의 특권이라고 한다.

제2관 공용부담의 범위

공용부담법은 사실 환경행정법이나 경제행정법처럼 특별행정법의 한 영역이라기보다는 행정이 공익사업 등을 통해 공익목적을 달성하기 위하여 사용할 수 있는 법적 수단으로서 공용부담에 관한 법이라 할 수 있다. 다시 말해 공용부담은 특별행정법이 대상으로 삼는 특수한 행정영역이 아니라 앞서 본 목적이나 의무자, 수단 및 내용 면에서 공통점을 지닌 공용수용, 공용제한, 공용환권이나 부담금 등과 같은 행정수단들을 포괄하는 집합적 상위개념이라 할 수 있고 따라서 특별행정법의 한 부문으로보다는 일반행정법상 행위형식론의 차원에서 다루어야 할 문제라고 생각한다. 가령 도로법은 제5장에서 '도로의 보전 및 공용부담'이라는 제하에 도로에 관한 금지행위, 토지 출입과 사용, 비상재해시 토지 등의 사용, 토지 등의 수용, 접도구역 지정 등을 규율하고 있는데, 이는 도로법의 특성에 맞춘 것이기는 하지만, 공용부담을 행정수단 또는 그 집합개념으로 파악하는 시각에 따른 것이라 할 수 있다. 다른 분야별 개별법에서도 그와 같은 유사한 관점을 엿볼 수 있는 경우가 있다. 하천법이 제76조에서 공용부담 등으로 인한 손실보상을, 제78조에서 토지등의 수용·사용을 규율하고 있는 경우가 그 예이다.

한편 공용부담의 주요 수단들은 일반법 또는 준일반법에 해당하는 법률들에 의해 법적 규율을 받는 경우가 적지 않다. 실제로 공용제한에 관해서는 국토의 계획 및 이용에 관한 법률(이하 "국토계획이
용법"이라 한다)이 사실상 일반법적 규율을 하고 있고($\S\S$ 19-
60), 토지수용에 관해서는 공익사업을 위한 토지등의 취득 및 보상에 관한 법률(이하 "토지보상법" 또
는 "법"이라 한다)에서 일반법적 규율을 하고 있다($\S\S$ 19-
60). 반면 공용환지와 공용환권에 관해서는 농어촌정비법, 도시개발법, 도시재정비촉진법, 도시 및 주거환경 정비법(이하 "도시정비
법"이라 한다)에서 사실상 공통적인 규율을 하고 있다.

이러한 사정에 비추어 볼 때, 공용부담법을 독자적인 특별행정법의 영역으로 다루어온 기존의 서술체계에 근본적인 결함이 있다고 보기는 어려우므로, 그런 바탕 위에서 서술하되, 대표적인 공용부담의 유형들을 법적 모형으로 보아 설명해 보기로 한다.

제 2 절 │ 인적 공용부담

Ⅰ. 개 념

인적 공용부담이란 특정한 공익사업 기타의 복리행정상의 수요를 충족시키기 위하여 행정주체 등이 법률에 의거하여 특정인에게 과하는 작위·부작위 및 급부의무를 말한다. 가령 재난 및 안전관리기본법 제45조에 따르면 시장·군수·구청장 및 지역통제단장은 관할 구역 안에서 재난이 발생하거나 발생할 우려가 있어 응급조치를 하여야 할 급박한 사정이 있는 때에는 당해 재난현장에 있는 자 또는 인근에 거주하는 자에게 응급조치에 종사하게 하거나 대통령령이 정하는 바에 의하여 다른 사람의 토지·건축물·공작물 그 밖의 소유물을 일시 사용할 수 있으며, 장애물을 변경 또는 제거할 수 있는데, 이러한 '응급부담'은 작위의무, 부작위의무 등의 형태를 띨 수 있다. 또 수난구호법 제7조 제1항에 따라 수난구호를 위하여 부득이하다고 인정될 때에는 필요한 범위 안에서 수난구호업무 종사명령을 받거나 선박, 자동차, 다른 사람의 토지·건물 또는 기타 물건 등을 일시사용할 수 있고 그 경우에도 작위의무, 부작위의무, 급부의무의 형태로 공용부담을 지게 된다. 도로법 제47조에 의한 비상재해시 도로부근 거주자에 대한 노무제공요청, 토지 등의 사용도 그와 같은 예이다. 또한 도로법 제76조에 따른 원인자부담금을 부과하는 경우는 급부의무의 내용으로 인적 공용부담이 행해지는 예라 할 수 있다.

이 같은 의무는 공법상 의무이므로 그 불이행이나 위반에 대해서는 대집행 또는 행정상 강제징수 같은 행정상 강제집행이나 행정벌이 뒤따르게 된다.

Ⅱ. 인적 공용부담의 종류

1. 개 설

인적 공용부담은 그 부과방법에 따라 개별부담과 연합부담으로, 부과근거에 따라 일반부담·특별부담 및 우발부담으로, 그 내용에 따라 부담금, 부역·현품, 노역·물품, 시설부담, 부작위부담으로 나눌 수 있다.

제1편 제2편 제3편 제4편 제5편 특별행정법

2. 부과방법에 의한 분류

2.1. 개별부담

각 개인에 대하여 개별적으로 과하여지는 부담이다. 인적 공용부담은 개별부담이 원칙이다.

2.2. 연합부담

부담의무자인 각 개인의 총합체에 대해 공동의 부담으로 과해지는 부담을 말한다. 사인의 총체에 대한 부담이므로 그 전체의 이행이 있어야 공동부담이 이행된 것으로 볼 수 있게 된다. 실제 사례는 거의 없다.

3. 부담근거에 의한 분류

3.1. 일반부담

일정범위의 개인 일반에 대해 그 능력에 따라 과하여지는 부담이다. 일반부담은 특정한 공익사업의 수요를 충족시키기 위한 것인 데 비해, 병역의무나 납세의무와는 그 목적과 내용 면에서 구별된다. 일반부담의 예는 매우 드물다. 부담이 금전급부를 내용으로 하는 경우에는 통상 조세에 의하는 것이 일반적이기 때문이다. 구 지방자치법상 지방자치단체가 비상재해 등의 복구를 위하여 주민에게 부과하는 부역·현품이 일반부담에 해당했지만, 현행 지방자치법에서는 인정하고 있지 않다.

3.2. 특별부담

특정 공익사업과 특별한 관계에 있는 자에 과하여지는 것으로 당해 관계의 성질·내용에 따라 수익자, 원인자, 손상자가 각각 부담하는 수익자부담, 원인자부담, 손상자부담으로 나뉜다.

3.3. 우발자부담

우연히 특정 공익사업의 수요를 충족시킬 수 있는 지위에 있게 된 자에 부과되는 부담으로서 그 정도는 사업의 필요에 따라 결정된다. 우발부담은 성질상 금전급부의무 이외의 의무를 통해 부과되며 주로 긴급성을 띠는 경우가 많다. 우발부담은 공익상 필요로 인한 특별한 희생의 의미를 가질 수 있으므로 손실보상 문제가 생길 수 있다.[1]

---

1) 김철용, 행정법 Ⅱ, 533.

4. 내용에 의한 분류

내용에 따라 부담금, 부역·현품, 노역·물품, 시설부담, 부작위부담 등으로 분류할 수 있다.

부역·현품이란 노역이나 물품을 제공하거나 그에 갈음하는 금전급부의무를 지는 형태의 인적 공용부담이고, 노역·물품은 문자 그대로 노역의 제공, 물품의 급부 의무를 지는 것이며, 시설부담은 특정 공익사업 등의 수요를 충족시키기 위하여 그 사업과 특별한 관계에 있는 자나 우연히 그 수요를 충족시킬 수 있는 처지에 있는 자에게 부과되는 공사, 그 밖의 일정한 시설을 완공할 행정법상 의무를 지게 되는 경우를 말한다. 부작위부담이란 가령 우편법 제48조에 의한 취급 중 우편물의 개피 등 금지의무처럼, 특정 공익사업을 위하여 그 사업 수행에 지장을 줄 우려가 있는 행위를 하지 아니 할 부작위의무를 지는 경우의 인적 공용부담을 말한다. 부담금에 대해서는 후술한다.

Ⅲ. 인적 공용부담의 내용

1. 개   설

인적 공용부담은 앞서 본 바와 같이 부담금, 부역·현품, 노역·물품, 시설부담, 부작위부담 등 다양한 내용을 가질 수 있으나, 여기서는 부담금에 대해서만 살펴본다.

2. 부담금(분담금)

2.1. 개 념

부담금은 전통적인 이해에 따르면 특정 공익사업과 특별한 이해관계에 있는 자에 대하여 그 사업에 필요한 경비의 일부 또는 전부를 부담시키는 공법상 금전납부의무 방식의 인적 공용부담이라 할 수 있다. 이러한 좁은 의미의 부담금은, 조세와 비교하여, 특정 공익사업의 경비 충당을 위한 것인 데 비해 조세는 특정사업과 관계없이 재정상 수입 목적을 위해 부과된다는 점, 부담금은 당해 공익사업과 특별한 관계에 있는 자에게만 부과되지만 조세는 일반 국민에게 과해진다는 점에서 차이가 있다. 다만, 목적세의 경우 부담금과 유사성을 가지게 되나 일반 국민이나 주민에게 조세부담능력에 따라 부과되는 것이기 때문에 특정 공익사업과 특별한 이해관계에 있는 자에게 부과되는 부담금과는 다르다. 목적세 중 공동시설세 같은 것(지방세법 §239이하)은, 형식상으로는 조세지만 실질적으로는 부담금의 성질의 가진다. 반면 넓은 의미의 부담금은 특정 공익사업을 위한 것뿐만 아니라 일정한 행정목적을 위한 부담금, 가령 수도권정비계획법 제12조에 따른 과밀부담금 같은 유도적 부담금, 장애인고용부담금이나 환경법상 배출부과금처럼 유도적 기능과 의무이행확보기능을 가지는 부담금 등을 포함한다.

부담금관리 기본법은 부담금을 '중앙행정기관의 장, 지방자치단체의 장, 행정권한을 위탁받은 공공단체 또는 법인의 장 등 법률에 따라 금전적 부담의 부과권한을 부여받은 자가 분담금, 부과금, 기여금, 그 밖의 명칭에도 불구하고 재화 또는 용역의 제공과 관계없이 특정 공익사업과 관련하여 법률에서 정하는 바에 따라 부과하는 조세 외의 금전지급의무(^{특정한 의무이 행을 담보하기 위한 예치금 또는 보증금의 성격을 가진 것은 제외한다})'를 말한다고 정의하고 있다. 여기에는 유도적 부담금이나 의무이행확보를 위한 부담금 등이 포함되어 있다.

2.2. 종 류

2.2.1. 전통적 분류

전통적으로 부담금은 공익사업의 종류에 따라 도로부담금, 하천부담금, 기반시설부담금, 사방부담금, 농지개량부담금 등으로 나누고, 원인에 따라 수익자부담금, 원인자부담금, 손상자부담금 등으로 분류하고 있다. 수익자부담금의 예로는 댐건설 및 주변지역지원 등에 관한 법률 제23조에 따른 수익자부담금, 대도시권 광역교통 관리에 관한 특별법 제11조에 따른 광역교통시설부담금을 들 수 있고, 원인자부담금의 예로는 자원의 절약과 재활용촉진에 관한 법률에 의한 폐기물부담금, 환경개선비용부담법 제9조에 따른 환경개선부담금 등을 들 수 있다. 손상자부담금은 일종의 원인자부담금이며, '타공사나 타행위로 인하여 필요하게 된 도로공사의 비용은 타공사나 타행위의 비용을 부담하여야 할 자에게 그 전부 또는 일부를 부담시킬 수 있다'고 규정한 도로법 제76조 제1항이 그 예이다.

반면 오늘날 논의는 전통적 부담금 유형과 특별부담금의 구별을 전제로 특별부담금의 성격과 그 허용한계에 초점을 맞추는 경향을 보인다.[2]

2.2.2. 특별부담금

특별부담금은 공적기관에 의한 반대급부가 보장되지 않는 금전급부의무의 설정이라는 점에서 조세와 유사하다. 특별부담금은 특별한 과제를 위한 재정충당을 위하여 부과된다는 점에서 일반적인 국가재정수요의 충당을 위해 부과되는 조세와 구별되고, 특히 특정집단으로부터 징수된다는 점에서 일반국민으로부터 그 담세능력에 따라 징수되는 조세와는 다르다.

특별부담금을 부과하려면 법률에 근거가 있어야 한다. 이와 관련하여 조세나 부담금과 같

---

2) 정하중, 행정법개론, 2010, 1243.

은 전통적인 공과금체계로는 현대국가의 새로운 행정수요에 원활하게 대처할 수 없기 때문에 특별부담금이라는 새로운 유형의 공과금을 도입할 필요성이 인정되고, 우리 헌법 제37조 제2항에 의하면 국민의 모든 자유와 권리는 국가안전보장·질서유지 또는 공공복리를 위하여 필요한 경우에 한하여 법률로써 제한할 수 있도록 하고 있으므로, 국민의 재산권을 제한하는 특별부담금제도를 도입하는 것 자체는 헌법상 문제가 없다는 것이 헌법재판소의 판단이다.[3]

그러나 특별부담금을 부과함으로써 국민의 재산권을 제한하는 법률규정이 헌법에 위배되지 않으려면 헌법 제37조 제2항에 따른 과잉금지의 원칙과 평등의 원칙을 준수하여야 한다. 특히 조세유사적 성격을 지닌 특별부담금의 부과가 과잉금지의 원칙과 관련하여 방법상 적정한 것으로 인정되기 위해서는, 이러한 부담금의 부과를 통하여 수행하고자 하는 특정한 경제적·사회적 과제에 대하여 특별히 객관적으로 밀접한 관련이 있는 특정집단에 국한하여 부과되어야 하고, 이와같이 부과·징수된 부담금은 그 특정과제의 수행을 위하여 별도로 지출·관리되어야 하며 국가의 일반적 재정수입에 포함시켜 일반적 국가과제를 수행하는 데 사용하여서는 아니 된다.[4] 헌법재판소는 부담금의 수입이 반드시 부담금의무자의 집단적 이익을 위하여 사용되어야 한다고는 볼 수 없으나, 부담금의무자의 집단적 이익을 위하여 사용되는 경우에는 부담금부과의 정당성이 제고된다고 한다.[5]

▦ 텔레비전방송 수신료와 의회유보

"가. 이 법 제36조 제1항은 법률유보, 특히 의회유보의 원칙에 위반된다. 공사는 비록 행정기관이 아니라 할지라도 그 설립목적, 조직, 업무 등에 비추어 독자적 행정주체의 하나에 해당하며, 수신료는 특별부담금으로서 국민에게 금전납부의무를 부과하는 것이므로, 공사가 수신료를 부과·징수하는 것은 국민의 재산권에 대한 제한을 가하는 행정작용임에 분명하고, 그중 수신료의 금액은 수신료 납부의무자의 범위, 수신료의 징수절차와 함께 수신료 부과·징수에 있어서 본질적인 요소이다. 대부분의 가구에서 수상기를 보유하고 있는 현실에서 수신료의 결정행위는 그 금액의 다과를 불문하고 수많은 국민들의 이해관계에 직접 관련된다. 따라서 수신료의 금액은 입법자가 스스로 결정하여야 할 사항이다. 물론 여기서 입법자의 전적인 자의가 허용되는 것은 아니어서, 입법자는 공사의 기능이 제대로 수행될 수 있으며 방송프로그램에 관한 자율성이 보장될 수 있도록 적정한 규모의 수신료를 책정하여야 하고, 공사에게 보장된 방송의 자유를 위축시킬 정도의 금액으로 결정하여서는 아니된다.

나. 국회가 수신료금액을 법률로써 직접 규정하는 것에 어려움이 있다면 적어도 그 상한선만이라도 정하고서 공사에 위임할 수도 있고, 공사의 예산을 국회에서 승인토록 하는 절차규정을 둘 수도 있을 것이며, 또 수신료금액의 1차적인 결정권한을 전문성과 중립성을 갖춘 독립된 위원회에 부여하고서 국회가 이

---

3) 헌법재판소 1999.10.21. 선고 97헌바84 전원재판부 결정.
4) 헌법재판소 1998.12.24. 선고 98헌가1 결정; 헌법재판소 1999.10.21. 선고 97헌바84 전원재판부 결정; 헌법재판소 1998.12.24. 선고 98헌가1 결정; 헌법재판소 1999.5.27. 선고 98헌바70 전원재판부 결정.
5) 헌법재판소 1999.10.21. 선고 97헌바84 전원재판부 결정.

제1편 제2편 제3편 제4편 제5편 특별행정법

를 확정하는 방안도 있을 수 있다.

그런데 이 **법 제36조 제1항은 국회의 결정 내지 관여를 배제한 채 공사로 하여금 수신료의 금액을 결정하도록 맡기고 있다.** 공사가 전적으로 수신료금액을 결정할 수 있게 되면 공영방송사업에 필요한 정도를 넘는 금액으로 정할 수 있고, 또 일방적 수신자의 처지에 놓여 있는 국민의 경제적 이해관계가 무시당할 수도 있다. 이 조항은 공사의 수신료금액 결정에 관하여 공보처장관의 승인을 얻도록 규정하고 있으나, 이는 행정기관에 의한 방송통제 내지 영향력 행사를 초래할 위험을 내포하는 것이어서 위와 같은 문제점에 대한 하등의 보완책이 되지 못한다. 이상과 같은 이유로 **이 법 제36조 제1항은 법률유보원칙(의회유보원칙)에 어긋나는 것이어서, 헌법 제37조 제2항과 법치주의원리 및 민주주의원리에 위반된다** 아니할 수 없다."6)

⠿ 기존 세대에 대한 시설분담금 부과처분과 이중부담금지 원칙 위배 여부

"[1] 주민에게 혜택을 부여하는 내용의 조례 등은 주민의 권리를 제한하거나 새로운 의무를 부과하는 경우보다 광범위한 입법형성의 자유가 인정되는 것이고, 한편 그와 같은 **조례 등의 문언 및 논리적인 해석의 결과 그 혜택을 부여받을 대상에 포함되지 않는 것으로 해석되는 경우에는 비록 혜택을 부여받는 대상과 비교하여 다소 불합리한 결과가 된다 하더라도 추가적인 입법 조치 등이 없는 한 그와 동일한 혜택을 부여할 것을 요구할 수는 없다.**

[2] 행정청이 재개발사업시행에 따른 급수시설공사를 승인하면서 사업시행자에게 기존에 거주하던 세대와 새로 입주하는 세대를 구분하지 않고 일률적으로 일정금액의 시설분담금을 부과한 사안에서, 시설분담금 부과처분 당시 수도급수조례 등 관계 법령에 기존 거주 세대에 대한 시설분담금 감액에 관한 근거 규정이 없어 추가적인 입법조치가 없는 한 시설분담금 중 기존 거주 세대 부분에 대한 감액을 주장할 수 없고, 기존의 급수설비가 모두 철거되고 새로운 급수설비가 설치된 이상 새로운 급수설비에 대한 시설분담금과 종전 급수설비에 대한 시설분담금의 부과대상이 동일하다고 할 수 없어, 기존 세대에 대한 시설분담금 부과처분이 부담금관리기본법 제5조 제1항에 정한 이중부담금지의 원칙에 위배되지 않는다."7)

---

6) 헌법재판소 1999.5.27. 선고 98헌바70 전원재판부 결정.
7) 대법원 2009.10.29. 선고 2008두19239 판결.

제 3 절 | 공용수용

제 1 관 개 설

Ⅰ. 공용수용의 개념

공용수용(Expropriation, Eminent domain, Enteignung)이란 특정한 공익사업을 위하여 타인의 특정한 재산권을 강제적으로 취득하는 것을 말한다. 공익사업을 위하여 민법상 계약을 통해 재산권을 취득할 수도 있으나 공익사업의 목적 달성에 필요한 경우에는 권리자의 의사여하를 무릅쓰고 재산권을 강제적으로 취득할 수 있도록 하려는 취지를 가진 제도가 공용수용이다.

공용수용은, 첫째, 목적 면에서 특정 재산을 특정한 공익사업을 위해 제공하기 위한 것이라는 점에서 경찰상 몰수나 징발 등과 구별된다.

둘째, 목적물에 있어서도 특정한 재산권, 특히 주로 토지소유권을 대상으로 한다는 점에서 금전지급을 목적으로 삼는 부담금이나 노역 제공을 목적으로 하는 부역 등과 다르다.

셋째, 공용수용의 주체는 공익사업의 주체이며, 국가나 지방자치단체 등 공공단체일 수도 있고 사인일 수도 있다. 공용수용의 주체가 사인일 경우에는, 후술하듯, 수용권의 주체가 누구인가에 관하여 학설이 대립한다.

넷째, 공용수용은 사인의 재산권의 강제적·원시적 취득이라는 점에서 사적 거래에 의한 승계취득과 다르며, 재산권의 완전한 취득이라는 점에서 공용제한·공용사용 등과도 다르다.

다섯째, 공용수용은 공익사업을 위한 특정 재산권의 강제취득으로서 재산권에 대한 특별한 희생에 해당하므로 이에 대해서는 헌법 제23조 제3항에 따라 정당한 보상을 해 주어야 한다.

공익사업용지의 취득·사용 현황 ●● 1993년부터 2007년까지 15년간 총면적 2,527,875천㎡의 공익사업용지취득·사용면적 중 90.3%(2,282,062천㎡)는 사전협의 또는 사업인정 후 협의에 따른 것이었고 9.7%(245,813천㎡)가 수용재결을 통한 것이었다. 협의취득과 수용재결에 의한 취득의 비율이 9.3 대 1로 나타나고 있다.[1]

---

1) 박필, "공익사업용지 취득·사용제도의 문제점 및 개선방안", 부동산연구 제19집 제1호, 2009.6, 110.

Ⅱ. 법적 근거

공용수용의 법적 근거와 절차에 관해서는 일반법으로서 공익사업을 위한 토지 등의 취득 및 보상에 관한 법률(이하 "토지보상" 또는 "법"이라 부른다)이 있고, 국토의 계획 및 이용에 관한 법률, 도로법, 주택법, 기업도시개발 특별법 등 개별법 또는 특별법들이 있다.

Ⅲ. 공용수용의 대상과 목적: 재산권과 공익사업

1. 공용수용의 대상(목적물)

1.1. 수용의 대상

공용수용의 대상은 앞서 본 바와 같이 재산권이지만, 토지보상법은 그 대상을 다음과 같이 구체화하여 열거하고 있다($^{§\,3}$).

1. 토지 및 이에 관한 소유권외의 권리
2. 토지와 함께 공익사업을 위하여 필요로 하는 입목, 건물 기타 토지에 정착한 물건 및 이에 관한 소유권외의 권리
3. 광업권·어업권 또는 물의 사용에 관한 권리
4. 토지에 속한 흙·돌·모래 또는 자갈에 관한 권리

1.2. 목적물의 제한

수용의 목적물은 무제한적인 것이 아니라 제한이 따른다. 우선 공용수용은 공익사업을 위하여 타인의 특정한 재산권을 법률의 힘에 의하여 강제적으로 취득하는 것이므로 수용할 목적물의 범위는 원칙적으로 사업을 위하여 필요한 최소한도에 그쳐야 한다.[2]

또한 성질상 공용수용의 목적물이 될 수 없는 경우나 수용이 제한되는 경우가 있다. 첫째, 사업시행자 자신의 토지는 원칙적으로 수용의 목적물이 될 수 없고,[3] 치외법권이 인정되는 외국대사관, 공사관 등의 부지나 건물도 수용의 목적물이 되지 아니 한다(「외교관계에 관한 비엔나 조약」 §22 ③). 둘째, 토지보상법 제19조 제2항에 따라 공익사업에 수용 또는 사용되고 있는 토지등은 특별히 필요한 경우가 아니면 이를 다른 공익사업을 위하여 수용 또는 사용할 수 없다. 공물도 수용의 목적물이 되지 못한다는 것이 다수설이다. 그러나 판례는 이미 공물법에서 본 바와

---

2) 대법원 1987.9.8. 선고 87누395 판결.
3) 김철용, 행정법 Ⅱ, 555는 '사업시행자가 자기 소유 토지를 수용하는 것은 관념상 모순'이라고 한다.

같이 보존공물도 공용수용의 대상이 된다고 보고 있다.

1.3. 목적물의 확장

수용할 목적물의 범위는 원칙적으로 사업을 위하여 필요한 최소한도에 그쳐야 하지만, 그 범위를 넘는 목적물에 대해서도 수용을 허용하는 것이 수용권자와 피수용자 간의 이해조정을 위해 필요하거나 유용한 경우가 있을 수 있으므로, 예외적으로 확장수용과 지대수용이 인정된다.

1.3.1. 확장수용

(1) 잔여지등 매수 또는 수용 청구(전부수용)

동일한 토지소유자에 속하는 일단의 토지의 일부가 협의에 의하여 매수되거나 수용됨으로 인하여 잔여지를 종래의 목적에 사용하는 것이 현저히 곤란한 때에는 당해 토지소유자는 사업시행자에게 잔여지를 매수하여 줄 것을 청구할 수 있고, 사업인정 이후에는 관할 토지수용위원회에 수용을 청구할 수 있다($\S_{전단}^{74}$ ^{①}). 이 경우 수용의 청구는 매수에 관한 협의가 성립되지 아니한 경우에 한하되, 그 사업의 공사완료일까지 하여야 한다($\S_{후단}^{74}$ ^{①}). 이에 따른 토지의 취득에 관해서는 잔여지의 손실과 공사비 보상에 관한 제73조 제3항을 제1항에 따른 토지의 취득에 관하여 준용한다($\S_{③}^{74}$).

매수 또는 수용의 청구가 있는 잔여지 및 잔여지에 있는 물건에 관하여 권리를 가진 자는 사업시행자 또는 관할 토지수용위원회에 그 권리의 존속을 청구할 수 있다($\S_{②}^{74}$).

잔여지 및 잔여지에 있는 물건에 대한 구체적인 보상액 산정 및 평가방법 등에 대하여는 제70조·제75조·제76조·제77조·제78조 제4항 내지 제6항을 준용한다($\S_{④}^{74}$).

(2) 사용에 갈음하는 수용(완전수용)

토지의 사용에 갈음하여 토지를 매수 또는 수용하는 것을 말한다. 완전수용이라고도 한다. 사업인정고시가 있은 후 다음 각 호의 1에 해당하는 때에는 당해 토지소유자는 사업시행자에게 그 토지의 매수를 청구하거나 관할 토지수용위원회에 그 토지의 수용을 청구할 수 있다($\S_{전단}^{72}$). 이 경우 관계인은 사업시행자 또는 관할 토지수용위원회에 그 권리의 존속을 청구할 수 있다($\S_{후단}^{72}$).

1. 토지를 사용하는 기간이 3년 이상인 때
2. 토지의 사용으로 인하여 토지의 형질이 변경되는 때
3. 사용하고자 하는 토지에 그 토지소유자의 건축물이 있는 때

(3) 물건의 이전이 현저히 곤란한 경우의 수용(이전수용)

건축물·입목·공작물 기타 토지에 정착한 물건(이하 "건축물등"이라 한다)에 대하여는 이전에 필요한 비용(이하 "이전비"라 한다)으로 보상하여야 한다(§75① 전단). 이를 이전수용, 즉 이전에 갈음하는 수용이라고 한다. 그러나 예외적으로 이전비가 아니라 당해 물건의 가격으로 보상하여야 하는 경우가 있다(§75① 후단).

1.3.2. 지대수용

지대수용이란 공익사업을 위해 직접 필요한 토지 외에 건축, 토지 조성·정리 등 사업시행을 위해 필요한 인접부근 일대의 토지를 수용하는 경우를 말한다. 개발이익의 흡수나 지가억제 등의 목적으로 프랑스나 영국 등지에서 활용되는 제도로서, 우리나라에서는 지대수용 대신, 사업시행을 위해 특히 필요한 경우 도시계획시설 인접토지 등의 일시사용을 허용한다든지(국토계획이용법 §95②), 도로법에서 접도구역을 지정하는 경우(§§49, 53) 등이 있다.

2. 공용수용의 목적

공용수용은 공익사업을 위한 것이다. 공익사업의 범위는 사권보호의 견지에서 제한적으로 파악했던 과거와는 달리, 오늘날에는 날로 확대되는 경향을 보인다. 토지보상법 역시 확장된 공익사업 개념에 입각하고 있다. 즉, "공익사업"이란 법 제4조 각 호의 1에 해당하는 사업을 말하는데(§ii2), 제4조는 '공익사업'이란 표제 아래 '이 법에 의하여 토지등을 취득 또는 사용할 수 있는 사업'은 다음 중 하나에 해당하는 사업이어야 한다고 한정하고 있다.

1. 국방·군사에 관한 사업
2. 관계법률에 따라 허가·인가·승인·지정 등을 받아 공익을 목적으로 시행하는 철도·도로·공항·항만·주차장·공영차고지·화물터미널·궤도·하천·제방·댐·운하·수도·하수도·하수종말처리·폐수처리·사방·방풍·방화·방조·방수·저수지·용배수로·석유비축 및 송유·폐기물처리·전기·전기통신·방송·가스 및 기상관측에 관한 사업
3. 국가 또는 지방자치단체가 설치하는 청사·공장·연구소·시험소·보건 또는 문화시설·공원·수목원·광장·운동장·시장·묘지·화장장·도축장 그 밖의 공공용 시설에 관한 사업
4. 관계법률에 의하여 허가·인가·승인·지정 등을 받아 공익을 목적으로 시행하는 학교·도서관·박물관 및 미술관의 건립에 관한 사업
5. 국가·지방자치단체·정부투자기관·지방공기업 또는 국가나 지방자치단체가 지정한 자가 임대나 양도의 목적으로 시행하는 주택의 건설 또는 택지의 조성에 관한 사업
6. 제1호부터 제5호까지의 사업을 시행하기 위하여 필요한 통로·교량·전선로·재료적치장 그 밖의 부속시설에 관한 사업

7. 제1호부터 제5호까지의 사업을 시행하기 위하여 필요한 주택, 공장 등의 이주단지 조성에 관한 사업

8. 그 밖에 다른 법률에 의하여 토지등을 수용 또는 사용할 수 있는 사업

이와같이 공익사업을 열거하고 있는 토지보상법 제4조에 대해서는 비록 공물(공공용물)이라 하더라도 재산권 박탈이나 제한을 정당화하기에는 여전히 광범위하게 규정되어 있고, 그 공익성도 명확하지 않다는 비판이 제기되고 있다.[4]

특히 공익사업의 범위가 임대나 양도의 목적으로 시행하는 주택의 건설 또는 택지의 조성에 관한 사업, 그 밖에 다른 법률에 의하여 토지등을 수용 또는 사용할 수 있는 사업으로 확대되어 대규모 주택단지, 신도시, 기업도시 등의 건설과 개발을 위해 광대한 토지를 수용하는 등 난개발의 문제를 낳고 있는 실정이다. 그런 이유에서 위와 같은 비판은 경청해 볼 만한 가치가 있다. 향후 공익사업의 범위를 좀 더 한정하고 구체화하는 방안을 모색할 필요가 있다.

Ⅳ. 공용수용의 당사자

1. 개　설

공용수용의 당사자는 수용권의 주체인 수용권자와 수용목적물인 재산권의 주체인 피수용자로 이루어진다. 토지보상법은 전자를 '사업시행자'로, 후자를 토지소유자 또는 관계인으로 부르고 있다.

2. 수용권자

수용권자인 사업시행자는 공익사업의 시행주체로서 토지보상법상 수용목적물을 취득하고 그에 부수하여 출입, 사업인정신청, 토지물건조사, 수용목적물의 확장청구, 재결신청 등에 관한 각종 권리를 행사하고 손실보상, 재결신청, 비용부담 등의 의무를 부담한다.

국가가 사업시행자인 경우에는 문제가 없으나 지방자치단체 등 공공단체나 사인이 사업시행자인 경우에는 누가 수용권자인가를 둘러싸고 견해가 나뉜다.

국가만이 수용권자이고 사업시행자는 수용의 효과로 재산권을 취득하는 것이므로 국가에 대해 사업을 위해 공용수용을 해 줄 것을 청구할 수 있을 뿐이라는 국가수용권설, 수용권은 국가적 공권이며 국가는 사업인정을 통해 이를 사업시행자에게 위탁한 것이라고 보는 국가

위탁권설이 주장되지만, 공용수용의 본질은 어디까지나 자기의 이익을 위하여 재산권을 강제적으로 취득하는 데 있기 때문에 그 강제취득의 효과를 향수하는 사업시행자만이 수용권자라고 보는 사업시행자수용권설이 다수설이다.

3. 피수용자

피수용자는 수용의 대상(목적물)인 재산권의 주체를 말하는데, 토지보상법은 이를 토지소유자 또는 관계인이라 표현하고 있다. 토지보상법의 정의에 따르면($^{\S\S\ 2}_{iv,\ v}$), "토지소유자"라 함은 공익사업에 필요한 토지의 소유자를 말하고, "관계인"이라 함은 사업시행자가 취득 또는 사용할 토지에 관하여 지상권·지역권·전세권·저당권·사용대차 또는 임대차에 의한 권리 기타 토지에 관한 소유권 외의 권리를 가진 자 또는 그 토지에 있는 물건에 관하여 소유권 그 밖의 권리를 가진 자를 말하며, 다만, 법 제22조에 따른 사업인정의 고시가 있은 후에 권리를 취득한 자는 기존의 권리를 승계한 자를 제외하고는 관계인에 포함되지 아니한다.

"「공익사업을 위한 토지 등의 취득 및 보상에 관한 법률」의 보상 대상이 되는 '기타 토지에 정착한 물건에 대한 소유권 그 밖의 권리를 가진 관계인'에는 독립하여 거래의 객체가 되는 정착물에 대한 소유권 등을 가진 자뿐 아니라, 당해 토지와 일체를 이루는 토지의 구성부분이 되었다고 보기 어렵고 거래관념상 토지와 별도로 취득 또는 사용의 대상이 되는 정착물에 대한 소유권이나 수거·철거권 등 실질적 처분권을 가진 자도 포함된다."[5]

---

5) 대법원 2009.2.12. 선고 2008다76112 판결.

제 2 관 공용수용의 절차

Ⅰ. 개   설

공용수용 절차는 보통절차와 약식절차 두 가지로 구분하는 것이 일반적이다. 후자는 직접 법률에 의하여 국가 또는 공공단체에 한하여 긴급한 사유가 있을 때 수용권자가 수용통고를 함으로써 보상을 조건으로 즉시 수용의 효과를 발생시키는 절차인 반면, 전자는 법률에 의거한 행정행위로 수용권이 설정되어 재산권의 강제취득이 이루어지는 절차라고 한다. 또 공용수용은 피수용자의 권익보호를 위해 신중한 절차를 요하기 때문에 전자, 즉 보통절차가 원칙적이고 일반적이라고 한다. 약식절차의 예로는 천재·지변시 토지의 사용과 시급을 요하는 토지의 사용에 관한 토지보상법 제38조 및 제39조와 비상 재해 시 토지 등의 사용에 관한 도로법 제47조 등을 들고 있다.[6] 그러나 공용수용의 약식절차로 거론되는 절차들은 엄밀히 말해 수용절차라고 보기 어렵거나 매우 제한적인 경우에만 수용에 해당하는 절차들이다. 실제로 토지보상법 제38조 및 제39조에 의한 천재·지변시 토지의 사용과 시급을 요하는 토지의 사용이란 절차는 토지소유권의 강제적 취득이 일어나지 않는 6개월 이내의 한시적 공용사용 또는 공용제한에 불과하다. 또한 도로법 제47조에 따른 '비상 재해 시 토지 등의 사용' 역시 '재해현장에서 필요한 토지, 가옥, 그 밖의 공작물을 일시 사용할 수 있다는 것'을 주된 내용으로 한다. 같은 조에서 '장애물을 변경 또는 제거하거나 토석·죽목·운반기구, 그 밖의 물건(공작물은 제외한다)을 사용하거나 수용할 수 있다'고 한 것을 두고 이를 약식수용 또는 비상수용으로 볼 여지도 없진 않겠지만, 이를 별도로 공용수용의 약식절차로 파악할 만한 경우로 보기는 어렵다.

> 반면 도로법 제48조에 따른 '토지 등의 수용'의 경우, 이는 개별법상의 공용수용 규정일 뿐 약식절차와는 무관하다. 같은 조 제2항에서 도로구역의 결정 또는 변경과 도로구역의 결정 또는 변경 고시를 「공익사업을 위한 토지 등의 취득 및 보상에 관한 법률」 소정의 사업인정 및 사업인정고시로 보고, 재결 신청의 기간에 관한 특례를 규정했지만, 제3항에서 '제1항에 따른 수용 또는 사용에 관하여는 이 법에 특별한 규정이 있는 경우 외에는 공익사업을 위한 토지 등의 취득 및 보상에 관한 법률을 준용한다'고 규정한 것을 보더라도 그 점은 분명하다.

위와 같은 이유에서 토지보상법 제38조 및 제39조에 의한 천재·지변시 토지의 사용과

---

6) 대표적으로 김철용, 행정법 Ⅱ, 562-563; 정하중, 행정법개론, 1254, 1266-1267 등.

시급을 요하는 토지의 사용은 공용사용에 관한 부분에서 고려하기로 하고 여기서는 별도로 약식절차로 다루지 않는다.

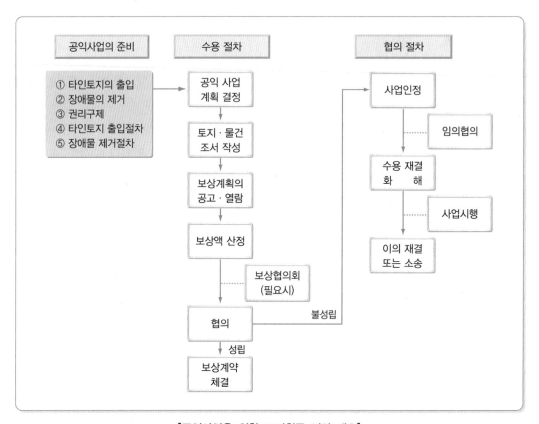

[공익사업을 위한 토지취득 절차 개요]

토지보상법이 정한 공용수용의 절차는 위 표에서 보는 바와 같이 사업시행자에게 수용권을 부여하는 '사업인정'에서 시작하여 '토지·물건 조서'의 작성, 토지소유자 및 관계인과 '협의'를 거친 후, 토지수용위원회에 재결을 신청하여 동위원회의 '재결'이나 사업시행자와 피수용자 사이의 '화해'로 종결되는 절차이다. 사업인정에 선행하는 준비절차로서 사업준비과정을 공용수용 사전절차로 추가하는 경우도 있다.

토지보상법은 사업인정을 받은 사업시행자는 토지조서 및 물건조서의 작성, 보상계획의 공고·통지 및 열람, 보상액의 산정과 토지소유자 및 관계인과의 협의의 절차를 거치도록 규정하고 있고($^{§26①}_{전단}$), 그 경우 법 제14조 내지 제16조 및 제68조의 규정을 준용하도록 하고 있다($^{§26①}_{후단}$).

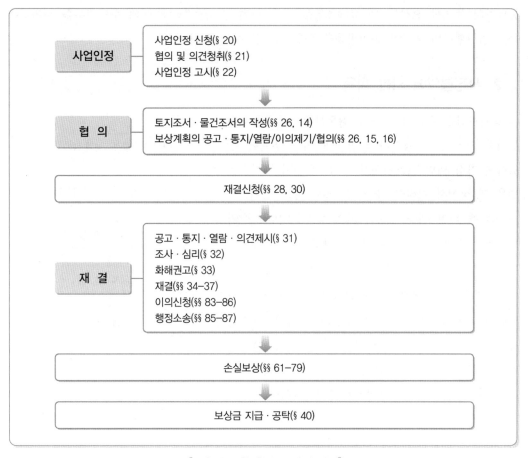

[수용에 의한 취득 절차의 단계]

Ⅱ. 사전절차

1. 공익사업의 준비

통상 공익사업을 위한 공용수용이 개시되기 전에 해당 공익사업을 준비하는 과정에서 타인토지 출입, 측량·조사, 장해물의 제거 등 일련의 준비활동이 필요한 경우가 많다. 토지보상법은 제2장(공익사업의 준비)에서 이에 관한 규정을 두고 있다. 공익사업의 준비 절차는 통상 그 사업을 위한 공용수용이 진행되는 경우 그 사전 단계에서 이루어지기 때문에 공용수용의 사전절차라고 볼 수도 있지만, 엄밀히 따져 보면 공용수용의 사전절차라기보다는 공익사업의 준비절차로서 별도의 공용사용에 해당한다고 볼 수 있다.[7]

토지보상법은 이러한 사전 준비활동에 대하여 토지출입의 허가나 장해물제거시 소유자·

---

7) 김철용, 행정법 Ⅱ, 558.

동의자의 동의를 요하는 등 규제조항을 두는 한편, 그 상대방에 대해 수인의무를 부과하는 등 사업시행자의 원활한 준비활동을 위한 규정을 두고 있다.

2. 사전협의에 의한 취득

공익사업을 위하여 토지를 취득함에 있어 강제취득까지 가지 않고 당사자간 협의에 의해 취득할 수 있다면 가장 바람직할 것이다. 그런 뜻에서 토지수용법은 제3장에서 이러한 가능성을 열어 두고 있다.

협의에 의한 취득은 다음 표에서 보는 바와 같이 토지조서 및 물건조서의 작성($^{§\ 14}$), 보상계획의 공고·통지($^{§\ 15}$), 보상계획의 열람 등($^{§\ 15}$), 이의제기($^{§\ 15}$), 협의($^{§\ 16}$) 및 계약 체결($^{§\ 17}$)의 단계로 이루어진다. 이 일련의 과정을 거쳐 계약이 체결되면 사업시행자는 공용수용을 개시할 필요가 없게 된다. 사업시행자는 계약을 통해 토지등의 소유권을 취득하게 되는데 그 경우 취득은 원시취득이 아니라 승계취득이다.

사전협의, 정확히는 협의에 의한 취득 계약의 법적 성질에 관하여는 이를 사법계약으로 보는 견해와 행정사법상 계약으로 보는 견해[8]로 나뉜다. 대법원은 구 공공용지의 취득 및 손실보상에 관한 특례법($^{이하\ "공특법"}_{이라\ 한다}$) 하에서 협의취득 및 보상합의를 공공기관이 사경제주체로서 행하는 사법상 계약으로 보았다.[9] 헌법재판소 역시 동일한 판단을 내린 바 있다.[10] 사업시행자의 권리취득이 승계취득이라는 점에서는 사법상 계약으로 볼 여지가 있으나, 계약 체결의 목적이 공익사업이고 그런 이유에서 토지소유자 등이 매매가액이 아니라 손실보상청구권에 기하여 (손실)보상을 받으며, 절차, 공시지가의 적용[11] 등 법적 특수성이 인정되고 있다는 점을 고려한다면 이를 행정사법의 성격을 가지는 계약이라고 볼 수도 있을 것이다. 다만, 행정사법상 계약이라고 하더라도 그 법적 성질은 어디까지나 사법상 계약이며 공법상 계약이 되는 것은 아니다.[12]

[협의에 의한 취득 절차의 단계]

---

8) 김철용, 같은 책, 561.

9) 대법원 2004.9.24. 선고 2002다68713 판결; 대법원 2000.9.8. 선고 99다26924 판결; 대법원 1998.5.22. 선고 98다2242,2259 판결 등.

10) 헌법재판소 2006.12.28. 선고 2004헌마38 전원재판부 결정.

11) 사업인정 전 협의에 의한 취득에 있어 공시지가는 당해 토지의 가격시점 당시 공시된 공시지가 중 가격시점에 가장 가까운 시점에 공시된 공시지가로 한다(§ 70 ③).

Ⅲ. 공용수용 절차

1. 사업인정

1.1. 의 의

"사업인정"이란 공익사업을 토지등을 수용 또는 사용할 사업으로 결정하는 것을 말한다($^{§2}_{vii}$). 사업인정은 공용수용권 설정행위라 할 수 있다. 즉, 어떤 사업이 토지보상법 제4조에 열거된 공익사업에 해당함을 인정하여, 사업시행자가 일정한 절차를 거칠 것을 조건으로 공용수용권을 설정하는 행위이다.

입법권자가 모든 공익사업의 종류와 내역을 완벽하게 규정하는 것은 현실적으로 불가능하고 또 생각할 수 있는 공익사업의 유형들을 망라해서 충분히 상세하게 명시해 놓은 경우에도 구체적으로 어떤 사업이 그러한 공익사업에 해당하는지 여부에 대한 판단 문제는 남을 수밖에 없다. 그런 이유에서 행정기관에 의한 사업인정이라는 결정을 매개로 공용수용이 개시되도록 한 것이다.

1.2. 사업인정의 법적 성질

사업인정은 행정청이 특정한 사업이 공용수용의 목적으로서 공익사업에 해당함을 인정하여 기업자에게 소정의 절차를 거쳐 특정 재산권에 대한 수용권을 부여하는 행정행위이다. 이에 대해서는 사업인정을 국가가 특정사업이 공익사업에 해당한다고 하는 확인행위에 불과하다고 보는 확인행위설이 있으나,[13] 설권적·형성적 행정행위로 보는 견해가 지배적이며, 또한 재량행위라고 보는 것이 통설 및 판례의 입장이다.[14]

1.3. 사업인정권자

사업인정은 국토교통부장관이 한다. 사업인정은 공용수용절차 중에서 기본이 되는 중요한 행위이므로 중앙관청의 권한으로 유보한 것이다. 분야별 개별법상 사업인정권자는 다른 행정청인 경우도 있다($^{광업법}_{§72}$). 반면, 국토계획이용법 제96조 제2항의 경우처럼 실시계획 인가·고시로 사업인정 및 고시가 의제되는 결과 특별시장·광역시장·도시사 등 지방자치단체 장이

---

12) 이와 관련하여 현행 토지보상법상 사업인정 후에 이루어지는 협의매수를 공법상 계약이라고 보는 견해로는 정남철, "공익사업법상 수용제도의 문제점 및 개선방안", 토지공법연구 제45집(2009.8.25) 참조.

13) 이에 따르면 사업시행자가 가지게 되는 수용권 등 각종 권리는 사업인정이 아니라 법률의 규정에 의해 당연히 발생하는 것이라고 한다.

14) 대법원 1987.9.8. 선고 87누395 판결; 대법원 1992.11.13. 선고 92누596 판결 등.

사업인정권자인 경우도 적지 않다.

1.4. 사업인정의 기준

토지보상법은 사업인정의 기준을 명시하지 않고 있다. 사업인정의 대상이 법 소정의 공익사업인지 여부이므로 일단 공익성을 판단기준으로 삼을 수 있을 것이다. 판례는 그 밖에도 비례원칙을 사업인정의 기준으로 고려하고 있다.

"공익사업을위한토지등의취득및보상에관한법률의 규정에 의한 사업인정처분이라 함은 공익사업을 토지 등을 수용 또는 사용할 사업으로 결정하는 것으로서($\S^{같은}_2$ $^{법}_{vii}$) 단순한 확인행위가 아니라 형성행위이므로, 당해 사업이 외형상 토지 등을 수용 또는 사용할 수 있는 사업에 해당된다 하더라도 행정주체로서는 그 사업이 공용수용을 할 만한 공익성이 있는지의 여부와 공익성이 있는 경우에도 그 사업의 내용과 방법에 대하여 사업인정처분에 관련된 자들의 이익을 공익과 사익 간에서는 물론, 공익 상호간 및 사익 상호간에도 정당하게 비교·교량하여야 하고, 그 비교·교량은 비례의 원칙에 적합하도록 하여야 한다."[15]

1.5. 사업인정의 절차

사업인정시 거쳐야 하는 행정절차는 신청, 협의 및 의견청취, 그리고 고시이다.

1.5.1. 신 청

사업시행자는 법 제19조에 따라 토지등을 수용 또는 사용하고자 하는 때에는 대통령령이 정하는 바에 따라 국토교통부장관의 사업인정을 받아야 하며($\S^{20}_①$), 그 경우 국토교통부령이 정하는 수수료를 납부하여야 한다($\S^{20}_②$).

1.5.2. 협의 및 의견청취

국토교통부장관은 사업인정을 하고자 하는 때에는 관계 중앙행정기관의 장 및 특별시장·광역시장·도지사·특별자치도지사($^{이하}_{지사"라}$ $^{"시·도}_{한다}$)와 협의하여야 하며, 대통령령이 정하는 바에 따라 미리 중앙토지수용위원회 및 사업인정에 관하여 이해관계가 있는 자의 의견을 들어야 한다($\S$ 21).

1.5.3. 사업인정의 고시

국토교통부장관은 제20조에 따른 사업인정을 한 때에는 지체 없이 그 뜻을 사업시행자, 토지소유자 및 관계인, 관계 시·도지사에게 통지하고 사업시행자의 성명 또는 명칭·사업의 종류·사업지역 및 수용 또는 사용할 토지의 세목을 관보에 고시하여야 한다($\S^{22}_①$).

---

15) 대법원 2005.4.29. 선고 2004두14670 판결.

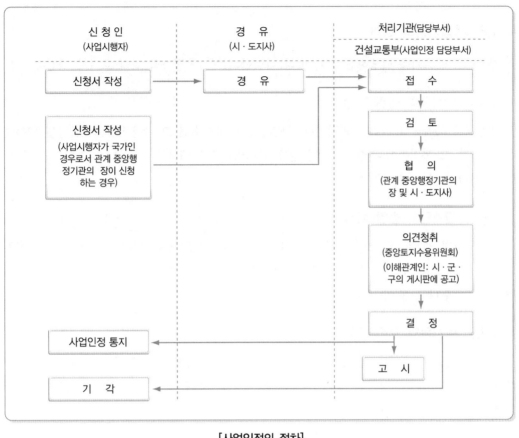

[사업인정의 절차]

사업인정 사실을 통지받은 시·도지사(특별자치도지사를 제외한다)는 관계 시장·군수 및 구청장에게 이를 통지하여야 한다($\S\frac{22}{②}$).

사업인정은 국토교통부장관이 이를 고시한 날부터 그 효력이 발생한다($\S\frac{22}{③}$).

사업인정의 고시는 준법률행위적 행정행위의 일종인 '통지'로 보는 것이 일반적이나,[16] 형성적 행위로 볼 수 있다는 견해도 있다.[17] 사업인정은 형성적 효과를 가질 수는 있지만, 사업인정의 고시는 특정인 또는 불특정다수인에게 사업인정의 사실을 알리고, 그 통지에 의해 법률로 법적 효력을 부여하는 것이어서 사업인정과 달리 형성적 효력을 가진다고 볼 수 없을 것이다.

---

16) 김동희, 행정법 I, 제14판, 294.
17) 김남진/김연태, 행정법 I, 229.

1.6. 사업인정의 효과

사업인정이 효력을 발생하면 그에 따라 다양한 실체적 · 절차적 법적 효과가 생긴다.

1.6.1. 목적물의 범위 확정

수용대상 목적물의 범위가 확정된다. 사업인정이 고시되면 그 수용의 목적 달성을 위하여 수용권자가 그 목적물에 관한 현재 및 장래의 권리자에게 대항할 수 있는 일종의 공법상 물권으로서의 효력이 부여된다.

1.6.2. 관계인의 범위 확정

토지보상법 제2조 제5호에 따라 사업인정의 고시가 있은 후에 권리를 취득한 자는 기존의 권리를 승계한 자를 제외하고는 관계인에 포함되지 아니 하므로, 사업인정으로 관계인의 범위도 확정된다고 볼 수 있다.

1.6.3. 토지등의 보전의무

법은 사업인정고시가 있은 후에는 누구든지 고시된 토지에 대하여 사업에 지장을 초래할 우려가 있는 형질의 변경이나 제3조 제2호 또는 동조 제4호에 규정된 물건을 손괴 또는 수거하지 못한다고 규정하고 있다($^{§\,25}_{①}$).

사업인정고시가 있은 후에는 고시된 토지에 건축물의 건축 · 대수선, 공작물의 설치 또는 물건의 부가 · 증치(增置)를 하고자 하는 자는 특별자치도지사, 시장 · 군수 또는 구청장의 허가를 받아야 한다. 이 경우 특별자치도지사, 시장 · 군수 또는 구청장은 미리 사업시행자의 의견을 들어야 한다($^{§\,25}_{②}$). 이 규정에 위반하여 건축물의 건축 · 대수선, 공작물의 설치 또는 물건의 부가 · 증치를 한 토지소유자 또는 관계인은 당해 건축물 · 공작물 또는 물건을 원상으로 회복하여야 하며 이에 관한 손실의 보상을 청구할 수 없다($^{§\,25}_{③}$).

1.6.4. 토지 및 물건에 관한 조사권 등

사업인정의 고시가 있은 후에는 사업시행자 또는 제68조에 따라 감정평가를 의뢰받은 감정평가업자($^{부동산가격공시 및 감정평가에 관한 법률에 따른 감}_{정평가업자를 말하며, 이하 "감정평가업자"라 한다}$)는 다음 각 호에 해당하는 경우에는 제9조에도 불구하고 해당 토지나 물건에 출입하여 이를 측량하거나 조사할 수 있다($^{§\,27\,①}_{전단}$). 이 경우 제10조 · 제11조 및 제13조를 준용한다($^{§\,27\,①}_{후단}$).

1. 사업시행자가 사업의 준비나 토지조서 및 물건조서를 작성하기 위하여 필요한 경우
2. 감정평가업자가 감정평가를 의뢰받은 토지등의 감정평가를 위하여 필요한 경우

사업인정고시가 있은 후에는 제26조 제1항에 따라 준용되는 제15조 제3항의 규정에 따라 토지소유자 또는 관계인이 토지조서 및 물건조서의 내용에 대하여 열람기간 이내에 이의를 제기하는 경우를 제외하고는 제26조 제1항에 따라 준용되는 제14조의 규정에 따라 작성된 토지조서 및 물건조서의 내용에 대하여 이의를 제기할 수 없다($\S 27$ ②$_{본문}$). 다만, 토지조서 및 물건조서의 내용이 진실에 반하는 것을 입증하는 때에는 그러하지 아니하다($\S 27$ ②$_{단서}$).

사업시행자는 타인이 점유하는 토지에 출입하여 측량·조사함으로써 발생하는 손실(감정평가업자가 제 1항 제2호에 따른 감정평가를 위하여 측량·조사함으로써 발생하는 손실을 포함한다)을 보상하여야 한다($\S 27$ ③). 그 경우 손실보상에 대해서는 법 제9조 제5항부터 제7항까지의 규정을 준용한다($\S 27$ ④).

1.7. 사업인정에 대한 불복

사업인정에 대해서는 그 처분성이 인정되는 이상, 당연히 행정쟁송에 의하여 불복할 수 있다. 한편, 사업인정 후 토지수용위원회의 재결이 이루어지면, 토지소유자는 사업인정에 취소사유가 있음을 이유로 사업인정과 수용재결의 하자승계를 주장할 수 없다는 것이 판례이다.

"사업인정처분 자체의 위법은 사업인정단계에서 다투어야 하고 이미 그 쟁송기간이 도과한 수용재결단계에서는 사업인정처분이 당연 무효라고 볼 만한 특단의 사정이 없는 한 그 위법을 이유로 재결의 취소를 구할 수는 없다(당원 1987.9.8. 선고 87누395 판결; 1988.12.27. 선고 87누1141 판결; 1990.1.23. 선고 87누947 판결)."[18]

1.8. 사업인정의 실효·사업의 폐지 등

1.8.1. 재결의 미신청으로 인한 실효

사업시행자가 사업인정고시가 있은 날부터 1년 이내에 법 제28조 제1항에 따른 재결신청을 하지 아니한 때에는 사업인정고시가 있은 날부터 1년이 되는 날의 다음날에 사업인정은 그 효력을 상실한다($\S 23$ ①). 사업시행자는 사업인정이 실효됨으로 인하여 토지소유자 또는 관계인이 입은 손실을 보상하여야 하며($\S 23$ ②), 이에 대해서는 제9조 제5항부터 제7항까지의 규정을 준용한다($\S 23$ ③).

1.8.2. 사업의 폐지·변경으로 인한 실효

법은 사업인정고시 후 사업의 전부 또는 일부를 폐지·변경함으로 인하여 수용의 필요가 없게 된 경우에는 소정의 공시절차를 거쳐 사업인정의 효력을 전부 또는 일부 상실하도록 하고 있다. 이에 따르면, 사업인정고시가 있은 후 사업의 전부 또는 일부를 폐지하거나 변경

---

18) 대법원 1992.3.13. 선고 91누4324 판결.

함으로 인하여 토지등의 전부 또는 일부를 수용 또는 사용할 필요가 없게 된 때에는 사업시행자는 지체 없이 사업지역을 관할하는 시·도지사에게 신고하고, 토지소유자 및 관계인에게 이를 통지하여야 한다($\S24\atop①$). 시·도지사는 이러한 신고가 있는 때에는 사업의 전부 또는 일부의 폐지나 변경이 있는 것을 관보에 고시하여야 한다($\S24\atop②$). 시·도지사는 이러한 신고가 없는 경우에도 사업시행자가 사업의 전부 또는 일부를 폐지하거나 변경함으로 인하여 토지를 수용 또는 사용할 필요가 없게 된 것을 안 때에는 미리 사업시행자의 의견을 들어 동일한 내용의 고시를 하여야 한다($\S24\atop③$). 시·도지사는 위와 같은 고시를 한 때에는 지체 없이 그 사실을 국토교통부장관에게 보고하여야 한다($\S24\atop④$).

위와 같이 고시가 되면 그 고시가 있은 날부터 고시된 내용에 따라 사업인정의 전부 또는 일부는 그 효력을 상실한다($\S24\atop⑤$).

사업시행자는 사업의 전부 또는 일부를 폐지·변경함으로 인하여 토지소유자 또는 관계인이 입은 손실을 보상하여야 한다($\S24\atop⑥$). 이에 대해서도 제9조 제5항부터 제7항까지의 규정이 준용된다($\S24\atop⑦$).

2. 토지·물건조서의 작성

2.1. 의 의

토지·물건조서란 공익사업을 위한 수용 또는 사용을 필요로 하는 토지와 그 위에 있는 물건의 내역을 법정절차를 거쳐 사업시행자가 작성하는 문서를 말한다.

사업인정 후 토지나 물건 조서의 작성행위는 수용 대상 목적물의 범위를 명확히 하고, 토지수용위원회에서 심리해야 할 전제사실을 명확하게 하려는 데에 그 존재이유가 있다.

2.2. 작성절차

토지보상법 제26조 제1항 후단에 의해 준용되는 법 제14조 제2항은 토지와 물건의 소재지, 토지소유자 및 관계인 등 토지조서 및 물건조서의 기재사항과 작성에 관하여 필요한 사항은 대통령령으로 정하도록 위임하고 있다.

사업인정 이전에 제14조 내지 제16조 및 제68조에 따른 절차를 거쳤으나 협의가 성립되지 아니하여 사업인정을 받은 사업으로서 토지조서 및 물건조서의 내용에 변동이 없는 때에는 토지·물건조서의 작성($\S14$), 보상계획의 열람 등($\S15$), 협의($\S16$) 절차를 거치지 아니할 수 있다($\S26\atop본문②$). 다만, 사업시행자 또는 토지소유자 및 관계인이 제16조에 따른 협의를 요구하는 때에는 협의하여야 한다($\S26\atop단서②$).

2.3. 토지·물건조서의 효력

토지·물건조서는 일단 진실성 추정의 효력이 인정된다. 다만 그 내용이 진실에 반하는 것을 입증한 때에는 예외이다($§27_②$).

3. 협   의

3.1. 의의와 필요성

협의는 사업시행자와 피수용자 사이에 수용대상이나 범위, 수용시기, 손실보상 등에 관한 교섭활동을 말한다.[19] 사업인정을 받은 사업시행자는 토지조서 및 물건조서의 작성, 보상계획의 공고·통지 및 열람을 거쳐, 보상액을 산정하고 토지소유자 및 관계인과의 협의의 절차를 거쳐야 하며($§26_①$전단), 협의가 성립되면 이로써 수용절차는 종결된다.

협의절차는 피수용자에 대한 설득, 공권력행사가 아니라 당사자간 합의에 의한 원만한 토지취득을 가능케 한다는 순기능 못지않게 수용절차의 신속성과 효율성이란 측면에서 역기능으로 작용할 수도 있다. 그럼에도 불구하고 법은 당사자 사이에서 합의에 도달할 수 있다면 다소 신속효율성이 떨어지더라도 이를 감수하는 것이 협력행정의 정신을 살리는 길이라는 취지에서 협의를 공용수용의 필수적 절차로 삼은 것이다.

3.2. 법적 성질

협의의 법적 성질에 관해서는 공법상 계약설과 사법상 계약설이 대립한다. 양설의 차이는 법 제29조에 따른 협의성립 확인과의 관계에서 두드러진다. 협의를 공법상 계약으로 이해하게 되면 그것만으로 협의성립확인과 같은 효과를 인정하게 되는 반면, 사법상 계약으로 보면 별도로 협의성립 확인절차가 필요하게 되기 때문이다. 판례는 일찍이 토지수용에 있어서의 협의 그 자체는 사법상의 법률행위라고 본 바 있고,[20] "공공사업의 시행자가 토지수용법에 의하여 그 사업에 필요한 토지를 취득하는 경우 그것이 협의에 의한 취득이고 토지수용법 제25조의2에 따른 협의 성립의 확인이 없는 이상, 그 취득행위는 어디까지나 사경제 주체로서 행하는 사법상의 취득으로서 승계취득한 것으로 보아야 할 것이고, 재결에 의한 취득과 같이 원시취득한 것으로 볼 수는 없다"고 판시한 바 있다.[21]

반면, 이미 앞에서 살펴 본 바와 같이, 구 공특법 하에서 협의취득 및 보상합의를 사법상

---

19) 정하중, 행정법개론, 1259.
20) 대법원 1979.7.24. 선고 79다655 판결.
21) 대법원 1996.2.13. 선고 95다3510 판결.

계약으로 보면서도, 구 토지수용법(2002.2.4. 법률 제6656/호로 폐지되기 전의 것)이 제25조[22]에서 기업자의 협의취득을 규정하고 있지만 관할 토지수용위원회의 그 협의성립확인은 재결로 간주되는 점에서 공특법에 의한 협의취득과 다르다고 판시함으로써[23] 단순한 사법상 계약은 아니라는 뉘앙스를 보여, 그 입장이 명확하지는 않다.

생각건대, 아직 공용수용 절차가 개시되기 전에 행해지는 사전협의의 경우 이를 단순한 사법상 계약이 아니라 행정사법적 계약이나 공법상 계약으로 보는 입장에 선다면, 공용수용 절차의 일부로서 협의의 성질은 더욱 더 공법상 계약에 근접하는 것으로 보지 않을 수 없을 것이다. 공용수용의 절차적 구성부분으로서의 협의를 사법상 계약으로 볼 경우, 보상의 내용이나 방법 등에서 융통성이 인정된다는 장점도 있지만, 토지취득을 원시취득이 아니라 승계취득으로 볼 여지 또는 하자로 인한 취소변경가능성 등 효과의 불확정성 문제가 생길 수 있다는 점도 고려할 필요가 있다.[24] 그렇다면, 수용절차의 일환으로 행해지는 협의를 단순한 사법상 계약으로 볼 수는 없을 것이다. 사실 협의를 통해 공용수용이라는 공법적 효과가 발생하는 점과 사업시행자가 행정주체로서의 지위를 갖는 점, 더욱이 협의가 수용절차의 한 단계이며 협의성립의 확인이 재결로 간주된다는 점을 감안할 때, 이를 의당 공법상 계약으로 볼 수도 있다. 기실 공법상 계약설이 통설이기도 하다.[25] 그러나 재결로 간주되는 것은 어디까지나 협의성립의 '확인'이라는 행정행위이지 그 기초가 된 협의는 아니다. 물론 협의 자체를 공법상 법률효과 발생을 목적으로 하는 당사자 간 합의로 볼 여지가 없지 않지만, 법률규정(§4.29)에 의하여 재결로 간주되는 협의성립의 확인과의 관계도 도외시할 수는 없다. 그런 뜻에서 협의 그 자체는 사법상 계약이지만, 협의성립 확인이 되면 그때부터 재결에 의한 것과 동일한 공법적 효력을 발생하는, 공법적 특수 규율이 부가된 일종의 변형계약으로 볼 수 있을 것이다. 물론 실체(합의)는 사법상 계약이지만 협의성립이 확인됨으로써 비로소 그 공법적 효력이 완성되는 특수한 유형의 공법상 계약으로 이론 구성할 여지도 있다.

"「공공용지의 취득 및 손실보상에 관한 특례법」에 의한 협의취득은 비록 법형식에 있어서는 사법상의 매매계약의 형태를 취하고 있으나, 동법의 목적에 규정된 "공공사업"과 토지수용법에 규정된 "공익사업"은 그 내용과 범위가 동일하여 위 특례법 의하여 협의취득될 수 있는 재산권은 바로 토지수용법에 의하여 수용될 수 있고, 양 법률에 있어서의 손실보상에 관한 전체적인 원리와 기본정신이 동일한 기조 위에서 있으며, 위 특례법상의 협의취득의 과정에는 동법 제5조, 제6조 등 여러 가지 공법적 규제가 있는 점

---

22) 구 토지수용법 제25조 제1항은 "기업자는 제16조의 규정에 의한 사업인정의 고시가 있은 후 그 토지에 관하여 권리를 취득하거나 소멸시키기 위하여 대통령령이 정하는 바에 의하여 토지소유자 및 관계인과 협의하여야 한다"고 규정하고 있었다.

23) 대법원 2004.9.24. 선고 2002다68713 판결; 대법원 2000.9.8. 선고 99다26924 판결; 대법원 1998.5.22. 선고 98다2242,2259 판결 등.

24) 김철용, 행정법 Ⅱ, 572.

25) 정하중, 행정법개론, 1259.

등을 고려하면, 위 특례법의 배후에는 토지수용법에 의한 강제취득방법이 사실상의 후속조치로 남아 있어 토지 등의 소유자로서는 협의에 불응하면 바로 수용을 당하게 된다는 심리적 강박감으로 인하여 실제로는 그 의사에 반하여 협의에 응하는 경우가 많기 때문에, 위 특례법은 실질적으로는 토지수용법과 비슷한 (공법적) 기능을 수행하고 있다 할 것이다. 뿐만 아니라 이 사건의 경우와 같이 국민의 재산권 보장이라는 헌법이념에서 문제를 보아야 하는 사안에 있어서는 위 협의취득은 이를 헌법 제23조 제3항 소정의 "재산권의 수용"과 동일한 것으로 보아 다루는 것이 보다 현실을 직시하여 공권력이 사법상 법률행위의 형식을 빌림으로써 헌법의 재산권(기본권) 보장기능을 열약화 또는 형해화하는 등 여러 가지 반헌법적 사례가 생기는 것을 막을 수 있는 건전한 헌법해석이라 할 것이므로, 위 특례법 제9조의 **환매권도 토지수용법 제71조 소정의 환매권과 마찬가지로 헌법이 보장하는 재산권의 내용에 포함되는 권리라고 할 것이다.**"[26]

3.3. 협의의 요건

사업시행자는 사업인정고시일부터 1년 이내에 협의를 해야 한다. 그때까지 재결신청을 하지 아니 하면 사업인정고시가 있은 날부터 1년이 되는 날의 다음날부터 사업인정의 효력이 상실되는 데 따른 결과이다.

사업시행자는 피수용자 전원을 상대로, 그리고 토지·물건조서에 기재된 목적물을 대상으로 하여 그 취득, 소멸될 권리의 종류와 내용, 권리의 취득·소멸의 시기 및 명도기한, 대가 등에 대하여 협의를 하여야 한다.

토지보상법시행령 제8조 제1항에 따르면, 사업시행자는 협의를 하고자 하는 때에는 국토교통부령이 정하는 보상협의요청서에 다음 사항을 기재하여 토지소유자 및 관계인에게 통지하여야 한다. 다만, 토지소유자 및 관계인을 알 수 없거나 그 주소·거소 그 밖에 통지할 장소를 알 수 없는 때에는 제2항에 따른 공고로써 통지에 갈음할 수 있다.

1. 협의기간·협의장소 및 협의방법
2. 보상의 시기·방법·절차 및 금액
3. 계약체결에 필요한 구비서류

3.4. 협의의 효과

협의의 효과는 그 성립으로써 사업시행자가 목적물을 취득하게 되는 것이다. 이로써 수용절차는 종료되며 수용의 효과가 발생한다. 즉, 사업시행자는 목적물에 대한 권리를 취득하고 피수용자는 그 권리를 상실하게 된다. 한편 그 경우 목적물의 취득이 원시취득인지 아니면 승계취득인지에 관하여 판례의 입장은 그다지 분명치는 않다. 일찍이 수용의 경우와는 달리 원시취득이 아니라 승계취득이라고 보았으나,[27] 이후 재결에 의한 취득을 원시취득으로 본

---

26) 헌법재판소 2005.2.24. 선고 2004헌바24 전원재판부 결정.

제1편 제2편 제3편 제4편 제5편 특별행정법

판례[28]의 태도에 비추어 볼 때, 협의성립의 확인이 되면 재결로 간주되어 그에 따른 취득은 원시취득으로 보는 것이 아닐까 생각된다.

협의 취득 당시의 토지소유자 또는 그 포괄승계인은 환매권을 가진다(§ 91).

3.5. 협의성립의 확인

협의성립의 확인은 두 가지 방법으로 이루어진다. 먼저, 사업시행자와 토지소유자 및 관계인 간에 제26조에 따른 절차를 거쳐 협의가 성립된 때에는 사업시행자는 제28조 제1항에 따른 재결의 신청기간 이내에 당해 토지소유자 및 관계인의 동의를 얻어 대통령령이 정하는 바에 따라 관할 토지수용위원회에 협의성립의 확인을 신청할 수 있다($^{§\,29}_{①}$). 제28조 제2항·제31조·제32조·제34조·제35조·제52조 제7항·제53조 제4항·제57조 및 제58조의 규정은 제1항에 따른 협의성립의 확인에 관하여 이를 준용한다($^{§\,29}_{②}$).

둘째, 사업시행자가 협의가 성립된 토지의 소재지·지번·지목 및 면적 등 대통령령이 정하는 사항에 대하여 공증인법에 의한 공증을 받아 제1항에 따른 협의성립의 확인을 신청한 때에는 관할 토지수용위원회가 이를 수리함으로써 협의성립이 확인된 것으로 본다($^{§\,29}_{③}$).

이 두 가지 방법에 의한 확인은 이 법에 의한 재결로 보며, 사업시행자·토지소유자 및 관계인은 그 확인된 협의의 성립이나 내용을 다툴 수 없다($^{§\,29}_{④}$).

4. 재　결

4.1. 의의와 법적 성질

재결은 공용수용의 최종단계에서 이루어지는 공적 결정이다. 재결의 법적 성질은 앞에서 본 수용권의 주체에 관한 학설에 따라 달리 판단되지만, 사업시행자수용권설에 따르면 수용권자는 사업시행자이므로 사업시행자가 재결신청을 통해 수용권의 확정을 구하고 국가는 재결을 통해 제3자의 입장에서 사업시행자가 가지는 수용권을 확정하여 사업시행자와 피수용자 간의 권리의 취득 및 상실을 가져오는 형성적 행정행위라고 하게 된다.

4.2. 재결신청과 재결신청의 청구

토지보상법은 사업시행자에게는 '재결신청'의 권리를, 토지소유자 및 관계인에게는 '재결신청의 청구권'을 부여한다.

---

27) 대법원 1978.11.14. 선고 78다1258 판결.
28) 대법원 1996.2.13. 선고 95다3510 판결.

4.2.1. 재결신청

협의가 성립되지 아니하거나 협의를 할 수 없는 때(법 제26조 제2항 단서에 따른 협의의 요구가 없는 때를 포함한다)에는 사업시행자는 사업인정고시가 있은 날부터 1년 이내에 대통령령이 정하는 바에 따라 관할 토지수용위원회에 재결을 신청할 수 있다($^{\S\,28}_{①}$). 이에 따라 재결을 신청하는 자는 국토교통부령이 정하는 바에 따라 수수료를 납부하여야 한다($^{\S\,28}_{②}$).

4.2.2. 재결신청의 청구

사업인정고시가 있은 후 협의가 성립되지 아니한 때에는 토지소유자 및 관계인은 대통령령이 정하는 바에 따라 서면으로 사업시행자에게 재결의 신청을 할 것을 청구할 수 있다($^{\S\,30}_{①}$). 사업시행자는 이러한 청구를 받은 때에는 그 청구가 있은 날부터 60일 이내에 대통령령이 정하는 바에 따라 관할 토지수용위원회에 재결을 신청하여야 한다($^{\S\,30\ ②}_{전단}$). 이 경우 수수료에 관하여는 제28조 제2항의 규정을 준용한다($^{\S\,30\ ②}_{후단}$).

재결신청의 청구 제도를 둔 취지는 사업시행자와 토지소유자 및 관계인 간의 비대칭성, 즉 사업시행자는 사업인정고시 후 1년 이내에 언제라도 재결을 신청할 수 있는 반면, 토지소유자 및 관계인에게는 재결을 신청할 수 없다는 문제 때문에 수용을 둘러싼 법률관계의 조속한 확정을 바라는 토지소유자 및 관계인의 이익을 보호하고 수용당사자간 공평을 기하려는 데 있다.[29]

4.3. 재결기관

재결기관은 토지수용위원회이다. 토지보상법은 재결기관으로 국토교통부에 중앙토지수용위원회를, 시·도에 지방토지수용위원회를 두고 있다. 중앙토지수용위원회는 국가 또는 시·도가 사업시행자인 사업, 수용 또는 사용할 토지가 2 이상의 시·도에 걸쳐 있는 사업의 재결에 관한 사항을 관장하며($^{\S\,51}_{①}$), 지방토지수용위원회는 그 밖의 사업의 재결에 관한 사항을 관장한다($^{\S\,50}_{②}$).

4.4. 재결의 절차·내용·형식 등

4.4.1. 열 람

토지수용위원회는 제28조 제1항에 따라 재결신청서를 접수한 때에는 대통령령이 정하는

---

29) 대법원 2000.10.27. 선고 98두18381 판결; 대법원 1997.10.24. 선고 97다31175 판결; 대법원 1993.8.27. 선고 93누9064 판결 등.

바에 따라 지체 없이 이를 공고하고 공고한 날부터 14일 이상 관계서류의 사본을 일반이 열람할 수 있도록 하여야 한다($^{\S 31}_{①}$).

토지수용위원회가 제1항에 따른 공고를 한 때에는 관계서류의 열람기간중에 토지소유자 또는 관계인은 의견을 제시할 수 있다($^{\S 31}_{②}$).

4.4.2. 심 리

토지수용위원회는 제31조 제1항에 따른 열람기간이 경과한 때에는 지체 없이 당해 신청에 대한 조사 및 심리를 하여야 한다($^{\S 32}_{①}$).

토지수용위원회는 심리를 함에 있어서 필요하다고 인정하는 때에는 사업시행자·토지소유자 및 관계인을 출석시켜 그 의견을 진술하게 할 수 있다($^{\S 32}_{②}$).

토지수용위원회는 제2항에 따라 사업시행자·토지소유자 및 관계인을 출석하게 하는 경우에는 사업시행자·토지소유자 및 관계인에게 미리 그 심리의 일시 및 장소를 통지하여야 한다($^{\S 32}_{③}$).

4.4.3. 화해의 권고

토지수용위원회는 그 재결이 있기 전에는 그 위원 3인으로 구성되는 소위원회로 하여금 사업시행자·토지소유자 및 관계인에게 화해를 권고하도록 할 수 있다. 이 경우 소위원회는 위원장이 지명하거나 위원회에서 선임한 위원으로 구성하되, 그 구성에 관하여 그 밖의 필요한 사항은 대통령령으로 정한다($^{\S 33}_{①}$).

화해가 성립된 때에는 당해 토지수용위원회는 화해조서를 작성하여 화해에 참여한 위원·사업시행자·토지소유자 및 관계인이 이에 서명 또는 날인을 하도록 하여야 한다($^{\S 33}_{②}$). 이에 따라 화해조서에 서명 또는 날인이 된 경우에는 당사자간에 화해조서와 동일한 내용의 합의가 성립된 것으로 본다($^{\S 33}_{③}$).

4.4.4. 재결기간

토지수용위원회는 제32조에 따른 심리를 개시한 날부터 14일 이내에 재결을 하여야 한다. 다만, 특별한 사유가 있는 때에는 1차에 한하여 14일의 범위에서 이를 연장할 수 있다($^{\S 35}$).

4.4.5. 재결의 내용과 범위

토지수용위원회의 재결사항은 다음과 같다($^{\S 50}_{①}$).

1. 수용 또는 사용할 토지의 구역 및 사용방법
2. 손실의 보상
3. 수용 또는 사용의 개시일과 기간
4. 그 밖에 이 법 및 다른 법률에서 규정한 사항

토지수용위원회는 사업시행자·토지소유자 또는 관계인이 신청한 범위 안에서 재결하여야 한다($\S^{50}_{전단}{}^{②}$). 다만, 제1항 제2호의 손실의 보상의 경우에는 증액재결을 할 수 있다($\S^{50}_{후단}{}^{②}$).

4.4.6. 재결의 형식과 송달

토지수용위원회의 재결은 서면으로 한다($\S^{34}_{①}$). 재결서에는 주문 및 그 이유와 재결의 일자를 기재하고, 위원장 및 회의에 참석한 위원이 이에 기명날인한 후 그 정본을 사업시행자·토지소유자 및 관계인에게 송달하여야 한다($\S^{34}_{②}$).

4.4.7. 재결의 경정

재결에 계산상 또는 기재상의 잘못 그 밖에 이와 유사한 잘못이 있는 것이 명백한 때에는 토지수용위원회는 직권 또는 당사자의 신청에 의하여 경정재결을 할 수 있다($\S^{36}_{①}$).

경정재결은 원재결서의 원본과 정본에 부기하여야 하며, 정본에 부기할 수 없는 때에는 경정재결의 정본을 작성하여 당사자에게 송달하여야 한다($\S^{36}_{②}$).

4.4.8. 재결의 유탈

토지수용위원회가 신청의 일부에 대한 재결을 빠뜨린 때에는 그 빠뜨린 부분의 신청은 계속하여 당해 토지수용위원회에 계속된다($\S^{37}$).

4.4.9. 재결의 실효

사업시행자가 수용 또는 사용의 개시일까지 관할 토지수용위원회가 재결한 보상금을 지급 또는 공탁하지 아니한 때에는 당해 토지수용위원회의 재결은 그 효력을 상실한다($\S^{42}_{①}$).

사업시행자는 재결의 효력이 상실됨으로 인하여 토지소유자 또는 관계인이 입은 손실을 보상하여야 하며($\S^{42}_{②}$), 그 경우 손실보상에 관해서는 법 제9조 제5항부터 제7항까지의 규정을 준용한다($\S^{42}_{③}$).

▓ 재결의 실효와 사업시행자의 지연가산금 지급의무

"사업시행자가 수용의 개시일까지 재결보상금을 지급 또는 공탁하지 아니한 때에는 그 재결은 효력을 상실하고($^{토지보상법}_{제42조 제1항}$), 사업시행자의 재결신청도 효력을 상실하므로($^{대법원 1987.3.10. 선고}_{84누158 판결 참조}$), 사업시행자는 다시 재결을 신청하여야 한다. 그 신청은 재결실효 전에 토지소유자 등이 이미 재결신청 청구를 한 바가 있을 때에는 재결실효일로부터 60일 내에 하여야 하고, **그 기간을 넘겨서 재결신청을 하면 그 지연된 기간에 대하여도 지연가산금을 지급하여야 한다**(대법원 2015.2.26. 선고, 2012두11287 판결).

그리고 위와 같이 재결이 실효된 경우에는 원칙적으로 다시 보상협의절차를 거칠 필요는 없다(위 2012두11287 판결). 다만, 토지보상법은 **재결이 실효됨으로 인하여 토지소유자 등이 입은 손실을 보상하는 규정**(토지보상법 제42조 제2항, 제3항)을 지연가산금 규정과 별도로 두고 있는 점에 비추어 볼 때, 지연가산금은 **사업시행자가 정해진 기간 내에 재결신청을 하지 아니하고 지연한 데 대한 제재 및 토지소유자 등의 손해를 보전하는 성격을 아울러 가지는 것이라고 보아야 한다. 따라서 사업시행자가 재결실효 후 60일 내에 재결신청을 하지 아니하였지만, 재결신청을 지연하였다고 볼 수 없는 특별한 사정이 있는 경우에는 그 해당 기간 동안은 지연가산금이 발생하지 않는다고 보아야 한다. 재결실효 후 토지소유자 등과 사업시행자 사이에 보상협의절차를 다시 하기로 합의한 데 따라 그 협의가 진행된 기간은 그와 같은 경우에 속한다고 봄이 타당하다.**"[30]

4.5. 재결의 효과

재결로 수용당사자, 즉 수용권자(사업시행자)와 피수용자 간에 권리의무가 발생하게 된다.

4.5.1. 사업시행자의 권리취득

사업시행자는 수용의 개시일에 토지나 물건의 소유권을 취득하며, 그 토지나 물건에 관한 다른 권리는 이와 동시에 소멸한다(§45①). 권리의 취득·소멸(수용)의 효력은 재결에 의하여 즉시 발생하는 것이 아니라 재결에서 정한 시기, 즉 수용개시일에 발생한다. 사업시행자가 보상금을 지급하거나 공탁하면 비록 피수용자가 목적물을 인도·이전하지 않아도 수용개시일에 권리의 취득과 소멸의 효과가 발생한다. 사업시행자의 권리취득은 승계취득이 아니라 원시취득이다.

토지수용위원회 재결로 인정된 권리는 소멸되거나 그 행사가 정지되지 아니한다(§45③).

4.5.2. 토지·물건의 인도·이전의무

토지소유자 및 관계인 그 밖에 토지소유자나 관계인에 포함되지 않는 자로서 수용 또는 사용할 토지나 그 토지에 있는 물건에 관하여 권리를 가진 자는 수용 또는 사용의 개시일까지 당해 토지나 물건을 사업시행자에게 인도하거나 이전하여야 한다(§43).

토지나 물건을 인도 또는 이전하여야 할 자가 고의나 과실없이 그 의무를 이행할 수 없거나, 사업시행자가 과실없이 토지나 물건을 인도 또는 이전하여야 할 의무가 있는 자를 알 수 없는 때에는 특별자치도지사, 시장·군수 또는 구청장은 사업시행자의 청구에 의하여 토지나 물건의 인도 또는 이전을 대행하여야 한다(§44①). 그로 인한 비용은 그 의무자의 부담으

---

30) 대법원 2017.4.7. 선고 2017두30825 판결(수용보상금증액등(다) 파기환송).

로 한다($\frac{\S\ 44}{②}$).

토지・물건의 인도・이전의무의 불이행에 대하여 대집행이 가능한지 여부에 관해서는 논란이 있다. 토지・물건의 인도・이전의무는 대체적 작위의무가 아니므로 토지보상법 제89조에도 불구하고 대집행은 불가능하다는 견해, 인도 대상인 토지・물건을 신체로써 점유하는가 존치물건만으로 점유하는가를 기준으로 후자의 경우에 한하여 대집행을 할 수 있다는 견해, 그리고 대집행이 가능하다는 견해 등이 대립한다. 판례는 부정적이다.

"[1] 피수용자 등이 기업자에 대하여 부담하는 수용대상 토지의 인도의무에 관한 구 토지수용법($\substack{2002.2.4.\ 법\\률\ 제6656호}$ $\substack{공익사업을\ 위한\ 토지\ 등의\ 취득\ 및\\보상에\ 관한\ 법률\ 부칙\ 제2조로\ 폐지}$) 제63조, 제64조, 제77조 규정에서의 '인도'에는 명도도 포함되는 것으로 보아야 하고, 이러한 명도의무는 그것을 강제적으로 실현하면서 직접적인 실력행사가 필요한 것이지 대체적 작위의무라고 볼 수 없으므로 특별한 사정이 없는 한 행정대집행법에 의한 대집행의 대상이 될 수 있는 것이 아니다.

[2] 구 토지수용법($\substack{2002.2.4.\ 법률\ 제6656호\ 공익사업을\ 위한\ 토지\\등의\ 취득\ 및\ 보상에\ 관한\ 법률\ 부칙\ 제2조로\ 폐지}$) 제63조의 규정에 따라 피수용자 등이 기업자에 대하여 부담하는 수용대상 토지의 인도 또는 그 지장물의 명도의무 등이 비록 공법상의 법률관계라고 하더라도, 그 권리를 피보전권리로 하는 명도단행가처분은 그 권리에 끼칠 현저한 손해를 피하거나 급박한 위험을 방지하기 위하여 또는 그 밖의 필요한 이유가 있을 경우에는 허용될 수 있다."[31]

4.5.3. 피수용자의 손실보상청구권과 사업시행자의 보상금지급의무

재결에 따라 피수용자의 손실보상청구권과 사업시행자의 보상금지급의무가 각각 성립한다. 손실보상청구권의 기준과 내용 등에 관해서는 후술한다.

(1) 보상금의 지급 또는 공탁

사업시행자는 제38조 또는 제39조에 따른 사용의 경우를 제외하고는 수용 또는 사용의 개시일($\substack{토지수용위원회가\ 재결로서\ 결정한\ 수용\ 또\\는\ 사용을\ 개시하는\ 날을\ 말한다.\ 이하\ 같다}$)까지 관할 토지수용위원회가 재결한 보상금을 지급하여야 한다($\frac{\S\ 40}{①}$).

사업시행자는 다음 어느 하나에 해당하는 때에는 수용 또는 사용의 개시일까지 수용 또는 사용하고자 하는 토지등의 소재지의 공탁소에 보상금을 공탁할 수 있다($\frac{\S\ 40}{②}$).

1. 보상금을 받을 자가 그 수령을 거부하거나 보상금을 수령할 수 없는 때
2. 사업시행자의 과실없이 보상금을 받을 자를 알 수 없는 때
3. 관할 토지수용위원회가 재결한 보상금에 대하여 사업시행자의 불복이 있는 때
4. 압류 또는 가압류에 의하여 보상금의 지급이 금지된 때

---

31) 대법원 2005.8.19. 선고 2004다2809 판결.

사업인정고시가 있은 후 권리의 변동이 있는 때에는 그 권리를 승계한 자가 보상금 또는 공탁금을 수령한다($\S\substack{40\\③}$).

사업시행자는 제2항 제3호의 경우 보상금을 받을 자에게 자기가 산정한 보상금을 지급하고 그 금액과 토지수용위원회가 재결한 보상금과의 차액을 공탁하여야 하며, 이 경우 보상금을 받을 자는 그 불복의 절차가 종결될 때까지 공탁된 보상금을 수령할 수 없다($\S\substack{40\\④}$).

(2) 시급을 요하는 토지의 사용에 대한 보상

법 제39조에 따라 토지를 사용하는 경우 토지수용위원회의 재결이 있기 전에 토지소유자 또는 관계인의 청구가 있는 때에는 사업시행자는 자기가 산정한 보상금을 토지소유자 또는 관계인에게 지급하여야 한다($\S\substack{41\\①}$).

토지소유자 또는 관계인은 사업시행자가 토지수용위원회의 재결에 의한 보상금의 지급시기까지 이를 지급하지 아니하는 때에는 제39조에 따라 제공된 담보의 전부 또는 일부를 취득한다($\S\substack{41\\②}$).

4.5.4. 위험부담의 이전

재결이 있은 후 수용 또는 사용할 토지나 물건이 토지소유자 또는 관계인의 고의나 과실 없이 멸실 또는 훼손된 경우 그로 인한 손실은 사업시행자의 부담으로 한다($\S$ 46).

4.5.5. 담보물권자의 물상대위

담보물권의 목적물이 수용 또는 사용된 경우 당해 담보물권은 그 목적물의 수용 또는 사용으로 인하여 채무자가 받을 보상금에 대하여 행사할 수 있다. 다만, 그 지급 전에 이를 압류하여야 한다($\S$ 47).

4.5.6. 환매권

피수용자, 즉 수용당시 토지소유자나 그 포괄승계인은 환매권을 가진다.

4.6. 대집행과 강제징수

4.6.1. 대집행

이 법 또는 이 법에 의한 처분으로 인한 의무를 이행하여야 할 자가 그 정하여진 기간 이내에 의무를 이행하지 아니하거나 완료하기 어려운 경우 또는 그로 하여금 그 의무를 이행하게 하는 것이 현저히 공익을 해한다고 인정되는 사유가 있는 경우에는 사업시행자는 시·도지사나 시장·군수 또는 구청장에게 행정대집행법이 정하는 바에 따라 대집행을 신청할 수 있다. 이 경우 신청을 받은 시·도지사나 시장·군수 또는 구청장은 정당한 사유가 없는 한 이에 응하여야 한다($^{§89}_{①}$). 사업시행자가 국가 또는 지방자치단체인 경우에는 행정대집행법이 정하는 바에 따라 직접 대집행을 할 수 있다($^{§89}_{②}$).

사업시행자가 대집행을 신청하거나 직접 대집행을 하고자 하는 경우에는 국가 또는 지방자치단체는 의무를 이행하여야 할 자의 보호를 위하여 노력하여야 한다($^{§89}_{③}$). 이 조항은 용산 참사 등을 겪은 후 2010년 4월 5일 신설된 것이다.

4.6.2. 강제징수

특별자치도지사, 시장·군수 또는 구청장은 제44조 제2항에 따른 의무자가 그 비용을 납부하지 아니하는 때에는 지방세체납처분의 예에 따라 이를 징수할 수 있다(^{§90}).

4.7. 재결에 대한 불복

재결은 행정행위로서 처분성을 가진다. 토지수용위원회의 재결에 대한 불복방법으로는 이의신청과 행정소송이 있다.

이의의 신청이나 행정소송의 제기는 사업의 진행 및 토지의 수용 또는 사용을 정지시키지 아니한다(^{§88}).

⋮ 수용재결 후 협의취득 허용여부 및 협의취득 완료 후 수용재결 무효확인을 구할 소의 이익
"1. 토지보상법은 사업시행자로 하여금 우선 협의취득 절차를 거치도록 하고, 그 협의가 성립되지 않거나 협의를 할 수 없을 때에 수용재결취득 절차를 밟도록 예정하고 있기는 하지만, 토지수용위원회의 수용재결이 있은 후라고 하더라도 토지소유자 등과 사업시행자가 다시 협의하여 토지 등의 취득이나 사용 및 그에 대한 보상에 관하여 임의로 계약을 체결할 수 있다.
2. 원고와 사업시행자가 수용재결과는 별도로 토지소유권 이전과 그 대가인 보상금 액수를 합의하는 계약을 새로 체결하였다고 볼 여지가 충분하고, 만약 이 별도의 협의취득 절차에 따라 해당 토지에 관하여 참가인 앞으로 소유권이전등기가 마쳐진 것이라면 설령 원고가 수용재결의 무효확인 판결을 받더라도 원고로서는 해당 토지소유권을 회복시키는 것이 불가능하고, 나아가 그 무효확인으로써 회복할 수 있는 다른 권리나 이익이 남아 있다고도 볼 수 없다."[32]

4.7.1. 이의신청

(1) 의 의

이의신청이란 토지수용위원회의 위법·부당한 재결에 불복하여 복심적 재결기관인 중앙토지수용위원회에 그 처분이나 변경을 청구하는 것을 말한다. 이것은 특별행정심판의 일종

---

32) 대법원 2017.4.13. 선고 2016두64241 판결(수용재결 무효확인(차) 파기환송).

이다.

(2) 절 차

① 이의신청

중앙토지수용위원회의 재결에 대하여 이의가 있는 자는 중앙토지수용위원회에 이의를 신청할 수 있다($\S\frac{83}{①}$). 지방토지수용위원회의 재결에 대하여 이의가 있는 자는 당해 지방토지수용위원회를 거쳐 중앙토지수용위원회에 이의를 신청할 수 있다($\S\frac{83}{②}$).

이의신청은 재결서의 정본을 받은 날부터 30일 이내에 하여야 한다($\S\frac{83}{③}$).

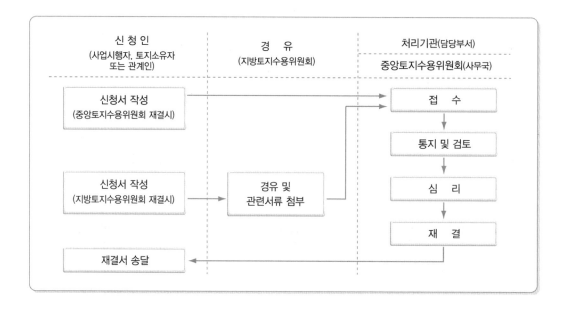

② 이의신청에 대한 재결

중앙토지수용위원회는 제83조에 따른 이의신청이 있는 경우 그 재결이 위법 또는 부당하다고 인정되는 때에는 그 재결의 전부 또는 일부를 취소하거나 보상액을 변경할 수 있다($\S\frac{84}{①}$). 보상금이 증액된 경우 사업시행자는 재결의 취소 또는 변경의 재결서 정본을 받은 날부터 30일 이내에 보상금을 받을 자에게 그 증액된 보상금을 지급하여야 하며($\S\frac{84}{본문}②$), 다만, 법 제40조 제2항 제1호·제2호 또는 제4호에 해당하는 때에는 이를 공탁할 수 있다($\S\frac{84}{단서}②$).

③ 이의신청에 대한 재결의 효력

제85조 제1항에 따른 기간 이내에 소송이 제기되지 아니하거나 그 밖의 사유로 이의신청에 대한 재결이 확정된 때에는 민사소송법상의 확정판결이 있은 것으로 보며, 재결서 정본은 집행력있는 판결의 정본과 동일한 효력을 가진다($\S\frac{86}{①}$).

사업시행자·토지소유자 또는 관계인은 이의신청에 대한 재결이 확정된 때에는 관할 토지수용위원회에 대통령령이 정하는 바에 따라 재결확정증명서의 교부를 청구할 수 있다($^{§\,86}_{②}$).

4.7.2. 행정소송

재결에 대한 불복수단으로서 행정소송은 크게 수용재결 자체에 대한 소송과 보상금의 증감을 청구하는 소송으로 나뉜다.

(1) 재결의 무효등 확인소송

토지수용위원회의 재결에 불복하여 재결의 효력 유무, 존재 여부를 다투는 경우 중앙토지수용위원회의 재결을 거칠 필요 없이 재결의 무효등확인소송을 제기할 수 있다. 재결 무효등확인소송은 그 확인을 구할 법률상 이익이 있는 자가 제기할 수 있다.

(2) 재결 취소소송

사업시행자 및 토지 수용자 내지 관계인은 토지수용위원회의 재결에 불복이 있는 경우에는 재결서를 받은 날부터 60일 이내에, 이의신청을 거친 때에는 이의신청에 대한 재결서를 받은 날부터 30일 이내에 각각 취소소송을 제기할 수 있다($^{§\,85\,①}_{전단}$).

이 경우 사업시행자는 행정소송을 제기하기 전에 제84조에 따라 증액된 보상금을 공탁하여야 하며, 보상금을 받을 자는 공탁된 보상금을 소송종결시까지 수령할 수 없다($^{§\,85\,①}_{후단}$).

한편 법은 제87조에서 사업시행자가 제기한 행정소송이 각하·기각 또는 취하된 경우 다음 각 호의 하나에 해당하는 날부터 판결일 또는 취하일까지의 기간에 대하여 소송촉진 등에 관한 특례법 제3조에 따른 법정이율을 적용하여 산정한 금액을 보상금에 가산하여 지급하도록 하였다($^{§\,87}$).

1. 재결이 있은 후 소송을 제기한 때에는 재결서 정본을 받은 날
2. 이의신청에 대한 재결이 있은 후 소송을 제기한 때에는 그 재결서 정본을 받은 날

이는 사업시행자가 혹 행정소송을 제기하여 보상을 지연시킬 수 있기 때문에 그런 사태가 생기는 것을 방지하려는 취지에서 나온 방안으로 이해된다.

(3) 보상금증감에 관한 소송

취소소송과 마찬가지로 사업시행자 및 토지 소유자 내지 관계인은 토지수용위원회의 재결에 불복이 있는 경우에는 재결서를 받은 날로부터 60일 이내에, 이의 신청을 거친 때에는 이의신청에 대한 재결서를 받은 날로부터 30일 이내에 각 각 행정소송을 제기할 수 있다.

제기하고자 하는 행정소송이 보상금의 증감에 관한 소송인 경우 당해 소송을 제기하는 자가 토지소유자 또는 관계인인 때에는 사업시행자를, 사업시행자인 때에는 토지소유자 또는

관계인을 각각 피고로 하여($\S 85 \atop ②$), 재결서를 받은 날부터 60일 이내에, 이의신청을 거친 때에는 이의신청에 대한 재결서를 받은 날부터 30일 이내에 각각 행정소송을 제기할 수 있다.

보상금 증감청구소송은 일종의 형식적 당사자소송인데, 별도로 이러한 소송유형을 인정한 것은 정작 수용당사자간의 다툼의 핵심이 보상금의 다과에 있는 경우 분쟁을 실질적으로 해결할 수 있는 소송상 수단을 제공함으로써, 자칫 재결취소소송과 재재결, 불복소송 등 토지수용에 관한 재결과 행정소송이 끊임없이 반복되는 사태를 미연에 방지하려는 데 있다.

보상금 증감청구소송의 법적 성질에 대해서는 형성소송설과 확인·급부소송설로 나뉜다. 전자는 재결의 처분성, 공정력 등을 근거로 소송의 실질이 재결에서 정한 보상액의 취소·변경을 구하는 것으로서 법원이 재결을 취소하여 정당보상액을 확정함으로써 비로소 구체적인 손실보상청구권이 형성된다고 보는 반면, 후자는 보상금증감 청구소송을 법령상 객관적으로 이미 발생하여 확정되어 있는 보상금지급의무의 이행 또는 확인을 구하는 소라고 본다. 종래에는 구 토지수용법 제75조의2에서 재결청도 피고로 하도록 규정하고 있었기 때문에 형성소송설 또는 그것을 토대로 한 절충설이 유력했지만, 현행법 제85조 제2항에서는 재결청을 피고에서 제외하고 있기 때문에 후자의 견해가 더 유력하게 되었다고 한다.[33]

⑷ 소의 변경

토지수용위원회의 재결에 불복하여 소를 제기하여 보상금 증감이 아닌 사유로 수용재결의 취소를 구하다가 그 소송을 사업시행자를 상대로 보상금 증액을 구하는 소송으로 변경할 수 있다. 이는 소의 종류의 변경이다.

5. 화 해

5.1. 의 의

화해는 재결이나 행정소송 판결까지 가지 아니 하고 당사자간 서로 양보하거나 협상, 조정 등을 통해 합의에 도달함으로써 분쟁을 종결시키는 것을 말한다.

5.2. 절 차

토지수용위원회는 그 재결이 있기 전에는 그 위원 3인으로 구성되는 소위원회로 하여금 사업시행자·토지소유자 및 관계인에게 화해를 권고하도록 할 수 있다. 이 경우 소위원회는 위원장이 지명하거나 위원회에서 선임한 위원으로 구성하되, 그 구성에 관하여 그 밖의 필요한 사항은 대통령령으로 정한다($\S 33 \atop ①$).

---

33) 김철용, 행정법 Ⅱ, 586.

화해가 성립된 때에는 당해 토지수용위원회는 화해조서를 작성하여 화해에 참여한 위원·사업시행자·토지소유자 및 관계인이 이에 서명 또는 날인을 하도록 하여야 한다($\S^{33}_{②}$).

5.3. 효 과

법 제33조 제2항에 따라 화해조서에 서명 또는 날인이 된 경우에는 당사자간에 화해조서와 동일한 내용의 합의가 성립된 것으로 본다($\S^{33}_{③}$). 화해조서가 작성되면 그 내용에 따라 토지보상법상 수용(또는 사용)의 효과가 발생하게 된다.

제1편 제2편 제3편 제4편 제5편 특별행정법

제 3 관 손실보상

I. 손실보상의 원칙

1. 사업시행자 보상의 원칙

손실보상은 사업시행자가 행한다($§\,61$). 여기서 사업시행자란 해당 공익사업을 수행하는 자를 말한다($§\,2\atop iii$). 즉 사업시행자는 공익사업의 수행자로서 공용수용의 원인을 제공하고 또 그 공익사업의 수행을 위하여 해당 재산권을 강제적으로 획득한 자이기 때문에 당연히 손실보상의 의무자가 된다.

여기서 사업시행자에는 국가 또는 지방자치단체 등의 공행정주체뿐 아니라 사기업 등의 사인도 해당된다. 사인도 국가의 공적 과제를 수행하는 한도 내에서 공익사업의 주체가 될 수 있고 그 경우34) 사업시행자로서 손실보상의 의무자가 된다.

2. 사전 보상의 원칙

사업시행자는 당해 공익사업을 위한 공사에 착수하기 이전에 토지소유자 및 관계인에 대하여 보상액의 전액을 지급하여야 한다. 다만, 제38조에 따른 천재·지변시의 토지의 사용과 법 제39조에 따른 시급을 요하는 토지의 사용 또는 토지소유자 및 관계인의 승낙이 있은 때에는 그러하지 아니하다($§\,62$).

⋮⋮ 사전 착공으로 인한 손해배상책임

"구 공익사업을 위한 토지 등의 취득 및 보상에 관한 법률(2011.8.4. 법률 제11017호로 개정되기 전의 것, 이하 '공익사업법'이라 한다) 제40조 제1항, 제62조, 제77조 제2항, 구 공익사업을 위한 토지 등의 취득 및 보상에 관한 법률 시행규칙(2013.4.25. 국토교통부령 제5호로 개정되기 전의 것) 제48조 제1항, 제3항 제5호의 규정들을 종합하여 보면, 공익사업을 위한 공사는 손실보상금을 지급하거나 토지소유자 및 관계인의 승낙을 받지 않고는 미리 착공해서는 아니 되는 것으로, 이는 그 보상권리자가 수용대상에 대하여 가지는 법적 이익과 기존의 생활관계 등을 보호하고자 하는 것이고, 수용대상인 농지의 경작자 등에 대한 2년분의 영농손실보상은 그 농지의 수용으로 인하여 장래에 영농을 계속하지 못하게 되어 생기는 이익 상실 등에 대한 보상을 하기 위한 것이다. 따라서 사업시행자가 토지소유자 및 관계인에게 보상금을 지급하지 아니하고 그 승낙도 받지 아니한 채 미리 공사에 착수하여 영농을 계속할 수 없게 하였다면 이는 공익사업법상 사전보상의 원칙을 위반한 것으로서 위법하다 할 것이므로, 이 경우 사

---

34) 이에 관하여는 정연주, "사인을 위한 공용침해, 현대공법이론의 전개", 석정허영민박사화갑기념논문집 1993, 921 이하를 참조.

업시행자는 2년분의 영농손실보상금을 지급하는 것과 별도로, 공사의 사전 착공으로 인하여 토지소유자나 관계인이 영농을 할 수 없게 된 때부터 수용개시일까지 입은 손해에 대하여 이를 배상할 책임이 있다."[35]

3. 현금보상의 원칙

토지보상법 제63조 제1항은 현금보상을 원칙으로 하고 있다. 현금보상은 현금이 가장 유통이 자유롭고 객관적 가치의 변동이 적기 때문에 보상의 완전성 확보라는 측면에서 가장 정당보상의 이념에 부합되는 방법이다. 재산권자도 관계법령에 특별한 규정이 없는 한 현금보상에 대한 권리만을 가진다고 보아야 할 것이다.[36]

다만, 토지소유자가 원하는 경우로서 사업시행자가 해당 공익사업의 합리적인 토지이용계획과 사업계획 등을 고려하여 토지로 보상이 가능한 경우에는 토지소유자가 받을 보상금 중 본문에 따른 현금 또는 제7항 및 제8항에 따른 채권으로 보상받는 금액을 제외한 부분에 대하여 법 제63조 제1항 각 호에서 정한 기준과 절차에 따라 그 공익사업의 시행으로 조성한 토지로 보상할 수 있다($^{§\,63\,①}_{단서}$).

한편 협의 또는 재결로 취득·사용하는 토지등에 대하여 적정가격으로 보상하도록 한 토지보상법의 규정들($^{§§\,70,}_{71,\ 76}$)로부터 '적정보상의 원칙'을 도출하여 주관적 가치가 배제된 객관적 가치로 평가된 가격으로 보상해야 한다는 의미로 보고 이를 손실보상의 원칙으로 논하기도 한다.[37] 엄밀히 따지면 '적정가격 보상의 원칙'이라고 불러야 하겠지만, 무엇을 적정가격으로 볼 것인지가 불분명하고, 어차피 관계법령에서 평가, 보상기준, 방법 및 절차에 따라 결정해야 할 사항이므로 이를 여기서 설명한 보상원칙들과 동등한 수준에서 별도로 고려하는 것이 적절할지는 의문이다.

4. 개인별 보상의 원칙

손실보상은 토지소유자 또는 관계인에게 개인별로 행하여야 한다. 다만, 개인별로 보상액을 산정할 수 없는 때에는 그러하지 아니하다($^{§\,64}$).

5. 일괄 보상의 원칙

동일한 사업지역 안에 보상시기를 달리하는 동일인 소유의 토지 등이 여러 개 있는 경우에는, 토지소유자 또는 관계인의 요구가 있는 때에는 일괄하여 보상금을 지급하여야 한다($^{§\,65}$).

---

35) 대법원 2013.11.14. 선고 2011다27103 판결.
36) 정연주, "손실보상과 토지재산권의 범위", 공법연구 제37집 제1호(2008.10), 228.
37) 김철용, 행정법 Ⅱ, 590.

6. 사업시행 이익과 상계 금지 원칙

토지보상법은 제66조에서 "사업시행자는 동일한 토지소유자에 속하는 일단의 토지의 일부를 취득 또는 사용하는 경우 당해 공익사업의 시행으로 인하여 잔여지의 가격이 증가하거나 그 밖의 이익이 발생한 때에도 그 이익을 그 취득 또는 사용으로 인한 손실과 상계할 수 없다"라고 규정하여 이익상계 금지의 원칙을 천명하고 있다. 잔여지의 가격 증가분이 미실현 이득인 경우가 있을 수 있고, 그 계량화가 어렵고 등락이 유동적이라는 점, 상계를 인정할 경우 잔여지의 가격증가폭이 손실보상액보다 클 경우 전혀 보상을 안 해준다거나 심지어 토지소유자로부터 차액만큼 환수해야 한다는 모순이 생길 우려를 감안하여, 잔여지의 가격이 증가했더라도 그 이익을 해당 토지의 취득 또는 사용으로 인한 손실과 상계할 수 없게 한 것이다.[38]

그러나 엄밀히 따져 볼 때 정당보상의 원칙은 보상의 범위 확정과 관련하여 이익상계를 요구하는 측면이 있다. 다시 말해 공용수용으로 재산권이 상실되더라도 그 밖에 다른 재산상 이익이 생긴 경우에는 그 이익을 보상의 범위에서 공제해야 형평의 원칙에 맞는 것이다. 특히 토지가격의 등락이 심하고 공익사업으로 막대한 개발이익이 예상되는 상황에서는 초과개발이익의 불로소득 문제가 대두될 수 있다. 그런 배경에서 이익상계 금지가 아니라 이익상계의 원칙을 관계법령에서 명시적 규정 여부를 불문하고 적용해야 한다는 비판이 제기되고 있다.[39]

한편, 토지보상법은 보상액의 산정시 당해 공익사업으로 인하여 토지 등의 가격에 변동이 있는 때에는 이를 고려하지 아니 한다고 규정하고 있다($\S_{②}^{67}$).

Ⅱ. 손실보상의 산정기준과 내용

1. 손실보상의 산정기준

1.1. 보상액의 가격시점 등

보상액의 산정은 협의에 의한 경우에는 협의성립 당시의 가격을, 재결에 의한 경우에는 수용 또는 사용의 재결 당시의 가격을 기준으로 하게 되어 있다($\S_{①}^{67}$). 보상액 산정에 있어 당해 공익사업으로 인하여 토지등의 가격에 변동이 있는 때에는 이를 고려하지 아니한다($\S_{②}^{67}$).

---

38) 정연주, 앞의 글, 238.
39) 정연주, 같은 곳.

1.2. 보상액의 산정

사업시행자는 토지등에 대한 보상액을 산정하려는 경우에는 감정평가업자 2인 이상에게 토지등의 평가를 의뢰하여야 하며($\frac{\S 68}{본문}$①), 다만, 사업시행자가 국토교통부령이 정하는 기준에 따라 직접 보상액을 산정할 수 있는 때에는 예외이다($\frac{\S 68}{단서}$①).

감정평가업자를 선정함에 있어 대통령령이 정하는 바에 따라 토지소유자가 요청하는 경우 사업시행자가 의뢰한 감정평가업자 외에 토지소유자가 추천하는 감정평가업자 1인을 선정할 수 있다($\frac{\S 68}{②}$).

2. 손실보상의 내용

2.1. 취득하는 토지의 보상

협의 또는 재결에 의하여 취득하는 토지에 대하여는 「부동산 가격공시 및 감정평가에 관한 법률」에 의한 공시지가를 기준으로 하여 보상하되, 그 공시기준일부터 가격시점까지의 관계 법령에 의한 당해 토지의 이용계획, 당해 공익사업으로 인한 지가의 영향을 받지 아니하는 지역의 대통령령이 정하는 지가변동률, 생산자물가상승률(한국은행법 제86조에 따라 한국은행이 조사·발표하는 생산자물가지수에 의하여 산정된 비율을 말한다), 그 밖에 당해 토지의 위치·형상·환경·이용상황 등을 참작하여 평가한 적정가격으로 보상하여야 한다($\frac{\S 70}{①}$).

토지에 대한 보상액은 가격시점에서의 현실적인 이용상황과 일반적인 이용방법에 의한 객관적 상황을 고려하여 산정하되, 일시적인 이용상황과 토지소유자 또는 관계인이 갖는 주관적 가치 및 특별한 용도에 사용할 것을 전제로 한 경우 등은 이를 고려하지 아니한다($\frac{\S 70}{②}$).

사업인정전의 협의에 의한 취득에 있어서 제1항에 따른 공시지가는 당해 토지의 가격시점 당시 공시된 공시지가 중 가격시점에 가장 가까운 시점에 공시된 공시지가로 한다($\frac{\S 70}{③}$).

사업인정 후 취득에 있어 위 제1항에 따른 공시지가는 사업인정고시일 전의 시점을 공시기준일로 하는 공시지가로서, 당해 토지에 관한 협의의 성립 또는 재결 당시 공시된 공시지가 중 당해 사업인정고시일에 가장 가까운 시점에 공시된 공시지가로 한다($\frac{\S 70}{④}$).

위 제3항 및 제4항에도 불구하고 공익사업의 계획 또는 시행이 공고 또는 고시됨으로 인하여 취득하여야 할 토지의 가격이 변동되었다고 인정되는 경우에는 제1항에 따른 공시지가는 당해 공고일 또는 고시일 전의 시점을 공시기준일로 하는 공시지가로서 당해 토지의 가격시점 당시 공시된 공시지가 중 당해 공익사업의 공고일 또는 고시일에 가장 가까운 시점에 공시된 공시지가로 한다($\frac{\S 70}{⑤}$).

2.2. 사용하는 토지의 보상

협의 또는 재결에 의하여 사용하는 토지에 대하여는 그 토지와 인근 유사토지의 지료(地料)·임대료·사용방법·사용기간 및 그 토지의 가격 등을 참작하여 평가한 적정가격으로 보상하여야 한다($\S_{①}^{71}$).

사용하는 토지와 그 지하 및 지상의 공간의 사용에 대한 구체적인 보상액 산정 및 평가방법은 투자비용·예상수익 및 거래가격 등을 고려하여 국토교통부령으로 정한다($\S_{②}^{71}$).

한편, 사업인정고시가 있은 후 다음 어느 하나의 경우에는 당해 토지소유자는 사업시행자에게 그 토지의 매수를 청구하거나 관할 토지수용위원회에 그 토지의 수용을 청구할 수 있고($\S^{72}$), 그 경우 관계인은 사업시행자 또는 관할 토지수용위원회에 그 권리의 존속을 청구할 수 있다($\S^{72}$).

1. 토지를 사용하는 기간이 3년 이상인 때
2. 토지의 사용으로 인하여 토지의 형질이 변경되는 때
3. 사용하고자 하는 토지에 그 토지소유자의 건축물이 있는 때

2.3. 잔여지 등의 보상

2.3.1. 잔여지의 손실과 공사비 보상

사업시행자는 동일한 토지소유자에 속하는 일단의 토지의 일부가 취득 또는 사용됨으로 인하여 잔여지의 가격이 감소하거나 그 밖의 손실이 있는 때 또는 잔여지에 통로·도랑·담장 등의 신설 그 밖의 공사가 필요한 때에는 국토교통부령이 정하는 바에 따라 그 손실이나 공사의 비용을 보상하여야 한다($\S_{본문}^{73 ①}$). 이러한 손실 또는 비용의 보상은 해당 사업의 공사완료일부터 1년이 지난 후에는 청구할 수 없다($\S_{②}^{73}$).

잔여지의 가격 감소분과 잔여지에 대한 공사의 비용을 합한 금액이 잔여지의 가격보다 큰 경우에는 사업시행자는 그 잔여지를 매수할 수 있다($\S_{단서}^{73 ①}$). 사업시행자가 이러한 이유에서 사업인정고시가 있은 후 잔여지를 매수하는 경우 그 잔여지에 대하여는 제20조에 따른 사업인정 및 제22조에 따른 사업인정 고시가 있는 것으로 본다($\S_{③}^{73}$).

2.3.2. 잔여지 등의 매수 및 수용청구

동일한 토지소유자에 속하는 일단의 토지의 일부가 협의에 의하여 매수되거나 수용됨으로 인하여 잔여지를 종래의 목적에 사용하는 것이 현저히 곤란한 때에는 당해 토지소유자는 사업시행자에게 잔여지를 매수하여 줄 것을 청구할 수 있으며, 사업인정 이후에는 관할 토지

수용위원회에 수용을 청구할 수 있다($^{§74}_{전단}$①). 이 경우 수용의 청구는 매수에 관한 협의가 성립되지 아니한 경우에 한하되, 그 사업의 공사완료일까지 하여야 한다($^{§74}_{후단}$①).

이와 같은 매수 또는 수용의 청구가 있는 잔여지 및 잔여지에 있는 물건에 관하여 권리를 가진 자는 사업시행자 또는 관할 토지수용위원회에 그 권리의 존속을 청구할 수 있다($^{§74}_{②}$).

2.4. 건축물 등 물건에 대한 보상

건축물·입목·공작물 기타 토지에 정착한 물건($^{이하 "건축물}_{등"이라 한다}$)에 대하여는 이전에 필요한 비용($^{이하 "이전}_{비"라 한다}$)으로 보상하여야 한다($^{§75}_{본문}$①). 이전수용에 대해서는 이미 확장수용의 한 내용으로서 설명한 바 있다. 그러나 이전비 보상에는 예외가 있다. 즉, 다음 하나에 해당하는 경우에는 당해 물건의 가격으로 보상하여야 한다($^{§75}_{단서}$①).

1. 건축물등의 이전이 어렵거나 그 이전으로 인하여 건축물등을 종래의 목적대로 사용할 수 없게 된 경우
2. 건축물등의 이전비가 그 물건의 가격을 넘는 경우
3. 사업시행자가 공익사업에 직접 사용할 목적으로 취득하는 경우

농작물에 대한 손실은 그 종류와 성장의 정도 등을 종합적으로 참작하여 보상하여야 하며($^{§75}_{②}$), 토지에 속한 흙·돌·모래 또는 자갈($^{흙·돌·모래 또는 자갈이 당해 토지와 별도로}_{취득 또는 사용의 대상이 되는 경우에 한한다}$)에 대하여는 거래가격 등을 참작하여 평가한 적정가격으로 보상하여야 한다($^{§75}_{③}$).

분묘에 대하여는 이장에 소요되는 비용등을 산정하여 보상하여야 한다($^{§75}_{④}$).

사업시행자는 사업예정지 안에 있는 건축물등이 제1항 제1호 또는 제2호에 해당하는 경우에는 관할 토지수용위원회에 그 물건의 수용의 재결을 신청할 수 있다($^{§75}_{⑤}$).

2.5. 잔여 건축물의 손실에 대한 보상

사업시행자는 동일한 건축물소유자에 속하는 일단의 건축물의 일부가 취득 또는 사용됨으로 인하여 잔여 건축물의 가격이 감소되거나 그 밖의 손실이 있는 때에는 국토교통부령으로 정하는 바에 따라 그 손실을 보상하여야 한다($^{§75의2}_{①}$본문). 다만, 잔여 건축물의 가격 감소분과 보수비(건축물의 잔여부분을 종래의 목적대로 사용할 수 있도록 그 유용성을 동일하게 유지하는 데 통상 필요하다고 볼 수 있는 공사에 사용되는 비용을 말한다($^{§75의2}_{단서 1}$①). 다만, 건축법 등 관계 법령에 의하여 요구되는 시설의 개선에 필요한 비용은 포함하지 아니한다)를 합한 금액이 잔여 건축물의 가격보다 큰 경우에는 사업시행자는 그 잔여 건축물을 매수할 수 있다($^{§75의2}_{단서 2}$①).

　동일한 건축물소유자에 속하는 일단의 건축물의 일부가 협의에 의하여 매수되거나 수용됨으로 인하여 잔여 건축물을 종래의 목적에 사용하는 것이 현저히 곤란한 때에는 그 건축물소유자는 사업시행자에게 잔여 건축물을 매수하여 줄 것을 청구할 수 있으며, 사업인정 이후에는 관할 토지수용위원회에 수용을 청구할 수 있다($\S\substack{75의2 \\ ② 전단}$). 이 경우 수용의 청구는 매수에 관한 협의가 성립되지 아니한 경우에 한하되, 그 사업의 공사완료일까지 하여야 한다($\S\substack{75의2 \\ ② 후단}$).

2.6. 권리의 보상

　광업권·어업권 및 물($\substack{용수시설을 \\ 포함한다}$) 등의 사용에 관한 권리에 대하여는 투자비용·예상수익 및 거래가격 등을 참작하여 평가한 적정가격으로 보상하여야 한다($\S\substack{76 \\ ①}$).

2.7. 영업의 손실 등에 대한 보상

　영업을 폐지하거나 휴업함에 따른 영업손실에 대하여는 영업이익과 시설의 이전비용 등을 참작하여 보상하여야 한다($\S\substack{77 \\ ①}$).

　농업의 손실에 대하여는 농지의 단위면적당 소득등을 참작하여 실제 경작자에게 보상하여야 한다($\S\substack{77 ② \\ 본문}$). 다만, 농지소유자가 당해 지역에 거주하는 농민인 경우에는 농지소유자와 실제 경작자가 협의하는 바에 따라 보상할 수 있다($\S\substack{77 ② \\ 단서}$).

　휴직 또는 실직하는 근로자의 임금손실에 대하여는 근로기준법에 의한 평균임금등을 참작하여 보상하여야 한다($\S\substack{77 \\ ③}$).

2.8. 이주대책의 수립 등

　사업시행자는 공익사업의 시행으로 인하여 주거용 건축물을 제공함에 따라 생활의 근거를 상실하게 되는 자($\substack{이하 "이주대책 \\ 대상자"라 한다}$)를 위하여 대통령령이 정하는 바에 따라 이주대책을 수립·실시하거나 이주정착금을 지급하여야 한다($\S\substack{78 \\ ①}$).

　사업시행자가 이주대책을 수립하고자 하는 때에는 미리 관할 지방자치단체의 장과 협의하여야 하며($\S\substack{78 \\ ②}$), 국가나 지방자치단체는 이주대책의 실시에 따른 주택지의 조성 및 주택의 건설에 대하여는 주택법에 의한 국민주택기금을 우선적으로 지원하여야 한다($\S\substack{78 \\ ③}$).

　이주대책의 내용에는 이주정착지($\substack{이주대책의 실시로 건설하 \\ 는 주택단지를 포함한다}$)에 대한 도로·급수시설·배수시설 그 밖의 공공시설 등 통상적인 수준의 생활기본시설이 포함되어야 하며, 이에 필요한 비용은 사업시행자의 부담으로 한다($\S\substack{78 ④ \\ 본문}$). 다만, 행정청이 아닌 사업시행자가 이주대책을 수립·실시하는 경우에 지방자치단체는 비용의 일부를 보조할 수 있다($\S\substack{78 ④ \\ 단서}$).

주거용 건물의 거주자에 대하여는 주거이전에 필요한 비용과 가재도구등 동산의 운반에 필요한 비용을 산정하여 보상하여야 한다($^{§\,78}_{⑤}$). 위 제5항 및 제6항에 따른 보상에 대하여는 국토교통부령이 정하는 기준에 의한다($^{§\,78}_{⑨}$).

공익사업의 시행으로 인하여 영위하던 농·어업을 계속할 수 없게 되어 다른 지역으로 이주하는 농·어민이 지급받을 보상금이 없거나 그 총액이 국토교통부령이 정하는 금액에 미달하는 경우에는 그 금액 또는 그 차액을 보상하여야 한다($^{§\,78}_{⑥}$).

사업시행자는 해당 공익사업이 시행되는 지역에 거주하고 있는 국민기초생활 보장법 제2 조 제1호·제11호에 따른 수급권자 및 차상위계층이 취업을 희망하는 경우에는 그 공익사업 과 관련된 업무에 우선하여 고용할 수 있으며, 이들의 취업알선에 노력하여야 한다($^{§\,78}_{⑦}$).

2.9. 공장에 대한 이주대책의 수립 등

사업시행자는 대통령령으로 정하는 공익사업의 시행으로 인하여 공장부지가 협의 양도되 거나 수용됨에 따라 더 이상 해당 지역에서 공장($^{산업집적활성화\ 및\ 공장설립에\ 관한\ 법}_{률\ 제2조\ 제1호에\ 따른\ 공장을\ 말한다}$)을 가동할 수 없게 된 자가 희망하는 경우 산업입지 및 개발에 관한 법률에 따라 지정·개발된 인근 산업단지 에의 입주 등 대통령령으로 정하는 이주대책에 관한 계획을 수립하여야 한다($^{§\,78}_{의2}$).

2.10. 기타 토지에 대한 비용보상 등

사업시행자는 공익사업의 시행으로 인하여 취득 또는 사용하는 토지($^{잔여지를}_{포함한다}$)외의 토지에 통로·도랑·담장 등의 신설 그 밖의 공사가 필요한 때에는 그 비용의 전부 또는 일부를 보 상하여야 한다($^{§\,79①}_{본문}$). 다만, 해당 토지에 대한 공사의 비용이 그 토지의 가격보다 큰 경우에 는 사업시행자는 그 토지를 매수할 수 있다($^{§\,79①}_{단서}$).

공익사업이 시행되는 지역 밖에 있는 토지등이 공익사업의 시행으로 인하여 본래의 기능 을 다할 수 없게 되는 경우에는 국토교통부령으로 정하는 바에 따라 그 손실을 보상하여야 한다($^{§\,79}_{②}$). 사업시행자는 이와 같은 보상이 필요하다고 인정하는 경우에는 제15조에 따라 보 상계획을 공고하는 때에 보상을 청구할 수 있다는 내용을 포함하여 공고하거나 대통령령으 로 정하는 바에 따라 제2항에 따른 보상에 관한 계획을 공고하여야 한다($^{§\,79}_{③}$).

그 밖에 공익사업의 시행으로 인하여 발생하는 손실의 보상등에 대하여는 국토교통부령 이 정하는 기준에 의한다($^{§\,79}_{④}$).

제4관 환매권

Ⅰ. 의   의

1. 개   념

환매권이란 공익사업을 위해 토지를 취득한 후 취득의 목적물인 토지 등이 그 공익사업의 폐지나 변경 그 밖의 사유로 인하여 불필요하게 되거나 오랫동안 그 사업에 현실적으로 이용되지 않았을 때 취득일 당시의 토지소유자 또는 그 포괄승계인이 원칙적으로 보상금에 상당하는 금액을 지급하고 그 소유권을 다시 취득할 수 있는 권리를 말한다.

2. 환매권의 근거와 성질

2.1. 근   거

2.1.1. 이론적 근거

환매권의 이론적 근거를 둘러싸고 견해가 대립한다. 다음에 보는 대법원 판례에 따르면, (구 공공용지의 취득 및 손실보상에 관한 특례법이) 환매권을 인정하는 입법 취지는 토지 등을 더 이상 당해 공공사업에 이용할 필요가 없게 된 때에는 원소유자의 의사에 따라 그 토지 등의 소유권을 회복시켜 주는 것이 원소유자의 감정을 충족시키고 동시에 공평의 원칙에 부합한다는 데에 있는 것이라고 한다.

"공공용지의취득및손실보상에관한특례법이 환매권을 인정하고 있는 입법 취지는 토지 등의 원소유자가 사업시행자로부터 토지 등의 대가로 정당한 손실보상을 받았다고 하더라도 원래 자신의 자발적인 의사에 따라서 그 토지 등의 소유권을 상실하는 것이 아니어서 그 토지 등을 더 이상 당해 공공사업에 이용할 필요가 없게 된 때에는 원소유자의 의사에 따라 그 토지 등의 소유권을 회복시켜 주는 것이 원소유자의 감정을 충족시키고 동시에 공평의 원칙에 부합한다는 데에 있는 것이며(대법원 1995.2.10. 선고 94다31310 판결 참조), 이러한 입법 취지에 비추어 볼 때 특례법상의 환매권은 제3자에게 양도할 수 없고, 따라서 환매권의 양수인은 사업시행자로부터 직접 환매의 목적물을 환매할 수 없으며, 다만 환매권자가 사업시행자로부터 환매한 토지를 양도받을 수 있을 뿐이라고 할 것이다."[40]

그러나 이에 대해서는 환매권은 헌법상 재산권 보장, 특히 재산권의 존속보호에서 직접

---

40) 대법원 2001.5.29. 선고 2001다11567 판결.

도출되는 권리라는 반론이 제기된다.

헌법재판소 역시 동일한 입장을 표명한 바 있다. 즉, 일단 공용수용의 요건을 갖추어 수용절차가 종료되었다고 하더라도 그 후에 수용의 목적인 공공사업이 수행되지 아니하거나 또는 수용된 재산이 당해 공공사업에 필요 없게 되거나 이용되지 아니하게 되었다면 수용의 헌법상 정당성과 공공사업자에 의한 재산권 취득의 근거가 장래를 향하여 소멸한다고 보아야 한다. 따라서 (토지수용법 제71조 소정의) 환매권은 '헌법상 재산권보장규정으로부터 도출되는 것으로서 헌법이 보장하는 재산권의 내용에 포함되는 권리'라고 한다. 피수용자가 손실보상을 받고 소유권의 박탈을 수인할 의무는 그 재산권의 목적물이 공공사업에 이용되는 것을 전제로 하기 때문에 위 헌법상 권리는 피수용자가 수용 당시 이미 정당한 손실보상을 받았다는 사실로 말미암아 부인되지 않는다는 것이다.[41] 대법원의 판례 역시 헌법 제23조 제1항 및 제3항의 근본취지에서 환매권의 근거를 찾는 것이 있다.[42]

2.1.2. 실정법적 근거

환매권은 헌법상 재산권보장조항에서 직접 도출되는 것인지 아니면 실정법적 근거가 있어야 하는지에 관해서는 견해가 갈리고 있다. 대법원은 법률의 근거가 필요하다는 입장인 데 비해[43] 헌법재판소는 환매권은 헌법상 재산권보장조항에서 도출되고 또 그 내용에 포함되는 것이므로 이를 보장하지 않는 법률은 위헌을 면할 수 없다는 입장이다.[44] 현실적으로는 토지보상법이 환매권을 명시적으로 보장하고 있기 때문에 그 한도 내에서는 논란의 여지가 없다.

2.2. 환매권의 법적 성질

환매권의 법적 성질에 관해서도 공권설과 사권설이 대립한다. 앞서 본 바와 같은 이론적 근거에 관한 학설에 따라 결론이 달라질 수도 있다. 공권설이 다수설인 반면 대법원과 헌법재판소는 사권설을 취한다.[45] 헌법재판소는 다음 판례에서 보는 바와 같이 서울특별시장이 환매권 행사를 거부한 것은 사법관계의 다툼을 둘러싸고 사전에 피청구인의 의견을 밝히고, 그 다툼의 연장인 민사소송절차에서 상대방의 주장을 부인하는 것에 불과하므로, 그것을 가리켜 헌법소원심판의 대상이 되는 공권력의 행사라고 볼 수 없다고 판시한 바 있다.

"청구인들이 주장하는 환매권의 행사는 그것이 공공용지의취득및손실보상에관한특례법 제9조에 의한 것이든, 토지수용법 제71조에 의한 것이든, 환매권자의 일방적 의사표시만으로 성립하는 것이지, 상대방

41) 헌법재판소 2005.2.24. 선고 2004헌바24 전원재판부 결정.
42) 대법원 1998.4.10. 선고 96다52359 판결.
43) 대법원 1993.6.29. 선고 91다43480 판결.
44) 헌법재판소 2005.5.26. 선고 2004헌가10 결정.
45) 대법원 1989.12.12. 선고 89다카9675 판결 등.

인 사업시행자 또는 기업자(起業者)의 동의를 얻어야 하거나 그 의사 여하에 따라 그 효과가 좌우되는 것은 아니다. 따라서 이 사건의 경우 피청구인이 설사 청구인들의 환매권 행사를 부인하는 어떤 의사표시를 하였다 하더라도, 이는 환매권의 발생 여부 또는 그 행사의 가부에 관한 사법관계의 다툼을 둘러싸고 사전에 피청구인의 의견을 밝히고, 그 다툼의 연장인 민사소송절차에서 상대방의 주장을 부인하는 것에 불과하므로, 그것을 가리켜 헌법소원심판의 대상이 되는 공권력의 행사라고 볼 수는 없다."46)

"청구인들이 주장하는 환매권의 행사는 그것이 공공용지의취득및손실보상에관한특례법에 의한 것이든, 토지수용법에 의한 것이든 형성권의 행사로서 일방적 의사표시에 의하여 성립하는 것이지, 상대방인 사업시행자 또는 기업자의 동의를 얻어야 하거나 그 의사 여하에 따라 그 효과가 좌우되는 것은 아니다. 따라서 피청구인이 설사 청구인들의 환매권 행사를 부인하는 어떤 의사표시를 하였더라도 이는 환매권의 발생 여부 또는 그 행사의 가부에 관한 사법관계의 다툼을 둘러싸고 사전에 피청구인의 의견을 밝히고, 그 다툼의 연장인 민사소송절차에서 상대방의 주장을 부인한 것에 불과하므로, 그것을 가리켜 헌법소원의 대상이 되는 공권력의 행사라고 볼 수는 없다."47)

환매권은 그 요건이 충족되면 지급받은 보상금 상당액을 사업시행자에게 지급하고 일방적으로 환매 의사표시를 하여 수용 목적물을 되찾을 수 있는 권리이다. 따라서 형성권의 성질을 가진다. 대법원이나 헌법재판소 역시 같은 입장이며48) 학설 역시 거의 다툼이 없다.

Ⅱ. 환매권의 요건

1. 환매권자

환매권자는 토지의 협의취득일 또는 수용의 개시일부터, 취득일 당시 토지소유자 또는 그 포괄승계인이다(§ 91 ①). 환매권은 양도할 수 없다. 다만 환매권자가 그 목적물을 환매받는 것을 조건으로 목적물인 토지를 양도하는 계약은 가능하다. 환매권은 부동산등기법이 정하는 바에 의하여 공익사업에 필요한 토지의 협의취득 또는 수용의 등기가 된 때에는 이를 제3자에게 대항할 수 있다(§ 91 ⑤).

2. 환매권 행사의 상대방

환매권 행사의 상대방은 사업시행자이다.

---

46) 헌법재판소 1994.12.24. 선고 92헌마283 전원재판부 결정.
47) 헌법재판소 1995.3.23. 선고 91헌마143 결정.
48) 대법원 1999.4.9. 선고 98다46945 판결; 헌법재판소 1995.3.23. 선고 91헌마143 전원재판부 결정; 헌법재판소 2006.11.30. 선고 2005헌가20 결정.

3. 환매의 목적물

환매의 목적물은 토지의 소유권이다. 토지 일부가 불필요하게 된 경우에는 그 일부에 대해서도 환매권을 행사할 수 있다. 그러나 환매할 수 있는 토지가 취득된 토지의 전부인 경우에는 환매권자는 그 전부에 대하여 환매하여야 한다(답수).49)

법 제74조 제1항에 따라 매수 또는 수용한 잔여지는 그 잔여지에 접한 일단의 토지가 필요없게 된 경우가 아니면 이를 환매할 수 없다(§91③).

4. 환매권 행사의 요건

환매권 행사의 요건은 크게 두 가지로 나뉜다.

4.1. 법 제91조 제1항에 따른 환매권 행사

환매권자는 토지의 협의취득일 또는 수용의 개시일부터 10년 이내에 당해 사업의 폐지·변경 그 밖의 사유로 인하여 취득한 토지의 전부 또는 일부가 필요 없게 된 경우, 당해 토지의 전부 또는 일부가 필요없게 된 때부터 1년 또는 그 취득일부터 10년 이내에 당해 토지에 대하여 지급받은 보상금에 상당한 금액을 사업시행자에게 지급하고 그 토지를 환매할 수 있다(§91①).

'당해 사업의 폐지·변경 그 밖의 사유로 인하여 취득한 토지의 전부 또는 일부가 필요 없게 된 경우'란 토지보상법 제24조 제1항에 따른 경우, 즉, 사업인정고시가 있은 후 사업의 전부 또는 일부를 폐지하거나 변경함으로 인하여 토지등의 전부 또는 일부를 수용 또는 사용할 필요가 없게 된 때와 개별법상 사업인정에 갈음하는 행위가 철회 또는 변경된 경우를 말한다. 사업 시행을 아예 그만 둔 경우뿐만 아니라 다른 사업으로 바꾼 경우도 이에 해당된다. '필요없게 된 때'란 환매 당시 단순히 사업에 이용되지 아니하는 데 그치지 아니하고 사업에 이용할 필요가 없어진 경우를 말한다.50)

4.2. 법 제91조 2항에 따른 환매권 행사

취득일부터 5년 이내에 취득한 토지의 전부가 당해 사업에 이용되지 않은 경우에도 환매권자는 환매권을 행사할 수 있다(§91②). 여기서 '토지의 전부를 당해 사업에 이용하지 아니한 때'란 사업이 폐지되거나 변경된 경우뿐만 아니라 단순히 시행이 지체되어 사업에 이용하지

---

49) 이에 대한 비판으로는 김철용, 행정법 Ⅱ, 601을 참조.
50) 배병호, 공법상 환매제도에 관한 연구, 서울대학교 법학박사학위청구논문, 2000.2, 191.

아니 한 경우를 말한다. 이 경우 환매권자는 취득일부터 6년 이내에 당해 토지에 대하여 지급받은 보상금에 상당한 금액을 사업시행자에게 지급하고 그 토지를 환매할 수 있다($^{§\,91}_{②\,①}$).

5. 환매가격

환매를 하려면 당해 토지에 대하여 지급받은 보상금에 상당한 금액을 사업시행자에게 지급하여야 한다($^{§\,91}_{①}$). 이를 환매가격이라 한다. 토지의 가격이 취득일 당시에 비하여 현저히 변동된 경우 사업시행자 및 환매권자는 환매금액에 대하여 서로 협의하되, 협의가 성립되지 아니한 때에는 그 금액의 증감을 법원에 청구할 수 있다($^{§\,91}_{④}$). 이 경우 소송의 성질을 둘러싸고 행정소송설과 민사소송설이 갈린다.

한편 헌법재판소는 공토법에서 환매권의 행사에 있어 환매대금의 선이행의무를 부과한 것은 비례의 원칙에 어긋나게 환매권자의 재산권을 침해하는 것이 아니라고 판시한 바 있다.

"공토법상 환매제도는 공익적 필요에 의해 협의취득 또는 수용된 토지의 원소유자에게 재산권을 보장하고 공익사업의 수행을 원활하게 하기 위하여 마련된 것으로서, 환매권의 행사는 당사자 사이의 협의를 전제로 하는 것이 아니므로 환매권자의 환매권행사만으로 사업시행자의 의사와 관계없이 환매가 성립되어 협의취득 또는 수용의 효력을 상실시키기 때문에, 사업시행자에게 환매대금의 지급을 확실하게 보장할 필요가 있는 것이다. 따라서 환매대금의 선이행의무를 규정한 이 사건 법률조항이 사업시행자와 환매권자를 합리적 이유없이 자의적으로 차별하는 것으로 볼 수 없으므로 평등원칙에 반한다고 할 수 없다."[51]

6. 환매권 행사기간

6.1. 환매권 행사기간의 제한

환매권은 법 제91조 제1항에 따른 환매권 행사의 경우 당해 토지의 전부 또는 일부가 필요없게 된 때부터 1년 또는 그 취득일부터 10년 이내에($^{§\,91}_{①}$), 법 제91조 2항에 따른 환매권 행사의 경우에는 취득일부터 6년 이내에 이를 행사하여야 한다($^{§\,91}_{②}$). 한편 공익사업 변경으로 인한 환매의 경우 제91조 제1항과 제2항에 따라 각각 환매권을 행사하되 다만 그 기산점만 관보에 당해 공익사업의 변경을 고시한 날로 잡는다($^{§\,91}_{전단}$⑥).

위 환매권 행사기간은 제척기간이며, 그 기간 준수여부는 법원의 직권조사사항이다.[52]

---

51) 헌법재판소 2006.11.30. 선고 2005헌가20 결정.
52) 대법원 1999.4.9. 선고 98다46945 판결.

6.2. 공익사업변환과 환매권유보

한편, 특정한 공익사업을 위해 수용한 토지를 다른 공익사업에 제공하기 위하여 사업목적을 변경한 후 다시 환매하고 다시 수용하는 번거로움을 피하기 위하여 법은 제91조 제6항에 공익사업변환시 환매권행사를 유보하는 특례를 정하고 있다.53) 이에 따르면, 국가·지방자치단체 또는「공공기관의 운영에 관한 법률」제4조부터 제6조까지의 규정에 따라 지정·고시된 공공기관 중 대통령령으로 정하는 공공기관이 사업인정을 받아 공익사업에 필요한 토지를 협의취득 또는 수용한 후 당해 공익사업이 제4조 제1호 내지 제5호에 규정된 다른 공익사업으로 변경된 경우 위 제1항 및 제2항에 따른 환매권 행사기간은 관보에 당해 공익사업의 변경을 고시한 날부터 기산한다($\S 91 \atop 전단$ ⑥).54)

토지보상법 제91조 제6항의 공익사업변환제도는 환매권 행사의 기산점 연장을 통해 환매권 행사가능성을 사실상 실효시키는 결과를 가져 올 우려가 있다. 그리하여 위 조항이 재산권 행사의 침해문제를 야기하고, 공익사업변환의 인정여부에 따라 형평에 문제가 생기고 평등권 침해 등 위헌의 소지가 있다는 비판이 제기되었다.55) 그러나 헌법재판소는 1997.6.26. 선고 96헌바94 결정에서 구 토지수용법 제71조 제7항 소정의 공익사업변환에 따른 환매권유보조항에 대한 위헌소원에서 위 조항을 합헌으로 선언하였다:

"이 사건 심판대상조항은 공익사업의 원활한 시행을 확보하기 위한 목적에서 신설된 것으로 우선 그 입법목적에 있어서 정당하고 나아가 변경사용이 허용되는 사업시행자의 범위를 국가·지방자치단체 또는 정부투자기관으로 한정하고 사업목적 또한 상대적으로 공익성이 높은 토지수용법 제3조 제1호 내지 제4호의 공익사업으로 한정하여 규정하고 있어서 그 입법목적 달성을 위한 수단으로서의 적정성이 인정될 뿐 아니라 피해최소성의 원칙 및 법익균형의 원칙에도 부합된다 할 것이므로 위 법률조항은 헌법 제37조 제2항이 규정하는 기본권 제한에 관한 과잉금지의 원칙에 위배되지 아니한다.

[재판관 조승형의 반대의견] 소급입법에 의한 재산권 박탈이 금지되는 경우는 원칙적으로 과거에 완성된 사실 또는 법률관계를 규율의 대상으로 하는 이른바 진정소급효의 입법인 경우에 한한다고 할 것이나, 구법관계 내지 구법상의 기대이익이 존중되어야 할 특단의 사정이 있다면 비록 진행과정에 있는 사실

---

53) 이 조항은 처음 토지수용법이 제정될 당시에는 없었으나 1981년 12월 31일 구 토지수용법 개정법(법률 제3534호)에서 신설된 것이다. 구 토지수용법 제71조 7항에서는 '국가, 지방자치단체 또는 정부투자기관이 사업인정을 받아 토지를 협의취득 또는 수용한 후 사업인정을 받은 공익사업이 제3조 제1호 내지 제5호에 규정된 다른 공익사업으로 변경된 경우에는 당해 토지에 대한 제1항, 제2항에 따른 기간은 당해 공익사업의 변경을 관보에 고시한 날로부터 기산한다'라고 규정하여 제한된 범위에서 이를 인정하였다. 법개정 당시 전문위원은 토지수용의 남발에 대한 염려와 환매권의 부당한 제한에 대한 우려라는 측면에서 삭제함이 마땅하다는 의견을 개진하였지만, 원안대로 그대로 통과되었고 이후 토지보상법에 계승되어 오늘에 이르고 있다(제108회 국회 제23차 건설위원회회의록의 토지수용법 중 개정법률안의 제안설명과 전문위원의 검토보고 부분을 참고).

54) 한편 공익사업으로 취득한 토지가 다시 택지개발사업지구에 편입되는 경우 환매권 행사를 유보하도록 한 부분은 (토지보상법 § 91 ⑥) 2010년 4월 5일 개정법률에서 신설된 것이다.

55) 류지태, "환매권 행사의 제한", 고시계 2001.4.

또는 법률관계를 규율의 대상으로 하는 이른바 부진정소급효의 입법의 경우라 하더라도 진정소급효의 입법의 경우와 동일하게 보아 소급입법에 의한 재산권 박탈이 금지된다고 보아야 한다.

이 사건 심판대상조항은 일단 협의취득 또는 수용된 토지를 본래의 목적공익사업 이외의 다른 법정공익사업을 위하여 재심사·불복절차 등 아무런 적법절차 없이 전용함을 허용하고 있어서 그 입법목적의 정당성·입법수단의 적정성이 있다고 보기 어렵고, 전시나 준전시에 적용되는 징발법의 관련조항과 비교할 때 피해의 최소성을 도모하였다고 인정할 수도 없으므로 이 사건 심판대상조항은 헌법 제37조 제2항 본문이 규정하고 있는 기본권 제한의 일차적·상대적 한계를 일탈한 위헌의 것이다.

또 이 사건 심판대상조항을 종전의 수용토지에 대하여 수삼차에 걸쳐 계속 적용한다면 원소유자들은 환매권을 취득할 기회를 영원히 상실하게 되는 결과가 초래될 것이며 이는 환매권의 단순한 제한이 아니라 그 본질적 내용을 침해하는 것이므로 헌법 제37조 제2항 단서가 규정하고 있는 기본권 제한의 절대적 한계를 일탈한 위헌의 것이다."[56]

국가·지방자치단체 또는 공공기관의 운영에 관한 법률 제4조부터 제6조까지의 규정에 따라 지정·고시된 공공기관 중 대통령령으로 정하는 공공기관은 공익사업의 변경사실을 대통령령이 정하는 바에 따라 환매권자에게 통지하여야 한다($^{\S 91}_{후단}$⑥).

7. 환매권 행사방법

환매권은 환매권자가 사업시행자를 상대로 환매의 의사표시를 함으로써 행사한다. 재판상이든 재판 외이든 환매기간 내에 행사하면 된다. 환매권은 상대방에 대한 의사표시를 요하는 형성권이므로 환매의 의사표시가 상대방에 도달한 때에 비로소 환매권 행사의 효력이 발생함이 원칙이다.[57]

Ⅲ. 환매의 절차

법 제91조 제1항 및 동조 제2항에 따라 환매할 토지가 생기면 사업시행자는 환매할 토지가 생긴 때에는 지체 없이 이를 환매권자에게 통지하여야 한다($^{\S 92}_{본문}$①). 다만, 사업시행자가 과실없이 환매권자를 알 수 없는 때에는 대통령령이 정하는 바에 따라 이를 공고하여야 한다($^{\S 92}_{단서}$①).

---

56) 헌법재판소 1997.6.26. 선고 96헌바94 전원재판부 결정.
57) 대법원 1999.4.9. 선고 98다46945 판결.

Ⅳ. 환매권의 소멸

환매권은 제척기간의 경과로 소멸한다. 그 밖에도 환매권자는 통지를 받은 날 또는 공고를 한 날부터 6月이 경과한 후에는 제91조 제1항 및 동조 제2항의 규정에 불구하고 환매권을 행사하지 못한다($\S^{92}_{②}$).

제 4 절 | 공용제한

제 1 관 의 의

I. 공용제한의 개념

공익상 필요한 특정한 공익사업 그 밖의 복리행정적 목적을 위하여 또는 특정한 물건의 효용을 확보하기 위하여 개인의 재산권에 가하여지는 공법상의 제한을 공용제한이라고 한다. 오늘날 '특정한' 공익사업을 위한 것이 아니라 일반적으로 국토의 합리적인 이용을 직접목적으로 하는 제한이 인정되면서 종래 공용제한의 개념에서 요구되었던 '사업의 특정성'이 완화되고 있는 추세이다.

복리행정적 목적과 공익사업을 위한 것이라는 점에서 경찰 및 질서 행정상의 제한이나 재정상 제한 등과 구별된다.

II. 공용제한의 근거

공용제한에는 법률의 근거가 필요하다. 개인의 재산권을 제한 또는 침해하는 것이기 때문에 헌법상 기본권 제한의 한계에 관한 기준에 부합하는 법률의 근거가 있어야 한다.

제 2 관 공용제한의 종류

Ⅰ. 개 설

공용제한은 다양하게 분류될 수 있다. 가령 제한의 내용을 기준으로 작위, 부작위, 수인의 공용제한으로 나누거나 제한을 필요로 하는 공익상 수요를 기준으로 계획제한, 보전제한, 사업제한, 공물제한, 사용제한으로 나누기도 한다.

1. 계획제한

계획제한이란 공익목적을 위하여 행정계획에 따라 재산권에 가해진 공용제한을 말한다. 대표적인 예가 국토의 계획 및 이용에 관한 법률에 의한 도시계획(이하 "국토계획이용법"이라 한다)에 의한 제한이다. 가령 사인의 토지가 도로, 공원 등 도시계획시설로 지정되면, 당해 토지가 매수될 때까지 시설예정부지의 가치를 상승시키거나 계획된 사업의 시행을 어렵게 하는 변경을 해서는 안 된다는 내용의 '변경금지의무'가 토지소유자에게 부과된다.[1]

1.1. 국토계획이용법에 의한 계획제한

국토계획이용법에 의한 계획제한은 다음 몇 가지 유형으로 나누어 볼 수 있다. 첫째는 도시계획, 즉 도시기본계획과 도시관리계획에 의한 공용제한이다. 이 중 도시관리계획은 구도시계획법 제12조에 따른 도시계획과 마찬가지로[2] 구속적 계획으로서 행정청은 물론 국민에 대해서도 구속력을 가진다. 도시관리계획은 행정쟁송법상 처분성도 인정된다.[3] 도시관리계획의 결정은 그것이 고시되면 그 대상구역 안에서의 토지형질변경, 건축물의 신축·개축 또는 증축 등 권리행사가 일정한 제한을 받게 되므로 특정개인의 권리 내지 법률상의 이익을 개별적이고 구체적으로 규제하는 효과가 있으므로 행정쟁송법상 처분에 해당한다고 볼 수 있다.

둘째는 용도지역·용도지구 지정에 의한 계획제한이다. 법은 제6조에서 국토를 토지의 이용실태 및 특성, 장래의 토지이용방향 등을 고려하여 다음과 같은 용도지역[4]으로 구분한 뒤, 제7조에서 국가 또는 지방자치단체에게 용도지역의 효율적인 이용 및 관리를 위하여 당

---

1) 헌법재판소 1999.10.21. 선고 97헌바26 결정.
2) 대법원 1989.3.9. 선고 80누105 판결.
3) 박균성, 행정법론(상), 2003, 208.
4) "용도지역"이란 토지의 이용 및 건축물의 용도·건폐율(건축법 제47조의 건폐율을 말한다. 이하 같다)·용적률(건축법 제48조의 용적률을 말한다. 이하 같다)·높이 등을 제한함으로써 토지를 경제적·효율적으로 이용하고 공공복리의 증진을 도모하기 위하여 서로 중복되지 아니하게 도시관리계획으로 결정하는 지역을 말한다(법 § 2 xv).

제1편 제2편 제3편 제4편 제5편 특별행정법

해 용도지역에 관한 개발·정비 및 보전에 필요한 조치를 강구할 의무를 부과하고 있다. 용도지역은 도시지역·관리지역·농림지역 및 자연환경보전지역의 네 가지로 구분된다($\S^{별}_{6}$).5) 용도지역·용도지구 지정의 법적 효과는 그 지역 안에서 지정목적에 따른 토지이용의 의무를 부과하고, 지정목적에 위배되는 행위를 금지 또는 제한하는 데 있다. 국토계획이용법은 제6장($\S^{76-}_{84}$)에서 용도지역·용도지구 및 용도구역 안에서의 행위제한을 규율하고 있다.

셋째는 개발행위의 허가제 및 개발행위허가의 제한이다. 법은 제56조 이하에서 건축물의 건축 또는 공작물의 설치, 토지의 형질변경, 토석의 채취 등 일정한 범주의 행위("개발행위")는 특별시장·광역시장·시장 또는 군수의 허가를 받도록 하고(개발행위허가제), 환경보전 등 도시관리계획상 특히 필요하다고 인정되는 지역에 대하여는 대통령령이 정하는 바에 따라 중앙도시계획위원회 또는 지방도시계획위원회의 심의를 거쳐 1회에 한하여 3년 이내의 기간 동안 개발행위허가를 제한할 수 있도록 하고 있다($^{\S 63 ①: 개발행}_{위허가의 제한}$).

1.2. 개발제한구역 지정

개발제한구역 지정 제도는 환경보호를 위한 계획제한 중 가장 대표적인 사례이다. 개발제한구역은 개발제한구역의 지정 및 관리에 관한 특별조치법($^{이하 "개발제한구역}_{특별법"이라 한다}$)에 의하여 지정되는 도시개발의 제한구역을 말한다.6) 이것은 '그린벨트'($^{green}_{belt}$)라고 불리는 제도로서7) 위 법률 제3조에 따라 '도시의 무질서한 확산을 방지하고 도시주변의 자연환경을 보전하여 도시민의 건전한 생활환경을 확보하기 위하여 도시의 개발을 제한할 필요가 있거나 국방부장관의 요청이 있어 보안상 도시의 개발을 제한할 필요가 있다고 인정되는 경우'에 도시관리계획으로써 지정하는 구역으로 정의되고 있다.

개발제한구역제는 환경보전을 위하여 개발을 억지하는 환경정책적 고려를 반영한 제도로서, 개발제한구역으로 지정된 구역 안에서는 그 지정목적에 위배되는 건축물의 건축 및 용도변경, 공작물의 설치, 토지의 형질변경, 토지의 분할, 도시계획사업 등의 시행이 금지된다($^{\S 11}_{①}$).

1.3. 토지거래 허가제

국토계획이용법은 이른바 "토지공개념"에 입각한 규제입법의 일환으로서 구 국토이용관리

---

5) 종래에는 용도지역을 도시지역·준도시지역·농림지역·준농림지역 및 자연환경보전지역 다섯 가지로 구분했으나, 국토계획이용법은 기존의 도시지역·농림지역 및 자연환경보전지역은 그대로 유지하면서, 종전의 준도시지역 및 준농림지역을 관리지역으로 통합하여(법 부칙 § 14), 용도지역을 네 가지로 축소하였다(법 § 6).
6) 과거 구 도시계획법 제21조의 규정에 의해 지정되었으나 1998년 12월 24일 그 조항 헌법재판소에서 헌법불합치 결정(89헌마214)을 받자, 개발제한구역제도에 대한 재검토를 거쳐 별도의 단행법이 제정되게 되었다.
7) 개발제한구역은 1938년 영국에서 그린벨트법(Green Belt Act)에 의하여 비롯된 것으로서 우리나라의 경우 1971년 도시계획법의 개정을 통하여 도입되었다.

법 제3장의2에 도입된 토지 등 거래계약허가제[8]를 승계하였다. 이 제도는 토지거래허가지역으로 지정된 지역 안에서 행해지는 토지거래계약을 허가 대상으로 하고 관할 행정청으로 하여금 환경보전 등 공익상의 필요에 따라 허가를 제한할 수 있도록 한 것이다.

Ⅱ. 보전제한

보전제한이란 자연, 자원, 문화재 등의 보전을 위하여 사권에 제한을 가하는 공용제한을 말한다. 앞서 본 국토계획이용법은 물론 자연공원법, 산림자원의 조성 및 관리에 관한 법률, 문화재보호법, 전통사찰보존법, 향교재산법, 농지법 등 여러 가지 법률에서 이러한 보전제한에 관한 규정들을 두고 있다.

Ⅲ. 사업제한

사업제한이란 공익사업을 성공적으로 수행하기 위하여 그 사업과 관계가 있는 사인의 재판권에 제한을 가하는 것을 말한다. 그 제한의 양태에 따라 부작위, 작위, 수인 등의 사업제한으로 나타난다.

Ⅳ. 공물제한

1. 의   의

공물제한이란 타인의 소유에 속하는 특정한 토지·물건 등의 재산이 그 자체로서 공익상 필요한 경우 그 필요한 한도 내에서 개인의 재산권에 가해진 공법상 제한을 말한다.

2. 종   류

2.1. 사유공물에 대한 공물제한

사인의 재산을 직접으로 공용 또는 공공용에 제공하기 위하여 그 소유권에 가하는 공법상 제한을 말한다.

---

8) 이에 관하여는 토지거래허가제는 국민의 자율규제로 억제되지 않는 토지투기를 불가피하게 정부시책으로써 규제하는 제도로서 사유재산제의 본질을 침해하는 것이 아니며 헌법상 과잉금지의 원칙이나 보충의 원칙에 위배되지 않으므로 합헌이라는 헌법재판소의 판례(헌법재판소 1989.12.22. 선고 88헌가13 결정)가 있다.

2.2. 특허기업용 재산에 대한 공물제한

특허기업의 원활한 수행을 도모하기 위하여 특허기업에 사용되는 토지 기타의 물건 등에 대하여 가하는 공법상 제한이다.

2.3. 사유의 공적 보존물에 대한 공물제한

공익목적을 위하여 사유에 속하는 특정한 물건 또는 자연·자원·문화재 등의 보존이 필요한 경우 그 소유권 또는 공적 보존물에 가하는 공법상 제한이다.

V. 공용사용(사용제한)

1. 의   의

사용제한이란 특정한 공익사업, 그 밖의 복리행정적 목적을 달성하기 위하여 그 사업주체나 관계 행정청이 타인의 소유에 속하는 토지 기타의 재산권에 대하여 공법상 사용권을 취득하고, 상대방인 소유자 기타의 권리자는 그 사용을 수인할 공법상 의무를 부담하는 경우를 말한다.

2. 내   용

2.1. 일시적 사용

일시적으로 타인의 토지·건물 기타 물건 등을 사용하는 경우이다.

2.2. 계속적 사용

타인의 재산을 비교적 장기간 사용하는 경우로서, 부담의무자에게 미치는 영향이 크기 때문에 토지보상법에 의하여 정식 사용절차로 사용권이 설정되고 보상을 요함이 원칙이다.

실례로 토지보상법은 제38조 및 제39조에서 천재·지변시 토지사용과 시급을 요하는 토지의 사용을 규정하고 있다. 통상 공용수용의 보통절차에 대비하여 약식절차로 다루어져 오던 경우지만 성질상 공용사용에 해당한다는 점은 기술한 바와 같다.

2.2.1. 천재·지변시 토지의 사용

천재·지변 그 밖의 사변으로 인하여 공공의 안전을 유지하기 위한 공익사업을 긴급히 시행할 필요가 있는 때에는 사업시행자는 대통령령이 정하는 바에 따라 특별자치도지사, 시장·군수 또는 구청장의 허가를 받아 즉시 타인의 토지를 사용할 수 있다($^{\S\,38\,①}_{본문}$). 다만, 사업시행자가 국가인 때에는 당해 사업을 시행할 관계 중앙행정기관의 장이 특별자치도지사, 시장·군수 또는 구청장에게, 사업시행자가 특별시·광역시 또는 도인 때에는 특별시장·광역시장 또는 도지사가 시장·군수 또는 구청장에게 각각 통지하고 사용할 수 있으며, 사업시행자가 특별자치도, 시·군 또는 구인 때에는 특별자치도지사, 시장·군수 또는 구청장이 허가나 통지없이 사용할 수 있다($^{\S\,38\,①}_{단서}$).

특별자치도지사, 시장·군수 또는 구청장은 허가를 하거나 통지를 받은 때 또는 특별자치도지사, 시장·군수·구청장이 위 제1항 단서에 따라 타인의 토지를 사용하려는 때에는 대통령령이 정하는 사항을 즉시 토지의 소유자 및 점유자에게 통지하여야 한다($^{\S\,38}_{②}$).

토지의 사용기간은 6월을 넘지 못하며($^{\S\,38}_{③}$), 사업시행자는 타인의 토지를 사용함으로써 발생하는 손실을 보상하여야 한다($^{\S\,38}_{④}$).

제9조 제5항부터 제7항까지의 규정은 제4항에 따른 손실보상에 관하여 준용한다($^{\S\,38}_{⑤}$).

2.2.2. 시급을 요하는 토지의 사용

법 제28조의 규정에 의한 재결의 신청을 받은 토지수용위원회는 그 재결을 기다려서는 재해를 방지하기 곤란하거나 그 밖에 공공의 이익에 현저한 지장을 줄 우려가 있다고 인정하는 때에는 사업시행자의 신청에 의하여 대통령령이 정하는 바에 따라 담보를 제공하게 한 후 즉시 당해 토지의 사용을 허가할 수 있다($^{\S\,39\,①}_{본문}$). 다만, 국가 또는 지방자치단체가 사업시행자인 경우에는 담보를 제공하지 아니할 수 있다($^{\S\,39\,①}_{단서}$).

토지의 사용기간은 6월을 넘지 못한다($^{\S\,39}_{②}$).

제38조 제2항의 규정은 토지수용위원회가 제1항의 규정에 의한 허가를 한 때에 이를 준용한다($^{\S\,39}_{③}$).

제3관 공용제한과 손실보상

I. 계획제한과 손실보상: 개발제한구역의 경우

계획제한에 대한 손실보상을 명시적으로 인정하고 있는 법령은 매우 드물다. 일례로 구도시계획법은 개발제한구역의 지정을 받아 재산상 권리행사의 제한을 받은 토지소유자의 손실보상에 관하여 아무런 규정을 두지 않았고 그 때문에 위헌여부가 문제되었다. 당초 대법원[9]과 헌법재판소는 모두 개발제한구역지정의 합헌성을 인정하였으나, 1998년 12월 24일 헌법재판소의 전원재판부결정이 나옴으로써 근본적인 방향수정이 이루어졌다.

헌법재판소는 이 결정에서 개발제한구역 지정으로 인하여 토지를 종래의 목적으로 사용할 수 없거나 또는 더 이상 법적으로 허용된 토지이용의 방법이 없어 실질적으로 토지의 사용·수익의 길이 없는 경우에는 토지소유자가 수인해야 하는 사회적 제약의 한계를 넘는 것이고, 이처럼 개발제한구역의 지정으로 일부 토지소유자에게 사회적 제약의 범위를 넘는 가혹한 부담이 발생하는 예외적인 경우에 대하여 도시계획법이 보상규정을 두지 않은 것은 위헌이라고 판시하였다.[10]

헌법재판소의 헌법불합치결정이 나온 후, 1년여가 지난 후 개발제한구역의 법제를 보완하기 위한 입법조치가 단행되었다. 2000년 1월 28일 개발제한구역의 지정으로 인하여 당해토지를 종전의 용도대로 사용할 수 없어 그 효용이 현저히 감소된 토지 등에 대하여 당해토지의 소유자가 매수를 청구하는 경우 정부가 이를 매수하도록 함으로써 국민의 재산권을 보장하는 것($_{18}^{법 §16}$) 등을 내용으로 한 개발제한구역특별법이 제정된 것이다. 이로써 개발제한구역제도는 새 법률의 규율 하에 놓이게 되었다.

한편, 도시계획시설 지정에 따른 공용제한과 관련하여, 어떤 경우라도 토지의 사적 이용권이 배제된 상태에서 토지소유자로 하여금 10년 이상을 아무런 보상 없이 수인하도록 하는 것은 공익실현의 관점에서도 정당화될 수 없는 과도한 제한으로서 헌법상의 재산권보장에 위배된다고 보아야 한다는 것이 헌법재판소의 판례이다.

"1. 도시계획시설의 지정으로 말미암아 당해 토지의 이용가능성이 배제되거나 또는 토지소유자가 토지를 종래 허용된 용도대로도 사용할 수 없기 때문에 이로 말미암아 현저한 재산적 손실이 발생하는 경우에는, 원칙적으로 사회적 제약의 범위를 넘는 수용적 효과를 인정하여 국가나 지방자치단체는 이에 대한

---

9) 대법원 1990.5.8. 자 89부2 결정.
10) 헌법재판소 1998.12.24. 선고 89헌마214,90헌바16,97헌바78(병합) 전원재판부 결정.

보상을 해야 한다.

2. 도시계획시설로 지정된 토지가 나대지인 경우, 토지소유자는 더 이상 그 토지를 종래 허용된 용도(건축)대로 사용할 수 없게 됨으로써 토지의 매도가 사실상 거의 불가능하고 경제적으로 의미있는 이용가능성이 배제된다. 이러한 경우, 사업시행자에 의한 토지매수가 장기간 지체되어 토지소유자에게 토지를 계속 보유하도록 하는 것이 경제적인 관점에서 보아 더 이상 요구될 수 없다면, 입법자는 매수청구권이나 수용신청권의 부여, 지정의 해제, 금전적 보상 등 다양한 보상가능성을 통하여 재산권에 대한 가혹한 침해를 적절하게 보상하여야 한다.

3. 도시계획시설의 시행지연으로 인한 보상의 문제는, 도시계획사업이 국가 및 지방자치단체에 의하여 이행되어야 할 필요적 과제이자 중요한 공익이라고 하는 관점과 다른 한편 도시계획시설의 시행이 지연됨으로 말미암아 재산적 손실을 입는 토지소유자의 이익(헌법상의 재산권)을 함께 고려하여 양 법익이 서로 조화와 균형을 이루도록 하여야 한다.

4. 입법자는 도시계획사업도 가능하게 하면서 국민의 재산권 또한 존중하는 방향으로, 재산권의 사회적 제약이 보상을 요하는 수용적 효과로 전환되는 시점, 즉 보상의무가 발생하는 시점을 확정하여 보상규정을 두어야 한다. 토지재산권의 강화된 사회적 의무와 도시계획의 필요성이란 공익에 비추어 일정한 기간까지는 토지소유자가 도시계획시설결정의 집행지연으로 인한 재산권의 제한을 수인해야 하지만, 일정 기간이 지난 뒤에는 입법자가 보상규정의 제정을 통하여 과도한 부담에 대한 보상을 하도록 함으로써 도시계획시설결정에 관한 집행계획은 비로소 헌법상의 재산권 보장과 조화될 수 있다.

5. 입법자는 토지재산권의 제한에 관한 전반적인 법체계, 외국의 입법례 등과 기타 현실적인 요소들을 종합적으로 참작하여 국민의 재산권과 도시계획사업을 통하여 달성하려는 공익 모두를 실현하기에 적정하다고 판단되는 기간을 정해야 한다. 그러나 어떠한 경우라도 토지의 사적 이용권이 배제된 상태에서 토지소유자로 하여금 10년이상을 아무런 보상없이 수인하도록 하는 것은 공익실현의 관점에서도 정당화될 수 없는 과도한 제한으로서 헌법상의 재산권보장에 위배된다고 보아야 한다.

6. 이 사건의 경우, 도시계획을 시행하기 위해서는 계획구역 내의 토지소유자에게 행위제한을 부과하는 법규정이 반드시 필요한데, 헌법재판소가 위헌결정을 통하여 당장 법률의 효력을 소멸시킨다면, 토지재산권의 행사를 제한하는 근거규범이 존재하지 않게 됨으로써 도시계획이라는 중요한 지방자치단체행정의 수행이 수권규범의 결여로 말미암아 불가능하게 된다. 도시계획은 국가와 지방자치단체의 중요한 행정으로서 잠시도 중단되어서는 안되기 때문에, 이 사건 법률조항을 입법개선시까지 잠정적으로 적용하는 것이 바람직하다고 판단된다."11)

Ⅱ. 그 밖의 공용제한과 손실보상

1. 보전제한

보전제한에 따른 손실에 대해서는 손실보상이 인정되지 않는 것이 일반적이다.

---

11) 헌법재판소 1999.10.21. 선고 97헌바26 결정.

2. 사업제한

사업제한에 따른 손실에 대해서는 해당 관계법에서 제한된 범위에서 손실보상을 인정하는 경우가 많다. 도로 공사를 위하여 필요한 경우에 하는 공익처분에 따른 제한이나 사방사업과 같은 인위적 사업에 따른 제한에는 보상규정을 두고 있지만($^{도로법 § 92; 사}_{방사업법 § 10}$), 행위제한의 취지나 목적 등에 비추어 당연히 수인해야 할 제한으로 인정되는 경우에는 보상이 주어지지 아니 한다.

3. 공물제한

공물제한에 따른 손실에 대해서는 해당 관계법에서 손실보상을 인정하는 경우가 일반적이다($^{도로법 § 92, 하천법}_{§ 76, 문화재보호법 § 40}$).

4. 사용제한

일시적 사용으로 손실이 발생한 경우, 그 손실에 대한 보상을 명시한 법률들이 많다($^{도로법 § 92, 광업법}_{§ 69, 전기사업법 § 90}$). 반면 계속적 사용에 따른 손실에 대해서는 토지보상법 제71조 등의 경우처럼 당연히 손실보상이 주어진다.

제 5 절 │ 공용변환

Ⅰ. 공용변환(환지·환권)의 의의와 법적 근거

1. 공용변환(환지·환권)의 의의

공용부담법 분야에서 행정청은 토지의 이용가치나 효용을 증진시키기 위하여 여러 가지 수단들을 사용한다. 그중 가장 대표적인 것이 '공용변환' 즉 공용환지와 공용환권이다. 여기서는 이 두 가지 유형만을 살펴보기로 한다.

공용환지와 공용환권은 모두 토지의 이용가치나 효용을 증진시키기 위한 행정법적 수단으로서 공용부담에 해당한다는 점에서는 공통적이지만, 전자가 평면적인 변환이라면, 후자는 입체적인 변환이라는 점에서 변환방식의 차이가 있다고 설명되고 있다.[1]

그런데 도시개발법은 제32조에서 도시개발사업의 원활한 시행을 위해 특히 필요한 경우 토지 소유자의 동의를 받아 환지의 목적인 토지를 갈음하여 시행자에게 처분할 권한이 있는 건축물의 일부와 그 건축물이 있는 토지의 공유지분을 부여하는 '입체환지'를 할 수 있도록 하고, 이와 별도로 도시재정비 촉진을 위한 특별법(^{"도시재정}_{비촉진법"})도 제21조에서 재정비촉진지구 안에서 시행하는 도시개발사업의 시행자에게 도시개발법 제32조의 관련 규정에 불구하고 주택 등 건축물을 소유하고 있는 자 또는 토지소유자를 대상으로 입체환지 계획을 수립할 수 있도록 허용하고 있다. 이러한 의미의 입체 환지는 그 목적이 토지라는 점에서 환지이기는 하지만, 공용환권처럼 환지대상 토지의 입체적 변환을 가져오는 변환방식이라 할 수 있다.

사실 '공용환권'이란 실정법상 용어가 아니라 이론상의 개념이다. 도시정비법에는 '환권'이라는 표현은 찾아 볼 수 없다. 도시정비법은 '환권'을 '분양'으로, '환권처분'을 '이전고시(분양처분)'로, 그리고 환권처분의 내용이 정해지는 '환권계획'을 '관리처분계획'으로 부르고 있다.[2] 토지의 효용을 증진하기 위하여 일정구역 내 토지의 구획 또는 형질변경함으로써 강제적으로 토지 소유권 기타의 권리를 교환·분합하는 것을 '공용환지'라고 함에 대하여 토지의 평면적, 입체적 효용을 증진하기 위하여 특정한 구역 내의 토지 및 지상 건축물에 관한 권리를 권리자의 의사에 관계없이 강제적으로 교환·변경하는 것을 '공용환권'이라 한다.[3] 도시

---

1) 김철용, 행정법 Ⅱ, 605.
2) 홍정선, 행정법원론(하), 박영사, 2005, 563.
3) 최진수, 주택재개발·재건축에 관한 법적 연구, 연세대학교 대학원 박사학위논문, 2006, 117.

재개발사업은 '공용환권'의 대표적 사례라 할 수 있다.

이렇게 볼 때, 공용환지와 공용환권의 차이는 변환방식보다는 변환대상, 즉 교환·분합의 대상이 토지이냐 아니면 토지·건축물에 대한 권리이냐에 있다고 보아야 할 것이다. 더욱이 그 차별성보다는 토지·건물이나 그에 대한 권리의 이용가치(효용) 증진을 위한 교환·분합 이라는 공통성이 더 중요하다. 따라서 양자를 구별하지 않고 통틀어 '공용변환'이라고 부르거 나 넓은 의미의 '공용환지'라고 부르는 것이 좋지 않을까 생각한다.

2. 공용변환의 법적 근거

공용변환의 법적 근거는 지역과 환지·환권의 성질에 따라 각기 다르다. 앞에서 본 바와 같이, 환지는 농어촌정비법, 도시개발법, 도시재정비촉진법 등에서 규정하고 있고, 환권은 도 시정비법에서 규정하고 있다.

도시개발법은 토지면적의 3분의 2 이상에 해당하는 토지 소유자와 그 지역의 토지 소유 자 총수의 2분의 1 이상의 동의를 받아 환지 방식의 도시개발사업을 할 수 있도록 하고 있 고, 농어촌정비법은 농업생산기반 정비사업의 공사를 준공한 후 그 사업의 성질상 필요한 경 우 해당 지역에 대한 환지계획을 세워 그 구역의 토지등 소유자 3분의 2 이상의 동의와 시·도지사의 인가를 받아 환지를 할 수 있도록 하고 있다. 농어촌정비법은 농업생산기반 정비에 관한 제3장 제3절에서 환지 및 교환·분할·합병 등을 비교적 상세하게 규정하면서 도($^{88}_{51}$ $^{25-}$), 제62조에서는 생활환경정비사업 시행자가 집단화된 농어촌 주택, 공동이용시설 등 을 갖춘 새로운 농어촌마을 건설사업과 기존 마을의 토지와 주택 등을 합리적으로 재배치하 기 위한 농어촌마을 재개발사업을 시행하기 위하여 환지를 할 경우에는 도시개발법 제28조 부터 제49조까지의 규정에 따른 환지 규정을 준용하도록 하고 있다.

도시정비법은 도시기능을 회복하기 위하여 정비구역 안에서 주거환경개선사업, 주택재개 발사업, 도시환경정비사업 등을 위하여 도시개발법상 환지 방식을 적용하도록 하고 있다.

그 밖에 환지나 환권에 관한 다른 개별법령들에 대해서는 상세한 설명은 생략한다.

Ⅱ. 공용환지

1. 공용환지의 개념과 성질

공용환지란 일정한 지역 안에서 경지정리사업을 시행한 후 토지소유권 그 밖의 권리(지상 권, 지역권, 임차권 등)를 그 권리주체의 의사 여하에 불구하고 강제적으로 교환·분합하는 공용부담을 말한다. 농어촌정비법은 제2조 제14호에서, "환지"란 '농어촌정비사업의 시행으로 종전의 토지를 대신하여 새로 정비된 토지를 지정하는 것'을 말한다고 정의하고 있다.

공용환지는 도시개발법상 환지와 농어촌정비법상 환지가 대표적인 유형으로, 입체적 변환인 공용환권에 비해, 평면적 변환방식이다.

2. 공용환지의 절차

2.1. 환지방식의 도시개발사업 개발계획의 수립

도시개발구역의 지정권자가 환지방식의 도시개발사업에 대한 개발계획을 수립하려면 환지방식이 적용되는 지역의 토지면적의 3분의 2 이상에 해당하는 토지 소유자와 그 지역의 토지 소유자 총수의 2분의 1 이상의 동의를 받아야 하며, 환지방식으로 시행하기 위하여 개발계획을 변경(대통령령으로 정하는 경미한 사항의 변경은 제외한다)하려는 경우에도 또한 같다($\frac{§4}{③}$).

"[1] 구 도시개발법 제4조 제3항에 따라 도시개발계획안에 관하여 해당 토지 소유자들의 동의를 받은 후 계획안이 변경되었으나 위 규정에 의한 새로운 동의를 갖추지 아니한 도시개발구역 지정 처분에 대하여, 여러 사정을 종합하여 그 위법사유가 중대하기는 하나 위 처분을 당연무효로 만들 정도로 명백하지는 않다고 한 사례

[2] 당초의 도시개발계획안에서는 개발구역 전체를 환지방식으로 사업시행하려 하였으나 구 도시개발법 제11조 제1항 단서가 '도시개발구역 전부를 환지방식으로 시행하는 경우에는 토지소유자 또는 조합을 시행자로 지정한다'고 규정함으로써 전부 환지방식을 취할 경우 지방자치단체가 사업시행자로 지정될 수 없으므로 위 규정의 적용을 회피하여 제주시가 사업시행자로 지정되기 위한 목적으로 이루어진 것으로 볼 여지가 있으나, 한편으로 법 제20조 제1항은 '도시개발사업은 시행자가 도시개발구역 안의 토지 등을 수용 또는 사용하는 방식이나 환지방식 또는 이를 혼용하는 방식으로 시행할 수 있다'고 규정하고 있고, 법 시행령상 혼용방식으로 할 경우의 수용방식과 환지방식의 각 적용대상 토지의 면적 비율에 대하여 아무런 규정을 두고 있지 않고 있는 점 등을 고려하여 보면, 수용방식과 환지방식의 각 적용대상 토지의 면적 비율에 관계없이 혼용방식을 취할 수 있다고 할 것이고, 따라서 도시개발구역 지정 처분을 하면서 사업시행방법으로 도시개발구역 안의 토지 등에 대한 수용방식과 환지방식의 혼용방식을 채택하고 그 사업시행자로 지방자치단체를 지정한 것에 어떤 위법이 있다고 할 수 없다"고 한 사례4)

도시개발법에 따른 공용환지의 절차를 살펴보면 다음과 같다.

2.2. 환지계획의 수립

2.2.1. 환지계획

도시개발법은 도시개발사업의 전부 또는 일부를 환지 방식으로 시행할 경우 먼저 환지계

---

4) 대법원 2008.1.10. 선고 2007두11979 판결.

획을 작성하도록 의무화하고 있다. 시행자가 작성할 환지계획의 내용은 다음과 같다($\S_{①}^{28}$).

1. 환지 설계
2. 필지별로 된 환지 명세
3. 필지별과 권리별로 된 청산 대상 토지 명세
4. 법 제34조에 따른 체비지(替費地) 또는 보류지의 명세
5. 그 밖에 국토교통부령으로 정하는 사항

환지계획은 종전의 토지와 환지의 위치·지목·면적·토질·수리·이용 상황·환경, 그 밖의 사항을 종합적으로 고려하여 합리적으로 정하여야 한다($\S_{②}^{28}$).

시행자는 환지방식이 적용되는 도시개발구역에 있는 조성토지등의 가격을 평가할 때에는 토지평가협의회의 심의를 거쳐 결정하되, 그에 앞서 대통령령으로 정하는 공인평가기관이 평가하게 하여야 한다($\S_{③}^{28}$).

토지평가협의회의 구성 및 운영 등에 필요한 사항은 해당 규약·정관 또는 시행규정으로 정하고($\S_{④}^{28}$), 환지계획의 작성에 따른 환지계획의 기준, 보류지(체비지·공공시설 용지)의 책정 기준 등에 관하여 필요한 사항은 국토교통부령으로 정할 수 있게 되어 있다($\S_{⑤}^{28}$).

후술하는 환지처분이나 환지예정지 지정과 달리 환지계획의 처분성은 인정되지 아니 한다.

환지계획의 처분성 여하

"토지구획정리사업법 제57조, 제62조 등의 규정상 환지예정지 지정이나 환지처분은 그에 의하여 직접 토지소유자 등의 권리의무가 변동되므로 이를 항고소송의 대상이 되는 처분이라고 볼 수 있으나, 환지계획은 위와 같은 환지예정지 지정이나 환지처분의 근거가 될 뿐 그 자체가 직접 토지소유자 등의 법률상의 지위를 변동시키거나 또는 환지예정지 지정이나 환지처분과는 다른 고유한 법률효과를 수반하는 것이 아니어서 이를 항고소송의 대상이 되는 처분에 해당한다고 할 수가 없다."[5]

2.2.2. 동의 등에 따른 환지의 제외

토지소유자가 신청하거나 동의하면 해당 토지의 전부 또는 일부에 대하여 환지를 정하지 아니할 수 있다($\S_{본문}^{30}$). 다만, 해당 토지에 관하여 임차권자등이 있는 경우에는 그 동의를 받아야 한다($\S_{단서}^{30}$).

2.2.3. 토지면적을 고려한 환지

시행자는 토지 면적의 규모를 조정할 특별한 필요가 있으면 면적이 작은 토지는 과소토지가 되지 아니하도록 면적을 늘려 환지를 정하거나 환지 대상에서 제외할 수 있고, 면적이

---

5) 대법원 1999.8.20. 선고 97누6889 판결.

넓은 토지는 그 면적을 줄여서 환지를 정할 수 있다($^{§\,31}_{①}$). 과소토지의 기준이 되는 면적은 대통령령으로 정하는 범위에서 시행자가 규약·정관 또는 시행규정으로 정한다($^{§\,31}_{②}$).

2.2.4. 입체환지

시행자는 도시개발사업을 원활히 시행하기 위하여 특히 필요한 경우에는 토지소유자의 동의를 받아 환지의 목적인 토지를 갈음하여 시행자에게 처분할 권한이 있는 건축물의 일부와 그 건축물이 있는 토지의 공유지분을 부여할 수 있다($^{§\,32}_{①}$). 주택으로 환지하는 경우 그 주택에 대하여는 주택법 제38조에 따른 주택의 공급에 관한 기준을 적용하지 아니하며($^{§\,32}_{②}$), 입체환지계획의 작성에 관하여 필요한 사항은 국토교통부장관이 정할 수 있다($^{§\,32}_{③}$).

입체환지는 토지소유자의 동의를 요한다는 점에서 권리자의 의사 여하에 불구하고 행해지는 공용환권과 다르다.[6]

2.2.5. 공공시설의 용지 등에 관한 조치

공익사업을 위한 토지 등의 취득 및 보상에 관한 법률 제4조에서 정한 공공시설의 용지에 대하여는 환지계획을 정할 때 그 위치·면적 등에 관하여 법 제28조 제2항에 따른 기준을 적용하지 아니할 수 있다($^{§\,33}_{①}$).

시행자가 도시개발사업의 시행으로 국가 또는 지방자치단체가 소유한 공공시설과 대체되는 공공시설을 설치하는 경우 종전의 공공시설의 전부 또는 일부의 용도가 폐지되거나 변경되어 사용하지 못하게 될 토지는 법 제66조 제1항 및 제2항에도 불구하고 환지를 정하지 아니하며, 이를 다른 토지에 대한 환지의 대상으로 하여야 한다($^{§\,33}_{②}$).

2.2.6. 체비지 등

시행자는 도시개발사업에 필요한 경비에 충당하거나 규약·정관·시행규정 또는 실시계획으로 정하는 목적을 위하여 일정한 토지를 환지로 정하지 아니하고 보류지로 정할 수 있으며, 그중 일부를 체비지로 정하여 도시개발사업에 필요한 경비에 충당할 수 있다($^{§\,34}_{①}$).

특별자치도지사·시장·군수 또는 구청장은 주택법에 따른 공동주택의 건설을 촉진하기 위하여 필요하다고 인정하면 제1항에 따른 체비지 중 일부를 같은 지역에 집단으로 정하게 할 수 있다($^{§\,34}_{②}$).

---

6) 김철용, 행정법 Ⅱ, 609.

2.3. 환지계획의 인가 등

행정청이 아닌 시행자가 환지계획을 작성한 경우에는 특별자치도지사·시장·군수 또는 구청장의 인가를 받아야 한다($\S_{①}^{29}$). 인가받은 내용을 변경하려는 경우에도 인가가 필요하지만, 대통령령으로 정하는 경미한 사항을 변경하는 경우에는 그러하지 아니하다($\S_{②}^{29}$).

행정청이 아닌 시행자가 환지계획의 인가를 신청하려고 하거나 행정청인 시행자가 환지계획을 정하려고 하는 경우에는 토지 소유자와 해당 토지에 대하여 임차권, 지상권, 그 밖에 사용하거나 수익할 권리($\substack{이하 "임차권\\등"이라 한다}$)를 가진 자($\substack{이하 "임차권자\\등"이라 한다}$)에게 이를 알리고 대통령령으로 정하는 바에 따라 관계 서류의 사본을 일반인에게 공람시켜야 한다($\S_{본문}^{29 ③}$). 다만, 대통령령으로 정하는 경미한 사항을 변경하는 경우에는 그러하지 아니하다($\S_{단서}^{29 ③}$).

토지 소유자나 임차권자등은 위 공람기간에 시행자에게 의견서를 제출할 수 있고, 시행자는 그 의견이 타당하다고 인정하면 환지계획에 이를 반영해야 하며($\S_{④}^{29}$), 시행자는 공람기일이 종료된 날부터 60일 이내에 그 의견을 제출한 자에게 환지계획에의 반영여부에 관한 검토 결과를 통보하여야 한다($\S_{⑥}^{29}$).

행정청이 아닌 시행자가 환지계획 인가를 신청할 때에는 제출된 의견서를 첨부하여야 한다($\S_{⑤}^{29}$).

▦ 환지계획인가 후 공람절차 등을 밟지 않고 수정된 내용에 따라 한 환지예정지 지정처분의 효력

"[1] 토지구획정리사업법 제47조, 제33조 등의 규정에서 환지계획의 인가신청에 앞서 관계 서류를 공람시켜 토지소유자 등의 이해관계인으로 하여금 의견서를 제출할 기회를 주도록 규정하고 있는 것은 환지계획의 입안에 토지구획정리사업에 대한 다수의 이해관계인의 의사를 반영하고 그들 상호간의 이익을 합리적으로 조정하는 데 그 취지가 있다고 할 것이므로, 최초의 공람과정에서 이해관계인으로부터 의견이 제시되어 그에 따라 환지계획을 수정하여 인가신청을 하고자 할 경우에는 그 전에 다시 수정된 내용에 대한 공람절차를 거쳐야 한다고 봄이 위와 같은 제도의 취지에 부합하는 것이라고 할 것이다.

[2] 환지계획 인가 후에 당초의 환지계획에 대한 공람과정에서 토지소유자 등 이해관계인이 제시한 의견에 따라 수정하고자 하는 내용에 대하여 다시 공람절차 등을 밟지 아니한 채 수정된 내용에 따라 한 환지예정지 지정처분은 환지계획에 따르지 아니한 것이거나 환지계획을 적법하게 변경하지 아니한 채 이루어진 것이어서 당연 무효라고 할 것이다."[7]

---

7) 대법원 1999.8.20. 선고 97누6889 판결.

2.4. 환지예정지의 지정과 그 효과

2.4.1. 환지예정지의 지정

시행자는 도시개발사업의 시행을 위하여 필요하면 도시개발구역의 토지에 대하여 환지예정지를 지정할 수 있다($\S_{전단①}^{35}$). 이 경우 종전의 토지에 대한 임차권자등이 있으면 해당 환지예정지에 대하여 해당 권리의 목적인 토지 또는 그 부분을 아울러 지정하여야 한다($\S_{후단①}^{35}$). 환지예정지 지정은 행정쟁송법상 처분성을 가지지만, 환지예정지 지정처분은 환지처분의 공고일까지만 효력이 있으므로 그에 대한 항고소송은 환지처분이 유효하게 공고되면 그 소의 이익이 소멸된다.[8]

법 제29조 제3항 및 제4항은 도시개발구역의 토지 소유자, 그 조합, 수도권정비계획법에 따른 과밀억제권역에서 수도권 외의 지역으로 이전하는 법인 중 과밀억제권역의 사업 기간 등 대통령령으로 정하는 요건에 해당하는 법인, 대통령령으로 정하는 기준에 따른 도시개발사업 시행능력을 갖춘 자나 법인 등 법 제11조 제1항 제5호부터 제11호까지의 규정에 따른 시행자가 환지예정지를 지정하려 할 때에 준용한다($\S_{②}^{35}$).

시행자가 환지예정지를 지정하려면 관계 토지 소유자와 임차권자등에게 환지예정지의 위치·면적과 환지예정지 지정의 효력발생 시기를 알려야 한다($\S_{③}^{35}$).

2.4.2. 환지예정지 지정의 효과

환지예정지가 지정되면 종전의 토지의 소유자와 임차권자 등은 환지예정지 지정의 효력발생일부터 환지처분이 공고되는 날까지 환지예정지나 해당 부분에 대하여 종전과 같은 내용의 권리를 행사할 수 있으며 종전의 토지는 사용하거나 수익할 수 없다($\S_{①}^{36}$).

시행자는 환지예정지를 지정한 경우에 해당 토지를 사용하거나 수익하는 데에 장애가 될 물건이 그 토지에 있거나 그 밖에 특별한 사유가 있으면 그 토지의 사용 또는 수익을 시작할 날을 따로 정할 수 있다($\S_{②}^{36}$).

환지예정지 지정의 효력이 발생하거나 제36조 제2항에 따라 그 토지의 사용 또는 수익을 시작하는 경우에 해당 환지예정지의 종전의 소유자 또는 임차권자등은 위 제1항 또는 제2항에서 규정하는 기간에 이를 사용하거나 수익할 수 없으며 제1항에 따른 권리의 행사를 방해할 수 없다($\S_{③}^{36}$).

시행자는 제34조에 따른 체비지의 용도로 환지예정지가 지정된 경우에는 도시개발사업에 드는 비용을 충당하기 위하여 이를 사용 또는 수익하게 하거나 처분할 수 있다($\S_{④}^{36}$).

---

8) 대법원 1999.8.20. 선고 97누6889 판결.

임차권등의 목적인 토지에 관하여 환지예정지가 지정된 경우 임대료·지료, 그 밖의 사용료 등의 증감이나 권리의 포기 등에 관하여는 법 제48조와 제49조를 준용한다($\S_{⑤}^{36}$).

2.5. 사용·수익의 정지

시행자는 환지를 정하지 아니하기로 결정된 토지 소유자나 임차권자등에게 날짜를 정하여 그날부터 해당 토지 또는 해당 부분의 사용 또는 수익을 정지시킬 수 있다($\S_{①}^{37}$).

시행자가 사용 또는 수익을 정지하게 하려면 30일 이상의 기간을 두고 미리 해당 토지 소유자 또는 임차권자등에게 알려야 한다($\S_{②}^{37}$).

2.6. 장애물 등의 이전과 제거

시행자는 법 제35조 제1항에 따라 환지예정지를 지정하거나 제37조 제1항에 따른 종전의 토지에 관한 사용 또는 수익을 정지시키는 경우나 대통령령으로 정하는 시설의 변경·폐지에 관한 공사를 시행하는 경우 필요하면 도시개발구역에 있는 건축물과 그 밖의 공작물이나 물건(이하 "건축물등"이라 한다) 및 죽목, 토석, 울타리 등의 장애물(이하 "장애물등"이라 한다)을 이전하거나 제거할 수 있다($\S_{전단}^{38①}$). 이 경우 시행자(행정청이 아닌 시행자만 해당한다)는 미리 관할 특별자치도지사·시장·군수 또는 구청장의 허가를 받아야 한다($\S_{후단}^{38①}$).

특별자치도지사·시장·군수 또는 구청장은 그러한 허가를 할 경우, 동절기 등 대통령령으로 정하는 시기에 점유자가 퇴거하지 아니한 주거용 건축물을 철거할 수 없도록 그 시기를 제한하거나 임시거주시설을 마련하는 등 점유자의 보호에 필요한 조치를 할 것을 조건으로 허가를 할 수 있다($\S_{②}^{38}$).

시행자가 건축물등과 장애물등을 이전하거나 제거하려고 하는 경우에는 그 소유자나 점유자에게 미리 알려야 한다($\S_{본문}^{38③}$). 다만, 소유자나 점유자를 알 수 없으면 대통령령으로 정하는 바에 따라 이를 공고하여야 한다($\S_{단서}^{38③}$).

주거용으로 사용하고 있는 건축물을 이전하거나 철거하려고 하는 경우에는 이전하거나 철거하려는 날부터 늦어도 2개월 전에 위에 따른 통지를 하여야 한다($\S_{본문}^{38④}$). 다만, 건축물의 일부에 대통령령으로 정하는 경미한 이전 또는 철거를 하는 경우나 국토의 계획 및 이용에 관한 법률 제56조 제1항을 위반한 건축물의 경우에는 그러하지 아니하다($\S_{단서}^{38④}$).

시행자는 위 제1항에 따라 건축물등과 장애물등을 이전 또는 제거하려고 할 경우 공익사업을 위한 토지 등의 취득 및 보상에 관한 법률 제50조에 따른 토지수용위원회의 손실보상금에 대한 재결이 있은 후 다음 각 호의 어느 하나에 해당하는 사유가 있으면 이전하거나 제거할 때까지 토지 소재지의 공탁소에 보상금을 공탁할 수 있다($\S_{⑤}^{38}$).

1. 보상금을 받을 자가 받기를 거부하거나 받을 수 없을 때
2. 시행자의 과실 없이 보상금을 받을 자를 알 수 없을 때
3. 시행자가 관할 토지수용위원회에서 재결한 보상 금액에 불복할 때

시행자가 관할 토지수용위원회에서 재결한 보상 금액에 불복할 경우, 시행자는 보상금을 받을 자에게 자기가 산정한 보상금을 지급하고 그 금액과 토지수용위원회가 재결한 보상 금액과의 차액을 공탁하여야 한다($\S{}^{38}_{전단}$⑥). 이 경우 보상금을 받을 자는 그 불복 절차가 끝날 때까지 공탁된 보상금을 받을 수 없다($\S{}^{38}_{후단}$⑥).

2.7. 토지의 관리 등

환지예정지의 지정이나 사용 또는 수익의 정지처분으로 이를 사용하거나 수익할 수 있는 자가 없게 된 토지 또는 해당 부분은 환지예정지의 지정일이나 사용 또는 수익의 정지처분이 있은 날부터 환지처분을 공고한 날까지 시행자가 관리한다($\S{}^{39}_{①}$).

시행자는 환지예정지 또는 환지의 위치를 나타내려고 하는 경우에는 국토교통부령으로 정하는 표지를 설치할 수 있고($\S{}^{39}_{②}$), 누구든지 환지처분이 공고된 날까지는 시행자의 승낙 없이 그 표지를 이전하거나 훼손하여서는 아니 된다($\S{}^{39}_{③}$).

2.8. 환지처분

2.8.1. 환지처분의 절차

시행자는 환지 방식으로 도시개발사업에 관한 공사를 끝낸 경우에는 지체 없이 대통령령으로 정하는 바에 따라 이를 공고하고 공사 관계 서류를 일반인에게 공람시켜야 한다($\S{}^{40}_{①}$).

도시개발구역의 토지 소유자나 이해관계인은 제1항의 공람 기간에 시행자에게 의견서를 제출할 수 있으며, 의견서를 받은 시행자는 공사 결과와 실시계획 내용에 맞는지를 확인하여 필요한 조치를 하여야 한다($\S{}^{40}_{②}$).

시행자는 공람 기간에 의견서의 제출이 없거나 제출된 의견서에 따라 필요한 조치를 한 경우에는 지정권자에 의한 준공검사를 신청하거나 도시개발사업의 공사를 끝내야 하며($\S{}^{40}_{③}$), 지정권자에 의한 준공검사를 받은 경우(지정권자가 시행자인 경우에는 제51조에 따른 공사 완료 공고가 있는 때)에는 대통령령으로 정하는 기간에 환지처분을 하여야 한다($\S{}^{40}_{④}$).

시행자는 환지처분을 하려는 경우에는 환지 계획에서 정한 사항을 토지 소유자에게 알리고 대통령령으로 정하는 바에 따라 이를 공고하여야 한다($\S{}^{40}_{⑤}$).

⠿ 개별적 통지 누락과 환지처분

"환지처분은 개별적인 통지의 유무와는 관계없이 표시행위인 그 공고에 의하여 외부적으로 성립하고, 공고 익일부터 실체법상의 효과가 발생하는 것이며, 다만 공고에 의해서는 특정의 상대방인 토지소유자에게 환지처분이 고지되었다고 보기는 어려워서 행정쟁송등을 위한 불복기간의 기산점은 환지처분의 개별적인 통지를 기준으로 정하는 것이므로, 종전 토지에 대한 환지처분의 공고가 있었다면 그 소유자에 대한 개별적 통지가 누락되었더라도 환지처분이 없었다고 할 수는 없다."9)

한편, 환지를 정하거나 그 대상에서 제외한 경우 그 과부족분은 종전의 토지 및 환지의 위치·지목·면적·토질·수리·이용 상황·환경, 그 밖의 사항을 종합적으로 고려하여 금전으로 청산하여야 한다($\S_{①}^{41}$). 청산금은 환지처분을 하는 때에 결정하여야 하며($\S_{본문}^{41②}$), 다만, 제30조나 제31조에 따라 환지 대상에서 제외한 토지등에 대하여는 청산금을 교부하는 때에 청산금을 결정할 수 있다($\S_{단서}^{41②}$).

2.8.2. 환지처분의 효과

환지계획에서 정해진 환지는 그 환지처분이 공고된 날의 다음 날부터 종전의 토지로 보며, 환지계획에서 환지를 정하지 아니한 종전의 토지에 있던 권리는 그 환지처분이 공고된 날이 끝나는 때에 소멸한다($\S_{①}^{42}$). 그러나 환지처분의 효과는 행정상 처분이나 재판상의 처분으로서 종전의 토지에 전속하는 것에 관하여는 영향을 미치지 아니하며($\S_{②}^{42}$), 도시개발구역 토지에 대한 지역권도 환지처분에 불구하고 종전 토지에 존속한다. 다만, 도시개발사업 시행으로 행사할 이익이 없어진 지역권은 환지처분이 공고된 날이 끝나는 때에 소멸한다($\S_{③}^{42}$).

환지계획에 따라 환지처분을 받은 자는 환지처분이 공고된 날의 다음 날에 환지계획으로 정하는 바에 따라 건축물의 일부와 해당 건축물이 있는 토지의 공유지분을 취득한다($\S_{전단}^{42④}$). 이 경우 종전의 토지에 대한 저당권은 환지처분이 공고된 날의 다음 날부터 해당 건축물의 일부와 해당 건축물이 있는 토지의 공유지분에 존재하는 것으로 본다($\S_{후단}^{42④}$).

체비지는 시행자가, 보류지는 환지 계획에서 정한 자가 각각 환지처분이 공고된 날의 다음 날에 해당 소유권을 취득한다($\S_{본문}^{42⑤}$). 다만, 법 제36조 제4항에 따라 이미 처분된 체비지는 그 체비지를 매입한 자가 소유권 이전 등기를 마친 때에 소유권을 취득한다($\S_{단서}^{42⑤}$). 법 제41조에 따른 청산금은 환지처분이 공고된 날의 다음 날에 확정된다($\S_{⑥}^{42}$).

2.8.3. 등 기

시행자는 환지처분이 공고되면 공고 후 14일 이내에 관할 등기소에 이를 알리고 토지와

---

9) 대법원 1990.10.10. 선고 89누4673 판결.

건축물에 관한 등기를 촉탁하거나 신청하여야 한다($^{\S 43}_{①}$). 등기에 관하여는 대법원규칙으로 정하는 바에 따른다($^{\S 43}_{②}$).

환지처분이 공고된 날부터 그와 같은 등기가 있는 때까지는 다른 등기를 할 수 없다. 다만, 등기신청인이 확정일자가 있는 서류로 환지처분의 공고일 전에 등기원인이 생긴 것임을 증명하면 다른 등기를 할 수 있다($^{\S 43}_{③}$).

⫶ 환지등기촉탁신청 거부의 처분성

"토지구획정리사업법 제65조 제1항에 의하면 사업시행자는 환지처분의 공고가 있는 때에는 지체 없이 이를 관할등기소에 통지하여야 하고, 같은 조 제2항에 의하면 환지처분으로 인하여 토지등에 관한 권리의 변동이 있는 때에는 사업시행자가 환지처분의 공고가 있은 후 지체 없이 그 등기를 촉탁하도록 하고 있으며, 같은 조 제3항 본문에 의하면 환지처분의 공고가 있은 후에는 환지처분의 공고가 있은 때로부터 제2항의 규정에 의한 등기가 이루어지기 전까지 다른 증기를 할 수 없도록 하고 있는바, 위와 같은 규정을 둔 취지는 사업시행자로 하여금 관할 등기소에 대하여 환지처분의 공고에 따라 환지등기가 있을 때까지 등기가 금지되는 시행지구 안의 토지 또는 건축물의 명세를 알려 환지등기 전에 다른 등기를 허용할 경우 초래될 법적인 혼란을 방지함과 아울러 대량의 등기를 스스로 환지등기를 신청할 수 없는 것은 물론이고 사업시행자에 대하여 환지등기의 촉탁절차 이행을 소구할 수도 없는 것이므로, **사업시행자인 피고의 환지등기 촉탁행위는 공권력의 행사 또는 이에 준하는 행정작용에 해당한다**고 볼 것이고, 비록 법에는 토지의 소유자가 환지등기의 촉탁을 신청할 수 있도록 한 근거규정이 없으나, 법은 토지의 소유자의 불이익을 최소화하기 위하여 사업시행자에 대하여 환지처분의 공고가 있은 후 지체 없이 환지등기를 촉탁하도록 하는 의무를 부담시키고 있을 뿐만 아니라, 앞서 본 바와 같이 사업시행자가 이를 오랜 기간 지체하는 경우 토지의 소유자로서는 권리행사에 지장을 받게 됨에도 달리 그러한 불이익을 구제받을 방법이 마련되어 있지 아니한 점을 고려한다면, **토지의 소유자에게는 환지처분 공고후 사업시행자에 대하여 위와 같은 환지등기의 촉탁을 하여 줄 것을 신청할 조리상의 권리가 있다**고 보아야 할 것이므로, 토지의 소유자 중 1인인 원고가 한 환지등기의 촉탁신청을 사업시행자인 피고가 거부하였다면 이는 항고소송의 대상이 되는 행정처분에 해당한다."[10]

2.8.4. 체비지의 처분 등

시행자는 체비지나 보류지를 규약·정관·시행규정 또는 실시계획으로 정하는 목적 및 방법에 따라 합리적으로 처분하거나 관리하여야 한다($^{\S 44}_{①}$).

행정청인 시행자가 체비지 또는 보류지를 관리하거나 처분($^{\text{법 제36조 제4항에 따라 체비지를 관}}_{\text{리하거나 처분하는 경우를 포함한다}}$)하는 경우에는 국가나 지방자치단체의 재산처분에 관한 법률을 적용하지 아니한다($^{\S 44 ②}_{본문}$). 다만, 신탁계약에 따라 체비지를 처분하려는 경우에는 공유재산 및 물품 관리법 제29조 및 제43조를 준용한다($^{\S 44 ②}_{단서}$).

---

10) 대법원 2000.12.22. 선고 98두18824 판결.

학교, 폐기물처리시설, 그 밖에 대통령령으로 정하는 시설을 설치하기 위하여 조성토지등을 공급하는 경우 그 조성토지등의 공급 가격에 관하여는 제27조를 준용한다($^{§\ 44}_{③}$).

2.8.5. 감가보상금

행정청인 시행자는 도시개발사업의 시행으로 사업 시행 후의 토지가액의 총액이 사업 시행 전의 토지가액의 총액보다 줄어든 경우에는 그 차액에 해당하는 감가보상금을 대통령령으로 정하는 기준에 따라 종전의 토지소유자나 임차권자등에게 지급하여야 한다($^{§\ 45}$).

2.8.6. 청산금의 징수 · 교부 등

시행자는 환지처분이 공고된 후에 확정된 청산금을 징수하거나 교부하여야 한다($^{§\ 46\ ①}_{본문}$). 다만, 제30조와 제31조에 따라 환지를 정하지 아니하는 토지에 대하여는 환지처분 전이라도 청산금을 교부할 수 있다($^{§\ 46\ ①}_{단서}$).

청산금은 대통령령으로 정하는 바에 따라 이자를 붙여 분할징수하거나 분할교부할 수 있다($^{§\ 46}_{②}$).

행정청인 시행자는 청산금을 내야 할 자가 이를 내지 아니하면 국세 또는 지방세 체납처분의 예에 따라 징수할 수 있으며, 행정청이 아닌 시행자는 특별자치도지사 · 시장 · 군수 또는 구청장에게 청산금의 징수를 위탁할 수 있다. 이 경우 법 제16조 제5항을 준용한다($^{§\ 46}_{③}$).

> **░ 도시개발사업조합이 조합원에게 환지청산금을 구하는 사건**
>
> "도시개발법 제46조 제3항에 따라 도시개발사업조합이 관할 지방자치단체의 장에게 도시개발법에 따른 청산금의 징수를 위탁할 수 있다 하더라도, 그 지방자치단체의 장이 징수위탁에 응하지 아니하는 등의 특별한 사정이 있는 때에는 도시개발사업조합은 직접 공법상 당사자 소송으로서 청산금의 지급을 구할 수 있다.
>
> 따라서 원심으로서는 이 사건 소가 행정소송법상 당사자소송으로서도 그 권리보호의 이익이 없다는 등 소송요건을 결하고 있음이 명백하여 행정소송으로 제기되었더라도 어차피 부적법하게 되는 경우가 아닌 이상, 이를 부적법한 소라고 하여 각하할 것은 아니고 관할 법원에 이송하였어야 한다($^{대법원\ 1997.5.30.\ 선고}_{95다28960\ 판결\ 등\ 참조}$)."[11]

> **░ 도시정비법상 시장 · 군수가 아닌 사업시행자의 청산금 지급을 청구 당사자소송의 허용여부**
>
> "도시정비법 제57조 제1항에 규정된 청산금의 징수에 관하여는 지방세체납처분의 예에 의한 징수 또

---

11) 대법원 2017.4.28. 선고 2013다1211 판결(환지청산금(아) 파기이송): 도시개발법상 사업시행자인 원고 도시개발사업조합이 환지처분과 청산금부과처분에 의해 확정된 청산금과 그 지연손해금을 구한 것은 행정소송법 제3조 제2호에서 정한 당사자소송의 대상이고(대법원 2010.9.9. 선고 2010다35992 판결, 대법원 2013.6.27. 선고 2010두15971, 2010두15988(병합) 판결 등 참조), 원고는 관할 시장에게 청산금의 징수위탁 의뢰를 하였다가 이를 거절당한 사정이 엿보이므로, 이 사건 소가 소송요건을 결하고 있음이 명백하다고 보기는 어렵다는 이유로, 소를 각하한 원심을 파기하고, 제1심 판결을 취소하여, 사건을 관할 서울행정법원으로 이송한 사안.

는 징수 위탁과 같은 간이하고 경제적인 특별구제절차가 마련되어 있으므로, 시장·군수가 사업시행자의 청산금 징수 위탁에 응하지 아니하였다는 등의 특별한 사정이 없는 한, 시장·군수가 아닌 사업시행자가 이와 별개로 공법상 당사자소송의 방법으로 청산금 청구를 할 수는 없다($^{대법원\ 2014.9.4.\ 선고\ 2014}_{다203588\ 판결\ 등\ 참조}$).

성남시장이 시장·군수가 아닌 사업시행자인 원고들의 징수 위탁을 거절함으로써 징수 절차에 의한 이 사건 청산금의 권리실현에 장애가 있게 되는 특별한 사정이 있다고 볼 수 있으므로, 원고들이 피고들을 상대로 공법상 당사자 소송에 의하여 이 사건 청산금의 지급을 구하는 이 사건 소는 허용된다고 봄이 타당하다."[12]

청산금을 받을 자가 주소 불분명 등의 이유로 청산금을 받을 수 없거나 받기를 거부하면 그 청산금을 공탁할 수 있다($^{§\,46}_{④}$).

청산금을 받을 권리나 징수할 권리를 5년간 행사하지 아니하면 시효로 소멸한다($^{§\,47}$).

2.8.7. 임대료 등의 증감청구

도시개발사업으로 임차권등의 목적인 토지 또는 지역권에 관한 승역지의 이용이 증진되거나 방해를 받아 종전의 임대료·지료, 그 밖의 사용료 등이 불합리하게 되면 당사자는 계약 조건에도 불구하고 장래에 관하여 그 증감을 청구할 수 있으며, 도시개발사업으로 건축물이 이전된 경우 그 임대료에 관하여도 또한 같다($^{§\,48}_{①}$).

그 경우 당사자는 해당 권리를 포기하거나 계약을 해지하여 그 의무를 지지 아니할 수 있다($^{§\,48}_{②}$).

환지처분이 공고된 날부터 60일이 지나면 임대료·지료, 그 밖의 사용료 등의 증감을 청구할 수 없다($^{§\,48}_{③}$).

2.8.8. 권리의 포기 등

도시개발사업의 시행으로 지역권 또는 임차권등을 설정한 목적을 달성할 수 없게 되면 당사자는 해당 권리를 포기하거나 계약을 해지할 수 있다($^{§\,49\ ①}_{전단}$). 도시개발사업으로 건축물이 이전되어 그 임대의 목적을 달성할 수 없게 된 경우에도 또한 같다($^{§\,49\ ①}_{후단}$).

법 제49조 제1항에 따라 권리를 포기하거나 계약을 해지한 자는 그로 인한 손실을 보상하여 줄 것을 시행자에게 청구할 수 있고($^{§\,49}_{②}$), 이에 따라 손실을 보상한 시행자는 해당 토지 또는 건축물의 소유자 또는 그로 인하여 이익을 얻는 자에게 이를 구상할 수 있다($^{§\,49}_{③}$). 그 경우 손실보상에 관하여는 타인 토지의 출입 등에 관한 손실보상의 방법 및 절차 등에 관한 규정을 준용하며($^{§\,49}_{⑤}$), 손실보상금의 구상에 관하여는 제16조 제4항 및 제5항을 준용한

---

12) 대법원 2017.4.28. 선고 2016두39498 판결(청산금(자) 파기환송).

다($\S_{⑥}^{49}$).

환지처분이 공고된 날부터 60일이 지나면 제1항에 따른 권리를 포기하거나 계약을 해지할 수 없다($\S_{④}^{49}$).

2.8.9. 환지처분에 대한 불복

환지처분에 대해서는 행정심판이나 행정소송을 제기하여 다툴 수 있음은 물론이다. 실제로 환지계획의 내용에 의하지 아니하거나 환지계획에 없는 사항을 그 내용으로 하는 환지처분은 무효라는 판례가 있다.

> ::: **환지계획에 없는 사항을 내용으로 한 환지처분의 무효**
>
> "구 토지구획정리사업법(1980.1.4. 법률 제3255호로 개정 되기 전의 것, 이하 '법'이라 한다)에 있어서 **환지계획의 내용에 의하지 아니하거나 환지계획에 없는 사항을 그 내용으로 하는 환지처분은 무효**이고(대법원 1978.8.22. 선고 78누170 판결, 1987.3.10. 선고 85누603 판결, 1990. 10.10. 선고 89누4673 판결, 1993.5.27. 선고 92다14878 판결 등 참조), 시가 시행하는 토지구획정리사업에서 환지처분을 위한 환지계획을 정하거나 이를 변경하고자 할 때에는 도지사의 인가를 받아야 하므로(법 §47 ①, §46, §55), 만약 이 사건에서 위와 같이 인가된 환지계획의 내용상 원고 소유의 종전토지 중 이 사건 토지 부분이 이 사건 도로의 일부로서 편입되어 있지 아니하였고, 따라서 원고 소유의 종전 토지에 대한 이 사건 환지처분이 위 환지계획과 다른 내용을 가진 것이라고 한다면 이 사건 환지처분은 무효가 되므로 이 사건 건물은 결국 그 부지 전체가 원고 소유 토지의 경계 안에 있는 셈이 되어 피고 소유의 도로를 침범할 여지가 없게 되고, 그 효과는 이 사건 계고처분에도 미친다고 할 것이다."13)

또한 환지처분이 확정되어 효력을 발생한 후 환지절차를 새로이 밟지 아니하고 한 환지변경처분은 무효라는 것이 판례의 태도이다.

> "환지처분이 일단 확정되어 효력을 발생한 후에는 이를 소급하여 시정하는 뜻의 환지변경처분은 이를 할 수 없고, 그러한 환지변경의 절차가 필요할 때에는 그를 위하여 환지 전체의 절차를 처음부터 다시 밟아야 하며 그 일부만을 따로 떼어 환지처분을 변경할 수 없음은 물론, 그러한 절차를 밟지 아니하고 한 환지변경처분은 무효이다."14)

또 환지변경처분 후 이의를 유보함이 없이 변경처분에 따른 청산금을 교부받았다면 무효인 행정처분의 흠이 치유되거나 소권을 포기 또는 부제소합의를 하였다고 인정할 수 없고, 환지변경처분이 무효인 경우에는 사정판결도 불가능하다는 판례가 있다.

> "가. 환지처분이 일단 확정되어 효력을 발생한 후에는 이를 소급하여 시정하는 뜻의 환지변경처분이란 있을 수 없고, 그러한 환지변경의 필요가 있을 때에는 환지절차를 새로이 밟아야 하며 이를 밟지 아

---

13) 대법원 2000.2.25. 선고 97누5534 판결.
14) 대법원 1998.2.13. 선고 97다49459 판결.

니하고 한 환지변경처분은 **위법하다** 할 것인바, 그와 같은 위법은 환지절차의 본질을 해한 것으로서 그 흠은 중대하고 명백하여 행정처분의 무효사유에 해당한다.

　　나. 환지변경처분 후에 이의를 유보함이 없이 변경처분에 따른 청산금을 교부받았다 하더라도 그 사정만으로 무효인 행정처분의 흠이 치유된다고 볼 수 없고 소권을 포기 또는 부제소합의를 하였다고 인정할 수 없다.

　　다. 행정처분이 무효인 경우에는 존치시킬 효력이 있는 행정행위가 없기 때문에 행정소송법 제28조의 사정판결을 할 수 없다."15)

Ⅲ. 공용환권

1. 공용환권의 의의

토지 효용의 증진을 위하여 일정한 지역 안의 토지의 구획·형질을 변경하고 권리자의 의사 여하에 불구하고 토지·건축물에 대한 권리에 대응하여 토지정리 후 토지·건축물에 대한 권리를 부여함으로써 강제로 권리를 변환시키는 공용부담을 공용환권이라 한다. 가령 공권력에 의하여 일정한 구역 내의 토지 및 건축물을 정비하는 도시계획사업의 일종인 주택재개발사업에 있어 토지의 평면적·입체적 효용을 증진하기 위하여 특정한 구역 내의 토지 및 지상 건축물에 대한 권리를 권리자의 의사에 관계없이 강제적으로 교환·변경하는 공용환권의 방법이 사용되는 경우16)가 그러한 예이다. 공용환권의 법적 근거로 대표적인 것은 도시정비법이 있다.17)

2. 정비사업과 공용환권

2.1. 정비사업

도시정비법은 정비사업의 일환으로 공용환권을 규정하고 있다. 정비사업이란 도시기능을 회복하기 위하여 정비구역 안에서 정비기반시설을 정비하고 주택 등 건축물을 개량하거나 건설하는 다음과 같은 사업을 말하는 것으로 정의되고 있다. 다만, 다목의 경우에는 정비구역이 아닌 구역에서 시행하는 주택재건축 사업을 포함한다.

---

15) 대법원 1992.11.10. 선고 91누8227 판결.
16) 대법원 2007.12.27. 선고 2004다26256 판결.
17) 이 법률은 서울시가 도시정비사업의 일환으로 추진한 용산4구역 재개발 사업 과정에서 발생한 '용산참사'로 재개발·재건축 사업의 문제가 불거지자 제도개선 차원에서 2010년 4월 15일 재개발·재건축 사업 진행 시 공공부문의 역할을 강화함으로써 정비사업의 투명성과 효율성을 높이기 위하여 공공관리제도를 도입하고, 조합장 선거 등을 선거관리위원회에 위탁할 수 있도록 하는 등의 내용으로 개정되었다.

　가. 주거환경개선사업: 도시저소득주민이 집단으로 거주하는 지역으로서 정비기반시설이 극히 열악
　　　하고 노후·불량건축물이 과도하게 밀집한 지역에서 주거환경을 개선하기 위하여 시행하는 사업
　나. 주택재개발사업: 정비기반시설이 열악하고 노후·불량건축물이 밀집한 지역에서 주거환경을 개
　　　선하기 위하여 시행하는 사업
　다. 주택재건축사업: 정비기반시설은 양호하나 노후·불량건축물이 밀집한 지역에서 주거환경을 개
　　　선하기 위하여 시행하는 사업
　라. 도시환경정비사업: 상업지역·공업지역 등으로서 토지의 효율적 이용과 도심 또는 부도심 등
　　　도시기능의 회복이나 상권활성화 등이 필요한 지역에서 도시환경을 개선하기 위하여 시행하는
　　　사업

　　사업시행자는 정비사업을 시행하는 자를 말한다($^{§\,vii}$). 시행자의 자격은 법 제7조와 제8조
에서 따로 정하고 있다. 먼저, 주거환경개선사업은 공람공고일 현재 해당 정비예정구역 안의
토지 또는 건축물의 소유자 또는 지상권자의 3분의 2 이상($_{의\ 경우에는\ 과반수}^{제6조\ 제1항\ 제1호}$)의 동의와 세입자
($_{안에\ 3월\ 이상\ 거주하고\ 있는\ 자를\ 말한다}^{공람공고일\ 3월\ 전부터\ 당해\ 정비예정구역}$) 세대수 과반수의 동의를 각각 얻어 시장·군수가 직접 시행하거나
주택공사등을 사업시행자로 지정하여 이를 시행하게 할 수 있다($_{본문}^{§\,7\,①}$). 다만, 세입자의 세대
수가 토지등소유자의 2분의 1 이하인 경우 등 대통령령이 정하는 사유가 있는 경우에는 세
입자의 동의절차를 거치지 아니할 수 있다($_{단서}^{§\,7\,①}$).

　　시장·군수가 천재·지변 그 밖의 불가피한 사유로 인하여 건축물의 붕괴우려가 있어 긴
급히 정비사업을 시행할 필요가 있다고 인정하는 경우에는 예외가 인정된다. 그런 경우에는
토지등소유자 및 세입자의 동의 없이 시장·군수 자신이 직접 시행하거나 주택공사등을 사
업시행자로 지정하여 시행하게 할 수 있다($_{전단}^{§\,7\,②}$). 이 경우 시장·군수는 지체 없이 토지등소
유자에게 긴급한 정비사업의 시행사유·시행방법 및 시행시기 등을 통보하여야 한다($_{후단}^{§\,7\,②}$).

　　둘째, 주택재개발사업은 제13조에 따른 조합($_{이라\ 한다}^{이하\ "조합"}$)이 이를 시행하거나 조합이 조합원
과반수의 동의를 얻어 시장·군수, 주택공사 등, 건설산업기본법 제9조에 따른 건설업자
($_{자"라\ 한다}^{이하\ "건설업}$), 주택법 제12조 제1항에 따라 건설업자로 보는 등록사업자($_{자"라\ 한다}^{이하\ "등록사업}$) 또는 대통
령령이 정하는 요건을 갖춘 자와 공동으로 이를 시행할 수 있다($_{①}^{§\,8}$).

　　셋째, 주택재건축사업은 조합이 이를 시행하거나 조합이 조합원 과반수의 동의를 얻어 시
장·군수 또는 주택공사 등과 공동으로 이를 시행할 수 있다($_{②}^{§\,8}$).

　　끝으로 도시환경정비사업은 조합 또는 토지등소유자가 시행하거나, 조합 또는 토지등소유
자가 조합원 또는 토지등소유자의 과반수의 동의를 얻어 시장·군수, 주택공사 등, 한국토지
공사법에 의한 한국토지공사($_{경정비사업의\ 경우를\ 제외한다}^{공장이\ 포함된\ 구역에서의\ 도시환}$), 건설업자, 등록사업자 또는 대통령령이 정
하는 요건을 갖춘 자와 공동으로 이를 시행할 수 있다($_{③}^{§\,8}$).

시장·군수 또는 주택공사등[18]이 아닌 자가 정비사업을 시행하고자 하는 경우에는 토지등소유자로 구성된 조합을 설립하여야 한다($\S^{13}_{본문}$①). 다만, 법 제8조 제3항에 따라 도시환경정비사업을 토지등소유자가 시행하고자 하는 경우에는 그러하지 아니하다($\S^{13}_{단서}$①). 조합설립은 추진위원회를 통해서 하게 되는데, 정비구역지정 고시 후 위원장을 포함한 5인 이상의 위원 및 운영규정에 대한 토지등소유자 과반수의 동의를 얻어 조합설립을 위한 추진위원회를 구성하여 국토교통부령으로 정하는 방법과 절차에 따라 시장·군수의 승인을 얻어야 한다($\S^{13}_{②}$). 추진위원회의 구성에 동의한 토지등소유자(이하 "추진위원회 동의자"라 한다)는 법 제16조 제1항부터 제3항까지에 따른 조합의 설립에 동의한 것으로 보며, 다만, 제16조에 따른 조합설립인가 신청 전에 시장·군수 및 추진위원회에 조합설립에 대한 반대의 의사표시를 한 추진위원회 동의자의 경우에는 그러하지 아니하다($\S^{13}_{③}$).

조합은 관할행정청의 인가가 있어야 비로소 설립된다. 즉, 주택재개발사업 및 도시환경정비사업의 추진위원회가 조합을 설립하고자 하는 때에는 토지등소유자의 4분의 3 이상 및 토지면적의 2분의 1 이상의 토지소유자의 동의를 얻어 정관, 국토교통부령으로 정하는 서류, 그 밖에 특별시·광역시·도 또는 특별자치도 조례로 정하는 서류를 첨부하여 시장·군수의 인가를 받아야 한다($\S^{16}_{변경하고자 하는 때에도 또한 같다}$① 본문: 인가받은 사항을 변). 다만, 대통령령이 정하는 경미한 사항을 변경하고자 하는 때에는 조합원의 동의없이 시장·군수에게 신고하고 변경할 수 있다($\S^{16}_{단서}$①).

조합설립인가의 법적 성질에 대해서는 보충행위(강학상 인가)로 보는 견해와 설권행위(강학상 특허)로 보는 견해[19]가 대립한다. 보충행위설이 종래 다수설이자 판례였으나, 판례는 다음에 보는 바와 같이 설권행위설로 태도를 선회하였다.

∷ 도시정비법상 조합설립인가처분의 법적 성질

"[1] 행정청이 도시 및 주거환경정비법 등 관련 법령에 근거하여 행하는 **조합설립인가처분은 단순히 사인들의 조합설립행위에 대한 보충행위로서의 성질을 갖는 것에 그치는 것이 아니라 법령상 요건을 갖출 경우 도시 및 주거환경정비법상 주택재건축사업을 시행할 수 있는 권한을 갖는 행정주체(공법인)로서의 지위를 부여하는 일종의 설권적 처분의 성격을 갖는다**고 보아야 한다. 그리고 그와 같이 보는 이상 조합설립결의는 조합설립인가처분이라는 행정처분을 하는 데 필요한 요건 중 하나에 불과한 것이어서, 조합설립결의에 하자가 있다면 그 하자를 이유로 직접 항고소송의 방법으로 조합설립인가처분의 취소 또는 무효확인을 구하여야 하고, 이와는 별도로 조합설립결의 부분만을 따로 떼어내어 그 효력 유무를 다투는 확인의 소를 제기하는 것은 원고의 권리 또는 법률상의 지위에 현존하는 불안·위험을 제거하는 데 가장 유효·적절한 수단이라 할 수 없어 특별한 사정이 없는 한 확인의 이익은 인정되지 아니한다.

[2] 도시 및 주거환경정비법상 주택재건축정비사업조합에 대한 행정청의 조합설립인가처분이 있은 후

---

18) 대한토지주택공사 또는 지방공기업법에 따라 주택사업 수행을 위하여 설립된 지방공사를 말한다(§ 2 x).
19) 김중권, 행정법기본연구 I, 법문사, 2008, 311이하.

에 조합설립결의의 하자를 이유로 민사소송으로 그 결의의 무효 등 확인을 구한 사안에서, 그 소가 확인
의 이익이 없는 부적법한 소에 해당한다고 볼 여지가 있으나, 재건축조합에 관한 설립인가처분을 보충행
위로 보았던 종래의 실무관행 등에 비추어 그 소의 실질이 조합설립인가처분의 효력을 다투는 취지라고
못 볼 바 아니고, 여기에 소의 상대방이 행정주체로서의 지위를 갖는 재건축조합이라는 점을 고려하면,
그 소가 공법상 법률행위에 관한 것으로서 행정소송의 일종인 당사자소송으로 제기된 것으로 봄이 상당
하고, 그 소는 이송 후 관할법원의 허가를 얻어 조합설립인가처분에 대한 항고소송으로 변경될 수 있어
관할법원인 행정법원으로 이송함이 마땅하다"고 한 사례.20)

2.2. 정비사업의 시행방법으로서 공용환권

도시정비법 제6조는 이와 같은 정비사업의 시행방법 중 하나로 환지방식을 명시하고 있
다. 이에 따르면, 주거환경개선사업은 법 제7조에 따른 주거환경 개선사업의 시행자가 정비
구역 안에서 정비기반시설을 새로이 설치하거나 확대하고 토지등소유자가 스스로 주택을 개
량하는 방법, 정비구역의 전부 또는 일부를 수용하여 주택을 건설한 후 토지등소유자에게 우
선 공급하는 방법, 그리고 환지로 공급하는 방법 세 가지 또는 그 혼용방법에 의하고($^{§6}_{①}$),
주택재개발사업은 정비구역 안에서 관리처분계획에 따라 주택 및 부대·복리시설을 건설하
여 공급하거나, 환지로 공급하는 방법에 의하며($^{§6}_{②}$), 도시환경정비사업은 정비구역 안에서 관
리처분계획에 따라 건축물을 건설하여 공급하는 방법 또는 환지로 공급하는 방법에 의하도
록 되어 있다($^{§6}_{④}$). 한편, 주택재건축사업은 정비구역 안 또는 정비구역이 아닌 구역에서 관리
처분계획에 따라 주택 및 부대·복리시설을 건설하여 공급하는 방법에 의하되, 주택단지 안
에 있지 아니하는 건축물의 경우에는 지형여건·주변의 환경으로 보아 사업시행상 불가피한
경우와 정비구역 안에서 시행하는 사업에 한한다($^{§6}_{③}$).

따라서 주거환경개선사업, 주택재개발사업, 도시환경정비사업을 환지방식으로 시행하거나
주택재건축사업을 관리처분계획에 따라 시행할 경우 공용환권이 이루어지게 된다. 도시개발
법 제28조부터 제49조까지의 규정은 정비사업과 관련된 환지에 관하여 이를 준용하며, 그
경우 동법 제41조 제2항에 따른 "환지처분을 하는 때"는 이를 "사업시행인가를 하는 때"로
본다($^{§43}_{②}$).

▦ 조합원에 대한 신 주택·대지 분양과 공용환권 해당여부

"[1] 재건축조합이 구 주택건설촉진법 및 구 도시재개발법에 따른 관리처분계획 인가 및 이에 따른
분양처분의 고시 등의 절차를 거치거나 도시 및 주거환경정비법상의 관리처분계획 인가 및 이에 따른 이
전고시 등의 절차를 거쳐 신 주택이나 대지를 조합원에게 분양한 경우에는, 구 주택이나 대지에 관한 권
리가 권리자의 의사에 관계없이 신 주택이나 대지에 관한 권리로 강제적으로 교환·변경되어 공용환권된

---

20) 대법원 2009.9.24. 선고 2008다60568 판결.

것으로 볼 수 있다. 그렇지만 이러한 관리처분계획 인가 및 이에 따른 분양처분의 고시 내지 이전고시 등의 절차를 거치지 아니한 채 조합원에게 신 주택이나 대지가 분양된 경우에는, 당해 조합원은 조합규약 내지 분양계약에 의하여 구 주택이나 대지와는 다른 신 주택이나 대지에 관한 소유권을 취득한 것에 불과할 뿐 이를 가리켜 구 주택이나 대지에 관한 소유권이 신 주택이나 대지에 관한 소유권으로 강제적으로 교환·변경되어 공용환권된 것으로 볼 수는 없으므로 양자 간에 그 동일성이 유지된다고 할 수 없다.

　[2] 명의수탁자가 명의신탁 부동산을 재건축조합에게 신탁하고 재건축조합이 관리처분계획 인가와 이에 따른 분양처분고시 또는 이전고시 등의 절차 없이 재건축사업을 진행하여 신축한 건물 등을 분양계약을 통하여 명의수탁자에게 분양한 경우, 명의신탁자가 당초의 명의신탁약정이 무효라는 이유로 명의수탁자가 재건축조합으로부터 분양받은 신축 건물 등에 관한 소유권의 이전을 청구할 수 없다"고 한 사례.21)

3. 공용환권의 절차

　도시정비법에 의한 공용환권의 절차는 관리처분계획 등에 관한 제5절에서 규정되어 있는데, 도시·주거환경정비기본계획과 구역에 대한 정비계획을 수립하고 정비구역을 지정하여 이를 토대로 정비사업을 시행하도록 되어 있다. 공용환권의 절차는 다음과 같다.

3.1. 분양공고 및 분양신청

　사업시행자는 사업시행인가의 고시가 있는 날(사업시행인가 이후 시공자를 선정한 경우에는 시공자와 계약을 체결한 날)부터 60일 이내에 개략적인 부담금내역 및 분양신청기간 그 밖에 대통령령이 정하는 사항을 토지등소유자에게 통지하고 분양의 대상이 되는 대지 또는 건축물의 내역 등 대통령령이 정하는 사항을 해당 지역에서 발간되는 일간신문에 공고하여야 하며($_{전단}^{§ 46 ①}$), 이 경우 분양신청기간은 그 통지한 날부터 30일 이상 60일 이내로 하되($_{후단}^{§ 46 ①}$), 사업시행자가 관리처분계획의 수립에 지장이 없다고 판단하는 경우에는 분양신청기간을 20일의 범위 이내에서 연장할 수 있다($_{단서}^{§ 46 ①}$).

　대지 또는 건축물에 대한 분양을 받고자 하는 토지등소유자는 위 분양신청기간 이내에 대통령령이 정하는 방법 및 절차에 의하여 사업시행자에게 대지 또는 건축물에 대한 분양신청을 하여야 한다($_{②}^{§ 46}$).

　분양신청을 하지 아니한 자 등에 대한 조치에 대해서는 법 제47조가 규정하고 있다. 이에 따르면, 사업시행자는 토지등소유자가 다음 어느 하나에 해당하는 경우에는 그 해당하게 된 날부터 150일 이내에 대통령령이 정하는 절차에 따라 토지·건축물 또는 그 밖의 권리에 대하여 현금으로 청산하여야 한다($^{§ 47}$).

　1. 분양신청을 하지 아니한 자

---

21) 대법원 2009.6.23. 선고 2008다1132 판결.

2. 분양신청을 철회한 자

3. 제48조에 따라 인가된 관리처분계획에 의하여 분양대상에서 제외된 자

사업시행자는 분양신청을 받은 후 잔여분이 있는 경우에는 정관등 또는 사업시행계획이 정하는 목적을 위하여 보류지(건축물을 포함한다)로 정하거나 조합원 외의 자에게 분양할 수 있다($\S 48 ③$ 전단). 이 경우 분양공고와 분양신청절차 등 필요한 사항은 대통령령으로 정한다($\S 48 ③$ 후단).

3.2. 관리처분계획(환권계획)의 작성·인가 등

사업시행자(주거환경개선사 업을 제외한다)는 분양신청기간이 종료된 때에는 분양신청의 현황을 기초로 관리처 분계획을 수립하여 시장·군수의 인가를 받아야 한다(관리처분계획을 변경·중지 또는 폐지하고자 하는 경우에도 같다).

3.2.1. 관리처분계획의 작성

관리처분계획은 정비사업 완료 후 행할 환권처분의 계획으로서 '환권계획'이라고도 부른 다. 환권처분의 내용은 이 환권계획으로 정해지는데 판례는 이를 처분으로 보고 있다.

::: 관리처분계획의 처분성

"[1] 도시재개발법에 의한 재개발조합은 조합원에 대한 법률관계에서 적어도 특수한 존립목적을 부여 받은 특수한 행정주체로서 국가의 감독하에 그 존립목적인 특정한 공공사무를 행하고 있다고 볼 수 있는 범위 내에서는 공법상의 권리의무 관계에 서 있는 것이므로 분양신청 후에 정하여진 관리처분계획의 내 용에 관하여 다툼이 있는 경우에는 그 관리처분계획은 토지등의 소유자에게 구체적이고 결정적인 영향을 미치는 것으로서 조합이 행한 처분에 해당하므로 항고소송의 방법으로 그 무효확인이나 취소를 구할 수 있다.

[2] 관리처분계획에 하자가 있어 그것이 무효로 되기 위해서는 그 하자가 중대하고도 명백할 것이 요 구된다고 할 것인바, 비례율의 부당적용과 같이 관리처분계획에서 정한 청산금의 산정방법에 하자가 있는 경우라도 그러한 하자는 다른 특별한 사정이 없는 한 중대하고도 명백하다고 볼 수 없어 이러한 하자를 사유로 하여 관리처분계획을 무효로 볼 수는 없다.

[3] 항고소송의 대상이 되는 행정처분이라 함은 행정청의 공법상의 행위로서 특정사항에 대하여 법규 에 의한 권리의 설정 또는 의무의 부담을 명하거나 기타 법률상 효과를 발생하게 하는 등 국민의 구체적 인 권리의무에 직접적 변동을 초래하는 행위를 말한다.

[4] 재개발조합이 조합원들에게 '조합원 동·호수 추첨결과 통보 및 분양계약체결 안내'라는 제목으로 계약의 지연 등으로 인한 개인적 불이익을 당하지 않도록 유념해 달라는 내용의 통지를 한 경우, 위 통지 는 조합원들에 대하여 관리처분계획에서 정한 바에 따라 위 기한까지 분양계약에 응하여 분양대금을 납 부해 줄 것을 안내하는 것에 불과하고, 조합원들에게 분양계약의 체결 또는 분양금의 납부를 명하거나 기 타 법률상 효과를 새로이 발생하게 하는 등 조합원들의 구체적인 권리의무에 직접적 변동을 초래하는 행 정처분에 해당한다고 볼 수 없다"고 한 사례.[22)]

관리처분계획에는 다음과 같은 사항이 포함되어야 한다($^{§\,48}_{①}$).

1. 분양설계
2. 분양대상자의 주소 및 성명
3. 분양대상자별 분양예정인 대지 또는 건축물의 추산액
4. 분양대상자별 종전의 토지 또는 건축물의 명세 및 사업시행인가의 고시가 있은 날을 기준으로 한 가격(사업시행인가 전에 제48조의2 제2항에 따라 철거된 건축물의 경우에는 시장·군수에게 허가 받은 날을 기준으로 한 가격)
5. 정비사업비의 추산액(주택재건축사업의 경우에는 「재건축 초과이익 환수에 관한 법률」에 따른 재건축부담금에 관한 사항을 포함한다) 및 그에 따른 조합원 부담규모 및 부담시기
6. 분양대상자의 종전의 토지 또는 건축물에 관한 소유권 외의 권리명세
7. 세입자별 손실보상을 위한 권리명세 및 그 평가액
8. 그 밖에 정비사업과 관련한 권리 등에 대하여 대통령령이 정하는 사항

주택재개발사업와 도시환경정비사업에서 위 제3호·제4호 및 제7호에 따라 재산 또는 권리를 평가할 때에는 다음과 같은 방법에 의한다($^{§\,48}_{⑤}$).

1. 「부동산가격 공시 및 감정평가에 관한 법률」에 따른 감정평가업자 중 시장·군수가 선정·계약한 감정평가업자 2인 이상이 평가한 금액을 산술평균하여 산정한다. 다만, 관리처분계획을 변경·중지 또는 폐지하고자 하는 경우에는 분양예정 대상인 대지 또는 건축물의 추산액과 종전의 토지 또는 건축물의 가격은 사업시행자 및 토지등소유자 전원이 합의하여 이를 산정할 수 있다.
2. 제1항 제4호에 따라 조합원의 종전의 토지 또는 건축물의 가격산정시 조합원이 둔 세입자로 인하여 손실보상이 필요한 경우 조합의 정관으로 정하는 바에 따라 해당 조합원이 둔 세입자에 대한 손실보상액을 뺀 나머지 가격을 종전의 토지 또는 건축물의 가격으로 산정할 수 있다.
3. 사업시행자는 제1호에 따라 감정평가를 하고자 하는 경우 시장·군수에게 감정평가업자의 선정·계약을 요청하고 감정평가에 필요한 비용을 미리 예치하여야 한다. 시장·군수는 감정평가가 끝난 경우 예치된 금액에서 감정평가비용을 직접 지불한 후 나머지 비용은 사업시행자와 정산하여야 한다.

관리처분계획의 내용은 다음 기준에 따라야 한다($^{§\,48}_{②}$).

1. 종전의 토지 또는 건축물의 면적·이용상황·환경 그 밖의 사항을 종합적으로 고려하여 대지 또는 건축물이 균형있게 분양신청자에게 배분되고 합리적으로 이용되도록 한다.
2. 지나치게 좁거나 넓은 토지 또는 건축물에 대하여 필요한 경우에는 이를 증가하거나 감소시켜 대지 또는 건축물이 적정 규모가 되도록 한다.
3. 너무 좁은 토지 또는 건축물이나 정비구역 지정후 분할된 토지를 취득한 자에 대하여는 현금으로 청산할 수 있다.

---

22) 대법원 2002.12.10. 선고 2001두6333 판결.

4. 재해 또는 위생상의 위해를 방지하기 위하여 토지의 규모를 조정할 특별한 필요가 있는 때에는 너무 좁은 토지를 증가시키거나 토지에 갈음하여 보상을 하거나 건축물의 일부와 그 건축물이 있는 대지의 공유지분을 교부할 수 있다.

5. 분양설계에 관한 계획은 제46조에 의한 분양신청기간이 만료되는 날을 기준으로 하여 수립한다.

6. 1세대 또는 1인이 10이상의 주택 또는 토지를 소유한 경우 1주택을 공급하고, 같은 세대에 속하지 아니하는 2인 이상이 1주택 또는 1토지를 공유한 경우에는 1주택만 공급한다. 다만, 2인 이상이 1토지를 공유한 경우로서 시·도 조례로 주택공급에 관하여 따로 정하고 있는 경우에는 시·도 조례로 정하는 바에 따라 주택을 공급할 수 있고, 다음 각 목의 어느 하나에 해당하는 토지등 소유자에 대하여는 소유한 주택수만큼 공급할 수 있다.

가. 「수도권정비계획법」 제6조 제1항 제1호에 따른 수도권 과밀억제권역에 위치하지 아니하는 주택재건축사업의 토지등소유자

나. 근로자(공무원인 근로자를 포함한다)숙소·기숙사 용도로 주택을 소유하고 있는 토지등 소유자

다. 국가, 지방자치단체 및 주택공사등

관리처분계획의 내용, 관리처분의 방법·기준 등에 관하여 필요한 사항은 대통령령으로 정하도록 되어 있고($\S_{⑦}^{48}$), 위와 같은 관리처분계획의 내용과 제2항 내지 제7항의 규정은 시장·군수가 직접 수립하는 관리처분계획에 관하여 이를 준용하도록 정해져 있다($\S_{⑧}^{48}$).

조합은 관리처분계획의 수립 및 변경에 관한 사항의 의결을 위한 총회의 개최일부터 1개월 전에 위 관리처분계획에 포함되어야 할 사항 중 제3호부터 제5호까지에 해당하는 사항을 각 조합원에게 문서로 통지하여야 한다($\S_{본문}^{48 ①}$). 다만, 대통령령이 정하는 경미한 사항을 변경하고자 하는 때에는 시장·군수에게 신고하면 된다($\S_{단서}^{48 ①}$).

3.2.2. 관리처분계획의 인가

관리처분계획은 조합이 제46조에 따른 분양신청의 현황을 기초로 위에서 본 바와 같은 내용의 관리처분계획안을 마련하여 그에 대한 조합 총회결의와 토지등소유자의 공람절차를 거친 후 관할행정청의 인가·고시를 통해 비로소 그 효력이 발생하게 된다.

▦ **관리처분계획안에 대한 조합총회결의 효력을 다투는 소송의 성질: 공법상 당사자소송**

"[1] 도시 및 주거환경정비법상 행정주체인 주택재건축정비사업조합을 상대로 관리처분계획안에 대한 조합 총회결의의 효력 등을 다투는 소송은 행정처분에 이르는 절차적 요건의 존부나 효력 유무에 관한 소송으로서 그 소송결과에 따라 행정처분의 위법 여부에 직접 영향을 미치는 공법상 법률관계에 관한 것이므로, 이는 행정소송법상의 당사자소송에 해당한다.

[2] 도시 및 주거환경정비법상 주택재건축정비사업조합이 같은 법 제48조에 따라 수립한 관리처분계획에 대하여 관할 행정청의 인가·고시까지 있게 되면 관리처분계획은 행정처분으로서 효력이 발생하게 되므로, 총회결의의 하자를 이유로 하여 행정처분의 효력을 다투는 항고소송의 방법으로 관리처분계획의

취소 또는 무효확인을 구하여야 하고, 그와 별도로 행정처분에 이르는 절차적 요건 중 하나에 불과한 총
회결의 부분만을 따로 떼어내어 효력 유무를 다투는 확인의 소를 제기하는 것은 특별한 사정이 없는 한
허용되지 않는다.

　[3] 도시 및 주거환경정비법상의 주택재건축정비사업조합을 상대로 관리처분계획안에 대한 총회결의의
무효확인을 구하는 소를 민사소송으로 제기한 사안에서, 그 소는 행정소송법상 당사자소송에 해당하므로
전속관할이 행정법원에 있다고 한 사례.

　[4] 주택재건축정비사업조합의 관리처분계획에 대하여 그 관리처분계획안에 대한 총회결의의 무효확인
을 구하는 소가 관할을 위반하여 민사소송으로 제기된 후에 관할 행정청의 인가·고시가 있었던 경우 따
로 총회결의의 무효확인만을 구할 수는 없게 되었으나, 이송 후 행정법원의 허가를 얻어 관리처분계획에
대한 취소소송 등으로 변경될 수 있음을 고려하면, 그와 같은 사정만으로 이송 후 그 소가 부적법하게 되
어 각하될 것이 명백한 경우에 해당한다고 보기 어려우므로, 위 소는 관할법원인 행정법원으로 이송함이
상당하다"고 한 사례.23)

(1) 인가의 법적 성질

　관리처분계획의 인가의 법적 성질에 대해서는 관리처분계획에 대한 법률상 효력을 완성
시키는 보충행위라는 것이 통설이다. 따라서 인가의 대상인 관리처분계획은 일종의 기본행위
라고 볼 수 있는데, 이 역시 토지등의 소유자에게 구체적이고 결정적인 영향을 미치는 것으
로서 조합이 행한 처분에 해당하므로 기본행위와 인가가 각각 별도로 처분성을 가지고 또
흠이 있는 경우에는 각각 행정쟁송의 대상이 된다.

▦ 기본행위인 관리처분계획의 무효를 이유로 한 인가에 대한 행정소송

　"도시재개발법 제34조에 의한 피고의 인가는 주택개량재개발조합의 관리처분계획에 대한 법률상의 효
력을 완성시키는 보충행위로서 그 기본 되는 관리처분계획에 하자가 있을 때에는 그에 대한 인가가 있었
다 하여도 기본행위인 관리처분계획이 유효한 것으로 될 수 없으며, 다만 그 기본행위가 적법·유효하고
보충행위인 인가처분 자체에만 하자가 있다면 그 인가처분의 무효나 취소를 주장할 수 있다고 할 것이지
만, 인가처분에 하자가 없다면 기본행위에 하자가 있다 하더라도 따로 그 기본행위의 하자를 다투는 것은
별론으로 하고 기본행위의 무효를 내세워 바로 그에 대한 피고의 인가처분의 취소 또는 무효확인을 소구
할 법률상의 이익이 있다고 할 수 없다(대법원 1977.8.23. 선고 77누38 판결, 1993.4.23. 선고 92누15482 판결, 1994. 10.14. 선고 93누22753 판결, 1995.12.12. 선고 95누7338 판결 등 참조)."24)

▦ 관리처분계획에 대한 인가처분을 하면서 기부채납과 같은 조건을 붙일 수 있는지 여부

　"[1] 재건축조합이 행정주체의 지위에서 도시정비법 제48조에 따라 수립하는 **관리처분계획**은 정비사
업의 시행 결과 조성되는 대지 또는 건축물의 권리귀속에 관한 사항과 조합원의 비용 부담에 관한 사항
등을 정함으로써 조합원의 재산상 권리·의무 등에 구체적이고 직접적인 영향을 미치게 되는 구속적 행
정계획으로서 조합이 행하는 독립된 행정처분에 해당한다(대법원 2009.9.17. 선고 2007다2428 전원합의체 판결, 대법원 2009.10.15. 선고 2009다10638,10645 판결 등 참조).

---

23) 대법원 2009.9.17. 선고 2007다2428 전원합의체 판결.
24) 대법원 2001.12.11. 선고 2001두7541 판결.

[2] 관리처분계획 및 그에 대한 인가처분의 의의와 성질, 그 근거가 되는 도시정비법과 그 시행령상의 위와 같은 규정들에 비추어 보면, **행정청이 관리처분계획에 대한 인가 여부를 결정할 때에는 그 관리처분계획에 도시정비법 제48조 및 그 시행령 제50조에 규정된 사항이 포함되어 있는지, 그 계획의 내용이 도시정비법 제48조 제2항의 기준에 부합하는지 여부 등을 심사·확인하여 그 인가 여부를 결정할 수 있을 뿐 기부채납과 같은 다른 조건을 붙일 수는 없다**고 할 것이다.

[3] 관리처분계획인가에는 관리처분계획 작성자에게 조건(부담)을 부과하는 부관을 붙일 수 없으므로, 원고 프라자빌라재건축정비사업조합, 청화아파트주택재건축정비사업조합에 대한 관리처분계획인가 시 이 사건 인가조건을 부과한 것은 그 위법성이 중대하고 명백하여 무효이고, 이 사건 인가조건과 동일한 사실이 관리처분계획의 일부 내용으로 기재되어 있다고 하더라도 무효인 이 사건 인가조건이 유효로 될 수는 없다"고 한 원심 판단을 확인한 사례.[25]

(2) 관리처분계획의 공람 및 인가절차 등

사업시행자는 관리처분계획의 인가를 신청하기 전에 관계서류의 사본을 30일 이상 토지등소유자에게 공람하게 하고 의견을 들어야 한다($^{\S\,49}_{본문 ①}$). 다만, 법 제48조 제1항 단서에 따른 대통령령으로 정하는 경미한 사항을 변경하고자 하는 경우에는 토지등소유자의 공람 및 의견청취절차를 거치지 아니할 수 있다($^{\S\,49}_{단서 ①}$).

시장·군수는 사업시행자의 관리처분계획의 인가신청이 있은 날부터 30일 이내에 인가여부를 결정하여 사업시행자에게 통보하여야 하며($^{\S\,49}_{②}$), 관리처분계획을 인가하는 때에는 그 내용을 당해 지방자치단체의 공보에 고시하여야 한다($^{\S\,49}_{③}$).

사업시행자는 공람을 실시하고자 하거나 시장·군수의 고시가 있은 때에는 대통령령으로 정하는 방법과 절차에 따라 토지등소유자 또는 분양신청을 한 자에게 공람계획 또는 관리처분계획의 인가 내용 등을 통지하여야 한다($^{\S\,49}_{④}$). 위 제1항, 제3항 및 제4항의 규정은 시장·군수가 직접 관리처분계획을 수립하는 경우에 이를 준용한다($^{\S\,49}_{⑤}$).

관리처분계획을 인가하는 고시가 있은 때에는 종전의 토지 또는 건축물의 소유자·지상권자·전세권자·임차권자 등 권리자는 법 제54조에 따른 이전고시가 있는 날까지 종전의 토지 또는 건축물에 대하여 이를 사용하거나 수익할 수 없다($^{\S\,49}_{본문 ⑥}$). 다만, 사업시행자의 동의를 받거나 제40조 및 공익사업을 위한 토지 등의 취득 및 보상에 관한 법률에 따른 손실보상이 완료되지 아니한 권리자의 경우에는 그러하지 아니하다($^{\S\,49}_{단서 ⑥}$).

---

25) 대법원 2012.8.30. 선고 2010두24951 판결.

3.3. 환권처분

3.3.1. 의의 및 성질

환권처분이란 정비사업 완료 후 이미 관할행정청으로부터 인가받은 '환권계획'에 따라 종전 토지 또는 건축물에 관한 소유권 등의 권리를 강제적으로 변환시키는 처분을 말한다. 즉, 종전의 토지 또는 건축물에 대하여 정비사업에 의하여 조성되거나 축조되는 대지 또는 건축 시설의 위치 및 범위 등을 정하고 그 가격의 차액에 상당하는 금액을 청산하거나, 대지 또는 건축 시설을 정하지 않고 금전으로 청산하는 공법상 처분이다.

이에 대해서는 환권계획에 따라 분양처분 및 청산을 하는 형성적 행정행위라고 보는 것이 다수의 견해이다. 판례는, 분양처분의 고시가 있은 다음날에 종전의 토지 또는 건축물에 관하여 존재하던 권리관계가 분양받는 대지 또는 건축 시설에 그 동일성을 유지하면서 이행되므로, 분양처분은 대인적 처분이 아니라 대물적 처분이라고 한다.

⠿ 대물적 처분으로서 분양처분

"도시재개발법에 의한 재개발사업에 있어서의 분양처분은 재개발구역 안의 종전의 토지 또는 건축물에 대하여 재개발사업에 의하여 조성되거나 축조되는 대지 또는 건축 시설의 위치 및 범위 등을 정하고 그 가격의 차액에 상당하는 금액을 청산하거나, 대지 또는 건축 시설을 정하지 않고 금전으로 청산하는 공법상 처분으로서, 그 처분으로 종전의 토지 또는 건축물에 관한 소유권 등의 권리를 강제적으로 변환시키는 이른바 공용환권에 해당하나, 분양처분 그 자체로는 권리의 귀속에 관하여 아무런 득상·변동을 생기게 하는 것이 아니고, 한편 종전의 토지 또는 건축물에 대신하여 대지 또는 건축 시설이 정하여진 경우에는 분양처분의 고시가 있은 다음날에 종전의 토지 또는 건축물에 관하여 존재하던 권리관계는 분양받는 대지 또는 건축 시설에 그 동일성을 유지하면서 이행되는바, 이와 같은 경우의 **분양처분은 대인적 처분이 아닌 대물적 처분이라 할 것이므로, 재개발사업 시행자가 소유자를 오인하여 종전의 토지 또는 건축물의 소유자가 아닌 다른 사람에게 분양처분을 한 경우 그러한 분양처분이 있었다고 하여 그 다른 사람이 권리를 취득하게 되는 것은 아니며, 종전의 토지 또는 건축물의 진정한 소유자가 분양된 대지 또는 건축시설의 소유권을 취득하고 이를 행사할 수 있다.**"[26]

3.3.2. 환권처분의 절차

(1) 관리처분계획에 의한 처분·관리

정비사업의 시행으로 조성된 대지 및 건축물은 관리처분계획에 의하여 이를 처분 또는 관리하여야 한다($^{\S\,48}_{④}$).

---

26) 대법원 1995.6.30. 선고 95다10570 판결.

⑵ 건축물의 철거 등

사업시행자는 관리처분계획의 인가를 받은 후 기존의 건축물을 철거하여야 한다($\S\substack{48의 \\ 2 ①}$). 그러나 재난 및 안전 관리기본법·주택법·건축법 등 관계 법령에 따라 기존 건축물의 붕괴 등 안전사고의 우려가 있는 경우에는 사업시행자는 기존 건축물의 소유자의 동의 및 시장·군수의 허가를 얻어 해당 건축물을 철거할 수 있다($\S\substack{48의2 \\ ② 전단}$). 이 경우 건축물의 철거에도 불구하고 토지등소유자로서의 권리·의무에 영향을 주지 아니한다($\S\substack{48의2 \\ ② 후단}$).

⑶ 주택의 공급

사업시행자는 정비사업(주거환경개선사업은 제외한다)의 시행으로 건설된 건축물을 제48조에 따라 인가된 관리처분계획에 따라 토지등소유자에게 공급하여야 한다($\S\substack{50 \\ ①}$).

사업시행자가 정비구역 안에 주택을 건설하는 경우에는 입주자 모집조건·방법·절차, 입주금(계약금·중도금 및 잔금을 말한다)의 납부방법·시기·절차, 주택공급방법·절차 등에 관하여는 주택법 제38조의 규정에 불구하고 대통령령이 정하는 범위 안에서 시장·군수의 승인을 얻어 사업시행자가 이를 따로 정할 수 있다($\S\substack{50 \\ ②}$).

국토교통부장관, 시·도지사, 시장·군수 또는 주택공사등은 조합이 요청하는 경우 주택재개발사업의 시행으로 건설된 임대주택을 인수하여야 하며, 이 경우 재개발임대주택의 인수 절차 및 방법, 인수 가격 등에 대하여는 대통령령으로 정한다($\S\substack{50 \\ ③}$).

정비사업의 시행으로 임대주택을 건설하는 경우에 임차인의 자격·선정방법·임대보증금·임대료 등 임대조건에 관한 기준 및 무주택세대주에게 우선 매각하도록 하는 기준 등에 관하여는 임대주택법 제14조 및 제15조의 규정에 불구하고 대통령령이 정하는 범위 안에서 시장·군수의 승인을 얻어 사업시행자가 이를 따로 정할 수 있다($\S\substack{50 \\ 본문 ④}$). 다만, 재개발임대주택으로서 최초의 임차인 선정이 아닌 경우에는 대통령령이 정하는 범위 안에서 인수자가 이를 따로 정한다($\S\substack{50 \\ 단서 ④}$).

사업시행자는 제1항 내지 제3항에 따른 공급대상자에게 주택을 공급하고 남은 주택에 대하여는 제1항부터 제4항까지에 따른 공급대상자외의 자에게 공급할 수 있다($\S\substack{50 \\ 전단 ⑤}$). 이 경우 주택의 공급방법·절차 등에 관하여는 주택법 제38조를 준용한다. 다만, 사업시행자가 제39조에 따른 매도청구소송을 통해 법원의 승소판결을 받은 후 입주예정자에게 피해가 없도록 청산금액을 공탁하고 분양예정인 건축물을 담보한 경우에는 법원의 승소판결이 확정되기 전이라도 주택법 제38조에도 불구하고 입주자를 모집할 수 있으나, 제52조에 따른 준공인가 신청 전까지 해당 주택건설대지의 소유권을 확보하여야 한다($\S\substack{50 \\ 후단 ⑤}$).

사업시행자가 제50조 제2항에 따라 주택을 공급하는 때에 제48조 제2항 제6호에 따른다($\S\substack{50 \\ ⑥}$).

국토교통부장관, 시·도지사, 시장·군수 또는 주택공사등은 정비구역에 세입자와 대통령령으로 정하는 면적 이하의 토지 또는 주택을 소유한 자의 요청이 있는 경우에는 제3항에 따라 인수한 임대주택의 일부를 토지임대부 분양주택 공급촉진을 위한 특별조치법에 따른 토지임대부 분양주택으로 전환하여 공급하여야 한다($\S^{50}_{\textcircled{7}}$).

⑷ 주택등 건축물의 분양 받을 권리산정 기준일

정비사업으로 인하여 주택 등 건축물을 공급하는 경우 법 제4조 제4항에 따른 고시가 있은 날 또는 시·도지사가 투기억제를 위하여 기본계획수립 후 정비구역지정·고시 전에 따로 정하는 날(이하 이 조에서 "기준일"이라 한다)의 다음 날부터 다음 어느 하나에 해당하는 경우에는 해당 토지 또는 주택 등 건축물의 분양받을 권리는 기준일을 기준으로 산정한다($\S^{50의}_{2\ \textcircled{1}}$).

1. 1필지의 토지가 수개의 필지로 분할되는 경우
2. 단독 또는 다가구주택이 다세대주택으로 전환되는 경우
3. 하나의 대지범위 안에 속하는 동일인 소유의 토지와 주택 등 건축물을 토지와 주택 등 건축물로 각각 분리하여 소유하는 경우
4. 나대지에 건축물을 새로이 건축하거나 기존 건축물을 철거하고 다세대주택, 그 밖의 공동주택을 건축하여 토지등소유자가 증가되는 경우

시·도지사는 위 제1항에 따라 기준일을 따로 정하는 경우에는 기준일·지정사유·건축물의 분양받을 권리의 산정 기준 등을 해당 지방자치단체의 공보에 고시하여야 한다($\S^{50의}_{2\ \textcircled{2}}$).

⑸ 정비사업의 준공인가

시장·군수가 아닌 사업시행자는 정비사업에 관한 공사를 완료한 때에는 대통령령이 정하는 방법 및 절차에 의하여 시장·군수의 준공인가를 받아야 한다($\S^{52}_{\textcircled{1}}$). 준공인가신청을 받은 시장·군수는 지체 없이 준공검사를 실시하여야 하며($\S^{52}_{전단\textcircled{2}}$), 그 경우 효율적인 준공검사를 위하여 필요한 때에는 관계행정기관·정부투자기관·연구기관 그 밖의 전문기관 또는 단체에 준공검사의 실시를 의뢰할 수 있다($\S^{52}_{후단\textcircled{2}}$).

시장·군수는 준공검사의 실시결과 정비사업이 인가받은 사업시행계획대로 완료되었다고 인정하는 때에는 준공인가를 하고 공사의 완료를 당해 지방자치단체의 공보에 고시하여야 한다($\S^{52}_{\textcircled{3}}$). 또한 시장·군수가 직접 시행하는 정비사업에 관한 공사가 완료된 때에는 그 공사의 완료를 당해 지방자치단체의 공보에 고시하여야 한다($\S^{52}_{\textcircled{4}}$). 공사완료의 고시절차 및 방법 그 밖에 필요한 사항은 대통령령으로 정한다($\S^{52}_{\textcircled{6}}$).

시장·군수는 그와 같은 준공인가를 하기 전이라도 완공된 건축물이 사용에 지장이 없는 등 대통령령이 정하는 기준에 적합한 경우에는 입주예정자가 완공된 건축물을 사용할 것을

사업시행자에 대하여 허가할 수 있다($\S52\atop{본문}^{⑤}$). 다만, 자신이 사업시행자인 경우에는 허가를 받지 아니하고 입주예정자가 완공된 건축물을 사용하게 할 수 있다($\S52\atop{단서}^{⑤}$).

3.3.3. 환권처분의 효과

(1) 공사완료에 따른 관련 인·허가등의 의제

법 제52조 제1항 내지 제4항에 따라 준공인가를 하거나 공사완료의 고시를 함에 있어 시장·군수가 제32조에 따라 의제되는 인·허가등에 따른 준공검사·준공인가·사용검사·사용승인 등($\substack{이하 "준공검사·ㆍ\\인가등"이라 한다}$)에 관하여 제3항에 따라 관계행정기관의 장과 협의한 사항에 대하여는 당해 준공검사·인가등을 받은 것으로 본다($\S53\atop①$). 시장·군수가 아닌 사업시행자가 준공검사·인가등의 의제를 받고자 하는 경우에는 준공인가 신청시 해당 법률이 정하는 관계서류를 함께 제출하여야 한다($\S53\atop②$).

시장·군수는 준공인가를 하거나 공사완료의 고시를 함에 있어서 그 내용에 제32조에 따라 의제되는 인·허가 등에 따른 준공검사·인가등에 해당하는 사항이 있는 때에는 미리 관계행정기관의 장과 협의하여야 한다($\S53\atop③$). 법 제32조 제5항의 규정은 준공검사·인가등의 의제에 관하여 이를 준용한다($\S53\atop④$).

(2) 이전고시 등

사업시행자는 제52조 제3항 및 제4항에 따른 고시가 있은 때에는 지체 없이 대지확정측량을 하고 토지의 분할절차를 거쳐 관리처분계획에 정한 사항을 분양을 받을 자에게 통지하고 대지 또는 건축물의 소유권을 이전하여야 한다($\S54\atop①$). 다만, 정비사업의 효율적인 추진을 위하여 필요한 경우에는 당해 정비사업에 관한 공사가 전부 완료되기 전에 완공된 부분에 대하여 준공인가를 받아 대지 또는 건축물별로 분양받을 자에게 그 소유권을 이전할 수 있다($\S54\atop①$).

사업시행자가 이에 따라 대지 및 건축물의 소유권을 이전하고자 하는 때에는 그 내용을 당해 지방자치단체의 공보에 고시한 후 이를 시장·군수에게 보고하여야 한다($\S54\atop{전단}^{②}$). 이 경우 대지 또는 건축물을 분양받을 자는 고시가 있은 날의 다음 날에 그 대지 또는 건축물에 대한 소유권을 취득한다($\S54\atop{후단}^{②}$).

이전고시란 이와같이 준공인가고시로 사업시행이 완료된 이후에 관리처분계획이 정한 바에 따라 정비사업으로 조성된 대지 및 건축물 등의 소유권을 분양받을 자에게 이전하는 행정처분으로서, 관리처분계획에서 정한 사항을 구체적으로 집행하는 집행행위이다. 종래 도시재개발법상 '분양처분'이 '이전고시'라는 용어로 변경되었는데, 이는 분양처분의 법적 효과가 통지에 의해 발생하는 것이 아니라 '고시'에 의해 발생하는 점을 명확히 하고자 한 것이다.

이전고시의 법적 성질: 공법상 처분

"도시 및 주거환경정비법에 따른 **이전고시**는 준공인가의 고시로 사업시행이 완료된 이후에 관리처분계획에서 정한 바에 따라 종전의 토지 또는 건축물에 대하여 정비사업으로 조성된 대지 또는 건축물의 위치 및 범위 등을 정하여 소유권을 분양받을 자에게 이전하고 가격의 차액에 상당하는 금액을 청산하거나 대지 또는 건축물을 정하지 않고 금전적으로 청산하는 **공법상 처분**이다."27)

이전고시가 효력을 발생하게 된 이후에는 조합원 등이 관리처분계획의 취소 또는 무효확인을 구할 법률상 이익이 없다는 것이 대법원의 판례이다.

이전고시가 효력 발생 후 관리처분계획의 취소 또는 무효확인을 구할 법률상 이익 유무

[1] [다수의견] 이전고시의 효력 발생으로 이미 대다수 조합원 등에 대하여 획일적·일률적으로 처리된 권리귀속 관계를 모두 무효화하고 다시 처음부터 관리처분계획을 수립하여 이전고시 절차를 거치도록 하는 것은 정비사업의 공익적·단체법적 성격에 배치되므로, **이전고시가 효력을 발생하게 된 이후에는 조합원 등이 관리처분계획의 취소 또는 무효확인을 구할 법률상 이익이 없다**고 봄이 타당하다.

[대법관 김능환, 대법관 이인복, 대법관 김용덕, 대법관 박보영의 별개의견] 관리처분계획의 무효확인이나 취소를 구하는 소송이 적법하게 제기되어 계속 중인 상태에서 이전고시가 효력을 발생하였다고 하더라도, 이전고시에서 정하고 있는 대지 또는 건축물의 소유권 이전에 관한 사항 외에 관리처분계획에서 정하고 있는 다른 사항들에 관하여서는 물론이고, 이전고시에서 정하고 있는 사항에 관하여서도 여전히 관리처분계획의 취소 또는 무효확인을 구할 법률상 이익이 있다고 보는 것이 이전고시의 기본적인 성격 및 효력에 들어맞을 뿐 아니라, 행정처분의 적법성을 확보하고 이해관계인의 권리·이익을 보호하려는 행정소송의 목적 달성 및 소송경제 등의 측면에서도 타당하며, 항고소송에서 소의 이익을 확대하고 있는 종전의 대법원판례에도 들어맞는 합리적인 해석이다.

[2] 도시 및 주거환경정비법 관련 규정의 내용, 형식 및 취지 등에 비추어 보면, 당초 관리처분계획의 경미한 사항을 변경하는 경우와 달리 관리처분계획의 주요 부분을 실질적으로 변경하는 내용으로 새로운 관리처분계획을 수립하여 시장·군수의 인가를 받은 경우에는, 당초 관리처분계획은 달리 특별한 사정이 없는 한 효력을 상실한다.28)

"[1] 이전고시의 효력 발생으로 이미 대다수 조합원 등에 대하여 획일적·일률적으로 처리된 권리귀속 관계를 모두 무효화하고 다시 처음부터 관리처분계획을 수립하여 이전고시 절차를 거치도록 하는 것은 정비사업의 공익적·단체법적 성격에 배치되므로, **이전고시가 효력을 발생한 후에는 조합원 등이 관리처분계획의 취소 또는 무효확인을 구할 법률상 이익이 없다고 보는 것이 타당하고, 이는 관리처분계획에 대한 인가처분의 취소 또는 무효확인을 구하는 경우에도 마찬가지이다.**

[2] 관리처분계획의 수립 또는 변경을 위하여 조합총회의 의결 및 행정청의 인가절차 등을 요구하는 취지는, 관리처분계획의 수립 또는 변경이 조합원, 현금청산대상자 등(이하 '조합원 등'이라 한다)에 대한 소유권 이전 등 권리귀속 및 비용부담에 관한 사항을 확정하는 행정처분에 해당하므로 그로 인하여 자신의 권리의무와 법

---

27) 대법원 2016.12.29. 선고 2013다73551 판결.
28) 대법원 2012.3.22. 선고 2011두6400 전원합의체 판결.

적 지위에 커다란 영향을 받게 되는 조합원 등의 의사가 충분히 반영되어야 할 필요가 있기 때문이다. 반면에 관리처분계획의 경미한 사항을 변경하는 경우에는 이러한 필요성이 그다지 크지 않기 때문에 행정청에 신고하는 것으로 충분하도록 규정하고 있는 것이다."29)

(3) 대지 및 건축물에 대한 권리의 확정

대지 또는 건축물을 분양받을 자에게 법 제54조 제2항에 따라 소유권을 이전한 경우 종전의 토지 또는 건축물에 설정된 지상권·전세권·저당권·임차권·가등기담보권·가압류 등 등기된 권리 및 주택임대차보호법 제3조 제1항의 요건을 갖춘 임차권은 소유권을 이전받은 대지 또는 건축물에 설정된 것으로 본다($\S^{55}_{①}$).

그 경우 취득하는 대지 또는 건축물 중 토지등소유자에게 분양하는 대지 또는 건축물은 도시개발법 제40조에 따라 행하여진 환지로 보며, 제48조 제3항에 따른 보류지와 일반에게 분양하는 대지 또는 건축물은 도시개발법 제34조에 따른 보류지 또는 체비지로 본다($\S^{55}_{②}$).

(4) 등기절차 및 권리변동의 제한

사업시행자는 법 제54조 제2항에 따른 이전의 고시가 있은 때에는 지체 없이 대지 및 건축물에 관한 등기를 지방법원지원 또는 등기소에 촉탁 또는 신청하여야 한다($\S^{56}_{①}$). 등기에 관하여 필요한 사항은 대법원규칙으로 정한다($\S^{56}_{②}$).

정비사업에 관하여 제54조 제2항에 따른 이전의 고시가 있은 날부터 등기가 있을 때까지는 저당권 등의 다른 등기를 하지 못한다($\S^{56}_{③}$).

(5) 청산금 등

대지 또는 건축물을 분양받은 자가 종전에 소유하고 있던 토지 또는 건축물의 가격과 분양받은 대지 또는 건축물의 가격 사이에 차이가 있는 경우에는 사업시행자는 제54조 제2항에 따른 이전의 고시가 있은 후에 그 차액에 상당하는 금액(이하 "청산금"이라 한다)을 분양받은 자로부터 징수하거나 분양받은 자에게 지급하여야 한다($\S^{57}_{본문①}$). 다만, 정관등에서 분할징수 및 분할지급에 대하여 정하고 있거나 총회의 의결을 거쳐 따로 정한 경우에는 관리처분계획인가 후부터 제54조 제2항에 따른 이전의 고시일까지 일정기간별로 분할징수하거나 분할지급할 수 있다($\S^{57}_{단서①}$).

청산금 산정시 종전에 소유하고 있던 토지 또는 건축물의 가격과 분양받은 대지 또는 건축물의 가격은 그 토지 또는 건축물의 규모·위치·용도·이용상황·정비사업비 등을 참작하여 평가하여야 하며($\S^{57}_{②}$), 그 가격평가의 방법 및 절차 등에 관하여 필요한 사항은 대통령

---

29) 대법원 2012.5.24. 선고 2009두22140 판결.

령으로 정한다($^{\S\,57}_{③}$).

청산금을 납부할 자가 이를 납부하지 아니하는 경우에는 시장·군수인 사업시행자는 지방세체납처분의 예에 의하여 이를 징수($^{분할징수를\ 포함한다}_{이하\ 이\ 조에서\ 같다}$)할 수 있고, 시장·군수가 아닌 사업시행자는 시장·군수에게 청산금의 징수를 위탁할 수 있으며, 이 경우 제61조 제5항을 준용한다($^{\S\,58}_{①}$).

청산금을 지급받을 자가 이를 받을 수 없거나 거부한 때에는 사업시행자는 그 청산금을 공탁할 수 있다($^{\S\,58}_{②}$).

청산금을 지급($^{분할지급을}_{포함한다}$) 받을 권리 또는 이를 징수할 권리는 법 제54조 제2항에 따른 이전의 고시일 다음 날부터 5년간 이를 행사하지 아니하면 소멸한다($^{\S\,58}_{③}$).

3.3.4. 환권처분에 대한 불복

환권처분 역시 처분성을 가지므로 환지처분의 경우와 다름없이 행정심판이나 행정소송을 통해 다툴 수 있다. 그러나 환지처분의 경우와 마찬가지로 환권처분에 대해서는 분양처분이 이루어진 다음에는 다투기가 쉽지 않다. 다음에 보는 바와 같이 분양처분이 일단 공고되어 효력을 발생하게 된 이후에는 그 전체 절차를 처음부터 다시 밟지 않는 한 그 일부만을 따로 떼어 분양처분을 변경할 길이 없다. 즉, 조합원은 관리처분계획의 변경 또는 분양거부처분의 취소를 구할 수 없고, 재개발조합으로서도 분양처분의 내용을 일부 변경하는 취지로 관리처분계획을 변경할 수 없다.

"도시재개발법에 의한 도시재개발사업에서 분양처분이 일단 고시되어 효력을 발생하게 된 이후에는 그 전체의 절차를 처음부터 다시 밟지 아니하는 한 그 일부만을 따로 떼어 분양처분을 변경할 길이 없고 **분양처분의 일부 변경을 위한 관리처분계획의 변경도 분양처분이 이루어지기 전에만 가능하므로**($^{대법원\ 1991.}_{10.8.\ 선고\ 90}$ 누10032 판결, 1995.7.14. 선고 93누9118 판결, 1999.2.5. 선고 97누14606 판결 등 참조), **분양처분이 효력을 발생한 이후에는 조합원은 관리처분계획의 변경 또는 분양거부처분의 취소를 구할 수 없고 재개발조합으로서도 분양처분의 내용을 일부 변경하는 취지로 관리처분계획을 변경할 수 없다고 할 것이다.**"[30]

설령 분양처분에 위법이 있다 하여 취소 혹은 무효확인을 하더라도 다른 토지에 대한 분양처분까지 무효라고는 할 수 없고 다만 그 위법을 이유로 하여 민사상의 절차에 따라 권리관계의 존부를 확정하거나 손해의 배상을 구하는 길이 있을 뿐이므로 그 분양처분의 일부에 대하여 취소 또는 무효확인을 구할 법률상의 이익이 없다는 것이 판례이다.

---

30) 대법원 1999.10.8. 선고 97누12105 판결.

"도시재개발법에 의한 도시재개발사업에 있어서의 분양처분은 사업시행자가 관리처분계획구역의 전부에 대하여 공사를 완료한 후 관리처분계획에 따라 토지교부 등을 하는 처분으로서 일단 공고되어 효력을 발생하게 된 이후에는 그 전체의 절차를 처음부터 다시 밟지 않는 한 그 일부만을 따로 떼어 분양처분을 변경할 길이 없으며 가사 그 **분양처분에 위법이 있다 하여 취소 혹은 무효확인을 하더라도 다른 토지에 대한 분양처분까지 무효라고는 할 수 없을 것이고 다만 그 위법을 이유로 하여 민사상의 절차에 따라 권리관계의 존부를 확정하거나 손해의 배상을 구하는 길이 있을 뿐이므로 그 분양처분의 일부에 대하여 취소 또는 무효확인을 구할 법률상의 이익이 없다**고 하여야 할 것이다(당원 1979.3.13. 선고 78누246 판결, 1980.6.24. 선고 79누100 판결, 1985.4.23. 선고 84누446 판결, 1990.9.25. 선고 88누2557 판결 참조)."31)

---

31) 대법원 1991.10.8. 선고 90누10032 판결.

제 4 장

경제행정법

제 1 절 │ 경제행정법서론

I. 경제법의 생성

"경제법"($\text{Wirtschafts-} \atop \text{recht}$)은 노동법과 마찬가지로 제1차 세계대전 후에야 비로소 독자적 연구·교육분야로서 성립된[1] 새로운 법영역이다. 이렇게 특수한 연구·교육분야로 독립된 "경제법"이 생성될 수 있었던 것은 법영역의 체계적 분류에 관한 이론적 관심에서라기보다는 19세기 말부터 시작되어 전쟁의 수요를 통해 가속화되었던 국가목적의 방향전환($\text{Umorientierung der} \atop \text{Staatszwecke}$) 덕분이었다고 한다.[2] 특히 독일 바이마르 제국헌법의 "경제생활"($\text{Das} \atop \text{Wirtschaftsleben}$)에 관한 장은 자유주의적 행정관념으로부터 사적자치에 의한 경제적 자유의 원칙을 사회정의에 대한 국가의 책임과 결합시킨 새로운 국가관으로의 이행을 보여주었다. 즉, "경제법"이란 법영역의 독립은 이와 같은 헌법 및 경제사상의 전환이 가져온 한 결과였다. 경제법이란 「국가가 경제의 조직과 기능방식을 규율하고 형성하며 지도하는 법규의 총체」로서 정의되었고 또 현재에도 그렇게 정의되고 있다.[3]

---

1) A. Nussbaum, Das neue deutsche Wirtschaftsrecht, 1920, 2.Aufl., 1922; H. Goldschmidt, Reichs-Wirtschaftsrecht, 1923; Hedemann, Reichsgericht und Wirtschaftsrecht, 1929. "경제법"(Wirtschaftsrecht)이란 말은 리하르트 칸(Richard Kahn)이 『Rechtsbegriff der Kriegswirtschaft. Ein Versuch der Grundlegung des Kriegswirtschaftsrechts』(München, 1918)에서 최초로 사용했다고 한다.
2) Badura.P., Wirtschaftsverwaltungsrecht, in: Ingo v. Münch(Hrsg.), 9.Aufl., 1992, S.184.
3) Hedemann, in: Fs.f. A. Hueck, 1959, S.377; Rittner, Wirtschaftsrecht, StaatL 8(1963), S.817; G. Rinck, Begriff und Prinzipien des Wirtschaftsrechts, 1971; N. Reich, Markt und Recht, 1977.

제1편 제2편 제3편 제4편 제5편 특별행정법

Ⅱ. 경제행정법의 대두

경제법은 특히 사법의 부속물(^{Annex})로 형성되었다. 이러한 연유로 경제법은 예나 지금이나 주로 사법학자들에 의해 또 주로 사법적 배경에서 다루어지게 되었다.4) 물론 경제법의 사법적 지향은 경제법적 규율들이 사법상 거래에 타당한 사적자치($^{Privatau-}_{tonomie}$)의 제한으로서 파악될 수 있는 이상 부적절한 것이었다고는 말할 수 없고, 이 점은 현재에도 여전히 타당하다. 그러나 그동안 경제법의 역사적 전개과정에서 두드러진 새로운 발전경향은 경제에 대한 공법적 규율로서 표현되는 경제행정법($^{Wirtschaftsver-}_{waltungsrecht}$)이 전면에 등장하게 되었다는 것이다. 경제현상에 대한 증대되는 국가적 개입을 표출하는, 경제법에 특유한 "법소재의 사회화"($^{Sozialisierung\ des}_{Rechtsstoffes:\ Nußbaum}$) 현상, 그리고 이에 필연적으로 수반된, 경제법적 수권의 실행을 위한 국가 경제행정조직의 구축은, 이미 오래전에 구래(舊來)의 경찰법적 성격을 탈피한 공법이 유례없이 전면에 대두되게 만드는 원인이 되었다.5) 영업법(^{Gewerberecht})은 새로운 '경제행정법'으로 전환되었다.6) 이 법영역에서는 발전된 산업사회를 사회정의의 원칙에 따라 규율하고 형성하려는 국가의 요구가 표출되고 있다.

요컨대 경제행정법이란 국가가 위험방지($^{Gefahren-}_{abwehr}$), 지도와 조성($^{Lenkung\ und}_{Förderung}$)이란 목표하에 행정의 임무 및 권한, 그리고 경제과정에 참여하는 당사자들의 공법적 권리들을 성립시킴으로써 경제과정에 대하여 규제, 형성 및 급부의 형태로 영향을 미칠 수 있도록 하는 법규들을 포괄하는 개념이다.

Ⅲ. 공법의 일부로서 경제행정법

경제법이란, 물론 많은 논란이 있지만,7) 「국민경제전체를 정당하게 질서지우기 위하여 경제를 규제하는 법규범이나 법제도의 총체」로 정의된다.8) 이것은 경제에 특유한 성질을 가지

---

4) 이 점은 독일이나 우리나라의 경우에도 마찬가지이다. 경제법이란 연구·교육분야가 주로 사법학자들에 의해 담당되어 온 사실은 한국경제법학회의 면모나 출판경향만을 보아도 분명히 드러난다. 경제법에 관한 본격적인 단행본의 출판은 사법학자들에 의해 주도되었고(예: 황적인·권오승, 경제법, 1978년 초판, 1989년 전정판) 이러한 연유로 경제에 대한 국가적 개입의 주공(主攻)이라 할 수 있는 공법적 측면이 상대적으로 소홀히 취급되는 결과가 되었다. 물론 이것은 역으로 경제행정법에 대한 공법학계의 관심이나 연구성과가 극히 미미한 상태에 머물러 있었다는 점을 말해준다.

5) Badura, aaO., S.185.

6) E.R. Huber, Wirtschaftsverwaltungsrecht, 1932, 2.Aufl., Bd.I,Ⅱ, 1953/54; Scheuner, U., Das öffentliche Wirtschaftsrecht, in: Mitteilungen des Jenaer Instituts für Wirtschaftsrecht, Heft 28(1934), S.3; R. Stober, Quellen zur Geschichte des Wirtschaftsverwaltungsrechts, 1986.

7) 이에 관해서는 황적인·권오승, 앞의 책, 24이하를 참조.

8) 황적인·권오승, 같은 곳; 권오승, "한국 경제법의 과제와 전망", 법제연구 창간호, 1991, 71; Rittner, Wirtschaftsrecht,

는 부분(상법, 회사법 및 경쟁법)과 일반적인 법적 거래(민법, 보통거래약관)에 관한 부분 등 주로 사법(私法)으로 구성되는 법규의 총체로서, 공정한 경쟁질서의 유지확보를 위한 독점형성의 규제, 부정경쟁의 규제, 부당경품 및 표시 등의 규제를 주된 대상으로 한다. 반면 공법의 일부로서 경제행정법은 특히 경제의 감독과 촉진에 관한 법규의 총체이며, 어느 면에서는 경제법과 겹치는 부분을 지니는 것도 사실이지만, 일반경제법처럼 경제경쟁질서를 직접적인 대상으로 삼는 것이 아니라 경제행정과정에서 문제되는 조직(경제행정조직법), 인적 수단(공무원법), 절차(행정절차법), 행정수단·방식(행정작용법) 및 권리구제(행정구제법)를 중점적인 대상으로 삼는다는 점에서 구별된다.[9] 경제행정법은 사법적 성질을 띠는 일반경제법에 비하여 다소 폐쇄성($\substack{\text{Geschlos-}\\\text{senheit}}$)을 지니기는 하지만, 훨씬 더 이질적인 법영역과 규율들을 포함하고 있다. 그것은 극도의 분업, 전문가집단 및 고도기술을 수반하는 고도경제발전 시대에서 당연한 소여(所與)($\substack{\text{selbstverständliche}\\\text{Gegebenheit}}$)로 간주해야 할 경제행정법의 특징이다.[10]

2.Aufl., Rn.42; 佐藤英善, 經濟行政法, 1990, 成文堂; Püttner, Wirtschaftsverwaltungsrecht, 1989, Boorberg, S.18.

9) 佐藤英善, 같은 책, 38f.; Püttner, aaO., S.18.

10) Püttner, aaO.

제 2 절 │ 경제행정의 임무와 내용

I. 경제행정의 임무

1. 경제행정의 의의

경제행정이란 국가 또는 지방자치단체 등이 그 경제정책을 실현하기 위하여 일정한 경제계획에 입각하거나 개별구체적인 방법에 의하여 적극적으로 생산·유통·소비 등의 경제과정에 관하여 경제활동을 규제, 유도하여 경제질서를 형성하는 행정작용을 말한다.[1] 그것은 자본주의의 발전과 함께 경제의 자유방임사상을 초월하여 국가가 경제활동에 관여하고 있는 행정현실을 바탕으로 행해지는 행정작용의 영역이다. 경제행정은 국민경제의 모든 수준에서 이루어지는 경제활동을 대상으로 한다. 헌법 제119조 제2항은 이러한 견지에서 "국가는 균형있는 국민경제의 성장 및 안정과 적정한 소득의 분배를 유지하고, 시장의 지배와 경제력의 남용을 방지하며, 경제주체간의 조화를 통한 경제의 민주화를 위하여 경제에 관한 규제와 조정을 할 수 있다"고 규정하고 있다. 경제행정은 따라서 생산·교환·분배·소비 등 전체 경제과정과 이와 관련된 금융·보험·운송 등 각종의 경제제도를 그 대상으로 한다.

2. 경제행정의 임무

경제행정의 임무는 관점에 따라 극히 다양하게 파악될 수 있다. 가령 퓌트너(^{Püttner})의 분류에 따르면, 경제행정은 그 효과와 작용형태에 따라 세 가지로 나뉜다. 즉, 국가는 개개의 기업들을 직접적으로 감독·규제함으로써 경제영역에서의 위험방지 및 제거를 내용으로 하는 경제의 감시($^{Wirtschafts-}_{überwachung}$) 또는 경제감독($^{Wirtschafts-}_{aufsicht}$), 일정한 유인과 경고를 통하여 이에 상응하는 기업의 반응을 기대하여 기업의 행위를 바람직한 방향으로 유도·조종하는 경제지도($^{Wirtschafts-}_{lenkung}$) 또는 경제의 조종($^{Wirtschafts-}_{steuerung}$), 그리고 기업에 대하여 직접 급부의 보장 또는 의무의 면제를 통하여 경제발전을 조장·촉진하는 작용인 경제의 진흥($^{Wirtschafts-}_{förderung}$)을 수행한다고 한다.[2]

---

1) 小高 剛, 行政法各論, 有斐閣法學叢書 3, 1992, 23.
2) Püttner, Wirtschaftsverwaltungsrecht, 1989, S.26; 홍정선, 행정법원론(하), 609이하도 퓌트너의 분류를 따르고 있다.

경제행정의 임무: Püttner ● ●

경제의 감시 또는 감독($\substack{\text{Wirtschafts-}\\\text{aufsicht}}$)

경제의 지도 또는 조종($\substack{\text{Wirtschaftslenkung,}\\\text{Globalsteuerung}}$)

경제의 지원 또는 진흥($\substack{\text{Wirtschafts-}\\\text{fördeung}}$)

야라스(^{Jarass}) 역시 유사한 관점에서 경제에 대한 작용(^{Einwirkung})의 종류 및 형태에 따라 개입($\substack{\text{Inter-}\\\text{vention}}$)과 독자적 경제활동($\substack{\text{Eigenbe-}\\\text{tätigung}}$)으로 나누고 다시 즉 개입을 명령적(^{imperativ}) 개입, 유인적($\substack{\text{influ-}\\\text{zierend}}$) 개입, 그리고 사실상의(^{faktisch}) 개입으로 분류하고 있다.[3]

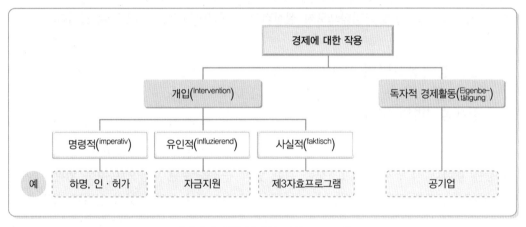

[경제에 대한 국가의 작용: Jarass]

이와같이 다양하게 분류되고 있는 경제행정의 임무를 단일한 체계에 의하여 통일적으로 파악하는 것은 사실상 불가능하다. 무엇을 기준으로 삼느냐에 따라 또는 경제행정작용의 구체적 내용에 따라 서로 중첩되거나 복합적 성질을 띠는 경우가 적지 않기 때문이다.[4] 다만 경제행정의 내용적 광범성과 다양성을 고려하면서 경제행정의 임무를 경제에 대한 국가적 개입의 태양에 따라 유형화하여 파악하는 것은 경제행정이 수행해야 할 과제를 개관함에 있어 유용하다.

(1) 경쟁질서에 관한 행정: 공정하고 자유로운 경쟁질서의 유지와 경제활동의 기반형성을 목적으로 하는 작용 (예: 독점규제행정)

(2) 영업의 인허가제에 관한 행정: 경제활동의 개입·조정을 위한 작용

---

3) Jarass, aaO., S.35f.
4) 퓌트너에 따르면 특히 경제유도(Wirtschafslenkung)의 영역은 현대국가에 있어 불가결한 의미를 가지는 것이지만 매우 잡종적(heterogen)이라고 한다(aaO., S.27).

⑶ 경제활동의 유도에 관한 행정: 생산·유통·소비 등의 각종 경제활동의 내용에 필요한 규제를 하여 경제활동을 유도하는 작용
⑷ 소비자보호행정: 경제활동을 규제하여 소비생활의 안정을 도모하기 위한 작용
⑸ 경제조성에 관한 작용: 특정산업부문의 보호·조성을 위한 작용

물론 이와같이 유형화된 경제행정의 다양한 임무들은, 예컨대 기업보호·육성정책과 소비자보호정책이 대립하는 경우처럼, 실제로는 상호관련을 맺고 있다. 마찬가지로 경제규제의 목적도 전통적인 산업경찰 내지 경제경찰로서 설명되어 왔던 소극적 질서유지·위험방지$\binom{\text{Gefahren-}}{\text{abwehr}}$에서 적극적 경제정책에 입각하여 계획적으로 경제활동을 유도하는 것에 이르기까지 다양한 스펙트럼을 포함하고 있어, 이를 통일적 분류체계하에 억지로 끼워 넣기보다는 구체적인 규제의 태양을 함께 고려함으로써 실질적으로 접근하는 것이 바람직할 것이다.

Ⅱ. 경제행정법의 내용

1. 경제행정법의 영역

경제행정에 관한 법으로서 경제행정법은 헌법상의 경제질서를 기초로 하여 경제조직·경제활동에 대한 법적 규제와 경제조장을 위한 법적 규율을 주된 내용으로 하고 있다. 경제헌법에 관해서는 현행 헌법상 경제질서, 경제질서 및 경제개입 영역에 있어 입법과 집행, 경제활동의 기본권에 대한 보호(기업의 자유·직업의 자유·재산권보장) 등이 고찰되어야 하며, 경제규제행정법 및 경제조장행정법에 관해서는 현행법상 법제화되어 있는 각종 제도들, 예컨대 기업의 육성과 규제·기업합리화정책·독점과 독점규제·부실기업정리·중소기업의 보호·육성·농·어촌 및 소비자 자조조직의 보호·육성(경제조직에 대한 법적 규율)이라든지, 자금·금융상의 규제·증권거래 및 물가안정을 위한 법적 규율·물자규제·소비자보호행정·자원의 개발과 규제(경제활동에 대한 법적 규율), 그리고 대외무역의 육성과 규제·조정·수출의 육성·촉진을 위한 규율·외환관리 및 외자도입의 규제(대외경제거래에 대한 법적 규율)의 내용이 검토되어야 할 것이다.

2. 특별행정법과 경제행정법

경제행정법은 특별행정법의 한 분야이다. 특별행정법의 한 분야로서 경제행정법은 다른 특별행정법의 영역과 구별되는 특징을 지니고 있다.

제 3 절 │ 헌법상 경제질서

Ⅰ. 경제헌법

경제질서에 관한 헌법의 규정, 즉 "경제헌법"($^{Wirtschafts-}_{verfassung}$)은 경제행정의 범위와 한계에 관한 헌법적 결정을 집약해 주는 개념이다. 경제헌법이란, 가장 단순한 의미로는 헌법에 규정된 경제에 관한 조항, 예컨대 독일의 바이마르제국 헌법의 "경제생활"($^{Das}_{Wirtschaftsleben}$)에 관한 장을 말한다. 경제에 관한 독립된 장(제9장 경제)을 둔 우리 헌법은 독일의 기본법과는 달리 이러한 의미의 경제헌법을 가지고 있다고 말할 수 있다. 그러나 "경제헌법"의 의미를 둘러싸고 기존 경제질서에 관한 법적 논란과 대립이 끊이지 않고 있다.

"경제헌법"이란 그것이 경제생활의 질서에 관한 헌법 규정을 의미하느냐, 아니면 헌법이나 법률로서 그 효력등위를 불문하고 경제 과정의 조직과 진행을 기본적으로 또 지속적으로 결정하는 법규의 총체를 의미하느냐에 따라, 좁은 의미와 넓은 의미, 두 가지 의미로 사용된다. 광의의 경제헌법개념은 그 규율 대상, 즉, 경제라는 관점에서 구성된 개념이며 따라서 어떤 법규와 법제도들이 「경제하는 것」(^{Wirtschaften})의 현실적 질서에 원리적으로 중요하며 특유한 것인지에 주안점을 둔다.[1]

Ⅱ. 현행헌법상의 경제질서

1. 경제질서에 관한 헌법규정

경제적 기본질서에 관한 현행헌법의 규정들을 개관하면, 헌법은 먼저 헌법 전문에서 모든 영역에 있어서 각인의 기회균등과 국민생활의 균등한 향상을 국가적 목표로 규정하고 재산권보장을 규정한 제23조, 직업선택의 자유를 규정한 제15조 및 경제에 관한 제9장에서 경제적 기본질서의 내용을 규정하고 있다. 그 밖에도 근로의 권리에 관한 제32조 제1항, 근로자

---

1) 참고로 헌법에 경제에 관한 독립된 장을 두고 있지 않은 독일의 경우, 이와같이 경제헌법을 메타법적(metarechtlich)인 시각에서 본다면, 「경제헌법」(Wirtschaftsverfassungsrecht)이란 무엇보다도 1965년 9월 6일의 주식법(AktienG: BGBl. I S.1089), 1957년 7월 27일 제정되어 현재 1980년 9월 24일 개정공포된 경쟁제한방지법(G gegen Wettbewerbsbeschränkungen: BGBl. I S.1761), 그리고 1967년 6월 8일의 경제의 안정 및 성장을 촉진하기 위한 법률(경제안정법(StabilitätsG)G zur Förderung der Stabilität und des Wachstums der Wirtschaft: BGBl. I S.582)을 포함하는 개념이라고 할 수 있다.

의 권리를 규정한 제33조, 긴급재정·경제처분 및 명령권을 규정한 제76조 제1항 등도 경제
질서에 관련한 헌법의 태도를 엿볼 수 있게 하는 근거조항들이다.

　한국헌법의 경제적 기본질서에 관한 원칙을 규정한 것은 헌법 제119조이다. 즉, 대한민국
의 경제질서는 개인과 기업의 경제상의 자유와 창의를 존중함을 원칙으로 한다(헌법 §119 ①). 이는
재산권보장과 직업선택의 자유와 같은 고전적 의미의 경제적 기본권의 보장을 통하여 뒷받
침되고 있다. 그러나 자유주의 시장경제를 배경으로 한 경제질서의 기본원칙은 제119조 제2
항에서 중대한 수정을 받고 있고, 이는 한국헌법상 경제적 기본질서를 사회적 시장경제질서
라고 부를 수 있게 하는 한 요소가 되고 있다. 즉, 헌법은 "국가는 국민경제의 성장 및 안정
과 적정한 소득의 분배를 유지하고, 시장의 지배와 경제력의 남용을 방지하며, 경제주체간의
조화를 통한 경제의 민주화를 위하여 경제에 관한 규제와 조정을 할 수 있다"는 규정을 둠
으로써 경제적 민주주의 또는 경제민주화를 경제질서의 기본으로 선언하고 있는 것이다. 이
러한 경제적 기본질서의 원리적 구조는 첫째, 사유재산권의 보장과 자유시장경제의 채택, 둘
째, 사회정의의 실현과 국민경제의 균형적 발전을 통한 경제민주화로 나누어 고찰할 수 있다.

2. 경제질서의 기초

2.1. 사유재산제의 보장과 자유시장경제의 채택

　헌법은 제23조에서 재산권을, 제22조 제2항에서는 무체재산권을 보장함으로써 경제질서
의 기본이 사유재산제, 즉 사적 소유의 보장에 있음을 분명히 함과 아울러 제15조에서 직업
선택의 자유를 보장하고 있다. 나아가 헌법은 제119조 제1항에서 "대한민국의 경제질서는
개인과 기업의 경제상의 자유와 창의를 존중함을 기본으로 한다"고 선언함으로써 이른바 자
유주의적 시장경제의 헌법적 근거를 명시하고, 제126조에서 "국방상·국민경제상 긴절한 필
요로 인하여 법률이 정하는 경우를 제외하고는 사영기업을 국유·공유로 이전하거나 그 경
영을 통제·관리할 수 없다"고 규정함으로써 사영기업 경영권 불간섭 원칙을 통하여 이를
다시 구체화하고 있다.[2)]

　사유재산제는 단순히 재산권의 법적 보장을 의미하는 것이 아니라 현행헌법의 전체적 성
격을 규정하는 기본적인 가치결단이다. 이러한 의미에서 우리 헌법상 사유재산제는 단순한
역사적·사회적 제도에 대한 보장의 수준을 넘는 경제질서의 기본원리로서 보장되고 있다.
그리하여 혁명을 전제로 하지 않는 한, 헌법개정으로도 생산수단의 사적 전유에 입각한 자본
주의체제의 핵심이 침해될 수 없다는 결론이 나온다. 물론 재산권의 보장과 자유경쟁에 입각
한 시장경제의 채택은 우리 헌법상 경제적 기본질서의 내용, 즉 자본주의경제체제의 핵심을

---

　2) 헌법재판소 1993.7.29. 선고 89헌마31 결정.

이루는 것이지만, 이러한 경제체제는 헌법상 재산권의 사회적 구속성이 관철되고 있고 시장경제 또한 후술하는 바와 같이 자본주의에 대한 사상적 전환에 따라 경제정의에 입각한 질서형성을 위한 근본적인 제약을 받고 있다는 점에서 상대화되고 완화되어 있다는 점에 주의를 요한다.

2.2. 사회적 시장경제질서 – 사회정의의 실현과 경제민주화

한국헌법상 경제적 기본질서에 대해서는 보는 각도에 따라 이론의 여지가 있고 또 학설상 논란되고 있기는 하지만, 앞에서 독일기본법의 경제질서와 관련하여 살펴본 바와 마찬가지로, 경제질서에 대한 개방성, 중립성에 입각하고 있다고 보는 것이 타당할 것이다. 즉 "우리 헌법은 어떤 순수한 경제질서에 관한 근본결단을 내리고 있다고 보기보다 오히려 두 상반된 경제적 이데올로기와 경제적 이익 간 조화로서의 헌법적 양해에 근거하고 있다"고 보아야 할 것이다.[3] 이러한 전제 위에서 헌법상 경제질서는 대체로 시장경제와 사회정의를 위한 경제민주화를 근간으로 하는 경제질서라는 의미에서 '사회적 시장경제', 즉 사회정의와 경제적 민주화를 지향하는 시장경제질서라고 이해될 수 있다.

한국헌법이 어떠한 경제질서를 채택하고 있는지에 대한 판례 역시 그러한 방향을 취하고 있다. 당초 헌법재판소는 재해보상 및 보험가입에 관한 법률 제5조에 대한 헌법소원결정(1991.6.3. 선고 89헌마204 결정)에서 소수반대의견이 우리나라의 경제체계가 사회적 시장경제체제라고 밝힌 바 있었고, 이후 판례를 통하여(헌법재판소 1996.4.25. 선고 92헌바47 결정(축산업협동조합법제99조제2항위헌소원: 헌공제15호)) 이를 분명히 천명한 바 있다: "우리나라 헌법상의 경제질서는 사유재산제를 바탕으로 하고 자유경쟁을 존중하는 자유시장경제질서를 기본으로 하면서도 이에 수반되는 갖가지 모순을 제거하고 사회복지·사회정의를 실현하기 위하여 국가적 규제와 조정을 용인하는 사회적 시장경제질서로서의 성격을 띠고 있다. 즉, 절대적 개인주의·자유주의를 근간으로 하는 자본주의사회에 있어서는 계약자유의 미명 아래 "있는 자, 가진 자"의 착취에 의하여 경제적인 지배종속관계가 성립하고 경쟁이 왜곡되게 되어 결국에는 빈부의 격차가 현격해지고, 사회계층간의 분화와 대립갈등이 첨예화하는 사태에 이르게 됨에 따라 이를 대폭 수정하여 실질적인 자유와 공정을 확보함으로써 인간의 존엄과 가치를 보장하도록 하였는 바(헌법재판소 1989.12.22. 선고 88헌가13 결정 참조)"

헌법은 제119조 제2항에서 "국가는 국민경제의 성장 및 안정과 적정한 소득의 분배를 유지하고, 시장의 지배와 경제력의 남용을 방지하며, 경제주체간의 조화를 통한 경제의 민주화를 위하여 경제에 관한 규제와 조정을 할 수 있다"고 규정함으로써 경제적 민주주의 내지 경제민주화를 경제적 기본질서의 내용으로 선언하고 있다. 적정한 소득분배, 자본집중과 경

---

3) 우리나라 헌법상 경제질서를 둘러싼 논쟁에 관하여는 한국공법학회, 경제에 관한 법적 규제와 조성, 공법연구 제16집(1988, 9-213. 특히 정순훈, "우리헌법상의 경제질서와 경제규제의 한계"), 동학회 월례학술발표회 발표문(1992.5.30. 특히 김형성의 논문) 등을 참조.

제력남용의 방지 등은 사회경제적 차원에서 실현되어야 할 이념인 사회정의에 봉사하는 정책적 목표들이며 이에 따라 이러한 목표들을 실현해 나가야 할 국가적 책무가 뒤따른다.

그러나 헌법상 경제적 기본질서의 또 다른 의미는 또한 경제정의를 실현하기 위한 국가적 개입의 한계를 설정했다는 데 있다. 첫째, 경제질서가 어디까지나 사적자치($\genfrac{}{}{0pt}{}{\text{Privatau-}}{\text{tonomie}}$)에 바탕을 둔 시장경제를 바탕으로 해야 한다는 점, 따라서 중앙집중적 계획경제와 같은 경제의 전면적 사회화는 허용되지 않는다는 점, 둘째, 경제에 관한 규제와 조정, 또 그로 인한 재산권 침해와 같은 경제에 대한 간섭은 어디까지나 법치국가적 조건하에서 이루어져야 한다는 점이 그것이다. 사회적 시장경제를 위한 현행헌법의 결정으로는 다음과 같은 것들을 들 수 있다.

2.2.1. 자연자원등의 부분적 사회화

헌법은 "광물 기타 중요한 지하자원·수산자원·수력과 경제상 이용할 수 있는 자연력은 법률이 정하는 바에 따라 일정한 기간 그 채취·개발 또는 이용을 특허할 수 있다"고 규정하고 있다($^{\S\,120}$). 이와같이 헌법이 광물 기타 중요한 지하자원·수산자원·수력과 경제상 이용할 수 있는 자연력, 즉 자연자원의 특허제를 법률에 유보한 것은 자연자원의 부분적 사회화를 전제로 한 것이라 할 수 있다.[4] 이에 근거를 두고 제정된 경제행정법으로는 광업법, 수산업법, 전기사업법, 공유수면관리법 등이 있다.

2.2.2. 국토·자원의 보호와 균형있는 개발과 이용

헌법은 제120조 제2항 후단에서 "국가는 국토와 자원의 균형있는 개발과 이용을 위하여 필요한 계획을 수립한다"고 규정하고 제122조에서는 "국민 모두의 생산 및 생활의 기반이 되는 국토의 효율적이고 균형있는 이용·개발과 보전을 위하여 법률이 정하는 바에 의하여 그에 관한 필요한 제한과 의무를 과할 수 있다"고 규정하여 국가가 국토의 균형있는 개발·이용·보전을 위한 계획수립 및 관리의무를 진다는 것을 분명히 하였다. 이에 따라 국토기본법, 국토의 계획 및 이용에 관한 법률 등이 제정되어 있다.

2.2.3. 경제력남용방지를 위한 경쟁의 규제

헌법은 제119조 제2항에서 "시장의 지배와 경제력의 남용을 방지하며"라고 규정함으로써 독과점 등 시장지배와 경제력남용을 규제·조정할 수 있도록 하고 있다. 이에 따라 독점규제 및 공정거래에 관한 법률이 그 일반법으로 제정되어 있다. 헌법은 또한 수출의존형 경제

---

4) 여기서 사회화란 공법적 수단에 의하여 개인소유의 재산일반을 국유화 또는 공유화하거나 소유권의 성질 또는 내용에 변경을 가하는 것, 즉 재산권의 사회적 변형을 말한다(이에 관하여 상세한 것은 민경식, 서독기본법에 있어서의 사회화에 관한 연구, 서울대학교 법학박사학위논문, 1987, 12-50을 참조). 반면, 생산수단의 전면적 사회화는 헌법상 경제질서의 한계를 넘는 것이므로 허용될 수 없다(권영성, 헌법학원론, 162).

구조 및 국내자본의 부족현상을 감안하여 국제수지상 역조를 시정하고 외환을 적정히 관리하기 위한 취지에서 제125를 두고 "국가는 대외무역을 육성하며, 이를 규제·조정할 수 있다"고 규정하고 있으며 이에 따라 대외무역법이 일반법으로 제정되어 있다.

2.2.4. 지역경제의 육성

헌법 제123조 제2항은 "국가는 지역간의 균형있는 발전을 위하여 지역경제를 육성할 의무를 진다"고 규정함으로써 그동안 정치적 쟁점으로까지 대두되었던 지역발전의 불균형을 시정하려는 헌법적 의지를 분명히 하고 있다.

2.2.5. 중소기업의 보호육성

헌법은 제123조 제3항에서 "국가는 중소기업을 보호·육성하여야 한다"고 규정하는 한편, 같은 조 제5항에서 "국가는 …… 중소기업의 자조조직을 육성하여야 하며 그 자율적 활동과 발전을 보장한다"고 규정함으로써 산업구조의 내실화, 국민경제의 균형발전을 헌법적으로 규범화하고 있다. 이에 따라 중소기업기본법 등이 제정되어 있다.

2.2.6. 농·어민의 보호육성

헌법은 제121조 제1항에서 "국가는 농지에 관하여 경자유전(耕者有田)의 원칙이 달성될 수 있도록 노력하여야 하며, 농지의 소작제도는 금지된다"고 규정하는 한편 제2항에서는 "농업생산성의 제고와 농지의 합리적인 이용을 위하거나 불가피한 사정으로 발생하는 농지의 임대차와 위탁경영은 법률이 정하는 바에 의하여 인정된다"고 규정함으로써 농지소유에 관하여 농민의 지위를 보호함과 아울러 농업생산성의 제고 및 농지이용의 합리화를 고려하여 예외적인 농지임대차·위탁경영을 헌법적으로 허용하고 있다. 나아가 헌법은 제123조 제1항에서 "국가는 농업 및 어업을 보호·육성하기 위하여 농·어촌종합개발과 그 지원 등 필요한 계획을 수립·시행하여야 한다"고 규정하여 동 제2항의 균형있는 지역개발 및 지역경제의 육성과 함께 농·어촌민 보호·육성의 헌법적 의무를 국가에게 부과하고 있다. 이는 도·농간의 생활 및 소득격차가 농민의 이농을 가속화하고 이에 따라 도시에 집중된 영세빈민들이 비공식부문으로 전락함으로써 여러 가지 심각한 도시문제와 정치·사회적 불안이 야기되었던 경험에 비추어, 이들을 농·어촌에 정착시켜 생활·소득의 향상을 가져오려는 헌법적 목표설정을 표현한 것이다. 그 밖에도 헌법은 제123조 제4항에서 "국가는 농수산물의 수급균형과 유통구조의 개선에 노력하여 가격안정을 도모함으로써 농·어민의 이익을 보호한다"고 규정하여 농업·어업정책을 통하여 이들을 보호하려는 의지를 표명하고 있다. 이것은 일종의 농·어민의 기본권규정으로 이해된다.[5]

2.2.7. 경제적 약자의 자조조직의 육성

헌법은 자본주의의 발달에 따라 점점 열악한 위치에 놓이게 된 농민·어민·상인·중소 기업자들과 같은 경제적 약자의 자조조직, 다시 말해 협동조합 같은 협동조직의 자율적 활동 과 그 발전을 보장하고 있다($\S^{123}_{⑤}$). 이에 따라 농업협동조합법, 수산업협동조합법, 중소기업협 동조합법 등이 제정되어 있다.

"우리나라 헌법상의 경제질서는 사유재산제를 바탕으로 하고 자유경쟁을 존중하는 자유시장경제질서 를 기본으로 하면서도 이에 수반되는 갖가지 모순을 제거하고 사회복지·사회정의를 실현하기 위하여 국 가적 규제와 조정을 용인하는 사회적 시장경제질서로서의 성격을 띠고 있다. 즉, 절대적 개인주의·자유 주의를 근간으로 하는 자본주의사회에 있어서는 계약자유의 미명 아래 "있는 자, 가진 자"의 착취에 의하 여 경제적인 지배종속관계가 성립하고 경쟁이 왜곡되게 되어 결국에는 빈부의 격차가 현격해지고, 사회계 층간의 분화와 대립갈등이 첨예화하는 사태에 이르게 됨에 따라 이를 대폭 수정하여 실질적인 자유와 공 정을 확보함으로써 인간의 존엄과 가치를 보장하도록 하였는바($^{헌법재판소\ 1989.12.22.}_{선고\ 88헌가13\ 결정\ 참조}$)", 이러한 절대적 개인주 의·자유주의를 근간으로 하는 초기 자본주의의 모순 속에서 소비자·농어민·중소기업자 등 경제적 종 속자 내지는 약자가 그들의 경제적 생존권을 확보하고 사회경제적 지위의 향상을 도모하기 위하여 결성 한 자조조직이 협동조합이고, 우리 헌법도 "국가는 농·어민과 중소기업의 자조조직을 육성하여야 하며, 그 자율적 활동과 발전을 보장한다"는 규정을 둠으로써($^{헌법}_{\S\ 123\ ⑤}$) 국가가 자발적 협동조합을 육성하여야 함 을 명문으로 규정하고 있다.[6]

2.2.8. 소비자의 권익보호

헌법은 1980년 헌법에서 최초로 명문화된 소비자보호규정을 계승하여 "국가는 건전한 소 비행위를 계도하고 생산물의 품질향상을 촉구하기 위한 소비자보호운동을 법률이 정하는 바 에 의하여 보장한다"고 규정하고 있다($\S\ ^{124}$). 이에 따라 소비자의 기본권익을 보호하고 소비 생활의 향상과 합리화를 기하기 위하여 국가·지방자치단체 및 사업자의 의무와 소비자의 역할 등을 규정하기 위하여 소비자보호법이 제정되어 있다. 국가는 소비자의 생명 및 신체에 대한 안전과 경제적 권익을 보호하고 소비생활의 합리화를 기할 수 있도록 필요한 시책을 수립하여 실시하여야 하며, 지방자치단체는 국가의 시책에 준하여 당해지역의 실정에 맞는 소비자 보호시책을 마련하고 이를 실시하여야 한다($^{소비자보호}_{법\ \S\S\ 3,\ 5}$).

2.2.9. 과학기술의 혁신, 정보·인력의 개발 등

헌법은 제127조 제1항에서 "국가는 과학기술의 혁신과 정보 및 인력의 개발을 통하여 국

---

5) 김철수, 204.
6) 헌법재판소 1996.4.25. 선고 92헌바47 결정.

민경제의 발전에 노력하여야 한다"고 규정하여 과학입국을 국가목표로 설정하고 있다. 경제·과학기술의 창달과 진흥을 위하여 필요한 경우에는 대통령은 자문기구를 둘 수 있다 ($\S_{127\ ③}^{헌법}$). 헌법은 임의적 기구로서 경제과학심의회의를 설치하도록 예정하고 있다. 그 밖에 헌법은 국가에게 「국가표준제도를 확립」할 의무를 부과하여 ($\S_{②}^{127}$) 산업발전을 위하여 KS 표시제도 등 각종 표준제도를 도입하도록 하고 있다.

제 4 절 │ 법치국가원칙과 경제행정

I. 법치행정의 원칙과 경제행정

경제에 대한 국가활동은 사적·집단적 수요의 충족을 최적화하고($\substack{\text{배분기능:}\\ \text{allokative Funktion}}$), 성장을 촉진하며($\substack{\text{안정화기능:}\\ \text{stabilisierende Funktion}}$) 나아가 시장소득($\substack{\text{Marktein-}\\ \text{kommen}}$)을 시정하는 것($\substack{\text{분배기능:}\\ \text{distributive Funktion}}$)을 임무로 한다.[1] 이러한 국가적 임무수행에 있어 가장 주도적인 역할을 수행하는 것은, 적어도 의회주의 하에서는, 의회라 할 수 있다. 헌법에 의하여 보장된 법치행정의 원칙은 바로 이와 같은 의회의 역할을 뒷받침하는 제도적 원리이다. 그것은 행정이 법, 즉 법의 일반원칙, 헌법 및 법률의 규정, 그 밖의 불문법규범에 구속된다는 것을 의미하지만, 무엇보다도 행정의 법률적합성($\substack{\text{Gesetzmäßigkeit}\\ \text{der Verwaltung}}$)이 관철될 것을 요구한다. 따라서 법치행정의 원리가 경제행정에 대하여 가지는 규범적 효과는 무엇보다도 「법률의 유보」와 「법률의 우위」를 통하여 나타난다.

II. 법률의 유보와 경제행정

1. 법률의 유보와 적용범위

법치행정의 원칙에 따라 입법권자에게는 경제행정의 영역에서의 모든 규율과 조치들에 관한 기본적인 결정권($\substack{\text{Entscheidungs-}\\ \text{vollmacht}}$)이 부여되며 이를 통하여 개인의 권리·의무가 창설되거나 또는 그 밖의 방식으로 형성된다. 이때 개개인의 합법적인 자유에 대한 보장은 동시에 법치국가적인 「법률의 유보」($\substack{\text{Gesetzes-}\\ \text{vorbehalt}}$)를 통해 구현되는 것이다. 「법률의 유보」란 원칙은 행정에게 국민의 자유 및 재산에 대한 침해의 권한을 부여하는 근거로서 또는 그 밖에 기본권침해적인 처분이나 효과의 근거로서 법률에 의할 것을 요구하며, 법률은 이에 따라 행정부의 활동영역($\substack{\text{Handlungs-}\\ \text{bereich}}$)을 충분히 확정적으로 한정하지 않으면 안 된다. 이러한 의미에서 법치국가원칙의 구체화로서 법률의 유보가 경제행정에 미치는 영향은 무엇보다도 각종 경제행정의 활동근거를 제공하고(수권)과 활동범위를 한정하여 준다는 데서 찾아 볼 수 있다.

법률의 유보는 법률의 우위가 행정법의 전 분야에 대해 적용되는 것과는 달리 그 적용

---

1) Reiner Schmidt, Wirtschaftspolitik, Wirtschaftsverwaltungsorganisation, Wirtschaftsförderung, in: Achterberg (Hrsg.), Besonderes Verwaltungsrecht Bd.I, S.22, Rn.40.

또는 효력범위(^{Reichweite})에 있어 무제한적인 것은 아니다.[2]

「법률유보의 효력범위에 관한 한 어떠한 특허처방(^{Patentrezept})도 존재하지 않는다」는 슈테른($^{\text{K. Stern}}$)의 지적은 타당하다. 다만 법률의 유보에 관하여 일정한 결론을 내리기 앞서 다음과 같은 사항이 반드시 고려되어야 할 것으로 생각한다. 그것은 첫째, 침해유보설이 아니라 침해유보를 논의의 출발점으로 삼아야 한다는 점이다. 침해유보는 법률의 유보가 타당한 최소한의 적용영역이라 할 수 있으며, 여기서는 침해유보설이 오늘날 더 이상 타당성을 갖지 못한다는 인식이 전제되어 있다. 둘째, 급부행정에 관하여는 그 기본권관련성이 가장 우선적으로 고려되지 않으면 안 된다. 헌법상의 기본권규정을 방침규정으로 해석할 어떠한 헌법적 근거도 발견되지 않는다는 헌법해석학적 입장이 여기에 요구된다. 다만 법적 규율($^{\text{Verrecht-}}_{\text{lichung}}$)이 충분히 진전되지 않았거나 성질상 곤란하다고 판단되는 경우가 있을 수 있다는 것을 전혀 도외시할 수는 없을 것이다. 이러한 의미에서 독일 연방헌법재판소가 취한 사례별 개별화론은 나름대로 타당성을 가진다. 문제는 본질성의 기준을 어떻게 구체화시켜 나갈 것인가에 있다.[3]

2. 규율밀도와 위임입법의 한계

법률의 유보는 입법권자의 입법형성의 자유와 불가분의 관련을 맺고 있다. 본래 입법권자가 입법권을 행사할 수 있는 범위에 대하여는 헌법이나 국제법에 따른 한계 등[4]을 제외하고는 원칙적으로 아무런 제한이 없다. 경제입법에 대하여도 다를 바 없음은 물론이다.

"어떠한 사항을 법규로 규율할 것인가의 여부는 특단의 사정이 없는 한 입법자의 정치적, 경제적, 사회적 각종 고려하에서 정하여지는 입법정책의 문제이므로, 국민이 국회에 대하여 일정한 입법을 해달라는 청원을 함은 별론으로 하고, 법률의 제정을 소구하는 헌법소원은 헌법상 기본권보장을 위하여 명시적인 입법위임이 있었음에도 입법자가 이를 방치하고 있거나 헌법해석상 특정인에게 구체적인 기본권이 생겨 이를 보장하기 위한 국가의 행위 내지 보호의무가 발생하였음에도 불구하고 국가가 아무런 입법조치를 취하지 않고 있는 경우가 아니면 원칙적으로 인정될 수 없다 할 것이다."[5]

---

2) 이에 관해서는 행정법총론의 법치행정의 원리에 관한 설명을 참조.

3) 그 밖에도 가령 특별권력관계의 이론이 법률의 유보를 조각시킬 수 있다면 이는 오로지 보다 고차적인 법적 근거에 의하는 경우에만 정당화될 수 있다는 점 등을 들 수 있다.

4) "국가작용, 특히 입법작용에 있어서의 과잉입법금지의 원칙이라 함은 국가가 국민의 기본권을 제한하는 내용의 입법활동을 함에 있어서 준수하여야 할 기본원칙 내지 입법활동의 한계를 의미하는 것으로서, 국민의 기본권을 제한하려는 입법의 목적이 헌법 및 법률의 체계상 그 정당성이 인정되어야 하고(목적의 정당성), 그 목적의 달성을 위하여 그 방법이 효과적이고 적절하여야 하며(방법의 적절성), 입법권자가 선택한 기본권제한의 조치가 입법목적 달성을 위하여 설사 적절하다 할지라도 가능한 한 보다 완화된 형태나 방법을 모색함으로써 기본권의 제한은 필요 최소한도에 그치도록 하여야 하며(피해의 최소성), 그 입법에 의하여 보호하려는 공익과 침해되는 사익을 비교교량할 때 보호되는 공익이 더 커야 한다(법익의 균형성)는 법치국가의 원리에서 당연히 파생되는 헌법상의 기본원리의 하나인 비례의 원칙을 말하는 것이고, 우리 헌법은 제37조 제2항에서 입법권의 한계로서 과잉입법금지의 원칙을 명문으로 인정하고 있다(헌법재판소 1992.12.24. 선고 92헌가8 결정)."

반면 입법비위임 또는 권한위임금지$\left(\substack{\text{delgata potesta non potest delegari;}\\ \text{non-delegation principle}}\right)$의 원칙이라든지 백지위임의 금지 등과 같이 종래 입법권에게 부과되어 왔던 위임입법의 한계원리는 오늘날과 같이 고도로 복잡다양화되고 있는 행정환경하에서는 더 이상 그 엄격성을 유지할 수 없게 되었다. 전문기술적인 사항에 관한, 상황과 연관된 법률하위의 규율을 명령제정권의 위임을 통해 행정부에 맡겨야 한다는 것은 오늘날 입법과정에서 보편적으로 관측될 수 있는 요청이다. 이것은 경제정책의 영역에 있어 그리고 그 밖의 분야에서 법률적 수권 또는 "수권 – 법률"$\left(\substack{\text{Ermächtigungs-}\\ \text{Gesetze}}\right)$의 형태로 관철되고 있다. 법규명령의 제정은 법률에 의거하여, 그러나 행정권 고유의 규범적 재량권$\left(\substack{\text{selbständige Vollmacht}\\ \text{normativen Ermessens}}\right)$에 의하여 행해지는 법정립작용으로서 이를 통하여 신속하고 탄력적인, 분야별 전문가에 의한 행정작용을 가능케 한다. 특히 경제행정의 영역에서는 그러한 수권이 광범위한 규범적 형성의 여지를 허용하는 일반조항의 형태를 띠는 경우가 빈번하다.

그러나 입법권은 무엇보다도 법률의 유보가 적용되는 범위 안에서는 배타적인 결정권자로 등장하게 되며 따라서 위임입법에는 일정한 법적 한계가 존재하는 것이다. 그리하여 가령 헌법으로부터 포괄적 위임입법의 금지, 즉 행정청에 의한 위임명령은 법률에서 구체적으로 범위를 정하여 위임받은 경우에 한하여 허용된다는 원칙 등이 도출된다$\left(\substack{\text{헌법}\\ \S 75}\right)$. 위임입법의 한계는 헌법이 법규명령을 위임명령과 집행명령으로 나누어, 후자의 경우에는 행정권이 법률의 특별한 위임 없이도 법률집행에 필요한 사항을 정할 수 있도록 하는 반면, 전자의 경우에는 단순히 법률이 위임했을 뿐만 아니라 '구체적으로 범위를 정하여' 위임한 경우에 한하여 또 그 범위 내에서만 법규사항을 정할 수 있도록 한 데서 도출된다. 여기서 문제는 단지 법률의 유보의 적용분야에 관한 것에 그치지 않고 법률의 유보의 효력범위 내에서 입법권자가 어느 정도까지 입법권을 스스로 행사하여야 하는가 하는 데 있다. 위임입법의 한계 문제는 법률의 유보의 예외로서가 아니라 법률의 유보를 전제로 하여 제기되는 문제이다.

대법원은 일찍이 양곡관리법 제17조의 대통령령에 대한 포괄적 위임규정의 위헌여부가 문제된 사건 판결에서 다음과 같이 판시한 바 있다: "동조가 대통령령에 위임하는 사항과 범위에 관하여 아무런 규정을 두고 있지 않은 것이라고는 할 수 없을 뿐만 아니라, 그 내용을 검토하여 보아도 위 법 제17조가 헌법 제74조에 정한 위임입법의 한계를 넘은 것으로 단정할 수 없다."[6]

그러나 법률이 법규사항을 어느 정도까지 직접 정해야 하고 그 나머지를 위임할 수 있는가 하는 문제는 위임입법의 내용적 한계의 문제로서, 그 형식적 한계원리인 「포괄적 위임입법의 금지」 원칙에 의해서는 해결되지 않는다. 법률의 유보의 적용분야에 관한 본질성이론

5) 헌법재판소 1992.12.24. 선고 90헌마174 결정; 헌법재판소 1989.3.17. 선고 88헌마1 결정; 헌법재판소 1989.9.29. 선고 89헌마13 결정.
6) 대법원 1971.1.26. 선고 69누1094 판결.

$\left(\substack{\text{Wesentlich-}\\\text{keitstheorie}}\right)$이란 바로 그 「의회유보」의 영역 또는 기준, 즉 의회가 이행해야 할 입법상의 규율 밀도$\left(\substack{\text{Regelungs-}\\\text{dichte}}\right)$를 그 규율효과(관계법익의 중대성)와 관련시켜 도출하려는 시도라고 할 수 있다.[7] 의회유보의 이론에 따르면 의회 스스로가 입법해야 할 사항에 관하여 위임입법은 허용되지 않는다. 가령 우리나라 헌법상 명문으로 '법률로써' 정하도록 규정되어 있는 사항, 즉 전속적 법률사항$\left(\substack{\text{국적취득요건 § 2 ①, 재산권의 내용 · 한계 § 23 ①, 공용}\\\text{침해의 요건 · 보상 § 23 ③, 조세의 종목 · 세율 § 59 등}}\right)$을 법규명령에 위임할 수 없는 것은 비단 의회유보이론에 의하지 않더라도 헌법에 의하여 당연한 것이라 할 수 있다.[8] 그러나 헌법상 명문의 법률유보가 없더라도, 의회유보의 이론은 기본권 관련 사항이나 침익적 사항 같이 일정한 사항(본질적 사항)에 관하여는 위임입법이 허용되지 않는다는 결론을 요구한다.

3. 긴급재정 · 경제명령: 국회입법원칙의 예외

한편 국회입법의 원칙에 대하여 헌법상 인정된 예외로서 경제행정법적 상관성을 가지는 것으로는 긴급재정 · 경제명령권$\left(\substack{\S 76\\①}\right)$을 들 수 있다. 즉 대통령은 내우 · 외환 · 천재 · 지변 또는 중대한 재정 · 경제상의 위기에 있어서 국가의 안전보장 또는 공공의 안녕질서를 유지하기 위하여 긴급한 조치가 필요하고 국회의 집회를 기다릴 여유가 없는 때에 한하여 최소한으로 필요한 재정 · 경제상의 처분을 하거나 이에 관하여 법률의 효력을 가지는 명령을 발할 수 있다.

4. 법률의 유보와 경제행정

법률의 유보는 경제입법을 통하여 경제에 대한 국가적 개입의 영역을 한정하는 동시에 경제에 대한 행정의 개입 자체를 수권하고, 그 조건과 한계를 설정하는 기능을 수행한다(적극적 법치행정의 원칙). 법률의 유보는 이러한 의미에서 입법자로 하여금 그 경제입법권을 통하여 경제행정의 기본적 틀을 정하도록 하는 한편 행정에 대하여는 경제에 대한 개입 즉 경제행정작용의 정당화근거를 요구하는 양면적 · 배분적 원리이다: 이로써 입법권자에게는 경제입법의 주체로서 우월적 · 배타적 지위가 부여되며, 행정권은 일정한 내용의 경제행정작용을 하기 위하여는 법률의 근거가 필요하다는 법적 제약 하에 놓이게 되는 것이다.[9] 그러나 가령 뒤에 설명할 자금조성의 경우처럼 이러한 수권 및 영역한정의 기능은 종종 경제행정의 특수성, 가령 법적 규율의 결여, 규율대상의 역동성 · 전문성 등으로 인하여 불충분하거나 고

---

7) Maurer, § 6 Rn.11.
8) 최영규, 앞의 글, 48 각주 96은 이러한 국회전속적 법률사항의 경우는 오히려 의회유보의 이론의 범위 밖에 있다고 할 수 있다고 한다. 그러한 명문규정이 없는 경우에도 법규명령에 위임할 수 없는 법률사항이 있다는 데 의회유보 이론의 참뜻이 있는 것으로 생각되기 때문이라고 한다.
9) 반면 경제에 대한 국가의 개입의 실질적 · 내용적 한계를 설정하는 것은 다음에 설명하는 「법률의 우위」의 원칙이다.

작 개괄적으로만 수행되는 경우가 적지 않다.

Ⅲ. 법률의 우위와 경제행정

법률의 우위가 경제행정 및 경제정책에 대하여 가지는 의미는 통치의 기능($^{Funktion\ der}_{Regierung}$)이 실제로 또는 그 원리에 따라 의회의 결정 및 입법에 의존해야만 한다는 바로 그 점에 있다. 다른 분야에서와 마찬가지로 경제행정의 영역에서도 행정권은 법률을 통해 표현된 입법권자의 의사에 구속되며 법률의 내용을 위반할 수 없다. 이러한 의미에서 법률의 우위는 소극적 법치행정의 원리라 할 수 있다. 법률의 유보가 입법권자에게 경제적 형성의 여지를 부여하며 행정에게 그 활동근거로서 법률을 요구하는 적극적인 원리라면 법률의 우위는 오로지 행정에 대하여, 그가 수행하는 행정작용의 내용을 법에 구속시키는 소극적인 원리인 것이다.

의회주의체제하에서 행정부와 경제관계 주무장관들이 가지는 독자적인 이니셔티브와 의사결정은 경제정책에 있어 특별한 비중을 지니며 이러한 의미에서 집행권은 경제의 형성에 있어 가장 중요한 주인공이라 해도 과언은 아니다.[10] 의회와 행정부 간의 헌법적 기본관계는 특히 정치적 계획($^{politische\ Plannung:}_{임무설정계획}$) 안에 내장되어 있는 경제계획($^{Wirtschafts-}_{plannung}$)에 대하여 결정적인 의미를 지닌다. 여기서 경제계획이란 구속적 또는 간접적 효력을 가지는 국가기관들의 계획행위($^{Plannungs-}_{akte}$)를 통한, 계획에 의한 경제의 지도($^{계획향도:}_{Wirtschaftslenkung}$)를 의미한다.[11]

여기서 법률이란 물론 국회가 일정한 절차에 따라 제정하는 「법률」이라고 이름 붙여진 일반추상적 법규범을 의미한다. 복지국가적 사회형성에 있어서 특징적으로 나타나는 법률의 도구적 성격은 경제정책적 입법의 분야에서 특히 현저하게 드러난다. 이와 관련하여 특히 처분법률, 계획법률, 그리고 방침법률 등이 복지국가적 법률유형으로 주목되고 있다. 먼저 "처분 – 법률"($^{Maßnahme-}_{Gesetz}$)[12]이란 종래 자유주의국가에서의 행정법령들이 그 지속적 효력을 보장하기 위하여 부여된 추상성을 통하여 행정부에게 개별·구체적 사안에 대한 "집행"(^{Vollzug})을 수권하였던 것과는 달리, 그 자체가 이미 구체적 상황에 관련된 규범적 행위로서 직접 일정한 사회분야에 바람직한 상태를 실현하거나 유지하기 위하여 간접적으로 또 형성적으로 개입한다. 하나의 법률을 "처분법률"이라고 특징지우는 것이 여하한 특수한 헌법적 규준들에 귀결되는 것은 아니다. 한편 "계획 – 법률"($^{Plan-}_{Gesetz}$)은 일정한 실제임무 및 일정한 기간에 대하여 그 임무수행의 목표와 수단을 확정해 주며, "요강 – 법률"($^{Richtlinien-Gesetz;}_{Rahmengesetz}$)은 장차의 입법에 대해서가 아니라 행정부의 관련활동에 대해서만 구속적인 효력을 미치게 될 형량원칙들($^{Abwägungs-}_{grundsätze}$)을 통해서 일정한 정치적 프로그램을 규범화시킨다.[13]

---

10) Reiner Schmidt, aaO., Rn.43, S.23.

11) 그러나 국가가 스스로 경제를 관리하거나, 또는 전체적 경제과정을 간접적인 효력을 지닌 또는 구속적인 명령의 성질을 지닌 계획행위에 의해 조정한다면, 따라서 국가작용(Staatshandeln)에 상응하는 사적·시장경제적 활동의 여지가 더 이상 존재하지 않게 된다면, 경제계획은 결국 계획경제(Planwirtschaft)로 변질되고 만다(Badura, Wirtschaftsverwaltungsrecht, Rn.28, S.199).

12) 영미법상의 사법(private Bill) 역시 일종의 처분법률의 성질을 띠는 것이라 할 수 있다.

경제행정에 관하여 「법률의 우위」가 의미하는 것은 경제에 대한 국가적 개입이 비단 법률뿐만 아니라 법 일반, 즉 법의 일반원칙, 헌법 및 법률의 규정 및 그 밖의 불문법규범에 의하여 설정된 한계를 넘을 수 없다는 것이다. 이러한 뜻에서 그것은 행정에 대한 내용적·실질적 구속의 원리이다. 따라서 단지 경제적 합리성이나 경제정책적 고려에 의하여 경제행정에 관한 실정법상의 규정에 반하는 결정을 내리는 것은 허용되지 않는다. 가령 경제행정법상 허가나 하명과 같은 경제행정법적 처분이 관계법규를 위반하여 상대방에게 권익의 침해를 초래하였을 때에는 법률의 우위의 원칙에 의하여 취소되어야 한다는 것이다.

Ⅳ. 경제적 기본권의 보장: 경제행정에 대한 법치국가적 요청

1. 경제적 기본권의 보장

법치국가원칙으로부터 유래되는 경제행정에 대한 또 하나의 규범적 구속은 기본권으로부터 유래한다. 기본권은 경제정책 및 경제행정에 관한 입법과 경제행정을 담당하는 소관행정청의 활동을 직접적으로 구속하고 규범적으로 제한하는 헌법적 준거이다. 우리나라 헌법은 일반적인 경제적 자유를 독자적인 경제적 기본권의 형태로 보장하고 있지는 않지만, 재산권 보장과 직업선택의 자유와 같은 고전적 의미에서의 경제적 기본권의 보장을 통하여 이를 뒷받침하고 있으며, 나아가 헌법은 제119조 제1항에서 대한민국의 경제질서가 "개인과 기업의 경제상의 자유와 창의를 존중함을 원칙으로 한다"고 규정함으로써 기업과 경쟁의 자유를 경제정책의 지도원리로 삼고 있음을 명백히 하고 있다. 따라서 기업활동의 자유에 대한 헌법적 보호의 내용은 경제적 기본질서의 원칙일 뿐만 아니라 각기 상이한 내용과 법률유보하에 보장된 일련의 기본권목록을 통하여 보완·구체화된다. 여기에는 직업선택의 자유($^{§ 15}$), 재산권 보장($^{§ 23}$), 계약의 자유 및 일반적인 경제활동의 자유를 포함하는 인간의 존엄과 가치 및 행복추구권($^{§ 10}$) 같은 기초적 자유들(^{Basisfreiheiten})과 회사법과 경제단체법($^{Recht\ der}_{Wirtschaftsverbände}$)에 준거가 되는 경제적 결사의 자유($^{wirtschaftliche}_{Assoziationsfreiheit:\ § 21\ ①}$)와 경제적 거주·이전의 자유($^{wirtschaftliche}_{Freizügigkeit:\ § 14}$)가 해당한다.

2. 평등의 원칙과 비례의 원칙

법치국가원칙은 또한 자의의 배제를 내용으로 하는 실질적 정의의 원칙과 비례의 원칙($^{Grundsätze\ der\ willkürfreien\ Sachgerechtigkeit}_{und\ der\ Verhältnismäßigkeit}$)이 경제행정에 있어서도 관철될 것을 요구한다. 기본권의 내용과 한계를 규정하는 모든 법률은 일반적 평등의 원칙($^{헌법}_{§\ 11\ ①}$)과 법치국가적 원리인 비례의 원칙

---

13) Badura, aaO., Rn.29, S.199ff.

$\binom{\text{헌법}}{\S 37 \, ②}$과 조화되지 않으면 안 된다. 이 두 가지 헌법원칙들은 바로 경제행정법을 지배하는 기본원리들로서 경제를 규제하고 지도하는 경제입법권자$\binom{\text{Wirtschaftsgesetzgeber}}{}$가 사회형성적 법정립 작용을 수행해 나감에 있어 준수해야 할 결정적인 기준으로 작용한다.

3. 기업의 자유

기업의 자유$\binom{\text{Unternehmensfreiheit}}{}$란 「개인과 기업의 경제상의 자유와 창의를 존중함」을 대한민국의 경제질서의 원칙으로 천명한 헌법 제119조 제1항을 바탕으로 하여 헌법 제10조에 따른 일반적 행동자유권$\binom{\text{allgemeine}}{\text{Handlungsfreiheit}}$과 헌법 제15조에 따른 직업선택의 자유의 핵심을 이루는 영업의 자유에 의하여 성립된다. 그러나 기업의 자유에 있어서 핵심적인 것은 무엇보다도 기업의 경제적 결정이 공적 부문에서가 아니라 사적 부문에서 행해지는 것이어야 한다는 것이다. 기업의 자유는 이러한 의미에서 바로 자기책임에 입각한 기업적 처분의 자유$\binom{\text{Freiheit selbstverantwortlicher}}{\text{unternehmerischer Disposition}}$를 의미한다. 기업의 독자적인 소득활동은 기업가가 영업으로 그리고 경쟁목적으로 상품이나 용역을 공급하기 위하여 책임자본$\binom{\text{haftendes}}{\text{Kapital}}$을 투자한다는 데에 특징을 지닌다. 기업가가 수행하는 기업활동의 특성은 그 이니셔티브, 조직 및 사업상의 모험$\binom{\text{Wagnis}}{}$에 있으며, 그 법적 수단으로 봉사하는 것이 바로 사적자치$\binom{\text{Privatautonomie}}{}$의 행동가능성, 특히 계약의 자유$\binom{\text{Vertrags-}}{\text{freiheit}}$인 것이다: 사적자치의 구성부분으로서 계약의 자유는 사경제주체$\binom{\text{private Wirt-}}{\text{schaftssubjekte}}$가 상호간에 자율적인 법률행위적 의사표시에 의하여 권리와 의무를 발생시키고 내용적으로 형성하며 소멸시킬 수 있다는 것(계약체결 및 내용형성의 자유)을 뜻한다.[14]

기업의 자유와 그 밖의 개별적 기본권의 관계 ● ● 독일의 경우 기본법 제2조 제1항으로부터 계약의 자유와 더불어 일반적 경제활동의 자유의 특수한 구체화로서 자기책임에 입각한 기업적 처분의 자유가 도출되었고,[15] 이로써 기업의 성공을 실현시키기 위한 방법과 수단, 기업경영 및 투자수단의 투입과 시장경제상의 경쟁에 있어서 기업의 행태$\binom{\text{"경쟁의 자유":}}{\text{Wettbewerbsfreiheit}}$에 관한 기업의 결정들이 경제행정법적인 명령, 금지 및 의무부과로부터 독특한 형태의 기본권보호를 향수할 수 있게 되었다고 한다. 독일의 경우 기업활동에 대한 일반적 행동자유권의 보호는 보다 더 특별한-강력한-기본권, 즉 직업의 자유나 재산권보장이 관련되지 않는 한에서만 주어진다는 것이다.[16] 여기서 이들 기본권과 보충적인 기업의 자유 사이의 한계를 설정하는 문제가 제기되는데, 그러한 한계는 비단 사전에 정해진 개별 기본권의 보호영역$\binom{\text{Schutzbereich}}{}$으로부터만 선취될 수 있는 것은 아니며 또한 문제된 법률규정의 목적과 효과를 고려하여 설정되어야 하는

---

14) Reiner Schmidt, Rn.31, S.19. 다만 계약의 자유는 가령 직업선택의 자유의 행사로서 또는 재산권의 이용이나 처분의 수단으로서 계약이 체결되는 경우에서 볼 수 있는 것처럼 다른 개별적 기본권에 의하여 포함되는 경우가 많다.

15) Huber, Die verfassungsrechtliche Bedeutung der Vertragsfreiheit. 1966; Roscher, Vertragsfreiheit als Verfassungsproblem, 1974.

16) Badura, aaO., Rn.40, S.205.

것이기도 하다. 이와같이 현존하는 경제질서의 틀 안에서 경쟁에 참여하는 기업의 행위는 직업의 자유의 대상에 해당하며, 따라서 그 행위가 직업의 특성에 따라, 즉 기업목적의 추구와 관련하여 규율되거나 제한되고 있는 한, 기본법 제12조 제1항의 적용을 받게 된다. 이에 반하여 재산권의 기업적 이용은, 문제된 침해행위의 결과 기업목적에 의해 투입된 재산적 가치를 지닌 권리들이나 설치되어 행사된 영업권의 감축 또는 침해의 효과를 가져오는 한, 기본법 제14조에 따른 보호를 향수하게 된다.[17] 그러므로 독일의 경우 기업의 자유는 그다지 적용의 여지가 크지 않다고 할 수 있다.[18] 그러나 우리의 경우, 헌법 제119조 제1항이 「개인과 기업의 경제상의 자유와 창의」를 경제질서의 기본원칙으로 천명하고 있는 이상, 기업의 자유는 기업활동을 제한하는 입법의 합헌성판단기준으로서 입법을 구속하는 규범적 준거가 되며, 이 점에서 직업선택의 자유나 재산권보장과 더불어 헌법상 경제적 기본질서의 구체화로서 동등한 위치에서 경합하는 관계에 서게 된다.

4. 직업선택의 자유

헌법 제15조는 직업선택의 자유를 보장하고 있다. 이와같이 헌법이 직업선택의 자유를 보장하는 것은 비단 자유로운 직종결정에 한하지 않고 자유롭게 선택·수행된 직업활동을 기초로 생활을 영위하고 자신의 사회적 존재를 형성할 수 있는 권리, 즉 총합적 기본권($^{einheitliches}_{Grundrecht}$)으로서 직업의 자유를 보호하려는 것이라고 이해되고 있다. 이러한 의미에서 직업의 자유는 전직·무직업의 자유, 그리고 직업종사 또는 직업수행의 자유와 영업의 자유를 포함한다고 새기는 것이 일반이다.[19] 직업의 자유는 공권력에 의한, 비례원칙에 어긋나고 또 그 내용상 근거없는 직업적 활동의 제한을 저지하기 위한 것이다. 그것은 "시민이 자신에게 알맞다고 생각하는 모든 활동을 직업으로서 수행할 수 있는 자유, 즉 이를 자기생활을 영위할 기초로 삼아 이를 통하여 사회 전체적 성취($^{gesellschaftliche}_{Gesamtleistung}$)에 대한 자기의 몫을 자주적으로 결정하여 기여할 수 있는 자유"를 보장하며, "개인적 소득 및 성취활동의 자유"를 확보해 준다.[20] 이 기본권의 보장내용에는 경제 및 근로생활상의 사법관계를 대상으로 하여 성립하고 원칙적으로 입법권자에 대해서만 부과되는 국가의 보호의무(^{Schutzpflicht})가 또한 포함된다. 직업의 자유는 물론 "개인에 관한 것이라는 데 기본적 특색"을 지니는 것($^{persönaler}_{Grundzug}$)이지만, 그렇다고 기업목적을 추구하기 위한 기업가의 행위와 법인의 경제활동을 그 보장범위로부터 배제시키는 것은 아니다. 직업의 자유는 "기업의 자유"(^{Unternehmensfreiheit})를 포함하며 이에 따라 기업의 자유설립 및 경영이 보호된다. 헌법 제15조의 보호법익(^{Schutzgut})은 법인의 경우 소득활동, 특히 영리사

---

17) 그 결과 기업의 경영 및 사업수행에 관한 권한이 재산권보장의 내용에 속하게 된다(Scheuner, Die staatliche Einwirkung auf die Wirtschaft, 1971, 50f.).
18) Erichsen, Allgemeine Handlungsfreiheit, in: HStR, Bd.VI, 1989, § 152, 1185/1211f.
19) 권영성, 헌법학원론, 1992, 468.
20) BVerfGE 30,292/334,335; R. Pitschas, Berufsfreiheit und Berufslenkung, 1983; P.J. Tettinger, AöR 108(1983), S.92.

업을 경영할 수 있는 자유, 즉 영업의 자유를 포함한다. 따라서 영리 활동이 그 본질이나 종류로 보아 자연인뿐만 아니라 법인에 의해서도 행사될 수 있는 것인 한, 이러한 영업의 자유에 의하여 보호된다고 할 수 있다. 헌법 제15조로 보호되는 자유로운 기업활동에 해당되는 또 하나의 예로 경제적 경쟁상 기업의 행위를 들 수 있다. 그렇지만 입법권자가 행사할 수 있는 규율권의 범위는 개인적으로 결정된 직업활동이나 기업활동의 구체적 현상형태가 얼마나 큰 사회적 연관성을 지니는지 여부에 따라 영향을 받는다.[21] 헌법 제15조는 직업의 자유 외에도 일자리와 직업교육시설(^{Ausbildungsstätte})을 자유롭게 선택할 수 있는 부수적 권리를 보장하는 것으로 해석하여야 할 것이다.

직업의 자유의 물적 보호영역($^{sachlicher}_{Schutzbereich}$)은 직업의 개념에 의해 결정된다. 직업(^{Beruf})이란 일정기간 동안 지속적으로 수행되고 일시적이지 않은, 생활의 기초를 마련하고 유지하기 위한 모든 종류의 허용된 활동을 말하며, 그것이 자영업이나 그 밖의 직종($^{"자유업":}_{freier\ Beruf}$)이든 또는 종속적 노동이든 가리지 않는다. 이 기본권은 어떤 직업활동을 통하여 물질적인 생존을 확보해 나갈 것인지에 관하여 자유로운 처분권($^{freie}_{Disposition}$)을 보장하는 것이기 때문에, "직업"(^{Beruf})이란 비단 사회적으로 형성되거나 전래된 어떤 "직업상"(^{Berufsbild})에 들어맞는 소득활동에만 국한되는 것은 아니다.[22] 반면, 입법권자는 이 기본권의 자유권적 요구를 유지하면서 권리형성적이며 또한 권리제한적인 규율에 의하여 여러 가지 직업상들을 유형화할 수 있다. 국가적 근무관계에서만 성립가능한 업무에 종사하는 것과 가령 영업으로 하는 직업알선·소개업과 같이 국가나 그 밖의 행정주체에 유보된 경제 및 직업활동들도 직업의 자유에 의하여 보호되는 직업에 해당한다. 따라서 국가적 목적에 의한 일정한 업종의 독점(^{Monopolisierung}), 즉 행정독점(^{Verwaltungsmonopol})의 설정이나 유지는 물론이고, 법률에 의해 독점영업권을 형성하는 것도 직업의 자유의 보장에 관한 헌법규정 및 헌법 제37조 제2항에 따른 기본권제한의 한계의 구속을 받는다고 하지 않으면 아니 된다. 여기서는 헌법이 허용하고 있는 기본권제한입법의 실질적 정당화사유(국가안전보장·질서유지·공공복리)와 기본권의 본질적 내용의 침해금지가 고려되어야 하며, 특히 입법권자의 입법형성권도 직업의 자유의 본질적 내용에 의하여 제약을 받는다는 것이 출발점이 되어야 한다.

직업의 자유 역시 보다 우월한 공동체의 법익을 보호하기 위하여 불가피한 경우에는 제한될 수 있다. 물론 이 경우에는 직업의 자유의 보장내용에 대한 단계적 파악에 따라 그 제한 여부가 결정되어야 한다. 가령 직업결정의 자유는 내심의 자유로서 제한될 수 없는 것인 데 비하여, 직업종사의 자유는 법률에 의한 제한의 대상이 될 수 있다. 직업의 수행(^{Berufsausübung})

---

21) BVerfGE 50,290/362ff.
22) Fröhler/Mörtel, GewArch. 1979, 105, 145; Scholz, DB 1980, Beilage 5.

에 관한 법적 규율은 비례원칙에 반하거나 자의적인 차별을 내용으로 하는 것이어서는 아니
된다. 일반적으로 직업의 자유에 대한 제한은 헌법 제37조 제2항에 따른다: 직업의 자유는
국가안전보장·질서유지·공공복리를 위하여 필요한 경우에 한하여 법률로써 제한될 수 있다.

실정법상 직업의 자유에 대한 제한의 예로는 국가안전보장을 위한 것으로 방위사업법에 따른 방산물
자의 지정($^{§\,34}$),23) 질서유지를 위한 제한으로 통화·유가증권의 위·변조, 아편에 관한 죄, 풍속에 관한
죄 등에 대한 형법규정, 윤락행위등방지법, 자동차운전의 면허제, 음반제조업자의 등록제 등을, 공공복리를
위한 제한의 예로는 숙박업·식품제조업·의약품제조업 등의 허가제, 공증인·집달관·의사·간호사 등에
대한 자격제 또는 면허제, 음반제조업자·기능보유의 등록제나 신고제, 농지소작의 원칙적 금지 등을 들
수 있다.

헌법 제37조 제2항에 따라 직업의 자유를 제한하는 경우에도 일정한 한계가 따른다. 직
업의 자유는 국가안전보장·질서유지·공공복리를 위하여 필요한 경우에 한하여 법률로써만
제한될 수 있으며 제한되는 경우에도 그 권리의 본질적인 내용을 침해할 수 없으며 그 제한
법률은 비례의 원칙이나 평등의 원칙, 명확성의 원칙 등을 위배해서는 아니 된다.

헌법재판소는 그동안 직업선택의 자유를 침해했다는 이유로 적지 않은 법률규정들을 위헌으로 결정한 바
있다. 가령 변호사의 개업지제한을 규정한 변호사법($^{1982.12.31\,법}_{률\,제3597호}$) 제10조 제2항은 헌법 제11조의 평등권, 제15
조의 직업선택의 자유 및 제37조 제2항에도 위반되며, 병역의무를 이행한 군법무관의 경우에는 병역의무
의 이행으로 인한 불이익처우의 금지를 규정한 제39조 제2항에도 위반된다고 결정하였고($^{헌법재판소\,1989.11.20.}_{선고\,89헌가102\,결정}$),
교사의 신규채용에 있어 국·공립교육대학, 사범대학 그 밖의 교원양성기관의 졸업자 또는 수료자를 우선
채용하도록 규정한 교육공무원법 제11조 제1항은 국·공립 사범대학 출신 이외의 교사자격자가 가지는
직업선택의 자유를 제한하고 있어서 헌법 제15조에 위반된다고 결정한 바 있다. 그 밖에도 헌법재판소는
형사사건으로 공소가 제기된 변호사에 대하여, 판결확정시까지 법무부장관이 업무정지를 명할 수 있도록
규정한 동법 제15조는 헌법 제37조 제2항의 비례의 원칙에 어긋난 헌법 제15조의 직업선택의 자유의 제
한이라고 보아 위헌으로 결정하였고($^{헌법재판소\,1990.11.19.}_{선고\,90헌가48\,결정}$), 4층 이상의 건물에 대하여 화재보험가입을 획일적으
로 강제하는 「화재로 인한 재해보상과 보험가입에 관한 법률」 제5조 제1항은 직업선택의 자유에 대한 침
해로 위헌이라고 판시한 바 있으며($^{헌법재판소\,1991.6.3.\,선}_{고\,89헌가204\,결정}$), 법률이 아닌 시행규칙에 대해서도 법무사시험의 실시
여부를 법원행정처장의 재량에 맡긴 법무사법시행규칙 제3조 제1항은 법무사자격취득을 원하는 모든 국민
의 직업선택의 자유를 침해한 것으로서 위헌이라고 판시하였다($^{헌법재판소\,1990.10.15.}_{선고\,89헌마178\,결정}$). 반면 헌법재판소는 사법서
사법 제4조 제1항 제1호에서 구법상 인정되던 「동등 이상의 학력…」 규정을 두지 아니하며, 경합자환산
규정이 근거를 잃음으로써 사법서사자격의 문호를 좁혀 직업선택의 자유를 제한하는 결과가 되었다 해도
이와 같은 제한은 공공복리를 위한 제한으로 보아야 할 것이고, 그 제한이 헌법상 비례의 원칙 내지 과잉

---

23) 방위산업체의 지정은 산업통상자원부장관이 행하되 주요방산업체와 일반방산업체로 구분하여 지정하도록 되어 있
다(같은 법 § 35, 시행령 § 41).

금지의 원칙의 위배로 볼 수는 없다고 판시한 바 있다. 그 밖에 직업선택의 자유의 제한여부가 문제되었던 사례를 몇가지 들어보면 다음과 같다:

"현행 약사법상 한약업사의 지위는 약사가 없는 제한된 지역에서 약사업무의 일부를 수행하는 보충적인 직종에 속하는 것으로 보여지고, 의약품 가운데에서 한약만을 독자적으로 분류하여 그 조제, 판매권을 한약업사에게 전속적, 배타적으로 부여하고 있는 것은 아니므로 한약업사가 약사와는 달리 영업지제한의 규제를 받는 것이 그의 거주이전의 자유 또는 직업선택의 자유를 제한하는 것이거나 평등의 원칙에 위배된다고 할 수 없다(헌법재판소 1991.9.16. 선고 89헌마231 결정)."

"허가관청이 액화석유가스판매사업의 허가기준으로서 주변건물 소유자 또는 사용자의 동의를 얻도록 고시한 취지는, 사회통념상 액화석유가스의 폭발 또는 화재로 인하여 위해우려의 부담을 안게 되는 일정 구역내의 주민들의 생명과 재산권의 보호 등 공공의 이익과 액화석유가스의 안전관리를 도모하기 위한 데에 있다고 할 것이므로, 위 고시가 국민의 기본권인 직업선택의 자유와 거주이전의 자유를 부당하게 침해하는 것이라던가 헌법 제37조 제2항에서 규정하고 있는 필요한 기준의 한계를 벗어났다고 할 수도 없다(헌법재판소 1991.4.9. 선고 90누4112 결정)."

5. 재산권보장

헌법은 제23조에서 "① 모든 국민의 재산권은 보장된다. 그 내용과 한계는 법률로 정한다. ② 재산권의 행사는 공공복리에 적합하도록 하여야 한다. ③ 공공필요에 의한 재산권의 수용·사용 또는 제한 및 그에 대한 보상은 법률로써 하되 정당한 보상을 지급하여야 한다"고 규정함으로써 재산권을 기본권으로서 보장하고 있다. 나아가 헌법은 제22조 제2항에서 "저작자·발명가·과학기술자와 예술가의 권리는 법률로써 보호한다"고 규정함으로써 무체재산권의 보호를 규정함과 아울러 제9장의 경제에 관한 장에서 광업권·농지소유권 등 특수재산권에 관한 규정들을 두고 있다. 이처럼 헌법은 재산권을 기본권으로서 보장한 후 그 내용과 한계를 법률로 정하도록 유보함으로써, 기본적으로 "자유와 재산"(Freiheit und Eigentum)을 "국가로부터 자유로운 영역"(staatsfreier Raum)으로 간주했던 자유주의적 공식에 따라 재산권을 하나의 전국가적 실체(eine vorstaatliche Größe)로서 국가에 의한 규제, 제한 및 형성에 선행하는 것으로 보는 근대헌법적 재산권관념을 바탕으로 삼고 있다.[24] 그러나 이러한 헌법규정은 오히려 재산권의 상대적 기본권으로서의 성격을 반영하는 것으로서 재산권에 관한 권리형성적 법률유보의 성질을 지닌다고 보아야 한다. 여기서 결정적인 중요성을 띠는 것은 재산권의 내용을 규정하는 동시에 그 사회적 구속성(Sozialgebundenheit), 즉 헌법 제23조 제2항에 따른 공공복리적합의무의 효력을 구체화하는 법률의 역할이다. 재산권의 내용을 규정함에 있어 입법권자는 일반추상적인 규정

---

24) Badura, aaO., Rn.49, S.209.

을 통하여 개별적 사안에 있어 무엇이 헌법적으로 보호된 재산권에 속하는지를 결정하는 등 광범위한 입법형성권을 가진다. 그러나 이 경우에도 입법권자는 재화의 분배(^{Güterverteilung})를 규율하고 재산적 가치있는 권리들, 그 내용형성, 이용 및 처분에 관한 법적 질서를 형성함에 있어, 헌법 제23조 제1항 제1문의 사유재산권의 기본적 승인과 아울러 같은 조 제2항의 재산권의 공공복리적합의무, 그리고 같은 맥락에서 비례원칙, 신뢰보호의 원칙, 평등의 원칙 및 재산권의 본질적 내용($^{\text{Wesensgehalt:}}_{\text{헌법 § 37 ②}}$)을 준수하여야 한다.

　　재산권과 그 보장은 그 헌법정책적 기능에 있어 단순한 개인주의적 유보영역($^{\text{individualistisches}}_{\text{Reservat}}$)의 승인을 훨씬 능가하는 의미를 가진다.[25] 재산권에 대한 보호 그리고 사적자치에 입각한 사경제적인 그 이용의 종류와 정도는 경제질서를 구별시켜주는 경제헌법의 기본적 기준이 된다. 만일 헌법이 재산권을 일반적으로 ─비단 "개인적 재산권"에 한하지 않고─ 보호한다면, 이는 재산소유자에 대한 배려에 의한 것일 뿐만 아니라 또한 거기에 원리상 유용한 사회질서의 요소가 있다고 여겨지고 있기 때문이라고 할 수 있다. 입법권자는 이에 상응하여 각종 재산권들─기업재산권, 토지재산권, 소비재산권 등─의 차이점을 그 사회적·정책적 의미에 맞게 고려할 수 있고 또 고려해야만 한다. 헌법상 재산권보장(^{Eigentumsverfassung})을 둘러싼 대립은 그 주요쟁점에 비추어 볼 때 동시에 경제질서와 정치적 지배형태에 관한 대립이기도 하다.

───────────────

25) Badura, aaO.

제 5 절 | 경제행정의 주체

제 1 관 경제행정조직

「경제행정의 주체」란 경제의 영역에서 누가 공행정의 행사$\binom{\text{Ausübung öffentlicher Verwaltung}}{\text{im Bereich der Wirtschaft}}$를 담당하도록 되어 있는가, 또는 경제행정에 관한 권한이 누구에게 어떻게 배분되고 있는가 하는 문제이다. 경제행정을 담당하는 주체, 즉 경제행정조직은 경제체제 및 경제질서에 관한 헌법상의 틀 안에서 결정된다. 헌법은 이에 관하여 별다른 규정을 두고 있지 않지만, 일반적 행정조직에 관한 헌법적 결정의 내용을 이루는 민주적 정부$\binom{\text{헌법}}{\S\,67}$, 지방자치제도$\binom{\S\,117}$, 행정조직법정주의$\binom{\S\,96}$ 등이 경제행정조직에 대해서 타당함은 물론이다. 여기서는 경제행정의 주체 또는 경제행정조직을 일반적인 행정조직법 원리에 따라 국가와 공공단체 및 경제자치단체 등으로 나누어 살펴보기로 한다.

제 2 관 경제행정의 주체로서 국가

Ⅰ. 개   설

국가는 가장 주된 경제행정의 주체이다. 경제활동은 국제거래는 물론 국내거래의 경우에도, 지방자치단체가 독자적으로 행하는 경제조성 및 규제를 제외하고는, 지방적 한계를 넘어서서 전국적인 수준에서 행해지는 것이 보통이다. 국가는 경제정책에 의거하여 전국적으로 경제행정을 수행하게 된다. 국가의 경제행정권은 무엇보다도 헌법 제119조 제2항에 의해 뒷받침된다. 국가의 경제행정은 국가가 이를 직접 수행하는 경우(직접국가경제행정조직)와 다른 공법인 또는 공공단체를 통하여 간접적으로 수행하는 경우(간접국가경제행정조직)로 나뉜다.

Ⅱ. 국가의 경제행정조직

1. 국가에 의한 직접경제행정조직

국가에 의한 직접경제행정조직으로는 대통령과 국무회의, 기획재정부장관 및 각 경제관련 주무장관(농림축산식품부장관·산업통상자원부장관·국토교통부장관·고용노동부장관 등), 그리고 경제장관회의 등을 들 수 있다. 그 밖에도 경제행정조직으로 조달청, 특허청, 국세청, 관세청, 산림청 등과 같은 청이 있다. 이들 청은 기획재정부장관 등 행정각부 장관에 소속되지만 그 자체로서 중앙행정관청의 지위에 서는 행정기관이다.

2. 국가에 의한 간접경제행정조직

직접 국가에 의해서가 아니라 독립된 공법인 또는 공공단체를 통하여 간접적으로 국가의 경제행정이 수행되는 경우 이를 국가에 의한 간접경제행정이라 부를 수 있다.[1] 오늘날 현대행정은 행정조직의 다원화를 통한 책임의 분산을 한 특징으로 하고 있으며, 이에 따라 특히 경제행정의 경우 직접적 행정조직에 비하여 이와 같은 간접적 행정조직의 비중이 날로 높아지고 있다. 이러한 현상의 배경에는, 종래 국가에게 일임되어 왔던 공적 임무 중 일부는 이

---

[1] 이는 독일의 경우 연방에 의한 경제행정(Wirtschaftsverwaltung)의 행사가 가령 연방카르텔국(Bundeskartellamt)이나 연방상공업국(Bundesamt für Gewerbliche Wirtschaft)과 같은 연방행정기관들 외에도, 연방격지화물수송 관리기관(Bundesanstalt für den Güterfernverkehr) 및 연방농산물시장질서감독기관(Bundesanstalt für landwirtschaftliche Marktordnung)과 같은 연방직접적인(bundesunmittelbare) 공법상의 사단이나 영조물의 도움을 받아 이루어지는 것과 비교될 수 있다.

를 국가가 직접 수행하기보다는 각각 임무의 특수성에 맞는 별도의 기구를 설치하여 이들로 하여금 전담케 하는 것이 보다 합리적이며 또 행정의 전문성, 경제적 효율성을 제고할 수 있고, 또 독립채산제에 의한 기금·재원의 원활한 확보, 탄력적인 의사결정 및 이해관계자의 협조에 의한 참여행정을 달성할 수 있다는 등의 합목적적인 고려가 존재하고 있다.[2] 이와 같은 국가에 의한 간접적 경제행정조직의 대표적인 형태로는 공법상 영조물법인, 공법상 사단 및 공단 등을 들 수 있다. 이들 공공단체나 기관들은 이중적인 지위를 가진다: 이들은 일면 그 설치목적에 따라 독자적으로 경제활동에 참여하는 '경제하는 공공의 손'($^{wirtschaftende}_{\ddot{o}ffentliche\ Hand}$)으로서 경제행정의 대상이면서 동시에 일정한 범위 내에서 경제행정의 권한을 부여받은 경제행정조직으로서 역할을 수행한다.[3]

"행정청에는 처분등을 할 수 있는 권한이 있는 국가 또는 지방자치단체와 같은 행정기관뿐만 아니라 법령에 따라 행정권한의 위임 또는 위탁을 받은 행정기관, 공공단체 및 그 기관 또는 사인이 포함되는 바, 특별한 법률에 근거를 두고 행정주체로서의 국가 또는 지방자치단체로부터 독립하여 특수한 존립목적을 부여받은 특수한 행정주체로서 국가의 특별한 감독하에 그 존립목적인 특정한 공공사무를 행하는 공법인인 특수행정조직 등이 이에 해당한다. …… **대한주택공사의 설립목적, 취급업무의 성질, 권한과 의무 및 택지개발사업의 성질과 내용 등에 비추어 같은 공사가 관계법령에 따른 사업을 시행하는 경우 법률상 부여받은 행정작용권한을 행사하는 것으로 보아야 할 것이므로 같은 공사가 시행한 택지개발사업 및 이에 따른 이주대책에 관한 처분은 항고소송의 대상이 된다**($^{대법원\ 1992.11.27.\ 선고\ 92누3618}_{판결,\ 법원공보,\ 936,\ 281이하}$)."

경제행정은 한국은행처럼 특정한 행정목적을 계속적으로 수행하기 위하여 독립된 인격이 부여된 인적·물적 종합체인 영조물법인, 상공회의소처럼 특정한 공적 목적을 위하여 결합된 인적 단체로서 자치권이 인정된 공법상 사단법인인 공공조합, 공공단체로서 경제행정조직의 지위를 가진 공단, 공단이란 명칭으로 설립된 것은 아니지만 공단과 매우 유사한 간접행정조직으로서 한국소비자원 같은 공법상 재단 등에 의해서도 수행되고 있다.

한국은행의 지위와 권한 •• 한국은행은 한국은행법에 따라 무자본특수법인($^{§\ 2}$)[4]으로 설립된 우리나라의 중앙은행으로서 관리통화제하에서 현금통화의 안정적 공급과 통화가치의 안정을 위하여 금융·통화정책을 강구하는 독립된 공법상 영조물법인이다. 한국은행은 경제지도의 가장 고전적인 심급($^{klassische\ Instanz\ der}_{Wirtschaftslenkung}$)이다. 한국은행은 이자율조작을 통한 금리정책, 지급준비율정책, 공개시장조작을 통한 화폐공급량조절정

---

2) Reiner Schmidt, aaO., Rn.57, S.29.

3) Püttner, Wirtschaftsverwaltungsrecht, 1989, S.25, 75. 퓌트너(S.25)에 따르면 국가도 사실은 이러한 의미에서 이중적 지위를 가진다고 한다: 국가는 시장참가자(Marktteilnehmer)인 동시에 시장감독자(Marktaufseher)이며, 나아가 시장주최자(Marktveranstalter)이자 시장지원자(Marktförderer)이기도 하다는 것이다.

4) 순이익이 발생하면 소정의 적립을 한 다음 정부에 세입으로 납부하고, 손실이 있으면 적립금으로 전보하며, 적립금이 부족하면 국가재정법이 정하는 바에 따라 정부가 이를 보전한다(한국은행법 §§ 99-100).

책, 그 밖의 금융자금의 규제·동결, 일반대출한도의 조정, 국채매각 등을 통하여 유동성을 흡수시킬 수 있는 권한, 은행권발행 및 은행의 은행으로서 시중금융기관과의 관계에서 출납업무를 수행할 권한 등을 가지고 있다. 한국은행은 그 통화정책적 권한 면에서 보면 은행이 아니라 행정기관(^{Behörde})의 지위를 지닌다고 해야 할 것이지만, 반면 「은행의 은행」으로서 기능을 수행한다는 점에서는 은행의 지위를 가지는 것이라고 할 수 있다. 한국은행은 한은법에서 정하는 경우를 제외하고는 정부·정부대행기관 또는 금융기관 외의 법인이나 개인과 예금 또는 대출의 거래를 하거나 정부·정부대행기관 또는 금융기관 외의 법인이나 개인의 채무를 표시하는 증권을 매입할 수 없으나, 금융통화위원회가 정하는 바에 따라 업무수행에 필요하다고 인정하는 법인과 예금거래를 할 수 있다($^{\S\,79}$). 또한 금융기관이 기존 대출금을 회수하며 신규 대출을 억제하고 있는 심각한 통화신용의 수축기에 있어서 한국은행은 제79조의 규정에 불구하고 위원 4인 이상의 찬성으로 금융기관이 아닌 자로서 금융업을 영위하는 자 등 영리기업에 대하여 여신할 수 있다($^{\S\,80}$). 한국은행은 무자본이므로 상법상 주주총회와 같은 기관이 없고 한국은행법상 통화·신용에 관한 최고정책수립기관인 금융통화운영위원회라는 합의제행정기관에 의하여 관리·운영되고 있다($^{\S\,12}$). 이는 국가의 금융정책이 특정 정당이나 정치세력에 예속되지 않도록 하려는 데 취지를 둔 것이지만, 중앙은행으로서 한국은행의 독립성에 대하여는 여전히 논란이 있다.

국가는 공법상 경제행정조직 외에도 사법상 조직을 설치하여 이들로 하여금 경제행정의 임무를 수행하도록 할 수 있다. 이들은 엄밀히 따진다면 국가에 의한 경제행정의 조직이라고 할 수 없으나, 사기업의 효율성·탄력성·비관료적 경영방식을 공행정의 분야에 채용한다는 견지에서 상법이나 특별법에 의하여 설립된 기업이지만 국가로부터 간접적 감독을 받는 등 넓은 의미에서는 국가경제행정의 일부를 수행한다고 볼 수 있다.

Ⅲ. 경제행정상 합의제행정청

1. 개   설

통상 경제행정은 주무부장관이나 지방자치단체의 장과 같은 독임제행정청에 의해 수행되는 것이 일반이지만, 가령 금융통화정책의 최고정책결정기관으로서 금융통화위원회나 공정거래법의 운용기관으로서 행정위원회인 공정거래위원회처럼 합의제행정청이 경제행정의 주체로 등장하는 경우도 적지 않다. 경제행정상 합의제행정기관은 그 밖에 금융위원회, 무역위원회, 규제개혁위원회, 최저임금위원회 등 여러 가지가 있다. 특히 중요한 것만 간략히 살펴보기로 한다.

2. 금융통화위원회

2.1. 의 의

경제에 중대한 영향을 미치는 통화·신용정책에 관한 기본결정을 내리는 금융통화운영위원회는 한국은행에 설치된 정책결정기구로서($\frac{한국은행}{법§12}$) 합의제 행정관청이다. 금융통화운영위원회($\frac{이하 "금통}{위"라 한다}$)는 한국은행의 최고의사결정기관으로서 우리나라 통화·신용정책을 수립하고, 정관변경, 조직 및 기구, 예산·결산, 소속지원의 보수기준 그 밖에 한국은행의 운영과 관련한 사항 등을 심의·의결한다(^{§29}). 한국은행법이 금통위를 설치해 통화신용정책에 관한 최고결정권과 한은의 인사권 등 강력한 권한을 부여한 것은 통화신용정책수행에 따른 정부와의 책임관계를 분명히 하고 특정 정당이나 정치세력으로부터 금융정책에 대한 부당한 압력이나 간섭을 배제함으로써 금융의 민주화·자율화를 기하려는 취지에 따른 것이다.

통화신용정책의 수립·집행이라는 강력한 권한을 가진 합의제기관을 두는 것은 전후 신생독립국이 대부분 중앙은행법으로 정하고 있으며 선진국에서도 거의 채택하고 있는 방식이다. 미국의 연방준비제도이사회, 독일의 중앙은행이사회, 일본의 정책위원회가 그러한 예이다. 금통위는 1950년 처음 설치되었을 때만 해도 통화신용정책은 물론 외환정책도 담당했으나 1961년 말 외국환관리법이 제정되면서 외환정책수립권한이 정부로 이전되었고 1962년 한은법의 개정을 통해 명칭도 금융통화위원회에서 금융통화운영위원회로 바뀌었다. 이로써 제2공화국까지는 이름에 걸맞은 역할을 수행했던 금통위의 위상은 급격히 약화되어 '정부의 시녀', '금융통과위'란 오명까지 나오게 되었다. 5.16이후 금통위는 금융을 성장의 보조수단으로 격하시키는 「개발금융」 시대에 접어들면서 관치금융의 도구로서 그 역할과 기능의 축소를 겪어야만 했다.

2.2. 구 성

금통위는 한국은행의 총재와 부총재, 기획재정부장관·한국은행 총재·금융위원회 위원장·대한상공회의소 회장·사단법인 전국은행연합회 회장이 각각 1인씩 추천하는 위원 5명, 총 7인의 위원으로 구성된다. 위원 중 추천직 위원은 금융·경제 또는 산업에 관하여 풍부한 경험이 있거나 탁월한 지식을 가진 자로서 대통령령이 정하는 바에 따라 추천기관의 추천을 받아 대통령이 임명하며, 한국은행 총재와 부총재를 제외한 위원의 임기는 4년이다($\frac{§13}{③}$).

금융통화위원회 위원은 상임으로 하며($\frac{§13}{④}$), 비록 한은법에 명시적으로 규정이 없어 공무원신분을 가진다고 볼 수는 없지만,[5] 결격사유, 신분보장, 정치활동 금지, 겸직 및 영리사업

---

5) 구법 제8조는 '금융통화운영위원회위원은 국가공무원의 신분을 가진다'는 명문의 규정을 두고 있었지만 1997년 12월 31일 한국은행법전부개정법(법률 제5491호)에서 삭제되었다.

금지, 형법 그 밖의 법률에 따른 벌칙의 적용시 공무원의제 등 실질적으로 국가공무원에 준하는 법적 지위를 가진다($^{\S\,17-20,}_{106\,①}$).

금통위의 의장은 한국은행 총재가 겸임하며($^{\S\,13}_{②}$), 한국은행 총재는 국무회의의 심의와 국회 인사청문을 거쳐 대통령이 임명한다($^{\S\,33}_{①}$).

1997년 12월 31일 한국은행법전부개정법($^{법률\,제}_{5491호}$)에 따라 금융감독기능은 한국은행으로부터 분리되어 금융위원회와 금융감독원에 이관되었다.

2.3. 법적 지위: 중앙은행의 독립성문제

금융자율화의 기치 아래 중앙은행의 독립성보장에 대한 요청이 그 어느 때보다 고조되고 있다. 관리통화제하에서 중앙은행은 통화가치의 안정 및 신용의 공급에 관한 통화정책을 수립·집행하는 핵심적 기능을 지닌다. 그러나 한은법상 중앙은행의 독립성은 여전히 논란의 대상이 되고 있다. 그동안 수차례 법개정으로 재무부장관의 금통위 의장 겸직 등 그 독립성 훼손 요인으로 지목되었던 문제점들은 많이 개선되었다. 현행 한은법은 한편에서는 제3조에서 "한국은행의 통화신용정책은 중립적으로 수립되고 자율적으로 집행되도록 하여야 하며, 한국은행의 자주성은 존중되어야 한다"고 규정하면서도 다른 한편으로는, 제4조 제1항에서 "한국은행의 통화신용정책은 물가안정을 해치지 아니하는 범위 내에서 정부의 경제정책과 조화를 이룰 수 있도록 하여야 한다"고 규정하고 있고, 대통령의 한은총재임명권, 금통위의 한은 정관변경을 정부 승인사항으로 한 점, 기획재정부차관·금융위원회 부위원장에게 금통위 열석발언권을 부여한 점 등, 금통위의 통화신용정책에 대한 정부의 영향력 행사 여부를 둘러싸고 한은 독립성 시비가 생길 수 있는 여지를 남기고 있다. 반면, 국민경제적 관점에서 정부와 중앙은행의 관계를 일률적으로 후자의 독립성보장의 방향으로 설정하는 데 전혀 문제가 없는 것은 아니다. 특히 경제발전을 최고의 정책목표로 하는 개발도상국에서는 중앙은행의 통화정책이 정부의 종합적인 경제정책과 적절히 조화되도록 할 필요가 있다.

독일의 경우, 독일연방은행($^{Die\ Deutsche}_{Bundesbank}$)은 그 법률상 임무의 범위 내에서 연방정부의 지시로부터 독립되어 여하한 직무상 감독도 받지 않는 법적 지위를 부여받고 있다. 독일연방은행은 일종의 간접행정조직($^{mittelbare\ öffentliche}_{Verwaltung}$)에 해당하는데, 독일연방은행법($^{Gesetz\ über\ die\ Deutsche}_{Bundesbank:\ BBankG}$) 제2조에 따르면 독일연방은행의 지위를 공법상 연방직접적 법인($^{eine\ bundesunmittelbare\ juristische}_{Person\ des\ öffentlichen\ Rechts}$)의 그것으로 명시하고 있다. 또한 독일연방은행법 제12조는 "이 법률에 따른 권한을 행사함에 있어 연방정부로부터 지시를 받지 아니한다. 독일연방은행은 유럽의 중앙행체계의 구성부분으로서 그 임무를 수행함에 있어 연방정부의 일반적 경제정책을 지원한다"라고 규정하고 있다. 연방행정법원의 판례($^{BVerwGE}_{41,334}$)에 따르면 독일연방은행의 독립성은 헌법상 보장되어 있지는 않지만, 기본법과 합치된다고 한다. 그렇게 봄으로써 발권은행이 금융·통화정책상 대중적 인기 없는 결정을

제1편 제2편 제3편 제4편 제5편 특별행정법

관철시키기 위하여 충분한 독자성과 필요한 역량을 갖출 수 있기 때문이라고 설명된다. 그러나 독일연방
은행의 자율성(Autonomie)은 정부의 일반적 경제정책을 지원해야 할 연방은행의 의무나 노사 단체협약의 자
율성 및 외부적 영향력 등에 따라 실질적인 제약을 받고 있다.6)

우리 헌법에도 중앙은행의 독립성을 인정하는 명문의 규정은 없다. 따라서 중앙은행 또는
금통위의 지위는 전적으로 입법자의 입법형성권에 맡겨져 있다고 할 수 있다. 그러나 이제까
지 우리나라 경제가 만성적 통화증발로 인한 악성인플레이션에 시달려 왔던 데에는 금통위
가 자주적 통화정책을 수립하지 못하고 고작 관치금융의 도구로 전락해 버렸던 현실에 기인
하는 바 크다는 점을 감안할 때 정부와의 관계에서 금통위, 곧 한국은행의 자율성을 확보해
주는 것이 필요하다. 물론 금통위의 자율성·독립성이 보장된다 하여도 그것을 통해 결정된
통화신용정책이 정부의 일반적 경제정책과 충돌되는 결과를 방치해서는 안 되겠지만, 문제는
오히려 어떤 방법으로 정부의 일반적 경제정책결정과정에서 정부의 정책과 금통위·한국은
행의 통화신용정책이 유기적인 분업관계를 이룰 수 있도록 권한·절차상의 배려를 할 것이
냐에 있다.

2.4. 권 한

금통위의 권한은 크게 통화·신용정책과 한국은행 운영에 관한 심의·의결 두 가지로 구
성된다. 즉 금통위는 이자율조작을 통한 재할인정책($\frac{금리정책:}{\S\S 64이하}$), 지급준비율조작($\frac{\S\S 56}{이하}$), 공개시장조
작을 통한 화폐공급량조절정책($\frac{\S\S 68}{이하}$) 등 전형적인 중앙은행정책들을 수립·집행하고, 그 밖에
금융자금의 규제·동결, 일반대출한도의 조정, 국채매각 등을 통하여 유동성을 흡수시킬 수
있는 권한, 발권은행이자 은행의 은행인 한국은행의 지휘·감독권 등을 가지고 있다.

한국은행의 운영에 관한 권한은 다음과 같은 사항에 관한 심의·의결권이다($\S 29$).

1. 한국은행의 정관변경에 관한 사항
2. 한국은행의 조직 및 기구에 관한 사항
3. 한국은행의 예산 및 결산에 관한 사항
4. 한국은행 소속 직원의 보수기준에 관한 사항
5. 그 밖에 한국은행의 운영과 관련하여 이 법 또는 정관에 금융통화위원회의 권한으로 규정된 사항

그 밖에도 금통위는 그 직무를 수행하기 위하여 필요한 규정을 제정할 수 있다($\S 30$).
한편 금통위는 한국은행 소속 직원으로 하여금 위원의 업무를 보좌하게 할 수 있다($\S 31$).

---

6) Rinck/Schwark, Rn.1054, S.354; Püttner, S.243.

2.4.1. 금리정책(재할인정책)

금통위는 금융기관이 받은 약속어음, 환어음 그 밖의 신용증권을 재할인·할인 및 매매($^{§\,64}_{①\,i}$), 증권을 담보로 하는 1년 이내의 기한부 대출의 경우($^{§\,64}_{①\,ii}$) 그 이자율(^{Leitzinsen})을 조작하거나 금융기관의 이자의 최고율을 정함으로써 자금의 양적 조절을 꾀할 수 있다. 또한 한국은행에 융자를 신청한 금융기관이 다른 금융기관에 비하여 한국은행의 여신에 지나치게 의존하여 왔거나 불건전한 대출방침 또는 투자방침을 지속하여 왔다고 금통위가 인정하는 경우 한국은행은 당해 금융기관에 대한 융자를 거부할 수 있다($^{§\,66}_{①}$). 한국은행은 극심한 통화팽창기에는 금융기관에 대한 여신을 제한하여야 하며, 부득이한 경우에만 신규로 여신하되 조속히 여신액을 감축하도록 노력하여야 한다($^{§\,67}$).

재할인율의 결정의 법적 성질을 무엇으로 볼 것인가에 관하여는 논란의 여지가 있고 지급준비율결정에 관하여 상론할 것이나 일종의 일반처분으로 보아야 할 것이다.[7]

2.4.2. 지급준비율조작

지급준비율의 결정권은 금통위가 지닌 가장 강력한 경제향도의 수단이라 할 수 있다. 금통위는 금융기관이 보유하여야 할 지급준비금의 최저율, 즉 "지급준비율"을 정하며, 필요하다고 인정할 때에는 이를 변경할 수 있다($^{한은법}_{§\,56\,①}$). 예금지급준비율은 제57조에서 규정하는 경우를 제외하고는 100분의 50 이하로 하고 모든 금융기관에 일률적으로 적용한다($^{§\,56}_{②}$). 다만 현저한 통화팽창기에 필요하다고 인정하는 경우에는 금통위가 지정하는 날의 지급준비금 적립대상 채무액을 초과하는 증가액에 대하여 지급준비율을 적용하여 산정한 금액을 초과하여 전액까지를 최저지급준비금으로 추가로 보유하도록 요구할 수 있다($^{한계예금지급}_{준비금\,§\,57}$).

지급준비율을 준수하지 못하면 한국은행에 과태금을 납부하여야 하며($^{§\,60}_{①}$), 지급준비금 부족이 연속하여 3기의 최저지급준비금 보유기간에 걸쳐 계속된 경우에는 금통위는 해당 금융기관에 대하여 최저지급준비금을 1기의 최저지급준비금 보유기간 이상 보유할 때까지 신규의 대출·투자 또는 주주에 대한 배당금의 지급 등을 금지할 수 있다($^{§\,60}_{②}$).

지급준비금제도는 원래 유동성확보에 의한 예금자보호를 위한 것이었으나 오늘날 시중자금의 양을 조절하는 통화정책의 주요수단으로 활용되고 있다.[8] 지급준비율 결정의 법적 성질에 관하여는 논란의 여지가 있으나, 역시 일반적 효력을 지닌 공법적 규율의 일종으로 보아야 할 것이다. 먼저 지급준비율의 결정과 한국은행이 은행의 은행으로서 수행하는 개개의 은행업무는 서로 구별되어야 한다. 전자는 의문의 여지없이 사법상 행위로 간주되는 개별 은

---

7) Püttner, S.248. 반대설: 홍정선, 행정법원론(하), 676.
8) 황적인·권오승, 347; Rinck, Rn.1063, S.356.

행업무에 선행하는 공익목적을 지닌 것이라는 점에서 후자와 구별된다. 같은 이유에서 지급준비율의 결정은 사법상 보통계약약관과도 다른 공법적 특성을 가진다. 그렇다면 그 공법상의 규율이 가지는 법적 성질은 무엇일까? 일설은 그 공법적 성질을 시인하면서도 한국은행을 일종의 경제상 자치기관의 성격을 가지는 것으로 보아, 이를 일종의 자치법규로 보려고 한다.[9] 이 견해는 이를 기본법 제88조에 의거한 규범정립행위로서 실질적으로는 법규명령의 성질을 가진다고 보는 것을 독일에서의 지배적 견해로서 참조하고 있다.

사실 독일의 경우 연방행정법원($^{BVerwGE}_{41,334}$)은 지급준비율($^{Mindest-}_{reservesätze}$)의 결정($^{§ 16}_{BBankG}$)을, 이설에 대한 이렇다 할 설시없이, 법규명령으로 평가했고 이에 따라 기본법 제80조에 비추어 판단하면서 명백한 형식적 권한의 흠결(연방은행은 기본법 제80조 제1항에서 열거된 수권의 상대방에 속하지 않음)은 연방이 통화 및 발권은행으로서 연방은행을 설치한다는 제88조의 도움으로 제거되었다고 판시한 바 있다.

그러나 한국은행을 일종의 경제자치기관으로 보아 지급준비율의 결정을 자치법규로 보는 견해나 독일의 경우처럼 이를 법규명령으로 보는 견해는 수긍하기 어렵다. 한국은행 그리고 금통위는 어디까지나 그 통화신용정책수립 기능에 있어서는 국가의 (간접) 경제행정권을 행사하는 경제행정의 조직이며, 또 지급준비율의 결정은 헌법상 인정된 법규명령의 형태를 띠고 있지 않기 때문이다. 지급준비율의 결정은 본질상 사기업인 시중은행에 대하여 법적 구속력을 지닐 뿐 아니라($^{한은법 § 56 ①,}_{은행법 § 30}$) 그에 따르지 않을 경우 과태금에 의하여 이행이 확보되는 ($^{한은법}_{§ 60}$) 공법적 규율이며, 성질상 사기업 지위를 가지는 시중은행이라는 한정된 상대방을 일반적으로 규율하는 것이라는 점에서 일반처분이라고 보아야 할 것이다.[10] 금통위가 10%에서 50%이하의 범위에서 결정·변경하는 지급준비율이 모든 금융기관에 일률적으로 적용되도록 하고 있는 것($^{§ 57}$)도 이 점을 뒷받침한다. 이 경우 일반처분으로서 지급준비율 결정이 가령 10%에서 50%이하의 범위에서 고도의 통화신용정책적 재량에 따라 행해질 것임은 물론이다. 따라서 이 같은 통화신용정책적 결정에 대한 취소소송은 가능하지만 금통위가 그 준비율결정에 관하여 현저한 재량여지를 가지기 때문에 승소가능성은 극히 낮을 것이다.[11]

2.4.3. 공개시장조작

이것은 중앙은행이 직접 일반공개시장에 나가서 국채 그 밖의 유가증권을 매매함으로써 화폐공급량을 규제하는 정책이다. 가령 한은법에 따라 금통위는 통화안정증권을 매출·매입함으로써 통화공급량을 규제할 수 있는데($^{한은법}_{§§ 68-70}$), 그 이율, 만기상환일·상환조건은 금융통화

---

9) 홍정선, 행정법원론(하), 676.
10) Püttner, S.248; Rinck/Schwark, Rn.1060, 1063, S.355f.
11) Püttner, S.248; Rinck/Schwark, Rn.1060, 1063, S.355f.

운영위원회가 정한다. 재할인율이나 지급준비율의 결정과는 달리 이러한 공개시장조작정책에 대하여는 거의 소송상 구제가 불가능하다.[12)]

2.4.4. 그 밖의 유동성흡수방법

그 밖에 금통위는 그 밖의 금융자금의 규제·동결, 일반대출한도의 조정, 국채매각 등을 통하여 유동성을 흡수시킬 수 있는 권한을 가지고 있다.

3. 금융위원회와 금융감독원

3.1. 개 설

대형화·겸업화·국제화 등 급격히 변화하는 금융환경에 능동적으로 대응하고 금융산업의 발전을 위하여, 종래 재정경제부의 금융정책기능과 금융감독위원회의 감독정책기능을 통합하여 금융위원회를 설치하고, 금융정책과 감독집행사항을 명확히 구분하여 금융행정의 책임성을 강화함으로써 금융산업 선진화의 발전 기반을 마련한다는 취지로 단행된 2008년 2월 29일 법개정($\binom{법률 제}{8863호}$)으로 「금융감독기구의 설치 등에 관한 법률」이 「금융위원회의 설치 등에 관한 법률」($\binom{약칭: "금융}{위원회법"}$)로 바뀌었고 이에 따라 금융시장 안정에 관한 사항, 금융에 관한 법령의 제·개정에 관한 사항, 금융기관 감독과 관련한 규정의 제·개정, 금융기관의 설립·합병 등의 인허가, 금융감독원에 대한 감독 등의 업무를 수행할 합의제 행정기구로서 금융위원회가 설치되었고($\binom{금융위원}{회법 § 3}$), 그 감독집행기구로서 금융감독원이 새로운 법적 근거에 의거 재출범하게 되었다($\binom{금융위원회}{법 § 24 ①}$).[13)]

금융위원회법은 금융위원회와 금융감독원이 업무 수행에 있어 공정성을 유지하고 투명성을 확보하며 금융기관의 자율성을 저해하지 아니하도록 노력해야 한다고 규정하고 있다($^{§ 2}$).

3.2. 금융위원회

3.2.1. 법적 지위

금융위원회는 금융정책, 외국환업무 취급기관의 건전성 감독 및 금융감독에 관한 업무를 수행하게 하기 위하여 국무총리 소속으로 설치하도록 되어 있다($^{§ 3}_{①}$). 금융위원회는 정부조직법 제2조에 따른 중앙행정기관으로서 법적 지위를 가지며 합의체 행정기관으로서 그 권한에 속하는 사무를 독립적으로 수행하도록 되어 있다($^{§ 3}_{②}$).

---

12) Püttner, S.248.
13) 금융행정에 관해서는 홍준형, "금융행정의 법적 구조와 개혁방향", 공법연구 제29집 제2호(2001.2.28), 107-131을 참조.

3.2.2. 구 성

(1) 임 명

금융위원회는 9인의 위원으로 구성하되, 위원장·부위원장 각 1인과 다음 각 호의 위원으로 구성한다($\S\substack{4\\①}$).

1. 기획재정부 차관
2. 금융감독원 원장
3. 예금보험공사 사장
4. 한국은행 부총재
5. 금융위원회 위원장이 추천하는 금융전문가 2인
6. 대한상공회의소 회장이 추천하는 경제계대표 1인

금융위원회 위원장은 국무총리의 제청으로 대통령이 임명하며, 금융위원회 부위원장은 위원장의 제청으로 대통령이 임명한다. 이 경우 위원장은 국회의 인사청문을 거쳐야 한다($\S\substack{4\\②}$). 제1항 제5호 및 제6호의 위원은 대통령령이 정하는 바에 따라 당해 추천기관의 추천을 받아 대통령이 임명한다($\S\substack{4\\③}$).

위원장 및 부위원장은 정무직 국가공무원으로, 제1항 제5호의 위원은 고위공무원단에 속하는 별정직공무원으로 각각 보하며, 제1항 제6호의 위원은 비상임으로 한다($\S\substack{4\\④}$).

위원장·부위원장·제1항 제5호의 위원 및 제15조에 따른 사무처의 장은 정부조직법 제10조에도 불구하고 정부위원이 된다($\S\substack{4\\⑤}$).

대한민국 국민이 아닌 사람, 금융 관계 법령 위반으로 처벌받고 소정의 기간이 지나지 않은 자 등 제8조 각 호에 열거된 자는 임명직 위원이 될 수 없다($\S\,{}^{8}$).

(2) 위원장

위원장은 금융위원회를 대표하며, 금융위원회의 회의를 주재하고 사무를 통할한다($\S\substack{5\\①}$). 위원장은 국무회의에 출석하여 발언할 수 있다($\S\substack{6\\④}$). 위원장이 부득이한 사유로 인하여 직무를 수행할 수 없는 때에는 부위원장이 위원장의 직무를 대행하며, 위원장·부위원장이 모두 부득이한 사유로 인하여 직무를 수행할 수 없는 때에는 금융위원회가 미리 정한 위원이 위원장의 직무를 대행한다($\S\substack{5\\②}$).

(3) 위원의 임기 등

위원장·부위원장 및 제4조 제1항 제5호 및 제6호의 위원(이하 "임명직 위원"이라 한다)의 임기는 3년으로 하며, 1차에 한하여 연임할 수 있다($\S\substack{6\\①}$). 임명직 위원에 궐원이 있는 때에는 새로 임명하되,

새로 임명된 위원의 임기는 임명된 날부터 기산한다($\S_{②}^6$).

(4) 위원의 신분보장 등

임명직 위원은 제8조 각 호에 열거된 경우, 심신 장애로 직무 수행이 불가능하거나 이 법에 따른 직무상 의무 위반으로 금융위원회 위원으로서의 직무수행이 부적당한 경우 외에는 임기 전에 그 의사에 반하여 해임되지 아니한다($\S_{①}^{10}$). 위원이 위와 같은 사유로 해임되는 경우 해임되기 전에 위원으로서 행한 행위는 그 효력을 상실하지 아니한다($\S_{②}^{10}$).

(5) 정치활동 · 겸직등의 금지

임명직 위원은 정당법 제22조의 규정에 불구하고 정당에 가입할 수 없으며 정치운동에 관여할 수 없고($\S^7$), 위원장 · 부위원장 및 제4조 제1항 제5호의 위원은 재직중 다음 각 호의 직을 겸하거나 영리를 목적으로 하는 사업을 영위할 수 없다($\S^9$).

1. 국회의원 또는 지방의회의원의 직
2. 국가공무원 또는 지방공무원의 직
3. 이 법과 다른 법령에 따라 감독의 대상이 되는 단체의 임 · 직원의 직
4. 그 밖에 보수를 받는 직

3.2.3. 권 한

금융위원회의 소관사무는 다음 각 호와 같다($\S^{17}$).

1. 금융에 관한 정책 및 제도에 관한 사항
2. 금융기관 감독 및 검사 · 제재에 관한 사항
3. 금융기관의 설립, 합병, 전환, 영업 양수 · 양도 및 경영 등의 인가 · 허가에 관한 사항
4. 자본시장의 관리 · 감독 및 감시 등에 관한 사항
5. 금융소비자의 보호와 배상 등 피해구제에 관한 사항
6. 금융중심지의 조성 및 발전에 관한 사항
7. 제1호부터 제6호까지의 사항에 관련된 법령 및 규정의 제정 · 개정 및 폐지에 관한 사항
8. 금융 및 외국환업무 취급기관의 건전성 감독에 관한 양자 간 협상, 다자 간 협상 및 국제협력에 관한 사항
9. 외국환업무 취급기관의 건전성 감독에 관한 사항
10. 그 밖에 다른 법령에서 금융위원회의 소관으로 규정한 사항

금융위원회는 이 법과 다른 법령에 따라 금융감독원의 업무 · 운영 · 관리에 대한 지도와 감독을 하며, 금융감독원의 정관변경, 금융감독원의 예산 및 결산 승인 그 밖에 금융감독원을 지도 · 감독하기 위하여 필요한 사항을 심의 · 의결한다($\S^{18}$).

3.2.4. 관계기관간 자료협조

금융위원회는 이 법의 시행을 위하여 필요하다고 인정할 때에는 관계행정기관이나 그 밖의 기관 또는 단체의 장에게 필요한 조사를 의뢰하거나 필요한 자료를 요청할 수 있고($\S^{65의}_{2 \, ①}$), 이 법에 따른 시정조치의 이행을 확보하기 위하여 필요하다고 인정하는 경우에는 관계행정기관이나 그 밖의 기관 또는 단체의 장에게 필요한 협조를 의뢰할 수 있다($\S^{65의}_{2 \, ②}$).

한편, 기획재정부장관과 금융위원회 및 금융통화위원회는 정책수행에 필요하다고 인정하는 경우 상호간에 자료를 요청할 수 있고, 이 경우 요청을 받은 기관은 특별한 사유가 없는 한 요청에 응하여야 한다($\S^{65}$).

3.2.5. 증권선물위원회

이 법과 다른 법령이 규정하는 바에 따라 다음 각 호의 업무를 수행하기 위하여 금융위원회에 증권선물위원회를 둔다($\S^{19}$).

1. 자본시장의 불공정거래 조사
2. 기업회계의 기준 및 회계감리에 관한 업무
3. 금융위원회 소관사무 중 자본시장의 관리·감독 및 감시 등과 관련된 주요 사항에 대한 사전심의
4. 자본시장의 관리·감독 및 감시 등을 위하여 금융위원회로부터 위임받은 업무
5. 그 밖에 다른 법령에서 증권선물위원회에 부여된 업무

증권선물위원회는 위원장 1인을 포함한 5인의 위원으로 구성하며, 위원장을 제외한 위원 중 1인은 상임으로 한다($\S^{20}_①$). 증권선물위원회 위원장은 금융위원회 부위원장이 겸임하며, 증권선물위원회 위원은 관련분야 전문가 등의 자격을 갖춘 자 중에서 금융위원회 위원장의 추천으로 대통령이 임명한다($\S^{20}_②$). 위원장이 아닌 증권선물위원회 위원의 임기는 3년으로 하며, 1차에 한하여 연임할 수 있다($\S^{20}_⑤$). 증권선물위원회의 위원장이 아닌 상임위원은 고위공무원단에 속하는 별정직공무원으로 보한다($\S^{20}_③$).

증권선물위원회는 제19조 각 호의 업무에 관하여 금융감독원을 지도·감독한다($\S^{23}$).

3.3. 금융감독원

3.3.1. 의 의

금융위원회 또는 증권선물위원회의 지도·감독을 받아 금융기관에 대한 검사·감독업무 등을 수행할 기관으로서 금융감독원이 새로운 법적 근거에 따라 설립되게 되었다($^{금융위원회}_{법 \, \S \, 24 \, ①}$).

금융위원회는 무자본특수법인으로 한다($\S^{24}_{②}$). 금융위원회가 금융정책기능을 담당하는 데 비해 금융감독원은 감독집행기능을 수행한다.

3.3.2. 구성 등

금융감독원은 한국은행처럼 일정한 범위 안에서 금융감독의 집행이라는 공행정기능을 담당하는 간접경제행정조직이지만 금융위원회와는 달리 독임제 행정기구이다. 법은 제29조에서 금융감독원에 그 집행간부로서 원장 1인, 부원장 4인 이내, 부원장보 9인 이내와 감사 1인을 두도록 하고($\S^{29}_{①}$), 이들 원장·부원장·부원장보 및 감사의 임기를 3년으로 하되, 1차에 한하여 연임할 수 있도록 하고 있다($\S^{29}_{⑤}$).

금융감독원의 원장은 종래 금융감독위원회 위원장이 겸임하도록 하던 것을 고쳐 금융위원회의 의결을 거쳐 금융위원회 위원장의 제청으로 대통령이 임명하도록 함으로써($\S^{29}_{②}$), 금융정책기능과 감독집행기능을 명확히 구분하고 상호 견제와 균형을 확보하도록 하고 있다.

원장은 금융감독원을 대표하며, 그 업무를 총괄한다($\S^{30}_{①}$).

원장·부원장·부원장보 및 감사와 직원에 대해서는 그 직무의 공공성에 따라 겸직의 제한, 청렴 및 비밀유지의무가 부과되고 있다. 즉, 원장·부원장·부원장보 및 감사와 직원은 그 직무외의 영리를 목적으로 하는 업무에 종사하지 못하며, 해당 임명권자의 승인 없이 다른 직무를 겸하지 못하며($\S^{34}$), 금융위원회법에 따라 검사·감독을 받는 금융기관 또는 그 기관의 임·직원에게 대출을 강요하거나 금품 그 밖의 이익을 받아서도 아니 된다($\S^{35}_{①}$). 또 원장·부원장·부원장보 및 감사와 직원 또는 그 직에 있었던 자는 그 직무상 알게 된 정보를 타인에게 누설하거나 직무상 목적 외에 이를 사용하여서는 아니 된다($\S^{35}_{②}$).

3.3.3. 소관업무

(1) 은행감독등

금융감독원은 이 법과 다른 법령이 규정하는 바에 따라 제38조 각 호에 열거된 은행, 금융기관 등에 대한 검사, 제재 등 법 제37조에 규정된 업무를 수행한다($\S^{37}$).

(2) 자료의 제출요구등

금융감독원장은 제38조 소정의 검사대상기관 또는 다른 법령의 규정에 따라 금융감독원에 검사가 위탁된 대상기관에 대하여 업무수행상 필요하다고 인정하는 때에는 그 기관에 대하여 업무 또는 재산에 관한 보고, 자료의 제출, 관계자의 출석 및 진술을 요구할 수 있다($\S^{40}_{①}$).

⑶ 시정명령 · 징계요구 · 임원 해임권고 등

원장은 그 검사대상기관의 임 · 직원이 다음 어느 하나에 해당하는 경우에는 당해 기관의 장에게 이를 시정하게 하거나 당해 직원의 징계를 요구할 수 있다($\S\,^{41}_{①}$).

1. 이 법 또는 이 법에 따른 규정 · 명령 또는 지시를 위반한 경우
2. 이 법에 따라 원장이 요구하는 보고서 또는 자료를 허위로 작성하거나 그 제출을 태만히 한 경우
3. 이 법에 따른 금융감독원의 감독과 검사업무의 수행을 거부 · 방해 또는 기피한 경우
4. 원장의 시정명령이나 징계요구에 대한 이행을 게을리 한 경우

제1항에 따른 징계는 면직 · 정직 · 감봉 · 견책 및 경고로 구분한다($\S\,^{41}_{②}$).

원장은 검사대상기관의 임원이 이 법 또는 이 법에 따른 규정 · 명령 또는 지시를 고의로 위반한 때에는 당해 임원의 해임을 임면권자에게 권고할 수 있으며, 당해 임원의 업무집행의 정지를 명할 것을 금융위원회에 건의할 수 있다($\S\,^{42}$).

또한 원장은 위 검사대상기관이 이 법 또는 이 법에 따른 규정 · 명령 또는 지시를 계속 위반하여 위법 또는 불건전한 방법으로 영업하는 경우에는 금융위원회에 다음 어느 하나의 조치를 명할 것을 건의할 수 있다($\S\,^{43}$).

1. 해당 기관의 위법행위 또는 비행의 중지
2. 6개월의 범위에서의 업무의 전부 또는 일부 정지

3.3.4. 한국은행과의 관계

한국은행은 금융통화위원회가 통화신용정책의 수행을 위하여 필요하다고 인정하는 경우에는 금융감독원에 대하여 한국은행법 제11조의 금융기관에 대한 검사를 요구하거나 한국은행 소속직원이 금융감독원의 금융기관 검사에 공동으로 참여할 수 있도록 하여 줄 것을 요구할 수 있다. 이 경우 금융감독원은 대통령령으로 정하는 바에 따라 지체 없이 응하여야 한다($\S\,^{62}_{①}$). 한국은행은 금융감독원에 대하여 위 검사 결과의 송부를 요청하거나 검사 결과에 대하여 필요한 시정조치를 요구할 수 있다. 한국은행이 이러한 요구를 하는 경우 금융감독원은 이에 응하여야 한다($\S\,^{62}_{②}$).

한국은행이 검사 및 공동검사를 요구하는 때에는 검사 목적 · 대상 기관 · 검사 범위 등을 구체적으로 밝혀야 한다($\S\,^{62}_{③}$).

3.3.5. 금융위원회 · 증권선물위원회와의 관계

(1) 자료의 제출

원장은 금융위원회 또는 증권선물위원회가 요구하는 금융감독 등에 필요한 자료를 제출하여야 한다($^{§\,58}$).

(2) 검사의 결과 및 조치사항의 보고

원장은 제37조 제1호에 따라 검사를 실시한 경우에는 그 결과를 금융위원회에 보고하여야 한다. 제41조 및 제42조의 조치를 한 경우에도 또한 같다($^{§\,59}$).

(3) 보고 · 검사 등

금융위원회는 필요하다고 인정하는 경우에는 금융감독원의 업무 · 재산 및 회계에 관한 사항을 보고하게 하거나 금융위원회가 정하는 바에 따라 그 업무 · 재산상황 · 장부 · 서류 그 밖의 물건을 검사할 수 있다($^{§\,60}$).

(4) 금융위원회등의 명령권 등

금융위원회 또는 증권선물위원회는 금융감독원의 업무를 지도 · 감독하는 데 필요한 명령을 할 수 있다($^{§\,61}_{①}$). 금융위원회는 증권선물위원회 또는 금융감독원의 처분이 위법하거나 공익 또는 예금자등 금융수요자의 보호를 위하여 심히 부당하다고 인정되는 때에는 그 처분의 전부 또는 일부를 취소하거나 그 집행을 정지시킬 수 있다($^{§\,61}_{②}$).

증권선물위원회는 제19조 각 호의 업무에 관한 금융감독원의 처분이 위법하거나 심히 부당하다고 인정되는 때에는 그 처분의 전부 또는 일부를 취소하거나 그 집행을 정지시킬 수 있다($^{§\,61}_{③}$).

(5) 예금보험공사의 검사요청 등

법은 그 밖에도 예금보험공사의 검사요청에 따른 검사등($^{§\,66}$), 행정기관 그 밖의 관계기관에 대한 금융감독원장의 협조요청($^{§\,67}$) 등에 관한 규정을 두고 있다.

3.3.6. 금융분쟁의 조정

법은 검사대상기관과 예금자등 금융수요자 그 밖에 이해관계인 사이에 발생하는 금융관련분쟁의 조정에 관한 사항을 심의 · 의결하기 위하여 금융감독원에 금융분쟁조정위원회(이하 "조정위원회"라 한다)를 두고($^{§\,51}$), 이를 통해 분쟁을 해결하도록 하고 있다.

당사자가 제53조 제5항에 따라 조정안을 수락한 경우 그 조정안은 재판상의 화해와 동일한 효력을 가진다($^{§\,55}$).

4. 공정거래위원회

4.1. 의 의

독점규제 및 공정거래에 관한 법률(약칭: "공정거래법")에 따른 사무를 독립적으로 수행하기 위하여 국무총리 소속으로 설치된 공정거래위원회는 정부조직법 제2조(중앙행정기관의 설치와 조직)에 따른 중앙행정기관이다($§35$). 국무총리 소속이지만 직무상 독립성이 인정되므로 상급기관의 지휘·감독을 받지 아니하고 독립하여 의사결정을 할 수 있는 합의제행정관청이다. 공정거래위원회는 공정거래법 시행에 관하여 필요한 기준을 제정하고 이 법에 따른 신고를 받거나 금지행위에 대한 예외를 인정하며, 위반행위에 대한 조사 및 시정조치, 과징금부과 등을 할 수 있는 준입법적·준사법적 권한을 지닌 독립적인 상설 규제행정위원회이다.

4.2. 구 성

공정거래위원회는 위원장 1인 및 부위원장 1인을 포함한 9인의 위원으로 구성하며 그중 4인은 비상임위원으로 한다($§37①$).

상임위원과 비상임위원은 ① 독점규제 및 공정거래에 관하여 경험이 있는 2급 이상 공무원(고위공무원단에 속하는 일반직공무원을 포함한다)의 직에 있던 사람, ② 판사·검사 또는 변호사의 직에 15년 이상 있던 사람, ③ 대학에서 법률·경제·경영 또는 소비자 관련 분야 학문을 전공하고 대학이나 공인된 연구기관에서 15년 이상 근무한 사람으로서 부교수 이상 또는 이에 상당하는 직에 있던 사람, ④ 기업경영 및 소비자보호활동에 15년 이상 종사한 경력이 있는 사람 중에서 임명한다($§37②각호$).

위원장과 부위원장은 국무총리의 제청으로 대통령이 임명하고, 그 밖의 위원은 위원장의 제청으로 대통령이 임명 또는 위촉한다($§37②제1문$). 이 경우 위원장은 국회의 인사청문을 거쳐야 한다($§37②제2문$). 위원장과 부위원장은 정무직으로 하고, 그 밖의 상임위원은 고위공무원단에 속하는 일반직공무원으로서 국가공무원법 제26조의5에 따른 임기제공무원으로 보한다($§37③$). 위원장·부위원장 및 제47조(사무처의 설치)의 규정에 의한 사무처의 장은 정부조직법 제10조(정부위원)의 규정에 불구하고 정부위원이 된다($§37④$).

위원장은 공정거래위원회를 대표하며($§38①$), 국무회의에 출석하여 발언할 수 있다($§38②$). 위원장이 사고로 인하여 직무를 수행할 수 없을 때에는 부위원장이 그 직무를 대행하며, 위원장과 부위원장이 모두 사고로 인하여 직무를 수행할 수 없을 때에는 선임상임위원순으로 그 직무를 대행한다($§38③$).

그 밖에 공정거래위원회의 위원에 대해서는 위원 신분보장($^{§\,40}$), 정치운동금지($^{§\,41}$), 형법 그 밖의 법률에 따른 벌칙적용상 공무원의제($^{§\,65}_{의2}$), 의결의 공개($^{§\,43}$) 등이 적용된다.

4.3. 권 한

공정거래위원회의 소관사무는 다음 각 호와 같다($^{§\,36}$).

1. 시장지배적 지위의 남용행위 규제에 관한 사항
2. 기업결합의 제한 및 경제력집중의 억제에 관한 사항
3. 부당한 공동행위 및 사업자단체의 경쟁제한행위 규제에 관한 사항
4. 불공정거래행위 및 재판매가격유지행위 규제에 관한 사항
5. 삭제
6. 경쟁제한적인 법령 및 행정처분의 협의 · 조정 등 경쟁촉진정책에 관한 사항
7. 그 밖에 법령에 따라 공정거래위원회의 소관으로 규정된 사항

공정거래법은 역외적용, 즉 국외에서 이루어진 행위라도 국내시장에 영향을 미치는 경우에는 적용되므로($^{§\,2}_{의2}$) 공정거래위원회는 이 법의 역외적용에 관한 권한을 행사하여야 한다.

한편, 정부는 대한민국의 법률 및 이익에 반하지 않는 범위 안에서 외국정부와 이 법의 집행을 위한 협정을 체결할 수 있고($^{§\,36의}_{2\,①}$), 공정거래위원회는 이에 따라 공정거래위원회는 제1항에 따라 체결한 협정에 따라 외국정부의 법집행을 지원할 수 있다($^{§\,36의}_{2\,②}$). 그런 협정이 체결되어 있지 않은 경우에도 외국정부의 법집행 요청시 동일 또는 유사한 사항에 관하여 대한민국의 지원요청에 응한다는 요청국의 보증이 있는 경우 지원할 수 있다($^{§\,36의}_{2\,③}$).

4.4. 공정거래위원회의 독립성

공정거래위원회는 경제행정상 준입법적 · 준사법적 권한을 지닌 상설 규제행정위원회라는 점에서 그 경제에 미치는 영향력 및 경제행정상 역할의 중요성을 고려하고 직무상 공정성을 확보하기 위하여 독립성이 보장되고 있다.

4.5. 공정거래위원회의 회의

공정거래위원회의 회의는 위원전원으로 구성하는 회의($^{이하\,"전원회}_{의"라\,한다}$)와 상임위원 1인을 포함한 위원 3인으로 구성하는 회의($^{이하\,"소회}_{의"라\,한다}$)로 구분한다($^{§\,37}_{의2}$).

전원회의는 다음 사항을 심의 · 의결한다($^{§\,37의}_{3\,①}$).

1. 공정거래위원회 소관의 법령이나 규칙 · 고시 등의 해석적용에 관한 사항

2. 제53조에 따른 이의신청
3. 소회의에서 의결되지 아니하거나 소회의가 전원회의에서 처리하도록 결정한 사항
4. 규칙 또는 고시의 제정 또는 변경
5. 경제적 파급효과가 중대한 사항 기타 전원회의에서 스스로 처리하는 것이 필요하다고 인정하는 사항

소회의는 제1항 각 호의 사항외의 사항을 심의 · 의결한다($\S^{37의}_{3} \cdot{②}$).

전원회의의 의사는 위원장이 주재하며 재적위원 과반수의 찬성으로 의결한다($\S^{42}_{①}$). 소회의의 의사는 상임위원이 주재하며 구성위원 전원의 출석과 출석위원 전원의 찬성으로 의결한다($\S^{42}_{②}$).

공정거래위원회의 심리와 의결은 공개하되, 다만, 사업자 또는 사업자단체의 사업상의 비밀을 보호할 필요가 있다고 인정할 때에는 그러하지 아니하다($\S^{43}_{①}$). 공정거래위원회의 심리는 구술심리를 원칙으로 하되, 필요한 경우 서면심리로 할 수 있다($\S^{43}_{②}$). 공정거래위원회의 사건에 관한 의결의 합의는 공개하지 아니한다($\S^{43}_{③}$).

4.6. 한국공정거래조정원과 공정거래분쟁조정협의회

법은 제9장의2를 두어 한국공정거래조정원을 설립하고 조정원에 의한 분쟁조정을 제도화하고 있다. 법 제48조의2 제1항에 따른 조정원의 업무는 다음과 같다.

1. 제23조(불공정거래행위의 금지) 제1항을 위반한 혐의가 있는 행위와 관련된 분쟁의 조정
2. 다른 법률에서 조정원으로 하여금 담당하게 하는 분쟁의 조정
3. 시장 또는 산업의 동향과 공정경쟁에 관한 조사 및 분석
4. 사업자의 거래 관행과 행태의 조사 및 분석
5. 그 밖에 공정거래위원회로부터 위탁받은 사업

조정원은 법인으로 하며($\S^{48의}_{2} \cdot{②}$), 법 제23조(불공정거래행위의 금지) 제1항을 위반한 혐의가 있는 행위와 관련된 분쟁을 조정하기 위하여 조정원에 공정거래분쟁조정협의회($^{이하 "협의}_{회"라 한다}$)를 둔다($\S^{48의}_{3} \cdot{①}$).

분쟁당사자는 조정에서 합의된 사항을 이행하여야 하고, 이행결과를 공정거래위원회에 제출하여야 하며($\S^{48의}_{8} \cdot{③}$), 공정거래위원회는 조정이 성립하여 합의가 이루어지고, 그 합의된 사항을 이행한 경우에는 제24조(시정조치)에 따른 시정조치 및 제51조(위반행위의 시정권고) 제1항에 따른 시정권고를 하지 아니한다($\S^{48의}_{8} \cdot{④}$). 합의가 성립하여 작성된 조정조서는 재판상 화해와 동일한 효력을 갖는다($\S^{48의}_{8} \cdot{⑤}$).

4.7. 공정거래위원회의 조사등의 절차

법은 제49조에서 법위반행위의 직권조사, 신고, 당사자 통지, 시정조치·과징금의 제척기간, 제50조에서 위반행위의 조사 방법, 절차, 금융거래정보 제출 요구, 제50조의2에서 조사권 남용금지, 제50조의3에서 조사 등의 연기신청에 관한 규정을 두고 있다.

공정거래위원회가 하는 문서의 송달에 관해서는 행정절차법 제14조 내지 제16조의 규정을 준용한다($_3^{§\,53의}\,_①$). 제1항 규정에 불구하고 국외에 주소·영업소 또는 사무소($^{이하 "주소등"}_{이라 한다}$)를 두고 있는 사업자 또는 사업자단체에 대해서는 국내에 대리인을 지정하도록 하여 동 대리인에게 송달한다($_3^{§\,53의}\,_②$). 국내에 대리인을 지정하여야 하는 사업자 또는 사업자단체가 국내에 대리인을 지정하지 아니한 경우에는 제1항에 따른다($_3^{§\,53의}\,_③$).

4.8. 규제명령과 제재

4.8.1. 규제명령

(1) 시정조치명령

시정조치명령은 공정거래위원회가 가동할 수 있는 가장 전형적인 규제명령이다. 가령 제5조에 따르면 공정거래위원회는 제3조의2(시장지배적지위의 남용금지)에 위반하는 행위가 있을 때에는 당해 시장지배적사업자에 대하여 가격의 인하, 당해 행위의 중지, 시정명령을 받은 사실의 공표 기타 시정을 위한 필요한 조치를 명할 수 있다. 그 밖에도 제16조에서, 제7조(기업결합의 제한) 제1항, 제9조(상호출자의 금지 등), 제9조의2(순환출자의 금지), 제10조의2(계열회사에 대한 채무보증의 금지) 제1항 등 매우 광범위한 법위반에 대해 시정조치를 명할 수 있도록 하고 있고, 제21조에서는 제19조(부당한 공동행위의 금지) 제1항 위반, 제24조에서는 제23조(불공정거래행위의 금지) 제1항 또는 제2항 위반 등에 대하여, 제27조에서는 제26조(사업자단체의 금지행위) 위반에 대하여, 그리고 제31조에서는 제29조(재판매가격유지행위의 제한) 제1항 위반에 대하여 당해 행위의 중지, 시정명령을 받은 사실의 공표 기타 시정을 위한 필요한 조치를 명할 수 있도록 하고 있다.

(2) 시정권고

공정거래위원회는 이 법의 규정에 위반하는 행위가 있는 경우에 당해 사업자 또는 사업자단체에 대하여 시정방안을 정하여 이에 따를 것을 권고할 수 있고($_①^{§\,51}$), 이 권고를 받은 자는 시정권고를 통지받은 날부터 10일 이내에 당해 권고의 수락 여부를 공정거래위원회에 통지하여야 한다($_②^{§\,51}$). 시정권고를 받은 자가 당해 권고를 수락한 때에는 이 법의 규정에 의한 시정조치가 명하여진 것으로 본다($^{§\,51}_{③}$).

4.8.2. 제재수단

(1) 과징금

과징금은 의무위반에 따른 불법적 이익을 전면적으로 박탈함으로써 간접적으로 의무이행을 강제하는 효과를 얻고자 하려는 취지에서 도입된 행정제재금이다. 공정거래법에서는 앞서본 시정조치명령과 함께 다양한 법위반행위에 대한 제재수단으로 과징금을 부과할 수 있도록 하고 있다. 실례로 공정거래위원회는 시장지배적사업자가 남용행위($^{§\,6}$), 제9조(상호출자의 금지 등), 제9조의2(순환출자의 금지) 위반 등($^{§\,17}$), 제19조(부당한 공동행위의 금지) 위반, 제23조(불공정거래행위의 금지) 제1항($^{제7호는}_{제외한다}$) 또는 제23조의3(보복조치의 금지) 위반($^{§\,24}_{의2}$), 제26조(사업자단체의 금지행위) 위반($^{§\,28}$), 제29조(재판매가격유지행위의 제한) 위반($^{§\,31}_{의2}$) 등에 대하여 과징금을 부과할 수 있도록 하였다.

법은 제10장의2를 두어 제55조의3에서 제55조의8까지 과징금 부과 및 징수 등에 관한 사항을 규율하고 있다. 상세한 설명은 생략한다.

(2) 이행강제금

이행강제금은 시정조치의 불이행 시 부과하는 제재수단이다. 가령 법 제17조의3 제1항에 따르면 공정거래위원회는 제7조(기업결합의 제한) 제1항을 위반하여 제16조(시정조치 등)에 따라 시정조치를 받은 후 그 정한 기간 내에 이행을 하지 아니하는 자에 대하여 매 1일당 다음 각 호의 금액에 1만분의 3을 곱한 금액을 초과하지 아니하는 범위 안에서 이행강제금을 부과할 수 있다. 다만, 제7조(기업결합의 제한) 제1항 제2호의 기업결합을 한 자에 대하여는 매 1일당 200만원의 범위 안에서 이행강제금을 부과할 수 있다. 그 밖에 동의의결 불이행에 대해서도 이행강제금을 부과할 수 있다($^{§\,51}_{의5}$).

4.8.3. 자진신고자 등에 대한 감면 등

공정거래법은 부당한 공동행위의 사실을 자진신고하거나 증거제공 등의 방법으로 조사에 협조한 사람에게는 제21조(시정조치)에 따른 시정조치 또는 제22조에 따른 과징금을 감경 또는 면제할 수 있고, 제71조에 따른 고발을 면제할 수 있도록 하여 법집행의 실효를 높이고자 하였다($^{§\,22의}_{2\,①}$).

공정거래위원회가 조사를 시작하기 전에 자진신고한 자로서 부당한 공동행위임을 입증하는 데 필요한 증거를 단독으로 제공한 최초의 자에 대해서는 과징금 및 시정조치를 면제하고, 공정거래위원회가 조사를 시작하기 전에 자진신고하거나 공정거래위원회가 조사를 시작한 후에 조사에 협조한 자로서 부당한 공동행위임을 입증하는 데 필요한 증거를 단독으로 제공한 두 번째의 자에 대해서는 과징금의 100분의 50을 감경하고, 시정조치를 감경할 수 있도록 하는 등 감면 혜택을 차별화함으로써 자진신고의 유인과 경쟁심리를 조성하는 방식이다(시행령 §35①).

이 제도는 카르텔, 즉 담합에 참여한 기업 또는 기업인이 해당 사실을 신고한 경우 시정조치나 과징금 등의 제재를 감면시켜 주는 리니언시(^{leniency}) 제도로서, 기업 간 담합이 갈수록 교묘하고 은밀하게 이뤄지고 있어, 수사권이 없는 공정위로서는 조사가 쉽지 않기 때문에, 일종의 자수제도를 통해 담합 적발률과 사건처리의 효율성 제고, 담합 재발 방지를 위한 일종의 유인구조를 조성하기 위하여 1997년부터 도입되었다.

리니언시 도입 뒤 담합사건 적발이 늘어 처리기간이 단축되는 등 긍정적 효과가 적지 않았으나, 여전히 "과징금만 깎아준다"는 솜방망이 처벌에 대한 지적도 끊이지 않고 있다.

4.8.4. 동의의결

(1) 의 의

동의의결이란 법 위배여부가 의심되는 행위에 대하여 규제행정기관이 일도양단의 위법 판단을 내리기보다는 당사자와 합의를 통해 시정방안을 마련하고 사건을 종결하는 일련의 공적 집행절차인 동의명령제의 일종이다. 규제기관은 당해 사건에 대한 기업의 법 위배문제를 추궁하지 않는 대신, 기업은 문제된 행위를 중단하고 그와 관련된 일정한 조건을 이행하기로 합의함으로써 사건을 조속히 종결짓는 규제자와 피규제자 간 협력적 처리 방식이다.[14]

동의명령제는 본래 미국의 독점금지법상 동의명령($^{Consent\ order}$) 및 동의판결($^{Consent\ decree}$)에서 유래된 제도이다.[15] 주요 외국의 입법례, 가령 EU, 덴마크, 등의 확약결정($^{Commitment\ decision}$)과 독일의 의무이행확약($^{Verpflichtungs-\ zusagen}$),[16] 호주의 확약(^{Undertakings}) 및 일본의 동의심결(同意審決) 등도 각국의 정황에 따라 다소 차이가 있기는 하지만

---

14) 이에 관해 상세한 것은 홍준형·김정희, "공정거래법상 동의명령제 도입방안에 관한 연구", 기업법연구 제21권 제4호, 2008, 355-381을 참조.

15) 미국의 동의명령 및 동의판결 제도에 관해서는 신영수, "미국 독점금지법상의 동의명령 제도에 관한 고찰", 기업법연구 제19권 제4호; 김두진, "미국 경쟁당국의 사건처리 절차·동의명령제", 『공정거래법 집행의 선진화-한미FTA 체결에 즈음하여-』, 한국법제연구원(2007.7.5) 등을 참조. 그 밖의 입법례에 관해서는 홍준형, "동의명령제도 도입에 관한 연구", 한국전문가컨설팅그룹(KECG) 연구보고서(2007.9.28, 미발간) 참조.

16) 독일의 동의명령 제도에 관해서는, Joachim Bornkamm, Die Verpflichtungszusage nach § 32 b GWB-Ein neues Instrument im deutschen Kartellverwaltungsverfahren, In: Recht und Wettbewerb, Festschrift für Rainer Bechtold zum 65. Geburtstag, Herausgegeben von Ingo Brinker, Dieter H. Scheuing und Kurt Stockmann, 2006, 45-58; Körber, Thomas, Die erstmalige Anwendung der Verpflichtungszusage gemäßArt. 9 VO 1/2003 und die Zukunft der Zentralvermarktung von Medienrechten an der Fussballbundesliga, In: Wettbewerb in Recht und Praxis; 51(2005) Heft 4; S.463-467; Haarmann, Eva Maria, Die Figur der Verpflichtungszusage als geeignetes Instrument des EuropäischenWettbewerbsrechts unter besonderer Berücksichtigung der Fusionskontrolle, Diss. Freiburg 2004/2005 등을 참조.

제1편 제2편 제3편 제4편 제5편 특별행정법

기본적으로 미국식 동의명령제를 모델로 하여 형성, 발전되어 온 제도들이다.[17]

공정거래법 제51조의2 제1항에 따르면 공정거래위원회의 조사나 심의를 받고 있는 사업자 또는 사업자단체는 당해 조사나 심의의 대상이 되는 행위로 인한 경쟁제한상태 등의 자발적 해소, 소비자 피해구제, 거래질서의 개선 등을 위하여 제3항에 따른 동의의결을 하여줄 것을 공정거래위원회에 신청할 수 있다. 다만 해당 행위가 다음 각 호의 어느 하나에 해당하는 경우 공정거래위원회는 동의의결을 하지 아니하고 이 법에 따른 심의 절차를 진행하여야 한다.

1. 해당 행위가 제19조(부당한 공동행위의 금지) 제1항에 따른 위반행위인 경우
2. 제71조(고발) 제2항에 따른 고발요건에 해당하는 경우
3. 동의의결이 있기 전 신청인이 신청을 취소하는 경우

공정거래위원회는 해당 행위의 사실관계에 대한 조사를 마친 후 제2항 제2호 및 제3호에 따른 시정방안이 다음 각 호의 요건을 모두 충족한다고 판단되는 경우에는 해당 행위 관련 심의 절차를 중단하고 시정방안과 같은 취지의 의결("동의의결")을 할 수 있다($\S\frac{51의2}{제1문}$ ③). 이 경우 신청인과의 협의를 거쳐 시정방안을 수정할 수 있다($\S\frac{51의2}{제2문}$ ③).

1. 해당 행위가 이 법을 위반한 것으로 판단될 경우에 예상되는 시정조치, 그 밖의 제재와 균형을 이룰 것
2. 공정하고 자유로운 경쟁질서나 거래질서를 회복시키거나 소비자, 다른 사업자 등을 보호하기에 적절하다고 인정될 것

공정거래위원회의 동의의결은 해당 행위가 이 법에 위반된다고 인정한 것을 의미하지 아니하며, 누구든지 신청인이 동의의결을 받은 사실을 들어 해당 행위가 이 법에 위반된다고 주장할 수 없다($\S\frac{51의}{2}$ ④).

(2) 동의의결의 절차

공정거래위원회는 신속한 조치의 필요성, 소비자 피해의 직접 보상 필요성 등을 종합적으로 고려하여 동의의결 절차의 개시 여부를 결정하여야 한다($\S\frac{51의}{3}$ ①). 공정거래위원회는 동의의결을 하기 전에 30일 이상의 기간을 정하여 다음 사항을 신고인 등 이해관계인에게 통지하거나, 관보 또는 공정거래위원회의 인터넷 홈페이지에 공고하는 등의 방법으로 의견을 제출할 기회를 주어야 한다($\S\frac{51의}{3}$ ②).

---

17) 홍준형, 앞의 보고서, 2-24 참조.

1. 해당 행위의 개요
2. 관련 법령 조항
3. 시정방안(제51조의2 제3항 후단에 따라 시정방안이 수 정된 경우에는 그 수정된 시정방안을 말한다)
4. 해당 행위와 관련하여 신고인 등 이해관계인의 이해를 돕는 그 밖의 정보. 다만, 사업상 또는 사생활의 비밀 보호나 그 밖에 공익상 공개하기에 적절하지 아니한 것은 제외한다.

동의의결제도는 공정거래법의 집행을 유연화하는 효과가 있기 때문에 관계 법집행기관, 특히 검찰과의 협력·공조가 필요하다. 이에 법은 공정거래위원회에게 제2항 각 호의 사항을 관계 행정기관의 장에게 통보하고 그 의견을 듣고, 검찰총장과 협의하여야 한다($\S^{51의}_{3}$③).

동의의결을 하거나 이를 취소하는 경우에는 제37조의3(전원회의 및 소회의 관장사항)의 구분에 따른 회의의 심의·의결을 거쳐야 한다($\S^{51의}_{3}$④).

동의의결을 받은 신청인은 제4항의 의결에 따라 동의의결의 이행계획과 이행결과를 공정거래위원회에 제출하여야 한다($\S^{51의}_{3}$⑤).

제51조의2(동의의결) 제2항에 따른 서면의 신청 방법, 의견 조회 방법, 심의·의결 절차 등 그 밖의 세부 사항은 공정거래위원회가 정하여 고시할 수 있다($\S^{51의}_{3}$⑥).

(3) 동의의결의 취소

공정거래위원회는 다음 각 호의 어느 하나에 해당하는 경우에는 동의의결을 취소할 수 있다($\S^{51의}_{4}$①).

1. 동의의결의 기초가 된 시장상황 등 사실관계의 현저한 변경 등으로 인해 시정방안이 적정하지 아니하게 된 경우
2. 신청인이 제공한 불완전하거나 부정확한 정보로 인하여 동의의결을 하게 되었거나, 신청인이 거짓 또는 그 밖의 부정한 방법으로 동의의결을 받은 경우
3. 신청인이 정당한 이유 없이 동의의결을 이행하지 아니하는 경우

위 제1호에 따라 동의의결을 취소하는 경우 신청인이 제51조의2 제1항에 따라 동의의결을 하여줄 것을 신청하면 공정거래위원회는 다시 동의의결을 할 수 있으며, 이 경우 제51조의2부터 제51조의5까지의 규정을 적용한다($\S^{51의}_{4}$②). 위 제2호 또는 제3호에 따라 동의의결을 취소하는 경우 공정거래위원회는 제51조의2 제3항에 따라 중단된 해당 행위 관련 심의절차를 계속하여 진행할 수 있다($\S^{51의}_{4}$③).

(4) 이행강제금 등

공정거래위원회는 정당한 이유 없이 상당한 기한 내에 동의의결을 이행하지 아니한 자에게 동의의결이 이행되거나 취소되기 전까지 1일당 200만원 이하의 이행강제금을 부과할 수

있다($\S^{51의}_{5①}$). 이행강제금의 부과·납부·징수 및 환급 등에 대하여는 제17조의3(이행강제금) 제2항 및 제3항을 준용한다($\S^{51의}_{5②}$).

4.9. 규제명령과 제재 절차

4.9.1. 의견진술기회의 부여

공정거래위원회는 이 법의 규정에 위반되는 사항에 대하여 시정조치 또는 과징금 납부명령을 하기 전에 당사자 또는 이해관계인에게 의견을 진술할 기회를 주어야 한다($\S^{52}_①$). 당사자 또는 이해관계인은 공정거래위원회의 회의에 출석하여 그 의견을 진술하거나 필요한 자료를 제출할 수 있다($\S^{52}_②$).

4.9.2. 자료열람요구 등

당사자 또는 이해관계인은 공정거래위원회에 대하여 이 법의 규정에 의한 처분과 관련된 자료의 열람 또는 복사를 요구할 수 있고, 그 경우 공정거래위원회는 자료를 제출한 자의 동의가 있거나 공익상 필요하다고 인정할 때에는 이에 응하여야 한다($\S^{52}_{의2}$).

4.10. 불복 및 구제절차

4.10.1. 이의신청

공정거래위원회의 처분에 대하여 불복이 있는 자는 그 처분의 통지를 받은 날부터 30일 이내에 그 사유를 갖추어 공정거래위원회에 이의신청을 할 수 있으며($\S^{53}_①$), 공정거래위원회는 60일이내에 재결을 하되($\S^{53}_{본문②}$), 부득이한 사정으로 그 기간 내에 재결을 할 수 없을 경우에는 30일의 범위 안에서 결정으로 그 기간을 연장할 수 있다($\S^{53}_{단서②}$).

4.10.2. 시정조치명령의 집행정지

공정거래위원회는 이 법의 규정에 의한 시정조치명령을 받은 자가 제53조 제1항의 이의신청을 제기한 경우로서 그 명령의 이행 또는 절차의 속행으로 인하여 발생할 수 있는 회복하기 어려운 손해를 예방하기 위하여 필요하다고 인정하는 때에는 당사자의 신청이나 직권에 의하여 그 명령의 이행 또는 절차의 속행에 대한 정지를 결정할 수 있다($\S^{53의}_{2①}$).

공정거래위원회는 집행정지 결정을 한 후에 집행정지 사유가 없어진 경우에는 당사자의 신청 또는 직권에 의하여 집행정지 결정을 취소할 수 있다($\S^{53의}_{2②}$).

4.10.3. 권리구제

공정거래위원회의 처분에 대하여 불복의 소를 제기하고자 할 때에는 처분의 통지를 받은 날 또는 이의신청에 대한 재결서의 정본을 송달받은 날부터 30일이내에 이를 제기하여야 한다($\S_①^{54}$). 불복의 소는 공정거래위원회의 소재지를 관할하는 서울고등법원을 전속관할로 하며($\S 55$), 이 법의 규정에 위반하는 사건의 처리절차등에 관하여 필요한 사항은 공정거래위원회가 정하여 고시한다($\S_{의2}^{55}$).

4.11. 고발: '전속고발권' 문제

4.11.1. 배 경

공정거래위원회는 앞에서 본 바와 같은 여러 가지 조치들 말고도 중요한 공정거래법 위반행위에 대해 이를 검찰에 고발할 수 있다. 이와 관련하여 공정거래법은 '제66조 및 제67조의 죄는 공정거래위원회의 고발이 있어야 공소를 제기할 수 있다'고 규정하여($\S_①^{71}$) 공소제기의 전제조건으로 삼고 있다.

종래 '전속고발권'이라 불려온 이 제도에 대해서는 공정거래위원회가 고발하지 않을 경우 형벌이 전혀 부과될 수 없는데, 공정거래위원회가 고발 권한을 소극적으로 행사하여 불공정거래행위에 미온적이라는 비판이 제기되었다. 전속고발권제도는 한편으로는 공정거래 분야에 대한 검찰권 행사를 제한하는 요인이 되는 반면, 다른 한편에서는 공정거래위원회의 '경제검찰'로서의 위상을 뒷받침하는 거점이 되기 때문에 늘 그 존폐를 둘러싼 논란이 끊이지 않았고 이후 법개정을 통해 검찰총장에게 고발요청권을 부여했지만 실제 검찰총장의 고발 요청이 기대대로 이루어지지 못해 논란을 불식시키지 못했다. 결국 2013년 7월 16일 공정거래위원회가 고발 요건에 해당하지 않는다고 결정하더라도 감사원장, 조달청장, 중소기업청장이 사회적 파급효과, 국가재정에 끼친 피해 정도, 중소기업에 미친 영향 등 다른 사정을 이유로 공정거래위원회에 고발을 요청할 수 있도록 하여 고발요청권을 확대하는 한편, 검찰총장을 포함하여 고발요청권을 가진 해당 부처가 공정거래위원회에 고발을 요청하는 경우 공정거래위원회로 하여금 반드시 고발하도록 하는 내용으로 공정거래법이 개정되었다($_{11937호}^{법률 제}$). 종래 검찰만 보유했던 고발 요청 권한을 중소기업청, 감사원, 조달청으로 확대했고, 고발 요청이 있으면 공정거래위원회가 반드시 고발하도록 의무화했다는 점('의무고발요청제')에서 공정거래위원회에서는 "전속고발권이 사실상 폐지됐다"고 공식화했으나, 여전히 제도개선의 실효를 거두지 못하고 있다는 비판이 제기되는 가운데, 공정거래위원회가 스스로 대한상공회의소와 중소기업중앙회 등 민간에도 기업의 불공정거래 혐의에 대한 의무고발 요청권을 주겠다는 입

장을 표명하기에 이르렀다.[18]

4.11.2. 의무고발

공정거래위원회는 제66조 및 제67조의 죄 중 그 위반의 정도가 객관적으로 명백하고 중대하여 경쟁질서를 현저히 저해한다고 인정하는 경우에는 검찰총장에게 고발하여야 한다($\S71_{②}$).

4.11.3. '의무고발요청제'

법은 검찰총장과 관련 국가기관들이 공정거래위원회에 고발을 요청할 수 있는 권한을 부여하고 있다. 검찰총장은 제2항에 따른 고발요건에 해당하는 사실이 있음을 공정거래위원회에 통보하여 고발을 요청할 수 있다($\S71_{③}$).

공정거래위원회가 제2항에 따른 고발요건에 해당하지 아니한다고 결정하더라도 감사원장, 조달청장, 중소기업청장은 사회적 파급효과, 국가재정에 끼친 영향, 중소기업에 미친 피해 정도 등 다른 사정을 이유로 공정거래위원회에 고발을 요청할 수 있다($\S71_{④}$).

위 제3항 또는 제4항에 따른 고발요청이 있는 때에는 공정거래위원회 위원장은 검찰총장에게 고발하여야 한다($\S71_{⑤}$).

공정거래위원회는 공소가 제기된 후에는 고발을 취소하지 못한다($\S71_{⑥}$).

5. 무역위원회

5.1. 의 의

불공정무역행위 조사 및 산업피해구제에 관한 법률(약칭: 불공정무역조사법) 제27조에 따라 산업통상자원부에 설치된 무역위원회 역시 경제행정상 중요한 역할을 수행한다. 무역위원회는 종래에는 단순한 자문기관에 불과했으나 법개정을 통하여 무역분쟁에 관한 일종의 준사법적 권한을 지닌 기관으로 지위가 격상되었다.[19] 무역위원회 역시 산업통상자원부장관의 소속에 속하지만 직무상 독립성이 인정되므로 상급기관의 지휘·감독을 받지 아니하고 독립하여 의사결정을 할 수 있는 준사법적 권한을 가지는 규제행정위원회에 해당한다.

---

18) 한국일보 사설 "공정위 전속고발제 폐지만 능사는 아니다"(2017.2.16).

19) 종래 대외무역법에 무역진흥 등에 관한 일반적인 사항과 함께 규정되어 있던 불공정무역행위 및 산업피해구제에 관한 조사 등의 절차가 2001년 2월 3일 제정된 「불공정무역행위 조사 및 산업피해구제에 관한 법률」(법률 제 6417호)로 옮겨 규정됨에 따라 무역위원회의 근거법도 이 법률로 바뀌었다. 이 법률은 불공정무역행위 및 산업피해구제 조사 등의 절차를 일반 국민이 쉽게 알 수 있도록 하고, 수입물품의 증가에 따른 국내산업의 피해구제절차를 「세계무역기구 설립을 위한 마라케쉬협정」에 보다 부합하도록 개선하는 한편, 무역위원회의 구성에 있어 전문성 및 공정성을 강화하고, 불공정무역행위 등에 관한 조사절차를 명료화하여 산업피해구제제도의 공정성 및 투명성을 높임으로써 공정무역질서를 확립하고 개방경제체제하에서의 국제경쟁력 강화에 기여하도록 한다는 취지에서 제정되었다.

5.2. 구 성

무역위는 위원장 1명을 포함한 9명 이내의 위원으로 구성하며 위원 중 일부는 상임으로 하되 그 수는 대통령령으로 정한다($^{\S\,29}_{②}$). 위원장과 위원은 임기는 3년이고 연임할 수 있으며 ($^{\S\,29}_{④}$), 다음 일정한 전문직 경력이나 자격 요건을 갖춘 사람들 중 산업통상자원부장관의 제청으로 대통령이 임명하거나 위촉한다($^{\S\,29}_{③}$).

무역위원회에는 위의 업무 및 국제무역제도에 관한 연구 등 무역위원회의 업무를 처리하기 위한 사무기구로 무역조사실이 설치되어 있다($^{\S\,27}_{②}$).

5.3. 권 한

무역위원회는 불공정무역행위에 대한 조사·판정, 수입 증가·덤핑·보조금 등으로 인한 국내산업 피해의 조사·판정, 산업경쟁력 영향조사 등에 관한 업무를 수행한다($^{\S\,27}_{①}$). 무역위의 권한은 불공정무역조사법 제27조 제1항 각 호에 열거되어 있다.

5.4. 무역위원회의 독립성

무역위 역시 준사법적 권한을 지닌 규제행정위원회라는 점에서 공정한 직무수행을 위하여 그 법적 독립성을 보장해 줄 필요가 있다. 그리하여 무역위의 위원장과 위원은 신분보장을 받으며($^{\S\,31}$), 공무원이 아닌 경우에도 형법 그 밖의 법률에 따른 벌칙의 적용에 있어서는 공무원으로 의제되고 있다($^{\S\,39}$).

제 3 관 경제행정의 주체로서 지방자치단체

I. 개 설

경제행정은 원래 국가의 경제정책에 기하여 전국적 차원에서 통일적으로 행해져야 하지만, 경제활동에 관한 행정규제에 있어서도 사안에 따라서는 지방자치단체의 주민생활을 위하여 필요한 것이어서 지방자치단체의 조례에 따라 규제대상으로 삼아야 할 경우가 있다. 그런 예로 관계법률이 없는 경우를 상정할 수 있다. 이 경우는 조례의 규정내용이 지방자치법상 행정사무에 해당하는 한, 헌법상 인정된 조례제정권의 범위 내에서 경제행정에 관한 법적 규율을 행할 수 있다. 또 하나의 예로는 관계법률이 존재하는 경우로서 이 경우에는 그 법률로 정한 기준에 의해서는 지방자치단체의 지역실정에 맞는 결과를 기대할 수 없을 때, 이를 행정사무조례에 따라 추가하거나 벗어나는 것이 가능한지 여부가 문제된다. 관건은 그 법률이 '규제한도 법률'인지 아니면 '최저기준 법률'인지에 있다.[20] 지방자치단체 역시 헌법상 인정된 자치권의 범위 내에서 관할지방의 경제에 관한 규제·조정 등을 행할 권한을 가지고 있고 재정고권, 계획고권에 따라 경제행정을 수행할 수 있다. 그 밖에도 지방자치단체는 직접 또는 간접으로 공기업등을 경영함으로써 경제주체로서 경제과정에 참여할 수도 있다. 지방자치단체의 경제행정은 지방자치단체가 이를 직접 수행하는 경우(직접적 지방경제행정조직)와 다른 공법인 또는 공공단체를 통하여 간접적으로 수행하는 경우(간접적 지방경제행정조직)로 나뉜다.

II. 지방자치단체의 경제행정권

1. 지방자치단체에 따른 직접적 경제행정조직

지방자치단체는 헌법상 인정된 자치권의 범위 내에서 경제행정을 실행할 수 있는 권한을 가지며, 직접 경제에 관한 감독, 지도 및 촉진을 행할 수 있다. 지방자치단체의 직접적 경제행정은 법령의 범위 내에서 경제에 관한 법령 및 지방의회의 자치입법을 통하여 지방자치단체의 장을 집행기관으로 하여 수행된다. 물론 경제활동에 대한 규제는 국가의 경제정책에 따라 전국적으로 행해져야 하는 행정작용이라는 점을 고려할 때, 경제행정의 분야에서 국가와

---

20) 이것이 일본의 유력설이라고 한다(小高 剛, 28; 兼子 仁, 條例をめぐる法律問題, 條例研究叢書 1, 1978, 52-56, 69ff.)

지방자치단체의 역할분담은 실제상 특정한 경제활동의 지역성에 착안하여 지방자치단체의 장이 국가의 기관위임사무를 처리하는 방식으로 이루어지는 경우가 많은 것도 사실이다. 지방자치단체는 직접 주택사업이나 하수도사업과 같은 공영사업을 경영함으로써 스스로 경제주체로서 경제과정에 참가할 수도 있다. 지방자치단체의 기업활동은 물론 지방자치단체의 행정의 일부로서 수행되는 것이지만, 동시에 지방자치단체가 경제주체로서 스스로 경제과정에 참여하는 한 형태이므로 경제행정과 경제활동이 모두 행정주체에 의해 직접적으로 수행되는 경우라 할 수 있다.

2. 지방자치단체의 간접적 경제행정조직: 지방공사 · 지방공단

지방공기업 외에 지방자치단체는 지방자치법($\S$ 146) 및 지방공기업법($\S\S$ 49-77의2)에 의거하여 지방공사나 지방공단을 설치 · 운영할 수 있다. 지방공사의 예로는 서울특별시의 강남병원, 서울특별시지하철공사 등을, 지방공단의 예로는 서울특별시의 서울시시설관리공단을 들 수 있다. 지방공사나 지방공단은 주로 지방자치단체의 개발행정 일부를 분담하여 행하는 것으로서 특별법에 근거를 두어 설립되는 경우가 많다.

그 밖에 지방자치행정의 영역에서도 사법상으로 조직된 경제행정조직이 있을 수 있다. 실례로 지방공기업법은 제4장의2에서 지방공사 및 지방공단 외의 출자법인의 설립 근거 등을 마련하고 있다. 이에 따라 지방자치단체는 제2조 제2항 각 호의 1에 해당하는 사업을 효율적으로 수행하기 위하여 자본금 또는 재산의 2분의 1 미만을 출자 또는 출연하여 지방자치단체 외의 자(외국인 및 외국법인을 포함한다)와 공동으로 상법에 따른 주식회사("출자법인") 또는 민법에 따른 재단법인("출연법인")을 설립 · 운영할 수 있다($\S$ 77의3 ①).

제4관 그 밖의 경제행정조직

Ⅰ. 경제행정과 단체자치

1. 개 설

경제행정을 담당하는 국가나 지방자치단체의 행정기관들 외에도 상공업이나 특정직종 종사자들로 구성된 공법상 사단 형식을 띤 "경제자치행정"($^{\text{Selbstverwaltung}}_{\text{der Wirtschaft}}$) 조직이 존재하고 있다. 경제분야 자치행정조직은 가령 상공회의소, 의사회, 치과의사회, 한의사회, 약사회, 변호사회 등과 같이 구성원들의 특별한 전문지식의 활용과 관련하여 그들의 행정결정과정에 대한 참여를 강화하기 위하여 단체자치의 원칙($^{\text{Prinzip der körperschaftlichen}}_{\text{Selbstverwaltung}}$)에 입각하여 출현한 것이다. 특히 자유업회의소($^{\text{Kammer der}}_{\text{freien Berufe}}$), 가령 의사나 변호사회와 같은 조직들은 그들이 제공하는 고양된 수준의 서비스 및 거래의 특성으로 보아 특수직종별 자치행정($^{\text{berufsständliche}}_{\text{Selbstverwaltung}}$)의 한 분야이다. 이들 행정조직단위의 창설은 행정임무를 직접적 국가행정에서 떼어내 별개의 기관에 관장시킴으로써 보다 효과적으로 달성할 수 있다는 「분권화의 조직원리」($^{\text{Organisationsprinzip}}_{\text{der Dezentralisation}}$)가 아니라, 개개의 경제부문에서 이해관계자의 공법적 조직을 통하여 집단적 이익보호를 도모하고 일정한 수준까지 규제하려는 의도에서 비롯된 것이다. 구성원에 관한 단체 고유의 사무에 비하여 이들 경제자치행정의 주체에게 부여된 전래적 행정사무는 상대적으로 낮은 비중을 가질 뿐이다.[21]

2. 경제자치의 법적 근거와 경제자치조직의 지위

2.1. 경제자치의 법적 근거

경제자치행정에 관하여 헌법은 명시적 규정을 두고 있지 않다. 물론 헌법이 제123조 제5항에서 「농·어민과 중소기업의 자조조직을 육성」하고 「그 자율적 활동과 발전을 보장」할 국가의 의무를 규정한 것을 근거로 중소기업의 자조조직의 육성과 그 자율적 활동의 보장으로부터 중소기업분야에서의 자치행정의 가능성을 도출해 낼 수 없는 것은 결코 아니라 할지라도, 이 규정의 의미가 반드시 명확한 것은 아니다. 또한 중소기업연합회와 같은 기구는 여기서 말하는 경제의 자치행정조직에 해당하지 않는다. 반면 상공회의소의 경제행정에 관한

---

21) 퓌트너(aaO., S.74)에 따르면 이들 단체는 독일적 자치행정의 전통에서 유래된 것이 아니라 19세기 전반 프랑스로부터 도입된 자치행정의 요소에서 생성된 것이며, 당초에는 상인들을 대표하고 감정서를 발급하는 기능만이 주어졌다가 이후 점차적으로 행정사무들이 추가되었다고 한다.

권한이 헌법적 근거에 의하여 수권된 것이라고도 할 수 없다. 이러한 경제자치단체를 설립하기 위하여 어떤 법적 근거가 요구되는가 하는 문제에 관하여는 적어도 두 가지 점이 검토되어야 한다. 첫째, 경제자치단체가 설립되면 구성원에 대한 관계에서 가입강제, 구성원에 대한 의무의 부과, 권리의 제한 등 구속력 있는 단체기율이 부과된다는 점, 둘째, 일반 행정조직에 관하여 행정조직법정주의가 관철되고 있으며 가령 정부조직법 제4조에 따른 행정기관의 소속기관설치에 대통령령의 수권이 필요하다는 점이 상관적으로 고려되어야 할 것이다. 이렇게 본다면 이러한 경제자치행정의 기구를 설치하고 그것에 공행정임무를 부여하기 위하여는 법률의 유보가 요구하는 바에 따라 법률상의 근거가 필요하다는 결론이 나온다. 이와 같은 경제자치행정조직의 근거법은 이들 기구가 수행하는 공행정임무에 관한 중요사항을 모두 규정하여야 할 것이다.

2.2. 경제자치조직의 지위

경제자치행정의 조직(기구)은 조직법상 그리고 외형상으로 볼 때 그 구성원의 이익을 대변하기 위한 자치행정권과 아울러 국가의 감독을 받는 간접적 국가행정조직의 지위를 가진다고 할 수 있다. 경제자치행정을 위한 기구는 국가로부터 독립된 지위(법인격)를 가진다는 점, 국가의 감독을 받는다는 점 등으로 볼 때, 공적 영조물이나 공법상 사단, 공단 등과 같은 간접적 경제행정조직과 흡사한 면모를 보인다. 그러나 전자는 전래된 국가행정사무보다는 주로 당해 단체의 고유사무(가령 동업자관계사무)를 수행한다는 점에서, 일반적으로 대내외적 관계에서 경제행정의 임무를 수행하는 이들 간접적 경제행정조직과는 권한의 실질 면에서 차이점을 가지고 있다.[22] 한편 경제자치행정의 주체로서 조직된 단체들은 간접적 경제행정조직으로서 공법적 사단으로서의 지위를 가지는 것이 일반인 데 반하여, 가령 전국경제인연합회·중소기업연합회·노동조합 같은 경제단체는 공법상 조직이 아니고 사적인 이익집단에 불과하다는 점에서 서로 구별된다. 이들 경제단체는 경제행정에 비공식적인 사실상 영향력을 미칠 수 있을 뿐이다.

3. 경제자치행정의 임무

경제자치단체가 수행하는 자치행정사항은 일반적 직업규칙의 제정, 구성원의 자격(국가시험·면허 등의 규율: 의료법 §§ 5-11), 의무부과 및 제재 등 구성원에 대한 기율·감독(같은 법 §§ 11-21, 29, 48-54), 구성원의 대표 및 이익보호(§§ 28~ 32) 등과 같은 단체구성원에 관한 고유사무를 주로 하며, 이에 비해 이들 경제자치행

---

22) 물론 간접적 국가행정조직과 전적으로 이질적인 것은 아니다. 반면 홍정선, 행정법원론(하), 603-604는 양자의 유사성을 인정하면서도 양자를 준별하고 있다.

정의 주체에게 부여된 전래적 행정사무는 상대적으로 낮은 비중을 가질 뿐이다. 이들 업무는 모두 공행정의 일부이며 따라서 공무로서 보호된다. 국가는 이들 단체에 대하여 그 단체자치의 원칙상 법감독(^{Rechtsaufsicht})을 행한다($^{\text{약사법 § 13,}}_{\text{의료법 § 32}}$).[23]

4. 경제자치조직의 내부관계

경제자치단체의 내부관계, 특히 구성원의 권리·의무에 관하여는 일반적으로 법령과 정관이나 직업규칙 등과 같은 자치법규에 따라 정해진다. 구성원의 권리·의무를 자치법규로 정하는 경우 이에 대한 법률의 수권이 요구되는지가 법률의 유보원칙과 관련하여 문제된다. 이에 관하여는 경제자치행정상 타당한 단체자치의 원칙을 고려할 때 경제자치단체가 법률의 명시적·구체적 위임 없이도 자치권의 범위 내에서 감독·징계권과 같은 기율($^{\text{Diszipl-}}_{\text{nieren}}$) 권한을 가진다고 볼 필요가 있는 것도 전적으로 부정할 수는 없으나, 이들 자치기구의 자치권 ($^{\text{Autonomie-}}_{\text{befugnis}}$) 역시 법치국가 및 민주주의 원칙의 한계 아래 있다고 보아야 할 것이다.[24] 따라서 이들 경제자치단체의 설치·조직에 법률의 근거가 요구되는 것과 동일한 이유에서, 그 구성원의 법적 지위에 관하여도 원칙적으로 그 근거법에 따라 명시적인 근거가 마련되어 있어야 하며, 특히 구성원의 기본권을 제한하거나 침해하는 경우에는 개별적으로 법률의 명시적 근거를 요한다고 본다. 나아가 이미 독일에서 현실적 쟁점이 된 바 있듯이,[25] 구성원은 헌법 제10조 제1문을 근거로 소속단체가 법령 및 정관상의 목적규정을 준수할 것을 요구할 수 있는 권리를 가진다고 보아야 할 것이다. 한편 경제자치행정의 단체설립의 허가나 자치규약의 개정 등에 대하여는 감독관청의 허가·승인이 요구되는 경우가 일반적이다.

경제자치행정에서 가장 특징적인 요소는 회원의 가입강제($^{\text{Zwangsmit-}}_{\text{gliedschaft}}$)이다. 가령 약사회($^{\text{약사법}}_{\text{§ 11 ③,}}$ $^{\text{§ 12}}_{\text{③}}$), 의사회($^{\text{의료법}}_{\text{§28 ②}}$), 상공회의소($^{\text{§ 10}}_{\text{③}}$)와 같은 경우 관련업종에 종사하는 자는 자동적으로 그 단체의 구성원이 된다. 이러한 가입강제가 헌법상 결사의 자유나 직업선택의 자유를 침해하는 것이 아닌가가 문제되나, 결사의 자유는 사적자치에 따라 자유로운 단체결성($^{\text{privatautonome}}_{\text{Assoziation}}$)을 소극적으로 보호하는 것이어서 공법상 사단에는 적용되지 않고, 직업선택의 자유 역시 강제가입 자체는 직업수행의 단순한 결과에 불과하여 직업활동에 직접적 제약을 가져오지는 않는

---

23) 홍정선, 행정법원론(하), 604; vgl. Püttner, aaO., S.76; Reiner Schmidt, aaO., S.31, Rn.62.

24) 이에 관하여는 독일의 판례 BVerfGE 33,125(전문의단체사건), BVerfGE 76,171(변호사신분에 관한 사건) 등을 참조.

25) 독일의 경우 근년에 구성원이 단체에 대하여 기본권을 주장할 수 있느냐 하는 문제가 현실적인 쟁점으로 논란되었는데, 이 경우 구성원이 단체의 고권적 행위에 구속되는지의 여부뿐만 아니라 의무적으로 가입한 구성원 (Pflichtmitglied)이 가입강제(Zwangsmitgliedschaft)에 따라 성립된 그 공법상의 사단에 대하여 법률상 개괄적으로 규정된 소관업무영역을 준수할 것을 요구할 수 있는 청구권을 가지는지와 관련하여 문제되었다. 특히 후자에 관하여는 기본법 제2조 제1항을 근거로 정당한 공적 임무의 효력범위를 준수하라고 요구할 수 있는 방어권이 확립된 판례에 의하여 시인되고 있다고 한다(Reiner Schmidt, aaO., S.31, Rn.62; BVerwGE 64,298(의사회), 74,254(수공업회의소), BVerwGE, NJW 87,337(세무사회)).

다는 점에서 침해되지 않는다고 본다.[26]

Ⅱ. 경제행정을 위한 사인의 사용

1. 경제행정주체로서 공무수탁사인

경제행정의 부담을 경감하고, 책임을 분산시키며 사적 부문의 자원(재정수단, 전문지식인력)을 활용하기 위하여 공적 임무의 달성에 사인을 행정주체로서 채용할 수 있다. 이를 공무수탁사인(^{Beliehene})이라고 한다. 공무수탁사인이란 법령에 따라 일정범위 내에서 자기의 이름으로 독자적으로 공권력을 행사할 수 있는 자로서, 그러한 한도에서 행정주체의 지위를 가진다. 이러한 공무수탁사인의 지위에 관해서는 '사인도 행정주체의 지위에 설 때가 있으나, 이 경우에도 엄격히 말하면, 사인이 아니라 그에게 공권을 수여한 국가나 지방자치단체일 뿐'이라는 부정적인 견해가 있으나,[27] 공무를 위탁한 법령의 취지에 따라 결정할 문제겠지만 원칙적으로 이를 인정하는 것이 타당하다.[28]

경제행정에서 공무수탁사인이 존재할 수 있음은 물론이지만 그것은 법률에 따라 또는 어떤 법률의 위임에 따라 자기의 이름으로 행정임무를 수행할 수 있는 권한을 부여받음으로써 성립한다. 즉 사인에 대한 공무 수탁(^{Beleihung})은, 공법적 권한은 원칙적으로 공법상 근무관계의 소속원에 유보된 것이기 때문에, 일종의 제도적 법률유보($^{institutioneller}_{Gesetzesvorbehalt}$) 아래 놓여 있으며 따라서 개별적이고 특수한 단순고권적 행위나 권력행위에 관한 권한에 대해서만 허용된다고 보아야 한다. 경제행정에서 활동하는 공무수탁사인은 다양한 법적 근거에 따라 다양한 그 밖의 공무수탁사인의 법적 지위에 관하여는 경제행정의 분야라 하여 특수한 것은 없다. 다만, 공무수탁사인은 공법적 근거에 따라 의사결정권을 부여받은 것이므로 그 행위의 효과도 행정주체에 귀속되며 그 사인은 수탁받은 공무의 이행의무를 진다는 점, 국가기관의 기본권에의 구속과 사인의 기본권의 효력이 인정된다는 점, 수탁사인이 국가적 감독 하에 놓인다는 점만을 지적해 두기로 한다.

2. 경제행정상 행정보조인과 사인의 사용

경제행정은 사인을 주체로 해서가 아니라 단순히 사인의 조력·보조를 받아 수행되기도 한다. 이 경우 공무수탁사인과는 달리 행정보조인($^{Verwaltungs-}_{helfer}$)은 행정주체의 지위를 갖지 않으

---

26) Schmidt, aaO; 홍정선, 행정법원론(하), 605.
27) 김도창, 일반행정법론(상), 220; 변재옥, 행정법강의 I, 119.
28) 김남진, 행정법 I, 129이하; Maurer, § 23 Rn.59.

며 따라서 제3자와도 아무런 법적 관계를 맺지 않는다. 가령 행정청이 폐기물처리를 위하여 사인을 행정보조인으로 사용하는 경우 그 사인은 행정청의 지휘 하에서 도구로서 봉사할 뿐이다. 이러한 행정보조인의 사용에는 특별한 법적 근거가 요구되지 않는다.

한편 행정보조인의 경우와는 달리, 사인이 공적 임무의 실현을 통하여 단지 법률상 그에게 부과된 행위의무를 이행하는 데 불과한 경우가 있다. 이러한 사인의 공법상 의무이행을 위한 사용($\genfrac{}{}{0pt}{}{\text{Indienstnahme}}{\text{von Privaten}}$)[29]은 고권적 권한의 행사가 아니므로 그 사인이 경제행정조직에 해당하지 않음은 당연하다.

---

29) 슈미트(Reiner Schmidt, S.35, Rn.80)는 근로자의 소득세를 원천징수하는 사용자를 예로 들고 있다.

제 6 절 │ 경제행정의 수단

제 1 관 개 설

경제행정의 수단에 관하여는 경제행정의 목적을 달성하기 위하여 국가·지방자치단체 등 행정주체들에게 어떠한 수단들이 주어져 있는가, 그러한 수단들은 각각 어떠한 내용과 한계, 효과를 지니는가 하는 문제들이 제기된다. 이를 밝히려면 먼저 경제행정의 수단을 분류함으로써 그 다양한 면모를 개관하고, 이어서 각각의 행정수단들을 개별적으로 고찰해야 할 것이다.

제2관 경제행정수단의 분류

I. 경제행정의 임무

경제행정이 달성해야 할 임무는 다양하고 복합적이다. 그런 만큼 경제행정의 임무를 달성하기 위하여 사용될 수 있는 수단 역시 다양하지 않을 수 없으며, 또한 극히 다양한 관점과 기준에 따라 분류될 수 있다. 경제행정의 수단은 먼저 그 임무의 내용에 따라 분류될 수 있다. 가령 이에 관한 퓌트너(^{Püttner})의 분류를 빈다면 그것은 경제영역에서 위험의 방지 및 제거를 위한 경제감시($^{Wirtschafts-}_{überwachung}$) 또는 경제감독($^{Wirtschafts-}_{aufsicht}$) 수단, 시장질서와 관련하여 기업의 행위를 일정한 방향으로 유도·조종하는 경제의 지도($^{Wirtschafts-}_{lenkung}$) 또는 경제조종($^{Wirtschafts-}_{steuerung}$) 수단, 그리고 기업에 대하여 직접 급부·지원의 제공 또는 의무의 면제를 통하여 경제발전을 조장·촉진하는 작용인 경제진흥($^{Wirtschafts-}_{förderung}$) 수단이라는 커다란 범주로 분류될 수 있다. 이와같이 경제행정의 수단을 경제행정의 임무에 따라 분류·파악하는 것은 경제행정의 경제에 대한 기능적 연관을 밝혀주는 색출적 의미를 가진다. 또한 이 같은 행정목적의 특성과 각각의 행정임무에 적합한 행위수단($^{Instrumentarium}_{des\ Vorgehens}$)에 대한 요청에 따라 가변적이고 다양한 법형식들이 강구되어 왔던 것도 부인할 수 없는 사실이다.[1] 그렇지만 여기에도 일정한 한계가 따르지 않을 수 없다. 왜냐하면 경제행정이 추구하는 임무의 내용이 다양할 뿐만 아니라, 무엇을 기준으로 삼느냐에 따라 또는 경제행정작용의 구체적 내용에 따라 각각의 경제행정수단들이 서로 중첩되는 부분을 갖거나 구별 자체가 상대적이기 때문이다. 그리하여 이러한 분류의 상대성이나, 특히 경제향도($^{Wirtschafs-}_{lenkung}$)의 경우 현대국가에서 그것이 지니는 불가결한 의미에도 불구하고 대단히 잡종적(^{heterogen})인 내용을 지닌다는 점이 지적되고 있는 것이다.[2] 이 점은 국내문헌의 일반적 경향처럼 경제행정을 행정주체에 의한 경제규제행정과 경제의 촉진·향도 등을 위한 적극적 경제조성행정으로 쪼개어 그 수단도 경제의 규제를 위한 것과 조성을 위한 것으로 대별하는 입장이나 반대로 경제행정의 임무나 분야를 세분하더라도 마찬가지이다.

---

1) Forsthoff, Die Verwaltung als Leistungsträger, 1938; ders., Rechtsfragen der leistenden Verwaltung, 1959.
2) Püttner, aaO., S.27. 경제행정법적 법률관계를 결정하는 행정목적에 비추어 볼 때 실제로 적용된 행정작용의 법형식들도 서로 교환적으로 사용될 수 있는 경우가 빈번하다(Badura, aaO., Rn.67, S.220).

Ⅱ. 경제개입의 효과·규율방식·대상

경제에 대한 국가적 개입의 방법은 각종 행정수단들의 효과, 태양이나 규율방식 그리고 그 대상을 기준으로 하여서도 분류할 수 있다. 가령 경제행정의 수단을 그 효과에 따라 권력적 수단과 비권력적 수단으로 나누거나 여기에 조세·재정·금융정책과 같은 간접적 수단이란 제3의 요소를 추가하는 방법, 또는 소극적·명령적 규율방식과 적극적·조성적 규율방식으로 나누는 방법, 그리고 경제행정이 직접적으로 개입하는 대상분야에 따라 진입규제·생산규제·판매규제·가격규제·수입규제 등으로 나누는 방법이 그것이다.

1. 권력적 개입과 비권력적 개입

경제에 대한 행정의 개입은 그 수범자 또는 상대방에 대한 효과를 중심으로 하여 볼 때 크게 권력적·강제적 수단에 의한 관여와 비권력적 수단에 의한 관여로 나뉜다. 경제행정이란 경제에 대한 국가개입, 즉 사적자치에 따른 경제질서에 수정이나 변경을 가하는 것을 의미하므로 권력적·강제적 수단을 취하는 경우가 많다. 이러한 권력적·강제적 수단에 의한 경제관여는 주로 하명·금지, 허가·특허·인가, 신고·등록제 등의 형태로 수행된다.

그것은 다음과 같은 법적 특징을 가진다. ① 법률의 유보: 권력적 수단은 가장 직접적이고 강력한 규제방법이라고 할 수 있으나 이에 의한 경제관여는 사인의 경제활동 또는 영업의 자유를 제한하는 효과를 발생하므로 법치행정의 원리에 따라 반드시 법률에 근거가 있어야 한다. ② 행정규제의 재량성: 그 대상이 복잡하여 전문적 판단을 요할 뿐만 아니라 경제사정에 따라 임기응변해야 할 필요가 크기 때문에 법률에 의하여 구체적이고 명확한 규정을 두기 곤란하고 일정한 합리적 재량을 인정하여야 할 여지가 크다. 물론 재량이 인정되는 경우에도 비례원칙, 평등원칙 등과 같은 행정법의 일반원리 및 법령상의 한계를 넘어서는 안 된다는 제한을 받는다. ③ 사전적 행정절차의 요청: 경제사정에 임기응변하기 위하여 광범위한 재량이 인정되는 만큼 개인의 영업 또는 경제활동의 자유가 침해될 가능성도 커지는 것이므로, 행정재량의 공정타당한 행사를 담보하기 위한 수단으로 사전적 행정절차의 제도화가 절실히 요청된다. 반면 비권력적 수단에 의한 경제관여는 행정주체가 공권력의 발동, 즉 강제적 수단 이외의 방법, 가령 행정지도나 국민과 대등한 입장에서 계약을 맺는 방법 그 밖의 사법적 수단에 의하여 국민경제를 일정한 방향으로 유도하는 것을 말한다. 경제에 대한 비권력적 개입은 국가가 공기업 등을 통하여 직접 또는 간접으로 경제활동의 주체가 되거나 자금지원이나 융자·세제상의 혜택, 수주기회의 확보 그 밖의 조성수단을 통하여 사경제를 지원·육성하는 등의 방식으로 이루어진다. 비권력적 개입은 행정주체가 직접 공공목적을 달성하기 위하여 특수한 공법적 규율을 받아 수행하는 비권력적 행정작용과 국가수입의 확보에 주목적을 둔 사경제작용으로서 사법의 적용을 받는 국고작용을 포함한다. 이 중 비권력적 행정작용의 보편적·공통적 행위형식은 존재하지 않으나, 대체로 이를 법적 행위와 사실행위로 나눌 수 있다. 일반적으로 법적 행위에는 수익적 행정행위, 공법상 계약, 공법상 합동행위, 행정사법적 활동 등이, 사실행위에는 행정계획, 행정지도 등이 각각 해당하는 것으로 서술되고 있다. 그러나 가령 행정계획 중에서도 가령 국토계획이용법에 따른 도시관리계획처럼 구속적 계획($^{imperative}_{Planung}$)의 성질을 띠는 것은 비권력적 작용이 아니라 권력적 작용이며, 행정의 비권력적 경제개입의 수단으로 간주되어 온 행정지도[3] 중에도 규제적 행정지도는 그 배후에 존재하는 권력적 규제의 가능성이나 간접적 유인(가령 보조금지급) 등으로 인하여 사실상 구속성(권력성)을 띠는 경우가 적지 않다.[4] 이렇듯 권력적 수단과 비권력적 수단이 절대적으로 준별되는 것은 아니며, 또한 행정의 행위형식과 관련하여 가령 복효적 행정행위라든지 자금지원의 결정을 행정행위의 형식으로 하는 경우처럼 어떤 특정 행위형식을 일률적으로 권력적 수단 또는 비권력적 수단 중 어느 한 쪽과 결부시킬 수 있는 것은 아니라는 점을 인식하는 것이 중요하다.

경제행정의 간접적 수단 •• 경제행정의 간접적 수단으로는 조세정책·재정정책·금융정책 등과 같은 정책수단들을 들 수 있다. 세무행정의 직접적 목적이 공공단체의 일반재원을 확보하는 데 있을지라도, 조세정책은 조세의 감면조치 등을 강구함으로써 경제활동을 조장 또는 유도할 수 있으며, 가령 중소기업에 대하여 중소기업기본법($^{§ 19}$), 법인세법($^{제2장}_{의 2}$), 조세특례제한법상의 혜택($^{§§ 5}_{이하}$) 등에 따른 각종 세제상 유인을 부여하는 것이 그 예이다. 재정정책 역시 재정지출의 증감이 총수요에 영향을 주어 경기의 동향을 좌우할 수 있다. 대체로 재정지출의 증대가 수요를 환기하고 투자의욕을 자극하여 생산의 회복을 유도하는 효과를 지닌다는 것은 일반적으로 인정되는 사실이며 따라서 국가의 예산 및 자금운용에 관한 재정투융자계획의 결정, 그 지출시기의 결정 등이 경제활동에 관한 행정의 개입에 있어 중요한 과제가 되고 있다. 지급준비율의 결정($^{한국은행}_{법 § 56}$), 재할인율의 결정($^{§ 64}$)에 법, 공개시장조작($^{§ 68}$) 등과 같은 금융정책적 결정도 경제동향에 크나큰 영향을 준다. 이러한 금융정책의 결정은 금융통화위원회에 맡겨져 있다.

2. 명령적 규제와 조성적 규제

경제규제행정 또는 경제감독·지도는 주로 명령적 규제방식($^{regulation\ by}_{directives}$)에 의하여 수행된다. 이것은 정부규제($^{government}_{regulation}$)의 전형적 수단이라 할 수 있는 권력적 규제방식으로 가령 금지

---

3) 가령 황적인·권오승, 경제법, 79; 석종현, 일반행정법(하), 503이하; 金澤良雄, 經濟法·獨占禁止法, 有斐閣, 1969, 43이하를 참조.
4) 이에 관하여 상세한 것은 서원우, "행정법에 있어서의 권력성문제(상)", 고시연구 1990/1, 19-22를 참조.

(^{prohibition}), 인허가・면허(진입규제), 단속 및 감시(환경규제, 교통규제, 식품위생규제 등), 가격규제(공공요금규제나 아파트분양가격규제, 금리규제 등), 최저임금제도나 남녀고용평등제도 등과 같은 제도, 행정지도 등과 같이 주로 법령상의 규정이나 행정행위 등에 의거하여 수행되는 규율방식을 말한다. 환원하면 명령적 규제방식은 주로 국가의 강제력($^{\text{coercive}}_{\text{power}}$)에 의해 뒷받침된, 그리고 소극적 유인과 보상($^{\text{negative incentives}}_{\text{and rewards}}$)에 의한 민간부문에 대한 제약이라 할 수 있다.[5]

이에 반하여 경제조성행정은 가령 발명특허나 디자인권・실용신안권・상표권 등과 같은 공업소유권을 배타적 권리로서 보호함으로써 발명이나 기술개발, 산업발전 등을 촉진하거나 또는 사회적으로 바람직한 결과나 기업활동을 유도하기 위하여 보조금을 제공하는 등, 주로 적극적 유인과 보상($^{\text{positive incentives}}_{\text{and rewards}}$) 방식에 의하여 행해지는 것이 일반적이다. 이것은 그 구체적인 내용에 따라 비권력적 수단 또는 간접적인 행정수단에 해당한다고 할 수 있다.

이처럼 경제행정의 수단을 그 규제방식에 따라 구분하는 것은 경제에 대한 국가적 개입의 태양이나 성격을 인식할 수 있게 해 주는 장점은 있으나, 경제행정의 임무나 목적과의 연관이 필연적인 것은 아닐 뿐만 아니라 양자의 방식이 병합적으로 또는 교환적으로 사용될 수 있다는 점에서 제한적인 가치를 지닌다고 할 수 있다. 실제로 경제의 규제나 감독의 목표를 달성하기 위하여 적극적 유인과 보상방식이 채용되는 경우를 적지 않게 볼 수 있는데, 가령 일정한 종류의 제품수입을 금지하는 대신 그 수입대체산업을 육성하기 위하여 자금지원이나 세제상의 지원 등과 같은 적극적 유인을 활용한다든지 또는 일정제품의 수입금지를 통하여 동종제품을 생산하는 국내기업의 보호효과를 기대할 수 있는 것이다. 이렇게 볼 때 경제행정의 수단을 어떤 일률적인 틀이나 체계에 맞추어 구조화하기는 곤란하다고 할 수 있다. 그러나 이와같이 경제행정의 규율방식을 고려함으로써 각종 경제행정수단들이 지닌 구체적인 행위의 태양이나 특성을 파악하는 것이 유용함은 두말할 나위가 없다.

3. 경제규제의 대상별 분류

한편 경제행정의 수단에 대한 또 하나의 분류기준으로서 경제규제의 유형적 대상을 고려할 수 있다. 가령 경제규제를 특히 경쟁 및 기업효율성에 대한 규제를 중심으로 하여 이를 대상별로 유형화하면, 시장진입에 대한 규제, 생산활동에 관한 규제, 판매활동에 관한 규제, 가격규제 그리고 대외거래규제 등으로 나누어 볼 수 있다.[6]

시장진입규제는 진입을 원천적으로 봉쇄한다는 점에서 가장 강력한 경쟁제한효과를 지닌 것으로 이에 해당하는 것으로는 가령 사업의 인허가제등과 같은 직접적인 진입제한 외에도

---

5) 최병선, 같은 책, 22이하.
6) 이에 관하여는 이규억・김종석, "경제규제와 경쟁정책", 한국개발연구원, 1989, 17이하를 참조.

광공업품 및 부품소재의 종목지정, 합리화업종지정 등 우회적으로 실질적 진입규제의 효과를 내는 경우 등을 들 수 있다.

생산활동에 관한 규제로는 가령 제품품목허가등 직접적인 생산제한과, 주요 광공업품 및 부품소재에 대한 가격조정, 소비자보호법에 따른 상품의 시험·검사·조사, 품질경영 및 공산품안전관리법에 따른 품질검사 등 안전성 및 품질통제를 위한 규제 등을 들 수 있는데 이러한 유형의 규제는 소비자위해요인의 제거, 공산품품질의 표준화 등과 관련하여 타당성을 갖지만 경직적으로 운영될 경우 기업의 자율성, 기술혁신노력을 저해하는 요인이 될 수도 있다.

판매활동에 관한 규제로는 유통업의 허가, 판매지역제한 등 경쟁제한적 규제와 광고기준의 준수, 광고물의 종류 및 게시제한, 품질 및 성분표시의무, 가격표시제 등 정보의 공개 및 확산을 통하여 시장기능을 제고시키기 위한 규제, 그리고 가령 공정거래법에 따른 재판매가격유지의 제한, 불공정거래행위의 금지 등을 통한 경쟁제한적 거래의 방지 등을 들 수 있다.

가격규제로는 물가안정법에 따른 공공요금의 규제, 국민생활안정을 위한 생필품의 최고가격지정 등 물가안정·국민생활보호를 위한 규제, 공정거래법에 따른 시장지배적 사업자의 가격남용행위의 금지 등 경쟁질서의 유지·독과점사업자의 횡포방지를 위한 규제, 개별산업관계법에 따른 가격의 허가·결정 또는 최고·최저가격의 결정 등을 들 수 있다.

끝으로 수입규제는 가령 물량규제와 관세장벽을 통한 규제, 그리고 개별산업관계법에 따른 비관세장벽에 의한 규제 등으로 구성되며, 이를 다시 목적별로 본다면 국내산업의 보호를 위한 규제와 외환부족을 이유로 한 수입제한 등으로 나뉜다. 개별산업관계법에 따른 국내산업보호를 위한 수입규제는 국내산업의 경쟁력·체질의 약화를 조장할 뿐만 아니라 국제무역질서상 보호주의적 반발을 초래한다는 역효과를 낼 우려가 있다.

Ⅲ. 행정의 행위형식

경제행정의 수단을 분석하기 위한 또 하나의 이론적 기준을 제공하는 것으로 행정의 행위형식론(Handlungs-formenlehre)을 들 수 있다. 전술한 바와 같이 행정이 극히 다양한 법형식을 통해 수행된다는 것은 특히 경제행정에 대하여 타당하다. 즉, 경제행정은 단순한 사실작용에서 행정에 의한 법정립에 이르는 다양한 법형식을 수단으로 하여 이루어지고 있는 것이다.

행정의 행위형식론은, 무엇보다도 법실무적 측면에서, 첫째, 구체적으로 각각의 행위에 어떠한 법적 요건과 효과, 쟁송수단 등을 결부시킬 것인가 하는 문제를 해결하는 데 기여할 뿐만 아니라, 둘째, 어떤 행위형식이 특정행위유형에 해당하지 않을 경우 일종의 유추에 의해 가장 근사한 정형적 행위형식에 대한 법적 규율을 발견하여 그것에 적용할 수 있도록 해

준다(기준제공의 기능). 특히 후자의 기능은 행정활동형식의 다양화라는 현대행정의 추세에 따라 이른바 비정식적 행정활동($\begin{smallmatrix}\text{Informales}\\\text{Verwaltungshandeln}\end{smallmatrix}$)이 행정목적달성의 수단으로 점점 더 빈번히 활용되고 있다는 점을 감안할 때, 결코 포기할 수 없는 실제적 가치를 지닌다.

　　행위형식이란 범주를 경제행정의 수단을 파악하기 위한 기준으로 고려하는 것은 다분히 상대적인 경제행정의 임무나 규율방식에 구애됨이 없이 경제행정을 위하여 사용될 수 있는 각종의 법적 수단들을 총체적으로 망라하여 고찰할 수 있으며, 특히 행위형식 여하에 따라 경제행정상의 권익구제의 방법이 달라질 수 있다는 점에서 효용성을 가진다고 할 수 있다.

제 1 편　제 2 편　제 3 편　제 4 편　제 5 편　특별행정법

제 3 관 경제행정의 수단의 구체적 내용

Ⅰ. 경제행정상 행위형식의 체계

경제분야에서 수행되는 행정활동의 종류와 형태는 일반행정의 그것과 마찬가지로 매우 다양하다. 또한 새로운 행위유형이 계속 출현하고 있을 뿐만 아니라 기존의 행위유형도 복잡 다양화되는 경향을 보이고 있어 이를 통일적인 체계에 의해 분류하기란 대단히 어렵다. 그러나 대체로 경제행정의 행위형식은 법영역을 기준으로 이를 공법행위와 사법행위로 나누고, 전자를 법적 효과의 발생여하 및 양태에 따라 법적 행위와 사실행위로 나누며, 법적 행위를 다시 외부관계(행정 대 국민)에 대한 것이냐 행정내부관계에 관한 것이냐에 따라 나누어 여기에 각각의 활동형식을 유형화하여 귀속시킬 수 있다.

한편 법규명령이나 자치입법 등도 행정의 행위형식에 속한다.[7] 경제에 대한 국가적 개입의 수단으로서 직접 법령에 의한 규제를 들 수 있는 이상,[8] 법령에 의한 경제규제를 경제행정의 활동형식의 하나로 고려할 수도 있을 것이다. 물론 이들 경우는 경제에 대한 행정적 수준에서의 규율이 아니라 입법적 개입의 형태이므로, 인허가제와 관련하여 신고유보부 허용 또는 행정규제를 위한 자료수집 등의 목적에서 법령이 직접 신고·등록·표시의무를 부과하는 경우나 법령상의 의무이행을 확보하기 위한 행정제재적 처분과 관련된 경우를 제외하고는 별도로 이를 경제행정의 일반적 행위형식으로 상론하지 않아도 무방하다. 다만, 규제정책의 수단으로 또는 단순한 이해의 편의를 위해 전자를 법령에 의한 직접 규제 방식으로 다룰 수 있을 것이다.

이상과 같은 견지에서 경제행정의 수단으로서 먼저 법령에 의한 직접적 규제(신고·등록·표시제)를 간략히 살펴본 다음, 경제행정의 행위형식을 각각 경제행정법적 행정행위, 공법상 계약, 행정상 사실행위(행정지도·비공식적 행정작용), 행정계획, 자금지원 등으로 나누어 설명하고 끝으로 공공기관의 경제활동에 관하여 살펴보기로 한다.

---

7) Erichsen, Das Verwaltungshandeln, in: Ossenbühl(Hrsg.), Allgemeines Verwaltungsrecht, Rn.1, S.179.
8) 황적인·권오승, 경제법, 74이하; 석종현, 일반행정법(하), 1993, 501.

Ⅱ. 법령에 의한 직접적 규제

1. 개   설

경제에 대한 국가적 개입은 경제행정을 통하지 않고 법령에 의하여 직접 행해질 수도 있다. 법령이 직접 일정한 행위를 금지하거나 명하는 경우, 또는 이를 전제로 금지나 행위의무의 위반에 대하여 행정벌을 가하는 경우가 그것이다. 법령에 의한 직접적 경제규제는 크게 경제활동 자체에 대하여 직접 작위·부작위(금지)·수인의 의무를 부과하는 경우와 간접적으로 일정한 경제활동을 하기 위하여 신고·등록 등을 해야 할 의무를 부과하는 경우(신고제·등록제 등)로 나눌 수 있다. 이와같이 법령에 의한 직접적 규제는 일정한 행위를 명하거나 금지하는 것만으로 규제의 목적을 달성할 수 있다고 판단되는 경우에 주로 사용되는 방법이지만, 오늘날 경제현상의 복잡다양성과 유동성을 고려할 때 이와 같은 일률적·정형적 규제방식이 채용될 여지는 그리 크지 않다고 할 수 있다. 그리하여 오늘날 법령에 의한 직접적 규제방식은 주로 행정제재적 처분이나 행정벌 등의 전제로서($^{공정거래법}_{\S\S\ 6,\ 66,\ 67}$) 또는 신고제나 등록제 등의 형태로 문제되고 있음을 볼 수 있다.

2. 직접적 규제근거 · 수단으로서 법령

2.1. 법   령

법령에 의한 직접적 규제에 있어 법령이란 무엇보다도 법률과 법규명령을 말한다. 여기서 법률이란 형식적 의미의 법률을 말하는 것이고 법규명령이란 행정권이 정립하는 일반·추상적인 규정으로서 법규적 효력 즉 행정권 자신뿐만 아니라 국민에 대하여 「법」으로서 대외적 구속력을 가지는 것을 말한다. 헌법 제107조 제2항에서 말하는 헌법과 법률에 근거하여 국가행정권이 정립하는 명령이란 바로 법규명령을 말한다. 현행헌법상 법규명령은 법률종속적 명령인 위임명령과 집행명령($^{헌법}_{\S\ 95}$), 그 발령권자에 따라 대통령령($^{헌법}_{\S\ 75}$)·총리령·부령($^{헌법}_{\S\ 95}$) 등을 원칙으로 하지만, 헌법 제76조에 의해 법률과 동등한 효력을 가지는 긴급명령·긴급재정경제명령의 형태로도 제정될 수 있다. 국회입법의 원칙하에서 이러한 행정권에 의한 법규명령제정의 필요성은 특히 경제행정의 전문·기술성, 경제규제의 융통성·신축성에 대한 요청 등으로 말미암아 불가피하다고 할 수 있다. 또한 오히려 양적인 면에서 법규명령은 경제규제의 수단으로서는 법률 못지않은 비중을 가지고 있다고 해도 과언은 아니다.

경제에 대한 국가적 개입의 한 형태로서 법령에 의한 직접적 규제는 엄격한 법치국가적 토대와 한계 내에서만 허용된다. 특히 경제행정상의 인허가제는 물론이고 단순한 의무의 부과도 모법, 즉 법률상의 개별·구체적 수권이 없으면 허용되지 않는다.

2.2. 자치법규

자치법규란 지방자치단체가 자치입법권에 의하여 법령의 범위 안에서 제정하는 자치에 관한 법규로서($\S^{헌법}_{117}$ ①), 그 대표적인 유형으로 지방의회가 제정하는 조례와 지방자치단체의 장이 제정하는 규칙을 들 수 있다. 지방자치단체 역시 경제행정의 주체로서 법령의 범위 내에서 이러한 자치법규에 의하여 직접 경제에 대한 규제와 조정을 행할 수 있다. 가령 최근 그 위헌여부가 논란되고 있는 담배자동판매기설치를 금지하는 조례가 그 예이다. 조례는 자치사무와 단체위임사무에 관하여 제정될 수 있고, 규칙은 기관위임사무에 관하여도 제정될 수 있으며 그 한도 내에서 경제행정법의 법원으로서 또 규제근거로서 효력을 발휘할 수 있다.

2.3. 행정규칙

2.3.1. 의 의

행정규칙($^{Verwaltungsvor-}_{schriften:\ VV}$)이란, 논란의 여지는 있으나, 상급행정청 또는 상급자가 하급행정청 또는 하급직원에 대하여 행정조직 내부에서 행정조직의 운영, 행정사무의 처리(법률집행·재량행사·행정절차 등)를 규율하기 위하여 발하는 일반추상적 규정을 말하는 것으로 이해되고 있다.[9] 행정조직의 위계상 상급자는 하급자에 대해 소관사무에 관한 직무상 명령권($^{Weisungs-}_{kompetenz}$)을 가지는데 이 명령권은 개별적 지시나 일반적 지시 또는 일반추상적인 규범의 형태로 행사된다.

그 법적 성질, 효력, 발령근거의 필요여부 등 논란이 있지만, 행정규칙은 일정한 예외를 제외하고는, 행정의 내부법(^{Innenrecht})으로서 법규가 아니므로 외부적 구속력이 없고 따라서 법률의 근거 없이도 집행권의 고유권한으로서 발할 수 있다는 것이 여전히 통설적 이해이다.

행정규칙은 오히려 그 자체로서 특수한 종류의 법형식이다.[10] 이것은 행정조직상 상급기관이 그 지휘·감독권에 기하여 하급기관의 권한행사를 지휘할 수 있도록 함으로써 행정이 전체로서 통일성을 가질 수 있도록 해 준다. 또한 행정규칙은 후술하는 바와 같이 제한적인 범위에서 국민에게 중대한 법적 영향을 미칠 수 있다. 특히 고도과학기술 행정 등 분야에 따라 법률의 유보에 입각한 법적 규율($^{Verrecht-}_{lichung}$)이 극히 미흡한 수준에 머무르고 있는 경우가

---

9) 이에 관하여는 김동희, 행정법 I, 143; Ossenbühl, in: Erichsen/Martens, allgemeines Verwaltungsrecht, Rn.31; Maurer, aaO., § 24 Rn.1 등을 참조.

10) 마우러가 행정규칙을 행정조직의 위계구조를 전제로 하는 제도라고 보아 행정조직법의 차원에서 다루고 있음은 주목할 만한 점이다(§ 24 Rn.6, S.545).

적지 않기 때문에 행정규칙이 중요한 역할을 수행하고 있음은 부정할 수 없다(가령 자금지원에 있어 교부지침: Subventions-richtlinie). 여기에 법적 성질을 둘러싼 아직도 진행 중인 논란에도 불구하고, 행정규칙을 행정상 행위형식의 일종으로 고찰해야 하는 이유가 있다.[11]

2.3.2. 행정규칙의 효력

(1) 행정내부적 효력

행정규칙은 행정조직내부에서 그 권한행사를 지휘·감독하기 위하여 발하는 명령이므로, 그 대외적 효력여하와는 별도로 행정내부적 효력을 지닌다. 행정규칙의 수범자로 된 행정청이나 공무원은 그 직무상의 복종의무(dienstrechtliche Gehorsamspflicht)에 따라 행정규칙을 준수하고 적용하지 않으면 안 된다. 반면 행정규칙은 일방적·편면적 구속력을 지니는 것이라고 보므로 행정의 자기구속이 성립되는 경우 외에는 이를 발한 행정청 자신을 구속하지는 않는다. 그 효력이 미치는 범위(Reichweite)는 행정조직법상 지휘·감독권 또는 소관사무의 범위와 일치한다. 따라서 가령 재무부장관이 발한 행정규칙은 내무부 소속기관이나 공무원에 대하여는 구속력을 갖지 않는다. 또한 행정규칙의 효력은 한 행정주체 내부에 국한되는 것이므로,[12] 가령 어느 한 지방자치단체에서 발해진 행정규칙이 다른 지방자치단체에 대하여 구속력을 발할 수 없음은 물론이다. 다만 지방자치단체가 수행하는 단체위임사무처럼 국가가 법적 통제뿐만 아니라 전문통제(Fachaufsicht)의 권한을 가지는 경우에는 예외적으로 국가가 이에 관해 발한 행정규칙은 지방자치단체의 기관에 대해서도 구속력을 갖게 된다. 행정규칙의 구속력은 공무원법상의 징계책임에 의하여 뒷받침되기도 한다.

(2) 대외적 효력

행정규칙은 그 수권의 기초나 규율범위 면에서 볼 때 행정조직내부에서의 명령 내지 규범정립작용에 불과한 것이므로 원칙적으로 대외적 구속력이 없다. 물론 행정규칙도 행정내부적 구속력이 있기 때문에 사실상 대외적 구속력을 발휘하는 경우가 빈번한 것은 사실이다. 그렇지만 이것은 어디까지나 법이 직접 의도하지 않은 사실상의 결과일 뿐이고, 설령 이러한 사실상의 외부효에 기하여 이에 대한 법적 통제의 문제가 제기되는 것은 당연하지만 그렇다고 이를 행정규칙의 외부효와 동일시하는 것은 온당치 않다.

① 원칙: 행정규칙은 대외적 구속력을 갖지 않는다

행정규칙은 원칙적으로 대외적 구속력이 없다. 그러나 행정규칙은 사실상 대외적 관계에

11) 김남진, 국가의 경제에의 참여와 개입, 공법연구 제16집(1988), 107 및 거기 인용된 Jürgen Becker, Öffentliche Unternehmen als Gegenstand des Wirtschaftsverwaltungsrechts, DÖV 1984, 317 등을 참조.
12) Maurer, § 24 Rn.18, S.553.

서도 구속력을 발휘하는 것이 보통이다.

② 예외: 행정규칙이 대외적 구속력을 가지는 경우

행정규칙은 일반적·대외적 구속력을 갖지 않지만, 예외적으로 행정규칙으로 행정관청에 법령의 구체적 내용을 보충할 권한을 부여한 경우 또는 평등이나 신뢰보호의 원칙에 따라 행정기관이 규칙에 따를 자기구속을 받는 경우 대외적 구속력을 가진다고 보는 견해가 지배적이다.

3. 법령에 의한 직접적 규제의 내용

3.1. 경제활동에 관한 의무부과

법령에 의한 직접적 경제규제는 경제활동 자체에 대하여 직접 작위·부작위(금지)·수인의 의무를 부과하는 방식으로 행해질 수 있다. 가령 공정거래법에 따른 시장지배적 사업자의 지위남용행위의 금지($^{\S\,3}_{의2}$)나 불공정거래행위($^{\S\,23}$)의 금지, 물가안정법에 따른 매점매석행위의 금지($^{\S\,7}$), 양곡관리법상 양곡가공업자에 대한 명령($^{\S\,20}$) 등과 같은 것이 그 예라 할 수 있다. 법령이 직접 일정한 경제활동이나 경제에 관한 행위를 금지하거나 명하는 경우에는 보통 그 의무이행을 확보하기 위하여 금지나 행위의무의 위반에 대한 행정벌등의 제재가 결부된다. 가령 공정거래법상 시장지배적 사업자의 지위남용금지위반에 대한 벌칙($^{\S\,66}$)이나 불공정행위 금지의 위반에 대한 벌칙($^{\S\,67}$)이 규정되어 있는 것이 그 예이다.

3.2. 신고제·등록제 등

후술하는 경제행정상의 하명이나 법률에 따른 인허가제 등과는 달리 법령이 일정한 행위에 대하여 신고의무를 부과하거나 등록, 표시 등의 의무를 부과함으로써 경제규제의 목적을 달성하려는 경우를 볼 수 있다. 이를 법령에 의한 직접적 경제규제의 한 형태로 고려할 수 있을 것이다.

3.2.1. 신고제

신고제, 즉 신고의무($^{\text{Anmelde- oder}}_{\text{Anzeigepflicht}}$)의 부과는 그 내용상 가장 약한 경제행정상의 규제수단이다. 가령 공정거래법 제12조가 기업결합의 신고의무를 부과한 것이 그 예라 할 수 있다. 그것은 두 가지 상이한 기능을 가진다. 첫째, 그것은 경제활동의 개시여부를 통제할 수 있다($^{\text{Eröffnungs-}}_{\text{kontrolle}}$). 이것은 비록 약하기는 하지만 허가유보부 예방적 금지($^{\text{präventives Verbot mit dem Vorbehalt}}_{\text{einer administrativen Erlaubnis}}$)와 동일한 기능을 수행한다. 신고제는 절차상 인허가제보다도 간편하고 실제적이라는 점에서 또는 대상업종의 영세성을 고려한 규제완화의 맥락에서 일종의 완화된 허가제로서 입법상 종종 활용되고 있다.

둘째, 신고의무의 부과는 규제대상행위에 시종 동반하여 행해지는 수행통제($^{\text{Befolgungs-}}_{\text{kontrolle}}$)를 가능케 한다. 첫째의 경우가 인허대체적($^{\text{quasi}}_{\text{genehmigungsersetzender}}$) 성격을 지닌 것이라면, 이 경우는 인허보완적($^{\text{genehmigungs-}}_{\text{ergänzender}}$) 성격을 지닌 것이라 할 수 있다. 예컨대 자동차관리법 제55조가 영업의 양도를 관계행정청에 신고하여야 할 의무를 부과한 것이나 식품위생법이 제39조 제3항에서 영업양도나 사망, 법인의 합병 등에 의해 영업의 승계가 이루어져 영업자의 지위를 승계한 자가 관할관청에게 승계사실을 신고하도록 한 것 또는, 폐기물관리법이 제17조 제2항에서 "환경부령으로 정하는 사업장폐기물배출자는 사업장폐기물의 종류와 발생량 등을 환경부령으로 정하는 바에 따라 특별자치도지사, 시장·군수·구청장에게 신고하여야 한다"고 규정하고 있는 것이 이에 해당한다고 할 수 있다.

3.2.2. 등록제·표시제

그 밖에 경제행정의 관계법령이 사업자·관리인 등의 등록의무나 일정한 표시의무를 부과하고 있는 경우가 있다. 가령 건설산업기본법 제9조가 건설업 등록의무를 과한 것, 물가안정법 제3조가 가격표시의 의무를 과한 것이 그것이다. 이러한 의무들은 결국 행위를 일반적으로 금지하는 데까지 이르지는 않지만 경제규제를 가능케 하기 위한 기초자료($^{\text{Informations-}}_{\text{grundlage}}$)를 확보하기 위하여 부과된 것이라 할 수 있다. 예컨대 유해화학물질관리법은 제3장과 제4장에서는 유독물영업의 등록과 유독물의 관리에 관한 규정들을 두고 있으며 제20조에서 유독물영업자 및 수입자에 대하여 유독물의 표시의무를 부과하고 있다.

Ⅲ. 경제행정법적 행정행위

1. 개   설

1.1. 의   의

행정행위는 경제행정법에서도 중심적인 행위형식으로서 지위를 차지하고 있다. 행정행위는 경제에 관한 경찰·질서행정 또는 경제정서의 목적뿐만 아니라 경제의 지도, 촉진의 목적을 달성하기 위하여 활용되는 행위형식으로서 가령 유해식품의 제조·유통이나 불공정거래 등과 같은 반사회적 경제활동을 금지·단속한다든지, 가격통제조치, 공급명령, 시정명령 등을 발하고 나아가 특정 업종이나 기업에 대하여 보조금이나 조세감면혜택을 제공하는 등 다양한 경제행정의 임무와 관련하여 행해진다. 행정행위는 구체적 사안에 대한 구속적 결정

$\left(\begin{smallmatrix} \text{verbindliche Regleung} \\ \text{im Einzelfall} \end{smallmatrix}\right)$으로서 공법적 행위, 법적 행위, 구체적 법적 규율을 내용으로 하고 외부적 구속력을 가지는 일방적 행위라는 점을 특징으로 한다.

1.2. 분 류

행정행위의 내용을, 의사표시란 요소를 기준으로 법률행위적 행정행위와 준법률행위적 행정행위로 나누고 전자를 다시금 명령적 행위와 형성적 행위로 구분하는 것이 통설의 시각이었고 논란이 있기는 하지만, 여전히 주류적 입장을 대변하고 있다.

그러나 이와같이 의사표시를 기준으로 법률행위적 행정행위와 준법률행위적 법률행위를 구별하는 전통적 입장13)은 오늘날 다각적으로 재검토되고 있을 뿐만 아니라,14) 특히 경제행정법과 관련하여 종래 명령적 행위로만 파악되었던 영업허가의 형성적 행위로서의 성질이 인정되어야 한다는 주장 또는 허가와 특허의 상대화론15)이 대두되는 등 점차 의문시되는 경향이다. 그런 이유에서 여기서는 경제행정법상 행정행위의 주요유형을 그 내용에 따라 실질적으로 검토하여 하명·금지, 허가, 특허, 인가(이와 관련하여 신고·등 록제를 아울러 고려한다), 행정제재적 처분 등으로 나누어 살펴보기로 한다.

2. 경제행정상 재량과 불확정개념

경제행정의 대상은 복잡하고 상호관련되어 있어 전문적 판단을 요할 뿐만 아니라 그때그때의 경제상황에 따라 임기응변해야 할 필요가 크다. 이런 이유에서 경제행정법은 그 법적 규율에 있어 명확하고 엄격한 기속규정에 의하기보다는 행정재량이나 불확정개념에 의한 규율방식을 선호하고 있다. 따라서 경제행정의 수단으로서 행정행위 역시 재량행위이거나 불확정개념에 의한 수권하에 행해지는 경우가 많다.

2.1. 경제행정상 재량의 문제

행정재량의 문제는 법치행정의 원리를 전제로 하여 행정청의 결정의 자유와 구속 간의 긴장이 응축된 문제영역이다. 경제행정의 경우 재량은 필요악에 불과한 것이 아니라 적극적인 수단적 가치를 지닌다는 점에 그 특색이 있다. 경제행정의 소재 자체가 경제사정이나 경기에 따른 신축적 대응을 요구하기 때문이다. 이러한 견지에서 경제행정상 재량행위는 필수

---

13) 이것은 일찍이 독일에서 코르만(E. Kormann)의 "System der rechtsgeschäftlihcen Staatsakte, 1910"에서 주장되었던 것을 일본의 학자(특히 美濃部, 田中二郎 등)가 받아들여 통설화한 것이다. 그러나 독일의 경우 이미 오래전에 옐리네크(W. Jellinek, Verwaltungsrecht, 3.Aufl., 1931, Neudruck 1966, S.259)에 의해 비판된 바 있다.

14) 가령 김남진, "준법률행위적 행정행위의 문제점", 고시연구 1992/5, 38이하; 석종현, 일반행정법(상), 323-324; 塩野 宏, 行政法 I, 91-92 등을 참조.

15) 가령 최영규, "영업규제의 법제와 그 수단에 관한 연구", 155이하를 참조.

적인 규율수단이라고 해도 과언은 아니다. 물론 경제행정법이 폭넓은 재량을 허용한다고 하더라도 이 경우 비례원칙, 평등원칙 등과 같은 행정법의 일반원리에 의한 제약 그 밖의 법령상의 한계가 있음은 물론이다. 이러한 재량하자의 존재여부는 단순히 당·부당의 문제가 아니라 적법·위법의 문제이므로 당연히 사법심사의 대상이 된다.

재량에도 한계가 있다는 것은 오늘날 이론과 실무 양면에서 더 이상 의문시되지 않는 명제이다. 그것은 또한 행정소송법 제27조에 의해 입법적으로 관철되어 있다. 우리 행정소송법은 재량의 한계를 넘어선 경우와 재량권을 남용한 경우를 위법사유, 즉, 재량하자로 명시하고 있으나, 그 외에도 일반적으로 재량권의 일탈 또는 유월($^{Ermessens-}_{überschreitung}$), 재량권의 남용($^{Ermessens-}_{mißbrauch}$), 재량권의 불행사($^{Ermessens-}_{nichtgebrauch}$), 재량행위에 의한 기본권 및 행정법의 일반원리에 대한 침해($^{Verstoß\,gegen\,Grundrechte\,und}_{allgemeine\,Verwaltungsgrundsätze}$) 등이 재량행위의 위법성을 구성하는 사유로 열거되고 있다.[16] 이러한 재량하자의 존재는 단순히 당·부당의 문제가 아니라 적법·위법의 문제가 되므로 당연히 사법심사의 대상이 되며, 이를 명문화한 것이 행정소송법 제27조라 할 수 있다.

그러나 과연 구체적으로 어떠한 경우가 개개의 재량하자에 해당하는가가 불분명하거나 또 재량권의 남용과 일탈이 중첩되는 경우가 있을 뿐만 아니라, 우리의 판례와 이론이 재량권의 남용이나 일탈을 혼동하는 경우도 적지 않은 것이 사실이다. 이 점을 고려할 때, 예시적 의미 이외에 재량하자의 유형을 엄밀히 구별할 실익이 있는지 의문시되므로, 단지 재량행위의 위법사유 또는 재량의 한계위반 정도로 이해하면 되지 않을까 생각한다.[17]

"구 독점규제 및 공정거래에 관한 법률($^{1999.2.5.\,법률\,제5813}_{호로\,개정되기\,전의\,것}$) 제55조의3 제1항은 공정거래위원회가 과징금을 부과함에 있어서는 위반행위의 내용 및 정도, 위반행위의 기간 및 횟수, 위반행위로 인해 취득한 이익의 규모 등을 참작하도록 하고 있는바, 공정거래위원회가 부당한 공동행위에 대하여 위반행위의 기간 및 그 동안의 이익 규모 등을 참작하여 과징금을 정함에 있어 위반행위기간이 아닌 기간을 포함시켜 매출액을 산정하고 그것을 과징금 부과기준 매출액으로 삼은 경우, 이는 과징금 부과 재량행사의 기초가 되는 사실인정에 오류가 있다고 할 것이므로 과징금납부명령이 재량권을 일탈·남용한 것으로서 위법하게 된다."[18]

2.2. 경제행정상 불확정개념과 판단의 여지

재량과 불확정개념($^{엄밀히\,말하면\,불확정법률개념:}_{unbestimmte\,Gesetzesbegriffe}$)의 관계 또는 그 구별에 관한 문제는 아직도 완전히 해결된 문제라고 할 수 없을 정도로 계속적인 논란의 대상이 되고 있다.[19]

---

16) Maurer, § 7 Rn.11ff.
17) 김동희, 행정법 I, 250이하; 홍정선, 행정법원론(상), 298.
18) 대법원 2006.9.22. 선고 2004두7184 판결.
19) Hong, J.H., Die Klage zur Durchsetzung von Vornahmepflichten der Verwaltung, Schriften zum Prozessrecht Bd.108, 1992, Duncker & Humblot, S.166f.을 참조.

재량은 법률효과 면에 존재하는 데 반해($\substack{\text{행위 또는 효과재량: Handlungsermessen,} \\ \text{Rechtsfolgeermessen}}$), 불확정법개념은 주로 법률에 의해 구속적으로 규정된, 법률요건 면에 존재한다는 것이다.

판단여지설은 사실 전후 독일행정법에서 지배적인 지위를 차지해 왔고 또한 일부 판례에 의해 지지되기도 하였다. 그러나 불확정법개념에 대한 판단여지가 불확정개념의 "본질로부터" 범주적으로 인정된 것이라기보다는 개개의 법규정의 해석을 통해 도출되어 왔기 때문에 당초 기대했던 것과는 달리 그 인정사례가 극히 제한될 수밖에 없었다.[20] 독일에서 '판단여지'($\substack{\text{판단수권/평가특권: Beurteilungsermächtigung,} \\ \text{Einschätzungsprärogative}}$)가 인정된 경우는, 특히 학교교육분야나 공무원관계에서의 시험성적의 평가 및 시험과 유사한 평가결정, 전문적인 독립행정위원회에 의한 가치평가적 결정, 개별적이며 불확정법개념에 관련된, 특히 행정정책적 성격을 띤 요인들에 관한 결정(공무원인사를 위한 인력수급계획의 결정), 그리고 미래예측결정($\substack{\text{Prognosenent-} \\ \text{scheidung}}$)과 환경법 및 경제법분야에서의 위험평가 등에 머무르고 있다.

3. 경제행정법상 행정행위의 주요유형

3.1. 경제행정상 하명 · 금지

3.1.1. 의 의

하명이란 작위(시설개수명령) · 부작위(야간영업금지) · 수인(강제접종결정) · 급부(납세고지) 등을 명하는 행정행위를 말한다. 앞서 본 공정거래위원회의 법위반에 대한 시정조치명령이 그 대표적인 유형이다. 또 소비자기본법 제50조 제1항에 따라 중앙행정기관의 장이 사업자가 제공한 물품등의 결함으로 인하여 소비자의 생명 · 신체 및 재산에 위해를 끼치거나 끼칠 우려가 있다고 인정되는 경우, 사업자에게 대통령령이 정하는 절차에 따라 그 물품등의 수거 · 파기 · 수리 · 교환 · 환급을 명하거나 제조 · 수입 · 판매 또는 제공의 금지를 명하는 경우도 하명에 해당한다. 부작위하명을 특히 금지라고 하는데, 식품위생법 제43조에 따라 시 · 도지사가 영업 질서와 선량한 풍속을 유지하는 데에 필요한 경우, 영업자 중 식품접객영업자와 그 종업원에 대하여 영업시간 및 영업행위를 제한하는 것, 같은 법 제76조에 따라 식품의약품안전처장 또는 특별자치도지사 · 시장 · 군수 · 구청장이 위법 품목류에 대한 제조정지를 명하는 경우 등이 부작위하명 또는 금지의 예라 할 수 있다.

반면 법령이 의무를 직접 부과하는 경우, 이를 법규하명이라고 부르기도 하지만 여기서 말하는 행정행위로서의 하명과 구별하는 것이 일반적이다.

---

20) Götz, Diskussionsbeitrag, in: Die öffentliche Verwaltung zwischen Gesetzgebung und richterlicher Kontrolle, 1985, S.178. 또 판단여지 또는 평가수권이 인정되는 경우를 '한계적 사례'(Grenzfälle)라고 부르는 데서도(Ule) 그 배경을 엿볼 수 있다.

　　그러나 공정거래법 등 각종 경제관련법률에서 기업결합의 신고의무, 무역대리업의 등록의무, 가격표시의무를 부과한 것을 두고 이를 하명의 일종으로 설명하는 것[21]은 잘못이다. 이를 법규하명이라고 부르는 경우도 있으나, 법령에 따라 직접 일정한 의무가 부과된 경우를 행정작용이 아니라 입법 또는 실질적 입법작용이라고 보아야 하므로, 이를 행정행위로서의 하명의 한 종류로 보는 것은 옳지 않다.

3.1.2. 종 류

　　하명은 그 부과되는 의무의 내용에 따라 작위하명·부작위하명·수인하명·급부하명 등으로 나누어지며, 그 적용분야에 따라서는 질서하명·재정하명·급부행정적 하명·조직하명·군정하명 등 다양한 형태로 구분될 수 있다.

3.1.3. 대상 · 상대방

　　하명의 대상이 되는 행위는, 가령 물가안정에 관한 법률(이하 "물가안정법"이라 한다) 제3조에 따라 주무부장관이 소비자보호나 공정거래를 위하여 필요하다고 인정할 때 사업자에게 물품의 가격 또는 용역의 대가를 표시할 것을 명하는 경우처럼 보통은 사실행위이겠지만, 공정거래법 제5조에 따라 공정거래위원회가 시장지배적 사업자에게 가격인하를 명하는 경우처럼 법률행위일 수도 있다. 하명의 상대방은 특정인인 경우가 일반이나 불특정다수인을 상대방으로 하는 일반처분도 있을 수 있음은 물론이다(도로통행금지).

3.1.4. 효과 · 법적 근거 · 법적 기속여하

　　하명은 의무부과라는 효과를 지닐 뿐만 아니라 이러한 의무를 어길 경우 강제집행이나 행정벌이 부과되는 집행보장을 받는다는 점에서 법률 또는 법규명령의 근거를 요하며, 특별한 규정이 없는 한 기속행위임이 원칙이다. 하명에 위반한 사법상 행위는 특별한 사정이 없는 한 반드시 무효인 것은 아니다.[22]

3.2. 허 가

3.2.1. 개 념

　　허가란 법령에 의한 일반적·상대적 금지를, 특정한 경우에 해제하여, 적법하게 일정한 행위를 할 수 있게 하는 행정행위를 말한다. 허가는 법령에 의해 제한된 자연적 자유를 회복시켜 준다는 점에서 금지의 해제라는 의미를 가진다. 이 경우 「금지」란 「상대적 금지」를 말하며 그것은 따라서 「허가유보부 금지」(Verbot mit Erlaubnis-vorbehalt)라고 할 수 있다.

---

21) 황적인·권오승, 경제법, 76.
22) 대법원 1954.3.30. 선고 4282民上80 판결.

학문상 허가에 해당하는 행위를 법령이 허가라는 말 이외에 면허·인허·특허·인가·승인·등록·취소·지정 등과 같은 용어로 표현하는 경우가 있다는 점, 반면 허가라는 용어를 쓰면서도 실질은 특허나 인가에 해당하는 행위를 지칭하는 경우가 있다는 점에 유의할 필요가 있다.

3.2.2. 성 질

허가의 성질에 관해서는 그것이 재량행위이냐 또는 기속행위이냐 하는 점과 명령적 행위이냐 아니면 형성적 행위이냐 하는 점이 다투어지고 있다.

허가는 그 개념의 전제인 일반적·상대적 금지란 측면에 있어서는 명령적 행위로서의 성질을 가진다. 그러나 허가에 의해 이루어지는 금지의 해제란 실질적으로 사인에게 적법한 권리행사를 할 수 있는 법적 지위를 설정해 주는 효과, 즉, 형성적 효과를 가진다. 따라서 허가는 형성적 행위의 성질을 아울러 가진다고 보아야 할 것이다.

종래의 통설인 효과재량설의 관점에서는, 허가는 금지의 해제로서 상대방에게 이익을 주는 행위이므로 재량행위라고 보았다. 그러나 오늘날 허가는 특별히 권리를 설정해 주는 행위가 아니라 공익을 위해 제한되었던 자유를 회복시켜 주는 것이므로 허가관청은 허가요건이 충족되는 한 반드시 허가를 내주어야 할 기속을 받으며 따라서 허가는 기속행위(기속재량행위)라고 보는 것이 통설적 견해이다.

이에 대해서는 허가에는 기속행위와 재량행위가 모두 있을 수 있다는 반론이 제기되어 있다.[23] 생각건대, 허가는 형식적으로 볼 때에는 수익적 행위이나 실질적으로 볼 때에는 이미 헌법상 국민에게 인정되어 있는 일반적 행동자유권($^{allgemeine}_{Handlungsfreiheit}$)을 회복시키는 데 불과하다는 점에서 국가의 급부를 인정함으로써 시민의 권리영역을 확장시키는 수익적 행위의 본래적 유형과는 구별된다. 마찬가지로 허가의 거부는 형식적으로는 수익적 행정행위의 거부지만 실질적으로는 자연적 자유와 권리의 침해를 의미하게 되는 것이다. 따라서 허가는, 적어도 허가의 개념을 위와 같이 이해하는 한, 성질상 기속행위라고 보아야 할 것이다.

한편 대법원은 구 국토이용관리법시행령의 위임에 따른 준농림지역 내의 숙박시설 설치 등 토지이용행위제한에 관한 조례에 따라 행위제한지역과 제한대상행위를 구체적으로 지정하지 아니한 경우에도 그 지정에 관하여 조례가 정한 기준에 해당하는 경우, 건축허가를 거부할 수 있는지 여부에 관한 1999.8.19. 선고 98두1857 전원합의체 판결(건축허가신청서반려처분취소)에서 다음과 같이 판시하여 허가의 법적 성질에 관한 종래의 견해를 변경한 것이 아닌가 하는 의문을 불러 일으켰다. 그러나 관계법령의 해석을 통해 허가거부재량을 도출한 것일 뿐 허가의 법적 성질을 정면으로 판단한 것은 아니므로 이를 판례변경으로 보기는 문

---

23) 김남진, 행정법 I, 252.

제가 있었다.[24)]

3.2.3. 종 류

일반적으로 강학상 허가는 그 문제되는 영역에 따라 경찰허가·재정허가·군정허가 등으로 구별되며 경제과정의 단계에 따라 시설허가·경영허가·판매허가로[25)] 또는 효력기간에 따라 계속적 허가·일시적 허가로 구별될 수 있다.[26)]

경제행정법상 허가의 예로는 식품위생업 허가(식품위생법 §37 ①), 폐기물처리업 허가(폐기물관리 법 §25), 고압가스제조·판매업 허가(고압가스안전관 리법 §4 ①, ②), 건강기능식품제조업 허가(『건강기능식품에 관한 법률』 §5), 건설폐기물처리업의 허가(『건설폐기물의 재활용촉 진에 관한 법률』 §21), 일반게임제공업 허가(『게임산업진흥에 관 한 법률』 §26 ①) 등이 있다.

일반적으로 허가의 대상에 따라 대인적 허가(운전면허)·대물적 허가(차량검사합격처분)·혼합적 허가(주유소영업허가)로 나누기도 하는데 이 역시 경제행정상 허가에 그대로 적용될 수 있다. 특히 후자의 구분은 그 이전성의 유무를 판단함에 있어 의미가 있는데 대인적 허가의 이전이나 양도는 금지되며, 이전성은 원칙적으로 대물적 허가에 관해서만 인정된다. 혼합적 허가는 보통 허가대상의 물적 기준과 아울러 허가출원자의 인적 결격사유가 규정되어 있는 경우로서, 이 경우에는 원칙적으로 이전성이 인정되지 않는다. 관계법에 따라서는 영업의 양도가능성을 인정하되 관계행정청에 대한 신고의무가 부과되는 경우가 있다.

예컨대 식품위생법은 제38조 제1항에서 영업허가를 받을 수 없는 사유(결격사유)를 규정하고 있는데, 같은 법 제39조 제1항에서는 영업자가 영업을 양도하거나 사망한 경우 또는 법인이 합병한 경우에는 그 양수인·상속인 또는 합병 후 존속하는 법인이나 합병에 따라 설립되는 법인은 그 영업자의 지위를 승계하며, 다만, 영업자의 지위를 승계한 자는 보건복지부령으로 정하는 바에 따라 1개월 이내에 그 사실을 관할관청(식품의약품안전처장 또는 특별자치도지사·시장·군수·구청장)에게 신고하도록 하고 있다.

반면, 이와는 달리 같은 법 제39조 제2항은 같은 법 제29조 제2항 각 호, 즉 민사집행법에 따른 경매, 채무자 회생 및 파산에 관한 법률에 따른 환가, 국세징수법, 관세법 또는 지방세법에 따른 압류재산의 매각, 그 밖에 이들에 준하는 절차 중 어느 한 절차에 따라 영업시설의 전부를 인수한 자는 그 영업자의 지위를 승계하며, 그 경우 종전의 영업자에 대한 영업허가 또는 그가 한 신고는 그 효력을 잃는다고 규정하고 있다.

---

24) 이에 관하여는 김동희, 건축허가처분과 재량, 행정판례연구 V, 한국행정판례연구회 편, 서울대학교출판부, 2000, 17-32를 참조. 김동희교수는 여기서 이 판례는 형식적 관점에서는 종래의 판례를 변경한 것은 아니지만, 이 사건의 경우 관계법령의 형식적 또는 문법적 해석에 따르면 당해 건축행위는 허용된다고 볼 수 없는 것임에도 불구하고, 그 목적론적 해석에 따라 당해 건축행위는 허용되지 아니하는 것이라고 하고 있고 보면, 그것은 내용적으로는 종래 판례의 실질적 변경이라고 할 수 있을 것이라고 지적한다(같은 글, 30).

25) Jarass, S.168f.

26) Jarass, S.168f.

후자의 경우, 영업허가의 이전성 부정에는 의문이 없으나, 전자의 경우 영업자 지위의 승계가 그 영업허가의 승계까지도 포함하는지 여부가 문제된다. 생각건대, 영업허가와 허가의 객관적 대상이 되었던 영업 자체는 서로 구별되어야 하지만,[27] 같은 법 제39조 제2항의 반대해석상 특별한 사정이 없는 한 영업허가도 이전되는 것으로 보아야 할 것이다.

석유판매업허가의 성질 •• 한편 대법원은 "석유판매업(주유소)허가는 소위 대물적 허가의 성질을 가지는 것이어서 그 사업의 양도도 가능하고, 이 경우 양수인은 양도인의 지위를 승계하게 됨에 따라 양도인의 위 허가에 따른 권리의무가 양수인에게 이전되는 것이므로 만약 양도인에게 그 허가를 취소할 위법사유가 있다면 허가관청은 이를 이유로 양수인에게 응분의 제재조치를 취할 수 있다 할 것이고, 양수인이 그 양수 후 허가관청으로부터 석유판매업허가를 다시 받았다 하더라도 이는 석유판매업의 양수도를 전제로 한 것이어서 이로써 양도인의 지위승계가 부정되는 것은 아니라 할 것이다"라고 판시한 바 있다.[28] 그러나 이러한 대법원 판결의 타당성은 의심스럽다. 원심이 적절히 지적한 바와 같이 석유사업법 제12조 제3항, 제5조에서 인적 결격사유가 규정되고 있는 점(대인적 허가)과 동법 제12조 제2항, 동법시행령에 따른 물적 시설기준이 요구되고 있는 점(대물적 허가)을 고려할 때 '석유판매업허가는 혼합적 허가의 성질을 가지는 것이고, 이러한 경우 대물적 허가사항의 효과는 물적 사항에 변경이 없는 한 이전성이 인정되나 대인적 허가사항의 효과는 일신전속적인 것으로 포괄승계의 경우를 제외하고는 원칙적으로 그 이전성이 인정되지 아니 한다'고 봄이 옳다.[29]

양도인에 대한 사유로 양수인에 대하여 영업정지처분을 할 수 있는지 여부 •• 대법원은 양도인에 대한 사유로 양수인에 대하여 영업정지처분을 할 수 있는지 여부에 대하여 "공중위생관리법 제11조 제5항에서 영업소 폐쇄명령을 받은 후 6개월이 지나지 아니한 경우에는 동일한 장소에서는 그 폐쇄명령을 받은 영업과 같은 종류의 영업을 할 수 없다고 규정하고 있는 점 등을 고려하여 볼 때 영업정지나 영업장 폐쇄명령은 모두 대물적 처분으로 보아야 할 것이므로, 양수인이 그 양수 후 행정청에 새로운 영업소 개설 통보를 하였다 하더라도, 그로 인하여 영업양도·양수로 영업소에 관한 권리·의무가 양수인에게 이전하는 법률효과까지 부정되는 것은 아니므로, 만일 어떠한 공중위생 영업에 대하여 그 영업을 정지할 위법사유가 있다면, 관할 행정청은 그 영업이 양도·양수되었다 하더라도 그 업소의 양수인에 대하여 영업정지처분을 할 수 있다"고 판시함으로써 영업장 폐쇄명령의 대물적 처분성을 근거로 그 이전가능성을 시인한 바 있다.[30] 이 판결은 행정제재적 처분을 받은 후 영업장을 양도하는 방법으로 행정처분의 효력을 면탈하여 행정처분을 받은 영업장에 대한 이권을 환수하거나 영업을 계속하는 관행을 근절시키기 위한 배경에서 나온 것으로서, 공중위생영업에 대한 행정처분을 대물적 처분으로 보고 그 이전성을 인정한 것이다. 한편 이 같은 배경에서 공중위생관리법은 2002년 8월 26일의 개정법에서 제11조의3을 신설하여 행정제재처분효과의 승계를 명문화하기에 이른다. 이에 따라, ① 공중위생영업자가 그 영업을 양도하거나 사망한 때 또는 법인의 합병이 있는 때에는 종전의 영업자에 대하여 법 제11조 제1항의 위반을 사유로

27) 홍정선, 행정법원론(상), 303.
28) 대법원 1986.7.22. 선고 68누273 판결; 대법원 1979.10.30. 선고 79누190 판결.
29) 동지 김남진, 기본문제, 856이하.
30) 대법원 2001.11.9. 선고 2001두5064 판결.

행한 행정제재처분의 효과는 그 처분기간이 만료된 날부터 1년간 양수인·상속인 또는 합병 후 존속하는 법인에 승계되고, ② 공중위생영업자가 그 영업을 양도하거나 사망한 때 또는 법인의 합병이 있는 때에는 법 제11조 제1항의 위반을 사유로 하여 종전의 영업자에 대하여 진행중인 행정제재처분 절차를 양수인·상속인 또는 합병 후 존속하는 법인에 대하여 속행할 수 있게 되었다.

3.2.4. 허가의 요건

허가는 출원에 의해 발급되는 것이 보통이다. 출원이 허가의 필요요건인지, 또 출원과 다른 내용으로 허가가 발급될 수 있는지(수정허가)에 관해서는 논란이 있으나 허가는 원칙적으로 출원을 요한다고 보지만, 출원이 예컨대 소제기에 의해 소송의 개시여부 및 대상이 확정되는 효과가 발생하는 것과 같이 허가발급을 위한 심사여부 및 심사범위를 결정하는 구속력을 가지는 것은 아니라는 점에서 절대적 요건으로 요구되는 것은 아니라고 이해하는 것이 타당하다.

3.2.5. 허가의 효과

허가의 효과는 일반적 금지를 해제하는 데 있다. 이로써 허가를 받은 자는 적법하게 허가된 행위를 할 수 있다. 그러나 이러한 행위는 허가로 회복된 자연적 자유에 의한 것이지 허가로 어떤 권리가 새로이 설정된 것에 기하는 것은 아니다.

반면 피허가자가 동종영업을 하는 제3자와의 경쟁관계에 있어 자신에 대한 허가로써 일반적 금지가 해제된 결과 받는 독점적 이익은, 허가 자체로 인한 이익이 회복된 자연적 자유로서 권리인 것과는 달리, 반사적 이익인 경우도 있을 수 있다. 그러나 그것이 과연 단순한 반사적 이익에 불과한지 또는 법이 보호하는 이익에 해당하는지는 관계법규정의 해석에 따라 결정될 문제이다. 이에 관한 판례변천은 이미 주관적 공권을 설명하면서 살펴본 바 있다.

허가를 받지 않고 행한 행위(무허가행위)의 효력에 관해서는 행정상 강제집행이나 행정벌이 부과되는 것과는 별도로, 행위 자체의 효력은 부인되지 않는 것이 일반적이다. 특히 이것은 허가를 받지 않고 행한 사법상의 거래행위와 관련하여 의미가 있다. 물론 예외적으로 법령이 무허가행위의 무효를 규정하는 경우도 있다.

3.3. 면 제

특정한 경우에 한하여 작위·수인·급부 등의 의무를 해제해 주는 행위를 면제(^{Dispens})라고 한다. 의무의 해제라는 점에서 면제는 허가와 비교되나, 허가는 금지의 해제인 점이 다르다.

면제는 허가가 예방적 통제의 목적 하에 잠정적으로 제한되었던 자유를 회복시키는 것인

데 비해, 행위 자체의 유해성 등을 이유로 법률상 금지된 행위를 허용함으로써 시민의 권리 영역을 확장한다는 점에서 형식·실질 양면에서 수익적 행정행위라고 할 수 있다.

3.4. 경제행정상 특허

3.4.1. 개 념

여기서 특허(^{Konzession})란 좁은 의미의 특허로서 권리설정행위를 말한다. 이 역시 실정법상 면허·허가 등으로 표현되기도 한다. 특허에는 공기업특허, 공물사용권특허와 같이 특허된 권리의 내용이 공권의 성질을 지닌 것과 광업권이나 어업권같이 사권(물권)의 성질을 띠는 경우가 있다($^{광업법 \S 10,}_{수산업법 \S 16}$). 그 밖에 판례상 특허로 인정된 것으로는 보세구역의 설영(設營)특허, 공유수면매립, 여객자동차운수사업면허 등이 있다.

경제행정상 특허는 진입규제의 주된 수단이다.[31] 진입규제의 가장 강력한 형태는 가령 성매매나 마약의 제조·판매 등을 금지하는 경우처럼 시장에의 진입을 완전히 금지하는 것이다(절대적 금지). 반면 일정분야의 영업에 대하여 국가·지방자치단체 또는 그들이 설립한 법인에 법률상 독점권을 부여하고 사기업에 대하여는 진입을 금하는 경우에는 영업 자체가 사회적으로 유해하기 때문에 절대적으로 금지되는 것이 아니라, 경제정책, 재정, 공공복리 등을 위하여 국가등에게 독점권을 부여하여 사인의 진입을 배제한다는 의미의 상대적 금지가 성립한다. 특허는 바로 이러한 상대적 금지의 의미를 가지는 진입규제수단이다.

3.4.2. 특허의 성질

종래 이러한 행위는 상대방에게 이익을 주는 것이라는 이유에서 재량행위로 보았으나, 그것은 후술하는 바와 같이 관계법규정의 성질을 고려하여 개별적으로 판단해야 할 문제라고 본다. 특허와 허가는 전자가 설권행위라는 점에서 구별되지만, 양자의 구별이 상대화되어 가고, 그 법적 성질이 융합되는 경향(허가의 특허화, 특허의 허가화)마저 볼 수 있다.

3.4.3. 출원의 필요성

특허는 상대방의 출원을 필요로 한다는 것이 다수의 견해이다. 다만, 공법인의 설립과 같은 경우 상대방의 출원을 기다릴 여지가 없다는 점에서 출원이 불필요하다는 견해가 있으나 이는 법률에 의한 특허(광의)로서 행정행위로서의 특허와는 구별됨이 마땅하다.

---

31) 이 점에서 '특허가 경제법적 규제의 수단으로 사용되는 경우는 거의 없다'고 지적하는 것(황적인·권오승, 77)은 정확하지 않다.

3.4.4. 특허의 형식요건

특허는 일반적으로 특허처분의 형식으로 행해지며, 특정인에 대해서만 발급될 뿐 일반처분에 따라 불특정다수인에게 행해질 수 없다. 특허 역시 원칙적으로 불요식행위이다.

3.4.5. 특허의 효과

특허의 효과는 제3자에게 대항할 수 있는 새로운 법률상의 힘을 부여하는 데 있다. 특허의 종류에 따른 효과, 특히 이전성의 문제는 허가에 관하여 설명한 것과 같다.

3.5. 경제행정상 인가

3.5.1. 개 념

인가란 행정청이 타자의 법률행위를 동의로써 보충하여 그 행위의 효력을 완성시켜 주는 행정행위를 말한다. 이를 보충행위라고도 한다. 예컨대 여객자동차운송사업 양도·양수에 대한 국토교통부장관 또는 시·도지사의 인가($_{사업법§15\ ②}^{여객자동차운송}$), 공공조합의 설립인가, 사립학교의 설립인가($_{법§4\ ②}^{고등교육}$), 학교법인의 합병에 대한 교육과학기술부장관의 인가($_{§36\ ②}^{사립학교법}$) 등을 들 수 있다.

3.5.2. 대 상

인가의 대상은 제3자의 행위로서, 허가 등의 경우와는 달리 반드시 법률행위이어야 하며 법률행위인 한 공법행위이든 사법행위이든 무방하다.[32]

3.5.3. 인가와 출원

인가는 그 대상이 되는 법률행위를 한 당사자의 신청이 있는 경우에만 행해진다. 따라서 수정인가도 불가능하다.

3.5.4. 인가의 형식요건

인가는 반드시 구체적인 처분으로 행해지며, 원칙적으로 불요식행위이다.

3.5.5. 인가의 효과

인가가 이루어지면 제3자간의 법률적 행위의 효과가 완성된다. 인가는 법률행위를 대상으로 하는 것이므로 그 효과는 당해 법률행위에 한하여 발생하고 따라서 이전성이 없다. 무인가행위의 효력은 당연히 무효로 돌아가며 강제집행이나 처벌의 문제를 발생시키지 않는다.[33]

---

32) 가령 김동희, 행정법 I, 2001, 267; 홍정선, 행정법원론(상), 2001, 308 등.
33) 김철용, 행정법 I, 제13판, 2010, 204.

3.5.6. 인가와 기본행위

인가와 기본행위의 관계여하는 특히 하자의 문제와 관련되어 문제된다. 이를 유형별로 나누어 살펴보면, ⓐ 양자가 모두 적법하거나, 위법한 경우 각각 완전한 유효와 무효의 결과가 됨은 당연하다. ⓑ 기본행위가 부존재 또는 무효인 경우 인가는 설령 그것이 적법하더라도 그 대상을 결여하므로 무효이다.[34] 이것은 기본행위가 사후에 효력을 상실하는 경우에도 마찬가지이다. ⓒ 기본행위는 적법하나 인가만 무효인 경우에는 무인가행위가 된다고 볼 것이다. 따라서 법률행위의 효력이 완성되지 않는다. ⓓ 기본행위가 취소할 수 있는 행위인 경우에는 적법한 인가가 있더라도 취소될 수 있다. ⓔ 기본행위에 하자가 있는 경우에는 기본행위를 쟁송의 대상으로 삼을 것이지 인가를 다툴 것은 아니라는 것이 확립된 판례이다.

"재건축주택조합의 조합장 명의변경에 대한 시장, 군수 또는 자치구 구청장의 인가처분은 종전의 조합장이 그 지위에서 물러나고 새로운 조합장이 그 지위에 취임함을 내용으로 하는 재건축주택조합의 조합장 명의변경 행위를 보충하여 그 법률상의 효력을 완성시키는 보충적 행정행위로서, 그 기본행위인 조합장 명의변경에 하자가 있을 때에는 그에 대한 인가가 있다 하더라도 조합장 명의변경이 유효한 것으로 될 수 없는 것이므로, 기본행위인 조합장 명의변경이 적법·유효하고 보충행위인 인가처분 자체에만 하자가 있다면 그 인가처분의 취소를 구할 수 있는 것이지만, **기본행위에 하자가 있다고 하더라도 인가처분 자체에 하자가 없다면 따로 그 기본행위의 하자를 다투는 것은 별론으로 하고 기본행위의 하자를 내세워 바로 그에 대한 행정청의 인가처분의 취소를 구할 수는 없다.**"[35]

3.6. 경제행정상 확인적 행위

확인적 행위($^{feststellender}_{VA}$)란 상대방의 권리나 법적 중요성을 띤 속성의 유무나 적부를 판단하여 확인하는 행위를 말한다. 여기에는 당선인결정, 선거인명부작성, 국가시험합격자결정, 도로구역결정, 발명권특허, 교과서검인정, 금전지급청구권확인, 소득금액결정, 행정심판재결 등이 해당한다. 확인적 행정행위에는 대체로 준법률행위적 행정행위 중 확인이 해당한다. 확인적 행정행위는 기존의 권리나 사실의 존재나 적부를 확인하는 데 그치는 것이지만 이를 구속적으로 확인한다는 점에서는 법적 규율로서의 성질을 가지며 따라서 다른 종류의 행정행위와 다름이 없다. 뿐만 아니라 확인적 행정행위는, 가령 행정처분으로 법률이 규정하는 일정한 급부의무가 확정될 경우, 그 확정된 급부는 그 법적 근거인 행정처분이 존속하는 한, 거절 또는 환급청구할 수 없게 된다는 점에서, 또한 이러한 한도 내에서, 사실상 권리형성적

---

34) 대법원 1980.5.27. 선고 79누196 판결.
35) 대법원 2005.10.14. 선고 2005두1046 판결. 대법원 1995.12.12. 선고 95누7338 판결; 대법원 2004.10.28. 선고 2002두10766 판결; 대법원 1991.6.14. 선고 90누1557 판결 등 참조.

효과를 지닌다고도 할 수 있으며, 이러한 효과는 특히 행정청이 재량의 여지를 갖고 있을 때에 더욱 뚜렷이 나타난다. 그러나 그럼에도 불구하고 확인적 행정행위는 실체법적 법률관계의 변동을 가져오는 것은 아니라는 점에서 형성적 행정행위와는 구별된다.

3.7. 그 밖의 행정행위유형

그 밖에 행정행위유형으로는 공증(^{Beurkundung})과 통지(^{Mitteilung}), 수리(^{Annahme}) 등이 거론되고 있다.

4. 한계적 문제 – 확약 · 예비결정 · 가행정행위 · 일부허가 · 교시

4.1. 행정법상 확약

4.1.1. 의 의

확약(^{Zusicherung})이란 행정청이 국민에 대하여 장차 일정한 행정행위를 하겠다든가 또는 안 하겠다는 약속의 의사표시를 말한다. 독일의 연방행정절차법 제38조는, 종래 행정판례에 의해 인정되어 왔던, '행정청의 공적 확언은 당해 행정청에 대하여 행정의 자기구속의 효력이 있다'는 법리를 수용하여 확약(^{Zusicherung})이란 행정의 활동형식으로 제도화하고 있다. 우리 행정법상의 확약이란 이러한 독일행정법의 제도를 받아들인 것이다.

행정법상 확약은, 비록 행정절차법에 제도화되지는 못했지만, 학계에서는 비교적 일찍부터 행정의 신뢰보호원칙에 근거를 둔 활동형식으로서 일반적 승인을 얻고 있다. 즉, 우리나라에서도 법규 또는 행정관습에 따라, 종래 '내인가' · '내허가' · '일차인가' · '일차면허' 등의 이름으로 확약의 법리가 실제로 관철되어 왔다고 지적되고 있다.[36] 가령 재무부장관이 금융통화위원회를 통하여 노동은행설립건을 의결하고 시중은행으로서 이를 내인가한 경우가 그 예라 할 수 있다.[37]

4.1.2. 확약의 법적 성질

(1) 행정행위인지 여부

확약이 행정행위의 성질을 가지는지에 관해서는 논란이 있다. 확약을 행정행위의 일종으로 보는 견해가 다수설[38]이라 할 수 있으나, 확약이 종국적 규율의 성질을 갖지 않는다는

---

36) 김도창, 일반행정법론(상), 429. 한편 김남진 교수(기본문제, 285-286)는 다수의 학자들이 위의 내인가나 내허가, 1차면허 등으로 불리어 온 행위유형들을 획일적으로 확약으로만 파악하는 데 대하여 반대하고 있다. 즉, 이들 중에는 확약과 구별되는 예비결정 또는 부분인허에 해당하는 경우가 많다는 것이다. 아무튼 이 문제는 결국 문제된 개개행위의 법적 효과를 구체적으로 검토함으로써만 해결될 수 있을 것이다.

37) 중앙일보 1992년 3월 20일자 기사를 참조.

점에서 독자적인 행위형식으로 보는 견해[39]도 표명되고 있다.

생각건대 확약에 관해서는 일단 그것이 자기구속적 의지에 의해 처분의 의무를 부담하는 것이라는 점에서 행정행위의 개념적 징표인 법적 규율로서의 성질을 지니고 있다고 볼 수 있다. 그러나 이 법적 규율의 내용은 일반 행정행위의 그것과는 달리 특수성을 띠고 있다. 확약의 행위기초가 되었던 사실적·법적 상황이 변경되면 이른바 사정변경의 원칙의 직접적 적용의 결과로 확약의 구속성은 상실되고 말기 때문이다. 만일 행정행위에 관해 이 같은 행위기초 및 법적 변동이 있을 경우 그 구속력을 박탈하기 위해서는 별도로 사정변경의 원칙에 따른 행정행위의 철회가 요구된다는 점에서 볼 때,[40] 확약은 행정행위와는 다른 특질을 지니는 것이라고 할 수 있다. 아무튼, 확약이 행정행위의 성질을 갖느냐에 관한 논의의 실익은 전술한 바와 같이 주로 행정행위에 관한 규율을 확약에 적용할 것인가를 결정하는 데 있다. 따라서 확약의 독자성을 인정하면서도 그에 관하여 그 성질이 허용하는 한 행정행위에 관한 규율을 준용하는 입장을 취하는 것이 타당하다고 본다. 대법원의 판례 역시 이와 같은 입장에 서 있다.

대법원은 "자동차운송사업양도양수계약에 기한 양도양수인가신청에 대하여 피고 시장이 내인가를 한 후 위 내인가에 기한 본인가신청이 있었으나 자동차운송사업양도양수인가신청서가 합의에 의한 정당한 신청서라고 할 수 없다는 이유로 위 내인가를 취소한 경우, 위 내인가의 법적 성질이 행정행위의 일종으로 볼 수 있든 아니든 그것이 행정청의 상대방에 대한 의사표시임이 분명하고 피고가 위 내인가를 취소함으로써 다시 본인가에 대하여 따로이 인가 여부의 처분을 한다는 사정이 보이지 않는다면 위 내인가취소를 인가신청을 거부하는 처분으로 보아야 할 것"[41]이라고 판시하여 내인가의 행정행위 여부에 대한 판단을 회피하였다. 다만 본처분을 하지 않은 상태에서 내인가를 취소하면 이로써 본처분으로서 인가거부처분이 있은 것이라고 보아 내인가취소의 종국성과 법적 효과를 시인하고 있다. 그러나 이후 대법원은 "어업권면허에 선행하는 우선순위결정은 행정청이 우선권자로 결정된 자의 신청이 있으면 어업권면허처분을 하겠다는 것을 약속하는 행위로서 강학상 확약에 불과하고 행정처분은 아니므로", 우선순위결정에 공정력이나 불가쟁력과 같은 효력은 인정되지 아니한다고 판시함으로써 확약이 행정처분이 아니라는 점을 분명히 하였다.[42]

(2) 재량행위인지 여부

일정한 행정행위의 발급에 대해 확약을 할 것인가의 여부는 행정청의 의무에 합당한 재

---

38) 김도창, 일반행정법론(상), 429; 박윤흔, 행정법강의(상), 394; 이상규, 신행정법론(상), 330 등.
39) 김남진, 행정법 I, 370; 변재옥, 행정법강의 I, 313. 김남진 교수 역시, 비록 행정행위설을 부정한다는 뜻을 분명히 밝히고 있기는 하지만, 실정법이 확약에 행정행위에 관한 일부조항을 준용시키는 경우, 확약을 행정행위에 준하는 것으로 보는 것은 무방하다고 한다(기본문제, 288).
40) 대법원 1984.11.13. 선고 84누269 판결.
41) 대법원 1991.6.28. 선고 90누4402 판결.
42) 대법원 1995.1.20. 선고 94누6529 판결.

량에 속한다고 볼 것이다.[43] 물론 그 대상이 재량행위인가 기속행위인가는 별개의 문제이다.

(3) 확약과 교시·예비결정·일부허가와의 비교

확약은 자기구속의 의지를 내용으로 한다는 점에서 비구속적인 법률적 견해의 표명과 같은 교시($^{\text{Auskunft:}}_{\text{또는 고지}}$)와 구별되며 또 장래의 규율을 약속하는 것이라는 점에서 제한된 사항에 관한 것이긴 하지만, 종국적 규율을 내용으로 하는 예비결정(^{Vorbescheid})·일부허가(^{Teilgenehmigung})와도 구별된다.[44] 쌍방행위인 공법상 계약에서 표명된 급부의 약속과 비교할 때 확약은 일방적 행위의 성질을 가진다는 점에서 구별되지만 확약에 의한 급부의 약속이나 공법상 계약에 의한 급부의 약속은 실질적으로 동일한 성질을 가진다고 볼 수 있다.[45]

4.1.3. 확약의 가능성과 요건

(1) 확약의 가능성

확약의 허용여부에 관한 일반법적 근거는 존재하지 않는다. 다만 예외적으로 개별법규정이 이를 규정하는 경우가 있을 뿐이다($^{\text{예컨대, 학교설립인}}_{\text{가사무처리규칙 § 3}}$). 따라서 현행법상 확약이란 행위형식이 허용될 것인가에 관해 의문이 있을 수 있다. 그러나 확약의 허용성을 부정하는 견해는 현재 주장되고 있지 않으며 다만 확약이 허용되는 근거에 관해서는, 신의칙 또는 신뢰보호의 원칙에서 근거를 찾는 견해(과거 독일의 판례), 확약의 대상인 행정행위의 처분권한은 그것에 대한 확약의 권한을 포함한다는 견해, 그리고 확약에 의해 본행정행위에 대한 예견가능성이 부여되는 것을 헌법의 요청으로 보는 견해 등이 제시되고 있으나, 확약은 국민에게 행정행위에 대한 법적 불안정을 제거함으로써 예견가능성을 보장할 수 있다는 점에서 유용성을 가지고 있을 뿐만 아니라, 법령에 반하지 않는 한, 행정은 원칙적으로 행위형식의 선택의 자유를 가지며 그 결과 확약의 권한은 본 행정행위를 행할 권한에 포함된다고 보아야 할 것이므로, 확약은 가능하며 또 확약의 구속력은 헌법적으로 고양된 행정법의 일반원리인 신뢰보호의 원칙에 의해 인정된다고 해야 할 것이다.

(2) 확약의 요건

확약은 그 대상이 된 행정행위(예컨대 공무원임용, 조세감면조치, 외국과의 합작증권회사 설립 인가 등)가 당해 행정청의 권한의 범위에 속하는 적법한 것이어야 한다. 또한 확약의 대상이 가능하고 확정적이어야 함은 물론이다. 확약은 재량행위뿐만 아니라 기속행위에 관해서도 가능하다. 기속행위에 관해서는 이설이 없지 않으나, 기속행위에 관하서도 법적 불안정을

---

43) 홍정선, 행정법원론(상), 376.
44) 신보성, "다단계 행정과정의 법적 고찰", 고시연구 1992/5, 63이하를 참조.
45) 이에 관한 독일의 사례로는 BVerwGE 49,359,362를 참조.

제거할 필요성(예지이익, 대처이익)은 있는 것이므로 가능하다고 보아야 할 것이다(^{다수}).[46] 요건사실(예컨대 과세요건사실)이 완성된 이후에도 개인의 이익보호의 견지에서 확약은 가능하다고 보는 것이 다수의 견해이다.[47]

확약의 절차나 형식에 관한 한 아무런 일반적 규정이 없으므로 원칙적으로 불요식행위라고 볼 것이나 개별법령이 특별한 절차(관계자의 청문이나 관계기관의 협력 등)나 형식(문서 등)을 요구하는 경우가 있을 수 있다.

4.1.4. 효 과

(1) 구속력

확약의 효과는 행정청이 상대방에 대하여 확약된 대로의 행정행위를 해야 할 의무를 부담한다는 데 있다. 이러한 구속력(^{Verbindlichkeit})은 신뢰보호의 원칙에 의해 인정되는 것이며 따라서 상대방은 당해행정청에 대하여 그 확약에 따를 것을 요구할 수 있으며 나아가 그 이행을 청구할 수 있다. 다만 현행법상 의무이행소송은 허용되지 않으므로 의무이행심판, 거부처분취소소송 또는 부작위위법확인소송을 제기할 수 있을 것이다.

(2) 사정변경에 의한 구속력의 상실

확약의 행위기초가 되었던 사실적·법적 상황이 변경되면 이른바 사정변경의 원칙에 따라 확약의 구속성은 상실된다. 독일연방행정절차법 제38조 제3항이 「확약의 전제가 되었던 사실 및 법적 상황이 변경되어 행정청이 사후에 발생한 사실을 알았더라면 확약을 하지 않았으리라고 인정될 경우 또는 법적 이유에서 확약을 할 수 없었으리라고 인정될 경우에는 그 행정청은 더 이상 자기가 행한 확약에 구속되지 아니 한다」고 규정하고 있다. 여기서 볼 수 있는 바와 같이 확약의 기초가 되었던 사실 및 법상태가 사후적으로 변경되면 확약은 별도의 의사표시 없이도 효력을 상실한다. 이 점에서 확약의 구속력은 행정행위의 구속력보다 약하고 불안정적이라고 할 수 있다.

"행정청이 상대방에게 장차 어떤 처분을 하겠다고 확약 또는 공적인 의사표명을 하였다고 하더라도 그 자체에서 상대방으로 하여금 언제까지 처분의 발령을 신청을 하도록 유효기간을 두었는데도 그 기간 내에 상대방의 신청이 없었다거나 **확약 또는 공적인 의사표명이 있은 후에 사실적·법률적 상태가 변경되었다면 그와 같은 확약 또는 공적인 의사표명은 행정청의 별다른 의사표시를 기다리지 않고 실효된다**고 할 것인바, 건축법상의 사전결정은 앞서 본 바와 같이 피고가 장차 건축법상의 건축허가처분을 하겠다는 의사표시일 뿐이지 장차 촉진법상의 주택건설사업계획승인처분을 하겠다는 내용의 확약 또는 공적인 의사표명이라고는 할 수 없고, 또한 앞서 본 주택건설사업계획 입지심의와 건축물건축계획 심의가 대전직

---

46) 김남진, 행정법 I, 372; 박윤흔, 행정법강의(상), 396; 홍정선, 행정법원론(상), 377.
47) 박윤흔, 행정법원론(상), 396을 참조.

할시장이 장차 주택건설사업계획승인처분을 하겠다는 내용의 확약 또는 공적인 의사표명이라고 하더라도 그 유효기간 1년 이내에 원고가 그 승인신청을 하지 아니함으로써 실효되었다고 할 것이므로, 피고가 위 건축법상의 사전결정과 주택건설사업계획 입지심의 및 건축물건축계획 심의와는 달리 원고의 승인신청을 거부하는 내용의 이 사건 거부처분을 하였더라도 그것이 위법하다고는 할 수 없다 할 것이다."48)

"어업권면허에 선행하는 우선순위결정은 행정청이 우선권자로 결정된 자의 신청이 있으면 어업권면허처분을 하겠다는 것을 약속하는 행위로서 **강학상 확약에 불과하고 행정처분은 아니므로, 우선순위결정에 공정력이나 불가쟁력과 같은 효력은 인정되지 아니하며**, 따라서 우선순위결정이 잘못되었다는 이유로 종전의 어업권면허처분이 취소되면 행정청은 종전의 우선순위결정을 무시하고 다시 우선순위를 결정한 다음 새로운 우선순위결정에 기하여 새로운 어업권면허를 할 수 있다."49)

물론 확약의 구속력도 확약이 행정행위의 경우와 마찬가지의 사유에 의해 취소·철회됨으로써 상실될 수 있다. 대법원은 행정청이 당초의 증여액을 근거로 비과세통지를 한 후 이에 반하여 새롭게 조사결정된 증여액을 근거로 과세한 경우 행정청의 내부규정에 의한 비과세통지는 이 과세처분에 의해 철회·취소된 것이라고 본 바 있다.50)

4.2. 예비결정

독일행정법에서는 예비결정(^{Vorbescheid})이란 행위형식이 인정되고 있다. 예비결정이란, 건축허가가 건축계획안의 전체에 관하여 모든 허가요건이 충족되었을 때에 종국적으로 발급되는 것인 데 비하여, 사전에 문제된 개개의 허가요건의 존부를 구속적으로 확정하는 행정행위를 말한다.51) 이것은 예컨대 건축계획안의 건축계획법적 허용성과 같이 의문시된 개개의 허가요건에 대한 사전적 심사를 통해, 그 요건에의 적합성이 부정될 경우 그 한도 내에서 의무이행소송의 제기를 가능케 하고 또한 패소하는 경우 적어도 그 건축계획안을 완성하는 데 들이는 비용과 노력을 절약할 수 있게 해 준다는 점에서 유용성을 가진다고 설명된다. 이와같이 건축계획법상의 허용성에 국한된 예비결정은 선취된 건축허가의 일부($^{\text{"ein vorweggenommener Teil"}}_{\text{der Baugenehmigung"}}$)52)에 해당된다고 할 수 있으며 이러한 행위유형은 건축법 이외에도 핵발전소 및 그 밖의 환경법상의 시설설치허가에 대해서도 채용되고 있다.53) 예비결정은 그 기초가 된 사실 및 법상태의 변경에도 불구하고 계속 효력을 유지하며, 또 확약과는 달리 건축법상의 변경차단효($^{\text{Veränderungs-}}_{\text{sperre}}$)에 대한 관계에서도 그 구속력을 발하는 것으로 이해되고 있다.54)

---

48) 대법원 1996.8.20. 선고 95누10877 판결. 원심: 대전고법 1995.6.23. 선고 94구321 판결.
49) 대법원 1995.1.20. 선고 94누6529 판결.
50) 대법원 1982.10.26. 선고 81누69 판결.
51) Maurer, § 9 Rn.63, S.188.
52) BVerwGE, NJW 1969, 73.
53) Breuer, Umweltsschutzrecht, in: Besonderes VerwR, S.598.
54) Maurer, aaO.

우리나라의 경우 주택건설촉진법 제32조의4 소정의 사업계획의 사전결정은 독일행정법상 예비결정(^{Vorbescheid})과 대단히 유사한 행위유형이다. 그러나 주택건설촉진법 제32조의 소정의 사업계획의 사전결정은 개개의 허가요건에 국한된 것이 아니라, 「이 법 또는 다른 법률에 따라 허용되는지 여부에 대한」 결정이라는 점에서, 내용상 독일행정법의 예비결정보다 범위에 있어 더 포괄적인 행위형식이지만, 그 구속력이 시간적으로 제한되어 있다는 점에 관해서는 예비결정의 경우와 다르지 않고 따라서 양자는 대체로 동질성을 지닌다고 할 수 있다. 굳이 양자를 비교하자면 주택건설촉진법 제32조의4 소정의 사업계획 사전결정은 예비결정의 일종이라고 볼 수 있다.

4.3. 가(잠정적)행정행위

가행정행위($^{\text{vorläufiger}}_{\text{Verwaltungsakt}}$)란 독일행정법에서, 특히 최근에 비공식적 행정작용의 한 유형으로 관심의 대상이 되어 온 행위로 종국적인 행정행위의 발급 이전에 행해지는 잠정적인 규율을 말한다. 우리나라에서 이러한 행위유형이 비교적 최근에야 학술적 관심의 대상이 되었던 것과는 무관하게, 그것은 이미 부가가치세법, 특별소비세법이나 법인세법 등과 같은 조세법영역에서 일찍이 관용되어 왔던 행위유형이다. 예컨대, 납세신고에 의해 일단 과세처분의 효과를 발생케 한 다음에, 과세행정청의 경정결정 등에 의해 세액을 확정짓는 경우 또는 물품수입에 일단 잠정세율을 적용했다가 나중에 세율을 확정짓는 경우($^{\text{관세법 § 38 이}}_{\text{하, § 49이하}}$)에서 이러한 잠정적 행정행위가 행해지는 것을 볼 수 있다.

가행정행위의 성질에 관해서는 행정행위와 구별되는 독자적 행위형식으로 보는 견해도 있으나 행정행위의 특수한 형태로 보는 입장이 타당할 것이다.[55] 다만 그 효력의 잠정성은 그 행정행위로서의 성질에 반하지 않는 한도에서 민사소송법상의 가처분개념을 유추하여 파악해야 할 것이다(물론 다른 한편으로는 후술하게 될 행정소송에 대한 민사소송법상의 가처분제도의 준용가능성을 고려하여야 할 것이다). 가행정행위는 특히 행정법상 신뢰보호의 원칙에 따른 철회의 제한을 배제하는 행위유형으로서 주목할 만한 가치가 있다.

4.4. 일부허가

일부허가 또는 부분허가(^{Teilgenehmigung})는 예비결정과는 달리 하나의 종국적 결정으로서 다만 전체 허가신청의 일부에 국한된 것이라는 점에서 통상의 허가와 구별된다. 예컨대 다세대주택의 건축허가가 신청된 경우, 행정청이 건축계획안의 가분적 일부에 관해 허가요건의 충족 여부가 아직 확인되지 않아 신청 전체에 대한 허가를 내줄 수는 없을지라도 나머지 부분에

---

55) 김남진, 행정법 I, 246.

관한 한 허가요건을 구비하고 있음이 분명하므로 그 부분에 한해 허가를 발급한다면, 건축주는 일단 그 부분에 국한되어 회복된 건축의 자유를 근거로 건축에 착수할 수 있을 것이다. 물론 현행법상 이에 관한 명문의 규정은 없으나 해석상 인정될 수 있는 허가의 유형이라 할 것이다.

4.5. 교 시

교시(Auskunft)란 행정청이 단순히 사실상의 사정이나 법률적 관계에 관한 정보를 제공하는 통지행위를 말한다. 확약이나 확언과는 달리 교시는 행정청의 자기구속의 의사를 결여하므로, 법적 행위가 아니라 단순한 통지행위의 성질을 지니는 사실행위인 데 불과하다. 다시 말해서 그것은 행정청을 구속하지 않으므로 이행청구권의 문제를 발생시키지 아니하며 다만 교시의 위법성이 인정될 경우 손해배상의 문제를 발생시킬 수 있을 뿐이다.

IV. 공법상 계약

1. 경제행정의 수단으로서 공법상 계약

경제행정 목적을 달성하기 위한 수단으로서 종종 공법상 계약의 법형식이 활용되는 경우가 적지 않다. 여기서 공법상 계약이란 일반적으로 공법적 효과의 발생을 목적으로 하는 복수당사자 사이의 반대방향의 의사표시의 합치에 따라 성립하는 공법행위를 말하는 것으로 파악되고 있다. 행정행위와 마찬가지로 「공법상 계약」도 실정법상의 개념이 아니라 일정한 유형의 공법행위의 성질에 착안하여 인정한 학문상의 개념이다. 이것은 공법과 사법의 이원적 구분과 행정재판제도를 가진 독일에서 형성된 것으로서 같은 행정제도국가로서 독일보다 훨씬 일찍부터 형성된 프랑스행정법에서의 행정계약(contrat administratif)의 그것이나 사법적 바탕 위에서 형성된 영미의 정부계약(government contract)과도 구별되는 것이라고 파악되고 있다.[56]

종래 행정법의 이론이나 실무에 있어 행정의 행위형식으로서 공법상 계약은 행정법의 중심개념(Zentral-begriff)이었던 행정행위에 비하여 그다지 큰 관심의 대상이 되지 못했다.[57] 그러나 사

---

56) 이에 관하여는 김도창, 일반행정법론(상), 513을 참조.
57) 가령 독일행정법의 태두이자 창시자인 오토 마이어에게 있어 국가와 국민 간의 공법상 계약은 여전히 형용모순(contradictio in adjecto)으로 간주되었다(Otto Mayer, Zur Lehre vom öffentlich-rechtlichen Vertrage, AöR Bd.3, 1888, S.3ff., 42). 그러나 마이어의 이러한 이론은 그의 권위에도 불구하고 거의 계승자를 얻지 못했고, 또한 행정실무상 행정계약(공법상 계약)은 그 같은 행위형식에 대한 현실적인 수요가 명백히 존재했기 때문에 학계의 소극적 태도에도 불구하고 이미 오래전부터 원용되었다고 한다(Maurer, § 14 Rn.22; Der Verwaltungsvertrag, DVBl 1989, 801). 판례 역시 번번이 행정계약과 씨름해야만 했고 한때 그 허용근거를 원칙적으로 검토하여 추론해 낼 필요가 있다고 하였으나 긍정적인 결과에 이르렀다(BVerwGE 23,213). 그리하여 공법상 계약은 급부행정의 부문에서 확고한 승인을 얻게 되었고 급기야 행정절차법에 따라 명문의 근거를 확보하게 된 것이다.

회국가이념에 의하여 성장을 거듭해온 현대적 급부행정이 그 행정임무의 달성을 위하여 행정행위보다 더 탄력적으로 사용될 수 있는 새로운 행정의 활동수단을 모색하게 됨에 따라 행정행위의 중심적 지위는 감퇴되지 않을 수 없었고 그 결과 공법상 계약이 행정행위를 보충하는 행위형식으로서 주목되게 된 것이다.[58] 이렇듯 행정의 새로운 행위형식으로서 부각된 공법상 계약은 특히 경제행정, 특히 급부행정·경제촉진 및 조성행정의 수단으로서 활용가치를 지닌다고 할 수 있다. 그것은 무엇보다도 시민을 단순한 신민(^{Untertan})이 아니라 독자적인 법적 주체이면서 행정의 파트너로 인정함으로써 가능한 한 행정현실에 대한 공동책임을 지도록 한다는 현대의 법치국가적·민주행정의 이념에 부합되는 행위형식이다.[59] 사실 현대 국가의 기능변천에 수반하여 급부행정의 분야에서 사법상 계약과 행정행위의 중간형태인 공법상 계약에 의한 행정이 증가하였고, 공법상 당사자소송과 같은 권리보호방법을 통하여 그 권리구제상 장애가 제거되면서 공법상 계약의 유용성이 인식되기에 이른 것이다. 공법상 계약은 ① 경제행정과 같은 분야에서 특히 요구되는 개별·구체적 사정에 즉응한 탄력적인 행정목적의 달성을 가능케 하며, ② 합의에 의한 행정을 실현할 수 있고, ③ 사실·법률관계가 불명확할 때 문제의 해결을 용이하게 해 줄 수 있으며, ④ 법률지식이 없는 자에 대해서도 교섭을 통하여 문제를 이해시킴으로써 합의에 이를 수 있으며, ⑤ 사회정책의 추진수단으로 활용될 수 있다는 점 등에서 비권력적 행정의 주된 행위형식으로서 가치를 가진다.

2. 공법상 계약의 종류

공법상 계약은 그 주체에 따라 행정주체 상호간의 계약과 행정주체와 사인 간의 계약, 그리고 사인상호간의 계약으로 나눌 수 있다. 또한 그 성질에 따라 다음과 같이 구분할 수도 있다.

2.1. 대등계약

대등계약($^{koordinationsrecht-}_{licher\ Vertrag}$)이란 원칙적으로 대등한 지위에 있는 계약당사자간에 체결되는 공법상 계약으로서 가령 행정주체 상호간(국가와 공공단체 또는 공공단체 상호간)에서 성립하는 계약이 그 예이다. 이러한 대등계약은 행정행위로는 규율할 수 없는 법률관계에 관한 것이다.

2.2. 종속계약

반면 종속계약($^{subordinations-}_{rechtlicher\ Vertrag}$)이란 그 밖에 상하관계에 놓여 있는 당사자, 가령 행정주체와

---

58) W.-R. Schenke, Probleme der modernen Leistungsverwaltung, DÖV 1989, 370.
59) Maurer, § 14 Rn.24,

사인 간에 성립하는 계약으로서, 행정행위의 발급의무를 정하는 경우($^{행정처분-준비행위:\ Verwaltungsakt-}_{Vorbereitungsgeschäft}$), 행정행위를 대체하는 경우($^{행정처분-대체행위:}_{Verwaltungsakt-Ersatzgeschäft}$), 그리고 행정행위와 아무런 직접적 관계를 갖지 않는 경우를 생각할 수 있다.

3. 공법상 계약의 법적 근거와 한계

3.1. 공법상 계약의 가능성 · 자유성

전술한 바와 같이 국가의사의 우월성을 전제로 공법상 계약의 성립가능성을 부인하는 견해($^{Otto}_{Mayer}$)도 없지 않았으나, 법령이 행정주체에게 그 상대방에 대하여 우월한 의사력을 부여하지 않은 경우에는 당사자간의 의사의 합치를 부정할 아무런 합리적인 이유도 없으며, 더구나 급부행정의 발달에 따라 그 유용성이 널리 인정되고 있는 이상 하등 공법상 계약의 허용성을 부인할 이유가 없다는 것이 오늘날의 지배적인 견해이다.[60] 한편 공법상 계약의 성립가능성을 인정하는 경우에도 법치행정의 원리와의 관계에서 법률의 근거 없이도 공법상 계약이 가능한지의 여부에 관하여는 견해가 대립된다. 먼저 부정설은 공법상 계약을 인정한다고 하더라도, 법령이 특히 허용하고 있는 경우에 한하여 성립할 수 있는 것으로 보는 견해이다. 공법상 계약을 엄격한 법규적 기속을 받는 행정행위의 일종으로 보거나 전부유보적 관점에서 파악하는 결과이다. 반면 긍정설은 공법상 계약은 공권력 발동으로 이루어지는 행정행위와는 다른 행위형식의 유형으로, 비권력관계에서 당사자간 의사합치에 따라 성립하는 것이므로, 사법상 계약과 마찬가지로 반드시 명시적인 법적 근거 없이도 성립할 수 있다고 본다. 생각건대, 행정에게 행위형식 선택의 자유가 인정되는 이상, 비권력적 작용으로서 공법상 계약의 법적 효력은 의사의 합치로부터 기인하는 것이므로($^{pacta\ sunt}_{servanda!}$) 공법상 계약의 자유성은 인정되어야 할 것이다. 그러나 행정의 행위형식으로서 공법상 계약이 남용되면 법치행정의 원리와의 충돌이나 공행정의 상업화를 가져올 우려가 있다는 점도 간과할 수 없다. 따라서 법률의 우위 원칙에서 오는 공법상 계약의 한계가 인정되지 않을 수 없다.

3.2. 공법상 계약의 한계

공법상 계약의 자유성이 인정된다 하여도 법치행정의 원리와 관련하여 그 내용이 실정법에 위반해서는 안 된다는 제약이 가해진다. 또한 행정의 행위형식으로서 공법상 계약이 남용되는 것도 허용될 수 없다. 가령 기속행위의 경우 그 행위형식에 관하여 공법상 계약이 금지되어 있지 않은 이상 행정주체는 행정행위 대신에 공법상 계약을 체결할 수 있으나, 법률

---

60) 주지하는 바와 같이 독일의 경우 그 허용성은 연방행정절차법 제54조에 따라 입법적으로 해결되었다.

이 이미 규정한 것을 합의할 수밖에 없는 제약을 받는다. 이러한 규범집행계약($^{\text{Normenvoll-}}_{\text{zugsverträge}}$)은 별반 현실적인 의미가 없다고도 할 수 있겠으나, 가령 복잡한 사안이나 급부관계 및 공급관계에서 발생하는 쌍무적 권리의무를 규율함에 있어서는 합목적적인 행위형식이 될 수도 있다. 공법상 계약은 원칙적으로 법률의 강행규정에 위반하여서는 아니 된다. 공법상 계약의 본래적인 적용분야는 행정청에게 재량권이 부여된 경우이다. 이러한 재량권을 통해 부여된 차등적 행위에 대한 권한은 바로 시민과의 합의를 통해서도 실현될 수 있는 것이다. 그러나 이 경우에도 재량권의 법적 한계가 준수되어야 한다. 가령 행정청의 재량에 속하는 특정 영업의 허가처분을 하는 대신 행정청이 허가를 발급하되 허가기간 종료 후에는 영업시설 일체를 무상으로 국가에 제공토록 하는 공법상 계약을 체결하는 것은 원칙적으로 허용되지 않는다고 보아야 한다. 이와 관련하여 종종 실무상 활용되고 있는 기부채납의 허용여부가 문제시되어야 할 것이다. 또한 독일의 연방행정절차법 제58조 제1항이 명시적으로 규정하는 바와 같이 제3자의 권리나 법률상 이익을 침해하는 계약은 그 제3자의 동의를 필요로 한다. 제3자의 동의없이 계약당사자 이외에 제3자의 비용부담을 전제로 하는 공법상 계약 역시 허용되지 않는다고 보아야 한다. 요컨대 ① 강행법규에 저촉되지 아니하는 범위 안에서, ② 규범집행계약이 인정되는 경우를 제외하고는 원칙적으로 비권력행정의 분야에서 인정되는 것으로 보아야 할 것이다.

4. 공법상 계약의 특색

공법상 계약은 당사자간의 의사의 합치를 요소로 한다는 점에서 사법상의 계약과 본질적으로 다름이 없으나, 공법적 효과의 발생을 목적으로 한다는 점에서 공법적 성격을 띠는 것이기에 사법상의 계약과 다른 여러 가지 특색을 지닌다.

4.1. 실체법적 특색

4.1.1. 법적합성

공법상 계약은 행정작용의 일환으로 채용되는 방식이므로 법에 적합해야 하는 것은 당연하다. 다만 공법상 계약의 성립에 관하여는 통칙적인 규정이 없기 때문에 특별한 규정이 없으면 계약에 관한 민법의 일반적 법리가 준용된다고 보아야 할 것이다.

4.1.2. 계약의 형식 · 절차

공법상 계약은 달리 규정된 경우를 제외하고는 문서의 형식으로 함이 원칙이다. 공법상 계약의 성립을 위하여 감독청 또는 관계행정청의 인가 또는 확인을 받게 하는 경우가 있다.

4.1.3. 계약의 변경 · 해지

당사자의 합의에 의한 계약의 변경, 해지 · 해제가 가능함은 물론이나, 그 계약성립상 행정청의 인가나 보고를 필요로 하는 것인 경우에는 그 변경, 해지 · 해제를 위해서도 동일한 절차를 거쳐야 한다고 본다. 다만 사정변경 또는 상대방의 의무불이행에 따르는 계약의 변경이나 해지는 공법상의 계약이 지니는 공공성으로 말미암아 많은 제약을 받는 것이 일반적이다. 공공복리를 사유로 계약이 해지 또는 해제되는 경우 자기의 책임 없이 그로 인하여 손실을 입은 상대방은 신뢰보호의 원칙에 기하여 손실보상청구권을 가진다.

4.2. 절차법적 특색

4.2.1. 강제절차

공법상 계약의 당사자는 대등한 의사력을 가지나, 상대방의 의무불이행에 대하여 행정주체가 예외적으로 자력강제권을 가지는 경우가 있다(예: 공익사업을 위한 토지 등의 취득 및 보상에 관한 법률 § 90, 보조금의 예산 및 관리에 관한 법률 § 33 등).

4.2.2. 쟁송절차

공법상 계약에 관한 소송은 '공법상의 법률관계에 관한 소송' 즉 공법상 당사자소송에 의한다.[61] 이에 대하여는 행정소송법이 적용되며 민사소송과 다른 특칙이 인정되기 때문에 이 점에서도 민사소송의 적용을 받는 사법상 계약과 구별된다.

V. 행정상 사실행위 – 행정지도 · 비공식적 행정작용

1. 개 설

경제행정은 행정행위나 공법상 계약 등 법적 행위 이외에도 행정상 사실행위($^{Verwaltungs-}_{Realakt}$) – 법적 효과가 아니라 사실상의 결과발생을 목적으로 하는 모든 행정조치들 – 에 의해서도 수행된다. 행정지도와 그 밖의 비공식적 행정작용은 특히 경제행정의 행위형식으로서 중요성을 지닌 행정상 사실행위의 범주들이다. 즉 경제행정의 상당부분은 행정행위나 공법상 계약 등 전형적인 정식의 행위형식 이외에 행정지도와 경고(^{Warnung}) · 권고(^{Empfehlung}) · 정보제공(^{Auskünfte}) · 상담(^{Beratung}) · 협상(^{Absprache}) 등 이른바 비공식적 행정작용에 의하여 수행되고 있는 것이다. 그때그때 경제적 상황에 따라 탄력적 · 신축적인 대응이 요구되는 경제행정의 특성상 행정행위

---

61) 대법원 1993.9.14. 선고 92누4611 판결; 대법원 1995.12.22. 선고 95누4636 판결; 대법원 2001.12.11. 선고 2001두7794 판결; 대법원 2002.11.26. 선고 2002두5948 판결 등을 참조.

나 공법상 계약 등과 같은 정형적 행위형식 대신에 권고·지시·조정·협의·협상(대규모 물류시설의 설치를 둘러싼 관계행정청과 주민들 간의 협상) 등과 같은 비전형적 행위형식들이 채용되는 경우가 증대될 수 있음은 불가피한 일이다. 일반적으로 행정지도는 성질상 비권력적 사실행위로 파악되고 있다. 또한 비공식적 행위형식 역시 비구속적, 단순고권적 행정작용$\binom{\text{nicht-imperatives, schlicht-hoheitliches}}{\text{Verwaltungshandeln}}$으로서 비권력적 사실행위의 형식을 취한다는 점에서 행정지도와 공통점이 있다.

2. 행정지도

2.1. 경제행정의 행위형식으로서 행정지도

행정지도란 일반적으로 「행정기관이 일정한 행정목적의 달성을 위하여 상대방의 임의적 협력을 기대하여 행하는 비권력적 사실행위」라고 정의되는 비교적 최근에 생성된 행정작용의 형식이다. 원래 「행정지도」란 실정법상의 용어가 아니라 행정실무상 지도, 권고, 요망, 권장, 장려, 조언 등으로 표현되는 행정작용의 범주였다. 그러나 1996년 제정된 행정절차법은 행정지도의 개념을 "행정기관이 그 소관사무의 범위 안에서 일정한 행정목적을 실현하기 위하여 특정인에게 일정한 행위를 하거나 하지 아니하도록 지도·권고·조언 등을 하는 행정작용"을 말한다고 정의하고 있다($\S_{\text{iii}}^{2}$). 이 규정에 따르면 행정지도는 ① 행정기관이 그 소관사무의 범위 안에서, ② 일정한 행정목적 실현을 위하여, ③ 특정인에게 일정한 행위를 하거나 하지 아니하도록 지도·권고·조언 등을 하는 행정작용이라는 세 가지 개념요소로 파악되는데, 이 중 ③의 요소는 비권력적 사실행위를 가리키는 것이라고 볼 수 있고, ①은 행정지도의 권한상의 한계를 밝힌 것이며, ②는 행정지도의 목적을 한정한 것이므로, 강학상의 행정지도 개념과 대체로 일치하는 개념이라 할 수 있다.

행정지도는 특히 경제행정의 수단으로서 다양하고 빈번하게 활용되고 있다. 경제행정의 수단으로서 행정지도가 널리 활용되는 이유로는 법적 규율이 불충분하다거나 경제현상이 끊임없이 변동하므로 법적 규제가 부적합한 경우가 있다는 점, 법적 규제 대신 행정지도를 택함으로써 상대방의 저항을 회피할 수 있다는 점 등 여러 가지를 들 수 있겠지만, 무엇보다도 행정지도가 강제에 의해서가 아니라 상대방의 자발적 협력에 의하여 그 목적달성을 기도하는 수단이라는 점에서 법적 강제보다 더 효과적일 수 있으며 따라서 경제행정법이 전제로 하는 사적자치에 따른 경제질서형성의 요청에도 보다 잘 부합되기 때문이다.

행정지도는 중앙정부와 지방자치단체를 막론하고 빈번히 활용되는 수단이다. 특히 지방자치단체는 행정지도의 기준으로 요강, 지침 등을 제정하고 이에 따라 건축행위, 택지개발, 백화점진출 등이 초래하는 지역적 혼란과 분쟁을 조정하기 위하여 조직적으로 행정지도를 전개하고 있다고 한다. 그리하여 「지침행정」, 행정지도에 의한 행정이 전국 각지의 지방자치단체에 의하여 선호되는 가장 강력하고 실효성 있는 행정수단의 하나로 등장하고 있다.62)

이와같이 행정지도는 상대방의 임의적 협력을 기대하여 행하는 비권력적 사실행위라는 점에서, 물론 법적 근거에 따라 행해지는 경우도 있으나, 후술하는 바와 같이 별도의 실정법적 근거 없이도 행해질 수 있다고 보는 것이 일반적이다. 그러나 비권력적인 것이라 하지만, 행정지도는 사실상 상대방에게 거역하기 곤란한 심각한 영향력을 가지는 경우가 많다. 가령 정부가 권장하는 종자를 심으면 금융지원이나 우선수매 등과 같은 인센티브를 준다고 할 때, 이 「권장사항」에 따르지 않는 것은 그 같은 혜택으로부터 배제되는 결과를 가져오는 것이므로 적극적 불이익처분 못지않은 제재적 효과를 지닌다. 또한 일정한 행정지도사항에 따르지 않을 경우 직접적·법적 제재는 아닐지라도 세무조사와 같은 간접적 제재를 받게 되기 때문에 그 상대방의 입장에서 볼 때 행정지도는 권력적 행정작용 못지않은 사실상의 구속력을 발휘하는 경우가 비일비재하다. 그리하여 행정지도는 법령상 근거가 없거나 이를 행할 구체적인 기준이 정해져 있지 않은 경우에도 사용될 수 있다는 점에서 행정기관에 의하여 선호되는 행정수단이 되고 있으며, 나아가 지침이란 형식을 띤 행정지도가 범용됨에 따라 법에 의한 행정이 아니라 「지침에 의한 행정」 또는 「행정지도에 의한 행정」이 될 우려조차 있다. 이와 같은 행정지도의 사실상 구속력을 고려할 때 행정지도에 대한 법적 통제를 통하여 법치국가원칙이 형식화·공동화되는 것을 방지하는 것이 관건문제로 등장하게 된다.

2.2. 행정지도의 법적 근거와 한계

2.2.1. 행정지도의 법적 근거

행정지도에도 법률의 유보가 적용되는가가 문제되는데 일반적으로 행정지도는 비권력적 사실행위의 성질을 지니므로, 전부유보설의 입장에 서지 않는 한, 특별한 법률의 근거 없이도 일반적 조직법상의 권한에 의하여 행해질 수 있다고 지적된다. 행정지도는 상대방의 임의적 협력을 전제로 하는 것으로서 자체로서는 아무런 법적 효과도 발생하지 않는 사실행위이며 따라서 법률의 유보에 관한 어느 학설을 따르든 간에 행정지도를 하기 위하여 법령상의 일반적 권한 외에 개별·구체적인 법률의 근거까지 요구되지 않는다는 것이 일반적이며 또 타당하다.63) 다만 행정지도 중에 억제적 조치가 결부된 경우는 법률의 근거를 요한다.64)

---

62) 천병태, 행정지도, 고시연구 1992/7, 93.
63) 물론 행정지도에 대하여 법률이 직접 근거규정을 두는 경우가 증가되고 있으나, 이는 법적 권위의 부여 또는 행정청의 책임 등을 분명히 하려는 입법정책적 고려에 따른 것인 데 불과하다.
64) 행정지도의 법적 규제의 필요성에 관하여는 박윤흔, 행정법강의(상), 559-560을 참조.

2.2.2. 행정지도의 법적 한계

행정지도는 구체적인 작용법적 근거 없이 조직법상 근거에 의하여 일반적으로 허용된다고 하더라도 공행정 일반에 인정되는 일정한 법규·조리상 한계가 존재한다는 데 대하여는 의문이 있을 수 없다. 즉 행정지도는 ① 법규에 위반할 수 없으며, ② 특히 조직법상의 목적·임무·소관사무·권한의 범위를 넘을 수 없다는 제한을 받으며, ③ 그 밖에 비례원칙·평등의 원칙·신뢰보호의 원칙 등 행정법의 일반원칙에 의하여 구속을 받는다.

행정절차법은 행정지도절차에 대한 4개 조항을 두면서 제48조에서 행정지도의 원칙을 명시하고 있다. 이에 따르면 행정지도는 그 목적달성에 필요한 최소한도에 그쳐야 하며, 지도받는 자의 의사에 반하여 부당하게 강요하여서는 아니 되며($\S^{48}_{①}$) 상대방이 행정지도에 따르지 않는다는 이유로 불이익한 취급을 할 수 없다($\S^{48}_{②}$). 따라서 이러한 원칙 역시 행정지도의 일반법적 한계를 구성한다.

2.3. 행정지도와 행정구제

2.3.1. 행정쟁송에 의한 구제

행정지도는 그 자체로는 아무런 법적 효과를 발생하지 않는 비권력적 사실행위이기 때문에 원칙적으로 행정쟁송의 대상이 되지 않는다.[65] 다만, 행정지도에 불응하였다는 이유로 일정한 불이익처분(침익적 행정행위)이 가해진 경우나 경고등 행정지도를 전제로 하여 다음의 처분이 행하여진 경우에는 행정지도의 흠을 이유로 하여 후속처분의 효력을 다툴 수 있다고 보아야 할 것이다. 특히 규제적 행정지도나 조정적 행정지도는 강제성과 계속성을 띠고 있으므로 처분성을 인정해야 한다는 견해가 있음은 이미 지적한 바와 같다.

2.3.2. 행정상 손해전보에 의한 구제

논란이 없지 않으나 '공무원의 직무집행'에 행정지도도 포함된다고 할 수 있으므로 그 한도 내에서는 국가배상의 성립을 부정할 수 없다($^{통설}_{판례}$).[66] 그러나 행정지도는 상대방의 임의적 동의 내지 협력을 전제로 하여 행해지는 것이므로 '동의는 불법행위의 성립을 조각한다'는 법언에 따라 손해배상청구권의 성립을 인정하기 곤란한 경우가 대부분일 것이다. 또한 행정지도와 손해의 발생 사이에 인과관계를 인정하기 곤란한 경우도 적지 않을 것이다.[67]

---

65) 대법원 1980.10.27. 선고 80누395 판결.
66) 대법원 1969.4.22. 선고 68다2225 판결.
67) 하급심판결 중에 "법령의 근거도 없이 '판매금지종용'을 하였다면 이는 불법행위를 구성할 뿐만 아니라 원고들이 위 책자들을 시판불능으로 입은 손해의 인과관계가 있다"고 판시한 것이 있다. 서울민사지법 1989.9.26. 선고 88가합4039 판결.

적법한 행정지도로 인하여 발생한 특별한 희생·손실에 대하여는 법령에 특별한 규정이 없는 한 손실보상청구권이 성립되지 않는다. 가령 조업단축권고에 의하여 예상수익을 상실한 업주나 농촌진흥청의 통일벼재배장려에 따랐다가 기후조건의 악화·병충해 등으로 인한 수확량감소로 손해를 입은 농민의 경우 행정지도는 비권력작용이므로, '적법한 공권력행사로 인한 손실보상'은 인정되기 어렵다. 그러나 행정지도를 신뢰하였다가 불측의 손실을 입은 피해자에게 신뢰보호의 원칙에 따라 적정한 보상을 인정하지 않는다면 이는 법치국가의 요청에 부합하지 않는 결과가 될 것이다.[68]

3. 비공식적 행정작용

경제행정의 행위형식으로서 행정지도 외에도 경제행정의 목적을 달성하기 위하여 이른바 비정형적·비공식적 행정수단이 동원될 수 있다. 비공식 행정작용$\left(\begin{smallmatrix} \text{informales Verwaltungshandeln} \\ \text{oder informelles Hoheitshandeln} \end{smallmatrix}\right)$이란 국민의 계몽·홍보, 상담 및 설득 등을 위하여 행해지는 비구속적, 단순고권적 행정활동$\left(\begin{smallmatrix} \text{nicht-imperatives, schlicht-hoheitliches} \\ \text{Verwaltungs- handeln} \end{smallmatrix}\right)$을 말한다. 문자 그대로 비정형적인 행위형식이어서 그 구체적인 현상형태도 극히 다양하겠으나, 대체로 행정상 사실행위의 형식을 띤 각종행위 즉, 경고·권고·정보제공·상담·협정·조정 등과 같은 것들이 이에 해당한다.

Ⅵ. 경제행정상 계획

1. 의 의

다른 분야에 비하여 경제행정은 특히 역동적이고 복합적인 성격을 띤 경제의 규제·조정·향도 등의 임무를 추구한다. 우리는 아무리 좋은 내용의 정책결정이라도 각개의 결정들이 실기하거나 상호간 조정이나 연계를 결여한 채 추진될 경우 의외의 부작용을 초래하거나 문제를 더욱 악화시키고 마는 예를 빈번히 경험하고 있다. 이렇듯 경제행정의 과제는 그 성질상 개개의 명령, 금지 및 인허가 등과 같은 개별적 결정만으로는 달성될 수 없는 경우가 많다. 그러므로 각종의 경제정책을 장기적 전망에 따라 종합적·장기적 계획을 수립하여 추진해 나가야 할 필요가 생기지 않을 수 없다.[69] 경제에 관한 계획, 즉 경제계획이란 이와 같은 경제정책의 목표들을 달성시킬 수 있는 수단의 모색이다. 계획의 결과는 미래지향적이고 역동적이며, 다시 말하면 언제든지 필요한 때에는 변경될 수 있는 내용을 가진다. 이렇듯 경제계획의 개념적 특징은 목표의 설정·행정수단의 종합화·행정과 국민 간의 매개로 요약될

---

68) 서원우, 현대행정법론(상), 542.
69) Püttner, S.111.

수 있다. 경제계획($^{\text{Wirtschaftsplanung,}}_{\text{economic planning}}$)이란 곧 경제정책적 목적을 달성하기 위하여 투입되는 고권적·목표지향적 행위들의 총체($^{\text{Gesamtheit hoheitlicher,}}_{\text{zielverbundener Handlungen}}$)를 말한다.[70] 그것은 국민경제생활의 수준을 일정한 기준 이상으로 끌어올리기 위한 포괄적인 행정목표를 책정하고, 이 목표를 달성하기 위한 각종 계획·사업·활동을 조정·유도·규제하는 데 기본적 지침이 되는 계획이라고 할 수 있다. 경제계획과 시장경제는 서로 상충하는 것은 아니며 경제계획이 오히려 후자를 위하여 순기능적 관계를 맺을 수도 있다.

국가에 의한 계획의 수립($^{\text{staatliche}}_{\text{Planung}}$)은 물론 어제 오늘의 현대적 현상만은 아니며 이미 오래 전에 나타난 것이지만, 현대에 이르러 급격하게 증가된 현상이다. 우리나라의 경우도 60년대 초부터 경제개발 5개년계획이 시작되어 제6차 경제·사회 5개년계획(1986-1991)에 이르기까지 비교적 일찍부터 계획이 경제영역에 있어 행정수단으로 활용되었다. 계획작용의 범위와 강도는 일반적으로 국가작용의 활성화정도에 의해 결정된다. 위험방지에 주임무를 둔 질서국가로서 19세기의 자유주의적 법치국가에 있어 계획작용은 자연 소극적이었다. 국가는 이니셔티브를 행사하는 것이 아니라 주로 공공의 안녕과 질서의 교란행위에 대하여 반응하는 데 불과했다. 반면 위험방지 외에도 급부작용 및 사회형성에 임무를 둔 현대의 사회적 법치국가에 있어서 계획은 국가작용의 본질적인 수단의 하나가 되고 있는 것이다.

행정작용은 크게 집행활동과 계획활동으로 나눌 수 있다. 전자는 법률의 규정이나 행정부가 발한 지침을 실현시키는 작용인 데 반하여 후자는 입법부나 행정부에 의하여 미리 결정된 목표와 범위 내에서 스스로 목표를 확정하고 그 목적달성을 위하여 사용하여야 할 수단을 결정하는 작용, 즉 그런 한도에서 자기 스스로를 프로그램하는 작용이다.

2. 경제행정계획의 법형식적 특성·법적 성질 및 근거

2.1. 법형식적 특성

경제행정계획 역시 계획 일반의 경우와 다름없는 법형식적 속성을 지닌다. 즉 행정행위등의 근거규범(수권규범)이 「요건-효과」의 구조를 취하는 가정명제($^{\text{Wenn-Dann}}_{\text{Schema}}$) 또는 조건프로그램인 것과는 달리, 계획의 근거규범은 「목적-수단」의 구조를 띠는 목적프로그램이란 점에 그 공통적 특색이 있다. 그러나 그 법형식적 특징은 각각의 계획의 수준이나 대상분야에 따라 다양하게 나타난다. 가령 경제사회개발 5개년계획처럼 정치적 계획의 성질을 띤 경제계획은 국가지도적 목표계획으로서 발전을 일정한 방향으로 유도하는 유도계획이자 종합적 계획의

---

70) Rinck/Schwark, Rn.802, S.264. 개념정의상의 문제점에 관하여는 Ossenbühl, Gutachten B z. 50.DJT, S.49ff; Hoppe, FS BVerfG 1976, S.666 등을 참조. 우리나라 경제계획의 전개와 실제에 관하여는 일반적으로 이영선, 경제계획론, 1989, 박영사, 395이하를 참조.

특징을 지니며 따라서 그 효력도 주로 행정에 대한 구속력에 국한되는 것이 일반인 데 반하여, 행정계획의 성질을 띤 경제계획은 구체적인 대상을 가지며 또 행정에 대해서뿐만 아니라 대국민적 구속력을 지니는 경우가 많을 것이다.

한편 홍보적 계획은 일종의 정보제공 또는 안내행위로서 사실행위의 성질을 띠는 데 비하여 유도적 계획은 주로 행정계획을 통하여 구속력발생의 의사(^{Bindungswille})가 표명되었다고 볼 수 있는지의 여부에 따라 각각 법적 행위로서의 구속적 계획과 사실행위로서의 비구속적 계획으로 판단될 것이다. 다만 후자의 경우에도 신뢰보호의 요건이 충족될 경우에는 그 구속성을 시인해야 할 것이다. 반면 규제적 계획의 경우에는 대부분 입법권자가 그 법형식을 명시적으로 예정하고 있어서 그 형식적 효력에 관한 한 별 문제가 없으나, 실질적 구속력에 관하여는 개별구체적인 사례에 따라 판단해야 할 것이다. 만일 법령상 명문의 규정이 없을 때에는 그 계획수립권자, 내용 및 구속력에 따라 그 법적 성질이 판단되어야 할 것이다.[71]

2.2. 행정계획의 법적 성질에 관한 학설

행정계획의 법적 성질에 대하여는 입법행위설, 행정행위설, 복수성질설, 독자성설 또는 계획행위설 등 학설이 대립한다.[72] 생각건대 행정계획의 법적 성질은 그 구체적인 법형식에 따라 개별적으로 판단되어야 할 것이다. 다양한 각종 유형의 계획들을 단일한 국법행위형식에 포괄하는 것은 불가능할 뿐만 아니라, 계획은 법령, 자치법규(조례) 또는 일반처분(가령 고시)의 형식 외에 행정규칙이나 직접 아무런 법적 구속력을 갖지 않는 비구속적 지침, 예측계획·전망의 형식으로도 수립될 수 있기 때문이다.[73]

2.3. 법적 근거

경제행정을 담당한 행정청이 그 권한범위 내에서 경제에 관한 계획을 수립하기 위하여 법적 근거 또는 수권이 있어야 하는지가 문제된다. 경제계획은 대체로 행정기관의 구상 또는 행정의 지침에 불과하며, 대외적으로나 대내적으로 이렇다 할 법적 효과를 발생하지 않는 경우가 허다하다. 이러한 비구속적 계획의 경우에는 일반적인 조직법적 수권 이외에 별도의 법적 근거나 수권이 요구되지는 않는다고 할 수 있다. 즉 비구속적 계획으로서 단순히 행정지침의 구실을 하는 데 그치는 계획은 원칙적으로 특별한 (작용)법적 근거를 요하지 않는다.

그러나 국토계획법에 따른 도시·관리계획[74]처럼 용도지역 또는 개발제한구역 안에서 일

---

71) Maurer, § 16 Rn.23.
72) 이에 관하여는 강의중, "행정계획의 법적 형식", 고시연구 1989/5, 182이하를 참조.
73) Maurer, § 16 Rn.18; 강의중, 앞의 글, 85.
74) 도시관리계획이란 특별시·광역시·시 또는 군의 개발·정비 및 보전을 위하여 수립하는 토지이용·교통·환경·경관·안전·산업·정보통신·보건·후생·안보·문화 등에 관한 다음과 같은 계획을 말한다(국토의 계획

정한 행위를 제한하는 등 국민에 대하여 직접 법적 효과를 미치는 대국민적 구속력을 지니는 행정계획은 법률의 근거를 요한다.

또한 대국민적 구속력을 갖지 않고 행정만을 구속하는 행정구속적 계획이라 하더라도 다른 행정청의 권한행사에 관계되는 행정계획이나 법정 행정절차에 변동을 가져오는 행정계획은 법적 수권을 요한다고 할 것이다. 특히 각종 계획들 상호간에 규범적 상하관계 또는 구속관계가 인정되는 경우가 그런 예라 할 수 있다. 가령 국토기본법에 따른 국토종합계획·도종합계획·시군종합계획·지역계획 및 부문별계획들 상호간에는 일정한 상하관계가 존재한다.

3. 경제행정계획의 법적 통제와 행정구제

경제행정상 계획 역시 직접·간접으로 국민생활에 중대한 영향을 주는 것이므로 이를 법적으로 통제함으로써 국민의 권익을 보호하는 문제가 중요한 과제로 제기된다. 경제행정상 계획의 통제방법으로는 상급행정청의 감독권행사나 협의·승인 등을 통한 절차상 통제, 행정심판 등과 같은 행정내부적 통제, 국회의 예산심의, 국정조사 및 감사, 해임건의 등을 통한 입법부에 의한 통제, 법원에 의한 사법심사 및 헌법재판소에 의한 통제(재판적 통제), 그리고 계획과정에 대한 주민의 참여, 청원 등 국민에 의한 통제 등을 생각할 수 있다. 이들 통제방법에 관해서는 이미 행정법 일반이론 수준에서 고찰한 바 있으므로 여기서는 다루지 아니 한다.

경제행정계획과 관련한 행정상 권리구제의 문제로는, 가령 계획에 의하여 행위제한 등 직접 법률상의 이익을 침해받은 경우, 또는 공단조성계획이나 중소기업육성계획을 믿고 투자하였다가 그 계획이 변경되거나 취소됨으로 인하여 손해를 받은 경우 등을 상정할 수 있다. 행정계획 중에는 비구속적 성질을 지닌 것도 적지 않으므로 이 경우 그로 인하여 사실상 손해를 입었다고 하더라도 그것은 행정계획의 직접적인 효과가 아니라 반사적 효과에 불과하여 행정구제의 여지가 없는 경우가 많을 것이다. 그러므로 행정계획을 둘러싼 행정구제는 주로 구속적 행정계획, 그중에서도 특히 대국민적 구속력을 지닌 계획과 관련하여 문제된다.

및 이용에 관한 법률 § 2 iv):
  가. 용도지역·용도지구의 지정 또는 변경에 관한 계획
  나. 개발제한구역·도시자연공원구역·시가화조정구역·수산자원보호구역의 지정 또는 변경에 관한 계획
  다. 기반시설의 설치·정비 또는 개량에 관한 계획
  라. 도시개발사업 또는 정비사업에 관한 계획
  마. 지구단위계획구역의 지정 또는 변경에 관한 계획과 지구단위계획

Ⅶ. 경제행정상 자금지원: 보조금행정

1. 개   념

자금지원(또는 자금조성: Subsidy, Subvention)은 경제행정의 주된 수단 가운데 하나이다. 광의로 파악된 자금지원은 일반적으로 급부행정에 속하는 영역으로 다루어져 왔으나, 오늘날 그 적용범위와 용도가 급부행정 영역마저 넘어 널리 확대되고 있는 실정이어서 경제행정 특유의 수단이라고는 볼 수 없다. 주지하는 바와 같이 자금지원은 「급부작용」이라는 점에서만 형식적 공통점을 지닐 뿐 그 성격이나 목적 면에서는 한결 같지 않다. 예컨대 사회복지의 증진을 목적으로 하는 장애인복지법상 장애인단체·장애인복지시설에 대한 경비보조(§ 63 ②·§ 81)나 세제상 혜택(§ 83 ③)은 그 취지상 소비자기본법상 소비자보호단체에 대한 보조금(§ 32)이나 중소기업창업지원법상의 자금지원(§ 4), 중소기업 사업전환 촉진에 관한 특별법에 따른 사업전환을 추진하는 중소기업에 대한 자금지원(§ 24) 등과는 근본적인 차이가 있다.

자금지원은 현실적으로 경제행정의 수단으로 각광을 받아 왔다. 이 점을 고려할 때, 자금지원을 급부행정의 장면에서만 다루는 것은 경제행정법의 통합적 파악을 곤란하게 만든다. 따라서 경제행정상 자금지원을 일반적 자금지원으로부터 적출하여 다루는 것이 합당하다. 자금지원이 문제되는 것은 주로 그것이 경제행정의 수단으로서 가지는 중요성 때문이다. 여기서는 경제행정상 자금지원만을 다루기로 한다.

이 점에 관해서는 독일법상, 비록 엄밀히 한정된 것이라고는 보기 어려울지라도, 대체로 일반적인 의미의 자금지원(Subvention im allgemeinen Sinne)으로부터 경제적 자금지원(Wirtschafts- subvention-)이 구분되어 파악되고 있다는 것을 참고할 수 있을 것이다. 경제행정상 자금지원이란 대체로 현대국가의 경제유도적·사회형성적 목적을 실현하기 위한 수단으로서 이해된다. 한편, 자금지원의 개념(Subven- tionsbegriff)을 경제영역에 국한시킬 것이냐 아니면 문화적·사회적 또는 체육관련 시설의 재정지원을 포함하는 것으로 파악할 것이냐에 관한 논란은, 마우러에 따르면, 그 공통점뿐만 아니라 차이점을 존중하는 한, 다분히 용어법상의 문제라고 한다. 영화사업에 대한 자금지원과 언론에 대한 자금지원의 경우에서 볼 수 있는 바와 같이 이들을 명확히 구분하는 것이 언제나 가능하지는 않다는 것이다.[75]

한편 보조금의 예산 및 관리에 관한 법률(보조금관리법)에 따른 경제행정의 수단으로 보조금이 있다. 실정법상 개념으로서 보조금은 '국가외의 자가 행하는 사무 또는 사업에 대하여 국가가 이를 조성하거나 재정상의 원조를 하기 위하여 교부하는 보조금(지방자치단체에 대한 것과 그 밖의 법인 또는 개인의 시설자금이나 운영자금에 대한 것에 한한다)·부담금(국제조약에 따른 부담금은 제외한다) 그 밖에 상당한 반대급부를 받지 아니하고 교부하는 급부금으로서 대통령령으로 정하는 것을 말한다'(보조금관리법 § 2 ⅰ).

---

75) Maurer, aaO., Rn.9.

2. 자금지원의 내용과 종류 · 법적 과정

경제행정상 자금지원의 유형으로는 먼저 수원자(受援者)가 반환 그 밖에 반대급부의 의무를 지지 않는 소비적 보조금 · 지급유예 · 세제상 혜택 · 공공요금감면 등과 반대급부의무를 부담하는 투융자 · 정부 및 은행등의 지급보증 · 손실보상 · 손해보험 등이 있다. 협의의 자금지원에는 그중에서 소비적 보조금 · 융자 · 보증 · 실질지원$^{(Realförderung)}$만이 포함되고, 조세감면 등 세제 · 공과상의 혜택은 별도의 법률의 근거를 요한다는 점에서 이에 해당되지 않는다.

실정법상 경제행정상 자금지원의 예는 많다. 중요한 것들을 들어보면 다음과 같다.

보조금제도: 농산장려보조금교부규칙($^{대통령}_{령}$); 농촌진흥법 § 13; 양곡관리법 § 26; 소비자기본법 제 32조; 원자력법 § 10($^{특허출원중의 발명이나 이미}_{특허된 발명에 대한 보조금}$); 관광진흥법 § 76($^{관광사업을 하는 관광사업자, 사업}_{자단체, 지자체 등에 대한 보조금}$) 등

각종 기금에 의한 자금지원: 중소기업창업지원법 § 9($^{중소기업창업투자회사}_{및 조합에 대한 자금지원}$); 중소기업의 경영안정 및 구조조정촉진에 관한 특별조치법에 따른 중소기업구조조정기금을 통한 자금지원; 농수산물유통 및 가격안정에 관한 법률 § 57 ②; 한국농어촌공사 및 농지관리기금법 § 34; 관광진흥개발기금법 § 5 ②($^{관광진흥개발기금에 따른 관광}_{정책 연구법인에 대한 경비보조}$); 신용보증기금법 § 3 등

정부의 융자: 공간정보산업진흥법 § 8 ②($^{공간정보유통 등을 위한 유통}_{시스템구축 소요자금의 융자}$); 「개성공업지구 지원에 관한 법률」 § 11($^{남북협력기금의}_{지원 또는 융자}$); 광업법 § 86($^{광업발전을}_{위한 지원}$); 경관법 15($^{경관사업에 대한}_{재정지원 및 감독}$) 등

지급보증: 저탄소 녹색성장 기본법 § 31($^{녹색기술 · 녹색산업}_{에 대한 지원 · 특례 등}$); 사회기반시설에 대한 민간투자법 § 34 등

실질지원: 농산물품질관리법 § 31($^{자금지원 및}_{우선구매}$), 유통산업발전법 § 15($^{재래시장활성화, 중소유통기업구조개선 ·}_{경쟁력강화를 위한 행정적 · 재정적 지원}$), §§ 19-20($^{상점가진흥조합, 전문}_{상가단지 건립 지원}$), § 31($^{공동집배송센터 조성}_{에 필요한 자금 지원}$), § 35의2($^{국 · 공유재산}_{의 수의매각}$); 중소기업제품 구매촉진 및 판로지원에 관한 법률 § 28 ②($^{연계생산지원사업 일환으로서}_{공동상표개발 관련 비용 지원}$) 등

세제상 혜택: 기업도시개발특별법 § 26($^{개발구역 입주 기업에}_{대한 세제 및 자금지원}$); 나노기술개발촉진법 § 8($^{민간기술개발의}_{체제 등 지원}$); 문화산업진흥기본법 § 30($^{세제지}_{원 등}$) 등

그 밖에 자금지원의 법적 과정, 법적 근거와 한계, 자금지원의 법적 성질(이단계설 등)과 법형식(협력을 요하는 행정행위, 공법상 계약, 확언 · 가행정행위 등에 의하여 또는 행정사법적 성질을 가지는 사법상 계약 등), 실정법상 보조금 교부의 법적 성질 등에 관해서는 이미 자금지원행정법 부분에서 다룬 바 있으므로 여기서는 다루지 아니 한다.

3. 자금지원에 관한 권리구제

3.1. 개 설

자금지원에 관한 실효성 있는 권익구제의 문제는 그 수혜자뿐만 아니라 그 혜택을 받지 못하는 기업주에 대한 관계에서도 제기된다. 먼저 자금지원을 받은 기업주의 권리보호에 있

어 원칙적으로 문제되는 것은 원치 않는 부관의 제거 정도일 것이므로, 이 경우 일반 행정 소송법에 비하여 특수한 법적 문제가 제기되지는 않는다고 볼 수 있다. 공법상 계약에 의한 자금지원의 경우 원하지 않는 계약조항을 배제한 계약체결을 관철하기 위하여 이행소송의 가능성이 열려 있지 않으면 안 된다. 이 경우 제기될 수 있는 소송은 이행소송의 형태를 띤 공법상 당사자소송이 될 것이다. 부관부 행정행위에 의하여 자금지원이 행해진 경우 제기될 수 있는 소송의 형태는 의무이행소송의 허용성이 부정되고 있는 현행법하에서는 위법한 부관의 취소문제가 고려되어야 할 것이다. 부관이 본체인 행정행위와 분리될 수 있는 것일 때에는 부관만의 취소를 목적으로 한 취소소송을, 부관이 행정행위의 불가분적 일체를 이루는 경우에는 당해 행정행위 전체의 취소를 구하는 취소소송을 각각 제기하여야 할 것이다. 그러나 후자의 경우 당해 행정행위(전체)가 취소된다고 해도 행정청의 재처분의무가 발생하는 것은 아니므로 적절한 권리구제수단이 되지 못한다는 문제가 있다. 한편 자금지원을 받지 못하는 기업주의 경우 권리보호는 이른바 "경쟁자소송"(Konkurrentenklage)[76]이라 명명된 일련의 특수한 법적 문제를 제기한다. 일반적으로 경쟁자소송/경업자소송은 수원자와 함께 자금지원을 신청한 출원자(Mitbewerber)가 동등한 수혜를 얻고자 하는 경우인 적극적 경쟁자소송($\substack{\text{negative}\\\text{Konkurrentenklage}}$)과, 반대로 경쟁업자에 대한 자금지원으로 인하여 불이익을 받았다고 주장하는 자가 그 경쟁업자에 대한 자금지원을 다투는 경우인 소극적 경쟁자소송($\substack{\text{negative}\\\text{Konkurrentenklage}}$)으로 나뉜다. 다음에는 특히 경쟁자소송에 관하여 살펴보기로 한다.

경제분야에서의 자금지원($\substack{\text{Wirtschafts-}\\\text{subvention}}$)은 경쟁자보호의 가장 고전적인 영역이다. 독일의 경우 포도재배업자의 동업조합 및 포도주판매업자에 대한 자금지원에 관한 연방행정법원의 유명한 포도재배업자조합 판결($\substack{\text{BVerwGE}\\\text{30,191ff.}}$)[77]을 계기로 행정소송상 경쟁자소송은 비단 판례에서 그 승리의 길을 걸어왔을 뿐만 아니라 학계에서도 오늘날까지 완전히 해결되지 않은 논쟁의 대상이 되고 있다. 물론 경쟁자소송 자체는 특수한 소송종류는 아니며, 또 그 유형이 극히 다양하기 때문에 어떤 한 종류의 법정행정소송에 해당하는 것으로 볼 수도 없다.[78] 그렇지만 "행정법에 있어 경쟁자보호"라는 교수자격논문에서 경쟁자의 권리보호문제를 총체적으로 검토·분석한 바 있는 후버($\substack{\text{P.-M.}\\\text{Huber}}$)에 따르면 경쟁자보호는 특히 직업 및 기업의 기회균등($\substack{\text{berufliche}\\\text{und}}$)

---

76) 'Konkurrentenklage'는 종종 경업자소송으로도 번역되고 있다. 그러나 이러한 소송유형은 비단 경제행정법적 관계에만 국한된 것이 아니라 공무원법관계나 경쟁시험관계, 문화행정법관계 등에서도 문제될 수 있으므로 이를 널리 경쟁자소송이라 부르는 것이 타당하다. 물론 경제행정법적 맥락에서 경업자소송이란 용어를 사용하는 것은 무방하다. 한편 신규영업면허에 대한 기존업자의 취소소송 역시 경쟁관계를 전제로 한 경업자소송의 일종으로 파악할 수 있으나(신보성, "영업면허와 경업자소송", 고시연구 1989/5, 69이하), 일반취소소송에 비해 별반 특수성을 띠는 것은 아니므로 경제행정상 행정행위에 관한 설명에서 별도로 취급할 필요를 느끼지 않았음을 밝혀 둔다.

77) 이에 관한 대표적인 평석으로는 K.H. Friauf, DVBl 1969, 368ff.; R. Scholz, NJW 1969, 1044f.; P. Selmer, NJW 1969, 1266f. 등을 참조.

78) Hong, J.H., Die Klage zur Durchsetzung von Vornahmeklage, S.221f.; Rittner/Stephan, Die Konkurrentenklage im Subventionsrecht, GewArch 1985, 177.

unternehmerische Chancengleichheit)과 관련하여 다음과 같은 가치와 중요성을 지닌다고 한다: ① 행정법상 경쟁자보호청구권의 문제는 희소한 자원의 분배(Verteilung knapper Resourcen)가 문제되고 공행정이 어떤 형태로든 이에 영향을 미치는 경우에만 제기되는 것이므로, 불가피하게 일부의 한정된 경쟁자만이 희소재화를 향수할 수 있게 되며 따라서 경쟁자들을 차별적으로 고려하여야 하는 문제이다. ② 직업의 자유는 경쟁자보호의 기본적 준거가 된다. ③ 경쟁자들을 차별화함에 있어 직업의 자유는 일반적 평등의 원칙을 구체화하는 기준형성적 기능을 지닌다. ④ 경쟁자보호는 직업 및 기업에 있어서의 기회균등을 보호하는 것이다. ⑤ 직업 및 기업의 기회균등은 공행정에 의한 분배유도의 기준이 된다. ⑥ 제도로서 경쟁에 대한 개인적 기회균등의 중요성, ⑦ 경쟁자보호는 신축성있고 효과적인 경제향도의 장애가 되어서는 아니 된다. ⑧ 경쟁자보호는 조세정의에 기여할 수 있다. ⑨ 공무원법상 경쟁자보호는 공무원제도의 원활한 기능수행의 보장을 도와준다. ⑩ 직업 및 기업의 기회균등은 유럽공동체시장의 전제조건이 된다.[79]

3.2. 자금지원과 경쟁자소송

3.2.1. 적극적 경쟁자소송

적극적 경쟁자소송(positive Konkurrentenklage)은 기업주가 스스로 자금지원의 혜택을 받고자 할 때 제기하는 소송이다. 이러한 목적을 위하여 허용되는 소송의 종류는 그 대상인 자금지원의 행위형식 여하에 따라 달라진다. 즉 자금지원이 행정행위의 형식을 취한다면 행정행위의 발급을 구하는 의무이행소송이 이에 적합한 소송유형이 될 것이나, 현행법상 이러한 소송이 허용되지 않으므로, 자금지원신청이 행정청에 의하여 거부되거나 부작위로 방치된 경우 각각 거부처분취소소송과 부작위위법확인소송을 제기할 수밖에 없을 것이다. 거부처분취소소송의 경우 승소판결이 확정되면, 이른바 재처분의무와 간접강제에 의하여 신청에 따른 처분을 받을 수 있으나, 부작위위법확인소송의 경우 행정청이 다시금 거부처분을 할 가능성이 있어, 권리보호의 수단으로서 그다지 효과적이지 못하다. 반면 자금지원이 공법상 계약의 형태로 행해지는 경우에는 이행소송의 형태를 띤 공법상 당사자소송을 제기해야 할 것이다.

어느 경우에나 자기에 대한 자금지원을 소구하는 것인 이상 원고적격을 인정하는 데 큰 문제가 없을 것이나, 결국 본안심리에 가서는 원고가 자금지원을 받을 실체법상 청구권을 갖느냐 하는 것이 다투어질 것이다. 이러한 청구권은 이를 특별한 법령의 규정이나 기본권으로부터 직접 도출할 수 없는 경우, 또 자금지원의 결정이 행정청의 재량에 맡겨져 있는 경우에는 원칙적으로 부정될 것이다. 다만 신청인이 각각의 자금지원지침에 따른 수혜자의 범주에 드는 경우에는 평등원칙을 원용함으로써 자금지원의 청구권이 인정될 수 있을 것이다. 그

---

79) P.-M. Huber, Konkurrenzschutz im Verwaltungsrecht, J.C.B.Mohr(Paul Siebeck), 1991, 563이하.

러나 자금지원청구권은 이에 관한 국가의 형성의 자유에 의하여 좌절되는 경우가 빈번한 실정이다.

3.2.2. 적극적 경쟁자소송

소극적 경쟁자소송($\substack{\text{negative}\\\text{Konkurrentenklage}}$)은 자금지원을 신청한 신청인들간의 경쟁관계에서 자금지원을 받지 못한 업자에 의하여 제기되는 소송이다. 이 경우 자금지원을 받지 못한 업자는 경쟁업자에 대한 자의적인 자금지원으로 인하여 경제적 기회균등($\substack{\text{헌법}\\\S 11}$), 직업선택의 자유, 경쟁의 자유를 침해할 수 있으므로 원고적격 인정에 어려움이 없을 것이다. 다만 경쟁상황의 악화나 시장성(^{Marktchance})의 감소만으로는 법률상 이익의 침해가 있다고 보기 어려우며, 수혜자에 대한 자금지원이 경쟁업자의 법적 지위에 대한 침해로 평가될 수 있을 만한 침해의 강도가 있어야 할 것이다. 경쟁자소송에서 원용할 수 있는 기본권으로는 인간의 존엄과 가치·행복추구권에서 표현된 일반적 인격권, 평등권, 직업선택의 자유, 그리고 재산권에 의해 보호되는 영업 자체에 대한 재산적 권리 등을 들 수 있다. 적합한 소송형태는 자금지원결정에 대한 취소소송 또는 공법상 계약의 무효확인을 구하는 공법상 당사자소송이 될 것이다.

Ⅷ. 포괄적 경제규제 및 조성수단

1. 개   설

경제행정은 각종 행정수단 외에도 포괄적인 기업규제방식이나 조성수단을 통해서도 수행될 수 있다. 즉 기업이나 규제대상 중 일정한 범주를 정하여 그에 대한 특별한 규제나 촉진책을 강구하는 방식을 포괄적 기업규제방식 또는 포괄적 경제행정수단이라 부를 수 있다. 가령 공정거래법 제3조의2에 따른 시장지배적 사업자($\substack{\S 2\\\text{vii}}$)에 대한 시장지배적 지위 남용금지나 제7조에 따른 대규모회사에 대한 규제, 제14조에 따른 상호출자제한기업집단등의 지정 등은 전자, 즉 포괄적 경제규제수단에 해당하며, 중소기업고유업종의 지정이라든지 수출자유지역·지식산업단지 등과 같은 특정목적단지의 조성은 포괄적 경제조성수단에 각각 해당한다고 할 수 있다. 이러한 포괄적 경제행정수단들은 일률적으로 어떤 단일한 행위형식에 의해서는 파악될 수 없는 종합적·범주적 특성을 지니는 것이므로 주로 중요한 것을 중심으로 개관해 본다.

2. 포괄적 규제수단

2.1. 의 의

경제행정법은 그 규제목적을 달성하기 위하여 일정한 범주의 기업을 묶어 포괄적인 제한을 가하는 경우가 있다. 대표적인 경우로는 시장지배적 사업자에 대한 규제, 대규모회사에 대한 규제, 상호출자제한기업집단등의 지정 등을 수 있다.

2.2. 시장지배적 사업자에 대한 시장지배적 지위 남용 금지 등

공정거래법은 제2장에서 시장지배적 사업자에 대한 특별한 규제와 제한을 가하고 있다. 이것은 독과점규제를 위한 방법으로 사업자들 중 일부를 일정한 기준에 따라 시장지배적 사업자로 지정하여 특별한 규제하에 두는 포괄적 규제방식이다. 시장지배적 사업자란 시장을 주어진 조건으로 받아들이는 것이 아니라 시장의 행태나 성과, 가령 상품·용역의 가격이나 공급량 그 밖에 거래조건을 좌우할 수 있는 지위를 지닌 사업자를 말한다. 공정거래법은 일정한 거래분야의 공급자나 수요자로서 단독으로 또는 다른 사업자와 함께 상품이나 용역의 가격·수량·품질 그 밖의 거래조건을 결정·유지 또는 변경할 수 있는 시장지위를 가진 사업자로 정의하고 있다($\S^{2}_{vii}$). 시장지배적 사업자를 판단함에 있어서는 시장점유율, 진입장벽의 존재 및 정도, 경쟁사업자의 상대적 규모 등을 종합적으로 고려하며, 일정한 거래분야에서 1개 사업자의 시장점유율이 100분의 50 이상이거나 3개 이하의 사업자의 시장점유율의 합계가 100분의 75 이상인 사업자(다만, 이 경우에 시장점유율이 100분의 10 미만인 자를 제외)는 일정한 거래분야에서 연간 매출액 또는 구매액이 40억원 미만인 사업자를 제외하고는 법 제2조 제7호의 시장지배적 사업자로 추정한다($\S^{4}$).

시장지배적 사업자는 가격 부당 결정, 상품 판매나 용역 제공 부당조절행위, 신규경쟁사업자 참가 방해행위 등 남용행위를 하여서는 아니 된다($\S^{3의}_{2}①$). 남용행위의 유형 또는 기준은 대통령령으로 정할 수 있다($\S^{3의}_{2}②$).

공정거래위원회는 지위남용금지에 위반하는 행위가 있을 때에는 당해 시장지배적 사업자에 대하여 가격의 인하, 당해 행위의 중지, 시정명령을 받은 사실의 공표 그 밖에 시정을 위한 필요한 조치를 명할 수 있다($\S^{5}$).

공정거래위원회는 시장지배적 사업자가 남용행위를 한 경우에는 당해 사업자에 대하여 대통령령이 정하는 매출액(대통령령이 정하는 사업자의 경우에는 영업수익을 말한다)에 100분의 3을 곱한 금액을 초과하지 아니하는 범위 안에서 과징금을 부과할 수 있으며, 다만, 매출액이 없거나 매출액의 산정이 곤란한 경우로서 대통령령이 정하는 경우에는 10억원을 초과하지 아니하는 범위 안에서 과징금을 부과할 수 있다(^{§ 6}).

2.3. 대규모회사의 기업결합금지 · 채무보증제한기업집단 및 상호출자제한기업집단 등 지정

공정거래법은 종래 30대 기업집단을 일괄지정하는 방식으로 대규모기업집단을 지정하여 포괄적 규제를 가하고 있었으나, 기업의 경쟁력 강화 및 핵심역량으로의 집중을 위한 출자의 길을 열어 놓으려는 취지에서 2002년 4월 1일 개정법률에서 이를 폐지하고 그 대신 행태별 규율방식으로 전환하여 상호출자제한, 출자총액제한 및 채무보증제한 대상 기업집단을 지정하도록 하였고(^{§§ 9, 10 ①,}
^{10의2, 14'}), 2009년 3월 25일 개정법률에서는 기업의 투자유인을 높이겠다는 취지에서 사전적 총량규제인 출자총액제한제도를 폐지하였다.

> 1980년 제정된 공정거래법은 1986년의 법개정 이래 줄곧 일정규모 이상의 자산총액등 대통령령이 정하는 기준에 해당하는 기업집단(대규모기업집단)에 속하는 회사에 대하여 기업결합을 금지하고 상호출자를 제한하는 등 포괄적인 규제를 가해 왔다. 대규모기업집단에 속하는 회사는 자기의 주식을 취득 또는 소유하고 있는 계열회사의 주식을 취득 또는 소유할 수 없었다(^{§ 9}). 어느 기업이 대규모기업집단으로 지정되면 이 같은 계열기업간 상호출자금지 외에도 순자산의 40%로 출자총액이 제한되고(^{§ 10}), 채무보증제한대규모기업집단에 속하는 회사는 채무보증총액이 당해 회사 자기자본에 200%를 곱한 금액을 초과할 수 없게 되는 등(^{§ 10}_{의 2}) 각종 제한을 받았다. 이것은 재벌기업의 문어발식 확장의 수단으로 이용되고 있는 기업결합이나 상호출자 또는 상호지급보증 등을 규제하기 위한 경쟁정책적 · 경제감독적 규제수단으로서, 특히 후자는 대규모기업집단지정이란 행정행위를 전제로 하여 각종 규제를 결부시키고 있었다.

현행 공정거래법은 행태별 규율방식으로 전환하여 상호출자제한, 채무보증제한 대상 기업집단 등을 지정하도록 하고 각각 그렇게 지정된 기업집단에게 규제를 가하고 있다. 가령, 대규모회사, 즉 자산총액 또는 매출액의 규모(^{계열회사의 자산총액 또}
_{는 매출액을 합산한 규모})가 대통령령이 정하는 규모에 해당하는 회사에 대해서는 기업결합으로서 일정한 거래분야에서 경쟁을 실질적으로 제한하는 행위를 금지하고(^{공정거래법}
_{§ 7 ①}), 대통령령이 정하는 바에 따라 상호출자제한기업집단 및 채무보증제한기업집단(^{이하 "상호출자제한기}
_{업집단등"이라 한다})을 지정하고(^{§ 14}) 이들 상호출자제한기업집단등에 대해서는 채무보증제한기업집단의 지주회사 설립을 제한하고(^{§ 8}_{의3}), 상호출자를 금지하며(^{§ 9}) 계열회사에 대한 채무보증을 금지하는 등(^{§ 10}_{의2}) 각종 규제를 가하고 있다.

3. 포괄적 조성수단

경제행정은 일정한 산업이나 업종을 특별히 육성·지원하기 위하여 일정한 범주의 기업을 포괄적으로 지정하여 유인을 제공하고 여건을 조성할 수 있다. 이 경우 일정한 경제계획 상의 목적에 부응하는 행위에 대하여 보조금지원, 조세감면, 도로건설이나 공업단지조성에 의한 하부구조의 개선 등 일정한 혜택을 결부시키거나 거꾸로 계획목적에 반하는 행위에 가령 중과세 등과 같은 불이익을 결부시키는 유인책을 사용하는 경우를 볼 수 있다.

그 대표적인 사례로 가령 실리콘밸리와 같은 첨단과학기술 및 정보산업단지 또는 하이테크단지($^{\text{Technologienparks oder}}_{\text{Technologiezentren}}$)를 개발·조성하여 보조금지원, 장기저리융자의 제공, 이전비지원, 세제상의 혜택, 공장부지의 조성·임대 등 각종 유인을 제공하는 목적단지조성사업을 들 수 있다. 이러한 하이테크단지의 조성사업은 주로 혁신적인 첨단기술분야에 종사하는 참신하고 미래지향적인 소기업들($^{\text{예: 소프트웨어개발}}_{\text{업이나 모험사업 등}}$)에게 창업 및 정착지원($^{\text{Existenzgründungs- und}}_{\text{Niederlassungsförderung}}$)을 하는 방식으로 수행된다.

가령 과학기술기본법 제29조는 산업계·학계·연구계가 한곳에 모여 서로 유기적으로 연계하는 데에 따른 효율을 높이고, 국내외 첨단 벤처기업을 유치하거나 육성하기 위하여 정부가 과학연구단지를 만들거나 그 조성을 지원할 수 있도록 하는 한편($^{§\,29}_{①}$), 관계 중앙행정기관의 장으로 하여금 예산의 범위에서 지방자치단체가 주관하는 과학연구단지 조성사업에 드는 비용의 전부 또는 일부를 지원할 수 있도록 하고 있다($^{§\,29}_{②}$).

또 경제활성화조치의 일환으로 또는 지역경제발전을 위하여 일정한 공업단지(공단)를 조성하여 공장설립을 유도하는 경우, 기존의 공단을 특화하여 특정 첨단산업단지로 육성하는 경우, 수도권 및 대도시주변에 영세기업 전용임대공단지를 조성하는 경우 또는 입지조건을 갖춘 주요지점에 물류단지를 조성하거나 주요해안에 거점 임해공단을 개발·조성하는 경우 등도 이에 해당된다. 경제자유구역의 지정 및 운영을 통하여 외국인투자기업의 경영환경과 외국인의 생활여건을 개선함으로써 외국인투자를 촉진하고 나아가 국가경쟁력의 강화와 지역 간의 균형발전을 도모함을 목적으로 제정된 경제자유구역의 지정 및 운영에 관한 특별법에 따른 경제자유구역제도도 바로 그와 같은 포괄적 경제조성행정의 대표적인 사례라 할 수 있다.

IX. 공공기관의 경제적 활동

1. 공기업·영조물 등을 통한 경제활동

행정주체는 경제행정권을 통하여 경제를 규제·조정할 뿐만 아니라 경우에 따라서는 직접 또는 간접적으로 기업가($^{\text{entrpreneur,}}_{\text{Unternehmer}}$)로서 스스로 경제활동을 할 수 있다. 즉 국가 또는 지방자치단체 등 행정주체는 우편사업이나 양곡관리사업처럼 직접 공기업을 경영할 수 있고(영조물직영방식), 독립법인[80]을 설립하여 이를 통하여 공기업을 수행하도록 할 수도 있다. 대한석탄공사, 한국방송공사, 한국토지주택공사 등이 그러한 예이다. 이처럼 공적 손에 의한 경제활동을 통틀어 공기업이라 부를 수 있다면 그 한도 내에서 공기업 역시 경제행정의 수단이된다: 공기업은 경제적 단위로서 그리고 공행정의 형성수단으로서 야누스머리(^{Januskopf})를 가지고 있다.[81] 현실적으로 국민경제에서 공기업이 차지하는 비중은 막대하다. 자본과 기술이 빈곤하던 시절 공기업이 국가 기간산업 육성, 사회간접자본의 확충, 투자자본의 조달 등 경제발전에 중요한 역할을 담당했던 것이 사실이지만, 공기업 부문의 과대한 팽창·비대화가 바람직한 것인지에 대해서는 생각해 볼 점이 많다.

경제행정은 영조물, 즉 '특정한 행정목적을 계속적으로 수행하기 위하여 만들어진 인적·물적 종합체'를 통해서도 수행될 수 있다. 공공기관의 운영에 관한 법률은 공기업과 준정부기관의 상위개념으로 공공기관이란 범주를 사용하고 있는데 그중 영조물의 지위를 가지는것이 많다. 공기업과 영조물은 이미 급부행정법에서 설명하였으므로 여기서는 더 이상 다루지 아니 한다.

나아가 경제행정은 간접적으로는 좁은 의미의 특허기업(공익사업), 즉 사인이 행정청으로부터 특허를 받아 경영하는 공익사업('특허처분기업')을 통해서도 수행될 수 있다. 특허기업은 공익사업이기는 하지만 사인이 경영한다는 점에서 공기업이 아니라 사기업에 해당하며, 이점에서 국·공영 공기업이나 특수법인 공기업과는 다르지만, 이에 관해서는 후술하기로 한다.

2. 경제행정상 행정사법활동

2.1. 행정사법의 의의

경제행정은 행정사법($^{\text{Verwaltungs-}}_{\text{privatrecht}}$), 엄밀히 말하면 행정사법적 활동에 의하여 수행되는 경우

---

80) 이를 '영조물법인'으로 부르기도 한다.
81) Jürgen Becker, Öffentliche Unternehmen als Gegenstand des Wirtschaftsverwaltungsrechts, DÖV 1984, 313.

제1편 제2편 제3편 제4편 제5편 특별행정법

도 적지 않다. 여기서 행정사법적 활동이란 수도공급, 폐기물처리, 융자의 제공 등과 같이
주로 급부행정 및 경제유도행정의 분야에서, 행정목적을 수행하기 위하여 사법적 형식에 의
하여 수행되는 행정활동으로서 일정한 공법적 규율을 받는 것을 말한다. 이것은 사회국가적
이념에 따라 현대행정 기능이 확대됨으로써 초래된 행정의 행위형식 다양화의 산물이다.

2.2. 경제행정분야에 있어 행정사법활동의 현상형태

행정사법적 활동은 주로 경제유도행정의 분야에서 주로 행해진다. 투융자·보조금·지불
보증 등의 자금지원수단에 의한 경제지도가 그 예라 할 수 있다. 또한 토지대책, 경기대책,
고용대책, 수출진흥 등의 목적을 위하여 행정주체가 직접(예: 매수개입) 또는 간접으로(예: 보
상보험) 사법적 형식을 빌려 경제과정에 개입하는 경우도 행정사법에 의한 경제행정의 예라
할 수 있다. 그 밖에 행정사법에 의한 경제행정은 생존배려(^{Daseinvorsorge})를 위한 급부행정의 분
야에서 행정목적의 달성을 위하여 사법적 형식에 의존하는 경우, 가령 운수사업(화물여객운
송·시영버스 등), 공급사업(전기·수도·가스), 우편전신사업, 오물수거사업(하수도·오물·쓰
레기 등 폐기물), 공영주택임대 등과 같은 형태로 행해지고 있다.

행정사법에 의하여 형성된 법적 관계와 구별되어야 할 것으로는 행정의 이단계적 활동,
즉 행정이 먼저 공법적 결정을 내린 다음 이 결정을 사법적 방식으로 집행하는 경우가 있
다.[82] 자금지원 또는 보조금교부관계가 대표적인 예인데 이에 관하여는 후술하기로 한다.

2.3. 행정사법에 대한 공법적 구속

전술한 바와 같이 행정사법적 활동의 허용근거인 행위형식 선택의 자유는 공법이 이들
행정목적의 달성을 위하여 투입될 수 있는 적합한 행위형식을 마련하고 있지 않은 경우가
많다는 현실적 사유에 의하여 정당화되고 있다. 그러나 선택의 자유가 있다고 하여 행정이
이러한 사법적 행위형식을 선택함으로써 기존의 공법적 구속으로부터 벗어날 수 있다는 결
과가 시인될 수는 없다. 행위형식의 선택에 있어 행정에게 허용되는 것은 사법적 행위형식일
뿐, 사적자치(^{Privatautonomie})에 의한 자유나 가능성은 아니다. 그러므로 행정사법적 활동에 대하
여는 비록 그것이 사법형식에 의한 것일지라도 그 내용이 공행정작용인 이상, 공법적 규율이
가해져야 한다는 결론에 이른다.

행정사법적 활동에 대한 공법적 구속의 내용으로는 특히 기본권의 구속, 그 밖의 공법적
제한들(권한배분에 관한 규정이나 행정작용의 일반원리)을 들 수 있다. 즉 행정사법적 활동은
① 재산권의 보장, 신뢰보호의 원칙, 평등원칙, 비례원칙 등과 같은 헌법원칙의 기속을 받는

---

82) 이러한, 소위 '이단계설'(Zweistufentheorie)이라 불리는 이론은 원래 보조금 또는 자금지원행정에서 발전된 것이
   었으나 이후 그 밖에 공공시설이나 영조물의 이용허가 등과 같은 법관계에 확대되었다.

다. ② 공기업분야에서는 의사표시에 대한 사법적 규율이 제한·수정되어 적용된다. 가령 개별적인 계약행위나 행위능력이 없이도, 또는 착오에 의해서도 쌍무적인 계약관계가 성립할 수 있다. ③ 그 밖에 계약강제($\text{Kontrahierungs-}\atop\text{zwang}$), 해약의 제한, 계속적 경영·급부의무, 계약내용의 법정 등과 같은 형태로 공법적 기속을 받는다.

2.4. 기속위반의 효과

행정주체가 행정사법적 활동을 수행함에 있어 그에 대한 공법적 구속을 위반하며, ① 특별법적 규제의 위반의 경우에는 당해 법률이 정하는 효과를 발생할 것이고, ② 그러한 특별규정이 없는 경우에도 그것이 공법원칙에 위반하면 무효 또는 일부무효의 문제가 생기게 될 것이다.

3. 국고작용(협의)

행정사법의 형식 외에 순수한 통상 조달행정이라 불리는 사법적 보조활동이나 행정의 영리사업활동이 경제행정의 목적달성을 위하여 활용될 수 있다. 이들 활동, 즉 국고적 보조활동($\text{fiskalische Hilfsgeschäfte}\atop\text{또는 조달}$)과 행정의 영리적 경제활동($\text{수익사업: erwerbswirt-}\atop\text{schaftliche Betätigung}$)을 총칭하여 협의의 국고작용이라 부른다. 이러한 협의의 국고작용은 행정주체가 보다 완전한 의미에서 사법상의 경제주체와 대등한 지위에서 수행하는 경제활동이라 할 수 있다. 그러나 공기업의 경우처럼 행정의 영리활동 또는 수익사업이란 측면과 다른 수단에 의한 경제행정의 계속이란 측면이 불가분하게 공존할 수 있음을 간과해서는 안 된다.

3.1. 국고적 보조작용

이것은 통상 조달행정이라 불리는 활동으로서 그 자체가 직접 특정한 행정목적을 실현하기 위한 것은 아니지만, 본래의 행정활동에 소요되는 재화나 역무를 조달하고 국공유의 잡종재산·시설을 관리하는 것과 같은 간접적 행정지원적 활동이다. 가령 행정의 업무수행에 필요한 사무용품·차량·대지 및 건물을 구매·조달하거나 공무원이 아닌 직원(용인)의 고용·공사도급·수표발행 등과 같은 활동이 그 예이다. 이 경우 행정주체는 일반 사인·사기업과 하등 다름없는 법적 지위를 가지며 따라서 일반적으로 사법이 적용되고 분쟁해결 또한 민사소송법상의 방법에 의한다. 다만 이러한 국고적 보조작용에 대하여는 그 공공적 관련 때문에 국가재정법·국유재산법·물품관리법·지방재정법 등의 공적 재무회계상의 특별규율이 인정되고 있다.

3.2. 행정의 영리적 활동

오늘날 행정주체는 광범위한 분야에서 직접 기업가(^{Unternehmer})로서 또는 주식회사 같은 상사회사를 설립하여 그 주주로서($^{'Der\ Staat}_{als\ Aktionär}$) 경제활동에 참여하고 있다. 이러한 영리적 기업활동은 사기업의 경우와 다름없이 경제법칙 및 이윤획득의 동기에 따라 수행되며, 따라서 민법·상법·부정경쟁방지법 등과 같은 사법의 규율을 받는다.[83] 가령 국가가 광산이나 은행을 경영하거나 주식시장에 참가하는 경우, 지방자치단체가 영리목적으로 기업을 경영하는 경우, 즉 지방공기업법 제2조에 따른 '지방공기업' 이외의 기업활동 등이 그 예라 할 수 있다. 나아가 정부에 의한 담배등의 전매사업 또는 그 밖의 독점적 판매도 행정이 영리목적으로 경제활동에 참여하는 경우라 할 수 있을 것이다. 그러한 활동을 정부가 직접 수행하는가(가령 종전처럼 전매청을 통한 담배의 전매) 또는 공기업의 형태(담배인삼공사에 의한 판매)로 하는가는 결정적인 중요성을 갖지는 않는다.[84] 이러한 영리적 기업활동 역시 (비록 수익이 최우선적 목표는 아닐지라도) 경제법칙 및 이윤획득의 동기에 따라 수행된다는 점에서는 일반적 사기업적 활동과 하등 다름이 없기 때문이다.

---

83) Maurer, § 3 Rn.8.
84) 신보성, 앞의 글, 63.

제 7 절 │ 경제행정상 의무이행의 확보

제 1 관   개   설

경제행정상 의무이행을 확보하기 위한 수단에 관하여는 기본적으로 일반행정법에서 설명한 것이 그대로 타당하다고 할 수 있다. 따라서 서술의 중복을 피하기 위하여 의무이행확보수단 일반에 관한 논의는 생략하고 단지 경제행정법적 관점에서 특별한 고찰을 요하는 수단들, 특히 전통적인 의무이행확보수단들이 변화된 현실에서 기능적 한계를 드러냄에 따라 이를 보완하기 위하여 활용되고 있는 새로운 의무이행확보수단들을 중심으로 살펴보기로 한다.

제 2 관 　전통적 의무이행확보수단

Ⅰ. 전통적 행정강제수단

경제행정법상 의무이행을 확보하기 위한 전형적인 수단으로는 행정상 강제집행(행정대집행·강제징수) 또는 행정강제수단 이외에도 경제범죄의 처벌 또는 경제행정질서벌, 인·허가의 취소·정지 등을 들 수 있다. 전통적인 견해에 따르면 이 중 행정벌이나 인허가의 취소·정지 등과 같은 의무확보수단들은 과거의 의무위반에 대한 제재인 데 비하여, 행정상 강제집행은 장래에 향하여 의무를 강제적으로 실현하는 수단이라는 점에서 양자는 준별되는 것이라고 한다. 그러나 행정의 의사를 관철시킬 수 있는 의무확보수단이라는 측면에서 보면 전자는 후자처럼 직접적인 행정강제수단은 아닐지라도 간접적인 의무확보수단이라고 볼 수 있으며 이 점에서 상대적인 차이가 있는 데 불과하다.

행정대집행은 대체적 작위의무의 불이행에 대한 강제수단으로서, 주로 하천·도로·공원·항만 등 공물의 불법점용 건축물제거를 위하여 사용되는 행정강제의 수단이다. 가령 토사채취 등 영리추구를 위한 하천의 불법점용이라든지 개축한 건물이 행정청계획도로에 저촉되고 철공장으로 사용되고 있으며 주택지구에 위치하는 경우(^{대법원 1967.7.18.}_{선고 66누94 판결})에 행정대집행이 행해질 수 있다.

행정상 강제징수는 공법상 금전급부의무의 이행을 강제하기 위하여 행정청이 의무자의 재산에 실력을 가하여 의무가 이행된 것과 동일한 상태를 실현하는 수단으로 국세징수법상 체납처분이 표준적 절차이다. 지방세법(§ 28 ②), 보조금관리법(§ 33) 등 다수의 개별법이 국세징수법상 체납처분의 예에 따르도록 규정하고 있어 경제행정상 금전급부의무의 이행수단이 되고 있다. 관세의 강제징수에 관하여는 국세징수법이 적용되지 않고 관세법에 특별 규정이 있다.

행정벌은 경제행정의 목적을 관철시키기 위한 최종적인 수단으로 경제범죄에 대한 징역·벌금 등의 행정형벌, 과태료 등의 행정질서벌을 포함한다. 각종 경제관계법은 그 실효성을 확보하기 위하여 벌칙에 관한 장을 두어 이러한 행정벌에 관한 규정을 두고 있고, 각종 경제범죄를 가중처벌하기 위하여 특정경제범죄 가중처벌에 관한 법률이 제정되어 있다.

직접강제란 행정법상의 의무불이행에 대하여 직접적으로 의무자의 신체나 재산 등에 실력을 가하여 의무의 이행이 있었던 것과 동일한 상태를 실현하는 강제수단으로서, 대체적 작위의무뿐만 아니라 비대체적 작위·부작위·수인의무 등 모든 유형의 의무불이행에 대하여 부과될 수 있다. 이것은 강력한 실효성을 지닌 이행확보수단이기는 하지만, 그 실력성과 권리에 대한 침해정도로 인하여 일반적 강제수단으로는 인정되지 않고 예외적으로 개별법의 근거에 의해서만 허용된다.[1] 가령 식품위생법 제79조에 의하면, 식품의약품안전처장, 시·도지사, 시장·군수 또는 구청장은 무허가업소 또는 신고미필업소, 허가취소된 업소나 폐쇄명령을 받은 업소가 영업을 계속하는 경우에는 관계공무원으로 하여금 영업을 폐쇄하기 위하여 ① 해당 영업소의 간판 그 밖의 영업표지물의 제거·삭제, ② 해당 영업소가 적법한 영업소가 아님을 알리는 게시문 등의 부착, ③ 해당 영업소의 시설물 그 밖의 영업에 사용하는 기구 등을 사용할 수 없게 하는 봉인 등을 하게 할 수 있다고 규정되어 있다.

집행벌은 비대체적 작위의무 또는 부작위의무의 불이행시 그 의무이행을 강제하기 위하여 부과하는 금전적 부담으로서 일정한 기간 내에 의무이행이 없으면 일정한 과태료에 처할 것을 계고하고 그래도 이행이 없을 때에는 과태료에 처하는 방식으로 행해진다. 이것은 행정강제의 수단이라는 점에서 행정벌과는 구별되고 또 행정벌과 병과될 수 있으나 일반적으로 사용되는 수단은 아니다. 가령 건축법 제80조의 이행강제금이 그 예이다.

Ⅱ. 전통적 행정강제수단의 한계

행정법적 의무이행을 확보하기 위한 직·간접적 행정강제수단들은 점차 변화된 행정현실 하에서 그 본래적 기능을 제대로 발휘하지 못하는 경우가 적지 않다는 점이 드러나고 있다. 가령 행정대집행은 건축물이 대형화된 오늘날 위법건축물이라도 일단 완성되면 이를 철거한다는 것이 건축규제의 효율성이나 행정력·비용 면에서 사실상 불가능한 경우가 많다. 가령 대형위법건축물의 경우 이를 대집행으로 철거하는 것은 국가적으로 볼 때 막대한 경제적 손실을 초래하는 것일 뿐 아니라 기술적으로도 곤란한 경우가 많다는 점을 생각할 수 있다[2]. 또한 행정대집행은 위법한 배출방지시설의 개선과 같이 고도의 전문기술성이 있어 그 대체성이 상실되고 있는 경향일 뿐만 아니라 긴급을 요하는 경우 기능을 발휘하기 곤란한 점이 문제점으로 지적되고 있다.[3] 행정상 강제징수는 체납처분의 절차가 완비되어 있기는 하지만, 행정력이 따르지 못한다든지 체납자의 영업상 신용이나 명예에 대한 타격이 크다는 점에서 이를 행정상 의무이행확보수단으로 범용하는 데에는 문제가 있다고 지적된다. 행정벌 또한 강제집행에 갈음하는 간접적인 의무이행확보수단이기는 하지만, 그 기능상 법적·사실적 한계를 가지며, 특히 행정법상 의무이행의 확보를 제3자적 기관에게 맡김으로써 철저한 단속을 기하기 어렵다는 점, 무수한 벌칙조항이 사실상 실효성을 상실하여 오히려 국민의 준법의

---

1) 출입국관리법(§ 45), 군사시설보호법(§ 25) 등에서 단편적으로 규정하고 있다.
2) 이런 사정은 준공미필기존건물정리에 관한 특별조치법이나 특정건축물정리에 관한 특별조치법(1981.12.31 법률 제3533호)을 제정하여 무허가·위법건축물을 양성화(합법화)시켜 준 사례들에서 잘 나타난다.
3) 그리하여 건축법 제85조는 위법건축물철거를 위한 대집행의 경우 행정대집행법 적용의 특례를 인정한다.

식의 이완만을 초래하거나 철저히 단속·집행될 경우 전과자양산의 우려가 있다는 등 적지 않은 문제점을 지니고 있는 실정이다.[4] 인·허가의 취소·정지 역시 강력한 실효성을 지닌 의무이행확보수단이지만, 일면 의무위반자에게는 생업수단의 상실을 초래하고 타면 일반공중에 대해 생활에 필수적인 서비스의 중단이라는 결과를 초래할 우려가 있어 일반적 의무이행확보수단으로는 한계를 지닌다.[5]

---

4) 도로교통법상 통고처분제도는 이 점을 감안하여 간단한 절차에 의하여 행정청이 직접 범칙금을 부과할 수 있도록 한 것이다.
5) 전통적인 의무이행확보수단의 기능약화에 관하여는 박윤흔, 행정법강의(상), 626-629를 참조.

제 3 관 새로운 의무이행확보수단

I. 개 설

행정상 의무이행을 확보하기 위한 전통적 수단들을 보완 또는 대체할 수 있는 새로운 수단 중에는 주로 경제행정분야에서 창안 또는 재발견된 것들이 적지 않다. 이들 다양한 행정수단은 아직 체계를 이룰 만큼 발전된 것은 아니지만, 대체로 행정강제법$\binom{\text{Verwaltungsvoll-}}{\text{steckungsrecht}}$의 분류에 상응하여 세제상 수단이나 금전납부의무 그 밖의 재산적 불이익을 부과하는 금전적 이행확보수단과 그 밖의 비금전적 이행확보수단으로 나뉜다.

II. 금전적 이행확보수단

1. 세제상의 수단

세제상 수단 역시 경제행정법적 의무이행 확보를 위해 사용될 수 있다. 조세의 본래적 목적은 국가나 지방자치단체의 재원 조달에 있지만 각종 경제행정적 목표를 달성하기 위한 억제·유도수단으로서 세제상 조치들이 이용되고 있다. 대표적인 예로 가산세, 가산금 등을 들 수 있다.

2. 과징금·부과금

세제상 금전적 부담 외에도 일정한 행정법상 의무이행을 확보하기 위하여 과징금, 부과금 등 공적 부과금을 부과할 수 있다. 이들은 의무불이행에 대한 제재로서뿐만 아니라 시장유인적 규제의 수단으로서 의무위반으로 얻은 수익을 박탈한다든지 비용 - 수익$\binom{\text{Cost-}}{\text{Benefit}}$의 유인을 통하여 사회적으로 바람직하지 못한 행위를 규제하기 위하여 활용되고 있다.

2.1. 경제행정법상 과징금

과징금이란 주로 경제법상 의무에 위반한 자가 당해 위반행위로 경제적 이익을 얻을 것이 예정되어 있는 경우에 당해 의무위반행위로 인한 불법적 이익을 박탈하기 위하여 그 이익액에 따라 과하여지는 일종의 행정제재금으로서,[6] 의무위반에 따른 불법적 이익을 전면적

---

6) 박윤흔, 행정법강의(상), 645.

으로 박탈함으로써 간접적으로 의무이행을 강제하는 효과를 얻고자 하려는 취지에서 도입된 제도라 할 수 있다.[7] 가령 공정거래위원회는 공정거래법 제3조의2에서 규정한 시장지배적 지위의 남용금지에 위반하는 행위가 있을 때에는 당해 시장지배적 사업자에 대하여 가격의 인하, 당해 행위의 중지, 시정명령을 받은 사실의 공표 그 밖에 시정을 위한 필요한 조치를 명할 수 있으나($\S 5$) 과징금을 부과할 수도 있다. 즉, 공정거래위원회는 시장지배적 사업자가 남용행위를 한 경우에는 당해 사업자에 대하여 대통령령이 정하는 매출액(대통령령이 정하는 사업 자의 경우에는 영업수익)에 100분의 3을 곱한 금액을 초과하지 아니하는 범위 안에서 과징금을 부과할 수 있다. 다만, 매출액이 없거나 매출액의 산정이 곤란한 경우로서 대통령령이 정하는 경우에는 10억원을 초과하지 아니하는 범위 안에서 과징금을 부과할 수 있다($\S 6$).

그러나 이러한 전형적 과징금과는 달리, 「인허가사업에 관한 법률상의 의무위반을 이유로 단속상 그 인허가사업을 정지해야 할 경우에 이를 정지시키지 아니하고 사업을 계속하게 하되, 사업을 계속함으로써 얻은 이익을 박탈하는 행정제재금」을 의미하는 변형된 과징금이 점차 일반화되고 있다(일반적 또는 변형과징금). 이러한 변형과징금의 유용성은 가령 대중교통수단에 대한 운수사업면허의 취소·정지로 인하여 공중의 교통수요를 충족하는 데 차질이 생기는 상황을 상정하면 쉽게 알 수 있다. 변형과징금은 이 경우 대중교통의 혼란을 회피하면서 동시에 벌금형의 일반화에 따른 전과자양산의 효과를 피할 수 있다는 점에서 가치를 지닌다. 가령 대기환경보전법 제37조 제1항은 환경부장관에게 일정한 종류의 배출시설을 설치·운영하는 사업자에 대하여 제36조에 따라 조업정지를 명하여야 하는 경우로서 그 조업정지가 주민의 생활, 대외적인 신용·고용·물가 등 국민경제, 그 밖에 공익에 현저한 지장을 줄 우려가 있다고 인정되는 경우 등 그 밖에 대통령령으로 정하는 경우에는 조업정지처분을 갈음하여 2억원 이하의 과징금을 부과할 수 있는 일종의 재량권을 부여하고 있다.

이 경우 과징금은 조업정지를 명해야 할 경우지만 조업을 정지시키지 않으면서 그 위반사항에 대한 제재를 가하는 수단이 된다. 변형과징금에 있어 「이익의 박탈」이란 전형적 과징금의 경우와는 달리 위반행위자에 대한 단속적 의미에서의 금전적 부담을 의미할 뿐이며, 불법이익의 전면적 박탈이나 기대이익의 박탈과는 다르다는 점에 특색을 지닌다.[8] 변형과징금은 그 밖에도 공중위생관리법($\S_{의2}^{11}$), 여신전문금융업법($\S_②^{58}$), 여객자동차운수사업법($\S 88$), 전기사업법($\S_④^{12}$), 석탄산업법($\S_④^{21}$) 등에서 그 예를 볼 수 있다. 변형과징금의 법적 성질에 관하여는 행정제재설, 과태료설, 속죄금설, 금전적 제재설 등이 대립되고 있다.

---

7) 과징금제도에 관해서는 조성규, "전기통신사업법상 과징금제도에 관한 고찰", 행정법연구(행정법이론실무학회) 제 20호, 119; 홍대식, "공정거래법상 과징금 제도의 현황과 개선방안", 행정법연구 제18호(2007 하반기), 2007, 135-164 등을 참조.

8) 신봉기, 경제규제법상 과징금제도, 한국공법학회 제28회 학술발표회 발표문, 32.

과징금부과에 관한 일반법은 없다. 과징금은 금전적 부담을 내용으로 하는 제재의 일종이 므로 법치행정의 원칙에 따라 개별법률에 구체적 근거가 있는 경우에만 부과될 수 있다. 한 편 과징금의 징수에 관하여 국세 또는 지방세체납처분의 예에 의하도록 한 것에 대하여는, 단순한 행정의무위반이나 영업정지처분에 갈음하는 과징금을 조세와 같이 강제징수하는 것 은 너무 가혹한 것이라는 점에서 비판되고 있다.[9]

공정거래법상 과징금과 이중처벌금지원칙 등 ●● 한편 제23조(불공정거래행위의 금지) 제1항의 규 정을 위반하는 행위가 있을 때에 당해사업자에 대하여 대통령령이 정하는 매출액에 100분의 2(제7호의 규정에 위반한 경우에는 100분의 5)를 곱한 금액을 초과하지 아니하는 범위 안에서 부과하는 공정거래 법 제24조의2에 따른 과징금처럼 일정한 의무위반이 있으면 그에 따라 경제적 이득을 취득했을 것이라 는 추정 아래 그 추정적 이득금액을 과징금으로 부과하여 환수하는 제도에 대해서는 벌금·과태료와 실 질적 차이가 없기 때문에 이중처벌의 문제 등 헌법적 문제가 발생할 소지가 있다고 지적된다.[10] 그러나 대법원은 "구 독점규제및공정거래에관한법률(1999.2.5. 법률 제5813호로 개정되기 전의 것) 제23조 제1항 제7호, 같은 법 제24조의2 소정 의 부당지원행위를 한 지원주체에 대한 과징금은 그 취지와 기능, 부과의 주체와 절차 등을 종합할 때 **부당지원행위의 억지라는 행정목적을 실현하기 위한 입법자의 정책적 판단에 기하여 그 위반행위에 대 하여 제재를 가하는 행정상의 제재금으로서의 기본적 성격에 부당이득환수적 요소도 부가되어 있는 것 이라고 할 것이어서 그것이 헌법 제13조 제1항에서 금지하는 국가형벌권 행사로서의 처벌에 해당한다 고 할 수 없으므로** 구 독점규제및공정거래에관한법률에서 형사처벌과 아울러 과징금의 부과처분을 할 수 있도록 규정하고 있다 하더라도 이중처벌금지원칙이나 무죄추정원칙에 위반된다거나 사법권이나 재판청 구권을 침해한다고 볼 수 없고, 또한 같은 법 제55조의3 제1항에 정한 각 사유를 참작하여 부당지원행 위의 불법의 정도에 비례하여 상당한 금액의 범위 내에서만 과징금을 부과할 수 있도록 하고 있음에 비 추어 비례원칙에 반한다고 할 수도 없다"고 판시한 바 있다.[11]

한편, 과징금 부과 여부에 관해서는 통상 행정청의 재량이 인정되는 것이 일반적이다. 따 라서 과징금 부과에 대해서도 재량통제에 관한 일반법리가 그대로 적용된다. 이와 관련하여 과징금 납부명령이 재량권을 일탈하였다고 인정되는 경우, 법원은 일탈여부만 판단할 수 있 을 뿐 직접 적정한 과징금 수준을 판단할 수 없으므로 전부를 취소할 수밖에 없다는 것이 판례이다.

"처분을 할 것인지 여부와 처분의 정도에 관하여 재량이 인정되는 과징금 납부명령에 대하여 그 명령 이 재량권을 일탈하였을 경우, **법원으로서는 재량권의 일탈 여부만 판단할 수 있을 뿐이지 재량권의 범 위 내에서 어느 정도가 적정한 것인지에 관하여는 판단할 수 없어 그 전부를 취소할 수밖에 없고,** 법원

---

9) 신봉기, 앞의 글, 39 및 각주 24에 인용된 문헌을 참조.
10) 김철용, 행정법 I, 제13판, 2010, 463.
11) 대법원 2004.4.9. 선고 2001두6197 판결.

이 적정하다고 인정하는 부분을 초과한 부분만 취소할 수는 없다."[12]

2.2. 부과금

부과금은 행정법상의 의무위반자에 대하여 과하는 금전상 제재로서 일종의 과징금의 성격과 시장유인적 규제수단으로서의 의미를 아울러 지니고 있다. 수질 및 수생태계 보전에 관한 법률이나 대기환경보전법 등 개별 환경행정법상의 배출부과금이 대표적인 예이다. 환경행정법상의 배출부과금은 금전적 급부의무의 부과라는 점에서 일견 조세와 비슷하여 공해배출세($emission\ taxes$)라고도 불리고 있으나 일정한 환경기준을 초과하여 오염물질을 배출했다는 사실에 대한 행정적 제재로서의 의미를 가진다는 점에서 조세와는 구별된다. 배출부과금은 전형적(초기형)과징금과 유사한 목적으로 도입된 제도(유사과징금)라고 할 수 있다. 그러나 이것은 불법이익의 박탈보다는 오히려 배출허용기준의 준수확보라는 측면이 부각된 일반적 행정제재금으로서의 성격을 띤다. 일종의 과징금으로서 배출부과금은 행정법상 의무위반에 대한 금전적 제재라는 점에서는 벌금·과태료와 다를 바 없으나, 행정청에 의해 부과되는 것이라는 점에서 형식상 행정벌에 속하지 않으며 징수된 과징금은 당해 행정분야의 목적을 위해서만 사용될 수 있도록 제한을 받는 경우가 많다는 점에서 특수성을 가진다. 가령 수질 및 수생태계 보전에 관한 법률 제41조 제2항이 배출부과금을 환경개선특별회계법에 따른 환경개선특별회계의 세입으로 한다고 규정하고 있는 것을 볼 수 있다. 다만 배출부과금은 납부의무자가 이를 소정기간 내에 납부하지 않을 때에는 가산금을 징수하고, 이에 대해서는 국세징수법 제21조 및 제22조를 준용하며($\S 41 \atop ④, ⑤$), 환경부장관 또는 그로부터 징수권을 위임받은 시·도지사는 배출부과금 또는 가산금을 납부하여야 할 자가 소정의 기한 이내에 이를 납부하지 아니한 때에는 국세 또는 지방세 체납처분의 예에 따라 이를 징수하도록 되어 있다($\S 41 \atop ⑧$).

일반적으로 배출부과금제도는, 부과금액의 결정이 어렵고, 배출업체의 오염물질배출에 대한 끊임없는 감시와 측정이 필요하다는 점 등에서 결점이 없지 않지만, 피규제자의 합리적 선택을 허용하므로 경제적 효율을 확보할 수 있고, 배출업체로 하여금 오염물질의 배출을 회피하도록 유도하는 계속적 유인으로 작용하며, 환경보전을 위한 국고수입을 확보할 수 있게 해 준다는 점에서 많은 이점을 지닌 수단이다.

---

12) 대법원 2009.6.23. 선고 2007두18062 판결.

Ⅲ. 비금전적 이행확보수단

1. 제재적 행정처분(인·허가의 정지·취소 등)

경제행정법상 의무이행 확보를 위한 제재로 가장 대표적인 수단을 꼽는다면 단연 제재적 행정처분을 들 수 있다. 여기에는 각종 벌칙과 함께 또는 그 전제로서 일정한 제재적 행정처분이 포함되어 있다. 법령상 「행정처분」으로 표현되고 있는 이러한 제재적 행정처분은 경제활동에 대한 행정상 감독수단으로서 인허가의 정지·철회, 품목제조허가의 취소, 폐기처분, 시설개수명령, 폐쇄조치 등의 형태로 행해진다. 가령 공중위생관리법은 제11조에서 시장·군수·구청장은 '공중위생영업자가 이 법 또는 이 법에 따른 명령에 위반하거나 또는 성매매알선 등 행위의 처벌에 관한 법률·풍속영업의 규제에 관한 법률·청소년보호법·의료법에 위반하여 관계행정기관의 장의 요청이 있는 때에는 6월 이내의 기간을 정하여 영업의 정지 또는 일부 시설의 사용중지를 명하거나 영업소폐쇄 등을 명할 수 있다. 다만, 관광숙박업의 경우에는 당해 관광숙박업의 관할행정기관의 장과 미리 협의하여야 한다'고 규정하고 있다. 이러한 행정제재처분의 세부적 기준은 보건복지부령으로 정하도록 위임되어 있다($^{§11}_{②}$).

이러한 인허가의 철회·정지 등 행정제재적 처분은 영업활동 자체에 대한 행정법적 제한을 가함으로써 오늘날 행정강제수단이나 행정벌보다 더 실효적인 의무확보수단으로 활용되고 있으나, 이로 인하여 국민의 생업이 타격을 입을 수 있다는 점에서 엄격한 법률의 근거 하에 법령의 범위 내에서 신중하게 행해지지 않으면 안 된다. 비례원칙이나 평등의 원칙, 신뢰보호의 원칙 등은 이 경우 결정적인 법적 기준으로 고려되어야 한다. 이와 같은 견지에서 행정제재적 명령이나 조치를 함에 있어서는 미리 처분의 상대방에게 청문등 의견진술의 기회를 주어야 한다고 규정하는 경우가 많다.

2. 관허사업의 제한

경제행정법상 의무이행을 확보하기 위하여 관허사업의 제한, 즉 특정한 행정법상의 의무와 직접 관련이 없는 각종 인·허가의 발급을 금하거나 기존의 인·허가를 취소·정지하는 방법이 사용되고 있다. 일례로 산업집적활성화 및 공장설립에 관한 법률에 따른 공장의 신설·증설·이전 또는 업종변경에 관한 승인을 받지 아니한 자에 대한 관계 법령에 따른 공장의 건축허가·영업 등의 허가등을 금지한 경우(^{§50})가 있다.

3. 경제행정상 공표 · 공표명령 · 정정광고명령

3.1. 경제행정상 공표

행정상 공표란 행정법상의 의무위반에 대하여 행정청이 그 사실을 일반에 공표함으로써 그 이행을 확보하기 위한 방법으로서 직접 아무런 법적 효과를 발생하지 않는 사실행위에 불과하지만, 사안에 따라서는 명령·강제 못지않은 효과를 지닌 행정의 수단으로 활용될 수 있다. 가령 유해식품제조·판매를 금지함에 있어 이를 제조·판매한 자에 대하여 식품위생법상 행정제재처분을 발하기보다는 경고를 하고 명단을 언론에 공표하는 방법이 훨씬 효과적인 경우가 많다.

소비자기본법 제35조 제3항은 한국소비자원[13]으로 하여금 업무수행 과정에서 취득한 사실 중 소비자의 권익증진, 소비자피해의 확산 방지, 물품등의 품질향상 그 밖에 소비생활의 향상을 위하여 필요하다고 인정되는 사실은 이를 공표하여야 한다고 규정하는 한편, 다만, 사업자 또는 사업자단체의 영업비밀을 보호할 필요가 있다고 인정되거나 공익상 필요하다고 인정되는 때에 한하여 예외를 인정하고 있다. 사업자의 기업비밀이나 공익상의 필요를 지나치게 강조할 경우 소비자의 알 권리가 침해될 우려가 있으므로 이 예외는 엄격하게 해석하여야 한다.[14]

또 건축법 제79조 제4항은 허가권자가 같은 법 또는 그 법에 따른 명령이나 처분에 위반된 건축물에 대해 시정명령을 하는 경우, 국토교통부령으로 정하는 바에 따라 표지를 그 위반 건축물이나 그 대지에 설치하고 건축물대장에 위반내용을 적도록 하며, 제5항에서 누구든지 이 표지설치를 거부 또는 방해하거나 이를 훼손하여서는 아니 된다고 규정하고 있다.

행정상 공표의 대부분은 실정법상의 근거 없이 행해지고 있어 문제가 된다. 이때 공표에 구체적인 법적 근거가 필요한지는 침해내용이나 정도 등을 구체적으로 고려하여 판단할 문제지만, 공표가 그 자체로는 직접 아무런 법적 효과를 발생하지 않는다고 할지라도 실제로는 관계자의 명예·프라이버시, 신용에 중대한 영향을 미치는 것이므로 법령의 근거를 요한다고 보아야 할 경우가 많을 것이다. 또 공표는 비권력적 사실행위인 경우가 많지만 사업자의 명예·프라이버시, 신용을 사실상 침해할 경우 국가배상 문제를 발생시킬 수 있고, 나아가 항고소송의 대상으로서 처분성이 부정되는 경우에도 공법상 결과제거청구권에 기하여 공표된 내용의 정정, 철회 등 시정조치를 구하는 이행소송을 공법상 당사자소송의 형태로 제기할 수 있다. 한편, 공표행위가 처분에 해당하는 경우에는 행정절차법상 처분절차를 거쳐야 함은

---

13) 한국소비자원은 소비자권익 증진시책의 효과적인 추진을 위하여 정부 출연 등으로 설립된 특수공익법인으로 공정거래위원회의 감독을 받는 공법상 재단법인의 일종이다(소비자기본법 §§ 33-44).

14) 황적인·권오승, 경제법, 441.

당연하다.

3.2. 공표명령 · 정정광고명령

공정거래법 제5조는 공정거래위원회로 하여금 제3조의2(시장지배적 지위의 남용금지)의 규정에 위반하는 행위가 있을 때에는 당해 시장지배적 사업자에 대하여 가격의 인하, 당해 행위의 중지, 시정명령을 받은 사실의 공표 그 밖에 시정을 위한 필요한 조치를 명할 수 있도록 하고 있다. 이에 따라 공정거래위원회가 시장지배적 지위 남용행위를 한 자에 대하여 법위반사실의 공표를 명할 경우 이를 행정상 공표명령제도라 부를 수 있다. 공정거래법은 그 밖에도 공정거래위원회는 기업결합의 제한, 지주회사 등의 행위제한, 채무보증제한기업집단의 지주회사 설립제한, 상호출자의 금지 등, 탈법행위의 금지 등의 규정에 위반하거나 위반할 우려가 있는 행위가 있는 때에는 당해 사업자 또는 위반행위자에 대하여 당해 행위의 중지 등과 함께 시정명령을 받은 사실의 공표, 공시의무의 이행 또는 공시내용의 정정을 명할 수 있도록 하고 있다($\S_{①}^{16}$). 또한 소비자기본법도 제80조에서 중앙행정기관의 장은 사업자가 제20조의 규정을 위반하는 행위를 한 경우에는 그 사업자에게 그 행위의 중지 등 시정에 필요한 조치를 명할 수 있다고 규정하는 한편($\S_{①}^{80}$), 사업자에게 그와 같은 시정명령을 받은 사실을 공표하도록 명할 수 있도록 하고 있는데($\S_{②}^{80}$), 이들 역시 공표명령의 일종이라 할 수 있다.

제 4 관 경제행정상 조사

I. 개   설

경제행정 역시 각종 정보·자료의 수집을 필요로 한다. 경제행정에 있어 행정조사는 이러한 정보·자료를 수집하는 행정보조적 활동으로서 경제행정의 목적을 달성하기 위하여 그 준비단계에서 행해진다. 행정조사는 일반적으로 권력적 조사작용으로 간주되고 있으나, 비권력적 행정조사의 존재를 부정할 수 없는 이상 강제성의 계기를 그 개념적 요소로 보아야 하는 것은 아니다. 행정조사[15]는 행정상 즉시강제와는 달리 긴급성이 없고, 또 구체적·완결적 결과를 실현시키는 것이 아니라 행정작용(조세부과)을 위한 준비적·보조적 수단으로서 직접적 실력행사에 의하지 않으며, 벌칙에 의하여 간접적으로 강제하는 방법에 의존한다는 점에서 구별된다.

II. 경제행정상 행정조사의 종류와 내용

1. 행정조사의 종류

행정조사는 그 강제성 유무에 따라 강제조사와 임의조사(예: 부동산소유현황전산화·주민등록자료전산화 등을 위한 조사)로, 조사대상에 따라 대인·대물·대가택조사로, 목적에 따라 개별적 조사(예: 식품위생법 § 29의 생산실적 보고의무에 따른 조사, 동 § 67의 식중독에 관한 조사, § 70에 따른 국민영양조사)와 일반적 조사(통계법에 따른 통계조사)로 나뉠 수 있다.

경제행정법적 의미를 지닌 조사의 예로는 가령 공정거래법 제49조 이하에 따라 법위반사실이 있다고 인정할 때 공정거래위원회가 직권으로 행하는 행정조사, 식품위생법 제22조에 따른 출입·검사·수거등, 공중위생관리법 제9조에 따른 영업소등에 대한 출입·검사 등을 들 수 있다. 이들은 모두 강제적·개별적 행정조사에 해당한다.

2. 경제행정상 행정조사의 내용

2.1. 법적 근거

행정조사는 권력적 조사활동으로서 침익적 효과를 가지는 경우가 일반적이므로 법률의 유보 원칙에 따라 법적 근거를 필요로 한다. 그 밖에 임의적 조사의 경우에도 그 임의성을

---

15) 반대설: 김남진, 행정법 I, 380; 홍정선, 행정법원론(상), 454.

이유로 곧바로 법률의 유보를 배제할 것이 아니라 구체적 조사내용, 효과, 방법 등을 개별적으로 판단하여 그 법적 근거의 필요여부를 판단해야 할 것이다. 행정조사에 관한 일반법으로 행정조사기본법이 시행되고 있고,[16] 각각의 개별법에서 행정조사에 관한 규율을 행하고 있다. 가령 공정거래법($^{§\,49}$), 불공정무역행위 조사 및 산업피해구제에 관한 법률(제2장-제5장), 근로기준법($^{§\,103}$), 식품위생법, 공중위생관리법 등이 각각 행정조사의 근거규정을 두고 있다.

2.2. 공정거래법상 조사권

공정거래법은 제49조 이하에서 공정거래위원회에게 공정거래법의 규정 위반 혐의가 있다고 인정할 때 직권으로 필요한 조사를 할 수 있는 행정조사권을 부여하고 있다. 가령 상호출자제한기업집단등의 지정에 필요한 사항이나 불공정거래행위, 기업결합제한의 위반사실 등에 관하여 조사를 하는 경우가 그 예라 할 수 있다. 공정거래위원회는 또한 공정거래법의 시행을 위하여 필요하다고 인정할 때에는 다음과 같은 처분을 할 수 있다($^{§\,50}_{①}$).

① 당사자, 이해관계인 또는 참고인의 출석 및 의견의 청취
② 감정인의 지정 및 감정의 위촉
③ 사업자, 사업자단체 또는 이들의 임직원에 대하여 원가 및 경영상황에 관한 보고, 그 밖에 필요한 자료나 물건의 제출을 명하거나 제출된 자료나 물건의 영치

그 밖에도 공정거래위원회는 이 법의 시행을 위하여 필요하다고 인정할 때에는 그 소속 공무원($_{기관의\ 소속공무원을\ 포함한다}^{제65조에\ 따라\ 권한을\ 위임\ 받은}$)으로 하여금 사업자 또는 사업자단체의 사무소 또는 사업장에 출입하여 업무 및 경영상황, 장부·서류, 전산자료·음성녹음자료·화상자료 그 밖에 대통령령이 정하는 자료나 물건을 조사하게 할 수 있으며, 대통령령이 정하는 바에 따라 지정된 장소에서 당사자, 이해관계인 또는 참고인의 진술을 듣게 할 수 있다($^{§\,50}_{②}$). 이러한 조사를 하는 공무원은 대통령령이 정하는 바에 따라 사업자, 사업자단체 또는 이들의 임직원에 대하여 조사에 필요한 자료나 물건의 제출을 명하거나 제출된 자료나 물건의 영치를 할 수 있다($^{§\,50}_{③}$). 이때 조사공무원은 그 권한을 표시하는 증표를 관계인에게 제시하여야 한다($^{§\,50}_{④}$).

공정거래위원회의 조사공무원은 이 법의 시행을 위하여 필요한 최소한의 범위 안에서 조사를 행하여야 하며, 다른 목적 등을 위하여 조사권을 남용하여서는 아니 된다($^{§\,50}_{의2}$).

한편, 제50조 제1항 내지 제3항의 규정에 따라 공정거래위원회로부터 처분 또는 조사를 받게 된 사업자 또는 사업자단체가 천재·지변 그 밖에 대통령령이 정하는 사유로 인하여 처분을 이행하거나 조사를 받기가 곤란한 경우에는 대통령령이 정하는 바에 따라 공정거래

---

16) 미국의 행정절차법(APA)은 행정조사는 법률이 정하는 경우에만 할 수 있다는 규정을 두고 있다(U.S.C. § 555 (c)).

위원회에 처분 또는 조사를 연기하여 줄 것을 신청할 수 있고($^{\S\,50의}_{3\,①}$), 공정거래위원회는 그러한 연기신청을 받은 때에는 그 사유를 검토하여 타당하다고 인정되는 경우에는 처분 또는 조사를 연기할 수 있다($^{\S\,50의}_{3\,②}$).

2.3. 무역위원회의 조사권

2.3.1. 개 설

무역위원회는 다음에 보는 바와 같이 불공정무역행위 등에 대한 행정조사를 하고 그 결과에 따라 각종 조치들을 취할 수 있다.

2.3.2. 불공정무역행위에 대한 조사와 규제조치

무역위원회의 불공정무역행위에 대한 행정조사권은 다음과 같이 행사된다. 누구든지 불공정무역행위의 사실이 있다고 인정하면 이를 조사하여 줄 것을 불공정무역행위가 있었던 날부터 1년 이내에 무역위원회에 서면으로 신청할 수 있고($^{\S\,5}_{①,②}$), 무역위원회는 조사신청을 받으면 20일 이내에 조사의 개시 여부를 결정하여야 한다($^{\S\,5}_{③}$). 무역위원회는 불공정무역행위의 혐의가 있어 이를 조사할 필요성이 있으면 직권으로 조사할 수 있다($^{\S\,6}$).

무역위원회는 조사를 개시하기로 결정했을 때에는 그 결정일부터 6개월 이내에 조사를 끝내고 판정하여야 한다($^{\S\,9}_{①}$). 무역위원회는 소정의 사유가 있는 경우에는 위 조사에 따른 기간을 2개월의 범위에서 2회 연장할 수 있다($^{\S\,9}_{②}$). 무역위원회는 불공정무역행위에 대한 판정을 한 경우에는 지체 없이 당사자와 이해관계인에게 알려주어야 한다($^{\S\,9}_{③}$).

무역위원회는 조사결과 법 제4조 제1항에 해당하는 불공정무역행위가 있다고 판정하면 산업통상자원부장관의 의견을 들어 해당 행위자에게 다음에 규정된 사항을 명할 수 있다($^{\S\,10}_{①}$).

1. 해당 물품등의 수출·수입·판매·제조행위의 중지
2. 해당 물품등의 반입배제 또는 폐기처분
3. 정정광고
4. 법 위반으로 무역위원회로부터 시정명령을 받은 사실의 공표
5. 그 밖에 불공정무역행위의 시정을 위하여 필요한 조치

무역위원회는 위의 시정조치를 이행하기 위하여 필요하다고 인정하면 관계 행정기관의 장에게 협조를 요청할 수 있다($^{\S\,10}_{②}$).

2.3.3. 특정물품의 수입증가에 의한 국내산업피해 조사와 세이프가드조치

무역위원회가 가진 중요한 행정조사권한 중 또 하나는 특정물품의 수입증가에 의한 국내산업피해의 조사의 개시여부를 결정하고, 국내산업 피해를 조사·판정하는 것이다. 즉 특정한 물품의 수입 증가로 같은 종류의 물품 또는 직접적인 경쟁관계에 있는 물품을 생산하는 국내산업이 심각한 피해를 입고 있거나 입을 우려가 있으면 해당 국내산업에 이해관계가 있는 자 또는 그 국내산업을 관장하는 관계 중앙행정기관의 장은 무역위원회에 해당 특정 물품의 수입이 국내산업에 미치는 피해를 조사하여 줄 것을 신청할 수 있고($^{§\,15}$), 무역위원회는 이러한 신청을 받으면 관계 중앙행정기관의 장의 의견을 들어 신청일부터 30일 이내에 조사의 개시 여부를 결정하고, 그 결과를 신청인과 관계 중앙행정기관의 장에게 알려야 한다($^{§\,16}_{①}$).

무역위원회는 조사의 개시를 결정한 때에는 그 결정일부터 4개월 이내에 특정 물품의 수입이 해당 국내산업에 심각한 피해를 미치는지를 판정하여야 하며, 다만, 그 조사내용이 복잡하거나 신청인이 정당한 사유를 제시하여 조사기간의 연장을 신청한 경우에는 2개월의 범위에서 그 기간을 연장할 수 있다($^{§\,16}_{②}$).

조사결과, 국내산업이 심각한 피해를 입고 있거나 입을 우려가 있다고 판정하면 무역위원회는 판정일부터 1개월 이내에 관세율의 조정이나 수입물품 수량의 제한 조치("세이프가드조치") 및 그 기간을 결정하여 관계 중앙행정기관의 장에게 시행을 건의할 수 있다($^{§\,17}_{①}$).

2.3.4. 그 밖의 기능

그 밖에도 무역위원회는 덤핑으로 인한 산업피해조사($^{§\,23}$), 보조금등으로 인한 산업피해조사·판정($^{§\,24}$), 산업경쟁력 영향 등 조사($^{§\,25}$), 교역상대국의 국제무역규범 위반으로 인한 국내산업 피해의 조사($^{§\,25}_{의2}$), 상계관세의 부과를 위한 산업피해의 조사 개시 결정, 보조금등의 지급 사실의 조사, 국제무역에 관한 법규·제도 및 분쟁사례에 관한 조사·연구 등의 행정조사와 그 결과에 따른 조치권한을 가지고 있다($^{§\,28}$).

2.4. 세무조사

세무조사는 조세행정의 목적을 달성하기 위한 행정조사의 일종이다. 가령 소득세법 제170조가 소득세에 관한 사무에 종사하는 공무원은 그 직무수행상 필요한 경우에는 납세의무자나 납세의무가 있다고 인정되는 자 등에 대하여 질문을 하거나 해당 장부·서류 또는 그 밖의 물건을 조사하거나 그 제출을 명할 수 있다고 규정한 것이 그러한 예이다.

　　세법상 납세자는 원칙적으로 자기책임하에 적정한 세무신고를 하여야 하고 부과된 세액을 적기에 자진 납부하는 것이 조세의 부과·징수구조의 기본으로 되어 있다. 따라서 이상적인 조세행정에 있어 세무조사란 필요치 않으며 세무행정청의 활동은 주로 수납행위에 그치는 것이라 할 수 있다.[17] 그러나 신고의무의 불이행이나 신고내역의 불통일, 혼란에 따른 문제점, 조세포탈의 우려 등으로 인하여 과세관청이 세법상의 의무이행을 확보하기 위하여 납세자의 자력이나 재산상황, 신고내역과의 일치여부 등을 조사할 필요가 생기게 되며 이에 따라 행해지는 세무행정상의 조사가 바로 세무조사인 것이다. 다만 이에 대해서는 이미 행정법 총론 행정조사 부분에서 다룬 바 있기 때문에 여기서는 더 이상 다루지 아니 한다.

---

17) 이태로, 조세법개론, 131.

제 5 장
공간정서·개발행정법

제1절 | 의 의

　국토등 생활공간의 정비와 관리, 지속가능한 개발과 이용은 국민의 삶의 조건을 좌우하는 가장 기본적이고 중요한 과제이다. 이 과제를 수행하기 위한 특별행정법 영역을 '공간정서 및 개발에 관한 행정법'이라고 부른다. 이것은 국토등 생활공간의 관리와 형성을 위한 법령의 총체 또는 그것을 구성요소로 하는 특별행정법 영역을 말한다. 다소 긴 이름을 붙인 이유는 토지행정법과 공간정서행정법, 국토의 계획 및 이용에 관한 행정법, 그리고 개발행정법을 모두 아우르는 개념을 찾아야 했기 때문이다. 국내 문헌들 가운데에는 '토지행정법'이란 명칭도 사용되지만 '토지 및 지역정서행정법', '지역개발행정법', '생활공간형성행정법' 등 다양한 관점과 개념들이 통용되고 있다. 이들 다양한 관점과 용어들이 핵심으로 삼는 공통요소들이 있다면 이를 모두 함축할 수 있는 개념이 필요하며, 따라서 물적 대상에 치중하는 듯한 인상을 주는 '토지행정법'이란 개념보다는 국토 등 생활공간을 대상으로 하고 질서, 규제 등 정서는 물론 개발, 이용, 형성을 내용으로 한 특별행정법 분야임을 드러내 주는 '공간정서·개발행정법'이란 용어를 사용하기로 한다.

제 2 절 │ 공간정서·개발행정법의 체계

공간정서·개발행정법은 국토의 개발·이용 등에 관한 헌법규정들과 국토기본법을 필두로 하여 국토의 계획 및 이용에 관한 법률, 토지이용규제 기본법, 수도권정비계획법, 농지법, 건축법, 도시개발법, 도시 및 주거환경정비법, 택지개발촉진법, 주택법, 기업도시개발특별법, 제주특별자치도 설치 및 국제자유도시 조성을 위한 특별법, 개발제한구역의 지정 및 관리에 관한 특별조치법, 산업집적활성화 및 공장설립에 관한 법률, 농어촌정비법, 산지관리법, 공익사업을 위한 토지 등의 취득 및 보상에 관한 법률, 부동산가격공시 및 감정평가에 관한 법률, 개발이익 환수에 관한 법률, 건설산업기본법 등 매우 다양한 분야를 아우르고 있다.

그동안 우리나라 국토관계법은 국토의 난개발이 문제되고, 국토계획 및 이용체계의 다원화와 실효성 저하, 개별법·특별법 난립에 따른 국토계획이용체계의 혼란, 계획과 개발간의 연계 미흡과 위계상의 혼란, 유사계획의 중복에 따른 비효율성 등 많은 문제점을 안고 있었고,[1] 이러한 문제점 해소를 위한 입법적 대안으로 기존의 법제를 전면 개편하여 국토기본법과 국토의 계획 및 이용에 관한 법률을 중심으로 새 틀을 짜게 되었다.

> 두 법률은 2002년 2월 4일 제정되어 2003년 1월 1일부터 시행되었다. 국토기본법은 '국토에 관한 계획 및 정책을 수립·시행함에 있어서 지향하여야 할 이념과 기본방향을 명시하고, 국토계획의 수립과 이의 체계적인 실천을 위한 제도적 장치를 마련하여 국토의 지속가능한 발전을 도모한다'는 목적으로 기존의 국토건설종합계획법을 폐지하여 제정되었고, 국토의 계획 및 이용에 관한 법률은 종전에는 국토를 도시지역과 비도시지역으로 구분하여 도시지역에는 도시계획법, 비도시지역에는 국토이용관리법으로 이원화하여 운용하였으나, 국토 난개발 문제가 대두됨에 따라 '국토의 계획적·체계적인 이용을 통한 난개발의 방지와 환경친화적인 국토이용체계를 구축하려는 취지'에 따라 기존의 도시계획법과 국토이용관리법을 통합하여 비도시지역에도 도시계획법에 따른 도시계획기법을 도입할 수 있도록 하였다.

이들 법률은 「선계획-후개발」이라는 국토계획이용체계를 확립하여 국토의 계획적 관리기반을 구축하고자 시도하였다는 점에서 긍정적인 평가를 받았으나, 법제정비 및 개선의 필요성은 여전히 남아 있다.[2]

---

1) 박헌주·서순탁, "국토이용 계획체계 개선방안 연구", 국토연구 제30호, 국토연구원, 2000.10, 8 이하; 국회사무처 법제실, 수도권 난개발 방지를 위한 입법적 검토, 2000.9, 14; 건설교통부·국토연구원, 21세기 국토이용체계 개편방안 공청회, 8 이하; 건설교통부, 국토의 난개발 방지 종합대책, 2000.5, 1 이하 등을 참조.
2) 정태용, "국토계획법제의 정비", 공법연구(사단법인 한국공법학회) 제37집 제1호, 2008년 10월, 263-286에서는 우리나라 국토계획법제는 핵심이 되는 법률이 없는 상태에서 그때그때의 필요에 따라 법률을 제정해 왔기 때문에

제 3 절 │ 공간정서 · 개발행정법의 특색과 목적

Ⅰ. 공간정서·개발행정법의 특색

공간정서 · 개발행정법의 특징을 이루는 가장 핵심적 요소를 꼽는다면, 첫째 대상 면에서 국토를 포함하는 넓은 의미의 생활공간의 질서와 형성, 발전을 대상으로 한다는 점, 둘째, 목적 면에서 생활공간의 최적 · 효율적 이용을 추구하는 공공성 · 사회성의 원리가 지배하는 적극적 복리목적 활동에 관한 것이라는 점,[1] 셋째, 국토 등 생활공간이 유한할 뿐만 아니라 그 개발이용활동이 환경, 경제, 복지 등과 다양한 상호 영향을 주고받기 때문에 전체적인 통합성과 조화 · 균형을 기하는 것이 필수적이고 따라서 그 수단 면에서 계획에 대한 의존성이 크다는 점을 들 수 있다.

Ⅱ. 공간정서·개발행정법의 목적

공간정서 · 개발행정법은 국토등 생활공간의 체계적 · 효율적 관리 및 지속가능한 발전을 목표로 삼고 있다. 국토기본법은 이 같은 맥락에서 국토관리의 기본이념으로 "국토는 모든 국민의 삶의 터전이며 후세에 물려줄 민족의 자산이므로, 국토에 관한 계획 및 정책은 개발과 환경의 조화를 바탕으로, 국토를 균형 있게 발전시키고 국가의 경쟁력을 높이며, 국민의 삶의 질을 개선함으로써 국토의 지속가능한 발전을 도모할 수 있도록 이를 수립 · 집행하여야 한다"고 천명하고 있다(§2). 공간정서 · 개발행정은 이와 같은 국토관리의 기본이념을 토대로 국토의 균형있는 발전, 경쟁력있는 국토여건의 조성 및 환경친화적 국토관리, 세 가지 목표를 지향한다.

1. 국토의 균형있는 발전

국토기본법은 국토의 균형있는 발전을 지향한다. 즉, 국가 및 지방자치단체는 각 지역이 특성에 따라 개성 있게 발전하고, 자립적인 경쟁력을 갖추도록 함으로써 국민 모두가 안정되

국토계획에 관한 법률이 갖추어야 할 기본적인 사항이 무엇인지, 이러한 내용이 어느 법률에 규정되어 있는지를 알 수 없는 형편이 되었고 따라서 국토기본법 · 토지이용규제기본법 및 개발제한구역의 지정 및 관리에 관한 특별조치법을 국토의 계획 및 이용에 관한 법률에 통합하는 방안을 검토할 단계가 되었다고 주장한다.

1) 김철용, 행정법 Ⅱ, 436.

고 편리한 삶을 누릴 수 있는 국토여건을 조성하여야 하며($\S\,3\atop\textcircled{1}$), 수도권과 비수도권, 도시와 농촌·산촌·어촌, 대도시와 중소도시 간의 균형 있는 발전을 이룩하고, 생활여건이 현저히 뒤떨어진 지역이 발전할 수 있는 기반을 구축하여야 한다($\S\,3\atop\textcircled{2}$). 아울러 지역간 교류협력을 촉진시키고 체계적으로 지원함으로써 지역간 화합과 공동번영을 도모하여야 한다($\S\,3\atop\textcircled{3}$).

2. 경쟁력 있는 국토여건의 조성

국토기본법은 국토의 정비·개발, 국토자원의 효율적 이용과 체계적 보전·관리 등이 국가경쟁력의 요인이라는 점을 직시하여 이를 국토관리의 목적에 반영하였다. 즉, 국가 및 지방자치단체는 도로·철도·항만·공항·용수시설·물류시설·정보통신시설 등 국토의 기간시설을 체계적으로 확충하여 국가경쟁력을 강화하고 국민생활의 질적 향상을 도모하여야 하며($\S\,4\atop\textcircled{1}$), 농지·수자원·산림자원·식량자원·광물자원·생태자원·해양자원 등 국토자원의 효율적인 이용과 체계적인 보전·관리에 노력하여야 한다($\S\,4\atop\textcircled{2}$). 또한 국가 및 지방자치단체는 국제교류가 활발히 이루어질 수 있는 국토여건을 조성함으로써 대륙과 해양을 잇는 국토의 지리적 특성이 최대한 발휘되도록 하여야 한다고 규정함으로써($\S\,4\atop\textcircled{3}$), 우리나라 국토의 전략적 발전방향을 제시하였다.

3. 환경친화적 국토관리

환경친화적 국토관리의 원칙은 결국 국토관리에 있어 지속가능발전의 원칙을 구체화한 것이라 할 수 있다. 즉, 국가와 지방자치단체는 국토에 관한 계획 또는 사업을 수립·집행할 때에는 환경정책기본법에 따른 환경보전계획의 내용을 고려하여 자연환경과 생활환경에 미치는 영향을 사전에 검토함으로써 환경에 미치는 부정적인 영향이 최소화될 수 있도록 하여야 한다($\S\,5\atop\textcircled{1}$).

국가와 지방자치단체는 국토의 무질서한 개발을 방지하고 국민생활에 필요한 토지를 원활하게 공급하기 위하여 토지이용에 관한 종합적 계획을 수립하고 이에 따라 국토공간을 체계적으로 관리하고($\S\,5\atop\textcircled{2}$), 산·하천·호소·연안·해양으로 이어지는 자연생태계를 통합적으로 관리·보전하고 훼손된 자연생태계를 복원하기 위한 종합적 시책을 추진함으로써 인간이 자연과 더불어 살 수 있는 쾌적한 국토환경을 조성하여야 한다($\S\,5\atop\textcircled{3}$).

국토교통부장관은 제1항에 따른 국토에 관한 계획과 환경정책기본법에 따른 환경보전계획의 연계를 위하여 필요한 경우에는 적용범위, 연계 방법 및 절차 등을 환경부장관과 공동으로 정할 수 있다($\S\,5\atop\textcircled{4}$).

　　국토계획법도 제3조에서 자연환경의 보전 및 자원의 효율적 활용을 통해 환경적으로 건
전하고 지속가능한 발전을 이루기 위하여 국민생활과 경제활동에 필요한 토지 및 각종 시설
물의 효율적 이용과 원활한 공급, 자연환경 및 경관의 보전과 훼손된 자연환경 및 경관의
개선·복원 등의 목적을 달성할 수 있도록 국토를 이용·관리할 것을 국토이용 및 관리의
기본원칙으로 천명하고 있다.

제1편　제2편　제3편　제4편　제5편

특별행정법

제 4 절 | 공간정서 · 개발행정의 법적 수단

I. 개 설

공간정서 · 개발행정의 법적 수단은 매우 다양하다. 공간정서 · 개발행정법 분야는 그 행위형식의 다양성이 두드러지는 분야 중 하나이기도 하다. 이 다양한 법적 수단들 가운데 이미 행정법 일반이론 수준에서 행위형식을 검토 · 분석하면서 다루었던 것들은 공간정서 · 개발행정법 분야라고 해서 특별히 다른 점은 없다. 다만, 공간정서 · 개발행정법 특유의 법적 수단들 중 주요한 유형들을 추려 살펴 볼 필요가 있다. 특히 중요한 법적 수단으로는 국토계획, 도시계획, 토지이용규제, 지역 · 지구제, 개발행위 허가, 건축허가, 그 밖에 난개발 및 부동산투기 억제를 위한 일련의 정책수단들을 꼽을 수 있다.

II. 국토계획

1. 국토기본법상 국토계획의 종류

국토기본법은 '국토를 이용 · 개발 및 보전할 때 미래의 경제적 · 사회적 변동에 대응하여 국토가 지향하여야 할 발전방향을 설정하고 이를 달성하기 위한 수단'으로서 "국토계획"의 개념을 정립하고 이를 국토종합계획, 도종합계획, 시 · 군종합계획, 지역계획 및 부문별계획으로 구분하고 있다.($\frac{\S 6}{②}$)

1. 국토종합계획: 국토전역을 대상으로 하여 국토의 장기적인 발전방향을 제시하는 종합계획
2. 도종합계획: 도 또는 특별자치도의 관할구역을 대상으로 하여 해당 지역의 장기적인 발전방향을 제시하는 종합계획
3. 시 · 군종합계획: 특별시 · 광역시 · 시 또는 군(^{광역시의 군}을 제외한다)의 관할구역을 대상으로 하여 해당 지역의 기본적인 공간구조와 장기발전방향을 제시하고, 토지이용, 교통, 환경, 안전, 산업, 정보통신, 보건, 후생, 문화 등에 관하여 수립하는 계획으로서 「국토의 계획 및 이용에 관한 법률」에 따라 수립되는 도시 · 군계획
4. 지역계획: 특정한 지역을 대상으로 특별한 정책목적을 달성하기 위하여 수립하는 계획
5. 부문별계획: 국토 전역을 대상으로 특정 부문에 대한 장기적 발전방향을 제시하는 계획

국토종합계획은 전체공간계획($^{raumbezogene}_{Gesamtplanung}$)으로서 '국토전역을 대상으로 하여 국토의 장기적

인 발전방향을 제시하는 종합계획'이다. 전체공간계획으로서 국토종합계획은, 행정구속적 계획에 불과하여 국민에 대하여는 아무런 법적 효과도 미치지 않지만, 행정조직 내부에서는 목표설정 및 대국민적 방향제시로서의 의미를 가진다. 이를 구체화한 것이 바로 관련 국토계획간 위계관계에 대한 조항이다.

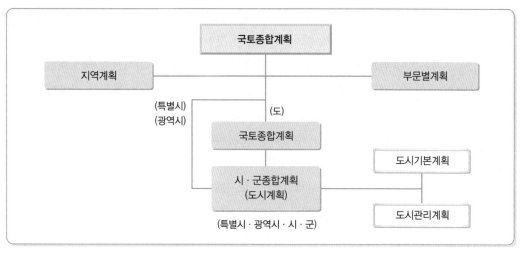

[**국토계획의 체계**][1]

2. 국토계획 상호간의 관계

국토기본법에 따른 국토종합계획, 도종합계획, 시·군종합계획, 지역계획 및 부문별계획들 상호간에는 일정한 상하관계가 존재한다. 국토계획의 상호관계에 대한 법 제7조에 따르면 국토종합계획은 도종합계획 및 시·군종합계획의 기본이 되며, 부문별계획과 지역계획은 국토종합계획과 조화를 이루어야 하고($\S7\,①$), 도종합계획은 해당 도의 관할구역에서 수립되는 시·군종합계획의 기본이 된다($\S7\,②$).

아울러 국토기본법에 따른 국토종합계획은, 군사에 관한 계획을 제외하고는, 다른 법령에 따라 수립되는 국토에 관한 계획에 우선하며 그 기본이 된다($\S8$).

3. 국토계획 중 종합계획의 법적 성질

국토계획 가운데 국토종합계획이나 도종합계획, 시·군종합계획 같은 종합계획들은 전체 생활공간에 대한 종합계획인데, 이들 종합계획의 법적 성질을 어떻게 볼 것인지 문제된다.

---

1) 정태용, "국토계획법제의 정비", 공법연구 제37집 제1호, 2008.10, 263-286.

특히 이들 종합계획이 대외적으로 법적 구속력을 가지는지 여부가 문제된다. 과거 구 국토건설종합계획법에 따른 '국토건설종합계획'은 국민에 대해서는 아무런 법적 효과도 미치지 않고 다만 행정조직 내부에서의 목표설정 및 대국민적 방향제시로서의 의미를 가지는 행정구속적 계획으로 이해되었다.[2] 국토종합계획이나 도종합계획, 시·군종합계획 역시 그와 마찬가지로 행정구속적 계획에 불과한 것인지가 문제된다. 구 국토건설종합계획법상 '국토건설종합계획'과 국토기본법상 국토계획을 비교할 때 근본적으로 달라진 것은 없으므로 대국민적 효력을 결여한 행정구속적 계획으로 보아도 무방할 것이다.

다만, 국토기본법이 국토계획 중 시·군종합계획을 도시계획과 일치시켜 국토계획과 도시계획 간 연계가 이루어지도록 했기 때문에(국토기본법§6 ② ⅲ), 시·군종합계획의 경우 도시계획의 일종인 도시관리계획의 한도 내에서는 대국민적 구속력을 인정할 수 있다고 보아야 할 것이다. 시·군종합계획이 국토계획법에 따라 수립되는 도시계획을 말하는 것으로 정의되고 있고 이 도시계획에는 도시기본계획과 도시관리계획이 포함되어 있는데, 이 중 도시관리계획은 종래 대국민적 구속력을 인정받았던 구도시계획법상 '도시계획'에 해당하는 것이기 때문이다.[3]

국민적 구속력을 갖지 않고 행정만을 구속하는 행정구속적 계획이라 하더라도 다른 행정청의 권한행사에 관계되는 행정계획이나 법정 행정절차에 변동을 가져오는 행정계획은 법적 수권이 필요하다고 보아야 할 것이다.

4. 국토계획의 내용과 수립절차

국토종합계획은 20년을 단위로 하여 수립하며, 도종합계획, 시·군종합계획, 지역계획 및 부문별계획의 수립권자는 국토종합계획의 수립주기를 감안하여 그 수립주기를 정하여야 한다(§7③). 국토종합계획은 다음과 같은 사항에 대한 기본적이고 장기적인 정책방향이 포함되어야 한다(§10).

1. 국토의 현황 및 여건변화 전망에 관한 사항
2. 국토발전의 기본이념 및 바람직한 국토 미래상의 정립에 관한 사항
3. 국토의 공간구조의 정비 및 지역별 기능분담방향에 관한 사항
4. 국토의 균형발전을 위한 시책 및 지역산업육성에 관한 사항
5. 국가경쟁력 향상 및 국민생활의 기반이 되는 국토기간시설의 확충에 관한 사항
6. 토지, 수자원, 산림자원, 해양자원 등 국토자원의 효율적 이용 및 관리에 관한 사항

---

2) 홍준형, 환경법, 2001, 박영사, 152.
3) 참고로 국토계획법 부칙(제6655호, 2002.2.4.) 제12조는 이 법 시행 당시 종전의 국토이용관리법 또는 도시계획법에 의하여 결정된 도시계획과 국토이용계획은 해당 구역에 대하여 이 법에 따른 도시관리계획이 결정된 것으로 본다고 규정하고 있다.

7. 주택, 상하수도 등 생활여건의 조성 및 삶의 질 개선에 관한 사항
8. 수해, 풍해 그 밖의 재해의 방제에 관한 사항
9. 지하공간의 합리적 이용 및 관리에 관한 사항
10. 지속가능한 국토발전을 위한 국토환경의 보전 및 개선에 관한 사항
11. 그 밖에 제1호부터 제10호까지에 부수되는 사항

국토종합계획은 공청회(국방상 기밀을 요하는 사항으로서 국방부장관이 요청한 사항은 제외)와 국토정책위원회의 심의 및 국무회의의 심의를 거친 후 대통령의 승인을 얻어 국토교통부장관이 수립한다($\S\S_{12}^{9-}$). 국토의 계획 및 이용·관리에 관한 중요정책을 심의하기 위하여 국무총리 소속으로 국무총리를 위원장으로 하는 국토정책위원회가 설치되어 있다($\S\S_{27}^{26,}$).

도종합계획은 다음과 같은 사항을 포함하여 도지사가 이를 수립하도록 되어 있다.[4]

1. 지역현황·특성의 분석 및 대내외적 여건변화의 전망에 관한 사항
2. 지역발전의 목표와 전략에 관한 사항
3. 지역공간구조의 정비 및 지역 내 기능분담 방향에 관한 사항
4. 교통, 물류, 정보통신망 등 기반시설의 구축에 관한 사항
5. 지역의 자원 및 환경 개발과 보전·관리에 관한 사항
6. 토지의 용도별 이용 및 계획적 관리에 관한 사항
7. 그 밖에 도의 지속가능한 발전에 필요한 사항으로서 대통령령으로 정하는 사항

도지사는 도시계획위원회 심의와 공청회를 거친 후 국토교통부장관의 승인을 얻어 도종합계획을 수립하며($\S\S_{15}^{13-}$), 국토교통부장관이 도종합계획을 승인하고자 할 때에는 관계 중앙행정기관의 장과 협의 후 국토정책위원회의 심의를 거쳐야 한다($\S_{②}^{15}$).

Ⅲ. 도시계획

1. 도시계획의 개념

국토의 계획 및 이용에 관한 법률(이하 "국토계획법"이라 한다)은 종래 구 국토이용관리법의 적용대상이어서 구 도시계획법의 적용을 받지 않았던 비도시지역에 대하여도 종합적인 계획인 도시기본계획 및 도시관리계획을 수립하도록 함으로써 계획에 따라 개발이 이루어지는 「선계획 후개발」의 국토이용체계를 구축하였다($\S\S_{24}^{18,}$). 이를 구체화시키는 수단이 국토의 이용·개발 및 보전을 위한 계획으로서 "도시계획"이다.[5]

---

4) 다만 다른 법률에 의하여 따로 계획이 수립된 도로서 대통령령이 정하는 도의 경우에는 이를 수립하지 아니할 수 있다(§ 13 ① 단서).

종전에는 국토이용체계가 이원화되어 있었다. 즉, 전 국토를 도시지역과 비도시지역으로 구분하여, 도시지역에 대하여는 도시계획법을 적용하여 도시계획을, 비도시지역에 대하여는 국토이용관리법을 적용하여 국토이용계획을 각각 수립하여 관리하였다. 2000년 들어 1993년 국토이용관리법 개정으로 준농림지역의 난개발, 특히 용인·수지지구 등 수도권의 난개발이 사회문제로 대두되자 건설교통부는 "난개발방지종합대책"의 일환으로 「선계획 → 후개발」의 개념을 확립하고, 난개발의 주원인인 준농림지역의 관리를 강화하면서 도시지역의 과도한 고밀도개발을 억제하며 이러한 내용으로 도시계획법과 국토이용관리법을 통합하여 국토이용체계를 개편하겠다는 방침을 발표하였다. 이후 국토정비기획단에 의한 시안 작성과 이에 대한 공청회, 관계전문가, 지방자치단체, 시민단체 등의 의견수렴을 거쳐 2002년 2월 4일 국토계획법이 공포되었고 2003년 1월 1일부터 시행되었다. 이로써 종래 이원화되어 있던 국토이용체계가 단일 법률에 의하여 통합되었다. 달라진 점은 첫째, 종래 비도시지역에 대하여는 국토이용계획을 수립하고, 도시지역에 대하여는 도시계획을 수립하도록 하였으나, 두 계획을 통합하여 도시지역·비도시지역의 구분 없이 모든 지역에 대하여 도시계획을 수립하도록 하였고, 둘째, 종래 국토이용관리법에 의하여 전 국토를 5개 용도지역(도시지역, 준도시지역, 준농림지역, 농림지역, 자연환경보전지역)으로 구분하였으나, 이 중 준도시지역과 준농림지역을 관리지역으로 통합하여 용도지역을 4개(도시지역, 관리지역, 농림지역, 자연환경보전지역)로 재편하였으며, 셋째, 종래 준농림지역을 개발할 경우 먼저 상세한 계획을 수립한 후 이에 따라 계획적으로 개발하도록 하기 위하여 제2종지구단위계획제도를 도입하였고, 넷째, 개발을 기반시설의 용량 범위 안에서 허용하기 위해 기반시설연동제를 도입, 주거지역·상업지역·공업지역과 같이 기반시설의 추가설치가 어려운 지역에 대하여는 개발밀도를 제한하는 개발밀도관리구역으로, 개발로 인하여 기반시설의 추가설치가 필요한 지역은 기반시설부담구역으로 지정하도록 하였다.[6]

"도시계획"이란 용어는 2011년 4월 14일 국토의 계획 및 이용에 관한 법률 일부개정법률(법률 제10599호)에서 "도시·군계획"으로 바뀌었다. 이에 따라 "도시기본계획"은 "도시·군기본계획"으로 "도시관리계획"은 "도시·군관리계획"으로 각각 변경되었다.[7]

"도시·군계획"이란 특별시·광역시·특별자치시·특별자치도·시 또는 군(광역시의 관할 구역에 있는 군은 제외한다. 이하 같다)의 관할 구역에 대하여 수립하는 공간구조와 발전방향에 대한 계획으로서 도시·군기본계획과 도시·군관리계획으로 구분한다($\S_{ii}$2).

도시·군계획은 특별시·광역시·특별자치시·특별자치도·시 또는 군의 관할 구역에서 수립되는 다른 법률에 따른 토지의 이용·개발 및 보전에 관한 계획의 기본이 되며($\S_①$4), 특별

---

5) 종래 도시계획이란 용도지역을 지정하거나 도시계획시설을 결정하는 등 도시의 개발·관리·정비에 관한 구체적인 사항을 정하는 계획을 말하고, 도시기본계획은 이 도시계획을 입안하는 지침이 되는 계획으로서 도시의 장기 발전방향을 제시하는 계획을 의미하였다. 그러나 국토계획법에서는 종전의 도시계획을 도시관리계획으로 부르도록 하고, 도시계획은 도시기본계획과 도시관리계획을 모두 가리키는 것으로 하였다(법 §2). 즉 도시계획은 구체적인 계획을 가리키는 것이 아니라, 도시관리계획과 도시기본계획을 총칭하는 용어에 불과하게 되었고, 종래의 "도시계획"이란 개념은 "도시관리계획"으로 바뀐 것이라 할 수 있다.

6) 개정법률에 대해서는 정태용, 국토의계획및이용에관한법률, 법령해설및심의경과, 법제, 2003.1, 95-115를 참조.

7) 다만 기술의 편의상 별도의 주석이 없더라도 "도시계획", "도시기본계획", "도시관리계획"이란 용어를 변경된 의미로 사용하고자 한다.

시장·광역시장·특별자치시장·특별자치도지사·시장 또는 군수8)$\binom{광역시의 관할 구역에 있는 군의 군수는 제외.}{다만 법 제4조 제4항 괄호안 단서에 예외가 있다}$
가 관할구역에 대하여 다른 법률에 따른 환경·교통·수도·하수도·주택 등에 관한 부문
별 계획을 수립할 때에는 도시·군기본계획의 내용에 부합되게 하여야 한다($\frac{§4}{④}$).

한편 국토계획법상 도시·군계획은 상위계획인 국가계획, 광역도시계획에 부합해야 하는
구속을 받게 되어 있다. 먼저, 광역도시계획9)이 수립되어 있는 지역에 대하여 수립하는 도
시·군기본계획은 그 광역도시계획에 부합되어야 하며, 도시·군기본계획의 내용이 광역도
시계획의 내용과 다를 때에는 광역도시계획의 내용이 우선한다고 명시하였다($\frac{§4}{③}$). 나아가 법
은 광역도시계획 및 도시·군계획은 국가계획에 부합되어야 하며, 광역도시계획 또는 도
시·군계획의 내용이 국가계획의 내용과 다를 때에는 국가계획의 내용이 우선한다고 규정하
는 한편, 이 경우 국가계획을 수립하려는 중앙행정기관의 장에게 미리 지방자치단체의 장의
의견을 듣고 충분히 협의하도록 절차적 의무를 부과하였다($\frac{§4}{②}$).

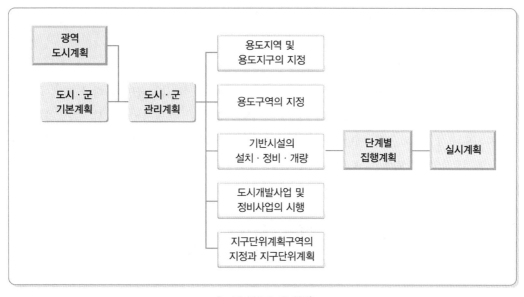

[도시계획의 체계]10)

---

8) 광역시의 관할 구역에 있는 군의 군수는 제외한다. 이하 같다. 다만, 제113조, 제117조부터 제124조까지, 제124조
의2, 제125조, 제126조, 제133조, 제136조, 제138조 제1항, 제139조 제1항 및 제2항에서는 광역시의 관할 구역에
있는 군의 군수를 포함한다.
9) "광역도시계획"이란 법 제10조에 따라 지정된 광역계획권의 장기발전방향을 제시하는 계획을 말한다(§ 2 i).
10) 정태용, 국토의계획및이용에관한법률, 법제, 2003.1, 101.

2. 도시계획의 법적 성질

2.1. 도시기본계획

국토계획법상 "도시기본계획"(도시·군기본계획)이란 특별시·광역시·특별자치시·특별자치도·시 또는 군의 관할 구역에 대하여 기본적인 공간구조와 장기발전방향을 제시하는 종합계획으로서 도시·군관리계획 수립의 지침이 되는 계획을 말하는데($^{국토계획}_{법§2 ⅲ}$), 이것은 국토종합계획에 대하여는 부문계획의 지위를 가지지만, 그 자체로서 또는 도시관리계획에 대한 관계에서는 종합계획에 해당한다. 법적인 구속력은 없다는 것이 판례의 태도이다.

"구 도시계획법($^{2002.2.4. 법률 제6655호 국토의 계획}_{및 이용에 관한 법률 부칙 제2조로 폐지}$) 제19조 제1항 및 도시계획시설결정 당시의 지방자치단체의 도시계획조례에서는, 도시계획이 도시기본계획에 부합되어야 한다고 규정하고 있으나, **도시기본계획은 도시의 장기적 개발방향과 미래상을 제시하는 도시계획 입안의 지침이 되는 장기적·종합적인 개발계획으로서 행정청에 대한 직접적인 구속력은 없다.**"[11]

2.2. 도시관리계획

도시계획 중 "도시관리계획"은 행정에 대한 구속력뿐만 아니라 국민에 대한 관계에서 대외적 구속력을 가진다. "도시관리계획"(도시·군관리계획)이란 특별시·광역시·특별자치시·특별자치도·시 또는 군의 개발·정비 및 보전을 위하여 수립하는 토지 이용, 교통, 환경, 경관, 안전, 산업, 정보통신, 보건, 복지, 안보, 문화 등에 관한 다음 각 목의 계획을 말한다($^{§ 2}_{ⅳ}$).

- 가. 용도지역·용도지구의 지정 또는 변경에 관한 계획
- 나. 개발제한구역, 도시자연공원구역, 시가화조정구역(市街化調整區域), 수산자원보호구역의 지정 또는 변경에 관한 계획
- 다. 기반시설의 설치·정비 또는 개량에 관한 계획
- 라. 도시개발사업이나 정비사업에 관한 계획
- 마. 지구단위계획구역의 지정 또는 변경에 관한 계획과 지구단위계획
- 바. 입지규제최소구역의 지정 또는 변경에 관한 계획과 입지규제최소구역계획

도시관리계획은 구 도시계획법 제12조에 따른 도시계획과 마찬가지로[12] 구속적 계획으로서 행정청은 물론 국민에 대해서도 구속력을 가진다. 또한 도시관리계획은 행정쟁송법상 처

---

11) 대법원 2007.4.12. 선고 2005두1893 판결.
12) 대법원 1989.3.9. 선고 80누105 판결.

분성도 인정된다.13) 도시관리계획의 결정은 그것이 고시되면 그 대상구역 안에서의 토지형질 변경, 건축물의 신축·개축 또는 증축 등 권리행사가 일정한 제한을 받게 되므로 특정개인의 권리 내지 법률상 이익을 개별적이고 구체적으로 규제하는 효과가 있으므로 행정쟁송법상 처분에 해당한다. 도시관리계획은 용도지역 또는 개발제한구역 안에서 일정한 행위를 제한하는 등 국민에 대하여 직접 법적 효과를 미치는 대국민적 구속력을 지니는 행정계획이므로 법률의 근거를 요한다.

2.3. 도시계획시설

"도시계획시설"(도시·군계획시설)이란 기반시설 중 도시·군관리계획으로 결정된 시설을 말한다($^{§\,2}_{vii}$). "기반시설"이란 도로·철도·항만·공항·주차장 등 교통시설, 광장·공원·녹지 등 공간시설, 공공·문화체육시설, 하천·유수지 등 방재시설, 화장시설 등 보건위생시설, 하수도·폐기물처리시설 등 환경기초시설 등 도시의 기반구조를 이루는 시설로서 대통령령으로 정하는 시설을 말한다($^{§\,2}_{vi}$).

지상·수상·공중·수중 또는 지하에 기반시설을 설치하려면 그 시설의 종류·명칭·위치·규모 등을 미리 도시관리계획으로 결정하여야 하며, 다만, 용도지역·기반시설의 특성 등을 고려하여 대통령령으로 정하는 경우에는 예외이다($^{§\,43}_{①}$).

판례는 도시계획시설결정을 처분으로 보고 있다.

"관련 규정의 취지를 종합하면, 초등학교 또는 특수학교와 같은 교육 관련 도시계획시설의 설치에 있어서 행정주체가 도시계획과 교육행정상의 목표 달성을 위하여 그 전문적·정책적 판단에 따라 구체적인 내용을 결정하는 것이 허용되는 한편, 그러한 결정에 있어 관련 공익과 사익에 대한 이익형량을 전혀 하지 아니하거나 혹은 이익형량을 하였더라도 관계된 사항 모두를 정당하고 객관적으로 고려한 것이 아니라면 그 결정은 허용된 재량의 범위를 벗어난 것이 되지만, 구체적인 경우에 필요한 이익형량을 그르쳐 재량의 범위를 벗어난 것이라고 하기 위하여는 당해 학교시설의 설치에 관한 결정으로 인하여 특정 범위의 취학 대상자의 취학이 사실상 불가능 또는 현저히 곤란하게 되거나 타지역에 비하여 교육여건이 심히 열악하게 되는 등의 사정이 인정되어야만 한다."14)

"개발제한구역은 도시의 무질서한 확산을 방지하고 도시 주변의 자연환경을 보전하여 도시민의 건전한 생활환경을 확보하기 위하여 도시의 개발을 제한할 필요에 의하여 지정되는 것이어서 원칙적으로 개발제한구역에서의 개발행위는 제한되는 것이기는 하지만 위와 같은 개발제한구역의 지정목적에 위배되지 않는다면 허용될 수 있는 것인바, 도시계획시설인 묘지공원과 화장장 시설의 설치가 위와 같은 개발제한

---

13) 박균성, 행정법론(상), 2003, 208.
14) 대법원 2000.9.8. 선고 98두11854 판결: 택지개발사업의 시행 당시 초등학교 부지로 지정되었던 토지에 대하여 특수학교(정서장애자학교)를 설립하는 내용의 학교설립계획 승인처분이 재량의 범위를 벗어난 것이 아니라고 한 사례.

구역의 지정목적에 위배된다고 보이지 않으므로, 시장이 이미 개발제한구역으로 지정되어 있는 부지에 묘지공원과 화장장 시설들을 설치하기로 하는 내용의 도시계획시설결정을 하였다 하더라도 이를 두고 위법하다고 할 수 없다."15)

도시계획시설의 결정·구조 및 설치의 기준 등에 관하여 필요한 사항은 국토교통부령으로 정하며, 다만, 다른 법률에 특별한 규정이 있는 경우에는 그 법률에 따른다($\frac{\S 43}{②}$). 도시계획시설의 관리에 관하여 이 법 또는 다른 법률에 특별한 규정이 있는 경우 외에는 국가가 관리하는 경우에는 대통령령으로, 지방자치단체가 관리하는 경우에는 그 지방자치단체의 조례로 도시계획시설의 관리에 관한 사항을 정한다($\frac{\S 43}{③}$).

2.4. 지구단위계획

2.4.1. 의　의

"지구단위계획"이란 도시·군계획 수립 대상지역의 일부에 대하여 토지 이용을 합리화하고 그 기능을 증진시키며 미관을 개선하고 양호한 환경을 확보하며, 그 지역을 체계적·계획적으로 관리하기 위하여 수립하는 도시·군관리계획을 말한다($\frac{\S 2}{v}$).

2.4.2. 지구단위계획의 결정

지구단위계획구역 및 지구단위계획은 도시·군관리계획으로 결정하는데($^{\S 50}$), 다음의 사항을 고려하여 수립한다($\frac{\S 49}{①}$).

1. 도시의 정비·관리·보전·개발 등　지구단위계획구역의 지정 목적
2. 주거·산업·유통·관광휴양·복합 등 지구단위계획구역의 중심기능
3. 해당 용도지역의 특성
4. 그 밖에 대통령령으로 정하는 사항

지구단위계획의 수립기준 등은 대통령령으로 정하는 바에 따라 국토교통부장관이 정한다($\frac{\S 49}{②}$).

2.4.3. 지구단위계획의 내용

지구단위계획구역의 지정목적을 이루기 위하여 지구단위계획에는 다음 각 호의 사항 중 제2호와 제4호의 사항을 포함한 둘 이상의 사항이 포함되어야 하며, 다만, 제1호의2를 내용으로 하는 지구단위계획의 경우에는 그러하지 아니하다($\frac{\S 52}{①}$).

---

15) 대법원 2007.4.12. 선고 2005두1893 판결.

1. 용도지역이나 용도지구를 대통령령으로 정하는 범위에서 세분하거나 변경하는 사항
1의2. 기존의 용도지구를 폐지하고 그 용도지구에서의 건축물이나 그 밖의 시설의 용도·종류 및 규모 등의 제한을 대체하는 사항
2. 대통령령으로 정하는 기반시설의 배치와 규모
3. 도로로 둘러싸인 일단의 지역 또는 계획적인 개발·정비를 위하여 구획된 일단의 토지의 규모와 조성계획
4. 건축물의 용도제한, 건축물의 건폐율 또는 용적률, 건축물 높이의 최고한도 또는 최저한도
5. 건축물의 배치·형태·색채 또는 건축선에 관한 계획
6. 환경관리계획 또는 경관계획
7. 교통처리계획
8. 그 밖에 토지 이용의 합리화, 도시나 농·산·어촌의 기능 증진 등에 필요한 사항으로서 대통령령으로 정하는 사항

지구단위계획은 도로, 상하수도 등 대통령령으로 정하는 도시·군계획시설의 처리·공급 및 수용능력이 지구단위계획구역에 있는 건축물의 연면적, 수용인구 등 개발밀도와 적절한 조화를 이룰 수 있도록 하여야 한다($\S_{②}^{52}$).

2.4.4. 지구단위계획지정의 효과

지구단위계획이 지정되면 지구단위계획구역에서 건축물을 건축 또는 용도변경하거나 공작물을 설치하려면 그 지구단위계획에 맞게 하여야 하며, 다만, 지구단위계획이 수립되어 있지 아니한 경우에는 그러하지 아니하다($\S$ 54).

지구단위계획구역에서는 제76조부터 제78조까지의 규정과 건축법 제42조·제43조·제44조·제60조 및 제61조, 주차장법 제19조 및 제19조의2를 대통령령으로 정하는 범위에서 지구단위계획으로 정하는 바에 따라 완화하여 적용할 수 있다($\S_{③}^{52}$).

2.4.5. 지구단위계획의 실효

지구단위계획구역의 지정에 관한 도시·군관리계획결정의 고시일부터 3년 이내에 그 지구단위계획구역에 관한 지구단위계획이 결정·고시되지 아니하면 그 3년이 되는 날의 다음 날에 그 지구단위계획구역의 지정에 관한 도시·군관리계획결정은 효력을 잃는다($\S_{본문}^{53①}$). 다만, 다른 법률에서 지구단위계획의 결정(결정된 것으로 보는 경우를 포함한다)에 관하여 따로 정한 경우에는 그 법률에 따라 지구단위계획을 결정할 때까지 지구단위계획구역의 지정은 그 효력을 유지한다($\S_{단서}^{53①}$).

3. 수도권정비계획

수도권정비계획법은 수도권에 과도하게 집중된 인구와 산업의 적정배치를 유도하여 수도권의 질서 있는 정비와 균형 있는 발전을 기하기 위하여 국토교통부장관으로 하여금 수도권정비계획을 수립하도록 하고 있다($\S^{1.}_{4}$).16)

수도권정비계획은, 군사에 관한 사항에 대한 경우를 제외하고는, 수도권의 국토계획법에 따른 도시·군계획 기타 다른 법령에 따른 토지이용계획 또는 개발계획 등에 우선하고, 그 계획의 기본이 된다($\S^{3}_{본문}$①). 다만, 수도권의 군사에 관한 사항에 대하여는 그러하지 아니하다($\S^{3}_{단서}$①). 중앙행정기관의 장이나 서울특별시장·광역시장·도지사 또는 시장·군수·자치구의 구청장 등 관계행정기관의 장은 수도권정비계획에 맞지 아니하는 토지이용계획 또는 개발계획 등을 수립·시행하여서는 아니 된다($\S^{3}_{②}$).

수도권정비계획안은 수도권의 인구 및 산업의 집중을 억제하고 적정하게 배치하기 위하여 다음과 같은 사항을 포함하도록 되어 있다($\S^{4}_{①}$).

1. 수도권 정비의 목표와 기본 방향에 관한 사항
2. 인구와 산업 등의 배치에 관한 사항
3. 권역(圈域)의 구분과 권역별 정비에 관한 사항
4. 인구집중유발시설 및 개발사업의 관리에 관한 사항
5. 광역적 교통 시설과 상하수도 시설 등의 정비에 관한 사항
6. 환경 보전에 관한 사항
7. 수도권 정비를 위한 지원 등에 관한 사항
8. 제1호부터 제7호까지의 사항에 대한 계획의 집행 및 관리에 관한 사항
9. 그 밖에 대통령령으로 정하는 수도권 정비에 관한 사항

이 계획은 수도권 안에서의 인구와 산업의 적정배치를 위하여 수도권을 인구 및 산업이 지나치게 집중되었거나 집중될 우려가 있어 이전하거나 정비할 필요가 있는 지역을 과밀억제권역으로, 과밀억제권역으로부터 이전하는 인구와 산업을 계획적으로 유치하고 산업의 입지와 도시의 개발을 적정하게 관리할 필요가 있는 지역을 성장관리권역으로, 그리고 한강수계의 수질 및 녹지 등 자연환경을 보전할 필요가 있는 지역을 자연보전권역으로 각각 구분하여($\S^{6}_{①}$),17) 각각 그 권역별로 권역 안에서의 행위제한을 두고 있다($\S^{7-}_{9}$). 특히 자연환경보전

---

16) 수도권정비계획법에 대하여 상세한 것은 홍준형, "수도권정비계획법과 수도권규제의 방향", 아주법학 제1권 제1호, 2007, 34-56을 참조.

17) 이것은 종전에 이전촉진권역·제한정비권역 등 5개 권역으로 구분하던 것을 1994년 1월 7일의 법개정을 통해 3개로 조정한 것이다.

권역 안에서는 택지·공업용지·관광지 등의 조성을 목적으로 하는 대통령령이 정하는 종류 및 규모이상의 개발사업, 대통령령이 정하는 학교·공공청사·업무용건축물·판매용건축물·연수시설 기타 인구집중유발시설의 신축·개축이나 이에 대한 허가 등이 금지된다($\frac{\S 9}{본문}$). 다만 국민경제의 발전과 공공복리의 증진을 위하여 필요하다고 인정되는 경우로서 대통령령이 정하는 것은 그러하지 아니하다($\frac{\S 9}{단서}$).

1994년 1월 7일 전면개정된 수도권정비계획법($\frac{법률}{제4721호}$)은 종래 인구와 산업의 수도권집중을 억제하기 위하여 명령·금지를 위주로 하는 직접적인 규제방법에 의존하던 것을 과밀부담금을 부과하는 경제적·간접적 규제방법으로 전환하고 수도권지역의 주택공급확대와 균형개발을 위하여 성장관리권역에서의 중소규모의 주택조성사업 및 관광조성사업 등을 수도권정비위원회의 심의 없이 수도권정비계획이 정하는 바에 따라 시행할 수 있도록 규제를 완화하고, 인구집중유발시설의 신·증설을 총량으로 규제하도록 하는 등 수도권정비의 제도적 전환을 가져왔으나, 특히 자연보전권역에서 '국민경제의 발전과 공공복리의 증진을 위하여 필요하다고 인정되는 경우로서 대통령령이 정하는 것'을 행위제한의 예외사유로 인정한 것, 그리고 광대한 범위의 성장관리권역에 공업지역의 설치를 일반적으로 허용한 것은 그렇지 않아도 인구 및 산업의 수도권집중으로 인한 각종 환경오염으로 몸살을 앓아온 수도권지역의 환경악화를 가속화시킬 우려가 있다는 비판을 받았다.

과밀억제권역, 성장관리권역 및 자연보전권역의 범위는 대통령령으로 정한다($\frac{\S 6}{②}$).
수도권정비계획법에 대해서는 지방분권과 수도권난개발 문제, 국토경쟁력 차원에서의 규제개혁에 대한 요청 등을 둘러싸고 입법정책적 논란이 있다.[18]

Ⅳ. 토지이용규제

1. 토지이용규제 기본법

1.1. 의 의

토지이용규제 기본법은 '경제사회적인 발전과 더불어 개별 법령에서 수많은 토지이용규제 제도가 다양한 목적으로 도입됨에 따라 지역·지구 등이 복잡다기화되고, 국민이 토지이용규제의 내용을 쉽게 알 수가 없어 국민경제생활에 적지 않은 불편이 초래되고 있는바, 새로운 토지이용규제를 수반하는 지역·지구 등의 신설을 엄격히 제한하고, 기존의 지역·지구 등을 정기적으로 재평가하여 지속적으로 정비해 나가는 한편, 지역·지구 등의 지정시 주민

---

18) 이에 대해서는 수도권정비계획법의 문제점과 해결방안에 대해서는 홍준형, "수도권정비계획법과 수도권규제의 방향", 아주법학 제1권 제1호, 2007, 34-56; 최우용, "수도권정비계획법상의 공장총량제와 지방분권", 공법학연구 제3권 2호, 2002.3, 290-291 등을 참조.

이 알 수 있도록 의견청취 절차와 지형도면 고시절차를 의무화하고, 규제안내서의 작성과 토지이용규제의 내용을 전산화하는 등 토지이용규제의 투명성을 확보하고 국민의 토지이용의 편의를 도모하려는' 취지에서 2005년 12월 7일 제정되었다($^{법률 제7715호,}_{시행 2006.6.8}$).

이 법률은 행정청이 하는 지역·지구등의 지정행위 그와 관련한 조치들뿐만 아니라 지역·지구등을 신설하거나 변경하는 입법행위 자체까지도 규율대상으로 삼고 있다. 그 점에서 이 법률은 토지이용규제에 관한 일종의 정책법률($^{policy}_{act}$) 또는 메타입법($^{meta}_{legislation}$)의 성격을 가진다. 행정규제에 관한 기본적 사항을 규정하여 불필요한 행정규제를 폐지하고 비효율적인 행정규제의 신설을 억제하는 데 목적을 둔 행정규제기본법이 규제의 일반기본법이라면, 이 법은 그 특수분야인 토지이용규제에 관한 특별기본법으로서 토지이용규제에 관한 각종 개별법령을 향도하는 역할을 한다.

실제로 이 법률은 제4조에서 지역·지구등을 규정하는 법령 또는 자치법규는 그 지정목적, 지정기준, 행위제한내용 등을 구체적이고 명확하게 규정하여야 한다고 규정함으로써 토지이용규제의 투명성을 입법의 원칙으로 내세우고 있다.

1.2. 지역·지구등의 지정에 관한 다른 법률과의 관계

토지이용규제 기본법은 제3조에서 '지역·지구등의 지정($^{따로 지정 절차 없이 법령 또는 자치법규에 따라 지}_{역·지구등의 범위가 직접 지정되는 경우를 포함한다}$)과 운영 등에 관하여 다른 법률에 제8조와 다른 규정이 있는 경우에는 이 법에 따른다'고 규정하여 제8조에 단순한 우선적용을 넘어 개폐적 효력까지 부여하였다.

1.3. 토지이용규제심의기구

지역·지구등의 신설 등에 관한 사항을 심의하기 위한 기구로 국토교통부에 토지이용규제심의위원회가 설치되어 있다. 위원회는 위원장과 부위원장 각 1명을 포함한 20명 이내의 위원으로 구성하며($^{§ 16}_{①}$), 위원장은 국토교통부장관이, 부위원장은 환경부차관이 된다($^{§ 16}_{②}$).

토지이용규제심의위원회는 지역·지구 등의 신설·변경, 지정과 운영실적 등에 대한 평가 결과, 행위제한 내용 및 절차에 대한 평가 결과, 행위제한 강화 등에 관한 사항을 심의하고 있다($^{§§ 15,}_{16}$).

1.4. 토지이용규제 기본법의 주요내용

1.4.1. 지역·지구 등의 신설 제한

법은 새로운 토지이용규제를 수반하는 지역·지구 등의 신설을 원칙적으로 제한하되, 지역·지구 등을 신설하거나 지역·지구등에서의 행위제한을 신설 또는 강화하고자 하는 경우에는 해당 법령안 또는 자치법규안을 입법예고하기 전에 기존 지역·지구등과의 중복성, 신설 목적의 명확성 등(신설의 경우) 또는 지역·지구등에서의 행위제한 강화 등이 다른 지역·지구등과 균형 유지 여부와 해당 목적 달성을 위하여 반드시 필요한 것인지 여부 등(강화 등의 경우)에 관하여 토지이용규제심의위원회의 심의를 거치도록 함으로써 토지이용규제의 남설, 남용이 일어나지 않도록 하였다($^{\S\,5,\,6,}_{6의2}$).

1.4.2. 지역 · 지구 등 안에서의 행위제한 내용 통일성 유지

개발사업을 시행하기 위한 지역·지구 등을 규정하는 법령 또는 자치법규는 해당 사업지구에서 개발사업에 지장을 초래할 수 있는 행위들 가운데 관계 행정기관의 장의 허가 또는 변경허가를 받아야 하는 사항을 구체적으로 정하도록 하고, 이러한 기준에 맞추어 지역·지구 등 안에서 허가대상행위의 범위를 통일적으로 규정하고 있다($^{\S\,7\,및}_{각\,호}$).

1.4.3. 주민의견청취 및 지형도면 등의 고시 의무화

법은 제8조에서 지역·지구 등을 지정하고자 할 때 일부 예외적인 경우를 제외하고는 주민 의견 청취를 의무화하였다. 이에 따르면, 중앙행정기관의 장이나 지방자치단체의 장이 지역·지구등을 지정(변경을 포함한다. 이하 같다)하려면 대통령령으로 정하는 바에 따라 미리 주민의 의견을 들어야 하며($^{\S\,8\,①}_{본문}$), 다만, 다음 어느 하나에 해당하거나 대통령령으로 정하는 경미한 사항을 변경하는 경우에는 예외이다($^{\S\,8\,①}_{단서}$).

1. 따로 지정 절차 없이 법령이나 자치법규에 따라 지역·지구등의 범위가 직접 지정되는 경우
2. 다른 법령 또는 자치법규에 주민의 의견을 듣는 절차가 규정되어 있는 경우
3. 국방상 기밀유지가 필요한 경우
4. 그 밖에 대통령령으로 정하는 경우

그 밖에 중앙행정기관의 장 또는 지방자치단체의 장은 지역·지구 등을 지정하는 때에는 지형도면을 작성하여 관보 또는 공보에 고시하여야 하며, 지역·지구 등을 지정하는 때에 바로 고시가 곤란한 경우에도 지정일부터 2년 이내에 고시가 없으면 지정은 효력을 잃도록 하였다($^{\S\,8}_{④}$).

1.4.4. 국토이용정보체계를 이용한 지역 · 지구 등의 지정 및 행위제한내용 제공

법은 중앙행정기관의 장 또는 지방자치단체의 장이 지역·지구 등을 신설하거나 지역·지구 등 안에서 행위제한을 하는 경우 국토교통부장관에게 통보하도록 하고, 국토교통부장관 및 지방자치단체의 장은 국토이용정보체계를 만들어 지역·지구 등의 지정내용, 행위제한내

용, 규제안내서 등의 정보를 일반 국민에게 제공하도록 하였다($\S\S^{9,}_{12}$).

1.4.5. 토지이용계획확인서의 발급 및 규제안내서의 작성

법은 시장, 군수 또는 구청장으로 하여금 일반 국민의 신청이 있는 경우 지역 · 지구 등의 지정내용, 행위제한내용 등의 사항을 확인하는 서류(토지이용계획확인서)를 발급하도록 하고, 국토교통부장관은 토지이용에 관한 인가 · 허가 등의 명칭, 기준, 절차 및 구비서류 등을 명시한 규제안내서를 작성하여 관보에 고시하고, 중앙행정기관의 장 또는 지방자치단체의 장이 규제안내서의 내용을 변경하는 경우에는 법령 또는 자치법규의 공포일에 그 사실을 함께 고시하도록 하였다($\S\S^{10,}_{11}$).

1.4.6. 지역 · 지구 등의 정기적 재평가 및 제도개선 추진

법은 중앙행정기관의 장 및 지방자치단체의 장에게 2년마다 지역 · 지구 등의 지정과 운영실적 등을 포함한 토지이용규제보고서를 작성하여 국토교통부장관에게 제출하도록 하고, 토지이용규제평가단이 이를 평가한 후 토지이용규제심의위원회의 심의를 거쳐 지역 · 지구 등의 통 · 폐합 등 제도개선을 추진하도록 하였다($\S$ 13).

2. 지역 · 지구제

2.1. 의 의

국토계획법은 국토계획의 하위도구의 하나로 지역 · 지구제를 채용하고 있다. 지역 · 지구제는 앞서 본 국토계획, 도시계획 등과 결합하여 또는 그 구성요소로서 공간정서 · 개발행정법이 사용하는 가장 일반적인 수단 중 하나이다. 지역 · 지구제는 선계획-후개발을 위한 가장 효과적인 정책수단이지만 중복규제, 규제남용 등에 따른 규제과잉 · 혼란의 폐단을 낳는 통로가 될 수 있다. 이 점을 감안하여 법은 토지를 합리적으로 이용하고 토지에 대한 중복규제를 최소화하기 위하여 중앙행정기관의 장이나 지방자치단체의 장은 다른 법률에 따라 토지 이용에 관한 지역 · 지구 · 구역 또는 구획 등(이하 이 조에서 "구역등"이라 한다)을 지정하려면 그 구역등의 지정목적이 이 법에 따른 용도지역 · 용도지구 및 용도구역의 지정목적에 부합되도록 하여야 한다고 규정하는 한편($\S\,^8_①$), 다른 법률에 따라 지정되는 구역등 중 대통령령으로 정하는 면적 이상의 구역등을 지정하거나 변경하려면 중앙행정기관의 장은 국토교통부장관과 협의하고 지방자치단체의 장은 국토교통부장관의 승인을 받도록 하고 있다($\S\,^8_②$).

2.2. 용도지역등의 지정과 관리

국토계획법은 제6조에서 국토를 토지의 이용실태 및 특성, 장래의 토지 이용 방향, 지역 간 균형발전 등을 고려하여 다음과 같은 용도지역[19]으로 구분한 뒤, 제7조에서 국가 또는 지방자치단체에게 용도지역의 효율적인 이용 및 관리를 위하여 당해 용도지역에 관한 개발·정비 및 보전에 필요한 조치를 강구할 의무를 부과하고 있다.

용도지역은 도시지역, 관리지역, 농림지역 및 자연환경보전지역의 네 가지로 구분된다(§ 6).[20] 용도지역의 구분과 용도지역별 관리의무의 내용은 다음 표에서 보는 바와 같다.

용도지역	대상지역(§ 6)	용도지역별 관리의무(§ 7)
도시지역	인구와 산업이 밀집되어 있거나 밀집이 예상되어 그 지역에 대하여 체계적인 개발·정비·관리·보전 등이 필요한 지역	이 법 또는 관계 법률이 정하는 바에 따라 그 지역이 체계적·효율적으로 개발·정비·보전될 수 있도록 미리 계획을 수립하고 이를 시행
관리지역	도시지역의 인구와 산업을 수용하기 위하여 도시지역에 준하여 체계적으로 관리하거나 농림업의 진흥, 자연환경 또는 산림의 보전을 위하여 농림지역 또는 자연환경보전지역에 준하여 관리가 필요한 지역	이 법 또는 관계 법률이 정하는 바에 따라 필요한 보전조치를 취하고 개발이 필요한 지역에 대하여는 계획적인 이용과 개발을 도모
농림지역	도시지역에 속하지 아니하는 농지법에 따른 농업진흥지역 또는 산지관리법에 따른 보전산지 등으로서 농림업 진흥과 산림 보전을 위하여 필요한 지역	이 법 또는 관계 법률이 정하는 바에 따라 농림업의 진흥과 산림의 보전·육성에 필요한 조사와 대책을 마련
자연환경보전지역	자연환경·수자원·해안·생태계·상수원 및 문화재의 보전과 수산자원의 보호·육성 등을 위하여 필요한 지역	이 법 또는 관계 법률이 정하는 바에 따라 환경오염 방지, 자연환경·수질·수자원·해안·생태계 및 문화재 보전과 수산자원 보호·육성을 위하여 필요한 조사와 대책 마련

위의 표에서 보는 바와 같이, 법은 자연환경보전지역의 경우 국가·지방자치단체에게 국토계획법 및 관계 법률이 정하는 바에 따라 환경오염의 방지, 자연환경·수질·수자원·해안·생태계 및 문화재의 보전과 수산자원의 보호·육성을 위하여 필요한 조사와 보호대책을 강구할 의무를 부과하고 있다. 또한 법은 농림지역의 경우, 농림업의 진흥과 산림의 보전·

---

19) "용도지역"이란 토지의 이용 및 건축물의 용도, 건폐율(건축법 제55조의 건폐율을 말한다. 이하 같다), 용적률(건축법 제56조의 용적률을 말한다. 이하 같다), 높이 등을 제한함으로써 토지를 경제적·효율적으로 이용하고 공공복리의 증진을 도모하기 위하여 서로 중복되지 아니하게 도시·군관리계획으로 결정하는 지역을 말한다(법 § 2 xv).

20) 종래에는 용도지역을 도시지역·준도시지역·농림지역·준농림지역 및 자연환경보전지역 다섯 가지로 구분했으나, 국토계획법은 기존의 도시지역·농림지역 및 자연환경보전지역은 그대로 유지하면서, 종전의 준도시지역 및 준농림지역을 관리지역으로 통합하여(법 부칙 § 14), 용도지역을 네 가지로 축소했다(§ 6).

육성에 필요한 조사와 대책을 마련하도록 하였고, 종래 난개발 문제가 제기되었던 준농림지역을 관리지역에 편입하고 관리지역을 보전관리지역·생산관리지역·계획관리지역으로 세분하여 관리하도록 함으로써 난개발 문제의 해소를 도모하였다($\S_{36}^{\S\S 6}$). 관리지역[21]의 경우, 농림업의 진흥, 자연환경 또는 산림의 보전을 위하여 농림지역 또는 자연환경보전지역에 준하여 관리가 필요한 지역에 대해서는 국토계획법 및 관계 법률이 정하는 바에 따라 필요한 보전조치를 취해야 한다.

법은 도시지역의 경우에도 자연환경·농지 및 산림의 보호, 보건위생, 보안과 도시의 무질서한 확산을 방지하기 위하여 녹지의 보전이 필요한 지역을 녹지지역으로 지정하도록 함으로써 그 한도 내에서 보전조치를 예정하고 있다($\S_{i}^{\S 36}{}_{라}^{①}$).

또 법은 제37조에서 용도지구의 지정·변경에 대한 규정을 두어 국토교통부장관 또는 시·도지사 또는 대도시 시장이 용도지구[22]의 지정 또는 변경을 도시관리계획으로 결정하도록 하고 있다.

2.3. 용도지역등에서의 행위제한

용도지역·용도지구의 지정은 그 지역 안에서 지정목적에 따른 토지이용의 의무를 부과하고, 지정목적에 위배되는 행위를 금지 또는 제한하는 데서 그 효력을 발휘하게 된다. 그런 견지에서 법은 제6장($\S_{84}^{\S\S 76^-}$)에서 용도지역·용도지구 및 용도구역 안에서의 행위제한을 규율하고 있다. 가령 법 제76조는 용도지역 및 용도지구 안에서의 건축물의 건축제한 등을 각각 대통령령과 대통령령이 정하는 기준에 따른 특별시·광역시·시 또는 군의 조례로 정하도록 하면서, '건축물 그 밖의 시설의 용도·종류 및 규모 등의 제한은 당해 용도지역 및 용도지구의 지정목적에 적합하여야 한다'고 규정하고 있다($\S_{③}^{\S 76}$). 이러한 법률규정에 따라 시행령은 용도지역·용도지구 및 용도구역 안에서의 행위제한에 관한 제6장($\S_{94}^{\S\S 71^-}$)을 두어 세부적인 기준들을 정하고 있다.

반면, 법은 다음과 같은 경우의 건축물 그 밖의 시설의 용도·종류 및 규모 등의 제한에

---

21) 관리지역은 다시 보전관리지역·생산관리지역 및 계획관리지역으로 세분된다(§ 36 ①):
　가. 보전관리지역: 자연환경 보호, 산림 보호, 수질오염 방지, 녹지공간 확보 및 생태계 보전 등을 위하여 보전이 필요하나, 주변 용도지역과의 관계 등을 고려할 때 자연환경보전지역으로 지정하여 관리하기가 곤란한 지역
　나. 생산관리지역: 농업·임업·어업 생산 등을 위하여 관리가 필요하나, 주변 용도지역과의 관계 등을 고려할 때 농림지역으로 지정하여 관리하기가 곤란한 지역
　다. 계획관리지역: 도시지역으로의 편입이 예상되는 지역이나 자연환경을 고려하여 제한적인 이용·개발을 하려는 지역으로서 계획적·체계적인 관리가 필요한 지역

22) "용도지구"라 함은 토지의 이용 및 건축물의 용도·건폐율·용적률·높이 등에 대한 용도지역의 제한을 강화 또는 완화하여 적용함으로써 용도지역의 기능을 증진시키고 미관·경관·안전 등을 도모하기 위하여 도시·군관리계획으로 결정하는 지역을 말한다(법 § 2 xvi).

관하여는 다음 각 호에서 정하는 바(별도의 법령)에 따르도록 하고 있다($\S^{76}_{⑤}$).

1. 제37조 제1항 제8호에 따른 취락지구에서는 취락지구의 지정목적 범위에서 대통령령으로 따로 정한다.

1의2. 제37조 제1항 제9호에 따른 개발진흥지구에서는 개발진흥지구의 지정목적 범위에서 대통령령으로 따로 정한다.

2. 「산업입지 및 개발에 관한 법률」 제2조 제8호 라목에 따른 농공단지에서는 같은 법에서 정하는 바에 따른다.

3. 농림지역 중 농업진흥지역, 보전산지 또는 초지인 경우에는 각각 농지법, 산지관리법 또는 초지법에서 정하는 바에 따른다.

4. 자연환경보전지역 중 자연공원법에 따른 공원구역, 수도법에 따른 상수원보호구역, 문화재보호법에 따라 지정된 지정문화재 또는 천연기념물과 그 보호구역, 「해양생태계의 보전 및 관리에 관한 법률」에 따른 해양보호구역인 경우에는 각각 자연공원법, 수도법 또는 문화재보호법 또는 「해양생태계의 보전 및 관리에 관한 법률」에서 정하는 바에 따른다.

5. 자연환경보전지역중 수산자원보호구역인 경우에는 수산자원관리법에서 정하는 바에 따른다.

아울러 법은 보전관리지역이나 생산관리지역에 대하여 농림수산식품부장관·환경부장관 또는 산림청장이 농지보전, 자연환경보전, 해양환경보전 또는 산림보전에 필요하다고 인정하는 경우 농지법, 자연환경보전법, 야생생물보호법, 해양생태계의 보전 및 관리에 관한 법률 또는 산림자원의 조성 및 관리에 관한 법률에 따라 건축물이나 그 밖의 시설의 용도·종류 및 규모 등을 제한할 수 있도록 허용하고 있다($\S^{76}_{⑥}$). 이는 도시·군관리계획의 입안권자($\S\,24$) 이외의 관련 부처에 소관사무에 따른 규제권한을 부여하려는 취지로 이해된다. 그 경우에 이 법에 따른 제한의 취지와 형평을 기하도록 하여야 한다($\S^{76}_{⑥}$).

그 밖에도 법은 용도지역 안에서의 건폐율과 용적률을 차등적으로 정해 규제하고($\S\S^{77,}_{78}$), 용도지역 미지정 또는 미세분지역에서의 행위제한 등($\S\,79$), 시가화조정구역 안에서의 행위제한 등($\S\,81$)에 관한 규정들을 두고 있다.

3. 개발행위의 허가 · 개발행위허가의 제한

3.1. 의 의

종래에는 건축물의 건축, 토지의 형질변경 등의 경우에 허가를 받도록 하는 개발행위허가 제도가 도시지역에 한정되어 실시되었고, 비도시지역은 구 국토이용관리법의 적용을 받아 구 도시계획법의 적용을 받지 않았다. 그러나 국토계획법이 제정됨에 따라 비도시지역에 대해서도 종합적 계획인 도시기본계획 및 도시관리계획이 적용되었고 그 결과 개발행위허가제도의 실시지역이 전 국토로 확대되었다.

3.2. 개발행위의 허가

국토계획법은 제56조 이하에서 개발행위의 허가 및 개발행위허가의 제한 등에 관한 규정을 두고 있다. 우선, 법은 일정한 범주의 행위를 "개발행위"로 정의하고 이를 허가대상으로 삼고 있다. 개발행위란 다음과 같은 종류의 행위로서 대통령령이 정하는 것을 말한다. 허가권자는 특별시장·광역시장·시장 또는 군수이다. 예외적으로 도시계획사업에 의한 행위는 허가 없이 할 수 있다.

1. 건축물의 건축 또는 공작물의 설치
2. 토지의 형질변경(경작을 위한 경우로서 대통령령으로 정하는 토지의 형질변경은 제외한다)
3. 토석의 채취
4. 토지 분할(건축물이 있는 대지 의 분할은 제외한다)
5. 녹지지역·관리지역 또는 자연환경보전지역에 물건을 1개월 이상 쌓아놓는 행위

허가권자가 일정한 개발행위에 대하여 개발행위허가를 하고자 하는 경우에는 미리 도시계획위원회의 심의를 거쳐야 한다($\S\S_{59}^{56,}$).

3.3. 개발행위허가의 제한

법은 환경보전 등 공익상 필요가 있는 지역에 대하여 아예 개발행위허가 자체를 제한할수 있도록 하고 있다. 즉, 국토교통부장관, 시·도지사, 시장 또는 군수는 다음 중 어느 하나에 해당하는 지역으로서 도시·군관리계획상 특히 필요하다고 인정되는 지역에 대해서는 대통령령으로 정하는 바에 따라 중앙도시계획위원회나 지방도시계획위원회의 심의를 거쳐한 차례만 3년 이내의 기간 동안 개발행위허가를 제한할 수 있다($\S_{①}^{63}$).

1. 녹지지역이나 계획관리지역으로서 수목이 집단적으로 자라고 있거나 조수류 등이 집단적으로 서식하고 있는 지역 또는 우량 농지 등으로 보전할 필요가 있는 지역
2. 개발행위로 인하여 주변의 환경·경관·미관·문화재 등이 크게 오염되거나 손상될 우려가 있는 지역
3. 도시·군기본계획이나 도시·군관리계획을 수립하고 있는 지역으로서 그 도시·군기본계획이나 도시·군관리계획이 결정될 경우 용도지역·용도지구 또는 용도구역의 변경이 예상되고 그에 따라 개발행위허가의 기준이 크게 달라질 것으로 예상되는 지역
4. 지구단위계획구역으로 지정된 지역
5. 기반시설부담구역으로 지정된 지역

위 제3호부터 제5호에 해당하는 지역에 대하여는 1회에 한하여 2년 이내의 기간 동안 개발행위허가의 제한을 연장할 수 있다($\frac{\S63①}{단서}$).

국토교통부장관, 시·도지사, 시장 또는 군수는 대통령령이 정하는 바에 따라 제한지역·제한사유·제한대상행위 및 제한기간을 미리 고시하여야 한다($\S\frac{63}{②}$).

4. 개발제한구역의 지정

개발제한구역은 '그린벨트'($^{green}_{belt}$)로 불리는 개발제한구역의 지정 및 관리에 관한 특별조치법($^{이하 "개발제한구역"}_{특별법"이라 한다}$)에 따라 지정되는 도시개발의 제한구역을 말한다.[23] 개발제한구역특별법 제3조는 이를 '도시의 무질서한 확산을 방지하고 도시 주변의 자연환경을 보전하여 도시민의 건전한 생활환경을 확보하기 위하여 도시의 개발을 제한할 필요가 있거나 국방부장관의 요청으로 보안상 도시의 개발을 제한할 필요가 있다고 인정되는 경우', 도시·군관리계획으로 지정하는 구역으로 정의하고 있다. 개발제한구역으로 지정된 구역 안에서는 그 구역지정의 목적에 위배되는 건축물의 건축, 공작물설치, 토지의 형질변경, 토지면적의 분할 또는 도시계획사업을 시행할 수 없게 되는 제한을 받게 된다.

국토계획법은 제38조에서 위 정의규정을 그대로 원용하면서 개발제한구역의 지정 또는 변경을 도시·군관리계획으로 결정할 수 있다고 규정하는 한편($\S\frac{38}{①}$), 개발제한구역의 지정 또는 변경에 관하여 필요한 사항과 개발제한구역 안에서의 행위제한 및 그 밖에 개발제한구역의 관리에 관하여 필요한 사항은 각각 따로 법률로 정하도록 규정하고 있다($\S\frac{38②}{80}$).

종래 개발제한구역은 구 도시계획법 제21조를 근거로 「도시의 무질서한 확산을 방지하고 도시주변의 자연환경을 보전하여 도시민의 건전한 생활환경을 확보하기 위하여 또는 국방부장관의 요청이 있어 보안상 도시의 개발을 제한할 필요가 있다고 인정하는 때」에 지정되었으나, 그 구역 안에서 토지의 이용상황이나 지역적 특성을 고려하지 아니하고 획일적으로 규제를 함에 따라 주민생활환경의 상대적 낙후와 각종 생활불편이 초래되고 있었다. 그러던 중 1998년 12월 24일 헌법재판소는 전원재판부결정을 통해 개발제한구역의 지정으로 인한 재산권 침해에 대한 보상규정 미비를 이유로 도시계획법 규정을 헌법불합치로 결정하였고, 그 후 도시계획법 개정으로 그 조항이 삭제되고 2000년 1월 28일 「개발제한구역의 지정 및 관리에 관한 특별조치법」($^{법률 제}_{6241호}$)이 제정되어 개발제한구역제도를 규율하게 되었다.

개발제한구역은 국토교통부장관이 그 지정 및 해제를 도시관리계획으로 결정하도록 되어

---

23) 과거에는 구 도시계획법 제21조의 규정에 의해 지정되었으나 1998년 12월 24일 당해 규정이 헌법재판소에 의해 헌법불합치결정(89헌마214)을 받은 후, 개발제한구역에 대한 제도적 재검토를 거쳐 별도의 단행법이 제정되게 된 것이다.

있고, 그 지정 및 해제의 기준은 대상도시의 인구·산업·교통 및 토지이용 등 경제·사회적 여건과 도시확산 추세, 기타 지형 등 자연환경여건을 종합적으로 감안하여 대통령령으로 정하도록 되어 있다($^{개발제한구역}_{특별법 §3②}$). 개발제한구역의 지정 및 해제에 관한 도시관리계획은 당해 도시지역을 관할하는 특별시장·광역시장·시장 또는 군수가 입안한다. 다만, 개발제한구역의 지정 및 해제에 관한 도시관리계획이 국가계획과 관련된 경우에는 국토교통부장관이 직접 또는 관계중앙행정기관의 장의 요청에 의하여 관할 시·도지사, 시장 및 군수의 의견을 들은 후 입안할 수 있고, 국토계획법 제2조 제1호에 따른 광역도시계획과 관련된 경우에는 도지사가 직접 또는 관계시장 또는 군수의 요청에 의하여 관할 시장 또는 군수의 의견을 들은 후 입안할 수 있다($^{§4}_{①}$).

개발제한구역지정처분은 계획재량에 의한 재량행위라는 것이 판례의 태도이다.

"개발제한구역지정처분은 건설부장관이 법령의 범위 내에서 도시의 무질서한 확산 방지 등을 목적으로 도시정책상의 전문적·기술적 판단에 기초하여 행하는 **일종의 행정계획으로서 그 입안·결정에 관하여 광범위한 형성의 자유를 가지는 계획재량처분이므로, 그 지정에 관련된 공익과 사익을 전혀 비교교량하지 아니하였거나 비교교량을 하였더라도 그 정당성과 객관성이 결여되어 비례의 원칙에 위반되었다고 볼 만한 사정이 없는 이상, 그 개발제한구역지정처분이 재량권을 일탈·남용한 위법한 것이라고 할 수 없을 것인데,** 이 사건 개발제한구역지정의 경위 및 필요성, 개발제한구역의 지정에도 불구하고 토지구획정리사업이 계속 시행되어 완료된 점, 도시화되어 가는 주변 지역의 상황 및 이 사건 토지의 지역적 위치 등 여러 사정에 비추어 보면, 비록 위 토지구획정리사업이 시행되던 토지들 중 일부에 대하여만 이 사건 개발제한구역지정처분을 하였다고 하더라도 그 처분이 재량권을 현저히 일탈·남용한 것으로 볼 수 없다."24)

개발제한구역의 지정은 환경보전을 위하여 개발을 억지하는, 단순한 이익형량의 관점을 넘어서서 환경보전에 우월성을 인정하는 환경정책적 고려를 반영한 제도이다. 개발제한구역으로 지정된 구역 안에서는 그 지정목적에 위배되는 건축물의 건축 및 용도변경, 공작물의 설치, 토지의 형질변경, 죽목의 벌채, 토지의 분할, 물건을 쌓아놓는 행위 또는 국토계획법 제2조 제11호에 따른 도시·군계획사업의 시행을 할 수 없게 되는 제한을 받게 된다($^{§12}_{①}$).

"도시계획법 제21조, 동 시행령 제20조 제1항 제2호, 동시행규칙 제8조 제4호의 해석상 하천구역 내에서의 토석·사력의 채취는 토지의 형질변경에 해당되고 개발제한구역 내에서 다량의 토석·사력의 채취가 수반되거나 개발제한구역의 지정목적에 지장이 있다고 인정되는 형질변경은 처음부터 허가대상이 되지 아니하는 금지된 행위에 해당한다."25)

---

24) 대법원 1997.6.24. 선고 96누1313 판결.
25) 대법원 1990.7.10. 선고 90누2055 판결.

한편 구 도시계획법은 개발제한구역의 지정을 받아 재산상 권리행사의 제한을 받은 토지소유자의 손실보상에 관하여 아무런 규정을 두지 않았고 그 때문에 위헌여부가 문제되었다. 당초 대법원[26])과 헌법재판소는 모두 개발제한구역지정의 합헌성을 인정하였으나, 1998년 12월 24일 헌법재판소의 전원재판부결정이 나옴으로써 근본적인 방향수정이 이루어졌다. 헌법재판소는 이 결정에서 개발제한구역 지정으로 인하여 토지를 종래의 목적으로 사용할 수 없거나 또는 더 이상 법적으로 허용된 토지이용의 방법이 없어 실질적으로 토지의 사용·수익의 길이 없는 경우에는 토지소유자가 수인해야 하는 사회적 제약의 한계를 넘는 것이고, 이처럼 개발제한구역의 지정으로 일부 토지소유자에게 사회적 제약의 범위를 넘는 가혹한 부담이 발생하는 예외적인 경우에 대하여 도시계획법이 보상규정을 두지 않은 것은 위헌이라고 판시하였다.

개발제한구역 지정과 재산권침해의 위헌여부

"1. 헌법상의 재산권은 토지소유자가 이용가능한 모든 용도로 토지를 자유로이 최대한 사용할 권리나 가장 경제적 또는 효율적으로 사용할 수 있는 권리를 보장하는 것을 의미하지는 않는다. 입법자는 중요한 공익상의 이유로 토지를 일정 용도로 사용하는 권리를 제한할 수 있다. 따라서 토지의 개발이나 건축은 합헌적 법률로 정한 재산권의 내용과 한계 내에서만 가능한 것일 뿐만 아니라 토지재산권의 강한 사회성 내지는 공공성으로 말미암아 이에 대하여는 다른 재산권에 비하여 보다 강한 제한과 의무가 부과될 수 있다.

2. 개발제한구역을 지정하여 그 안에서는 건축물의 건축 등을 할 수 없도록 하고 있는 도시계획법 제21조는 헌법 제23조 제1항, 제2항에 따라 토지재산권에 관한 권리와 의무를 일반·추상적으로 확정하는 규정으로서 재산권을 형성하는 규정인 동시에 공익적 요청에 따른 재산권의 사회적 제약을 구체화하는 규정인 바, 토지재산권은 강한 사회성, 공공성을 지니고 있어 이에 대하여는 다른 재산권에 비하여 보다 강한 제한과 의무를 부과할 수 있으나, 그렇다고 하더라도 다른 기본권을 제한하는 입법과 마찬가지로 비례성원칙을 준수하여야 하고, 재산권의 본질적 내용인 사용·수익권과 처분권을 부인하여서는 아니 된다.

3. **도시계획법 제21조에 따른 재산권의 제한은** 개발제한구역으로 지정된 토지를 원칙적으로 지정 당시의 지목과 토지현황에 의한 이용방법에 따라 사용할 수 있는 한, **재산권에 내재하는 사회적 제약을 비례의 원칙에 합치하게 합헌적으로 구체화한 것이라고 할 것이나, 종래의 지목과 토지현황에 의한 이용방법에 따른 토지의 사용도 할 수 없거나 실질적으로 사용·수익을 전혀 할 수 없는 예외적인 경우에도 아무런 보상 없이 이를 감수하도록 하고 있는 한, 비례의 원칙에 위반되어 당해 토지소유자의 재산권을 과도하게 침해하는 것으로서 헌법에 위반된다.**"[27])

헌법재판소의 헌법불합치결정이 나온 후, 1년여가 지난 후 개발제한구역의 법제를 보완하기 위한 입법조치가 단행되었다. 2000년 1월 28일 개발제한구역의 지정으로 인하여 당해토

---

26) 대법원 1990.5.8. 자 89부2 결정.
27) 헌법재판소 1998.12.24. 선고 89헌마214,90헌바16,97헌바78(병합) 전원재판부 결정.

지를 종전의 용도대로 사용할 수 없어 그 효용이 현저히 감소된 토지 등에 대하여 당해토지의 소유자가 매수를 청구하는 경우 정부가 이를 매수하도록 함으로써 국민의 재산권을 보장하는 것($\S_{18}^{16-}$) 등을 내용으로 한 개발제한구역특별법이 제정되었다.

5. 토지거래허가제와 개발이익환수제

5.1. 토지거래허가제

국토교통부장관 또는 시·도지사는 국토의 이용 및 관리에 관한 계획의 원활한 수립과 집행, 합리적인 토지 이용 등을 위하여 토지의 투기적인 거래가 성행하거나 지가가 급격히 상승하는 지역과 그러한 우려가 있는 지역으로서 대통령령으로 정하는 지역에 대해서는 다음 각 호의 구분에 따라 5년 이내의 기간을 정하여 제11조 제1항에 따른 토지거래계약에 관한 허가구역($^{이하 "허가구}_{역"이라 한다}$)으로 지정할 수 있고($^{부동산 거래신고 등에}_{관한 법률 \S 10 ①}$), 그 허가구역에 있는 토지에 관한 소유권·지상권($^{소유권·지상권의 취득을 목}_{적으로 하는 권리를 포함한다}$)을 이전하거나 설정($^{대가를 받고 이전하거나 설}_{정하는 경우만 해당한다}$)하는 계약($^{예약을 포함한다. 이하 "토}_{지거래계약"이라 한다}$)을 체결하려는 당사자는 공동으로 대통령령으로 정하는 바에 따라 시장·군수 또는 구청장의 허가를 받아야 한다. 허가받은 사항을 변경하려는 경우에도 또한 같다($^{\S 11}_{①}$).

허가기준을 정한 법 제12조는 허가신청이 토지거래계약을 체결하려는 자의 토지이용목적이 도시·군계획 그 밖에 토지의 이용 및 관리에 관한 계획에 적합하지 아니 하거나, 생태계 보전 및 주민의 건전한 생활환경 보호에 중대한 위해를 초래할 우려가 있는 경우 등을 제외하고 시장·군수 또는 구청장은 토지거래계약을 허가하여야 한다고 규정하여 토지이용·관리 또는 환경상 이유에서 토지거래계약의 허가를 금지하고 있다.

"국토의 계획 및 이용에 관한 법률($^{이하 '법'이}_{라 한다}$)상 토지거래계약 허가구역내의 토지에 관하여 허가를 배제하거나 잠탈하는 내용으로 매매계약이 체결된 경우에는 법 제118조 제6항에 따라 그 계약은 체결된 때부터 확정적으로 무효라고 할 것이다($^{대법원 1991.12.24. 선고 90다12243 전원합의체 판}_{결, 대법원 2007.2.8. 선고 2005다61553 판결 등 참조}$). 그리고 이러한 허가의 배제·잠탈행위에는 토지거래허가가 필요한 계약을 허가가 필요하지 않은 것에 해당하도록 계약서를 허위로 작성하는 행위뿐만 아니라, 정상적으로는 토지거래허가를 받을 수 없는 계약을 허가를 받을 수 있도록 계약서를 허위로 작성하는 행위도 포함된다고 할 것이다($^{대법원 1993.11.23. 선고 92다44671 판결, 대법원 1993.12.24. 선고 93다}_{44319,93다44326 판결, 대법원 1990.12.11. 선고 90다8121 판결 등 참조}$)."28)

---

28) 대법원 2010.6.10. 선고 2009다96328 판결(반소: 토지거래허가신청절차 파기환송).

5.2. 개발이익환수제

5.2.1. 의 의

개발이익 환수에 관한 법률은 각종 개발사업 기타 사회·경제적 요인에 따른 지가상승으로 발생하는 개발이익이 해당 토지소유자에 사유화됨으로써 개발이익을 목적으로 하는 투기가 성행하는 것을 방지하기 위하여 지가상승분의 일정액을 개발이익으로 보아 이를 개발부담금의 형태로 환수하도록 하였다.

5.2.2. 개발이익과 개발부담금

"개발이익"이란 개발사업의 시행이나 토지이용계획의 변경, 그 밖에 사회적·경제적 요인에 따라 정상지가 상승분을 초과하여 개발사업을 시행하는 자, 즉 사업시행자나 토지 소유자에게 귀속되는 토지 가액의 증가분을 말하며, "개발부담금"이란 개발이익 중 이 법에 따라 국가가 부과·징수하는 금액을 말한다($^{\S\,2}_{i,\,iv}$).

국가는 제5조에 따른 개발부담금 부과 대상 사업이 시행되는 지역에서 발생하는 개발이익을 이 법으로 정하는 바에 따라 개발부담금으로 징수하여야 한다($^{\S\,3}$).

5.2.3. 개발부담금 부과대상사업

개발부담금 부과대상인 개발사업은 다음과 같다($^{\S\,5}_{①}$).

1. 택지개발사업(주택단지조성사업을 포함한다. 이하 같다)
2. 산업단지개발사업
3. 관광단지조성사업(온천 개발사업을 포함한다. 이하 같다)
4. 도시개발사업, 지역개발사업 및 도시환경정비사업
5. 교통시설 및 물류시설 용지조성사업
6. 체육시설 부지조성사업(골프장 건설사업 및 경륜장·경정장 설치사업을 포함한다)
7. 지목 변경이 수반되는 사업으로서 대통령령으로 정하는 사업
8. 그 밖에 제1호부터 제6호까지의 사업과 유사한 사업으로서 대통령령으로 정하는 사업

동일인이 연접한 토지를 대통령령으로 정하는 기간 이내에 사실상 분할하여 개발사업을 시행한 경우에는 전체의 토지에 하나의 개발사업이 시행되는 것으로 보며($^{\S\,5}_{③}$), 그 개발부담금 부과대상인 개발사업의 범위·규모 및 연접개발에 있어 동일인의 범위 등에 관하여 필요한 사항은 대통령령으로 정한다($^{\S\,5\,③;\,\text{시}}_{\text{행령}\,\S\,4}$).

5.2.4. 납부 의무자

앞서 본 바와 같은 법 제5조 제1항 각 호의 사업시행자는 이 법으로 정하는 바에 따라 개발부담금을 납부할 의무가 있다($^{§\,6\,①}_{본문}$). 다만, 다음 각 호의 어느 하나에 해당하면 그에 해당하는 자가 개발부담금을 납부하여야 한다($^{§\,6\,①}_{단서}$).

1. 개발사업을 위탁하거나 도급한 경우에는 그 위탁이나 도급을 한 자
2. 타인이 소유하는 토지를 임차하여 개발사업을 시행한 경우에는 그 토지의 소유자
3. 개발사업을 완료하기 전에 사업시행자의 지위나 제1호 또는 제2호에 해당하는 자의 지위를 승계하는 경우에는 그 지위를 승계한 자

개발부담금을 납부하여야 할 자가 대통령령으로 정하는 조합인 경우, 조합이 해산하거나 조합의 재산으로 그 조합에 부과되거나 그 조합이 납부할 개발부담금·가산금 등에 충당하여도 부족한 때에는 그 조합원($^{조합이\,해산한\,경우에는\,해}_{산\,당시의\,조합원을\,말한다}$)이 분담 비율 등 대통령령으로 정하는 바에 따라 개발부담금을 납부하여야 한다($^{§\,6}_{②}$). 개발부담금 납부 의무의 승계 및 제2차 납부 의무에 관하여는 국세기본법 제23조, 제24조 및 제38조부터 제41조까지의 규정을 준용하고, 개발부담금 연대 납부 의무에 관하여는 국세기본법 제25조, 민법 제413조부터 제416조까지, 제419조, 제421조, 제423조 및 제425조부터 제427조까지의 규정을 준용한다($^{§\,6}_{③}$).

5.2.5. 부과 제외 및 감면

개발부담금은 여러 가지 사유로 적용이 제외되거나 감면될 수 있다. 우선, 국가가 시행하는 개발사업과 지방자치단체가 공공의 목적을 위하여 시행하는 사업으로서 대통령령으로 정하는 개발사업에는 개발부담금을 부과하지 아니한다($^{§\,7}_{①}$). 둘째, 다음 각 호의 어느 하나에 해당하는 개발사업에 대하여는 개발부담금의 100분의 50을 경감한다. 이 경우 각 호의 규정을 중복하여 적용하지 아니한다($^{§\,7}_{②}$).

1. 지방자치단체가 시행하는 개발사업으로서 제1항에 해당하지 아니하는 사업
2. 「공공기관의 운영에 관한 법률」에 따른 공공기관, 「지방공기업법」에 따른 지방공기업 및 특별법에 따른 공기업 등 대통령령으로 정하는 공공기관이 시행하는 사업으로서 대통령령으로 정하는 사업
3. 「중소기업기본법」제2조 제1항에 따른 중소기업($^{이하\,"중소기}_{업"이라\,한다}$)이 시행하는 공장용지조성사업, 대통령령으로 정하는 관광단지조성사업과 교통시설 및 물류시설 용지조성사업. 다만, 「수도권정비계획법」제2조 제1호에 따른 수도권에서 시행하는 사업은 제외한다.
4. 「주택법」제2조 제5호 나목의 국민주택 중 「주택도시기금법」에 따른 주택도시기금으로부터 자금을 지원받아 국민주택을 건설하기 위하여 시행하는 택지개발사업
5. 「주한미군 공여구역주변지역 등 지원 특별법주택법」제2조 제2호부터 제4호까지에 따른 공여구

역주변지역·반환공여구역 또는 반환공여구역주변지역에서 시행하는 개발사업. 다만, 공여구역 또는 반환공여구역이 소재한 읍·면·동(^{행정동을 말한}_{다. 이하 같다})에 연접한 읍·면·동 지역의 경우에는 같은 법 제8조에 따라 법률 제13699호 개발이익 환수에 관한 법률 일부개정법률 시행 전에 확정된 공여구역주변지역등발전종합계획에 따라 시행하는 개발사업만 해당한다.

6. 「접경지역 지원 특별법」 제2조 제1호에 따른 접경지역 중 비무장지대, 해상의 북방한계선 또는 민간인통제선과 잇닿아 있는 읍·면·동지역에서 시행하는 개발사업

셋째, 제7조 제2항에도 불구하고 다음 각 호의 어느 하나에 해당하는 개발사업에 대하여 는 개발부담금을 면제한다(^{§ 7}_③).

1. 「산업입지 및 개발에 관한 법률」에 따른 산업단지개발사업. 다만, 수도권에 있는 산업단지인 경 우를 제외한다.
2. 「중소기업창업 지원법」에 따라 사업계획 승인을 받아 시행하는 공장용지 조성사업
3. 「관광진흥법」에 따른 관광단지 조성사업. 다만, 수도권에 있는 관광단지인 경우는 제외한다.
4. 「물류시설의 개발 및 운영에 관한 법률」에 따른 물류단지개발사업. 다만, 수도권에 있는 물류단 지인 경우는 제외한다.

지역에 대한 민간투자의 활성화 등을 위하여 지방자치단체의 장은 지방의회의 승인을 받 아 관할 구역에서 시행되는 제5조 제1항 각 호의 개발사업에 대한 개발부담금을 제4조 제1 항에 따라 지방자치단체에 귀속되는 귀속분의 범위에서 경감해 줄 것을 국토교통부장관에게 요청할 수 있다(^{§ 7 ④}_{전단}). 경감 요청을 받은 국토교통부장관은 그 지방자치단체의 지가가 급격히 상승할 우려가 있는 등 대통령령으로 정하는 사유가 없으면 제4조 제1항에 따라 지방자치단 체에 귀속되는 귀속분의 범위에서 요청대로 경감해 주어야 한다(^{§ 7 ④}_{후단}).

개발부담금의 경감 대상, 경감 기준 및 경감 절차 등에 관하여 필요한 사항은 대통령령으 로 정한다(^{§ 7}_⑤).

5.2.6. 징수금의 배분

징수된 개발부담금의 100분의 50에 해당하는 금액은 개발이익이 발생한 토지가 속하는 지방자치단체에 귀속되고, 이를 제외한 나머지 개발부담금은 따로 법률로 정하는 지역발전특 별회계(^{이하 "특별회}_{계"라 한다})에 귀속된다(^{§ 4}_①).

법 제7조 제4항에 따라 개발부담금을 경감한 경우에는 개발부담금 중 경감하기 전의 개 발부담금의 100분의 50에 해당하는 금액에서 경감한 금액을 뺀 금액은 개발이익이 발생한 토지가 속하는 지방자치단체에 귀속되고, 이를 제외한 나머지 개발부담금은 특별회계에 귀속 된다(^{§ 4}_②).

개발부담금의 귀속·양여 또는 전입 절차 등에 필요한 사항은 대통령령으로 정한다(^{§ 4}_③).

제 5 절 | 공간정서·개발행정과 행정절차

공간정서·개발행정은 계획에 대한 의존성이 크고 직접·간접으로 국민생활에 중대한 영향을 미치는 경우가 많기 때문에 그 과정에서 전문지식의 도입·활용, 계획의 정당성·합리성 확보 및 계획 상호간의 조정, 그리고 이해관계인의 이해조절, 민주적 통제의 확보 등을 위한 절차적 보장이 다른 어느 분야보다도 더 절실히 요구된다. 이러한 배경에서 정부는 일찍이 '참여 없이 개발없다'는 원칙을 천명한 바 있고,[1] 토지이용규제 기본법도 이러한 맥락을 이어서 제8조에서 지역·지구 등의 지정시 일부 예외적인 경우를 제외하고는 주민 의견 청취를 의무화한 바 있다.

공간정서·개발행정의 절차에 관해서는 행정절차법에 특별한 규정이 없고 또 관계법에도 일반법적인 통칙 조항은 없으나, 일반적으로 계획의 입안, 의견조정, 결정 및 공고의 과정을 거치고 있다.

1. 조사·심의·상급행정기관의 승인 등

국토계획법은 도시·군기본계획 수립시에는 미리 관계기관과 협의를 거치고($\S 18 ③, \S 22$), 도시·군관리계획 결정시에는 중앙도시계획위원회 또는 시·도 도시계획위원회의 심의를 거치도록 하고 있으며($\S 30 ③$), 시·군 도시·군기본계획은 시·도지사의 승인을 받도록 하고 있다($\S 22 의2$).

개발제한구역관리계획은 국토교통부장관의 승인을 받아야 하며(개발제한구역특별법 $\S 10$), 국토교통부장관이 입안한 수도권정비계획안은 수도권정비위원회의 심의를 거쳐 국무회의의 심의와 대통령의 승인을 얻어 결정하도록 되어 있다(수도권정비계획법 $\S 4 ②$).

경제자유구역의 지정 및 운영에 관한 법률 역시 기획재정부장관이 경제자유구역 지정을 요청하기 위하여 특별시장·광역시장 또는 도지사가 작성, 제출하는 경제자유구역개발계획을 경제자유구역위원회의 심의·의결을 거쳐 확정하고 경제자유구역을 지정하도록 하고 있다($\S 4 ①, ②, ③$).

또한 도시·군관리계획처럼 시·도지사가 직접 또는 시장·군수의 신청에 의하여 이를

---

1) 과거 건설교통부의 "국토의 난개발 방지 종합대책"은 '참여 없이 개발없다'라는 원칙을 정립하고 이의 실천을 위한 제도를 정비할 것임을 천명한 바 있었다(건설교통부, 국토의 난개발 방지 종합대책, 2000.5, 4이하 참조).

결정하거나 국토교통부장관이 결정하도록 한 경우도 있고($^{국토계획법}_{§ 29 ①, ②}$), 특별시장·광역시장 또는 도지사 등 도시개발구역의 지정권자로 하여금 도시개발구역을 지정하거나 개발계획을 수립하는 때에는 관계행정기관의 장과 협의한 후 국토계획법 제106조에 따른 중앙도시계획위원회 또는 동법 제113조 제1항에 따른 시·도 도시계획위원회의 심의를 거치도록 한 경우($^{도시개발}_{법 § 8}$)도 있다.

2. 이해관계인의 참여

국토계획법은 국토교통부장관, 시·도지사, 시장 또는 군수가 광역도시계획을 수립하거나 변경하려면 미리 공청회를 열어 주민과 관계 전문가 등으로부터 의견을 들어야 하며, 공청회에서 제시된 의견이 타당하다고 인정하면 광역도시계획에 반영하여야 한다고 규정하고 있고 ($^{국토계획법}_{§ 14 ①}$), 도시·군관리계획을 입안하는 경우에도, 주민의 의견을 듣고, 그 의견이 타당하다고 인정되는 때에는 이를 도시·군관리계획안에 반영하도록 하는 등 주민 및 지방의회의 의견청취를 의무화하고 있다($^{§ 28}$). 도시개발법 역시 특별시장·광역시장·도지사·특별자치도지사와 국토교통부장관 등 지정권자가 도시개발구역을 지정하려면 해당 도시개발구역에 대한 도시개발사업의 계획을 수립하도록 하고($^{도시개발법}_{§ 4 ①}$),[2] 국토교통부장관, 시·도지사 또는 대도시 시장이 도시개발구역을 지정($^{대도시 시장이 아닌 시장·군수 또는 구청}_{장의 요청에 의하여 지정하는 경우를 제외}$)하고자 하거나 대도시 시장이 아닌 시장·군수 또는 구청장이 도시개발구역의 지정을 요청하려고 하는 경우에는 공람이나 공청회를 통하여 주민이나 관계 전문가 등으로부터 의견을 들어야 하며, 공람이나 공청회에서 제시된 의견이 타당하다고 인정되면 이를 반영하도록 의무화한 것이 그 대표적인 예이다($^{§ 7}_{①}$).

이와 관련, '묘지공원과 화장장의 후보지를 선정하는 과정에서 서울특별시, 비영리법인, 일반 기업 등이 공동발족한 협의체인 추모공원건립추진협의회가 후보지 주민들의 의견을 청취하기 위하여 그 명의로 개최한 공청회는 행정청인 피고가 이 사건 도시계획시설결정이라는 처분을 함에 있어 당해 처분의 영향이 광범위하여 널리 의견을 수렴할 필요가 있다고 스스로 인정하여 개최한 공청회가 아니므로, 그 공청회를 개최함에 있어 행정절차법에서 정한 절차를 준수하여야 하는 것은 아니라 할 것'이라는 판례가 있다.[3]

---

2) 다만, 지정권자가 도시개발사업을 환지방식으로 시행하고자 하는 경우 개발계획을 수립하는 때에는 환지방식이 적용되는 지역의 토지면적의 3분의 2 이상에 해당하는 토지소유자와 그 지역의 토지소유자 총수의 2분의 1 이상의 동의를 얻어야 한다. 개발계획을 변경(대통령령이 정하는 경미한 사항의 변경을 제외한다)하고자 하는 경우에도 또한 같다(§ 4 ③). 또한 국토계획법에 따른 광역도시계획 또는 도시기본계획이 수립되어 있는 지역에 대하여 개발계획을 수립하고자 하는 때에는 개발계획의 내용이 당해 광역도시계획 또는 도시기본계획에 들어맞도록 하여야 하며(§ 5 ②), 대통령령이 정하는 규모 이상인 도시개발구역에 관한 개발계획을 수립함에 있어서는 당해 구역 안에서 주거·생산·교육·유통·위락 등의 기능이 서로 조화를 이루도록 노력하여야 한다(§ 5 ④).
3) 대법원 2007.4.12. 선고 2005두1893 판결.

3. 지방자치단체의 참가

국토계획법은 광역도시계획의 수립·변경시 미리 관계 시·도, 시 또는 군의 의회와 관계 시장 또는 군수의 의견을 듣도록 하고 있고($^{§\,15}$), 도시·군관리계획을 입안할 때에도 지방의회의 의견을 듣도록 의무화하고 있다($^{§\,28}$).

4. 공고·고시

국토계획법은 국토교통부장관이나 시·도지사는 도시·군관리계획을 결정하면 대통령령으로 정하는 바에 따라 그 결정을 고시하고, 국토교통부장관이나 도지사는 관계 서류를 관계 특별시장·광역시장·시장 또는 군수에게 송부하여 일반이 열람할 수 있도록 하여야 하며, 특별시장·광역시장은 관계 서류를 일반이 열람할 수 있도록 하여야 한다고 규정하고 있다($^{§\,30}_{⑥}$). 또한 도시개발법도 도시개발구역의 지정권자로 하여금 도시개발구역을 지정하거나 개발계획을 수립한 때에는 대통령령이 정하는 바에 따라 이를 관보 또는 공보에 고시하고 당해 도시개발구역을 관할하는 시장·군수 또는 구청장에게 관계 서류의 사본을 송부하여야 하며, 이 경우 관계 서류를 송부 받은 시장·군수 또는 구청장은 이를 일반에게 공람시켜야 한다고 규정하고 있다($^{도시개발법}_{§\,9\,①}$).

▦ 구 도시계획법상 공고의무의 정도

"도시계획법 제16조의2 제2항, 같은법시행령 제14조의2 제6항 각 규정의 내용과 취지에 비추어 보면, 도시계획안의 내용을 일간신문에 공고함에 있어서는 도시계획의 기본적인 사항만을 밝히고 구체적인 사항은 공람절차에서 이를 보충하면 족하다."[4]

---

4) 대법원 1996.11.29. 선고 96누8567 판결.

제 6 절 │ 공간정서 · 개발행정과 행정구제

Ⅰ. 개   설

공간정서 · 개발행정에 있어 행정구제의 문제는 주로 계획, 특히 대국민적 구속력을 지닌 계획과 관련하여 발생하지만, 일반 행정구제법의 경우, 이를테면 계획에 대한 행정쟁송이나 손해전보의 문제와 다름이 없다. 다만, 계획에의 의존성이 크다는 점에서 그 법적 구제가 쉽지 않은 경우가 많고 또 현실적으로 계획보장을 구할 필요가 많음에도 불구하고 그 법적 구제수단이 마땅치 않다는 점이 문제되는데, 결국 계획재량의 통제 문제로 귀결된다. 여기서는 계획재량 일반과 계획보장청구권 문제를 중심으로 살펴보기로 한다.

Ⅱ. 계획재량

계획재량이란 계획의 수립 · 변경 등에 관하여 행정에게 부여된 계획상 형성의 자유를 말한다. 계획의 근거규범은 조건명제($^{Konditional-}_{programme}$)가 아니라 목적의 설정과 형량의 원칙($^{Abwägungs-}_{grundsätze}$)으로 구성된 목적명제($^{Finalpro-}_{gramme}$)이다. 계획재량은 일면 통상의 재량과, 타면 불확정법개념의 판단여지와는 상이한 개념이다. 계획재량이란 판단여지($^{Beurteilungs-}_{spielraum}$)나 평가특권($^{Einschätzungs-}_{prärogativ}$)처럼 규범의 요건규정 면에 존재하는 것이 아니고, 또 보통의 재량처럼 규범의 효과규정 면에 존재하는 것도 아니다. 그런 이유에서 '계획재량'이란 표현보다 '계획상 형성의 자유'($^{planerische}_{Gestaltungsfreiheit}$)란 표현이 선호되기도 한다. 계획규범은 통상 계획이 추구하는 목적과 그로써 촉진 또는 보호해야 할 이익만을 규정할 뿐, 계획의 요건 · 효과 등에 관하여는 규정하지 않는 경우가 많다. 행정은 그와 같은 법률에서 부여된 임무의 범위 내에서는 독자적인 판단에 따라 행동할 형성의 자유를 가지지만, 그 경우 법령의 규정에 따라 관계제이익을 형량해야 할 구속으로부터 자유로운 것은 아니다. 행정은 그 법률상 구속과 한계를 준수하여야 하며, 그 준수여부는 사법심사의 대상이 된다.

계획재량의 법리는 원래 독일에서 연방건설법전(^{BauGB}) 제1조에 따른 건설기본계획($^{Bauleit-}_{planung}$)의 결정 또는 기타 공간관련부문계획의 수립에 있어 행정이 가지는 계획고권의 행사와 관련하여 재량통제를 가능하게 하기 위한 이론으로 성립 · 발전되어 온 이론이다. 이에 따르면 계획의 결정에 있어서는 모든 중요 사정과 관계제이익, 가령 공장의 유치, 취업의 확대와 환경조건의 유지 등과 같은 법익들간의 조정·형량이 요구된다(형량원칙:$\tiny{Abwägungsgebot}$). 즉, 계획재량이 인정되어 있는 경우에도 관계제이익의 정당한 형량여부가 그 계획규범 적용의 적법여부의 기준이 된다. 이러한 형량원칙이 침해되었다고 볼 수 있는 경우로는 가령 계획수립기관이 ① 요구된 조사·형량을 하지 않은 경우(형량의 결여:$\tiny{Abwägungsausfall}$), ② 형량에 있어 고려하여야 할 이해관계를 고려하지 않은 경우(형량의 결함:$\tiny{Abwägungsdefizit}$), 또는 ③ 명백한 형량의 과오나 불평등 등을 들 수 있다.[1)]

계획재량에 대한 사법심사는 통상 그 계획주체에게 광범위한 계획상 형성의 자유가 인정된다는 점에서, 다음 판례에서 보듯이 현실적으로 매우 제한되는 경향을 띤다.

"행정계획이라 함은 행정에 관한 전문적·기술적 판단을 기초로 하여 도시의 건설·정비·개량 등과 같은 특정한 행정목표를 달성하기 위하여 서로 관련되는 행정수단을 종합·조정함으로써 장래의 일정한 시점에 있어서 일정한 질서를 실현하기 위한 활동기준으로 설정된 것으로서, 도시계획법 등 관계 법령에는 추상적인 행정목표와 절차만이 규정되어 있을 뿐 행정계획의 내용에 관하여는 별다른 규정을 두고 있지 아니하므로 **행정주체는 구체적인 행정계획을 입안·결정함에 있어서 비교적 광범위한 형성의 자유를 가지는 것이지만, 행정주체가 가지는 이와 같은 형성의 자유는 무제한적인 것이 아니라 그 행정계획에 관련되는 자들의 이익을 공익과 사익 사이에서는 물론이고 공익 상호간과 사익 상호간에도 정당하게 비교교량하여야 한다는 제한이 있으므로, 행정주체가 행정계획을 입안·결정함에 있어서 이익형량을 전혀 행하지 아니하거나 이익형량의 고려 대상에 마땅히 포함시켜야 할 사항을 누락한 경우 또는 이익형량을 하였으나 정당성과 객관성이 결여된 경우에는 그 행정계획결정은 형량에 하자가 있어 위법하게 된다.**"[2)]

위 '원지동 추모공원 사건'에서 대법원은 '원고들이 이 사건 추모공원 규모의 적정성과 환경·교통상의 문제에 관하여 제기하는 사유만으로는 피고가 행정계획의 일환으로 이 사건 도시계획시설결정을 함에 있어 이익형량을 전혀 행하지 아니하거나 이익형량의 고려 대상에 마땅히 포함시켜야 할 사항을 누락한 경우 또는 이익형량을 하였으나 정당성과 객관성이 결여되었다고 볼 수 없다'고 한 원심의 판단은 정당하다고 판시하였다. 반면 대법원은 대학시설을 유치하기 위한 울산광역시의 도시계획시설결정에 대해서는 위 판례와 동일한 전제 위에서 지역의 교육여건 개선 등의 공익과 지역 내의 토지나 건물 소유자들이 입게 되는 권리행사 제한 등의 사익의 이익형량에 정당성과 객관성을 결여한 하자가 있어 위법하다고 판시한 사례가 있다.[3)]

---

1) Götz, Allgemeines Verwaltungsrecht, S.30.
2) 대법원 2007.4.12. 선고 2005두1893 판결. 또한 대법원 2006.9.8. 선고 2003두5426 판결; 대법원 2005.3.10. 선고 2002두5474 판결; 대법원 1996.11.29. 선고 96누8567 판결 등을 참조.
3) 대법원 2006.9.8. 선고 2003두5426 판결.

Ⅲ. 계획의 변경과 신뢰보호: 계획보장의 문제

공익적 견지에서 계획을 변경하거나 폐지해야 할 경우가 생긴다. 그러나 자의적인 계획의 변경·폐지는 계획의 존속을 신뢰한 사인의 이해관계에 중대한 영향을 끼친다. 이와같이 계획은 그 본질상 안정성과 신축성 간의 긴장관계($^{Spannungsverhältnis\ von}_{Stabilität\ und\ Flexibilität}$)에 놓이게 된다.[4] 계획은 한 편으로는 그 수범자들, 특히 경제분야에서 활동하는 시민들에 대하여 일정한 행위, 처분 및 투자에의 유인을 제공하는 것을 본래 목적으로 삼지만, 이것은 계획의 존속에 대한 신뢰가능성을 전제로 한다(신뢰보호의 문제). 다른 한편으로 행정계획은 일정한 정치·경제·사회적 분야에서의 사정을 출발점으로 삼는 동시에 그것을 조종·향도하고자 한다. 그 사정들이 변경되거나 또는 처음부터 잘못 판단되었을 경우에는 그 계획들은 그에 따라 본래목적에 맞게 시정되지 않으면 안 된다(계획변경의 문제). 이러한 긴장관계에서 제기되는 것이 바로 계획보장($^{Plangewähr-}_{leistung}$)의 문제인 것이다. 공간정서·개발행정은 바로 이러한 계획보장의 문제가 대두되는 가장 대표적이고 전형적인 분야이다.

관건은 계획의 취소·변경 또는 부준수에 있어 계획의 주체(^{Plangeber})와 그 상대방($^{Planadressaten:}_{계획수범자}$) 사이에 위험을 배분하는 데($^{Verteilung\ des}_{Risikos}$) 있다.[5] 여기서 행정계획의 변경·폐지 등으로 인한 권익침해에 대해 적절한 구제방법을 강구해야 할 필요가 생긴다. 구제방법으로는 원상회복이나 손실보상, 그리고 신뢰보호의 견지에서 당해 행정계획의 계속적인 존속을 요구할 수 있는 계획집행청구권 또는 계획보장청구권을 사인에게 인정하는 방법 등이 고려될 수 있다.

계획보장청구권($^{Plangewährleis-}_{tungsanspruch}$)이란 무엇보다도 국가적 계획들의 준수 및 지속성 보장에 대한 개인의 실체법상의 권리로서, 일반적인 계획의 존속($^{Planfort-}_{bestand}$), 계획의 이행($^{준수\ 및\ 집행:}_{Planbefolgung}$) 또는 계획변경시 경과조치 및 적응을 위한 지원조치($^{Übergangsregelung}_{und\ Anpassungshilfe}$), 손실보상($^{Entschä-}_{digung}$) 등을 목적으로 한다. 가령 신도시조성계획에 따라 조성된 아파트단지에 당초 도시계획상 아파트지구 앞에 녹지지구나 단독주택지구가 들어설 것을 신뢰하고 입주한 주민들이, 입주 후 도시계획의 변경·폐지 또는 도시계획에 반하는 관계행정청의 결정으로 인해 녹지나 단독주택 대신 고층아파트가 들어서게 된 경우, 당초 계획의 존속 및 이에 따른 고층아파트건설의 중지 또는 기성건축물의 철거 등을 청구할 수 있는가 하는 것이 문제된다. 또한 보충적으로 계획의 변경이나 중도폐지로 인해 재산상의 손실이 발생한 경우 이 계획보장청구권에 기해 손실보상을 청구할 수 있는가 하는 문제가 제기된다.

---

4) Maurer, § 16 Rn.26.
5) Maurer, aaO.

과거 대법원은 용도지역을 자연녹지지역으로 지정결정했다가 그보다 규제가 엄한 보전녹지지역으로 지정결정하는 내용으로 도시계획을 변경한 경우, 신뢰보호의 원칙이 적용되지 않으므로 이 원칙에 의한 계획존속의 보장이라는 의미의 도시계획변경결정취소청구는 받아들일 수 없다고 판시하여 부정적 입장을 취한 바 있다.

고권적 계획작용에 결부된 위험의 배분을 규율하기 위한 법적 수단으로서 계획보장은 이와같이 확정적인 윤곽을 가진 법제도라기보다는 다양한 유형의 청구권들과 관련된 문제영역이라 할 수 있다. 그 개개의 청구권의 인정여하는 일괄적으로 판단될 수 없고, 각각의 문제된 계획의 법형식과 내용에 따라 달라질 수밖에 없는 문제이다.

Ⅳ. 계획변경신청권과 계획변경청구권

지역주민 등 이해관계자에게 계획의 변경을 청구할 권리를 인정할 수 있는지 여부가 논란되고 있다. 이에 관하여 대법원은 지역주민에게 계획의 변경을 청구할 권리를 인정할 수 없으므로 피고가 원고의 도시계획 변경신청을 불허한 행위는 항고소송의 대상이 되는 행정처분이라고 볼 수 없다고 하여 부정적인 입장을 보여 왔다.[6] 그러나 대법원은 일련의 판례를 통해 구체적인 사례상황 또는 법적 여건에 따라서는 계획변경을 신청할 권리나 도시계획의 입안을 요구할 수 있는 권리를 인정할 수 있다고 판시하여 예외적으로 계획변경청구권의 성립가능성을 시사한 것인지 여부에 대한 의문을 불러일으킨 바 있다.

대법원은 다음 판례에서 보듯 계획변경신청을 거부하는 것이 실질적으로 당해 행정처분 자체를 거부하는 결과가 되는 경우에는 예외적으로 계획변경을 신청할 권리가 인정되며, 관계법령의 규정내용과 헌법상 개인의 재산권 보장의 취지에 비추어 볼 때 도시계획구역 내 토지 등을 소유하고 있는 주민에게 도시계획입안을 요구할 법규상 또는 조리상 신청권을 인정할 수 있다고 판시하였다.

"구 국토이용관리법(2002.2.4. 법률 제6655호 국토의계획 및이용에관한법률 부칙 제2조로 폐지)상 주민이 국토이용계획의 변경에 대하여 신청을 할 수 있다는 규정이 없을 뿐만 아니라, 국토건설종합계획의 효율적인 추진과 국토이용질서를 확립하기 위한 **국토이용계획은 장기성, 종합성이 요구되는 행정계획이어서 원칙적으로는 그 계획이 일단 확정된 후에 어떤 사정의 변동이 있다고 하여 그러한 사유만으로는 지역주민이나 일반 이해관계인에게 일일이 그 계획의 변경을 신청할 권리를 인정하여 줄 수는 없을 것이지만, 장래 일정한 기간 내에 관계 법령이 규정하는 시설 등을 갖추어 일정한 행정처분을 구하는 신청을 할 수 있는 법률상 지위에 있는 자의 국토이용계획변경신청을 거부하는 것이 실질적으로 당해 행정처분 자체를 거부하는 결과가 되는 경우에는 예외적으로 그 신청인에게 국토이용계획변경을 신청할 권리가 인정된다**고 봄이 상당하므로, 이러한 신청에 대한 거

---

6) 대법원 1984.10.23. 선고 84누227 판결.

부행위는 항고소송의 대상이 되는 행정처분에 해당한다."[7]

  "구 도시계획법은 도시계획의 수립 및 집행에 관하여 필요한 사항을 규정함으로써 공공의 안녕질서를 보장하고 공공복리를 증진하며 주민의 삶의 질을 향상하게 함을 목적으로 하면서도 도시계획시설결정으로 인한 개인의 재산권행사의 제한을 줄이기 위하여, 도시계획시설부지의 매수청구권, 도시계획시설결정의 실효에 관한 규정과 아울러 도시계획 입안권자인 특별시장·광역시장·시장 또는 군수로 하여금 5년마다 관할 도시계획구역 안의 도시계획에 대하여 그 타당성 여부를 전반적으로 재검토하여 정비하여야 할 의무를 지우고, 도시계획입안제안과 관련하여서는 주민이 입안권자에게 '1. 도시계획시설의 설치·정비 또는 개량에 관한 사항 2. 지구단위계획구역의 지정 및 변경과 지구단위계획의 수립 및 변경에 관한 사항'에 관하여 '도시계획도서와 계획설명서를 첨부'하여 도시계획의 입안을 제안할 수 있고, 위 입안제안을 받은 입안권자는 그 처리결과를 제안자에게 통보하도록 규정하고 있는 점 등과 헌법상 개인의 재산권 보장의 취지에 비추어 보면, **도시계획구역 내 토지 등을 소유하고 있는 주민으로서는 입안권자에게 도시계획 입안을 요구할 수 있는 법규상 또는 조리상의 신청권이 있다고 할 것이고, 이러한 신청에 대한 거부행위는 항고소송의 대상이 되는 행정처분에 해당한다.**"[8]

---

7) 대법원 2003.9.23. 선고 2001두10936 판결.
8) 대법원 2004.4.28. 선고 2003두1806 판결.

사항색인

저자약력

■ 홍 준 형 (洪準亨)

>>> 학 력
　　서울대학교 법과대학 및 대학원 법학과 졸업
　　法學博士(Dr.iur.) 독일 Göttingen대학교

>>> 현 직
　　서울대학교 행정대학원 교수(공법학)

>>> 주요경력
　　- 정보보호산업분쟁조정위원회 위원장(2016.6.29.-현재)
　　- 서울특별시행정심판위원회 위원(2016-현재)
　　- 서울특별시교육청 행정심판위원회 위원(2013-현재)
　　- 법제처 자체평가위원회 위원장(2012-현재)
　　- 문화재위원회 위원(2017.5.1.-현재)
　　- 국토교통부 댐 사전검토협의회 위원장(2013-현재)
　　- 개인정보분쟁조정위원회 위원장(2011.11.14.-2015.12.)
　　- 한국학술단체총연합회 회장(이사장)(2014.1.1.-2016.12.31.)
　　- 한국공법학회 회장(2011-2012)
　　- 한국공법학회 부회장(2008-2009), 연구이사(2006-2007)
　　- 한국환경법학회 회장(2009.7.-2010.7.), 부회장·연구이사(1994-2001)
　　- 서울대학교 행정연구소 소장(2009.1.-2014)
　　- 서울대학교 행정대학원 부원장(2007.1.-2009.12.31.)
　　- 중앙환경분쟁조정위원회 비상임위원(2008.10.24.-2010.10.)
　　- 법제처 법령해석심의위원회 위원(2005-2009)
　　- 정보화추진위원회 실무위원회 위원 및 법제전문위원장(2008-2009)
　　- 대통령자문 지속가능발전위원회 갈등관리전문위원회 위원(2004-2006)
　　- 한국행정판례연구회 연구이사(2005-2006)
　　- 환경정의 정책기획위원장(2004-2006)
　　- 국무총리행정심판위원회 위원(1999-2005)

>>> 연구실적(著書)
　　Die Klage zur Durchsetzung von Vornahmepflichten der Verwaltung, 1992, Schriften zum
　　　　Prozeßecht Bd.108, Duncker & Humblot Verlag, Berlin
　　행정쟁송법, 2017, 도서출판 오래
　　행정구제법, 2012, 도서출판 오래
　　환경법특강, 2017, 박영사
　　판례행정법, 1999, 두성사
　　행정법총론, 2001, 제4판, 한울아카데미
　　행정구제법, 2001, 제4판, 한울아카데미
　　환경법, 2005, 박영사
　　분권헌법: 선진화로 가는 길(공저), 2007, 동아시아연구원
　　법정책의 이론과 실제, 2008, 법문사
　　공공갈등의 관리, 과제와 해법(공저), 2008, 법문사
　　국가운영시스템, 과제와 전략(공저), 2008, 나남

행 정 법 [제2판]

2011년 2월 25일 초판 발행
2017년 9월   1일 제2판 1쇄 발행

저 자 홍   준   형

발 행 인 배   효   선

발행처 도서
출판 **法 文 社**

주 소   10881 경기도 파주시 회동길 37-29
등 록   1957년 12월 12일 / 제2-76호 (윤)
전 화   (031)955-6500~6 FAX (031)955-6525
E-mail   (영업) bms@bobmunsa.co.kr
(편집) edit66@bobmunsa.co.kr
홈페이지 http://www.bobmunsa.co.kr
조 판   법 문 사 전 산 실

정가 58,000원   ISBN 978-89-18-09100-6